AF890491

Dutta / Weber
Internationales Erbrecht

Beck'sche Kurz-Kommentare

Internationales Erbrecht

EuErbVO · Erbrechtliche Staatsverträge · EGBGB IntErbRVG · IntErbStR · IntSchenkungsR

Herausgegeben von

Prof. Dr. Anatol Dutta, M. Jur. (Oxford)
Universitätsprofessor
Ludwig-Maximilians-Universität München

Dr. Johannes Weber, LL. M. (Cambridge)
Notar, Freiburg

Bearbeitet von

Prof. Dr. Anatol Dutta, M. Jur. (Oxford)
Universitätsprofessor
Ludwig-Maximilians-Universität München

Prof. Dr. Matteo Fornasier, LL. M. (Yale)
Universitätsprofessor
Ruhr-Universität Bochum

Prof. Dr. Florian Haase, M. I. Tax
Rechtsanwalt/Hochschullehrer
Hamburg School of Business Administration

Prof. Dr. Eva Lein
Professorin der Universität Lausanne sowie
am British Institute of International and
Comparative Law, London

Prof. Dr. Robert Magnus
Universitätsprofessor
Universität Bayreuth

Dr. Jan Peter Schmidt
Privatdozent, Wiss. Referent
Max-Planck-Institut für ausländisches
und internationales Privatrecht, Hamburg

Dr. Rembert Süß
Rechtsanwalt
Deutsches Notarinstitut, Würzburg

Dr. Johannes Weber, LL. M. (Cambridge)
Notar, Freiburg

2. Auflage 2021

C.H.BECK

Zitiervorschlag:
Dutta/Weber/*Bearbeiter* IntErbR EuErbVO Art. ... Rn. ...

www.beck.de

ISBN 978 3 406 74649 9

© 2021 Verlag C. H. Beck oHG
Wilhelmstraße 9, 80801 München
Druck und Bindung: Westermann Druck Zwickau GmbH
Crimmitschauer Straße 43, 08058 Zwickau

Satz: Druckerei C. H. Beck Nördlingen
Umschlaggestaltung: Druckerei C. H. Beck Nördlingen

CO_2 neutral
chbeck.de/nachhaltig

Gedruckt auf säurefreiem, alterungsbeständigem Papier
(hergestellt aus chlorfrei gebleichtem Zellstoff)

Vorwort

Seit der ersten Auflage des vorliegenden Werkes sind mehr als fünf Jahre vergangen – für das internationale Privatrecht und das Erbrecht, das eher in Dekaden als in Jahren denkt, ein Wimpernschlag. Dennoch war eine Aktualisierung und Überarbeitung unserer Kommentierungen erforderlich. Die Europäische Erbrechtsverordnung (EuErbVO) musste sich in der Praxis bewähren und hat zahlreiche Entscheidungen der mitgliedstaatlichen Gerichte, aber auch des Gerichtshofs der Europäischen Union hervorgerufen, die es einzuarbeiten galt, um den Leser auf den neuesten Stand zu bringen. Dabei wurden alte Streitstände entschieden und neue Probleme aufgedeckt.

Gegenüber der Vorauflage hat sich eine Konsolidierung im Autorenkreis ergeben: Zu unserem Bedauern ist unser Mitautor *Frank Bauer* auf eigenen Wunsch aus dem Autorenteam ausgeschieden. Andere Autoren der ersten Auflage (*Matteo Fornasier, Rembert Süß* und *Johannes Weber*) führen seine Kommentierung fort.

Auch diese Auflage hätte es nicht gegeben ohne die freundlichen, aber bestimmten Ermahnungen unseres geschätzten Lektors im Hause C. H. Beck: *Frank Lang,* dem wir zu großem Dank verpflichtet sind.

München und Freiburg i. Br., im März 2021

Anatol Dutta
Johannes Weber

Aus dem Vorwort zur 1. Auflage

Mit dem Anwendungsbeginn der **Europäischen Erbrechtsverordnung** (EuErbVO) am 17. August 2015 hat die Gesetzesfülle im internationalen Erbrecht deutlich zugenommen. Waren die einschlägigen Bestimmungen in Deutschland bis zu diesem Datum noch recht überschaubar in wenigen Vorschriften des EGBGB, des FamFG und der ZPO zu finden, liegt mit der Erbrechtsverordnung eine umfangreiche Kodifikation vor, die als unmittelbar anwendbarer Rechtsakt das Recht der grenzüberschreitenden Erbfälle nahezu umfassend regelt. Das neue Recht wirft zahlreiche Auslegungsfragen auf, die nicht unter Rückgriff auf deutsche Rechtsgrundsätze, sondern autonom aus der Sicht des Unionsrechts zu beantworten sind. Mancher versierte Erbrechtler wird sich etwa angesichts der Tatsache, dass gemeinschaftliche Ehegattentestamente oder Pflichtteilsverzichte Erbverträge im Sinne der Erbrechtsverordnung sein können (→ Art. 25 EuErbVO), verwundert die Augen reiben. Auch müssen alte Streitfragen vor dem Hintergrund der Neuregelung überprüft werden. Schließlich stellen sich bislang unbekannte Probleme, etwa im Hinblick auf das neue Europäische Nachlasszeugnis oder die Annahme ausländischer öffentlicher Urkunden. Zentrales Anliegen des Kommentars ist es, die alten Fragen kritisch im Lichte der Verordnung zu würdigen und die Anwendungsprobleme der neuen Rechtsinstrumente zu erkennen sowie praxisnahen und wissenschaftlich fundierten Lösungen zuzuführen.

Die Erbrechtsverordnung hat die Rechtsquellenlage im internationalen Erbrecht nicht übersichtlicher gemacht – hier soll der Kommentar als Kompass fungieren. Welche Rolle spielen im Lichte des neuen europäischen internationalen Erbrechts die erbrechtsrelevanten Staatsverträge, etwa das **Haager Testamentsformübereinkommen** (kommentiert bei Art. 27 EuErbVO) oder die einschlägigen Altabkommen der Mitgliedstaaten, bei uns vor allem das **deutsch-persische Niederlassungsabkommen** (→ Anhang I zu Art. 75 EuErbVO), das **deutsch-türkische Nachlassabkommen** (→ Anhang II zu Art. 75 EuErbVO) und der **deutsch-sowjetische Konsularvertrag** (→ Anhang III zu Art. 75 EuErbVO)? Welche Funktion haben die anlässlich der Erbrechtsverordnung **neu gefassten Art. 25 und 26 EGBGB** (→ Anhang II zu Art. 1 EuErbVO, → Anhang I zu Art. 27 EuErbVO)? Wie integriert das **Internationale Erbrechtsverfahrensgesetz** (IntErbRVG) die Erbrechtsverordnung, insbesondere das neugeschaffene Europäische Nachlasszeugnis, in das deutsche Verfahrensrecht?

Da eine fundierte Beratung im Erbrecht ohne Berücksichtigung erbschaftsteuerrechtlicher Aspekte nicht denkbar ist und das Erbrecht eng mit dem Schenkungsrecht als dem Recht der lebzeitigen Zuwendungen verknüpft ist, sollen diese beiden Rechtsgebiete aus der internationalen Perspektive in zwei systematischen Abschnitten zum **internationalen Erbschaftsteuerrecht** (IntErbStR) und zum **internationalen Schenkungsrecht** (IntSchenkungsR) dargestellt werden.

Inhalt

Literatur und Abkürzungen

Ausführliche Literaturnachweise – auch zu allgemeinen Standardwerken – finden sich vor der Einleitung und den Kommentierungen.

Wegen der verwendeten Abkürzungen wird auf das Abkürzungsverzeichnis der NJW – abgedruckt in jeder Jahrestitelei – verwiesen.

Einleitung

Literatur

Zu den Vorarbeiten: *Altmeyer,* Vereinheitlichung des Erbrechts in Europa – Der Entwurf einer „EU-Erbrechts-Verordnung" durch die Kommission, ZEuS 2010, 475; *Baldus,* Ein europäisches Erbrecht?, GPR 2009, 105; *Baldus,* Normqualität und Untermaßverbot: Für eine privatrechtliche Logik der Kompetenzbestimmung am Beispiel des Europäischen Erbscheins, GPR 2006, 80; *Bauer,* Neues europäisches Kollisions- und Verfahrensrecht auf dem Weg – Stellungnahme des Deutschen Rates für IPR zum internationalen Erb- und Scheidungsrecht, IPRax 2006, 202; *Bonomi,* Choice-of-Law Aspects of the future EC Regulation in Matters of Succession – a first glance at the Commission's Proposal, in Liber Amicorum Siehr, 2010, 157; *Bonomi,* The interaction among the future EU instruments on matrimonial property, registered partnerships and successions, YbPIL 13 (2011), 217; *Buschbaum,* Die künftige Erbrechtsverordnung, GS Hübner, 2012, 589; *Buschbaum/M. Kohler,* Vereinheitlichung des Erbkollisionsrechts in Europa, GPR 2010, 106 (Teil I), GPR 2010, 162 (Teil II); DNotI, Rechtsvergleichende Studie der erbrechtlichen Regelungen des Internationalen Verfahrensrechts und Internationalen Privatrechts der Mitgliedstaaten der Europäischen Union, 2002; DNotI, Internationales Erbrecht in der EU – Perspektiven einer Harmonisierung, 2004; *Dörner,* Das Grünbuch „Erb- und Testamentsrecht" der Europäischen Kommission, ZEV 2005, 137; *Dörner,* Der Entwurf einer europäischen Verordnung zum Internationalen Erb- und Erbverfahrensrecht – Überblick und ausgewählte Probleme, ZEV 2010, 221; *Dörner/Hertel/Lagarde/Riering,* Auf dem Weg zu einem europäischen Internationalen Erb- und Erbverfahrensrecht, IPRax 2005, 1; *Dutta,* Europäische Integration und nationales Privatrecht nach dem Vertrag von Lissabon: die Rolle des Internationalen Privatrechts, EuZW 2010, 530; *Dutta,* Die Rechtswahlfreiheit im künftigen internationalen Erbrecht der EU, in Reichelt/Rechberger, Europäisches Erbrecht – Zum Verordnungsvorschlag der Europäischen Kommission zum Erb- und Testamentsrecht, 2011, 57; *Dutta,* Succession and Wills in the Conflict of Laws on the Eve of Europeanisation, RabelsZ 73 (2009), 547; *Geimer,* Die geplante Europäische Erbrechtsverordnung – Zum Verordnungsvorschlag der Europäischen Kommission zum Erb- und Testamentsrecht, in Reichelt/Rechberger, Europäisches Erbrecht, 2011, 1; *Haas,* Der Europäische Justizraum in „Erbsachen", in Gottwald, Perspektiven der justiziellen Zusammenarbeit in Zivilsachen in der Europäischen Union, 2004, 43; *Heggen,* Europäische Vereinheitlichungstendenzen im Bereich des Erb- und Testamentsrechtes, RNotZ 2007, 1; *Hess/Jayme/Pfeiffer,* Stellungnahme zum Vorschlag für eine Europäische Erbrechtsverordnung, 2012; *Kanzleiter,* Die Reform des Internationalen Erbrechts in der Europäischen Union, FS Zimmermann, 2010, 165; *C. Kohler,* Die künftige Erbrechtsverordnung der Europäischen Union und die Staatsverträge mit Drittstaaten, in Reichelt/Rechberger, Europäisches Erbrecht – Zum Verordnungsvorschlag der Europäischen Kommission zum Erb- und Testamentsrecht, 2011, 109; *Kindler,* Vom Staatsangehörigkeits- zum Domizilprinzip: das künftige internationale Privatrecht der Europäischen Union, IPRax 2010, 44; *M. Kohler/Buschbaum,* Die „Anerkennung" öffentlicher Urkunden?, IPRax 2010, 313; *Kowalczyk,* Spannungsverhältnis zwischen Güterrechtsstatut und Erbstatut nach den Kommissionsvorschlägen für das Internationale Ehegüter- und Erbrecht, GPR 2012, 212 (Teil I), GPR 2012, 258 (Teil II); *Lagarde,* Familienvermögens- und Erbrecht in Europa, in Gottwald, Perspektiven der justiziellen Zusammenarbeit in Zivilsachen in der Europäischen Union, 2004, 1; *Lange,* Die geplante Harmonisierung des Internationalen Erbrechts in Europa, ZVglRWiss 110 (2011), 426; *Lange,* Das Erbkollisionsrecht im neuen Entwurf einer EU-ErbVO, ZErb 2012, 160; *Lechner,* Die Entwicklung der Erbrechtsverordnung – Eine Einführung zum Gesetzgebungsverfahren, in Dutta/Herrler, Die Europäische Erbrechtsverordnung, 2014, 5; *Lechner,* Die Entwicklung der Erbrechtsverordnung – eine rechtspolitische Betrachtung zum Gesetzgebungsverfahren, ZErb 2014, 188; *Lechner,* Die Erbrechtsverordnung, das Notariat und die EU – Reminiszenzen, FS Bittner, 2018, 343; *Lehmann,* Internationale Reaktionen auf das Grünbuch zum Erb- und Testamentsrecht, IPRax 2006, 204; *van Loon,* Die Haager Konferenz und ihre Bestrebungen zur Reform des Internationalen Erbrechts, MittRhNotK 1989, 9; *Lorenz,* Erbrecht in Europa – Auf dem Weg zu kollisionsrechtlicher Rechtseinheit, ErbR 2012, 39; *Lübcke,* Das neue europäische internationale Nachlassverfahrensrecht, 2013; *Mansel,* Vereinheitlichung des internationalen Erbrechts in der Europäischen Gemeinschaft – Kompetenzfragen und Regelungsansätze, FS Ansay, 2006, 185; *Max Planck Institute for Comparative and International Private Law,* Comments on the European Commission's Proposal for a Regulation of the European Parliament and of the Council on jurisdiction, applicable law, recognition and enforcement of decisions and authentic instruments in matters of succession and the creation of a European Certificate of Succession, RabelsZ 74 (2010), 522; *Navrátilová,* Familienrechtliche Aspekte im Europäischen Erbkollisionsrecht, GPR 2008, 144; *Rauscher,* Heimatlos in Europa?, Gedanken gegen eine Aufgabe des Staatsangehörigkeitsprinzips im IPR, FS Jayme I, 2004, 719; *Remde,* Die Europäische Erbrechtsverordnung nach dem Vorschlag der Kommission vom 14. Oktober 2009, RNotZ 2012, 65; *Remien,* Chancen und Risiken erbrechtlicher Planung und Beratung nach den Vorschlag einer europäischen Verordnung über das internationale Erbrecht und das europäische Nachlasszeugnis, in Grziwotz, Erbrecht und Vermögenssicherung, 2011, 95; *Schauer/Scheuba/Scheuba,* Europäische Erbrechtsverordnung, 2012; *Schurig,* Das internationale Erbrecht wird europäisch – Bemerkungen zur kommenden Europäischen Verordnung, FS Spellenberg, 2010, 343; *Stumpf,* Europäisierung des Erbrechts: Das Grünbuch zum Erb- und Testamentsrecht, EuZW 2006, 587; *Stumpf,* EG-Rechtssetzungskompetenzen im Erbrecht, EuR 2007, 291; *Sturm/Sturm,* Das Europäische Nachlasszeugnis – Zum Vorschlag der Kommission vom 14. Oktober 2009, Liber Amicorum Sajko, 2012, 309; *Süß,* Der Vorschlag der EG-Kommission zu einer Erbrechtsverordnung (Rom IV-Verordnung) vom 14. Oktober 2009, ZErb 2009, 342; *Vékás,* Objektive Anknüpfung des Erbstatuts, in Reichelt/Rechberger, Europäisches Erbrecht – Zum Verordnungsvorschlag der Europäischen Kommission zum Erb- und Testamentsrecht, 2011, 1 (8); *Wagner,* Der Kommissionsvorschlag vom 14.10.2009 zum internationalen Erbrecht: Stand und Perspektiven des Gesetzgebungsverfahrens, DNotZ 2010, 506; *Ziegert,* Bericht über das „Hearing on the Law applicable to succession and wills in the European Union", ZErb 2007, 218.

Zur Verordnung: *v. Bary,* Gerichts- und Schiedsvereinbarungen im Internationalen Erbrecht, 2018; *Bauer,* Art. 59 EuErbVO: Verfahrensrechtliche Kollisionsnorm zur Sicherung des freien Verkehrs öffentlicher Urkunden, GS Unberath, 2015, 19; *Beyer,* Der Begriff des „Gerichts", der „Entscheidung" und der „öffentlichen Urkunde" im Sinne der EuErbVO – Anerkennung mitgliedstaatlicher Erbnachweise, GPR 2019, 245; *Bonomi/Öztürk,* Auswirkungen der Europäischen Erbrechtsverordnung auf die Schweiz unter besonderer Berücksichtigung deutsch-schweizerischer Erbfälle, ZVglRWiss 114 (2015), 4; *Burandt,* Die EU-ErbVO – Das europäische Erbrecht im Wandel, FuR 2013, 314 (Teil I), FuR 2013, 377 (Teil II), FuR 2013, 443 (Teil III); *Buschbaum,* Europäisches Nachlasszeugnis und Annahme öffentlicher Urkunden, in Hager, Die neue europäische Erbrechtsverordnung, 2013, 39; *Buschbaum,* Rechtslagenanerkennung aufgrund öffentlicher Urkunden? Bestandsaufnahme und Ausblick nach Inkrafttreten der EU-Erbrechtsverordnung, FS Martiny, 2014, 259; *Christandl,* Multi-Unit-States in European Union Private International Law, IPrivIntL 9 (2013), 219; *Coester,* Das Erbrecht registrierter Lebenspartner unter der EuErbVO, ZEV 2013, 115; *Döbereiner,* Das internationale Erbrecht nach der EU-Erbrechtsverordnung (Teil I), MittBayNot 2013, 358, MittBayNot 2013, 437 (Teil II); *Döbereiner,* (Bindende?) Rechtswahlen nach der EU-Erbrechtsverordnung, DNotZ 2014, 323; *Dörner,* EuErbVO: Die Verordnung zum Internationalen Erb- und Erbverfahrensrecht ist in Kraft!, ZEV 2012, 505; *Dörner,* Die Europäisierung des Rechts öffentlicher Urkunden in der EU, FS 25 Jahre DNotI, 2018, 745; *Dutta,* Das neue internationale Erbrecht der Europäischen Union – Eine erste Lektüre der Erbrechtsverordnung, FamRZ 2013, 4; *Dutta,* Die europäische Erbrechtsverordnung vor ihrem Anwendungsbeginn: Zehn ausgewählte Streitstandsminiaturen, IPRax 2015, 32; *Dutta/Herrler,* Die Europäische Erbrechtsverordnung, 2014; *Everts,* Fälle und Formulierungsbeispiele zur EU-Erbrechtsverordnung, NotBZ 2014, 441 (Teil 1), NotBZ 2015, 3 (Teil 2); *Fitchen,* „Recognition", Acceptance and Entercement of Authentic Instruments in the Succession Regulation, JPrivIntL 8 (2012), 323; *Geimer,* „Annahme" ausländischer öffentlicher Urkunden in Erbsachen gemäß Art. 59 EuErbVO, in Dutta/Herrler, Die Europäische Erbrechtsverordnung, 2014, 143; *Geimer,* Die Europäische Erbrechtsverordnung im Überblick, in Hager, Die neue europäische Erbrechtsverordnung, 2013, 9; *Frank/Döbereiner,* Nachlassfälle mit Auslandsbezug, 2015; *Gierl/Köhler/Kroiß/Wilsch,* Internationales Erbrecht, 3. Aufl. 2019; *Heinig,* Rechtswahlen in Verfügungen von Todes wegen nach der EU-Erbrechtsverordnung, RNotZ 2014, 197; *Hager,* Die neue europäische Erbrechtsverordnung, 2013; *Hertel,* Anmerkungen zur Europäischen Erbrechtsverordnung, FS 25 Jahre Deutsches Notarinstitut, 2018, 775; *Herzog,* Die EU-Erbrechtsverordnung (EU-ErbVO), ErbR 2013, 2; *Hördt,* Pflichtteilsrecht und EuErbVO, 2019; *Janzen,* Die EU-Erbrechtsverordnung, DNotZ 2012, 484; *Kern,* Das neue Europäische Erbstatut und seine Aufnahme in der deutschen Literatur, RabelsZ 78 (2014), 294; *Khairallah/Revillard,* Droit européen des successions internationales, 2013; *Kleinschmidt,* Optionales Erbrecht: Das Europäische Nachlasszeugnis als Herausforderung an das Kollisionsrecht, RabelsZ 77 (2013), 723; *Knoth,* Verminderte Sicherheit der Nachlassplanung durch den Wechsel von der Staatsangehörigkeitsanknüpfung hin zum gewöhnlichen Aufenthalt unter der EuErbVO?, ErbR 2019, 2; *Kunz,* Die neue Europäische Erbrechtsverordnung – ein Überblick, GPR 2012, 208 (Teil I), GPR 2012, 253 (Teil II); *Kunz,* Zur Rolle der freiwilligen Gerichtsbarkeit in der EuErbVO aus Sicht des deutschen Erbverfahrensrechts, GPR 2019, 34; *Kurth,* Der gewöhnliche Aufenthalt in Art. 4, 21 EuErbVO, 2017, *Lagarde,* Les principes de base du nouveau règlement sur les successions, Rev. crit. dr. int. priv. 101 (2012), 691; *Lechner,* Erbverträge und gemeinschaftliche Testamente in der neuen EU-Erbrechtsverordnung, NJW 2013, 26; *T. Lechner,* Die Reichweite des Erbstatuts in Abgrenzung zum Sachenrechtsstatut anhand der Europäischen Erbrechtsverordnung 650/2012, 2017; *Lehmann,* Der Referentenentwurf für ein Begleitgesetz zur EuErbVO, ZEV 2014, 232; *Lehmann,* Die EU-Erbrechtsverordnung zur Abwicklung grenzüberschreitender Nachlässe, DStR 2012, 2085; *Leitzen,* Die Rechtswahl nach der EuErbVO, ZEV 2013, 128; *S. Lorenz,* Internationaler Pflichtteilsschutz und Reaktionen des Erbstatuts auf lebzeitige Zuwendungen, in Dutta/Herrler, Die Europäische Erbrechtsverordnung, 2014, 113; *Ludwig,* Die Wahl zwischen zwei Rechtsordnungen durch bedingte Rechtswahl nach Art. 22 der EU-Erbrechtsverordnung, DNotZ 2014, 12; *Lübcke,* Das neue europäische internationale Nachlassverfahrensrecht, 2013; *R. Magnus,* Gerichtsstandsvereinbarungen im Erbrecht?, IPRax 2013, 393; *R. Magnus,* Die konkludente Rechtswahl im internationalen Erb- und Familienrecht, IPRax 2019, 8; *Majer,* Die Geltung der EU-Erbrechtsverordnung für reine Drittstaatensachverhalte, ZEV 2011, 445; *Mankowski,* Gelten die bilateralen Staatsverträge der Bundesrepublik Deutschland im Internationalen Erbrecht nach dem Wirksamwerden der EuErbVO weiter?, ZEV 2013, 529; *Müller-Lukoschek,* Die neue EU-Erbrechtsverordnung 2. Aufl. 2015; *Navrátilová,* Familienrechtliche Aspekte im europäischen Erbkollisionsrecht. Unter Einbeziehung der Rechtsetzungskompetenz nach dem Vertrag von Lissabon, GPR 2008, 144; *Nordmeier,* Erbenlose Nachlässe im Internationalen Privatrecht – versteckte Rückverweisung, § 29 Öst. IPRG und Art. 33 EuErbVO, IPRax 2013, 418; *Nordmeier,* Erbverträge in der neuen EU-Erbrechtsverordnung: Zur Ermittlung des hypothetischen Erbstatuts nach Art. 25 ErbRVO, ZErb 2013, 112; *Nordmeier,* Erbverträge und nachlassbezogene Rechtsgeschäfte in der EuErbVO – eine Begriffsklärung, ZEV 2013, 117; *Nordmeier,* Grundfragen der Rechtswahl in der neuen EU-Erbrechtsverordnung – eine Untersuchung des Art. 22 ErbRVO, GPR 2013, 148; *Nordmeier,* Neues Kollisionsrecht für gemeinschaftliche Testamente, ZEV 2012, 513; *Odersky,* Die Europäische Erbrechtsverordnung in der Gestaltungspraxis, notar 2013, 3; *Odersky,* Die Anwendung der Erbrechtsverordnung in der notariellen Praxis ab August 2015, notar 2015, 183; *Revillard,* Reglement (UE) N° 650/2012, Suris Classeur Droit international, Fasc. 557-50, 2013; *Reymann,* Auswirkungen der EU-Erbrechtsverordnung auf das Fürstentum Liechtenstein, ZVglRWiss 114 (2015), 40; *Richters,* Anwendungsprobleme der EuErbVO im deutsch-britischen Rechtsverkehr, ZEV 2012, 576; *Schaub,* Hereditare 3 (2013), 91; *Schauer/Scheuba,* Europäische Erbrechtsverordnung, 2012; *Schoppe,* Die Übergangsbestimmungen zur Rechtswahl im internationalen Erbrecht: Anwendungsprobleme & Gestaltungspotential, IPRax 2014, 27; *Seeger,* Erbverzichte im neuen europäischen Kollisionsrecht, 2018; *Simon/Buschbaum,* Die neue EU-Erbrechtsverordnung, NJW 2012, 2393; *Soutier,* Die Geltung deutscher Rechtsgrundsätze im Anwendungsbereich der Europäischen Erbrechtsverordnung, 2015; *Steinmetz/Löber/Alcázar,* Die EuErbVO und ihre Anwendbarkeit im Mehrrechtsstaat Spanien, ZEV 2013, 535; *Strehlke-Verkühlen,* Der Erbenverzicht im Internationalen Privatrecht, ErbR 2019, 538; *Süß,* Das Europäische Nachlasszeugnis, ZEuP 2013, 725; *Süß,* Erbrecht in Europa, 4. Aufl. 2019; *Vollmer,* Die neue europäische Erbrechtsverordnung – ein Überblick, ZErb 2012, 227; *Volmer,* Die EU-Erbrechtsverordnung – erste Fragen an Dogmatik und Forensik, Rpfleger 2013, 421; *Wachter,* Europäische Erbrechtsverordnung in der Gestaltungspraxis, ZNotP 2014, 2; *Wilke,* Das internationale Erbrecht nach der neuen EU-Erbrechtsverordnung, RIW 2012, 601.

Kommentierungen der Verordnung: Beck-Online. Großkommentar zum Zivilrecht, Stand: 1.11.2020; *Bergquis/Damascelli/Frimston/Lagarde/Odersky/Reinhartz,* EU-Erbrechtsverordnung, 2015; *Bonomi/Wautelet,* Le droit européen des successions – Commentaire du Règlement n°650/2012 du 4 juillet 2012, 2. Aufl. 2016; *Burandt/Rojahn,* Erbrecht, 3. Aufl. 2019; *Calvo Caravaca/Davi/Mansel,* The EU Succession Regulation, 2016; *Carrascosa González,* El Reglamento Sucesorio Europeo 650/2012 de 4 de Julio 2012: Análisis crítico, 2014; *Deixler-Hübner/Schauer,* EU-Erbrechtsverordnung, 2. Aufl. 2020; *Erman,* BGB, 16. Aufl. 2020; *Geimer/Schütze,* Internationaler Rechtsverkehr in Zivil- und Handelssachen, Band III, 49. Ergänzungslieferung 2015; *Kroiß/Horn/Solomon,* Nomos Kommentar Nachfolgerecht, 2. Aufl. 2019; Münchener Kommentar zum BGB, Band 10, 8. Aufl. 2020; juris Praxiskommentar BGB, 8. Aufl. 2017, Stand: 16.8.2019; Nomos Kommentar zum BGB, Band 6, 3. Aufl. 2019; *Palandt,* BGB, 79. Aufl. 2020; Rauscher, EuZPR/EuIPR, Band V, 4. Aufl. 2016

Zum Allgemeinen Teil des IPR: *v. Bar/Mankowski,* Internationales Privatrecht Bd. I, 2. Aufl. 2013; *Bernitt,* Die Anknüpfung von Vorfragen im europäischen Kollisionsrecht, 2010; *Eichel,* Interlokale und interpersonale Anknüpfungen, in Leible/Unberath, Brauchen wir eine Rom 0-Verordnung, 2013, 479; *v. Hein,* Der Renvoi im europäischen Kollisionsrecht, in: Leible/Unberath, Brauchen wir eine Rom 0-Verordnung, 2013, 341; *Heinze,* Bausteine eines

Allgemeinen Teils des europäischen Internationalen Privatrechts, FS Kropholler, 2008, 105; *Grünberger,* Alles obsolet? Anerkennungsprinzip vs. klassisches IPR, in Leible/Unberath, Brauchen wir eine Rom 0-Verordnung?, 2013, 81; *Heiss/Kaufmann-Mohi,* „Qualifikation" – Ein Regelungsgegenstand für eine Rom 0-Verordnung?, in Leible/Unberath, Brauchen wir eine Rom 0-Verordnung, 2013, 181; *Hellner,* Probleme des allgemeinen Teils des Internationalen Privatrechts, in Dutta/Herrler, Die Europäische Erbrechtsverordnung, 2014, 107; *Kegel/Schurig,* Internationales Privatrecht, 9. Aufl. 2004; *Kropholler,* Internationales Privatrecht, 6. Aufl. 2006; *Jayme,* Kodifikation und Allgemeiner Teil im IPR, in Leible/Unberath, Brauchen wir eine Rom 0-Verordnung?, 2013, 33; *Leible/Müller,* The Idea of a Rome 0 Regulation, YbPIL 14 (2012), 137; *Looschelders,* Die allgemeinen Lehren des Internationalen Privatrechts im Rahmen der Europäischen Erbrechtsverordnung, FS Coester-Waltjen, 2015, 531; *S. Lorenz,* Renvoi und ausländischer ordre public, FS Geimer, 2002, 555; *Mäsch,* Zur Vorfrage im europäischen IPR, in Leible/Unberath, Brauchen wir eine Rom 0-Verordnung?, 2013, 201; *Mansel,* Anerkennung als Grundprinzip des europäischen Rechtsraums, RabelsZ 70 (2006), 651; *Mansel,* Parteiautonomie, Rechtsgeschäftslehre der Rechtswahl und Allgemeiner Teil des europäischen Kollisionsrechts, in Leible/Unberath, Brauchen wir eine Rom 0-Verordnung? 2013, 241; *Hausmann/Odersky,* Internationales Privatrecht in der Notar- und Gestaltungspraxis, 3. Aufl. 2017; *Solomon,* Die Renaissance des Renvoi im Europäischen Internationalen Privatrecht, Liber Amicorum Schurig 2012, 237; *Solomon,* Die Anknüpfung von Vorfragen im Europäischen Internationalen Privatrecht, FS Spellenberg, 2010, 355; *Sonnenberger,* Anerkennung statt Verweisung? Eine neue internationalprivatrechtliche Methode?, FS Spellenberg, 2010, 371; *Wurmnest,* Ordre public, in Leible/Unberath, Brauchen wir eine Rom 0-Verordnung?, 2013, 445.

Übersicht

I. Entstehungsgeschichte

1 Die EuErbVO ist das bislang **ambitionierteste Vorhaben** der Europäischen Union auf dem Gebiet des internationalen Privatrechts (*Dörner* ZEV 2012, 505; *Lechner* ZErb 2014, 188 (189); BeckOGK/*J. Schmidt* EuErbVO Art. 1 Rn. 2; *Hertel,* FS 25 Jahre DNotI, 2018, 775 (780 f.); *Mansel/Thorn/Wagner,* IPRax 2013, 1 (6)). Beim internationalen Erbrecht handelt es sich um eine komplexe Materie. Das Erbrecht ist von zahlreichen Besonderheiten mit unterschiedlichen Rechtsinstituten und Systembegriffen geprägt, die es auf kollisionsrechtlicher Ebene zu berücksichtigen gilt (MüKoBGB/*Dutta* EuErbVO Vor Art. 1 Rn. 24). Das Nachlassverfahrensrecht weist zahlreiche zum Teil sehr technische Fragen auf. Die bisherigen Regelungsansätze im mitgliedstaatlichen Kollisionsrecht und Erbverfahrensrecht hätten unterschiedlicher kaum sein können (vgl. Süß/*Süß,* Erbrecht in Europa, § 9 Rn. 29 ff.). Für ein europäisches internationales Erbrecht fehlte es bislang an einer Grundlage gemeinsamer Regelungsansätze. Die nationalen Kodifikationen des Erbkollisionsrechts wurzeln außerdem in überkommenen Territorialitäts- und Personalitätsvorstellungen, die im Zeitalter des Binnenmarktes und der grenzüberschreitenden Mobilität keine Vorbildwirkung für ein europäisches internationales Erbrecht entfalten konnten. Es ist daher nicht überraschend, dass die EuErbVO in weiten Teilen neue Wege einschlägt (zur Vorbildwirkung des Haager Erbrechtsübereinkommens → Rn. 3). Die EuErbVO berührt einen rechtspolitisch sensiblen Bereich. Das Erbrecht ist stark kulturell geprägt; es liegt im Spannungsfeld von Testierfreiheit und Vermögensbindung. Diesen Vorstellungen muss das internationale Privatrecht gebührend Rechnung tragen (vgl. *Heggen* RNotZ 2007 1 (13); *Lorenz* ErbR 2012, 39; *Schaub* Hereditare 3 (2013), 91).

2 Die Verabschiedung der EuErbVO bildet den vorläufigen **Schlusspunkt einer Rechtsentwicklung,** die bis ins 19. Jahrhundert zurückreicht. Auch wenn den bisherigen Vereinheitlichungsversuchen im internationalen Erbrecht nur geringer Erfolg beschieden war, ist die Bedeutung dieser Bemühungen und ihr Scheitern für das Verständnis der EuErbVO nicht zu unterschützen. Dies gilt insbesondere für die bisherigen völkerrechtlichen Übereinkommen. In einigen Punkten dienten das Haager Erbrechtsübereinkommen aus dem Jahre 1989 sowie das Haager Testamentsformübereinkommen aus dem Jahre 1961 (kommentiert in Anhang I zu Art. 27 EuErbVO) als Vorbild für die EuErbVO. Viele ihrer Regelungen lassen sich nur vor dem Hintergrund früherer politischer Entwicklungen erklären.

1. Internationale Vereinheitlichung

3 Bereits Mitte des 19. Jahrhunderts erkannten einzelne Staaten die Notwendigkeit, in erbrechtlichen Fragen für einen **grenzüberschreitenden Entscheidungseinklang** zu sorgen. Das bezeugt der Staatsvertrag zwischen der Schweizerischen Eidgenossenschaft und dem Großherzogtum Baden betreffend die gegenseitigen Bedingungen über Freizügigkeit und weitere nachbarliche Verhältnisse vom 6.12.1856. Der Vertrag enthielt in Art. 6 eine eigene Zuständigkeits- und Kollisionsnorm für grenzüberschreitende Nachlassfälle, die an die Belegenheit des Vermögens anknüpfte und bei Belegenheit von Vermögen in beiden Staaten das Recht der Staatsangehörigkeit bzw. im Falle der Staatsangehörigkeit eines anderen Staates das Recht des letzten Wohnsitzes für anwendbar erklärte (näher hierzu *H. Müller* FS Raape, 1948, 229; Text und Kommentierung bei Staudinger/*Firsching,* 12. Aufl. 1987, EGBGB Vor Art. 24–26 Rn. 451; zum Außerkrafttreten *Wochner* RIW 1986, 134).

4 Auf multilateraler Ebene beschäftigte die Problematik internationaler Erbfälle bereits die erste Sitzung der **Haager Konferenz für IPR** im Jahre 1893. Im Mittelpunkt standen dabei Fragen der Anknüpfung des Erbstatuts. Auf den Sitzungen Anfang des 20. Jahrhunderts arbeitete man die Bedeutung des internationalen Erbverfahrensrechts heraus, insbesondere der internationalen gerichtliche Zuständigkeit für Erbschaftseröffnungen und Erbausschlagungen, und ergänzte die Entwürfe um entsprechende Regelungsvorschläge. Der Entwurf aus dem Jahre 1928 sah eine weitreichende Kodifikation des interna-

tionalen Erb- und Erbverfahrensrechts vor (Staudinger/*Firsching,* 12. Aufl. 1987, EGBGB Vor Art. 24–26 Rn. 395 ff.). Diese Vorschläge waren zu ambitioniert, um zum damaligen Zeitpunkt die nötige politische Unterstützung erlangen zu können (*van Loon* MittRhNotK 1989, 9 (10)). Das Übereinkommen scheiterte nicht zuletzt am Widerstand Frankreichs, das ein einheitliches Erbstatut auch unter Einbeziehung von Immobiliarvermögen (sog. Nachlasseinheit) ablehnte (zum Ganzen *Lübcke,* Das neue europäische Internationale Nachlassverfahrensrecht, 2013, 158–161).

Einen beachtlichen Erfolg kann die Geschichte des internationalen Erbrechts auf der Ebene der regionalen Rechtsvereinheitlichung mit der **Nordischen Nachlasskonvention** vom 9.11.1934 (NADK) zwischen Dänemark, Finnland, Island, Norwegen und Schweden vorweisen. Die Konvention knüpft für internationale Erbfälle an den letzten Wohnsitz an, wenn der Erblasser diesen seit fünf Jahren gehabt haben sollte, hilfsweise an die Staatsangehörigkeit. Neben einem Gleichlauf zwischen anwendbarem Recht und gerichtlicher Zuständigkeit ist vor allem auch die Gewährleistung eines vereinfachten und beschleunigten Verfahrens zur Anerkennung und Vollstreckung beachtlich (vgl. *Giesen,* Die Anknüpfung des Personalstatuts im norwegischen und deutschen internationalen Privatrecht, 2010, 26 f.; *Korkisch* RabelsZ 23 (1958), 599 (621); *Uddgren* RabelsZ 9 (1935), 266). Diese Regelungen und die Vorschriften über die verfahrensrechtlichen Aspekte der Nachlassverwaltung haben sich in der Praxis der nordischen Staaten etabliert (→ EuErbVO Art. 75 Abs. 3). Zuletzt wurde des Übereinkommen am 1. Juni 2012 modifiziert (näher hierzu sowie zu Kompetenzproblemen *Frantzen,* in Löhnig/Schwab/Henrich/Gottwald/Grziwotz/Reimann/Dutta, Erbfälle unter Geltung der Europäischen Erbrechtsverordnung, 2014, 67 (69); vgl. auch *Ring/Olsen-Ring,* ZEV 2017, 200 und ZEV 2019, 631). Ein vergleichbares Projekt in den Benelux-Staaten zur Einführung eines einheitlichen IPR-Gesetzes scheiterte im Jahre 1975 angesichts der Überlegungen der IPR-Vereinheitlichung innerhalb der EWG (*Lübcke,* Das neue europäische Internationale Nachlassverfahrensrecht, 2013, 169 f.). 5

Einen Meilenstein in der internationalen Erbrechtsvereinheitlichung bildet das **Haager Testamentsformübereinkommen** (HTestformÜ) vom 5.10.1961 (vgl. BGBl. 1965 II 1144; kommentiert in Anhang I zu Art. 27). Dieses ist das einzige der erbrechtlichen Übereinkommen, das auch in Deutschland gilt. Das Übereinkommen ist von dem Gedanken des favor testamenti getragen. Durch eine breitgefächerte alternative Anknüpfung verhilft es letztwilligen Verfügungen in großzügigem Umfang zur Wirksamkeit, um dem Erblasserwillen Geltung zu verschaffen. Art. 27 entspricht weitgehend Art. 1 HTestformÜ. Hintergrund für diese Übereinstimmung ist ua, dass 16 Mitgliedstaaten an das Haager Testamentsformübereinkommen gebunden sind und das Haager Testamentsformübereinkommen in ihrem Verhältnis nach Art. 75 weitergilt (→ EuErbVO Art. 27 Rn. 1 ff.; → EuErbVO Art. 75 Rn. 1). Daneben ist das **Washingtoner Übereinkommen** über ein einheitliches Recht der **Form** eines **internationalen Testaments vom 26.10.1973** zu beachten (kommentiert in Anhang 2 zu Art. 27 EuErbVO), dem einige Mitgliedstaaten angehören (→ EuErbVO Art. 75 Rn. 7). Als weitere Übereinkommen sind in diesem Zusammenhang das Haager Trustübereinkommen vom 1.7.1985 sowie das Baseler Übereinkommen über die Schaffung eines Systems zur Registrierung von Testamenten vom 16.5.1972 zu nennen. 6

Gelang der Haager Konferenz mit dem Haager Testamentsformübereinkommen ein Durchbruch der Vereinheitlichung auf einem Spezialgebiet des internationalen Erbrechts, musste sie mit dem **Haager Übereinkommen** vom 2.10.1973 über die internationale **Verwaltung von Nachlässen** wiederum einen Rückschlag hinnehmen (vgl. hierzu und mit Abdruck des Textes Staudinger/*Dörner* EGBGB Vor Art. 25 Rn. 121). Das Übereinkommen sieht ein internationales Zertifikat vor, das Nachlassverwaltern den Nachweis ihrer Verfügungsbefugnisse erleichtern soll, wenn sie in anderen Vertragsstaaten über bewegliches Vermögen verfügen. Lediglich die Türkei und die Tschechoslowakei haben das Übereinkommen ratifiziert. Es ist erst mit der Spaltung der Tschechoslowakei in Kraft getreten, da auf diesem Wege die erforderliche Zahl von drei Vertragsstaaten erreicht wurde (BeckOGK/*J. Schmidt* Art. 75 EuErbVO Rn. 18). Die Bedeutung des Übereinkommens liegt in der Idee, durch die Anerkennung öffentlicher Urkunden die grenzüberschreitende Abwicklung von Nachlässen zu erleichtern. Das Übereinkommen konnte sich jedoch nicht durchsetzen, weil der Vermutungswirkung der Urkunde kein gemeinsames Erbkollisionsrecht zugrunde lag und es damit zwingend zu Friktionen zum Kollisionsrecht des Verwendungsstaates kommen musste (vgl. *Lagarde,* in Gottwald, Perspektiven der justiziellen Zusammenarbeit in Zivilsachen in der Europäischen Union, 2004, 1 (19); *Kleinschmidt* RabelsZ 77 (2013), 723 (744)). Man kann in dem Übereinkommen einen Vorreiter der Regelungen über das Europäische Nachlasszeugnis (ENZ) in den Art. 62 ff. sehen, darf dabei aber nicht den wesentlich engeren Anwendungsbereich des Übereinkommens aus dem Blick verlieren. 7

Einen erneuten Anlauf zur Vereinheitlichung des Erbkollisionsrechts unternahm die Haager Konferenz mit dem **Haager Übereinkommen über das auf die Rechtsnachfolge von Todes wegen anzuwendende Recht** vom 1.8.1989. Das Übereinkommen ist bislang nicht in Kraft getreten, da es nur von Argentinien, Luxemburg, den Niederlanden und der Schweiz ratifiziert wurde. Die Niederlande haben das Übereinkommen durch Erbkollisionsgesetz mit Wirkung zum 1.10.1996 umgesetzt (vgl. *Schmellenkamp* MittRhNotK 1997, 245; *Eule* ZEV 2007, 219; Text des Übereinkommens bei *Riering* MittRhNotK 1997, 271). Das Übereinkommen hat die Kollisionsnormen der EuErbVO beeinflusst 8 (vgl. MüKoBGB/*Dutta* EuErbVO Vor Art. 1 Rn. 23; *Max Planck Institute* RabelsZ 74 (2010), 522 (525) [zum Entwurf]; vgl. zu Art. 27 ErwG 52). Das gilt insbesondere für die grundsätzliche Anknüpfung des Erbstatuts an den gewöhnlichen Aufenthalt des Erblassers. Nach Art. 3 des Übereinkommens sollte diese Anknüpfung maßgeblich sein, wenn der gewöhnliche Aufenthalt mindestens fünf Jahre vor dem Tod des Erblassers bestand. Vorbildfunktion hat auch Art. 5 des Übereinkommens, der dem Erblasser die Möglichkeit einer Rechtswahl einräumte, im Gegensatz zu Art. 22 Abs. 1 EuErbVO aber auch die Wahl des Rechts des gewöhnlichen Aufenthalts im Zeitpunkt der Rechtswahl zuließ. Große Parallelen bestehen auch zwischen dem Errichtungsstatut für Erbverträge in Art. 9 und 10 des Übereinkommens und Art. 25 EuErbVO (vgl. *Heinig* RNotZ 2014, 281 (296 f.); MüKoBGB/*Dutta* EuErbVO Art. 25 Rn. 1). Auch wenn das Haager Erbrechtsübereinkommen selbst nie in Kraft getreten ist, hat es eine starke Ausstrahlungswirkung auf das Kollisionsrecht der EuErbVO gehabt. Man kann daher von einem „späten Erfolg" des Übereinkommens sprechen (*Süß* ZEuP 2013, 725 (728)).

2. Entstehung der EuErbVO

9 Mit dem **Amsterdamer Vertrag** vom 2.10.1997 (ABl. EG 1997 C 340, 1) wurde eine EU-Erbrechtsverordnung eine politische Option. Art. 61 lit. c EGV und Art. 65 lit. b und c EGV begründeten zugunsten der Gemeinschaft eine Kompetenz zum Erlass von Regelungen im internationalen Privat- und Zivilverfahrensrecht. Bereits kurze Zeit später setzte der Wiener Aktionsplan einen Rechtsakt zum internationalen Erbrecht auf die politische Agenda. Der Aktionsplan betonte, dass die Ergebnisse der Haager Konferenz Berücksichtigung finden müssten (ABl. 1998 EG C 19, 1, unter Nr. 41 lit. c). Im Maßnahmenprogramm zur Umsetzung des Grundsatzes der gegenseitigen Anerkennung gerichtlicher Entscheidungen in Zivil- und Handelssachen gab der Rat das Ziel aus, nach dem Vorbild der Brüssel II-VO auch im Erbrecht ein Rechtsinstrument zur internationalen Zuständigkeit und gegenseitigen Anerkennung von Entscheidungen zu schaffen (ABl. EG 2001 C 12, 1 (8)).

10 Die Europäische Kommission beauftragte daraufhin das **Deutsche Notarinstitut (DNotI)** damit, in Zusammenarbeit mit Professor *Paul Lagarde* (Paris) und Professor *Heinrich Dörner* (Münster) eine **rechtsvergleichende Studie** zum internationalen Erbverfahrens- und Kollisionsrecht zu erstellen. Die Studie, die im Institut maßgeblich von *Christian Hertel* und *Wolfgang Riering* betreut wurde, erschien 2002 (DNotI, Rechtsvergleichende Studie der erbrechtlichen Regelungen des Internationalen Verfahrensrechts und Internationalen Privatrechts der Mitgliedstaaten der Europäischen Union; vgl. hierzu in der Rückschau *Hertel,* FS 25 Jahre DNotI, 2018, 775). Die Studie stellte die Weichen für zentrale Regelungen der EuErbVO (vgl. *Navrátilová* GPR 2008, 144 (145); *Schaub* Hereditare 3 (2013), 91 (95); *Soutier,* Die Geltung deutscher Rechtsgrundsätze im Anwendungsbereich der Europäischen Erbrechtsverordnung, 2015, 14). Sie schlug eine Harmonisierung von internationaler Zuständigkeit und Kollisionsrecht vor. Die Studie sprach sich ua für das System der Nachlasseinheit und die Anknüpfung von Erbstatut und internationaler Zuständigkeit an den letzten gewöhnlichen Aufenthalt des Erblassers aus. Sie befürwortete außerdem eine Rechtswahlmöglichkeit zugunsten der Staatsangehörigkeit und des gewöhnlichen Aufenthaltes im Zeitpunkt der Rechtswahl (S. 259–275) sowie die Einführung eines europäischen Erbscheines (S. 305 ff.). Im Jahr 2004 veranstaltete das DNotI eine Konferenz in Brüssel, auf der die Ergebnisse der Studie diskutiert wurden (DNotI, Internationales Erbrecht in der EU, 2004; hierzu auch *Süß* ZErb 2005, 28; *Voltz* IPRax 2005, 64).

11 Im Anschluss an das Haager Programm (ABl. EG 2005 C 53, 1 (13)) legte die Kommission ein **Grünbuch zum Erb- und Testamentsrecht** vor (KOM (2005) 65 endg.). Ausgangspunkt war die Feststellung, dass die Mobilität der Bürger die Abwicklung internationaler Erbfälle erschwert. Aus den unterschiedlichen Regelungen im Verfahrens- und Kollisionsrecht würden Probleme für den Entscheidungseinklang resultieren. Um diese Probleme zu lösen und die Freizügigkeit der Bürger zu fördern, brachte die Kommission die Vereinheitlichung des internationalen Erbverfahrens- und Kollisionsrechts mit weitreichenden Rechtswahlmöglichkeiten ins Spiel (KOM (2005) 65 endg., 3 (6); s. zum Grünbuch auch *Mansel,* FS Ansay, 2006, 185 (186); *Stumpf* EuZW 2006, 587). Die Stellungnahmen zum Grünbuch fielen überwiegend positiv aus (vgl. *Lehmann* IPRax 2006, 204; *Navrátilová* GPR 2008, 144 (146)). Mit seiner Entschließung vom 16.11.2006 signalisierte das Europäische Parlament der Kommission politische Unterstützung für eine Europäische Erbrechtsverordnung. Grundlage der Entschließung war der durch den Abgeordneten ***Gargani*** verfasste **Bericht** des Rechtsausschusses. Das Parlament sprach sich insbesondere für einen Gleichlauf von anwendbarem Recht und Zuständigkeit, die Möglichkeit einer testamentarischen Gerichtsstandswahl, die Einführung eines „Europäischen Erbscheins" und die unselbständige Vorfragenanknüpfung im Kollisionsrecht aus (EP-Dok. A6–0359/2006). Im November 2006 veranstaltete die Kommission eine öffentliche Anhörung (vgl. *Ziegert* ZErb 2007, 218 f.). Sie setzte außerdem eine Sachverständigengruppe zum Thema „Vermögensrechtliche Folgen der Ehe und anderer eheähnlicher Lebensgemeinschaften sowie Erb- und Testamentsrecht in der Europäischen Union" ein (ABl. EG 2006 C 51, 3). Obwohl die weitere Entwicklung der EuErbVO damit unter guten Vorzeichen stand, geriet das Gesetzesvorhaben ins Stocken (vgl. *Baldus* GPR 2009, 105). Ein informeller Entwurf der Sachverständigengruppe war zwischenzeitlich an die Öffentlichkeit gelangt. Hintergrund für die

Verzögerung des Vorhabens war, dass Kritik an einzelnen Punkten des informellen Vorschlags laut wurde. Unter Rücksicht auf das zweite irische Referendum veröffentlichte die Kommission den Vorschlag erst am 14.10.2009 und damit sechs Monate später als geplant (*Wagner* DNotZ 2010, 506 (507)).

Der **Verordnungsvorschlag** (KOM (2009) 154 endg.) enthielt bereits zentrale Vorschriften der EuErbVO. Er konnte sich in den entscheidenden Punkten durchsetzen, wurde aber nicht zuletzt auch aufgrund zahlreicher Stellungnahmen (zB des Hamburger *Max Planck Instituts,* RabelsZ 74 (2010), 522) einigen nicht unerheblichen Änderungen unterzogen (→ Rn. 15 ff.). Die Stellungnahme des EWSA vom 14.7.2010 **(Cappelini-Bericht)** begrüßte den Vorschlag, äußerte jedoch Bedenken mit Blick auf den Ausschluss des Renvoi im Verhältnis zu Drittstaaten (Art. 26) und schlug eine Regelung vor, die dem jetzigen Art. 34 weitgehend entspricht. Nicht durchsetzen konnte sich der EWSA mit der Forderung, die Gültigkeit der beglaubigten Abschriften des Nachlasszeugnisses auf 9 oder 12 Monate zu verlängern (EWSA-Dok. T/511 – CESE 962/2010). Am 23.2.2011 erschien der vorläufige Bericht des EP, den der Berichtserstatter *Kurt Lechner* verfasst hatte. Der Bericht enthielt insgesamt 121 Änderungsanträge, die im Mai 2011 um 124 weitere Änderungsanträge ergänzt wurden. Im Juni 2011 erzielte der Rat eine sog. **politische Einigung** über die wesentlichen Eckpunkte. Diese berücksichtigte bereits die Auffassung des Parlaments. Es fanden insgesamt 13 Triloge zwischen EP, Rat und Kommission statt (näher hierzu *Lechner* ZErb 2014, 188 (190); *Lechner* in Dutta/Herrler, Die Europäische Erbrechtsverordnung, 2014, 5 Rn. 18 ff.; *Lechner* FS Bittner, 2018, 343). Im Februar 2012 wurde der ***Lechner*-Bericht** um den Änderungsantrag 246 ergänzt, der die endgültige Fassung enthielt und vom Rechtsausschuss am 1.3.2012 gebilligt wurde. Nachdem das Parlament am 13.3.2012 den Gesetzgebungsvorschlag in erster Lesung beschlossen hatte (589 Ja-Stimmen, 21 Nein-Stimmen, 79 Enthaltungen), billigte der Rat am 7.6.2012 den Standpunkt des Parlaments bei einer Gegenstimme (Malta). 12

Die EuErbVO wurde am **27.2.2012 im Amtsblatt der EU** veröffentlicht. Sie ist somit am **16.8.2012 in Kraft getreten** (→ EuErbVO Art. 84). Anwendbar ist sie für **Erbfälle nach dem 16.8.2015** (Art. 83 Abs. 1, Art. 84 UAbs. 2), wobei die Verordnung in Art. 83 einige weitere Übergangsbestimmungen enthält (→ EuErbVO Art. 83 Rn. 1 ff.). 13

Mit der **Durchführungsverordnung** (EU) Nr. 1329/2014 vom 9.12.2014 (ABl. EU 2014 L 359, 30) zur Festlegung der Formblätter für die Durchführung der EuErbVO hat die Kommission den nach Art. 80 erforderlichen Rechtsakt für die Bescheinigungen nach Art. 46 Abs. 3 lit. b, Art. 50 Abs. 1 und Art. 60 Abs. 2, Art. 61 Abs. 2, Art. 65 Abs. 2 und Art. 67 Abs. 1 erlassen (abgedruckt jeweils im Anhang der jeweiligen Artikel; hierzu auch *Dorsel/Schall* GPR 2015, 36). 14

3. Änderungen des Kommissionsvorschlags

Die wesentlichen Eckpunkte des Kommissionsentwurfs finden sich auch in der Schlussfassung der EuErbVO. Dies gilt insbesondere für die Anknüpfung an den letzten gewöhnlichen Aufenthalt, die Möglichkeit einer Rechtswahl sowie das Prinzip der Nachlasseinheit. Dennoch hat der Gesetzgeber im Laufe Gesetzgebungsverfahrens einige nicht unerhebliche Änderungen vorgenommen. Der Vergleich der EuErbVO mit dem Kommissionsvorschlag ist in einigen Punkten für das Verständnis der Verordnung von zentraler Bedeutung. 15

Im Kapitel über die Regelungen zur **gerichtlichen Zuständigkeit** wurde in Art. 5 die Parteiautonomie im Verfahrensrecht gestärkt und die Möglichkeit einer Gerichtsstandsvereinbarung zwischen den Beteiligten des Nachlasses eingeführt. Art. 8 bezieht die Möglichkeiten einer außergerichtlichen Streitbeilegung in die EuErbVO ein. Hat der Erblasser eine Rechtswahl des Erbrechts getroffen, kann sich das angerufene Gericht für unzuständig erklären (Art. 6). Anders als in Art. 5 des Kommissionsentwurfs, sieht Art. 6 nicht mehr die Möglichkeit einer bindenden Verweisung an ein Gericht aus dem Staat des gewählten Rechts vor. Gestrichen wurde die subsidiäre Zuständigkeit für den gesamten Nachlass auch in Drittstaatenfällen, in denen der Erbe oder Vermächtnisnehmer seinen gewöhnlichen Aufenthalt in einem Mitgliedstaat hat (Art. 10 des Entwurfs). Ergänzt wurde der Kommissionsentwurf um eine Regelung zur Notzuständigkeit in Art. 11 (s. bereits *Kindler* IPRax 2010, 44 (46); *Lorenz* ErbR 2012, 39 (42)). Einige Kritiker hatten den Begriff des gewöhnlichen Aufenthalts wegen seiner Unschärfe kritisiert. Um diese Kritik zu entkräften, hat der Gesetzgeber den Begriff in den Erwägungsgründen 23 und 24 näher umschrieben (vgl. hierzu *Mansel/Thorn/Wagner* IPRax 2013, 1 (7); *Lange* ZVglRWiss 110 (2011), 426 (428)). 16

Die größten Änderungen hat der Verordnungsvorschlag im **Kollisionsrecht** erfahren. In Art. 21 Abs. 2 wurde eine Ausweichklausel aufgenommen. Damit ist die Anknüpfung an den letzten gewöhnlichen Aufenthalt nicht starr, sondern für eine Korrektur im Sinne der Einzelfallgerechtigkeit offen. Zu einer kleinen Änderung ist es in Art. 17 des Entwurfs gekommen. Art. 22 Abs. 1 der Verordnung lässt die Rechtswahl zugunsten des Staates zu, dem die Person im Zeitpunkt ihres Todes angehört (zum Hintergrund *Lechner* FS Bittner, 2018, 343 (347)). Die Wissenschaft war für weitreichende Rechtswahlmöglichkeiten eingetreten und hatte in Anlehnung an Art. 5 Abs. 1 des Haager Erbrechtsübereinkommens gefordert, eine Rechtswahl des gegenwärtigen gewöhnlichen Aufenthalts als weitere Option einzuführen (DNotI, Rechtsvergleichende Studie, 2002, 267; *Max Planck Institute* RabelsZ 74 (2010), 17

522 (610 f.)). Dem ist die EuErbVO bedauerlicherweise nicht gefolgt (→ Rn. 37). Grundlegende Änderungen hat der Kommissionsentwurf auch hinsichtlich der Anknüpfung des Erbstatuts erfahren. Die Verordnung knüpft in Art. 24 das Statut für die Errichtung des Testaments im Hinblick auf dessen Zulässigkeit und materielle Wirksamkeit an das Erbrecht an, das gegolten hätte, wenn der Erblasser im Zeitpunkt der Errichtung des Testaments verstorben wäre (hypothetisches Erbstatut). Um Unklarheiten zu vermeiden, enthält die Verordnung nunmehr in Art. 26 eine Definition des Begriffs der materiellen Wirksamkeit. Zu großen Änderungen ist es außerdem bei der Anknüpfung von Erbverträgen gekommen (→ EuErbVO Art. 25). Anders als Art. 18 des Kommissionsentwurfs, der den Erbvertrag im Ganzen dem hypothetischen Erbstatut unterstellte, gilt dies nach Art. 25 nunmehr nur für die Zulässigkeit des Vertrags, seine Bindungswirkungen einschließlich der Voraussetzung für eine Auflösung und materielle Wirksamkeit. Die Regelung in Art. 18 Abs. 1 S. 2 des Entwurfs wurde gestrichen. Hiernach erlangte der Erbvertrag nachträglich Wirksamkeit, wenn er nach dem (letztlich maßgeblichen) Erbstatut wirksam wurde. Diese Lösung war unter Gesichtspunkten der Rechtsunsicherheit kritikwürdig, weil ein unwirksamer Erbvertrag durch eine bloße Verlegung des gewöhnlichen Aufenthalts nachträglich wirksam werden konnte (vgl. *Buschbaum/M. Kohler* GPR 2010, 162 (163); *Lange* ZVglRWiss 110 (2011), 426 (434); aA *Wilke* RIW 2012, 601 (606)). Auf starke Kritik ist der Verordnungsvorschlag gestoßen, weil er keine Regelung zur Formwirksamkeit von letztwilligen Verfügungen enthielt und auf das Haager Testamentsformübereinkommen verwies (vgl. ErwG 19 S. 1). Warum eine Europäische Erbrechtsverordnung gerade den besonders wichtigen Bereich des Formstatuts nicht regeln sollte, leuchtete nicht ein, zumal das Haager Testamentsformübereinkommen nicht in allen Mitgliedstaaten gilt. Außerdem klammert das Übereinkommen Erbverträge von seinem Anwendungsbereich aus (zur Kritik vgl. *Lorenz* ErbR 2012, 49 (47); *Max Planck Institute* RabelsZ 74 (2010), 522 (622)). Der Gesetzgeber sah sich daher veranlasst, eine Kollisionsnorm zur Bestimmung der Formwirksamkeit von letztwilligen Verfügungen einschließlich Erbverträgen zu schaffen. Eine weitere wichtige Änderung betrifft neben der Sonderkollisionsnorm des Art. 29 die Zulassung von Rück- und Weiterverweisungen im Verhältnis zu Drittstaaten in Art. 34. Der Ausschluss des Renvoi in Art. 26 des Kommissionsentwurfs war nicht überzeugend, weil er den Entscheidungseinklang im Verhältnis zu Drittstaaten gefährdete, was im Erbrecht besonders problematisch ist (vgl. BeckOGK/*J. Schmidt* EuErbVO Art. 34 Rn. 2 f.; *Buschbaum/M. Kohler* GPR 2010, 162 (163); *Kindler* IPRax 2010, 44 (48 f.); *Schurig,* FS Spellenberg, 2010, 343 (348 f.)). Korrekturen wurden auch in einem rechtspolitisch besonders sensiblen Bereich vorgenommen. Art. 27 Abs. 2 des Kommissionsentwurfs bestimmte, dass der ordre public gegenüber ausländischem Erbrecht nicht in Stellung gebracht werden konnte, weil das anwendbare Erbrecht den Pflichtteilsanspruch anders regelte. Diese Regelung wurde gestrichen, da sie erhebliche Unklarheiten aufwarf (*Lechner* ZErb 2014, 188 (191); vgl. auch *Lange* ZVglRWiss 110 (2011), 426 (439); *Looschelders,* FS Coester-Waltjen, 2015, 531 (542); *Lorenz* ErbR 2012, 39 (48)). Nicht zuletzt fehlten im Kommissionsentwurf interpersonale Kollisionsvorschriften bei Mehrrechtsstaaten. Die Lücke wurde durch Art. 37 geschlossen.

18 Nur geringfügige Änderungen hat der Gesetzgeber im Kapitel **zur Anerkennung und Vollstreckung ausländischer Entscheidungen** vorgenommen. Enthielt Art. 33 des Kommissionsentwurfs eine Verweisung auf die Bestimmungen der Brüssel I-VO, entschied man sich aus Gründen der Gesetzeskosmetik dafür, diese Regelungen in die Verordnung zu inkorporieren (→ EuErbVO Art. 39 ff.). Erheblicher Nachbesserungsbedarf bestand bei der Regelung über die **„Anerkennung öffentlicher Urkunden“** in Art. 34 des Entwurfs (vgl. *M. Kohler/Buschbaum* IPRax 2010, 313; *Max Planck Institute* RabelsZ 74 (2010), 522 (679 f.)). Neben der Bereinigung terminologischer Ungenauigkeiten („Annahme“ anstelle von „Anerkennung“) und einer Präzisierung der Beweiswirkung („Beweiskraft des Ursprungsmitgliedstaates oder die damit am ehesten vergleichbare Wirkung“) sieht der jetzige Art. 59 Vorschriften zum Verfahren mit Blick auf Einwände hinsichtlich der Authentizität und der beurkundeten Rechtsverhältnisse vor. Zu Änderungen ist es auch im Bereich des **Europäischen Nachlasszeugnisses (ENZ)** gekommen. Nach Art. 69 Abs. 3 genügt nunmehr grobe Fahrlässigkeit, um den Gutglaubensschutz des Zeugnisses entfallen zu lassen. Die Geltungsdauer der beglaubigten Abschrift des Zeugnisses beträgt sechs und nicht – wie im Entwurf vorgesehen – nur drei Monate (→ EuErbVO Art. 70 Abs. 3).

II. Regelungsziele der EuErbVO

19 In der EU ereignen sich jährlich ca. 450.000 grenzüberschreitende Erbfälle mit einem Gesamtnachlasswert von insgesamt ca. 123 Milliarden EUR (vgl. SEK (2009) 411 endg., 4; Pressemitteilung der Kommission IP/09/1508). In Deutschland und der EU besitzt ungefähr jeder zehnte Erbfall einen grenzüberschreitenden Bezug (SEK (2009) 411 endg., 4; *Kleinschmidt* RabelsZ 77 (2013), 723 (726)). Dass in einem einheitlichen Raum der Freiheit, der Sicherheit und des Rechts ein **Handlungsbedarf** für die **Regelung grenzüberschreitender Erbfälle** besteht, ist evident. Eine Angleichung des Sachrechts kommt nicht in Frage, da die Union über keine Kompetenz in Fragen des materiellen Erbrechts verfügt (vgl. KOM (2005) 65 endg., 3; MüKoBGB/*Dutta* EuErbVO Vor Art. 1 Rn. 15). Ihr bleibt nur die Möglichkeit, die grenzüberschreitende Zusammenarbeit in Erbsachen durch eine Vereinheitlichung des internationalen Erbverfahrens- und Erbkollisionsrechts zu stärken.

1. Nachlassplanung *ex ante* und Nachlassabwicklung *ex post*

Die **wesentlichen Regelungsanliegen** der EuErbVO ergeben sich aus ihren Erwägungsgründen 7, 38 und 67: Ziel der EuErbVO ist es, die effektive grenzüberschreitende Durchsetzung von Rechten im Zusammenhang mit einem Erbfall zu sichern (ErwG 7 S. 1 und 3) sowie die Nachlassabwicklung zu erleichtern (ErwG 67). Außerdem soll es den Bürgern möglich sein, die Verteilung ihres Nachlasses im Voraus zu regeln (ErwG 7 S. 2 und 38). Die EuErbVO hat damit die Regulierung zweier verschiedener Ebenen im Blick, die Nachlassplanung *ex ante* und die Nachlassabwicklung *ex post* (EuGH NJW 2017, 3767 (3769) Rn. 56 – Brisch) Die EuErbVO verbessert die Gestaltungsmöglichkeiten für den Erblasser und stärkt zugleich die Rechte der Nachlassbeteiligten. Außerdem koordiniert sie die grenzüberschreitende gerichtliche Nachlassabwicklung und erzielt damit auch Einsparungseffekte im Bereich justizieller Ressourcen. Sie dient den Interessen der Rechtspflege. 20

2. Rechtssicherheit durch einheitliche Anknüpfung des Erbstatuts

Die unterschiedliche Anknüpfung des **Erbstatuts** erschwerte die **Nachlassplanung** erheblich, wenn der Erblasser über Vermögen in mehreren Mitgliedstaaten verfügte oder einen Wechsel seines gewöhnlichen Aufenthalts in einen anderen Mitgliedstaat in Erwägung zog (vgl. *Dörner/Hertel/Lagarde/Riering* IPRax 2005, 1 (2); *Lorenz* ErbR 2012, 39 (40 f.); *Süß* ZEuP 2013, 725 (727)). Erklärten die unterschiedlichen Kollisionsrechte jeweils ein anderes Erbrecht für anwendbar, musste der Erblasser bei der Gestaltung einer letztwilligen Verfügung beide Rechtsordnungen berücksichtigen. Das führte dazu, dass er bestimmte testamentarische Anordnungen nicht treffen konnte, die nach einer der beteiligten Rechtsordnungen unzulässig waren. Die EuErbVO sorgt mit ihren Anknüpfungsregelungen für einen internationalen Entscheidungseinklang. Art. 24 und Art. 25 erlauben es dem Erblasser, Verfügungen von Todes wegen nach dem hypothetischen Erbstatut des gegenwärtigen gewöhnlichen Aufenthalts zu errichten. Art. 22 versetzt den Erblasser in die Lage, das Recht seiner Staatsangehörigkeit zum gegenwärtigen Zeitpunkt oder im Zeitpunkt seines Todes als anwendbares Erbrecht zu bestimmen. Die Regelungen des Erbkollisionsrechts tragen zur Rechtssicherheit bei der Nachlassplanung und Testamentsgestaltung bei (SEK (2009) 411 endg., 5; *Herzog* ErbR 2013, 2). Die unterschiedliche Anknüpfung des Erbrechts war außerdem auch aus verfahrensrechtlicher Sicht misslich, weil sie die Beteiligten dazu einlud, *forum shopping* zu betreiben und an einem ihnen vorteilhaften Gerichtsstand ein Verfahren einzuleiten (*Schaub* Hereditare 3 (2013), 91; *Wilke* RIW 2012, 601). 21

3. Effiziente Nachlassabwicklung und grenzüberschreitende Durchsetzung von Rechten

Um ineffiziente **Parallelverfahren** zu vermeiden, vereinheitlicht die EuErbVO die Bestimmungen zur internationalen gerichtlichen Zuständigkeit. Dadurch vermeidet die Verordnung auch den Erlass von einander widersprechenden Entscheidungen (ErwG 34; SEK (2009) 411 endg., 4; vgl. auch ErwG 4 und 21 Brüssel Ia-VO). Die Regelungen über die Anerkennung und Vollstreckung gerichtlicher Entscheidungen in Erbsachen gewährleisten die **grenzüberschreitende Durchsetzung** erbrechtlicher Titel und sind daher für das Funktionieren der EuErbVO unerlässlich (vgl. ErwG 59; EuGH ZEV 2019, 350 (351) Rn. 33; MüKoBGB/*Dutta* EuErbVO Vor Art. 1 Rn. 16). Die Nachlassabwicklung hängt in Erbsachen in besonderem Maße davon ab, dass **Urkunden** grenzüberschreitend verwendet werden können. Vor diesem Hintergrund sieht die EuErbVO mit dem Europäischen Nachlasszeugnis (ENZ) einen europäischen **Erbnachweis** vor, der den Berechtigten den Nachweis ihrer Legitimation in anderen Mitgliedstaaten erleichtert (vgl. ErwG 67). 22

III. Primärrechtliche Grundlagen

Bei der EuErbVO handelt es sich um eine **Verordnung** iSv Art. 288 UAbs. 2 AEUV, die in jedem Mitgliedstaat ohne weiteren Umsetzungsakt gilt. 23

1. Kompetenzgrundlage

a) Justizielle Zusammenarbeit in Zivilsachen mit grenzüberschreitendem Bezug. Nach Art. 81 Abs. 1 AEUV kann die Union in Zivilsachen mit grenzüberschreitendem Bezug Maßnahmen zur Angleichung mitgliedstaatlicher Rechtsvorschriften erlassen, um die justizielle Zusammenarbeit zu stärken. Dass die EuErbVO der **grenzüberschreitenden Zusammenarbeit** in Zivilsachen dient, steht außer Frage. Nach Art. 81 Abs. 2 lit. a und c AEUV kann die Union Regelungen zur gegenseitigen 24

Anerkennung und Vollstreckung gerichtlicher Entscheidungen erlassen und die mitgliedstaatlichen Kollisionsnormen vereinheitlichen. Die Union verfügt daher auch in Erbsachen über eine Kompetenz, um die Vorschriften zur internationalen Zuständigkeit und zum anwendbaren Recht sowie die Regelungen für die grenzüberschreitende Anerkennung und Vollstreckung erbrechtlicher Entscheidung zu harmonisieren (*Buschbaum/M. Kohler* GPR 2010, 106; Geimer/Schütze/*Schall/Simon* IRV EuErbVO Einl Rn. 3; *Lübcke,* Das neue europäische Internationale Nachlassverfahrensrecht, 2013, 240; *Mansel,* FS Ansay, 2006, 185 (191); MüKoBGB/*Dutta* EuErbVO Vor Art. 1 Rn. 20; NK-NachfolgeR/*Köhler* EuErbVO Vor Art. 1 Rn. 2). Die Einführung des Europäischen Nachlasszeugnisses dient der Beseitigung von Hindernissen in der grenzüberschreitenden Abwicklung von Zivilverfahren; die entsprechenden Bestimmungen in der EuErbVO sind daher von der Kompetenzgrundlage des Art. 81 Abs. 2 lit. f AEUV abgedeckt (vgl. *Baldus* GPR 2006, 80 (81); *Wagner* DNotZ 2010, 506 (508); zweifelnd BR-Drucks. 780/09; *Süß* ZEuP 2013, 725 (730)). Nach hM kommt es auch nicht auf die Frage an, ob der Erlass der EuErbVO zum **Funktionieren des Binnenmarkts** erforderlich ist. Dies soll sich aus einem Umkehrschluss aus Art. 81 Abs. 2 AEUV ergeben, der den Binnenmarktbezug nur als Regelbeispiel nennt (vgl. BeckOGK/*J. Schmidt* EuErbVO Art. 1 Rn. 10; *Dutta* EuZW 2010, 530 (531); *Majer* ZEV 2011, 445 (448); NK-BGB/*Looschelders* EuErbVO Vor Art. 1 Rn. 5; *Max Planck Institute* RabelsZ 74 (2010), 522 (529); Streinz/*Leible* AEUV Art. 81 Rn. 11; *Wilke* RIW 2012, 601 (608); aA *Kindler* IPRax 2010, 44 (48)). Hierfür spricht auch, dass Art. 81 Abs. 3 AEUV als Unterfall der justiziellen Zusammenarbeit auch Maßnahmen im Familienrecht zulässt, obwohl dieses Rechtsgebiet genauso wenig wie das Erbrecht eine unmittelbare Binnenmarktrelevanz hat. Es ist somit unerheblich, ob die Verordnung tatsächlich die Personenfreizügigkeit (Art. 21 AEUV), die Arbeitnehmerfreizügigkeit (Art. 45 AEUV), die Niederlassungsfreiheit (Art. 49 AEUV) bzw. die Kapitalverkehrsfreiheit (Art. 63 AEUV) in hinreichend substantiellem Umfang fördert (hierfür *Mansel,* FS Ansay, 2006, 185 (190); MüKoBGB/*Dutta* EuErbVO Vor Art. 1 Rn. 20) oder ob insoweit nur zu unkonkrete mittelbare Zusammenhänge bestehen (*Stumpf* EuR 2007, 291 (299)). Die Verordnung gilt aber nur für Fälle mit einem grenzüberschreitenden Bezug (EuGH 16.7.2020 – C-80/19, NJW 2020, 294 Rn. 34 ff. – EE).

25 **b) Abgrenzung zum Familienrecht.** Die Kompetenzgrundlage für den Erlass der Erbrechtsverordnung ist auch nicht durch den Einstimmigkeitsvorbehalt für Maßnahmen auf dem Gebiet des **Familienrechts** nach Art. 81 Abs. 3 S. 1 AEUV eingeschränkt (*Baldus* GPR 2009, 105; *Max Planck Institute* RabelsZ 74 (2010), 522 (531); MüKoBGB/*Dutta* EuErbVO Vor Art. 1 Rn. 20). Erb- und Familienrecht weisen zwar diverse **Querverbindungen** auf. Dennoch lassen sich beide Rechtsgebiete klar voneinander trennen (*Baldus* GPR 2009, 105). Zwingende Nachlassbeteiligungen von Angehörigen wie Pflichtteils- und Noterbrechte dienen zwar auch der Versorgung der Familie, machen diese Rechtsinstitute aber nicht zu Instrumenten des Familienrechts. Dass erbrechtliche Rechtsverhältnisse häufig familienrechtliche Statusverhältnisse voraussetzen, ist ebenfalls ohne Bedeutung. Es handelt sich um Vorfragen aus dem Familienrecht, die an der erbrechtlichen Einordnung der von der EuErbVO geregelten Hauptfrage nichts ändern. Mitunter bereitet die Abgrenzung von erb- und familienrechtlicher Qualifikation eines Rechtsinstituts Schwierigkeiten. Diese Auslegungsschwierigkeiten rechtfertigen es aber nicht, den gesamten Regelungskomplex von Erb- und Familienrecht einheitlich zu betrachten und als Familienrecht iSv Art. 81 Abs. 3 AEUV einzuordnen. Dem Vorbehalt des Art. 81 Abs. 3 AEUV ist dadurch Rechnung zu tragen, dass man die EuErbVO primärrechtskonform auslegt und „Maßnahmen zum Familienrecht" von ihrem Anwendungsbereich ausklammert.

26 **c) Drittstaatensachverhalte.** So wie die anderen unionalen Rechtsakte auf dem Gebiet des IPR (vgl. Art. 2 Rom I-VO, Art. 3 Rom II-VO, Art. 4 Rom III-VO) ist auch die EuErbVO im Verhältnis zu Drittstaaten anwendbar (Art. 20). Dass nur Drittstaatensachverhalte mit gleichzeitigem Bezug zu einem weiteren Mitgliedstaat erfasst wären, lässt sich der Verordnung nicht entnehmen. Sie gilt daher auch in **reinen Drittstaatensachverhalten.** Ob die Union auch insoweit über eine Kompetenzgrundlage verfügt, ist umstritten (hierfür BeckOGK/*J. Schmidt* EuErbVO Art. 1 Rn. 10; *Buschbaum/M. Kohler* GPR 2010, 106; Geimer/Schütze/*Schall/Simon* IRV EuErbVO Einl. Rn. 3; *Max Planck Institute* RabelsZ 74 (2010), 522 (529); MüKoBGB/*Dutta* EuErbVO Vor Art. 1 Rn. 20; MüKoBGB/*v. Hein* EGBGB Art. 3 Rn. 36; NK-NachfolgeR/*Köhler* EuErbVO Vor Art. 1 Rn. 2; *Reymann* ZVglRWiss 114 (2015), 40 (52); *Wilke* RIW 2012, 601 (608); hiergegen *Kindler* IPRax 2010, 44 (48); *Majer* ZEV 2011, 445 (449); *Vékás,* in Reichelt/Rechberger, Europäisches Erbrecht, 2011, 41 (55); zweifelnd *Schaub* Hereditare 3 (2013), 91 (110)). Richtigerweise wird man davon ausgehen müssen, dass Art. 81 Abs. 1 AEUV auch insoweit eine ausreichende Kompetenzgrundlage begründet. Eine Regelung des internationalen Erbrechts für grenzüberschreitende Sachverhalte mit einem Bezug zu mindestens einem weiteren Mitgliedstaat ist rechtstechnisch kaum möglich. So können sich schwierige Abgrenzungsfragen stellen, wenn sich Vermögenswerte eines Erblassers mit drittstaatlichem Aufenthalt in einem oder mehreren Mitgliedstaaten befinden (vgl. *Buschbaum/M. Kohler* GPR 2010, 106; *Reymann* ZVglRWiss 114 (2015), 40 (52)). Häufig ist im Zeitpunkt des Erbfalls überhaupt nicht erkennbar, in welchen Staaten das Vermögen des Erblassers belegen ist. Eine Ausklammerung der Drittstaatenfälle würde daher auch die Anwendung und das Funktionieren der Verordnung beeinträchtigen (vgl. auch EuGH 7.2.2006 –

C-1/03, Slg. 2006 I-1145 = BeckEuRS 2006, 421995 Rn. 142ff.; 1.3.2005 – C-281/02, Slg. 2005 I-1445 = EuZW 2005, 345 Rn. 34 – Owusu). Ein weiteres Argument für eine Kompetenz der EU lässt sich aus dem Zusammenhang zwischen Anerkennung und Vollstreckung und anwendbarem Recht gewinnen: Die Vorschriften über die Anerkennung und Vollstreckung (Art. 39ff.) beziehen sich auf Entscheidungen mitgliedstaatlicher Gerichte in Erbsachen und garantieren damit auch die Urteilsfreizügigkeit in Erbfällen mit ausschließlichen Bezügen zu Drittstaaten. Beruhen die Urteile auf der Anwendung eines auch im Anerkennungsstaat geltenden Kollisionsrechts, vereinfacht dies die grenzüberschreitende Anerkennung und Vollstreckung. Außerdem verhindern einheitliche Anknüpfungsregelungen *forum shopping*. Es lässt sich daher nicht abstreiten, dass auch die Einbeziehung reiner Drittstaatensachverhalte in den Anwendungsbereich der EuErbVO der Förderung der justiziellen Zusammenarbeit dient (vgl. *Mansel,* FS Ansay, 2006, 185 (196); MüKoBGB/*v. Hein* EGBGB Art. 3 Rn. 36; *Reymann* ZVglRWiss 114 (2015), 40 (52)).

2. Teilnehmende Mitgliedstaaten – Sonderstatus von Dänemark, Vereinigtem Königreich und Irland

Das **Vereinigte Königreich und Irland** nahmen in Fragen der justiziellen Zusammenarbeit eine Sonderstellung ein. Für das Vereinigte Königreich hat sich die Frage mit dem Brexit erledigt, für Irland ist sie nach wie vor von Relevanz. Nach Art. 1 des Protokolls Nr. 21 über die Position des Vereinigten Königreichs und Irlands hinsichtlich des Raums der Freiheit, der Sicherheit und des Rechts sind die beiden Staaten nicht an Maßnahmen nach dem Titel V des AEUV und damit auch nicht an Rechtsakten nach Art. 81 AEUV beteiligt (ABl. EU 2012 C 326, 295). Beide Staaten haben jedoch die Möglichkeit eines **Opt-in** (Art. 3 des Protokolls Nr. 21). Im Fall der EuErbVO haben weder Großbritannien noch Irland hiervon Gebrauch gemacht (vgl. ErwG 82). Hierfür waren mehrere Gründe ausschlaggebend (vgl. *Lein* in Dutta/Herrler, Die Europäische Erbrechtsverordnung, 199 Rn. 10ff.; Hager/*Geimer,* Die neue europäische Erbrechtsverordnung, 9 (28f.); *Steeden* ZEV 2010, 533): Erstens äußerten beide Staaten Bedenken gegen den gewöhnlichen Aufenthalt als Anknüpfungsmoment, da dieses das strengere *domicile*-Kriterium ihrer Rechtsordnungen auflockert und unter leichteren Voraussetzungen zu einem Statutenwechsel führt. Zweitens befürchtete man, dass auch die Nachlassverwaltung inländischen Vermögens einem ausländischen Erbstatut unterstehen und es zu einer Ausschaltung der lex-fori-Regeln zur *administration of estates* kommen könnte. Drittens kritisierten beide Staaten die Auswirkungen eines *clawback* nach ausländischem und insbesondere kontinentalem Erbrecht, einer Rückforderung von lebzeitigen Schenkungen des Erblassers zur Erfüllung von Pflichtteilsrechten, die nach Art. 23 Abs. 2 lit. h dem Erbstatut unterliegt (→ Rn. 95). 27

Dänemark beteiligt sich nicht an der justiziellen Zusammenarbeit in Zivilsachen (s. Protokoll Nr. 22 über die Position Dänemarks, ABl. EU 2012 C 326, 299) und ist daher so wie Irland nicht an die EuErbVO gebunden. 28

Da die EuErbVO anders als Art. 1 Abs. 4 Rom I-VO und Art. 1 Abs. 4 Rom II-VO nicht ausdrücklich bestimmt, dass Mitgliedstaaten nur solche sind, in denen die Verordnung Anwendung findet, ist fraglich, ob Dänemark und Irland nicht im Rahmen der EuErbVO als **Mitgliedstaaten** anzusehen sind. Dies hätte zur Folge, dass die an die Verordnung gebundenen Staaten zur Anerkennung von Entscheidungen aus Dänemark und Irland nach Art. 39 verpflichtet wären, ohne dass umgekehrt ihre Entscheidungen in diesen Staaten anerkannt werden müssten. Das wäre befremdlich. Soweit die Verordnung auf die Mitgliedstaaten verweist, beruht sie auf dem Gedanken der Gegenseitigkeit. Eine Einbeziehung der nicht an die Verordnung gebundenen Mitgliedstaaten in den Begriff des Mitgliedstaats ließe sich auch nicht mit den Protokollen Nr. 21 und 22 vereinbaren. Art. 2 der Protokolle regelt jeweils, dass entsprechende Maßnahmen keine Rechtsverhältnisse zwischen der Union und den nicht teilnehmenden Mitgliedstaaten begründen (*Lein* in Dutta/Herrler, Die Europäische Erbrechtsverordnung, 2014, 199 Rn. 8). Im Anwendungsbereich der EuErbVO sind Dänemark und Irland daher keine Mitgliedstaaten, sondern Drittstaaten (*Döbereiner* MittBayNot 2013, 358 (359); *Frank/Döbereiner,* Nachlassfälle mit Auslandsbezug, Rn. 3; jurisPK-BGB/*Eichel* EuErbVO Art. 1 Rn. 21; *Lein* in Dutta/Herrler, Die Europäische Erbrechtsverordnung, 2014, 199 Rn. 8; MüKoBGB/*Dutta* EuErbVO Vor Art. 1 Rn. 29; *Reymann* ZVglRWiss 114 (2015), 40 (49); *Richters* ZEV 2012, 576 (577); *Soutier,* Die Geltung deutscher Rechtsgrundsätze im Anwendungsbereich der Europäischen Erbrechtsverordnung, 2015, 29; *Wilke* RIW 2012, 601 (602)). 29

3. Bedeutung der Grundfreiheiten

Die EuErbVO ist unionales Sekundärrecht. Sie muss daher den Vorgaben des Primärrechts Rechnung tragen. Dass die **Niederlassungsfreiheit** (Art. 49, 54 AEUV) und die **Personenfreizügigkeit** (Art. 21 AEUV) die international-privatrechtliche Anknüpfung des einfachen Gesetzesrechts überlagern können, verdeutlicht die Rspr. des EuGH zum Gesellschaftsrecht (vgl. EuGH 9.3.1999 – C-212/97, Slg. 1999 I-1459 = NJW 1999, 2027 – Centros; 5.11.2002 – C-208/00, Slg. 2002 I-9919 = 30

NJW 2002, 3614 – Überseering; 16.12.2008 – C-210/06, Slg. 2008 I-9641 = NJW 2009, 569 – Cartesio; 12.7.2012 – C-378/10, NJW 2012, 2715 – Vale; 25.10.2017 – C-106/16, NZG 2017, 1308 – Polbud). Hiernach kann ein Verstoß gegen die Niederlassungsfreiheit vorliegen, wenn eine nach den Vorschriften eines Mitgliedstaats wirksam gegründete Gesellschaft in einem anderen Mitgliedstaat aufgrund der Anknüpfung an den Verwaltungssitz (Sitztheorie) nicht anerkannt wird. Entsprechendes gilt im internationalen Namensrecht (vgl. EuGH 14.10.2008 – C-353/06, Slg. 2008 I-7639 = NJW 2009, 135 – Grunkin-Paul; 22.12.2010 – C-208/09, Slg. 2010 I-13693 = NJOZ 2011, 1346 – Sayn-Wittgenstein; 2.6.2016 – C-438/14, NJW 2016, 2093 – Bogendorff von Wolffersdorff). Es ist zB nicht mit der Personenfreizügigkeit vereinbar, wenn die namensrechtliche Anknüpfung im Zuzugsstaat dazu führt, dass einem Kind das Führen eines im Herkunftsland zulässigen Namens nicht mehr möglich ist. Vor dem Hintergrund stellt sich die Frage, inwieweit es primärrechtlich geboten ist, dass Anknüpfungsregeln ausländische Rechtslagen anerkennen (vgl. *Grünberger* in Leible/Unberath, Brauchen wir eine Rom 0-Verordnung?, 2013, 81; *Sonnenberger* FS Spellenberg, 2010, 371 (390 f.)). Unterliegen das internationale Gesellschafts- und Namensrecht primärrechtlichen Beschränkungen, könnten auch die Anknüpfungen der EuErbVO im Lichte Primärrechts kritisch zu würdigen sein. Probleme können sich ergeben, wenn die EuErbVO ein neues Rechtsregime beruft, weil der Erblasser von seiner Personenfreizügigkeit Gebrauch macht: Die Verordnung knüpft an den letzten gewöhnlichen Aufenthalt des Erblassers an. Das führt dazu, dass eine bestimmte testamentarische Gestaltung durch einen Statutenwechsel nachträglich ihre Wirkung verlieren kann (zB Anordnung einer Vor- und Nacherbschaft). Art. 24 knüpft nur die Zulässigkeit der Errichtung der letztwilligen Verfügung sowie ihre materielle Wirksamkeit an das Errichtungsstatut an, im Übrigen kommt es zu einem Statutenwechsel. Nach Errichtung eines Testaments könnte sich ein Erblasser deshalb daran gehindert sehen, von seiner Personenfreizügigkeit Gebrauch zu machen. Dennoch wird man nicht davon ausgehen können, dass die wandelbare Anknüpfung an den letzten gewöhnlichen Aufenthalt eine vom Schutzbereich der Personenfreizügigkeit bzw. Niederlassungsfreiheit erfasste Beschränkung darstellt (zweifelnd auch *Dutta,* in Reichelt/Rechberger, Europäisches Erbrecht, 2011, 57 (66)). Denn anders als im internationalen Gesellschafts- und Namensrecht erwirbt der Erblasser nach der Errichtung der letztwilligen Verfügung keine gesicherte Rechtsposition. Die letztwillige Verfügung wirkt sich erst mit dem Eintritt des Erbfalls aus. Der Erblasser muss stets damit rechnen, dass es bis zu diesem Zeitpunkt zu einer Änderung der Rechtslage kommt und er seine Nachfolgeplanung hieran anpassen muss. Es stellt daher keine Beeinträchtigung der Niederlassungsfreiheit oder Personenfreizügigkeit dar, wenn der Erblasser nach dem Wechsel des gewöhnlichen Aufenthalts eine neue letztwillige Verfügung errichten muss, die zum jeweiligen Erbstatut passt.

IV. Systematik der EuErbVO

31 Die EuErbVO unterscheidet sich in ihrer Regelungsdichte von den bisherigen international-privatrechtlichen Rechtsakten der Union. Sie ist ein **„all inclusive"-Rechtsakt** (MüKoBGB/*Dutta* EuErbVO Vor Art. 1 Rn. 21; vgl. auch *Kleinschmidt* RabelsZ 77 (2013), 723 (726); *Schaub* Hereditare 3 (2013), 91 (92 f.)). Sie verbindet Regelungen des Kollisionsrechts und des internationalen Verfahrensrechts in einem Gesetz. Mit den Bestimmungen zum Europäischen Nachlasszeugnis enthält sie außerdem eigene Sachnormen für einen grenzüberschreitenden Erbnachweis.

32 Vorangestellt ist der EuErbVO ein für die Rechtsakte auf dem Gebiet des internationalen Privatrechts ungewöhnlich umfangreicher Prolog mit insgesamt 83 **Erwägungsgründen.** Die Erwägungsgründe fassen den wesentlichen Regelungsinhalt der Verordnung zusammen. Daneben geben sie über die Motive des Gesetzgebers Aufschluss. **Kapitel I** definiert den Anwendungsbereich der Verordnung (Art. 1) und grenzt damit den Regelungsbereich des Erbrechts von anderen Materien ab, insbesondere von Fragen des Personenstandsrechts, des Familienrechts, des Gesellschaftsrechts und des Sachenrechts. Art. 3 enthält vor die Klammer gezogene Begriffsdefinitionen. In **Kapitel II** finden sich Regelungen zur internationalen Zuständigkeit (Art. 4–19). Anders als andere Rechtsakte im Bereich des internationalen Zivilverfahrensrechts kennt die EuErbVO keine konkurrierenden Zuständigkeiten. Dies sichert den Entscheidungseinklang. Diesem Ziel dienen auch die Vorschriften über die Rechtshängigkeit (Art. 18 f.). **Kapitel III** regelt Fragen des anzuwendenden Rechts und seiner Reichweite (Art. 20–38). Von großer Bedeutung sind die Sonderkollisionsnormen für Verfügungen von Todes wegen (Art. 24), Erbverträge (Art. 25) und die Formwirksamkeit (Art. 27). **Kapitel IV** enthält Regelungen zur Anerkennung und Vollstreckung von Entscheidungen (Art. 39–58). **Kapitel V** ist der Annahme öffentlicher Urkunden und ihrer Vollstreckbarkeit sowie der Vollstreckbarkeit gerichtlicher Vergleiche gewidmet (Art. 59–61), während **Kapitel VI** das Europäische Nachlasszeugnis detailliert regelt (Art. 62–73). **Kapitel VII** (Art. 74–84) enthält Allgemeine und Schlussbestimmungen, darunter auch die intertemporalen Übergangsregelungen (Art. 83).

V. Rechtspolitische Grundsatzentscheidungen

Der EuErbVO liegen mehrere rechtspolitische Grundsatzentscheidungen zugrunde. Sie haben der Verordnung ihr Gepräge verliehen und müssen bei der Auslegung der Verordnung stets in besonderem Maße Berücksichtigung finden. 33

1. Anknüpfung an den letzten gewöhnlichen Aufenthalt

Die wohl wichtigste rechtspolitische Entscheidung ist die Anknüpfung von Zuständigkeit und anwendbarem Recht an den **letzten gewöhnlichen Aufenthalt des Erblassers.** Die bisherigen mitgliedstaatlichen Erbkollisionsnormen waren insoweit sehr unterschiedlich (Überblick bei *Lorenz* ErbR 2012, 39 (40); *Mansel,* FS Ansay, 2006, 185 (187 f.); *Süß* ZEuP 2013, 725 (726)). Viele Rechtsordnungen hielten die Anknüpfung an die Staatsangehörigkeit für maßgeblich. Der Gesetzgeber der EuErbVO hat sich demgegenüber für den letzten gewöhnlichen Aufenthalt entschieden. Dies liegt auf der Linie einer allgemeinen Entwicklung im europäischen Kollisionsrecht (*Lange* ZVglRWiss 110 (2011), 426 (428); *Wilke* RIW 2012, 601 (604 f.)). Die Entscheidung für den gewöhnlichen Aufenthalt beruht auf rechtspolitischen Erwägungen. Aus primärrechtlichen Gründen ist sie nicht gefordert, da die Anknüpfung des anwendbaren Rechts an die Staatsangehörigkeit keine Diskriminierung iSv Art. 18 AEUV darstellt (vgl. *Basedow* IPRax 2011, 104 (112, 116); *Vékás* in Reichelt/Rechberger, Die Europäische Erbrechtsverordnung, 2011, 41 (53); undifferenziert KOM (2009) 154, 6). Sie erschwert EU-Bürgern auch nicht die Integration in einen anderen Mitgliedstaat (*Bonomi,* Liber Amicorum Siehr, 2010, 157 (164); *Lorenz* ErbR 2012, 39 (43)). 34

Der Vorzug der Anknüpfung an die Staatsangehörigkeit liegt darin, dass sie sich leichter als der gewöhnliche Aufenthalt feststellen lässt. Sie sorgt außerdem für eine größere Stabilität als die Anknüpfung an den letzten gewöhnlichen Aufenthalt. Ein mit einem Umzug verbundener Statutenwechsel ist für die Nachlassplanung und bisher errichtete Verfügungen von Todes wegen problematisch (*Bonomi,* Liber Amicorum Siehr, 2010, 157 (164); *Kanzleiter,* FS Zimmermann, 2010, 165 (174); *Kindler* IPRax 2010, 44 (47); *Knoth* ErbR 2019, 2 (9); *Mankowski,* IPRax 2017, 130 (133); *Soutier,* Die Geltung deutscher Rechtsgrundsätze im Anwendungsbereich der Europäischen Erbrechtsverordnung, 2015, 20; *Volmer* Rpfleger 2013, 421 (422)). Dennoch hat sich der Gesetzgeber zu Recht für den **letzten gewöhnlichen Aufenthalt** als Anknüpfungskriterium entschieden (hierfür auch *Bonomi,* Liber Amicorum Siehr, 2010, 157 (165 f.); *Dörner/Hertel/Lagarde/Riering* IPRax 2005, 1 (4); *Kindler* IPRax 2010, 44 (47); *Lagarde* in Gottwald, 1 (15 f.); *Lange* ZVglRWiss 110 (2011), 426 (428); *Mansel,* FS Ansay, 2006, 185 (210); *Wilke* RIW 2012, 601 (604); kritisch *Geimer,* in Reichelt/Rechberger, Die Europäische Erbrechtsverordnung, 2011, 1 (24 f.); *Jud* GPR 2005, 133 (135); *Lorenz* ErbR 2012, 39 (43); *Rauscher,* FS Jayme I, 2004, 719; *Schaub* Hereditare 3 (2013), 91 (111); *Schurig,* FS Spellenberg, 2010, 343 (346); für Kombinationslösung *Vékás* in Reichelt/Rechberger, Die Europäische Erbrechtsverordnung, 2011, 41 (54); zum Ganzen *Kern* RabelsZ 78 (2014), 294). Aufgabe des Kollisionsrechts ist es, den **Schwerpunkt des Rechtsverhältnisses** nach dem Prinzip der engsten Verbindung zu bestimmen. Dass die Staatsangehörigkeit eine engere Verbindung zur erbrechtlichen Rechtsnachfolge nach dem Erblasser begründet als der gewöhnliche Aufenthalt, lässt sich in der heutigen Zeit nicht mehr sagen. Die Anknüpfung an den gewöhnlichen Aufenthalt wird dem Mittelpunkt der Lebensverhältnisse des Erblassers und seiner gesellschaftlichen Verwurzelung eher gerecht als die Anknüpfung an die Staatsangehörigkeit. Am letzten gewöhnlichen Aufenthalt befindet sich regelmäßig der Großteil des Erblasservermögens. Hier liegt meistens auch der Schwerpunkt der vom Erblasser geknüpften Rechtsbeziehungen. Sind die Gerichte im Staat des letzten gewöhnlichen Aufenthalts für die Nachlassabwicklung wegen ihrer regelmäßigen Nähe zum Nachlassvermögen zuständig, sind für eine kollisionsrechtliche Anknüpfung an den letzten gewöhnlichen Aufenthalt auch Praktikabilitätserwägungen des Gleichlaufs von anwendbarem Recht und Zuständigkeit anzuführen. Die Ermittlung ausländischen Rechts ist regelmäßig mit einem höheren Aufwand verbunden (vgl. *Dörner/Hertel/Lagarde/Riering* IPRax 2005, 1 (4); *Kindler* IPRax 2010, 44 (45, 47); *Mankowski* IPRax 2015, 39 (40); *Mansel,* FS Ansay, 2006, 185 (210); *Remde* RNotZ 2012, 65 (72); *Vékás* in Reichelt/Rechberger, Die Europäische Erbrechtsverordnung, 2011, S. 41 (54); *Wilke* RIW 2012, 601 (603)). Außerdem macht es die Anknüpfung an den gewöhnlichen Aufenthalt dem Erblasser einfacher, vor Ort eine kompetente Rechtsberatung für die Planung seiner Nachfolge zu gewinnen (*Kanzleiter,* FS Zimmermann, 2010, 165 (171); *Mankowski* IPRax 2015, 39 (41)). 35

2. Beschränkte Zulassung von Parteiautonomie

Zentrales Anliegen der EuErbVO ist es, die Rahmenbedingungen für die internationale **Nachlassplanung** durch Rechtssicherheit und Stabilität zu verbessern (ErwG 7 und 38; → Rn. 20). Aus diesem Grund räumt die EuErbVO dem Erblasser die Möglichkeit ein, das anwendbare Erbrecht zu wählen. 36

Nach Art. 22 ist der Erblasser dabei auf das Recht seiner Staatsangehörigkeit im Zeitpunkt der Rechtswahl oder im Zeitpunkt seines Todes beschränkt. Die Rechtswahl friert das anwendbare Erbrecht ein. Zieht der Erblasser in einen anderen Mitgliedstaat um, muss er seine Nachfolgeplanung nicht überdenken (vgl. *Bonomi,* Liber Amicorum Siehr, 2010, 157 (166); *Dörner/Hertel/Lagarde/Riering* IPRax 2005, 1 (5); *Dutta* in Reichelt/Rechberger, Die Europäische Erbrechtsverordnung, 2011, 57 (62); *Lange* ZVglRWiss 110 (2011), 426 (432)). Das Erbrecht sollte der Testierfreiheit des Erblassers auch auf kollisionsrechtlicher Ebene Rechnung tragen (vgl. *Kindler* IPRax 2010, 44 (49); *Mansel,* FS Ansay, 2006, 185 (212)). Diese umfassende „große" Rechtswahl wird von der „kleinen" Rechtswahl flankiert: Der Erblasser kann für die Zulässigkeit und die materielle Wirksamkeit seiner Verfügung von Todes wegen das Recht seiner Staatsangehörigkeit wählen (→ EuErbVO Art. 24 Rn. 14 ff.). Die Parteien eines Erbvertrags können darüber hinaus auch für die Bindungswirkung materielle Wirksamkeit und Zulässigkeit des Vertrages das Recht der Staatsangehörigkeit einer Vertragspartei wählen, deren Nachlass betroffen ist (→ EuErbVO Art. 25 Rn. 18 ff.).

37 Weitergehende Rechtswahlmöglichkeiten sieht die EuErbVO nicht vor. Der Gesetzgeber hat sich wegen der „berechtigten Erwartungen der Pflichtteilsberechtigten" dagegen entschieden, eine Rechtswahl zugunsten des Staates des **gegenwärtigen gewöhnlichen Aufenthalts** zuzulassen (ErwG 38 S. 2; s. bereits KOM (2009) 154 endg., 7). Die Literatur hatte sich demgegenüber überwiegend für eine entsprechende Rechtswahlmöglichkeit ausgesprochen (DNotI, Rechtsvergleichende Studie, 2002, 267; *Dörner/Hertel/Lagarde/Riering* IPRax 2005, 1 (5); *Dutta* in Reichelt/Rechberger, Die Europäische Erbrechtsverordnung, 2011, 57 (71); *Kindler* IPRax 2010, 44 (49); *Lorenz* ErbR 2012, 39 (45); *Max Planck Institute* RabelsZ 74 (2010), 522 (610 f.); *Schurig,* FS Spellenberg, 2010, 343 (347); vgl. auch *Hertel,* FS 25 Jahre DNotI, 2018, 775 (785); kritisch etwa *Jud* GPR 2005, 133 (137 f.)). Für eine Rechtswahlmöglichkeit des gegenwärtigen gewöhnlichen Aufenthalts besteht ein praktisches Bedürfnis. Im Zeitalter der grenzüberschreitenden Mobilität verbindet den Erblassers mit seiner Staatsangehörigkeit mitunter nicht mehr als ein Ausweisdokument. Hat sich der Erblasser in einem anderen Mitgliedstaat niedergelassen und dort seinen sozialen und familiären Mittelpunkt, hat er ein legitimes Interesse, die Anwendbarkeit dieses Rechts auf seine Erbfolge sicherzustellen, auch wenn er überlegt, seinen gewöhnlichen Aufenthalt in einen anderen Mitgliedstaat zu verlegen. Indem die EuErbVO dem Erblasser diese Möglichkeit versagt, bricht sie mit ihren eigenen Prinzipien. Dem Erblasser wird eine rechtssichere Nachlassplanung erschwert. Er steht schlechter als derjenige Bürger, dessen Staatsangehörigkeit mit seinem gewöhnlichen Aufenthalt gleichläuft. Warum nur eine Rechtswahl der Staatsangehörigkeit als Ausdruck einer kulturellen Bindung schützenswert ist und nicht die eines ggf. langjährigen sozialen Lebensmittelpunkts, leuchtet nicht ein (so aber KOM (2009) 154 endg., 7). Einer solchen Rechtswahl liegen regelmäßig nachvollziehbare und anerkennenswerte Gründe der Nachlassplanung zugrunde. Auch das Anliegen, Pflichtteilsberechtigte zu schützen, erfordert nicht den kategorischen Ausschluss einer Rechtswahl des gegenwärtigen gewöhnlichen Aufenthalts. Dass der Erblasser seinen gewöhnlichen Aufenthalt kurzfristig in einen anderen Mitgliedstaat verlagert, um durch eine Rechtswahl des Erbstatuts Pflichtteilsrechte auszuschalten, dürfte nur sehr selten vorkommen. Außerdem könnte man in diesem Ausnahmefall eine Korrektur über den ordre public vornehmen (*Dutta* in Reichelt/Rechberger, Die Europäisches Erbrechtsverordnung, 2011, 57 (68)). Der Gesetzgeber sollte daher eine Rechtswahlmöglichkeit zugunsten des gegenwärtigen gewöhnlichen Aufenthalts in die Verordnung aufnehmen, wenn er sie einer Revision unterzieht. Nicht unbedingt erforderlich erscheint es demgegenüber, eine Rechtswahl auch zugunsten des Güterstatuts oder des in einzelnen Staaten belegenen Vermögens einzuführen (weitergehend *Dutta,* in Reichelt/Rechberger, Die Europäische Erbrechtsverordnung, 2011, 57 (72); *Max Planck Institute* RabelsZ 74 (2010), 522 (613 f.). Auch ein Bedürfnis, nicht nur den Erben die Möglichkeit einer Gerichtsstandsvereinbarung zu geben (Art. 5), sondern auch eine einseitige testamentarische Gerichtsstandsbestimmung zuzulassen, ist nicht unbedingt erkennbar (hierfür aber *Max Planck Institute* RabelsZ 74 (2010), 522 (586)).

3. Nachlasseinheit

38 Das internationale Erbkollisionsrecht vieler Mitgliedstaaten führte zu einer **Nachlassspaltung:** Für das unbewegliche Vermögen des Erblassers galt das Belegenheitsrecht des Vermögens, für das bewegliche Vermögen das Recht des letzten gewöhnlichen Aufenthalts bzw. der Staatsangehörigkeit. Diesem Regelungsansatz ist die EuErbVO nicht gefolgt. Sie hat sich für das Prinzip der Nachlasseinheit entschieden (→ EuErbVO Art. 21 Abs. 1; ErwG 37 S. 4; vgl. EuGH 12.10.2017 – C-218/16, NJW 2017, 3767 Rn. 57 – Kubicka; 21.6.2018 – C-20/17, NJW 2018, 2309 Rn. 56 – Oberle; *Herzog* ErbR 2013, 2 (7); Geimer/Schütze/*Schall/Simon* IRV EuErbVO Art. 1 Rn. 6; *Jud* GPR 2005, 133 f.; *Lange* ZVglRWiss 110 (2011), 426 (431); *Mansel/Thorn/Wagner* IPRax 2013, 1 (7)). Die Nachlassspaltung hat zwar den Vorteil, dass sie Schwierigkeiten in der Abstimmung von Erbstatut und Sachenrechtsstatut bei der Vermögensnachfolge in Immobiliarvermögen insbesondere im Zusammenhang mit dem Grundbuchrecht vermeidet. Die Nachlassspaltung führt jedoch zu erheblichen Nachteilen: Ist jeder Nachlass rechtlich für sich zu betrachten und isoliert abzuwickeln, erschwert dies die Nachlassplanung und die

Abwicklung. Spaltnachlässe werfen schwierige Anpassungsfragen auf, wenn sich die Vermögensnachfolge wegen unterschiedlicher Erb- und Pflichtteilsquoten nicht entsprechend der Vorstellung des Erblassers verwirklichen lässt (*Bonomi,* Liber Amicorum Siehr, 2010, 157 (162); *Dörner/Hertel/Lagarde/Riering* IPRax 2005, 1 (2); *Lagarde* in Gottwald, Perspektiven der justiziellen Zusammenarbeit in Zivilsachen in der Europäischen Union, 2004, 1 (15); *Lorenz* ErbR 2012, 39 (43); *Mansel,* FS Ansay, 2006, 185 (206); *Max Planck Institute* RabelsZ 74 (2010), 522 (602); *Vékás* in Reichelt/Rechberger, Die Europäische Erbrechtsverordnung, 2011, 41 (45); *Wilke* RIW 2012, 601 (607)).

Dennoch wird die Nachlassspaltung auch unter Geltung der EuErbVO weiterhin eine Rolle spielen. **39** Wegen der Zulassung des Renvoi im Verhältnis zu Drittstaaten (Art. 34), kann es dazu kommen, dass das drittstaatliche Recht hinsichtlich des unbeweglichen Vermögens auf das mitliedstaatliche Recht zurückverweist oder den Verweis nur hinsichtlich des unbeweglichen Vermögens annimmt (vgl. *Mansel/Thorn/Wagner* IPRax 2013, 1 (7); NK-BGB/*Looschelders* EuErbVO Vor Art. 1 Rn. 16). Im Übrigen kann im Zusammenhang mit Eingriffsnormen (Art. 30) sowie dem Fiskuserbrecht (Art. 33) eine Nachlassspaltung eintreten.

4. Gleichlaufgrundsatz

Eine weitere wichtige Grundsatzentscheidung liegt in der Anordnung eines **weitgehenden Gleichlaufs** von **Zuständigkeit und anwendbarem Recht** (ErwG 27 S. 1 EuGH 21.6.2018 – C-20/17, NJW 2018, 2309 Rn. 51 – Oberle; NK-BGB/*Looschelders* EuErbVO Vor Art. 1 Rn. 13; vgl. bereits EP-Dok. A6–0359/2006; *Kunz* GPR 2012, 209). Internationale Zuständigkeit und Erbstatut knüpfen an den letzten gewöhnlichen Aufenthalt des Erblassers an. Nach Art. 6 kann sich das Gericht für unzuständig erklären, wenn die Gerichte im Staat des nach Art. 22 gewählten Rechts in der Sache besser entscheiden können. Der Gleichlauf hat den Vorteil, dass das zuständige Gericht sein eigenes Recht anwenden kann. Dies erspart Rechtsermittlungskosten und erhöht zugleich die Qualität der Rechtsanwendung (*Mankowski* IPRax 2015, 39 (41)). Außerdem überwindet der Gleichlauf schwierige Abgrenzungsfragen an der Schnittstelle von Sach- und Verfahrensrecht (vgl. MüKoBGB/*Dutta* EuErbVO Vor Art. 4 Rn. 3). **40**

VI. Auslegung der EuErbVO

1. Auslegungsgrundsätze

Die auf der Grundlage von Art. 81 AEUV erlassenen Rechtsakte des internationalen Privatrechts sind **41** Teil des Unionsrechts. Sie sind daher **autonom,** d. h. aus sich heraus auszulegen. Einem mitgliedstaatlichen Gericht ist es daher untersagt, den Begriffen der EuErbVO Vorstellungen und Wertungen der lex fori zugrunde zu legen (EuGH 21.6.20118 – C-20/17, NJW 2018, 2309 Rn. 33 – Oberle; 1.3.2018 – C-558/16, NJW 2018, 1377 Rn. 32 – Mahnkopf; vgl. auch EuGH 8.11.2005 – C-443/03, Slg. 2005 I-9611 = NJW 2006, 491 Rn. 45 – Leffler; 25.6.2009 – C-14/08, Slg. 2009 I-5439 = NJW 2009, 2513 Rn. 48 – Roda Golf). Der Grundsatz der autonomen Auslegung gilt selbstverständlich auch für die EuErbVO (EuGH 21.6.2018 – C-20/17, NJW 2018, 2309 Rn. 33 – Oberle; 1.3.2018 – C-558/16, NJW 2018, 1377 Rn. 32 – Mahnkopf; BeckOGK/*J. Schmidt* EuErbVO Vor Art. 1 Rn. 5; *Döbereiner* MittBayNot 2013, 358 (359); jurisPK-BGB/*Eichel* EuErbVO Art. 1 Rn. 9; MüKoBGB/*Dutta* EuErbVO Vor Art. 1 Rn. 23; Geimer/Schütze/*Schall/Simon* IRV EuErbVO Einl. Rn. 4; NK-NachfolgeR/*Köhler* EuErbVO Vor Art. 1 Rn. 6). Die einheitliche Anwendung der Verordnung wäre nicht gewährleistet, wenn ihre Begrifflichkeiten am Maßstab mitgliedstaatlichen Rechts ausgelegt würden. Da Art. 23 Abs. 2 auf zahlreiche Termini des Erbrechts Bezug nimmt, ist die autonome Auslegung zum Teil mit Schwierigkeiten verbunden (MüKoBGB/*Dutta* EuErbVO Vor Art. 1 Rn. 24). Diese Herausforderungen entziehen dem Grundsatz der autonomen Auslegung jedoch nicht seine Grundlage, sondern unterstreichen vielmehr seine Notwendigkeit.

Auch im internationalen Unionsprivatrecht gelten die **üblichen Gesetzesauslegungskriterien** **42** Wortlaut, Entstehungsgeschichte, Systematik und Telos (EuGH 1.3.2018 – C-558/16, NJW 2018, 1377 Rn. 32 – Mahnkopf; *Heinze,* FS Kropholler, 2008, 105 (109); *Hess* IPRax 2006, 348 (353); MüKoBGB/*Dutta* EuErbVO Vor Art. 1 Rn. 24). Ergänzt werden sie durch die Gesamtheit der sich aus den Rechtsordnungen ergebenden Rechtsgrundsätze (vgl. EuGH 15.2.2007 – C-292/05, Slg. 2007 I-1519 Rn. 29 – Lechouritou).

Bei der Interpretation des Gesetzeswortlauts ist zu beachten, dass **alle Sprachfassungen** für die **43** Auslegung der Verordnung gleichermaßen verbindlich sind (NK-NachfolgeR/*Köhler* EuErbVO Vor Art. 1 Rn. 6). Da die EuErbVO hauptsächlich in deutscher, englischer und französischer Sprache ausgehandelt wurde, ist es jedoch ratsam, in Zweifelsfällen diese Sprachfassungen zu konsultieren (MüKoBGB/*Dutta* EuErbVO Vor Art. 1 Rn. 11; nur für englische Sprachfassung PWW/*Martiny* EGBGB Art. 26 Anh. I Rn. 7).

44 Die EuErbVO kann auf eine lange **Entstehungsgeschichte** zurückblicken (→ Rn. 1 ff.). Die Gesetzesmotive ergeben sich dabei größtenteils aus den Erwägungsgründen. Mitunter lässt sich auch aus einem Vergleich von Kommissionsvorschlag und der jetzigen Fassung ohne weiteres nachvollziehen, welche Absicht der Gesetzgeber mit einer bestimmten Regelung verfolgt (→ Rn. 15 ff.). Für einige Regelungen stand auch das Haager Erbrechtsübereinkommen von 1989 Pate. Insoweit lassen sich auch aus der Entstehungsgeschichte des Übereinkommens sowie dem hierzu verfassten *Waters*-Report Schlussfolgerungen für das Verständnis der EuErbVO ableiten. Außerdem geben die Berichte des EP sowie die zahlreichen Ratsdokumente zu Einzelfragen wertvolle Hinweise für die Auslegung (vgl. MüKoBGB/*Dutta* EuErbVO Vor Art. 1 Rn. 23).

45 Einige Begrifflichkeiten der EuErbVO finden sich auch in anderen Rechtsakten des europäischen internationalen Privatrechts. Dieser Zusammenhang ist bei der **gesetzessystematischen** Auslegung von Bedeutung. Hier stellt sich die Frage, ob eine **rechtsaktsübergreifende** (oder auch makrosystematische) **Auslegung** geboten ist (vgl. *Grundmann* RabelsZ 75 (2011), 882; *Heinze,* FS Kropholler, 2008, 110; *Hess* IPRax 2006, 348 (355 f.); jurisPK-BGB/*Eichel* EuErbVO Art. 1 Rn. 10; *Dörner* ZEV 2019, 309 (311); *Lüttringhaus* RabelsZ 77 (2013), 31). Eine rechtsaktsübergreifende Interpretation der EuErbVO ist naheliegend, aber nicht stets zwingend. Sie ist nur angezeigt, wenn rechtsgebietsspezifische Eigenheiten des internationalen Erbrechts ihr nicht entgegenstehen (vgl. NK-NachfolgeR/*Köhler* EuErbVO Vor Art. 1 Rn. 6; *Dörner* ZEV 2019, 309 (311); vgl. allgemein *Hess* IPRax 2006, 348 (355); *Lüttringhaus* RabelsZ 77 (2013), 31 (66)). Es bereitet keine Probleme, die Vorschriften über die Anerkennung und Vollstreckung gerichtlicher Entscheidungen in den Art. 39 ff. im Einklang mit der Brüssel I-VO auszulegen. Ob jedoch der Begriff des gewöhnlichen Aufenthalts so wie in der Brüssel IIb-VO ausgelegt werden kann oder ob erbrechtliche Besonderheiten einen höheren Grad von Stabilität und ein engeres Begriffsverständnis fordern, ist stark umstritten. Man wird insoweit von einem abweichenden Begriffsverständnis ausgehen müssen (NK-BGB/*Makowsky* EuErbVO Art. 4 Rn. 2/; *Lehmann* DStR 2012, 2085 (2086); *Schaub* Hereditare 3 (2013), 91 (112); *Süß* ZErb 2009, 342 (344); aA → EuErbVO Art. 21 Rn. 4; *Solomon* in Dutta/Herrler, Die Europäische Erbrechtsverordnung, 2014, 19 Rn. 38; *Dörner* ZEV 2012, 505 (510 f.)).

46 Der EuGH geht davon aus, dass der **teleologischen Interpretation** bei der Auslegung des Unionsrechts besondere Bedeutung zukommt (vgl. EuGH 21.6.2018 – C-20/17, NJW 2018, 2309 Rn. 49 – Oberle vgl. *Hess* IPRax 2006, 348 (356) mN zur Rspr. des EuGH). Das wird man auch bei der EuErbVO berücksichtigen müssen. Die Auslegung der Verordnung muss insbesondere dem Gebot ihrer **praktischen Wirksamkeit** *(effet utile)* Rechnung tragen (jurisPK-BGB/*Eichel* EuErbVO Art. 1 Rn. 9; NK-NachfolgeR/*Köhler* EuErbVO Vor Art. 1 Rn. 6; vgl. allgemein EuGH 27.9.1986 – 189/87, Slg. 1988, 5565 = NJW 1988, 3088 Rn. 16 – Kalfelis). Maßgeblich sind dabei ihre wesentlichen Ziele, insbesondere der Grundsatz der rechtssicheren Nachlassplanung sowie die Vereinfachung der grenzüberschreitenden Nachlassabwicklung. Außerdem darf die Auslegung der EuErbVO die praktische Wirksamkeit des Europäischen Nachlasszeugnisses nicht beeinträchtigen. Das ist insbesondere bei der sog. Vorfragenproblematik zu beachten (→ Rn. 96 ff.).

2. Vorabentscheidungsverfahren

47 Die EuErbVO kann ihr Ziel eines internationalen Entscheidungseinklangs nur verwirklichen, wenn die mitgliedstaatlichen Gerichte sie einheitlich anwenden. Verfahrensrechtlicher Mechanismus zur **Sicherung einer einheitlichen Rechtspraxis** ist das Vorabentscheidungsverfahren nach Art. 267 AEUV (vgl. EuGH 18.7.2013 – C-136/12, EuZW 2013, 782 Rn. 28 – CNG). Das Vorabentscheidungsverfahren gilt für „die Auslegung von Handlungen der Organe" der Union (Art. 267 Abs. 1 lit. b AEUV) und kommt damit auch bei Auslegungsfragen der EuErbVO zum Zuge (vgl. NK-NachfolgeR/*Köhler* EuErbVO Vor Art. 1 Rn. 8 f.). Die Bedeutung des Vorabentscheidungsverfahrens auf den Gebieten der grenzüberschreitenden justiziellen Zusammenarbeit ist immens. Das verdeutlichen die zahlreichen Entscheidungen zur Brüssel I-VO und Brüssel IIa-VO. Da die EuErbVO diverse zum Teil auch sehr komplexe Fragen aufwirft, spielt die Rspr. des EuGH auch im internationalen Erbrecht eine große Rolle. Dass sich das Vorabentscheidungsverfahren in der Rechtspraxis problemlos etabliert hat, ist auch mit seiner recht kurzen Verfahrensdauer zu erklären. So lag die durchschnittliche Dauer der im Jahr 2018 erledigten Vorabentscheidungsverfahren bei 16 Monaten (vgl. EuGH, Jahresbericht 2018, 43).

48 **a) Gegenstand des Vorabentscheidungsverfahrens.** Gegenstand des Vorabentscheidungsverfahrens können die **Bestimmungen der EuErbVO** sein. Soweit sich bei Anwendung der Verordnung Fragen allgemeiner unionaler Rechtsgrundsätze stellen, ist der EuGH auch hierfür kompetent (vgl. EuGH 15.10.2009 – C-101/08, Slg. 2009 I-9864 = EuZW 2009, 894 Rn. 32 – Audiolux; 29.10.2009 – C-174/08, Slg. 2009 I-10588 = DStRE 2010, 170 Rn. 44 – NCC). Der EuGH entscheidet im Rahmen des Vorabentscheidungsverfahrens weder über die Auslegung nationalen Rechts noch über dessen Vereinbarkeit mit dem Unionsrecht. Er kann jedoch den mitgliedstaatlichen Gerichten Hinweise

zur Auslegung des Unionsrechts erteilen, damit das Gericht über die Frage der Vereinbarkeit seines Rechts mit dem Unionsrecht befinden kann (vgl. EuGH 6.3.2007 – C-338/04 u. a., Slg. 2007 I-1891 = NJW 2007, 1515 Rn. 36 – Placanica; 8.9.2009 – C-42/07, Slg. 2009 I-7698, 3333 = NJW 2009, 3221 Rn. 37 – Liga Portuguesa).

Fragen zur Auslegung **völkerrechtlicher Verträge** können dem EuGH grundsätzlich nicht vorgelegt werden. Anderes gilt nur, wenn die Union die Zuständigkeit zum Abschluss des völkerrechtlichen Übereinkommens übernommen hat und die Bestimmungen des Übereinkommens für die Union bindend geworden sind (EuGH 4.5.2010 – C-533/08, Slg. 2010 I-4137 = NJW 2010, 1736 Rn. 62 – TNT Express; *Piekenbrock* EuR 2011, 317 (322)). Dass der Union seit dem Erlass der EuErbVO die ausschließliche Kompetenz für Fragen international-privatrechtliche Formfragen zusteht, dürfte insoweit nicht ausreichen um eine Auslegungskompetenz für Fragen des TestFormV zu begründen (vgl. aber auch EuGH BeckEuRS 2010, 523575 Rn. 32 – McB.; 14.10.2014 – Gutachten 1/13, BeckEuRS 2014, 403969). Es ist auch unerheblich, dass Art. 27 dem TestformÜ nachgebildet ist. 49

Die Kompetenz des EuGH ist auf **Auslegungsfragen** beschränkt. Aufgabe des EuGH ist es, Inhalt und Tragweite unionsrechtlicher Vorschriften zu ermitteln (EuGH 27.3.1980 – C-61/79, Slg. 1980 1205 = BeckEuRS 1980, 82518 Rn. 15 – Denkavit; 13.1.2014 – C-453/00, Slg. 2004 I-2004, 858 = EuZW 2004, 215 Rn. 21 – Kühne & Heitz). Hiervon ausgenommen sind Fragen der Rechtsanwendung. Damit bleibt insbesondere die Tatsachenfeststellung dem mitgliedstaatlichen Gericht vorbehalten (EuGH 29.10.2009 – C-63/08, Slg. 2009 I-10505 = EuZW 2010, 190 Rn. 38 – Virginie Pontin; 13.12.2012 – C-379/11, NZA 2013, 83 Rn. 37 – Caves Krier). Relevant wird diese Unterscheidung etwa bei der Frage, in welchem Mitgliedstaat ein Erblasser seinen gewöhnlichen Aufenthalt hatte. Der EuGH kann dem mitgliedstaatlichen Gericht nur abstrakte Kriterien zur Auslegung dieses Begriffs an die Hand geben. Die Ermittlung des Sachverhalts sowie die Anwendung der Kriterien auf den jeweiligen Einzelfall kann nur das mitgliedstaatliche Gericht vornehmen (vgl. EuGH 2.4.2009 – C-523/07, Slg. 2009 I-2831 = BeckRS 2009, 70389 Rn. 37 ff. – A; 22.12.2010 – C-497/10, IPRax 2012, 340 = BeckRS 2011, 80085 Rn. 47 ff. – Mercredi). Großzügiger verfährt der Gerichtshof, wenn es um die international-privatrechtliche Qualifikation mitgliedstaatlicher Rechtsvorschriften geht. Hier entscheidet der Gerichtshof regelmäßig selbst, ob ein mitgliedstaatliches Rechtsinstitut in den Anwendungsbereich der Verordnung fällt, indem er sich auf Rechtsinstitute, Klagen oder Haftungsnormen wie denjenigen des jeweiligen Ausgangsverfahrens bezieht. Damit ordnet der EuGH die jeweilige mitgliedstaatliche Vorschrift einem entsprechenden Systembegriff der Verordnung selbst zu (EuGH 1.3.2018 – C-558/16, NJW 2018, 1377 Rn. 40 – Mahnkopf; vgl. auch EuGH EuZW 2015, 141 Rn. 27 – H; 2.10.2008 – C 372/07, Slg. 2008 I-7405 = EuZW 2008, 665 Rn. 31 – Hassett; 20.1.2005 – C-27/02, Slg 2005 I-499 = NJW 2005, 811 Rn. 51 ff. – Engler). 50

b) Vorlageberechtigung. aa) Vorlageberechtigtes Gericht. Zur Vorlage berechtigt ist nur das Gericht eines Mitgliedstaats (Art. 267 Abs. 2 bis Abs. 4 AEUV). Ob es sich bei der vorlegenden Stelle um ein **„Gericht"** iSv Art. 267 AEUV handelt, bestimmt sich nach europäisch-autonomen Kriterien. Nach der Rechtsprechung des EuGH kommt es hierbei darauf an, ob das Verfahren auf einem **Rechtsstreit** beruht und auf eine Entscheidung mit Rechtsprechungscharakter abzielt (EuGH 18.6.1980 – C-138/80, Slg. 1980, 1975 Rn. 4 = BeckRS 2004, 71587 Rn. 4 – Borker). Bei einem Verfahren der freiwilligen Gerichtsbarkeit wird ein Gericht nicht als Gericht iSv Art. 267 AEUV, sondern nur als Verwaltungsbehörde tätig, wenn es keinen Rechtsstreit entscheidet. Erst wenn ein Beteiligter gegen die Entscheidung ein Rechtsmittel einlegt, übt das Gericht eine richterliche Tätigkeit aus und ist vorlageberechtigt (vgl. EuGH 19.10.1995 – C-111/94, Slg. 1995 I-3361 = BeckRS 2004, 74140 Rn. 9 – Job Centre; 27.4.2006 – C-96/04, Slg. 2006 I-3576 = BeckEuRS 425653 Rn. 12 ff. – Standesamt Niebüll). Ein Nachlassgericht, das über einen Erbscheinsantrag entscheidet (vgl. § 352 FamFG), erlangt seine Vorlageberechtigung erst nach Einlegung der Beschwerde (vgl. § 58 FamFG). Entsprechendes gilt auch für die Ausstellung eines Europäischen Nachlasszeugnis durch die nach Art. 64 zuständige Ausstellungsbehörde (*Kleinschmidt* RabelsZ 77 (2013), 723 (768)); MüKoBGB/*Dutta* EuErbVO Vor Art. 1 Rn. 27; NK-BGB/*Looschelders* EuErbVO Vor Art. 1 Rn. 22). Die Begriffsdefinition des Gerichts in Art. 3 Abs. 2 ist demgegenüber weit gefasst (vgl. ErwG 20) und schließt auch nichtstreitige Verfahren der freiwilligen Gerichtsbarkeit ein (vgl. ErwG 59). Art. 3 Abs. 2 lit. b lässt es ausreichen, dass die Entscheidung des Gerichts angefochten werden kann. Anders als Art. 267 AEUV setzt sie damit keinen Rechtsstreit voraus. Der Gerichtsbegriff in Art. 267 AEUV ist somit enger als derjenige der EuErbVO. Zwischen den Begriffen besteht daher kein Gleichlauf (NK-BGB/*Looschelders* EuErbVO Vor Art. 1 Rn. 21; aA jurisPK-BGB/*Eichel* EuErbVO Art. 1 Rn. 8; NK-NachfolgeR/*Köhler* EuErbVO Vor Art. 1 Rn. 9). So ist der Bestätigungsbeschluss des Notars im Vermittlungsverfahren zur Erbauseinandersetzung (vgl. §§ 366, 368 FamFG) eine gerichtliche Entscheidung (→ EuErbVO Art. 39 Rn. 29). Der Notar ist aber kein vorlageberechtigtes Gericht, da er auf Antrag zwischen den Beteiligten vermittelnd tätig wird und keinen Rechtsstreit entscheidet (so auch MüKoBGB/*Dutta* EuErbVO Vor Art. 1 Rn. 26; NK-BGB/*Looschelders* EuErbVO Vor Art. 1 Rn. 21). 51

52 **bb) Erforderlichkeit der Vorlage.** Ein mitgliedstaatliches Gericht ist nur vorlageberechtigt, wenn es eine Entscheidung des EuGH zur Auslegung des Unionsrechts für erforderlich hält. Dabei kommt dem vorlegenden Richter eine **Einschätzungsprärogative** zu. Die Vorlage ist unzulässig, wenn die Auslegung in keinem Zusammenhang mit der Realität oder dem Gegenstand des Ausgangsrechtsstreits steht oder die Frage hypothetischer Natur ist oder der Gerichtshof nicht über die tatsächlichen Angaben zur zweckdienlichen Beantwortung der Vorlagefrage verfügt (EuGH 13.3.2001 – C-379/98, Slg. 2001 I-2099 = EuZW 2001, 242 Rn. 39 – PreussenElektra; 8.5.2003 – C-111/01, Slg. 2003 I-4207 = NJW 2003, 2596 Rn. 35 f. – Gantner). Sind zB die Erbquoten nach beiden möglicherweise anwendbaren Erbrechten gleich, ist die Frage des anwendbaren Erbrechts nicht entscheidungserheblich. Die Entscheidung, eine Frage dem EuGH zur Entscheidung vorzulegen, steht im Übrigen jedoch im Ermessen des Gerichts. Dies gilt auch für den Form und den Inhalt der Vorlagefrage (EuGH 14.4.2011 – C-42/10, Slg. 2011 I-2975 = BeckRS 2011, 80396 Rn. 42 f. – Vlaamse Dierenartsenvereniging; 18.7.2013 – C-136/12, EuZW 2013, 782 Rn. 29 ff. – CNG).

53 **c) Vorlagepflicht.** Nach Art. 267 Abs. 3 AEUV ist ein einzelstaatliches Gericht zur Vorlage verpflichtet, wenn seine Entscheidung selbst **nicht mehr mit Rechtsmitteln** des innerstaatlichen Rechts angefochten werden kann. Als Rechtsmittel gelten alle ordentlichen Rechtsmittel. Auch die Beschwerde gegen die Nichtzulassung der Revision (§ 544 ZPO) ist Rechtsmittel iSv Art. 267 Abs. 3 AEUV (BVerwG NJW 1987, 601; OLG Köln NJOZ 2004, 2927; MüKoBGB/*v. Hein* EGBGB Art. 3 Rn. 149; *Piekenbrock* EuR 2011, 317 (335)); vgl. auch EuGH 4.6.2002 – C-99/00, Slg. 2002-I 4839 = EuZW 2002, 476 Rn. 19 – Lyckeskog). Die Revision ist wegen grundsätzlicher Bedeutung der Rechtssache stets zuzulassen (§ 543 Abs. 2 S. 1 Nr. 1 ZPO), wenn die Entscheidung des Rechtsstreits von der Auslegung des Unionsrechts abhängt (BVerfG NVwZ-RR 2008, 611 Rn. 27; NJW 2014, 1796 Rn. 24; BeckRS 2015, 55288; BeckRS 2017, 102176; BGH BeckRS 2003, 01439). Kann eine Nichtzulassungsbeschwerde eingelegt werden, steht ein letztinstanzliches Gericht zur Verfügung, das eine Vorlage an den EuGH veranlassen kann. Die Vorinstanz ist nicht zur Vorlage an den EuGH verpflichtet. Problematisch in erbrechtlichen Verfahren ist allerdings, dass mitunter die Zulassung einer Rechtsbeschwerde gar nicht möglich ist, wenn das Gericht im Sinne des Beschwerdeführers und gegen die Auffassung des Gericht entscheidet. In diesem Fall dürfte eine Vorlagepflicht bestehen, sofern das Gericht eine Entscheidung treffen möchte, für welche mangels Beschwer die Rechtsbeschwerde nicht zugelassen werden kann. Rechtsmittel iSv Art. 267 Abs. 3 AEUV ist auch die Rechtsbeschwerde bei Entscheidungen über die Zulassung der Zwangsvollstreckung aus ausländischen Titeln nach § 12 IntErbRVG iVm § 574 Abs. 1 ZPO. Die Rechtsbeschwerde ist wegen der grundsätzlichen Bedeutung der Sache stets zulässig. Ist die Auslegung der EuErbVO für den Erlass einer Entscheidung relevant, hat das Beschwerdegericht in Nachlass- und Teilungssachen nach §§ 342 ff. FamFG die Rechtsbeschwerde stets zuzulassen (§ 70 Abs. 2 S. 1 Nr. 1 FamFG). Eine Vorlagepflicht nach Art. 267 Abs. 3 AEUV besteht nicht, wenn das Beschwerdegericht mit der Zulassung der Rechtsbeschwerde den Beteiligten die Möglichkeit einräumt, Rechtsmittel einzulegen. Besteht keine Möglichkeit der Zulassung der Rechtsbeschwerde, weil das Gericht die Sache im Sinne der Beschwerdeführer entscheiden möchte und es keine weiteren beschwerten Beteiligten gibt, ist das Beschwerdegericht zur Vorlage verpflichtet.

54 Nach der **acte-claire-Doktrin** besteht eine Ausnahme von der Vorlagepflicht, wenn die Anwendung des Unionsrechts derart offenkundig ist, dass keinerlei Raum für einen vernünftigen Zweifel an der Auslegung des Unionsrechts im entschiedenen Fall bleibt (EuGH 6.10.1982 – C-283/81, Slg. 1982, 3415 = NJW 1983, 1257 Rn. 16 – C. I. L. F. I. T.; 6.12.2005 – C-461/03, Slg. 2005 I-10513 = BeckEuRS 2005, 418259 Rn. 15 – Gaston Schul).

55 Das Gericht verletzt den Anspruch der Beteiligten auf den **gesetzlichen Richter** nach Art. 101 Abs. 1 S. 2 GG, wenn das Unterbleiben der Vorlage nicht mehr verständlich und offensichtlich unhaltbar ist (BVerfG NVwZ 1991, 53 (58); NJW 2010, 3422 Rn. 90; NZA 2014 734 Rn. 12; NJW 2018, 606 Rn. 5). Darüber hinaus kommen eine unionsrechtliche Haftung des Mitgliedstaates sowie ein Vertragsverletzungsverfahren nach Art. 258 AEUV in Betracht (vgl. v; Streinz/*Ehricke* AEUV Art. 267 Rn. 49 ff.). Ein Verstoß gegen die Vorlagepflicht führt zu keiner Durchbrechung der Rechtskraft (vgl. EuGH 7.3.2006 – C-234/04, Slg. 2006 I-2585 = EuZW 2006, 421 Rn. 21 – Kapferer).

VII. Beziehung zu anderen Rechtsakten auf dem Gebiet des internationalen Privat- und Zivilverfahrensrechts

1. Zivil- und Handelssachen – Brüssel Ia-VO

56 Die Brüssel I-VO (EG) Nr. 44/2001 (ABl. EG 2001 L 12, 1), die nunmehr durch die Brüssel Ia-VO (EU) Nr. 1215/2012 abgelöst worden ist (ABl. EU 2015 L 351, 1), regelt die internationale gerichtliche Zuständigkeit sowie die Anerkennung und Vollstreckung von Entscheidungen in Zivil- und Handelssachen. Fragen des Testaments- und Erbrechts sind von ihrem Anwendungsbereich ausgeschlossen (Art. 1 Abs. 2 lit f Brüssel Ia-VO). **EuErbVO** und **Brüssel Ia-VO** greifen **lückenlos ineinander**

(MüKoBGB/*Dutta* EuErbVO Art. 1 Rn. 4; *S. M. Weber,* Das Internationale Zivilprozessrecht erbrechtlicher Streitigkeiten, 2012, 80). Hat ein Rechtsstreit eine erbrechtliche Frage zum Gegenstand, richten sich Zuständigkeit sowie Anerkennung und Vollstreckung nach den Bestimmungen der EuErbVO. Weist eine zivilrechtliche Streitigkeit eine erbrechtliche Vorfrage auf, ist die Brüssel Ia-VO einschlägig (vgl. → EuErbVO Art. 17 Rn. 4; MüKoBGB/*Dutta* EuErbVO Art. 1 Rn. 4; vgl. auch EuGH 17.9.2009 – C-347/08, Slg. 2009 I-8663 = EuZW 2009, 855 Rn. 35 – Vorarlberger Gebietskrankenkasse; näher hierzu → EuErbVO Art. 1 Rn. 10). Verklagt etwa der Erbe oder der Erwerber eines Erbteils einen Nachlassschuldner auf Erfüllung einer Nachlassverbindlichkeit und bestreitet der Schuldner die Aktivlegitimation des Klägers, ohne selbst das Erbrecht für sich in Anspruch zu nehmen, liegt eine Zivilsache mit einer erbrechtlichen Vorfrage vor. Einschlägig sind die Zuständigkeitsvorschriften der Brüssel Ia-VO (vgl. näher → EuErbVO Art. 17 Rn. 5; vgl. auch OLG München ZEV 2012, 215; skeptisch jurisPK-BGB/*Eichel* EuErbVO Art. 4 Rn. 16).

Die Regelungen zur Rechtshängigkeit (Art. 17 f.), zu einstweiligen Maßnahmen (Art. 19) sowie zur **57** Anerkennung und Vollstreckung mitgliedstaatlicher Entscheidungen (Art. 39 ff.) beruhen auf entsprechenden Bestimmungen in der bisherigen Brüssel I-VO, der Brüssel IIa-VO und der EuUnthVO (vgl. ErwG 34 und 59). Während der Entstehung der EuErbVO wurde die Brüssel I-VO einer grundlegenden Revision unterzogen und als Brüssel Ia-VO neugefasst. Die EuErbVO hat diese Änderungen nicht berücksichtigt (vgl. *Kunz* GPR 2012, 208). Im Anwendungsbereich der Brüssel Ia-VO sind Titel in einem anderen Mitgliedstaat vollstreckbar, ohne dass es eines gesonderten Verfahrens zur Vollstreckbarerklärung **(Exequaturverfahren)** bedarf (Art. 41 Abs. 1 Brüssel Ia-VO). Für die EuErbVO hat der Gesetzgeber am Exequaturverfahren festgehalten. Ob eine Angleichung der EuErbVO ratsam ist, muss man kritisch hinterfragen (vgl. BeckOGK/*J. Schmidt* EuErbVO Art. 43 Rn. 4; MüKoBGB/*Dutta* EuErbVO Art. 43 Rn. 9). Wegen der geringen Binnenmarktrelevanz erbrechtlicher Fragen ist es nicht unbedingt zwingend geboten, den durch das Exequaturverfahren gewährleisteten Schuldnerschutz aufzuweichen. Da aber auch der Titelgläubiger in einer Erbschaftssache ein berechtigtes Interesse an einer zügigen grenzüberschreitenden Durchsetzung seiner Forderung für sich in Anspruch nehmen kann, erscheint die Abschaffung des Exequaturverfahrens erwägenswert.

2. Internationales Schuldrecht – Rom I-VO und Rom II-VO

Ihr kollisionsrechtliches Pendant findet die Brüssel Ia-VO auf der Ebene des internationalen Schuld- **58** rechts in der Rom I-VO (EG) Nr. 592/2008 über das auf vertragliche Schuldverhältnisse anzuwendende Recht (ABl. EU 2008 L 177, 6) und in der Rom II-VO (EG) Nr. 864/2007 über das auf außervertragliche Schuldverhältnisse anzuwendende Recht (ABl. EU 2007 L 199, 40). Beide Verordnungen schließen die **Rechtsverhältnisse** aus **Testamenten** und dem **Erbrecht** von ihrem **Anwendungsbereich** aus (Art. 1 Abs. 2 lit. c Rom I-VO bzw. Art. 1 Abs. 2 lit. b Rom II-VO). Abgrenzungsprobleme können sich hier im Zusammenhang mit der vorweggenommen Erbfolge ergeben. Lebzeitige Schenkungen fallen aus dem Anwendungsbereich der EuErbVO (Art. 1 Abs. 2 lit. g; → EuErbVO Art. 1 Rn. 68) und somit unter die Rom I-VO (MüKoBGB/*Martiny* Rom I-VO Art. 4 Rn. 209; *Nordmeier* ZEV 2013, 117 (121); → IntSchenkungsR Rn. 28 ff.). Hat der Erblasser mit der Schenkung eine Anrechnungsbestimmung auf den Erbteil verbunden, richtet sich die Frage der Anrechnung wiederum nach dem Erbstatut (→ EuErbVO Art. 23 Abs. 2 lit. i; vgl. *Everts* NotBZ 2014, 441 (449 f.); *Wachter* ZNotP 2014, 2 (10)). Auch der Erbschaftskauf (§§ 2371 ff. BGB) fällt unter die Rom I-VO. Entsprechendes gilt für Erbschaftsverträge gem. § 311b Abs. 4 und 5 BGB (MüKoBGB/*Dutta* EuErbVO Art. 23 Rn. 30; gegen Anwendung der EuErbVO auch *Buschbaum/M. Kohler* GPR 2010, 106 (113)). Bei Anwendung der Rom I-VO wird man im Ergebnis jedoch häufig zur Anwendung des Erbstatuts gelangen. So wird man je nach Einzelfall einen Erbschaftsvertrag (§ 311b Abs. 4 und 5 BGB) nach dem Grundsatz der offensichtlich engeren Verbindung an das hypothetische Erbstatut im Zeitpunkt des Abschlusses anknüpfen können (Art. 4 Abs. 3 Rom I-VO). Lässt sich keine charakteristische Leistung bestimmen oder erbringen mehreren der Beteiligten eine charakteristische Leistung, kann man über Art. 4 Abs. 4 Rom I-VO zur Anwendung des hypothetischen Erbstatuts kommen (a. A. jurisPK-BGB/*Ludwig* BGB § 311b Rn. 524). Hat der Erblasser seinen gewöhnlichen Aufenthalt in Deutschland und verzichtet das in China lebende Kind gegenüber dem anderen in England lebenden Kind auf die Geltendmachung von Pflichtteilsansprüchen, wäre es lebensfremd, gem. Art. 4 Abs. 2 Rom I-VO von einer Anwendung chinesischen Rechts auszugehen, weil das verzichtende Kind die charakteristische Leistung erbringt und seinen gewöhnlichen Aufenthalt in China hat. Bei einer Bezugnahme auf Normen einer bestimmten Rechtsordnung wird sich die Frage jedoch häufig nicht stellen, weil man hierin zugleich eine konkludente Rechtswahl sehen kann (Art. 3 Abs. 1 S. 2 Rom I-VO). Das Statut bleibt auch im Falle eines späteren Statutenwechsels des Erbstatuts maßgeblich. Die Gerichte müssen daher einen Erbschaftsvertrag beachten, auch wenn er nach der lex fori und dem letztendlich maßgeblichen Erbstatut unzulässig sein sollte. Ein Fall des ordre public (Art. 21 Rom I-VO) liegt nicht vor (so auch Staudinger/*Dörner* EGBGB Art. 25 Rn. 419). Ist auf den Erbschaftsvertrag deutsches Recht anwendbar, richtet sich die Vorfrage, wer „gesetzlicher Erbe" iSv § 311b Abs. 4 BGB ist, nach dem hypothetischen Erbstatut im Zeitpunkt des Vertragsschlusses (vgl. Staudinger/*Dörner* EGBGB Art. 25 Rn. 417).

3. Familienrecht – insbesondere Abgrenzung zu den Güterrechtsverordnungen

59 Zwischen **Erb- und Familienrecht** bestehen **zahlreiche Querverbindungen.** So stellt sich beispielsweise die Frage, ob ein Unterhaltsanspruch erbrechtlicher Natur ist oder ob er auf einem Verwandtschaftsverhältnis beruht und damit in den Anwendungsbereich der EuUnthVO (EG) Nr. 4/2009 über Unterhaltssachen (ABl. EU 2009 L 7, 1) fällt (Art. 1 Abs. 2 lit. e; vgl. → EuErbVO Art. 1 Rn. 54 ff.). Die Regelungen der EuUnthVO zur Rechtshängigkeit sowie zur Anerkennung und Vollstreckung standen für die Regelungen der EuErbVO Pate (vgl. ErwG 34 und 59). Entsprechendes gilt für die Brüssel IIa-VO (EG) Nr. 2201/2003 über die Zuständigkeit und die Anerkennung und die Vollstreckung von Entscheidungen in Ehesachen und in Verfahren über die elterliche Verantwortung (ABl. EU 2003 L 338, 1), zu der sich außerdem Berührungspunkte mit Blick auf die Anerkennung einer Scheidung und damit im Vorfragenbereich einer Erbberechtigung ergeben können.

60 Die größten Abstimmungsschwierigkeiten ergeben sich im Verhältnis zum **Güterrecht,** das vom Anwendungsbereich der EuErbVO ausgenommen ist (Art. 1 Abs. 2 lit. e; vgl. → EuErbVO Art. 1 Rn. 37 ff.). Art. 23 Abs. 2 lit. b unterwirft zwar auch Nachlassansprüche des überlebenden Ehegatten dem Erbstatut. Daraus lässt sich aber nicht die Aussage entnehmen, dass Ansprüche gegen den Nachlass stets erbrechtlich zu qualifizieren wären. Eine erbrechtliche Einordnung eines Anspruchs kommt nur in Betracht, wenn dem überlebenden Ehegatten eine Beteiligung am Nachlass nicht aufgrund der eherechtlichen Vermögensverhältnisse, sondern aufgrund seiner persönlichen Beziehung zum Erblasser eingeräumt wird. Das anwendbare Güterrecht bestimmt sich nach der Ehegüterrechtsverordnung (EuGüVO) und der Verordnung für das Güterrecht eingetragener Partnerschaften (EuPartVO). Die Regelungen über das anzuwendende Recht dieser Verordnungen gelten nur für Ehegatten und Partner, die ab dem 29.1.2019 die Ehe oder die Partnerschaft eingegangen sind oder nach diesem Datum eine güterrechtliche Rechtswahl getroffen haben (Art. 69 Abs. 3 EuGüVO/EuPartVO). Als besonders problematisch erweist sich die Qualifikation der güterrechtlichen Erhöhung des gesetzlichen Erbteils bei im Güterstand der Zugewinngemeinschaft verheirateten Ehegatten nach § 1371 Abs. 1 BGB. Sind die Ehegatten nach den Kollisionsnormen des deutschen Recht im Güterstand der Zugewinngemeinschaft verheiratet, findet aber ausländisches Erbrecht Anwendung, stellt sich die Frage, ob die Erhöhung des Erbteils nach ausländischem Erbrecht um ein Viertel nach den Bestimmungen des deutschen Güterrechts erfolgen darf. Nach der Rechtsprechung des EuGH ist § 1371 Abs. 1 BGB eine erbrechtlich zu qualifizierende Norm. Der Erbteil von ¼ ist daher im Europäischen Nachlasszeugnis auszuweisen (EuGH 1.3.2018 – C-558/16, NJW 2018, 1377 Rn. 40 – Mahnkopf; zust. *Fornasier* FamRZ 2018, 634; *Kleinschmidt,* ErbR 2018, 327; *Süß* DNotZ 2018, 742 (745); hiergegen *Dörner* ZEV 2019, 309 (312); *J. P. Schmidt,* ErbR 2020, 91 (94); *Mankowski* ErbR 2018, 295; *Weber* NJW 2018, 1356; für güterrechtliche Einordnung bislang auch BGH ZEV 2015, 158 Rn. 24; eingehend hierzu und zu den Folgeproblemen → EuErbVO Art. 1 Rn. 41). Gelangt deutsches Erbrecht zur Anwendung und neben ihm ausländisches Güterrecht, stellt sich die Frage nach einer Substitution des Güterstands der Zugewinngemeinschaft durch ausländische Güterstände. Sieht das ausländische Güterrecht eine Vermögensbeteiligung im Todesfall eines der Ehegatten vor, scheidet eine Substitution aus. Dies gilt insbesondere für ausländische Güterstände der Errungenschaftsgemeinschaft (*Fornasier* FamRZ 2018, 634 (635); *Süß* DNotZ 2018, 742 (751 f.); *Weber* NJW 2018, 1356 (1358)). Nach hier vertretener Auffassung kommt eine Substitution nur in Betracht, wenn das ausländische Güterrecht im Erbfall einen pauschalierten Zugewinnausgleich vorsieht (OLG Hamm ZEV 2019, 343 (346); *Weber* NJW 2018, 1356 (1358). Insbesondere scheidet bei einem ausländischen Güterstand der Gütertrennung eine Erbteilserhöhung aus (aA *Süß* DNotZ 2018, 742 (751 f.)). Im Einzelfall kann hieraus wegen eines Normmangels Anpassungsbedarf resultieren. *Beispiel:* Der Erblasser wird nach deutschem Recht beerbt und war im gesetzlichen Güterstand nach österreichischem Erbrecht (Gütertrennung) verheiratet. Er hinterlässt neben dem Ehegatten drei Kinder. Eine Erbteilserhöhung nach § 1371 Abs. 1 BGB kommt nicht in Betracht, weil das österreichische Güterrecht keine güterstandsabhängige Erbquotenerhöhung kennt und eine Substitution somit ausscheidet. Auch eine bei Anwendung österreichischen Güterrechts grundsätzlich denkbare Erbteilserhöhung nach § 1931 Abs. 4 BGB ist nicht möglich, weil der Erblasser mehr als zwei Kinder hinterlassen hat. Damit bleibt es zunächst bei der Erbquote nach deutschem Recht in Höhe von 1/4 (§ 1931 Abs. 1 S. 1 BGB). Damit käme es zu einem Normenmangel: Nach österreichischem Recht erfolgt der güterrechtliche Ausgleich bei der Auflösung des gesetzlichen Güterstands der Gütertrennung zu Lebzeiten durch eine Aufteilung des ehelichen Vermögens, im Fall des Todes erhält der Ehegatte lediglich eine Erbquote, ohne dass eine Aufteilung des ehelichen Vermögens erfolgt. Diese Erbquote trägt diesem Umstand jedoch Rechnung und beträgt im vorliegenden Fall 1/3. Damit stünde der Ehegatte bei einer getrennten Anknüpfung von Erb- und Güterstatut schlechter als bei Anwendung ausschließlich des deutschen oder des österreichischen Erb- und Güterrechts. Der Erbteil nach § 1931 Abs. 1 BGB ist durch Anpassung von 1/4 auf 1/3 und damit auf das Niveau zu erhöhen, das der Ehegatte bei Anwendung des österrei-

chischen Erb- und Güterrechts (als des insgesamt ungünstigeren Rechts) erhalten würde. Trifft ausländisches Erbrecht mit deutschem Güterstatut zusammen, kommt eine Erbteilserhöhung nach § 1371 Abs. 1 BGB wegen der vom EuGH favorisierten erbrechtlichen Qualifikation nicht in Betracht. Um den Ehegatten davor zu schützen, dass er keinen Ausgleich erhält, ist § 1371 Abs. 2 BGB dahingehend teleologisch zu reduzieren, dass der rechnerische Zugewinnausgleich durchzuführen ist, auch wenn der Ehegatte nach ausländischem Erbstatut gesetzlicher Erbe wird (*Dörner* ZEV 2019, 309 (312); *Fornasier* FamRZ 2018, 634 (635); *J. P. Schmidt* ErbR 2020, 91 (96); *Süß* DNotZ 2018, 742 (747); *Mankowski* ErbR 2018, 295 (303); *Weber* NJW 2018, 1356 (1358).

4. Internationales Insolvenzrecht

Art. 76 regelt das Verhältnis der EuErbVO zur Europäischen Insolvenzverordnung (bislang: VO (EU) Nr. 1346/2000, ABl. EG 2000 L 160, 1; nunmehr VO (EU) Nr. 2015/848, ABl. 2015 EU L 141, 19). Ob ein Nachlassinsolvenzverfahren in den Anwendungsbereich der EuErbVO fällt, hängt vom Anwendungsbereich der vorrangigen EuInsVO ab (→ EuErbVO Art. 76 Rn. 1 ff.). **61**

5. Rechtsakte auf dem Gebiet der justiziellen Zusammenarbeit in Zivilverfahren

Zur Verbesserung der justiziellen Zusammenarbeit in Zivilverfahren hat die EU mehrere Rechtsakte mit eigenen Verfahrensvorschriften zur grenzüberschreitenden Durchsetzung von Rechten erlassen. Diese Vorschriften sind für das internationale Erbrecht nur von eingeschränkter Bedeutung, da die Verordnungen Bereichsausnahmen für erbrechtliche Fragen enthalten. Die Rechtsakte datieren aus der Zeit vor Einführung der EuErbVO; deswegen erschien es nicht angezeigt, erbrechtliche Fragen mit einzubeziehen, um einer späteren EuErbVO nicht vorzugreifen. Außerdem erscheint die Ausklammerung erbrechtlicher Verfahren zT durchaus sachgerecht, da sie einen hohen Komplexitätsgrad und häufig auch einen multipolaren Charakter aufweisen, die sich nicht mit der schematischen Natur dieser Verfahren in Einklang bringen lassen. **62**

a) Keine Anwendung der EuMVVO, EuVTVO und EuGFVO. Das **Europäische Mahnverfahren** (VO (EG) Nr. 1896/2006, ABl. EU 2006 L 399, 1) nimmt das Gebiet des Erbrechts vollständig von seinem Anwendungsbereich aus (Art. 2 Abs. 2 lit. a EuMVVO). Ein Vermächtnisnehmer kann daher kein Mahnverfahren einleiten, um seinen Anspruch auf Zahlung eines Geldvermächtnisses durchzusetzen. **63**

Die Verordnung (EG) Nr. 805/2004 zur Einführung eines **Europäischen Vollstreckungstitels** für unbestrittene Forderungen (ABl. EU 2004 L 143, 15) schafft die Möglichkeit, eine Entscheidung, einen gerichtlichen Vergleich oder eine öffentliche Urkunde über eine unbestrittene Forderung als Vollstreckungstitel bestätigen zu lassen (Art. 3 EuVTVO). Auch die EuVTVO klammert das Gebiet des Erbrechts aus (Art. 2 Abs. 2 lit. a EuVTVO). Ein Vermächtnisnehmer muss daher einen gerichtlichen Titel im Wege des Exequaturverfahrens in einem anderen Mitgliedstaat für vollstreckbar erklären lassen (Art. 48). Das Gericht kann die Entscheidung nicht als europäischen Vollstreckungstitel bestätigen. **64**

Das Verfahren über ein europäisches Verfahren für **geringfügige Forderungen** (VO (EG) Nr. 861/2007, ABl. EU 2007 L 199, 1) für Streitwerte von bis zu 5000 EUR passt auf erbrechtliche Verfahren nicht. Auch die EuGFVO enthält daher in Art. 2 Abs. 2 lit. d eine entsprechende Bereichsausnahme für Fragen des Erb- und Testamentsrechts. **65**

b) Anwendung der EuZVO, EuBVO und der Prozesskostenhilferichtlinie. Die Verordnung (EG) Nr. 1393/2007 über die **Zustellung gerichtlicher und außergerichtlicher Schriftstücke** in Zivil- oder Handelssachen (ABl. EU 2007 L 324, 79, ber. 2015 L 141 S. 118) gilt nach Art. 1 Abs. 1 EuZVO für sämtliche Zivil- und damit auch für Erbsachen (MüKoZPO/*Rauscher* EuZVO Art. 1 Rn. 4; MüKoBGB/*Dutta* EuErbVO Art. 1 Rn. 6). Ein wichtiger Anwendungsfall dürfte die Zustellung eines gerichtlichen Schriftstücks an einen Beklagten oder den Beteiligten eines Verfahrens im Bereich der freiwilligen Gerichtsbarkeit sein. **66**

Die **Europäische Beweisverordnung** (EG) Nr. 1206/2001 (ABl. EG 2001 L 174, 1, ber. 2014 L 321 S. 11 und 2016 L 324 S. 19) etabliert ein Verfahren zur grenzüberschreitenden Beweisaufnahme in Zivil- und Handelssachen. Auch die EuBVO bezieht sich auf sämtliche Zivil- und Handelssachen; sie enthält keine Bereichsausnahme und gilt daher auch für erbrechtliche Verfahren (Geimer/Schütze/*Knöfel* IRV EuBVO Art. 1 Rn. 8; MüKoBGB/*Dutta* EuErbVO Art. 1 Rn. 6). Daher kann ein Gericht auch in erbrechtlichen Verfahren ein Ersuchen auf Durchführung einer Beweisaufnahme an einen anderen Mitgliedstaat richten. Der Gerichtsbegriff in Art. 1 Abs. 1 EuBVO ist dabei weiter als der in Art. 267 AEUV (→ Rn. 51). Wie in Art. 3 Abs. 2 EuErbVO ist der Begriff des Gerichts in Art. 1 Abs. 1 EuBVO so auszulegen, dass er auch Behörden und sonstige Justizfunktionäre und damit auch Notare erfasst, soweit sie richterliche Funktionen wahrnehmen (Geimer/Schütze/*Knöfel* IRV EuBVO Art. 1 Rn. 25). **67**

68 Die **Prozesskostenhilferichtlinie** 2003/8/EG (ABl. EG 2003 L 26, 41) erfasst sämtliche Streitsachen mit grenzüberschreitendem Bezug, ohne dass es auf die Art der Gerichtsbarkeit ankommt (Art. 1 Abs. 2 der Richtlinie). Sie gilt daher auch für erbrechtliche Verfahren (MüKoBGB/*Dutta* EuErbVO Art. 1 Rn. 6), allerdings mit der Einschränkung, dass es sich um streitige Verfahren handeln muss. Das bedeutet, dass entweder ein kontradiktorisches Verfahren vorliegen oder im Bereich der freiwilligen Gerichtsbarkeit ein Beteiligter zumindest ein Rechtsmittel eingelegt haben muss. Aus deutscher Sicht kommt es auf diesen Unterschied nicht an, weil § 76 Abs. 1 FamFG pauschal auf die die Vorschriften der ZPO über die Prozesskostenhilfe verweist.

VIII. Verhältnis zum mitgliedstaatlichen Recht

1. Anwendungsvorrang

69 Als Verordnung iSv Art. 288 UAbs. 2 AEUV gilt die EuErbVO in jedem Mitgliedstaat **unmittelbar.** Sie verdrängt Bestimmungen des mitgliedstaatlichen Rechts, soweit sie sich mit dem **Anwendungsbereich** der **Verordnung überschneiden** (zum Anwendungsvorrang des Gemeinschaftsrechts vgl. EuGH 15.7.1964 – 6/64, Slg. 1964, 1141 = NJW 1964, 2371 – Costa/ENEL). Damit sind insbesondere die mitgliedstaatlichen Vorschriften über die internationale Zuständigkeit und das anwendbare Erbrecht in dem Umfang nicht mehr anwendbar, in welchem sie Regelungsgegenstand der EuErbVO sind (vgl. nur *Fornasier* FamRZ 2018, 1265 (1266); jurisPK-BGB/*Eichel* EuErbVO Art. 1 Rn. 12; zu Art. 25 EGBGB nF vgl. die Kommentierung im Anhang zu Art. 1). Unberührt bleiben demgegenüber die Bestimmungen über das mitgliedstaatliche Erbscheinsverfahrens (Art. 62 Abs. 3). Art. 2 stellt klar, dass sich die örtliche Zuständigkeit nach mitgliedstaatlichem Recht bestimmt.

2. Verhältnis zum mitgliedstaatlichen Verfahrensrecht – insbesondere Erbscheinsverfahren

70 Die EuErbVO lässt das mitgliedstaatliche Verfahrensrecht grundsätzlich unberührt. Ausnahmen gelten nur, wenn die Verordnung selbst verfahrensrechtliche Bestimmungen enthält (vgl. etwa die Regelungen zum Europäischen Nachlasszeugnis in Art. 62 ff.). Im Übrigen bleibt es beim **lex fori-Grundsatz,** wonach jedes mitgliedstaatliche Gericht sein Verfahrensrecht anwendet (vgl. MüKoBGB/*Dutta* EuErbVO Art. 23 Rn. 39; s. auch EuGH 15.5.1990 – 365/88, Slg. 1990 I-1845 = BeckRS 2004, 70995 Rn. 19 – Kongress Agentur Hagen).

In diesem Zusammenhang stellt sich die Frage, ob die Regelungen über die internationale Zuständigkeit in den Art. 4 ff. auch für die **Erteilung von Erbscheinen nach mitgliedstaatlichem Recht** gelten, ein Erbschein also nur noch erteilt werden kann, wenn eine Zuständigkeit nach den Regeln der Art. 4 ff. besteht. Der EuGH geht von einer Anwendung der Art. 4 ff. EuErbVO für das nationale Erbscheinsverfahren aus (EuGH 21.6.2018 – C-20/17, NJW 2018, 2309 Rn. 44 – Oberle; so auch *Fornasier* FamRZ 2018, 1265 (1266); *Mankowski* ErbR 2018, 482 (483 ff.); *Dutta* IPRax 2015, 32 (37); *Leipold* ZEV 2015, 553 (558); *J. Schmidt* ZEV 2014, 389 (391); *Süß* ZEuP 2013, 725 (735); *Volmer* ZEV 2014, 129 (132); *Wagner/Scholz* FamRZ 2014, 714 (715); aA *Dörner* DNotZ 2017, 407 (412 ff.); *Kanzleiter* DNotZ 2018, 724 (725); *Leitzen* ZEV 2018, 630 (632); *Buschbaum,* FS Martiny, 2014, 259 (267); *Dörner* ZEV 2012, 505 (512); *Dorsel* DNotZ 2014, 396 (397 f.); *Fröhler* BWNotZ 2015, 47 (48); *Hertel* ZEV 2013, 539 (541); *Lechner* ZErb 2014, 188 (191); *Lehmann* ZEV 2015, 138 (139); *Odersky* notar 2015, 183 (187); *Wall* ZErb 2015, 9 (15)). Die Rechtsprechung des EuGH kann nicht überzeugen. Sie verkennt, dass es sich bei der Erteilung eines Erbscheins um keine gerichtliche Tätigkeit im funktionalen Sinne handelt, weil der Erbschein nicht in Rechtskraft erwächst, sondern nur eine gutachterliche Stellungnahme des Gerichts enthält. Die Entscheidung führt dazu, dass Erben ein ENZ einholen müssen, obwohl das ENZ nach Art. 62 Abs. 2 EuErbVO gerade nicht verpflichtend ist und es nicht an die Stelle nationaler Erbnachweise tritt (Art. 62 Abs. 3 S. 1 EuErbVO). Der Zwang zur Einholung eines ENZ bei einem ausländischen Gericht führt in grenzüberschreitenden Fällen zu einer erheblichen Verlängerung des Verfahrens und ist den Beteiligten nur schwer zu vermitteln. Hatte der Erblasser seinen letzten gewöhnlichen Aufenthalt in einem anderen Staat, kommt eine Zuständigkeit für die Erteilung eines Erbscheins nur in Betracht, wenn eine der besonderen Zuständigkeitsnormen der Art. 5 ff. EuErbVO einschlägig ist, die Parteien des Erbscheinsverfahrens bei einer vom Erblasser getroffenen Rechtswahl eine Gerichtsstandsvereinbarung zugunsten der Gerichte des gewählten Staats treffen (Art. 5 EuErbVO), sich das ausländische Gericht nach Art. 6 lit. a EuErbVO für unzuständig erklärt oder der Erblasser seinen letzten gewöhnlichen Aufenthalt in einem Drittstaat hatte und die Voraussetzungen des Art. 10 EuErbVO vorliegen (hierzu näher *Leitzen* ZEV 2018, 630 (634); *Weber* RNotZ 2018, 454 (458 ff.)).

Wenn der EuGH die Art. 4 ff. EuErbVO auf die Erteilung von Erbscheinen durch deutsche Gerichte anwendet, in der Erteilung eines Erbscheins durch einen polnischen Notar demgegenüber keine anerkennungsfähige Entscheidung sieht (EuGH 23.5.2019 – C-658/17, NJW 2019, 2293 Rn. 55 –

WB; krit. *Fornasier* FamRZ 2019, 1184), muss kritisch gefragt werden, ob die Art. 4 ff. über die Zuständigkeit auch für die Erteilung von Erbnachweisen gelten, die nicht durch Gerichte, sondern durch Notare erteilt werden. Wäre dies nicht der Fall, würde innerhalb der Union eine Schieflage drohen und die Frage der Zuständigkeit von der Frage der nationalen Kompetenzverteilung abhängen (vgl. *Wall* ZErb 2015, 9 (14 f.); zur Konkurrenz von Erbschein und Nachlasszeugnis vgl. → EuErbVO Art. 62 Rn. 19). Stellt man auf die Ziele der EuErbVO ab, müsste man in der Erteilung eines Erbscheins stets ein gerichtliches Verfahren iSd Art. 4 ff. EuErbVO sehen. Hierfür spricht auch, dass Art. 64 EuErbVO für die Erteilung eines Europäischen Nachlasszeugnisses auf die Zuständigkeitsvorschriften verweist – und zwar unabhängig davon, ob das ENZ durch ein Gericht oder einen Notar erteilt wird. Diesen Weg ist der EuGH jedoch nicht am Ende gegangen: Vielmehr hat er entschieden, dass ein notarieller Erbschein nicht in den Anwendungsbereich der Art. 4 ff. fällt und Notare nicht an die Zuständigkeitsverschuldung der EuErbVO gebunden sind (EuGH 16.7.2020 – C-80/19, NJW 2020, 2947 Rn. 46 ff. – EE).

Die vom EuGH entwickelten Grundsätze gelten auch für die Erteilung von **Testamentsvollstreckerzeugnissen** (jurisPK-BGB/*Eichel* EuErbVO Art. 4 Rn. 21; *Leitzen,* ZEV 2018, 630 (635)), nicht jedoch **Eröffnung der Verfügung von Todes wegen,** weil es sich insoweit um keine gerichtliche Tätigkeit handelt (jurisPK-BGB/*Eichel* EuErbVO Art. 4 Rn. 21; *Weber* RNotZ 2018, 454 (461); aA *Link* BWNotZ 2018, 66 (71); MüKoBGB/*Dutta* EuErbVO Vor Art. 4 Rn. 9) und auch nicht für die Verwahrung von Testamenten (*Link* BWNotZ 2018, 66 (71); *Weber* RNotZ 2018, 454 (461).

3. Ausführungsgesetz

Der deutsche Gesetzgeber hat am 12.6.2015 das **Gesetz zum Internationalen Erbrecht und zur Änderung von Vorschriften zum Erbschein sowie zur Änderung sonstiger Vorschriften** erlassen (BGBl. I 1042; zum Regierungsentwurf vgl. BR-Drs. 644/14). Das Gesetz enthält vor allem verfahrensrechtliche Durchführungsbestimmungen, allen voran das neu geschaffene Internationale Erbrechtsverfahrensgesetz (IntErbRVG; vgl. hierzu näher die Kommentierung der → IntErbRVG §§ 1 ff.). Neben der Anerkennung und Vollstreckbarerklärung ausländischer Entscheidungen, Regelungen zur Erbausschlagung in grenzüberschreitenden Erbfällen und zum Aneignungsrecht des Fiskus enthält es ua Regelungen für die Erteilung eines Europäischen Nachlasszeugnisses. Darüber hinaus hat der Gesetzgeber die Vorschriften über die Erbscheine in das FamFG verlagert und modifiziert. Art. 25 EGBGB wurde an die EuErbVO angepasst. Die Bestimmung erklärt die Kollisionsnormen der EuErbVO für entsprechend anwendbar (näher hierzu → Anh Art. 1 EGBGB Art. 25). Um Unklarheiten auszuräumen und Doppelungen mit dem Haager Testamentsformübereinkommen zu vermeiden, wurde der Anwendungsbereich Art. 26 EGBGB reduziert. Es wurde lediglich die in Art. 26 Abs. 1 Nr. 5 EGBGB aF enthaltene Anknüpfung beibehalten (vgl. BR-Drucks. 644/14, 72 f.; näher hierzu Anh Art. 27 EGBGB Art. 26). 71

IX. Verhältnis zu Drittstaaten und internationalen Abkommen

1. Anwendung der EuErbVO in Drittstaatensachverhalten

Die EuErbVO hat auch Erbfälle im Verhältnis zu Nicht-Mitgliedstaaten im Blick (zum Begriff → Rn. 27). Der EuErbVO lässt sich **keine Einschränkung** entnehmen, dass sie nur in solchen Drittstaatensachverhalten zur Anwendung gelangt, die zugleich **einen Bezug zu einem weiteren Mitgliedstaat** aufweisen (BeckOGK/*J. Schmidt* EuErbVO Art. 1 Rn. 10; *Bonomi/Öztürk* ZVglRWiss 114 (2015), 4 (5); jurisPK-BGB/*Eichel* EuErbVO Art. 1 Rn. 22; *Reymann* ZVglRWiss 114 (2015), 40 (51 f.); → EuErbVO Art. 20 Rn. 1; zur Gesetzgebungskompetenz vgl. → Rn. 26). Hat etwa ein Erblasser mit US-amerikanischer Staatsangehörigkeit und dortigem letzten gewöhnlichen Aufenthalt bzw. *domicile* Vermögen nur in einem Mitgliedstaat, muss dieser Mitgliedstaat die Bestimmungen der EuErbVO anwenden. 72

Die **EuErbVO regelt** an einigen Stellen explizit **drittstaatliche Sachverhalte** (vgl. *Bonomi/Öztürk* ZVglRWiss 114 (2015), 4 (5); *Lein* in Dutta/Herrler, Die Europäische Erbrechtsverordnung, 2014, 206 Rn. 16 ff.). Im internationalen Verfahrensrecht enthält Art. 10 eine Zuständigkeitsregelung für den Fall, dass der Erblasser seinen letzten gewöhnlichen Aufenthalt in einem Drittstaat hat. Art. 11 normiert eine Notzuständigkeit für den Fall, dass es nicht möglich oder zumutbar ist, in einem Drittstaat eine Entscheidung zu erlangen. Nach Art. 12 kann das Gericht Vermögenswerte in Drittstaaten vom Verfahren ausklammern, wenn zu erwarten ist, dass die Entscheidung im Drittstaat nicht anerkannt wird oder ggf. nicht für vollstreckbar erklärt wird. Im Übrigen nimmt die Verordnung auf drittstaatliche Verfahren keine Rücksicht. Es besteht keine Möglichkeit, dass sich ein Gericht nach Art. 6 für unzuständig erklärt, wenn der Erblasser das Recht eines Drittstaates nach Art. 22 gewählt hat. Es gibt außerdem keine Vorschrift zur Koordinierung von Entscheidungen mit Parallelverfahren vor drittstaatlichen Gerichten. Art. 17 ist auf Gerichte vor verschiedenen mitgliedstaatlichen Gerichten beschränkt. Insoweit kommt 73 die lex fori zur Anwendung (→ EuErbVO Art. 17 Rn. 15; BeckOGK/*J. Schmidt* EuErbVO Art. 17 Rn. 27; *Bonomi/Öztürk* ZVglRWiss 114 (2015), 4 (12)). Entsteht ein Konflikt zwischen einem drittstaatlichen und einem anderen mitgliedstaatlichen Urteil, ist die Regelung zur Anerkennungsverweigerung nach Art. 40 lit. d einschlägig.

74 So wie in der Rom I-VO (Art. 2), Rom II-VO (Art. 3) und Rom III-VO (Art. 4) sind auch die Kollisionsnormen der EuErbVO als **loi uniforme** ausgestaltet. Art. 20 bestimmt, dass auch drittstaatliches Recht zur Anwendung berufen ist, wenn die Kollisionsnormen der EuErbVO auf es verweisen. Ob die Bestimmungen des drittstaatlichen Kollisionsrechts aus Sicht der EuErbVO zu beachten sind, richtet sich nach Art. 34. Die Vorschrift enthält eine differenzierte Regelung des **Renvoi.** Eine Rück- oder Weiterverweisung des drittstaatlichen Kollisionsrechts ist nur beachtlich, wenn die Verweisung zur Anwendung mitgliedstaatlichen Rechts oder auf das Recht eines weiteren Drittstaats führt, der sein eigenes Recht anwenden würde. Eine Nachlassspaltung ist im Verhältnis zu Drittstaaten daher weiterhin möglich, wenn das drittstaatliche Recht hinsichtlich des unbeweglichen Vermögens auf das mitliedstaatliche Recht zurückverweist oder den Verweis nur hinsichtlich des unbeweglichen Vermögens annimmt (vgl. Firsching/Graf/*Döbereiner* § 47 Rn. 24; *Mansel/Thorn/Wagner* IPRax 2013, 1 (7)).

75 Ungeregelt bleibt die **Anerkennung und Vollstreckung** drittstaatlicher Entscheidungen. Art. 39 ff. beziehen sich nur auf Entscheidungen eines anderen Mitgliedstaats (→ EuErbVO Art. 39 Rn. 6; jurisPK-BGB/*Eichel* EuErbVO Art. 1 Rn. 16). Entsprechendes gilt für die Annahme (Art. 59 Abs. 1) und Vollstreckbarkeit öffentlicher Urkunden (Art. 60) sowie für die Vollstreckbarkeit gerichtlicher Vergleiche (Art. 61). Insoweit ist die lex fori maßgebend.

2. Internationale Staatsverträge

76 Eine aus Sicht der Rechtspraxis wichtige Frage betrifft das Verhältnis von EuErbVO und internationalen Übereinkommen. Art. 75 Abs. 1 bestimmt, dass die von den Mitgliedstaaten geschlossenen Übereinkommen weiterhin Anwendung finden, insbesondere auch das Haager Testamentsformübereinkommen. Lediglich die ausschließlich zwischen zwei oder mehreren Mitgliedstaaten geschlossenen Übereinkommen treten hinter die EuErbVO zurück (Art. 75 Abs. 2).

77 **a) Staatsverträge unter Beteiligung der Bundesrepublik Deutschland.** Aus **deutscher Sicht** sind damit insbesondere nach wie vor relevant (näher hierzu → EuErbVO Art. 75 Anhang I–III; vgl. zum Ganzen *Wurmnest/Wössner* ZVglRWiss 118 (2019) 449 ff.):

78 Das **deutsch-persische Niederlassungsabkommen** v. 17.2.1929 (RGBl. 1930 II 1006, Fortgeltung bestätigt BGBl. 1955 II 829; näher hierzu die Kommentierung im Anhang I zu Art. 75). Das Übereinkommen gilt im Verhältnis zum Iran. Art. 8 Abs. 3 knüpft Fragen des Erbrechts unter Einschluss der testamentarischen und gesetzlichen Erbfolge an die Staatsangehörigkeit des Erblassers an. Umstritten ist, ob die Verweisung nur auf das jeweils im jeweiligen Vertragsstaat belegene Vermögen beschränkt ist oder auch in Drittstaaten belegenes Vermögen erfasst (hierfür MüKoBGB/*Dutta* EuErbVO Art. 75 Rn. 13; hiergegen → EuErbVO Art. 75 Anhang I Rn. 4; *Süß* in Dutta/Herrler, Die Europäische Erbrechtsverordnung, 2014, 181 Rn. 21). Auf Doppelstaater soll das Abkommen nach hM nicht anwendbar sein (BVerfG NJW-RR 2007, 577 (578); Staudinger/*Dörner,* Neubearb. 2007, Vorbem. Art. 25 EGBGB Rn. 157; *Schotten/Wittkowski* FamRZ 1995, 264 (265 f.); näher → EuErbVO Art. 75 Anhang I Rn. 2).

79 Das **deutsch-türkische Nachlassabkommen** v. 28.5.1929 (RGBl. 1930 II 747; Fortgeltung bestätigt BGBl. 1952 II 608; näher hierzu die Kommentierung im Anhang II zu Art. 75). Das Abkommen sieht eine kollisionsrechtliche Nachlassspaltung vor. Während sich das bewegliche Vermögen nach dem Recht der Staatsangehörigkeit vererbt (Art. 20 § 14 Abs. 1), richtet sich die Erbfolge für unbewegliches Vermögen nach dem Recht des Staates der lex rei sitae (Art. 20 § 14 Abs. 2). Die überwiegende Ansicht geht davon aus, dass das Abkommen nur für das sich im anderen Vertragsstaat befindende Vermögen der eigenen Staatsangehörigen gilt (→ EuErbVO Art. 75 Anhang II Rn. 4; *Dörner* ZEV 1996, 90 (94); *Majer* ZEV 2012, 182 (184); *Süß* in Dutta/Herrler, 181 Rn. 19; aA MüKoBGB/*Dutta* Art. 75 EuErbVO Rn. 20). Ob das Abkommen auf Doppelstaater anzuwenden ist, ist ebenfalls streitig (näher hierzu → EuErbVO Art. 75 Anhang II Rn. 3).

80 Der **deutsch-sowjetische Konsularvertrag** v. 25.4.1958 (BGBl. 1959 II 233; näher hierzu die Kommentierung im Anhang III zu Art. 75). Das Übereinkommen gilt im Verhältnis zu den meisten Nachfolgestaaten der Sowjetunion, insbesondere im Verhältnis zur russischen Föderation (Staudinger/*Dörner* EGBGB Vor Art. 25 Rn. 194 mwN; → EuErbVO Art. 75 Anhang III). Das Abkommen regelt nur die Erbfolge in das unbewegliche Vermögen. Hierfür knüpft Art. 28 Abs. 3 an das Erbrecht des Staates an, in dessen Gebiet das Vermögen belegen ist. Auch insoweit ist die Erbfolge nur auf das im jeweiligen Vertragsstaat belegene unbewegliche Vermögen beschränkt (*Süß* in Dutta/ Herrler, Die Europäische Erbrechtsverordnung, 2014, 181 Rn. 20).

Soweit die Verweisungsnormen in den Übereinkommen territorial auf das im Mitgliedstaat belegene Vermögen begrenzt sind, stellen sich schwierige Abgrenzungsfragen zur EuErbVO. Diese müssen auch bei der Erteilung eines Europäischen Nachlasszeugnisses berücksichtigt werden (*Süß* in Dutta/Herrler, Die Europäische Erbrechtsverordnung, 2014, 181 Rn. 24). 81

b) Zukunft der Verträge. Nach Art. 351 Abs. 1 AEUV bleiben die Rechte aus Übereinkünften vor dem 1. Januar 1958 unberührt. Die Vorschrift ist analog auch auf nach dem 1.1.1958 geschlossene Verträge anzuwenden, wenn die Union erst zu einem späteren Zeitpunkt eine Kompetenz erworben hat und der Erwerb dieser Kompetenz unvorhersehbar war (Streinz/*Kokott* AEUV Art. 351 Rn. 2; aA Calliess/Ruffert/*Schmalenbach* AEUV Art. 351 Rn. 8). Nach Art. 351 Abs. 2 S. 1 AEUV besteht eine Verpflichtung, **Unvereinbarkeiten** zu beheben, soweit die Übereinkommen nicht mit dem Unionsrecht vereinbar sind. Art. 75 Abs. 1 EuErbVO ordnet jedoch ausdrücklich an, dass die Übereinkommen weiter fortbestehen. Ihre Fortgeltung ist mit dem Unionsrecht vereinbar. Die Mitgliedstaaten sind daher nicht verpflichtet, die Übereinkommen zu kündigen (*Süß* in Dutta/Herrler, Die Europäische Erbrechtsverordnung, 2014, 181 Rn. 56; s. auch ErwG 73 S. 1). 82

Da sich der Anwendungsbereich der EuErbVO auch auf **Drittstaatensachverhalte** erstreckt (→ Rn. 72), ist nach Art. 3 Abs. 2, 216 Abs. 1 AEUV die ausschließliche Kompetenz zum Abschluss internationaler Übereinkommen auf dem Gebiet des Erbrechts auf die Union übergegangen (BeckOGK/*J. Schmidt* EuErbVO Art. 75 Rn. 15; *Max Planck Institute* RabelsZ 74 2010, 522 (534); vgl. auch EuGH 7.2.2006 – Gutachten 1/03, Slg. 2006 I-1145 = BeckEuRS 2006, 421995 Rn. 142 ff.; ErwG 5 Verordnung (EG) Nr. 664/2009). Daraus folgt, dass die Mitgliedstaaten die bestehenden Übereinkommen nicht mehr abändern können (*Max Planck Institute* RabelsZ 74 2010, 522 (534); s. auch EuGH 14.10.2014 – Gutachten 1/13, BeckEuRS 2014, 403969; vgl. Art. 1 Abs. 1 VO (EG) Nr. 664/2009; aA für die Nordische Nachlasskonvention und Art. 75 Abs. 3 *Frantzen,* in Löhnig/Schwab/Henrich/Gottwald/Grziwotz/Reimann/Dutta, Erbfälle unter Geltung der Europäischen Erbrechtsverordnung, 2014, 67 (71)). Um eine Versteinerung der Übereinkommen zu verhindern, wäre es wünschenswert, nach dem Vorbild der Rom I-VO und Rom II-VO auch im Erbrecht einen Mechanismus einzuführen, der den Mitgliedstaaten in Abstimmung mit der Union den Neuabschluss dieser Übereinkommen ermöglicht (*Max Planck Institute* RabelsZ 74 2010, 522 (535); vgl. *Bischoff* ZEuP 2010, 321). Eine Kündigung der Staatsverträge ist den Mitgliedstaaten weiterhin ohne Mitwirkung der Union möglich (*Dutta* FamRZ 2015, 23). 83

X. International-privatrechtliche Grundfragen

Auf europäischer Ebene gibt es keinen Rechtsakt, der allgemeine Fragen des IPR einer übergreifenden Regelung zuführt. Ob der Gesetzgeber die international-privatrechtlichen **Fragen eines Allgemeinen Teils** in einer Rom 0-Verordnung zusammenfassen sollte, erscheint zweifelhaft (zum Ganzen vgl. *Leible/Müller* YbPIL 14 (2012/2013), 137 ff.; *Leible/Unberath,* Brauchen wir eine Rom 0-Verordnung?, 2013). Zum einen fragt sich, ob Rechtsinstitute wie die Qualifikation, Substitution oder Vorfrage überhaupt geschriebenen Regelungen zugänglich sind bzw. ob hierfür eine praktische Notwendigkeit besteht. Zum anderen lassen sich die üblicherweise im Allgemeinen Teil des IPR verorteten Fragen nicht zwingend für alle Rechtsakte einheitlich beantworten. Das hat bspw. die Diskussion um den Renvoi gezeigt – die EuErbVO wählt in Art. 34 einen anderen Ansatz als Art. 20 Rom I-VO und Art. 24 Rom II-VO. Auch bei der Vorfrage wird deutlich, dass die EuErbVO mit ihren Regelungen zum Europäischen Nachlasszeugnis eine Sonderstellung einnimmt. Zum gegenwärtigen Zeitpunkt der Rechtsentwicklung kann man nur von „Bausteinen eines Allgemeinen Teils" sprechen, die der Gesetzgeber mit kleinen Varianten in das Grundgerüst der Verordnungen setzt (vgl. *Heinze,* FS Kropholler, 2008, 105). Dennoch ist es angezeigt, gemeinsame Begrifflichkeiten und Grundfragen der Verordnungen einer übergreifende kohärenten Lösung zuzuführen, sofern die Besonderheiten der jeweiligen Verordnung nicht entgegenstehen (vgl. zum Ganzen *Wilke* in Leible/Unberath, Brauchen wir eine Rom 0-Verordnung, 2013, 23 (24)). 84

Diverse international-privatrechtliche Grundfragen wirft auch die **EuErbVO** auf, so etwa im Zusammenhang mit dem Begriff der Qualifikation, der Vorfrage und der Substitution. Mit den Regelungen zum Renvoi (Art. 34), ordre public (Art. 35) und der Verweisung auf interlokale (Art. 36) und interpersonale Kollisionsvorschriften (Art. 37) enthält die EuErbVO einige geschriebene Regeln, die eigentlich dem Bereich des Allgemeinten Teils zuzuordnen sind (vgl. *Eichel* in Leible/Unberath, Brauchen wir eine Rom 0-Verordnung, 2013, 397 ff.). 85

1. Kollisionsnormen

Kollisionsrecht ist **Verweisungsrecht.** Seine Aufgabe besteht darin, bei Sachverhalten mit Beziehungen zu mindestens zwei Rechtsordnungen das anwendbare Sachrecht zu bestimmen (vgl. *Basedow* HWB 86

EUP, Internationales Privatrecht, Bd. 1, 2009, 902; *v. Bar/Mankowski* IPR I § 1 Rn. 1; *Kropholler* IPR § 1 I. 3.).

87 a) **Anknüpfungsgegenstand und Anknüpfungsmoment.** So wie Sachnormen sind auch Kollisionsnormen durch das Zusammenspiel von Tatbestand und Rechtsfolge geprägt: Der **Tatbestand** einer Kollisionsnorm besteht aus dem Anknüpfungsgegenstand und dem Anknüpfungsmoment. Der Anknüpfungsgegenstand grenzt den Anwendungsbereich der Kollisionsnorm auf eine bestimmte Rechtsfrage ein. Das Anknüpfungsmoment bestimmt das maßgebliche Sachverhaltselement, das über die anwendbare Rechtsordnung entscheidet (vgl. MüKoBGB/*v. Hein* Einl. IPR Rn. 56 f.; NK-NachfolgeR/*Köhler* EuErbVO Vor Art. 20 Rn. 10). Als **Rechtsfolge** ordnet die Kollisionsnorm die Anwendung einer bestimmten Rechtsordnung an. Die **allgemeine Kollisionsnorm** der EuErbVO findet sich in Art. 21 Abs. 1.

Beispiel: Ist ein in Deutschland lebender Franzose verstorben und meint eine dem Erblasser nahestehende Person, Erbe geworden zu sein, ist Art. 21 Abs. 1 EuErbVO einschlägig. Die Frage der Erbberechtigung fällt unter den Anknüpfungsgegenstand der „gesamten Rechtsnachfolge von Todes wegen" (Art. 23 Abs. 2 lit. b). Bei dieser Subsumtion eines Lebenssachverhalts unter den Anknüpfungsgegenstand handelt es sich um eine Frage der Qualifikation (näher → Rn. 93 ff.). Anknüpfungsmoment ist nach Art. 21 Abs. 1 das Recht des Staates, in dem der Erblasser seinen letzten gewöhnlichen Aufenthalt hatte. Demzufolge gelangt man auf Rechtsfolgenseite zur Anwendung deutschen Rechts.

Die EuErbVO räumt dem Erblasser auch die Möglichkeit ein, das Anknüpfungsmoment durch die Wahl des Erbstatuts zu beeinflussen. Der Erblasser kann nach Art. 22 Abs. 1 EuErbVO das Recht seiner Staatsangehörigkeit im Zeitpunkt der Rechtswahl oder im Zeitpunkt seines Todes wählen. Anknüpfungsmoment ist hier die getroffene Rechtswahl des Erblassers.

88 Das Erbrecht wirft eine ganze Reihe verschiedener Fragen auf. Da die Anknüpfung des letzten gewöhnlichen Aufenthalts oder an das zuletzt vom Erblasser gewählte Recht nicht in allen Fällen sachgerecht ist, enthält die EuErbVO für Einzelfragen des Erbrechts **Sonderanknüpfungen,** die einen Ausschnitt aus der allgemeinen Kollisionsnorm des Art. 21 betreffen (vgl. BeckOGK/*J. Schmidt* EuErbVO Art. 20 Rn. 3; *Dutta* FamRZ 2013, 4 (9)). Einen besonderen Anknüpfungsgegenstand betrifft etwa Art. 24, der die Zulässigkeit und die materielle Wirksamkeit einer Verfügung von Todes wegen an das hypothetische Erbstatut im Zeitpunkt ihrer Errichtung anknüpft. Art. 25 regelt eine Sonderanknüpfung für die Zulässigkeit, die materielle Wirksamkeit und die Bindungswirkungen eines Erbvertrags, Art. 27 für die Formgültigkeit von schriftlichen Verfügungen von Todes und Erbverträgen, Art. 28 für die Formgültigkeit einer Annahme- und Ausschlagungserklärung, Art. 29 für die Nachlassverwaltung.

89 **Beispiel:** Schließen eine französische Staatsangehörige und ein deutscher Staatsangehöriger mit gewöhnlichem Aufenthalt in Deutschland einen Erbvertrag mit gegenseitiger Erbeinsetzung und bindender Schlusserbeneinsetzung, beurteilt sich die Zulässigkeit des Erbvertrags für beide nach dem hypothetischen Erbstatut im Zeitpunkt der Vertragserrichtung (Art. 25 Abs. 2 UAbs. 1) und damit nach deutschem Recht. Die materielle Wirksamkeit und die Bindungswirkungen unterliegen ebenfalls deutschem Recht (Art. 25 Abs. 2 UAbs. 1 und 2). Verlegen beide Ehegatten ihren gewöhnlichen Aufenthalt nach Frankreich und verstirbt hier einer der beiden Ehegatten, gelangt nach Art. 21 Abs. 1 französisches Erbrecht zur Anwendung. Unter Geltung des französischen Erbrechts fragt sich, ob der überlebende den verstorbenen Ehegatten aufgrund des Erbvertrags beerbt hat. Nach dem Erbstatut (französischem Recht) sind Erbverträge unzulässig (vgl. Art. 1130 Abs. 2 und Art. 1389 CC; zu den Konsequenzen vgl. NK-BGB/*Frank* Erbrecht, Länderbericht Frankreich, Art. 74 ff.). Über die Sonderanknüpfung des Art. 25 gelangt man jedoch für die Frage der Zulässigkeit des Erbvertrags zur Anwendung deutschen Rechts (vgl. *Nordmeier* ZErb 2013, 112 (116)). Entsprechendes gilt auch für die Frage der Vertragsauslegung (Art. 25 Abs. 2 UAbs. 2 iVm Art. 26 Abs. 1 lit. d). Errichtet der überlebende Ehegatte nunmehr während eines Aufenthalts in Schottland ein dem dortigen Recht entsprechendes maschinengeschriebenes und nur eigenhändig unterzeichnetes Testament und verstirbt er mit letztem gewöhnlichen Aufenthalt in Österreich, ist zu fragen, ob für die Erbfolge nach österreichischem Recht (Art. 21 Abs. 1) das in Schottland errichtete Testament maßgeblich ist. Dies hängt zunächst von seiner Formwirksamkeit ab. Wegen Art. 75 Abs. 1 UAbs. 2 kommt man insoweit zur Anwendung von Art. 1 Abs. 1 lit. a des Haager Testamentsformübereinkommens. Dieses knüpft so wie Art. 28 Abs. 1 lit. a alternativ an die Ortsform an. Nach schottischem Recht ist das Testament formwirksam errichtet (Requirements of Writing (Scotland) Act 1995, hierzu NK-BGB/*Odersky* Erbrecht, Länderbericht Großbritannien Rn. 46). Ob dem Testament die Bindungswirkungen des Erbvertrags entgegenstehen, beurteilt sich wiederum nach dem Erbvertragsstatut und damit im Beispiel nach deutschem Recht (Art. 25 Abs. 1 UAbs. 2).

90 b) **Allseitige Kollisionsnormen und universelle Anwendung.** Art. 21 Abs. 1 EuErbVO ist eine sog. allseitige Kollisionsnorm (vgl. hierzu *Kropholler* IPR § 13 III. 1.). Im Unterschied zu sog. einseitigen Kollisionsnormen bestimmt eine allseitige Kollisionsnorm, dass die Verweisung nicht nur auf eine oder mehrere Rechtsordnungen beschränkt ist, sondern auch bei einer Verweisung auf jede ausländische Sachnorm zum Tragen kommt. Diese universelle Anwendung ordnet Art. 20 EuErbVO ausdrücklich an.

91 c) **Gesamtverweisung und Sachnormenverweisung, Renvoi.** Wenn eine Kollisionsnorm auf eine bestimmte Rechtsordnung verweist, stellt sich die Frage, ob die Verweisung auch deren Kollisionsnormen umfasst (sog. **Gesamtverweisung**) oder ob es sich um eine Verweisung auf die Sachnormen dieser Rechtsordnung (sog. **Sachnormenverweisung**) handelt (vgl. NK-NachfolgeR/*Köhler* EuErb-

VO Vor Art. 20 Rn. 16f.). Die Frage beantwortet die EuErbVO eindeutig. Nach Art. 34 Abs. 1 handelt es sich um eine Sachnormenverweisung, wenn das Recht eines Mitgliedstaats zur Anwendung berufen ist (argumentum e contrario). Kommt man nach dem Anknüpfungsmoment der EuErbVO zur Rechtsordnung eines Drittstaates, ist zunächst auch dessen Kollisionsrecht zur Anwendung berufen, allerdings nur mit der Einschränkung, dass es auf das Recht eines Mitgliedstaats oder das Recht eines anderen Drittstaats zurück- oder weiterverweist, der wiederum sein eigenes Recht anwenden würde. Hatte der Erblasser seinen letzten gewöhnlichen Aufenthalt in einem Mitgliedstaat, entscheidet das Erbrecht dieses Mitgliedstaats über die Rechtsnachfolge von Todes wegen. Befand sich der Aufenthalt bzw. das *domicile* des Erblassers in einem Drittstaat (zum Begriff → Rn. 29), muss man nach Art. 21 Abs. 1 zunächst prüfen, ob das Kollisionsrecht dieses Drittstaates die Verweisung annimmt. Lag der letzte gewöhnliche Aufenthalt des Erblassers in England, kommt man nach dessen Recht (Art. 36 Abs. 1) zu einer gesonderten Anknüpfung. Die Rechtsnachfolge von Todes wegen unterliegt für das bewegliche Vermögen dem *domicile* des Erblassers, für das unbewegliche Vermögen kommt es auf das Recht des Lageortes (lex rei sitae) an (*Dicey/Morris/Collins,* The Conflict of Laws, 27 R-010, 017; Süß/*Odersky,* Erbrecht in Europa, § 9, Länderbericht Großbritannien, Rn. 2). Hatte der Erblasser Grundbesitz in Deutschland, käme man aufgrund der Rückverweisung des englischen Rechts gem. Art. 34 Abs. 1 lit. a bezüglich der Erbfolge mit Blick auf die Immobilie zur Anwendung deutschen Rechts (vgl. *Lein* in Dutta/Herrler, Die Europäische Erbrechtsverordnung, 2014, 199 Rn. 33; Süß/*Odersky,* Erbrecht in Europa, § 9, Länderbericht Großbritannien, Rn. 8; zum Teilrenvoi MüKoBGB/*Dutta* EuErbVO Art. 34 Rn. 9). Im Ergebnis tritt eine **Nachlassspaltung** ein.

d) Selbständige und unselbständige Kollisionsnormen. Während es sich bei Art. 21 Abs. 1 EuErbVO um eine **selbständige Kollisionsnorm** handelt, die das anwendbare Recht bestimmt, verfügt die EuErbVO auch über **Hilfs- oder Ergänzungskollisionsnormen** zur Bestimmung des Anknüpfungsgegenstands und Anknüpfungsmoments (sog. unselbständige Kollisionsnormen, vgl. hierzu *Kropholler* IPR § 13 I; MüKoBGB/*v. Hein* Einl. IPR Rn. 88). So bestimmt Art. 22 Abs. 1 S. 2, dass bei einer Rechtswahl unter der Staatsangehörigkeit bei Mehrstaatern jede Staatsangehörigkeit zu verstehen ist. Art. 23 Abs. 2 regelt, welche Fragen unter den Begriff der „Rechtsnachfolge von Todes wegen" fallen. Art. 26 Abs. 1 definiert den Begriff der materiellen Wirksamkeit einer Verfügung von Todes wegen. Handelt es sich beim anzuwendenden Recht um das Recht eines Mehrrechtsstaats, bei dem jede Rechtsordnung eigene Rechtsvorschriften für die Rechtsnachfolge von Todes wegen hat (wie zB Großbritannien), kommt es grundsätzlich auf die internen Kollisionsvorschriften dieses Staates an (Art. 36 Abs. 1). Für interpersonale Kollisionsvorschriften gilt Entsprechendes (Art. 37). Art. 35 erlaubt eine Korrektur des zur Anwendung berufenen Rechts über den ordre public. 92

2. Qualifikation

Was **Gegenstand** der Qualifikation ist, ist seit jeher umstritten. Am einfachsten lässt sich die Qualifikation methodisch fassen, wenn man in ihr die Subsumtion einer **Rechtsfrage bzw. eines bestimmten Rechtsinstituts** unter eine Kollisionsnorm erblickt. Die Qualifikation setzt zunächst eine Auslegung eines kollisionsrechtlichen Systembegriffs voraus. Was unter der **„Rechtsnachfolge von Todes wegen"** zu verstehen ist, definiert die Verordnung in Art. 3 Abs. 1 lit. a sowie ergänzend im Negativkatalog des Art. 1 Abs. 2 und über einen Positivkatalog in Art. 23 Abs. 2 (vgl. BeckOGK/*J. Schmidt* EuErbVO Art. 23 Rn. 6; Geimer/Schütze/*Schall/Simon* IRV EuERbVO Art. 1 Rn. 7f.; *Looschelders,* FS Coester-Waltjen, 2015, 531 (532); MüKoBGB/*Dutta* EuErbVO Vor Art. 20 Rn. 49). 93

Es ist zu ermitteln, ob eine Rechtsfrage bzw. ein Rechtsinstitut zu diesem Systembegriff passt (*v. Bar/Mankowski* IPR I § 7 Rn. 179; *Heiss/Kaufmann-Mohi,* in Leible/Unberath, Brauchen wir eine Rom 0-Verordnung, 181 (186, 196); *Kropholler* IPR § 15 I. 1.; *Metzger* HWB EUP, Qualifikation, 1219f.; MüKoBGB/*v. Hein* Einl. IPR Rn. 112f.). Für das europäische IPR und damit auch für die EuErbVO gilt, dass die Qualifikation **autonom** nach europäischen Maßstäben und funktional-teleologischen Kriterien erfolgen muss (vgl. EuGH 1.3.2018 – C-558/16, NJW 2018, 1377 Rn. 40 – Mahnkopf; *Heinze,* FS Kropholler, 2008, 105 (108f.); *Hellner* in Dutta/Herrler, Die Europäische Erbrechtsverordnung, 2014, 107 Rn. 5f.; *Looschelders,* FS Coester-Waltjen, 2015, 531 (533); *Lüttringhaus* RabelsZ 77 (2013), 31 (33); MüKoBGB/*v. Hein* Einl. IPR Rn. 127; s. auch MüKoBGB/*Dutta* EuErbVO Vor Art. 20 Rn. 49). Maßgeblich ist damit nicht das Begriffsverständnis der lex fori oder der lex causae, sondern das der EuErbVO. Da das Unionsrecht keine Sachnormen auf dem Gebiet des Erbrechts kennt, kommt eine Begriffsbildung nicht ohne Elemente der Rechtsvergleichung aus (vgl. *Metzger* HWB EUP, Qualifikation, 1221; *Sonnenberger,* FS Kropholler, 2008, 227 (240)). Die Qualifikation muss nicht nur die Funktion der Kollisionsnorm, sondern auch die des jeweiligen mitgliedstaatlichen Rechtsinstituts in den Blick nehmen. Problematisch ist dabei, inwieweit auf das Verständnis des Sachrechts Rücksicht zu nehmen ist. Hat das Verbot der Errichtung eines gemeinschaftlichen Testaments nach dem jeweiligen mitgliedstaatlichen Recht eine Formfunktion oder soll das Verbot die Testierfreiheit sichern, könnte dieses mitgliedstaatliche Verständnis auch auf kollisionsrechtlicher Ebene gespiegelt werden. Richtiger- 94 weise muss man auch insoweit eine autonome Qualifikation nach unionalen Maßstäben vornehmen und nach der objektiven Funktion des jeweiligen Rechtsinstituts entscheiden (vgl. *Heinze,* FS Kropholler, 2008, 105 (109); MüKoBGB/*v. Hein* Einl. IPR Rn. 126).

95 **Beispiel:** Hat der Erblasser sein gesamtes Vermögen zu Lebzeiten auf einen Dritten unentgeltlich übertragen, fragt sich, ob Pflichtteilsberechtigte vom Beschenkten die Herausgabe des Geschenks nach einer Bestimmung wie § 2329 BGB herausverlangen können (sog. *clawback*). Entscheidend ist, ob diese Rechtsfrage unter den Anknüpfungsgegenstand der Rechtsnachfolge von Todes wegen in Art. 1 Abs. 1 und Art. 21 Abs. 1 subsumiert werden kann. Nach Art. 23 Abs. 2 lit. h sind der verfügbare Teil des Nachlasses und das Pflichtteilsrecht Teil des Erbstatuts. Dies gilt nach Art. 23 Abs. 2 lit. i auch für die Ausgleichung. Art. 1 Abs. 2 lit. g nimmt jedoch lebzeitige unentgeltliche Zuwendungen vom Anwendungsbereich der Verordnung aus. Entscheidend ist die Funktion des Rechtsinstituts. Die Herausgabe des Geschenks dient der Sicherung von Pflichtteilsansprüchen. Der Erblasser soll das Pflichtteilsrecht nicht vereiteln können, indem er zu Lebzeitigen sein Vermögen auf Dritte überträgt. Deswegen wird man die Frage erbrechtlich iSv Art. 21 Abs. 1 qualifizieren müssen (*Herzog* ErbR 2013, 2 (4); Palandt/*Thorn* EuErbVO Art. 1 Rn. 11; MüKoBGB/*Dutta* EuErbVO Art. Rn. 33; aA (ebenfalls auf Grundlage einer autonomen Qualifikation) → EuErbVO Art. 23 Rn. 125; *Lorenz* in Dutta/Herrler, Die Europäische Erbrechtsverordnung, 2014, 113 Rn. 10). Daran können auch kollisionsrechtliche Vertrauensschutzerwägungen nichts ändern. Wer einen Gegenstand schenkweise erhält, muss mit einem in der EuErbVO angelegten Statutenwechsel rechnen.

3. Vorfrage

96 **a) Problem.** Der Begriff der Vorfrage ist etwas unscharf. Er bezieht sich auf zwei unterschiedliche Konstellationen: Stellt sich die Frage nach dem Bestehen eines Rechtsverhältnisses bereits im Tatbestand einer Kollisionsnorm, spricht man von einer **Erstfrage** (vgl. *v. Bar/Mankowski* IPR I § 7 Rn. 186; *Heinze,* FS Kropholler, 2008, 105 (111); *Solomon,* FS Spellenberg, 2010, 355 (356)). Eine Erstfrage wirft zB die allgemeine Kollisionsnorm des Art. 21 EuErbVO auf: Die Vorschrift kommt nur zur Anwendung, wenn der Erblasser verstorben ist. Ist der Erblasser verschollen, fragt sich, nach welchem Recht die Todesvermutung anzuknüpfen ist. Demgegenüber handelt es sich um eine **Vorfrage im engeren Sinn** (auch „materiell-rechtliche" Vorfrage), wenn sich das präjudizielle Rechtsverhältnis erst im Rahmen der Anwendung des aufgrund der Kollisionsnorm zur Anwendung berufenen Rechts stellt. Dies gilt etwa im Zusammenhang mit der Wirksamkeit einer Ehe oder dem eines Kindschaftsverhältnisses durch Abstammung oder Adoption (zu gleichgeschlechtlichen Ehegatten bzw. Lebenspartnern vgl. → Rn. 119): Verstirbt ein Erblasser mit letztem gewöhnlichen Aufenthalt in Deutschland, hat der Erblasser aber ein ausländisches Erbrecht gewählt (→ EuErbVO Art. 22 Abs. 1) und macht nunmehr ein Kind geltend, gesetzlicher Erbe zu sein, ist zu fragen, ob das Kind den Erblasser nach dem ausländischen Erbstatut beerbt hat. Da auch nach ausländischem Erbrecht die Kinder des Erblassers (regelmäßig) zu den gesetzlichen Erben zählen, kommt es auf das Bestehen eines Kindschaftsverhältnisses an. Art. 23 Abs. 2 lit. b fasst zwar die Erbberechtigung ausdrücklich unter das Erbstatut, regelt aber selbst nicht das der Erbberechtigung zugrunde liegende Statusverhältnis. Ob ein solches Verhältnis besteht, kann aufgrund einer **selbständigen oder einer unselbständigen Anknüpfung** ermittelt werden. Im Falle einer selbständigen Anknüpfung wäre das Abstammungsverhältnis nach den Kollisionsnormen der lex fori (Art. 19 Abs. 1 EGBGB) zu prüfen, im Falle einer unselbständigen Anknüpfung nach den Kollisionsnormen der lex causae, also des Erbstatuts.

97 **b) Interner vs. internationaler Entscheidungseinklang.** Eine selbständige Vorfragenanknüpfung fördert den **internen Entscheidungseinklang.** Die lex fori kommt nicht in die Verlegenheit, ein Rechtsverhältnis in einem Zusammenhang als wirksam und in einem anderen Zusammenhang als unwirksam behandeln zu müssen. Die selbständige Vorfragenanknüpfung hat wiederum den Nachteil, dass sie den **internationalen Entscheidungseinklang** stört. Das Ergebnis des Rechtsstreits hängt vom Zufall ab, welches Gericht über das Verfahren entscheidet. Eine selbständige Vorfragenanknüpfung begünstigt daher *forum shopping* (vgl. zu den Argumenten für und gegen die selbständige Anknüpfung MüKoBGB/*v. Hein* EGBGB Einl. IPR Rn. 171 ff.; *Heinze,* FS Kropholler, 2008, 105 (114)). Im nationalen IPR geht die ganz überwiegende Ansicht von einer selbständigen Vorfragenanknüpfung aus (vgl. BGH NJW 1981, 1900 (1901; NJW-RR 2007, 145 Rn. 12; BVerwG NJW 2012, 3461 Rn. 11; BayObLGZ 2003, 68 (73); KG NJW-RR 2008, 1109 (1110); MüKoBGB/*v. Hein* EGBGB Einl. IPR Rn. 173; *v. Bar/Mankowski* IPR I § 7 Rn. 192 ff.). Ob dies auch im **europäischen Kollisionsrecht** gilt, ist umstritten (vgl. *Bernitt,* Die Anknüpfung von Vorfragen im europäischen Kollisionsrecht, 2010; *Solomon,* FS Spellenberg, 2010, 355; *Sturm/Sturm,* Liber Amicorum Sajko, 2012, 309; *Mäsch* in Leible/Unberath, Brauchen wir eine Rom 0-Verordnung, 2013, 201). Für die Rom III-VO hat der Gesetzgeber eine Präferenz für die selbständige Anknüpfung der Vorfrage erkennen lassen (ErwG 10 S. 3 Rom III-VO). Dass der Gesetzgeber damit eine allen Rechtsakten zugrundeliegende ungeschriebene Regel klarstellend zum Ausdruck gebracht hat (so NK-NachfolgeR/*Köhler* EuErbVO Vor Art. 20 Rn. 23), ist ebenso wenig überzeugend wie der Umkehrschluss, dass der Gesetzgeber mit der selbständigen Vorfragenanknüpfung eine Ausnahme von der Regel statuiert hat.

c) EuErbVO. In der EuErbVO findet sich **keine Regelung zur Vorfragenproblematik,** obwohl das Grünbuch die Problematik identifiziert (KOM (2005) 65 endg.) und das Parlament bereits vor der Veröffentlichung des Kommissionsvorschlags eine unselbständige Anknüpfung gefordert hatte (EP-Dok. A6–0359/2006). Daraus kann man jedoch nicht im Wege eines argumentum e contrario folgern, dass sich der Gesetzgeber gegen eine unselbständige Vorfragenanknüpfung entschieden hat. Über die Gründe, warum keine Regelung zur Vorfrage zustande gekommen ist, kann man nur Mutmaßungen anstellen. Bei der Diskussion über die Motive des Gesetzgebers sollte man außerdem nicht aus dem Blick verlieren, dass die Vorfragenproblematik nur in **Ausnahmefällen** relevant wird (*Dörner* ZEV 2012, 505 (513); *v. Bar/Mankowski* IPR I § 7 Rn. 192; MüKoBGB/*v. Hein* EGBGB Einl. IPR Rn. 170; *Looschelders,* FS Coester-Waltjen, 2015, 531 (538 f.)). Im Regelfall besteht ein Gleichlauf von forum und ius (→ Rn. 40). In einer Gleichlaufkonstellation spielt es im Ergebnis keine Rolle, ob das Gericht die Vorfrage nach den Kollisionsnormen der lex causae oder der lex fori anknüpft. Wendet der inländische Richter ausnahmsweise ausländisches Erbrecht an, wirkt sich die Vorfragenproblematik nur aus, wenn die Kollisionsnormen der lex fori und der lex causae das präjudizielle Rechtsverhältnis unterschiedlich anknüpfen und beide Rechtsordnungen zu unterschiedlichen Ergebnissen gelangen. 98

Die Anknüpfung der Vorfrage ist stark umstritten: Eine Ansicht hält auch unter Geltung der EuErbVO am Grundsatz der selbständigen Vorfragenanknüpfung aufgrund des IPR der lex fori fest. Sie begründet dies mit dem **internen Entscheidungseinklang.** Außerdem beruft sie sich darauf, dass der in Art. 1 festgelegte **Anwendungsbereich der EuErbVO** überdehnt würde, wenn nicht nur die erbrechtliche Hauptfrage, sondern eine außerhalb ihres Anwendungsbereichs liegende Vorfrage unselbständig nach den Kollisionsnormen des Erbstatuts angeknüpft würde (*Frank/Döbereiner,* Nachlassfälle mit Auslandsbezug, Rn. 104; Geimer/Schütze/*Schall/Simon* IRV EuErbVO Art. 1 Rn. 14; *Hellner* in Dutta/Herrler, Die Europäische Erbrechtsverordnung, 2014, 107 Rn. 10; *Looschelders,* FS Coester-Waltjen, 2015, 531 (538 f.); *Max Planck Institute* RabelsZ 74 2010, 522 (527); *Schurig,* FS Spellenberg, 2010, 343 (350 f.); *Rudolf* ÖNotZ 2013, 225 (227, 233);*Solomon,* FS Spellenberg, 2010, 355 (368, 370); *Döbereiner* MittBayNot 2013, 358 (361); *Lorenz* ErbR 2012, 39 (48); NK-NachfolgeR/*Köhler* EuErbVO Vor Art. 20 Rn. 23; *Sturm/Sturm,* Liber Amicorum Sajko, 2012, 309 (325 f.); *Vollmer* ZErb 2012, 227 (229)). Die Gegenansicht beruft sich auf den **europäischen Entscheidungseinklang.** Außerdem begründet sie die unselbständige Vorfragenanknüpfung mit den Regelungen über das **Europäische Nachlasszeugnis** (→ Art. 62 ff.). Dieses wäre seiner praktischen Wirksamkeit beraubt, wenn jeder Mitgliedstaat, in dem das Nachlasszeugnis verwendet wird, die der Erbberechtigung zugrunde liegende Vorfrage des Statusverhältnisses anders beurteilen könnte. Daher sei eine unselbständige Vorfragenanknüpfung erforderlich (*Dörner* ZEV 2010, 221 (227); *Dörner* ZEV 2012, 505 (513); *Dutta* IPRax 2015, 32 (36); *Kleinschmidt* RabelsZ 77 (2013), 723 (766); *Lübcke,* Das neue europäische internationale Nachlassverfahrensrecht, 2013, 566 f.; MüKoBGB/*Dutta* EuErbVO Vor Art. 20 Rn. 51; *Soutier,* Die Geltung deutscher Rechtsgrundsätze im Anwendungsbereich der Europäischen Erbrechtsverordnung, 2015, 83 ff.). Die Befürworter der selbständigen Anknüpfung wenden hiergegen ein, dass das Nachlasszeugnis nur fakultativ gelten würde, nicht aber generell eine unselbständige Anknüpfung vorschreiben könne. Außerdem ergebe sich aus Erwägungsgrund 71 S. 3, dass sich die Beweiskraft des Nachlasszeugnisses gerade nicht auf außerhalb des Anwendungsbereichs der Verordnung liegende Elemente wie den Status beziehe. Das deute auf eine selbständige Anknüpfung der Vorfrage hin (MüKoBGB/*v. Hein* EGBGB Einl. IPR Rn. 188). 99

Es ist zwar richtig, dass sich die **Beweiswirkung des Europäischen Nachlasszeugnisses** nicht auf das Bestehen eines Statusverhältnisses bezieht. Die Vermutungswirkung des Zeugnisses erstreckt sich aber darauf, dass die als Erbe im Zeugnis ausgewiesene Person tatsächlich Erbe geworden ist (Art. 69 Abs. 2 S. 2). Die Vorfrage des Statusverhältnisses ist insoweit irrelevant. Das adoptierte Kind kann zwar mit dem ENZ nicht nachweisen, dass es ein Kind des Erblassers ist, dafür aber, dass es dessen Erbe geworden ist. Beurteilte man dies anders, könnte das Nachlasszeugnis im Falle der gesetzlichen Erbfolge letztendlich nie eine Legitimationswirkung des gesetzlichen Erben begründen. So könnte das Grundbuchamt in den Fällen der gesetzlichen Erbfolge keine Grundbuchberichtigung vornehmen (§ 35 Abs. 1 S. 1 GBO iVm Art. 63 Abs. 2 lit. a), weil das Nachlasszeugnis keinen Nachweis hinsichtlich des Statusverhältnisses brächte und die Vermutungswirkung des Nachlasszeugnisses hiervon nicht erfasst wäre. Ein grenzüberschreitender Erbnachweis ist daher nur funktionsfähig, wenn man die Vorfrage unselbständig anknüpft. Auch das Argument, dass der eingeschränkte Anwendungsbereich der EuErbVO für eine selbständige Anknüpfung spricht, verfängt nicht. Es ist Aufgabe der Verweisungsnormen, das Recht zu bestimmen, aus dem sich die Erbberechtigung ergibt. Dass sich das auf die Vorfrage anzuwendende Recht nicht aus den Sachnormen der lex causae, sondern aus deren Kollisionsnormen ergibt, obwohl die EuErbVO im Verhältnis der Mitgliedstaaten nur eine Sachnormenverweisung zulässt (Art. 34), muss man nicht als Widerspruch auffassen (s. aber *Bar/Mankowski* IPR I § 7 Rn. 192). Die EuErbVO zielt auf einen **Gleichlauf von forum und ius** (→ Rn. 40). Wenn dieser Gleichlauf ausnahmsweise durchbrochen ist, muss sich der ausländische Richter in die Rolle des Richters der lex causae begeben und die Erbfolge so ermitteln, wie dieser sie ermittelt hätte. Die jeweilige Vorfrage wird nur relevant, um die erbrechtliche Hauptfrage zu beantworten und fällt damit als Annex in den Anwendungsbereich der 100

Verordnung. Eine Entscheidung darüber, ob das Statusverhältnis besteht, ist mit der Beantwortung der Hauptfrage nicht verbunden. Dass es zu Widersprüchen im internen Entscheidungseinklang kommt, ist im übergeordneten Interesse des unionsweiten Entscheidungseinklangs hinzunehmen. Warum es für eine Rechtsordnung untragbar sein soll, der Ehefrau des Erblassers eine Erbberechtigung nach ausländischem Erbrecht zu versagen, weil das ausländische Erbrecht sie nicht als Ehefrau behandelt, leuchtet nicht ein. Im einen Fall geht es um eine familienrechtliche, im anderen um eine erbrechtliche Frage. Insgesamt sprechen daher die besseren Gründe für eine unselbständige Anknüpfung der Vorfrage. Anders ist dies nur, wenn bereits **einheitliche europäische Kollisionsnormen** den Entscheidungseinklang sichern. In diesem Fall ist eine selbständige Anknüpfung der Vorfrage geboten (*Heinze,* FS Kropholler, 2008, 105 (114); MüKoBGB/*Dutta* EuErbVO Vor Art. 20 Rn. 52).

4. Substitution

101 Hat man mithilfe der Kollisionsnormen das anwendbare Sachrecht ermittelt, können sich bei dessen Anwendung Schwierigkeiten ergeben, wenn ein **normatives Tatbestandsmerkmal** auf ein bestimmtes Rechtsinstitut verweist. Dann stellt sich die Frage, ob ein ausländisches Rechtsinstitut mit diesem **gleichgesetzt** werden, mithin das inländische durch das ausländische Rechtsinstitut substituiert werden kann. Die Substitution betrifft eine Auslegungsfrage des Sachrechts (vgl. MüKoBGB/*v. Hein* Einl. IPR Rn. 227 f.; zur EuErbVO Geimer/Schütze/*Odersky* IRV EuErbVO Art. 23 Rn. 7). In einem ersten Schritt muss geklärt werden, ob das Sachrecht überhaupt eine Substitution durch eine Rechtserscheinung des ausländischen Rechts zulässt. Im zweiten Schritt ist zu prüfen, ob das ausländische Rechtinstitut dem inländischen gleichwertig ist (*Kropholler* IPR § 33 I. 1., 2.).

102 Auch im Zusammenhang mit dem Erbrecht ergeben sich viele Substitutionsprobleme. Eine Problematik betrifft etwa die Frage der Erbberechtigung (Art. 23 Abs. 2 lit. b). Ist nach dem Erbstatut ein Ehegatte, Lebenspartner oder ein Adoptivkind erbberechtigt und unterliegt das Statusverhältnis einer anderen Rechtsordnung, kommt eine Erbberechtigung nur in Betracht, wenn das ausländische Statusverhältnis dem inländischen gleichwertig ist. Fraglich ist dies bei Lebenspartnerschaften und Adoptionen, wenn das ausländische Statusverhältnis nach dem ausländischen Erbrecht keine Erbberechtigung vermittelt. Eine Substitution ist in diesem Fall nicht ausgeschlossen (→ EuErbVO Art. 23 Rn. 28; aA wohl MüKoBGB/*Dutta* EuErbVO Art. 23 Rn. 11). Man wird jedoch im Ausschluss von der Erbberechtigung ein Indiz für eine fehlende Gleichwertigkeit sehen können.

103 Fragen der Substitution stellen sich auch im Zusammenhang mit der **Erbunwürdigkeit** und der **Pflichtteilsentziehung** (Art. 23 Abs. 2 lit. d), etwa bei der Frage, ob eine Unterhaltspflichtverletzung gem. § 2333 Abs. 1 Nr. 3 BGB vorlag (→ EuErbVO Art. 23 Rn. 49) oder der Abkömmling ein Verbrechen begangen hat oder wegen einer vorsätzlichen Straftet zu einer Freiheitsstrafe verurteilt wurde (§ 2333 Abs. 1 Nr. 2 und 4 BGB; vgl. MüKoBGB/*Lange* § 2333 Rn. 39). Auch bei der Verjährung stellen sich Substitutionsprobleme, etwa im Zusammenhang mit den Hemmungstatbeständen des § 204 BGB (vgl. BeckOGK/*Meller-Hannich* BGB § 204 Rn. 90, 156, 295, 358).

104 Ob nach **§ 1371 Abs. 1 BGB** eine Erbteilserhöhung vorgenommen werden kann, wenn die Ehegatten nicht im Güterstand der Zugewinngemeinschaft nach deutschem Recht, sondern in einem ausländischen Güterstand verheiratet waren, ist ebenfalls ein Substitutionsproblem (vgl. → Rn. 60; vgl. auch → EuErbVO Art. 1 Rn. 52; → EuErbVO Art. 63 Rn. 32).

5. Anpassung

105 Die EuErbVO regelt nur das Erbstatut. Häufig sind erbrechtliche Fragen mit sonstigen Rechtsverhältnissen eng verknüpft. Verbindungen bestehen insbesondere zum Güterrecht, Unterhaltsrecht und Sachenrecht. Beurteilen sich diese Rechtsverhältnisse nach verschiedenen Statuten, können sich **Normwidersprüche** ergeben. Solche **Widersprüche** sind durch das Instrument der **Anpassung** aufzulösen (vgl. *Kropholler* IPR § 34 I. 1.; MüKoBGB/*v. Hein* Einl. IPR Rn. 243 f.; *Looschelders,* FS Coester-Waltjen, 2015, 531 (540 f.); NK-NachfolgeR/*Köhler* EuErbVO Vor Art. 20 Rn. 27). Die EuErbVO enthält mit Art. 31, 32 und 33 mehrere Anpassungsvorschriften. Diese sind jedoch nicht abschließend. Erwägungsgrund 17 stellt klar, dass andere Formen der Anpassung nicht ausgeschlossen sind. Auch unter Geltung der EuErbVO ist die Anpassung daher ein wichtiges methodisches Instrument, um mehrere Statute aufeinander abzustimmen (BeckOGK/*J. Schmidt* EuErbVO Art. 31 Rn. 31; *Looschelders,* FS Coester-Waltjen, 2015, 531 (540); MüKoBGB/*Dutta* EuErbVO Vor Art. 20 Rn. 58; NK-NachfolgeR/*Köhler* EuErbVO Vor Art. 20 Rn. 27; *Schaub* Hereditare 3 (2013), 91 (119)). Die Union hat keine Kompetenz auf dem Gebiet des materiellen Erbrechts, kann jedoch auf der Grundlage von Art. 81 Abs. 2 lit. c AEUV auch **sachrechtliche Anpassungsvorschriften** erlassen (MüKoBGB/*Dutta* EuErbVO Vor Art. 20 Rn. 57; BeckOGK/*J. Schmidt* EuErbVO Art. 32 Rn. 4; *Max Planck Institute* RabelsZ 74 (2010), 522 (530)). Steht der EU eine Kompetenz zum Erlass von Kollisionsnormen auf dem Gebiet des internationalen Erbrechts zu, erfasst diese auch die Regelung sachrechtlicher Widersprüche, wenn eine Anpassung zur praktischen Anwendung der Verordnung erforderlich ist.

Eine wichtige Anpassungsvorschrift enthält **Art. 31** (→ EuErbVO Art. 31 Rn. 3; für Substitution *Jayme* in Leible/Unberath, Brauchen wir eine Rom 0-Verordnung?, 2013, 33 (43 f.)). Macht eine Person ein dingliches Recht nach dem Erbstatut geltend und kennt das Recht eines anderen Mitgliedstaates dieses Recht nicht, so ist dieses Recht soweit wie möglich an das in dieser Rechtsordnung am ehesten vergleichbare Recht anzupassen. Der Sache nach handelt es sich hierbei um einen Fall der **qualitativen Normendiskrepanz,** die aus der unterschiedlichen rechtlichen Einordnung eines Rechtsinstituts resultiert. Eine in einer letztwilligen Verfügung angeordnete *joint tenancy* ist in Deutschland als dingliches Recht unbekannt und im Regelfall in die Anordnung von Vor- und Nacherbschaft umzudeuten, wobei sich die Nacherbenbindung nur auf einen ideellen Teil der von der *joint tenancy* erfassten Gegenstände bezieht (→ EuErbVO Art. 1 Rn. 85; aA NK-NachfolgeR/*Köhler* EuErbVO Art. 31 Rn. 8). Auch bei einem dem deutschen Recht nicht bekannten **Legalnießbrauch** ist Art. 31 anzuwenden (→ EuErbVO Art. 31 Rn. 27 ff.). Stark umstritten ist, ob ein dingliches **Vindikationslegat** in ein schuldrechtliches Damnationslegat anzupassen ist, wenn die lex rei sitae das Vindikationslegat nicht kennt. Nach der Rechtsprechung des EuGH ist das Vindikationslegat in seinen unmittelbaren dinglichen Wirkungen von der lex rei sitae anzuerkennen. Es ist kein unbekanntes Recht, da es lediglich den Erwerbsmodus und nicht den Inhalt des erworbenen Rechts betrifft (EuGH 12.10.2017 – C-218/16, NJW 2017, 3767– Kubicka; ebenso *Dutta* IPRax 2015, 32 (34); *Looschelders,* FS Coester-Waltjen, 2015, 531 (536); *Kleinschmidt* LMK 2018, 403371; *J. P. Schmidt* ZEV 2014, 133 (137); aA RegE BT-Drs. 18/4201, 48; *Dörner* ZEV 2012, 505 (509); *Kunz* GPR 2012, 253 (255); *Odersky* notar 2013, 3 (4); *Wagner/Scholz* FamRZ 2014, 714 (721); zum Ganzen → EuErbVO Art. 31 Rn. 15 mwN). Der EuGH hat von diesem Grundsatz auch keine Bereichsausnahme für registrierte Vermögensgegenstände wie Grundbesitz zugelassen und Art. 1 Abs. 2 lit. l nicht angewendet. Dies ist kritikwürdig, weil nach ErwG 19 dem Registerrecht die Frage überantwortet ist, ob eine Eintragung deklaratorisch oder konstitutiv ist (*Hertel,* in Dutta/Herrler, Die Europäische Erbrechtsverordnung, 2014, 85 Rn. 44 f.; *Weber* DNotZ 2018, 16 (21 f.; vgl. hierzu eingehend → Art. 1 Rn. 125 ff.). **106**

Art. 32 betrifft einen Fall der **Normenhäufung**; er löst einen Normwiderspruch im Falle des gleichzeitigen Versterbens mehrerer Personen (Kommorienten) auf (vgl. ErwG 55). Regeln die anwendbaren Erbstatute das gleichzeitige Versterben mehrerer Personen unterschiedlich oder gar nicht, steht keiner Person ein erbrechtlicher Anspruch am Nachlass des Kommorienten zu. Eine weitere Anpassungsvorschrift zur Bewältigung einer Normenhäufung findet sich in **Art. 33.** Ist ein Nachlass erbenlos und beruft das Erbstatut den Fiskus zum Erben, so bleibt von diesem Erbrecht ein nach der lex rei sitae bestehendes hoheitliches Aneignungsrecht unberührt, wenn die Gläubiger berechtigt sind, aus dem Nachlass Befriedigung ihrer Forderungen zu suchen. Das Aneignungsrecht der lex rei sitae setzt sich gegenüber dem ausländischen Fiskuserbrecht durch. **107**

Ein Fall des **Normenmangels** liegt hier vor, wenn das Güterstatut einen erbrechtlichen Ausgleich vorsieht, das Erbstatut aber den Ausgleich über das Güterrecht vornimmt (vgl. MüKoBGB/*v. Hein* Einl. IPR Rn. 246). **108**

Eine Anpassung kann entweder auf **kollisionsrechtlicher** oder **sachrechtlicher** Ebene erfolgen. Die kollisionsrechtliche Anpassung erfolgt dadurch, dass man eines der beiden Statute nicht bzw. korrigierend anwendet. So könnte man in dem Fall, in dem der überlebende Ehegatten keine Nachlassbeteiligung erhält, einen güterrechtlichen Ausgleich nach dem Erbstatut oder umgekehrt einen erbrechtlichen Ausgleich nach dem Güterstatut vornehmen (vgl. *Kegel/Schurig* IPR § 8 III. 2; *Kropholler* IPR § 34 IV. 2). Man kann insoweit von einer besonderen Qualifikation zur Vermeidung eines Normwiderspruchs sprechen (vgl. *Kegel/Schurig* IPR § 8 III. 1). Ob eine Korrektur auf der Ebene des Kollisionsrechts zulässig ist, ist jedoch zu bezweifeln. Eine sachrechtliche Anpassung erlaubt im Regelfall eine präzisiere Feinsteuerung zur Bewältigung des Widerspruchs. Deswegen ist im Regelfall eine sachrechtliche Anpassung vorzugswürdig (*v. Bar/Mankowski* IPR I § 7 Rn. 257). Eine sachrechtliche Anpassung ist zB erforderlich, wenn der Ehegatte aufgrund der gesonderten Anknüpfung im Ergebnis eine **geringere oder eine höhere Nachlassbeteiligung** als bei einer gemeinsamen Anknüpfung nach jeder beteiligten Rechtsordnung hätte. Die Nachlassbeteiligung ist bei gedachter kumulativer Anwendung von Erb- und Güterstatut auf die höchste Nachlassbeteiligung einer der beteiligten Rechtsordnungen begrenzt (Normenhäufung), erreicht im Fall des Normenmangels zumindest deren Untergrenze (vgl. OLG Düsseldorf BeckRS 2015, 06780; OLG Schleswig NJW 2014, 88 (91); LG Mosbach ZEV 1998, 489 (490); *Dörner* ZEV 2005, 444 (445); Staudinger/*Dörner* EGBGB Art. 25 Rn. 754; Staudinger/*Mankowski* EGBGB Art. 15 Rn. 378; für Berechnung des Mittelwerts *Kowalczyk* GPR 2012, 258 (259); vgl. auch *Hess/Jayme/Pfeiffer,* Stellungnahme zum Vorschlag für eine Europäische Erbrechtsverordnung, 2012, S. 31; vgl. zum Ganzen mit Beispiel → Rn. 60). Kein Anpassungsbedarf besteht, wenn die Nachlassbeteiligung aufgrund der gesonderten Anknüpfung von Erb- und Güterstatut lediglich geringer als bei einem Zusammenfallen von Erb- und Güterstatut ist (Staudinger/*Dörner* EGBGB Art. 25 Rn. 754). **109**

6. Handeln unter falschem Recht

110 Ein sog. Handeln unter falschem Recht liegt vor, wenn sich jemand beim Abschluss eines Rechtsgeschäfts nach einer **bestimmten Rechtsordnung** richtet oder **sich auf sie bezieht,** nach den Kollisionsregeln aber eine andere Rechtsordnung anwendbar ist (vgl. *v. Bar/Mankowski* IPR § 7 Rn. 247; *Kegel/Schurig* IPR § 1 VIII. 2. d). Das Handeln unter falschem Recht ist auch im Zusammenhang mit der Errichtung von letztwilligen Verfügungen relevant. So ist beispielsweise denkbar, dass ein Erblasser ein Testament errichtet und Vor- und Nacherbfolge oder die Errichtung eines *trust* anordnet, obwohl dies nach dem Erbstatut nicht möglich ist.

111 Zunächst fragt sich, ob in der Bezugnahme auf ein Rechtsinstitut einer ausländischen Rechtsordnung nicht eine nach Art. 22 Abs. 2 zulässige **konkludente Rechtswahl** zu sehen ist (→ EuErbVO Art. 22 Rn. 20; MüKoBGB/*Dutta* EuErbVO Art. 22 Rn. 13; NK-NachfolgeR/*Köhler* EuErbVO Vor Art. 20 Rn. 35). Das wird man häufig annehmen können, wenn die Verfügung nur bei einer entsprechenden Rechtswahl zulässig ist. Liegt keine konkludente Rechtswahl vor oder besteht nicht die Möglichkeit, das Recht des Staates zu wählen, auf das der Erblasser Bezug nimmt, ist die letztwillige Verfügung nach dem Errichtungsstatut (Art. 26 Abs. 1 lit. d) durch Auslegung in ein funktional gleichwertiges Rechtsinstitut des anwendbaren Sachrechts zu übersetzen (vgl. BayObLGZ 2003, 68 (82) = BeckRS 2003, 30311826; → EuErbVO Art. 26 Rn. 15; NK-NachfolgeR/*Köhler* EuErbVO Vor Art. 20 Rn. 36; Staudinger/*Dörner* EGBGB Art. 25 Rn. 274). Die Problematik stellt sich in gleicher Weise, wenn nach Errichtung der letztwilligen Verfügung ein Statutenwechsel eintritt und das nunmehr maßgebliche Erbstatut die testamentarische Anordnung nicht kennt. Hat etwa ein seit Jahrzehnten in England lebender Deutscher eine letztwillige Verfügung errichtet, in der er nach Common Law einen *„trust"* errichtet und einen *„trustee"* ernannt hat, verstirbt er aber mit letztem gewöhnlichen Aufenthalt in Deutschland, kann man die Errichtung des *„testamentary trust"* evtl. als Anordnung einer Testamentsvollstreckung auslegen und den *trustee* als Testamentsvollstrecker sowie den *beneficiary* als Erben oder Vermächtnisnehmer ansehen (vgl. BayObLGZ 2003, 68 (84); BFH BeckRS 1988, 22008568; OLG Schleswig IPRax 2016, 163 = BeckRS 2014, 17906; AG Freiburg BeckRS 2013, 08739; *Dutta* IPRax 2016, 139 (141); Staudinger/*Dörner* EGBGB Art 25 EGBGB Rn. 291). Möglich erscheint es im Einzelfall auch, in der Errichtung des *„testamentary trust"* die Anordnung von Vor- und Nacherbfolge iSd §§ 2100 ff. BGB zu erblicken (AG Freiburg BeckRS 2013, 08739; MüKoBGB/*v. Hein* Einl. IPR Rn. 225; vgl. auch LG München IPRax 2001, 459; *Schurig* IPRax 2001, 446; → Art. 23 Rn. 35).

7. Fraus legis – Gesetzesumgehung

112 Beim Verbot der Gesetzesumgehung (fraus legis) handelt es sich um ein im IPR allgemein anerkanntes Rechtsinstitut. Eine Gesetzesumgehung liegt vor, wenn eine Person das **Anknüpfungsmoment manipuliert,** um in den Genuss eines ihm günstigen Rechts zu gelangen (vgl. *Kegel/Schurig* IPR § 14 II., III.; MüKoBGB/*v. Hein* Einl. IPR Rn. 282). Erwägungsgrund 26 der EuErbVO verweist ausdrücklich darauf, dass der Korrekturmechanismus der Gesetzesumgehung auch im Anwendungsbereich der EuErbVO Geltung beansprucht. In seiner Handhabung ist jedoch **große Zurückhaltung** geboten (MüKoBGB/*Dutta* EuErbVO Vor Art. 20 Rn. 64; NK-NachfolgeR/*Köhler* EuErbVO Vor Art. 20 Rn. 32; vgl. auch *Hess/Jayme/Pfeiffer,* Stellungnahme zum Vorschlag für eine Europäische Erbrechtsverordnung, 2012, S. 25 f.; zur französischen Sicht vgl. *Stade* ZErb 2015, 69 (72)). So genügt der **Wechsel des gewöhnlichen Aufenthalts** oder die Annahme einer neuen Staatsangehörigkeit nicht, um eine Gesetzesumgehung annehmen zu können (→ EuErbVO Art. 21 Rn. 7; NK-NachfolgeR/*Köhler* EuErbVO Vor Art. 20 Rn. 32). Entsprechendes gilt auch für eine Rechtswahl nach Art. 22 EuErbVO (→ EuErbVO Art. 22 Rn. 10). Es ist nicht rechtsmissbräuchlich, wenn der Erblasser das **Recht seiner Staatsangehörigkeit wählt.** Die EuErbVO lässt die Wahl dieses Rechts zu; das Recht der Staatsangehörigkeit begründet eine hinreichend enge Beziehung zur Rechtsnachfolge von Todes wegen. Es dürfte nicht einmal schaden, dass die Verminderung von Pflichtteilsrechten Begleitmotiv für die Rechtswahl ist. Einen Spezialfall der Gesetzesumgehung regelt die Verordnung in Erwägungsgrund 52 S. 2, der im Zusammenhang mit dem **Formstatut** des Art. 27 relevant wird. Hiernach ist ein betrügerisch geschaffenes grenzüberschreitendes Element, mit dem die Bestimmungen über die Formgültigkeit umgangen werden, nicht zu berücksichtigen. Haben die Beteiligten keine Verbindung zu dem entsprechenden Staat, in dem sie die letztwillige Verfügung errichten, kann die Anknüpfung an die Ortsform nach Erwägungsgrund 52 S. 2 ausscheiden (→ EuErbVO Art. 27 Rn. 90 ff.). Es erscheint daher zweifelhaft, ob ein Erblasser in den Genuss der Ortsformanknüpfung kommt, wenn er ins Ausland reist, um ein Testament in einer einfacheren Form (zB mündlich) zu errichten (aA BeckOGK/*J. Schmidt* EuErbVO Rn. 79; jurisPK-BGB/*Nordmeier* EuErbVO Art. 27 Rn. 20).

113 Von der Gesetzesumgehung ist der Fall zu unterscheiden, dass ein **Anknüpfungsmoment** lediglich **vorgetäuscht** wird. In diesem Fall ist bereits das Anknüpfungsmoment nach dem objektiven Tatbestand

der Kollisionsnorm nicht verwirklicht. Eine Ergebniskorrektur über das Instrument des fraus legis ist nicht erforderlich (→ EuErbVO Art. 21 Rn. 7; MüKoBGB/*Dutta* EuErbVO Vor Art. 20 Rn. 64).

8. Ordre public und Eingriffsnormen

So wie Art. 21 Rom I-VO, Art. 26 Rom II-VO und Art. 12 Rom III-VO enthält auch die EuErbVO einen **ordre public-Vorbehalt.** Nach Art. 35 darf ein Gericht einem nach der EuErbVO berufenem Recht die Anwendung versagen, wenn dies mit der öffentlichen Ordnung der lex fori unvereinbar wäre. Neben diesem kollisionsrechtlichen ordre public kennt die EuErbVO in Art. 40 lit. a einen ordre public-Vorbehalt gegenüber ausländischen Entscheidungen. Der ordre public-Verstoß kann sowohl in der Verletzung von Verfahrensnormen als auch im materiellen Recht liegen (→ EuErbVO Art. 40 Rn. 6 ff.). Weitere ordre public-Vorbehalte normiert die Verordnung im Zusammenhang mit der Annahme ausländischer öffentlicher Urkunden (Art. 59 Abs. 1) sowie der Vollstreckung ausländischer Urkunden (Art. 60 Abs. 3) und gerichtlicher Vergleiche (Art. 61 Abs. 3). **114**

Mit Art. 30 regelt die EuErbVO eine Sonderanknüpfung **zur Durchsetzung von erbrechtlichen Eingriffsnormen** (→ EuErbVO Art. 30 Rn. 1). Wichtiger Anwendungsfall sind in diesem Zusammenhang die Bestimmungen des Landwirtschaftserbrechts, in Deutschland insbesondere die Höfeordnung (→ EuErbVO Art. 30 Rn. 13; MüKoBGB/*Dutta* EuErbVO Art. 30 Rn. 1; *Schaub* Hereditare 3 (2013), 91 (121)). **115**

9. Renvoi

In Art. 34 regelt die EuErbVO Fragen der Rück- und Weiterverweisung (Renvoi, vgl. auch → Rn. 91; zum Ganzen → EuErbVO Art. 34 Rn. 1 ff.). **116**

10. Statutenwechsel

Ändert sich das für die Bestimmung des maßgeblichen Erbstatuts **maßgebliche Anknüpfungsmoment,** kommt es zu einem Statutenwechsel. Verlegt der Erblasser nach Errichtung eines Testaments seinen gewöhnlichen Aufenthalt in einen anderen Staat und verstirbt er dort, ist das Recht dieses Staates auf die Erbfolge anwendbar (Art. 21). Das wirft die Frage auf, wie sich der Statutenwechsel auf nach dem bisherigen Erbstatut errichtete Rechtshandlungen auswirkt. Die Systematik der EuErbVO gibt hierauf eine klare Antwort: Die Erbfolge aufgrund einer letztwilligen Verfügung richtet sich stets nach dem allgemeinen Erbstatut (vgl. *Soutier,* Die Geltung deutscher Rechtsgrundsätze im Anwendungsbereich der Europäischen Erbrechtsverordnung, 2015, 30). Art. 24 normiert eine (unwandelbare) Sonderanknüpfung für die Zulässigkeit und die materielle Wirksamkeit der Verfügung und erklärt insoweit das zum Errichtungszeitpunkt hypothetisch geltende Erbstatut für anwendbar. Das hypothetische Erbstatut gilt auch für die Frage, ob die bisher errichtete Verfügung abänderbar bzw. widerruflich ist (Art. 24 Abs. 3, → EuErbVO Art. 24 Rn. 24). Ein Statutenwechsel kann nicht dazu führen, dass das neue Recht dem Erblasser die Testierfähigkeit im Hinblick auf die Änderung und den Widerruf der bisherigen Verfügung von Todes wegen abspricht (Art. 26 Abs. 2; → EuErbVO Art. 26 Rn. 18 f.). Die Wirkungen der Verfügung von Todes wegen unterliegen im Übrigen dem Erbstatut. Entsprechendes gilt für Erbverträge (Art. 25). **117**

Beispiel: Zwei Ehegatten mit gewöhnlichem Aufenthalt in Deutschland errichten einen notariell beurkundeten Erbvertrag. Sie setzen sich gegenseitig zu alleinigen befreiten Vorerben und ihre Kinder zu Nacherben ein. Nach Abschluss des Erbvertrags verlegen sie ihren gewöhnlichen Aufenthalt in einen Staat, nach dessen Erbrecht weder die Errichtung eines Erbvertrags noch die die Anordnung von Vor- und Nacherbfolge möglich ist. **118**

Haben die Ehegatten keine (konkludente) Rechtswahl getroffen, richtet sich die Erbfolge nach dem Recht des letzten gewöhnlichen Aufenthalts. Was die Zulässigkeit, die materielle Wirksamkeit und die Bindungswirkungen des Erbvertrags angeht, ist die (unwandelbare) Sonderanknüpfung des Art. 25 Abs. 2 zu beachten. Die Zulässigkeit des Erbvertrags richtet sich nach dem hypothetischen Erbstatut im Zeitpunkt der Errichtung. Der Erbvertrag bleibt vom Statutenwechsel unberührt. Anders stellt sich die Lage im Hinblick auf den Inhalt des Erbvertrags und damit auch auf die Anordnung der Vor- und Nacherbfolge dar. Der Inhalt des Erbvertrags unterliegt dem Erbstatut (→ EuErbVO Art. 24 Rn. 16 f. mwN, str.). Ist die Anordnung der Vor- und Nacherbfolge nach dem Erbstatut unzulässig, muss die Anordnung der Vor- und Nacherbfolge in ein ihr möglichst nahe kommendes Rechtsinstitut des Erbstatuts übersetzt werden. Dies gilt freilich nicht, wenn man in der Verfügung eine nach Art. 22 Abs. 2 zulässige konkludente Rechtswahl sieht (Handeln unter falschem Recht, → Rn. 111).

Die Möglichkeit eines Statutenwechsels **erschwert** die **Nachlassplanung.** Vor diesem Hintergrund kommt der Rechtswahl (Art. 22) große Bedeutung zu. Sie gewährleistet die Stabilität des Anknüpfungsmoments (MüKoBGB/*Dutta* EuErbVO Art. 22 Rn. 1). Dass die Rechtswahlmöglichkeiten auf die Staatsangehörigkeit im Zeitpunkt der Errichtung der letztwilligen Verfügung oder des Todes begrenzt sind, ist bedauerlich. Es wäre der Nachlassplanung zuträglich, wenn der Erblasser auch das Recht des gegenwärtigen gewöhnlichen Aufenthalts wählen könnte (→ Rn. 37). **119**

120 Der Statutenwechsel kann erhebliche Auswirkungen im Hinblick auf die Erbberechtigung von Angehörigen haben. Das lässt sich am Beispiel des gesetzlichen Erbrechts von **Lebenspartnern bzw. gleichgeschlechtlichen Ehegatten** verdeutlichen:

Beispiel: Ein Deutscher und ein Pole haben eine gleichgeschlechtliche Ehe in Deutschland begründet. Sie verlegen ihren gewöhnlichen Aufenthalt nach Polen, unterhalten aber weiterhin enge Beziehungen zu Deutschland. Ob dem überlebenden Lebenspartner ein Erbrecht zusteht, beurteilt sich somit nach polnischem Erbrecht (Art. 21, 23 Abs. 2 lit. b). Das polnische Erbrecht kennt weder die Erbberechtigung des Lebenspartners noch eines gleichgeschlechtlichen Ehegatten. Nach polnischem Erbrecht dürfte eine Substitution einer Ehe zwischen Frau und Mann durch eine Lebenspartnerschaft oder eine gleichgeschlechtliche Ehe ausländischen Rechts ausscheiden. Ob und wie das Bestehen des Statusverhältnisses aus deutscher Sicht anzuknüpfen ist, spielt somit keine Rolle. Die Vorfragenproblematik (→ Rn. 96) ist insoweit irrelevant. Es tritt gesetzliche Erbfolge nach polnischem Recht ein, ohne dass dem überlebenden Lebenspartner eine gesetzliche Erbberechtigung zustünde (vgl. *Coester* ZEV 2013, 115 (116); *Soutier,* Die Geltung deutscher Rechtsgrundsätze im Anwendungsbereich der Europäischen Erbrechtsverordnung, 2015, 38). Die Sonderanknüpfung des Art. 17b Abs. 1 S. 2 EGBGB ist mit dem Ausführungsgesetz gestrichen worden. Abhilfe wird man aber wohl über Art. 35 und den ordre public schaffen können (*Coester* ZEV 2013, 115 (117); → EuErbVO Art. 23 Rn. 26). Problematisch ist allerdings die Durchsetzung dieses Erbrechts, da sie eine Zuständigkeit deutscher Gerichte voraussetzen würde. Im Rahmen eines Erbscheinsverfahrens wäre eine Zuständigkeit deutscher Gerichte evtl. gegeben (→ Rn. 70). Zu einer Zuständigkeit in einem Erbschaftsprozess kann man nur gelangen, wenn man aus dem ordre public eine ungeschriebene Zuständigkeitsregel ableiten könnte.

XI. Haager Erbrechtsübereinkommen

121 Pate für die EuErbVO stand in einigen Fragen das Haager Übereinkommen über das auf die Rechtsnachfolge von Todes wegen anzuwendende Recht vom 1. August 1989 (→ Rn. 8), dessen deutsche Übersetzung hier zu finden ist: https://www.hcch.net/en/instruments/conventions/full-text/?cid=62

Europäische Erbrechtsverordnung

Verordnung (EU) Nr. 650/2012 des Europäischen Parlaments und des Rates vom 4. Juli 2012 über die Zuständigkeit, das anzuwendende Recht, die Anerkennung und Vollstreckung von Entscheidungen und die Annahme und Vollstreckung öffentlicher Urkunden in Erbsachen sowie zur Einführung eines Europäischen Nachlasszeugnisses

(ABl. Nr. L 201 S. 107, ber. Nr. L 344 S. 3, 2013 Nr. L 41 S. 16, Nr. L 60 S. 140 und 2014 Nr. L 363 S. 186)

Celex-Nr. 3 2012 R 0650

DAS EUROPÄISCHE PARLAMENT UND DER RAT DER EUROPÄISCHEN UNION –

gestützt auf den Vertrag über die Arbeitsweise der Europäischen Union, insbesondere auf Artikel 81 Absatz 2,

auf Vorschlag der Europäischen Kommission,

nach Stellungnahme des Europäischen Wirtschafts- und Sozialausschusses[1],

gemäß dem ordentlichen Gesetzgebungsverfahren[2],

in Erwägung nachstehender Gründe:

(1) Die Union hat sich zum Ziel gesetzt, einen Raum der Freiheit, der Sicherheit und des Rechts, in dem der freie Personenverkehr gewährleistet ist, zu erhalten und weiterzuentwickeln. Zum schrittweisen Aufbau eines solchen Raums hat die Union im Bereich der justiziellen Zusammenarbeit in Zivilsachen, die einen grenzüberschreitenden Bezug aufweisen, Maßnahmen zu erlassen, insbesondere wenn dies für das reibungslose Funktionieren des Binnenmarkts erforderlich ist.

(2) Nach Artikel 81 Absatz 2 Buchstabe c des Vertrags über die Arbeitsweise der Europäischen Union können zu solchen Maßnahmen unter anderem Maßnahmen gehören, die die Vereinbarkeit der in den Mitgliedstaaten geltenden Kollisionsnormen und der Vorschriften zur Vermeidung von Kompetenzkonflikten sicherstellen sollen.

(3) Auf seiner Tagung vom 15. und 16. Oktober 1999 in Tampere hat der Europäische Rat den Grundsatz der gegenseitigen Anerkennung von Urteilen und anderen Entscheidungen von Justizbehörden als Eckstein der justiziellen Zusammenarbeit in Zivilsachen unterstützt und den Rat und die Kommission ersucht, ein Maßnahmenprogramm zur Umsetzung dieses Grundsatzes anzunehmen.

(4) Am 30. November 2000 wurde ein gemeinsames Maßnahmenprogramm der Kommission und des Rates zur Umsetzung des Grundsatzes der gegenseitigen Anerkennung gerichtlicher Entscheidungen in Zivil- und Handelssachen[3] verabschiedet. In diesem Programm sind Maßnahmen zur Harmonisierung der Kollisionsnormen aufgeführt, die die gegenseitige Anerkennung gerichtlicher Entscheidungen vereinfachen sollen; ferner ist darin die Ausarbeitung eines Rechtsinstruments zum Testaments- und Erbrecht vorgesehen.

(5) Am 4. und 5. November 2004 hat der Europäische Rat auf seiner Tagung in Brüssel ein neues Programm mit dem Titel „Haager Programm zur Stärkung von Freiheit, Sicherheit und Recht in der Europäischen Union“[4] angenommen. Danach soll ein Rechtsinstrument zu Erbsachen erlassen werden, das insbesondere Fragen des Kollisionsrechts, der Zuständigkeit, der gegenseitigen Anerkennung und Vollstreckung von Entscheidungen in Erbsachen sowie die Einführung eines Europäischen Nachlasszeugnisses betrifft.

(6) Der Europäische Rat hat auf seiner Tagung vom 10. und 11. Dezember 2009 in Brüssel ein neues mehrjähriges Programm mit dem Titel „Das Stockholmer Programm – Ein offenes und sicheres Europa

---

[1] **Amtl. Anm.:** ABl. C 44 vom 11.2.2011, S. 148.

[2] **Amtl. Anm.:** Standpunkt des Europäischen Parlaments vom 13. März 2012 (noch nicht im Amtsblatt veröffentlicht) und Beschluss des Rates vom 7. Juni 2012.

[3] **Amtl. Anm.:** ABl. C 12 vom 15.1.2001, S. 1.

[4] **Amtl. Anm.:** ABl. C 53 vom 3.3.2005, S. 1.

im Dienste und zum Schutz der Bürger"[5] angenommen. Darin hat der Europäische Rat festgehalten, dass der Grundsatz der gegenseitigen Anerkennung auf Bereiche ausgeweitet werden sollte, die bisher noch nicht abgedeckt sind, aber den Alltag der Bürger wesentlich prägen, z. B. Erb- und Testamentsrecht, wobei gleichzeitig die Rechtssysteme einschließlich der öffentlichen Ordnung (ordre public) und die nationalen Traditionen der Mitgliedstaaten in diesem Bereich zu berücksichtigen sind.

(7) Die Hindernisse für den freien Verkehr von Personen, denen die Durchsetzung ihrer Rechte im Zusammenhang mit einem Erbfall mit grenzüberschreitendem Bezug derzeit noch Schwierigkeiten bereitet, sollten ausgeräumt werden, um das reibungslose Funktionieren des Binnenmarkts zu erleichtern. In einem europäischen Rechtsraum muss es den Bürgern möglich sein, ihren Nachlass im Voraus zu regeln. Die Rechte der Erben und Vermächtnisnehmer sowie der anderen Personen, die dem Erblasser nahestehen, und der Nachlassgläubiger müssen effektiv gewahrt werden.

(8) Um diese Ziele zu erreichen, bedarf es einer Verordnung, in der die Bestimmungen über die Zuständigkeit, das anzuwendende Recht, die Anerkennung – oder gegebenenfalls die Annahme –, Vollstreckbarkeit und Vollstreckung von Entscheidungen, öffentlichen Urkunden und gerichtlichen Vergleichen sowie zur Einführung eines Europäischen Nachlasszeugnisses zusammengefasst sind.

(9) Der Anwendungsbereich dieser Verordnung sollte sich auf alle zivilrechtlichen Aspekte der Rechtsnachfolge von Todes wegen erstrecken, und zwar auf jede Form des Übergangs von Vermögenswerten, Rechten und Pflichten von Todes wegen, sei es im Wege der gewillkürten Erbfolge durch eine Verfügung von Todes wegen oder im Wege der gesetzlichen Erbfolge.

(10) Diese Verordnung sollte weder für Steuersachen noch für verwaltungsrechtliche Angelegenheiten öffentlich-rechtlicher Art gelten. Daher sollte das innerstaatliche Recht bestimmen, wie beispielsweise Steuern oder sonstige Verbindlichkeiten öffentlich-rechtlicher Art berechnet und entrichtet werden, seien es vom Erblasser im Zeitpunkt seines Todes geschuldete Steuern oder Erbschaftssteuern jeglicher Art, die aus dem Nachlass oder von den Berechtigten zu entrichten sind. Das innerstaatliche Recht sollte auch bestimmen, ob die Freigabe des Nachlassvermögens an die Berechtigten nach dieser Verordnung oder die Eintragung des Nachlassvermögens in ein Register nur erfolgt, wenn Steuern gezahlt werden.

(11) Diese Verordnung sollte nicht für Bereiche des Zivilrechts gelten, die nicht die Rechtsnachfolge von Todes wegen betreffen. Aus Gründen der Klarheit sollte eine Reihe von Fragen, die als mit Erbsachen zusammenhängend betrachtet werden könnten, ausdrücklich vom Anwendungsbereich dieser Verordnung ausgenommen werden.

(12) Dementsprechend sollte diese Verordnung nicht für Fragen des ehelichen Güterrechts, einschließlich der in einigen Rechtsordnungen vorkommenden Eheverträge, soweit diese keine erbrechtlichen Fragen regeln, und des Güterrechts aufgrund von Verhältnissen, die mit der Ehe vergleichbare Wirkungen entfalten, gelten. Die Behörden, die mit einer bestimmten Erbsache nach dieser Verordnung befasst sind, sollten allerdings je nach den Umständen des Einzelfalls die Beendigung des ehelichen oder sonstigen Güterstands des Erblassers bei der Bestimmung des Nachlasses und der jeweiligen Anteile der Berechtigten berücksichtigen.

(13) Fragen im Zusammenhang mit der Errichtung, Funktionsweise oder Auflösung von Trusts sollten auch vom Anwendungsbereich dieser Verordnung ausgenommen werden. Dies sollte nicht als genereller Ausschluss von Trusts verstanden werden. Wird ein Trust testamentarisch oder aber kraft Gesetzes im Rahmen der gesetzlichen Erbfolge errichtet, so sollte im Hinblick auf den Übergang der Vermögenswerte und die Bestimmung der Berechtigten das nach dieser Verordnung auf die Rechtsnachfolge von Todes wegen anzuwendende Recht gelten.

(14) Rechte und Vermögenswerte, die auf andere Weise als durch Rechtsnachfolge von Todes wegen entstehen oder übertragen werden, wie zum Beispiel durch unentgeltliche Zuwendungen, sollten ebenfalls vom Anwendungsbereich dieser Verordnung ausgenommen werden. Ob unentgeltliche Zuwendungen oder sonstige Verfügungen unter Lebenden mit dinglicher Wirkung vor dem Tod für die Zwecke der Bestimmung der Anteile der Berechtigten im Einklang mit dem auf die Rechtsnachfolge von Todes wegen anzuwendenden Recht ausgeglichen oder angerechnet werden sollten, sollte sich jedoch nach dem Recht entscheiden, das nach dieser Verordnung auf die Rechtsnachfolge von Todes wegen anzuwenden ist.

(15) Diese Verordnung sollte die Begründung oder den Übergang eines Rechts an beweglichen oder unbeweglichen Vermögensgegenständen im Wege der Rechtsnachfolge von Todes wegen nach Maßgabe des auf die Rechtsnachfolge von Todes wegen anzuwendenden Rechts ermöglichen. Sie sollte jedoch nicht die abschließende Anzahl (Numerus Clausus) der dinglichen Rechte berühren, die das innerstaatliche Recht einiger Mitgliedstaaten kennt. Ein Mitgliedstaat sollte nicht verpflichtet sein, ein dingliches Recht an einer in diesem Mitgliedstaat belegenen Sache anzuerkennen, wenn sein Recht dieses dingliche Recht nicht kennt.

---

[5] **Amtl. Anm.:** ABl. C 115 vom 4.5.2010, S. 1.

(16) Damit die Berechtigten jedoch die Rechte, die durch Rechtsnachfolge von Todes wegen begründet worden oder auf sie übergegangen sind, in einem anderen Mitgliedstaat geltend machen können, sollte diese Verordnung die Anpassung eines unbekannten dinglichen Rechts an das in der Rechtsordnung dieses anderen Mitgliedstaats am ehesten vergleichbare dingliche Recht vorsehen. Bei dieser Anpassung sollten die mit dem besagten dinglichen Recht verfolgten Ziele und Interessen und die mit ihm verbundenen Wirkungen berücksichtigt werden. Für die Zwecke der Bestimmung des am ehesten vergleichbaren innerstaatlichen dinglichen Rechts können die Behörden oder zuständigen Personen des Staates, dessen Recht auf die Rechtsnachfolge von Todes wegen anzuwenden war, kontaktiert werden, um weitere Auskünfte zu der Art und den Wirkungen des betreffenden dinglichen Rechts einzuholen. In diesem Zusammenhang könnten die bestehenden Netze im Bereich der justiziellen Zusammenarbeit in Zivil- und Handelssachen sowie die anderen verfügbaren Mittel, die die Erkenntnis ausländischen Rechts erleichtern, genutzt werden.

(17) Die in dieser Verordnung ausdrücklich vorgesehene Anpassung unbekannter dinglicher Rechte sollte andere Formen der Anpassung im Zusammenhang mit der Anwendung dieser Verordnung nicht ausschließen.

(18) Die Voraussetzungen für die Eintragung von Rechten an beweglichen oder unbeweglichen Vermögensgegenständen in einem Register sollten aus dem Anwendungsbereich dieser Verordnung ausgenommen werden. Somit sollte das Recht des Mitgliedstaats, in dem das Register (für unbewegliches Vermögen das Recht der belegenen Sache (lex rei sitae)) geführt wird, bestimmen, unter welchen gesetzlichen Voraussetzungen und wie die Eintragung vorzunehmen ist und welche Behörden wie etwa Grundbuchämter oder Notare dafür zuständig sind zu prüfen, dass alle Eintragungsvoraussetzungen erfüllt sind und die vorgelegten oder erstellten Unterlagen vollständig sind bzw. die erforderlichen Angaben enthalten. Insbesondere können die Behörden prüfen, ob es sich bei dem Recht des Erblassers an dem Nachlassvermögen, das in dem für die Eintragung vorgelegten Schriftstück erwähnt ist, um ein Recht handelt, das als solches in dem Register eingetragen ist oder nach dem Recht des Mitgliedstaats, in dem das Register geführt wird, anderweitig nachgewiesen wird. Um eine doppelte Erstellung von Schriftstücken zu vermeiden, sollten die Eintragungsbehörden diejenigen von den zuständigen Behörden in einem anderen Mitgliedstaat erstellten Schriftstücke annehmen, deren Verkehr nach dieser Verordnung vorgesehen ist. Insbesondere sollte das nach dieser Verordnung ausgestellte Europäische Nachlasszeugnis im Hinblick auf die Eintragung des Nachlassvermögens in ein Register eines Mitgliedstaats ein gültiges Schriftstück darstellen. Dies sollte die an der Eintragung beteiligten Behörden nicht daran hindern, von der Person, die die Eintragung beantragt, diejenigen zusätzlichen Angaben oder die Vorlage derjenigen zusätzlichen Schriftstücke zu verlangen, die nach dem Recht des Mitgliedstaats, in dem das Register geführt wird, erforderlich sind, wie beispielsweise Angaben oder Schriftstücke betreffend die Zahlung von Steuern. Die zuständige Behörde kann die Person, die die Eintragung beantragt, darauf hinweisen, wie die fehlenden Angaben oder Schriftstücke beigebracht werden können.

(19) Die Wirkungen der Eintragung eines Rechts in einem Register sollten ebenfalls vom Anwendungsbereich dieser Verordnung ausgenommen werden. Daher sollte das Recht des Mitgliedstaats, in dem das Register geführt wird, dafür maßgebend sein, ob beispielsweise die Eintragung deklaratorische oder konstitutive Wirkung hat. Wenn also zum Beispiel der Erwerb eines Rechts an einer unbeweglichen Sache nach dem Recht des Mitgliedstaats, in dem das Register geführt wird, die Eintragung in einem Register erfordert, damit die Wirkung erga omnes von Registern sichergestellt wird oder Rechtsgeschäfte geschützt werden, sollte der Zeitpunkt des Erwerbs dem Recht dieses Mitgliedstaats unterliegen.

(20) Diese Verordnung sollte den verschiedenen Systemen zur Regelung von Erbsachen Rechnung tragen, die in den Mitgliedstaaten angewandt werden. Für die Zwecke dieser Verordnung sollte der Begriff „Gericht" daher breit gefasst werden, so dass nicht nur Gerichte im eigentlichen Sinne, die gerichtliche Funktionen ausüben, erfasst werden, sondern auch Notare oder Registerbehörden in einigen Mitgliedstaaten, die in bestimmten Erbsachen gerichtliche Funktionen wie Gerichte ausüben, sowie Notare und Angehörige von Rechtsberufen, die in einigen Mitgliedstaaten in einer bestimmten Erbsache aufgrund einer Befugnisübertragung durch ein Gericht gerichtliche Funktionen ausüben. Alle Gerichte im Sinne dieser Verordnung sollten durch die in dieser Verordnung festgelegten Zuständigkeitsregeln gebunden sein. Der Begriff „Gericht" sollte hingegen nicht die nichtgerichtlichen Behörden eines Mitgliedstaats erfassen, die nach innerstaatlichem Recht befugt sind, sich mit Erbsachen zu befassen, wie in den meisten Mitgliedstaaten die Notare, wenn sie, wie dies üblicherweise der Fall ist, keine gerichtlichen Funktionen ausüben.

(21) Diese Verordnung sollte es allen Notaren, die für Erbsachen in den Mitgliedstaaten zuständig sind, ermöglichen, diese Zuständigkeit auszuüben. Ob die Notare in einem Mitgliedstaat durch die Zuständigkeitsregeln dieser Verordnung gebunden sind, sollte davon abhängen, ob sie von der Bestimmung des Begriffs „Gericht" im Sinne dieser Verordnung erfasst werden.

(22) Die in den Mitgliedstaaten von Notaren in Erbsachen errichteten Urkunden sollten nach dieser Verordnung verkehren. Üben Notare gerichtliche Funktionen aus, so sind sie durch die Zuständigkeitsregeln gebunden, und die von ihnen erlassenen Entscheidungen sollten nach den Bestimmungen über die Anerkennung, Vollstreckbarkeit und Vollstreckung von Entscheidungen verkehren. Üben Notare keine gerichtliche Zuständigkeit aus, so sind sie nicht durch die Zuständigkeitsregeln gebunden, und die öffentlichen Urkunden, die von ihnen errichtet werden, sollten nach den Bestimmungen über öffentliche Urkunden verkehren.

(23) In Anbetracht der zunehmenden Mobilität der Bürger sollte die Verordnung zur Gewährleistung einer ordnungsgemäßen Rechtspflege in der Union und einer wirklichen Verbindung zwischen dem Nachlass und dem Mitgliedstaat, in dem die Erbsache abgewickelt wird, als allgemeinen Anknüpfungspunkt zum Zwecke der Bestimmung der Zuständigkeit und des anzuwendenden Rechts den gewöhnlichen Aufenthalt des Erblassers im Zeitpunkt des Todes vorsehen. Bei der Bestimmung des gewöhnlichen Aufenthalts sollte die mit der Erbsache befasste Behörde eine Gesamtbeurteilung der Lebensumstände des Erblassers in den Jahren vor seinem Tod und im Zeitpunkt seines Todes vornehmen und dabei alle relevanten Tatsachen berücksichtigen, insbesondere die Dauer und die Regelmäßigkeit des Aufenthalts des Erblassers in dem betreffenden Staat sowie die damit zusammenhängenden Umstände und Gründe. Der so bestimmte gewöhnliche Aufenthalt sollte unter Berücksichtigung der spezifischen Ziele dieser Verordnung eine besonders enge und feste Bindung zu dem betreffenden Staat erkennen lassen.

(24) In einigen Fällen kann es sich als komplex erweisen, den Ort zu bestimmen, an dem der Erblasser seinen gewöhnlichen Aufenthalt hatte. Dies kann insbesondere der Fall sein, wenn sich der Erblasser aus beruflichen oder wirtschaftlichen Gründen – unter Umständen auch für längere Zeit – in einen anderen Staat begeben hat, um dort zu arbeiten, aber eine enge und feste Bindung zu seinem Herkunftsstaat aufrechterhalten hat. In diesem Fall könnte – entsprechend den jeweiligen Umständen – davon ausgegangen werden, dass der Erblasser seinen gewöhnlichen Aufenthalt weiterhin in seinem Herkunftsstaat hat, in dem sich in familiärer und sozialer Hinsicht sein Lebensmittelpunkt befand. Weitere komplexe Fälle können sich ergeben, wenn der Erblasser abwechselnd in mehreren Staaten gelebt hat oder auch von Staat zu Staat gereist ist, ohne sich in einem Staat für längere Zeit niederzulassen. War der Erblasser ein Staatsangehöriger eines dieser Staaten oder hatte er alle seine wesentlichen Vermögensgegenstände in einem dieser Staaten, so könnte seine Staatsangehörigkeit oder der Ort, an dem diese Vermögensgegenstände sich befinden, ein besonderer Faktor bei der Gesamtbeurteilung aller tatsächlichen Umstände sein.

(25) In Bezug auf die Bestimmung des auf die Rechtsnachfolge von Todes wegen anzuwendenden Rechts kann die mit der Erbsache befasste Behörde in Ausnahmefällen – in denen der Erblasser beispielsweise erst kurz vor seinem Tod in den Staat seines gewöhnlichen Aufenthalts umgezogen ist und sich aus der Gesamtheit der Umstände ergibt, dass er eine offensichtlich engere Verbindung zu einem anderen Staat hatte – zu dem Schluss gelangen, dass die Rechtsnachfolge von Todes wegen nicht dem Recht des gewöhnlichen Aufenthalts des Erblassers unterliegt, sondern dem Recht des Staates, zu dem der Erblasser offensichtlich eine engere Verbindung hatte. Die offensichtlich engste Verbindung sollte jedoch nicht als subsidiärer Anknüpfungspunkt gebraucht werden, wenn sich die Feststellung des gewöhnlichen Aufenthaltsorts des Erblassers im Zeitpunkt seines Todes als schwierig erweist.

(26) Diese Verordnung sollte ein Gericht nicht daran hindern, Mechanismen gegen die Gesetzesumgehung wie beispielsweise gegen die fraude à la loi im Bereich des Internationalen Privatrechts anzuwenden.

(27) Die Vorschriften dieser Verordnung sind so angelegt, dass sichergestellt wird, dass die mit der Erbsache befasste Behörde in den meisten Situationen ihr eigenes Recht anwendet. Diese Verordnung sieht daher eine Reihe von Mechanismen vor, die dann greifen, wenn der Erblasser für die Regelung seines Nachlasses das Recht eines Mitgliedstaats gewählt hat, dessen Staatsangehöriger er war.

(28) Einer dieser Mechanismen sollte darin bestehen, dass die betroffenen Parteien eine Gerichtsstandsvereinbarung zugunsten der Gerichte des Mitgliedstaats, dessen Recht gewählt wurde, schließen können. Abhängig insbesondere vom Gegenstand der Gerichtsstandsvereinbarung müsste von Fall zu Fall bestimmt werden, ob die Vereinbarung zwischen sämtlichen von dem Nachlass betroffenen Parteien geschlossen werden müsste oder ob einige von ihnen sich darauf einigen könnten, eine spezifische Frage bei dem gewählten Gericht anhängig zu machen, sofern die diesbezügliche Entscheidung dieses Gerichts die Rechte der anderen Parteien am Nachlass nicht berühren würde.

(29) Wird ein Verfahren in einer Erbsache von einem Gericht von Amts wegen eingeleitet, was in einigen Mitgliedstaaten der Fall ist, sollte dieses Gericht das Verfahren beenden, wenn die Parteien vereinbaren, die Erbsache außergerichtlich in dem Mitgliedstaat des gewählten Rechts einvernehmlich zu regeln. Wird ein Verfahren in einer Erbsache nicht von einem Gericht von Amts wegen eröffnet, so sollte diese Verordnung die Parteien nicht daran hindern, die Erbsache außergerichtlich, beispielsweise vor einem Notar, in einem Mitgliedstaat ihrer Wahl einvernehmlich zu regeln, wenn dies nach dem Recht dieses Mitgliedstaats möglich ist. Dies sollte auch dann der Fall sein, wenn das auf die Rechtsnachfolge von Todes wegen anzuwendende Recht nicht das Recht dieses Mitgliedstaats ist.

(30) Um zu gewährleisten, dass die Gerichte aller Mitgliedstaaten ihre Zuständigkeit in Bezug auf den Nachlass von Personen, die ihren gewöhnlichen Aufenthalt im Zeitpunkt ihres Todes nicht in einem Mitgliedstaat hatten, auf derselben Grundlage ausüben können, sollte diese Verordnung die Gründe, aus denen diese subsidiäre Zuständigkeit ausgeübt werden kann, abschließend und in einer zwingenden Rangfolge aufführen.

(31) Um insbesondere Fällen von Rechtsverweigerung begegnen zu können, sollte in dieser Verordnung auch eine Notzuständigkeit (forum necessitatis) vorgesehen werden, wonach ein Gericht eines Mitgliedstaats in Ausnahmefällen über eine Erbsache entscheiden kann, die einen engen Bezug zu einem Drittstaat aufweist. Ein solcher Ausnahmefall könnte gegeben sein, wenn ein Verfahren sich in dem betreffenden Drittstaat als unmöglich erweist, beispielsweise aufgrund eines Bürgerkriegs, oder wenn von einem Berechtigten vernünftigerweise nicht erwartet werden kann, dass er ein Verfahren in diesem Staat einleitet oder führt. Die Notzuständigkeit sollte jedoch nur ausgeübt werden, wenn die Erbsache einen ausreichenden Bezug zu dem Mitgliedstaat des angerufenen Gerichts aufweist.

(32) Im Interesse der Erben und Vermächtnisnehmer, die ihren gewöhnlichen Aufenthalt in einem anderen als dem Mitgliedstaat haben, in dem der Nachlass abgewickelt wird oder werden soll, sollte diese Verordnung es jeder Person, die nach dem auf die Rechtsnachfolge von Todes wegen anzuwendenden Recht dazu berechtigt ist, ermöglichen, Erklärungen über die Annahme oder Ausschlagung einer Erbschaft, eines Vermächtnisses oder eines Pflichtteils oder zur Begrenzung ihrer Haftung für Nachlassverbindlichkeiten vor den Gerichten des Mitgliedstaats ihres gewöhnlichen Aufenthalts in der Form abzugeben, die nach dem Recht dieses Mitgliedstaats vorgesehen ist. Dies sollte nicht ausschließen, dass derartige Erklärungen vor anderen Behörden dieses Mitgliedstaats, die nach nationalem Recht für die Entgegennahme von Erklärungen zuständig sind, abgegeben werden. Die Personen, die von der Möglichkeit Gebrauch machen möchten, Erklärungen im Mitgliedstaat ihres gewöhnlichen Aufenthalts abzugeben, sollten das Gericht oder die Behörde, die mit der Erbsache befasst ist oder sein wird, innerhalb einer Frist, die in dem auf die Rechtsnachfolge von Todes wegen anzuwendenden Recht vorgesehen ist, selbst davon in Kenntnis setzen, dass derartige Erklärungen abgegeben wurden.

(33) Eine Person, die ihre Haftung für die Nachlassverbindlichkeiten begrenzen möchte, sollte dies nicht durch eine entsprechende einfache Erklärung vor den Gerichten oder anderen zuständigen Behörden des Mitgliedstaats ihres gewöhnlichen Aufenthalts tun können, wenn das auf die Rechtsnachfolge von Todes wegen anzuwendende Recht von ihr verlangt, vor dem zuständigen Gericht ein besonderes Verfahren, beispielsweise ein Verfahren zur Inventarerrichtung, zu veranlassen. Eine Erklärung, die unter derartigen Umständen von einer Person im Mitgliedstaat ihres gewöhnlichen Aufenthalts in der nach dem Recht dieses Mitgliedstaats vorgeschriebenen Form abgegeben wurde, sollte daher für die Zwecke dieser Verordnung nicht formell gültig sein. Auch sollten die verfahrenseinleitenden Schriftstücke für die Zwecke dieser Verordnung nicht als Erklärung angesehen werden.

(34) Im Interesse einer geordneten Rechtspflege sollten in verschiedenen Mitgliedstaaten keine Entscheidungen ergehen, die miteinander unvereinbar sind. Hierzu sollte die Verordnung allgemeine Verfahrensvorschriften nach dem Vorbild anderer Rechtsinstrumente der Union im Bereich der justiziellen Zusammenarbeit in Zivilsachen vorsehen.

(35) Eine dieser Verfahrensvorschriften ist die Regel zur Rechtshängigkeit, die zum Tragen kommt, wenn dieselbe Erbsache bei verschiedenen Gerichten in verschiedenen Mitgliedstaaten anhängig gemacht wird. Diese Regel bestimmt, welches Gericht sich weiterhin mit der Erbsache zu befassen hat.

(36) Da Erbsachen in einigen Mitgliedstaaten von nichtgerichtlichen Behörden wie z. B. Notaren geregelt werden können, die nicht an die Zuständigkeitsregeln dieser Verordnung gebunden sind, kann nicht ausgeschlossen werden, dass in derselben Erbsache eine außergerichtliche einvernehmliche Regelung und ein Gerichtsverfahren beziehungsweise zwei außergerichtliche einvernehmliche Regelungen in Bezug auf dieselbe Erbsache jeweils in verschiedenen Mitgliedstaaten parallel eingeleitet werden. In solchen Fällen sollte es den beteiligten Parteien obliegen, sich, sobald sie Kenntnis von den parallelen Verfahren erhalten, untereinander über das weitere Vorgehen zu einigen. Können sie sich nicht einigen, so müsste das nach dieser Verordnung zuständige Gericht sich mit der Erbsache befassen und darüber befinden.

(37) Damit die Bürger die Vorteile des Binnenmarkts ohne Einbußen bei der Rechtssicherheit nutzen können, sollte die Verordnung ihnen im Voraus Klarheit über das in ihrem Fall anwendbare Erbstatut verschaffen. Es sollten harmonisierte Kollisionsnormen eingeführt werden, um einander widersprechende Ergebnisse zu vermeiden. Die allgemeine Kollisionsnorm sollte sicherstellen, dass der Erbfall einem im Voraus bestimmbaren Erbrecht unterliegt, zu dem eine enge Verbindung besteht. Aus Gründen der Rechtssicherheit und um eine Nachlassspaltung zu vermeiden, sollte der gesamte Nachlass, d. h. das gesamte zum Nachlass gehörende Vermögen diesem Recht unterliegen, unabhängig von der Art der Vermögenswerte und unabhängig davon, ob diese in einem anderen Mitgliedstaat oder in einem Drittstaat belegen sind.

(38) Diese Verordnung sollte es den Bürgern ermöglichen, durch die Wahl des auf die Rechtsnachfolge von Todes wegen anwendbaren Rechts ihren Nachlass vorab zu regeln. Diese Rechtswahl sollte auf das Recht eines Staates, dem sie angehören, beschränkt sein, damit sichergestellt wird, dass eine Verbindung zwischen dem Erblasser und dem gewählten Recht besteht, und damit vermieden wird, dass ein Recht mit der Absicht gewählt wird, die berechtigten Erwartungen der Pflichtteilsberechtigten zu vereiteln.

(39) Eine Rechtswahl sollte ausdrücklich in einer Erklärung in Form einer Verfügung von Todes wegen erfolgen oder sich aus den Bestimmungen einer solchen Verfügung ergeben. Eine Rechtswahl könnte als sich durch eine Verfügung von Todes wegen ergebend angesehen werden, wenn z. B. der Erblasser in seiner Verfügung Bezug auf spezifische Bestimmungen des Rechts des Staates, dem er angehört, genommen hat oder das Recht dieses Staates in anderer Weise erwähnt hat.

(40) Eine Rechtswahl nach dieser Verordnung sollte auch dann wirksam sein, wenn das gewählte Recht keine Rechtswahl in Erbsachen vorsieht. Die materielle Wirksamkeit der Rechtshandlung, mit der die Rechtswahl getroffen wird, sollte sich jedoch nach dem gewählten Recht bestimmen, d. h. ob davon auszugehen ist, dass die Person, die die Rechtswahl trifft, verstanden hat, was dies bedeutet, und dem zustimmt. Das Gleiche sollte für die Rechtshandlung gelten, mit der die Rechtswahl geändert oder widerrufen wird.

(41) Für die Zwecke der Anwendung dieser Verordnung sollte die Bestimmung der Staatsangehörigkeit oder der Mehrfachstaatsangehörigkeit einer Person vorab geklärt werden. Die Frage, ob jemand als Angehöriger eines Staates gilt, fällt nicht in den Anwendungsbereich dieser Verordnung und unterliegt dem innerstaatlichen Recht, gegebenenfalls auch internationalen Übereinkommen, wobei die allgemeinen Grundsätze der Europäischen Union uneingeschränkt zu achten sind.

(42) Das zur Anwendung berufene Erbrecht sollte für die Rechtsnachfolge von Todes wegen vom Eintritt des Erbfalls bis zum Übergang des Eigentums an den zum Nachlass gehörenden Vermögenswerten auf die nach diesem Recht bestimmten Berechtigten gelten. Es sollte Fragen im Zusammenhang mit der Nachlassverwaltung und der Haftung für die Nachlassverbindlichkeiten umfassen. Bei der Begleichung der Nachlassverbindlichkeiten kann abhängig insbesondere von dem auf die Rechtsnachfolge von Todes wegen anzuwendenden Recht eine spezifische Rangfolge der Gläubiger berücksichtigt werden.

(43) Die Zuständigkeitsregeln dieser Verordnung können in einigen Fällen zu einer Situation führen, in der das für Entscheidungen in Erbsachen zuständige Gericht nicht sein eigenes Recht anwendet. Tritt diese Situation in einem Mitgliedstaat ein, nach dessen Recht die Bestellung eines Nachlassverwalters verpflichtend ist, sollte diese Verordnung es den Gerichten dieses Mitgliedstaats, wenn sie angerufen werden, ermöglichen, nach einzelstaatlichem Recht einen oder mehrere solcher Nachlassverwalter zu bestellen. Davon sollte eine Entscheidung der Parteien, die Rechtsnachfolge von Todes wegen außergerichtlich in einem anderen Mitgliedstaat gütlich zu regeln, in dem dies nach dem Recht dieses Mitgliedstaates möglich ist, unberührt bleiben. Zur Gewährleistung einer reibungslosen Abstimmung zwischen dem auf die Rechtsnachfolge von Todes wegen anwendbaren Recht und dem Recht des Mitgliedstaats, das für das bestellende Gericht gilt, sollte das Gericht die Person(en) bestellen, die berechtigt wäre(n), den Nachlass nach dem auf die Rechtsnachfolge von Todes wegen anwendbaren Recht zu verwalten, wie beispielsweise den Testamentsvollstrecker des Erblassers oder die Erben selbst oder, wenn das auf die Rechtsnachfolge von Todes wegen anwendbare Recht es so vorsieht, einen Fremdverwalter. Die Gerichte können jedoch in besonderen Fällen, wenn ihr Recht es erfordert, einen Dritten als Verwalter bestellen, auch wenn dies nicht in dem auf die Rechtsnachfolge von Todes wegen anzuwendenden Recht vorgesehen ist. Hat der Erblasser einen Testamentsvollstrecker bestellt, können dieser Person ihre Befugnisse nicht entzogen werden, es sei denn, das auf die Rechtsnachfolge von Todes wegen anwendbare Recht ermöglicht das Erlöschen seines Amtes.

(44) Die Befugnisse, die von den in dem Mitgliedstaat des angerufenen Gerichts bestellten Verwaltern ausgeübt werden, sollten diejenigen Verwaltungsbefugnisse sein, die sie nach dem auf die Rechtsnachfolge von Todes wegen anwendbaren Recht ausüben dürfen. Wenn also beispielsweise der Erbe als Verwalter bestellt wird, sollte er diejenigen Befugnisse zur Verwaltung des Nachlasses haben, die ein Erbe nach diesem Recht hätte. Reichen die Verwaltungsbefugnisse, die nach dem auf die Rechtsfolge von Todes wegen anwendbaren Recht ausgeübt werden dürfen, nicht aus, um das Nachlassvermögen zu erhalten oder die Rechte der Nachlassgläubiger oder anderer Personen zu schützen, die für die Verbindlichkeiten des Erblassers gebürgt haben, kann bzw. können der bzw. die in dem Mitgliedstaat des angerufenen Gerichts bestellte bzw. bestellten Nachlassverwalter ergänzend diejenigen Verwaltungsbefugnisse ausüben, die hierfür in dem Recht dieses Mitgliedstaates vorgesehen sind. Zu diesen ergänzenden Befugnissen könnte beispielsweise gehören, die Liste des Nachlassvermögens und der Nachlassverbindlichkeiten zu erstellen, die Nachlassgläubiger vom Eintritt des Erbfalls zu unterrichten und sie aufzufordern, ihre Ansprüche geltend zu machen, sowie einstweilige Maßnahmen, auch Sicherungsmaßnahmen, zum Erhalt des Nachlassvermögens zu ergreifen. Die von einem Verwalter aufgrund

der ergänzenden Befugnisse durchgeführten Handlungen sollten im Einklang mit dem für die Rechtsnachfolge von Todes wegen anwendbaren Recht in Bezug auf den Übergang des Eigentums an dem Nachlassvermögen, einschließlich aller Rechtsgeschäfte, die die Berechtigten vor der Bestellung des Verwalters eingingen, die Haftung für die Nachlassverbindlichkeiten und die Rechte der Berechtigten, gegebenenfalls einschließlich des Rechts, die Erbschaft anzunehmen oder auszuschlagen, stehen. Solche Handlungen könnten beispielsweise nur dann die Veräußerung von Vermögenswerten oder die Begleichung von Verbindlichkeiten nach sich ziehen, wenn dies nach dem auf die Rechtsnachfolge von Todes wegen anwendbaren Recht zulässig wäre. Wenn die Bestellung eines Fremdverwalters nach dem auf die Rechtsnachfolge von Todes wegen anwendbaren Recht die Haftung der Erben ändert, sollte eine solche Änderung der Haftung respektiert werden.

(45) Diese Verordnung sollte nicht ausschließen, dass Nachlassgläubiger, beispielsweise durch einen Vertreter, gegebenenfalls weitere nach dem innerstaatlichen Recht zur Verfügung stehende Maßnahmen im Einklang mit den einschlägigen Rechtsinstrumenten der Union treffen, um ihre Rechte zu sichern.

(46) Diese Verordnung sollte die Unterrichtung potenzieller Nachlassgläubiger in anderen Mitgliedstaaten, in denen Vermögenswerte belegen sind, über den Eintritt des Erbfalls ermöglichen. Im Rahmen der Anwendung dieser Verordnung sollte daher die Möglichkeit in Erwägung gezogen werden, einen Mechanismus einzurichten, gegebenenfalls über das Europäische Justizportal, um es potenziellen Nachlassgläubigern in anderen Mitgliedstaaten zu ermöglichen, Zugang zu den einschlägigen Informationen zu erhalten, damit sie ihre Ansprüche anmelden können.

(47) Wer in einer Erbsache Berechtigter ist, sollte sich jeweils nach dem auf die Rechtsnachfolge von Todes wegen anzuwendenden Erbrecht bestimmen. Der Begriff „Berechtigte" würde in den meisten Rechtsordnungen Erben und Vermächtnisnehmer sowie Pflichtteilsberechtigte erfassen; allerdings ist beispielsweise die Rechtsstellung der Vermächtnisnehmer nicht in allen Rechtsordnungen die gleiche. In einigen Rechtsordnungen kann der Vermächtnisnehmer einen unmittelbaren Anteil am Nachlass erhalten, während nach anderen Rechtsordnungen der Vermächtnisnehmer lediglich einen Anspruch gegen die Erben erwerben kann.

(48) Im Interesse der Rechtssicherheit für Personen, die ihren Nachlass im Voraus regeln möchten, sollte diese Verordnung eine spezifische Kollisionsvorschrift bezüglich der Zulässigkeit und der materiellen Wirksamkeit einer Verfügung von Todes wegen festlegen. Um eine einheitliche Anwendung dieser Vorschrift zu gewährleisten, sollte diese Verordnung die Elemente auflisten, die zur materiellen Wirksamkeit zu rechnen sind. Die Prüfung der materiellen Wirksamkeit einer Verfügung von Todes wegen kann zu dem Schluss führen, dass diese Verfügung rechtlich nicht besteht.

(49) Ein Erbvertrag ist eine Art der Verfügung von Todes wegen, dessen Zulässigkeit und Anerkennung in den Mitgliedstaaten unterschiedlich ist. Um die Anerkennung von auf der Grundlage eines Erbvertrags erworbenen Nachlassansprüchen in den Mitgliedstaaten zu erleichtern, sollte diese Verordnung festlegen, welches Recht die Zulässigkeit solcher Verträge, ihre materielle Wirksamkeit und ihre Bindungswirkungen, einschließlich der Voraussetzungen für ihre Auflösung, regeln soll.

(50) Das Recht, dem die Zulässigkeit und die materielle Wirksamkeit einer Verfügung von Todes wegen und bei Erbverträgen die Bindungswirkungen nach dieser Verordnung unterliegen, sollte nicht die Rechte einer Person berühren, die nach dem auf die Rechtsnachfolge von Todes wegen anzuwendenden Recht pflichtteilsberechtigt ist oder ein anderes Recht hat, das ihr von der Person, deren Nachlass betroffen ist, nicht entzogen werden kann.

(51) Wird in dieser Verordnung auf das Recht Bezug genommen, das auf die Rechtsnachfolge der Person, die eine Verfügung von Todes wegen errichtet hat, anwendbar gewesen wäre, wenn sie an dem Tag verstorben wäre, an dem die Verfügung errichtet, geändert oder widerrufen worden ist, so ist diese Bezugnahme zu verstehen als Bezugnahme entweder auf das Recht des Staates des gewöhnlichen Aufenthalts der betroffenen Person an diesem Tag oder, wenn sie eine Rechtswahl nach dieser Verordnung getroffen hat, auf das Recht des Staates, dessen Staatsangehörigkeit sie an diesem Tag besaß.

(52) Diese Verordnung sollte die Formgültigkeit aller schriftlichen Verfügungen von Todes wegen durch Vorschriften regeln, die mit denen des Haager Übereinkommens vom 5. Oktober 1961 über das auf die Form letztwilliger Verfügungen anzuwendende Recht in Einklang stehen. Bei der Bestimmung der Formgültigkeit einer Verfügung von Todes wegen nach dieser Verordnung sollte die zuständige Behörde ein betrügerisch geschaffenes grenzüberschreitendes Element, mit dem die Vorschriften über die Formgültigkeit umgangen werden sollen, nicht berücksichtigen.

(53) Für die Zwecke dieser Verordnung sollten Rechtsvorschriften, welche die für Verfügungen von Todes wegen zugelassenen Formen mit Beziehung auf bestimmte persönliche Eigenschaften der Person, die eine Verfügung von Todes wegen errichtet, wie beispielsweise ihr Alter, beschränken, als zur Form gehörend angesehen werden. Dies sollte nicht dahin gehend ausgelegt werden, dass das nach dieser Verordnung auf die Formgültigkeit einer Verfügung von Todes wegen anzuwendende Recht bestimmten sollte, ob ein Minderjähriger fähig ist, eine Verfügung von Todes wegen zu errichten. Dieses Recht

sollte lediglich bestimmen, ob eine Person aufgrund einer persönlichen Eigenschaft, wie beispielsweise der Minderjährigkeit, von der Errichtung einer Verfügung von Todes wegen in einer bestimmten Form ausgeschlossen werden sollte.

(54) Bestimmte unbewegliche Sachen, bestimmte Unternehmen und andere besondere Arten von Vermögenswerten unterliegen im Belegenheitsmitgliedstaat aufgrund wirtschaftlicher, familiärer oder sozialer Erwägungen besonderen Regelungen mit Beschränkungen, die die Rechtsnachfolge von Todes wegen in Bezug auf diese Vermögenswerte betreffen oder Auswirkungen auf sie haben. Diese Verordnung sollte die Anwendung dieser besonderen Regelungen sicherstellen. Diese Ausnahme von der Anwendung des auf die Rechtsnachfolge von Todes wegen anzuwendenden Rechts ist jedoch eng auszulegen, damit sie der allgemeinen Zielsetzung dieser Verordnung nicht zuwiderläuft. Daher dürfen weder Kollisionsnormen, die unbewegliche Sachen einem anderen als dem auf bewegliche Sachen anzuwendenden Recht unterwerfen, noch Bestimmungen, die einen größeren Pflichtteil als den vorsehen, der in dem nach dieser Verordnung auf die Rechtsnachfolge von Todes wegen anzuwendenden Recht festgelegt ist, als besondere Regelungen mit Beschränkungen angesehen werden, die die Rechtsnachfolge von Todes wegen in Bezug auf bestimmte Vermögenswerte betreffen oder Auswirkungen auf sie haben.

(55) Um eine einheitliche Vorgehensweise in Fällen sicherzustellen, in denen es ungewiss ist, in welcher Reihenfolge zwei oder mehr Personen, deren Rechtsnachfolge von Todes wegen verschiedenen Rechtsordnungen unterliegen würde, gestorben sind, sollte diese Verordnung eine Vorschrift vorsehen, nach der keine der verstorbenen Personen Anspruch auf den Nachlass der anderen hat.

(56) In einigen Fällen kann es einen erbenlosen Nachlass geben. Diese Fälle werden in den verschiedenen Rechtsordnungen unterschiedlich geregelt. So kann nach einigen Rechtsordnungen der Staat – unabhängig davon, wo die Vermögenswerte belegen sind – einen Erbanspruch geltend machen. Nach anderen Rechtsordnungen kann der Staat sich nur die Vermögenswerte aneignen, die in seinem Hoheitsgebiet belegen sind. Diese Verordnung sollte daher eine Vorschrift enthalten, nach der die Anwendung des auf die Rechtsnachfolge von Todes wegen anzuwendenden Rechts nicht verhindern sollte, dass ein Mitgliedstaat sich das in seinem Hoheitsgebiet belegene Nachlassvermögen nach seinem eigenen Recht aneignet. Um sicherzustellen, dass diese Vorschrift nicht nachteilig für die Nachlassgläubiger ist, sollte jedoch eine Bestimmung hinzugefügt werden, nach der die Nachlassgläubiger berechtigt sein sollten, aus dem gesamten Nachlassvermögen, ungeachtet seiner Belegenheit, Befriedigung ihrer Forderungen zu suchen.

(57) Die in dieser Verordnung festgelegten Kollisionsnormen können dazu führen, dass das Recht eines Drittstaats zur Anwendung gelangt. In derartigen Fällen sollte den Vorschriften des Internationalen Privatrechts dieses Staates Rechnung getragen werden. Falls diese Vorschriften die Rück- und Weiterverweisung entweder auf das Recht eines Mitgliedstaats oder aber auf das Recht eines Drittstaats, der sein eigenes Recht auf die Erbsache anwenden würde, vorsehen, so sollte dieser Rück- und Weiterverweisung gefolgt werden, um den internationalen Entscheidungseinklang zu gewährleisten. Die Rück- und Weiterverweisung sollte jedoch in den Fällen ausgeschlossen werden, in denen der Erblasser eine Rechtswahl zugunsten des Rechts eines Drittstaats getroffen hatte.

(58) Aus Gründen des öffentlichen Interesses sollte den Gerichten und anderen mit Erbsachen befassten zuständigen Behörden in den Mitgliedstaaten in Ausnahmefällen die Möglichkeit gegeben werden, Bestimmungen eines ausländischen Rechts nicht zu berücksichtigen, wenn deren Anwendung in einem bestimmten Fall mit der öffentlichen Ordnung (ordre public) des betreffenden Mitgliedstaats offensichtlich unvereinbar wäre. Die Gerichte oder andere zuständige Behörden sollten allerdings die Anwendung des Rechts eines anderen Mitgliedstaats nicht ausschließen oder die Anerkennung – oder gegebenenfalls die Annahme – oder die Vollstreckung einer Entscheidung, einer öffentlichen Urkunde oder eines gerichtlichen Vergleichs aus einem anderen Mitgliedstaat aus Gründen der öffentlichen Ordnung (ordre public) nicht versagen dürfen, wenn dies gegen die Charta der Grundrechte der Europäischen Union, insbesondere gegen das Diskriminierungsverbot in Artikel 21, verstoßen würde.

(59) Diese Verordnung sollte in Anbetracht ihrer allgemeinen Zielsetzung, nämlich der gegenseitigen Anerkennung der in den Mitgliedstaaten ergangenen Entscheidungen in Erbsachen, unabhängig davon, ob solche Entscheidungen in streitigen oder nichtstreitigen Verfahren ergangen sind, Vorschriften für die Anerkennung, Vollstreckbarkeit und Vollstreckung von Entscheidungen nach dem Vorbild anderer Rechtsinstrumente der Union im Bereich der justiziellen Zusammenarbeit in Zivilsachen vorsehen.

(60) Um den verschiedenen Systemen zur Regelung von Erbsachen in den Mitgliedstaaten Rechnung zu tragen, sollte diese Verordnung die Annahme und Vollstreckbarkeit öffentlicher Urkunden in einer Erbsache in sämtlichen Mitgliedstaaten gewährleisten.

(61) Öffentliche Urkunden sollten in einem anderen Mitgliedstaat die gleiche formelle Beweiskraft wie im Ursprungsmitgliedstaat oder die damit am ehesten vergleichbare Wirkung entfalten. Die formelle Beweiskraft einer öffentlichen Urkunde in einem anderen Mitgliedstaat oder die damit am ehesten vergleichbare Wirkung sollte durch Bezugnahme auf Art und Umfang der formellen Beweiskraft der

öffentlichen Urkunde im Ursprungsmitgliedstaat bestimmt werden. Somit richtet sich die formelle Beweiskraft einer öffentlichen Urkunde in einem anderen Mitgliedstaat nach dem Recht des Ursprungsmitgliedstaats.

(62) Die „Authentizität" einer öffentlichen Urkunde sollte ein autonomer Begriff sein, der Aspekte wie die Echtheit der Urkunde, die Formerfordernisse für die Urkunde, die Befugnisse der Behörde, die die Urkunde errichtet, und das Verfahren, nach dem die Urkunde errichtet wird, erfassen sollte. Der Begriff sollte ferner die von der betreffenden Behörde in der öffentlichen Urkunde beurkundeten Vorgänge erfassen, wie z. B. die Tatsache, dass die genannten Parteien an dem genannten Tag vor dieser Behörde erschienen sind und die genannten Erklärungen abgegeben haben. Eine Partei, die Einwände mit Bezug auf die Authentizität einer öffentlichen Urkunde erheben möchte, sollte dies bei dem zuständigen Gericht im Ursprungsmitgliedstaat der öffentlichen Urkunde nach dem Recht dieses Mitgliedstaats tun.

(63) Die Formulierung „die in einer öffentlichen Urkunde beurkundeten Rechtsgeschäfte oder Rechtsverhältnisse" sollte als Bezugnahme auf den in der öffentlichen Urkunde niedergelegten materiellen Inhalt verstanden werden. Bei dem in einer öffentlichen Urkunde beurkundeten Rechtsgeschäft kann es sich etwa um eine Vereinbarung zwischen den Parteien über die Verteilung des Nachlasses, um ein Testament oder einen Erbvertrag oder um eine sonstige Willenserklärung handeln. Bei dem Rechtsverhältnis kann es sich etwa um die Bestimmung der Erben und sonstiger Berechtigter nach dem auf die Rechtsnachfolge von Todes wegen anzuwendenden Recht, ihre jeweiligen Anteile und das Bestehen eines Pflichtteils oder um jedes andere Element, das nach dem auf die Rechtsnachfolge von Todes wegen anzuwendenden Recht bestimmt wurde, handeln. Eine Partei, die Einwände mit Bezug auf die in einer öffentlichen Urkunde beurkundeten Rechtsgeschäfte oder Rechtsverhältnisse erheben möchte, sollte dies bei den nach dieser Verordnung zuständigen Gerichten tun, die nach dem auf die Rechtsnachfolge von Todes wegen anzuwendenden Recht über die Einwände entscheiden sollten.

(64) Wird eine Frage mit Bezug auf die in einer öffentlichen Urkunde beurkundeten Rechtsgeschäfte oder Rechtsverhältnisse als Vorfrage in einem Verfahren bei einem Gericht eines Mitgliedstaats vorgebracht, so sollte dieses Gericht für die Entscheidung über diese Vorfrage zuständig sein.

(65) Eine öffentliche Urkunde, gegen die Einwände erhoben wurden, sollte in einem anderen Mitgliedstaat als dem Ursprungsmitgliedstaat keine formelle Beweiskraft entfalten, solange die Einwände anhängig sind. Betreffen die Einwände nur einen spezifischen Umstand mit Bezug auf die in einer öffentlichen Urkunde beurkundeten Rechtsgeschäfte oder Rechtsverhältnisse, so sollte die öffentliche Urkunde in Bezug auf den angefochtenen Umstand keine Beweiskraft in einem anderen Mitgliedstaat als dem Ursprungsmitgliedstaat entfalten, solange die Einwände anhängig sind. Eine öffentliche Urkunde, die aufgrund eines Einwands für ungültig erklärt wird, sollte keine Beweiskraft mehr entfalten.

(66) Wenn einer Behörde im Rahmen der Anwendung dieser Verordnung zwei nicht miteinander zu vereinbarende öffentliche Urkunden vorgelegt werden, so sollte sie die Frage, welcher Urkunde, wenn überhaupt, Vorrang einzuräumen ist, unter Berücksichtigung der Umstände des jeweiligen Falls beurteilen. Geht aus diesen Umständen nicht eindeutig hervor, welche Urkunde, wenn überhaupt, Vorrang haben sollte, so sollte diese Frage von den gemäß dieser Verordnung zuständigen Gerichten oder, wenn die Frage als Vorfrage im Laufe eines Verfahrens vorgebracht wird, von dem mit diesem Verfahren befassten Gericht geklärt werden. Im Falle einer Unvereinbarkeit zwischen einer öffentlichen Urkunde und einer Entscheidung sollten die Gründe für die Nichtanerkennung von Entscheidungen nach dieser Verordnung berücksichtigt werden.

(67) Eine zügige, unkomplizierte und effiziente Abwicklung einer Erbsache mit grenzüberschreitendem Bezug innerhalb der Union setzt voraus, dass die Erben, Vermächtnisnehmer, Testamentsvollstrecker oder Nachlassverwalter in der Lage sein sollten, ihren Status und/oder ihre Rechte und Befugnisse in einem anderen Mitgliedstaat, beispielsweise in einem Mitgliedstaat, in dem Nachlassvermögen belegen ist, einfach nachzuweisen. Zu diesem Zweck sollte diese Verordnung die Einführung eines einheitlichen Zeugnisses, des Europäischen Nachlasszeugnisses (im Folgenden „das Zeugnis"), vorsehen, das zur Verwendung in einem anderen Mitgliedstaat ausgestellt wird. Das Zeugnis sollte entsprechend dem Subsidiaritätsprinzip nicht die innerstaatlichen Schriftstücke ersetzen, die gegebenenfalls in den Mitgliedstaaten für ähnliche Zwecke verwendet werden.

(68) Die das Zeugnis ausstellende Behörde sollte die Formalitäten beachten, die für die Eintragung von unbeweglichen Sachen in dem Mitgliedstaat, in dem das Register geführt wird, vorgeschrieben sind. Diese Verordnung sollte hierfür einen Informationsaustausch zwischen den Mitgliedstaaten über diese Formalitäten vorsehen.

(69) Die Verwendung des Zeugnisses sollte nicht verpflichtend sein. Das bedeutet, dass die Personen, die berechtigt sind, das Zeugnis zu beantragen, nicht dazu verpflichtet sein sollten, dies zu tun, sondern dass es ihnen freistehen sollte, die anderen nach dieser Verordnung zur Verfügung stehenden Instrumente (Entscheidung, öffentliche Urkunde und gerichtlicher Vergleich) zu verwenden. Eine Behörde

oder Person, der ein in einem anderen Mitgliedstaat ausgestelltes Zeugnis vorgelegt wird, sollte jedoch nicht verlangen können, dass statt des Zeugnisses eine Entscheidung, eine öffentliche Urkunde oder ein gerichtlicher Vergleich vorgelegt wird.

(70) Das Zeugnis sollte in dem Mitgliedstaat ausgestellt werden, dessen Gerichte nach dieser Verordnung zuständig sind. Es sollte Sache jedes Mitgliedstaats sein, in seinen innerstaatlichen Rechtsvorschriften festzulegen, welche Behörden – Gerichte im Sinne dieser Verordnung oder andere für Erbsachen zuständige Behörden wie beispielsweise Notare – für die Ausstellung des Zeugnisses zuständig sind. Es sollte außerdem Sache jedes Mitgliedstaats sein, in seinen innerstaatlichen Rechtsvorschriften festzulegen, ob die Ausstellungsbehörde andere zuständige Stellen an der Ausstellung beteiligen kann, beispielsweise Stellen, vor denen eidesstattliche Versicherungen abgegeben werden können. Die Mitgliedstaaten sollten der Kommission die einschlägigen Angaben zu ihren Ausstellungsbehörden mitteilen, damit diese Angaben der Öffentlichkeit zugänglich gemacht werden.

(71) Das Zeugnis sollte in sämtlichen Mitgliedstaaten dieselbe Wirkung entfalten. Es sollte zwar als solches keinen vollstreckbaren Titel darstellen, aber Beweiskraft besitzen, und es sollte die Vermutung gelten, dass es die Sachverhalte zutreffend ausweist, die nach dem auf die Rechtsnachfolge von Todes wegen anzuwendenden Recht oder einem anderen auf spezifische Sachverhalte anzuwendenden Recht festgestellt wurden, wie beispielsweise die materielle Wirksamkeit einer Verfügung von Todes wegen. Die Beweiskraft des Zeugnisses sollte sich nicht auf Elemente beziehen, die nicht durch diese Verordnung geregelt werden, wie etwa die Frage des Status oder die Frage, ob ein bestimmter Vermögenswert dem Erblasser gehörte oder nicht. Einer Person, die Zahlungen an eine Person leistet oder Nachlassvermögen an eine Person übergibt, die in dem Zeugnis als zur Entgegennahme dieser Zahlungen oder dieses Vermögens als Erbe oder Vermächtnisnehmer berechtigt bezeichnet ist, sollte ein angemessener Schutz gewährt werden, wenn sie im Vertrauen auf die Richtigkeit der in dem Zeugnis enthaltenen Angaben gutgläubig gehandelt hat. Der gleiche Schutz sollte einer Person gewährt werden, die im Vertrauen auf die Richtigkeit der in dem Zeugnis enthaltenen Angaben Nachlassvermögen von einer Person erwirbt oder erhält, die in dem Zeugnis als zur Verfügung über das Vermögen berechtigt bezeichnet ist. Der Schutz sollte gewährleistet werden, wenn noch gültige beglaubigte Abschriften vorgelegt werden. Durch diese Verordnung sollte nicht geregelt werden, ob der Erwerb von Vermögen durch eine dritte Person wirksam ist oder nicht.

(72) Die zuständige Behörde sollte das Zeugnis auf Antrag ausstellen. Die Ausstellungsbehörde sollte die Urschrift des Zeugnisses aufbewahren und dem Antragsteller und jeder anderen Person, die ein berechtigtes Interesse nachweist, eine oder mehrere beglaubigte Abschriften ausstellen. Dies sollte einen Mitgliedstaat nicht daran hindern, es im Einklang mit seinen innerstaatlichen Regelungen über den Zugang der Öffentlichkeit zu Dokumenten zu gestatten, dass Abschriften des Zeugnisses der Öffentlichkeit zugängig gemacht werden. Diese Verordnung sollte Rechtsbehelfe gegen Entscheidungen der ausstellenden Behörde, einschließlich der Entscheidungen, die Ausstellung eines Zeugnisses zu versagen, vorsehen. Wird ein Zeugnis berichtigt, geändert oder widerrufen, sollte die ausstellende Behörde die Personen unterrichten, denen beglaubigte Abschriften ausgestellt wurden, um eine missbräuchliche Verwendung dieser Abschriften zu vermeiden.

(73) Um die internationalen Verpflichtungen, die die Mitgliedstaaten eingegangen sind, zu wahren, sollte sich diese Verordnung nicht auf die Anwendung internationaler Übereinkommen auswirken, denen ein oder mehrere Mitgliedstaaten zum Zeitpunkt der Annahme dieser Verordnung angehören. Insbesondere sollten die Mitgliedstaaten, die Vertragsparteien des Haager Übereinkommens vom 5. Oktober 1961 über das auf die Form letztwilliger Verfügungen anzuwendende Recht sind, in Bezug auf die Formgültigkeit von Testamenten und gemeinschaftlichen Testamenten anstelle der Bestimmungen dieser Verordnung weiterhin die Bestimmungen jenes Übereinkommens anwenden können. Um die allgemeinen Ziele dieser Verordnung zu wahren, muss die Verordnung jedoch im Verhältnis zwischen den Mitgliedstaaten Vorrang vor ausschließlich zwischen zwei oder mehreren Mitgliedstaaten geschlossenen Übereinkommen haben, soweit diese Bereiche betreffen, die in dieser Verordnung geregelt sind.

(74) Diese Verordnung sollte nicht verhindern, dass die Mitgliedstaaten, die Vertragsparteien des Übereinkommens vom 19. November 1934 zwischen Dänemark, Finnland, Island, Norwegen und Schweden mit Bestimmungen des Internationalen Privatrechts über Rechtsnachfolge von Todes wegen, Testamente und Nachlassverwaltung sind, weiterhin spezifische Bestimmungen jenes Übereinkommens in der geänderten Fassung der zwischenstaatlichen Vereinbarung zwischen den Staaten, die Vertragsparteien des Übereinkommens sind, anwenden können.

(75) Um die Anwendung dieser Verordnung zu erleichtern, sollten die Mitgliedstaaten verpflichtet werden, über das mit der Entscheidung 2001/470/EG des Rates[6] eingerichtete Europäische Justizielle Netz für Zivil- und Handelssachen bestimmte Angaben zu ihren erbrechtlichen Vorschriften und

[6] **Amtl. Anm.:** ABl. L 174 vom 27.6.2001, S. 25.

Verfahren zu machen. Damit sämtliche Informationen, die für die praktische Anwendung dieser Verordnung von Bedeutung sind, rechtzeitig im Amtsblatt der Europäischen Union veröffentlicht werden können, sollten die Mitgliedstaaten der Kommission auch diese Informationen vor dem Beginn der Anwendung der Verordnung mitteilen.

(76) Um die Anwendung dieser Verordnung zu erleichtern und um die Nutzung moderner Kommunikationstechnologien zu ermöglichen, sollten Standardformblätter für die Bescheinigungen, die im Zusammenhang mit einem Antrag auf Vollstreckbarerklärung einer Entscheidung, einer öffentlichen Urkunde oder eines gerichtlichen Vergleichs und mit einem Antrag auf Ausstellung eines Europäischen Nachlasszeugnisses vorzulegen sind, sowie für das Zeugnis selbst vorgesehen werden.

(77) Die Berechnung der in dieser Verordnung vorgesehenen Fristen und Termine sollte nach Maßgabe der Verordnung (EWG, Euratom) Nr. 1182/71 des Rates vom 3. Juni 1971 zur Festlegung der Regeln für die Fristen, Daten und Termine[7] erfolgen.

(78) Um einheitliche Bedingungen für die Durchführung dieser Verordnung gewährleisten zu können, sollten der Kommission in Bezug auf die Erstellung und spätere Änderung der Bescheinigungen und Formblätter, die die Vollstreckbarerklärung von Entscheidungen, gerichtlichen Vergleichen und öffentlichen Urkunden und das Europäische Nachlasszeugnis betreffen, Durchführungsbefugnisse übertragen werden. Diese Befugnisse sollten im Einklang mit der Verordnung (EU) Nr. 182/2011 des Europäischen Parlaments und des Rates vom 16. Februar 2011 zur Festlegung der allgemeinen Regeln und Grundsätze, nach denen die Mitgliedstaaten die Wahrnehmung der Durchführungsbefugnisse durch die Kommission kontrollieren[8], ausgeübt werden.

(79) Für den Erlass von Durchführungsrechtsakten zur Erstellung und anschließenden Änderung der in dieser Verordnung vorgesehenen Bescheinigungen und Formblätter sollte das Beratungsverfahren nach Artikel 4 der Verordnung (EU) Nr. 182/2011 herangezogen werden.

(80) Da die Ziele dieser Verordnung, nämlich die Sicherstellung der Freizügigkeit und der Möglichkeit für europäische Bürger, ihren Nachlass in einem Unions-Kontext im Voraus zu regeln, sowie der Schutz der Rechte der Erben und Vermächtnisnehmer, der Personen, die dem Erblasser nahestehen, und der Nachlassgläubiger auf Ebene der Mitgliedstaaten nicht ausreichend verwirklicht werden können und daher wegen des Umfangs und der Wirkungen dieser Verordnung besser auf Unionsebene zu verwirklichen sind, kann die Union im Einklang mit dem in Artikel 5 des Vertrags über die Europäische Union niedergelegten Subsidiaritätsprinzip tätig werden. Entsprechend dem in demselben Artikel genannten Grundsatz der Verhältnismäßigkeit geht diese Verordnung nicht über das für die Erreichung dieser Ziele erforderliche Maß hinaus.

(81) Diese Verordnung steht im Einklang mit den Grundrechten und Grundsätzen, die mit der Charta der Grundrechte der Europäischen Union anerkannt wurden. Bei der Anwendung dieser Verordnung müssen die Gerichte und anderen zuständigen Behörden der Mitgliedstaaten diese Rechte und Grundsätze achten.

(82) Gemäß den Artikeln 1 und 2 des dem Vertrag über die Europäische Union und dem Vertrag über die Arbeitsweise der Europäischen Union beigefügten Protokolls Nr. 21 über die Position des Vereinigten Königreichs und Irlands hinsichtlich des Raums der Freiheit, der Sicherheit und des Rechts beteiligen sich diese Mitgliedstaaten nicht an der Annahme dieser Verordnung und sind weder durch diese gebunden noch zu ihrer Anwendung verpflichtet. Dies berührt jedoch nicht die Möglichkeit für das Vereinigte Königreich und Irland, gemäß Artikel 4 des genannten Protokolls nach der Annahme dieser Verordnung mitzuteilen, dass sie die Verordnung anzunehmen wünschen.

(83) Gemäß den Artikeln 1 und 2 des dem Vertrag über die Europäische Union und dem Vertrag über die Arbeitsweise der Europäischen Union beigefügten Protokolls Nr. 22 über die Position Dänemarks beteiligt sich Dänemark nicht an der Annahme dieser Verordnung und ist weder durch diese Verordnung gebunden noch zu ihrer Anwendung verpflichtet –

HABEN FOLGENDE VERORDNUNG ERLASSEN:

Kapitel I. Anwendungsbereich und Begriffsbestimmungen

Art. 1 Anwendungsbereich

(1) [1]Diese Verordnung ist auf die Rechtsnachfolge von Todes wegen anzuwenden. [2]Sie gilt nicht für Steuer- und Zollsachen sowie verwaltungsrechtliche Angelegenheiten.

[7] **Amtl. Anm.:** ABl. L 124 vom 8.6.1971, S. 1.
[8] **Amtl. Anm.:** ABl. L 55 vom 28.2.2011, S. 13.

(2) Vom Anwendungsbereich dieser Verordnung ausgenommen sind:

a) der Personenstand sowie Familienverhältnisse und Verhältnisse, die nach dem auf diese Verhältnisse anzuwendenden Recht vergleichbare Wirkungen entfalten;
b) die Rechts-, Geschäfts- und Handlungsfähigkeit von natürlichen Personen, unbeschadet des Artikels 23 Absatz 2 Buchstabe c und des Artikels 26;
c) Fragen betreffend die Verschollenheit oder die Abwesenheit einer natürlichen Person oder die Todesvermutung;
d) Fragen des ehelichen Güterrechts sowie des Güterrechts aufgrund von Verhältnissen, die nach dem auf diese Verhältnisse anzuwendenden Recht mit der Ehe vergleichbare Wirkungen entfalten;
e) Unterhaltspflichten außer derjenigen, die mit dem Tod entstehen;
f) die Formgültigkeit mündlicher Verfügungen von Todes wegen;
g) Rechte und Vermögenswerte, die auf andere Weise als durch Rechtsnachfolge von Todes wegen begründet oder übertragen werden, wie unentgeltliche Zuwendungen, Miteigentum mit Anwachsungsrecht des Überlebenden (joint tenancy), Rentenpläne, Versicherungsverträge und ähnliche Vereinbarungen, unbeschadet des Artikels 23 Absatz 2 Buchstabe i;
h) Fragen des Gesellschaftsrechts, des Vereinsrechts und des Rechts der juristischen Personen, wie Klauseln im Errichtungsakt oder in der Satzung einer Gesellschaft, eines Vereins oder einer juristischen Person, die das Schicksal der Anteile verstorbener Gesellschafter beziehungsweise Mitglieder regeln;
i) die Auflösung, das Erlöschen und die Verschmelzung von Gesellschaften, Vereinen oder juristischen Personen;
j) die Errichtung, Funktionsweise und Auflösung eines Trusts;
k) die Art der dinglichen Rechte und
l) jede Eintragung von Rechten an beweglichen oder unbeweglichen Vermögensgegenständen in einem Register, einschließlich der gesetzlichen Voraussetzungen für eine solche Eintragung, sowie die Wirkungen der Eintragung oder der fehlenden Eintragung solcher Rechte in einem Register.

Art. 2 Zuständigkeit in Erbsachen innerhalb der Mitgliedstaaten

Diese Verordnung berührt nicht die innerstaatlichen Zuständigkeiten der Behörden der Mitgliedstaaten in Erbsachen.

Art. 3 Begriffsbestimmungen

(1) Für die Zwecke dieser Verordnung bezeichnet der Ausdruck

a) „Rechtsnachfolge von Todes wegen" jede Form des Übergangs von Vermögenswerten, Rechten und Pflichten von Todes wegen, sei es im Wege der gewillkürten Erbfolge durch eine Verfügung von Todes wegen oder im Wege der gesetzlichen Erbfolge;
b) „Erbvertrag" eine Vereinbarung, einschließlich einer Vereinbarung aufgrund gegenseitiger Testamente, die mit oder ohne Gegenleistung Rechte am künftigen Nachlass oder künftigen Nachlässen einer oder mehrerer an dieser Vereinbarung beteiligter Personen begründet, ändert oder entzieht;
c) „gemeinschaftliches Testament" ein von zwei oder mehr Personen in einer einzigen Urkunde errichtetes Testament;
d) „Verfügung von Todes wegen" ein Testament, ein gemeinschaftliches Testament oder einen Erbvertrag;
e) „Ursprungsmitgliedstaat" den Mitgliedstaat, in dem die Entscheidung ergangen, der gerichtliche Vergleich gebilligt oder geschlossen, die öffentliche Urkunde errichtet oder das Europäische Nachlasszeugnis ausgestellt worden ist;
f) „Vollstreckungsmitgliedstaat" den Mitgliedstaat, in dem die Vollstreckbarerklärung oder Vollstreckung der Entscheidung, des gerichtlichen Vergleichs oder der öffentlichen Urkunde betrieben wird;
g) „Entscheidung" jede von einem Gericht eines Mitgliedstaats in einer Erbsache erlassene Entscheidung ungeachtet ihrer Bezeichnung einschließlich des Kostenfestsetzungsbeschlusses eines Gerichtsbediensteten;
h) „gerichtlicher Vergleich" einen von einem Gericht gebilligten oder vor einem Gericht im Laufe eines Verfahrens geschlossenen Vergleich in einer Erbsache;
i) „öffentliche Urkunde" ein Schriftstück in Erbsachen, das als öffentliche Urkunde in einem Mitgliedstaat förmlich errichtet oder eingetragen worden ist und dessen Beweiskraft
   i) sich auf die Unterschrift und den Inhalt der öffentlichen Urkunde bezieht und
   ii) durch eine Behörde oder eine andere vom Ursprungsmitgliedstaat hierzu ermächtigte Stelle festgestellt worden ist.

(2) Im Sinne dieser Verordnung bezeichnet der Begriff „Gericht" jedes Gericht und alle sonstigen Behörden und Angehörigen von Rechtsberufen mit Zuständigkeiten in Erbsachen, die gerichtliche

Funktionen ausüben oder in Ausübung einer Befugnisübertragung durch ein Gericht oder unter der Aufsicht eines Gerichts handeln, sofern diese anderen Behörden und Angehörigen von Rechtsberufen ihre Unparteilichkeit und das Recht der Parteien auf rechtliches Gehör gewährleisten und ihre Entscheidungen nach dem Recht des Mitgliedstaats, in dem sie tätig sind,

a) vor einem Gericht angefochten oder von einem Gericht nachgeprüft werden können und
b) vergleichbare Rechtskraft und Rechtswirkung haben wie eine Entscheidung eines Gerichts in der gleichen Sache.

Die Mitgliedstaaten teilen der Kommission nach Artikel 79 die in Unterabsatz 1 genannten sonstigen Behörden und Angehörigen von Rechtsberufen mit.

Kapitel II. Zuständigkeit

Art. 4 Allgemeine Zuständigkeit

Für Entscheidungen in Erbsachen sind für den gesamten Nachlass die Gerichte des Mitgliedstaats zuständig, in dessen Hoheitsgebiet der Erblasser im Zeitpunkt seines Todes seinen gewöhnlichen Aufenthalt hatte.

Art. 5 Gerichtsstandsvereinbarung

(1) Ist das vom Erblasser nach Artikel 22 zur Anwendung auf die Rechtsnachfolge von Todes wegen gewählte Recht das Recht eines Mitgliedstaats, so können die betroffenen Parteien vereinbaren, dass für Entscheidungen in Erbsachen ausschließlich ein Gericht oder die Gerichte dieses Mitgliedstaats zuständig sein sollen.

(2) [1] Eine solche Gerichtsstandsvereinbarung bedarf der Schriftform und ist zu datieren und von den betroffenen Parteien zu unterzeichnen. [2] Elektronische Übermittlungen, die eine dauerhafte Aufzeichnung der Vereinbarung ermöglichen, sind der Schriftform gleichgestellt.

Art. 6 Unzuständigerklärung bei Rechtswahl

Ist das Recht, das der Erblasser nach Artikel 22 zur Anwendung auf die Rechtsnachfolge von Todes wegen gewählt hat, das Recht eines Mitgliedstaats, so verfährt das nach Artikel 4 oder Artikel 10 angerufene Gericht wie folgt:

a) Es kann sich auf Antrag einer der Verfahrensparteien für unzuständig erklären, wenn seines Erachtens die Gerichte des Mitgliedstaats des gewählten Rechts in der Erbsache besser entscheiden können, wobei es die konkreten Umstände der Erbsache berücksichtigt, wie etwa den gewöhnlichen Aufenthalt der Parteien und den Ort, an dem die Vermögenswerte belegen sind, oder
b) es erklärt sich für unzuständig, wenn die Verfahrensparteien nach Artikel 5 die Zuständigkeit eines Gerichts oder der Gerichte des Mitgliedstaats des gewählten Rechts vereinbart haben.

Art. 7 Zuständigkeit bei Rechtswahl

Die Gerichte eines Mitgliedstaats, dessen Recht der Erblasser nach Artikel 22 gewählt hat, sind für die Entscheidungen in einer Erbsache zuständig, wenn

a) sich ein zuvor angerufenes Gericht nach Artikel 6 in derselben Sache für unzuständig erklärt hat,
b) die Verfahrensparteien nach Artikel 5 die Zuständigkeit eines Gerichts oder der Gerichte dieses Mitgliedstaats vereinbart haben oder
c) die Verfahrensparteien die Zuständigkeit des angerufenen Gerichts ausdrücklich anerkannt haben.

Art. 8 Beendigung des Verfahrens von Amts wegen bei Rechtswahl

Ein Gericht, das ein Verfahren in einer Erbsache von Amts wegen nach Artikel 4 oder nach Artikel 10 eingeleitet hat, beendet das Verfahren, wenn die Verfahrensparteien vereinbart haben, die Erbsache außergerichtlich in dem Mitgliedstaat, dessen Recht der Erblasser nach Artikel 22 gewählt hat, einvernehmlich zu regeln.

Art. 9 Zuständigkeit aufgrund rügeloser Einlassung

(1) Stellt sich in einem Verfahren vor dem Gericht eines Mitgliedstaats, das seine Zuständigkeit nach Artikel 7 ausübt, heraus, dass nicht alle Parteien dieses Verfahrens der Gerichtstandsvereinbarung angehören, so ist das Gericht weiterhin zuständig, wenn sich die Verfahrensparteien, die der Vereinbarung nicht angehören, auf das Verfahren einlassen, ohne den Mangel der Zuständigkeit des Gerichts zu rügen.

(2) Wird der Mangel der Zuständigkeit des in Absatz 1 genannten Gerichts von Verfahrensparteien gerügt, die der Vereinbarung nicht angehören, so erklärt sich das Gericht für unzuständig.

In diesem Fall sind die nach Artikel 4 oder Artikel 10 zuständigen Gerichte für die Entscheidung in der Erbsache zuständig.

Art. 10 Subsidiäre Zuständigkeit

(1) Hatte der Erblasser seinen gewöhnlichen Aufenthalt im Zeitpunkt seines Todes nicht in einem Mitgliedstaat, so sind die Gerichte eines Mitgliedstaats, in dem sich Nachlassvermögen befindet, für Entscheidungen in Erbsachen für den gesamten Nachlass zuständig, wenn

a) der Erblasser die Staatsangehörigkeit dieses Mitgliedstaats im Zeitpunkt seines Todes besaß, oder, wenn dies nicht der Fall ist,
b) der Erblasser seinen vorhergehenden gewöhnlichen Aufenthalt in dem betreffenden Mitgliedstaat hatte, sofern die Änderung dieses gewöhnlichen Aufenthalts zum Zeitpunkt der Anrufung des Gerichts nicht länger als fünf Jahre zurückliegt.

(2) Ist kein Gericht in einem Mitgliedstaat nach Absatz 1 zuständig, so sind dennoch die Gerichte des Mitgliedstaats, in dem sich Nachlassvermögen befindet, für Entscheidungen über dieses Nachlassvermögen zuständig.

Art. 11 Notzuständigkeit (forum necessitatis)

Ist kein Gericht eines Mitgliedstaats aufgrund anderer Vorschriften dieser Verordnung zuständig, so können die Gerichte eines Mitgliedstaats in Ausnahmefällen in einer Erbsache entscheiden, wenn es nicht zumutbar ist oder es sich als unmöglich erweist, ein Verfahren in einem Drittstaat, zu dem die Sache einen engen Bezug aufweist, einzuleiten oder zu führen.

Die Sache muss einen ausreichenden Bezug zu dem Mitgliedstaat des angerufenen Gerichts aufweisen.

Art. 12 Beschränkung des Verfahrens

(1) Umfasst der Nachlass des Erblassers Vermögenswerte, die in einem Drittstatt belegen sind, so kann das in der Erbsache angerufene Gericht auf Antrag einer der Parteien beschließen, über einen oder mehrere dieser Vermögenswerte nicht zu befinden, wenn zu erwarten ist, dass seine Entscheidung in Bezug auf diese Vermögenswerte in dem betreffenden Drittstatt nicht anerkannt oder gegebenenfalls nicht für vollstreckbar erklärt wird.

(2) Absatz 1 berührt nicht das Recht der Parteien, den Gegenstand des Verfahrens nach dem Recht des Mitgliedstaats des angerufenen Gerichts zu beschränken.

Art. 13 Annahme oder Ausschlagung der Erbschaft, eines Vermächtnisses oder eines Pflichtteils

Außer dem gemäß dieser Verordnung für die Rechtsnachfolge von Todes wegen zuständigen Gericht sind die Gerichte des Mitgliedstaats, in dem eine Person ihren gewöhnlichen Aufenthalt hat, die nach dem auf die Rechtsnachfolge von Todes wegen anzuwendenden Recht vor einem Gericht eine Erklärung über die Annahme oder Ausschlagung der Erbschaft, eines Vermächtnisses oder eines Pflichtteils oder eine Erklärung zur Begrenzung der Haftung der betreffenden Person für die Nachlassverbindlichkeiten abgeben kann, für die Entgegennahme solcher Erklärungen zuständig, wenn diese Erklärungen nach dem Recht dieses Mitgliedstaats vor einem Gericht abgegeben werden können.

Art. 14 Anrufung eines Gerichts

Für die Zwecke dieses Kapitels gilt ein Gericht als angerufen

a) zu dem Zeitpunkt, zu dem das verfahrenseinleitende Schriftstück oder ein gleichwertiges Schriftstück bei Gericht eingereicht worden ist, vorausgesetzt, dass der Kläger es in der Folge nicht versäumt hat, die ihm obliegenden Maßnahmen zu treffen, um die Zustellung des Schriftstücks an den Beklagten zu bewirken,
b) falls die Zustellung vor Einreichung des Schriftstücks bei Gericht zu bewirken ist, zu dem Zeitpunkt, zu dem die für die Zustellung verantwortliche Stelle das Schriftstück erhalten hat, vorausgesetzt, dass der Kläger es in der Folge nicht versäumt hat, die ihm obliegenden Maßnahmen zu treffen, um das Schriftstück bei Gericht einzureichen, oder
c) falls das Gericht das Verfahren von Amts wegen einleitet, zu dem Zeitpunkt, zu dem der Beschluss über die Einleitung des Verfahrens vom Gericht gefasst oder, wenn ein solcher Beschluss nicht erforderlich ist, zu dem Zeitpunkt, zu dem die Sache beim Gericht eingetragen wird.

Art. 15 Prüfung der Zuständigkeit

Das Gericht eines Mitgliedstaats, das in einer Erbsache angerufen wird, für die es nach dieser Verordnung nicht zuständig ist, erklärt sich von Amts wegen für unzuständig.

Art. 16 Prüfung der Zulässigkeit

(1) Lässt sich der Beklagte, der seinen gewöhnlichen Aufenthalt im Hoheitsgebiet eines anderen Staates als des Mitgliedstaats hat, in dem das Verfahren eingeleitet wurde, auf das Verfahren nicht ein, so setzt das zuständige Gericht das Verfahren so lange aus, bis festgestellt ist, dass es dem Beklagten möglich war, das verfahrenseinleitende Schriftstück oder ein gleichwertiges Schriftstück so rechtzeitig zu empfangen, dass er sich verteidigen konnte oder dass alle hierzu erforderlichen Maßnahmen getroffen wurden.

(2) Anstelle des Absatzes 1 des vorliegenden Artikels findet Artikel 19 der Verordnung (EG) Nr. 1393/2007 des Europäischen Parlaments und des Rates vom 13. November 2007 über die Zustellung gerichtlicher und außergerichtlicher Schriftstücke in Zivil- oder Handelssachen in den Mitgliedstaaten (Zustellung von Schriftstücken)[1] Anwendung, wenn das verfahrenseinleitende Schriftstück oder ein gleichwertiges Schriftstück nach der genannten Verordnung von einem Mitgliedstaat in einen anderen zu übermitteln war.

(3) Ist die Verordnung (EG) Nr. 1393/2007 nicht anwendbar, so gilt Artikel 15 des Haager Übereinkommens vom 15. November 1965 über die Zustellung gerichtlicher und außergerichtlicher Schriftstücke im Ausland in Zivil- und Handelssachen, wenn das verfahrenseinleitende Schriftstück oder ein gleichwertiges Schriftstück nach Maßgabe dieses Übereinkommens ins Ausland zu übermitteln war.

Art. 17 Rechtshängigkeit

(1) Werden bei Gerichten verschiedener Mitgliedstaaten Verfahren wegen desselben Anspruchs zwischen denselben Parteien anhängig gemacht, so setzt das später angerufene Gericht das Verfahren von Amts wegen aus, bis die Zuständigkeit des zuerst angerufenen Gerichts feststeht.

(2) Sobald die Zuständigkeit des zuerst angerufenen Gerichts feststeht, erklärt sich das später angerufene Gericht zugunsten dieses Gerichts für unzuständig.

Art. 18 Im Zusammenhang stehende Verfahren

(1) Sind bei Gerichten verschiedener Mitgliedstaaten Verfahren, die im Zusammenhang stehen, anhängig, so kann jedes später angerufene Gericht das Verfahren aussetzen.

(2) Sind diese Verfahren in erster Instanz anhängig, so kann sich jedes später angerufene Gericht auf Antrag einer Partei auch für unzuständig erklären, wenn das zuerst angerufene Gericht für die betreffenden Verfahren zuständig ist und die Verbindung der Verfahren nach seinem Recht zulässig ist.

(3) Verfahren stehen im Sinne dieses Artikels im Zusammenhang, wenn zwischen ihnen eine so enge Beziehung gegeben ist, dass eine gemeinsame Verhandlung und Entscheidung geboten erscheint, um zu vermeiden, dass in getrennten Verfahren widersprechende Entscheidungen ergehen.

Art. 19 Einstweilige Maßnahmen einschließlich Sicherungsmaßnahmen

Die im Recht eines Mitgliedstaats vorgesehenen einstweiligen Maßnahmen einschließlich Sicherungsmaßnahmen können bei den Gerichten dieses Staates auch dann beantragt werden, wenn für die Entscheidung in der Hauptsache nach dieser Verordnung die Gerichte eines anderen Mitgliedstaats zuständig sind.

---

[1] **Amtl. Anm.:** ABl. L 324 vom 10.12.2007, S. 79.

Kapitel III. Anzuwendendes Recht

Art. 20 Universelle Anwendung

Das nach dieser Verordnung bezeichnete Recht ist auch dann anzuwenden, wenn es nicht das Recht eines Mitgliedstaats ist.

Art. 21 Allgemeine Kollisionsnorm

(1) Sofern in dieser Verordnung nichts anderes vorgesehen ist, unterliegt die gesamte Rechtsnachfolge von Todes wegen dem Recht des Staates, in dem der Erblasser im Zeitpunkt seines Todes seinen gewöhnlichen Aufenthalt hatte.

(2) Ergibt sich ausnahmsweise aus der Gesamtheit der Umstände, dass der Erblasser im Zeitpunkt seines Todes eine offensichtlich engere Verbindung zu einem anderen als dem Staat hatte, dessen Recht nach Absatz 1 anzuwenden wäre, so ist auf die Rechtsnachfolge von Todes wegen das Recht dieses anderen Staates anzuwenden.

Art. 22 Rechtswahl

(1) Eine Person kann für die Rechtsnachfolge von Todes wegen das Recht des Staates wählen, dem sie im Zeitpunkt der Rechtswahl oder im Zeitpunkt ihres Todes angehört.

Eine Person, die mehrere Staatsangehörigkeiten besitzt, kann das Recht eines der Staaten wählen, denen sie im Zeitpunkt der Rechtswahl oder im Zeitpunkt ihres Todes angehört.

(2) Die Rechtswahl muss ausdrücklich in einer Erklärung in Form einer Verfügung von Todes wegen erfolgen oder sich aus den Bestimmungen einer solchen Verfügung ergeben.

(3) Die materielle Wirksamkeit der Rechtshandlung, durch die die Rechtswahl vorgenommen wird, unterliegt dem gewählten Recht.

(4) Die Änderung oder der Widerruf der Rechtswahl muss den Formvorschriften für die Änderung oder den Widerruf einer Verfügung von Todes wegen entsprechen.

Art. 23 Reichweite des anzuwendenden Rechts

(1) Dem nach Artikel 21 oder Artikel 22 bezeichneten Recht unterliegt die gesamte Rechtsnachfolge von Todes wegen.

(2) Diesem Recht unterliegen insbesondere:

a) die Gründe für den Eintritt des Erbfalls sowie dessen Zeitpunkt und Ort;
b) die Berufung der Berechtigten, die Bestimmung ihrer jeweiligen Anteile und etwaiger ihnen vom Erblasser auferlegter Pflichten sowie die Bestimmung sonstiger Rechte an dem Nachlass, einschließlich der Nachlassansprüche des überlebenden Ehegatten oder Lebenspartners;
c) die Erbfähigkeit;
d) die Enterbung und die Erbunwürdigkeit;
e) der Übergang der zum Nachlass gehörenden Vermögenswerte, Rechte und Pflichten auf die Erben und gegebenenfalls die Vermächtnisnehmer, einschließlich der Bedingungen für die Annahme oder die Ausschlagung der Erbschaft oder eines Vermächtnisses und deren Wirkungen;
f) die Rechte der Erben, Testamentsvollstrecker und anderer Nachlassverwalter, insbesondere im Hinblick auf die Veräußerung von Vermögen und die Befriedigung der Gläubiger, unbeschadet der Befugnisse nach Artikel 29 Absätze 2 und 3;
g) die Haftung für die Nachlassverbindlichkeiten;
h) der verfügbare Teil des Nachlasses, die Pflichtteile und andere Beschränkungen der Testierfreiheit sowie etwaige Ansprüche von Personen, die dem Erblasser nahe stehen, gegen den Nachlass oder gegen den Erben;
i) die Ausgleichung und Anrechnung unentgeltlicher Zuwendungen bei der Bestimmung der Anteile der einzelnen Berechtigten und
j) die Teilung des Nachlasses.

Art. 24 Verfügungen von Todes wegen außer Erbverträgen

(1) Die Zulässigkeit und die materielle Wirksamkeit einer Verfügung von Todes wegen mit Ausnahme eines Erbvertrags unterliegen dem Recht, das nach dieser Verordnung auf die Rechtsnachfolge von Todes wegen anzuwenden wäre, wenn die Person, die die Verfügung errichtet hat, zu diesem Zeitpunkt verstorben wäre.

(2) Ungeachtet des Absatzes 1 kann eine Person für die Zulässigkeit und die materielle Wirksamkeit ihrer Verfügung von Todes wegen das Recht wählen, das sie nach Artikel 22 unter den darin genannten Bedingungen hätte wählen können.

(3) [1] Absatz 1 gilt für die Änderung oder den Widerruf einer Verfügung von Todes wegen mit Ausnahme eines Erbvertrags entsprechend. [2] Bei Rechtswahl nach Absatz 2 unterliegt die Änderung oder der Widerruf dem gewählten Recht.

Art. 25 Erbverträge

(1) Die Zulässigkeit, die materielle Wirksamkeit und die Bindungswirkungen eines Erbvertrags, der den Nachlass einer einzigen Person betrifft, einschließlich der Voraussetzungen für seine Auflösung, unterliegen dem Recht, das nach dieser Verordnung auf die Rechtsnachfolge von Todes wegen anzuwenden wäre, wenn diese Person zu dem Zeitpunkt verstorben wäre, in dem der Erbvertrag geschlossen wurde.

(2) Ein Erbvertrag, der den Nachlass mehrerer Personen betrifft, ist nur zulässig, wenn er nach jedem der Rechte zulässig ist, die nach dieser Verordnung auf die Rechtsnachfolge der einzelnen beteiligten Personen anzuwenden wären, wenn sie zu dem Zeitpunkt verstorben wären, in dem der Erbvertrag geschlossen wurde.

Die materielle Wirksamkeit und die Bindungswirkungen eines Erbvertrags, der nach Unterabsatz 1 zulässig ist, einschließlich der Voraussetzungen für seine Auflösung, unterliegen demjenigen unter den in Unterabsatz 1 genannten Rechten, zu dem er die engste Verbindung hat.

(3) Ungeachtet der Absätze 1 und 2 können die Parteien für die Zulässigkeit, die materielle Wirksamkeit und die Bindungswirkungen ihres Erbvertrags, einschließlich der Voraussetzungen für seine Auflösung, das Recht wählen, das die Person oder eine der Personen, deren Nachlass betroffen ist, nach Artikel 22 unter den darin genannten Bedingungen hätte wählen können.

Art. 26 Materielle Wirksamkeit einer Verfügung von Todes wegen

(1) Zur materiellen Wirksamkeit im Sinne der Artikel 24 und 25 gehören:

a) die Testierfähigkeit der Person, die die Verfügung von Todes wegen errichtet;
b) die besonderen Gründe, aufgrund deren die Person, die die Verfügung errichtet, nicht zugunsten bestimmter Personen verfügen darf oder aufgrund deren eine Person kein Nachlassvermögen vom Erblasser erhalten darf;
c) die Zulässigkeit der Stellvertretung bei der Errichtung einer Verfügung von Todes wegen;
d) die Auslegung der Verfügung;
e) Täuschung, Nötigung, Irrtum und alle sonstigen Fragen in Bezug auf Willensmängel oder Testierwillen der Person, die die Verfügung errichtet.

(2) Hat eine Person nach dem nach Artikel 24 oder 25 anzuwendenden Recht die Testierfähigkeit erlangt, so beeinträchtigt ein späterer Wechsel des anzuwendenden Rechts nicht ihre Fähigkeit zur Änderung oder zum Widerruf der Verfügung.

Art. 27 Formgültigkeit einer schriftlichen Verfügung von Todes wegen

(1) Eine schriftliche Verfügung von Todes wegen ist hinsichtlich ihrer Form wirksam, wenn diese:

a) dem Recht des Staates entspricht, in dem die Verfügung errichtet oder der Erbvertrag geschlossen wurde,
b) dem Recht eines Staates entspricht, dem der Erblasser oder mindestens eine der Personen, deren Rechtsnachfolge von Todes wegen durch einen Erbvertrag betroffen ist, entweder im Zeitpunkt der Errichtung der Verfügung bzw. des Abschlusses des Erbvertrags oder im Zeitpunkt des Todes angehörte,
c) dem Recht eines Staates entspricht, in dem der Erblasser oder mindestens eine der Personen, deren Rechtsnachfolge von Todes wegen durch einen Erbvertrag betroffen ist, entweder im Zeitpunkt der Errichtung der Verfügung oder des Abschlusses des Erbvertrags oder im Zeitpunkt des Todes den Wohnsitz hatte,

d) dem Recht des Staates entspricht, in dem der Erblasser oder mindestens eine der Personen, deren Rechtsnachfolge von Todes wegen durch einen Erbvertrag betroffen ist, entweder im Zeitpunkt der Errichtung der Verfügung oder des Abschlusses des Erbvertrags oder im Zeitpunkt des Todes seinen/ihren gewöhnlichen Aufenthalt hatte, oder
e) dem Recht des Staates entspricht, in dem sich unbewegliches Vermögen befindet, soweit es sich um dieses handelt.

Ob der Erblasser oder eine der Personen, deren Rechtsnachfolge von Todes wegen durch einen Erbvertrag betroffen ist, in einem bestimmten Staat ihren Wohnsitz hatte, regelt das in diesem Staat geltende Recht.

(2) [1] Absatz 1 ist auch auf Verfügungen von Todes wegen anzuwenden, durch die eine frühere Verfügung geändert oder widerrufen wird. [2] Die Änderung oder der Widerruf ist hinsichtlich ihrer Form auch dann gültig, wenn sie den Formerfordernissen einer der Rechtsordnungen entsprechen, nach denen die geänderte oder widerrufene Verfügung von Todes wegen nach Absatz 1 gültig war.

(3) [1] Für die Zwecke dieses Artikels werden Rechtsvorschriften, welche die für Verfügungen von Todes wegen zugelassenen Formen mit Beziehung auf das Alter, die Staatsangehörigkeit oder andere persönliche Eigenschaften des Erblassers oder der Personen, deren Rechtsnachfolge von Todes wegen durch einen Erbvertrag betroffen ist, beschränken, als zur Form gehörend angesehen. [2] Das Gleiche gilt für Eigenschaften, welche die für die Gültigkeit einer Verfügung von Todes wegen erforderlichen Zeugen besitzen müssen.

Art. 28 Formgültigkeit einer Annahme- oder Ausschlagungserklärung

Eine Erklärung über die Annahme oder die Ausschlagung der Erbschaft, eines Vermächtnisses oder eines Pflichtteils oder eine Erklärung zur Begrenzung der Haftung des Erklärenden ist hinsichtlich ihrer Form wirksam, wenn diese den Formerfordernissen entspricht

a) des nach den Artikeln 21 oder 22 auf die Rechtsnachfolge von Todes wegen anzuwendenden Rechts oder
b) des Rechts des Staates, in dem der Erklärende seinen gewöhnlichen Aufenthalt hat.

Art. 29 Besondere Regelungen für die Bestellung und die Befugnisse eines Nachlassverwalters in bestimmten Situationen

(1) Ist die Bestellung eines Verwalters nach dem Recht des Mitgliedstaats, dessen Gerichte nach dieser Verordnung für die Entscheidungen in der Erbsache zuständig sind, verpflichtend oder auf Antrag verpflichtend und ist das auf die Rechtsnachfolge von Todes wegen anzuwendende Recht ausländisches Recht, können die Gerichte dieses Mitgliedstaats, wenn sie angerufen werden, einen oder mehrere Nachlassverwalter nach ihrem eigenen Recht unter den in diesem Artikel festgelegten Bedingungen bestellen.

[1] Der/die nach diesem Absatz bestellte(n) Verwalter ist/sind berechtigt, das Testament des Erblassers zu vollstrecken und/oder den Nachlass nach dem auf die Rechtsnachfolge von Todes wegen anzuwendenden Recht zu verwalten. [2] Sieht dieses Recht nicht vor, dass eine Person Nachlassverwalter ist, die kein Berechtigter ist, können die Gerichte des Mitgliedstaats, in dem der Verwalter bestellt werden muss, einen Fremdverwalter nach ihrem eigenen Recht bestellen, wenn dieses Recht dies so vorsieht und es einen schwerwiegenden Interessenskonflikt zwischen den Berechtigten oder zwischen den Berechtigten und den Nachlassgläubigern oder anderen Personen, die für die Verbindlichkeiten des Erblassers gebürgt haben, oder Uneinigkeit zwischen den Berechtigten über die Verwaltung des Nachlasses gibt oder wenn es sich um einen aufgrund der Art der Vermögenswerte schwer zu verwaltenden Nachlasses handelt.

Der/die nach diesem Absatz bestellte(n) Verwalter ist/sind die einzige(n) Person(en), die befugt ist/sind, die in den Absätzen 2 oder 3 genannten Befugnisse auszuüben.

(2) [1] Die nach Absatz 1 bestellte(n) Person(en) üben die Befugnisse zur Verwaltung des Nachlasses aus, die sie nach dem auf die Rechtsnachfolge von Todes wegen anzuwendenden Recht ausüben dürfen. [2] Das bestellende Gericht kann in seiner Entscheidung besondere Bedingungen für die Ausübung dieser Befugnisse im Einklang mit dem auf die Rechtsnachfolge von Todes wegen anzuwendenden Recht festlegen.

Sieht das auf die Rechtsnachfolge von Todes wegen anzuwendende Recht keine hinreichenden Befugnisse vor, um das Nachlassvermögen zu erhalten oder die Rechte der Nachlassgläubiger oder anderer Personen zu schützen, die für die Verbindlichkeiten des Erblassers gebürgt haben, so kann das bestellende Gericht beschließen, es dem/den Nachlassverwalter(n) zu gestatten, ergänzend diejenigen Befugnisse, die hierfür in seinem eigenen Recht vorgesehen sind, auszuüben und in seiner Entscheidung besondere Bedingungen für die Ausübung dieser Befugnisse im Einklang mit diesem Recht festlegen.

Bei der Ausübung solcher ergänzenden Befugnisse hält/halten der/die Verwalter das auf die Rechtsnachfolge von Todes wegen anzuwendende Recht in Bezug auf den Übergang des Eigentums an dem Nachlassvermögen, die Haftung für die Nachlassverbindlichkeiten, die Rechte der Berechtigten, gegebenenfalls einschließlich des Rechts, die Erbschaft anzunehmen oder auszuschlagen, und gegebenenfalls die Befugnisse des Vollstreckers des Testaments des Erblassers ein.

(3) Ungeachtet des Absatzes 2 kann das nach Absatz 1 einen oder mehrere Verwalter bestellende Gericht ausnahmsweise, wenn das auf die Rechtsnachfolge von Todes wegen anzuwendende Recht das Recht eines Drittstaats ist, beschließen, diesen Verwaltern alle Verwaltungsbefugnisse zu übertragen, die in dem Recht des Mitgliedstaats vorgesehen sind, in dem sie bestellt werden.

Bei der Ausübung dieser Befugnisse respektieren die Nachlassverwalter jedoch insbesondere die Bestimmung der Berechtigten und ihrer Nachlassansprüche, einschließlich ihres Anspruchs auf einen Pflichtteil oder ihres Anspruchs gegen den Nachlass oder gegenüber den Erben nach dem auf die Rechtsnachfolge von Todes wegen anzuwendenden Recht.

Art. 30 Besondere Regelungen mit Beschränkungen, die die Rechtsnachfolge von Todes wegen in Bezug auf bestimmte Vermögenswerte betreffen oder Auswirkungen auf sie haben

Besondere Regelungen im Recht eines Staates, in dem sich bestimmte unbewegliche Sachen, Unternehmen oder andere besondere Arten von Vermögenswerten befinden, die die Rechtsnachfolge von Todes wegen in Bezug auf jene Vermögenswerte aus wirtschaftlichen, familiären oder sozialen Erwägungen beschränken oder berühren, finden auf die Rechtsnachfolge von Todes wegen Anwendung, soweit sie nach dem Recht dieses Staates unabhängig von dem auf die Rechtsnachfolge von Todes wegen anzuwendenden Recht anzuwenden sind.

Art. 31 Anpassung dinglicher Rechte

Macht eine Person ein dingliches Recht geltend, das ihr nach dem auf die Rechtsnachfolge von Todes wegen anzuwendenden Recht zusteht, und kennt das Recht des Mitgliedstaats, in dem das Recht geltend gemacht wird, das betreffende dingliche Recht nicht, so ist dieses Recht soweit erforderlich und möglich an das in der Rechtsordnung dieses Mitgliedstaats am ehesten vergleichbare Recht anzupassen, wobei die mit dem besagten dinglichen Recht verfolgten Ziele und Interessen und die mit ihm verbundenen Wirkungen zu berücksichtigen sind.

Art. 32 Kommorienten

Sterben zwei oder mehr Personen, deren jeweilige Rechtsnachfolge von Todes wegen verschiedenen Rechten unterliegt, unter Umständen, unter denen die Reihenfolge ihres Todes ungewiss ist, und regeln diese Rechte diesen Sachverhalt unterschiedlich oder gar nicht, so hat keine der verstorbenen Personen Anspruch auf den Nachlass des oder der anderen.

Art. 33 Erbenloser Nachlass

Ist nach dem nach dieser Verordnung auf die Rechtsnachfolge von Todes wegen anzuwendenden Recht weder ein durch Verfügung von Todes wegen eingesetzter Erbe oder Vermächtnisnehmer für die Nachlassgegenstände noch eine natürliche Person als gesetzlicher Erbe vorhanden, so berührt die Anwendung dieses Rechts nicht das Recht eines Mitgliedstaates oder einer von diesem Mitgliedstaat für diesen Zweck bestimmten Einrichtung, sich das im Hoheitsgebiet dieses Mitgliedstaates belegene Nachlassvermögen anzueignen, vorausgesetzt, die Gläubiger sind berechtigt, aus dem gesamten Nachlass Befriedigung ihrer Forderungen zu suchen.

Art. 34 Rück- und Weiterverweisung

(1) Unter dem nach dieser Verordnung anzuwendenden Recht eines Drittstaats sind die in diesem Staat geltenden Rechtsvorschriften einschließlich derjenigen seines Internationalen Privatrechts zu verstehen, soweit diese zurück- oder weiterverweisen auf:

a) das Recht eines Mitgliedstaats oder

b) das Recht eines anderen Drittstaats, der sein eigenes Recht anwenden würde.

(2) Rück- und Weiterverweisungen durch die in Artikel 21 Absatz 2, Artikel 22, Artikel 27, Artikel 28 Buchstabe b und Artikel 30 genannten Rechtsordnungen sind nicht zu beachten.

Art. 35 Öffentliche Ordnung (ordre public)

Die Anwendung einer Vorschrift des nach dieser Verordnung bezeichneten Rechts eines Staates darf nur versagt werden, wenn ihre Anwendung mit der öffentlichen Ordnung (ordre public) des Staates des angerufenen Gerichts offensichtlich unvereinbar ist.

Art. 36 Staaten mit mehr als einem Rechtssystem – Interlokale Kollisionsvorschriften

(1) Verweist diese Verordnung auf das Recht eines Staates, der mehrere Gebietseinheiten umfasst, von denen jede eigene Rechtsvorschriften für die Rechtsnachfolge von Todes wegen hat, so bestimmen die internen Kollisionsvorschriften dieses Staates die Gebietseinheit, deren Rechtsvorschriften anzuwenden sind.

(2) In Ermangelung solcher internen Kollisionsvorschriften gilt:

a) jede Bezugnahme auf das Recht des in Absatz 1 genannten Staates ist für die Bestimmung des anzuwendenden Rechts aufgrund von Vorschriften, die sich auf den gewöhnlichen Aufenthalt des Erblassers beziehen, als Bezugnahme auf das Recht der Gebietseinheit zu verstehen, in der der Erblasser im Zeitpunkt seines Todes seinen gewöhnlichen Aufenthalt hatte;

b) jede Bezugnahme auf das Recht des in Absatz 1 genannten Staates ist für die Bestimmung des anzuwendenden Rechts aufgrund von Bestimmungen, die sich auf die Staatsangehörigkeit des Erblassers beziehen, als Bezugnahme auf das Recht der Gebietseinheit zu verstehen, zu der der Erblasser die engste Verbindung hatte;

c) jede Bezugnahme auf das Recht des in Absatz 1 genannten Staates ist für die Bestimmung des anzuwendenden Rechts aufgrund sonstiger Bestimmungen, die sich auf andere Anknüpfungspunkte beziehen, als Bezugnahme auf das Recht der Gebietseinheit zu verstehen, in der sich der einschlägige Anknüpfungspunkt befindet.

(3) Ungeachtet des Absatzes 2 ist jede Bezugnahme auf das Recht des in Absatz 1 genannten Staates für die Bestimmung des anzuwendenden Rechts nach Artikel 27 in Ermangelung interner Kollisionsvorschriften dieses Staates als Bezugnahme auf das Recht der Gebietseinheit zu verstehen, zu der der Erblasser oder die Personen, deren Rechtsnachfolge von Todes wegen durch den Erbvertrag betroffen ist, die engste Verbindung hatte.

Art. 37 Staaten mit mehr als einem Rechtssystem – Interpersonale Kollisionsvorschriften

[1] Gelten in einem Staat für die Rechtsnachfolge von Todes wegen zwei oder mehr Rechtssysteme oder Regelwerke für verschiedene Personengruppen, so ist jede Bezugnahme auf das Recht dieses Staates als Bezugnahme auf das Rechtssystem oder das Regelwerk zu verstehen, das die in diesem Staat geltenden Vorschriften zur Anwendung berufen. [2] In Ermangelung solcher Vorschriften ist das Rechtssystem oder das Regelwerk anzuwenden, zu dem der Erblasser die engste Verbindung hatte.

Art. 38 Nichtanwendung dieser Verordnung auf innerstaatliche Kollisionen

Ein Mitgliedstaat, der mehrere Gebietseinheiten umfasst, von denen jede ihre eigenen Rechtsvorschriften für die Rechtsnachfolge von Todes wegen hat, ist nicht verpflichtet, diese Verordnung auf Kollisionen zwischen den Rechtsordnungen dieser Gebietseinheiten anzuwenden.

Kapitel IV. Anerkennung, Vollstreckbarkeit und Vollstreckung von Entscheidungen

Art. 39 Anerkennung

(1) Die in einem Mitgliedstaat ergangenen Entscheidungen werden in den anderen Mitgliedstaaten anerkannt, ohne dass es hierfür eines besonderen Verfahrens bedarf.

(2) Bildet die Frage, ob eine Entscheidung anzuerkennen ist, als solche den Gegenstand eines Streites, so kann jede Partei, welche die Anerkennung geltend macht, in dem Verfahren nach den Artikeln 45 bis 58 die Feststellung beantragen, dass die Entscheidung anzuerkennen ist.

(3) Wird die Anerkennung in einem Rechtsstreit vor dem Gericht eines Mitgliedstaats, dessen Entscheidung von der Anerkennung abhängt, verlangt, so kann dieses Gericht über die Anerkennung entscheiden.

Art. 40 Gründe für die Nichtanerkennung einer Entscheidung

Eine Entscheidung wird nicht anerkannt, wenn

a) die Anerkennung der öffentlichen Ordnung (ordre public) des Mitgliedstaats, in dem sie geltend gemacht wird, offensichtlich widersprechen würde;
b) dem Beklagten, der sich auf das Verfahren nicht eingelassen hat, das verfahrenseinleitende Schriftstück oder ein gleichwertiges Schriftstück nicht so rechtzeitig und in einer Weise zugestellt worden ist, dass er sich verteidigen konnte, es sei denn, der Beklagte hat die Entscheidung nicht angefochten, obwohl er die Möglichkeit dazu hatte;
c) sie mit einer Entscheidung unvereinbar ist, die in einem Verfahren zwischen denselben Parteien in dem Mitgliedstaat, in dem die Anerkennung geltend gemacht wird, ergangen ist;
d) sie mit einer früheren Entscheidung unvereinbar ist, die in einem anderen Mitgliedstaat oder in einem Drittstaat in einem Verfahren zwischen denselben Parteien wegen desselben Anspruchs ergangen ist, sofern die frühere Entscheidung die notwendigen Voraussetzungen für ihre Anerkennung in dem Mitgliedstaat, in dem die Anerkennung geltend gemacht wird, erfüllt.

Art. 41 Ausschluss einer Nachprüfung in der Sache

Die in einem Mitgliedstaat ergangene Entscheidung darf keinesfalls in der Sache selbst nachgeprüft werden.

Art. 42 Aussetzung des Anerkennungsverfahrens

Das Gericht eines Mitgliedstaats, vor dem die Anerkennung einer in einem anderen Mitgliedstaat ergangenen Entscheidung geltend gemacht wird, kann das Verfahren aussetzen, wenn im Ursprungsmitgliedstaat gegen die Entscheidung ein ordentlicher Rechtsbehelf eingelegt worden ist.

Art. 43 Vollstreckbarkeit

Die in einem Mitgliedstaat ergangenen und in diesem Staat vollstreckbaren Entscheidungen sind in einem anderen Mitgliedstaat vollstreckbar, wenn sie auf Antrag eines Berechtigten dort nach dem Verfahren der Artikel 45 bis 58 für vollstreckbar erklärt worden sind.

Art. 44 Bestimmung des Wohnsitzes

Ist zu entscheiden, ob eine Partei für die Zwecke des Verfahrens nach den Artikeln 45 bis 58 im Hoheitsgebiet des Vollstreckungsmitgliedstaats einen Wohnsitz hat, so wendet das befasste Gericht sein eigenes Recht an.

Art. 45 Örtlich zuständiges Gericht

(1) Der Antrag auf Vollstreckbarerklärung ist an das Gericht oder die zuständige Behörde des Vollstreckungsmitgliedstaats zu richten, die der Kommission von diesem Mitgliedstaat nach Artikel 78 mitgeteilt wurden.

(2) Die örtliche Zuständigkeit wird durch den Ort des Wohnsitzes der Partei, gegen die die Vollstreckung erwirkt werden soll, oder durch den Ort, an dem die Vollstreckung durchgeführt werden soll, bestimmt.

Art. 46 Verfahren

(1) Für das Verfahren der Antragstellung ist das Recht des Vollstreckungsmitgliedstaats maßgebend.

(2) Von dem Antragsteller kann nicht verlangt werden, dass er im Vollstreckungsmitgliedstaat über eine Postanschrift oder einen bevollmächtigten Vertreter verfügt.

(3) Dem Antrag sind die folgenden Schriftstücke beizufügen:

a) eine Ausfertigung der Entscheidung, die die für ihre Beweiskraft erforderlichen Voraussetzungen erfüllt;

b) die Bescheinigung, die von dem Gericht oder der zuständigen Behörde des Ursprungsmitgliedstaats unter Verwendung des nach dem Beratungsverfahren nach Artikel 81 Absatz 2 erstellten Formblatts ausgestellt wurde, unbeschadet des Artikels 47.

Art. 47 Nichtvorlage der Bescheinigung

(1) Wird die Bescheinigung nach Artikel 46 Absatz 3 Buchstabe b nicht vorgelegt, so kann das Gericht oder die sonst befugte Stelle eine Frist bestimmen, innerhalb deren die Bescheinigung vorzulegen ist, oder sich mit einer gleichwertigen Urkunde begnügen oder von der Vorlage der Bescheinigung absehen, wenn kein weiterer Klärungsbedarf besteht.

(2) [1] Auf Verlangen des Gerichts oder der zuständigen Behörde ist eine Übersetzung der Schriftstücke vorzulegen. [2] Die Übersetzung ist von einer Person zu erstellen, die zur Anfertigung von Übersetzungen in einem der Mitgliedstaaten befugt ist.

Art. 48 Vollstreckbarerklärung

[1] Sobald die in Artikel 46 vorgesehenen Förmlichkeiten erfüllt sind, wird die Entscheidung unverzüglich für vollstreckbar erklärt, ohne dass eine Prüfung nach Artikel 40 erfolgt. [2] Die Partei, gegen die die Vollstreckung erwirkt werden soll, erhält in diesem Abschnitt des Verfahrens keine Gelegenheit, eine Erklärung abzugeben.

Art. 49 Mitteilung der Entscheidung über den Antrag auf Vollstreckbarerklärung

(1) Die Entscheidung über den Antrag auf Vollstreckbarerklärung wird dem Antragsteller unverzüglich in der Form mitgeteilt, die das Recht des Vollstreckungsmitgliedstaats vorsieht.

(2) Die Vollstreckbarerklärung und, soweit dies noch nicht geschehen ist, die Entscheidung werden der Partei, gegen die die Vollstreckung erwirkt werden soll, zugestellt.

Art. 50 Rechtsbehelf gegen die Entscheidung über den Antrag auf Vollstreckbarerklärung

(1) Gegen die Entscheidung über den Antrag auf Vollstreckbarerklärung kann jede Partei einen Rechtsbehelf einlegen.

(2) Der Rechtsbehelf wird bei dem Gericht eingelegt, das der betreffende Mitgliedstaat der Kommission nach Artikel 78 mitgeteilt hat.

(3) Über den Rechtsbehelf wird nach den Vorschriften entschieden, die für Verfahren mit beiderseitigem rechtlichem Gehör maßgebend sind.

(4) Lässt sich die Partei, gegen die die Vollstreckung erwirkt werden soll, auf das Verfahren vor dem mit dem Rechtsbehelf des Antragstellers befassten Gericht nicht ein, so ist Artikel 16 auch dann anzuwenden, wenn die Partei, gegen die die Vollstreckung erwirkt werden soll, ihren Wohnsitz nicht im Hoheitsgebiet eines Mitgliedstaats hat.

(5) [1] Der Rechtsbehelf gegen die Vollstreckbarerklärung ist innerhalb von 30 Tagen nach ihrer Zustellung einzulegen. [2] Hat die Partei, gegen die die Vollstreckung erwirkt werden soll, ihren Wohnsitz im Hoheitsgebiet eines anderen Mitgliedstaats als dem, in dem die Vollstreckbarerklärung ergangen ist, so beträgt die Frist für den Rechtsbehelf 60 Tage und beginnt mit dem Tag, an dem die Vollstreckbarerklärung ihr entweder in Person oder in ihrer Wohnung zugestellt worden ist. [3] Eine Verlängerung dieser Frist wegen weiter Entfernung ist ausgeschlossen.

Art. 51 Rechtsbehelf gegen die Entscheidung über den Rechtsbehelf

Gegen die über den Rechtsbehelf ergangene Entscheidung kann nur der Rechtsbehelf eingelegt werden, den der betreffende Mitgliedstaat der Kommission nach Artikel 78 mitgeteilt hat.

Art. 52 Versagung oder Aufhebung einer Vollstreckbarerklärung

[1] Die Vollstreckbarerklärung darf von dem mit einem Rechtsbehelf nach Artikel 50 oder Artikel 51 befassten Gericht nur aus einem der in Artikel 40 aufgeführten Gründe versagt oder aufgehoben werden. [2] Das Gericht erlässt seine Entscheidung unverzüglich.

Art. 53 Aussetzung des Verfahrens

Das nach Artikel 50 oder Artikel 51 mit dem Rechtsbehelf befasste Gericht setzt das Verfahren auf Antrag des Schuldners aus, wenn die Entscheidung im Ursprungsmitgliedstaat wegen der Einlegung eines Rechtsbehelfs vorläufig nicht vollstreckbar ist.

Art. 54 Einstweilige Maßnahmen einschließlich Sicherungsmaßnahmen

(1) Ist eine Entscheidung nach diesem Abschnitt anzuerkennen, so ist der Antragsteller nicht daran gehindert, einstweilige Maßnahmen einschließlich Sicherungsmaßnahmen nach dem Recht des Vollstreckungsmitgliedstaats in Anspruch zu nehmen, ohne dass es einer Vollstreckbarerklärung nach Artikel 48 bedarf.

(2) Die Vollstreckbarerklärung umfasst von Rechts wegen die Befugnis, Maßnahmen zur Sicherung zu veranlassen.

(3) Solange die in Artikel 50 Absatz 5 vorgesehene Frist für den Rechtsbehelf gegen die Vollstreckbarerklärung läuft und solange über den Rechtsbehelf nicht entschieden ist, darf die Zwangsvollstreckung in das Vermögen des Schuldners nicht über Maßnahmen zur Sicherung hinausgehen.

Art. 55 Teilvollstreckbarkeit

(1) Ist durch die Entscheidung über mehrere Ansprüche erkannt worden und kann die Vollstreckbarerklärung nicht für alle Ansprüche erteilt werden, so erteilt das Gericht oder die zuständige Behörde sie für einen oder mehrere dieser Ansprüche.

(2) Der Antragsteller kann beantragen, dass die Vollstreckbarerklärung nur für einen Teil des Gegenstands der Entscheidung erteilt wird.

Art. 56 Prozesskostenhilfe

Ist dem Antragsteller im Ursprungsmitgliedstaat ganz oder teilweise Prozesskostenhilfe oder Kosten- und Gebührenbefreiung gewährt worden, so genießt er im Vollstreckbarerklärungsverfahren hinsichtlich der Prozesskostenhilfe oder der Kosten- und Gebührenbefreiung die günstigste Behandlung, die das Recht des Vollstreckungsmitgliedstaats vorsieht.

Art. 57 Keine Sicherheitsleistung oder Hinterlegung

Der Partei, die in einem Mitgliedstaat die Anerkennung, Vollstreckbarerklärung oder Vollstreckung einer in einem anderen Mitgliedstaat ergangenen Entscheidung beantragt, darf wegen ihrer Eigenschaft als Ausländer oder wegen Fehlens eines inländischen Wohnsitzes oder Aufenthalts im Vollstreckungsmitgliedstaat eine Sicherheitsleistung oder Hinterlegung, unter welcher Bezeichnung es auch sei, nicht auferlegt werden.

Art. 58 Keine Stempelabgaben oder Gebühren

Im Vollstreckungsmitgliedstaat dürfen in Vollstreckbarerklärungsverfahren keine nach dem Streitwert abgestuften Stempelabgaben oder Gebühren erhoben werden.

Kapitel V. Öffentliche Urkunden und gerichtliche Vergleiche

Art. 59 Annahme öffentlicher Urkunden

(1) Eine in einem Mitgliedstaat errichtete öffentliche Urkunde hat in einem anderen Mitgliedstaat die gleiche formelle Beweiskraft wie im Ursprungsmitgliedstaat oder die damit am ehesten vergleichbare Wirkung, sofern dies der öffentlichen Ordnung (ordre public) des betreffenden Mitgliedstaats nicht offensichtlich widersprechen würde.

Eine Person, die eine öffentliche Urkunde in einem anderen Mitgliedstaat verwenden möchte, kann die Behörde, die die öffentliche Urkunde im Ursprungsmitgliedstaat errichtet, ersuchen, das nach dem Beratungsverfahren nach Artikel 81 Absatz 2 erstellte Formblatt auszufüllen, das die formelle Beweiskraft der öffentlichen Urkunde in ihrem Ursprungsmitgliedstaat beschreibt.

(2) [1] Einwände mit Bezug auf die Authentizität einer öffentlichen Urkunde sind bei den Gerichten des Ursprungsmitgliedstaats zu erheben; über diese Einwände wird nach dem Recht dieses Staates entschieden. [2] Eine öffentliche Urkunde, gegen die solche Einwände erhoben wurden, entfaltet in einem anderen Mitgliedstaat keine Beweiskraft, solange die Sache bei dem zuständigen Gericht anhängig ist.

(3) [1] Einwände mit Bezug auf die in einer öffentlichen Urkunde beurkundeten Rechtsgeschäfte oder Rechtsverhältnisse sind bei den nach dieser Verordnung zuständigen Gerichten zu erheben; über diese Einwände wird nach dem nach Kapitel III anzuwendenden Recht entschieden. [2] Eine öffentliche Urkunde, gegen die solche Einwände erhoben wurden, entfaltet in einem anderen als dem Ursprungsmitgliedstaat hinsichtlich des bestrittenen Umstands keine Beweiskraft, solange die Sache bei dem zuständigen Gericht anhängig ist.

(4) Hängt die Entscheidung des Gerichts eines Mitgliedstaats von der Klärung einer Vorfrage mit Bezug auf die in einer öffentlichen Urkunde beurkundeten Rechtsgeschäfte oder Rechtsverhältnisse in Erbsachen ab, so ist dieses Gericht zur Entscheidung über diese Vorfrage zuständig.

Art. 60 Vollstreckbarkeit öffentlicher Urkunden

(1) Öffentliche Urkunden, die im Ursprungsmitgliedstaat vollstreckbar sind, werden in einem anderen Mitgliedstaat auf Antrag eines Berechtigten nach dem Verfahren der Artikel 45 bis 58 für vollstreckbar erklärt.

(2) Für die Zwecke des Artikels 46 Absatz 3 Buchstabe b stellt die Behörde, die die öffentliche Urkunde errichtet hat, auf Antrag eines Berechtigten eine Bescheinigung unter Verwendung des nach dem Beratungsverfahren nach Artikel 81 Absatz 2 erstellten Formblatts aus.

(3) Die Vollstreckbarerklärung wird von dem mit einem Rechtsbehelf nach Artikel 50 oder Artikel 51 befassten Gericht nur versagt oder aufgehoben, wenn die Vollstreckung der öffentlichen Urkunde der öffentlichen Ordnung (ordre public) des Vollstreckungsmitgliedstaats offensichtlich widersprechen würde.

Art. 61 Vollstreckbarkeit gerichtlicher Vergleiche

(1) Gerichtliche Vergleiche, die im Ursprungsmitgliedstaat vollstreckbar sind, werden in einem anderen Mitgliedstaat auf Antrag eines Berechtigten nach dem Verfahren der Artikel 45 bis 58 für vollstreckbar erklärt.

(2) Für die Zwecke des Artikels 46 Absatz 3 Buchstabe b stellt das Gericht, das den Vergleich gebilligt hat oder vor dem der Vergleich geschlossen wurde, auf Antrag eines Berechtigten eine Bescheinigung unter Verwendung des nach dem Beratungsverfahren nach Artikel 81 Absatz 2 erstellten Formblatts aus.

(3) Die Vollstreckbarerklärung wird von dem mit einem Rechtsbehelf nach Artikel 50 oder Artikel 51 befassten Gericht nur versagt oder aufgehoben, wenn die Vollstreckung des gerichtlichen Vergleichs der öffentlichen Ordnung (ordre public) des Vollstreckungsmitgliedstaats offensichtlich widersprechen würde.

Kapitel VI. Europäisches Nachlasszeugnis

Art. 62 Einführung eines Europäischen Nachlasszeugnisses

(1) Mit dieser Verordnung wird ein Europäisches Nachlasszeugnis (im Folgenden „Zeugnis“) eingeführt, das zur Verwendung in einem anderen Mitgliedstaat ausgestellt wird und die in Artikel 69 aufgeführten Wirkungen entfaltet.

(2) Die Verwendung des Zeugnisses ist nicht verpflichtend.

(3) [1] Das Zeugnis tritt nicht an die Stelle der innerstaatlichen Schriftstücke, die in den Mitgliedstaaten zu ähnlichen Zwecken verwendet werden. [2] Nach seiner Ausstellung zur Verwendung in einem anderen Mitgliedstaat entfaltet das Zeugnis die in Artikel 69 aufgeführten Wirkungen jedoch auch in dem Mitgliedstaat, dessen Behörden es nach diesem Kapitel ausgestellt haben.

Art. 63 Zweck des Zeugnisses

(1) Das Zeugnis ist zur Verwendung durch Erben, durch Vermächtnisnehmer mit unmittelbarer Berechtigung am Nachlass und durch Testamentsvollstrecker oder Nachlassverwalter bestimmt, die sich in einem anderen Mitgliedstaat auf ihre Rechtsstellung berufen oder ihre Rechte als Erben oder

Vermächtnisnehmer oder ihre Befugnisse als Testamentsvollstrecker oder Nachlassverwalter ausüben müssen.

(2) Das Zeugnis kann insbesondere als Nachweis für einen oder mehrere der folgenden speziellen Aspekte verwendet werden:

a) die Rechtsstellung und/oder die Rechte jedes Erben oder gegebenenfalls Vermächtnisnehmers, der im Zeugnis genannt wird, und seinen jeweiligen Anteil am Nachlass;
b) die Zuweisung eines bestimmten Vermögenswerts oder bestimmter Vermögenswerte des Nachlasses an die in dem Zeugnis als Erbe(n) oder gegebenenfalls als Vermächtnisnehmer genannte(n) Person (en);
c) die Befugnisse der in dem Zeugnis genannten Person zur Vollstreckung des Testaments oder Verwaltung des Nachlasses.

Art. 64 Zuständigkeit für die Erteilung des Zeugnisses

[1] Das Zeugnis wird in dem Mitgliedstaat ausgestellt, dessen Gerichte nach den Artikeln 4, 7, 10 oder 11 zuständig sind. [2] Ausstellungsbehörde ist

a) ein Gericht im Sinne des Artikels 3 Absatz 2 oder
b) eine andere Behörde, die nach innerstaatlichem Recht für Erbsachen zuständig ist.

Art. 65 Antrag auf Ausstellung eines Zeugnisses

(1) Das Zeugnis wird auf Antrag jeder in Artikel 63 Absatz 1 genannten Person (im Folgenden „Antragsteller") ausgestellt.

(2) Für die Vorlage eines Antrags kann der Antragsteller das nach dem Beratungsverfahren nach Artikel 81 Absatz 2 erstellte Formblatt verwenden.

(3) Der Antrag muss die nachstehend aufgeführten Angaben enthalten, soweit sie dem Antragsteller bekannt sind und von der Ausstellungsbehörde zur Beschreibung des Sachverhalts, dessen Bestätigung der Antragsteller begehrt, benötigt werden; dem Antrag sind alle einschlägigen Schriftstücke beizufügen, und zwar entweder in Urschrift oder in Form einer Abschrift, die die erforderlichen Voraussetzungen für ihre Beweiskraft erfüllt, unbeschadet des Artikels 66 Absatz 2:

a) Angaben zum Erblasser: Name (gegebenenfalls Geburtsname), Vorname(n), Geschlecht, Geburtsdatum und -ort, Personenstand, Staatsangehörigkeit, Identifikationsnummer (sofern vorhanden), Anschrift im Zeitpunkt seines Todes, Todesdatum und -ort;
b) Angaben zum Antragsteller: Name (gegebenenfalls Geburtsname), Vorname(n), Geschlecht, Geburtsdatum und -ort, Personenstand, Staatsangehörigkeit, Identifikationsnummer (sofern vorhanden), Anschrift und etwaiges Verwandtschafts- oder Schwägerschaftsverhältnis zum Erblasser;
c) Angaben zum etwaigen Vertreter des Antragstellers: Name (gegebenenfalls Geburtsname), Vorname (n), Anschrift und Nachweis der Vertretungsmacht;
d) Angaben zum Ehegatten oder Partner des Erblassers und gegebenenfalls zu(m) ehemaligen Ehegatten oder Partner(n): Name (gegebenenfalls Geburtsname), Vorname(n), Geschlecht, Geburtsdatum und -ort, Personenstand, Staatsangehörigkeit, Identifikationsnummer (sofern vorhanden) und Anschrift;
e) Angaben zu sonstigen möglichen Berechtigten aufgrund einer Verfügung von Todes wegen und/oder nach gesetzlicher Erbfolge: Name und Vorname(n) oder Name der Körperschaft, Identifikationsnummer (sofern vorhanden) und Anschrift;
f) den beabsichtigten Zweck des Zeugnisses nach Artikel 63;
g) Kontaktangaben des Gerichts oder der sonstigen zuständigen Behörde, das oder die mit der Erbsache als solcher befasst ist oder war, sofern zutreffend;
h) den Sachverhalt, auf den der Antragsteller gegebenenfalls die von ihm geltend gemachte Berechtigung am Nachlass und/oder sein Recht zur Vollstreckung des Testaments des Erblassers und/oder das Recht zur Verwaltung von dessen Nachlass gründet;
i) eine Angabe darüber, ob der Erblasser eine Verfügung von Todes wegen errichtet hatte; falls weder die Urschrift noch eine Abschrift beigefügt ist, eine Angabe darüber, wo sich die Urschrift befindet;
j) eine Angabe darüber, ob der Erblasser einen Ehevertrag oder einen Vertrag in Bezug auf ein Verhältnis, das mit der Ehe vergleichbare Wirkungen entfaltet, geschlossen hatte; falls weder die Urschrift noch eine Abschrift des Vertrags beigefügt ist, eine Angabe darüber, wo sich die Urschrift befindet;
k) eine Angabe darüber, ob einer der Berechtigten eine Erklärung über die Annahme oder die Ausschlagung der Erbschaft abgegeben hat;
l) eine Erklärung des Inhalts, dass nach bestem Wissen des Antragstellers kein Rechtsstreit in Bezug auf den zu bescheinigenden Sachverhalt anhängig ist;
m) sonstige vom Antragsteller für die Ausstellung des Zeugnisses für nützlich erachtete Angaben.

Art. 66 Prüfung des Antrags

(1) [1]Nach Eingang des Antrags überprüft die Ausstellungsbehörde die vom Antragsteller übermittelten Angaben, Erklärungen, Schriftstücke und sonstigen Nachweise. [2]Sie führt von Amts wegen die für diese Überprüfung erforderlichen Nachforschungen durch, soweit ihr eigenes Recht dies vorsieht oder zulässt, oder fordert den Antragsteller auf, weitere Nachweise vorzulegen, die sie für erforderlich erachtet.

(2) Konnte der Antragsteller keine Abschriften der einschlägigen Schriftstücke vorlegen, die die für ihre Beweiskraft erforderlichen Voraussetzungen erfüllen, so kann die Ausstellungsbehörde entscheiden, dass sie Nachweise in anderer Form akzeptiert.

(3) Die Ausstellungsbehörde kann – soweit ihr eigenes Recht dies vorsieht und unter den dort festgelegten Bedingungen – verlangen, dass Erklärungen unter Eid oder durch eidesstattliche Versicherung abgegeben werden.

(4) [1]Die Ausstellungsbehörde unternimmt alle erforderlichen Schritte, um die Berechtigten von der Beantragung eines Zeugnisses zu unterrichten. [2]Sie hört, falls dies für die Feststellung des zu bescheinigenden Sachverhalts erforderlich ist, jeden Beteiligten, Testamentsvollstrecker oder Nachlassverwalter und gibt durch öffentliche Bekanntmachung anderen möglichen Berechtigten Gelegenheit, ihre Rechte geltend zu machen.

(5) Für die Zwecke dieses Artikels stellt die zuständige Behörde eines Mitgliedstaats der Ausstellungsbehörde eines anderen Mitgliedstaats auf Ersuchen die Angaben zur Verfügung, die insbesondere im Grundbuch, in Personenstandsregistern und in Registern enthalten sind, in denen Urkunden oder Tatsachen erfasst werden, die für die Rechtsnachfolge von Todes wegen oder den ehelichen Güterstand oder einen vergleichbaren Güterstand des Erblassers erheblich sind, sofern die zuständige Behörde nach innerstaatlichem Recht befugt wäre, diese Angaben einer anderen inländischen Behörde zur Verfügung zu stellen.

Art. 67 Ausstellung des Zeugnisses

(1) [1]Die Ausstellungsbehörde stellt das Zeugnis unverzüglich nach dem in diesem Kapitel festgelegten Verfahren aus, wenn der zu bescheinigende Sachverhalt nach dem auf die Rechtsnachfolge von Todes wegen anzuwendenden Recht oder jedem anderen auf einen spezifischen Sachverhalt anzuwendenden Recht feststeht. [2]Sie verwendet das nach dem Beratungsverfahren nach Artikel 81 Absatz 2 erstellte Formblatt.

Die Ausstellungsbehörde stellt das Zeugnis insbesondere nicht aus,

a) wenn Einwände gegen den zu bescheinigenden Sachverhalt anhängig sind oder
b) wenn das Zeugnis mit einer Entscheidung zum selben Sachverhalt nicht vereinbar wäre.

(2) Die Ausstellungsbehörde unternimmt alle erforderlichen Schritte, um die Berechtigten von der Ausstellung des Zeugnisses zu unterrichten.

Art. 68 Inhalt des Nachlasszeugnisses

Das Zeugnis enthält folgende Angaben, soweit dies für die Zwecke, zu denen es ausgestellt wird, erforderlich ist:

a) die Bezeichnung und die Anschrift der Ausstellungsbehörde;
b) das Aktenzeichen;
c) die Umstände, aus denen die Ausstellungsbehörde ihre Zuständigkeit für die Ausstellung des Zeugnisses herleitet;
d) das Ausstellungsdatum;
e) Angaben zum Antragsteller: Name (gegebenenfalls Geburtsname), Vorname(n), Geschlecht, Geburtsdatum und -ort, Personenstand, Staatsangehörigkeit, Identifikationsnummer (sofern vorhanden), Anschrift und etwaiges Verwandtschafts- oder Schwägerschaftsverhältnis zum Erblasser;
f) Angaben zum Erblasser: Name (gegebenenfalls Geburtsname), Vorname(n), Geschlecht, Geburtsdatum und -ort, Personenstand, Staatsangehörigkeit, Identifikationsnummer (sofern vorhanden), Anschrift im Zeitpunkt seines Todes, Todesdatum und -ort;
g) Angaben zu den Berechtigten: Name (gegebenenfalls Geburtsname), Vorname(n) und Identifikationsnummer (sofern vorhanden);
h) Angaben zu einem vom Erblasser geschlossenen Ehevertrag oder, sofern zutreffend, einem vom Erblasser geschlossenen Vertrag im Zusammenhang mit einem Verhältnis, das nach dem auf dieses Verhältnis anwendbaren Recht mit der Ehe vergleichbare Wirkungen entfaltet, und Angaben zum ehelichen Güterstand oder einem vergleichbaren Güterstand;

i) das auf die Rechtsnachfolge von Todes wegen anzuwendende Recht sowie die Umstände, auf deren Grundlage das anzuwendende Recht bestimmt wurde;
j) Angaben darüber, ob für die Rechtsnachfolge von Todes wegen die gewillkürte oder die gesetzliche Erbfolge gilt, einschließlich Angaben zu den Umständen, aus denen sich die Rechte und/oder Befugnisse der Erben, Vermächtnisnehmer, Testamentsvollstrecker oder Nachlassverwalter herleiten;
k) sofern zutreffend, in Bezug auf jeden Berechtigten Angaben über die Art der Annahme oder der Ausschlagung der Erbschaft;
l) den Erbteil jedes Erben und gegebenenfalls das Verzeichnis der Rechte und/oder Vermögenswerte, die einem bestimmten Erben zustehen;
m) das Verzeichnis der Rechte und/oder Vermögenswerte, die einem bestimmten Vermächtnisnehmer zustehen;
n) die Beschränkungen ihrer Rechte, denen die Erben und gegebenenfalls die Vermächtnisnehmer nach dem auf die Rechtsnachfolge von Todes wegen anzuwendenden Recht und/oder nach Maßgabe der Verfügung von Todes wegen unterliegen;
o) die Befugnisse des Testamentsvollstreckers und/oder des Nachlassverwalters und die Beschränkungen dieser Befugnisse nach dem auf die Rechtsnachfolge von Todes wegen anzuwendenden Recht und/oder nach Maßgabe der Verfügung von Todes wegen.

Art. 69 Wirkungen des Zeugnisses

(1) Das Zeugnis entfaltet seine Wirkungen in allen Mitgliedstaaten, ohne dass es eines besonderen Verfahrens bedarf.

(2) [1] Es wird vermutet, dass das Zeugnis die Sachverhalte, die nach dem auf die Rechtsnachfolge von Todes wegen anzuwendenden Recht oder einem anderen auf spezifische Sachverhalte anzuwendenden Recht festgestellt wurden, zutreffend ausweist. [2] Es wird vermutet, dass die Person, die im Zeugnis als Erbe, Vermächtnisnehmer, Testamentsvollstrecker oder Nachlassverwalter genannt ist, die in dem Zeugnis genannte Rechtsstellung und/oder die in dem Zeugnis aufgeführten Rechte oder Befugnisse hat und dass diese Rechte oder Befugnisse keinen anderen als den im Zeugnis aufgeführten Bedingungen und/oder Beschränkungen unterliegen.

(3) Wer auf der Grundlage der in dem Zeugnis enthaltenen Angaben einer Person Zahlungen leistet oder Vermögenswerte übergibt, die in dem Zeugnis als zur Entgegennahme derselben berechtigt bezeichnet wird, gilt als Person, die an einen zur Entgegennahme der Zahlungen oder Vermögenswerte Berechtigten geleistet hat, es sei denn, er wusste, dass das Zeugnis inhaltlich unrichtig ist, oder ihm war dies infolge grober Fahrlässigkeit nicht bekannt.

(4) Verfügt eine Person, die in dem Zeugnis als zur Verfügung über Nachlassvermögen berechtigt bezeichnet wird, über Nachlassvermögen zugunsten eines anderen, so gilt dieser andere, falls er auf der Grundlage der in dem Zeugnis enthaltenen Angaben handelt, als Person, die von einem zur Verfügung über das betreffende Vermögen Berechtigten erworben hat, es sei denn, er wusste, dass das Zeugnis inhaltlich unrichtig ist, oder ihm war dies infolge grober Fahrlässigkeit nicht bekannt.

(5) Das Zeugnis stellt ein wirksames Schriftstück für die Eintragung des Nachlassvermögens in das einschlägige Register eines Mitgliedstaats dar, unbeschadet des Artikels 1 Absatz 2 Buchstaben k und l.

Art. 70 Beglaubigte Abschriften des Zeugnisses

(1) Die Ausstellungsbehörde bewahrt die Urschrift des Zeugnisses auf und stellt dem Antragsteller und jeder anderen Person, die ein berechtigtes Interesse nachweist, eine oder mehrere beglaubigte Abschriften aus.

(2) Die Ausstellungsbehörde führt für die Zwecke des Artikels 71 Absatz 3 und des Artikels 73 Absatz 2 ein Verzeichnis der Personen, denen beglaubigte Abschriften nach Absatz 1 ausgestellt wurden.

(3) [1] Die beglaubigten Abschriften sind für einen begrenzten Zeitraum von sechs Monaten gültig, der in der beglaubigten Abschrift jeweils durch ein Ablaufdatum angegeben wird. [2] In ordnungsgemäß begründeten Ausnahmefällen kann die Ausstellungsbehörde abweichend davon eine längere Gültigkeitsfrist beschließen. [3] Nach Ablauf dieses Zeitraums muss jede Person, die sich im Besitz einer beglaubigten Abschrift befindet, bei der Ausstellungsbehörde eine Verlängerung der Gültigkeitsfrist der beglaubigten Abschrift oder eine neue beglaubigte Abschrift beantragen, um das Zeugnis zu den in Artikel 63 angegebenen Zwecken verwenden zu können.

Art. 71 Berichtigung, Änderung oder Widerruf des Zeugnisses

(1) Die Ausstellungsbehörde berichtigt das Zeugnis im Falle eines Schreibfehlers auf Verlangen jedweder Person, die ein berechtigtes Interesse nachweist, oder von Amts wegen.

(2) Die Ausstellungsbehörde ändert oder widerruft das Zeugnis auf Verlangen jedweder Person, die ein berechtigtes Interesse nachweist, oder, soweit dies nach innerstaatlichem Recht möglich ist, von Amts wegen, wenn feststeht, dass das Zeugnis oder einzelne Teile des Zeugnisses inhaltlich unrichtig sind.

(3) Die Ausstellungsbehörde unterrichtet unverzüglich alle Personen, denen beglaubigte Abschriften des Zeugnisses gemäß Artikel 70 Absatz 1 ausgestellt wurden, über eine Berichtigung, eine Änderung oder einen Widerruf des Zeugnisses.

Art. 72 Rechtsbehelfe

(1) Entscheidungen, die die Ausstellungsbehörde nach Artikel 67 getroffen hat, können von einer Person, die berechtigt ist, ein Zeugnis zu beantragen, angefochten werden.

Entscheidungen, die die Ausstellungsbehörde nach Artikel 71 und Artikel 73 Absatz 1 Buchstabe a getroffen hat, können von einer Person, die ein berechtigtes Interesse nachweist, angefochten werden.

Der Rechtsbehelf ist bei einem Gericht des Mitgliedstaats der Ausstellungsbehörde nach dem Recht dieses Staates einzulegen.

(2) Führt eine Anfechtungsklage nach Absatz 1 zu der Feststellung, dass das ausgestellte Zeugnis nicht den Tatsachen entspricht, so ändert die zuständige Behörde das Zeugnis oder widerruft es oder sorgt dafür, dass die Ausstellungsbehörde das Zeugnis berichtigt, ändert oder widerruft.

Führt eine Anfechtungsklage nach Absatz 1 zu der Feststellung, dass die Versagung der Ausstellung nicht gerechtfertigt war, so stellen die zuständigen Justizbehörden das Zeugnis aus oder stellen sicher, dass die Ausstellungsbehörde den Fall erneut prüft und eine neue Entscheidung trifft.

Art. 73 Aussetzung der Wirkungen des Zeugnisses

(1) Die Wirkungen des Zeugnisses können ausgesetzt werden

a) von der Ausstellungsbehörde auf Verlangen einer Person, die ein berechtigtes Interesse nachweist, bis zur Änderung oder zum Widerruf des Zeugnisses nach Artikel 71 oder
b) von dem Rechtsmittelgericht auf Antrag einer Person, die berechtigt ist, eine von der Ausstellungsbehörde nach Artikel 72 getroffene Entscheidung anzufechten, während der Anhängigkeit des Rechtsbehelfs.

(2) Die Ausstellungsbehörde oder gegebenenfalls das Rechtsmittelgericht unterrichtet unverzüglich alle Personen, denen beglaubigte Abschriften des Zeugnisses nach Artikel 70 Absatz 1 ausgestellt worden sind, über eine Aussetzung der Wirkungen des Zeugnisses.

Während der Aussetzung der Wirkungen des Zeugnisses dürfen keine weiteren beglaubigten Abschriften des Zeugnisses ausgestellt werden.

Kapitel VII. Allgemeine und Schlussbestimmungen

Art. 74 Legalisation oder ähnliche Förmlichkeiten

Im Rahmen dieser Verordnung bedarf es hinsichtlich Urkunden, die in einem Mitgliedstaat ausgestellt werden, weder der Legalisation noch einer ähnlichen Förmlichkeit.

Art. 75 Verhältnis zu bestehenden internationalen Übereinkommen

(1) Diese Verordnung lässt die Anwendung internationaler Übereinkommen unberührt, denen ein oder mehrere Mitgliedstaaten zum Zeitpunkt der Annahme dieser Verordnung angehören und die Bereiche betreffen, die in dieser Verordnung geregelt sind.

Insbesondere wenden die Mitgliedstaaten, die Vertragsparteien des Haager Übereinkommens vom 5. Oktober 1961 über das auf die Form letztwilliger Verfügungen anzuwendende Recht sind, in Bezug auf die Formgültigkeit von Testamenten und gemeinschaftlichen Testamenten anstelle des Artikels 27 dieser Verordnung weiterhin die Bestimmungen dieses Übereinkommens an.

(2) Ungeachtet des Absatzes 1 hat diese Verordnung jedoch im Verhältnis zwischen den Mitgliedstaaten Vorrang vor ausschließlich zwischen zwei oder mehreren von ihnen geschlossenen Übereinkünften, soweit diese Bereiche betreffen, die in dieser Verordnung geregelt sind.

(3) Diese Verordnung steht der Anwendung des Übereinkommens vom 19. November 1934 zwischen Dänemark, Finnland, Island, Norwegen und Schweden mit Bestimmungen des Internationalen Privatrechts über Rechtsnachfolge von Todes wegen, Testamente und Nachlassverwaltung in der geänderten Fassung der zwischenstaatlichen Vereinbarung zwischen diesen Staaten vom 1. Juni 2012 durch die ihm angehörenden Mitgliedstaaten nicht entgegen, soweit dieses Übereinkommen Folgendes vorsieht:

a) Vorschriften über die verfahrensrechtlichen Aspekte der Nachlassverwaltung im Sinne der in dem Übereinkommen enthaltenen Begriffsbestimmung und die diesbezügliche Unterstützung durch die Behörden der dem Übereinkommen angehörenden Staaten und
b) vereinfachte und beschleunigte Verfahren für die Anerkennung und Vollstreckung von Entscheidungen in Erbsachen.

Art. 76 Verhältnis zur Verordnung (EG) Nr. 1346/2000 des Rates

Diese Verordnung lässt die Anwendung der Verordnung (EG) Nr. 1346/2000 des Rates vom 29. Mai 2000 über Insolvenzverfahren[1] unberührt.

Art. 77 Informationen für die Öffentlichkeit

Die Mitgliedstaaten übermitteln der Kommission eine kurze Zusammenfassung ihrer innerstaatlichen erbrechtlichen Vorschriften und Verfahren, einschließlich Informationen zu der Art von Behörde, die für Erbsachen zuständig ist, sowie zu der Art von Behörde, die für die Entgegennahme von Erklärungen über die Annahme oder die Ausschlagung der Erbschaft, eines Vermächtnisses oder eines Pflichtteils zuständig ist, damit die betreffenden Informationen der Öffentlichkeit im Rahmen des Europäischen Justiziellen Netzes für Zivil- und Handelssachen zur Verfügung gestellt werden können.

Die Mitgliedstaaten stellen auch Merkblätter bereit, in denen alle Urkunden und/oder Angaben aufgeführt sind, die für die Eintragung einer in ihrem Hoheitsgebiet belegenen unbeweglichen Sache im Regelfall erforderlich sind.

Die Mitgliedstaaten halten die Informationen stets auf dem neuesten Stand.

Art. 78 Informationen zu Kontaktdaten und Verfahren

(1) Die Mitgliedstaaten teilen der Kommission bis zum 16. November 2014 mit:

a) die Namen und Kontaktdaten der für Anträge auf Vollstreckbarerklärung gemäß Artikel 45 Absatz 1 und für Rechtsbehelfe gegen Entscheidungen über derartige Anträge gemäß Artikel 50 Absatz 2 zuständigen Gerichte oder Behörden;
b) die in Artikel 51 genannten Rechtsbehelfe gegen die Entscheidung über den Rechtsbehelf;
c) die einschlägigen Informationen zu den Behörden, die für die Ausstellung des Zeugnisses nach Artikel 64 zuständig sind, und
d) die in Artikel 72 genannten Rechtsbehelfe.

Die Mitgliedstaaten unterrichten die Kommission über spätere Änderungen dieser Informationen.

(2) Die Kommission veröffentlicht die nach Absatz 1 übermittelten Informationen im *Amtsblatt der Europäischen Union,* mit Ausnahme der Anschriften und sonstigen Kontaktdaten der unter Absatz 1 Buchstabe a genannten Gerichte und Behörden.

(3) Die Kommission stellt der Öffentlichkeit alle nach Absatz 1 übermittelten Informationen auf andere geeignete Weise, insbesondere über das Europäische Justizielle Netz für Zivil- und Handelssachen, zur Verfügung.

Art. 79 Erstellung und spätere Änderung der Liste der in Artikel 3 Absatz 2 vorgesehenen Informationen

(1) Die Kommission erstellt anhand der Mitteilungen der Mitgliedstaaten die Liste der in Artikel 3 Absatz 2 genannten sonstigen Behörden und Angehörigen von Rechtsberufen.

(2) [1]Die Mitgliedstaaten teilen der Kommission spätere Änderungen der in dieser Liste enthaltenen Angaben mit. [2]Die Kommission ändert die Liste entsprechend.

(3) Die Kommission veröffentlicht die Liste und etwaige spätere Änderungen im *Amtsblatt der Europäischen Union.*

---

[1] **Amtl. Anm.:** ABl. L 160 vom 30.6.2000, S. 1.

(4) Die Kommission stellt der Öffentlichkeit alle nach den Absätzen 1 und 2 mitgeteilten Informationen auf andere geeignete Weise, insbesondere über das Europäische Justizielle Netz für Zivil- und Handelssachen, zur Verfügung.

Art. 80 Erstellung und spätere Änderung der Bescheinigungen und der Formblätter nach den Artikeln 46, 59, 60, 61, 65 und 67

[1]Die Kommission erlässt Durchführungsrechtsakte zur Erstellung und späteren Änderung der Bescheinigungen und der Formblätter nach den Artikeln 46, 59, 60, 61, 65 und 67. [2]Diese Durchführungsrechtsakte werden nach dem in Artikel 81 Absatz 2 genannten Beratungsverfahren angenommen.

Art. 81 Ausschussverfahren

(1) [1]Die Kommission wird von einem Ausschuss unterstützt. [2]Dieser Ausschuss ist ein Ausschuss im Sinne der Verordnung (EU) Nr. 182/2011.

(2) Wird auf diesen Absatz Bezug genommen, so gilt Artikel 4 der Verordnung (EU) Nr. 182/2011.

Art. 82 Überprüfung

[1]Die Kommission legt dem Europäischen Parlament, dem Rat und dem Europäischen Wirtschafts- und Sozialausschuss bis 18. August 2025 einen Bericht über die Anwendung dieser Verordnung vor, der auch eine Evaluierung der etwaigen praktischen Probleme enthält, die in Bezug auf die parallele außergerichtliche Beilegung von Erbstreitigkeiten in verschiedenen Mitgliedstaaten oder eine außergerichtliche Beilegung in einem Mitgliedstaat parallel zu einem gerichtlichen Vergleich in einem anderen Mitgliedstaat aufgetreten sind. [2]Dem Bericht werden gegebenenfalls Änderungsvorschläge beigefügt.

Art. 83 Übergangsbestimmungen

(1) Diese Verordnung findet auf die Rechtsnachfolge von Personen Anwendung, die am 17. August 2015 oder danach verstorben sind.

(2) Hatte der Erblasser das auf seine Rechtsnachfolge von Todes wegen anzuwendende Recht vor dem 17. August 2015 gewählt, so ist diese Rechtswahl wirksam, wenn sie die Voraussetzungen des Kapitels III erfüllt oder wenn sie nach den zum Zeitpunkt der Rechtswahl geltenden Vorschriften des Internationalen Privatrechts in dem Staat, in dem der Erblasser seinen gewöhnlichen Aufenthalt hatte, oder in einem Staat, dessen Staatsangehörigkeit er besaß, wirksam ist.

(3) Eine vor dem 17. August 2015 errichtete Verfügung von Todes wegen ist zulässig sowie materiell und formell wirksam, wenn sie die Voraussetzungen des Kapitels III erfüllt oder wenn sie nach den zum Zeitpunkt der Errichtung der Verfügung geltenden Vorschriften des Internationalen Privatrechts in dem Staat, in dem der Erblasser seinen gewöhnlichen Aufenthalt hatte, oder in einem Staat, dessen Staatsangehörigkeit er besaß, oder in dem Mitgliedstaat, dessen Behörde mit der Erbsache befasst ist, zulässig sowie materiell und formell wirksam ist.

(4) Wurde eine Verfügung von Todes wegen vor dem 17. August 2015 nach dem Recht errichtet, welches der Erblasser gemäß dieser Verordnung hätte wählen können, so gilt dieses Recht als das auf die Rechtsfolge von Todes wegen anzuwendende gewählte Recht.

Art. 84 Inkrafttreten

Diese Verordnung tritt am zwanzigsten Tag nach ihrer Veröffentlichung im *Amtsblatt der Europäischen Union* in Kraft.

Sie gilt ab dem 17. August 2015, mit Ausnahme der Artikel 77 und 78, die ab dem 16. November 2014 gelten, und der Artikel 79, 80 und 81, die ab dem 5. Juli 2012 gelten.

Kapitel I. Anwendungsbereich und Begriffsbestimmungen

Artikel 1 Anwendungsbereich

(1) [1] Diese Verordnung ist auf die Rechtsnachfolge von Todes wegen anzuwenden. [2] Sie gilt nicht für Steuer- und Zollsachen sowie verwaltungsrechtliche Angelegenheiten.

(2) Vom Anwendungsbereich dieser Verordnung ausgenommen sind:

a) der Personenstand sowie Familienverhältnisse und Verhältnisse, die nach dem auf diese Verhältnisse anzuwendenden Recht vergleichbare Wirkungen entfalten;
b) die Rechts-, Geschäfts- und Handlungsfähigkeit von natürlichen Personen, unbeschadet des Artikels 23 Absatz 2 Buchstabe c und des Artikels 26;
c) Fragen betreffend die Verschollenheit oder die Abwesenheit einer natürlichen Person oder die Todesvermutung;
d) Fragen des ehelichen Güterrechts sowie des Güterrechts aufgrund von Verhältnissen, die nach dem auf diese Verhältnisse anzuwendenden Recht mit der Ehe vergleichbare Wirkungen entfalten;
e) Unterhaltspflichten außer derjenigen, die mit dem Tod entstehen;
f) die Formgültigkeit mündlicher Verfügungen von Todes wegen;
g) Rechte und Vermögenswerte, die auf andere Weise als durch Rechtsnachfolge von Todes wegen begründet oder übertragen werden, wie unentgeltliche Zuwendungen, Miteigentum mit Anwachsungsrecht des Überlebenden (joint tenancy), Rentenpläne, Versicherungsverträge und ähnliche Vereinbarungen, unbeschadet des Artikels 23 Absatz 2 Buchstabe i;
h) Fragen des Gesellschaftsrechts, des Vereinsrechts und des Rechts der juristischen Personen, wie Klauseln im Errichtungsakt oder in der Satzung einer Gesellschaft, eines Vereins oder einer juristischen Person, die das Schicksal der Anteile verstorbener Gesellschafter beziehungsweise Mitglieder regeln;
i) die Auflösung, das Erlöschen und die Verschmelzung von Gesellschaften, Vereinen oder juristischen Personen;
j) die Errichtung, Funktionsweise und Auflösung eines Trusts;
k) die Art der dinglichen Rechte und
l) jede Eintragung von Rechten an beweglichen oder unbeweglichen Vermögensgegenständen in einem Register, einschließlich der gesetzlichen Voraussetzungen für eine solche Eintragung, sowie die Wirkungen der Eintragung oder der fehlenden Eintragung solcher Rechte in einem Register.

Literatur: *Aiwanger,* Alte Lieder auf neuen Instrumenten: Die europäischen Güterrechtsverordnungen und das Erbrecht, ErbR 2019, 202; *Andrae,* Der sachliche Anwendungsbereich der Europäischen Güterrechtsverordnung, IPRax 2018, 221; *Baldus,* Erbe und Vermächtnisnehmer nach der Erbrechtsverordnung, GPR 2012, 312; *Bandel* [Anmerkung zu EuGH, Urt. v. 1.3.2018 - C-558/16 *(Mahnkopf)*] ZEV 2018, 207; *Bandel,* Rechtsübergang und Rechtsbegründung durch ausländische Vindikationslegate in Deutschland – Zugleich Anmerkung zum Urteil des EuGH vom 12.10.2017, C-218/16, MittBayNot 2018, 99; *Bechthold/Reichel,* Zur Vererbung von Leistungsansprüchen aus der gesetzlichen Rentenversicherung in Fällen der Rechtsnachfolge mit Auslandsbezug, NZS 2016, 285; *Bernitt,* Die Anknüpfung von Vorfragen im europäischen Kollisionsrecht, 2010; *Biagoni,* L'ambito di applicazione del regolamento sulle succesioni, in Franzina/Leandro, Il diritto internazionale privato europeo delle successioni *mortis causa,* 2013, 25; *Blaustein/Ward,* The Future of Revocable Intervivos Trusts: Are the Lines between Wills and Trusts Blurring?, Probate & Property 9 (1995), 46; Braun/Röthel (Hrsg.), Passing Wealth on Death: Will-Substitutes in Comparative Perspective, 2016; *Braun,* Exploring the Boundaries of Succession Law, in: Nothing so Practical as a Good Theory: Festschrift for George L. Gretton, 2017, 294; *Bruns,* Eingetragene Lebenspartnerschaften im Rahmen der EU-Erbrechtsverordnung, ZErb 2014, 181; *Buschbaum,* Europäisches Nachlasszeugnis und Annahme öffentlicher Urkunden, in Hager, Die europäische Erbrechtsverordnung, 39; *Copenhagen Economics,* Study on Inheritance Taxes in EU Member States and Possible Mechanisms to Resolve Problems of Double Inheritance Taxation in the EU (2011), abrufbar unter http://ec.europa.eu/taxation_ customs/resources/documents/common/consultations/tax/2010/08/inheritance_taxes_report_2010_08_26_en.pdf; *Czermak,* Die joint tenancy im IPR, ZVglRWiss 87 (1988), 58; *de Berros Fritz,* Die kollisionsrechtliche Behandlung von *trusts* im Zusammenhang mit der EuErbVO, RabelsZ 85 (2021), Heft 3; *De Wolf,* Europäische Erbrechtsverordnung bietet nur halbe Lösung für internationale Erbschaften, ZErb 2017, 181; *Döbereiner,* Vindikationslegate unter Geltung der EU-Erbrechtsverordnung, GPR 2014, 42; *Döbereiner,* Aktuelle Entwicklungen zur EuErbVO in Frankreich, ZEV 2016, 490; *Döbereiner* [Anmerkung zu EuGH, Urt. v. 12.10.2017, C-218/16] FamRZ 2017, 2060; *Dörner,* Der Trust im deutschen Internationalen Privatrecht, in Institut suisse de droit comparé, Le trust en droit international privé: Perspectives suisses et étrangères, 2005, 73; *Dörner,* Die Abgrenzung des Erbstatuts vom Güterstatut, in Dutta/Herrler, Die Europäische Erbrechtsverordnung, 2014, 73; *Dörner,* Zur Qualifikation des § 1371 Abs. 1 BGB – eine verpasste Gelegenheit, IPRax 2014, 323; *Dörner,* Erbrechtliche Qualifikation des § 1371 Abs. 1 BGB durch den EuGH: Konsequenzen und neue Fragen, ZEV 2018, 305; *Dörner,* EuGüVO und EuErbVO – Abgrenzung und Qualifikationsprobleme, ZEV 2019, 309; *Dorth,* Testamentarische Anordnung eines ausländischen Vindikationslegats im Hinblick auf ein deutsches Nachlassgrundstück, ZEV 2018, 11; *Dutta,* Die Abgrenzung von Gesellschaftsstatut und Erbstatut beim Tod des Gesellschafters, RabelsZ 73 (2009), 727; *Dutta,* Die europäische Erbrechtsverordnung vor ihrem Anwendungsbeginn: Zehn ausgewählte Streitstandsminiaturen, IPRax 2015, 32; *Dutta,* Pauschalierter Zugewinnausgleich nach § 1371 Abs. 1 BGB bei ausländischem Güterstatut? – Vom praktischen Nutzen der funktionalen Rechtsvergleichung, ErbR 2020, 304; Schauer/Scheuba/*Fischer-Czermak,* Europäische Erbrechtsverordnung, 2012, 23; *Fontanellas Morell,* El nuevo Reglamento europeo en materias de sucesiones. Aspectos de Derecho Internacional Privado, Revista Española de Derecho Internacional 65 (2013), 284; *Fontanellas Morell,* Las donaciones mortis causa ante la reglamentación comunitaria de las sucesiones, AEDIPr XI (2011), 465; *Fornasier* [Anmerkung zu EuGH, Urt. v. 1.3.2018 – C-558/16 (Mahnkopf)] FamRZ 2018, 634; *Frank/Leithold,* Die Ermittlung des anwendbaren Erbrechts im deutsch/US-amerikanischen Erbfall nach der EuErbVO, ZEV 2014, 462; *Frodl,* Einheit durch Aufgabe nationaler Rechtstraditionen? – EU-Erbrechtsverordnung kundgemacht, ÖJZ 2012, 950; *Gärtner,* Die Behandlung ausländischer Vindikationslegate im deutschen Recht, 2014; *Geimer,* „Annahme" ausländischer öffentlicher Urkunden in Erbsachen gemäß Art. 59 EuErbVO, in Dutta/Herrler, Die Europäische Erbrechtsverordnung, 2014, 143; *Gleim,* Letztwillige Schiedsverfügungen – Geltungsgrund und Geltungsgrenzen, 2020; *Gubenko,* Die Abgrenzung des Erbstatuts vom Sachstatut in der EuErbVO, 2021; *Häcker,* „... the Heir, which in the Laws of England is called an Executor ...", in Löhnig/Dutta/et al., Testamentsvollstreckung in Europa, 2018, 191; *Harris,* The Hague Trust Convention: Scope, Application and Preliminary Issues, 2002; *Heiderhoff,* Wann ist ein „Clean Break" unterhaltsrechtlich zu qualifizieren?, IPRax 2011, 156; *Heinig,* Erhöhung des Ehegattenerbteils nach § 1371 Abs. 1 BGB bei Anwendbarkeit ausländischen Erbrechts?, DNotZ 2014, 251; *Heinze,* Bausteine eines Allgemeinen Teils des europäischen Internationalen Privatrechts, FS Kropholler, 2008, 105; *Hellner,* Probleme des Allgemeinen Teils des Internationalen Privatrechts, in Dutta/Herrler, Die Europäische Erbrechtsverordnung, 2014, 107; *Henrich,* Die Behandlung von joint tenancies bei Abwicklung von Nachlässen in Deutschland, FS Riesenfeld, 1983, 103; *Henrich,* Die Schenkung von Todes wegen in Fällen mit Auslandsberührung, FS Firsching, 1985, 111; *Henrich* [Anmerkung zu OLG Düsseldorf, Urt. v. 7.4.2000 – 7 U 273/89] ZEV 2001, 486; *Heredia Cervantes, Lex successionis* y *lex rei sitae* en el Reglamento de Sucesiones, AEDIPr XI (2011), 415; *Hertel,* Nachweis der Erbfolge im Grundbuchverfahren – bisher und nach der EuErbVO, ZEV 2013, 539; *Hertel,* Die Abgrenzung des Erbstatuts vom Sachstatut und vom Gesellschaftsstatut, in Dutta/Herrler, Die Europäische Erbrechtsverordnung, 2014, 85; *Ivens,* Leitlinien zur Unternehmensnachfolge: Die Vererbung von Personengesellschaftsbeteiligungen, ZEV 2010, 615; *Jacoby,* Die Rechte des überlebenden Ehegatten und das europäische Nachlasszeugnis in den deutsch-französischen Beziehungen, GPR 2018, 303; *Jahn,* Kollisionsrechtliche Fragen des Widerrufs eines Testamentes durch Heirat in anglo-amerikanischen Rechtsordnungen, IPRax 2008, 149; *Jeremias/Schäper,* Zugewinnausgleich nach § 1371 BGB bei Geltung ausländischen Erbrechts, IPRax 2005, 521; *Keim* MittBayNot 2020, 148; *Kerridge,* Testamentary Formalities in England and Wales, in Reid/De Waal/Zimmermann, Testamentary Formalities, 2011, 305; *Kieweler,* Zum Legitimationsnachweis beim internationalen Erbfall – rezente Fragen und Entwicklungen, JEV 2018, 139; *Kleinschmidt,* Optionales Erbrecht: Das Europäische Nachlasszeugnis als Herausforderung an das Kollisionsrecht, RabelsZ 77 (2013), 723; *Kleinschmidt* [Anmerkung zu EuGH, Urt. v. 12.10.2017, C-218/16] LMK 2018, 403371; *Kleinschmidt* [Anmerkung zu EuGH, Urt. v. 1.3.2018 – C-558/16 (Mahnkopf)] ErbR 2018, 327; *Kleinschmidt,* Erfahrungen mit der Europäischen Erbrechtsverordnung – Umdenken im internationalen Erbrecht, in: Pfeiffer/Lobach/Rapp, Europäisches Familien- und Erbrecht: Stand und Perspektiven, 2020, 131; *Kleinschmidt* [Anmerkung zu OLG München, Beschluss v. 24.9.2019 – 31 Wx 326/18] ErbR 2020, 362; *Kohler/Pintens,* Entwicklungen im europäischen Familien- und Erbrecht 2011–2012, FamRZ 2012, 425; *Konvalin,* Das Europäische Nachlasszeugnis ohne europäischen Entscheidungseinklang, 2018; *Kreße,* Die Prüfungskompetenz des EuGH in kollisionsrechtlichen Vorabentscheidungsverfahren: erbrechtliche Qualifikation des § 1371 Abs. 1 BGB?, GPR 2019, 195; *Krüger/Tegelkamp,* Familienrechtliche Rechtspositionen im Erbfall, ErbR 2012, 34; *Kunz,* Nachlassspaltung durch die registerrechtliche Hintertür, GPR 2013, 293; *Kurth,* Chancen und Risiken der Aussetzung von Vermächtnissen in grenzüberschreitenden Erbfällen, ErbR 2020, 321; *Langbein,* The Nonprobate Revolution and the Future of the Law of Succession, Harvard Law Review 97 (1984), 1108; *Laukemann,* Die lex rei sitae in der Europäischen Erbrechtsverordnung, Inhalt, Schranken und Funktion, FS Schütze, 2014, 325; *Lechner,* Die EuErbVO im Spannungsfeld zwischen Erbstatut und Sachenrecht, IPRax 2013, 497; *Lechner,* Die Entwicklung der Erbrechtsverordnung – eine rechtspolitische Betrachtung zum Gesetzgebungsverfahren, ZErb 2014, 188; *T. Lechner,* Die Reichweite des Erbstatus in Abgrenzung zum Sachenrechtsstatut anhand der Europäischen Erbrechtsverordnung 650/2012; *Lehmann,* Der Regierungsentwurf für ein Gesetz zum Internationalen Erbrecht, ZEV 2015, 138; *Leithold,* Die kollisionsrechtliche Qualifikation des zur Nachlassplanung verwendeten *inter vivos trust,* FamRZ 2015, 709; *Leithold/Wainwright,* Die joint tenancy im (Kollisions-)Recht der US-Bundesstaaten, IPRax 2015, 374; *Leipold,* Wandlungen in den Grundlagen des Erbrechts?, AcP 180 (1980), 160; *Leitzen,* EuErbVO: Praxisfragen an der Schnittstelle zwischen Erb- und Gesellschaftsrecht, ZEV 2012, 520; *Leitzen,* Kubicka und die Folgen: Vindikationslegate in der Rechtspraxis, ZEV 2018, 311; *Leitzen,* ZEV 2019, 642; *Ley,* Das Erbschaftssteuerrecht in der EU, FamRZ 2014, 345; *Lorenz,* Ehegattenerbrecht bei gemischt-nationalen Ehen – Der Einfluss des Ehegüterrechts auf die Erbquote, NJW 2015, 2157; *Litzenburger* [Anmerkung zu EuGH, Urt. v. 1.3.2018 – C-558/16 (Mahnkopf)] FD-ErbR 2017, 396271; *Litzenburger* [Anmerkung zu OLG Saarbrücken, Beschl. v. 23.5.2019, 5 W 25/19] FD-ErbR 2019, 418921; *Looschelders,,* Zeitlicher Anwendungsbereich der EuErbVO und Qualifikation des Verbots von gemeinschaftlichen Testamenten im polnischen Recht, IPRax 2017, 580; *Mankowski,* Das erbrechtliche Viertel nach § 1371 Abs. 1 BGB im deutschen und europäischen Internationalen Privatrecht, ZEV 2014, 121; *Mankowski,* Erbrechtliche Schiedsgerichte in Fällen mit Auslandsbezug und die EuErbVO, ZEV 2014, 395; *Mankowski,* Europäische Reversion: Das erbrechtliche Viertel ist im europäischen IPR Erbrecht!: Kritik, Umschau und Folgen zur EuGH-Entscheidung Mahnkopf, ErbR 2018, 295; *Mansel,* Gesamt- und Einzelstatut: Die Koordination von Erb- und Sachstatut nach der EuErbVO, FS Coester-Waltjen, 2015, 587; *Margonski,* Ausländische Vindikationslegate nach der EU-Erbrechtsverordnung, GPR 2013, 106; *Marino,* I diritti del coniuge o del *partner* superstite nella cooperazione giudiziaria civile dell'Unione Europea, Riv.dir.int. 95 (2012), 1114; *Martiny,* Lex rei sitae as a connecting factor in EU Private International Law, IPRax 2012, 119; *Mäsch,* Zur Vorfrage im europäischen IPR, in Leible/Unberath, Brauchen wir eine Rom 0-Verordnung?, 2013, 201; *Merkel,* Die Qualifikation des englischen Trusts im deutschen internationalen Privatrecht, 2020; *Müller-Bromley,* Die Abwicklung deutsch-portugiesischer Erbfälle unter Berücksichtigung des Entwurfs der EuErbVO, ZEV 2011, 120; *Nehmer,* Erbunwürdigkeit und Elternunterhalt im internationalen Privatrecht: eine historisch-rechtspolitische Betrachtung, 2013; *Newman,* Revocable Trusts and the Law of Wills: an Imperfect Fit, Real Property, Trust & Estate Law Journal 43 (2008), 523; *Nordmeier,* EuErbVO: Neues Kollisionsrecht für gemeinschaftliche Testamente, ZEV 2012, 513; *Nordmeier,* Erbverträge und nachlassbezogene Rechtsgeschäfte in der EuErbVO – eine Begriffsklärung, ZEV 2013, 117; *Nordmeier,* Die Aufnahme einzelner Nachlassgegenstände in das Europäische Nachlasszeugnis – zum durch den Todesfall bedingten Rechtserwerb und zur Reichweite des Art. 68 lit. l und m EuErbVO, IPRax 2019, 306; *Patrão,* Reflexões sobre o reconhecimento de Trusts voluntários sobre imóveis situados em Portugal, Boletim da Faculdade de Direito da Universidade de Coimbra 87 (2011), 357; *D. Paulus,* Das Schicksal von Gesellschaftsanteilen in internationalen Erbfällen, notar 2016, 3; *Paz Lamela,* La exclusión de los *trusts* del futuro Reglamento Bruselas/Roma IV, AEDIPr 11 (2011), 447; *Pintens,* Einführung in die Grundprinzipien der Erbrechtsverordnung, in Löhnig/Schwab/et al., Erbfälle unter Geltung der Europäischen Erbrechtsverordnung, 2014, 1; *Pisani,* Der Trust im maltesischen Recht, ZEV 2012, 579; *Raff,* Stellungnahme [zu *Semelová,* Praktische Probleme mit dem (deutsche) Europäischen Nachlasszeugnis in der Tschechischen Republik, GPR 2018, 200], GPR 2018, 203; *Reid/De Waal/Zimmermann,* Testamentary Formalities in Historical and Comparative Perspective, in Reid/De Waal/Zimmermann, Comparative Succession Law, Bd. 2: Testamentary Formalities, 2011, 432; *Richters,* Anwendungsprobleme der EuErbVO im deutsch-britischen Rechtsverkehr, ZEV 2012, 576; *Sakka,* Der pauschalierte Zugewinnausgleich und das Europäische Nachlasszeugnis, MittBayNot 2018, 4; *Reuter,* Die „Nachfrage" im Internationalen Privatrecht: Rechtsgrund-, Rechtsfolgen- und andere Verweisungen im grenzüberschreitenden Kontext, ZfPW 2017, 475; *Schäuble,* Die Einweisung der Erben in die Erbschaft nach österreichischem Recht durch deutsche Nachlassgerichte, 2011; *J. P. Schmidt,* Die kollisionsrechtliche Behandlung dinglich wirkender Vermächtnisse – Ein Prüfstein für Grundfragen des internationalen und des materiellen Privatrechts, RabelsZ 77 (2013), 1; *J. P. Schmidt,* Ausländische Vindikationslegate über im Inland belegene Immobilien – zur Bedeutung des Art. 1 Abs. 2 lit. l EuErbVO, ZEV 2014, 133; *J. P. Schmidt* [Anmerkung zu OLG Schleswig, Beschl. v. 25.4.2016 – 3 Wx 122/25] FamRZ 2016, 1611; *J. P. Schmidt,* Challenged Legacies – First Decision of the European Court of Justice on the EU Succession Regulation (ECJ, 12 October 2017, C-218/16 (Kubicka)), EPLJ 7 (2018), 4–31; *J. P. Schmidt,* Abschied von alten Gewissheiten: Die EU-Erbrechtsverordnung in der Rechtsprechung, ErbR 2020, 91; *Schwartze,* Grenzüberschreitende Anerkennung der dinglichen Wirkungen eines Vindikationslegats – Entscheidungsbesprechung zu EuGH C-218/16 Kubicka, JEV 2019, 18; *Semelová,* Praktische Probleme mit dem (deutsche) Europäischen Nachlasszeugnis in der Tschechischen Republik, GPR 2018, 200; *Siehr,* Das neue Haager Übereinkommen von 1996 über den Schutz von Kindern, RabelsZ 62 (1998), 464; *L. Smith,* Scottish Trusts in the Common Law, Edinburgh Law Review 17 (2013), 283; *Solomon,* Die Anknüpfung von Vorfragen im Europäischen Internationalen Privatrecht, FS Spellenberg, 2010, 355; *Solomon,* The Boundaries of the Law Applicable to Succession, Anali Pravnog Fakulteta Univerziteta u Zenici 2016, 193; *Sonnentag,* Die erbrechtliche Qualifikation des güterrechtlichen Viertels durch den EuGH und ihre Konsequenzen, JZ 2019, 657; *Stade,* Die EU-Erbrechtsverordnung aus französischer Sicht, ZErb 2015, 69; *Süß,* Das Europäische Nachlasszeugnis, ZEuP 2013, 725; *Süß,* Die Entscheidung des EuGH in der Rechtssache Mahnkopf: Folgen für das gesetzliche Erbrecht des überlebenden Ehegatten in internationalen Ehen und neue Gestaltungsmöglichkeiten, DNotZ 2018, 742; *Steiner,* Eintragung deutscher Erben in das österreichische Grundbuch, ZEV 2019, 325; *Tereskiewicz/Wysocka-Bar,* Polnische Vindikationslegate vor dem EuGH: Besprechung der Vorlagefrage des Sąd Okręgowy in Gorzów Wielkopolski, GPR 2017, 197; *Thévenoz,* Trusts en Suisse: Adhésion à la Convention de La Haye sur les trusts et codification de la fiducie, 2001; *Thorn/Lasthaus,* Rechtsnachfolge in Immobilien unter der Europäischen Erbrechtsverordnung, IPRax 2019, 24–30; *Thorn/Varón Romeo,* Die Qualifikation des pauschalierten Zugewinnausgleichs im Todesfall gemäß § 1371 Abs. 1 BGB nach der EuErbVO, IPRax 2020 316; *van Erp,* The new Succession Regulation: The *lex rei sitae rule* in need of a reappraisal?, European Property Law Journal (EPLJ) 2012, 187; *van Erp,* De Europese Erfrechtverordening: een doorbreking van het Nederlandse goederenrecht?, Weekblad voor Privaatrecht, Notariaat en Registratie (WPNR) 2018, nr. 7183, 193; *von Bary,* Schiedsfähigkeit und Bindungswirkung bei einseitigen Schiedsanordnungen im Erbrecht unter Berücksichtigung der internationalen Perspektive, ZEV 2019, 317; *von Overbeck,* Explanatory Report on the 1985 Hague Trusts Convention, in Proceedings of the Fifteenth Session (1984), tome II, Trusts – applicable law and recognition, 1985; *Volmer,* Definitive Entscheidung von Vorfragen aufgrund Gerichtszuständigkeit nach der EuErbVO, ZEV 2014, 129; *Waters,* Convention on the law applicable to succession to the estates of deceased persons – Explanatory Report, in Proceedings of the Sixteenth Session (1988) of the Hague Conference on private international law, Tome II – Succession to estates, applicable law, 1990, 526; *Weber,* Interdependenzen zwischen Europäischer Erbrechtsverordnung und Ehegüterrecht – de lege lata und de lege ferenda, DNotZ 2016, 424; *Weber,* Kubicka und die Folgen: Vindikationslegat aus Sicht des deutschen Immobiliarsachenrechts – Zugleich Anmerkungen zum Urt. des EuGH v. 2.10.2017 – Rs. C-218/16, DNotZ 2018, 16; *Weber,* Ein Klassiker neu aufgelegt: Die Qualifikation des § 1371 BGB unter dem Regime der Europäischen Erbrechtsverordnung, NJW 2018, 1356; *Weischede,* Die Gesellschafternachfolge von Todes wegen unter der EuErbVO, 2021; *Werkmüller,* Verträge zugusten Dritter auf den Todesfall im Lichte der EuErbVO: Probleme bei der lebzeitigen Übertragung von Vermögen „am Nachlass vorbei"?, ZEV 2016, 123; *Wilhelm,* Die Anknüpfung von Treuhandverträgen im Internationalen Privatrecht unter besonderer Berücksichtigung der Rom I-VO, IPRax 2012, 392; *Wittuhn,* Das internationale Privatrecht des trust, 1987; *R. Zimmermann,* Das Ehegattenerbrecht in historisch-vergleichende Perspektive, RabelsZ 80 (2016), 39.

Übersicht

I. Allgemeines

1 Art. 1 ist die zentrale Vorschrift zur Bestimmung des **sachlichen Anwendungsbereichs** der EuErbVO (zum zeitlichen Anwendungsbereich → Art. 83). Bedeutung hat dieser vor allem für die **gerichtliche Zuständigkeit** (Art. 4 ff.) und das **anwendbare Recht** (Art. 20 ff.), er ist aber auch für die übrigen Teile der EuErbVO von Relevanz (MüKoBGB/*Dutta* EuErbVO Art. 1 Rn. 1). Art. 1 Abs. 1 S. 1 definiert den Anwendungsbereich positiv, während Abs. 1 S. 2 und Abs. 2 ihn negativ bestimmen durch einen **Katalog von Bereichsausnahmen.**

2 Dass trotz der detaillierten Regelungen zum sachlichen Anwendungsbereich der EuErbVO **zahlreiche Zweifelsfragen** bleiben (Deixler-Hübner/Schauer/*Mankowski* Art. 1 EuErbVO Rn. 8), liegt in der Natur des Erbrechts und ist bis zu einem gewissen Grad unvermeidbar. Denn indem das Erbrecht die Aufgabe hat, das Schicksal der Rechtsbeziehungen einer verstorbenen Person zu regeln, und sich dazu vielfältiger Instrumente bedient, **überschneidet** es sich zwangsläufig **mit anderen Materien,** die ebenfalls die **Zuordnung von Vermögenswerten** zum Gegenstand haben. Am deutlichsten zeigt sich dies beim **Sachenrecht,** beim **Ehegüterrecht** und beim **Gesellschaftsrecht,** daneben aber etwa auch beim **Schuldrecht,** beim **Unterhaltsrecht** und beim **Insolvenzrecht.** Eine wichtige Voraussetzung zur sachgerechten Bestimmung des Anwendungsbereichs der EuErbVO besteht deshalb darin, sich von der durch die Systematik vieler Gesetz- und Lehrbücher geprägten Vorstellung zu lösen, dass das Erbrecht ein in allen Einzelheiten klar abgrenzbares Rechtsgebiet sei. Überdies verlangt die EuErbVO die **Aufgabe spezifisch nationaler Vorstellungen** vom Gegenstand des Erbrechts und seiner Dogmatik. Stattdessen kommt es, wie im Europarecht generell, auf eine **autonom-funktionale Betrachtungsweise** an, insbesondere auf den **Zweck** einer bestimmten Regel (*Solomon,* Anali Pravnog Fakulteta Univerziteta u Zenici 2016, 193 (193 f.); → Einl. Art. 41 ff., 93 ff.). Selbst dem nationalen Gesetzgeber ist es daher verwehrt, die kollisionsrechtliche Einordnung einer Norm festzuschreiben (*Kleinschmidt* RabelsZ 77 (2013), 723 (758) mit zutreffender Kritik an *Heidelberg-Stellungnahme* 32). Nationale Verständnisse entfalten allenfalls eine Indizwirkung.

3 Der sachliche Anwendungsbereich der EuErbVO wird näher konkretisiert durch die **Qualifikationsnorm des Art. 23 Abs. 2,** auch wenn diese unmittelbar nur für das anwendbare Recht gilt (für eine Erstreckung auf alle Bereiche der EuErbVO auch Schauer/Scheuba/*Fischer-Czermak,* Europäische Erbrechtsverordnung, 2012, 43 (49); MüKoBGB/*Dutta* EuErbVO Art. 1 Rn. 2; Deixler-Hübner/Schauer/*Mankowski* Art. 23 EuErbVO Rn. 5; für eine Beschränkung des Art. 23 Abs. 2 auf das anwendbare Recht dagegen – bezogen auf den VO-Entwurf – Bonomi/Schmid/*Frimston,* Successions internationales, 2010, 69 (74)). Da eine solche Konkretisierung stets nur innerhalb des von Art. 1 gezogenen Rahmens geschehen kann, genießt letzterer im Konfliktfalle **grundsätzlich Vorrang.** Freilich muss Art. 1 seinerseits **im Lichte des Art. 23 Abs. 2 ausgelegt** werden, um dessen Regelungen nicht leerlaufen zu lassen (*Dutta* FamRZ 2013, 4 (5)).

4 Die EuErbVO enthält im Unterschied zu anderen europäischen Rechtsakten (zB Art. 1 Abs. 1 UAbs. 1 Rom I-VO) **keine ausdrückliche Beschränkung auf grenzüberschreitende Sachverhalte.** Dies ist im Ergebnis aber ohne Bedeutung, da die EuErbVO bei reinen Binnensachverhalten ohnehin immer zur Anwendbarkeit des Rechts des betreffenden Landes führen würde (Palandt/*Thorn* EuErbVO Art. 1 Rn. 1; *Mankowski* ErbR 2020, 715 (716)) und die Abschnitte über die internationale Zuständigkeit und die Wirkungen ausländischer Entscheidungen, Urkunden oder Vergleiche schon per se einen grenzüberschreitenden Bezug erfordern (mit dem Argument der Kompetenzgrundlage *Wagner/Fenner* FamRZ 2015, 1668 (1669)). Beim Europäischen Nachlasszeugnis schließlich ergibt sich das grenzüberschreitende Element aus dem in Art. 62 und 63 genannten Zweck der Verwendung „in einem anderen Mitgliedstaat" (MüKoBGB/*Dutta* EuErbVO Art. 1 Rn. 61; Bonomi/Wautelet/*Bonomi* Introduction Rn. 28). In der Rechtssache „E. E." stellte der EuGH fest, dass der überschreitende Bezug sich durch ein Auseinanderfallen von Aufenthalt auf der einen und Staatsangehörigkeit und Nachlassbelegenheit auf der anderen Seite ergeben kann (EuGH 16.7.2020 – C-180/19 = ErbR 2020, 710 mAnm *Mankowski*).

II. Positive Bestimmung des Anwendungsbereichs: Art. 1 Abs. 1 S. 1

5 Die in Art. 1 Abs. 1 S. 1 genannte **„Rechtsnachfolge von Todes wegen"** als Gegenstand der EuErbVO wird in Art. 3 Abs. 1 lit. a definiert als „jede Form des Übergangs von Vermögenswerten, Rechten und Pflichten von Todes wegen, sei es im Wege der gewillkürten Erbfolge durch eine Verfügung von Todes wegen oder im Wege der gesetzlichen Erbfolge" (ähnlich ErwG 9). Diese Definition stellt eine **zutreffende Erweiterung gegenüber dem Verordnungsvorschlags** dar, der

nur vom „Eigentumsübergang von Todes wegen" sprach (Art. 2 lit. a), was zu eng war, da in nahezu jedem Erbfall auch Forderungen, Verbindlichkeiten und weitere Rechtspositionen übergehen (Franzina/Leandro/*Biagoni,* Il diritto internazionale privato europeo delle successioni *mortis causa,* 2013, 25 (27)). Auch die jetzige Fassung ist allerdings noch nicht erschöpfend, da durch Erbrecht nicht lediglich bestehende Rechte übergehen, sondern auch **Rechte neu begründet** werden können, zB in Form von Pflichtteils- und Vermächtnisansprüchen (→ Art. 23 Rn. 22, 27) oder Nießbrauchsrechten (→ Art. 31 Rn. 24 ff.). Ob der EU-Gesetzgeber wirklich „die denkbar umfassendste Definition der Rechtsnachfolge von Todes wegen" gewählt hat (so *Mankowski* ZEV 2014, 395 (398)), ist daher zu bezweifeln. Keinesfalls ist mit „Rechtsnachfolge" nur eine „Gesamtrechtsnachfolge" gemeint, vielmehr **erfasst die EuErbVO auch Fälle der Singularsukzession von Todes wegen** (MüKoBGB/*Dutta* EuErbVO Art. 3 Rn. 2; zur umstrittenen Behandlung von dinglich wirkenden Einzelzuwendungen → Rn. 134).

In anderer Hinsicht ist die Definition des Art. 3 Abs. 1 lit. a allerdings in der Tat **beachtlich weit** 6
(vgl. auch *Solomon,* Anali Pravnog Fakulteta Univerziteta u Zenici 2016, 193 (196)). Denn zum einen ist sie weder in der deutschen noch in anderen Sprachfassungen ausdrücklich auf vermögensrechtliche Positionen beschränkt, weil die genannten „Rechte" zB auch **Persönlichkeits- oder Familienrechte** sein könnten. Zu erinnern ist in diesem Zusammenhang daran, dass die meisten Erbrechtsordnungen es gestatten, in eine letztwillige Verfügung auch Anordnung aufzunehmen, die nicht vermögensrechtlicher Art sind, etwa die Anerkennung eines Kindes oder die Bestellung eines Vormunds (zB Art. 587 Codice civile). Derartige nicht vermögensrechtliche Folgen des Todes eines Menschen sind allerdings in jedem Fall **nach Art. 1 Abs. 2 vom Anwendungsbereich der EuErbVO ausgenommen** (→ Rn. 21).

Zum anderen gestattet die Definition des Art. 3 Abs. 1 lit. a **ein funktionales Verständnis des** 7
Erbrechts, das auch solche Gestaltungen mit einbezieht, bei denen der Erblasser seine Vermögensverhältnisse für die Zeit nach seinem Tod „am Nachlass vorbei" regelt, etwa durch Schenkungen, Verträge zugunsten Dritter auf den Todesfall, Trusts oder Anwachsungsmechanismen (ähnlich MüKoBGB/*Dutta* EuErbVO Art. 1 Rn. 39). Erst die Bereichsausnahme der **Art. 1 Abs. 2 lit. g** nimmt diese in Anlehnung an den US-amerikanischen Sprachgebrauch oft als **„will-substitutes"** bezeichneten Instrumente vom Anwendungsbereich der EuErbVO aus und erteilt damit dem weiten Verständnis der „Rechtsnachfolge von Todes wegen" eine Absage (→ Rn. 73).

Es zeigt sich somit, dass die Definition des Art. 3 Abs. 1 lit. a **nur ein Anhaltspunkt ist** und sich die 8
genauen Konturen des Art. 1 Abs. 1 S. 1 erst aus dem Zusammenspiel mit weiteren Normen der EuErbVO ergeben (Bonomi/Wautelet/*Bonomi* Art. 3 Rn. 6; *Franzina/Leandro* NLCC 36 (2013), 275 (286); MüKoBGB/*Dutta* EuErbVO Art. 3 Rn. 2). Zu kurz greift daher etwa das Argument, die „donatio mortis causa" sei deshalb von der EuErbVO erfasst, weil sie sich unter die Definition der „Rechtsnachfolge von Todes wegen" subsumieren lässt (so Dutta/Herrler/*Geimer,* Die Europäische Erbrechtsverordnung, 2014, 143 Rn. 20). Denn hierbei bliebe Art. 1 Abs. 2 lit. g außer Betracht. Trotz der genannten Einschränkungen erfüllt der Begriff der „Rechtsnachfolge von Todes wegen", der wie üblich **autonom auszulegen** ist (→ Einl Rn. 41 ff.; *Dörner* ZEV 2012, 505 (507); Franzina/Leandro/*Biagoni,* Il diritto internazionale privato europeo delle successioni *mortis causa,* 2013, 25 (27)), aber eine wichtige **Leitfunktion für Zweifelsfälle.** Denn er macht deutlich, dass die EuErbVO grundsätzlich nur solche Regelungen erfasst, die unmittelbar das Ziel verfolgen, das Vermögen einer verstorbenen Person auf neue Rechtsträger überzuleiten (ähnlich Herrler/Dutta/*Dörner,* Die Europäische Erbrechtsverordnung, 73 Rn. 5). Darunter fallen nicht solche zivilrechtlichen Regelungen, die **nur anlässlich des Todes eines Menschen eingreifen** (Deixler-Hübner/Schauer/*Mankowski* Art. 1 EuErbVO Rn. 8, unter Hinweis auf ErwG 11). Typische Beispiele finden sich im Ehegüterrecht (→ Rn. 37 ff.), ferner im Schuldrecht (Deixler-Hübner/Schauer/*Deixler-Hübner/Schauer* Art. 3 EuErbVO Rn. 14). In diesem Sinne wird auch das 2015 in das österreichische Recht eingeführte **Pflegevermächtnis** nicht erbrechtlich, sondern **schuldrechtlich zu qualifizieren** sein, weil es der Sache nach um einen Anspruch aus ungerechtfertigter Bereicherung geht (eingehend *Baldovini* JEV 2019, 48 (maßgeblich danach die Rom II-VO); zustimmend Deixler-Hübner/Schauer/*Deixler-Hübner/Schauer* Art. 3 EuErbVO Rn. 14).

Die EuErbVO steht grds. in einem **Ausschließlichkeitsverhältnis zu anderen europäischen** 9
Rechtsakten im Bereich des Zivil- und Handelsrechts. Dies bedeutet, dass ein Vorgang, der als „Rechtsnachfolge von Todes wegen" zu qualifizieren ist, sich allein nach der EuErbVO beurteilt (MüKoBGB/*Dutta* EuErbVO Art. 1 Rn. 3). Die meisten anderen europäischen Rechtsakte nehmen das Erbrecht auch ausdrücklich von ihrem Anwendungsbereich aus (zB Art. 1 Abs. 2 lit. a Brüssel I-VO bzw. Art. 1 Abs. 2 lit. f Brüssel Ia-VO; Art. 2 Abs. 2 lit. a EuVollstrTitelVO; Art. 2 Abs. 2 lit. a EuMahnVO). Überschneidungen mit der EuInsO kann es allerdings bei der **Nachlassinsolvenz** geben. Hier räumt die EuErbVO der EuInsO den Vorrang ein (Art. 76).

Überschneidungen mit der Brüssel Ia-VO können dort auftreten, wo ein zivilrechtliches Verhältnis 10
durch eine **erbrechtliche Vorfrage** bestimmt wird, etwa wenn vertraglicher Anspruch geltend gemacht wird, den der Gläubiger im Wege des Erbrechts erlangt hat. Eine solche Fallgestaltung ist dem Anwendungsbereich der Brüssel Ia-VO **nicht entzogen** (in diesem Sinne zur Brüssel I-VO, EuGH C-347/08, EuZW 2009, 855 (858) Tz. 44 – Vorarlberger Gebietskrankenkasse; vgl. auch OLG München

ZEV 2012, 215). Das nach deren Vorschriften zuständige Gericht darf also inzident auch die erbrechtliche Vorfrage prüfen, wobei seine Bindung an die Art. 20 ff. EuErbVO den internationalen Entscheidungseinklang sicherstellt (hat das nach Art. 4 ff. EuErbVO zuständige Nachlassgericht über die erbrechtlichen Fragen bereits entschieden, so entfaltet diese Entscheidung ohnehin Bindungswirkung nach den Art. 39 ff.). Faustregel ist somit, dass alle Streitigkeiten, die als Hauptfrage das Erbrecht betreffen, allein der EuErbVO unterliegen, während sich für zivil- und handelsrechtliche Streitigkeiten, bei denen das Erbrecht nur inzident zum Tragen kommt, die internationale Zuständigkeit aus der Brüssel Ia-VO ergibt (näher zum Ganzen MüKoBGB/*Dutta* EuErbVO Art. 1 Rn. 5). Das zuständige Gericht entscheidet den Fall also unter allen in Betracht kommenden Gesichtspunkten (NK-NachfolgeR/*Köhler,* EuErbVO Art. 1 Rn. 6, Vor Art. 4–19 Rn. 3).

11 **Neben der EuErbVO anwendbar** sind die EuBeweisaufnVO, die Eu-ProzesskostenRL und die EuZustellVO, da diese Rechtsakte das Erbrecht nicht von ihrem Anwendungsbereich ausnehmen und die EuErbVO ihrerseits keine Regelungen zu den betreffenden Materien trifft (MüKoBGB/*Dutta* EuErbVO Art. 1 Rn. 8). Nicht anwendbar bei Erbstreitigkeiten sind hingegen die europäischen Rechtsakte zur vereinfachten grenzüberschreitenden Forderungsdurchsetzung (näher MüKoBGB/*Dutta* EuErbVO Art. 1 Rn. 7).

III. Negative Bestimmung des Anwendungsbereichs durch Art. 1 Abs. 1 S. 2

12 Art. 1 Abs. 1 S. 2 stellt unter Verwendung der zB auch in Art. 1 Abs. 1 der Brüssel Ia-, der Rom I- und der Rom II-VO verwendeten Formulierung klar, dass die EuErbVO nicht auf Fragen des **öffentlichen Rechts** Anwendung findet. Nicht verwendet wird im Unterschied zu den genannten europäischen Rechtsakten der Begriff der „Zivil- und Handelssache“ zur positiven Umschreibung des Anwendungsbereichs, doch hätte dieser auf das Erbrecht auch nicht recht gepasst. ErwG 9 verweist jedenfalls auf die **zivilrechtlichen Aspekte der Rechtsnachfolge von Todes** wegen (Palandt/*Thorn* EuErbVO Art. 1 Rn. 3; Erman/*Hohloch* EuErbVO Art. 1 Rn. 2).

13 Die **Abgrenzung** von öffentlichem Recht und Privatrecht ist **keineswegs immer trivial** (zu Art. 1 Brüssel I-VO etwa Musielak/*Stadler,* ZPO, Art. 1 VO (EG) 44/2001 Rn. 2). Zur Konkretisierung von Art. 1 Abs. 2 S. 2 kann die bisherige Rechtsprechung des EuGH zu dieser Frage herangezogen werden, wobei die Besonderheiten der EuErbVO aber nicht missachtet werden dürfen (MüKoBGB/*Dutta* EuErbVO Art. 1 Rn. 11; Bonomi/Wautelet/*Bonomi* Art. 1 Rn. 7).

14 **Nicht erfasst vom Ausschlussgrund** des Art. 1 Abs. 1 S. 2 sind jedenfalls die (durchaus zahlreichen) Fälle, in denen staatliche Stellen unmittelbar **am Erbgeschehen beteiligt** sind, etwa bei der **gerichtlichen Einantwortung** in den Nachlass nach österreichischem Recht, die konstitutiv für den Erwerb des Erben ist (→ Art. 23 Rn. 62), oder beim **Fiskuserbrecht des Staates** in Ermangelung anderer Erben (zB § 1936 BGB). Regelungen, nach denen sich ein Staat im Falle eines erbenlosen Nachlasses das in seinem Territorium belegene Vermögen aufgrund seiner Hoheitsgewalt **aneignen darf,** sind zwar an sich öffentlich-rechtlicher Natur, doch unterwirft Art. 33 derartige Regelungen immerhin gewissen Beschränkungen, so dass auch sie nicht vollständig vom Ausschluss nach Art. 1 Abs. 1 S. 2 erfasst sind (MüKoBGB/*Dutta* EuErbVO Art. 1 Rn. 14).

15 Vom Anwendungsbereich **umfänglich ausgenommen** ist jedenfalls das **Erbschaftssteuerrecht** (ausführlich → IntErbStR Rn. 1 ff.) und zwar unabhängig davon, ob die Steuer unmittelbar am Nachlass oder erst beim Begünstigten erhoben wird (MüKoBGB/*Dutta* EuErbVO Art. 1 Rn. 12). Ebenso ausgenommen ist die Frage der **Vererblichkeit von Steuerschulden** (zB § 45 AO). Das Erbschaftssteuerrecht unterliegt somit weiterhin dem Hoheitsbereich der einzelnen Mitgliedstaaten, soweit sie nicht entsprechende Doppelbesteuerungsabkommen geschlossen haben (ausführlicher Überblick bei *Ley* FamRZ 2014, 345; *Copenhagen Economics,* Study on Inheritance Taxes in EU Member States and Possible Mechanisms to Resolve Problems of Double Inheritance Taxation in the EU; kritisch zum geltenden Zustand *De Wolf,* Europäische Erbrechtsverordnung bietet nur halbe Lösung für internationale Erbschaften, ZErb 2017, 181). Das nationale Erbschaftssteuerrecht darf freilich nicht gegen die **Kapitalverkehrsfreiheit** verstoßen (EuGH C-11/07, Slg. 2008, I-6845 *(Eckelkamp);* in EuGH EuZW 2009, 826 *(Busley and Fernández)* ging es entgegen Bonomi/Wautelet/*Bonomi* Art. 1 Rn. 8 nicht um die Erbschaftssteuer, sondern um die Steuer für Einkünfte aus einem ererbten Haus). **Dem Erbstatut zugewiesen** ist ungeachtet dessen die Frage, von wem eine unmittelbar am Nachlass erhobene Steuer im **Innenverhältnis** zu tragen ist (MüKoBGB/*Dutta* EuErbVO Art. 1 Rn. 12; in der Tendenz auch Deixler-Hübner/Schauer/*Mankowski* Art. 1 EuErbVO Rn. 17). Denn in der Sache geht es hierbei um die Verteilung des nach Zahlung der Steuer verbleibenden Überschusses.

16 Ausweislich ErwG 10 ist es den Mitgliedstaaten auch weiterhin erlaubt, die **Freigabe des Nachlasses** oder die Eintragung in ein Register **an die Zahlung der Erbschaftssteuer zu knüpfen** (Erman/*Hohloch* EuErbVO Art. 1 Rn. 2; in Portugal müssen Erben und Vermächtnisnehmer zumindest eine Steuernummer beantragen, wenn sie auf den Nachlass zugreifen wollen, *Müller-Bromley* ZEV 2011, 120 (121)). Auf diese Weise können öffentlich-rechtliche Vorschriften also mittelbar in den privatrechtlichen

Erwerbsvorgang hineinwirken. Gleiches gilt für Vorschriften des **Zollrechts** sowie des **Totenfürsorge- und Bestattungsrechts** (Erman/*Hohloch* EuErbVO Art. 1 Rn. 2).

17 Der Ausschluss des Art. 1 Abs. 1 S. 2 erfasst auch Vorschriften zur Vererblichkeit **von öffentlichen-rechtlichen Sozialleistungen** und Sonderregeln über die Bestimmung des Begünstigten, wie etwa §§ 56, 57 SGB I (MüKoBGB/*Dutta* EuErbVO Art. 1 Rn. 13). Verweist das maßgebliche Sozialrechtsstatut für die Vererbung der betreffenden Ansprüche hingegen auf die allgemeinen erbrechtlichen Regelungen (zB § 58 SGB I), so spricht nichts dagegen, das Erbstatut nach den Vorschriften der EuErbVO zu bestimmen (allgemein dazu *Bechthold/Reichel* NZS 2016, 285).

IV. Negative Bestimmung des Anwendungsbereichs durch Art. 1 Abs. 2

1. Allgemeine Bedeutung

18 Wie bei Art. 1 Abs. 1 S. 1 bereits erwähnt (→ Rn. 5 ff.), verleiht erst der Katalog der Bereichsausnahmen in Art. 1 Abs. 2 dem Anwendungsbereich der EuErbVO klare Konturen. Die hier vorgenommene Selbstbeschränkung des europäischen Gesetzgebers enthält aber kein Verbot für die Mitgliedstaaten, die von den Bereichsausnahmen erfassten Materien **im Rahmen des autonomen Rechts erbrechtlich zu qualifizieren** und die EuErbVO insoweit freiwillig anzuwenden, wenn sie deren Lösungen für sachgerecht erachten (Bonomi/Wautelet/*Bonomi* Art. 1 Rn. 11; *Solomon,* Anali Pravnog Fakulteta Univerziteta u Zenici 2016, 193 (195); MüKoBGB/*Dutta* EuErbVO Art. 1 Rn. 10). Ein solches Vorgehen kommt insbesondere dort in Betracht, wo zwar nicht bei formeller, aber bei funktionaler Betrachtung eine Regelung zur Rechtsnachfolge von Todes wegen vorliegt (→ Rn. 88), denn auf diese Weise können sich **Friktionen mit dem Erbstatut vermeiden** lassen.

19 Unproblematisch ist der Weg zu einer **erbrechtlichen Qualifikation auf Grundlage des autonomen Rechts** dort eröffnet, wo das nationale Erbkollisionsrecht sie ausdrücklich anordnet, wie in Deutschland der Art. 25 EGBGB nF (zur ursprünglichen Absicht, die Regelung ersatzlos zu streichen *Wagner/Scholz* FamRZ 2014, 714 (721); → EGBGB 25 Rn. 2). Doch auch bei Fehlen einer ausdrücklichen Vorschrift kann die Lücke durch **analoge Anwendung der EuErbVO** geschlossen werden (in diesem Sinne auch *Frank/Leithold* ZEV 2014, 462 (468); mehr Probleme sieht offenbar *Döbereiner* MittBayNot 2013, 358 (361); MüKoBGB/*Dutta* EuErbVO Art. 1 Rn. 9 scheint bei Fehlen einer autonomen Regelung sogar eine Art Sperrwirkung der EuErbVO anzunehmen, doch muss jedem Mitgliedstaat selbst überlassen bleiben, wie er die von der EuErbVO nicht erfassten Bereiche behandelt; wie hier wohl Deixler-Hübner/Schauer/*Mankowski* Art. 1 EuErbVO Rn. 7). Bleiben hingegen die Normen des autonomen Kollisionsrechts bestehen, so gibt es zwar eine ausdrückliche gesetzliche Grundlage für die erbrechtliche Qualifikation. Diese kann sich aber auch als Störfaktor erweisen, wenn sie zB anstellte des letzten gewöhnlichen Aufenthalts an die Staatsangehörigkeit des Erblassers anknüpft (→ EGBGB 25 Rn. 2).

2. Die Bereichsausnahmen im Einzelnen

20 **a) Personenstand und Familienverhältnisse.** Das Erbrecht nimmt vielfach Bezug auf die **familienrechtlichen Statusverhältnisse,** insbesondere bei der gesetzlichen Erbfolge und dem Pflichtteilsrecht. Wenn das Erbrecht hier Blutsverwandte, Adoptivkinder, Ehegatten oder (registrierte oder auch nicht registrierte) Lebenspartner beruft, muss als **Vorfrage** über das Bestehen der entsprechenden Beziehungen entschieden werden. Lit. a stellt klar, dass hierfür **nicht das Erbstatut maßgeblich** ist (Bonomi/Wautelet/*Bonomi* Art. 1 Rn. 13 f.). Dieses kommt erst zum Zuge bei der Frage, ob aus dem Statusverhältnis eine **Erbberechtigung** erwächst (MüKoBGB/*Dutta* EuErbVO Art. 1 Rn. 17; Deixler-Hübner/Schauer/*Mankowski,* EuErbVO Art. 1 Rn. 27). Hier können sich **Fragen der Substitution** und der **Anpassung** stellen (→ Art. 23 Rn. 29).

21 Wird die **Anerkennung eines Kindes mittels letztwilliger Verfügung** erklärt, so ist zu differenzieren: Die Wirksamkeit der Verfügung als solcher richtet sich nach dem **Errichtungsstatut** (Art. 24 ff.). Ob eine Kindesanerkennung überhaupt mittels letztwilliger Verfügung geschehen kann (zB Art. 254 Abs. 1 Codice civile) und welche Folgen daraus resultieren, richtet sich hingegen nach dem **Abstammungsstatut.**

22 Offen ist in den genannten Fällen, ob die familienrechtliche **Vorfrage selbständig** oder **unselbständig anzuknüpfen** ist. Dieses Problem stellt sich auch in zahlreichen anderen Konstellationen (zum Güterrecht → Rn. 45), tritt bei den familienrechtlichen Statusverhältnisses aber am deutlichsten zutage (allgemein zum Problem der Vorfrage im nationalen und im europäischen Kollisionsrecht → Einl Rn. 96 ff.; *Bernitt,* 118 ff.; *Heinze,* FS Kropholler, 2008, 105 (111); *Solomon,* FS Spellenberg, 2010, 355; Leible/Unberath/*Mäsch,* Brauchen wir eine Rom 0-Verordnung?, 2013, 201; *Reuter* ZfPW 2017, 475 (491–493)). Selbständige Anknüpfung bedeutet, dass das auf die Vorfrage anwendbare Recht vom **Kollisionsrecht des Forumstaates** bestimmt wird. Bei der unselbständigen Anknüpfung wird dagegen das **Kollisionsrecht des auf die Hauptfrage anwendbaren Sachrechts** (lex causae) berufen, im Fall

der EuErbVO also das Kollisionsrecht des Erbstatuts. Die Entscheidung für die eine oder andere Lösung kann deshalb praktische Auswirkungen haben, weil es, abgesehen von der Brüssel IIa-VO, die ua die Anerkennung von Scheidungsurteilen regelt, und der Rom III-VO, die das auf Ehetrennung und -scheidung anwendbare Recht bestimmt, aber nicht in allen Mitgliedstaaten gilt, bislang **kein europaweit vereinheitlichtes Recht** zur Feststellung der familienrechtlichen Verhältnisse gibt; und nur bei einem solchen führt die selbständige Anknüpfung überall zum selben Ergebnis (sie ist dann allerdings auch geboten, MüKoBGB/*Dutta* EuErbVO Vor Art. 20 Rn. 52; *Weber* DNotZ 2016, 424 (437)). Somit kann im Grundsatz jeder Mitgliedstaat autonom über die Anknüpfung der familienrechtlichen Statusverhältnisse entscheiden, was „enormes Kollisionspotential" birgt (Reichelt/Rechberger/*Jayme,* Europäisches Erb- und Erbverfahrensrecht, 2011, 27 (38)).

23 Der Gesetzgeber hat von einer Regelung der Vorfrage in der EuErbVO **bewusst abgesehen** (Bonomi/Wautelet/*Bonomi* Art. 1 Rn. 16). Eine im Diskussionsentwurf von 2008 enthaltene Regelung wurde später gestrichen (*Dörner* ZEV 2010, 221 (223)), und anders als für die Rom III-VO (ErwG 10 UAbs. 3) und die EuGüVO/EuPartVO (ErwG 21) hat der Verordnungsgeber für die EuErbVO die selbständige Anknüpfung auch nicht durch einen Hinweis nahegelegt (*Reuter* ZfPW 2017, 475, (492); MüKoBGB/*Dutta* EuErbVO Vor Art. 20 Rn. 50). Eine Entscheidung für diese Lösung kann schließlich auch nicht in Art. 67 Abs. 1 S. 1, 69 Abs. 2 S. 1 gesehen werden (so aber Franzina/Leandro/*Biagoni,* Il diritto internazionale privato europeo delle successioni *mortis causa,* 2013, 25 (45 f.)), denn wenn dort von anderen, neben dem Erbstatut anwendbaren Rechten die Rede ist, ist damit nichts darüber gesagt, nach welchem Kollisionsrecht diese zu ermitteln sind.

24 Das zentrale Argument für die **unselbständige Anknüpfung** von Vorfragen lautet, dass nur so der **internationale Entscheidungseinklang** gewährleistet werden kann. Dieser wäre gefährdet, wenn etwa das Gericht eines Mitgliedstaates ein für das Erbrecht relevantes Kindschaftsverhältnis als bestehend und das eines anderen Mitgliedstaates es als nichtbestehend betrachtet (Bonomi/Wautelet/*Bonomi* Art. 1 Rn. 15, 18), oder wenn die betroffenen Staaten die Anerkennung gleichgeschlechtlicher Lebenspartnerschaften unterschiedlich beurteilen (*Bruns* ZErb 2014, 181 (182 f.)). Gegen eine unselbständige Anknüpfung lässt sich wiederum geltend machen, dass mit ihr der sog. **interne Entscheidungseinklang** verloren geht und etwa die Frage der Abstammung je nachdem, ob sie sich im Rahmen des Erbrechts oder im Rahmen des Unterhaltsrechts stellt, unterschiedlich beurteilt werden kann (Erman/*Hohloch* EuErbVO Art. 1 Rn. 3; *Max Planck Institute* RabelsZ 74 (2010), 522 (Rn. 7 f.); generell zu diesem Argument im europäischen Kollisionsrecht *Nehmer* 180). Zudem ist die selbständige Anknüpfung praktisch einfacher zu handhaben als die unselbständige, weil das Gericht auf die Vorfrage stets sein eigenes Kollisionsrecht anwenden kann (*Reuter* ZfPW 2017, 475 (492)).

25 Unter der EuErbVO wird die praktische Relevanz des Problems zwar dadurch **gemindert,** dass das nach den Art. 4 ff. zuständige Nachlassgericht in aller Regel sein eigenes Erbrecht anwenden wird, so dass das Kollisionsrecht des Forums und das der lex causae identisch sind und selbständige und unselbständige Anknüpfung damit **zum selben Ergebnis führen** (Bonomi/Wautelet/*Bonomi* Art. 1 Rn. 18; MüKoBGB/*Dutta* EuErbVO Vor Art. 20 Rn. 50; *Looschelders,* FS Coester-Waltjen, 2015, 531 (538)). Zudem wird ein **„forum shopping",** zu dem eine selbständige Anknüpfung Anreiz geben könnte (Hager/*Geimer,* Die neue europäische Erbrechtsverordnung, 9 (30 f.)), durch die **Zuständigkeitskonzentration der Art. 4 ff.** verhindert. Doch droht eine selbständige Anknüpfung **die Funktionsfähigkeit des ENZ erheblich zu beeinträchtigen,** weil die in diesem ausgewiesene Rechtslage im Verwendungsstaat möglicherweise anders beurteilt wird (Palandt/*Thorn* EuErbVO Art. 1 Rn. 5; *Dörner* ZEV 2012, 505 (512 f.); *Dutta* FamRZ 2013, 4 (14 f.); eingehend MüKoBGB/*Dutta* EuErbVO Vor Art. 20 Rn. 51); entgegen *Volmer* ZEV 2014, 129 (130), wird das Problem durch die genannte Zuständigkeitskonzentration keineswegs vermieden, da erst eine rechtskräftige gerichtliche Entscheidung über einen Erbstreit verbunden mit der Anerkennung nach Art. 39 ff. die Rechtslage europaweit bindend klärt).

26 Für eine unselbständige Anknüpfung von Vorfragen lässt sich zudem geltend machen, dass sie dem Erblasser die **Nachlassplanung erleichtert.** Ferner erschiene es nicht sachgerecht, wenn Entscheidungen über das zuständige Gericht nach Art. 5, 6 mittelbar Auswirkungen auf die Bestimmung der familienrechtlichen Verhältnisse hätten (offen gelassen von Bonomi/Wautelet/*Bonomi* Art. 1 Rn. 19). Für eine selbständige Anknüpfung lässt sich allerdings wiederum anführen, dass anderenfalls der Erblasser durch die Wahl des anwendbaren Rechts mittelbar die Möglichkeit erhielte, auf die Beurteilung der familienrechtlichen Beziehungen Einfluss zu nehmen, obwohl diese Fragen an sich der Parteiautonomie entzogen sind (Bonomi/Wautelet/*Bonomi* Art. 1 Rn. 18).

27 Angesichts der zahlreichen Argumente für die eine wie für die andere Ansicht überrascht es nicht, dass die Behandlung von Vorfragen unter der EuErbVO genau wie bislang schon im autonomen Recht der Mitgliedstaaten (zur Diskussion im deutschen Recht mit umfangreichen Nachweisen *Kegel/Schurig* § 9 II (376 ff.); zum frz. Recht Bonomi/Wautelet/*Bonomi* Art. 1 Rn. 15) **stark umstritten** ist. Die wohl überwiegende Meinung spricht sich mangels einer Regelung in der EuErbVO für eine Fortgeltung der autonomen Kollisionsrechte in dieser Frage aus, die in der Regel eine **selbständige Anknüpfung** vorsehen (Dutta/Herrler/*Hellner,* Die Europäische Erbrechtsverordnung, 107 Rn. 10; *Lagarde*

Rev.crit. dr. int.priv. 2012, 691 (707); *Carrascosa González* 171 f.; *Bruns* ZErb 2014, 181 (182 f.)); *Müller-Lukoschek,* § 2 Rn. 68 f.; NK-NachfolgeR/*Köhler* EuErbVO Vor Art. 20–38 Rn. 22 f.; *Rudolf* ÖNZ 2013, 225 (233); *Ballarino* Riv.dir.int. 96 (2013), 1116 (1129 f.); *Looschelders,* FS Coester-Waltjen, 2015, 531 (538); *Solomon,* Anali Pravnog Fakulteta Univerziteta u Zenici 2016, 193 (209); Deixler-Hübner/Schauer/*Mankowski* Art. 1 EuErbVO Rn. 10, Art. 23 EuErbVO Rn. 25); ferner wohl auch *Nordmeier* ZEV 2012, 513 (515); Schauer/Scheuba/*Fischer-Czermak,* Europäische Erbrechtsverordnung, 23 (25); Erman/*Hohloch* EuErbVO Art. 1 Rn. 3; für eine unselbständige Anknüpfung nur in Ausnahmefällen *Max Planck Institute* RabelsZ 74 (2010), 522 (Rn. 7 f.); offen gelassen von Khairallah/Revillard/*Revillard,* Droit Européen des Successions Internationales, 2013, 67 (Nr. 191); siehe schließlich die Nachweise bei *Konvalin* 50 f.). Gewichtige Stimmen plädieren hingegen nachdrücklich für eine **unselbständige Anknüpfung** (*Dörner* ZEV 2010, 221 (223 f.); *Dörner* ZEV 2012, 505 (513); *Dörner* ZEV 2019, 309 (313); Palandt/*Thorn* EuErbVO Art. 1 Rn. 5; *Dutta* FamRZ 2013, 4 (13, 14 f.); *Dutta* ErbR 2020, 304 (305); MüKoBGB/*Dutta* EuErbVO Vor Art. 20 Rn. 51; *Weber* DNotZ 2016, 424 (436 f.); *ders.* NJW 2018, 1356 (1357); *Sakka* MittBayNot 2018, 4 (7); *Andrae* IPRax 2018, 221 (225); eingehend *Konvalin* 108–125 ff.; ferner *Lübcke,* Das neue europäische Internationale Nachlassverfahrensrecht, 2013, 563 ff.).

In der Gesamtbetrachtung ist es die **unselbständige Anknüpfung,** die sowohl hinsichtlich familienrechtlicher Statusfragen als auch hinsichtlich anderer erbrechtsrelevanter Vorfragen **den Vorzug verdient.** Dass sie nicht nur zulässig und wünschenswert, sondern überdies **europarechtlich geboten** ist, lässt sich mit dem Argument des **„effet utile"** begründen (*Dörner* ZEV 2012, 505 (513); MüKoBGB/*Dutta* EuErbVO Vor Art. 20 Rn. 51). Der EuGH hat sich zwar bislang zur Thematik nicht geäußert, der unselbsständigen Anknüpfung jedoch insbesondere in der Rechtssache „Mahnkopf" (ErbR 2018, 324, ausführlich → Rn. 42 ff.) den Boden bereitet. Denn die Effektivität des ENZ, welcher der EuGH in der genannten Entscheidung einen so hohen Stellenwert einräumte, ist nur bei unselbständiger Anknüpfung gewährleistet (siehe auch MüKoBGB/*Dutta* EuErbVO Vor Art. 20 Rn. 51; → Rn. 45). 28

Das Vorstehende gilt entsprechend in dem Fall, dass über die Statusbeziehung bereits **gerichtlich entschieden** wurde, etwa in Form eines Ehescheidungs- oder Adoptionsurteils. Auch hier kommt grds. in Betracht, die Anerkennung der Entscheidung entweder selbständig nach der lex fori zu beurteilen (hierfür *Carrascosa González* 172) oder unselbständig nach dem Recht, das auf den Erbfall Anwendung findet (hierfür MüKoBGB/*Dutta* EuErbVO Vor Art. 20 Rn. 53). Nur im Fall, dass in allen Mitgliedstaaten im Sinne der EuErbVO dasselbe Anerkennungsregime gilt, ist eine selbständige Anknüpfung vorgegeben, die dann aber auch überall zum selben Ergebnis führt. Aktuell sind diese Voraussetzungen aber nur für mitgliedstaatliche Ehescheidungen gegeben, aufgrund der Vorschriften der Brüssel IIa-VO (MüKoBGB/*Dutta* EuErbVO Vor Art. 20 Rn. 53). 29

b) Rechts-, Geschäfts- und Handlungsfähigkeit. Die Bereichsausnahme der lit. b zur Rechts-, Geschäfts- und Handlungsfähigkeit sieht selbst schon zwei wichtige Rückausnahmen vor: einmal hinsichtlich der **Erbfähigkeit,** die dem Erbstatut unterliegt (Art. 23 Abs. 2 lit. c), wobei zu beachten ist, dass von der Erbfähigkeit die Frage zu unterscheiden ist, ob die berufene Person auch die Fähigkeit erlangt hat, Träger von Rechten und Pflichten zu sein (→ EuErbVO Art. 23 Rn. 42). Sodann macht Art. 1 Abs. 2 lit. b auch eine Rückausnahme hinsichtlich der **Testierfähigkeit**, die sich nach dem Errichtungsstatut bestimmt (Art. 26 Abs. 1 lit. a). Im Übrigen sind Rechts-, Geschäfts- und Handlungsfähigkeit dem vom **autonomen Recht zu bestimmenden Personalstatut** zugewiesen (MüKoBGB/*Dutta* EuErbVO Art. 1 Rn. 19; Khairallah/Revillard/*Sauvage,* Droit européen des successions internationales, 2013, 105 (110); Bonomi/Wautelet/*Bonomi* Art. 1 Rn. 21, Art. 23 Rn. 58). In Deutschland ist also **Art. 7 EGBGB** anzuwenden. Die Bereichsausnahme der lit. b erfasst auch die Fragen des **postmortalen Persönlichkeitsschutzes** (Deixler-Hübner/Schauer/*Mankowski,* EuErbVO Art. 1 Rn. 30; MüKoBGB/*Dutta* EuErbVO Art. 1 Rn. 19, der dies allerdings mit der Definition des Art. 3 Abs. 1 lit. a begründet), ferner die Regelung der Totenfürsorge (Deixler-Hübner/Schauer/*Mankowski,* EuErbVO Art. 1 Rn. 30), wenn man diese als öffentlich-rechtliche Materie nicht schon nach Art. 1 Abs. 1 S. 2 EuErbVO vom Anwendungsbereich ausgenommen sieht (→ Rn. 12 ff.). 30

Ebenso autonom anzuknüpfen ist die **Stellvertretung einer geschäftsunfähigen Person,** die im erbrechtlichen Kontext etwa bei Annahme und Ausschlagung einer Erbschaft, der Verwaltung des Nachlasses oder der Auseinandersetzung einer Erbengemeinschaft (Art. 23 Abs. 2 lit. e, f, j) relevant werden kann. Das auf die Stellvertretung im Eltern-Kind-Verhältnis anwendbare Recht bestimmt sich in den meisten Mitgliedstaaten, darunter Deutschland, nach dem Haager Übereinkommen über die Zuständigkeit, das anzuwendende Recht, die Anerkennung, Vollstreckung und Zusammenarbeit auf dem Gebiet der elterlichen Verantwortung und der Maßnahmen zum Schutz von Kindern von 1996 (KSÜ; BGBl. 2009 II 602). Die Stellvertretung erwachsener Geschäftsunfähiger ist Gegenstand des Haager Übereinkommens über den internationalen Schutz von Erwachsenen von 2000, das ebenfalls von Deutschland ratifiziert wurde (BGBl. 2007 II 323). 31

Dass beide genannten Übereinkommen das Erbrecht von ihrem Anwendungsbereich ausnehmen (Art. 4 lit. f und Art. 4 lit d), darf nicht missverstanden werden: Wem welche erbrechtlichen Positionen zukommen, bestimmt das Erbstatut. Ob die betreffende Person fähig ist, diese Rechte auszuüben, 32 bestimmt das Personalstatut. Wie eine geschäftsunfähige Person, die zur Erbschaft berufen wurde, vertreten werden kann, bestimmt hingegen das Vertretungsstatut (so für das KSÜ *Siehr* RabelsZ 62 (1998), 464 (477)). Speziell zum Fall der **Annahme und Ausschlagung einer Erbschaft,** bei der sich die Frage stellt, wie § 1643 Abs. 2 BGB zu qualifizieren ist, → Art. 28 Rn. 19. Die **gerichtliche Genehmigung einer Vereinbarung zur Erbauseinandersetzung,** die ein für minderjährige Kinder bestellter Verfahrenspfleger für diese abgeschlossen hat, fällt ebenso in den Anwendungsbereich der Brüssel IIa-VO wie die **Genehmigung einer Erbausschlagung,** welche die Eltern als gesetzliche Vertreter ihres Kindes erklären. Die in Art. 1 Abs. 3 lit. f Brüssel IIa-VO vorgesehene Bereichsausnahme für „Erbschaften" ist jeweils nicht einschlägig (EuGH NJW 2016, 387 (Anm. *Hilbig-Lugani* NZFam 2015, 1030); EuGH RNotZ 552–556 mit Anmerkung *Tschernoster*). Die internationale Zuständigkeit für die gerichtliche Genehmigung bestimmt sich folglich **nicht nach der EuErbVO, sondern nach der Brüssel IIa-VO.**

33 **c) Verschollenheit, Abwesenheit, Todesvermutung.** Ob und wann ein Erbfall dadurch eröffnet wird, dass eine Person verschollen oder abwesend ist oder ihr Tod vermutet wird, entscheidet das Erbstatut (Art. 23 Abs. 1 lit. a). Ausgenommen von diesem ist dagegen die **Vorfrage,** wann die betreffenden Tatbestände verwirklicht sind, also etwa eine Person als verschollen gilt (Bonomi/Wautelet/*Bonomi* Art. 1 Rn. 23). Das hierfür maßgebliche Recht ist nach **autonomem Recht zu bestimmen,** in Deutschland somit nach **Art. 9 EGBGB** (MüKoBGB/*Dutta* EuErbVO Art. 1 Rn. 22; Palandt/*Thorn* EuErbVO Art. 1 Rn. 7; *Müller-Lukoschek,* § 2 Rn. 70).

34 Es stellt sich ebenso wie schon bei lit. a (→ Rn. 22 ff.) die Frage, ob die Vorfrage der für die Eröffnung der Erbschaft maßgeblichen Voraussetzungen **selbständig** oder **unselbständig** anzuknüpfen ist. Mit den oben genannten Argumenten (→ Rn 24 ff.) ist auch hier für eine **unselbständige Anknüpfung** zu plädieren, um den internationalen Entscheidungseinklang zu gewährleisten (für eine selbständige Anknüpfung dagegen wohl Bonomi/Wautelet/*Bonomi* Art. 23 Rn. 22 f.). Freilich werden bei den unter lit. b genannten Rechtsfragen beide Varianten wohl ohnehin nur selten zu unterschiedlichen Ergebnissen führen.

35 Auffällig ist, dass die EuErbVO sich explizit zu Verschollenheit, Abwesenheit und Todesvermutung äußert, nicht aber zur häufigsten Ursache für die Eröffnung des Erbgangs, nämlich **dem Tod selbst.** Dessen Voraussetzungen und Zeitpunkt (klinischer Tod, Hirntod) können sich je nach Rechtsordnung unterscheiden. Aus systematischen Erwägungen heraus sollte die Frage des Todes (und auch der Todeserklärung) genauso behandelt werden wie die in lit. c ausdrücklich genannten Fälle, da es um die **Vorfrage des Endes der Rechtspersönlichkeit** geht (Bonomi/Wautelet/*Bonomi* Art. 1 Rn. 23; Khairallah/Revillard/*Revillard,* Droit Européen des Successions Internationales, 2013, 67 (Nr. 156); *Lagarde* Rev.crit. dr. int.priv. 2012, 691 (708 Fn. 34); BeckOGK/*J. Schmidt* EuErbVO Art. 23 Rn. 8). Ein deutsches Gericht hat somit auch hier **Art. 9 EGBGB** anzuwenden (anders MüKoBGB/*Dutta* EuErbVO Art. 1 Rn. 22, Art. 23 Rn. 6, der den Eintritt des Todes unter Verweis auf Art. 23 Abs. 2 lit. a dem Erbstatut zuweisen möchte; dieser spricht aber von der „Eröffnung des Erbfalls", die nicht zwingend mit dem Tod des Erblassers zusammenfallen muss (so auch BeckOGK/*J. Schmidt* EuErbVO Art. 23 Rn. 9)). **Vermutungsregelungen zu Kommorienten** sind allerdings dem Erbstatut bzw. Art. 32 zu entnehmen (→ Art. 23 Rn. 16).

36 Fallen Erbstatut und das Recht, das die Voraussetzungen zur Eröffnung des Erbgangs regelt, auseinander, so können sich wiederum **Substitutionsprobleme** stellen, etwa wenn zu fragen ist, ob die Anforderungen an die Verschollenheit einer Person in beiden Rechtsordnungen in etwa gleichwertig sind. In aller Regel wird dies aber zu bejahen sein.

37 **d) Eheliches und lebenspartnerschaftliches Güterrecht. aa) Die Abgrenzung von Güterrecht und Erbrecht im Allgemeinen.** Lit. d stellt klar, dass **Fragen des zwischen Eheleuten oder Lebenspartnern geltenden Güterrechts** vom Anwendungsbereich der EuErbVO **ausgeschlossen** sind (zur Behandlung von anderen Verbindungen als der Ehe näher Deixler-Hübner/Schauer/*Mankowski,* EuErbVO Art. 1 Rn. 37–40). Zweifel hieran könnte anderenfalls Art. 23 Abs. 2 lit. b aufwerfen, der generell die „Nachlassansprüche des überlebenden Ehegatten oder Lebenspartners" dem Erbstatut unterstellt. Denn auch güterrechtliche Ansprüche richten sich gegen das Vermögen des Verstorbenen und somit gegen den Nachlass im weiteren Sinne (mit der (ungehörten) Forderung nach einer sprachlichen Klarstellung bereits *Max Planck Institute* RabelsZ 74 (2010), Rn. 171; Reichelt/Rechberger/*Jayme,* Europäisches Erb- und Erbverfahrensrecht, 2011, 27 (34)). Eine solche weite Auslegung des Art. 23 Abs. 2 lit. b würde den Ausschluss des Art. 1 Abs. 2 lit. d aber unterlaufen (*Kleinschmidt* RabelsZ 77 (2013), 723 (753); *Heinig* DNotZ 2014, 251 (255)). „Nachlassansprüche" iSd Art. 23 Abs. 2 lit. b sind somit **nur erbrechtliche Beteiligungen** des Ehegatten am Nachlass, wobei es nicht auf darauf ankommt, in welcher Form diese gewährt werden, also ob mittels einer Erbenstellung, eines schuldrechtlichen Anspruchs, eines Nießbrauchsrechts, etc. (*Kunz* GPR 2012, 253; MüKoBGB/*Dutta* EuErbVO Art. 1 Rn. 26; zu eng insoweit Reichelt/Rechberger/*Jayme,* Europäisches Erb- und Erbverfahrensrecht, 2011, 27 (34)). Das anwendbare Güterrecht bestimmt hingegen (mit), was nach entsprechenden Abzügen vom Erblasservermögen überhaupt zum **„Nachlass" im Sinne des Erbrechts** gehört und

von diesem zu verteilen ist (Staudinger/*Mankowski* EGBGB Art. 15 Rn. 329; *Weber* DNotZ 2016, 424 (431); *Solomon,* Anali Pravnog Fakulteta Univerziteta u Zenici 2016, 193 (200); *Andrae* IPRax 2018, 221 (224); *Dörner* ZEV 2019, 309 (312)).

Wenn die Bereichsausnahme der lit. d trotz ihrer klaren Zielsetzung viele Frage offen lässt, liegt dies an der **großen Schwierigkeit der Abgrenzung von Erbrecht und Ehegüterrecht** (*Weber,* DNotZ 2016, 424 (425); Deixler-Hübner/Schauer/*Mankowski,* EuErbVO Art. 1 Rn. 34). Diese Schwierigkeit erklärt sich insbesondere dadurch, dass der Tod eines Ehegatten in aller Regel auch den Güterstand beendet und der überlebende Ehegatte somit sowohl nach Erbrecht als auch nach Ehegüterrecht am Vermögen des Verstorbenen partizipieren kann (Dutta/Herrler/*Dörner,* Die Europäische Erbrechtsverordnung, 73 Rn. 2). Wann aber eine erbrechtliche Beteiligung vorliegt und wann eine güterrechtliche, ist nicht immer ohne weiteres klar. Klassisches Beispiel aus dem deutschen Recht ist die **umstrittene Qualifikation des § 1371 Abs. 1 BGB** (→ Rn. 41 ff.). Weitere Probleme können dadurch entstehen, dass Erbrecht und Ehegüterrecht innerhalb einer Rechtsordnung typischerweise **eng aufeinander abgestimmt** sind (*Weber* DNotZ 2016, 424 (424)); *Kleinschmidt,* ErbR 2018, 327 (328) („kommunizierende Röhren"); *Aiwanger* ErbR 2019, 202 (202)). Eine schwächere Stellung nach Ehegüterrecht wird dementsprechend oftmals durch eine großzügigere Behandlung nach Erbrecht ausgeglichen und umgekehrt (ein Beispiel für eine Rechtsordnung, die sich um eine ungewöhnlich feine und dadurch sehr komplexe Austarierung von Erbrecht und Ehegüterrecht bemüht hat, ist Brasilien, dazu *J. P. Schmidt,* Das gesetzliche Erbrecht von Ehegatten und nichtehelichen Lebenspartnern in Brasilien, FamRZ 2017, 1117 (1118–1120)). Fallen Erbstatut und Ehegüterstatut auseinander, was auch unter dem harmonisierten europäischen Kollisionsrecht nicht ausgeschlossen ist (eingehend auch zu den Möglichkeiten einer Harmonisierung *Aiwanger* ErbR 2019, 202), droht dieses **Gleichgewicht gestört** zu werden, mit der Folge, dass sich die Rechtsstellung des überlebenden Ehegatten unangemessen verbessert oder unangemessen verschlechtert (Staudinger/*Mankowski* EGBGB Art. 15 Rn. 324). Wollen Ehegatten solche Probleme von vornherein vermeiden, ist ihnen zu raten, mittels Rechtswahl auf einen **Gleichlauf von Erb- und Güterrechtsstatut** hinzuwirken (*Heinig* DNotZ 2014, 251 (255); *Mankowski* ErbR 2018, 295 (304); *Bandel* ZEV 2018, 207 (209); eingehend *Aiwanger* ErbR 2019, 202 (203, 204–206), der zugleich darauf hinweist, dass eine Divergenz von Erb- und Güterstatut in der Praxis selten sein wird; speziell zu den Folgen der „Mahnkopf"-Entscheidung (→ Rn. 42) für die rechtsgeschäftliche Gestaltung *Dörner* ZEV 2018, 305 (308, 309 f.)). Freilich sind wegen des restriktiven Ansatzes der EuErbVO (wählbar ist allein das Recht der Staatsangehörigkeit) und einer unzureichenden Abstimmung mit den **Europäischen Güterrechtsverordnungen, EuGüVO** (VO (EU) 2016/1103) und **EuPartVO** (VO (EU) 2016/1104)), die Möglichkeiten zur Schaffung einer solchen „Komplettlösung" beschränkt (kritisch *Weber* DNotZ 2016, 424 (427 f., 441), sowie bereits Bonomi/Wautelet/*Bonomi* Art. 1 Rn. 30). 38

Die EuErbVO nimmt keine nähere Umschreibung des Begriffs des Güterrechts vor, sondern setzt ihn voraus. Auch ErwG 12 stellt lediglich klar, dass **Eheverträge** nur insoweit vom Anwendungsbereich der EuErbVO ausgeschlossen sind, wie sie keine erbrechtlichen Regelungen enthalten (ein in einem „hybriden Ehevertrag" enthaltener Erb- oder Pflichtteilsverzicht ist daher ungeachtet seiner äußeren Einkleidung erbrechtlich zu qualifizieren ist, siehe *Aiwanger* ErbR 2019, 202 (204)); *Dörner* ZEV 2019, 309 (314)). Auch die **EuGüVO** und **EuPartVO** haben **nicht die erhoffte Klarheit gebracht,** da sie im jeweiligen Art. 1 Abs. 2 lit. d spiegelbildlich zur EuErbVO nur „die Rechtsnachfolge nach dem Tod eines Ehegatten" vom Anwendungsbereich ausnehmen (*Aiwanger* 2019, 202 (203); *Dörner* ZEV 2019, 309 (310); MüKoBGB/*Dutta* EuErbVO Art. 1 Rn. 25; zur noch anders lautenden Entwurfsfassung *Mankowski* ZEV 2014, 121 (126); *Döbereiner,* MittBayNot 2013, 358 (359)). Schon vor Ankunft der EuErbVO und EuGüVO musste der EuGH den Begriff des „ehelichen Güterstands" im Zusammenhang mit Art. 1 Abs. 2 lit. a Brüssel I-VO bzw. des Brüsseler Abkommens konkretisieren und legte ihn dabei weit aus. Danach erfasst der Begriff alle vermögensrechtlichen Beziehungen, die sich unmittelbar aus der Ehe oder ihrer Auflösung ergeben (EuGH 27.3.1979, Rs. 143/78, Slg. 1979, I-1055 = BeckRS 2004, 71654 – de Cavel I; dazu *Dörner* ZEV 2019, 309 (311)). Die Abgrenzung zwischen Ehegüterrecht und Unterhaltsrecht, die mit der hier erörterten Problematik verwandt ist, hat der EuGH entsprechend seiner üblichen Vorgehensweise anhand **funktionaler, nicht dogmatisch-begrifflicher Erwägungen** vorgenommen (EuGH 6.3.1980, Rs. 120/79, Slg. 1980, 731 = BeckRS 2004, 71379 – de Cavel II; EuGH, 16.9.1997, Rs. C-220/95, Slg. 1997 I-1147 = BeckRS 2004, 75191 – van den Boogard; siehe auch *Heiderhoff* IPRax 2011, 156; *Kreße* GPR 2019, 195 (197); MüKoBGB/*Dutta* EuErbVO Art. 1 Rn. 25). 39

Auf dieser Grundlage kann man allgemein formulieren, dass eine **erbrechtliche Regelung** dann vorliegt, wenn der Ehegatte **entweder aufgrund letztwilliger Verfügung** am Nachlass des Verstorbenen beteiligt wird oder – beim Intestaterbrecht und Pflichtteilsrecht – **aufgrund seiner Nähebeziehung** zu diesem (mit dem hypothetischen Erblasserwillen sollte hier zurückhaltend argumentiert werden, denn ob und inwieweit dieser wirklich die Grundlage des gesetzlichen Erbrechts bildet, ist in den meisten Rechtsordnungen umstritten). Das Güterrecht hingegen möchte die **wirtschaftlichen Verhältnisse während des Bestehens der Ehe** berücksichtigen und angemessen zum Ausgleich bringen (ähnlich Dutta/Herrler/*Dörner,* Die Europäische Erbrechtsverordnung, 73 Rn. 5, 7; *Mankowski* ZEV 2014, 121 (127); *Döbereiner* MittBayNot 2013, 358 (359); *Weber* DNotZ 2016, 424 (429–431); 40

Solomon, Anali Pravnog Fakulteta Univerziteta u Zenici 2016, 193 (200 f.), der zugleich darauf hinweist, dass die Zuordnung im Einzelfall keineswegs immer eindeutig ist). Freilich wird sich auch zeigen, dass die in ihrem Ergebnis wie in ihrer Begründung problematische „Mahnkopf"-Entscheidung des EuGH zur Qualifikation des § 1371 Abs. 1 BGB diese Differenzierung erschüttert hat (→ Rn. 42).

41 **bb) Grenzfälle im deutschen Recht. Die Qualifikation des § 1371 Abs. 1 BGB.** Im deutschen Recht zeigen sich die genannten Abgrenzungsschwierigkeiten vor allem bei § 1371 Abs. 1 BGB zum „pauschalierten Zugewinnausgleich", der formal im Ehegüterrecht angesiedelt ist, inhaltlich aber eine Regelung zur gesetzlichen Erbfolge trifft. Wie schon unter dem früheren deutschen IPR wurden unter Geltung der EuErbVO zumindest bis zu der sogleich zu erörternden „Mahnkopf"-Entscheidung des EuGH drei verschiedene Ansichten zur kollisionsrechtlichen Einordnung des § 1371 Abs. 1 vertreten: die güterrechtliche Qualifikation, die erbrechtliche Qualifikation und die Doppelqualifikation. Die **güterrechtliche Qualifikation** führt dazu, dass § 1371 BGB immer nur dann zur Anwendung kommen kann, wenn **deutsches Recht Ehegüterstatut** ist, was sich aus Sicht eines deutschen Gerichts für die bis zum 29.1.2019 geschlossenen Ehen nach Art. 15 EGBGB aF bestimmt, für die seither geschlossenen Ehen nach Art. 21 ff. EuGüVO. Die **erbrechtliche Qualifikation** des § 1371 Abs. 1 BGB hingegen bedeutet, dass die Vorschrift nur dann zur Anwendung kommen kann, wenn **deutsches Recht Erbstatut** ist, was sich nach Art. 21 f. EuErbVO bestimmt. Nach der Lehre von der **Doppelqualifikation** schließlich setzt die Anwendbarkeit des § 1371 Abs. 1 BGB voraus, dass deutsches Recht **sowohl Erb- als auch Güterstatut** ist.

42 Der EuGH hatte über die Frage in der Rechtssache „Mahnkopf" zu entscheiden und sprach sich für eine **erbrechtliche Qualifikation** aus (Urt. v. 1.3.2018 – C-558/16 = ErbR 2018, 324). Für die deutsche Rechtsgemeinschaft glich diese Entscheidung einem „Paukenschlag" (*Kleinschmidt,* ErbR 2018, 327). Zwar war die erbrechtliche Qualifikation des § 1371 Abs. 1 BGB in Deutschland von namhaften Autoren befürwortet worden (*Kleinschmidt,* RabelsZ 77 (2013), 723 (757 f.); *Süß,* ZEuP 2013, 723 (757 f.); Dutta/Weber/*Fornasier* Art. 63 EuErbVO Rn. 30; *Andrae* IPRax 2018, 221 (227); weitere Nachweise bei Pfeiffer/Lobach/Rapp/*Kleinschmidt,* Europäisches Familien- und Erbrecht: Stand und Perspektiven, 131 (148 f. Fn. 78); unter früherem Recht schon *Raape,* Internationales Privatrecht, 336) und unter ausländischen Autoren sogar herrschend (zur französischen Sichtweise *Jacoby* GPR 2018, 303 (306); weitere Nachweise bei *Süß* DNotZ 2018, 744 f.; *Mankowski* ErbR 2018, 299 f.; *Weber* NJW 2018, 1356 (1356)). Doch hatte die große Mehrheit der deutschen Autoren für eine **güterrechtliche Qualifikation** plädiert (siehe zB *Dörner* ZEV 2012, 505 (507); Dutta/Herrler/*Dörner,* Die Europäische Erbrechtsverordnung, 73 (77); *Mankowski* ZEV 2014, 121 (127 ff.); *Looschelders,* FS Coester-Waltjen, 2015, 531 (534); *Weber* DNotZ 2016, 424 (432–434); *Solomon,* Anali Pravnog Fakulteta Univerziteta u Zenici 2016, 193 (201); für weitere Nachweise siehe die 1. Aufl., ferner MüKoBGB/*Dutta* EuErbVO Art. 1 Rn. 27). Die güterrechtliche Qualifikation war schon unter autonomem Recht nahezu einhellig vertreten und 2015 schließlich auch vom BGH übernommen worden (zum Streitstand unter altem Recht *Mankowski* ZEV 2014, 121 (123 ff.); *Dörner* IPRax 2014, 323 (324 f.), jeweils mit ausführlicher Diskussion auch der vorgeschlagenen Alternativen; zur Rechtsprechung BGH NJW 2015, 2185 mit Anm. *Lorenz;* OLG Schleswig ZEV 2014, 93 (94 f.) mit Anm. *Hertel;* OLG München ZEV 2012, 591 (593); mangels Entscheidungserheblichkeit offen gelassen von BGH FamRZ 2012, 1871 mit Anm. *Dutta* FamRZ 2013, 452; für eine Doppelqualifikation OLG Köln ZEV 2012, 205 mkritAnm *Lange*).

43 Angesichts dieses Meinungsbildes überrascht es nicht, dass die **Entscheidung des EuGH** im deutschen Schrifttum überwiegend **auf deutliche Kritik gestoßen** ist (siehe etwa *Mankowski* ErbR 2018, 295; *Weber* NJW 2018, 1356; *Sonnentag* JZ 2019, 658; NK-Nachfolgerecht/*Köhler* Art 23 EuErbVO Rn. 19; zustimmend hingegen *Fornasier* FamRZ 2018, 634; *Kleinschmidt* ErbR 2018, 327; *Süß,* DNotZ 2018, 742; *Bandel,* ZEV 2018, 207; *Thorn/Varón Romeo* IPRax 2020, 316 (318), freilich mit Kritik an der Begründung). Diese Kritik ist insbesondere deshalb **berechtigt,** weil die Entscheidung **unzureichend begründet** ist und insgesamt **nicht hinreichend durchdacht** erscheint. Zwar ist unzweifelhaft, dass es unter Geltung der EuErbVO nicht mehr auf die deutsche Sichtweise ankommt, sondern auf diejenige des **europäischen Kollisionsrechts** (→ Einl Rn. 93 ff.; *Kleinschmidt* RabelsZ 77 (2013), 723 (758); allgemein für das europäische IPR *Heinze,* FS Kropholler, 2008, 105 (108)), die dann allerdings auch für andere Mitgliedstaaten verbindlich ist (Dutta/Herrler/*Dörner,* Die Europäische Erbrechtsverordnung, 73 Rn. 17). Doch spricht für die **güterrechtliche Qualifikation** des § 1371 Abs. 1 BGB die für das Kollisionsrecht generell maßgebliche (→ Rn. 2) **funktionale Sichtweise.** Denn der **Zweck der Regelung** besteht darin, **Vermögensmehrungen auszugleichen,** die während der Ehe stattgefunden haben. Das Erbrecht ist lediglich das Mittel zur Erreichung dieses Ziels (*Weber* DNotZ 2016, 424 (432): güterrechtliches Instrument im erbrechtlichen Gewand; siehe ferner *Mankowski* ZEV 2014, 121 (122); *Looschelders,* FS Coester-Waltjen, 2015, 531 (533); *Sonnentag* JZ 2019, 657 (658 f.)). Dass § 1371 Abs. 1 BGB die Erbquote auch dann erhöht, wenn im konkreten Fall gar kein Anspruch auf Zugewinnausgleich bestünde, wird zu Recht kritisiert und stellt den § 1371 Abs. 1 BGB rechtspolitisch in Frage (siehe nur *Zimmermann* RabelsZ 80 (2016), 39 (59 mwN); *Mankowski* ErbR 2018, 295 (300)), ändert aber nichts an dem verfolgten Ziel. Der EuGH begründete seine Entscheidung in der Rechtssache

„Mahnkopf" zwar ebenfalls mit funktionalen Erwägungen (Tz. 40). Doch stellte er dabei auf die erbrechtliche Wirkungsweise des § 1371 Abs. 1 BGB und argumentierte somit in Wahrheit formal und nicht funktional (den „Widerspruch zu den eigenen methodischen Prämissen" betont zutreffend *Dörner* ZEV 2018, 305 (306)); ähnlich *ders.* ZEV 2019, 309 (312): „Lippenbekenntnis" zur funktionalen Sichtweise; vgl. auch *Sonnentag* JZ 2019, 657 (658); Pfeiffer/Lobach/Rapp/*Kleinschmidt,* Europäisches Familien- und Erbrecht: Stand und Perspektiven, 131 (149)). Nimmt man hingegen an, dass der EuGH lediglich zu einem anderen Funktionsverständnis des § 1371 Abs. 1 BGB gelangt sei als der BGH (so etwa *Weber* NW 2018, 1356 (1356 f.), steht der Vorwurf der Kompetenzüberschreitung im Raum (so *Kreße* GPR 2019, 195 (197 f.); vgl. auch *Thorn/Varón Romeo* IPRax 2020, 316 (318)). Denn die Zweckbestimmung ist von der Befugnis zur autonom-funktionalen Auslegung nicht umfasst (siehe auch MüKoBGB/*Dutta* EuErbVO Art. 1 Rn. 25 (nationaler Gesetzgeber „besitzt die Hoheit über die Zwecke seines Güterrechts"), der den EuGH vom Vorwurf, seine Auslegungskompetenz überschritten zu haben, dennoch freispricht (Rn. 27)).

Deutlich mehr Gewicht hat das zweite vom EuGH angeführte Argument, nämlich **die Stärkung der Funktionsfähigkeit des ENZ** (Tz. 42 f.), hinter der sich letztlich der Grundsatz des **effet utile** des Europarechts verbirgt. In der Tat ermöglicht die erbrechtliche Qualifikation des § 1371 Abs. 1 BGB, die Erbquote des überlebenden Ehegatten **europaweit einheitlich zu bestimmen** und im ENZ entsprechend auszuweisen. Demgegenüber wäre bei güterrechtlicher Qualifikation des § 1371 Abs. 1 BGB **der internationale Entscheidungseinklang nicht gewährleistet.** Denn selbst wenn man der Auffassung folgte, dass das zusätzliche Viertel des Ehegatten auch bei güterrechtlicher Qualifikation in das ENZ aufgenommen werden und an den Wirkungen des Art. 69 teilhaben könnte (zur Diskussion *Weber* DNotZ 2016, 424 (439–441); *Kleinschmidt* ErbR 2018, 327 (327 f. mwN); *Sakka* MittBayNot 2018, 4 (5–7)), wären die Erbquoten damit nicht einheitlich geklärt, und zwar deshalb, weil die Mitgliedstaaten auch nach Inkrafttreten der EuGüVO noch zu unterschiedlichen Ergebnissen über die Anwendbarkeit des § 1371 Abs. 1 BGB gelangen könnten (zu verkennen scheinen dies *Kreße* GPR 2019, 195 (198 f.), und *Sonnentag* JZ 2019, 657 (659)). Denn erstens bindet die EuGüVO im Gegensatz zur EuErbVO nur die an der verstärkten Zusammenarbeit teilnehmenden Staaten. Zweitens findet sie keine Anwendung auf vor dem 29.1.2019 geschlossene Ehen, so dass für die große Zahl der „Altehen" weiterhin die autonomen Kollisionsvorschriften der Mitgliedstaaten gelten (ein deutsches Gericht wendet also Art. 15 EGBGB aF an; das Haager Abkommen über das auf Ehegüterstände anwendbare Recht haben von den Mitgliedstaaten nur Frankreich, Luxemburg und die Niederlande ratifiziert (Bonomi/Wautelet/*Bonomi* Art. 1 Rn. 26)). Folge dieser fehlenden Einheitlichkeit wäre, dass das ENZ aus Sicht des Verwendungsstaates unrichtig zu sein drohte (*Fornasier* FamRZ 2018, 634; *Kleinschmidt* ErbR 2018, 327 (328)). Verhindern ließe sich dies auch nicht durch die unselbständige Anknüpfung des Güterstatuts (allgemein dazu → Rn. 22 ff.), da der Güterstand gar nicht als Vorfrage im Rahmen des Erbstatuts auftauchen würde. 44

Doch abgesehen davon, dass es methodisch mindestens bedenklich ist, die Effektivität des ENZ, das seiner Idee nach nur eine dienende Funktion spielt, zum Maßstab für kollisionsrechtliche Wertungen zu machen (so auch die Kritik bei *Mankowski* ErbR 2018, 295 (298); *Weber* NJW 2018, 1356 (1357); *Sonnentag* JZ 2019, 657 (659)), muss für die erbrechtliche Qualifikation des § 1371 Abs. 1 BGB ein **Preis** bezahlt werden, der in der Gesamtbetrachtung als **zu hoch** erscheint (ähnlich *Konvalin* 107 f.; *Sonnentag* JZ 2019, 657 (665)). So ist zum einen zu beklagen, dass die erbrechtliche Qualifikation des § 1371 Abs. 1 BGB den **Grundsatz der Unwandelbarkeit des Güterstatut auszuhöhlt,** indem der Wegzug des künftigen Erblassers aus Deutschland nun vorbehaltlich einer Rechtswahl dazu führt, dass der überlebenden Ehegatte des pauschalierten Zugewinnausgleichs verlustig geht (*Mankowski* ZEV 2014, 121 (122); *Bandel* ZEV 2018 207 (208); *Dörner* ZEV 2018, 305 (306 f.); *Sonnentag* JZ 2019, 657 (659)). Zum anderen ist höchst fraglich, ob die Lösung des EuGH die Rechtsanwendung in Summe wirklich vereinfacht (so *Dörner* ZEV 2018, 305 (306)). Denn nur in der „einfachen" Konstellation, nämlich dort, wo deutsches Recht sowohl Erb- als auch Güterstatut ist, stehen den Vorteilen der erbrechtlichen Qualifikation keine Nachteile gegenüber (bezeichnenderweise lag genau ein solcher Fall der „Mahnkopf"-Entscheidung zu Grunde, wobei der internationale Entscheidungseinklang auch hier **nur unter der Prämisse einer unselbständigen Anknüpfung des Güterstatus** gewährleistet ist (*Fornasier* FamRZ 2018, 634 (635); *Kleinschmidt* ErbR 2018, 327 (328); *Dutta* ErbR 2020, 304 (304 f.)). Fallen Erbstatut und Güterstatut hingegen auseinander, regiert deutsches Recht also nur eines davon, führt die erbrechtliche Qualifikation des § 1371 Abs. 1 BGB wie vorhergesagt (siehe die 1. Aufl. Rn. 44) zu schwierigen Problemen der **Substitution** und der **Anpassung** (dies räumen etwa *Bandel* ZEV 2018 207 (208) und Pfeiffer/Lobach/Rapp/*Kleinschmidt,* Europäisches Familien- und Erbrecht: Stand und Perspektiven, 131 (150), ein, wobei letzterer betont, dass die Anhänger der erbrechtliche Qualifikation das Auftreten von Folgeproblemen nie in Abrede gestellten hatten; allgemein zur Anpassung, für die sich eine Grundlage in ErwG 12 S. 2 sehen lässt (*Bonomi*/Wautelet Art. 1 Rn. 29), → Einl Rn. 105 ff.; MüKoBGB/*Dutta* EuErbVO Vor Art. 20 Rn. 55–59). Die Notwendigkeit von Substitution und Anpassung würde bei der güterrechtlichen Qualifikation des § 1371 Abs. 1 BGB zwar grundsätzlich genauso auftreten (siehe dazu die 1. Aufl. Rn. 45 f.; *Weber* DNotZ 2016, 424 (437 f.)), doch dürfte die 45

Problematik dann weniger prononciert sein, weil die güterrechtliche Qualifikation wenigstens die innere Systematik des deutschen Rechts respektiert (lediglich „umgekehrte Vorzeichen" sieht demgegenüber Pfeiffer/Lobach/Rapp/*Kleinschmidt*, Europäisches Familien- und Erbrecht: Stand und Perspektiven, 131 (150)). Das Zusammenspiel von Erb- und Güterstatut ist mit der „Mahnkopf"-Entscheidung daher **längst nicht erledigt,** sondern, wie im Folgenden zu skizzieren ist, in vielen Einzelheiten noch **klärungsbedürftig.** Diskutiert wird sogar ein Tätigwerden des deutschen Gesetzgebers (dazu *Bandel* ZEV 2018, 207 (208); *Mankowski* ErbR 2018, 295 (304 f.); *Kleinschmidt* ErbR 2018, 327 (328)).

46 Für **Zweifel an der Verbindlichkeit der erbrechtlichen Qualifikation** des § 1371 Abs. 1 BGB gibt es ungeachtet der genannten Kritik indessen **keinen Anlass** (so auch *Kleinschmidt* ErbR 2020, 362 (362 f.); Deixler-Hübner/Schauer/*Mankowski* Art. 1 EuErbVO Rn. 45; siehe aber NK-BGB/*R. Magnus,* Art. 1 EuGüVO/EuPartVO Rn. 54, demzufolge der EuGH über die Konstellation, dass deutsches Güterrecht mit ausländischem Erbrecht zusammentrifft, möglicherweise gar nicht habe entscheiden wollen und damit die Tür zur güterrechtlichen Qualifikation offen gelassen habe (§ 1371 Abs. 1 BGB wäre dann allerdings nicht „auch" güterrechtlich zu qualifizieren (so Rn. 54), sondern *alternativ,* da eine Doppelqualifikation nicht gewollt sein kann); ähnlich bereits *Kreße* GPR 2019, 195 (198–200), der für einen Fall, in dem deutsches Erbrecht nicht anzuwenden ist, eine erneute Vorlage für zulässig hält; auch *Sonnentag* JZ 2019, 657 (666), hofft, dass der EuGH „die erbrechtliche Qualifikation des § 1371 Abs. 1 BGB anlässlich eines geeigneten Falles nochmals überdenk[t]"; NK-Nachfolgerecht/*Köhler* Art 23 EuErbVO Rn. 18, schließlich hält den Qualifikationstreit nur „einstweilen" für entschieden). War die Stärkung des ENZ auch der maßgebliche Beweggrund für die erbrechtliche Qualifikation des § 1371 Abs. 1 BGB, ist diese fortan **in jedem Verfahren zu beachten,** also auch bei Ausstellung nationaler Erbnachweise (*Dörner* ZEV 2018, 305 (306)) oder im Rahmen eines Erbprozesses. Für Fälle, in denen **die EuErbVO intertemporal noch nicht anwendbar** ist, ist allerdings an der güterrechtlichen Qualifikation des § 1371 Abs. 1 BGB festzuhalten, dh die **„Mahnkopf"-Entscheidung entfaltet keine Rückwirkung** (OLG München, Beschl. v. 24.9.2019, ErbR 2020, 360, mit zust. Anm. *Kleinschmidt*). Denn dem sie tragenden Gesichtspunkt, der Effektivität des ENZ, kommt für die der EuErbVO zeitlich vorausliegenden Fälle kein Gewicht zu.

47 Was die durch „Mahnkopf" aufgeworfenen Folgefragen angeht, ist zunächst der Fall zu untersuchen, dass **deutsches Erbrecht mit einem ausländischen Güterrecht zusammentrifft.** Diese Konstellation tritt beispielsweise dann auf, wenn der Erblasser mit letztem gewöhnlichem Aufenthalt in Deutschland gestorben ist, zum Zeitpunkt der Eheschließung und in der ersten Zeit danach jedoch mit seinem Ehegatten in einem anderen Mitgliedstaat gelebt hatte. Denn während Art. 21 EuErbVO in diesem Fall deutsches Recht als Erbstatut beruft (vorbehaltlich einer Rechtswahl), ist Güterstatut nach Art. 15, 14 Abs. 2 Nr. 1 EGBGB aF bzw. Art. 26 Abs. 1 EuGüVO das Recht des früheren Aufenthaltslandes (erneut vorbehaltlich einer Rechtswahl); der Umzug nach Deutschland bleibt wegen des **Grundsatzes der Unwandelbarkeit des Güterstatuts** insoweit unbeachtlich (allgemein dazu *Weber* DNotZ 2016, 424 (426 f.); de lege ferenda für einen differenzierteren Ansatz *Aiwanger* ErbR 2019, 202 (203)). Ist aufgrund des deutschen Erbstatuts § 1371 Abs. 1 BGB damit zwar grundsätzlich anwendbar (ebenso wie sein „Gegenstück", der § 1931 Abs. 1 BGB (*Aiwanger* ErbR 2019, 202 (207)), stellt sich nicht nur die Vorfrage, ob die Eheleute im **Güterstand der Zugewinngemeinschaft** gelebt haben (*Dörner* ZEV 2014, 505 (507); *Weber* NJW 2018, 1356 (1357)). Auch muss geklärt werde, ob **ein ausländisches Ehegüterrecht** dieses **Tatbestandsmerkmal des § 1371 Abs. 1** BGB überhaupt erfüllen kann. Denn die Vorschrift bezieht sich auf den gesetzlichen Güterstand des deutschen Rechts, das in einer Konstellation wie der genannten aber nicht anwendbar ist. Hiermit ist das kollisionsrechtliche Institut der **Substitution** angesprochen, also die Frage, inwieweit im Rahmen der Normanwendung deutsche Rechtsinstitute durch ausländische ersetzt werden können. Die Faustregel hierbei lautet, dass eine Substitution dann möglich ist, wenn das betreffende ausländische Institut dem deutschen **funktional gleichwertig** ist (näher *Mankowski* ErbR 2018, 295 (302); → Einl Rn. 101 ff.). Die Antwort auf diese Frage kann niemals pauschal erfolgen, sondern immer nur für den konkreten Einzelfall (dass es sich um eine Frage der Auslegung deutschen Sachrechts handelt, betont zutreffend MüKoBGB/*Dutta* EuErbVO Vor Art. 20 Rn. 63). Im Schrifttum herrscht Einigkeit darüber, dass die Voraussetzungen einer Substitution der deutschen Zugewinngemeinschaft **allenfalls in Ausnahmefällen** gegeben sein werden, ausländische Güterstände also in aller Regel **nicht unter § 1371 Abs. 1 BGB subsumiert werden können** und die **Erhöhung der Erbquote** folglich ausbleibt (siehe zB *Mankowski* ErbR 2018, 295 (302 f.); *Kleinschmidt,* ErbR 2018, 327 (328); Pfeiffer/Lobach/Rapp/*Kleinschmidt,* Europäisches Familien- und Erbrecht: Stand und Perspektiven, 131 (151 f.); MüKoBGB/*Dutta* EuErbVO Vor Art. 20 Rn. 63; *Süß* DNotZ 2018, 742, (751), der gleichwohl davor warnt, die Anforderungen an die Substitution allzu hoch zu schrauben; hingegen hält *Dörner* ZEV 2018, 305 (307) die Anwendung von § 1371 Abs. 1 BGB in Verbindung mit einem ausländischen Güterstatut kategorisch für ausgeschlossen, was aber zu weit gehen dürfte). Eindeutig ist dies bei Güterständen, die, wie beispielsweise im Fall der französischen Errungenschaftsgemeinschaft (Art. 1400 ff. Code civil), eine gemeinschaftliche Vermögensmasse der Ehegatten entstehen lassen. Denn der überlebende Ehegatte hat dann bereits zu Lebzeiten des Verstorbenen seine güterrechtliche Partizipation erhalten, und ihm darüber hinaus auch

noch eine Erbteilserhöhung nach § 1371 Abs. 1 BGB zu geben, hieße, ihm die güterrechtliche Beteiligung doppelt zu gewähren (so auch *Süß,* DNotZ 2018, 742 (751 f.); *Weber* NJW 2018, 1356 (1358)); *Fornasier* FamRZ 2018, 634 (635); *Sonnentag,* JZ 2019, 657 (663); indessen will *Sakka* MittBayNot 2018, 4 (7) für die der französischen Regelung vergleichbaren „comunione legale" des italienischen Ehegüterrechts eine Erbteilserhöhung nach § 1371 Abs. 1 BGB zulassen). Der überlebende Ehegatte erhält also die Erbquote des § 1931 Abs. 1 BGB und daneben seinen Anteil am Errungenschaftsvermögen. Die in § 1371 Abs. 2 Hs. 2 und Abs. 3 BGB enthaltenen Pflichtteilsregelungen sind zwar erbrechtlich zu qualifizieren, finden aber mangels Vorliegens der Voraussetzungen des § 1371 Abs. 1 BGB keine Anwendung (*Dörner* ZEV 2019, 309 (312)).

Aber selbst im Vergleich zu ausländischen Güterständen, die, wie zB die schweizerische Errungen- **48**
schaftsbeteiligung, während der Ehe keine dingliche Gemeinschaft entstehen lassen, sondern für den Fall der Beendigung einen schuldrechtlichen Ausgleich des erzielten Zugewinns vorsehen, stellt sich die Regelung des § 1371 Abs. 1 als „eigenwillige Mischlösung" dar, die keine Substitution zulässt (*Mankowski* ErbR 2018, 295 (303); *Sonnentag* JZ 2019, 657 (663 f.); für das türkische Ehegüterrecht ausdrücklich OLG Hamm 21.3.2019, IPRax 2020, 350). Denn erstens nehmen die betreffenden ausländischen Güterstände den Ausgleich typischerweise nicht im Wege einer Erbteilserhöhung vor, zweitens erfolgt der Ausgleich nicht auf pauschalierte Art und Weise. Da es nicht anginge, dem ausländischen Güterrecht den deutschen Ausgleichsmechanismus aufzupflanzen (*Weber* DNotZ 2016, 424 (432); *Dörner* ZEV 2018, 305 (307)), wird man daher beispielsweise auch bei einem Zusammentreffen von deutschem Erbstatut mit schweizerischem Güterstatut zu dem Ergebnis kommen müssen, dass **§ 1371 Abs. 1 BGB nicht anwendbar** ist und der Ehegatte neben der Erbquote des § 1931 Abs. 1 BGB den **rechnerischen Zugewinnausgleich verlangen** muss (so etwa auch *Weber* NJW 2018, 1356 (1358); differenzierend zum Schweizer Recht *Sonnentag* JZ 2019, 657 (664)). In Betracht kommt die Substitution der Zugewinngemeinschaft im Rahmen des § 1371 Abs. 1 BGB letztlich nur dort, wo das deutsche Erbstatut mit einer Rechtsordnung zusammenspielt, die beim Tod eines Ehegatten dem überlebenden **keinen güterrechtlichen Ausgleich** gewährt, ihm aber dafür eine **großzügige erbrechtliche Stellung** einräumt (in dieser Situation verfangen auch nicht die Einwände von *Dörner* ZEV 2018, 305 (307)). Beispiele in diesem Sinne sind das österreichische und das englische Recht (näher *Süß* DNotZ 2018, 742, (752 f.); *Sonnentag* JZ 2019, 657 (664 f.); zum österreichischen Recht auch Pfeiffer/Lobach/Rapp/*Kleinschmidt,* Europäisches Familien- und Erbrecht: Stand und Perspektiven, 131 (151 f.); *Dutta* ErbR 2020, 304 (305)). Wird dem ausländischen Güterstand die Substitutionstauglichkeit abgesprochen (so mit beachtlichen Argumenten hinsichtlich englischen Güterrechts MüKoBGB/*Dutta* EuErbVO Vor Art. 20 Rn. 63; *Dutta* ErbR 2020, 304 (305); hinsichtlich österreichischen Güterrechts *Weber* NJW 2018, 1356 (1358)), wird der fehlende güterrechtliche Ausgleich in Verbindung mit der geringen Erbquote des § 1931 Abs. 1 BGB typischerweise zu einem **Normenmangel** führen, der mittels **Anpassung** behoben werden muss (*Weber* NW 2018, 1356 (1358); *Mankowski* ErbR 2018, 295 (303); *Dörner* ZEV 2018, 305 (310); Pfeiffer/Lobach/Rapp/*Kleinschmidt,* Europäisches Familien- und Erbrecht: Stand und Perspektiven, 131 (152 f.)).

Festzuhalten ist damit, dass die mit der erbrechtlichen Qualifikation bezweckte europaweit einheitli- **49**
che Handhabung des § 1371 Abs. 1 BGB über weite Strecken darin besteht, die Vorschrift mangels Erfüllung der Tatbestandsvoraussetzungen unangewendet zu lassen und damit auf subtile Weise aus dem Verkehr zu ziehen (was man angesichts der rechtspolitischen Fragwürdigkeit der Norm nicht bedauern muss). Aus dogmatischer Sicht läuft die erbrechtliche Qualifikation **de facto** auf eine **Doppelqualifikation** hinaus, dh die Regelung kommt, von wenigen Ausnahmefällen abgesehen, nur dort zur Anwendung, wo deutsches Recht sowohl Erbstatut als auch Güterstatut ist (*Süß* DNotZ 2018, 742 (751); *Aiwanger* ErbR 2019, 202 (207)). Die Kritik an der echten Doppelqualifikation (zum Unterschied *Dörner* ZEV 2018, 305 (308)) besteht nicht zufällig genau darin, dass sie den praktischen Anwendungsbereich des § 1371 Abs. 1 BGB übermäßig einengt (*Mankowski* ZEV 2014, 121 (124, 127); *Sakka* MittBayNot 2018, 4 (9)), und sie ist unter der EuErbVO denn auch nur ganz vereinzelt vertreten worden (*Volmer* Rpfleger 2013, 421 (426)). Darüber hinaus steht die Doppelqualifikation auch im **Widerspruch zur Systematik des europäischen Kollisionsrechts,** das Erbrecht und Güterrecht in getrennten Rechtsakten ohne sachlichen Überschneidungsbereich regelt (*Mankowski* ZEV 2014, 121 (124, 127); *Weber* DNotZ 2016, 424 (432 f.); *Dörner* ZEV 2019, 309 (310); *Sonnentag* JZ 2019, 657 (658)).

Andere Probleme stellen sich in der spiegelverkehrten Konstellation, also dort, wo **deutsches** **50**
Güterrecht anwendbar ist und mit einem ausländischen Erbstatut zusammentrifft. In diesem Fall kommt § 1371 Abs. 1 BGB aufgrund seiner erbrechtlichen Qualifikation von vornherein nicht zur Anwendung. Ist Erbstatut zB französisches Recht, erhält der überlebende Ehegatte bei Vorhandensein von Abkömmlingen eine Erbquote von $^1/_4$ (Art. 757 Code civil, der dem Ehegatten im Falle gemeinsamer Abkömmlinge auch die Option für einen Nießbrauch am Gesamtnachlass einräumt). Erscheint diese Nachlassbeteiligung aus deutscher Sicht zunächst als gering, gilt es sich zu vergegenwärtigen, dass der Ehegatte nach der französischen Konzeption zusätzlich noch seinen Anteil an den Errungenschaften bekommt (→ Rn. 47). Ist Güterstatut allerdings deutsches Recht, muss der überlebende Ehegatte

befürchten, das „Schlechteste beider Welten“ zu erhalten, nämlich die magere Erbquote kombiniert mit einem fehlenden rechnerischen Ausgleich (vgl. auch *Fornasier* FamRZ 2018, 634 (635)). Denn letzterer ist nach § 1371 Abs. 2, 3 BGB nur dann vorgesehen, wenn der Ehegatte nicht Erbe wird oder das Erbe ausschlägt.

51 Es wird damit offenbar, dass die erbrechtliche Qualifikation des § 1371 Abs. 1 BGB im Falle der gesetzlichen Erbfolge (zu anderen Konstellationen *Dörner* ZEV 2018, 305 (309)) eine **Lücke in das deutsche Güterrechtsstatut reißt:** Der für die Gesamtkonzeption zentrale Baustein des § 1371 Abs. 1 BGB, also der pauschalierte Ausgleich, wird weggenommen, ohne dass das Erbstatut im Beispielsfall etwas Vergleichbares an seine Stelle setzt. Dieses für den überlebenden Ehegatten harsche und auf kollisionsrechtlichen Zufälligkeiten beruhende Ergebnis hinzunehmen, kommt nicht in Betracht (so aber *Sakka* MittBayNot 2018, 4 (7 f.), der Korrekturen allenfalls über den ordre public (Art. 35) vornehmen will; zu Recht ablehnend *Bandel* ZEV 2018, 207 (208)); *Sonnentag* JZ 2019, 657 (660); Pfeiffer/Lobach/Rapp/*Kleinschmidt,* Europäisches Familien- und Erbrecht: Stand und Perspektiven, 131 (154 Fn. 101)). Stattdessen ist dem eintretenden **Normenmangel** durch das Institut der **Anpassung** abzuhelfen (*Mankowski* ErbR 2018, 295 (303 f.); *Kleinschmidt* ErbR 2018, 327 (329)). Zu beachten ist, dass es aufgrund des grundsätzlichen Gleichlaufs von internationaler Zuständigkeit und anwendbarem Erbrecht und sowie der in Art. 4 EuGüVO geregelten Annexzuständigkeit **typischerweise ausländische Gerichte** sein werden, denen diese delikate Aufgabe zufällt (*Andrae* IPRax 2018, 221 (226); Pfeiffer/Lobach/Rapp/*Kleinschmidt,* Europäisches Familien- und Erbrecht: Stand und Perspektiven, 131 (155); generell zu Art. 4 EuGüVO *Aiwanger* ErbR 2019, 202 (208 f.); MüKoBGB/*Dutta* EuErbVO Art. 1 Rn. 29). Zur Wahrung des internationalen Entscheidungseinklangs muss die Anpassungsentscheidung des zuerst angerufenen Gerichts Bindungswirkung entfalten (näher MüKoBGB/*Dutta* EuErbVO Vor Art. 20 Rn. 61).

52 Eine naheliegende Lösung, die sogar vor „Mahnkopf“ schon gesetzgeberisch erwogen wurde (dazu *Mankowski* ErbR 2018 295 (304)), besteht darin, **§ 1371 Abs. 2 Hs. 1 BGB teleologisch dergestalt zu reduzieren,** dass der **rechnerische Zugewinnausgleich zusätzlich zur Nachlassbeteiligung unter ausländischem Erbstatut** verlangt werden kann, die Erbenstellung also nicht ausgeschlagen zu werden braucht (so im Ergebnis auch *Fornasier* FamRZ 2018, 634 (635); *Dörner* ZEV 2018, 305 (309); *Süß* DNotZ 2018, 742 (747); *Mankowski* ErbR 2018, 295 (303); *Andrae* IPRax 2018, 221 (225 f.); NK-Nachfolgerecht/*Köhler* Art 23 EuErbVO Rn. 20; *Dörner* ZEV 2019, 309 (312 f.); MüKoBGB/*Dutta* EuErbVO Vor Art. 20 Rn. 63; *Thorn/Varón Romeo* IPRax 2020, 316 (320); für weitere Nachweise *Sonnentag* JZ 2019, 657 (661 Fn. 90)). Bei wirtschaftlicher Betrachtung steht der überlebende Ehegatte infolge dieser **materiellrechtlichen Anpassung** (zur Unterscheidung zwischen kollisionsrechtlicher Anpassung und materiellrechtlicher Anpassung *Sonnentag* JZ 2019, 657 (661)) dann in etwa so, wie er stünde, wenn der Beispielssachverhalt entweder nur deutschem oder nur französischem Recht unterliegen würde, was den Maßstab für die Stimmigkeit der Anpassung bilden sollte. Trifft das deutsche Güterrecht hingegen mit einem Erbrecht zusammen, das zwecks pauschaler Abgeltung der güterrechtlichen Teilhabe eine großzügige Ehegattenerbquote vorsieht (ähnlich der Konzeption des § 1371 Abs. 1 BGB), droht der rechnerische Ausgleich nach § 1373 ff. zu einer Überkompensation zu führen. Hier ist entweder zusätzlicher Anpassungsbedarf vorzunehmen (so *Dörner* ZEV 2008, 305 (310); MüKoBGB/*Dutta* EuErbVO Vor Art. 20 Rn. 63) oder Anpassungsbedarf von vornherein zu verneinen (dh es kommt allein zu einer erbrechtlichen Beteiligung, so für den Fall eines englischen Erbstatuts *Süß* DNotZ 2018, 742 (748)).

53 Problematisch ist die genannte Lösung insofern, als sie dem überlebenden Ehegatten entgegen der Intention des deutschen Gesetzgebers die **Komplexität des rechnerischen Ausgleichs** aufbürdet (*Bandel* ZEV 2018 207 (208); *Kleinschmidt* ErbR 2018, 327 (329); Pfeiffer/Lobach/Rapp/*Kleinschmidt,* Europäisches Familien- und Erbrecht: Stand und Perspektiven, 131 (154); *Sonnentag* JZ 2019, 657 (662)). Es wird hier einmal mehr der aus deutscher Sicht systemwidrige Charakter der erbrechtliche Qualifikation des § 1371 Abs. 1 BGB offenkundig, die dem deutschen Güterstatut nicht nur die Wirkungen des § 1371 Abs. 1 BGB aus der Hand schlägt, sondern auch die zugehörige ratio legis. Letzteres muss das deutsche Güterrecht zwar nicht widerspruchslos hinnehmen (so aber *Dörner* ZEV 2018, 305 (307)). Doch überzeugt es nicht, die Lösung in der entsprechenden Anwendung des § 1371 Abs. 1 BGB zu suchen und damit unbeirrt an der Erbteilserhöhung des überlebenden Ehegatten festzuhalten (so *Sonnentag* JZ 2019, 657 (662) und wohl auch Pfeiffer/Lobach/Rapp/*Kleinschmidt,* Europäisches Familien- und Erbrecht: Stand und Perspektiven, 131 (154 f.)). Denn im Ergebnis würde § 1371 Abs. 1 BGB zumindest für bestimmte Konstellationen „im zweiten Anlauf“ doch güterrechtlich qualifiziert und dem Güterstatut damit in direktem Widerspruch zur „Mahnkopf“-Entscheidung gestattet, in das Erbstatut „hineinzuregieren“ (für „potentiell unionsrechtswidrig“ hält die Lösung auch MüKoBGB/*Dutta* EuErbVO Vor Art. 20 Rn. 63 (Fn. 105); zur generellen Problematik einer kollisionsrechtlichen Angleichung, auf die der genannte Vorschlag hinausläuft, MüKoBGB/*Dutta* EuErbVO Vor Art. 20 Rn. 60; schließlich ist aber auch schwer vorstellbar, dass ein ausländisches Gericht (das in solchen Fällen typischerweise zuständig sein wird (→ Rn. 51)) einen derart gewagten Schritt gehen würde, um der Wertung des § 1371 Abs. 1 BGB zur Durchsetzung zu verhelfen). Der **sachgerechte Kompromiss** dürfte deshalb

darin zu suchen sein, die im § 1371 Abs. 1 BGB zum Ausdruck gekommene Zielsetzung **schuldrechtlich umzusetzen,** dem überlebenden Ehegatten also pauschal einen Zahlungsanspruch gegen den Nachlasses in Höhe von einem Viertel des Erbschaftswertes zu gewähren (*Bandel* ZEV 2018, 207 (208), auch mit Hinweis auf die Notwendig der Anpassung im Falle einer drohenden Überkompensation). Der Einwand, dass dem Ehegatten hierdurch die von § 1371 Abs. 1 BGB vorgesehene dingliche Nachlassberechtigung versagt wird (*Sonnentag* JZ 2019, 657 (662)) bzw. die Schwierigkeiten der Zahlungsdurchsetzung im Ausland aufgebürdet werden (Pfeiffer/Lobach/Rapp/*Kleinschmidt,* Europäisches Familien- und Erbrecht: Stand und Perspektiven, 131 (154)), dürfte kein entscheidendes Gewicht zukommen, da der überlebende Ehegatte eine Nachlassinhaberschaft kraft seiner Stellung als Miterbe hat und die Höhe seiner Quote für den Umfang seiner Verwaltungsbefugnisse häufig nicht entscheidend sein wird. Der Einwand der fehlenden Rechtsgrundlage schließlich (so *Dörner* ZEV 2018, 305 (307)) verfängt im Rahmen der Anpassung generell nicht. Dass **Unsicherheiten bleiben,** ist nicht in Abrede zu stellen. Doch lassen sich die Folgen der durch die erbrechtliche Qualifikation herbeigeführten Systemstörungen letztlich eben nicht vollständig auffangen.

Die Qualifikation der §§ 1371 Abs. 2–4 BGB. Keinen Einfluss hat die „Mahnkopf"-Entscheidung des EuGH (→ Rn. 42) auf die Einordnung der §§ 1371 Abs. 2 und Abs. 3 BGB. Der rechnerische Zugewinnausgleich des **§ 1371 Abs. 2 Hs. 1** nimmt zwar Bezug auf das Erbrecht, doch ist er genau wie unter früherem Recht (dazu Staudinger/*Mankowski* EGBGB Art. 15 Rn. 365) **güterrechtlich zu qualifizieren** (Dutta/Herrler/*Dörner,* Die Europäische Erbrechtsverordnung, Rn. 10; *Weber* DNotZ 2016, 424 (430 f.); MüKoBGB/*Dutta* EuErbVO Art. 1 Rn. 27). Die **Vorfrage,** ob der überlebende Ehegatte Erbe oder Vermächtnisnehmer geworden ist, ist aufgrund der Harmonisierung des Erbkollisionsrechts **selbständig anzuknüpfen** (→ Rn. 22) und richtet sich somit nach dem von der EuErbVO bestimmten Recht (*Weber* DNotZ 2016, 424 (437)). Trifft § 1371 Abs. 2 BGB mit einem ausländischen Erbstatut zusammen, stellen sich die bereits genannten **Fragen der Substitution** (→ Rn. 47). **§ 1371 Abs. 2 Hs. 2** ist dagegen eine **Regelung zum Pflichtteil** (Art. 23 Abs. 2 lit. h) des in Zugewinngemeinschaft verheirateten Ehegatten (→ Rn. 47 aE) und damit dem **Erbstatut** zuzuordnen. Gleiches gilt für **§ 1371 Abs. 3 Hs. 1 BGB** (siehe jeweils *Dörner* ZEV 2019, 309 (313); MüKoBGB/*Dutta* EuErbVO Art. 1 Rn. 27). 54

Für die Qualifikation des **§ 1371 Abs. 4 BGB** hat die „Mahnkopf"-Entscheidung hingegen Konsequenzen, indem die **erbrechtliche Qualifikation** des § 1371 Abs. 1 BGB auf die Qualifikation des § 1371 Abs. 4 BGB **durchschlagen sollte,** um so den kollisionrechtlichen Gleichlauf zwischen beiden Regelungen zu wahren (MüKoBGB/*Dutta* EuErbVO Art. 1 Rn. 27): Ist Erbstatut ein ausländisches Recht und § 1371 Abs. 1 BGB daher nicht anwendbar, besteht also auch kein Anspruch aus § 1371 Abs. 4 BGB (*Dörner* ZEV 2019, 309 (313)). Ratio dieses Gleichlaufs ist, dass der Unterhaltsanspruch der Stiefkinder aus dem güterrechtlichen Viertel des § 1371 Abs. 1 BGB zu gewähren ist und somit Vorteile und Lasten der Erbschaft in einer Hand gebündelt werden (Staudinger/*Mankowski* EGBGB Art. 15 Rn. 367; Dutta/Herrler/*Dörner,* Die Europäische Erbrechtsverordnung, Rn. 18). Was unter Annahme einer güterrechtlichen Qualifikation des § 1371 Abs. 1 BGB also für die güterrechtliche Qualifikation des § 1371 Abs. 4 BGB sprach (dazu die 1. Aufl.), spricht nun für dessen erbrechtliche Qualifikation. Zusätzlich begründen lässt sich diese mit der Vorschrift des Art. 1 Abs. 2 lit. e (→ Rn. 65), der unmittelbar nachlassbelastende Unterhaltsansprüche gerade nicht vom Anwendungsbereich der EuErbVO ausnimmt (*Dörner* ZEV 2019, 309 (313)). 55

Die Qualifikation des § 1931 Abs. 4. § 1931 Abs. 4 BGB verknüpft die Regeln über das Erbrecht des überlebenden Ehegatten dergestalt mit dem Güterrecht, dass die Erbquote oder die Beteiligung am Nachlass je nach Güterstand variiert. Der entscheidende Unterschied zu einer Regelung wie der des § 1371 Abs. 1 BGB besteht darin, dass es hier um eine originäre Bestimmung des gesetzlichen Erbrechts geht, nicht um eine güterrechtliche Regelung, die sich des Erbrechts als Mittel bedient. Die **erbrechtliche Qualifikation** einer Regelung wie § 1931 Abs. 4 BGB ist deshalb wohl unstreitig (Dutta/Herrler/*Dörner,* Die Europäische Erbrechtsverordnung, 73 (Rn. 9); MüKoBGB/*Dutta* EuErbVO Art. 1 Rn. 27; *Weber* DNotZ 2016, 424 (434); zum autonomen deutschen Recht OLG Düsseldorf ZEV 2009, 515; Staudinger/*Mankowski* EGBGB Art. 15 Rn. 370; für eine güterrechtliche Qualifikation unter früherem Recht Soergel/*Schurig* Art. 15 EGBGB Rn. 38). Ein Auseinanderfallen von Erbstatut und Güterrechtsstatut kann allerdings zur Notwendigkeit einer **Substitution** führen, denn die nach dem Ehegüterstatut zu beurteilende Vorfrage, ob die Ehegatten in Gütertrennung lebten (*Dörner* ZEV 2019, 309 (312)), nimmt an sich nur Bezug auf die entsprechende Regelung des deutschen Rechts. Ist aber der ausländische Güterstand einer deutschen Gütertrennung funktional vergleichbar, so kann § 1931 Abs. 4 BGB unverändert zur Anwendung kommen (Staudinger/*Mankowski* EGBGB Art. 15 Rn. 372 ff.; *Weber* DNotZ 2016, 424 (437); wurden allerdings infolge eines ausländischen Trennungsurteil sämtliche personen- oder vermögensrechtlichen Beziehungen zwischen den Ehegatten aufgelöst, fehlt es schon am Bestehen einer Ehe iSd § 1931 BGB, *Samtleben,* Ehetrennung als Ehescheidung – ein Fall der Substitution?, FS Kropholler, 2008, 413 (418)). 56

Die Qualifikation des § 1483 BGB. Güterrechtlich zu qualifizieren ist hingegen die **fortgesetzte Gütergemeinschaft nach § 1483 BGB,** da das Erbrecht hier, vergleichbar der Situation bei 57

Tod eines Gesellschafters (→ Rn. 105 ff.), nur die Vorfrage der den Platz des Verstorbenen einnehmenden Nachfolger regelt, nicht aber die vermögensrechtliche Gemeinschaft als solche (*Weber* DNotZ 2016, 424 (435); iE auch MüKoBGB/*Dutta* EuErbVO Art. 1 Rn. 26; Deixler-Hübner/Schauer/*Mankowski* Art. 1 EuErbVO Rn. 62; hingegen hält *Dörner* ZEV 2019, 309 (313) im Licht der „Mahnkopf"-Entscheidung eine erbrechtliche Qualifikation für angezeigt). Ebenfalls güterrechtlich zu qualifizieren ist die Vereinbarung zwischen den Ehehatten über die fortgesetzte Gütergemeinschaft (*Andrae* IPRax 2018, 221 (227); anders *Dörner* ZEV 2019, 309 (313): Erbvertrag iSd Art. 25).

58 **cc) Grenzfälle in ausländischen Rechten.** Auch in anderen Rechtsordnungen finden sich Regelungen, für die sowohl eine erb- als auch güterrechtliche Qualifikation in Betracht kommt. Ein Beispiel sind ehevertragliche Modifizierungen des gesetzlichen Güterrechts, durch die für den Fall der Beendigung des Güterstands durch Tod die Stellung des überlebenden Ehegatten verbessert wird. Viel diskutierter Anwendungsfall sind die **„avantages matrimoniaux"** des französischen Rechts. Sie können im Recht zur Vorwegentnahme bestimmter Gegenstände bestehen (mit oder ohne Anrechungspflicht), in einer Abweichung vom Halbteilungsgrundsatz und sogar in einer vollständigen Zuweisung des Gesamtguts an den Überlebenden (eingehend Süß/*Döbereiner,* Frankreich, Rn. 186 ff.; ferner *Döbereiner* ZEV 2016, 490 (493); *Jacoby* GPR 2018, 303 (304); zu unterscheiden von den genannten Gestaltungen ist das Institut der **„institution contractuelle",** die formal eine Schenkung zugunsten des überlebenden Ehegatten auf den Todesfall ist, in ihren Wirkungen aber einem Erbvertrag nahe kommt und daher erbrechtlich qualifiziert wird (eingehend Süß/*Döbereiner,* Frankreich, Rn. 35–40, 134–165.; *Döbereiner* ZEV 2016, 490 (492 f.); für die erbrechtliche Qualifikation auch *Jacoby* GPR 2018, 303 (304)); *Andrae* IPRax 2018, 221 (228); MüKoBGB/*Dutta* EuErbVO Art. 3 Rn. 13; → Rn. 85). Die Schwierigkeit der kollisionsrechtlichen Einordung der „avantages matrimoniaux" zeigt sich nicht zuletzt darin, dass sie in Frankreich und Deutschland unterschiedlich beurteilt wird: Während französische Autoren wie schon vor Geltung der EuErbVO mehrheitlich für eine **güterrechtliche Qualifikation** von „avantages matrimoniaux" plädieren (siehe *Jacoby* GPR 2018, 303 (307); Süß/*Döbereiner,* Frankreich, Rn. 15), wurde im deutschen Schrifttum jedenfalls unter früherem Recht mehrheitlich eine erbrechtliche Qualifikation befürwortet (siehe Süß/*Döbereiner,* Frankreich, Rn. 16). Unter der EuErbVO gilt wie stets das **Gebot der autonomen Qualifikation** (→ Einl Rn. 93 ff.; Bonomi/Wautelet/*Bonomi* Art. 1 Rn. 28).

59 Keine unmittelbare Entscheidung über die Qualifikation von „avantages matrimoniaux" lässt sich der „Mahnkopf"-Entscheidung des EuGH (→ Rn. 42) entnehmen (so auch *Kleinschmidt* ErbR 2018, 327 (327); für übertragbar hält die „Mahnkopf"-Entscheidung hingegen Süß/*Döbereiner,* Frankreich, Rn. 19). Denn anders als der vom EuGH erbrechtlich qualifizierte § 1371 Abs. 1 BGB führen güterrechtliche Vereinbarungen der genannten Art nicht zu einer Veränderung der Erbquoten, sondern zu einer Veränderung des Nachlassbestands: Da die „avantages matrimoniaux" dem überlebenden Ehegatten unmittelbar anwachsen (siehe die Formulierungen bei *Jacoby* GPR 2018, 303 (304, 307)), fallen sie gar nicht erst in den Nachlass (dies betont auch *Andrae* IPRax 2018, 221 (228)). Damit ist aber auch die Funktionsfähigkeit des ENZ nicht betroffen, die wichtigster Grund für die erbrechtliche Qualifikation des § 1371 Abs. 1 BGB war (iE wohl auch *Jacoby* GPR 2018, 303 (307 f.)). Wenn überhaupt, dürfte sich aus der „Mahnkopf"-Entscheidung der Gegenschluss ziehen lassen: Stellte der EuGH bei Einordnung des § 1371 Abs. 1 BGB auf dessen erbrechtliche Wirkungsweise ab, müsste er von der güterrechtlichen Wirkungsweise der „avantages matrimoniaux" auf deren güterrechtliche Qualifikation schließen (für eine solche iE auch *Weber,* DNotZ 2016, 424 (435); *Andrae* IPRax 2018, 221 (228); Deixler-Hübner/Schauer/*Mankowski* Art. 1 EuErbVO Rn. 77 (auf der Grundlage von Art. 1 Abs. 2 lit. g); MüKoBGB/*Dutta* EuErbVO Art. 3 Rn. 13; offen gelassen von Bonomi/Wautelet/*Bonomi* Art. 1 Rn. 28). **Gegen die** (in der 1. Aufl. noch vertretene) **erbrechtliche Qualifikation** sprechen überdies auch **systematische Erwägungen.** Denn es ist zwar richtig, dass „avantages matrimoniaux" sich **aus funktionaler Sicht als Zuwendung auf den Todesfall** und damit als **Erbvertrag iSd Art. 25** darstellen (mit diesem Argument für eine grundsätzlich erbrechtliche Qualifikation *Döbereiner* MittBayNot 2013, 437 (439); Süß/*Döbereiner,* Frankreich, Rn. 17 f.; *Döbereiner* ZEV 2016, 490 (494); güterrechtlich zu qualifizieren sollen danach allein gesetzlich vorgesehene Ausnahmen vom Halbteilungsgrundsatz sein, oder solche vertraglichen Regelungen, die den Halbteilungsgrundsatz unberührt lassen)). Doch schließt Art. 1 Abs. 2 lit. g solche „will-substitutes" gerade vom Anwendungsbereich der EuErbVO aus (ausführlich → Rn. 73 ff.; zur Einordnung von güterrechtlichen Zuweisungen auf den Tod als „will-substitutes" *Carrascosa González* 40)). Für eine Gleichbehandlung mit den in Art. 1 Abs. 2 lit. g genannten Gestaltungen spricht insbesondere die **strukturelle Nähe zur Anwachsung bei der „joint tenancy"** (→ Rn. 91) oder unter Gesellschaftern (vgl. *Jacoby* GPR 2018, 303 (307)). Endgültige Klarheit über die Qualifikation der „avantages matrimoniaux" kann aber nur eine Vorlage an den EuGH bringen (vgl. auch *Jacoby* GPR 2018, 303 (306); zu den bis dahin aus einer uneinheitlichen Qualifikation resultierenden Problemen Süß/*Döbereiner,* Frankreich, Rn. 19).

60 Für Vereinbarungen, mittels derer die Ehegatten eine **Abweichung vom Halbteilungsprinzip für den Zugewinnüberschuss** vorsehen, gilt das über die „avantages matrimoniaux" Gesagte entspre-

chend. Die vollständige Zuweisung des „Vorschlags" an den überlebenden Ehegatten nach schweizerischem Recht ist deshalb ebenfalls **güterrechtlich zu qualifizieren** (*Andrae* IPRax 2018, 221 (228)).

Eindeutig erbrechtlichen Charakter haben dagegen Regelungen, die dem Begünstigten – typischerweise dem überlebenden Ehegatten – ein **Wahlrecht hinsichtlich seines Erbteils** einräumen. So kann etwa nach katalanischem Recht der überlebende Ehegatte bei Konkurrenz mit Abkömmlingen des Erblassers seinen **Universalnießbrauch** auf Wunsch in eine **Erbquote** von einem Viertel **umwandeln** (Art. 442-5 katal. Código civil). Umgekehrt kann der überlebende Ehegatte nach französischem Recht anstelle eines **Erbbruchteils** für ein **Nießbrauchsrecht** am gesamten Nachlass optieren (Art. 757 ff. Code civil). Anders als in den Fällen des § 1371 Abs. 1 BGB geht es hier nicht darum, güterrechtliche Ziele mit den Mitteln des Erbrechts zu erreichen. Stattdessen liegt eine **Wahlmöglichkeit innerhalb des gesetzlichen Erbrechts** vor. Dass die Qualifikation des „katalanischen Witwenviertels" trotzdem Zweifel auslöst (*Steinmetz/Löber/García Alcázar* ZEV 2010, 234 (237); *Kleinschmidt* RabelsZ 77 (2013), 723 (758 f.)), dürfte damit zusammenhängen, dass sich nach früherem (gemein-)spanischen IPR das Erbrecht des Ehegatten grundsätzlich nach dem Güterrechtsstatut bestimmte, um einen Gleichlauf zu gewährleisten (Art. 9 Nr. 8 span. Código civil). Dies ließ den **erbrechtlichen Charakter** der entsprechenden Sachregelungen aber natürlich unberührt. Überdies kommt Art. 9 Nr. 8 Código civil nach Inkrafttreten der EuErbVO ohnehin **nicht mehr zur Anwendung** (*Carrascosa González* 176). 61

Die sog. **Gütergemeinschaft auf den Todesfall** (§ 1234 ABGB) des österreichischen Rechts dürfte **erbrechtlich zu qualifizieren** sein, da sie erst mit dem Tod entsteht und eine Versorgungsfunktion erfüllt (Schauer/Scheuba/*Fischer-Czermak,* Europäische Erbrechtsverordnung, 23 (26); *Rudolf* ÖNotZ 2013, 225 (227); Deixler-Hübner/Schauer/*Mankowski* Art. 1 EuErbVO Rn. 61; für eine **güterrechtliche Qualifikation** dagegen MüKoBGB/*Dutta* EuErbVO Art. 1 Rn. 26). In der Praxis scheint sie allerdings ohnehin kaum vorzukommen. 62

Erbrechtlich qualifiziert werden sollten schließlich auch die in vielen Common Law-Staaten zu findenden Regelungen, nach denen die **Eheschließung des Testators** vorbehaltlich enger Ausnahmen den **Widerruf eines vorher errichteten Testaments** zur Folge hat (siehe zB sec. 18 des englischen Wills Act 1837). Auch wenn in den betreffenden Rechtsordnungen eine solche Regelung häufig **eherechtlich qualifiziert** wird (Nachweise bei *Jahn* IPRax 2008, 149 (150 ff.); Bonomi/Wautelet/*Bonomi* Art. 1 Rn. 28), liegt nach Inhalt und Zweck eindeutig eine **Regelung des Erbrechts** vor, die lediglich auf das Eherecht Bezug nimmt (*Jahn* IPRax 2008, 149 (153 f.); Deixler-Hübner/Schauer/*Mankowski* Art. 1 EuErbVO Rn. 63). Um unter der EuErbVO zur Anwendung zu gelangen, muss eine solche Widerrufsvorschrift allerdings gemäß Art. 24 Abs. 3 Teil des im Zeitpunkt der Eheschließung maßgeblichen **Errichtungsstatuts** sein, und nicht des nach Art. 21, 22 zu bestimmenden **Erbstatuts** (Khairallah/Revillard/*Revillard,* Droit Européen des Successions Internationales, 2013, 67 (Nr. 185)). 63

dd) Zuweisung bestimmter Nachlassgegenstände. Umstritten ist schließlich die Qualifikation von Regelungen, die beim Tod eines Ehegatten dem überlebenden Teil **bestimmte Nachlassgegenstände zuweisen,** etwa den **Hausrat** („Voraus", siehe zB § 1932 BGB, § 745 ABGB, dazu *Zimmermann* RabelsZ 80 (2016), 39 (54 f.)) oder die **Ehewohnung** (zB § 745 ABGB, Art. 763 Code civil; für weitere Beispiele *Zimmermann* RabelsZ 80 (2016), 39 (88); *Aiwanger* ErbR 2019, 202 (207 Fn. 43); siehe ferner → Art. 30 Rn. 20). Ungeachtet des erbrechtlichen Standorts und der erbrechtlichen Wirkungsweise solcher Regelungen plädieren einige Autoren für ihre **güterrechtliche Qualifikation.** Genau wie bei § 1371 Abs. 1 BGB argumentieren sie mit der **Funktion** der betreffenden Sonderzuweisungen, die in der Abwicklung der ehelichen Vermögensverhältnisse liege sowie in dem Erhalt des äußeren Rahmens der bisherigen Lebensumstände (*Andrae* IPRax 2018, 221 (224 f.); dem folgend NK-BGB/*R. Magnus* Art. 1 EuGüVO/EuPartVO Rn. 61). Diese Sichtweise ist indessen schon aus dem Grund **problematisch,** dass sie die Grenzen zwischen Erb- und Güterstatut vollständig aufzulösen und damit die Systematik des europäischen Kollisionsrechts (→ Rn. 49) zu missachten droht. Denn das (nach Art. 23 Abs. 2 lit. b unmissverständlich dem Erbstatut zugewiesene) allgemeine Ehegattenerbrecht ist in heutiger Zeit ebenfalls häufig von dem Ziel getragen, dem überlebenden Ehegatten das Verbleiben in der gewohnten Umgebung und den Erhalt des Lebensstandards zu ermöglichen (eingehend *Zimmermann* RabelsZ 80 (2016), 39 (81–88)). Darüber hinaus dürfte die güterrechtliche Qualifikation einer Vorschrift wie § 1932 BGB aber auch nicht mit der „Mahnkopf"-Rechtsprechung (→ Rn. 42) vereinbar sein. Denn wenn der EuGH in dieser auf die erbrechtliche Wirkungsweise des § 1371 Abs. 1 BGB abgestellt hat, müsste er dies umso mehr bei einer Vorschrift wie § 1932 BGB tun, die nicht einmal auf einen bestimmten Güterstand abstellt (so auch *Dörner* ZEV 2019, 309 (313); hingegen entnimmt *Aiwanger* ErbR 2019, 202 (207) der „Mahnkopf"-Entscheidung die Aussage, dass die Zuweisung einzelner Vermögenswerte güterrechtlich zu qualifizieren sei). Die **erbrechtliche Qualifikation** der genannten Regelungen ist daher **vorzugswürdig** (so auch MüKoBGB/*Dutta* EuErbVO Art. 23 Rn. 10). 64

e) Unterhaltspflichten. Lit. e nimmt Unterhaltspflichten vom Anwendungsbereich der EuErbVO aus, es sei denn, sie entstehen mit dem Tod des Erblassers. Diese auf den ersten Blick etwas überraschende Differenzierung rührt daher, dass Erbrecht und Unterhaltsrecht keineswegs klar voneinander 65 abgrenzbare Materien sind, sondern sich vielfach überschneiden. Denn seit jeher war es dem Erbrecht ein wichtiges Anliegen, nach dem Tod des Erblassers eine **ausreichende Versorgung der ihm nahestehenden Personen sicherzustellen.** Am deutlichsten kommt diese Zielsetzung in Vorschriften zum Ausdruck, die unmittelbar mit dem Tod des Erblassers einen Unterhaltsanspruch gegen den Erben bzw. den Nachlass begründen (zB § 1969 BGB **(„Dreißigster");** eine ähnliche Regelung gibt es zB in Schweden, Dutta/Herrler/*Hellner,* Die Europäische Erbrechtsverordnung, 107 Fn. 7; Art. 2018 bzw. Art. 2020 port. Código civil geben dem überlebenden Ehegatten bzw. Lebenspartner sogar einen zeitlich unbefristeten Unterhaltsanspruch gegen Erben und Vermächtnisnehmer; weitere Beispiele in diesem Sinne sind Ansprüche aus § 1933 S. 3 oder § 1963 BGB; siehe ferner die Beispiele bei Bonomi/Wautelet/*Bonomi* Art. 1 Rn. 33). Ebenso findet der Unterhaltsgedanke aber eine Ausprägung in den Regelungen zum **Pflichtteilsrecht** (Art. 23 Abs. 2 lit. h), zu dem bei weitem Verständnis auch ein Institut wie die „family provision" des englischen Erbrechts zu rechnen ist (→ Art. 23 Rn. 106). Regelungen der genannten Art sind **nicht von der Bereichsausnahme der lit. e erfasst,** da die entsprechenden Ansprüche **erst mit dem Tod des Erblassers entstehen** (Palandt/*Thorn* EuErbVO Art. 1 Rn. 9; *Dörner* ZEV 2019, 309 (313); Deixler-Hübner/Schauer/*Mankowski* Art. 1 EuErbVO Rn. 67). Maßgeblich ist somit das nach Art. 21, 22 zu bestimmende **Erbstatut,** was durch den letzten Teil des Art. 23 Abs. 2 lit. h bestätigt wird (Bonomi/Wautelet/*Bonomi* Art. 1 Rn. 33; MüKoBGB/*Dutta* EuErbVO Art. 1 Rn. 34).

66 Anders liegt der Fall, wenn der Gesetzgeber die Versorgung naher Angehöriger dadurch sicherzustellen sucht, dass er **die lebzeitigen Unterhaltsverpflichtungen des Verstorbenen auf seine Erben bzw. den Nachlass übergehen lässt.** Zwar sind Regelungen dieser Art heute selten, weil die Rechtsordnungen Unterhaltsverpflichtungen des Erblassers mit dessen Tod grundsätzlich erlöschen lassen (zumindest soweit sie noch nicht fällig geworden sind, vgl. §§ 1615 Abs. 1, 1360a Abs. 3 BGB) und die Absicherung wie gesehen mit genuin erbrechtlichen Mitteln gewährleisten. Doch finden sich Ausnahmeregelungen sowohl im deutschen Recht (§§ 1586b, § 1615l Abs. 3 S. 4 BGB, dazu *Krüger/Tegelkamp* ErbR 2012, 34 (35 f.)) als auch in ausländischen Rechten (zB Art. 342-5 frz. Code civil, § 233 ABGB). Da in diesen Fällen mit dem Tod des Erblassers keine neue Unterhaltsverpflichtung entsteht, sondern nur eine bestehende fortgesetzt wird, ist **der Ausschlussgrund der lit. e an sich erfüllt,** sodass der betreffende Unterhaltsanspruch nicht vom Erbstatut regiert wird (Deixler-Hübner/Schauer/*Mankowski* Art. 1 EuErbVO Rn. 69; wohl auch Palandt/*Thorn* EuErbVO Art. 1 Rn. 9; nicht entscheidend dürfte dagegen der Anwendungsbereich der EuUntVO sein, so aber BeckOGK/*J. Schmidt* EuErbVO Art. 1 Rn. 25). Befriedigen kann diese Differenzierung bei funktionaler Betrachtung freilich nicht (ähnlich Bonomi/Wautelet/*Bonomi* Art. 1 Rn. 34). Denn zum einen ist es wie gezeigt oftmals nur eine „Frage der Technik", ob ein Gesetzgeber Unterhaltspflichten vererblich stellt oder sie in eine originäre erbrechtliche Teilhabe transformiert. Zum anderen sind haftungsrechtliche Verwerfungen zu befürchten, wenn die auf Unterhalt gerichteten Nachlassverbindlichen einem anderen rechtlichen Schicksal unterworfen sind als die übrigen. Einige Autoren versuchen die Einbeziehung übergeganger Unterhaltspflichten damit zu begründen, dass die Pflicht in Person des Erben bzw. des Nachlasses neu entstehe (so für § 1586b und § 1615l BGB MüKoBGB/*Dutta* EuErbVO Art. 1 Rn. 34; für § 233 ABGB (ehemals § 142) Schauer/Scheuba/*Fischer-Czermak,* Europäische Erbrechtsverordnung, 23 (26); *Eccher* Erbrecht, Rn. 1/15: keine Erblasserschuld, sondern Erbgangsschuld; unklar ist freilich, warum § 78 öst. EheG demgegenüber ein Fall des Pflichtenübergangs sein soll, so Schauer/Scheuba/*Fischer-Czermak,* Europäische Erbrechtsverordnung, 23 (26)). Doch scheint es nicht nur gekünstelt, den Schuldnerwechsel mit einer Neubegründung gleichzusetzen, auch liefe die in lit. e getroffene Differenzierung bei dieser Sichtweise gänzlich leer. Ehrlicher ist es deshalb, den zu weit gefassten Ausschlussgrund der lit. e **teleologisch zu reduzieren** und lediglich die Vorfrage der Vererblichkeit von Unterhaltsverpflichtungen als umfasst anzusehen. Dass über die Vererblichkeit von Unterhaltsverpflichtungen entsprechend dem allgemeinen Grundsatz (→ Rn. 155) nicht vom Erbstatut, sondern vom Unterhaltsstatut als Einzelstatut entschieden wird, ist denn auch unbestritten (Bonomi/Wautelet/*Bonomi* Art. 1 Rn. 32, 34; Deixler-Hübner/Schauer/*Mankowski* Art. 1 EuErbVO Rn. 68; MüKoBGB/*Dutta* EuErbVO Art. 1 Rn. 33). Das Unterhaltsstatut bestimmt sich grds. nach Art. 15 EuUntVO iVm mit dem Haager Unterhaltsprotokoll (Palandt/*Thorn* HUntProt Vor. Art. 1). Alle weiteren Fragen, wie zB die Durchsetzung des Unterhaltsanspruchs mit Hilfe von Auskunftsansprüchen oder die Regelung der Haftung des neuen Verpflichteten, sollten dann aber vom Erbstatut geregelt werden (Bonomi/Wautelet/Bonomi Art. 1 Rn. 32; MüKoBGB/Dutta EuErbVO Art. 1 Rn. 34; → Art. 23 Rn. 39).

67 In einigen Fällen kann es **Anpassungsbedarf** infolge von **Normenhäufung** geben, wenn etwa das Erbstatut dem Unterhaltsberechtigten einen Pflichtteil gewährt und das Unterhaltsstatut daneben das Fortbestehen des Unterhaltsanspruchs anordnet. Ebenso kann ein **Normenmangel** auftreten, wenn das Erbstatut keinen Pflichtteil vorsieht, weil es weiterhin einen Unterhaltsanspruch gewährt, das Unterhaltsstatut aber den Unterhaltsanspruch erlöschen lässt. Zur Lösung des Problems könnte man nach Wahl des Anspruchstellers entweder **vollständig das Erbstatut** oder **vollständig das Unterhaltsstatut** zur Anwendung zu bringen (zur vergleichbaren Problematik bei der Abgrenzung von Erbstatut und Güterrechtsstatut → Rn. 48).

Nicht nach dem Erbstatut, sondern nach dem über die Rom II-VO zu bestimmenden **Deliktstatut** beurteilt sich die Frage, ob ein Unterhaltsberechtigter durch den von einem Dritten verursachten Tod des Unterhaltsschuldners **Schadensersatzansprüche** hat, etwa im Sinne der §§ 844 Abs. 2, 845 BGB (Staudinger/*Dörner* EGBGB Art. 25 Rn. 134; MüKoBGB/*Dutta* EuErbVO Art. 1 Rn. 33). 68

f) Formgültigkeit mündlicher Verfügungen von Todes wegen. Während die Formgültigkeit letztwilliger Verfügungen grundsätzlich von der EuErbVO erfasst ist und in Art. 27 eine Sonderanknüpfung erfährt, nimmt lit. f die Formgültigkeit mündlicher Verfügungen von Todes wegen **vom Anwendungsbereich der EuErbVO aus** (im Übrigen, also hinsichtlich weiterer Wirksamkeitsvoraussetzungen und Wirkungen, ist die Verfügung aber dem Erb- bzw. Errichtungsstatut unterworfen, MüKoBGB/*Dutta* EuErbVO Art. 1 Rn. 36). Als mündliche Verfügungen werden im Schrifttum auch Verfügungen betrachtet, die auf Bild- oder Tonträger gesprochen wurden (*Dörner* ZEV 2012, 505 (511); Palandt/*Thorn* EuErbVO Art. 27 Rn. 2; MüKoBGB/*Dutta* EuErbVO Art. 1 Rn. 35), obwohl die Tatsache der dauerhaften Speicherung sie eher den schriftlichen Verfügungen annähert (zur Ratio der lit. f → Rn. 70). Die meisten Rechtsordnungen kennen mündlichen Testamente heute nur noch in Form sog. **außerordentlicher** oder **Nottestamente** (zB §§ 2249 ff. BGB; rechtsvergleichend *Reid/De Waal/Zimmermann,* Testamentary Formalities, 432 (451); die ordentliche mündliche Testamentsform des österreichischen Recht (§§ 585 f. ABGB aF) wurde 2004 aufgehoben). 69

Der Grund für die Ausnahme in lit. f liegt in den **Bedenken,** die vielerorts gegenüber mündlichen Testamentsformen wegen der ihnen innewohnenden **Missbrauchsgefahr** gehegt werden (diese ist bei Video- oder Tonaufzeichnungen deutlich geringer, vgl. → Rn. 69). Aus diesem Grund sah schon Art. 10 des Haager Testamentsformübereinkommens von 1961 (deutscher Text und Erläuterungen bei Staudinger/*Dörner* Vorbem zu Art. 25 f. EGBGB Rn. 31) die Möglichkeit eines Vorbehalts vor. Gebrauch gemacht haben hiervon die Mitgliedstaaten Belgien, Estland, Frankreich, Luxemburg und die Niederlande, nicht hingegen Deutschland (Staudinger/*Dörner* EGBGB Vorbem zu Art. 25 f. Rn. 107). Um die jeweilige Entscheidung der Mitgliedstaaten nicht zu konterkarieren, wurde die Frage der mündlichen Testamentsformen vom Anwendungsbereich der EuErbVO ausgenommen (Bonomi/Wautelet/*Bonomi* Art. 1 Rn. 37; der VO-Vorschlag hatte die Frage der Formwirksamkeit letztwilliger Verfügungen sogar noch generell ausgeklammert, Art. 19 Abs. 2 lit. k). Zu beachten ist allerdings, dass der Ausschluss der lit. f in zwei Punkten **über Art. 10 Haager Testamentsformübereinkommen hinausgeht:** Zum einen stellt er nicht auf die Staatsangehörigkeit des Erblassers ab, zum anderem unterscheidet er nicht zwischen ordentlichen und außerordentlichen Testamentsformen (Bonomi/Wautelet/*Bonomi* Art. 1 Rn. 37). 70

Für **deutsche Gerichte** ist der Ausschluss der lit. f letztlich **weitgehend bedeutungslos,** da sie auf mündliche Testamente ohnehin **vorrangig das Haager Testamentsformübereinkommen anwenden** müssen (Art. 75 Abs. 1 UAbs. 2; Art. 26 EGBGB) und Deutschland vom Vorbehalt des Art. 10 keinen Gebrauch gemacht hat (Palandt/*Thorn* EuErbVO Art. 1 Rn. 10; MüKoBGB/*Dutta* EuErbVO Art. 1 Rn. 35). Andere Mitgliedstaaten wenden das für sie maßgebliche Kollisionsrecht an. Sie können dabei auch auf autonomem Weg die Anwendung von Art. 27 EuErbVO für sachgerecht halten (Bonomi/Wautelet/*Bonomi* Art. 1 Rn. 38), was den Vorteil hätte, dass die mündliche Verfügung nach demselben Recht beurteilt würde wie eine evtl. daneben bestehende schriftliche Verfügung (zur Möglichkeit des Auseinanderfallens der Testamentsstatute Schauer/Scheuba/*Fischer-Czermak,* Europäische Erbrechtsverordnung, 2012, 23 (26)). 71

Relevanz für deutsche Gerichte könnte lit. f allerdings noch für **Erbverträge** haben, da diese vom Haager Testamentsformübereinkommen nicht erfasst sind. Zwar dürfte es keine Rechtsordnung geben, die den mündlichen Abschluss eines Erbvertrages im Sinne der §§ 2274 ff. BGB erlaubt. Doch ist der Begriff des Erbvertrages unter der EuErbVO weit zu verstehen, so dass er auch viele **Geschäfte auf den Todesfall** erfasst (Art. 3 Abs. 1 lit. b). Soweit diese ausnahmsweise dem Erbstatut unterliegen (→ Rn. 73 ff.), würde hinsichtlich ihrer Form dennoch der Ausschluss der lit. f gelten. In dieser Situation kommt Art. 27 EuErbVO allerdings über Art. 26 Abs. 2 EGBGB zur Anwendung (MüKoBGB/*Dutta* EuErbVO Art. 1 Rn. 35; → EGBGB Art. 26 Rn. 13 f.). 72

g) Übertragung Vermögenswerten auf andere Weise als durch Rechtsnachfolge von Todes wegen. aa) Allgemeines. Die Bereichsausnahme der lit. g, die an Abs. 2 lit. d des Haager Erbrechtsübereinkommens angelehnt ist (MüKoBGB/*Dutta* EuErbVO Art. 1 Rn. 39), bekräftigt im Ausgangspunkt lediglich den Art. 1 Abs. 1, der bereits positiv anordnet, dass nur ein Erwerb kraft Rechtsnachfolge von Todes wegen dem Anwendungsbereich der EuErbVO unterfällt (vgl. *Nordmeier* IPRax 2019, 306 (308)). Zugleich hat der Verordnungsgeber in lit. g jedoch eine **zentrale Weichenstellung** vorgenommen, welche diese Bereichsausnahme zu einer der wichtigsten des ganzen Katalogs des Art. 1 Abs. 2 macht (Pamboukis/*Nikolaidis* Art 1 Rn. 37; vgl. auch *Solomon* Anali Pravnog Fakulteta Univerziteta u Zenici 2016, 193 (202)). Denn die Vorschrift nimmt eine Vielzahl solcher Erwerbsvorgänge vom Anwendungsbereich der EuErbVO aus, die zwar nicht dem Erbrecht im formalen Sinne zugerechnet werden, die jedoch in ihren Wirkungen echten Verfügungen von Todes häufig gleichkommen und sich bei **funktionaler Betrachtung** durchaus unter die „Rechtsnachfolge von Todes wegen" iSd Art. 1 73

Abs. 1 (→ Rn. 5 ff.) subsumieren ließen (*Dörner* ZEV 2012, 505 (508); *Lagarde* Rev.crit. dr. int.priv. 2012, 691 (695); MüKoBGB/*Dutta* EuErbVO Art. 1 Rn. 39). Anders gesagt, hat die Bereichsausnahme der lit. g zur Konsequenz, dass der in Art. 1 Abs. 1 genannte Begriff der „Rechtsnachfolge von Todes wegen" eng zu verstehen ist.

74 Den Ausschluss dieser – in Anlehnung an den US-amerikanischen Sprachgebrauch oft als **„will-substitutes"** bezeichneten – Instrumente vom Anwendungsbereich der EuErbVO mag man nicht nur aus dem Grund bedauern, dass sie im 20. Jahrhundert nahezu weltweit einen Siegeszug angetreten und dem formalen Erbrecht einen erheblichen Bedeutungsverlust zugefügt haben (eingehende vergleichende Untersuchung bei *Braun/Röthel* (Hrsg.), Passing Wealth on Death: Will-Substitutes in Comparative Perspective, 2016, mit Besprechung *J. P. Schmidt,* RabelsZ 82 (2018), 1067; ferner *Braun,* FS Gretton, 294; aus österreichischer Sicht *Cohen,* Drittbegünstigung auf den Todesfall: Gestaltungsformen und Interessenkonflikte, 2016; aus portugiesischer Sicht *Lobo Xavier,* Planeamento Sucessório e Transmissão do Património à Margem do Direito das Sucessões, 2016; zur Entwicklung in den USA wegweisend *Langbein* Harvard Law Review 97 (1984), 1108; zur kollisionsrechtlichen Dimension *Solomon* Anali Pravnog Fakulteta Univerziteta u Zenici 2016, 193 (206 f.)). Auch **kollidieren „will-substitutes" vielfach mit Grundsätzen und Zielen des formalen Erbrechts,** etwa im Hinblick auf Formerfordernisse für letztwillige Verfügungen, zwingende Teilhaberechte naher Angehöriger sowie Gläubigerschutz. Nicht zufällig wird daher auf der Ebene des Sachrechts schon seit geraumer Zeit versucht oder jedenfalls gefordert, **„will-substitutes" in das formale Erbrecht zu integrieren** (zur deutschen Diskussion *Röthel,* Ist unser Erbrecht noch zeitgemäß?, in: Ständige Deputation des Deutschen Juristentages (Hrsg.), Verhandlungen des 68. Deutschen Juristentages. Berlin 2010, Bd. I: Gutachten (2010), A 44 f. mwN; zur Entwicklung in den USA *Newman* Real Property, Trust & Estate Law Journal 43 (2008), 523 (524); *Blaustein/Ward* Probate & Property 9 (1995), 46; siehe ferner Article VI des Uniform Probate Code (2010) zu den „Nonprobate Transfers on Death")). Und doch war der zurückhaltende Regelungsanspruch des Verordnungsgebers ein **unvermeidbarer Kompromiss.** Denn eine Zuweisung sämtlicher Vermögenstransfers von Todes wegen zum Erbstatut hätte weitreichende Eingriffe in das Vertrags- und das Sachenrechtsstatut und damit eine erhebliche Beeinträchtigung von Verkehrsinteressen bedeutet (näher *Solomon* Anali Pravnog Fakulteta Univerziteta u Zenici 2016, 193 (203–205)).

75 Wie sich freilich insbesondere anhand der umstrittenen Behandlung von Schenkungen auf den Todesfall zeigt (→ Rn. 80 ff.), vermag auch lit. g Abgrenzungsprobleme nicht gänzlich aus der Welt zu schaffen. Überdies führt das Abweichen von der für das europäische Kollisionsrecht sonst maßgeblichen funktionalen Sichtweise zu systematischen Spannungen, denen durch eine enge Auslegung des Ausschlussgrundes der lit. g zu begegnen versucht wird (→ Rn. 99). Die Mitgliedstaaten sind in jedem Fall nicht daran gehindert, die von lit. g erfassten Erwerbsvorgänge im Rahmen des autonomen Kollisionsrechts dem Erbstatut zu unterwerfen. Das deutsche Recht eröffnet diesen Weg in Art. 25 EGBGB (→ EGBGB Art. 25 Rn. 6 ff.).

76 Abgesehen davon ist, wie der ausdrückliche Verweis auf Art. 23 Abs. 2 lit. i deutlich macht, das **Erbstatut** zumindest insofern maßgeblich, als es entsprechende Vermögensverschiebungen **bei der Verteilung des Nachlasses berücksichtigt** (Überblick zu diesem „Reaktionen im Erbrecht" MüKoBGB/*Dutta* EuErbVO Art. 1 Rn. 38). So können vom Erblasser „am Nachlass vorbei" transferierte Zuwendungen im Rahmen des Pflichtteilsrecht der **Anrechnung** oder **Ausgleichung** unterliegen oder vom Empfänger der Leistung sogar **zurückzugewähren** sein (→ Art. 23 Rn. 121 ff.). In vergleichbarer Weise stellt sich die Frage, ob die durch ein Geschäft unter Lebenden auf den Todesfall übertragenen Güter dem Zugriff von Nachlassgläubigern ausgesetzt sind (→ Art. 23 Rn. 104).

77 Die Aufzählung in lit. g ist aufgrund der Auffangkategorie der „ähnlichen Vereinbarungen" nicht abschließend (Bonomi/Wautelet/*Bonomi* Art. 1 Rn. 40; *Looschelders* EuErbVO Art. 1 Rn. 44; Pamboukis/*Nikolaidis* Art. 1 Rn. 37). Ein in lit. g nicht genannter, aber von ihm (oder jedenfalls lit. j) wohl erfasster und praktisch potentiell sehr wichtiger Fall ist der **„revocable trust"** (→ Rn. 97). Die in lit. g ausdrücklich genannten Beispiele können hilfreich sein bei der Einordnung von Zweifelsfällen, etwa den **Schenkungen auf den Todesfall** (→ Rn. 80 ff.). **Verfügungsgeschäfte unter Lebenden,** die der Abwicklung der Erbschaft dienen, ließen sich ebenfalls unter lit. g subsumieren. Systematisch besser passen sie aber wohl zu → lit. k (Rn. 138 f.). Entsprechend den allgemeinen Grundsätzen sind sämtliche der in lit. g genannten Begriffe an sich **autonom zu qualifizieren.** Jedenfalls für Schenkungen auf den Todesfall ist dies allerdings gerade umstritten (→ Rn. 83 ff.).

78 Die **Abgrenzung zu den in Art. 30 geregelten Sondererbfolgen** ist zumindest in theoretischer Hinsicht klar (mehr Schwierigkeiten sieht MüKoBGB/*Dutta* EuErbVO Art. 1 Rn. 39). Denn in den dort geregelten Fällen findet ein genuin erbrechtlicher Erwerb statt, der sich lediglich in Abweichung von den allgemeinen Regeln vollzieht, etwa mittels Zulassung einer Singularsukzession. Lit. g meint hingegen diejenigen Fälle, in denen der Vermögensübergang gänzlich außerhalb des formalen Erbrechts steht und sich somit allenfalls in funktionaler Hinsicht von einer Sondererbfolge sprechen lässt. In Einzelfällen ist freilich umstritten, ob ein bestimmter Vermögenserwerb von Todes wegen dem Art. 30 unterfällt oder nach lit. g bereits vom Anwendungsbereich der EuErbVO ausgenommen ist (→ Rn. 95).

bb) Unentgeltliche Zuwendungen. Schenkungen unter Lebenden (zum Folgenden auch → IntSchenkungsR Rn. 1 ff.). Unzweifelhaft von der Bereichsausnahme der lit. g erfasst sind gewöhnliche **Schenkungen unter Lebenden** (Bonomi/Wautelet/*Bonomi* Art. 1 Rn. 41, 45), auch wenn sie eine **vorweggenommene Erbfolge** bezwecken. Sie haben mit testamentarischen Zuwendungen zwar die Freigebigkeit gemeinsam, unterscheiden sich von diesen aber dadurch, dass ihre **Wirkungen bereits vollständig zu Lebzeiten des Erblassers eintreten** und dieser selbst schon die entsprechende **Minderung seines Vermögens** erfährt. Insoweit hätte es einer ausdrücklichen Bereichsausnahme an sich nicht bedurft, da Schenkungen unter Lebenden offensichtlich keinen Fall der „Rechtsnachfolge von Todes wegen" darstellen. Das auf sie anwendbare Recht bestimmt sich grundsätzlich nach der Rom I-VO (*Nordmeier* ZEV 2013, 117 (122); MüKoBGB/*Dutta* EuErbVO Art. 1 Rn. 37), Schenkungen bzw. unbenannte Zuwendungen zwischen Ehegatten unterliegen allerdings dem Güterrechtsstatut (Bonomi/Wautelet/*Bonomi* Art. 1 Rn. 47; MüKoBGB/*Dutta* EuErbVO Art. 1 Rn. 37; Calvo Caravaca/Davì/Mansel/*Weller*, Art. 1 Rn. 54; *Andrae* IPRax 2018, 221 (227)); Calvo Caravaca/Carrascosa González/*Calvo Caravaca/Carrascosa González* Rn. 81; für eine vertragsrechtliche Qualifikation von Schenkungen zwischen Ehegatten hingegen *Dörner* ZEV 309 (314 f.)). Das **dingliche Erfüllungsgeschäft** beurteilt sich nach dem anwendbaren Sachenrecht, also in aller Regel nach der **lex rei sitae** (Palandt/*Thorn* EuErbVO Art. 1 Rn. 11; NK-BGB/*Looschelders* EuErbVO Art. 1 Rn. 44; Calvo Caravaca/Davì/Mansel/*Weller*, Art. 1 Rn. 53). 79

Schenkungen auf den Todesfall. Sehr schwierig und umstritten ist hingegen die Frage, ob und inwieweit lit. g auch solche Schenkungen erfasst, die eine Person **im Hinblick auf ihren Tod** vornimmt, ganz gleich, ob sie mit diesem in naher oder in ferner Zukunft rechnet. In Anknüpfung an das römische Recht werden Schenkungen oder Schenkungsversprechen dieser Art im rechtsvergleichenden Schrifttum meist unter dem Stichwort der **donatio mortis causa** behandelt, was aber nicht zu der Auffassung verleiten darf, dass dieser Begriff überall gleich verstanden würde (→ IntSchenkungsR Rn. 37). Der Umgang mit Schenkungen auf den Todesfall bereitet oft schon auf Ebene des nationalen Rechts erhebliche Probleme, wie man hierzulande anhand der komplizierten Abgrenzungsfragen ersehen kann, die sich im Rahmen des § 2301 BGB stellen. Dass diese Schwierigkeiten sich unweigerlich auf der Ebene des Kollisionsrechts fortsetzen, liegt daran, dass die donatio mortis causa in einem **Graubereich zwischen lebzeitigen Geschäften und Verfügungen von Todes wegen** liegt. Ihre Qualifikation unter der EuErbVO hat auch **in Abstimmung mit der Rom I-VO** zu erfolgen, die sich zu Schenkungen auf den Todesfall nicht eindeutig verhält, sondern nach ihrem Art. 1 Abs. 2 lit d nur „Schuldverhältnisse aus … Testamenten und Erbrecht" von ihrem Anwendungsbereich ausnimmt (für eine Unterscheidung nach vollzogener und nicht vollzogener Schenkung, die spiegelbildlich zur hM unter der EuErbVO steht (→ Rn. 86), Staudinger/*Magnus* Art. 4 Rom I-VO Rn. 248; alle Schenkungen auf den Todesfall der Rom I-VO unterwerfen wollen dagegen *Staudinger/Friesen* JA 2014, 641 (643)). Laufen Schenkungs- und Erbstatut parallel, so wie es in der Praxis oftmals der Fall ist (*Nordmeier* ZEV 2013, 117 (122); Calvo Caravaca/Davì/Mansel/*Weller*, Art. 1 Rn. 52), kann die Qualifikation der Schenkung auf den Todesfall grundsätzlich dahinstehen (Bedeutung kann sie immer noch für die Ausgestaltung des ENZ entfalten). Fallen Schenkungs- und Erbstatut dagegen auseinander, bedarf es einer klaren Abgrenzung, weil anderenfalls **das Schenkungsstatut die Wertungen des Erbstatuts zu unterlaufen droht und umgekehrt.** 80

Eine Verknüpfung des Vermögensübergangs mit dem Tod des Schenkers kann auf ganz unterschiedlichen Wegen herbeigeführt werden, und im Rahmen des Kollisionsrechts ist es alles andere als klar, ob alle diese Wege gleich zu behandeln sind. So kann das Schenkungsversprechen selbst oder jedenfalls seine Erfüllung **aufschiebend befristet** sein (betagte Schenkung). Der Beschenkte soll hier schon eine gesicherte Erwerbsaussicht erlangen, die im Falle seines Vorversterbens auf seine Erben übergeht. Denkbar ist aber auch, dass die Schenkung von Todes wegen zusätzlich unter der Bedingung steht, dass **der Beschenkte den Schenker überlebt.** In diesem Fall soll der Beschenkte noch keine gesicherte Erwerbsaussicht erhalten. Dasselbe Ergebnis lässt sich auch durch die umgekehrte Konstruktion verwirklichen, dh die Schenkung wird unter die **auflösende Bedingung des Vorversterbens des Beschenkten** gestellt. Differenzieren lassen sich Schenkungsversprechen aber nicht nur nach ihrem Inhalt, sondern auch nach dem **Zeitpunkt ihres dinglichen Vollzugs.** So ist etwa denkbar, dass der Schenker bereits zu seinen Lebzeiten die **Übereignung des geschenkten Gegenstandes** vornimmt, so dass diese entweder sofort (abstrakt) wirksam ist oder jedenfalls im Zeitpunkt des Todes des Schenkers wirksam und kondiktionsfest wird. Umgekehrt ist aber auch denkbar, dass der **dingliche Vollzug** erst nach dem Tod des Schenkers erfolgen soll. Schließlich sind auch **abgestufte Lösungen** dergestalt möglich, dass zwar zu Lebzeiten des Schenkers noch **nicht der gesamte Erwerbstatbestand** erfüllt wird, der Schenker aber **die seinerseits erforderlichen Handlungen** bereits vornimmt. 81

In **materiellrechtlicher Hinsicht** sind grundsätzlich **zwei Lösungen** zur Behandlung der donatio mortis causa denkbar: Sie kann entweder als **Rechtsinstitut eigener Art** behandelt werden, das neben Schenkungen unter Lebenden und Verfügungen von Todes wegen tritt. Oder der donatio mortis causa kann diese **Eigenständigkeit gerade abgesprochen** werden, mit der Folge, dass sie, sofern sie **überhaupt als zulässig erachtet** wird, entweder als **Schenkung unter Lebenden** oder als **Verfügung** 82

von Todes wegen zu behandeln ist und den entsprechenden Regelungen unterworfen wird (für einen rechtsvergleichenden Überblick → IntSchenkungsR Rn. 37; *Henrich,* FS Firsching, 1985, 111 (112); Bonomi/Wautelet/*Bonomi* Art. 1 Rn. 51 f.; *Fontanellas Morell* AEDIPr XI (2011), 465 (469), letztgenannter allerdings mit missverständlicher Darstellung des deutschen Rechts; zum griechischen Recht Pamboukis/*Nikolaidis* Art. 1 Rn. 42). Den zweiten Weg hat der deutsche Gesetzgeber gewählt und dazu in **§ 2301 BGB** eine Art Qualifikationsnorm geschaffen, die über die **Zuordnung zum Schenkungs- oder zum Erbrecht** entscheidet.

83 Bereits unter dem **autonomen deutschen Erbkollisionsrecht** war die Qualifikation der Schenkung auf den Todesfall **sehr umstritten** (dazu auch die Nachweise bei *Looschelders* EuErbVO Art. 1 Rn. 45). Die wohl hM übernahm die **Abgrenzung des § 2301 BGB** und stellte darauf ab, ob die Schenkung **bereits vollzogen war oder nicht.** Im ersten Fall sollte sie dem **Schenkungsstatut** unterliegen, im zweiten Fall dem **Erbstatut** (BGH NJW 1959, 1317; OLG Stuttgart ZEV 2010, 265; weitere Nachweise bei Staudinger/*Dörner* EGBGB Art. 25 Rn. 372). Eine andere Auffassung wollte dagegen immer **das Erbstatut berufen** und diesem die **Entscheidung über die Einordnung der Schenkung überlassen** (so etwa *Kegel/Schurig* § 21 II (1005)). Der Begriff der „Schenkung auf den Todesfall" sollte dabei **weit verstanden** werden und alle Situationen erfassen, in denen die Wirksamkeit der Schenkung an den Tod des Schenkers geknüpft wurde (Staudinger/*Dörner* EGBGB Art. 25 Rn. 375 ff.; eingehend zur Diskussion mit dem Vorschlag einer differenzierenden Lösung *Henrich,* FS Firsching (1985), 111 (118 ff.)).

84 Unter der EuErbVO lässt sich die erbrechtliche Qualifikation der donatio mortis causa jedenfalls nicht schon mit dem Argument verneinen, dass Schenkungen auf den Todesfall nicht den in Art. 3 Abs. 1 lit. d definierten **„Verfügungen von Todes wegen"** unterfielen. Denn indem eine donatio mortis causa sich als eine **Vereinbarung** verstehen lässt, durch die **Rechte am künftigen Nachlass eingeräumt** werden, fällt sie unter den Begriff des **„Erbvertrages" iSd Art. 3 Abs. 1 lit. b,** der autonom und unabhängig vom deutschen Verständnis des „Erbvertrages" zu verstehen ist (*Dörner* ZEV 2012, 505 (508); *Nordmeier* ZEV 2013, 117 (121); *Dutta* FamRZ 2013, 4 (10); MüKoBGB/*Dutta* EuErbVO Art. 1 Rn. 37; dafür, dass die Aufzählung in Art. 3 lit. d ohnehin nicht abschließend sei, *Fontanellas Morell* AEDIPr XI (2011), 465 (482 f.); der österreichische OGH hat die Frage dem EuGH zur Vorabentscheidung vorgelegt (Rs. C-277/20)). Umgekehrt lässt sich aus der Qualifikation der donatio mortis causa als „Erbvertrag" iSd Art. 3 Abs. 1 lit. b aber noch nicht folgern, dass sie vom Anwendungsbereich der EuErbVO grundsätzlich erfasst sei. Diese Frage muss vielmehr im Rahmen der Art. 1 Abs. 2 lit. g geklärt werden, wo Art. 3 lit. d lediglich kein Argument für den Ausschluss ist.

85 Während eine formale Sichtweise für die schuldrechtliche Qualifikation aller Arten der donatio mortis causa spricht (Calvo Caravaca/Carrascosa González/*Calvo Caravaca/Carrascosa González* Rn. 81), streitet die **funktionale Nähe zur echten Verfügung von Todes** wegen für eine **erbrechtliche Qualifikation** (*Dörner* ZEV 2012, 505 (508); *ders.* ZEV 2019, 309 (315); *Everts* ZEV 2013, 124 (127); BeckOGK/*J. Schmidt* EuErbVO Art. 1 Rn. 29; *Leithold* FamRZ 2015, 709, 714; *Vollmer* ZErb 2012, 227 (229), der allerdings zu Unrecht behauptet, dass alle Fälle des § 2301 BGB der Rechtsnachfolge von Todes wegen angehören (§ 2301 Abs. 2!)). Zwar stellt lit. g aE klar, dass es dem Erbstatut unbenommen bleibt, die vom Anwendungsbereich der EuErbVO ausgenommenen Zuwendungen bei der Nachlassverteilung zu berücksichtigen. Doch ist dem **anwendbaren Erbrecht** auch im Übrigen **an der Durchsetzung seiner Wertungen gelegen,** insbesondere im Hinblick auf die Zulässigkeit und Wirksamkeit letztwilliger Verfügungen (→ IntSchenkungsR Rn. 38). Umgekehrt sind die für das lebzeitige Vermögensrecht so wichtigen Verkehrsinteressen (*Solomon* Anali Pravnog Fakulteta Univerziteta u Zenici 2016, 193 (206 f.)) dort nicht tangiert, wo Wirkungen vor dem Tod gar nicht eintreten sollen. Für das französische Rechtsinstitut der „institution contractuelle", das formal betrachtet ebenfalls eine Schenkung auf den Todesfall darstellt, ist die erbrechtliche Qualifikation denn auch unbestritten (→ Rn. 58; ist die Vereinbarung ausnahmsweise widerruflich, spielt dies nur eine Frage für die Einordnung als Erbvertrag oder als Testament, siehe *Döbereiner* ZEV 2016, 490 (493)). Folgt man der erbrechtlichen Qualifikation auch für die Schenkung auf den Todesfall, kommt über Art. 25 EuErbVO das Errichtungsstatut zur Anwendung (*Nordmeier* ZEV 2013, 117 (122); Bonomi/Wautelet/*Bonomi* Art. 1 Rn. 53, der dieselbe Lösung für die französische **„donation-partage"** vorschlägt (ebenso Deixler-Hübner/Schauer/*Mankowski* Art. 1 EuErbVO Rn. 81), was wegen der Nähe zum Erbvertrag einerseits konsequent erscheint, andererseits aber insofern nicht überzeugt, als die **Rechtswirkungen schon vollständig zu Lebzeiten des Erblassers** eintreten und rechtlich somit nicht an dessen Tod gekoppelt sind. Die donation-partage stellt sich somit eher als **vorweggenommene Erbfolge** dar. Näher zu ihrer Funktionsweise Süß/*Döbereiner,* Frankreich, Rn. 175).

86 Zur Vermeidung von Wertungswidersprüchen hält jedenfalls die klare Mehrheit deutscher Autoren es dennoch für erforderlich, genau wie bisher unter autonomem Recht **zwischen vollzogenen und nicht vollzogenen Schenkungen** auf den Todesfall zu **unterscheiden** und nur **die noch nicht vollzogene Schenkung dem Erbstatut zu unterstellen** (so auch die 1. Aufl.; siehe ferner *Nordmeier* ZEV 2013, 117 (121); NK-BGB/*Looschelders* EuErbVO Art. 1 Rn. 45 f.; *Dörner* ZEV 2019, 309 (315); MüKoBGB/*Dutta* EuErbVO Art. 1 Rn. 37; BeckOGK/*J. Schmidt* EuErbVO Art. 1 Rn. 29; Palandt/

Thorn EuErbVO Art. 1 Rn. 11; Calvo Caravaca/Davì/Mansel/*Weller,* Art. 1 Rn. 55; *Andrae* IPRax 2018, 221 (227 f.); wohl auch Deixler-Hübner/Schauer/*Mankowski* Art. 1 EuErbVO Rn. 79 f.; für eine einheitliche erbrechtliche Qualifikation dagegen NK-Nachfolgerecht/*Köhler* Art 23 Rn. 14). Denn der bereits vollzogenen Schenkung auf den Todesfall wird eine so große strukturelle Ähnlichkeit mit den in lit. g ausdrücklich vom Anwendungsbereich ausgenommenen Gestaltungen bescheinigt, dass eine Gleichbehandlung für erforderlich gehalten wird (*Nordmeier* ZEV 2013, 117 (121 f.); NK-BGB/*Looschelders* EuErbVO Art. 1 Rn. 45). In der Tat kennzeichnen etwa die Anwachsung bei der „joint tenancy" oder den Forderungserwerb beim Vertrag zugunsten Dritter auf den Todesfall, dass der Rechtserwerb zwar erst mit dem Tod eintritt, die für ihn erforderlichen Handlungen aber allesamt schon zu Lebzeiten des Erblassers vorgenommen wurden. Schließlich wird zugunsten der Unterscheidung zwischen vollzogenen und nicht vollzogenen Schenkungen auf den Todesfall auch ErwG 14 S. 2 in Stellung gebracht, der von unentgeltlichen Zuwendungen „mit dinglicher Wirkung vor dem Tod" spricht (*Dörner* ZEV 2012, 505 (508)); *ders.* ZEV 2019, 309 (315); *Nordmeier* ZEV 2013, 117 (121); zweifelnd zum Aussagegehalt von ErwG 14 S. 2 Schauer/Scheuba/*Fischer-Czermak,* Europäische Erbrechtsverordnung, 2012, 23 (27)).

Gegen die genannte Differenzierung lässt sich nicht einwenden, dass sie auch unter dem deutschen Erbkollisionsrecht praktiziert wurde und letztlich in § 2301 BGB wurzelt (so aber *Döbereiner* MittBayNot 2013, 437 (438 f.)). Denn es gibt kein Verbot, im Rahmen der autonomen Auslegung der EuErbVO zu identischen Lösungen wie unter nationalem Recht zu gelangen, und wie gesehen wird die Notwendigkeit der Differenzierung zwischen vollzogenen und nicht vollzogenen Schenkungen mit Wortlaut und Systematik der EuErbVO begründet. Doch stößt der mehrheitlich befürwortete Umgang mit Schenkungen auf den Todesfall aus anderen Gründen auf **Bedenken** (kritisch auch → IntSchenkungsR Rn. 40–42). So ist die **praktische Handhabung** der Unterscheidung zwischen vollzogenen und nicht vollzogenen Schenkungen **alles andere als trivial,** wie deutsche Juristen aus den Erfahrungen mit § 2301 Abs. 2 BGB nur allzu gut wissen (siehe etwa *Röthel,* Erbrecht, § 25 Rn. 10 ff.). Bis dem Merkmal des Schenkungsvollzugs auf europäischer Ebene klare Konturen verliehen sind, könnten Jahrzehnte vergehen. Klarheit dürfte immerhin hinsichtlich der äußeren Eckpunkte bestehen: So ist eine Schenkung jedenfalls solange nicht vollzogen, wie der Schenker noch gar kein Vermögensopfer erbracht und der Beschenkte noch gar keine gesicherte Rechtsposition erlangt hat (*Dörner* ZEV 2019, 309 (315)). Wo hingegen die Vollendung bzw. Bestandskraft des dinglichen Erwerbs nur noch vom Tod des Schenkers als äußerer Bedingung abhängt, kann die Schenkung als vollzogen betrachtet werden (*Nordmeier* ZEV 2013, 117 (121)). Die Behandlung der zahlreichen denkbaren Zwischenstufen bleibt unterdessen unklar. 87

Wer Schenkungen auf den Todesfall grundsätzlich dem Erbstatut unterwerfen will, muss sodann aber auch die Frage beantworten, wann von einer solchen überhaupt zu sprechen ist. Genügt jegliche Verknüpfung mit dem Tod des Schenkers oder ist beispielsweise wie in § 2301 Abs. 1 BGB eine Überlebensbedingung erforderlich? Die Bestimmung des Maßstabs der lex fori zu überlassen, ist mit dem Ziel einer einheitlichen Bestimmung des Anwendungsbereichs nicht vereinbar (Bonomi/Wautelet/*Bonomi* Art. 1 Rn. 53; → IntSchenkungsR Rn. 43). Die meisten Autoren legen denn zumindest unausgesprochen auch eine **autonome Begriffsbestimmung** zu Grunde (explizit aber zB BeckOGK/*J. Schmidt* EuErbVO Art. 1 Rn. 29; in der Tendenz auch Pamboukis/*Nikolaidis* Art. 1 Rn. 42). Doch ist eine solche angesichts des Fehlens eines „konsentierten Leitbilds" keineswegs eine einfache Aufgabe (→ IntSchenkungsR Rn. 43). Schließlich stellt sich aber auch eine bislang kaum beachtete **Folgefrage auf der zweiten Stufe der Qualifikation,** also bei den in Bezug genommen Normen des nationalen Rechts. Ist zB bei deutschem Erbstatut auch § 2301 BGB anzuwenden, und wäre es hinzunehmen, wenn dieser keine erb-, sondern eine schenkungsrechtliche Einordnung vorgibt (etwa weil die Begriffe der Schenkung auf den Todesfall oder des Vollzugs abweichend vom kollisionsrechtlichen Kontext verstanden werden)? Da die erbrechtliche Qualifikation gerade das Ziel verfolgt, die Wertungen des Erbstatuts zu schützen, liegt es an sich nahe, dieses darüber entscheiden zu lassen, ob es die betreffende Schenkung seinen Regelungen unterwerfen will; § 2301 BGB wäre dementsprechend als Teil des deutschen Erbstatuts zu betrachten (so auch NK-Nachfolgerecht/*Köhler* Art 23 Rn. 13). Und dennoch scheint es mit der Systematik des europäischen Kollisionsrechts kaum vereinbar, die vom Erbstatut nicht für sich reklamierte Schenkung dem Vertragsstatut zuzuweisen und damit **die eigentlich schon getroffene Qualifikationsentscheidung zu revidieren.** 88

Vor dem Hintergrund der genannten Schwierigkeiten wird die Ansicht verständlich, welche die Qualifikation von Schenkungen auf den Todesfall **unmittelbar dem Erbstatut zuweisen** möchte (so Bonomi/Wautelet/*Bonomi* Art. 1 Rn. 53; → IntSchenkungsR Rn. 43). Sieht das Erbstatut seinen Regelungsbereich tangiert, unterwirft es die Schenkung den Regeln über letztwillige Verfügungen (was oftmals zur Nichtigkeit führen wird); anderenfalls kommt es zu einer Art Weiterverweisung an das Schenkungsstatut (entgegen Bonomi/Wautelet/*Bonomi* Art. 1 Rn. 53 und → IntSchenkungsR Rn. 43, sollte es allerdings nicht darauf ankommen, ob das Erbstatut eine explizite Regelung zu Schenkungen auf den Todesfall vorsieht, weil die Reichweite die erbrechtlichen Regeln auch implizit bestimmt sein kann und dann eine Frage der Auslegung ist). Eine derartige „Delegation" der Qualifikationsentschei- 89 dung auf das Erbstatut hat den Vorteil der einfachen Handhabbarkeit, sieht sich aber auch einem erheblichen methodischen Einwand ausgesetzt. Denn dem Erbstatut den „Erstzugriff" auf die Schenkung zu gewähren bedeutet, den Anwendungsbereich des Schenkungsstatuts in Abhängigkeit dazu zu bestimmen. Während dies auf der Ebene des autonomen IPR, wo die genannte Lösung ihren Ursprung hat (→ Rn. 83), unproblematisch war, kommt es auf der Ebene des europäischen Kollisionsrechts zu einem Konflikt mit dem Ziel der autonomen Abgrenzung von EuErbVO und Rom I-VO. Denn ein Erbstatut mit expansivem Regelungsanspruch würde de facto den Anwendungsbereich der Rom I-VO beschneiden. Dies zu vermeiden, ist die Stärke der mehrheitlich befürworteten Unterscheidung zwischen vollzogener und nicht vollzogener Schenkung. Sie fragt nicht gleich, wie weit der Regelungsbereich des Erbstatuts reicht, sondern entscheidet zuerst darüber, welcher Regelungsbereich dem Erbstatut überhaupt zugestanden wird.

90 In der Gesamtbetrachtung zeigt sich, dass **keiner der vorgeschlagenen Wege zum Umgang mit Schenkungen auf den Todesfall frei von gewichtigen Bedenken** ist. Klarheit kann nur eine Entscheidung des EuGH bringen (zum ersten Vorabentscheidungsverfahren in dieser Thematik (Rs. C-277/20) → Rn. 84). Fälle, in denen die verschiedenen Ansichten zu unterschiedlichen Ergebnissen führen, dürften in der Praxis freilich selten sein.

91 **cc) Anwachsung bei der „joint tenancy" und anderen Rechtsinstituten. „Joint tenancy":** Die in der Common Law-Tradition beheimatete „joint tenancy", die keineswegs in allen Sprachfassungen ausdrücklich genannt wird (*Nordmeier* IPRax 2019, 306 (308)), bezeichnet eine besondere Form der gemeinschaftlichen Rechtsinhaberschaft. Seine Bedeutung für den vorliegenden Kontext erhält dieses Rechtsinstitut durch das „right of survivorship" oder „jus accrescendi", das den Anteil des verstorbenen „joint tenant" dem überlebenden **unmittelbar anwachsen lässt,** sodass es **nicht in den Nachlass fällt** (allgemein zur Funktionsweise der „joint tenancy", wobei in Einzelheiten Unterschiede zwischen den Rechtsordnungen bestehen können, Burrows/*Swadling,* English Private Law, 3. Aufl. 2013, Rn. 4.363-4.369; *Leithold/Wainwright* IPRax 2015, 374; *Jülicher* ZEV 2001, 469; *Czermak* ZVglRWiss 87 (1988), 58; *Solomon* Anali Pravnog Fakulteta Univerziteta u Zenici 2016, 193 (203)). Jedenfalls in den USA wird ein großer Vorteil der „joint tenancy" gegenüber den formal-erbrechtlichen Gestaltungsmitteln darin gesehen, dass mit ihr das schwerfällige und kostspielige gerichtliche Nachlassverfahren („probate") vermieden werden kann (*Czermak* ZVglRWiss 87 (1988), 58 (58 f.)). Eine „joint tenancy" kann grundsätzlich an allen Gegenständen bestehen, die praktisch wichtigsten Fälle dürfen aber Grundstücke und Bankkonten sein. Sie kann durch **Rechtsgeschäft unter Lebenden errichtet** werden, aber auch **im Wege letztwilliger Verfügung.** Eine „joint tenancy" kann zudem grundsätzlich zwischen allen Personen begründet werden, in der Regel besteht sie aber **zwischen Ehegatten,** denen zahlreiche US-amerikanische Bundesstaaten daneben auch das verwandte Institut der „tenancy by the entirety" zur Verfügung stellen.

92 Bei Behandlung der „joint tenancy" unter der EuErbVO sind **zwei Fälle voneinander zu unterscheiden:** der Fall, dass der Erblasser ein „joint tenant" war (→ Rn. 93), von dem Fall, dass per letztwilliger Verfügung eine „joint tenancy" an Nachlassgegenständen begründet wird (→ Rn. 94).

93 Hatte der Erblasser zu seinen Lebzeiten eine „joint tenancy" an einem bestimmten Gegenstand, so unterliegt das Schicksal seines Anteils aufgrund des klaren Ausschlusses in lit. g **nicht den Bestimmungen der EuErbVO** (für eine erbrechtliche Qualifikation dennoch Calvo Caravaca/Davì/Mansel/*Weller,* Art. 1 Rn. 56). Stattdessen ist für Sachen das Belegenheitsrecht berufen (*Solomon* Anali Pravnog Fakulteta Univerziteta u Zenici 2016, 193 (203–205)), während bei Konten ähnlich dem Vertrag zugunsten Dritter eine Differenzierung zwischen dem Deckungs- und dem Valutaverhältnis geboten erscheint (→ Rn. 98; näher *Czermak* ZVglRWiss 87 (1988), 58 (77)).

94 Ordnet der Erblasser die Begründung einer „joint tenancy" an Nachlassgegenständen **per letztwilliger Verfügung** an, so gelten im Wesentlichen dieselben Überlegungen wie bei einem „testamentary trust" (→ Rn. 119 ff.). Entgegen dem Wortlaut von lit. g sollte die „joint tenancy" dem Anwendungsbereich der EuErbVO für diesen Fall nicht von vornherein als entzogen betrachtet werden, denn dies könnte zu Anpassungsschwierigkeiten und nicht gerechtfertigten Privilegierungen führen, vor allem hinsichtlich der Rechtswahlfreiheit. Deshalb ist zum einen die **äußere Wirksamkeit der Verfügung** nach dem hypothetischen Erbstatut zu beurteilen (Art. 24, 25), zum anderen hat das nach Art. 21, 22 zu ermittelnde Erbstatut darüber zu befinden, ob die **testamentarische Anordnung einer „joint tenancy" überhaupt zulässig ist** (→ EuErbVO Art. 23 Rn. 36). Ist dies nicht der Fall, muss versucht werden, die Ziele des Erblassers mit den zur Verfügung stehenden Mitteln zu verwirklichen, etwa indem zwei Personen jeweils für einen bestimmten ideellen Anteil am betreffenden Gegenstand als Vorerbe und zugleich als Nacherbe bzgl. des Anteils des anderen eingesetzt werden (*Czermak* ZVglRWiss 87 (1988), 58 (73 f.); Staudinger/*Dörner* EGBGB Art. 25 Rn. 272). Lässt dagegen das Erbstatut die letztwillig angeordnete „joint tenancy" zu, kennt aber das Recht am Belegenheitsort des betroffenen Nachlassgegenstandes diese nicht, so ist eine **Anpassung nach Art. 31** vorzunehmen (→ Art. 31 Rn. 35).

95 **Vergleichbare Rechtsinstitute.** Dass der Anteil des verstorbenen Teilhabers dem überlebenden automatisch anwächst, ist ein den kontinentalen Rechtsordnungen keineswegs fremder Vorgang, wie

insbesondere ein Blick in das Gesellschaftsrecht zeigt (*Solomon* Anali Pravnog Fakulteta Univerziteta u Zenici 2016, 193 (207)). Ein weiteres Beispiel findet sich im österreichischen Recht mit dem **Wohnungsmiteigentum der Ehegatten** nach § 14 WEG. Denn die Zuweisung zum überlebenden Partner ist seit der letzten Reform im Jahre 2006 gezielt nicht mehr als Vindikationslegat, sondern als Fall der Anwachsung ausgestaltet (Schwimann/Kodek/*Eccher,* ABGB Praxiskommentar, Bd. 3, 4. Aufl. 2013, § 684 Rn. 11). Folglich ist der Erwerb des überlebenden Ehegatten nach lit. g vom Anwendungsbereich der EuErbVO ausgenommen (Schauer/Scheuba/*Fischer-Czermak,* Europäische Erbrechtsverordnung, 23 (27); *Nordmeier* IPRax 2019, 306 (308) mit Hinweis auf den Beschluss des OGH v. 20.6.2017 – 2 Ob 104/17h), sodass für die oftmals vorgeschlagene Anwendung des Art. 30 (→ Art. 30 Rn. 17) weder Raum noch Bedarf besteht (näher Deixler-Hübner/Schauer/*Mankowski* Art. 1 EuErbVO Rn. 85 f.). Im französische Recht ist die **„clause tontine"** oder **„clause d'acroissement"** eine Konstruktion, mit der die gemeinsamen Käufer einer Immobilie erreichen können, dass im Falle des Todes eines von ihnen rückwirkend immer nur der andere als Eigentümer gilt (zur Ähnlichkeit mit der „joint tenancy" Bonomi/Wautelet/*Bonomi* Art. 1 Rn. 56; Deixler-Hübner/Schauer/*Mankowski* Art. 1 EuErb-VO Rn. 84). Wegen Änderungen im Steuerrecht hat diese Konstruktion allerdings an Popularität verloren (Süß/*Döbereiner,* Frankreich Rn. 210). In allen genannten Fällen ist die Bereichsausnahme der lit. g einschlägig.

dd) Rentenpläne, Versicherungsverträge und vergleichbare Fälle. Die Nennung von „Rentenplänen, Versicherungsverträgen und ähnlichen Vereinbarungen" in lit. g mag auf den ersten Blick verwunderlich erscheinen, doch kann ihre Bedeutung für den Vermögenstransfer von Todes wegen kaum überschätzt werden. Denn nicht selten sind die im Wege solcher „will-substitutes" (zum Begriff und der praktischen Bedeutung schon oben → Rn. 74) übertragenen Werte deutlich größer als diejenigen, die nach dem Erbrecht im formalen Sinne auf einen neuen Rechtsträger übergehen (zur im Laufe der 20. Jahrhunderts stark gestiegenen Bedeutung von Sparguthaben, Bausparverträgen, Lebensversicherungen und Wertpapiersammeldepots in Deutschland schon *Leipold* AcP 180 (1980), 160 (206); zur Bedeutung von „pension scheme nominations" im englischen Recht Reid/De Waal/Zimmermann/*Kerridge,* Testamentary Formalities, 2011, 305 (307, 316 f.)). 96

Ein in den USA praktisch höchst bedeutsamer Fall eines „will-substitute" stellt der sog. **„revocable trust"** dar, bei dem der Erblasser zu seinen Lebzeiten einen Trust errichtet, dieser aber, wie der Name sagt, frei widerruflich ist, so dass de facto noch keinerlei Vermögensminderung oder Vermögensbindung für den Erblasser eintritt (ein Unterfall davon ist der sog. **„totten trust"**, bei dem der „settlor" zugunsten des „beneficiary" ein Bankkonto eröffnet, dieser aber zu Lebzeiten noch keinerlei gesicherte Rechtsposition erlangt, *Wittuhn* 18). Die funktionale Betrachtung würde noch mehr für eine erbrechtliche Qualifikation sprechen als bei den ausdrücklich in lit. g genannten Fällen. Denn neben der Vorsorge für den Fall der Geschäftsunfähigkeit liegt der Zweck eines „revocable trust" meist ausschließlich darin, eine letztwillige Verfügung zu errichten, die nicht dem schwerfälligen und kostspieligen Nachlassverfahren („probate") unterliegt (*Leithold* FamRZ 2015, 709 (710); Braun/Röthel/*Gallanis,* Passing Wealth n Death, 9 (13)). Die Widerruflichkeit unterstreicht dabei die Parallele zum „echten" Testament (Bonomi/Wautelet/*Bonomi* Art. 1 Rn. 94; differenzierend Staudinger/*Dörner* EGBGB Art. 25 Rn. 432). Systematische Erwägungen gebieten dennoch, **auch den „revocable trust" als von lit. g erfasst anzusehen** (iE auch Bonomi/Wautelet/*Bonomi* Art. 1 Rn. 95; *Leithold* FamRZ 2015, 709 (713); *Carrascosa González* 250). Dies schließt nicht aus, diese Gestaltung im Rahmen des autonomen Rechts oder jedenfalls die Beziehungen zwischen dem „settlor" und dem „beneficiary" erbrechtlich zu qualifizieren (→ Rn. 100; EGBGB Art. 25 Rn. 10) 97

Jedenfalls im deutschen Schrifttum werden in den Drei-Personen-Konstellationen der genannten Art sachrechtlich wie kollisionsrechtlich traditionell **zwei verschiedene Rechtsbeziehungen** unterschieden: die zwischen dem Erblasser als Versprechensempfänger und dem Versprechenden der Leistungen, üblicherweise genannt **Deckungsverhältnis;** und die zwischen dem Erblasser und dem Empfänger der Leistung, üblicherweise genannt **Valutaverhältnis.** Das Deckungsverhältnis unterliegt als lebzeitige Rechtsbeziehung in aller Regel dem **Schuldrechtsstatut,** das sich nach der Rom I-VO bestimmt (OLG Düsseldorf ZEV 2001, 484 (485); *Nordmeier* ZEV 2012, 117 (122); NK-BGB/*Looschelders* Art. 1 Rn. 47; für den „revocable trust" ebenso *Leithold* FamRZ 2015, 709 (713)). 98

Schwieriger ist dagegen die **Einordnung des Valutaverhältnisses,** das insbesondere die Frage beantwortet, ob der Dritte die Zuwendung behalten darf. Bei funktionaler Betrachtung lässt sich zumindest im typischen Fall der Unentgeltlichkeit eine **letztwillige Zuwendung** annehmen, sei es in Form einer **Schenkung auf den Todesfall** oder eines **Vermächtnisses.** Das formale Argument, dass das, was der Leistungsempfänger erhält, oftmals nicht unmittelbar aus dem Vermögen des Erblassers stammt und somit auch nicht zu dessen Nachlass gehört, ist bei wirtschaftlicher Betrachtungsweise nachrangig. Auch im Hinblick auf eine Gleichbehandlung mit isolierten Schenkungen auf den Todesfall (→ Rn. 85) liegt es deshalb an sich nahe, die unter autonomem Kollisionsrecht befürwortete **erbrechtliche Qualifikation des Valutaverhältnisses** (Staudinger/*Dörner* EGBGB Art. 25 Rn. 423 (Parallele zur Schenkung auf den Todesfall); *Henrich* ZEV 2001, 486 (487); offen gelassen von OLG Düsseldorf 99

Stuttgart ZEV 2001, 484 (486)) **unter der EuErbVO fortzusetzen** (so etwa *Vollmer* ZErb 2012, 227 (229); *Döbereiner* MittBayNot 2013, 437 (439); zumindest für die nicht vollzogene Schenkung *Dörner* ZEV 2019, 309 (313 f.); NK-BGB/*Looschelders* Art. 1 Rn. 47). Doch wird die Vereinbarkeit dieser Lösung mit der Bereichsausnahme der lit. g von einigen Autoren **mit guten Gründen bezweifelt.** Sie finden in dieser Vorschrift keinen Anhaltspunkt für eine Differenzierung zwischen Deckungsverhältnis und Valutaverhältnis und verstehen den **Ausschluss daher als umfassend** (so *Nordmeier* ZEV 2013, 117 (122); dem folgend *Werkmüller* ZEV 2016, 123 (124 f.); Deixler-Hübner/Schauer/*Mankowski* Art. 1 EuErbVO Rn. 73; *Andrae* IPRax 2018, 221 (227), deren Argument, dass anderenfalls der Vorbehalt des Erbstatuts hinsichtlich einer Ausgleichung und Anrechnung überflüssig wäre, allerdings nicht überzeugt, da ein fehlender Rechtsgrund der Schenkung unabhängig vom Bestehen eines Pflichtteilsrechts die Bestandskraft nehmen würde). Untermauert wird dieses Verständnis durch einen Vergleich mit Art. 1 Abs. 2 lit. d Haager ErbÜbk, der Vorbild für Art. 1 Abs. 2 lit. g EuErbVO war und Verträge zugunsten Dritter auf den Todesfall vollständig ausnehmen sollte (*Waters,* Convention on the law applicable to succession to the estates of deceased persons – Explanatory Report, 1990, Nr. 46). Da Art. 1 Abs. 2 lit. g EuErbVO den Ausschlusstatbestand durch die Hinzufügung der „unentgeltlichen Zuwendungen" (→ Rn. 79) gegenüber Art. 1 Abs. 2 lit. d Haager ErbÜbk sogar noch erweitert hat, kann man kaum annehmen, dass er ihn beim Thema der Verträge zugunsten Dritter auf den Todesfall verengen wollte (*Nordmeier* ZEV 2013, 117 (122)).

100 Beide Ansichten scheinen unterdessen **eine wichtige Differenzierung zu übersehen.** Denn im ersten Schritt muss die Frage beantwortet werden, ob die zugewandte Begünstigung für ihre Kondiktionsfestigkeit **überhaupt eines gesonderten Rechtsgrunds** bedarf oder sie **die causa bereits in sich trägt** (so wie dies im deutschen Recht von einer beachtlichen Mindermeinung für § 331 BGB vertreten wird, siehe die Nachweise bei *Leipold,* Erbrecht, Rn. 578 (Fn. 25), 580a). Diese Entscheidung sollte aufgrund größerer Sachnähe und der fehlenden Differenzierung der lit. g dem Deckungsstatut zugewiesen sein. Folgt man dem, so wird man beispielsweise für den „revocable trust" oftmals zu dem Ergebnis kommen, dass er ein einheitliches Rechtsinstitut bildet, der Rechtserwerb des „beneficiary" deshalb auch ohne Rechtsgrund im Valutaverhältnis bestandskräftig ist und das Erbstatut die Zuwendung lediglich bei der Nachlassverteilung berücksichtigen kann (anders *Leithold* FamRZ 2015, 709 (713–715)). Verlangt das Deckungsstatut hingegen einen Rechtsgrund im Valutaverhältnis, erscheint dessen pauschale Ausnahme vom Erbstatut als **zu weitgehend** und mit einer funktionalen Betrachtungsweise nicht vereinbar (so auch MüKoBGB/*Dutta* EuErbVO Art. 1 Rn. 39 Fn. 112). Denn insbesondere im Falle, dass das Valutaverhältnis durch Testament oder Erbvertrag begründet wird, wäre es sinnwidrig, die Regelung dieser Frage dem Erbstatut zu entziehen. Überzeugender ist daher, das Valutaverhältnis, soweit ihm nach dem Deckungsstatut eigenständige Bedeutung zukommt, nach den allgemeinen Regeln zu beurteilen. Kommt als Rechtsgrund nur eine Schenkung auf den Todesfall in Betracht, sind somit die dazu angestellten Überlegungen maßgeblich (→ Rn. 85 ff.).

101 Sieht man das Valutaverhältnis pauschal oder im konkreten Fall als vom Ausschlussgrund der lit. g erfasst an, stellt sich die Folgefrage, welchem Statut es stattdessen unterworfen ist. Eine Möglichkeit ist die erbrechtliche Qualifikation im Rahmen des autonomen Rechts (dafür Bonomi/Wautelet/*Bonomi* Art. 1 Rn. 59, Rn. 97; MüKoBGB/*Dutta* EuErbVO Art. 1 Rn. 39 Fn. 112; → EGBGB Art. 25 Rn. 7 ff.). Ein anderer Vorschlag lautet, das Valutaverhältnis akzessorisch zum Deckungsverhältnis anzuknüpfen, also demselben Statut zu unterwerfen (*Nordmeier* ZEV 2013, 117 (122); in der Tendenz auch Deixler-Hübner/Schauer/*Mankowski* Art. 1 EuErbVO Rn. 73; nicht klar ist, warum *Andrae* IPRax 2018, 221 (227) stattdessen eine güterrechtliche Qualifikation für nötig hält, wenn Begünstigter der überlebende Ehegatte ist; kritisch zur Anlehnung an das Deckungsverhältnis MüKoBGB/*Dutta* EuErbVO Art. 1 Rn. 39 Fn. 112). Ein solcher Gleichlauf erhöht die Rechtssicherheit und vermeidet Anpassungsbedarf, und das früher gegen eine solche Lösung vorgebrachte Argument, dass die **Rechtswahlfreiheit im internationalen Schuldrecht** zur Umgehung des Erbstatuts führen könne (*Henrich* ZEV 2001, 486 (487)), hat angesichts der Möglichkeiten der Rechtswahl nach Art. 22 EuErbVO **an Gewicht verloren** (*Nordmeier* ZEV 2013, 117 (122)). Erneut dürfte freilich die **Einzelfallbetrachtung einer pauschalen Einordnung vorzuziehen** sein.

102 Der häufige Wunsch, erbrechtliche Regelungen auf Rechtsgeschäfte der hier dargestellten Art anzuwenden, kann nicht nur dadurch motiviert sein, die Wertungen des Erbrechts zu schützen, sondern auch den **Interessen des Erblassers selbst** dienen. Insbesondere die Regelungen über die Auslegung und Wirksamkeit von Testamenten werden Verträgen zugunsten Dritter auf den Todesfall meist viel besser gerecht als die allgemeinen Vorschriften über Verträge unter Lebenden. Aus diesem Grund kann es oftmals sinnvoll sein, die **Regelungen über Testamente entsprechend anzuwenden** auf die Einsetzung eines Bezugsberechtigten (so ausdrücklich zB § 2–804 Uniform Probate Code (2010) zum automatischen Widerruf der Benennung des Ehepartners im Falle der Scheidung). Da hier freilich das Deckungsverhältnis betroffen ist, muss dem regierenden Statut die Entscheidung über die Anlehnung an erbrechtliche Regelungen zukommen.

h) Gesellschaftsrecht. Lit. h trifft eine Regelung zur Abgrenzung von **Gesellschaftsstatut** und **Erbstatut** (monographisch *Weischede*). In Konkurrenz treten beide immer dort, wo es um die Vererbung von Gesellschaftsanteilen geht. Lit. h räumt dem **autonom zu ermittelnden** Gesellschaftsstatut in diesem Fall **grundsätzlich den Vorrang** ein, was allerdings nicht dahingehend missverstanden werden darf, dass das Erbstatut auf die Vererbung von Gesellschaftsanteilen gar keine Anwendung fände. Stattdessen sind feine Differenzierungen erforderlich (→ Rn. 105 ff.), die in der Formulierung der lit. h nicht ansatzweise zum Ausdruck kommen. Aus deutscher Sicht bleibt es im Wesentlichen bei **derselben Rechtslage** wie **vor Inkrafttreten der EuErbVO** (*Leitzen* ZEV 2012, 520; Dutta/Herrler/*Hertel,* Die Europäische Erbrechtsverordnung, 85 Rn. 63; *Paulus* notar 2016, 3 (12)). 103

Der Begriff der „Gesellschaft" ist in der EuErbVO nicht definiert, aber **weit zu verstehen** und in Abstimmung mit anderen europäischen Rechtsakten zu bestimmen, etwa Art. 1 Nr. 2 lit. f Rom I-VO (*Leitzen* ZEV 2012, 520). Für den vorliegenden Kontext ist entscheidend, dass es Anteile an einer Gesellschaft gibt, die von der verstorbenen Person gehalten wurden. Nicht relevant ist hingegen, ob die Gesellschaft eigene Rechtspersönlichkeit hat (Bonomi/Wautelet/*Bonomi* Art. 1 Rn. 65; BeckOGK/*J. Schmidt* EuErbVO Art. 1 Rn. 36). 104

Als im Kern **rein gesellschaftsrechtliche Frage** dem **Gesellschaftsstatut zugewiesen** sind die Auswirkungen, die das Versterben des Gesellschafters auf das **Fortbestehen der Gesellschaft** hat (dies wird durch Art. 1 Abs. 2 lit. i bestätigt → Rn. 112). Gleiches gilt für das Schicksal des betreffenden Gesellschaftsanteils, also die Frage, ob dieser **überhaupt vererblich** ist oder etwa den anderen Gesellschaftern anwächst oder von diesen eingezogen werden kann (*Leitzen* ZEV 2012, 520; *Dörner* ZEV 2012, 505 (508); *Dutta* RabelsZ 73 (2009), 727 (734 f.); MüKoBGB/*Dutta* EuErbVO Art. 1 Rn. 42; BeckOGK/*J. Schmidt* EuErbVO Art. 1 Rn. 39; mit Beispielen aus dem französischen und dem belgischen Recht Wautelet/Bonomi/*Wautelet* Art. 1 Rn. 67). 105

Das Gesellschaftsstatut kann dem Erbstatut darüber hinaus aber auch in spezifisch erbrechtlichen Fragen vorgehen, nämlich dann, wenn es die Vererbung eines Gesellschaftsanteils **Sonderregelungen** unterwirft, die **vom allgemeinen Erbrechtsregime abweichen** (eingehend *Dutta* RabelsZ 73 (2009), 727 (740); MüKoBGB/*Dutta* EuErbVO Art. 1 Rn. 43–46, auch zur dogmatischen Einordnung dieses Vorrangs; *Leitzen* ZEV 2012, 520 (521)). Ein Beispiel ist die deutsche Rechtsprechung zu Nachfolgeklauseln bei der **Vererbung von Personengesellschaftsanteilen,** durch die **Ausnahmen vom Grundsatz der Universalsukzession** und den **Regeln über die Erbengemeinschaft** zugelassen werden (BGH NJW 1999, 571 (572) mwN; siehe auch *Ivens* ZEV 2010, 615; *Paulus* notar 2016, 3 (4 f.)). Ein weiteres Beispiel ist das Verbot der Anordnung einer Testamentsvollstreckung oder Nachlassverwaltung über den Gesellschaftsanteil (näher *Leitzen* ZEV 2012, 520 (520); *Paulus* notar 2016, 3 (11)). Entsprechende Regelungen des Gesellschaftsstatuts könnten an sich als **Sondererbfolgen** iSd des **Art. 30** verstanden werden, dem Art. 1 Abs. 2 lit. h als speziellere Norm allerdings vorgeht (→ Art. 30 Rn. 12). Am Ergebnis, dh der Maßgeblichkeit des Gesellschaftsstatuts, ändert dies nichts. Bedarf für eine Anpassung nach Art. 31 dürfte hieraus in aller Regel nicht resultieren, da das dem Erbstatut vom Gesellschaftsstatut vorgegebene Ergebnis in struktureller Hinsicht nicht fremd sein wird (so iE auch MüKoBGB/*Dutta* EuErbVO Art. 1 Rn. 43; anders *Paulus* notar 2016, 3 (12)). 106

Zu beachten ist allerdings, dass auch bei Vorliegen einer gesellschaftsrechtlichen Sondererbfolge das Erbstatut **nicht vollständig verdrängt** wird, sondern etwa für die Entscheidung der **Vorfrage** zuständig ist, wer überhaupt mit welchem Anteil **Erbe** geworden und damit in den Personengesellschaftsanteil nachgefolgt ist (Palandt/*Thorn* EuErbVO Art. 1 Rn. 12; *Dutta* RabelsZ 73 (2009), 727 (744 f.); MüKoBGB/*Dutta* EuErbVO Art. 1 Rn. 47). Ebenso wird man trotz Fehlens eines ausdrücklichen Vorbehalts nach dem Beispiel der lit. g annehmen müssen, dass es dem Erbstatut vorbehalten bleibt, ob und wie übergegangene Gesellschaftsanteile im Pflichtteilsrecht zu berücksichtigen sind (Palandt/*Thorn* EuErbVO Art. 1 Rn. 12; aA *Everts* ZEV 2013, 124 (127); → Art. 23 Rn. 116 ff.). 107

Sieht das Gesellschaftsstatut keine erbrechtlichen Sonderregelungen vor, sondern unterwirft es die Vererbung der gesellschaftlichen Anteile seinem allgemeinen Erbrechtsregime, greift – vorbehaltlich von Ausnahmen (→ Rn. 109) – der Ausschlussgrund der lit. h nicht ein. Die Rechtsnachfolge von Todes wegen unterliegt dann ausschließlich dem nach Art. 21, 22 zu bestimmenden **Erbstatut,** das somit **Vorrang** vor den **allgemeinen erbrechtlichen Regelungen** des **Gesellschaftsstatuts** hat (ähnlich *Leitzen* ZEV 2012, 520 (521)). Dies wird gewöhnlich bei der Vererbung von **Anteilen an Kapitalgesellschaften** der Fall sein (*Dörner* ZEV 2012, 505 (508)). In diesem Fall bestimmt also allein das Erbstatut, wer den Gesellschaftsanteil erhält, wie sich der Erwerb vollzieht und welche Pflichtteilsrechte bestehen (*Dutta* RabelsZ 73 (2009), 727 (745 f.); → Art. 23 Rn. 10 ff.), ferner die Frage, wie der Gesellschaftsanteil in der Erbauseinandersetzung zu behandeln ist (Wautelet/Bonomi/*Wautelet* Art. 1 Rn. 70 f.). 108

Zu beachten ist freilich auch, dass besondere erbrechtliche Regeln des Gesellschaftsstatuts, die sich gegen ein ausländisches Erbstatut behaupten sollen, **nicht immer offen erkennbar** sind, sondern auch **in den allgemeinen Vorschriften versteckt** sein können. Sieht das Gesellschaftsstatut etwa eine bestimmte Ausgestaltung der Testamentsvollstreckung oder der Erbengemeinschaft vor, die ohne Friktionen auf vererbliche Gesellschaftsanteile angewendet werden kann und damit Sonderregeln überflüssig 109 macht, so sind die Voraussetzungen einer solchen Gestaltung womöglich dort nicht mehr gegeben, wo ein ausländisches Erbstatut ins Spiel kommt, das einen anderen Rahmen setzt. Hypothetisch wäre also zu fragen, ob das Gesellschaftsstatut eine bestimmte Regelung seines allgemeinen Erbregimes für so wichtig hält, dass es sie notfalls auch gesondert für den gesellschaftsrechtlichen Kontext erlassen hätte. Dies ist letztlich eine Frage der **Auslegung des Gesellschaftsstatuts** (*Dutta* RabelsZ 73 (2009), 727 (743 f.)).

110 Schließlich kann es auch sein, dass die Regelung im Gesellschaftsvertrag auf ein bestimmtes nationales Erbrecht zugeschnitten war, das im Fall einschlägige Erbstatut aber eine andere Regelung vorsieht, die zu der anvisierten Lösung nicht mehr passt. Ein Beispiel ist der Fall, dass der Gesellschaftsvertrag eine einfache Nachfolgeklausel zugunsten des „Erben" erhält und hierbei an das deutschen Recht gedacht wurde, Erbstatut dann aber Rechtsordnung ist, nach der auch enge Familienangehörigen, die nicht testamentarisch bedacht wurden, eine dingliche Beteiligung am Nachlass erhalten und somit ebenfalls Erben sind (→ Art. 23 Rn. 106). Hier muss die **Auslegung der Nachfolgeklausel** darüber entscheiden, ob auch ein solcher Noterbberechtigter von ihr erfasst werden sollte (*Dutta* RabelsZ 73 (2009), 727 (744)).

111 Bei der Vererbung von Gesellschaftsanteilen kann grundsätzlich auch der **Registervorbehalt der lit. l** zum Tragen kommen. Zu beachten ist hierbei allerdings, dass genau so wie bei unbeweglichen Sachen die Eintragung als Voraussetzung für den Erwerb nur dort verlangt werden kann, wo ihn das deutsche Recht auch für inländische Erwerbsvorgänge vorsieht (→ Rn 149).

112 **i) Auflösung von Gesellschaften ua.** Lit. i stellt zum einen klar, dass sich die EuErbVO nur mit dem Tod natürlicher Personen befasst, **nicht hingegen mit dem „Versterben" juristischer Personen** (*Leitzen* ZEV 2012, 520; Dutta/Herrler/*Hertel,* Die Europäische Erbrechtsverordnung, S. 85 Rn. 66). Zum anderen bestätigt diese Bereichsausnahme den bereits unter lit. h (→ Rn. 105) dargestellten Befund, dass der EuErbVO auch nicht die Frage unterfällt, welche Auswirkungen der **Tod eines Gesellschafters** für das **Schicksal der Gesellschaft** hat (Bonomi/Wautelet/*Bonomi* Art. 1 Rn. 74; BeckOGK/*J. Schmidt* EuErbVO Art. 1 Rn. 40).

113 **j) Errichtung, Funktionsweise und Auflösung eines Trusts. aa) Allgemeines.** Lit. j trifft **nur vordergründig eine klare Regelung** zur Behandlung von Trusts (eingehend *de Barros Fritz* RabelsZ 85 (2021), Heft 3). Der scheinbar umfassende Ausschluss aller Fragen, die damit im Zusammenhang stehen, findet sich zwar in ähnlicher Formulierung auch in **anderen europäischen Rechtsakten** (vgl. etwa Art. 1 Abs. 2 lit. g Rom I-VO oder Art. 1 Abs. 3 lit f Brüssel IIa-VO), steht aber in einem Spannungsverhältnis zu ErwG 13, demzufolge lit. j „nicht als genereller Ausschluss von Trusts verstanden werden" soll. Es zeigt sich damit, dass die Formulierung der lit j. **zu weit geraten** oder jedenfalls irreführend ist (Deixler-Hübner/Schauer/*Mankowski* Art. 1 EuErbVO Rn. 106; kritisch auch *Gleim* 281). Die in ErwG 13 zum Ausdruck kommende Einschränkung der Bereichsausnahme, die der deutlichen Kritik an der Fassung des Vorschlags Rechnung trägt (*Max Planck Institute* RabelsZ 74 (2010) Rn. 44 ff.; zur Genese der Vorschrift auch *Frodl* ÖJZ 2012, 950 (952)), ist durch den Umstand motiviert, dass Trusts im Rechtskreis des Common Law ein **zentrales Element der Nachlassplanung und -abwicklung** sind (MüKoBGB/*Dutta* EuErbVO Art. 1 Rn. 50; Deixler-Hübner/Schauer/*Mankowski* Art. 1 EuErbVO Rn. 106). Ihre pauschale und vollständige Herausnahme aus dem Anwendungsbereich hätte daher den Grundsatz der Nachlasseinheit beeinträchtigt (*Gleim* 281 f.) und eine **verlässliche Nachlassplanung erschwert** (*Paz Lamela* AEDIPr XI (2011) 447 (452)), auch weil mit Ausnahme des nur in wenigen Mitgliedsstaaten geltenden Haager Trustübereinkommens von 1985 (dazu MüKoBGB/*Dutta* EuErbVO Vor Art. 1 Rn. 6 f.; → Rn. 113 ff.) bislang **kein einheitliches Trustkollisionsrecht besteht** (Bonomi/Wautelet/*Bonomi* Art. 1 Rn. 84; *Wilhelm* IPRax 2012, 392; *Carrascosa González* 251). Die in der verabschiedeten Fassung der EuErbVO getroffene **Kompromisslösung** ist in ihren Konturen immer noch **unscharf** (kritisch auch *Pisani* ZEV 2012, 579 (581)) und bedarf **genauer Differenzierungen** (→ Rn. 117 ff.; zu pauschal daher *Richters* ZEV 2012, 576 (577)).

114 Was ein „Trust" ist, sagt die EuErbVO ebenso wenig wie die Brüssel I-VO, die den Begriff in Art. 5 Nr. 6 und Art. 23 Abs. 4 verwendet (entspricht Art. 7 Nr. 6 und Art. 25 Abs. 4 der Brüssel Ia-VO). Wie üblich ist der Begriff **autonom auszulegen,** doch kann bei einem Rechtsinstitut, das so klar von einer **bestimmten Rechtstradition** herrührt, diese natürlich nicht ignoriert werden (BeckOGK/*J. Schmidt* EuErbVO Art. 1 Rn. 42). Daher wird man als „Trust" iSd der EuErbVO in aller Regel das ansehen können, was in einer bestimmten Rechtsordnung **als solcher gilt.** Ebenso kann die **Definition in Art. 2 des HTrustÜ** einen Anhaltspunkt geben (Bonomi/Wautelet/*Bonomi* Art. 1 Rn. 82; Deixler-Hübner/Schauer/*Mankowski* Art. 1 EuErbVO Rn. 107), nach welcher ein Trust dadurch gekennzeichnet ist, dass sein Begründer („settlor") Vermögen zugunsten eines Begünstigten („beneficiary") der Aufsicht eines „trustee" unterstellt.

115 Vom Anwendungsbereich der EuErbVO in jedem Fall **vollständig ausgeschlossen** sind sog. **inter vivos trusts** (auch genannt „living trusts"), die bereits zu Lebzeiten des „settlor" ihre Wirkung entfalten (zur Qualifikation nach autonomem Recht *Leithold* FamRZ 2015, 709 (711 ff.)). Behält sich der „settlor" dabei das Recht vor, den Trust jederzeit zu widerrufen (sog. **„revocable trust"**), liegt bei

funktionaler Betrachtung zwar an sich häufig eine **Verfügung von Todes wegen** vor (→ Rn. 97). Der Ausschluss vom Anwendungsbereich der EuErbVO ergibt sich aber zumindest nach lit. g.

Nicht von vornherein vom Anwendungsbereich der EuErbVO **ausgeschlossen** sind dagegen Trusts, die im Wege des Erbrechts entstehen. Hier ist zu unterscheiden zwischen Trusts, die von Gesetzes wegen entstehen **(„statutory trusts"),** und solchen, die im Wege letztwilliger Verfügung begründet werden **(„testamentary trusts").** 116

bb) „Statutory trusts". Lässt eine nationale Rechtsordnung einen Trust an Nachlassgegenständen **von Gesetzes wegen** entstehen, so ist eine solche Regelung **integraler Bestandteil des Regimes zu Nachlassabwicklung und -verteilung,** und es würde dem **Grundsatz der Nachlasseinheit widersprechen** (Art. 23 Abs. 1), diesen Regelungskomplex, der auch vom Haager Trustübereinkommen nicht erfasst wird, gesondert anzuknüpfen (*Max Planck Institute* RabelsZ 74 (2010), 522 (Rn. 50)). Lit. j ist also entsprechend **teleologisch zu reduzieren,** so dass **Entstehung und Inhalt** eines solchen „statutory trust" sich **allein nach dem Erbstatut bestimmen.** Raum für eine **autonome Qualifikation** bleibt lediglich hinsichtlich der Funktionsweise des einmal errichteten Trusts (*Harris* Tru. L. I. 2008, 22(4), 181 (204)). Dies gilt etwa hinsichtlich der **Rechtsbeziehung zwischen „trustee" und „beneficiary",** die eine **unter Lebenden ist.** Sichergestellt werden muss aber auch dann, dass durch die autonome Anknüpfung des Trusts nicht nachträglich **Wertungen des Erbstatuts unterlaufen** werden. 117

Im Zusammenhang mit dem oft als Beispiel angeführten englischen Recht ist zu beachten, dass dieses im Falle der gesetzlichen Erbfolge **nicht die unmittelbare Entstehung eines Trusts** anordnet (anders zB *Carrascosa González* 250), auch wenn sec. 33 (1) AEA ausdrücklich davon spricht, dass der Nachlass in diesem Fall vom „personal representative" als „trust (...) with the power to sell" gehalten wird. Denn die Begriffswahl des englischen Gesetzgebers an dieser Stelle gilt schon lange als unpräzise (*Smith* Edinburgh Law Review 17 (2013), 283 (300 f.); *Williams on Wills* Rn. 27-15). Ein echter Trust zugunsten der nach Intestaterbrecht Begünstigten entsteht erst ab dem Moment, in dem der „personal representative" als erbrechtlicher Gesamtnachfolger festgestellt hat, welche Vermögenswerte nicht mehr zur **Bedienung von Nachlassverbindlichkeiten benötigt** werden und somit an die Begünstigten ausgekehrt werden dürfen (*Re Yeburgh* [1928] W. N. 208). Unklar ist lediglich, ob sich der Funktionswechsel von „personal representative" zu „trustee" automatisch vollzieht oder einer bestimmten Handlung bedarf (*Kerridge* Rn. 23–57; Löhnig/Dutta/et al./*Häcker,* Testamentsvollstreckung in Europa, 2018, 191 (219)). Diese dogmatischen Differenzierungen sind aber im Rahmen der lit. j irrelevant. Denn ganz unabhängig davon, ob und ab wann ein „echter" Trust vorliegt, ist es in jedem Fall das englische Recht, das die betreffenden Fragen regelt, wenn es als Erbstatut berufen wird. 118

cc) „Testamentary trusts". Ein „testamentary trust" entsteht wie ein inter vivos Trust (→ Rn. 115) durch privatautonomen Akt, entfaltet im Unterschied zu diesem aber seine **Wirkungen erst mit dem Todesfall.** Durch einen „testamentary trust" kann der Erblasser zB erreichen, dass Nachlassgegenstände einer bestimmten Person wirtschaftlich zu Gute kommen, diese aber nicht die Verfügungsgewalt über sie erlangt, oder jedenfalls erst nach Ablauf einer bestimmten Zeit, etwa bei Eintritt der Volljährigkeit. Die mit einem „testamentary trust" verfolgten Zwecke ähneln somit in der Sache oftmals solchen, die in kontinentalen Rechtsordnungen mit Instituten wie der **Testamentsvollstreckung** oder der **Vor- und Nacherbschaft** verfolgt werden (*Max Planck Institute* RabelsZ 74 (2010), 522 Rn. 45; (Deixler-Hübner/Schauer/*Mankowski* Art. 1 EuErbVO Rn. 108). Dies unterstreicht, dass das Rechtsinstitut des Trusts bei funktionaler Betrachtung keineswegs so fremdartig ist, wie es auf den ersten Blick den Anschein haben mag (→ Art. 31 Rn. 22 f.). 119

„Testamentary trusts" sind auch Gegenstand des **Haager Trustübereinkommens von 1985** (Art. 2), das im Bereich der EU allerdings nur von Italien, Luxemburg, Malta und den Niederlanden ratifiziert worden ist (deutscher Text und Einführung Staudinger/*Dörner* EGBGB Vorbem. zu Art. 25, 26 Rn. 129 ff.). Nach Art. 75 Abs. 1 wird seine Geltung durch die EuErbVO nicht berührt. Ein besonderes Merkmal des Übereinkommens liegt darin, dass es in der Frage des anwendbaren Rechts dem „settlor" eine **weitreichende Wahlmöglichkeit** einräumt (Art. 6). In Art. 4 trifft es auch eine Regelung zur **Abgrenzung seines Anwendungsbereichs** gegenüber erbrechtlichen Fragen. Aus dieser Gestaltung des Haager Trustübereinkommens ergibt sich unweigerlich ein gewisses **Spannungsverhältnis zur EuErbVO.** 120

Unstreitig ist lediglich, auch im Lichte von Art. 4 HTrustÜ, dass das nach den Art. 24, 27 zu ermittelnde Recht **die allgemeinen Voraussetzungen der Wirksamkeit der letztwilligen Verfügung** regelt, vor allem im Hinblick auf **Form und Testierfähigkeit** (Bonomi/Wautelet/*Bonomi* Art. 1 Rn. 85, 91; auch schon *Harris* Tru. L. I. 2008, 22(4), 181 (201); ferner *Merkel* 147). Insofern kann man auch von den **äußeren Wirksamkeitsvoraussetzungen** eines „testamentary trust" sprechen, oder, in den Worten *von Overbecks* zum Haager Trustübereinkommen, von der „Abschussrampe", welche die „Trust-Rakete" in den Orbit befördern soll (*von Overbeck,* Explanatory Report on the 1985 Hague Trusts Convention, 1985, Nr. 53). 121

Schon nicht mehr klar ist hingegen, ob und inwieweit das nach der EuErbVO berufene Recht, sei es das Erbstatut (Art. 21, 22) oder das Errichtungsstatut (Art 24), auch über die die **innere Wirksamkeit** 122 des Testaments entscheidet, insbesondere über die Frage, ob die Errichtung eines Trusts im Wege letztwilliger Verfügung **überhaupt zulässig** ist. Ein **Argument gegen einen solchen weiten Anwendungsbereich des Erbstatuts** lässt sich in Art. 4 HTrustÜ sehen. Dieser nennt als von seinem Anwendungsbereich ausgeschlossene Vorfrage zwar nur allgemein die „Gültigkeit" („validity"/„validité„) des Testaments, fasst darunter aber wohl nicht mehr die Frage der Zulässigkeit eines „testamentary trust" (*Harris,* The Hague Trust Convention, 2012, 52 f.). Denn würde stets verlangt, dass neben dem gewählten Truststatut auch das Erbstatut das Institut den „testamentary trust" kennt, wäre die Effektivität der eingeräumten Rechtswahl stark eingeschränkt. Wenn die EuErbVO das Haager Trustübereinkommen unangetastet lassen soll, müsste man die Frage der **Zulässigkeit** eines „testamentary trust" dann also **als nicht von der EuErbVO erfasst** ansehen (Bonomi/Wautelet/*Bonomi* Art. 1 Rn. 91, und wohl auch Franzina/Leandro/*Biagoni,* Il diritto internazionale privato europeo delle successioni *mortis causa,* 2013, 25 (43 f.); *Merkel* 146–149; nicht eindeutig *Harris* Tru. L. I. 2008, 22(4), 181 (201 f.) und die dort zitierten Stimmen).

123 Die besseren Argumente sprechen indessen dafür, allein das nach Art. 21, 22 berufene **Erbstatut** darüber entscheiden zu lassen, ob die **Errichtung eines Trusts** im Wege testamentarischer Anordnung **zulässig** ist (*Carrascosa González* 250 f.; wohl auch MüKoBGB/*Dutta* EuErbVO Art. 1 Rn. 50; Deixler-Hübner/Schauer/*Mankowski* Art. 1 EuErbVO Rn. 108; *Gleim* 279; *Patrão* Boletim da Faculdade de Direito da Universidade de Coimbra 87 (2011), 357 (403 f.); jedenfalls in der Tendenz auch Bonomi/Wautelet/*Bonomi* Art. 1 Rn. 92; zum VO-Entwurf *Max Planck Institute* RabelsZ 74 (2010), 522 (Rn. 47)). Allgemein lässt sich diese Lösung damit begründen, dass ein „testamentary trust" nach Form, Funktion und Inhalt nichts anderes ist als eine **letztwillige erbrechtliche Anordnung** (Institut suisse de droit comparé/*Dörner,* Le trust en droit international privé, 2005, 73 (80, 85)), die sich deshalb vollständig in das Regime der EuErbVO einfügen muss. Anderenfalls läge eine ungerechtfertigte Privilegierung vor, etwa wenn der Begründer eines „testamentary trust" **mehr Rechtswahlfreiheit** hätte als der Errichter eines gewöhnlichen Testaments (*Max Planck Institute* RabelsZ 74 (2010), 522 (Rn. 47)) und damit den vom Erbstatut vorgesehenen **numerus clausus der Arten von letztwilligen Anordnungen** (→ Art. 23 Rn. 33 ff.) umgehen könnte (zu diesem Argument im Zusammenhang mit dem Haager Trustübereinkommen *Thévenoz,* Trusts en Suisse: Adhésion à la Convention de La Haye sur les trusts et codification de la fiducie, 2001, 50). Derartige Ungleichbehandlungen könnten letztlich die **Effektivität der EuErbVO** in nicht unerheblichem Maße **unterminieren.** Die durch die Zulassung eines Trusts im Widerspruch zum Erbstatut hervorgerufenen **Koordinierungsprobleme** und die damit verbundene **Rechtsunsicherheit** würden schließlich aber auch häufig den Interessen des Erblassers zuwiderlaufen. Lässt das Erbstatut allerdings die Errichtung eines „testamentary trust" zu, bestehen gegen eine freie Wählbarkeit des Truststatuts keine grundsätzlichen Bedenken (näher *Gleim* 283).

124 Aus der hier vertretenen Auffassung folgt, dass diejenigen Mitgliedstaaten, die Vertragsstatten des Haager Trustübereinkommens sind, dessen Anwendungsbereich künftig durch eine **weite Auslegung von seinem Art. 4** zugunsten der EuErbVO **zu beschränken** haben. Der damit einhergehende Bedeutungsverlust des Übereinkommens dürfte in der Praxis nicht sonderlich groß sein, denn ohnehin erklärt das Übereinkommen in Art. 15 Abs. 1 einen weitreichenden **Vorrang der zwingenden Normen** anderer Rechtsordnungen, darunter auch derjenigen des **Erbstatuts** (lit. c) (Hinweis auf diese Achillesferse des Übereinkommens schon bei *von Overbeck,* Explanatory Report on the 1985 Hague Trusts Convention, 1985, Nr. 139; *Harris,* The Hague Trust Convention, 2002, 363). Raum für eine autonome Auslegung des Trustübereinkommens bleibt in jedem Fall dort, wo die EuErbVO nicht einschlägig ist.

125 Um einen „testamentary trust" nach Möglichkeit **zur Wirksamkeit zu verhelfen,** kann in seiner Anordnung die **konkludente Wahl** (Art. 22 Abs. 2) einer solchen Rechtsordnung gesehen werden, die seine Errichtung erlaubt (*Max Planck Institute* RabelsZ 74 (2010), 522 (Rn. 48)). Doch auch dort, wo dieser Weg versperrt ist und das nach der EuErbVO berufene Recht die Errichtung eines Trusts per letztwilliger Verfügung nicht gestattet, muss ein entsprechender Akt des Testators deshalb **nicht vollkommen wirkungslos** bleiben. Denn im Wege der **Testamentsauslegung** (Art. 26 Abs. 1 lit. d) ist dann nach den **Grundsätzen des „Handelns unter falschem Recht"** (→ Einl. Rn. 110 f.) zu versuchen, die verfolgten Ziele mit den vom Erbstatut bereitgestellten Instrumenten zu erreichen, etwa der Anordnung einer **Testamentsvollstreckung** oder einer **Vor- und Nacherbschaft** (*Max Planck Institute* RabelsZ 74 (2010), 522 (Rn. 48); Bonomi/Wautelet/*Bonomi* Art. 1 Rn. 93; *Carrascosa González* 252, 255 f.; → Art. 23 Rn. 37).

126 Ein „testamentary trust" darf das Erbstatut freilich nicht nur in der Frage der Zulässigkeit, sondern auch in weiteren Punkten **nicht konterkarieren.** So bleiben insbesondere diejenigen Regelungen unangetastet, die bestimmen, **welcher Teil des Nachlasses überhaupt der freien Disposition unterliegt** und nicht durch **Pflichtteilsrechte** oÄ (Art. 23 lit. h) gebunden ist (*Carrascosa González* 250 f.; ebenso schon *Harris* Tru. L. I. 2008, 22(4), 181 (203 f.)). Die „Berechtigten", von denen in ErwG 13 S. 3 die Rede ist, sind also gerade nicht die „beneficiaries" des Trusts, sondern die vom Erbstatut zwingend als Begünstigte benannten Personen (*Paz Lamela* AEDIPr XI (2011) 447 (453); *Carrascosa*

González 250 f.; *Merkel* 147). Dass das Erbstatut darüber bestimmt, über welche Güter überhaupt letztwillig verfügt werden darf, ist übrigens ein **weiteres Argument** dafür, auch die Frage der **Zulässigkeit des Trusts** dem **Erbstatut** zu unterwerfen (→ Rn. 123), denn letztlich geht es in beiden Fällen um Fragen der **inneren Wirksamkeit** des Testaments.

Ebenso kommt dem Erbstatut die Aufgabe zu, den **Übergang der Vermögenswerte** auf den „trustee" zu regeln (ErwG 13 S. 3; Bonomi/Wautelet/*Bonomi* Art. 1 Rn. 85; Palandt/*Thorn* EuErbVO Art. 1 Rn. 14), sowie die Entscheidung darüber, wann das Nachlassvermögen **zur Begründung des Trusts „freigegeben"** wird (in diesem Sinne auch *Paz Lamela* AEDIPr XI (2011) 447 (453 f.)). Der Trust darf maW nicht das **allgemeine Regime der Nachlassabwicklung unterlaufen** und etwa die Interessen von Nachlassgläubigern beeinträchtigen. Einen solchen Vorrang der Nachlassabwicklung werden in aller Regel auch diejenigen Rechtsordnungen vorsehen, die den „testamentary trust" kennen. Das englische Recht jedenfalls lässt entgegen häufiger anderslautender Behauptungen im rechtsvergleichenden Schrifttum einen „testamentary trust" keineswegs unmittelbar mit Eröffnung des Erbgangs entstehen (so aber zB Bonomi/Wautelet/*Bonomi* Art. 1 Rn. 80). Stattdessen hat zunächst wie üblich die **Abwicklung des Nachlasses durch den „personal representative"** zu geschehen, der, ungeachtet vieler Ähnlichkeiten, gerade nicht die Stellung eines „trustee" im technischen Sinn hat (*Kerridge* Rn. 23–48; Löhnig/Dutta/et al./*Häcker,* Testamentsvollstreckung in Europa, 2018, 191 (203–205); → Art. 23 Rn. 72). Erst nachdem alle Verbindlichkeiten beglichen wurden, kann ein Trust hinsichtlich des Restnachlasses oder Teilen davon begründet werden, weil die Vorrangstellung der Nachlassgläubiger nicht ausgehöhlt werden darf (*Smith* Edinburgh Law Review 17 (2013), 283 (293, 302); *Paz Lamela* AEDIPr XI (2011) 447 (458 f.)). Im Falle einer durchaus häufig vorkommenden Personenidentität von „personal representative" und „trustee" (Löhnig/Dutta/et al./*Häcker,* Testamentsvollstreckung in Europa, 2018, 191 (218 f.) führt ein sog. „assent" dann einen **Wechsel der Funktion** herbei (*Attenborough v. Solomon* [1913] A. C. 76). Umstritten ist lediglich, ob ein solcher Wechsel sich mit Bereinigung des Nachlasses auch automatisch vollziehen kann (*Kerridge* Rn. 23–57; *Williams on Wills* 27-15). Sind „personal representative" und „trustee" nicht personenidentisch, ist in jedem Fall ein **gesonderter Übertragungsakt** erforderlich. 127

Festzuhalten ist damit, dass „testamentary trusts", ebenso wie „statutory trusts" (→ Rn. 117 f.), entgegen dem, was die Formulierung der lit. j suggeriert, in einer Reihe von Aspekten dem **Erbstatut** unterliegen. Nicht verhindern lässt sich natürlich, dass **Drittstaaten** eine andere Lösung wählen, indem sie den Trust etwa dem Recht am Belegenheitsort der Güter unterwerfen und es dadurch zu einem **„hinkenden Nachlassverhältnis"** kommt. Dieses Problem ist aber **allgemeiner Natur** und könnte ebenso bei vollständiger Herausnahme von „testamentary trusts" aus dem Erbstatut auftreten. 128

Jenseits der vom Erbstatut geregelten Fragen unterliegt der Trust hingegen dem **Truststatut** (*Harris* Tru. L. I. 2008, 22(4), 181 (204)). Dieses bestimmt etwa, wer befähigt ist, die **Funktion eines „trustee"** auszuüben und welche **Befugnisse** hiermit verbunden sind (vgl. Art. 8 HTrustÜ; *Frank/Leithold* ZEV 2014, 462 (468)). Ebenso wird man das Truststatut daraufhin befragen müssen, durch welche Handlungen (unter Lebenden) der Trust **zur Entstehung gelangt,** nachdem die Nachlassabwicklung beendet ist. 129

Wird entgegen der hier vertretenen Auffassung die Bereichsausnahme des lit j. wörtlich verstanden und werden „statutory trust" und „testamentary trust" somit vollständig **vom Anwendungsbereich** der EuErbVO **ausgenommen** (so zB *Richters* ZEV 2012, 576 (577)), muss dies nicht zwangsläufig zu **anderen Ergebnissen** führen. Denn zur Vermeidung von **Friktionen zwischen Erbstatut und Truststatut** wird es sich meist empfehlen, den Trust jedenfalls im Rahmen des autonomen Kollisionsrechts **dem Erbstatut** zu unterwerfen (Bonomi/Wautelet/*Bonomi* Art. 1 Rn. 86; → EGBGB Art. 25 Rn. 10). Diese entspräche auch der bisherigen Lösung des deutschen Kollisionsrecht (Staudinger/*Dörner* EGBGB Art. 25 Rn. 427 mwN; *Wittuhn* 93 (95 f.)). 130

dd) Konflikte mit dem Belegenheitsrecht. Indem die Entscheidung über die Entstehung eines Trusts (zumindest auch) dem Erbstatut zugewiesen wird, werden bewusst Konflikte mit dem Recht anderer Mitgliedstaaten in Kauf genommen, die dieses Rechtsinstitut nicht kennen, insbesondere dann, wenn der Trust Nachlassgegenstände erfasst, die in solchen Rechtsordnungen belegen sind. In diesem Fall ist ggf. eine **Anpassung** nach **Art. 31** vorzunehmen (→ Art. 31 Rn. 17 ff.). 131

k) Art der dinglichen Rechte. Lit. k regelt in etwas verunglückter Weise die **Abgrenzung zwischen Erbstatut und Sachenrechtsstatut,** die freilich auch zu den schwierigsten Fragen gehört, die sich unter der EuErbVO stellen, und schon im Gesetzgebungsverfahren sehr umstritten war (*Lechner* IPRax 2013, 497; MüKoBGB/*Dutta* EuErbVO Art. 1 Rn. 52; eingehend zur Entstehungsgeschichte *T. Lechner* 134–142). Ein erster Grund für diese Schwierigkeit liegt darin, dass Erbrecht und Sachenrecht sich niemals klar voneinander trennen lassen, da zu den Regelungsaufgabe des Erbrechts immer auch die Übertragung (und manchmal auch die Schaffung) von dinglichen Rechten gehört (*J. P. Schmidt* RabelsZ 77 (2013), 1 (7)). Ein zweiter Grund liegt in der rechtspolitischen Brisanz des Themas (Deixler-Hübner/Schauer/*Mankowski* Art. 1 EuErbVO Rn. 113). Umso erfreulicher ist, dass der EuGH in seiner ersten Vorabentscheidung überhaupt zur EuErbVO, der **Rechtssache „Kubicka"** (EuGH 12.10.2017 – C- 132

218/16 = FamRZ 2017, 2057), die Gelegenheit zu einer Reihe von Klarstellungen genutzt hat, die überwiegend auf Zustimmung gestoßen sind (siehe etwa *Bandel* MittBayNot 2018, 99; *Dorth* ZEV 2018, 11; *Kleinschmidt* LMK 2018, 403371; *J. P. Schmidt* European Property Law Journal 7 (2018), 4; *Schwartze* JEV 2019, 18; kritisch dagegen *Litzenburger* FD-ErbR 2017, 396271; *Weber* DNotZ 2018, 16; zurückhaltend *Döbereiner* FamRZ 2017, 2060). Die Entscheidung des EuGH, die im Schrifttum auch als „Durchbruch" (*van Erp,* Weekblad voor Privaatrecht, Notariaat en Registratie (WPNR) 2018, nr. 7183, 193), „Paukenschlag" (*Bandel* MittBayNot 2018, 99) oder gar als „Revolution" bezeichnet wurde (*Dorth* ZEV 2018 11 (11)), hat nicht nur Bedeutung für die Rolle der Bereichsausnahme der lit. k, sondern auch für die der lit. l sowie die Anpassungsvorschrift des Art. 31. Selbst für die EuGüVO und die EuPartVO entfaltet die „Kubicka"-Entscheidung mittelbar Relevanz, da hier die Abgrenzung zum Sachenrechtsstatut weitgehend parallel geregelt wurde (näher *J. P. Schmidt* European Property Law Journal 7 (2018), 4 (5)).

133 Konflikte zwischen Erbstatut und Sachenrechtsstatut treten immer dort auf, wo das Erbstatut ein Rechtsinstitut vorsieht, welches das Sachenrechtstatut nicht oder jedenfalls nicht in derselben Form kennt. Meistdiskutiertes Beispiel ist das **Vindikationslegat,** das eine unmittelbare Einzelrechtsnachfolge von Todes wegen gestattet (→ Art. 23 Rn. 27) und auch Gegenstand der „Kubicka"-Entscheidung war. Ähnlich gelagerte Fälle sind **Teilungsanordnungen mit dinglicher Wirkung, Nießbrauchsrechte,** die unmittelbar von Todes wegen entstehen oder an Sachgesamtheiten begründet werden, ferner **Trusts** (→ Art. 31 Rn. 15 ff.).

134 Ziel der lit. k ist es, den **„numerus clausus" der mitgliedstaatlichen Sachenrechte** zu respektieren (ErwG 15 S. 2). Dieser in der wissenschaftlichen Diskussion häufig schlagwortartig gebrauchte Begriff darf im vorliegenden Kontext nicht in der Weise verstanden werden, dass dem Sachenrechtsstatut ein pauschaler Vorrang vor dem Erbstatut gebühre. Denn lit. k nennt ausdrücklich nur die „Art der dinglichen Rechte", also ihren Typus (*Mansel,* FS Coester-Waltjen, 2015, 587 f.; Deixler-Hübner/Schauer/*Mankowski* Art. 1 EuErbVO Rn. 115). **Nicht erfasst ist hingegen die Art und Weise des Erwerbs,** wie der EuGH in der Rechtssache „Kubicka" (→ Rn. 132) unmissverständlich klargestellt hat (Tz. 46–50; vorher schon *J. P. Schmidt* RabelsZ 77 (2013) 1 (22); *Margonski* GPR 2013, 106 (108); *Gärtner* 84 und 98; BeckOGK/*J. Schmidt* EuErbVO Art. 1 Rn. 45; *Mansel,* FS Coester-Waltjen, 2015, 587 (589); *Laukemann,* FS Schütze, 204, 325 (336 f.); wohl gleichbedeutend mit der hier genannten Unterscheidung ist die zwischen **„Zuordnungsvorgang"** und **„Zuordnungsergebnis"** (MüKoBGB/*Dutta* EuErbVO Art. 1 Rn. 51); für eine extensive Auslegung der lit. k hingegen Erman/*Hohloch* EuErbVO Art. 1 Rn. 13; *Simon/Buschbaum* NJW 2012, 2393 (2394); *Kunz* GPR 2012, 253 (255); *Rudolf* ÖNZ 2013, 225 (228)). In der Formulierung der lit. k liegt keine versehentliche Auslassung, sondern eine **bewusste Entscheidung des Verordnungsgebers,** wie nicht zuletzt der Umstand zeigt, dass während des Gesetzgebungsverfahren ein weiter gehender Vorbehalt der lex rei sitae diskutiert, aber zu Recht wieder verworfen wurde (vgl. Art. 21 VO-Entwurf sowie den zwischenzeitlich vorgeschlagenen Art. 20a; zu letzterem die Kritik der *Heidelberg-Stellungnahme* 32 ff.). Überdies sprechen für eine enge Auslegung der lit. k auch **systematische Argumente:** So weist Art. 23 Abs. 2 lit. e dem Erbstatut explizit die Frage des Erwerbs durch Erben und Vermächtnisnehmer zu (vgl. auch ErwG 15; MüKoBGB/*Dutta* EuErbVO Art. 1 Rn. 53; Deixler-Hübner/Schauer/*Mankowski* Art. 1 EuErbVO Rn. 117 f.), während Art. 23 Abs. 1 generell den Grundsatz der Nachlasseinheit statuiert (dies führte auch der EuGH in „Kubicka" als Argument an (Tz. 43 f., 55, 57)). Die Ansicht, dass das Erbstatut unter dem allgemeinen Vorbehalt der lex rei sitae stünde, entbehrt folglich einer Grundlage und war auch schon unter autonomem deutschen Kollisionsrecht in dieser Pauschalität nicht zutreffend (*J. P. Schmidt* ZEV 2014, 133 (133 f.)).

135 Die EuErbVO hat mit der gewählten Lösung **anderen Theorien** zum Verhältnis zwischen Erbstatut und Sachenrechtsstatut (für einen Überblick *Carrascosa González* 210 ff.) eine **klare Absage** erteilt. Hierzu gehört insbesondere die während des Gesetzgebungsverfahrens vielfach befürwortete Konzeption, nach der das Erbstatut den „titulus" des Erwerbs bestimmen, also den oder die Rechtsnachfolger auswählen soll, das Sachenrechtsstatut hingegen den „modus" des Erwerbs (in diesem Sinne etwa *Martiny* IPRax 2012, 119 (127); weitere Nachweise bei *Schäuble,* Die Einweisung der Erben in die Erbschaft nach österreichischem Recht durch deutsches Nachlassgericht, 2011, 169 f.; *J. P. Schmidt* RabelsZ 77 (2013), 1 (9)). In der Schlussfassung der EuErbVO findet diese – ohnehin nicht überzeugende – Ansicht **keinerlei Stütze** (Bonomi/Wautelet/*Bonomi* Art. 1 Rn. 111, Art. 23 Nr. 52; Palandt/*Thorn* EuErbVO Art. 1 Rn. 15; *Carrascosa González* 213; etwas überraschend meint hingegen NK-BGB/*R. Magnus* Art. 1 EuGüVO/EuPartVO Rn. 41, dass der EuGH seine Entscheidung in der Rechtssache „Kubicka" auf die Unterscheidung zwischen „titulus" und „modus" gestützt habe).

136 Für Vindikationslegate folgt aus dem bisher Gesagten, dass ihre Wirksamkeit in einem Mitgliedsstaat, der diese Figuren nicht kennt, **nicht an lit. k scheitert,** wie auch der EuGH in „Kubicka" (→ Rn. 132) entschied (Tz. 51). Denn besonders an ihnen ist nicht ihr Gegenstand, das betreffende dingliche Recht (das bei in bei in Deutschland belegenen Sachen Eigentum iSd deutschen Rechts ist, *Bandel* MittBayNot 2018, 99 (100)), sondern nur die Art und Weise des Erwerbs (*J. P. Schmidt* RabelsZ 77 (2013) 1 (19); für eine erbrechtliche Qualifikation des Vindikationslegats auch *Kleinschmidt* RabelsZ 77 (2013), 723 (761);

Buschbaum, GS Hübner, 2012, 589 (595); *Margonski* GPR 2013, 16 (107); Bonomi/Wautelet/*Wautelet* Art. 1, Rn. 109–111.; NK-Nachfolgerecht/*Köhler,* EuErbVO Art. 1 Rn. 19; *Looschelders,* FS Coester-Waltjen, 531 (535 f.); *T. Lechner* 178, 305; zu undifferenziert *Müller-Lukoschek,* § 2 Rn. 114). Es bedarf somit keiner rechtsgeschäftigen Übereignung durch den Erben mehr (iE auch *Buschbaum,* GS Hübner, 2012, 589 (595); *Lechner* IPRax 2013, 497 (499); *Hertel* ZEV 2013, 539 (540); *Döbereiner* MittBayNot 2013, 358 (361); Schauer/Scheuba/*Fischer-Czermak,* Europäische Erbrechtsverordnung, 2012, 23 (27); zur Gegenansicht, die stets eine Anpassung vornehmen wollte, → Art. 31 Rn. 13 f.). Ebensowenig spielt Art. 1 Abs. 2 lit. k eine Rolle für den **Modus, nach dem der Erbe den Nachlass erwirbt;** auch dieser bestimmt sich allein nach dem Erbstatut (→ Art. 23 Rn. 56 ff.). Für **dingliche Teilungsanordnungen** gilt das zu Vindiktionslegaten Gesagte entsprechend (*Kleinschmidt* LMK 2018, 403371; *Leitzen* ZEV 2018, 311 (313); *Bandel* MittBayNot 2018, 99 (105); *Kurth* ErbR 2020, 321 (322)).

Sogar mit seiner Beschränkung auf die „Art der dinglichen Rechte" ist lit. k aber noch **zu weit** 137 geraten. Denn nähme man die Vorschrift ernst, würde **Art. 31,** der für den Fall eines Konflikts zwischen Erbstatut und Sachenrechtsstatuts eine **Anpassung** vorschreibt, **vollständig leerlaufen** (*Heredia Cervantes* AEDIPr XI (2011), 415 (421); *J. P. Schmidt* RabelsZ 77 (2013), 1 (16); *Gärtner* 84; MüKoBGB/*Dutta* EuErbVO Art. 1 Rn. 58; *Solomon* Anali Pravnog Fakulteta Univerziteta u Zenici 2016, 193 (217); NK-Nachfolgerecht/*Köhler,* EuErbVO Art. 1 Rn. 20; anders versteht das Verhältnis zwischen Art. 1 Abs. 2 lit. k und 31 *Bandel* MittBayNot 2018, 99 (103 Fn. 28), ohne dass dies im Ergebnis aber einen Unterschied machen dürfte; methodisch fragwürdig in jedem Fall Erman/*Hohloch* EuErbVO Art. 1 Rn. 13, der Art. 31 als Argument für eine weite Auslegung des Art. 1 Abs. 2 lit. k heranzieht). Dieser Widerspruch ist in der Weise aufzulösen, dass lit. k **telelogisch reduziert** wird und iE weitgehend unbeachtet bleibt (*J. P. Schmidt* ZEV 2014, 133 (134); von einer „Hinweisfunktion" und einer mittelbaren „pädagogischen Funktion" spricht Deixler-Hübner/Schauer/*Mankowski* Art. 1 EuErbVO Rn. 114). Sieht also das Erbstatut zB die Entstehung eines Nießbrauchs an einem in Deutschland belegenen Gegenstand vor, so ist der vom Erbstatut vorgesehene Rechtsinhalt nicht etwa zu ignorieren, wie Art. 1 Abs. 2 lit. k eigentlich vorschreiben würde, sondern allenfalls nach Art. 31 anzupassen (→ Art. 31 Rn. 24 ff.). Die Interessen des Belegenheitsrechts werden hierdurch hinreichend gewahrt. Bedeutung entfaltet lit. k damit letztlich nur **im Hinblick auf die Nachlasszusammensetzung,** also die Frage, welche dinglichen Rechte der Erblasser überhaupt innehatte und wie sie beschaffen sind. Diese Entscheidungen werden – wie auch ohne lit. k selbstverständlich gewesen wäre – nicht vom Erbstatut getroffen, sondern vom jeweiligen Sachenrechtsstatut (dazu *Solomon,* Anali Pravnog Fakulteta Univerziteta u Zenici 2016, 193 (199 f.)). Die Frage, ob ein dingliches Recht vererblich ist, ist ebenfalls Teil seiner Beschaffenheit (*Bandel* MittBayNot 2018, 99 (100, 107) und damit auch vom Erbstatut ausgenommen (allgemein → Rn. 155).

Der Zielsetzung der lit. k. hätte es eigentlich entsprochen, alle diejenigen sachenrechtlichen Ver- 138 fügungen vom Anwendungsbereich der EuErbVO auszunehmen, die zwar einen Bezug zum Erbrecht aufweisen, der Sache nach aber einen **Erwerb unter Lebenden** zum Gegenstand haben (*J. P. Schmidt* RabelsZ 77 (2013), 1 (15 f.) unter Anlehnung an *Muschelers* (Erbrecht, Bd. 1, 2010, Rn. 149 ff.) Unterscheidung zwischen „erbrechtskonstitutiven" und „erbrechtsabwickelnden Rechtsgeschäften"; *Mansel,* FS Coester-Waltjen, 2015, 587; *T. Lechner* 164 f.). Dass dies aus der Formulierung der lit. k nicht klar hervorgeht, ändert freilich nichts am Ergebnis (ebenso Deixler-Hübner/Schauer/*Mankowski* Art. 23 EuErbVO Rn. 63; anders MüKoBGB/*Dutta* EuErbVO Art. 23 Rn. 22, der dem Erbstatut die Entscheidung darüber überlassen will, ob es für den dinglichen Vollzug auf das betreffende Vermögensstatut verweist; in dem allermeisten Fällen dürfte dies aber so sein, so dass sich am Ergebnis nichts ändert). Denn das derartige Vorgänge nicht dem Erbstatut unterfallen, lässt sich auch aus Art. 1 Abs. 2 lit. g oder sogar aus Art. 1 Abs. 1 S. 1 herleiten.

„Erbrechtsabwicklende Verfügungen" im genannten Sinne sind zB: 139

- die Verfügung über Nachlassgegenstände durch den Erben, Testamentsvollstrecker oder „personal representative" zwecks Bedienung von Nachlassverbindlichkeiten;
- die Übereignung eines vermachten Gegenstands vom Erben auf den Damnationslegatar (*Buschbaum,* GS Hübner, 2012, 589 (596 f.)). Der VO-Entwurf war hier noch missverständlich und hatte Befürchtungen geweckt, dass das Erbstatut eine breite Schneise in das Sachenrechtsstatut schlagen wolle (dazu *J. P. Schmidt* RabelsZ 77 (2013) 1 (15 f.)). Keine sachenrechtliche Verfügung unter Lebenden, sondern einen noch dem Erbstatut unterliegenden Realakt wird man dagegen in der „délivrance" des französischen Rechts sehen müssen, die für Vermächtnisnehmer in aller Regel notwendig ist, um die „saisine", also die Verwaltungs- und Verfügungsbefugnis über den vermachten Gegenstand, zu erlangen (→ Art. 23 Rn. 88).
- die Übertragung bestimmter Teile oder des gesamten „residuary estate" vom „personal representative" des englischen Rechts auf einen „beneficiary", auch wenn das englische Recht diesen Vorgang jedenfalls für bestimmte Gegenstände als Direkterwerb vom Verstorbenen zu konzeptualisieren scheint (→ Art. 23 Rn. 74);

– die Errichtung eines Trusts nach Abwicklung des Nachlasses, sei es, das „trustee“ der „personal representative“ selbst oder ein Dritter ist (→ Rn. 127);
– Verfügungen unter Miterben zwecks Auseinandersetzung des Nachlasses (Hager/*Geimer,* Die neue europäische Erbrechtsverordnung, 9 (22); Hager/*Buschbaum,* Die neue europäische Erbrechtsverordnung, 39 (54); *Schaub* Hereditare 3 (2013), 91 (101); *Martiny* IPRax 2012, 119 (128 f.); PWW/*Martiny* IPR-Anh 11/EuErbVO Art. 1 Rn. 18), wobei hier gewisse Besonderheiten zu beachten sind (→ Art. 23 Rn. 129 ff.).

140 Dem Erbstatut zu entnehmen ist in allen diesen Fällen nur, welche Ansprüche die Betreffenden gegeneinander haben und wie die dinglichen Befugnisse verteilt sind. Die Wirksamkeitsvoraussetzungen der dinglichen Verfügung bestimmen sich hingegen nach dem **anwendbaren Sachenrecht,** in aller Regel somit dem Recht des **Belegenheitsortes** (lex rei sitae). Soll also etwa ein in Deutschland gelegenes Grundstück, das auf dem Erben übergegangen ist, von diesem nun auf eine dritte Person übertragen werden, sind unabhängig vom Erbstatut stets die §§ 873, 925 BGB zu beachten. **Faustregel** für eine klare und sachgerechte Abgrenzung zwischen Erbstatut und Sachenrechtsstatut ist also die Unterscheidung danach, ob die Übertragung eines dinglichen Rechts im Wege eines **lebzeitigen Geschäfts** oder **von Todes wegen** geschieht. Nur im zweiten Fall unterfällt der Vorgang dem Erbstatut, dann aber auch vollständig. Die Frage der internationalen Zuständigkeit kann unabhängig davon zu beurteilen sein, je nachdem, ob die erbrechtliche Lage Haupt- oder Vorfrage des Rechtsstreits ist (→ Rn. 10). Anwendbares Recht und gerichtliche Zuständigkeit laufen also nicht immer parallel.

141 **l) Registerrecht.** Die in lit. l vorgesehene Bereichsausnahme zugunsten des Registerstatuts war schon während des Gesetzgebungsverfahrens Gegenstand vieler Diskussionen (zur verschlungenen Entstehungsgeschichte *Lechner* ZErb 2014, 188 (194)) und löste nach Inkrafttreten der EuErbVO zumindest in Deutschland eine **gewaltige Kontroverse** aus (in anderen Mitgliedstaaten war das Interesse zumindest bislang deutlich geringer, so auch der Befund von *Döbereiner* FamRZ 2017, 2060 (2060 Fn. 1); zu möglichen Erklärungen für diese Asymmetrie *J. P. Schmidt* European Property Law Journal 7 (2018), 4 (14 f.)). Dieser Kontroverse hat der **EuGH,** ähnlich wie im Kontext der lit. k, mit seiner **Entscheidung in der Rechtssache „Kubicka“** (→ **Rn.** 132) **weitgehend ein Ende gesetzt.**

142 Vor allem seitens der deutschen Notare war der lit. l die Aufgabe beigemessen worden, einen **umfassenden materiellrechtlichen Vorbehalt des Registerstatuts** sicherzustellen. Folge hiervon sollte insbesondere sein, dass bei einem nach dem Erbstatut begründeten **Vindikationslegat über ein in Deutschland gelegenes Grundstück** das Eigentum nur im Wege von **Auflassung und Eintragung** übergehen kann, was iE der hM zum autonomen deutschen Erbkollisionsrecht entsprach (so etwa *Hertel* ZEV 2013, 539 (540); Dutta/Herrler/*Hertel,* Die Europäische Erbrechtsverordnung, 85 Rn. 44 f.; *Döbereiner* MittBayNot 2013, 358 (361); *Lechner* IPRax 2013, 497 (500); *Simon/Buschbaum* NJW 2012, 2393 (2394, 2397); *Buschbaum,* GS Hübner, 2012, 589 (595 f.); Hager/*Buschbaum,* Die neue europäische Erbrechtsverordnung, 39 (49); *Reymann* ZVglRWiss 114 (2015), 40 (69); von akademischer Seite aus für diese Ansicht Deixler-Hübner/Schauer/*Mankowski* Art. 1 EuErbVO Rn. 130 f.; Calvo Caravaca/Davì Mansel/*Weller* Art. 1 Rn. 96.). Auch der deutsche Gesetzgeber schloss sich (unklugerweise, wie man heute weiß) dieser weiten Auslegung von lit. l an und hielt es deshalb nicht für erforderlich, in § 32 Abs. 6 IntErbRVG und § 35 Abs. 1 GBO den Erwerb durch einen Vindikationslegatar vorzusehen (vorausschauender verhielt sich der niederländische Gesetzgeber bei seiner Änderung des Registerrechts, siehe den Nachweis in Schlussanträgen von Generalanwalt *Bot* in der Rechtssache „Kubicka“ (C-280/16,), Tz. 69 Fn. 19; *van Erp,* Weekblad voor Privaatrecht, Notariaat en Registratie (WPNR) 2018, nr. 7183, 196). Die aus dieser Auffassung resultierenden Folgefragen waren freilich weitgehend ungeklärt (dazu die 1. Aufl. Rn. 141, Art. 31 Rn. 17; MüKoBGB/*Dutta* EuErbVO Art. 1 Rn. 55).

143 **Der EuGH wies in „Kubicka“ das weite Verständnis der lit. l klar zurück** und entschied, dass Vorschriften des Registerrechts den vom Erbstatut vorgesehenen unmittelbaren Eigentumserwerb eines Vindikationslegatars auch dann nicht hindern, wenn das Recht am Belegenheitsort eine solche Erwerbsart nicht kennt. Für den in Rede stehenden Sachverhalt bedeutete dies, dass das nach dem polnischem Erbstatut ausgesetzte dingliche Vermächtnis in der Lage wäre, **das Eigentum an einem in Deutschland belegenen Grundstück unmittelbar auf den Begünstigten zu übertragen, d. h. ohne Umweg über den Erben und ohne das Erfordernis einer Auflassung und Eintragung.** Der EuGH folgte damit einer Auffassung, die in Deutschland stetig an Zuspruch gewonnen hatte (siehe etwa *J. P. Schmidt* RabelsZ 77 (2013), 1 (23 f.); *ders.* ZEV 2014, 133; *Kleinschmidt* RabelsZ 77 (2013), 723 (763); *Gärtner* 102; *Looschelders,* FS Coester-Waltjen, 2015, 531 (536 f.); *T. Lechner* 74–81) und außerhalb Deutschlands klar herrschend war (siehe zB *Margonski* GPR 2013, 106; *Tereskiewicz/Wysocka-Bar* GPR 2017, 197 (199–202); Löhnig/Schwab/et al./*Pintens,* Erbfälle unter Geltung der Europäischen Erbrechtsverordnung, 1 (6 f.); Löhnig/Schwab/et al./*Bajons,* Erbfälle unter Geltung der Europäischen Erbrechtsverordnung 2014, 93 (104 f.); Deixler-Hübner/Schauer/*Schwartze,* Art. 31 EuErbVO Rn. 13; siehe ferner OGH, 29.8.2017, 5 Ob 108/17v, Tz. 7, dazu *Schwartze* JEV 2019, 18 (23)).

144 Ist dem EuGH **im Ergebnis uneingeschränkt zuzustimmen,** konnte seine **Begründung nicht in allen Punkten überzeugen.** Das Gericht stützte sich vor allem auf ErwG 18, den Grundsatz der

Nachlasseinheit sowie Art. 23 Abs. 2 lit. e (Tz. 52–58) und folgte damit einer Ansicht, die lit. l eng versteht und **nur das formelle Registerrecht** und die aus dem Register resultierenden **Beweis- und Gutglaubenswirkungen** als von ihr erfasst ansieht (*van Erp* EPLJ 2012, 187 (188 f.)). Doch abgesehen davon, dass es für eine Herausnahme des Registerverfahrensrechts einer Sonderregel gar nicht bedurft hätte (siehe zB *Weber* DNotZ 2018 16 (21); Deixler-Hübner/Schauer/*Mankowski* Art. 1 EuErbVO Rn. 131; freilich bestehen auch in dieser Hinsicht Zweifel über die genaue Reichweite des Registerstatus (→ Rn. 152)), ignorierte der EuGH die Tatsache, dass der (von ihm ebenfalls erwähnte) **ErwG 19** dem Registerstatut explizit die Frage zuweist, ob die Eintragung **konstitutiv** für den Rechtsübergang ist (so auch die Kritik von *Bandel* MittBayNot 2018, 99 (100); zur Bedeutung von ErwG 19 zuvor schon Schauer/Scheuba/*Fischer-Czermak,* Europäische Erbrechtsverordnung, 2012, 23 (28); *Frodl* ÖJZ 2012, 950 (952); Franzina/Leandro/*Biagoni,* Il diritto internazionale privato europeo delle successioni *mortis causa,* 2013, 25 (42); *Kleinschmidt* RabelsZ 77 (2013), 723 (762 f.); *J. P. Schmidt* ZEV 2014, 133 (135); BeckOGK/*J. Schmidt* EuErbVO Art. 1 Rn. 51). Diese Vorgabe über Art. 23 Abs. 2 lit. e auszuhebeln, ist methodisch unzulässig, da das von der EuErbVO berufene Erbstatut von vornherein nur so weit reicht, wie ihr Anwendungsbereich überhaupt eröffnet ist (*Weber* DNotZ 2018, 16 (22)). Indessen darf auch der Aussagegehalt von ErwG 19 nicht überstrapaziert werden. Er ändert nichts daran, dass sich der **Übergang** der Nachlassgegenstände weiterhin **nach dem Erbstatut vollzieht** (Palandt/*Thorn* EuErbVO Art. 1, Rn. 16; *Dutta* FamRZ 2013, 4 (12); MüKoBGB/*Dutta* EuErbVO Art. 1 Rn. 54). Das Registerstatut tritt nicht an dessen Stelle, sondern stellt **allenfalls noch zusätzliche Erfordernisse** auf (*Mansel,* FS Coester-Waltjen, 2015, 587 (591 f.); *Tereskiewicz/Wysocka-Bar* GPR 2017, 197 (200 f.)). Dass in ErwG 18 das Schlagwort der „lex rei sitae" genannt wird (diesem Umstand messen etwa *Buschbaum,* GS Hübner, 2012, 589 (597) und *Janzen* DNotZ 2012, 484 (487 f.) große Bedeutung zu), ändert hieran nichts, da vom materiellrechtlichen Erwerbsvorgang in ErwG 18 überhaupt nicht die Rede ist (MüKoBGB/*Dutta* EuErbVO Art. 1 Rn. 54 Fn. 147). Bei dem hier vertretenen Verständnis wird auch nicht Art. 23 Abs. 2 lit. e Vorrang vor Art. 1 Abs. 2 lit. l EuErbVO eingeräumt (so *Döbereiner* MittBayNot 2013, 358 (361)). Stattdessen wird der beschränkten Reichweite der lit. l Rechnung getragen.

Im Hinblick auf in Deutschland belegene Grundstücke kommt das soeben dargelegte differenzierende Verständnis der lit. l zum selben Ergebnis wie das vom EuGH übernommene restriktive Verständnis, dh **der unmittelbare Erwerb des Vindikationslegatars scheitert nicht am Vorbehalt des Registerstatuts.** Denn das deutsche Recht sieht für einen unmittelbaren Erwerb von Todes wegen gar **keine zusätzlichen Voraussetzungen** vor (dazu *J. P. Schmidt* RabelsZ 77 (2013), 1 (24); *Kleinschmidt* RabelsZ 77 (2013), 723 (763); *Gärtner* 102; MüKoBGB/*Dutta* EuErbVO Art. 1 Rn. 54; BeckOGK/*J. Schmidt* EuErbVO Art. 1 Rn. 52.1; *Looschelders,* FS Coester-Waltjen, 2015, 531 (536 f.); für das österreichische Recht ebenso Löhnig/Schwab/et al./*Bajons,* Erbfälle unter Geltung der Europäischen Erbrechtsverordnung 2014, 93 (104 f.)). Vielmehr vollzieht dieser Erwerb sich stets **„am Grundbuch vorbei",** und zwar nicht nur bei der Gesamtrechtsnachfolge (§ 1922 BGB), sondern auch bei der Einzelrechtsnachfolge von Todes wegen (dass das deutsche Recht eine solche kennt, zB im Höferecht, wird oft übersehen, etwa von *Remde* DNotZ 2012, 65 (81)). Das Erfordernis der Auflassung und Eintragung gilt immer nur beim **Erwerb unter Lebenden** (dies missversteht für das deutsche Recht generell Bonomi/Wautelet/*Wautelet* Art. 1 Rn. 132), auf den der Vindikationslegatar aber gar nicht angewiesen ist. Vielmehr erlangt dieser das Eigentum **unmittelbar vom Erblasser,** ohne Einschaltung des Erben als Mittler (verfehlt ist deshalb auch der Versuch, das Vindikationslegat als Folge des sachenrechtlichen Konsensprinzips zu erklären, näher dazu *J. P. Schmidt* RabelsZ 77 (2013), 1 (11)). Viel näher als einem Vermächtnisnehmer nach deutschem Recht steht der Vindikationslegatar dem **Erben einer einzelnen Sache** (*Baldus* GPR 2012, 312 (313); *Margonski* GPR 2013, 106 (108 f.); *J. P. Schmidt* ZEV 2014, 133 (135 f.); Palandt/*Thorn* EuErbVO Art. 1 Rn. 15). 145

Das behauptete Ziel der lit. l, gerade Fälle wie das Vindikationslegat zu erfassen (so *Lechner* ZErb 2014, 188 (194 f.)), hat weder in der Vorschrift selbst noch in öffentlich verfügbaren Gesetzesmaterialien klaren Ausdruck gefunden hat (Ratsdokument Nr. 8444/11 S. 2 spricht sogar gerade gegen die genannte Auffassung, MüKoBGB/*Dutta* EuErbVO Art. 1 Rn. 54 Fn. 148). Zudem drängt sich bisweilen der Eindruck auf, dass bei den entsprechenden Diskussionen weder die Funktionsweise des Vindikationslegats noch die des deutschen Grundbuchs hinreichend gewürdigt wurden. Die Besonderheit des Vindikationslegats liegt nicht in seinen sachen- und registerrechtlichen Wirkungen, denn diese sind wie gesehen letztlich genau dieselben wie beim Erwerb des Erben (*Margonski* GPR 2013, 106 (109)). Aus diesem Grund greift auch der stereotype Verweis auf Verkehrsschutzinteressen und die Integrität des Grundbuchs (etwa *Lechner* ZErb 2014, 188 (195); *Remde* DNotZ 2012, 65 (81)) zu kurz. Stattdessen besteht die Besonderheit des Vindikationslegats darin, dass sich der Eigentumserwerb bei ihm **losgelöst vom Schicksal der übrigen Nachlassgegenstände** vollzieht (zustimmend *Thorn/Lasthaus* IPRax 2019, 24 (28)). Dieser Aspekt betrifft aber Ausnahmen vom Grundsatz der Universalsukzession und damit **Wertungen des Erbrechts,** vor allem die Regelung der Schuldenhaftung (*J. P. Schmidt* ZEV 2014, 133 (136); ähnlich *Laukemann,* FS Schütze, 2014, 325 (334); *Solomon* Anali Pravnog Fakulteta Univerziteta u Zenici 2016, 193 (214); MüKoBGB/*Dutta* EuErbVO Art. 1 Rn. 53). Konsequenter- 146 weise ist diese ebenso dem Erbstatut zugewiesen (Art. 23 Abs. 2 lit. h). Noch grundsätzlicher formuliert, ist die Ausgestaltung von Vermächtnissen keine Frage von sachenrechtlichen Strukturprinzipien, sondern eine Frage der **Organisation der Nachlassabwicklung,** die vorbehaltlich der in Art. 29 geregelten Fälle umfassend dem Erbstatut zugewiesen ist. Wenn daher beabsichtigt gewesen sein sollte, den Erwerb an registrierten Rechten im Wege einer Einzelnachfolge nach ausländischem Erbstatut zu verhindern, so hätte anstelle der Registrierung diese Einzelnachfolge Gegenstand der Bereichsausnahme sein müssen (näher *J. P. Schmidt* European Property Law Journal 7 (2018), 4 (24–28)).

147 Lit. l läuft bei dem hier vertretenen Verständnis keineswegs leer (so *Döbereiner* MittBayNot 2013, 358 (360 f.); Deixler-Hübner/Schauer/*Mankowski* Art. 1 EuErbVO Rn. 131). Denn abgesehen davon, dass der Katalog der Bereichsausnahmen des Art. 1 Abs. 2 vielfach nur klarstellende Funktion hat (MüKoBGB/*Dutta* EuErbVO Art. 1 Rn. 54), ist es durchaus denkbar, dass andere Mitgliedstaaten einen Erwerb von Todes wegen stets erst durch die Registereintragung vollendet sehen (so offenbar das griechische Recht für den Erwerb durch Vindikationslegat, Art. 1193, 1198 Astikos Kodikas). Raum für die Anwendung der lit. l. auf solche Fälle lassen auch die Schlussanträge von Generalanwalt *Bot* in der Rechtssache „Kubicka", denen zufolge es nicht darum gehen könne, „aus dem Erfordernis der Eintragung *in jedem Fall* eine Voraussetzung für den Erwerb des dinglichen Rechts zu machen" (Schlussanträge v. 17.5.2017, C-280/16, Tz. 60, Hervorhebung hinzugefügt). Auch für das deutsche Recht bleibt aber ein Anwendungsbereich für lit. l jedenfalls dann, wenn man die **dingliche Auseinandersetzung des Nachlasses** unter bestimmten Voraussetzungen dem Erbstatut unterwirft (→ Art. 23 Rn. 134 ff.). Überdies wirkt sich lit. l nach überzeugender Ansicht im Fall des von Todes wegen begründeten **Nießbrauchs** aus (→ Rn. 150).

148 Für die Praxis bedeutet die Entscheidung des EuGH in der Rechtssache „Kubicka", dass ein ausländischer Vindikationslegatar gemäß § 22 Abs. 1 S. 1 GBO seine (deklaratorische) Eintragung ins Grundbuch verlangen kann und hierzu **weder einer Auflassungserklärung noch einer sonstigen Mitwirkungshandlung des Erben bedarf** (OLG Saarbrücken, Beschl. v. 23.5.2019, 5 W 25/19, MittBayNot 2020, 146; zu den Einzelheiten *Leitzen* ZEV 2018, 311; *Weber* DNotZ 2018, 16 (23–32); hingegen will *Litzenburger* FD-ErbR 2017, 396271 zumindest eine Berichtigungsbewilligung des Erben verlangen). Zur Legitimation gegenüber dem Grundbuchamt kann der Legatar nach Art. 63 Abs. 1, 2 lit. b, Art. 68 lit. m EuErbVO ein eigenes ENZ beantragen (zuständig wäre typischerweise das ausländische Gericht, was *Kurth* ErbR 2020, 321 (323) zu übersehen scheint). § 35 Abs. 1 GBO nennt diesen Fall zwar nicht, weil der deutsche Gesetzgeber ihn in Verkennung der durch die EuErbVO geschaffenen Rechtslage für unmöglich hielt. Die Vorschrift ist wegen Art. 69 Abs. 5 EuErbVO aber europarechtskonform auszulegen (siehe nur etwa *Leitzen* ZEV 2018, 311 (315); *Kleinschmidt* LMK 2018, 403371; → Art. 69 Rn. 30 ff.; *Bandel* MittBayNot 2018, 99 (102) sieht in § 35 GBO noch nicht einmal ein Hindernis zur Eintragung des Legatars). Anders als im Fall des Erwerbs durch Gesamtrechtsnachfolge (→ Rn. 152) ist das Grundstück dabei allerdings nach Maßgabe von § 28 S. 1 GBO im ENZ genau zu identifizieren, weil anderenfalls der Rechtserwerb des Vermächtnisnehmers nicht dargelegt ist (*Bandel* MittBayNot 2018, 99 (104 f.); *Kleinschmidt* LMK 2018, 403371; siehe dazu auch Formblatt V Anlage V Anm. 15 der Durchführungsverordnung Nr. 1329/2014). Die vor der „Kubicka"-Entscheidung prognostizierten **praktischen Schwierigkeiten** eines Rechtserwerbs durch Einzelnachfolge (*Döbereiner* GPR 2014, 42 (43 f.); Dutta/Herrler/*Hertel,* Die Europäische Erbrechtsverordnung, 85 Rn. 45; Deixler-Hübner/Schauer/*Mankowski* Art. 1 EuErbVO Rn. 126 ff.) lassen sich also durch eine entsprechende **Gestaltung des Erbscheins oder des ENZ** (MüKoBGB/*Dutta* EuErbVO Art. 1 Rn. 56; *J. P. Schmidt* ZEV 2014, 133 (137)) bzw. die Koppelung der Ausstellung des ENZ an bestimmte Voraussetzungen (→ Art. 63 Rn. 16; *Gärtner* 158 f.) auffangen. Kein valides Argument ist ferner der Hinweis auf mögliche Zweifel bzgl. der Gültigkeit oder Auslegung des Testaments, das die Vermächtnisanordnung enthält (so *Remde* DNotZ 2012, 65 (82)). Denn dieses Problem kann sich genauso bei Bestimmung des Gesamtnachfolgers stellen. Zu beachten ist schließlich der allgemeine Grundsatz, dass Probleme des nationalen Erbverfahrensrechts kein Vorwand sein dürfen, die Vorgaben der EuErbVO und des anwendbaren Rechts zu unterlaufen. Eine andere Frage ist, ob sich aus Erblassersicht der Einsatz eines Vindikationslegats als Gestaltungsmittel empfiehlt (warnend *Leitzen* ZEV 2018, 311 (317); differenzierend *Kurth* ErbR 2020, 321 (324)).

149 Die vorstehenden Ausführungen gelten nicht nur für das Eigentum an Grundstücken, sondern in entsprechender Weise auch für **andere registrierte Rechte.** Hierzu gehören zB **Anteile an Gesellschaften,** die sich ebenfalls als „Rechte an beweglichen oder unbeweglichen Vermögensgegenständen" qualifizieren lassen (anders wohl Erman/*Hohloch* EuErbVO Art. 1 Rn. 14; MüKoBGB/*Dutta* EuErbVO Art. 1 Rn. 48 sieht die Bereichsausnahme der lit. h als vorrangig an). Wird ein in Deutschland registrierter Gesellschaftsanteil im Wege eines ausländischen Vindikationslegats vermacht, darf also auch hier nicht der Fehler gemacht werden, die Einhaltung der Voraussetzungen zu verlangen, die für eine Übertragung unter Lebenden gelten würden (so noch *Leitzen* ZEV 2012, 520 (521 f.); *Simon/Buschbaum* NJW 2012, 2393 (2394); Dutta/Herrler/*Hertel,* Die Europäische Erbrechtsverordnung, 85 Rn. 67 f.). Stattdessen kommt es zu einer **unmittelbaren Einzelnachfolge** (*Leitzen* ZEV 2018, 311, (316 f.); *Kurth* ErbR 2020, 321 (321 f.)), wie sie ja übrigens auch das deutsche Gesellschaftsrecht in bestimmten

Fällen zulässt (→ Rn. 106). In Verbindung mit ErwG 19 kommt der durch lit. l gewährleistete Registervorbehalt immerhin insoweit ins Spiel, wie die **Eintragung des Rechtsnachfolgers den Erwerb erst vollendet** und somit nicht bloß deklaratorisch ist. Dies scheint nach bestrittener Ansicht bei § 16 Abs. 1 GmbHG und § 67 Abs. 2 AktG der Fall zu sein (siehe MüKoGmbHG/*Heidinger* GmbHG § 16 Rn. 144 ff.), nicht hingegen bei Vererbung eines Kommanditanteils (BGH NJW 1977, 1339 (1342): Eintragung im Handelsregister nur deklaratorisch).

Nicht eindeutig ist, ob die „Kubicka"-Entscheidung des EuGH auch auf **die erbfallbedingte Begründung eines Nießbrauchs** an einer in Deutschland belegenen und registrierten Sache Anwendung findet. Das OLG Saarbrücken hat dies für einen dem französischen Erbrecht unterliegenden Fall bejaht (Beschl. v. 23.5.2019, 5 W 25/19, MittBayNot 2020, 146, insoweit zustimmend *Keim* ebd., 149; *Kurth* ErbR 2020, 321 (321 f.); aus französischer Sicht auch schon *Jacoby* GPR 2018, 303 (304 f.)), ohne dabei allerdings auf die Unterschiede zum Fall des Vindikationslegats einzugehen (Grund hierfür war womöglich, dass der Nießbrauch im Wege eines Vermächtnisses zugewiesen worden war). Zum ersten geht es nämlich bei der gesetzlichen oder testamentarischen Zuwendung eines Nießbrauchs nicht um den *Übergang* eines bestehenden Rechts, sondern um die *Begründung* eines neuen, sodass das Argument des Art. 23 Abs. 2 lit. e an Kraft verliert. Zum anderen ist dem deutschen Recht die Nießbrauchsbegründung von Todes wegen, anders als der Eigentumsübergang von Todes wegen, gänzlich unbekannt. Viel spricht deshalb dafür, dass das deutsche Recht unter Hinweis auf lit. l und ErwG 19 die unmittelbare Entstehung des Nießbrauchs nicht hinnehmen muss (so auch *Bandel* MittBayNot 2018, 99 (103 f.); *Leitzen* ZEV 2019, 642; wohl auch *Litzenburger* FD-ErbR 2019, 418921; hingegen für eine Gleichbehandlung → Art. 69 Rn. 31; iE auch *Gärtner* 204; *T. Lechner* 238 f.). Zudem stellen sich bei der Neubegründung verschärfte praktische Probleme, weil anders als im Fall des Rechtsübergangs per Einzelnachfolge der Inhalt des neubegründeten Rechts erst ermittelt und für das Grundbuchamt nachvollziehbar dargestellt werden muss (*Bandel* MittBayNot 2018, 99 (105); siehe auch die Kritik bei *Litzenburger* FD-ErbR 2019, 418921; *Keim* MittBayNot 2020, 148 (149)). Folgt man der hier vertretenen Auffassung, **ist der unmittelbare Nießbrauchserwerb nach Art. 31 in einen Anspruch auf rechtgeschäftliche Bestellung umzudeuten.** Gesondert davon zu behandeln ist die Frage, ob das vom Erbstatut vorgesehene Recht **inhaltlich ein Äquivalent im deutschen Recht** findet (die Bedeutung der Unterscheidung betont auch Solomon Anali Pravnog Fakulteta Univerziteta u Zenici 2016, 193 (215)). Fehlt es an einer solchen Gleichwertigkeit, kann es einen zweiten Grund zur Anpassung nach Art. 31 geben (→ Art. 31 Rn. 30). 150

Grundsätzlich ist denkbar, den Registervorbehalt nach lit. l auch beim **Erwerb des Erben** geltend zu machen. Voraussetzung wäre aber auch hier wieder, dass nach dem Registerstatut die **Eintragung des Erben stets konstitutiv für dessen Erwerb** ist. Nach deutschem Recht ist dies wie gesehen nicht der Fall. Auch andere Mitgliedstaaten kennen, soweit ersichtlich, kein solches konstitutives Eintragungserfordernis (entgegen *Gärtner* 104 auch nicht das österreichische Recht, siehe Löhnig/Schwab/et al./*Bajons*, Erbfälle unter Geltung der Europäischen Erbrechtsverordnung 2014, 93 (96)). Mit der Frage des Erwerbsmodus als solchem, der immer dem Erbstatut unterliegt (→ Art. 23 Rn. 49 ff.), hat dies nichts zu tun (dies verkennen *Kohler/Pintens* FamRZ 2012, 425 (429)). 151

Unstreitig belässt lit. l den Mitgliedstaaten grundsätzlich die Entscheidung darüber, wie sie ihre **Register organisieren** und welche **Dokumente und Angaben sie zur Vornahme einer Eintragung verlangen** (ErwG 18; BeckOGK/*J. Schmidt* EuErbVO Art. 1 Rn. 50). Indirekt können diese Vorgaben die Art und Weise beeinflussen, in der die Annahme einer Erbschaft oder eines Vermächtnisses erklärt wird (Pamboukis/*Nikolaidis* Art. 1 Rn. 74 f.). Unbegrenzt ist die Regelungshoheit der Mitgliedstaaten über das formelle Registerrecht dennoch nicht. Denn dessen Vorgaben dürfen insbesondere **nicht die Effektivität des ENZ in Mitleidenschaft** ziehen, das nach Art. 69 Abs. 5 EuErbVO als wirksamer Nachweis für die Eintragung anzusehen ist (relevant können ferner die Art. 59 ff. über die Annahme öffentlicher Urkunden sein). Wie weit der – auch in Art. 69 Abs. 5 EuErbVO genannte – Vorbehalt des formellen Registerrechts genau reicht, ist **bislang ungeklärt.** Eine wiederholt vor deutsche Gerichte gelangte Fallgruppe betrifft die Frage, ob das Registerstatut für die Vornahme einer Berichtigung auch im Fall einer Gesamtnachfolge verlangen darf, dass das betreffende Grundstück im ENZ genau bezeichnet ist (zum anders gelagerten Fall der Einzelnachfolge → Rn. 148). Ein solches Erfordernis wird für den Antragsteller dann zum Problem, wenn die das ENZ ausstellenden Behörden die Aufnahme der entsprechenden Angaben verweigern, so wie es die deutschen Gerichte bislang hartnäckig getan haben (OLG Nürnberg ZEV 2017, 579 mit Anmerkung *Weinbeck;* OLG Nürnberg RPfleger 2017, 545; OLG München NJW-RR 2017, 1288 = FGPrax 2018, 39 mit kritischer Anmerkung *Wilsch;* OLG Nürnberg FGPrax 2018, 40; Überblick bei *Kohler,* The EU Succession Regulation before the German Courts 2016–2019, YbPIL 21 (2019/2020), 37 (51–54). Im Hinblick auf österreichische Immobilien hat sich das Problem zwar inzwischen erledigt, da der OGH die Grundbuchberichtigung in Abkehr von der früheren Praxis **auch ohne Ausweisung der Nachlassimmobilie im ENZ zugelassen** hat (OGH 15.5.2018 – 5 Ob 35/18k; OGH 3.10.2018 – 5 Ob 157/18a (zum deutschen Erbschein); näher *Steiner* ZEV 2019, 325; kritisch zur Abkehr des OGH von der bisherigen Grundbuchpraxis *Kieweler* JEV 2018, 139). Doch kann die Thematik in Bezug zu anderen Mitglied- 152 staaten auch weiterhin auftreten (aus tschechischer Perspektive für die Zulässigkeit des Verlangens nach Bezeichnung der Nachlassimmobilie im ENZ *Semelová* GPR 2018, 200; ablehnend *Raff* GPR 2018, 203; eingehend zur Diskussion *Nordmeier* IPRax 2019, 306). Ob das unbedingte Erfordernis, die Nachlassimmobilie im ENZ zu bezeichnen, von der Bereichsausnahme der lit. l gedeckt ist, wird man letztlich danach entscheiden müssen, ob die **Angabe für das Funktionieren des betreffenden Registerrechts erforderlich** ist. Wird dies bejaht, darf die das ENZ ausstellende Behörde die Ausweisung der Immobilie im ENZ nicht länger verweigern, da anderenfalls der Rechtsnachfolger Opfer einer „Grundbuchblockade" wird (*Wagner,* Aktuelle deutsche Rechtsprechung zur EuErbVO, ZEV 2020, 204 (208)).

153 Eine zweite Fallgruppe, in der die zulässige Reichweite des formellen Registerrechts in Zweifel steht, ist die aus dem früheren Recht fortgeführte **französische Registerpraxis,** für Eintragungen **zusätzlich zu einem Erbnachweis die Vorlage einer – durchaus kostenträchtigen – notariellen Immobilienbescheinigung („attestatión notariée" oder „attestation immobilières") zu verlangen** (siehe *Döbereiner* ZEV 2016, 490 (491); zur französischen Diskussion auch schon *Stade* ErbR 2015, 69 (77)). Ähnlich wie bei dem Verlangen nach bestimmten Angaben wird man diese Praxis nur dann als vereinbar mit der EuErbVO ansehen können, wenn die „attestatión notariée" Informationen enthält, die aus einem ENZ oder „acte de notoriété" nicht hervorgehen, für das zuverlässige Funktionieren des Registers aber erforderlich sind (dies ist offenbar der Fall, siehe *Döbereiner* ZEV 2016, 490 (491); auch *Jacoby* GPR 2018, 303 (306), setzt die Zulässigkeit der herrschenden Vorgehensweise voraus; einen Verstoß gegen Art. 69 Abs. 5 sieht dagegen *Stade* ErbR 2015, 69 (77 f.)). Dass das ENZ nicht von einem französischen Notar ausgestellt wurde (so das von *Döbereiner* ZEV 2016, 490 (491) referierte Argument), kann hingegen kein valider Einwand gegen seine Tauglichkeit als Eintragungsgrundlage sein.

V. Weitere von der EuErbVO nicht erfasste Rechtsfragen

154 Der in Art. 1 Abs. 2 enthaltene Katalog an Bereichsausnahmen ist zwar **abschließend** (Bonomi/Wautelet/*Bonomi* Art. 1 Rn. 10; MüKoBGB/*Dutta* EuErbVO Art. 1 Rn. 10; Deixler-Hübner/Schauer/*Mankowski* Art. 1 EuErbVO Rn. 6), doch darf dies nicht dahingehend missverstanden werden, dass alle Materien, die nicht in Art. 1 Abs. 2 genannt werden, damit automatisch in den Anwendungsbereich der EuErbVO fallen. Vielmehr braucht es hierzu immer noch eine **positive Entscheidung auf der Grundlage des Art. 1 Abs. 1 S. 1** (→ Rn. 5 ff.).

155 Der wohl bedeutendste Aspekt des Erbrechts, zu dem weder negativ noch positiv ausdrücklich etwas in der EuErbVO gesagt wird, ist die **Vererblichkeit von Rechtspositionen.** Obgleich man diese zu den Grundfragen eines jeden materiellen Erbrechtsregimes zählen kann, sollte sie auf kollisionsrechtlicher Ebene (wie schon vor der EuErbVO, siehe Staudinger/*Dörner* EGBGB Art. 25 Rn. 135 ff.) nicht dem Erbstatut unterworfen werden, sondern dem jeweiligen **Einzelstatut** (Franzina/Leandro/*Biagoni,* Il diritto internazionale privato europeo delle successioni *mortis causa,* 2013, 25 (27); Bonomi/Wautelet/*Bonomi* Art. 1 Rn. 10, Art. 23 Nr. 68; MüKoBGB/*Dutta* EuErbVO Art. 23 Rn. 25; Deixler-Hübner/Schauer/*Mankowski* Art. 23 EuErbVO Rn. 62; *Solomon* Anali Pravnog Fakulteta Univerziteta u Zenici 2016, 193 (201 f.), der auch auf Grenzfälle hinweist). Denn dieses bestimmt generell den Inhalt eines bestimmten Rechts, wozu auch die Dauer seiner Existenz gehört. Das **Sachenrechtstatut** entscheidet also über die Vererblichkeit eines Nießbrauchs, das **Vertragsstatut** über die Vererblichkeit einer Verpflichtung aus Dienstvertrag, das **Deliktsstatut** über die aktive Vererblichkeit eines Anspruchs auf Schadensersatz (Art. 15 lit. e Rom II-VO; bzgl. Ansprüche wegen Persönlichkeitsrechtsverletzung BGH ErbR 2014, 326), das **Gesellschaftsstatut** über die Vererblichkeit eines Gesellschaftsanteils (→ Rn. 105). Ebenso regelt das **Sachenrechtsstatut** und nicht das Erbstatut, ob in der Person des Erblassers entstandene possessorische Besitzschutzansprüche vererblich sind (zu unterscheiden davon ist die Frage, ob der Erbe einen spezifisch erbrechtlichen Besitzschutz (zB § 857 BGB) genießt (→ Art. 23 Rn. 93)). Das **Abstammungsstatut** entscheidet über die Vererblichkeit des Rechts zur Anfechtung einer Vaterschaft (*Ballarino* Riv.dir.int. 96 (2013), 1116 (1128 f.)).

156 Ebenso richtet sich die **Verberblichkeit von Immaterialgüterrechten** (zB § 28 Abs. 1 UrhG) nach dem auf sie anwendbaren Statut (OLG Düsseldorf ZUM-RD 2007, 465 (467)). Das Immaterialgüterrechtsstatut sollte darüber hinaus auch insoweit Vorrang vor dem Erbstatut genießen, als es **erbrechtliche Sonderregelungen** vorsieht (MüKoBGB/*Dutta* EuErbVO Art. 1 Rn. 59), auch wenn die EuErbVO hierfür keine ausdrückliche Regelung enthält (in Betracht kommt eine Analogie zu lit. h, vorgeschlagen wird ferner die Anwendung des Art. 30, → Art. 30 Rn. 12). In Ermangelung solcher Sonderregime kommt bei Vererbung eines Immaterialgüterrechts aber das Erbstatut zur Anwendung.

157 Das Einzelstatut bestimmt auch darüber, ob sog. **schwebende Rechtslagen** über den Tod des Betroffenen hinaus fortbestehen. So richtet sich nach dem Vertragsstatut, ob ein **Angebot** mit dem Tod des Offerenten erlischt oder noch angenommen werden kann (zB § 130 Abs. 2, 153 BGB), nach dem Vollmachtstatut, ob die **Vollmacht** über den Tod des Vollmachtgebers hinaus besteht (die **Zulässigkeit einer postmortalen Vollmacht** richtet sich allerdings nach dem Erbstatut → Art. 23 Rn. 91).

Das Sachenrechtsstatut bestimmt darüber, ob eine vom Erblasser begonnene **Ersitzungsfrist** vom Erben fortgesetzt werden kann oder neu begonnen werden muss.

Keine Aussage trifft Art. 1 Abs. 2 schließlich zur **Schiedsgerichtsbarkeit,** die in der erbrechtlichen Praxis zunehmend an Bedeutung gewinnt (jeweils auch zu den Gründen *Mankowski* ZEV 2014, 395 (395 f.); *Gleim* 3–5; siehe aber auch *v. Bary,* ZEV 2019, 317 (319): „nach wie vor selten"). Daraus, dass die EuErbVO anders als die Brüssel Ia-VO (Art. 1 Abs. 2 lit. d) die Schiedsgerichtsbarkeit nicht aus ihrem Anwendungsbereich herausnimmt, könnte an sich gefolgert werden, dass die in den Art. 4 ff. EuErbVO vorgesehene Zuständigkeitsverteilung eine abschließende seine sollte und Schiedsgerichte in den der EuErbVO unterliegenden Sachverhalten daher überhaupt nicht entscheiden dürfen (so Rauscher/*Hertel* Art. 5 EU-ErbVO Rn. 19). Die ganz hM nimmt dennoch zu Recht an, dass der Verordnungsgeber mit der detaillierten Regelung der Gerichtsstände **keinen generellen Ausschluss erbrechtlicher Schiedsverfahren** implizieren wollte (*Mankowski* ZEV 2014, 395 (398); *Gleim* 266 f. mwN; MüKoBGB/*Dutta* EuErbVO Art. 3 Rn. 24). Folgt man dieser Auffassung, muss allerdings sichergestellt werden, dass über den Weg in das Schiedsverfahren **nicht die Wertungen der EuErbVO umgangen werden,** insbesondere im Hinblick auf das Pflichtteilsrecht. Zu diesem Zweck sollten die Kollisionsvorschriften der EuErbVO (Art. 20 ff.) das **Schiedsverfügungsstatut** bestimmen, also diejenige Rechtsordnung, die über die grundsätzliche **Zulässigkeit einer letztwilligen Schiedsklausel** und deren **Reichweite** entscheidet (eingehend *Gleim* 267–284; wohl auch *v. Bary* ZEV 2019, 317 (321), obgleich sie das Erbstatut „nach dem nationalen IPR" bestimmen will; für die Anwendung der lex fori auf Grundlage einer prozessualen Qualifikation der Schiedsverfügung hingegen *Mankowski* ZEV 2014, 395 (399 f.); weitere Nachweise dieser Ansicht bei *Gleim* 280). Die Bestimmung des Schiedsverfügungsstatuts ist aus dem Grund von erheblicher praktischer Relevanz, weil längst nicht alle europäischen Rechtsordnungen dem Testator nach Art des Art. 1066 ZPO die Möglichkeit zur Anordnung einer letztwilligen Schiedsklausel einräumen (vergleichender Überblick bei *Gleim* 246–265). Für die Frage, ob sich die Wirksamkeit der letztwilligen Schiedsverfügung nach dem Erb- oder Errichtungsstatut bestimmt, ist zu differenzieren (→ Art. 23 Rn. 31). Zur Vermeidung von Wertungswidersprüchen sollten die Regelungen der EuErbVO darüber hinaus auch **das vom Schiedsgericht anzuwendende Recht** bestimmen. Dies bedeutet insbesondere, dass Rechtswahlfreiheit des Erblassers nur innerhalb der Grenzen des Art. 22 besteht und § 1051 ZPO vom ranghöheren Recht verdrängt wird (*Mankowski* ZEV 2014, 395 (399 f.); MüKoBGB/*Dutta* EuErbVO Art. 3 Rn. 24; eingehend *Gleim* 300–302). Nicht anwendbar auf Schiedsverfahren sind hingegen die übrigen Regelungskomplexe der EuErbVO, also die Regeln über die internationale Zuständigkeit, die Anerkennung und Vollstreckung von Entscheidungen und die Ausstellung eines ENZ (dazu → Art. 3 Rn. 25). 158

Anhang I: EGBGB

Artikel 3 Anwendungsbereich; Verhältnis zu Regelungen der Europäischen Union und zu völkerrechtlichen Vereinbarungen

Soweit nicht

1. unmittelbar anwendbare Regelungen der Europäischen Union in ihrer jeweils geltenden Fassung, insbesondere

(…)

e) die Verordnung (EU) Nr. 650/2012 des Europäischen Parlaments und des Rates vom 4. Juli 2012 über die Zuständigkeit, das anzuwendende Recht, die Anerkennung und Vollstreckung von Entscheidungen und die Annahme und Vollstreckung öffentlicher Urkunden in Erbsachen sowie zur Einführung eines Europäischen Nachlasszeugnisses,

(…)

2. Regelungen in völkerrechtlichen Vereinbarungen, soweit sie unmittelbar anwendbares innerstaatliches Recht geworden sind,

maßgeblich sind, bestimmt sich das anzuwendende Recht bei Sachverhalten mit einer Verbindung zu einem ausländischen Staat nach den Vorschriften dieses Kapitels (Internationales Privatrecht).

Art. 3 Nr. 1 lit. e stellt zur Information des Rechtsanwenders den Vorrang der EuErbVO vor den Vorschriften des EGBGB klar, insbesondere den Art. 25, 26 EGBGB. Die Anordnung ist rein deklaratorischer Natur, da sich der Anwendungsvorrang des Unionsrechts schon aus dessen Natur ergibt.

Anhang II: EGBGB

Artikel 25 Rechtsnachfolge von Todes wegen

Soweit die Rechtsnachfolge von Todes wegen nicht in den Anwendungsbereich der Verordnung (EU) Nr. 650/2012 fällt, gelten die Vorschriften des Kapitels III dieser Verordnung entsprechend.

I. Allgemeines

1 Soweit nach Art. 1 EuErbVO deren Anwendungsbereich eröffnet ist, **verdrängt sie kraft europarechtlichen Anwendungsvorrangs das autonome Kollisionsrecht der Mitgliedstaaten vollständig** (für Staatsverträge bleibt dagegen Raum, Art. 75). Ist die EuErbVO hingegen nicht anwendbar, sei es, weil kein Vorgang der „Rechtsnachfolge von Todes wegen" iSd Art. 1 Abs. 1 S. 1 vorliegt oder weil eine der Bereichsausnahmen des Art. 1 Abs. 2 einschlägig ist, bestimmen andere Rechtsquellen über internationale Zuständigkeit und anwendbares Recht. Diese Quellen können staatsvertraglicher, europäischer oder nationaler Natur sein. Eine **Lücke** kann dort auftreten, wo ein Gegenstand der „Rechtsnachfolge von Todes wegen" angehört, sich die EuErbVO aber in Art. 1 Abs. 2 für unanwendbar erklärt. Soweit keine staatsvertragliche Regelung vorliegt, ist diese Lücke durch das **nationale Kollisionsrecht** zu schließen (allgemein *Solomon* Anali Pravnog Fakulteta Univerziteta u Zenici 2016, 193 (194 f.)). Für das deutsche Recht fungiert Art. 25 EGBGB als eine solche **Auffangregel** oder **„Staubsaugernorm"** (treffend MüKoBGB/*Dutta* EGBGB Art. 25 Rn. 1). Die Vorschrift wurde zu diesem Zweck durch das Gesetz zum Internationalen Erbrecht und zur Änderung von Vorschriften zum Erbschein sowie zur Änderung sonstiger Vorschriften vom 29.6.2015 (BGBl. 2015 I S. 1042) neu gefasst.

2 Diese Neufassung erklärt sich daraus, dass Art. 25 EGBGB aF durch seine Anknüpfung an die Staatsangehörigkeit für die von der EuErbVO nicht geregelten Fragen der „Rechtsnachfolge von Todes wegen" häufig auf ein anderes Recht als diese verwiesen und damit zu einer inhaltlichen Nachlassspaltung geführt hätte (MüKoBGB/*Dutta* EGBGB Art. 25 Rn. 1). Um stattdessen einen **kollisionsrechtlichen Gleichlauf** herzustellen, erklärte der deutsche Gesetzgeber die Art. 20 ff. EuErbVO für entsprechend anwendbar. Streng genommen hätte es hierfür genügt, Art. 25 EGBGB ersatzlos zu streichen, denn die analoge Anwendung der EuErbVO wäre auch ohne explizite Rechtsgrundlage möglich gewesen (der Referentenentwurf zum Durchführungsgesetz sah denn auch noch eine solche Streichung vor, *Wagner/Scholz* FamRZ 2014, 714 (721); verfehlt war freilich die Begründung, dass die „Rechtsnachfolge von Todes wegen" künftig abschließend von der EuErbVO geregelt werde, S. 69 RefE; zu verbleibenden Lücken → Rn. 1). Die jetzt getroffene ausdrückliche Regelung hat demgegenüber den Vorzug größerer Klarheit, bietet aufgrund ihrer Knappheit allerdings keine substanzielle Hilfestellung bei der Konkretisierung. In gesetzgebungstechnischer Hinsicht kam in Betracht, die Vorschrift aufgrund des engen Sachzusammenhangs **in das IntErbRVG zu übernehmen,** doch wird der Rechtsanwender sie an ihrem jetzigen Standort leichter finden.

3 Zu betonen ist, dass Art. 25 EGBGB nicht immer schon dort eingreift, wo eine Materie nach Art. 1 Abs. 2 vom Anwendungsbereich der EuErbVO ausgenommen wird (zu pauschal daher *Wagner/Fenner* FamRZ 2015, 1668 (1671)). Denn in den meisten dieser Fälle lässt sich eine **klare Zuweisung an ein anderes Statut** vornehmen, etwa an das Personal-, das Vertrags-, das Sachenrechts-, das Güterrechts- oder das Gesellschaftsstatut. Eine solche **Sonderzuweisung** wird ferner für die nach Art. 1 Abs. 1 S. 2 EuErbVO vom Anwendungsbereich ausgenommenen **Vorgänge des öffentlichen Rechts** anzunehmen sein (in der Tendenz auch MüKoBGB/*Dutta* EGBGB Art. 25 Rn. 4; anders *Bechthold/Reichel* NZS 2016, 285 (291)). Art. 25 EGBGB kann daher nur zur Anwendung kommen, soweit es um eine „(privatrechtliche) Rechtsnachfolge von Todes wegen" geht. Die Vorschrift verwendet hier denselben Begriff wie die EuErbVO in Art. 1 Abs. 1 S. 1, und unter Rückgriff auf die Definition des Art. 3 Abs. 1 lit. a sollte ihm auch derselbe Inhalt gegeben werden. „Rechtsnachfolge von Todes wegen" iSd Art. 25 EGBGB ist damit in einem **weiten, funktionalen Sinne** zu verstehen, der über das Erbrecht im formalen Sinn hinausgeht (→ EuErbVO Art. 1 Rn. 7). Überhaupt dürfte Art. 25 EGBGB auch nur in diesem Sinne Bedeutung entfalten. Denn Vorgänge, die dem Erbrecht im engeren Sinn zuzurechnen sind, werden in der Tat abschließend von der EuErbVO geregelt, ohne dass es auf die nationale Sichtweise ankommt (MüKoBGB/*Dutta* EGBGB Art. 25 Rn. 3). Einzige Ausnahme ist die **Formgültigkeit mündlicher Verfügungen von Todes wegen,** jedoch wird Art. 25 EGBGB in diesem Punkt von **Art. 26 EGBGB** und dem **Haager Testamentsformübereinkommen** verdrängt.

4 Wenn Art. 25 EGBGB zur Voraussetzung hat, dass eine „Rechtsnachfolge von Todes wegen" nicht in den Anwendungsbereich der EuErbVO fällt, ist damit allein der eingangs skizzierte **sachliche Anwendungsbereich** gemeint. Dass vom **räumlich-persönlichen Anwendungsbereich** nicht die Rede ist, folgt bereits daraus, dass die EuErbVO in dieser Hinsicht keinerlei Einschränkungen unterliegt und insbesondere auch Drittstaatensachverhalte erfasst (MüKoBGB/*Dutta* EGBGB Art. 25 Rn. 2). Was schließlich den in Art. 83 EuErbVO geregelten **zeitlichen Anwendungsbereich** angeht, würde Art. 25 EGBGB von seinem Wortlaut her zwar die Anwendung der Art. 20 ff. EuErbVO auch auf die vor dem 17.8.2015 eröffneten Erbfälle gestatten (*J. P. Schmidt* FamRZ 2016, 1611). Doch war eine solche Rückwirkung vom deutschen Gesetzgeber offenkundig nicht beabsichtigt, würde sie doch zu schwerwiegenden Verwerfungen im Rechtsverkehr führen und die Übergangsvorschriften der Art. 83 Abs. 2–4 EuErbVO aushebeln (zu Recht ablehnend daher OLG Schleswig FamRZ 2016, 1606 (1609) mit iE

zust. Anm. *J. P. Schmidt;* BFH ZEV 2019, 364 (365); MüKoBGB/*Dutta* EGBGB Art. 25 Rn. 2). Bei genauer Betrachtung ist Art. 25 EGBGB nF denn auch selbst erst am 17.8.2015 in Kraft getreten ist und nach allgemeinen Grundsätzen nur mit Wirkungen für die Zukunft ausgestattet (*J.P Schmidt* FamRZ 2016, 1611 (1612); *Looschelders* IPRax 2017, 580 (580 f.); MüKoBGB/*Dutta* EGBGB Art. 25 Rn. 2, 7). Dies erklärt zugleich, warum für die vor dem 17.8.2015 eröffneten Erbfälle weiterhin Art. 25 EGBGB aF gilt.

Liegen die Voraussetzungen des Art. 25 vor, ist das anwendbare Recht nach Kapitel III der EuErbVO zu bestimmen, so als fänden die Art. 20 ff. EuErbVO direkte Anwendung. Sofern keine **Rechtswahl** getroffen wurde, kommt folglich das **Recht des letzten gewöhnlichen Aufenthalts** des Erblassers zur Anwendung (Art. 21, 22 EuErbVO). Ebenfalls von der Verweisung erfasst sind aber die Sonderanknüpfungen, etwa des Errichtungsstatuts (MüKoBGB/*Dutta* EGBGB Art. 25 Rn. 5). Stellt sich im Rahmen des Art. 25 eine Frage zur Auslegung der Art. 20 EuErbVO, ist eine Vorlage an den EuGH grundsätzlich möglich (näher MüKoBGB/*Dutta* EGBGB Art. 25 Rn. 5). Zur Frage, ob Art. 25 EGBGB auch im Bereich des IZVR Anwendung findet, → Rn. 14 ff. 5

II. Mögliche Anwendungsfälle des Art. 25

Auf welche Fälle Art. 25 EGBGB nach der Vorstellung des Gesetzgebers Anwendung finden soll, geht zumindest aus der Begründung des Regierungsentwurfs nicht hervor (auch *Wagner/Fenner* FamRZ 2015, 1668 (1671) nennen keine konkreten Beispiele). Eine genaue Konturierung ist auch sehr schwierig, weil die Bestimmung der „Randbezirke" des Erbstatuts seit jeher unscharf ist (MüKoBGB/*Dutta* EGBGB Art. 25 Rn. 4). Wie im Folgenden zu zeigen ist, dürfte die **praktische Bedeutung** des Art. 25 EGBGB letztlich **sehr gering** bleiben, weil die entsprechenden Vorgänge **entweder der EuErbVO unterfallen** oder aber **ohnehin nicht erbrechtlich zu qualifizieren** sind (ähnlich MüKoBGB/*Dutta* EGBGB Art. 25 Rn. 4: vorbeugende Vorschrift für konkrete Einzelfälle). Immerhin bringt Art. 25 auch so noch den Vorteil, dass er in Zweifelsfällen die Diskussion darüber entbehrlich machen kann, ob ein Vorgang bereits nach der EuErbVO oder aber jedenfalls nach autonomem Recht dem Erbstatut unterfällt (*Wagner/Fenner* FamRZ 2015, 1668 (1671); MüKoBGB/*Dutta* EGBGB Art. 25 Rn. 4; für ein Beispiel → Rn. 10). 6

Als **Anwendungsfälle des Art. 25 EGBGB** kommen vor allem die in **Art. 1 Abs. 2 lit g EuErbVO** genannten Vorgänge in Betracht. Denn funktional geht es bei diesen meist um die Regelung der Rechtsnachfolge von Todes wegen, ohne dass der Erblasser sich aber der Instrumente des formalen Erbrechts bedient, also des Testaments oder Erbvertrags. Stattdessen setzt er die Instrumente des allgemeinen Vermögensrechts ein, zB den **Vertrag zugunsten Dritter auf den Todesfall** oder die **„joint tenancy"**. Es geht also um Gestaltungen, die in der Rechtsvergleichung in Anlehnung an das US-amerikanische Schrifttum unter dem Begriff der **„will-substitutes"** zusammengefasst werden (→ EuErbVO Art. 1 Rn. 74). Die kollisionsrechtliche Behandlung dieser Figuren bedarf freilich genauer Differenzierungen. 7

Nicht von Art. 25 **erfasst** sind jedenfalls **Schenkungen auf den Todesfall.** Denn sie sind entweder schon nach der EuErbVO erbrechtlich zu qualifizieren, oder sie sind als Schenkungen unter Lebenden der Rom I-VO zugewiesen (zur allerdings schwierigen Abgrenzung → EuErbVO Art. 1 Rn. 79 ff.). 8

Beim **Vertrag zugunsten Dritter auf den Todesfall** unterliegt das zwischen Erblasser und Leistungserbringer bestehende **Deckungsverhältnis** dem Schuldrechtsstatut (→ EuErbVO Art. 1 Rn. 98). Soweit nach diesem die Beständigkeit der Zuwendung einen Rechtsgrund im Valutaverhältnis verlangt, wird sowohl eine Anlehnung an das Deckungsstatut als auch eine eigenständige Qualifikation vorgeschlagen (→ EuErbVO Art. 1 Rn. 99). Bei keiner der beiden Varianten bleibt Raum für die Anwendung des Art. 25, da **eine erbrechtliche Qualifikation des Valutaverhältnisses sich bereits unter der EuErbVO vornehmen lässt.** 9

Was den **„revocable trust"** angeht, wird die Anwendung des Art. 25 EGBGB auf das zwischen „settlor" und „trustee" bestehende **Valutaverhältnis** befürwortet (*Leithold* FamRZ 2015, 709 (713–715)), was angesichts der funktionalen Nähe zum Testament auch nahe liegt (→ EuErbVO Art. 1 Rn. 97). Missachtet wird hierbei allerdings, dass Rechtsordnungen, in denen der „revocable trust" beheimatet ist, dem Valutaverhältnis typischerweise keine eigenständige Bedeutung zumessen, die Zuwendung an den „beneficiary" ihre causa vielmehr in sich trägt (→ EuErbVO Art. 1 Rn. 100). Zielführender scheint es deshalb, den „revocable trust" im Ganzen erbrechtlich zu qualifizieren, was wegen Art. 1 Abs. 2 lit. g nur im Rahmen des autonomen Rechts und damit auf der Grundlage von Art. 25 EGBGB geschehen kann (zumindest vereinzelt wurde die erbrechtliche Qualifikation des „revocable trust" schon Art. 25 EGBGB aF vertreten, siehe *Leithold* FamRZ 2015, 709 (713); auch Bonomi/Wautelet/*Bonomi* Art. 1 Rn. 97 hält diesen Weg für gangbar). Ein weiteres Argument zugunsten dieser Lösung liegt darin, dass sie einen Gleichlauf mit dem **„testamentary trust"** herstellt, der schon auf Grundlage der EuErbVO in Teilaspekten erbrechtlich zu qualifizieren ist (→ EuErbVO Art. 1 10

Rn. 112 ff.; für eine erbrechtliche Qualifikation auf der Grundlage von Art. 25 EGBGB nF hingegen *Döbereiner* NJW 2015, 2449 (2454 f.); *Odersky* notar 2016, 183 (189)).

11 Als Rechtsnachfolge von Todes wegen im funktionalen Sinne lässt sich auch der Erwerb begreifen, der sich bei einer **„joint tenancy"** vollzieht. Denn kraft des „right of survivorship" wächst dem überlebenden „joint tenant" der Anteil des Erblassers unmittelbar von Todes wegen an (→ EuErbVO Art. 1 Rn. 91). Dennoch dürfte eine **erbrechtliche Qualifikation** des Anwachsungsvorgangs auf der Grundlage von Art. 25 EGBGB **nicht in Betracht kommen** (für eine erbrechtliche Qualifikation, und sogar schon unter der EuErbVO, hingegen Calvo Caravaca/Davì/Mansel/*Weller,* Art. 1 Rn. 56). Denn bei einer „joint tenancy" an **einer beweglichen oder unbeweglichen Sache** liegt der Keim für die spätere Anwachsung in einer schon zu Lebzeiten des Erblassers begründeten **dinglichen Rechtslage.** Dieser Vorgang liegt damit näher am **allgemeinen Sachenrecht** als am Erbrecht und sollte unter Rücksicht auf die Verkehrsinteressen nach dem **Belegenheitsrecht** beurteilt werden (*Solomon* Anali Pravnog Fakulteta Univerziteta u Zenici 2016, 193 (203–205)). Es lässt sich insofern eine Parallele zur Anwachsung des Anteils eines verstorbenen Gesellschafters oder des Anteils des verstorbenen Ehegatten am Gesamtgut iSd § 1483 Abs. 3 S. 3 BGB ziehen. Auch diese Vorgänge unterliegen nicht dem Erb-, sondern dem Gesellschaftsstatut (→ EuErbVO Art. 1 Rn. 105) bzw. dem Ehegüterstatut (*Henrich,* FS Riesenfeld, 1983, 103 (107)).

12 Betrifft die „joint tenancy" – wie häufig in der Praxis – ein **Bankkonto,** so liegt ein Dreipersonenverhältnis vor, für das dieselben Überlegungen wie beim Vertrag zugunsten Dritter auf den Todesfall maßgeblich sein sollten (→ EuErbVO Art. 1 Rn. 96 ff.). Selbst wenn man das Valutaverhältnis selbständig anknüpfen will, bleibt daher **kein Raum für die Anwendung von Art. 25 EGBGB,** da sich eine erbrechtliche Qualifikation bereits auf Grundlage der EuErbVO vornehmen lässt (für eine schenkungsrechtliche Qualifikation, mit dem Argument, dass nach dem Tod keine weiteren Erwerbshandlungen mehr erforderlich sind und somit bereits von einem Vollzug auszugehen ist, *Czermak* ZVglRWiss 87 (1988) 58 (79 f.)). Zu unterscheiden von den hier diskutierten Fällen sind diejenigen, in denen eine **„joint tenancy" durch Testament begründet** werden soll. Dieser Vorgang unterliegt nach vorzugswürdiger Ansicht allein dem Erbstatut, was sich aber bereits aus der EuErbVO ergibt (→ EuErbVO Art. 1 Rn. 94).

13 Soweit die vorstehend erörterten Vorgänge nicht dem Erbstatut unterworfen werden, schließt dies nicht aus, sie im Rahmen von **Anrechnungen oder Ausgleichungen** oder bei der **Haftung für Nachlassverbindlichkeiten zu berücksichtigen.** Dies ermöglicht freilich schon die EuErbVO (→ Art. 23 Abs. 2), so dass auch insoweit kein Raum für die Anwendung des Art. 25 EGBGB besteht.

III. Analoge Anwendung auf Fragen des IZVR?

14 Art. 25 EGBGB regelt ausweislich seines Wortlauts und seiner systematischen Stellung im Gesetz nur die **Bestimmung des anwendbaren Rechts,** nicht hingegen andere Bereiche des internationalen Erbrechts wie die **internationale Zuständigkeit** oder die **Anerkennung und Vollstreckung ausländischer Entscheidungen.** Dieser enge Anwendungsbereich des Art. 25 EGBGB widerspricht an sich dem Ziel, alle Vorgänge der „Rechtsnachfolge von Todes wegen" einem Recht zu unterwerfen und darüber hinaus einen **Gleichlauf zwischen forum und ius** herzustellen (→ Vorb. Art. 4 ff. Rn. 2, 23 ff.). Denn die Zuständigkeit für die von der EuErbVO erfassten Fragen richtet sich nach deren Art. 4, während die Zuständigkeit für eine nicht von der EuErbVO erfasste „Rechtsnachfolge von Todes wegen" sich mangels einer dem Art. 25 EGBGB entsprechenden Auffangregel nach **autonomem internationalen Prozessrecht** beurteilt. Jedenfalls theoretisch ist daher denkbar, dass es für ein- und dieselbe Erbsache zu einem unzweckmäßigen **Auseinanderfallen der internationalen Zuständigkeiten** kommt.

15 Freilich ist zu beachten, dass die durch die Art. 4 ff. EuErbVO verliehene **Kognitionsbefugnis** ohnehin in Einzelfällen über den Anwendungsbereich der EuErbVO hinausgeht, nämlich dann, wenn ein enger Sachzusammenhang mit der zu behandelnden Erbsache besteht (*Lehmann* ZEV 2015, 138 (140); NK-NachfolgeR/*Köhler,* EuErbVO Art. 1 Rn. 6, Vor Art. 4–19 Rn. 3, allerdings mit dem nicht überzeugenden Argument, dass der Begriff der „Erbsache" weiter gefasst sei als der der „Rechtsnachfolge von Todes wegen" → Art. 3 Rn. 5). Aus diesem Grund wird man ohne Schwierigkeiten annehmen können, dass das nach den Art. 4 ff. EuErbVO für die Erbsache zuständige Gericht zB auch über die Behandlung eines „revocable trust" entscheiden darf und sogar muss, wenn nur so eine vollumfängliche Würdigung des Falls möglich ist. Die **Anerkennung und Vollstreckung** der ergangenen Entscheidung würde **vollumfänglich den Art. 39 ff. EuErbVO unterliegen.** In dieser Hinsicht besteht somit für eine Erweiterung des Art. 25 EGBGB **kein Bedürfnis** (so auch MüKoBGB/*Dutta* EGBGB Art. 25 Rn. 6 Fn. 19). Möglich ist zudem die Aufnahme der dem Art. 25 EGBGB zugewiesenen Fragen in das ENZ (MüKoBGB/*Dutta* EGBGB Art. 25 Rn. 6).

16 Wo keine internationale Zuständigkeit über Art. 4 EuErbVO begründet werden kann, wie etwa bei der besonderen amtlichen Verwahrung nach § 342 Abs. 1 Nr. 1 FamFG, kommen die autonomen

Vorschriften der Mitgliedstaaten zur Anwendung. Im Falle Deutschlands werden sie oft zu **identischen Ergebnissen** führen wie unter der EuErbVO. Denn nach § 343 Abs. 1 iVm § 105 FamFG bestimmt sich die internationale Zuständigkeit in Nachlasssachen jetzt auch nach dem letzten gewöhnlichen Aufenthalt des Erblassers. Gemäß der Begründung des Regierungsentwurfs für das Durchführungsgesetz zur EuErbVO (S. 64) sollte so bewusst ein **Gleichlauf mit Art. 4 EuErbVO** hergestellt werden (*Wagner/Fenner* FamRZ 2015, 1668 (1674)). Bei streitigen Nachlassverfahren würden die autonomen deutschen Vorschriften (§§ 13, 27 ZPO) zwar auf den letzten Wohnsitz des Erblassers und nicht dessen letzten gewöhnlichen Aufenthalt abstellen, so dass es in Einzelfällen zu einem Auseinanderfallen der Zuständigkeiten kommen könnte (zum Begriff des gewöhnlichen Aufenthalts → Art. 4 Rn. 8 ff.). Doch dürfte in diesen Fällen stets auch **die Erbsache im Ganzen** betroffen sein, so dass Art. 4 EuErbVO vorrangig zur Anwendung käme. Aus demselben Grund wird es auch kaum Fälle geben, in denen sich Anerkennung der Entscheidung eines Mitgliedsstaates in Nachlasssachen nicht nach Art. 39 ff. EuErbVO richtet, sondern nach §§ 108, 109 FamFG bzw. § 328 ZPO. Festzuhalten bleibt damit, dass für eine **Erstreckung** des Art. 25 EGBGB auf Fragen des IZVR **kein Bedürfnis** besteht.

Artikel 2 Zuständigkeit in Erbsachen innerhalb der Mitgliedstaaten

Diese Verordnung berührt nicht die innerstaatlichen Zuständigkeiten der Behörden der Mitgliedstaaten in Erbsachen.

Artikel 2 war im Verordnungsvorschlag der Kommission noch nicht enthalten (KOM(2009) 154 endg, 14.10.2009). Die Vorschrift ist Ausdruck des **Subsidiaritäts- und Verhältnismäßigkeitsprinzips** in Art. 5 EUV. Sie zeichnet die Grenze zwischen den Zuständigkeitsvorschriften der Erbrechtsverordnung und dem Geltungsbereich innerstaatlichen Rechts. Die Verordnung erleichtert die Nachlassplanung in einem europäischen Rechtsraum, bewirkt aber weder eine Erbrechts-, Sachenrechts- oder Erbschaftsteuerrechtsharmonisierung in den Mitgliedstaaten, da hierfür keine Kompetenzgrundlage der EU bestünde (Artikel 81 Abs. 2 AEUV beschränkt die Kompetenz des europäischen Gesetzgebers auf den Bereich des Kollisions- und internationalen Verfahrensrechts), noch einen Eingriff in das innerstaatliche Zuständigkeitssystem und die dortige Behördenhierarchie. Sie befasst sich grundsätzlich lediglich mit der **internationalen** Zuständigkeit, dh der Befugnis der Gerichte eines bestimmten Landes, über eine Rechtssache mit Auslandsberührung zu erkennen. 1

Aus der Vorschrift des Art. 2 EuErbVO ergibt sich jedoch **nicht unmittelbar,** dass die EuErbVO nur für internationale Erbrechtsfälle gelten soll. Anders als die Rom I-III Verordnungen (s. jeweils deren Art. 1 Abs. 1, der auf Szenarien verweist, „die eine Verbindung zum Recht verschiedener Staaten aufweisen") stellt die EuErbVO nicht ausdrücklich klar, dass sie sich nur auf internationale Erbfälle bezieht. Dies ergibt sich jedoch aus Artikel 81 Abs 2 iVm Abs. 1 AEUV, der eine Kompetenzgrundlage für Maßnahmen im Rahmen der „justiziellen Zusammenarbeit in Zivilsachen mit grenzüberschreitendem Bezug" enthält. Dies zeigt sich, darauf aufbauend, auch in Inhalt, Struktur und Zusammenhang der Verordnung (s. etwa auch ErwG 7, der von der Rechtsdurchsetzung „im Zusammenhang mit einem Erbfall mit grenzüberschreitendem Bezug" spricht). 2

Zwar gilt die EuErbVO in den Mitgliedsstaaten (zum Begriff „Mitgliedstaat" → Einl. Rn. 27) unmittelbar und verdrängt im Rahmen ihres Anwendungsbereichs mitgliedsstaatliche Zuständigkeitsregelungen, allerdings regelt die Verordnung weitgehend nur die internationale Zuständigkeit, **nicht aber die örtliche, sachliche oder funktionale** (vgl. auch MüKo/*Dutta* EuErbVO Art. 2 Rn. 1). **Ausnahmen** sind insofern Art. 5 EuErbVO (Gerichtsstandsvereinbarung zugunsten eines spezifischen mitgliedstaatlichen Gerichts → EuErbVO Art. 5) oder Art. 45 Abs. 2 (örtliche Zuständigkeit für eine Vollstreckbarerklärung → EuErbVO Art. 45). Im Anwendungsbereich der Verordnung wird die örtliche Zuständigkeit deutscher Gerichte neu im IntErbRVG geregelt (dort insb. in § 2). 3

Artikel 2 zeigt zudem, dass die EuErbVO ebensowenig in die Befugnisse von Mitgliedstaaten eingreift, die sich in **Teilrechtsordnungen** gliedern und Behörden bestimmter Gebietseinheiten Kompetenzen im Bereich des Erbrechts verleihen (vgl. als Beispiel Spanien). Dies ergibt sich indirekt auch aus Art. 36 EuErbVO, der Rechtssysteme separater Gebietseinheiten anerkennt. 4

Zum anderen stellt Artikel 2 klar, dass **funktionale Zuständigkeiten** unberührt bleiben. In manchen Mitgliedsstaaten können Erbsachen ganz oder teilweise von nichtgerichtlichen Stellen (etwa Notaren oder Registerbehörden) geregelt werden. Die EuErbVO und ihr Zuständigkeitssystem gelten ausdrücklich auch für „sonstige Behörden und Angehörige von Rechtsberufen mit Zuständigkeiten in Erbsachen, die gerichtliche Funktionen ausüben oder in Ausübung einer Befugnisübertragung durch ein Gericht oder unter der Aufsicht eines Gerichts" handeln, und deren Entscheidungen mit denen eines Gerichts vergleichbar sind." Welche Behörden (Notare, Personenstandsämter etc.) diese Aufgaben aber intern wahrnehmen, bleibt dem jeweiligen Mitgliedsstaat selbst überlassen Auf diese interne Zuständigkeitsverteilung nimmt die EuErbVO keinen Einfluss (s. auch *Bonomi/Wautelet,* Art. 2 Rn. 5). Dies ergibt sich auch aus ErwG 36 der EuErbVO. 5

6 Für Notare oder Behörden, die keine einem Gericht vergleichbaren Funktionen wahrnehmen, gilt das Zuständigkeitssystem der EuErbVO hingegen nicht. Dies ist insbesondere der Fall, wenn diese einen Erbfall einvernehmlich abwickeln. Hier greifen dann ausschließlich nationale Vorschriften (→ ErwG 20 und 21 und *Janzen* DNotZ 2012, 484 (490)).

Artikel 3 Begriffsbestimmungen

(1) **Für die Zwecke dieser Verordnung bezeichnet der Ausdruck**

a) „Rechtsnachfolge von Todes wegen" jede Form des Übergangs von Vermögenswerten, Rechten und Pflichten von Todes wegen, sei es im Wege der gewillkürten Erbfolge durch eine Verfügung von Todes wegen oder im Wege der gesetzlichen Erbfolge;

b) „Erbvertrag" eine Vereinbarung, einschließlich einer Vereinbarung aufgrund gegenseitiger Testamente, die mit oder ohne Gegenleistung Rechte am künftigen Nachlass oder künftigen Nachlässen einer oder mehrerer an dieser Vereinbarung beteiligter Personen begründet, ändert oder entzieht;

c) „gemeinschaftliches Testament" ein von zwei oder mehr Personen in einer einzigen Urkunde errichtetes Testament;

d) „Verfügung von Todes wegen" ein Testament, ein gemeinschaftliches Testament oder einen Erbvertrag;

e) „Ursprungsmitgliedstaat" den Mitgliedstaat, in dem die Entscheidung ergangen, der gerichtliche Vergleich gebilligt oder geschlossen, die öffentliche Urkunde errichtet oder das Europäische Nachlasszeugnis ausgestellt worden ist;

f) „Vollstreckungsmitgliedstaat" den Mitgliedstaat, in dem die Vollstreckbarerklärung oder Vollstreckung der Entscheidung, des gerichtlichen Vergleichs oder der öffentlichen Urkunde betrieben wird;

g) „Entscheidung" jede von einem Gericht eines Mitgliedstaats in einer Erbsache erlassene Entscheidung ungeachtet ihrer Bezeichnung einschließlich des Kostenfestsetzungsbeschlusses eines Gerichtsbediensteten;

h) „gerichtlicher Vergleich" einen von einem Gericht gebilligten oder vor einem Gericht im Laufe eines Verfahrens geschlossenen Vergleich in einer Erbsache;

i) „öffentliche Urkunde" ein Schriftstück in Erbsachen, das als öffentliche Urkunde in einem Mitgliedstaat förmlich errichtet oder eingetragen worden ist und dessen Beweiskraft

i) sich auf die Unterschrift und den Inhalt der öffentlichen Urkunde bezieht und

ii) durch eine Behörde oder eine andere vom Ursprungsmitgliedstaat hierzu ermächtigte Stelle festgestellt worden ist.

(2) [1] **Im Sinne dieser Verordnung bezeichnet der Begriff „Gericht" jedes Gericht und alle sonstigen Behörden und Angehörigen von Rechtsberufen mit Zuständigkeiten in Erbsachen, die gerichtliche Funktionen ausüben oder in Ausübung einer Befugnisübertragung durch ein Gericht oder unter der Aufsicht eines Gerichts handeln, sofern diese anderen Behörden und Angehörigen von Rechtsberufen ihre Unparteilichkeit und das Recht der Parteien auf rechtliches Gehör gewährleisten und ihre Entscheidungen nach dem Recht des Mitgliedstaats, in dem sie tätig sind,**

a) vor einem Gericht angefochten oder von einem Gericht nachgeprüft werden können und

b) vergleichbare Rechtskraft und Rechtswirkung haben wie eine Entscheidung eines Gerichts in der gleichen Sache.

[2] **Die Mitgliedstaaten teilen der Kommission nach Artikel 79 die in Unterabsatz 1 genannten sonstigen Behörden und Angehörigen von Rechtsberufen mit.**

Literatur: *Álvarez Torné,* Key Points on the Determination of International Jurisdiction in the new EU Regulation on Succession and Wills, YbPIL 14 (2012/2013), 409; *Buschbaum,* Europäisches Nachlasszeugnis und Annahme öffentlicher Urkunden, in Hager (Hrsg.), Die neue europäische Erbrechtsverordnung, 39; *Dörner,* Anerkennung mitgliedstaatlicher Nachlasszeugnisse (im Lichte von „Oberle"), DNotZ 2018, 661; Schauer/Scheuba/*Fischer-Czermak,* Europäische Erbrechtsverordnung, 2012, 23; Dutta/Herrler/*Hess,* Die Europäische Erbrechtsverordnung, 131; *Höllwerth,* Der Gerichtskommissär im Verfahren über das Erbrecht, NZ 2014, 73; *Kleinschmidt,* Erfahrungen mit der Europäischen Erbrechtsverordnung – Umdenken im internationalen Erbrecht, in: Pfeiffer/Lobach/Rapp (Hrsg.), Europäisches Familien- und Erbrecht: Stand und Perspektiven (2020), 131; *Kleinschmidt,* Die Zuständigkeitsordnung der EuErbVO gilt auch für das nationale Erbscheinsverfahren, IPRax 2020, 308; *Kunz,* Entscheidungen in Erbsachen: Zur Rolle der freiwilligen Gerichtsbarkeit in der EuErbVO aus Sicht des deutschen Erbverfahrensrecht, GPR 2019, 34; *Lehmann,* Die EU-ErbVO: Babylon in Brüssel und Berlin, ZErb 2013, 25; *Leipold,* Das Europäische Erbrecht (EuErbVO) und das deutsche gemeinschaftliche Testament, ZEV 2014, 133; *Leitzen,* Oberle und die Folgen: Erbscheinsverfahren in grenzüberschreitenden Fällen in der Rechtspraxis, ZEV 2018, 630; *R. Magnus,* Gerichtsstandsvereinbarungen im Erbrecht?, IPRax 2013, 393; *Mankowski,* Erbrechtliche Schiedsgerichte in Fällen mit Auslandsbezug und die EuErbVO, ZEV 2014, 395; *Mankowski,* Zu den Begriffen der „Entscheidung", „öffentliche Urkunde" und „Gericht" in Erbsachen (rechtliche Einstufung der Urkunde über die Bestätigung der Erbenstellung), ErbR 2019, 421; *Nordmeier,*

Erbverträge in der neuen EU-Erbrechtsverordnung: zur Ermittlung des hypothetischen Erbstatuts nach Art. 25 ErbRVO, ZErb 2013, 105; *Nordmeier,* Erbverträge und nachlassbezogene Rechtsgeschäfte in der EuErbVO – eine Begriffsklärung, ZEV 2013, 117; *Raff,* Zur Urkundszirkulation in der Erbrechtsverordnung – Zugleich Anmerkungen zum Urt. des EuGH v. 23.5.2019 – Rs. C-658/17 (WB), DNotZ 2019, 643; *J. Schmidt,* Der Erbnachweis in Deutschland ab 2015: Erbschein vs. Europäisches Nachlasszeugnis, ZEV 2014, 389; *J. P. Schmidt,* Abschied von alten Gewissheiten: Die EU-Erbrechtsverordnung in der Rechtsprechung, ErbR 2020, 91; *Wagner/Scholz,* Der Referentenentwurf eines Gesetzes zur Durchführung der EU-Erbrechtsverordnung, FamRZ 2014, 714; *Wagner/Fenner,* Anwendung der EU-Erbrechtsverordnung in Deutschland, FamRZ 2015, 1668; *Wall,* Richtet sich die internationale Zuständigkeit zur Erbscheinserteilung künftig ausschließlich nach Art. 4 EU-ErbVO?, ZErb 2015, 9; *Weber,* Die Erteilung eines deutschen Erbscheins bei letztem gewöhnlichen Aufenthalt des Erblassers im Ausland – zugleich Besprechung der EuGH-Entscheidung in der Rechtssache Oberle – C 20/17, RNotZ 2018, 454.

Übersicht

I. Allgemeines

1 Art. 3 stellt nach dem Vorbild anderer neuerer EU-Verordnungen (vgl. Art. 2 Brüssel IIa-VO, Art. 3 Rom III-VO, Art. 2 EuInsVO) einen umfangreichen Katalog mit Definitionen auf. Das Ziel besteht darin, die Notwendigkeit einer **autonomen und europaweit einheitlichen Auslegung** der Begriffe der EuErbVO zu betonen und diese zugleich zu fördern (→ Einl. Rn. 93 ff.). Freilich gilt das genannte Gebot auch für Begriffe, die nicht eigens in Art. 3 definiert wurden (Bonomi/Wautelet/*Bonomi* Art. 3 Rn. 1). Beispiele sind die Begriffe des „gewöhnlichen Aufenthalts" (Art. 4, 21 Abs. 1) oder des „Berechtigten" (Art. 23 Abs. 2 lit. b). Wohl versehentlich unterblieben ist auch eine Definition des – sehr häufig verwendeten – Begriffs des „Mitgliedstaates" (in Art. 1 Abs. 2 des VO-Entwurfs war sie noch enthalten; vgl. auch Art. 1 Abs. 4 Rom II-VO). Es besteht aber Einigkeit, dass „Mitgliedstaaten" iSd EuErbVO nur solche sind, die an ihr teilnehmen (OLG Bremen Beschl. v. 16.4.2020 – 3 W 9/20, FamRZ 2020, 1507 mAnm *J. P. Schmidt*; *Lehmann* ZErb 2013, 25; Bonomi/Wautelet/*Bonomi* Introduction Rn. 16; MüKoBGB/*Dutta* EuErbVO Vor Art. 1 Rn. 30; NK-Nachfolgerecht/*Köhler* EuErbVO Art. 3 Rn. 2). Dänemark und Irland sind daher Drittstaaten iSd EuErbVO, ebenso wie auch schon vor seinem EU-Austritt das Vereinigte Königreich.

2 Die Definitionen des Art. 3 lassen sich in drei verschiedene Kategorien einteilen (Bonomi/Wautelet/*Bonomi* Art. 3 Rn. 2): Die in Abs. 1 lit. a–d enthaltenen haben **Aspekte des materiellen Erbrechts** zum Gegenstand und sind damit vor allem von Bedeutung für die Bestimmung des anwendbaren Rechts. Die in Art. 3 Abs. 1 lit. e–i genannten Definitionen beziehen sich auf punktuelle Fragen des **internationalen Verfahrensrechts,** während dem **Begriff des „Gerichts"** iSd Art. 3 Abs. 2 diesbezüglich **verordnungsübergreifende Bedeutung** zukommt.

3 Die bisherigen Erfahrungen mit der Anwendung der EuErbVO haben **erhebliche Zweifel** am Beitrag des Art. 3 zur Rechtsklarheit geweckt. Denn erstens bedürfen die verschiedenen Definitionen vielfach der **weiteren Konkretisierung** (siehe auch *Kunz* GPR 2019, 34 (34)). Zweitens erscheinen insbesondere die verfahrensrechtlichen Definitionen sowohl untereinander als auch im Verhältnis zu anderen Artikeln der EuErbVO **unzureichend abgestimmt.** Drittens hat vor allem die Entscheidung des EuGH in der Rechtssache „Oberle" (→ Rn. 8) gezeigt, dass **systematische und teleologische Erwägungen im Zweifel größeres Gewicht** haben als die Definitionen des Art. 3.

II. Art. 3 Abs. 1

4 Die meisten der in Art. 3 Abs. 1 definierten Begriffe sind nur für bestimmte Sachbereiche von Bedeutung und werden deshalb nicht an dieser Stelle, sondern im betreffenden Kontext näher erläutert.

1. „Rechtsnachfolge von Todes wegen" (lit. a)

5 Dieser Begriff bestimmt in **Art. 1 Abs. 1** positiv den Anwendungsbereich der EuErbVO. Die deutsche Sprachfassung ist an dieser Stelle deutlich länger und umständlicher als andere (so verwenden

die engl. und die frz. Fassung nur das Wort „succession"). Dies dürfte der Grund dafür sein, warum die deutsche Fassung bereits im Titel der EuErbVO, aber auch an vielen anderen Stellen (vor allem im prozessrechtlichen Zusammenhang, Art. 4 ff.), auf den kürzeren Begriff der **„Erbsache"** ausweicht. Diese und die „Rechtsnachfolge von Todes wegen" müssen zwecks Vermeidung von Widersprüchen **synonym** verstanden werden (wie hier *Wall* ZErb 2015, 9 (10); NK-BGB/*Looschelders* Art. 3 EuErbVO Rn. 3; anders → Vor. Art. 4 ff. Rn. 29 ff.; *Volmer* RPfleger 2013, 421 (427)).

2. „Erbvertrag", „gemeinschaftliches Testament", „Verfügung von Todes wegen" (lit. b, c, d)

6 Diese Begriffe spielen in den **Art. 24–27** eine zentrale Rolle. Beim „Erbvertrag" ist zu beachten, dass dieser Begriff **deutlich weiter gefasst** ist als im deutschen BGB und zB auch den **Erbverzicht** (→ Art. 23 Rn. 113 f.) oder **die Schenkung auf den Todesfall** erfassen kann (→ Art. 1 Rn. 80 ff.). Umstritten ist, ob zu den „Erbverträgen" auch „gemeinschaftliche Testamente" iSd deutschen Rechts zählen (→ Art. 25 Rn. 3). Die „Verfügung von Todes wegen" ist der Oberbegriff für alle Arten von letztwilligen Verfügungen.

3. „Ursprungsmitgliedstaat" und „Vollstreckungsmitgliedstaat" (lit. e, f)

7 Diese Begriffe sind in den Kapiteln IV und V über „Anerkennung und Vollstreckung ausländischer Entscheidungen" (Art. 39 ff.) und „Annahme öffentlicher Urkunden und Vergleiche" (Art. 59 ff.) von Bedeutung.

4. „Entscheidung" (lit. g)

8 Die Definition der lit. g wurde in erster Linie für das Thema der **„Anerkennung und Vollstreckung" (Art. 39 ff.)** geschaffen (Bonomi/Wautelet/*Bonomi* Art. 3 Rn. 34), wo auch nach wie vor wichtige Streitfragen mit dem Begriff der „Entscheidung" verbunden sind (→ Rn. 10). Für die Bestimmung der Reichweite der Art. 4 ff. EuErbVO zur **internationalen Zuständigkeit** hingegen kommt der Definition der lit. g **keine Bedeutung** zu, anders als zumindest deutsche Autoren zunächst angenommen hatten (so auch noch die 1. Auflage). Denn wie der EuGH in der Rechtssache „Oberle" entschied (EuGH 21.6.2018 – C-20/17 = FamRZ 2018, 1262 mzust Anm *Fornasier*), unterfallen den in Art. 4 genannten „Entscheidungen in Erbsachen" auch solche Verfahren, „die nicht zum Erlass einer judiziellen Entscheidung" führen (Tz. 42). In der Tat erweist sich die deutsche Fassung des Art. 4 bei einem Vergleich mit anderen Sprachfassungen als ungenau; anstelle von „Entscheidungen" hätte die Vorschrift besser von „Verfahren in Erbsachen" gesprochen (näher *Mankowski* ErbR 2018, 482 (487); *Weber* RNotZ 2018, 454 (456); *Kunz* GPR 2019, 34 (35 f.), die allerdings trotzdem an einem „zuständigkeitsrechtlichen Entscheidungsbegriff" festhalten und ihn dem engeren „anerkennungsrechtlichen Entscheidungsbegriff" gegenüberstellen will; für ein weites Verständnis des Entscheidungsbegriffs der lit. g auch MüKoBGB/*Dutta* EuErbVO Vor Art. 1 Rn. 30).

9 Als Konsequenz seiner weiten Auslegung des Art. 4 war der EuGH nicht gehindert, zum Zwecke einer **Zuständigkeitskonzentration** die deutschen Gerichte bei **Ausstellung eines Erbscheins** den allgemeinen **Zuständigkeitsregeln** zu unterwerfen (näher Pfeiffer/Lobach/Rapp/*Kleinschmidt,* Europäisches Familien- und Erbrecht: Stand und Perspektiven, 131 (134–140); *J. P. Schmidt* ErbR 2020, 91 (97 mwN); eingehend zur Thematik → Art. 64 Rn. 2 f.). Ob die **Ausstellung eines Testamentsvollstreckerzeugnisses,** die **Eröffnung eines Testaments** oder die **Entgegennahme von Erklärungen**, etwa über die Annahme oder Ausschlagung einer Erbschaft, eine „Entscheidung" iSd lit. g ist, ist im Lichte der „Oberle"-Entscheidung ebenfalls **nicht relevant.** Stattdessen ist über die Anwendbarkeit der Art. 4 ff. jeweils aufgrund von systematischen und teleologischen Erwägungen zu entscheiden. So kann für die Ausstellung eines Testamentsvollstreckerzeugnisses, das lediglich eine besondere Art von Legitimationszeugnis ist, nichts anderes gelten als für den Erbschein (so auch *Leitzen* ZEV 2018, 630 (635)). Hingegen wäre die Anwendung der Art. 4 ff. auf die Eröffnung eines Testaments sinnwidrig, da die Nachlassabwicklung paralysiert zu werden drohte (*Weber* RNotZ 2018, 454 (461 f.); *Leitzen* ZEV 2018, 630 (634); Hager/*Geimer,* Die neue europäische Erbrechtsverordnung, 9 (21); *Kunz* GPR 2019, 34 (35 f.) hält die Art. 4 ff. zwar grundsätzlich für anwendbar, äußert aber Sympathie für eine teleologische Reduktion; vgl. auch den Diskussionsbericht in *Dutta/Herrler,* Die Europäische Erbrechtsverordnung, 2014, S. 131 Rn. 2, wo *Hess* vorschlägt, das Problem mittels Justizieller Kooperation und weiter Auslegung des Art. 13 zu lösen). Für die Entgegennahme von erbrechtlichen Gestaltungserklärungen hingegen ist die Anwendbarkeit der Art. 4 ff. wiederum zu bejahen und mit dem Umkehrschluss aus Art. 13 zu begründen, der einen alternativen Gerichtsstand vorsieht (überzeugend *Weber* RNotZ 2018, 454 (456 f.); für das Vorliegen einer „Entscheidung" hingegen noch die 1. Auflage Rn. 10, ebenso MüKoBGB/*Dutta* EuErbVO Art. 3 Rn. 17, Vor Art. 4 Rn. 8; Hager/*Geimer,* Die neue europäische Erbrechtsverordnung, 9 (20); ablehnend Calvo Caravaca/Davì/Mansel/*Weller* Art 3 Rn. 12).

Weiterhin relevant und umstritten ist die Definition der lit. g hingegen für die Frage, ob die **Ausstellung eines nationalen Erbnachweises** eine „Entscheidung" ist, die nach Art. 39 anerkannt werden und damit in anderen Mitgliedstaaten frei zirkulieren kann (in der „Oberle"-Entscheidung konnte der EuGH die Frage für den deutschen Erbschein offen lassen, da die Anwendbarkeit des Art. 4 nicht vom Begriff der „Entscheidung" iSd der lit. g abhing (→ Rn. 8 f.)). Für einen **polnischen notariellen Erbnachweis,** der (nur) auf einstimmigen Antrag aller Beteiligten ausgestellt wird, hat der EuGH in der Rechtssache „WB" das Vorliegen einer „Entscheidung" **verneint** und lediglich das Vorliegen einer nach Art. 59 annahmefähigen **„öffentlichen Urkunde"** (→ Rn. 12) bejaht (EuGH 23.5.2019 – C-658/17 = FamRZ 2019, 1184; zur genannten Einordnung auch schon *Dörner* DNotZ 2018, 661 (671); zu den Unterschieden zwischen Anerkennung nach Art. 39 und Annahme nach Art. 59 *Raff* DNotZ 2019, 643 (646 f.)). Wenngleich das Ergebnis wohl einhellig für zutreffend gehalten wird (siehe etwa *Mankowski* ErbR 2019, 421 (426); *Raff* DNotZ 2019, 643 (647)), hat die Begründung des EuGH berechtigte Kritik erfahren. Denn um das Vorliegen einer „Entscheidung" verneinen zu können, hielt es der EuGH für erforderlich, dem polnischen Notar unter Hinweis auf seine fehlende Befugnis zur Streitentscheidung die **Eigenschaft eines „Gerichts" iSd Art. 3 Abs. 2 abzusprechen** (Tz. 55). Damit hat der EuGH den Begriff des „Gerichts" in einer Weise verengt, die zu systematischen Verwerfungen zu führen droht (→ Rn. 20). Zugleich fehlt es an der Übertragbarkeit der Entscheidung in der Rechtssache „WB" auf die Ausstellung eines Erbscheins durch ein deutsches Nachlassgericht, so dass die **Anerkennungsfähigkeit eines deutschen Erbscheins** nach Art. 39 **weiterhin ungeklärt** ist (*Fornasier,* FamRZ 2019, 1191). Das Argument, dass die Qualifikation der Erbscheinserteilung als „Entscheidung" die Beachtlichkeit auch der Art. 4 ff. zur Folge hätte (siehe dazu die 1. Auflage Rn. 8), ist mit dem Urteil des EuGH in der Rechtssache „Oberle" (→ Rn. 8) überholt. Weiterhin durchschlagend dürfte dennoch der Hinweis auf die **fehlende materielle Rechtskraft** des deutschen Erbscheins sein (*Dörner,* DNotZ 2018, 661 (668 f.); für die Anerkennungsfähigkeit des deutschen Erbscheins dagegen MüKoBGB/*Dutta* EuErbVO Art. 3 Rn. 17; eingehend zur Diskussion → Art. 39 Rn. 21 f.). **10**

5. „Gerichtlicher Vergleich" (lit. h)

Dieser Begriff wird in **Art. 61** verwendet. **11**

6. „Öffentliche Urkunde" (lit. i)

Dieser Begriff entfaltet seine Bedeutung in Kapitel V über die „Annahme öffentlicher Urkunden und Vergleiche" (Art. 59 ff.). Der in der deutschen Fassung der Definition verwendete Begriff der „Beweiskraft" ist unzutreffend, gemeint ist die „Authentizität" der Urkunde (*Dörner* DNotZ 2018, 661 (668 f.)). In der Rechtssache „WB" entschied der EuGH, dass ein notarieller polnischer Erbnachweis eine „öffentliche Urkunde" iSd Art. 59 ist (→ Rn. 10), und bestätigt wurde diese Sichtweise für einen litauischen notariellen Erbnachweis in der Rechtssache „E. E." (EuGH 16.7.2020 – C-80/19 = ErbR 2020, 710 mAnm *Mankowski*). Dieselbe Einordnung ist für einen deutschen Erbschein anzunehmen (*Mankowski* ErbR 2019, 421 (427 f.)). **12**

III. Art. 3 Abs. 2, „Gericht"

Die Definition des Begriffs „Gericht" („court"/„jurisdiction") ist neben dem der „Rechtsnachfolge von Todes wegen" wohl **die wichtigste des Art. 3** (ähnlich Bonomi/Wautelet/*Bonomi* Art. 3 Rn. 2). Denn der Begriff ist für Fragen der internationalen Zuständigkeit (Art. 4 ff.), der Anerkennung und Vollstreckung ausländischer Entscheidungen (Art. 39 ff.) und schließlich auch für Fragen der Erteilung eines Europäischen Nachlasszeugnisses (Art. 62 ff.) von zentraler Bedeutung. Überdies ist der Begriff „Gericht" Bestandteil der Definitionen von „Entscheidung" und „gerichtlicher Vergleich", was zu einer gewissen Zirkularität führt. Ob der EuErbVO überhaupt ein **kohärenter Gerichtsbegriff** zu Grunde liegt, ist spätestens seit der Entscheidung des EuGH in der Sache „WB" (→ Rn. 10) **zweifelhaft.** **13**

Art. 3 Abs. 2 definiert den Begriff des „Gerichts" weiter als andere europäische Rechtsakte (siehe zB Art. 3 Brüssel Ia-VO) und trägt damit insbesondere der großen Rolle des lateinischen Notariats in Erbangelegenheiten Rechnung (*Mankowski* ErbR 2019, 421 (427)). Ziel ist es, die **Organisation des Erbverfahrensrechts in den jeweiligen Mitgliedstaaten zu respektieren** (was auch bereits Art. 2 zum Ausdruck bringt) und nicht sachgerechte Unterscheidungen zu vermeiden, die aus einer rein formalen Betrachtungsweise resultieren würden (ErwG 20). Zu diesem Zweck umfasst die Definition des „Gerichts" nicht nur **Gerichte im formalen** oder **institutionalisierten Sinn,** sondern auch jegliche Stellen, die bei **funktionaler Betrachtung als Gerichte in Erbsachen handeln** (Schlussantrag des Generalanwalts in C-80/19 (E. E.) Tz. 70). Das Ziel einer Gleichbehandlung von beiden Gerichtstypen verfehlt Art. 3 Abs. 2 dennoch, weil er die funktionale Betrachtung nicht konsequent umsetzt (→ Rn. 23). Der Begriff des „Gerichts" iSd Art. 3 Abs. 2 ist in jedem Fall auch **weiter** als der vom EuGH entwickelte **Begriff des vorlageberechtigten Gerichts iSd Art. 267 Abs. 2 AEUV,** der **14** eine andere Zielrichtung verfolgt. Nicht jedes Gericht iSd Art. 3 Abs. 2 ist also automatisch auch zur Vorlage vor dem EuGH berechtigt (*Kleinschmidt* RabelsZ 77 (2013), 723 (767 f.); MüKoBGB/*Dutta* EuErbVO Vor Art. 1 Rn. 27).

15 Was ein Gericht im formalen Sinn ist, wird von der EuErbVO nicht näher umschrieben. Es findet sich lediglich der tautologische Hinweis, dass dazu alle „Gerichte im eigentlichen Sinne, die gerichtliche Funktionen ausüben" (ErwG 20) gehören. Gemeint sein dürften alle dauerhaft eingerichteten Organe der Judikativen Staatsgewalt, die Rechtsfragen unabhängig, unparteiisch und auf der Grundlage eines geordneten Verfahrens potentiell rechtskräftig entscheiden (vgl. *Kunz* GPR 2019, 34 (37)). **Keine Rolle spielt** im Rahmen von Art. 3 Abs. 2 die **justizielle Organisationsstruktur** des betreffenden Staates, also ob das Gericht der streitigen oder der nichtstreitigen Gerichtsbarkeit angehört (ErwG 59; EuGH 21.6.2018 – C-20/17 *(Oberle)* Tz. 43 f.; *Beyer* GPR 2019, 245 (245)), der zivil- oder der verwaltungsrechtlichen Gerichtsbarkeit, etc. (Bonomi/Wautelet/*Wautelet* Art. 3 Rn. 70; zum Entwurfsstadium *Max Planck Institute* RabelsZ 74 (2010), 522 (Nr. 55)).

16 Zur Gruppe der Gerichte im funktionalen Sinn gehören „alle sonstigen Behörden und Angehörigen von Rechtsberufen mit Zuständigkeiten in Erbsachen, die gerichtliche Funktionen ausüben oder in Ausübung einer Befugnisübertragung durch ein Gericht oder unter der Aufsicht eines Gerichts handeln". Das Erfordernis einer „gerichtlichen Funktion" wird durch den zweiten Teil von Art. 3 Abs. 2 UAbs. 1 konkretisiert, wonach Unparteilichkeit und rechtliches Gehör gewährleistet sein und die getroffenen „Entscheidungen" gerichtlich überprüfbar sowie einer Gerichtsentscheidung vergleichbare Wirkungen haben müssen (eingehend *Kunz* GPR 2019, 34 (37–39)). Es genügt folglich nicht, dass die betreffenden Stellen allgemein **Aufgaben im Bereich des Erbrechts** wahrnehmen, vielmehr müssen sie **im konkreten Fall** auch eine **Gerichtstätigkeit im materiellen Sinn** ausüben (NK-Nachfolgerecht/*Köhler* EuErbVO Art. 3 Rn. 10; *Kunz* GPR 2019, 34 (37)). Nicht erforderlich ist hingegen, dass die erbrechtliche Zuständigkeit der betreffenden Stelle ihre einzige ist (Bonomi/Wautelet/*Wautelet* Art. 3 Rn. 72).

17 Die **schwierigen Abgrenzungsfragen,** die Art. 3 Abs. 2 aufwirft, werden nur in beschränktem Maße dadurch entschärft, dass nach dem Vorbild der EuInsVO (siehe dort Art. 2 lit. a–c und Anhänge A–C) die Mitgliedstaaten gemäß Art. 3 Abs. 2 UAbs. 2 und Art. 79 der Kommission **mitteilen** sollen, **welche Behörden oder Personen nach ihrem Recht als „Gericht" zu qualifizieren sind.** Denn zum einen bedarf es jedenfalls für die Gerichte im funktionalen Sinne stets einer konkreten Betrachtungsweise (*Dörner* DNotZ 2018, 661 (679 f.); → Rn. 23). Zum anderen stellte der EuGH in der Entscheidung „BW" (Urteil v. 23.5.2019 – C-658/17) klar, dass die Liste keinen konstitutiven, sondern **nur informatorischen Charakter** hat, sodass eine fehlende Meldung nicht daran hindert, die betreffende Stelle als „Gericht" iSd Art. 3 Abs. 2 zu qualifizieren (Tz. 39–49; zu den Unterschieden zur EuInsVO *Mankowski* ErbR 2019, 421 (427); *Beyer* GPR 2019, 245 (246 f.)). Soweit Meldungen seitens der Mitgliedstaaten erfolgt sind, begründen sie allerdings eine entsprechende Vermutung (EuGH, Urteil v 23.5.2019 – C-658/17 (BW) Tz. 43; Bonomi/Wautelet/*Wautelet* Art. 3 Rn. 71; im Kontext der EuInsVO EuGH C-444/07 (MG Probod Gdynia sp. z o. o.), EuZW 2010, 188 (190, Tz. 40)).

Insbesondere was die Einordung notarieller Tätigkeiten im Erbrecht betrifft, bedarf es angesichts deren Vielgestaltigkeit stets der **genauen Differenzierung.** Obgleich der lateinische Notar hochspezialisierter Träger eines öffentlichen Amtes ist, der unparteiische beratende Funktionen ausübt und dessen Urkunden erhöhte Beweiskraft zukommt (dazu HWBEuP/*Wenckstern,* Notariat, 1114 ff.), handelt er jedenfalls in seinen Kerntätigkeiten **nicht als Gericht iSd Art. 3 Abs. 2** (ErwG 20 S. 4; *Álvarez Torné* YbPIL 14 (2012/2013), 409 (411 f.); Bonomi/Wautelet/*Wautelet* Art. 3 Rn. 75, 81). So ist die Beurkundung eines Testaments, eines Erbverzichts oder einer Auseinandersetzungsvereinbarung keine Ausübung einer gerichtlichen Funktion oder einer Befugnisübertragung, und gleiches gilt für die Beglaubigung einer Ausschlagungserklärung (*Janzen* DNotZ 2012, 484 (490); MüKoBGB/*Dutta* EuErbVO Art. 3 Rn. 20; Calvo Caravaca/Davì/Mansel/*Weller* Art 3 Rn. 19). In diesen Fällen sind folglich die Regeln der EuErbVO über die internationale Zuständigkeit und die Anerkennung und Vollstreckung von Entscheidungen **nicht einschlägig** (ErwG 22, 36; Bonomi/Wautelet/*Wautelet* Art. 3 Rn. 81; Dutta/Herrler/*Hess,* Die Europäische Erbrechtsverordnung, 131 Rn. 2; BeckOGK/*J. Schmidt* EuErbVO Art. 3 Rn. 46). Ungeachtet dessen kann es sich bei den betreffenden Dokumenten um „öffentliche Urkunden" iSd Art. 3 Abs. 1 lit. i handeln (ErwG 22; → Rn. 12).

18 In Deutschland waren bis Ende 2017 dem Amtsnotariat in Baden-Württemberg nachlassgerichtliche Funktionen wie die Testamentseröffnung oder die Erbscheinserteilung übertragen (*Janzen* DNotZ 2012, 484 (490); NK-BGB/*Looschelders* Art. 3 EuErbVO Rn. 31). In diesen Fällen konnte man die Notare bereits als „sonstige Behörden" iSv Abs. 2 UAbs. 1 ansehen (MüKoBGB/*Dutta* Art. 3 Rn. 20). Weiterhin aktuell ist die durch § 23a Abs. 3 GVG den Notaren übertragene **gerichtliche Tätigkeit in Teilungssachen** nach § 342 Abs. 2 Nr. 1 FamFG (MüKoBGB/*Dutta* EuErbVO Art. 3 Rn. 20; NK-BGB/*Looschelders* Art. 3 EuErbVO Rn. 31). Bei der Frage, inwieweit die Auseinandersetzung des Nachlasses überhaupt in den Anwendungsbereich der EuErbVO fällt, ist allerdings zu differenzieren (→ Art. 23 Rn. 133 ff.). Nicht als Gericht handelt ein Notar, der einvernehmlich von den Erbfallbeteiligten mit der Nachlassabwicklung betraut wird (Bonomi/Wautelet/*Wautelet* Art. 3 Rn. 81).

In Österreich nimmt der Notar als **„Gerichtskommissär"** umfassende Aufgaben im Zuge der Nachlassabwicklung wahr („Verlassenschaftsverfahren", §§ 143 ff. österr. AußStrG, § 1 österr. Gerichtskommissärgesetz, dazu *Höllwerth* NZ 2014, 73 ff.; Deixler-Hübner/Schauer/*Deixler-Hübner/Schauer* Art. 3 EuErbVO Rn. 44–46). Österreichische Autoren qualifizieren den „Gerichtskommissär" zumindest für manche seiner Tätigkeiten als „Gericht" iSd Art. 3 Abs. 2 (*Rudolf* ÖNZ 2013, 225 (228); Deixler-Hübner/Schauer/*Deixler-Hübner/Schauer* Art. 3 EuErbVO Rn. 37, 46). In Belgien kann das Gericht einen Notar mit der Nachlassabwicklung beauftragen (Art. 1210 ff. belg. Code judiciaire („notaire-liquidateur"), was sich als Fall einer Befugnisübertragung qualifizieren lässt Bonomi/Wautelet/*Wautelet* Art. 3 Rn. 77). 19

Sehr umstritten und von großer praktischer Relevanz ist die Frage, ob die **notarielle Ausstellung eines nationalen Erbnachweises** eine gerichtliche Tätigkeit iSd Art. 3 Abs. 2 ist. Entsprechende Kompetenzen finden sich beispielsweis im Recht Polens (dazu *Margonski,* Grenzüberschreitende Tätigkeit des Nachlasspflegers in deutsch-polnischen Nachlasssachen, 2013, 98 f.), Frankreichs (**„acte de notoriété"**, siehe Art. 730-1 Code civil) und Portugals (*Müller-Bromley,* Portugiesisches Zivilrecht, Bd. 2, 2011, 137 f.). Für einen **polnischen notariellen Erbnachweis** hat der EuGH eine gerichtliche Tätigkeit mit dem Argument **verneint,** dass dem Notar die Befugnis zur Streitentscheidung fehle (Rechtssache „BW", → Rn. 10). Wenngleich dieses Verständnis mit der Definition in Art. 3 Abs. 2 jedenfalls nicht unvereinbar ist, ist der vom EuGH zu Grunde gelegte Gerichtsbegriff, der sich aus seiner Rechtsprechung zum EuGVÜ speist, wegen der womöglich nicht bedachten Reflexwirkungen auf **berechtigte Kritik** gestoßen (*Fornasier* FamRZ 2019, 1190 f.; *Beyer* GPR 2019, 245 (248) *Raff* DNotZ 2019, 643 (645); gegen das Erfordernis einer Kompetenz zur Streitentscheidung auch schon Bonomi/Wautelet/*Wautelet* Art. 3 Rn. 72). Denn neben der (berechtigten) Versagung einer Anerkennung nach Art. 39, die allein Gegenstand der Rechtssache „WB" war, müsste die Verneinung einer gerichtlichen Tätigkeit konsequenterweise auch zur Folge haben, dass notariell ausgestellte nationale Erbzeugnisse vom **einheitlichen Zuständigkeitsregime der Art. 4 ff. ausgenommen** sind (so auch die überwiegende Sichtweise im französischen Schrifttum hinsichtlich der notariellen Ausstellung eines „acte de notoriété", während die Ansichten im niederländischen Schrifttum geteilt sind: siehe *Kleinschmidt* IPRax 2020, 308 (314 f.)). In Kombination mit der Entscheidung in der Rechtssache „Oberle" (→ Rn. 8) hätte dies die bedenkliche Folge, dass nationale Erbnachweise, die, wie zB der deutsche Erbschein, von einem Gericht im formalen Sinne in einem justizförmigen Verfahren ausgestellt werden, aufgrund der Beachtlichkeit der Art. 4 ff. in geringerem Ausmaß verfügbar wären als die von diesem Erfordernis befreiten notariellen Nachweise (zu Recht kritisch zu dieser „Schieflage", die auch dem in „Oberle" verfolgten Ziel einer Zuständigkeitskonzentration widerspricht, *Weber* RNotZ 2018, 454 (456); ebenso Pfeiffer/Lobach/Rapp/*Kleinschmidt,* Europäisches Familien- und Erbrecht: Stand und Perspektiven, 131 (141–143); *Beyer* GPR 2019, 245 (248); siehe auch schon Hager/*Buschbaum,* Die neue europäische Erbrechtsverordnung, 39 (57 Fn. 64); differenzierend *Mankowski* ErbR 2020, 715 (717 f.)). In der Rechtssache „E. E." ist der EuGH genau diesen Weg gegangen (EuGH 16.7.2020 – C-80/19 = ErbR 2020, 710 mAnm *Mankowski*). Dementsprechend entschied das Gericht, dass ein **litauischer Notar** bei Ausstellung eines nationalen Erbnachweises **mangels Gerichtseigenschaft nicht an die Zuständigkeitsregeln der EuErbVO gebunden ist** (Tz. 64–70). Dass der Generalanwalt dieses Ergebnis unter Berufung auf ErwG 32 auch mit dem Ziel begründete, „den Erben das Leben zu erleichtern" (Tz. 79; siehe auch Tz. 69 de EuGH-Entscheidung), lässt den substanziellen Widerspruch zur „Oberle"-Entscheidung nur noch deutlicher hervortreten. Denn in dieser hatte der EuGH das Ziel einer möglichst einfachen Nachlassabwicklung dem Ziel einer Zuständigkeitskonzentration zur Vermeidung einander widersprechender Erbnachweise noch untergeordnet (dazu *J. P. Schmidt* ErbR 2020, 91 (97 f.); *Kleinschmidt* IPRax 2020, …). Klarzustellen ist, dass **bei Ausstellung eines ENZ immer die Zuständigkeitsregeln der EuErbVO gelten, also auch, wenn diese Handlung durch einen Notar geschieht** (→ Art. 64 Rn. 2). 20

Eine **sachwidrige Ungleichbehandlung** von Gerichten im formalen Sinn und anderen Stellen mit erbrechtlichen Aufgaben droht die Entscheidung in der Rechtssache „BW" aber auch für **weitere Tätigkeiten** herbeizuführen. So sind beispielsweise im polnischen und im gemeinspanischen Recht die Notare zuständig für die **Entgegennahme von Erklärungen iSd Art. 13,** also Erklärungen über die Ausschlagung einer Erbschaft oder die Annahme unter dem Vorbehalt der Inventarerrichtung (Art. 1018 § 3 Kodeks cywilny; *Schömmer/Remin/Szewior* Internationales Erbrecht: Polen, 2011, Rn. 572; Art. 1008, 1011 Código civil; → Art. 28 Rn. 23 ff.). Wird die Befugnis zur Streitentscheidung verlangt, sind die Notare auch hier nicht als „Gericht" zu qualifizieren, sodass Art. 13 nicht anwendbar ist. Konsequenz wäre, dass es von den **Zufälligkeiten der innerstaatlichen Kompetenzverteilung** abhängt (ist ein Gericht im formalen Sinn oder ein Notar empfangszuständig?), ob ein zur Erbschaft Berufener auch an seinem Wohnsitz die Ausschlagung einer Erbschaft erklären kann. Dieses Ergebnis widerspräche klar dem Ziel des Art. 13, dem Berufenen das Leben zu erleichtern (*Fornasier* FamRZ 2019, 1191; *Kleinschmidt* IPRax 2020, 308 (316); kritisch, wenngleich mit anderem Lösungsansatz, auch *Eichel,* Die Grenzen der Ersetzung inländischer Ausschlagungserklärungen durch ihre Abgabe im Inland, ZEV 2017, 545 (548 f.)). 21

22 Die genannten Friktionen wären vermieden worden, wenn der EuGH in der Rechtssache „BW" unter Hinweis auf die fehlende materielle Rechtskraft des notariellen Erbnachweises allein das Vorliegen einer „Entscheidung" iSd Art. 3 Abs. 1 lit g. verneint hätte (so schon *Dörner* DNotZ 2018, 661 (678)) und die Frage, ob der Notar als „Gericht" handelte, bejaht oder zumindest offen gelassen hätte (ähnlich Pfeiffer/Lobach/Rapp/*Kleinschmidt,* Europäisches Familien- und Erbrecht: Stand und Perspektiven, 131 (142)). Zwar erwecken die Definitionen der beiden Begriffe den Eindruck, als gingen sie stets Hand in Hand, als würde also jede „Entscheidung" durch ein „Gericht" getroffen und als sei jedes Handeln eines „Gerichts" eine „Entscheidung". Dass aber jedenfalls der zweitgenannte Zusammenhang nicht besteht, hat der EuGH in der Rechtssache „Oberle" selbst entschieden. Denn das einen Erbschein erteilende deutsche Nachlassgericht wird als „Gericht" iSd Art. 3 Abs. 2 tätig, trifft aber keine „Entscheidung" iSd Art. 3 Abs. 1 lit g (*Fornasier* FamRZ 2019, 1191; Pfeiffer/Lobach/Rapp/*Kleinschmidt,* Europäisches Familien- und Erbrecht: Stand und Perspektiven, 131 (142)). Die „Entscheidungen", von denen Art. 3 Abs. 2 spricht, sind also **nicht notwendig „Entscheidungen" im Sinne des Abs. 1 lit. g** (→ Rn. 8 ff.). Hieraus folgt für die Rechtssache „BW", dass die Verneinung einer „Entscheidung" nicht notwendig die fehlende Gerichtseigenschaft des polnischen Notars impliziert hätte.

23 Auch der Verzicht auf das Erfordernis einer Befugnis zur Streitentscheidung würde freilich nichts daran ändern, dass die **Definition des Art. 3 Abs. 2** an einem **inneren Bruch** leidet. Dieser besteht darin, dass der Verordnungsgeber das Erfordernis einer materiellen Gerichtstätigkeit **im konkreten Fall** nur für Gerichte im funktionalen Sinn aufgestellt hat, nicht hingegen für Gerichte im formalen Sinn (siehe auch *Kunz* GPR 2019, 34 (34 f., 37): Vermengung von abstrakter mit funktionaler Sichtweise). Dies hat zur Folge, dass Gerichte im formalen Sinn stets als „Gerichte" iSd der EuErbVO agieren, selbst wenn ihr Handeln im konkreten Fall – zB bei Entgegennahme einer Ausschlagungserklärung – eher dem einer Verwaltungsbehörde gleicht (*Weber* RNotZ 2018, 454 (456); *Kunz* GPR 2019, 34 (37, 39)). Die naheliegende Lösung bestünde an sich darin, die konkret-funktionale Betrachtungsweise des Art. 3 Abs. 2 auf Gerichte im formalen Sinn zu erstrecken (so *Weber* RNotZ 2018, 454 (456)). Doch wäre dann zu befürchten, dass auch die Gerichte im formalen Sinn aus dem Anwendungsbereich des Art. 13 herausfallen. Vorzugswürdig scheint daher, den **Versuch einer allgemeingültigen Definition des „Gerichts" als gescheitert anzusehen** und dieses Tatbestandsmerkmal nicht abstrakt im Vorhinein, sondern jeweils **anhand der in Rede stehenden Vorschrift** (etwa Art. 4 oder 13) **aufgrund systematischer und teleologischer Erwägungen** zu bestimmen. Dies erlaubt beispielsweise, im Kontext des Art. 39 die Befugnis zur Streitentscheidung zu verlangen, im Kontext der Art. 4 ff. hingegen auf dieses Erfordernis zu verzichten.

24 Notare sind zwar die wichtigsten, aber nicht die einzigen Stellen, die gemäß Art. 3 Abs. 2 als Gerichte im funktionalen Sinn zu qualifizieren sein können. Ebenfalls hierzu gehören **Konsularbeamte** (Deixler-Hübner/Schauer/*Deixler-Hübner/Schauer* Art. 3 EuErbVO Rn. 51; Bonomi/Wautelet/*Wautelet* Art. 3 Rn. 83; anders wohl *Álvarez Torné* YbPIL 14 (2012/2013), 409 (412)), die auf vielfältige Art und Weise auf Grundlage staatsvertraglichen oder innerstaatlichen Rechts mit erbrechtlichen Angelegenheiten befasst sind (zur konsularischen Beurkundung allgemein *Eickelberg,* Besonderheiten der konsularischen Beurkundung und ihr Einfluss auf die Zusammenarbeit der Konsularbeamten mit inländischen Notaren, DNotZ 2018, 332). Entsprechend dem bisher Gesagten ist danach zu differenzieren, ob der Konsularbeamte eine gerichtliche Aufgabe vornimmt oder er lediglich unterstützend tätig wird, zB durch eine Beglaubigung (näher MüKoBGB/*Dutta* EuErbVO Art. 3 Rn. 21, 23, der auch auf mögliche Abstimmungsprobleme zwischen den Zuständigkeitsregeln der EuErbVO und denen des Konsularrechts hinweist).

25 **Keine „Gerichte"** iSd Art. 3 Abs. 2 sind **Grundstücks-** oder **Gesellschaftsregister,** weil sie keine rechtsprechenden Funktionen ausüben; folglich bestimmt sich ihre internationale Zuständigkeit auch nicht an den Art. 4 ff. Auch **Nachlassverwalter** und **Testamentsvollstrecker** sind **keine Gerichte iSd Art. 3 Abs. 2,** da sie nur rechtsgeschäftlich für den Nachlass handeln (MüKoBGB/*Dutta* EuErbVO Art. 3 Rn. 25). **Keine Gerichte** iSd Art. 3 Abs. 2 sind schließlich **Schiedsgerichte** (Bonomi/Wautelet/*Wautelet* Art. 3 Rn. 84; Deixler-Hübner/Schauer/*Deixler-Hübner/Schauer* Art. 3 EuErbVO Rn. 52 f.; NK-BGB/*Looschelders* Art. 3 EuErbVO Rn. 32a; Calvo Caravaca/Davì/Mansel/*Weller* Art 3 Rn. 20). Zwar ist die Schiedsgerichtsbarkeit nicht grds. vom Anwendungsbereich der EuErbVO ausgenommen, doch können insoweit allein die Regelungen über das anwendbare Recht von Bedeutung sein (→ Art. 1 Rn. 158). Die Anwendung der Art. 4 ff. über die internationale Zuständigkeit und der Art. 39 f. über die Anerkennung und Vollstreckung von Entscheidungen wäre hingegen nicht sachgerecht (MüKoBGB/*Dutta* EuErbVO Art. 3 Rn. 24; *Mankowski* ZEV 2014, 395 (398 f.); iE wohl auch *R. Magnus* IPRax 2013, 393 (398)). Abgesehen davon sind Schiedsgerichte keine „Gerichte der Mitgliedstaaten" (*Gleim,* Letztwillige Schiedsverfügungen – Geltungsgrund und Geltungsgrenzen (2020) 289), und es fehlt an einer Befugnisübertragung durch staatliche Stellen (*Kunz* GPR 2012, 208 (210)).

Kapitel II. Zuständigkeit

Vorbemerkung zu Art. 4 ff. EuErbVO

Literatur: *Amann,* Fiktion des früheren Erbstatuts unter der Herrschaft der EuErbVO, DNotZ 2019, 326 ff.; *Baetge,* Der gewöhnliche Aufenthalt im Internationalen Privatrecht, 1994; *Baetge,* Auf dem Weg zu einem gemeinsamen europäischen Verständnis des gewöhnlichen Aufenthalts, FS Kropholler, 2008, 77 ff.; *von Bary,* Gerichtsstands- und Schiedsvereinbarungen im internationalen Erbrecht, Tübingen 2018; *Bonomi,* La compétence des Etats membres de l'Union européenne dans les relations avec les Etats tiers à l'aune des récentes propositions en matière de droit de famille et des successions, FS Schwander, 2011, 665 ff.; *Bonomi/ Wautelet,* Le droit européen des successions: Commentaire du Règlement n°650/2012 du 04 juillet 2012, 2. Aufl. 2016; *Boulanger,* Révolution juridique ou compromis en trompe-l'oeil? A propos du nouveau règlement européen sur les successions internationales, JCPG 2012, 1120; *Boulanger,* L'affaire des „mineurs nordiques": La Cour détermine la résidence habituelle et précise le régime des mesures conservatoires, Sem. jur. 2009, 33 ff.; *Carrascosa González,* El reglamento sucesorio europeo 650–2012 de 4 de julio. Análisis crítico, 2. Aufl. 2019; *Carruthers,* The Transfer of Property in the Conflict of Laws, OUP, Oxford 2005; *Davì,* „L'autonomie de la volonté en droit international privé des successions dans la perspective d'une future réglementation européenne", Riv Dir Int Priv & Proc 2004, 473 ff.; *Deixler-Hübner/Schauer* (Hrsg.), EuErbVO, Kommentar zur EU-Erbrechtsverordnung, 2. Aufl., 2020; *Dicey, Morris & Collins on the Conflict of Laws,* 15. Aufl., Sweet & Maxwell, London 2018; Döbereiner, Das internationale Erbrecht nach der EU- Erbrechtsverordnung (Teil I), MittBayNot 2013, 358 ff; *Dörner,* „Der Entwurf einer europäischen Verordnung zum Internationalen Erb- und Erbverfahrensrecht – Überblick und ausgewählte Probleme", ZEV 2010, 221 ff.; *Ferrand,* The Council Regulation (EC) No. 4/2009 of 18 December 2008 on Jurisdiction, Applicable Law, Recognition and Enforcement of Decisions and Cooperation in Matters Relating to Maintenance Obligations, in Campuzano Díaz et al., Latest Developments in EU Private International Law, 2011, 83 ff.; *Frimston,* Brussels IV – The Problems of Trusts and Characterisation in the Civil Law, PCB 2007, 170 ff.; *Frimston,* Brussels IV: The draft succession (and revocation of wills) Regulation, PCB 2010, 105 ff.; *Gaudemet-Tallon,* Les règles de compétence judiciaire dans le règlement européen des successions, in Khairallah/ Revillard, Droit Européen des Successions internationales, LGDJ, Paris 2013, 127 ff.; *Gierl* et al., Internationales Erbrecht, EuErbVO – IntErbRVG – DurchfVO (2020); *Goré,* Les silences du règlement européen sur les successions internationales, Dr. et patrimoine 2013, 34; *Hager,* Die neue europäische Erbrechtsverordnung, 2013; *Hau,* Die Verortung natürlicher Personen – Ein Beitrag zum Allgemeinen Teil des Europäischen Zivilverfahrensrechts, GS Wolf, 2011, 409 ff.; *Heldrich,* Internationale Zuständigkeit und anwendbares Recht, 1969; *Hess,* Die internationale Zuständigkeit nach der Erbrechtsverordnung, in Dutta/Herrler, Die Europäische Erbrechtsverordnung, 131 ff.; *Hess,* Europäisches Zivilprozessrecht, 2010; *Hüßtege/Mansel,* Bürgerliches Gesetzbuch: Rom-Verordnungen – EuGüVO – EuPartVO – HUP – EuErbVO, Band 6, 2019; *Janzen,* Die EU-Erbrechtsverordnung, DNotZ 2012, 484 ff.; *Jayme,* Zugehörigkeit und kulturelle Identität, 2012; *Keller/Siehr,* Allgemeine Lehren des Internationalen Privatrechts, 1986; *Kindler,* Von Staatsangehörigkeits- zum Domizilprinzip: das künftige internationale Erbrecht der Europäischen Union, IPRax 2010, 44 ff.; *Kopp,* Probleme der Nachlassabwicklung bei kollisionsrechtlicher Nachlaßspaltung, 1997; *Kurth,* Der gewöhnliche Aufenthalt in Art. 4, 21 Abs. 1 EuErb-VO, 2017; *Lagarde,* Les principes de base du nouveau règlement européen sur les successions, Rev. Crit. DIP 2012, 691 ff.; *Lagarde,* Présentation du Réglement sur les Successions, in Khairallah/Revillard, Droit Européen des Successions Internationales, LGDJ, Paris 2013, 5 ff.; *Lange,* Das Erbkollisionsrecht im neuen Entwurf einer EU-ErbVO, 2012, 160 ff.; *Lein,* A further step towards a European Code of Private International Law: The Commission Proposal for a Regulation on Succession, YbPIL 11 (2009), 107 ff.; *Lein,* Les compétences spéciales, in Bonomi/Schmid, Successions internationales, 2010, 77 ff.; *Magnus,* Gerichtsstandsvereinbarungen im Erbrecht?, IPRax 2013, 393 ff.; *MüKo/Dutta,* EuErbVO 8. Aufl. 2020, Art. 4 ff; *Nuyts,* L'exception de „forum non conveniens", Bruylant, Brüssel 2003, 366 ff.; *Pfeiffer,* Legal certainty and predictability in international succession law, Journal of Private International Law 2016 12:3, 566–586; *Redfield,* Searching for Justice, The use of forum necessitatis, Georgetown J Int L 2014, 894 ff.; *Rich,* Habitual residence in English succession law (2011) 17 Trusts and Trustees 316 ff.; *Rudolf,* Vereinheitlichtes Europäisches Erbrecht, Das Grünbuch Erb- und Testamentsrecht, NZ 2005, 297 ff.; *Seyfarth,* Wandel der internationalen Zuständigkeit im Erbrecht, 2012; *Solomon* in *Dutta/Herrler,* Die Europäische Erbrechtsverordnung, 2014, 19 ff.; *Stone,* Stone on Private International Law in the European Union, 4. Aufl. 2018; *Sturm/Sturm,* Das Europäische Nachlasszeugnis, Liber Amicorum Sajko, 2012, 331 ff.; *Wautelet,* Le nouveau régime des successions internationales, Rev. Gen. Dr. Civ. 2005, 375 ff.; *Weber,* Das internationale Zivilprozessrecht erbrechtlicher Streitigkeiten, 2012; *Weller,* Anknüpfungsprinzipien im Europäischen Kollisionsrecht: Abschied von der „klassischen" IPR-Dogmatik, IPRax 2011, 429 ff.

Übersicht

I. Systematik des Zuständigkeitsrechts

1 Kapitel II (Art. 4 ff.) enthält die Zuständigkeitsvorschriften der EuErbVO. Diese folgen im Wesentlichen der Struktur der Brüssel Ia-VO, enthalten aber einige Besonderheiten gegenüber den Zuständigkeitsregeln in Zivil- und Handelssachen. Die Art. 4 ff. EuErbVO regeln mit Ausnahme von Art. 5 (Gerichtsstandsvereinbarung) nur die internationale Zuständigkeit. Die örtliche und sachliche Zuständigkeit bestimmt sich nach dem internen Verfahrensrecht der Mitgliedstaaten.

1. Regelanknüpfung: Erblasser mit gewöhnlichem Aufenthalt in einem Mitgliedstaat

2 Art. 4 EuErbVO bildet das **Kernstück** des Zuständigkeitssystems der EuErbVO. Die Vorschrift regelt die allgemeine Zuständigkeit in Erbsachen, die im **Gleichlauf** mit der Regelanknüpfung des anwendbaren Rechts in Art. 21 EuErbVO auf den **letzten gewöhnlichen Aufenthalt** des Erblassers Bezug nimmt. Dieser gewollte Parallelismus (vgl. ErwG 27) ermöglicht es dem zuständigen Gericht, im Regelfall die *lex fori* anzuwenden. Dies erleichtert die Abwicklung eines Erbfalls, da materielles Erbrecht und Erbverfahrensrecht häufig miteinander verzahnt sind (vgl. Bonomi/Wautelet/*Bonomi* Art. 4 Rn. 5). Die Bezugnahme auf den gewöhnlichen Aufenthalt erlaubt zugleich dem **sachnächsten Gericht** die Entscheidung über den Erbfall, da sich am gewöhnlichen Aufenthaltsort des Erblassers regelmäßig auch ein Großteil seiner Vermögenswerte befinden wird.

3 Die Zuständigkeit nach Art. 4 bezieht sich grundsätzlich auf den **gesamten weltweiten Nachlass** des Erblassers (EuGH 21.7.2018 – C-20/17, ECLI:EU:C:2018:485; OGH FamRZ 2019, 1092 (1094)). Unter bestimmten Voraussetzungen kann ein mitgliedstaatliches, auf der EuErbVO beruhendes Erbverfahren aber in Drittstaaten befindliche Vermögenswerte von der Entscheidung ausnehmen, wenn die Anerkennung- bzw. Vollstreckung der mitgliedstaatlichen Entscheidung im Drittstaat nicht gewährleistet wäre (s. Art. 12 EuErbVO).

2. Erblasser mit gewöhnlichem Aufenthalt in Drittstaaten

4 Hat der Erblasser seinen letzten gewöhnlichen Aufenthalt in einem Drittstaat, greift Art. 4 EuErbVO nicht. Die EuErbVO sieht aber ergänzende Gerichtsstände in Art. 10 (subsidiäre Zuständigkeit) und Art. 11 *(forum necessitatis)* vor, die eine Zuständigkeit mitgliedstaatlicher Gerichte begründen, selbst wenn der Erblasser seinen letzten gemeinsamen Aufenthalt in einem **Drittstaat** hatte. Diese sogenannten **„Fürsorgegerichtsstände“** in Art. 10 und 11 EuErbVO (s. auch *Hess* in Dutta/Herrler EuErbVO Die Europäische Erbrechtsverordnung 131 (133)) unterstellen Sachverhalte mit Drittstaatenbezug einheitlichen europäischen Kompetenzregeln. Das autonome internationale Verfahrensrecht der Mitgliedstaaten gilt nicht mehr (vgl. → Rn. 39 ff. und → EuErbVO Art. 75 bei Staatsverträgen mit Drittstaatenbezug). Art. 10 bildet gleichsam das **Gegenstück** zu Art. 4 EuErbVO. Art. 11 regelt lediglich eine Notzuständigkeit.

5 Sowohl Art. 10 als auch 11 EuErbVO setzen einen Bezug zu einem Mitgliedstaat voraus. Die Anwendung von Art. 10 EuErbVO erfordert zunächst, dass sich Nachlassvermögen im Mitgliedstaat des angerufenen Gerichts befindet. Weiter hat die Verbindung zum betreffenden Mitgliedstaat umso stärker zu sein, je weitreichender die Gerichtskompetenz gewährt wird: eine den gesamten Nachlass umfassende Zuständigkeit nach Art. 10 Abs. 1 setzt neben Nachlassvermögen im Forummitgliedstaat voraus, dass der Erblasser entweder dessen Staatsangehöriger war (lit. a), oder dort seinen vorhergehenden gewöhnlichen Aufenthalt hatte, sofern dieser nicht länger als fünf Jahre zurückliegt (lit. b). Ist die Belegenheit von Nachlassgegenständen der einzige Bezugspunkt zu dem Mitgliedstaat, dessen Gerichtszuständigkeit in Frage steht, beschränkt sich die Zuständigkeit gem. Art. 10 Abs. 2 EuErbVO auf das im Forummitgliedstaat befindliche Nachlassvermögen. Art. 11 EuErbVO fordert einen „ausreichenden Bezug“. Zudem kommt die Vorschrift nur in Betracht, wenn ein Verfahren in einem Drittstaat unmöglich oder unzumutbar ist. Sie erstreckt sich stets auf den ganzen Nachlass (→ EuErbVO Art. 10 und → EuErbVO Art. 11).

3. Flexible Zuständigkeitsmechanismen

6 Die Art. 5–8 EuErbVO enthalten von der Regelzuständigkeit abweichende flexible Zuständigkeitsmechanismen, die dann relevant werden, wenn der Erblasser das anwendbare **Erbstatut gewählt** hat. Art. 22 EuErbVO ermöglicht dem Erblasser grundsätzlich die Wahl seines Heimatrechts (zu den Voraussetzungen der Rechtswahl → EuErbVO Art. 5 Rn. 8 ff. und → EuErbVO Art. 22 Rn. 16 ff.). Die

Vorschriften der Art. 5 ff. gestatten bei Rechtswahl unter bestimmten Voraussetzungen eine **Verlagerung** der Zuständigkeit, um den Parallelismus zwischen forum und ius auch im Fall einer *professio iuris* des Erblassers zu gewährleisten.

Die Anwendung der Art. 5 ff. EuErbVO setzt allerdings voraus, dass der Erblasser das Recht eines Mitgliedstaats (und nicht eines Drittstaats) gewählt hat, da die EuErbVO keine Zuständigkeiten drittstaatlicher Gerichte begründen kann. Zudem setzen die Vorschriften eine Rechtswahl des Erbstatuts nach **Art. 22 EuErbVO** voraus und umfassen aufgrund des ausdrücklichen Wortlauts nicht die Fälle der Rechtswahl nach Art. 24 Abs. 2 oder 25 Abs. 3 (→ EuErbVO Art. 5 Rn. 8; s. auch Bonomi/Wautelet/*Bonomi* Art. 5 Rn. 7; *Janzen* DNotZ 2012, 484 (491); *Schoppe* IPrax 2014, 27 (32); aA MüKoBGB/*Dutta* EuErbVO vor Art. 4 Rn. 10 und *Dutta* FamRZ 2013, 4 (6 f.); *Hess* in Dutta/Herrler, 131 (139); vgl. auch v. Bary, Gerichtsstands- und Schiedsvereinbarungen im internationalen Erbrecht, 2018, 36 ff.; Deixler-Hübner/Schauer/Deixler-Hübner Rn. 8). 7

Die Zuständigkeitsverlagerung auf Gerichte eines anderen Mitgliedstaats kann entweder durch den **Willen** der an einem Erbverfahren beteiligten Parteien (nicht aber des Erblassers, → EuErbVO Art. 5 Rn. 18) gesteuert werden, dh durch Gerichtsstandsvereinbarung zwischen den vom Erbfall betroffenen Parteien (Art. 5), durch Anerkennung der Zuständigkeit (Art. 7 lit. c), durch rügelose Einlassung (Art. 9) oder aber durch eine **Ermessensentscheidung des Gerichts auf Antrag** einer Partei (Art. 6 lit. a). Durch Vereinbarung einer außergerichtlichen einvernehmlichen Regelung im Mitgliedstaat des gewählten Rechts kann zudem ein bereits begonnenes Verfahren beendet und einer außergerichtlichen Regelung zugeführt werden (Art. 8). 8

4. Sonderregelung für erbrechtliche Erklärungen

Ergänzt werden die Zuständigkeitsvorschriften der EuErbVO durch eine **spezielle Zuständigkeitsvorschrift** für die Annahme oder Ausschlagung einer Erbschaft, eines Vermächtnisses oder eines Pflichtteils (Art. 13). Diese soll den vom Erbfall Betroffenen die praktische Abwicklung eines Erbfalls erleichtern, indem sie den Gerichten ihres gewöhnlichen Aufenthaltsmitgliedstaats eine begrenzte Zuständigkeit für die Entgegennahme solcher Erklärungen einräumen (→ EuErbVO Art. 13 Rn. 13 ff.). 9

5. Weitere Vorschriften

In Anlehnung an die Brüssel Ia-VO enthält Kapitel II der EuErbVO zudem weitere Vorschriften zur Anrufung des Gerichts (Art. 14), zur Prüfung der Zuständigkeit (Art. 15), zur Prüfung der Zulässigkeit (Art. 16) und zu Parallelverfahren (Litispendenz, Art. 17 und Konnexität, Art. 18). Art. 19 schließt Kapitel II der EuErbVO mit einer Bestimmung zu einstweiligen Maßnahmen ab. 10

Bei der Redaktion der EuErbVO wurde noch auf die **Altfassung 44/2001 der Brüssel I-VO** Bezug genommen. Die Neuregelungen zur Rechtshängigkeit bei Gerichtsstandsvereinbarungen oder Sachverhalten mit Drittstaatenbezug (Art. 31 Abs. 2, Art. 34 Brüssel Ia-VO) fehlen in der EuErbVO. Hier besteht bereits Anpassungsbedarf. 11

II. Rechtsvergleichender Überblick

Durch die zentrale Rolle, die die EuErbVO dem gewöhnlichen Aufenthalt des Erblassers in Art. 4 und Art. 21 einräumt, **unterscheidet** sich das Verordnungsregime stark von den bisherigen Lösungen nationaler Erbrechtssysteme. Diese divergierten bei grenzüberschreitenden Erbrechtsfällen sowohl im Hinblick auf die internationale Zuständigkeit, das anwendbare Erbstatut als auch hinsichtlich Fragen der Qualifikation (*Dörner/Lagarde,* Studie, 2002; Khairallah/Revillard/*Lagarde,* Droit européen des successions internationales, 2013, 5 (8)). 12

Die Mitgliedstaaten folgten bei der Beurteilung eines potenziell erbrechtlichen Sachverhalts uneinheitlich entweder dem Prinzip der **Qualifikation** nach der *lex fori* (vgl. *Keller/Siehr* 439 ff.) oder der *lex causae* (*von Hoffmann* § 6 mwN). 13

Für die **Bestimmung des anwendbaren Rechts** wurde auf der Basis unterschiedlicher Interessenabwägungen **im autonomen Kollisionsrecht** entweder an die Staatsangehörigkeit angeknüpft, wie in Art. 25 Abs. 1 EGBGB oder § 28 iVm § 9 des österreichischen IPRG (vgl. auch Griechenland, Italien, Polen, Portugal, Slowakei, Spanien, Tschechische Republik und Ungarn, *Rudolf* NZ 2005, 297 und NZ 2010, 359); an das „domicile" *(common law)* oder an den Wohnsitz (Frankreich, Luxemburg) in Kombination mit dem Recht des Belegenheitsstaates, sofern der Nachlass Immobilien umfasste. Eine Anknüpfung an den gewöhnlichen Aufenthalt (im Unterschied zu „Wohnsitz" oder „domicile") war eher unüblich, wurde aber im jüngeren belgischen IPRG übernommen (Loi portant le Code de droit international privé du 16 juillet 2004, MB 27.7.2004, 57344, dort Art. 78 Abs. 1; vgl. auch *Wautelet,* Rev. Gen. Dr. Civ. 2005, 375 ff.). 14

Die nationalen Vorschriften über die **internationale Zuständigkeit in Erbsachen** folgten ebenfalls unterschiedlichen Anknüpfungen, je nachdem ob den Interessen des Erblassers, der Erben oder des 15

Staates Vorrang gegeben wurde, in dem Nachlassgegenstände belegen waren. Dies konnte **positive wie negative Kompetenzkonflikte** provozieren. Im nationalen Recht wurde nur in Belgien die Zuständigkeit an den gewöhnlichen Aufenthalt angeknüpft (Art. 77 Abs. 1 belgIPRG). Italien oder Österreich knüpften die Zuständigkeit an die Staatsangehörigkeit. Wesentlich häufiger wählten Mitgliedstaaten, aber auch Drittstaaten eine Anknüpfung an den letzten Wohnsitz des Erblassers. In manchen Rechtssystemen wurde die Zuständigkeit der Gerichte im letzten Wohnsitzstaat allerdings auf Mobilien des Erblassers sowie die im Inland belegenen Immobilien beschränkt, während akzeptiert wurde, dass ausländische Immobilien der Zuständigkeit ausländischer Gerichte im Belegenheitsstaat unterstehen (zuständigkeitsrechtliche Nachlassspaltung, vgl. etwa Frankreich, Luxemburg).

16 Der Wohnsitzgerichtsstand mag im Ergebnis häufig mit dem Gerichtsstand am letzten gewöhnlichen Aufenthalt des Erblassers übereinstimmen, da letzterer ausweislich der ErwG 23 f. auf eine enge und feste Bindung mit dem Aufenthaltsstaat abstellt. Der Aufenthaltsbegriff der EuErbVO ist aber unbedingt **autonom** und nach den in den Erwägungsgründen genannten Kriterien zu bestimmen.

17 Größere Unterschiede ergeben sich im Vergleich zu ***common law*** **Staaten,** die dem Konzept des „domicile" folgen, das auf einer über den gewöhnlichen Aufenthalt hinausgehenden festen und langfristigen Bindung im Sinn eines „permanent home" beruht, wobei auch der Bleibe- bzw. Rückkehrwille („intention to remain/return") bei der Beurteilung eine zentrale Rolle spielt. (Dort gilt: (a) Jeder sollte ein „domicile" haben. Fehlt es an einem „domcile of choice", ist auf das „domicile of origin" zurückzugreifen. (b) Eine Person kann nur ein „domicile" haben, s. *Mark v Mark* [2005] UKHL 42, 37. (c) Ein einmal begründetes „domicile" gilt als fortbestehend, dessen Aufgabe ist nachzuweisen, s. *Henderdon v Henderson* [1967] P 77, 80; *R v R* [2006] 1 FLR 389, 26; *Cyganik v Agulian* [2006] EWCA Civ 129, 7. (d) Die Begründung eines „domicile of choice" erfordert sowohl den Wechsel des gewöhnlichen Aufenthalts als auch einen dauerhaften Bleibewillen im neuen Aufenthaltsstaat, s. *Mark v Mark* [2005] UKHL 42, 39; *Cheshire/North/Fawcett,* 154 (155, 157 ff.); *Dicey/Morris/Collins,* 6-002 ff.; 6R-033, 6R-046 und 6R-074). Die Anknüpfung der EuErbVO an den gewöhnlichen Aufenthalt war auch ein wesentlicher Grund für den Nichtbeitritt des Vereinigten Königreichs und Irlands zur EuErbVO.

18 Unterschiede bestanden in vielen Staaten außerdem hinsichtlich der **Behandlung streitiger und nichtstreitiger Verfahren.** Auch im deutschen Recht wurde für die Frage der Zuständigkeit zwischen streitigen Verfahren und Verfahren der freiwilligen Gerichtsbarkeit unterschieden. Im ersteren Fall leitete sich die internationale Zuständigkeit deutscher Gerichte aus der örtlichen Zuständigkeit ab (vgl. §§ 12, 13, 23, 27, 28 ZPO). Diese war gegeben, wenn der Beklagte im Todeszeitpunkt seinen Wohnsitz oder allgemeinen Gerichtsstand in Deutschland hatte. Zudem wurde die internationale Zuständigkeit begründet, wenn der Erblasser Deutscher oder der Nachlass in Deutschland belegen war. Im Rahmen der freiwilligen Gerichtsbarkeit wurde nach dem sog. Gleichlaufgrundsatz die internationale Zuständigkeit deutscher Nachlassgerichte bejaht, wenn deutsches Erbrecht anwendbares Erbstatut war, bzw. ergab sich aus § 105 FamFG, §§ 343, 344 FamFG.

19 Das italienische internationale Verfahrensrecht trennte etwa zwischen streitigen und nichtstreitigen Verfahren. In ersteren stellte Art. 50 Codice Civile in einer flexiblen Regelung eine Reihe von Anknüpfungen zur Verfügung, die je nach Fallkonstellationen eine Zuständigkeit für Erbsachen begründen konnte: wenn der Verstorbene italienischer Staatsbürger war, der Nachlass in Italien eröffnet wurde, die meisten Nachlassgüter in Italien belegen waren, der Beklagte in Italien seinen Wohnsitz oder Aufenthalt hatte oder sich auf das Verfahren dort einließ (ausgenommen das Verfahren betraf im Ausland belegene Immobilien), oder wenn in Italien belegene Nachlassgüter Gegenstand des Verfahrens waren. Bei nichtstreitigen Verfahren wurde die Zuständigkeit nach Art. 456 Codice Civile hingegen an den letzten Wohnsitz angeknüpft.

20 Teils musste bislang in manchen Mitgliedstaaten stets ein Gericht mit einem Erbfall betraut werden, in anderen Staaten war dies nur in streitigen Verfahren der Fall, während die Mehrheit der Erbfälle durch Notare und Behörden geregelt wurde. Dies führte zu erheblichen Unterschieden und Unsicherheiten in der Behandlung internationaler Erbfälle.

21 Sowohl für Fragen des anwendbaren Rechts als auch des internationalen Verfahrensrechts verkomplizierten eine Reihe **bi- bzw. multilateraler oder regionaler Konventionen** die Rechtslage, wie etwa das Übereinkommen zwischen Frankreich und Belgien vom 8. Juli 1899 (JO, 1. August 1900, 5029), das deutsch-türkische Nachlassabkommen (Anlage zu Art. 20 des Konsularvertrags zwischen dem Deutschen Reich und der Türkischen Republik vom 28.5.1929), der deutsch-sowjetische Konsularvertrag (BGBl. 1959 II Nr. 11, 233 ff.), das Übereinkommen der nordischen Staaten vom 19. November 1934 (Dänemark, Schweden, Finnland, Island), die Haager Übereinkommen vom 2. Oktober 1973 und vom 1. August 1989, das Basler Übereinkommen von 16. Februar 1972 sowie das Übereinkommen von Washington vom 26. Oktober 1973.

22 Bereits im Grünbuch zum Erb- und Testamentsrecht von 2005 (Grünbuch zum Erb- und Testamentsrecht, KOM(2005) 65 endg) wurde daher klargestellt, dass zur koordinierten Abwicklung internationaler Erbfälle ein einheitliches Kollisionsrecht und eine einheitliche Regelung der internationalen Zuständigkeit erforderlich sind, die nicht nur die Gerichte binden, sondern auch die nach internem Recht zuständigen Behörden und Notare mitumfassen sollte, wenn und soweit diese gerichtliche Funktionen ausüben (vgl. Art. 3 Abs. 2 EuErbVO). Eine einheitliche Regelung der Zuständigkeit im Gleichlauf mit dem anwendbaren Erbstatut wurde auch vom Europäischen Parlament und Rat gefordert (Entschließung des Europäischen Parlaments zum Erb- und Testamentrecht (2005/2148(INI), P6_TA (2006)0496)).

III. Nachlasseinheit und Zuständigkeitskonzentration

1. Parallele Anknüpfung von Zuständigkeit und anwendbarem Recht

Die Grundidee der EuErbVO ist die **parallele Anknüpfung** des objektiv anwendbaren Rechts und der Regelzuständigkeit an den gewöhnlichen Aufenthalt des Erblassers im Todeszeitpunkt. Dies stellt auch ErwG 27 ausdrücklich klar: das System der EuErbVO soll sicherstellen, „dass die mit der Erbsache befasste Behörde in den meisten Situationen ihr eigenes Recht anwendet." Dieser Gleichlauf wird seit langem befürwortet (s. nur *Heldrich,* Internationale Zuständigkeit und anwendbares Recht, 1969). 23

Trotz langwieriger Diskussionen und vielfacher Kritik knüpfen Art. 4 und 21 EuErbVO für den gesamten Nachlass **einheitlich an den letzten gewöhnlichen Aufenthalt** des Verstorbenen an (zum Begriff des gewöhnlichen Aufenthalts → EuErbVO Art. 4 Rn. 8 ff.). Eine Nachlassspaltung wird hierdurch vermieden. Gleiches gilt für die Zuständigkeit: die Gerichte des Mitgliedstaates des letzten gewöhnlichen Aufenthalts des Erblassers sind für den gesamten Nachlass zuständig, unabhängig davon, wo dieser belegen ist (→ EuErbVO Art. 4 Rn. 25 ff. und → EuErbVO Art. 12 Rn. 1 ff.). Die Zuständigkeitsvorschriften gelten dabei gleichermaßen für die streitige und freiwillige Gerichtsbarkeit (ErwG 59). Dieser Gleichlauf von Zuständigkeit und anwendbarem Recht wurde sehr weitgehend gefordert und begrüßt (vgl. die Empfehlung 2 der Entschließung des Europäischen Parlaments zum Erb- und Testamentrecht (2005/2148(INI), P6_TA(2006)0496); „der zu erlassende Rechtsakt (sollte) grundsätzlich gewährleisten, dass Gerichtsstand und Rechtsordnung (*forum* und *ius*) nicht unterschiedlich sind, und dadurch die Schwierigkeiten bei der Anwendung ausländischen Rechts verringert werden."). Die EuErbVO erstreckt Kompetenzen und anwendbares Recht auf den **gesamten Nachlass** und vermeidet ein zweigliedriges Anknüpfungssystem, das nach beweglichen und unbeweglichen Güter unterscheidet und letztere der ausschließlichen Zuständigkeit der Gerichte am Belegenheitsort zuweist. Dies vereinfacht internationale Erbfälle deutlich. 24

Durch die Art. 5 ff. EuErbVO wird der Gleichlauf zwischen anwendbarem Recht und Zuständigkeit auch auf die Fälle der Rechtswahl durch den Erblasser erstreckt, allerdings nur wenn dies dem Willen der Parteien entspricht und diese eine Gerichtsstandsvereinbarung nach Art. 5 EuErbVO treffen, den Gerichtsstand anerkennen (vgl. Art. 7 lit. c); oder wenn das angerufene Gericht auf Antrag einer Partei nach seinem Ermessen die Gerichte des Heimatstaats des Verstorbenen als *forum conveniens* ansieht (Art. 6 lit. a). 25

Durch das Gleichlaufprinzip wird bei grenzüberschreitenden Erbfällen weitgehend sichergestellt, dass die Gerichte einen grenzüberschreitenden Erbfall nach ihrem eigenen Recht beurteilen. Im Fall der objektiven Anknüpfung gilt dies mit Ausnahme der Fälle des Artikel 21 Abs. 2 und 30 EuErbVO grundsätzlich, im Fall der Rechtswahl hängt der Parallelismus von Zuständigkeit und anwendbarem Recht vom Willen der Parteien bzw. dem Ermessen des angerufenen Gerichts ab. Allerdings wird es wohl auch dann praktisch häufig zu einem Gleichlauf kommen, insbesondere wenn die Erben ihren gewöhnlichen Aufenthalt im Heimatstaat des Verstorbenen haben. 26

2. Mitgliedstaaten und Drittstaaten

Die in Art. 4 ff. enthalten Kompetenzregeln für mitgliedstaatliche Gerichte räumen letzteren auch dann Zuständigkeiten ein, wenn der Erblasser seinen gewöhnlichen Aufenthalt in einem Drittstaat hatte. Unter dem Begriff des „Drittstaats" sind **alle Nicht-EU-Staaten und alle nicht an der Verordnung teilnehmenden EU-Mitgliedstaaten** zu verstehen, dh auch das Vereinigte Königreich, Irland und Dänemark. Durch den EU-Austritt des Vereinigten Königreichs am 31. Januar 2020 hat sich die Situation im Hinblick auf die EuErbVO daher nicht geändert. 27

Trotz des Fehlens einer Art. 1 Abs. 3 Brüssel Ia-VO, Art. 1 Abs. 4 Rom I-VO bzw. Art. 1 Abs. 4 Rom II-VO entsprechenden verordnungsinternen Definition des Begriffs „Mitgliedstaat" in der EuErbVO (Art. 1 Abs. 2 des Verordnungsvorschlag enthielt noch eine Begriffsdefinition) sind die nicht an der Verordnung teilnehmenden EU-Mitgliedstaaten nicht als „Mitgliedstaaten im Sinne der Verordnung" zu betrachten, sondern als Drittstaaten zu behandeln. Nicht-Verordnungsstaaten können weder Pflichten, noch Rechte, noch Zuständigkeiten aus einer EU-Verordnung ableiten. Umgekehrt können sich Verordnungsstaaten gegenüber Nicht-Verordnungsstaaten nicht auf Pflichten, Rechte oder Zuständigkeiten aus der EuErbVO berufen. Die EuErbVO behandelt Nicht-Verordnungsstaaten als Drittstaaten und unterwirft deren Entscheidungen auch nicht dem Anerkennungsregime der EuErbVO (vgl. zB Art. 2 des Protokolls 21 zum VAEU zum opt-in Mechanismus im Rahmen der justiziellen Zusammenarbeit in Zivilsachen. Danach sind Maßnahmen des Dritten Teils, Titel V VAEU für das Vereinigte 28

Königreich „nicht bindend oder anwendbar und berühren in keiner Weise die dortigen Zuständigkeiten, Rechte und Pflichten").

3. Erbsachen

29 Die Vorschriften der Artikel 4 ff. EuErbVO gelten für „Erbsachen" (siehe den Wortlaut von Art. 4, 5 Abs. 1, 6 lit. a, 7, 8, 9 Abs. 2, 10 Abs. 1, 11, 12 EuErbVO). Eine separate Bezugnahme auf Erbsachen in Artikel 4 ist in anderen Sprachfassungen nicht enthalten, da der Begriff „succession" oder „sucesión" dort eine Doppelbedeutung hat und sowohl den Begriff des Nachlasses als auch den der Erbsache umfasst („The courts ... shall have jurisdiction to rule on the succession as a whole."; „Sont compétentes pour statuer sur l'ensemble d'une succession les juridictions de l'État...". „Los tribunales ... tendrán competencia para resolver sobre la totalidad de la sucesión."). Im Deutschen dient die Bezugnahme auf „Entscheidungen in Erbsachen" der Klarstellung, dass Entscheidungen, auch wenn sie im Zusammenhang mit dem Nachlass stehen, nur dann von den Zuständigkeitsvorschriften der Erbrechtsverordnung umfasst sind, wenn sie auch als Erbsache zu qualifizieren sind. Dies dient wie Artikel 1 Abs. 2f) Brüssel Ia-Verordnung der Abgrenzung zwischen zivilrechtlichen und erbrechtlichen Verfahren.

30 Der Begriff „Erbsache" wird **nicht in Artikel 3 EuErbVO definiert** und ist wie auch bei anderen EU Rechtsakten **autonom** und im Lichte der anderen Sprachfassungen auszulegen, um divergierende nationale Qualifikationen des Begriffs zu vermeiden. Zur autonomen Begriffsbestimmung ist auch Artikel 1 Abs. 1 und 2 EuErbVO heranzuziehen, wonach die Verordnung auf die Rechtsnachfolge von Todes wegen anzuwenden ist, nicht aber für Steuersachen (Artikel 1 Abs. 1), Schenkungen zu Lebzeiten (Artikel 1 Abs. 2g) oder die Errichtung, Funktionsweise und Auflösung eines Trusts (Artikel 1 Abs. 2j) gilt (s. auch Khairallah/Revillard/*Gaudemet-Tallon,* Droit européen des successions internationales, 2013, 127 (133)). Auch die Erwägungsgründe 9 ff. geben Hinweise zur autonomen Definition. Zudem zeigt **Art. 23 EuErbVO,** der die Reichweite des anwendbaren Erbstatuts betrifft, welche Szenarien als Erbsache zu qualifizieren sind und kann zur autonomen Konkretisierung des Begriffs herangezogen werden. Unter Entscheidungen in Erbsachen fallen damit jedenfalls jene, die Gründe für den Eintritt des Erbfalls sowie dessen Zeitpunkt und Ort betreffen (lit. a); die sich auf die Berufung der Berechtigten, die Bestimmung ihrer jeweiligen Anteile und etwaiger ihnen vom Erblasser auferlegter Pflichten sowie die Bestimmung sonstiger Rechte an dem Nachlass, einschließlich der Nachlassansprüche des überlebenden Ehegatten oder Lebenspartners, beziehen (lit. b); die Fragen der Erbfähigkeit, Enterbung und Erbunwürdigkeit betreffen (lit. c und d), sowie den Übergang der zum Nachlass gehörenden Vermögenswerte, Rechte und Pflichten auf die Erben und gegebenenfalls die Vermächtnisnehmer, einschließlich der Bedingungen für die Annahme oder die Ausschlagung der Erbschaft oder eines Vermächtnisses und deren Wirkungen (lit. e); die Rechte der Erben, Testamentsvollstrecker und anderer Nachlassverwalter, insbesondere im Hinblick auf die Veräußerung von Vermögen und die Befriedigung der Gläubiger (lit. f); die Haftung für Nachlassverbindlichkeiten (lit. g); Entscheidungen über den verfügbaren Teil des Nachlasses, die Pflichtteile und andere Beschränkungen der Testierfreiheit sowie etwaige Ansprüche von Personen, die dem Erblasser nahe stehen, gegen den Nachlass oder gegen den Erben (lit. h); die Ausgleichung und Anrechnung unentgeltlicher Zuwendungen bei der Bestimmung der Anteile der einzelnen Berechtigten (lit. i) und die Teilung des Nachlasses (lit. j). Ob eine bestimmte erbrechtliche Klage im jeweiligen Einzelfall tatsächlich zur Verfügung steht, ist allerdings auch vom jeweiligen anwendbaren Erbrecht abhängig (Bonomi/Wautelet/*Bonomi,* Introduction au Chapitre II, Rn. 6).

31 Aus dem weiten Begriffsverständnis der Erbsache ergibt sich, dass etwa die Klage eines Gläubigers auf Zahlung von Beerdigungskosten oder der Kosten für eine Testamentsvollstreckung unter den Begriff fallen (vgl. auch Art. 23 Abs. 2 lit. g EuErbVO). Dies gilt hingegen nicht für die grenzüberschreitende Klage eines Erben gegen einen Schuldner des Erblassers (s. auch Bonomi/Wautelet/*Bonomi,* Introduction au Chapitre II, Rn. 5). Für eine solche Klage sind die Zuständigkeitsregeln der Brüssel Ia-VO anzuwenden. Auch Erbscheinsverfahren, die auf die Erteilung eines nationalen Erbscheins abzielen, fallen für die Frage der internationalen Zuständigkeit unter die Kompetenznormen der EuErbVO (EuGH 21.6.2018 – C-20/17, ECLI:EU:C:2018:485 = RNotZ 2018, 486 – Oberle; MüKoBGB/*Dutta* EuErbVO vor Art. 4 Rn. 4 mwN; aA *Zöller* EuErbVO Art. 4 Rn. 10 f.). Wichtig ist, dass die Einordnung als Erbsache **sich nicht am bisherigen nationalen Verständnis zu orientieren hat,** sondern autonom erfolgen muss. So ist etwa ein Verfahren zum Aufgebot der Nachlassgläubiger (§§ 454 ff. FamFG) trotz seiner systematischen Stellung außerhalb der Nachlasssachen des FamFG als Erbsache iSd EuErbVO einzuordnen (MüKoBGB/*Dutta,* EuErbVO vor Art. 4 Rn. 19).

32 Problematisch ist die Frage, ob **Verfahren** mit grenzüberschreitendem Bezug (s. zum Begriff des grenzüberschreitenden Bezugs EuGH, C 80/19, 16 Juli 2020, *E. E. & K.-D. E.,* Rn. 34 ff.), die zwar die Rechtsnachfolge von Todes wegen betreffen, aber bereits **vor dem Tod des Erblassers** geführt werden, als Erbsachen iSd EuErbVO betrachtet werden können. Ein Beispiel wäre etwa der Fall einer zu Lebzeiten erhobenen Feststellungsklage über die Wirksamkeit eines Erbvertrages. Hierzu wird teils vertreten, derartige Fälle unter die Brüssel Ia-VO zu fassen (*Wilke* RIW 2012, 601 (602)), was jedoch wegen des eindeutigen Wortlauts von Art. 1 Abs. 2 lit. a Brüssel Ia-VO abzulehnen ist (vom Anwen-

dungsbereichs der Brüssel Ia-VO ist das „Gebiet des Testaments- und Erbrechts, einschließlich Unterhaltspflichten, die mit dem Tod entstehen" ausgeschlossen). Verfahren zu Lebzeiten des Erblassers fallen unter die EuErbVO, die Zuständigkeitsvorschriften sind allerdings in Anlehnung an Art. 24 Abs. 1 und 25 Abs. 1 EuErbVO mit der Maßgabe anzuwenden, dass es anstelle des letzten auf den gewöhnlichen Aufenthalt des Erblassers im Zeitpunkt der Anrufung des Gerichts ankommt. Der Fall ist so zu betrachten, als sei der Erblasser im Zeitpunkt der Anrufung des Gerichts verstorben. Handelt es sich um einen Erbvertrag, an dem mehrere Erblasser beteiligt sind, wird vorgeschlagen, die Zuständigkeit am auf den Erbvertrag anwendbaren Recht zu orientieren, da unter Umständen mehr als ein gewöhnlicher Aufenthalt ermittelt würde (MüKoBGB/*Dutta* EuErbVO vor Art. 4 Rn. 6).

4. Streitige/nichtstreitige Verfahren

Die Zuständigkeitsregeln der EuErbVO gelten für **alle Erbsachen, unabhängig von ihrer Natur.** Eine Unterscheidung zwischen streitigen und nichtstreitigen Verfahren trifft die Verordnung nicht (EuGH, 21.7.2018, Oberle C–20/17, ECLI:EU:C:2018:485, Rn. 44). Dies wurde bereits im *explanatory memorandum* zum Verordnungsvorschlag deutlich gemacht (dort unter 4.2 zu Art. 4) und wird in der EuErbVO in ErwG 59 sowie 20 Satz 1 erkennbar. Auch wenn die Verordnung in Kapitel II von der Zuständigkeit „für Entscheidungen in Erbsachen" spricht, sind damit nicht nur Entscheidungen im formalen Sinn gemeint, sondern **alle gerichtlichen Maßnahmen in Erbsachen.** Die Terminologie ist in der deutschen Sprachfassung der Art. 4 ff. auch im Lichte des Art. 3 Abs. 1 lit. g nicht geglückt. Im Englischen spricht Art. 4 viel breiter formuliert von „jurisdiction to rule on the succession". Die Definition des Begriffs der „Entscheidung" in Art. 3 Abs. 1 lit. g) ist in anderen Sprachfassungen anders als im Deutschen nicht auf die Zuständigkeitsvorschriften in den Art. 4 ff. bezogen, da diese den Begriff („decision") gar nicht verwenden (vgl. hierzu auch MüKoBGB/*Dutta* EuErbVO vor Art. 4 Rn. 5). In der deutschen Sprachfassung ist der Entscheidungsbegriff daher sehr weit zu verstehen, um Missverständnisse zu vermeiden. Damit umfasst die Verordnung alle Verfahrensschritte im Zusammenhang mit einer Rechtsnachfolge von Todes wegen, von der Eröffnung des Nachlasses über die Bestimmung eines Nachlassverwalters oder Testamentsvollstreckers bis zur Ausstellung eines nationalen Erbscheins oder Europäischen Nachlasszeugnisses (vgl. auch Art. 64 S. 1), sowie alle Arten von nachlassgerichtlichen Maßnahmen, auch wenn diese nicht als Entscheidung ieS zu werten sind. 33

Zudem gelten die Zuständigkeitsvorschriften gem. Art. 3 Abs. 2 EuErbVO nicht nur für Gerichte, sondern **auch für unparteiliche Behörden und Angehörige von Rechtsberufen, die gerichtliche Funktionen wahrnehmen** oder in Ausübung einer Befugnisübertragung durch ein Gericht oder unter der Aufsicht eines Gerichts handeln, sofern ihrem Handeln eine dem eines Gerichts vergleichbare Wirkung zukommt bzw. soweit dieses gerichtlich überprüfbar ist. Wie Erwägungsgründe 20 und 21 klarstellen, handelt es sich hierbei zB um Notare oder Registerbehörden, etwa die Amts- bzw Bezirksnotare in Baden-Württemberg, die Aufgaben als Nachlassrichter erfüllen. Ähnliches gilt auch für die Notare in Portugal (*Janzen* DNotZ 2012, 484 (491)). Diese sind allerdings streng von nichtgerichtlichen Behörden und Notaren abzugrenzen, die in einem Erbfall tätig werden, aber keine gerichtlichen, sondern zB rechtsberatende Funktionen ausüben. 34

5. Zuständigkeit für den gesamten Nachlass

Die Zuständigkeitsregeln der EuErbVO erstrecken die Kompetenz mitgliedstaatlicher Gerichte grundsätzlich auf den **gesamten Nachlass,** unabhängig davon, wo sich dieser befindet. Es soll **nur ein Gericht** über die **gesamte Rechtsnachfolge von Todes** wegen entscheiden, eine zuständigkeitsrechtliche Nachlassspaltung soll – wie auch im Rahmen des anwendbaren Rechts – vermieden werden. Dieser Grundsatz gilt **selbst im Rahmen der subsidiären Zuständigkeiten** nach Art. 10 Abs. 1, wenn der Erblasser mit gewöhnlichem Aufenthalt in einem Drittstaat verstirbt, aber durch Nachlassvermögen sowie die Staatsangehörigkeit bzw. einen vorherigen gewöhnlichen Aufenthalt einen engen Bezug zum Forummitgliedstaat hatte. 35

Im Rahmen des Art. 10 EuErbVO kommt es nach Abs. 2 nur dann zu einer Beschränkung der Entscheidungsbefugnis mitgliedstaatlicher Gerichte auf das im Forumstaat befindliche Nachlassvermögen, wenn dieses den einzigen Bezugspunkt zum Forummitgliedstaat darstellt und der Erblasser nicht durch die Staatsangehörigkeit des Forummitgliedstaats oder einen dortigen zeitnahen vorherigen Aufenthalt mit dem betreffenden Staat verbunden ist. Ansonsten wird der Grundsatz der Nachlasseinheit nur durch Art. 12 EuErbVO eingeschränkt, der es ermöglicht, ein mitgliedstaatliches Verfahren zu beschränken, um in einem Drittstaat belegene Vermögenswerte auf Antrag von der Entscheidung auszunehmen, wenn die Einbeziehung dieser Nachlasswerte anzunehmenderweise zu Anerkennungs- bzw. Vollstreckungsproblemen im Drittstaat führen würde (→ Rn. 25 ff.). 36

IV. Maßnahmen fremden Rechts

37 Bestimmt der Erblasser kraft Rechtswahl das Recht eines anderen Mitgliedstaats zum Erbstatut, kann durch eine Gerichtsstandsvereinbarung der betroffenen Parteien (Art. 5), durch Anerkennung des Gerichtsstands (Art. 7 lit. c) oder durch eine Entscheidung des Gerichts auf Antrag einer Partei (Art. 6 lit. a) die Zuständigkeit für Erbsachen auf die Gerichte (bzw. im Fall des Art. 5 ein bestimmtes Gericht oder die Gerichte eines bestimmten Mitgliedsstaats) im Heimatstaat des Erblassers verlagert werden. Da diese Maßnahmen aber ein entsprechendes Mitwirken der an einem Erbverfahren beteiligten Personen voraussetzen, kann es bei Rechtswahl durch den Erblasser durchaus zu Fällen kommen, in welchen ein Gericht im letzten gewöhnlichen Aufenthaltsmitgliedstaat des Erblassers ein fremdes Recht anzuwenden hat. Der Erblasser kann dem nicht durch Nachlassplanung vorbeugen, da er den Gerichtsstand nicht selbst einseitig festlegen kann (→ EuErbVO Art. 5 Rn. 18 ff.). Das angerufene Gericht hat ebenfalls keine Möglichkeit, den Fall *ex officio* an die Gerichte im Mitgliedstaat des gewählten Rechts abzugeben, da eine Unzuständigkeitserklärung eine Gerichtsstandsvereinbarung oder zumindest einen Antrag einer Verfahrenspartei voraussetzt. Zudem greifen die Art. 5 ff. EuErbVO nicht ein, wenn der Erblasser ein drittstaatliches Heimatrecht wählt, da sie die Wahl eines mitgliedstaatlichen Rechts voraussetzen. In diesen Fällen haben mitgliedstaatliche Gerichte **die nach ausländischem Erbrecht vorgesehenen Maßnahmen zu treffen** (vgl. *Kopp*, 100, unter Berufung auf die österreichische Einantwortung) und können diese nicht auf der Grundlage ihrer bisherigen verfahrensrechtlichen Tradition ablehnen. Dies gilt auch für Maßnahmen, die ein drittstaatliches Recht vorsieht. Hier können sich allerdings diverse Schwierigkeiten ergeben, wie zB der Fall der *family provision* nach englischem Recht zeigt. Wählte ein mit gewöhnlichem Aufenthalt in Deutschland verstorbener und ursprünglich aus London stammender Brite das Recht von England und Wales als Erbstatut, haben sich deutsche Gerichte mit dem englischen Erbrecht zu befassen. Dieses kennt kein Pflichtteilsrecht, sieht im *Inheritance (Provision for Family and Dependants) Act 1975* jedoch eine gesetzliche Regelung zur Versorgung von Abkömmlingen vor, die im Fall der Enterbung auf Antrag vom Gericht angewendet wird, das sodann nach seinem Ermessen über einen Anspruch der Familienangehörigen entscheidet. Die nach englischem Recht zu treffende Entscheidung müsste gem. Art. 4 und 22 EuErbVO von deutschen Gerichten getroffen werden. Allerdings soll sie ausweislich ihres Wortlauts nur dann zur Anwendung gelangen, wenn der Erblasser „domiciled in England and Wales“ verstorben ist. Auch ist unklar, ob eine Entscheidung eines deutschen Gerichts, die eine *family provision* vorsieht, von einem englischen Gericht anerkannt würde.

38 Maßnahmen mitgliedstaatlicher Gerichte, die nach dem Recht des Mitgliedstaats des gewählten Rechts getroffen wurden, sind allerdings von letzterem nach den Vorschriften der Art. 39 ff. EuErbVO anzuerkennen. Im Hinblick auf Maßnahmen nach dem Recht von Drittstaaten ist die Anerkennung ungewiss.

V. Autonomes Zuständigkeitsrecht

39 Die Zuständigkeitsvorschriften der EuErbVO bilden im Anwendungsbereich der Verordnung (vgl. Art. 1 und 23 EuErbVO) ein **abschließendes EU-rechtliches System, das nationalen autonomen Zuständigkeitsvorschriften keinen Raum mehr lässt.** Dies gilt wegen der Erstreckung auf alle Arten von Verfahren sowohl für die internen Vorschriften der streitigen als auch der freiwilligen Gerichtsbarkeit (in Deutschland §§ 12 f., 23, 27, 28 ZPO; §§ 105, 343 f. FamFG). Auch die Qualifikation hat nach einheitlich europäischen Kriterien zu erfolgen, nicht nach nationalen (zum autonom zu verstehenden Begriff der Erbsache → Rn. 29 ff.; s. auch EuGH, E. E. & K. D. E., 16.7.2020, C–80/19, ECLI:EU:C:2020:569), weshalb nach nationalem Recht als Erbsache qualifizierte Verfahren nicht zwangsläufig auch Erbsachen iSd EuErbVO sind und umgekehrt.

40 Erbfälle mit Drittstaatenbezug sind in der Verordnung mitgeregelt. Erwägungsgrund 30 macht deutlich, dass die in Art. 10 EuErbVO verankerten Zuständigkeitsvorschriften Erbfälle von Erblassern mit gewöhnlichem Aufenthalt in einem Drittstaat abschließend regeln. Auch Art. 11 EuErbVO regelt die mitgliedstaatliche Notzuständigkeit einheitlich.

41 Zum Verhältnis der EuErbVO zu bestehenden **staatsvertraglichen Zuständigkeitsvorschriften,** → EuErbVO Art. 75 Rn. 2 ff.

Artikel 4 Allgemeine Zuständigkeit

Für Entscheidungen in Erbsachen sind für den gesamten Nachlass die Gerichte des Mitgliedstaats zuständig, in dessen Hoheitsgebiet der Erblasser im Zeitpunkt seines Todes seinen gewöhnlichen Aufenthalt hatte.

Übersicht

I. Allgemeines

1 Art. 4 EuErbVO enthält die allgemeine Zuständigkeitsvorschrift der EuErbVO **(Regelzuständigkeit)** und damit die Grundregel des in den Art. 4 ff. geregelten Kompetenzkatalogs. Sie knüpft die allgemeine Zuständigkeit mitgliedstaatlicher Gerichte für Entscheidungen in Erbsachen über den **gesamten Nachlass und alle damit verbundenen Aspekte** an den **gewöhnlichen Aufenthalt** des Erblassers im Zeitpunkt seines Todes an, unabhängig davon wo sich das Nachlassvermögen befindet (→ EuErbVO vor Art. 4 Rn. 35 ff.). Die Anknüpfung erfolgt im Gleichlauf mit dem anwendbaren Recht. Auch nach Art. 21 Abs. 1 EuErbVO ist das Erbstatut nach dem Recht des Staates zu bestimmen, in dem der Erblasser seinen letzten gewöhnlichen Aufenthalt hatte.

2 Die Regelanknüpfung des Erbstatuts und der Zuständigkeit an den gewöhnlichen Aufenthalt ist im Rechtsvergleich eher ungewöhnlich (→ EuErbVO vor Art. 4 Rn. 12 ff.), entspricht aber dem generellen Ansatz des EU-Rechts, die grenzüberschreitende **Mobilität** von EU-Bürgern und ihre **Integration** zu fördern. Auch Art. 3, 8–10 Brüssel IIa-VO; Art. 3 lit. a–b und Art. 4 Abs. 1 lit. a EuUnthVO sowie Art. 8 lit. a–b und Art. 5 lit. a und lit. b Rom III-VO beruhen wie die Rom I und II-VO (s. insb. Art. 19 Rom I-VO und 23 Rom II-VO) auf dem Begriff des gewöhnlichen Aufenthalts. Das Haager Erbrechtsübereinkommen von 1989 folgt in Art. 3 (im Rahmen seines auf das anwendbare Recht limitierten Anwendungsbereichs) ebenfalls dem gewöhnlichen Aufenthaltsbegriff.

II. Entstehungsgeschichte

3 Der gewöhnliche Aufenthalt des Erblassers im Todeszeitpunkt wurde bereits im Verordnungsvorschlag als **Dreh- und Angelpunkt der EuErbVO** vorgeschlagen. Die parallele Anknüpfung von Zuständigkeit und anwendbarem Recht sollte das komplexe autonome internationale Verfahrens- und Kollisionsrecht der Mitgliedstaaten einer einheitlichen vereinfachten Regelung zuführen, um in einem internationalen Erbfall die Nachlassplanung zu erleichtern und die Rechtsnachfolge für die vom Erbfall betroffenen Personen vorhersehbarer zu machen. Die EuErbVO soll positive und negative Zuständigkeitskonflikte vermeiden (KOM (2009) 154 endg. 4.2., zu Art. 4) und Situationen verhindern, in welchen mehrere Mitgliedstaaten unterschiedliche Kollisionsregeln anwenden (*Dörner/Lagarde,* DNotI Studie 2002, Schlussbericht, 15 ff., 43 ff.). Dies fördert die Vorhersehbarkeit und Rechtsicherheit für den Erblasser und seine Angehörigen in einem sehr sensiblen Rechtsgebiet. Dass sich die EuErbVO auf den gewöhnlichen Aufenthaltsbegriff stützt, ist auch im Licht älterer EU-Verordnungen zur Zuständigkeit und zum anwendbaren Recht nicht verwunderlich (→ Rn. 2). Die Tendenz, der Staatsangehörigkeit im Lichte der Integration im Aufenthaltsstaat geringere Bedeutung zu schenken, wurde auch in anderen Bereichen des EU-Rechts bestätigt (s. etwa im Namensrecht seit EuGH Urt. v. 14.10.2008 – C-353/06 – *Grunkin-Paul*). Im *explanatory memorandum* zum Verordnungsvorschlag wurde die Anknüpfung an den gewöhnlichen Aufenthalt damit begründet, dass sie die Integration im Mitgliedstaat des gewöhnlichen Aufenthalts fördert und jede Diskriminierung von Personen ausschließt, die nicht die Staatsangehörigkeit des Aufenthaltsstaates besitzen.

4 Obwohl der Begriff des gewöhnlichen Aufenthalts der zentrale Begriff der EuErbVO ist, bleibt er wie auch in der Brüssel IIa-VO und der EuUnthVO entsprechend dem Verordnungsvorschlag auch in der Endfassung der EuErbVO **undefiniert** (eine beschränkte Definition enthalten nur Art. 19 Rom I- und Art. 23 Rom II-VO). Auch die Erwägungsgründe enthielten zunächst keine Präzisierungen zum Aufenthaltsbegriff. Lediglich das *explanatory memorandum* zum Verordnungsvorschlag konkretisierte den Begriff des letzten gewöhnlichen Aufenthalts (s. dort unter 4.3) als „Mittelpunkt der Lebensinteressen des Erblassers und häufig dem Ort entsprechend, an dem sich der größte Teil seines Vermögens befindet". Das Europäische Parlament hatte in seiner Entschließung zum Erb- und Testamentrecht (2005/2148/INI, Empfehlung 2) den Ort des gewöhnlichen Aufenthalts folgendermaßen verstanden: als „a) Ort des gewöhnlichen Aufenthalts des Verstorbenen zum Zeitpunkt seines Todes, vorausgesetzt, dass dieser Ort für einen Zeitraum von mindestens zwei Jahren vor dem Tod des Verstorbenen der Ort des

gewöhnlichen Aufenthalts war, oder, wenn dies nicht zutrifft, b) Ort, an dem der Verstorbene seinen Lebensmittelpunkt zum Zeitpunkt seines Todes hatte." Diesem Begriffsverständnis wurde jedoch nicht gefolgt.

5 Während des Gesetzgebungsverfahrens wurde das Fehlen einer Definition des gewöhnlichen Aufenthaltsbegriffs kritisiert und in diesem Mangel ein großes **Risiko für die Anwendung der EuErbVO** durch die Mitgliedstaaten gesehen, da eine einheitliche Interpretation des zentralen Verordnungsbegriffs in keiner Weise gesichert schien. Bei den Verhandlungen im Rat wurde auf die Risiken des gewöhnlichen Aufenthaltsbegriffs hingewiesen (Ratsdokument 5811/10 ADD1, 6a). Zwar wurde die einheitliche Anknüpfung an den gewöhnlichen Aufenthalt für Zuständigkeit und anwendbares Recht grundsätzlich befürwortet, jedoch wird befürchtet, dass durch die Verwendung des Aufenthaltsbegriffs Situationen auftreten können, in welchen entweder **kein anwendbares Recht** bestimmt werden kann, weil der gewöhnliche Aufenthalt des Erblassers nicht klar identifizierbar ist, bzw. dass **potentiell mehrere Rechte** anwendbar sein könnten, da sich der Erblasser regelmäßig in mehreren Staaten aufhielt. Zugleich wurden die Fälle als problematisch hervorgehoben, in welchen der Erblasser erst kurz vor seinem Tod seinen gewöhnlichen Aufenthalt gewechselt hat und starke Bindungen zum alten Aufenthaltsstaat aufrechterhielt. Als Lösung wurden eine Ausweichklausel im Stil des Art. 4 Abs. 3 Rom I-VO bzw. eine Liste nicht abschließender Faktoren erwogen, die für die Bestimmung des gewöhnlichen Aufenthalts heranzuziehen sind. Vorgeschlagen wurde auch, eine Mindestaufenthaltsdauer wie in Art. 3 Abs. 2 des Haager Übereinkommens von 1989 einzuführen.

6 Da beim gewöhnlichen Aufenthaltsbegriff der Kontext und jeweilige Lebenssachverhalt zu beachten sind (EuGH – C-523/07, *A,* Slg. 2009 I-2805, Rn. 36), wurde letztlich keine Definition in den endgültigen Verordnungstext aufgenommen, sondern ein (geänderter) **Erwägungsgrund 23 sowie (neu) Erwägungsgründe 24 und 25** eingefügt, die flexible Kriterien für die Bestimmung des gewöhnlichen Aufenthalts nennen und Hinweise für komplexe sowie solche Fälle geben, in welchen ein Wechsel des gewöhnlichen Aufenthalts erst kurz vor den Tod des Erblassers erfolgte (im Einzelnen → Rn. 8 ff.). Insbesondere sollte ein *spill over*-Effekt einer Aufenthaltsdefinition auf das Gebiet des Kindesschutzes vermieden werden, da beim gewöhnlichen Aufenthalt von Minderjährigen nicht an die gleichen Kriterien angeknüpft werden kann wie bei Erwachsenen (Ratsdokument 5811/10, Rn. 22).

7 Es wird davon ausgegangen, dass anhand der Kriterien in den Erwägungsgründen der EuErbVO **jedenfalls immer ein gewöhnlicher Aufenthalt** ermittelt werden kann und dieser anhand einer Gesamtbeurteilung der Umstände des Einzelfalls in einem einzigen Staat festzulegen ist. Könnte der gewöhnliche Aufenthalt des Erblassers im Zeitpunkt seines Todes in mehreren Mitgliedstaaten festgelegt werden, würde dies zu einer mit den Zielen der EuErbVO unvereinbaren Nachlassspaltung führen, EuGH, 16.7.2020, E. E. & K. D. E., C–80/19, Rn. 40, 41; vgl. auch EUGH, 12.10.2017, Kubicka, C–218/16, EU:C:2017:755, Rn. 57, und 21.6.2018, Oberle, C–20/17, EU:C:2018:485, Rn. 53–55). Eine Lösung wie in Artikel 6 des Haager Übereinkommens zum Erwachsenenschutz von 2000, der bei fehlender Identifizierbarkeit des gewöhnlichen Aufenthalts auf den schlichten letzten Aufenthalt abstellt, wurde nicht in Betracht gezogen (Artikel 6: (1) … the authorities of the Contracting State on the territory of which these adults are present … have the jurisdiction. (2) The provisions of the preceding paragraph also apply to adults whose habitual residence cannot be established).

III. Voraussetzungen

1. Gewöhnlicher Aufenthalt des Erblassers

8 Trotz vielfacher Kritik (→ Rn. 5) hat sich der Gesetzgeber bewusst gegen eine formale Begriffsdefinition entschieden und überlässt es den Gerichten und Behörden, den Begriff des gewöhnlichen Aufenthalts **im konkreten Einzelfall auszulegen.** Hinweise in den Erwägungsgründen 23 ff. stellen **Kriterien** für die EU-weit einheitliche Auslegung des gewöhnlichen Aufenthaltsbegriffs zur Verfügung. Ein Ansatz einer Definition findet sich gleichwohl in Erwägungsgrund 24 Satz 3, der im Zusammenhang mit dem gewöhnlichen Aufenthaltsstaat von dem Staat spricht „in dem sich in familiärer und sozialer Hinsicht" der „Lebensmittelpunkt" des Erblassers befand.

9 **a) Autonome Auslegung.** Der Begriff des gewöhnlichen Aufenthalts ist als zentraler Verordnungsbegriff unter Berücksichtigung der Erwägungsgründe 23 ff. EuErbVO **autonom** auszulegen (EuGH, 16.7.2020, E. E. & K. D. E., C–80/19, ECLI:EU:C:2020:569, Rn. 37; 1.3.2018, Mahnkopf, C-558/16, ECLI:EU:C:2018:138, Rn. 32; C-327/82, *Ekro* Slg. 1984, 107, Rn. 11; C-98/07 – *Nordania Finans and BG Factoring* Slg. 2008, I-1281, Rn. 17. Vgl. auch *Solomon* in Dutta/Herrler, 19 (21); *Wilke* RIW 2012, 601 (603); *Kunz* GPR 2012, 208 (210); *Hau,* GS Wolf, 2011, 409 (417)). Hierbei gelten für die Auslegung im internationalen Zuständigkeitsrecht die gleichen Grundsätze wie für die Auslegung von Art. 21 EuErbVO. Die Auslegung hat unter Berücksichtigung der **spezifischen Verordnungsziele** zu erfolgen (ErwG 23 S. 3; EuGH, 16.7.2020, E. E. & K. D. E., C–80/19, ECLI:EU:C:2020:569, Rn. 41). Der EuGH hatte bereits mehrfach eine fallspezifische Interpretation sowohl zum gewöhnlichen Auf-

enthalt bei Erwachsenen wie auch bei Kindern vorgenommen, die das auch in der Lehre (*Dörner* ZEV 2012, 505 (510), *Lange* ZVglRWIss 110 (2011), 426 (429); Palandt/*Thorn* EuErbVO, Art. 21 Rn. 6) häufig erwähnte Kriterium des „faktischen Lebens- oder Daseinsmittelpunkts" konkretisiert (dazu aus der Rspr. des EuGH insb. C-452/93 P Magdalena Fernández v Commission Slg. 1994, I-4295, Rn. 22: danach ist „der ständige Wohnsitz der Ort, den der Betroffene als ständigen oder gewöhnlichen Mittelpunkt seiner Lebensinteressen in der Absicht gewählt hat, ihm Dauerhaftigkeit zu verleihen, wobei für die Feststellung des ständigen Wohnsitzes alle hierfür wesentlichen tatsächlichen Gesichtspunkte zu berücksichtigen sind". C-372/02, Adanez-Vega Slg. 2004, I-10761, Rn. 37: „der „Wohnort" bestimmt sich nach ständiger Rechtsprechung danach, wo sich der gewöhnliche Mittelpunkt der Interessen befindet. Insoweit sind die familiären Verhältnisse des Arbeitnehmers sowie die Gründe, die ihn zu der Abwanderung bewogen haben, und die Art seiner Tätigkeit zu berücksichtigen"; C-66/08, Kozłowski Slg. 2008, I-6041 zum Begriff des „Aufenthalts" in Art. 4 Abs. 6 des Rahmenbeschlusses des Rates vom 13. Juni 2002 über den Europäischen Haftbefehl und die Übergabeverfahren zwischen den Mitgliedstaaten (2002/584/JI): danach ist davon auszugehen, dass eine gesuchte Person „ihren Wohnsitz" im Vollstreckungsmitgliedstaat hat, wenn sie dort ihren tatsächlichen Wohnsitz begründet hat, und sich dort „aufhält", wenn sie infolge eines beständigen Verweilens von gewisser Dauer in diesem Mitgliedstaat Bindungen zu diesem Staat von ähnlicher Intensität aufgebaut hat, wie sie sich aus einem Wohnsitz ergeben; C-523/07, A, Slg. 2009, I-2805, Rn. 37–39: „Der „gewöhnliche Aufenthalt" des Kindes im Sinne von Art. 8 Abs. 1 der (Brüssel IIa-)Verordnung ist anhand aller tatsächlichen Umstände des Einzelfalls zu ermitteln. Neben der körperlichen Anwesenheit des Kindes in einem Mitgliedstaat sind andere Faktoren heranzuziehen, die belegen können, dass es sich nicht nur um eine vorübergehende oder gelegentliche Anwesenheit handelt und dass der Aufenthalt Ausdruck einer gewissen Integration in ein soziales und familiäres Umfeld ist. Zu berücksichtigen sind insbesondere die Dauer, die Regelmäßigkeit und die Umstände des Aufenthalts in einem Mitgliedstaat sowie die Gründe für diesen Aufenthalt und den Umzug der Familie in diesen Staat, die Staatsangehörigkeit des Kindes, Ort und Umstände der Einschulung, die Sprachkenntnisse sowie die familiären und sozialen Bindungen des Kindes in dem betreffenden Staat.").

Der EuGH stellte hierbei auf verschiedene Faktoren ab, die den Integrationsgrad des Betroffenen bestimmen (*Baetge,* FS Kropholler, 77 ff.; *Helms,* Liber Amicorum Pintens, 681 (687); Calliess/*Kroll-Ludwigs,* Art. 5 Rom III-VO, Rn. 24; Calliess/*Lein,* Rom III-VO, Art. 8 Rn. 27 ff.; *Boulanger,* Sem. jur. 2009, 33 ff.; *Sturm/Sturm,* Liber Amicorum Sajko, 20 (21)). Als entscheidendes Unterscheidungskriterium vom schlichten Aufenthalt wurde auf eine gewisse Dauer und ausreichende Beständigkeit des Aufenthalts abgestellt, der allerdings im Lichte aller besonderen tatsächlichen Umstände nur eine Indizwirkung zukommt. Auch wurden subjektive Elemente in Betracht gezogen, namentlich „der Wille des Betreffenden, dort den ständigen oder gewöhnlichen Mittelpunkt seiner Interessen in der Absicht zu begründen, ihm Beständigkeit zu verleihen" (EuGH – C-497/10 PPU – Mercredi, Slg. 2010, I-14309, Rn. 51). 10

Sofern nach dem gewöhnlichen Aufenthalt von Erwachsenen und Kindern differenziert wird, ist die Rechtsprechung des EuGH zu anderen EU-Verordnungen auch ein Anhaltspunkt für die nähere Bestimmung des Aufenthaltsbegriffs in der EuErbVO. Aus Kohärenzgründen sollte dieser verordnungsübergreifend nach weitgehend einheitlichen Kriterien ermittelt werden, die jedoch zwischen dem Aufenthalt von Kindern und Erwachsenen zu unterscheiden haben (EuGH – C-523/07, A, Slg. 2009-I, 2805, 36; Ratsdok. 5811/10, Rn. 22). Da der gewöhnliche Aufenthaltsbegriff bewusst in verschiedenen EU-Rechtsakten zur Grundlage genommen wird, ist eine zwischen Voll- und Minderjährigen differenzierende verordnungsübergreifende „Definition" des Aufenthaltsbegriffs sinnvoll, da nicht einzusehen ist, weshalb sich eine Person für die Zwecke des Vertragsschlusses, der Scheidung oder des Erbfalls in unterschiedlichen Staaten gewöhnlich aufhalten sollte. 11

b) Gesamtbeurteilung der Lebensumstände. Zur Interpretation des Begriffs macht Erwägungsgrund 23 entscheidende Vorgaben. Er fordert, dass die mit einer Erbsache befassten Behörden eine **Gesamtbeurteilung der Lebensumstände des Erblassers in den Jahren vor seinem Tod und im Zeitpunkt seines Todes** vornehmen", um den Staat zu ermitteln, in dem sich **„in familiärer und sozialer Hinsicht" der „Lebensmittelpunkt"** des Erblassers befindet (vgl. ErwG 24). Für die Gesamtbeurteilung ist ausweislich Erwägungsgrund 23 zu berücksichtigen: (1) die **Dauer und Regelmäßigkeit** des Aufenthalts, (2) die mit dem Aufenthalt zusammenhängenden **Umstände und Gründe** (wie etwa Begründung eines Arbeitsverhältnisses; Immobilienerwerb im Zuzugsstaat; Umzug der Familie (Dutta/Herrler/*Solomon,* 24) (3) die **Intensität der Bindung des Erblassers** an einen Staat **(„feste und enge Bindung").** Hier spielen sowohl familiäre und soziale Bindungen eine Rolle, als auch andere Elemente, die den Integrationsgrad dokumentieren, wie etwa Sprachkenntnisse oder der Erwerb der ausländischen Staatsangehörigkeit. Die Staatsangehörigkeit des früheren Aufenthaltsstaats ist allerdings ausweislich Erwägungsgrund 24 mit Vorsicht heranzuziehen, da sie nicht per se gegen einen Erwerb des gewöhnlichen Aufenthalts im Ausland sprechen soll. Der EuGH bestätigte jüngst, dass ein „Bündel übereinstimmender Indizien" zu betrachten ist, die sich aus den Erwägungsgründen 23 und 24 EuErb- 12

VO ergeben (EuGH, 16.7.2020, E. E. & K. D. E., C–80/19, ECLI:EU:C:2020:569, Rn. 44). Die Cour de Cassation stellte klar, dass die Dauer und Regelmässigkeit des gewöhnlichen Aufenthalts sowie die Umstände und Gründe für den Aufenthalt stets in einer Gesamtbetrachtung zu bestimmen sind, bevor auf die in Erwggrd 24 angesprochenen Kriterien herangezogen werden können. Die Bestimmung der Aufenthaltsdauer allein darf nicht ausschlaggebend sein (Cass. Civ. 1ère, 29. Mai 2019, No. 18–13383); vgl. auch OGH, Beschluss vom 25.9.2018 – 2 Nc 23/18g; Deixler-Hübner in Deixler-Hübner/Schauer, EuErbVO [2015] Art. 4 Rz 16 ff. Auch der „Bleibewille" als **subjektives Element** des Aufenthaltsbegriffs (EuGH – C-497/10 PPU, Mercredi, Slg. 2010, I-14309, Rn. 5) soll eine Rolle spielen (vgl. auch Dutta/Herrler/*Solomon,* 24). Für dessen Berücksichtigung spricht die sonst bei einem willenlosen oder genötigten Erblasser mögliche Steuerung des anwendbaren Erbrechts durch andere Personen, wie beispielsweise Angehörige (OLG München FGPrax 2017, 134 und OLG Hamm ZEV 2018, 343 unter Bezugnahme auf Keidel/*Zimmermann,* § 343 FamFG, 18. Aufl., Rn. 67). Darüber hinaus kann das subjektive Element Bedeutsamkeit erlangen, wenn der Erblasser nur kurzzeitig seinen Aufenthaltsort wechselt, aber einen Rückkehrwillen hat (für den Fall eines Krankenhausaufenthaltes: OGH Wien BeckRS 2018, 44267 Rn. 9). Teilweise wird daher die Auffassung vertreten, dass ein Aufenthalts- bzw. Bleibewille erforderlich sei (OLG München FGPrax 2017, 134; OLG Hamm ZEV 2018, 343). Dies würde allerdings bedeuten, dass die Geschäftsfähigkeit Voraussetzung für die Begründung eines gewöhnlichen Aufenthalts ist und der Erblasser bei Verlust der Geschäftsfähigkeit den letzten gewöhnlichen Aufenthalt nicht mehr wechseln kann (Zimmer/Oppermann ZEV 2016, 126 (130); OLG München FGPrax 2017, 134). In Zweifelsfällen müsste zu der Frage der Geschäftsfähigkeit in tatsächlicher Hinsicht ggf. ein Sachverständigengutachten eingeholt werden (so OLG München FGPrax 2017, 134, 135; dagegen: OLG Celle FGPrax 2019, 271). Es stellt sich jedoch die Frage, nach welchen rechtlichen Maßstäben die Geschäftsfähigkeit zu bewerten ist, da diese in der EuErbVO nicht definiert wird. Nach Zimmer/Oppermann ZEV 2016, 126 (130), erläutert am Beispiel einer deutsch-schweizerischen Erbsache, würde sich dies nach dem nationalen Recht des letzten objektiven Aufenthalts richten, da dessen IPR in Form des EuErbVO anwendbar sei. Allerdings darf einem subjektiven Element aus Rechtssicherheitsgründen keine entscheidende Bedeutung zukommen. Einen Bleibewillen zu ermitteln, stößt naturgemäß an Grenzen, da der Erblasser selbst nicht konsultiert werden kann (s. auch *Sturm/Sturm,* FS Sajko, 20, 21). Schließlich hätte eine konsequente Anwendung eines subjektiven Elementes als konstituierendes Merkmal des gewöhnlichen Aufenthaltes zur Folge, dass ein Erblasser durch (nachweisbare) Manifestation eines Aufenthaltswillens in einem anderen Staat als dem, in dem er sich gerade aufhält, das anwendbare Erbrecht über die Möglichkeiten der Rechtswahl hinaus steuern könnte. Dies würde eine Umgehung der engen Voraussetzungen des Art. 22 EuErbVO bedeuten (genauso MüKoBGB/*Dutta* EuErbVO Art. 4 Rn. 5). Das subjektive Element ist daher nicht generell zwingendes konstituierendes Merkmal, sondern einzelfallabhängig in die Bewertung des gewöhnlichen Aufenthaltes einzubeziehen. Es sollte insbesondere in solchen Fällen als erforderlich erachtet bzw. berücksichtigt werden, in denen Tatsachen die Annahme rechtfertigen, dass ein erfolgter Ortswechsel des Erblassers ohne oder gegen seinen Willen stattfand (so auch Zimmer/Oppermann ZEV 2016, 126, 128). Auch der **Wille in das frühere Heimatland zurückzukehren** ist nicht für sich allein geeignet entgegen der objektiven Gestaltung der übrigen Lebensverhältnisse einen gewöhnlichen Aufenthalt zu begründen (vgl. OLG Hamm, Beschluss vom 2.1.2018, 10 W 34/17, ZEV 2018, 343, juris, Rn. 7, Beschluss vom 17.12.2019, 15 W 488/17, BeckRS 2019, 44890, Rn. 4; Hüßtege/Mansel/Makovsyk, EuErbVO, 2019, Art. 4 EuErbVO Rn. 36). Dies ist insbesondere der Fall, wenn langjährige berufliche und soziale Bindungen des Erblassers an seinem neuen tatsächlichen Aufenhaltsort vorhanden sind (OLG Frankfurt 21. Zivilsenat, 14.9.2020, ECLI:DE:OLGHE:2020:0914.21W59.20.0021 W 59/20).

Weiterhin soll ein steuer- oder verwaltungsrechtlicher Wohnsitz nicht ausschlaggebend sein (MüKoBGB/*Dutta* EuErbVO Art. 4 Rn. 5; Bonomi/Wautelet/*Bonomi* Art. 4 Rn. 18), wobei dieser zusätzlich zu anderen Argumenten herangezogen werden kann.

Wie stark die Kriterien jeweils gewichtet werden, ist einzelfallabhängig.

13 **c) Komplexe Fälle.** In **Erwägungsgrund 24** werden Fälle angesprochen, in welchen die Bestimmung des gewöhnlichen Aufenthalts komplex ist, weil der Erblasser einen **engen Bezug zu mehreren Staaten** hatte. Auch in diesen Fällen ist rechtlich stets ***ein* gewöhnlicher Aufenthalt** zu bestimmen, da die EuErbVO die Ermittlung eines einzigen Erbstatuts bezweckt (EuGH, 16.7.2020, E. E. & K. D. E., C – 80/19, ECLI:EU:C:2020:569, Rn. 41; AG Altenkirchen FamRZ 2019, 1824 (1825); *Dörner* ZEV 2012, 505 (510); Bonomi/Wautelet/*Bonomi* Art. 4 Rn. 26; MüKoBGB/*Dutta* EuErbVO Art. 4 Rn. 6; Palandt/*Thorn* EuErbVO Art. 21 Rn. 6). Der von der EuErbVO gewünschte Gleichlauf von *forum* und *ius* erfordert zugleich, dass auch für die Zuständigkeitsvorschriften ein gewöhnlicher Aufenthalt festgelegt wird.

14 **aa) Zeitlich begrenzter Auslandsaufenthalt.** Erwägungsgrund 24 trägt der Tatsache Rechnung, dass die Bestimmung des gewöhnlichen Aufenthaltsorts komplex sein kann, wenn der Erblasser aus **beruflichen oder wirtschaftlichen Gründen in einem anderen Staat** arbeitet, aber eine enge und feste Bindung zum ursprünglichen Aufenthaltsstaat aufrechterhalten hat. Erwägungsgrund 24 Satz 2 und

3 räumen die Möglichkeit ein, dass selbst ein längerer Aufenthalt im Ausland unter Umständen keinen gewöhnlichen Aufenthalt begründet. Dies kann bei einem im Ausland stationierten Soldaten der Fall sein, bei einem Mitarbeiter einer Hilfsorganisation, der nur vorübergehend im Ausland eingesetzt wird, oder bei einem Hochschullehrer, der nur für begrenzte Zeit an einer ausländischen Hochschule unterrichtet. Auch hier ist eine Gesamtbeurteilung des Falles unter Berücksichtigung aller Lebensumstände vorzunehmen. Als Kriterien heranzuziehen sind insbesondere auch der **Mit-Umzug der Familie oder der Erwerb von Immobilien.** Diese werden nicht notwendig als entscheidende konstituierende Elemente einer gewöhnlichen Aufenthaltsbegründung im neuen Staat gesehen. Teils wird hier aus Rechtssicherheitsgründen eine stärker typisierende Betrachtungsweise gefordert und der Rückkehrwille als Gegengewicht vorgebracht (Dutta/Herrler/*Solomon,* 19 (27); Es kann für einen Fortbestand des gewöhnlichen Aufenthalts im Herkunftsstaat sprechen, wenn der Erblasser durch Hinterlassen von Vermögen eine Rückkehr erleichtert und damit erkennbar einen Rückkehrwillen gezeigt hatte (vgl. Hüßtege/Mansel/Makovsky, EuErbVO, 2019, Art. 4 EuErbVO Rn. 40). Allerdings ist es bei längerem Verweilen und einer gewissen Integration im Aufenthaltsstaat für die Bestimmung des gewöhnlichen Aufenthalts irrelevant, wenn dem Erblasser der Wille fehlt, den Aufenthaltsstaat zum neuen Lebensmittelpunkt zu machen (vgl. Palandt/Thorn, 2020, Art. 21 EuErbVO, Rn. 6); Döbereiner, MittBayNot 2013, 358, 362; Hüßtege/Mansel/Makovsyk, EuErbVO, 2019, Art. 4 EuErbVO Rn. 36; Hüßtege/Mansel/Makovsky, EuErbVO, 2019, Art. 4 EuErbVO Rn. 40; OLG Frankfurt 21. Zivilsenat, 14.9.2020, ECLI:DE:OLGHE:2020:0914.21W59.20.0021 W 59/20). Eine zu starke Gewichtung des Rückkehrwillens begibt sich jedoch unter Umständen in Widerspruch zu Erwägungsgrund 25 (→ Rn. 21 ff.). Auch wird die Gewichtung eines Rückkehrwillens mit zunehmender Dauer des Aufenthalts schwächer.

Beim **Aufenthaltswechsel im Alter** durch Wegzug in den Süden („Mallorca- oder Thailand-Rentner") kommt es für die Bestimmung des gewöhnlichen Aufenthalts auf den endgültigen Wegzugswillen und die Dauer und Beständigkeit des Aufenthalts an. Hier kann es zu Schwierigkeiten bei der Beurteilung des gewöhnlichen Aufenthalts kommen, wenn der Aufenthalt im Ausland zwar auf Dauer angelegt, aber nur auf wenige Monate im Jahr begrenzt ist (→ Rn. 18 ff.). **15**

Beim Aufenthalt in einem **ausländischen Alters- oder Pflegeheim** besteht das Problem des von Dritten „erzwungenen Aufenthalts", da der Betroffene keinen bewussten Aufenthaltswechsel mehr vollziehen kann. Hier wird teilweise vertreten, dass ein Wechsel des gewöhnlichen Aufenthalts ohne einen zugrundeliegenden Willen des Erblassers überhaupt nicht möglich sei (s. o. Rn. 12). Im Übrigen kann je nach den Umständen des Einzelfalls bei endgültigem Verzug ins Ausland jedenfalls für die Frage des anwendbaren Rechts die Anwendung der Ausweichklausel in Art. 21 Abs. 2 gerechtfertigt sein. Auch ein längerfristiger Aufenthalt im Ausland wegen **medizinischer Behandlung** wird regelmäßig keinen Wechsel des gewöhnlichen Aufenthalts begründen (OGH FamRZ 2019, 1010 (1011)). **16**

Bei **au pair- oder Auslandsaufenthalten zu Studienzwecken oder Internataufenthalten** im Ausland wird eine gewöhnliche Aufenthaltsbegründung am Studienort teils unabhängig von der Studien- bzw. Verbleibdauer abgelehnt, da ein solcher Aufenthalt von vornherein nicht auf Dauer angelegt ist (Palandt/*Thorn* EuErbVO Art. 21 Rn. 6; Dutta/Herrler/*Solomon,* 19 (26)) Auch hier kommt es aber auf die Gesamtbeurteilung der sozialen und familiären Lebensumstände an. **17**

bb) Abwechselnde Aufenthalte in mehreren Staaten. In problematischen Fällen in welchen der Erblasser **abwechselnd in mehreren Staaten lebte, oder von Staat zu Staat zog,** ohne sich in einem dieser Staaten länger aufzuhalten, greift Erwägungsgrund 24 S. 5 bei der Gesamtbeurteilung ergänzend auf die **Staatsangehörigkeit oder den Belegenheitsort von Vermögensgegenständen** zurück, um eine engere Verbindung mit einem dieser Staaten zu identifizieren. **18**

Diese Fälle werden durch die zunehmende Mobilität von EU-Bürgern nicht selten sein. Sie betreffen sowohl **Grenzpendler** (siehe auch KG Berlin, NJW-RR 2016, 1100; ZEV 2016, 514, m. Anm. Lehmann) als auch **im Ausland tätige Arbeitnehmer,** die das Wochenende mit ihrer in einem anderen Staat lebenden Familie verbringen. Ebenso umfasst sind die Fälle der „Mallorca- oder Thailand-Rentner", die nur den Winter im Ausland verbringen, den Sommer aber in Deutschland. Die Komplexität derartiger Fälle kann noch dadurch verschärft werden, dass einer dieser Orte in einem Drittstaat liegt, wie etwa der Schweiz oder Großbritannien. **19**

Nach Erwägungsgrund 24 soll hier neben den in Erwägungsgrund 23 erwähnten Kriterien bei der Beurteilung des Lebensmittelpunkts den **sozialen und familiären Beziehungen** besondere Bedeutung eingeräumt werden, ebenso im Zweifelsfall der Staatsangehörigkeit bzw. der Belegenheit von Vermögensgegenständen (vgl. zB KG Berlin NJW-RR 2016, 1100, ZEV 2016, 516 ff.). Zweifel bei der Beurteilung bleiben in vielen Fällen dennoch: Ein Beispiel ist der deutsche Mallorca-Rentner, der kein Spanisch spricht, sich aber nur 4 Monate im Jahr in Deutschland aufhält. Siehe auch folgendes Beispiel: der deutsche Vater A arbeitet seit zwei Jahren in Belgien. Seine Frau B, ebenfalls deutsche Staatsbürgerin, lebt mit den gemeinsamen Kindern seit drei Jahren in Paris. A pendelte zunächst von Deutschland aus nach Paris, seit dem Arbeitswechsel nach Brüssel verbringt er im Abstand von zwei Wochen vier Tage bei der Familie in Paris. In Brüssel ist A in ein soziales Netzwerk aus Kollegen und Freunden **20** eingebunden. In Paris verbringt er die Zeit vorwiegend mit seiner Familie. Die Familie plant nach einigen Jahren im Ausland wieder in ihre Villa in Berlin zurückzuziehen, in der auch die Eltern von A leben. Die in Art. 24 genannten Kriterien führen hier zu keinem eindeutigen Ergebnis. A arbeitet in Belgien und ist dort steuerpflichtig. Er unterhält dort ein soziales Netzwerk und verbringt den Großteil seines Jahres in Belgien. Familiäre Bindungen hat er zu seiner Familie in Paris und den Eltern in Deutschland. Geplant ist, nach Deutschland zurückzukehren, wo die Großeltern leben und Immobilien belegen sind. Auch haben A und seine Familie die deutsche Staatsangehörigkeit. Wie ein in Deutschland, Frankreich oder Belgien angerufenes Gericht diesen Fall beurteilen würde, ist unklar, da die Vorgaben der Erwägungsgrund 23 und 24 keine eindeutige Richtung vorgeben. Hier kann es durchaus noch zu Kompetenzkonflikten kommen. Als problematisch erweist sich die Feststellung des gewöhnlichen Aufenthalts auf der Basis von Erwggrd 23 und 24 häufig bei Prominenten, die sich abwechselnd in verschiedenen Staaten aufhalten. In einem französischen Fall (Tribunal de Grande Instance de Nanterre, pôle famille, 3e sect., 28 mai 2019, n° 18/01502, *Johnny Hallyday*) wurde zur Bestimmung der Dauer und Regelmäßigkeit des Aufenthalts des Erblassers u. a. auf die Geolokalisationsfunktion von Instagram Bezug genommen. Vgl. auch AG Altenkirchen FamRZ 2019, 1824 (1825).

21 **d) Aufenthaltswechsel kurz vor dem Tod.** Erwägungsgrund 25 bezieht sich auf Art. 21 Abs. 2 EuErbVO, der eine Ausweichklausel für die Bestimmung des anwendbaren Rechts enthält. Er stellt klar, dass sich in Ausnahmefällen, in welchen der Erblasser etwa erst kurz vor seinem Tod seinen gewöhnlichen Aufenthalt gewechselt hat, aus der Gesamtheit der Umstände eine **offensichtlich engere Verbindung** des Erblassers zum vorherigen Aufenthaltsstaat ergeben kann. Diese Ausweichklausel kann in der Praxis zu Interpretationsproblemen führen, da die einer offensichtlich engeren Verbindung des Erblassers zu einem Staat zugrundeliegenden Kriterien an sich bereits bei der Ermittlung des gewöhnlichen Aufenthalts zu berücksichtigen sind. Art. 21 Abs. 2 EuErbVO betrifft nur die Frage des anwendbaren Rechts, nicht die Zuständigkeit. Es kann also zu Fällen kommen, in welchen Zuständigkeit und anwendbares Recht auseinanderfallen, weil der Erblasser eine offensichtlich engere Verbindung zu einem anderen Mitgliedstaat hatte als zu dem, in welchem eine Zuständigkeit nach Art. 4 EuErbVO begründet wurde. Zugleich wirkt Art. 21 Abs. 2 EuErbVO iVm Erwägungsgrund 25 auf den Aufenthaltsbegriff zurück: es ist davon auszugehen, dass bei einem Aufenthaltswechsel eine kurze Dauer des Aufenthalts im neuen Aufenthaltsstaat kein entscheidendes Element gegen die Annahme eines Wechsels des gewöhnlichen Aufenthalts sein muss (Vollendung des Umzugs indiziert einen gewöhnlichen Aufenthalt im neuen Staat, *Lehmann* DStR 2012, 2085; Dutta/Herrler/*Solomon,* 24; EuGH – C-523/07, A, Rn. 40). Andernfalls liefe Art. 21 Abs. 2 iVm Erwägungsgrund 25 in die Leere, da der gewöhnliche Aufenthalt nach Berücksichtigung der Gesamtumstände wohl noch im Ursprungsstaat vor Umzug verankert werden müsste. An einem konkreten Beispiel erklärt bedeutet dies, dass der zwei Monate vor seinem Tod endgültig von Deutschland nach Mallorca verzogene Rentner, dessen Erben in Deutschland leben und dessen Immobilien in Deutschland belegen sind, trotz des kurzen Aufenthalts in Spanien und der engen familiären Bindungen nach Deutschland seinen gewöhnlichen Aufenthalt gewechselt hat, nach Art. 21 Abs. 2 EuErbVO aber gleichwohl die Anwendung des deutschen Erbstatuts erwogen werden kann. Anders verhält es sich bei einem bloß urlaubsbedingten Aufenthalt in einem anderen Staat im Zeitpunkt des Todes; dieser führt nicht zum Wechsel des gewöhnlichen Aufenthalts (vgl. OLG Köln NJW-RR 2019, 1353). Ebenso wenig bedingt der Aufenthalt aus medizinischen Gründen einen Wechsel des gewöhnlichen Aufenthalts (OGH FamRZ 2019, 1010 (1011)).

22 Zugleich geht aber Erwägungsgrund 24 bei der Ermittlung des gewöhnlichen Aufenthalts davon aus, dass der gewöhnliche Aufenthalt im Herkunftsstaat beibehalten werden kann, wenn der Erblasser aus beruflichen oder wirtschaftlichen Gründen unter Umständen sogar für längere Zeit im Ausland arbeitet, aber eine enge Bindung zu seinem Herkunftsstaat aufrechterhalten hat. Hier soll „entsprechend den jeweiligen Umständen davon ausgegangen" werden können „dass der Erblasser seinen gewöhnlichen Aufenthalt weiterhin in seinem Herkunftsstaat hat, in dem sich in familiärer und sozialer Hinsicht sein Lebensmittelpunkt befand. Das Zusammenspiel von Art. 4, ErwG 23 und 24, Art. 21 Abs. 2 und ErwG 25 scheint nicht ganz stimmig zu sein und wird in der Praxis zu Auslegungsproblemen führen (vgl. auch *Wilke* RIW 2012, 605).

23 Mobilen EU Bürgern ist bis zur Klärung schwieriger Auslegungsfragen der EuErbVO zu raten, ihre Rechtsnachfolge durch Rechtswahl vorhersehbarer auszugestalten. Auch kann es ratsam sein, wenn der Erblasser in einer Verfügung von Todes wegen klarstellt, wo er seiner Ansicht nach seinen gewöhnlichen Aufenthalt hat. Obwohl ein Erblasser nicht per **confessio iuris** seinen Lebensmittelpunkt, zB in der Präambel eines Testaments, bestimmen und damit seinen gewöhnlichen Aufenthalt rechtlich bindend fixieren kann (vgl. auch oben Rn. 12), kann die Erwähnung des gewöhnlichen Aufenthalts ein entscheidendes Element bei der Gesamtbeurteilung des Falles darstellen. Wenn die Lebenssituation bei Testamentserrichtung dokumentiert wird, können sich daraus wichtige Hinweise ergeben (vgl. auch Lehmann, Anm. zu KG Berlin, Beschl. v. 26.4.2016 – 1 AR 8/16, ZEV 2016, 516 ff.).

2. Todeszeitpunkt

24 Der gewöhnliche Aufenthalt ist im Todeszeitpunkt zu bestimmen. Auch der Todeszeitpunkt müsste nach den Grundsätzen der **autonomen** Auslegung nach einheitlichen europäischen Kriterien beurteilt werden. Da hier grundsätzlich unterschiedliche nationale Regelungen bestehen, die den Todeszeitpunkt an jeweils anderen Kriterien festmachen, sollte entweder einheitlich darauf abgestellt werden, wann der Erblasser verstarb, faktisch der Tod festgestellt wurde oder die Frage dem potentiell anwendbaren Erbstatut unterstellt werden (so MüKoBGB/*Dutta* EuErbVO Art. 4 Rn. 8).

IV. Zuständigkeitskonzentration

25 Wurde ein gewöhnlicher Aufenthalt des Erblassers in einem Mitgliedstaat ermittelt, sind die dortigen Gerichte grundsätzlich für Endscheidungen über den **gesamten Nachlass** zuständig, unabhängig davon, wo sich dieser befindet (vgl. auch EuGH 21.6.2018 –C-20/17, ECLI:EU:C:2018:485, Rn. 34 = RNotZ 2018, 486). Der Grundsatz der zuständigkeitsrechtlichen Nachlasseinheit kann nur auf Antrag einer Partei durchbrochen werden, wenn der Erblasser Nachlassvermögen in einem oder mehreren Drittstaaten hinterließ: **Art. 12 EuErbVO** erlaubt bei Vermögenswerten in einem Drittstaat eine Beschränkung des Verfahrens auf den im Territorium der Mitgliedstaaten beschränkten Nachlass, wenn zu erwarten ist, dass die Entscheidung mitgliedstaatlicher Gerichte in Bezug auf diese Vermögenswerte nicht im betreffenden Drittstaat anerkannt bzw. vollstreckt werden würde.

26 Zugleich folgt das gem. Art. 21 Abs. 1 EuErbVO zu ermittelnde Erbstatut ebenfalls der Anknüpfung an den gewöhnlichen Aufenthalt (→ EuErbVO Art. 21 Rn. 3 ff.) um den Gleichlauf zwischen Zuständigkeit und anwendbarem Recht zu gewährleisten, dem sich die EuErbVO verschrieben hat. Die parallele Anknüpfung an den gewöhnlichen Aufenthalt kann jedoch durch **Art. 21 Abs. 2** durchbrochen werden, wenn eine offensichtlich engere Verbindung eines Erblassers zu einem anderen Staat besteht. Dann können Zuständigkeit und anwendbares Recht auseinanderfallen (zu Abgrenzungsproblemen zwischen der Ermittlung des Aufenthaltsbegriffs und den Anwendungsfällen des Art. 21 Abs. 2 iVm ErwG 25 → Rn. 21 ff.). Weiter kann es zu einer Durchbrechung des Gleichlaufprinzips kommen, wenn der Erblasser das anwendbare Erbstatut gem. Art. 22 EuErbVO wählte (→ EuErbVO Art. 22 Rn. 24 ff.), die vom Erbfall betroffenen Parteien jedoch keine Gerichtsstandsvereinbarung gem. Art. 5 trafen und kein Fall des Art. 6 lit. a oder Art. 7 lit. c vorliegt.

Artikel 5 Gerichtsstandsvereinbarung

(1) **Ist das vom Erblasser nach Artikel 22 zur Anwendung auf die Rechtsnachfolge von Todes wegen gewählte Recht das Recht eines Mitgliedstaats, so können die betroffenen Parteien vereinbaren, dass für Entscheidungen in Erbsachen ausschließlich ein Gericht oder die Gerichte dieses Mitgliedstaats zuständig sein sollen.**

(2) [1] **Eine solche Gerichtsstandsvereinbarung bedarf der Schriftform und ist zu datieren und von den betroffenen Parteien zu unterzeichnen.** [2] **Elektronische Übermittlungen, die eine dauerhafte Aufzeichnung der Vereinbarung ermöglichen, sind der Schriftform gleichgestellt.**

Übersicht

I. Allgemeines

1 Art. 5 EuErbVO ist die zentrale **Ausnahmevorschrift** zur Regelzuständigkeit der Gerichte am letzten gewöhnlichen Aufenthaltsort des Erblassers (Art. 4 EuErbVO). Die Vorschrift ermöglicht es den betroffenen Parteien im Fall der **Rechtswahl des Erblassers** (→ Art. 22; Deixler-Hübner/Schauer/Deixler-Hübner Art. 22Rn. 8) zugunsten eines **mitgliedstaatlichen Heimatrechts** durch **Gerichtsstandsvereinbarung** einen **Gleichlauf zwischen Zuständigkeit und anwendbarem Recht** herbeizuführen. Während die Rechtswahl ausschließlich durch den Erblasser (bzw. durch ihn und weitere an einem Erbvertrag oder gemeinschaftlichen Testament beteiligte Personen) erfolgen kann, und zwingende Voraussetzung einer Gerichtsstandsvereinbarung ist, bleibt letztere **allein den vom Nachlass betroffenen Parteien** vorbehalten (s. hierzu aber unten → Rn. 18 ff.). Dabei können die Parteien entweder die Zuständigkeit „der Gerichte" oder eines bestimmten Gerichts im Mitgliedstaat des gewählten Rechts vereinbaren. Dies soll dem mit der Erbsache befassten Gericht erlauben, sein eigenes Recht anzuwenden (ErwG 27). Die Gerichtsstandsvereinbarung kann sich daher auch **nur auf die Gerichte bzw. ein Gericht eines Mitgliedstaats** beziehen und ist insofern **eng begrenzt.** Der Erblasser muss also (1) sein Heimatrecht gewählt haben und dieses muss (2) das Recht eines Mitgliedstaates sein. Auf dieser Basis wählen (3) die betroffenen Parteien dann den Gerichtstand im Heimatmitgliedstaat des Erblassers. Die nach Art. 5 begründete Zuständigkeit ist eine **ausschließliche** Zuständigkeit.

Darüber hinaus bleibt es den Parteien vorbehalten, die Erbsache **außergerichtlich** in einem Mitgliedstaat ihrer Wahl einvernehmlich zu regeln, wenn dies nach dem Recht dieses Mitgliedstaats möglich ist und selbst wenn das auf die Rechtsnachfolge von Todes wegen anzuwendende Recht nicht das Recht dieses Mitgliedstaats ist (ErwG. 29.; s. auch EuGH 16.7.2020 – C-80/19, ECLI:EU:C:2020:569, Rn. 87 = NJW 2020, 2947).

II. Entstehungsgeschichte

2 Die Vorschrift des Art. 5 EuErbVO war im **Verordnungsentwurf noch nicht enthalten.** Der Entwurf sah in seinem Art. 5 in Anlehnung an Art. 15 Brüssel IIa-VO lediglich die Möglichkeit der Verweisung an ein zur Beurteilung des Erbfalls geeigneteres Gericht vor, erlaubte aber keine Gerichtsstandsvereinbarung, die einen Gleichlauf mit dem anwendbaren Recht herbeiführt.

3 Dies wurde im Vorfeld der Verordnung stark **kritisiert** (*Dörner/Lagarde,* Studie 2002, Schlussbericht, 183). Andere Verordnungen auch außerhalb des Wirtschaftsrechts (dort Art. 25 Brüssel Ia-VO) sahen eine Gerichtsstandswahl bereits vor, wie etwa Art. 4 der EuUnthVO oder gestatteten ähnliche Formen der Parteiautonomie wie Art. 12 Abs. 1 lit. b und 3 lit. b der Brüssel IIa-VO (dort ist von Gerichtsstandsanerkennung die Rede, allerdings unter der Überschrift „Vereinbarung über die Zuständigkeit"/„Prorogation of jurisdiction").

4 Auch in **nationalen Rechten** ist eine Wahl des Gerichtsstands nicht unbekannt. So können den Erben hinsichtlich des Gerichtsstands für die Nachlassabwicklung mehrere Optionen eröffnet sein, nämlich etwa die Gerichte des letzten Aufenthaltsstaats oder des Heimatstaats des Erblassers. Diese Flexibilität ist etwa aus Deutschland (§§ 27 Abs. 2, 15 ZPO) bekannt, aber auch aus Österreich und Belgien sowie Griechenland und den Niederlanden (mit Ausnahme der im Ausland belegenen Immobilien; vgl. *Dörner/Lagarde,* Studie 2002, Schlussbericht, 198). Ein weiteres prominentes Beispiel für einen Gleichlauf des Gerichtsstands mit dem gewählten Erbstatut ist **Art. 87 Abs. 2 des Schweizer IPRG,** der die Gerichtsstandswahl durch den Erblasser ausdrücklich zulässt bzw. alternativ die automatische Zuständigkeit Schweizerischer Gerichte bei Rechtswahl des Schweizerischen Rechts vorsieht.

5 Ebenfalls als mögliche Lösung diskutiert wurde ein automatischer Parallelismus zwischen Zuständigkeit und anwendbarem Recht im Fall der Rechtswahl (*Frimston* PCB 2007, 170 (172); *Lehmann,* 180 f. (227)).

6 Letztlich wurde in Art. 5 EuErbVO die Gerichtsstandsvereinbarung durch die von Nachlass betroffenen Personen zugelassen, allerdings nur im Fall der **Rechtswahl des Erblassers** und **beschränkt auf die Gerichte / ein Gericht im Mitgliedsstaat des gewählten Rechts.** Dies wird vielfach für nicht ausreichend gehalten, da die betroffenen Parteien ihre Parteiautonomie weder unabhängig vom Vorliegen einer Rechtswahl des Erblassers ausüben können, noch unabhängig vom Inhalt der Rechtswahlerklärung des Erblassers. Dies stünde im Widerspruch zum sonstigen europäischen Zuständigkeitsrecht (*Magnus* IPRax 2013, 393 (394); MüKoBGB/*Dutta* EuErbVO vor Art. 4 Rn. 16; *Weller* IPRax 2011, 429 (433)), das die Parteiautonomie in weitergehendem Rahmen erlaube. Die EuErbVO gestattet die Gerichtsstandswahl nur zum Zwecke des Gleichlaufs mit dem anwendbaren Recht und nicht zugunsten eines Drittstaats. Andernfalls bleibt es bei der Regelzuständigkeit.

7 Kritisiert wird zudem zu Recht, dass der **Erblasser das zuständige Gericht nicht parallel zu seiner Rechtswahl selbst bestimmen** kann. Obwohl der Verordnungstext die Gerichtsstandsverein-

barung nun in Art. 5 EuErbVO ausdrücklich zulässt, und diese auch nur sehr eingeschränkt zu Gunsten der Gerichte im Mitgliedstaat des gewählten Rechts zulässig ist, kann der Erblasser selbst nicht über die Gerichtszuständigkeit befinden. Dies bleibt allein den vom Nachlass betroffenen Parteien vorbehalten. Zwar kann der Erblasser auf die Erben einwirken, die Gerichtsstandswahl trifft er selbst jedoch nicht. Dieser Mangel an Parteiautonomie ist nicht zu rechtfertigen (→ Rn. 18 ff.). Hier hätte sich die EuErbVO von der Lösung des Schweizer IPRG inspirieren lassen sollen.

III. Voraussetzungen

1. Rechtswahl

Voraussetzung der Anwendung des Art. 5 ist zunächst eine **Wahl des anwendbaren Erbstatuts durch den Erblasser nach Art. 22 EuErbVO,** da die Gerichtsstandsvereinbarung nur zum Zweck des Gleichlaufs zwischen forum und ius ermöglicht wird. Notwendig ist nach dem Wortlaut des Art. 5 EuErbVO eine Wahl des Erbstatuts selbst, wie sie Art. 22 vorsieht (vgl. auch Bonomi/Wautelet/*Bonomi* Art. 5 Rn. 7; *Janzen* DNotZ 2012, 484 (491)). Eine Rechtswahl nach Art. 24 Abs. 2 oder 25 Abs. 3 alleine genügt nicht, um die Voraussetzungen des Art. 5 zu erfüllen, wenn nicht zugleich auch eine Wahl des Erbstatuts erfolgt ist (aA MüKoBGB/*Dutta* EuErbVO vor Art. 4 Rn. 16, und Dutta/Herrler/*Hess* EuErbVO 131 (138), die eine Teilrechtswahl hinsichtlich der Zulässigkeit, materiellen Wirksamkeit bzw. Bindungswirkung einer Verfügung von Todes wegen gem. Art. 24 Abs. 2 oder 25 Abs. 3 EuErbVO genügen lassen wollen). Allerdings ist ausreichend, dass sich die Rechtswahl aus der Übergangsvorschrift des Art. 83 Abs. 2, 4 EuErbVO ergibt (siehe auch EuGH 16.7.2020, – C-80/19, ECLI: EU:C:2020:569, Rn. 91 ff. = NJW 2020, 2947; offengelassen in OLG Köln BeckRS 2019, 35492; dazu auch: MüKoBGB/*Dutta* EuErbVO Art. 5 Rn. 5). 8

Dass die Möglichkeit der Gerichtsstandsvereinbarung durch die betroffenen Parteien von einer Rechtswahl des Erblassers abhängt, wird aus praktischen Gründen kritisiert. Ein Bedürfnis für eine parteiautonome Bestimmung des Gerichtsstands könne sich **auch in anderen Fällen** ergeben, etwa wenn der in Sizilien lebende schwedische Erblasser gar nicht an eine Rechtswahl gedacht hat, seine Erben aber nach wie vor ihren gewöhnlichen Aufenthalt in Nordschweden haben und den Erbfall lieber dort abwickeln würden (Dutta/Herrler/*Hess* EuErbVO 131 (139); *Magnus* IPRax 2011, 393 (395); *Dörner* ZEV 2010, 221 (224)). Die Beschränkung der Gerichtsstandsvereinbarung auf die Wiederherstellung des Gleichlaufs zwischen Erbstatut und Zuständigkeit geht zu Lasten der Verfahrensparteien, denen die durch Parteiautonomie erzielbare Flexibilität bei der Abwicklung des Erbfalls genommen wird (*Leipold,* FS Erecinski, 2011, 1155 (1181); MüKoBGB/*Dutta* EuErbVO vor Art. 4 Rn. 16 mwN; aA *Lagarde,* Rev.crit. dr. int.pr. 2012, 691 (723 f.)). 9

Zudem muss die Rechtswahl zugunsten eines **mitgliedstaatlichen Heimatrechts** erfolgen. Ist der Erblasser Staatsangehöriger eines Drittstaats kann er zwar gem. Art. 22 EuErbVO sein drittstaatliches Staatsangehörigkeitsrecht als Erbstatut wählen, Art. 5 findet jedoch in diesem Fall keine Anwendung, da die Vorschrift nur einen Gleichlauf zwischen dem anwendbaren Erbstatut und der Zuständigkeit mitgliedstaatlicher Gerichte herbeiführen will und keine Zuständigkeit drittstaatlicher Gerichte begründen kann. Eine Gerichtsstandswahl zugunsten drittstaatlicher Gerichte kann im Anwendungsbereich der Verordnung weder aufgrund der EuErbVO selbst, noch auf der Basis des innerstaatlichen mitgliedsstaatlichen Verfahrensrechts ermöglicht werden, für das neben der EuErbVO kein Raum besteht (Bonomi/Wautelet/*Bonomi* Art. 5 Rn. 4). Allerdings ist es bedauerlich, dass hinsichtlich der Zuständigkeit für Verfahren über den Nachlass von Erblassern mit der Staatsangehörigkeit eines Drittstaats, die sich in einem Mitgliedstaat gewöhnlich aufhalten, keine Vereinbarung getroffen werden kann, die Derogationswirkung hat (vgl. auch *Magnus* IPRax 2011, 393 (395)). Bei Erblassern mit der Staatsangehörigkeit eines Drittstaats, die sich in einem Mitgliedstaat gewöhnlich aufhalten, wird das gewählte drittstaatliche Erbstatut daher durch die Gerichte im letzten Aufenthaltsstaat des Erblassers angewandt. Dies kann allerdings zu Kompetenzkonflikten mit Drittstaaten führen (s. etwa Art. 87 Abs. 2 des Schweizer IPRG) und Anerkennungsprobleme verursachen. 10

2. Gerichtsstandsvereinbarung

a) „Entscheidungen in Erbsachen“. Die Gerichtsstandsvereinbarung begründet die Zuständigkeit der Gerichte im Heimatstaat des Erblassers „für Entscheidungen in Erbsachen“ (zur Begriffsbestimmung → EuErbVO vor Art. 4 Rn. 29 ff.). Dies bedeutet grundsätzlich, dass die Gerichtsstandsvereinbarung alle erbrechtlichen Entscheidungen umfasst, die sich aus dem konkreten Erbfall ergeben. Die Grundidee der Vorschrift ist es, die gesamte Nachlassabwicklung von den Gerichten im Mitgliedsstaat des gewählten Rechts durchführen zu lassen. 11

Allerdings kann es unter Umständen nicht praktikabel sein, dass alle betroffenen Parteien einen Gerichtsstand für alle potentiellen aus einem Erbfall entstehenden Erbsachen wählen. Erwägungsgrund 28 stellt daher klar, dass die Vereinbarung sich je nach ihrem Gegenstand auch nur auf spezifische 12

Fragen, dh eine spezifische Erbsache, beziehen kann, die nur einen bestimmten Kreis der vom Nachlass betroffenen Personen betrifft. Es soll also möglich sein, dass nur einige Parteien eine Gerichtsstandsvereinbarung im Hinblick auf eine konkrete Erbsache treffen. Voraussetzung ist allerdings, dass die Entscheidung des gewählten Gerichts, die in dieser Sache ergeht, die Rechte der anderen Parteien am Nachlass nicht berührt.

13 **b) „Betroffene Parteien".** Im Hinblick auf das oben (→ Rn. 11 f.) Gesagte, ist Art. 5, soweit er eine Gerichtsstandsvereinbarung durch die „betroffenen Parteien" verlangt, je nach Fallgestaltung auszulegen. Erwägungsgrund 28 macht deutlich, dass die „betroffenen Parteien" die „vom Nachlass betroffenen Parteien" meint und damit **grundsätzlich alle Parteien umfasst, welchen Rechte und Pflichten aus einem Erbfall entstehen.** Der potentiell betroffene Personenkreis umfasst Erben, Pflichtteilsberechtigte oder Vermächtnisnehmer des Erblassers oder andere in einer Verfügung von Todes wegen oder einer Verfügung unter Lebenden Begünstigte. Da eine Gerichtsstandsvereinbarung die Zuständigkeit der Gerichte im Heimatstaat des Erblassers „für Entscheidungen in Erbsachen" begründen und damit alle potentiell notwendigen Entscheidungen im Zusammenhang mit einer Rechtsnachfolge von Todes wegen umfassen kann, ist normalerweise auch die Zustimmung aller betroffenen Personen erforderlich.

14 Im Unterschied zum „Normalfall" der *professio fori* geht es in Art. 5 EuErbVO regelmäßig um **Mehrpersonenverhältnisse** was die Anwendung der Vorschrift in der Praxis verkompliziert. Häufig wird die Gerichtsstandsvereinbarung in der Praxis an einer fehlenden Einigung der Parteien scheitern, insbesondere wenn der Kreis der beteiligten Personen groß ist, es sei denn der Gegenstand der Gerichtsstandsvereinbarung wird wie in Erwägungsgrund 28 S. 2 auf eine spezifische Frage eingeschränkt, die gerade nicht alle involvierten Personen „betrifft". Da sich eine Gerichtsstandsvereinbarung aber auch auf spezifische Fragen beschränken kann, sofern diese lediglich einige der vom Nachlass betroffenen Personen berühren, ist der Begriff der betroffenen Personen flexibel und fallspezifisch auszulegen. Geht es etwa um ein Verfahren zwischen einem Vermächtnisnehmer und einem Erben, wird es als ausreichend anzusehen sein, dass diese einer Gerichtsstandsvereinbarung zugestimmt haben. Teils wird vorgeschlagen, danach zu unterscheiden, ob die betroffenen Parteien in dem jeweiligen Verfahren als notwendige Streitgenossen anzusehen sind oder nicht. Ist dies der Fall, bedarf es der Beteiligung aller Parteien (Bonomi/Wautelet/*Bonomi* Art. 5 Rn. 9). Wenn es sich um einen Alleinerben in einem nichtstreitigen Verfahren handelt, kann dieser den Gerichtsstand nicht gem. Art. 5 bestimmen, wohl aber nach Art. 7 lit. c (Puig Stoltenberg, Die Parteiautonomie im europäischen Erbrecht, 2019, 157; MüKoBGB/*Dutta* EuErbVO Art. 5 Rn. 10). Hier gelten dann nicht die Formvorschriften des Art. 5 (→ Rn. 32).

15 Problematischer ist, wie **Gläubiger des Erblassers** zu behandeln sind. Dies wird nicht einheitlich beurteilt (s. etwa *Lagarde* Rev CritDIP 2012, 691 ff.; als problematische Frage aufgeworfen bei Khairallah/Revillard/*Gaudemet-Tallon,* Droit européen des successiones internationales, 2013, 131 (132), s. auch MüKoBGB/*Dutta* EuErbVO Art 5 Rn. 8). Zwar sind diese im weiteren Sinn auch vom Nachlass betroffen und es ist das erklärte Ziel der EuErbVO, dass der gesamte Nachlass von einem Gericht abgewickelt wird. Deren Ansprüche gegen die Erben als Rechtsnachfolger des Erblassers sind aber keine Erbsachen im Sinn der Verordnung, die gemäß Art. 1 Abs. 1 auf die Rechtsnachfolge von Todes wegen anzuwenden ist. Die Forderungen der Gläubiger sind vielmehr dem entsprechenden internationalprivatrechtlichen bzw. verfahrensrechtlichen Regime zu unterstellen, das auf die jeweilige Forderung Anwendung findet, zB die Rom I- und Brüssel Ia-VO (Bonomi/Wautelet/*Bonomi* Art. 5 Rn. 10). Eine Gerichtsstandsvereinbarung zwischen Erben und Vermächtnisnehmern des Erblassers bindet die Nachlassgläubiger daher nicht und erfordert auch nicht ihre Zustimmung, da deren Ansprüche nicht erbrechtlicher Natur sind. Sind Gläubiger in einem Rechtsstreit involviert, der den Nachlass betrifft, ist die Frage der Gerichtszuständigkeit gesondert zu beurteilen, die Vereinbarung der Erben nach Art. 5 EuErbVO zugunsten der Gerichte im Heimatstaat des Erblassers kann dem Gläubiger nicht entgegengehalten werden.

16 Dies hindert Gläubiger und Erben aber nicht daran, die Zuständigkeit der Gerichte oder eines speziellen Gerichts im Heimatstaat des Erblassers **separat zu vereinbaren.** Diese Vereinbarung fällt jedoch nicht unter Art. 5 EuErbVO sondern ist nach anderen Vorschriften, etwa nach Art. 25 der Brüssel Ia-VO zu beurteilen, wenn der Rechtsstreit etwa eine vertragliche Forderung gegen den Erblasser betrifft, für welche die Erben als Rechtsnachfolger haften. Oft werden die Gläubiger ihren gewöhnlichen Aufenthalt allerdings im letzten Aufenthaltsstaat des Erblassers haben und einer Gerichtsstandsvereinbarung zugunsten der Gerichte des durch den Erblasser gewählten Rechts nicht zugeneigt sein.

17 Zudem kann ein Gläubiger einen **Vertrag mit dem Erblasser** geschlossen haben, **der selbst bereits eine Gerichtsstandsvereinbarung enthält.** Diese wäre dann auch im Verhältnis Nachlassgläubiger – Erben zu beachten. Hat ein in Nizza lebender Deutscher, dessen Erben in Deutschland leben, sein Heimatrecht gewählt und haben die Erben vereinbart, dass „für Entscheidungen in Erbsachen" die deutschen Gerichte zuständig sein sollen, betrifft dies nicht das Verhältnis zu einem Nachlassgläubiger

aus Genua, mit dem der Erblasser einen Dienstvertrag geschlossen hat, der ausdrücklich der italienischen Gerichtsbarkeit unterstellt wurde.

c) Keine Gerichtsstandswahl durch den Erblasser. Nicht zu rechtfertigen ist, dass der Erblasser selbst keinen Gerichtsstand bestimmen kann, obwohl es ihm gestattet ist, das Erbstatut zu wählen und es um die Verteilung seines Vermögens geht. Es wäre kohärenter und würde dem Erblasser weit größere Rechtssicherheit gewähren, wenn er den Gleichlauf zwischen forum und ius selbst herbeiführen könnte. Die Rechtswahl alleine bietet **keine ausreichende Garantie** für die korrekte Anwendung des gewählten Rechts, wenn letztere durch die Gerichte am letzten Aufenthaltsort des Erblassers erfolgt. 18

Erwägungsgrund 27 der EuErbVO zeigt deutlich, dass in den meisten Situationen die mit einer Erbsache befasste Behörde ihr eigenes Recht anwenden soll. Die Gerichtsstandsvereinbarung wird in Erwägungsgrund 28 ausdrücklich als einer der speziell vorgesehenen Mechanismen angesehen, um den **Gleichlauf** zwischen forum und ius zu gewährleisten. Diesen herbeizuführen **sollte auch dem Erblasser selbst gestattet sein** (vgl. auch die Stellungnahme des *Max Planck Instituts,* RabelsZ 74 (2010), 522 (585 ff.); Rechberger/*Lurger* in, 45 (52); Dutta/Herrler/*Hess* EuErbVO 131 (137); MüKoBGB/*Dutta* EuErbVO vor Art. 4 Rn. 17; Bonomi/Schmid/*Lein* 77 (92 f.)). Gegenargumente dahingehend, dass der Erblasser den vom Nachlass betroffenen Personen einseitig einen Gerichtsstand aufzwingen würde, wenn er den Gerichtsstand selbst bestimmen könnte, überzeugen nicht (s. auch Dutta/Herrler/*Hess* EuErbVO 131 (137)), insbesondere wenn die Parteiautonomie des Erblassers – wie in Art. 5 – auf die Gerichte in seinem Heimatstaat beschränkt ist. Einseitige Gerichtsstandsbestimmungen gibt es auch an anderer Stelle, etwa in Art. 25 Abs. 3 Brüssel Ia-VO in Bezug auf *(testamentary) trusts* (Magnus/Mankowski/*Magnus* Art. 23 Rn. 167 ff.) oder in Art. 87 Abs. 2 des schweizerischen IPRG (Dutta/Herrler/*Lein* EuErbVO 199 (209 f.)). 19

Zudem würde es die **Abwicklung des Erbfalls beschleunigen und vereinfachen,** wenn der Gerichtsstand bereits vom Erblasser vorgegeben ist. Da sich nach Art. 5 zumeist mehrere Personen auf die Zuständigkeit eines oder der Gerichte im Heimatstaat des Erblassers einigen müssen, wird es in der Praxis wohl nur dann zu einem Gleichlauf zwischen forum und ius kommen, wenn die betroffenen Personen alle oder fast alle im Heimatstaat des Erblassers leben. 20

Auch werden zu Beginn eines Nachlassverfahrens jedenfalls bei **nichtstreitigen Verfahren** unter Umständen noch nicht alle betroffenen Parteien bekannt sein, so dass es zur Anwendung des Art. 9 kommen kann. Dieser „perpetuiert" eine durch Gerichtsstandsvereinbarung zwischen den bei Verfahrenseröffnung bekannten vom Nachlass betroffenen Parteien begründete Zuständigkeit nur dann, wenn die neuen Verfahrensparteien sich rügelos einlassen (→ Art. 9 Rn. 13 ff.). Dies erfordert wiederum eine Kooperation aller nun Beteiligten. Könnte der Erblasser den Gerichtsstand einseitig bestimmen, würden Einigungsprobleme zwischen den Parteien und in der Konsequenz Zuständigkeitsprobleme der Gerichte vermieden (vgl. auch Dutta/Herrler/*Hess* EuErbVO 131 (137); *Magnus* IPRax 2011, 393 (397); MüKoBGB/*Dutta* EuErbVO vor Art. 4 Rn. 16). Zudem wird die Gerichtsstandsvereinbarung zwischen den vom Nachlass betroffenen Personen nicht unbedingt vor Prozessbeginn getroffen. Dies wirft Abgrenzungsfragen zur Gerichtsstandsanerkennung (→ EuErbVO Art. 7 Rn. 13 ff.) und dem rügelosen Einlassen (→ EuErbVOArt. 9 Rn. 13 ff.) auf und stellt die Praxistauglichkeit des Gesamtkonzepts der Art. 5–9 EuErbVO in Frage. 21

Die einzige Möglichkeit, den Erblasser formell in eine Gerichtsstandsvereinbarung einzubeziehen, ist diese in einen **Erbvertrag** aufzunehmen, sofern dies nach nationalem Recht möglich ist (für den Zeitpunkt der Gerichtsstandsvereinbarung → Rn. 29 ff.). Gegebenenfalls könnte eine Auflage an die Erben erfolgen, eine Gerichtsstandsvereinbarung abzuschließen (vgl. auch *Lehmann* ZEV 2015, 309 ff.) Die Wirksamkeit der Gerichtsstandsvereinbarung ist gesondert vom Erbvertrag zu beurteilen. Allerdings wird die Zuständigkeitsvereinbarung nur dann zu beachten sein, wenn sie auch die **Zustimmung aller** vom Nachlass betroffenen Personen enthält, die an der konkreten Erbsache beteiligt sind, welche vor Gericht gebracht und für welche die Gerichtsstandsvereinbarung als Grundlage herangezogen wird. Die Möglichkeit auf eine Gerichtsstandsvereinbarung als Teil der Nachlassplanung durch Erbvertrag hinzuwirken, wird eher in einfach gelagerten Familienkonstellationen in Frage kommen. 22

d) Wahl eines oder der Gerichte im Staat des gewählten Rechts. Sinn und Zweck des Art. 5 EuErbVO ist es, wie in Erwägungsgründe 27 und 28 erörtert, einen Mechanismus zu schaffen, der die Zuständigkeit der Gerichte im Mitgliedsstaat des gewählten Rechts eröffnet. Hierbei können die Parteien entweder **ein bestimmtes Gericht im Heimatstaat des Erblassers** wählen, zB an ihrem Wohnort, oder die **Gerichte des Mitgliedsstaats des gewählten Rechts** für zuständig erklären. In ersterem Fall wird sowohl die internationale als auch örtliche Zuständigkeit auf der Basis der EuErbVO bestimmt (s. auch von Bary, Gerichtsstands- und Schiedsvereinbarungen im internationalen Erbrecht, 2018, 60 ff.; Bonomi/Wautelet/Bonomi Rn. 20; Deixler-Hübner/Schauer/Horn Art. 2 Rn. 2; anders MüKo/Dutta EuErbVO Art. 5 Rn. 11, unter Berufung auf den Wortlaut von Art. 7 und Art. 2). Im letzteren bestimmt das interne Verfahrensrecht sowohl welches Gericht sachlich als auch örtlich zuständig ist. Die Zuständigkeit ist **ausschließlich,** eine Vereinbarung einer konkurrierenden Zuständig- 23 keit wie in wirtschaftsrechtlichen Verfahren ist nicht möglich (Bonomi/Wautelet/Bonomi Rn. 22; Deixler-Hübner/Schauer/Deixler-Hübner Rn. 5; aA MüKo/Dutta EuErbVO Art. 5 Rn. 16).

24 Da es der Sinn des Art. 5 EuErbVO ist, forum und ius parallel zu bestimmen, sind keine weitergehenden Wahlmöglichkeiten für den Gerichtsstand vorgesehen. Insbesondere stehen Praktikabilitätserwägungen für die Erben oder sonstigen am Nachlass Berechtigten nicht im Vordergrund (→ Rn. 6). Es ist nicht möglich, dass die vom Nachlass betroffenen Parteien die Zuständigkeit der Gerichte in ihrem Aufenthaltsmitgliedsstaat bestimmen, wenn dieser vom Mitgliedstaat des gewählten Rechts abweicht. Im Aufenthaltsmitgliedsstaat der vom Nachlass betroffenen Parteien können gem. Art. 13 lediglich erbrechtliche Erklärungen abgegeben werden. Die dortigen Gerichte können aber darüber hinaus nicht mit dem Erbfall befasst werden. Leben die Erben in Belgien und hat der deutsche mit letztem gewöhnlichen Aufenthalt an der Côte d'Azur verstorbene Erblasser deutsches Recht als Erbstatut gewählt, können die Erben nur die Zuständigkeit der deutschen Gerichte vereinbaren, nicht die der belgischen. Letztere sind nur im engen Rahmen des Art. 13 für erbrechtliche Erklärungen zuständig.

25 Falls die aufgrund der Regelzuständigkeit nach Art. 4 oder nach Art. 10 eigentlich zuständigen Gerichte angerufen wurden, haben sie sich bei Vorliegen einer Gerichtsstandsvereinbarung für unzuständig zu erklären (Art. 6 lit. b), → EuErbVO Art. 6 Rn. 15 ff. und unten → Rn. 34).

3. Formerfordernisse, Art. 5 Abs. 2

26 Art. 5 Abs. 2 S. 1 EuErbVO verlangt für eine Gerichtsstandsvereinbarung die Schriftform. Dies erfordert eine sowohl schriftliche als auch unterzeichnete Erklärung der betroffenen Parteien, die zudem gem. Art. 5 Abs. 2 S. 1 zu datieren ist. (vgl. zu den Formvorgaben auch EuGH 16.7.2020– C-80/19, ECLI:EU:C:2020:569, Rn. 84 ff).

Die Rechtswahl kann sich hierbei konkludent aus den Bestimmungen einer Verfügung von Todes wegen ergeben, während die Gerichtsstandswahl selbst ausdrücklich und schriftlich erfolgen muss (s. auch Provinzgericht Olsztyn, 29.9.2017, IX Cz 813/17). Anders als die Rechtswahl durch den Erblasser bedarf die Gerichtsstandsvereinbarung aber nicht der Form einer Verfügung von Todes wegen, da sie nicht einseitig durch den Erblasser getroffen werden kann.

27 Nach Art. 5 Abs. 2 Satz 1 sollen elektronische Übermittlungen, die eine dauerhafte Aufzeichnung der Vereinbarung ermöglichen, der Schriftform gleichgestellt sein. Dies entspricht auch Art. 25 Abs. 2 Brüssel Ia-VO. Da Art. 5 Abs. 1 EuErbVO aber „neben" der Schriftform ausdrücklich eine Unterschrift und Datierung fordert, muss auch eine elektronische Gerichtsstandsvereinbarung in internationalen Erbsachen anders als die *professio fori* in Art. 25 Abs. 2 Brüssel Ia-VO ein Datum und eine elektronische Signatur enthalten (Bonomi/Wautelet/*Bonomi* Art. 5 Rn. 12; aA BeckOGK/*Schmidt* EuErbVO Art. 5 Rn. 16).

28 Wird die Gerichtsstandsvereinbarung nicht von allen beteiligten Parteien unterzeichnet, entfaltet sie für die Parteien keine Wirkung, die sie nicht unterschrieben haben. Denkbar wäre etwa der Fall, in welchem eine Gerichtsstandsvereinbarung in elektronischer Form getroffen wurde, ein Erbe aber keine elektronische Signatur verwendet hat. In diesen Fällen kann, wenn der betreffende Erbe Verfahrenspartei ist, zwar nicht Art. 9 eingreifen, wohl aber Art. 7 lit. c (→ EuErbVO Art. 9 Rn. 16).

4. Zeitpunkt der Gerichtsstandsvereinbarung

29 Der Zeitpunkt der Gerichtsstandsvereinbarung ist auch im Zusammenhang mit der zeitlichen Anwendbarkeit der EuErbVO zu bestimmen: die Verordnung findet gem. Art. 83 Abs. 1 auf die Rechtsnachfolge von Personen Anwendung, die am oder nach dem 17. August 2015 verstorben sind.

30 Für die Rechtswahl des Erblassers bzw. die Errichtung von Verfügungen von Todes wegen gelten Übergangsbestimmungen in Art. 83 Abs. 2 bis 4. Die Rechtswahl des Erblassers konnte gem. Kapitel III EuErbVO oder den zum Zeitpunkt der Rechtswahl geltenden internationalprivatrechtlichen Vorschriften des gewöhnlichen Aufenthaltsstaats oder des Heimatstaats des Erblassers, bereits vor dem 17. August 2015 erfolgen, um dem Erblasser die Nachlassplanung zu erleichtern (EuGH 16.7.2020 – C-80/19, ECLI:EU:C:2020:569, Rn. 93 ff.). Diese Regelung **gilt allerdings nicht für die Gerichtsstandsvereinbarung,** die von den Erben und nicht vom Erblasser getroffen wird. Sinnvollerweise sollte man vorab geschlossene Gerichtsstandsvereinbarungen aber als bis zum Inkrafttreten der EuErbVO schwebend unwirksam ansehen, um den vom Nachlass betroffenen Personen die Nachlassabwicklung zu erleichtern. Andernfalls müsste die Gerichtsstandsvereinbarung ab dem 17. August 2015 nochmals abgegeben worden sein bzw. werden.

31 Nicht in der Verordnung geklärt ist der Zeitpunkt, **ab wann bzw. bis wann in einem erbrechtlichen Verfahren eine Gerichtsstandsvereinbarung abgegeben werden kann.** Eine Gerichtsstandsvereinbarung ist, wie es auch der Praxis in anderen Verordnungen entspricht, vor Beginn eines Nachlassverfahrens üblich. Allerdings spricht nichts dagegen, diese bereits vor Eintreten des Erbfalls zuzulassen, sofern sie die vom Nachlass betroffenen Personen, wie von Art. 5 vorgesehen, einbezieht (oben → Rn. 13 ff.). Dies kann im Rahmen eines Erbvertrags angeregt werden (oben → Rn. 22). Wirk-

samkeitsvoraussetzung für die Gerichtsstandsvereinbarung ist natürlich eine Rechtswahl durch den Erblasser. Würde letztere vor dem Tod des Erblassers nach Art. 22 Abs. 4 widerrufen, ist die Gerichtsstandsvereinbarung unwirksam, da die Voraussetzungen des Art. 5 nicht erfüllt sind (Bonomi/Wautelet/*Bonomi* Art. 5 Rn. 16).

Da die Erbrechtsverordnung das Institut der Gerichtsstandsanerkennung in Art. 7 lit. c) einführt, das anderen Formformschriften unterworfen ist (Ausdrücklichkeit → EuErbVO Art. 7 Rn. 15 f.), ist ferner zwischen der Gerichtsstandsvereinbarung und -anerkennung eine **chronologische Trennlinie** zu ziehen: Erstere betrifft den Zeitpunkt bis zur Anrufung des Gerichts. Danach kann der Gerichtsstand durch ausdrückliche Erklärung vor dem Gericht anerkannt werden und bedarf nicht länger der Schriftform (zur Anwendung des Art. 9 → EuErbVO Art. 9 Rn. 3 ff.). Wird die „Anerkennung" des Gerichtsstands dem Gericht schriftlich vorgelegt, verwischen allerdings die Grenzen zwischen der Gerichtsstandsvereinbarung und -anerkennung. Letztlich handelt es sich um dasselbe Institut mit geänderten Formerfordernissen. Gerichtsstandsvereinbarungen werden im Erbrecht jedoch eher selten sein, wenn sie nicht Teil der Nachlassplanung waren (vgl. auch *Magnus* IPRax 2011, 393 (396)). 32

5. Statut

Die Gerichtsstandsvereinbarung unterliegt hinsichtlich der Frage ihres Zustandekommens und ihrer Wirksamkeit dem anwendbaren **Erbstatut,** das aufgrund der beschränkten Parteiautonomie in Art. 5 dem Recht des gewählten Forums entspricht (vgl. auch *Kunz* GPR 2012, 208 (210); Dutta/ Herrler/ *Hess* EuErbVO 131 (138); MüKoBGB/*Dutta* EuErbVO Art. 5 Rn. 18; Puig Stoltenberg, Die Parteiautonomie im europäischen Erbrecht, 2019, 160). 33

IV. Rechtsfolgen

1. Prorogations- und Derogationswirkung

Liegt eine wirksame Gerichtsstandsvereinbarung nach Art. 5 EuErbVO vor, führt diese zur **ausschließlichen Zuständigkeit der Gerichte im Mitgliedstaat des gewählten Rechts.** Dies hat zugleich die Unzuständigkeit der Gerichte nach Art. 4 und 10 EuErbVO zur Folge. Die Zuständigkeit der in der Gerichtsstandsvereinbarung bezeichneten Gerichte ergibt sich aus Art. 5 iVm Art. 7 lit. b, wenn diese direkt angerufen werden. Wird eine Erbsache zunächst vor die aufgrund der Regelzuständigkeit in Art. 4 oder 10 zur Entscheidung berufenen Gerichte gebracht, haben diese sich gem. Art. 5 iVm Art. 6 lit. b für unzuständig zu erklären. Die Zuständigkeit der gewählten Gerichte ergibt sich dann aus Art. 7 lit. a. Wird der Fall ohne vorherige Gerichtsstandsvereinbarung bei den Gerichten im Heimatstaat des Erblassers anhängig gemacht, wird die Zuständigkeit des angerufenen Gerichts aber bei Beginn des Verfahrens von allen Beteiligten bejaht, liegt ein Fall des Art. 7 lit. c vor. Die Grenze zwischen Art. 7 lit. c und Art. 7 lit. b ist fließend, wenn die Gerichtsstandsanerkennung in der Form des Art. 5 Abs. 2 EuErbVO erfolgt. Liegt eine Gerichtsstandsvereinbarung vor, werden aber erst im Laufe des Verfahrens vor dem gewählten Gericht weitere Erben oder Nachlassbegünstigte bekannt, kann Art. 9 eingreifen und die Zuständigkeit durch rügeloses Einlassen begründet sein und sich auf die neue Partei erstrecken. Richtigerweise gilt Art. 9 auch in den Fällen, in welchen der Gerichtsstand des angerufenen Gerichts im Heimatstaat des Erblassers zu Beginn des Verfahrens anerkannt wurde (Art. 7 lit. c), → EuErbVO Art. 7 Rn. 13 ff.). 34

2. Rechtsfolgen bei Änderung der Staatsangehörigkeit

Unter Umständen kann es vorkommen, dass der Erblasser das Recht seiner im Zeitpunkt der Rechtswahl bestehenden Staatsangehörigkeit gewählt hat, im Todeszeitpunkt jedoch eine andere Staatsangehörigkeit besaß. Da es dem Erblasser ausdrücklich gem. Art. 22 EuErbVO gestattet ist, sein Heimatrecht im Zeitpunkt der Rechtswahl zu wählen, perpetuiert sich diese Rechtswahl und ist auch der durch die betroffenen Parteien vorgenommenen Gerichtsstandsvereinbarung zugrunde zu legen, selbst wenn sich die Staatsangehörigkeit des Erblassers zwischenzeitlich geändert hat. Hat der Erblasser nach Rechtswahl eines mitgliedstaatlichen Heimatrechts die Staatsangehörigkeit eines Drittstaats angenommen, erstreckt sich die ursprüngliche Rechtswahl ebenfalls auf die Zuständigkeit des gewählten mitgliedstaatlichen Gerichts. 35

Selbst wenn ohne Gerichtsstandsvereinbarung nur eine beschränkte Zuständigkeit nach Art. 10 Abs. 2 EuErbVO bestünde, umfasst die durch Gerichtsstandsvereinbarung begründete ausschließliche Zuständigkeit den gesamten Nachlass (anders MüKoBGB/*Dutta* EuErbVO Art. 10 Rn. 15).

Artikel 6 Unzuständigerklärung bei Rechtswahl

Ist das Recht, das der Erblasser nach Artikel 22 zur Anwendung auf die Rechtsnachfolge von Todes wegen gewählt hat, das Recht eines Mitgliedstaats, so verfährt das nach Artikel 4 oder Artikel 10 angerufene Gericht wie folgt:

a) Es kann sich auf Antrag einer der Verfahrensparteien für unzuständig erklären, wenn seines Erachtens die Gerichte des Mitgliedstaats des gewählten Rechts in der Erbsache besser entscheiden können, wobei es die konkreten Umstände der Erbsache berücksichtigt, wie etwa den gewöhnlichen Aufenthalt der Parteien und den Ort, an dem die Vermögenswerte belegen sind, oder

b) es erklärt sich für unzuständig, wenn die Verfahrensparteien nach Artikel 5 die Zuständigkeit eines Gerichts oder der Gerichte des Mitgliedstaats des gewählten Rechts vereinbart haben.

Übersicht

I. Allgemeines

1 Artikel 6 EuErbVO ist eine **Koordinationsvorschrift** (vgl auch Khairallah/Revillard/*Lagarde,* Droit européen des successions internationales, 2013, 5 (9)). Sie ermöglicht es dem nach Art. 4 oder 10 EuErbVO angerufenen Gericht, sich unter bestimmten Voraussetzungen für unzuständig zu erklären, wenn der Erblasser eine Rechtswahl zugunsten seines Heimatrechts getroffen hat, um eine Diskrepanz zwischen forum und ius soweit möglich zu vermeiden. Art. 6 lit. a gewährt eine **Befugnis** zur Unzuständigkeitserklärung, wenn das angerufene Gericht für die Entscheidung des Erbfalls weniger geeignet scheint, als die Gerichte im Heimatstaat des Erblassers. Art. 6 lit. b enthält eine **Pflicht** zur Unzuständigkeitserklärung, wenn eine Gerichtsstandsvereinbarung vorliegt. Der von der EuErbVO intendierte Gleichlauf zwischen forum und ius kann somit auch in den Fällen wiederhergestellt werden, in welchen das anwendbare Erbstatut nicht das Recht des letzten Aufenthaltsstaates des Erblassers ist. Er wird aber nicht automatisch gewährt, nur weil eine Rechtswahl vorliegt (*Frimston* PCB 2007, 170 (172)). Die Koordination zwischen forum und ius bei Rechtswahl hängt auch nicht vom Willen des Erblassers ab (zur Kritik an der mangelnden Möglichkeit des Erblassers zur Bestimmung des Gerichtsstands → EuErbVO Art. 5 Rn. 18 ff.). Die Vorschrift des Art. 6 ist jedoch nur dann anwendbar, wenn das gewählte Heimatrecht das Recht eines **Mitgliedstaats** ist, da die EuErbVO nicht über die Zuständigkeit drittstaatlicher Gerichte befinden kann.

Die Vorschrift des Art. 6 ist im **Zusammenhang mit Art. 5 und Art. 7** zu lesen. Die Systematik der Artikel 5–7 ist nur in diesem Kontext zu verstehen (vgl. auch MüKoBGB/*Dutta* EuErbVO vor Art. 4, Rn. 8 ff.).

2 Art. 5 ermöglicht es den von einer Erbsache betroffenen Parteien (nicht aber dem Erblasser selbst, s. → EuErbVO Art. 5 Rn. 18 ff.) im Fall der Rechtswahl durch den Erblasser eine Gerichtsstandsvereinbarung zugunsten der Gerichte des Heimatstaates des Erblassers („Gerichte des Mitgliedstaats des gewählten Rechts") zu treffen, die sich natürlich zwangsläufig auf die Zuständigkeit des nach Art. 4 oder 10 angerufenen Gerichts auswirkt, sofern letzteres nicht ohnehin ein Gericht des Heimatstaats des Erblassers bzw. das in der Gerichtsstandsvereinbarung bezeichnete Gericht ist. Nach **Art. 6 lit. b** erklärt sich nämlich in diesem Fall das nach Art. 4 oder 10 angerufene Gericht für unzuständig, um dem Willen der beteiligten Parteien zu entsprechen. Hierfür bedarf es **weder eines Antrags der Parteien, noch wird dem Gericht ein Ermessen eingeräumt,** da die Parteien in der Gerichtsstandsvereinbarung ihre Willen klar zum Ausdruck gebracht haben. Allerdings müssen die Parteien das angerufene Gericht de facto auf die Gerichtsstandsvereinbarung hinweisen. Dies hat zugleich zur Konsequenz, dass nunmehr die Gerichte bzw. das speziell in der Gerichtsstandsvereinbarung bezeichnete Gericht im Heimatstaat des Erblassers für Entscheidungen über den Erbfall zuständig werden (s. → EuErbVO Art. 7 Rn. 1 ff.).

3 Im Gegensatz dazu **kann** es nach Art. **6 lit. a** zu einer Unzuständigkeitserklärung des angerufenen Gerichts kommen, wenn eine Verfahrenspartei eine solche **beantragt** und das angerufene Gericht nach

Abwägung der konkreten Umstände der Erbsache zu dem Schluss kommt, dass die Gerichte im Heimatstaat des Erblassers besser in der Erbsache entscheiden können. Anders als Art. 6 lit. b gibt Art. 6 lit. a dem angerufenen Gericht lediglich eine **Befugnis,** auf Antrag einer Partei eine Ermessensentscheidung zu treffen. Diese erfordert eine umfassende Abwägung der konkreten Umstände der Erbsache durch das angerufene Gericht. Ist das angerufene Gericht der Ansicht, es sei ein *forum non conveniens* (vgl. auch Khairallah/Revillard/*Gaudemet-Tallon,* Droit européen de successions internationales, 2013, 127 (132)) **kann es sich für unzuständig erklären.** Die Unzuständigkeitserklärung nach Art. 6 lit. a führt ebenfalls dazu, dass gem Art. 7 lit. a die Zuständigkeit der Gerichte des Heimatstaats des Erblassers begründet wird.

Die Vorschrift des Art. 6 wird nur relevant, wenn das nach Art. 4 oder 10 angerufene Gericht nicht 4 bereits ein Gericht bzw. ein nach Art. 5 speziell benanntes Gericht **im Heimatstaat des Erblassers** ist. Insbesondere in den Fällen, in welchen die Zuständigkeit des angerufenen Gerichts nach Art. 10 Abs. 1 lit. a EuErbVO begründet ist, wird die Vorschrift des Art. 6 daher keine praktische Bedeutung erlangen, da es sich beim angerufenen Gericht ohnehin um ein heimatstaatliches Gericht handelt. Auch in den Fällen, in welchen der Erblasser eine Rechtswahl zugunsten seines Heimatrechts traf, weil er ins Ausland verzog, seinen letzten gewöhnlichen Aufenthalt dann aber wieder im den Mitgliedstaat verlegte, dessen Staatsangehörigkeit er besaß, wird Art. 6 keine praktische Bedeutung haben. Etwas anderes gilt nur, wenn der Erblasser Mehrstaatler war oder per Gerichtsstandsvereinbarung nach Art. 5 ein bestimmtes Gericht im Heimatstaat des Erblassers vereinbart wurde, und das angerufene Gericht zwar ein heimatstaatliches Gericht ist, aber nicht das gewählte Gericht (Art. 7 → Rn. 7).

II. Artikel 6 lit. a – Fakultative Unzuständigkeitserklärung wegen *forum non conveniens*

1. Wahl eines mitgliedstaatlichen Heimatrechts

Die Anwendung von Artikel 6 lit. a setzt eine **Rechtswahl des Erblassers** voraus. Diese Rechtswahl 5 muss zugunsten des Rechts eines **Mitgliedstaats** getroffen werden, da sich das Zuständigkeitsregime der EuErbVO nur auf mitgliedstaatliche Gerichte bezieht. Hat etwa der mit letztem gewöhnlichem Aufenthalt in Deutschland verstorbene schweizerische Erblasser sein Heimatrecht gewählt, scheidet eine Unzuständigkeitserklärung nach Art. 6 aus und es bleibt bei der Anwendung des Art. 4 oder 10. In diesen Fällen fallen Zuständigkeit und anwendbares Recht auseinander bzw. kann es zu positiven Kompetenzkonflikten kommen, wenn sich die Gerichte im Heimat-Drittstaat des Erblassers in Folge der Rechtswahl des Heimatrechts für zuständig ansehen, die Gerichte im letzten oder früheren Aufenthalts-Mitgliedstaat (Art. 4 oder 10 Abs. 1 lit. b) bzw. im Belegenheits-Mitgliedstaat (Art. 10 Abs. 2) aber ebenfalls. Zwar verhindert die Limitierung des Art. 6 auf die Rechtswahl zugunsten eines *mitgliedstaatlichen* Heimatrechts negative Kompetenzkonflikte, die entstehen könnten, wenn ein Drittstaat keine Rechtswahl kennt bzw. bei Wohnsitz im Ausland nicht zuständig ist. Sie führt auch dazu, dass mitgliedstaatliche Gerichte die gewählte Rechtsordnung an ihrem *ordre public*-Standard messen müssen und garantiert den „Schutz" der EU-Gerichte. Bei außerhalb der EU ansässigen Erben kann dies allerdings auch zu ungewünschten Ergebnissen führen (Bonomi/Wautelet/*Bonomi* Art. 6 Rn. 9 und Art. 35 Rn. 17 ff.).

Die Vorschrift des Art. 6 bezieht sich ausdrücklich nur auf die **Rechtswahl nach Art. 22 EuErbVO** 6 inklusive der für die Rechtswahl geltenden Formvorschriften des Art. 22 Abs. 2 (zu den Formvorschriften → EuErbVO Art. 22 Rn. 23). Fälle des Art. 83 Abs. 2, 4 EuErbVO sollten jedoch ebenfalls umfasst sein (s. oben EuGH 16.7.2020 – C-80/19, ECLI:EU:C:2020:569, Rn. 91 ff., offengelassen in OLG Köln BeckRS 2019, 35492). Dies schließt jedoch nicht auch die Rechtswahl nach 24 Abs. 2 und 25 Abs. 3 mit ein, die sich auf Fragen der Zulässigkeit und materiellen Wirksamkeit von Verfügungen von Todes wegen bzw. Erbverträgen beschränkt (Bonomi/Wautelet/*Bonomi* Art. 6 Rn. 18; *Janzen* DNotZ 2012, 484 (491); aA MükoBGB/*Dutta* EuErbVO Art. 6 Rn. 5). Art. 24 Abs. 2 und 25 Abs. 3 EuErbVO ermöglichen es dem Erblasser, für die Zulässigkeit und materielle Wirksamkeit von Verfügungen von Todes wegen eine – gesonderte – Rechtswahl seines Heimatrechts zu treffen, die aber das anwendbare Erbstatut gerade unberührt lässt. Dieser Fall rechtfertigt keine Unzuständigkeitserklärung, da das Gleichlaufprinzip zwischen forum und ius nur begrenzt durchbrochen wird. Anders ist jedoch der Fall zu beurteilen, in welchem sowohl für die Zulässigkeit und materielle Wirksamkeit von Testamenten und Erbverträgen, als auch für das auf die testamentarische Erbfolge anwendbare Erbstatut bzw. nur für letzteres eine Rechtswahl getroffen wurde. Hier liegt dann eine Rechtswahl iSd Art. 22 bzw. Art. 6 vor.

Wird die Wirksamkeit der Rechtswahl von den Verfahrensparteien **bestritten,** soll eine Unzuständig- 7 keitserklärung nicht möglich sein, solange das angerufenen Gericht nicht über die Wirksamkeit der *professio iuris* entschieden hat. Dies erfordert eine umfassende Prüfung der Rechtswahlvoraussetzungen durch das angerufene Gericht, da die Rechtswahl eine der Voraussetzungen für eine mögliche Unzuständigkeitserklärung ist (Bonomi/Wautelet/*Bonomi* Art. 6 Rn. 19). Das im Fall der Wirksamkeit der Rechtswahl nach Art. 7a zuständige Gericht muss die Rechtswahlvoraussetzungen nicht nochmals prüfen. Dies ergibt sich aus der besonderen Systematik der Art. 6 und 7.

2. Antrag einer Verfahrenspartei

8 Art. 6 lit a EuErbVO setzt voraus, dass eine Verfahrenspartei die Unzuständigkeitserklärung des angerufenen Gerichts beantragt. Ohne **formale Antragstellung** kann das angerufene Gericht eine Unzuständigkeitserklärung nicht in Betracht ziehen, selbst wenn es ein Nachlassverfahren von Amts wegen einleitet oder sich im Lichte der Rechtswahl des Erblassers und der konkreten Umstände der Erbsache als *forum non conveniens* ansieht (Kharaillah/Revillard/*Gaudemet-Tallon,* Droit européen des successions internationales, 2013, 127 (132); OLG Köln, Beschluss vom 11.12.2019 – 2 Wx 332/19, BeckRS 2019, 35492 Rn. 12). Bereits im Verordnungsvorschlag wurde klargestellt, dass die Verweisung an ein Gericht des Heimatmitgliedstaats nicht automatisch erfolgen soll (KOM 2009, 154 endg, *expanatory memorandum,* 4.2). Die formlose Mitteilung eines ausländischen Notars zur Anwendbarkeit deutschen Erbrechts und der fehlenden eigenen Kenntnis des deutschen Erbrechts ohne entsprechenden Antrag stellt keine wirksame Unzuständigkeitserklärung iSd Art. 6 Buchst. a EuErbVO dar (OLG Köln, Beschluss vom 11.12.2019 – 2 Wx 332/19, BeckRS 2019, 35492, Rn 12). Sofern das nationale Verfahrensrecht dies erlaubt, kann das angerufene Gericht jedoch darauf hinwirken, dass eine Partei einen solchen Antrag stellt. Im deutschen Verfahrensrecht ist dies nach § 139 ZPO bzw. § 28 FamFG möglich.

3. *Forum non conveniens*

9 Die Vorschrift des Art. 6 lit. a erlaubt eine Unzuständigkeitserklärung auf der Grundlage des *forum non conveniens* Gedankens, lässt letzteren jedoch nicht als alleiniges Kriterium ausreichen, da die Anwendung des Art. 6 lit. a wie oben erörtert (→ Rn. 5 ff.) zusätzlich sowohl eine Rechtswahl des Erblassers zugunsten des Rechts eines anderen Mitgliedsstaats als auch einen Antrag einer Verfahrenspartei voraussetzt (Schauer/Scheuba/*Bajons,* Europäische Erbrechtsverordnung, 2012, 29 (34)). Wie Art. 15 Brüssel IIa-VO ist die Vorschrift eine der wenigen Ausnahmen vom Grundgedanken des europäischen Verfahrensrechts, dass es innerhalb der mitgliedstaatlichen Gerichte keine Bezugnahme auf *forum non conveniens* Erwägungen geben darf (vgl. auch EuGH – C-281/02 – *Owusu v Jackson,* 1. März 2005, Slg. 2005, I-1383). Sie lässt sich aber damit rechtfertigen, dass der Kreis der potentiell besser geeigneten Gerichte auf die des Heimatstaats des Erblassers beschränkt ist (Bonomi/Wautelet/*Bonomi* Art. 6 Rn. 6). Art. 6 lit. a EuErbVO unterscheidet sich jedoch zugleich erheblich von der sehr flexiblen Vorschrift des **Art. 15 Brüssel IIa-VO.** Letzterer erlaubt es dem angerufenen Gericht nach Art. 15 Abs. 2 lit. b auch **von Amts wegen** über eine Verweisung des Falles an ein Gericht eines anderen Mitgliedstaats zu befinden, zu dem eine besondere Bindung besteht, oder das den Fall oder einen bestimmten Teil des Falls besser beurteilen kann. Nach Art. 15 Abs. 2 lit. c Brüssel IIa-VO kann die Verweisung zudem von einem Gericht eines anderen Mitgliedstaates beantragt werden. Beides ist **nach der EuErbVO nicht möglich,** ohne dass ein besonderer Grund diese Unterscheidung rechtfertigen würde. Insbesondere wäre es hilfreich, den Fall von Amts wegen abzugeben, wenn das angerufene Gericht zum Schluss kommt, dass es verglichen mit den Gerichten des Heimatstaats ein *forum non conveniens* ist (so auch MüKoBGB/*Dutta* EuErbVO Art. 6 Rn. 4).

10 Wann ein Gericht sich für unzuständig erklärt, hängt von den **konkreten Umständen der Erbsache** ab. Das zuständige Gericht soll eine **ausgewogene Lösung** finden, die die Interessen aller Beteiligten berücksichtigt (Erben, Vermächtnisnehmer, Gläubiger aber auch die Interessen des Erblassers). Beispielhaft („wie etwa“) werden in Art. 6 lit. a der gewöhnliche Aufenthalt der Parteien (Erben, Vermächtnisnehmer bzw. Gläubiger) und der Belegenheitsort von Vermögensgegenständen genannt. Dies umfasst die Fälle, in welchen die Erben im Heimatstaat des Erblassers wohnen oder die Immobilien oder Konten des Erblassers sich überwiegend in seinem Heimatstaat befinden. Dies schließt aber nicht aus, dass das Gericht **weitere Faktoren** in Erwägung zieht, wie etwa die Komplexität der gewählten Rechtsordnung und Sprache. Wählt ein mit gewöhnlichen Aufenthalt in Brüssel verstorbener französischer Erblasser sein Heimatrecht und hat Immobilien in beiden Ländern, wird der Fall für die belgischen Gerichte weniger problematisch sein als der Fall eines mit letztem gewöhnlichen Aufenthalt in Deutschland verstorbenen litauischen Erblassers mit Immobilien in Vilnius und Erben in Vilnius und Deutschland, der litauisches Heimatrecht wählte. Die Beurteilung der konkreten Umstände der Erbsache ist daher vielschichtig. Fälle in welchen der Erblasser etwa sein englisches Heimatrecht wählte, werden hier allerdings Schwierigkeiten bereiten, da Art. 6 EuErbVO nicht eingreift. Aufgrund der speziellen Verfahrenserfordernisse des Rechts von England und Wales kann es zu einer Situation kommen, in der ein Erbrechtsfall an sich besser von den englischen Gerichten zu beurteilen wäre. Da das Vereinigte Königreich jedoch nie Mitgliedstaat der EuErbVO war (zum Begriff des Mitgliedstaats → Einl. Rn. 27 ff.) scheidet eine Unzuständigkeitserklärung bei Wahl des englischen Rechts aus. Hier bietet allenfalls Art. 29 Abs. 3 eine begrenzte Hilfestellung (→ EuErbVO Art. 29 Rn. 45).

11 Zudem muss das angerufene Gericht bei seiner Abwägungsentscheidung zu dem Schluss kommen, dass die **Gerichte des Heimatstaats „besser geeignet“** sind, den Erbfall zu entscheiden. Hier stellt

sich die Frage, ob eine Unzuständigkeitserklärung mit der Begründung verweigert werden kann, dass ein Verfahren im Heimatstaat wesentlich **zeitaufwendiger** wäre. Auch ist fraglich, ob materiell-rechtliche Erwägungen angestellt werden können, etwa dass der Verbleib des Falles vor den Gerichten des letzten Aufenthaltsstaats den *ordre public*-Standard dieses Staats sichern würde, während bei Anwendung des gewählten Rechts durch die Gerichte im Heimatstaat eine Diskriminierung droht (bejahend Bonomi/Wautelet/*Bonomi* Art. 6 Rn. 13). Der Wortlaut des Art. 6 lit. a EuErbVO deutet auf eine umfassende Einbeziehung **aller konkreten Umstände** der Erbsache hin.

Nicht von Art. 6 umfasst ist der Fall, in dem das **Gericht im Heimatstaat** des Erblassers, dessen Recht gewählt wurde, **direkt angerufen wird,** obwohl eigentlich eine Zuständigkeit am letzten gewöhnlichen Aufenthalt des Erblassers nach Art. 4 oder 10 Abs. 1 lit. b oder eine Zuständigkeit nach Art. 10 Abs. 2 eröffnet ist (der Fall des Art. 10 Abs. 1 lit. a ist insoweit unproblematisch, als er ohnehin eine Zuständigkeit der Gerichte des Heimatstaates eröffnet). Art. 6 betrifft nur den Fall in welchem die nach Art. 4 oder 10 zuständigen Gerichte angerufen wurden. Wird das Gericht im Heimatstaat des Erblassers, dessen Recht gewählt wurde, direkt angerufen, kann zunächst nur über Art. 7 lit. b im Fall der Gerichtsstandsvereinbarung bzw. über Art. 7 lit. c eine Zuständigkeit der Heimatgerichte begründet werden, wenn die Verfahrensparteien die Zuständigkeit der Gerichte im Heimatstaat des Erblassers anerkannt haben. Hat mindestens eine Verfahrenspartei die Zuständigkeit der Gerichte im Heimatstaat des Erblassers nicht anerkannt und liegt keine Gerichtsstandsvereinbarung vor, sind die Gerichte des Heimatstaats – zunächst – unzuständig. Der Fall wäre an die Gerichte abzugeben, die ihre Zuständigkeit auf Art. 4 oder 10 lit. b bzw. lit. c stützen können, bis eine Verfahrenspartei einen Unzuständigkeitsantrag stellt und das Gericht, dessen Unzuständigkeit in Frage steht, die konkreten Umstände des Falles abgewogen hat und die Gerichte im Heimatstaat als zur Entscheidung besser geeignet befunden hat. Dies gilt auch dann, wenn der Sachverhalt eindeutig einen **stärkeren Bezug** zum Heimatstaat des Erblassers hat. Auch unter diesem Aspekt wäre eine **flexiblere Vorschrift wie Art. 15 Abs. 2 lit. b und c Brüssel IIa-VO sinnvoller** als die derzeitige Fassung der EuErbVO. 12

4. Folgen

Die Folgen der Unzuständigkeitserklärung ergeben sich aus Art. 6 lit. a iVm Art. 7, und sind in Art. 6 nicht vollständig geregelt. Kommt das Gericht nach Abwägung der konkreten Umstände zu dem Ergebnis, dass die Gerichte des Heimatstaates besser geeignet sind über den Erbfall zu entscheiden, kann es sich für unzuständig erklären. Ein **freies Ermessen besteht jedoch nicht,** dh das Gericht kann bei eindeutiger Sachlage zugunsten der Gerichte des Heimatstaats des Erblassers die Unzuständigkeitserklärung nicht ablehnen (MüKoBGB/*Dutta* EuErbVO Art. 6 Rn. 7). Hat sich das angerufene Gericht für unzuständig erklärt, begründet Art. 7 lit. a die Zuständigkeit der Gerichte im Heimatstaat des Erblassers. Diese können ihre Zuständigkeit nicht ablehnen, da die Unzuständigkeitserklärung eine Prorogationswirkung entfaltet. 13

Das Zusammenspiel der Art. 6 und 7, durch die die Zuständigkeiten der Gerichte am Ort des letzten gewöhnlichen Aufenthalts bzw. der nach Art. 10 zuständigen Gerichte mit den Gerichten im Heimatstaat des Erblassers koordiniert werden sollen, gleicht die Tatsache aus, dass die EuErbVO anders als noch der Verordnungsvorschlag keine ausdrückliche Regelung enthält, die absichert wann bzw. dass sich die heimatstaatlichen Gerichte mit dem Erbfall befassen. Der Verordnungsvorschlag sah ursprünglich (in dessen Art. 5 Abs 1, vgl. KOM 2009, 154 endg.) vor, dass das angerufene Gericht, wenn es sich für unzuständig erklärt, die Parteien auffordert, die Gerichte des Heimatmitgliedstaats anzurufen. Zudem bestimmte Art. 5 Abs. 2 des Verordnungsvorschlags, dass das angerufene Gericht eine Frist setzt, innerhalb derer die Gerichte des Mitgliedstaats anzurufen sind, dessen Recht der Erblasser gewählt hat. Im Fall der Untätigkeit der Gerichte im Heimatstaat des Erblassers sollte ein negativer Kompetenzkonflikt dadurch vermieden werden, dass das befasste Gericht zuständig bleiben sollte. Dieser Lösung wurde im Verordnungstext nicht gefolgt, allerdings wird dies durch Art. 7 lit. a ausgeglichen, der in Folge der Unzuständigkeitserklärung des ursprünglich angerufenen Gerichts eine Zuständigkeit der Gerichte im Heimatstaat des Erblassers begründet. Es ist anzunehmen, **dass die Gerichte den Erbfall an die Heimatgerichte verweisen** (vgl. auch MüKoBGB/*Dutta* EuErbVO Art. 6 Rn. 10). Auch wenn dies nicht ausdrücklich gesagt wird, ist praktisch nur dieses Szenario denkbar. **Konkrete Vorgaben hierfür bzw. zeitliche Rahmenvorgaben fehlen jedoch.** 14

III. Artikel 6 lit. b – Zwingende Unzuständigkeitserklärung bei Gerichtsstandsvereinbarung

1. Kein gerichtliches Ermessen

Haben die betroffenen Parteien eine Gerichtsstandsvereinbarung getroffen, so **haben** sich die nach Art. 4 oder 10 angerufenen Gerichten gem. Art. 6 lit. b für unzuständig zu erklären. Ein **gerichtlicher** 15

Entscheidungsspielraum besteht hier nicht. Zugleich erklärt Art. 7 lit. b das gewählte Gericht bzw. die Gerichte des Heimatstaats des Erblassers für zuständig. Art. 6 lit. b greift nur in dem Fall ein, in welchem trotz der Gerichtsstandsvereinbarung zunächst die entsprechend der Regelzuständigkeit in Art. 4 oder aufgrund subsidiärer Zuständigkeit in Art. 10 zuständigen Gerichte mit dem Erbfall betraut wurden. Dieser Fall wird **in der Praxis eher selten** sein, da sich die Parteien bei einem gewillkürten Gerichtsstand regelmäßig auch direkt an das gewählte Gericht bzw. an die Gerichte des Heimatstaats des Erblassers wenden werden, dessen Zuständigkeit sich direkt aus Art. 7 lit. b iVm Art. 5 ergibt. Er kommt nur dann in Betracht, wenn die Wirksamkeit der Gerichtsstandsvereinbarung zwischen den Parteien umstritten ist.

2. Wirksamkeit der Gerichtsstandsvereinbarung

16 Der Fall, in welchem die **Wirksamkeit der Gerichtsstandsvereinbarung umstritten** ist, ist problematisch. (Zu den Voraussetzungen einer wirksamen Gerichtsstandsvereinbarung → Art. 5 Rn. 8 ff.). Nach dem Wortlaut der EuErbVO in Art. 6 lit. b, 7 lit. b und Art. 17 sollte diese Frage vom jeweils zuerst angerufenen Gericht zu klären sein. Wird der Fall zunächst vor einem Gericht im Mitgliedsstaat des letzten gewöhnlichen Aufenthalts des Erblassers anhängig gemacht, hat dieses Gericht über die Wirksamkeit der Gerichtsstandsvereinbarung zu entscheiden, und sich dann gegebenenfalls nach Art. 6 lit. b für unzuständig zu erklären (vgl. auch Art. 17 EuErbVO). Wird das in der Gerichtsstandsvereinbarung bezeichnete Gericht (bzw. das nach internem Recht im Heimatstaat des Erblassers zuständige Gericht) direkt angerufen, entscheidet dieses über die Wirksamkeit der Gerichtsstandsvereinbarung, siehe auch Art. 7 lit. b. Dies entspricht im Ergebnis weitgehend der Situation unter der Brüssel I-VO von 2001 und der *Gasser* Rechtsprechung des EuGH (EuGH Urt. v. 9.12.2003 – C-116/02, ECLI:EU:C:2003:657 = BeckRS 2004, 74175). Die Brüssel Ia-VO hat sich jedoch (zu Recht) in Art. 31 Abs. 2 im Rahmen der Litispendenz für eine andere Lösung entschieden, und gewährt dem Gericht den Vorrang, das in der Gerichtsstandsvereinbarung bezeichnet ist.

17 Die EuErbVO unterscheidet sich allerdings aufgrund der derzeitigen Systematik der Art. 6 lit. b und 7 lit. b von der Brüssel Ia-VO und räumt den aufgrund von Art. 4 oder 10 angerufenen Gerichten eine größere und aktivere Rolle ein, da sie im Fall der Gerichtsstandsvereinbarung zugunsten eines Gerichts im Heimatstaat des Erblassers das Verfahren nicht aussetzen, sondern sich für unzuständig erklären müssen. Deshalb wird ihre Prüfung der Gerichtsstandsvereinbarung als gerechtfertigt angesehen (Bonomi/Wautelet/*Bonomi* Art. 6 Rn. 17). Erfolgt die Unzuständigkeitserklärung, wird nach Art. 7 lit. b die Zuständigkeit des gewählten Gerichts/ der Gerichte im Heimatstaat des Erblassers eröffnet, ohne dass dieses/ diese ihre Zuständigkeit nochmals überprüfen. Ein negativer Kompetenzkonflikt kann daher nicht entstehen. Statt der Systematik der Art. 6 und 7 EuErbVO wäre jedoch eine Art. 31 Abs. 2 Brüssel Ia-VO vergleichbare Lösung zu überdenken gewesen.

Zur **Rechtswahl** und zu den **Folgen der Unzuständigkeitserklärung** siehe bereits → Rn. 5 ff., 13 ff.

Artikel 7 Zuständigkeit bei Rechtswahl

Die Gerichte eines Mitgliedstaats, dessen Recht der Erblasser nach Artikel 22 gewählt hat, sind für die Entscheidungen in einer Erbsache zuständig, wenn

a) sich ein zuvor angerufenes Gericht nach Artikel 6 in derselben Sache für unzuständig erklärt hat,

b) die Verfahrensparteien nach Artikel 5 die Zuständigkeit eines Gerichts oder der Gerichte dieses Mitgliedstaats vereinbart haben oder

c) die Verfahrensparteien die Zuständigkeit des angerufenen Gerichts ausdrücklich anerkannt haben.

Übersicht

I. Allgemeines und Systematik der Vorschrift

Art. 6 regelt den Status des zunächst angerufenen Gerichts, dh dessen eventuelle Unzuständigkeit. Art. 7 bestimmt hingegen **(positiv)** die **Zuständigkeit** der Gerichte im Heimatstaat des Erblassers. Art. 7 setzt parallel zu Art. 6 voraus, dass der Erblasser eine **Rechtswahl** zugunsten eines **mitgliedstaatlichen** Rechts getroffen hat (→ EuErbVO Art. 5 Rn. 8 ff. und → EuErbVO Art. 6 Rn. 5 ff.; zur Wahl eines drittstaatlichen Rechts → EuErbVO Art. 5 Rn. 10 und → EuErbVO Art. 6 Rn. 5). 1

1. Art. 7 lit. a – Zuständigkeit der Gerichte des Heimatmitgliedstaats nach Unzuständigkeitserklärung des zuerst angerufenen Gerichts

Art. 7 lit. a bildet das Gegenstück zu Art. 6 lit. a und b EuErbVO: Art. 6 lit. a betrifft die Unzuständigkeitserklärungsbefugnis eines angerufenen mitgliedstaatlichen Gerichts auf der Basis des *forum non conveniens* Gedankens (→ EuErbVO Art. 6 Rn. 9 ff.), Art. 7 lit. a enthält parallel hierzu eine zuständigkeitskonstituierende Vorschrift für die Gerichte im Heimatstaat des Erblassers. Art. 6 lit. b regelt die Unzuständigkeitserklärungspflicht im Fall der Gerichtsstandswahl durch die betroffenen Parteien nach Art. 5. Ergänzt wird Art. 6 lit. b wiederum durch Art. 7 lit. a, der die Zuständigkeit der Gerichte im Mitgliedsstaat des gewählten Rechts begründet, wenn trotz Gerichtsstandsvereinbarung zunächst die Gerichte im letzten Aufenthaltsstaat, früheren Aufenthaltsstaat oder Belegenheitsstaat angerufen wurden (Art. 4 oder 10 EuErbVO), zB weil eine Partei die Gerichtsstandsvereinbarung für ungültig hielt. 2

2. Art. 7 lit. b und c – direkte Zuständigkeit der Gerichte im Mitgliedstaat des gewählten Rechts

Zugleich begründet die Vorschrift in den Fällen des Art. 7 lit. b und c eine **direkte** Zuständigkeit der Gerichte im Mitgliedstaat des gewählten Rechts. 3

Die Vorschrift des **Art. 7 lit. b** greift dann ein, wenn die Gerichte im Heimatstaat des Erblassers bei Vorliegen einer **Gerichtsstandsvereinbarung** direkt angerufen werden. Art. 7 lit. b regelt die Zuständigkeit eines konkret in der Gerichtsstandsvereinbarung benannten Gerichts bzw. allgemein der Gerichte des Mitgliedsstaats des gewählten Rechts (je nach Formulierung der Gerichtsstandsvereinbarung). Art. 7 lit. b ist im Grunde **deklaratorischer** Natur, da sich die Zuständigkeit der in der *professio fori* bezeichneten Gerichte aus der Vereinbarung selbst (iVm Art. 5 EuErbVO) ergibt. Die Vorschrift des Art. 6 lit. b ist in diesem Fall irrelevant, da sie nur ein Szenario betrifft, in dem ein nach Art. 4 oder 10 zuständiges Gericht zuerst angerufen wurde. 4

Zusätzlich begründet **Art. 7 lit. c** eine direkte Zuständigkeit des angerufenen Gerichts im Heimatstaat des Erblassers, wenn die Verfahrensparteien diese **ausdrücklich anerkannt** haben. Hierzu kommt es, wenn die Gerichte im Heimatstaat des Erblassers direkt angerufen wurden, ohne dass eine Gerichtsstandsvereinbarung vorliegt, die Parteien aber ausdrücklich einverstanden waren, dass sich die Gerichte im Staat des gewählten Rechts mit dem Erbfall befassen (s. hierzu LG Olsztyn, 29.9.2017, IX Cz 813/17). 5

Im Fall des Art. 7 lit. a wird die Wirksamkeit der Rechtswahl des Erblassers als Zuständigkeitsvoraussetzung bereits von dem zunächst angerufenen Gericht überprüft. Nur im Fall des Art. 7 lit. b und c obliegt die Wirksamkeitsprüfung dem im Mitgliedsstaat des gewählten Rechts direkt angerufenen Gericht. 6

Art. 7 ist nicht von Bedeutung, wenn die Gerichte im Mitgliedstaat des gewählten Rechts bereits nach Art. 4 oder 10 zuständig sind, weil sich der gewöhnliche Aufenthalt und die Staatsangehörigkeit an den gleichen Mitgliedstaat knüpfen. Art. 7 lit. b kann in letzterem Fall allenfalls dann relevant werden, wenn die Parteien ein **konkretes** Gericht im Heimatstaat des Erblassers benannt haben, dieses aber nicht angerufen wurde. Art. 5 (vgl. Art. 7 lit. b) erlaubt die Vereinbarung der Zuständigkeit „eines Gerichts oder der Gerichte" des Mitgliedstaats des gewählten Rechts. 7

II. Prorogation durch Unzuständigkeitserklärung, Art. 7 lit. a

1. Keine Prüfungskompetenz

a) Hinsichtlich der Gründe für die Unzuständigkeitserklärung. Art. 7 lit. a ist das Gegenstück zu Art. 6 lit. a und b und greift dann ein, wenn sich die nach Art. 4 oder 10 angerufenen Gerichte entweder gemäß Art. 6 lit. a für unzuständig erklärt haben, weil sie sich als *forum non conveniens* betrachten (→ EuErbVO Art. 6 Rn. 5 ff.; siehe auch OLG Köln, Beschluss vom 11.12.2019 – 2 Wx 332/19, BeckRS 2019, 35492, Rn 12); oder die Unzuständigkeitserklärung gemäß Art. 6 lit. b erfolgte, 8 weil eine wirksame Gerichtsstandsvereinbarung vorliegt (→ EuErbVO Art. 6 Rn. 15 ff.). In beiden Fällen werden die Gerichte im Heimatstaat des Erblassers gem. Art. 7 lit. a **automatisch** zuständig, dh ohne die Ermessensausübung des Ursprungsgerichts bei der Unzuständigkeitserklärung bzw. die Wirksamkeit einer Gerichtsstandsvereinbarung nochmals überprüfen zu müssen oder überprüfen zu dürfen. Diese Prüfung obliegt allein dem zunächst angerufenen Gericht. Andernfalls könnte es zu widersprüchlichen Ergebnissen kommen und ein negativer Kompetenzkonflikt drohen (vgl. auch *Wilke* RIW 2012, 601 (604)).

9 **b) Hinsichtlich der Rechtswahl.** Gleiches muss auch für die Überprüfung der Wirksamkeit der Rechtswahl durch den Erblasser gelten. Die Rechtswahl ist bereits Voraussetzung für die Anwendung von Art. 6 EuErbVO. Ihre Wirksamkeit musste bereits durch das zunächst angerufene Gericht überprüft werden. Die Gerichte im Heimatstaat des Erblassers können diese Prüfung nicht wiederholen, andernfalls würden sich Kompetenzkonflikte nicht vermeiden lassen (MüKoBGB/*Dutta* EuErbVO Art. 7 Rn. 3 und Bonomi/Wautelet/*Bonomi* Art. 6 Rn. 2). Auch hier gilt das Prinzip des *mutual trust.*

2. Zeitpunkt der Prorogation

10 Unklar ist, ob Art. 7 lit. a EuErbVO erst dann greift, wenn die Unzuständigkeitserklärung der nach Art. 4 oder 10 EuErbVO angerufenen Gerichte **endgültig,** dh unanfechtbar geworden ist (MüKoBGB/*Dutta* EuErbVO Art. 7 Rn. 4). Es wird vorgeschlagen, im Rahmen von Art. 7 lit. a in Analogie zu **Art. 17 Abs. 2 EuErbVO** bzw. **Art. 29 Abs. 3 Brüssel Ia-VO** erst dann eine Prorogationswirkung anzunehmen, wenn die Unzuständigkeitserklärung nach dem internen Verfahrensrecht im Mitgliedstaat des zunächst angerufenen Gerichts nicht mehr angefochten werden kann (MüKoBGB/*Dutta* EuErbVO Art. 7 Rn. 4). Dies würde Kompetenzkonflikte vermeiden, die im Zuge einer Anfechtung der Unzuständigkeitserklärung entstehen könnten, wenn der Fall bereits an die Gerichte im Heimatstaat abgegeben wurde. Zudem prüfen letztere die Unzuständigkeitserklärung des Ursprungsgerichts nicht nach (Dutta/Herrler/*Hess* EuErbVO 131, 141). Eine Prorogationswirkung von der Unanfechtbarkeit der Unzuständigkeitserklärung abhängig zu machen, würde daher Rechtssicherheit schaffen. Der Wortlaut der Art. 17 Abs. 2 EuErbVO und 29 Abs. 3 Brüssel Ia-VO (Unzuständigkeitserklärung „sobald die Zuständigkeit … feststeht") entspricht allerdings nicht dem Wortlaut des Art. 7 lit. a EuErbVO („wenn sich ein zuvor angerufenes Gericht … für unzuständig erklärt hat"). Dieser nimmt allein auf das Vorliegen einer Unzuständigkeitserklärung durch das angerufene Gericht Bezug, und nicht darauf, ob die Zuständigkeit (unanfechtbar) festgestellt ist. Zweifelhaft ist auch, ob der europäische Gesetzgeber die De- bzw. Prorogationswirkung in Art. 6 und 7 EuErbVO tatsächlich von den verschiedenen internen Verfahrensvorschriften und nationalen Fristen für die Anfechtung von Entscheidungen über die Gerichtszuständigkeit abhängig machen wollte. Aus Rechtssicherheitsgründen sollte die Prorogationswirkung jedoch an die Unanfechtbarkeit der Unzuständigkeitserklärung anknüpfen.

III. Prorogation durch Gerichtsstandsvereinbarung, Art. 7 lit. b

11 Bei Vorliegen einer Gerichtsstandsvereinbarung gibt es zwei mögliche Szenarien für die Anwendung des Art. 7: Entweder wird der Erbfall vor die aufgrund der Regelzuständigkeit in Art. 4 oder 10 EuErbVO berufenen Gerichte gebracht, zB weil die Gerichtsstandsvereinbarung von einer der Parteien als unwirksam angesehen wird (s. Art. 7 lit. a → Rn. 2, 8 ff.); oder der Fall wird direkt bei den Gerichten im Mitgliedsstaat des gewählten Rechts anhängig gemacht, Art. 7 lit. b betrifft nur letzteren Fall.

12 Gemäß Art. 7 lit. b wird die Wirksamkeit der Gerichtsstandsvereinbarung von dem im Mitgliedstaat des gewählten Rechts angerufenen Gericht selbst überprüft, da es direkt angerufen wurde. Dieses prüft freilich auch die Wirksamkeit der Rechtswahl durch den Erblasser, die von Art. 7 als generelles Zuständigkeitskriterium vorausgesetzt wird (Müller-Lukoschek, Die neue EU-Erbrechtsverordnung, 2. Aufl. 2015, 131; MüKo/Dutta EuErbVO Art. 7 Rn. 5). Kommt das im Mitgliedstaat des gewählten Rechts mit dem Erbfall betraute Gericht zu dem Schluss, dass keine wirksame Rechtswahl vorliegt oder keine wirksame Gerichtsstandsvereinbarung geschlossen wurde, ist keine Zuständigkeit nach Art. 7 lit. b begründet und der Fall ist an die nach Art. 4 oder 10 zuständigen Gerichte abzugeben. Auch hier stellt sich wiederum die Frage, ob die nach Art. 4 oder 10 zuständigen Gerichte die Wirksamkeit der Rechtswahl bzw. der Gerichtsstandsvereinbarung, die von den Gerichten im Heimatstaat verneint wurde, nochmals selbst überprüfen können oder müssen. Im umgekehrten Fall des Art. 6 lit. b, in welchem die Gerichte des letzten Aufenthaltsstaats des Erblassers zuerst angerufen wurden, wird eine Prüfungskompetenz der Gerichte im Heimatstaat des Erblassers abgelehnt. Deren Zuständigkeit nach Art. 7 lit. a wird automatisch eröffnet, sobald das ursprünglich angerufene Gericht seine Unzuständigkeit erklärt hat (→ EuErbVO Art. 6 ff.). Andernfalls könnte es zu Kompetenzkonflikten zwischen den Gerichten im Aufenthalts- und Heimatstaat des Erblassers kommen. Auch im hier geschilderten Fall darf eine Wirksamkeitskontrolle aus den gleichen Gründen nicht nochmals stattfinden, sonst drohen negative Kompetenzkonflikte (vgl. auch MüKo/Dutta EuErbVO Art. 7 Rn. 5,6; Wall ZErb 2014, 272 (279 f.)).

IV. Anerkennung der Zuständigkeit, Art. 7 lit. c

Art. 7 lit. c EuErbVO gilt für Fallkonstellationen, in denen eine wirksame Rechtswahl des Erblassers zugunsten des Rechts seines Heimatmitgliedstaates vorliegt, die betroffenen Parteien keine Gerichtsstandsvereinbarung gem. Art. 5 EuErbVO getroffen haben, der Fall aber dennoch **direkt** bei den Gerichten im Heimatstaat des Erblassers anhängig gemacht wurde. Haben die betroffenen Parteien in einem solchen Fall **ausdrücklich erklärt,** dass sie die Zuständigkeit des angerufenen Gerichts anerkennen, begründet dies gem. Art. 7 lit. c dessen Zuständigkeit. 13

Die Gerichtsstandsanerkennung ist im internationalen Zivilverfahrensrecht kein Novum, sondern existiert bereits in Art. 12 Abs. 1 lit. b und Abs. 3 lit. b Brüssel IIa-VO, dort allerdings unter der Überschrift „Vereinbarungen über die Zuständigkeit" („Prorogation of jurisdiction"). Dies zeigt bereits, dass die Grenzen zwischen der Gerichtsstandsvereinbarung und Gerichtsstandsanerkennung verwischen. **Abzugrenzen** ist die Gerichtsstandsanerkennung nicht nur von der Gerichtsstandsvereinbarung sondern auch vom rügelosen Einlassen (in der EuErbVO nur sehr eingeschränkt nach Art. 9 EuErbVO möglich). 14

1. Ausdrückliche Erklärung

Die Gerichtsstandsanerkennung unterscheidet sich von der rügelosen Einlassung, da sie eine ausdrückliche Erklärung voraussetzt (zum Vergleich → EuErbVO Art. 9 Rn. 13 ff.). Im Gegensatz zur Gerichtsstandsvereinbarung ist die Gerichtsstandsanerkennung nicht an ein Schriftformerfordernis geknüpft. Anders als die Rechtswahl kann sie auch **nicht konkludent** erfolgen, sondern muss „ausdrücklich" erklärt werden. Dies steht auch im Gegensatz zu Art. 12 Abs. 1 lit. b und 3 lit. b Brüssel IIa-VO, wonach die Gerichtsstandsanerkennung auch „auf andere eindeutige Weise" erklärt werden kann. Umgekehrt ist daher zur Abwendung der Begründung der Zuständigkeit nach Art. 7 lit. c EuErbVO eine ausdrückliche Ablehnung nicht nötig, aber auch nicht schädlich und kommt in der Praxis vor (vgl. OLG Hamburg BeckRS 2016, 115572 Rn. 25). 15

De facto setzt Art. 7 lit. c EuErbVO voraus, dass die Parteien dem angerufenen Gericht ihr Einverständnis **mündlich oder schriftlich** kundgetan haben. Zwar muss die Gerichtsstandsanerkennung nach dem Wortlaut des Art. 7 lit. c nicht zwingend dem Gericht erklärt werden, da sie jedoch an keine Form gebunden ist, ist sie durch formlose Erklärung praktisch nur dann möglich, wenn sie auch vor Gericht ergeht oder zumindest vor Gericht wiederholt wird (s. auch Simotta FS Gottwald, 2014, 597 (603); MüKo/Dutta EuErbVO Art. 7 Rn. 12). Die Parteien müssen hierfür deutlich zu verstehen geben, dass sie den Gerichtsstand anerkennen, was eine **eindeutige** Anerkennungserklärung erfordert. Im Regelfall wird daher eine von allen beteiligten Parteien übereinstimmende vor Gericht abgegebene Anerkennungserklärung vorliegen müssen (für bei Verfahrensbeginn unbekannte Parteien → EuErbVO Art. 9 Rn. 10 ff.). Wird die Gerichtsstandsanerkennung außergerichtlich erklärt, muss sie praktisch vor Gericht wiederholt oder schriftlich verfasst werden. Hier verwischen die Grenzen zur Gerichtsstandsvereinbarung. 16

2. Abgrenzung zur Gerichtsstandsvereinbarung und zum rügelosen Einlassen

Auch wenn dies aus Art. 7 lit. c nicht deutlich hervorgeht, kann eine Gerichtstandsanerkennung **nicht zeitlich vor** einem Gerichtsverfahren erfolgen, sondern erst dann, wenn das Gericht tatsächlich angerufen wird, da es andernfalls an einem Gerichtsstand fehlt der „anzuerkennen" wäre (Simotta FS Gottwald, 2014, 597 (603); MüKo/Dutta EuErbVO Art. 7 Rn. 12). Art. 12 Abs. 1 lit. b und Abs. 3 lit. b Brüssel IIa-VO sehen dies, anders als die EuErbVO, ausdrücklich vor („zum Zeitpunkt der Anrufung des Gerichts"). In der Literatur wird dementsprechend vorgeschlagen, die Grenze zur Gerichtsstandsvereinbarung chronologisch zu ziehen (MüKoBGB/*Dutta* EuErbVO Art. 7 Rn. 10). Vereinbarungen vor Anrufung des Gerichts sind als Gerichtsstandsvereinbarungen zu werten und den Formvorschriften des Art. 5 Abs. 2 EuErbVO unterworfen (→ EuErbVO Art. 5 Rn. 26 ff.). Eine Zuständigkeit der Gerichte im Heimatstaat des Erblassers wird dann auf der Grundlage des Art 7 lit. b begründet. 17

Art. 7 lit. c wird auch nur dann relevant, wenn die Erbsache **vor die Gerichte im Mitgliedsstaat des gewählten Rechts** gebracht wird. Werden die nach Art. 4 oder 10 EuErbVO zuständigen Gerichte angerufen, kann ein Gerichtsstand im Heimatstaat des Erblassers nur über Art. 7 lit. a EuErbVO begründet werden, wenn die Parteien eine Gerichtsstandsvereinbarung treffen oder die Voraussetzungen des Art. 6 lit. a EuErbVO vorliegen. 18

Art. 7 lit. c ist **keine allgemeine Vorschrift** zur Anerkennung der Zuständigkeit eines in einer internationalen Erbsache angerufenen Gerichts, sondern kann nur die Zuständigkeit eines Gerichts im Mitgliedsstaat des gewählten Rechts begründen. Sie setzt voraus, dass eine Rechtswahl des Erblassers vorliegt und der Erbfall direkt vor die Heimatgerichte kommt. Art. 7 lit. c eröffnet weder die Zuständigkeit der Gerichte im letzten Aufenthaltsstaat des Erblassers (etwa wenn dort trotz Gerichtsstandsver- 19 einbarung zugunsten der Heimatgerichte doch geklagt würde) noch der Gerichte eines anderen Staates (etwa am gewöhnlichen Aufenthalt der Erben).

20 Bedeutsam ist auch die Abgrenzung zum **rügelosen Einlassen** in Art. 9. Anders als etwa in 26 Brüssel Ia-VO reicht ein rügeloses Einlassen zur Zuständigkeitsbegründung als solches nicht aus, unter der EuErbVO ist dieses an besondere einschränkende Voraussetzungen geknüpft. Ein rügeloses Einlassen ist nur unter den speziellen Voraussetzungen des Art. 9 möglich, dh wenn im Verfahren Parteien hinzugezogen werden, die zB bei Beginn des Verfahrens noch nicht bekannt waren und daher auch nicht an einer Gerichtsstandsvereinbarung beteiligt waren, und wenn diese keinen Zuständigkeitsmangel rügen. Die Vorschrift des Art. 9 bezieht sich ausdrücklich auf die Gerichtsstandsvereinbarung, sollte **analog aber auch für die Gerichtsstandsanerkennung** gelten (→ EuErbVO Art. 9 Rn. 6). Wurde die Zuständigkeit des Gerichts bei Verfahrensbeginn von den damals bekannten Verfahrensparteien anerkannt und stellt sich im laufenden Verfahren heraus, das weitere Parteien hinzuzuziehen sind, gibt es keinen Grund den Fall der Gerichtsstandsvereinbarung von der Gerichtsstandsanerkennung zu unterscheiden. Auch die Gerichtsstandsanerkennung ist an sehr enge Voraussetzungen geknüpft und nur zugunsten der Gerichte im Heimatstaat des Erblassers möglich.

V. Umfang der Prorogation

21 Der Umfang der Zuständigkeit, die gemäß Art. 7 lit. a EuErbVO eröffnet wird, entspricht dem Umfang der **ursprünglichen Rechtssache** („in derselben Sache"), in welcher sich das zunächst angerufene Gericht gem. Art. 6 lit. a EuErbVO für unzuständig erklärt hat, bzw. für welche eine Gerichtsstandsvereinbarung vorliegt, die das zunächst angerufene Gericht iRd Art. 6 lit. b EuErbVO als wirksam erachtete (vgl. auch EuGH 1.10.2014, C-436/13 (E/B) = NJW 2014, 335; MüKo/Dutta EuErbVO Art. 7 Rn. 15).

22 Dies gilt auch im Fall des Art. 7 lit. b und c. Im Fall der Gerichtsstandsvereinbarung und Gerichtsstandsanerkennung umfasst die Prorogationswirkung die Erbsache in dem Umfang, in dem sie anhängig gemacht wurde.

Artikel 8 Beendigung des Verfahrens von Amts wegen bei Rechtswahl

Ein Gericht, das ein Verfahren in einer Erbsache von Amts wegen nach Artikel 4 oder nach Artikel 10 eingeleitet hat, beendet das Verfahren, wenn die Verfahrensparteien vereinbart haben, die Erbsache außergerichtlich in dem Mitgliedstaat, dessen Recht der Erblasser nach Artikel 22 gewählt hat, einvernehmlich zu regeln.

Übersicht

I. Allgemeines

1 Artikel 8 gehört zum Katalog der Ausnahmevorschriften zu den Regelzuständigkeiten in Art. 4 und 10 EuErbVO. Die Vorschrift **koordiniert die Gerichtszuständigkeit** der Gerichte im letzten Aufenthaltsstaat des Erblassers **mit der außergerichtlichen Streitbeilegung,** etwa vor einem Notar. Es handelt sich bei Art. 8 um eine Spezialvorschrift, da die Koordinationsfunktion des Art. 8 allein auf den Fall begrenzt ist, in dem ein Verfahren **von Amts wegen** auf der Grundlage der Art. 4 oder 10 eingeleitet wurde, obwohl gem. Art. 22 eine Rechtswahl des Erblassers erfolgt ist und die Verfahrensparteien die Sache im Mitgliedsstaat des gewählten Rechts außergerichtlich regeln möchten. In diesem Fall soll den Parteien kein amtswegiges Verfahren vor den nach Art. 4 oder 10 zuständigen Gerichten aufgedrängt werden, zumal auf den Fall ein gewähltes fremdes Erbstatut Anwendung findet.

2 Art. 8 regelt hingegen **nicht generell** die Möglichkeit, ein Antrags- oder Klageverfahren, das in einer Erbsache eingeleitet wurde, außergerichtlich zu regeln und bezweckt auch nicht, diese Möglichkeit einzuschränken. Die Parteien können die Erbsache außergerichtlich einvernehmlich in einem Mitgliedstaat ihrer Wahl regeln, wenn das Recht dieses Mitgliedstaats es ermöglicht. Ob eine außergerichtliche Regelung möglich ist, hängt vom nationalen Verfahrensrecht ab. Dies sollte auch dann gelten, wenn das

Erbstatut nicht das Recht dieses Mitgliedstaats ist (ErwG 29; EuGH Urt. v. 16.7.2020 – C-80/19, BeckRS 2020, 16032Rn. 29, ECLI:EU:C:2020:569). Eine außergerichtliche Regelung kann etwa vor einem Notar erfolgen.

II. Voraussetzungen

1. Rechtswahl

Art. 8 setzt eine **wirksame Rechtswahl** durch den Erblasser voraus (→ EuErbVO Art. 22 Rn. 16 ff.). Diese ist vom Gericht zu prüfen, welches das Verfahren von Amts wegen eingeleitet hat, da eine Beendigung des Verfahrens durch das nach Art. 4 oder 10 zuständige Gericht eine wirksame Rechtswahl zwingend voraussetzt. 3

2. Von Amts wegen eingeleitete Verfahren

Art. 8 gilt nur für **amtswegig** eingeleitete Verfahren vor den nach Art. 4 oder 10 zuständigen Gerichten. In einigen Mitgliedstaaten werden bestimmte Verfahren in Erbsachen von Amts wegen eingeleitet, zum Beispiel Verfahren zur Testamentseröffnung oder Nachlasssicherung (zB § 1960 BGB, § 348 FamFG) oder, wie in Österreich, der tschechischen Republik oder der Slowakei die Nachlassübertragung in Verlassenschaftsverfahren (zB §§ 143 ff., 177 ff. österreichisches Außerstreitgesetz, vgl. auch Bonomi/Wautelet/*Bonomi* Art. 8 Rn. 1). Letztere werden als eigentliche *raison d'être* der Vorschrift angeführt (MüKoBGB/*Dutta* EuErbVO Art. 8 Rn. 4, mit Verweis auf Ratsdokumente 9677/11, 10126/11 und 10767/11), die es den Parteien ermöglichen soll, die Übertragung des Nachlasses außergerichtlich einvernehmlich zu regeln, wenn sie dies wünschen, auch wenn das Verfahrensrecht des amtswegig tätigen Gerichts dies nicht vorsieht. Im nationalen Verfahrensrecht ist die Beendigung eines von Amts wegen eingeleiteten Verfahrens durch außergerichtliche einvernehmliche Regelung häufig nicht üblich. Dies verdeutlicht auch § 22 Abs. 4 FamFG, im Gegensatz zu § 22 Abs. 3 FamFG. Hier hilft die EuErbVO über interne verfahrensrechtliche Hürden hinweg und schmälert damit indirekt auch den Schutzzweck amtswegiger Verfahren in Erbsachen (MüKoBGB/*Dutta* EuErbVO Art. 8 Rn. 7). Gleichwohl wird die Vorschrift des Art. 8 EuErbVO selbst für die Fälle als überflüssig empfunden, für die sie kreiert wurde. Als Argument wird vorgebracht, dass etwa die Frage der Nachlassübertragung wegen Art. 23 Abs. 2 lit. e EuErbVO ohnehin dem gewählten Erbstatut unterstehen müsse, da Regelungen zur Nachlassübertragung als die Reichweite des anwendbaren Rechts iSd Art. 23 EuErbVO betreffend und damit materiellrechtlich zu qualifizieren seien. Zudem könne man das amtswegige Einschreiten der nach Art. 4 oder 10 zuständigen Gerichte durch eine Gerichtsstandsvereinbarung nach Art. 5 EuErbVO vermeiden, da diese ohnehin zu einer Unzuständigkeitserklärung nach Art. 6 lit. b EuErbVO führen müsse (zur Kritik an Art. 8 siehe MüKoBGB/*Dutta* EuErbVO Art. 8 Rn. 4). Für die Vorschrift lässt sich hingegen anführen, dass sie eine außergerichtliche einvernehmliche Lösung auch ohne den „Umweg" über eine Gerichtsstandsvereinbarung zugunsten der Gerichte im Heimatstaat des Erblassers ermöglicht. 4

Für Verfahren vor den nach Art. 4 oder 10 berufenen Gerichten, die **nicht von Amts wegen** eingeleitet wurden, gilt Art. 8 nicht. Den Parteien bleibt es in diesen Fällen generell vorbehalten, die Erbsache außergerichtlich und einvernehmlich zu regeln. In diesem Fall entscheidet das Recht des Mitgliedsstaats, in dem die außergerichtliche Einigung erfolgt, ob eine einvernehmliche außergerichtliche Lösung zulässig ist. Dabei kommt es allein auf das Recht dieses Mitgliedsstaates an, selbst wenn das anzuwendende Erbstatut nicht das Recht dieses Mitgliedsstaates ist (ErwG 29; EuGH Urt. v. 16.7.2020 – C-80/19, ECLI:EU:C:2020:569 = BeckRS 2020, 16032). 5

3. Vereinbarung

Die Verfahrensparteien des amtswegig eingeleiteten Verfahrens müssen vereinbaren, dass sie das Verfahren außergerichtlich regeln möchten. Diese Vereinbarung kann vor oder nach Einleitung des amtswegigen Verfahrens erfolgen. Die Vereinbarung der außergerichtlichen einvernehmlichen Regelung muss die von Amts wegen eingeleitete Erbsache betreffen, um die verfahrensbeendigende Wirkung auszulösen. Sind nur gesonderte Verfahrensgegenstände davon umfasst, ist die verfahrensbeendigende Wirkung entsprechend begrenzt. Das Verfahren nur in Bezug auf bestimmte Verfahrensgegenstände zu beenden, läuft allerdings dem Grundsatz der Nachlasseinheit zuwider, dem sich die EuErbVO verschrieben hat. Geht die Vereinbarung einer außergerichtlichen, einvernehmlichen Regelung über die konkrete amtswegig eingeleitete Erbsache hinaus, hindert dies die Verfahrensbeendigung durch das von Amts wegen tätig gewordene Gericht nicht. Wie die Vereinbarung im Hinblick auf ihren Umfang im Übrigen zu beurteilen ist, ist nicht Sache des amtswegig tätig gewordenen Gerichts (→ Rn. 12 ff., 15 ff.). 6

Art. 8 verwendet den Begriff der **„Verfahrenspartei"**, auch wenn Art. 5 im Gegensatz hierzu von 7
den „betroffenen Parteien" spricht, da im Regelfall eine Gerichtsstandvereinbarung vor einem Verfahren

getroffen wird und in diesem Moment noch nicht von „Verfahrensparteien" gesprochen werden kann. Beide Begriffe sind aber ähnlich und grundsätzlich weit zu verstehen. In Art. 8 sind alle vom Nachlass betroffenen Personen umfasst, die in ein von Amts wegen eröffnetes Verfahren einzubeziehen sind.

8 Haben nicht alle Verfahrensparteien der außergerichtlichen Streitbeilegung zugestimmt, ist der Fall vor dem von Amts wegen tätigen Gericht fortzuführen. Bei amtswegigen Verfahren scheint es weder sinnvoll noch zulässig, die Erbsache nur für die nicht zustimmenden Verfahrensparteien fortzuführen (so aber Bonomi/Wautelet/*Bonomi* Art. 8 Rn. 5).

9 Auf Fälle des Art. 8 ist Art. 9 nicht anwendbar bzw. erstreckbar. Haben nicht alle Verfahrensparteien in einer Erbsache, welche von den gem. Art. 4 oder 10 zuständigen Gerichten amtswegig eingeleitet wurde, vereinbart, dass das Verfahren außergerichtlich einvernehmlich geregelt werden soll, oder kommen zusätzliche Verfahrensparteien hinzu, ist die Vereinbarung wirkungslos und das Verfahren wird vom angerufenen Gericht wieder aufgenommen. Unter Umständen kann es aber zu einer Unzuständigkeitserklärung nach Art. 6 lit. a kommen, wenn die Voraussetzungen erfüllt sind (→ EuErbVO Art. 9 Rn. 3).

10 Da die Anwendung des Art. 8 eine Rechtswahl voraussetzt, ist der in Art. 8 bezeichnete Fall so zu verstehen, dass die außergerichtliche Einigung materiellrechtlich dem Erbstatut bzw. im Weiteren dem dortigen verfahrensrechtlichen Rahmen entspricht. Auch Art. 8 verkörpert daher wiederum die Idee des **Gleichlaufprinzips.** Dies erklärt auch den Wortlaut des Art. 8: „die Erbsache außergerichtlich in dem Mitgliedstaat, dessen Recht der Erblasser nach Artikel 22 gewählt hat, einvernehmlich zu regeln". Auch wenn die italienische Sprachfassung etwas präziser von „in sede stragiudiziale nello Stato Membro la cui legge sia stata scelta" spricht, ist Art. 8 so auszulegen, dass die außergerichtliche Einigung der Parteien „nach den Vorschriften des Mitgliedsstaats des gewählten Rechts" und nicht unbedingt *im* Mitgliedsstaat des gewählten Rechts zu erfolgen hat, da der Ort der außergerichtlichen Einigung an sich keine Relevanz für das Ergebnis der außergerichtlichen Regelung hat (so auch Bonomi/Wautelet/*Bonomi* Art. 8 Rn. 2; MüKo/Dutta EuErbVO, Art. 8 Rn. 13). Die Lokalisierung der einvernehmlichen außergerichtlichen Regelung spielt aber indirekt eine Rolle: schreibt das vom Erblasser gewählte Recht zB vor, dass ein Vergleich über eine Erbsache vor einem Notar zu schließen ist, ist es wenig sinnvoll, hierfür einen Notar in einem anderen Mitgliedstaat oder gar in einem Drittstaat heranzuziehen. Andererseits wirkt der rechtliche Rahmen im Mitgliedstaat des gewählten Rechts auf Art. 8 zurück. Es hängt vom Verfahrensrecht im Mitgliedstaat des gewählten Rechts ab, ob eine außergerichtliche Lösung überhaupt möglich ist. Häufig wird dies nicht der Fall sein, weil der Charakter von amtswegig eingeleiteten Erbsachen dies typischerweise aus sachlichen Gründen gar nicht zulässt. Eine Nachlasspflegschaft kann zB nicht durch außergerichtliche Einigung der Parteien erfolgen. Bei einer Testamentseröffnung liegt der Fall etwas anders, da diese grundsätzlich auch durch einen Notar erfolgen kann. Art. 8 wird aber nur dort zur Anwendung gelangen wo der Mitgliedstaat, dessen Gerichte nach Art. 4 oder 10 zuständig sind, ein amtswegiges Verfahren anordnet, der Mitgliedstaat des gewählten Rechts jedoch nicht, weil es in der Sache nicht zwingend ist, dass ein Gericht entscheidet.

11 **Formvorschriften** der Vereinbarung einer außergerichtlichen Regelung richten sich nach dem vom Erblasser gewählten Recht, da die Verordnung hierzu keine weiteren Angaben macht (Müller-Lukoschek, Die neue EU-Erbrechtsverordnung, 2. Aufl. 2015, 134; MüKo/Dutta EuErbVO Art. 8 Rn. 15). Gleiches gilt für die Wirksamkeit der Parteierklärungen. Da Art. 8 zur Verfahrensbeendigung führt, ist die Vereinbarung der außergerichtlichen Streitbeilegung durch die Parteien vom amtswegig tätigen Gericht wie die weiteren Voraussetzungen (wirksame Rechtswahl des Erblassers) zu überprüfen.

4. Außergerichtliche einvernehmliche Regelung

12 Da Art. 8 ausdrücklich auf eine außergerichtliche „einvernehmliche" Regelung einer Erbsache abstellt, kann diese entweder in Form eines notariellen Vertrages, eines Vergleichs oder einer Mediation erfolgen. Diese Formen der außergerichtlichen Regelung führen jeweils zu einer Lösung, die im „Einvernehmen" der Parteien getroffen wird.

13 Erwogen wird auch, ob die Vereinbarung eines **Schiedsverfahrens** geeignet ist, den Mechanismus des Art. 8 auszulösen. Dies wird teils bejaht (Dutta/Herrler/*Hess* EuErbVO 141) teils mit Berufung auf die fehlende Einvernehmlichkeit des Schiedsverfahrens verneint (MüKoBGB/*Dutta* EuErbVO Art. 8 Rn. 11; Deixler-Hübner/Schauer/Deixler-Hübner Rn. 8; v. Bary, Gerichtsstands- und Schiedsvereinbarungen im internationalen Erbrecht, 2018, 206 f.). Falls die Parteien aber ausdrücklich ein Schiedsverfahren wünschen und unter Umständen sogar nach Absprache mit den Erblasser in einem Erbvertrag aufgenommen wurde, dass der Nachlass und alle ihn betreffenden Streitigkeiten im Wege des Schiedsverfahrens nach dem vom Erblasser gewählten Recht seines Heimatmitgliedstaats (mit Sitz im Heimatmitgliedstaat des Erblassers) geregelt werden sollen, ist kein sachlicher Grund ersichtlich, weshalb den Parteien die außergerichtliche Regelung der amtswegig eingeleiteten Erbsache durch Schiedsverfahren verwehrt werden soll. Voraussetzung ist natürlich, dass das gewählte Erbstatut, das auch für die Beurteilung der vereinbarten außergerichtlichen Regelung der Erbsache zugrundezulegen ist, ein Schiedsverfahren in Erbsachen kennt. Hier stellen sich allerdings Abgrenzungsfragen zum New Yorker Übereinkommen von 1958. Da die EuErbVO keine Angaben zu Form und Inhalt der Vereinbarung der Parteien macht, und diese dem gewählten Erbstatut untersteht, greift das New Yorker Übereinkommen von 1958 regelmäßig als zum Erbstatut gehörig ein.

Sofern den staatlichen Gerichten neben der außergerichtlichen Regelung der Erbsache eine Rolle verbleibt, fiele diese wohl weiter den nach Art. 4 oder 10 zuständigen Gerichten zu, da Art. 8 keine Prorogationswirkung hat (→ Rn. 17). Es empfiehlt sich daher grundsätzlich eine Gerichtsstandsvereinbarung gem. Art. 5 EuErbVO zugunsten der Gerichte im Heimatstaat des Erblassers zu treffen. 14

5. Verfahrensbeendigung

Nach Art. 8 EuErbVO ist ein amtswegig eingeleitetes Verfahren zu beenden, wenn die Parteien sich geeinigt haben, die Erbsache außergerichtlich zu regeln und die Voraussetzungen des Art 8 erfüllt sind. Das Gericht erklärt sich hier nicht für unzuständig oder setzt das Verfahren aus, sondern beendet es. Dies wird als vorschnelles Resultat kritisiert und befürwortet, das Verfahren zunächst auszusetzen (*Hess* in Dutta/Herrler EuErbVO 141). 15

Die Beendigung des Verfahrens bei Vereinbarung einer außergerichtlichen Regelung der Erbsache ist für mitgliedsstaatliche Verfahrensrechte wie etwa das deutsche Recht bei amtswegig eingeleiteten Verfahren ein Novum. Im deutschen Verfahrensrecht ist nach § 22 Abs. 4 FamFG nicht vorgesehen, ein amtswegig eingeleitetes Verfahren auf der Basis einer Vereinbarung der Verfahrensbeteiligten zu beenden, weil Verfahrenshandlungen gefordert sind, die nur ein Gericht vornehmen kann. Dies ist vielmehr nur bei Verfahren möglich, die auf Antrag erfolgen (siehe zB § 22 Abs. 3 FamFG). 16

Ob das Verfahren **vollumfänglich beendet** wird, hängt vom Inhalt der Vereinbarung ab. Es ist denkbar, dass das Verfahren nur im Hinblick auf bestimmte Verfahrensgegenstände beendet wird, weil die Vereinbarung der außergerichtlichen Regelung auf diese begrenzt ist. In diesem Fall bleibt aufgrund der fehlenden Prorogationswirkung des Art. 8 die Zuständigkeit der nach Art. 4 oder 10 amtswegig tätigen Gerichte bestehen und sie haben das Verfahren fortzuführen. Allerdings können die Parteien dem vorbeugen und eine Gerichtsstandsvereinbarung zugunsten der Gerichte im Mitgliedstaat des durch den Erblasser gewählten Rechts treffen mit der Folge der Zuständigkeit der Gerichte im Heimatstaat des Erblassers nach Art. 7 lit. b. Auch steht Art. 8 der Unzuständigkeitserklärung nach Art. 6 lit. a nicht entgegen, wenn eine Gerichtsstandsvereinbarung nicht vorliegt. Eine etwaige gerichtliche Genehmigung einer außergerichtlichen einvernehmlichen Regelung der Parteien erfolgt ansonsten weiterhin durch die nach Art. 4 und Art. 10 zuständigen Gerichte (MüKo/Dutta EuErbVO Art. 8 Rn. 17). 17

Artikel 9 Zuständigkeit aufgrund rügeloser Einlassung

(1) **Stellt sich in einem Verfahren vor dem Gericht eines Mitgliedstaats, das seine Zuständigkeit nach Artikel 7 ausübt, heraus, dass nicht alle Parteien dieses Verfahrens der Gerichtstandsvereinbarung angehören, so ist das Gericht weiterhin zuständig, wenn sich die Verfahrensparteien, die der Vereinbarung nicht angehören, auf das Verfahren einlassen, ohne den Mangel der Zuständigkeit des Gerichts zu rügen.**

(2) [1] **Wird der Mangel der Zuständigkeit des in Absatz 1 genannten Gerichts von Verfahrensparteien gerügt, die der Vereinbarung nicht angehören, so erklärt sich das Gericht für unzuständig.** [2] **In diesem Fall sind die nach Artikel 4 oder Artikel 10 zuständigen Gerichte für die Entscheidung in der Erbsache zuständig.**

Übersicht

I. Allgemeines

Art. 9 EuErbVO ermöglicht ein rügeloses Einlassen in einem sehr begrenzten Kontext: nur wenn die Zuständigkeit in einer Erbsache gem. Art. 7 EuErbVO durch die Heimatgerichte des Erblasser ausgeübt wird, und nicht alle Verfahrensparteien die Zuständigkeit der Heimatgerichte vereinbart haben, kann diese Zuständigkeit auch im Fall des Vorhandenseins nicht an der Gerichtsstandsvereinbarung beteiligter 1

Verfahrensparteien (etwa bei Hinzukommen neuer, bisher unbekannter Parteien im Laufe des Verfahrens) weiterhin bestehen, wenn letztere sich rügelos auf das Verfahren einlassen.

2 Die EuErbVO hat mit Art. 9 eine bewusste Entscheidung zugunsten strenger Zuständigkeitskriterien getroffen, die nur im Ausnahmefall durch ein rügeloses Einlassen der Parteien verändert werden können (→ EuErbVO Art. 15 Rn. 1). Art. 9 ist insoweit nicht mit Art. 26 Abs. 1 Brüssel Ia-VO vergleichbar, da es sich bei der Vorschrift nicht um eine allgemeine Vorschrift handelt, die eine Prorogation durch rügeloses Einlassen relativ flexibel ermöglicht, sondern um eine an sehr spezifische Voraussetzungen geknüpfte Norm.

II. Voraussetzungen

1. Zuständigkeit des angerufenen Gerichts gem. Art. 7

3 Art. 9 setzt voraus, dass das angerufene Gericht „seine Zuständigkeit nach Art. 7 ausübt". Dies erfordert wiederum zunächst, dass der Erblasser gem. Art. 22 eine Rechtswahl zugunsten seines Heimatrechts getroffen hat. Der ausdrückliche Wortlaut zeigt aber zugleich, dass eine Anwendung des Art. 9 auf andere Fälle, etwa auf Art. 8, ausscheidet (→ EuErbVO Art. 8 Rn. 9).

4 Obwohl die Vorschrift des Art. 9 auf Art. 7 allgemein verweist, hat sie im Weiteren nur den Fall der Zuständigkeit der Heimatgerichte auf der Grundlage einer **Gerichtsstandsvereinbarung** im Blick und umfasst nicht den Fall der Verweisung nach Art. 6 lit. a iVm. Art. 7 lit. a EuErbVO, die unabhängig von einer Vereinbarung der Parteien erfolgt.

5 Art. 9 greift dann ein, wenn eine Gerichtsstandsvereinbarung nach Art. 5 vorliegt. Dies kann sowohl den Fall des Art. 7 lit. b betreffen, in dem die Gerichte im Heimatstaat des Erblassers, deren Zuständigkeit vereinbart wurde, direkt angerufen werden; auch umfasst ist aber der Fall des Art. 7 lit. a, in dem die Zuständigkeit der Gerichte im Heimatstaat des Erblassers erst begründet wurde, nachdem sich ein nach Art. 4 oder 10 zunächst angerufenes Gericht gem. Art. 6 lit. b aufgrund einer Gerichtsstandsvereinbarung für unzuständig erklärt hatte (→ EuErbVO Art. 6 Rn. 15 ff.).

6 Nach dem Wortlaut des Art. 9 („Gerichtsstandsvereinbarung") nicht ausdrücklich umfasst ist der Fall des Art. 7 lit. c. Haben die Parteien eine ausdrückliche **Gerichtsstandsanerkennung** erklärt und kommen im laufenden Verfahren weitere Verfahrensparteien wie etwa bislang unbekannte Erben hinzu, würde nach dem ausdrücklich auf die Gerichtsstandsvereinbarung bezogenen Wortlaut des Art. 9 ein rügeloses Einlassen nicht ausreichen, um für die neuen Verfahrensbeteiligten die Zuständigkeit des tätigen Gerichts zu begründen. Dies ist allerdings keine vernünftige Lösung. Es ist nicht einzusehen, warum der Fall der Gerichtsstandsvereinbarung anders zu behandeln sein soll als der der Gerichtsstandsanerkennung. Beide Fälle sind ähnlich gelagert und unterscheiden sich lediglich in zeitlicher wie formaler Hinsicht (→ EuErbVO Art. 7 Rn. 17 ff.; in MüKoBGB/*Dutta* EuErbVO Art. 7 Rn. 10 wird die Sinnhaftigkeit der Unterscheidung zu Recht ausführlich in Frage gestellt; vgl. auch Deixler-Hübner/Schauer/Deixler-Hübner Rn. 5). Sowohl die Gerichtsstandsvereinbarung als auch die Gerichtsstandsanerkennung kommen in der EuErbVO nur zugunsten einer Zuständigkeit der Gerichte im Heimatstaat des Erblassers in Betracht, und damit in nur sehr begrenztem Rahmen. Da die Gerichtsstandsvereinbarung zudem an strengere Voraussetzungen (Schriftformerfordernis) geknüpft ist, als die Gerichtsstandsanerkennung (ausdrückliche, aber nicht unbedingt schriftliche Erklärung) und Art. 9 bei der Gerichtsstandsvereinbarung anwendbar ist, sollte die Vorschrift auch auf die Fälle des Art. 7 lit. c ausgedehnt werden, die an weniger strenge Formvoraussetzungen geknüpft sind. Legt man den gegenwärtigen Wortlaut des Art. 9 eng aus, müssten im Fall der Zuständigkeit der Gerichte im Heimatstaat durch Gerichtsstandsanerkennung die im Verfahren neu hinzukommenden Verfahrensparteien nach Art. 7 lit. c EuErbVO die Zuständigkeit des angerufenen Gerichts ausdrücklich anerkennen. Zwar lässt sich dies in der Praxis mit nicht allzu großen Schwierigkeiten realisieren, allerdings ist ein Hinweis des Gerichts an die an der Gerichtsstandsvereinbarung unbeteiligten Parteien erforderlich (in Deutschland etwa nach § 139 ZPO oder § 28 FamFG). Es ist nicht einzusehen, warum dieser Weg bei vorheriger Gerichtsstandsvereinbarung nach Art. 9 entbehrlich sein soll, bei Gerichtsstandsanerkennung jedoch erforderlich ist (so auch MüKoBGB/*Dutta* EuErbVO Art. 9 Rn. 4; aA Bonomi/Wautelet/*Bonomi* Art. 9 Rn. 3).

2. „Ausübung" der Zuständigkeit

7 Ab wann ein Gericht seine Zuständigkeit „ausübt", wird in der Verordnung nicht klar umrissen. Die Klärung des Begriffs und des frühestmöglichen Zeitpunkts, in dem ein Gericht seine Zuständigkeit ausübt, ist jedoch bedeutsam, da sie den zeitlichen Moment umschreibt, ab welchem Parteien, die noch nicht am Verfahren beteiligt, aber zu beteiligen sind, keine formelle Gerichtsstandsvereinbarung (bzw. – wie hier vertreten – Gerichtsstandsanerkennung) mehr treffen müssen.

8 Dies setzt zunächst und zumindest voraus, dass das Gericht gem. Art. 14 EuErbVO bereits angerufen wurde. Ferner ist die Vorschrift so zu verstehen, dass das Gericht seine Zuständigkeit auch bejaht hat

und auf dieser Basis **erste Verfahrenshandlungen** vorgenommen hat, dh das Verfahren bereits in Gang ist. Darauf deutet der Wortlaut der Vorschrift in den verschiedenen Sprachfassungen hin (englische Sprachfassung: „in the course of proceedings" before a court of a Member State „exercising jurisdiction"; französische Sprachfassung: „au cours de la procédure" devant une juridiction d'un État membre „exerçant la compétence"). Damit reicht die Anrufung des Gerichts alleine wohl noch nicht aus. Im Fall des Art. 6 lit. b iVm. 7 lit. a bedeutet dies vielmehr, dass das Ursprungsgericht den Fall nach Prüfung der Zuständigkeitsvereinbarung an das in der Gerichtsstandsvereinbarung bezeichnete Gericht, bzw. die Gerichte des Heimatmitgliedstaates des Erblassers abgegeben hat und das dortige Gericht gestützt auf Art. 7 lit. a zumindest mit dem Verfahren begonnen hat. Im Fall des 7 lit. b muss das direkt angerufene Gericht im Heimatmitgliedstaat des Erblassers seine Zuständigkeit bejaht, dh die Gerichtsstandsvereinbarung, die seine Zuständigkeit begründet, überprüft haben, und das Verfahren auf dieser Grundlage aufgenommen haben, andernfalls würde es seine Zuständigkeit nicht „ausüben".

Nach dem Wortlaut der Vorschrift nicht erforderlich scheint jedoch, dass das Gericht bereits eine Entscheidung iSd Art. 3 Abs. 1 lit. g EuErbVO getroffen hat (etwa über eine Bestellung eines Testamentsvollstreckers; s. auch Deixler-Hübner/Schauer/Deixler-Hübner Rn. 13; anders MüKoBGB/*Dutta* EuErbVO Art. 9 Rn. 6). Andererseits kann das Verfahren, wenn Art. 9 zur Anwendung kommt, bereits weit fortgeschritten sein. Das Gericht kann bereits einen Erbschein erteilt oder eine Nachlassverwaltung angeordnet haben, bevor weitere Verfahrensbeteiligte wie bislang unbekannte Erben dem Verfahren beitreten (zur Wirkung dieser Verfahrenshandlungen auf neu hinzutretende Parteien → Rn. 21). 9

3. Verfahrensparteien

Art. 9 setzt ferner voraus, dass der Gerichtsstandsvereinbarung „nicht alle Parteien angehören", die Zuständigkeit des Gerichts nach Art. 7 also nicht dem Willen aller zu beteiligenden Verfahrensbeteiligten entsprochen hat, da diese nicht alle in die Vereinbarung einbezogen waren. Die Nichtbeteiligung kann entweder darin begründet sein, dass diese Parteien bewusst nicht eingebunden wurden oder nicht beteiligt werden konnten, weil sie zum Zeitpunkt der Vereinbarung noch nicht bekannt waren oder nicht erkennbar war, dass sie Verfahrensbeteiligte der konkret in Frage stehenden Erbsache werden würden. Dies wird in streitigen Erbverfahren eher selten der Fall sein, kann aber bei nichtstreitigen Verfahren vorkommen, in welchen Personen betroffen sein können, die nicht von Beginn des Verfahrens an gerichtsbekannt sind (MüKoBGB/*Dutta* EuErbVO Art. 9 Rn. 7). 10

Der Fall, in dem Parteien schlicht nicht in die Gerichtsstandsvereinbarung eingebunden wurden, obwohl sie bekannt sind, ist von Art. 9 nicht umfasst. Haben also vier von fünf im Heimatstaat des Erblassers lebende Erben eine Gerichtsstandsvereinbarung zugunsten der Heimatgerichte getroffen, wurde der fünfte im letzten Aufenthaltsstaat lebende Erbe aber bewusst nicht in die Vereinbarung eingebunden und wird das Gericht auf Grundlage der Vereinbarung angerufen, kann der fünfte Erbe die Zuständigkeit der Heimatgerichte des Erblassers nicht durch rügeloses Einlassen bewirken, da noch keine Zuständigkeit wirksam begründet wurde, die iSd Art. 9 „ausgeübt" und durch rügeloses Einlassen perpetuiert wird. 11

Ebenfalls nicht umfasst ist der Fall, in dem alle relevanten Parteien an der Vereinbarung beteiligt waren, diese aber nicht gegenüber allen Wirksamkeit entfaltet hat (zB wegen fehlender Geschäftsfähigkeit einer Partei). Es ist nicht der Sinn des Art. 9, einen Mangel der Zuständigkeitsvereinbarung zu heilen, sondern lediglich, formelle Voraussetzungen dann zu reduzieren, wenn bislang an einer Vereinbarung faktisch unbeteiligte Personen am Verfahren beteiligt werden (vgl. auch MüKoBGB/*Dutta* EuErbVO Art. 9 Rn. 7). 12

4. Rügeloses Einlassen

Werden Verfahrensparteien in ein Verfahren eingebunden, die nicht in die Gerichtsstandsvereinbarung einbezogen waren, erstreckt sich die durch eine wirksame Zuständigkeitsvereinbarung herbeigeführte Zuständigkeit des angerufenen Gerichts gem. Art. 9 Abs. 1 EuErbVO auch auf diese, wenn sie sich auf das Verfahren rügelos einlassen. 13

Der Begriff des rügelosen Einlassens in Art. 9 ist mit dem in Art. 24 Brüssel I-VO bzw. Art. 26 Abs. 1 Brüssel Ia-VO verwendeten Begriff des Einlassens vergleichbar: Das Gericht wird gem. Art. 9 EuErbVO auch für die bislang nicht eingebundenen Parteien zuständig, wenn diese sich auf das Verfahren einlassen, es sei denn die Einlassung erfolgt nur, um den Mangel der Zuständigkeit geltend zu machen. Entsprechend der Rechtsprechung zur Brüssel I-VO muss in streitigen Verfahren eine Rüge der fehlenden Zuständigkeit vor Abgabe derjenigen Stellungnahme erhoben werden, die nach dem innerstaatlichen Prozessrecht als das erste Verteidigungsvorbringen vor dem angerufenen Gericht anzusehen ist (EuGH Urt. v. 24.6.1981 – 150/80, BeckRS 2004, 71745 – *Elefantenschuh;* s. auch Bonomi/Wautelet/*Bonomi* Art. 9 Rn. 6). Es kommt hierbei freilich allein auf die nicht in die Gerichtsstandsvereinbarung eingebundenen Parteien an, da Art. 9 EuErbVO erst greift, wenn das Verfahren zwischen 14 den an der Zulässigkeitsvereinbarung Beteiligten bereits im Gange und unter Umständen sogar fortgeschritten ist.

15 In **nichtstreitigen Verfahren** wie etwa einem Erbscheinsverfahren in welchen Parteien auf ihren Antrag hinzuzuziehen sind, ist das rügelose Einlassen gegebenenfalls schwieriger zu beurteilen. Der Antrag auf Verfahrensbeteiligung allein wird noch nicht als rügeloses Einlassen zu werten sein (s. etwa § 345 FamFG, so auch MüKoBGB/*Dutta* EuErbVO Art. 9 Rn. 9). Wird die Partei dem Verfahren hinzugezogen und rügt dann die Gerichtszuständigkeit nicht, ist Art. 9 aber anwendbar, selbst wenn sich die Partei nicht aktiv am Verfahren beteiligt (anders MüKoBGB/*Dutta* EuErbVO Art. 9 Rn. 9). Beteiligt sich die Partei nicht aktiv, erteilt aber keine Zuständigkeitsrüge, gibt es keinen Grund das Verfahren vor den nach Art. 4 oder 10 zuständigen Gerichten weiterzuführen.

16 Dies setzt freilich voraus, dass die betreffenden Parteien auch Verfahrensbeteiligte der **konkreten** Erbsache werden, für die die Gerichtsstandsvereinbarung getroffen wurde. Es ist durchaus möglich, dass eine Gerichtsstandsvereinbarung nur zwischen einigen von Nachlass betroffenen Personen geschlossen wird, und lediglich eine spezifische Frage betrifft, für die eine Gerichtsentscheidung begehrt wird, die die Rechte anderer am Nachlass beteiligten Personen aber nicht berührt (vgl. ErwG 27). Art. 9 betrifft nur den Fall, in welchem die an der Vereinbarung zunächst nicht Beteiligten in das konkrete Verfahren einbezogen werden, für das die Zuständigkeitsvereinbarung getroffen wurde.

III. Rechtsfolgen

17 Sind die Voraussetzungen des Art. 9 EuErbVO erfüllt, ist das im Heimatstaat des Erblassers angerufene Gericht für die ihm vorgelegte konkrete Erbsache zuständig.

18 Sind die Voraussetzungen nicht erfüllt, dh lassen sich die nicht in die Gerichtsstandsvereinbarung eingebundenen Parteien nicht rügelos auf das Verfahren ein, sondern **rügen** den Zuständigkeitsmangel, hat sich das angerufene Gericht gem. Art. 9 Abs. 2 EuErbVO für unzuständig zu erklären. Im Gegensatz zu Art. 15 EuErbVO erfolgt die Unzuständigkeitserklärung nach Art. 9 Abs. 2 erst auf eine Zuständigkeitsrüge hin. Wie in Art. 24 Brüssel I-VO (Art. 26 Brüssel Ia-VO) muss die Zuständigkeitsrüge hierbei nicht unbedingt ausdrücklich erhoben werden. Es muss lediglich klar erkennbar sein, dass die nicht an der Gerichtsstandsvereinbarung beteiligten Parteien mit der internationalen Zuständigkeit des im Heimatstaat des Erblassers angerufenen Gerichts nicht einverstanden sind. Eine Rüge der örtlichen Zuständigkeit begründet jedoch keine Unzuständigkeitserklärung nach Art. 9 (*Calvo Caravaca/Carrascosa Gonzalez* in Magnus/Mankowski Art. 24 Rn. 11).

19 Die Unzuständigkeitserklärung nach Art. 9 Abs. 2 EuErbVO begründet gem. Art. 9 Abs. 2 UAbs. 2 zugleich eine Zuständigkeit der Gerichte nach Art. 4 oder 10 EuErbVO, selbst wenn diese sich bereits gem. Art. 6 lit. b für unzuständig erklärt hatten. Dies schließt allerdings nicht aus, dass ein Verfahrensbeteiligter aufgrund des Mangels der Voraussetzungen des Art. 9 Abs. 1 bei dem nach Art. 4 oder 10 zuständigen Gericht versucht, den Weg des Art. 6 lit. a einzuschlagen und beantragt, dass sich das nach Art. 4 oder 10 zuständige Gericht seinerseits für unzuständig erklärt, weil die Gerichte im Mitgliedstaat des gewählten Rechts besser geeignet sind, in der konkreten Erbsache zu entscheiden (MüKo/Dutta EuErbVO Art. 9 Rn. 13; aA Simotta FS Gottwald, 2014, 597 (605 f.)). Dies würde wiederum dazu führen, dass der Fall an die Gerichte im Heimatstaat des Erblassers zurückverwiesen wird, obwohl diese sich gem. Art. 9 Abs. 2 bereits für unzuständig erklärt hatten. Diese wären dann gem. Art. 7 lit. a (iVm. Art. 6 lit. a) zuständig. Art. 9 greift dann nicht (nochmals) ein, da die Zuständigkeit der Gerichte im Heimatstaat des Erblassers dann nicht auf einer Gerichtsstandsvereinbarung beruht. Zur Verhinderung einer solchen Situation wird vorgeschlagen, dass sich die nach Art. 4 bzw. 10 zuständigen Gerichte stets nach Art. 6 lit. a und b für unzuständig erklären (MüKoBGB/*Dutta* EuErbVO Art. 9, Rn. 9). Dies erscheint aber verfahrensökonomisch wenig sinnvoll, da den Gerichten eine präventive Prüfung nach Art. 6 lit. a aufgebürdet würde, obwohl eine Gerichtsstandsvereinbarung vorliegt. Auch erfordert dies einen Antrag einer Verfahrenspartei, der nicht unbedingt als minus in eine Gerichtsstandsvereinbarung hineingelesen werden kann.

20 Art. 9 bezieht sich auf die durch Gerichtsstandsvereinbarung nach Art. 5 (iVm. Art. 6 lit. b und 7 lit. a bzw. 7 lit. b) begründete Zuständigkeit sowie, wie hier vertreten, auf die Zuständigkeit auf der Basis einer Gerichtsstandsanerkennung nach Art. 7 lit. c. Wird die Zuständigkeit der Gerichte im Heimatstaat des Erblassers erstmalig gem. Art. 7 lit. a nach Unzuständigkeitserklärung gem. Art. 6 lit. a ausgeübt, greift Art. 9 von vornherein nicht ein. Da die Zuständigkeit des Gerichts in diesem Fall nicht vom Willen aller beteiligten Verfahrensparteien abhängt, sondern auf einer Ermessensentscheidung des ursprünglich angerufenen Gerichts bzw. der Zuständigkeitsvorschrift des Art. 7 lit. a beruht, kann die Zuständigkeit in diesen Fällen nicht in Frage gestellt werden, auch wenn später hinzukommende Verfahrensparteien das Verfahren lieber von den Gerichten des Aufenthaltsstaates führen lassen würden.

21 Nicht geregelt ist, ob eine Unzuständigkeitserklärung nach Art. 9 Abs. 2 EuErbVO ***ex nunc* oder *ex tunc*** wirkt. Letzteres hätte zur Folge, dass die bereits durch das im Heimatstaat des Erblassers angerufene Gericht getroffenen Maßnahmen von einem unzuständigen Gericht getroffen worden wären und deren

Fortbestand daher in Zweifel stünde. Diese bereits getroffenen gerichtlichen Maßnahmen bei Unzuständigkeitserklärung nach Art. 9 Abs. 2 automatisch aufzuheben, ist verfahrensökonomisch nicht sinnvoll, daher ist eine *ex nunc* Wirkung anzunehmen (MüKoBGB/*Dutta* EuErbVO Art. 9 Rn. 13). Unklar ist ferner, inwieweit das nun zuständige Gericht die durch das früher befasste Gericht erlassenen Maßnahmen ändern oder aufheben darf. Hier wird vorgeschlagen, Art. 20 Abs. 2 Brüssel IIa-VO analog anzuwenden (*Hess,* 138; *Dutta* FamRZ 2013, 4 (7); v. Bary, Gerichtsstands- und Schiedsvereinbarungen im internationalen Erbrecht, 2018, 180 ff.; Deixler-Hübner/Schauer/Deixler-Hübner Rn. 16).

Artikel 10 Subsidiäre Zuständigkeit

(1) **Hatte der Erblasser seinen gewöhnlichen Aufenthalt im Zeitpunkt seines Todes nicht in einem Mitgliedstaat, so sind die Gerichte eines Mitgliedstaats, in dem sich Nachlassvermögen befindet, für Entscheidungen in Erbsachen für den gesamten Nachlass zuständig, wenn**

a) der Erblasser die Staatsangehörigkeit dieses Mitgliedstaats im Zeitpunkt seines Todes besaß, oder, wenn dies nicht der Fall ist,

b) der Erblasser seinen vorhergehenden gewöhnlichen Aufenthalt in dem betreffenden Mitgliedstaat hatte, sofern die Änderung dieses gewöhnlichen Aufenthalts zum Zeitpunkt der Anrufung des Gerichts nicht länger als fünf Jahre zurückliegt.

(2) **Ist kein Gericht in einem Mitgliedstaat nach Absatz 1 zuständig, so sind dennoch die Gerichte des Mitgliedstaats, in dem sich Nachlassvermögen befindet, für Entscheidungen über dieses Nachlassvermögen zuständig.**

Übersicht

I. Allgemeines

1 Hat der Erblasser seinen **gewöhnlichen Aufenthalt in einem Drittstaat,** räumen die allgemeinen Zuständigkeitsvorschriften der EuErbVO mitgliedstaatlichen Gerichten keine Zuständigkeit ein, es sei denn, es liegt eine Gerichtsstandsvereinbarung der betroffenen Parteien nach den Vorgaben des Art. 5 EuErbVO vor. Der Fall bliebe damit an sich der Jurisdiktion des betreffenden Drittstaats überlassen. Auch wenn sich der Erblasser außerhalb der EU, etwa in der Schweiz gewöhnlich aufhält, kann jedoch ein **Bezug zu einem Mitgliedstaat** bestehen, weil Nachlassvermögen dort belegen ist. Unter Umständen besteht zu diesem Mitgliedstaat sogar eine weitreichendere Nähebeziehung, etwa weil der Erblasser die Staatsangehörigkeit dieses Mitgliedstaates besaß oder dort einen früheren gewöhnlichen Aufenthalt hatte.

2 Für diese Fälle sieht die EuErbVO in Art. 10, der auch als **Fürsorgegerichtstand** bezeichnet wird (Dutta/Herrler/*Hess* EuErbVO 133), sog. „subsidiäre" aber gleichwohl sehr weitreichende Kompetenzen vor, um Rechtsschutz für in der EU ansässige Erben und Gläubiger zu gewährleisten. Der Begriff „subsidiär" umschreibt hierbei nicht die Beziehung zwischen Art. 10 EuErbVO und drittstaatlichen Kompetenznormen sondern das Verhältnis zur Grundvorschrift des Art. 4 EuErbVO (Bonomi/Wautelet/*Bonomi* Art. 10 Rn. 3; MüKoBGB/*Dutta* EuErbVO Art. 10 Rn. 1).

3 Die Grundidee der Vorschrift ist es, **einheitliche EU-weite Kompetenzregelungen** für Verfahren über den Nachlass von Erblassern zu schaffen, die ihren letzten gewöhnlichen Aufenthalt in einem Drittstaat haben (ErwG 30). Die mitgliedstaatlichen Gerichte sollen ihre Zuständigkeit aus identischen, in der EuErbVO abschließend aufgeführten Gründen ausüben.

4 Die Besonderheit von Art. 10 Abs. 1 EuErbVO liegt darin, dass die Vorschrift eine Zuständigkeit mitgliedstaatlicher Gerichte einräumt, die sich auf den ***gesamten* Nachlass** erstreckt, wenn Nachlassvermögen in einem Mitgliedstaat belegen ist und ein weiterer engerer Bezug zwischen dem Erblasser und diesem Mitgliedstaat besteht, der entweder auf der Staatsangehörigkeit dieses Mitgliedstaats im Todeszeitpunkt beruht (Art. 10 Abs. 1 lit. a) oder sich auf einen zeitlich nahen, vorherigen gewöhnlichen Aufenthalt des Erblassers stützen lässt, der zum Zeitpunkt der Anrufung des Gerichts nicht länger als fünf Jahre zurückliegt (Art. 10 Abs. 1 lit. b). Mitgliedstaatliche Gerichte sind in diesen Fällen in ihrer Entscheidungskompetenz nicht auf das im Territorium des Mitgliedstaats befindliche Nachlassvermögen beschränkt, sondern können über den gesamten Nachlass entscheiden, d. h. auch über im (Dritt-) Aufenthaltsstaat des Erblassers oder weiteren Mitglieds- oder Drittstaaten belegene Vermögenswerte. Nur wenn die Belegenheit von Nachlassvermögen die einzige Verbindung zum betreffenden Mitgliedstaat darstellt, ist die Zuständigkeit mitgliedstaatlicher Gerichte auf das dortige Nachlassvermögen beschränkt (Art. 10 Abs. 2). Art. 10 folgt hierbei, wie Erwägungsgrund 30 verdeutlicht, einer **zwingenden Hierarchie:** Art. 10 lit. a ist zuerst zu prüfen; Art. 10 lit. b kommt erst in Betracht, wenn lit. a nicht einschlägig ist. Art. 10 Abs. 2 setzt voraus, dass keine Zuständigkeit nach Art. 10 Abs. 1 lit. a und b besteht.

5 Die Norm ist zudem **abschließend** zu verstehen. Mitgliedstaatliche autonome Kompetenzvorschriften können, anders als in der Brüssel I-VO und die Brüssel IIa-VO, nicht neben Art. 10 zur Anwendung gelangen. Da die Vorschrift nicht darauf abstellt, ob ein Verfahren in einem Drittstaat tatsächlich geführt wird (so Art. 11 EuErbVO), sondern die Zuständigkeit mitgliedstaatlicher Gerichte anordnet, sofern die von Art. 10 vorgegebene Nähebeziehung besteht, kann sie zu weitreichenden **Kompetenzkonflikten** mit Drittstaaten führen, die ihre Zuständigkeit in Erbsachen auf den letzten gewöhnlichen Aufenthalt oder Wohnsitz des Erblassers stützen (→ Rn. 35 f.). Zugleich kreiert sie potentielle Zuständigkeitskonflikte mit anderen Mitgliedstaaten, in denen ebenfalls Nachlassvermögen belegen ist, etwa wenn der Erblasser gem. Art. 10 Abs. 1 lit. a die Staatsangehörigkeit zweier Mitgliedstaaten besitzt oder gem. Art. 10 Abs. 1 lit. b innerhalb der letzten fünf Jahre vor seinem Tod seinen gewöhnlichen Aufenthalt in zwei verschiedenen Mitgliedstaaten hatte, bevor er in einen Drittstaat verzog und dort verstarb (hierzu jedoch Art. 17 und 18 EuErbVO sowie Art. 6 EuErbVO).

II. Entstehungsgeschichte

6 Im Verordnungsvorschlag der Kommission (KOM 2009, 154 endg.) waren die subsidiären Zuständigkeiten als sog. **„Restzuständigkeiten"** in einem strikt hierarchischen Art. 6 enthalten, der anders strukturiert und noch weitreichender war, als der heutige Art. 10 EuErbVO (vgl. *Lein* in Bonomi/ Schmid, 77 ff.).

7 Art. 6 des Verordnungsvorschlags nahm zunächst den **vorherigen gewöhnlichen Aufenthalt** in den Blick. Art. 6 lit. a sollte den Gerichten des Mitgliedsstaats, in dem sich Nachlassgegenstände befinden, vorrangig eine Zuständigkeit verleihen, wenn der Erblasser seinen vorherigen gewöhnlichen Aufenthalt in dem betreffenden Mitgliedstaat hatte, sofern dieser nicht länger als fünf Jahre vor der Anrufung des Gerichts zurücklag. Erst dann wurde hilfsweise auf die Staatsangehörigkeit dieses Mitgliedstaats im Zeitpunkt des Todes des Erblassers abgestellt (vgl. auch Stellungnahme des *Max Planck Instituts,* RabelsZ 2010, 522 (527)). Die streng hierarchische Struktur der Art. 6 lit. a und b hätte mitgliedstaatliche Gerichte dazu verpflichtet, zunächst nach lit. a gegebenenfalls weitreichende faktische Erwägungen anzustellen, um einen vorherigen gewöhnlichen Aufenthalt zu ermitteln bzw. auszuschließen. Weiter gewährte Art. 6 lit. c des Verordnungsvorschlags hilfsweise, bei Nichtvorliegen der Alternativen in lit. a oder b auch dann eine den gesamten Nachlass umfassende Zuständigkeit mitgliedstaatlicher Gerichte, wenn ein Erbe oder Vermächtnisnehmer seinen gewöhnlichen Aufenthalt in dem Mitgliedstaat hatte, in dem Nachlassvermögen belegen war. Diese Vorschrift wurde als zu weitgehend kritisiert, da sie sich nicht auf eine enge Verbindung zwischen dem Erblasser und dem betreffenden Mitgliedstaat stützte, sondern lediglich auf eine Verbindung mit den vom Erbfall betroffenen Personen. Schließlich sollte nach Art. 6 lit. d eine nur beschränkte Zuständigkeit gegeben sein, wenn lediglich Nachlassvermögen im betreffenden Mitgliedstaat belegen war.

8 Die Kritik am Ursprungstext des Verordnungsvorschlags wurde in der Endfassung der EuErbVO berücksichtigt. Die Vorschrift wurde als neuer Art. 10 EuErbVO unter Umkehrung der Rangfolge von Art. 6 lit. a und b und unter Verzicht auf Art. 6 lit. c des Verordnungsvorschlags neu strukturiert.

III. Voraussetzungen

9 Art. 10 kann nur zur Anwendung kommen, wenn (1) der Erblasser im Zeitpunkt seines Todes seinen **gewöhnlichen Aufenthalt** nicht in einem Mitgliedstaat, sondern **in einem Drittstaat** hatte (andernfalls findet Art. 4 Anwendung) (2) **keine Gerichtsstandsvereinbarung** gemäß Art. 5 auf der Basis einer

früheren Rechtswahl eines mitgliedstaatlichen Erbstatuts getroffen wurde, die eine Zuständigkeit mitgliedstaatlicher Gerichte begründen könnte, aber (3) durch die **Belegenheit von Nachlassvermögen** bzw. (4) aufgrund einer **gegebenenfalls weitergehenden Nähebeziehung** (Staatsangehörigkeit oder vorheriger gewöhnlicher Aufenthalt) gleichwohl ein Bezug des Erbfalls zu einem Mitgliedstaat besteht.

1. Letzter gewöhnlicher Aufenthalt in einem Drittstaat

Der gewöhnliche Aufenthalt in einem Drittstaat ist anhand der gleichen Kriterien wie bei Art. 4 EuErbVO zu bestimmen (→ EuErbVO Art. 4 Rn. 8 ff.). Der schlichte oder zeitweise Aufenthalt reicht nicht, sondern es wird, wie Erwägungsgründe 23 ff. zeigen, eine gewisse Dauer und Regelmäßigkeit des Aufenthalts vorausgesetzt, die aufgrund der zugrundeliegenden Umstände des Falles eine enge und feste Bindung des Erblassers zu dem betreffenden Drittstaat erkennen lässt. In der Praxis wird ein angerufenes mitgliedstaatliches Gericht u. U. die Feststellung des gewöhnlichen Aufenthaltes offenlassen, wenn (unstreitig) Nachlassvermögen in diesem Mitgliedsstaat besteht und der Erblasser über dessen Staatsangehörigkeit verfügt (so OGH Wien BeckRS 2019, 12276 Rn. 30; Deixler-Hübner/Schauer/Gitschthaler, EuErbVO Art. 12 Rn. 3). Für die Anwendung von Art. 10 ist ausreichend, wenn das Gericht zur Überzeugung gelangt, dass der Erblasser sich jedenfalls nicht in einem Mitgliedstaat gewöhnlich aufhielt, eine konkrete Lokalisierung des gewöhnlichen Aufenthalts in einem bestimmten Drittstaat ist nicht erforderlich (MüKo/Dutta EuErbVO Art. 10 Rn. 3; Deixler-Hübner/Schauer/Gitschthaler Rn. 1). Allerdings wird die genaue Lokalisierung schon wegen Art. 12 nötig sein. 10

2. Abweichende Vereinbarung

Auch im Rahmen des Art. 10 EuErbVO kann eine Gerichtsstandsvereinbarung gemäß Art. 5 durch die Erben möglich sein, wenn der in einem Drittstaat ansässige Erblasser während eines früheren Aufenthalts ein mitgliedstaatliches Recht gewählt hat, weil er die Staatsangehörigkeit dieses Staates besaß. Da diese Rechtswahl die Nationalität des betreffenden Mitgliedstaates voraussetzt, und Art. 10 Abs. 1 EuErbVO ebenfalls auf die Staatsangehörigkeit Bezug nimmt, führt eine Gerichtsstandsvereinbarung zugunsten der Heimatgerichte des Erblassers im Regelfall zur gleichen Lösung wie Art. 10 Abs. 1 lit. a. Etwas anderes gilt nur bei Wechsel der Staatsangehörigkeit: dieser berührt zwar nicht die Rechtswahl des Erblassers und schlägt daher auch nicht auf eine Gerichtsstandsvereinbarung durch, wohl aber auf die für Art. 10 Abs. 1 lit. a zu beachtende Staatsangehörigkeit im Todeszeitpunkt. 11

3. Belegenheit von Nachlassvermögen

a) Substanzielle Vermögenswerte? Art. 10 setzt weiter die **Belegenheit von Nachlassvermögen** in einem Mitgliedstaat voraus, um die Zuständigkeit der dortigen Gerichte zu begründen. Die Vorschrift unterscheidet weder zwischen **beweglichem und unbeweglichem Vermögen** noch stellt sie für die Zuständigkeit auf den Mitgliedstaat ab, in dem der Schwerpunkt des Vermögens des Erblassers oder zumindest **substanzielle Nachlasswerte** belegen sind. Es ist für die Frage der Nachlassbelegenheit nach dem Wortlaut des Art. 10 EuErbVO ausreichend, wenn ein in London ansässiger Erblasser in Frankreich ein Konto hatte, auch wenn dessen gesamtes Immobilieneigentum ausschließlich in England oder dort und in weiteren Verordnungsstaaten belegen ist (zur Nachlassbelegenheit → Rn. 13 ff.). Ein Sparkonto mit einem Betrag von 100 EUR kann daher ausreichend sein, um Art. 10 Abs. 1 EuErbVO zu genügen und eine mitgliedstaatliche Zuständigkeit zu eröffnen, sofern die weiteren Voraussetzungen der Vorschrift erfüllt sind, auch wenn das millionenschwere Nachlassvermögen des mit gewöhnlichem Aufenthalt in einem Drittstaat verstorbenen Erblassers im Drittstaat bzw. gegebenenfalls in weiteren Mitgliedstaaten belegen ist. Derartige Fälle ließen sich beliebig zuspitzen: Stirbt etwa ein 78-jähriger amerikanischer Erblasser, der auch deutscher Staatsbürger ist, aber seit seinem fünften Lebensjahr in New York lebt, mit 500 EUR Bargeld in einem Hotel in Hamburg, wäre theoretisch ebenfalls eine Zuständigkeit nach Art. 10 Abs. 1 lit. a begründet. Dies führt zu den bereits erwähnten Kompetenzkonflikten mit Dritt- oder Mitgliedstaaten (→ Rn. 35 f.) und wirft die Frage auf, ob nicht zumindest substanzielle Vermögenswerte im Forummitgliedstaat belegen sein müssen. Mitgliedstaatliche Gerichte haben keine Möglichkeit, diese Fälle an drittstaatliche Gerichte abzugeben. Art. 6 EuErbVO greift nur zwischen mitgliedstaatlichen Gerichten und bei Rechtswahl. Art. 12 EuErbVO, der das Gericht auf Antrag einer Verfahrenspartei ermächtigt, das Verfahren zu beschränken, um Vermögenswerte, die in einem Drittstaat belegen sind, vom Verfahren auszuschließen, wenn das Risiko der Nichtanerkennung oder Vollstreckung der Entscheidung im Drittstaat besteht, hilft zwar gravierende Kompetenzkonflikte zu vermeiden, ändert aber nichts an der grundsätzlichen Zuständigkeit mitgliedstaatlicher Gerichte nach Art. 10 EuErbVO. Ob die betroffenen Parteien in Fällen geringer, in einem Mitgliedstaat befindlicher Nachlasswerte den Weg des Art. 10 beschreiten würden, ist jedoch fraglich, zumal es hier regelmäßig nicht zu einem Gleichlauf zwischen forum und ius kommen wird. **Passiva** sind von Art. 10 nicht umfasst (vgl. den Wortlaut von Art. 10 in anderen Sprachfassungen: „assets of the estate“, „biens 12 successoraux", „beni ereditari", s. Weber RNotZ 2018, 454 (459); MüKo/Dutta EuErbVO, Art. 10 Rn. 5).

13 **b) Nachlassbelegenheit.** Unter Umständen kann es problematisch sein, die genaue Belegenheit des Nachlasses zu bestimmen. Die EuErbVO macht hierfür **keine Vorgaben** (s. auch *Gaudemet-Tallon* in Khairallah/Revillard, 127 (130)). Die Nachlassbelegenheit ist für die Zuständigkeit von **zentraler Bedeutung** und hat, wie die Auslegung von EU-Verordnungen im Allgemeinen und der EuErbVO im Speziellen, **autonom** zu erfolgen (vgl. auch MüKoBGB/*Dutta* EuErbVO Art. 10 Rn. 5 ff. und Bonomi/Wautelet/*Bonomi* Art. 10 Rn. 12). Andernfalls würde eine unterschiedliche Auslegung der Nachlassbelegenheit in den Mitgliedstaaten drohen, die wiederum Kompetenzkonflikte provoziert.

14 In der Literatur wird zu Recht vorgeschlagen, die autonome Bestimmung der Nachlassbelegenheit an der **Neufassung der EuInsVO** 2017 zu orientieren (Verordnung (EU) 2015/848 des Europäischen Parlaments und des Rates vom 20. Mai 2015 über Insolvenzverfahren, OJ L 141, 5.6.2015, S. 19–72; siehe MüKoBGB/*Dutta* EuErbVO Art. 10 Rn. 5 ff. und Bonomi/Wautelet/*Bonomi* Art. 10 Rn. 12; Deixler-Hübner/Schauer/Gitschthaler Art. 10 Rn. 7;).

15 Dies garantiert die nötige Kohärenz in der Auslegung des Art. 10 EuErbVO durch mitgliedstaatliche Gerichte. Art. 2 lit. g EuInsVO bzw. nun Art. 2 Abs. 9 EuInsVO 2017 in der von Rat am 20. Mai 2015 angenommenen Fassung definiert den Begriff des „Mitgliedstaates in dem sich Vermögensgegenstände befinden" für verschiedene Gruppen von körperlichen bzw. unkörperlichen Vermögensgegenständen. Art. 2 Abs. 9 der revidierten EuInsVO unterscheidet für die Frage der Belegenheit folgende Fälle: (1) Namensaktien (Art. 2 Abs. 9 lit. i: Mitgliedstaat in dem die Gesellschaft, die die Aktien ausgegeben hat, ihren Sitz hat); (2) Finanzinstrumente (Art. 2 Abs. 9 lit. ii: Mitgliedstaat in dem das Register bzw. Konto geführt wird, das die Rechtsinhaberschaft nachweist), (3) Kontoguthaben (Art. 2 Abs. 9 lit. iii): Mitgliedsstaat, der in der IBAN angegeben ist), (4) Gegenstände oder Rechte, bei welchen das Eigentum oder die Rechtsinhaberschaft in ein Register einzutragen sind (Art. 2 Abs. 9 lit. iv): registerführender Mitgliedstaat; dies umfasst auch Markenrechte und Patente mit Ausnahme der in lit. v gesondert geregelten Europäischen Patente; Gemeinschaftsmarken werden als Vermögensgegenstand gem. Art. 16 GemeinschaftsmarkenVO wie nationale Marken behandelt und grundsätzlich dem (Wohn)sitzstaat des Markenrechtsinhabers zugeordnet); (5) Europäische Patente (Art. 2 Abs. 9 lit. v): Mitgliedstaat, für den das Patent erteilt wurde); (6) Urheberrechte und verwandte Schutzrechte (Art. 2 Abs. 9 lit. vi): Mitgliedstaat, in dessen Hoheitsgebiet der Rechtsinhaber seinen gewöhnlichen Aufenthalt bzw. Sitz hat) sowie (7) sonstige körperliche Gegenstände (Art. 2 Abs. 9 lit. vii): Mitgliedstaat, in dessen Hoheitsgebiet sich der Gegenstand befindet) bzw. (8) sonstige Forderungen (Art. 2 Abs. 9 lit. viii): Hoheitsgebiet, in dem der zu Leistung Verpflichtete den Mittelpunkt seiner hauptsächlichen Interessen iSd Art. 3 Abs. 1 EuInsVO hat).

16 **c) Zeitpunkt der Beurteilung der Nachlassbelegenheit.** Die Verordnung macht zum Zeitpunkt, in welchem die Nachlassbelegenheit zu beurteilen ist, keine Angaben. Auch dieser ist nach dem Grundsatz der autonomen Auslegung einheitlich zu beurteilen, und nicht dem nationalen Verfahrensrecht zu unterstellen. Richtigerweise sollte die Nachlassbelegenheit **einheitlich zum Todeszeitpunkt** des Erblassers bestimmt werden, um Manipulationen durch die vom Erbfall betroffenen Parteien vorzubeugen (aA MüKoBGB/*Dutta* EuErbVO Art. 10 Rn. 12, der für den Zeitpunkt der Bestimmung der Nachlassbelegenheit auf das mitgliedstaatliche Verfahrensrecht abstellt. Dies kann jedoch zu einer unterschiedlichen Beurteilung der Nachlassbelegenheit durch die nationalen Gerichte führen; aA auch Deixler-Hübner/Schauer/Gitschthaler Rn. 21, 25, wonach grundsätzlich auf den Moment der Anrufung des Gerichts nach Art. 14 abzustellen ist). Zudem stellt Art. 10 wie auch Art. 4 für die Bestimmung des gewöhnlichen Aufenthalts und der Staatsangehörigkeit durchgängig auf den Todeszeitpunkt des Erblassers ab. Die Nachlassbelegenheit zu einem anderen Zeitpunkt bzw. nach nationalem Verfahrensrecht zu beurteilen, entspricht weder dem Ansatz der EuErbVO noch deren autonomen Charakter. Würde wie etwa nach internem deutschen Recht für die Bestimmung der Zuständigkeit als ausreichend erachtet, wenn der Nachlass zum Zeitpunkt der letzten mündlichen Verhandlung im Inland belegen ist, bestünde zudem Raum für Manipulationen durch die Hinterbliebenen. Dem kann zwar durch vorläufige Maßnahmen nach Art. 19 EuErbVO begegnet werden, die Anwendung nationalen Verfahrensrechts überzeugt aber aus den genannten Gründen nicht.

4. Staatsangehörigkeit zum Todeszeitpunkt – Art. 10 Abs. 1 lit. a

17 Art. 10 Abs. 1 lit. a EuErbVO begründet eine den gesamten Nachlass umfassende mitgliedstaatliche Zuständigkeit, wenn der Erblasser **Staatsangehöriger** des betreffenden Mitgliedstaates war, und in dessen Territorium **Nachlassvermögen** belegen ist. Häufig wird es sich hier um Fälle mit Bezug zur Schweiz oder zum Vereinigten Königreich handeln. Der deutsche Erblasser mit Wohnungseigentum in Berlin verstarb mit letztem gewöhnlichen Aufenthalt in Zürich; der französische Eigentümer einer Villa in Nizza verstarb in London, wo er die letzten zehn Jahre vor seinem Tod wohnhaft war (s. zB OGH

Wien, Beschluss vom 26.2.2019 – 2 Ob 124/18a, BeckRS 2019, 12276). Auch Irland und Dänemark sind im europäischen Erbrecht Drittstaaten.

Mehrfache Staatsangehörigkeit: Die Bestimmung der Staatsangehörigkeit des Erblassers wird dem angerufenen mitgliedstaatliche Gericht in der Regel keine Schwierigkeiten bereiten, allerdings kann die Anwendung des Art. 10 Abs. 1 lit. a EuErbVO problematisch sein, wenn der Erblasser **Mehrstaatler** war (vgl. auch *Bajons* in Schauer/Scheuba, 29 (33); Bonomi/Wautelet/*Bonomi* Art. 10 Rn. 17; MüKoBGB/*Dutta* EuErbVO Art. 10 Rn. 15). Der mit gewöhnlichem Aufenthalt in einem Drittstaat verstorbene Erblasser kann entweder Staatsangehöriger des Dritt-Aufenthaltsstaates und eines oder mehrerer Mitgliedstaaten gewesen sein oder die Staatsangehörigkeit mehrerer Mitgliedstaaten besessen haben. Das Nachlassvermögen kann in seinem Aufenthalts-Drittstaat sowie in einem oder mehreren Mitgliedsstaaten belegen sein. 18

Die EuErbVO kennt **keinen Vorrang der effektiven Staatsangehörigkeit.** Sie erlaubt im Gegenteil gem. Art. 22 Abs. 1 Satz 2 EuErbVO die beliebige Wahl zwischen mehreren Staatsangehörigkeiten, die der Erblasser im Zeitpunkt der Rechtswahl oder im Todeszeitpunkt besaß. Allerdings will Art. 22 EuErbVO anders als Art. 10 gerade eine Rechtswahl ermöglichen und diese nur insoweit beschränken, als sie für die vom Erbfall Betroffenen aus Rechtssicherheitsgründen vorhersehbar sein soll. In Rahmen des Art. 22 EuErbVO verwundert es daher nicht, dass sowohl die Wahl einer effektiven als auch einer nicht effektiven Staatsangehörigkeit als Erbstatut gewährleistet wird. Art. 10 EuErbVO verschreibt sich nicht der gleichen ratio, sondern schafft eine strenge, rein auf der Intensität der Nähebeziehung zu einem Mitgliedstaat beruhende Zuständigkeitshierarchie. Die Vorschrift soll in der EU ansässige Erben und Gläubiger schützen und eröffnet bei einer Nähebeziehung zu einem Mitgliedstaat eine mitgliedstaatliche Zuständigkeit, die in Konkurrenz zu drittstaatlichen Zuständigkeitsnormen tritt. 19

Allerdings wurde durch den EuGH im *Hadadi*-Urteil (EuGH – C-168/08 – *Hadadi,* Slg. 2009 I-6871) die **Gleichwertigkeit** verschiedener mitgliedstaatlicher Staatsangehörigkeiten für das Zuständigkeitsrecht der EuEheVO bestätigt. Die Übertragbarkeit dieser Entscheidung auf Art. 10 EuErbVO ist nicht ganz unproblematisch. Der Fall *Hadadi* bezog sich auf die Zuständigkeitsvorschrift des Art. 3 Abs. 1 lit. b EuEheVO. Art 3 EuEheVO schafft sehr weitgehende optionale Zuständigkeiten und ist daher auch weit auszulegen. Art. 10 EuErbVO hingegen ist enger gefasst und folgt einem strengen Vorrangprinzip. Allerdings trifft das Argument des EuGH in *Hadadi* auch für die EuErbVO zu, dass die Staatsangehörigkeit als Zuständigkeitskriterium „einen eindeutigen und leicht anzuwendenden Anknüpfungspunkt“ darstellen soll, der ausdrücklich „kein anderes Kriterium … zB deren Effektivität vorsieht“ (*Hadadi,* Rn. 51). Grundsätzlich können daher mehrere Zuständigkeiten nach Art. 10 bestehen (Deixler-Hübner/Schauer/Gitschthaler Rn. 19; Müller-Lukoschek, Die neue EU-Erbrechtsverordnung, 2. Aufl. 2015, 125; Bonomi/Wautelet/Bonomi Rn. 18). Allerdings wird eine Gleichbehandlung verschiedener mitgliedstaatlicher Staatsangehörigkeiten des in einem Drittstaat lebenden Erblasser in Art. 10 auch durch Art. 6 EuErbVO ausgeglichen: bei einer durch eine Rechtswahl nach Art. 22 intensivierten Nähebeziehung zum Mitgliedstaat des gewählten Rechts, kann sich das nach Art. 10 angerufene mitgliedstaatliche Gericht gemäß Art. 6 lit. a EuErbVO für unzuständig erklären, wenn der mit gewöhnlichem Aufenthalt in einem Drittstaat verstorbene Erblasser Staatsangehöriger eines anderen Mitgliedstaats war, dessen Recht er gewählt hat. Ist der mit gewöhnlichem Aufenthalt in der Schweiz verstorbene Erblasser also deutscher und französischer Staatsbürger mit Nachlassvermögen in beiden Mitgliedstaaten, hat er aber während eines vorangegangenen gewöhnlichen Aufenthalts in Deutschland deutsches Heimatrecht gewählt, können sich die angerufenen französischen Gerichte auf Antrag einer Verfahrenspartei und unter Berücksichtigung der konkreten Umstände der Erbsache gemäß Art. 6 lit. a EuErbVO für unzuständig erklären. 20

Art. 6 löst allerdings nicht den Konflikt zwischen einer **mitgliedstaatlichen und einer drittstaatlichen Staatsangehörigkeit,** wenn der Erblasser während eines vorangegangenen gewöhnlichen Aufenthalts in einem Mitgliedstaat gem. Art. 22 EuErbVO das drittstaatliche Heimatrecht gewählt hat. Ein Beispiel wäre der Britisch-deutsche Doppelstaatler, dessen Immobilien sowohl in London als auch in Berlin belegen sind. Wählt er noch während seines gewöhnlichen Aufenthalts in Deutschland gem. Art. 22 englisches Recht als Erbstatut und verzieht dann nach London, führt Art. 10 Abs. 1 lit. a zur Zuständigkeit der deutschen Gerichte, da Art. 6 bei Rechtswahl zugunsten eines drittstaatlichen Heimatrechts trotz des deutlich engeren Bezugs des Falles zu einem Drittstaat nicht greift. 21

In diesen Konstellationen wird es zu Zuständigkeitskonflikten kommen. Anders als Konfliktfälle aufgrund mehrfacher mitgliedstaatlicher Staatsangehörigkeiten, die über Art. 17 EuErbVO bzw. Art. 6 zu lösen sind, ist das Verhältnis zu Drittstaaten problematisch, zumal die EuErbVO anders als die neugefasste Brüssel Ia-VO auch keine *lis pendens* Norm für das Verhältnis mit Drittstaaten vorsieht. 22

5. Vorhergehender gewöhnlicher Aufenthalt, Art. 10 Abs. 1 lit. b

Gem. Art. 10 Abs. 1 lit. b EuErbVO sind mitgliedstaatliche Gerichte im Belegenheitsstaat von Nachlassvermögen auch dann für den gesamten Nachlass zuständig, wenn der Erblasser zwar nicht Staatsangehöriger des betreffenden Mitgliedsstaates war, aber dort einen vorhergehenden gewöhnlichen Auf- 23 enthalt hatte, sofern die Änderung des gewöhnlichen Aufenthalts zum Zeitpunkt der Anrufung des Gerichts **nicht länger als fünf Jahre** zurückliegt. Ein Beispiel ist der Schweizer Erblasser, der eine Stadtwohnung in Rom erwarb und dort zwei Jahre lang lebte, dann in die Schweiz zurückkehrte und ein Jahr später in Genf verstarb. Bezugszeitpunkt für den Ablauf der Fünf-Jahres-Frist ist die Anrufung des Gerichts gem. Art. 14 EuErbVO, nicht der Todeszeitpunkt des Erblassers.

24 **a) Hierarchie zwischen lit. a und lit. b.** Die in Art. 10 Abs. 1 zwingend angeordnete Rangfolge zwischen lit. a und lit. b wird unterschiedlich interpretiert. Teils wird Art. 10 Abs. 1 lit. b so verstanden, dass eine Zuständigkeit auf der Basis des vorangehenden gewöhnlichen Aufenthalts in einem Mitgliedstaat nur dann in Betracht kommen kann, wenn der Erblasser gar keine mitgliedstaatliche Staatsangehörigkeit bzw. kein Nachlassvermögen im betreffenden Heimatmitgliedstaat besaß (*Wilke* RIW 2012, 604; Bonomi/Wautelet/*Bonomi* Art. 10 Rn. 20). Danach könnte ein Erbverfahren über den Nachlass eines in Wales lebenden französischen Erblassers mit Immobilien in Frankreich und Deutschland, der vor seinem Umzug nach Großbritannien vor vier Jahren in Deutschland lebte, nur in Frankreich geführt werden, nicht aber in Deutschland, da Art. 10 Abs 1 lit. a die vorrangige Zuständigkeit der französischen Heimatgerichte eröffnet und lit. b hierzu zwingend nachrangig wäre, wenn die Voraussetzungen von lit. a in einem anderen Mitgliedstaat erfüllt sind.

25 Diese Interpretation ergibt sich aus der Formulierung von lit. a und b im Zusammenspiel mit Art. 10 Abs. 2 EuErbVO aber gerade nicht. Dort heißt es ausdrücklich, dass eine Zuständigkeit nach Art. 10 Abs. 1 lit. a in Betracht kommt, wenn der Erblasser die Staatsangehörigkeit des Mitgliedstaats besaß, in dem Nachlassvermögen belegen ist, oder, „wenn dies nicht der Fall ist, der Erblasser seinen vorhergehenden gewöhnlichen Aufenthalt *in dem betreffenden Mitgliedstaat* hatte", sofern dieser innerhalb des genannten fünf-Jahres Zeitraums lag. Auch andere Sprachversionen der EuErbVO geben keinen Anlass zu einer einschränkenden Interpretation der Vorschrift (siehe etwa die englische Sprachfassung: „The courts of a Member State in which assets of the estate are located shall nevertheless have jurisdiction to rule on the succession as a whole in so far as the deceased had the nationality of that Member State at the time of death; or, failing that, the deceased had his previous habitual residence in that Member State …"). Auch die ausdrücklich andere Formulierung des Art. 10 Abs. 2 EuErbVO („Ist *kein Gericht in einem Mitgliedstaat* nach Absatz 1 zuständig") spricht für diese Auslegung. Art. 10 Abs. 1 lit. b eröffnet damit auch dann eine Zuständigkeit, wenn der Erblasser nicht Staatsangehöriger des Mitgliedstaates ist, dessen Gericht angerufen wurde, aber dort seinen vorhergehenden gewöhnlichen Aufenthalt hatte, auch wenn die Voraussetzungen des Art. 10 Abs. 1 lit. a EuErbVO in einem anderen Mitgliedstaat erfüllt sind. Art. 10 Abs. 1 EuErbVO ist **aus der Sicht des angerufenen Gerichts** zu beurteilen, das seine Zuständigkeit auf lit. b stützen kann, wenn die Voraussetzungen von lit. a im Hinblick auf den Forummitgliedstaat nicht erfüllt sind (so auch MüKoBGB/*Dutta* EuErbVO Art. 10 Rn. 15).

26 **b) Letzter gewöhnlicher Aufenthalt vor Umzug in den Drittstaat.** Nicht klar ist zudem, ob Art. 10 Abs. 1 lit. b sich auf den **direkt vorangegangenen,** d. h. letzten gewöhnlichen Aufenthalt vor dem Umzug in den Drittstaat bezieht oder eine konkurrierende Zuständigkeit weiterer Mitgliedstaaten nach Art. 10 Abs. 1 lit. b in Betracht kommt, in welchen sich der Erblasser innerhalb der letzten fünf Jahre vor Anrufung des Gerichts gewöhnlich aufhielt.

27 Art. 10 Abs. 1 lit. b EuErbVO spricht im Hinblick auf den Erblasser wörtlich von „seinem vorangegangenen gewöhnlichen Aufenthalt" („résidence habituelle antérieure", „previous habitual residence"), aber nicht ausdrücklich vom „letzten" gewöhnlichen Aufenthalt in einem Mitgliedstaat. Art. 10 Abs. 1 lit. b EuErbVO wird daher teils so ausgelegt, dass die Vorschrift für die Gerichte aller Mitgliedstaaten, in denen Nachlassgegenstände belegen sind, und in welchen der Erblasser innerhalb der fünf-Jahres Frist **sukzessive** gewöhnlichen Aufenthalte hatte, eine Zuständigkeit eröffnet (*Süß* ZEuP 2013, 725 (733), MüKoBGB/*Dutta* EuErbVO Art. 10 Rn. 15; Weber RNotZ 2018, 454 (460); Deixler-Hübner/Schauer/Gitschthaler Rn. 20).

28 Ein Verfahren über den Nachlass eines Schweizer Erblassers, der mit gewöhnlichem Aufenthalt in der Schweiz verstarb, aber innerhalb der fünf-Jahres Frist vor Anrufung des Gerichts nach Art. 10 Abs. 1 lit. b EuErbVO zunächst in Litauen, dann in Lettland und schließlich in Polen lebte und in allen drei Staaten Wohnungseigentum erwarb, könnte demnach vor Gerichten in allen drei Mitgliedstaaten eröffnet werden. Diese Auslegung erweitert die Szenarien für potentielle Zuständigkeitskonflikte (zur Lösung mitgliedstaatlicher Kompetenzkonflikte s. aber Art. 17, 18 und 6 EuErbVO).

29 Legt man Art. 10 Abs. 1 lit. b enger aus, bestünde eine Zuständigkeit der mitgliedstaatlichen Gerichte nur am **letzten** gewöhnlichen Aufenthalt, sofern letzterer nicht länger als fünf Jahre zurückliegt und sich dort auch Nachlassvermögen befindet. Diese Auslegung ließe sich mit der besonderen **Nähebeziehung** rechtfertigen, die Art. 10 zugrundelegt: hat der Erblasser keinen gewöhnlichen Aufenthalt in einem Mitgliedstaat, aber ist Nachlassvermögen innerhalb der EU belegen, hängt eine Zuständigkeit für den gesamten Nachlass von einer weiteren engen Verbindung zum betreffenden Mitgliedstaat ab. Diese ist mangels gegenwärtigem gewöhnlichem Aufenthalt die Staatsangehörigkeit oder der zeitnahe frühere gewöhnliche Aufenthalt in einem Mitgliedstaat, in dem Nachlassvermögen belegen ist. Werden diese

Kriterien in mehreren Mitgliedstaaten **zugleich** erfüllt, wäre danach **nur auf den letzten** gewöhnlichen Aufenthalt abzustellen. Hinterlässt der Erblasser aber kein Nachlassvermögen im letzten Aufenthaltsmitgliedstaat, müsste dann aber zumindest der **vorletzte** gewöhnliche Aufenthalt in einem Mitgliedstaat, in dem Nachlassvermögen belegen ist, zuständigkeitsbegründend sein, sofern dem Fristerfordernis des Art. 10 lit. b EuErbVO genügt wird.

Dies wäre aus Sicht der mitgliedstaatlichen Gerichte jedoch nur sehr schwierig zu beurteilen: Hinterlässt etwa ein britischer Erblasser, der vier Jahre vor seinem Tod seinen gewöhnlichen Aufenthalt in Spanien hatte, dann aber nach zwei Jahren nach Deutschland verzog, um letztlich endgültig nach Manchester zurückzukehren, Nachlassvermögen in Spanien, Deutschland und Großbritannien, wäre nach dieser Ansicht für Art. 10 Abs. 1 lit. b der gewöhnliche Aufenthalt in Deutschland maßgebend. Hinterlässt der Erblasser nur in Spanien Nachlassvermögen, wäre Spanien als der für die Zuständigkeitsbegründung maßgebliche Mitgliedstaat anzusehen, da es der einzige Mitgliedstaat wäre, in welchem der Erblasser innerhalb der fünf-Jahres Frist sowohl Nachlassvermögen hinterlässt als auch einen gewöhnlichen Aufenthalt begründet hat. Dies würde den spanischen Gerichten allerdings eine Prüfung der Situation im letzten Aufenthaltsstaat Deutschland auferlegen, die praktisch schwer zu bewältigen ist. Es ist daher auch aus praktischen Gründen davon auszugehen, dass **parallele Zuständigkeiten** mitgliedstaatlicher Gerichte unter Art. 10 lit. b EuErbVO möglich und Konflikte über Art. 6, 17 bzw. 18 zu lösen sind. 30

c) Aufenthaltsbestimmung durch das Gericht. Die Bestimmung des gewöhnlichen Aufenthalts ist nicht unproblematisch (→ EuErbVO Art. 4 Rn. 8 ff.). Das Gericht hat nicht nur zu bestimmen, dass ein gewöhnlicher Aufenthalt im Forummitgliedstaat begründet wurde, sondern auch, wann dieser wieder beendet wurde, da die fünf-Jahres Frist des Art. 10 Abs. 1 lit. b eine entscheidende Grenze für die Bestimmung der Zuständigkeit darstellt. Erwägungsgründe 23–25 geben dem Gericht hierbei eine Hilfestellung. Anders als nach Art. 3 Abs. 2 des Haager Übereinkommens von 1989 wird keine Mindestaufenthaltsdauer vorgegeben, sondern durch die fünf-Jahres Frist nur die zeitliche Nähe zum Erbfall garantiert. Die Dauer des Aufenthalts spielt jedoch im Rahmen der Gesamtbeurteilung des Falles durch das Gericht neben anderen Kriterien für die Frage der Aufenthaltsbegründung eine Rolle (ErwG 23). Die fünf-Jahres Frist ist (aus unklaren Gründen) mit Bezug auf die Anrufung des Gerichts nach Art. 14 zu bestimmen, und nicht in Verbindung mit dem Todeszeitpunkt. 31

6. Beschränkte Zuständigkeit, Art. 10 Abs. 2

Ist kein Gericht nach Art 10 Abs. 1 zuständig, sieht Art. 10 Abs. 2 dennoch eine Zuständigkeit der Gerichte des Mitgliedstaates vor, in dem sich Nachlassvermögen befindet, **beschränkt diese jedoch auf Entscheidungen über dieses Nachlassvermögen.** Da das Vorhandensein von Nachlassvermögen im Territorium des betreffenden Mitgliedstaats die einzige Verbindung mit dem Erbfall ist und der Erblasser weder die Staatsangehörigkeit des Mitgliedstaats besaß, noch sich dort zeitnah gewöhnlich aufhielt, gibt es keine ausreichende Verbindung, um die mitgliedstaatliche Zuständigkeit auf den gesamten Nachlass zu erstrecken. Anders als beim *forum necessitatis,* das gem. Art. 11 EuErbVO ebenfalls auf einem ausreichenden Bezug zum Forummitgliedstaat beruht, wird die Zuständigkeit nach Art. 10 Abs. 2 nur beschränkt gewährt, da sie nicht erst dann relevant wird, wenn ein Verfahren im Drittstaat unzumutbar oder unmöglich ist, sondern in direkte Konkurrenz mit drittstaatlichen Zuständigkeitsvorschriften tritt. Art. 10 EuErbVO führt damit zu einer an sich unerwünschten zuständigkeitsrechtlichen **Nachlassspaltung** (MüKoBGB/*Dutta* EuErbVO Art 10 Rn. 16). 32

Fälle des Art. 10 Abs. 2 EuErbVO werden regelmäßig Erblasser betreffen, die die Staatsangehörigkeit eines Drittstaats besaßen, aber Immobilien im Ausland erworben haben. Ein Beispiel wäre der Fall einer britischen Erblasserin, die mit letztem Wohnsitz in Edinburgh verstirbt. Sie hat dort ihre letzten sechs Lebensjahre verbracht. Zuvor lebte sie zwei Jahre in Rom, davor fünf Jahre in Amsterdam. Neben einem Haus in Edinburgh hat sie auch Wohnungen in Rom und Amsterdam. Ihre Erben leben in den Niederlanden. Hier folgt die Zuständigkeit über die italienischen Immobilien allein aus Art. 10 Abs. 2 und beschränkt sich auf das dortige Nachlassvermögen, Gleiches gilt für die niederländische Wohnung, da weder Art. 10 Abs. 1 lit. a noch lit. b einschlägig sind. Letztere sind jedoch von den italienischen und niederländischen Gerichten zunächst zu prüfen, da Art. 10 Abs. 2 voraussetzt, dass keine Zuständigkeit mitgliedstaatlicher Gerichte nach Art. 10 Abs. 1 begründet ist. 33

Ein vor den nach Art. 10 Abs. 2 beschränkt zuständigen mitgliedstaatlichen Gerichten eingeleitetes Verfahren ist gegebenenfalls von den Gerichten auf die inländischen Vermögenswerte zu beschränken, wenn der Antrag selbst nicht darauf beschränkt ist. Dies ist im Tenor der Entscheidung kenntlich zu machen. 34

Zur Frage der Nachlassbelegenheit im Rahmen des Art. 10 Abs. 2 → Rn. 13 ff. Zum Zeitpunkt der Bestimmung der Nachlassbelegenheit → Rn. 16. Zum Verhältnis mit Art. 5 → EuErbVO Art. 5 Rn. 10.

7. Kompetenzkonflikte

35 Art. 10 kann zu Kompetenzkonflikten mit Drittstaaten aber auch mit Mitgliedstaaten führen (→ Rn. 22, 28). Kompetenzkonflikte zwischen Mitgliedstaaten kommen im Rahmen des Art. 10 Abs. 1 in Betracht (nicht jedoch im Rahmen der beschränkten Zuständigkeit nach Art. 10 Abs. 2), lassen sich aber über Art. 17 und 18 EuErbVO bzw. über Art. 6 lösen. Kompetenzkonflikte zwischen mitgliedstaatlichen Gerichten wirken sich auch deshalb weniger stark aus, weil sich das anwendbare Erbstatut ohnehin einheitlich nach dem Recht am gewöhnlichen Aufenthaltsort des Erblassers oder dem von ihm gewählten Recht bestimmt. Zudem gilt ein einheitliches Regime für die Anerkennung und Vollstreckung mitgliedstaatlicher Entscheidungen.

36 Für Konflikte mit Drittstaaten gibt es in der EuErbVO hingegen weder Koordinationsvorschriften (→ EuErbVO Art. 17 Rn. 15) noch eine Möglichkeit der Unzuständigkeitserklärung (→ EuErbVO Art. 6 Rn. 5 ff.). Knüpfen die kompetenzrechtlichen Vorschriften eines Drittstaats an andere Kriterien an als Art. 10 Abs. 1 EuErbVO, was in vielen Konstellationen der Fall sein wird, oder erstrecken sich drittstaatliche Zuständigkeitsvorschriften auf in Mitgliedstaaten belegene Vermögenswerte (Art. 10 Abs. 2 EuErbVO), werden sich sowohl die drittstaatlichen als auch mitgliedstaatliche Gerichte für zuständig erklären. Allerdings bietet Art. 12 EuErbVO einen gewissen Ausgleich bei Kompetenzkonflikten, die sich absehbar auf die Anerkennungs- bzw. Vollstreckungsfähigkeit mitgliedstaatlicher Entscheidungen in einem Drittstaat auswirken. Auch lässt sich durch die Anerkennung eines eingeschränkten *renvoi* in Art. 34 EuErbVO zwar keine Harmonie im Zuständigkeitsrecht herstellen, zumindest aber in vielen Fällen hinsichtlich der Frage des anwendbaren Rechts (→ EuErbVO Art. 34).

Artikel 11 Notzuständigkeit *(forum necessitatis)*

[1] Ist kein Gericht eines Mitgliedstaats aufgrund anderer Vorschriften dieser Verordnung zuständig, so können die Gerichte eines Mitgliedstaats in Ausnahmefällen in einer Erbsache entscheiden, wenn es nicht zumutbar ist oder es sich als unmöglich erweist, ein Verfahren in einem Drittstaat, zu dem die Sache einen engen Bezug aufweist, einzuleiten oder zu führen. [2] Die Sache muss einen ausreichenden Bezug zu dem Mitgliedstaat des angerufenen Gerichts aufweisen.

I. Allgemeines

1 Art. 11 enthält ähnlich wie Art. 7 EuUnthVO eine Regelung zur Notzuständigkeit mitgliedstaatlicher Gerichte (vgl. auch *Ferrand* in Campuzano Díaz et al., 83 ff.; *Hau* FamRZ 2010, 516 (517)). Die Vorschrift über ein *forum necessitatis* war im Verordnungsvorschlag noch nicht enthalten, wurde aber im Laufe des Gesetzgebungsverfahren gefordert, um zu vermeiden, dass ein Erbfall mit Bezug zu einem Mitgliedstaat keiner Gerichtsbarkeit unterworfen wird, weil ein Verfahren vor drittstaatlichen Gerichten unmöglich oder unzumutbar ist. Dies unterscheidet die EuErbVO auch von der Brüssel IIa-VO, die in Art. 7 und 14 sog. Restzuständigkeiten vorsieht, die sich in jedem Mitgliedstaat auf die internen Regeln des nationalen Verfahrensrechts stützen. Die Einführung einer Notzuständigkeit wurde ursprünglich auch für die Brüssel Ia-VO erwogen, um das Recht auf ein faires Verfahren bzw. das Recht auf gerichtlichen Rechtsschutz zu gewährleisten (vgl. Art. 26 des Vorschlags zur Brüssel Ia-VO, KOM 748 (2010) endg.). Im Rahmen der Brüssel Ia-VO entfiel mit dem Wegfall des noch im Verordnungsvorschlag vorgesehenen „reflexive effect" gegenüber in Drittstaaten wohnhaften Beklagten auch die Vorschrift über ein *forum necessitatis,* die in der EU ansässigen Klägern zusätzlichen Schutz gewährt hätte. In der Erbrechtsverordnung, die stark in Sachverhalte mit Drittstaatenbezug eingreift, wurde die Erforderlichkeit einer Notzuständigkeit anerkannt, um eine Rechtsschutzverweigerung zu verhindern.

II. Voraussetzungen

2 Wenn keine mitgliedsstaatliche Zuständigkeit nach der EuErbVO eröffnet ist, ermöglicht es Art. 11 den Gerichten eines Mitgliedstaats in Ausnahmefällen dennoch in einer Erbsache zu entscheiden, wenn folgende Voraussetzungen vorliegen: (1) es ist **nicht zumutbar oder nicht möglich,** ein Verfahren in einem Drittstaat einzuleiten oder zu führen, zu dem die Sache einen engen Bezug aufweist (Satz 1), (2) zugleich besteht aber ein **ausreichender Bezug** zum Mitgliedstaat des angerufenen Gerichts (Satz 2). Die Zuständigkeit erstreckt sich auf den **gesamten Nachlass.**

1. Unzumutbares oder unmögliches Verfahren in einem Drittstaat

Erwägungsgrund 31 stellt klar, dass Art. 11 lediglich auf eng begrenzte Ausnahmefälle abzielt und nennt beispielhaft den Fall, in dem sich ein Verfahren in einem Drittstaat aufgrund eines Bürgerkrieges als unmöglich erweist. Auch ein Zusammenbruch der behördlichen Infrastruktur durch Naturkatastrophen kann eine solche Unmöglichkeit begründen. Neben den tatsächlichen Umständen des Falles kann die Unmöglichkeit auch auf rechtlichen Gründen beruhen, etwa wenn die Gerichte im Drittstaat bereits über ihre Unzuständigkeit entschieden haben (vgl. auch *Wilke* RIW 2012, 601 (604)). 3

Der Begriff der Unzumutbarkeit eines Verfahrens setzt nach Erwägungsgrund 31 voraus, dass vom Verfahrensberechtigten „vernünftigerweise nicht erwartet werden kann“, dass ein Verfahren in dem betreffenden Drittstaat eingeleitet oder geführt wird. Dies kann etwa der Fall sein, wenn dem Berechtigten ein faires Verfahren in dem betreffenden Drittstaat verweigert wird oder er durch ein Verfahren im Drittstaat einer schwerwiegenden Bedrohung oder Gewaltanwendung ausgesetzt würde (zur Unmöglichkeit und Unzumutbarkeit im Rahmen der Begründung einer Notzuständigkeit in der EU siehe auch *Redfield* Georgetown J Int L 2014, 894 (909 ff.)). 4

2. Ausreichender Bezug zu einem Mitgliedstaat

Die Anwendbarkeit des Art. 11 EuErbVO setzt voraus, dass ein ausreichender Bezug zu einem Mitgliedsstaat besteht. Dies ist jeweils im Einzelfall zu beurteilen. Ein ausreichender Bezug kann sich etwa daraus ergeben, dass ein Erbe seinen Wohnsitz in einem Mitgliedstaat hat. 5

In den Fällen, in welchen eine nur beschränkte mitgliedstaatliche Zuständigkeit nach Art. 10 Abs. 2 EuErbVO begründet ist, da Nachlassgegenstände in einem Mitgliedstaat belegen sind, aber keine weitere Verbindung zu diesem Mitgliedstaat besteht, sollte Art. 11 anwendbar sein, wenn dessen sonstige Voraussetzungen gegeben sind. Anders als Art. 10 Abs. 2 EuErbVO eröffnet Art. 11 eine Zuständigkeit der Gerichte des Forummitgliedstaats, die sich auf den gesamten Nachlass erstreckt, da ein Verfahren im Drittstaat gerade nicht möglich ist. 6

3. Justizgewährungsanspruch

Auch wenn der Wortlaut des Art. 11 („so können die Gerichte eines Mitgliedstaats ... entscheiden“) auf ein gerichtliches Ermessen hindeutet, haben mitgliedstaatliche Gerichte das Erbverfahren zu führen, wenn der Tatbestand des Art. 11 erfüllt ist. Ein gerichtliches Ermessen würde dem Sinn der Vorschrift zuwiderlaufen (so auch MüKoBGB/*Dutta* EuErbVO Art. 11 Rn. 2 und *Wilke* RIW 2012, 604; zu Art. 7 EuUnthVO siehe *Hau* FamRZ 2010, 516 (517)). 7

Artikel 12 Beschränkung des Verfahrens

(1) **Umfasst der Nachlass des Erblassers Vermögenswerte, die in einem Drittstatt belegen sind, so kann das in der Erbsache angerufene Gericht auf Antrag einer der Parteien beschließen, über einen oder mehrere dieser Vermögenswerte nicht zu befinden, wenn zu erwarten ist, dass seine Entscheidung in Bezug auf diese Vermögenswerte in dem betreffenden Drittstatt nicht anerkannt oder gegebenenfalls nicht für vollstreckbar erklärt wird.**

(2) **Absatz 1 berührt nicht das Recht der Parteien, den Gegenstand des Verfahrens nach dem Recht des Mitgliedstaats des angerufenen Gerichts zu beschränken.**

Übersicht

I. Allgemeines

Art. 12 EuErbVO betrifft Sachverhalte mit Bezug zu einem Drittstaat. Die EuErbVO sieht grundsätzlich Kompetenzen vor, die sich auf den gesamten **weltweiten Nachlass** erstrecken (EuGH, 21.7.2018, – C-20/17, ECLI:EU:C:2018:485; Deixler-Hübner/Schauer/Gitschthaler, EuErbVO Art. 10 1

Rn 22; Mayr/ Wittwer, Europäisches Zivilverfahrensrecht Rn. 7.72). Dies umfasst bewegliche wie unbewegliche Nachlassgegenstände, unabhängig von ihrer Belegenheit. Hat der in Deutschland verstorbene Erblasser Immobilien in einem Drittstaat wie zum Beispiel ein Chalet in der Schweiz oder eine Wohnung in London oder New York hinterlassen, befinden die deutschen Gerichte nach Art. 4 dennoch über den gesamten Nachlass, unabhängig vom Belegenheitsort.

2 Auf **Antrag** einer Partei kann das angerufene Gericht allerdings davon absehen, über in einem Drittstaat belegene Vermögenswerte zu befinden, wenn die Anerkennung bzw. Vollstreckung der gerichtlichen Entscheidung im Drittstaat nicht zu erwarten ist. Die Vorschrift **grenzt die Reichweite des Verfahrens ein** und versucht Kompetenzkonflikte im Hinblick auf in einem Drittstaat belegene Vermögenswerte zu vermeiden, für welche letzterer zB ausschließliche Zuständigkeiten vorsieht bzw. deren erbrechtliche Behandlung der Drittstaat dem eigenen Recht als *lex rei sitae* unterstellt (OGH, Beschluss vom 26.2.2019 – 2 Ob 124/18a, FamRZ 2019, 1092 (1094)).

3 Dem Gericht wird im Rahmen von Art. 12 EuErbVO wie in Art 6 lit. a ein **Entscheidungsermessen** eingeräumt. Es kann das Verfahren beschränken und beschließen, über einen oder mehrere in einem Drittstaat belegene Vermögenswerte nicht zu befinden, ist aber nicht dazu gezwungen. Dies trägt dem Grundsatz der Nachlasseinheit Rechnung, dem sich die EuErbVO verschrieben hat: dieser wird nur im Ausnahmefall durchbrochen. Gleichzeitig wird ein Mechanismus zur Verfügung gestellt, der verhindert, dass die vom Nachlass betroffenen Parteien unnötigen Zeit- und Bürokratieaufwand haben. Wenn es unwahrscheinlich ist, dass eine mitgliedstaatliche Gerichtsentscheidung in einer internationalen Erbsache im betroffenen Drittstaat anerkannt wird, ist es prozessökonomisch nicht sinnvoll, das Verfahren auf im Drittstaat belegene Vermögenswerte zu erstrecken und Mehrfachentscheidungen zu riskieren, die sich potentiell widersprechen (Deixler-Hübner/Schauer/Gitschthaler EuErbVO Art. 12 Rn 1; OGH, Beschluss vom 26.2.2019 – 2 Ob 124/18a, FamRZ 2019, 1092 (1094), BeckRS 2019, 12276, Rn 33).

4 Art. 12 war im Verordnungsentwurf zur EuErbVO noch nicht enthalten und wurde im Laufe des Gesetzgebungsverfahrens eingefügt, um Anerkennungs- bzw. Vollstreckungsproblemen in Drittstaaten vorzubeugen.

II. Voraussetzungen

1. Antrag

5 Art. 12 EuErbVO wird vom angerufenen Gericht nicht von Amts wegen angewandt, sondern nur auf Antrag einer Partei.

Die Beschränkung des Verfahrens nach Art. 12 kann grundsätzlich vor jedem angerufenen Gericht beantragt werden, unabhängig davon welche Kompetenzgrundlage dessen Tätigwerden zugrundeliegt. In den Fällen des Art. 10 Abs. 2 EuErbVO kommt Art. 12 praktisch jedoch nicht zum Tragen, da diese Zuständigkeit ohnehin auf im Mitgliedsstaat des angerufenen Gerichts belegene Immobilien beschränkt ist.

2. Belegenheit von Vermögenswerten in einem Drittstaat

6 Die Vorschrift greift nur dann, wenn der Nachlass Vermögenswerte umfasst, die in einem Drittstaat belegen sind. Die Vorschrift gilt sowohl für bewegliche als auch unbewegliche Nachlassgegenstände, da sie allgemein von „Vermögenswerten" spricht.

7 Grundsätzlich wird es sich bei den in einem Drittstaat belegenen Nachlassgütern aber meist um Immobilien handeln, da nur in diesen Fällen üblicherweise **ausschließliche** Zuständigkeiten drittstaatlicher Gerichte in Frage kommen, die zudem die *lex rei sitae* anwenden. Innerhalb Europas wird dieser Fall häufiger vorkommen, etwa wenn der Erblasser Grundstücke im Nichtmitgliedstaat Schweiz oder Nicht-Verordnungsstaat (bzw. seit dem EU-Austritt Nichtmitgliedstaat) Großbritannien hinterlässt. Sowohl die Schweiz als auch zB England and Wales wie auch weitere Common Law Systeme folgen dem Grundsatz der Nachlassspaltung („scission"), was sich auch auf die Gerichtszuständigkeit auswirkt.

3. Fehlende Anerkennung oder Vollstreckung im Drittstaat

8 Art. 12 ist auf alle Fälle anwendbar, in welchen zu erwarten ist, dass ein Drittstaat eine mitgliedstaatliche Gerichtsentscheidung nicht anerkennt oder vollstreckt. Es bedarf also einer **negativen Anerkennungsprognose** (Deixler-Hübner/Schauer/Gitschthaler, EuErbVO Art. 12 Rz 9). Dies setzt nicht zwangsläufig voraus, dass der Drittstaat für in seinem Territorium belegene unbewegliche Vermögenswerte eine ausschließliche Zuständigkeit der inländischen Gerichte vorsieht (und die *lex rei sitae* anwendet), auch wenn dies die häufigsten Fälle sein werden. Art. 12 EuErbVO kann auch dann Anwendung finden, wenn die Anerkennung oder Vollstreckung im Drittstaat aus anderen Gründen nicht zu erwarten ist (vgl. auch Bonomi/Wautelet/*Bonomi* Art. 12 Rn. 4). Auch wenn ausländische

Urteile im Drittstaat generell nicht anerkannt werden oder die mitgliedstaatliche Entscheidung unter Umständen dem drittstaatlichen ordre public widerspricht, kann das angerufene mitgliedstaatliche Gericht auf Antrag entscheiden, das Verfahren zu beschränken und nicht über die dortigen Vermögenswerte zu befinden. Dies gilt zB auch wenn ein Verfahren im Drittstaat bereits läuft oder entschieden wurde (siehe im Hinblick auf die Schweiz Art. 27 Abs. 2 lit c IPRG und OGH, Beschluss vom 26.2.2019 – 2 Ob 124/18a, FamRZ 2019, 1092 (1094), BeckRS 2019, 12276, Rn. 42 f. Entscheidend ist hier die zeitliche Priorität (Müller-Chen/Lüchinger/Künzle, ZKomm IPRG3 Art. 96 Rn 27; vgl. Abt/Weibel/ Graham-Siegenthaler, Erbrecht3 Anhang IPR Rn 119). Art. 12 hat damit einen potentiell weit größeren Anwendungsbereich, jenseits des typischen Anwendungsfalls der im Drittstaat belegenen Immobilien, für die eine ausschließliche Zuständigkeit im Drittstaat angeordnet wird oder/und die *lex rei sitae* anwendbar ist.

Das angerufene Gericht hat, wenn eine Partei den Antrag auf Beschränkung des Verfahrens stellt, eine **Anerkennungsprognose** abzugeben (vgl. für das deutsche Recht § 328 ZPO, der sich allerdings auf den umgekehrten Fall der Anerkennung einer ausländischen Entscheidung im Inland bezieht). Das Gericht muss prüfen, ob seine Entscheidung auf Anerkennungs- oder Vollstreckungshindernisse im Drittstaat stößt. Für die Anerkennungsprognose muss sich das inländische Gericht in die Rolle des ausländischen Gerichts versetzen, was für das inländische Gericht mit Schwierigkeiten verbunden sein kann. Während die Feststellung ausschließlicher Zuständigkeiten drittstaatlicher Gerichte relativ einfach möglich sein wird, kann ein potentieller Verstoß gegen einen drittstaatlichen *ordre public* unter Umständen nur schwer feststellbar sein. Kommt das Gericht zu dem Ergebnis, dass solche Hindernisse konkret zu erwarten sind, wird es die Beschränkung des Verfahrens nicht ablehnen können. Es kann allerdings auch zu Fällen kommen, in denen ein mitgliedstaatliches Gericht das Verfahren beschränkt, weil es vorschnell zu dem Schluss kommt, dass eine Anerkennung oder eine Vollstreckbarerklärung seiner Entscheidung im Drittstaat unwahrscheinlich ist. 9

4. Ermessensentscheidung des Gerichts

Dem Gericht wird gem. Art. 12 EuErbVO bei der Entscheidung über die Beschränkung des Verfahrens ein Ermessen eingeräumt. Die Verordnung schreibt als Grundlage der Ermessensentscheidung nur vor, dass überprüft wurde, ob die Entscheidung des angerufenen Gerichts im betreffenden Drittstaat erwartungsgemäß nicht anerkannt oder für vollstreckbar erklärt wird. Weitere Kriterien gibt die EuErbVO nicht vor (im Unterschied zu Art. 6 lit. a → Art. 6 Rn. 9 ff.). Je wahrscheinlicher die mangelnde Anerkennung oder Vollstreckung des eigenen Urteils im Drittstaat ist, desto wahrscheinlicher ist auch, dass das Gericht das Verfahren beschränken wird. Hierbei wird das Gericht neben dem internationalen Zuständigkeitsrecht und internationalen Privatrecht des Drittstaats weitere Kriterien für die Entscheidung heranziehen, etwa ob im Drittstaat bereits ein Verfahren bezüglich der dort belegenen Vermögenswerte anhängig ist (Bonomi/Wautelet/*Bonomi* Art. 12 Rn. 11; OGH Beschluss vom 26.2.2019 – 2 Ob 124/18a, FamRZ 2019, 1092 (1094), BeckRS 2019, 12276 Rn. 33). 10

5. Rechtsfolgen

Das Gericht kann zu der Entscheidung gelangen, das Verfahren unverändert fortzuführen, wenn die Anerkennungs- und Vollstreckungsprognose seines Urteils im Drittstaat positiv ausfällt. Kommt das Gericht allerdings zu dem Ergebnis, dass die Anerkennung oder Vollstreckung im Drittstaat nicht zu erwarten ist, beschränkt es die Reichweite seines Verfahrens. Dies führt zu einer von der EuErbVO an sich ungewollten Nachlassspaltung. Diese wird im Sonderfall des Art. 12 nur dadurch gerechtfertigt, dass Konflikte mit Drittstaaten für die Betroffenen zu größeren Problemen führen können, als die Spaltung des Nachlasses und der Gerichtszuständigkeiten. Art. 12 ist damit letztlich prozessökonomisch sinnvoll (vgl. auch Khairallah/Revillard/*Gaudemet-Tallon,* Droit européen des successions internationales, 2013, 127 (137)), führt aber zugleich zu einem Mehraufwand für die vom Nachlass betroffenen Parteien, da diese sowohl in einem Mitgliedsstaat als auch in einem Drittstaat oder gegebenenfalls sogar in mehreren Drittstaaten Verfahren führen müssen, in welchen unterschiedliche Erbstatute zur Anwendung gelangen. 11

Wie das betroffene mitgliedstaatliche Gericht die vor ihm anhängige Erbsache zu beurteilen hat, ohne die drittstaatlichen Vermögenswerte in Betracht zu ziehen, wird von der EuErbVO nicht geklärt. Die Situation entspricht insoweit der eines grenzüberschreitenden Erbrechtsfalls vor Inkrafttreten der EuErbVO, in welcher es zu einer Nachlassspaltung kam. In der Literatur wird vorgeschlagen, im Rahmen des Art. 12 EuErbVO den **Wert** der im Drittstaat belegenen Vermögenswerte im inländischen Verfahren gleichwohl zu berücksichtigen, auch wenn diese von der Entscheidung des Gerichts ausgenommen wurden (Bonomi/Wautelet/*Bonomi* Art. 12 Rn. 15). Die Berücksichtigung dieser Vermögenswerte kann zur Bestimmung von Pflichtteilsansprüchen etc. von Bedeutung sein. Idealerweise wären die Verfahren im betreffenden Mitgliedstaat und im Drittstaat zu koordinieren, um eine gerechte Nachlassabwicklung zu garantieren. Dies wird in der Praxis jedoch häufig nicht möglich sein. 12

13 Fallkonstellationen, die unter Art 12 EuErbVO fallen, können komplex sein. Ein Beispiel mit Bezug zum Vereinigten Königreich: Hinterlässt ein mit letztem gewöhnlichen Aufenthalt in Deutschland verstorbener britischer Erblasser sein von ihm früher bewohntes Haus in London, würde aus Sicht der englischen Gerichte das Erbstatut nach dem letzten *domicile* des Erblassers bestimmt, wobei allerdings für im Ausland belegene Immobilien das Recht am Belegenheitsort gilt. Das gem. Art. 4 und 21 Abs. 1 EuErbVO zur Entscheidung über den gesamten Nachlass nach deutschem Recht berufene deutsche Gericht würde an sich auch über die englische Immobilie befinden. Aus Sicht der englischen Gerichte muss aber zum einen nicht unbedingt ein Wechsel des *domicile* erfolgt sein, da für einen Wechsel des gewöhnlichen Aufenthalts nach der EuErbVO andere Kriterien gelten (s. *Henderdon v Henderson* [1967] P 77, 80; *R v R* [2006] 1 FLR 389, 26; *Cyganik v Agulian* [2006] EWCA Civ 129, 7; *Mark v Mark* [2005] UKHL 42, 39. *Cheshire/North/Fawcett,* 154 (157 ff.); *Dicey/Morris/Collins,* 6R-033, 6R-046 und 6R-074 im Vergleich zu ErwG 23 ff. EuErbVO). Zum anderen sind die englischen Gerichte aus deren Sicht für die Nachlassabwicklung im Hinblick auf die in London belegene Immobilie ausschließlich zuständig und würden diese englischem Recht unterstellen (*Dicey/Morris/Collins,* 27R-010, 27R-017; *Balfour v Scott* (1793) 6 Bro. P. C. 550; *Carruthers,* 69 ff.). Zudem wäre in diesem Fall ein *administrator* zu bestimmen. Eine Entscheidung des deutschen Gerichts, die die englische Immobilie einschließt, widerspräche den Prinzipien des englischen internationalen Verfahrens- und Privatrechts. Allerdings wäre die Anerkennung des deutschen Urteils selbst bei Beschränkung des Verfahrens nach Art. 12 EuErbVO nicht gesichert, wenn der Erblasser noch als *„domiciled in England"* gilt.

6. Art. 12 Abs. 2

14 Art. 12 Abs. 2 EuErbVO stellt klar, dass die Möglichkeit der Beschränkung des Verfahrens auch nach dem Recht des Forummitgliedstaates gewährleistet bleibt. Mit Art. 12 Abs. 1 schafft die EuErbVO eine autonome Grundlage für die Beschränkung eines Nachlassverfahrens, um Kompetenzkonflikten mit Drittstaaten vorzubeugen, die auch dann greift, wenn eine Verfahrensbeschränkung im Forummitgliedstaat nicht vorgesehen ist. Art. 12 Abs. 1 EuErbVO steht der Anwendung nationaler Regeln nicht entgegen, sondern ergänzt diese vielmehr.

Artikel 13 Annahme oder Ausschlagung der Erbschaft, eines Vermächtnisses oder eines Pflichtteils

Außer dem gemäß dieser Verordnung für die Rechtsnachfolge von Todes wegen zuständigen Gericht sind die Gerichte des Mitgliedstaats, in dem eine Person ihren gewöhnlichen Aufenthalt hat, die nach dem auf die Rechtsnachfolge von Todes wegen anzuwendenden Recht vor einem Gericht eine Erklärung über die Annahme oder Ausschlagung der Erbschaft, eines Vermächtnisses oder eines Pflichtteils oder eine Erklärung zur Begrenzung der Haftung der betreffenden Person für die Nachlassverbindlichkeiten abgeben kann, für die Entgegennahme solcher Erklärungen zuständig, wenn diese Erklärungen nach dem Recht dieses Mitgliedstaats vor einem Gericht abgegeben werden können.

Übersicht

I. Allgemeines

1 Art. 13 EuErbVO schafft eine zusätzliche, spezielle Kompetenzgrundlage für die Entgegennahme von Erklärungen über die Annahme oder Ausschlagung einer Erbschaft, eines Vermächtnisses oder eines Pflichtteils bzw. über die Begrenzung der Haftung für Nachlassverbindlichkeiten. Diese Erklärungen sind an sich vor den nach Art. 4 ff. EuErbVO zuständigen mitgliedstaatlichen Gerichten abzugeben, die den Nachlass abwickeln. Art. 13 EuErbVO ermöglicht es den betroffenen Personen jedoch, solche Erklärungen auch vor den Gerichten ihres eigenen gewöhnlichen Aufenthaltsstaates vorzunehmen, wenn sie dies wünschen. Die nach Art. 4 ff. EuErbVO zuständigen Gerichte bleiben daneben jedoch weiterhin auch für die Entgegennahme erbrechtlicher Erklärungen zuständig. Dies soll den vom Nach-

lass betroffenen Personen die Nachlassabwicklung erleichtern und ihren persönlichen Aufwand (Reisen etc.) gering halten (vgl. ErwG 32).

Art. 13 EuErbVO ist zudem im Zusammenhang mit Art. 28 EuErbVO zu lesen. Art. 28 lit. b EuErbVO stellt klar, dass sich die Formgültigkeit der Erklärung nach dem Recht des gewöhnlichen Aufenthaltsstaates des Erklärenden bemessen kann. 2

II. Voraussetzungen

1. Erbrechtliche Erklärungen gem. Art. 13

Art. 13 EuErbVO listet mehrere **Arten** von Erklärungen auf, für deren Entgegennahme eine spezielle Kompetenzgrundlage geschaffen wird: zum einen Erklärungen über die Annahme oder Ausschlagung einer Erbschaft, eines Vermächtnisses oder eines Pflichtteils (vgl. ErwG 32, s. hierzu OLG Düsseldorf, Beschluss vom 26.10.2018 – I-3 Sa 1/18, BeckRS 2018 30010), zum anderen Erklärungen zur Begrenzung der Haftung für Nachlassverbindlichkeiten (vgl. ErwG 33, s. Rb. Midden-Nederland, 29-03-2018, nr. 6420578 AT VERZ 17–642, ECLI:NL:RBMNE:2018:1223). Weitere erbrechtliche Erklärungen, die in Art. 13 EuErbVO nicht genannt sind, wie etwa die Anfechtung letztwilliger Verfügungen (§§ 2081, 2281 BGB), sind von der Vorschrift nicht umfasst. Art. 13 EuErbVO bezieht sich ausschließlich auf die ausdrücklich in der Norm aufgeführten erbrechtlichen Erklärungen, die eng mit der Person des Erklärenden und dessen spezieller Stellung im Rahmen der Rechtsnachfolge von Todes wegen verbunden sind. Auch die Annahme, Ablehnung oder Kündigung eines Testamentsvollstreckeramtes (§§ 2202, 2226 BGB) ist nicht ausdrücklich von Art. 13 EuErbVO umfasst, obwohl eine Auslegung des Art. 13, die diese Erklärungen einschließt, aufgrund des weiten in Art. 13 einbezogenen Personenkreises und der Art der in Art. 13 einbezogenen Erklärungen zu rechtfertigen wäre. 3

Es muss sich für die Anwendung des Art. 13 EuErbVO zudem um erbrechtliche Erklärungen handeln, die nach dem anwendbaren Erbstatut (Art. 21 ff. EuErbVO) vorgesehen sind, und für die selbiges vorschreibt, dass sie vor einem Gericht abgegeben werden können (nicht unbedingt „müssen"; *Lübcke,* 422; MüKoBGB/*Dutta* EuErbVO Art. 13 Rn. 4: Art. 13 umfasst „gerichtsempfangsfähige" und „gerichtempfangsbedürftige" Erklärungen, s. auch Deixler-Hübner/Schauer/Gitschthaler Rn. 7; Mü-Ko/Dutta EuErbVO Art. 13 Rn. 4). Gleichzeitig müssen diese Erklärungen auch im Forumstaat vor einem Gericht abgegeben werden können (→ Rn. 10 ff.). 4

Aus der Sicht des deutschen Rechts sind von Art. 13 EuErbVO Erklärungen umfasst, die nach § 342 Abs. 1 Nr. 5 FamFG „nach gesetzlicher Vorschrift dem Nachlassgericht gegenüber abzugeben sind", wie etwa die Ausschlagung der Erbschaft nach § 1945 BGB. Aufgrund der Begrenzung des Art. 13 EuErbVO auf bestimmte Arten von Erklärungen sind aber nur wenige Fallgruppen des § 342 Abs. 1 Nr. 5 FamFG relevant. Als noch vom Wortlaut des Art. 13 EuErbVO gedeckt sollte aber die Anfechtung der Annahme oder Ausschlagung einer Erbschaft gem. § 1955 BGB zu betrachten sein (Dutta/Herrler/*Hess* EuErbVO131 (136)). Auch umfasst ist die Annahme der Erbschaft gem. § 1943 BGB, auch wenn diese nicht gerichtsempfangsbedürftig, sondern nur gerichtsempfangsfähig ist. Im französischen Recht ist etwa die (gerichtsempfangsbedürftige) Erklärung nach Art. 787, 788 Code Civil umfasst. 5

Für Erklärungen über eine Begrenzung von Nachlassverbindlichkeiten gelten Besonderheiten. Nach ErwG 33 soll eine entsprechende einfache Erklärung vor den Behörden des Aufenthaltsmitgliedsstaates nicht ausreichend sein, wenn das Erbstatut verlangt, dass vor dem zuständigen Gericht ein besonderes Verfahren (zB zur Inventarerrichtung) veranlasst wird. Eine Erklärung, die unter derartigen Umständen von einer Person im Aufenthaltsstaat in der nach dem dortigen Recht vorgeschriebenen Form abgegeben wurde, sollte daher nicht formell gültig sein. Da die Zuständigkeit nach Art. 13 auf die bloße Entgegennahme von Erklärungen begrenzt ist, sollen verfahrenseinleitende Anträge nicht umfasst sein. Darunter fallen verfahrenseinleitende Erklärungen, die zwar die Erbberechtigung des Erklärenden oder die Haftung des Erklärenden für Nachlassverbindlichkeiten betreffen, die aber eine gerichtliche Entscheidung erfordern (Bonomi/Wautelet/Bonomi Rn. 5, MüKo/Dutta EuErbVO Art. 13, Rn. 9). Bei dem nach Art. 13 EuErbVO zuständigen Gericht kann daher kein Antrag auf eine gerichtliche Entscheidung gestellt werden, die etwa die Haftungsbeschränkung der Erben betrifft. Im Einzelfall kann es daher zu Fällen kommen, deren Einordnung unter Art. 13 wegen Erwggrd 33 problematisch ist (vgl. Rb. Midden-Nederland, 29-03-2018, nr. 6420578 AT VERZ 17–642, ECLI:NL:RBMNE:2018:1223, zur Ausschlagung des Erbes für Minderjährige mit gewöhnlichem Aufenthalt in den Niederlanden im Fall einer mit gewöhnlichem Aufenthalt in Deutschland verstorbenen Erblasserin).

Der Kreis der zur Abgabe der Erklärungen **Berechtigten** ist nach dem Wortlaut des Art. 13 EuErbVO weit gefasst. Er umfasst nicht nur Erben und Vermächtnisnehmer, sondern alle Personen, die potentiell berechtigt sind, die in Art. 13 genannten erbrechtlichen Erklärungen abzugeben. Dies können zB auch Testamentsvollstrecker sein, soweit das Erbstatut sie als erklärungsberechtigt ansieht. Auch darüber, wer zur Abgabe einer solchen Erklärung im konkreten Fall berechtigt ist, entscheidet das anwendbare Erbstatut. Die Zuständigkeit gem. Art. 13 EuErbVO ist nur eröffnet, wenn das Erbstatut 6 die in Frage stehende erbrechtliche Erklärung vorsieht, den Erklärenden als erklärungsberechtigt betrachtet und die Erklärungen sowohl nach dem Erbstatut als auch dem Recht des Forumstaats vor einem Gericht abgegeben werden können.

7 nicht belegt

8 Erklärungen, die vor dem nach Art. 13 EuErbVO zuständigen Gericht abgegeben werden, **substituieren** Erklärungen, die vor dem eigentlich für den Nachlass zuständigen Gericht erfolgen würden (vgl. auch *Dutta* FamRZ 2013, 4 (7); Bonomi/Wautelet/*Bonomi* Art. 13 Rn. 13; Deixler-Hübner/Schauer/Gitschthaler, Art. 13 Rn. 11). Beim Nachlassgericht muss es sich, wie der Wortlaut des Art. 13 EuErbVO deutlich macht, stets um ein mitgliedstaatliches Gericht handeln, das nach den Art. 4 ff. EuErbVO zuständig ist. Ist für den Nachlass keine mitgliedstaatliche Zuständigkeit eröffnet, greift auch Art. 13 EuErbVO nicht.

2. Zeitpunkt für die Abgabe der Erklärung

9 Art. 13 EuErbVO gilt grundsätzlich für die Abgabe von Erklärungen nach Eintritt des Erbfalls. Aufgrund des restriktiven Charakters der Vorschrift, die nur ausnahmsweise und zur Entlastung der vom Erbfall Betroffenen von den strengen Zuständigkeitsregeln der EuErbVO abweicht, wird teils gefordert, die Vorschrift nicht anzuwenden, wenn erbrechtliche Erklärungen vor Eintritt des Erbfalls abgegeben werden, wie dies etwa bei einem **antizipierter** Erb- oder Pflichtteilsverzicht der Fall ist (vgl. Bonomi/Wautelet/*Bonomi* Art. 13 Rn. 3). Es ist allerdings kein ausreichender Grund ersichtlich, vorgezogene Erklärungen nur am Gerichtsstand der Hauptsache zuzulassen, wenn das Erbstatut diese gestattet. Letzterer ist bei vorgezogenen Erklärungen zudem hypothetisch zu ermitteln, während der gewöhnliche Aufenthalt des Erklärenden im Moment der Erklärungsabgabe einfacher bestimmbar ist (zum gewöhnlichen Aufenthaltsbegriff → EuErbVO Art. 4 Rn. 8 ff.).

3. „Gerichte" im gewöhnlichen Aufenthaltsstaat des Erklärenden

10 Art. 13 EuErbVO aE setzt voraus, dass die genannten erbrechtlichen Erklärungen nach dem Erbstatut vor einem Gericht abgegeben werden können und ermöglicht die Abgabe erbrechtlicher Erklärungen vor den Gerichten des Mitgliedstaates, in dem die zur Abgabe der Erklärung berechtigte Person ihren gewöhnlichen Aufenthalt hat, „wenn diese Erklärungen nach dem Recht dieses Mitgliedstaates vor einem Gericht abgegeben werden können". Die Kompetenz nach Art. 13 EuErbVO und die sich aus der Vorschrift ergebende Substitutionswirkung sind damit im Prinzip davon abhängig, ob es sich um gerichtsempfangsfähige Erklärungen handelt.

11 Zugleich sieht aber **Erwägungsgrund 32** vor, dass die im Rahmen des Art. 13 EuErbVO relevanten Erklärungen vor den Gerichten des gewöhnlichen Aufenthaltsstaats des Erklärenden in der Form abgegeben werden können, die nach dem Recht des Forummitgliedstaats vorgesehen ist, was aber nicht ausschließen soll, dass derartige Erklärungen „vor anderen Behörden dieses Mitgliedstaats abgegeben werden, die nach nationalem Recht für die Entgegennahme von Erklärungen zuständig sind". Nach Erwägungsgrund 32 können Erklärungen iSd Art. 13 EuErbVO demnach auch vor Notaren im gewöhnlichen Aufenthaltsstaat des Erklärenden abgegeben werden, wenn dies nach den dortigen nationalen Rechtsvorschriften möglich ist. Dies steht auch im Einklang mit Art. 28 EuErbVO. Diese Vorschrift setzt voraus, dass sich die Formgültigkeit von Erklärungen iSd Art. 13 EuErbVO entweder nach dem anwendbaren Erbstatut bemisst, oder alternativ nach dem Recht des Staates, in dem der Erklärende seinen gewöhnlichen Aufenthalt hat.

12 Erwägungsgrund 32 steht vordergründig im Widerspruch zu Art. 13 EuErbVO, allerdings schafft die Vorschrift wie der gesamte Zuständigkeitskatalog der EuErbVO keine Zuständigkeitsregeln für Notare, es sein denn sie üben gerichtliche Funktionen aus. Sie bezieht sich allein auf die konkurrierende Zuständigkeit mitgliedstaatlicher Gerichte für die Entgegennahe bestimmter erbrechtlicher Erklärungen, wenn diese vor einem Gericht abgegeben werden können und auch werden. Ob ein Notar eine solche Erklärung entgegennehmen kann, wird von Art. 13 EuErbVO weder geregelt noch ausgeschlossen.

4. Form der Erklärung

13 Gem. Art. 28 EuErbVO ist eine Erklärung über die Annahme oder Ausschlagung einer Erbschaft, eines Vermächtnisses oder Pflichtteils bzw. eine Erklärung zur Begrenzung der Haftung hinsichtlich ihrer Form wirksam, wenn sie entweder den Formerfordernissen des Erbstatuts oder des Rechts des gewöhnlichen Aufenthaltsstaates des Erklärenden entspricht (→ EuErbVO Art. 28).

14 Im Gegensatz hierzu sieht **Erwägungsgrund 33** vor, dass für Personen, die ihre Haftung für Nachlassverbindlichkeiten beschränken möchten, eine einfache Erklärung vor den Gerichten oder Behörden ihres Aufenthaltsstaats nicht ausreichen soll, wenn das Erbstatut verlangt, dass vor dem zuständigen Gericht ein spezielles Verfahren veranlasst wird. Als Beispiel wird ein Verfahren zur Inventareinrichtung genannt. In diesem Fall sollte eine Erklärung, die im Mitgliedstaat des gewöhnlichen Aufenthalts des Erklärenden abgegeben wurde und der dort vorgeschriebenen Form entspricht, „für die Zwecke der

EuErbVO nicht formell gültig sein". Dies trägt zwar der Tatsache Rechnung, dass viele mitgliedstaatliche Rechte strenge Regelungen für Erklärungen zur Begrenzung der Haftung für Nachlassverbindlichkeiten vorsehen und verlangen, dass diese vor dem Nachlassgericht abzugeben sind (vgl. Bonomi/Wautelet/*Bonomi* Art. 13 Rn. 13 mit Verweis auf Art. 804 Code Civil (F), Art. 191 Buch IV NBW (NL) und Art. 784 Code Civil (Lux); vgl. auch Rb. Midden-Nederland, 29-03-2018, nr. 6420578 AT VERZ 17–642, ECLI:NL:RBMNE:2018:1223). Erwägungsgrund 33 widerspricht jedoch sowohl Art. 13 als auch Art. 28 EuErbVO. Innerhalb des Systems der EuErbVO kommt es durch das Zusammenspiel von Art. 13, 28 und ErwG 33 daher zu Inkohärenzen.

III. Informationspflichten

Eine Vorschrift zur Koordinierung der Tätigkeit des Hauptsachegerichts und des gem. Art. 13 EuErbVO angerufenen Gerichts im gewöhnlichen Aufenthaltsstaat des Erklärenden sieht die EuErbVO nicht vor (Keine „Weiterleitungspflicht", vgl. auch Deixler-Hübner/Schauer/Gitschthaler Art. 13 Rn. 14; MüKo/Dutta EuErbVO Art. 13, Rn. 12). Die vor den Gerichten im Aufenthaltsstaat der Betroffenen abgegebenen Erklärungen sind jedoch von dem gem. Art. 4 ff. zuständigen Gericht zu berücksichtigen. Hier weist Erwägungsgrund 32 Satz 3 EuErbVO darauf hin, dass Personen, die Erklärungen in ihrem Aufenthaltsmitgliedstaat abgeben, die notwendige Koordination durch ausreichende Information des Hauptsachegerichts selbst gewährleisten müssen. Sie sollen das Gericht oder die Behörde, die mit der Erbsache befasst ist oder sein wird, „innerhalb einer Frist, die in dem auf die Rechtsnachfolge von Todes wegen anzuwendenden Recht vorgesehen ist, selbst davon in Kenntnis setzen", dass derartige Erklärungen abgegeben wurden. Hier werden die Gerichte im Aufenthaltsstaat der Betroffenen entsprechende Hinweise geben müssen, um eine ausreichende Kommunikation mit dem Hauptsachegericht zu gewährleisten. Dem Erklärenden wird jedenfalls nach deutschem Recht (§ 31 S. 3 IntErbRVG) die Urschrift der Niederschrift oder die Urschrift der Erklärung in öffentlich beglaubigter Form mit Ort und Datum der Entgegennahme ausgehändigt, die dann an das in der Hauptsache zuständige Gericht weitergeleitet werden kann. 15

Artikel 14 Anrufung eines Gerichts

Für die Zwecke dieses Kapitels gilt ein Gericht als angerufen

a) zu dem Zeitpunkt, zu dem das verfahrenseinleitende Schriftstück oder ein gleichwertiges Schriftstück bei Gericht eingereicht worden ist, vorausgesetzt, dass der Kläger es in der Folge nicht versäumt hat, die ihm obliegenden Maßnahmen zu treffen, um die Zustellung des Schriftstücks an den Beklagten zu bewirken,

b) falls die Zustellung vor Einreichung des Schriftstücks bei Gericht zu bewirken ist, zu dem Zeitpunkt, zu dem die für die Zustellung verantwortliche Stelle das Schriftstück erhalten hat, vorausgesetzt, dass der Kläger es in der Folge nicht versäumt hat, die ihm obliegenden Maßnahmen zu treffen, um das Schriftstück bei Gericht einzureichen, oder

c) falls das Gericht das Verfahren von Amts wegen einleitet, zu dem Zeitpunkt, zu dem der Beschluss über die Einleitung des Verfahrens vom Gericht gefasst oder, wenn ein solcher Beschluss nicht erforderlich ist, zu dem Zeitpunkt, zu dem die Sache beim Gericht eingetragen wird.

Übersicht

I. Allgemeines

Die Vorschrift des Art. 14 ermöglicht eine verordnungsautonome Bestimmung des Zeitpunkts, in dem ein Gericht angerufen wurde. Sie gilt für Kapitel II der EuErbVO und ist insbesondere im Zusammenhang mit den Vorschriften über die Rechtshängigkeit und Konnexität in Art. 17 und 18 von Bedeutung, für welche der Zeitpunkt der Anrufung des Gerichts den entscheidenden Faktor darstellt (→ EuErbVO Art. 17 und Art. 18). Ebenso ist der Zeitpunkt der Anrufung für Art. 7 lit. a (→ EuErbVO Art. 7 Rn. 8 ff.) und Art. 10 lit. b EuErbVO (→ EuErbVO Art. 10 Rn. 23 ff.) relevant. Art. 14 EuErbVO gilt jedoch nicht, wenn außerhalb von Kapitel II der EuErbVO auf den Zeitpunkt der Anrufung des Gerichts Bezug genommen wird (Bonomi/Wautelet/*Wautelet* Art. 14 Rn. 5). 1

2 Vergleichbare Vorschriften gibt es auch in anderen EU-Verordnungen, die Bestimmungen zum Verfahrensrecht enthalten. Art. 14 lit. a und b EuErbVO entsprechen weitgehend Artikel 32 Abs. 1 lit. a und b Brüssel Ia-VO (Art. 30 Brüssel I-VO) bzw. Art. 16 Brüssel IIa-VO und Art. 9 EuUnthVO. Neu ergänzt wird die Vorschrift nur durch Art. 14 lit. c EuErbVO, der den Zeitpunkt der Anrufung eines Gerichts für von Amts wegen einzuleitende Verfahren bestimmt.

3 Die Bestimmung des Zeitpunkts der Anrufung eines Gerichts wurde nicht den nationalen verfahrensrechtlichen Regelungen überlassen, die teils stark divergieren. Art. 14 EuErbVO bestimmt daher einheitlich, auf welchen Zeitpunkt es ankommen soll, nimmt aufgrund der Alternativen in lit. a – c aber gleichwohl Rücksicht auf die Besonderheiten nationaler Verfahrensrechte. Je nachdem, ob das Verfahren nach nationalem Verfahrensrecht mit Einreichung oder Zustellung des verfahrenseinleitenden oder eines gleichwertigen Schriftstücks in Gang gesetzt wird, stellt die Vorschrift auf den hierfür relevanten Akt ab und sieht in lit. c zudem eine Vorschrift für Fälle vor, in welchen ein Verfahren von Amts wegen einzuleiten ist.

II. Art. 14 lit. a und b

4 Art. 14 scheint in der deutschen Fassung der EuErbVO nur auf streitige Verfahren abgestimmt zu sein, da die Vorschrift auf den „Kläger" und den „Beklagten" Bezug nimmt (siehe auch die französische Fassung, die von „demandeur" und „défendeur" spricht). Die englische Fassung, die den Begriff „applicant" gebraucht, zeigt aber bereits, dass es hier nicht auf die verwendeten Begrifflichkeiten ankommen kann, zumal die EuErbVO sowohl für streitige als auch für nichtstreitige Verfahren gilt (vgl. auch MüKoBGB/*Dutta* EuErbVO Art. 14 Rn. 3).

5 Verfahrenseinleitende Schriftstücke sind Schriftstücke, durch deren Zustellung der Beklagte von einem Verfahren in Kenntnis gesetzt und in die Lage versetzt wird, seine Rechte geltend zu machen. Dies umfasst Antrags- bzw. Klageschriften. Der Begriff des gleichwertigen Schriftstücks bezieht sich auf Rechtsordnungen, in welchen die Klage- bzw. Antragsschrift nicht im Original zugestellt wird. Der Begriff des verfahrenseinleitenden oder gleichwertigen Schriftstücks wurde bereits im Rahmen anderer Verordnungen durch den EuGH präzisiert (s. etwa zum Mahnbescheid nach italienischem Verfahrensrecht EuGH – C-474/93 – *Hengst Import,* ECR 1995 I-2113).

6 Art. **14 lit. a** EuErbVO ist für die Rechtssysteme von Bedeutung, in welchen ein verfahrenseinleitendes Schriftstück zunächst bei Gericht einzureichen ist. Entsprechend gilt ein Gericht in Klage- wie Antragsverfahren grundsätzlich mit der Einreichung des Schriftstücks als angerufen.

7 Die Anwendung von Art. 14 lit. a setzt voraus, dass nach nationalem Verfahrensrecht zunächst das Gericht anzurufen ist und erst dann die Zustellung erfolgt, um ein Verfahren in Gang zu bringen, so wie dies etwa in Deutschland der Fall ist. Dies gilt sowohl für streitige Verfahren (§§ 253 Abs. 5, 253 Abs. 1, 271 ZPO) als auch für Verfahren der freiwilligen Gerichtsbarkeit (§ 23 FamFG). Ein Schriftstück ist eingereicht, wenn es in den Machtbereich des Gerichts gelangt ist.

8 Die Wirkung des Art. 14 lit. a, dass ein Gericht als angerufen gilt, tritt allerdings nur ein, wenn der Kläger es in der Folge nicht versäumt hat, die ihm obliegenden Maßnahmen zu treffen, die erforderlich sind, um die Zustellung des Schriftstücks an den Beklagten zu bewirken. Genauere Angaben dazu, welche Maßnahmen damit gemeint sind, macht Art. 14 lit. a EuErbVO nicht. Auch hier gibt es Unterschiede in den Mitgliedstaaten (je nachdem ob eine Amtszustellung oder Parteizustellung vorgesehen ist). Art. 14 lit. a erfordert bei Amtszustellung jedenfalls, dass der Kläger die notwendigen Angaben macht, die für die Zustellung an den Beklagten nötig sind, aber zB auch, dass er einen Prozesskostenvorschuss zahlt (*Nieroba,* Europäische Rechtshängigkeit, 73 ff.; *Hess,* Europäisches Zivilprozessrecht, 326). Im Fall der Parteizustellung muss der Kläger bzw. Antragsteller die Zustellung selbst in die Wege leiten. Andernfalls wird die Wirkung der Anhängigkeit nicht durch Einreichung des Schriftstücks ausgelöst. Werden die für die Zustellung notwendigen Maßnahmen versäumt, aber später nachgeholt, soll es auf den Moment der Behebung des Mangels ankommen (*Rauscher/Andrae* EuUnthVO Art. 9 Rn. 5). Bis wann die für die Zustellung erforderlichen Maßnahmen zu erfolgen haben, um die Wirkung der Anrufung des Gerichts mit Einreichung zu gewährleisten, wird in der EuErbVO ebenfalls nicht geklärt, da es kein einheitliches europäisches Fristerfordernis gibt. Der Wortlaut der Vorschrift („in der Folge") erfordert aber dass der Kläger jedenfalls zeitnah mit Einreichung des Schriftstücks tätig wird.

9 In Rechtsordnungen, in welchen die Zustellung vor Einreichung des Schriftstücks bei Gericht zu bewirken ist, kommt es für die Anrufung des Gerichts gem. **Art. 14 lit. b** auf den Zeitpunkt an, zu dem die für die Zustellung verantwortliche Stelle das Schriftstück erhalten hat. Hier muss das Schriftstück in den Machtbereich der für die Zustellung verantwortlichen Stelle gelangt sein. Auch nach Art. 14 lit. b ist wiederum erforderlich, dass der Kläger es in der Folge nicht versäumt hat, die ihm obliegenden Maßnahmen zu treffen, um das Schriftstück bei Gericht einzureichen (→ Rn. 8).

10 Für praktische Probleme bei der Anwendung der Vorschrift des Art. 14 lit. a und b ist auf die gleichlautende Vorschrift des Art. 32 Brüssel Ia-VO (bzw. 30 Brüssel I-VO) zu verweisen (*Hess,*

Europäisches Zivilprozessrecht, 327; *Magnus/Mankowski* Art. 30 Rn. 6 ff.; *Dickinson/Lein* Art. 32 Rn. 11.61 ff.).

III. Art. 14 lit. c

Art. 14 wird in lit. c durch eine Vorschrift für amtswegig einzuleitende Verfahren ergänzt. Im Verordnungsvorschlag war lit. c noch nicht enthalten und wurde im Laufe des Gesetzgebungsverfahrens ergänzt. Ob ein Verfahren von Amts wegen einzuleiten ist, bestimmt das nationale Erb- bzw. Erbverfahrensrecht. Dieses regelt auch, ob ein amtswegiges Verfahren durch förmlichen Beschluss einzuleiten ist, oder ob die Eintragung der Erbsache bei Gericht genügt. Um beiden Alternativen Rechnung zu tragen, lässt Art. 14 lit. c für die Fälle der von Amts wegen einzuleitenden Verfahren beide Optionen offen: als relevanter Zeitpunkt für die Anrufung des Gerichts gilt entweder derjenige Zeitpunkt, zu dem der Beschluss über die Verfahrenseinleitung vom Gericht gefasst wurde; wenn ein solcher nicht erforderlich ist, soll der Zeitpunkt relevant sein, zu dem die Sache bei Gericht eingetragen wird (so etwa in Deutschland). 11

Artikel 15 Prüfung der Zuständigkeit

Das Gericht eines Mitgliedstaats, das in einer Erbsache angerufen wird, für die es nach dieser Verordnung nicht zuständig ist, erklärt sich von Amts wegen für unzuständig.

Ein in einer Erbsache angerufenes Gericht hat sich gem. Art. 15 von Amts wegen für unzuständig zu erklären, wenn ihm die Zuständigkeitsregeln der EuErbVO keine Zuständigkeit eröffnen. Es bedarf hierfür **keiner Zuständigkeitsrüge** durch eine Partei. Gleichzeitig enthält die EuErbVO keine Vorschrift, die eine generelle Möglichkeit eines rügelosen Einlassens eröffnet. Letzteres wird nur im engen Ausnahmefall des Art. 9 EuErbVO zugelassen und ist auf die Gerichte im Heimatstaat des Erblassers beschränkt (zu den Voraussetzungen des Art. 9 → EuErbVO Art. 9 Rn. 3 ff.). Auch eine ausdrückliche Anerkennung der Zuständigkeit des angerufenen Gerichts ist nur unter den Voraussetzungen des Art. 7 lit. c möglich. Diese ist auf die Gerichte im Heimatstaat des Erblassers beschränkt und kommt nur in Betracht, wenn der Erblasser eine Rechtswahl zugunsten seines Heimatrechts getroffen hat (→ EuErbVO Art. 7 Rn. 13 ff.). Andernfalls könnten die strengen Zuständigkeitsvorschriften der EuErbVO und die eingeschränkte Möglichkeit der Gerichtsstandswahl in Art. 5 EuErbVO umgangen werden. In allen anderen Fällen hat sich das Gericht daher nach Art. 15 EuErbVO für unzuständig zu erklären. Erscheinen etwa die Erben vor einem unzuständigen Gericht (zB im gewöhnlichen Aufenthaltsstaat der Erben, der weder dem letzten Aufenthaltsstaat noch dem Heimatstaat des Erblassers entspricht), kann dies dem angerufenen Gericht nach der EuErbVO keine Kompetenzen verleihen. 1

Die Lösung des Art. 15 EuErbVO entspricht Art. 17 Brüssel IIa-VO und Art. 10 EuUnthVO. Die Brüssel Ia-VO enthält in Art. 26 eine flexiblere Lösung und schränkt ein rügeloses Einlassen nur in bestimmten Fällen ein (Art. 26 Abs. 2 Brüssel Ia-VO unterwirft das angerufene Gericht Kontroll- und Informationspflichten, wenn schwächere Parteien beteiligt sind. Ein rügeloses Einlassen ist nicht möglich, wenn ausschließliche Zuständigkeiten anderer Gerichte betroffen sind. Gem. Art. 27 Brüssel Ia-VO hat sich das angerufene Gericht für unzuständig zu erklären, wenn die Sache in den Bereich ausschließlicher Zuständigkeiten anderer mitgliedstaatlicher Gerichte fällt). 2

Aus der Vorschrift des Art. 15 EuErbVO lässt sich allerdings nicht schließen, dass die Gerichtsstände der EuErbVO ausschließlich sind, da die Zuständigkeiten nach Art. 4 und 10 durch Gerichtsstandsvereinbarung (→ EuErbVO Art. 5) abdingbar sind und eine Missachtung der Zuständigkeitsregeln anders als in Art. 45 Abs. 1 lit. e Brüssel Ia-VO nicht zur Versagung der Anerkennung führt (→ Art. 35; vgl. Bonomi/Wautelet/*Bonomi* Art. 15 Rn. 5). 3

Die Unzuständigkeitserklärung nach Art. 15 ist unabhängig vom Verfahrensstadium. Regelmäßig wird das Gericht seine Zuständigkeit bereits zu Beginn des Verfahrens prüfen. Die Form der Unzuständigkeitserklärung hängt vom nationalen Verfahrensrecht und der Art des Verfahrens (streitig, nichtstreitig oder amtswegig) ab. Die nationalen Gerichte müssen die Zuständigkeitsregeln der EuErbVO genau kennen, um ihren Pflichten aus Art. 15 nachkommen zu können (*Gaudemet-Tallon* in Khairallah/Revillard, 127 (137)). 4

Besondere Regelungen zur Unzuständigkeitserklärung enthalten Art. 9 Abs. 2 Satz 1 EuErbVO, Art. 17 Abs. 2 und 18 Abs. 2 EuErbVO. Art. 9 Abs. 1 EuErbVO gestattet ausnahmsweise ein rügeloses Einlassen von Verfahrensparteien, die einer Gerichtsstandsvereinbarung (oder Gerichtsstandsanerkennung nach Art. 7 lit. c, → EuErbVO Art. 7 Rn. 13 ff.) nicht angehörten, sich aber in der Folge auf das Verfahren rügelos einließen. Wird die Zuständigkeit gerügt, erfolgt die Unzuständigkeitserklärung auf der Basis des Art. 9 Abs. 2 Satz 1 EuErbVO (*Wilke* RIW 2012, 601 (604)). 5

Artikel 16 Prüfung der Zulässigkeit

(1) **Lässt sich der Beklagte, der seinen gewöhnlichen Aufenthalt im Hoheitsgebiet eines anderen Staates als des Mitgliedstaats hat, in dem das Verfahren eingeleitet wurde, auf das Verfahren nicht ein, so setzt das zuständige Gericht das Verfahren so lange aus, bis festgestellt ist, dass es dem Beklagten möglich war, das verfahrenseinleitende Schriftstück oder ein gleichwertiges Schriftstück so rechtzeitig zu empfangen, dass er sich verteidigen konnte oder dass alle hierzu erforderlichen Maßnahmen getroffen wurden.**

(2) **Anstelle des Absatzes 1 des vorliegenden Artikels findet Artikel 19 der Verordnung (EG) Nr. 1393/2007 des Europäischen Parlaments und des Rates vom 13. November 2007 über die Zustellung gerichtlicher und außergerichtlicher Schriftstücke in Zivil- oder Handelssachen in den Mitgliedstaaten (Zustellung von Schriftstücken) Anwendung, wenn das verfahrenseinleitende Schriftstück oder ein gleichwertiges Schriftstück nach der genannten Verordnung von einem Mitgliedstaat in einen anderen zu übermitteln war.**

(3) **Ist die Verordnung (EG) Nr. 1393/2007 nicht anwendbar, so gilt Artikel 15 des Haager Übereinkommens vom 15. November 1965 über die Zustellung gerichtlicher und außergerichtlicher Schriftstücke im Ausland in Zivil- und Handelssachen, wenn das verfahrenseinleitende Schriftstück oder ein gleichwertiges Schriftstück nach Maßgabe dieses Übereinkommens ins Ausland zu übermitteln war.**

Übersicht

I. Allgemeines

1 Art. 16 EuErbVO dient dem Beklagtenschutz. Die Vorschrift ist weitgehend Art. 28 Abs. 2–4 Brüssel Ia-VO (vormals Art. 26 Brüssel I-VO) nachempfunden und sichert dem Beklagten rechtliches Gehör, der seinen gewöhnlichen Aufenthalt nicht im Forummitgliedstaat hat (Khairallah/Revillard/*Gaudemet-Tallon,* Droit européen des successions internationales, 2013, 137).

2 Gem. Art. 16 Abs. 1 hat das zuständige mitgliedstaatliche Gericht das Verfahren auszusetzen, wenn sich der gewöhnlich in einem anderen Staat aufhaltende Beklagte nicht auf das Verfahren einlässt. Um sicherzustellen, dass dem Beklagten rechtliches Gehör gewährt wird, hat das Gericht die Feststellung abzuwarten, dass es dem Beklagten tatsächlich möglich war, das verfahrenseinleitende oder ein gleichwertiges Schriftstück so rechtzeitig zu empfangen, dass er sich verteidigen konnte oder dass zumindest alle hierzu erforderlichen Maßnahmen getroffen wurden. Dies soll sicherstellen, dass die mangelnde Verfahrensteilnahme des Beklagten bewusst erfolgt und nicht auf Zustellungsproblemen ins Ausland beruht. Verfahrenseinleitende Schriftstücke sind Schriftstücke durch deren Zustellung der Beklagte von einem Verfahren in Kenntnis gesetzt und in die Lage versetzt wird, seine Rechte geltend zu machen (→ 14 Rn. 5). Dabei kommt es für Art. 16 Abs. 1 EuErbVO nur darauf an, dass der Beklagte in der Lage war, das verfahrenseinleitende oder gleichwertige Schriftstück **„rechtzeitig zu empfangen"**. Entscheidend ist damit allein, dass und in welchem Zeitpunkt dem Beklagten das Schriftstück **zugänglich** wird. Die Modalitäten und formalen Aspekte der Zustellung sind nicht von Bedeutung, sondern nur das Ergebnis des Zustellungsprozesses (anders ist dies aber gem. Art. 2 und 3 → Rn. 8 ff., 11). Zugleich zeigt der Wortlaut des Art. 16 Abs. 1, dass die Vorschrift nicht für Fälle gedacht ist, in welchen der Beklagte vor Gericht erscheint, sich dann aber nicht in der Sache einlässt, da es sich hier nicht um ein Zustellungsproblem handeln kann, das den Beklagten iSd Art. 16 EuErbVO schutzwürdig macht. In letzterem Fall hat der Beklagte grundsätzlich die Möglichkeit, seine Rechte selbst geltend zu machen (Bonomi/Wautelet/*Bonomi* Art. 16 Rn. 2).

3 Häufig wird die Feststellung nach Art. 16 Abs. 1 EuErbVO in der Praxis durch einen schriftlichen Nachweis der Zustellung oder der Übergabe des Schriftstücks erfolgen.

Ist das angerufene Gericht unzuständig, greift grundsätzlich Art. 15 ein. Art. 16 setzt implizit voraus, dass das Verfahren vor dem zuständigen Gericht geführt wird. Art. 16 kann nicht die Fälle der Gerichtsstandsanerkennung gem. Art. 7 lit. c betreffen, da die Vorschrift voraussetzt, dass sich der Beklagte nicht auf das Verfahren einlässt.

Art. 16 EuErbVO ist weiter im chronologischen Zusammenhang mit Art. 14 zu lesen, der für die Anrufung des Gerichts voraussetzt, dass die die dem Kläger obliegenden Maßnahmen für die Zustellung des verfahrenseinleitenden oder gleichwertigen Schriftstücks an den Beklagten getroffen wurden. 4

II. Gewöhnlicher Aufenthalt des Beklagten

Art. 16 EuErbVO gilt in erster Linie für streitige Verfahren, muss aber aufgrund des weiten Anwendungsbereichs der EuErbVO für **alle Verfahrensparteien** Anwendung finden, unabhängig davon welches erbrechtliche Verfahren im konkreten Fall geführt wird (vgl. auch MüKoBGB/*Dutta* EuErbVO Art. 16 Rn. 4). Die Norm schützt damit jede Partei, unabhängig von der Verfahrensart (streitig, nichtstreitig oder amtswegig; Deixler-Hübner/Schauer/Frauenberger-Pfeiler Art. 16 Rn. 3). 5

Art. 16 findet unabhängig davon Anwendung, ob der Beklagte seinen gewöhnlichen Aufenthalt in einem Mitgliedstaat oder einem Drittstaat hat (vgl. den Wortlaut „Staat"). Anders als dies im Rahmen von Art. 28 Abs. 2 Brüssel Ia-VO diskutiert wird, greift Art. 16 EuErbVO allerdings nicht für Fälle der Zustellung innerhalb des Mitgliedstaates des zuständigen Gerichts (vgl. Dickinson/Lein/*Kramer* Art. 28 Rn. 10.1; Bonomi/Wautelet/*Bonomi* Art. 16 Rn. 3). Art. 16 EuErbVO spricht klar von einem gewöhnlichen Aufenthalt des Beklagten im Hoheitsgebiet eines anderen Staates, als dem des Mitgliedsstaates in welchem das Verfahren eingeleitet wurde. 6

Die Anwendung von Art. 16 EuErbVO stößt auf Schwierigkeiten, wenn **unbekannt** ist, wo der Beklagte seinen gewöhnlichen Aufenthalt hat. Hier ist auf die Rechtsprechung zur Brüssel I-VO zu verweisen (EuGH – C-327-10 – *Hypotecni banka* [2011] ECR I-11543, 55; C-292/10 – *de Visser*). Kann wegen ungewissen Verbleibs des Beklagten nicht geklärt werden, dass der Beklagte ein verfahrenseinleitendes oder gleichwertiges Schriftstück erhalten hat, kann das Verfahren nur weiterlaufen, wenn alle Maßnahmen ergriffen wurden, um sicherzustellen, dass der Beklagte seine Interessen vertreten kann. 7

III. Zustellung nach der EuZustVO, Art. 16 Abs. 2 EuErbVO

Wie die Brüssel I-VO erklärt Art. 16 Abs. 2 EuErbVO Art. 19 der Verordnung (EG) Nr. 1393/2007 (EuZustVO, Abl. EG L 324, 10. 12 2007, 79 ff.) für anwendbar, wenn ein verfahrenseinleitendes oder ein gleichwertiges Schriftstück nach der EuZustVO zum Zweck der Zustellung in einen anderen Mitgliedstaat zu übermitteln war. Nach ihrem Art. 1 greift die EuZustVO für Zustellungen zwischen Mitgliedstaaten von gerichtlichen oder außergerichtlichen Schriftstücken in Zivil- oder Handelssachen. Der Begriff der Zivil- oder Handelssache ist nicht wie in Art. 1 Brüssel Ia-VO eingeschränkt, so dass über Art. 16 Abs. 2 EuErbVO häufig die EuZustVO zur Anwendung gelangen wird. 8

Art. 19 Abs. 1 EuZustVO geht in seinen Voraussetzungen allerdings weiter als Art. 16 Abs. 1 EuErbVO, da die Vorschrift nicht nur auf die Rechtzeitigkeit der Zustellung abstellt, sondern auch die Zustellungsmethode in den Blick nimmt. Das Verfahren ist auszusetzen, bis festgestellt ist, dass das Schriftstück in einem Verfahren zugestellt worden ist, das das Recht des Empfangsmitgliedstaats für die Zustellung der in seinem Hoheitsgebiet ausgestellten Schriftstücke an dort befindliche Personen vorschreibt oder dass das Schriftstück tatsächlich entweder dem Beklagten persönlich ausgehändigt oder nach einem anderen in der Zustellungsverordnung vorgesehenen Verfahren in seiner Wohnung abgegeben worden ist. 9

Anders als bei Art. 16 Abs. 1 kann die Rechtsprechung zum ungewissen Verbleib des Beklagten unter der Brüssel I-VO nicht auf Art. 16 Abs. 2 EuErbVO und damit auf die Vorschrift des Art. 19 Abs. 1 EuZustVO übertragen werden, da letztere gem. ihres Art. 1 Abs. 2 gerade nicht eingreift, wenn die Anschrift des Empfängers des verfahrenseinleitenden Schriftstücks unbekannt ist. In diesem Fällen wird dann auf Art. 16 Abs. 1 EuErbVO auszuweichen sein. 10

IV. Zustellung nach dem HZÜ, Art. 16 Abs. 3 EuErbVO

Ähnlich wie Art. 16 Abs. 2 EuErbVO verweist Art. 16 Abs. 3 EuErbVO auf das Haager Zustellungsübereinkommen von 1965 (HZÜ, 15.11.1965), wenn die EuZustVO nicht anwendbar ist und das Schriftstück nach dem HZÜ zu übermitteln war. Wie die EuZustVO enthält das HZÜ ebenfalls Vorgaben zur Methode der Zustellung, nicht nur zu deren Rechtzeitigkeit (Art. 15 Abs. 1 HZÜ). Allerdings steht es den Vertragsstaaten des Haager Übereinkommens frei zu erklären, dass seine Richter den Rechtsstreit entscheiden können, auch wenn ein Zeugnis über die Zustellung oder die Übergabe nicht eingegangen ist, sofern die Voraussetzungen des Art. 15 Abs. 2 HZÜ vorliegen (Zustellung nach den Regeln des Übereinkommens; Ablauf einer angemessenen mindestens sechsmonatigen Frist; trotz aller zumutbaren Schritte war bei den zuständigen Behörden des ersuchten Staates kein Zeugnis zu erlangen). 11

Auch das HZÜ gilt ausweislich Art. 1 Abs. 2 HZÜ nicht, wenn der Verbleib des Beklagten unbekannt ist. In diesem Fall greift wiederum Art. 16 Abs. 1 EuErbVO ein.

V. Missachtung der Vorgaben des Art. 16 EuErbVO

12 Eine Missachtung des Grundsatzes auf rechtliches Gehör kann zur Nichtanerkennung der Entscheidung führen (vgl. Art. 40 lit. b EuErbVO), es sei denn der Beklagte hat die Entscheidung nicht angefochten, obwohl ihm dies möglich war. Im Rahmen des Art. 40 lit. b EuErbVO kommt es allerdings nur darauf an, dass das Schriftstück dem Beklagten nicht so rechtzeitig und in einer Weise zugestellt wurde, dass er sich verteidigen konnte. Nach dem Wortlaut des Art. 40 lit. b EuErbVO wird hingegen nicht auf die Einhaltung der Formalia der Zustellung abgestellt, wie sie Art. 19 Abs. 1 EuZustVO oder Art 15 Abs. 1 HZÜ im Rahmen der Prüfung gem. Art. 16 Abs. 2 und 3 EuErbVO vorschreiben. Es kommt nur auf die Rechtzeitigkeit und die Möglichkeit der Verteidigung an (vgl. Bonomi/Wautelet/*Bonomi* Art. 16 Rn. 7).

Artikel 17 Rechtshängigkeit

(1) **Werden bei Gerichten verschiedener Mitgliedstaaten Verfahren wegen desselben Anspruchs zwischen denselben Parteien anhängig gemacht, so setzt das später angerufene Gericht das Verfahren von Amts wegen aus, bis die Zuständigkeit des zuerst angerufenen Gerichts feststeht.**

(2) **Sobald die Zuständigkeit des zuerst angerufenen Gerichts feststeht, erklärt sich das später angerufene Gericht zugunsten dieses Gerichts für unzuständig.**

Literatur: *Lübcke,* Das neue europäische internationale Nachlassverfahrensrecht, 2013; *S. M. Weber,* Das Internationale Zivilprozessrecht erbrechtlicher Streitigkeiten, 2012.

Übersicht

I. Regelungszweck

1 Die Vorschrift regelt das Verhältnis von mehreren **gleichzeitig anhängigen Verfahren.** Sie stellt einen **Prioritätsgrundsatz** auf. Sind zwei Verfahren wegen desselben Anspruchs vor den Gerichten verschiedener Mitgliedstaaten anhängig, muss das zuletzt angerufene Gericht sein Verfahren aussetzen, bis das zuerst angerufene Gericht über seine Zuständigkeit entschieden hat (Abs. 1). Hat das zuerst angerufene Gericht seine Zuständigkeit bejaht, muss sich das Zweitgericht für unzuständig erklären (Abs. 2). Wie sich auch aus Erwägungsgrund 34 und 35 ergibt, soll Art. 17 miteinander unvereinbare Entscheidungen verhindern. Unvereinbar sind dabei solche Entscheidungen, die sich gegenseitig widersprechen und denen deswegen nach Art. 40 lit. c und d die Anerkennung zu versagen wäre (MüKoBGB/*Dutta* EuErbVO Art. 17 Rn. 1; NK-NachfolgeR/*Köhler* EuErbVO Art. 17 Rn. 1; NK-BGB/*Makowsky* EuErbVO Art. 17 Rn. 1; zur Brüssel I-VO EuGH 6.12.1994 – C-406/92, Slg. 1994 I-5439 Rn. 32 = NJW 1995, 1882 – Tatry; 14.10.2004 – C-39/02, Slg. 2004 I-9657 Rn. 3 = BeckRS 2004, 78089 – Mærsk; 27.2.2014 – C-1/13, EuZW 2014, 340 Rn. 40 – Cartier).

2 Art. 17 ist **Art. 27 Brüssel I-VO nachempfunden** (s. ErwG 34). Entsprechende Bestimmungen finden sich in auch Art. 12 EuUnthVO, Art. 17 EuGüVO/EuPartVO sowie Art. 19 Brüssel IIa-VO Art. 27 Brüssel I-VO ist im Zuge der Revision der Brüssel I-VO durch Art. 29 Brüssel Ia-VO neugefasst worden (VO (EU) Nr. 1215/2012, ABl. EU 2012 L 351, 1). Die Neufassung entspricht der Vorgängernorm weitgehend. Für die Auslegung von Art. 17 EuErbVO kann man auf die Erkenntnisse zu Art. 27 Brüssel I-VO und Art. 29 Brüssel Ia-VO zurückgreifen (BeckOGK/*J. Schmidt* EuErbVO

Art. 17 Rn. 19). Soweit Art. 29, 31 und 34 Brüssel Ia-VO Neuregelungen enthalten, können sie nicht für die Auslegung von Art. 17 fruchtbar gemacht werden. Das gilt insbesondere für die Durchbrechung des Prioritätsprinzips bei ausschließlichen Gerichtsstandsvereinbarungen durch Art. 29 iVm Art. 31 Abs. 2 Brüssel Ia-VO.

II. Tatbestandsvoraussetzungen

1. Verfahren in Erbsachen

a) Abgrenzung zur Brüssel Ia-VO. Art. 17 erfasst nur Verfahren in **Erbsachen.** Die **Brüssel Ia-VO** gilt für Zivilsachen und klammert das Gebiet des Testaments- und Erbrechts von ihrem Anwendungsbereich aus (Art. 1 Abs. 2 lit. f Brüssel Ia-VO). Die Verordnungen stehen damit in einem Komplementärverhältnis. Fällt ein Verfahren in den Anwendungsbereich der EuErbVO, kann es nicht zugleich von der Brüssel Ia-VO erfasst sein. 3

Welche Rechtsstreitigkeiten **erbrechtlicher Natur** sind, ist insbesondere Art. 23 Abs. 1 und 2 zu entnehmen. Die erbrechtlichen Fragen dürfen sich in dem Verfahren nicht lediglich als Vorfragen stellen, sondern müssen **Gegenstand des Verfahrens** sein (BeckOGKBGB/*J. Schmidt* EuErbVO Art. 3 Rn. 25 f.; MüKoBGB/*Dutta* EuErbVO Art. 1 Rn. 4; vgl. auch *Kropholler/v. Hein* Brüssel I-VO Art. 1 Rn. 28, zur Kernpunkttheorie → Rn. 11). Erbrechtlich sind insbesondere folgende Verfahren: Klagen auf Auszahlung bzw. **Herausgabe einer Erbschaft,** unabhängig davon, ob nur über die Erbberechtigung als solche oder nur über den Wert des Nachlasses gestritten wird (BeckOGKBGB/*J. Schmidt* EuErbVO Art. 3 Rn. 28); Klagen auf **Feststellung des Erbrechts** oder auf Auszahlung eines Erbteils (OLG Stuttgart ZEV 2011, 142); BeckOGKBGB/*J. Schmidt* EuErbVO Art. 3 Rn. 28) Erfüllung von **Vermächtnisansprüchen** (Stein/Jonas/*Wagner* Brüssel I-VO Art. 1 Rn. 35; *S. M. Weber,* Das Internationale Zivilprozessrecht erbrechtlicher Streitigkeiten, S. 62), Pflichtteilsansprüchen (OLG Stuttgart, ZEV 2011, 142) und Pflichtteilsergänzungsansprüchen; Klagen auf Herabsetzung oder Stundung von Pflichtteilsansprüchen (vgl. Rauscher/*Mankowski* Brüssel Ia-VO Art. 1 Rn. 174; DNotI, Studie, S. 221); Auseinandersetzungsklagen (OLG Stuttgart ZEV 2011, 142; Rauscher/*Mankowski* Brüssel Ia-VO Art. 1 Rn. 174); Klagen aus Nachlassvergleichen oder aus Nachlassteilungsvereinbarungen (Rauscher/*Mankowski* Brüssel Ia-VO Art. 1 Rn. 174). Auch Streitigkeiten über die Einsetzung eines **Testamentsvollstreckers** oder Nachlassverwalters fallen in den Anwendungsbereich der EuErbVO (vgl. BeckOGKBGB/*J. Schmidt* EuErbVO Art. 3 Rn. 28; Stein/Jonas/*Wagner* Brüssel I-VO Art. 1 Rn. 35). Erfasst sind auch Streitigkeiten im Zusammenhang mit der Durchführung der Testamentsvollstreckung bzw. Nachlassverwaltung (*S. M. Weber,* Das Internationale Zivilprozessrecht erbrechtlicher Streitigkeiten, 78). Wenn die Parteien zu Lebzeiten des Erblassers über ein zukünftiges Erbrecht streiten, ist die EuErbVO ebenfalls einschlägig (vgl. Rauscher/*Mankowski* Brüssel Ia-VO Art. 1 Rn. 175; *Max Planck Institute* RabelsZ 74 (2010), 522 (570 f.)). 4

Bei **Aktivprozessen** des Nachlasses wird man wie folgt differenzieren müssen: Sie fallen in den Anwendungsbereich der Brüssel Ia-VO, wenn die Erben zivilrechtliche Ansprüche des Erblassers einklagen (*Kropholler/v. Hein,* Art. 1 Brüssel I-VO, Rn. 28; *Lübcke,* Das neue europäische internationale Nachlassverfahrensrecht, S. 377; MüKoBGB/*Dutta* EuErbVO Art. 1 Rn. 4; in diese Richtung auch EuGH EuZW 2009, 855 Rn. 44 – Vorarlberger Gebietskrankenkasse). Anderes gilt bei **Erbprätendentenstreitigkeiten:** Beruft sich der Beklagte gegenüber dem Erben auf eine erbrechtliche Rechtsposition, handelt es sich dem Gegenstand nach um eine erbrechtliche Streitigkeit (BeckOGKBGB/*J. Schmidt* EuErbVO Art. 3 Rn. 28; *S. M. Weber,* Das Internationale Zivilprozessrecht erbrechtlicher Streitigkeiten, 77, 85). Dabei kann es keinen Unterschied machen, ob der Erbe den Nachlass insgesamt (vgl. § 2018 BGB) oder lediglich einzelne Nachlassgegenstände im Wege der Einzelklage (vgl. § 2029 BGB) vom Erbprätendenten verlangt (zB nach §§ 985, 812, 861 BGB, zutreffend MüKoBGB/*Dutta* EuErbVO Art. 1 Rn. 4; *Kropholler/v. Hein* Brüssel I-VO Art. 1 Rn. 19; *Max Planck Institute* RabelsZ 74 (2010), 522 (569); vgl. bereits *Basedow* Hdb. IZVR I Kap II Rn. 106 f.). Beruft sich der Beklagte demgegenüber auf kein eigenes Erbrecht, sondern auf die fehlende Aktivlegitimation des Klägers als Erbe, ist der Anwendungsbereich der Brüssel Ia-VO eröffnet (vgl. Magnus/Mankowski/*Rogerson* Brüssel I-VO Art. 1 Rn. 28). 5

Nicht erfasst von Art. 17 ist eine **Klage** eines **Nachlassgläubigers** gegen die Erben (MüKoBGB/*Dutta* EuErbVO Art. 1 Rn. 4; *S. M. Weber,* Das Internationale Zivilprozessrecht erbrechtlicher Streitigkeiten, 88; vgl. auch DNotI, Studie, 221). → Art. 23 Abs. 2 lit. g qualifiziert zwar die **Haftung für Nachlassverbindlichkeiten** erbrechtlich. Die erbrechtliche Haftung ist jedoch nicht maßgeblicher Verfahrensgegenstand, sondern nur der eingeklagte Anspruch. Die EuErbVO ist daher nicht einschlägig, wenn sich im Rahmen einer Klage gegen den Nachlass erbrechtliche Vorfragen als Verteidigungsmittel stellen wie zB die Frage der Haftung für Nachlassverbindlichkeiten im Zusammenhang mit der Haftungsbeschränkung der Erben (§ 1975 BGB) oder der Dürftigkeitseinrede (§ 1990 BGB). Es spielt auch keine Rolle, ob der Anspruch gegen den Nachlass unstreitig ist, da es für die Abgrenzung auf den 6

Verfahrensgegenstand, nicht jedoch auf die Streitpunkte ankommt. Gleiches gilt in diesen Fällen für Klagen der Gläubiger gegen den Nachlassverwalter oder Testamentsvollstrecker (Rauscher/*Mankowski* Brüssel Ia-VO Rn. 175 f.), nicht jedoch für die die Klage eines Nachlassgläubigers gegen den Testamentsvollstrecker auf Duldung der Zwangsvollstreckung gem. § 2213 Abs. 3 BGB (OLG München ZEV 2012, 215 (216)).

7 **b) Außergerichtliche Verfahren.** Art. 17 Abs. 1 gilt nur für Verfahren vor staatlichen Gerichten, nicht jedoch für **sonstige Verfahren** wie ein Mediations- oder Schiedsverfahren und auch nicht für außergerichtliche Vergleichsverhandlungen (vgl. BeckOGK/*J. Schmidt* EuErbVO Art. 17 Rn. 28 f.; MüKoBGB/*Dutta* EuErbVO Art. 17 Rn. 6; NK-BGB/*Makowsky* EuErbVO Art. 17 Rn. 5; zur Brüssel I-VO Stein/Jonas/*Wagner* Brüssel I-VO Art. 27 Rn. 16). Erwägungsgrund 36 hebt hervor, dass Erbsachen in einigen Mitgliedstaaten von nichtgerichtlichen Behörden wie Notaren geregelt werden könnten. Es ist möglich, dass es zu parallelen Gerichtsverfahren und einem außergerichtlichen Verfahren kommt. Könnten sich die Parteien nicht über das weitere Vorgehen einigen, müsse das angerufene Gericht den Rechtsstreit entscheiden. Eine Verfahrensaussetzung nach der EuErbVO kommt demzufolge nicht in Betracht, ist aber evtl. nach der mitgliedstaatlichen lex fori möglich. Die Problematik ist einer späteren Überprüfung durch die Kommission vorbehalten (→ Art. 82 Rn. 1).

2. Verfahren wegen desselben Anspruchs

8 **a) Bestimmung des maßgeblichen Verfahrensgegenstands.** Die Rechtshängigkeitssperre des Art. 17 Abs. 1 ist anwendbar, wenn beide Verfahren denselben **„Anspruch"** betreffen. Der Begriff ist autonom auszulegen (vgl. EuGH 8.12.1987 – C-144/86, Slg. 1987, 4861 Rn. 11 = NJW 1989, 665 – Gubisch Maschinenfabrik). Dieselben Ansprüche liegen vor, wenn die Verfahren auf derselben Grundlage beruhen und denselben Gegenstand haben (vgl. EuGH 8.12.1987 – C-144/86, Slg. 1987, 4861 Rn. 14 = NJW 1989, 665 – Gubisch Maschinenfabrik; 6.12.1994 – C-406/92, Slg. 1994 I-5439 Rn. 38 = NJW 1995, 1883 – Tatry).

9 Die **Grundlage des Anspruchs** umfasst den Sachverhalt und die Rechtsvorschrift, auf die das Verfahren gestützt wird (EuGH 14.10.2004 – C-39/02, Slg. 2004 I-9657 Rn. 38 = BeckRS 2004, 78089 – Mærsk). Dass die Ansprüche aus demselben anwendbaren Sachrecht resultieren, ist nicht erforderlich (vgl. Geimer/Schütze/*Jäger* IRV EuErbVO Art. 17 Rn. 14). Unter der Ägide der EuErbVO wird es hierzu ohnehin nur in Ausnahmefällen kommen. Unmaßgeblich ist zB auch, ob eine erbrechtlich zu qualifizierende Klage gegen einen Erbprätendenten auf eine Norm aus dem Schuld-, Sachen- oder Erbrecht gestützt wird.

10 Der **Verfahrensgegenstand** bestimmt sich nach dem Zweck des Verfahrens. Der Verfahrenszweck ist unter Berücksichtigung der rechtlich-wirtschaftlichen Interessen zu ermitteln. Maßgeblich ist nicht der Antrag, sondern der **Kernpunkt** des Verfahrens (vgl. EuGH 8.12.1987 – C-144/86, Slg. 1987, 4861 Rn. 16 = NJW 1989, 665 – Gubisch Maschinenfabrik; 6.12.1994 – C-406/92, Slg. 1994 I-5439 Rn. 43 = NJW 1995, 1883 – Tatry). Gegen den Anspruch vorgebrachte Einwendungen wie eine Aufrechnung oder etwa die Beschränkung der Erbenhaftung sind bei der Bestimmung des relevanten Anspruchs nicht zu berücksichtigen (vgl. EuGH 14.10.2004 – C-39/02, Slg. 2004 I-9657 Rn. 36 = BeckRS 2004, 78089 – Mærsk; 8.5.2003 – C-111/01, Slg. 2003 I-4207 Rn. 31 = NJW 2003, 2596 – Gantner). Entscheidender Zeitpunkt für die Bestimmung des Verfahrensgegenstands ist das verfahrenseinleitende Schriftstück zum Anrufungszeitpunkt des Gerichts (EuGH 8.5.2003 – C-111/01, Slg. 2003, I-4207 Rn. 30 = NJW 2003, 2596 = Gantner). Spätere Verfahrenserweiterungen, insbes. eine Klageänderung, können nicht rückwirkend berücksichtigt werden, es sei denn dass die Klageerweiterung in ihrem Kernpunkt mit dem bereits rechtshängigen Verfahren identisch ist (vgl. BGH NJW 2013, 2597 Rn. 29; Simons/Hausmann/*Simons* Brüssel I-VO Art. 27 Rn. 53 f.).

11 **b) Einzelheiten.** Denselben Gegenstand haben eine **Leistungsklage** und eine **Feststellungsklage** auf Feststellung des Nichtbestehens des der Leistungsklage zu Grunde liegenden Rechtsverhältnisses, da es in beiden Fällen um denselben Kernpunkt (das Rechtsverhältnis) geht (vgl. EuGH 8.12.1987 – C-144/86, Slg. 1987, 4861 Rn. 17 = NJW 1989, 665 – Gubisch Maschinenfabrik; BGHZ 186, 81 Rn. 22 = NJW 2010, 3452). Auf die Reihenfolge, in der Leistungs- und Feststellungsklage erhoben werden kommt es nicht an. Auch eine frühere Feststellungsklage sperrt eine spätere Feststellungsklage (vgl. BGH NJW 1997, 870 (872); Geimer/Schütze/*Peifer/Peifer* IRV Brüssel Ia-VO Art. 29 Rn. 33; Rauscher/*Leible* Brüssel Ia-VO Art. 29 Rn. 17; aA Stein/Jonas/*Wagner* Brüssel I-VO Art. 27 Rn. 33). Denselben Gegenstand haben auch insbesondere eine Klage auf **Schadensersatz** und eine Klage auf Feststellung des Nichtbestehens der Schadensersatzpflicht (EuGH 6.12.1994 – C-406/92, Slg. 1994 I-5439 Rn. 45 = NJW 1995, 1882 – Tatry). Eine auf **Feststellung eines Erbrechts** gerichtete Klage löst die Rechtshängigkeitssperre für eine auf eine Erbberechtigung gestützte **Herausgabeklage** aus. Entsprechendes gilt auch für die Klage auf Feststellung der Unwirksamkeit eines gemeinschaftlichen Testaments oder Erbvertrags und eine Erbschaftsherausgabeklage (vgl. für Feststellungsklagen und Rückgewähransprüche BeckOGK/*J. Schmidt* EuErbVO Art. 17 Rn. 19.1.; BGH NJW 1995, 1758 (1759)). Denselben Gegen-

stand haben auch erbrechtliche Leistungsklagen (zB auf Erfüllung von **Pflichtteils**- oder **Vermächtnisansprüchen**) und entsprechende negative Feststellungsklagen (Bestehen eines Pflichtteilsrechts, Wirksamkeit eines Pflichtteilsverzichtsvertrages; Wirksamkeit eines Testaments, aus dem der Vermächtnisanspruch resultiert). Entsprechendes gilt für eine Pflichtteilsklage und auf ein Noterbrecht gestützte Herabsetzungsklage (Geimer/Schütze/*Jäger* IRV EuErbVO Art. 17 Rn. 18). Derselbe Anspruch liegt auch vor, wenn eine Stufenklage erhoben und auf erster Stufe auf Auskunft über den Bestand des Nachlasses und auf zweiter Stufe auf Leistung geklagt wird (vgl. BGH NJW 2013, 2597 Rn. 29).

Die Rechtshängigkeitssperre des Art. 17 ist nicht einschlägig, wenn das zuerst angerufene Gericht nur 12
eine Entscheidung im **vorläufigen Rechtsschutz** trifft und der Rechtsstreit zugleich vor dem Gericht eines anderen Mitgliedstaates in der Hauptsache anhängig ist. Das Verfahren im einstweiligen Rechtsschutz und eine auf eine endgültige Regelung der Verhältnisse gerichtete Hauptsacheentscheidung haben unterschiedliche Gegenstände (vgl. östOGH GRUR-Int 2002, 936; GRUR-Int 2007, 433 (436); NK-BGB/*Makowsky* EuErbVO Art. 17 Rn. 12; MüKoFamFG/*Rauscher* EuErbVO Art. 17 Rn. 6). Eine Ausnahme gilt, wenn die einstweilige Maßnahme beantragt wird, weil das Gericht für die Entscheidung in der Hauptsache zuständig ist. Das Zweitgericht hat insoweit zu prüfen, ob die einstweilige Maßnahme eine Vorbedingung für die Entscheidung in der Hauptsache ist und mit der Hauptsache eine verfahrensrechtliche Einheit bildet (vgl. zur Brüssel IIa-VO EuGH 9.11.2010 – C-296/10, Slg. 2010 I-11163 Rn. 77 f., 80 = BeckRS 2010, 91294 – Purrucker II; NK-BGB/*Makowsky* EuErbVO Art. 17 Rn. 12; BeckOGK/*J. Schmidt* EuErbVO Art. 17 Rn. 18). Im Regelfall besteht daher zwischen vorläufigem Rechtsschutz und Hauptsachverfahren keine Anspruchsidentität (vgl. NK-BGB/*Makowsky* EuErbVO Art. 17 Rn. 11), auch nicht zwischen mehreren Anträgen auf einstweiligen Rechtsschutz in verschiedenen Mitgliedstaaten (NK-BGB/*Makowsky* EuErbVO Art. 17 Rn. 12; Stein/Jonas/*Wagner* Brüssel I-VO Art. 27 Rn. 41). Entsprechendes gilt für das Verhältnis zwischen einem Beweissicherungsverfahren sowie einem selbständigen Beweissicherungsverfahren (vgl. OLG Köln VersR 2012, 1058 = BeckRS 2011, 18443; Rauscher/*Leible* Brüssel Ia-VO Art. 29 Rn. 24).

Besteht eine partielle Anspruchsidentität, greift Art. 17 Abs. 1 auch nur teilweise ein. Soweit die 13
Verfahren nicht denselben Anspruch zum Gegenstand haben, können sie fortgesetzt werden, im Übrigen kann das Zweitverfahren nicht durchgeführt werden (BeckOGK/*J. Schmidt* EuErbVO Art. 17 Rn. 17; NK-BGB/*Makowsky* EuErbVO Art. 17 Rn. 11).

3. Rechtshängigkeit

Wann der Anspruch bei einem mitgliedstaatlichen Gericht als anhängig gemacht gilt, richtet sich nach 14
Art. 14 (→ Art. 14 Rn. 4 ff.).

4. Gerichte verschiedener Mitgliedstaaten

Art. 17 ist nur einschlägig, wenn es sich um Verfahren vor den Gerichten verschiedener Mitglied- 15
staaten handelt. Sind die Verfahren vor den Gerichten ein und desselben Mitgliedstaats anhängig, ist das jeweilige mitgliedstaatliche Recht maßgeblich. Die **drittstaatliche Rechtshängigkeit** wird von der EuErbVO nicht geregelt (BeckOGK/*J. Schmidt* EuErbVO Art. 17 Rn. 27; NK-BGB/*Makowsky* EuErbVO Art. 17 Rn. 4). Ein Gericht kann sich daher nach seiner lex fori für unzuständig erklären, wenn bereits ein drittstaatliches Verfahren anhängig und die Entscheidung des drittstaatlichen Gerichts im Mitgliedstaat voraussichtlich anzuerkennen ist (BeckOGK/*J. Schmidt* EuErbVO Art. 17 Rn. 27; vgl. zur Brüssel I-VO Stein/Jonas/*Wagner* Brüssel I-VO Art. 27 Rn. 8; *Weber* RIW 2009, 620 ff.; vgl. nunmehr Art. 34 Brüssel Ia-VO; für eine entsprechende Regelung in der EuErbVO de lege ferenda *Lübcke*, Das neue europäische internationale Nachlassverfahrensrecht, S. 461).

5. Parteien des Rechtsstreits

Die Verfahren müssen zwischen **denselben Parteien** anhängig sein. Soweit die Parteien der Ver- 16
fahren nur teilweise übereinstimmen, hat sich das später angerufene Gericht, nur insoweit für unzuständig zu erklären. Das Verfahren wird zwischen den verbliebenen Parteien fortgeführt; das Zweitgericht kann jedoch evtl. nach Art. 18 für eine Verfahrensverbindung sorgen. Auf die Rollen der Beteiligten in den Verfahren als Kläger bzw. Beklagter kommt es nicht an (vgl. EuGH 6.12.1994 – C-406/92, Slg. 1994 I-5439 Rn. 31, 34 f. = NJW 1995, 1882 – Tatry; BGH WM 2014, 1813 Rn. 9; zum Begriff der Parteiidentität näher → Rn. 18).

6. Besonderheiten bei Verfahren der freiwilligen Gerichtsbarkeit

Auch **nichtstreitige Verfahren** sind grundsätzlich vom Anwendungsbereich der EuErbVO erfasst 17
(vgl. ErwG 59). Es spielt daher grundsätzlich keine Rolle, ob die Entscheidung in einem kontradiktorischen Verfahren ergeht. Auch bei nichtstreitigen Verfahren und Verfahren der freiwilligen Gerichtsbarkeit kann es zu einer Rechtshängigkeitssperre kommen. Art. 17 Abs. 1 spricht daher anders als

Art. 27 Brüssel I-VO und Art. 29 Brüssel Ia-VO von „Verfahren" und nicht von „Klagen" (*Dörner* ZEV 2016, 117 (119 f.); MüKoBGB/*Dutta* EuErbVO Art. 17 Rn. 3 f.; MüKoFamFG/*Rauscher* EuErbVO Art. 17 Rn. 2). Für die Einbeziehung nichtstreitiger Verfahren streitet auch der Normzweck der Vorschrift. Auch in nichtstreitigen Parallelverfahren können einander widersprechende Entscheidungen ergehen. Unerheblich ist auch, dass Art. 17 Abs. 1 nur für „Ansprüche" gilt. Damit meint das Gesetz nicht, dass ein Kläger einen Anspruch eingeklagt hat, sondern bezieht sich nur auf die Grundlage und den Gegenstand eines Verfahrens (*Dörner* ZEV 2016, 117 (120); MüKoBGB/*Dutta* EuErbVO Art. 17 Rn. 5). In einer Entscheidung zur Brüssel I-VO hat der EuGH angedeutet, dass auch nichtstreitige Verfahren in den Anwendungsbereich der Vorschriften über die Rechtshängigkeit fallen können, sofern das Verfahren kontradiktorisch sein könnte (EuGH 14.10.2004 – C-39/02, Slg. 2004 I-9657 Rn. 33, 50 = BeckRS 2004, 78089 – Mærsk). Auch Verfahren der freiwilligen Gerichtsbarkeit können potentiell zu streitigen Verfahren werden, wenn ein Beteiligter Beschwerde einlegt (vgl. hierzu bereits *Lübcke,* Das neue europäische internationale Nachlassverfahrensrecht, 455 f.). Es lässt sich daher auch mit der Rspr. des EuGH zur Brüssel I-VO vereinbaren, ein nichtstreitiges Verfahren unter Art. 17 Abs. 1 zu subsumieren.

18 Schwierigkeiten ergeben sich daraus, dass Art. 17 Abs. 1 nur gilt, wenn das Verfahren zwischen **denselben Parteien** anhängig ist. Bei Verfahren der freiwilligen Gerichtsbarkeit kann es nicht auf einen formellen Beteiligtenbegriff ankommen, da diese Verfahren anders als Verfahren der streitigen Gerichtsbarkeit nicht an eine Rechtskraftwirkung zwischen den beteiligten Parteien anknüpfen, sondern verfahrensgegenstandsbezogen sind. Die formelle Beteiligung kann daher nicht ausschlaggebend sein. Richtigerweise wird man von einem **materiellen Beteiligtenbegriff** auszugehen haben (vgl. NK-BGB/*Makowsky* EuErbVO Art. 17 Rn. 7; MüKoFamFG/*Rauscher* EuErbVO Art. 17 Rn. 16; Deixler/Hübner/Schauer/*Frauenberger-Pfeiler* Art. 17 Rn. 2; MüKoBGB/*Dutta* EuErbVO Art. 17 Rn. 4: Berührung von Rechten am Nachlass in Bezug auf identische Personen). Hierfür lässt sich auch die Rspr. des EuGH zur Brüssel I-VO anführen. Eine Parteiidentität kann nämlich trotz Personenverschiedenheit gegeben sein, wenn die Interessen der unterschiedlichen an den Verfahren beteiligten Personen insoweit übereinstimmen, als die Entscheidung gegenüber einer Partei Rechtskraft gegenüber einer nicht formell am Verfahren beteiligten Person entfaltet (EuGH 19.5.1998 – C-351/96, Slg. 1998 I-3075 Rn. 19 = EuZW 1998, 443 – Drout; vgl. auch BGHZ 196, 180 Rn. 18 = NZV 2013, 336; für die EuErbVO unter Hinweis auf den Fall der Prozessstandschaft auch Geimer/Schütze/*Jäger* IRV EuErbVO Art. 17 Rn. 11).

19 Zweifelhaft ist, ob Art. 17 auch für konkurrierende Anträge auf Ausstellung eines Europäischen Nachlasszeugnisses **(ENZ)** gilt. Die Ausstellung des ENZ ist keine gerichtliche Entscheidung iSv Art. 39 Abs. 1 EuErbVO (→ Art. 39 Rn. 22; vgl. auch → Art. 65 Abs. 3 lit. l, wonach der Antragsteller versichern muss, dass kein Rechtsstreit anhängig ist). Wenn Art. 17 den Erlass von Entscheidungen mit einander widersprechenden Wirkungen iSv Art. 40 lit. c und lit. d verhindern möchte, spricht dies dagegen, die Rechtshängigkeitssperre auf parallele ENZ-Verfahren anzuwenden. Von der Entscheidung im ENZ-Verfahren geht keine materielle Rechtskraft aus. Insoweit besteht lediglich die Gefahr, dass sich widersprechende Urkunden ausgestellt werden. Außerdem verweist Art. 64 nur auf die Zuständigkeitsvorschriften der Art. 4 ff., nicht jedoch auf Art. 17. Eine analoge Anwendung der Art. 17 f. auf parallele ENZ-Verfahren erscheint gleichwohl sachgerecht (so iE auch MüKoBGB/*Dutta* EuErbVO Art. 64 Rn. 8; MüKoFamFG/*Rauscher* EuErbVO Art. 17 Rn. 7). Die Funktionsfähigkeit des ENZ als Legitimationspapier für den grenzüberschreitenden Erbnachweis wäre beeinträchtigt, wenn die ausstellenden Behörden Nachlasszeugnisse mit einander widersprechenden Inhalten erlassen könnten. Hierfür spricht auch Art. 67 Abs. 1 UAbs. 2, der bei Einwänden gegen den zu bescheinigenden Sachverhalt oder bei Unvereinbarkeit mit einer anderen Entscheidung die Ausstellung eines ENZ untersagt und damit widersprechende ENZ gerade verhindern möchte.

Ob Art. 17 auch auf mitgliedstaatliche Erbscheinsverfahren im Verhältnis zu ENZ-Verfahren anzuwenden ist, hängt entscheidend von den Wirkungen des ENZ und des Erbscheins ab, wenn diese sich widersprechen. Nach richtiger Auffassung entfällt in diesem Fall die Vermutung für die Richtigkeit des ENZ gem. Art. 69 Abs. 2 (→ Art. 62 Rn. 20) und des Erbscheins. Eine Verfahrensaussetzung ist daher auch in diesem Fall geboten, um eine Beeinträchtigung der Funktionsfähigkeit des ENZ und eine Verwirrung des Rechtsverkehrs auszuschließen. Auch wenn die Anträge auf die Ausstellung unterschiedlicher Legitimationsinstrumente (ENZ und Erbschein) gerichtet sind, wird man wegen des funktional äquivalenten Anspruchsziels denselben Verfahrensgegenstand annehmen und Art. 17 anwenden können (aA → Art. 62 Rn 17; MüKoBGB/*Dutta* EuErbVO Art. 62 Rn. 15 – allerdings für Anwendung von Art. 18; hiergegen auch MüKoFamFG/*Rauscher* EuErbVO Art. 17 Rn. 9). Da wegen der Zuständigkeitskonzentration nach Art. 4 mehrere konkurrierende Zuständigkeiten an sich nicht denkbar sind und Art. 4 auch für nationale Erbscheinsverfahren gilt (→ Einl. Rn. 70), muss die zunächst angerufene Stelle über ihre Zuständigkeit entscheiden. Erlässt diese den Erbschein, wird man annehmen müssen, dass die Ausstellung eines ENZ in einem anderen Mitgliedstaat in entsprechender Anwendung von Art. 67 UAbs. 2 lit. b gesperrt ist, sofern der Erbschein nicht später eingezogen wird (vgl. MüKoBGB/*Dutta* EuErbVO Art. 62 Rn. 15). Der Antragsteller müsste also im Staat der zuerst angerufenen Behörde ein ENZ beantragen. Bei **mehreren parallelen mitgliedstaatlichen Verfahren** hängt die Frage der Anwendung von Art. 17 davon ab, ob der Erbschein in den anderen Mitgliedstaaten überhaupt Wirkungen für die Vermutung seiner Richtigkeit entfaltet (→ **Art. 59 Rn. 26).** Bejaht man entgegen der hier vertretenen Auffassung die Annahme auch der inhaltlichen Vermutungswirkungen des Erbscheins auch in anderen Mitgliedstaaten, erscheint eine analoge Anwendung von Art. 17 sachgerecht.

Im Verhältnis zwischen einem Erbprätendentenstreit und einem ENZ entfaltet ein vorheriger ENZ-Antrag keine Sperrwirkung, da das ENZ einen anderen Streitgegenstand (Erbnachweis und nicht Feststellung des Erbrechts mit Rechtskraft) betrifft. Die Aussetzung des ENZ-Verfahrens beurteilt sich nach der lex fori (so iE auch MüKoFamFG/*Rauscher* EuErbVO Art. 17 Rn. 8). Ein ENZ darf nach Art. 67 Abs. 1 UAbs. 2 lit. a in diesem Fall nicht erteilt werden.

Aus dem **Vermittlungsverfahren zur Erbauseinandersetzung** vor dem Notar (vgl. §§ 363 ff. FamFG) kann potentiell eine nach → Art. 39 anzuerkennende Entscheidung hervorgehen (→ Art. 39 Rn. 33). Das Vermittlungsverfahren ist keine außergerichtliche einvernehmliche Regelung iSv ErwG 36. Der Notar wird insoweit in richterlicher Funktion tätig (MüKoBGB/*Dutta* EuErbVO Art. 3 Rn. 16). Das Verfahren kann daher die Rechtshängigkeitssperre des Art. 17 Abs. 1 auslösen. Es wird nach → Art. 14 lit. a rechtshängig, wenn der Antrag auf Auseinandersetzung des Nachlasses beim Notar eingeht (§ 363 Abs. 1 FamFG), vorausgesetzt, dass die übrigen Erben alsbald ordnungsgemäß geladen werden (vgl. § 365 FamFG). 20

III. Rechtsfolgen

Die Rechtsfolgen des Art. 17 sind zwingend. Ein richterliches Ermessen besteht nicht. Das später angerufene Gericht muss das **Verfahren von Amts wegen aussetzen,** bis das zuerst angerufene Gericht über seine Zuständigkeit entschieden hat (Abs. 1). Die Einzelheiten der Aussetzung richten sich nach der jeweiligen lex fori (vgl. MüKoFamFG/*Rauscher* EuErbVO Art. 17 Rn. 17; Simons/Hausmann/*Simons* Brüssel I-VO Art. 27 Rn. 85). 21

Steht die Zuständigkeit des zuerst angerufenen Gerichts fest, muss sich das Zweitgericht **für unzuständig erklären.** Dies ist dann der Fall, wenn das Erstgericht rechtskräftig über seine Zuständigkeit entschieden hat (vgl. BeckOGK/*J. Schmidt* EuErbVO Art. 17 Rn. 24 f.; OLG Karlsruhe FamRZ 2011, 1528 = BeckRS 2011, 23026; Stein/Jonas/*Wagner* Brüssel I-VO Art. 27 Rn. 60; *Thormeyer* EuZW 2014, 342). Ist das Erstgericht zuständig, erklärt sich das Zweitgericht von Amts wegen für unzuständig (Art. 17 Abs. 2). Nach Auffassung des EuGH zu Art. 27 Abs. 2 Brüssel I-VO steht die Zuständigkeit des Erstgerichts bereits dann fest, wenn sich die Parteien rügelos auf das Verfahren eingelassen haben und sich das Erstgericht nicht von Amts wegen für unzuständig erklärt hat. Das Zweitgericht muss sich in diesem Fall für unzuständig erklären, es sei denn, es besteht eine ausschließliche Zuständigkeit (EuGH EuZW 2014, 340 Rn. 44 – Cartier; ablehnend *Thormeyer* EuZW 2014, 342). Diese Rspr. wird man auf Art. 17 Abs. 2 nicht übertragen können, da die rügelose Einlassung anders im Rahmen der Brüssel I-VO nicht im Regelfall, sondern nur im Ausnahmefall des Art. 7 EuErbVO eine Zuständigkeit begründet (→ Art. 9 Abs. 1; vgl. → Art. 9 Rn. 1 ff.). Es verbleibt daher bei dem Grundsatz, dass das Zweitgericht das Verfahren erst beenden kann, wenn das Erstgericht rechtskräftig über seine Zuständigkeit entschieden hat. 22

Das Zweitgericht darf **nicht überprüfen,** ob das Erstgericht nach den Regeln der EuErbVO **zuständig** ist (MüKoFamFG/*Rauscher* EuErbVO Art. 17 Rn. 18; NK-NachfolgeR/*Köhler* EuErbVO Art. 17 Rn. 5). Dies gilt nach der Rspr. des EuGH zu Art. 27 Brüssel I-VO aF sogar dann, wenn ein Verfahren vor einem **offensichtlich unzuständigen Erstgericht** betrieben wird und das Erstverfahren das Zweitverfahren damit erheblich verzögert. Ohne Bedeutung ist dabei, ob das Zweitgericht seine Zuständigkeit aus einer ausschließlichen Gerichtsstandsvereinbarung nach Art. 5 Abs. 1 ableitet (zu sog. Torpedoklagen vgl. EuGH 9.12.2003 – C-116/02, Slg. 2003 I-14693 Rn. 54, 73 – Gasser = EuZW 2004, 188; 3.4.2014 – C-438/12, NJW 2014, 1871 Rn. 52 – Weber). Es ist rechtspolitisch bedauerlich, dass die Neufassung der Brüssel Ia-VO Schutzmöglichkeiten bietet, welche die EuErbVO nicht umgesetzt hat. Nach Auffassung des EuGH zur Brüssel I-VO kommt die Rechtshängigkeitssperre im Falle einer ausschließlichen Zuständigkeit des Zweitgerichts nicht zur Anwendung, weil das Zweitgericht nach den maßgeblichen Bestimmungen im Rahmen der Anerkennung und Vollstreckung bei ausschließlichen Zuständigkeiten eine Überprüfung der Zuständigkeit ohnehin vornehmen muss (EuGH NJW 2014, 1871 Rn. 55 – Weber; 27.6.1991 – C-351/89, Slg. 1991 I-3317 Rn. 26 = NJW 1992, 3221 – Overseas Union). Diese Ausnahme gilt im Rahmen der EuErbVO nicht (MüKoFamFG/*Rauscher* EuErbVO Art. 17 Rn. 18; NK-BGB/*Makowsky* EuErbVO Art. 17 Rn. 19). Das Zweitgericht ist nämlich stets an die Beurteilung der Zuständigkeit des Erstgerichts gebunden ist, da sich in der EuErbVO kein entsprechender Prüfungsvorgehalt findet (vgl. → Art. 40 Rn. 2; Art. 41). 23

Selbst wenn eine Partei ein Verfahren vor einem ersichtlich unzuständigen Gericht betreibt, ist es dem zuständigen Gerichten untersagt sein, ein Prozessführungsverbot (sog. antisuit injunction) zu erlassen, weil es die Grundsätze des gegenseitigen Vertrauens zwischen den Mitgliedstaaten verletzen und in die 24

Prüfungskompetenz des zuerst angerufenen Gerichts eingreifen würde (vgl. Geimer/Schütze/*Jäger* IRV EuErbVO Art. 17 Rn. 36; MüKoFamFG/*Rauscher* EuErbVO Art. 17 Rn. 18; EuGH 27.4.2004 – C-159/02, Slg. 2004 I-3578 Rn. 31 – Turner = EuZW 2004, 468; 10.2.2009 – C-185/07, Slg. 2009 I-686 Rn. 29 = NJW 2009, 1655 – West Tankers).

Artikel 18 Im Zusammenhang stehende Verfahren

(1) **Sind bei Gerichten verschiedener Mitgliedstaaten Verfahren, die im Zusammenhang stehen, anhängig, so kann jedes später angerufene Gericht das Verfahren aussetzen.**

(2) **Sind diese Verfahren in erster Instanz anhängig, so kann sich jedes später angerufene Gericht auf Antrag einer Partei auch für unzuständig erklären, wenn das zuerst angerufene Gericht für die betreffenden Verfahren zuständig ist und die Verbindung der Verfahren nach seinem Recht zulässig ist.**

(3) **Verfahren stehen im Sinne dieses Artikels im Zusammenhang, wenn zwischen ihnen eine so enge Beziehung gegeben ist, dass eine gemeinsame Verhandlung und Entscheidung geboten erscheint, um zu vermeiden, dass in getrennten Verfahren widersprechende Entscheidungen ergehen.**

Übersicht

I. Regelungszweck

1 Die Norm steht in engem Zusammenhang mit Art. 17. Sie dient der **Verfahrenskoordination** und **Effizienz grenzüberschreitender Rechtspflege.** Miteinander in Zusammenhang stehende Verfahren sollen nach Möglichkeit von einem Gericht entschieden werden, um einander widersprechende Entscheidungen zu verhindern (Bonomi/Wautelet/*Bonomi* Art. 18 Rn. 1 f.; Geimer/Schütze/*Jäger* IRV EuErbVO Art. 18 Rn. 1; NK-BGB/*Makowsky* EuErbVO Art. 18 Rn. 2; vgl. EuGH 6.12.1994 – C-406/92, Slg. 1994 I-5439 Rn. 55 – Tatry = NJW 1995, 1883). Außerdem soll die Vorschrift Lücken schließen, die sich im Anwendungsbereich des Art. 17 ergeben (BeckOGK/*J. Schmidt* EuErbVO Art. 18 Rn. 3). Der Begriff der widersprechenden Entscheidung iSv Abs. 3 ist anders als im Zusammenhang mit Art. 17 zu verstehen. Art. 17 soll Entscheidungen ausschließen, die in ihren Rechtsfolgen miteinander unvereinbar sind. Art. 18 ist weiter gefasst und bezieht sich auf in ihren Entscheidungsgründen inkohärente Entscheidungen. Der Anwendung von Art. 18 steht daher nicht entgegen, dass die Entscheidungen aus den Parallelverfahren getrennt vollstreckt werden können (vgl. EuGH 6.12.1994 – C-406/92, Slg. 1994 I-5439 Rn. 55 = NJW 1995, 1883 – Tatry; Bonomi/Wautelet/*Bonomi* Art. 18 Rn. 3). Art. 18 regelt nur die Koordination mehrerer Verfahren, schafft aber keine originäre gerichtliche Zuständigkeit kraft Sachzusammenhangs (vgl. EuGH 24.6.1981 – C-150/80, Slg. 1981, 1671 Rn. 19 – Elefanten Schuh).

2 Pate für Art. 18 standen Art. 28 Brüssel I-VO bzw. Art. 30 Brüssel Ia-VO. Eine entsprechende Bestimmung findet sich außerdem in Art. 13 EuUnthVO sowie in Art. 18 EuGüVO/EuPartVO.

II. Verfahrensaussetzung

1. Verfahren in Erbsachen

3 Art. 18 ist nur einschlägig, wenn beide Verfahren in den **Anwendungsbereich der EuErbVO** fallen und es sich bei ihnen um erbrechtliche Rechtssachen handelt. Wünschenswert wäre de lege ferenda eine rechtsaktsübergreifende Anwendung im Verhältnis zu Verfahren der Brüssel Ia-VO, auch wenn eine solche Interpretation außerhalb der Grenzen des Wortlauts von Art. 18 Abs. 1 liegen dürfte (eingehend *S. M. Weber,* Das internationale Zivilprozessrecht erbrechtlicher Streitigkeiten, 263; aA Geimer/Schütze/*Jäger* IRV EuErbVO Art. 18 Rn. 7). Dem Gericht dürfte es aber nach seinem nationalen Recht unbenommen bleiben, das Verfahren auszusetzen (vgl. zur Brüssel IIa-VO OLG Brandenburg

FamRZ 2014, 860). Art. 18 gilt so wie Art. 17 auch für Verfahren der freiwilligen Gerichtsbarkeit (→ Art. 17 Rn. 18). Daher kann auch ein Verfahren der freiwilligen Gerichtsbarkeit zu Gunsten eines Klageverfahrens ausgesetzt werden und umgekehrt.

Art. 18 Abs. 1 findet so wie Art. 17 nur auf gerichtliche Verfahren und nicht für außergerichtliche 4 einvernehmliche Regelungen Anwendung (vgl. ErwG 36; BeckOGK/*J. Schmidt* EuErbVO Art. 18 Rn. 30; vgl. → Art. 17 Rn. 6).

2. Rechtshängigkeit

Nur wenn beide Verfahren anhängig sind, kommt die Anwendung von Art. 18 in Betracht. Wann 5 der Anspruch bei einem mitgliedstaatlichen Gericht als anhängig gemacht gilt, richtet sich nach Art. 14 (→ Art. 14 Rn. 4 ff.).

3. Gerichte verschiedener Mitgliedstaaten

Art. 18 ist nur einschlägig, wenn mehrere Verfahren vor den Gerichten verschiedener Mitgliedstaaten 6 anhängig sind. Die Vorschrift gilt nicht für mehrere Verfahren vor den Gerichten innerhalb eines Mitgliedstaats. Insoweit ist das jeweilige mitgliedstaatliche Recht maßgeblich. Auch für das Verhältnis zu Verfahren vor **drittstaatlichen Gerichten** enthält die EuErbVO keine Regelung (anders nunmehr Art. 34 Brüssel Ia-VO). Ob eine Aussetzung erfolgen kann, richtet sich nach der jeweiligen mitgliedstaatlichen lex fori (BeckOGK/*J. Schmidt* EuErbVO Art. 18 Rn. 29; Geimer/Schütze/*Jäger* IRV EuErbVO Art. 18 Rn. 4; NK-BGB/*Makowsky* EuErbVO Art. 18 Rn. 4; zu Art. 28 Brüssel I-VO vgl. Simons/Hausmann/*Corneloup* Brüssel I-VO Art. 28 Rn. 12; Stein/Jonas/*Wagner* Brüssel I-VO Art. 28 Rn. 5; zu Einschränkungen vgl. *Weber* RIW 2009, 620).

4. Prioritätsprinzip

Das Gericht kann sein Verfahren nur aussetzen, wenn es später angerufen wurde. So wie in Art. 17 7 gilt das **Prioritätsprinzip.** Kommt das Zweitgericht zu der Ansicht, dass es nicht zuständig ist, muss es die Klage als unzulässig abweisen. Eine Aussetzung kommt dann nicht mehr in Betracht (vgl. Geimer/Schütze/*Geimer* Brüssel Ia-VO Art. 30 Rn. 17).

5. Verfahrenszusammenhang (Abs. 3)

Die Verfahren vor den verschiedenen Gerichten müssen miteinander im Zusammenhang stehen. Dies 8 ist der Fall, wenn zwischen ihnen eine so enge Beziehung gegeben ist, dass eine gemeinsame Verhandlung und Entscheidung geboten erscheint, um widersprechende Entscheidungen zu verhindern (Abs. 3). Damit sind **inkohärente Entscheidungen** gemeint (NK-BGB/*Makowsky* EuErbVO Art. 18 Rn. 7; vgl. bereits EuGH 6.12.1994 – C-406/92, Slg. 1994 I-5439 Rn. 55 = NJW 1995, 1883 – Tatry). Anders als im Rahmen von Art. 17 kann sich auch aus dem Verteidigungsvorbringen oder sekundären Rechtsfrage ein Verfahrenszusammenhang ergeben (BeckOGK/*J. Schmidt* EuErbVO Art. 18 Rn. 10; vgl. auch Stein/Jonas/*Wagner* Brüssel I-VO Art. 28 Rn. 11). Dass sich in beiden Verfahren abstrakt die identischen Rechtsfragen stellen, reicht für einen Zusammenhang nicht aus. Erforderlich ist, dass sich die beiden Verfahren auch vom **zu Grunde liegenden Lebenssachverhalt** überschneiden (vgl. LAG Rheinland-Pfalz IPRspr 2008, Nr. 160 = BeckRS 2008, 51716; BeckOGK/*J. Schmidt* EuErbVO Art. 18 Rn. 13.2). In Erbverfahren wird ein solcher Zusammenhang häufig bestehen, wenn der Nachlass desselben Erblassers betroffen ist (MüKoBGB/*Dutta* EuErbVO Art. 18 Rn. 2). Dass die Rechtskraftwirkungen des erstgerichtlichen Verfahrens den Ausgang des zweitgerichtlichen Verfahrens präjudizieren, ist nicht erforderlich. Es reicht aus, dass ein Widerspruch in den tragenden Urteilsgründen zu befürchten ist (vgl. OLG Köln NZG 2009, 1317 (1318); LG Detmold IPRspr. 2003 Nr. 171b). Ebenso genügt es, wenn sich parallele Fragen im Hinblick auf die internationale Zuständigkeit stellen (vgl. LG Frankfurt IPRspr. 1991, Nr. 197). Hängen sowohl die Zuständigkeit des Erst- als auch des Zweitgerichts vom letzten gewöhnlichen Aufenthalt des Erblassers ab, kann das Zweitgericht – ohne an die Entscheidung des Erstgerichts gebunden zu sein – das Verfahren aussetzen, bis das Erstgericht den letzten gewöhnlichen Aufenthalt ermittelt hat. Dass die Parteien beider Verfahren identisch sind, ist für eine Aussetzung nicht erforderlich (vgl. EuGH 6.12.1994 – C-406/92, Slg. 1994 I-5439 Rn. 58 = NJW 1995, 1883 – Tatry; östOGH GRUR-RR 2009, 402 (406)).

Da in Erbsachen kein Erfordernis einer Personenidentität der am Verfahren Beteiligten besteht, die 9 Entscheidungen in der Sache aber den Nachlass betreffen, hat Art. 18 für die grenzüberschreitende Verfahrenskoordination keine geringe Bedeutung (vgl. *Lübcke,* Das neue europäische Internationale Nachlassverfahrensrecht, 457). Ein Anwendungsfall von Art. 18 Abs. 1 kann daher vorliegen, wenn das zuerst angerufene Gericht mit der Ermittlung der Frage beschäftigt ist, wo sich der **letzte gewöhnliche Aufenthalt des Erblassers** befand (MüKoBGB/*Dutta* EuErbVO Art. 18 Rn. 2; MüKoFamFG/*Rauscher* EuErbVO Art. 18 Rn. 6). Erheben zwei Erben jeweils eine Erbschaftsherausgabeklage gegen einen

Erbprätendenten vor unterschiedlichen Gerichten, ist Art. 17 Abs. 1 nicht einschlägig, weil es sich nicht um Verfahren zwischen denselben Parteien handelt. Jedoch kommt eine Aussetzung des zweitgerichtlichen Verfahrens in Betracht, wenn der letzte gewöhnliche Aufenthalt des Erblassers in Streit steht und das Erbstatut hiervon abhängt (→ Art. 21 Abs. 1). Klagen zwei Pflichtteilsberechtigte vor verschiedenen Gerichten ihren Pflichtteil ein, wird ein Zusammenhang iSv Art. 18 Abs. 3 in vielen Fällen vorliegen, wenn zB die Pflichtteilsquote vom Ergebnis des anderen Verfahrens abhängt. Entsprechendes gilt für Feststellungsklagen über die Höhe einer Erbquote. Stehen das anwendbare Erbrecht und die Pflichtteilsquoten zB wegen einer Rechtswahl fest (Bsp.: Zwei Kinder klagen gegen die Alleinerbin auf ihren Pflichtteil), kann eine Aussetzung sinnvoll sein, wenn um den Wert des Nachlasses gestritten wird. Die Entscheidung des Erstgerichts hätte zwar keine unmittelbaren rechtlichen Auswirkungen, da die Entscheidung keine Rechtkraftwirkung im Verhältnis zu Nichtbeteiligten entfaltete. Die Beweisergebnisse des Verfahrens vor dem Erstgericht werden die Beweiserhebung vor dem Verfahren des Zweitgerichts im Regelfall vereinfachen. Das muss für einen Verfahrenszusammenhang genügen. Auch ein Streit über die Wirksamkeit des Testaments zwischen mehreren Nachlassbeteiligten kann einen für Art. 18 Abs. 1 ausreichenden Zusammenhang begründen (MüKoFamFG/*Rauscher* EuErbVO Art. 18 Rn. 5). Betrifft ein Verfahren denselben Nachlass, begründet dies jedoch nicht zwangsläufig einen Zusammenhang iSv Abs. 3 (NK-BGB/*Makowsky* EuErbVO Art. 18 Rn. 7; MüKoFamFG/*Rauscher* EuErbVO Art. 18 Rn. 6; aA wohl MüKoBGB/*Dutta* EuErbVO Art. 18 Rn. 2).

6. Rechtsfolge: Ermessensentscheidung

10 Die Aussetzung liegt im Ermessen des Gerichts. Das Gericht muss nach den Regelungen der EuErbVO zuständig sein (Geimer/Schütze/*Jäger* IRV EuErbVO Art. 18 Rn. 13). Die Entscheidung kann nur auf Ermessensfehler überprüft werden. **Kriterien** sind dabei der Grad des Zusammenhangs beider Verfahren, die Gefahr widersprechender Entscheidungen, die Parteiinteressen, die Förderung der Prozessökonomie, Stand und Dauer der Verfahren, die Sach- und Beweisnähe sowie die Zuständigkeit des Erstgerichts (vgl. BGHZ 196, 180 Rn. 23 ff. = NZV 2013, 336; NK-BGB/*Makowsky* EuErbVO Art. 18 Rn. 16; keine Aussetzung bei überlanger Verfahrensdauer im Staat des Erstgerichts OLG Düsseldorf GRUR-RR 2009, 401). Eine Aussetzung nach Abs. 1 kann auch noch im Berufungsverfahren erfolgen (BGHZ 196, 180 Rn. 23 = NZV 2013, 336); nach Abs. 2 ist in diesem Fall lediglich eine Verfahrensbeendigung ausgeschlossen.

11 Nach Auffassung der hM zur Brüssel Ia-VO ist eine Verfahrensaussetzung nur bei positiver Anerkennungsprognose ermessensfehlerfrei, da eine Aussetzung nur bei zweckmäßig ist, wenn die Entscheidung des Erstgerichts die Entscheidung des Zweitgerichts beeinflussen kann (vgl. OLG Frankfurt NJW-RR 2001, 215; NK-BGB/*Makowsky* EuErbVO Art. 18 Rn. 17). Eine negative Anerkennungsprognose wird sich in erbrechtlichen Streitigkeiten nur in Ausnahmefällen ergeben (vgl. Geimer/Schütze/*Jäger* IRV EuErbVO Art. 18 Rn. 17). Die Aussetzungsentscheidung kann aufgehoben werden, wenn ihre Voraussetzungen wegfallen. Spätestens nach einer formell rechtskräftigen Entscheidung des anderen Gerichts muss das Verfahren wieder aufgenommen werden (NK-BGB/*Makowsky* EuErbVO Art. 18 Rn. 18).

III. Verfahrensbeendigung

12 Während Art. 18 Abs. 1 nur eine Verfahrensaussetzung gestattet, kann sich das später angerufene Gericht nach Art. 18 Abs. 2 auf Antrag einer Partei **für unzuständig erklären.** Zwingende Voraussetzung der Vorschrift ist, dass beide Verfahren in erster Instanz anhängig sind (BeckOGK/*J. Schmidt* EuErbVO Art. 18 Rn. 3; Bonomi/Wautelet/*Bonomi* Art. 18 Rn. 6). Es ist auch keine einschränkende Auslegung der Vorschrift in dem Fall geboten, in dem nur das Verfahren vor dem später angerufenen Gericht in höherer Instanz, das Verfahren vor dem zuerst angerufenen Gericht in erster Instanz anhängig ist (vgl. NK-BGB/*Makowsky* EuErbVO Art. 18 Rn. 1; aA Simons/Hausmann/*Corneloup* Brüssel I-VO Art. 28 Rn. 25). Auch in diesem Fall scheidet eine Verfahrensbeendigung nach Art. 18 Abs. 2 aus.

13 Voraussetzung für die Verfahrensbeendigung ist, dass die Verfahren miteinander im **Zusammenhang** stehen (→ Rn. 8 ff.). Außerdem muss eine Partei einen entsprechenden Antrag stellen. Von Amts wegen kann das später angerufene Gericht das Verfahren nicht beenden. Außerdem ist erforderlich, dass das zuerst angerufene Gericht für beide Verfahren zuständig ist. Das später angerufene Gericht muss daher prüfen, ob auch das zuerst angerufene Gericht für das Verfahren nach den Bestimmungen der EuErbVO international und nach seinem nationalen Recht örtlich zuständig ist (BeckOGK/*J. Schmidt* EuErbVO Art. 18 Rn. 17; vgl. Stein/Jonas/*Wagner* Brüssel I-VO Art. 28 Rn. 25). Dass sowohl das Zweit- als auch das Erstgericht nach den Bestimmungen der EuErbVO zuständig sind, wird nur in seltenen Ausnahmefällen in Betracht kommen, da die EuErbVO grds. keine konkurrierenden Zuständigkeiten kennt.

14 Das Zweitgericht kann sich nur für unzuständig erklären, wenn eine **Verfahrensverbindung** nach dem Recht des zuerst angerufenen Gerichts überhaupt **möglich** ist. Maßgeblich ist damit dessen lex fori

(vgl. Geimer/Schütze/*Jäger* IRV EuErbVO Art. 19 Rn. 24 f.; NK-BGB/*Makowsky* EuErbVO Art. 18 Rn. 13). Die Möglichkeit einer bindenden Verweisung sieht Art. 18 Abs. 2 anders als Art. 7 lit. a nicht vor (BeckOGK/*J. Schmidt* EuErbVO Art. 18 Rn. 28; MüKoFamFG/*Rauscher* EuErbVO Art. 18 Rn. 12 näher hierzu Simons/Hausmann/*Corneloup* Brüssel I-VO Art. 28 Rn. 27).

Die Entscheidung über die Verfahrensbeendigung liegt im **Ermessen** des Gerichts. Insoweit gelten dieselben Kriterien wie für die Aussetzung nach Art. 18 Abs. 1 (BeckOGK/*J. Schmidt* EuErbVO Art. 18 Rn. 28; → Rn. 11). **15**

Artikel 19 Einstweilige Maßnahmen einschließlich Sicherungsmaßnahmen

Die im Recht eines Mitgliedstaats vorgesehenen einstweiligen Maßnahmen einschließlich Sicherungsmaßnahmen können bei den Gerichten dieses Staates auch dann beantragt werden, wenn für die Entscheidung in der Hauptsache nach dieser Verordnung die Gerichte eines anderen Mitgliedstaats zuständig sind

I. Allgemeines

Art. 19 EuErbVO regelt die Zuständigkeit mitgliedstaatlicher Gerichte für einstweilige Maßnahmen einschließlich Sicherungsmaßnahmen. Die Vorschrift entspricht weitgehend Art. 35 Brüssel Ia-VO (bzw. den Vorgängervorschriften in Art. 31 Brüssel I-VO und Art. 24 des Brüsseler Übereinkommens) sowie Art. 14 EuUnthVO. Da die Vorschrift im Wesentlichen wortgleich zum Brüssel I-Regime ist, werden bei der Anwendung auch ähnliche Probleme zu erwarten sein, weshalb die Rechtsprechung zu Art. 24 Brüsseler Übereinkommen, Art. 31 Brüssel I-VO und zukünftig Art. 35 Brüssel Ia-VO für die Auslegung des Art. 19 EuErbVO herangezogen werden kann (vgl. insb. *Nuyts* in Dickinson/Lein, Art. 35; MüKoBGB/Dutta EuErbVO Art. 19 Rn. 2). Eine etwas andere, präzisere Vorschrift über einstweilige Maßnahmen enthält hingegen Art. 20 Brüssel II a-VO (→ Rn. 15). **1**

Gemäß Art. 19 EuErbVO können mitgliedstaatliche Gerichte über vorläufige Maßnahmen entscheiden, auch wenn sie nicht gemäß Art. 4–11 EuErbVO in der Hauptsache zuständig sind, vorausgesetzt, der Fall unterliegt der Gerichtsbarkeit eines Mitgliedstaates. Dies ermöglicht ein schnelles gerichtliches Eingreifen auf der Basis des im jeweiligen nationalen Verfahrensrecht zur Verfügung stehenden Katalogs einstweiliger Maßnahmen. Art. 19 kann als Ausnahmevorschrift zum Zuständigkeitsregime Art. 4–11 EuErbVO angesehen werden, da die Norm die Zuständigkeit eines mitgliedstaatlichen Gerichts für den Erlass einstweiliger Maßnahmen gerade nicht an konkret vorgegebene, strenge Zuständigkeitskriterien knüpft. Art. 19 EuErbVO bezieht sich auf Maßnahmen, die einen Antrag voraussetzen, gilt aber auch für von Amts wegen vorzunehmende Maßnahmen (MüKoBGB/*Dutta* EuErbVO Art. 19 Rn. 4). **2**

II. Verhältnis zu einstweiligen Maßnahmen des Hauptsachegerichts

Die in Art. 19 EuErbVO geregelte Zuständigkeit hindert das in der Hauptsache zuständige Gericht indes nicht daran, selbst einstweilige Maßnahmen zu erlassen. Die Zuständigkeit leitet sich in diesem Fall direkt aus den Art. 4–11 ab, nicht aus Art. 19 EuErbVO (vgl. auch EuGH, Urt. v. 17.11.1998 – C-391/95 – van Uden; Burandt/Schmuck in Burandt/Rojahn EuErbVO Art 19 Rn 1; MüKoFamFG/Rauscher EuErbVO Art 19 Rn 2; OGH 2 Ob 141/19b). Eine Vorschrift zur Koordinierung der Maßnahmen des nach Art. 19 EuErbVO tätigen Gerichts mit den vom Hauptsachegericht getroffenen Maßnahmen sieht Art. 19 im Gegensatz zu Art. 20 Brüssel IIa-VO allerdings nicht vor (vgl. auch MüKoBGB/*Dutta* EuErbVO Art. 19 Rn. 2). Art. 20 Abs. 2 Brüssel IIa-VO bestimmt, dass die nach Art. 20 Abs. 1 ergriffenen Maßnahmen außer Kraft treten, wenn das in der Hauptsache zuständige mitgliedstaatliche Gericht die aus seiner Sicht angemessenen Maßnahmen getroffen hat. Eine Koordinationsvorschrift war ursprünglich auch für die Brüssel I a-VO vorgesehen, wurde aber letztlich abgelehnt (s. Art. 31 des Brüssel Ia-Verordnungsvorschlags, KOM (2010) 748 endg. Danach sollten die Gerichte die Verfahren der Hauptsache und des einstweiligen Rechtsschutzes miteinander abstimmen. Das Gericht, bei dem einstweilige Maßnahmen beantragt wurden, sollte Informationen über die Umstände des Falles einschließlich der Dringlichkeit der beantragten Maßnahme einholen). Das Fehlen einer vergleichbaren Koordinationsregelung in Art. 19 EuErbVO birgt jedoch ein mögliches Konfliktpotential. Deshalb wird die analoge Anwendung von Art. 20 Abs. 2 Brüssel IIa-VO vorgeschlagen (Deixler-Hübner/Schauer/Gitschthaler Rn. 14; MüKoBGB/Dutta EuErbVO Art. 19 Rn. 2). **3**

III. Begriffsdefinition

4 Im Gegensatz zur Brüssel Ia-VO bzw. Brüssel IIa-VO enthält die EuErbVO keine Präzisierung des Begriffs der einstweiligen Maßnahmen (kritisch hierzu: Khairallah/Revillard/*GaudemetTallon,* Droit européen des successions internationales, 2013, 127 (133)). In ErwG 25 der Brüssel Ia-VO wird zur Umschreibung des Begriffs der einstweiligen Maßnahmen auf „Anordnungen zur Beweiserhebung oder Beweissicherung" verwiesen. Ausweislich dieses Erwägungsgrundes sollen zudem diejenigen Maßnahmen nicht eingeschlossen sein, die nicht auf Sicherung gerichtet sind, wie etwa Anordnungen zur Zeugenvernehmung (vgl. auch EuGH – C-104/03 – St Paul Dairy Industries NV, Slg. 2005 I-3581).

5 Auch die Brüssel IIa-VO enthält deutlichere Vorgaben. Nach dem Wortlaut des Art. 20 Brüssel IIa-VO sind vom Begriff der einstweiligen Maßnahme auch Schutzmaßnahmen in Bezug auf Personen oder Vermögensgegenstände umfasst, die sich im Forumstaat befinden. Genauere Vorgaben wären auch für die EuErbVO sinnvoll gewesen.

6 Für die Konkretisierung des Begriffs der einstweiligen Maßnahme ist zumindest die Definition des EuGH in *Reichert II* heranziehbar. Diese stellt auf Maßnahmen ab, die auf „in den Anwendungsbereich" des Regelwerks „fallenden Rechtsgebieten ergehen und eine Sach- oder Rechtslage erhalten sollen, um Rechte zu sichern, deren Anerkennung im übrigen bei dem in der Hauptsache zuständigen Gericht beantragt wird" (EuGH 6.3.1992 – C-261/90 – Reichert, Slg. 1992, 2149, Rn. 34).

7 Die durch Art. 19 EuErbVO gesicherten Ansprüche müssen ihrer **Rechtsnatur** nach unter die EuErbVO fallen (vgl. auch EuGH 27.3.1979 – C-143/78 – De Cavel, Slg. 1979, 1055, Rn. 8). Art. 19 ist damit im Zusammenhang mit Art. 1 EuErbVO aber auch Art. 23 zu lesen, um einstweilige Maßnahmen gem. Art. 19 EuErbVO von Maßnahmen abzugrenzen, die entweder Ansprüche sichern, die nicht erbrechtlicher Natur sind, oder die materiellrechtlich zu qualifizieren sind. Im Licht der Art. 1 und 23 EuErbVO umfassen einstweilige Maßnahmen nach Art. 19 EuErbVO etwa Maßnahmen der **Nachlasssicherung** (Anlegung von Siegeln, Hinterlegung von Geld oder Wertsachen, Aufnahme eines Nachlassverzeichnisses, vgl. § 1960 BGB). Zweifelhaft ist dies aber bereits bei der Anordnung der Nachlasspflegschaft (§ 1961 BGB; bejahend MüKoBGB/*Dutta* EuErbVO Art. 19 Rn. 3; anders Bonomi/Wautelet/*Wautelet* Art. 19 Rn. 4). Maßnahmen der Nachlassverwaltung („administration") fallen, wie Art. 23 EuErbVO zeigt, unter das anwendbare Erbstatut. Auch nicht von Art. 19 umfasst sind Maßnahmen die die Abwicklung oder Teilung des Nachlasses betreffen. Problematisch ist der Fall, in welchem ein Erbe eine vorläufige Auszahlung seines Erbteils beantragt. In Anlehnung an *van Uden* (EuGH Urt. v. 17.11.1998 – C-391/95, Rn. 47) kann deren Gewährung allenfalls dann als vorläufige Maßnahme und damit als eine Kompetenz iSd Art. 19 EuErbVO begründend gewertet werden, wenn im Gegenzug für die Auszahlung eine Sicherheitsleistung gefordert wird und sich das auszuzahlende Vermögen im Mitgliedstaat des angerufenen Gerichts befindet (vgl. auch Bonomi/ Wautelet/*Wautelet* Art. 19 Rn. 4). Umstritten ist, ob die Vorschrift einstweilige Maßnahmen umfasst, die **von Amts wegen** ergehen (zustimmend: MüKoBGB/Dutta EuErbVO Art. 19 Rn. 4; W. Zimmermann Rpfleger 2017, 2 (3); ablehnend: Deixler-Hübner/Schauer/Gitschthaler Rn. 7).

IV. Dringlichkeit

8 Art. 19 EuErbVO enthält wie die Brüssel Ia-VO keine Vorgaben zur Dringlichkeit einstweiliger Maßnahmen, anders als Art. 20 Abs. 1 Brüssel IIa-VO. Die Brüssel II a-VO knüpft die Befugnis für den Erlass einstweiliger Maßnahmen ausdrücklich an deren Dringlichkeit („in dringenden Fällen"). In vielen Fällen wird sich das Dringlichkeitserfordernis aber aus dem jeweiligen Verfahrensrecht des Forummitgliedstaats ergeben (vgl. auch Bonomi/Wautelet/*Wautelet* Art. 19 Rn. 4).

V. Extraterritorialität

9 Nicht durch Art. 19 EuErbVO geklärt wird die Frage, ob ein mitgliedstaatliches Gericht Maßnahmen erlassen kann, die sich auf dem Territorium eines anderen Staates auswirken. Die Frage stellte sich bereits im Rahmen der Brüssel I-VO. In *van Uden* (EuGH Urt. v. 17.11.1998 – C-391/95, dort Rn. 40) wurde vom Gerichtshof allgemein gefordert, dass zwischen dem Gegenstand der einstweiligen Maßnahme und der gebietsbezogenen Zuständigkeit des Forumstaats eine **„reale Verknüpfung"** bestehen muss. Eine reale Verknüpfung kann jedenfalls angenommen werden, wenn im Forumstaat belegenes Vermögen oder sich dort aufhaltende Personen betroffen sind. Anders ist dies, wenn eine Maßnahme beantragt wird, die sich ausschließlich auf ein fremdes Territorium bezieht und nur dort vollstreckbar ist (vgl. auch *Nuyts* in Dickinson/Lein, Art. 35 Rn. 12.39 ff.). Dass sich eine einstweilige Maßnahme grundsätzlich jedenfalls auch in einem anderen Staat auswirken kann, ergibt sich aus den Vorschriften zur Anerkennung und Vollstreckung. Deutlich wird dies insbesondere in der Brüssel I a-VO. Allerdings fordert

ErwG 33 der Brüssel Ia-VO, dass einstweilige Maßnahmen die durch ein nicht in der Hauptsache zuständiges Gericht erlassen werden, stets auf das Territorium des Forumstaats beschränkt sein sollten. Auf die EuErbVO übertragen würde dies bedeuten, dass die gem. Art. 19 EuErbVO erlassenen einstweiligen Maßnahmen sich auf das Territorium des Forumstaats beschränken müssten, während die durch die gem. Art. 4 ff. EuErbVO in der Hauptsache tätigen Gerichte verhängten Maßnahmen in ihren Wirkungen über das Territorium des Forums hinausgehen könnten. Diese Einschränkung sollte auch im Rahmen der EuErbVO Berücksichtigung finden (mit Berufung auf den Charakter des Art. 19 EuErbVO als restriktiv auszulegender Spezialvorschrift auch Bonomi/Wautelet/*Wautelet* Art. 19 Rn. 5).

VI. Anerkennung

Hinsichtlich der Anerkennung einstweiliger Maßnahmen enthält die EuErbVO ebenfalls keine Spezialvorschriften. Grundsätzlich sind Gerichtsentscheidungen nach Kapitel IV der EuErbVO anzuerkennen und zu vollstrecken. Dies schließt einstweilige Maßnahmen ein (vgl. Art. 3 Abs. 1 lit. g EuErbVO). Die Einschränkung in ErwG 33 der Brüssel I a-VO, dass ***ex parte*** ergangene einstweilige Maßnahmen nicht nach den Verordnungsregeln anerkannt und vollstreckt werden sollen, wenn diese angeordnet wurden, ohne dass der Beklagte vorgeladen wurde, ist in der EuErbVO nicht ausdrücklich vorgesehen und allenfalls für streitige Verfahren passend. Im Zuge einer verordnungsübergreifenden harmonischen Auslegung des EU-Verfahrensrechts sollte die Einschränkung der Brüssel Ia-VO aber auch im Rahmen der EuErbVO Beachtung finden, allerdings nur insoweit die Parteienkonstellation in einem Erbverfahren auch der Brüssel I a-VO vergleichbar ist (i. e. im Rahmen streitiger Verfahren). Auch hier besteht Anpassungsbedarf an die neugefasste Brüssel Ia-VO. **10**

Kapitel III. Anzuwendendes Recht

Artikel 20 Universelle Anwendung

Das nach dieser Verordnung bezeichnete Recht ist auch dann anzuwenden, wenn es nicht das Recht eines Mitgliedstaats ist.

I. Allgemeines und Normzweck

1 Die Vorschrift bestimmt, dass das von den Kollisionsnormen der Verordnung **berufene Recht unabhängig davon anzuwenden** ist, **ob es sich um das Recht eines Mitgliedstaats** (zum Begriff des Mitgliedstaats → Einleitung Rn. 29) **oder** das eines **Drittstaats handelt.** Es handelt sich bei den Kollisionsnormen des Kapitels III damit um **allseitige Kollisionsnormen,** die nicht nur die Anwendbarkeit des mitgliedstaatlichen Rechts bestimmen (Erman/*Hohloch* EuErbVO Art. 20 Rn. 1). Eng damit in Verbindung steht ein weiterer Grundsatz, der nicht denknotwendig mit der Allseitigkeit verbunden ist. Die Kollisionsnormen der EuErbVO sind nach überwiegender Ansicht auch sog. **„lois uniformes".** Ihr Anwendungsbereich beschränkt sich also nicht auf Fälle, die einen besonderen Bezug zu einem Mitgliedstaat haben. Sie sind auch anzuwenden, wenn der Sachverhalt nur Bezüge zu Drittstaaten aufweist. Teilweise im Schrifttum erhobene Zweifel an der Kompetenz der EU zur Regelung reiner Drittstaatensachverhalte (*Majer* ZEV 2011, 445 (447) zum Kommissionsvorschlag; *Kindler* IPRax 2010, 44 (48)) werden mehrheitlich nicht geteilt (s. nur BeckOGK/*J. Schmidt* EuErbVO Art. 1 Rn. 10; MüKoBGB/*Dutta* EuErbVO Art. 20 Rn. 2). In der Praxis hat diese Diskussion bisher kein nennenswertes Echo gefunden. S. zu Kompetenzfragen → Einleitung Rn. 26. Die Vorschrift folgt damit einem Grundsatz, der sich auch in anderen kollisionsrechtlichen EU-Verordnungen findet, vgl. nur Art. 2 Rom I-VO, Art. 3 Rom II-VO, Art. 4 Rom III-VO, Art. 20 EuGüVO, Art. 20 EuPartVO.

2 Damit wird die **klassische kollisionsrechtliche Methode** verfolgt, das Recht anzuwenden, das mit dem Rechtsverhältnis am engsten verbunden ist (*Kropholler,* § 14 I). Diese Verbindung besteht unabhängig von der inhaltlichen Ausgestaltung dieser Rechtsordnung. Eine verkomplizierende Differenzierung danach, ob es sich um eine mitgliedstaatliche Rechtsordnung handelt oder nicht, bleibt damit erspart (BeckOGK/*J. Schmidt* EuErbVO Art. 20 Rn. 16). Damit wird das **Kollisionsrecht umfassend vereinheitlicht** und das **nationale Kollisionsrecht vollständig verdrängt.** Zu Ausnahmen → Rn. 4.

II. Anwendungsbereich

3 Art. 20 gilt nach seiner systematischen Stellung **nur für die kollisionsrechtlichen Vorschriften** der Verordnung, nicht aber für das Verfahrensrecht. Aber auch für die Zuständigkeitsregeln der Verordnung gilt im Ergebnis aufgrund des Anwendungsvorrangs der EuErbVO insoweit Entsprechendes, dass neben den Vorschriften der EuErbVO keine nationalen Zuständigkeitsregelungen mehr zum Zuge kommen: Lässt sich die Zuständigkeit eines mitgliedstaatlichen Gerichts (zum Begriff des Mitgliedstaats → Einleitung Rn. 29) nicht nach der Verordnung begründen, ist es unzuständig und darf nicht auf nationale Vorschriften zugreifen (Bonomi/Wautelet/*Bonomi* Introduction Rn. 22; *Dutta* FamRZ 2013, 4 (5)). Dagegen haben die verfahrensrechtlichen Regelungen nicht universellen Charakter in dem Sinn, dass sie auch das Verfahrensrecht von Staaten betreffen, die nicht Mitgliedstaat sind. Soweit die EuErbVO in Abweichung vom umgeschriebenen lex fori-Grundsatz auf das Verfahrensrecht der Mitgliedstaaten verweist, betrifft dies nur die Anwendung mitgliedstaatlichen Verfahrensrechts, nicht die drittstaatlichen Rechts: So betrifft Art. 59 nur die Beweiswirkung von öffentlichen Urkunden aus einem Mitgliedstaat (→ EuErbVO Art. 59 Rn. 2, 38), nicht die aus Nichtmitgliedstaaten.

III. Rechtsfolge

4 Im Anwendungsbereich der Verordnung bleibt mit Ausnahme des **Art. 75** kein **Platz für die Anwendung mitgliedstaatlichen Kollisionsrechts.** Keine Ausnahme im strengen Sinne stellt die Regelung des Art. 12 dar (vgl. MüKoBGB/*Dutta* EuErbVO Art. 20 Rn. 3). Er gestattet dem Gericht lediglich, den Nachlass nicht in seine Entscheidung einzubeziehen, der ganz oder teilweise nicht in der EU belegen ist und die Anerkennungsprognose der gerichtlichen Entscheidung in dem Drittstaat, in dem der Nachlass belegen ist, negativ ausfällt. Das Gericht entscheidet dann nicht über die betreffenden Nachlassteile, wendet also auch kein anderes als das von den universellen Kollisionsnormen der Verordnung bestimmte Recht an.

Die Anwendung der Kollisionsnormen der EuErbVO kann auch zur **Anwendung drittstaatlichen Rechts** führen. Auffangmechanismen sind der **ordre public** (Art. 35) und die Regelung des **Renvoi,** Art. 34. 5

Artikel 21 Allgemeine Kollisionsnorm

(1) **Sofern in dieser Verordnung nichts anderes vorgesehen ist, unterliegt die gesamte Rechtsnachfolge von Todes wegen dem Recht des Staates, in dem der Erblasser im Zeitpunkt seines Todes seinen gewöhnlichen Aufenthalt hatte.**

(2) **Ergibt sich ausnahmsweise aus der Gesamtheit der Umstände, dass der Erblasser im Zeitpunkt seines Todes eine offensichtlich engere Verbindung zu einem anderen als dem Staat hatte, dessen Recht nach Absatz 1 anzuwenden wäre, so ist auf die Rechtsnachfolge von Todes wegen das Recht dieses anderen Staates anzuwenden.**

Literatur: *Kurth,* Die Notwendigkeit einer erbrechtsspezifischen ausschließlich objektiven Auslegung des „gewöhnlichen Aufenthalts" in Art. 4, 21 Abs. 1 EuErbVO, ErbR 2018, 249; Dutta/Herrler/*Solomon,* Die Europäische Erbrechtsverordnung, 19.

Übersicht

I. Allgemeines

1 Art. 21 regelt die **objektive Bestimmung des Erbstatuts** für den Fall, dass keine nach Art. 75 vorrangigen Staatsverträge bestehen und der Erblasser keine nach Art. 22 zulässige Rechtswahl getroffen hat. Dabei entscheidet sich die Verordnung für den gewöhnlichen Aufenthalt des Erblassers als zentralen Anknüpfungspunkt. Damit wird trotz vereinzelter Kritik im Schrifttum (kritisch etwa Hager/*Geimer,* Die neue Europäische Erbrechtsverordnung, 9 (25) mwN zur mehrheitlichen Begrüßung des Wechsels der Anknüpfung von der Staatsangehörigkeit zum gewöhnlichen Aufenthalt) das Recht des Staates, in dem sich der Erblasser integriert hat, in erster Linie berufen. Die Anknüpfung an die Staatsangehörigkeit kommt nur zum Zuge, wenn der Erblasser eine entsprechende Rechtswahl vornimmt, → EuErbVO Art. 22 Rn. 3 ff. Der Umfang der so ermittelten Verweisung bestimmt sich nach Art. 1, 23.

2 Die Vorschrift führt zum **Grundsatz der Nachlasseinheit:** Das Erbstatut wird an den Erblasser angeknüpft. Der Anknüpfungspunkt ist nur einmal gegeben. Es gibt nur einen gewöhnlichen Aufenthalt bzw. nur eine sonstige engste Verbindung. Ausnahmen vom Grundsatz der Nachlasseinheit sind aber durch die Zulassung des Renvoi nach Art. 34 Abs. 1, die Regelung des Art. 30 sowie als Folge der Anwendung des ordre public denkbar (BeckOGK/*J. Schmidt* EuErbVO Art. 21 Rn. 9 f.).

II. Letzter gewöhnlicher Aufenthalt (Abs. 1)

1. Gewöhnlicher Aufenthalt

3 **a) Begriff.** Art. 21 Abs. 1 knüpft an den gewöhnlichen Aufenthalt des Erblassers an. Der Begriff ist dabei **wie in Art. 4** zu verstehen, damit der Gleichlauf von Zuständigkeit und anwendbarem Recht gewährleistet werden kann, → EuErbVO Einleitung Rn. 40; ErwG 23 S. 1 (Bonomi/Wautelet/*Bonomi* Art. 21 Rn. 16). Er kann als Schwerpunkt aller sozialen, kulturellen und wirtschaftlichen Beziehungen definiert werden, (Erman/*Hohloch* EGBGB Art. 5 Rn. 47) als Lebensmittelpunkt. Für die Einzelheiten kann auf die Kommentierung des Art. 4 verwiesen werden.

4 Der Begriff des gewöhnlichen Aufenthalts ist dabei **kein besonders erbrechtlich geprägter Begriff** (*Dörner* ZEV 2016, 117 (118); Erman/*Hohloch* EuErbVO Art. 21 Rn. 2; Palandt/*Thorn* EuErbVO Art. 21 Rn. 5; aA *Herzog* ErbR 2013, 2 (6); *Kurth* ErbR 2018, 249; *Lehmann* DStR 2012, 2085 f.). Er

ist so auszulegen, wie er auch in anderen unionsrechtlichen Vorschriften oder internationalen Konventionen wie Haager Abkommen verstanden wird (zum einheitlichen internationalprivatrechtlichen Begriff des gewöhnlichen Aufenthalts nur Erman/*Hohloch* EGBGB Art. 5 Rn. 46). Dafür spricht die Existenz des Abs. 2, der es ermöglichen soll, das Ergebnis im Einzelfall zu korrigieren, falls sich der gewöhnliche Aufenthalt gerade als Anknüpfung des Erbstatuts aufgrund seiner Instabilität als offensichtlich ungeeignet erweist, → Rn. 10. Damit können die Gerichte zur Prüfung ihrer Zuständigkeit auf einen schon vertrauten Begriff zurückzugreifen.

5 Dabei gilt, dass der Erblasser immer einen und **nur einen gewöhnlichen Aufenthalt** hat: Es gibt weder aufenthaltslose Erblasser noch solche, die gleichzeitig mehrere gewöhnliche Aufenthalte haben (EuGH 16.7.2020 – Rs. C-80/19, BeckRS 2020, 16032 Rn. 40 – EE; Bonomi/Wautelet/*Bonomi* Art. 4 Rn. 26; MüKoBGB/*Dutta* EuErbVO Art. 4 Rn. 6; *Dörner* ZEV 2012, 505 (510)). Würde man den letzten gewöhnlichen Aufenthalt des Erblassers in mehreren Staaten lokalisieren, würden auf Ebene des Zuständigkeitsrechts das **Prinzip der Zuständigkeitskonzentration** und auf der Ebene des Kollisionsrechts das **Prinzip der Nachlasseinheit** ausgehöhlt (EuGH 16.7.2020 – Rs. C-80/19, BeckRS 2020, 16032 Rn. 41 – EE); beide Grundsätze sind aber für die Verordnung von zentraler Bedeutung (s. ErwG 34 und 37 EuErbVO; s. ferner EuGH 21.6.2018 – Rs. C-20/17, NJW 2018, 2309 Rn. 53 ff – Oberle; EuGH 12.10.2017 – Rs. C-218/16, NJW 2017, 3767 Rn. 57 – Kubicka). Von einer aufenthaltslosen Person geht die Verordnung in ihrer Zuständigkeitsordnung ersichtlich ebenfalls nicht aus, sodass für die Verordnung jede Person einen, wenn auch im Einzelfall nur schwer feststellbaren gewöhnlichen Aufenthalt hat, → EuErbVO Art. 4 Rn. 13 (MüKoBGB/*Dutta* EuErbVO Art. 4 Rn. 7; aA Erman/*Hohloch* EuErbVO Art. 21 Rn. 8, der kollisionsrechtlich für einen aufenthaltslosen Erblasser Abs. 2 heranzieht. Damit kommt man zumeist zum gleichen Ergebnis. Unterschiede können sich aber insoweit ergeben, als Abs. 2 anders als Abs. 1 einen Renvoi ausschließt).

6 **b) Mehrrechtsstaaten.** Handelt es sich bei dem Staat, in dem der Erblasser seinen letzten gewöhnlichen Aufenthalt hat, um einen **Mehrrechtsstaat,** gelten Art. 36 f.

7 **c) Gesetzesumgehung, Manipulation.** Berücksichtigt wird dabei grundsätzlich auch ein gewöhnlicher Aufenthalt, der nur zu dem Zweck erworben wird, ein Erbstatut zu wählen, das eine bestimmte erbrechtliche Gestaltung erlaubt. Der Verordnungsgeber verweist zwar in Erwägungsgrund 26 darauf, dass die Verordnung die Anwendung der Grundsätze der **Gesetzesumgehung** (fraude à la loi) nicht ausschließe (zur Gesetzesumgehung siehe *Kropholler* § 23). **Allein die tatsächliche Veränderung eines Anknüpfungspunkts erfüllt den Tatbestand der Gesetzesumgehung nicht** (MüKoBGB/*Dutta* EuErbVO Vor Art. 20 Rn 35). Das gilt jedenfalls für die Veränderung des gewöhnlichen Aufenthalts, der sich mit der Wahrnehmung der Freizügigkeit innerhalb der Europäischen Union verändert. Soweit das Ergebnis der Anwendung des durch die Veränderung des gewöhnlichen Aufenthalts zur Anwendung kommenden Erbstatuts inhaltlich untragbar ist, greift der ordre public ein, → EuErbVO Art. 35 Rn. 2 ff. Etwas anderes gilt freilich für die Vortäuschung eines tatsächlich nicht bestehenden gewöhnlichen Aufenthalts. Zu berücksichtigen ist nur ein wirklich bestehender gewöhnlicher Aufenthalt (MüKoBGB/*Dutta* EuErbVO Vor Art. 20 Rn. 35).

8 **d) Staatensukzession.** Das Problem entsteht, wenn die zum Zeitpunkt des Todes durch den gewöhnlichen Aufenthalt bezeichnete Rechtsordnung zum Zeitpunkt der Prüfung des Erbstatuts so nicht mehr besteht, etwa weil sich der Staat, dessen Rechtsordnung bezeichnet war, in mehrere Staaten mit jetzt verschiedenen Rechtsordnungen aufgespalten hat. Anzuwenden ist dann die Nachfolgerechtsordnung, mit der der Erblasser am engsten verbunden ist. Zur Konkretisierung ist Art. 36 Abs. 2 lit. a analog heranzuziehen. Der **Staatenzerfall** ist **als sukzessive Rechtsspaltung wie der Fall des Verweises auf eine interlokal gespaltene Mehrrechtsordnung zu behandeln.** Berufen ist damit die Nachfolgerechtsordnung, mit der der Erblasser zum entscheidenden Zeitpunkt am engsten verbunden war (vgl. *Nordmeier* GPR 2013, 148 (150). Vgl. zum Problem von unwandelbarer Anknüpfung und Staatenzerfall allgemein *Großerichter/Bauer* RabelsZ 65 (2001), 201; *Busse* IPRax 1998, 155).

2. Zum Zeitpunkt des Todes

9 Die **Bestimmung des Todeszeitpunkts** ist in der EuErbVO selbst nicht geregelt. Nach Art. 1 Abs. 2 lit. c sind die Verschollenheit, die Abwesenheit einer natürlichen Person oder die Todesvermutung betreffende Fragen vom Anwendungsbereich ausgeschlossen, → EuErbVO Art. 1 Rn. 33. Damit wirft Art. 20 Abs. 1 die Vorfrage (genauer Erstfrage, zur Terminologie s. *Kropholler* § 32 I.) nach dem Todeszeitpunkt auf, zur Behandlung von Vor- und Erstfragen allgemein → EuErbVO Einleitung Rn. 96 ff. Praktisch wird die Todeszeitbestimmung meist unbedeutend sein, doch ist die Bestimmung des Todeszeitpunkts rechtlich geprägt, sodass sich theoretisch je nach anwendbarem Recht unterschiedliche Zeitpunkte ergeben können, wenn für den Todeszeitpunkt unterschiedliche Phasen des Sterbeprozesses wie die Einstellung der Hirn- oder Herzfunktion herangezogen werden. Überlässt man die Bestimmung des Todeszeitpunkts schlicht der lex fori (so Bonomi/Wautelet/*Wautelet* Art. 83 Rn. 3; BeckOGK/*J. Schmidt*

EuErbVO Art. 83 Rn. 7), drohen uneinheitliche Entscheidungen je nachdem, in welchem Mitgliedstaat über die Frage entschieden wird. Daher ist eine einheitliche Bestimmung des Todeszeitpunkts in allen Mitgliedstaaten vorzuziehen. Bezüglich der Bestimmung der **maßgeblichen Zeitzone** lässt sich mit der Maßgeblichkeit der Zeit des Todesorts eine autonome Festlegung treffen (so im Ergebnis BeckOGK/*J. Schmidt* EuErbVO Art. 83 Rn. 6). Soweit die Rechtsprechung des EuGH darüber hinaus für die **Methode der Todeseintrittsfeststellung** keine autonome Bestimmung etabliert, ist zumindest die Rechtsordnung, die über den Todeszeitpunkt entscheidet, einheitlich festzulegen. Hier bietet sich ein Rückgriff auf die zu Art. 5 EuGVÜ entwickelte Rechtsprechung zum Erfüllungsort (EuGH 6.10.1976 – Rs. 12/76, Slg. 1976, 1473 Tz. 13 ff. = NJW 1977, 491 – Tessili) an, wonach sinngemäß das hypothetisch nach der EuErbVO zu bestimmende Erbstatut auch den Todeszeitpunkt bestimmt, → EuErbVO Art. 83 Rn. 6 (überzeugend der Vorschlag von MüKoBGB/*Dutta* EuErbVO Art. 4 Rn. 8; aA NK-BGB/*Looschelders* EuErbVO Art. 21 Rn. 8: Personalstatut des Erblassers maßgebend).

III. Offensichtlich engere Verbindung (Abs. 2)

1. Normzweck

Die Ausweichklausel soll **im Einzelfall** die **Anwendung eines anderen Rechts** als das des Staates ermöglichen, in dem der Erblasser zum Zeitpunkt seines Todes seinen gewöhnlichen Aufenthalt hatte (kritisch MüKoBGB/*Dutta* EuErbVO Art. 21 Rn. 6). Damit beschreitet die Verordnung einen Kompromissweg: So soll ermöglicht werden, für die internationale Zuständigkeit am gewohnten Begriff des gewöhnlichen Aufenthalts festzuhalten. Da dieser bereits mit Umzug in einen anderen Staat wechseln kann, mag der folgende Statutenwechsel des Erbstatuts zu brüsk erscheinen. Um einen eigenständigen erbrechtlichen Begriff des gewöhnlichen Aufenthalts ggf. mit starren Fristen (zB Mindestaufenthalt von einigen Jahren; dafür *Buschbaum/Kohler* GPR 2010, 106 (112); *S. Lorenz* ErbR 2012, 39 (44)) zu vermeiden und so eine klare Entscheidung im Bereich der Zuständigkeit zu ermöglichen, hat der Verordnungsgeber im Bereich des Erbstatuts einen Notausgang geschaffen. So kann das **Scheitern einer Nachlassplanung im Hinblick auf eine nicht berücksichtigte Änderung des gewöhnlichen Aufenthalts** oder eine **fehlerhafte Rechtswahl** im Einzelfall aufgefangen werden. 10

2. Anwendung

Es ist darauf hinzuweisen, dass die genannten **Beispiele** nicht generell als Anwendungsfälle des Abs. 2 anzusehen sind, sondern lediglich im Ausnahmefall einen Rückgriff auf Abs. 2 rechtfertigen, → Rn. 12. Aufgefangen werden kann die Konstellation, dass bei einem gerade eingetretenen Wechsel des gewöhnlichen Aufenthalts trotz fehlender Rechtswahl die Anwendung des Aufenthaltsrechts als Erbstatut nicht angemessen erscheint, weil die Verbindungen des Erblassers zum Recht des früheren gewöhnlichen Aufenthalts enger erscheinen (Erman/*Hohloch* EuErbVO Art. 21 Rn. 8). Ebenso kann so eine schon auf den bevorstehenden Wechsel des gewöhnlichen Aufenthalts abgestimmte erbrechtliche Gestaltung über Abs. 2 berücksichtigt werden, wenn der Wechsel im letzten Moment vor der Begründung des gewöhnlichen Aufenthalts scheitert. Ebenso ein Fall gescheiterter Nachlassplanung ist eine unwirksame Rechtswahl (vgl. MüKoBGB/*Dutta* EuErbVO Art. 21 Rn. 6), wobei das allein nicht genügt. Erst soweit weitere Verbindungspunkte mit dem unwirksam gewählten Recht bestehen, kommt eine Anwendung von Abs. 2 infrage. 11

Abs. 2 ist nur **„ausnahmsweise"** anzuwenden. Es bleibt damit bei der grundsätzlichen objektiven Anknüpfung des Erbstatuts an den gewöhnlichen Aufenthalt nach Abs. 1. Die Anknüpfung darf zu einer im Einzelfall zu bestimmenden engsten Verbindung deformiert werden. Dafür sprechen der Wortlaut und die Folge, dass eine Anwendung den grundsätzlich erwünschten Gleichlauf von Zuständigkeit und anwendbarem Recht durchstößt. Entsprechend darf nicht leichtfertig auf Abs. 2 zurückgegriffen werden, wenn die Feststellung eines gewöhnlichen Aufenthalts Schwierigkeiten bereitet, → Rn. 5 (ErwG 25 S. 2; MüKoBGB/*Dutta* EuErbVO Art. 22 Rn. 7; NK-BGB/*Looschelders* EuErbVO Art. 21 Rn. 13). Nach Erwägungsgrund 25 S. 1 ist eine Gesamtbetrachtung aller Umstände des Einzelfalls anzustellen, doch darf diese Formulierung nicht dazu verführen, eine erneute, näher am Einzelfall ausgerichtete örtliche Lokalisierung des Erblassers, also eine Art gewöhnlichen Aufenthalt im Einzelfall, zu suchen (vgl. auch BeckOGK/*J. Schmidt* EuErbVO Art. 21 Rn. 13 ff., 15). Art. 21 Abs. 2 ist damit nicht zur Korrektur des gewöhnlichen Aufenthalts zu nutzen, wie bei der Frage, was das Erbstatut eines Demenzkranken in einem Pflegeheim ist. Hierfür ist die Lösung innerhalb des Begriffs des gewöhnlichen Aufenthalts zu suchen (BeckOGK/*J. Schmidt* EuErbVO Art. 21 Rn. 19.3). Die Anwendung bleibt auf die Fälle beschränkt, in denen die Anknüpfung an den überkommenen Begriff des gewöhnlichen Aufenthalts für die Bestimmung des Erbstatuts ungeeignet erscheint (vgl. *Burand* FuR 2013, 377 (383)). Die Prüfung der offensichtlich engeren Verbindung ergibt sich letztlich aus der Rechtfertigung der Anwendung der Ausweichklausel wie aus dem unwirksam gewähltem Recht, dem früheren oder für die Zukunft geplanten gewöhnlichen Aufenthalt. 12

3. Folge

13 Die Rechtsfolge der Anwendung der Ausweichklausel ist, dass das Erbstatut nicht dem Recht am letzten gewöhnlichen Aufenthalt des Erblassers unterliegt, sondern der Rechtsordnung, mit der der Erblasser offensichtlich engere Beziehungen hat. Damit wird der **Gleichlauf von internationaler Zuständigkeit und anwendbarem Recht durchbrochen.** Das nach den Art. 4 ff. zuständige **Gericht** wird **ausländisches Erbrecht** anwenden (*Dörner* ZEV 2012, 505 (511)).

14 Ein **Renvoi** scheidet aus, Art. 34 Abs. 2.

Artikel 22 Rechtswahl

(1) [1]**Eine Person kann für die Rechtsnachfolge von Todes wegen das Recht des Staates wählen, dem sie im Zeitpunkt der Rechtswahl oder im Zeitpunkt ihres Todes angehört.** [2]**Eine Person, die mehrere Staatsangehörigkeiten besitzt, kann das Recht eines der Staaten wählen, denen sie im Zeitpunkt der Rechtswahl oder im Zeitpunkt ihres Todes angehört.**

(2) **Die Rechtswahl muss ausdrücklich in einer Erklärung in Form einer Verfügung von Todes wegen erfolgen oder sich aus den Bestimmungen einer solchen Verfügung ergeben.**

(3) **Die materielle Wirksamkeit der Rechtshandlung, durch die die Rechtswahl vorgenommen wird, unterliegt dem gewählten Recht.**

(4) **Die Änderung oder der Widerruf der Rechtswahl muss den Formvorschriften für die Änderung oder den Widerruf einer Verfügung von Todes wegen entsprechen.**

Literatur: *Döbereiner,* (Bindende?) Rechtswahlen nach der EU-Erbrechtsverordnung, DNotZ 2014, 323; *Heinig,* Rechtswahlen in Verfügungen von Todes wegen nach der EU-Erbrechts-Verordnung, RNotZ 2014, 197; *Kanzleiter,* Die Wahl des Rechts seiner Staatsangehörigkeit ohne den deutschen Erblasser für die Rechtsnachfolge von Todes wegen nach Art. 22 EuErbVO, DNotZ 2020, 902; *Leitzen,* Die Rechtswahl nach der EuErbVO, ZEV 2013, 128; *Ludwig,* Die Wahl zwischen zwei Rechtsordnungen durch bedingte Rechtswahl nach Art. 22 der EU-Erbrechtsverordnung, DNotZ 2014, 12; *Magnus,* Die konkludente Rechtswahl im internationalen Erb- und Familienrecht, IPRax 2019, 8; *Meyer,* Parteiautonomie bei Mehrrechtsstaaten, RabelsZ 83 (2019), 721; *Nordmeier,* Grundfragen der Rechtswahl in der neuen EU-Erbrechtsverordnung – eine Untersuchung des Art. 22 ErbRVO, GPR 2013, 148; Dutta/Herrler/*Solomon,* Die Europäische Erbrechtsverordnung, 19.

Übersicht

I. Allgemeines

1 Art. 22 ermöglicht dem Erblasser (nicht berechtigt sind Erben, Vermächtnisnehmer usw., BeckOGK/*J. Schmidt* EuErbVO Art. 22 Rn. 4) eine **Rechtswahl,** wobei der Kreis der wählbaren Rechtsordnungen stark eingeschränkt ist. An die Stelle des Rechts des Staates in dem der Erblasser seinen letzten

gewöhnlichen Aufenthalt hat, tritt nach der Wahl des Erblassers sein Heimatrecht, also das Recht des Staates, dem er angehört.

Eine Rechtswahl bietet die Möglichkeit, eine **stabile und sichere Anknüpfung** zu wählen und so eine **Nachlassplanung** vorzunehmen, die nicht von der Wahrnehmung der Freizügigkeit innerhalb der Gemeinschaft beeinträchtigt wird (vgl. ErwG 38 S. 1; *S. Lorenz* ErbR 2012, 39 (45); Bonomi/Wautelet/*Bonomi* Art. 22 Rn. 8). Zudem wird dem Erblasser ermöglicht, unabhängig von seinem gewöhnlichen Aufenthalt sein Heimatrecht als dasjenige zu bestimmen, mit dem er am engsten verbunden ist und so seine **kulturelle Identität** auch auf rechtlicher Ebene zu bewahren. Dabei ist die Rechtswahl auf das Heimatrecht des Erblassers beschränkt, um zu verhindern, dass eine Wahl eines Rechts möglich wird, mit der der Erblasser nicht verbunden ist, um eine Umgehung insbesondere des Pflichtteilsrechts zu verhindern, ErwG 38 S. 2 (Bonomi/Wautelet/*Bonomi* Art. 22 Nr. 19). 2

II. Kreis der wählbaren Rechtsordnungen (Abs. 1)

1. Staatsangehörigkeit

a) Zu berücksichtigende Staatsangehörigkeiten. Die Rechtswahlmöglichkeit ist auf das Heimatrecht des Erblassers beschränkt. Er kann das **Recht des Staates wählen, dessen Staatsangehörigkeit er besitzt.** Nicht wählbar ist damit das Recht eines Staates, in dem sich der Erblasser gewöhnlich aufgehalten hat (zu Staatenlosen → Rn. 8). 3

Entscheidender Zeitpunkt ist nach Wahl des Erblassers die Staatsangehörigkeit zur Zeit der Rechtswahl oder die Staatsangehörigkeit zum Zeitpunkt seines Todes. Andere Staatsangehörigkeiten, die der Erblasser zu anderen Zeitpunkten besessen hat, werden nicht berücksichtigt (MüKoBGB/*Dutta* EuErbVO Art. 22 Rn. 3). 4

Hat der Erblasser **mehrere Staatsangehörigkeiten** zum entscheidenden Zeitpunkt kann der Erblasser nach Art. 22 Abs. 1 UAbs. 2 jede der Staatsangehörigkeiten **unabhängig von ihrer Effektivität** wählen. 5

Ein **grenzüberschreitender Bezug** ist nach dem Wortlaut der Vorschrift **nicht erforderlich:** Auch wenn das Heimatrecht wie alle anderen Bezugspunkte nur auf das Recht eines Staates verweist, ist die Wahl des Heimatrechts des Erblassers möglich, um sich prophylaktisch gegen einen Statutenwechsel durch einen künftigen Wechsel des gewöhnlichen Aufenthalts abzusichern. 6

b) Staatsangehörigkeitsstatut. Die Verordnung regelt nicht, wie zu bestimmen ist, welche Staatsangehörigkeit der Erblasser hat. ErwG 41 verweist pauschal auf innerstaatliches Recht. Das deckte auch die Anwendung der lex fori ab. Um eine einheitliche Anwendung der EuErbVO in den Mitgliedstaaten zu gewährleisten, sollte aber einheitlich das **Recht des Staates** herangezogen werden, **dessen Staatsangehörigkeit in Rede steht:** Damit entscheidet deutsches Staatsangehörigkeitsrecht ob der Erblasser Deutscher ist, französisches darüber, ob er Franzose ist usw (*Nordmeier* GPR 2013, 148 (149); MüKoBGB/*Dutta* EuErbVO Art. 22 Rn. 4). 7

c) Staatenlose, Asylbewerber, Flüchtlinge, nicht feststellbare Staatsangehörigkeit. Die Problematik der Fälle, in denen der Erblasser keine Staatsangehörigkeit hat, sie nicht feststellbar ist oder eine Anknüpfung ungeeignet erscheint, weil der Erblasser aus seinem Heimatstaat geflohen ist, **regelt die Verordnung nicht.** Eine Regelung ist auch nicht zwingend erforderlich, da jedenfalls die objektive Anknüpfung des Art. 21 Abs. 1 greift. Gemäß Art. 75 Abs. 1 vorrangige staatsvertragliche Regelungen bestehen streng genommen nicht, da sowohl das New Yorker Abkommen von 1954 (New Yorker UN-Abkommen über die Rechtsstellung der Staatenlosen vom 28.9.1954, BGBl. 1976 II 474.) als auch die Genfer Flüchtlingskonvention (Genfer UN-Abkommen über die Rechtsstellung der Flüchtlinge (Genfer Flüchtlingskonvention) vom 28.7.1951, BGBl. 1953 II 560) keine Regelung für eine erbrechtliche Rechtswahl enthalten. Die Regelung, wonach für Staatenlose und Flüchtlinge das Recht am Wohnsitz, verstanden als das Recht am gewöhnlichen Aufenthalt für das Personalstatut heranzuziehen ist (zur Frage des Wohnsitzbegriffs: *Kropholler* § 37 II 2), erfüllt bereits Art. 21 Abs. 1. Folge davon ist, dass eine **Rechtswahl nach Art. 22 Abs. 1 ausscheidet** (Hager/*Geimer,* Die neue europäische Erbrechtsverordnung, 9 (18); *Leitzen* ZEV 2013, 128). Das ist im Ergebnis bedauerlich, da auch Staatenlose ein Interesse an einer Rechtswahlmöglichkeit haben. 8

Um auch **Staatenlosen eine Rechtswahlmöglichkeit einzuräumen,** werden zwei Wege diskutiert. Denkbar ist zum einen anzunehmen, dass die EuErbVO in diesem Fall eine Lücke aufweist, die durch mitgliedstaatliches Recht zu schließen ist (vgl. dazu Erman/*Hohloch* EuErbVO Art. 22 Rn. 10). Soweit die Anknüpfung an die Staatsangehörigkeit versagt, ist dem mitgliedstaatlichen Recht eine Ersatzanknüpfung zu entnehmen. Die so gewonnene Ersatzanknüpfung ist an die Stelle der Staatsangehörigkeit in Art. 22 Abs. 1 zu setzen. Bezüglich des entscheidenden Zeitpunkts bleibt es bei der Regelung des Abs. 1. Das widerspricht allerdings dem generellen Streben, das mitgliedstaatliche Kollisionsrecht durch die Verordnung vollständig zu verdrängen (→ EuErbVO Art. 20 Rn. 2, 4). Vorzugs- 9 würdig erscheint eine autonome Lösung. Danach steht Staatenlosen die Möglichkeit offen, das Recht am gewöhnlichen Aufenthalt zum Errichtungszeitpunkt zu wählen. Grundlage wäre eine autonome Rechtsfortbildung der EuErbVO, da die Ersatzanknüpfung an den gewöhnlichen Aufenthalt Gemeingut der Kollisionsrechte der Mitgliedstaaten sei (MüKoBGB/*Dutta* EuErbVO Art. 22 Rn. 5). Rechtspolitisch ist diese Möglichkeit erwägenswert; es erscheint aber zweifelhaft, ob diese Lösung de lege lata bereits Bestand hat.

10 **d) Manipulation, Rechtsmissbrauch.** Berücksichtigt wird dabei jede Staatsangehörigkeit, unabhängig von ihrer Effektivität, vgl. Art. 22 Abs. 1 UAbs. 1. Damit genügt im Grundsatz auch, dass die Staatsangehörigkeit nur zu dem Zweck erworben wird, ein Erbstatut zu wählen, das eine bestimmte erbrechtliche Gestaltung erlaubt. Der Verordnungsgeber verweist zwar in Erwägungsgrund 26 darauf, dass die Verordnung die Anwendung der Grundsätze der **Gesetzesumgehung** (fraude à la loi) nicht ausschließe (zur Gesetzesumgehung: *Kropholler* § 23). **Allein die tatsächliche Veränderung eines Anknüpfungspunkts erfüllt den Tatbestand der Gesetzesumgehung nicht** (MüKoBGB/*Dutta* EuErbVO Vor Art. 20 Rn. 35). Das gilt in erster Linie für die Veränderung des gewöhnlichen Aufenthalts, der sich mit der Wahrnehmung der Freizügigkeit innerhalb der Europäischen Union verändert. Das gilt nicht im gleichen Maße für die Staatsangehörigkeit. In **seltenen Ausnahmefällen** erscheint es nicht ausgeschlossen, die Wahl einer nur für die Zwecke der Umgehung von Pflichtteilsansprüchen für kurze Zeit angenommenen Staatsangehörigkeit, um während der Zeit, in der man sie besitzt das Recht dieses Staates als Erbstatut wählen zu können, als rechtsmissbräuchlich abzulehnen.

11 Unabhängig davon gilt, dass soweit das Ergebnis der Anwendung des durch die Veränderung der Staatsangehörigkeit zur Anwendung kommenden Erbstatuts inhaltlich untragbar ist, der **ordre public** eingreift, → EuErbVO Art. 35 Rn. 2 ff.

12 Etwas anderes gilt freilich für die **Vortäuschung einer tatsächlich nicht bestehenden Staatsangehörigkeit:** Zu berücksichtigen ist nur eine Staatsangehörigkeit, die nach dem Staatsangehörigkeitsstatut auch wirklich besteht, → Rn. 7.

2. Rechtsordnung

13 **a) Staatliche Rechtsordnung.** Wählbar ist nach dem klaren Wortlaut nur das **Recht eines Staates** und damit eine staatliche Rechtsordnung. Ausgeschlossen sind **private Regelwerke** wie etwa Hausgesetze von Adelshäusern (MüKoBGB/*Dutta* EuErbVO Art. 22 Rn. 9). Private Regelwerke können im Rahmen des Erbstatuts unter dem Gesichtspunkt des Handelns unter falschem Recht berücksichtigt werden (zum Handeln unter falschem Recht: BeckOK-BGB/*S. Lorenz* EGBGB Art. 25 Rn. 27a, Einl. IPR Rn. 93).

14 **b) Mehrrechtsstaaten.** Handelt es sich bei dem Recht des Staates, dem der Erblasser angehört, bezüglich des Erbrechts um eine **Mehrrechtsordnung** mit interlokaler oder interpersoneller Rechtsspaltung, sind **Art. 36 f.** anzuwenden, um die wählbare Rechtsordnung zu ermitteln. Nach Art. 36 Abs. 1 ist bei interlokaler Rechtsspaltung das interlokale Kollisionsrecht auf Ebene der Gesamtrechtsordnung vorrangig. Lässt das interlokale Kollisionsrecht eine Rechtswahl zugunsten einer bestimmten Teilrechtsordnung nicht zu, führt die Rechtswahl des Staatsangehörigkeitsrechts zur Anwendung jener Teilrechtsordnung, die das interlokale Recht objektiv zur anwendbaren Erbrechtsordnung bestimmt (MüKoBGB/*Dutta* EuErbVO Art. 22 Rn. 6; *Meyer* RabelsZ 83 (2019), 721 (747 f) mit konkreten Beispielen; aA NK-BGB/*Looschelders* EuErbVO Art. 22 Rn. 22, wonach sich die Rechtswahl in solchen Fällen in Analogie zu Art. 36 Abs. 2 lit. b unter Außerachtlassung des interlokalen Kollisionsrechts auf die Teilrechtsordnung beziehen soll, zu der die engste Verbindung besteht; vgl. auch Palandt/*Thorn* EuErbVO Art. 36 Rn. 1). Dabei ist **das interlokale Kollisionsrecht zur Konkretisierung der wählbaren Rechtsordnung in dem Zeitpunkt anzuwenden, der auch für die Bestimmung der Staatsangehörigkeit entscheidend** ist: Wählt der Erblasser das Recht des Staates, dem er zur Zeit der Errichtung angehört, ist das interlokale Kollisionsrecht zu diesem Zeitpunkt entscheidend, ungeachtet aller späteren rückwirkenden Änderungen des interlokalen Kollisionsrechts. Dagegen wird eingewandt, dass der Verweis auf die Rechtsordnung erst mit dem Tod eintritt und damit das interlokale Kollisionsrecht zu diesem Zeitpunkt zu berücksichtigen wäre (MüKoBGB/*Dutta* EuErbVO Art. 22 Rn. 6). Dabei wird aber die Besonderheit einer Rechtswahl nicht richtig gewichtet. Das interlokale Kollisionsrecht wird hier nur zur Konkretisierung der wählbaren Rechtsordnung herangezogen. Gewählt wird eine Teilrechtsordnung, welche die anzuwendenden erbrechtlichen Vorschriften enthält: Gewählt wird also zB katalanisches Recht und nicht das spanische Erbrecht einschließlich des interlokalen Kollisionsrechts. Das unterscheidet den Fall der Rechtswahl von der objektiven Anknüpfung nach Art. 21 Abs. 1, die das Recht eines Gesamtstaates bezeichnet und dabei die kollisionsrechtlichen Wertungen der verwiesenen Rechtsordnung im Rahmen von Art. 34 Abs. 1 beachtet. Wie gerade die Wertung des Art. 34 Abs. 2 zeigt, wird bei einer Rechtswahl die kollisionsrechtliche Wertung der verwiesenen Rechtsordnung nicht berücksichtigt, so dass im Interesse des Zwecks der Rechtswahl, eine sichere Bestimmung des Erbstatuts zu erreichen, auch abweichende intertemporale Regelungen der verwiesenen Gesamt-

rechtsordnung nicht zu berücksichtigen sind. Entsprechendes gilt für die mangels eines interlokalen Kollisionsrechts heranzuziehende Bestimmung der engsten Verbindung zu einer Teilrechtsordnung nach Art. 36 Abs. 2 lit. b. Auch sie ist in dem Zeitpunkt zu bestimmen, in dem die Staatsangehörigkeit zu bestimmen ist. Wählt der Erblasser eine nach Art. 36 Abs. 1 bzw. Abs. 2 lit. b nicht wählbare Partikularrechtsordnung, werden verschiedene Ansätze diskutiert, um die Rechtswahl wenigstens zugunsten einer wählbaren Teilrechtsordnung aufrechtzuerhalten, sofern ein entsprechender Wille des Erblassers anzunehmen ist (MüKoBGB/*Dutta* EuErbVO Art. 22 Rn. 6: konkludente Rechtswahl; ebenso *Meyer* RabelsZ 83 (2019), 721 (751); *Frank/Leithold* ZEV 2014, 462 (467); krit. jurisPK-BGB/*Eichel* EuErbVO Art. 36 Rn. 16).

c) Staatensukzession. Das Problem entsteht, wenn die zum für die Rechtswahl entscheidenden Zeitpunkt bezeichnete Sachrechtsordnung zum Zeitpunkt der Prüfung so nicht mehr besteht, etwa weil sich der Staat, dessen Rechtsordnung bezeichnet war, in mehrere Staaten mit jetzt verschiedenen Rechtsordnungen aufgespalten hat. Soweit sich nicht in ergänzender **Auslegung der Rechtswahl** eine Lösung ergibt, ist zur **Bestimmung der Nachfolgerechtsordnung Art. 36 Abs. 2 lit. b analog** heranzuziehen. Der Staatenzerfall ist als sukzessive Rechtsspaltung wie der Fall des Verweises auf eine interlokal gespaltene Mehrrechtsordnung zu behandeln. Berufen ist damit die Nachfolgerechtsordnung, mit der der Erblasser zum entscheidenden Zeitpunkt am engsten verbunden war (vgl. *Nordmeier* GPR 2013, 148 (150); zum Problem von unwandelbarer Anknüpfung und Staatenzerfall allgemein *Großerichter/Bauer* RabelsZ 65 (2001), 201; *Busse* IPRax 1998, 155). 15

III. Rechtswahl

1. Rechtswahlerklärung

a) Abstrakte, bedingte und befristete Rechtswahl. Bei der Rechtswahl wird eine Sachrechtsordnung bezeichnet, welche die materiellen erbrechtlichen Vorschriften enthält. Keine Rolle spielt dabei, ob das gewählte Recht selbst eine Rechtswahl zulässt (Das wird in Erwägungsgrund 40 S. 1 ausdrücklich verdeutlicht, folgt aber auch daraus, dass ein Renvoi nicht beachtlich ist, Art. 34 Abs. 2). Umstritten ist dabei, ob der Erblasser **nur eine konkrete Rechtsordnung oder** auch das **Recht des Staates dem er angehört abstrakt** als solches wählen kann. Lässt man eine abstrakte Bestimmung der Rechtsordnung zu („Das Recht des Staates, dem ich im Zeitpunkt meines Todes angehöre"), wird die gewählte Rechtsordnung erst zum Todeszeitpunkt bestimmbar (Palandt/*Thorn* EuErbVO Art. 22 Rn. 3 spricht von Wandelbarkeit; vgl. auch *Janzen* DNotZ 2012, 484 (486)). Bei einer konkreten Rechtswahl steht die gewählte Rechtsordnung dagegen von vornherein fest, während sich erst im Erbfall entscheidet, ob die gewählte Rechtsordnung auch wählbar ist. 16

Auch wenn der Nutzen einer **abstrakten Bestimmung** auf Einzelfälle beschränkt bleibt (MüKoBGB/*Dutta* EuErbVO Art. 22 Rn. 11 zur Lösung des Problems der Bestimmung des gewählten Rechts bei der Wahl eines Mehrrechtsstaates, das allerdings nach hier vertretener Ansicht nicht bestehen würde, → Rn. 14), ist die abstrakte Rechtswahl wie eine **bedingte oder befristete Rechtswahl** (dazu *Ludwig* DNotZ 2014, 12 (14 f.) und MüKoBGB/*Dutta* EuErbVO Art. 22 Rn. 12) durch den Wortlaut der Verordnung nicht ausgeschlossen. Die überwiegende Ansicht im Schrifttum lehnt die Möglichkeit einer abstrakten Rechtswahl aber ab (Daher spricht sich die wohl hM dagegen aus: Palandt/*Thorn* EuErbVO Art. 22 Rn. 3; *Janzen* DNotZ 2012, 484 (486); *Dörner* ZEV 2012, 505 (511 m. Fn. 37); *Heinig* RNotZ 2014, 197 (204); *Herzog* ErbR 2013, 2 (13); *Döbereiner* DNotZ 2014, 323 (324)). 17

b) Umfang der Rechtswahl. Die Rechtswahl erfasst das Erbstatut als solches, also den gesamten Nachlass ungeachtet seiner Belegenheit oder Zusammensetzung. Eine **Teilrechtswahl** ist **ausgeschlossen.** Das gilt sowohl für die Beschränkung der Rechtswahl auf einen bestimmten Nachlassteil als auch für bestimmte erbrechtliche Fragestellungen (depeçage). Zwar schließt der deutsche Wortlaut des Art. 22 Abs. 1 UAbs. 1 dies nicht aus, indem er nicht wie in Art. 21 Abs. 1 auf die „gesamte Rechtsnachfolge von Todes wegen" Bezug nimmt. Allerdings ist dies in anderen Sprachfassungen klargestellt („succession as a whole"; „l'ensemble de sa succession"). Außer den Regelungen in Art. 24 Abs. 2 und Art. 25 Abs. 3 enthält die Verordnung auch keine ausdrückliche Zulassung (MüKoBGB/*Dutta* EuErbVO Art. 22 Rn. 8 mwN). Insoweit weicht Art. 22 Abs. 1 etwa von Art. 3 Abs. 1 S. 3 Rom-VO ab, der eine Teilrechtswahl ausdrücklich zulässt. Zudem ergibt sich dies aus dem systematischen Zusammenhang, wonach die Rechtswahl nicht an erster Stelle steht, sondern eine Möglichkeit darstellt die Grundanknüpfung an den letzten gewöhnlichen Aufenthalt zu ersetzen. 18

c) Ausdrückliche und konkludente Rechtswahl. Ebenso regelt die Verordnung eigenständig, dass die Rechtswahl sowohl **ausdrücklich** als auch **konkludent** erfolgen darf. Umstritten ist dabei, welchem Recht die **Auslegung** der konkludenten Rechtswahl unterliegt. Da die Verordnung selbst eine konkludente Rechtswahl voraussetzt, ist eine **verordnungsautonome Bestimmung der Anforderungen an eine konkludente Rechtswahl** vorzugswürdig (dafür: OLG München BeckRS 2020, 21529 19

Rn. 35; MüKoBGB/*Dutta* EuErbVO Art. 22 Rn. 14; Fornasier FamRZ 2020, 1956 (1957); Palandt/*Thorn* EuErbVO Art. 22 Rn. 6; Erman/*Hohloch* EuErbVO Art. 22 Rn. 12; *Magnus* IPRax 2019, 8 (10)). Ansätze für eine autonome Bestimmung finden sich in ErwG 39 S. 2, der Beispiele für eine mögliche konkludente Rechtswahl nennt. Soweit sich allein daraus und aus den gemeinsamen Grundsätzen der mitgliedstaatlichen Rechtsordnungen keine ausreichenden Auslegungsgrundsätze entwickeln lassen, ist im Interesse eines einheitlichen Ergebnisses unabhängig vom Gerichtsstand auf die **Auslegungsgrundsätze des gewählten Rechts** abzustellen (*Dörner* ZEV 2012, 505 (511); aA Palandt/*Thorn* EuErbVO Art. 22 Rn. 6 und Erman/*Hohloch* EuErbVO Art. 22 Rn. 12, die bei Scheitern einer autonomen Auslegung nach der lex fori auslegen wollen). Die Messlatte zur Anforderung an einen erforderlichen Rechtswahlwillen sollte dabei nicht zu hoch gehängt werden (Palandt/*Thorn* EuErbVO Art. 22 Rn. 6).

20 **Indizien einer konkludenten Rechtswahl** sind Bezugnahmen auf Rechtsinstitute einer bestimmten Rechtsordnung (ErwG 39 S. 2) oder die Verwendung charakteristischer Rechtsbegriffe in der Muttersprache (OLG Köln ZEV 2019, 633 Rn. 10 mkritAnm *Süß* MittBayNot 2020, 190 (191 f.); OLG München BeckRS 2020, 21529 Rn. 36: Formulierung „Schlusserben" und „wechselseitig verbindlich" als Indizien für die Wahl deutschen Rechts im Rahmen eines gemeinschaftlichen Testaments; NK-BGB/*Looschelders* EuErbVO Art. 22 Rn. 28; *Pfeiffer* IPRax 2016, 310 (313)). Aus der Formulierung in Art. 22 Abs. 2, wonach sich die Rechtswahl „aus den Bestimmungen einer solchen Verfügung [von Todes wegen]" ergeben muss, wird geschlossen, dass nur solche Umstände für die Annahme einer konkludenten Rechtswahl herangezogen werden dürfen, die **in der Urkunde der letztwilligen Verfügung zum Ausdruck** kommen (EuGH 16.7.2020 – Rs. C-80/19, BeckRS 2020, 16032 Rn. 88 f. – EE; MüKoBGB/*Dutta* EuErbVO Art. 22 Rn. 14; *Magnus* IPRax 2019, 8 (10 ff.), der auch der Frage nachgeht, wie sich die Unwirksamkeit der Verfügung auf die Annahme der konkludenten Rechtswahl auswirkt; ebenso die Schlussanträge des GA *Campos Sánchez-Bordona* vom 26.3.2020 – Rs. C-80/19, BeckRS 2020 Rn. 96 f. – EE: Faktoren außerhalb der Verfügung dürfen höchstens zur Untermauerung einer sich aus der Urkunde ergebenden Schlussfolgerung berücksichtigt werden). In der Tat weicht Art. 22 Abs. 2 in seinem Wortlaut deutlich von Regelungen wie etwa Art. 3 Abs. 1 S. 2 Rom I-VO oder Art. 14 Abs. 1 S. 2 Rom II-VO ab, die deutlich weiter formuliert sind und den Schluss auf eine Rechtswahlvereinbarung „aus den Umständen des Falles" erlauben. Dürfen nur Umstände berücksichtigt werden, die in der Verfügung von Todes wegen ihren Niederschlag gefunden haben, folgt daraus auch, dass im Fall der Intestaterbfolge eine konkludente Rechtswahl ausgeschlossen ist (*Magnus* IPRax 2019, 8 (11); Palandt/*Thorn* EuErbVO Art. 22 Rn. 6). In entsprechender Anwendung des Rechtsgedankens des § 2084 BGB (oder vergleichbarer Regelungen im gewählten Recht) kann schließlich eine konkludente Rechtswahl zugunsten der Rechtsordnung gesehen werden, nach der die materiellen Verfügungen wirksam sind (OLG München BeckRS 2020, 21529 Rn. 36; *Nordmeier* ZErb 2013, 112 (117) für Erbverträge; verallgemeinernd MüKoBGB/*Dutta* EuErbVO Art. 22 Rn. 14). Der Erblasser, der an der Geltung des objektiven Erbstatuts festhalten und ausschließen möchte, dass seiner letztwilligen Verfügung im Wege der Auslegung eine konkludente Rechtswahlbestimmung entnommen wird, kann und sollte in der Verfügung klarstellen, dass er keine Rechtswahl beabsichtigt (DNotI-Report 2012, 121 (122); MüKoBGB/*Dutta* EuErbVO Art. 22 Rn. 14).

2. Zulässigkeit und materielle Wirksamkeit der Rechtswahl (Abs. 3)

21 Die **Zulässigkeit** der Rechtswahl des Heimatrechts wird von Art. 22 Abs. 1 vorausgesetzt: Es kommt insoweit nicht darauf an, ob auch das gewählte Heimatrecht selbst eine Rechtswahl für zulässig erachtet, vgl. Erwägungsgrund 40 S. 1.

22 Die **materielle Wirksamkeit** der Rechtswahl unterliegt dagegen dem gewählten Recht, Art. 22 Abs. 3, das insoweit Vorwirkung erlangt. Da Vorschriften für die Wirksamkeit einer Rechtswahl nach der EuErbVO im gewählten Recht regelmäßig fehlen, ist auf die Regelungen für letztwillige Verfügungen von Todes wegen entsprechend abzustellen (*Döbereiner* DNotZ 2014, 323 (325); NK-BGB/*Looschelders* EuErbVO Art. 22 Rn. 29; aA ist *Nordmeier* GPR 2013, 148 (153), der auf die Regeln über allgemeine Rechtsgeschäfte zurückgreifen möchte.). Das gewählte Recht bestimmt, ob eine Bedingung oder Befristung materiell wirksam ist (MüKoBGB/*Dutta* EuErbVO Art. 22 Rn. 12, 16; BeckOGK/*J. Schmidt* EuErbVO Art. 22 Rn. 5; *Döbereiner* DNotZ 2014, 323 (324); *Nordmeier* GPR 2013, 148 (153)). Diesem Recht ist auch zu entnehmen, wie sich die Unwirksamkeit materieller erbrechtlicher Verfügungen von Todes wegen auf die Rechtswahlerklärung auswirkt. Zu denken ist etwa an die Unwirksamkeit infolge Anfechtung oder Scheidung (vgl. *Heinig* RNotZ 2014, 197 (205 f.)).

3. Form (Abs. 2)

23 Die Rechtswahl muss nach Art. 22 Abs. 2 **in der Form einer Verfügung von Todes wegen** ergehen, wobei bei einer ausdrücklichen Rechtswahl die Rechtswahl alleiniger Gegenstand der Verfügung von Todes wegen sein kann. Bei einer konkludenten Rechtswahl wird von den erbrechtlichen

Verfügungen von Todes wegen auf die Rechtswahlentscheidung geschlossen, sodass sie per definitionem nicht alleiniger Gegenstand sein kann (Palandt/*Thorn* EuErbVO Art. 22 Rn. 6). Für die Anforderungen kann auf die Ausführungen zu Art. 27 bzw. über Art. 75 Abs. 1 auf das Haager Testamentsformübereinkommen verwiesen werden.

4. Rechtsfolge

Im Falle einer **wirksamen Rechtswahl** tritt das gewählte Erbstatut an die Stelle des Aufenthaltsrechts nach Art. 21 Abs. 1 bzw. des Rechts der engsten Verbindung nach Art. 21 Abs. 2. Ein Renvoi ist ausgeschlossen, Art. 34 Abs. 2. 24

Ist die **Rechtswahl nicht wirksam,** kommt eine Berücksichtigung der unwirksamen Rechtswahl zur **Bestimmung des Erbstatuts** im Rahmen der Prüfung eines Renvoi infrage, wenn das verwiesene Kollisionsrecht eine Rechtswahl erlaubt und diese Rechtswahl als wirksam ansieht. Außerdem kann eine unwirksame Rechtswahl bei der Anwendung der Ausweichklausel des Art. 21 Abs. 2 berücksichtigt werden. 25

Hat die unwirksame Rechtswahl keine Auswirkungen auf die Bestimmung des Erbstatuts, ist auch eine indirekte Berücksichtigung der materiellrechtlichen Verfügungen des Erblassers unter dem Gesichtspunkt des **Handelns unter falschem Recht** denkbar (MüKoBGB/*Dutta* EuErbVO Art. 22 Rn. 22 kommt über die Zulässigkeit einer materiellrechtlichen Verweisung zum gleichen Ergebnis: Im Ergebnis jedenfalls bestimmt das anwendbare Erbstatut durch seine zwingenden Vorschriften in beiden Fällen die Grenzen einer möglichen Berücksichtigung.): Bei der Anwendung des ohne die unwirksame Rechtswahl zu bestimmenden Erbstatuts sind die letztwilligen Verfügungen des Erblassers im Hinblick darauf auszulegen, dass er von der Wirksamkeit seiner Rechtswahl ausging. 26

IV. Änderung und Widerruf der Rechtswahl

1. Begriff

Die Frage, ob eine einmal getroffene Rechtswahl geändert oder widerrufen werden darf, regelt die Verordnung in Art. 22 Abs. 4 nur im Hinblick auf die Formerfordernisse. Unter Änderung ist dabei die Ersetzung der getroffenen durch eine neue Rechtswahl zu verstehen, unter Widerruf die ersatzlose Aufhebung (Erman/*Hohloch* EuErbVO Art. 22 Rn. 14). 27

2. Zulässigkeit

Die Frage, ob eine einmal wirksam getroffene Rechtswahl widerrufen oder abgeändert werden kann, ist eine kollisionsrechtliche Frage. Die Verordnung regelt die **Zulässigkeit der Widerruflichkeit und Änderbarkeit** nicht ausdrücklich. Einigkeit besteht im Ergebnis, dass ein **einseitiger Widerruf oder eine einseitige Änderung der Rechtswahl im Fall des Art. 25 Abs. 3** für Erbverträge im Sinne des Art. 3 Abs. 1 lit. d. **ausscheidet.** Entweder sei eine Änderung oder ein Widerruf an sich ausgeschlossen (*Döbereiner* DNotZ 2014, 323 (335)) oder jedenfalls nur einvernehmlich möglich (*Nordmeier* ZErb 2013, 112 (117 f.)), → EuErbVO Art. 25 Rn. 23 zu Änderungen und Widerruf des Erbvertrages. 28

Im Übrigen ist die Zulässigkeit einer Änderung oder des Widerrufs umstritten. Zunächst wird in der EuErbVO selbst nach einer Antwort gesucht. Zum Teil wird vertreten, eine generelle Abänderbarkeit oder Widerruflichkeit folge aus Art. 22 Abs. 4, (BeckOGK/*J. Schmidt* EuErbVO Art. 22 Rn. 38) der seinem Wortlaut nach aber nur die Form betrifft. *Döbereiner* vertritt, die EuErbVO selbst verlange die Möglichkeit einer bindenden Rechtswahl jedenfalls für Erbverträge über Art. 25 Abs. 3 hinaus, da anders keine Rechtssicherheit zu erreichen sei (*Döbereiner* DNotZ 2014, 323 (333 f.) unter Verweis auf Erwägungsgrund 37 f.). Sieht man die Frage in der EuErbVO als nicht geregelt an, muss eine Rechtsordnung ermittelt werden, die die Frage beantwortet. Abzustellen ist dann nach dem Rechtsgedanken des Art. 22 Abs. 3 auf das ursprünglich gewählte Recht, also das Kollisionsrecht des Errichtungsstatuts der widerrufenen oder zu ändernden Rechtswahl (Erman/*Hohloch* EuErbVO Art. 22 Rn. 14; MüKoBGB/*Dutta* EuErbVO Art. 22 Rn. 19; offen gelassen in OLG München BeckRS 2020, 21551 Rn. 27): Die Widerruflichkeit und Abänderbarkeit begrenzen insofern die materielle Wirksamkeit der Rechtswahl, so dass eine Anwendung des Abs. 3 gerechtfertigt erscheint (aA Dutta/Herrler/*Solomon,* Die Europäische Erbrechtsverordnung, 19 (43) Rn. 65, der das neu gewählte Recht bzw. das nach Widerruf berufene Recht entscheiden lassen will). Soweit das Errichtungsstatut keine ausdrücklichen Regelungen für die Änderung oder den Widerruf der Rechtswahl enthält, ist auf die Regelungen des materiellen Rechts in entsprechender Anwendung zurückzugreifen. Die Frage ist damit, ob eine Änderung der letztwilligen Verfügung, in der die Rechtswahl getroffen wurde, zulässig ist oder nicht. Ist ursprünglich deutsches Recht gewählt, ist eine einseitige Rechtswahl danach stets widerrufbar, auch wenn sie in einem Erbvertrag oder gemeinschaftlichen Testament enthalten ist, da insoweit keine Bindungswirkung entsteht (*Heinig* RNotZ 2014, 197 (212)). Für bindend gewollte Verfügungen in 29 gemeinschaftlichen Testamenten oder Erbverträgen stellen § 2270 Abs. 3 und § 2278 Abs. 2 BGB nunmehr klar, dass die Rechtswahl anders als nach bisher herrschender Meinung Gegenstand der Bindungswirkung sein kann, da eine Rechtswahl neben einer Erbeinsetzung, einem Vermächtnis noch einer Auflage ausdrücklich aufgenommen ist. (Zur alten hL im deutschen Recht s. etwa BeckOK-BGB/*S. Lorenz* EGBGB Art. 25 Rn. 22; *Dörner* DNotZ 1988, 67 (88)). Unklar ist, ob die durch das IntErbRVG neugefassten und zum 17.8.2015 in Kraft getretenen § 2270 Abs. 3 und § 2278 Abs. 2 BGB auch schon für Rechtswahlbestimmungen gelten, die vor dem 17.8.2015 getroffen wurden und gemäß Art. 83 Abs. 2 Wirkung entfalten. Das IntErbRVG selbst schweigt zu dieser intertemporalen Frage. Die Gesetzesmaterialien lassen erkennen, dass der Gesetzgeber bei der Reform der beiden Vorschriften die durch die Verordnung geschaffene erweiterte Möglichkeit der erbrechtlichen Rechtswahl im Blick hatte (BR-Drs. 664/14/, 79). Sofern also die vor dem 17.8.2015 getroffene Rechtswahl auf Grundlage der Vorwirkung des Art. 22 iVm Art. 83 Abs. 2 wirksam ist (→ EuErbVO Art. 83 Rn. 11), sollten die § 2270 Abs. 3 und § 2278 Abs. 2 BGB nF aus Rücksicht vor dem Regelungswillen des Ausführungsgesetzgebers zur Anwendung gelangen. Anders ist zu entscheiden, wenn die Rechtswahl auf der Grundlage des früheren autonomen Erbkollisionsrechts nach Maßgabe des Art. 83 Abs. 2 Alt. 2 und 3 Wirkung entfaltet (so OLG München BeckRS 2020, 21551 Rn. 28 im Zusammenhang mit einer Rechtswahlbestimmung nach Art. 25 Abs. 2 EGBGB aF; generell gegen die Anwendung der neugefassten Vorschriften auf Rechtswahlbestimmungen, die vor dem 17.8.2015 getroffen wurden, MüKoBGB/*Dutta* EuErbVO Art. 22 Rn. 31; zum Ganzen Fornasier FamRZ 2020, 1956 (1957)).

30 Die **beratende Praxis** sollte darauf dringen, die Bindungswirkung der Rechtswahl ausdrücklich aufzunehmen, um Auslegungsschwierigkeiten vorzubeugen, ob es sich um eine wechselbezügliche bzw. vertragsmäßige Verfügung handeln soll.

3. Materielle Wirksamkeit des Widerrufs oder der Änderung

31 Ebenso ungeregelt ist die Frage, wie sich bestimmt, ob **die Abänderung oder der Widerruf selbst materiell wirksam** sind. Hier wird zum einen vertreten, auf das die zu widerrufende oder abzuändernde Rechtswahl beherrschende Statut abzustellen (BeckOGK/*J. Schmidt* EuErbVO Art. 22 Rn. 40; *Nordmeier* GPR 2013, 148 (154)). Zum anderen soll das Recht maßgeblich sein, das nach Abänderung oder Widerruf Erbstatut ist (Dutta/Herrler/*Solomon,* Die Europäische Erbrechtsverordnung, 19 (43) Rn. 65; MüKoBGB/*Dutta* EuErbVO Art. 22 Rn. 20). *Leitzen* möchte die derogierende Komponente dem derogierten Recht und die rogierende Komponente dem neu geltenden Recht unterstellen (*Leitzen* ZEV 2013, 128 (129)). Das neu gewählte Recht zur Anwendung zu bringen, kann sich auf den Rechtsgedanken des Art. 24 Abs. 3 S. 1 stützen (*Dutta* FamRZ 2013, 4 (8 f.); MüKoBGB/*Dutta* EuErbVO Art. 22 Rn. 20; Palandt/*Thorn* EuErbVO Art. 22 Rn. 8): Danach ist das nach Abänderung oder Widerruf geltende Recht berufen. Für den Fall der Abänderung ist es das nunmehr gewählte Recht. Im Fall des Widerrufs ist dies das nach Art. 21 Abs. 1, 2 objektiv zu bestimmende Erbstatut.

32 Dabei ist allerdings problematisch, dass die Rechtsordnungen zum Zeitpunkt des Widerrufs oder der Änderung noch nicht notwendig feststehen. Das gilt bei der **abändernden abstrakten Wahl des Rechts der Staatsangehörigkeit zum Zeitpunkt des Todes** (→ Rn. 16), sofern man eine abstrakte Bezeichnung der gewählten Rechtsordnung zulässt, wie bei einem Widerruf, da der letzte gewöhnliche Aufenthalt zu Lebzeiten noch nicht feststeht (Anders MüKoBGB/*Dutta* EuErbVO Art. 22 Rn. 20, der im Fall des Widerrufs auf das Recht am gewöhnlichen Aufenthalt zum Zeitpunkt des Widerrufs abstellen möchte). Im ersten Fall wählt der Erblasser die Unsicherheit und ist daran festzuhalten.

33 Beim **Widerruf** sprechen ErwG 40 S. 2 und die bloße Natur eines actus contrarius der ursprünglichen Rechtswahl ohne eigene Bestimmung eines dann folgenden Rechts dafür, die Ursprungsrechtsordnung anzuwenden (*Döbereiner* DNotZ 2014, 323 (325 f.)). Der Rechtsgedanke des Art. 22 Abs. 3 ist unanwendbar, da der Erblasser beim Widerruf gerade nicht eine bestimmte Rechtsordnung wählt, sondern dies Art. 21 überlässt.

4. Formelle Wirksamkeit

34 Für die formelle Wirksamkeit regelt Art. 22 Abs. 4, dass der Widerruf oder die Änderung der Rechtswahl ausdrücklich oder konkludent (→ Rn. 19) in einer Verfügung von Todes wegen enthalten sein muss. Eine ausdrückliche Rechtswahl kann dabei auch alleiniger Gegenstand in der Form einer Verfügung von Todes wegen sein (Palandt/*Thorn* EuErbVO Art. 22 Rn. 6). Eine konkludente Rechtswahl dagegen kann sich nur aus den materiellen Verfügungen von Todes wegen ergeben (MüKoBGB/*Dutta* EuErbVO Art. 22 Rn. 13). Für die Formanforderungen gilt damit Art. 27 bzw. über Art. 75 Abs. 1 das Haager Testamentsformübereinkommen.

5. Rechtsfolge

35 Die zulässige und wirksame Änderung der Rechtswahl führt dazu, dass **an die Stelle des bisher gewählten Erbstatuts das neu gewählte tritt.** Bei einem **Widerruf** der Rechtswahl tritt **die vor der**

widerrufenen Rechtswahl bestehende Lage wieder ein. Hatte der Erblasser keine Rechtswahl getroffen, wird das Erbstatut über die objektive Anknüpfung bestimmt, Art. 21. Hatte der Erblasser zuvor eine wirksame Rechtswahl getroffen, die durch die widerrufene Rechtswahl abgeändert wurde, bestimmt sich die Folge durch das auf den Widerruf anzuwendende Recht, also der Rechtsordnung, dem die Wirksamkeit der widerrufenen Rechtswahl unterliegt, → Rn. 33. Handelt es sich dabei um deutsches Recht, lebt die frühere Rechtswahl in entsprechender Anwendung des § 2258 Abs. 2 BGB wieder auf.

V. Intertemporales Recht, Art. 83 Abs. 2, 4

Zur Möglichkeit einer wirksamen Rechtswahl vor Geltungsbeginn der EuErbVO am 17.8.2015 siehe Art. 83 Abs. 2, → EuErbVO Art. 83 Rn. 7. Zur Rechtswahlfiktion des Art. 83 Abs. 4 → EuErbVO Art. 83 Rn. 34. **36**

Artikel 23 Reichweite des anzuwendenden Rechts

(1) **Dem nach Artikel 21 oder Artikel 22 bezeichneten Recht unterliegt die gesamte Rechtsnachfolge von Todes wegen.**

(2) **Diesem Recht unterliegen insbesondere:**

a) die Gründe für den Eintritt des Erbfalls sowie dessen Zeitpunkt und Ort;

b) die Berufung der Berechtigten, die Bestimmung ihrer jeweiligen Anteile und etwaiger ihnen vom Erblasser auferlegter Pflichten sowie die Bestimmung sonstiger Rechte an dem Nachlass, einschließlich der Nachlassansprüche des überlebenden Ehegatten oder Lebenspartners;

c) die Erbfähigkeit;

d) die Enterbung und die Erbunwürdigkeit;

e) der Übergang der zum Nachlass gehörenden Vermögenswerte, Rechte und Pflichten auf die Erben und gegebenenfalls die Vermächtnisnehmer, einschließlich der Bedingungen für die Annahme oder die Ausschlagung der Erbschaft oder eines Vermächtnisses und deren Wirkungen;

f) die Rechte der Erben, Testamentsvollstrecker und anderer Nachlassverwalter, insbesondere im Hinblick auf die Veräußerung von Vermögen und die Befriedigung der Gläubiger, unbeschadet der Befugnisse nach Artikel 29 Absätze 2 und 3;

g) die Haftung für die Nachlassverbindlichkeiten;

h) der verfügbare Teil des Nachlasses, die Pflichtteile und andere Beschränkungen der Testierfreiheit sowie etwaige Ansprüche von Personen, die dem Erblasser nahe stehen, gegen den Nachlass oder gegen den Erben;

i) die Ausgleichung und Anrechnung unentgeltlicher Zuwendungen bei der Bestimmung der Anteile der einzelnen Berechtigten und

j) die Teilung des Nachlasses.

Literatur: *Álvarez Gonzalez,* Las legítimas en el Reglamento sobre Sucesiones y Testamentos, AEDIPr XI (2011), 369; *Bajons,* Zur Reichweite des österreichischen Erbstatuts bei Nachlassabwicklung im Ausland, ÖNZ 2010, 321; *Baldus,* Erbe und Vermächtnisnehmer nach der Erbrechtsverordnung, GPR 2012, 312; *Baldus,* Rechtsstellung und Haftung des Testamentsvollstrecker in Portugal, in Jayme/Schindler, Portugiesisch – Weltsprache des Rechts, 2004, 61; *Bentler,* Die Erbengemeinschaft im Internationalen Privatrecht, 1993; *Biagoni,* L'ambito di applicazione del regolamento sulle succesioni, in Franzina/Leandro, Il diritto internazionale privato europeo delle successioni mortis causa, 2013, 25; *Berenbrok,* Internationale Nachlassabwicklung: Zuständigkeit und Verfahren, 1989; *Bonomi/Öztürk,* Das Statut der Verfügung von Todes wegen, in Dutta/Herrler, Die Europäische Erbrechtsverordnung, 2014, 47; *Braun/Röthel* (Hrsg.), Passing Wealth on Death: Will-Substitutes in Comparative Perspective, 2016; *Buschbaum,* Die künftige Erbrechtsverordnung: Wegbereiter für den *acquis* im europäischen Kollisionsrecht, GS U. Hübner, 2012, 589; *Coester,* Das Erbrecht registrierter Lebenspartner unter der EuErbVO, ZEV 2014, 115; *de Barros Fritz,* Die Qualifikation von Pflichtteilsverzichten unter Geltung der EuErbVO, ZEV 2020, 199; *de Barros Fritz,* Die Qualifikation erbrechtlicher Bestimmungen, die die Auswirkungen des Hinzukommens (übergangener) Kinder auf Testamente regeln, ZErb 2020, 358; *Dutta,* Die Rechtswahlfreiheit im künftigen internationalen Erbrecht der Europäischen Union, in Reichelt/Rechberger, Europäisches Erb- und Erbverfahrensrecht: Zum Verordnungsvorschlag der Europäischen Kommission zum Erb- und Testamentsrecht, 2011, 57; *Dutta,* Succession and Wills in the Conflict of Laws on the Eve of Europeanisation, RabelsZ 73 (2009), 547; *Dutta,* Entwicklungen des Pflichtteilsrechts in Europa, FamRZ 2011, 1829; *Dutta,* Statt eines Schlussworts: Ausländische Willensvollstreckerfiguren und europäische Erbrechtsverordnung, in Löhnig/Dutta/et al., Testamentsvollstreckung in Europa, 2018, 221; *Emmerich,* Probleme der Anknüpfung im Rahmen der EuErbVO: Zugleich ein Beitrag zur Kohärenz des europäischen IPR, 2016; *Everts,* Neue Perspektiven zur Pflichtteilsdämpfung aufgrund der EuErbVO?, ZEV 2013, 124; *Ferid,* Bedeutung eines ausländischen Erbunwürdigkeitsurteils für die Vererbung des Inlandsvermögens eines deutschen Staatsangehörigen, FS Beitzke, 1979, 479; *Ferid,* Le rattachement autonome de la transmission successorale en droit international privé, Rec. des Cours 142 (1974-II), 71; Schauer/Scheuba/*Fischer-Czermak,* Europäische Erbrechtsverordnung, 2012, 43; *Frank/Leithold,* Die Ermittlung des anwendbaren Erbrechts im deutsch/US-amerikanischen Erbfall nach der EuErbVO, ZEV 2014, 462; *Frimston,* The Scope of the Law Applicable to the Succession, in Particular the Administration of the Estate, in Bonomi/Schmid, Successions internationales: Réflexions autour du futur règlement européen et de son impact pour la Suisse, 2010, 69; *Gärtner,* Die Behandlung ausländischer Vindikationslegate im deutschen Recht, 2014; *Gleim,* Letztwillige Schiedsverfügungen – Geltungsgrund und Geltungsgrenzen, 2020; *Godechot-Patris,* L'administration des successions, in Khairallah/Revillard, Droit européen des successions internationales: Le Règlement du 4 de juillet 2012, 2013, 87; *Goré,* L'administration des successions en international privé français, 1994; *Gottheiner,* Zur Anwendung englischen Erbrechts auf Nachlässe in Deutschland, RabelsZ 21 (1956), 36; *Häcker,* „... the Heir, which in the Laws of England is called an Executor ...", in Löhnig/ Dutta/et al., Testamentsvollstreckung in Europa, 2018, 191; *Hausmann,* Zur Anerkennung der Befugnisse eines englischen *administrator* in Verfahren vor deutschen Gerichten, FS Heldrich, 2005, 649; *Heredia Cervantes, Lex successionis* y *lex rei sitae* en el Reglamento de Sucesiones, AEDIPr XI (2011), 415; *Hördt,* Pflichtteilsrecht und EU-ErbVO, 2019; *Holliday,* Clawback Law in the Context of Succession, 2020; *Jayme,* Zur Reichweite des Erbstatuts, in Reichelt/ Rechberger, Europäisches Erb- und Erbverfahrensrecht, 2011, 27; *Jayme,* Erbunwürdigkeit und Internationales Privatrecht, in Henrich/Jayme/Sturm, Familie, Erbe, Name: Entwicklungen im internationalen und nationalen Privatrecht, 2010, 23; *Jayme,* „Herança jacente" des portugiesischen Erbrechts und deutscher Erbschein – Zur Anwendung portugiesischen Rechts durch deutsche Nachlassgerichte, in Grundmann/dos Santos, Direito contratual entre liberdade e proteção dos interesses e outros artigos alemães-lusitanos, 2008, 241; *Jünemann,* Der neue Güterstand der Wahl-Zugewinngemeinschaft: Familienrechtliche Grundlagen und erbrechtliche Wirkungen, ZEV 2013, 353; *Kaiser,* Rückwirkender Vermögensübergang? Partage de l'indivision successorale und Erbteilung, 2005; *Kopp,* Probleme der Nachlaßabwicklung bei kollisionsrechtlicher Nachlaßspaltung, 1997; *Kunz,* Nachlassspaltung durch die registerrechtliche Hintertür. Zur Koordination des Erb-, Sach- und Registerstatuts in der EuErbVO GPR 2013, 293; Dutta/Herrler/ *Lein,* Die Europäische Erbrechtsverordnung, 199; *Lagarde,* Successions, in Répertoire Dalloz de droit international, 2012; *Laukemann,* Die lex rei sitae in der Europäischen Erbrechtsverordnung: Inhalt, Schranken und Funktion, FS Schütze, 2014, 325; *Leleu,* La Transmission de la succession en droit comparé, 1996; *Lübcke,* Das neue europäische Internationale Nachlassverfahrensrecht: Darstellung auf Grundlage des Verordnungsentwurfs vom 14. Oktober 2009 unter Berücksichtigung der Endfassung, 2013; *R. Magnus,* Der Rückholanspruch: Die rückwirkende Grenze der Eigentumsfreiheit, 2018; *Mansel,* Gesamt- und Einzelstatut: die Koordination von Erb- und Sachstatut nach der EuErbVO, FS Coester-Waltjen, 2015, 587; *Mansel,* EuErbVO und beeinträchtigende Schenkungen, FS Geimer, 2017, 443; *Mansel/Thorn/Wagner,* Voranschreiten des Kodifikationsprozesses – Flickenteppich des Einheitsrechts, IPRax 2013, 1; *Margonski,* Ausländische Vindikationslegate nach der EU-Erbrechtsverordnung, GPR 2013, 106; *Margonski,* Grenzüberschreitende Tätigkeit des Nachlasspflegers in deutsch-polnischen Nachlasssachen, 2013; *Merkel,* Die Qualifikation des englischen Trusts im deutschen internationalen Privatrecht, 2020; *X. Meyer,* Introduction Historique, in Congrès des Notaires de France, La transmission: 108e Congrès des Notaires de France, 2012, XII; *Nehmer,* Erbunwürdigkeit und Elternunterhalt im internationalen Privatrecht: eine historisch-rechtspolitische Betrachtung, 2013; *Newman,* Revocable Trusts and the Law of Wills: an Imperfect Fit, Real Property, Trust & Estate Law Journal 43 (2008), 523; *Odersky,* Die Abwicklung deutsch-englischer Erbfälle, 2001; *Odersky,* Der wirksam-wirkungslose Erb- und Pflichtteilsverzicht nach der EU-ErbVO, notar 2014, 139; *Patrão,* A adaptação dos direitos reais no regulamento europeu das sucessões, Boletim da Faculdade de Direito da Universidade de Coimbra 92 (2016), 121; *Pecher,* Die internationale Erbschaftsverwaltung bei deutsch-englischen Erbfällen, 1995; *Pfundstein,* Pflichtteil und ordre public: Angehörigenschutz im internationalen Erbrecht, 2010; *Reid/De Waal/Zimmermann* (Hrsg.), Comparative Succession Law, Bd. II: Intestate Succession, 2015; *Reid/De Waal/R. Zimmermann* (Hrsg.), Comparative Succession Law, Bd. III: Mandatory Family Protection, 2020; *Reiß,* Die Erbengemeinschaft im italienischen Recht, ZErb 2005, 212; *Reuter,* Die „Nachfrage" im Internationalen Privatrecht: Rechtsgrund-, Rechtsfolgen- und andere Verweisungen im grenzüberschreitenden Kontext, ZfPW 2017, 475; *Revillard,* Portée de la loi applicable, in Khairallah/Revillard, Droit Européen des Successions Internationales: Le Règlement du 4 juillet 2012, 2013, 67; *Rieck,* Möglichkeiten und Risiken der Rechtswahl nach supranationalem Recht bei der Gestaltung von Ehevereinbarungen, NJW 2014, 257; *Sauvage,* L'option et la transmission du passif dans les successions internationales au regard du règlement européen du 4 juillet 2012, in Khairallah/Revillard, Droit européen des successions internationales, 2013, 105; *Schäuble,* Die Einweisung der Erben in die Erbschaft nach österreichischem Recht durch deutsche Nachlassgerichte, 2011; *J. P. Schmidt,* Ausländische Vindikationslegate über im Inland belegene Immobilien – zur Bedeutung des Art. 1 Abs. 2 lit. l EuErbVO, ZEV 2014, 133; *J. P. Schmidt,* Die kollisionsrechtliche Behandlung dinglich wirkender Vermächtnisse – Ein Prüfstein für Grundfragen des internationalen und des materiellen Privatrechts, RabelsZ 77 (2013), 1; *J. P. Schmidt,* Die Anwendbarkeit des Allgemeinen Teils im Erbrecht. Eine vergleichende Untersuchung zum deutschen BGB und dem portugiesischen Código Civil, in Baldus/Dajczak, Der Allgemeine Teil des Privatrechts: Erfahrungen und Perspektiven zwischen Deutschland, Polen und den lusitanischen Rechten, 2013, 481; *J. P. Schmidt,* Der Erwerb der Erbschaft in grenzüberschreitenden Sachverhalten unter besonderer Berücksichtigung der EuErbVO, ZEV 2014, 455; *J. P. Schmidt,* Transfer of Property on Death and Creditor Protection: The Meaning and Role of „Universal Succession", in Steven/ Anderson/MacLeod, John, Nothing so Practical as a Good Theory: Festschrift for George L. Gretton, 2017, 323; *J. P. Schmidt,* Pflichtteil in Rechtsvergleich und Rechtspolitik, in Muscheler, Jahrbuch für Erbrecht und Schenkungsrecht, Bd. 10, 2021, 1; *Seeger,* Erbverzichte im neuen europäischen Kollisionsrecht, 2018; *L. Smith,* Scottish Trusts in the Common Law, Edinburgh Law Review 17 (2013), 283; *Süß,* Das Vindikationslegat im Internationalen Privatrecht, RabelsZ 65 (2001) 245; *Süß,* Das Europäische Nachlasszeugnis, ZEuP 2013, 725; *Solomon,* Der Anwendungsbereich von Art. 3 Abs. 3 EGBGB – dargestellt am Beispiel des internationalen Erbrechts, IPRax 1997, 81; *Solomon,* The Boundaries of the Law Applicable to Succession, Anali Pravnog Fakulteta Univerziteta u Zenici 2016, 193; *Strauß,* Der notleidende Nachlass bei Auslandsberührung, 2015; *Strehlke-Verkühlen,* Der Erbverzicht: Eine rechtsvergleichende und kollisionsrechtliche Betrachtung, 2019; *Strehlke-Verkühlen,* Der Erbverzicht im Internationalen Privatrecht, ErbR 2019, 538; *Thorn/Lasthaus,* Rechtsnachfolge in Immobilien unter der Europäischen Erbrechtsverordnung, IPRax 2019, 24; *Tiedemann,* Internationales Erbrecht in Deutschland und Lateinamerika, 1993; *Traar,* Der Verordnungsvorschlag aus österreichischer Sicht, in Reichelt/Rechberger, Europäisches Erb- und Erbverfahrensrecht, 2011, 85; *Trulsen,* Pflichtteilsrecht und englische family provision im Vergleich, 2004; *Vékás,* Objektive Anknüpfung des Erbstatuts, in Reichelt/ Rechberger, Europäisches Erb- und Erbverfahrensrecht, 2011; *von Hein,* Conflicts between International Property, Family and Succession Law – Interfaces and Regulatory Techniques, European Property Law Journal 6 (2017), 142; *Waters,* Convention on the law applicable to succession to the estates of deceased persons – Explanatory Report, in Hague Conference on private international law, Proceedings of the Sixteenth Session (1988) of the Hague Conference on private international law, Tome II – Succession to estates, applicable law, 1990, 526; *Weber,* Erb- und Pflichtteilsverzichtsverträge im Spiegel der EuErbVO, ZEV 2015, 503; *Wirner,* „Le mort saisit le vif" oder „hereditas iacens", FS Schippel, 1996, 981; *Zillmann,* Die Haftung der Erben im internationalen Erbrecht, 1998; *R. Zimmermann,* Erbunwürdigkeit – Die Entwicklung eines Rechtsinstituts im Spiegel europäischer Kodifikationen, FS Koziol, 2010, 463; *R. Zimmermann,* „Nemo ex suo delicto meliorem suam condicionem facere potest“: Kränkungen der Testierfreiheit des Erblassers – englisches im Vergleich zum kontinentaleuropäischen Recht, FS Hopt, Bd. 1, 2010, 269; *R. Zimmermann,* Das Verwandtenerbrecht in historisch-vergleichender Perspektive, RabelsZ 79 (2015), 768; *R. Zimmermann,* Das Ehegattenerbrecht in historisch-vergleichende Perspektive, RabelsZ 80 (2016), 39; *R. Zimmermann,* Pflichtteil und Noterbenrecht in historisch-vergleichender Perspektive, RabelsZ 84 (2020), 465.

Übersicht

I. Nachlasseinheit, Art. 23 Abs. 1

1 Art. 23 Abs. 1 statuiert den **Grundsatz der Nachlasseinheit**. Dies bedeutet, dass das nach Art. 21, 22 auf den Erbfall anwendbare Recht diesen – vorbehaltlich von Ausnahmen (→ Rn. 6) – **vollständig** und **umfassend** regelt. Daraus folgt zum einen, dass weder nach **Art** noch nach **Belegenheitsort der Nachlassgegenstände** differenziert wird (ErwG 37): Immobilien unterliegen also keinem anderen Erbrecht als Mobilien (gegenständliche Nachlasseinheit), und in welchem Territorium sich die (beweglichen oder unbeweglichen) Nachlassgegenstände befinden, spielt ebenfalls keine Rolle (territoriale Nachlasseinheit). Zum anderen impliziert der Grundsatz der Nachlasseinheit, dass **keine Differenzierung nach einzelnen Sachfragen** vorgenommen wird (sachliche oder funktionale Nachlasseinheit). Das Erbstatut regelt vielmehr **alle Aspekte des Erbfalls,** von seiner Eröffnung über die Auswahl der Begünstigten und ihrer Quoten hin zu den Einzelheiten der Nachlassabwicklung und der Teilung (ErwG 42). Die EuErbVO ist damit über Art. 7 des Haager Erbrechtsübereinkommens hinausgegangen, der noch alle Fragen der Nachlassabwicklung vom Anwendungsbereich ausgenommen hatte (Bonomi/Wautelet/*Bonomi* Art. 23 Rn. 11; Khairallah/Revillard/*Godechot-Patris,* Droit européen des successions internationales, 2013, 87 (89 f.) lobt den Mut des Verordnungsgebers in dieser Frage). Anders als zB Art. 25 Abs. 2 EGBGB aF und ungeachtet entsprechender Vorschläge (Reichelt/Rechberger/*Dutta,* Europäisches Erb- und Erbverfahrensrecht, 2011, 57 (74)) gestattet die EuErbVO auch **keine Teilrechtswahl für bestimmte Vermögensgegenstände** (kritisch MüKoBGB/*Dutta* Vor Art. 20 EuErbVO Rn. 7; → EuErbVO Art. 22 Rn. 18). Der EuGH hat den Grundsatz der Nachlasseinheit in seiner bisherigen Rechtsprechung zur EuErbVO wiederholt als Begründungselement für eine weiten Anwendungsbereich des Erbstatuts angeführt (EuGH FamRZ 2017, 2057 (Kubicka), Tz. 55–57; EuGH FamRZ 2018, 1262 (Oberle), Tz. 54–56; eine im Zweifel großzügige erbrechtliche Qualifikation leitet auch Deixler-Hübner/Schauer/*Mankowski* Art. 23 EuErbVO Rn. 3 aus Art. 23 Abs. 1 ab). In der Rechtssache „E. E.“ betont der EuGH freilich, dass der Grundsatz der Nachlasseinheit „nicht absolut“ gelte (EuGH ErbR 2020, 710, Tz. 69).

2 Für Deutschland und zahlreiche andere Mitgliedstaaten bedeutete Art. 23 Abs. 1 **keine Neuerung,** da sie auch bislang schon dem Grundsatz der Nachlasseinheit folgten. In anderen Ländern fanden sich hingegen verschiedene Formen einer **kollisionsrechtlichen Nachlassspaltung.** So unterschieden Frankreich oder Belgien etwa zwischen **beweglichen** und **unbeweglichen Sachen** und unterwarfen die Vererbung letzterer der lex rei sitae (umfangreiche Nachweise zum autonomen Kollisionsrecht der Mitgliedstaaten bei *Dutta* RabelsZ 73 (2009), 547 (554 f.)). Ferner sah das Kollisionsrecht mancher Mitgliedstaaten Sonderanknüpfungen hinsichtlich der **Nachlassabwicklung** vor, die wenigstens teilweise der lex fori unterworfen wurde (*Dutta* RabelsZ 73 (2009), 547 (600); Bonomi/Wautelet/*Bonomi* Art. 23 Nr. 10; *Lübcke* 55; ein solcher Ansatz wurde auch beim Haager Übereinkommen über die

internationale Verwaltung von Nachlässen von 1973 verfolgt, das allerdings nur zwischen Portugal, der Slowakei und Tschechien in Kraft getreten ist). Das gemeinspanische Recht sah eine Sonderanknüpfung des Erbrechts des überlebenden Ehegatten vor und unterwarf es dem Güterstatut (Art. 9 Nr. 8 Código civil). In den genannten Fällen kam es somit einer zu einer **territorialen** bzw. **funktionalen Nachlassspaltung.** Die EuErbVO hat alle derartigen mitgliedstaatlichen Regelungen außer Kraft gesetzt.

3 In vielen **Drittstatten** hingegen finden sich solche Nachlassspaltungen auch weiterhin, und im Wege eines Teilrenvoi (→ EuErbVO Art. 34 Rn. 21) können sie **auch für mitgliedsstaatliche Gerichte relevant werden** (Bonomi/Wautelet/*Bonomi* Art. 23 Rn. 6, 17; Dutta/Herrler/*Lein,* Die Europäische Erbrechtsverordnung, 99 Rn. 19, 48; MüKoBGB/*Dutta* Vor Art. 20 EuErbVO Rn. 8). So unterwerfen die Staaten der Common Law-Tradition die Vererbung beweglicher Gegenstände grds. dem „domicile" des Verstorbenen, die Vererbung unbeweglicher Gegenstände hingegen der lex rei sitae (für England *Dicey/Morris/Collins* Rule 149, 150; Süß/*Odersky,* Großbritannien: England und Wales, Rn. 3; für das Recht der US-amerikanischen Bundesstaaten Staudinger/*Hausmann* Art. 3a EGBGB Rn. 81; *Frank/Leithold* ZEV 2014, 462 (463)). Eine generelle Unterscheidung nach dem Lageort der Nachlassgegenstände, beweglicher wie unbeweglicher, findet sich in manchen Staaten Lateinamerikas (*Tiedemann* 125).

4 Die Rechtsordnungen des Common Law sehen überdies eine **funktionale Nachlassspaltung** in dem Sinne vor, dass sie die Nachlassabwicklung der lex fori, also dem Recht des mit ihr befassten Gerichts unterstellen (*Dicey/Morris/Collins* Rule 143; Süß/*Odersky,* Großbritannien: England und Wales, Rn. 4; *Berenbrok* 189; Staudinger/*Dörner* Art. 25 EGBGB Rn. 667; *Kopp* 43 ff.). Dem Wunsch Großbritanniens und Irlands, an dieser Sonderanknüpfung festzuhalten (dazu Dutta/Herrler/*Lein,* Die Europäische Erbrechtsverordnung, 199 Rn. 12 f.), trug der Verordnungsgeber vergebens durch die Aufnahme des überaus komplizierten **Art. 29** Rechnung, der nur Anwendung findet, wenn das Recht des zuständigen Gerichts ein besonderes Abwicklungsverfahren vorsieht. Nicht beibehalten wurde hingegen Art. 21 Abs. 2 VO-Entwurf, der noch einen allgemeinen Vorbehalt zugunsten solcher Abwicklungsmodi enthielt.

5 Der in Art. 23 Abs. 1 niedergelegte Grundsatz der Nachlasseinheit **erleichtert** in aller Regel die **Behandlung grenzüberschreitender Erbfälle,** weil nur eine nationale Rechtsordnung angewendet muss, in der die verschiedenen Teilaspekte aufeinander abgestimmt sind (Reichelt/Rechberger/*Jayme,* Europäisches Erb- und Erbverfahrensrecht, 2011, 27; *Solomon* Anali Pravnog Fakulteta Univerziteta u Zenici 2016, 193 (195–199); *v. Hein* European Property Law Journal 6 (2017), 142 (143–145); *Patrão* Boletim da Faculdade de Direito da Universidade de Coimbra 92 (2016), 121 (122–124)). **Nachteil** dieser Lösung ist allerdings, dass sie zu **Friktionen** zweierlei Art führen kann, einmal zwischen dem **Erbstatut und dem Recht des Belegenheitsortes** von Nachlassgegenständen, sodann zwischen dem **Erbstatut und dem Verfahrensrecht der lex fori** (Bonomi/Wautelet/*Bonomi* Art. 23 Rn. 13 f.). In der Vermeidung solcher Abstimmungsprobleme liegt der Vorteil einer Nachlassspaltung. Insgesamt dürften die Vorteile der Nachlasseinheit aber deutlich überwiegen (eingehend zur Diskussion *Dutta* RabelsZ 73 (2009), 547 (554, 600); Reichelt/Rechberger/*Vékás,* Europäisches Erb- und Erbverfahrensrecht, 2011, 41 (42)), zumal unter der EuErbVO wegen des Gleichlaufprinzips (→ EuErbVO Vorb. Art. 4 ff. Rn. 2, 23 ff.) das zuständige Gericht meist sein eigenes Sachrecht anwenden wird (Bonomi/Wautelet/*Bonomi* Art. 23 Rn. 13).

6 Auch die EuErbVO führt freilich den Grundsatz der Nachlasseinheit **nicht ausnahmslos** durch, so dass Nachlassspaltungen keineswegs der Vergangenheit angehören (dies verkennen etwa *Jünemann* ZEV 2013, 353 (360) und *Rieck* NJW 2014, 257 (260)). Mit dem Teilrenvoi (→ Rn. 3) wurde bereits ein Beispiel genannt, die Liste ist jedoch noch deutlich länger. Der klarste Fall ist die in **Art. 30** vorgesehene Anwendung von **Eingriffsnormen des Belegenheitsrechts** (*Kunz* GPR 2013, 293; Schauer/Scheuba/*Fischer-Czermak,* Europäische Erbrechtsverordnung, 2012, 43 (48), die allerdings weitere Ausnahmen übersehen; MüKoBGB/*Dutta* Vor Art. 20 EuErbVO Rn. 7; unklar ist, wieso *Emmerich* 254 keinen Fall der Nachlassspaltung annehmen will). Auch können **Art. 33 zum erbenlosen Nachlass** (differenzierend *Emmerich* 255), der **Verweis der Art. 36 f. auf Mehrrechtsstaaten** sowie der in **Art. 75 verankerte Vorrang von Staatsverträgen** dazu führen, dass Nachlassteile unterschiedlichen Statuten unterliegen (zu allen drei Beispielen MüKoBGB/*Dutta* Vor Art. 20 EuErbVO Rn. 7). Des Weiteren wohnt den Bereichsausnahmen des Art. 1 Abs. 2 Spaltungspotential inne, weil sie dem Erbstatut bestimmte Vorgänge entziehen können, die ihm bei funktionaler Betrachtung zuzuordnen wären (vgl. MüKoBGB/*Dutta* Vor Art. 20 EuErbVO Rn. 7). Ein Sonderfall ist Art. 31 zur Anpassung dinglicher Rechte, der das Belegenheitsrecht gewissermaßen neben dem Erbstatut beruft und ihm eine Art „Vetorecht" einräumt. Art. 32 schafft eine eigene Sachnorm für den Fall der Kommorienten. Zu einer **faktischen Nachlassspaltung** kann es stets dort kommen, wo Nachlassvermögen in Drittstaaten belegen ist (MüKoBGB/*Dutta* Vor Art. 20 EuErbVO Rn. 7; *Emmerich* 255 f., jeweils auch zur Rolle der in Art. 10 Abs. 2, Art. 12 vorgesehenen Sonderzuständigkeiten). Schließlich lässt die EuErbVO neben den genannten Fällen einer territorialen Nachlassspaltung auch **Nachlassspaltungen in funktionaler Sicht** zu, indem sie bestimmte **erbrechtliche Teilfragen gesondert anknüpft:** Zu nennen sind Art. 24–27 zur Zulässigkeit und Wirksamkeit letztwilliger Verfügung, Art. 28 zur Form von

Annahme und Ausschlagung und Art. 29 zur Bestellung von Nachlassverwaltern (MüKoBGB/*Dutta* Vor Art. 20 EuErbVO Rn. 32–38); Bonomi/Wautelet/*Bonomi* Art. 23 Rn. 16).

Abgesehen von Ausnahmen wie Art. 1 Abs. 2 lit. g, der erlaubt, bestimmte Zuwendungen der Anrechnung oder Ausgleichung nach Art. 23 Abs. 2 lit. i zu unterwerfen, trifft die EuErbVO **keine Regelung zum Verhältnis zweier nebeneinander zur Anwendung kommender Erbrechtsordnungen.** Eventuellen Friktionen wird man mit den bisher schon für die Fälle der Nachlassspaltung herangezogenen Mitteln begegnen müssen, etwa dem der Anpassung (Bonomi/Wautelet/*Bonomi* Art. 23 Rn. 7). Die Schwierigkeiten hierbei können freilich enorm sein (eingehend Staudinger/*Dörner* Art. 25 EGBGB Rn. 766 ff.; *Kopp* 125 ff.; MüKoBGB/*Dutta* Vor Art. 20 EuErbVO Rn. 9–30). 7

Der Grundsatz der Nachlasseinheit, der auf der Ebene des Kollisionsrechts angesiedelt ist, ist nicht zu verwechseln mit dem **Grundsatz der Universalsukzession,** der der Ebene des **Sachrechts** angehört, in seiner genauen Bedeutung freilich schillernd ist (dazu *J. P. Schmidt,* FS Gretton, 323 (324–327)). Nach überzeugender Ansicht meint Universalsukzession, oder Gesamt(rechts)nachfolge, dass das vererbliche Vermögen „als Ganzes" (vgl. § 1922 BGB) auf den oder die Rechtsnachfolger übergeht und es somit nicht zu Einzelnachfolgen in bestimmte Gegenstände oder Vermögenskomplexe kommt. Ein so verstandener Grundsatz der Universalsukzession, der vor allem das Ziel verfolgt, im Interesse der Nachlassgläubiger die Einheit des Haftungsverbandes aufrechtzuerhalten (*J. P. Schmidt,* FS Gretton, 323 (327–337), gilt heute wohl in allen mitgliedstaatlichen Erbrechten und entgegen oftmals anderslautender Darstellung auch in England. Denn der „personal representative" tritt seit dem Land Transfer Act von 1897 umfassend in die Rechtsstellung des Verstorbenen ein (bis dahin ging „realty", also unbewegliches Vermögen, im Wege der Sondernachfolge auf den „heir" oder „devisee" über, *Kerridge* Rn. 20-02; *J. P. Schmidt,* FS Gretton, 323 (328 f.); zur Stellung des „personal representative" als Gesamtrechtsnachfolger auch Löhnig/Dutta/et al./*Häcker,* Testamentsvollstreckung in Europa, 191 (192); zu beachten ist, dass die **US-amerikanischen Rechtsordnungen** den „personal representative" in der Regel **nicht als Träger des Nachlasses behandeln,** sondern ihm – vergleichbar einem deutschen Abwicklungsvollstrecker oder Nachlassverwalter – nur die Abwicklungsbefugnis zusprechen, während die Rechtsinhaberschaft bei den testamentarisch oder gesetzlich Begünstigten liegt; siehe stellvertretend § 3–101 Uniform Probate Code). Ebenso lassen aber so gut wie alle Rechtsordnungen auch **Ausnahmen vom Grundsatz der Universalsukzession zu,** zB in Form von **Vindikationslegaten** (→ Rn. 27), **Anwachsungsrechten** (→ EuErbVO Art. 1 Rn. 91 ff.) oder **Sondererbfolgen für landwirtschaftliche Höfe** (→ EuErbVO Art. 30 Rn. 13). 8

Historisch gab es zwischen der kollisionsrechtlichen und der sachrechtlichen Ebene oft **Parallelen,** indem zB im englischen Recht die Nachlassspaltung im Kollisionsrecht lange Zeit ihre Entsprechung in der materiellrechtlichen Sondererbfolge für Grundvermögen fand (*Solomon* IPRax 1997, 81 f.). Trotzdem sind beide Grundsätze **unabhängig voneinander.** Nicht nur können Nachlassspaltung und Universalsukzession in einer Rechtsordnung nebeneinander bestehen (ein Beispiel bildete das französische Recht bis zum Inkrafttreten der EuErbVO), auch schließt Nachlasseinheit nicht aus, dass das anwendbare Recht Einzelnachfolgen zulässt. Art. 23 kann also keineswegs die Aussage entnommen werden, dass das Erbstatut nur im Hinblick auf eine Gesamtrechtsnachfolge zur Anwendung berufen werde (so aber *Süß* ZEuP 2013, 725 (743 f.), unter Fortsetzung seiner Auffassung zum autonomen deutschen Recht, *Süß* RabelsZ 65 (2001) 245 (255 f.); ablehnend auch MüKoBGB/*Dutta* Art. 1 Rn. 53 Fn. 139). Art. 23 Abs. 1 spricht bewusst nicht von der „Gesamtrechtsnachfolge von Todes wegen", sondern von der „gesamten Rechtsnachfolge", meint also nur die Nachlasseinheit. Soweit nicht die EuErbVO selbst eine Ausnahme vorsieht, zB nach Art. 1 Abs. 2 lit. g oder Art. 30, bleibt daher die **Entscheidung über Gesamt- oder Einzelrechtsnachfolge dem Erbstatut überlassen.** Andere Mitgliedstaaten haben diese Entscheidung grds. zu respektieren (*J. P. Schmidt* ZEV 2014, 133 (134 f.)). 9

II. Reichweite des Erbstatuts, Art. 23 Abs. 2

Art. 23 Abs. 2 enthält einen **nicht abschließenden Katalog** von Rechtsfragen, die ausdrücklich **dem Erbstatut zugewiesen** werden. Die Regelung ist als **gesetzliche Qualifikationsnorm** (MüKoBGB/*Dutta* Art. 23 Rn. 1) eine Konkretisierung der in Art. 1 Abs. 1 genannten und in Art. 3 Abs. 1 lit. a definierten „Rechtsnachfolge von Todes wegen" und zugleich das Gegenstück zu dem in Art. 1 Abs. 2 enthaltenen Katalog der Bereichsausnahmen. Zwar gilt Art. 1 für die EuErbVO im Ganzen, während Art. 23 Abs. 2 formell nur das anwendbare Recht erfasst. Nach vorzugswürdiger Ansicht ist diese Vorschrift jedoch auch für die übrigen Teile der EuErbVO und insbesondere **auch für die internationale Zuständigkeit maßgeblich** (→ EuErbVO Art. 1 Rn. 3). 10

Art. 23 Abs. 2 hat vorwiegend **klarstellenden Charakter.** Auch ohne ihn würde man die dort genannten Rechtsfragen wegen des Grundsatzes der Nachlasseinheit im Zweifel dem Erbstatut unterwerfen, so wie im autonomen deutschen Recht ein entsprechender Katalog in den Art. 25 EGBGB hineingelesen wurde. Die Auflistung in lit. a-j folgt chronologisch den verschiedenen Stadien des Erbfalls, von seiner Eröffnung über die Bestimmung der Begünstigten und ihrer Quoten hin zu Nach- 11 lassabwicklung und -teilung. In Einzelfällen ergeben sich **Abgrenzungsfragen und Überschneidungen** zwischen den verschiedenen Buchstaben des Art. 23 Abs. 2, die aber **ohne praktische Relevanz** sind, da die betreffende Frage in jedem Fall dem Erbstatut unterworfen wird. Dennoch erscheint es sinnvoll, sich an den vorgegebenen Katalog so weit wie möglich zu halten, da er auch dabei hilft, die verschiedenen Aspekte des Erbrechts voneinander zu trennen.

1. Eintritt des Erbfalls (lit. a)

12 Das Erbstatut regelt, unter welchen Umständen der Erbfall eintritt, also die erbrechtlichen Mechanismen überhaupt **in Gang gesetzt** werden, um das Vermögen des Erblassers neu zuzuordnen. Nicht gemeint ist mit dem Erbfall iSd lit. a der Übergang von Nachlassgegenständen im engeren Sinne, also der Erwerb durch Erben und andere Berechtigte. Dieser ist Gegenstand von lit. e (Erman/*Hohloch* EuErbVO Art. 23 Rn. 2; → Rn. 49 ff.).

13 In aller Regel tritt der Erbfall durch den **physischen Tod** des Erblassers ein. Bei Ungewissheit hierüber, zB infolge Verschollenheit, kann aber auch die **gerichtliche Erklärung des Todes** den Erbfall auslösen (etwa §§ 3–9 VerschollenheitsG, Art. 58 ff. Codice civile). Lit. a ist insoweit etwas missverständlich, als das Erbstatut zwar regelt, welche Ereignisse für den Eintritt des Erbfalls geeignet sind, es wegen Art. 1 Abs. 2 lit. c dagegen **nicht bestimmt,** wann die **jeweiligen Voraussetzungen** erfüllt sind, also eine Person als gestorben oder verschollen anzusehen ist (Deixler-Hübner/Schauer/*Mankowski* Art. 23 EuErbVO Rn. 11 f.). Vielmehr werden diese **Vorfragen,** welche die Rechtsfähigkeit einer Person betreffen, vom Personalstatut geregelt (→ EuErbVO Art. 1 Rn. 33 ff.). Dies gilt auch für den Fall, dass eine für tot erklärte Person wieder auftaucht (*Carrascosa González* 167 f.). Der tatsächliche oder vermutete Tod kann auch relevant für den **Eintritt des Nacherbfalls** sein (Erman/*Hohloch* EuErbVO Art. 23 Rn. 2).

14 Fälle des sog. **bürgerlichen Todes,** etwa in Folge strafrechtlicher Verurteilung, Apostasie oder Eintritt in ein Kloster, gibt es allenfalls noch in sehr wenigen Rechtsordnungen, und entsprechende Regelungen dürften ohnehin mit dem ordre public (→ Art. 35) nicht vereinbar sein (*Carrascosa González* 168; BeckOGK/*J. Schmidt* EuErbVO Art. 23 Rn. 9).

15 Wird die Frage, wann eine Person iSd Erbstatuts als verstorben gilt, durch eine andere Rechtsordnung bestimmt, so liegt strenggenommen ein Fall der **Substitution** vor (→ Einl. Rn. 101 ff.), die aber wegen der Gleichwertigkeit der Tatbestände selten Schwierigkeiten bereiten dürfte.

16 Das Erbstatut regelt sodann auch den **Zeitpunkt des Erbfalls** (zust. Deixler-Hübner/Schauer/*Mankowski* Art. 23 EuErbVO Rn. 14). Dieser spielt für die Bestimmung der **Erbfähigkeit** eine Rolle (→ Rn. 38 ff.), da nach wohl allen Rechtsordnungen Voraussetzung für die Berufung einer Person ist, dass sie den Erblasser überlebt hat. Aus dem Umkehrschluss zu Art. 32 folgt, dass dem Erbstatut auch **Vermutungsregelungen für den Fall von Kommorienten** zu entnehmen sind, denn die Sonderregel des Art. 32 wurde für den Fall geschaffen, dass die für die jeweiligen Erbfälle maßgeblichen Statute zu unterschiedlichen Ergebnissen kommen (MüKoBGB/*Dutta* EuErbVO Art. 1 Rn. 22, Art. 23 Rn. 7). Im Normalfall fällt der Eintritt des Erbfalls mit dem physischen Tod des Erblassers zusammen, im Fall der Eröffnung aufgrund Todesvermutung oder -erklärung kann aber ein anderer Zeitpunkt maßgeblich sein (Erman/*Hohloch* Art. 23 EuErbVO Rn. 2). Der **zeitliche Anwendungsbereich der EuErbVO** ist nicht durch die Eröffnung des Erbfalls, sondern durch den **Tod des Erblassers** bedingt, → EuErbVO Art. 83 Rn. 5 f.

17 Lit. a weist schließlich auch die Bestimmung des **Ortes des Erbfalls** dem Erbstatut zu. Wenn etwa Art. 2031 port. CC hierzu auf den letzten Wohnsitz des Erblassers abstellt, darf dies keinesfalls so verstanden werden, als entscheide das Erbstatut darüber, wo der Verstorbene seinen letzten gewöhnlichen Aufenthalt iSd Art. 21 hatte oder an welchem Ort sich Nachlassgegenstände iSd Art. 10 befinden. Vielmehr sind diese Tatbestandsmerkmale **autonom** zu bestimmen. Soweit ersichtlich, können Regelungen des Erbstatuts über den Ort des Erbfalls daher allenfalls noch Bedeutung für die **innerstaatliche gerichtliche Zuständigkeit** haben.

2. Bestimmung der Berechtigten und ihrer Stellung (lit. b)

18 **a) Der Begriff des „Berechtigten“ .** Der Begriff der **„Berechtigten“** („beneficiaries“/„bénéficiaires“) wird in der verabschiedeten Fassung der EuErbVO deutlich häufiger verwendet als noch in der Entwurfsfassung, aber auch weiterhin nur in verstreuter und wohl nicht streng systematischer Weise (vgl. ua ErwG 10, 12, 16, Art. 23 Abs. 2 lit. i, Art. 29, Art. 43, Art. 60, Art. 61, Art. 65 lit. e, k). Der Ansatz einer Definition findet sich in ErwG 47, wonach der Begriff des Berechtigten „in den meisten Rechtsordnungen Erben und Vermächtnisnehmer sowie Pflichtteilsberechtigte“ erfasst. Er ist somit offenbar als **Oberbegriff** für alle diejenigen Personen gedacht, die durch den Erbfall begünstigt werden, sei es unmittelbar oder mittelbar, rechtlich oder wirtschaftlich (ähnlich *Baldus* GPR 2012, 312 (313)). Erfasst sind danach auch „beneficiaries“ nach dem Erbrecht der englisch-sprachigen Länder. Obgleich diese offenbar das sprachliche Vorbild für den Begriff der „Berechtigten“ waren (*Janzen* DNotZ 2012, 484

(486 Fn. 10)), verbietet sich eine Gleichsetzung. Denn die „beneficiaries“ der Common Law-Tradition sind, im Gegensatz zum „Erben“ der kontinentalen Rechtsordnungen, in aller Regel nicht unmittelbare Rechtsnachfolger des Verstorbenen (→ Rn. 73). Der Begriff der „Berechtigten“ iSd der lit. b ist also weiter als der des „beneficiary“.

19 Denkbar ist, auch den **„personal representative“** des Erbrechts von England und Wales (im Folgenden nur als englisches Recht bezeichnet) als „Berechtigten“ iSd der lit. b anzusehen, da er, ggf. nach gerichtlicher Einweisung, in den gesamten Nachlass eintritt (→ Rn. 75). Dagegen könnte man einwenden, dass die englische und die französische Sprachfassung eher auf eine wirtschaftliche Begünstigung abzustellen scheinen, und eine solche erhält der „personal representative“ als solcher nicht, sondern nur, wenn er zugleich „beneficiary“ ist. Doch ist beispielsweise auch der Erbe des deutschen Rechts nicht Mindest- sondern nur Residualbegünstigter (→ Rn. 75), dh auch er kann am Ende mit leeren Händen dastehen. Dass man den „personal representative“ daneben auch als Testamentsvollstrecker oder Nachlassverwalter iSd lit. f ansehen kann, schließt die vorgeschlagene Lesart nicht aus, da es bei lit. b auch um die Frage geht, wer mit dem Tod des Erblassers neuer Rechtsträger des Vermögens wird.

20 Dass die EuErbVO an anderer Stelle, zB in Art. 23 Abs. 2 lit. e und f, ausdrücklich von „Erben“ und/oder „Vermächtnisnehmern“ spricht, bedeutet nicht zwingend eine begriffliche Inkonsequenz, da die betreffenden Regelungen nicht unbedingt auf alle Arten von Berechtigten passen (näher zum Gebrauch der verschiedenen Begriffe in der EuErbVO *Baldus* GPR 2012, 312 (313)). Strenggenommen könnte man auch die **Nachlassgläubiger** als Berechtigte im Rahmen der lit. b betrachten, da auch sie am Nachlass partizipieren, und üblicherweise sogar mit Vorrang vor allen anderen (im Sinne des Rechtssprichworts: „Der Gläubiger ist der erste Erbe“). Die Haftung für Nachlassverbindlichkeiten ist allerdings speziell von lit. g erfasst.

21 „Berechtigter“ iSd lit. b kann schließlich auch der **Fiskus** sein (ebenso Deixler-Hübner/Schauer/*Mankowski* Art. 23 EuErbVO Rn. 17), in dem Fall, dass er in Ermangelung anderer Personen zur Erbschaft berufen wird (zB § 1936 BGB). Nicht dem Erbstatut unterfallen dagegen Regelungen, die im Fall eines erbenlosen Nachlasses ein hoheitliches Aneignungsrecht des Staates vorsehen (MüKoBGB/*Dutta* EuErbVO Art. 23 Rn. 10). Wie die Sonderregel des Art. 33 verdeutlicht, sind solche Staaten folglich keine „Berechtigten“ iSd lit. b.

22 **b) Gestalt und Umfang der Berechtigung.** Nach lit. b bestimmt das Erbstatut nicht nur, wer die Berechtigten sind, sondern auch Gestalt und Umfang der Beteiligung, also zB **welche Quote** den Berechtigten zukommt, ob sie eine **gegenständliche oder nur eine wertmäßige Beteiligung** am Nachlass erhalten, ob sie **Volleigentümer** werden oder nur **Nießbraucher** (und ob ihnen diesbzgl. ein Wahlrecht zusteht), ob sie **Vor- oder Nacherbe** sind, ob ihnen die Früchte des Nachlasses zustehen, etc. Schließlich kann es auch Unterschiede bei der **Verfügungsbefugnis** geben. Diese fehlt etwa einem deutschen Erben, der unter Testamentsvollstreckung steht (§ 2211 BGB). Ähnlich ist im französischen Recht immer danach zu unterscheiden, ob ein Rechtsnachfolger die **„saisine“** innehat, die ihm erlaubt, den Nachlass in Besitz zu nehmen und darüber zu verfügen, oder ob er hierzu noch einer „délivrance“ bedarf (→ Rn. 65, 88). Soweit die Verfügungsbefugnis die Nachlassabwicklung betrifft, ist sie auch Gegenstand von lit. f. Nicht von lit. b erfasst, sondern Gegenstand von lit. e, ist der **Eintritt in die zugewiesene Rechtsposition,** also etwa, ob dieser sich automatisch vollzieht oder weiterer Voraussetzungen bedarf. Lit. b meint nur die Berufung zur Erbschaft, auch genannt **Delation** (*Carrascosa González* 168).

23 Indem lit. b die **gesamte erbrechtliche Verteilungsanordnung erfasst,** ist auch die Entscheidung darüber eingeschlossen, ob die gesetzliche oder die gewillkürte Erbfolge eintritt oder beide nebeneinander zur Anwendung kommen (Bonomi/Wautelet/*Bonomi* Art. 23 Rn. 25; Deixler-Hübner/Schauer/*Mankowski* Art. 23 EuErbVO Rn. 19). Für den Fall der gewillkürten Erbfolge stellt lit. h klar, dass das Erbstatut auch die Einschränkung der **Testierfreiheit** durch **unentziehbare Teilhaberechte naher Angehöriger** regelt (lit. h). Bei der **Intestaterbfolge** zeigen sich durchaus signifikante Unterschiede zwischen den nationalen Rechtsordnungen (ausführliche Länderberichte und rechtsvergleichende Analyse in *Reid/De Waal/Zimmermann* (Hrsg.), Intestate Succession). Dies gilt bereits für die Rangfolge unter Verwandten, wo sich als Grundmodelle die **Parentelordnung, das Dreiliniensystem und das Justinianische System** voneinander unterscheiden lassen und weitere Differenzen etwa hinsichtlich der **Eintrittsrechte** bei Vorversterben, Ausschlagung oder Erbunwürdigkeit bestehen (eingehend *Zimmermann* RabelsZ 79 (2015), 768).

24 Vor allem aber zeigen sich große Unterscheide bei **Art und Umfang der Beteiligung des überlebenden Ehegatten** (Überblick bei *Zimmermann* RabelsZ 80 (2016), 81–88). Entgegen dem, was die deutsche Fassung der lit. b suggeriert, sind alle diese Formen der erbrechtlichen Teilhabe dem Erbstatut zugewiesen, und nicht nur „Nachlassansprüche“ des überlebenden Ehegatten (unter Hinweis auf andere Sprachfassungen Deixler-Hübner/Schauer/*Mankowski* Art. 23 EuErbVO Rn. 29). Oftmals bestehen in diesem Bereich zudem **Verschränkungen mit dem Ehegüterrecht** (dazu eingehend → EuErbVO Art. 1 Rn. 37 ff.) sowie Sonderregeln für die Vererbung der **ehelichen Wohnung** oder von **Haus-**

haltsgegenständen. Diese sind nach umstrittener Auffassung ebenfalls erbrechtlich zu qualifizieren (→ EuErbVO Art. 1 Rn. 64), können aber einer **Sonderanknüpfung** nach Art. 30 unterliegen (→ EuErbVO Art. 30 Rn. 16 ff.). In den Fällen, in denen dem überlebenden Ehegatten gesetzlich oder per Testament ein **Nießbrauch** am Nachlass zugesprochen wird, kann es zu **Konflikten mit dem Belegenheitsrecht** kommen (→ EuErbVO Art. 1 Rn. 150, Art. 31 Rn. 24 ff.). Noch grundsätzlichere Unterschiede, nämlich schon hinsichtlich der Frage, ob überhaupt ein gesetzliches Erbrecht besteht, finden sich bei **nichtehelichen** und bei **gleichgeschlechtlichen Lebenspartnern.** Letztgenannter Begriff ist weit zu verstehen, so dass es für die Anwendbarkeit der EuErbVO nicht darauf ankommt, ob es sich um eine durch Registrierung o. Ä. formalisierte oder eine rein tatsächliche Beziehung handelt (MüKoBGB/*Dutta* EuErbVO Art. 1 Rn. 23; anders Deixler-Hübner/Schauer/*Mankowski* Art. 23 EuErbVO Rn. 31). Maßgeblich ist allein, wen das anwendbare Erbrecht zur Erbfolge beruft.

25 Entscheiden bei der gesetzlichen Erbfolge Merkmale wie **Geschlecht, Religion, Rasse, eheliche Abstammung** o. Ä. über die Bestimmung der Berechtigten und ihrer Anteile, oder gestattet das Erbstatut derlei Unterscheidungen im Rahmen der gewillkürten Erbfolge, kann dies einen Verstoß gegen den ordre public begründen (*Carrascosa González* 169; → EuErbVO Art. 35 Rn. 12 ff.).

26 Gibt es **mehrere Berechtigte,** bestimmt das **Erbstatut** die **Rechtsverhältnisse zwischen ihnen.** Dies betrifft zunächst **Miterben** und damit etwa die Frage, ob sie eine Gesamthands- (zB §§ 2032 ff. BGB) oder eine Bruchteilsgemeinschaft bilden (zB Art. 1100 ff. Codice civile, dazu *Reiß* ZErb 2005, 212 (213); vergleichender Überblick bei *Bentler* 43) und ob sie zB gegenseitige Auskunftsansprüche haben (vgl. Art. 610 Abs. 2 schweiz. ZGB; eine ausdrückliche Nennung der Auskunftsansprüche vermisst *Ballarino* Riv.dir.int. 96 (2013), 1116 (1124 f.)). Die Verwaltung des Nachlasses fällt allerdings unter lit. f, die Auseinandersetzung der Erbengemeinschaft unter lit. j. Daneben regelt das Erbstatut auch das **Verhältnis zwischen Erben und anderen Berechtigten,** also etwa die **schuldrechtlichen Ansprüche von Vermächtnisnehmern oder Pflichtteilsberechtigten** gegen den oder die Erben (einschließlich zugehöriger **Auskunftsansprüche**). Erbrechtliche Ansprüche gegenüber Dritten, insbesondere auf Herausgabe, sind passender unter lit. f zu verorten (→ Rn. 93).

27 Das Erbstatut bestimmt sodann auch über die zulässigen Formen der **Einzelzuwendungen** (Vermächtnisse) und ihre Wirkungen. Die europäischen Rechtsordnungen weisen hier z. T. so erhebliche Unterschiede auf (einige nennt ErwG 47), dass es fraglich ist, ob der Begriff des Vermächtnisses oder des Vermächtnisnehmers überhaupt noch als systemneutraler Begriff geeignet ist. Es verbietet sich jedenfalls, den Vermächtnisbegriff eines nationalen Rechts zum alleinigen Maßstab zu erheben. Das französische Recht etwa kennt mit dem Universalvermächtnisnehmer („légataire universel") und dem Quotenvermächtnisnehmer („légataire à titre universel") Vermächtnisnehmer, die bei funktionaler Betrachtung viel eher einem Erben als einem Vermächtnisnehmer iSd deutschen Rechts gleichen, weil sie Gesamt- und nicht Einzelrechtsnachfolger sind (*Baldus* GPR 2012, 312 (313)). Ebenso bestimmt sich nach dem Erbstatut, ob der Vermächtnisnehmer eine **schuldrechtliche** oder eine **dingliche Rechtsposition** erhält (Bonomi/Wautelet/*Bonomi* Art. 23 Rn. 28; Deixler-Hübner/Schauer/*Mankowski* Art. 23 EuErbVO Rn. 36). Die zweitgenannte Möglichkeit, ein sog. **Vindikationslegat,** ist ua in Rechtsordnungen wie Frankreich, Belgien, Portugal, Italien, Polen oder Rumänien vorgesehenen (näher *Gärtner* 20 f.; *J. P. Schmidt* RabelsZ 73 (2013) 1 (4) m. w. N.; die genaue Rechtsstellung des Vindikationslegatar ist allerdings in jedem Einzelfall gesondert zu ermitteln, *J. P. Schmidt* ZEV 2014, 133 (137)). Beim Vindikationslegat geht die vermachte Sache oder Forderung unmittelbar vom Erblasser auf den Vermächtnisnehmer über, ohne jemals in das Vermögen des Erben zu gelangen. Es findet somit eine **Einzelrechtsnachfolge von Todes wegen** statt. Zurückzuweisen ist die Ansicht, dass eine solche nicht in den Anwendungsbereich des Erbstatuts falle (→ Rn. 9). Stattdessen sind die Anordnungen des Erbstatuts hinzunehmen, ganz unabhängig von ihrer Nomenklatur und davon, ob sie eine Entsprechung im deutschen Recht finden. Dieses kann allenfalls über Art. 1 Abs. 2 lit. l oder Art. 31 Berücksichtigung finden.

28 Dass das Erbstatut darüber entscheidet, ob ein Vermächtnis dingliche oder schuldrechtliche Wirkung hat, wird meist aus lit. e hergeleitet, wo ausdrücklich gesagt wird, dass Nachlassgegenstände auch auf Vermächtnisnehmer übergehen können. Bei streng systematischer Betrachtung von lit. b und lit. e scheint es aber überzeugender, die Frage der Rechtsstellung des Vermächtnisnehmers schon lit. b zuzuweisen (so wohl auch Deixler-Hübner/Schauer/*Mankowski* Art. 23 EuErbVO Rn. 36), während lit. e sich damit befasst, **wie** der Vermächtnisnehmer in seine Stellung **eintritt,** also ob er etwa noch eine **Annahmehandlung** vornehmen muss oder das Vermächtnis **ausschlagen** kann. Auch so kann in lit. e aber immerhin eine Bestätigung der erbrechtlichen Qualifikation des Vindikationslegats gesehen werden, indem dessen Existenz vorausgesetzt wird.

29 **c) Vorfragen und Substitution.** Nicht vom Erbstatut geregelt wird allerdings die (grundsätzlich unselbstständig anzuknüpfende) **Vorfrage** eines **bestehenden Verwandtschaftsverhältnisses** oder einer **bestehenden Ehe** oder **Partnerschaft** (→ EuErbVO Art. 1 Rn. 20 ff.; Bonomi/Wautelet/*Bonomi* Art. 23 Rn. 32; MüKoBGB/*Dutta* EuErbVO Art. 23 Rn. 10; Deixler-Hübner/Schauer/*Mankowski* Art. 23 EuErbVO Rn. 25). Fallen Erbstatut und das auf das familienrechtliche Statusverhältnis anwend-

bare Recht auseinander, können sich **Substitutionsprobleme** stellen (→ Einl Rn. 102), etwa wenn das Erbstatut nur eine Volladoption kennt, das auf das Statusverhältnis anwendbare Recht dagegen nur eine „schwache" Adoption (Beispiel bei *Patrão* Boletim da Faculdade de Direito da Universidade de Coimbra 92 (2016), 121 (147 f.)), oder wenn das Erbstatut eine eingetragene Partnerschaft als Vollehe behandelt, das auf das Statusverhältnis anwendbare Recht hingegen nur als „Ehe light" (MüKoBGB/*Dutta* EuErbVO Art. 1 Rn. 17, Art. 23 Rn. 11). Für eine **Gleichwertigkeit des Statusverhältnisses** wird man aber nicht stets verlangen müssen, dass auch nach dem auf das Statusverhältnis anwendbare Recht eine Erbberechtigung bestünde (so aber wohl MüKoBGB/*Dutta* EuErbVO Art. 23 Rn. 11). Vielmehr sollte die familienrechtliche Behandlung eines Statusverhältnisses grds. unabhängig von der erbrechtlichen sein. Wenn also zB eine Rechtsordnung die faktische Lebensgemeinschaft nur mit güter- und unterhaltsrechtlichen Wirkungen ausstattet, den Lebenspartnern aber keine gegenseitigen gesetzlichen Erb- und Pflichtteilsrechte einräumt, so hindert dies nicht die Anwendbarkeit eines Erbstatuts, das insofern großzügiger ist (MüKoBGB/*Dutta* EuErbVO Art. 1 Rn. 18 nimmt für eine an faktische Familienbeziehungen geknüpfte Erbberechtigung sogar an, dass das Erbstatut das die Erbberechtigung auslösende Verhältnis zum Erblasser in diesem Fall selbst definiert und das die Statusbeziehung regelnde Statut somit gar nicht mehr befragt). Freilich kann sich die getrennte Beurteilung auch zu Lasten der Beteiligten auswirken, wenn das Erbstatut im Gegensatz zum Statusstatut keine Erbberechtigung vorsieht. Dies kann insbesondere im Fall von **gleichgeschlechtlichen Lebenspartnerschaften** geschehen, weil die EuErbVO anders als der inzwischen aufgehobene Art. 17b Abs. 1 S. 2 EGBGB a. F. **keine hilfsweise Anwendung des günstigeren Rechts vorsieht.** Dieses Ergebnis muss hingenommen werden, da anderenfalls dem Erbstatut die Wertungen des Partnerschaftsstatuts aufgezwungen würden (für eine Anpassung dennoch MüKoBGB/*Dutta* EuErbVO Art. 23 Rn. 11). Zudem wäre zu fragen, warum das günstigere Erbrecht sich dann nicht für die gesamte Intestaterbfolge durchsetzen sollte. In Betracht kommt in den genannten Fällen daher allenfalls eine **Korrektur über den ordre public,** also Art. 35 (siehe etwa Palandt/*Thorn* Art. 35 EuErbVO Rn. 2). Um zu verhindern, dass die Verlegung des gewöhnlichen Aufenthalts in eine andere Rechtsordnung **ungewollt zum Verlust** eines auf einer Lebenspartnerschaft beruhenden Erbrechts führt, kann sich eine Rechtswahl nach Art. 22 empfehlen (*Coester* ZEV 2013, 115; *Müller-Lukoschek,* § 6 Rn. 5 ff.).

d) Die Abgrenzung von Erbstatut und Errichtungsstatut. In Einzelheiten **sehr umstritten** ist die **Abgrenzung des Erbstatuts von dem** nach Art. 24, 25 zu ermittelnden **Errichtungsstatut.** Sie wird freilich nur dort relevant, wo es infolge einer Verlegung des gewöhnlichen Aufenthalts zu einem Wandel des Erbstatuts kommt, der auch nicht durch eine (wenigstens konkludente) Rechtswahl aufgefangen wird. Fallen Erbstatut und Errichtungsstatut auseinander, **treten zwei Zielsetzungen der EuErbVO miteinander in Konflikt:** Einerseits will sie den Erbfall in möglichst weitgehendem Maße nur einer einzigen Rechtsordnung unterstellen (→ Rn. 1), andererseits will sie das Vertrauen in die Wirksamkeit letztwilliger Anordnungen schützen. 30

Dem Errichtungsstatut kommt nach Art. 24, 25 in jedem Fall die Entscheidung darüber zu, auf welche Art und Weise überhaupt letztwillig verfügt werden kann. Problematisch kann dies etwa beim Erbvertrag oder gemeinschaftlichem Testament sein. Ferner regelt das Errichtungsstatut nach Art. 26 das, was man als die **äußeren Wirksamkeitsvoraussetzungen der Verfügung** bezeichnen kann, insbesondere im Hinblick auf Testierfähigkeit, Willensmängel und Zulässigkeit einer Stellvertretung (dies gilt auch für die äußere Wirksamkeit einer **letztwilligen Schiedsverfügung** (*Gleim* 279, 313; allgemein zur Behandlung von Schiedsverfahren unter der EuErbVO → EuErbVO Art. 1 Rn. 158). Für die Form sieht Art. 27 eine Sonderanknüpfung vor. Der **Widerruf einer letztwilligen Verfügung,** sei er gewillkürt oder zB infolge Eheschließung oder Scheidung gesetzlich angeordnet, wird grds. genauso behandelt wie ihre Errichtung (Art. 24 Abs. 3; Khairallah/Revillard/*Revillard,* Droit Européen des Successions Internationales, 2013, 67 Nr. 185; MüKoBGB/*Dutta* EuErbVO Art. 26 Rn. 14), wobei Art. 26 Abs. 2 eine Sonderregel zur Testierfähigkeit vorsieht. 31

Problematisch wird die Abgrenzung zwischen Erbstatut und Errichtungsstatut dort, wo es um den **Inhalt einer letztwilligen Verfügung** geht. Logisch im Sinne der vorgenannten Unterscheidung wäre an sich, diese Fragen der **inneren Wirksamkeit** vollständig dem Erbstatut zuzuweisen. Dies hätte freilich eine Beeinträchtigung der Planungssicherheit des Erblassers zur Folge, denn es wäre nicht auszuschließen, dass eine nach dem Errichtungsstatut wirksame Anordnung, zB die Errichtung eines Trusts, dem Erbstatut unbekannt ist und allenfalls nach den **Grundsätzen des Handelns unter falschem Recht** umgedeutet werden kann (→ Rn. 37). Dies erklärt, warum der Gesetzgeber in Art. 26 zumindest punktuell auch Fragen des Inhalts einer letztwilligen Verfügung dem Errichtungsstatut zuweist, nämlich Zuwendungs- und Empfangsverbote (Abs. 1 lit. b) und die Auslegung (Abs. 1 lit. d). Einerseits gebietet der Grundsatz der Nachlasseinheit (→ Rn. 1), diese Ausnahmen vom Erbstatut eng auszulegen. Andererseits ist der Katalog des Art. 26 Abs. 1 nach überzeugender Ansicht nicht abschließend (→ EuErbVO Art. 32 Rn. 10), und es lässt sich argumentieren, dass lit. b und d die Tür zu Fragen der Wirkungen einer letztwilligen Verfügung aufgestoßen haben, sodass auch weitere Aspekte dieser Art 32 unter das Errichtungsstatut gefasst werden können. Eine **trennscharfe Abgrenzung** zwischen Erbstatut und Errichtungsstatut erweist sich damit als **unmöglich.**

33 Für eine **sachgerechte Koordinierung von Erbstatut und Errichtungsstatut** empfiehlt sich folgende Unterscheidung: Das **Erbstatut** bestimmt über das, was man als den **numerus clausus der zulässigen letztwilligen Anordnungen** bezeichnen kann. Gleiches gilt für die mit diesen Anordnungen verbundenen Wirkungen (wie hier MüKoBGB/*Dutta* EuErbVO Art. 1 Rn. 13f., und wohl auch Deixler-Hübner/Schauer/*Mankowski* Art. 23 EuErbVO Rn. 33–35). Innerhalb der vom Erbstatut gezogenen Grenzen sind dann aber die Wertungen des Errichtungsstatuts maßgeblich (hierzu passt, dass Art. 26 Abs. 1 lit. b dem Errichtungsstatut die Auslegung zuweist). Auf diese Weise werden die Erwartungen des Erblassers soweit wie möglich geschützt, zugleich aber Friktionen mit dem Erbstatut vermieden (→ EuErbVO Art. 26 Rn. 10f.; noch weiter wollen den Kreis des Errichtungsstatuts dagegen Dutta/Herrler/*Bonomi/Öztürk,* Die Europäische Erbrechtsverordnung, 47 Rn. 47ff. ziehen, ebenso Bonomi/Wautelet/*Bonomi* Art. 24 Rn. 7; die daraus resultierende starke Zurückdrängung des Erbstatuts dürfte aber weder mit dem Wortlaut noch der Systematik der EuErbVO vereinbar sein und kann zudem erheblichen Anpassungsbedarf erfordern; zum Sonderfall des Pflichtteilsverzichts → Rn. 113f.).

34 Im Einzelnen folgt aus der hier vertretenen Auffassung:

Das **Erbstatut** bestimmt über die generelle Möglichkeit, zB Erben oder Vermächtnisnehmer einzusetzen, sowie über die damit verbundenen Wirkungen, also etwa hinsichtlich der Haftung für Nachlassverbindlichkeiten (lit. g) oder der dinglichen Rechtslage am vermachten Gegenstand (→ Rn. 27; MüKoBGB/*Dutta* EuErbVO Art. 23 Rn. 13f.). Das **Errichtungsstatut** bestimmt hingegen über die Frage der Nichtigkeit einer letztwilligen Verfügung wegen **Gesetzes- oder Sittenwidrigkeit,** etwa in den Fällen der Geliebten- oder Behindertentestamente oder bei einer testamentarischen Diskriminierung nach Geschlecht oder Religion. Ist das Errichtungsstatut insofern liberaler als das Erbstatut, genießen die Anordnungen des Erblassers also im Einklang mit der Zielrichtung des Art. 26 Abs. 1 lit. b **Bestandsschutz.** In Extremfällen lassen sich die Wertungen des Erbstatuts über Art. 35 berücksichtigen. Im umgekehrten Fall, also wenn eine nach dem Errichtungsstatut als unwirksam eingestufte Anordnung nach dem Erbstatut zulässig wäre, stellt sich die Frage nach der **Anwendung des großzügigeren Rechts,** die aber zu verneinen sein dürfte (→ EuErbVO Art. 26 Rn. 11). Keine Rolle spielt jedenfalls, ob das Errichtungsstatut die Prüfung der Gesetzes- oder Sittenwidrigkeit anhand der allgemeinen Regelungen über Rechtsgeschäfte vornimmt (zB nach § 138 BGB) oder spezielle Vorschriften für unzulässige letztwillige Verfügungen vorsieht (zB Art. 2194 port. Código civil).

35 Das **Erbstatut** bestimmt sodann auch über die generelle Möglichkeit, eine Verfügung von Todes wegen an eine **Bedingung, Befristung** oder **Auflage** zu knüpfen; diese Lösung lässt sich auch die in lit. b genannten „vom Erblasser auferlegten Pflichten" stützen (MüKoBGB/*Dutta* EuErbVO Art. 23 Rn. 15; Deixler-Hübner/Schauer/*Mankowski* Art. 23 EuErbVO Rn. 33). Gleiches gilt für die Rechtsfolgen einer (Teil-)Unwirksamkeit solcher Nebenbestimmungen. Hingegen entscheidet wiederum das **Errichtungsstatut** über die **Wirksamkeit der Bestimmung im konkreten Fall,** etwa bei Erbeinsetzung unter der aufschiebenden oder auflösenden Bedingung der Wiederverheiratung oder des Konfessionswechsels. Auch hier spielt es keine Rolle, ob Vorschriften über Rechtsgeschäfte im Allgemeinen zur Anwendung kommen oder spezielle Regelungen für Testamente vorgesehen sind (für einen Vergleich zwischen Deutschland und Portugal in dieser Frage Baldus/Dajczak/*J. P. Schmidt,* Der Allgemeine Teil des Privatrechts, 481 (497)). Dieselbe Differenzierung ist im Hinblick auf die **Inhaltsbestimmung durch Dritte** vorzunehmen (vgl. § 2065 BGB), dh das Erbstatut bestimmt über die grundsätzliche Zulässigkeit einer solchen Delegation der Testierfreiheit, das Errichtungsstatut über die Wirksamkeit im konkreten Fall (für die vollständige Zuweisung zum Erbstatut Deixler-Hübner/Schauer/*Fischer-Czermak* Art. 26 EuErbVO Rn. 8; für die Zuweisung zum Errichtungsstatut dagegen MüKoBGB/*Dutta* EuErbVO Art. 26 Rn. 14).

36 Das **Erbstatut** bestimmt ferner über die **Zulässigkeit der angeordneten Form der Testamentsvollstreckung** (zum schillernden Charakter dieses Rechtsinstituts Löhnig/Dutta/et al./*Dutta,* Testamentsvollstreckung in Europa, 221 (221–223)), über die Zulässigkeit eines **„negativen Testaments"** (§ 1938 BGB), eines **„testamentary trust"** (→ EuErbVO Art. 1 Rn. 119ff.), einer testamentarisch angeordneten **joint tenancy** (→ EuErbVO Art. 1 Rn. 94), einer dinglichen **Teilungsanordnung** (→ EuErbVO Art. 31 Rn. 15), einer **Vor- und Nacherbschaft** (rechtsvergleichender Überblick HWBEuP/*Dutta,* Vor- und Nacherbschaft, 1735) oder einer **letztwilligen Schiedsklausel** (*Gleim* 278–280; zu gesondert anzuknüpfenden Teilfragen wie objektive Schiedsfähigkeit, subjektive Schiedsfähigkeit und Form ebd. 284–288; allgemein zur Behandlung von Schiedsverfahren unter der EuErbVO → EuErbVO Art. 1 Rn. 158). Für den Testamentsvollstrecker folgt überdies aus Art. 23 Abs. 2 lit. f, dass auch seine Aufgaben, Befugnisse, Haftung, Vergütung usw. vom Erbstatut geregelt werden (Löhnig/Dutta/et al./*Dutta,* Testamentsvollstreckung in Europa, 221 (226)). Raum für das Errichtungsstatut sollte aber im Hinblick auf die der Testierfreiheit eröffneten Spielräume bleiben, etwa was die **zulässige Dauer einer Testamentsvollstreckung** oder einer **Vor- und Nacherbschaft** angeht. Denn Abweichungen vom Erbstatut sind in diesen Fällen nicht gleichbedeutend mit systematischer Unverträglichkeit.

Im Falle erheblicher Diskrepanzen zwischen Erbstatut und Errichtungsstatut kann sich freilich die Frage stellen, ob eine noch hinreichende inhaltliche Äquivalenz und damit der numerus clausus der zulässigen letztwilligen Anordnungen gewahrt ist.

37 Scheitern die letztwilligen Anordnungen des Erblassers daran, dass das Erbstatut sie ihrer Natur nach nicht kennt, muss dies nicht ihre vollkommene Wirkungslosigkeit zur Folge haben. Vielmehr sind die Verfügungen nach den Grundsätzen des **Handelns unter falschem Recht** (→ Einl Rn. 110 f.; MüKoBGB/*Dutta* EuErbVO Art. 26 Rn. 12; Erman/*Hohloch* EuErbVO Art. 26 Rn. 5; aus portugiesischer Sicht *Patrão* Boletim da Faculdade de Direito da Universidade de Coimbra 92 (2016), 121 (151)) soweit wie möglich in zulässige Anordnungen umzudeuten (so kann zB ein fehlgeschlagener Trust in eine Vor- und Nacherbschaft umgedeutet werden, und eine fehlgeschlagene Dauervollstreckung in eine Abwicklungsvollstreckung MüKoBGB/*Dutta* EuErbVO Art. 23 Rn. 14, 29; Löhnig/Dutta/et al./*Dutta,* Testamentsvollstreckung in Europa, 221 (227); *Merkel* 200 f.; zu einem Fall aus der jüngeren Praxis OLG Schleswig, 9.7.2014 – 3 Wx 15/14, IPrax 2016, 163 mAnm *Dutta* (139); die von Dutta/Herrler/*Bonomi/Öztürk,* Die Europäische Erbrechtsverordnung, 47 Rn. 49 befürchteten „erhebliche[n] Auslegungsprobleme" sind keine Rechtfertigung, das Erbstatut vollständig zu verdrängen; vielmehr dürften die daraus resultierenden Friktionen häufig noch schwerwiegender sein). Als Frage der **Testamentsauslegung** ist es das **Errichtungsstatut,** das den Umgang mit dem „Handeln unter falschem Recht" regelt (→ EuErbVO Art. 26 Rn. 8).

3. Erbfähigkeit (lit. c)

38 Die Erbfähigkeit iSd der lit. c ist **weit zu verstehen** und meint nicht nur die Fähigkeit, Erbe zu sein, sondern erfasst **jede Art der Nachlassbeteiligung,** etwa in Form eines Vermächtnisses, eines Pflichtteilsrechts, eines Nutzungsrechts, einer Nacherbschaft etc. (MüKoBGB/*Dutta* EuErbVO Art. 23 Rn. 18). Erbfähigkeit ist nicht zu verwechseln mit der Berufung zur Erbschaft, die von lit. b geregelt wird.

39 Erbfähig zu sein bedeutet, **grundsätzlich die Möglichkeit zu haben,** kraft Erbrechts **am Nachlass einer verstorbenen Person zu partizipieren** (Staudinger/*Dörner* Art. 25 EGBGB Rn. 82). Nicht von Art. 23 Abs. 2 lit. c, sondern wegen Art. 26 Abs. 1 lit a vom **Errichtungsstatut** erfasst ist die Fähigkeit, eine letztwillige Verfügung zu errichten. Gleiches gilt für die Frage, ob eine Person aufgrund ihrer besonderen Beziehung zum Erblasser daran gehindert ist, im Wege einer letztwilligen Verfügung etwas aus dessen Nachlass zu erhalten (Art. 26 Abs. 1 lit. b; Bonomi/Wautelet/*Bonomi* Art. 23 Rn. 38, 42; Deixler-Hübner/Schauer/*Mankowski* Art. 23 EuErbVO Rn. 42). Allgemeine Empfangsverbote, wie eine fehlende Erbfähigkeit von Nichtmuslimen nach Muslimen, dürften dagegen dem Erbstatut zuzuweisen sein (so MüKoBGB/*Dutta* EuErbVO Art. 1 Rn. 21, Art. 23 Rn. 18; zur Frage eines ordre public-Verstoßes → Rn. 43).

40 Unproblematisch gegeben ist die Erbfähigkeit **bei allen natürlichen Personen,** die zur Zeit der Eröffnung der Erbschaft (→ Rn. 12 ff.) bereits geboren und noch am Leben sind. Zwar führt in manchen Rechtsordnungen die **Erbunwürdigkeit** zum Verlust der Erbfähigkeit (etwa Art. 2033 port. Código civil), doch behandelt die EuErbVO sie gesondert in lit. d (Bonomi/Wautelet/*Bonomi* Art. 23 Rn. 35; Deixler-Hübner/Schauer/*Mankowski* Art. 23 EuErbVO Rn. 46). **Problematisch** sein kann die **Erbfähigkeit der Leibesfrucht** (nasciturus, vgl. § 1923 Abs. 2 BGB), des erst **nach dem Erbfall Gezeugten** (etwa §§ 2101 Abs. 1, 2106 Abs. 2 BGB), des im Wege der **postmortalen Befruchtung Gezeugten** oder des **Verschollenen** (etwa Art. 725 Abs. 2 Code civil). Nicht selbstverständlich ist ferner die Erbfähigkeit **juristischer Personen,** insbesondere, wenn sie erst mit oder nach dem Erbfall zur Entstehung gelangen (vgl. § 84 BGB, §§ 2101 Abs. 2, 2106 Abs. 2 BGB), sowie die Erbfähigkeit von **Gesamthandsgemeinschaften** oder **nicht rechtsfähigen Personengesellschaften.** Alle diese Fragen entscheidet das **Erbstatut** (Deixler-Hübner/Schauer/*Mankowski* Art. 23 EuErbVO Rn. 41).

41 Im Fall, dass das Erbstatut für die Bestimmung der Erbfähigkeit auf die allgemeine Rechtsfähigkeit verweist, wird häufig angenommen, dass die Erbfähigkeit dann dem autonom anzuknüpfenden **Personalstatut** unterliegt (so MüKoBGB/*Dutta* EuErbVO Art. 1 Rn. 21, Art. 23 Rn. 18, und BeckOGK/*J. Schmidt* EuErbVO Art. 23 Rn. 25; Deixler-Hübner/Schauer/*Mankowski* Art. 23 EuErbVO Rn. 40). Diese Lösung sieht sich jedoch dem Einwand ausgesetzt, dass es nicht darauf ankommen kann, ob der Gesetzgeber sich einer Verweisung bedient oder er sich die Mühe macht, die Voraussetzungen der Erbfähigkeit gesondert niederzulegen. Zur Vermeidung willkürlicher Differenzierungen sollte die Erbfähigkeit daher **stets nach dem Erbstatut** bestimmt werden.

42 Dessen ungeachtet bestimmt sich die **Vorfrage,** ob eine natürliche oder juristische Person überhaupt **Rechtsfähigkeit** erlangt hat und damit **Träger der durch das Erbstatut zugewiesenen Rechte** sein kann, immer nach dem **Personalstatut** (Erman/*Hohloch* Art. 23 EuErbVO Art. 23 Rn. 4; Bonomi/Wautelet/*Bonomi* Art. 23 Rn. 37; *Carrascosa González* 168 f.; Deixler-Hübner/Schauer/*Mankowski* Art. 23 EuErbVO Rn. 43; zur Unterscheidung auch schon Staudinger/*Dörner* Art. 25 EGBGB Rn. 82; eine Teil- anstelle einer Vorfrage nimmt MüKoBGB/*Dutta* EuErbVO Art. 23 Rn. 21 an, was im Ergebnis aber keinen Unterschied machen dürfte). Das Personalstatut ist vorzugsweise **unselbstständig**

anzuknüpfen (→ EuErbVO Art. 1 Rn. 22 ff.). Die getrennte Anknüpfung von Erbfähigkeit und Rechtsfähigkeit kann sich dann auswirken, wenn das Personalstatut strengere Anforderungen an die Erlangung der Rechtsfähigkeit stellt als das Erbstatut an die Erbfähigkeit. So muss etwa nach französischem Recht ein Mensch, um rechtsfähig zu sein, **nicht nur lebendig,** sondern **auch lebensfähig geboren** werden („viable"), was ua aus Art. 725 Abs. 1 Code civil abgeleitet wird, der eigentlich nur die Erbfähigkeit regelt (*Teyssié,* Droit civil: Les personnes, 12. Aufl. 2010, 15). Ist also deutsches Recht Erbstatut, französisches Recht aber Personalstatut, wäre ein beim Erbfall bereits gezeugtes und später lebend, aber nicht lebensfähig geborenes Kind zwar an sich erbfähig iSd § 1923 Abs. 2 BGB. Es hätte aber niemals Rechtsfähigkeit erlangt und konnte somit die Erbschaft bzw. eine entsprechende Erbberechtigung gar nicht erwerben (Staudinger/*Dörner* Art. 25 EGBGB Rn. 84 f., dessen Beispiel zum spanischen Recht allerdings inzwischen überholt ist). Bei umgekehrter Konstellation, also französischem Erbstatut und deutschem Personalstatut, wäre das Ergebnis das gleiche, weil Art. 725 Abs. 1 Code civil auch für die Erbfähigkeit die Lebensfähigkeit verlangt. Die Konsequenzen einer fehlenden Erbfähigkeit, etwa Anwachsungs- oder Eintrittsrechte anderer Personen, richten sich nach dem Erbstatut.

43 Versagt das Erbstatut einer Person die Erbfähigkeit aus Gründen ihrer Religion, ihres Geschlechts o. Ä., dürfte dies in aller Regel einen **Verstoß gegen den ordre public** (Art. 35) begründen (*Carrascosa González* 179; Khairallah/Revillard/*Revillard,* Droit Européen des Successions Internationales, 2013, 67 (Nr. 160); MüKoBGB/*Dutta* EuErbVO Art. 23 Rn. 18; Deixler-Hübner/Schauer/*Mankowski* Art. 23 EuErbVO Rn. 42).

4. Enterbung und Erbunwürdigkeit (lit. d)

44 Der in lit. d genannte Begriff der **Enterbung** ist mehrdeutig. Im deutschen Sprachgebrauch wird er oft zur Beschreibung der Situation benutzt, dass der Erblasser in Ausübung seiner Testierfreiheit die gesetzliche Erbfolge abändert und nahe Familienangehörige auf ihren Pflichtteil beschränkt. Für diesen Vorgang ist **lit. h** aber die speziellere Norm. Daneben kommt in Betracht, unter die Enterbung der lit. d Fälle wie **§ 1938 BGB** zu fassen, der die Frage der Zulässigkeit eines „negativen Testaments" regelt. Auch diese Fälle wird der europäische Gesetzgeber aber vermutlich nicht gemeint haben, da sie dem Themenbereich des **numerus clausus der zulässigen letztwilligen Anordnungen** angehören (→ Rn. 33). Stattdessen dürfte die Enterbung iSd lit. d auf diejenigen Fälle zielen, in denen der Erblasser durch privatautonomen Akt nahen Angehörigen aufgrund bestimmter Verfehlungen ihre **Mindestteilhabe am Nachlass entzieht** (so wohl auch Bonomi/Wautelet/*Bonomi* Art. 23 Rn. 38; breitere Sichtweise dagegen bei BeckOGK/*J. Schmidt* EuErbVO Art. 23 Rn. 27; Deixler-Hübner/Schauer/*Mankowski* Art. 23 EuErbVO Rn. 58). Für ein solches Verständnis spricht – neben der inhaltlichen Nähe zur Erbunwürdigkeit –, dass Rechtsordnungen, die eine solche Möglichkeit kennen, den Begriff der Enterbung meist in diesem Sinne verwenden (etwa Art. 769 ABGB; Art. 848 span. Código civil („desheredación"); Art. 2166 port. Código civil („deserdação"); siehe auch *Zimmermann,* FS Koziol, 2010, 463 (503)). Im deutschen Recht wäre also die **Pflichtteilsentziehung nach §§ 2333 ff. BGB** gemeint. Das Erbstatut regelt folglich, ob eine solche Möglichkeit generell besteht, welches ihre materiellen und formellen Voraussetzungen sind, wann das Recht zur Enterbung wieder erlischt (zB durch Verzeihung), usw. Wie auch im Falle des Pflichtteilsrechts (→ Rn. 107), kann es sich als Problem für den Erblasser erweisen, dass das Erbstatut im Moment der Testamentserrichtung für ihn nicht immer vorhersehbar ist (*Álvarez Gonzalez* AEDIPr XI (2011), 369 (397 f.)).

45 Ebenso dem Erbstatut unterliegt die **Erbunwürdigkeit.** Dieser Begriff ist weit zu verstehen ist, sodass er auch eine evtl. **Pflichtteils- oder Vermächtnisunwürdigkeit** (vgl. § 2345 BGB) einschließt. Zudem ist der Begriff wie üblich **autonom-funktional** auszulegen. Er erfasst daher alle nationalen Regelungen, die bestimmte Verhaltensweisen mit dem Verlust der Nachlassteilhabe sanktionieren, unabhängig davon, ob die betreffende Rechtsordnung den Vorgang als Erbunwürdigkeit oder zB als **Fall der Erbunfähigkeit** konzeptualisiert, wie dies etwa Österreich oder Portugal tun und wie es teilweise in England vertreten wird (*Zimmermann,* FS Hopt, 2010, 269 (280); Bonomi/Wautelet/*Bonomi* Art. 23 Rn. 41 will in diesen Fällen lit. c anwenden, was im Ergebnis keine Rolle spielt, in methodischer Hinsicht aber nicht überzeugend ist).

46 War die kollisionsrechtliche Behandlung der Erbunwürdigkeit vor Ankunft der EuErbVO sehr umstritten (ausführlich Henrich/*Jayme*/Sturm, Familie, Erbe, Name, 2010, 23 (24)), entscheidet fortan **allein das Erbstatut** nicht nur über ihre Gründe und Folgen, sondern auch über **den Weg zu ihrer Geltendmachung** (ebenso Deixler-Hübner/Schauer/*Mankowski* Art. 23 EuErbVO Rn. 48–50; eingehende historisch-vergleichende Darstellung der nationalen Rechte bei *Zimmermann,* FS Koziol, 2010, 463 (468 ff.); *Zimmermann,* FS Hopt, 2010, 269). So tritt beispielsweise nach österreichischem oder nach italienischem Recht die Erbunwürdigkeit **ipso iure** ein (Art. 540 ABGB, Art. 463 Codice civile), weshalb sie von jedem mit der Erbsache befassten Gericht festgestellt werden kann. Nach deutschem oder französischem Recht hingegen bedarf es einer **Gestaltungsklage,** die innerhalb bestimmter Fristen zu erheben ist (§§ 2340, 2082 BGB; Art. 727-1 Code civil). Die **internationale Zuständigkeit** bestimmt sich in diesen Fällen nach den Art. 4 ff., die Anerkennung des entsprechenden Urteils nach

Art. 39 ff. (zur Bedeutung eines drittstaatlichen Erbunwürdigkeitsurteils *Ferid,* FS Beitzke, 1979, 479). Das Erbstatut bestimmt schließlich auch darüber, ob die **Abkömmlinge des Erbunwürdigen** in dessen Rechtsstellung **eintreten** können (gestattet wird dies heute von der großen Mehrzahl der Rechtsordnungen, siehe etwa Art. 468 Abs. 2 Codice civile, § 542 ABGB oder § 2344 BGB).

Im Rahmen von Enterbung oder Erbunwürdigkeit sind häufig **Vorfragen** zu entscheiden, etwa ob der Erbprätendent gegenüber dem Erblasser **eine Unterhaltspflicht verletzt** hatte (vgl. § 2333 Abs. 1 Nr. 3 BGB oder Art. 541 Ziff. 3 ABGB; für die Einordnung als Vorfrage auch Deixler-Hübner/ Schauer/*Mankowski* Art. 23 EuErbVO Rn. 51). Ist Erbstatut das Recht eines Mitgliedstaates, hat die Anknüpfung aufgrund der Harmonisierung des europäischen Unterhaltskollisionsrechts durch die EuUnthVO selbständig zu erfolgen, was den äußeren Entscheidungseinklang aber nicht stört (→ EuErbVO Art. 1 Rn. 22). Unterliegt der Erbfall hingegen dem Recht eines Drittstaates, der nicht Vertragsstaat des HUntProt ist, wird die Entscheidung zwischen **selbständiger und unselbständiger Anknüpfung relevant** (eingehend *Nehmer* 180). Schließlich können sich auch **Fragen der Substitution** stellen. Die Gleichwertigkeit einer Unterhaltspflichtverletzung kann etwa dann zweifelhaft sein, wenn das Unterhaltsstatut eine solche unter deutlich geringfügigeren Anforderungen annimmt als das Erbstatut (*Nehmer* 186). Verlangt das Erbstatut eine strafrechtliche Verurteilung des Erbprätendenten, stellt sich die Frage, ob auch ein ausländisches Urteil diese Wirkungen herbeiführen kann. Die Entscheidung hierüber bleibt dem Erbstatut überlassen (Henrich/*Jayme*/Sturm, Familie, Erbe, Name, 2010, 23 (33 f.); für die Maßgeblichkeit der lex fori dagegen Deixler-Hübner/Schauer/*Mankowski* Art. 23 EuErbVO Rn. 53). 47

Während bei funktionaler Betrachtung jede Rechtsordnung irgendeine Form der Erbunwürdigkeit kennen dürfte, kann es hinsichtlich der Voraussetzungen trotzdem **erhebliche Unterschiede** zwischen den nationalen Rechtsordnungen geben. Insbesondere weil den Regelungen über die Erbunwürdigkeit üblicherweise auch ein **starkes moralisches Element** innewohnt, bleibt in diesen Fällen ein gewisser Raum für den Vorbehalt des ordre public (→ EuErbVO Art. 35 Rn. 15; Erman/*Hohloch* EuErbVO Art. 23 Rn. 5; Bonomi/Wautelet/*Bonomi* Art. 23 Rn. 41; Deixler-Hübner/Schauer/*Mankowski* Art. 23 EuErbVO Rn. 54; *Carrascosa González* 179 bejaht einen Verstoß gegen den spanischen ordre public zB im Fall dass das Erbstatut nicht den Erbunwürdigkeitsgrund der Misshandlung oder schweren Beleidigung des Erblassers vorsieht; nach Khairallah/ Revillard/*Revillard,* Droit Européen des Successions Internationales, 2013, 67 (Nr. 160) verlangt der französische ordre public zwingend die Erbunwürdigkeit im Falle einer Verurteilung wegen eines Anschlags auf das Leben des Erblassers). 48

5. Erbgang (lit. e)

a) Allgemeines. Lit. e hat vielleicht die größte Bedeutung innerhalb des gesamten Katalogs des Art. 23 Abs. 2. Denn durch sie wird unmissverständlich klargestellt, dass dem Erbstatut **nicht nur die Verteilung des Nachlasses** zu entnehmen ist, also die Bestimmung der Berechtigten und ihrer Quoten, sondern auch die **dingliche Umsetzung** dieser Verteilungsanordnung (*Mansel,* FS Coester-Waltjen, 2015, 587 (590)). Werden also zB in Italien belegene Gegenstände nach deutschem Erbstatut vererbt, so erlangt der Erbe das Eigentum an ihnen nicht etwa nach italienischem Erb- oder Sachenrecht, sondern nach § 1922 Abs. 1 BGB. Dieser Vorgang ist durchaus bemerkenswert, denn er bildet eine Ausnahme von dem allgemeinen Grundsatz, dass sich dingliche Rechtsänderungen nur nach der lex rei sitae vollziehen können. 49

Allein das Erbstatut regelt folglich die genauen **Voraussetzungen des Rechtserwerbs von Todes wegen,** also ob dieser von selbst eintritt, einer Annahmeerklärung bedarf oder gar von einem hoheitlichen Akt abhängt (*Heredia Cervantes* AEDIPr XI (2011), 415 (442); zu den Einzelheiten → Rn. 56 ff.). Gleiches gilt für die Regelung des **Schwebezustands** (Deixler-Hübner/Schauer/*Mankowski* Art. 23 EuErbVO Rn. 64). Der Erwerb ist somit als **Frage des materiellen Rechts und nicht des Verfahrensrechts** zu betrachten (anders Dutta/Herrler/*Hertel,* Die Europäische Erbrechtsverordnung, 85 Rn. 56; *Müller-Lukoschek* § 2 Rn. 121). Keine Erwerbsvoraussetzung ist die Erteilung eines nationalen Erbnachweises oder eines ENZ (Art. 62 ff.). Diese Legitimationsnachweise sollen nur dabei helfen, die nach dem Erbstatut erlangte Rechtsposition im Rechtsverkehr geltend zu machen. Hinsichtlich der für eine Annahme- oder Ausschlagungserklärung einzuhaltenden **Form** sieht **Art. 28 lit. b** eine **fakultative Sonderanknüpfung** vor. Da die Abgrenzung von Form und Inhalt nicht immer offensichtlich ist, werden die näheren Einzelheiten zu Annahme und Ausschlagung dort erörtert (→ EuErbVO Art. 28 Rn. 12 ff.). 50

Die EuErbVO hat mit der gewählten Lösung **anderen Theorien** zum Verhältnis zwischen Erbstatut und Sachenrechtsstatut beim Übergang der Erbschaft **eine Absage erteilt** (→ EuErbVO Art. 1 Rn. 135). Die klare Entscheidung des EU-Gesetzgebers zugunsten des Erbstatuts verdient Lob. Denn da es ein Grundanliegen des Erbrechts ist, dingliche Rechte zu übertragen und ggf. zu schaffen, führen alle Versuche, sachenrechtliche Fragen vom Erbstatut auszunehmen, unweigerlich zu dessen Beschneidung und **zur Erschwerung der Nachlassabwicklung** (*Schäuble* 170 f.; *J. P. Schmidt* RabelsZ 77 (2013), 1 (7); *Lechner* IPRax 2013, 497 (499); MüKoBGB/*Dutta* Art. 1 EuErbVO Rn. 53). Das Einzelstatut, also in der Regel die lex rei sitae, bestimmt lediglich über die Gestalt des zu transferierenden Rechts 51

(Bonomi/Wautelet/*Wautelet* Art. 23 Rn. 53; Deixler-Hübner/Schauer/*Mankowski* Art. 23 EuErbVO Rn. 69) und seine Zugehörigkeit zum Nachlass (→ EuErbVO Art. 1 Rn. 137).

52 Dass sich der erbrechtliche Erwerb allein nach dem Erbstatut vollzieht, ohne dass das Sachenrechtsstatut hierfür relevant wäre, ist nicht nur von Bedeutung für den **Erben als Gesamtrechtsnachfolger,** sondern für auch für den **Vindikationslegatar als Einzelrechtsnachfolger** (→ Rn. 63 ff.). Überdies kann die Regelung der lit. e auch auf einen **„personal representative"** nach englischem Recht oder sein Äquivalent aus anderen Common Law-Rechtsordnungen angewendet werden. Denn jedenfalls der „personal representative" des englischen Rechts ist ebenso wie der Erbe **unmittelbarer Gesamtrechtsnachfolger** des Erblassers (→ Rn. 68). Er wird zwar von lit. e nicht genannt, sondern lässt sich nur unter die in lit. f genannten „Testamentsvollstrecker und andere Nachlassverwalter" fassen. Doch geht es in lit f. nicht um seinen Erwerb, sondern um seine Abwicklungsbefugnisse.

53 Schließlich könnte man daran denken, lit. e auch auf alle diejenigen Personen anzuwenden, die nur **schuldrechtliche Ansprüche** gegen den Nachlass erlangen, zB Damnationslegatare oder Pflichtteilsberechtigte, denn auch bei ihnen gibt es in der Regel Vorschriften über Annahme und Ausschlagung des betreffenden Rechts (vgl. § 2180 BGB). Lit. e scheint aber nur solche Personen zu meinen, die unmittelbar dinglich am Nachlass partizipieren. Die anderen genannten Fälle wird man daher über lit. b dem Erbstatut zuweisen müssen.

54 Klarzustellen ist, dass lit. e **nicht auf dingliche Erwerbsgeschäfte unter Lebenden** Anwendung findet, die der erbrechtlichen Abwicklung dienen. Solche Verfügungen fallen vollständig aus dem Anwendungsbereich der EuErbVO heraus, ihre Wirksamkeit bestimmt sich nach dem Sachenrechtsstatut (→ EuErbVO Art. 1 Rn. 131 f.; speziell zur Teilung des Nachlasses → Rn. 129).

55 Verfehlt ist es, über lit. e dem Erbstatut die Frage zuzuweisen, welche Gegenstände **vererblich** sind und deshalb in den Nachlass fallen (so Erman/*Hohloch* EuErbVO Art. 23 Rn. 6). Dies entscheidet sich vielmehr nach dem betreffenden **Einzelstatut** (→ EuErbVO Art. 1 Rn. 155).

56 **b) Erwerb des Erben.** Bei der Frage des Erbschaftserwerbs lassen sich in und außerhalb Europas drei verschiedene Grundmodelle unterscheiden (Überblick bei HWBEuP/*Wenckstern,* Erbschaftsannahme/-ausschlagung, 425; sehr ausführlicher, wenn auch methodisch nicht immer überzeugender Vergleich bei *Leleu* 1996): der **Vonselbsterwerb** (auch genannt Anfallprinzip oder ipso iure-Erwerb), der **Antrittserwerb** und der **Erwerb mittels hoheitlicher Einweisung.** Das englische Recht sieht entgegen vielfacher Behauptung keinen eigenen, vierten Erwerbsmodus in diesem Sinne vor, sondern lässt den Erwerb des „personal representative" je nach Fall von selbst oder durch richterliche Entscheidung eintreten (→ Rn. 76 f.).

57 Beim **Vonselbsterwerb,** der neben Deutschland etwa in Frankreich, Polen, der Schweiz oder den Niederlanden anzutreffen ist, tritt der zur Erbschaft Berufene ohne eigenes Zutun unmittelbar mit dem Tod des Erblassers in dessen Rechtsstellung ein, kann diesen Vorgang durch Ausschlagung aber rückwirkend wieder beseitigen (zB §§ 1922 Abs. 1, 1953 BGB; Art. 4:182, 4:190 niederl. BW). Der Nachlass ist somit in jedem Moment einem Rechtsträger zugewiesen, es entsteht keine „hereditas iacens". Dieses gemeinsame Grundmodell darf allerdings nicht darüber hinwegtäuschen, dass es bei der weiteren Ausgestaltung des Vonselbsterwerbs praktisch sehr bedeutsame Unterschiede zwischen den einzelnen Rechtsordnungen geben kann. Dies betrifft etwa die **Länge der Überlegungsfrist** (in Deutschland sechs Wochen bzw. sechs Monate (§ 1944 BGB), in Frankreich zehn Jahre (Art. 780 Abs. 1 Code civil), mit der Möglichkeit der gerichtlichen Verkürzung (Art. 771 Code civil)) oder die **Folgen ihres Verstreichens** (in Deutschland wird die Annahme fingiert (§ 1943 BGB), in Frankreich die Ausschlagung (Art. 780 Abs. 2 Code civil)). Das Wissen darum, dass die anwendbare Erbrechtsordnung dem Vonselbsterwerb folgt, entbindet den Rechtsanwender also nicht von einer sorgfältigen Prüfung der Details (näher *J. P. Schmidt* ZEV 2014, 455).

58 Der **Antrittserwerb** findet sich etwa in Italien oder Portugal. Hier führt erst die Annahme durch den Erben den Übergang des Nachlasses herbei, der in der Zwischenzeit ein sog. „ruhender" ist (unglücklich ist es dennoch, in diesen Fällen vom „Prinzip der hereditas iacens" zu sprechen (so etwa *Lübcke* 55), denn entscheidendes Charakteristikum ist nicht das Ruhen des Nachlasses, sondern das Erfordernis einer Annahmehandlung). Wie beim Vonselbsterwerb gilt es sich davor zu hüten, pauschale Schlüsse aus der Geltung des Antrittserwerbs in einer bestimmten Rechtsordnung zu ziehen. So sieht etwa das italienische Recht in dem praktisch sehr bedeutsamen Fall, dass der zur Erbschaft Berufene bereits im Besitz von Erbschaftsgegenständen ist (etwa weil er im selben Haus wohnt), eine **Ausnahme vom Antrittserwerb** vor: Errichtet der Berufene nicht innerhalb von drei Monaten ein Inventar, so gilt die Erbschaft als angenommen, bei unbeschränkter Haftung (Art. 485 Codice civile).

59 Paradigma für ein **System der staatlichen Einweisung** ist das **österreichische Recht,** bei dem der Erbe ebenfalls die Annahme erklären muss, ihn aber erst die gerichtliche „Einantwortung" zum Inhaber des Nachlasses macht (§§ 797 ff. ABGB, §§ 143 ff. AußStrG; ausführlich *Schäuble* 36). Die Notwendigkeit einer gerichtlichen Einweisung („envoi en possession") in den Nachlass gab es bis 2017 zB aber auch im **französischen Recht** in dem Fall, dass es keine Noterbberechtigten gab und der „légataire uni-

versel“ nicht durch ein notarielles Testament bestimmt wurde (Art. 1008 Code civil aF). Ferner findet auch beim englischen „administrator“ eine gerichtliche Bestallung statt (→ Rn. 77).

Die Anwendung ausländischer Regelungen zum Erbschaftserwerb führt in der Praxis in aller Regel nicht zu Schwierigkeiten, sondern ist **allenfalls ungewohnt.** So wird ein in Deutschland belegener, aber portugiesischem Erbrecht unterworfener Gegenstand nicht mehr „von selbst“, sondern erst durch eine Antrittshandlung des Erben erworben. In den meisten Fällen wird man den Unterschied gar nicht bemerken, da der Berufene normalerweise seinen Annahmewillen ohnehin zum Ausdruck bringt (ggf. stillschweigend). Dass das Nachlassvermögen als „herança jacente“ (Grundmann/dos Santos/*Jayme,* Direito contratual entre liberdade e proteção dos interesses e outros artigos alemães-lusitanos, 2008, 241) in der Zwischenzeit subjektlos ist, braucht niemanden zu beunruhigen, da die Annahme die Lücke rückwirkend schließt (Art. 2050 Abs. 2 port. Código civil; ebenso Art. 459 Codice civile; Anpassungsbedarf nach Art. 31 besteht auch aus anderen Gründen nicht, → EuErbVO Art. 31 Rn. 33 f.). Liegen Nachlassgegenstände hingegen in Österreich, so werden sie bei deutschem Erbstatut unmittelbar erworben, dh **ohne Erfordernis einer gerichtlichen Einantwortung** (OGH, Beschluss v. 29.8.2017 – 5 Ob 108/17v, IPrax 2019, 62; OGH, Beschluss v. 21.12.2017 – 5 Ob 186/17i IPrax 2019, 64; zust. *Thorn/Lasthaus* IPRax 2019, 24 (26); MüKoBGB/*Dutta* Art. 8 EuErbVO Rn. 4; zuvor schon in diesem Sinne *Reymann* ZVglRWiss 114 (2015), 40 (71)). Die unter dem autonomen österreichischen IPR maßgebliche Unterscheidung zwischen „titulus“ und „modus“ findet unter der EuErbVO somit keine Stütze mehr (dies verkennt *Müller-Lukoschek,* § 2 Rn. 121; im Entwurfsstadium der EuErbVO für die genannte Unterscheidung noch Reichelt/Rechberger/*Traar,* Europäisches Erb- und Erbverfahrensrecht, 2011, 85 (93)). 60

Sieht hingegen das Erbstatut das Erfordernis einer gerichtlichen Einweisung vor und ist in Ausnahme vom Gleichlaufgrundsatz (Art. 4 ff.) ein Gericht zuständig, dessen Recht eine solche Voraussetzung nicht kennt, so stellt sich die Frage, ob dieses Gericht **trotzdem eine Einweisung in den Nachlass** vornehmen kann und muss. Unter autonomem deutschem Kollisionsrecht war dieses Problem, das maßgeblich durch Fragen der internationalen Zuständigkeit geprägt war, sehr umstritten (zur Diskussion *Bajons* ÖNZ 2010, 321). Vielfach wurde die Vornahme einer Einantwortung durch die deutsche Justiz für **verzichtbar** oder **sogar für unzumutbar** gehalten (BayObLG MittBayNot 1995, 230 (232) m. w. N.). Die vorzugswürdige Ansicht hingegen sah in der Einantwortung **keine Überschreitung des Funktionsvermögens eines deutschen Gerichts** (so etwa Notariat II Villingen ZEV 2013, 150 (151), mabl Anm *Ludwig;* Staudinger/*Dörner* Art. 25 EGBGB, Rn. 852 mwN). Dieser Auffassung ist auch unter der EuErbVO zu folgen (→ EuErbVO Vorb. Art. 4 ff. Rn. 37; eingehend *Schäuble* insbes. 161; MüKoBGB/*Dutta* Vor Art. 4 EuErbVO Rn. 29; für das Erfordernis der Einantwortung auch Löhnig/Schwab et al./*Bajons,* Erbfälle unter Geltung der Europäischen Erbrechtsverordnung, 2014, 93 (102); für die Verzichtbarkeit dagegen *Müller-Lukoschek* § 3 Rn. 98, und wohl auch *Thorn/Lasthaus* IPRax 2019, 24 (29), die das Einantwortungserfordernis zu Unrecht als Problem des Art. 31 betrachten (→ EuErbVO Art. 31 Rn. 33)). Für eine Missachtung der **Einantwortung als materiellrechtlicher Erwerbsvoraussetzung des Erbstatuts** gibt es keine gesetzliche Grundlage. Zudem wäre ohne Einantwortung unklar, zu welchem Zeitpunkt der Erbe genau in die Rechtsstellung des Erblassers eintritt (allgemein zu diesem Nachteil einer materiellrechtlichen Anpassung des ausländischen Erbrechts *Ferid,* Rec. des Cours 142 (1974 II), 71 (170)); ferner müsste der Erbe befürchten, dass sein Erwerb in anderen Staaten nicht anerkannt wird (*Wirner,* FS Schippel, 1996, 981 (988)). Dass ein deutsches Gericht zur Vornahme einer Einantwortung nach österreichischem Recht in gewissem Umfang auch dessen Verfahrensrecht übernehmen muss (eingehend *Schäuble* 199), ist hinzunehmen. Eine solche **verfahrensrechtliche Anpassung** ist auch in anderen Konstellationen anerkannt, etwa bei Klagen auf Reduzierung von letztwilligen Verfügungen, die über die frei verfügbare Quote hinausgehen (→ Rn. 110), bei Errichtung eines Inventars (→ Rn. 102) oder bei Einschaltung des Gerichts zur Auseinandersetzung des Nachlasses (→ Rn. 132). 61

Nimmt ein mitgliedstaatliches Gericht eine Einweisung in den Nachlass vor, so wäre daran zu denken, die Anerkennung dieser Entscheidung in anderen Mitgliedstaaten nach Art. 39 ff. zu beurteilen (sog. verfahrensrechtliche Anerkennung, dafür MüKoBGB/*Dutta* Vor Art. 4 EuErbVO Rn. 30). Mehr spricht indessen dafür, die Wirkung der Einantwortung als materielle Erwerbsvoraussetzung nach den Grundsätzen über die **kollisions- oder materiellrechtliche Anerkennung** zu bestimmen (*Schäuble* 319). Zu fragen ist dann also, ob die Einantwortung zB durch ein deutsches Gericht nach dem österreichischen Erbrecht im Wege der Substitution geeignet ist, die entsprechenden Rechtsfolgen herbeizuführen. Dies wird in aller Regel zu bejahen sein (*Schäuble* 141). 62

c) Erwerb des Vindikationslegatars. Sieht das Erbstatut vor, dass ein Vermächtnisnehmer an dem vermachten Gegenstand **unmittelbar das Eigentum** erlangt, ohne dass dieser zunächst in das Vermögen des Erben übergeht (→ Rn. 27), so stellt lit. e klar, dass sich dieser Erwerb, genau wie der des Erben, allein nach dem Erbstatut bestimmt, ohne dass es darauf ankommt, ob die lex rei sitae ein solches Vermächtnis kennt (Bonomi/Wautelet/*Wautelet* Art. 23 Rn. 51). Nach vorzugswürdiger und inzwi- 63 schen auch vom EuGH bestätigter Ansicht sind Registerstatut oder Belegenheitsstatut auch nicht über Art. 1 Abs. 2 lit. l oder Art. 31 zu berücksichtigen (→ EuErbVO Art. 1 Rn. 136, 143, Art. 31 Rn. 14).

64 Ferner bestimmen sich gemäß lit. e auch wieder die konkreten **Voraussetzungen des Erwerbs** nach dem Erbstatut. Während der Vindikationslegatar zB nach italienischem Recht **von selbst** erwirbt, mit der Möglichkeit zur Ausschlagung (Art. 649 Abs. 1 Codice civile), bedarf es nach portugiesischem Recht einer **Annahmeerklärung** (Art. 2249 port. Código civil).

65 Nach französischem Recht bedarf der **Einzelvermächtnisnehmer („légataire particulier")** in jedem Fall einer **„délivrance"**, also einer Besitzeinweisung durch den Erben, um die „saisine" zu erlangen und seine Rechtsstellung Dritten gegenüber geltend machen zu können (Art. 1014 Abs. 2 Code civil; zur „saisine" → Rn. 88). Vor der „délivrance" sollte der Einzelvermächtnisnehmer des französischen Rechts daher noch **nicht als Volleigentümer** betrachtet werden. Seine Eintragung ins Grundbuch sollte in diesem Zeitraum nur mit Zustimmung des Erben erfolgen (nicht erforderlich ist aber eine Auflassung) oder jedenfalls unter Angabe einer Verfügungsbeschränkung (näher *J. P. Schmidt* ZEV 2014, 133 (137); → EuErbVO Art. 63 Rn. 6). Gleiches sollte für den Universal- und den Quotenvermächtnisnehmer des französischen Rechts gelten, es sei denn, erstgenannter hat ausnahmsweise schon von Gesetzes wegen die „saisine". Unabhängig davon haben aber beide **mit dem Erbfall bereits das Eigentum inne** (*Leleu,* La Transmission de la succession en droit comparé, 1996, 78; Süß/*Döbereiner,* Frankreich, Rn. 87 f.; zweifelhaft dagegen die Behauptung von Bonomi/Wautelet/*Wautelet* Art. 1 Rn. 110, dass der „délivrance" stets die Wirkung des Eigentumstransfers zukomme).

66 **d) Erwerb des „personal representative".** Wenn den drei oben genannten Erwerbsmodi oft als viertes Modell der Erwerb durch einen „Zwischenberechtigten", „Treuhänder" oÄ an die Seite gestellt wird (zB Erman/*Hohloch* Art. 25 EuErbVO Rn. 6; BeckOGK/*J. Schmidt* EuErbVO Art. 23 Rn. 32; Deixler-Hübner/Schauer/*Mankowski* Art. 23 EuErbVO Rn. 64), werden dabei **verschiedene Ebenen der Nachlassabwicklung miteinander vermischt.** Zum besseren Verständnis und der Korrektur verbreiteter Fehlvorstellungen erfolgen einige **allgemeine Ausführungen zur englischen Nachlassabwicklung** (ausführlicher Überblick bei Löhnig/Dutta/et al./*Häcker,* Testamentsvollstreckung in Europa, 191 ff.). Jedenfalls in den Grundzügen gilt das Folgende auch für die Nachlassabwicklung in anderen Common Law-Staaten, von denen mit Zypern immerhin einer auch an der EuErbVO teilnimmt (Süß/*Süß,* Zypern (Republik Zypern), Rn. 20 f.). Das materielle Erbrecht Maltas folgt hingegen dem kontinentalen Modell (*Pisani* ZEV 2012, 579), Irland nimmt an der EuErbVO nicht teil.

67 Die strukturelle Besonderheit des englischen Erbrechts besteht nicht im Modus, nach dem sich der Übergang des Nachlasses auf den „personal representative" als Gesamtrechtsnachfolger vollzieht, sondern darin, dass das englische Recht den Nachlass im Unterschied zu den kontinentalen Regimen **nicht nur optional,** sondern **zwingend als Sondervermögen in einem formalisierten Verfahren abwickelt.** Kennzeichen des englischen Erbrechts ist also, dass ihm die informelle Nachlassabwicklung mittels Vermögensverschmelzung („confusio bonorum"), die vor allem in der unbeschränkten (aber beschränkbaren) Haftung des kontinentalen Erben zum Ausdruck kommt, unbekannt ist. Stattdessen wird jeder Nachlass in einer Weise abgewickelt, die strukturelle Ähnlichkeit mit der deutschen Nachlassverwaltung und der Nachlassinsolvenz (§§ 1975 ff. BGB) aufweist, ebenso aber mit der Abwicklung im Fall von Erbenmehrheit (§§ 2046, 2058 ff. BGB) oder Geringwertigkeit des Nachlasses (§§ 1990 f. BGB), da hier die sofortige Vermögensverschmelzung ebenfalls ausbleibt. Der Sondervermögenscharakter des „estate" findet seinen Ausdruck vor allem darin, dass der „personal representative" für Nachlassverbindlichkeiten nur „intra vires" bzw. „cum viribus hereditatis" haftet, also mit den im Nachlass enthaltenen Gegenständen. Zur Wahrung der Gläubigerinteressen unterliegt er dafür treuhänderischen Pflichten im Umgang mit dem Nachlass, deren Verletzung eine persönliche Haftung nach sich zieht (→ Rn. 101).

68 Wenn das englische Erbrecht kontinental-europäischen Juristen trotz offenkundiger Parallelen mit den eigenen Verfahren der gesonderten Nachlassabwicklung oftmals als fremdartig erscheint, dann liegt dies ua an der Neigung, diese Abwicklungsmodi auszublenden und **allein die Vermögensverschmelzung als charakteristisch zu betrachten** (so suggeriert beispielsweise Dutta/Herrler/*Lein,* Die Europäische Erbrechtsverordnung, 199 (Rn. 12), dass die englische „administration of estates" in kontinentalen Erbrechten keinerlei Pendant habe). Dass das englische Recht **den Vorgang der Vermögensverschmelzung nicht kennt,** erklärt zugleich, warum viele Autoren sein Charakteristikum im Fehlen einer Gesamtrechtsnachfolge bzw. Universalsukzession sehen (siehe zB *Ferid* Rec. des Cours 142 (1974 II), 71 (106); *Odersky* 5, 39; weitere Nachweise bei *J. P. Schmidt,* FS Gretton, 323 (324)). Doch gibt es keinen Grund, die Vermögensverschmelzung als Charakteristikum der Universalsukzession zu betrachten, und tatsächlich kommt für das deutsche Recht niemand auf den Gedanken, im Fall einer Mehrheit von Erben den Vorgang einer Gesamtrechtsnachfolge mit dem Argument abzulehnen, dass der Nachlass in der Hand der Miterben ein Sondervermögen bildet. Konsequenterweise muss dann aber auch der „personal representative" als Gesamtrechtsnachfolger des Erblassers betrachtet werden (→ Rn. 75, dort auch zu den Unterschieden zum US-amerikanischen „personal representative"), und auch nicht nur als „Universalsukzessor auf Zeit" (so *Muscheler,* Erbrecht, Bd. 1, 2010, Rn. 798). Denn seine Stellung als Gesamtrechtsnachfolger des Verstorbenen behält der „personal representative" auch nach Beendigung

der Abwicklung, was sich nicht zuletzt daran zeigt, dass später entdeckte Aktiva oder Passiva rechtlich ihm zugewiesen sind (*Kerridge* Rn. 23–47).

Entgegen der weit verbreiteten Vorstellung, die auch in der Bezeichnung des „personal representative" als „Zwischenberechtigter", „Mittelsmann", „intermédiaire" oÄ zum Ausdruck kommt, ist die Nachlassabwicklung des englischen Rechts **keineswegs zwingend eine Fremdabwicklung** (so in Deutschland aber zB *Muscheler,* Erbrecht I, Rn. 1217; *ders.,* Erbrecht II, Rn. 3487; *Röthel,* Erbrecht, § 31 Rn. 2, 115). Denn nicht nur hat das englische Recht zu keiner Zeit verboten, die Rolle des „personal representative" mit der des „beneficiary" in einer Person zu vereinen; im Gegenteil hat es eine solche Personalunion schon früh gefördert, indem es bei Fehlen eines Testaments den nahen Angehörigen und damit den gesetzlich Begünstigten die Rolle des „administrator" antrug (siehe für das heutige Recht rule 22(1) NCPR). In der heutigen Praxis ist es denn auch keineswegs selten, dass der „personal representative" einer der Begünstigten ist, oder sogar der einzige (Löhnig/Dutta/et al./*Häcker,* Testamentsvollstreckung in Europa, 191 (200); typisches Beispiel ist der überlebende Partner einer kinderlosen Ehe). Abgesehen davon sind vergleichende Studien zum englischen Erbrecht oftmals insoweit irreführend, als sie suggerieren, dass in den kontinentalen Erbrechten stets eine Eigenabwicklung stattfinde. Denn dies gilt nur für die Erben als Residualbegünstigten (und auch das nur bei Fehlen von Abwicklungsvollstreckung, Nachlassverwaltung und Nachlassinsolvenz), während für Vermächtnisnehmer und Pflichtteilsberechtigte die Begünstigung typischerweise nicht mit einer Abwicklungszuständigkeit verknüpft ist. 69

Ihre Hauptursache dürfte die Fehlvorstellung einer zwingenden Fremdabwicklung in der von den kontinentalen Erbrechten **abweichenden Begriffsstruktur** des englischen Rechts liegen. So „denkt" dieses stets rollenbezogen und unterscheidet selbst dann begrifflich zwischen dem Nachlassabwickler („personal representative") und dem Begünstigten („beneficiary"), wenn es sich um dieselbe Person handelt. Der „personal representative" erhält also seine Begünstigung niemals in dieser Eigenschaft, sondern in der des „beneficiary", und dementsprechend muss ein Testator die beiden Rollen auch dann gesondert vergeben, wenn er sie derselben Person zuweist. Der mit dieser Struktur nicht vertraute Betrachter gerät dadurch leicht in die Versuchung, die begriffliche Trennung mit einer personalen gleichzusetzen. 70

Darüber hinaus verleitet die abweichende Begriffsstruktur des englischen Rechts kontinentaleuropäische Juristen dazu, das Pendant des Erben allein im „beneficiary" zu sehen und den „personal representative" für ein zwischengeschaltetes Element zu halten, das im eigenen Recht keine Entsprechung findet (so in Deutschland zB KG ZEV 2000, 499; *Lange/Kuchinke,* Erbrecht, 5. Aufl. 2001, 191 f. (Fn. 6); Ferid/Firsching/*Henrich,* Großbritannien, Rn. 97, 103; *Hausmann,* FS Heldrich, 2005, 649 (653); *Berenbrok* 178; Burandt/Rojahn/*Solomon,* England und Wales, Rn. 27; *Odersky* 5 f.). Hierbei wird verkannt, dass den Erben des deutschen Rechts keineswegs nur der Erhalt einer Begünstigung kennzeichnet, sondern ebenso die umfassende Zuständigkeit für die Nachlassverbindlichkeiten. Bei funktionaler Betrachtung kommt dem **Erben daher die Aufgabe der Nachlassabwicklung zu** (näher *J. P. Schmidt,* FS Gretton, 323 (332 f.)); übersetzt in die englische Begriffsstruktur, ist der Erbe ein „personal representative", der zugleich „residuary beneficiary" ist, also Residualbegünstigter. Der englische „beneficiary" hingegen ist, auch wenn er umgangssprachlich oft als „heir" bezeichnet wird, als solcher weder Gesamtrechtsnachfolger noch abwicklungszuständig und daher strukturell allein dem deutschen Vermächtnisnehmer oder Pflichtteilsberechtigten vergleichbar (insofern zutreffend *Pecher* 49 f.). Gibt es bei Anwendbarkeit englischen Erbrechts mehrere „beneficiaries", führt es daher in die Irre, diese als „Miterben" zu bezeichnen. 71

Obliegen dem „personal representative" zwar treuhänderische Pflichten im Umgang mit dem Nachlass, ist er entgegen häufiger Darstellung (siehe zB *Lange/Kuchinke,* Erbrecht, 5. Aufl. 2001, 191 f. Fn. 6; *Hausmann,* FS Heldrich, 2005, 649 (653) **kein „trustee" im technischen Sinn** (zutr. Löhnig/Dutta/et al./*Häcker,* Testamentsvollstreckung in Europa, 191 (203); Khairallah/Revillard/*Godechot-Patris,* Droit européen des successions internationales, 2013, 87 (95 f.) lobt den Verordnungsgeber dafür, das genannte Missverständnis vermieden zu haben). Sec. 33(1) AEA spricht im Fall der Intestaterbfolge zwar von der Entstehung eines „trust for sale", doch gilt diese Wortwahl als unpräzise (→ EuErbVO Art. 1 Rn. 118). Wurde ein „testamentary trust" angeordnet und der „executor" oder eine andere Person gleichzeitig als „trustee" für einen bestimmten Vermögensteil ernannt, entsteht der „trust" **nicht unmittelbar** mit Eröffnung des Erbfalls, sondern **erst nach Abwicklung** des Nachlasses durch gesonderten Akt (zutr. *Odersky* 24 f.). Verfehlt ist es auch, den „personal representative" dem österreichischen „Gerichtskommissär" gleichzustellen (so Dutta/Herrler/*Hertel,* Die Europäische Erbrechtsverordnung, 85 Rn. 55), denn letzter ist kein mit der Nachlassabwicklung betrauter Gesamtrechtsnachfolger, sondern übernimmt nur verfahrensrechtliche Aufgaben. 72

Den durch Testament oder Gesetz benannten **wirtschaftlich Begünstigten** des Erbfalls („beneficiaries") kommt mit Eröffnung des Erbfalls **keinesfalls schon „Eigentum nach equity"** zu (so *Lange/Kuchinke,* Erbrecht, 5. Aufl. 2001, 666), auch wenn der in diesem Zusammenhang oft gebrauchte, aber notorisch unklare Begriff des „beneficial interest" darauf hinzudeuten scheint. Auch die Rede von einem „anwartschaftsähnlichen Recht" (zB *Hausmann,* FS Heldrich, 2005, 649 (655)) ist irreführend. 73

Denn bis zur vollständigen Abwicklung des Nachlasses haben die „beneficiaries" gegen den „personal representative" nur einen **Anspruch auf ordnungsgemäße Abwicklung** (*Commissioner of Stamp Duties (Queensland) v. Livingston* [1965] AC 694; *Eastbourne Mutual Building Society v. Hastings Coprn* [1965] 1 All ER 779; *Kerridge* Rn. 23–31 ff.; Bonomi/Schmid/*Frimston,* Successions internationales, 2010, 69 (70); Löhnig/Dutta/et al./*Häcker,* Testamentsvollstreckung in Europa, 191 (204)). In diesem Punkt unterscheidet sich der „estate beneficiary" deutlich von einem „trust beneficiary", der auch gewisse Recht gegenüber Dritten hat (instruktive Erläuterung der Unterschiede bei *Smith* Edinburgh Law Review 17 (2013) 283 (288); unzutreffend daher zB *Berenbrok* 208, der beide Figuren gleichstellt). Dass der „personal representative" treuhänderischen Pflichten im Umgang mit dem Nachlass unterliegt, ändert also nichts daran, dass er während der Phase der Abwicklung, die sich sehr lange hinziehen kann, **umfassend verfügungsbefugter Vollrechtsinhaber** ist.

74 Werden Nachlasswerte nicht mehr zur Schuldentilgung benötigt, gibt der „personal representative" sie mittels eines **„assent"** an die betreffenden Begünstigten frei. Die Voraussetzungen für die Wirksamkeit dieser Handlung, insbesondere im Hinblick auf die Form, richten sich unter englischem Recht nach dem betreffenden Gegenstand (*Kerridge* Rn. 23–35 ff.). Obwohl es angesichts der Rechtsträgerschaft des „personal representative" an sich folgerichtig erschiene, einen Durchgangserwerb des „beneficiary" anzunehmen, liegt dem englischen Recht jedenfalls hinsichtlich beweglichen Vermögens („personalty") offenbar die Konzeption eines aufgeschobenen Direkterwerbs vom Verstorbenen zu Grunde (*Kerridge* Rn. 23–43; *Williams, Mortimer and Sunnucks* Rn. 76-07, 76-10). Dies hindert das Kollisionsrecht freilich nicht daran, bei funktionaler Betrachtung stets einen **Erwerb unter Lebenden** anzunehmen und seine Voraussetzungen somit dem Sachenrechtsstatut zu unterwerfen (→ EuErbVO Art. 1 Rn. 139; zum ähnlich gelagerten Problem beim französischen „partage" unten → Rn. 137). Kein Hindernis für eine solche Sichtweise ist auch die Tatsache, dass im Fall eines „specific bequest", also der testamentarischen Zuweisung eines bestimmten Gegenstandes, der Erwerb auf den Tod des Erblassers zurückwirkt, um so dem Begünstigten die in der Zwischenzeit angefallenen Vorteile aus der Sache zuzuordnen (*Williams, Mortimer and Sunnucks* Rn. 76-22).

75 Aus den vorstehenden Ausführungen folgt, dass der **„personal representative",** und nur dieser, als berechtigt zur **Beantragung eines Erbscheins oder ENZ** (EuErbVO Art. 63 Rn. 6) anzusehen ist. Denn für die Frage, wer sich im Rechtsverkehr legitimieren muss, kommt es allein auf die Nachlassinhaberschaft an und nicht auf die Frage, wer durch den Erbfall begünstigt werden soll. Wer stattdessen den „beneficiary" für antragsbefugt hält (so die bisher ganz hM in Deutschland, siehe zB OLG Schleswig, Beschl. v. 9.7.2014, BeckRS 2014, 17906), muss sich fragen lassen, warum dann nicht auch ein deutscher Vermächtnisnehmer oder Pflichtteilsberechtigter einen Erbschein oder ein ENZ beantragen kann, oder warum umgekehrt ein Erbe auch dann antragsbefugt sein soll, wenn er sämtliche Überschüsse an Vermächtnisnehmer auszukehren hat und damit ohne Begünstigung verbleibt (zur Zulässigkeit einer solchen Anordnung *Muscheler,* Erbrecht, Bd. 1, 2010, Rn. 779). Die hM zum autonomem deutschen Recht wollte die dingliche Verfügungsbefugnis des „personal representative" immerhin in der Weise berücksichtigen, dass er nach § 2364 BGB aF im Erbschein anzugeben ist oder ihm ein Testamentsvollstreckerzeugnis iSd § 2368 BGB ausgestellt wird (*Gottheiner* RabelsZ 21 (1956), 36 (37, 68 f.); *Hausmann,* FS Heldrich, 2005, 649 (665) mwN). Doch ist der „personal representative" eben **mehr als ein deutscher Testamentsvollstrecker,** weil er nicht nur verfügungsbefugt, sondern **Vollrechtsinhaber** ist. Unterliegt der Erbfall hingegen einer **US-amerikanischen Rechtsordnung,** passt die genannte Gestaltung, weil **die Nachlassträgerschaft dann in der Regel nicht beim „personal representative" liegt,** sondern bei den testamentarisch oder gesetzlich **Begünstigten** (→ Rn. 8).

76 Der Nachlasserwerb des „personal representative" lässt sich ohne Schwierigkeiten in die og Kategorien (→ Rn. 56) einordnen. Wurde der „personal representative" als „executor" im Testament benannt, erwirbt er den Nachlass **unmittelbar mit dem Tod des Erblassers,** kann aber mit Rückwirkung ausschlagen (näher *Kerridge* Rn. 17–22 ff.; *Williams, Mortimer and Sunnucks* Rn. 6–32 ff.). Es liegt der Sache nach also ein **Vonselbsterwerb** vor (→ Rn. 57). Entgegen häufiger Darstellung ist die gerichtliche Erteilung eines „grant of probate" in diesem Fall **nicht konstitutiv** für den Erwerb (diesen Eindruck erweckt zB *Lagarde* Rev.crit. dr. int.priv. 2012, 691 (709 f.)). Einem deutschen Erbschein oder einem ENZ vergleichbar dient der „grant" dem „personal representative" lediglich dazu, sich im Rechtsverkehr zu legitimieren (*Kerridge* Rn. 18-15 ff.; *Lübcke* 53; nicht klar ist, wie sich hierzu die im kollisionsrechtlichen Schrifttum Englands zu findende Aussage verhält, dass ein ausländischer Abwickler den im Inland belegenen Nachlass immer erst nach Ausstellung eines „grant" abwickeln dürfe, siehe Süß/*Odersky,* Großbritannien: England und Wales, Rn. 23; ohnehin wird der Nachlassabwickler in aller Regel schon aus faktischen Gründen nicht um die Beantragung eines „grant" herumkommen).

77 Gibt es hingegen kein Testament oder wird in ihm kein „executor" ernannt, ist vom Gericht auf Antrag ein „administrator" zu bestellen. In diesem Fall führt erst die Erteilung der „letters of administration" den Übergang des Nachlasses herbei (sec. 9(1) AEA; *Kerridge* Rn. 18–27, 18–34). Der Sache handelt es sich mithin um einen Erwerb durch **staatliche Einweisung** (→ Rn. 59), wobei das Gericht, anders als bei der österreichischen „Einantwortung", nicht bloß eine gesetzlich vorgesehene Berufung zum Eintritt in den Nachlass feststellt, sondern diese Berufung in Ausübung seines Ermessens erst

begründet. Zwischen Eröffnung der Erbschaft und Bestellung des „administrator" ist der Nachlass zwecks Sicherstellung der rechtlichen Kontinuität dem „Public Trustee" zugewiesen (sec. 9(1) AEA; *Kerridge* Rn. 18-17). Die Bestellung des „administrator" wirkt dann aber grundsätzlich auf den Tod des Erblassers zurück (*Kerridge* Rn. 18–18).

78 Wird über den letzten gewöhnlichen Aufenthalt des Verstorbenen englisches Recht zur Anwendung berufen (da das Vereinigte Königreich ein Mehrrechtsstaat ist, ist neben Art. 21 auch Art. 36 EuErbVO zu beachten, siehe Süß/*Odersky,* Großbritannien: England und Wales, Rn. 2), so ist zunächst ein **möglicher (Teil-)renvoi** zu prüfen (Art. 34; anderes gilt im Falle einer Rechtswahl, Art. 34 Abs. 2). Für die Vererbung beweglichen Vermögens verweist das englische IPR auf das Recht des letzten **„domicile"** des Erblassers, hinsichtlich unbeweglichen Vermögens hingegen auf die **lex rei sitae** (→ Rn. 2 f.). Für in Deutschland belegene Nachlassgrundstücke kommt es somit zu einem partiellen Rückverweis und einer Nachlassspaltung (OLG Bremen Beschl. v. 16.4.2020 – 3 W 9/20, FamRZ 2020, 1507 mAnm *J. P. Schmidt*). Zu beachten ist, dass **Art. 29** in dieser Konstellation **keine Anwendung** findet. Er ist gedacht für den Fall, dass ein Gericht zuständig ist, dessen Erbrecht zwingend eine gesonderte Nachlassabwicklung vorsieht (MüKoBGB/*Dutta* EuErbVO Art. 23 Rn. 20).

79 Kommt es über Art. 21 oder 22 zumindest hinsichtlich eines Teils des Vermögens zur Anwendung des materiellen englischen Erbrechts, gilt für den Übergang des Nachlasses folgendes: Die beschriebene Struktur der englischen Nachlassabwicklung mit der Gesamtrechtsnachfolge des „personal representative" und der nachgeschalteten Stellung der „beneficiaries" ist **umfassend zu respektieren** (Bonomi/Wautelet/*Wautelet* Art. 23 Rn. 50; wohl auch, wenngleich etwas missverständlich, Dutta/Herrler/*Hellner,* Die Europäische Erbrechtsverordnung, 107 Rn. 9). Angesichts der klaren Zuteilung der dinglichen Befugnisse besteht in diesem Fall **kein Anlass zur Anwendung des Art. 31.**

80 Abzulehnen ist die sog. „Spaltungstheorie", derzufolge das englische Recht seine Regelungen zur Nachlassverwaltung („administration") auf das eigene Staatsgebiet beschränkt und es im Übrigen zu einer **versteckten Rückverweisung** und damit zu einer funktionalen Nachlassspaltung kommt (so etwa *Berenbrok* 189; Staudinger/*Dörner* Art. 25 EGBGB Rn. 683, 911; unter Geltung der EuErbVO wohl auch Dutta/Herrler/*Lein,* Die Europäische Erbrechtsverordnung, 199 Rn. 68; Dutta/Herrler/*Hertel,* Die Europäische Erbrechtsverordnung, 85 Rn. 56 ff.; weitere Nachweise und berechtigte Kritik bei *Hausmann,* FS Heldrich, 2005, 649 (658)). Eine solche Regelung ist dem englischen IPR nicht zu entnehmen (so auch Süß/*Odersky,* Großbritannien: England und Wales, Rn. 28; MüKoBGB/*Dutta* EuErbVO Art. 23 Rn. 20 (Fn. 28)). Nur weil es selbst für sich in Anspruch nimmt, einem fremden Erbstatut noch eine „administration" nach den Regeln der lex fori vorzuschalten, heißt das nicht, dass sein eigenes Erbrecht in einem anderen Land von vornherein ohne diese Komponente angewandt werden soll. Vor allem aber würde eine Anwendung des englischen Erbrechts ohne dessen Regelungen zur „administration" in vielen Fällen zu **kaum lösbaren Anpassungsproblemen** führen, weil die Themenkomplexe „administration" und „succession" eng miteinander verzahnt sind (*Gottheiner* RabelsZ 21 (1956), 36 (58); *Hausmann,* FS Heldrich, 2005, 649 (660); die Schwierigkeiten der Anpassung unterschätzt Dutta/Herrler/*Hertel,* Die Europäische Erbrechtsverordnung, 85 Rn. 58).

81 Wurde im Testament ein **„executor"** ernannt, geht deshalb **der gesamte Nachlass,** oder jedenfalls derjenige Teil, dessen Vererbung dem englischen Recht unterliegt (→ Rn. 78), **automatisch auf ihn über,** ohne dass es auf den Lageort ankommt oder weiterer Voraussetzungen bedarf. Zum Nachweis seiner Rechtsstellung kann der „executor" einen Erbschein oder ein ENZ beantragen oder auf Erteilung eines englischen „grant of probate" hinwirken (so iE auch Süß/*Odersky,* Großbritannien: England und Wales, Rn. 32, der allerdings vom Vorliegen einer Normenlücke ausgeht; zu Unrecht problematisiert *Lübcke* 300, dass der „personal representative" evtl. nicht wirtschaftlich Letztbegünstigter ist, denn darauf kommt es für die Erteilung eines ENZ nicht an, → Rn. 75).

82 Komplizierter liegt der Fall, wenn kein „executor" im Testament ernannt wurde. Zunächst geht der dem englischen Erbrecht unterliegende Teil des Nachlasses auf den „Public Trustee" über, doch dient dies nur der Vermeidung eines subjektlosen Vermögens. Zum weiteren Fortgang bedarf es der **Einweisung eines „administrator"** in den Nachlass (entgegen Dutta/Herrler/*Hertel,* Die Europäische Erbrechtsverordnung, 85 Rn. 56 liegt hierin keineswegs nur eine verfahrensrechtliche Handlung). Zu betonen ist, dass diese Handlung notfalls **auch durch ein mitgliedstaatliches Gericht** vorgenommen werden kann, wenn etwa englische Gericht sich für unzuständig halten (anders *Odersky* 120; Süß/*Odersky,* Großbritannien: England und Wales, Rn. 32). Aus dem Umstand, dass das englische IPR die Nachlassabwicklung der lex fori unterwirft (→ Rn. 4, 80), folgt nicht, dass ausländische Gerichte, die englisches Erbrecht anwenden, bei der Frage der Ernennung des „administrator" eine Art Monopol der englischen Gerichte zu respektieren hätten. Der Fall liegt insoweit nicht anders als derjenige der Einantwortung nach österreichischem Recht (→ Rn. 61): Die gerichtliche Ernennung des „administrator" ist **materielle Erwerbsvoraussetzung,** und die Vornahme einer solchen Akts ist für ein mitgliedsstaatliches Gericht **keine wesensfremde Tätigkeit** (MüKoBGB/*Dutta* EuErbVO Art. 23 Rn. 20; aus frz. Sicht auch Khairallah/Revillard/*Godechot-Patris,* Droit européen des successions internationales, 2013, 87 (93); für das autonome deutsche Recht *Kegel/Schurig* § 21 IV 2 (1021); anders *Lübcke* 308). Die internationale Zuständigkeit beurteilt sich für die mitgliedstaatlichen Gerichte nach den

Art. 4 ff. Wie im Fall der Einantwortung, vollzieht sich die „Anerkennung" dieser Entscheidung in anderen Mitgliedstaaten bereits über das Kollisionsrecht (für eine Anwendung der Art. 39 ff. bzw. §§ 108 f. FamFG (so MüKoBGB/*Dutta* EuErbVO Art. 23 Rn. 20) lässt sich allerdings anführen, dass anders als bei der österreichischen Einantwortung, wo der Gesamtrechtsnachfolger durch Gesetz oder letztwillige Verfügung bestimmt wird, dem Gericht bei Bestellung des „administrator" ein gewisses Auswahlermessen zukommt).

83 Unter autonomem Kollisionsrecht sehr umstritten war der Fall, dass **ein „administrator" bereits durch ein englisches Gericht ernannt** wurde, sich dem englischen Recht unterworfene Nachlassgegenstände aber auch in anderen Staaten befinden (eingehend zur Diskussion mit zahlreichen Nachweisen *Odersky* 75; *Hausmann,* FS Heldrich, 2005, 649 (657); eintreten kann die beschriebene Situation zum einen hinsichtlich beweglicher Nachlassgegenstände, weil es hier nicht zu einem Rückverweis auf das Belegenheitsrecht kommt, zum anderen auch bei einer Rechtswahl nach Art. 22, weil ein Rückverweisung dann nicht zu beachten ist (Art. 34 Abs. 2)). Abzulehnen ist wiederum die „Spaltungstheorie", nach der die Rechtsfolgen einer solchen Entscheidung, also der Übergang des Nachlasses, territorial begrenzt sein sollen (wie hier Süß/*Odersky,* Großbritannien: England und Wales, Rn. 33). Wenn Aussagen im englischen Schrifttum manchmal diesen Eindruck erwecken (zB *Miller,* International Aspects of Succession, 2000, 55; Bonomi/Schmid/*Frimston,* Successions internationales, 2010, 69 (73 unter 1.3)), so ist dies lediglich Ausdruck des Bewusstseins, dass man andere Staaten, in denen Nachlassvermögen liegt, nicht dazu zwingen kann, die Bestellung eines „administrator" anzuerkennen (*Gottheiner* RabelsZ 21 (1956), 36 (39); zurückhaltender *Lübcke* 67). Entscheidend unter Geltung der EuErbVO ist daher, genau wie im Fall der Einantwortung nach österreichischem Recht, die **kollisionsrechtliche Sichtweise.** Wurde das vom Erbstatut vorgesehene materiellrechtliche Erwerbserfordernis einer gerichtlichen Bestellung an irgendeinem Ort erfüllt, so kommt dem grds. **Wirkung für alle Verordnungsstaaten** zu (*Lübcke* 298; Burandt/Rojahn/*Solomon* England und Wales Rn. 19, 178; ebenso schon zur Rechtslage vor der EuErbVO *Odersky* 90; *Hausmann,* FS Heldrich, 2005, 649 (657, 659); auch in Frankreich ist die hier favorisierte Lösung seit langem anerkannt, Khairallah/Revillard/*Godechot-Patris,* Droit européen des successions internationales, 2013, 87 (89); *Lagarde* Rev.crit. dr. int.priv. 2012, 691 (713); ausführlich zur frz. Entwicklung *Goré* 171). Der durch ein englisches Gericht ernannte „administrator" **darf also auch außerhalb des Vereinigten Königsreichs** tätig werden (in diesem Sinne auch *Dicey/Morris/Collins* Rule 142; ebenso wohl Bonomi/Schmid/*Frimston,* Successions internationales, 2010, 69 (73 unter 1.4), der lediglich klarstellt, dass **keine Pflicht** in diesem Sinne besteht; MüKoBGB/*Dutta* EuErbVO Art. 23 Rn. 20). Es besteht daher nicht per se ein Bedarf für die Ernennung eines „ancillary administrator" (davon scheint indessen Khairallah/Revillard/*Sauvage,* Droit européen des successions internationales, 2013, 105 (119) auszugehen, der immerhin auch auf die Probleme hinweist, die eine territoriale Aufspaltung der Verwaltungsbefugnisse mit sich bringen würde).

84 Nicht zu verwechseln mit der soeben diskutierten Frage ist die Tatsache, dass die Befugnisse eines in England ernannten „administrator" **immer nur soweit reichen,** wie der Erbfall auch **englischem Erbrecht unterliegt** (Burandt/Rojahn/*Solomon* England und Wales Rn. 20). Denn ein Rückverweis auf ausländisches Belegenheitsrecht ist umfassend, schließt also die Regelung der Nachlassabwicklung ein (Süß/*Odersky,* Großbritannien: England und Wales, Rn. 31). Ein in Deutschland belegenes Grundstück geht folglich auf die vom deutschen Recht bestimmten Erben über (OLG Bremen Beschl. v. 16.4.2020 – 3 W 9/20, FamRZ 2020, 1507 mAnm *J. P. Schmidt*). Dies ergibt sich zwanglos aus dem Grundsatz, dass im Falle einer kollisionsrechtlichen Nachlassspaltung jeder Teil als eigenständiger Erbfall zu behandeln ist (iE auch *Hausmann,* FS Heldrich, 2005, 649 (661 f.)).

6. Nachlassverwaltung (lit. f)

85 Durch die ausdrückliche Zuweisung der Nachlassverwaltung (treffender, da umfassender, wohl Nachlass*abwicklung*) zum Erbstatut in lit. f wird abermals die Entscheidung des europäischen Gesetzgebers bekräftigt, diesen Aspekt **nicht gesondert anzuknüpfen** und damit eine **funktionale Nachlassspaltung zu vermeiden** (→ Rn. 2). Die Nachlassabwicklung ist somit **in allen Aspekten dem Erbstatut unterworfen;** die Nennung der Veräußerung von Vermögen und Befriedigung der Nachlassgläubiger ist nur beispielhaft (Bonomi/Wautelet/*Wautelet* Art. 23 Rn. 66, 70; eine klarstellende Erweiterung um die Verpflichtungen und den Schutz von Abwicklern hatte Bonomi/Schmid/*Frimston,* Successions internationales, 2010, 69 (75) gefordert). Für Gerichte, deren Recht zwingend eine gesonderte Nachlassabwicklung vorsieht, schafft **Art. 29** allerdings eine **Ausnahmeregel,** auf die lit. f auch selbst hinweist.

86 In den kontinentalen Rechten sind in aller Regel der oder die **Erben zur Nachlassverwaltung (bzw. -abwicklung) berechtigt und verpflichtet,** wozu insbesondere die Geltendmachung von Herausgabeansprüchen und Forderungen gegenüber Dritten, die Vornahme von Erhaltungsmaßnahmen, die Veräußerung von Nachlassgegenständen zwecks Erlangung von Liquidität sowie die Befriedigung von Nachlassgläubigern zählen (zur funktionalen Abwicklerrolle des Erben → Rn. 71). Überschneidungen gibt es mit der Haftung für Nachlassverbindlichkeiten, die in lit. g gesondert geregelt ist.

Ausführliche Vorschriften enthalten die kontinentalen Rechtsordnungen vor allem zur Nachlassverwaltung bei einer **Mehrheit von Erben.** Hier wird etwa bestimmt, ob die Miterben durch Mehrheitsbeschluss handeln können oder der Einstimmigkeit bedürfen, welche Verwaltungsmaßnahmen auch durch einen Erben allein vorgenommen werden können, etc. (zB §§ 2039 f. BGB).

Das Erbstatut bestimmt ferner, ob, wie und in welchem Maße die **Verwaltung bzw. Abwicklung des Nachlasses in die Hände eines Testamentsvollstreckers** gelegt werden kann (zB § 2205 BGB). Das Erbstatut regelt also insbesondere dessen Aufgaben, Befugnisse, Haftung, Vergütung und Entlassung (Löhnig/Dutta/et al./*Dutta,* Testamentsvollstreckung in Europa, 221 (226); MüKoBGB/*Dutta* EuErbVO Art. 23 Rn. 29; Bonomi/Wautelet/*Wautelet* Art. 23 Rn. 70; Deixler-Hübner/Schauer/*Mankowski* Art. 23 EuErbVO Rn. 84–86), ferner die Frage, wer zur Übernahme eines solchen Amtes geeignet ist (Deixler-Hübner/Schauer/*Mankowski* Art. 23 EuErbVO Rn. 86; anders Bonomi/Wautelet/*Wautelet* Art. 23 Rn. 70). Im portugiesischen Recht ist mit dem „cabeça do casal" eine Art **gesetzlicher Nachlassverwalter** vorgesehen, der aus dem Kreis der Erben ausgewählt wird (Art. 2079 ff. port. Código civil; näher *Müller-Bromley* 105). Der „cabeça do casal" ist zu unterscheiden vom letztwillig ernannten „testamenteiro", der die Erfüllung des Testaments zu überwachen hat (Art. 2320 ff. port. Código civil; dazu Jayme/Schindler/*Baldus,* Portugiesisch – Weltsprache des Rechts, 2004, 61). Der Begriff des **„Nachlassverwalters"** iSd der lit. g ist in jedem Fall **weit zu verstehen** und erfasst ungeachtet ihrer genauen Bezeichnung alle Personen, die Befugnisse oder Verpflichtungen zur Verwaltung bzw. Abwicklung des Nachlasses haben (BeckOGK/*J. Schmidt* EuErbVO Art. 23 Rn. 41), also zB auch den deutschen Nachlasspfleger oder den österreichischen Verlassenschaftskurator (Deixler-Hübner/Schauer/*Mankowski* Art. 23 EuErbVO Rn. 82). 87

Im französischen Recht ist zur Verwaltung des Nachlasses nur befugt, wer die **„saisine"** innehat. Dieses der germanischen Rechtstradition entstammende Institut hat im Laufe der Jahrhunderte verschiedene Funktionen erfüllt, bezeichnet im Code civil aber die unabhängig von der Rechtsinhaberschaft bestehende Befugnis, den Nachlass in Besitz zu nehmen und zu verwalten. Da diese Befugnis stets den nahen Angehörigen des Erblassers als **Vorbehaltserben** („héritiers réservataires") zukommt, in der Regel dagegen nicht den testamentarisch eingesetzten Vermächtnisnehmern (→ Rn. 65), erfüllt die „saisine" neben einer Schutz- auch eine Kontrollfunktion (*Leleu* 99 ff.; Congrès des Notaires de France/*X. Meyer,* La transmission: 108e Congrès des Notaires de France, 2012, XII (XXXIX f.)). Falsch wäre es jedenfalls, „saisine" im Sinne des Besitzes zu deuten, und auch der Erbenbesitz iSd § 857 BGB verfolgt eine andere, deutlich engere Zielrichtung. Vorbehaltserben haben, soweit vorhanden, immer die „saisine" inne, auch wenn testamentarisch eine andere Person eingesetzt wurde. Selbst der **Universalvermächtnisnehmer** („légataire universel") erhält die „saisine" erst mittels einer „délivrance", also Aushändigung des Nachlasses (Art. 1004 Code civil). Fehlen gesetzliche Noterben, erhält der „légataire universel" die „saisine" aber nun stets von Gesetzes wegen. Der **Quotenvermächtnisnehmer** („légataire à titre universel") hat niemals die sofortige „saisine", sondern muss die Vorbehaltserben, den „légataire universel" oder die gesetzlichen Erben um Auslieferung ersuchen (Art. 1011 Code civil). 88

Im englischen Recht und in aller Regel auch den anderen Common Law-Rechtsordnungen hat der **„personal representative"** als Vollrechtsinhaber die **umfassende Verwaltungsbefugnis.** Den „beneficiaries" kommt nur ein allgemeines Recht auf ordnungsgemäße Durchführung der Verwaltung zu (→ Rn. 73). 89

Können die für die Übernahme der Nachlassverwaltung vorgesehenen Personen nicht aufgefunden werden, oder sind sie dazu nicht willens oder in der Lage, regelt das Erbstatut die Verfahren der **staatlichen Nachlassfürsorge** (dazu im deutsch-polnischen Verhältnis *Margonski*). Muss ein zuständiges Gericht hierbei ausländisches Recht anwenden, so kann es **verfahrensrechtlichen Anpassungsbedarf** geben (Bonomi/Wautelet/*Wautelet* Art. 23 Rn. 65). Ordnungspolizeiliche Maßnahmen wie die Versiegelung der Erblasserwohnung unterstehen allerdings der lex fori (Bonomi/Wautelet/*Wautelet* Art. 23 Rn. 68; MüKoBGB/*Dutta* EuErbVO Art. 23 Rn. 32; Deixler-Hübner/Schauer/*Mankowski* Art. 23 EuErbVO Rn. 131). 90

Das Erbstatut entscheidet auch über die Zulässigkeit und die Wirkungen einer **postmortalen Vollmacht** (MüKoBGB/*Dutta* EuErbVO Art. 23 Rn. 29; Deixler-Hübner/Schauer/*Mankowski* Art. 23 EuErbVO Rn. 83). Das französische Recht etwa kannte eine solche Möglichkeit lange nicht, hat sie mit der Erbrechtsreform von 2006 aber eingeführt. Nun erlauben die Art. 812 ff. Code civil in engen Grenzen die Erteilung eines „mandats à effets posthume" (näher Süß/*Döbereiner,* Frankreich, Rn. 211–213). 91

Zu Zwecken der Nachlassverwaltung vorgenommene **dingliche Verfügungen** unterliegen hinsichtlich der Berechtigung dem Erbstatut, im Übrigen aber dem **Sachenrechtsstatut** (→ EuErbVO Art. 1 Rn. 138 f.). Dieses entscheidet also zB auch über die **Möglichkeit eines gutgläubigen Erwerbs** jenseits von Erbschein oder ENZ (offen gelassen von Bonomi/Wautelet/*Wautelet* Art. 23 Rn. 67). Die Möglichkeit einer **dinglichen Surrogation** (zB § 2019 BGB) sollte sich dagegen nach dem Erbstatut bestimmen (Bonomi/Wautelet/*Wautelet* Art. 23 Rn. 65; BeckOGK/*J. Schmidt* EuErbVO Art. 23 Rn. 31; MüKoBGB/*Dutta* EuErbVO Art. 23 Rn. 26). Kennt das Belegenheitsstatut einen solchen Erwerbsmechanismus nicht, dürfte dies in Analogie zur Behandlung von dinglich wirkenden Einzel- 92 zuwendungen (→ EuErbVO Art. 1 Rn. 136) unbeachtlich sein (MüKoBGB/*Dutta* EuErbVO Art. 23 Rn. 26).

93 **Ebenfalls erbrechtlich zu qualifizieren** sind schließlich Vorschriften, welche einem Erben oder einem Nachlassverwalter im formellen Sinn **besondere Ansprüche gegenüber Dritten** gewähren (zB auf Herausgabe oder Auskunft), wie dies etwa die §§ 2018 ff. BGB im Hinblick auf einen Erbschaftsbesitzer tun (Bonomi/Wautelet/*Bonomi* Art. 23 Rn. 30; *Carrascosa González* 172; Deixler-Hübner/Schauer/*Mankowski* Art. 23 EuErbVO Rn. 81 MüKoBGB/*Dutta* EuErbVO Art. 23 Rn. 28). Dieselbe Einordung sollte für Vorschriften maßgeblich sein, die, wie zB § 857 BGB, den Rechtsnachfolgern von Todes wegen **besonderen Besitzschutz** gewähren (dem folgend MüKoBGB/*Dutta* EuErbVO Art. 23 Rn. 25). Denn Regelungen dieser Art dienen nicht dem Schutz des Rechtsfriedens, sondern sollen die Rechtsstellung des Erben gerade dort verbessern, wo er nicht die tatsächliche Sachherrschaft innehat (für die sachenrechtliche Qualifikation hingegen Staudinger/*Dörner* Art. 25 AGBGB Rn. 53; *Gärtner* 135; gegen letzteren auch die Rezension von *J. P. Schmidt* RabelsZ 79 (2015) 888 (893)).

7. Haftung für Nachlassverbindlichkeiten (lit. g)

94 Die Regelung der Haftung für Nachlassverbindlichkeiten ist in jeder Rechtsordnung **eng verzahnt** mit den Regeln zu Erwerb (→ Rn. 49 ff.) und Verwaltung bzw. Abwicklung der Erbschaft (→ Rn. 85 ff.). Daher ist es nur konsequent, wenn darauf ebenfalls das Erbstatut Anwendung findet (so auch zum autonomen Recht noch BGH FamRZ 2015, 653). Zu betonen ist allerdings, dass eine wichtige **Vorfrage** nicht dem Erbstatut unterliegt, sondern dem Schuldrechtsstatut, nämlich welche Verbindlichkeiten des Erblassers **überhaupt vererblich** sind und nicht mit seinem Tod erlöschen (Bonomi/Wautelet/*Wautelet* Art. 23 Rn. 77; Deixler-Hübner/Schauer/*Mankowski* Art. 23 EuErbVO Rn. 69 f., 91; allgemein → EuErbVO Art. 1 Rn. 155). Ein Erlöschen durch Tod des Schuldners findet typischerweise statt bei Unterhaltsforderungen (→ EuErbVO Art. 1 Rn. 66), ebenso bei höchstpersönlichen Verpflichtungen.

95 Der Begriff der „Nachlassverbindlichkeiten" iSd der lit. g ist genau wie im materiellen deutschen Erbrecht **weit zu verstehen** (dazu etwa *Lange/Kuchinke,* Erbrecht, 5. Aufl. 2001, 1192), auch wenn andere Sprachfassungen enger formuliert sind und etwa nur die „debts", nicht aber die „expenses", oder nur die „dettes", nicht aber die „charges" nennen (vgl. aber zB die spanische Fassung: „deudas y cargas"; für ein weites Verständnis von lit. g auch Bonomi/Wautelet/*Wautelet* Art. 23 Rn. 73 f.). Nachlassverbindlichkeiten sind danach nicht nur **Erblasserschulden,** also solche Verbindlichkeiten, die schon in der Person des Erblassers bestanden und vererbt werden, sondern auch die erst mit oder nach dem Tod des Erblassers entstehenden **Erbfallschulden.** Hierzu gehören neben den Ansprüchen von Vermächtnisnehmern, Pflichtteilsberechtigten oder „beneficiaries" im Allgemeinen (zum Begriff oben → Rn. 18) zB auch Beerdigungskosten (§ 1968 BGB). Schließlich sind Teil der Nachlassverbindlichkeiten auch die sog. **Nachlasskosten- oder abwicklungsschulden**, zu denen insbesondere Gebühren zählen, die durch Einschaltung staatlicher Stellen (etwa zur Eröffnung eines Testaments oder Errichtung eines Inventars) oder eines Testamentsvollstreckers anfallen. Die Regelung dieser Verbindlichkeiten, insbesondere im Hinblick auf die verpflichteten Personen, die einem Vollstreckungszugriff unterliegenden Gegenstände und die Rangordnung der Nachlassgläubiger wird also **einheitlich dem Erbstatut** unterworfen (ebenso Deixler-Hübner/Schauer/*Mankowski* Art. 23 EuErbVO Rn. 92). Diese Regelungsentscheidung ist zu begrüßen, da eine differenzierte Behandlung der verschiedenen Arten von Nachlassschulden schnell zu Abstimmungsproblemen führen könnte. Die **Erbschaftssteuer** hingegen ist auch dann **vom Anwendungsbereich der EuErbVO ausgenommen,** wenn sie als Nachlassverbindlichkeit ausgestaltet ist (Art. 1 Abs. 1 S. 2). Allerdings ist das Erbstatut dann maßgeblich für die Haftung im Innenverhältnis (→ EuErbVO Art. 1 Rn. 15).

96 Nicht eindeutig ist die Qualifikation von Verbindlichkeiten, die im Zuge der **Verwaltung des Nachlasses** begründet werden (nach deutscher Terminologie **Nachlasserbenschulden,** etwa anfallende Wohngelder für die im Nachlass befindliche Eigentumswohnung: BGH FamRZ 2013, 1476). Hier dürfte zu differenzieren sein: Was Wirksamkeit und Inhalt dieser Verpflichtungen angeht, ist das **Einzelstatut** maßgebend. Die Frage hingegen, welche Vermögensmasse(n) der Nachlassabwickler verpflichtet und wie das Verhältnis der verschiedenen Gläubigergruppen zueinander ist, sollte zur Vermeidung von Friktionen nach dem **Erbstatut** beurteilt werden.

97 Das Erbstatut regelt sodann auch das **Haftungssubjekt** (Bonomi/Wautelet/*Wautelet* Art. 23 Rn. 75), also wer von den Gläubigern für die Nachlassverbindlichkeiten in Anspruch genommen werden kann und damit bei funktionaler Betrachtung die Rolle des Nachlassabwicklers übernimmt. Dies ist im Regelfall der **Gesamtrechtsnachfolger,** auf dem Kontinent also der **Erbe,** dem allerdings auch Einreden zustehen können (zB §§ 1958, 2014, 2015 BGB). Bei einer Mehrheit von Gesamtnachfolgern regelt das Erbstatut, ob diese gesamt- oder teilschuldnerisch haften und wie der Innenausgleich vorzunehmen ist (Bonomi/Wautelet/*Wautelet* Art. 23 Rn. 75, 78; vergleichender Überblick bei HWBEuP/*Helms,* Erbenhaftung, 404 (405 f.)). Wird ein Testamentsvollstrecker oder Nachlassverwalter eingesetzt, geht die Passivlegitimation und damit die Abwicklungszuständigkeit auf diesen über.

Eine Besonderheit stellt das französische Recht dar, das auch den **Universalvermächtnisnehmer** und den **Quotenvermächtnisnehmer** für die Nachlassverbindlichkeiten einstehen lässt (Art. 1009, 1012 Code civil). Dies ist allerdings nur konsequent, da zwar beide nicht „héritiers" im formalen Sinne sind, aber unmittelbar in den Nachlass eintreten (Unterschiede gibt es allerdings bei der „saisine" → Rn. 88). Rechtsordnungen, die Vindikationslegate zulassen, also Einzelzuwendungen mit dinglicher Wirkung, sehen als Gegengewicht in der Regel eine zumindest subsidiäre Haftung des Einzelnachfolgers vor (zB Art. 495 Abs. 2 Codice civile; Art. 999, 1034 poln. Kodeks cywilny; für einen Überblick zum frz., ital. und gemeinspan. Recht in dieser Frage *Gärtner* 24; ausführliche rechtsvergleichende Darstellung bei *Titz,* Das Vindikationslegat: Reformbedürftigkeit und Reformfähigkeit des deutschen Erbrechts, 2017, 130 ff.). Die Verknüpfung von Rechtsnachfolge und Haftung unterstreicht zugleich, warum es nicht sachgerecht ist, die sorgsam ausbalancierte Lösung eines ausländischen Erbstatuts dadurch zu stören, dass das Vindikationslegat in ein Damnationslegat umgedeutet wird (→ EuErbVO Art. 31 Rn. 13 f.). Denn der Vermächtnisnehmer würde hierdurch seiner Vorteile beraubt, bliebe aber mit den Nachteilen zurück (*J. P. Schmidt* ZEV 2014, 133 (137 f.)). 98

Im englischen Recht ist **Gesamtrechtsnachfolger** und damit **Haftungssubjekt** der **„personal representative".** In den nordischen Ländern wird die Schuldentilgung dagegen normalerweise **gerichtlich organisiert,** so dass Haftungssubjekt entweder das Gericht oder der Nachlass selbst ist (HWBEuP/*Helms,* Erbenhaftung, 404 (405)). 99

Des Weiteren regelt das Erbstatut die Frage des **Haftungsobjekts,** also welche Güter dem Zugriff der Nachlassgläubiger ausgesetzt sind. Gemeinsamer Ausgangspunkt aller modernen Rechtsordnungen ist das elementare Gerechtigkeitsgebot, den Nachlassgläubigern **die Verwertung sämtlicher Nachlassaktiva zu garantieren,** diese also einer haftungsrechtlichen Verstrickung zu unterwerfen. Wegen des Grundsatzes der Nachlasseinheit (→ Rn. 1) kommt es nicht auf den Belegenheitsort der Nachlassgüter an (Khairallah/Revillard/*Sauvage,* Droit européen des successions internationales, 2013, 105 (119), der auch darauf hinweist, dass dies solche Gläubiger vor Probleme stellen kann, die nicht im Land des zuständigen Gerichts ansässig sind, zumindest wenn die Nachlassforderung innerhalb einer bestimmten Frist angemeldet werden muss (124); auch Bonomi/Wautelet/*Wautelet* Art. 23 Rn. 75, Deixler-Hübner/Schauer/*Mankowski* Art. 23 EuErbVO Rn. 100, sehen eine potentielle Gefährdung von Gläubigerinteressen). Grundlegende Unterschiede zeigen sich indessen bei der **Reichweite der Haftung.** 100

So nehmen die kontinentaleuropäischen Erbrechte vielfach die Verschmelzung von Nachlass und Eigenvermögen des Gesamtnachfolgers zum Ausgangspunkt und lassen diesen damit **unbeschränkt** oder **„ultra vires hereditatis" haften.** Hat dieses Vorgehen bei zulänglichen Nachlässen den großen Vorteil der Einfachheit und Schnelligkeit der Nachlassabwicklung, ist für Fälle einer festgestellten oder befürchteten Überschuldung des Nachlasses die Option zu dessen **Abwicklung als Sondervermögen** vorgesehen. Im englischen Recht hingegen findet eine solche gesonderte Abwicklung immer statt, was insbesondere darin zum Ausdruck kommt, dass der „personal representative" mit seinem Eigenvermögen **nur bei Fehlverhalten einstehen muss** (sog. „devastavit"-Haftung, *Kerridge* Rn. 24-01 ff.). Die kontinentalen Regime folgen somit einem haftungsrechtlichen **Optionsmodell,** das englische Recht einem **Einheitsmodell.** 101

In der Ausgestaltung des kontinentalen Optionsmodells zeigen sich freilich erhebliche Unterschiede. So sieht zB das deutsche Erbrecht die Verfahren der **Nachlassverwaltung** und der **Nachlassinsolvenz** vor (§§ 1975 ff. BGB), ferner ein **Sonderregime für geringwertige Nachlässe** (§§ 1990 f. BGB). Hingegen folgen etwa das französische und das italienische Recht weiterhin der Tradition des „ius commune", indem sie den Gesamtrechtsnachfolgern gestatten, mittels **Annahme unter Inventarvorbehalt** die Haftung auf die Nachlassgegenstände zu beschränken und dabei die Abwicklungszuständigkeit zu behalten (siehe Art. 768, 787 ff. Code civil; Art. 484 ff.Codice civile; lediglich Beweisfunktion misst der Inventarerrichtung hingegen das portugiesische Recht zu, Art. 2071 Código civil). Bedarf die Haftungsbeschränkung in Fällen wie diesen der Einschaltung staatlicher Stellen, können **Friktionen mit der lex fori** auftreten, wenn diese den vom Erbstatut vorgesehenen Mechanismus nicht kennt (MüKoBGB/*Dutta* EuErbVO Art. 23 Rn. 33). Dies darf dem zuständigen Gericht aber nicht als Vorwand dazu dienen, die Haftungsthematik allgemein der lex fori zu unterwerfen oder die Vornahme der beantragten Handlung zu verweigern. Schon unter autonomem deutschem Recht war richtigerweise anerkannt, dass etwa die **Entgegennahme eines Inventars** nach italienischem Recht für ein deutsches Gericht **keine „wesensfremde Tätigkeit"** ist (BayObLGZ 1965, 423 (431); eingehend *Zillmann* 53; *Kopp* 115 ff.). Zur Lösung des Problems muss das Gericht auch in Erwägung ziehen, ausländische Verfahrensnormen anzuwenden (zum ähnlich gelagerten Fall eines Einantwortungsbeschlusses nach österreichischem Recht → Rn. 61). Um Abstimmungsprobleme der genannten Art nicht noch zusätzlich heraufzubeschwören, sollten bei Einschaltung staatlicher Stellen zur Nachlassabwicklung allerdings nicht die Art. 13, 28 angewendet werden, auch wenn deren Wortlaut Erklärungen zur Haftungsbeschränkung ausdrücklich nennt (näher *J. P. Schmidt* ZEV 2014, 455 (460); → EuErbVO Art. 28 Rn. 29). Verfehlt scheint es in jedem Fall, bei Beschränkung der Haftung durch Inventarerrichtung nach ausländischem Erbstatut § 780 Abs. 1 ZPO als Norm der lex fori anzuwenden und somit die Geltendmachung der Haftungsbeschränkung von einem entsprechenden Vorbehalt abhängig zu machen (so 102

BGH FamRZ 2015, 653, mkrit Anm *Christandl*). Denn seiner Wirkung nach kommt die Anwendung von § 780 ZPO einem Eingriff in das Erbstatut gleich (für eine Lösung im Wege der Anpassung MüKoBGB/*Dutta* EuErbVO Art. 23 Rn. 33).

103 Neben den Voraussetzungen der Haftungsbeschränkung regelt das Erbstatut auch **alle weiteren Aspekte des damit verbundenen Abwicklungsmodus** (nicht anderes gilt dort, wo die gesonderte Abwicklung von vornherein zum Zuge kommt, wie im englischen Recht). Hierzu gehört etwa die Frage, ob die Haftung gegenständlich oder rechnerisch auf den Nachlass beschränkt ist (Überblick bei HWBEuP/*Helms,* Erbenhaftung, 404 (406 f.)), welchen Pflichten der beschränkt haftende Abwickler im Umgang mit dem Nachlass unterliegt (siehe etwa §§ 1991, 1978 BGB; Art. 800 Code civil) und welche Reihenfolge er bei Befriedigung der Nachlassgläubiger zu beachten hat (siehe etwa § 1991 Abs. 4 BGB; Art. 796, 800 Code civil; zur Bestimmung der Rangverhältnisse nach dem Erbstatut auch ErwG 42 S. 3; Khairallah/Revillard/*Sauvage,* Droit européen des successions internationales, 2013, 105 (123); MüKoBGB/*Dutta* EuErbVO Art. 23 Rn. 31; Deixler-Hübner/Schauer/*Mankowski* Art. 23 EuErbVO Rn. 97; nicht klar ist, warum Bonomi/Wautelet/*Wautelet* Art. 23 Rn. 79 zum gegenteiligen Ergebnis kommt)). Ebenso regelt das Erbstatut die Folgen eines **Aufgebotsverfahrens** (siehe zB § 1973 BGB; Art. 792 Code civil) und die Möglichkeiten der Nachlassgläubiger zur Herbeiführung einer **Vermögenstrennung** („separatio bonorum"), um den Eigengläubigern des Erben den Zugriff auf Nachlassgüter zu verwehren (Überblick bei HWBEuP/*Helms,* Erbenhaftung, 404 (407 f.); wenn Art. 878 Abs. 3 Code civil zur Geltendmachung eines „droit de préférence" über ein Grundstück die Eintragung dieses Rechts ins Register verlangt, so braucht darin entgegen Khairallah/Revillard/*Sauvage,* Droit européen des successions internationales, 2013, 105 (121 f.), jedenfalls dann kein Zurückweichen des Erbstatuts vor der lex rei sitae gesehen zu werden, wenn Erbstatut ohnehin französisches Recht ist; ist Erbstatut hingegen zB deutsches Recht, dessen Regeln zur Nachlasssonderung (§§ 1975 ff. BGB) kein Eintragungserfordernis vorsehen, wird, wenn es um eine in Frankreich belegene Nachlassimmobilie geht, Art. 878 Abs. 3 Code civil aufgrund des Vorrangs des Erbstatuts unbeachtet bleiben müssen, es sei denn, man nimmt insoweit einen Vorbehalt des Registerstatus an, → EuErbVO Art. 1 Rn. 141 ff.). Erfolgt die Abwicklung eines überschuldeten Nachlasses im Wege eines formalisierten Kollektivverfahrens, ist nach Art. 76 allerdings der **Vorrang der EuInsVO** zu beachten (näher zur Thematik *Max Planck Institute* RabelsZ 74 (2010), 522 (Rn. 355 ff.); eingehend *Strauß*). Stets **außerhalb des Erbstatuts** liegt die **prozessuale Realisierung der Haftung** (Deixler-Hübner/Schauer/*Mankowski* Art. 23 EuErbVO Rn. 98).

104 Praktisch höchst relevant kann schließlich die Frage sein, inwieweit Nachlassgläubiger auch auf solche Güter zugreifen können, die **außerhalb des formalen Erbrechts** vom Erblasser auf eine andere Person transferiert wurden, zB im Wege eines Vertrags zugunsten Dritter auf den Todesfall, eines „revocable trust" oder eines anderen „will-substitute" (→ EuErbVO Art. 1 Rn. 96). Rechtsordnungen, die solche Vermögenstransfers gestatten, tragen in der Regel auch Sorge dafür, dass Nachlassgläubiger hierdurch nicht benachteiligt werden (zum deutschen Recht *Windel,* Über die Modi der Nachfolge in das Vermögen einer natürlichen Person beim Todesfall, 1998, 455; für einen amerikanisch-kanadischen Vergleich Braun/Röthel/*L. Smith,* Passing Wealth on Death, 251; zur Möglichkeit der Nachlassgläubiger, auf die Gegenstände eines „revocable trust" zuzugreifen, *Newman* Real Property, Trust & Estate Law Journal 43 (2008), 523 (551)). Aus diesem Grund sollte die Frage einer Haftung des Zuwendungsempfängers nach dem **Erbstatut** beurteilt werden (so auch *Solomon* Anali Pravnog Fakulteta Univerziteta u Zenici 2016, 193 (205), der hierzu den in Art. 1 Abs. 2 lit. g enthaltenen Vorbehalt zugunsten des Pflichtteilsschutzes entsprechend anwenden möchte). Der **kollisionsrechtlichen Vertrauensschutz** ist im Unterschied zum Fall der „claw back"-Ansprüche (→ Rn 121 ff.) kein Einwand gegen diese Lösung, denn der Begünstigte eines „will substitute" erlangt den entsprechenden Vorteil in der Regel **erst mit dem Tod des Erblassers** und anders als ein Beschenkter nicht bereits zu dessen Lebzeiten.

8. Pflichtteilsrechte (lit. h)

105 Lit. h behandelt die praktisch bedeutsamste Einschränkung der Testierfreiheit, nämlich alle **Rechte auf Teilhabe am Nachlass,** die einer Person aufgrund ihrer besonderen **Nähe zum Erblasser** zustehen und die dieser ihr grds. **nicht einseitig entziehen** kann (zur „Enterbung" → Rn. 44). Solche funktional verstandenen **Pflichtteilsrechte im weiten Sinne** sind europa- und weltweit in nahezu jeder Rechtsordnung anzutreffen. Nicht nur der Kreis der begünstigten Personen, sondern vor allem die technische Ausgestaltung des Pflichtteilsrechts variiert allerdings erheblich (ausführlicher rechtsvergleichender Überblick bei *Pfundstein,* Pflichtteil und ordre public: Angehörigenschutz im internationalen Erbrecht, 2010, 7; *Dutta* FamRZ 2011, 1829; *Zimmermann,* RabelsZ 84 (2020) Heft 3; *Reid/De Waal/R. Zimmermann* (Hrsg.), Mandatory Family Protection; Beispiele auch bei Bonomi/Wautelet/*Bonomi* Art. 23 Rn. 81 ff., 92 ff.).

106 Kennzeichen der kontinentaleuropäischen Rechtstradition ist die starre Quotenteilhabe, die ihrerseits **gegenständlicher oder wertmäßiger Natur** sein kann. Die erste Lösung, die oft mit dem wenig glücklichen Begriff des **materiellen Noterbrechts** bezeichnet wird, dominierte lange Zeit in Europa, ist mittlerweile aber vielerorts durch den praktikableren **Geldpflichtteil** ersetzt worden, für den das ABGB und das BGB Vorreiter gewesen sind (*Dutta* FamRZ 2011, 1829 (1831 f.); *Zimmermann,* RabelsZ 84 (2020), 465 (473 ff., 483 ff.). Charakteristisch für den Rechtskreis des Common Law das Modell einer **flexiblen, bedarfsabhängigen Teilhabe,** die auf Antrag gerichtlich festgesetzt wird (**„family provision"**; speziell zum englischen Recht *Dutta* FamRZ 2011, 1829 (1829 f.); Reid/De Waal/R. Zimmermann/*Kerridge,* Mandatory Family Protection, Kapitel 13). Der Sache nach handelt es sich um einen Unterhaltsanspruch gegen den Nachlass, für den die Bereichsausnahme des Art. 1 Abs. 2 lit. e jedoch nicht eingreift, da es zur Entstehung erst mit dem Tode des Erblassers kommt (Bonomi/Wautelet/*Bonomi* Art. 23 Rn. 92; MüKoBGB/*Dutta* EuErbVO Art. 23 Rn. 34). Häufig treten die beschriebenen Grundmodelle auch in Mischformen auf (*J. P. Schmidt,* in: Jahrbuch für Erbrecht und Schenkungsrecht 10, 1 (12 ff.)).

Ob und in welcher Gestalt Personen eine unentziehbare Nachlassteilhabe zusteht, bestimmt sich stets nach dem **Erbstatut** (Dutta/Herrler/*Lorenz,* Die Europäische Erbrechtsverordnung, 113 Rn. 7; *Dutta* FamRZ 2013, 4 (5); MüKoBGB/*Dutta* EuErbVO Art. 23 Rn. 34; *Dörner* ZEV 2012, 505 (506); Bonomi/Wautelet/*Bonomi* Art. 23 Rn. 89 f.; Khairallah/Revillard/*Revillard,* Droit Européen des Successions Internationales, 2013, 67 (Nr. 169); Deixler-Hübner/Schauer/*Mankowski* Art. 23 EuErbVO Rn. 101 f.). Dass nicht stattdessen das nach Art. 24, 25 zu ermittelnde **hypothetische Erbstatut** berufen wird, folgt nicht nur aus Art. 23 Abs. 2 lit. h, sondern auch aus der fehlenden Nennung der Pflichtteilsrechte in Art. 26 sowie aus ErwG 50 (Dutta/Herrler/*Lorenz,* Die Europäische Erbrechtsverordnung, 113 Rn. 20). Gleichwohl war diese Entscheidung des Verordnungsgebers weder selbstverständlich noch unumstritten. Denn sie erschwert dem Erblasser aufgrund der Wandelbarkeit des Erbstatuts die Nachlassplanung (*Álvarez Gonzalez* AEDIPr XI (2011), 369 (388)). 107

Zu betonen ist ferner, dass Pflichtteilsrechte **nicht als Eingriffsnormen iSd des Art. 30** anzusehen sind. Dies wird durch ErwG 54 ausdrücklich klargestellt (Dutta/Herrler/*Lorenz,* Die Europäische Erbrechtsverordnung, 113 Rn. 20; Deixler-Hübner/Schauer/*Mankowski* Art. 23 EuErbVO Rn. 107). Ebenso wenig kommt es auf den Belegenheitsort der Nachlassgegenstände, den Wohnsitz oder die Nationalität der Nachlassbeteiligten an. Der Verordnungsgeber entschied sich bewusst **gegen eine Sonderanknüpfung für Pflichtteilsrechte** (Dutta/Herrler/*Lorenz,* Die Europäische Erbrechtsverordnung, 2014, 113 Rn. 18). Möglich bleibt in Ausnahmefällen allerdings die Geltendmachung des **ordre public-Vorbehalts** (→ EuErbVO Art. 35 Rn. 11). Art. 27 Abs. 2 des VO-Entwurfs hatte dies noch ausdrücklich ausgeschlossen, doch dürfte die jetzige, flexiblere Regelung vorzugswürdig sein (*Álvarez Gonzalez* AEDIPr XI (2011), 369 (385)). 108

Somit regelt allein das Erbstatut, wer zum **Kreise der Pflichtteilsberechtigten** gehört, **welchen Inhalts** diese Rechte sind, wie sie **geltend gemacht werden,** welche **Auskunftsansprüche** bestehen, wann die Rechte **verjähren,** etc. (Erman/*Hohloch* EuErbVO Art. 23 Rn. 9; Deixler-Hübner/Schauer/*Mankowski* Art. 23 EuErbVO Rn. 103, 106). Gleiches gilt für die Frage der **Berechnung des Pflichtteils.** Ob und wie lebzeitige Verfügungen des Erblassers dabei zu berücksichtigen sind, ist allerdings gesondert in lit. i geregelt. 109

Ist zur Ausübung des Pflichtteilsrechts die **Erhebung einer Klage** erforderlich, etwa zwecks Reduzierung einer letztwilligen Verfügung, die über die disponible Quote hinausgeht (zB Art. 557 ff. Codice civile; Art. 2168 ff. port. Código civil), richtet sich die **internationale Zuständigkeit** nach **Art. 4 ff.** Keine Rolle spielt dabei, ob die lex fori ein entsprechendes Verfahren kennt; notfalls muss das erkennende Gericht sein eigenes Prozessrecht anpassen (Erman/*Hohloch* EuErbVO Art. 23 Rn. 9; dies entspricht der deutschen Rechtslage vor Inkrafttreten der EuErbVO, siehe Dutta/Herrler/*Lorenz,* Die Europäische Erbrechtsverordnung, 113 Rn. 2). 110

Ebenso nach Art. 4 ff. richtet sich die **internationale Zuständigkeit** für den Antrag auf Gewährung einer bedarfsabhängigen Teilhabe. Ist Erbstatut englisches Recht, kann also auch ein mitgliedstaatliches Gericht eine Nachlassbeteiligung nach den Regeln über die „family provision" gewähren. Die prozessuale Voraussetzung des englischen Rechts, dass der Verstorbene sein „domicile" in England gehabt haben muss, kann dabei **unbeachtet** bleiben, da sie nur Ausdruck einer **zuständigkeitsrechtlichen Selbstbeschränkung** ist (Bonomi/Wautelet/*Bonomi* Art. 23 Rn. 91; Deixler-Hübner/Schauer/*Mankowski* Art. 23 EuErbVO Rn. 105; anders wohl Dutta/Herrler/*Lein,* Die Europäische Erbrechtsverordnung, 199 Rn. 61 und → Vorb. Art. 4 ff. Rn. 37). 111

Die **Wahl des Heimatrechts** des Erblassers gemäß Art. 22 zwecks Reduzierung von Pflichtteilsrechten stellt **keine zu missbilligende Gesetzesumgehung** dar (ErwG 38). Vielmehr wurde der Schutz der Pflichtteilsberechtigten durch die starke Beschränkung der Rechtswahlmöglichkeit für ausreichend gehalten (*Mansel/Thorn/Wagner* IPRax 2013, 1 (7)). Eine Gesetzesumgehung ist auch nicht darin zu erblicken, dass der Erblasser seinen gewöhnlichen Aufenthalt **zwecks Pflichtteilsreduzierung in ein anderes Land verlagert** (Dutta/Herrler/*Lorenz,* Die Europäische Erbrechtsverordnung, 113 Rn. 15, 22; MüKoBGB/*Dutta* Vor Art. 20 Rn. 43; Deixler-Hübner/Schauer/*Mankowski* Art. 23 EuErbVO Rn. 108). Vielmehr darf der Erblasser den Verordnungsgeber im Hinblick auf die in Art. 21 eingeräumte Wahlmöglichkeit „beim Wort nehmen" (*Kegel/Schurig* § 14 IV (484), allgemein zum 112

Thema der Gesetzesumgehung). Täuscht der Erblasser hingegen zum Zwecke der Pflichtteilsbeschneidung einen gewöhnlichen Aufenthalt nur vor, ist dies kein rechtliches Problem, sondern ein tatsächliches, das im Rahmen des Art. 21 zu lösen ist (Dutta/Herrler/*Lorenz,* Die Europäische Erbrechtsverordnung, 113 Rn. 23). Die Verlagerung von Vermögen in eine Rechtsordnung mit schwächerem Pflichtteilsrecht ist, anders als unter früherem Recht, **keine geeignete Strategie zur Pflichtteilsdämpfung mehr** (→ EuErbVO Art. 30 Rn. 4).

113 **Sehr umstritten** die kollisionsrechtliche Einordnung von **Pflichtteilsverzichten,** die ungeachtet einer generellen Tendenz zur Liberalisierung in zahlreichen Mitgliedstaaten nach wie vor nur unter engen Voraussetzungen zugelassen oder sogar gänzlich ausgeschlossen sind (rechtsvergleichender Überblick bei *Strehlke-Verkühlen* 33 ff.; *Seeger* 52 ff.). Eine **erste Weichenstellung** betrifft die Frage, ob der Erb- bzw. Pflichtteilsverzicht ein **einseitiger Erbvertrag** iSd Art. 3 Abs. 1 lit. d ist. Zumindest im deutschen Schrifttum wird dies nahezu einhellig bejaht und die Zulässigkeit, materielle Wirksamkeit und Bindungswirkung von Erb- und Pflichtteilsverzichten dementsprechend nach Art. 25 dem Errichtungsstatut zugewiesen (siehe zB *Nordmeier* ZEV 2013, 117 (120 f.); *Weber* ZEV 2015, 503 (504); *Strehlke-Verkühlen* ErbR 2019, 538 (541); *Seeger* 219; → EuErbVO Art. 25 Rn. 11 ff., dort auch zur Unterscheidung zwischen Verfügungs- und Kausalgeschäft). Bislang nur vereinzelt, aber mit sehr beachtlichen Argumenten ist **die Qualifikation des Pflichtteilsverzichts als Erbvertrag iSd Art. 3 Abs. 1 lit. d hingegen bestritten worden** (*Barros Fritz* ZEV 2020, 199 (201 ff.), der insbesondere auf ErwG 50 und die Entstehungsgeschichte der EuErbVO hinweist). Folgt man dieser Ansicht, sind Pflichtteilsverzichte vollumfänglich dem Erbstatut zugewiesen, so dass sich **Fragen der Abgrenzung zum Errichtungsstatut von vornherein nicht stellen.**

114 Bejaht man hingegen mit der ganz hM das Vorliegen eines Erbvertrages, betrifft eine **zweite Weichenstellung** die Frage, welcher Regelungsbereich dem Erbstatut verbleibt. Relevant wird dies immer dann, wenn Erbstatut und Errichtungsstatut etwa aufgrund eines Aufenthaltswechsels auseinanderfallen und das Erbstatut Pflichtteilsverzichte restriktiver behandelt als das Errichtungsstatut. Nach einer Ansicht befindet über die Frage der Zulässigkeit eines Pflichtteilsverzichts **allein das Errichtungsstatut,** so dass der wirksam abgeschlossene Erbverzicht in den Genuss einer **Bestandsgarantie** kommt und es unschädlich ist, wenn das Erbstatut diese Möglichkeit nicht vorsieht oder sogar explizit verbietet (für diese Ansicht insbesondere *Weber* ZEV 2015, 503 (506 f.)). Nach anderer Ansicht hingegen sollen sich, wie bei Erbverträgen generell, die **Wirkungen des Pflichtteilsverzichts allein nach dem Erbstatut beurteilen.** Ist diesem ein Pflichtteilsverzicht der vorliegenden Art unbekannt, entfaltet die Vereinbarung ungeachtet ihres zulässigen Abschlusses keine Rechtsfolgen (für diese Ansicht eines „wirksam-wirkungslosen Erbverzichts" *Odersky* notar 2014, 139; MüKoBGB/*Dutta* EuErbVO Art. 23 Rn. 27; Erman/*Hohloch* EuErbVO Art. 23 Rn. 9; und wohl auch *Nordmeier* ZEV 2013, 117 (121)). **Stellungnahme:** Die zuletzt genannte Ansicht wahrt die allgemeinen Grundsätze zur Abgrenzung von Erb- und Errichtungsstatut (→ Rn. 33), setzt sich allerdings dem Vorwurf der Widersprüchlichkeit aus. Denn dass beim Pflichtteilsverzicht, anders als beim Erbvertrag, die „Wirkungen" letztlich nur Reflex oder Kehrseite der „Zulässigkeit" sind, darf nicht dazu genutzt werden, beide Aspekte gegeneinander auszuspielen (zutreffende Kritik bei *Weber* ZEV 2015, 503 (506 f.); nicht überzeugend hingegen *Strehlke-Verkühlen* ErbR 2019, 538 (543), die dem Erbverzicht bereits im Zeitpunkt des Vertragsschlusses die Wirkung beilegen will, dass der Verzichtende den Erbfall nicht erlebt hat; denn der Erbfall tritt in diesem Moment noch gar nicht ein). Will man dem Erbstatut die Entscheidung über die Wirkungen des Pflichtteilsverzichts belassen, wofür in der Gesamtbetrachtung die besseren Argumente sprechen dürften, sollte daher **konsequenterweise schon das Vorliegen eines Erbvertrages und damit die Anwendung des Art. 25 verneint werden.** Wie *de Barros Fritz* gezeigt hat (→ Rn. 113), lassen sich hierfür durchaus gute Gründe finden (für eine vermittelnde Ansicht *Seeger* 224, dessen Vorschlag, das ausdrücklich oder konkludent zwischen den Parteien Vereinbarte gegen einen Statutenwechsel zu schützen, aber wenig praktikabel erscheint; ablehnend auch MüKoBGB/*Dutta* EuErbVO Art. 23 Rn. 27). Unterwirft man die Zulässigkeit des Pflichtteilsverzicht hingegen dem Errichtungsstatut, stellen sich Folgefragen, etwa wie eine Erstreckungswirkung auf Abkömmlinge einzuordnen ist (dazu *Weber* ZEV 2015, 503 (507); *Strehlke-Verkühlen* ErbR 2019, 538 (543)).

115 Kaum praktische Bedeutung dürfte die Auffangklausel der **„anderen Beschränkungen der Testierfreiheit"** haben, da der übrige Tatbestand der lit. h wohl bereits alle denkbaren Arten von Pflichtteilsrechten erfasst (für eine Anwendung auf Regelungen über nachgeborene Kinder (zB Art. 687 Codice civile, näher *de Barros Fritz* ZErb 2020, 358). Nicht angewendet sollte der Passus jedenfalls auf solche Beschränkungen, die nicht mit der zwingenden Nachlassteilhabe nahestehender Angehöriger im Zusammenhang stehen, sondern zB aus den guten Sitten oder dem numerus clausus der zulässigen letztwilligen Anordnungen herrühren. Denn sie sind im ersten Fall dem Errichtungsstatut zugewiesen (Deixler-Hübner/Schauer/*Mankowski* Art. 23 EuErbVO Rn. 109; → EuErbVO Art. 26 Rn. 10 f.) und im zweiten Fall systematisch besser unter Art. 23 Abs. 2 lit. b zu fassen (→ Rn. 33 ff.). Beschränkungen durch Erbverträge oÄ unterliegen Art. 25. Sondervorschriften über die Vererbung landwirtschaftlich genutzten Eigentums werden durch Art. 30 erfasst (Deixler-Hübner/Schauer/*Mankowski* Art. 23 EuErbVO Rn. 110).

9. Ausgleichung und Anrechnung

Lit. i unterwirft die Ausgleichung oder Anrechnung von **unentgeltlichen Zuwendungen,** die noch zu **Lebzeiten des Erblassers** stattgefunden haben, dem Erbstatut. Bestätigt wird diese Regelung durch Art. 1 Abs. 2 lit. g a. E. und ErwG 14 S. 2, wo jeweils klargestellt wird, dass der Ausschluss der genannten Vermögenstransfers vom Anwendungsbereich der EuErbVO nicht deren rechnerische Berücksichtigung bei der Verteilung des Nachlasses verhindert. Art. 23 Abs. 2 lit. i kann auch solche Verfügungen erfassen, die vor Inkrafttreten der EuErbVO getätigt wurden (Dutta/Herrler/*Lein,* Die Europäische Erbrechtsverordnung, 199 Rn. 14), denn für deren Anwendbarkeit kommt es allein auf den Zeitpunkt des Erbfalls an (Art. 83). Fand eine vorweggenommene Erbfolge vor dem Hintergrund eines bestimmten Erbstatuts statt, kann ein späterer Statutenwechsel allerdings erheblichen Koordinierungsbedarf verursachen (*Volmer* Rpfleger 2013, 421 (424 f.)). 116

Die Problematik der Ausgleichung und Anrechnung lebzeitiger Verfügung wird manchmal unter dem Stichwort des **Nachlassumfangs** behandelt (zB Dutta/Herrler/*Lein,* Die Europäische Erbrechtsverordnung, 199 Rn. 14). Zu beachten ist hierbei jedoch, dass Umfang des Nachlasses nicht allein durch die Regelungen zu Ausgleichung und Anrechnung bestimmt wird, sondern in erster Linie durch die Bestimmungen zur Vererblichkeit von Rechtspositionen (→ EuErbVO Art. 1 Rn. 155). Zudem kann der Nachlassumfang sich auch nach dem Erbfall noch verändern, etwa durch die Hinzurechnung von Sach- oder Rechtsfrüchten. Im vorliegenden Kontext dient der Begriff des Nachlassumfangs dagegen eher als eine **fiktive Rechengröße.** 117

Beim Thema der Ausgleichung und Anrechnung sind verschiedene Fallgestaltungen voneinander zu unterscheiden. Im Rahmen der gesetzlichen Erbfolge kennen nahezu alle Rechtsordnungen die auf die römisch-rechtliche „collatio bonorum" zurückgehende **Anrechnung von lebzeitigen Vorausempfängen** (zB §§ 2050 ff. BGB; Erman/*Hohloch* EuErbVO Art. 23 Rn. 10; Bonomi/Wautelet/*Bonomi* Art. 23 Rn. 96; im englischen Recht wurden die unter den Begriff des „hotchpot" zusammengefassten Anrechnungsregeln allerdings inzwischen abgeschafft, *Kerridge* Rn. 2–64). Ratio derartiger Regelungen ist die Überlegung, dass der Erblasser den Beschenkten gegenüber den Miterben (i. d. R. den Geschwistern) im Zweifel nicht privilegieren, sondern ihm nur einen Teil des Erbes vorab zukommen lassen wollte (für Berichte zu zahlreichen nationalen Regelungen und ihrer rechtsvergleichenden Analyse *Reid/De Waal/Zimmermann* (Hrsg.), Intestate Succession). Regelungen dieser Art sind nach lit. i also dem **Erbstatut** zu entnehmen und nicht etwa dem Schenkungsstatut. Nach diesem beurteilt sich nur die Wirksamkeit der lebzeitigen Transaktion. 118

Einen Fall der umgekehrten Anrechnung, die aber ebenso dem Ziel der Gleichbehandlung aller Miterben dient, stellt eine Regelung wie **§ 2057a BGB** dar. Dass der Erblasser hier nicht zu Lebzeiten eine unentgeltliche Leistung getätigt, sondern empfangen hat, ändert nichts an ihrer Erfassung durch lit. i (zust. Deixler-Hübner/Schauer/*Mankowski* Art. 23 EuErbVO Rn. 118). 119

Regeln über die Ausgleichung und Anrechnung von Vorausempfängen sind sodann im **Pflichtteilsrecht** anzutreffen, etwa den §§ 2315, 2316 BGB (Dutta/Herrler/*Lorenz,* Die Europäische Erbrechtsverordnung, 113 Rn. 8; *Dutta* FamRZ 2013, 4 (5)). Hat der Erblasser zu Lebzeiten eine Schenkung an einen **nachlassfremden Dritten** vorgenommen, ist zu differenzieren. Unproblematisch dem Erbstatut unterliegen Regelungen, die solche Verfügungen **fiktiv dem Nachlass zurechnen** und somit den Erben zum Ausgleich verpflichten (zB der Pflichtteilsergänzungsanspruch des § 2325 BGB). 120

Sehr umstritten ist dagegen die Behandlung von **Restitutionsforderungen gegenüber dem nachlassfremden Schenkungsempfänger** (zB § 2329 BGB; Art. 918 ff. Code civil („réduction de liberalité"), dazu eingehend *R. Magnus* 91 ff., 214 ff.). Solche auch **„claw back"** genannten Ansprüche (monographisch dazu *R. Magnus; Holliday*) sollen eine allzu einfache Aushöhlung des Pflichtteilsrechts verhindern und existieren wohl in allen europäischen Rechtsordnungen (auch im englischen Recht, siehe sec. 10 Inheritance (Provision for Family and Dependants) Act 1975). In ihren Voraussetzungen und ihrer Reichweite unterscheiden sich diese Mechanismen z. T. aber sehr stark voneinander, insbesondere bei den zeitlichen Fristen (für einen Überblick *Max Planck Institute* RabelsZ 74 (2010), 522 (Rn. 175); *Gomes de Almeida,* Direito de Conflitos Sucessórios: Alguns Problemas, 2012, 157). Dies macht die Frage, welchem Recht „claw back"-Ansprüche unterliegen, praktisch sehr bedeutsam. Die Furcht vor weitreichender Geltendmachung derartiger Rechte zu Lasten britischer „charities" gilt denn auch als der wichtigste Grund für die Nichtteilnahme des Vereinigten Königreichs an der EuErbVO (Dutta/Herrler/*Lein,* Die Europäische Erbrechtsverordnung, 199 Rn. 14; Deixler-Hübner/Schauer/*Mankowski* Art. 23 EuErbVO Rn. 113; *R. Magnus* 356 f.; → IntSchenkungsR Rn. 48 f.; eingehend *Holliday* 87 ff.). 121

Den Vorschriften der EuErbVO lässt sich eine eindeutige Aussage zur Behandlung von „claw back"-Ansprüchen nicht entnehmen. Art. 1 Abs. 2 lit. g nimmt zwar die „unentgeltlichen Zuwendungen" vom Anwendungsbereich der EuErbVO aus, doch ordnet diese Regelung selbst schon den Vorbehalt des Art. 23 Abs. 2 lit. i. an, ohne dessen Umfang freilich genau zu bestimmen (für eine restriktive Lesart aber Dutta/Herrler/*Lorenz,* Die Europäische Erbrechtsverordnung, 113 Rn. 10). Die in Art. 23 Abs. 2 122 lit. i genannte „Ausgleichung und Anrechnung" der Zuwendungen ließe sich auch allein auf das Innenverhältnis beziehen, und gleiches gilt für die Formulierung „le rapport et la réduction" der frz. Fassung. Die englische Fassung ist insoweit etwas klarer („any obligation to restore (...) gifts"), doch werden nachlassfremde Dritte auch hier nicht explizit genannt. ErwG 14 S. 2 will die Berücksichtigung entsprechender Verfügungen im Rahmen des Art. 23 Abs. 2 lit. i nur zu Zwecken „der Bestimmung der Anteile der Berechtigten" ermöglichen, was man als Beschränkung auf eine **nachlassinterne Berücksichtigung** verstehen kann (Dutta/Herrler/*Lorenz,* Die Europäische Erbrechtsverordnung, 113 Rn. 10). Allerdings ließe sich bei weiter Auslegung dieses Passus auch zu einem anderen Ergebnis kommen, denn wo ein Pflichtteilsberechtigter gegen den nachlassfremden Dritten vorgehen kann, hat dies letztlich auch Auswirkungen auf den Anteil, den er bekommt. Für eine enge Auslegung von lit. i lässt sich allerdings auch anführen, dass Art. 7 Abs. 2 lit. c des HErbÜ, der Vorbild für Art. 23 Abs. 2 lit. i war, wohl keine Ansprüche gegen nachlassfremde Dritte erfassen sollte (Dutta/Herrler/*Lorenz,* Die Europäische Erbrechtsverordnung, 113 Rn. 10 unter Hinweis auf *Waters,* Convention on the law applicable to succession to the estates of deceased persons – Explanatory Report, 1990, Nr. 78; für ein weites Verständnis von Art. 7 Abs. 2 lit. c des HErbÜ dagegen *Max Planck Institute* RabelsZ 74 (2010), 522 (Rn. 176)).

123 Ein starkes Argument gegen die Anwendung der EuErbVO auf „claw back"-Ansprüche ist der **kollisionsrechtliche Vertrauensschutz** (Dutta/Herrler/*Lorenz,* Die Europäische Erbrechtsverordnung, 113 Rn. 11; grundsätzliche Sympathie bei *Mansel,* FS Geimer, 443 (446)). Denn aufgrund der Wandelbarkeit des Erbstatuts (→ Art. 21, 22) ist es für den Beschenkten weder vorhersehbar noch beeinflussbar, ob und wie lange er mit einem Rückforderungsanspruch rechnen muss (Illustration dieser „echten Rückwirkung" (Deixler-Hübner/Schauer/*Mankowski* Art. 23 EuErbVO Rn. 113) bei *Max Planck Institute* RabelsZ 74 (2010), 522 (Rn. 177)). Im Gesetzgebungsverfahren war diese Problematik durchaus erkannt worden (siehe Deixler-Hübner/Schauer/*Mankowski* Art. 23 EuErbVO Rn. 113, 116), doch fanden Vorschläge zu ihrer Entschärfung keine Aufnahme (siehe insbesondere den Regelungsvorschlag von *Max Planck Institute* RabelsZ 74 (2010), 522 (Rn. 178 ff.), zusätzlich zum Erbstatut das hypothetisches Erbstatut im Zeitpunkt der Schenkung auf eine Rückgewährpflicht hin zu befragen; entgegen BeckOGK/*J. Schmidt* EuErbVO Art. 23 Rn. 53 würde die Umgehung von „claw back"-Ansprüchen hierdurch keineswegs leicht gemacht, weil das hypothetische Erbstatut nicht ohne Weiteres manipulierbar ist). Eine vereinzelt gebliebene, auch in der 1. Aufl. noch vertretene Ansicht (Rn. 125) leitete aus der fehlenden Berücksichtigung des Vertrauensschutzes die Forderung ab, lit. i eng auszulegen und einen Rückforderungsanspruch nur nach dem über die Rom I-VO zu ermittelnden **Schenkungsstatut** zu gewähren (so Dutta/Herrler/*Lorenz,* Die Europäische Erbrechtsverordnung, 113 Rn. 10 f., und in Abwesenheit einer vertrauensschützenden Sonderregel wohl auch *Max Planck Institute* RabelsZ 74 (2010), 522 (Rn. 176)). Abgesehen davon allerdings, dass das Schenkungsstatut durch eine Rechtswahl vergleichsweise einfach zulasten der Pflichtteilsberechtigten manipuliert werden könnte, sieht die genannte Lösung sich dem rechtssystematischen Einwand ausgesetzt, dass „claw back"-Ansprüche ihrer Funktion nach dem Erb- und nicht dem Schenkungsrecht angehören und eine kollisionsrechtliche Sonderbehandlung ausdrücklich angeordnet werden müsste. Zustimmung verdient daher trotz der genannten Bedenken die nahezu einhellig vertretene **Zuweisung von „claw back"-Ansprüchen zum Erbstatut** (so zB *Herzog* ErbR 2013, 1 (3); Dutta/Herrler/*Lein,* Die Europäische Erbrechtsverordnung, 199 Rn. 14; Bonomi/Wautelet/*Bonomi* Art. 23 Rn. 98; *Lagarde* Rev.crit. dr. int.priv. 2012, 691 (708 f.); MüKoBGB/*Dutta* EuErbVO Art. 1 Rn. 38, Vor Art. 20 Rn. 44; Art. 23 Rn. 35; *R. Magnus* 349 f.; → IntSchenkungsR Rn. 53; Deixler-Hübner/Schauer/*Mankowski* Art. 23 EuErbVO Rn. 114–116; Khairallah/Revillard/*Revillard,* Droit Européen des Successions Internationales, 2013, 67 (Nr. 170); Calvo Caravaca/Davì/Mansel/*Weller,* Art. 1 Rn. 51; Pamboukis/*Nikolaidis,* Art. 1 Rn. 40; *Dicey/Morris/Collins* Rn. 27–137). Dem Vertrauensschutz lässt sich bei dieser Lösung immerhin über Entreicherungseinreden u. Ä. Rechnung tragen (Deixler-Hübner/Schauer/*Mankowski* Art. 23 EuErbVO Rn. 114).

124 Deutlich weniger brisant ist die Berücksichtigung von **Schenkungen auf den Todesfall** für die Pflichtteilsberechnung, selbst dann, wenn man sie nicht dem Erbstatut zuweist (→ EuErbVO Art. 61 Rn. 69 ff.). Denn hier kann der Empfänger zu Lebzeiten des Erblassers noch **kein Vertrauen in die Beständigkeit** seines Erwerbs entwickeln und ist daher nicht schutzwürdig (zust. Deixler-Hübner/Schauer/*Mankowski* Art. 23 EuErbVO Rn. 114). Ob insofern „claw back"-Ansprüche geltend gemacht werden können, richtet sich somit erst Recht nach dem **Erbstatut.**

125 Was die **Gefährdung von Pflichtteilsansprüchen durch die Errichtung eines Trusts** betrifft, so ist zu differenzieren: Ein „testamentary trust" kann ohnehin **nicht im Widerspruch zu den Vorgaben des Erbstatuts** entstehen und muss daher die Vorgaben des Pflichtteilsrechts von vornherein berücksichtigen (zust. Deixler-Hübner/Schauer/*Mankowski* Art. 23 EuErbVO Rn. 108; → EuErbVO Art. 1 Rn. 126). Der Trust ist insoweit also nicht anders zu behandeln als andere Zuwendungen von Todes wegen. Gleiches gilt für einen „revocable trust", der nach hier vertretener Ansicht auf Grundlage des autonomen Rechts erbrechtlich zu qualifizieren ist (→ EGBGB Art. 25 Rn. 10; nach *Newman* Real Property, Trust & Estate Law Journal 43 (2008), 523 (548) bezieht das Erbrecht vieler US-amerika-

nischen Bundesstaaten die Gegenstände eines „revocable trust" jedenfalls für die Berechnung der „elective share" des überlebenden Ehegatten mit ein).

Was hingegen Trusts angeht, die bereits zu Lebzeiten des Erblassers ihre Wirkung entfalten, liegt der Fall grundsätzlich nicht anders als bei **Schenkungen** (→ Rn. 118 ff.). Das heißt, dass der Wert des Trustfonds nach den Regeln des Erbstatuts dem Nachlass fiktiv hinzugerechnet werden kann, um auf dieser Grundlage den Pflichtteil zu bestimmen. Ebenso kann es sein, dass der Begünstigte des Trusts zur Rückgewähr verpflichtet ist (Bonomi/Wautelet/*Bonomi* Art. 1 Rn. 99; *de Barros Fritz* ZEV 2020, 199 (203)). In welchem Verhältnis die Herabsetzung eines Trusts zur Herabsetzung von letztwilligen Verfügungen und lebzeitigen Schenkungen steht, kann allerdings klärungsbedürftig sein (zur Kontroverse hierüber im französischen Recht Bonomi/Wautelet/*Bonomi* Art. 1 Rn. 100; *de Barros Fritz* ZEV 2020, 199 (203) Fn. 43, dort auch mit Hinweisen zum italienischen Recht). Liegen die betreffenden Gegenstände in einem Nicht-Mitgliedstaat, kann ein solcher „claw back"-Anspruch freilich **faktisch undurchsetzbar** sein (Bonomi/Wautelet/*Bonomi* Art. 1 Rn. 102). 126

Nicht auf den Schutz des Pflichtteilsrechts gerichtet, aber in Struktur und Zielrichtung vergleichbar sind Vorschriften, welche die Rückforderung von Schenkungen zu dem Zweck ermöglichen, die **Bindungswirkung eines Erbvertrags oder gemeinschaftlichen Testaments** zu schützen (zB § 2287 Abs. 1 BGB). Hier wird überwiegend für eine Zuweisung an das Errichtungsstatut (Art. 25) plädiert (eingehend *Mansel,* FS Geimer, 443; MüKoBGB/*Dutta* EuErbVO Art. 1 Rn. 38; für die Zuweisung an das Erbstatut dagegen → IntSchenkungsR Rn. 60; zur Behandlung des in § 2287 Abs. 1 BGB enthaltenen Verweises auf das Bereicherungsrechts als „Nachfrage" *Reuter* ZfPW 2017, 475 (485–489)). 127

Schwierig gestaltet sich die Qualifikation von Vorschriften, die das Pflichtteilsrecht nicht durch Ausgleichungen und Anrechnungen nach dem Eintritt des Erbfalls zu schützen versuchen, sondern bereits durch lebzeitige Beschränkungen des Erblassers. Ein Beispiel in diesem Sinne ist Art. 877 port. Código civil, nach dem bei einem **Kaufvertrag zwischen einem Aszendenten und einem Deszendenten** alle übrigen Deszendenten zustimmen müssen, bei Strafe der Anfechtbarkeit des Vertrages. Den Kaufvertrag als solchen wird man der Rom I-VO unterwerfen müssen, die genannte Beschränkung dagegen **erbrechtlich qualifizieren.** Aus Gründen der Rechtssicherheit muss es allerdings in Analogie zu Art. 24 auf das Recht ankommen, das hypothetisch auf den Nachlass des verkaufenden Aszendenten im Moment der Vornahme des Geschäfts Anwendung fände. 128

10. Teilung des Nachlasses (lit. j)

Wie bereits bei Art. 23 lit. b, f und g gesehen, bestimmt das Erbstatut darüber, welche Rechtsnatur eine Erbengemeinschaft hat, wie in ihr die Verwaltung des Nachlasses geregelt ist und wie Miterben für Nachlassverbindlichkeiten haften. Nach lit. j unterliegen dem Erbstatut darüber hinaus auch die Regelungen zur Teilung des Nachlasses, worunter man in Abgrenzung zu Verwaltung und Schuldentilgung die **Auseinandersetzung des Überschusses** verstehen muss. Hierbei sind verschiedene Differenzierungen notwendig. 129

Unproblematisch dem Erbstatut unterliegen solche Regelungen zur Teilung des Nachlasses, welche das **Innenverhältnis der Miterben** betreffen. Hierzu gehören etwa Vorschriften zu den Möglichkeiten und Voraussetzungen einer gütlichen, einer gesetzlichen oder einer gerichtlichen Auseinandersetzung (bzw. einer Teilung durch einen Notar, Testamentsvollstrecker oder anderen Dritten), zu einem evtl. bestehenden Auseinandersetzungsverbot (zB § 2044 BGB, Art. 713 Codice civile), zu Vorkaufsrechten der Miterben (zB § 2034 BGB; zur Qualifikation eines entsprechenden Kaufvertrages → Rn. 131), zu Ausgleichungspflichten, etc. (Erman/*Hohloch* EuErbVO Art. 23 Rn. 11; MüKoBGB/*Dutta* EuErbVO Art. 23 Rn. 38; BeckOGK/*J. Schmidt* EuErbVO Art. 23 Rn. 57; Deixler-Hübner/Schauer/*Mankowski* Art. 23 EuErbVO Rn. 120). 130

Keine ausdrückliche Regelung enthält die EuErbVO zum **Erbschaftskauf.** Ein solcher kann sich sowohl auf einen Anteil an der Erbschaft beziehen (und zwischen Miterben oder zwischen einem Miterben und einem Dritten geschlossen werden) als auch die Erbschaft als Ganzes betreffen. Zwar ist ein solches Geschäft seiner formalen Struktur nach ein Kaufvertrag, doch ist er eng verzahnt mit den Regelungen des Erbrechts, weil der Käufer in erheblichem Umfang in die erbrechtliche Stellung des Verkäufers einrückt. Zur Vermeidung von Anpassungsproblemen sollte daher der Erbschaftskauf jedenfalls hinsichtlich seiner **Zulässigkeit und Wirkungen dem Erbstatut** unterworfen werden, und nicht dem allgemeinen Vertragsstatut, also der Rom I-VO (MüKoBGB/*Dutta* EuErbVO Art. 23 Rn. 30; Erman/*Hohloch* EuErbVO Art. 23 Rn. 13 möchte jedenfalls die Frage der Zulässigkeit eines Erbschaftskaufs dem Erbstatut unterwerfen). Denkbar schiene zwar, dem Vertragsstatut jedenfalls die allgemeinen Wirksamkeitsvoraussetzungen zuzuordnen (so *Carrascosa González* 194), doch könnte dies schnell zu Abgrenzungsproblemen führen (zur Diskussion auch Franzina/Leandro/*Biagoni,* Il diritto internazionale privato europeo delle successioni *mortis causa,* 2013, 25 (39 f.), der eine ausdrückliche Regelung der Frage vermisst). Hinsichtlich der Form sollte aber Raum für die Anwendung von Art. 11 EGBGB oder Art. 11 Rom I-VO bleiben. Viel spricht zudem dafür, der Rom I-VO die **rein schuldrechtlichen** 131

Aspekte des Erbschaftskaufs zu unterwerfen (MüKoBGB/*Dutta* EuErbVO Art. 23 Rn. 30), etwa hinsichtlich der Regelungen zur Erfüllung.

132 Wird ein Gericht iSd Art. 3 Abs. 2 in die Teilung eingeschaltet, das dazu ausländisches Erbrecht anwenden muss, kann es **verfahrensrechtlichen Anpassungsbedarf** geben (Erman/*Hohloch* EuErbVO Art. 23 Rn. 11). Zur Vermeidung solcher Probleme kann es sich für die Nachlassbeteiligten empfehlen, eine **Gerichtsstandsvereinbarung iSd Art. 5** zu treffen (MüKoBGB/*Dutta* EuErbVO Art. 23 Rn. 39). Nicht der Dispositionen der Miterben unterworfen sein dürfte dagegen das auf die Auseinandersetzung anwendbare Recht (Bonomi/Wautelet/*Wautelet* Art. 23 Rn. 102), das sich deshalb stets nach den Art. 21, 22 bestimmt.

133 Hinsichtlich **Verfügungen** über den Nachlass ist genau zu differenzieren. Ob ein Miterbe **befugt** ist, seinen **Miterbenanteil** oder seinen **Miteigentumsanteil** an einzelnen Nachlassgegenständen **zu übertragen** (vgl. § 2032 Abs. 1 und 2 BGB), richtet sich nach dem Erbstatut. Gleiches gilt für die Voraussetzungen, unter denen Miterben **über einzelne Nachlassgegenstände verfügen** können (zB § 2040 BGB). Zu unterscheiden von der Zulässigkeit sind jedoch die **materiellen Wirksamkeitsvoraussetzungen** einer solchen Verfügung. Betrifft diese den **Miterbenteil,** so hat die Verfügung zwar mittelbar auch sachenrechtliche Folgen, doch weist sie größere Nähe zum Erbrecht auf und sollte daher dem **Erbstatut** unterliegen und nicht dem Vermögens- oder Sachenrechtsstatut (so für das autonome deutsche Kollisionsrecht auch Staudinger/*Dörner* EGBGB Art. 25 Rn. 228, der für die Form Art. 11 Abs. 1–3 EGBGB anwenden möchte).

134 Hingegen beurteilt sich die **Verfügung über das (Mit-)Eigentum** an einzelnen Nachlassgegenständen, mit Ausnahme der Berechtigung, **nicht nach dem Erbstatut,** sondern nach dem **Sachenrechtsstatut,** in aller Regel also der **lex rei sitae,** und zwar auch hinsichtlich der Form (Deixler-Hübner/Schauer/*Mankowski* Art. 23 EuErbVO Rn. 129; *Carrascosa González* 194; für das autonome deutsche Kollisionsrecht Staudinger/*Dörner* EGBGB Art. 25 Rn. 228; *Bentler* 80 f.). Bei der Abtretung von **Forderungen** gilt dementsprechend das **Zessionsstatut** (Art. 14 Rom I-VO). Für eine solche enge Auslegung der lit. j spricht zunächst, dass bei der dinglichen Auseinandersetzung zwischen Miterben ein vom Anwendungsbereich der EuErbVO generell nicht erfasster (→ EuErbVO Art. 1 Rn. 138 f.) **Rechtserwerb unter Lebenden** stattfindet, nicht ein Erwerb von Todes wegen. Weiteres Argument ist, dass andere dingliche Vollzugsgeschäfte, die ebenfalls der Nachlassauseinandersetzung weiteren Sinne zugeordnet werden können, wie die Übertragung eines Nachlassgegenstands vom Erben auf den Damnationslegatar, unstreitig stets dem Belegenheitsrecht unterliegen. Es erschiene wertungswidersprüchlich, wenn die dingliche Auseinandersetzung zwischen Miterben insoweit privilegiert wäre. Schließlich bleibt für lit. j auch ohne Anwendung auf dingliche Vollzugsgeschäfte immer noch ein weiter Anwendungsbereich.

135 Aus der engen Auslegung von lit. j folgt, dass in Deutschland belegene Nachlassgegenstände, ganz gleich ob beweglich oder unbeweglich, zur Auseinandersetzung des Nachlasses **nur unter den Voraussetzungen der §§ 929 ff., 873, 925 BGB** übertragen werden können. Liegen die Gegenstände in einem anderen Staat, sind die dortigen Sachenrechtsvorschriften maßgeblich (Hager/*Buschbaum,* Die neue europäische Erbrechtsverordnung, 39 (54)).

136 Wird lit. j hingegen weit verstanden (so wohl *Kunz* GPR 2012, 253 (255); Erman/*Hohloch* EuErbVO Art. 23 Rn. 12; Dutta/Herrler/*Hertel,* Die Europäische Erbrechtsverordnung, 85 Rn. 47), so dass ihm auch dingliche Geschäfte zwischen Miterben unterfallen, so führt dies nur für bewegliche Sachen zu einem anderen Ergebnis. Denn bei Grundstücken wäre dann in jedem Fall der **Registervorbehalt des Art. 1 Abs. 2 lit. l** zu beachten, weil anders als beim Vindikationslegat bei der Erbauseinandersetzung **kein unmittelbarer Erwerb von Todes wegen,** sondern ein Erwerb unter Lebenden stattfindet. Bei in Deutschland belegenen Grundstücken sind somit in jedem Fall die §§ 873, 925 BGB zu erfüllen (für einen Vorbehalt des Registerstatuts auch Bonomi/Wautelet/*Wautelet* Art. 23 Rn. 104; ebenso wohl Deixler-Hübner/Schauer/*Mankowski* Art. 23 EuErbVO Rn. 120).

137 Umstritten ist die Behandlung solcher nationalen Regelungen zur Erbauseinandersetzung, die in Abweichung vom allgemeinen Sachenrechtsregime **erbrechtliche Sondermechanismen zur Teilung unter Lebenden** vorsehen. Ein häufig genanntes Beispiel ist der **„partage"** unter Miterben im französischen Recht. Hier führt die notarielle Beurkundung der Einigung über die Nachlassteilung dazu, dass die einem Miterben zugewiesene Gegenstände rückwirkend als unmittelbar vom Erblasser erworben gelten und niemals den übrigen Miterben gehörten (Art. 883 Code civil; näher Süß/*Döbereiner,* Frankreich, Rn. 170–173). Der „partage" soll insoweit lediglich deklaratorischen Charakter haben, obwohl er in Wahrheit konstitutiv für den Erwerb ist (eine vergleichbare Regelung enthält Art. 757 Codice civile, siehe *Reiß* ZErb 2006, 212 (217)).

138 Es stellt sich damit die Frage, ob eine solche Etikettierung als erbrechtlicher Erwerbsvorgang zu respektieren ist oder ob der **funktionalen Betrachtungsweise** Vorrang gebührt, nach der eine gewillkürte Übertragung unter Lebenden vorliegt, nämlich von allen Miterben auf einen von ihnen (auch im frz. Schrifttum scheint hierüber keine Einigkeit zu herrschen, *Lagarde,* Successions, in Répertoire Dalloz de droit international, 2012, Nr. 231 f.). Die zweitgenannte Lösung verdient den Vorzug, da sie dem **allgemeinen Grundsatz der autonom-funktionalen Qualifikation** (→ Einl. Rn. 94) entspricht.

Folgte man dagegen der ersten Lösung, könnten Mitgliedstaaten selbst darüber entscheiden, ob ein Erwerbsvorgang dem Erbstatut oder dem Sachenrechtsstatut unterliegen soll. Zu bedenken ist ferner, dass die mit dem „partage" verbundene Rückwirkungsfiktion durch historische Besonderheiten zu erklären ist (*Kaiser* 157). Die sachenrechtliche Qualifikation des „partage" stellt auch keinen Widerspruch zu der hier vertretenen erbrechtlichen Qualifikation der Verfügung über einen Miterbenanteil dar (→ Rn. 133), weil beim „partage" eine **Verfügung über Einzelgegenstände** stattfindet, während die Verfügung über einen Erbteil die **Verbundenheit des Nachlassvermögens unberührt** lässt und nur die Beteiligten ändert. Qualifiziert man die Durchführung des „partage" hingegen mit der wohl h. M. erbrechtlich (so *Buschbaum,* GS Hübner, 2012, 589 (597); Hager/*Buschbaum,* Die neue europäische Erbrechtsverordnung, 39 (54 f.); Bonomi/Wautelet/*Wautelet* Art. 23 Rn. 101; Reichelt/Rechberger/*Jayme,* Europäisches Erb- und Erbverfahrensrecht, 2011, 27 (32 f.); MüKoBGB/*Dutta* EuErbVO Art. 23 Rn. 22; Deixler-Hübner/Schauer/*Mankowski* Art. 23 EuErbVO Rn. 121, 123), kommen jedenfalls die Vorbehalte des Registerrechts ins Spiel (→ EuErbVO Art. 1 Rn. 141 ff.), so dass sich für in Deutschland belegene Grundstücke im Ergebnis nichts ändert. In Betracht kommt allerdings, eine Substitution der Auflassungserklärung durch die von einem französischen Notar beurkundete Teilungserklärung anzunehmen (*Laukemann* FS Schütze, 2014, 325 (334)).

Als Folge der hier vertretenen sachenrechtlichen Qualifikation der dinglichen Folgen des „partage" 139
wird z. T. Bedarf für eine **Anpassung** gesehen, da den verfügenden Miterben die entsprechende Befugnis fehle (*Heidelberg-Stellungnahme* 33 Fn. 77). Dies scheint aber keineswegs klar, denn ungeachtet der im Vergleich zu Deutschland unterschiedlichen Ausgestaltung der französischen Erbengemeinschaft lassen sich in beiden Rechtsordnungen sämtliche Miterben als Berechtigte ansehen. Und da der „partage" als solcher für die in Deutschland belegenen Sachen nach hier vertretener Auffassung gerade keine dingliche Wirkung entfaltet, hätten die Miterben ihre Verfügungsbefugnis auch noch nicht verloren. Doch auch wenn Anpassungsbedarf bejaht und zu diesem Zweck die **Verfügungsbefugnis der Miterben fingiert wird,** stellt dies kein Problem dar. Denn auch bei der Rechtsprechung zum Vindikationslegat unter autonomem deutschen Kollisionsrecht, die eine Umdeutung in ein Damnationslegat vornahm (→ EuErbVO Art. 31 Rn. 13), wurde immer stillschweigend davon ausgegangen, dass der Erbe eine entsprechende Übereignung vornehmen könne, obwohl er nach dem Erbstatut gerade nicht Inhaber des dinglichen Rechts geworden und damit an sich nicht verfügungsbefugt war.

Ein ähnliches Problem wie beim „partage" zeigt sich bei der **„adjudicación"** durch einen 140
Nachlassteiler („contador-partidor") nach gemeinspanischem Recht. Dieser ist zwar nicht rechtlicher Inhaber von Nachlassgegenständen, kann aber einseitig und mit dinglicher Wirkung Nachlassgegenstände einzelnen Miterben zuweisen (*Kunz* GPR 2013, 293 (294)). Auch hier liegt bei funktionaler Qualifikation der **Erwerb eines Einzelgegenstands unter Lebenden** vor, dessen Voraussetzungen sich daher nicht nach dem Erbstatut, sondern nach dem Sachenrechtsstatut beurteilen sollten (für eine erbrechtliche Qualifikation dagegen *Kunz* GPR 2013 293 (294 f.), für die dann konsequenterweise der Vorbehalt des Art. 1 Abs. 2 lit. l relevant wird). Für in Deutschland belegene Nachlassgegenstände würde die „adjudicación" allein also noch keine dingliche Rechtsänderung herbeiführen, ganz unabhängig vom Registervorbehalt des Art. 1 Abs. 2 lit. l. Stattdessen wären bei beweglichen Sachen die §§ 929 ff. BGB, bei Grundstücken die §§ 873, 925 BGB zu beachten. Das dingliche Geschäft wäre zwischen dem Nachlassteiler und dem Empfänger der Zuweisung vorzunehmen, wobei der Nachlassteiler – insoweit vergleichbar einem deutschen Testamentsvollstrecker – als verfügungsbefugt anzusehen wäre (nicht erforderlich scheint, mit *Kunz* GPR 2013, 293 (295) eine Zustimmung aller Miterben zu verlangen, denn diese sind offenbar nach spanischem Recht nicht verfügungsbefugt).

Artikel 24 Verfügungen von Todes wegen außer Erbverträgen

(1) **Die Zulässigkeit und die materielle Wirksamkeit einer Verfügung von Todes wegen mit Ausnahme eines Erbvertrags unterliegen dem Recht, das nach dieser Verordnung auf die Rechtsnachfolge von Todes wegen anzuwenden wäre, wenn die Person, die die Verfügung errichtet hat, zu diesem Zeitpunkt verstorben wäre.**

(2) **Ungeachtet des Absatzes 1 kann eine Person für die Zulässigkeit und die materielle Wirksamkeit ihrer Verfügung von Todes wegen das Recht wählen, das sie nach Artikel 22 unter den darin genannten Bedingungen hätte wählen können.**

(3) [1]**Absatz 1 gilt für die Änderung oder den Widerruf einer Verfügung von Todes wegen mit Ausnahme eines Erbvertrags entsprechend.** [2]**Bei Rechtswahl nach Absatz 2 unterliegt die Änderung oder der Widerruf dem gewählten Recht.**

Übersicht

I. Allgemeines

1 Art. 24 sieht für **Verfügungen von Todes wegen** eine **Sonderanknüpfung** für die Fragen der **Zulässigkeit** und **materiellen Wirksamkeit** vor. Die Regelung dient dem Bedürfnis nach einer rechtssicheren Nachfolgeplanung (ErwG 48 S. 1; MüKoBGB/*Dutta* EuErbVO Art. 24 Rn. 1; Rauscher/*Hertel* EuErbVO Art. 24 Rn. 2). Der Erblasser soll bereits im Zeitpunkt der Errichtung des Testaments auf die Rahmenbedingungen des hypothetisch anwendbaren Erbrechts vertrauen und seine Verfügung an ihm ausrichten können. Zulässigkeit und Wirksamkeit letztwilliger Verfügungen werden nach Art. 24 unwandelbar auf den Errichtungszeitpunkt fixiert. Würden Zulässigkeit und Wirksamkeit der Verfügung dem allgemeinen Erbstatut nach Art. 21 unterliegen, würde die Verfügung bei einem späteren Statutenwechsel, insbesondere bei einer Verlagerung des gewöhnlichen Aufenthalts in einen anderen Staat, möglicherweise unzulässig oder unwirksam. Art. 24 ist daher auch vor dem Hintergrund der unionalen Freizügigkeit zu sehen. Für **Erbverträge** bestimmen sich die Zulässigkeit und die materielle Wirksamkeit nach der Sonderanknüpfung in Art. 25. Für Erbverträge gilt Art. 24 nicht.

II. Anwendungsbereich und Anknüpfungsgegenstand

1. Errichtung eines Testaments

2 Art. 24 gilt für **Verfügungen von Todes wegen**. Verfüguneng von Todes wegen sind nach **Art. 3 Abs. 1 lit. d** Testamente, gemeinschaftliche Testamente und Erbverträge. Einer Sonderregelung in Art. 25 unterliegen Erbverträge (zum Begriff → EuErbVO Art. 25 Rn. 2 ff. und Art. 3 Abs. 1 lit. b, → EuErbVO Art. 3 Rn. 5), die sich dadurch auszeichnen, dass sie eine Vereinbarung zwischen zwei oder mehr Personen betreffen und Bindungswirkung haben. **Gemeinschaftliche Testamente** im Sinne des deutschen Rechts sind insoweit Erbverträge und unterliegen nicht Art. 24, soweit sie Bindungswirkung entfalten, also wechselbezügliche Verfügungen im Sinne des § 2270 BGB enthalten. Im Übrigen sind in einer Urkunde errichtete gemeinschaftliche Testamente an Art. 24 zu messen, → EuErbVO Art. 25 Rn. 7. Haben Ehegatten ein gemeinschaftliches Testament ohne wechselbezügliche Verfügungen errichtet, zB jeder eine Stiftung oder Pflegekraft als Alleinerben eingesetzt, würde sich die Zulässigkeit und Wirksamkeit für die Verfügung jedes Ehegatten gesondert nach Art. 24 bestimmen. Bei einer wechselbezüglichen Verfügung, etwa bei einer gegenseitigen Erbeinsetzung, würden sich Zulässigkeit und Wirksamkeit nach Art. 25 EuErbVO richten. Ein Unterschied zwischen Art. 24 und Art 25 besteht insofern, als nach Art. 25 Abs. 2 UAbs. 1 ein mehrere Erblasser betreffender Erbvertrag nur zulässig ist, wenn er nach jedem der betroffenen hypothetischen Erbstatute zulässig ist. Die materielle Wirksamkeit bestimmt sich nach der engsten Verbindung (Art. 25 Abs. 2 UAbs. 2). Bei Art. 24 ist demgegenüber eine distributive Anknüpfung nach den einzelnen Erblassern erforderlich.

2. Anknüpfungsgegenstand: Zulässigkeit und materielle Wirksamkeit

3 Der Anknüpfungsgegenstand ist auf die Zulässigkeit und die materielle Wirksamkeit beschränkt. Für alle weiteren Gegenstände des Erbstatuts bleibt es bei der allgemeinen Regelung der Art. 20–23. Besonders hervorgehoben ist das in Erwägungsgrund 50 für Pflichtteilsansprüche (Dutta/Herrler/*Lorenz,* Die Europäische Erbrechtsverordnung, 113 Rn. 20. Siehe ErwG 50).

a) Zulässigkeit. Unter der **Zulässigkeit** einer Verfügung von Todes wegen ist die Frage zu verstehen, **welche Arten von Verfügungen von Todes wirksam errichtet werden können,** mithin **statthaft** sind, also insbesondere die Frage, ob testiert werden darf oder ob ein gemeinschaftliches Testament zulässig ist, soweit es nicht unter Art. 25 EuErbVO fällt (Bonomi/Wautelet/*Bonomi* Art. 24 Rn. 10, Art. 27 Rn. 14 f.; Dutta/Herrler/*Bonomi/Öztürk,* Die Europäische Erbrechtsverordnung, 47 Rn. 94; *Dutta* FamRZ 2013, 4 (11); BeckOGK/*J. Schmidt* EuErbVO Art. 24 Rn. 8). Zur Frage der Statthaftigkeit gehören auch Vorschriften, die den Personenkreis oder den betroffenen Gegenstandsbereich einschränken (für Erbverträge Bonomi/Wautelet/*Bonomi* Art. 25 Rn. 10). Damit vermeidet der Verordnungsgeber von vornherein die Frage, ob bestimmte Regelungen nicht als formelle Verbote zu qualifizieren und dem Formstatut zu unterstellen sind, wie zum Teil Verbote, gemeinschaftlich zu testieren (BeckOGK/*J. Schmidt* EuErbVO Art. 24 Rn. 8; aA Palandt/*Thorn* EuErbVO Art. 25 Rn. 4; *Nordmeier* ZEV 2012, 513, (516)). Das entspricht den klaren politischen Vorgaben bei den Beratungen der EuErbVO (BeckOGK/*J. Schmidt* EuErbVO Art. 24 Rn. 8 mwN). Etwas anderes ergibt sich nicht aus dem Vorrang des Haager Testamentsformübereinkommens, das die Frage offenlässt (insoweit auch *Nordmeier* ZEV 513, (516)). 4

b) Materielle Wirksamkeit. Der Begriff der materiellen Wirksamkeit wird in Art. 26 weiter bestimmt, → EuErbVO Art. 26 Rn. 2 ff. 5

c) Bindungswirkung. Die **EuErbVO** spricht die **Bindungswirkung** nur bei Erbverträgen im Art. 25 Abs. 1, nicht aber bei sonstigen letztwilligen Verfügungen nach Art. 24 Abs. 1 an. Entsprechend bedeutet Bindungswirkung im Sinne der EuErbVO nicht den Ausschluss oder die Einschränkung der Möglichkeit schlechthin, eine errichtete letztwillige Verfügung einseitig zu beseitigen, sondern eine **besondere, Erbverträgen im Vergleich zu anderen letztwilligen Verfügungen von Todes zukommende, eingeschränkte oder ausgeschlossene Lösungsmöglichkeit,** → EuErbVO Art. 25 Rn. 3 f. (*Döbereiner* DNotZ 2014, 323 (329)). 5a

Die **Voraussetzungen des Widerrufs oder der Abänderung einer Verfügung von Todes wegen als solche** sind **nicht ausdrücklich geregelt.** Die Möglichkeit zum Widerruf oder zur Abänderung ist nichts anderes als eine Einschränkung der materiellen Wirksamkeit, die kollisionsrechtlich nicht anders zu behandeln ist als die Anfechtbarkeit wegen eines Willensmangels, die unter den Begriff der materiellen Wirksamkeit fällt, → EuErbVO Art. 26 Rn. 12. In der Sache kann hier keine andere Lösung als für die Zulässigkeit und materielle Wirksamkeit erfolgen, will man den Zweck der Regelung, die Rechtsordnung, welche die Wirksamkeit der Verfügung regelt, im Zeitpunkt der Errichtung festzulegen, erreichen. Entsprechend ist das **Errichtungsstatut** für die Widerrufbarkeit und Abänderbarkeit maßgeblich, → Rn. 23 ff. Demzufolge beurteilt sich auch die **Bindungswirkung** eines Testaments nach dem Errichtungsstatut (MüKoBGB/*Dutta* EuErbVO Art. 24 Rn. 5; jurisPK-BGB/*Nordmeier* EuErbVO Art. 24 Rn. 28; BeckNotar-HdB/*Süß* § 28 Rn. 257; aA BeckOGK/*J. Schmidt* EuErbVO Art. 24 Rn. 30; *Hilbig-Lugani* IPRax 2014, 480 (485)). Anderenfalls könnte der Erblasser durch einen Umzug in einen anderen Staat eine nach dem Errichtungsstatut bestehende Bindungswirkung abstreifen. Dies würde nicht dem Sinn des Art. 24 EuErbVO gerecht, die Wirksamkeit einer letztwilligen Verfügung auf den Zeitpunkt der Errichtung zu fixieren. Widerruflichkeit und Bindungswirkungen berühren die Fragen der Wirksamkeit des Testament in gleicher Weise. Insoweit liegt eine Erfassung der Bindungswirkung innerhalb der Grenzen des Wortlauts von Art. 24. Dass Art. 24 im Gegensatz zum Errichtungsstatut in Art. 25 die Bindungswirkung nicht als Anknüpfungsgegenstand aufführt, darf daher nicht zu dem Umkehrschluss verleiten, die Bindungswirkung eines Testaments könne nicht unter Art. 24 fallen. Zu berücksichtigen ist jedoch, dass nach der hier vertretenen Ansicht zweiseitige bindende Testamente als Erbvertrag zu qualifizieren sind (→ EuErbVO Art. 25 Rn. 7). Ob die Bindungswirkung eines Testaments unter Art. 24 fällt, wird daher kaum von Relevanz sein. 6

d) Nicht erfasste Regelungsbereiche. Das Errichtungsstatut entscheidet zwar über die materielle Wirksamkeit, zB die Sittenwidrigkeit eines Testaments (vgl. MüKoBGB/*Dutta* EuErbVO Art. 26 Rn. 14). Welche Gestaltungen zulässiger Inhalt einer Verfügung von Todes wegen sein können, beurteilt sich jedoch ausschließlich nach dem Erbstatut. Dies gilt etwa für die Anordnung von Vor- und Nacherbfolge, die Enterbung einzelner gesetzlicher Erben und die Anordnung von Testamentsvollstreckung, Vermächtnissen und Auflagen. Diese unterliegen nicht dem Errichtungsstatut (→ Art. 23 Rn. 31 ff.). Für die Nachlassplanung des Erblassers ist die Wandelbarkeit des Erbstatuts misslich. Bei einem späteren Wechsel des Erbstatuts müssen die Grundsätze des Handelns unter falschem Recht Abhilfe schaffen, wenn der Erblasser Anordnungen getroffen hat, die dem maßgeblichen Erbstatut unbekannt sind (→ Einl. Rn. 110 f.). Es besteht keine Möglichkeit, das Recht des aktuellen Aufenthaltsstaats zu wählen. Im Sinne der Stabilitätsinteressen wäre eine weite Auslegung des Begriffs der „Zulässigkeit" in Art. 24 wünschenswert, um dem Errichtungsstatut und der Nachfolgeplanung einen größeren Geltungsbereich zu verschaffen. Die EuErbVO trägt eine solche Auslegung jedoch nicht. Vielmehr besagt Art. 23, dass der Übergang der Rechte zum Erbstatut gehört (Abs. 2 lit. e) und sich die Rechte der Erben und der Testamentsvollstrecker nach dem Erbstatut richten (Abs. 2 lit. f). Damit wäre es 6a unvereinbar, wenn das Erbstatut eine nach fremdem Recht angeordnete Vor- und Nacherbfolge oder Testamentsvollstreckung hinnehmen müsste (aA Rauscher/*Hertel* EuErbVO Art. 24 Rn. 10). Friktionen wären insoweit unvermeidlich. Einen Grenzfall bilden zeitliche Höchstgrenzen wie zB für die Dauertestamentsvollstreckung oder Teilungsverbote. Diese wird man ebenfalls dem Erbstatut unterstellen müssen, da das Erbstatut eine nach dem Errichtungsstatut weitergehende Wirkung eines vergleichbaren Instituts nicht hinnehmen muss und der numerus clausus des Erbstatuts betroffen ist (aA MüKoBGB/*Dutta* EuErbVO Art. 23 Rn. 14).

III. Errichtungsstatut

1. Objektives Errichtungsstatut

7 **a) Anknüpfung des hypothetischen Erbstatuts.** Das Errichtungsstatut ist das Statut, das Erbstatut wäre, wenn der Erblasser zur Zeit der Errichtung versterben würde (sog. hypothetisches Erbstatut; vgl. Rauscher/*Hertel* EuErbVO Art. 24 Rn. 11; Bonomi/Wautelet/*Bonomi* Art. 24 Rn. 20; BeckOGK/*J. Schmidt* EuErbVO Art. 24 Rn. 11). Hat der Erblasser eine Rechtswahl für das gesamte Erbrecht gem. Art. 22 getroffen (sog. große Rechtswahl), entscheidet das vom Erblasser gewählte Erbrecht zugleich über die Wirksamkeit einer Verfügung von Todes wegen. Nach Art. 24 Abs. 2 hat der Erblasser die Möglichkeit, eine Rechtswahl nur in Bezug auf das Errichtungsstatut zu treffen (sog. kleine Rechtswahl). Fehlt es an einer Rechtswahl, ist auf das nach Art. 21 zu ermittelnde hypothetische Erbstatut abzustellen.

8 **aa) Rechtswahl nach Art. 22.** Hat der Erblasser das **Recht des Staates gewählt, dem er angehört,** ist entscheidend, ob er die **Staatsangehörigkeit zum Zeitpunkt der Errichtung besitzt** (vgl. ErwG 51). Trifft der Erblasser in der letztwilligen Verfügung eine große Rechtswahl des Erbstatuts, richtet sich auch das Errichtungsstatut automatisch nach dem gewählten Recht (Erwägungsgrund 51). Dabei ist es irrelevant, ob die Rechtswahl in der Urkunde vor oder nach der testamentarischen Verfügung steht; beide Verfügungen werden erst mit der Unterschrift wirksam (vgl. NK-BGB/*Looschelders* EuErbVO Art. 24 Rn. 11). Nimmt der Erblasser eine große Rechtswahl vor, ist eine kleine Rechtswahl an sich entbehrlich. Die große Rechtswahl entfaltet Reflexwirkung mit Blick auf das Errichtungsstatut der letztwilligen Verfügung nach Art. 24. Dennoch sollte aus Klarstellungsgründen stets zugleich auch eine kleine Rechtswahl gem. Art. 24 Abs. 2 getroffen werden werden.

8a Im Interesse der Parteiautonomie ist davon auszugehen, dass eine Rechtswahl nach Art. 22 unter Ausschluss des Errichtungsstatuts getroffen werden kann, der Erblasser also für sein Erbrecht das Recht seiner Staatsangehörigkeit wählt, es für die materielle Wirksamkeit und Zulässigkeit aber bei der objektiven Anknüpfung des Art. 24 Abs. 1 belässt (*Döbereiner* DNotZ 2014, 323 (328); *Frank/Döbereiner,* Nachlassfälle mit Auslandsbezug, 2015, Rn. 371–374; *Leitzen* ZEV 2013, 128 (129); aA *Heinig* RNotZ 2014, 197 (209)). Welche kollisionsrechtlichen Erwägungen dieser Möglichkeit entgegenstehen sollten, ist nicht erkennbar. Die Zulässigkeit einer solchen beschränkten Rechtswahl ergibt sich auch aus folgender Kontrollüberlegung: Der Erblasser könnte zunächst die Verfügung von Todes wegen nach dem derzeitigen gewöhnlichen Aufenthalt errichten und anschließend in einer weiteren Urkunde das anwendbare Erbrecht wählen, es aber im Übrigen bei der zuvor beurkundeten Verfügung belassen, deren Errichtung sich nach dem gegenwärtigen gewöhnlichen Aufenthaltsrecht beurteilt. Auch nach der Systematik der Verordnung bestehen keine Bedenken gegen eine gespaltene Anknüpfung von Erbstatut und Errichtungsstatut.

8b Hat der Erblasser nach Art. 22 eine Rechtswahl zugunsten eines Staats getroffen, dessen Angehörigkeit er im Zeitpunkt der Rechtswahl noch nicht hat, ist die Rechtswahl im Hinblick auf das Errichtungsstatut nach Art. 24 Abs. 1 ohne Bedeutung (MüKoBGB/*Dutta* EuErbVO Art. 24 Rn. 8; NK-BGB/*Looschelders* EuErbVO Art. 24 Rn. 11). Die Rechtswahl steht unter der aufschiebenden Bedingung des späteren Erwerbs der Staatsangehörigkeit, im maßgeblichen Zeitpunkt der Errichtung des Testaments ist die Bedingung noch nicht eingetreten. Es bleibt somit bei der objektiven Anknüpfung nach Art. 21. Soweit man eine abstrakte Rechtswahl (→ EuErbVO Art. 22 Rn. 16) zulässt („Wahl des Rechts des Staates, dem ich im Zeitpunkt meines Todes angehöre"), erscheint es mit Blick auf Art. 24 Abs. 1 konsequent, den Tod des Erblassers im Zeitpunkt der Errichtung zu fingieren und auf die Staatsangehörigkeit im Zeitpunkt der Errichtung abzustellen.

9 Entscheidend ist die **Wirksamkeit der Rechtswahl zum Zeitpunkt der Errichtung.** Nachträglich eintretende Änderungen werden nicht berücksichtigt: Der Statutenwechsel des Erbstatuts nach der Errichtung ist irrelevant. Das gilt für einen nach der Errichtung eintretenden Widerruf oder eine Änderung der Rechtswahl des Erbstatuts (BeckOGK/*J. Schmidt* EuErbVO Art. 22 Rn. 12; MüKoBGB/*Dutta* EuErbVO Art. 24 Rn. 8). Rückwirkend ist aber eine isolierte Wahl des Errichtungsstatuts nach Art. 24 Abs. 2 möglich (→ Rn. 16). Das gilt freilich nicht auch für das Sachrecht. Verwiesen wird auch hier auf den aktuellen Rechtszustand des Errichtungsstatuts zur Zeit der Prüfung einschließlich seines intertemporalen Rechts, sodass sich durch rückwirkende Änderungen der sachrechtlichen Vorschriften des Errichtungsstatuts theoretisch nachträglich das Ergebnis der Wirksamkeitsprüfung ändern kann.

Ein **Renvoi** ist **bei der Bestimmung des Errichtungsstatuts ausgeschlossen,** sofern die Ermittlung des hypothetischen Erbstatuts auf einer Rechtswahl nach Art. 22 beruht (vgl. Art. 34 Abs. 2; MüKoBGB/*Dutta* EuErbVO Art. 24 Rn. 8). 10

bb) Objektives Erbstatut, Art. 21. Bei der Bestimmung des objektiven Erbstatuts ist der **gewöhnliche Aufenthalt des Erblassers zum Zeitpunkt der Errichtung** maßgeblich. Umstritten ist, ob die Anknüpfung an den gewöhnlichen Aufenthalt hinter eine offensichtlich engere Verbindung nach Art. 21 Abs. 2 zurücktritt. Die Anwendung von Art. 21 Abs. 2 ist mit Rechtsunsicherheit verbunden. Nach welcher Rechtsordnung sich die Wirksamkeit eines Testaments bestimmt, sollte sich rechtssicher ermitteln lassen, zumal sich die Frage erst im Erbfall stellt und die Ermittlung der genauen persönlichen Lebensumstände im Zeitpunkt der Testamentserrichtung mit Unwägbarkeiten verbunden ist (*Heinig* RNotZ 2014, 197 (199); *Volmer* Rpfleger 2013, 421 (429)). Gleichwohl sprechen die besseren Gründe für die Berücksichtigung einer offensichtlich engeren Verbindung auch im Rahmen der Ermittlung des Errichtungsstatuts (MüKoBGB/*Dutta* EuErbVO Art. 24 Rn. 7; NK-BGB/*Looschelders* Art. 24 Rn. 10). Nach dem Sinn und Zweck des Art. 24 Abs. 1 soll das Recht gelten, das bei einer Fiktion des Todes des Erblassers im Errichtungszeitpunkt anwendbar wäre. Es ist daher konsequent, auch Art. 21 Abs. 2 anzuwenden. Vor allem ist zu berücksichtigen, dass bei einem Tod des Erblassers kurz nach der Errichtung eines Testaments dessen Wirksamkeit nach einer anderen Rechtsordnung als nach dem Erbstatut beurteilt würde, obwohl sich die Anknüpfungsmomente gar nicht geändert haben. 11

Bezüglich der Beachtlichkeit eines **Renvoi** ist zu unterscheiden. Soweit das **Erbstatut nach Art. 21 Abs. 1** bestimmt wird, ist der Renvoi bei der Bestimmung des Errichtungsstatuts wie bei der Bestimmung des Erbstatuts auch **nach Maßgabe des Art. 34 Abs. 1 zu beachten.** Dies muss unabhängig davon gelten, ob das drittstaatliche Recht ein Errichtungssstatut kennt und ob es dieses wandelbar oder unwandelbar anknüpft (MüKoBGB/*Dutta* EuErbVO Art. 24 Rn. 7; *Nordmeier* ZErb 2013, 112 (114); Rauscher/*Hertel* Art. 24 Rn. 12; aA Dutta/Herrler/*Bonomi/Öztürk,* Die Europäische Erbrechtsverordnung, 47 Rn. 24). Denn nach dem Normzweck des Art. 24 Abs. 1 ist für die Beurteilung der Wirksamkeit entscheidend, welches Recht aus Sicht der EuErbVO gelten würde, wenn der Erblasser im Zeitpunkt der Errichtung versterben würde. Da ein Renvoi nach Art. 34 beachtlich ist, muss dies auch im Rahmen des hypothetischen Erbstatuts gelten. Wie das drittstaatliche Recht die Errichtung der Verfügung selbst anknüpft, spielt aus der Perspektive des Normzwecks von Art. 24 Abs. 1 keine Rolle. Kommt es nach dem drittstaatlichen Recht aufgrund eines Renvoi zu einer Nachlassspaltung, ist diese Spaltung auch für das Errichtungsstatut maßgeblich (jurisPK-BGB/*Nordmeier* EuErbVO Art. 24 Rn. 34). Soweit **Art. 21 Abs. 2 heranzuziehen** ist, **scheidet ein Renvoi nach Art. 34 Abs. 2 aus.** Bei einem Mehrrechtsstaat ist Art. 36 zu beachten (jurisPK-BGB/*Nordmeier* EuErbVO Art. 24 Rn. 34). 12

Ob nach Art. 75 relevante **drittstaatliche Abkommen** das Errichtungstatut nach Art. 24 beeinflussen können, bedarf einer differenzierenden Antwort. Ist das drittstaatliche Abkommen auf den Erbfall anwendbar, richtet sich die Erbfolge nach dem Abkommen. Dies gilt auch für die Wirksamkeit der Verfügung. Ob das Abkommen eine Sonderanknüpfung für das Errichtungsstatut vorsieht oder nicht, spielt keine Rolle (aA MüKoBGB/*Dutta* EuErbVO Art. 75 Rn. 24). War im Zeitpunkt der Errichtung der Verfügung von Todes wegen aus der Sicht eines Mitgliedstaats der Anwendungsbereich eines vorrangigen Abkommens (Art. 75) eröffnet, ist wegen einer späteren Änderung des Anknüpfungsmoments (insbes. bei Wechsel der Staatsangehörigkeit) das Abkommen nicht mehr anwendbar, ist es auch für die Wirksamkeit der letztwilligen Verfügung nicht mehr heranzuziehen. Anderes gilt nur in dem Fall, in dem das Abkommen eine Sonderanknüpfung für die Errichtung von Testamenten regelt. In diesem Fall wäre der jeweilige Mitgliedstaat zur vorrangigen Anwendung des Abkommens verpflichtet und würde Art. 24 durch dieses Abkommen gem. Art. 75 verdrängt. Dies trifft auf die von Deutschland geschlossenen Abkommen nicht zu (Rauscher/*Hertel* EuErbVO Art. 75 Rn. 13). 12a

b) Entscheidender Zeitpunkt: Errichtung. Die materielle Wirksamkeit und die Zulässigkeit bestimmen sich nach dem hypothetischen Erbstatut im Zeitpunkt der Errichtung der Verfügung von Todes wegen. Wann eine Verfügung als errichtet gilt, definiert die EuErbVO nicht. Da eine autonome Auslegung angesichts der unterschiedlichen Erbrechtsordnungen mit Problemen verbunden ist, ist es naheliegend, die Frage nach dem Errichtungsstatut gem. Art. 24 zu beurteilen. Das Errichtungsstatut entscheidet somit darüber, ob eine bestimmte Handlung als Errichtung einer Verfügung von Todes wegen anzusehen ist (MüKoBGB/*Dutta* EuErbVO Art. 24 Rn. 10; Rauscher/*Hertel* EuErbVO Art. 24 Rn. 15; aA Pamboukis/*Metallinos* EuErbVO Art. 24 R. 12; jurisPK-BGB/*Nordmeier* EuErbVO Art. 24 Rn. 32). Virulent dürfte die Problematik in der Praxis indes kaum werden. In aller Regel fällt die Errichtung mit der Unterzeichnung der Verfügung von Todes wegen zusammen. 13

2. Wahl des Errichtungsstatuts

Art. 24 Abs. 2 erlaubt in Abweichung vom allgemeinen Verbot der Teilrechtswahl (→ EuErbVO Art. 22 Rn. 18), einen Teil des Erbstatuts zu wählen. Bezugspunkt der Rechtswahl ist eine Verfügung von Todes wegen. Der Erblasser hat daher die Möglichkeit, für verschiedene letztwillige Verfügungen 14 unterschiedliche Rechte zu wählen, sofern er mehrere Staatsangehörigkeiten hat oder die Staatsangehörigkeit zu einem späteren Zeitpunkt wechselt.

15 **a) Wählbare Rechtsordnungen.** Der letztwillig Verfügende hat nach Art. 24 Abs. 2 die Möglichkeit, **isoliert** das **Errichtungsstatut** zu **wählen.** In der deutschen Gestaltungspraxis hält sich die Bedeutung einer auf das Errichtungsstatut beschränkten Rechtswahl in engen Grenzen. Dass der Erblasser nur die Frage der Zulässigkeit und materiellen Wirksamkeit dem Recht seiner Staatsgenhörigkeit unterstellt wissen möchte, nicht jedoch die Erbfolge im Gesamten, dürfte eine Ausnahme bilden. Relevanz könnte dies beispielsweise bei Testierverboten zugunsten bestimmter Personen (Art. 26 Abs. 1 lit. b) erlangen. Größere Bedeutung hat die Wahl des Errichtungsstatuts bei Erbverträgen nach Art. 25 Abs. 3, wenn die Parteien eine Bindungswirkung beider Vertragsparteien wünschen und nur eine der Vertragsparteien die deutsche Staatsangehörigkeit hat.

16 **Zeitlich** trifft die Verordnung keine Einschränkung, so dass die isolierte Wahl des Errichtungsstatuts sowohl **vorher** für eine noch zu treffende letztwillige Verfügung, **gleichzeitig** mit dieser oder auch **nachträglich** ggf. in Abänderung einer schon erfolgten isolierten Rechtswahl getroffen werden kann (Bonomi/Wautelet/*Bonomi* Art. 24 Rn. 42). Letzteres wird zum Teil mit dem Argument abgelehnt, dass nach dem Normzweck im Zeitpunkt der Errichtung das Errichtungsstatut feststehen soll. Entsprechend wird die Möglichkeit einer nachträglichen Änderung oder eines Widerrufs ausgeschlossen (*Döbereiner* MittBayNot 2013, 358 (365) und MittBayNot 2013, 437 (444); *Heinig* RNotZ 2014, 197 (212)). Das schließt aber die anerkennenswerte Möglichkeit aus, eine bisher unwirksam errichtete Verfügung von Todes wegen nachträglich durch eine Teilrechtswahl zu validieren und zwänge den Erblasser zur erneuten Errichtung der gesamten Verfügung (so überzeugend Bonomi/Wautelet/*Bonomi* Art. 24 Rn. 42; MüKoBGB/*Dutta* EuErbVO Art. 24 Rn. 13 m. Fn. 23. BeckOGK/*J. Schmidt* EuErbVO Art. 22 Rn. 32m Fn. 40). Der Erblasser könnte eine wiederholende Verfügung unter gleichzeitiger Vornahme der Rechtswahl treffen. Warum dann nicht eine Verfügung zulässig sein soll, wonach das zuvor errichtete Testament einem bestimmten Recht unterstehen soll, leuchtet nicht ein. Aus Sicht der Praxis empfiehlt es sich, das bereits errichtete Testament zu bestätigen und mit der Rechtswahl zu verknüpfen.

17 Wählen kann der letztwillig Verfügende dabei das **Recht des Staates, dem er zur Zeit der Errichtung der Rechtswahl** oder zum Zeitpunkt seines Todes angehört. Letzteres ist umstritten, da damit entgegen dem Normzweck nicht mit der Errichtung Rechtssicherheit über das Errichtungsstatut besteht, da dieses noch nicht feststeht (keine Möglichkeit das Recht des Staates zu wählen, dem der Erblasser zum Zeitpunkt des Todes angehört, Palandt/*Thorn* EuErbVO Art. 24 Rn. 4; Bonomi/Wautelet/*Bonomi* Art. 24 Rn. 40; *Döbereiner* MittBayNot 2013, 358 (366); BeckOGK/*J. Schmidt* EuErbVO Art. 22 Rn. 16). Richtigerweise ist diese Rechtsunsicherheit hinzunehmen. Es ist dem Erblasser möglich, eine aufschiebend bedingte Verfügung von Todes wegen zu treffen. Dann muss auch eine bedingte Rechtswahl des Errichtungsstatuts zulässig sein (MüKoBGB/*Dutta* EuErbVO Art. 24 Rn. 13). Eindeutig nicht wählbar ist das Recht des Staates, dem der Erblasser nur zur Zeit der zu ändernden oder zu widerrufenden letztwilligen Verfügung angehört hat.

18 Für die **Vornahme der Rechtswahl** ist **auf Art. 22 verwiesen,** → EuErbVO Art. 22 Rn. 16 ff.: Sie kann ausdrücklich oder konkludent erfolgen (zur Auslegung → EuErbVO Art. 22 Rn. 19 f.). Für die Formerfordernisse gilt Art. 22 Abs. 2 entsprechend, → EuErbVO Art. 22 Rn. 23. Eine Teilrechtswahl nur für bestimmte Fragen des Errichtungsstatuts ist nicht zulässig (BeckOGK/*J. Schmidt* EuErbVO Art. 22 Rn. 18; *Döbereiner* DNotZ 2014, 323 (327); *Leitzen* ZEV 2013, 128 (129); *Nordmeier* ZEV 2012, 513 (517 f.); ZEV 2012, 513 (519)).

19 Es handelt sich bei der isolierten Wahl des Errichtungsstatuts nach Art. 34 Abs. 2 um eine **Sachnormverweisung.** Ein **Renvoi** ist damit **nicht beachtlich** (MüKoBGB/*Dutta* EuErbVO Art. 24 Rn. 13).

20 **b) Auslegung.** Da sowohl eine **Rechtswahl des Erbstatuts nach Art. 22** als auch **eine isolierte Rechtswahl des Errichtungsstatuts nach Art. 24 Abs. 2 denkbar** ist, sollte nach Möglichkeit ausdrücklich klargestellt werden, von welcher der beiden Rechtswahlmöglichkeiten Gebrauch gemacht werden soll.

21 Über die Auslegung entscheiden zunächst – soweit ermittelbar – **autonome Auslegungsgrundsätze** und sofern solche nicht ermittelbar sind **das gewählte Recht** (→ EuErbVO Art. 22 Rn. 19). Praktisch ist eine Wahl allein des Errichtungsstaats nur in seltenen Fällen sinnvoll. Die beschränkte Rechtswahl führt zu Schwierigkeiten, da sie zu einer Trennung der Wirksamkeit der Verfügung von Todes wegen und ihrer erbrechtlichen Wirkungen führt. Sofern die Rechtswahl nicht ausdrücklich auf das Errichtungsstatut beschränkt wurde und deren Reichweite nicht anders ermittelt werden kann, ist sie daher im Zweifel als nicht auf das Errichtungsstatut beschränkt auszulegen (Dutta/Herrler/*Bonomi/Öztürk,* Die Europäische Erbrechtsverordnung, 47 Rn. 37; *Döbereiner* DNotZ 2014, 323 (327); MüKoBGB/*Dutta* EuErbVO Art. 24 Rn. 13; kritisch BeckOGK/*J. Schmidt* EuErbVO Art. 22 Rn. 26). Im Zweifel bedeutet das, dass der Erblasser sowohl das Erbstatut nach Art. 22 als auch das Errichtungsstatut nach Art. 24 Abs. 2 bestimmt hat. Hat der Erblasser etwa bestimmt, dass „für dieses Testament das deutsche Recht gilt“, ist dies mangels abweichender Anhaltspunkte nicht nur als Rechtswahl iSv Art. 24 Abs. 2, sondern auch als Rechtswahl iSv Art. 22 Abs. 1 zu interpretieren.

3. Keine Validierung durch Statutenwechsel

Ist eine **Verfügung von Todes wegen nach** dem im Errichtungszeitpunkt unwandelbar feststehenden **Errichtungsstatut unwirksam,** stellt sich die Frage, ob ein später eintretender **Statutenwechsel** des Erbstatuts dann zu beachten wäre, wenn die Verfügung nach dem dann berufenen Recht wirksam wäre. Die Verordnung sieht diese Möglichkeit nicht vor. Wie umgekehrt eine Änderung des Erbstatuts wegen der unwandelbaren Anknüpfung des Errichtungsstatuts nachträglich nicht zur Unwirksamkeit der Verfügung führt, **kann** sie eine **unwirksame Verfügung** auch **nicht validieren.** Hierfür spricht zunächst der Vergleich mit Art. 83 Abs. 3, der eine spätere Herstellung der Wirksamkeit von vor dem Inkrafttreten der EuErbVO errichteten und unwirksamen Verfügungen von Todes wegen zulässt. Vor allem ist die Entstehungsgeschichte der Verordnung in den Blick zu nehmen. Der Kommissionsvorschlag sah für Erbverträge in Art. 18 Abs. 1 S. 2 und 3 die Möglichkeit einer späteren Wirksamkeit bei einem Statutenwechsel vor. Diesen Vorschlag hat der Gesetzgeber jedoch nicht aufgegriffen (MüKoBGB/*Dutta* EuERbVO Art. 24 Rn. 11 m. weiteren Nachweisen). Denkbar ist nur eine nachträgliche Wahl des Errichtungsstatuts, um eine ursprünglich unwirksame Verfügung zu validieren, → Rn. 16. **22**

IV. Änderung und Widerruf

Ob eine letztwillige Verfügung **widerrufen oder abgeändert werden kann (Widerruflichkeit bzw. Änderbarkeit),** bestimmt sich nach dem **Errichtungsstatut der letztwilligen Verfügung** ist (*Dutta* FamRZ 2013, 4 (10); *Nordmeier* ZEV 2012, 513 (518); MüKoBGB/*Dutta* EuErbVO Art. 24 Rn. 15; Palandt/*Thorn* EuErbVO Art. 22 Rn. 5; aA BeckOGK/*J. Schmidt* EuErbVO Art. 24 Rn. 30; *Hilbig-Lugani* IPRax 2014, 480 (485)). Art. 24 Abs. 3 S. 1 steht dem nicht entgegen, da er nur die Änderung und den Widerruf selbst betrifft, nicht aber die vorgelagerte Frage, ob eine Änderung oder ein Widerruf überhaupt möglich ist. Besteht eine Bindungswirkung und ist ein Widerruf nur unter bestimmten Voraussetzungen möglich (zB Zugang einer Erklärung bei einer Person in einer bestimmten Form), sind die Voraussetzungen des Errichtungsstatuts der zu widerrufenden bzw. zu ändernden Verfügung zu beachten. Insoweit ist die Bindungswirkung betroffen, die wie die materielle Wirksamkeit zu behandeln ist, → Rn. 6. Grundsätzlich bestimmt das Errichtungsstatut der abzuändernden oder zu widerrufenden Verfügung damit auch die Voraussetzungen eines wirksamen Widerrufs bzw. einer Abänderung. **23**

Im Übrigen bestimmt **Art. 24 Abs. 3 S. 1,** dass für die Änderung oder den Widerruf das hypothetische Erbstatut nach Art. 24 Abs. 1 „entsprechend" gilt. Das bedeutet, dass nicht das ursprüngliche Errichtungsstatut der zu ändernden bzw. widerrufenden Verfügung maßgeblich ist, sondern die Verhältnisse im Zeitpunkt der Änderung bzw. des Widerrufs maßgeblich sind. ErwG 51 unterstreicht dieses Verständnis der Verweisung auf Abs. 1, wenn er auf das Recht verweist, das anwendbar gewesen wäre, wenn die Person an *dem Tag* verstorben wäre, *an dem* die Verfügung *geändert* oder *widerrufen* worden ist. Ist die Verfügung von Todes wegen nach dem ursprünglichen Errichtungsstatut durch eine spätere Verfügung von Todes wegen frei widerrufbar oder änderbar, entscheidet alleine das Errichtungsstatut der Änderung oder des Widerrufs über die materielle Wirksamkeit des Widerrufs und der Änderung. Eine kumulative Anknüpfung an das ursprüngliche und das aktuelle Errichtungsstatut geht über den Normzweck und den Wortlaut des Art. 24 Abs. 3 S. 1 hinaus. Auch spielt es keine Rolle, ob die Verfügung nur zu einem Widerruf oder einer Änderung der ursprünglichen Verfügung von Todes wegen führt; Art. 24 Abs. 3 S. 1 EuErbVO lässst sich eine solche Differenzierung nicht entnehmen. (MüKoBGB/*Dutta* EuErbVO Art. 24 Rn. 17; Dutta/Herrler/*Bonomi/Öztürk,* Die Europäische Erbrechtsverordnung, 47 Rn. 52; NK-BGB/*Looschelders* EuErbVO Art. 24 Rn. 14; aA *Döbereiner* MittBayNot 2013, 358 (365)). **24**

Etwas anderes gilt nach **Abs. 3 S. 2,** wenn eine **Rechtswahl des Errichtungsstatuts nach Abs. 2 vorliegt.** In diesem Fall bestimmt das **gewählte Errichtungsstatut** auch die Zulässigkeit und materielle Wirksamkeit der widerrufenden bzw. abändernden letztwilligen Verfügung. Allerdings kann der Erblasser eine getroffene Rechtswahl des Errichtungsstatuts nach hier vertretener Ansicht isoliert widerrufen oder ändern (→ Rn. 16; jurisPK-BGB/*Nordmeier* EuErbVO Art. 24 Rn. 50; MüKoBGB/*Dutta* EuErbVO Art. 24 Rn. 17; aA NK-BGB/*Looschelders* Art. 24 Rn. 15). Ändert der Erblasser ein Testament, für welches er als Errichtungsstatut ursprünglich das Recht seiner deutschen Staatsangehörigkeit gewählt hat, dahingehend ab, dass er die Rechtswahl widerruft, richtet sich die materielle Wirksamkeit des Änderungstestaments ausschließlich nach dem aktuellen Errichtungsstatut, sofern das Testament nach dem ursprünglichen Errichtungsstatut frei änderbar ist. **25**

Die **Formwirksamkeit** der widerrufenden und abändernden Verfügung unterliegt Art. 27 bzw. über Art. 75 dem Haager Testamentsformübereinkommen. **26**

V. Intertemporales Recht

27 Zum intertemporalen Recht siehe Art. 83 Abs. 3, → EuErbVO Art. 83 Rn. 21 ff. und Art. 83 Abs. 4, → EuErbVO Art. 83 Rn. 34 ff.

Artikel 25 Erbverträge

(1) **Die Zulässigkeit, die materielle Wirksamkeit und die Bindungswirkungen eines Erbvertrags, der den Nachlass einer einzigen Person betrifft, einschließlich der Voraussetzungen für seine Auflösung, unterliegen dem Recht, das nach dieser Verordnung auf die Rechtsnachfolge von Todes wegen anzuwenden wäre, wenn diese Person zu dem Zeitpunkt verstorben wäre, in dem der Erbvertrag geschlossen wurde.**

(2) [1] **Ein Erbvertrag, der den Nachlass mehrerer Personen betrifft, ist nur zulässig, wenn er nach jedem der Rechte zulässig ist, die nach dieser Verordnung auf die Rechtsnachfolge der einzelnen beteiligten Personen anzuwenden wären, wenn sie zu dem Zeitpunkt verstorben wären, in dem der Erbvertrag geschlossen wurde.** [2] **Die materielle Wirksamkeit und die Bindungswirkungen eines Erbvertrags, der nach Unterabsatz 1 zulässig ist, einschließlich der Voraussetzungen für seine Auflösung, unterliegen demjenigen unter den in Unterabsatz 1 genannten Rechten, zu dem er die engste Verbindung hat.**

(3) **Ungeachtet der Absätze 1 und 2 können die Parteien für die Zulässigkeit, die materielle Wirksamkeit und die Bindungswirkungen ihres Erbvertrags, einschließlich der Voraussetzungen für seine Auflösung, das Recht wählen, das die Person oder eine der Personen, deren Nachlass betroffen ist, nach Artikel 22 unter den darin genannten Bedingungen hätte wählen können.**

Literatur: *Hilbig-Lugani,* Das gemeinschaftliche Testament im deutsch-französischen Rechtsverkehr – Ein Stiefkind der Erbrechtsverordnung, IPRax 2014, 480; *Lechner,* Erbverträge und gemeinschaftliche Testamente in der neuen EU-Erbrechtsverordnung, NJW 2013, 26; *Nordmeier,* EuErbVO: Neues Kollisionsrecht für gemeinschaftliche Testamente, ZEV 2012, 513; *Nordmeier,* Erbverträge in der neuen EU-Erbrechtsverordnung: zur Ermittlung des hypothetischen Erbstatuts nach Art. 25 ErbRVO, ZErb 2013, 112; *Nordmeier,* Erbverträge und nachlassbezogene Rechtsgeschäfte in der EuErbVO – eine Begriffsklärung, ZEV 2013, 117; *Pünder,* Gemeinschaftliche Testamente und die EU-Erbrechtsverordnung, 2018; *Strehlke-Verkühlen,* Der Erbverzicht im Internationalen Privatrecht, ErbR 2019, 538.

Übersicht

I. Allgemeines

1 Art. 25 sieht eine **Sonderanknüpfung der Zulässigkeit, materiellen Wirksamkeit und Bindungswirkung einschließlich der Voraussetzungen für seine Auflösung für Erbverträge** im Sinne des **Art. 3 Abs. 1 lit. b** vor, → EuErbVO Art. 3 Rn. 5. Im Verhältnis zu Art. 24 ist er lex specialis. Beide Regelungen dienen dazu, schon mit der Errichtung **Rechtssicherheit** für eine Nachlassplanung über das auf die Zulässigkeit, Wirksamkeit und materiellen Bindungswirkung anwendbare Recht zu schaffen und aus dem allgemeinen Erbstatut auszunehmen, das bis zum Tod des Erblassers noch wandelbar ist. Art. 25 soll zudem die **kollisionsrechtliche Anerkennung von Erbverträgen erleichtern,** s. ErwG 49 S. 2.

II. Anwendungsbereich

1. Erbverträge

Die Vorschrift ist nur auf **Erbverträge im Sinne des Art. 3 Abs. 1 lit. b** anwendbar, → EuErbVO Art. 3 Rn. 5. Erbvertrag wird danach als Vereinbarung definiert, die mit oder ohne Gegenleistung Rechte am künftigen Nachlass einer oder mehrerer an der Vereinbarung Beteiligter begründet, ändert oder entzieht. Ob eine Gegenleistung vereinbart wird oder nicht, spielt kollisionsrechtlich keine Rolle. Der Begriff des Erbvertrags ist autonom auszulegen (Dutta/Herrler/*Bonomi/Öztürk,* Die Europäische Erbrechtsverordnung, 47 Rn. 58; *Lechner* NJW 2013, 26; *Nordmeier* ZEV 2013, 117 (118)). Er besteht aus **zwei Komponenten.** Zum einen muss eine **Vereinbarung** vorliegen. Zum anderen müssen **Rechte** an dem **künftigen Nachlass** einer Vertragspartei betroffen sein. 2

Eine Vereinbarung zeichnet sich dadurch aus, dass mehrere Personen korrespondierende Willenserklärungen abgeben, die zu einer Bindung führen. Führen mehrere in einer Urkunde enthaltene letztwillige Verfügungen zu keiner Bindungswirkung, liegen mehrere Testamente vor, die unter Art. 24 fallen. Von einem Erbvertrag kann daher nur die Rede sein, wenn mindestens eine Verfügung **Bindungswirkung** entfaltet. Ohne Bindungswirkung gibt es keinen Erbvertrag. Dies unterstreicht nicht zuletzt auch der für Art. 25 zentrale Anknüpfungsgegenstand der Bindungswirkung, der Art. 25 wesentlich von Art. 24 unterscheidet. Erbvertrag iSv Art. 3 Abs. 1 lit. b ist der **Erbvertrag des deutschen Rechts** (§ 2278 BGB). Dieser muss mindestens eine vertragsmäßige Verfügung und daher eine bindende Verfügung enthalten (BGH NJW 1958, 498; OLG Stuttgart BWNotZ 2000, 19; vgl zum Ganzen BeckOGK/*Röhl* BGB § 2278 Rn. 26 ff.). Hat der Erblasser die Möglichkeit, Verfügungen abzuändern (sog. Abänderungsvorbehalt), ist jedoch aber mindestens eine Verfügung bindend, von der sich der Erblasser nur durch einen Rücktritt lösen kann, liegt ein Erbvertrag vor. Während die hM im deutschen Recht die Auffassung vertritt, dass ein inhaltlich umfassender Abänderungsvorbehalt das Vorliegen eines Erbvertrags auch dann ausschließt, wenn die Ausübung des Abänderungsvorbehalts an bestimmte Voraussetzungen gebunden ist (BGH NJW 1958, 498; BeckOGK/*Röhl* BGB § 2278 Rn. 27; aA BeckOK-BGB/*Litzenburger* § 2278 Rn. 13; *Weiler* DNotZ 1994, 427 (436)), wird man im Zusammenhang von Art. 3 Abs. 1 lit. b und Art. 25 von einem weiten Erbvertragsbegriff ausgehen können. Art. 25 schafft eine Sonderanknüpfung für Verfügungen von Todes wegen, bei denen besondere **Voraussetzungen für die Auflösung** des Vertrags bestehen, die über den Widerruf einer Verfügung von Todes wegen hinausgehen. Bei solchen Verfügungen besteht das Bedürfnis, die Voraussetzungen für die Auflösung bei verschiedenen Errichtungsstatuten mehrerer an der Vereinbarung beteiligter Erblasser einheitlich anzuknüpfen (Art. 25 Abs. 2) und den Vertragsparteien die Möglichkeit einer Rechtswahl zugunsten des Errichtungsstatuts einer der Erblasser zu eröffnen. Nach hier vertretener Auffassung liegt daher die für einen Erbvertrag iSv Art. 3 lit. b erforderliche Bindung bereits dann vor, wenn der Erblasser die **Bindung** an eine Verfügung nur unter **besonderen** inhaltlichen, formellen oder zeitlichen **Voraussetzungen beseitigen** kann, die von den allgemeinen Voraussetzungen eines Testamentswiderrufs abweichen (zutr. Firsching/Graf/*Döbereiner* § 47 Rn. 42). Das in der Diskussion zum deutschen Recht vorgebrachte Argument, der Erblasser müsse sich einen Rücktritt vom Erbvertrag vorbehalten und dürfte die Bindung nicht auf andere Weise unterlaufen, kann im Kontext des Art. 25 nicht fruchtbar gemacht werden. Denn Art. 25 normiert keinen Vorrang für einen Rücktrittsvorbehalt. 3

Wie sich aus Art. 25 Abs. 1 ergibt, kann ein Erbvertrag auch darin bestehen, dass er nur die Rechte eines Erblassers betrifft und dieser einseitig gegenüber einer anderen Vertragspartei Bindungen eingeht. 4

Ein Erbvertrag liegt nach Art. 3 Abs. 1 lit. b nur vor, wenn er Rechte am **Nachlass** einer der am **Vertrag beteiligten Personen** betrifft. Die Mitwirkung des Erblassers am Vertragsschluss muss notwendig sein, damit von einem Erbvertrag die Rede sein kann. Erbschaftsverträge iSv § 311b Abs. 4 BGB sind daher keine Erbverträge, weil sie nur zwischen künftigen Erben geschlossen werden (NK-BGB/*Looschelders* EuErbVO Art. 3 Rn. 9; Firsching/Graf/*Döbereiner* § 47 Rn. 44; vgl. zur Einordnung → Einl. Rn. 58). Entsprechendes gilt für Erbauseinandersetzungsverträge und Erbschaftskaufverträge. Diese fallen ebenfalls nicht unter Art. 25 (BeckOGK/*J. Schmidt* EuErbVO Art. 25 Rn. 6; MüKoBGB/*Dutta* EuErbVO Art. 3 Rn. 12; zum Anwendungsbereich → Art. 23 Rn. 131 ff.). Ob aus der vertraglichen Bindung Rechte zugunsten eines Vertragspartners oder nicht am Vertragsschluss beteiligter Dritter resultieren, spielt nach der Definition des Erbvertrags keine Rolle (NK-BGB/*Looschelders* EuErbVO Art. 3 Rn. 9; *Nordmeier* ZEV 2013, 117 (119)). Die Bindung gegenüber dem anderen Vertragsteil kann daher auch in der Begünstigung eines **außenstehenden Dritten** bestehen (vgl. § 1941 Abs. 2 BGB). Schließt der Erblasser mit dem am Erbvertragsabschluss nicht begünstigten Dritten einen Vertrag über die Aufhebung der Zuwendung (im deutschen Recht sog. **Zuwendungsverzicht,** § 2352 BGB) liegt es nahe, auch in diesem Vertrag einen Erbvertrag zu sehen (MüKoBGB/*Dutta* EuErbVO Art. 3 Rn. 10; *Strehlke-Verkühlen* ErbR 2019, 538 (541); diff. Geimer/Schütze/*Döbereiner* EuErbVO Art. 25 Rn. 73). Ein solcher Vertrag ist aber kein neuer eigener Erbvertrag, auf den man Art. 25 selbständig anwenden könnte. Denn der Zuwendungsverzicht führt entweder zu einer Aufhebung einer 5 letztwilligen Verfügung und damit zu einer teilweisen Aufhebung des Erbvertrags oder zu einer Lockerung seiner Bindungswirkungen. Beide Fragen unterstehen dem Errichtungsstatut des ursprünglichen Erbvertrags („Bindungswirkungen“ bzw. „Voraussetzungen für Auflösung“ nach Art. 25 Abs. 1). Würde man nach einem Wechsel des gewöhnlichen Aufenthalts des Erblassers den Zuwendungsverzicht isoliert nach dem neuen Errichtungsstatut anknüpfen, hätte dies Friktionen zur Folge. Der Zuwendungsverzicht kann nur im Zusammenhang mit der Reichweite des ursprünglichen Erbvertrags oder gemeinschaftlichen Testaments eingeordnet werden. Dies gilt insbesondere für die Frage seiner Zulässigkeit oder der Erstreckungswirkung auf Abkömmlinge.

Ebenso sind die **erbvertraglichen Wirkungen** mit Blick auf die Zulässigkeit von **Geschäften unter Lebenden** vom ursprünglichen Erbvertragsstatut erfasst (BeckOGK/*J. Schmidt* EuErbVO Art. 25 Rn. 9; *Döbereiner* MittBayNot 2013, 437 (441)).

6 Schwierigkeiten bereitet die Einordnung von **Erbverträgen,** bei denen einer erbrechtlich bindenden Zuwendung eine **Gegenleistung** des Bedachten zu Lebzeiten des Erblassers gegenübersteht (vgl. aus Sicht des dt. Rechts hierzu *J. Mayer* DNotZ 2012, 89). Dass die erbvertragliche Bindung des Erblassers unter Art. 25 fällt, dürfte zweifelsfrei sein. Nach einer Ansicht soll das **Kausalgeschäft** des Erbvertrags nicht unter die EuErbVO, sondern in den Anwendungsbereich der korrespondierenden Rechtsakte des Unionsprivatrechts (zB Rom I-VO oder EuUnthVO) fallen (*Heinig* RNotZ 2014, 197 (211); MüKoBGB/*Dutta* EuErbVO Art. 3 Rn. 12; *Nordmeier* ZEV 2013, 117 (119); *Soutier,* Die Geltung deutscher Rechtsgrundsätze im Anwendungsbereich der Europäischen Erbrechtsverordnung, 164 (im Zusammenhang mit einem Erbverzicht)). Nach der Gegenansicht unterliegt auch das Kausalgeschäft Art. 25 EuErbVO (*Döbereiner* MittBayNot 2013, 437 (445); *Strehlke-Verkühlen,* ErbR 2019, 538 (541)). Diese Auffassung ist vorzugswürdig. Sie trägt dem Bedürfnis Rechnung, die konditional miteinander verknüpften Vertragsgegenstände ein und derselben Rechtsordnung zuzuweisen. Eine gespaltene Anknüpfung würde große Schwierigkeiten mit sich bringen und im Ergebnis über die großzügige Anwendung von Ausweichklauseln (zB nach Art. 4 Abs. 3 Rom I-VO) dazu zwingen, zu einem einheitlichen Statut zu gelangen. Der EuErbVO lässt sich nicht entnehmen, dass sich der Begriff des Erbvertrags in Art. 3 lit. b auf verfügende Rechtsgeschäfte beschränken würde. Art. 3 lit. b spricht davon, dass auch eine Vereinbarung mit „Gegenleistung“ als Erbvertrag anzusehen ist, sofern sie Rechte am künftigen Nachlass begründet. Dass nur die unmittelbar zur Begründung von Rechten am Nachlass führende erbrechtliche Verfügung Teil des Erbvertrags ist, lässt sich dem Wortlaut der Vorschrift nicht entnehmen. Um zu rechtssicheren und praktikablen Ergebnissen zu gelangen, wird man den Begriff des Erbvertrags weiter verstehen müssen. Im Übrigen erscheint zweifelhaft, ob die anderen Unionsrechtsakte, insbesondere die Rom I-VO, überhaupt auf die diesbezüglichen Kausalgeschäfte Anwendung finden (zutr. *Strehlke-Verkühlen* ErbR 2019, 538 (541)). Denn Art. 1 Abs. 2 lit. c Rom I-VO klammert Schuldverhältnisse aus Testamenten und Erbrecht gerade von ihrem Anwendungsbereich aus. Dass diese Fragen dem nationalen Kollisionsrecht überantwortet bleiben sollen, kann kaum überzeugen. Überzeugend ist die Anwendung der EuErbVO. Würde man das schuldrechtliche Kausalverhältnisse nicht unter den Begriff des Erbvertrags iSv Art. 3 lit. b fassen, sondern die Rom I-VO mit ihren sehr weitreichenden Rechtswahlmöglichkeiten anwenden (Art. 3 Abs. 1), drohten außerdem die Beschränkungen des mitgliedstaatlichen Rechts im Hinblick auf **Testierverträge** unterlaufen zu werden. Dies würde namentlich für das Verbot des § 2302 BGB gelten, wonach sich niemand verpflichten kann, eine Verfügung von Todes wegen zu errichten. Solche Verträge sollten so wie Erbverträge nur in den Schranken des Art. 25 EuErbVO als zulässig anzuerkennen sein. Erbverträge sind daher auch die im common law verbreiteten contracts to make a will or not to revoke a will (*Döbereiner* MittBayNot 2013, 437 (439); Firsching/Graf/*Döbereiner* § 47 Rn. 46; MüKoBGB/*Dutta* EuErbVO Art. 3 Rn. 10; Pamboukis/*Zoumpoulis* EuErbVO Art. 25 Rn. 7; aA *Nordmeier* ZEV 2013, 117 (123 f.)).

7 Große Verunsicherung besteht in der Frage, ob und unter welchen Voraussetzungen **gemeinschaftliche Testamente** Erbverträge iSd Art. 3 Abs. 1 lit. b sind und somit unter Art. 25 fallen. Nach einer Ansicht ist das gemeinschaftliche Testament kein Erbvertrag und unterliegt dem für Testamente geltenden Errichtungsstatut nach Art. 24 (*Hilbig-Lugani* IPRax 2014, 480 (484 ff.); *Nordmeier* ZEV 2013, 117 (120); *Schaal* BWNotZ 203, 29 (30); *Simon/Buschbaum* NJW 2012, 2393 (2396)). Diese Auffassung beruft sich vor allem auf die Systematik der EuErbVO. Wenn das gemeinschaftlic Testament in Art. 3 Abs. 1 lit. c definiert werde, könne es kein Erbvertrag iSv Art. 3 Abs. 1 lit. b sein. Die hM geht davon aus, dass bindende gemeinschaftliche Testamente (im dt. Recht also solche mit wechselbezüglichen Verfügungen) Erbverträge iSd EuErbVO sind (BeckOGK/*J. Schmidt* EuErbVO Art. 3 Rn. 10; Firsching/Graf/*Döbereiner* § 47 Rn. 46; *Heinig* RNotZ 2014, 197 (200); *Kanzleiter* ZEV 2014, 225 (227); *Lechner* NJW 2013, 26 (27); MüKoBGB/*Dutta* EuErbVO Art. 3 Rn. 11; NK-BGB/*Looschelders* EuErbVO Art. 3 Rn. 14; NK-NachfolgeR/*Köhler* EuErbVO Art. 24 Rn. 5). Das gemeinschaftliche Testament wird in Art. 3 Abs. 1 lit. c definiert als ein von zwei oder mehr Personen in einer einzigen Urkunde errichtetes Testament. Die Entstehungsgeschichte der Verordnung zeigt, dass sich der Gesetzgeber von einem materiellen Begriffsverständnis des gemeinschaftlichen Testaments entfernt und sich für eine formale Abgrenzung entschieden hat (*Leipold* ZEV 2014, 139 (143); *Pünder,* Gemeinschaftliche Testamente und die EU-Erbrechtsverordnung, 2018, 242). Das gemeinschaftliche Testament unter-

scheidet sich vom Testament durch den Umstand, dass mehrere Personen in einer Urkunde testieren. Dass die Verfügungen gegenseitig oder wechselbezüglich sind, ist keine Voraussetzung für das gemeinschaftliche Testament. Nach der Konzeption der EuErbVO können aber auch Testamente Erbverträge sein. Art. 3 Abs. 1 lit. b bezieht Vereinbarungen aufgrund gegenseitiger Testamente in die Definition des Erbvertrags mit ein. Dass sich ein gemeinschaftliches Testament iSv Art. 3 lit. c und ein gegenseitiges Testament iSv Art. 3 lit. b gegenseitig ausschließen, ist daher nicht anzunehmen. Eine striktes Alternativverhältnis lässt sich Art. 3 Abs. 1 lit. b gerade nicht entnehmen (anders *Hilbig-Lugani* IPRax 2014, 480 (485)). Denn anderenfalls käme man zu dem seltsamen Ergebnis, dass ein in zwei verschiedenen Urkunden niedergelegtes gemeinschaftliches Testament als gegenseitiges Testament iSv Art. 3 Abs. 1 lit. b und damit als Erbvertrag zu behandeln, ein inhaltsgleiches Testament in einer Urkunde demgegenüber als gemeinschaftliches Testament iSv Art. 3 Abs. 1 lit. c anzusehen wäre, nur weil es in einer Urkunde enthalten ist. Ein in einer Urkunde enthaltenes gemeinschaftliches gegenseitiges Testament wird man unter teleologischen Gesichtspunkten erst recht als gegenseitiges Testament und damit als Erbvertrag ansehen müssen (Firsching/Graf/*Döbereiner* § 47 Rn. 46; *Leipold* ZEV 2014, 139 (141); NK-BGB/*Looschelders* EuErbVO Art. 3 Rn. 15; aA *Nordmeier* ZEV 2012, 513 (514)). Während sich die Vereinbarung aufgrund eines gegenseitigen Testaments durch ihre inhaltliche Qualität auszeichnet, ist das gemeinschaftliche Testament auf eine formale Definition beschränkt. Die englische Sprachfassung unterstreicht diese Abgrenzung, indem sie das gemeinschaftliche Testament als *joint will* und die Testamentsvereinbarung als *mutual will* bezeichnet. Die Anwendungsbereiche des gemeinschaftlichen Testaments und des Erbvertrags überschneiden sich daher (zutr. *Pünder,* Gemeinschaftliche Testamente und die EU-Erbrechtsverordnung, 2018, 256): Ist das gemeinschaftliche Testament in einer Urkunde enthalten und führt es zugleich zu einer Bindungswirkung, ist es sowohl gemeinschaftliches Testament als auch Erbvertrag (zutr. *Pünder,* Gemeinschaftliche Testamente und die EU-Erbrechtsverordnung, 2018, 259). Diese Überschneidung führt zu keinen Anwendungsschwierigkeiten. Die einzige Sonderregelung, die sich mit dem gemeinschaftlichen Testament befasst, findet sich in Art. 75 Abs. 1 UAbs. 2. Diese Norm statuiert den Vorrang des Haager Testamentsformübereinkommens für gemeinschaftliche Testamente. Ein Erbvertrag, der gemeinschaftliches Testament ist, unterliegt damit hinsichtlich der Formerfordernisse primär dem HTestformÜ. Zu beachten ist, dass nach Art. 3 HTestformÜ die Anwendung von Art. 27 EuErbVO neben dem HTestformÜ zulässig ist, soweit sie zu einer formgünstigeren Anknüpfung führt (*Leipold* ZEV 2014, 139 (144)).

Gegen die Einordnung des gemeinschaftlichen Testaments als Erbvertrag wird angeführt, dass sich bei der Einordnung bindender Testamente als Erbverträge ein Zirkelschluss ergebe. Denn ob ein Testament bindend und damit ein Erbvertrag sei, lasse sich erst auf das Basis des Errichtungsstatuts ermitteln. Um dieses prüfen zu können, müsse man aber bereits die Frage beantwortet haben, ob ein Erbvertrag oder ein gemeinschaftliches Testament vorliege (*Kroll-Ludwigs* notar 2016, 75 (80); vgl. zu diesem Argument Rauscher/*Hertel* EuErbVO Art. 25 Rn. 7)). Bei diesem behaupteten Zirkelschluss handelt es sich um ein Scheinproblem. Denn die Frage stellt sich in gleicher Weise, wenn die Erblasser ein gegenseitiges Testament iSv Art. 3 Abs. 1 lit. b errichten, das nach der Definition des Erbvertrags gerade ein Erbvertrag sein kann. Dass die Testamente in zwei Urkunden und nicht in einer niedergelegt sind, kann auch insoweit keinen Unterschied machen. Im Übrigen gilt: Dem unionalen Kollisionsrecht ist die Problematik der Beantwortung der Vorprüfung der Bindungswirkungen nicht unbekannt. So bestimmt Art. 10 Abs. 1 Rom I-VO im Zusammenhang mit dem auf Verträge anzuwendenden Recht, dass für die Frage, ob überhaupt ein Vertrag zustandegekommen ist, das Recht anzuwenden ist, das nach der Verordnung anzuwenden wäre, wenn der Vertrag wirksam wäre. In Parallele hierzu wird man das hypothetische Erbvertragsstatut für die materielle Wirksamkeit und Bindungswirkung des Vertrags nach Art. 25 Abs. 2 UAbs. 2 befragen müssen, ob ein bindendes gemeinschaftliches Testament und damit ein Erbvertrag vorliegt. Die Auslegung und Bindungswirkung der Erklärungen kann sich immer nur nach einem Recht richten. Deshalb kommt eine Anwendung der hypothetischen Erbstatute beider Erblasser nach Art. 25 Abs. 2 UAbs. 1 nicht in Betracht, soweit es um die Frage geht, ob eine erbrechtlich bindende Vereinbarung besteht. Dies ändert freilich nichts daran, dass die Bindung im Ergebnis nur eintreten kann, wenn die Bindung aufgrund eines gemeinschaftlichen Testaments oder Erbvertrags nach dem hypothethischen Erbstatut beider Erblasser zulässig ist (vgl. *Döbereiner* MittBayNot 2013, 437 (441); MüKoBGB/*Dutta* EuErbVO Art. 25 Rn. 8). 8

Zu weit ginge es demgegenüber, ein gemeinschaftliches Testament bereits deshalb als Erbvertrag anzusehen, weil es Anordnungen in Bezug auf die Nachlässe mehrerer Erblasser enthält (MüKoBGB/*Dutta* EuErbVO Art. 25 Rn. 11; aA *Kroll-Ludwigs* notar 2016, 75 (81); *Leipold* ZEV 2014, 139 (143 f.) – bei „gegenseitigen Verfügungen" liegt stets ein Erbvertrag vor; noch weiter Rauscher/*Hertel* EuErbVO Art. 25 Rn. 6: Jedes gemeinschaftliche Testament ist Erbvertrag). Denn nach Art. 3 Abs. 1 lit. b steht nur eine *Vereinbarung* aufgrund gegenseitiger Testamente einem Erbvertrag gleich. Charakterstikum einer Vereinbarung und eines Vertrags ist, dass ihnen eine gewisse Bindungswirkung innewohnt. Ein gemeinschaftliches Testament, welches zwar gegenseitige Verfügungen enthält, aber in keiner Weise bindend ist, kann daher nicht als Erbvertrag qualifiziert werden. Dass gemeinschaftliche Testamente nur gemeinsam aus der amtlichen Verwahrung entnommen werden können (§ 2272 BGB), genügt für die 9

Annahme einer Bindungswirkung noch nicht. Hiermit wird wird nicht das Vertrauen des anderen Ehepartners auf den Bestand der letztwilligen Verfügung des Erblassers geschützt, sondern das Vertrauen in den Bestand der eigenen Verfügung, die durch die Rücknahme durch den Erblasser mit widerrufen wäre (vgl. auch *Lechner* NJW 2013, 26 (27). S. zum Normzweck des § 2272 BGB, MüKoBGB/*Musielak* BGB § 2272 Rn. 1).

10 Wie **Verbote zur Errichtung gemeinschaftlicher Testamente** und von **Erbverträgen** zu qualifizieren sind, ist umstritten: Nach einer Ansicht ist danach zu unterscheiden, ob das Verbot aus formellrechtlichen Gründen zur Sicherung der Authentizität des Schriftstücks (Formstatut) besteht oder dem Schutz des Erblassers vor einer Beeinflussung seines Willens dient (Errichtungsstatut) (so etwa Firsching/Graf/*Döbereiner* § 47 Rn. 52; *Heinig* RNotZ 2014, 197 (201 f.); *Hilbig-Lugani* IPRax 2014, 480 (481); NK-BGB/*Looschelders* EuErbVO Art. 24 Rn. 9; *Nordmeier* ZEV 2012, 513 (516)). Eine weitere Ansicht qualifiziert entsprechende Verbotsvorschriften generell formell und wendet Art. 27 bzw. das HTestformÜ an (Dutta/Weber/*Süß* EuErbVO Art. 27 Rn. 117). Eine weitere Auffassung befürwortet eine materielle Qualifikation und unterstellt die Frage, ob eine Norm über das Verbot der Errichtung eines gemeinschaftlichen Testaments zur Anwendung berufen ist, dem Errichtungsstatut nach Art. 24 bzw. Art. 25 (BeckOGK/*J. Schmidt* EuErbVO Art. 24 Rn. 8; MüKoBGB/*Dutta* EuErbvO Art. 24 Rn. 3; Dutta/Herrler/*Bonomi/Öztürk,* Die Europäische Erbrechtsverordnung, 47 Rn. 94; Pamboukis/*Zoumpoulis* EuErbVO Art. 25 Rn. 10). Eine Qualfikation nach dem jeweiligen Normzweck im nationalen Recht begegnet Bedenken, weil sie kaum lösbare Abgrenzungsschwierigkeiten hervorruft und oftmals in den jeweiligen Rechtsordnungen nicht ganz klar ist, welcher der Zwecke im Vordergrund steht. Die formelle Qualifikation übersieht, dass aus gemeinschaftlichen Testamenten Bindungswirkungen resultieren können, die Frage der Zulässigkeit einer Bindung jedoch nicht dem Form-, sondern dem Errichtungsstatut unterliegt. Richtigerweise handelt es sich beim gemeinschaftlichen Testament um einen eigenen Testamentstyp. Ob dieser Testamentstyp überhaupt zulässig ist, entscheidet sich nach dem Errichtungsstatut gem. Art. 24 oder Art. 25. Zutreffend ist daher die materielle Qualifikation.

11 Als Erbvertrag iSd Art. 3 Abs. 1 lit. b gilt auch eine Vereinbarung, die **Rechte** einer Vertragspartei am Nachlass **entzieht.** Erfasst sind insbesondere der **Erbverzicht** sowie auch der **Pflichtteilsverzicht** (BeckOGK/*J. Schmidt* EuErbVO Art. 3 Rn. 7; *Döbereiner* MittBayNot 2013, 437 (438); *Everts* NotBZ 2015, 3; MüKoBGB/*Dutta* EuErbVO Art. 3 Rn. 10; NK-NachfolgeR/*Köhler* EuErbVO Art. 25 Rn. 4; NK-BGB/*Looschelders* EuErbVO Art. 3 Rn. 8; Rauscher/*Hertel* EuErbVO Art. 25 Rn. 5; aA *de Barros Fritz* ZEV 2020, 199 (200 ff.)). In ErwG 50 heißt es zwar, dass die Anknüpfung an das Errichtungsstatut bei Verfüngen von Todes wegen (Art. 24) und Erbverträgen (Art. 25), nicht Pflichtteilsrechte oder ein „anderes Recht" berühren darf, das der berechtigten Person „von der Person, deren Nachlass betroffen ist, nicht entzogen werden kann." Dem kann man jedoch nicht entnehmen, dass ein Pflichtteilsverzichtsvertrag kein Erbvertrag sein kann (unzutr. *de Barros Fritz* ZEV 2020, 199 (201 ff.). Bereits der letzte Halbsatz des Erwägungsgrunds deutet darauf hin, dass es um Testamente bzw. Verfügungen von Todes wegen geht, die zu einer *einseitigen* Entziehung von Rechten ohne Beteiligung des Berechtigten führen. Klargestellt wird mit ErwG 50 lediglich, dass die Anknüpfung an das Errichtungsstatut sowohl in Bezug auf Testamente als auch Erbverträge nicht auch das Pflichtteilsrecht erfasst. Dass Pflichtteilsverzichtsverträge keine Erbverträge sein können, ergibt sich hieraus nicht. Art. 3 Abs. 1 lit. b erstreckt den Begriff des Erbvertrags auf Verträge, die zu einer Entziehung von Rechten führen, die dem Verzichtenden ohne seine Mitwirkung nicht genommen werden können. Würde man Erbverzichts- und Pflichtteilsverzichtsverträge nicht hierunter fassen, bliebe für die Vereinbarung über die Entziehung von Rechten kein sinnvoller Anwendungsbereich.

12 Sehr umstritten ist, ob die **Wirkungen eines Erb- und Pflichtteilsverzichts** dem Errichtungsstatut nach Art. 25 unterliegen. Die Problematik stellt sich immer dann, wenn der Erblasser einen nach dem Errichtungsstatut zulässigen, wirksamen und bindenden Verzichtsvertrag abschließt, dieser aber nach dem zur Anwendung berufenen Erbstatut unzulässig ist. Eine Auffassung nimmt an, dass ein solcher Verzichtsvertrag weiterhin wirksam bleibt, letztendlich aber wirkungslos ist. Sie beruft sich darauf, dass sich das Bestehen von Noterb- und Pflichtteilsrechten nach dem Erbstatut richtet (vgl. Art. 23 Abs. 2 lit. h) und das Erbstatut auch entscheiden müsse, ob und unter welchen Voraussetzungen das Noterb- und Pflichtteilsrecht disponibel sei (vgl. vor allem *Odersky* notar 2014, 139; *Döbereiner* MittBayNot 2013, 437 (443); *Meise* RNotZ 2016, 553 (563); MüKoBGB/*Dutta* EuErbVO Art. 23 Rn. 27). Nach der Gegenauffassung bleiben die Wirkungen des Verzichtsvertrags erhalten, sie sind nicht nur auf das Pflichtteilsrecht des Erbvertragsstatuts beschränkt, sondern erstrecken sich auch auf entsprechende funktional äquivalente Nachlassbeteiligungen des letztlich maßgeblichen Erbstatuts (*Everts* NotBZ 2015, 3 (4 f.); Lipp/Münch/*Eule,* Die neue Europäische Erbrechtsverordnung, 2016, 99 (109 ff.); Pamboukis/*Zoumpoulis* EuErbVO Art. 25 Rn. 16; Rauscher/*Hertel* EuErbVO Art. 25 Rn. 13; *Strehlke-Verkühlen,* ErbR 2019, 538 (542); *Weber* ZEV 2015, 503 (506)). Diese Auffassung ist zutreffend. Sie schützt das Vertrauen der Vertragsparteien in den Fortbestand des Vertrags (vgl. ErwG 7, 48 und 49) und vermeidet bei Verzichtsverträgen mit Gegenleistungen schwierige Rückabwicklungsfragen, die sich bei einer nachträglichen Wirkungslosigkeit des Verzichtsvertrags ergeben würden. Es kann dem Erblasser im Hinblick auf seine Freizügigkeitsrechte kaum zugemutet werden, von einem Umzug abzusehen, um die Wirk-

samkeit des Verzichtsvertrags nicht zu gefährden. Vor allem ist zu beachten, dass Art. 25 gerade die **Zulässigkeit** des Verzichtsvertrags dem Errichtungsstatut unterstellt. Diese Anknüpfung liefe im Ergebnis leer, wenn das Erbstatut den Verzichtsvertrag für unzulässig erklären könnte, weil es den Verzichtsvertrag nicht kennt. Die Wirkungslosigkeit des Vertrags ist lediglich bloßer Reflex der Unzulässigkeit. Das wird auch im Zusammenspiel von Art. 23 Abs. 2 Buchst. h und Art. 25 Abs. 1 deutlich. Art. 23 Abs. 2 Buchst. h unterstellt nur den „verfügbaren Teil des Nachlasses" dem Erbstatut. Ob ein Teil des Nachlasses verfügbar ist, ergibt sich aus der Zulässigkeit von etwaigen nach Art. 25 EuErbVO geschlossenen Verzichtsverträgen. Auch die Erstreckungwirkung des Verzichts auf Abkömmlinge unterliegt dem Errichtungsstatut. Bei der Erstreckung auf Abkömmlinge handelt es sich zunächst um eine vom Errichtungsstatut zu beantwortende Auslegungsfrage (Art. 26 Abs. 1 lit. d). Ob der Verzicht auch im Verhältnis zu den Abkömmlingen gilt, stellt sich als Frage der Bindung des Verzichtsvertrags dar, die ebenfalls Art. 25 Abs. 1 unterliegt (*Strehlke-Verkühlen,* ErbR 2019, 538 (543); *Weber* ZEV 2015, 503 (507)).

Nach der hier vertretenen Auffassung unterliegt auch das **Kausalgeschäft** des Erb- und Pflichtteils- 13
verzichts dem Errichtungsstatut nach Art. 25 (→ Rn. 2b, str.).

Zur Qualifikation der **Schenkung von Todes wegen** (→ Art. 1 Rn. 64 ff.) und der Abgrenzung zu 14
ehegüterrechtlichen Vereinbarungen auf den Todesfall (→ Art. 1 Rn. 50 ff., 82 ff.) wird auf die einschlägigen Kommentierungen zum Anwendungsbereich in Art. 1 verwiesen. **Verträge zugunsten Dritter auf den Todesfall** sind nach Art. 1 Abs. 2 lit. g vom Anwendungsbereich der EuErbVO ausgenommen (MüKoBGB/ *Dutta* EuErbVO Art. 3 Rn. 9).

2. Anknüpfungsgegenstand

Der Anknüpfungsgegenstand ist auf die Zulässigkeit, die materielle Wirksamkeit und die Bindungs- 15
wirkung einschließlich der Voraussetzungen für die Auflösung des Erbvertrags beschränkt. Für alle weiteren Gegenstände des Erbstatuts bleibt es bei der allgemeinen Regelung der Art. 20–23. Besonders hervorgehoben ist das in Erwägungsgrund 50 für Pflichtteilsansprüche (Dutta/Herrler/*Lorenz,* Die Europäische Erbrechtsverordnung, 113 Rn. 20. Siehe ErwG 50).

a) Zulässigkeit. Zum Begriff der Zulässigkeit → EuErbVO Art. 24 Rn. 4. 16

b) Materielle Wirksamkeit. Der Begriff der materiellen Wirksamkeit ist näher in Art. 26 bestimmt, 17
→ EuErbVO Art. 26 Rn. 2 ff.

c) Bindungswirkung. Die EuErbVO spricht die Bindungswirkung nur bei Erbverträgen bei Art. 25, 18
nicht aber bei sonstigen letztwilligen Verfügungen nach Art. 24 an. Entsprechend bedeutet Bindungswirkung nicht den Ausschluss der Möglichkeit schlechthin, eine errichtete letztwillige Verfügung einseitig zu beseitigen (→ EuErbVO Art. 24 Rn. 5 f.), sondern **eine besondere, Erbverträgen im Vergleich zu anderen letztwilligen Verfügungen von Todes zukommende, eingeschränkte oder ausgeschlossene Lösungsmöglichkeit.** Bindungswirkung ist also bereits dann gegeben, wenn die einseitige Beseitigung von Erbverträgen anderen einschränkenden Bedingungen unterliegt als einfache Testamente. Entsprechend fällt bereits das Erfordernis des Zugangs des Widerrufs bei gemeinschaftlichen Testamenten des deutschen Rechts nach §§ 2271 Abs. 1 S. 1, 2296 Abs. 2 BGB darunter (*Döbereiner* DNotZ 2014, 323 (329)). Ebenso sind die Einschränkungen von Möglichkeiten, die erbvertraglichen Wirkungen durch Geschäfte unter Lebenden zu beeinflussen, erfasst (BeckOGK/*J. Schmidt* EuErbVO Art. 25 Rn. 9; *Döbereiner* MittBayNot 2013, 437 (441)).

Ausdrücklich bezieht die Verordnung auch die **Voraussetzungen für die Auflösung** mit ein. 19
Damit wird klargestellt, dass Bindungswirkung nicht notwendig Unauflöslichkeit bedeutet. Erfasst sind auch die Tatbestände (wie etwa Vertragsverletzungen) und Folgen der Lösung vom Erbvertrag wie Rücktritt, Aufhebung, Anfechtung, Kündigung (NK-BGB/*Looschelders* EuErbVO Art. 25 Rn. 10; BeckOGK/*J. Schmidt* EuErbVO Art. 25 Rn. 10). Dies schließt die Voraussetzungen für die materielle Wirksamkeit einer erforderlichen Lösungshandlung wie eine Rücktrittserklärung ein (BeckOGK/*J. Schmidt* EuErbVO Art. 26 Rn. 11). Dazu gehört – anders als bei sonstigen Verfügungen von Todes wegen – auch die Lösung durch Widerruf oder Abänderung durch erneute letztwillige Verfügung, → Rn. 23. Auch die Frage, ob eine Scheidung der Eheleute zur Unwirksamkeit des Erbvertrags führt, unterliegt dem Errichtungsstatut (NK-BGB/*Looschelders* EuErbVO Art. 25 Rn. 11; Firsching/Graf/*Döbereiner* § 47 Rn. 56).

III. Erbverträge betreffend den Nachlass einer Person

Betrifft der Erbvertrag **nur den Nachlass einer Person,** sind Art. 25 Abs. 1 und 3 einschlägig. Die 20
Zulässigkeit, materielle Wirksamkeit und die Bindungswirkung unterliegen einheitlich dem Errichtungsstatut. Der Nachlass einer Person ist betroffen, wenn ihre Rechtsnachfolge von Todes wegen geregelt

wird (BeckOGK/*J. Schmidt* EuErbVO Art. 24 Rn. 14; *Dutta* FamRZ 2013, 4 (9); *Nordmeier* ZErb 2013, 112 (113)).

1. Objektives Errichtungsstatut

21 Mangels Rechtswahl des Errichtungsstatuts nach Art. 25 Abs. 3 ist das **Errichtungsstatut** objektiv zu bestimmen. Entscheidend ist das **Recht des Staates, das Erbstatut wäre, wenn der Erblasser zu dem Zeitpunkt gestorben wäre, zu dem der Erbvertrag geschlossen wurde** (sog. hypothetisches Erbstatut, Errichtungsstatut).

22 Zur Bestimmung des Errichtungsstatuts kann auf die Ausführungen zu → EuErbVO Art. 24 Rn. 7 ff. sinngemäß verwiesen werden, wobei an die Stelle der Verfügung von Todes wegen der Erbvertrag und an die Stelle des Errichtungszeitpunkts der Zeitpunkt des Abschlusses des Erbvertrags tritt.

2. Rechtswahl des Errichtungsstatuts

23 Nach Art. 25 Abs. 3 EuErbVO können die Erbvertragsparteien für die Zulässigkeit, die materielle Wirksamkeit und die Bindungswirkung des Vertrags (Erbvertragsstatut bzw. Errichtungsstatut) das Recht des **Erblassers** wählen, das dieser nach Art. 22 EuErbVO wählen könnte, mithin also die Staatsangehörigkeit des am Vertrag beteiligten Erblassers (vgl. BGH DNotZ 2020, 128 Rn. 13). Die Rechtswahl bezieht sich nur auf das Erbvertragsstatut, lässt aber das Erbstatut im Übrigen unberührt. Insoweit kann sinngemäß auf die Ausführungen zu Art. 24 Abs. 2 verwiesen werden, → EuErbVO Art. 24 Rn. 14 ff. Eine Teilrechtswahl in Bezug auf einzelne Anknüpfungsgegenstände (sog. depeçage, zB nur in Bezug auf die Zulässigkeit) ist unzulässig. Die Rechtswahl kann nur einheitlich für das gesamte Errichtungsstatut erfolgen (Firsching/Graf/*Döbereiner* § 47 Rn. 72; BeckOGK/*J. Schmidt* Art. 25 Rn. 35).

24 Im Unterschied zu Art. 24 Abs. 2 erfolgt diese Rechtswahl jedoch durch Vertrag der Parteien des Erbvertrags. Aus der Rechtsnatur folgt, dass ein **Widerruf** oder eine **Änderung** an sich ausgeschlossen (*Döbereiner* DNotZ 2014, 323 (335)) oder jedenfalls **nur einvernehmlich möglich** ist (*Nordmeier* ZErb 2013, 112 (117 f.), vgl. schon → EuErbVO Art. 22 Rn. 25). Zum Teil vertritt die Literatur, dass eine Änderung des Errichtungsstatuts nach Errichtung der Verfügung von Todes wegen genenerell nicht möglich ist (*Döbereiner* DNotZ 2014, 323 (335); *Heinig* RNotZ 2014, 197 (212); → Art. 16). Geht man mit der hier vertretenen Auffassung davon aus, dass das Errichtungsstatut auch nachträglich isoliert geändert werden kann, folgt daraus nicht, dass eine solche Änderung einseitig möglich wäre. Man wird die Bindung im Ergebnis aus dem kollisionsrechtlichen Erbvertragsbegriff des Art. 25 EuErbVO ableiten können (MüKoBGB/*Dutta* EuErbVO Art. 25 Rn. 6; *Nordmeier* ZErb 2013, 112 (117 f.); *Soutier* ZEV 2015, 515 (517)). Wenn Art. 25 Abs. 3 eine erbvertragliche Rechtswahl des Errichtungsstatuts zulässt, muss diese auch bindend sein. Es ist daher nicht dem nationalen Recht überlassen, über die Widerruflichkeit der Rechtswahl frei zu entscheiden (aA Rauscher/*Hertel* EuErbVO Art. 25 Rn. 39 f.; BeckOGK-BGB/*J. Schmidt* EuErbVO Art. 25 Rn. 12). Gleichwohl können Art. 25 Abs. 3 nicht autonome Maßstäbe für die Aufhebung und Änderung der Rechtswahl des Errichtungsstatuts entnommen werden. Man wird der Lücke anhand der Vorschriften des Errichtungsstatuts zur Aufhebung und Änderung von Erbverträgen füllen müssen. Maßgeblich ist der Gedanke, dass die Rechtswahl selbst Teil des Erbvertrags ist und den sachrechtlichen Bindungswirkungen gleichgestellt sein muss. Ist also nach dem Sachrecht eine einseitige Widerruflichkeit von vertragsmäßigen Bestimmungen des Erbvertrags nicht möglich, gilt dies in gleicher Weise für die Rechtswahl des Errichtungsstatuts.

3. Keine Validierung durch Statutenwechsel

25 Ist ein **Erbvertrag nach** dem im Errichtungszeitpunkt unwandelbar feststehenden **Errichtungsstatut unwirksam,** stellt sich die Frage, ob ein später eintretender **Statutenwechsel** des Erbstatuts dann zu beachten wäre, wenn die Verfügung nach dem dann berufenen Recht wirksam wäre. Wie im Fall von Art. 24 **kann** ein Statutenwechsel einen **unwirksamen Erbvertrag nicht validieren.** Denkbar ist nur eine nachträgliche Wahl des Errichtungsstatuts, um eine ursprünglich unwirksame Verfügung zu validieren, → Rn. 14 und → EuErbVO Art. 24 Rn. 16.

IV. Erbverträge betreffend den Nachlass mehrerer Personen

26 **Betrifft der Erbvertrag den Nachlass mehrerer Erblasser,** greift die Sonderregelung des Abs. 2. Auch hier besteht eine Rechtswahlmöglichkeit nach Abs. 3.

1. Erbvertrag, der den Nachlass mehrerer Personen betrifft

27 Nicht geklärt ist zunächst die Frage, was ein **Erbvertrag** ist, **der den Nachlass mehrerer Personen betrifft.** Einigkeit besteht insoweit, dass mehrere Erblasser (→ Rn. 10 zum Begriff der Betroffenheit)

sich gegenüber anderen Personen rechtlich binden müssen (zum Begriff der Bindungswirkung → Rn. 3 f.). Der Wortlaut setzt dabei nicht voraus, dass die Bindung gegenüber einem anderem Erblasser bestehen muss, die Bindung also wechselseitig ist (MüKoBGB/*Dutta* EuErbVO Art. 25 Rn. 7). Allerdings könnte der Fall, dass mehrere Personen sich gegenüber Dritten binden, auch als eine Kombination zweier Erbverträge nach Art. 25 Abs. 1 aufgefasst werden, da in diesem Fall keine Erforderlichkeit der kumulativen Anwendung der Errichtungsstatute für die Zulässigkeit und eines einheitlichen Statuts für die materielle Wirksamkeit und die Bindungswirkung besteht (im Ergebnis *Döbereiner* MittBayNot 2013, 437 (442); Firsching/Graf/*Döbereiner* § 47 Rn. 59). Überzeugend erscheint insoweit ein differenzierender Ansatz (*Everts* NotBZ 2015, 3 (4)): Stehen und fallen die von den Erblassern mit den Dritten geschlossenen Verträge miteinander, handelt es sich um einen Gesamterbvertrag, der das Vermögen mehrerer Erblasser betrifft und unter Art. 25 Abs. 2 EuErbVO fällt. Sind die Verträge hingegen voneinander unabhängig, soll also der eine Vertrag auch ohne den anderen wirksam sein, handelt es sich bei den Verträgen nur in formeller, nicht hingegen in materieller Hinsicht um *einen* Erbvertrag. Es liegen mehrere Verträge vor, die jeweils unter Art. 25 Abs. 1 zu subsumieren sind. Nicht erfasst von Art. 25 Abs. 2 ist daher die bloße formale Kombination zweier Erbverträge in einer Urkunde, in der sich ein Erblasser jeweils gegenüber einem Dritten bindet, sofern die Verträge nicht miteinander stehen und fallen. Über die Qualifikation als gemeinsamer Erbvertrag oder als mehrere isolierte Erbverträge entscheidet das Statut der engsten Verbindung nach Art. 25 Abs. 2 UAbs. 2 oder des gewählten Rechts (aA *Döbereiner* MittBayNot 2013, 437 (442); MüKoBGB/*Dutta* EuErbVO Art. 25 Rn. 8 – Art. 25 Abs. 2 UAbs. 1). Als problematisch können sich in diesem Zusammenhang auch wechselseitge Erbverzichtsverträge erweisen, wenn die Vertragsparteien in unterschiedlichen Staaten ihren gewöhnlichen Aufenthalt haben. Im deutschen Recht ist jeder Erbverzichtsvertrag ein separates Rechtsgeschäft in Bezug auf den jeweiligen Erblasser. Da bei einem wechselseitigen Erbverzicht zwei verfügende Verträge vorliegen, könnte man in Bezug auf jeden Verzichtsvertrag Art. 25 Abs. 1 anwenden. Im Ergebnis wird man dem jedoch nicht zustimmen können. Denn die wechselseitigen Verzichte stehen und fallen nach dem Errichtungsstatut gem. Art. 25 Abs. 2 UAbs. 2 regelmäßig miteinander. Es liegt daher ein Erbvertrag vor, der unter Art. 25 Abs. 2 fällt (*Everts* NotBZ 2015, 3 (4); iE auch Firsching/Graf/*Döbereiner* § 47 Rn. 64).

2. Objektives Errichtungsstatut

Die **Zulässigkeit eines Erbvertrags,** der den Nachlass mehrerer Personen betrifft, unterstellt Art. 25 Abs. 2 UAbs. 1 kumulativ dem Errichtungsstatut (sog. hypothetischen Erbstatut) der beteiligten Erblasser. Nicht berücksichtigt wird das Errichtungsstatut derjenigen Beteiligten, die nicht ihre Rechtsnachfolge von Todes wegen in dem Erbvertrag regeln (Bonomi/Wautelet/*Bonomi* Art. 25 Rn. 28; *Nordmeier* ZErb 2013, 112 (113); BeckOGK/*J. Schmidt* EuErbVO Art. 25 Rn. 22). Zur Ermittlung des Errichtungsstatuts → Rn. 11 f. Nur wenn nach allen berufenen Rechten ein Erbvertrag zulässig ist, kann er wirksam abgeschlossen werden. Schließt jedenfalls eines der Rechte die Zulässigkeit aus, liegt kein wirksamer Erbvertrag vor, der den Nachlass mehrerer Personen betrifft. Die letztwilligen Verfügungen der Beteiligten können aber ggf. als letztwillige Verfügung oder Erbvertrag, der den Nachlass einer Person betrifft, nach den Art. 24, 25 Abs. 1, 3 wirksam sein. 28

Die **materielle Wirksamkeit und die Bindungswirkungen** unterliegen nach Art. 25 Abs. 2 UAbs. 2 einheitlich **dem Recht aus dem Kreis der** für die Zulässigkeit kumulativ berufenen hypothetischen **Errichtungsstatute,** zu dem die **engste Verbindung** besteht. Die Frage nach der engsten Verbindung stellt sich allerdings nur, wenn die hypothetischen Erbstatute beider Erblasser voneinander abweichen, die Erblasser also bspw. ihren gewöhnlichen Aufenthalt in unterschiedlichen Staaten und keine Rechtswahl getroffen haben. Dieses Verständnis von Art. 25 Abs. 2 UAbs. 2 ergibt sich bereits aus dem Wortlaut des Art. 25 Abs. 2 UAbs. 2 („unterliegen demjenigen unter den in Unterabsatz 1 genannten *Rechten*"). Bei der Ermittlung der engsten Verbindung sind alle Umstände des Einzelfalls zu berücksichtigen (BeckOGK/*J. Schmidt* EuErbVO Art. 25 Rn. 25). Entscheidend ist, dass die Verbindung zu allen beteiligten Erblassern besteht. Einzubeziehende Anknüpfungspunkte sind der gewöhnliche Aufenthalt, die Staatsangehörigkeit der beteiligten Erblasser, die Vertragssprache, Bezugnahmen auf eine bestimmte Rechtsordnung sowie die Belegenheit der betroffenen Nachlässe (zu möglichen Kriterien *Döbereiner* MittBayNot 2013, 437 (442); Bonomi/Wautelet/*Bonomi* Art. 25 Rn. 29 ff.; BeckOGK/*J. Schmidt* EuErbVO Art. 25 Rn. 28.1. f.). Dem Abschlussort des Erbvertrags wird man keine relevante Bedeutung zukommen lassen können, da dieser vom Zufall abhängen kann (MüKoBGB/*Dutta* EuErbVO Art. 25 Rn. 10 m. Fn. 10; aA Dutta/Herrler/*Bonomi/Öztürk,* Die Europäische Erbrechtsverordnung, 47 Rn. 76; Palandt/*Thorn* EuErbVO Art. 25 Rn. 6). Entscheidender Zeitpunkt für die Feststellung der engsten Verbindung ist der Abschluss des Erbvertrags (dazu → Rn. 12). Ein Renvoi findet nicht statt, da nur eine Auswahl unter den Errichtungsstatuten getroffen wird. 29

3. Rechtswahl des Errichtungsstatuts

30 Statt des objektiven Errichtungsstatuts steht den Parteien des Erbvertrags die Möglichkeit offen, das **Errichtungsstatut isoliert** zu **wählen,** Art. 25 Abs. 1, 3. Damit besteht die Möglichkeit, die von Art. 25 Abs. 2 UAbs. 1 und 2 vorgesehene Spaltung zu überwinden.

31 Zum **Kreis der wählbaren Rechte** verweist Art. 25 Abs. 3 auf Art. 22. Hierbei ist das Recht jedes Staats wählbar, dem einer der Personen angehört, dessen Nachlass von dem Erbvertrag betroffen ist. Damit wird der Kreis der wählbaren Rechte erweitert. Dies gilt jedoch nur für die Wahl des Errichtungsstatuts. Während für das Errichtungsstatut für einen der beteiligten Erblasser damit die Wahl des Rechts eines Staates möglich ist, dem nicht er, sondern nur einer der anderen beteiligten Erblasser angehört, gilt das nicht für die Wahl des Erbstatuts nach Art. 22 (MüKoBGB/*Dutta* EuErbVO Art. 25 Rn. 11).

32 Im Übrigen kann sinngemäß auf die Ausführungen zu Art. 24 Abs. 2 verwiesen werden, → EuErbVO Art. 24 Rn. 14 ff.

V. Änderung und Widerruf

33 **Änderung** und **Widerruf des Erbvertrags** sind **in Art. 25** anders als in Art. 24 **nicht gesondert angesprochen.** Vorgeschlagen wird einerseits, die in der Sache für Art. 24 geltende Regelung zu übertragen: Die Frage, ob der Erbvertrag durch letztwillige Verfügung abgeändert oder widerrufen werden kann, unterläge als Frage der Bindungswirkung dem nach Art. 25 Abs. 2 UAbs. 2 berufenen Recht. Die Wirksamkeit der Abänderung oder des Widerrufs durch letztwillige Verfügung selbst unterläge entsprechend Art. 24 Abs. 3 S. 1 dem für die Abänderung oder den Widerruf maßgeblichen Errichtungsstatut. Soweit das Errichtungsstatut des Erbvertrags nach Art. 25 Abs. 3 durch Rechtswahl bestimmt wurde, wäre entsprechend Art. 24 Abs. 3 S. 2 das gewählte Errichtungsstatut anzuwenden, → EuErbVO Art. 24 Rn. 25 (MüKoBGB/*Dutta* EuErbVO Art. 25 Rn. 12). Andererseits wird aus dem Fehlen einer dem Art. 24 Abs. 3 vergleichbaren Regelung und der bewussten Beschränkung des Art. 24 Abs. 3 auf Verfügungen von Todes wegen mit Ausnahme von Erbverträgen geschlossen, dass die Vorschrift nicht analog herangezogen werden kann. Dieser Ansicht ist zu folgen. Mangels Sonderregelung wie in Art. 24 Abs. 3 gilt für den Widerruf und die Abänderung allgemein das **Statut, dem auch die materielle Wirksamkeit und die Bindungswirkung des zu widerrufenden oder abzuändernden Erbvertrags unterliegen.** Damit kommt es im Fall einer Änderung zu einer Doppelprüfung: Die Aufhebung des ursprünglichen Erbvertrags unterliegt dem ursprünglichen Errichtungsstatut, das über materielle Wirksamkeit und Bindungswirkung entscheidet. Die Wirksamkeit der neuen Regelung ist nach ihrem eigenen Errichtungsstatut zu messen. Für die erleichterte Anwendung nur des neuen Errichtungsstatuts wie es in Art. 24 Abs. 3 S. 1 vorgesehen ist, besteht bei Erbverträgen kein Anlass, da sie sich gerade dadurch auszeichnen, dass ihnen – im Vergleich zu sonstigen Verfügungen von Todes wegen – eine erschwerte Lösbarkeit zukommt. Diese Bindungswirkung würde ausgehöhlt, wäre nur die generelle Änderbarkeit diesem Recht unterstellt und nicht auch die konkreten Bedingungen dafür (BeckOGK/*J. Schmidt* EuErbVO Art. 25 Rn. 11).

VI. Intertemporales Recht

34 Zum intertemporalen Recht siehe Art. 83 Abs. 3, → EuErbVO Art. 83 Rn. 21 ff., und Art. 83 Abs. 4, → EuErbVO Art. 83 Rn. 34 ff.

Artikel 26 Materielle Wirksamkeit einer Verfügung von Todes wegen

(1) **Zur materiellen Wirksamkeit im Sinne der Artikel 24 und 25 gehören:**

a) die Testierfähigkeit der Person, die die Verfügung von Todes wegen errichtet;
b) die besonderen Gründe, aufgrund deren die Person, die die Verfügung errichtet, nicht zugunsten bestimmter Personen verfügen darf oder aufgrund deren eine Person kein Nachlassvermögen vom Erblasser erhalten darf;
c) die Zulässigkeit der Stellvertretung bei der Errichtung einer Verfügung von Todes wegen;
d) die Auslegung der Verfügung;
e) Täuschung, Nötigung, Irrtum und alle sonstigen Fragen in Bezug auf Willensmängel oder Testierwillen der Person, die die Verfügung errichtet.

(2) **Hat eine Person nach dem nach Artikel 24 oder 25 anzuwendenden Recht die Testierfähigkeit erlangt, so beeinträchtigt ein späterer Wechsel des anzuwendenden Rechts nicht ihre Fähigkeit zur Änderung oder zum Widerruf der Verfügung.**

Übersicht

I. Allgemeines

Art. 26 Abs. 1 konkretisiert den in Art. 24 und 25 verwendeten Begriff der **materiellen Wirksamkeit** und soll so die Grundlage für seine einheitliche Auslegung und Anwendung schaffen (vgl. Erwägungsgrund 48 S. 2). Zugleich leistet die Vorschrift einen Beitrag zu der in Einzelheiten umstrittenen **Abgrenzung von Erbstatut und Errichtungsstatut** (→ EuErbVO Art. 23 Rn. 30 ff.). Art. 26 Abs. 2 enthält eine Sonderregelung für den Fall, dass der Erblasser infolge eines **Statutenwechsels** seine bereits ausgeübte Testierfähigkeit verliert, und steht daher in engem Zusammenhang mit Art. 26 Abs. 1 lit. a (Bonomi/Wautelet/*Bonomi* Art. 26 Rn. 3–14, diskutiert beide Regelungen denn auch im selben Kontext). 1

II. Begriff der materiellen Wirksamkeit

1. Ausdrücklich genannte Fragen der materiellen Wirksamkeit

a) lit. a: Testierfähigkeit (zur Entstehungsgeschichte BeckOGK/*J. Schmidt* EuErbVO Art. 26 Rn. 6). Testierfähigkeit ist die **Fähigkeit, eine Verfügung von Todes wegen zu errichten, abzuändern und zu widerrufen** (BeckOGK/*J. Schmidt* EuErbVO Art. 26 Rn. 7). Sie bildet damit einen Ausschnitt der Geschäfts- und Handlungsfähigkeit, die als solche vom Anwendungsbereich der EuErbVO ausgenommen ist (Art. 1 Abs. 2 lit. b, der den Vorbehalt zugunsten des Art. 26 ausdrücklich nennt). Die Zuweisung der Testierfähigkeit zum Errichtungsstatut macht ihre Bestimmung **unwandelbar,** sodass ein späterer Wechsel des gewöhnlichen Aufenthalts eine im Zeitpunkt der Errichtung vorliegende gegebene Testierfähigkeit nicht mehr nachträglich entfallen lassen kann (Bonomi/Wautelet/*Bonomi* Art. 26 Rn. 4 f.; entgegen dem, was *Swane,* Was sagt die neue EU-Erbrechtsverordnung zur Testierfähigkeit?, ErbR 2014, 117 (117), suggeriert, bedarf es hierfür nicht des Rekurses auf Art. 26 Abs. 2, dessen Anwendungsbereich ein anderer ist (→ Rn. 12)). Das Errichtungsstatut regelt die Testierfähigkeit in jeder Hinsicht, also unabhängig von der Ursache und der Dauerhaftigkeit eines etwaigen Verlusts (Bonomi/Wautelet/*Bonomi* Art. 26 Rn. 10). 2

Dem Verweis der lit. a betrifft nicht nur Testamente, sondern auch **andere Arten der Verfügung von Todes wegen** iSv Art. 3 Abs. 1 lit. d. Die Fähigkeit zum Abschluss eines **Erbvertrages oder Pflichtteilsverzichts** wird folglich ebenfalls vom Errichtungsstatut bestimmt, und zwar auch für solche Parteien, die selbst keine Verfügungen von Todes wegen treffen (MüKoBGB/*Dutta* EuErbVO Art. 26 Rn. 4; NK-BGB/*Looschelders* Art. 26 EuErbVO Rn. 5; Deixler-Hübner/Schauer/*Fischer-Czermak* Art. 26 EuErbVO Rn. 3; hingegen erachtet Bonomi/Wautelet/*Bonomi* Art. 26 Rn. 11, für die nicht verfügenden Parteien das allgemeine Geschäftsfähigkeitsstatut als maßgeblich). 3

Abzugrenzen sind die Regelungen zur Testierfähigkeit von Vorschriften, die, wie zB § 2247 Abs. 4 BGB oder § 569 ABGB, **den Gebrauch bestimmter Formen** der letztwilligen Verfügung **vom Alter oder anderen persönlichen Bedingungen des Erblassers abhängig machen.** Solche Regelungen sind dem nach Art. 27 bzw. Art. 75 iVm mit dem Haager Testamentsformübereinkommen zu ermittelnden Formstatut zugewiesen (vgl. Art. 27 Abs. 3; Erman/*Hohloch* EuErbVO Art. 26 Rn. 2; MüKoBGB/*Dutta* EuErbVO Art. 26 Rn. 5; NK-BGB/*Looschelders* Art. 26 EuErbVO Rn. 6; Bonomi/Wautelet/*Bonomi* Art. 26 Rn. 8; Deixler-Hübner/Schauer/*Fischer-Czermak* Art. 26 EuErbVO Rn. 4). Das Zusammenspiel von Errichtungsstatut und Formstatut kann in besonderen Fällen zur Wirksamkeit einer letztwilligen Verfügung führen, die bei jeweils alleiniger Anwendung von Errichtungsstatut und Formstatut unwirksam wäre (Beispiel bei Bonomi/Wautelet/*Bonomi* Art. 26 Rn. 9) 4

b) lit. b: Einsetzungs- und Erwerbsbeschränkungen. Die Privatautonomie des Erblassers kann dadurch beschränkt sein, dass ihm entweder verboten wird, bestimmte Personen durch letztwillige Verfügung zu bedenken, oder bestimmten Personen verboten wird, solche Zuwendungen zu empfangen. Heute nur noch selten anzutreffen sind Einsetzungsverbote, die ein moralisches Unwerturteil 5 zum Ausdruck bringen, wie zB die in Art. 2196 port. Código civil angeordnete Nichtigkeit einer Zuwendung zugunsten einer Person, mit welcher der verheiratete Testator Ehebruch begangen hatte. Stattdessen stehen Regelungen im Vordergrund, die den Testator vor unangemessener Beeinflussung durch bestimmte Funktionsträger schützen sollen. Ein Beispiel aus dem deutschen Recht ist das in §§ 7, 27 BeurkG geregelte Verbot, den beurkundenden Notar letztwillig zu bedenken (Erman/*Hohloch* EuErbVO Art. 26 Rn. 3; BeckOGK/*J. Schmidt* EuErbVO Art. 26 Rn. 14; für die Maßgeblichkeit des Erbstatuts dagegen Deixler-Hübner/Schauer/*Mankowski* Art. 23 EuErbVO Rn. 129), Beispiele aus dem ausländischen Recht sind Empfangsverbote für einen den Erblasser behandelnden Ärzte und einen ihm Beistand leistenden Geistlichen (zB Art. 909 Code civil; Art. 2194 port. Código civil; siehe auch Bonomi/Wautelet/*Bonomi* Art. 26 Rn. 15). Als Zuwendungsverbote iSd lit. b sind zudem die **landesrechtlichen Nachfolgeregelungen zu § 14 HeimG** zu qualifizieren, soweit sie als Testierverbote ausgelegt werden (Palandt/*Thorn* EuErbVO Art. 26 Rn. 1; *Herzog* ErbR 2013, 3 (7); MüKoBGB/*Dutta* EuErbVO Art. 26 Rn. 7). Konsequenterweise zu verneinen ist damit die Qualifikation dieser Regelungen als Eingriffsnormen iSd Art. 30, so dass allenfalls noch eine Korrektur über Art. 35 möglich ist (MüKoBGB/*Dutta* EuErbVO Art. 26 Rn. 7; Deixler-Hübner/Schauer/*Fischer-Czermak* Art. 26 EuErbVO Rn. 5; → EuErbVO Art. 30 Rn. 7; für die Behandlung als Eingriffsnormen, unter Hinweis auf die öffentliche Zwecksetzung (Schutz des Heimfriedens), hingegen *Kunz* GPR 2012, 253 (254 f.); Erman/*Hohloch* EuErbVO Art. 26 Rn. 3; *Heinig* RNotZ 2014, 197 (208); NK-Nachfolgerecht/*Köhler* Art. 26 EuErbVO Rn. 2; NK-BGB/*Looschelders* Art. 26 EuErbVO Rn. 9; Deixler-Hübner/Schauer/*Mankowski* Art. 1 EuErbVO Rn. 23; offen gelassen bei BeckOGK/*J. Schmidt* EuErbVO Art. 26 Rn. 15). Regelungen zur **Erbunwürdigkeit** sind keinesfalls Zuwendungsverbote iSd Art. 26 Abs. 1 lit. b, weil sie nach Art. 23 Abs. 2 lit. d ausdrücklich dem Erbstatut zugewiesen sind (BeckOGK/*J. Schmidt* EuErbVO Art. 26 Rn. 16).

6 **c) lit. c: Zulässigkeit der Stellvertretung.** Das Errichtungsstatut bestimmt, **ob und inwieweit eine letztwillige Verfügung durch einen Dritten errichtet werden darf.** Erfasst sind davon insbesondere Vorschriften, die, wie beispielsweise § 2064 BGB (Grundsatz der **formellen Höchstpersönlichkeit**), verhindern sollen, dass nicht der Wille des Erblassers, sondern der eines Dritten maßgeblich ist (BeckOGK/*J. Schmidt* EuErbVO Art. 26 Rn. 18). Kein Fall der lit. c sind hingegen Regelungen, welche die Inhaltsbestimmung durch Dritte zum Gegenstand haben (siehe zB § 2065 BGB, § 564 ABGB, Grundsatz der **materiellen Höchstpersönlichkeit**), da es hier nicht mehr um die Errichtung einer letztwilligen Verfügung geht (anders Erman/*Hohloch* EuErbVO Art. 26 Rn. 4). Da die Frage der Zulässigkeit solcher Delegationen der erblasserischen Privatautonomie sich dem Kontext des numerus clausus letztwilliger Anordnungen zurechnen lässt, sollte sie als **Teil des Erbstatuts** behandelt werden (→ EuErbVO Art. 23 Rn. 33).

7 **d) lit. d: Auslegung.** Lit. d ist insoweit ein **Fremdkörper** innerhalb des Art. 26 Abs. 1, als die Auslegung einer letztwilligen Verfügung grds. keine Frage ihrer Wirksamkeit, sondern ihres Inhalts ist (ähnlich MüKoBGB/*Dutta* EuErbVO Art. 26 Rn. 10; Deixler-Hübner/Schauer/*Fischer-Czermak* Art. 26 EuErbVO Rn. 9). Zwar dient es den Stabilitätsinteressen des Erblassers, die Auslegung unwandelbar dem zum Zeitpunkt der Errichtung maßgeblichen Erbstatut zu unterwerfen (MüKoBGB/*Dutta* EuErbVO Art. 26 Rn. 10). Doch ließen sich mit diesem Argument sämtliche Wirkungen eines Testaments dem Errichtungsstatut zuweisen, wovon der Verordnungsgeber gerade abgesehen hat (→ EuErbVO Art. 23 Rn. 30). Für die Zuweisung der Auslegung zum Errichtungsstatut, die ein Vorbild in vielen autonomen Rechten fand (Bonomi/Wautelet/*Bonomi* Art. 26 Rn. 17), spricht aber der häufig **enge Zusammenhang mit den in lit. e genannten Willensmängeln** (Deixler-Hübner/Schauer/*Fischer-Czermak* Art. 26 EuErbVO Rn. 9, 12). **Abzugrenzen** ist die Auslegung der letztwilligen Verfügung von der **Auslegung einer Rechtswahl,** → EuErbVO Art. 22 Rn. 19.

8 Der Verweis auf das Errichtungsstatut erfasst nicht nur die **allgemeinen Grundsätze für die Auslegung letztwilliger Verfügungen** (zB §§ 133, 2084 BGB), sondern auch **gesetzliche Zweifels- und Ergänzungsregeln,** wie sie das deutsche Recht in §§ 2066 ff. BGB vorsieht (Erman/*Hohloch* EuErbVO Art. 26 Rn. 5; MüKoBGB/*Dutta* EuErbVO Art. 26 Rn. 11; BeckOGK/*J. Schmidt* EuErbVO Art. 26 Rn. 21; Deixler-Hübner/Schauer/*Fischer-Czermak* Art. 26 EuErbVO Rn. 10; zu Recht gegen die unter früherem Recht praktizierte Differenzierung zwischen verschiedenen Aspekten der Auslegung NK-BGB/*Looschelders* Art. 26 EuErbVO Rn. 13; zur Frage einer Anwendung der lit. d auf die Fälle nachgeborener Kinder *de Barros Fritz,* Die Qualifikation erbrechtlicher Bestimmungen, die die Auswirkungen des Hinzukommens (übergangener) Kinder auf Testamente regeln, ZErb 2020, 358). Schließlich sind dem Erbstatut auch ungeschriebene Auslegungsregeln zugewiesen, etwa die zum **„Handeln unter falschem Recht“** entwickelten Grundsätze (→ EuErbVO Art. 23 Rn. 37). Einschränkungen der ergänzenden Auslegung, die der Wahrung von Formzwecken dienen (so wie bei der deutschen **Andeutungstheorie**), sind hingegen dem **Formstatut** zugewiesen (MüKoBGB/*Dutta* EuErbVO Art. 26 Rn. 11; NK-BGB/*Looschelders* Art. 26 EuErbVO Rn. 15; Deixler-Hübner/Schauer/*Fischer-Czermak* Art. 26 EuErbVO Rn. 10).

e) lit. e: Subjektiver Tatbestand und Willensmängel. Dem Errichtungsstatut unterliegt sodann auch der subjektive Tatbestand einer letztwilligen Verfügung, also zum einen die Frage, ob der letztwillig Verfügende überhaupt **Testierwillen** hatte (und nicht etwa bloß einen Entwurf verfassen wollte, BeckOGK/*J. Schmidt* EuErbVO Art. 26 Rn. 27 f.), und zum anderen die Frage, ob dieser Wille **fehlerfrei gebildet wurde.** Die ausdrückliche Nennung der unzulässigen Beeinflussung des Willens durch **Irrtum, Täuschung und Nötigung (Drohung)** ist **nicht abschließend** (NK-BGB/*Looschelders* Art. 26 EuErbVO Rn. 16), so dass zB auch Regeln über eine **unlautere Einflussnahme („undue influence")** über lit. e dem Errichtungsstatut zugewiesen sind (Bonomi/Wautelet/*Bonomi* Art. 26 Rn. 19; weitere Beispiele bei BeckOGK/*J. Schmidt* EuErbVO Art. 26 Rn. 27 f.). Dasselbe gilt für die Rechtsfolgen von Willensbeeinträchtigungen, also im Hinblick auf Nichtigkeit, Anfechtbarkeit, Fristen, etc. (Erman/*Hohloch* EuErbVO Art. 26 Rn. 7; MüKoBGB/*Dutta* EuErbVO Art. 26 Rn. 13). Im Hinblick auf Erbverträge iSd Art. 3 Abs. 1 lit. b weist lit. e dem Erbstatut schließlich auch die Frage zu, ob zwischen den Parteien ein **Konsens** erzielt wurde (BeckOGK/*J. Schmidt* EuErbVO Art. 26 Rn. 29). 9

2. Fragen der materiellen Wirksamkeit im Übrigen

Es ist umstritten, ob die Aufzählung des Art. 26 Abs. 1 abschließend oder nur beispielhaft ist. Als Argument zugunsten eines abschließenden Charakters wird zum einen der Wortlaut angeführt (im Unterschied zu Art. 23 ist der Aufzählung kein „insbesondere" vorangestellt), zum anderen auf den Zweck der einheitlichen Anwendung verwiesen (BeckOGK/*J. Schmidt* EuErbVO Art. 26 Rn. 1, 4; Deixler-Hübner/Schauer/*Fischer-Czermak* Art. 26 EuErbVO Rn. 1; Pamboukis/*Zoumpoulis* Art. 26 Rn. 2). **Vorzugswürdig** ist indessen die Ansicht, die Art. 26 Abs. 1 als **nicht abschließend betrachtet** (so MüKoBGB/*Dutta* EuErbVO Art. 26 Rn. 2; NK-NachfolgeR/*Köhler* Art. 26 Rn. 1; Bonomi/Wautelet/*Bonomi* Art. 26 Rn. 2; Palandt/*Thorn* EuErbVO Art. 26 Rn. 1; offen gelassen bei Erman/*Hohloch* EuErbVO Art. 26. EuErbVO Rn. 1). Denn nur so ist ein **kohärenter Umgang mit den verschiedenen Teilaspekten des Erbrechts** gewährleistet (Bonomi/Wautelet/*Bonomi* Art. 26 Rn. 2). Sind beispielsweise konkrete, womöglich moralisch fundierte Zuwendungsverbote durch Art. 26 Abs. 1 lit. b dem Errichtungsstatut zugewiesen, würde es willkürlich anmuten, die allgemeine Sittenwidrigkeitskontrolle als Frage des Erbstatuts zu betrachten. 10

Als Ausnahme vom Grundsatz der Nachlasseinheit (→ EuErbVO Art. 23 Rn. 1) und um das Ziel der einheitlichen Anwendung nicht zu gefährden (NK-BGB/*Looschelders* Art. 26 EuErbVO Rn. 2), ist bei der Anwendung von Art. 26 Abs. 1 auf ungeschriebene Fälle allerdings **Zurückhaltung geboten** (weniger Bedenken sieht sich eine weite Auslegung der geschriebenen Tatbestände ausgesetzt, siehe Deixler-Hübner/Schauer/*Fischer-Czermak* Art. 26 EuErbVO Rn. 1). Entsprechend den an anderer Stelle entwickelten **Grundsätzen zur Abgrenzung von Erbstatut und Errichtungsstatut,** die sich freilich **niemals ganz trennscharf** durchführen lässt (→ EuErbVO Art. 23 Rn. 32), sollte einer unsachgemäßen Zurückdrängung des Erbstatuts (diese berechtigte Sorge äußert Deixler-Hübner/Schauer/*Fischer-Czermak* Art. 26 EuErbVO Rn. 13) dadurch entgegengewirkt werden, dass dem Erbstatut in jedem Fall die Entscheidung über den **numerus clausus der zulässigen Arten letztwilliger Anordnungen** überlassen bleibt. Dem Errichtungsstatut kommt hingegen die Entscheidung über die **sonstigen materiellen Wirksamkeitsvoraussetzungen** zu, vorausgesetzt, sie sind erbrechtlich zu qualifizieren und nicht, wie zB beim Pflichtteilsrecht, ausdrücklich Teil des nach Art. 21, 22 zu bestimmenden Erbstatuts (MüKoBGB/*Dutta* EuErbVO Art. 26 Rn. 14; Erman/*Hohloch* EuErbVO Art. 26 Rn. 7 f.). Beispiele sind die Unwirksamkeit wegen Sittenwidrigkeit oder Gesetzesverstoß (→ EuErbVO Art. 23 Rn. 34). Im Fall, dass eine nach dem Errichtungsstatut unwirksame Verfügung nach dem Erbstatut wirksam wäre, stellt sich die Frage, ob sich das günstigere Recht iS eines „favor testamenti" durchsetzt. Dies dürfte jedoch zu verneinen sein, da der Verordnungsgeber mit der Maßgeblichkeit des Errichtungsstatuts das Ziel verfolgt hat, stabile Rechtslagen zu schaffen. Dies sollte für unwirksame Verfügungen genauso gelten wie für wirksame, zumal zB die Unwirksamkeit eines Widerrufs von Bedeutung für die Wirksamkeit einer früheren Verfügung sein kann. 11

III. Partielle Erhaltung ausgeübter Testierfähigkeit (Abs. 2)

Art. 26 Abs. 2 stellt eine **Sonderanknüpfung der Testierfähigkeit** für den Fall dar, dass der Testator eine wirksam errichtete letztwillige Verfügung nach Verlegung seines gewöhnlichen Aufenthalts widerrufen oder abändern will. In Ermangelung einer Rechtswahl nach Art. 24 Abs. 2, Abs. 3 S. 2 würde die Testierfähigkeit an sich allein dem neuen Errichtungsstatut unterliegen, also dem hypothetischen Erbstatut zur Zeit der Errichtung des Widerrufs bzw. der Änderung (Art. 26 Abs. 1 lit. a, Art. 24 Abs. 3 S. 1). Wäre der Erblasser danach testierunfähig, würde der Widerruf oder die Änderung scheitern, die wirksam errichtete Verfügung also unverändert bestehen bleiben. Um in dieser Situation zu verhindern, dass der Testator infolge des eingetretenen **Statutenwechsels** gegen seinen Willen an seine Verfügung gebunden bleibt, gestattet Art. 26 Abs. 2 es ihm, seine unter dem ersten Errichtungsstatut 12 gegebene und wirksam ausgeübte Testierfähigkeit **in das neue Errichtungsstatut „mitzunehmen"** (zur Ratio und Entstehung näher BeckOGK/*J. Schmidt* EuErbVO Art. 26 Rn. 31; praktische Anwendungsbeispiele sind in erster Linie Fälle mit minderjährigen Testatoren, siehe NK-BGB/*Looschelders* Art. 26 EuErbVO Rn. 19; Bonomi/Wautelet/*Bonomi* Art. 24 Rn. 12). Dass Art. 26 Abs. 2 auch auf Art. 25 verweist, ist allerdings ein **Redaktionsversehen,** da das Errichtungsstatut bei Erbverträgen in Ermangelung eines Gegenstücks zu Art. 24 Abs. 3 **ohnehin unwandelbar** ist und die Testierfähigkeit somit von vornherein perpetuiert wird (Bonomi/Wautelet/*Bonomi* Art. 24 Rn. 14; BeckOGK/*J. Schmidt* EuErbVO Art. 26 Rn. 34; NK-BGB/*Looschelders* Art. 26 EuErbVO Rn. 20; anders MüKoBGB/*Dutta* EuErbVO Art. 26 Rn. 18).

13 Die Testierfähigkeit wird, anders als unter früherem autonomem Recht (dazu NK-BGB/*Looschelders* Art. 26 EuErbVO Rn. 17), allerdings **nicht generell bewahrt,** sondern nur zu Zwecken des Widerrufs und der Abänderung einer bereits errichteten Verfügung (MüKoBGB/*Dutta* EuErbVO Art. 26 Rn. 19; Deixler-Hübner/Schauer/*Fischer-Czermak* Art. 26 EuErbVO Rn. 15; Bonomi/Wautelet/*Bonomi* Art. 24 Rn. 5, 13; für eine extensive Auslegung des Art. 26 Abs. 2 dagegen Palandt/*Thorn* Art. 26 EuErbVO Rn. 2, ablehnend NK-BGB/*Looschelders* Art. 26 EuErbVO Rn. 17). Nicht entscheidend ist, ob dem Erblasser nach dem neuen Errichtungsstatut die Testierfähigkeit generell fehlt oder er nur unter engeren Voraussetzungen als nach dem ursprünglichen Errichtungsstatut letztwillig verfügen kann (MüKoBGB/*Dutta* EuErbVO Art. 26 Rn. 18; Deixler-Hübner/Schauer/*Fischer-Czermak* Art. 26 EuErbVO Rn. 14, die als Beispiel die besonderen Formerfordernisse des § 569 ABGB nennt). **Keinen Schutz** bietet Art. 26 Abs. 2 gegen einen Verlust der Testierfähigkeit **aufgrund tatsächlicher Veränderungen,** etwa dem Verlust der Zurechnungsfähigkeit (MüKoBGB/*Dutta* EuErbVO Art. 26 Rn. 18; BeckOGK/*J. Schmidt* EuErbVO Art. 26 Rn. 33; Deixler-Hübner/Schauer/*Fischer-Czermak* Art. 26 EuErbVO Rn. 14). Wären nach dem ersten Errichtungsstatut die Voraussetzungen der Testierfähigkeit allerdings weiterhin erfüllt, ist dies über Art. 26 Abs. 2 zu beachten, weil dann der Verlust der Testierfähigkeit erneut Folge des Statutenwechsels ist (iE auch NK-BGB/*Looschelders* Art. 26 EuErbVO Rn. 20).

14 Die in Art. 26 Abs. 2 vorgesehene Sonderanknüpfung ist **alternativer Art,** verbietet also nicht, die Testierfähigkeit hinsichtlich des Widerrufs oder der Abänderung nach dem neuen Errichtungsstatut festzustellen. Praktikabler wird es freilich meist sein, die Testierfähigkeit nach dem ersten Errichtungsstatut zu bestimmen, da dies ohnehin nötig sein wird, um die wirksame Errichtung der letztwilligen Verfügung festzustellen. Für eine Berufung auf Art. 26 Abs. 2 ist dann nicht erforderlich, zunächst das Fehlen der Testierfähigkeit nach dem neuen Errichtungsstatut festzustellen.

Artikel 27 Formgültigkeit einer schriftlichen Verfügung von Todes wegen

(1) [1] **Eine schriftliche Verfügung von Todes wegen ist hinsichtlich ihrer Form wirksam, wenn diese:**

a) dem Recht des Staates entspricht, in dem die Verfügung errichtet oder der Erbvertrag geschlossen wurde,
b) dem Recht eines Staates entspricht, dem der Erblasser oder mindestens eine der Personen, deren Rechtsnachfolge von Todes wegen durch einen Erbvertrag betroffen ist, entweder im Zeitpunkt der Errichtung der Verfügung bzw. des Abschlusses des Erbvertrags oder im Zeitpunkt des Todes angehörte,
c) dem Recht eines Staates entspricht, in dem der Erblasser oder mindestens eine der Personen, deren Rechtsnachfolge von Todes wegen durch einen Erbvertrag betroffen ist, entweder im Zeitpunkt der Errichtung der Verfügung oder des Abschlusses des Erbvertrags oder im Zeitpunkt des Todes den Wohnsitz hatte,
d) dem Recht des Staates entspricht, in dem der Erblasser oder mindestens eine der Personen, deren Rechtsnachfolge von Todes wegen durch einen Erbvertrag betroffen ist, entweder im Zeitpunkt der Errichtung der Verfügung oder des Abschlusses des Erbvertrags oder gewöhnlichen Aufenthalt hatte, oder
e) dem Recht des Staates entspricht, in dem sich unbewegliches Vermögen befindet, soweit es sich um dieses handelt.

[2] **Ob der Erblasser oder eine der Personen, deren Rechtsnachfolge von Todes wegen durch einen Erbvertrag betroffen ist, in einem bestimmten Staat ihren Wohnsitz hatte, regelt das in diesem Staat geltende Recht.**

(2) [1] **Absatz 1 ist auch auf Verfügungen von Todes wegen anzuwenden, durch die eine frühere Verfügung geändert oder widerrufen wird.** [2] **Die Änderung oder der Widerruf ist hinsichtlich ihrer Form auch dann gültig, wenn sie den Formerfordernissen einer der Rechtsordnungen entsprechen, nach denen die geänderte oder widerrufene Verfügung von Todes wegen nach Absatz 1 gültig war.**

(3) [1] **Für die Zwecke dieses Artikels werden Rechtsvorschriften, welche die für Verfügungen von Todes wegen zugelassenen Formen mit Beziehung auf das Alter, die Staatsangehörigkeit oder andere persönliche Eigenschaften des Erblassers oder der Personen, deren Rechtsnachfolge von Todes wegen durch einen Erbvertrag betroffen ist, beschränken, als zur Form gehörend angesehen.** [2] **Das Gleiche gilt für Eigenschaften, welche die für die Gültigkeit einer Verfügung von Todes wegen erforderlichen Zeugen besitzen müssen.**

Haager Übereinkommen über das auf die Form letztwilliger Verfügungen anzuwendende Recht vom 5.10.1961 (BGBl. 1965 II 1145)

Artikel 1

(1) Eine letztwillige Verfügung ist hinsichtlich ihrer Form gültig, wenn diese dem innerstaatlichen Recht entspricht:

a) des Ortes, an dem der Erblasser letztwillig verfügt hat, oder
b) eines Staates, dessen Staatsangehörigkeit der Erblasser im Zeitpunkt, in dem er letztwillig verfügt hat, oder im Zeitpunkt seines Todes besessen hat, oder
c) eines Ortes, an dem der Erblasser im Zeitpunkt, in dem er letztwillig verfügt hat, oder im Zeitpunkt seines Todes seinen Wohnsitz gehabt hat, oder
d) des Ortes, an dem der Erblasser im Zeitpunkt, in dem er letztwillig verfügt hat, oder im Zeitpunkt seines Todes seinen gewöhnlichen Aufenthalt gehabt hat, oder
e) soweit es sich um unbewegliches Vermögen handelt, des Ortes, an dem sich dieses befindet.

(2) Ist die Rechtsordnung, die auf Grund der Staatsangehörigkeit anzuwenden ist, nicht vereinheitlicht, so wird für den Bereich dieses Übereinkommens das anzuwendende Recht durch die innerhalb dieser Rechtsordnung geltenden Vorschriften, mangels solcher Vorschriften durch die engste Bindung bestimmt, die der Erblasser zu einer der Teilrechtsordnungen gehabt hat, aus denen sich die Rechtsordnung zusammensetzt.

(3) Die Frage, ob der Erblasser an einem bestimmten Ort einen Wohnsitz gehabt hat, wird durch das an diesem Ort geltende Recht geregelt.

Artikel 2

(1) Artikel 1 ist auch auf letztwillige Verfügungen anzuwenden, durch die eine frühere letztwillige Verfügung widerrufen wird.

(2) Der Widerruf ist hinsichtlich seiner Form auch dann gültig, wenn diese einer der Rechtsordnungen entspricht, nach denen die widerrufene letztwillige Verfügung gemäß Artikel 1 gültig gewesen ist.

Artikel 3

Dieses Übereinkommen berührt bestehende oder künftige Vorschriften der Vertragsstaaten nicht, wodurch letztwillige Verfügungen anerkannt werden, die der Form nach entsprechend einer in den vorangehenden Artikeln nicht vorgesehenen Rechtsordnung errichtet worden sind.

Artikel 4

Dieses Übereinkommen ist auch auf die Form letztwilliger Verfügungen anzuwenden, die zwei oder mehrere Personen in derselben Urkunde errichtet haben.

Artikel 5

Für den Bereich dieses Übereinkommens werden die Vorschriften, welche die für letztwillige Verfügungen zugelassenen Formen mit Beziehung auf das Alter, die Staatsangehörigkeit oder andere persönliche Eigenschaften des Erblassers beschränken, als zur Form gehörend angesehen. Das gleiche gilt für Eigenschaften, welche die für die Gültigkeit einer letztwilligen Verfügung erforderlichen Zeugen besitzen müssen.

Artikel 6

Die Anwendung der in diesem Übereinkommen aufgestellten Regeln über das anzuwendende Recht hängt nicht von der Gegenseitigkeit ab. Das Übereinkommen ist auch dann anzuwenden, wenn die Beteiligten nicht Staatsangehörige eines Vertragsstaates sind oder das auf Grund der vorangehenden Artikel anzuwendende Recht nicht das eines Vertragsstaates ist.

Artikel 7

Die Anwendung eines durch dieses Übereinkommen für maßgebend erklärten Rechtes darf nur abgelehnt werden, wenn sie mit der öffentlichen Ordnung offensichtlich unvereinbar ist.

Artikel 8

Dieses Übereinkommen ist in allen Fällen anzuwenden, in denen der Erblasser nach dem Inkrafttreten des Übereinkommens gestorben ist.

Artikel 9

Jeder Vertragsstaat kann sich, abweichend von Artikel 1 Abs. 3, das Recht vorbehalten, den Ort, an dem der Erblasser seinen Wohnsitz gehabt hat, nach dem am Gerichtsort geltenden Recht zu bestimmen.

Artikel 10

Jeder Vertragsstaat kann sich das Recht vorbehalten, letztwillige Verfügungen nicht anzuerkennen, die einer seiner Staatsangehörigen, der keine andere Staatsangehörigkeit besaß, ausgenommen den Fall außergewöhnlicher Umstände, in mündlicher Form errichtet hat.

Artikel 11

(1) Jeder Vertragsstaat kann sich das Recht vorbehalten, bestimmte Formen im Ausland errichteter letztwilliger Verfügungen auf Grund der einschlägigen Vorschriften seines Rechtes nicht anzuerkennen, wenn sämtliche der folgenden Voraussetzungen erfüllt sind:

a) Die letztwillige Verfügung ist hinsichtlich ihrer Form nur nach einem Recht gültig, das ausschließlich auf Grund des Ortes anzuwenden ist, an dem der Erblasser sie errichtet hat,
b) der Erblasser war Staatsangehöriger des Staates, der den Vorbehalt erklärt hat,
c) der Erblasser hatte in diesem Staat einen Wohnsitz oder seinen gewöhnlichen Aufenthalt und
d) der Erblasser ist in einem anderen Staate gestorben als in dem, wo er letztwillig verfügt hatte.

(2) Dieser Vorbehalt ist nur für das Vermögen wirksam, das sich in dem Staate befindet, der den Vorbehalt erklärt hat.

Artikel 12

Jeder Vertragsstaat kann sich das Recht vorbehalten, die Anwendung dieses Übereinkommens auf Anordnungen in einer letztwilligen Verfügung auszuschließen, die nach seinem Rechte nicht erbrechtlicher Art sind.

Artikel 13

Jeder Vertragsstaat kann sich, abweichend von Artikel 8, das Recht vorbehalten, dieses Übereinkommen nur auf letztwillige Verfügungen anzuwenden, die nach dessen Inkrafttreten errichtet worden sind.

Literatur: *Batiffol,* Rapport Explicative, in: Conférence de la Haye de Droit International Privé, Actes et Documents de la Neuvième Session, Tome III: Forme des Testaments, 1961, S. 159; *Beitzke,* Erbstatut bei Immobilien, Formgültigkeit von Testamenten, ZfRVgl 1977, 136; *Droz,* Les nouvelles règles de conflit françaises en matière de forme des testaments, Revue critique de droit international privé 1968, 1; *Ferid,* Die 9. Haager Konferenz, RabelsZ 27 (1962/1963) 410; *Paintner,* Die Entwicklung des Testamentsrechts im nordischen Rechtskreis, ZfRV 2013, 40; *Reid/de Waal/* Zimmermann (Hrsg.), Comparative Succession Law Vol. I. Testamentary Formalities, 2011; M. Requejo Isidro, A propos de „le déclin des problèmes internationaux de forme des testaments" – Observaciones para un reglamento comunitario, Dereito 2007, 396; *von Schack,* Das Haager Übereinkommen über das auf die Form letztwilliger Verfügungen anzuwendende Recht, DNotZ 1966, 131; *Scheucher,* Das Haager Testamentsabkommen, ZfRVgl 1964, 216 und 1965, 85; *Süß,* Der unnichtige Erbvertrag nach der Europäischen Erbrechtsverordnung, ZErb 2014, 225.

Übersicht

I. Vorbemerkungen zum Haager Übereinkommen über das auf die Form letztwilliger Verfügungen anwendbare Recht vom 5. Oktober 1961

Die Haager Konferenz hatte schon im Jahre 1893 begonnen, einheitliche Kollisionsnormen für das Erbrecht zu entwerfen. Diese Versuche blieben allerdings lange Zeit erfolglos. Nachdem diese Arbeiten gescheitert waren, wagte man erst ab 1956 wieder einen Vorstoß, dieses Mal aber mit einem auf die Rechtsanwendung in Bezug auf die Testamentsform beschränkten Abkommens (ausführlich *Volken,* in FS von Overbeck, 1990, S. 575 ff.). Angesichts der besonderen Vielfalt der Rechtsordnungen bei den Anforderungen an eine formwirksame Errichtung eines Testaments kam man schon relativ bald zu der Erkenntnis, dass hier eine über die allgemeine Regelung *„locus regit actum"* hinausgehende großzügigere Anknüpfung des Formstatuts erforderlich sei, um einen kollisionsrechtlichen *favor testamenti* zu erreichen. Das Problem bestehe nämlich gerade nicht darin, einen aus Nachlässigkeit in Formfragen nicht ausreichend informierten oder bei der Errichtung der Verfügung nachlässig verfahrenden Testator zu schützen, sondern darin, ihn vor einem Handeln unter falschem Recht zu bewahren, also den Fall, dass er seine Testament unter genauer Beachtung der Regeln eines bestimmten Rechts errichtet, dieses Recht aber von dem mit dem Nachlass befassten Gericht nach seinem Tode auf die Formwirksamkeit des Testament nicht anzuwenden ist bzw. aufgrund einer Änderung der für die Anknüpfung maßgeblicheren Umstände nach Errichtung des Testaments nicht mehr anzuwenden ist (vgl. *Schack* DNotZ 1966, 132). 1

Das Haager Testamentsformübereinkommen vom 5.10.1961 (HTestformÜ) enthält in Art. 1 Abs. 1 insgesamt acht verschiedene Anknüpfungspunkte, die die Wirksamkeit des Testaments begünstigen sollen. Nach Art. 3 HTestformÜ steht zudem den Vertragsstaaten die Möglichkeit offen, durch nationale Vorschriften zusätzliche Anknüpfungen vorzusehen. Der deutsche Gesetzgeber hatte hiervon in Art. 26 Abs. 1 Ziff. 5 EGBGB Gebrauch gemacht. Dort wurde der Strauß der anwendbaren Rechtsordnungen um das Errichtungsstatut ergänzt. Diese Ergänzung freilich wird als nationale (autonome) Vorschrift auf dem Gebiet des Erbkollisionsrechts durch die EuErbVO ersatzlos verdrängt. Art. 27 EuErbVO enthält hier keine entsprechende Erweiterung der Anknüpfung. Auch wenn der deutsche Gesetzgeber im Rahmen des Ausführungsgesetzes zur EuErbVO die Verweisung auf das auf die Rechtsnachfolge von Todes wegen anzuwendende Recht oder des Rechts, das im Zeitpunkt der Verfügung anzuwenden wäre in Art. 26 Abs. 1 S. 1 EGBGB erneut aufgenommen hat, so wird auch diese Regelung wegen der abschließenden Regelung des Formstatuts durch das HTestformÜ und Art. 27 EuErbVO nicht mehr angewandt werden können. Allenfalls für eine vor dem 17. August 2015 errichtete Verfügung könnte man über die Übergangsregelung in Art. 83 Abs. 3 EuErbVO auf Art. 26 Abs. 1 Nr. 5 EGBGB aF zurückzugreifen, um einen Verlust der Formwirksamkeit der Verfügung im Wege der Anwendbarkeit der EuErbVO zu vermeiden (dazu unten → EGBGB Art. 26 Rn. 15). 2

Art. 4 HTestformÜ sieht die Anwendbarkeit der in Art. 1 HTestformÜ enthaltenen Kollisionsnormen auch auf die Form letztwilliger Verfügungen vor, die zwei oder mehrere Personen in derselben Urkunde errichtet haben. Es handelt sich hierbei um die **gemeinschaftlichen Testamente** im „objektiven Sinne" Art. 4 HTestformÜ stellt eine Kompromissformel dar, die sich daraus ergab, dass die Qualifikation der Frage, ob mehrere Personen in einer Urkunde gemeinschaftlich testieren können, schon damals umstritten war. So wurde von den Schweizer Delegation gefordert, auch die Möglichkeit des Testierens in derselben Urkunde dem gem. Art. 1 HTestformÜ ermittelten Formstatut zu unterstellen. Dagegen sei die Zulässigkeit korrespektiver Verfügungen dem auf die materiellen Wirksamkeitsvoraussetzungen anwendbaren Recht zu unterstellen (Actes et documents de la neuvième session Tome III, 41). Der italienische Delegierte dagegen beharrte darauf, dass es sich nach Ansicht einiger Rechtsordnungen bei der Frage der Wirksamkeit des gemeinschaftlichen Testaments um eine Frage des Inhalts 3 der Verfügung handele (Actes et documents de la neuvième session Tome III, 82) *(question de fond)*. Die gefundene Formel sollte den Richtern der einzelnen Staaten bei Qualifikation als Formfrage die Möglichkeit offen halten, neben den formellen Anforderungen an die Errichtung des gemeinschaftlichen Testaments auch die Zulässigkeit der gemeinschaftlichen Errichtung als Formfrage dem nach Art. 1 HTestformÜ bestimmten Recht zu unterstellen.

4 Dabei wurde aber mehrheitlich abgelehnt, eine einheitliche Form für sämtliche in einem gemeinschaftlichen Testament getroffene Verfügungen festzulegen. Vielmehr sollen die Verfügungen jedes Testierenden gesondert nach dem jeweils für ihn bestimmten Formstatut beurteilt werden (distributive Anknüpfung), so dass es zu dem Ergebnis kommen kann, dass in einem gemeinschaftlichen Testament, das gleichzeitig am selben Ort errichtet wurde die Verfügungen des einen formwirksam sind, die des anderen nicht (so auch Staudinger/*Dörner* Vorbem zu Art. 25 EGBGB Rn. 76).

5 Das Haager Testamentsformübereinkommen ist – soweit der Gerichtsstaat nicht den Vorbehalt gem. Art. 13 HTestformÜ eingelegt hat – gem. Art. 8 HTestformÜ in allen Fällen anzuwenden, in denen der Erblasser nach seinem Inkrafttreten (für die Bundesrepublik Deutschland: am 1.1.1966, vgl. BGBl. 1966 II 11, für die damalige DDR am 21.9.1974 (BGBl. 1974 II 1461)) verstorben ist. Es gilt daher quasi vorwirkend auch für vor seinem Inkrafttreten errichtete Testamente („unechte Rückwirkung").

6 Der Erfolg des Haager Übereinkommens kann nicht überschätzt werden. Bis heute haben 43 Staaten das Abkommen ratifiziert. Darunter befinden sich nicht nur 15 Mitgliedstaaten der EU, sondern auch zahlreiche außereuropäische Staaten. Schon allein aus diesem Grunde kann man das Übereinkommen als eines der erfolgreichsten Haager Übereinkommen überhaupt bezeichnen (*von Bar* IPR II, Rn. 393). Darüber hinaus sind die Kollisionsregeln des HÜ in die autonomen Kollisionsrechtsgesetzen zahlreicher weiterer Staaten, die das Abkommen nicht ratifiziert haben, entweder vollständig übernommen worden oder zumindest zu einem erheblichen Teil eingegangen (so zB in Art. 48 des italienischen Gesetzes über die Reform des IPR vom 31. Mai 1995 und in Art. 77 Abs. 2 des am 1.1.2014 in Kraft getretenen Tschechischen IPR vom 25.1.2012). Letztlich trifft dies auch auf Art. 27 EuErbVO zu. Die in diesem Übereinkommen entwickelte Technik der alternativen Anknüpfung findet international immer weitere Rezeption (vgl. zB auch Art. 32 des Rechtsanwendungsgesetzes der VR China vom 1.11.2010). Die Regeln des Haager Testamentformübereinkommens stellten daher bei Erlass der EuErbVO zumindest im gesamten Europa Teil eines kollisionsrechtlichen *common core* dar. Letztlich zeigt sich die über die internationale Verbreitung hinausgehende inhaltliche Autorität des Übereinkommens auch daran, dass Art. 27 EuErbVO die Regeln des Übereinkommens nicht nur übernimmt, sondern den Anwendungsbereich der Anknüpfungsregeln über den Anwendungsbereich des Haager Testamentformübereinkommens – in rechtspolitisch fragwürdiger Weise (→ Rn. 76 ff.) – hinaus auf Erbverträge ausdehnt.

7 **Beitrittsstaaten zum Haager Testamentsformübereinkommen:** Aktuell ist das Haager Testamentsformübereinkommen für folgende 13 Mitgliedstaaten iSd EuErbVO in Kraft (jeweils mit dem Tag des Inkrafttretens): Belgien (19.12.1971); Deutschland (1.1.1966); Estland (12.7.1998); Finnland (23.8.1976); Frankreich (19.11.1967); Griechenland (2.8.1983); Kroatien (8.10.1991); Niederlande (1.8.1982); Österreich (5.1.1964); Polen (2.11.1969); Schweden (7.9.1976); Slowenien (25.6.1991); Spanien (10.6.1988).

8 Das Abkommen gilt auch für die zwei EU-Mitgliedstaaten, für welche die EuErbVO nicht in Kraft getreten ist: Dänemark (19.9.1976); Irland (2.10.1967).

9 Außerhalb der EU gilt das Haager Testamentsformübereinkommen für folgende Staaten: Albanien (24.12.2013); Antigua und Barbuda (1.11.1981); Armenien (30.4.2007); Australien (21.11.1986); Bosnien und Herzegowina (6.3.1992); Botswana (17.1.1969); Brunei Darussalam (9.7.1988); China (nur die Sonderverwaltungszone Hongkong); Fidschi (10.10.1970); Grenada (7.2.1974); Israel (10.1.1978); Japan (2.8.1964); ehemaliges Jugoslawien (5.1.1964); Lesotho (4.10.1966); Luxemburg (5.2.1979); Mauritius (12.3.1968); Moldawien (10.10.2011); Montenegro (3.6.2006); Nordmazedonien (17.9.1991); Norwegen (1.1.1973); Schweiz (17.10.1971); Serbien (27.4.1992); Südafrika (4.12.1970); Swaziland (22.1.1971); Tonga (4.6.1970); Türkei (22.10.1983); Ukraine (14.5.2011); Vereinigtes Königreich (1.5.1964). Die Fortgeltung für den Kosovo ist fraglich.

II. Vorbemerkungen zu Art. 27 EuErbVO

10 Der Vorschlag zur Erbrechtsverordnung vom November 2009 enthielt noch keine Vorschrift zu dem auf die Formwirksamkeit der Verfügungen anwendbaren Recht. Diese für die Praxis bei der Behandlung von Erbfällen sehr wichtige „Teilfrage" war also ausgeklammert worden. Hintergrund war offenbar der Umstand, dass eine Mehrheit der Mitgliedstaaten das Haager Testamentsformübereinkommen bereits ratifiziert hatte (vgl. die Übersicht oben) und man eine Kollision der Regeln der EuErbVO mit dem Übereinkommen vermeiden wollte. Folge der Nichtregelung freilich wäre gewesen, dass zum einen in den Mitgliedstaaten, die das Haager Testamentsformübereinkommen nicht ratifiziert haben, die Testamentsform möglicherweise vollständig ungeregelt geblieben wäre und damit wohl ausschließlich die vom Errichtungsstatut vorgesehenen Formerfordernisse gegolten hätten. Zum anderen hätten sich auf-

grund des Umstandes, dass das Haager Testamentsformübereinkommen die Formwirksamkeit ausschließlich von einseitigen und mehrseitigen Testamenten, nicht aber von Erbverträgen regelt, aber auch in den Staaten, die das Haager Testamentsformübereinkommen ratifiziert haben Probleme hinsichtlich der Behandlung der Formwirksamkeit der Erbverträge und anderer Vereinbarungen erbrechtlicher Art, die von der EuErbVO erfasst werden, ergeben hätten. Insbesondere wäre dann fraglich gewesen, ob die „Lücke" in der Regelung der EuErbVO dann unter Rückgriff auf nationale Kollisionsnormen zur Form von Rechtsgeschäften (mit uU divergierenden Ergebnissen) hätte gefüllt werden dürfen. Diese gesetzgeberische Zurückhaltung und die dadurch gerissene Regelungslücke wurde in der Literatur daher einhellig kritisiert (*Dörner* ZEV 2010, 223; *Süß* ZErb 2009, 345; MPI RabelsZ 74 (2010) 620).

Die in der Erbrechtsverordnung eingesetzte Strategie versucht, allen drei Gesichtspunkten Rechnung zu tragen: Art. 75 Abs. 1 UA 2 EuErbVO bestimmt ausdrücklich den Vorrang des Haager Testamentsformübereinkommen für die Staaten, für die das Haager Testamentsformübereinkommen verbindlich ist. Auf diese Weise wird eine Kollision der EuErbVO mit dem Haager Testamentsformübereinkommen für die dem Haager Testamentsformübereinkommen beigetretenen Mitgliedstaaten vermieden. Für die übrigen Mitgliedstaaten hat der Verordnungsgesetzgeber die Kollisionsnormen des Haager Testamentsformübereinkommens in Art. 27 EuErbVO übernommen. Sie gelten für diese Staaten also als europäisches Verordnungsrecht. Was schließlich die Formwirksamkeit sonstiger Verfügungen von Todes wegen angeht, die keine Testamente i. S. v. Art. 1 und 4 HTestformÜ sind, so werden in Art. 27 EuErbVO die dort „hineinkopierten" (inkorporierten) Kollisionsnormen des Haager Testamentsformübereinkommen in ihrem sachlichen Anwendungsbereich auf diese Verfügungen erstreckt. Dies entspricht einer zB auch in zahlreichen europäischen Staaten (vgl. Art. 90 Abs. 2 f. bulgarisches IPRG 2005; Art. 26 Abs. 4 EGBGB a. F., und Art. 83 Abs. 2 belgischer CODIP; Art. 77 Abs. 3 Tschech IPR v. 25.1.2012; Art. 93 Abs. 2 Schweizer IPRG) verbreiteten und bewährten Praxis. 11

III. Von der Regelung erfasste Verfügungen

1. Testamente und Kodizille

Art. 1 HTestformÜ bezieht sich auf „letztwillige Verfügungen (*„dispositions testamentaires"*). Damit sollen alle frei widerruflichen Verfügungen von Todes wegen erfasst werden. Das gilt sowohl für die **Testamente** als auch für die in einigen Rechtsordnungen verbreiteten **Kodizille,** also widerrufliche Verfügungen von Todes wegen einfacherer Art, in denen keine Erbeinsetzung angeordnet werden kann (vgl. zB Art. 4:97 niederländisches B. W., Art. 421-20 katalanischer codi civil) (vgl. *Ferid* RabelsZ 27, 422). Kommt auf die Formwirksamkeit eines Kodizills das Recht eines Staates zur Anwendung, der nur Testamente, nicht aber Kodizille kennt, so könnte man an einen Fall der Formenleere denken. ME ist aber zu bedenken, dass das Kodizill letztlich einen „Ausschnitt" aus dem Testament darstellt und die Rechtsordnungen, die das Kodizill regeln für deren Errichtung sogar Formerleichterungen vorsehen. Daher dürfte die Einhaltung der für das Testament vorgesehenen Formerfordernisse für ein Kodizill jedenfalls ausreichend sein. 12

Umgekehrt dürfte aber auch dann, wenn das Errichtungsstatut die Differenzierung zwischen Testament und Kodizill nicht kennt, ein Testament dann nach den Regeln des für Kodizille geltenden Formstatuts formwirksam sein, wenn es ausschließlich solche Verfügungen enthält, die nach dem Formstatut den Inhalt eines Kodizill bilden würden. 13

2. Gemeinschaftliches Testamente

Aus Art. 4 HTestformÜ ergibt sich, dass die von zwei oder mehr Personen in derselben Urkunde errichteten Verfügungen, also die sog. **gemeinschaftlichen Testamente** vom Haager Testamentsformübereinkommen erfasst werden. Dies gilt gleichermaßen für Art. 27 EuErbVO, da gem. Art. 3 Abs. 1 lit. d EuErbVO auch das gemeinschaftliche Testament als „Verfügung von Todes wegen" zu behandeln ist und sich der Anwendungsbereich des Art. 27 EuErbVO auf sämtliche Arten von „schriftlichen Verfügungen von Todes wegen" erstreckt. Durch die in Art. 4 Haager Testamentsformübereinkommen sowie die in Art. 3 Abs. 1 lit. c EuErbVO enthaltenen Definition werden die sog. *testamenta simultanea* erfasst, also ausschließlich die Fälle der äußeren Urkundseinheit (gemeinschaftliches Testament iSd objektiven Theorie nach der Rechtsprechung der deutschen Gerichte). Zu der umstrittenen Frage, ob die Zulässigkeit der gemeinschaftlichen Errichtung (also die äußere Verbindung der Verfügungen mehrere Personen in einer einzigen Urkunde) sich ebenfalls nach dem Formstatut beurteilt → Rn. 115. 14

Völlig unbedeutend ist aber für die Frage der Form, ob ein gemeinschaftliches Testament nach der subjektiven Theorie vorliegt, also ob **gegenseitige oder wechselbezügliche Verfügungen** iSv §§ 2270 f. BGB vorliegen. Für die Frage, ob Gegenseitigkeit und Wechselbezüglichkeit vorliegt, gilt das für die Wirkungen gem. Art. 24 Abs. 1, 2 EuErbVO bestimmte Errichtungsstatut. Erst recht dem Formstatut entzogen ist die Bindungswirkung, die sich gem. Art. 24 Abs. 3 EuErbVO ebenfalls aus dem 15

Errichtungsstatut ergeben (→ Art. 24 Rn. 6, 23 – bzw. bei Qualifikation des gemeinschaftlichen Testaments als Erbvertrag (→ Art. 25 Rn. 3) – aus Art. 25 Abs. 1, 2 S. 2 EuErbVO).

3. Mündlich errichtete Testamente

16 Eine Sonderregelung ergibt sich für mündlich errichtete Testamente. Art. 10 HTestformÜ enthält eine Vorbehaltsklausel, wonach jeder Staat sich bei Zeichnung vorbehalten kann, dass er keine testamentarischen Verfügungen anerkennt, die in mündlicher Form vorgenommen worden sind. Dies ist allerdings auf die Angehörigen dieses Staates beschränkt. Des Weiteren werden nicht solche Fälle erfasst, in denen die Verfügung unter außergewöhnlichen Umständen verfasst wurde. Hierbei soll an die sogenannten Nottestamente von Militärangehörigen im Fall eines Feldzugs, oder im Fall von Epidemien oder Flutkatastrophen gedacht werden (*Batiffol,* Bericht Anm. XXXI). Diese Klausel war auf ausdrücklichen Wunsch der jugoslawischen Delegation schon in den Vorentwurf zum Haager Testamentsformübereinkommen eingefügt worden. Die Möglichkeit zum Vorbehalt wurde später von Albanien, Armenien, Belgien, Estland, Frankreich, Luxemburg, Moldawien, den Niederlanden, Südafrika, der Schweiz, Tonga, der Türkei, dem Vereinigten Königreich und der Ukraine genutzt. Die SFR Jugoslawien, auf deren Forderung die Zulassung des Vorbehalts zurückging, hat dagegen von dieser Möglichkeit später keinen Gebrauch mehr gemacht (BGBl. 1966 II 11). Daher gilt heute für die aus der SFR Jugoslawien hervorgegangenen Staaten, die im Wege der Rechtsnachfolge das Übereinkommen übernommen haben (insbesondere also die EU-Mitgliedstaaten Kroatien und Slowenien), das Übereinkommen ohne Vorbehalt.

17 Von den am Haager Testamentsformübereinkommen beteiligten Staaten ließ ursprünglich allein das österreichische Recht die mündliche Errichtung eines Testaments in Gegenwart von drei Zeugen als ordentliche Testamentsform zu. Die einschlägige Vorschrift in § 585 ABGB ist in der Zwischenzeit aufgehoben worden und daher allenfalls noch für Altfälle von Bedeutung.

18 Art. 27 Abs. 1 EuErbVO beschränkt die dort geregelten enthaltenen Anknüpfungen auf eine „schriftliche Verfügung“. Um hier eine Regelungslücke zu vermeiden, nimmt Art. 1 Abs. 2 lit. f EuErbVO die Formgültigkeit mündlicher Verfügungen von Todes wegen ausdrücklich vom Anwendungsbereich der Erbrechtsverordnung insgesamt aus. Für die kollisionsrechtliche Behandlung dieser Frage ist mithin zwischen drei Gruppen von Staaten zu unterscheiden:

- In den Staaten, die das Haager Testamentsformübereinkommen ratifiziert haben, ohne den Vorbehalt nach Art. 10 HTestformÜ einzulegen (also zB Deutschland, Österreich und Polen), gilt der weite Blütenstrauß der Anknüpfungen aus Art. 1 HTestformÜ gem. Art. 75 Abs. 1 EuErbVO auch für die mündlichen Verfügungen.
- In den Staaten, die das Haager Testamentsformübereinkommen nicht ratifiziert haben (also zB Italien, Portugal, Tschechien, Zypern) gilt das autonome IPR. Der Regelungsvorrang der EuErbVO kommt hier nicht zum Zuge, denn diese Teilfrage ist gem. Art. 1 Abs. 2 lit. f EuErbVO vom Anwendungsbereich der EuErbVO ausdrücklich ausgenommen, so dass eine offene Regelungslücke besteht. Insoweit kommt es also darauf an, ob das nationale IPR dieser Mitgliedstaaten für diesen Fall die entsprechenden, teilweise dem Haager Testamentsformübereinkommen entlehnten, Kollisionsnormen (zB Art. 48 ital. IPR-Reformgesetz; Art. 77 Abs. 3 Tschech IPR vom 25.1.2012) nach dem Anwendungsstichtag für die EuErbVO beibehalten haben. Sollten sie diese im Rahmen der Umsetzung der Erbrechtsverordnung aufgehoben haben, so gilt dann ggf. die allgemeine Formkollisionsnorm (vgl. Übersicht bei Staudinger/Winkler von Mohrenfels, Anhang zu Art. 11 EGBGB).
- In den Mitgliedstaaten, die das Haager Testamentsformübereinkommen unter dem Vorbehalt des Art. 10 HTestformÜ ratifiziert haben, ist weiterhin nach der Staatsangehörigkeit des Erblassers zu differenzieren:
  a) Sollte der Erblasser Angehöriger eines anderen Staates sein, oder handelt es sich um einen eigenen Staatsangehörigen, der neben dieser Staatsangehörigkeit einem weiteren Staat angehört, so gilt Art. 1 HTestformÜ.
  b) Sollte der Erblasser dagegen ausschließlich die Staatsangehörigkeit dieses Mitgliedstaates gehabt haben, so gilt das autonome Kollisionsrecht dieses Mitgliedstaates für die Frage, nach welchem Recht sich die Wirksamkeit der mündlichen Verfügung beurteilt.

19 Damit ergibt sich folgende Prüfungsreihenfolge:

- Ist der entsprechende Staat dem HTestFormÜ nicht beigetreten, so gilt dessen autonomes Kollisionsrecht. Sollte dieser für diesen Zweck nicht die nationalen Kollisionsnormen zur Testamentsform beibehalten haben, so findet ggf. eine allgemeine Formvorschrift (also vergleichbar Art. 11 EGBGB) Anwendung.
- Ist der Gerichtsstaat dem HTestFormÜ beigetreten und hat dieser den Vorbehalt gem. Art. 10 HTestformÜ nicht eingelegt, so gelten die Vorschriften des HTestFormÜ für das mündliche Testament, und zwar sowohl, wenn dies in der mündlichen Form als Nottestament errichtet wurde als auch in dem Fall der Errichtung als mündliches Testament in ordentlicher Form.

– Ist der Heimatstaat des Testators dem HTestFormÜ beigetreten und hat dieser den Vorbehalt gem. Art. 10 HTestformÜ eingelegt, so gelten aus dessen Sicht die Vorschriften des HTestFormÜ für das mündliche Testament immer dann, wenn dieses in der mündlichen Form als Nottestament errichtet wurde. Sollte es als ordentliches Testament in der mündlichen Form errichtet worden sein (also zB in der Form des Dreizeugentestaments nach dem zwischenzeitlich aufgehobenen österreichischen § 585 ABGB bzw. der entsprechenden Vorschrift des liechtensteinischen ABGB), so kann der Heimatstaat insoweit von der Anwendung des Haager Testamentsformübereinkommen absehen das nach den autonomen Kollisionsnormen bestimmte Formstatut anwenden.

4. Widerruf von Testamenten

Der Widerruf durch eine Handlung, die keine erneute Verfügung von Todes wegen darstellt, wird vom Wortlaut des Art. 1 oder Art. 2 HTestformÜ nicht erfasst. Die Kommission der Haager Konferenz hat sich insoweit nicht darüber einigen können, ob zB auch die physische Zerstörung des Testaments oder die Rücknahme eines Testaments aus der Verwahrung, insbesondere sog. Verschlossener Testamente von den Formvorschrift erfasst sein solle (*Batiffol,* Rapport Rn. XIX), Man hat sich daher dafür entschlossen, diese Frage nicht ausdrücklich in den Anwendungsbereich des Abkommens aufzunehmen. Im Ergebnis sollte aber nach Absicht der Kommission die Befugnis der Abkommensstaaten unberührt bleiben, die Regelung in Art. 2 HTestformÜ auf die Formwirksamkeit der entsprechenden Erklärung oder Maßnahme anzuwenden. Damit ergeben sich folgende Varianten: **20**

– Da es sich letztlich um die Frage handelt, auf welche Art und Weise der Wille des Testators zum Widerruf eines bereits errichteten Testament nach außen zum Ausdruck gebracht und dokumentiert werden kann, handelt es sich insoweit mE um eine Frage der Form. Damit gilt das gem. Art. 1 HTestformÜ bestimmte Recht.
– Wird dagegen dieser Tatbestand nicht als eine Frage der Form, sondern als Frage der materiellen Wirksamkeit behandelt, so gilt hierfür das Errichtungsstatut der widerrufenen Verfügung (also zB das gem. Art. 24 Abs. 1 EuErbVO bestimmte Recht).
– Sieht man hierin zwar eine Frage der Form, nicht aber eine „disposition testamentaire" iSv Art. 1 HTestformÜ, so muss man auf das entsprechende nationale Recht zurückgreifen (in Deutschland also zB vor Inkrafttreten der EuErbVO auf Art. 11 EGBGB).

Auf jeden Fall keine Frage der Form sondern eine Frage der materiellen Wirksamkeit der Verfügung ist die zB in den *common law*-Staaten verbreitete Regelung, wonach ein Testament kraft Gesetzes als widerrufen gilt, wenn der Erblasser nach Errichtung der Verfügung geheiratet hat, die Ehe des Erblassers mit der begünstigten Person geschieden wurde oder wenn ihm (weitere) Kinder geboren werden. Hier beruht die kraft Gesetzes eintretende Unwirksamkeit des Testaments nicht auf einer entsprechenden Willenserklärung des Erblassers, sondern auf der Unterstellung, dass er diese zwar nicht abgegeben hat, aber wohl abgegeben hätte, wenn man ihn daran erinnert hätte. **21**

Art. 27 Abs. 2 EuErbVO sieht eine Art. 2 HTestformÜ entsprechende Regelung vor. Nachdem die EuErbVO das nationale Erbkollisionsrecht vollständig ersetzt, kann die Qualifikation von Handlungen, die zur physischen Zerstörung eines Testaments führen, nicht dem nationalen IPR überlassen werden. Vielmehr muss hier dann eine autonome einheitliche Lösung auf Ebene der EuErbVO gefunden werden. Sollte sich dabei ergeben, dass als „Änderung oder Widerruf" i. S. v. Art. 27 Abs. 2 S. 2 EuErbVO auch solche Handlungen zu verstehen sind, die keine „Verfügung von Todes wegen" i. S. v. Art. 27 Abs. 1 und Abs. 2 S. 1 EuErbVO darstellen, so kann der Widerruf durch tatsächliche Handlung auch in den Staaten, die das HTestFormÜ ratifiziert haben unter Art. 27 Abs. 2 EuErbVO fallen. **22**

5. Rechtswahlerklärungen

Die Wahl eines Rechts gem. Art. 22, 24 Abs. 2, oder Art. 25 Abs. 3 muss in einer ausdrücklichen Erklärung erfolgen, die die Form einer Verfügung von Todes wegen einhält oder sich aus einer entsprechenden Verfügung ergeben. Im zweiten Fall muss eine wirksame Verfügung von Todes wegen vorliegen. Das setzt voraus, dass diese Erklärung die materiellen Anforderungen des Errichtungsstatuts und in formeller Hinsicht die Anforderungen einer der in Art. 27 Abs. 1 EuErbVO aufgezählten Rechtsordnungen einhält. Im ersten Fall könnte man aus der Regelung entnehmen, dass die Rechtswahlklausel von den Autoren der EuErbVO nicht als Verfügung von Todes wegen angesehen wurde. Das ist aber nicht zwingend. Die formellen Anforderungen an die Wirksamkeit einer Rechtswahl sollten offenbar in der Verordnung nicht unmittelbar sachrechtlich geregelt werden, sondern im Wege einer Verweisung. **23**

Eine Verweisung auf die Formvorschriften für erbrechtliche Rechtswahlerklärungen des nationalen Rechts der Mitgliedstaaten wäre nicht zielführend gewesen, denn diese Regeln sind durch die EuErbVO vollständig ersetzt worden. Auch könnte eine entsprechende Verweisung zur Unmöglichkeit der formgerechten Rechtswahl führen, wenn sämtliche in Art. 27 Abs. 1 vorgesehenen Anknüpfungen zu einer Rechtsordnung führen, die eine Rechtswahl auf dem Gebiet des Erbrechts nicht kennen. Insoweit **24** ist es daher erforderlich, die Verweisung auf die materiellen Vorschriften zur Formwirksamkeit von Verfügungen von Todes wegen im Allgemeinen zu beziehen.

6. Erbverträge

25 Das Haager Testamentsformübereinkommen gilt für Erbverträge nicht. Insoweit ergibt sich aus dem Abkommen keine Anknüpfung. Vielmehr verbleibt es bei der Maßgeblichkeit des autonomen IPR.

26 Art. 27 Abs. 1 EuErbVO erstreckt die Geltung der aus dem Haager Testamentsformübereinkommen entnommenen Anknüpfungen auch auf die Erbverträge. Dies entspricht der autonomen gesetzlichen Regelung des IPR in zahlreichen Ländern vor dem Inkraftsetzen der EuErbVO (vgl. zB Art. 83 Abs. 2 belg. CODIP; Art. 26 Abs. 4 EGBGB; Art. 93 Abs. 2 Schweiz. IPRG; § 9 Abs. 2 finn. Erb-IPR). Allerdings wird in Art. 27 Abs. 1 lit. b – d die Alternativität der personenbezogenen Anknüpfungen dahingehend ausgeweitet, dass die auf Seiten eines einzigen Beteiligten verwirklichten Anknüpfungen auch für alle formelle Wirksamkeit der Verfügungen durch alle anderen Beteiligten gelten (dazu unten Rn. 76 ff.).

7. Testamentarische Verfügungen ohne erbrechtlichen Inhalt

27 Testamente können in zahlreichen Rechten auch familienrechtliche Rechtsgeschäfte enthalten (zB die Bestimmung eines Vormunds, die Anerkennung der Vaterschaft für nichtehelich geborene Kinder etc.). Die Wirksamkeit und die Wirkungen dieser Anordnungen unterliegen dann selbstverständlich nicht dem Erbstatut, sondern dem nach den hierfür maßgeblichen familienrechtlichen Kollisionsnormen bestimmten Recht (also zB dem gem. Art. 15 ff. KSÜ bestimmten Vormundschaftsstatut bzw. dem gem. Art. 19 EGBGB ermittelten Abstammungsstatut). Aus diesem folgt dann wiederum, ob die Anordnung in testamentarischer Form erfolgen kann oder muss. Ist dies der Fall, so handelt es sich bei der formellen Wirksamkeit des Testaments um eine Vorfrage zu der familienrechtlichen Hauptfrage. Hier ergibt sich aus dem gem. Art. 1 HTestformÜ bestimmten Recht, ob die testamentarische Form gewahrt ist.

28 Der auf Betreiben der jugoslawischen Delegation aufgenommene Art. 12 HTestformÜ ermöglicht den Beitrittsstaaten einen Vorbehalt dahingehend, das Haager Testamentsformübereinkommen auf Anordnungen in einer letztwilligen Verfügung, die nach dem Recht dieses Beitrittsstaates nicht erbrechtlicher Art sind, nicht anzuwenden (dazu *Ferid* RabelsZ 27, 423). Von diesem Vorbehalt haben Luxemburg, Österreich, Polen und die Türkei Gebrauch gemacht. Aus Sicht dieser Staaten kommt daher auch dann, wenn das Testament nach der Regelung des Haager Testamentsformübereinkommen formwirksam ist, für die Formwirksamkeit der familienrechtlichen Anordnungen die allgemeine Kollisionsnorm zur Formwirksamkeit von Willenserklärungen (regelmäßig die Alternativität von Ortsrecht und Geschäftsrecht) des nationalen IPR zum Zuge.

29 **Art. 27 EuErbVO** enthält zu diesen Anordnungen nicht erbrechtlichen Gehalts keinerlei Regelung. Das bedeutet m. E. nicht, dass hier die Kollisionsnormen so gelten, als ob die Mitgliedstaaten das Haager Testamentsformübereinkommen ratifiziert hätten, ohne den Vorbehalt gem. Art. 12 HTestformÜ einzulegen. Aus Art. 1 Abs. 1 S. 1, Abs. 2 lit. a EuErbVO ergibt sich vielmehr, dass die EuErbVO für solche Rechtsgeschäfte nicht gilt – unabhängig davon, ob diese in dem äußeren Zusammenhang mit einem Testament getroffen werden oder nicht. Art. 27 EuErbVO kommt daher erst dann zum Zuge, wenn nach den familienrechtlichen Kollisionsnormen des betreffenden Mitgliedstaates (bzw. dem KSÜ) das für die Formwirksamkeit der Anordnung maßgebliche Recht (Vorfrage) nach den für das Testament maßgeblichen Kollisionsnormen zu bestimmen ist.

IV. Die Anknüpfungspunkte

1. Der Errichtungsort

30 **a) Anknüpfung nach dem Haager Testamentsformübereinkommen.** Der historisch bedeutendste und in der Praxis wichtigste Anknüpfungspunkt ist der Ort der Errichtung des Testaments.

31 Die Bestimmung des Errichtungsortes dürfte in den meisten Fällen einfach sein. Eine besondere persönliche Verbindung des Testators mit dem Errichtungsort, insbesondere eine Mindestaufenthaltsdauer oder anderes ist nicht erforderlich. Es genügt also zB ein wenige Stunden dauernder Ausflug aus dem oberbayerischen Grenzland nach Österreich (vgl. LG München I ZEV 1999, 489). Nicht nur im Gesellschaftsrecht sind die Fälle des „Beurkundungstourismus“ verbreitet, in denen die Beteiligten zur Erlangung niedrigerer Beurkundungsgebühren sich zur Durchführung der Beurkundung in einen anderen Staat begeben und nach Abschluss der Beurkundung diesen umgehend wieder verlassen.

32 **Beispiel:** Beispielsweise wäre an Niederländer zu denken, die nach Köln reisen, um dort ein Testament in holographer Form zu errichten und so die nach niederländischem Recht zwingend vorgesehene notarielle Form (dazu *Süß,* NK-BGB V: Erbrecht, Länderbericht Niederlande Rn. 37) zu umgehen. Stuttgarter Schwaben fahren auf ihrer Reise in die Toskana einen Umweg über Zug, um dort einen von ihrem heimischen Rechtsanwalt entworfenen Ehe- und Erbvertrag samt Vorsorge- und Patientenverfügung zum vorab vereinbarten Festpreis beurkunden zu lassen.

Eine unzulässige Rechtsumgehung liegt hierin nicht. Diese Einschätzung würde dem mit der alternativen Anknüpfung verfolgten Ziel widersprechen, die Errichtung von Testamenten im internationalen Rechtsverkehr zu erleichtern. Daher ist die Anwendbarkeit des Ortsrechts auch in den Fällen zu akzeptieren, in denen der Testator zu diesem Recht keine persönliche Beziehung hatte (Erman/Stürmer § 1 TestFÜbK Rn. 2; von Bar/Mankowski IPR II § 5 Rn. 518) oder gar die Reise ausschließlich zu dem Zweck vorgenommen hat, eine ihm bequeme, kostengünstigere oder diskretere Form (Vermeidung der Registrierung des Testaments) der Verfügung zu erschleichen. Bei für den Erblasser ungewöhnlicher Form des Testaments (also zB Errichtung durch mündliche Erklärung vor Zeugen nach dem vormaligen österreichischen Recht) besteht allerdings möglicherweise Anlass zu einer Prüfung, ob hier tatsächlich ein *animus testandi* vorlag oder ob nicht der Testator der Meinung war, lediglich einen Entwurf abzugeben oder eine rechtlich unverbindliche Testierabsicht zu äußern. 33

In einigen Fällen kann die Auslegung des Begriffes des Errichtungsortes rechtliche Schwierigkeiten bereiten: Wird ein Testament vollständig an einem einzigen Ort niedergeschrieben und unterzeichnet und werden auch alle weiteren Erfordernisse für die wirksame Errichtung nach dem Recht dieses Ortes in diesem Staat erfüllt, so ist unproblematisch dieser Staat Errichtungsort. Erstreckt sich der Vorgang der Errichtung über verschiedene Länder, so kommt es darauf an, wo der letzte Akt der Errichtung erfolgt, also der Entwurf nach dem jeweils maßgeblichen Ortsrecht zum Testament wird (Staudinger/*Firsching* EGBGB Vorbem. zu Art. 24–26 Rn. 434). Dabei ergibt sich dann auch aus dem Ortsrecht, ob das Testament mit der Vornahme einer bestimmten Handlung wirksam wird oder nicht. Nachdem die Voraussetzungen in den einzelnen Ländern unterschiedlich sind, kann es bei gestreckten Tatbeständen zu einer Pluralität von Errichtungsorten kommen: 34

Beispiel: Man stelle sich einen niederländischen Handlungsreisenden vor, der nach seinem niederländischen Heimat-, Wohnsitz- und Aufenthaltsrecht ein Testament ausschließlich in notarieller Form errichten kann. Verfasst dieser im Flugzeug auf der Reise nach Frankfurt ein eigenhändiges Testament, welches er im Hotel in Sachsenhausen unterschreibt, so ist hierfür das deutsche Recht Ortsform und das Testament gem. § 2247 BGB formwirksam. Fügt der Testator auf der nächsten Station in Thessaloniki auch Ort und Tag der Errichtung hinzu, so wird dieses Testament nach § 1721 griech. ZGB, welcher diese Angaben für die eigenhändige Errichtung zwingend verlangt, wirksam. Erklärt er anschließend in Limassol vor zwei Zeugen, dass es sich bei diesem Dokument um seinen letzten Willen handele und bittet er sie darum, dieses auf der Urkunde zu bestätigen, so ist das Testament mit Unterschrift der Zeugen unter dem Testament auch nach der auf Zypern geltenden Ortsform als Zweizeugentestament wirksam zustande gekommen. Gibt er schließlich auf der letzten Station seiner Reise in Avignon das nun in einem Umschlag verschlossene Testament vor einem dortigen *notaire* in Verwahrung, so ist dieses auch als *testament mystique* nach dem französischen Recht wirksam zustande gekommen. Nach dem im Haager Testamentsformübereinkommen geltenden Prinzip der alternativen Anknüpfung dürften alle diese vier Orte gleichberechtigt als Errichtungsorte berücksichtigt werden, das Testament also nach allen vier Rechtsordnungen gleichermaßen formwirksam sein.

Bei derartigen Konstellationen stellt sich die Frage, ob der Testator jedes Mal schon die Absicht hatte, das Testament abzuschließen oder ob er nicht noch in der Ansicht handelte, dass es sich um einen Entwurf handele, der für die Fertigstellung als rechtswirksames Testament weiterer Handlungen bedürfe. Maßgeblich für die Abgrenzung von Entwurf und wirksamer Verfügung ist dann neben dem objektiven Element der Einhaltung der Formerfordernisse auf subjektiver Ebene der *animus testandi*. Dieser freilich ist nicht nach dem Formstatut, sondern nach dem Erbstatut bzw. dem Errichtungsstatut zu ermitteln (Staudinger/*Firsching* EGBGB Vorbem. zu Art. 24–26 Rn. 424). 35

Beispiel: Bei geänderter Reiseroute kann die Testamentserrichtung aber auch scheitern: Unterschreibt er den eigenhändigen Entwurf auf der ersten Station in London, zieht er in Hamburg die beiden Zeugen hinzu, ergänzt er in Österreich Errichtungsort und Errichtungszeit und -ort und gibt er alles auf seiner letzten Station in Stockholm beim *notarius publicus* in Verwahrung, so hat er weder in England noch in Deutschland, Österreich oder Schweden ein Testament in der dort geltenden Ortsform errichtet. Allenfalls könnte man in Betracht ziehen, die Ergänzung des Testaments um die nach dem österreichischen Ortsrecht nicht erforderlichen Angaben als Neuvornahme zu qualifizieren. Das freilich wäre dann nach dem österreichischen Ortsrecht zu beurteilen.

In prozessualer Hinsicht ergibt sich ggf. das tatsächliche Problem, ob das Testament am angegebenen Ort wirklich errichtet wurde. So könnte ein in Arnheim lebender Niederländer, der sich die Gebühren für die (nach niederländischem Recht zwingende) notarielle Beurkundung wie auch für die Zugfahrt nach Deutschland dadurch ersparen wollen, dass er das Testament nach den Regeln der § 2247 BGB als Eigenhändiges errichtet und trotz Errichtung zu Hause in Arnheim als Errichtungsort „Kleve" angibt. Die Angabe des Ortes im Testament begründet nach Bonomi – vorbehaltlich eines Gegenbeweises – einen Anscheinsbeweis dahingehend, dass das Testament auch an diesem Ort errichtet wurde (*Bonomi,* Commentaire Art. 27 Rn. 21). Hierbei handelt es sich aber um eine beweisrechtliche Frage, die nicht europaweit einheitlich beantwortet werden kann. Maßgeblich für Beweisfragen ist grundsätzlich das Verfahrensrecht der *lex fori*. Allenfalls über die Frage, wen die Beweislast für die Formwirksamkeit des Testaments trifft, entscheidet das Geschäftsstatut (vgl. nur Staudinger/*Winkler von Mohrenfels* EGBGB Art. 11), also im konkreten Fall das HTestFormÜ bzw. die EuErbVO. 36

Gerade bei der Errichtung von Testamenten in öffentlicher Form kommt es aufgrund dieser Anknüpfung zu einer dreifachen Erleichterung: Zum einen werden bei der Beurkundung neben der Identität des Erklärenden auch Ort und Zeitpunkt der Errichtung des Testaments festgestellt. Diese Feststellung genießt 37 gem. § 437 Abs. 1 ZPO den Anscheinsbeweis der Richtigkeit. Insoweit entfällt regelmäßig das Erfordernis, Ort und Zeit nachträglich zu ermitteln bzw. diesbezügliche Angaben des Erblassers im Testament auf ihre Richtigkeit zu überprüfen. Zum zweiten hat die Beurkundung durch einen öffentlichen Amtsträger, der nach dem Recht des entsprechenden ausländischen Staates dazu ausgebildet und bestellt wurde, die Errichtung von Testamente mit der in der vom Recht dieses Staates vorgesehenen öffentlichen Form zu versehen, wegen des hier eintretenden Gleichlaufs von formellem Beurkundungsrecht und materiellem Formstatut den Anschein für sich, dass hierbei nicht nur die vom Beurkundungsrecht dieses ausländischen Staates vorgesehenen verfahrensrechtlichen Erfordernisse eingehalten worden sind, sondern auch die vom materiellen Erbrecht dieses Staates vorgesehenen Erfordernisse an die formgerechte Errichtung eines Testaments. Zum dritten vermeidet der Gleichlauf von Formstatut und Beurkundungsrecht kollisionsrechtliche Zuordnungs- und Qualifikationsprobleme, wie zB bei der Zuordnung von einzelnen Rechtsfragen bzw. Erfordernissen im Grenzbereich zwischen materiellem Recht und Beurkundungsrecht, oder die bekannten Substitutionsprobleme, die auftreten, wenn ein vom inländischen Recht aufgestelltes Beurkundungserfordernis durch einen ausländischen Notar erfüllt werden soll.

38 **b) Besonderheiten in der Erbrechtsverordnung.** Art. 1 lit. a HTestformÜ verweist unmittelbar auf das Recht des Ortes, an dem das Testament errichtet wurde. In einem Staat mit interlokaler Rechtsspaltung (Spanien, USA, Zypern, Vereinigtes Königreich) ist daher unmittelbar das Recht der Gebietseinheit anwendbar, in der die Errichtung stattgefunden hat (also bei Errichtung in Barcelona zB das katalanische Recht, bei Errichtung in Famagusta das in Nordzypern geltende Rechtssystem und bei Errichtung in Glasgow das schottische Recht). Art. 27 Abs. 1 lit. a EuErbVO dagegen verweist auf das Recht des Staates, in dem die Verfügung errichtet oder der Erbvertrag geschlossen wurde. Für die Ermittlung der einschlägigen Teilrechtsordnung wiederum ist gem. Art. 36 Abs. 1 EuErbVO vorrangig nach den interlokalen Kollisionsregeln dieses Staates zu verfahren. Erst wenn es solche Regeln nicht gibt, kann gem. Art. 36 Abs. 2 lit. c. EuErbVO unmittelbar auf das Recht des Gebietes zugegriffen werden, in dem sich der entsprechende Anknüpfungspunkt – hier also der Errichtungsort – befindet. Bei Errichtung des Testaments in Barcelona wäre dagegen gem. Art. 36 Abs. 1 EuErbVO das spanische nationale Interlokale Privatrecht daraufhin zu befragen, ob katalanisches oder gemeinspanisches Recht gilt.

2. Die Staatsangehörigkeit

39 **a) Bestimmung der maßgeblichen Staatsangehörigkeit.** Die für die Anknüpfung maßgebliche Staatsangehörigkeit bestimmt sich – allgemeinen Grundsätzen entsprechend – nach dem (öffentlichen) Recht jeweils des Staates, zu dem die Zugehörigkeit geltend gemacht wird.

40 War der Erblasser **Doppel- oder Mehrstaater,** so ist nicht vorab eine maßgebliche Staatsangehörigkeit zu ermitteln (wie zB nach Art. 5 Abs. 1 EGBGB). Vielmehr entspricht es im Rahmen des Haager Testamentsformübereinkommens dem Sinn der alternativen Anknüpfung, den Kreis der anwendbaren Rechte nicht durch Auswahl einer bestimmten und dem Ausschluss aller weiteren (ggf. auch der vom Testator seinerzeit als maßgeblich angesehenen Staatsangehörigkeit) zu reduzieren. Vielmehr sind hier sämtliche Staatsangehörigkeiten gleichberechtigt nebeneinander zur Anknüpfung zuzulassen (Staudinger/*Firsching* Rn. 425; *Ferid* RabelsZ 27 (1962/1963) 421; Staudinger/*Dörner* Vorbem zu Art. 25 f. EGBGB Rn. 49). Mehrfache Staatsangehörigkeit führt also (wie mehrfacher Wohnsitz, s. Rn. 56) zur Erweiterung der Zahl der anwendbaren Rechtsordnungen.

41 Im Rahmen von Art. 27 Abs. 1 lit. b EuErbVO wird dieser Ergebnis noch dadurch unterstützt, dass die Präferenz einer bestimmten Staatsangehörigkeit bei der Anwendung der Rechtsakte der EU ohnehin regelmäßig ausgeschlossen ist und von der Gleichwertigkeit sämtlicher Staatsangehörigkeiten ausgegangen wird (vgl. zB Art. 22 Abs. 2 EuErbVO).

42 Bei **Staatenlosen** ist eine Anknüpfung an die Staatsangehörigkeit nicht möglich. Gem. Art. 12 der Staatenlosenkonvention vom 28.9.1954 tritt an die Stelle der Staatsangehörigkeit die Anknüpfung an den Wohnsitz, bzw. an den gewöhnlichen Aufenthalt (vgl. MüKoBGB/*von Hein* EGBGB Art. 5 Anhang I Rn. 5). Nachdem die Anknüpfung an den gewöhnlichen Aufenthalt und den Wohnsitz aber schon in Art. 1 Abs. 1 lit. d und c HTestformÜ vorgesehen ist, bleibt es trotz dieser Ersatzanknüpfung dabei, dass sich bei Staatenlosen die Anzahl der Anknüpfungspunkte reduziert.

43 Bei internationalen **Flüchtlingen** ist eine Anknüpfung an die Staatsangehörigkeit weiterhin möglich, solange diese nicht durch oder nach der Flucht die Zugehörigkeit zu ihrem Herkunftsstaat verloren haben. Hier schließt die Genfer Flüchtlingskonvention eine weitere Anknüpfung an die Zugehörigkeit zum ehemaligen Heimatstaat aus und ersetzt diese durch eine Verweisung auf das am Wohnsitz bzw. am gewöhnlichen Aufenthalt geltende Recht (Art. 12 Genfer Flüchtlingskonvention, s. dazu Palandt/*Thorn* EGBGB Art. 5 Rn. 15 ff.). Hier sollte man an der Anknüpfung an die Staatsangehörigkeit zumindest dann festhalten, wenn das Testament noch vor der Flucht errichtet wurde, wenn der Erblasser zum Zeitpunkt seines Todes in den ursprünglichen Heimatstaat wieder zurückgekehrt ist oder wenn es sich um eine nach Flucht neu erworbene Staatsangehörigkeit handelt. Wenn der Testator nach der Flucht ein Testament nach den Regeln seines Heimatstaates formgerecht errichtet hat, so würde es mE aber dem

Geist des Haager Testamentsformübereinkommen widersprechen, wollte man unter Berufung auf die Genfer Flüchtlingskonvention die Wirksamkeit des Testaments nach diesem Recht (unter dem weiten Strauß der gem. Art. 1 HTestformÜ zur alternativen Anknüpfung berufenen Rechtsordnungen) verweigern. Auch Art. 12 der Genfer Flüchtlingskonvention dürfte wohl allein den Fall der Anknüpfung des Personalstatuts als allein für die persönlichen Verhältnisse des Flüchtlings maßgeblichen Rechtsordnung im Auge gehabt haben, der alternativen Anknüpfung an die Staatsangehörigkeit aber dort nicht im Wege stehen, wo das Wohnsitz- bzw. Aufenthaltsrecht weiterhin im Wege der alternativen Anknüpfung anwendbar bleibt. Bei internationalen Flüchtlingen ist daher mE generell von der weiteren Maßgeblichkeit des Heimatrechts im Rahmen von Art. 1 HTestformÜ auszugehen (ebenso Staudinger/*Dörner* EGBGB Vorbem. zu Art. 25, 26 Rn. 49).

b) Unteranknüpfung bei Mehrrechtsstaaten. Die Staatsangehörigkeit ist der einzige in Art. 1 HTestformÜ genannte Anknüpfungspunkt, der in einem Staat mit verschiedenen Rechtsordnungen in einzelnen Regionen (interlokale Rechtsspaltung, wie zB in Großbritannien, USA, Spanien) nicht unmittelbar zu einer bestimmten Teilrechtsordnung führt, sondern zur Geltung des Rechts des Gesamtstaats. Art. 1 Abs. 2 HTestformÜ sieht hier ein zweistufiges Vorgehen vor: Zunächst ist ein auf die innerhalb dieser Rechtsordnung geltenden Vorschriften, also ein einheitliches interlokales Kollisionsrecht zurückzugreifen. Gibt es ein derartiges Regelungswerk (entsprechende Staaten sind sehr selten, zB Spanien und das ehemalige Jugoslawien) nicht, so wird die einschlägige Teilrechtsordnung durch die engste Verbindung bestimmt, die der Erblasser zu einer der Teilrechtsordnungen dieses Heimatstaates gehabt hat. Diese wird sich regelmäßig aus einem gewöhnlichen Aufenthalt in diesem Staat bzw. dem letzten gewöhnlichen Aufenthalt in diesem Staat ergeben. 44

Art. 27 EuErbVO enthält für die Bestimmung der einschlägigen Teilrechtsordnung bei Anknüpfung an die Staatsangehörigkeit des Testators bzw. des Beteiligten am Erbvertrag keine Regelung. Daher ist hier die allgemeine Regelung in Art. 36 EuErbVO einschlägig. 45

c) Maßgeblicher Zeitpunkt (Problem der Validation). Bei der Anknüpfung an die Staatsangehörigkeit steht die Staatsangehörigkeit **bei Errichtung der Verfügung und beim Eintritt des Erbfalls** alternativ zu Verfügung. Die Anknüpfung an die Umstände bei Errichtung führt hier dazu, dass ein Verlust dieser Staatsangehörigkeit nach Errichtung des Testaments die Wirksamkeit des Testaments nicht mehr beeinträchtigen kann (*Batiffol,* Rapport VIII). Hierbei handelte es sich um eines der wesentlichen Anliegen bei Verhandlung des Haager Testamentsformübereinkommens. Hintergrund der alternativen Anknüpfung auch an die Staatsangehörigkeit zum Zeitpunkt des Todes war bei Ausarbeitung des Haager Testamentsformübereinkommen offenbar, dass damals in zahlreichen der an der Verhandlung beteiligten Staaten die Wirksamkeit der Verfügung nicht einem an die Verhältnisse bei Errichtung der Verfügung angeknüpften Errichtungsstatut unterstellt wurde, sondern dem anhand der Umstände bei Eintritt des Erbfalls maßgeblichen „effektiven" Erbstatut (so bis zum Anwendungsstichtag für die EuErbVO zB noch in Belgien, Frankreich, Italien und Luxemburg). Freilich war schon damals vom Berichterstatter *Henri Batiffol* auf die unangenehmen Folgen einer unerwarteten **Validation** hingewiesen worden: 46

Ein Testator, der ein formnichtiges Testament errichtet habe und auf die Formnichtigkeit hingewiesen worden sei, vertraue darauf, dass er nach den Regeln über die gesetzliche Erbfolge beerbt werde. Nach einem Wechsel der Staatsangehörigkeit könnten aber die Begünstigten des Testaments geltend machen, dieses sei nach dem neuen Heimatrecht formgerecht errichtet worden. 47

Trotz dieser Bedenken war die alternative Anknüpfung unter dem Gesichtspunkt beibehalten worden, dass das Testament jederzeit widerruflich sei. Habe der Testator nach dem Wechsel der Staatsangehörigkeit das dadurch validierte Testament nicht mehr widerrufen, so könnte hieraus auf seinen Willen geschlossen werden, dieses aufrecht zu halten. 48

In der Tat erscheinen die Fälle, dass der Erblasser sich darauf verlässt, dass das von ihm errichtete und nicht mehr gewollte Testament ohnehin wegen eines Formverstoßes keine Wirksamkeit mehr entfalten könne, ein wenig gekünstelt. Regelmäßig (wenn natürlich auch nicht immer) wird er sich darum kümmern, dass dieses Zeugnis seines gewandelten Willens aus der Welt geschafft wird und seinen aktuellen Willen durch ein neues und sorgfältiger errichtetes Testament klar zum Ausdruck bringen, anstatt auf die gesetzliche Erbfolge (nach einem evtl. ebenfalls nicht mehr anwendbaren Recht) zu vertrauen. 49

d) Besonderheiten der Erbrechtsverordnung. In der Erbrechtsverordnung freilich liegen die Dinge anders. Hier erscheint die alternative Anknüpfung an beide Zeitpunkte aus mehrfachem Grunde als Systembruch: In Art. 24 und Art. 25 wird die materielle Wirksamkeit einer Verfügung ausschließlich an die Umstände bei Errichtung angeknüpft und die Möglichkeit einer Validation durch Wechsel der für die Anknüpfung maßgeblichen Umstände (vgl. zB Wechsel des gewöhnlichen Aufenthalts oder nachträgliche Rechtswahl) systematisch ausgeschlossen (Art. 24 Rn. 22). Dem würde es entsprechen, auch die Formwirksamkeit ausschließlich anhand der Umstände bei Errichtung festzustellen. Die Inkonsequenz, auf dem Gebiet der Formerfordernisse eine Validation zuzulassen, lässt sich allenfalls damit rechtfertigen, dass damit der Gleichklang mit jenen Staaten beibehalten wird, die durch das Haager Testamentsformübereinkommen gebunden sind. 50

51 Freilich vermag dieses Argument nicht zu rechtfertigen, wieso die Geltung des Rechts einer erst nach Errichtung des Erbvertrags erworbenen Staatsangehörigkeit auch einen Erbvertrag validieren soll. Dieser nämlich wird vom Haager Testamentsformübereinkommen nicht erfasst, so dass hier kein „Gleichziehen" erforderlich war. Die Auswirkungen der unerwarteten Validierung sind beim Erbvertrag zudem noch weittragender. Anders als beim Testament kann der Erblasser den validierten Erbvertrag durch einseitigen Widerruf nicht mehr aus der Welt bringen, denn mit dem Statutenwechsel wird die getroffene Verfügung hier vertragsmäßig bindend. Selbst ein vor Validierung vorgenommener Widerruf würde ggf. durch die nachtäglich eingetretene Bindungswirkung seine Wirksamkeit wieder verlieren (Süß, ZErb 2014, 225). Vollends überzeichnet wird dieses Ergebnis nun dadurch, dass nicht der Erblasser die Staatsangehörigkeit wechseln muss, sondern dass es genügt, dass eine andere am Erbvertrag beteiligte Person, soweit nur auch über deren Vermögen im Vertrag verfügt wurde, durch einen einseitigen Wechsel der Staatsangehörigkeit oder eines anderen für die Anknüpfung maßgeblichen Umstandes den gesamten Vertrag validieren kann und damit alle anderen Vertragsparteien – ohne deren Mitwirkung – in die Bindung hineinbugsieren kann. Dies gilt sogar unabhängig davon, ob die anderen Vertragsparteien von dem Staatsangehörigkeitswechsel informiert wurden. Formverstöße beim Abschluss von „Erbverträgen" iSd EuErbVO produzieren damit unter der EuErbVO Zeitbomben in der internationalen Nachlassplanung, die es von jedem Berater möglichst folgenlos zu entschärfen gilt.

3. Der Wohnsitz

52 Gem. Art. 1 Abs. 1 lit. c HTestformÜ bzw. Art. 27 Abs. 1 S. 1 lit. c EuErbVO genügt für die Formwirksamkeit eines Testaments die Einhaltung des am Wohnsitz des Erblassers geltenden Rechts. Eine Definition des Wohnsitzes enthält die Verordnung nicht. Auch in anderen kollisionsrechtlichen Akten der europäischen Union taucht eine entsprechende Definition nicht auf. Hintergrund ist, dass diese ausschließlich den gewöhnlichen Aufenthalt des Erblassers als Anknüpfungspunkt verwenden. Wegen des sehr stark abweichenden Verständnisses des Wohnsitzes (*principal etablissement* im französischen code civil, der formale Begriffe des Wohnsitzes iSd §§ 7–9 des deutschen BGB, wonach auch ein mehrfacher Wohnsitz möglich ist, der dem gewöhnlichen Aufenthalt nahe kommende Begriff des dänischen und des Schweizer IPR, das komplizierte System von *domicile of origin, domicile of choice* und *domicile of dependency* im *common law,* etc.) und seiner unterschiedlichen Auslegung im europäischen IPR war die Herausbildung eines „europäischen Wohnsitzbegriffs" ohnehin kaum realisierbar.

53 Die Kommission, die das Haager Übereinkommen ausgearbeitet hat, hat hier zu einem „Trick" gegriffen, und für die Definition des Wohnsitzes auf das Recht der jeweils als Wohnsitzstaaten in Betracht kommenden Staaten verwiesen, Art. 1 Abs. 3 HTestformÜ. Der Testator hat seinen Wohnsitz überall dort, wo das dort geltende Recht ihm einen inländischen Wohnsitz zuschreibt. Diese Regelung ist in Art. 27 Abs. 1 S. 2 EuErbVO übernommen worden.

54 Diese Verweisung hat den Vorteil, dass auf diese Weise das Vorliegen des Wohnsitzes aus Sicht eines jeden Abkommensstaates nach demselben Recht beurteilt wird, mithin also der Entscheidungseinklang erreicht wird. Ein Nachteil ist aber, dass die Feststellung des Wohnsitzes nach ausländischem Recht wegen der besonderen Bedeutung der Rechtsprechung für die Auslegung der Tatbestandsmerkmale schwierig werden kann und gegebenenfalls aufwendige rechtsvergleichende Studien erfordert.

55 Weiterer Nachteil ist, dass – ähnlich wie bei der Qualifikation *lege causae* – die Situationen eines Normenmangels bzw. der Normenhäufung quasi vorprogrammiert sind. Hält sich beispielsweise der minderjährige Spross eines britischen Bankers, der eine Filiale in Kopenhagen leitet und daher mit seiner gesamten Familie nach Dänemark umgezogen ist, für ein Austauschjahr in Konstanz auf, so hat der Spross einen Wohnsitz iSd deutschen Rechts in Konstanz, ein Domizil iSd dänischen Rechts in Dänemark und ein von seinem britischen Vater abgeleitetes *domicile of dependency* in *England and Wales.* Schon über die Anknüpfung an den aktuellen Wohnsitz sind hier also drei Rechtsordnungen nebeneinander berufen **(positive Wohnsitzkollision).**

56 Der Logik der alternativen Anknüpfung dürfte es entsprechen, hier sämtliche Verweisungen zu beachten. Es ist also die Konkurrenz des mehrfachen Wohnsitzes nicht durch Bestimmung eines „Hauptwohnsitzes" aufzulösen.

57 Andererseits kann können aber auch Situationen auftreten, in denen sich die Rechtsordnungen den Wohnsitz gegenseitig zuweisen: Stammt die Familie aus Deutschland, lebt sie für eine längere aber vorübergehende Zeit in England und absolviert die Tochter einen *au pair*-Aufenthalt in Dänemark, so befindet sich das *common law domicile* in Deutschland, das dänische Domizil in England und nach dem BGB wäre ein doppelter Wohnsitz in England wie auch in Dänemark vorstellbar. Keiner der betroffenen Staaten würde also die Wohnsitzverweisung annehmen, sondern immer auf einen anderen Staat verweisen **(negative Wohnsitzkollision).** Folge wäre, dass mangels eines Wohnsitzes iSd HTestfÜbk die Verweisung auf das Wohnsitzrecht ins Leere ginge.

58 Man könnte dieses Ergebnis unter Verweisung darauf, dass der Anknüpfung an den Wohnsitz angesichts der parallelen Anknüpfung an die Staatsangehörigkeit und den gewöhnlichen Aufenthalt ohnehin nur eine subsidiäre Rolle zukomme, hinnehmen (so die wohl hM, s. nur von Bar/Mankowski

IPR II § 5 Rn. 523; Staudinger/*Dörner* EGBGB vor Art. 25f Rn. 53; *Scheucher* ZfRVgl. 1965, 93). Man könnte mE die Verweisung auf das Wohnsitzrecht für die Annahme eines Wohnsitzes aber auch so auslegen, dass das Recht eines Staates, in dem eine Person nach dem Recht eines anderen Staates ihren Wohnsitz hat, über den Wohnsitz entscheiden kann, wenn die Person danach ihren Wohnsitz in dem anderen Staat hat. Wenn also im vorliegenden Fall das deutsche Recht England und Dänemark zu Wohnsitzstaaten erklärt, können wir nach den Rechten dieser beiden (aus deutscher Sicht) Wohnsitzstaaten einen Wohnsitz in Deutschland und in England annehmen. Der Wortlaut des Art. 27 Abs. 1 S. 2 EuErbVO steht dem in der deutschsprachigen Fassung nicht entgegen, denn dieser verlangt allein, dass das in einem Wohnsitzstaat geltende Recht darüber entscheide, ob die Person in einem bestimmten Staat ihren Wohnsitz hatte, verlangt aber nicht, dass dies derselbe Staat ist. Ein insoweit abweichendes Ergebnis ergibt sich aber wohl aus Art. 1 Abs. 3 HTestformÜ, wo es in der französischen Fassung lautet „la question de savoir si le testateur avait un domicile dans un lieu déterminé est regie par la loi de ce même lieu". In der französischen Fassung weichen also die Regelungen des Haager Testamentsformübereinkommens und der EuErbVO deutlich voneinander ab, während nur die (inoffizielle) deutschsprachige Fassung des Haager Testamentsformübereinkommens mit Art. 27 EuErbVO insoweit weitgehend übereinstimmt.

Art. 9 HTestformÜ enthält die Möglichkeit, dass sich ein Staat vorbehält, den Ort, an dem der Erblasser seinen Wohnsitz gehabt hat nach dem am Gerichtsort geltenden Recht zu bestimmen. Auf diesen Vorbehalt hat das Vereinigte Königreich gedrungen. Außer diesem haben auch Luxemburg und die Türkei den Vorbehalt eingelegt. Die dortigen Gerichte bestimmen den Wohnsitz also stets nach der lex fori, so dass zB aus englischer Sicht für die Verweisung auf ein ausländisches Recht in dem ausländischen Wohnsitzstaat dort ein *domicile* iSd englischen bzw. schottischen *common law* vorliegen muss. Auf diese Weise wird die Übereinstimmung des Formstatuts mit der Verweisung für die Erbfolge des beweglichen Nachlasses erreicht. 59

Zu beachten ist schließlich, dass Art. 27 Abs. 1 lit. c EuErbVO auf das Recht des „Staates" verweist, in dem der Erblasser seinen Wohnsitz hatte. Gelten in unterschiedlichen Gebieten dieses Staates verschiedene Regeln (zB Vereinigten Königreich, Spanien, Zypern, USA), so ist die einschlägige Teilrechtsordnung nach den Regeln des Art. 36 Abs. 1 EuErbVO vorrangig nach den interlokalen Kollisionsregeln dieses Staates zu bestimmen. Erst mangels solcher Regeln kann gem. Art. 36 Abs. 2 lit. c. EuErbVO unmittelbar auf das Recht des Gebietes zugegriffen werden, in dem sich die „engste Verbindung" – im Ergebnis also der Wohnsitz – befindet. 60

Das Haager Testamentsformübereinkommen vermeidet diese Probleme von vorneherein, indem nicht das Recht eines bestimmten Staates, sondern eines bestimmten Gebietes (lieu) bezeichnet wird, so dass die Unteranknüpfung quasi umgangen wird und unmittelbar das Recht einer bestimmten Teileinheit bezeichnet wird. 61

4. Der gewöhnliche Aufenthalt

a) Gewöhnlicher Aufenthalt iSd Haager Testamentsformübereinkommens. Der gewöhnliche Aufenthalt iSv Art. 1 Abs. 1 lit. d HTestformÜ ist im Haager Testamentsformübereinkommen nicht definiert. Es ergibt sich auch keine Verweisung auf eine bestimmte Rechtsordnung zur Interpretation. Es entspricht aber der allgemeinen Ansicht, dass dieser Begriff – wie in den anderen seit dem 2. Weltkrieg fertig gestellten Haager Übereinkommen – autonom zu interpretieren sei (MüKoBGB/*von Hein* EGBGB Art. 5 Rn. 136; *Kropholler* IPR § 39 II 5). 62

Danach handelt es sich beim gewöhnlichen Aufenthalt um eine Art objektivierten Wohnsitz, da – anders als beim Wohnsitz – für die Begründung eines gewöhnlichen Aufenthalts ein bestimmter Bleibewille nicht erforderlich sei (*Kropholler,* IPR § 39 II 4). 63

Wie bei der mehrfachen Staatsangehörigkeit dürfte es auch in dem Fall, dass eine Person sich in mehreren Staaten bzw. Rechtsgebieten regelmäßig aufhält (also zB den Fällen des alternierenden Aufenthalts bzw. des gleichzeitigen Aufenthalts in mehreren Staaten) wenig Sinn machen, den gewöhnlichen Aufenthalt auf einen bestimmten Ort festzulegen. Zum einen besteht dafür kein Erfordernis, da – anders als zB im Rahmen von Art. 21 EuErbVO – kein eindeutiges Ergebnis erforderlich ist. Vielmehr bestände bei einer Auswahl die Gefahr, dass gerade die Rechtsordnung, an deren Formerfordernissen sich der Testator bei Abfassung des Testaments orientiert hatte, vom Rechtsanwender von der Anknüpfung ausgeschlossen wird. Ohne hier einer weitgehenden Aufweichung des Begriffs des gewöhnlichen Aufenthalts das Wort zu reden, würde es der Systematik des Haager Testamentsformübereinkommens daher entsprechen, in den Fällen, in denen zeitgleich und ernsthaft ein gleichwertiger dauerhafter Aufenthalt in mehreren Rechtsgebieten in Betracht kommt, von einer endgültigen Entscheidung für einen bestimmten Ort abzusehen und einen **mehrfachen gewöhnlichen Aufenthalt** hinzunehmen. Das müsste einer am Zweck des Abkommens orientierten Auslegung des Begriffs des gewöhnlichen Aufenthalts entsprechen. 64

b) Gewöhnlicher Aufenthalt iSv Art. 27 EuErbVO. In Art. 27 Abs. 1 lit. d EuErbVO ist der gewöhnliche Aufenthalt verordnungsautonom zu bestimmen. Es gelten also – wie in Art. 4, 21, 24, 25 und an anderen Stellen der EuErbVO – die auf der Basis der spezifischen Zwecksetzung der EuErbVO 65 und unter Einbeziehung der in den Erwägungsgründen 23, 24 EuErbVO gewonnenen Auslegungsgrundsätze für den Begriff des gewöhnlichen Aufenthalts. Auch wenn hier weiterhin noch Vieles umstritten ist, so zeichnet sich doch zumindest eine bedeutende Anzahl von Stimmen ab, die davon ausgehen, dass der Begriff des gewöhnlichen Aufenthalts in der EuErbVO erbrechtsspezifisch zu auszulegen sei, also unter Berücksichtigung eines besonders langen Zeithorizonts (dazu oben → Art. 4 Rn. 8 EuGH Urteil vom 16.7.2020 (E. E.), ZEV 2020, 628). Folge ist, dass im Rahmen von Art. 27 EuErbVO und im Rahmen von Art. 1 HTestformÜ es bei der Interpretation zu Differenzen kommt und daher möglicherweise im Rahmen des Haager Testamentsformübereinkommens ein gewöhnlicher Aufenthalt in einem bestimmten Staat vorliegt, nach dem strengeren Maßstab der EuErbVO aber in einem anderen Staat (anderer Ansicht von Bar/Mankowski IPR BT II § 5 Rn. 526: „Reinlaut" der Auslegung des Begriffs des gew. Aufenthalts aus Art. 21 Abs. 1 EuErbVO in Art. 1 lit. d HTestformÜ).

66 Man könnte nun daran denken, durch eine einheitliche Auslegung diese Differenzen zu überbrücken. Freilich dürfte es den Mitgliedstaaten, die das Haager Testamentsformübereinkommen ratifiziert haben, nicht gestattet sein, bei der Auslegung des Haager Testamentsformübereinkommen den Begriff des gewöhnlichen Aufenthalts nach den Regeln der EuErbVO zu interpretieren. In diesem Fall wäre das Ziel gestört, bei Auslegung des Haager Testamentsformübereinkommens einen übereinkommensautonomen Begriff des gewöhnlichen Aufenthalts zu finden. Würde man dagegen den Begriff des gewöhnlichen Aufenthalts im Rahmen von Art. 27 EuErbVO nach den Regeln des Haager Übereinkommens interpretieren, so würde damit die einheitliche Auslegung der EuErbVO gestört.

67 Eine Lösung dieses Problems dürfte sich mE über Art. 3 HTestformÜ finden lassen: Danach bleibt es den Abkommensstaaten des Haager Testamentsformübereinkommens unbenommen, über die Anknüpfungen des Art. 1 HTestformÜ hinausgehend weitere Rechtsordnungen auf die Formwirksamkeit anzuwenden. Die Mitgliedstaaten, die zugleich Abkommenstaaten des TestformÜ sind, können daher im Rahmen der Anknüpfung an den gewöhnlichen Aufenthalt diesen sowohl nach den Regeln des Haager Testamentsformübereinkommens, wie auch zusätzlich nach den Regeln der EuErbVO ermitteln. Faktisch ergeben sich damit unter dem Begriff des „gewöhnlichen Aufenthalts" zwei Anknüpfungspunkte. Damit ergibt sich für die Abkommenstaaten aufgrund der Differenzen bei der Interpretation ggf. eine zusätzlich anzuwendende Rechtsordnung, die in den Abkommenstaaten, die nicht Mitgliedstaaten iSd EuErbVO sind, nicht angewandt wird.

68 **c) Schlichter Aufenthalt.** Der schlichte Aufenthalt des Erblassers – also der Ort an dem sich der Erblasser befand, ohne sich dort dauerhaft aufzuhalten – ist weder in Art. 1 HTestformÜ noch in Art. 27 EuErbVO als Anknüpfungspunkt genannt. Allerdings wird der schlichte Aufenthalt bei Testamentserrichtung mit dem Errichtungsort identisch sein und daher schon auf diese Weise erfasst werden. Der schlichte Aufenthalt zum Zeitpunkt des Todes (also quasi der überraschende Tod bei einer Reise ins Ausland) dagegen ist zu zufällig, als dass man diesem Umstand Rechnung tragen dürfte (sollte der Erblasser hier in Todesnähe noch ein mündliches Nottestament errichtet haben, so würde wiederum Ortsrecht gelten, mit den Besonderheiten für mündliche Testamente, dazu unten → Rn. 16).

5. Belegenheitsrecht für unbewegliches Vermögen

69 **a) Regelung des Haager Testamentsformübereinkommens.** Der Vorentwurf für das Haager Testamentsformübereinkommen vom 15.5.1959 hatte noch keine Verweisung auf das Recht des Belegenheitsortes vorgesehen. Hintergrund war die Befürchtung, die Beschränkung der Formwirksamkeit auf einzelne Nachlassgegenstände könne zur Teilwirksamkeit der Testamente bzw. zu einer unerwünschten Errichtung einer Mehrzahl von Testamenten führen (Batiffol Rapport explicativ XI). Diese Verweisung zog vielmehr erst auf Anregung durch die Regierung des Vereinigten Königreichs in den Entwurf für das Haager Testamentsformübereinkommen ein (vgl. Actes et Documents, 35).

70 Unklar ist hierbei, wie der Begriff der Immobilien auszulegen ist. Das Kollisionsrecht des *common law* unterstellt die Qualifikation eines Gegenstands als beweglich oder unbeweglich dem Recht des Staates, in dem dieser Gegenstand belegen ist **(Qualifikationsverweisung).** Auch wenn das Haager Testamentsformübereinkommen – anders als für die Staatsangehörigkeit und den Wohnsitz (→ Rn. 53) – hierfür keine ausdrückliche Verweisung enthält, wird von der wohl überwiegenden Ansicht angenommen, dass die Qualifikation nach der jeweiligen *lex rei sitae* erfolgt. Bei Belegenheit der Sache in Deutschland wäre dann also die Auslegung des Begriffs des unbeweglichen Vermögens in Art. 25 Abs. 2 aF und Art. 15 Abs. 2 Ziff. 3 EGBGB zugrunde zu legen (BGHZ 144, 254; KG ZEV 2012, 593; Staudinger/*Dörner* EGBGB Vorbem. zu Art. 25 EGBGB Rn. 60; *Ferid* RabelsZ 27, 420; Staudinger/*Firsching* EGBGB Vorbem. zu Art. 24–26 Rn. 429; Erman/*Hohloch* EGBGB Art. 26 Rn. 17; aA wohl allein *Kegel* IPR § 21 III 2a: nur Grundstücke).

71 Diese Anknüpfung kann einem Testament regelmäßig nur zur Wirksamkeit in Bezug auf einen Teil des Nachlasses verhelfen. Ein Testament, welches sich über die in dem betreffenden Land belegenen Immobilien hinaus auf weiteres Vermögen des Erblassers bezieht, wäre mithin dann, wenn es ausschließlich nach dem Recht dieses Belegenheitsstaates wirksam ist nur teilweise wirksam. Bezüglich des beweglichen Nachlasses wäre mithin Formunwirksamkeit anzunehmen, mit der Folge, dass insoweit (sollte das für diese Verfügungen geltende Testamentsformstatut aus der Formunwirksamkeit auch die Nichtigkeit des Testaments folgen lassen) testamentarische Erbfolge einträte. Die Einhaltung ausschließlich der Formerfordernisse des Rechts des Staates, in dem die Immobilien belegen sind, kann sich aber dann als sinnvoll erweisen, wenn in Bezug auf die einschlägigen Immobilien eine Nachlassspaltung eintritt oder aber wenn sich die Verfügung aus einem anderen Grund auf diese Immobilien beschränkt (also zB ausschließlich für diese ein Vermächtnis, eine Auflage oder eine Testamentsvollstreckung anordnet). Tritt keine Nachlassspaltung ein und trifft der Erblasser Verfügungen auch für bewegliche Nachlassgegenstände, und tritt insoweit wegen Nichteinhaltung der Formerfordernisse nach dem maßgeblichen Formstatut Formnichtigkeit ein, so ergibt sich aus dem für die Immobilien maßgeblichen Errichtungsstatut (Art. 24 EuErbVO), inwieweit sich die Nichtigkeit der auf das übrige Vermögen bezogenen Verfügungen auf die Verfügungen über die Immobilien auswirkt.

b) Besonderheiten bei Anwendung der Erbrechtsverordnung. Auch bei der Anknüpfung an die Belegenheit der Immobilien ergibt sich eine Abweichung der EuErbVO vom Haager Testamentsformübereinkommen daraus, dass das Haager Testamentsformübereinkommen unmittelbar auf die am Belegenheitsort geltenden Regeln verweist, die EuErbVO dagegen auf die Regeln des gesamten Staates. Ist die Sache in einem Staat belegen, in dem in unterschiedlichen Teilen unterschiedliches Recht gilt, so führt nach der EuErbVO nur bei einem Staat ohne einem einheitlichen interlokalen Rechtssystem die Anwendbarkeit der Regeln des Belegenheitsortes über Art. 36 Abs. 2 lit. c EuErbVO dazu, dass die Formvorschriften der Teilrechtsordnung zur Anwendung gelangen, in deren Geltungsbereich die Immobilie belegen ist. In Staaten mit einem einheitlichen interlokalen Kollisionsrecht hingegen wären vorrangig diese einheitlichen Regeln anzuwenden, Art. 36 Abs. 1 EuErbVO. Kennt das interlokale Kollisionsrecht keine Anwendung der *lex rei sitae* auf die Formwirksamkeit von Testamenten, so kann sich ergeben, dass das interlokale Kollisionsrecht keine Partikularrechtsordnung bezeichnet, die Verweisung durch Art. 27 Abs. 1 lit. e EuErbVO also auf der interlokalen Rechtsebene stecken bleibt. 72

Der Begriff des unbeweglichen Vermögens taucht auch im Rahmen der EuErbVO nicht an anderer Stelle auf. Er wird allerdings in anderen kollisionsrechtlichen Verordnungen der EU verwandt (vgl. zB Art. 4 Abs. 1 lit. c und Art. 11 Abs. 5 Rom I-VO; Art. 24 Nr. 1 Brüssel Ia-VO). Anders als im Rahmen des TestFormÜbk, wo der Begriff quasi singulär auftaucht, ergibt sich damit im Rahmen von Art. 27 Abs. 1 lit. e EuErbVO die Möglichkeit einer autonomen Auslegung des Begriffes auf der Ebene des europäischen IPR. Hinzu kommt, dass die Figur der Qualifikationsverweisung dem europäischen Kollisionsrecht ein wenig fremd ist. Daher wird man davon ausgehen können, dass der Begriff im Rahmen des Art. 27 Abs. 1 lit. e EuErbVO auf europäischer Ebene autonom zu bestimmen ist (Bonomi/Wautelet/*Bonomi* Art. 27 Rn. 25). Die Auslegung erfolgt also ausgehend vom Sinn der Regelung des Art. 27 Abs. 1 lit. e EuErbVO unter Berücksichtigung der Ausdeutung, die der Begriff im Rahmen der anderen kollisionsrechtlichen Verordnungen erfahren hat. 73

6. Ausweitung der alternativen Anknüpfung bei besonderen Arten von Verfügungen

a) Der Testamentswiderruf. Eine Ausweitung des Kreises der Anknüpfungen ergibt sich aus Art. 2 HTestformÜ für den Widerruf einer letztwilligen Verfügung, wenn dieser durch eine erneute letztwillige Verfügung erfolgt. Der Widerruf ist gem. Art. 2 Abs. 2 HTestformÜ (Art. 27 Abs. 2 S. 1 EuErbVO) auch dann hinsichtlich seiner Form gültig, wenn er einer der Rechtsordnungen entspricht, nach denen die widerrufene letztwillige Verfügung gem. Art. 1 HTestformÜ gültig gewesen ist. Insoweit finden die für die widerrufene Verfügung geltenden alternativen Anknüpfungen auch auf das widerrufende Testament Anwendung. Dies gilt nicht für sämtliche Anknüpfungen, sondern nur für die Rechtsordnungen, nach denen das widerrufene Testament auch tatsächlich wirksam errichtet worden ist (vgl. *Scheucher* ZfRVgl. 1965, 95). Andererseits muss das widerrufende Testament aber nicht dieselbe Form einhalten, sondern kann auch eine andere Form aus derselben Rechtsordnung einhalten. 74

Beispiel: Ein Engländer errichtet auf seiner Sommerreise in Deutschland ein Testament, indem er dies von einem ihm bekannten Notar in Sachsen beurkunden lässt. Dieses Testament ist aufgrund Einhaltung der deutschen Ortsform auch dann wirksam, wenn ansonsten keine nach Art. 1 HTestformÜ bzw. Art. 27 Abs. 1 EuErbVO relevanten Beziehungen nach Deutschland bestehen. Wieder zurück in Bristol kann der Erblasser dieses Testament nach Maßgabe des englischen Erbrechts (Errichtungsstatut gem. Art. 24 Abs. 1 EuErbVO) jederzeit durch neues Testament widerrufen. Dieses neue Testament kann er gem. Art. 1 HTestformÜ bzw. Art. 27 Abs. 1 EuErbVO, wenn alle Anknüpfungen zum englischen Recht führen, ausschließlich als Zweizeugentestament errichten. Der Widerruf ist aber gem. Art. 2 Abs. 2 HTestformÜ bzw. Art. 27 Abs. 2 EuErbVO deswegen, weil das zu widerrufende Testament in Deutschland nach der deutschen Ortsform wirksam errichtet worden war, auch in der deutschen Form möglich. Er könnte also das Testament auch ohne Beiziehung von Zeugen als holographes Testament gem. § 2247 BGB errichten, auch wenn er das widerrufene Testament in einer anderen, vom deutschen Recht zur Verfügung gestellten Testamentsform errichtet hat.

Eine weitere Eingrenzung ergibt sich daraus, dass das Formstatut für das widerrufene Testament nicht für die gesamte widerrufende Verfügung gilt, sondern ausschließlich den darin enthaltenen Widerruf. 75

Beispiel: Hat also der Engländer im vorgenannten Fall seinen alten BMW Isetta mit dem in Sachsen beurkundeten Testament seiner Nichte Nathalie zugewandt und, nachdem diese zum dritten Mal durch die Führerscheinprüfung fiel, mit dem erneut errichteten Testament seinem Neffen Marc, so ist zwar nach dem englischen Recht durch das abweichende Vermächtnis der selben Sache das alte Testament widerrufen. Das neue Vermächtnis wäre allerdings, da keiner der Anknüpfungspunkte aus Art. 1 HTestformÜ bzw. Art. 27 Abs. 1 EuErbVO zum deutschen Recht führt, als Vermächtnis nicht formwirksam (ebenso *Bonomi* in Bonomi/Wautelet, Le droit Européen des Successions, 2. Aufl. 2016, Art. 27 Rn. 27).

76 **b) Erbverträge.** In Art. 27 Abs. 1 lit. b – d EuErbVO wird die Alternativität der personenbezogenen Anknüpfungen bei mehrseitigen Erbverträgen dahingehend ausgeweitet, dass die auf Seiten eines einzigen Beteiligten verwirklichten Anknüpfungen auch für alle anderen Beteiligten gelten.

77 Das ist ein wenig überraschend, denn für die materielle Wirksamkeit des Erbvertrags hat sich der europäische Gesetzgeber in Art. 25 Abs. 1 EuErbVO gegen die (noch im Vorschlag der Kommission von 2009 vorgesehene) liberale alternative Anknüpfung und für die außergewöhnlich strenge kumulative Anknüpfung entschieden.

Beispiel: Schließen also drei deutsche Schwestern in einfacher Schriftform einen Erbvertrag über ein von ihnen in Deutschland geerbtes Geschäftsgrundstück, und hat eine von ihnen ihren Wohnsitz iSv Art. 20 Abs. 1 lit. a schw. IPRG in der Schweiz, so ist der Vertrag trotz des auch im Schweizer Recht geltenden Beurkundungserfordernisses für Erbverträge (Art. 512 ZGB) gem. Art. 520 schw. ZGB wirksam, so lange er nicht innerhalb einer Ausschlussfrist von 1 Jahr nach Eintritt des Erbfalls erhobenen Klage gerichtlich für unwirksam erklärt worden ist.

Möglicherweise sah man bei Erlass der Verordnung eine Notwendigkeit für diese Ausweitung in den umfangreichen Wahlmöglichkeiten aus Art. 25 Abs. 3 EuErbVO. Das gilt über Art. 27 Abs. 1 lit. c EuErbVO auch für die Verfügungen der anderen am Erbvertrag beteiligten Schwestern, selbst wenn diese selber keinen Wohnsitz in der Schweiz oder eine andere Verbindung in die Schweiz haben.

Beispiel: Leben drei polnische Brüder in Schlesien und wollen diese einen Erbvertrag hinsichtlich des von den Eltern ererbten Hofes treffen, so könnten diese nicht nur – soweit diese im Erbvertrag ebenfalls über ihren Nachlass verfügt – für die Wirksamkeit des Erbvertrags durch Vereinbarung der Geltung des deutschen Heimatrechts der Ehefrau eines von ihnen das deutsche Recht herbeiwählen. Sie können in diesem Fall auch – da allein auf Seiten dieser Ehefrau und Schwägerin eine Beziehung nach Deutschland gegeben wäre – die vom deutschen Recht vorgesehene Form verwenden. Das polnische Recht dagegen würde, da es den Erbvertrag nicht kennt, für den Erbvertrag keine Form bereitstellen, so dass ein sog. Fall der Formenleere vorliegen würde.

Freilich hätte es in diesem Fall auch genügt, für den Fall einer Rechtswahl die Formwirksamkeit des Erbvertrags dem gewählten Recht zu unterstellen.

78 Während es sich bei dem Testament um einen international sehr einheitlich ausgeprägten Typusbegriff handelt, ist der Begriff des „Erbvertrags" äußerst schillernd. Fallen Errichtungsstatut und Formstatut auseinander, so ergeben sich damit Substitutionsprobleme. Soll es zB bei Abschluss eines Erbvertrags unter Vereinbarung deutschen Erbrechts möglich sein, diesen in Marseille unter Verwendung der für eine *institution contractuelle* vorgesehenen Form, in Pisa unter Einhaltung der für einen *patto di famiglia* vorgesehenen Form oder in Budapest in der für einen Erbverzichtsvertrag vorgesehenen Form nach dem Ortsrecht abzuschließen? In der Praxis werden sich diese Probleme wohl selten stellen, weil die meisten europäischen Rechtsordnungen für die Vertragsgestaltungen, die unter den Begriff des „Erbvertrags" in Art. 3 Abs. 2 lit. b EuErbVO fallen, durchgehend das Erfordernis der notariellen Beurkundung vorsehen. Damit wird regelmäßig das Ortsrecht keine geringeren Formanforderungen aufstellen, als das Errichtungsstatut, sondern allenfalls ein abweichendes Beurkundungsverfahren vorsehen. Insoweit ist dann also zumindest die Formerfordernisse des am gewöhnlichen Aufenthalt der Beteiligten geltenden Rechts bzw. des gewählten Heimatrechts eines der Vertragsbeteiligten eingehalten.

79 Probleme könnte es mithin allenfalls im Zusammenhang mit der *Renonciation anticipée à une succession future* gem. Art. 929 ff. französischer c. c. ergeben. Diese französische Version des Erb- und Pflichtteilsverzichts erfolgt vor zwei Notaren, wobei einer der beiden Notare nicht von den Beteiligten ausgesucht wird, sondern von der zuständigen französischen Notarkammer zu benennen ist. Aus diesem Grunde wird aus französischer Sicht eine ausschließliche Zuständigkeit der französischen Notare für die Beurkundung der *renonciation* angenommen, die eine wirksame Beurkundung durch ausländische Notare ausschließe. Zwar könnte man die Beurkundungszuständigkeit als Frage des Beurkundungsrechts beurteilen und diese damit dem Beurkundungsrecht des Staates entnehmen, in dem die Beurkundung erfolgen soll. Bei der Beurkundung durch Notare außerhalb Frankreichs dürften sich aber praktische Probleme daraus ergeben, dass die Notarorganisationen dort keine „Benennung" eines zweiten Notars kennen. Weiteres Problem wäre, dass in Frankreich die Notare die Belange „ihres" Mandanten wahrnehmen, während in anderen Staaten diese zu strikter Neutralität verpflichtet sind und auf das Wohl sämtlicher Beteiligter hinwirken müssen.

80 Art. 11 EGBGB bzw. Art. 11 Rom I-VO sind hingegen auf die Formwirksamkeit anderer erbrechtlicher Verträge anzuwenden, die keine „Erbverträge" iSv Art. 3 Abs. 1 lit. b EuErbVO darstellen, wie zB die Abtretungsvereinbarung in Bezug auf die Beteiligung an einer Erbengemeinschaft.

Ergänzend ist darauf hinzuweisen, dass die sich aus Art. 27 EuErbVO ergebenden Verweisungen ausschließlich für solche Bestandteile des Erbvertrags gelten, die erbrechtlicher Art iSv Art. 1 Abs. 1, Art. 3 Abs. 1 lit. b EuErbVO sind. Verpflichtet sich der Begünstigte eines Erbvertrags, im Fall der Erbfolge ein von ihm ererbtes Grundstück einem Dritten zu übertragen, so ist diese Verfügung keine erbvertragliche Verfügung iSv Art. 25, 27 EuErbVO, so dass sich die Formwirksamkeit dieses Vertragsbestandteils, die unabhängig von der Ausrichtung der übrigen Verfügungen in dieser Urkunde schuldrechtlicher Art ist, sich nach dem gem. Art. 11 Rom I-VO bestimmten Recht richtet (vgl. Erman/Stürmer, EuErbVO Art. 27 Rn. 6). 81

c) Gemeinschaftliche Testamente. Gem. Art. 4 HTestformÜ gilt das Haager Testamentsformübereinkommen auch für gemeinschaftliche Testamente. Das gleiche gilt für Art. 27 EuErbVO, stellen doch auch gemeinschaftliche Testamente *(testaments conjonctifs)* gem. Art. 1 lit. c EuErbVO Verfügungen von Todes wegen iSv Art. 27 Abs. 1 EuErbVO dar. 82

Bei der Anknüpfung des Formstatuts werden die in einem gemeinschaftlich verfassten Testament enthaltenen Verfügungen von Todes wegen jeweils für sich behandelt. Insoweit ist daher für jeden Erblasser gesondert anhand der für ihn geltenden Umstände das Formstatut zu ermitteln (Erman/*Hohloch* EGBGB Art. 26 Rn. 14). Wird das Testament durch die Beteiligten an unterschiedlichen Orten errichtet (etwa weil der eine Ehegatte den Text verfasst und für sich am Urlaubsort in Österreich unterschreibt und der andere Ehegatte die ihm per Post zugesandte Testamentsurkunde an seinem Wohnort in Gelsenkirchen unterzeichnet), so können auch für die Verfügungen der beiden Testatoren unterschiedliche Rechtsordnungen aufgrund der Anknüpfung an den Errichtungsort berufen sein. Im Rahmen der Arbeiten an dem Haager Testamentsformübereinkommen hatte der österreichische Delegierte die Auffassung vertreten, bei der Anknüpfung seien die für einen der gemeinschaftlich Testierenden geltenden Anknüpfungen aufgrund des dem Haager Testamentsformübereinkommen zugrunde liegenden *favor testamenti* auch für den anderen maßgeblich (vgl. *Scheucher* ZfRVgl. 1964, 219). 83

Beispiel: Errichten in Linz lebende Eheleute, bei denen die Ehefrau die deutsche Staatsangehörigkeit besitzt, ein gemeinschaftliches Testament in der Weise, dass der österreichische Ehemann den einheitlichen Text niederlegt und anschließend beide unterschreiben, so hat der Ehemann die Erfordernisse des § 1248 öst. ABGB erfüllt, da er die Erfordernisse für die eigenhändige Errichtung eingehalten hat und die Ehefrau kann aufgrund ihrer Staatsangehörigkeit gem. Art. 1 lit. b HTestformÜ bzw. Art. 27 Abs. 1 lit. b EuErbVO das Formprivileg des § 2267 BGB nutzen. Hat die Ehefrau den Text geschrieben, so hat zwar sie die Erfordernisse des § 2247 BGB eingehalten, der österreichische Ehemann aber nicht die Erfordernisse des österreichischen Rechts. Es käme dann für die Wirksamkeit des gemeinschaftlichen Testaments also darauf an, ob man dieses als „Erbvertrag" iSv Art. 27 EuErbVO qualifiziert.

Da dieser Vorschlag in den Text des Abkommens nicht eingegangen ist und eine entsprechende Auslegung über den Text deutlich hinausginge, dürfte die alternative Anknüpfung insoweit wohl ausgeschlossen sein und für die Verfügungen jedes der am gemeinschaftlichen Testament Beteiligten ausschließlich auf die von ihm selbst verwirklichten Anknüpfungspunkte abzustellen sein (sog. distributive Anknüpfung). 84

d) Sonstige Vereinbarungen erbrechtlicher Art. Schließlich ist zu berücksichtigen, dass die EuErbVO auch solche Verträge erfasst, die zwar die Erbfolge erfassen, aber nicht Erbverträge iSv Art. 3 Abs. 1 lit. b EuErbVO sind. Zu denken ist hierbei zB an Erbauseinandersetzungsvereinbarungen, Verfügungen über Erbteile, Vereinbarungen, mit denen sich die Erben untereinander über die Verwaltung des Nachlasses einigen und andere Vereinbarungen, die als erbrechtlich zu qualifizieren sind. Art. 27 EuErbVO gilt hier nicht, da diese von der Definition des Erbantrags in Art. 3 Abs. 1 lit. b EuErbVO nicht erfasst werden. Eine entsprechende Anwendung käme auch nicht in Betracht, denn die dem Haager Testamentsformübereinkommen entnommenen Kollisionsnormen berücksichtigen die Besonderheiten bei Verfügungen von Todes wegen und sind für diese Arten von Verfügungen unter Lebenden wegen der sich ansonsten ergebenden Unsicherheiten ungeeignet. Eine allgemeine Kollisionsnorm für die Form von Rechtsgeschäften kennt weder die EuErbVO noch das europäische Recht im Übrigen. Ein Rückgriff auf nationales Recht wegen einer „unbeabsichtigten Lücke" scheidet m. E. aus, denn die EuErbVO regelt auch diese Verträge abschließend. Ein Rückgriff auf nationales IPR würde zudem die mit der EuErbVO erreichten Einheitlichkeit beseitigen. Damit ergibt sich *de lege lata* die Geltung ausschließlich des Erbstatuts als *lex causae.* 85

Alternativ könnte man daran denken, die Geltung des am Abschlussort geltenden Rechts (vgl. zB Art. 11 Rom I-VO) als allgemein anerkannten Rechtssatz zuzulassen. Freilich ist Art. 11 Rom I-VO auf das insoweit ohnehin liberaler zugeschnittene Schuldvertragsrecht zugeschnitten, während die vorgenannten Vertragsarten auch Verfügungen betreffen. Zum anderen ergeben sich zB aus Art. 11 Abs. 4 Rom I-VO und Art. 7 Abs. 2 Rom III-VO, Art. 23 Abs. 2 und 25 Abs. 2 ff. EuGüVO bzw. EuPartVO zwingende Verweisungen auf das am gewöhnlichen Aufenthalt der Beteiligten geltende Recht so dass die alternative Geltung der Ortsform im europäischen Kollisionsrecht nicht mehr als allgemeine Regel angesehen werden kann. Damit dürfte es bei der ausschließlichen Geltung des Erbstatuts bleiben. 86

V. Ausschluss von Rück- und Weiterverweisungen

87 Die Verweisungen des Haager Testamentsformübereinkommens sind Sachnormverweisungen unter Ausschluss des ausländischen Kollisionsrechts. Dies ergibt sich bereits aus der Formulierung in Art. 1 HTestformÜ, wonach das Testament dem „innerstaatlichen Recht" der entsprechenden Rechtsordnung entsprechen muss (BayObLGZ 1967, 426; *von Bar* IPR II Rn. 393). Eine Rückverweisung auf die *lex fori* oder die Verweisung auf das Recht eines dritten Staates wird daher nicht beachtet.

88 Art. 27 EuErbVO enthält keine Formulierung, aus der sich ergibt, ob es sich um einer Sachnorm- oder Kollisionsnormverweisung handelt. Allerdings bestimmt hier Art. 34 Abs. 2 EuErbVO ausdrücklich, dass auf die durch Art. 27 EuErbVO ausgesprochenen Verweisungen auf das Recht eines Drittstaates Rückverweisungen bzw. Weiterverweisungen auf das Recht eines anderen Mitgliedstaates bzw. eines Drittstaates nicht zu beachten sind.

VI. Nichtanwendung des Formstatuts im Fall betrügerischer Rechtserschleichung

89 Ein rätselhafter Hinweis zur Formwirksamkeit befindet in Erwägungsgrund 52 S. 2 EuErbVO. Danach soll bei der Bestimmung der Formgültigkeit einer Verfügung von Todes wegen nach dieser Verordnung die zuständige Behörde ein „betrügerisch geschaffenes grenzüberschreitendes Element", mit dem die Vorschriften über die Formgültigkeit umgangen werden sollen, nicht berücksichtigen dürfen. Diese Anordnung erstreckt sich ausschließlich auf die Anwendung der Kollisionsnormen der EuErbVO. Die Anknüpfung nach den Regeln des Haager Testamentsformübereinkommens bleibt davon unberührt.

90 Gemeint sind hier offenbar Fälle, in denen eigentlich kein Auslandsbezug besteht – in denen also sämtliche Anknüpfungspunkte zum Recht eines einzigen Staates führen würden. Nur so wäre es vorstellbar, dass der Auslandsbezug auf „betrügerische Weise" geschaffen wird. Offen bleibt jedoch, wann ein grenzüberschreitendes Element betrügerisch geschaffen worden ist. Nachdem die Veränderung der personenbezogenen Anknüpfungspunkte (Staatsangehörigkeit, Wohnsitz, gewöhnlicher Aufenthalt) mit einem erheblichen Aufwand verbunden ist, dürfte in der Praxis als „betrügerisch geschaffenes grenzüberschreitendes Element" wohl ausschließlich der Errichtungsort in Betracht kommen.

91 Man könnte hier an die Fälle denken, in denen zB ein niederländischer oder ein portugiesischer Staatsangehöriger, um die Kosten der notariellen Beurkundung für das Testament zu umgehen (in beiden Ländern ist die notarielle Beurkundung die gesetzlich ausschließlich zulässige Form für die Errichtung eines Testaments in ordentlicher Form), unter einem nach dem deutschen bzw. spanischen Recht zulässigerweise in holographer Form errichteten Testament einen in Deutschland oder Spanien belegenen Ort als Errichtungsort angibt, obgleich er das Testament tatsächlich an seinem Wohnort in Porto bzw. in Haarlem errichtet hatte. Hier wird das ausländische Element für die Anknüpfung des Ortsstatuts nicht verwirklicht sondern nur vorgetäuscht (Simulation). Daher kann sich aus dem deutschen bzw. spanischen Recht auch nicht die Formwirksamkeit des Testaments ergeben.

92 Man könnte aber auch an den Fall denken, dass der Erblasser ausschließlich deswegen die Grenze überschreitet, um die im Nachbarstaat geltenden günstigen Formerfordernisse zu genießen und nach Errichtung des Testaments sofort in die Heimat zurückkehrt. Da das Eingreifen des Ortsrechts an keine Mindestaufenthaltsdauer oder sonstige Verknüpfung mit dem Errichtungsstaat verbunden ist, ist hier die Anknüpfung verwirklicht und das Ortsrecht anwendbar. Dann fragt sich freilich, wo das betrügerische Element zu finden ist. Die für die Testamentserrichtung als einseitigem Rechtsgeschäft vorgesehenen Formerfordernisse dienen überwiegend dem Schutz des Testators selber (Übereilungsschutz, Sicherung der Authentizität, Beweisfunktion etc.). Einen Betrug gegenüber sich selbst kennt das Recht aber nicht. Darüber hinaus stände die mit der alternativen Anknüpfung ausdrücklich verfolgte Intention, die Errichtung von Testamenten zu erleichtern und die Gefahr einer Formwirksamkeit aufgrund einer Einhaltung des „falschen Rechts" zu vermeiden der Einfügung einer Angemessenheitsprüfung bei der Verwirklichung von Auslandselementen entgegen (vgl. auch Staudinger/*Winkler von Mohrenfels,* Art. 11 EGBGB Rn. 210).

93 Auch das „Entführen" von Erblassern in Gegenden mit geringen Formerfordernissen, um diese dort zur Errichtung von Testamenten zu verleiten, ist als Anwendungsfall für diese Klausel kaum vorstellbar. Zum einen kann der Betroffene ein solchermaßen übereilt errichtetes Testament später jederzeit widerrufen – und das dann in der gleichen leichten Form wie das errichtete Testament (Art. 2 HTestformÜ bzw. Art. 27 Abs. 2 EuErbVO, dazu → Rn. 74). Zum anderen wird man in solchen Fällen häufig – etwa wenn der niederländische Erblasser davon ausging, es handele sich um ein Provisorium und das Ganze werde noch notariell beurkundet – schon auf der Basis des insoweit maßgeblichen Errichtungsstatuts einen ernsthaften Testierwillen verneinen können.

94 Damit verbleiben als Anwendungsbereich solche Fälle, in denen die Personen in anderen Jurisdiktionen zum Abschluss vertraglicher Erklärungen verleitet wurden. Der Erbvertrag scheidet hier wiederum faktisch als Anknüpfungsgegenstand aus, denn für dessen Abschluss wird in sämtlichen Rechtsordnungen, die diesen kennen, gleichermaßen die notarielle Beurkundung verlangt. Von der Erbrechtsverordnung erfasst werden aber auch Erbverzichtsverträge und Verträge über die Abtretung einer künftigen Erbschaft.

VII. Gegenstand des Formstatuts

1. Allgemeiner Inhalt

95 Die Vielfalt der unterschiedlichen Anforderungen an die Art und Weise der Errichtung einer Willenserklärung ist wohl auf keinem Gebiet so ausgeprägt wie dem der Testamente (vgl. nur *Reid/de Waal/Zimmermann,* Comparative Succession Law Vol. I. Testamentary Formalities, 2011). *Von Bar* fasst dieses Phänomen plastisch zusammen:

„Was in dem einen Land die geläufigste Art ist zu testieren, das ist in dem anderen vollkommen unbekannt und formnichtig, was hier ordentliche Testamentsform ist, kommt dort höchstens als außerordentliche in Betracht, was hier der Anwesenheit von Zeugen bedarf, kann dort heimlich geschehen, was hier einem Gericht zu erklären ist, wird dort unter Einschaltung eines Notars geregelt, was hier handschriftlich geschrieben und unterschrieben sein muss, bedarf andernorts nicht einmal der eigenhändigen Unterzeichnung usw.; und noch die Frage, ob und unter welchen Voraussetzungen eine bloß mündliche Erklärung genügt, wird von Land zu Land unterschiedlich beurteilt" (*von Bar* IPR II Rn. 391).

96 Das Haager Testamentsformübereinkommen enthält – bis auf die in Art. 5 HTestformÜ geregelten beiden Einzelfragen hinsichtlich der Sonderregeln für Minderjährige und andere Sondergruppen sowie die Eigenschaften der Zeugen – keine abschließende Definition dessen, was unter Systembegriff der „Form" iSd Haager Testamentsformübereinkommens fallen soll. Mithin bleibt es den nationalen Rechten überlassen, was sie als Frage der Form ansehen. Jeder Richter soll die Fragen nach dem Haager Testamentsformübereinkommen beurteilen, die nach seinem eigenen Recht Formfragen sind, und die Fragen nach dem Erbstatut behandeln, die nach seinem Recht als materiellrechtlich anzusehen sind (*Ferid* RabelsZ 27, 424; für autonome Qualifikation dagegen Palandt/*Thorn* EGBGB Art. 26 Rn. 6).

97 Zum Begriff der Form sollen danach alle solche Regeln fallen, die zur Sicherung der Beweisbarkeit, Authentizität und unverfälschten Niederlegung des Erblasserwillens eine bestimmte äußere Gestaltung des Rechtsgeschäfts vorschreiben (von Bar/Mankowski IPR II § 5 Rn. 544; *Kropholler* IPR § 41 III 2; Staudinger/*Dörner* Art. 26 EGBGB Rn. 35). Dabei ergibt sich schon zwingend aus Art. 10 HTestformÜ, dass die Möglichkeit einer mündlichen Testamentserrichtung nach dem Formstatut zu beurteilen ist. Ansonsten hätte es keines Vorbehalts gegen die Anwendung des Übereinkommens hinsichtlich dieser Frage bedurft.

98 Ebenfalls eine Frage der Form ist es, ob es für die Errichtung eines Skripturaktes bedarf und in welcher Weise dieser zu erstellen ist (Staudinger/*Dörner* Vor Art. 25 EGBGB Rn. 85). Insoweit fällt es also unter das Formstatut, ob eine **eigenhändige Errichtung** möglich ist und welche Erfordernisse hierbei einzuhalten sind (vollständig mit eigener Hand oder nur wesentliche Teile, Anbringung der Unterschrift, Anforderungen an die Unterschrift [also Vor- und Zuname, Möglichkeit der Unterzeichnung mit Spitznamen oder Künstlernamen] Angabe von Ort und Zeit der Errichtung etc.).

99 Die Möglichkeit, ein Testament ohne Verwendung von Papier zu errichten, also beispielsweise durch Textdatei oder auch als Videoaufnahme oder Tonaufnahme auf magnetischem bzw. digitalem Datenträger (vgl. Art. 1137 chinesisches ZGB 2019) ist ebenfalls eine Frage der Form. Das Formstatut bestimmt dann, auf welche Weise die Authentizität dieser Dateien gewährleistet werden muss (also zB durch Hinterlegung des Datenträgers bei einem Notariat oder Rechtsanwalt etc.).

100 Die Möglichkeit bzw. das zwingende Erfordernis (Niederlande, Portugal) der notariellen Beurkundung eines Testaments ist ebenfalls eine Frage der Form. Hier ergeben sich schwierige Abgrenzungsprobleme zum Beurkundungsrecht. Stellt zB das Erfordernis der Herbeiziehung von Zeugen oder eines weiteren Notars zur Beurkundung eine Frage der materiellrechtlichen Form oder des öffentlichen Beurkundungsverfahrens dar, mit der Folge dass dann nicht das Formstatut, sondern das für die Beurkundungsperson geltende Verfahrensrecht – im Ergebnis das Recht des Staates, dessen Behörden die Beurkundungsperson bestellt haben – anzuwenden ist. Das Beurkundungsrecht entscheidet jedenfalls darüber, wer für die Beurkundung der Verfügungen von Todes wegen örtlich und funktionell (Notar, Richter, Urkundsbeamter) zuständig ist, ob ein persönlicher Ausschlussgrund vorhanden ist, welche Feststellungen zu treffen sind, ob eine vollständige Verlesung des Testaments erforderlich ist, in welcher Weise zu unterzeichnen ist etc.

101 Die **Stellvertretung** bei der Errichtung eines Testaments oder Erbvertrags ist nicht der Form, sondern der inhaltlichen Wirksamkeit zuzurechnen, wenn diese die Stellvertretung um Willen betrifft

(von Bar/Mankowski IPR II § 5 Rn. 548; *Kegel/Schurig* IPR § 21 III 2c, S. 1015; s. a. Art. 26 Abs. 1 lit. c EuErbVO). Anders ist es freilich dann, wenn sich der Erblasser lediglich hinsichtlich der Erklärung vertreten lässt. So kann zB im Erbrecht von England und den US-Staaten ein Zweizeugentestament auch in der Weise errichtet werden, dass der Testator nicht nur den Text des Testaments von einem Dritten schreiben lässt, sondern auch die Unterschrift des Testators unter dem Testament durch einen Dritten auf Weisung des Testators erfolgt. Hier gibt der Dritte nicht eine eigene, sondern eine fremde Erklärung ab. Er handelt also nicht als Stellvertreter, sondern als Bote. Insoweit gilt daher das Formstatut (*von Bar*/Mankowski IPR II § 5 Rn. 548 Anm. 292; Staudinger/*Winkler von Mohrenfels* EGBGB Art. 11 Rn. 104).

102 Nach einer Gegenansicht stellt auch die Zulässigkeit einer Stellvertretung im Willen eine Frage der Form dar (Staudinger/*Winkler von Mohrenfels* EGBGB Art. 11 Rn. 102). Danach könnte ein deutscher Erblasser sein Testament aufgrund einer Vollmacht von einem Dritten errichten lassen, indem er diesen zur Errichtung in ein Land schickt, in dem eine entsprechende Bevollmächtigung möglich ist. Folgt man dieser Ansicht, so bleibt aus Sicht der Mitgliedstaaten des Haager Testamentsformübereinkommens auch nach dem Anwendungsstichtag für die EuErbVO das Formstatut weiterhin anwendbar. Über Art. 72 Abs. 1 EuErbVO wird dann neben Art. 27 EuErbVO auch Art. 26 Abs. 1 lit. c EuErbVO durch das Haager Testamentsformübereinkommen verdrängt. Die Behörden eines nicht durch das Haager Testamentsformübereinkommen gebundenen Mitgliedstaates hingegen hätten hier das gem. Art. 24 EuErbVO bestimmte Errichtungsstatut auf die Zulässigkeit der Stellvertretung anzuwenden.

103 Zur Form zählen auch bestimmte „formelle" Angaben, wie eine Überschrift, Angaben zu Ort, Tag und Jahr der Errichtung, genaue Bezeichnung des Testators und der Zeugen, Inhalt des Zeugenvermerks etc. Stellt eine Rechtsordnung bestimmte Anforderungen an den erbrechtlichen Mindestinhalt eines Testaments auf – ist dieses also zB unbeachtlich, wenn nicht zumindest ein Erbe eingesetzt oder ein Testamentsvollstrecker berufen wird – so handelt es sich hierbei aber nicht um ein Element der Form. Eine Verfügung, in der diese Angaben fehlen wäre nämlich nach dieser Rechtsordnung mangels der erforderlichen *essentialia testamenti* kein Testament – und zwar unabhängig von der äußeren Form der Errichtung. Maßgeblich ist also nicht das Formstatut, sondern das Errichtungsstatut.

104 Die **Erbrechtsverordnung** enthält ebenfalls keinen Begriff der „Form". Anders als im Rahmen des Haager Testamentsformübereinkommen kommt hier aber eine Verweisung auf das autonome Recht des Mitgliedstaats zur Auslegung des Begriffs nicht in Betracht, denn mit der EuErbVO wird das Rechts der Mitgliedstaaten auf dem Bereich des internationalen Erbrechts abschließend vereinheitlicht, so dass für eine autonome Qualifikation *lege fori* kein Raum mehr bleibt. Art. 27 Abs. 3 EuErbVO enthält dabei eine wörtlich dem Art. 5 HTestformÜ entnommene Regelung in Bezug auf die Sonderregeln in Bezug auf das Alter, die Eigenschaften von Zeugen etc.

2. Beschränkungen der Form mit Rücksicht auf das Alter

105 Gem. Art. 5 S. 2 HTestformÜ, Art. 27 Abs. 3 S. 1 EuErbVO sind die Vorschriften, welche die für letztwillige Verfügungen zugelassenen Formen mit Beziehung auf das Alter, die Staatsangehörigkeit oder andere persönliche Eigenschaften des Erblassers beschränken, als Formvorschriften anzusehen.

106 Unter das Formstatut fällt nicht die Frage, ob ein Erblasser überhaupt testierfähig ist. Die Testierfähigkeit wird vielmehr vom Errichtungsstatut erfasst (so jetzt ausdrücklich Art. 26 Abs. 1 lit. a EuErbVO und Erwägungsgrund 53 S. 2 EuErbVO). Unter den Formbegriff fällt aber, wenn Beschränkungen der allgemeinen Testierfreiheit vorgenommen werden, die sich in Formerschwernissen äußert (*Scheucher* ZvglRWiss 1964, 221).

107 Hier kann es zu bislang nicht hinreichend thematisierten Anpassungsproblemen kommen.

Beispiel: Ein bislang bei seiner Familie in Frankfurt lebender deutscher 17-jähriger Schüler ist vor einem Jahr in einem Internat im Schweizer Kanton Waadt untergebracht worden. Dort errichtet er in holographer Form ein Testament und nimmt sich anschließend das Leben.

Nach Schweizer Recht ist testierfähig, wer das 18. Altersjahr zurückgelegt hat, Art. 467 ZGB. Gem. Art. 26 Abs. 1 lit. a EuErbVO unterliegt die Testierfähigkeit aber dem Errichtungsstatut iSv Art. 24 EuErbVO. Da der Schüler seinen gewöhnlichen Aufenthalt iSv Art. 21 EuErbVO nicht im Internat, sondern bei seiner Familie in Frankfurt hatte, gilt gem. Art. 24 EuErbVO für die Testierfähigkeit das deutsche Recht. Das Testament ist nach Maßgabe des Heimatrechts (Art. 1 lit. b HTestformÜ bzw. Art. 27 Abs. 1 lit. b EuErbVO) zwar ordnungsgemäß holograph errichtet worden. Minderjährigen steht diese Testamentsform gem. § 2247 Abs. 4 BGB aber nicht offen. Nach dem deutschen Heimatrecht hätte das Testament vielmehr ausschließlich als öffentliches Testament errichtet werden können.

Fraglich ist nun, ob hier das Testament nach dem Schweizer Ortsrecht formgerecht errichtet worden ist. Dieses kennt gem. Art. 498, 505 ZGB ebenfalls die eigenhändige Verfügung. Eine Beschränkung nach dem Alter sehen die Art. 498 ff. ZGB für die holographe Errichtung nicht vor. Daher scheint es, dass die Verfügung nach Schweizer Recht formwirksam errichtet wäre (so offenbar *Ferid* RabelsZ 27, 425). Da aber das Schweizer Recht die Errichtung von Testamenten durch Minderjährige gem. Art. 467 ZGB ausschließt, ist nach Schweizer Recht eine Testierung durch Minderjährige nicht nur in holographer Form, sondern in jeder Form unzulässig. Die Möglichkeit zur Errichtung eines holographen Testaments durch eine noch nicht 18 Jahre alte minderjährige Person ergibt sich hier erst daraus, dass die Art. 498 ff. ZGB aus ihrem Zusammenhang (die Testamentserrichtung setzt die Volljährigkeit voraus) gelöst werden und auf einen Sachverhalt angewandt werden, für den sie nicht gedacht sind. Die Kombination dieser isolierten Schweizer Regeln mit dem deutschen Erbstatut würde bei dieser Auslegung zu einem Ergebnis (Errichtung eines

Testaments in holographer Form durch einen Minderjährigen) führen, das weder dem deutschen noch dem Schweizer Recht entspricht. Damit wäre aufgrund eines teleologischen Normwiderspruchs (vgl. *Kegel/Schurig* IPR § 8 II 2) eine Anwendung des Art. 505 ZGB auf die Minderjährigenverfügung abzulehnen. Richtiger erscheint es daher, von vorneherein bei entsprechenden Personengruppen das Formstatut daraufhin zu untersuchen, ob das Formstatut einer solchen Person die Errichtung des Testaments in dieser Form gestatten würde (vgl. die Formulierung bei Staudinger/*Dörner* EGBGB Vorbem. zu Art. 25 f. Rn. 88). Die holographe Form Schweizer Rechts scheidet hier daher aus, weil sie minderjährigen Testatoren nicht offen steht.

3. Persönliche Eigenschaften der Testamentszeugen

Das Erfordernis der Beiziehung von Zeugen zur Errichtung eines Testaments (ob der Herbeiziehung, **108** erforderliche Anzahl etc.) stellt ein formelles Erfordernis dar. Daher erscheint es nur konsequent, dass auch die persönlichen Eigenschaften der Zeugen unter das Formstatut fallen. Aus dem Formstatut ergibt sich also gem. Art. 5 S. 2 HTestformÜ bzw. Art. 27 Abs. 3 S. 2 EuErbVO zB auch, ob die Zeugen volljährig bzw. geschäftsfähig sein müssen, und ob Personen, die in einer bestimmten Beziehung zum Erblasser oder zu den durch das Testament begünstigten Personen stehen als Zeugen ausgeschlossen sind.

Problematisch ist in diesem Zusammenhang dann, wenn das Formstatut die Volljährigkeit verlangt, **109** ob diese unmittelbar dem Formstatut zu entnehmen ist oder ob diese als Vorfrage zu behandeln ist. Folge wäre dann, dass das gem. Art. 7 EGBGB bestimmte Recht anzuwenden ist. Diese Frage ist in dem Abkommen nicht geregelt (*Batiffol* Rapport Rn. XXVII). Sie obliegt daher der Interpretation durch die Mitgliedstaaten. *Batiffol* (Rapport Rn. XXVII) verweist in diesem Zusammenhang auf eine Entscheidung des Schweizer Bundesgerichts vom 8.11.1935, wonach das Formstatut unmittelbar auch über die Frage entscheide, ob das erforderliche Alter vorliege. Diese Ansicht sei von der Mehrheit der Kommission gebilligt worden. In der Tat erscheint es oft zufällig, ob die materiellrechtlichen Formregeln das für die Zeugen erforderliche Alter unmittelbar selber festlegen oder der Einfachheit halber auf die Regeln über die Volljährigkeit verweisen. Für die Zeugeneigenschaft ist nicht die allgemeine Geschäftsfähigkeit erforderlich, sondern nur eine spezielle „Zeugenreife". Schließlich ist zu berücksichtigen, dass sich im Rahmen des Haager Testamentsformübereinkommens keine Regelung zur Volljährigkeit bzw. Geschäftsfähigkeit ergibt, die selbständige Anknüpfung als Vorfrage also dazu führen, dass eine einheitliche Rechtsanwendung nicht mehr gewährleistet wäre.

Aus diesem Recht ergibt sich bei Verletzung dann auch die Folge der Inhabilität eines der Zeugen. So **110** ist zB im englischen Recht bei Ausschluss eines Zeugen, weil dieser bzw. sein Angehöriger begünstigt wird, vorbehaltlich der Mitwirkungen weiterer Testamentszeugen ausschließlich hinsichtlich dieser Klausel untauglich, so dass die übrigen Klauseln des Testaments wirksam bezeugt werden.

Problematisch sind die Regeln, wonach Verfügungen zugunsten bestimmter Personen wegen der **111** möglichen Einflussnahme auf den Erblasser unzulässig sind (der behandelnde Arzt, der beurkundende Notar etc.). Hier dürfte es sich wohl um Regeln handeln, die die unabhängige Willensbildung des Erblassers betreffen, so dass sie zum Errichtungsstatut gehören (Erman/Hohloch EGBGB Art. 26 Rn. 23).

4. Beschränkungen in Bezug auf die Staatsangehörigkeit

Einige Staaten sehen Regeln vor, die für ihre Staatsangehörigen bestimmte Testamentsformen vor- **112** sehen, die zwingend auch bei Errichtung des Testaments im Ausland einzuhalten sind. Das betrifft zB Art. 992 des alten Niederländischen Burgerlijk Wetboek und Art. 1961, 2223 des portugiesische Código civil (beide schließen für niederländische bzw. portugiesische Staatsangehörige die Errichtung eines Testaments in holographer Form aus), wohl aber auch für Art. 733 spanischer Codigo Civil (Verbot der gemeinschaftlichen Testamentserrichtung für Spanier auch bei Testamentserrichtung im Ausland). In den betroffenen Ländern vertrat man bei Entwurf des Abkommens die Ansicht, hierbei handele es sich nicht um Formvorschriften, sondern Regeln zu inhaltlichen Wirksamkeit. Die Mehrheit der Kommission freilich war bei den Regeln zur holographen Testamentserrichtung überzeugt, es handele sich um Formvorschriften. Folge ist, dass die alternative Anknüpfung aus Art. 1 HTestformÜ eingreift und ein Angehöriger dieses Staates sich der Form eines anderen Rechts bedienen kann, soweit nur ein einziger der dort genannten Anknüpfungspunkte zur Geltung des Rechts dieses anderen Staates führt. Um den Bedenken der beiden überstimmten Staaten entgegenzukommen, hat man in Art. 11 HTestformÜ die Möglichkeit zu einem Vorbehalt geschaffen, der freilich den vorgenannten nationalen Regeln einen nur sehr engen Anwendungsbereich belässt.

Konsequenterweise blieb der vorgenannte Vorbehalt bislang ungenutzt. Die Niederlande haben den **113** genannten Art. 992 B. W. im Zuge der Ratifikation des Haager Testamentsformübereinkommens abgeschafft (dazu *Breemhaar* IPRax 1983, 93). Portugal ist dem Haager Testamentsformübereinkommen fern geblieben. In Spanien wird in der Literatur angenommen, Art. 733 CC sei infolge der Ratifikation des Haager Testamentsformübereinkommens nicht mehr länger anwendbar.

114 Art. 5 S. 1 HTestformÜ ist wortgleich in Art. 27 Abs. 3 S. 1 EuErbVO übernommen worden. Anders als bei Ratifikation des Haager Testamentsformübereinkommens steht dabei den Mitgliedstaaten der EU der beschränkte Vorbehalt in Art. 11 HTestformÜ nicht offen. Damit ergibt sich für portugiesische Staatsangehörige auch aus Sicht eines portugiesischen Gerichts zB bei Testamentserrichtung in Frankreich die Möglichkeit der holographen Form.

5. Gemeinschaftliche Testamentserrichtung

115 Das gemeinschaftliche Testament war einer der großen Streitpunkte bei der Verhandlung des Haager Testamentsformübereinkommens. Nachdem sich einige Länder (insb. Italien) heftig dagegen wehrten, die Frage nach der Zulässigkeit der gemeinschaftlichen Testamentserrichtung unter das Formstatut zu fassen, gelangte man zu der Kompromissformel in Art. 4 HTestformÜ. Diese bestimmt, dass die Regeln des Haager Testamentsformübereinkommens auch auf die Formwirksamkeit von gemeinschaftlichen Testamenten anzuwenden sind. Die Qualifikation der Frage, ob die gemeinschaftliche Errichtung zulässig war, ließ man offen. Insoweit soll jeder Staat die Qualifikation selber (also *lege fori*) vornehmen können. Kommen seine Gerichte freilich zu dem Ergebnis, dass es sich um eine Formfrage handelt, so haben sie die Zulässigkeit der gemeinschaftlichen Errichtung des Testaments nach dem vom Haager Testamentsformübereinkommen bestimmten Formstatut zu beurteilen. Auch die Zulässigkeit der gemeinschaftlichen Errichtung eines Testaments fällt dann unter die großzügige alternative Anknüpfung in Art. 1 Abs. 1 HTestformÜ.

116 Für Art. 27 EuErbVO ergibt sich auch an dieser Stelle, dass die Erbrechtsverordnung in den beteiligten Mitgliedstaaten das internationale Erbkollisionsrecht vollständig ersetzt. Damit bleibt kein Raum für nationale autonome Regeln, die die Zulässigkeit des gemeinschaftlichen Testaments als Frage der inhaltlichen Wirksamkeit (so zB Italien, Griechenland) oder der Form (so Frankreich, Niederlande, Luxemburg, Belgien, Polen, Rumänien, Ungarn, Slowenien) behandeln bzw. insoweit zur Qualifikation auf die entsprechenden Regeln des Errichtungsstatuts verweisen (so die in Deutschland überwiegende Auffassung, Staudinger/*Dörner,* Art. 25 EGBGB Rn. 323). Vielmehr wird man insoweit nun eine europaweit einheitliche Handhabung finden müssen.

117 Die Qualifikationsverweisung, also die Bezugnahme auf das nationale Recht, wird nicht weiterhelfen, denn diese würde bei Verweisung auf das Recht eines anderen Mitgliedstaates zu einem Zirkelschluss führen. Auch in den Rechtsordnungen der anderen Mitgliedstaaten wird nämlich diese Frage dann durch die EuErbVO geregelt sein. Die Auffassung von der materiellen Qualifikation verkennt, dass der Inhalt der testamentarischen Verfügung davon unabhängig ist, ob die Verfügungen in einer Urkunde zusammengefasst sind oder nicht. Vielmehr ist mit der Mehrheit der Staaten davon auszugehen, dass die Zusammenfassung der Verfügungen mehrerer Personen in einer einheitlichen Urkunde zunächst ausschließlich die Art und Weise der Testamentserrichtung betrifft. Damit handelt es sich mE um eine Frage der Form. Maßgeblich für die Frage, ob zwei Personen in einer einheitlichen Urkunde testieren können oder ob zwingend separate Urkunden errichtet werden müssen, ist insoweit also das Formstatut, mit der Folge, dass die großzügige Anknüpfung aus dem HTestFormÜ bzw. Art. 27 Abs. 1 EuErbVO eingreift (so auch *Bonomi* in Bonomi/Wautelet, Le droit Européen des Successions, 2. Aufl. 2016, Art. 27 Rn. 18 – allerdings dann beschränkt auf die äußere Verbindung; für die Frage, ob „gegenseitige Verfügungen iSv Art. 3 Abs. 1 lit. b EuErbVO zulässig und/oder wechselbezüglich seien gelte das gem. Art. 25 Abs. 2 und 3 EuErbVO bestimmte Errichtungsstatut).

Nach wohl überwiegender Ansicht handelt es sich hierbei um die Frage, ob die „bestimmte Art einer Verfügung von Todes wegen“ zulässig ist. Damit fällt die Frage der gemeinschaftlichen Errichtung als bestimmte Art der Verfügung von Todes wegen unter das Errichtungsstatut nach Art. 24 Abs. 1 EuErbVO (zB MüKoBGB/*Dutta* EuErbVO Art. 24 Rn. 3).

Die Bindungswirkung ist davon zu trennen. Diese ist bei Urkundseinheit nicht zwingend, und kann auch bei in getrennten Urkunden niedergelegten Verfügungen auftreten (vgl. die vom BGH insoweit rezipierte subjektive Theorie, ausführlich Staudinger/*Kanzleiter* Neubearb. 2013, Vorbem. zu § 2265 BGB Rn. 17). Selbst der Normzweck, den Testator vor der Illusion zu schützen, er sei nun erbrechtlich gebunden, vermag keine materiellrechtliche Qualifikation zu begründen. Ein entsprechender Schutzzweck kann sowohl durch eine materiellrechtliche Vorschrift, die jede bindende Verfügung für unwirksam erklärt, als auch durch eine Formvorschrift, die die äußere Trennung der Testamente verlangt, erreicht werden. Entscheidend dürfte hier sein, dass das gemeinschaftliche Testament in Art. 3 Abs. 1 lit. c EuErbVO ausschließlich nach äußeren Merkmalen definiert wird. Die Zugrundelegung der „objektiven Theorie“ führt zwingend zur Formqualifikation.

118 Insoweit ergibt sich also aus dem Formstatut mE auch die Frage, ob mehrere Personen in einer einzigen Urkunde testieren können und ob zwischen ihnen dabei eine bestimmte Beziehung bestehen muss. Damit können also zB Eheleute aus den Niederlanden in Österreich gemeinschaftlich testieren, ebenso wie nichteheliche Lebensgefährten aus Deutschland in Dänemark ein gemeinschaftliches Testament errichten können. Widerrufsbeschränkungen und Bindungswirkung wären freilich in beiden Fällen gem. Art. 24 Abs. 3 EuErbVO nach dem Errichtungsstatut zu beurteilen und damit nicht gegeben. In Deutschland freilich scheint sich die Ansicht durchzusetzen, dass die gemeinschaftlich Errichtung von Testamenten in einer Urkunde als Frage der „Zulässigkeit" des Testaments iSv Art. 24 Abs. 1 EuErbVO zu qualifizieren sei und daher dem Errichtungsstatut unterfalle (→ Art. 24 Rn. 4 mwN).

6. Folgen eines Formverstoßes

Dem Formstatut unterliegen nicht nur die Voraussetzungen für die formgerechte Errichtung einer Verfügung von Todes wegen, sondern auch die Folgen einer Verletzung dieser Erfordernisse (von Bar/ Mankowski IPR II, § 5 Rn. 537; aA MüKoBGB/Dutta TestformÜ Art. 1 ff. Rn. 19). Verlangt zB das Formstatut die Angabe von Ort und Tag der Errichtung im Testament, so ergibt sich aus diesem Recht nicht nur, ob im Fall fehlender Angaben im Testament dieser möglicherweise aus dem Inhalt des Testaments durch Auslegung hergeleitet werden können und ob sich aus dem Fehlen die Unwirksamkeit des Testament, seine Anfechtbarkeit oder möglicherweise lediglich Probleme bei dem Nachweise, dass der Erblasser das Testament nicht während eines Zustands der Testierunfähigkeit errichtet hatte ergeben. **119**

Das gleiche gilt für die die zB im Schweizer Recht enthaltene Regelung, wonach der Verstoß gegen bestimmte Formanforderungen innerhalb eines relativ kurzen Zeitraums gerichtlich geltend zu machen sind. Nach verstreichen dieser Frist kann dann nur noch geltend gemacht werden, es handele sich überhaupt nicht um ein Testament. **120**

Schwierig kann die Abgrenzung zum Beurkundungsverfahren sein: Handelt es sich zB bei dem Erfordernis des französischen Rechts, wonach bei Beurkundung eines Testaments zwei Personen als Zeugen oder ein weiterer Notar zugegen sein müssen um ein Formerfordernis oder um eine Frage des Beurkundungsrechts? Praktische Auswirkungen wird die Entscheidung dieser Qualifikationsfrage aber kaum haben, denn bei notarieller Beurkundung stimmen Formstatut (Ortsrecht) und das maßgebliche Beurkundungsstatut – bis auf den Fall der konsularischen Beurkundung – regelmäßig überein. **121**

Die Folgen der – nach dem Formstatut ermittelten – Formnichtigkeit ergeben sich nicht aus dem Formstatut, sondern aus dem Erbstatut. Dieses bestimmt also, ob ggf. testamentarische Erbfolge eintritt, ob eine zuvor errichtete Verfügung aufgehoben ist, etc. **122**

7. Abgrenzung von Beweisregeln

Manchmal sind die Übergänge zwischen Formvorschriften und Beweisregeln fließend. So bestimmt Sect. 6110 (1) *California Probate Code,* dass ein Testament in der Form eines Zweizeugentestament zu errichten ist und legt das Verfahren der Testamentserrichtung genau und detailliert fest. Ist das Testament nicht in dieser Form errichtet worden, so ist es gem. Sect. 6110 (2) *California Probate Code* gleichwohl als wirksam zu behandeln, wenn nur der *animus testandi* des Erblassers überzeugend bewiesen werden kann: **123**

(2) If a will was not executed in compliance with paragraph (1), the will shall be treated as if it was executed in compliance with that paragraph if the proponent of the will establishes by clear and convincing evidence that, at the time the testator signed the will, the testator intended the will to constitute the testator's will.

Umgekehrt könnte man das aber auch dahingehend formulieren, dass ein Testament in jeder beliebigen Form errichtet werden kann, sich aber nur bei einem in ordentlicher Form errichteten Testament aus dem Schriftstück unmittelbar auch die Vermutung des Testierwillens ergibt. Dann handelte es sich um eine reine Formvorschrift. Ein von einem Deutschen errichtetes Testament wäre also auch ohne Beiziehung von Zeugen und auch ohne Einhaltung der Erfordernisse für die Errichtung eigenhändiger Testamente aufgrund Einhaltung der kalifornischen Ortsform wirksam, wenn es der Erblasser in Los Angeles errichtet hat. **124**

Bei Qualifikation als Beweisregel dagegen wäre Sect. 6110 (2) *California Probate Code* nicht anwendbar, sondern ausschließlich die strenge Form des Absatzes (1). Das in Kalifornien errichtete Testament wäre dann formnichtig, obgleich ein dortiges Gericht es als wirksam ansehen müsste. **125**

Eine Lösung dürfte sich hier daraus ergeben, dass man diese Regelung wie die Regeln über die Beweislast behandelt. Die Beweislast ergibt sich nicht aus dem Verfahrensrecht, sondern aus dem anwendbaren materiellen Recht (*Geimer,* Internationales Zivilprozessrecht, 6. Aufl. 2006, Rn. 2340). Ähnlich wäre hier dann dem durch das Testament Begünstigten die Beweislast für den Testierwillen aufzuerlegen. Beweismittel, Beweisverfahren etc. wären dann selbstverständlich weiterhin nach den Verfahrensregeln der *lex fori* zu behandeln. **126**

VIII. Zeitliche Übergangsregeln

Art. 3 HTestformÜ lässt die Befugnis der Vertragsstaaten unberührt, den Strauß der in Art. 1 Abs. 1 HTestformÜ vorgesehenen Anknüpfungen um weitere Blüten zu ergänzen. So hatte der deutsche Bundesgesetzgeber in Art. 26 Abs. 1 Ziff. 5 EGBGB noch Recht vorgesehen, dass auf die Formwirk- **127** samkeit auch das Recht anzuwenden ist, das auf die Rechtsnachfolge von Todes wegen anzuwenden ist oder im Zeitpunkt der Verfügung anzuwenden wäre und damit zwei weitere Anknüpfungen hinzugefügt. Art. 26 EGBGB ist allerdings durch Art. 27 EuErbVO ersetzt worden, der keine Erweiterung der im Haager Testamentsformübereinkommen vorgesehenen Anknüpfungsalternativen enthält. Das hat zur Folge, dass die in Art. 26 Abs. 1 Ziff. 5 EGBGB vorgesehene Verweisung auf nach dem 16. August 2015 eingetretene Erbfälle nicht mehr zur Anwendung kommt. Die Anknüpfung war zwar vordergründig überflüssig, da ja Art. 25 Abs. 1 EGBGB die Anknüpfung an die Staatsangehörigkeit vorsah und diese schon über Art. 1 Abs. 1 lit. b HTestformÜ berücksichtigt wurde. Das Erbstatut konnte sich gem. Art. 3a Abs. 2 EGBGB aber auch nach dem Belegenheitsort von Nachlassgegenständen richten und zwar auch von beweglichen, so dass hier nicht die Verweisung in Art. 1 Abs. 1 lit. e HTestformÜ eingreifen würde. Schließlich könnte sich eine Weiterverweisung aufgrund des Heimatrechts anhand einer in Art. 1 Abs. 1 HTestformÜ nicht vorgesehenen Anknüpfung (zB Domizil iSd Heimatrechts) auf das Recht eines Drittstaates ergeben. Dementsprechend ist es nicht ausgeschlossen, dass aufgrund der Ablösung von Art. 26 Abs. 1 Ziff. 5 EGBGB ein Testament, welches nach bisheriger Rechtslage wirksam gewesen wäre, aufgrund Einhaltung einer nicht (mehr) anwendbaren Rechtsordnung nunmehr als formnichtig zu behandeln ist (vgl. zu einer Nachfolgeregelung EGBGB Art. 26, unten).

128 In diesem Fall käme eine Rettung nur über Art. 83 Abs. 3 EuErbVO in Betracht. Danach könnte die Verweisung in Art. 26 Abs. 1 Ziff. 5 EGBGB weiterhin auf die Formwirksamkeit einer vor dem 16.8.2015 errichteten Verfügung angewandt werden, wenn der Erblasser zum Zeitpunkt der Errichtung in Deutschland seinen gewöhnlichen Aufenthalt hatte oder deutscher Staatsangehöriger war oder deutsche Behörden mit der Nachlasssache befasst werden.

129 Im Übrigen ergibt sich damit für die Formwirksamkeit aus deutscher Sicht (unbeachtet der Sondersituation in den neuen Bundesländern) folgende zeitliche Abschichtung:

Eintritt des Erbfalls	**Rechtsgrundlage**
1.1.1900 bis 31.12.1965	Art. 11 EGBGB aF
1.1.1966 bis 31.8.1986	Haager Testamentsformübereinkommen Zusätzliche Geltung des Errichtungsstatuts gem. Art. 11 EGBGB aF Für Erbverträge gilt Art. 11 EGBGB aF
1.9.1986 bis 16.8.2012	Haager Testamentsformübereinkommen mit Erweiterungen in Art. 26 Abs. 1 Ziff. 5 EGBGB. Für Erbverträge gilt Art. 26 Abs. 4 EGBGB
nach dem 17.8.2015	Haager Testamentsformübereinkommen. Für Erbverträge gilt Art. 27 EuErbVO

Anhang I: EGBGB

Artikel 26 Form von Verfügungen von Todes wegen

(1) [1] **In Ausführung des Artikels 3 des Haager Übereinkommens vom 5. Oktober 1961 über das auf die Form letztwilliger Verfügungen anzuwendende Recht (BGBl. 1965 II S. 1144, 1145) ist eine letztwillige Verfügung, auch wenn sie von mehreren Personen in derselben Urkunde errichtet wird oder durch sie eine frühere letztwillige Verfügung widerrufen wird, hinsichtlich ihrer Form gültig, wenn sie den Formerfordernissen des Rechts entspricht, das auf die Rechtsnachfolge von Todes wegen anzuwenden ist oder im Zeitpunkt der Verfügung anzuwenden wäre.** [2] **Die weiteren Vorschriften des Haager Übereinkommens bleiben unberührt.**

(2) **Für die Form anderer Verfügungen von Todes wegen ist Artikel 27 der Verordnung (EU) Nr. 650/2012 maßgeblich.**

I. Anwendungsbereich der Vorschrift

1 Art. 26 Abs. 1 EGBGB enthält eine Ausführungsvorschrift zu Art. 3 HTestformÜ. Der Anwendungsbereich dieser Regelung ist daher auf den sachlichen Anwendungsbereich des Haager Testamentsformübereinkommens beschränkt. Erfasst werden einseitige Testamente und Kodizille, gemeinschaftliche Testamente (Art. 4 HTestformÜ → Rn. 20; Rn. 12) und Widerrufstestamente (Art. 2 HTestformÜ; → Rn. 20). Da die Bundesrepublik Deutschland einen Vorbehalt hinsichtlich mündlicher Verfügungen gem. Art. 10 HTestformÜ nicht eingelegt hat, gilt das auch für mündliche Testamente, die keine „Nottestamente“ sind. Für Erbverträge und andere Verfügungen, die keine letztwilligen Verfügungen iSd Haager Testamentsformübereinkommens sind, soll Art. 26 Abs. 1 EGBGB nicht gelten (vgl. dazu → EGBGB Art. 26 Abs. 2 → Rn. 13).

2 Nach hier vertretener Auffassung ist mangels einer sich für den deutschen Gesetzgeber ergebenden Gesetzgebungskompetenz Art. 26 Abs. 1 EGBGB auch auf die vom Haager Testamentsformübereinkommen erfassten letztwilligen Verfügungen nur insoweit anwendbar, als diese in mündlicher Form errichtet iSv Art. 1 Abs. 2 lit. f EuErbVO worden sind (→ Rn. 18).

II. Zusätzliche Verweisungen für die Testamentsformwirksamkeit

1. Auf die Rechtsnachfolge von Todes wegen anzuwendendes Recht

3 Mit dem „Auf die Rechtsnachfolge von Todes wegen anzuwendendes Recht" iSv Art. 26 Abs. 1 EGBGB ist das effektive Erbstatut gemeint. Es kommt also darauf an, welches Recht nach den Regeln des III. Kapitels der EuErbVO auf die Erbfolge anwendbar ist. Keine Rolle spielt es dabei, ob bei der Bestimmung des auf die Rechtsnachfolge von Todes wegen anwendbaren Rechts vom gewöhnlichen Aufenthalt des Erblassers (Art. 21 Abs. 1 EuErbVO), von einer engeren Verbindung (Art. 21 Abs. 2 EuErbVO), einer Staatsangehörigkeit bei Vorliegen einer Rechtswahl (Art. 22 EuErbVO) oder bei einem gewöhnlichen Aufenthalt in einem Drittstaat von einer Rück- und/oder Weiterverweisung durch das dortige Kollisionsrecht (Art. 34 EuErbVO) ausgegangen worden ist. Gelten in dem betroffenen Staat mehrere Rechtsordnungen nebeneinander, so ist ausschließlich die einschlägige gem. Art. 36, 37 EuErbVO maßgebliche Teilrechtsordnung anzuwenden.

4 Nachdem sich das affektive Erbstatut in der EuErbVO regelmäßig ausschließlich nach dem gewöhnlichen Aufenthalt des Erblassers zum Zeitpunkt des Todes bzw. einer seiner Staatsangehörigkeiten bestimmt, diese Anknüpfungsmerkmale aber bereits in Art. 1 Abs. 1 lit. d und lit. b Haager Testamentsformübereinkommen enthalten sind, erscheint die zusätzliche Verweisung für die Bestimmung des Formstatuts auf das auf die Erbfolge anwendbare Recht zunächst überflüssig. Dennoch sind aber hier in folgenden Fallkonstellationen Abweichungen denkbar:

- Bei Verweisung auf das Recht eines Drittstaates sind Rück- und Weiterverweisungen aufgrund des dort geltenden IPR zu beachten. Dabei kann dort die Bestimmung des Erbstatuts auf Anknüpfungspunkten beruhen, die in Art. 1 Abs. 1 HTestformÜ entweder keine Berücksichtigung finden (wie zB die Verweisung auf die *lex rei sitae* von beweglichen Sachen in zahlreichen mexikanischen Bundesstaten Uruguay und Panama) oder aber wenn sich aus einer andersartigen Auslegung des entsprechenden Anknüpfungsmerkmals eine abweichende Anknüpfung ergibt (hier sei nur auf die erheblichen Differenzen bei der Bestimmung des Wohnsitzes bzw. des *domicile* in den einzelnen Rechtsordnungen hingewiesen).
- Aber auch bei der Anknüpfung des Erbstatuts unmittelbar an den gewöhnlichen Aufenthalt des Erblassers können sich Differenzen daraus ergeben, dass der gewöhnlichen Aufenthalt iSv Art. 1 Abs. 1 lit. d HTestformÜ aufgrund der bei Auslegung des Haager Testamentsformübereinkommens maßgeblichen autonomen Auslegung nach anderen Maßstäben zu bestimmen ist, als nach Art. 22 Abs. 1 EuErbVO. Insbesondere sind gem. Erwägungsgrund 23, 24 EuErbVO in erheblich stärkerem Maße subjektive Aspekte und langfristige Entwicklungen im Lebenslauf zu berücksichtigen als bei dem eher objektiv bestimmten Begriff des gewöhnlichen Aufenthalts iSd Haager Übereinkommen. Geht man freilich davon aus, dass sich für Deutschland bereits aus der Verweisung auf das am gewöhnlichen Aufenthalt geltende Recht in Art. 27 Abs. 1 lit. d EuErbVO eine Verweisung auf den gewöhnlichen Aufenthalt iSd EuErbVO ergibt, die von Deutschland über Art. 3 HTestformÜ zusätzlich zu Art. 1 HTestformÜ zu berücksichtigen ist (→ Rn. 67), so entfällt diese Möglichkeit für eine zusätzliche Verweisung.

5 Hintergrund der Verweisung auf das auf die Rechtsnachfolge von Todes wegen anwendbare Recht soll sein, einen Gleichlauf von materiellen und formellen Voraussetzungen zu erreichen (so Staudinger/*Dörner* EGBGB Art. 26 Rn. 28 zu Art. 26 Abs. 1 Nr. 5 EGBGB in der bis zum Anwendungsstichtag der EuErbVO geltenden Fassung). Da die materielle Wirksamkeit einer Verfügung von Todes wegen in Form eines einseitigen oder eines gemeinschaftlichen Testaments aber nicht dem effektiven Erbstatut unterliegt, sondern dem gem. Art. 24 Abs. 1 EuErbVO bestimmten Errichtungsstatut (bzw. nach Ansicht eines Teils der Lehre beim gemeinschaftlichen Testament dem gem. Art. 25 EuErbVO bestimmten Erbvertragsstatut), kann die Verweisung auf das effektive Erbstatut aber nicht zuverlässig zur Geltung des auf die materielle Wirksamkeit der Verfügung anwendbare Recht führen.

2. Im Zeitpunkt der Verfügung auf die Rechtsnachfolge von Todes wegen anzuwendendes Recht

6 Die Verweisung auf das „im Zeitpunkt der Verfügung auf die Rechtsnachfolge von Todes wegen anzuwendendes Recht", also das sog. „hypothetische Erbstatut" kommt dem auf die Wirksamkeit des

Testaments anwendbaren Recht schon näher, denn auch Art. 24 Abs. 1 EuErbVO unterstellt die materielle Wirksamkeit einer Verfügung von Todes wegen – mit Ausnahme eines Erbvertrags, der Art. 25 EuErbVO unterliegen würde – dem Recht, das auf die Rechtsnachfolge von Todes wegen anzuwenden wäre, wenn die Person, die die Verfügung errichtet hat, zu diesem Zeitpunkt verstorben wäre. Freilich gilt das so bestimmte hypothetische Erbstatut gem. Art. 24 Abs. 2 EuErbVO nur vorbehaltlich einer abweichenden Rechtswahl gem. Art. 24 Abs. 2 EuErbVO. Die Verweisung auf das hypothetische Erbstatut erhöht daher allenfalls die Wahrscheinlichkeit, dass mit der zusätzlichen Verweisung das auf die materielle Wirksamkeit des Testaments anwendbare Recht für anwendbar erklärt wird. In den Fällen, dass der Erblasser eine auf die Wirksamkeit des Testaments inhaltlich beschränkte Rechtswahl getroffen hat *(depeçage)*, geht aber auch diese Verweisung am Errichtungsstatut vorbei.

3. Nicht anwendbare Rechtsordnungen

7 Nicht anwendbar ist – wie gesagt – das gem. Art. 24 EuErbVO auf die materielle Wirksamkeit des Testaments anwendbare Recht. Dieses weicht lediglich dann vom „im Zeitpunkt der Verfügung auf die Rechtsnachfolge von Todes wegen anzuwendenden Recht“ ab, wenn der Erblasser eine inhaltlich auf das Errichtungsstatut beschränkte Rechtswahl getroffen hat. Die Rechtswahl wiederum kann nur das Recht eines der Staaten erfassen, denen der Erblasser im Zeitpunkt der Ausübung der Rechtswahl oder zum Zeitpunkt des Todes angehörte. Diese Rechtsordnungen werden freilich bereits durch die Verweisung in Art. 1 Abs. 1 lit. b HTestformÜ erfasst, und zwar nach herrschender Auffassung auch dann, wenn der Erblasser das Recht eines Heimatstaates gewählt hat, zu dem er keine effektiven Beziehungen hatte. Eine spezielle Verweisung auf das „auf die materielle Wirksamkeit der Verfügung“ anwendbare Recht“ hätte hier zwar der Klarstellung des Regelungsmotivs gedient. Effektiv führt aber die Regelung dennoch dazu, dass zumindest irgendeine der übrigen in Art. 1 Abs. 1 HTestformÜ vorgesehenen Verweisungen das Errichtungsstatut erfasst.

4. Beachtlichkeit von Rückverweisungen

8 Soweit Art. 26 Abs. 1 EGBGB auf das Recht verweist, „das auf die Rechtsnachfolge von Todes wegen anzuwenden“ ist bzw. wäre, so ist damit das letztlich anwendbare Erbstatut bzw. Errichtungsstatut gemeint. Zur Ermittlung dieses Rechts ist daher bei Verweisung auf das Recht eines Drittstaats im Rahmen des Art. 34 Abs. 1 EuErbVO auch die sich ggf. ergebende Rückverweisung auf das Recht eines Mitgliedstaates bzw. die Weiterverweisung auf das Recht eines Drittstaates zu beachten (vgl. schon zu Art. 26 Abs. 1 Nr. 5 in der ab 1986 geltenden Fassung von Bar, IPR Band II, 1. Aufl. 1991, Rn. 395; MüKoBGB/*Dutta,* 6. Aufl. 2015, EGBGB Art. 26 Rn. 64; Staudinger/*Dörner* EGBGB Art. 26 Rn. 48).

9 Nicht ganz deutlich ist, ob aber auch das IPR des ausländischen Formstatuts zu beachten ist. Art. 1 Abs. 1 HTestformÜ enthält eine unmittelbare Verweisung auf das „innerstaatliche Recht“ des jeweiligen Staates und stellt damit klar, dass ausschließlich das ausländische Sachrecht und nicht das ausländische Internationale Privatrecht erfasst werden soll (→ Rn. 87). Für Art. 27 EuErbVO ergibt sich der Ausschluss der Anwendbarkeit des ausländischen Kollisionsrechts aus Art. 34 Abs. 2 EuErbVO. Für Art 26 EGBGB dagegen ergibt sich dagegen keine Sonderregelung. Damit greift die allgemeine Regel des Art. 4 Abs. 1 EGBGB ein, welcher die grundsätzliche Beachtlichkeit des ausländischen IPR anordnet.

10 Man könnte nun unter Hinweis darauf, dass Art. 1 HTestformÜ ausschließlich auf das innerstaatliche Recht verweist, Gleiches auch für Art. 26 Abs. 1 EGBGB unterstellen. Hierfür würde sprechen, dass die Verweisung in Art. 26 EGBGB letztlich auf Art. 3 HTestformÜ beruht und den Strauß des Art. 1 HTestformÜ lediglich ergänzen soll. Das freilich ist nicht zwingend. Art. 26 EGBGB hat sich nunmehr ausdrücklich vom Wortlaut des Haager Testamentsformübereinkommens entfernt und die Verweisung auf das ausländische Recht nicht auf das innerstaatliche Recht des ausländischen Staates konkretisiert. Darüber hinaus lässt Art. 3 HTestformÜ den Mitgliedstaaten die Freiheit, zusätzliche Verweisungen auch dadurch zu schaffen, dass die Sachnormverweisungen des Haager Testamentsformübereinkommens durch Gesamtverweisungen bzw. IPR-Verweisungen ergänzt werden.

11 Nach *Dörner* (Staudinger, 2007, EGBGB Art. 26 Rn. 32 – zur insoweit wortlautgleichen damaligen Fassung) soll sich der Charakter als Sachnormverweisung daraus ergeben, dass Art. 26 Abs. 1 EGBGB sich auf „Formerfordernisse“ und damit unmittelbar auf den Inhalt von Sachnormen beziehe (Sachnormverweisung iSv Art. 3a Abs. 1 EGBGB). Das freilich ist nicht zwingend. Formerfordernisse können sich nicht nur (unmittelbar) aus Sachnormen, sondern auch (mittelbar) aus Kollisionsnormen ergeben. So bezieht sich zB Art. 7 auf die „Rechtsfähigkeit“ und Art. 13 Abs. 1 EGBGB auf die „Voraussetzungen der Eheschließung“, ohne dass diese Vorschriften als Sachnormverweisung ausgelegt werden. Der Wortlaut spricht hier – insbesondere in Zusammenschau mit Art. 1 HTestformÜ – daher eher für eine Gesamtverweisung.

12 Mithin kann sich im vorliegenden Fall der Ausschluss der Anwendbarkeit des ausländischen Kollisionsrechts allenfalls aus der „Sinnklausel“ in Art. 4 Abs. 1 S. 1 Hs. 2 EGBGB ergeben. Das ausländische

internationale Privatrecht ist danach nicht anzuwenden, wenn dies dem Sinn der Verweisung durch die deutsche Kollisionsnorm widersprechen würde. So wird auch für Art. 11 EGBGB in Deutschland allgemein vertreten, dass es dem mit der Verweisung auf die Ortsform verfolgten Gesetzeszweck der Rechtssicherheit widerspreche und die mit der alternativen Anknüpfung beabsichtigte Anhäufung der anwendbaren Rechtsordnungen unterlaufen würde, wenn hier über Rück- und Weiterverweisungen der Kreis der anwendbaren Rechtsordnungen wieder vermindert werden würde (*Kegel/Schurig,* Internationales Privatrecht, 9. Aufl. 2004, § 10 V S. 405; Staudinger/*Hausmann* EGBGB Art. 4 Rn. 333; *Solomon* FS Schurig, 2012, 261; MüKoBGB/*Spellenberg* EGBGB Art. 11 Rn. 15). Diese Argumentation trifft auch auf die in Art. 26 EGBGB geschaffene erbrechtliche Spezialregelung zu Art. 11 EGBGB zu. Daher ist im Rahmen einer einheitlichen Auslegung des EGBGB eine Interpretation dahingehend geboten, dass auch die Verweisungen des Art. 26 EGBGB als Sachnormverweisungen ausgelegt werden.

III. Formwirksamkeit anderer Verfügungen von Todes wegen

13 Das Haager Testamentsformübereinkommen erfasst ausschließlich einseitige und gemeinschaftliche Testamente sowie den Widerruf von Testamenten – soweit auch dieser durch Testament erfolgt (Art. 4, Art. 2 Abs. 1 HTestformÜ). Art. 26 Abs. 4 EGBBGB hatte den Anwendungsbereich auf „andere Verfügungen von Todes wegen" erstreckt (ähnlich zB Art. 93 Abs. 2 Schweizer IPRG 1989). Nachdem freilich der Vorbehalt des Art. 75 Abs. 1 EuErbVO das Haager Testamentsformübereinkommen ausschließlich in seinem originären Anwendungsbereich („letztwillige Verfügungen") erfasst, nicht aber die Erweiterung des Anwendungsbereichs durch nationale Gesetze der Mitgliedstaaten auf Erbverträge und andere Verfügungen, wäre Art. 26 Abs. 4 EGBGB für Erbfälle ab dem 17.8.2015 durch die EuErbVO verdrängt worden.

14 Art. 26 Abs. 2 EGBGB enthält daher nun eine „Hinweisnorm", die den Leser des Gesetzes darauf aufmerksam machen soll, dass hier nun ausschließlich Art. 27 EuErbVO gilt. Diese Hinweisnorm steht dann in einem Verhältnis als Spezialvorschrift zu Art. 3 Ziff. 1 lit. e EGBGB – sollte man bei Hinweisnormen überhaupt die Möglichkeit von General- und Spezialvorschriften anerkennen.

IV. Europarechtliche Zulässigkeit der Vorschrift

15 Gem. Art. 75 Abs. 1 EuErbVO genießen internationale Abkommen der Mitgliedstaaten weiterhin Anwendungsvorrang vor den Regeln der EuErbVO. Das betrifft insbesondere auch das Haager Testamentsformübereinkommen (HTestformÜ), welches in Art. 75 Abs. 1 UA 2 EuErbVO sogar ausdrücklich genannt wird. Art. 3 HTestformÜ bestimmt, dass das Haager Testamentsformübereinkommen bestehende oder künftige Vorschriften der Vertragsstaaten, wodurch letztwillige Verfügungen anerkannt werden, die der Form nach entsprechend einer in den Art. 1 und 2 des HTestformÜ nicht vorgesehenen Rechtsordnung errichtet worden sind, nicht entgegensteht. Damit erhält der nationale Gesetzgeber die Möglichkeit, den Strauß der anwendbaren Rechtsordnungen um weitere Blüten zu ergänzen.

16 Der deutsche Gesetzgeber hat bei Erlass des IPR-Reformgesetzes 1986 von dieser Gelegenheit Gebrauch gemacht und in Art. 26 Abs. 1 Nr. 5 EGBGB bestimmt, dass letztwillige Verfügungen auch dann formgültig sind, wenn sie der Rechtsordnung entsprechen, die auf die Rechtsnachfolge von Todes wegen selbst Anwendung findet oder zum Zeitpunkt der Errichtung Anwendung finden würde.

17 Man könnte nun annehmen, dass über den Vorbehalt in Art. 75 Abs. 1 EuErbVO auch Art. 3 HTestformÜ weiterhin in der Weise anzuwenden ist, dass die deutsche Sonderregelung nach diesem Vorbehalt in Art. 26 EGBGB wirksam bleibt. Dieser Ansicht folgt offenbar die Regierungsbegründung zum Ausführungsgesetz zur EuErbVO (BT-Drs. 18/4201, 66). Freilich stellt auch diese Vorschrift zur Anwendbarkeit des Erbstatuts auf die Formwirksamkeit einer letztwilligen Verfügung eine nationale Vorschrift eines Mitgliedstaates auf dem Gebiet des internationalen Erbkollisionsrechts dar. Insoweit ist daher mit Verabschiedung der EuErbVO durch die Union die Gesetzgebungskompetenz auf die EU übergegangen. Auch über die Ausweitung der alternativen Anknüpfungsmöglichkeiten des Art. 1 HTestformÜ entscheidet daher nun nicht mehr der nationale Gesetzgeber, sondern der Rat der EU. Das trifft im Ergebnis dann zB auf die Anknüpfung in Art. 27 Abs. 1 lit. d EuErbVO zu, wonach ein Testament formwirksam ist, wenn es den Regeln des Ortes entspricht, an dem der Erblasser seinen gewöhnlichen Aufenthalt iSd Erwägungsgründe 23, 24 EuErbVO hat (→ Rn. 67). Für eine unabhängige eigene Kompetenz der Mitgliedstaaten zur Ausweitung des Kreises der Anknüpfungspunkte ist daher auch unter dem Vorbehalt des Art. 3 HTestformÜ kein Raum gegeben (so auch MüKoBGB/*Dutta* EGBGB Art. 26 Rn. 40). Dies wäre auch nicht sinnvoll, denn die mit Art. 27 EuErbVO angestrebte Einheitlichkeit der Rechtsanwendung in den Mitgliedstaaten, insbesondere auch zwischen den Staaten, die das Haager Testamentsformübereinkommen ratifiziert haben und denen, in denen das Haager Testamentsformübereinkommen nicht gilt, würde auf diese Weise wieder aufgegeben und die Gefahr hinkender Testamente geschaffen.

18 Mithin bleibt meines Erachtens der Anwendungsbereich dieser Norm auf die mündlich errichteten Verfügungen von Todes wegen beschränkt, da für diese die EuErbVO nicht gilt, mithin also Art. 27 EuErbVO auf diesem Bereich das nationale Gesetz nicht verdrängen kann (Art. 1 Abs. 2 lit. f EuErbVO).

Anhang II: Das Washingtoner Übereinkommen über ein einheitliches Recht für die Form eines internationalen Testaments vom 26.10.1973

Literatur: *Nadelmann,* The formal validity of wills and the Washington Convention 1973 providing the form of an international will, AmJCompL 22 (1974) 365; *Plantard,* Explanatory Report ont the Convention providing a Uniform Law on the Form of an International Will, Revue de droit uniforme 1974, 90 sowie unter http://www.unidroit.org/explanatory-report-successions; *Revillard,* Entrée en vigueur de la Convention de Washington du 28 octobre 1973 portant loi uniforme sur la forme d'un testament international, in Journal du droit international (Clunet) 122 (1995), 585.

Vorbemerkung zu Art. I ff.

I. Entstehung

1 Schon wenige Jahre nach Fertigstellung des Haager Testamentsformübereinkommens sah das *Institut International pour l'Unification du Droit Privé* (UNIDROIT) in Rom Anlass, sich ebenfalls mit dem Thema Testamentsform zu befassen. Aus der breiten Akzeptanz des Haager Testamentsformübereinkommens mit seinen zahlreichen Anknüpfungsalternativen folgerte man, dass aufgrund zunehmender Mobilität und Internationalisierung nunmehr die Vorbehalte gegen fremde Testamentsformen abgenommen hätten. Daher sei offenbar nun die Zeit reif, einen weiteren Schritt nach vorne zu gehen und eine Testamentsform zu entwickeln, die im internen Recht eines jeden Vertragsstaates akzeptiert werde. Im Jahre 1961 bereits wurde im Auftrag der UNIDROIT durch das Institut für Rechtsvergleichung in Belgrad eine rechtsvergleichende Studie über die Form von Testamenten vorgelegt. Diese bot die informatorische Basis für die neue Testamentsform, die in sich sowohl Elemente der Testamentsformen der kontinentalen Rechtssysteme als auch des *common law* vereint, ohne aber dass sämtliche Voraussetzungen eines bestimmten dieser Rechtssysteme insgesamt erfüllt werden sollen.

II. Aufbau des Abkommens

2 Das Abkommen enthält im „völkerrechtlichen Teil" (im Folgenden mit „WA" abgekürzt) 16 Artikel, die in römischen Ziffern nummeriert sind. Die materiellen Normen zur neugeschaffenen internationalen Testamentsform befinden sich in einem Anhang (Annex Uniform Law on the Form of an International Will – im Folgenden mit „UL" abgekürzt) aus 15 Artikeln, die mit arabischen Ziffern durchnummeriert sind. Art. 10 UL enthält das Muster für die Bescheinigung der Autorisierten Person.

III. Wirkung des Abkommens

3 Das Washingtoner Übereinkommen stieß insbesondere bei den Staaten auf Interesse, die das kollisionsrechtlich ausgestaltete Haager Übereinkommen nicht ratifiziert hatten. Das gilt zB für Italien und Portugal, die offenbar wegen der unklaren Auswirkungen auf die Zulässigkeit der gemeinschaftlichen Testamentserrichtung dem Haager Übereinkommen fern geblieben waren.

4 Das Übereinkommen ist unter anderem auch vom damaligen Jugoslawien gezeichnet und ratifiziert worden. Nach Auflösung der Föderation wurde seine Weitergeltung ausdrücklich nur von Bosnien-Herzegowina und Slowenien bestätigt. Allerdings sind die Regeln des Übereinkommens weiterhin Bestandteil der erbrechtlichen Regeln in sämtlichen aus dem ehemaligen Jugoslawien hervorgegangenen unabhängigen Staaten (ausgenommen wohl allein der Kosovo, vgl. dazu Morina in NomosKomm-BGB V: Erbrecht, 5. Aufl. 2018, Länderbericht Kosovo Rn. 7, 33).

5 Das Washingtoner Übereinkommen gilt aktuell für folgende Europäische Mitgliedstaaten:

- Belgien
- Frankreich
- Italien
- Portugal
- Slowenien
- Zypern
- ob das Abkommen auch für Kroatien gilt, ist zweifelhaft. Die Regeln zum Internationalen Testament finden sich weiterhin in Art. 151–166 des kroatischen Erbgesetzes. Nach Auflösung der Jugoslawischen Föderation hat man aber offenbar keine Meldung der Rechtsnachfolge zur US-Regierung vorgenommen, die für die Hinterlegung zuständig wäre.

Es gilt für folgende Staaten, die nicht Mitgliedstaaten iSd EuErbVO sind: 6

- Bosnien Herzegowina
- Ekuador
- Kanada (Provinzen Alberta, British Columbia, Manitoba, Neufundland, Neuschottland, Ontario, Neu Braunschweig, Saskatchewan, Prinz Eduard Inseln),
- Libyen
- Montenegro
- Nordmazedonien
- Niger
- Serbien.

Die USA sind nicht Übereinkommenspartei. Da das Erbrecht, auch das entsprechende Internationale Privatrecht, in die Kompetenz der Einzelstaaten fällt, wäre eine Ratifikation durch die Bundesregierung nach den Sonderregeln in Art. XIII, XIV WA möglich. Die für den Erlass von Mustergesetzen zuständige *National Conference of Commissioners on Uniform State Laws* hat allerdings am 14. Februar 1978 einen *„Uniform International Wills Act"* beschlossen und in den „Uniform Probate Act" eingefügt. Auf diese Weise hat das Washingtoner Übereinkommen seinen Weg in das materielle Erbrecht einer Reihe von US-Staaten gefunden (Aufstellung bei Staudinger/*Dörner* EGBGB, Vorbem. zu Art. 25f Rn. 137). Freilich ist hierbei zu berücksichtigen, dass diese US-Staaten mangels Zeichnung des Übereinkommens an die Regeln des Übereinkommens nicht gebunden sind und bei der Übernahme des *„Uniform Probate Act"* in das einzelstaatliche Recht regelmäßig Modifikationen vorgenommen werden. Insoweit ist daher selbst dann, wenn das Recht des jeweiligen Einzelstaates ein „International Will" vorsieht, nicht gewährleistet, dass dieses genau dem Washingtoner Übereinkommen von 1973 entspricht. 7

CONVENTION OF OCTOBER 26, 1973 PROVIDING A UNIFORM LAW ON THE FORM OF AN INTERNATIONAL WILL

The States signatory to the present Convention,

DESIRING to provide to a greater extent for the respecting of last wills by establishing an additional form of will hereinafter to be called an „international will" which, if employed, would dispense to some extent with the search for the applicable law;

HAVE RESOLVED to conclude a Convention for this purpose and have agreed upon the following provisions:

Article I

1. Each Contracting Party undertakes that not later than six months after the date of entry into force of this Convention in respect of that Party it shall introduce into its law the rules regarding an international will set out in the Annex to this Convention.

2. Each Contracting Party may introduce the provisions of the Annex into its law either by reproducing the actual text, or by translating it into its official language or languages.

3. Each Contracting Party may introduce into its law such further provisions as are necessary to give the provisions of the Annex full effect in its territory.

4. Each Contracting Party shall submit to the Depositary Government the text of the rules introduced into its national law in order to implement the provisions of this Convention.

Jeder der Beitrittsstaaten ist verpflichtet, die Regeln zum internationalen Testament aus dem UL in sein nationales materielles Erbrecht zu integrieren (Inkorporation). Er muss sich dabei nicht einer der Originalfassungen (Englisch, Französisch, Russisch und Spanisch) bedienen, sondern kann die Regeln in eine seiner Amtssprachen übersetzen. 8

Methodische Komplikationen bei der Integration in die erbrechtlichen Kodizes ergeben sich hierbei daraus, dass die Regeln sowohl Sachnormen als auch Kollisionsnormen (zB Art. V 1 WA, Art. 1 Abs. 1 UL) enthalten. 9

Article II

1. Each Contracting Party shall implement the provisions of the Annex in its law, within the period provided for in the preceding article, by designating the persons who, in its territory, shall be authorized to act in connection with international wills. It may also designate as a person authorized to act with regard to its nationals its diplomatic or consular agents abroad insofar as the local law does not prohibit it.

2. The Party shall notify such designation, as well as any modifications thereof, to the depositary Government.

In jedem Staat ist zu bestimmen, welche Personen als „Autorisierte Person" iSd WA gelten soll. Da es sich hierbei um ein Urkundstätigkeit handelt, wird dies in den Staaten, die ein Notariat haben, regelmäßig ein Notar sein. Das gleiche trifft für das konsularische Personal in den Auslandsvertretungen zu. 10

Auch in Deutschland wird sich schon aus der allgemeinen Beurkundungszuständigkeit der Notare ergeben, dass die Tätigkeit der Autorisierten Person von den Notaren wahrzunehmen ist.

11 Im damaligen Jugoslawien war das Notariat abgeschafft worden und die Beurkundung von Testamenten den Gerichten übertragen worden. In diesen Staaten sind die Gerichte daher regelmäßig auch Autorisierte Person iSd WA.

12 Nicht selbstverständlich ist die Benennung der Autorisierten Person in den Mitgliedstaaten, die kein öffentliches Testament kennen. So werden im US-amerikanischen District of Columbia (§ 18–709 DC Code) sämtliche Rechtsanwälte, die eine Zulassung den Gerichten des District haben wie auch das konsularische Personal im Auswärtigen Dienst der USA als Autorisierte Person benannt.

Article III

The capacity of the authorized person to act in connection with an international will, if conferred in accordance with the law of a Contracting Party, shall be recognized in the territory of the other Contracting Parties.

13 Die Zuständigkeit der in einem Mitgliedstaat benannten Autorisierten Person ist in allen anderen Mitgliedstaaten verbindlich und anzuerkennen. Hierbei hilft Art. II Abs. 2 WA, wonach den Bestimmung der Autorisierten Person in einem Mitgliedstaat der US-Regierung als Depositar des WA mitzuteilen ist. Durch Anfrage dort können also die Gerichte der übrigen Mitgliedstaaten in Erfahrung bringen, ob die Person, die bei der Errichtung des Testaments mitgewirkt hat, dort auch tatsächlich Autorisierte Person ist.

14 Ist das Testament in einem Staat errichtet worden, der nicht Mitgliedstaat des WA ist – also zB Deutschland – so wäre nach deutschem Recht zwar der Notar „Autorisierte Person" iSd WA, denn die entsprechende Tätigkeit (Beglaubigung der Unterschriften unter dem Testament) ist nach dem Beurkundungsgesetz im Inland ausschließlich den Notaren zugewiesen. Dennoch sind in diesem Fall die Gerichte der Mitgliedstaaten nicht verpflichtet, dessen Mitwirkung gem. Art. III WA anzuerkennen. Vielmehr stände es in diesem Fall den Gerichten des Mitgliedstaates des WA offen, dessen Zuständigkeit abzulehnen und zu entscheiden, das Testament sei nicht entsprechend des Regeln des WA zustande gekommen. Sicherer erscheint es daher in diesen Fällen, das Testament nach der Ortsform zu beurkunden und die Regeln des UL allenfalls zusätzlich zu den Regeln des Ortsrechts zu beachten („kumulative Testamentsform").

15 Aus deutscher Sicht ergäbe sich die Verpflichtung zur Anerkennung eines in einem der Mitgliedstaaten unter Mitwirkung der dort ernannten Autorisierten Person errichteten Testaments nicht aus dem WA, wohl aber aus der Verweisung auf die Ortsform gem. Art. 1 Abs. 1 lit. 1 HTestformÜ.

Article IV

The effectiveness of the certificate provided for in Article 10 of the Annex shall be recognized in the territories of all Contracting Parties.

16 Art. IV WA nimmt Bezug auf Art. 12 UL, wonach das Zertifikat einen Anscheinsbeweis für die ordnungsgemäße Errichtung des Testaments darstellt. Diese Beweiswirkungen kommen dem Zertifikat auch dann zu, wenn es von der Autorisierten Person eines anderen Staates ausgestellt ist. Aus Art. IV WA geht dabei nicht ausdrücklich hervor, ob dies auch dann gilt, wenn das Zertifikat die autorisierte Person eines Staates, der das Abkommen nicht ratifiziert hat, ausgestellt hat. Geht man davon aus, dass diese Anerkennungsvorschrift sich nicht im ANNEX, sondern im völkerrechtlichen Teil des WA befindet und dass die Verpflichtung zur gegenseitigen Anerkennung sich nur im Verhältnis der Vertragsstaaten zueinander ergeben kann, wird man die Vorschrift wohl dahingehend auslegen müssen, dass sich die Verpflichtung ausschließlich auf die von einem Abkommensstaat bestellten Autorisierten Person erstellten Zertifikate bezieht. Die Möglichkeit der Mitgliedstaaten, darüber hinaus in Drittstaaten ausgestellte Zertifikate anzuerkennen, bleibt davon freilich unberührt. Diese Anerkennung würde die weitest mögliche Verwendbarkeit des Internationalen Testaments ermöglichen und damit den Zielen des Abkommens sogar entgegenkommen.

Article V

1. The conditions requisite to acting as a witness of an international will shall be governed by the law under which the authorized person was designated. The same rule shall apply as regards an interpreter who is called upon to act.

2. Nonetheless no one shall be disqualified to act as a witness of an international will solely because he is an alien.

17 Diese Regelung zeigt, wie eng die Möglichkeiten der Rechtsvereinheitlichung im internationalen Bereich sein können. Schon in Bezug auf Anforderungen an die persönlichen Eigenschaften der Zeugen und Übersetzer bzw. der Gründe, die ihre Mitwirkung bei der Testamentserrichtung ausschließen, konnte offenbar keine einheitliche Regelung gefunden werden. Um die Lücke zu füllen, griff man daher auf – welche durch das WA eigentlich überwunden werden sollten – kollisionsrechtliche Regelungs-

mechanismen zurück. Die persönlichen Eigenschaften und Ausschlussgrunde beurteilen sich daher nun nach den Regeln des Rechts, auf dessen Grundlage die Autorisierte Person bestellt worden ist. Man hätte hier auch auf das Recht des Errichtungsortes verweisen können. Die gefundene Anknüpfung stellt aber auch im Fall der Mitwirkung eines Konsularbeamten sicher, dass die Regeln seines Entsendestaates beachtet werden, und nicht etwa die Regeln des Staates, auf dessen Territorium er agiert. Das ermöglicht dann die Errichtung eines Internationalen Testaments nach dem WA selbst dann, wenn der Testator in einem Staat lebt, der nicht Vertragspartei des WA ist.

Article VI

1. The signature of the testator, of the authorized person, and of the witnesses to an international will, whether on the will or on the certificate, shall be exempt from any legalization or like formality.

2. Nonetheless, the competent authorities of any Contracting Party may, if necessary, satisfy themselves as to the authenticity of the signature of the authorized person.

Die Unterschriften unter dem Testament, insbesondere auch das Zertifikat der Autorisierten Person sind vom Echtheitsnachweis in Form einer Legalisation, aber auch der Apostille als „ähnlicher Formalität" befreit. Damit ergeben sich Unsicherheiten hinsichtlich der Echtheit der Unterschrift, wie auch hinsichtlich der Qualifikation der Person als „Autorisierte Person". Insoweit kann aber auf die beim Depositar gem. Art. II Abs. 2 WA hinterlegten Angaben Zugriff genommen werden. **18**

Article VII

The safekeeping of an international will shall be governed by the law under which the authorized person was designated.

Die Verwahrung von Verfügungen von Todes wegen ist in den einzelnen Ländern sehr unterschiedlich geregelt. In vielen Ländern (insbesondere den sog. *common law*-Staaten) ist sie gesetzlich gar nicht geregelt. Eine einheitliche Regelung im WA hätte nicht nur den Umfang des Abkommens gesprengt. Die Verpflichtung der Beitrittsstaaten, anschließend eine entsprechende Organisation zu schaffen – möglicherweise neben den bestehenden Regeln für die Testamentsverwahrung – hätte wegen des damit verbundenen Aufwands möglicherweise Staaten von der Ratifikation abgehalten. Das Abkommen hängt sich daher an die bestehenden nationalen Systeme an. Technisch erfolgt dies im Wege einer Kollisionsnorm, die auf das Recht des Staates, der die Autorisierte Person bestellt hat *(lex magistratus)* verweist. **19**

Article VIII

No reservation shall be admitted to this Convention or to its Annex.

Article IX

1. The present Convention shall be open for signature at Washington from October 26, 1973, until December 31, 1974.

2. The Convention shall be subject to ratification.

3. Instruments of ratification shall be deposited with the Government of the United States of America, which shall be the Depositary Government.

Article X

1. The Convention shall be open indefinitely for accession.

2. Instruments of accession shall be deposited with the Depositary Government.

Article XI

1. The present Convention shall enter into force six months after the date of deposit of the fifth instrument of ratification or accession with the Depositary Government.

2. In the case of each State which ratifies this Convention or accedes to it after the fifth instrument of ratification or accession has been deposited, this Convention shall enter into force six months after the deposit of its own instrument of ratification or accession.

Article XII

1. Any Contracting Party may denounce this Convention by written notification to the Depositary Government.

2. Such denunciation shall take effect twelve months from the date on which the Depositary Government has received the notification, but such denunciation shall not affect the validity of any will made during the period that the Convention was in effect for the denouncing State.

Article XIII

1. Any State may, when it deposits its instrument of ratification or accession or at any time thereafter, declare, by a notice addressed to the Depositary Government, that this Convention shall apply to all or part of the territories for the international relations of which it is responsible.

2. Such declaration shall have effect six months after the date on which the Depositary Government shall have received notice thereof or, if at the end of such period the Convention has not yet come into force, from the date of its entry into force.

3. Each Contracting Party which has made a declaration in accordance with paragraph 1 of this Article may, in accordance with Article XII, denounce this Convention in relation to all or part of the territories concerned.

Article XIV

1. If a state has two or more territorial units in which different systems of law apply in relation to matters respecting the form of wills, it may at the time of signature, ratification, or accession, declare that this Convention shall extend to all its territorial units or only to one or more of them, and may modify its declaration by submitting another declaration at any time.

2. These declarations shall be notified to the Depositary Government and shall state expressly the territorial units to which the Convention applies.

20 Art. XIV erlaubt Mehrrechtsstaaten, die Zeichnung des WA nur für einzelne dieser Gebietseinheiten vorzunehmen. So gilt zB die Internationale Testamentsform in Kanada nur in bestimmten Provinzen. Jugoslawien dagegen hatte das Abkommen für die gesamte Föderation gezeichnet, so dass dieses in allen Rechtseinheiten in Kraft getreten war.

Article XV

If a Contracting Party has two or more territorial units in which different systems of law apply in relation to matters respecting the form of wills, any reference to the internal law of the place where the will is made or to the law under which the authorized person has been appointed to act in connection with international wills shall be construed in accordance with the constitutional system of the Party concerned.

Article XVI

1. The original of the present Convention, in the English, French, Russian and Spanish languages, each version being equally authentic, shall be deposited with the Government of the United States of America, which shall transmit certified copies thereof to each of the signatory and acceding States and to the International Institute for the Unification of Private Law.

2. The Depository Government shall give notice to the signatory and acceding States, and to the International Institute for the Unification of Private Law, of:

(a) any signature;

(b) the deposit of any instrument of ratification or accession;

(c) any date on which this Convention enters into force in accordance with Article XI;

(d) any communication received in accordance with Article I, paragraph 4;

(e) any notice received in accordance with Article II, paragraph 2;

(f) any declaration received in accordance with Article XIII, paragraph 2, and the date on which such declaration takes effect;

(g) any denunciation received in accordance with Article XII, paragraph 1, or Article XIII, paragraph 3, and the date on which the denunciation takes effect;

(h) any declaration received in accordance with Article XIV, paragraph 2, and the date on which the declaration takes effect.

IN WITNESS WHEREOF, the undersigned Plenipotentiaries, being duly authorized to that effect, have signed the present Convention.

DONE at Washington this twenty-sixth day of October, one thousand nine hundred and seventy-three.

ANNEX UNIFORM LAW ON THE FORM OF AN INTERNATIONAL WILL

Article 1

1. A will shall be valid as regards form, irrespective particularly of the place where it is made, of the location of the assets and of the nationality, domicile or residence of the testator, if it is made in the form of an international will complying with the provisions set out in Articles 2 to 5 hereinafter.

2. The invalidity of the will as an international will shall not affect its formal validity as a will of another kind.

21 Art. 1 Abs. 1 UL ist Ausdruck des universellen Geltungsanspruchs der Regeln des UL als international geltendem materiellen Einheitsrecht. Ein Testament, das nach den materiellen Anforderungen des UL

formgerecht errichtet worden ist soll immer und überall formwirksam sein, und zwar unabhängig davon, ob das Recht eines der Staaten, die das UL in nationales Recht umgesetzt haben berufen ist oder nicht. Es versteht sich freilich von selbst, dass diese Regeln im Ergebnis dennoch nur dann Anwendung finden können, wenn die Regeln in irgendeiner Weise kollisionsrechtlich berufen sind. Für die Gerichte und Behörden der Staaten, die das UL ratifiziert haben ergibt sich die Berufung unmittelbar als lex fori, und zwar ohne dass insoweit weitere Kollisionsnormen vorzuschalten sind. Für einen anderen Staat kann sich die Anwendung daraus ergeben, dass die Regeln des UL in den Beitrittsstaaten in nationales materielles Recht umgesetzt worden sind. Führt also eine einzige der in Art. 27 EuErbVO bzw. Art. 1 des Hager Testamentsformübereinkommens enthaltenen Anknüpfungen zur Geltung eines Beitrittsstaates zum WA, so ergibt sich daraus auch aus Sicht eines Nicht-Beitrittsstaates die Anwendbarkeit der internationalen Testamentsform.

Der Begriff „Testament" wird im UL nicht definiert. Eine negative Definition ergibt sich allein daraus, dass Art. 2 UL gemeinschaftliche Testamente vom Anwendungsbereich ausnimmt. Gemeint sein dürften wohl nur gemeinschaftliche Testamente im „objektiven" Sinne, also die Fälle der formellen Urkundseinheit. Da es sich hier um eine reine Formvorschrift handele, soll der Inhalt der Verfügung belanglos sein, und daher zB auch eine Verfügung, die keine Erbeinsetzung enthält (Kodizill iSd vormaligen österreichischen oder niederländischen Rechts) erfasst sein. Erbverträge werden wohl nicht erfasst. Zum einen ist fraglich, ob vertragsmäßige Verfügungen, die bindend sind und unter Mitwirkung eines Vertragspartners des Erblassers getroffen wurden, als testamentarisch gelten können. Zum anderen würde jedenfalls ein mehrseitiger Erbvertrags bestenfalls als „gemeinschaftliches Testament" iSv Art. 2 UL qualifiziert werden können und schon aus diesem Grunde aus dem UL herausfallen. 22

Das UL unterscheidet zwischen zwingenden Formerfordernisse und solchen, deren Einhaltung nicht zwingend ist. Während die Nichteinhaltung der zwingenden Erfordernisse unvermeidlich zur Nichtigkeit des Testaments führt (also zu einem als Internationales Testament unwirksamen Testaments), so lässt die Verletzung der sonstigen Erfordernisse die Wirksamkeit des Testaments grundsätzlich unberührt. Die zwingenden Erfordernisse ergeben sich aus Artt. 2 bis 5 UL. Alle weiteren Erfordernisse sind nicht zwingend. So ist zB die Unterschrift (Art. 5 UL) unverzichtbar, die Frage, wo der Erblasser unterschreibt (Art. 6 UL) aber Soll-Vorschrift. 23

Erfüllt ein Testament nicht sämtliche Anforderungen für die Wirksamkeit nach Art. 2 bis 5 UL, so ist es als internationales Testament nach den Regeln des UL nicht formwirksam. Es bleibt dennoch die Möglichkeit offen, dass dieses Testament die Voraussetzungen für eine andere Form einhält. Maßgeblich sind hier dann die Anforderungen des materiellen Rechts einer der vom nationalen Kollisionsrecht berufenen Rechtsordnungen, also ggf. auch des materiellen Rechts der lex fori, die regelmäßig neben dem Internationalen Testament weitere Testamentsformen unvereinheitlichten Rechts vorsehen wird. 24

Article 2

This law shall not apply to the form of testamentary dispositions made by two or more persons in one instrument.

Das gemeinschaftliche Testament hat wie die Haager Konferenz offenbar auch die UNIDROIT-Kommission beschäftigt. Auch dort konnte man sich nicht einigen, die gemeinschaftliche Errichtung als Formfrage zu behandeln. Im Haager Abkommen hatte man sich daher dazu entscheiden, die Qualifikation nach der lex fori zuzulassen, so dass bei Qualifikation als formales Erfordernis das Gericht die Kollisionsnormen des Abkommens anwenden muss (→ Rn. 115). Im Rahmen des Washingtoner Abkommens schied ein entsprechendes Verfahren aus, denn die unterschiedliche Behandlung in den einzelnen Abkommenstaaten hätte das Ziel, ein im materiellen Recht aller Abkommenstaaten anerkanntes Testament zu schaffen, beim gemeinschaftlichen Testament vereitelt. Daher bestimmt Art. 2 UL nun, dass gemeinschaftliche Testament vom UL nicht erfasst werden. Wollen mehrere Personen gemeinschaftlich verfügen, so müssen sie sich also entweder einer entsprechenden nationalen Form bedienen oder aber in getrennten Urkunden testieren. 25

Art. 2 UL spricht nicht von „gemeinschaftlichen Testamenten" (joint wills), sondern von „Verfügungen von zwei oder mehr Personen in derselben Urkunde". Es wird also der objektive Begriff des gemeinschaftlichen Testaments zugrunde gelegt. Ausgeschlossen sind daher auch solche Urkunden, die Verfügungen mehrerer Personen enthalten, die in keinem Zusammenhang miteinander stehen (testamenta mere simultanea). Freilich muss es sich um eine einheitliche Urkunde handeln. Sind in sich jeweils durch Unterschrift etc. abgeschlossene Verfügungen von Todes wegen mehrerer Personen auf mehreren miteinander verbundenen Papierseiten errichtet worden oder gar auf demselben Blatt untereinander oder auf verschiedenen Seiten, so liegen mehrere Urkunden („instruments") vor, so dass jede für sich als einzelnes Testament gilt. Stehen getrennt errichtete Testamente innerlich in Zusammenhang, weil sie aufeinander Bezug nehmen oder gar sich gegenseitig bedingen (wechselbezügliche Verfügung), so liegt eine lediglich inhaltliche Verknüpfung vor, die nicht unter Art. 2 UL fällt. In diesem Fall kann also jedes von ihnen in der einheitlichen Testamentsform errichtet werden. Ob die inhaltliche Ver- 26 knüpfung zulässig und wirksam ist, klärt dann das für die materielle Wirksamkeit der jeweiligen Verfügungen geltende Errichtungsstatut.

Article 3

1. The will shall be made in writing.

2. It need not be written by the testator himself.

3. It may be written in any language, by hand or by any other means.

27 Das Testament muss schriftlich verfasst werden. Es muss aber nicht eigenhändig geschrieben werden, sondern der Text kann auch mit der Schreibmaschine, einem Computer oder auf andere Weise geschrieben werden. Es kann auch von einem Dritten, also zB einem Rechtsanwalt des Testators, einem Vertrauten oder der Autorisierten Person verfasst werden (wobei sich Beschränkungen hier allenfalls aus dem für diese geltenden Berufsrecht ergeben könnten, die aber im Rahmen des UL dann unbeachtlich sind). Es ist nicht einmal erforderlich, dass der Testator schreiben und lesen kann (Plantard, Report, 13). Das UL ermöglicht damit auch die Testamentserrichtung durch Blinde, Gelähmte oder Analphabeten.

28 Das Testament kann in jeder Sprache verfasst werden. Es ist nicht einmal erforderlich, dass Testator bzw. die Autorisierte Person oder die Zeugen diese Sprache verstehen. Ihnen muss allein bekannt sein, dass es sich um den letzten Willen des Testators handeln soll (s. Art. 4 UL). Damit sollen solche nationale Regelungen überwunden werden, die bei der Beurkundung von Testamenten die Verwendung der Landessprache verlangen.

29 Ob zur Schriftform iSv Art. 3 Abs. 1 UL auch die Textform ausreicht, bestimmt das Übereinkommen nicht. Als das Abkommen erlassen wurde, gab es diese technischen Möglichkeiten noch nicht. Eine entsprechende Erstreckung auf die Textform erscheint aber wegen der weiteren, auf die Papierform fixierten Errichtungsformalitäten (Unterschrift durch Testator, Betätigung durch die Zeugen etc.) problematisch. Die ergänzende Heranziehung nationalen Rechts erscheint bedenklich, da diese die internationale Einheitlichkeit der Testamentsform zerstören würde. Etwas anderes würde allenfalls dann gelten, wenn sich die Anerkennung eines in Textform errichteten Testaments als „schriftliches" Testament international weitgehend durchgesetzt hätte. Davon ist beim status quo aber noch nicht auszugehen.

Article 4

1. The testator shall declare in the presence of two witnesses and of a person authorized to act in connection with international wills that the document is his will and that he knows the contents thereof.

2. The testator need not inform the witnesses, or the authorized person, of the contents of the will.

30 Der Testator muss gegenüber der Autorisierten Person und den Zeugen erklären, dass es sich bei dem vorliegenden Schriftstück um seinen letzten Willen handelt und dass ihm der Inhalt dieses Schriftstücks bekannt ist. Bei dieser Erklärung handelt es sich um eines der zwingenden Erfordernisse für die Errichtung des Internationalen Testaments. Beiden Miteilungen kommt dabei wesentliche Bedeutung zu. Zwar wird sich in den meisten Fällen die Kenntnis des Testators vom Inhalt der Erklärung von selbst verstehen. Das gilt vor allem dann, wenn er dieses selber geschrieben hat oder aber das Testament im Rahmen eines Beurkundungsverfahrens laut verlesen worden ist. Das UL lässt dem Testator aber die Möglichkeit, das Testament in einer Sprache zu errichten, die er nicht kennt bzw. ein Testament zu errichten, das er nicht lesen kann (→ Rn. 28). Daher ist auf diese zweite Erklärung ebenfalls Wert zu legen. Die Autorisierte Person hat die entsprechende Erklärung im Zertifikat unter Ziff. 4 zu bescheinigen.

31 Die Erklärung des Testators kann in jeder Form erfolgen. Regelmäßig wird sie mündlich erfolgen. Kann der Testator nicht sprechen, so genügen aber auch Zeichen oder Gesten (Plantard, Report, 14).

32 Welche Voraussetzungen eine Person erfüllen muss, um als Zeuge auftreten zu können, regelt das UL nicht. Art. V Abs. 1 S. 1 WA enthält insoweit im Rahmen einer ergänzenden Kollisionsnorm eine Verweisung auf das Recht des Staates, von dem die autorisierte Person ernannt worden ist. Die Qualifikation der Zeugen wird somit im Ergebnis als verfahrensrechtliche Frage gehandhabt. Dies gilt dann für solche Erfordernisse, wie das erforderliche Alter der Zeugen, Geschäftsfähigkeit und wohl auch die Frage, ob eine Person, die von einer testamentarischen Verfügung profitiert, als Zeuge ausgeschlossen ist. Unbeachtlich ist hierbei aber eine nationale Norm, die eine Person wegen ihrer ausländischen Staatsangehörigkeit als Zeugen ausschließt, Art. V Abs. 2 UL.

Article 5

1. In the presence of the witnesses and of the authorized person, the testator shall sign the will or, if he has previously signed it, shall acknowledge his signature.

2. When the testator is unable to sign, he shall indicate the reason therefore to the authorized person who shall make note of this on the will. Moreover, the testator may be authorized by the law under which the authorized person was designated to direct another person to sign on his behalf.

3. The witnesses and the authorized person shall there and then attest the will by signing in the presence of the testator.

Da das Testament vom Testator nicht eigenhändig errichtet werden muss, stellt die Unterschrift unter dem Testament die einzige Mitwirkungshandlung des Testators in der Testamentsurkunde dar. Zur Unterschriftsleistung sieht das Übereinkommen drei Möglichkeiten vor: **33**

- Regelmäßig wird der Testator das Testament erst vor dem Urkundsbeamten unterschreiben, nachdem die Zeugen erschienen sind. Diese müssen dann wahrnehmen, wie der Testator die Unterschrift leistet (bzw. bei mehreren Blättern die Unterschriften → Rn. 39).
- Hat der Testator das Testament bereits unterschrieben bevor er die Autorisierte Person aufgesucht hat bzw. bevor die Zeugen die Unterschriften wahrnehmen konnten, so braucht er vor den Zeugen nicht erneut unterschreiben. Er kann stattdessen ihnen gegenüber die Unterschrift unter dem Testament als seine Unterschrift anerkennen. Besondere Anforderungen an diese „Anerkennung" bestehen nicht. Offen bleibt aber nach dem Abkommen, was die Folge ist, wenn der Testator die Unterschrift, die er als eigene ausgibt, nicht selber geleistet, sondern durch einen Dritten hat anbringen lassen. Für diese Fälle sieht Art. 5 Abs. 2 ein besonderes Verfahren vor. Dieses wird wohl als Sonderregelung vorrangig zu beachten sein. Das fälschliche Ausgeben eines von einem Dritten geschriebenen Namens als eigene Unterschrift wird daher – vorbehaltlich des in Art. 5 Abs. 2 genannten Verfahrens – wohl nicht die Anforderungen des Abkommens einhalten.
- Kann der Testator selber nicht schreiben (weil er nicht zu schreiben weiß oder aber weil er aus körperlichen oder sonstigen Gründen hierzu zum Zeitpunkt der Testamentserrichtung nicht in der Lage ist), so kann das Testament gem. Art. 5 Abs. 2 S. 1 UL auch ohne seine Unterschrift errichtet werden. Der Testator muss dann die Gründe für die Unfähigkeit der Autorisierten Person gegenüber darlegen und diese sie in Nummer 6 Abs. 2 der gem. Art. 10 UL zu erstellenden Bescheinigung wie auch auf dem Testament selber ausführen.
- Schließlich soll es auch möglich sein, ein internationales Testament in der Weise zu errichten, dass der Testator, der nicht in der Lage ist eigenhändig zu unterschreiben eine andere Person bezeichnet, die dann für ihn die Unterschrift (in seinem Namen) vollzieht, Art. 5 Abs. 2 S. 2 UL. Gegen diese im common law-Bereich verbreitete Methode haben sich in der Kommission von Vertretern zahlreicher Staaten Bedenken ergeben. Um Vorbehalte gegen das UL zu vermeiden hat man daher eine Klausel eingefügt, wonach die Unterschrift auf „Geheiß" des Erblassers nur dann zulässig ist, wenn diese nach dem Recht des Staates, nach dem die Autorisierte Person bezeichnet wurde, zulässig ist. Insoweit ergibt sich also wiederum eine beschränkte kollisionsrechtliche Verweisung auf die lex magistratus.

Anschließend ist das Testament auch von den beiden Zeugen und der Autorisierten Person zu unterschreiben. Regelmäßig werden sich bei den Unterschriften der Zeugen Hinweise darauf finden, dass der Testator das Testament in ihrer Gegenwart unterschrieben hat und die Autorisierte Person wird einen Beglaubigungsvermerk aufnehmen. Das internationale Testament trägt also regelmäßig die Unterschriften von vier Personen. **34**

Denkbar ist auch die Verbindung dieses Verfahrens mit einem nationalen Beurkundungsverfahren nach dem für die Autorisierte Person geltenden Recht. In diesem Fall muss das Testament in Gegenwart des Testators vollständig verlesen werden. Verlangt das nationale Recht die Beiziehung der Zeugen schon für das Verlesen (wie offenbar das französische und das Schweizer Recht), so erhalten sie Kenntnis vom Inhalt des Testaments. Verlangt das nationale Recht keine Zeugen (wie zB das deutsche Recht), so brauchen diese erst nach Verlesen und vor der Unterschrift für den Abschluss der Beurkundung zugezogen werden. **35**

Article 6

1. The signatures shall be placed at the end of the will.

2. If the will consists of several sheets, each sheet shall be signed by the testator or, if he is unable to sign, by the person signing on his behalf or, if there is no such person, by the authorized person. In addition, each sheet shall be numbered.

Das Testament soll am Ende des Textes vom Erblasser und von den Zeugen sowie der Autorisierten Person unterschrieben werden. **36**

Anders als bei dem Erfordernis der Unterschrift an sich handelt es sich bei der hier geregelten Frage, wo die Unterschrift anzubringen ist, um kein zwingendes Wirksamkeitserfordernis. Die Verletzung dieses Erfordernisses führt also nicht zur Unwirksamkeit des Testaments (vgl. Plantard, Report, 3). Dennoch handelt es sich hierbei um ein gesetzliches zwingendes Erfordernis insoweit, als die Autorisierte Person verpflichtet ist, darauf zu achten, dass dieses Erfordernis eingehalten wird. **37**

Eine andere Ansicht hat insoweit allerdings die 1. Zivilkammer der französischen Cour de Cassation vertreten (Urt. v. 10.10.2012). Diese vertrat die Ansicht, dass die Frage, wo und wie die Unterschrift zu leisten sei, mit der Frage der Unterschrift untrennbar verbunden sei. Das Unterschriftenerfordernis nach Art. 5 sei daher nur dann erfüllt, wenn die Unterschrift den Modalitäten des Art. 6 UL genüge, also im konkreten Fall auf beiden Blättern – feuillets – des Testaments angebracht worden sei. Eine den Erfordernissen des Art. 6 UL nicht entsprechende Unterschrift sei daher keine Unterschrift iSv Art. 5 UL. Das freilich ist sophistisch und widerspricht der Konzeption des UL, in dem das Erfordernis der **38**

Leistung der Unterschrift überhaupt und die Modalitäten der Unterschrift sorgfältig in zwei separate Regelungen aufgespalten wurden, um diesen Regeln dann unterschiedliche Folgen zuzuweisen.

39 Besteht das Testament aus mehreren Blättern, so ist jedes Blatt vom Erblasser zu unterzeichnen. Hier stellt sich zunächst die Frage, ob jede einzelne Blatt oder – also zB bei beidseitig bedruckten Blättern – auch jede einzelne Seite zu unterschrieben ist. Dagegen spricht zunächst der Wortlaut von Art. 6 Abs. 2 UL („sheet" bzw. „feuillet", nicht „page"). Aber auch der Zweck dürfte dagegen sprechen: Die Unterzeichnung auf jedem Blatt soll die Echtheit gewährleisten und einem Austausch von Seiten vorbeugen (Plantard, Report, 16). Diesem Zweck ist aber schon dann genügt, wenn jedes Blatt ein Mal signiert wird, auch wenn es doppelseitig beschrieben wurde.

40 In einigen Rechtsordnungen wird, wie bei Beurkundung in Deutschland, ein auf mehreren Blättern errichtetes Testament vom Notar zusammengeheftet und mit einer Kordel verbunden, so dass ein Austausch der Seiten ohne Verletzung dieser Verbindung ausgeschlossen ist. Das Übereinkommen konnte ein entsprechendes Verfahren nicht vorschreiben, weil dieses insbesondere in den common law-Staaten nicht bekannt ist. Im Ergebnis wird ein Notar dann aufgrund des für ihn geltenden Beurkundungsverfahrensrechts die Seiten heften und zusätzlich auf der Basis des Übereinkommens auf jedem Blatt vom Testator signieren lassen, so dass gegen den Austausch der Seiten durch einen Dritten doppelte Vorsorge getroffen wird. Man könnte hier erwägen, den Testator zur Vermeidung überflüssiger Formalitäten lediglich auf der Schlussseite signieren zu lassen. Das Testament wäre in diesem Fall dennoch wirksam, weil Art. 6 UL kein zwingendes Erfordernis enthält. Damit verstieße der Notar aber gegen die ihm durch das UL auferlegte (zwingende) Verpflichtung, auf die Einhaltung sämtlicher vom Übereinkommen verlangter Formalitäten zu achten.

41 Des Weiteren ergibt sich bei diesem Verfahren eine Unsicherheit daraus, dass die Autorisierte Person anschließend im Zertifikat unter Ziff. 8 bescheinigen muss, dass die Unterschriften auf jeder Seite geleistet wurde. Während die französische Fassung hier ebenfalls von „feuillet" (Blatt) spricht, heißt es in der englischsprachigen Fassung „page", also „Seite". In der englischen Fassung ist hier offenbar ein Redaktionsfehler unterlaufen. Nachdem aber die Autorisierte Person das Zertifikat nach dem vorgegebenen Muster verwenden muss, ergeben sich nur die folgenden Möglichkeiten: Will sie das Zertifikat in der englischen Fassung verwenden, so muss auf jeder einzelnen Seite unterschrieben werden. Soll jedes Blatt nur ein Mal unterschrieben werden, so muss für das Zertifikat das Formblatt in der französischen Fassung verwandt werden.

Article 7

1. The date of the will shall be the date of its signature by the authorized person.

2. This date shall be noted at the end of the will by the authorized person.

42 Das internationale Testament kommt mit der Unterschrift durch die Autorisierte Person zustande (Art. 5 Abs. 3 UL), die regelmäßig als letzter unterschreibt. Daher ist auch dieser Zeitpunkt richtigerweise der Zeitpunkt, mit dem das Testament errichtet ist. Nicht ausgeschlossen werden kann, dass das Testament ein weiteres Datum trägt, weil es etwa schon früher geschrieben wurde oder der Testator es schon unterschrieben hatte, bevor die Zeugen und die Autorisierte Person für die Durchführung des Verfahrens nach dem UL tätig wurden. In diesem Fall ist das frühere Datum für das Zustandekommen des Testaments als internationales Testament unbeachtlich. Nicht ausgeschlossen werden kann aber, dass das Testament nach einem anwendbaren nationalen Recht schon zuvor durch die Unterschrift zustande gekommen ist (also zB als holograph errichtetes Testament). In diesem Fall ist das Testament dann nicht nur nach mehreren Regeln formwirksam, es ist dann auch zu unterschiedlichen Zeitpunkten und damit wiederholt errichtet worden.

Article 8

In the absence of any mandatory rule pertaining to the safekeeping of the will, the authorized person shall ask the testator whether he wishes to make a declaration concerning the safekeeping of his will. If so and at the express request of the testator the place where he intends to have his will kept shall be mentioned in the certificate provided for in Article 9.

43 Gem. Art. VII WA gilt das Recht des Staates, der die Autorisierte Person bestellt hat (lex magistratus) für die Frage, ob und wie das Internationale Testament verwahrt werde muss (also zB bei Gericht oder beim Notariat). Diese Regeln erstrecken sich dann also auch auf das Internationale Testament.

44 Gibt es in diesem Staat keine zwingenden Regeln über die Verwahrung, so ist die Autorisierte Person dennoch gem. Art. 8 UL verpflichtet, den Testator zu fragen, ob er eine Verwahrung wünscht. So ist zB im common law-Bereich die Verwahrung des Testaments durch den Rechtsanwalt, der das Testament entworfen hat, häufig. Die Kommission war sehr von dem Umstand betroffen, dass Testamente im Erbfall häufig nicht aufgefunden, unterschlagen oder verfälscht werden. Durch diese Regelung soll gewährleistet werden, dass Testamente vermehrt in eine ordnungsgemäße Verwahrung gelangen. Da die geplante Verwahrung in dem Zertifikat (Ziffer 11) vermerkt wird, wird im Erbfall das Auffinden des

Testaments erleichtert. In diesem Fall ist es lediglich erforderlich, dass eines der ausgestellten Zertifikate aufgefunden wird, um auch den Weg zum Testament zu finden.

Article 9

The authorized person shall attach to the will a certificate in the form prescribed in Article 10 establishing that the obligations of this law have been complied with.

Das Internationale Testament erhält eine Bescheinigung der Autorisierten Person darüber, dass die im UL vorgesehenen Anforderungen eingehalten worden sind. Die Erstellung und Anfügung dieser Bescheinigung ist nicht zwingendes Erfordernis für die Wirksamkeit des internationalen Testaments. Andererseits schließt es aber auch nicht den Beweis aus, dass die Anforderungen nicht eingehalten worden sind. 45

Article 10

The certificate drawn up by the authorized person shall be in the following form or in a substantially similiar form:

Certificate (Convention of October 26, 1973)

1. I, ...
(name, address and capacity), a person authorized to act in connection with international wills
2. Certify that on .... (date) at .... (place)
3. (testator) ....
(name, address, date and place of birth)
in my presence and that of the witnesses
4. (a) ....
(name, address, date and place of birth)
(b) ....
(name, address, date and place of birth)
has declared that the attached document is his will and that he knows the contents thereof.
5. I furthermore certify that:
6. (a) in my presence and in that of the witnesses
(1) the testator has signed the will or has acknowledged his signature previously affixed.
***(2) following a declaration of the testator stating that he was unable to sign his will for the following reason ....**
– I have mentioned this declaration on the will
***– the signature has been affixed by ....**
(name, address)
7. (b)the witnesses and I have signed the will;
8. *(c) each page of the will has been signed by .... and numbered;
9. (d) I have satisfied myself as to the identity of the testator and of the witnesses as designated above;
10. (e) the witnesses met the conditions requisite to act as such according to the law under which I am acting;
11. *(f) the testator has requested me to include the following statement concerning the safekeeping of his will:
....
12. Place
13. Date
14. Signature and, if necessary, seal
*** To be completed if appropriate.**

Article 11

The authorized person shall keep a copy of the certificate and deliver another to the testator.

Die Autorisierte Person muss das Zertifikat in drei Exemplaren ausfertigen: Ein Zertifikat wird mit dem Testament verbunden und mit diesem hinterlegt (Art. 9 UL). Eine zweite Ausfertigung händigt die Autorisierte Person dem Testator aus – wenn nicht schon dieser das Testament selber verwahrt und dieses gemeinsam mit dem Testaments erhält. Ein drittes Exemplar schließlich muss die Autorisierte Person selber verwahren. Die damit erreichte mehrfache Dokumentation der Testamentserrichtung soll das Auffinden des Testaments im Erbfall erleichtern und das Entdecken nachträglicher Modifikationen am Zertifikat erleichtern. 46

Article 12

In the absence of evidence to the contrary, the certificate of the authorized person shall be conclusive of the formal validity of the instrument as a will under this law.

Das Zertifikat stellt einen prima facie Beweis für die ordnungsgemäße Errichtung des Testaments als Internationales Testament dar. Diese Klausel wird durch Art. IV WA ergänzt, wonach das Zertifikat in allen anderen Abkommenstaaten anzuerkennen ist. 47

48 Die Legalisation der Unterschrift der Autorisierten Person auf dem Zertifikat oder dem Testament Anbringung einer Apostille kann gem. Art. VI WA nicht verlangt werden.

Article 13

The absence or irregularity of a certificate shall not affect the formal validity of a will under this law.

49 Diese Vorschrift ist von Rechts wegen überflüssig, denn es ergibt sich bereits aus Art. 1 Abs. 1 UL dass allein die in Artt. 2 bis 5 UL genannten Erfordernisse zwingende Erfordernisse für die Formwirksamkeit des Internationalen Testaments sind. Die Ausstellung und Anbringung des Zertifikats gem. Art. 9 UL zählt also nicht dazu. Eigenständige Bedeutung könnte diese Regel aber dann erhalten, wenn man sie dahingehend auslegt, dass das Fehlen des Zertifikats auch keinen Anscheinsbeweis dahingehend begründet, dass die Voraussetzungen der Art. 2 bis 5 UL nicht erfüllt sind.

Article 14

The international will shall be subject to the ordinary rules of revocation of wills.

50 Nach Ansicht der Entwurfskommission soll diese Regelung zum Ausdruck bringen, dass die Widerruflichkeit des Testaments keine Frage der Form, sondern der materiellen Wirkungen des Testaments ist und daher nicht vom WA bzw. dem UL geregelt werden soll. Unabhängig davon dürfte sich allerdings aus dieser Klausel auch ergeben, dass der Widerruf eines in der Form des Internationalen Testaments errichteten Testaments nicht verlangt, dass auch das widerrufende Testament diese Form einhält bzw. dass andere Formen des Widerrufs (Rücknahme aus der amtlichen Verwahrung, Zerstörung der Urkunde), die sich aus dem nach dem nationalen Kollisionsrecht auf die Form anwendbaren Recht ergeben, nun ausgeschlossen oder erschwert werden.

Article 15

In interpreting and applying the provisions of this law, regard shall be had to its international origin and to the need for uniformity in its interpretation.

Artikel 28 Formgültigkeit einer Annahme- oder Ausschlagungserklärung

Eine Erklärung über die Annahme oder die Ausschlagung der Erbschaft, eines Vermächtnisses oder eines Pflichtteils oder eine Erklärung zur Begrenzung der Haftung des Erklärenden ist hinsichtlich ihrer Form wirksam, wenn diese den Formerfordernissen entspricht

a) des nach den Artikeln 21 oder 22 auf die Rechtsnachfolge von Todes wegen anzuwendenden Rechts oder

b) des Rechts des Staates, in dem der Erklärende seinen gewöhnlichen Aufenthalt hat.

Literatur: *Christandl,* Erbausschlagung und Gläubigerschutz – eine rechtsvergleichende Untersuchung zum Normzweck des § 83 Abs. 1 InsO, ZEuP 2011, 779; *Dörner,* Erbauseinandersetzung und Bestellung eines Minderjährigenpflegers nach Inkrafttreten der EuErbVO, ZEV 2016, 117; *Egidy/Volmer,* ErbVO und IntErbRVG in der Anwendung durch die Nachlassgerichte, RPfleger 2015, 433; *Eichel,* Die Grenzen der Ersetzung inländischer Ausschlagungserklärungen durch ihre Abgabe im Ausland gem. Art. 13 EuErbVO, ZEV 2017, 545; *Fetsch,* Die Erbausschlagung bei Auslandsberührung, MittBayNot 2007, 285; *Lehmann,* Der Regierungsentwurf für ein Gesetz zum Internationalen Erbrecht, ZEV 2015, 138; *Lange/Holtwiesche,* Die Erbausschlagung eines im Ausland lebenden Erben unter Berücksichtigung der ErbVO, ZErb 2016, 29; *Leipold,* Die internationale Zuständigkeit für die Ausschlagung der Erbschaft nach EuErbVO und IntErbRVG, ZEV 2015, 553; *Margonski,* Kollisionsrechtliche Probleme einer durch einen ausländischen Notar beurkundeten Erbausschlagungserklärung, insbesondere im deutsch-polnischen Rechtsverkehr, ZEV 2015, 141; *Nordmeier* Erbannahme, Erbausschlagung und ihre Anfechtung bei Nachlassspaltung nach EGBGB und EuErbVO, IPRax 2016, 439; *Sauvage,* L'option et la transmission du passif dans les successions internationales au regard du règlement européen du 4 juillet 2012, in Khairallah/Revillard, Droit européen des successions internationales, 2013, 105; *J. P. Schmidt,* Der Erwerb der Erbschaft in grenzüberschreitenden Sachverhalten unter besonderer Berücksichtigung der EuErbVO, ZEV 2014, 455; *J. P. Schmidt/Kottke,* Grenzüberschreitende Erbausschlagung, ErbR 2021, 10; *Stade,* Die EU-Erbrechtsverordnung aus französischer Sicht, ZErb 2015, 69.

Übersicht

I. Allgemeines

1 Die nach dem Erbstatut (Art. 21, 22) zur rechtlichen oder wirtschaftlichen Nachfolge berufenen Personen (→ EuErbVO Art. 23 Rn. 18 ff.), seien sie Erben, Vermächtnisnehmer oder Pflichtteilsberechtigte, haben in aller Regel die Möglichkeit, durch Annahme oder Ausschlagung **privatautonom** über ihren Rechtserwerb **zu entscheiden.** Zahlreiche Rechtsordnungen verknüpfen den Erwerb des Erben überdies mit der Entscheidung über den **Umfang seiner Haftung für Nachlassschulden** (→ Rn. 26). Art. 28 sieht in allen diesen Situationen eine **alternative Sonderanknüpfung** hinsichtlich der **Form der entsprechenden Erklärung** vor und bildet somit die (freilich weniger großzügige) Parallelnorm zu Art. 27 über die Form letztwilliger Verfügungen (NK-BGB/*Looschelders* Art. 28 EuErbVO Rn. 1; auf die Unvollständigkeit der amtlichen Überschrift weist MüKoBGB/*Dutta* EuErbVO Art. 28 Rn. 1 hin). In den häufigen Fällen, in denen eine Erklärung **amtsempfangsbedürftig** ist, dh vor einer bestimmten staatlichen Stelle abgegeben werden muss, kommt es überdies zu einem **Zusammenspiel mit Art. 13.** Obgleich in dessen Flankierung der wichtigste praktische Zweck des Art. 28 liegen dürfte, kann die Vorschrift auch unabhängig davon zur Anwendung kommen (Calvo Caravaca/Davì/Mansel/*Zanobetti* Art. 28 Nr. 2).

2 Art. 28 verfolgt das erklärte Ziel, dem Berufenen im Sinne eines **favor negotii** die Abgabe der genannten Erklärungen zu **erleichtern** (ErwG 32; BeckOGK/*J. Schmidt* EuErbVO Art. 28 Rn. 3). Da allerdings der Verordnungsgeber die genaue Funktionsweise der Art. 13, 28 EuErbVO **nicht hinreichend durchdacht** hat, ist es bei derzeitigem Stand fraglich, ob er sein Ziel erreicht hat (so auch schon *Lange/Holtwiesche* ZErb 2016, 33). Denn angesichts zahlreicher Unklarheiten ist das Gebrauchmachen von den angebotenen Vereinfachungen für die Betroffenen nicht ohne **Risiken,** so dass sie uU besser beraten sind, nach den Vorschriften des Erbstatuts vorzugehen.

3 Nur bestätigender Natur ist zunächst Art. 28 lit. a, wonach die Erklärung in der Form abgegeben werden kann, die das **Erbstatut** selbst vorsieht; dies würde ohnehin aus Art. 23 Abs. 2 lit. e und g folgen (MüKoBGB/*Dutta* EuErbVO Art. 28 Rn. 7; NK-BGB/*Looschelders* Art. 28 EuErbVO Rn. 2: der in Art. 28 lit. a enthaltene Verweis auf die Art. 21 und Art. 22 EuErbVO ist allerdings zu eng, da die Bestimmung des Erbstatuts zB auch über Art. 34 EuErbVO erfolgen kann, siehe jurisPK-BGB/*Nordmeier* Art. 28 EuErbVO Rn. 26). Bemerkenswert ist dagegen Art. 28 lit. b. Danach darf sich der Erklärende auch derjenigen Form bedienen, die das Recht des Staates seines **gewöhnlichen Aufenthalts** vorschreibt. Nach Art. 34 Abs. 2 handelt es sich hierbei um eine **Sachnormverweisung,** die dem Grundsatz der universellen Anwendung entsprechend (Art. 20) auch das Recht eines **Drittstaates** berufen kann (Bonomi/Wautelet/*Bonomi* Art. 28 Rn. 21; jurisPK-BGB/*Nordmeier* Art. 28 EuErbVO Rn. 24, 27; NK-BGB/*Looschelders* Art. 28 EuErbVO Rn. 2). Der räumliche Anwendungsbereich des Art. 28 geht also über den des Art. 13 hinaus, da dieser nur in einem „Mitgliedstaat" iSd EuErbVO (dazu → EuErbVO Art. 3 Rn. 1) abgegebene Erklärungen erfasst (MüKoBGB/*Dutta* EuErbVO Art. 28 Rn. 4).

4 Aus deutscher Sicht stellte Art. 28 lit. b keine umstürzende Neuerung dar, denn er funktioniert ähnlich wie vor Geltung der EuErbVO **Art. 11 EGBGB** (dazu etwa Erman/*Hohloch* EGBGB Art. 11 Rn. 3; nicht passend erscheint dagegen die Parallele zu § 344 Abs. 7 FamFG (*Müller-Lukoschek,* § 2 Rn. 52 (Fn. 54)), der die gerichtliche Zuständigkeit regelt und deshalb seine Entsprechung eher in Art. 13 findet; überraschend *Volmer* Rpfleger 2013, 421 (429), der in Art. 28 eine „beachtliche Änderung des 5. Buches des BGB" sieht). Art. 11 EGBGB und Art. 28 lit. b sind allerdings **nicht deckungsgleich.** Denn während Art. 28 lit. b die am Ort des **gewöhnlichen Aufenthalts** des Erklärenden geltende Form beruft, stellt Art. 11 EGBGB auf das Recht am **Ort der Vornahme der Handlung** ab (locus regit actum). Diese Abweichung des Art. 28 von Art. 11 EGBGB ist kritisiert worden (MüKoBGB/*Dutta* EuErbVO Art. 28 Rn. 2), ihre praktische Bedeutung dürfte allerdings gering sein. Denn es wird nur wenige Fälle geben, in denen der Betroffene ein berechtigtes Interesse daran haben könnte, die Erklärung weder in der Form des Erbstatuts noch in der des Rechts seines gewöhnlichen Aufenthalts, sondern in der Form einer dritten Rechtsordnung abzugeben (so auch NK-BGB/*Looschelders* Art. 28 EuErbVO Rn. 4). Zudem ermöglicht das Abstellen auf den gewöhnlichen Aufenthalt das **Zusammenspiel mit Art. 13** (näher *J. P. Schmidt/Kottke* ErbR 2021, 10 (13 f.)). Für Erbfälle, die der EuErbVO unterliegen, schließt Art. 28 als lex specialis die Anwendung des Art. 11 EGBGB auf erbrechtliche Erklärungen über Annahme und Ausschlagung in jedem Fall aus (dies übersieht zB *Ivo,* Erbausschlagung – Systematik und Haftungsfallen, ErbR 2018, 674 (675)).

5 Dass Art. 28 Formerleichterungen nicht in demselben Maße gestattet wie Art. 27 bei der Errichtung einer letztwilligen Verfügung, stellt keinen Wertungswiderspruch dar (so aber MüKoBGB/*Dutta* EuErbVO Art. 28 Rn. 2). Denn die Interessenlage ist in beiden Fällen eine andere. Die Annahme oder Ausschlagung einer Erbschaft bringt nicht nur für den Erklärenden, sondern auch für andere Personen, vor allem Nachlassgläubiger und Nachberufene, eine **Vielzahl von Konsequenzen** mit sich. Ein Mindestmaß an **Rechtssicherheit und Übereilungsschutz** muss daher immer gewährleistet sein.

Überdies weisen Annahme und Ausschlagung einer Erbschaft aufgrund nationaler Unterschiede in der Regelung der Nachlassabwicklung oftmals gar nicht denselben materiellrechtlichen Gehalt auf, so dass ein Austausch von Formerfordernissen schon aus diesem Grund nicht ohne Bedenken ist. Es lässt sich sogar argumentieren, dass Art. 28 **zu weit gefasst** ist (→ Rn. 26 f., 31 f.).

6 Der „gewöhnliche Aufenthalt" iSd Art. 28 lit. b ist genauso zu bestimmen wie in Art. 4 und Art. 21 (Bonomi/Wautelet/*Wautelet* Art. 28 Rn. 23; jurisPK-BGB/*Nordmeier* Art. 28 EuErbVO Rn. 28). Maßgeblich ist der Zeitpunkt, zu dem die Erklärung abgegeben wird, nicht dagegen der Zeitpunkt, zu dem der Erbfall eintritt (MüKoBGB/*Dutta* EuErbVO Art. 28 Rn. 8).

II. Anwendungsbereich

1. Der Kreis der erfassten Erklärungen

7 Art. 28 erfasst nur die Annahme oder Ausschlagung von Rechten, die **durch Erbfall bereits begründet** wurden, nicht dagegen Erklärungen, durch die **zu Lebzeiten des Erblassers** auf potentielle Erb- oder Pflichtteilsrechte **verzichtet** wird (jurisPK-BGB/*Nordmeier* Art. 28 EuErbVO Rn. 13; Calvo Caravaca/Davì/Mansel/*Zanobetti* Art. 28 Nr. 4; zur Form des Erbverzichts → EuErbVO Art. 27). Ebenso wenig erfasst sind rechtsgeschäftlich eingegangene Verpflichtungen gegenüber dem Erblasser oder einem Dritten, eine bestimmte erbrechtliche Gestaltungserklärung abzugeben (jurisPK-BGB/*Nordmeier* Art. 28 EuErbVO Rn. 13).

8 Außerhalb des Anwendungsbereichs von Art. 28 liegen sodann **lebzeitige Forderungserlasse,** zB wenn ein Vermächtnisnehmer oder Pflichtteilsberechtigter, der nach dem Erbstatut einen schuldrechtlichen Anspruch gegen den Erben oder Nachlassverwalter hat, dieses Recht nicht ausschlägt, sondern darauf **verzichtet** (in Einzelfällen kann die Abgrenzung zwischen Ausschlagung und Verzicht allerdings schwierig sein). Da der Erlass einer aus Erbrecht resultierenden Forderung nicht der Rom I-VO unterfällt (Art. 1 Abs. 2 lit. c), ist hinsichtlich der Form eines entsprechenden Rechtsgeschäfts **Raum für die Anwendung von Art. 11 EGBGB.**

9 Art. 28 regelt auch nicht die Form solcher lebzeitigen Geschäfte, durch die über die erlangte Erbschaft oder Teile davon unter Lebenden disponiert wird, wie es vor allem beim **Erbschaftskauf** oder der **Auseinandersetzung einer Erbengemeinschaft** der Fall ist (für eine analoge Anwendung aber *Dörner* ZEV 2016, 117 (121)). Dem während des Gesetzgebungsverfahrens gemachten Vorschlag zu einer entsprechenden Erweiterung der Regel (*MPI* RabelsZ 74 (2010) 522 (Nr. 184)) wurde nicht gefolgt (zur Genese der Vorschrift auch BeckOGK/*J. Schmidt* EuErbVO Art. 28 Rn. 2). Bei der Qualifikation der genannten Rechtsgeschäfte ist zu differenzieren (→ EuErbVO Art. 23 Rn. 129 ff.).

10 Nicht vom Wortlaut des Art. 28 erfasst sind sodann aber auch genuin erbrechtliche Gestaltungserklärungen, wie die **Anfechtung oder der Widerruf einer Annahme- oder Ausschlagungserklärung.** Die Formulierung des Art. 28 wird insoweit zu Recht als zu eng kritisiert (MüKoBGB/*Dutta* EuErbVO Art. 28 Rn. 2). Da die Interessenlage grds. dieselbe wie im Falle der vom Wortlaut erfassten Erklärungen ist, sollten die Art. 28 und Art. 13 in den genannten Fällen **analog** angewendet werden (Erman/*Hohloch* EuErbVO Art. 28 Rn. 1; NK-BGB/*Looschelders* Art. 28 EuErbVO Rn. 7, der freilich zugleich den abschließenden Charakter des Art 28 betont; für eine direkte Anwendung des Art. 28 im Wege eines funktionalen Verständnisses der Begriffe „Annahme" und „Ausschlagung" BeckOGK/*J. Schmidt* EuErbVO Art. 23 Rn. 35, Art. 28 Rn. 6; ebenso wohl jurisPK-BGB/*Nordmeier* Art. 28 EuErbVO Rn. 11). Ebenfalls in Betracht kommt die analoge Anwendung auf die die **Annahme eines Testamentsvollstreckeramts** (§ 2202 BGB) (ablehnend jurisPK-BGB/*Nordmeier* Art. 28 EuErbVO Rn. 11; NK-BGB/*Looschelders* Art. 28 EuErbVO Rn. 7; BeckOGK/*J. Schmidt* EuErbVO Rn. 8). Handlungen, die nicht unmittelbar rechtsändernde Wirkung haben, sondern vornehmlich verfahrensrechtlichen Charakters sind, etwa die Abgabe einer eidesstattlichen Erklärung des Erben (§ 2006 BGB), die Einreichung eines Inventars (§ 1993 BGB), der Antrag auf Anordnung der Nachlassverwaltung (§ 1975 BGB) oder Eröffnung des Nachlassinsolvenzverfahrens (§ 1980 BGB), sollten von dieser Erweiterung des Art. 28 aber nicht erfasst werden (so auch jurisPK-BGB/*Nordmeier* Art. 28 EuErbVO Rn. 12; vgl. auch MüKoBGB/*Dutta* EuErbVO Art. 28 Rn. 4: Ausklammerung verfahrenseinleitender Erklärungen).

11 Art. 28 sollte schließlich entsprechend auf den **„personal representative"** des englischen Rechts angewendet werden, denn dieser ist ebenso wie ein kontinentaleuropäischer Erbe **Gesamtrechtsnachfolger des Erblassers** (→ EuErbVO Art. 23 Rn. 8), der über seinen Erwerb **frei entscheiden** kann (*Kerridge* Rn. 17–24). Wird also zB in einem dem englischen Recht unterliegenden Erbfall eine in Deutschland lebende Person zum „executor" eingesetzt, so dass sie im Moment des Todes automatisch in den gesamten Nachlass eintritt, kann sie diesen Vorgang unter Anwendung der Art. 13 und Art. 28 auch durch Ausschlagung vor einem deutschen Gericht wieder rückgängig machen (→ Rn. 22 f.). Mit dem Argument, dass der „personal representative" den gesamten Nachlass und somit die „Erbschaft" erwirbt, lässt sich sogar eine unmittelbare Anwendung des Art. 28 begründen (auf die Frage, wer Begünstigter des Erbfalls ist, kommt es in diesem Zusammenhang nicht an).

2. Abgrenzung zu Fragen des Inhalts

Art. 28 lit. b gestattet eine Ausnahme vom Erbstatut allein hinsichtlich der **Form** der betreffenden Erklärung. Mit Form ist die **Art und Weise einer Erklärung** gemeint, nicht ihr **Inhalt** (so im Kontext des nationalen Rechts Erman/*Hohloch* EGBGB Art. 11 Rn. 13; auch wenn Art. 28 autonom auszulegen ist (dies betont zu Recht *Eichel* ZEV 2017, 550), wird man grundsätzlich dieselbe Differenzierung zu Grunde legen können). Eine **Abgrenzung** zwischen Form und Inhalt ist freilich **nicht immer leicht,** was sich im Kontext der EuErbVO sehr gut bei der Frage der Zulässigkeit bestimmter Verfügungen von Todes wegen zeigt (Art. 27). Daher erscheint es hilfreich, zunächst einige Aspekte zu benennen, die **eindeutig inhaltlicher Natur** sind und daher nicht von Art. 28 erfasst werden, sondern nach Art. 23 Abs. 2 lit. b dem Erbstatut unterliegen. Dabei zeigt sich, dass der Anwendungsbereich des Art. 28 letztlich sehr beschränkt ist (*Carrascosa González* 186 f.). 12

Allein nach dem Erbstatut bestimmt sich etwa: 13

- ob Annahme und Ausschlagung hinsichtlich einer bestimmten erbrechtlichen Stellung **überhaupt vorgesehen** sind. Dies wird bei unmittelbaren Rechtsnachfolgern wohl immer der Fall sein, nicht hingegen bei Vermächtnisnehmern und Pflichtteilsberechtigten. Im deutschen Recht beispielsweise fehlt es für letztere an einem Annahmeerfordernis, aber auch an einer Ausschlagungsmöglichkeit (*Muscheler,* Erbrecht, Bd. 1, 2010, Rn. 1142). Inwieweit der Betroffene auf seinen Anspruch nach den allgemeinen Regeln durch lebzeitiges Geschäft verzichten kann, sollte mangels Anwendbarkeit der Rom I-VO über den Verweis des Art. 25 EGBGB vom Erbstatut entschieden werden (→ Rn. 8).
- welche Bedeutung Annahme und Ausschlagung für den **Erwerb oder Verlust** der betreffenden Rechte überhaupt haben (→ EuErbVO Art. 23 Rn. 56 ff.; knappe Übersicht bei *J. P. Schmidt* ZEV 2014, 455 (456 f.); Calvo Caravaca/Davì/Mansel/*Zanobetti* Art. 13 Nr. 4). Beim sog. **Vonselbsterwerb** etwa (auch genannt ipso iure-Erwerb oder Anfallprinzip), der neben Deutschland (§ 1922 BGB) ua auch in Frankreich, Polen oder der Schweiz gilt, tritt der Erbe bereits mit dem Tod des Erblassers automatisch in den Nachlass ein, sodass die Erklärung der Annahme den Erwerb lediglich konsolidiert. Demgegenüber beseitigt die Erklärung der Ausschlagung den Erwerb rückwirkend. Spiegelverkehrt ist die Situation unter dem sog. **Antrittserwerb,** der sich etwa in Italien oder Portugal findet. Hier ist die Annahme konstitutiv für den **Erwerb des Nachlasses,** während die Ausschlagung nur die Annahmeoption erlöschen lässt (wobei die Ausschlagung ihrerseits widerruflich sein kann, siehe zB Art. 525 Codice civile). Zu beachten ist freilich auch, dass die Unterschiede zwischen Vonselbsterwerb und Antrittserwerb vielfach nur konstruktiver und nicht substanzieller Natur sind. So ist beispielsweise der „vorläufige Erbe" des deutschen Rechts zwar formal Nachlassinhaber, doch wird seine Rechtsstellung insbesondere durch § 1958 BGB und § 778 ZPO so weit zurückgeschnitten, dass er eher ein Platzhalter mit vorläufiger Verwaltungsbefugnis ist; erst die erklärte oder fingierte Annahme der Erbschaft (§ 1943 BGB) macht die Nachlassinhaberschaft zu einer vollwertigen (die Wirkung der Annahme erschöpft sich also keineswegs darin, das Ausschlagungsrecht erlöschen zu lassen, so aber zB *Muscheler,* Erbrecht I, Rn. 1078, 1095 f.). Umgekehrt baut zB das italienische Recht die Stellung des noch nicht in den Nachlass eingetretenen Berufenen aus, indem es ihm ein provisorisches Verwaltungsrecht einräumt (Art. 460 Codice civile). 14
- wie Erklärungen **auszulegen** (MüKoBGB/*Dutta* EuErbVO Art. 28 Rn. 5) und unter welchen Umständen sie **nichtig** (zB Art. 777 Code civil), **anfechtbar** (zB §§ 1954 ff. BGB, Art. 482 f. Codice civile) oder **widerruflich** sind (OLG Köln, Beschl. v. 5.6.2019 – 2 Wx 142/19, MittBayNot 2020, 189 (190) (Widerruf der Ausschlagung nach rumänischem Recht); siehe ferner zB Art. 525 Codice civile), ebenso, ob sie hinsichtlich eines **bestimmten Teils der Erbschaft** erklärt werden können (vgl. § 1950 BGB; Bonomi/Wautelet/*Wautelet* Art. 23 Rn. 56, 59). 15
- ob die Erklärung **empfangs- und evtl. sogar amtsempfangsbedürftig** ist (so die ganz hM, siehe MüKoBGB/*Dutta* EuErbVO Art. 28 Rn. 5; BeckOGK/*J. Schmidt* EuErbVO Art. 28 Rn. 17; *Lange/Holtwiesche* ZErb 2016, 31; jurisPK-BGB/*Nordmeier* Art. 28 EuErbVO Rn. 37; NK-BGB/*Looschelders* Art. 28 EuErbVO Rn. 6; *Odersky* notar 2016, 183 (188); jedenfalls für Erklärungen zur Haftungsbeschränkung auch *Lagarde,* in: Bergquist et al., EU Succession Regulation, Art. 28 Rn. 4; für eine Behandlung als Formfrage dagegen *Margonski* ZEV 2015, 141 (145)). Der Grund für diese Einordung, die der Rechtslage unter Geltung des EGBGB entspricht (OLG Köln NJW-RR 2015, 908; OLG Schleswig ZEV 2015, 583; für weitere Nachweise *Lange/Holtwiesche* ZErb 2016, 30), besteht darin, dass die Frage nach dem richtigen Adressaten keine der äußeren Gestalt der Erklärung ist. Eine Differenzierung danach, ob das Erfordernis der Amtsempfangsbedürftigkeit Formzwecke erfüllt (so *Nordmeier* IPRax 2016, 439 (442 f., 446); jurisPK-BGB/*Nordmeier* Art. 28 EuErbVO Rn. 20; *Eichel* ZEV 2017, 545 (550, 552), erscheint wenig praktikabel, insbesondere wenn das Ziel in der Vereinfachung liegt. Der Frage, ob das Erbstatut die Amtsempfangsbedürftigkeit nur abstrakt anordnet oder auch den konkreten Adressaten bestimmt (zu dieser Differenzierung *Nordmeier* IPRax 2016, 442, 446), dürfte jedenfalls im Anwendungsbereich der EuErbVO keine praktische Bedeutung zukommen, da Art. 13 gerade den „Austausch" der zuständigen Stelle ermöglicht. Folge der Maßgeblichkeit des 16

Erbstatuts ist zB, dass bei Anwendbarkeit deutschen Erbrechts ein in Portugal wohnhafter Berufener die Ausschlagung nicht den portugiesischen Regelungen entsprechend durch notarielle oder gar einfache Schriftform vornehmen kann (Art. 2063, 2126 Código civil, zu den Einzelheiten *Müller-Bromley,* Portugiesisches Zivilrecht, Bd. 2, 2011, 100), da § 1945 BGB eine **Erklärung gegenüber dem Nachlassgericht** verlangt (ist der Notar als „Gericht" iSd Art. 3 Abs. 2 zu qualifizieren, kommt allerdings eine **Substitution** über **Art. 13** in Betracht). Art. 28 wird aber relevant bei der Frage der **Form** einer solchen Erklärung (→ Rn. 22).

17 • innerhalb welcher **Fristen** Annahme oder Ausschlagung erklärt werden können (OLG Köln, Beschl. v. 5.6.2019 – 2 Wx 142/19, MittBayNot 2020, 189 (190); *Lagarde* Rev.crit. dr. int.pr. 2012, 691 (712); Bonomi/Wautelet/*Wautelet* Art. 23 Rn. 56, Art. 28 Rn. 20; Deixler-Hübner/Schauer/*Rudolf* EuErbVO Art. 28 Rn. 10; jurisPK-BGB/*Nordmeier* Art. 28 EuErbVO Rn. 19) und welche Folgen mit dem **Fristablauf** verknüpft sind, ferner, wann eine Annahme oder Ausschlagung **gesetzlich vermutet** wird (Bonomi/Wautelet/*Wautelet* Art. 23 Rn. 58; Calvo Caravaca/Davì/Mansel/*Zanobetti* Art. 28 Nr. 6; Deixler-Hübner/Schauer/*Mankowski* Art. 23 EuErbVO Rn. 73; Beispiele der genannten Art sind Art. 566 Abs. 2 oder Art. 571 Abs. 2 schw. ZGB; Art. 778 frz. Code civil). Abzulehnen ist die Auffassung, dass eine Regel wie § 1943 BGB, die im Falle des Ablaufs der Überlegungsfrist die Annahme der Erbschaft fingiert, in Analogie zu Art. 31 Abs. 2 EGBGB aF (oder heute Art. 10 Abs. 2 Rom I-VO) nicht zulasten einer Person angewendet werden dürfe, deren Rechtsordnung eine solche **Wirkung des Schweigens** nicht kennt (so unter früherem Recht etwa Staudinger/*Dörner* EGBGB Art. 25 Rn. 115; *Kegel/Schurig* 1007; für eine Fortführung dieser Ansicht unter der EuErbVO MüKoBGB/*Dutta* EuErbVO Art. 23 Rn. 24). Denn da die Regelungen zum Erbschaftserwerb eine **einheitliche Klärung** für eine Vielzahl von Beteiligten herbeiführen müssen (vor allem Erben und Nachlassgläubiger/-schuldner, aber auch Vermächtnisnehmer, Pflichtteilsberechtigte und Nachberufene), ist die **Interessenlage nicht vergleichbar.** Die Rechtsfolgen des Schweigens sind essentieller Bestandteil des Regimes über den Erbschaftserwerb, und zugunsten einzelner Betroffener eine Ausnahme zu machen, würde einen erheblichen Eingriff in die Interessenwertungen des Erbstatuts und dessen einheitliche Anwendung bedeuten. Abgesehen davon, dass das Erbstatut typischerweise Mittel bereitstellen wird, um entstehende Härten abzumildern (etwa durch Anfechtung des Erwerbs oder Beschränkung der Haftung), ist es Sache des Berufenen, sich in grenzüberschreitenden Erbfällen besonders gründlich über die Rechtslage zu informieren (siehe schon *J. P. Schmidt,* ZEV 2014, 455 (461)).

18 • die Regelung von Annahme und Ausschlagung bei einer **Mehrheit von Erben** (vgl. etwa Art. 792-2 frz. Code civil);

• die Möglichkeit und Voraussetzungen einer **Haftungsbeschränkung,** zB durch Annahme unter Vorbehalt der Inventarerrichtung (→ Rn. 26 f.). Ebenso entscheidet das Erbstatut darüber, wann zum Schutz des Berufenen, etwa eines Geschäftsunfähigen, die Annahme der Erbschaft **zwingend unter dem Vorbehalt der Inventarerrichtung** zu erfolgen hat (zB Art. 471 ital. Codice civile).

19 Keine Fragen der Form und daher ebenfalls **nicht von Art. 28 erfasst** sind ferner sämtliche **materiellen Wirksamkeitsvoraussetzungen** der Erklärung, also etwa die **Geschäftsfähigkeit** des Erklärenden (Deixler-Hübner/Schauer/*Mankowski* Art. 23 EuErbVO Rn. 44), die Möglichkeit einer **Stellvertretung** oder eine evtl. erforderliche **Zustimmung des Ehegatten** (zB Art. 1683 Nr. 2 port. Código civil). Wenn auch klar ist, dass diese Fragen nicht Art. 28 unterliegen, ist zugleich nicht immer eindeutig, wie sie sonst zu qualifizieren sind. Die Geschäftsfähigkeit unterliegt dem **Personalstatut** (→ EuErbVO Art. 1 Rn. 30). Der Umfang der **elterlichen Vertretungsmacht,** also etwa bei der Frage, ob die Ausschlagung für das Kind einer **familiengerichtlichen Genehmigung** bedarf (§ 1643 Abs. 2 BGB; vgl. auch Art. 374 Nr. 3 ital. Codice civile), bestimmt sich nach dem **Eltern-Kind-Statut** (jurisPK-BGB/*Nordmeier* Art. 28 EuErbVO Rn. 19), das in Deutschland nach dem KSÜ zu ermitteln ist (→ EuErbVO Art. 1 Rn. 31; *Siehr* RabelsZ 62 (1998), 464 (477); Staudinger/*Henrich* EGBGB Art. 21 Rn. 131; Staudinger/*Hausmann* EGBGB Art. 7 Rn. 98; nach Schauer/Scheuba/*Fischer-Czermak* Europäische Erbrechtsverordnung, 23 (25) ist nach österreichischem IPR das Personalstatut berufen; anders womöglich *Lagarde* Rev.crit. dr. int.priv. 2012, 691 (708); zum Schutz des Minderjährigen mittels zwingender Annahme unter Vorbehalt der Inventarerrichtung → Rn. 18). Ein evtl. Zustimmungserfordernis des Ehegatten bestimmt sich nach dem **Ehegüterstatut** (→ EuErbVO Art. 1 Rn. 37). Die Frage, ob eine **Vollmacht in besonderer Form** vorliegen muss (vgl. § 1945 Abs. 3 BGB), unterfällt dagegen Art. 28 (Deixler-Hübner/Schauer/*Rudolf* EuErbVO Art. 28 Rn. 13; → Rn. 23).

20 Ein Grenzfall ist die **Zulässigkeit einer stillschweigenden Erklärung.** Die meisten Rechtsordnungen sehen eine solche Möglichkeit zumindest bei der Annahme der Erbschaft vor (sog. **pro herede gestio**). Ausnahmen sind beispielsweise Österreich und Polen, was sich vor allem dadurch erklärt, dass in diesen Ländern die Annahmeerklärung **stets amtsempfangsbedürftig** ist (→ Rn. 30). An sich läge es nahe, die Zulässigkeit konkludenter Erklärungen als Formfrage zu behandeln, da es um die Art und Weise geht, auf welche ein bestimmter rechtsgeschäftlicher Wille kundgetan werden kann. Doch könnte die Anwendung des Art. 28 lit. b in diesem Fall **zur Umgehung wichtiger Schutzmechanismen**

führen und sollte deshalb zumindest aus diesem Grund ausgeschlossen sein (→ Rn. 30; gegen eine Einordnung als Formfrage auch Staudinger/*Dörner* EGBGB Art. 25 Rn. 112; *Lagarde* Rev.crit. dr. int.pr. 2012, 691 (712); *ders.,* in: Bergquist et al., EU Succession Regulation, Art. 28 Rn. 2; jurisPK-BGB/*Nordmeier* Art. 28 EuErbVO Rn. 19; NK-BGB/*Looschelders* Art. 28 EuErbVO Rn. 6; Calvo Caravaca/Davì/Mansel/*Zanobetti* Art. 28 Nr. 6; Bonomi/Wautelet/*Wautelet* Art. 23 Rn. 57; Deixler-Hübner/Schauer/*Mankowski* Art. 23 EuErbVO Rn. 74; anders Iglesias Buigues/Palao Moreno/*García de Parada,* Sucesiones Internacionales, Art. 28 (227 f.)).

21 Ist der zur Erbschaft Berufene **insolvent** und schlägt er deshalb die ihm angefallene Erbschaft aus, so räumen zahlreiche europäische Rechtsordnungen seinen Gläubigern die Möglichkeit ein, gegen die Ausschlagung vorzugehen (zB Art. 779 frz. Code civil; Art. 2067 port. Codigo civil; eingehender vergleichender Überblick bei *Christandl* ZEuP 2011, 779 (792)). Das deutsche Recht hingegen gewährt den Erbengläubigern keinen solchen Schutz (§ 83 Abs. 1 InsO). Während klar ist, dass die entsprechenden Regelungen keine Formfragen iSd des Art. 28 sind, kommt immerhin in Betracht, sie wegen ihrer Nähe zur Erbausschlagung erbrechtlich zu qualifizieren und Art. 23 zu unterwerfen. Doch ist dieser Zusammenhang in den meisten Rechtsordnungen nur äußerer Art. Denn in erbrechtlicher Hinsicht bleibt die Ausschlagung wirksam, so dass der Berufene nicht gegen seinen Willen zum Erben wird, sondern die Erbschaft dem nächsten Berufenen anfällt (eine Ausnahme bildet das österreichische Recht, *Christandl* ZEuP 2011, 779 (792 f.)). Die Gläubiger des Ausschlagenden werden lediglich **zu neuen Nachlassgläubigern,** die im Rang freilich unter den Gläubigern des Verstorbenen stehen. Die betreffenden Regelungen sind daher letztlich **insolvenzrechtlichen Charakters,** weshalb das Insolvenzstatut (Art. 76) bzw. das Anfechtungsstatut für sie maßgeblich sein sollte. Im zweiten Fall würde freilich über § 19 AnfG letztlich doch das Erbstatut zur Anwendung kommen.

22 Nicht erfasst von Art. 28 ist schließlich die Frage, ob eine entsprechende Erklärung, zB wenn sie in notarieller Form abgegeben wurde, **Beweis- oder Gutglaubenswirkungen** herbeiführt. Dies richtet sich nach Art. 59 ff. (Bonomi/Wautelet/*Wautelet* Art. 28 Rn. 31, 33). Unberührt lässt Art. 28 auch etwaige **Vorbehalte des Registerstatuts** (Art. 1 Abs. 2 lit. l), etwa im Hinblick auf die Voraussetzungen und Wirkungen einer Registerumschreibung (→ EuErbVO Art. 1 Rn. 152).

3. Anwendung des Art. 28 auf die Ausschlagung einer Erbschaft

23 Wegen ihrer weitreichenden Folgen für viele Beteiligte hat die Ausschlagung einer Erbschaft in aller Regel vor einem **Gericht iSd Art. 3 Abs. 2** zu erfolgen, wozu in einigen Mitgliedstaaten auch Notare zählen. **Art. 13** erlaubt es der zur Rechtsnachfolge berufenen Person in diesem Fall, die Erklärung vor den entsprechenden **Stellen seines Wohnsitzstaates** abzugeben, so dass er sich nicht an das nach den → Art. 4–11 zuständige ausländische Gericht zu wenden braucht. Art. 28 wiederum gewährt die Möglichkeit, die Erklärung in **derjenigen Form** abzugeben, die vor der **angerufenen Stelle üblich** ist, so dass keine Notwendigkeit besteht, die vom Erbstatut vorgesehene Form nachzuahmen (entgegen *Volmer* Rpfleger 2013, 421 (429) braucht daher das angerufene Gericht sich auch nicht darum zu kümmern, welche Form das Erbstatut vorschreibt). Ein in Österreich lebender Berufener kann somit die dem deutschen Recht unterliegende Erbschaft auch vor österreichischen Stellen ausschlagen, ohne hierbei die Form des § 1945 Abs. 1 BGB beachten zu müssen (das österreichische Recht lässt einfache Schriftform genügen, siehe Deixler-Hübner/Schauer/*Rudolf* EuErbVO Art. 28 Rn. 16). Schlägt ein Berufener mit gewöhnlichem Aufenthalt in Deutschland eine dem ausländischen Recht unterliegende Erbschaft aus, beruft Art. 28 lit b die deutschen Formerfordernisse, die der Gesetzgeber in Art. 31 IntErbRVG gesondert niedergelegt hat (NK-BGB/*Looschelders* Art. 28 EuErbVO Rn. 11; *Odersky* notar 2016 133 (188)). Die Frage, in welcher **Sprache** die Erklärung abzugeben ist, bestimmt sich nach ganz herrschender, wenngleich nicht unproblematischer Ansicht nicht nach dem Erbstatut, sondern nach dem **Verfahrensrecht der lex fori,** so dass Erklärungen gegenüber deutschen Gerichten nach § 184 GVG in deutscher Sprache oder unter Beifügung einer Übersetzung abzugeben sind (OLG Köln, Beschluss v. 12.2.2014 – 2 Wx 25/14, NJW-RR 2014, 1037 (noch zum alten Recht); OLG Schleswig, Beschl. v. 11.2.2015 – 3 Wx 90/14, ZEV 2015, 583 (noch zum alten Recht); *Egidy/Volmer* RPfleger 2015, 433 (442); *Leipold,* ZEV 2015, 553 (554 f.); jurisPK-BGB/*Nordmeier* Art. 28 EuErbVO Rn. 23; MüKoBGB/*Dutta* EuErbVO Art. 28 Rn. 4; Deixler-Hübner/Schauer/*Rudolf* EuErbVO Art. 28 Rn. 9; iE wohl auch *Lange/Holtwiesche,* ZErb 2016, 32; aA *Heinemann* FGPrax 2015, 132: auch fremdsprachliche Erklärung könne die Wirkung des § 1953 BGB herbeiführen, § 184 GVG stehe dem nicht entgegen). Die umstrittene Frage, ob die Erklärung zu ihrer Wirksamkeit der Weiterleitung der Erklärung an das nach dem Art. 4 ff. zuständige Gericht bedarf, ist im Rahmen des → Art 13 zu erörtern.

24 Bei unbefangener Betrachtung gestattet Art. 28 lit. b dem Erklärenden sogar, die Ausschlagung **gegenüber dem ausländischen Gericht in der Form des Rechts seines Wohnsitzstaates** abzugeben (Bonomi/Wautelet/*Wautelet* Art. 28 Rn. 24 f.; *Egidy/Volmer* Rpfleger 2015, 433 (442); *Lange/Holtwiesche* ErbR 2016, 29 (31); *Eichel* ZEV 2017, 545 (551); Calvo Caravaca/Davì/Mansel/*Zanobetti* Art. 28 Nr. 2; wohl auch Deixler-Hübner/Schauer/*Rudolf* EuErbVO Art. 28 Rn. 16; auf Grundlage

des Art. 11 EGBGB auch *Fetsch* MittBayNot 2007, 285 (285); *Ivo* ErbR 2018, 674 (675)). Doch ist zum einen zu beachten, dass Art. 28 nach überzeugender Ansicht **nur sachrechtliche, nicht aber verfahrensrechtliche** Formvorschriften erfasst (MüKoBGB/*Dutta* EuErbVO Art. 28 Rn. 4; im Kontext von Art. 11 EGBGB auch jurisPK-BGB/*Süß* (8. Aufl. 2017), Art. 11 EGBGB, Rn. 13, 26; Staudinger/*Dörner* (2007), Art. 25 EGBGB Rn. 116), wobei die Abgrenzung nicht immer leicht sein wird. Zum anderen lässt sich argumentieren, dass bei Amtsempfangsbedürftigkeit der Erklärung deren Abgabeort zwangsläufig am Ort des Adressaten liegt (MüKoBGB/*Leipold,* § 1945 Rn. 12; *J. P. Schmidt/Kottke* ErbR 2021, 10 (14 f.)). Schließlich dürfte die beim adressierten Gericht womöglich auftretende **Verwirrung** kaum im Interesse des Erklärenden liegen, der sich ja von der Erbschaft endgültig und rechtssicher lossagen möchte. Wer sich an ausländische Stellen wendet, wird daher gut beraten sein, dies nach Möglichkeit in der vom dortigen Recht vorgesehenen Form zu tun. In jedem Fall zu beachten ist die am betreffenden Ort geltende Gerichtssprache (→ Rn. 23).

4. Anwendung des Art. 28 auf die Annahme einer Erbschaft

25 Bei Erklärungen zur Annahme einer Erbschaft sind zwei Fälle zu unterscheiden: der Fall, in dem die Annahme unter gleichzeitiger Beschränkung der Haftung erfolgt, und der Fall, in dem die Annahme vorbehaltlos erklärt wird.

26 **a) Annahme unter Erklärung der Haftungsbeschränkung.** Im Gegensatz zum deutschen Recht, das beim Erwerb der Erbschaft noch keine endgültige Entscheidung über die Haftung trifft, verknüpfen zahlreiche ausländische Rechte, darunter das französische, italienische, österreichische oder polnische, die Erklärung über die Annahme einer Erbschaft unmittelbar mit der Frage, ob der Erbe **beschränkt** oder **unbeschränkt für Nachlassverbindlichkeiten haftet** (→ EuErbVO Art. 23 Rn. 94 ff.). Auch wenn Art. 28 Erklärungen zur Begrenzung der Haftung (was einen vollständigen Haftungsausschluss mitumfasst, BeckOGK/*J. Schmidt* EuErbVO Art. 28 Rn. 13) sogar ausdrücklich nennt, ist gar nicht klar, welche Rolle die Vorschrift in diesem Kontext zu spielen vermag.

27 Unstreitig dürfte zunächst sein, dass die **materiellen Voraussetzungen der Haftungsbeschränkung** ausschließlich vom **Erbstatut** geregelt werden (Art. 23 Abs. 2 lit. g). Sind die Anforderungen am Ort seines gewöhnlichen Aufenthalts geringer, kann der Berufene dies also nicht geltend machen (dies wohl die Aussage des etwas kryptischen ErwG 33; siehe ferner *Lagarde* Rev. crit. dr. int.pr. 2012, 691 (712); MüKoBGB/*Dutta* EuErbVO Art. 28 Rn. 5; Bonomi/Wautelet/*Wautelet* Art. 23 Rn. 60, Art. 28 Rn. 14, 17; jurisPK-BGB/*Nordmeier* Art. 28 EuErbVO Rn. 21; NK-Nachfolgerecht/*Köhler,* Art. 28 Rn. 1). Folge ist zB, dass bei Anwendbarkeit deutschen Erbrechts ein Berufener mit gewöhnlichem Aufenthalt in Frankreich seine Haftung nicht durch Annahme unter dem Vorbehalt der Inventarerrichtung beschränken kann; stattdessen muss er sich der vom deutschen Recht vorgesehen Instrumente bedienen, also etwa Nachlassverwaltung oder Nachlassinsolvenz beantragen (§§ 1975 ff. BGB). Ein entsprechender Antrag kann auch nicht vor dem nach Art. 13 zuständigen Gericht gestellt werden (*Dutta* FamRZ 2013, 4 (7 f.); BeckOGK/*J. Schmidt* EuErbVO Art. 28 Rn. 11; NK-BGB/*Looschelders* Art. 28 EuErbVO Rn. 8). Umgekehrt kann bei Anwendbarkeit französischen Erbrechts ein Berufener mit gewöhnlichem Aufenthalt in Deutschland sich im Falle eines geringwertigen Nachlasses nicht auf die Einrede aus § 1990 BGB berufen (*Stade* ZErb 2015, 69 (76)); stattdessen muss er zur Vermeidung der unbeschränkten Haftung die „acceptation de la succession à concurrence de l'actif net" erklären (Art. 787 Code civil). Indem die Ausklammerung der materiellen Voraussetzungen zur Haftungsbeschränkung jedenfalls für den Laien nicht klar aus Art. 28 lit. b hervorgeht, kann die Regelung in der Praxis **leicht zur Falle werden** (zutreffende Kritik bei *Stade* ZErb 2015, 69 (76); zu einer weiteren aus lit. b resultierenden Gefahr → Rn. 32).

28 Im Schrifttum ist die Auffassung zu finden, dass Art. 28 zumindest hinsichtlich der **Einzelheiten der Inventarerrichtung** Anwendung finde (Bonomi/Wautelet/*Wautelet* Art. 28 Rn. 14). Das nach lit. b berufene Recht soll insbesondere für den vorgeschriebenen Inhalt (nur Aktiva oder auch Passiva? inkl. Wertangaben?), die äußere Form (private Aufzeichnung oder notwendige Hinzuziehung eines Notars oder Gerichts?) und die einzuhaltende Einreichungsfrist (siehe etwa Art. 790 Abs. 1 Code civil: binnen zwei Monaten ab Erklärung der Annahme unter Vorbehalt) maßgeblich sein. Dieses weite Verständnis von Art. 28 ist indessen **abzulehnen** (so wohl auch Calvo Caravaca/Davì/Mansel/*Zanobetti* Art. 28 Nr. 5; zumindest hinsichtlich der Frist für die Einreichung des Inventars wohl auch jurisPK-BGB/*Nordmeier* Art. 28 EuErbVO Rn. 21). Denn nicht nur kommen in der Ausgestaltung des Inventars spezifische Wertentscheidungen des Erbstatuts zum Ausdruck, etwa zum Ausmaß des Gläubigerschutzes; auch stehen die betreffenden Regelungen typischerweise in einem organischen Zusammenhang mit den übrigen Regelungen zur Nachlassabwicklung.

29 Schließlich fragt sich, ob der Berufene der vom Erbstatut typischerweise vorgeschriebenen Amtsempfangsbedürftigkeit der Annahme unter Haftungsbeschränkung (siehe zB Art. 788 frz. Code civil, Erklärung vor dem zuständigen „tribunal de grande instance") dadurch Genüge tun kann, dass er sich wie bei der Ausschlagung das Zusammenspiel von Art. 13 und Art. 28 zu Nutze macht und somit die

Erklärung vor einer **Stelle an seinem gewöhnlichen Aufenthalt** abgibt. Im Schrifttum wird ein solches Vorgehen unproblematisch für möglich gehalten (siehe Bonomi/Wautelet/*Wautelet* Art. 13 Rn. 4; Khairallah/Revillard/*Sauvage,* Droit européen des successions internationales, 2013, 105 (114, 123); ebenso wohl Schauer/Scheuba/*Fischer-Czermak,* Europäische Erbrechtsverordnung, 2012, 43 (49); Deixler-Hübner/Schauer/*Gitschthaler* EuErbVO Art. 13 Rn. 8). Doch ist erstens zu beachten, dass nach Artikel 13 aE die entsprechende Erklärung auch nach der lex fori zumindest **gerichtsempfangsfähig** sein muss (MüKoBGB/*Dutta* EuErbVO Art. 13 Rn. 4; Deixler-Hübner/Schauer/*Gitschthaler* EuErbVO Art. 13 Rn. 6). Zweitens kann Art. 28 lit. b. aus den in der vorigen Rn. genannten Gründen allenfalls hinsichtlich der **Form der Erklärung** Bedeutung entfalten (Bsp: Erbstatut verlangt Erklärung zur Niederschrift des Nachlassgerichts, Aufenthaltsrecht des Berufenen erlaubt einfache Schriftform oder sogar elektronische Übermittlung (für weitere Beispiele Calvo Caravaca/Davì/Mansel/*Zanobetti* Art. 28 Nr. 5); zu erinnern ist gleichwohl daran, dass Art. 28 nur sachrechtliche, keine verfahrensrechtlichen Formvorschriften erfasst, → Rn. 24). Drittens schließlich ist fraglich, inwieweit die Erklärung der Annahme unter Haftungsbeschränkung vor den nach Art. 13 zuständigen Stellen dem Berufenen wirklich eine praktische Erleichterung bringt. Denn schon die Entgegennahme des Inventars (siehe zB Art 790 Abs. 1 Code civil) ist nach zutreffender Ansicht vom Anwendungsbereich des Art 13 nicht mehr umfasst (Deixler-Hübner/Schauer/*Gitschthaler* EuErbVO Art. 13 Rn. 7; jurisPK-BGB/*Eichel,* Art. 13 EuErbVO Rn. 8; aA wohl MüKoBGB/*Dutta* EuErbVO Art. 13 Rn. 6). Erst recht gilt dies für die weitere gerichtliche Mitwirkung bei Abwicklung unter Inventarerrichtung, also etwa die Publikation der Annahmeerklärung und des Inventars (siehe zB Art 788 Abs. 2, 790 Abs. 3 Code civil) oder die Genehmigung bestimmter Verfügungen (zB Art. 493 Codice civile) (vgl. auch die bei *Dutta* FamRZ 2013, 4 (7 f.) genannten Verfahrenshandlungen). Wenn aber früher oder später ohnehin das nach Art. 4–11 zuständige Gericht eingeschaltet werden muss, wird es sich zwecks Vermeidung unnötiger Komplikationen im Regelfall empfehlen, auch schon die Annahme unter Haftungsbeschränkung diesem gegenüber abzugeben

b) Vorbehaltlose Annahme. Einige wenige Rechtsordnungen, darunter Österreich und Polen, verlangen auch bei Erklärung der vorbehaltlosen Annahme der Erbschaft die Abgabe gegenüber einem Gericht iSd Art. 3 Abs. 2. In diesem Fall kann das Zusammenspiel von Art. 13 und Art. 28 grundsätzlich genauso funktionieren wie bei der Ausschlagung (→ Rn. 22 f.). Zu beachten ist allerdings, dass dazu auch nach dem **Recht des angerufenen Gerichts** die Annahme zumindest amtsempfangsfähig sein muss (→ IntErbRVG § 31 Rn. 4 ff.). 30

In der Mehrheit der Rechtsordnungen ist dagegen die Annahme der Erbschaft, wenn sie nicht mit einer Haftungsbeschränkung verknüpft wird, nicht amtsempfangsbedürftig. Hier kann Art. 28 ohne Art. 13 zur Anwendung kommen. Es bestehen in diesen Fällen allerdings **Zweifel,** ob Art. 28 lit. b in all seinen Konsequenzen **ausreichend durchdacht** wurde. Gegen eine Austauschbarkeit der Formen spricht bereits, dass die „Annahme der Erbschaft" **ganz unterschiedliche Rechtsfolgen** implizieren kann, je nachdem, ob sie den Eintritt in den Nachlass nur bestätigt oder überhaupt erst herbeiführt (näher *J. P. Schmidt* ZEV 2014, 455 (461)). Für einen favor negotii fehlt es also oft schon an einer inhaltlichen **Identität des Rechtsgeschäfts.** 31

Gravierende Konsequenzen hieraus können sich vor allem in der Frage der **Haftung** ergeben. So führt nach französischem Recht die sog. „acceptation pure et simple" (Art. 782 Code civil) endgültig eine unbeschränkte Haftung herbei (Art. 785 Abs. 1 frz. Code civil; gewisse Erleichterungen erlauben allerdings Art. 786 Abs. 2 und 3). Vor diesem Hintergrund wird klar, warum etwa das französische Recht nicht die mündliche Annahme gestattet, sondern **private Schriftform** verlangt (Art. 782 Code civil): Ein **Mindestmaß an Übereilungsschutz** ist dringend geboten. Im deutschen Recht hingegen sind **Erwerb und Haftung entkoppelt,** so dass auch nach Erklärung der Annahme noch eine Haftungsbeschränkung herbeigeführt werden kann (§§ 1975 ff. BGB). Angesichts der geringeren Gefährlichkeit der Erklärung für den Erben kann das deutsche Recht es sich erlauben, die **formlose mündliche Erklärung** ausreichen lassen. Wendete man nun, getreu dem Wortlaut des Art. 28 lit. b, deutsche Formvorschriften auf französisches Erbrecht an, drohte der Erbe unter **Ausschaltung des Übereilungsschutzes** endgültig in eine unbeschränkte Haftung zu geraten. Die beabsichtigte Wohltat des Gesetzgebers würde zur Falle. Ähnliche Probleme würden auftreten, wenn man die Möglichkeit der Annahme mittels konkludenten Verhaltens als Formfrage qualifizierte (→ Rn. 20). 32

Eine Möglichkeit zur Lösung des Problems besteht darin, Art. 28 lit. b ist **telelogisch zu reduzieren** und dort, wo die Annahme nicht amtsempfangsbedürftig ist, überhaupt nicht anwenden (ablehnend EuErbVO MüKoBGB/*Dutta* EuErbVO Art. 28 Rn. 3, dessen eigener Lösungsvorschlag aber in einem Eingriff in den vom Erbstatut vorgesehenen Erwerbsmodus besteht und damit noch erheblich einschneidender ist (zur Kritik → Rn. 17); ablehnend ferner jurisPK-BGB/*Nordmeier* Art. 28 EuErbVO Rn. 29, und BeckOGK/*J. Schmidt* EuErbVO Art. 28 Rn. 25, deren Verweis auf die allgemeine Funktionsweise des favor negotii im IPR aber nicht überzeugt, weil in Fällen wie den genannten die Wirksamkeit der Erklärung gerade nicht im Interesse des Erklärenden liegt und der Gesetzgeber bei Schaffung des Art. 28 allein dieses im Blick hatte; was den möglichen Ausweg der Anfechtung des 33

Erwerbs betrifft (siehe jurisPK-BGB/*Nordmeier* Art. 28 EuErbVO Rn. 29), ist zu beachten, dass diese längst nicht überall so großzügig gehandhabt wird wie in Deutschland). Als milderes Mittel ggü. einer teleologischen Reduktion kommt in Betracht, die **hinreichende substanzielle Identität der Rechtsgeschäfte** als ungeschriebenes Tatbestandsmerkmal zu verlangen. Zwischen der Annahme des § 1943 BGB und der „acceptation pure et simple" des Art 782 Code civil wäre eine solche Identität wegen der unterschiedlichen Haftungsfolgen zu verneinen.

34 Ohnehin laufen die Formvorschriften des Erbstatuts für die Annahmeerklärung mit denen des Aufenthaltsstatuts in den meisten Fällen parallel, so dass es einer Formerleichterung dann gar nicht bedarf. Gestattet etwa das Erbstatut die Annahme durch konkludentes Verhalten, so spielt es keine Rolle, in welchem Staat dieses erfolgt (die Entscheidung darüber, welches Verhalten als pro herede gestio zu qualifizieren ist (vgl. zB Art. 784 frz. Code civil), steht freilich dem Erbstatut zu (Bonomi/Wautelet/*Wautelet* Art. 23 Rn. 57)). Wo hingegen Unterschiede bei den Formerfordernissen der Annahme bestehen und das Erbstatut etwa eine mündliche Erklärung oder eine pro herede gestio nicht für ausreichend erachtet, gibt es hierfür in aller Regel einen guten Grund, so dass die entsprechende Zielsetzung **nicht** durch Art. 28 lit. b **unterlaufen** werden sollte.

5. Vermächtnisse und Pflichtteilsrechte

35 Wenig praktische Bedeutung dürfte Art. 28 bei der Annahme oder Ausschlagung von **Vermächtnissen** erlangen, und gleiches gilt für **Pflichtteilsrechte,** zumindest soweit diese nicht eine unmittelbare Beteiligung am Nachlass gewähren, sondern nur **schuldrechtliche Ansprüche** (→ EuErbVO Art. 23 Rn. 109). Denn da in diesen Fällen in aller Regel **keine Haftung für Nachlassverbindlichkeiten** begründet wird, sind Annahme oder Ausschlagung an keine besonderen Voraussetzungen geknüpft, so dass es auch kein Bedürfnis für Formerleichterungen gibt. Zu beachten ist aber, dass die Frage, ob der Erwerb entsprechender Rechte überhaupt einer **Annahmeerklärung** bedarf oder **automatisch geschieht,** dem **Erbstatut** unterliegt (→ Rn. 13).

Artikel 29 Besondere Regelungen für die Bestellung und die Befugnisse eines Nachlassverwalters in bestimmten Situationen

(1) **Ist die Bestellung eines Verwalters nach dem Recht des Mitgliedstaats, dessen Gerichte nach dieser Verordnung für die Entscheidungen in der Erbsache zuständig sind, verpflichtend oder auf Antrag verpflichtend und ist das auf die Rechtsnachfolge von Todes wegen anzuwendende Recht ausländisches Recht, können die Gerichte dieses Mitgliedstaats, wenn sie angerufen werden, einen oder mehrere Nachlassverwalter nach ihrem eigenen Recht unter den in diesem Artikel festgelegten Bedingungen bestellen.**

[1] **Der/die nach diesem Absatz bestellte(n) Verwalter ist/sind berechtigt, das Testament des Erblassers zu vollstrecken und/oder den Nachlass nach dem auf die Rechtsnachfolge von Todes wegen anzuwendenden Recht zu verwalten.** [2] **Sieht dieses Recht nicht vor, dass eine Person Nachlassverwalter ist, die kein Berechtigter ist, können die Gerichte des Mitgliedstaats, in dem der Verwalter bestellt werden muss, einen Fremdverwalter nach ihrem eigenen Recht bestellen, wenn dieses Recht dies so vorsieht und es einen schwerwiegenden Interessenskonflikt zwischen den Berechtigten oder zwischen den Berechtigten und den Nachlassgläubigern oder anderen Personen, die für die Verbindlichkeiten des Erblassers gebürgt haben, oder Uneinigkeit zwischen den Berechtigten über die Verwaltung des Nachlasses gibt oder wenn es sich um einen aufgrund der Art der Vermögenswerte schwer zu verwaltenden Nachlasses handelt.**

[2] **Der/die nach diesem Absatz bestellte(n) Verwalter ist/sind die einzige(n) Person(en), die befugt ist/sind, die in den Absätzen 2 oder 3 genannten Befugnisse auszuüben.**

(2) [1] **Die nach Absatz 1 bestellte(n) Person(en) üben die Befugnisse zur Verwaltung des Nachlasses aus, die sie nach dem auf die Rechtsnachfolge von Todes wegen anzuwendenden Recht ausüben dürfen.** [2] **Das bestellende Gericht kann in seiner Entscheidung besondere Bedingungen für die Ausübung dieser Befugnisse im Einklang mit dem auf die Rechtsnachfolge von Todes wegen anzuwendenden Recht festlegen.**

Sieht das auf die Rechtsnachfolge von Todes wegen anzuwendende Recht keine hinreichenden Befugnisse vor, um das Nachlassvermögen zu erhalten oder die Rechte der Nachlassgläubiger oder anderer Personen zu schützen, die für die Verbindlichkeiten des Erblassers gebürgt haben, so kann das bestellende Gericht beschließen, es dem/den Nachlassverwalter (n) zu gestatten, ergänzend diejenigen Befugnisse, die hierfür in seinem eigenen Recht vorgesehen sind, auszuüben und in seiner Entscheidung besondere Bedingungen für die Ausübung dieser Befugnisse im Einklang mit diesem Recht festlegen.

Bei der Ausübung solcher ergänzenden Befugnisse hält/halten der/die Verwalter das auf die Rechtsnachfolge von Todes wegen anzuwendende Recht in Bezug auf den Übergang des Eigentums an dem Nachlassvermögen, die Haftung für die Nachlassverbindlichkeiten, die Rechte der Berechtigten, gegebenenfalls einschließlich des Rechts, die Erbschaft anzunehmen oder auszuschlagen, und gegebenenfalls die Befugnisse des Vollstreckers des Testaments des Erblassers ein.

(3) **Ungeachtet des Absatzes 2 kann das nach Absatz 1 einen oder mehrere Verwalter bestellende Gericht ausnahmsweise, wenn das auf die Rechtsnachfolge von Todes wegen anzuwendende Recht das Recht eines Drittstaats ist, beschließen, diesen Verwaltern alle Verwaltungsbefugnisse zu übertragen, die in dem Recht des Mitgliedstaats vorgesehen sind, in dem sie bestellt werden.**

Bei der Ausübung dieser Befugnisse respektieren die Nachlassverwalter jedoch insbesondere die Bestimmung der Berechtigten und ihrer Nachlassansprüche, einschließlich ihres Anspruchs auf einen Pflichtteil oder ihres Anspruchs gegen den Nachlass oder gegenüber den Erben nach dem auf die Rechtsnachfolge von Todes wegen anzuwendenden Recht.

Übersicht

I. Einführung

1 Art. 29 stellt eine Ausnahme zu Art. 23 dar, der an sich den Umfang des Erbstatuts festlegt. Gem. Art. 23 Abs. 2 lit. e und f erfasst das Erbstatut der EuErbVO auch den „Übergang der zum Nachlass gehörenden Vermögenswerte (…) auf die Erben", sowie die „Rechte der Erben, Testamentsvollstrecker und anderer Nachlassverwalter". Anders als etwa bei der Haager Konvention über das auf die Rechtsnachfolge von Todes wegen anwendbare Recht aus dem Jahre 1989 (siehe zu diesem leider nur von den Niederlanden ratifizierten Übereinkommen *Lagarde,* La nouvelle Convention de La Haye sur la loi applicable aux successions, Revue critique de droit international privé 1989, 249) ist die Nachlassverwaltung und der Übergang der Erbschaft auf die Erben also nicht vom **Anwendungsbereich der EuErbVO** ausgeschlossen, sondern ausdrücklich mitaufgenommen worden (*Khairallah/Revillard/Godechot-Patris,* Droit européen des successions internationales, Rn. 193).

2 Der gewählte **breite Ansatz** des Art. 23 erscheint auch sachgerecht, da er verhindert, dass die durch die Verordnung bezweckte Vereinheitlichung aufgrund von Unterschieden bei der Durchführung und Abwicklung der Rechtsnachfolge gleich wieder zunichte gemacht wird (*Khairallah/Revillard/Godechot-Patris,* Droit européen des successions internationales – Le règlement du 4 juillet 2012, Rn. 197). Art. 29 trägt jedoch Eigenheiten der Mitgliedstaaten in der Nachlassbehandlung dadurch Rechnung, dass statt des Erbstatuts teilweise die *lex fori* angewendet werden darf.

3 Der **Übergang des Nachlasses** auf die Erben vollzieht sich in den Staaten der Europäischen Union nämlich **höchst unterschiedlich** (siehe auch BeckOGK/*J. Schmidt* EuErbVO Art. 29 Rn. 2.1). In vielen Ländern – darunter Deutschland (§ 1922 BGB) und Frankreich (Art. 725, 1004, 1006 Code Civil) – erwerben die Erben das Erblasservermögen unmittelbar mit dem Tod des Erblassers *ipso iure* und ohne einen weiteren Zwischenakt. In anderen Staaten, etwa Österreich (§§ 797 ff. Allgemeines Bürgerliches Gesetzbuch (ABGB), siehe auch *Sailer* in Koziol/Bydlinski/Bollenberger, ABGB Kommentar,

5. Aufl. 2017, § 797 Rn. 1 ff.) und Schweden (Ärvdabalken (ÄB) 18:1; Süß/*Firsching,* Erbrecht in Europa, 4. Aufl. 2020, 1223), stellt der Nachlass hingegen eine eigenständige juristische Person dar und die Erben erwerben Rechte an den einzelnen Nachlassgegenständen erst, wenn diese ihnen durch eine gerichtliche Entscheidung, von einem Nachlassverwalter oder der Erbengemeinschaft übertragen werden. Noch anders ist wiederum die Rechtslage im Common Law (siehe auch Erman/*Hohloch* EuErbVO Art. 29 Rn. 1). Hier geht der Nachlass zunächst zwingend auf einen sog. *personal representative* über. Dieser *representative* wird Eigentümer der Nachlassgegenstände und hat dann die Aufgabe, den Nachlass zu verwalten, die Nachlassgläubiger zu befriedigen und schließlich das verbleibende Vermögen an die Erben auszukehren. Wer zum *representative* ernannt wird, kann entweder der Erblasser durch sein Testament vorgeben oder aber der Verwalter wird durch das Nachlassgericht ausgewählt. Im ersteren Fall wird der bestellte Verwalter als *executor* im zweiten Fall als *administrator* bezeichnet. Beide fallen unter den Oberbegriff des *personal representative.* Die Bestellung eines Verwalters ist in jedem Fall erforderlich. Ohne einen von den dortigen Gerichten erteilten *grant of representation/probate* können auch ausländische Erben oder Verwalter in den Common Law-Staaten keine Rechte an Nachlassgegenständen geltend machen (*Dicey/Morris/Collins,* The Conflict of Laws, Bd. 2, 15. Aufl. 2012, Rn. 27-002; *Lagarde,* Les principes de base du nouveau règlement européen sur les successions, Revue critique de droit international privé 101 (4) 2012, 691 (713 f. Rn. 24)). Aus Sicht des Internationalen Privatrechts wird dieses Ergebnis mit einer eigenständigen Sonderanknüpfung für die Nachlassabwicklung begründet, die sich nach der *lex rei sitae* bzw. der *lex fori* richtet und damit stets zur Anwendung des Rechts des Belegenheitsortes der jeweiligen Nachlassgegenstände führt (*Khairallah/Revillard/Godechot-Patris,* Droit européen des successions internationales, Rn. 185). Die Erbfolge und weitere Fragen des materiellen Erbrechts werden hingegen getrennt davon angeknüpft und bei unbeweglichem Vermögen ebenfalls durch die *lex rei sitae,* bei beweglichem Vermögen hingegen grds. durch das Recht am letzten *domicile* des Erblassers bestimmt (*Dicey/Morris/Collins,* The Conflict of Laws, Bd. 2, 15. Aufl. 2012, Rn. 27-011 ff.).

4 Die Erhaltung dieser **Besonderheiten der Nachlassabwicklung** wurde insbesondere vom **Vereinigten Königreich** und Irland zur Grundvoraussetzung für eine mögliche Teilnahme an einer Europäischen Erbrechtsverordnung gemacht (Hager/*Geimer,* Die neue europäische Erbrechtsverordnung, 9 (28 f.)). Durch Art. 29 wurde versucht, den Common Law Ländern entsprechend entgegenzukommen. Die Vorschrift ist allerdings in mehrfacher Hinsicht nicht unproblematisch. Letztlich haben sich zudem sowohl Großbritannien als auch Irland aus anderen Gründen (siehe hierzu *R. Magnus,* Der Rückholanspruch, 2018, S. 356 f.) gegen eine Beteiligung an der EuErbVO entschieden. Das von Art. 29 primär vorausgesetzte Modell einer von Amts wegen verpflichtenden Bestellung eines Nachlassverwalters praktizieren unter den beteiligten Mitgliedstaaten daher zur Zeit wohl allein **Zypern** (Süß/*Süß,* Erbrecht in Europa, 4. Aufl. 2020, 1629; *Yiolitis* in Hayton (Hrsg.), European Succession Laws, 2. Aufl. 2002, 178 ff.) und **Schweden** (→ Rn. 10 III. 1.). Art. 29 kommt allerdings auch dann zur Anwendung, wenn die Bestellung eines Nachlassverwalters erst auf Antrag eines Berechtigten verpflichtend ist. Dies kann zumindest in bestimmten Sondersituationen in fast allen Mitgliedstaaten der Fall sein.

5 Art. 29 bedeutet damit einerseits eine **Ausnahme** von der Regel, dass das Erbstatut alle erbrechtlichen Fragen beherrschen soll. Auf der anderen Seite folgt Art. 29 der Maxime, dass das zuständige Gericht möglichst **nach seinem Recht** entscheiden soll. Für die Auslegung der Vorschrift sind beide Gesichtspunkte als Normzwecke zu beachten.

II. Der Begriff der Nachlassverwaltung

6 Der Begriff der Nachlassverwaltung bzw. des Verwalters ist in der EuErbVO nicht definiert. Wie auch die anderen Rechtsbegriffe innerhalb der EuErbVO ist er **autonom auszulegen** (MüKoBGB/*Dutta* EuErbVO Vor Art. 1 Rn. 23 f.). Art. 29 Abs. 1 UAbs. 2 S. 1 kann zumindest entnommen werden, dass die Person des Verwalters das Testament vollstrecken oder den Nachlass verwalten muss. Die ferner in Erwägungsgrund 44 S. 4 aufgezählten Beispiele möglicher Maßnahmen, die ein Nachlassverwalter treffen kann, machen zudem deutlich, dass „Nachlassverwaltung" **weit zu verstehen** ist (ausführlich BeckOGK/*J. Schmidt* EuErbVO Art. 29 Rn. 2 ff.). Umfasst sind grds. alle Maßnahmen, die eine durch einen besonderen Bestellungsakt ausgewählte Person im Hinblick auf den noch ungeteilten und nicht an die Berechtigten ausgekehrten Nachlass trifft. Ob die Maßnahmen dabei lediglich der vorläufigen Sicherung oder aber der endgültigen Verteilung des Nachlasses dienen, ist unerheblich. Im deutschen Recht dürfte daher nicht nur der Nachlassverwalter sowie der Testamentsvollstrecker unter die Vorschrift fallen, sondern auch der Nachlasspfleger (§§ 1960 f. BGB). Die Verwaltung im Falle einer Insolvenz des Nachlasses durch einen Nachlassinsolvenzverwalter fällt hingegen nicht in den Anwendungsbereich der EuErbVO, sondern unter die EuInsVO (vgl. auch Art. 76; MüKoBGB/*Dutta* EuErbVO Art. 29 Rn. 7).

III. Anwendungsvoraussetzungen

1. Verpflichtende Bestellung eines Nachlassverwalters

Eine Anwendung von Art. 29 setzt zunächst voraus, dass nach dem Recht des Forumsstaates die Bestellung eines Nachlassverwalters verpflichtend oder auf Antrag verpflichtend ist (siehe zu diesem etwas unglücklich übersetzten Begriff BeckOGK/*J. Schmidt* EuErbVO Art. 29 Rn. 5). Ob eine solche Verpflichtung besteht, ist grds. aus der Perspektive des angerufenen Gerichts (→ Rn. 13 f. unten III. 2.) zu beurteilen (MüKoBGB/*Dutta* EuErbVO Art. 29 Rn. 5). 7

a) Verpflichtende Bestellung von Amts wegen. In Ländern, die eine unmittelbare Rechtsnachfolge des Erben in den Nachlass kennen, ist die Bestellung eines Nachlassverwalters oder eines Testamentsvollstreckers eher ein Ausnahmefall und ohne einen Antrag eines Beteiligten in aller Regel auch nicht zwingend vorgeschrieben. 8

Auch das **österreichische Modell** der sog. *Einantwortung* erfüllt die Voraussetzungen des Art. 29 grds. nicht (so auch Bonomi/Wautelet/*Wautelet,* Le droit européen des successions, Art. 29 Rn. 10 f.; *Dutta* FamRZ 2013, 4 (11); aA *Vollmer* ZErb 2012, 227 (232)). Zwar erkennt das österreichische Recht dem Nachlass mit dem Todesfall eine eigene Rechtspersönlichkeit zu (Koziol/Bydlinski/Bollenberger ABGB – Kurzkommentar/*Sailer,* 5. Aufl. 2017, § 797 Rn. 1 ff.) und Rechte der Erben an den Nachlassgegenständen werden erst mit der *Einantwortung* begründet, die durch einen eigenständigen Gerichtsbeschluss erfolgt (siehe *Sailer/Apathy* in Koziol/Bydlinski/Bollenberger, ABGB – Kurzkommentar, 5. Aufl. 2017, Vor. § 797 Rn. 1 ff.). Die Verwaltung des Nachlasses bis zur *Einantwortung* findet jedoch grds. entweder von Amts wegen durch einen gerichtlich bestellten öffentlichen Notar (sog. *Gerichtskommissär*) oder bereits durch die Erben selbst statt und nicht durch einen separaten Nachlassverwalter (*Sailer* in Koziol/Bydlinski/Bollenberger, ABGB – Kurzkommentar, 5. Aufl. 2017, § 797 Rn. 4 f., § 810 Rn. 1 ff.). Der Gerichtskommissär ist kraft hoheitlicher Stellung tätig und wird auch nicht Eigentümer der Nachlassgegenstände. Die Bestellung eines Verwalters ist daher auch in Österreich nicht zwingend. Anderes gilt u. U., wenn der Aufenthaltsort der (Not-)Erben unbekannt ist und ein sog. *Verlassenschaftskurator* bestellt werden muss (NK-BGB/*Looschelders* EuErbVO Art. 29 Rn. 4; juris PK-BGB/*Ludwig* EuErbVO Art. 29 Rn. 11). 9

Die Rechtslage in **Schweden** ähnelt derjenigen in Österreich. Auch in Schweden stellt der Nachlass eine eigenständige juristische Person dar und geht nicht automatisch auf die Erben über (*Süß* in Bengel/Reimann, Handbuch der Testamentsvollstreckung, 6. Aufl. 2017, Kap. 9 Rn. 385; Süß/*Firsching,* Erbrecht in Europa, 4. Aufl. 2020, 1223). Die Verwaltung des Nachlasses obliegt zunächst den bisherigen Besitzern des Nachlasses. Sie müssen auch die weiteren Erben informieren (Süß/*Firsching,* Erbrecht in Europa, 4. Aufl. 2020, 1224). Maßnahmen mit Bezug zum Nachlass können in dieser Phase nur alle Beteiligten gemeinsam treffen. Das Gericht kann jedoch auch einen Nachlassverwalter *(boutredningsman)* bestellen (Süß/*Firsching,* Erbrecht in Europa, 4. Aufl. 2020, 1225; *Högsta Domstolen* Nytt Juridisk Arkiv 2002, 136). Insbesondere in internationalen Erbfällen, wenn der Erblasser keinen Wohnsitz in Schweden hatte, dort aber Vermögen hinterließ, wird das regelmäßig für erforderlich gehalten (Siehe Kap. 2 des Lagen (1937:81) om internationella rättsförhållanden rörande dödsbo; dazu auch Süß/*Firsching,* Erbrecht in Europa, 4. Aufl. 2020, 1236). Da die Bestellung eines Nachlassverwalters im schwedischen Recht in internationalen Erbfällen somit in aller Regel verpflichtend ist, sind die Voraussetzungen des Art. 29 wohl erfüllt (ebenso Dutta/Herrler/*Lein,* Die Europäische Erbrechtsverordnung, 199 (214); MüKoBGB/*Dutta* EuErbVO Art. 29 Rn. 6). 10

Unproblematisch von Art. 29 erfasst ist jedenfalls das **zypriotische Recht,** (so auch *Dutta* FamRZ 2013, 4 (11)) das den *Common Law* Prinzipien folgt und stets die Einschaltung eines *personal representative* sowie einen *grant of representation/probate* verlangt (Süß/*Süß,* Erbrecht in Europa, 4. Aufl. 2020, 1632 f.; *Yiolitis* in Hayton (Hrsg.), European Succession Laws, 2. Aufl. 2002, 178). Gleiches würde für Irland gelten, sollte Irland sich doch eines Tages entscheiden, an der EuErbVO teilzunehmen. 11

b) Verpflichtende Bestellung auf Antrag. Wenn sie von einem Beteiligten (bspw. dem Erben oder einem Nachlassgläubiger) **beantragt** wird, ist die Bestellung eines Nachlassverwalters – zumindest unter weiteren Voraussetzungen – in fast allen Mitgliedstaaten zwingend. In Deutschland gilt dieses etwa für die Bestellung eines Nachlassverwalters nach § 1981 BGB oder für den Nachlasspfleger gem. § 1961 BGB (siehe MüKoBGB/*Küpper* § 1981 Rn. 2; MüKoBGB/*Leipold* § 1961 Rn. 6 ff.; BeckOGK/*J. Schmidt* EuErbVO Art. 29 Rn. 8; NK-BGB/*Looschelders* EuErbVO Art. 29 Rn. 5; jurisPK-BGB/*Ludwig* EuErbVO Art. 29 Rn. 12; zur Rechtslage in Frankreich siehe Süß/*Döbereiner,* Erbrecht in Europa, 4. Aufl. 2020, 613). Insoweit ergibt sich also durchaus noch ein wichtiger Anwendungsbereich für Art. 29 (ebenso MüKoBGB/*Dutta* EuErbVO Art. 29 Rn. 7; NK-BGB/*Looschelders* EuErbVO Art. 29 Rn. 5; jurisPK-BGB/*Ludwig* EuErbVO Art. 29 Rn. 12; aA Erman/*Hohloch* EuErbVO Art. 29 Rn. 2). Zudem besteht in aller Regel die Möglichkeit, dass der Erblasser vorab einen Testamentsvollstrecker bestimmt, der dann gerichtlich mit der Nachlassverwaltung betraut wird. 12

2. Anrufung eines Gerichts

13 Die Formulierung in Art. 29 („wenn sie angerufen werden“) scheint darauf hinzudeuten, dass eine Bestellung eines Nachlassverwalters zudem nur möglich ist, wenn die Gerichte im entsprechenden Mitgliedstaat durch die Parteien angerufen wurden. Ein Tätigwerden der Gerichte **von Amts wegen** würde demnach nicht ausreichen. Ganz eindeutig ist diese Folgerung allerdings nicht, wie ein Blick in die englische („when seised“) und französische („si elle sont saisies“) Sprachfassung zeigt. Denkbar wäre es auch, „angerufen werden“ im Sinne eines „befasst sein“ zu verstehen, was ein amtswegiges Tätigwerden nicht von vornherein ausschlösse. Für eine solche Auslegung könnte zudem auch auf Art. 14 verwiesen werden, der unter der Überschrift „Anrufung eines Gerichts“ auch den Fall des Tätigwerdens von Amts wegen behandelt. Andererseits erscheint es wenig sinnvoll und vom Zweck des Art. 29 auch nicht geboten, dem Gericht die Befugnis zur amtswegigen Bestellung eines Verwalters einzuräumen, wenn sich alle Beteiligten einig sind und den Nachlass ohne Einschaltung eines Gerichts abwickeln (→ Rn. 22 ff. III. 4.; ebenso jurisPK-BGB/*Ludwig* EuErbVO Art. 29 Rn. 8).

14 Auf den **Anlass** für die Anrufung des Gerichts kommt es hingegen nicht an (vgl. auch Bonomi/Wautelet/*Wautelet,* Le droit européen des successions, Art. 29 Rn. 19; jurisPK-BGB/*Ludwig* EuErbVO Art. 29 Rn. 8). Die Befugnisse nach Art. 29 sind daher auch eröffnet, wenn das eingeleitete Verfahren ursprünglich nicht die Bestellung eines Nachlassverwalters, sondern etwa die Klärung der Erbverhältnisse oder andere Erbfragen zum Gegenstand hatte.

3. Anwendung ausländischen Rechts durch das Nachlassgericht

15 **a) Grundsatz.** Eine weitere Voraussetzung für die Anwendung des Art. 29 besteht darin, dass das zuständige Nachlassgericht **ausländisches Recht anwendet.** War eine solche Fremdrechtsanwendung vor Inkrafttreten der EuErbVO in Deutschland sehr häufig, da sich das anwendbare Recht gem. Art. 25 EGBGB aF grds. nach der Staatsangehörigkeit des Erblassers richtete, ist sie heute nur noch selten.

16 Eines der Hauptanliegen der EuErbVO war es, die Fälle der Fremdrechtsanwendung durch eine Regelanknüpfung an den gewöhnlichen Aufenthalt (Art. 21 Abs. 1) zu reduzieren und im Regelfall einen Gleichlauf zwischen der internationalen Zuständigkeit und dem anwendbaren Recht herbeizuführen. Der Erwägungsgrund 27 stellt ausdrücklich klar, dass die Vorschriften dieser Verordnung so angelegt sind, „dass sichergestellt wird, dass die mit der Erbsache befasste Behörde in den meisten Situationen ihr eigenes Recht anwendet.“ Zu einer Fremdrechtsanwendung kommt es daher nur noch in wenigen Fällen (siehe auch *Lagarde,* Les principes de base du noveau règlement européen sur les successions, Revue critique de droit international privé 101 (4) 2012, 691 (714 – Rn. 24); BeckOGK/*J. Schmidt* EuErbVO Art. 29 Rn. 9; MüKoBGB/*Dutta* EuErbVO Art. 29 Rn. 4).

17 **b) Fallgruppen.** Der praktisch bedeutsamste Fall ist dabei derjenige, dass ein Erblasser, der nicht (nur) die Staatsangehörigkeit seines Aufenthaltsstaates besitzt, eine **Rechtswahl gem. Art. 22** zugunsten seines Heimatrechts trifft. Auch in dieser Situation wird eine Fremdrechtsanwendung allerdings verhindert, wenn sich die Erben gem. Art. 5 auf eine Gerichtsstandsvereinbarung zugunsten der Gerichte des Heimatstaates des Erblassers verständigen oder wenn sich das Gericht am Aufenthaltsort auf Antrag einer Partei zugunsten der Gerichte des Heimatstaates für unzuständig erklärt (Art. 6 lit. a). Bemerkenswert ist, dass es die Erben so stets in der Hand haben, eine Anwendung des Art. 29 und damit bspw. die zwingende Bestellung eines Nachlassverwalters im Aufenthaltsstaat durch Abschluss einer Gerichtsstandsvereinbarung zu verhindern (Bonomi/Wautelet/*Wautelet,* Le droit européen des successions, Art. 29 Rn. 15).

Beispiel: Der griechische Erblasser E mit gewöhnlichem Aufenthalt auf Zypern, trifft eine wirksame Rechtswahl zugunsten seines griechischen Heimatrechts. Nach dem Tode des E müssten seine Erben, bevor sie Ansprüche an den auf Zypern belegenen Nachlass geltend machen, dort grds. erst gerichtlich einen *personal representative* bestellen lassen. Diese Anforderungen des zypriotischen Aufenthaltsrechts blieben unter den weiteren Voraussetzungen des Art. 29 auch und gerade dann gewahrt, wenn sich die Rechtsnachfolge, wie hier, ansonsten nach griechischem Recht richtet. Die Erben haben allerdings die Möglichkeit, durch Abschluss einer Gerichtsstandsvereinbarung zugunsten griechischer Gerichte eine Entscheidungszuständigkeit zypriotischer Gerichte zu verhindern und dadurch auch den Anwendungsbereich des Art. 29 wieder zu verlassen. Die Gerichtsstandsvereinbarung stellt den Gleichlauf zwischen Zuständigkeit und anwendbarem Recht wieder her, weshalb anschließend die Voraussetzungen des Art. 29 nicht länger vorliegen. Die Bestellung eines zypriotischen *personal representative* ist in diesem Fall daher auch dann nicht mehr erforderlich, wenn ansonsten alle weiteren Anforderungen des Art. 29 erfüllt wären.

18 Dass das Eingreifen von Art. 29 in dieser Form **zur Disposition der Parteien** gestellt wird, erscheint jedoch im Hinblick auf seinen Regelungszweck als problematisch (zustimmend dagegen *Khairallah/Revillard/Godechot-Patris,* Droit européen des successions internationales, Rn. 208). Die Absicht von Art. 29 ist doch, auch im Allgemeininteresse liegende Erfordernisse und Besonderheiten der Nachlassabwicklung zu wahren.

Der Abschluss einer Gerichtsstandsvereinbarung ist andererseits nicht möglich, wenn das **Recht eines Drittstaates** gewählt wurde, also etwa der auf Zypern lebende Erblasser im Beispielsfall ein Türke wäre und türkisches Recht gewählt hätte. Da die Erben in dieser Konstellation den Gleichlauf zwischen Zuständigkeit und anwendbaren Recht nicht wieder herstellen können, bleibt es grds. bei der uneingeschränkten Anwendung von Art. 29. Auch diese Differenzierung nach der jeweils gewählten Rechtsordnung ist freilich wenig überzeugend (hierzu auch *R. Magnus* IPRax 2013, 393 (394 f.); anders wiederum *Khairallah/Revillard/Godechot-Patris,* Droit européen des successions internationales, Rn. 211). 19

Eine andere Fallgruppe möglicher Fremdrechtsanwendungen ergibt sich aus **Art. 21 Abs. 2.** Hiernach kann das zuständige Gericht in Ausnahmefällen ein anderes Recht als dasjenige des Aufenthaltsstaates anwenden, wenn zu diesem Recht aufgrund der Gesamtumstände eine **offensichtlich engere Verbindung** besteht. Zu denken wäre insoweit bspw. an einen deutschen Rentner, der erst im hohen Lebensalter auf die sonnige Insel Zypern zieht und nach wie vor intensive Kontakte zur deutschen Heimat unterhält (siehe zu diesem Beispiel auch Erwägungsgrund 25). Auch wenn ein gewöhnlicher Aufenthalt in Zypern und damit eine Zuständigkeit zypriotischer Gerichte (Art. 4) gegeben wäre, könnten diese gem. Art. 21 Abs. 2 möglicherweise gleichwohl deutsches Recht anwenden und dadurch den Anwendungsbereich des Art. 29 eröffnen. 20

Eine dritte Möglichkeit, den Gleichlauf zwischen Zuständigkeit und anwendbarem Recht zu durchbrechen, ergibt sich aus **Art. 10.** Hat bspw. ein zypriotischer Erblasser seinen letzten gewöhnlichen Aufenthalt in der Türkei und befindet sich Nachlassvermögen auf Zypern, wird über Art. 10 eine subsidiäre Zuständigkeit zypriotischer Gerichte eröffnet. Das anwendbare Recht bestimmt sich auch in diesem Fall grds. nach dem gewöhnlichen Aufenthalt, so dass die zypriotischen Gerichte türkisches Recht anwenden müssten. Die Erben haben dagegen keine Möglichkeit, den Gleichlauf zwischen *forum* und *ius* über eine Gerichtsstandsvereinbarung nachträglich noch herbeizuführen, da der Erblasser keine Rechtswahl getroffen hat und die Voraussetzungen des Art. 5 somit nicht erfüllt sind. 21

4. Keine außergerichtliche gütliche Einigung

Eine weitere Einschränkung des Anwendungsbereichs des Art. 29 folgt aus der in vielen Mitgliedstaaten bestehenden Möglichkeit, dass sich die Erben über die Rechtsnachfolge von Todes wegen **außergerichtlich einigen.** Erwägungsgrund 43 stellt insoweit klar, dass „eine Entscheidung der Parteien, die Rechtsnachfolge von Todes wegen außergerichtlich in einem anderen Mitgliedstaat gütlich zu regeln" von Art. 29 unberührt bleibt. Haben sich also bspw. die Erben eines auf Zypern wohnenden deutschen Erblassers in Deutschland außergerichtlich auf eine bestimmte Regelung der Rechtsnachfolge von Todes wegen verständigt, müssen auch die zypriotischen Gerichte diese Regelung bei der Übertragung von Nachlassgegenständen, die auf Zypern belegen sind, respektieren und können nicht über Art. 29 die Bestellung eines eigenen Nachlassverwalters verlangen (Bonomi/Wautelet/*Wautelet,* Art. 29 Rn. 20). Auch wenn dieser Ansatz zur Förderung außergerichtlicher Streitbeilegungen durchaus konsequent erscheint und eine gewisse Parallele zu Art. 8 besteht, bereitet die genaue Abgrenzung dieser Ausnahme doch einige **Schwierigkeiten.** 22

So stellt sich etwa die Frage, ob bereits die Absicht einer außergerichtlichen Einigung genügt oder ob diese auch schon erzielt sein muss. Unklar ist auch, wie dauerhaft und wie umfassend eine solche Einigung oder Einigungsabsicht zwischen den Parteien zu sein hat. Genügt es etwa schon, wenn sich die Parteien auf eine bestimmte Form der Nachlassabwicklung verständigt haben und die Bestellung eines *personal representative* im Belegenheitsstaat der Nachlassgegenstände nicht für erforderlich halten? Wer muss insoweit zwingend an der Einigung beteiligt werden und was passiert, wenn weitere Beteiligte (bspw. nichteheliche Kinder) erst später ermittelt werden? Welche Unterlagen und Nachweise müssen über die Einigung bzw. Einigungsabsicht existieren und beim zuständigen Gericht vorgelegt werden? 23

Von der Antwort auf diese und weitere Fragen hängt es ab, inwieweit Art. 29 letztlich zur **Disposition der Beteiligten** gestellt ist. Der Regelungszweck von Art. 29, bestimmte primär im Common Law vorgesehene Verfahrensschritte und Voraussetzungen zu berücksichtigen, spricht allerdings wiederum für eine eher enge Auslegung dieser Ausnahme und für hohe Anforderungen an die von den Parteien zu erzielende außergerichtliche Einigung.

Erwägungsgrund 29 macht andererseits deutlich, dass es genügt, dass die außergerichtliche Einigung **in irgendeinem Mitgliedstaat** stattgefunden hat. Die Beteiligten haben hier die freie Wahl. Ob das Recht des Staates, in dem die außergerichtliche Einigung erzielt wurde, oder das Recht eines anderen Staates die Rechtsnachfolge von Todes wegen regelt, ist unerheblich. Hat die Einigung jedoch in einem **Drittstaat** stattgefunden, bleiben die Befugnisse nach Art. 29 von ihr grds. unberührt. Ob diese Differenzierung zwischen außergerichtlichen Einigungen in Mitgliedstaaten und solchen in Drittstatten wirklich sachgerecht ist, erscheint erneut zweifelhaft. Entscheidender als der Ort ihres Abschlusses dürften die Form und der Inhalt der Einigung und das für sie maßgebliche Recht sein. Die Differenzierung ist daher wohl wiederum dem politischen Ziel zu verdanken, die gegenüber Drittstaaten bestehende Praxis weitgehend unberührt zu lassen. 24

5. Belegenheit von Nachlassgegenständen im Forumsstaat?

25 Fraglich ist, ob Art. 29 als **ungeschriebenes Tatbestandsmerkmal** voraussetzt, dass sich Nachlassvermögen im Gerichtsstaat befindet. Es erscheint in der Tat zunächst zweifelhaft, wieso über Art. 29 die Möglichkeit bestehen sollte, einen Nachlassverwalter zu bestellen, wenn keinerlei Nachlass im Forumsstaat vorhanden ist, den er verwalten könnte. Andererseits ist es aber auch denkbar, dass Nachlassvermögen erst im Rahmen der Erbauseinandersetzung in den Forumsstaat verbracht wird und daher nachträglich doch ein Bedürfnis für die Bestellung eines Nachlassverwalters entsteht. Zudem bieten weder der Wortlaut des Art. 29 noch die Erwägungsgründe 43 und 44 Anhaltspunkte für eine derartige Einschränkung. Sie ist daher im Ergebnis auch **abzulehnen** (ebenso Bonomi/Wautelet/*Wautelet,* Art. 29 Rn. 18; *Khairallah/Revillard/Godechot-Patris,* Droit européen des successions internationales, Rn. 206; zurückhaltender *Lagarde* in Bergquist ua, EuErbVO (2015), Art. 29 Rn. 7; MüKoBGB/*Dutta* EuErbVO Art. 29 Rn. 8). Ohne in dem Mitgliedstaat vorhandenen Nachlass kommt es in aller Regel aber auch gar nicht erst zu einer Befassung der betreffenden Gerichte mit der Erbangelegenheit.

IV. Rechtsfolgen

26 Art. 29 ermöglicht den zuständigen Gerichten, nach ihrem eigenen Recht einen oder mehrere Nachlassverwalter zu bestellen. Die Konsequenz hieraus ist, dass zwingend **zwei unterschiedliche Rechte** auf die Rechtsnachfolge von Todes wegen Anwendung finden. Die Abgrenzung der jeweiligen Regelungsbereiche und damit auch die genauen Rechtsfolgen sind in Art. 29 äußerst kompliziert und umständlich geregelt worden. Der Kommissionsvorschlag aus dem Jahre 2009 hatte in Art. 21 noch bestimmt, dass für die Nachlassverwaltung und Abwicklung das Belegenheitsrecht *(lex fori),* für die Bestimmung der Person des Verwalters hingegen das auf die Rechtsnachfolge von Todes wegen anwendbare Recht *(lex successionis)* maßgeblich sei (Art. 21 Abs. 2 des Vorschlages vom 14. Oktober 2009 (KOM [2009] 154 endg., siehe hierzu aber auch die Kritik des Max-Planck-Instituts für ausländisches u. internationales Privatrecht, RabelsZ 74 (2010), 522 (636)). Der Grundgedanke, zwischen den Befugnissen des Nachlassverwalters und dem Verfahren zu seiner Bestellung einerseits und der Frage, welche Personen das Verwalteramt ausüben dürfen, andererseits zu unterscheiden, ist auch in Art. 29 erhalten geblieben. Die ursprünglich recht klare Regelung ist jedoch durch zahlreiche Einschränkungen und Rückausnahmen stark ausdifferenziert und auch in ihrer Grundaussage verändert worden.

1. Die Bestimmung des Verwalters (Art. 29 Abs. 1, S. 2 u. S. 3)

27 **a) Grundsatz.** Wer für das Verwalteramt geeignet ist, bestimmt sich grds. nach der *lex successionis.* Den Hintergrund für diese Verweisung erläutert **Erwägungsgrund 43 S. 4:** „Zur Gewährleistung einer reibungslosen Abstimmung zwischen dem auf die Rechtsnachfolge von Todes wegen anwendbaren Recht und dem Recht des Mitgliedstaats, das für das bestellende Gericht gilt, sollte das Gericht die Person(en) bestellen, die berechtigt wäre(n), den Nachlass nach dem auf die Rechtsnachfolge von Todes wegen anwendbaren Recht zu verwalten, wie beispielsweise den Testamentsvollstrecker des Erblassers oder die Erben selbst, oder, wenn das auf die Rechtsnachfolge von Todes wegen anwendbare Recht dies vorsieht, einen Fremdverwalter." Es soll demnach so weit wie möglich vermieden werden, dass in verschiedenen Mitgliedstaaten unterschiedliche Verwalter bestellt werden (zum insoweit unklaren Wortlaut des Art. 29 Abs. 1 s. BeckOGK/*J. Schmidt* EuErbVO Art. 29 Rn. 12 f.; NK-BGB/*Looschelders* EuErbVO Art. 29 Rn. 7). Die Gerichte sind deshalb dazu angehalten, auch im Rahmen des Art. 29 grds. diejenigen Personen mit der Verwaltung des Nachlasses zu betrauen, die hierzu auch nach dem im Übrigen auf die Erbschaft anwendbaren Recht ohnehin befugt sind. Das Verfahren zur Bestellung des Verwalters und die dabei einzuhaltenden Formanforderungen richten sich hingegen ausschließlich nach der *lex fori* (Bonomi/Wautelet/*Wautelet,* Art. 29 Rn. 22; MüKoBGB/*Dutta* EuErbVO Art. 29 Rn. 9; so auch bereits der Vorschlag des Max-Planck-Instituts für ausländisches u. internationales Privatrecht, RabelsZ 74 (2010), 522 (641)).

Beispiel: Nachdem er eine Rechtswahl zugunsten seines deutschen Heimatrechts getroffen und seine älteste Tochter T zur Testamentsvollstreckerin bestimmt hat, stirbt der deutsche Erblasser E an seinem letzten gewöhnlichen Aufenthaltsort auf Zypern. Wie sich Art. 29 und insbesondere Erwägungsgrund 43 entnehmen lässt, müssten die zypriotischen Gerichte hier grds. die T auch zur Nachlassverwalterin des auf Zypern belegenen Vermögens bestellen und würden dadurch eine einheitliche Verwaltung des gesamten Nachlasses in einer Hand sicherstellen.

28 Die **Einheitlichkeit der Nachlassverwaltung** wird dadurch gewährleistet, dass sich die Frage, wer zum Nachlassverwalter bestellt werden kann und muss, grds. nach der *lex successionis* richtet und daher in allen Mitgliedstaaten auf Grundlage des gleichen Rechts entschieden wird.

29 **b) Ausnahmen.** Von diesem Grundprinzip macht Art. 29 Abs. 1 S. 3 unter engen Voraussetzungen eine Ausnahme. So kann es vorkommen, dass die *lex successionis* **keine Möglichkeit vorsieht, einen**

Fremdverwalter zu bestellen, sondern die Verwaltung des Nachlasses ausschließlich Personen gestattet, die selbst Rechte am Nachlass geltend machen können (Erben, Vermächtnisnehmer). Ist das der Fall, kann über Art. 29 gleichwohl nach dem Recht des Forumsstaates ein Fremdverwalter bestellt werden, wenn es aufgrund von Besonderheiten des Falles ratsam erscheint, die Verwaltung einem außenstehenden Dritten zu übertragen.

Art. 29 Abs. 1 S. 3 zählt insoweit abschließend drei **Fallgruppen** auf: Die Bestellung eines Fremd- 30
verwalters kann zum einem deshalb erforderlich sein, weil zwischen den Berechtigten untereinander, zwischen den Berechtigten und den Nachlassgläubigern oder zwischen den Berechtigten und Nachlassbürgen (siehe hierzu BeckOGK/*J. Schmidt* EuErbVO Art. 29 Rn. 18; NK-BGB/*Looschelders* EuErbVO Art. 29 Rn. 8) ein schwerwiegender **Interessenkonflikt** besteht (NK-BGB/*Looschelders* EuErbVO Art. 29 Rn. 8; *Lagarde* in Bergquist u.a, EuErbVO (2015) Art. 29 Rn. 8). Zum anderen kann sich die Notwendigkeit, einen außenstehenden Dritten zum Nachlassverwalter zu bestellen, auch daraus ergeben, dass sich die Berechtigten über die Verwaltung des Nachlasses **nicht einigen können.** Und schließlich ist die Bestellung eines Fremdverwalters unter Umständen dann erforderlich, wenn der Nachlass Vermögenswerte beinhaltet (bspw. einen landwirtschaftlichen Betrieb oder Gesellschaftsbeteiligungen), deren Verwaltung eine bestimmte **Expertise voraussetzt,** die bei den Berechtigten nicht vorhanden ist (s. zu den Voraussetzungen dieser Fallgruppen auch BeckOGK/*J. Schmidt* EuErbVO Art. 29 Rn. 14 ff.).

Die **Reichweite dieser Ausnahme** ist jedoch zum Teil unklar. So ist es unter anderem zweifelhaft, 31
wann die *lex successionis* keine Möglichkeit vorsieht, einen Fremdverwalter zu bestellen (Bonomi/Wautelet/*Wautelet,* Art. 29 Rn. 26 f.; *Khairallah/Revillard/Godechot-Patris,* Droit européen des successions internationales, Rn. 216 f.). Zwei Interpretationsmöglichkeiten stehen sich hier gegenüber: Zum einen könnte diese Voraussetzung so verstanden werden, dass es ausreicht, dass die Bestellung eines Fremdverwalters nach der *lex successionis* unter den konkreten Umständen des Einzelfalles nicht möglich ist **(konkrete Betrachtungsweise).** Zum anderen könnte jedoch auch verlangt sein, dass die Bestellung eines Fremdverwalters ganz generell und unabhängig vom jeweiligen Einzelfall ausgeschlossen ist **(abstrakte Betrachtungsweise).** Für die erstgenannte Auslegung spricht, dass – soweit ersichtlich – in jeder mitgliedstaatlichen Rechtsordnung unter bestimmten Umständen (bspw. Anordnung des Erblassers) auch ein außenstehender Dritter mit der Nachlassverwaltung betraut werden kann und die Ausnahme dann praktisch nie greifen würde (Bonomi/Wautelet/*Wautelet,* Art. 29 Rn. 27). Gerade in Situationen des Interessenkonflikts, bei unauflösbaren Meinungsverschiedenheiten und schwer zu verwaltenden Nachlassgütern, kann die Bestellung eines Fremdverwalters für die ordnungsgemäße Nachlassabwicklung jedoch äußerst förderlich sein und sollte daher nicht dadurch verhindert werden, dass die *lex successionis* im konkreten Einzelfall eine solche Bestellung nicht vorsieht. Die konkrete Betrachtungsweise ist hier daher vorzugswürdig (so auch Bonomi/Wautelet/*Wautelet,* Art. 29 Rn. 27).

Eine **Rückausnahme** ergibt sich mit Blick auf den Erwägungsgrund 43, wenn der Erblasser selbst 32
einen Testamentsvollstrecker bestimmt hat (s. auch NK-BGB/*Looschelders* EuErbVO Art. 29 Rn. 15). Eine Abweichung vom Willen des Erblassers und die Bestellung eines von ihm nicht vorgesehenen Dritten zum Fremdverwalter ist hier nur möglich, wenn gleichzeitig auch die Voraussetzungen für eine **Beendigung des Testamentsvollstreckermandats** nach der *lex successionis* gegeben sind. Erwägungsgrund 43, S. 6 lautet: „Hat der Erblasser einen Testamentsvollstrecker bestellt, können dieser Person ihre Befugnisse nicht entzogen werden, es sei denn, das auf die Rechtsnachfolge von Todes wegen anwendbare Recht ermöglicht das Erlöschen seines Amtes.“. Die Voraussetzungen für die Entziehung des Mandats richten sich dabei nach der *lex successionis,* das Verfahren für die Bestellung des neuen Fremdverwalters regelt hingegen die *lex fori* (Bonomi/Wautelet/*Wautelet,* Art. 29 Rn. 28).

2. Die Befugnisse des Verwalters

a) Grundsatz. Ist ein Verwalter auf Grund von Art. 29 bestellt worden, muss als nächstes geklärt 33
werden, welche Befugnisse ihm genau zustehen. Hier gilt zunächst, dass sich die Befugnisse des Verwalters nicht nur auf die im Forumsstaat belegenen Gegenstände beschränken, sondern sich grds. auf den **gesamten Nachlass erstrecken.** Ein auf Zypern bestellter *personal representative* kann folglich auch Anordnungen erlassen, die deutsche Grundstücke oder Konten des Erblassers betreffen.

Um Widersprüche zwischen den verschiedenen Rechtsordnungen zu vermeiden, muss auch insoweit 34
grds. die **lex successionis maßgeblich** sein. Hat also bspw. ein auf Zypern lebender deutscher Rentner eine Rechtswahl zugunsten seines deutschen Heimatrechts getroffen und wurde durch zypriotische Gerichte gem. Art. 29 ein Nachlassverwalter bestellt, so richten sich dessen Befugnisse grds. nach deutschem Recht. Auch wenn dieser Ausgangspunkt zunächst klar und nachvollziehbar erscheint, stellt seine praktische Umsetzung doch eine erhebliche Herausforderung dar.

Der Versuch, zwei grundlegend verschiedene Systeme in dieser Form miteinander zu kombinieren, 35
führt zwangsläufig zu Ungereimtheiten und einem hohen **Anpassungsbedarf.** Relativ unproblematisch erscheint noch der Fall, in dem der deutsche Erblasser im genannten Beispiel selbst einen **Testamentsvollstrecker benannt** hat. Das deutsche Testamentsvollstreckeramt weist eine gewisse Ähnlichkeit zu

der Position des *personal representative* in den Common Law Rechtordnungen auf und die konkreten Befugnisse wären den §§ 2197 ff. BGB zu entnehmen. Schwieriger wird es, wenn kein Testamentsvollstrecker bestimmt wurde, sondern die Verwaltung des Nachlasses den **Erben gemeinschaftlich** zusteht. Die für den *personal representative* typischen Eigenheiten und Beschränkungen einer treuhänderischen Verwaltung (auch) fremden Vermögens bestehen in dieser Konstellation nicht. Vielmehr haben die Erben praktisch unbegrenzte Verwaltungsbefugnisse, haften aber andererseits auch grds. für die Nachlassschulden persönlich. Die Verwaltungsbefugnisse stehen bei einer Erbengemeinschaft zudem nur allen Erben gemeinschaftlich zu, was sich ebenfalls mit der herausgehobenen Position eines *personal representative* schlecht verträgt (ebenso Bonomi/Wautelet/*Wautelet,* Art. 29 Rn. 33). Gleichwohl führt Erwägungsgrund 44 hierzu aus: „Wenn also beispielsweise ein Erbe als Verwalter bestellt wird, sollte er diejenigen Befugnisse zur Verwaltung des Nachlasses haben, die ein Erbe nach diesem Recht *(die lex successionis, eingf. durch Verfasser)* hätte.“

36 Dadurch ist unmissverständlich klargestellt, dass es nicht etwa darum geht, Befugnisse zu übertragen, die dem Amt des *personal representative* innerhalb der *lex successionis* am ehesten entsprechen, sondern dass es stattdessen auf die **Befugnisse** ankommt, die der benannten Person bspw. als Erbe zustehen. Eine mögliche Lösung im Hinblick auf das Problem der Erbenmehrheit könnte darin liegen, die Erbengemeinschaft als solche gem. Art. 29 zum Verwalter zu bestellen. Anderenfalls müssten wohl die Befugnisse der Miterben zugunsten des als Verwalter benannten Erben entsprechend eingeschränkt werden, um eine ordnungsgemäße Verwaltung zu ermöglichen. Inwieweit derartige Einschränkungen im Rahmen der *lex successionis* aber zulässig sind oder von dieser hingenommen werden, erscheint zweifelhaft.

37 Ungeklärt ist auch die Frage der **Haftung** des Nachlassverwalters. Verstößt der Verwalter gegen Vorgaben der *lex successionis,* die die *lex fori* als sein Heimatrecht nicht kennt, ist eine Schadensersatzhaftung gegenüber den Erben zumindest nicht unproblematisch (*Vollmer* ZErb 2012, 227 (232)).

38 **b) Ausnahmen.** Weiter verkompliziert wird die Rechtslage dadurch, dass Art. 29 Abs. 2 S. 3 und Art. 29 Abs. 3 wiederum Ausnahmen von der Maßgeblichkeit der *lex successionis* vorsehen. Dabei muss zunächst danach unterschieden werden, ob es sich bei der *lex successionis* um das Recht eines Mitgliedstaates handelt oder ob insoweit das Recht eines Drittstaates Anwendung findet. In der erstgenannten Situation ist Abs. 2 S. 3 anzuwenden, im letzteren Fall Abs. 3.

39 **aa) Die lex successionis ist das Recht eines Mitgliedstaates (Art. 29 Abs. 2 S. 3).** Art. 29 Abs. 2 S. 3 bestimmt, dass das Gericht dem Verwalter ausnahmsweise **weiterreichende Befugnisse** zusprechen kann, die sich aus der *lex fori* ergeben. Voraussetzung dafür ist allerdings, dass die dem Verwalter nach der *lex successionis* zustehenden Befugnisse nicht ausreichen, „um das Nachlassvermögen zu erhalten oder die Rechte der Nachlassgläubiger oder anderer Personen zu schützen, die für die Verbindlichkeiten des Erblassers gebürgt haben.“

40 Der Aufgabenstellung des Nachlassverwalters entsprechend haben diese ergänzenden Befugnisse grds. eine **doppelte Zielrichtung:** Zum einem soll der Verwalter in die Lage versetzt werden, das Nachlassvermögen zu erhalten und zu sichern. Zum anderen soll er aber auch die Rechte der Nachlassgläubiger und eventueller Bürgen des Erblassers berücksichtigen und wahren. Reichen die in der *lex successionis* zur Erreichung dieser Zielsetzungen vorgesehenen Befugnisse nicht aus, kann das Gericht **ausnahmsweise weitergehende Rechte** des Verwalters festlegen, wofür es auf seine **lex fori** zurückgreifen darf. Das Gericht hat dabei auch die Möglichkeit, besondere Bedingungen für die Ausübung dieser ergänzenden Befugnisse aufzustellen und entsprechende Hinweise zu erteilen, allerdings nur sofern und soweit solche Beschränkungen nach der *lex fori* überhaupt zulässig sind.

41 Erwägungsgrund 44 kann zudem entnommen werden, dass die ausnahmsweise nach der *lex fori* zu gewährenden Befugnisse sich grds. auf die Ermöglichung von Maßnahmen beschränken sollen, die der **Sicherung von Nachlasswerten** und von Rechtspositionen der Beteiligten dienen. An der Geltung der *lex successionis* im Übrigen, insbesondere für den Bereich der Nachlassabwicklung und der Nachlassverteilung, soll weiterhin festgehalten werden. In der deutschen Fassung kommt dieser Ausnahmecharakter durch das Wort **„ergänzend“** in Art. 29 Abs. 2 S. 3 nur undeutlich zum Ausdruck. Die englische („on a residual basis“) und französische Fassung („sur une base résiduelle“) sind insoweit weitaus klarer.

42 In Erwägungsgrund 44 finden sich außerdem einige **Beispiele für solche Befugnisse.** Ausdrücklich erwähnt werden die Befugnis,

– eine Liste des Nachlassvermögens und der Nachlassverbindlichkeiten zu erstellen;
– die Nachlassgläubiger vom Eintritt des Erbfalles zu informieren;
– die Nachlassgläubiger aufzufordern, ihre Ansprüche geltend zu machen;
– einstweilige Maßnahmen zum Erhalt des Nachlassvermögens zu treffen.

43 Trifft das Gericht eine Anordnung nach Art. 29 Abs. 2 S. 3 muss es auch darauf achten, dass **kein Widerspruch zwischen den parallel anwendbaren Rechten** (*lex fori* und *lex successionis*) entsteht. Erwägungsgrund 44 weist auf diese Gefahr hinsichtlich der Regelungen für den Übergang des Eigentums am Nachlass, der Haftung für die Nachlassverbindlichkeiten und hinsichtlich der Rechte der

Berechtigten, einschließlich des Rechts, die Erbschaft anzunehmen oder auszuschlagen, hin. Insoweit soll das Primat der *lex successionis* in jedem Fall gewahrt bleiben, was unter Umständen gewisse Modifikationen und Einschränkungen der Befugnisse mit sich bringt, die dem Verwalter nach der *lex fori* erteilt wurden. Veräußerungen von Gegenständen oder die Begleichung von Nachlassverbindlichkeiten durch den Verwalter sollen bspw. nur dann rechtswirksam sein, wenn solche Maßnahmen auch nach der *lex successionis* zulässig wären (vgl. Erwägungsgrund 44). Verändert die Bestellung eines Fremdverwalters nach der *lex successionis* das Haftungsregime der Erben, sollte diese Veränderung auch im Übrigen gelten, unabhängig davon, ob sich einzelne Verwaltungsbefugnisse nach der *lex fori* richten (vgl. Erwägungsgrund 44).

Hilfe bei scheinbar unauflösbaren Normwidersprüchen, die sich bei einem Aufeinandertreffen grundlegend verschiedener Systeme der Nachlassverwaltung beinahe zwangsläufig ergeben, (*Khairallah/Revillard/Godechot-Patris,* Droit européen des successions internationales, Rn. 227) bietet das bekannte kollisionsrechtliche Instrumentarium, insbesondere die **Anpassung** (*Kropholler,* Internationales Privatrecht, 6. Aufl. 2006, 234). 44

bb) Die lex successionis ist das Recht eines Drittstaates (Art. 29 Abs. 3). Die Möglichkeiten des zuständigen Gerichts, sich für die Bestimmung der Befugnisse des Nachlassverwalters auf seine *lex fori* zu stützen, werden **erweitert,** wenn die *lex successionis* das Recht eines Drittstaates ist. Auch an dieser Stelle wird wieder das Bestreben des Verordnungsgebers deutlich, das Verhältnis der Mitgliedstaaten zu Drittstaaten durch die EuErbVO möglichst unberührt zu lassen (siehe auch *Khairallah/Revillard/Godechot-Patris,* Rn. 229). 45

Zur Anwendung des Rechts eines Drittstaates bei gleichzeitig bestehender Zuständigkeit eines mitgliedstaatlichen Gerichts kann es etwa dann kommen, wenn das nach Art. 22 gewählte Heimatrecht das Recht eines Drittstaates ist oder sich die gerichtliche Zuständigkeit nach Art. 10 lediglich auf die Belegenheit von Nachlassgegenständen im Forumsstaat gründet (→ Rn. 21 III. 3.). 46

Beispiel. Der auf Zypern lebende, türkische Erblasser E wählt sein türkisches Heimatrecht.

In diesem Fall hat das zypriotische Gericht die Möglichkeit, die Befugnisse des Verwalters umfassend nach der zypriotischen *lex fori* zu bestimmen, **ohne** dass es dabei auf die **einschränkenden Voraussetzungen** des Art. 29 Abs. 2 S. 3 (Befugnisse der *lex successionis* genügen nicht, um Nachlass zu erhalten oder Rechte der Nachlassgläubiger zu schützen) ankäme. Zudem ist der Rückgriff auf die *lex fori* hier auch nicht auf bestimmte einzelne Befugnisse beschränkt, sondern es können dem Verwalter umfassend **alle Verwaltungsbefugnisse** zugebilligt werden, die die *lex fori* vorsieht. Gleichwohl soll eine solche Anwendung der *lex fori* durch das Gericht nur ausnahmsweise erfolgen und der Verwalter bei der Ausübung seiner Befugnisse die Bestimmung der Berechtigten und ihre Ansprüche gegen den Nachlass nach der *lex successionis* respektieren (vgl. auch *Lagarde* in Bergquist ua, EuErbVO (2015), Art. 29 Rn. 14; NK-BGB/*Looschelders* EuErbVO Art. 29 Rn. 17). Es soll also auch hier keinesfalls zu einer vollständigen Verdrängung der *lex successionis* durch die *lex fori* kommen. Die genaue Grenzziehung zwischen den in jedem Fall der *lex successionis* unterliegenden Regelungen des materiellen Erbrechts und den gegebenenfalls nach der *lex fori* zu bestimmenden Befugnissen und Rechten des Verwalters im Rahmen der Nachlassabwicklungen ist jedoch wiederum keineswegs eindeutig. 47

Inwieweit das Gericht tatsächlich auf seine *lex fori* zurückgreifen sollte, hängt auch davon ab, ob der Nachlassverwalter seine Befugnisse auch oder sogar überwiegend in dem **Drittstaat ausüben muss,** weil sich dort die Berechtigten oder Teile des Nachlasses befinden. Ist der Verwalter im hohen Maße auf die Anerkennung der gerichtlichen Entscheidung in dem Drittstaat angewiesen, sollten Konflikte mit dem drittstaatlichen Recht möglichst vermieden werden. Bei einer zu starken Zurückdrängung der *lex successionis* zugunsten der *lex fori* treten solche Konflikte aber beinahe zwangsläufig auf. 48

3. Verhältnis zu den Vorschriften über die Anerkennung und Vollstreckung von gerichtlichen Entscheidungen

Wird der Nachlassverwalter durch die Entscheidung eines Gerichts bestellt, muss diese Entscheidung in den anderen Mitgliedstaaten nach Art. 39 ff. EuErbVO grds. anerkannt werden. Die Voraussetzungen für die Bestellung und auch die einzelnen Befugnisse des Verwalters richten sich aber gleichwohl grds. weiter nach Art. 29 EuErbVO, jedenfalls soweit die Befugnisse in der Entscheidung nicht im Einzelnen aufgezählt werden (s. auch MüKoBGB/*Dutta* EuErbVO Art. 29 Rn. 19). 49

Artikel 30 Besondere Regelungen mit Beschränkungen, die die Rechtsnachfolge von Todes wegen in Bezug auf bestimmte Vermögenswerte betreffen oder Auswirkungen auf sie haben

Besondere Regelungen im Recht eines Staates, in dem sich bestimmte unbewegliche Sachen, Unternehmen oder andere besondere Arten von Vermögenswerten befinden, die die

Rechtsnachfolge von Todes wegen in Bezug auf jene Vermögenswerte aus wirtschaftlichen, familiären oder sozialen Erwägungen beschränken oder berühren, finden auf die Rechtsnachfolge von Todes wegen Anwendung, soweit sie nach dem Recht dieses Staates unabhängig von dem auf die Rechtsnachfolge von Todes wegen anzuwendenden Recht anzuwenden sind.

Literatur: *Everts,* Neue Perspektiven zur Pflichtteilsdämpfung aufgrund der EuErbVO?, ZEV 2013, 124; Schauer/Scheuba/*Fischer-Czermak,* Europäische Erbrechtsverordnung, 2012, 43; *Lehmann,* Die EU-ErbVO: Babylon in Brüssel und Berlin, ZErb 2013, 25; *Osterholzer,* Ausmärkergrundstücke zwischen interlokalem und internationalem Erbrecht, DNotZ 2018, 264; *Revillard,* Portée de la loi applicable, in Khairallah/Revillard, Droit Européen des Successions Internationales, 2013, 67; *Thorn/Lasthaus,* Rechtsnachfolge in Immobilien unter der Europäischen Erbrechtsverordnung, IPRax 2019, 24–30; *Waters,* Convention on the law applicable to succession to the estates of deceased persons – Explanatory Report, in Hague Conference on private international law, Proceedings of the Sixteenth Session (1988) of the Hague Conference on private international law, Tome II – Succession to estates, applicable law (1990), 526.

Übersicht

I. Allgemeines

1 Der etwas umständlich formulierte Art. 30 macht eine Ausnahme von dem in Art. 23 Abs. 1 verankerten **Grundsatz der Nachlasseinheit,** indem er bestimmte sog. **Eingriffsnormen** (lois de police) zur Anwendung beruft, die dem nach Art. 21, 22 zu ermittelnden Erbstatut vorgehen (NK-BGB/*Looschelders* EuErbVO Art. 30 Rn. 1; Calvo Caravaca/Daví/Mansel/*Contaldi,* Art. 30 Nr. 1). Dogmatisch sauberer wäre es gewesen, lediglich den **Vorbehalt** der Eingriffsnormen klarzustellen, da sie kraft eigenen Anwendungsbefehls gelten (MüKoBGB/*Dutta* EuErbVO Art. 30 Rn. 10; NK-BGB/*Looschelders* EuErbVO Art. 30 Rn. 15; zu den Grundlagen der Eingriffsnormenproblematik NK-Nachfolgerecht/*Köhler* EuErbVO Art. 30 Rn. 2). Missglückt ist aus diesem Grund auch die Überschrift der Regelung (MüKoBGB/*Dutta* EuErbVO Art. 30 Rn. 1). Praktische Konsequenzen folgen hieraus aber jeweils nicht.

2 Ziel des Art. 30 ist die Wahrung des **internationalen Entscheidungseinklangs** und die Verhinderung von Entscheidungen, die am Belegenheitsort bestimmter Nachlassgegenstände nicht durchgesetzt werden könnten. In Kauf genommen wird dabei, dass es durch die punktuelle Verdrängung bzw. Überlagerung des Erbstatuts zu einer **Nachlassspaltung** kommt (NK-BGB/*Looschelders* EuErbVO Art. 30 Rn. 16; jurisPK-BGB/*Ludwig* EuErbVO Art. 30 Rn. 19; Deixler-Hübner/Schauer/*Schwartze* EuErbVO Art. 30 Rn. 3). Da Art. 30 **allseitig** formuliert ist, können die berufenen Eingriffsnormen auch solche von **Drittstaaten** sein (Bonomi/Wautelet/*Wautelet* Art. 30 Rn. 19; MüKoBGB/*Dutta* EuErbVO Art. 30 Rn. 7; NK-Nachfolgerecht/*Köhler* EuErbVO Art. 30 Rn. 3; *Davì/Zanobetti* CDT 5-II (2013), 5 (109); NK-BGB/*Looschelders* EuErbVO Art. 30 Rn. 2; im Gegensatz dazu sind nach Art. 30 EuGüVO nur die Eingriffsnormen des Forumstaates anwendbar, kritisch *Andrae* IPRax 2018, 221 (229)). Art. 34 Abs. 2 stellt klar, dass in jedem Fall eine **Sachnormverweisung** stattfindet. Bei Vorliegen einer **zwischenstaatlichen Konvention** kann Art. 30 EuErbVO wegen des Vorbehalts des **Art. 75** verdrängt werden (Erman/*Hohloch* EuErbVO Art. 30 Rn. 5).

3 Als **Ausnahmevorschrift** ist Art. 30 **eng auszulegen,** da anderenfalls der Grundsatz der Nachlasseinheit ausgehöhlt würde (ErwG 54 S. 3; Bonomi/Wautelet/*Wautelet* Art. 30 Rn. 2; NK-BGB/*Looschelders* EuErbVO Art. 30 Rn. 3; Calvo Caravaca/Daví/Mansel/*Contaldi* Art. 30 Rn. 19 f.; *Davì/Zanobetti* CDT 5-II (2013), 5 (111 f.) schlagen eine Anlehnung an die *Arblade*-Rechtsprechung des EuGH vor (EuGH verb. Rs.-C-369/96 u. C-376/96 = NZA 2000, 85)). Da der Anwendungsbereich des Art. 30 zudem sehr beschränkt ist (→ Rn. 7 ff.), dürfte seine **praktische Bedeutung gering** bleiben (so auch die Einschätzung von *Müller-Lukoschek,* § 2 Rn. 127, die allerdings nicht alle Anwendungsfälle in den Blick nimmt). Freilich besteht auch eine gewisse Gefahr, dass Art. 30 durch extensive Auslegung zu einer **Einbruchsstelle der lex rei sitae** in das Erbstatut gemacht wird (→ Rn. 20 f.).

II. Anwendungsbereich

1. Kein Verweis auf kollisionsrechtliche Regelungen

4 Art. 30, der Art. 15 des Haager Erbrechtsübereinkommen von 1989 nachgebildet wurde, erfüllt eine ähnliche Funktion wie der mit Wirkung zum 29.1.2019 aufgehobene Art. 3a Abs. 2 EGBGB, hat

jedoch einen deutlich **engeren Anwendungsbereich** als dieser. Denn Art. 30 verweist nur auf **materiellrechtliche Sondervorschriften,** nicht dagegen auf kollisionsrechtliche Regelungen, die bestimmte Nachlassgegenstände einem anderen Recht als dem Erbstatut unterwerfen und dadurch zu einer **Nachlassspaltung** führen (ErwG 54 S. 4; MüKoBGB/*Dutta* EuErbVO Art. 30 Rn. 9; Erman/*Hohloch* EuErbVO Art. 30 Rn. 3; *Lehmann* ZErb 2013, 25 (30); NK-BGB/*Looschelders* EuErbVO Art. 30 Rn. 7; zur oft kritisierten Weite des Art. 3a Abs. 2 EGBGB a. F. MüKoBGB[7]/*v. Hein* EGBGB Art. 3a Rn. 50–55). Für die Praxis bedeutet dies, dass die Verlegung von Vermögen (etwa durch Kauf einer Immobilie) in einen Staat, der die Vererbung unbeweglichen Vermögens immer der lex rei sitae unterwirft und nahen Angehörigen keine oder nur eine geringe zwingende Nachlassteilhabe gewährt, **kein geeignetes Mittel der Pflichtteilsreduzierung** mehr ist (*Lehmann* ZErb 2013, 25 (30); *Müller-Lukoschek,* § 5 Rn. 18 ff.; *Remde* DNotZ 2012, 65 (82); unklar ist, warum *Everts* ZEV 2013, 124 (126) zwischen EU- und Drittstaaten differenzieren möchte; gemeint ist wohl, dass es im Hinblick auf Letztere zu einem hinkenden Nachlassverhältnis kommen kann, → Rn. 5).

Kollisionsrechtliche Nachlassspaltungen kann es wegen des Vorrangs der EuErbVO zwar künftig nicht mehr in den Staaten geben, die an ihr teilnehmen, sie können aber nach wie vor in Drittstaaten anzutreffen sein. So unterwerfen etwa die Länder aus dem Rechtskreis des Common Law die Vererbung von unbeweglichem Vermögen traditionell dem Belegenheitsrecht (→ EuErbVO Art. 23 Rn. 3). Indem die EuErbVO solchen Sonderanknüpfungen, wie gezeigt, keine Beachtung schenkt, nimmt sie sog. **hinkende Nachlassverhältnisse** in Kauf, bei denen der Erbfall am Belegenheitsort von Nachlassgegenständen nach einem anderen Recht beurteilt wird als von der EuErbVO vorgesehen (*Odersky* notar 1/2013, 1 (4); Palandt/*Thorn* EuErbVO Art. 30 Rn. 2; Erman/*Hohloch* EuErbVO Art. 30 Rn. 4; → Int-SchenkungsR Rn. 81). Freilich lassen sich hinkende Nachlassverhältnisse ohnehin niemals ganz ausschließen, denn es ist auch denkbar, dass ein Drittstaat nicht nur für bestimmte Gegenstände, sondern für den gesamten Nachlass ein anderes Recht beruft als die EuErbVO, zB indem er nicht an den letzten gewöhnlichen Aufenthalt, sondern an die Staatsangehörigkeit des Erblassers anknüpft. 5

Ausnahmsweise kann eine in einem Drittstaat angeordnete Nachlassspaltung auch bei Anwendung der EuErbVO beachtlich sein, nämlich dann, wenn diese auf das Recht eines solchen Staates verweist und dieses beispielsweise für in einem Mitgliedstaat belegenes unbewegliches Vermögen auf dessen Recht zurückverweist (Fall des **renvoi,** → EuErbVO Art. 34 Rn. 13 ff.). Art. 30 spielt allerdings auch in diesem Fall keine Rolle. 6

2. Tatbestandsvoraussetzungen

Auch hinsichtlich seiner Verweisung auf materiellrechtliche Sonderregeln sind wichtige Einschränkungen des Art. 30 zu beachten. Die Vorschrift erfasst zunächst nur solche Normen, die **unmittelbar an bestimmte Nachlassgegenstände anknüpfen** und deren Schicksal in Abweichung vom übrigen Nachlass regeln (eine solche Abweichung kann auch in einer Erweiterung der Privatautonomie bestehen, siehe Calvo Caravaca/Daví/Mansel/*Contaldi* Art. 30 Rn. 16). Andere erbrechtliche Vorschriften zwingenden Charakters, die nicht nach der Art der Nachlassgegenstände differenzieren, wie zB der Ausschluss bestimmter Personen von der gewillkürten Erbfolge (vgl. etwa § 27 BeurkG, die landesrechtlichen Nachfolgeregelungen von § 14 HeimG oder Art. 2192 f. port. Código civil) sind damit von Art. 30 nicht erfasst (so auch jurisPK-BGB/*Ludwig* Art. 30 EuErbVO Rn. 16; → EuErbVO Art. 26 Rn. 5). Die Vorschrift bleibt somit in ihrer Reichweite deutlich hinter ihrem Pendant in der Rom I-VO (Art. 9) zurück (kritisch, mit entsprechendem Änderungsvorschlag, *Max Planck Institute* RabelsZ 74 (2010) 522 (Nr. 208 ff.); siehe ferner *Heredia Cervantes* AEDIPr XI (2011), 415 (443 f.); *Gomes de Almeida,* Direito de Conflitos Sucessórios: Alguns Problemas, 2012, 51; NK-BGB/*Looschelders* EuErbVO Art. 30 Rn. 5). Ob etwa Testierverbote zugunsten bestimmter Personen sich dennoch kraft eigenen Anwendungsbefehls gegenüber dem Erb- bzw. dem Errichtungsstatut durchsetzen können, hängt davon ab, ob man Art. 30 abschließenden Charakter bzw. eine **Sperrwirkung** beimisst. Für eine Bejahung dieser Frage sprechen nicht nur Wortlaut, Systematik und Entstehungsgeschichte der Vorschrift (MüKoBGB/*Dutta* EuErbVO Art. 30 Rn. 11; BeckOGK/*J. Schmidt* EuErbVO Art. 30 Rn. 20 f.; Calvo Caravaca/Daví/Mansel/*Contaldi* Art. 30 Rn. 18; Deixler-Hübner/Schauer/*Schwartze* EuErbVO Art. 30 Rn. 5, 15); auch ist zu beachten, dass Art. 26 Abs. 1 lit. b Testierverbote der genannten Art ausdrücklich dem Errichtungsstatut zuweist (diese Regelung übersieht Bonomi/Wautelet/*Wautelet* Art. 30 Rn. 4, der das Erbstatut anwenden möchte). Dennoch lehnen zahlreiche Autoren eine Sperrwirkung des Art. 30 ab (siehe etwa Erman/*Hohloch* EuErbVO Art. 26 Rn. 3, NK-Nachfolgerecht/*Köhler* EuErbVO Art. 30 Rn. 14, NK-BGB/*Looschelders* EuErbVO Art. 30 Rn. 6; jurisPK-BGB/*Ludwig,* Art. 30 EuErbVO Rn. 10; MüKoBGB/*Dutta* EuErbVO Art. 30 Rn. 11 hält zumindest die Eingriffsnormen des Forumstaates für beachtlich; nach Deixler-Hübner/Schauer/*Mankowski* EuErbVO Art. 1 Rn. 23, wirken Testierverbote mit öffentlich-rechtlichem Einschlag „exogen wegen übergeordneter staatlicher Interessen auf das erbrechtliche Rechtsverhältnis ein“). Da bei abschließendem Charakter des Art. 30 eine Korrektur immer noch über Art. 35 erfolgen kann (MüKoBGB/*Dutta* EuErbVO Art. 30 Rn. 11; Calvo 7

Caravaca/Daví/Mansel/*Contaldi* Art. 30 Rn. 18; Deixler-Hübner/Schauer/*Schwartze* EuErbVO Art. 30 Rn. 15), kommt dem Streit nicht notwendig praktische Bedeutung zu.

8 Sodann erfasst Art. 30 nur Eingriffsnormen des Rechts am **Lageort der betreffenden Nachlassgegenstände** (NK-BGB/*Looschelders* EuErbVO Art. 30 Rn. 12; BeckOGK/*J. Schmidt* EuErbVO Art. 30 Rn. 8; *Carrascosa González* 202), nicht dagegen auch solche des angerufenen Forums oder eines anderen Staates, zu dem der Fall eine besonders enge Verbindung aufweist (zur Frage, ob Eingriffsnormen anderer Herkunft auch außerhalb von Art. 30 zur Anwendung kommen können, siehe → Rn. 7). Freilich dürfte es ohnehin kaum vorkommen, dass ein Staat Eingriffsnormen aufstellt für Gegenstände, die außerhalb seines Territoriums liegen (zu den Fällen des Kulturgüterschutzes → Rn. 9). Der Belegenheitsort von Nachlassgegenständen ist ebenso wie bei Art. 10 **autonom** zu bestimmen (BeckOGK/*J. Schmidt* EuErbVO Art. 30 Rn. 8).

9 Die von Art. 30 in Abweichung vom Erbstatut berufenen Regelungen, die das allgemeine Erbrechtsregime hinsichtlich bestimmter Gegenstände modifizieren, müssen auf **wirtschaftlichen, familiären oder sozialen Erwägungen** beruhen. Da jeder erbrechtlichen Vorschrift irgendein derartiger Gehalt zukommt, leistet diese „Leerformel" (MüKoBGB/*Dutta* EuErbVO Art. 30 Rn. 5) letztlich nicht viel (für ein weites Verständnis der „sozialen Erwägungen" Calvo Caravaca/Daví/Mansel/*Contaldi* Art. 30 Rn. 9 f.). Immerhin lässt sich mit ihr aber der Anwendungsbereich des Art. 30 negativ begrenzen, da Regelungen zum **Kulturgüterschutz,** die etwa bestimmte archäologische Gegenstände für unübertragbar erklären, von der genannten Formel nicht erfasst werden (so auch Bonomi/Wautelet/*Wautelet* Art. 30 Rn. 8; freilich komm auch hier wieder (→ Rn. 7) die Berufung auf außerhalb von Art. 30 liegende Eingriffsnormen in Betracht, siehe Calvo Caravaca/Davì/Mansel/*Contaldi* Art. 30 Rn. 18 (Fn. 25); NK-BGB/*Looschelders* EuErbVO Art. 30 Rn. 13).

10 Schließlich müssen die betreffenden Sonderregelungen einen **internationalen Geltungsanspruch** erheben, dh nach der Intention des jeweiligen Gesetzgebers auch dann zur Anwendung kommen, wenn die Rechtsnachfolge von Todes wegen im Übrigen einem anderen Recht unterliegt (BeckOGK/*J. Schmidt* EuErbVO Art. 30 Rn. 13; NK-BGB/*Looschelders* EuErbVO Art. 30 Rn. 14; *Carrascosa González* 202). Ob eine solche Zielsetzung vorliegt, ist im Zweifel durch Auslegung zu ermitteln (MüKoBGB/*Dutta* EuErbVO Art. 30 Rn. 6). Bei drittstaatlichen Eingriffsnormen ist ein besonders strenger Prüfungsmaßstab anzulegen (näher NK-Nachfolgerecht/*Köhler* EuErbVO Art. 30 Rn. 9–11).

11 Hinsichtlich der erfassten Gegenstände zieht Art. 30 den Kreis sehr weit, denn neben „unbeweglichen Sachen" (näher zum Begriff BeckOGK/*J. Schmidt* EuErbVO Art. 30 Rn. 5) und „Unternehmen" enthält er mit den „anderen besonderen Arten von Vermögenswerten" auch eine Auffangklausel. Die Anwendung des Art. 30 wird daher kaum jemals an diesem Punkt scheitern.

3. Mögliche Anwendungsfälle im Einzelnen

12 Art. 30 kann immer nur dort zum Zuge kommen, wo überhaupt der **sachliche Anwendungsbereich der EuErbVO** iSd Art. 1 **eröffnet** ist (MüKoBGB/*Dutta* EuErbVO Art. 30 Rn. 2). Dies ist etwa nicht der Fall bei der Frage, ob ein bestimmtes Recht **vererblich** ist. Denn darüber entscheidet das jeweilige Einzelstatut (→ EuErbVO Art. 1 Rn. 155), sodass für eine Anwendung des Art. 30 auf die Frage der Vererblichkeit von Adelstiteln, Rechten auf Feststellung der Vaterschaft oder Urheberrechten kein Raum ist (die Nachfolge in Adelstitel ist zudem auch kein vermögensrechtlicher Vorgang, BeckOGK/*J. Schmidt* EuErbVO Art. 30 Rn. 7; NK-BGB/*Looschelders* EuErbVO Art. 30 Rn. 11; für eine Anwendbarkeit des Art. 30 hingegen *Carrascosa González* 201). Auch Sonderregeln über die **Vererbung von Immaterialgüterrechten** sind vom Anwendungsbereich der EuErbVO ausgenommen (→ EuErbVO Art. 1 Rn. 156; wie hier wohl auch Calvo Caravaca/Davì/Mansel/*Contaldi* Art. 30 Rn. 12 f.; hingegen hält Bonomi/Wautelet/*Wautelet* Art. 30 Rn. 6 den Art. 30 für anwendbar). Gleiches gilt für Sonderregeln über die **Vererbung von Gesellschaftsanteilen** (Art. 1 Abs. 2 lit. h und lit. i), so dass Art. 30 auch hier nicht relevant wird, auch wenn dessen Wortlaut „Unternehmen" ausdrücklich nennt (*Dutta* FamRZ 2013, 4 (11); NK-BGB/*Looschelders* EuErbVO Art. 30 Rn. 10; Calvo Caravaca/Daví/Mansel/*Contaldi* Art. 30 Rn. 15; iE auch *Leitzen* ZEV 2012, 520 (521)). Zu den Fällen der „joint tenancy" → Rn. 17.

13 Klarster Anwendungsfall des Art. 30 sind die in vielen Staaten, darunter auch Deutschland, existierenden Sonderregeln für die **Vererbung landwirtschaftlichen genutzten Vermögens,** die der Sicherung und Erhaltung leistungsfähiger Betriebe dienen und damit ordnungspolitische Ziele verfolgen (siehe etwa MüKoBGB/*Dutta* EuErbVO Art. 30 Rn. 8; Palandt/*Thorn* EuErbVO Art. 30 Rn. 1; *Osterholzer* DNotZ 2018, 264 (278); Calvo Caravaca/Davì/Mansel/*Contaldi* Art. 30 Rn. 6–8; Schauer/Scheuba/*Fischer-Czermak* Europäische Erbrechtsverordnung 2012, 43 (48); *Rudolf* ÖNZ 2013, 225 (237); Deixler-Hübner/Schauer/*Schwartze* EuErbVO Art. 30 Rn. 17 f.; zum Höfe- und Anerbenrecht in Deutschland Staudinger/*Marotzke* BGB § 1922 Rn. 224 ff. mwN; zu landwirtschaftlichen Sondererbfolgen in Frankreich Bonomi/Wautelet/*Wautelet* Art. 30 Rn. 1; zu den verschiedenen Landesgesetzen in Österreich *Eccher* in Schwimann/Kodek, ABGB Praxiskommentar, Bd. 4[5], Höferecht; zum „maso chiuso" in einigen Regionen Norditaliens *Davì/Zanobetti* CDT 5-II (2013), 5 (109 f.); für

Spanien *Heredia Cervantes* AEDIPr XI 2011, 415 (442 f.); *Carrascosa González* 200; rechtsvergleichender Überblick bei Staudinger/*Hausmann* EGBGB Art. 3a Rn. 77 ff.). Da allerdings der Inhaber des Hofes an dessen Belegenheitsort in aller Regel auch seinen gewöhnlichen Aufenthalt haben wird, kommen die genannten Sonderregeln typischerweise bereits als Teil des Erbstatuts zur Anwendung, so dass für die Anwendung des Art. 30 in der Praxis nur selten ein Bedürfnis entstehen wird.

Ferner dürfte Art. 30 auch solche Regelungen erfassen, die den (lebzeitigen wie den erbrechtlichen) 14 **Erwerb von Grundstücken durch Ausländer** oder nicht im Land ansässige Personen einschränken, etwa durch das Erfordernis einer behördlichen Genehmigung. Innerhalb der EU haben sich einige neuere Mitgliedstaaten entsprechende Rechte vorbehalten (für Polen siehe *Schömmer/Remin/Szewior* Internationales Erbrecht: Polen, 2011, Rn. 706 ff.), außerhalb der EU gibt es solche Beschränkungen etwa in der Schweiz (dazu Burandt/Rojahn/*Solomon* Schweiz Rn. 15 mwN). Von Art. 15 HErbÜ sollten diese Fälle zwar ausdrücklich ausgenommen sein und entsprechende Regelungen nur über den ordre public berücksichtigt werden können (siehe *Waters,* Explanatory Report, Nr. 111). Zu beachten ist aber, dass der Wortlaut des Art. 30 zwischen dem VO-Entwurf und der verabschiedeten Fassung eine redaktionelle Änderung erfahren hat (siehe *Lechner*-Bericht v. 6.3.2012, A7–0045/2012 Art. 22), die seinen Anwendungsbereich erweitert haben dürfte (anders *Frodl* ÖJZ (2012) 955): Art. 22 VO-Entwurf sprach in Anlehnung an Art. 15 HErbÜ bereits in der Überschrift noch von „special succession regimes", worunter sich allgemeine Regelungen über den Eigentumserwerb von Ausländern nur schwierig subsumieren ließen (vgl. auch *Max Planck Institute* RabelsZ 74 (2010) 522 (Nr. 209)). Art. 30 in seiner verabschiedeten Fassung lässt es dagegen ausreichen, dass der erbrechtliche Erwerb „berührt" ist (für die Anwendbarkeit von Art. 30 in diesem Fall auch MüKoBGB/*Dutta* EuErbVO Art. 30 Rn. 8; jurisPK-BGB/*Ludwig,* Art. 30 EuErbVO Rn. 15; Bonomi/Wautelet/*Wautelet* Art. 30 Rn. 8; Deixler-Hübner/Schauer/*Schwartze* EuErbVO Art. 30 Rn. 20; anders *Heredia Cervantes* AEDIPr XI (2011), 415 (443); auf abweichende Sprachfassungen weist Calvo Caravaca/Davì/Mansel/*Contaldi,* Art. 30 Nr. 3 hin, der diesem Umstand aber keine praktischen Konsequenzen beimisst). **Kein Fall** des Art. 30 sind hingegen **Vorschriften des Registerverfahrensrechts,** etwa das Erfordernis einer konkreten Bezeichnung des im Wege der Gesamtnachfolge übergegangenen Grundstücks im ENZ oder Erbschein (OLG Nürnberg NJW-RR 2018, 393; zustimmend *Wagner,* Aktuelle deutsche Rechtsprechung zur EuErbVO, ZEV 2020, 204 (208); allgemein zur Thematik → EuErbVO Art. 1 Rn. 152).

Eindeutig **nicht** von Art. 30 **erfasst** ist sodann das **Pflichtteilsrecht.** Dies ergibt sich aus dem 15 Umkehrschluss zu Art. 23 Abs. 2 lit. h, der diese Materie dem Erbstatut zuweist, sowie dem klar geäußerten gesetzgeberischen Willen (ErwG 54 S. 4). Zu beachten ist ferner, dass Pflichtteilsregelungen, jedenfalls im Normalfall, gerade keine Sondervorschriften für die Vererbung bestimmter Gegenstände darstellen, sondern allgemeiner Natur sind. Eine Korrektur der Regelungen des Erbstatuts kann daher allenfalls mittels des ordre public-Vorbehalts (Art. 35) geschehen (NK-BGB/*Looschelders* EuErbVO Art. 30 Rn. 12; Calvo Caravaca/Davì/Mansel/*Contaldi* Art. 30 Rn. 20; Deixler-Hübner/Schauer/*Schwartze* EuErbVO Art. 30 Rn. 9).

Schwieriger ist die Behandlung von **gegenstandsbezogenen Vorzugsrechten** für nahe Familien- 16 angehörige, typischerweise den überlebenden Ehegatten, etwa im Hinblick auf die **eheliche Wohnung** (soweit diese im (Mit-)Eigentum des Erblassers stand) oder bestimmte **Haushaltsgegenstände** (siehe zB §§ 1932, 1969 BGB; Art. 540 Abs. 2 Codice civile; weitere rechtsvergleichende Hinweise bei *R. Zimmermann,* Das Ehegattenerbrecht in historisch-vergleichender Perspektive, RabelsZ 80 (2016), 39 (88)). In der Praxis wird sich das Problem wohl nur bei Vorliegen einer Rechtswahl iSd Art. 22 stellen, da anderenfalls die eheliche Wohnung immer am letzten gewöhnlichen Aufenthaltsort des Erblassers gelegen haben wird und somit die betreffenden Regeln ohnehin Teil des Erbstatuts sind.

Wo hingegen Erbstatut nicht das Recht des Belegenheitsortes ist, muss zunächst nach der rechtlichen 17 Gestaltung differenziert werden: Hatten die Ehegatten (oder, soweit anerkannt, die Lebenspartner) an der Wohnung eine Form des Miteigentums, bei dem der Anteil des Verstorbenen dem Überlebenden automatisch **anwächst,** so ist dieser Vorgang bereits nach Art. 1 Abs. 2 lit. g vom Anwendungsbereich der EuErbVO **ausgenommen.** Ein Beispiel in diesem Sinne ist nicht nur die dort ausdrücklich genannte **„joint tenancy"** des anglo-amerikanischen Rechtkreises (dazu *Jülicher* ZEV 2001, 469), sondern auch das **Ehegattengattenmiteigentum des österreichischen Rechts** (§ 14 WEG), das seit der letzten Reform im Jahre 2006 gezielt nicht mehr als Vindikationslegat, sondern als Fall der Anwachsung ausgestaltet ist (→ EuErbVO Art. 1 Rn. 95; für die Anwendung des Art. 30 in diesem Fall dagegen *Rudolf* ÖNZ 2013, 225 (237); MüKoBGB/*Dutta* EuErbVO Art. 30 Rn. 8; Deixler-Hübner/Schauer/*Schwartze* EuErbVO Art. 30 Rn. 19; im Ergebnis dürfte die rechtliche Begründung keinen Unterschied machen).

Außerhalb dieser Fälle der Anwachsung ist dagegen die Anwendung des Art. 30 zu prüfen. Keine 18 Rolle kann hierbei spielen, welche Rechtsposition der Begünstigte genau erhält, also ob er zB unmittelbar mit dem Erbfall ein Nutzungsrecht an der Wohnung erlangt (so etwa Art. 540 Abs. 2 ital. Codice civile), ob ihm ein entsprechender Vermächtnisanspruch gegen den Erben zusteht (vgl. § 1969 BGB) oder ob er einen schuldrechtlichen Anspruch auf Zuteilung im Rahmen der Erbauseinandersetzung erhält (vgl. Art. 2103-A port. Código civil). Entscheidend ist allein, ob die betreffenden Regelungen die

Voraussetzungen des Art. 30 erfüllen und sich also notfalls auch gegen das Erbstatut durchsetzen sollen. Dies wird man nur dann bejahen können, wenn die Vorschriften (zumindest auch) einen **überindividuellen Zweck** verfolgen, der über die reine Nachlassverteilung hinausgeht. Dies dürfte bei der Zuweisung der Wohnung oder der Einräumung von (ggf. befristeten) Wohnrechten idR zu bejahen sein, da hierdurch auch der Gefahr der plötzlichen Obdachlosigkeit begegnet werden soll (für eine Anwendung des Art. 30 in diesen Fällen auch Bonomi/Wautelet/*Wautelet* Art. 30 Rn. 13, 25; *Davì/Zanobetti* CDT 5-II (2013), 5 (110); *Devaux* The International Lawyer 47 (2013), 229 (243); Calvo Caravaca/Davì/Mansel/*Contaldi* Art. 30 Rn. 11).

19 Auch in dem Fall, dass die Wohnung des Erblassers nicht in seinem Eigentum stand, sondern nur gemietet war, sehen viele Rechtsordnungen vor, dass enge Familienangehörige, die im selben Haushalt leben, das **Mietverhältnis fortsetzen** dürfen (vgl. § 563 BGB). Regelungen dieser Art sind allerdings nicht erbrechtlich, sondern **vertragsrechtlich** zu qualifizieren, sodass sie nicht der EuErbVO und ihrem Art. 30 unterfallen, sondern der Rom I-VO (NK-Nachfolgerecht/*Köhler* EuErbVO Art. 30 Rn. 13; MüKoBGB/*Dutta* EuErbVO Art. 30 Rn. 2; NK-BGB/*Looschelders* EuErbVO Art. 30 Rn. 9; *Ballarino* Riv.dir.int. 96 (2013), 1116 (1128); Deixler-Hübner/Schauer/*Schwartze* EuErbVO Art. 30 Rn. 6; für eine erbrechtliche Qualifikation und damit eine Anwendbarkeit von Art. 30 dagegen wohl jurisPK-BGB/*Ludwig* EUErbVO Art. 30 Rn. 16). Die Rom I-VO bringt vorbehaltlich einer Rechtswahl nach ihrem Art. 4 Abs. 1 lit. c allerdings ohnehin das Belegenheitsrecht zur Anwendung, während bei Vorliegen einer Rechtswahl iSd Art. 3 Rom I-VO in Betracht kommt, die mieterschützende Regelung als Eingriffsnorm iSd Art. 9 Rom I-VO zu qualifizieren (NK-BGB/*Looschelders* EuErbVO Art. 30 Rn. 9).

20 Zweifelhaft erscheint die Qualifikation als Eingriffsnorm bei der **Zuweisung von Haushaltsgegenständen,** da die entsprechenden Vorschriften rein privaten Interessen dienen dürften. Ohnehin wird es in diesen Fällen aber nur eine geringe praktische Notwendigkeit zur Anwendung des Art. 30 geben, da heute die meisten Rechtsordnungen die Idee eines gesetzlichen „Voraus“ (vgl. § 1932 BGB) in irgendeiner Weise anerkennen. In den Erläuterungen zu Art. 15 HErbÜ, dem Vorbild für Art. 30, werden als Anwendungsfall Gegenstände von besonderem familienhistorischen Wert genannt, wie Bilder, Skulpturen oder Schmuck, die ihrer Bestimmung gemäß zwingend von Generation zu Generation weiterzugeben sind (*Waters,* Explanatory Report, Nr. 112). Regelungen, die eine derartige generationenübergreifende Bindung vorsehen, wird es heute aber nur noch in seltenen Ausnahmefällen geben.

21 Ebenso wenig als Fall des Art. 30 sind **Regeln des Intestaterbrechts** anzusehen, die bei Berufung von Aszendenten oder Seitenverwandten eine Zuordnung bestimmter Teile oder Gegenstände des Vermögens nach der mütterlichen und der väterlichen Linie vornehmen (in Nachfolge des mittelalterlichen Grundsatzes „materna maternis, paterna paternis“ oder der „fente“ der französischen Rechtstradition, vgl. Art. 747 frz. Code civil). Denn diese Vorschriften zielen nur auf eine gerechte Nachlassverteilung innerhalb der betroffenen Familien und verfolgen keine ordnungspolitischen Ziele (für eine Anwendung des Art. 30 dagegen *Davì/Zanobetti* CDT 5-II (2013), 5 (110); Calvo Caravaca/Davì/Mansel/*Contaldi* Art. 30 Rn. 9). Gleiches gilt für Regeln über eine gesonderte Vererbung der dem Adoptivkind vom Adoptivelternteil geschenkten Gegenstände (Art. 368-1 Code civil („droit de retour“); für eine erbrechtliche Qualifikation auch *Lagarde,* Successions, in Répertoire de droit international, 2012, Nr. 145).

22 Hingegen wird als eine Regelung, welche die Voraussetzungen des Art. 30 erfüllt, die **„attribution préférentielle“** nach Art. 831 frz. Code civil gedeutet, die bei Teilung von Nachlässen eingreift, zu denen ein Unternehmen gehört (Bonomi/Wautelet/*Wautelet* Art. 30 Rn. 13, 21; Khairallah/ Revillard/*Revillard,* Droit Européen des Successions Internationales, 2013, 67 (Nr. 188); Calvo Caravaca/Davì/Mansel/*Contaldi* Art. 30 Rn. 16). Oftmals dürfte Art. 831 Code civil freilich auch schon über den Vorrang des Gesellschaftsstatuts (→ EuErbVO Art. 1 Rn. 98) zur Anwendung kommen. Bis 2011 wäre ein Fall des Art. 30 wohl auch das **„droit de prélèvement“** gewesen, das französischen Staatsbürgern, die zusammen mit Ausländern erbten, hinsichtlich der in Frankreich belegenen Nachlassgegenstände bestimmte Vorzugsrechte einräumte. Inzwischen wurde das entsprechende Gesetz jedoch wegen seiner diskriminierenden Wirkung vom frz. „Conseil constitutionnel“ für unwirksam erklärt (*Lagarde* Rev.crit. dr. int.priv. 2012, 691 (709 f.); zu den Einzelheiten *Stade,* Die EU-Erbrechtsverordnung aus französischer Sicht, ZErb 2015, 69 (72 f.)).

23 Die Entscheidung darüber, ob eine bestimmte Vorschrift der lex rei sitae dem Art. 30 unterfällt, kommt dem nach Art. 4 ff. **zuständigen Gericht** zu, das dabei dem **Grundsatz der autonomen Auslegung** zu folgen hat (Sympathie für die Maßgeblichkeit der Perspektive der lex rei sitae äußern hingegen Bonomi/Wautelet/*Wautelet* Art. 30 Rn. 5; Calvo Caravaca/Davì/Mansel/*Contaldi* Art. 30 Rn. 4). Dass etwa die französische Cour de Cassation Art. 831 Code civil (→ Rn. 22) als „loi de police“ qualifiziert hat, entfaltet daher für andere mitgliedstaatliche Gerichte keine Bindungs-, sondern nur Indizwirkung. Im Zweifel hat der EuGH im Wege eines Vorlageverfahrens zu entscheiden (*Davì/Zanobetti* CDT 5-II (2013), 5 (111); NK-Nachfolgerecht/*Köhler* EuErbVO Art. 30 Rn. 12). Verkennt oder übersieht das zuständige Gericht die Anwendung einer Norm im Wege des Art. 30, kann die Anerkennung der Entscheidung im Belegenheitsstaat am „ordre public“ scheitern (Art. 40 lit. a; *Davì/Zanobetti* CDT 5-II (2013), 5 (111)).

Artikel 31 Anpassung dinglicher Rechte

Macht eine Person ein dingliches Recht geltend, das ihr nach dem auf die Rechtsnachfolge von Todes wegen anzuwendenden Recht zusteht, und kennt das Recht des Mitgliedstaats, in dem das Recht geltend gemacht wird, das betreffende dingliche Recht nicht, so ist dieses Recht soweit erforderlich und möglich an das in der Rechtsordnung dieses Mitgliedstaats am ehesten vergleichbare Recht anzupassen, wobei die mit dem besagten dinglichen Recht verfolgten Ziele und Interessen und die mit ihm verbundenen Wirkungen zu berücksichtigen sind.

Literatur: *Bandel* Rechtsübergang und Rechtsbegründung durch ausländische Vindikationslegate in Deutschland – Zugleich Anmerkung zum Urteil des EuGH vom 12.10.2017, C-218/16, MittBayNot 2018, 99; *Braun,* Trusts in the Draft Common Frame of Reference: the „Best Solution" for Europe?, Cambridge Law Journal 70 (2011), 327; *Braun,* The framing of a European Law of trusts, in L Smith, The Worlds of the Trust, 2013, 277; *Conrad,* Qualifikationsfragen des Trust im Europäischen Zivilprozeßrecht, 2001; *Daragan,* Trusts und gespaltenes Eigentum, ZEV 2007, 204; *Dörner,* Der Trust im deutschen Internationalen Privatrecht, in Institut suisse de droit comparé, Le trust en droit international privé: Perspectives suisses et étrangères, 2005, 73; *Gärtner,* Die Behandlung ausländischer Vindikationslegate im deutschen Recht, 2014; *Heredia Cervantes, Lex successionis* y *lex rei sitae* en el Reglamento de Sucesiones, AEDIPr XI (2011), 415; *Jacoby,* Die Rechte des überlebenden Ehegatten und das europäische Nachlasszeugnis in den deutsch-französischen Beziehungen, GPR 2018, 303; *Jayme,* Kodifikation und allgemeiner Teil des IPR, in Leible/Unberath, Brauchen wir eine Rom 0-Verordnung?, 2013, 33; *Kötz,* Die Rezeption des Trust im deutschen Recht: Eine rechtsvergleichende Darstellung des anglo-amerikanischen trust und funktionsverwandter Elemente des deutschen Rechts, 1963; *T. Lechner,* Die Reichweite des Erbstatuts in Abgrenzung zum Sachenrechtsstatuts anhand der Europäischen Erbrechtsverordnung 650/2012, 2017; *Lupoi,* The Hague Convention, the Civil Law and the Italian Experience, Trust Law International 21 (2007), 80; *Lupoi,* The Application of the Hague Convention in Italy, in Institut suisse de droit comparé, Le trust en droit international privé: Perspectives suisses et étrangères, 2005, 55; *Mansel,* Gesamt- und Einzelstatut: Die Koordination von Erb- und Sachstatut nach der EuErbVO, FS Coester-Waltjen, 2015, 587; *Margonski,* Ausländische Vindikationslegate nach der EU-Erbrechtsverordnung, GPR 2013, 106; *Martiny,* Lex rei sitae as a connecting factor in EU Private International Law, IPRax 2012, 119; *Oertzen/Stein/Reich,* Anglo-Amerikanische Nachlasstrusts und inländische Grundstücke bzw. grundstücksbesitzende Erbengemeinschaften, ZEV 2013, 109; *Patrão,* A adaptação dos direitos reais no regulamento europeu das sucessões, Boletim da Faculdade de Direito da Universidade de Coimbra 92 (2016), 121; *J. P. Schmidt,* Die kollisionsrechtliche Behandlung dinglich wirkender Vermächtnisse, RabelsZ 77 (2013), 1; *J. P. Schmidt,* Ausländische Vindikationslegate über im Inland belegene Immobilien – zur Bedeutung des Art. 1 Abs. 2 lit. l EuErbVO, ZEV 2014, 133; *Solomon,* The Boundaries of the Law Applicable to Succession, Anali Pravnog Fakulteta Univerziteta u Zenici 2016, 193; *Tiedemann,* Internationales Erbrecht in Deutschland und Lateinamerika, 1993; *Wagner/Scholz,* Der Referentenentwurf eines Gesetzes zur Durchführung der EU-Erbrechtsverordnung, FamRZ 2014, 714; *Wittuhn,* Das internationale Privatrecht des trust, 1987.

Übersicht

I. Allgemeines

1 Art. 31, der von Art. 13, 15 Abs. 2 HTrustÜ inspiriert wurde (vgl. *Max Planck Institute* RabelsZ 74 (2010) 522 (Rn. 203); zu den Unterschieden *Patrão* Boletim da Faculdade de Direito da Universidade de Coimbra 92 (2016), 121 (162 f.)), zielt darauf ab, **Konflikte** zu lösen, die zwischen dem **Erbstatut** (Art. 21, 22) und dem Vermögensstatut, insbesondere dem **Sachenrechtsstatut** auftreten, also derjenigen Rechtsordnung, die Anspruch darauf erhebt, die dinglichen Verhältnisse der Nachlassgegenstände zu regeln. Sachenrechtsstatut ist in aller Regel das **Recht des Belegenheitsortes (lex rei sitae),** vgl. § 43 EGBGB.

2 Art. 31 bringt seine Zielsetzung allerdings insofern unvollkommen zum Ausdruck, als er vom Recht des Mitgliedsstaates spricht, in dem ein dingliches Recht **„geltend gemacht wird",** also der lex fori. Denn diese ist **nicht immer identisch** mit dem **Vermögens-** bzw. dem **Sachenrechtsstatut.** Klar muss aber sein, dass es nach Art. 31 **auf letztgenanntes ankommt** (*Dutta* FamRZ 2013, 4 (12); Palandt/*Thorn* EuErbVO Art. 31 Rn. 2; *Mansel* FS Coester-Waltjen, 2015, 587 (593 f.); wohl auch Bonomi/Wautelet/*Wautelet* Art. 31 Rn. 9). Ist der Nachlass über verschiedene Mitgliedstaaten verteilt, ist für jeden Gegenstand gesondert zu entscheiden.

3 Konflikte zwischen Erbstatut und Sachenrechtsstatut können deshalb entstehen, weil das **Erbstatut** dem Grundsatz der Nachlasseinheit entsprechend (→ EuErbVO Art. 23 Rn. 1) **auch die Entstehung und den Übergang von Rechten auf Erben und bestimmte Vermächtnisnehmer regelt** (ErwG 15 S. 1) und damit unabhängig davon, wo sich die Nachlassgegenstände befinden, dingliche Rechtsfolgen anordnet (*Patrão* Boletim da Faculdade de Direito da Universidade de Coimbra 92 (2016), 121 (127 f.)). Art. 31 nimmt in dieser Situation **Rücksicht auf das Belegenheitsrecht,** indem es diesem gestattet, seinen sachenrechtlichen **numerus clausus** zu wahren (ErwG 15 S. 2). Über die genaue dogmatische Einordnung der Vorschrift besteht allerdings keine Einigkeit (eingehend *Patrão* Boletim da Faculdade de Direito da Universidade de Coimbra 92 (2016), 121). Zumindest in Deutschland sehen die meisten Autoren in Art. 31 die **„Hinnahmetheorie"** verwirklicht, nach der das fremde dingliche Recht als solches bestehen bleibt, im Inland aber nur in systematisch verträglicher Weise ausgeübt werden kann (näher *Mansel* FS Coester-Waltjen, 2015, 587 (592 f.); NK-BGB/*Looschelders* EuErbVO Art. 31 Rn. 2, 10; MüKoBGB/*Dutta* EuErbVO Art. 31 Rn. 12; als Fall der **„Transposition"** sehen Art. 31 hingegen Palandt/*Thorn* EuErbVO Art. 31 Rn. 3; *Patrão* Boletim da Faculdade de Direito da Universidade de Coimbra 92 (2016), 121 (167); und wohl auch Leible/Unberath/*Jayme,* Brauchen wir eine Rom 0-Verordnung?, 2013, 33 (43 f.), der allerdings von **„Substitution"** spricht). Klar ist in jedem Fall – und ErwG 17 bestätigt dies –, dass Art. 31 **keine Regelung zum Institut der „Anpassung" im Allgemeinen** trifft, das vor allem bei Normenhäufung oder Normenmangel ins Spiel kommt (BeckOGK/*J. Schmidt* EuErbVO Art. 31 Rn. 32 f.; *Looschelders* FS Coester-Waltjen, 2015, 531 (540)).

4 Art. 31 steht in einem **Spannungsverhältnis zu Art. 1 Abs. 2 lit. k,** nach dem die „Art der dinglichen Rechte" überhaupt nicht vom Anwendungsbereich der EuErbVO erfasst ist. Nähme man diese Regelung ernst, bliebe für Art. 31 kein Anwendungsbereich mehr übrig, da der oben beschriebene Konflikt schon im Ansatz zugunsten des Belegenheitsrechts entschieden würde und Anpassungsbedarf gar nicht entstehen könnte (→ EuErbVO Art. 1 Rn. 137). Um Art. 31 nicht leerlaufen zu lassen, sollte Art. 1 Abs. 2 lit. k daher **teleologisch reduziert** und nur als eine Bestätigung der in Art. 31 niedergelegten Zielsetzung verstanden werden, Konflikte zwischen Erbstatut und Belegenheitsrecht auf möglichst **flexible Art und Weise** zu lösen (ähnlich *Solomon* Anali Pravnog Fakulteta Univerziteta u Zenici 2016, 193 (217)). Folgt man dieser Ansicht, die im Wesentlichen auf die genannte „Hinnahmetheorie" hinausläuft, sind die dinglichen Rechtsfolgen also im ersten Schritt immer dem Erbstatut zu entnehmen und erst im zweiten Schritt ggf. nach Art. 31 anzupassen. In methodischer Hinsicht ist somit zu beachten, dass Art. 31 im Unterschied zu Art. 30 der lex rei sitae **keinesfalls pauschalen Vorrang** vor dem Erbstatut einräumt oder sie parallel zur Anwendung beruft (Bonomi/Wautelet/*Wautelet* Art. 31 Rn. 24). Stattdessen ist in Art. 31 allein eine Art **„Vetorecht"** verankert, für den Fall, dass sich die Vorgaben des Erbstatuts nicht gegen die sachenrechtlichen Grundsätze des Belegenheitsrechts durchhalten lassen (näher *J. P. Schmidt* RabelsZ 77 (2013), 14 f., 17 f.). Verbunden mit der dann bestehenden Befugnis zur Anpassung ist das **Gebot,** dem unbekannten dinglichen Recht **soweit wie möglich Rechnung zu tragen** (ErwG 16; Bonomi/Wautelet/*Wautelet* Art. 31 Rn. 18 f.; *Patrão* Boletim da Faculdade de Direito da Universidade de Coimbra 92 (2016), 121 (160–166) betrachtet Art. 31 nicht bloß als deklaratorisch). Das genaue Ausmaß der Pflicht zur gegenseitigen Rücksichtnahme ist allerdings umstritten (für einzelne Fallgruppen → Rn. 12 ff.).

5 Die in Art. 31 verankerte Regelung galt ihrer Idee nach bislang ungeschrieben auch im **autonomen deutschen Kollisionsrecht** (*Schaub,* Hereditare 3 (2013), 91 (101); vgl. etwa *Kropholler* 557; *Kegel/Schurig* 770; Staudinger/*Stoll* Int SachenR Rn. 184 f.; ebenso aus portugiesischer Sicht *Patrão* Boletim da Faculdade de Direito da Universidade de Coimbra 92 (2016), 121 (134)). Art. 31 setzt der Rücksichtnahme auf die lex rei sitae allerdings **engere Grenzen** als es die hM zum deutschen Recht tat, was sich insbesondere bei der Behandlung von Vindikationslegaten auswirkt (→ Rn. 13 ff.).

6 Der Begriff des „dinglichen Rechts" ist – wie generell im Europarecht – **autonom und funktional** zu bestimmen. Als Orientierungspunkt kann die Rechtsprechung des EuGH zu **Art. 22 Nr. 1 Brüssel I-VO** herangezogen werden. Erfasst ist grds. jedes Recht, das potentiell gegenüber jedermann oder zumindest gegenüber bestimmten Dritten wirkt (MüKoBGB/*Dutta* EuErbVO Art. 31 Rn. 6). „Dingliche Rechte" iSd Art. 31 wären danach zB auch ein vormerkungsgesicherter Anspruch des Käufers (§ 883 BGB) oder das Recht des Mieters gegenüber dem Erwerber der Mietsache (§ 566 BGB). Ebenso erfasst ist das **„Folgerecht" eines „trust beneficiary"** gegen den unentgeltlichen oder bösgläubigen Erwerber eines Trustgegenstands (→ Rn. 21; zu unspezifisch dagegen der Verweis auf „equitable interests" bei BeckOGK/*J. Schmidt* EuErbVO Art. 31 Rn. 7.2). Die weite Auslegung des Begriffs des „dinglichen Rechts" bedeutet nicht, dass es dadurch häufiger Bedarf für Anpassungen gibt. Denn wo die dingliche Wirkung nur eine schwache ist, wird in aller Regel auch kein ernsthafter Konflikt mit dem Sachenrechtsstatut auftreten.

7 Was die Unvereinbarkeit von Erbstatut und Sachenrechtsstatut anbelangt, ist Art. 31 als Ausnahmevorschrift **eng auszulegen,** da anderenfalls übermäßige Beschneidungen des Erbstatuts drohen, welche die **Nachlassabwicklung komplizieren** und auch die **Funktionsfähigkeit des ENZ beeinträchtigen** würden (MüKoBGB/*Dutta* EuErbVO Art. 31 Rn. 9). Nicht jede geringfügige Andersartigkeit eines ausländischen dinglichen Rechts darf daher als Rechtfertigung für eine Anpassung nach Art. 31

betrachtet werden (*Heredia Cervantes* AEDIPr XI (2011), 415 (432)). Exakte Identität von ausländischen dinglichen Rechten und ihren deutschen Pendants wird es so gut wie nie geben (ähnlich Bonomi/Wautelet/*Wautelet* Art. 31 Rn. 2, 10f.; MüKoBGB/*Dutta* EuErbVO Art. 31 Rn. 11). Art. 31 greift daher erst dann ein, wenn die Anordnungen des Erbstatuts **wesentlichen Strukturprinzipien des Belegenheitsrechts** widersprechen. Dies kann ausnahmsweise auch bei nomineller Gleichheit eines dinglichen Rechts der Fall sein, wie das Beispiel des Nießbrauchs zeigt (→ Rn. 24ff.). Art. 31 kann somit auch als Aufruf verstanden werden, sich zunächst einmal **Klarheit zu verschaffen** über die vom Erbstatut angeordneten **dinglichen Rechtsfolgen** und sich nicht allein auf formale Bezeichnungen zu verlassen. Dies zeigt sich besonders auch bei den Spielarten von Vor- und Nacherbschaft (→ Rn. 32).

Vor allem darf Art. 31 nicht zum Vorwand genommen werden, die rechtspolitischen Wertungen des inländischen Erbrechts an die Stelle derjenigen des Erbstatuts zu setzen. Dass das deutsche Erbrecht eine bestimmte Rechtsfigur nicht kennt, zB ein Vindikationslegat (→ Rn. 13ff.) oder ein unmittelbar begründetes Nießbrauchsrecht am Nachlass (→ Rn. 27ff.), bedeutet nicht zwangsläufig, dass diese Figuren im Widerspruch zum deutschen Sachenrecht stehen. Stattdessen kann es auch sein, dass der deutsche Gesetzgeber sich aus **spezifisch erbrechtlichen Erwägungen** heraus – und nicht aus Rücksicht auf **Verkehrsinteressen** – gegen die Aufnahme entsprechender Regelungen entschieden hat, etwa um Schwierigkeiten bei der Nachlassabwicklung zu vermeiden. Wenn ein ausländischer Gesetzgeber die betreffende erbrechtliche Frage anders beurteilt hat, ist dies grds. zu respektieren. Zu beachten ist allerdings auch, dass das durch ein ausländisches Erbrecht begründete dingliche Recht jedenfalls **bei künftigen Übertragungen unter Lebenden** dem Sachenrechtsstatut unterliegt und dieses etwa bestimmt, unter welchen Voraussetzungen ein **Erwerb vom Nichtberechtigten** stattfinden kann (Staudinger/*Stoll* Int SachenR Rn. 300). 8

Ist die Notwendigkeit einer Anpassung ausnahmsweise gegeben, ist das Belegenheitsrechts grds. frei in der **Wahl der Mittel** hierzu. Art. 31 gibt nur das Ziel vor, dem ausländischen Recht soweit wie möglich gerecht zu werden (vgl. auch Bonomi/Wautelet/*Wautelet* Art. 31 Rn. 18, 22f.). Dabei sind nach ErwG 16 auch die mit dem dinglichen Recht verlangten Ziele, Interessen und Wertungen zu berücksichtigen, wobei zu deren Ermittlung notfalls auch der Kontakt zu den Behörden des betreffenden Landes gesucht werden soll (*Heredia Cervantes* AEDIPr XI (2011), 415 (433); MüKoBGB/*Dutta* EuErbVO Art. 31 Rn. 12; BeckOGK/*J. Schmidt* EuErbVO Art. 31 Rn. 22–24). **Nicht verlangt** werden sollte hingegen, dass als Ergebnis der Anpassung zwingend auch ein **dinglich wirkendes Recht** gewährt wird, auch wenn etwa die englische und die französische Sprachfassung dies zu fordern scheinen, im Gegensatz zur deutschen (allerdings nennt ErwG 16 auch in der deutschen Fassung ein „dingliches Recht"). Denn im Falle eines Konflikts zwischen Erbstatut und Belegenheitsstatut wird ein solches „ersatzweise" zu gewährendes dingliches Recht idR gerade nicht vorhanden sein, mit der Folge, dass die Anforderungen des Art. 31 weitgehend unerfüllbar wären. 9

Werden dem Begünstigten im Wege der Anpassung **nur schuldrechtliche Ansprüche** gegeben (für zulässig halten dies auch *Bandel* MittBayNot 2018, 99 (104); MüKoBGB/*Dutta* EuErbVO Art. 31 Rn. 12), so muss versucht werden, diese durch weitere Maßnahmen **zu verstärken,** etwa durch die analoge Anwendung von anderen Vorschriften des deutschen Rechts. Generell darf das Belegenheitsrecht sich nicht damit begnügen, einfach eine Rechtsfigur „aus dem eigenen Sortiment" an die Stelle des ausländischen Rechts zu setzen, vielmehr muss es ggf. versuchen, dieses mit den im eigenen Recht vorhandenen Mitteln **noch auszubauen**. Im Verhältnis zu Dritten wird die Grenze freilich durch den **numerus clausus** der Typen von dinglichen Rechten gezogen. Bei gänzlicher Unmöglichkeit, die fremde Rechtsfigur auch nur ansatzweise abzubilden, besteht keine Pflicht zur Anpassung (BeckOGK/*J. Schmidt* EuErbVO Art. 31 Rn. 21). Allerdings dürfte dieser Fall rein hypothetischer Natur sein. 10

Etwas missverständlich ist die Frage, **welches Gericht** für die Anpassung nach Art. 31 **zuständig** ist (so *Margonski* GPR 2013, 106 (109 Fn. 23)). Denn diese ist nicht ein richterlicher Gestaltungsakt mit erga omnes Wirkung, sondern auf Grundlage der kollisionsrechtlichen Vorschrift des Art. 31 inzident im Rahmen des konkreten Rechtsanwendungsvorgangs vorzunehmen (MüKoBGB/*Dutta* EuErbVO Art. 31 Rn. 14; Deixler-Hübner/Schauer/*Schwartze* EuErbVO Art. 31 Rn. 18). Keinesfalls liegt die Kompetenz zur Anpassung deshalb allein bei den nach Art. 4ff. zuständigen Gerichten, die zu einer Berücksichtigung des Belegenheitsrechts typischerweise gar keinen Anlass haben werden und denen auch die entsprechenden Kenntnisse fehlen (*Bandel* MittBayNot 2020, 99 (103)); *Keim* MittBayNot 2020, 148 (149)). Vielmehr wird die Aufgabe der Anpassung primär den deutschen Grundbuchämtern zufallen (*Keim* MittBayNot 2020, 148 (149) und sekundär den für eine Registerstreitigkeit zuständigen Gerichten. Keinen Anlass gibt es, die Anpassung allein im Streitverfahren für möglich zu erachten (so aber *Bandel* MittBayNot 2020, 99 (103f.); ablehnend auch *Keim* MittBayNot 2020, 148 (149); MüKoBGB/*Dutta* EuErbVO Art. 31 Rn. 14)). 11

II. Mögliche Anwendungsfälle

12 Da Art. 31 Bezug auf das Sachenrecht am jeweiligen Belegenheitsort nimmt und die mitgliedstaatlichen Sachenrechte zum Teil erhebliche Unterschiede aufweisen, können die aus Art. 31 resultierenden Rechtsfolgen **nicht europaweit einheitlich** bestimmt werden, sondern immer nur anhand der konkret betroffenen Rechtsordnung. Die folgende Darstellung konzentriert sich auf die Bedeutung des Art. 31 für dingliche Rechte an **in Deutschland belegenen Nachlassgegenständen,** die nach einem ausländischen Erbstatut übertragen oder begründet werden (aus österreichischer Perspektive Deixler-Hübner/Schauer/*Schwartze* EuErbVO Art. 31 Rn. 12, 17, der die Gesamthandsgemeinschaft der Miterben als ein dem österreichischen Recht unbekanntes Institut nennt).

1. Vindikationslegate

13 Meistdiskutierter Anwendungsfall des Art. 31 war bis zur **„Kubicka"-Entscheidung des EuGH** (Urt. v. 12.10.2017, C-218/16, FamRZ 2017, 2057; zur Bedeutung der Entscheidung auch schon → EuErbVO Art. 1 Rn. 132 ff.) das **Vindikationslegat,** also die dingliche wirkende Einzelzuwendung, die zahlreiche ausländische Erbrechte im Gegensatz zum deutschen Recht zulassen. Im Fall, dass das Übertragungsobjekt eine in Deutschland belegene bewegliche oder unbewegliche Sache ist, hatten besonders in der ersten Zeit nach Verabschiedung der EuErbVO zahlreiche Autoren unter Fortführung der hM zum autonomen deutschen Recht (BGH NJW 1995, 58; ausführlich zum Streitstand *J. P. Schmidt* RabelsZ 77 (2013) 1 (5)) dafür plädiert, den von Erbstatut vorgesehenen Eigentumserwerb des Legatars auf der Grundlage von Art. 31 in einen Übereignungsanspruch gegen den Erben umzudeuten (so etwa *Dörner* ZEV 2012, 505 (509); Erman/*Hohloch* Art. 31 EuErbVO Rn. 1, 4; *Lagarde* Rev. crit. dr. int. pr. 2012, 691 (716); *Reymann* ZVglWiss 114 (2015), 40 (69); *Kunz* GPR 2012, 253 (255); *Müller-Lukoschek,* § 2 Rn. 117 ff.; *Volmer* Rpfleger 2013, 421 (426); *Rudolf* ÖNotZ 2013, 225 (228); *Schaub,* Hereditare 3 (2013), 91 (119; anders noch 101). Auch der deutsche Gesetzgeber folgte dieser Auffassung und legte sie bei Schaffung des § 32 Abs. 6 IntErbRVG und Neufassung des § 35 Abs. 1 GBO zu Grunde.

14 Wie indessen der EuGH in der Rechtssache „Kubicka" unmissverständlich klarstellte (Tz. 61–65), ist die genannte Ansicht schon vom **Wortlaut des Art. 31 gar nicht gedeckt** (dies konzedierte auch *Dörner* ZEV 2012, 505 (509)). Denn die Vorschrift stellt allein auf das geltend gemachte dingliche Recht ab, also das **Erwerbsobjekt,** während der **Erwerbsmodus** gerade nicht erwähnt wird (so vor der Entscheidung des EuGH etwa schon *Dutta* FamRZ 2013, 4 (12); Palandt/*Thorn* Art. 1 EuErbVO Rn. 15; Schauer/Scheuba/*Fischer-Czermak,* Europäische Erbrechtsverordnung (2012), 23 (27); Bonomi/Wautelet/*Wautelet* Art. 31 Rn. 13; *Gärtner* 87 (100); BeckOGK/*J. Schmidt* EuErbVO Art. 31 Rn. 30; *Mansel,* FS Coester-Waltjen, 2015, 587 (594 f.); *Laukemann,* FS Schütze 2014, 325 (338 f.), NK-Nachfolgerecht/*Köhler* EuErbVO Art. 31 Rn. 10; Deixler-Hübner/Schauer/*Schwartze* EuErbVO Art. 31 Rn. 13; Calvo Caravaca/Davì/Mansel/*Calzolaio/Vagni* Art. 31 Rn. 10; zu den Schwierigkeiten, die eine weite Auslegung des Art. 31 EuErbVO für das Europäische Nachlasszeugnis (ENZ) zur Folge hätte, *Kleinschmidt* RabelsZ 77 (2013), 723 (763 f.); → EuErbVO Art. 63 Rn. 8 ff.). Dass das deutsche Recht den Erwerb mittels letztwillig angeordneter Einzelnachfolge grundsätzlich nicht gestattet, kann über Art. 31 somit keine Berücksichtigung finden; das dingliche Recht aber, welches durch Vindikationslegat übertragen werden soll, ist das Eigentum im Sinne des deutschen Sachenrechts und somit schwerlich ein Fremdkörper. Zusätzlich gestützt wird die enge Auslegung des Art. 31 durch seine **Entstehungsgeschichte** (dazu *Lechner* IPRax 2013, 498 f.), ferner durch **systematische Erwägungen:** Die Einbeziehung des Übergangsmodus würde die klare Entscheidung des Verordnungsgebers unterminieren, den erbrechtlichen Erwerbsvorgang allein dem Erbstatut zu unterstellen (Art. 23 Abs. 2 lit. e).

2. Dingliche Teilungsanordnungen

15 Verwandt mit dem Problem des Vindikationslegats ist der Umgang mit **dinglichen Teilungsanordnungen,** seien sie gesetzlich oder testamentarisch angeordnet. Denn auch bei ihnen findet **iE eine Einzelnachfolge von Todes wegen** statt, die das deutsche Recht zumindest in dieser Form nicht kennt. Dingliche Teilungsanordnungen, die etwa das italienische Recht vorsieht (Art. 733 Codice civile), sind **genauso zu behandeln wie Vindikationslegate** (→ Rn. 13 ff.). Da dem deutschen Recht nur der Erwerbsvorgang, nicht aber dessen Ergebnis fremd ist, bleibt **kein Raum für die Anwendung von Art. 31** (→ EuErbVO Art. 1 Rn. 136). Stattdessen ist die vom Erbstatut vorgesehene Eigentumsverteilung zu respektieren (Bonomi/Wautelet/*Wautelet* Art. 31 Rn. 14; MüKoBGB/*Dutta* EuErbVO Art. 31 Rn. 9).

16 Zu unterscheiden von Teilungsanordnungen des Testators sind **Akte zur Nachlassauseinandersetzung** unter Lebenden (etwa zwischen Miterben oder zwischen Erben und Testamentsvollstreckern).

Diese Handlungen unterfallen als lebzeitige Verfügungsgeschäfte jedenfalls hinsichtlich ihrer dinglichen Wirkungen schon gar nicht der EuErbVO, sondern unterliegen nach Art. 43 EGBGB der lex rei sitae (→ EuErbVO Art. 23 Rn. 139). Wer dies etwa für den „partage" des frz. Rechts (Art. 883 Code civil) anders beurteilt, hat dann zumindest bei unbeweglichen Sachen den Registervorbehalt des Art. 1 lit. l zu beachten (→ EuErbVO Art. 23 Rn. 137 ff.). Für die Anwendung von Art. 31 ist jedenfalls kein Raum, da der „partage" erneut nur eine besondere Form des Eigentumserwerbs ist, nicht aber in Deutschland unbekannte dingliche Rechte schafft.

3. Trusts

17 Als möglicher Anwendungsfall des Art. 31 kommen sodann **Trusts** in Betracht, die nach den Rechtsordnungen des Common Law sowohl bei der **testamentarischen** als auch der **gesetzlichen Erbfolge** eine wichtige Rolle spielen und die entgegen dem Wortlaut von Art. 1 Abs. 2 lit. j vom Anwendungsbereich der EuErbVO **keineswegs vollständig ausgenommen** sind (→ EuErbVO Art. 1 Rn. 113 ff.). Zu beachten ist allerdings, dass weder ein „testamentary trust" noch ein „statutory trust" unmittelbar von Todes wegen entsteht. Vielmehr geschieht dies erst nach Bereinigung des Nachlasses, wenn klar ist, welche Vermögenswerte für den Trust zur Verfügung stehen. Zudem wird oftmals auch noch ein zusätzlicher, lebzeitiger Akt des „personal representative" in Form eines „assent" erforderlich sein (→ EuErbVO Art. 1 Rn. 127). Angesichts dessen könnte man sich fragen, ob sich die Entstehung des Trusts überhaupt nach dem Erbstatut vollzieht oder ob streng genommen nicht eher das – autonom zu bestimmende – Truststatut hierfür maßgeblich ist. Im zweiten Fall wäre Art. 31 nicht unmittelbar anwendbar. Freilich sollte die Vorschrift dann **zumindest analog** angewendet werden, da sie den möglicherweise auftretenden Konflikt mit dem Belegenheitsstatut sachgerecht regelt.

18 **Kein Bedarf für die Anwendung des Art. 31** besteht jedenfalls beim **„personal representative"** des englischen Rechts während der Phase der Nachlassabwicklung. Denn dieser ist entgegen häufig anderslautender Darstellung kein „trustee", auch wenn er nach Abwicklung des Nachlasses oft eine solche Funktion ausübt. Stattdessen ist der „personal representative" **umfassend verfügungsbefugter Vollrechtsinhaber,** wohingegen den „estate beneficiaries" während der Phase der Nachlassbereinigung noch keine dinglichen Rechte zustehen (→ EuErbVO Art. 23 Rn. 73). Ihre Stellung ist daher eine andere als die eines „trust beneficiary" (→ Rn. 21).

19 Beim Umgang mit Trusts, die nach ausländischem Recht an im Inland belegenen Gegenständen begründet werden, ist zunächst zu beachten, dass es „den" Trust nicht gibt, sich hinter diesem Namen vielmehr eine große Vielzahl von unterschiedlichen Gestaltungen verbirgt, und zwar nicht nur beim Vergleich verschiedener Rechtsordnungen untereinander, sondern auch innerhalb derselben (Institut suisse de droit comparé/*Lupoi,* Le trust en droit international privé, 2005, 55 (59)); *Daragan* ZEV 2007, 204). **Zu undifferenziert** ist daher die oft zitierte Aussage des BGH, dass die Rechtsfigur des Trust „mit den dogmatischen Grundlagen des deutschen Rechts (...) unvereinbar" sei (BGH IPRax 1985, 221 (223) mkritAnm *Kötz* IPRax 1985, 205; zu pauschal auch Staudinger/*Dörner* EGBGB Art. 25 Rn. 431 ff.). Stattdessen ist in jedem Einzelfall zu fragen, welche Rechtsfolgen durch den Trust genau angeordnet werden. Dabei zeigt sich meist, dass zwar nicht der Trust als solcher, jedoch seine einzelnen Elemente auch dem deutschen Recht bekannt sind, zumindest in Form **funktionaler Äquivalente** (→ Rn. 22). Verschiedene europäische Mitgliedstaaten haben zudem mittlerweile Institute geschaffen, die vom angloamerikanischen Trust inspiriert sind (Überblick bei Smith/*Braun,* The Worlds of the Trust, 2013, 277 (279)). Auch hier verbietet sich eine unmittelbare Gleichsetzung, doch können derartige Regelungen für die betreffenden Staaten natürlich den Umgang mit ausländischen Trusts erleichtern.

20 Die in kontinentaleuropäischen Rechtsordnungen häufig zu beobachtende Unsicherheit beim Umgang mit einem ausländischen Trust rührt aus der weit verbreiteten **(Fehl-)Vorstellung,** dass bei diesem eine **Aufspaltung der Eigentümerbefugnisse** zwischen „trustee" und „beneficiary" stattfinde (sog. „split ownership"). Der „trustee" sei Inhaber des „legal title", der Begünstigte Inhaber des „equitable title". Was mit dieser enigmatischen Charakterisierung, die geschichtlich zu erklären ist, genau gemeint sein soll, scheint selbst den Juristen der betreffenden Rechtsordnungen nicht immer ganz klar zu sein (siehe etwa die Kritik bei *Lupoi* Trust Law International 21 (2007), 80 (81)). Jedenfalls gilt das Bild einer gespaltenen Eigentümerstellung heute als **irreführend und überholt** (zum englischen Recht Burrows/*Swadling,* English Private Law, 3. Aufl. 2013, Rn. 4.148 f.; kritisch auch *Conrad* 84; *Wittuhn* 9 f.). Denn die dingliche Rechtsinhaberschaft wird einem der Beteiligten klar zugewiesen (typischerweise dem „trustee", seltener dem „beneficiary"), wodurch ein „split ownership" bewusst vermieden wird (siehe etwa zum Recht Maltas *Pisani* ZEV 2012, 579 (581); vgl. auch die Definition in Art. 2 Abs. 2 lit. b HTrustÜ, wonach das betreffende Vermögen rechtlich dem „trustee" zugewiesen ist; ebenso der Regelungsvorschlag in Art. X-1:203 (2) Draft Common Frame of Reference, der stark vom englischen Recht beeinflusst wurde, *Braun* CLJ 70 (2011), 327 (330)). Zumindest **hinsichtlich der Eigentümerstellung** besteht beim Trust also **kein Anpassungsbedarf nach Art. 31.** Der „trustee" kann daher insbesondere Gegenstände von Dritten herausverlangen und Forderungen geltend machen, unabhängig

vom Belegenheitsort (Institut suisse de droit comparé/*Dörner,* Le trust en droit international privé, 2005, 73 (88)).

21 Zentrales Merkmal eines Trusts ist freilich, dass dem „beneficiary" nicht allein schuldrechtliche Ansprüche gegen den „trustee" zustehen, sondern er weitergehenden Schutz genießt: Treuwidrige Verfügungen des „trustee" zugunsten von unentgeltlichen oder bösgläubigen Erwerbern sind **dem beneficiary gegenüber unwirksam** (sog. **Folgerecht** („tracing"), *Kötz* 33; *Wittuhn* 128 f., 143 f.). Gegenstände, die der „trustee" durch ein solches Geschäft erlangt, fallen im Wege einer **dinglichen Surrogation** unmittelbar in das Trust-Vermögen. Dieses ist **vor Zugriffen der Gläubiger des „trustee" geschützt** (Burrows/*Swadling,* English Private Law, 3. Aufl. 2013, Rn. 4.151 ff.). Wegen dieser weitreichenden Rechte wird die Stellung des „beneficiary" manchmal auch als **dinglich** oder **quasi-dinglich** bezeichnet, doch ist mit solchen Etikettierungen wenig gewonnen, wenn es darum geht, die Einzelheiten zu verstehen (Überblick zu den mannigfaltigen Versuchen im Common Law-Schrifttum, die Rechtsstellung des „beneficiary" zu charakterisieren, bei *Kötz* 35 ff., und *Conrad* 234; in EuGH Rs. C-294/92 *(Webb/Webb)* wurden die Ansprüche des „beneficiary" gegen den „trustee" eines „resulting trust", der ein Grundstück zum Gegenstand hatte, nicht als dinglich iSd Art. 16 Nr. 1 lit. a (jetzt Art. 22 Nr. 1 EuGVO) qualifiziert, dazu *Kropholler/von Hein,* Europäisches Zivilprozessrecht, 9. Aufl. 2001, Art. 22 EuGVO Rn. 19).

22 Entscheidend im Kontext des Art. 31 ist allein die Frage, ob das deutsche Recht in der Lage ist, die beschriebenen Rechtsfolgen so weit wie möglich **nachzubilden.** Dies ist für jeden Einzelfall gesondert zu entscheiden (Institut suisse de droit comparé/*Dörner,* Le trust en droit international privé, 2005, 73 (87)), dürfte idR aber **in weitgehendem Maße zu bejahen** sein (dazu schon *Gottheiner* RabelsZ 21 (1956), 36 (48); *Kötz* 97; *Klein* ZVglRWiss 101 (2002), 175 (185)). Ein ausländischer Trust sollte **nicht pauschal** in ein bestimmtes deutsches Institut umgedeutet, sondern je nach Fall möglichst „original-getreu" nachgebaut werden, **ggf. durch Kombination verschiedener Elemente.** Die Umdeutung des Trusts in eine **Dauertestamentsvollstreckung** (so BayObLG ZEV 2003, 503 (508); MüKoBGB/*Dutta* EuErbVO Art. 31 Rn. 13) führt etwa zu dem Ergebnis, dass nur der Testamentsvollstrecker/„trustee" über Nachlassgegenstände verfügen kann, während zugleich sichergestellt ist, dass seine Eigengläubiger keinen Zugriff auf diese haben. Den „trustee" als Vorerben und den „beneficiary" als Nacherben zu behandeln, ermöglicht etwa **Verfügungsbeschränkungen** (§§ 2113–2115), die **dingliche Surrogation von Nachlassgegenständen** (§ 2111 BGB) und schließlich auch wieder eine **Vermögenstrennung** (§ 2115 BGB). Generell kann bei der Behandlung von Trusts unter Art. 31 die **Praxis zu Art. 25 EGBGB aF** als Orientierung dienen (siehe dazu die Nachweise bei Staudinger/*Dörner* EGBGB Art. 25 Rn. 431; missverständlich Dutta/Herrler/*Hertel,* Die Europäische Erbrechtsverordnung, 85 Rn. 38, wonach die Anpassung weiterhin nach „nationalem IPR" erfolgt). Zur Ermittlung der verfolgten Ziele kommt bei Vorliegen eines „testamentary trust" der **Testamentsauslegung** besondere Bedeutung zu (dazu auch *Oertzen/Stein/Reich* ZEV 2013, 109 (112 f.)).

23 Aufgrund des sachenrechtlichen numerus clausus ist dem deutschen Recht letztlich nur die genaue Abbildung des **Folgerechts des „beneficiary"** verwehrt (*Gottheiner* RabelsZ 21 (1956), 36 (52); Palandt/*Thorn* EuErbVO Art. 31 Rn. 2; aus österreichischer Sicht Deixler-Hübner/Schauer/*Schwartze* EuErbVO, Art. 30 Rn 12.). Die hieraus resultierenden praktischen Konsequenzen sind aber sehr gering: zum einen, weil das Folgerecht ohnehin nicht gegenüber dem redlichen entgeltlichen Erwerber eingreift, zum anderen, weil das deutsche Recht in Fällen bewusst treuwidriger Verfügungen auch mit § 138 Abs. 1 BGB oder § 826 BGB helfen kann.

4. Nießbrauch und andere Nutzungsrechte

24 In Betracht kommt die Anwendung des Art. 31 sodann in den Fällen erbrechtlich begründeter **Nutzungsrechte am Nachlass,** eine Konstellation, die schon unter Geltung des Art. 25 EGBGB aF sehr umstritten war (dazu Staudinger/*Dörner* EGBGB Art. 25 Rn. 148 mit zahlreichen Nachw.). Sie trat vor allem im Kontext der **romanischen Rechtsordnungen** auf, die dem überlebenden Ehegatten im Falle der Intestaterbfolge traditionell (nur) ein **Nießbrauchsrecht** am Nachlass einräumten (näher *Gärtner* 201 f.). Mittlerweile wurde diese Stellung zwar vielerorts zu der eines (Voll-)Erben aufgewertet, doch erhält etwa nach gemeinspanischem Recht der überlebende Ehegatte auch weiterhin nur ein Nießbrauchsrecht in Höhe bestimmter Bruchteile (Art. 834 ff. span. Código civil, dazu *T. Lechner* 233 f.). Das französische Recht gibt dem überlebenden Ehegatten im Fall, dass er mit gemeinsamen Kindern erbt, die Möglichkeit, anstelle eines Erbbruchteils für ein Nießbrauchsrecht am gesamten Nachlass zu optieren (Art. 757 Code civil, dazu *T. Lechner* 231 f.). Hinterlässt der Erblasser Kinder aus verschiedenen Beziehungen, ist die testamentarische Zuweisung eines Nießbrauchs an den überlebenden Ehegatten ein beliebtes Gestaltungsmittel (*Jacoby* GPR 2018, 303 (304)). Zur erbrechtlichen (und nicht ehegüterrechtlichen) Qualifikation dieser Rechte → EuErbVO Art. 1 Rn. 61).

25 Liegen Nachlassgegenstände in Deutschland, können Nutzungsrechte der genannten Art aus zwei Gründen **Schwierigkeiten** bereiten: Erstens beziehen sie sich meist auf **Vermögensgesamtheiten,** während das deutsche Recht nur Nießbrauchsrechte **an einzelnen Gegenständen** kennt (§ 1085

BGB). Zweitens erfolgt der Erwerb mitunter **unmittelbar von Gesetzes wegen,** während das deutsche Recht, abgesehen vom Ausnahmefall des § 14 Abs. 1 HöfeO, nur die **testamentarische Einräumung** eines Nießbrauchs kennt, der zudem erst im Wege **rechtsgeschäftlicher Bestellung** durch den Erben zur Entstehung gelangt. In ähnlicher Form stellt sich die Problematik dort, wo das Erbstatut dem überlebenden Ehegatten von Todes wegen ein **dingliches Wohnrecht an der Ehewohnung** einräumt (zu diesem Beispiel *Patrão* Boletim da Faculdade de Direito da Universidade de Coimbra 92 (2016), 121; zur Frage der Charakterisierung als Eingriffsnorm → EuErbVO Art. 30 Rn. 18). Denn das deutsche Recht kennt nur eine entsprechende rechtsgeschäftliche Bestellung (§ 1093 BGB).

Die Behandlung dieser Fragen im Rahmen des Art. 31 muss **differenziert** ausfallen. Keine Relevanz 26
kommt, jedenfalls **bei beweglichen Sachen,** dem Umstand zu, dass das deutsche Recht die unmittelbare Entstehung eines Nießbrauchs von Todes wegen in der Regel nicht kennt, denn dies betrifft nur den von Art. 31 nicht erfassten **Erwerbsmodus,** nicht aber das **dingliche Recht als solches** (*Gärtner* 204; Bonomi/Wautelet/*Wautelet* Art. 31 Rn. 12; NK-Nachfolgerecht/*Köhler* EuErbVO Art. 31 Rn. 9; → Rn. 14; anders *Martiny* IPRax 2012, 119 (128); *Lagarde* Rev. crit. dr. int. pr. 2012, 691 (715 f.)). Dass durch die unmittelbare Entstehung des Nießbrauchs Interessen Dritter gefährdet würden (siehe Staudinger/*Stoll* Int SachenR Rn. 190 für den Fall eines gesetzlichen Generalpfandrechts), ist nicht ersichtlich, da das Erbstatut einen vorrangigen Zugriff der Nachlassgläubiger immer sicherstellen wird). Bei einem **Nießbrauch an unbeweglichen Sachen** lässt sich hingegen der **Registervorbehalt des Art. 1 Abs. 2 lit. l** mit dem Argument in Stellung bringen, dass das deutsche Recht nur den Eigentumserwerb von Todes wegen kennt, nicht aber einen Nießbrauch „am Grundbuch vorbei" entstehen lässt (→ EuErbVO Art. 1 Rn. 145). Wird das Erfordernis eines rechtsgeschäftlichen Bestellungsaktes bejaht, oder gewährt bereits das Erbstatut nur einen schuldrechtlichen Anspruch, richten sich die Voraussetzungen der Nießbrauchsbestellung nach dem deutschen Sachenrecht (→ EuErbVO Art. 1 Rn. 138 f.). Ebenso wird man für ein dingliches Wohnrecht entscheiden müssen.

In jedem Fall beachtlich ist der Umstand, dass das deutsche Recht einen **Nießbrauch an Ver-** 27
mögensgesamtheiten nicht kennt. In diesem Fall lässt sich eine unkomplizierte Anpassung durch analoge Anwendung des § 1085 BGB erreichen: Das Nießbrauchsrecht erfasst **die einzelnen, in der betreffenden Vermögensmasse enthaltenen Gegenstände** (*Tiedemann* 109 f.; *Gärtner* 205; *Keim* MittBayNot 2020, 148 (149)). Ob der Nießbrauch automatisch entsteht oder eines Bestellungsaktes durch den Erben bedarf, richtet sich wiederum nach den im vorangehenden Absatz angestellten Überlegungen.

Freilich funktioniert die analoge Anwendung des § 1085 BGB nur, wenn die vom Nutzungsrecht 28
erfassten Gegenstände **individualisierbar** sind, was nicht der Fall ist, wenn, wie etwa in Spanien, der Nießbrauch abstrakt für bestimmte **Bruchteile des Nachlasses** entsteht. Das spanische Recht sieht aber auch eine Regelung zur **Konkretisierung der Nießbrauchsquote** vor (Art. 839 Código civil); ist diese Realisierung einmal erfolgt, stellen sich aus deutscher Sicht keine besonderen Schwierigkeiten mehr. Fraglich ist allein, welche Stellung der Berechtigte in der Zwischenzeit genau hat. Nach Art. 839 Abs. 2 Código civil erstreckt sich das Nießbrauchsrecht solange noch auf den gesamten Nachlass, doch ist offenbar auch im spanischen Schrifttum umstritten, ob die Rechte des Begünstigten lediglich schuldrechtlicher Art sind oder er bereits unmittelbar am Nachlass beteiligt ist (zur Diskussion Burandt/Rojahn/*Franke* Spanien Rn. 26 f.). Im französischen Recht kann man in der Zeit vor Ausübung der Option des Art. 757 Code civil in jedem Fall **eine dingliche Nachlassbeteiligung des überlebenden Ehegatten** annehmen, da er, wie gesehen, bereits eine Erbenstellung innehat.

Ist das Nutzungsrecht des Begünstigten dinglicher Natur, ist es auch in den **Erbschein** und/oder in 29
das **ENZ** aufzunehmen (→ EuErbVO Art. 68 Rn. 14), um die entsprechende Verfügungsbeschränkung des Erben sowie evtl. Verfügungsbefugnisse des Begünstigten kenntlich zu machen (nach wie vor passend insoweit die Ausführungen von *Tiedemann* 109).

Anpassungsbedarf kann sich schließlich auch daraus ergeben, dass die vom Erbstatut vorgesehene 30
Rechtsstellung des Nießbrauchers erheblich von der eines Nießbrauchers nach deutschem Recht abweicht (Bonomi/Wautelet/*Wautelet* Art. 31 Rn. 11; *Keim* MittBayNot 148 (149)). So gestatten etwa das französische und das niederländische Recht dem Nießbraucher einer beweglichen Sache, diese zu verbrauchen (Bonomi/Wautelet/*Wautelet* Art. 31 Rn. 11; *Jacoby* GPR 2018, 303 (305)). Das niederländische Recht erlaubt dem Nießbraucher unter bestimmten Umständen überdies **die Verfügung** über die genutzten Güter und ordnet hinsichtlich der an ihre Stelle tretenden Sachen eine **dingliche Surrogation** an (Art. 3:212 ff. BW). Im deutschen Recht hat dagegen ein Nießbraucher keine Verfügungsbefugnis, und auch eine entsprechende rechtsgeschäftliche Vereinbarung hat keine dingliche, sondern nur schuldrechtliche Wirkung (*Baur/Stürner,* Sachenrecht, 18. Aufl. 2009, § 32 Rn. 14). Allerdings gibt es hierzulande immerhin die Ausnahmevorschrift des § 1048 BGB, die sich als Argument dafür anführen lässt, dass ein Nießbrauchsrecht der genannten Art kein Fremdkörper im deutschen Recht wäre.

Eine Art lebenslanges Nutzungsrecht des überlebenden Ehegatten gewährte bis Oktober 2014 auch 31
das englische Intestaterbrecht mit dem sog. **„life interest",** das an der Hälfte des „residuary estate"

bestand, also des Nachlasses nach Abzug der Verbindlichkeiten und bestimmter anderer Positionen (sec. 46(2) AEA). Der Ehegatte konnte nach seiner Wahl das „life interest" auch in eine Kapitalabfindung umwandeln (sec. 47-A AEA). Mit dem „Inheritance and Trustees' Powers Act 2014" wurde das „life interest" zwar **für die gesetzliche Erbfolge abgeschafft,** es kann aber – zugunsten jedermann – nach wie vor auch testamentarisch begründet werden, so dass es für den vorliegenden Kontext seine **Bedeutung nicht verloren** hat. Ein „life interest" verschafft dem Begünstigten **nicht das dingliche Vollrecht** (so Staudinger/*Dörner* EGBGB Art. 25 Rn. 891), sondern ist nur eine besondere Form des Trusts. Dem Begünstigten gebührt je nach Anordnung für die Dauer seines Lebens eine bestimmte Art der Nutzung der betreffenden Sache, formal steht diese aber im Eigentum des „trustee". Lediglich im Falle pflichtwidriger Verfügungen genießt der Begünstigte einen gewissen Drittschutz (→ Rn. 21). Liegt die betreffende Sache in Deutschland, dürfte sich die Struktur des „life interest" am einfachsten dadurch abbilden lassen, dass der „trustee" dem „beneficiary" rechtsgeschäftlich ein Nießbrauchsrecht einräumt, auch wenn der Begünstigte dadurch sogar mehr bekommt, als ihm nach dem Erbstatut zusteht, nämlich ein echtes dingliches Recht (für eine Umdeutung in eine Vor- und Nacherbschaft *Dutta* FamRZ 2013, 4 (12); MüKoBGB/*Dutta* EuErbVO Art. 31 Rn. 13 mwN).

5. Spielarten von Vor- und Nacherbschaft

32 Fast alle europäischen Rechtsordnungen gestatten heute (wieder) in engerem oder weiterem Umfang die Anordnung einer **Vor- und Nacherbschaft,** wenn auch nicht dem Namen, so zumindest der Funktion nach. In den Details kann es allerdings **erhebliche Unterschiede** geben, etwa was die Verfügungsbefugnisse des Vorerben, seine Pflichten gegenüber dem Nacherben oder die zulässige Dauer einer solchen Anordnung betrifft (siehe für einen Überblick HWBEuP/*Dutta,* Vor und Nacherbschaft, 1735). Das deutsche Recht sollte mit der Umsetzung eines solchen ausländischen Regimes in der Regel aber **keine Schwierigkeiten** haben, da es ua die Möglichkeit der Befreiung nach § 2136 BGB kennt, was eine **erhebliche Flexibilität** erlaubt.

6. Ruhende Erbschaft

33 Vorgeschlagen wird ferner (*Ludwig* ZEV 2013, 151; Palandt/*Thorn* EuErbVO Art. 31 Rn. 2; *Thorn/Lasthaus* IPRax 2019, 24 (29)), Art. 31 in solchen Fällen anzuwenden, in denen das Erbstatut den Erwerb des Erben nicht unmittelbar eintreten lässt, sondern erst nach Vorliegen weiterer Voraussetzungen, wie einer Annahmeerklärung und/oder einer behördlichen Einweisung, und somit in der Zwischenzeit eine **„ruhende Erbschaft"** (hereditas iacens) entsteht (Beispiele bei *J. P. Schmidt* ZEV 2014, 455 (456)). Gegen die Anwendung des Art. 31 spricht in diesem Fall nicht bereits, dass der Erwerb der Erbschaft nach Art. 23 Abs. 2 lit. e dem Erbstatut unterliegt (so aber Bonomi/Wautelet/*Wautelet* Art. 31 Rn. 6), denn entscheidend ist allein, ob es hierdurch zu dem in → Rn. 1 beschriebenen Konflikt kommt. Richtig ist aber, dass ein solcher Konflikt nur hinsichtlich des Ergebnisses beachtlich ist, nicht auch hinsichtlich des Erwerbsvorgangs (MüKoBGB/*Dutta* EuErbVO Art. 31 Rn. 8).

34 Ein solcher Konflikt ist für das deutsche Recht **zu verneinen** (so auch MüKoBGB/*Dutta* EuErbVO Art. 31 Rn. 10). Zum ersten ist der Fehler zu vermeiden, den noch nicht vom Erben erworbenen Nachlass mit einem subjektlosen Vermögen gleichzusetzen. So wird die noch nicht eingeantwortete Erbschaft vom österreichischen Recht als Trägerin ihrer selbst behandelt (jetzt explizit § 546 ABGB), was aus deutscher Sicht ungewohnt oder gar gekünstelt erscheinen mag, sich strukturell aber nicht von anderen Fällen juristischer Persönlichkeit unterscheidet. Zum zweiten wird häufig übersehen, dass infolge der §§ 84 und 1923 Abs. 2 BGB auch das deutsche Recht Fälle kennt, in denen der Nachlass zeitweilig ohne Rechtsträger ist (hieran ändert entgegen *Thorn/Lasthaus* IPRax 2019, 24 (29) auch die Regelung des § 2043 Abs. 1 BGB nichts, da sich die Frage der Rechtsträgerschaft gerade dort stellt, wo der nasciturus der alleinige Berufene ist). Ein Bedürfnis für eine Anpassung nach Art. 31 ist nach alldem nicht erkennbar, und jedenfalls würde es zu weit gehen, an die Stelle des Einantwortungserfordernisses den einfachen Antritt zu setzen (so aber *Thorn/Lasthaus* IPRax 2019, 24 (29); dass sich die Frage der zwischenzeitlichen Rechtsträgerschaft beim privaten Antrittserwerb immer noch stellt, ist ein anderes Problem dieser Lösung). Praktisch viel wichtiger als die Konstruktion der Rechtsträgerschaft ist ohnehin der **Umgang mit einem Nachlass, der in tatsächlicher Hinsicht vakant ist,** etwa weil die zur Nachfolge berufene Person unbekannt ist oder sich nicht zuständig fühlt. Hier wird das Erbstatut in aller Regel dafür sorgen, dass ein **Nachlasspfleger oder -verwalter** bestellt wird, der dann nötige Schutzmaßnahmen vornehmen kann und gegenüber dem Forderungen geltend gemacht oder Schulden getilgt werden können, sodass er funktional einem Nachlassinhaber gleichsteht (siehe etwa die Bestellung eines Verlassenschaftskurators nach §§ 5, 156 öst. AußStrG).

7. Anwachsung unter Miteigentümern (joint tenancy)

35 Ein Konflikt zwischen Belegenheitsrecht und Erbstatut im Falle einer **„joint tenancy"** scheint auf den ersten Blick unmöglich, da diese Figur nach Art. 1 Abs. 2 lit. g bereits vom Anwendungsbereich der

EuErbVO ausgenommen ist (Dutta/Herrler/*Hertel*, Die Europäische Erbrechtsverordnung, 2014, 85 Rn. 35). Zudem kann zu Lebzeiten des Erblassers eine „joint tenancy“ überhaupt nur an solchen Gegenständen begründet worden sein, deren Belegenheitsrecht dies gestattet. In einem Fall kann sich der Konflikt aber doch ergeben: wenn der Testator eine „joint tenancy“ **im Wege einer letztwilligen Verfügung begründet hat** und das Erbstatut eine solche Anordnung zulässt (→ EuErbVO Art. 1 Rn. 94), die betreffende Sache aber in einem Staat liegt, der, wie Deutschland, diese Figur nicht kennt (Staudinger/*Dörner* EGBGB Art. 25 Rn. 272). Eine Anpassung nach Art. 31 kann dergestalt vorgenommen werden, dass die begünstigten Personen jeweils für einen bestimmten ideellen Anteil am betreffenden Gegenstand **als Vorerbe** und zugleich **als Nacherbe** bzgl. des Anteils des anderen eingesetzt werden (→ EuErbVO Art. 1 Rn. 94; für die Annahme einer Gesamthand ohne Anwachsungsrecht dagegen NK-Nachfolgerecht/*Köhler* EuErbVO Art. 31 Rn. 8).

Artikel 32 Kommorienten

Sterben zwei oder mehr Personen, deren jeweilige Rechtsnachfolge von Todes wegen verschiedenen Rechten unterliegt, unter Umständen, unter denen die Reihenfolge ihres Todes ungewiss ist, und regeln diese Rechte diesen Sachverhalt unterschiedlich oder gar nicht, so hat keine der verstorbenen Personen Anspruch auf den Nachlass des oder der anderen.

Literatur: *Jayme/Haack,* Die Kommorientenvermutung im internationalen Erbrecht, ZVglRWiss 84 (1985), 80; *Rugullis,* Commorientes internationales, ZVglRWiss 113 (2014), 186.

Übersicht

I. Regelungszweck und Kompetenz

Art. 32 löst einen **Normwiderspruch** im Falle des gleichzeitigen Versterbens mehrerer Personen auf (vgl. ErwG 55). Regeln die anwendbaren Erbstatute das gleichzeitige Versterben mehrerer Personen unterschiedlich oder gar nicht, steht keiner Person ein erbrechtlicher Anspruch am Nachlass der gleichzeitig verstorbenen Person (Kommorient) zu. Vorbild für die Regelung ist Art. 13 des Haager Erbrechtsübereinkommens (BeckOGK/*J. Schmidt* EuErbVO Art. 32 Rn. 2; NK-NachfolgeR/*Köhler* EuErbVO Art. 32 Rn. 2; NK-BGB/*Looschelders* EuErbVO Art. 32 Rn. 1). 1

Die Vorschrift enthält eine sachrechtliche **Anpassungsregel** (*Dutta* FamRZ 2013, 4 (11); NK-NachfolgeR/*Köhler* EuErbVO Art. 32 Rn. 2; jurisPK-BGB/*Ludwig* EuErbVO Art. 32 Rn. 7). Sie verweist nicht auf eine bestimmte Rechtsordnung, sondern regelt die erbrechtlichen Konsequenzen eines Normwiderspruchs. Die einheitliche Anwendung der EuErbVO wäre nicht gewährleistet, wenn sie nicht den Konflikt zwischen den unterschiedlichen Rechtsordnungen auflösen würde (ErwG 55). **Kompetenzgrundlage** für den Erlass der Vorschrift ist Art. 81 Abs. 2 lit. c AEUV (vgl. BeckOGK/*J. Schmidt* EuErbVO Art. 32 Rn. 4; Bonomi/Wautelet/*Wautelet* Art. 32 Rn. 16; *Max Planck Institute* RabelsZ 74 (2010), 522 (530); MüKoBGB/*Dutta* EuErbVO Vor Art. 20 Rn. 57). Steht der EU eine Kompetenz zum Erlass von Kollisionsnormen auf dem Gebiet des internationalen Erbrechts zu, umfasst diese auch die Regelung sachrechtlicher Widersprüche, soweit eine Anpassung zur praktischen Anwendung der Verordnung erforderlich ist. 2

II. Sachrecht

Art. 32 nimmt auf die unterschiedliche Ausgestaltung der Kommorientenvermutung in den **verschiedenen Rechtsordnungen** Bezug. Folgende sachrechtliche Regelungskonzepte lassen sich unterscheiden (vgl. zum Ganzen *Jayme/Haack* ZVglRWiss 84 (1985) 80 (83); *Rugullis* ZVglRWiss 113 (2014), 186 (195 ff.); BeckOGK/*J. Schmidt* EuErbVO Art. 32 Rn. 10): 3

4 Die meisten europäischen Rechtsordnungen stellen überwiegend die **Vermutung gleichzeitigen Versterbens** auf (so zB Deutschland: § 11 VerschG; Frankreich: Art. 725-1 Code Civil; Irland: Section 5, Succession Act 1965; Italien: Art. 4 Codice Civile; Niederlande: Art. 4:2 Bugerlijk Wetboek; Österreich: § 11 Todeserklärungsgesetz; Spanien: Art. 33 Código Civil). Die gleichzeitig verstorbenen Personen beerben sich gegenseitig nicht.

5 Im Gegensatz dazu stehen Vermutungsregeln anderer Rechtsordnungen, wonach der **jüngere** den **älteren Kommorienten überlebt** hat und folglich dessen Erbe werden kann (England: Section 184 Law of Property Act 1925 mit Ausnahmeregelung in Section 46 (3) Administration of Estates Act 1925 für das gesetzliche Ehegattenerbrecht; Schottland: Section 31 (1) Succession (Scotland) Act mit Ausnahmeregelung für Ehegatten; British Columbia (Kanada): Section 2 (1) Survivorship and Presuption of Death Act), Malaysia: Presumption of Survivorship Act 1950); Australien: vgl. Ferid/Firsching/Dörner/Hausmann, Internationales Erbrecht, Australien, Rn. 76).

6 Nach dem Recht zahlreicher US-amerikanischer Bundesstaaten ist eine Person lediglich erbberechtigt, wenn sie den Erblasser um mehr als 120 Stunden überlebt hat. Beide Personen gelten im Verhältnis zur anderen Person als vorverstorben (vgl. Art. II. Sections 2–104 und 702 US Uniform Probate Code bzw. Section 2 Uniform Simultaneous Death Act 1993).

III. Tatbestandsvoraussetzungen

1. Anwendbarkeit unterschiedlicher Erbstatute

7 Art. 32 kommt grds. nur zur Anwendung, wenn sich die Erbfolge der Kommorienten nach mindestens **zwei verschiedenen Rechtsordnungen** richtet (Geimer/Schütze/*Odersky* IRV EuErbVO Art. 32 Rn. 5). Haben die Kommorienten ihren letzten gewöhnlichen Aufenthalt in ein und demselben Staat, scheidet die Anwendung von Art. 32 in der Regel aus (Ausnahme: Rechtswahl nur eines Kommorienten; zur analogen Anwendung bei gleichem Erbstatut → Rn. 11).

2. Todesreihenfolge ungewiss

8 Ob ein Gericht zu der Überzeugung gelangt, dass die Reihenfolge der Todeszeitpunkte ungewiss ist, ist eine Frage der **Beweiswürdigung.** Die Beweiswürdigung richtet sich gem. dem lex fori-Prinzip nach dem Recht des angerufenen Gerichts (vgl. MüKoBGB/*Dutta* EuErbVO Art. 32 Rn. 4), nicht hingegen nach europäisch-autonomen Grundsätzen (vgl. zur Brüssel I-VO EuGH, 15.5.1990 – C 365/88, Slg. 1990 I-1845 Rn. 17 = NJW 1991, 2621 – Hagen). Eine ungewisse Todesreihenfolge kann insbesondere bei Verkehrsunfällen vorliegen (vgl. BeckOGK/*J. Schmidt* EuErbVO Art. 32 Rn. 7.1.).

9 Von der Frage der Beweiswürdigung zu unterscheiden ist die für die Bestimmung der Reihenfolge maßgebliche **Todesdefinition** (Herztod/Hirntod). Diese fällt zwar nicht unter die EuErbVO (Art. 1 Abs. 2 lit. c; vgl. BeckOGK/*J. Schmidt* EuErbVO Art. 32 Rn. 6). Steht die Reihenfolge der Todeszeitpunkte fest und kommt es zu einem Normenwiderspruch, weil die anwendbaren Rechte den Todeszeitpunkt jeweils unterschiedlich bestimmen, liegt zwar kein Fall einer „Ungewissheit" vor. Art. 32 ist insoweit aber analog anzuwenden (aA NK-BGB/*Looschelders* EuErbVO Art. 32 Rn. 8).

10 Steht die Todesreihenfolge fest, wird aber nach einer anwendbaren Rechtsordnung (zB US-Recht) die überlebende Person nicht Erbe, weil sie innerhalb eines sehr kurzen Zeitraums nachverstorben ist, gelangt Art. 32 nicht zur Anwendung, da hier weder eine „Ungewissheit" noch ein Anpassungsbedarf besteht. Es bleibt dabei, dass nach dem anwendbaren Erbrecht die überlebende Person nicht Erbe der vorverstorbenen Person wird.

3. Unterschiedliche/keine Regelung des Sachverhalts

11 **a) Statut der Kommorientenvermutung.** Es ist fraglich, wie die Kommorientenvermutung zu **qualifizieren** ist (zum Ganzen *Jayme/Haack* ZVglRWiss 84 (1985), 80 (90)). Art. 32 könnte möglicherweise in dem Sinne ausgelegt werden, dass die Kommorientenvermutung unter das Erbstatut fällt (so Geimer/Schütze/*Odersky* IRV EuErbVO Art. 32 Rn. 2). Hierfür spricht der Wortlaut der Vorschrift, der eine Verknüpfung zwischen dem auf die jeweilige Rechtsnachfolge von Todes wegen anwendbaren Recht (Erbstatut) und einer unterschiedlichen Regelung der Kommorientenvermutung in „diesen Rechten" herstellt (so auch die englische Sprachfassung: „those laws"). Eine erbrechtliche Qualifikation wäre jedoch nicht überzeugend. Die Frage der Todesvermutung fällt nicht in den Anwendungsbereich des von der EuErbVO berufenen Erbstatuts (→ Art. 1 Abs. 2 lit. c). Es ist dem anwendbaren Erbrecht daher unbenommen, die **Vorfrage** des Versterbens zB an das Personalstatut zu knüpfen (BeckOGK/*J. Schmidt* EuErbVO Art. 32 Rn. 6; NK-BGB/*Looschelders* EuErbVO Art. 32 Rn. 4 f.; Palandt/*Thorn* EuErbVO Art. 32 Rn. 2; NK-NachfolgeR/*Köhler* EuErbVO Art. 32 Rn. 2; so bereits *Dörner* IPRax 1994, 362 (365); aA MüKoBGB/*Dutta* EuErbVO Art. 32 Rn. 1; juris PK-BGB/*Ludwig* EuErbVO Art. 32 Rn. 4; Rauscher/*Hertel* EuErbVO Art. 32 Rn. 3). Aus deutscher Sicht ist damit Art. 9 EGBGB

maßgeblich. Es ist zwar zutreffend, dass sich Probleme der Kommorientenvermutung vor allem im Zusammenhang mit erbrechtlichen Fragen stellen. Die Kommorientenvermutung ist jedoch nicht auf erbrechtliche Fragestellungen beschränkt. So kann die Reihenfolge des Versterbens mehrerer Personen zB bei Schenkungen unter einer Überlebensbedingung oder im Versicherungsrecht Bedeutung erlangen. Nach richtiger Ansicht ist die Kommorientenvermutung unter der EuErbVO unselbständig anzuknüpfen (→ Einl. Rn. 100). Kommt dasselbe Erbstatut für beide Kommorienten zur Anwendung und gelangt das Erbstatut aber über die unselbständigen Vorfragenanknüpfungen zu unterschiedlichen Kommorientenvermutungen, ist Art. 32 zumindest analog anzuwenden (auch NK-BGB/*Looschelders* EuErbVO Art. 32 Rn. 5; Palandt/*Thorn* EuErbVO Art. 32 Rn. 2; aA wohl BeckOGK/*J. Schmidt* EuErbVO Art. 32 Rn. 8). Demgegenüber bleibt für die Anwendung von Art. 32 kein Raum, wenn zwar unterschiedliche Erbstatute gelten, die Erbstatute im Rahmen einer etwaigen unselbständigen Vorfragenanknüpfung zur Anwendung derselben Kommorientenvermutung kommen.

Für die Anwendung von Art. 32 ist es unerheblich, ob die jeweiligen nationalen Regelungen systematisch im Erbrecht (wie zB Frankreich) oder in einem Spezialgesetz über Todeserklärungen (zB Deutschland) verortet sind. 12

b) Unterschiedliche Regelungen. Voraussetzung für die Anwendung von Art. 32 ist, dass die zur Anwendung berufenen Rechtsordnungen („diese Rechte") „diesen Sachverhalt unterschiedlich regeln". Damit sind die sachrechtlichen Vermutungsregeln bei Ungewissheit der Todesreihenfolge gemeint. Dabei müssen **mehrere Fallkonstellationen** unterschieden werden: 13

In der ersten Fallkonstellation stellen die maßgeblichen Rechtsordnungen zwar unterschiedliche Vermutungsregeln auf, gelangen aber beide zu dem Ergebnis, dass die Kommorienten einander nicht beerben. 14

Beispiel: X und Y haben sich gegenseitig zu Erben eingesetzt. Sie sterben bei einem Autounfall unter ungeklärten Umständen. X ist älter als Y.

Ausgangspunkt der Überlegungen muss sein, dass die Kommorientenvermutung lediglich **distributiv** und nicht kumulativ angewendet wird (*Max Planck Institute* RabelsZ 74 (2010), 522 (651); aA *Waters,* Explanatory Report, Nr. 107). Prüft man die Erbfolge nach X und fragt, ob Y Erbe geworden ist, so kommt es darauf an, welche Kommorientenvermutung für X gilt. Geht das Recht von X davon aus, dass beide Personen gleichzeitig verstorben sind, beerbt Y den X nicht. Das für die Erbfolge nach Y geltende Recht spielt insoweit keine Rolle (distributive Anwendung). Untersucht man die Erbfolge nach Y und geht das Recht von Y davon aus, dass bei gleichzeitigem Versterben die ältere Person (hier: X) als vorverstorben gilt, beerbt umgekehrt auch der X den Y nicht. Trotz der unterschiedlichen Regelungen der Sachverhalte kommen beide Rechtsordnungen zu demselben Ergebnis: X und Y beerben einander nicht.

Art. 32 ist in diesem Fall nicht einschlägig, da kein Anpassungsbedarf besteht (vgl. BeckOGK/*J. Schmidt* EuErbVO Art. 32 Rn. 14; Bonomi/Wautelet/*Wautelet* Art. 32 Rn. 11; Geimer/Schütze/*Odersky* IRV EuErbVO Art. 32 Rn. 7).

Problematischer ist hingegen die Behandlung der zweiten Fallkonstellation, in der die beteiligten Rechtsordnungen **unterschiedliche Vermutungsregeln** aufstellen und nach dem einen Erbstatut der eine Kommorient den anderen beerbt, wohingegen nach dem anderen Erbstatut die Kommorienten einander nicht gegenseitig beerben. 15

Beispiel: Wandelt man den vorgenannten Beispielsfall (→ Rn. 14) dahingehend ab, dass Y älter als X ist, stellt sich die Erbfolge nach X nicht anders dar: Y beerbt X nicht, da nach dem Recht von X die Vermutung gleichzeitigen Versterbens gilt. Im Hinblick auf die Erbfolge nach Y gilt Folgendes: X ist jünger als Y; nach dem Recht von Y wird X Erbe.

Fraglich ist, ob man es in diesen Fällen dabei belässt, dass nur der eine Kommorient den anderen beerbt, oder Art. 32 für einschlägig hält und beide Kommorienten von der Erbfolge des jeweils anderen ausschließt. Legt man das Tatbestandsmerkmal der „unterschiedlichen Regelung des Sachverhalts" in dem Sinne aus, dass bereits die **abstrakte Verwendung** unterschiedlicher Kommorientenvermutungsregeln in den beteiligten Rechtsordnungen zur Anwendbarkeit von Art. 32 führt (so NK-BGB/*Looschelders* EuErbVO Art. 32 Rn. 6; NK-NachfolgeR/*Köhler* EuErbVO Art. 32 Rn. 3; MüKoBGB/*Dutta* EuErbVO Art. 32 Rn. 6; juris PK-BGB/*Ludwig* EuErbVO Art. 32 Rn. 7, 16), kommt man zur Anwendung des Art. 32. Hierfür lässt sich neben dem Wortlaut von Art. 32 auch Erwägungsgrund 55 anführen, der eine „einheitliche Vorgehensweise" der Kommorientenvermutung sicherstellen möchte. Demzufolge könnte man einen Widerspruch darin sehen, dass nur der eine Kommorient den anderen beerbt. Eine solche Auslegung wäre jedoch nicht überzeugend. Art. 32 ist eine Anpassungsregel, die nur dann zum Zuge kommen darf, wenn es zu Widersprüchen bei der Anwendung der vom Kollisionsrecht zur Anwendung berufenen **Sachnormen** kommt. Dies ist aber nur der Fall, wenn die maßgeblichen Sachrechtsordnungen **jeweils den anderen Kommorienten** zum **Erben berufen,** nicht jedoch bereits dann, wenn nur nach dem Recht des einen Staates der Kommorient Erbe des anderen wird (vgl. Deixler-Hübner/Schauer/*Fischer-Czermak* Art. 32 Rn. 5; *Max Planck Institute* RabelsZ 74 (2010), 522 (652); Palandt/*Thorn* EuErbVO Art. 32 Rn. 2; de lege ferenda *Dutta* RabelsZ 73 (2009), 547 (599); s. auch *Dörner* IPRax 1994, 362 (365); *Jayme/Haack* ZVglRWiss 84 (1985), 80 (94)). Die Erbfolge vollzieht sich insoweit ohne einen Widerspruch, wenn ein Kommorient Erbe des anderen wird. Ein anderes Ergebnis würde dazu führen, dass die EuErbVO eine eigene sachrechtliche Entscheidung treffen würde, ohne dass ein Angleichungsbedarf bestünde. Dies wäre im Hinblick auf die Kompetenz der EU problematisch (→ Rn. 2).

16 Art. 32 kommt mithin nur in der Fallkonstellation zur Anwendung, in denen die beteiligten Personen sich nach dem jeweils maßgeblichen Erbstatut **wechselseitig beerben** (siehe *Max Planck Institute* RabelsZ 74 (2010), 522 (652) mit Fallbeispiel; vgl. auch das Beispiel bei *Rugullis* ZVglRWiss 113 (2014), 186 (211)). In diesem Fall hat keine Person einen Anspruch auf den Nachlass der anderen.

17 **c) Keine Regelung.** Enthalten die betroffenen Rechtsordnungen keine Regelung zur Kommorientenvermutung, stehen den Kommorienten ebenfalls keine Ansprüche am Nachlass zu. Fraglich ist, was zu gelten hat, wenn nur **eine** der beteiligten Rechtsordnungen eine **Kommorientenvermutung kennt.** Auch hier kommt es zu einer distributiven Anknüpfung. Art. 32 ist nicht anwendbar. Es liegt weder eine unterschiedliche Regelung vor noch regeln „diese Rechte" den Sachverhalt gar nicht (so juris PK-BGB/*Ludwig* EuErbVO Art. 32 Rn. 13; Bonomi/Wautelet/*Wautelet* Art. 32 Rn. 13; NK-BGB/*Looschelders* EuErbVO Art. 32 Rn. 7; aA BeckOGK/*J. Schmidt* EuErbVO Art. 32 Rn. 11).

IV. Rechtsfolge

18 Art. 32 ordnet an, dass keine der verstorbenen Personen jeweils einen Anspruch auf den Nachlass des anderen hat. Sämtliche **erbrechtliche Ansprüche,** die in den Anwendungsbereich der EuErbVO fallen, sind damit **ausgeschlossen.** Der Kommorient wird weder gesetzlicher noch testamentarischer Erbe noch stehen ihm Vermächtnis- oder Pflichtteilsansprüche zu. Im Ergebnis führt Art. 32 damit zu einer Vermutung gleichzeitigen Versterbens (MüKoBGB/*Dutta* EuErbVO Art. 32 Rn. 7). Wie sich der Ausschluss erbrechtlicher Ansprüche der Kommorienten auf das Verhältnis zu dritten erb- oder pflichtteilsberechtigten Personen auswirkt, regelt Art. 32 nicht. Dies richtet sich nach dem Erbstatut.

Artikel 33 Erbenloser Nachlass

Ist nach dem nach dieser Verordnung auf die Rechtsnachfolge von Todes wegen anzuwendenden Recht weder ein durch Verfügung von Todes wegen eingesetzter Erbe oder Vermächtnisnehmer für die Nachlassgegenstände noch eine natürliche Person als gesetzlicher Erbe vorhanden, so berührt die Anwendung dieses Rechts nicht das Recht eines Mitgliedstaates oder einer von diesem Mitgliedstaat für diesen Zweck bestimmten Einrichtung, sich das im Hoheitsgebiet dieses Mitgliedstaates belegene Nachlassvermögen anzueignen, vorausgesetzt, die Gläubiger sind berechtigt, aus dem gesamten Nachlass Befriedigung ihrer Forderungen zu suchen.

Literatur: *Bungert,* Ausländisches Fiskuserbrecht vor deutschen Gerichten, MDR 1991, 713; *Dörner,* Der Zugriff des Staates auf erbenlose Nachlässe – Fiskuserbrecht oder hoheitliche Aneignung?, IPRax 2012, 235; *Firsching,* Das Anfallsrecht des Fiskus bei erblosem Nachlaß, IPRax 1986, 25; *Heckel,* Das Fiskuserbrecht im Internationalen Privatrecht, 2006; *Lorenz,* Staatserbrecht bei deutsch-österreichischen Erbfällen, RPfleger 1993, 433; *Nordmeier,* Erbenlose Nachlässe im Internationalen Privatrecht – versteckte Rückverweisung, § 29 öst. IPRG und Art. 33 EuErbVO, IPRax 2013, 418.

Übersicht

I. Regelungszweck

1 Der Regelungszweck der Vorschrift ergibt sich aus Erwägungsgrund 56. Hintergrund ist die unterschiedliche Behandlung erbenloser Nachlässe in den verschiedenen Rechtsordnungen. Während in manchen Staaten (sog. **Erbrechtsstaaten**) der Staat zum Erben des Erblassers berufen ist, besteht in anderen Staaten (sog. **Aneignungsrechtsstaaten**) für den Fiskus ein hoheitliches Aneignungsrecht in

Bezug auf den Nachlass (umfassender rechtsvergleichender Überblick bei *Heckel,* Das Fiskuserbrecht im Internationalen Privatrecht, 11–62). Die EuErbVO trägt diesen unterschiedlichen Konzeptionen Rechnung, indem sie bestimmt, dass ein Mitgliedstaat auf das in seinem Territorium belegene Vermögen nach seinem nationalen Recht auch dann zugreifen darf, wenn das Erbrecht eines anderen Staates zur Anwendung gelangt. Art. 33 regelt damit einen **positiven Kompetenzkonflikt.** Pate für die Regelung stand der weitgehend identische Art. 16 des Haager Erbrechtsübereinkommens (vgl. BeckOGK/*J. Schmidt* EuErbVO Art. 33 Rn. 3; NK-BGB/*Looschelders* EuErbVO Art. 33 Rn. 5; Deixler-Hübner/Schauer/*Cohen* Art. 33 Rn. 3). Den erwägenswerten Vorschlag, bei erbenlosen Nachlässen generell die lex rei sitae zu berufen, hat der Gesetzgeber nicht aufgegriffen (vgl. hierzu *Max Planck Institute* RabelsZ 74 (2010), 522 (655 f.).

II. Unterschiedliche Ausgestaltung des Fiskuserbrechts

2 Sachliche Gründe für die unterschiedliche Ausgestaltung der Behandlung erbenloser Nachlässe in den Rechtsordnungen lassen sich schwer finden. Hintergrund dürfte vor allem die vorherrschende nationale Dogmatik um die Rechtsnatur des Erwerbs durch den Fiskus gewesen sein (*Heckel,* Das Fiskuserbrecht im Internationalen Privatrecht, 61 f.).

3 Zu den Erbrechtsstaaten (vgl. auch die Übersicht bei jurisPK-BGB/*Ludwig* EuErbVO Art. 33 Rn. 5) zählen insbesondere Deutschland (§ 1936 BGB), Griechenland (Art. 1824 ZGB), Italien (Art. 586 Codice Civile), Portugal (Art. 2152–2153 Código Civil), die Schweiz (Art. 466 ZGB) sowie Spanien (Art. 956–958 Código Civil).

4 Zu den Aneignungsrechtsstaaten gehören ua England (Art. 46 (1) (vi) Administration of Estates Act 1925), Österreich (§ 760 ABGB) und wohl auch Frankreich (Art. 539 Code Civil, str.). Eine Besonderheit weist das schwedische Erbrecht auf. Danach fällt der Nachlass an einen allgemeinen Erbfonds (Kapitel 5, § 1 Ärvdabalken). Das Zugriffsrecht dieses Erbfonds ist ebenfalls aneignungsrechtlich einzuordnen (*Heckel,* Das Fiskuserbrecht im Internationalen Privatrecht, 2006, 47 mwN).

5 Aus der unterschiedlichen Ausgestaltung des Fiskuserbrechts folgen für das **Kollisionsrecht** beträchtliche Unterschiede. Bei einer **erbrechtlichen** (sprich: privatrechtlichen) **Ausgestaltung** des Fiskuserbrechts bereitet es keine Schwierigkeiten, den Staat als Erben auch im Hinblick auf im Ausland belegenes Vermögen zu behandeln (MüKoBGB/*Leipold* § 1936 Rn. 20). Bei einem **hoheitlichen Aneignungsrecht** ist dies nicht möglich, da nach den Grundsätzen des internationalen öffentlichen Rechts das hoheitliche Zugriffsrecht auf das jeweilige nationale Territorium beschränkt ist (vgl. KG IPRax 1986, 41 (42); *Max Planck Institute* RabelsZ 74 (2010), 522 (654); Geimer/Schütze/*Odersky* IRV EuErbVO Art. 33 Rn. 4).

III. Erbenloser Nachlass

6 Das Fiskuserbrecht kommt nur zum Zuge, wenn der Nachlass erbenlos ist. Dies bestimmt sich nach dem gem. Art. 21 zu ermittelnden **Erbstatut** (MüKoBGB/*Dutta* EuErbVO Art. 33 Rn. 6). Nur wenn nach diesem Recht weder ein gewillkürter Erbe oder Vermächtnisnehmer noch eine natürliche Person als gesetzlicher Erbe vorhanden ist, stellt sich die Frage nach einem etwaigen Erbrecht des Staates. Hat der Erblasser **nur einen Vermächtnisnehmer** eingesetzt, gibt es **daneben** aber keine **Erben,** setzt sich das Vermächtnis gegenüber dem Fiskuserbrecht durch – und zwar unabhängig davon, ob es sich um ein Vindikations- oder Damnationslegat handelt (vgl. BeckOGK/*J. Schmidt* EuErbVO Art. 33 Rn. 9; juris PK-BGB/*Ludwig* EuErbVO Art. 33 Rn. 13; zum Haager Erbrechtsübereinkommen *Waters,* Explanatory Report, Nr. 116). Dem insoweit missverständlichen deutschen Wortlaut der Vorschrift lässt sich dies nicht entnehmen; die englische („to the extent that") und die französische Sprachfassung („dans la mesure où") sowie der Normzweck legen aber das Ergebnis nahe, dass Art. 33 nur insoweit zum Tragen kommt, als keine Erben oder Vermächtnisnehmer vorhanden sind (BeckOGK/*J. Schmidt* EuErbVO Art. 33 Rn. 13; juris PK-BGB/*Ludwig* EuErbVO Art. 33 Rn. 14; NK-BGB/*Looschelders* EuErbVO Art. 33 Rn. 9; *Nordmeier* IPRax 2013, 418 (424)). Hat der Erblasser den Staat als Erben eingesetzt, kommt Art. 33 nicht zur Anwendung (juris PK-BGB/*Ludwig* EuErbVO Art. 33 Rn. 10; Rauscher/*Hertel* EuErbVO Art. 33 Rn. 5).

IV. Qualifikation Fiskuserbrecht und Aneignungsrecht

1. Fiskuserbrecht

7 Art. 33 regelt nur einen Vorbehalt zu Gunsten eines staatlichen Aneignungsrechts und äußert sich nicht direkt zur Qualifikation des privatrechtlich ausgestalteten Fiskuserbrechts. Da die Regelung einer Durchbrechung des Erbstatus zu Gunsten eines Sonderstatuts für ein Aneignungsrecht nur dann Sinn

ergibt, wenn das Fiskuserbrecht in den Anwendungsbereich der Verordnung fällt, ist das **Fiskuserbrecht erbrechtlich** zu qualifizieren, Art. 23 Abs. 1, 2 lit. b (NK-BGB/*Looschelders* EuErbVO Art. 33 Rn. 1; juris PK-BGB/*Ludwig* EuErbVO Art. 32 Rn. 1; *Nordmeier* IPRax 2013, 418 (419)). Damit ist zugleich klargestellt, dass das Erbrecht des Staates in anderen Mitgliedstaaten Anerkennung beanspruchen kann, es sei denn dass die lex rei sitae ein staatliches Aneignungsrecht vorsieht.

2. Aneignungsrecht

8 Art. 33 Hs. 2 normiert ein **Sonderstatut** für **Aneignungsrechte** der **lex rei sitae,** wonach die Anwendung eines hoheitlichen Aneignungsrechts unberührt bleibt. Dem geht die Frage voraus, ob das Aneignungsrecht überhaupt vom Anwendungsbereich der EuErbVO erfasst ist. Dies erscheint fraglich, weil die EuErbVO nur für Fragen der Rechtsnachfolge von Todes wegen gilt (→ Art. 1 Abs. 1 S. 1) und Fragen des Sachenrechts im Übrigen ausklammert (→ Art. 1 Abs. 2 lit. g und k). Richtigerweise wird man wie folgt differenzieren müssen: Funktional betrachtet handelt es sich auch bei einem Aneignungsrecht eines erbenlosen Nachlasses um eine „Rechtsnachfolge von Todes wegen" iSv Art. 3 Abs. 1 lit. a. **Wie** sich die Aneignung sachenrechtlich vollzieht (Aneignungsakt), ist wiederum nach dem Sachstatut zu beantworten und vom Anwendungsbereich der EuErbVO nicht erfasst (→ Art. 1 Abs. 2 lit. g). Dafür, dass die EuErbVO grundsätzlich auch das **„Ob"** des Vermögenserwerbs und damit Aneignungsrechte erfasst, spricht auch Art. 33 EuErbVO. Der Norm hätte es nicht bedurft, wenn Aneignungsrechte des Fiskus gar nicht in den Anwendungsbereich der EuErbVO fallen würden. Im Sinne einer einheitlichen Anwendung müssen beide Rechtsinstitute (Fiskuserbrecht, Aneignungsrecht) vom Anwendungsbereich der EuErbVO erfasst sein (vgl. *Nordmeier* IPRax 2013, 418 (423 Fn. 61); juris PK-BGB/*Ludwig* EuErbVO Art. 33 Rn. 18; NK-BGB/*Looschelders* EuErbVO Art. 33 Rn. 2; aA NK-NachfolgeR/*Köhler* EuErbVO Art. 33 Rn. 3, 6).

9 Bei Art. 33 Hs. 2 handelt es sich um eine **Sachnormenverweisung** auf die lex rei sitae. Dass die Norm lediglich davon spricht, dass das Aneignungsrecht „unberührt" bleibt, lässt sich damit erklären, dass die EuErbVO den Aneignungsakt als solchen nicht normiert. Sollte der Staat der lex rei sitae von seinem Aneignungsrecht keinen Gebrauch machen, bleibt es dabei, dass ein ausländischer Erbrechtsstaat Erbe des in dem anderen Staat belegenen Vermögens ist (zur Belegenheit des Vermögens vgl. Deixler/Hübner/Schauer/*Cohen* Art. 33 Rn. 12).

10 Soweit die Nachlassgegenstände in mehreren Mitgliedstaaten belegen sind, kommt es für die Anwendung des Art. 33 auf das Recht des jeweiligen Lageortes an. Wo ein Gegenstand belegen ist, richtet sich nach autonomen Grundsätzen (BeckOGK/*J. Schmidt* EuErbVO Art. 33 Rn. 16 f.).

11 Der Vorbehalt des Art. 33 Hs. 2 erstreckt sich nur auf Aneignungsrechte eines Mitgliedstaats. Diese Einschränkung liegt darin begründet, dass ein **Drittstaat** an die EuErbVO nicht gebunden ist und seine Aneignungsrechte kraft eigenen nationalen Rechts bezüglich der auf seinem Territorium belegenen Vermögenswerte stets durchzusetzen in der Lage ist. Daher ist Art. 33 in dem Sinne auszulegen, dass auch das Aneignungsrecht eines Drittstaats unberührt bleibt (NK-NachfolgeR/*Köhler* EuErbVO Art. 33 Rn. 1; *Nordmeier* IPRax 2013, 418 (424); Deixler-Hübner/Schauer/*Cohen* Art. 33 Rn. 6; NK-BGB/*Looschelders* EuErbVO Art. 33 Rn. 13).

3. Autonome Qualifikation

12 Ob es sich bei der jeweiligen Sachnorm um ein **staatliches Aneignungsrecht** oder ein **Erbrecht** handelt, ist in zwei Prüfungsschritten zu klären. Zunächst muss der Inhalt des nationalen Rechts ermittelt werden. Sodann muss gefragt werden, ob es sich um ein hoheitliches Aneignungsrecht handelt. Dies muss im Wege der autonomen Auslegung der Systembegriffe der EuErbVO beantwortet werden. Eine Qualifikation als Staatenerbrecht liegt insbesondere dann nahe, wenn sich die Erbfolge des Staates so wie die Erbfolge natürlicher Personen vollzieht, insbesondere wenn Voraussetzung für den Übergang des Vermögens nicht ein besonderer vom allgemeinen Erbrecht abweichender Aneignungsakt des Staates ist (vgl. *Dörner* IPRax 2012, 235 (237)). Eine aneignungsrechtliche Qualifikation kommt hingegen in Betracht, wenn der Erwerb unabhängig vom maßgeblichen Erbstatut erfolgen soll (vgl. KG IPRax 1986, 42; *Heckel,* Das Fiskuserbrecht im Internationalen Privatrecht, 24). Art. 33 Hs. 2 ist auch dann einschlägig, wenn die lex rei sitae an sich dem Erbrechtsprinzip folgt, ein Aneignungsrecht aber für den Fall normiert, dass ein ausländischer Staat gesetzlicher Erbe sein sollte (vgl. *Wagner/Scholz* FamRZ 2014, 714 (717)).

V. Kompetenzkonflikte

1. Positive Kompetenzkonflikte

13 Positive Kompetenzkonflikte sind unter Geltung des Art. 33 ausgeschlossen. Sehen sowohl das Erbstatut als auch das Recht der lex rei sitae ein Fiskuserbrecht vor, erwirbt der erbberechtigte Staat auch

das Vermögen im Staat der lex rei sitae (*Wagner/Scholz* FamRZ 2014, 714 (717)). Besteht nach der lex rei sitae hingegen ein hoheitliches Aneignungsrecht, geht dieses kraft des Sonderstatuts in Art. 33 dem Fiskuserbrecht des ausländischen Staates vor, wenn **Gläubiger berechtigt** sind, aus dem gesamten Nachlass **Befriedigung ihrer Forderungen** zu suchen. Dies ist der Fall, wenn es den Gläubigern des Erblassers gestattet ist, auf die Nachlassgegenstände zuzugreifen (BeckOGK/*J. Schmidt* EuErbVO Art. 33 Rn. 21; Geimer/Schütze/*Odersky* IRV EuErbVO Art. 33 Rn. 6; Bonomi/Wautelet/*Wautelet* Art. 33 Rn. 22).

2. Negative Kompetenzkonflikte

Während Art. 33 positive Kompetenzkonflikte eindeutig regelt, führt er negative Kompetenzkonflikte 14 keiner Lösung zu (*Wagner/Scholz* FamRZ 2014, 714 (717)). Zu negativen Kompetenzkonflikten kommt es, wenn das **Erbstatut** nur ein **hoheitliches Aneignungsrecht** kennt, während die **lex rei sitae einem erbrechtlichen Konzept** folgt (vgl. OLG München IPRax 2013, 443). Das Sonderstatut des Art. 33 beschränkt sich nur auf die auf dem Staatsgebiet des Aneignungsstaates belegenen Gegenstände. Der Aneignungsakt („Wie") vollzieht sich in Ausübung ausländischer Hoheitsgewalt. Er ist öffentlich-rechtlicher Natur und wird in anderen Mitgliedstaaten häufig nicht anerkannt (für Deutschland: KG IPRax 1986, 41 (42); *Bungert* MDR 1991, 713 (715); *Dörner* IPRax 2012, 235 (236 f.); *Firsching* IPRax 1986, 25 (27)). Mitunter beschränkt sich das ausländische Aneignungsrecht ohnehin nur auf die in seinem Territorium belegenen Gegenstände (zu § 29 öst. IPRG vgl. OLG München IPRax 2013, 443 (444); *Lorenz,* RPfleger 1993, 433 f.). Es bleibt dann dabei, dass die Vermögensgegenstände in einem anderen Erbrechtsstaat herrenlos sind. Dieser negative Kompetenzkonflikt kann nicht dadurch behoben werden, dass man von einer versteckten Rückverweisung des ausländischen Erbstatuts auf die lex rei sitae ausgeht (so bislang OLG München IPRax 2013, 443 (444)). Denn die EuErbVO lässt gem. Art. 34 Abs. 1 keine Rückverweisung zwischen den Mitgliedstaaten zu (NK-BGB/*Looschelders* EuErbVO Art. 33 Rn. 7; *Nordmeier* IPRax 2013, 418 (423)).

Die Lücke ist dadurch zu schließen, dass das jeweilige **mitgliedstaatliche Recht der lex rei sitae** 15 darüber findet, wie der negative Kompetenzkonflikt zu lösen ist (BeckOGK/*J. Schmidt* EuErbVO Art. 33 Rn. 25; *Nordmeier* IPRax 2013, 418, 423; iE auch Geimer/Schütze/*Odersky* IRV EuErbVO Art. 33 Rn. 10; aA (für Erweiterung des Erbstatuts) MüKoBGB/*Dutta* EuErbVO Art. 33 Rn. 8). Damit kommt es zwar zu einer von der EuErbVO an sich nicht gewollten Nachlassspaltung. Diese ist jedoch bereits in Art. 33 HS. 2 angelegt. Wie sich nach der lex rei sitae der Erwerb vollzieht, bleibt dem mitgliedstaatlichen Sachrecht überlassen. Insoweit kommt ein erbrechtlicher oder ein sachenrechtlicher Erwerb in Betracht (für erbrechtlichen Erwerb OLG München IPRax 2013, 443 (444); BeckOGK/*J. Schmidt* EuErbVO Art. 33 Rn. 26.1; *Dörner,* IPRax 2012, 235 (237); *Heckel,* Das Fiskuserbrecht im Internationalen Privatrecht, 123; für Analogie zu den Aneignungsrechten herrenloser Sachen *Bungert,* MDR 1991, 713 (716 f.); NK-NachfolgeR/*Köhler* EuErbVO Art. 33 Rn. 5). Der **deutsche Gesetzgeber** hat sich für das Modell eines **hoheitlichen Aneignungsrechts** und damit eines sachenrechtlichen Erwerbs entschieden (§ 32 Abs. 3 und 4 IntErbRVG). Das Aneignungsrechts kommt dabei auch dann zum Tragen, wenn das anwendbare Erbrecht das eines Erbrechtsstaats ist (→ IntErbRVG § 32 Rn. 11).

Artikel 34 Rück- und Weiterverweisung

(1) **Unter dem nach dieser Verordnung anzuwendenden Recht eines Drittstaats sind die in diesem Staat geltenden Rechtsvorschriften einschließlich derjenigen seines Internationalen Privatrechts zu verstehen, soweit diese zurück- oder weiterverweisen auf:**

a) das Recht eines Mitgliedstaats oder

b) das Recht eines anderen Drittstaats, der sein eigenes Recht anwenden würde.

(2) **Rück- und Weiterverweisungen durch die in Artikel 21 Absatz 2, Artikel 22, Artikel 27, Artikel 28 Buchstabe b und Artikel 30 genannten Rechtsordnungen sind nicht zu beachten.**

Literatur: *von Hein,* Der Renvoi im europäischen Kollisionsrecht, in Leible/Unberath, Brauchen wir eine Rom 0-Verordnung?, 2013, S. 341; *Solomon,* Die Renaissance des Renvoi im Europäischen Internationalen Privatrecht, Liber Amicorum Schurig, 2012, S. 237.

Übersicht

I. Allgemeines

1 Zweck der Regelung ist es nach ErwG 57 S. 3, den **internationalen Entscheidungseinklang im Verhältnis zu Drittstaaten** zu gewährleisten. Daneben ermöglicht ein Rückverweis auch die Anwendung des eigenen Rechts oder bei einem Weiterverweis auf mitgliedstaatliches Recht jedenfalls die Anwendung eines häufig leichter zu ermittelnden Rechts als das eines Drittstaats (Bonomi/Wautelet/*Bonomi* Art. 34 Rn. 2).

2 Im europäischen Kollisionsrecht ist die teilweise Beachtlichkeit des Renvoi ein Novum. In den bisherigen Verordnungen wurde er stets ausgeschlossen, vgl. Art. 20 Rom I-VO, 24 Rom II-VO, 11 Rom III-VO. Die Regelung **knüpft** in der Formulierung von Art. 34 Abs. 1 lit. b **an die Regelung in Art. 4 des Haager Erbrechtsübereinkommens von 1989** (Hague Convention of 1.8.1989 on the law applicable to succession to the estates of deceased persons, Staudinger/*Dörner* EGBGB Vor Art. 25, 26 Rn. 111 ff.; Deutsche Übersetzung in IPRax 2000, 53, franz. Text in Rev. crit. dr. int. pr. 77 (1988), 807) und **Art. 21 Abs. 2 KSÜ** an und ergänzt diese in Art. 34 Abs. 1 lit. a um die Beachtlichkeit des Rück- oder Weiterverweises auf mitgliedstaatliches Recht. Der Renvoi wird nicht generell zugelassen. Zur Erreichung des internationalen Entscheidungseinklangs wird der Grundsatz der Nachlasseinheit geopfert. Eine sich aus einem Renvoi ergebende Nachlassspaltung ist hinzunehmen (MüKoBGB/*v. Hein* EGBGB Art. 4 Rn. 128). Mit der Unterscheidung zwischen Dritt- und Mitgliedstaaten werden zudem nicht alle Rechtsordnungen gleichermaßen behandelt, sodass ein gewisses Spannungsverhältnis zum Grundsatz universeller Rechtsanwendung in Art. 20 besteht (→ EuErbVO Art. 20 Rn. 1 f. Dazu MüKoBGB/*v. Hein* EGBGB Art. 4 Rn. 127, der aber in der Schaffung eines europäischen Rechtsraums eine Rechtfertigung für die Ungleichbehandlung sieht).

3 **Praktisch** wird die **Bedeutung** des Renvoi eher **gering** sein (Palandt/*Thorn* EuErbVO Art. 34 Rn. 1; Bonomi/Wautelet/*Bonomi* Art. 34 Rn. 5; MüKoBGB/*v. Hein* EGBGB Art. 4 Rn. 135). Es kommen vor allem Fälle in Betracht, in denen die subsidiäre Zuständigkeit des Art. 10 eingreift, weil der Erblasser seinen letzten gewöhnlichen Aufenthalt nicht in einem Mitgliedstaat hatte.

II. Anwendungsbereich

1. Verweis auf drittstaatliches Recht

4 Ein Renvoi kommt nur infrage, wenn eine Kollisionsnorm der EuErbVO **drittstaatliches Recht** beruft. Drittstaaten sind alle außer den Mitgliedstaaten der Verordnung, also (zum Begriff des Drittstaaten → Einleitung Rn. 27) auch das Vereinigte Königreich, Irland und Dänemark.

5 Im Umkehrschluss (*Simon/Buschbaum* NJW 2012, 2393 (2396)) ist ein **Renvoi ausgeschlossen,** soweit das **Recht eines Mitgliedstaats** berufen wird. Damit ist ein Renvoi durch gegenüber der EuErbVO nach Art. 75 **vorrangige Staatsverträge** nicht zu beachten (Wendet der andere Mitgliedstaat ebenso die Kollisionsnormen der EuErbVO an, stellt sich die Frage der Beachtlichkeit eines Renvoi praktisch nicht.). In diesem Fall stellt die EuErbVO den internationalen Entscheidungseinklang hinter die Anwendung der eigenen Kollisionsnormen zurück (MüKoBGB/*Dutta* EuErbVO Art. 34 Rn. 12). Das ist konsequent, da Art. 75 nur den Mitgliedstaaten, die bereits völkerrechtlich gegenüber Drittstaaten gebunden sind, ermöglicht, ihre völkerrechtlichen Verpflichtungen nicht zu verletzen, → EuErbVO Art. 75 Rn. 1. Der Forumstaat, der die EuErbVO anwendet, ist aber selbst nicht gebunden. Demgegenüber treten andere Autoren für die Annahme einer Gesamtverweisung **in Analogie zu Art. 34 Abs. 1 EuErbVO** ein, wenn die Verweisung auf das Recht eines Mitgliedstaats gerichtet ist, in dem zur Bestimmung des Erbstatuts vorrangige staatsvertragliche Kollisionsnormen gelten (so *Konvalin,* Das Europäische Nachlasszeugnis ohne europäischen Entscheidungseinklang, 2018, 83 ff. mwN). Auf diese Weise werde der europäische Entscheidungseinklang und damit die Funktionsfähigkeit des europäischen Nachlasszeugnisses gefördert (→ EuErbVO Vor Art. 62 Rn. 24). Den Befürwortern einer solchen Rechtsfortbildung ist zuzugestehen, dass sie durchaus dem Argumentationsmuster des EuGH entspräche, der bei der Auslegung der EuErbVO der Effektivität des Europäischen Nachlasszeugnisses entscheidende Bedeutung beimisst (→ EuErbVO Vor Art. 62 Rn. 23 ff.).

2. Renvoifreundlicher Verweis

6 Nicht für alle Verweisungen ist der Renvoi vorgesehen. Art. 34 Abs. 2 nimmt einige davon aus. Ratio des Art. 34 Abs. 2 ist es, die **Verweisungen vom Renvoi auszunehmen, deren Sinn durch den Renvoi durchkreuzt würde.** Anders als in Art. 4 Abs. 1 S. 1 EGBGB stellt der Verordnungs-

geber ausdrücklich klar, welche Verweise renvoifeindlich sind (das begrüßt MüKoBGB/*v. Hein* EGBGB Art. 4 Rn. 128).

Das gilt für den Fall der **Rechtswahl** nach Art. 22. So wird der Vorrang des Erblasserwillens gesichert (ErwG 57 S. 4; Bonomi/Wautelet/*Bonomi* Art. 34 Rn. 23). Obwohl nicht ausdrücklich in Art. 34 Abs. 2 aufgeführt, gilt dies auch für die isolierte Teilrechtswahl nach Art. 24 Abs. 2 und Art. 25 Abs. 3. Insoweit liegt wohl ein Redaktionsversehen vor (Palandt/*Thorn* EuErbVO Art. 34 Rn. 2). Jedenfalls wird man beide Fälle als Unterfälle der Rechtswahl in Art. 22 begreifen können, auf die beide Vorschriften Bezug nehmen (BeckOGK/*J. Schmidt* EuErbVO Art. 34 Rn. 19; MüKoBGB/*Dutta* EuErbVO Art. 34 Rn. 10). 7

Ebenso gilt das für den Fall des Art. 21 Abs. 2, in dem die Verweisung durch die **engste Verbindung im Einzelfall** bestimmt wird. Nach Art. 21 Abs. 2 wird gerade das im Einzelfall angemessene Recht berufen. Diese Wertung soll durch fremdes Kollisionsrecht nicht konterkariert werden (Bonomi/Wautelet/*Bonomi* Art. 34 Rn. 22; BeckOGK/*J. Schmidt* EuErbVO Art. 34 Rn. 17). Entsprechendes gilt auch für Art. 25 Abs. 2 UAbs. 2, der bei mehreren Erblassern, die einen Erbvertrag schließen, das Errichtungsstatut beruft, zu dem die engste Verbindung besteht. 8

Ausgenommen sind auch die **alternativen Verweisungen** in Art. 27 und Art. 28 lit. b. Diese Verweisungen berufen im Interesse einer möglichst weitgehenden Formwirksamkeit einer letztwilligen Verfügung bzw. einer Annahme- oder Ausschlagungserklärung alternativ mehrere Rechtsordnungen bzw. stellen klar, dass jedenfalls die Einhaltung der Vorschriften einer bestimmten Rechtsordnung ausreichend ist. Der Ausschluss des Renvoi rechtfertigt sich hier durch den Gedanken, dass ein Renvoi den Kreis der alternativ berufenen Rechtsordnungen nicht verkleinern soll (*Janzen* DNotZ 2012, 484 (486); Bonomi/Wautelet/*Bonomi* Art. 34 Rn. 24; BeckOGK/*J. Schmidt* EuErbVO Art. 34 Rn. 21). Fraglich ist, ob der Renvoi im Wege einer teleologischen Reduktion des Art. 34 Abs. 2 dann zu beachten wäre, wenn er eine weitere Rechtsordnung beriefe, die anders als die bereits von Art. 27, 28 lit. b berufenen Rechtsordnungen zur Formwirksamkeit führte (sog. **renvoi ad favorem;** dazu *Solomon,* Liber Amicorum Schurig, 2012, 237 (260 ff.)). Einerseits verkompliziert die weitere Renvoiprüfung die Rechtsanwendung. Nimmt man jedoch den Begünstigungszweck der Anknüpfung des Formstatuts ernst, sollte ein renvoi ad favorem beachtet werden (zu der Frage allgemein MüKoBGB/*v. Hein* EGBGB Art. 4 Rn. 31). Bei der alternativen Verweisung des Art. 28 wird der Renvoi nur für die Alternative der lit. b ausgeschlossen. Nicht aufgeführt ist die Vorschrift des Art. 28 lit. a. Während der Ausschluss der lit. b sicherstellt, dass das am gewöhnlichen Aufenthalt des die Annahme oder die Ausschlagung Erklärenden geltende Sachrecht zur Formgültigkeit ausreicht, ist eine analoge Anwendung für lit. a nicht angebracht: Soweit alternativ das durch Rechtswahl bestimmte Erbstatut nach Art. 22 oder das nach Art. 21 bestimmte objektive Erbstatut berufen werden, bleibt es bei dem Renvoi für die Bestimmung des objektiven Erbstatuts nach Art. 21 Abs. 1. Es geht gerade darum, dass das Erbstatut alternativ berufen werden soll. Bei der Bestimmung der Erbstatuten nach Art. 21 Abs. 2 und Art. 22 ist der Renvoi ohnehin ausgeschlossen, → Rn. 8 und 7 (BeckOGK/*J. Schmidt* EuErbVO Art. 34 Rn. 21 f.). 9

Art 34 Abs. 2 schließt zudem einen Renvoi im Fall des Art. 30 aus. Auch hier soll ein Renvoi den Vorrang, den Art. 30 den **Eingriffsnormen** des Belegenheitsrechts gibt, nicht gefährden (*Janzen* DNotZ 2012, 484 (486)). Aus der Sicht der Kollisionsrechtsdogmatik der Eingriffsnormen wäre die Vorschrift bedeutungslos, wenn Art. 30 bereits den sachrechtlichen Vorschriften Anwendungsvorrang gibt und es damit gar nicht zu einer Renvoiprüfung kommt (Bonomi/Wautelet/*Bonomi* Art. 34 Rn. 25; MüKoBGB/*Dutta* EuErbVO Art. 34 Rn. 10). Da Art. 30 allerdings seinem Wortlaut nach die Eingriffsnormen selbst für anwendbar erklärt und nicht lediglich deren Anwendung vorbehält, ist die klarstellende Ausnahme in Art. 34 Abs. 2 durchaus sinnvoll. Anders liegen die Dinge bei Art. 33, der nach seinem Wortlaut Aneignungsvorschriften Vorrang gibt und konsequenterweise nicht in Art. 34 Abs. 2 aufgezählt ist (MüKoBGB/*Dutta* EuErbVO Art. 30 Rn. 10). 10

III. Sachnorm- oder Gesamtverweisung

Art. 34 Abs. 1 unterscheidet bei einem Verweis auf drittstaatliches Recht zwischen einer Gesamt- oder Sachnormverweisung danach, ob das **drittstaatliche Kollisionsrecht auf das Recht eines Mitgliedstaates zurück- oder weiterverweist** oder ob es zum **Recht eines zweiten Drittstaates weiterverweist, der sein eigenes Sachrecht anwendet.** In diesen Fällen ist nach Art. 34 Abs. 1 lit. a und b ein Renvoi zu beachten. Die übrigen Fälle sind nicht ausdrücklich geregelt. 11

Damit ist auf das drittstaatliche Kollisionsrecht abzustellen. Handelt es sich bei dem Drittstaat um einen **Mehrrechtsstaat** ohne einheitliches internationales Privatrecht, ist nach Art. 36 f. die Teilrechtsordnung zu ermitteln, deren internationales Privatrecht maßgeblich ist, → EuErbVO Art. 36 Rn. 4. 12

1. Drittstaatliches Recht verweist auf das Recht eines Mitgliedstaates

13 Verweist das drittstaatliche Recht auf das **Recht eines Mitgliedstaats,** so ist der Renvoi zu beachten. Abs. 1 lit. a spricht von Rückverweis und Weiterverweis. **Rückverweis** meint, dass nach drittstaatlichem Kollisionsrecht das Recht des Forumstaats berufen wird. Unter **Weiterverweis** ist der Verweis auf das Recht eines anderen Mitgliedstaats zu verstehen.

14 Die Verordnung präzisiert freilich nicht, wie **im Falle eines Rück- oder Weiterverweises** zu verfahren ist. Soweit die drittstaatliche Rechtsordnung selbst eine Rückverweisung nicht beachtet, kommt das Recht des Mitgliedstaats zur Anwendung, den die drittstaatlichen Kollisionsnormen berufen. So ist internationaler Entscheidungseinklang hergestellt. Beachtet dagegen die drittstaatliche Rechtsordnung selbst einen Renvoi, würde sie den Rückverweis durch die mitgliedstaatlichen Kollisionsnormen beachten. Dann käme es zu einer Art Teufelskreis: Die maßgeblichen Kollisionsnormen der EuErbVO verwiesen wieder zurück auf das Recht des Drittstaats. Dieser beriefe wiederum eine mitgliedstaatliche Rechtsordnung. Theoretisch sind in dieser Situation drei Lösungsmöglichkeit denkbar. Entweder entscheidet die EuErbVO selbst über den Abbruch des Teufelskreises. Denkbar sind dann eine Anwendung des eigenen Sachrechts (sog. renvoi simple) oder eine Anwendung des Sachrechts des Drittstaats (renvoi double). Oder die EuErbVO überlässt die Entscheidung dem drittstaatlichen Recht und wendet das Sachrecht an, das im Drittstaat angewendet würde, sog. foreign court theory (Bonomi/Wautelet/*Bonomi* Art. 34 Rn. 17). Mangels klarer Regelung in Art. 34 wird man von der Lösung eines einfachen Renvoi ausgehen müssen, sodass die **Verweisung abzubrechen und das Sachrecht des Mitgliedstaats anzuwenden ist, das vom Kollisionsrecht des Drittstaats bezeichnet wurde** (Leible/Unberath/*v. Hein,* Brauchen wir eine Rom 0-Verordnung?, 2013, 341 (374); NK-BGB/*Looschelders* EuErbVO Art. 34 Rn. 10; *Solomon,* Liber Amicorum Schurig, 2012, 237 (253)). Internationaler Entscheidungseinklang lässt sich so nicht erzielen, aber im Ergebnis wird mitgliedstaatliches Recht angewendet, das entweder als Recht des Forumstaats dem Gericht geläufig ist oder sich – jedenfalls meistens – leichter ermitteln lässt, als drittstaatliches Recht (MüKoBGB/*Dutta* EuErbVO Art. 34 Rn. 3).

2. Drittstaatliches Recht verweist auf das Recht eines weiteren Drittstaates

15 Verweist das Kollisionsrecht des Drittstaats auf das Recht eines zweiten Drittstaats, kommt es nach lit. b darauf an, ob der zweite Drittstaat sein eigenes Sachrecht anwenden würde. In diesem Fall ist das Sachrecht des zweiten Drittstaats anzuwenden. Ob dagegen die Verweisung des ersten Drittstaats eine Sachnorm- oder Gesamtverweisung ist, spielt keine Rolle. Wendet der zweite Drittstaat sein eigenes Sachrecht nicht an, fehlt eine ausdrückliche Rechtsfolgenanordnung in Art. 34. Dann ist vom Vorliegen einer Sachnormverweisung auf das Recht des ersten Drittstaats auszugehen, → Rn. 19.

16 Einigkeit besteht insoweit, als lit. b dann einschlägig ist, wenn der **zweite Drittstaat sein eigenes Sachrecht anwendet, weil das Kollisionsrecht des zweiten Drittstaats die Verweisung annimmt. Verweist das Kollisionsrecht des zweiten Drittstaats auf eine andere Rechtsordnung,** soll dagegen nach überwiegender Ansicht im Schrifttum **lit. b nicht einschlägig** sein. Das gilt auch für einen Rückverweis auf das Recht des ersten Drittstaates (MüKoBGB/*v. Hein* EGBGB Art. 4 Rn. 125). Begründet wird dies damit, dass die Prüfung weiterer kollisionsrechtlicher Vorschriften vermieden werden solle (BeckOGK/*J. Schmidt* EuErbVO Art. 34 Rn. 11). Allerdings umfasst der Wortlaut, dass der zweite Drittstaat „sein eigenes Recht anwenden würde" auch den Fall, dass er sein eigenes Recht aufgrund einer Rückverweisung einer anderen Rechtsordnung (MüKoBGB/*Dutta* EuErbVO Art. 34 Rn. 4) oder wegen eines ordre-public-Verstoßes anwenden würde. Nach diesem weiten Verständnis des Wortlauts müsste also geprüft werden, welches Recht nach Maßgabe des Kollisionsrechts des zweiten Drittstaats anwendbar wäre. Der damit verbundene größere Prüfungsumfang wird teilweise mit internationalem Entscheidungseinklang belohnt, da somit die Rechtsordnung zur Anwendung käme, die im zweiten und wohl auch im ersten Drittstaat zur Anwendung käme. Letzteres hängt allerdings ua davon ab, ob der Verweis des Kollisionsrechts des ersten Drittstaats als Gesamt- oder Sachnormverweisung ausgestaltet ist. Die enge Ansicht der überwiegenden Ansicht im Schrifttum hat freilich für sich, dass die Vorschriften des Art. 4 des Haager Erbrechtsübereinkommens von 1989 (*Waters,* Explanatory Report on the 1989 Hague Succession Convention, Nr. 59 (zugänglich über http://www.hcch.net/upload/expl32e.pdf in englischer Sprache)) und Art. 21 Abs. 2 KSÜ (Althammer/*Schäuble* KSÜ Art. 21 Rn. 2; *Lagarde,* Erläuternder Bericht zum KSÜ, Nr. 116 (in deutscher Übersetzung zugänglich unter https://www.bundesjustizamt.de/DE/SharedDocs/Publikationen/HKUE/hkue_erl_bericht_paul_lagarde.pdf;jsessionid=8FF5E642BC0F7C106ABCEAE77B8F1430.1_cid377?__blob=publicationFile&v=2)), die Modell gestanden haben, ähnlich verstanden werden (BeckOGK/*J. Schmidt* EuErbVO Art. 34 Rn. 13).

17 Problematisch ist der Fall, dass das **Recht des zweiten Drittstaats auf das Recht eines Mitgliedstaats rück- oder weiterverweist.** Bleibt man beim Wortlaut von lit. b, dann wäre der Fall aus Sicht des zweiten Drittstaats zu lösen: Handelt es sich um eine Gesamtverweisung, würde im zweiten Drittstaat

der Renvoi des mitgliedstaatlichen Kollisionsrechts auf den ersten Drittstaat als Gesamtverweisung beachtet, der dann auf den zweiten Drittstaat zurückverwiese. Wendete der zweite Drittstaat dann sein eigenes Recht an, wäre lit. b einschlägig. Das ist mit Wortlaut der lit. a verträglich, der diesen Fall nicht erfasst. So ließe sich internationaler Entscheidungsklang mit dem zweiten Drittstaat erreichen. Es widerspricht freilich dem Verständnis der Vorschriften, die Modell für die Fassung der lit. b gestanden haben, → Rn. 16. Konsequenterweise müsste also bei einem engen Verständnis des Wortlauts der lit. b die Beachtlichkeit eines Renvoi abgelehnt werden und es bei der ursprünglichen Verweisung auf das Recht des ersten Drittstaats bleiben, wonach das Sachrecht des ersten Drittstaats anzuwenden wäre, → Rn. 19. Die überwiegende Meinung im Schrifttum spricht sich aber dafür aus, den Fall so zu behandeln wie lit. a und den Rückverweis auf mitgliedstaatliches Recht zu beachten (MüKoBGB/*v. Hein* EGBGB Art. 4 Rn. 125; *Solomon,* Liber Amicorum Schurig, 2012, 237 (256); Bonomi/Wautelet/*Bonomi* Art. 34 Rn. 18; MüKoBGB/*Dutta* EuErbVO Art. 34 Rn. 5). So kann jedenfalls die Anwendung vertrauteren Rechts erreicht werden. Das Vorgehen lässt sich auch vor dem Hintergrund der Regelung im Haager Erbrechtsübereinkommen von 1989 rechtfertigen, das selbst im Unterschied zu Art. 34 keine der lit. a entsprechende Regelung kennt. Im Ergebnis ist diese Lösung vorzugswürdig. Fraglich ist aber, ob aus der Regelung des Art. 34 eine klare Grundlage für die teleologische Korrektur des Wortlauts gewonnen werden kann, sodass – anders als im Fall einer Rückverweisung auf mitgliedstaatliches Recht durch einen dritten Drittstaat – nur in diesem Fall der Rückverweis zu beachten ist. Man wird das mit dem Argument bejahen können, dass im vorliegenden Fall das Kollisionsrecht des zweiten Drittstaats ohnehin geprüft würde, sodass anders als im Fall des Rückverweises durch das Kollisionsrecht eines vierten Drittstaats kein zusätzlicher Prüfungsaufwand anfällt.

3. Ungeregelte Fälle

Nicht geregelt ist der Fall, dass der **erste Drittstaat die Verweisung annimmt.** Ist auch nach dem Kollisionsrecht des Drittstaates das eigene Sachrecht einschlägig, muss nicht entschieden werden, ob es sich um eine Sachnorm- oder Gesamtverweisung handelt. Jedenfalls ist das drittstaatliche Sachrecht anwendbar. Das drittstaatliche Recht kommt aber nicht zur Anwendung, wenn im Drittstaat das eigene Sachrecht aufgrund eines Renvoi durch eine mitgliedstaatliche Rechtsordnung angewendet würde, → Rn. 14. Gleiches scheint zunächst für den Fall zu gelten, dass es durch Renvoi eines zweiten Drittstaates zur Anwendung käme. Bei der dann logisch zunächst vorausgesetzten Weiterverweisung auf das Recht des zweiten Drittstaates greift die zu Art. 34 Abs. 1 lit. b entwickelte Lösung, → Rn. 17: Das Recht des zweiten Drittstaates verweist auf eine andere Rechtsordnung weiter, sodass im Ergebnis auch eine Verweisung auf das Sachrecht des ersten Drittstaats anzunehmen ist, → Rn. 19, allerdings nicht wegen der Annahme der Verweisung durch den ersten Drittstaat. 18

Lässt sich der **Fall weder unter lit. a noch lit. b noch unter einen Fall der Annahme der Verweisung durch das Recht des ersten Drittstaats subsumieren,** bleibt ein **Renvoi unbeachtlich.** Die Verweisung der EuErbVO ist dann als Sachnormverweisung auf das Sachrecht des ersten Drittstaats zu verstehen. Dies ist in Art. 34 nicht ausdrücklich angeordnet, folgt aber aus der nur ausnahmsweise angeordneten Beachtlichkeit des Renvoi (MüKoBGB/*v. Hein* EGBGB Art. 4 Rn. 125; MüKoBGB/*Dutta* EuErbVO Art. 34 Rn. 5). 19

IV. Anwendung ausländischen Kollisionsrechts

Im Interesse des internationalen Entscheidungseinklangs ist das ausländische Kollisionsrecht so anzuwenden, wie es in der berufenen Rechtsordnung angewendet würde (zum deutschen Recht Palandt/*Thorn* EGBGB Art. 4 Rn. 1). Zu den Vorschriften des „Internationalen Privatrechts" gehören nicht nur Kollisionsnormen im klassischen Sinn, sondern alle Vorschriften, welche die für die Rechtsnachfolge von Todes wegen anwendbaren Sachvorschriften berufen, unabhängig davon, ob sie in Staatsverträgen oder nationalen Gesetzen normiert oder nur richterrechtlicher Natur sind. Soweit sich kollisionsrechtliche Wertungen aus anderen Normen ableiten lassen („versteckte Kollisionsnormen"; zum Begriff etwa MüKoBGB/*v. Hein* EGBGB Art. 4 Rn. 46 (dort in Abgrenzung zur hypothetischen, versteckten Kollisionsnorm beim versteckten Renvoi; → Rn. 22), sind sie auch zu berücksichtigen. Auch der ausländische ordre public ist als Teil des Internationalen Privatrechts berufen, → EuErbVO Art. 35 Rn. 9. Ein **Renvoi kraft abweichender Qualifikation** ist zu beachten (für das deutsche Recht MüKoBGB/*v. Hein* EGBGB Art. 4 Rn. 70). 20

Ausdrücklich zugelassen sind auch teilweise Rück- und Weiterverweisungen **(partieller Renvoi).** Dies stellt der Wortlaut klar, indem das Wort „soweit" aufgenommen ist. Damit kann es zu einer Nachlassspaltung kommen, wenn drittstaatliches Recht zwischen unbeweglichem und beweglichem Nachlass unterscheidet (*Büdding/Tolani* ZEV 2019, 613 (618); Leible/Unberath/*v. Hein,* Brauchen wir eine Rom 0-Verordnung?, 2013, 341 (377)). Soweit das ausländische Kollisionsrecht – wie im commom law üblich – für die Frage der Qualifikation, was als unbewegliches und was als bewegliches Vermögen 21 einzustufen ist, auf die Rechtsordnung verweist, in dem der Nachlassgegenstand belegen ist (sog. **Qualifikationsrenvoi**), ist den Regeln des ausländischen Kollisionsrechts für die Bezeichnung der maßgeblichen Teilrechtsordnung unter den Mitgliedstaaten zu folgen. Im Ergebnis wird dabei wohl meist die Sachrechtsordnung des betreffenden Mitgliedstaats, in dem sich nach den Regeln des ausländischen Kollisionsrechts die Sache befindet, zur Anwendung kommen (MüKoBGB/*Dutta* EuErbVO Art. 34 Rn. 8).

22 Fraglich ist, ob auch ein sog. **„versteckter Renvoi"** zu berücksichtigen ist. Die Problematik entsteht dann, wenn ein ausländisches Rechtssystem kein eigenes kodifiziertes Kollisionsrecht kennt, sondern lediglich Zuständigkeitsvorschriften enthält. Ist ein Gericht danach zuständig, wendet es stets sein eigenes Recht als lex fori an. Derartige Problematiken sind im Erbrecht bei der Nachlassabwicklung im Bereich des common law („administration", s. Staudinger/*Dörner* EGBGB Art. 25 Rn. 683) oder bei Fällen erbenlosen Nachlasses (*Nordmeier* IPRax 2013, 418 (421 f.)) denkbar. In der deutschen Lehre und Rechtsprechung wird daraus ein versteckter Rückverweis auf die lex fori abgeleitet (zu dieser Rechtsfigur MüKoBGB/*v. Hein* EGBGB Art. 4 Rn. 43). Die deutsche Lehre ist damit aber in Europa weitgehend isoliert, sodass sehr fraglich erscheint, ob sie sich bei einer autonomen Auslegung des Art. 34 durch den EuGH durchsetzen wird (MüKoBGB/*v. Hein* EGBGB Art. Rn. 134).

23 Auch das Ergebnis der Anwendung **ausländischer Kollisionsnormen** selbst ist am **ordre public des Forumstaats** zu messen, → EuErbVO Art. 35 Rn. 3. Ist ein **Renvoi nicht feststellbar,** ist die Kollisionsregel der EuErbVO als Sachnormverweisung zu verstehen (*Kropholler* § 31 III vor 1).

Artikel 35 Öffentliche Ordnung (ordre public)

Die Anwendung einer Vorschrift des nach dieser Verordnung bezeichneten Rechts eines Staates darf nur versagt werden, wenn ihre Anwendung mit der öffentlichen Ordnung (ordre public) des Staates des angerufenen Gerichts offensichtlich unvereinbar ist.

Literatur: *Ayazi,* Das deutsche Pflichtteilsrecht und der ordre public-Vorbehalt des Art. 35 EurErbVO am Beispiel eines deutsch-südafrikanischen Erbfalls, NJOZ 2018, 1041; *Breitschmid,* Der (erbrechtliche) ordre public, GS Huguenin, 2020, 47; *Pfundstein,* Pflichtteil und ordre public – Angehörigenschutz im internationalen Erbrecht, 2010; *Pintens,* Public policy in succession matters, FS Kohler, 2018, 393; *Strehlke-Verkühlen,* Der Erbenverzicht im Internationalen Erbrecht, ErbR 2019, 538; *M. Stürner,* Die Bedeutung des ordre public in der EuErbVO, GPR 2014, 317; *Wurmnest,* Ordre public, in /Leible/Unberath, Brauchen wir eine Rom 0-VO?, 2013, 445.

Übersicht

I. Allgemeines

1 Art. 35 sieht den in den kollisionsrechtlichen Verordnungen üblichen **ordre public-Vorbehalt** vor, vgl. Art. 21 Rom I-VO, Art. 26 Rom II-VO und Art. 12 Rom III-VO. Ist das Ergebnis der Anwendung ausländischen Rechts mit der öffentlichen Ordnung des Gerichtsstaats offensichtlich unvereinbar, darf die Anwendung ausländischen Rechts versagt werden (vgl. auch ErwG 57 S. 1). Die Funktion des ordre public ist damit negativ: Er ist als **Notventil** gedacht, um im Einzelfall von der EuErbVO berufenes ausländisches Sachrecht nicht anzuwenden. Dem ordre public kommt dagegen keine positive Funktion zu. Er ermöglicht nicht, Vorschriften der lex fori, die als besonders wichtig eingestuft werden, gegen ausländisches Recht durchzusetzen (Leible/Unberath/*Wurmnest,* Brauchen wir eine Rom 0-VO?, 2013, 445 (457)). Art. 35 regelt dabei den materiellen ordre public-Vorbehalt. Der verfahrensrechtliche ordre public ist gesondert in den Art. 40 lit. a, Art. 52 S. 1, Art. 59 Abs. 1 UAbs. 1, Art. 60 Abs. 3 und Art. 61 Abs. 3 normiert.

II. Tatbestand: Offensichtliche Unvereinbarkeit der Anwendung ausländischen Rechts

Gegenstand der ordre public-Kontrolle ist das **konkrete Ergebnis der Anwendung ausländischen Rechts** im Einzelfall, nicht dagegen eine abstrakte Beurteilung der ausländischen Rechtsordnung oder einer Einzelvorschrift (Bonomi/Wautelet/*Bonomi* Art. 35 Rn. 5; BeckOGK/*J. Schmidt* EuErbVO Art. 35 Rn. 10; allgemein *Wurmnest,* Ordre public, in Unberath/Leible, Brauchen wir eine Rom 0-VO?, 2013, 445 (465); MüKoBGB/*v. Hein* EGBGB Art. 6 Rn. 117). 2

Erfasst ist dabei sowohl das Ergebnis der Anwendung **ausländischen Sachrechts** als auch das Ergebnis der Anwendung des im Rahmen einer Renvoiprüfung zu berücksichtigenden ausländischen **Kollisionsrechts** (Erman/*Hohloch* EuErbVO Art. 35 Rn. 1). Keine Rolle spielt, ob das ausländische Recht kodifiziert ist, in allgemeinen Rechtsgrundsätzen oder Richterrecht enthalten ist (BeckOGK/*J. Schmidt* EuErbVO Art. 35 Rn. 8). Der ordre public-Vorbehalt gilt für die Anwendung aller Vorschriften, die nicht der Rechtsordnung des Forumstaats zuzurechnen sind. Keine Rolle spielt dabei, ob es sich um Vorschriften einer mitgliedstaatlichen oder drittstaatlichen Rechtsordnung handelt (Palandt/*Thorn* EuErbVO Art. 35 Rn. 1; s. aber zur geringeren praktischen Bedeutung der ordre public-Klausel, wenn die lex causae das Recht eines Mitgliedstaats *M. Stürner* GPR 2014, 317 (322)). 3

Das Ergebnis der Rechtsanwendung muss mit der öffentlichen Ordnung des Forumstaats **offensichtlich unvereinbar** sein. Maßgeblich ist nach dem klaren Wortlaut der Vorschrift die **öffentliche Ordnung des Staats, dessen Gericht oder dessen Behörde in einer Erbsache befasst** ist (BeckOGK/*J. Schmidt* EuErbVO Art. 35 Rn. 11; MüKoBGB/*Dutta* EuErbVO Art. 35 Rn. 6; *M. Stürner* GPR 2014, 317 (321)). Dieser Mitgliedstaat bestimmt selbst, was Gegenstand seiner öffentlichen Ordnung ist. Dabei gibt das Unionsrecht den Rahmen vor, was als ordre public eingestuft werden darf (Der EuGH hat dies in seiner Rechtsprechung zum EuGVÜ begründet. Grundlegend ist die Entscheidung EuGH 28.3.2000 – Rs. C-7/98, NJW 2000, 1853 Rn. 27 f. – Krombach; NK-BGB/*Looschelders* EuErbVO Art. 35 Rn. 28 f. Siehe dazu allgemein MüKoBGB/*v. Hein* EGBGB Art. 6 Rn. 27). Nach Erwägungsgrund 58 S. 2 darf ein ordre public-Verstoß nicht angenommen werden, wenn die Nichtanwendung ausländischen Rechts selbst einen Verstoß gegen Grundrechte, die in der Grundrechtecharta der Union garantiert sind, insbesondere eine unzulässige Diskriminierung darstelle (zum Vorschlag einer spiegelbildlichen Anwendung des ordre public für den Fall, dass das anwendbare Erbrecht keine Erbberechtigung des überlebenden gleichgeschlechtlichen Lebenspartners kennt, *Coester* ZEV 2013, 115). Der EuGH überwacht, ob diese Grenzen überschritten sind. Was innerhalb des Rahmens zum ordre public gehört, ist eine autonome Entscheidung des mitgliedstaatlichen Rechts. Dabei gehören auch die Grundfreiheiten des AEUV, die EU-Grundrechtecharta sowie die EMRK zum nationalen ordre public (Palandt/*Thorn* EuErbVO Art. 35 Rn. 1; Erman/*Hohloch* EuErbVO Art. 35 Rn. 1; NK-BGB/*Looschelders* EuErbVO Art. 35 Rn. 11; allgemein dazu MüKoBGB/*v. Hein* EGBGB Art. 6 Rn. 161). 4

Vorgabe des Art. 35 ist, dass nicht jede Abweichung von dem Ergebnis der Anwendung der Sachrechtsordnung des Forumstaats als solche einen ordre public-Verstoß darstellt. Es muss sich um eine **Abweichung von grundlegenden, für die Rechtsordnung des Forumstaats als wesentlich geltenden Vorschriften** handeln. Dadurch muss das Ergebnis der Rechtsanwendung gemessen an den grundlegenden Vorschriften des Forumsstaats **nicht hinnehmbar** sein (MüKoBGB/*Dutta* EuErbVO Art. 35 Rn. 2; BeckOGK/*J. Schmidt* EuErbVO Art. 35 Rn. 14). 5

Der Verstoß gegen den ordre public muss **offensichtlich** sein. Damit stellt der Verordnungsgeber klar, dass von der ordre public-Klausel nur **zurückhaltend** und im **Ausnahmefall** Gebrauch gemacht werden darf (Erman/*Hohloch* EuErbVO Art. 35 Rn. 1; NK-BGB/*Looschelders* EuErbVO Art. 35 Rn. 13; Bonomi/Wautelet/*Bonomi* Art. 35 Rn. 2; BeckOGK/*J. Schmidt* EuErbVO Art. 35 Rn. 12). Entscheidend ist die **Beurteilung im Zeitpunkt der** gerichtlichen oder behördlichen **Entscheidung** (differenzierend NK-BGB/*Looschelders* EuErbVO Art. 35 Rn. 16). Entsprechend kann sich die Beurteilung zwischen Errichtung einer letztwilligen Verfügung und gerichtlicher Prüfung ändern. Der Maßstab ist **relativ:** Je nachdem wie intensiv die Beziehungen des Sachverhalts zum Forumstaat sind, umso strenger erfolgt die Prüfung. Bei nur beiläufigem Inlandsbezug ist der Maßstab dagegen großzügiger zu handhaben (Bonomi/Wautelet/*Bonomi* Art. 35 Rn. 6. Zum Inlandsbezug siehe etwa Palandt/*Thorn* EGBGB Art. 6 Rn. 6; MüKoBGB/*v. Hein* EGBGB Art. 6 Rn. 184; vgl. österr. OGH FamRZ 2019, 738 (739), der insoweit von einem „beweglichen System" spricht: „Je stärker der Inlandsbezug, umso geringere Abweichungen vom österr. Recht können einen Ordre-public-Verstoß begründen, und umgekehrt."). 6

III. Rechtsfolge

1. Nichtanwendung

7 Ausdrücklich bestimmt Art. 35, dass **ausländisches Recht** nicht angewendet werden muss, wenn das Ergebnis der Anwendung mit der öffentlichen Ordnung des Forumstaats offensichtlich unvereinbar wäre. Ausländisches Recht darf dabei nur **soweit unberücksichtigt** bleiben, soweit das Ergebnis mit der öffentlichen Ordnung des Forumstaats offensichtlich unvereinbar ist. Im Übrigen bleibt es bei der Anwendung der berufenen Rechtsordnung (BeckOGK/*J. Schmidt* EuErbVO Art. 35 Rn. 17).

2. Lückenfüllung

8 Soweit durch die Nichtanwendung einzelner Vorschriften des ausländischen Rechts eine Lücke entsteht, die auszufüllen ist, ist zunächst zu versuchen, die zur Anwendung berufene Rechtsordnung heranzuziehen, um den **Eingriff möglichst schonend** zu **gestalten** (*M. Stürner* GPR 2014, 317 (324); MüKoBGB/*v. Hein* EGBGB Art. 6 Rn. 214). Denkbar ist zum einen, dass andere Rechtssätze des ausländischen Rechts zur Lösung des Falles herangezogen werden oder dass das ausländische Sachrecht fallbezogen so abgewandelt wird, dass kein Verstoß gegen die öffentliche Ordnung mehr vorliegt (allgemein *Kropholler* § 36 V). Letztlich ist auf die Normen der lex fori als Ersatzrecht zurückzugreifen, soweit auch der Rückgriff auf eine dem anwendbaren Recht verwandte Rechtsordnung kein Ergebnis bringt (*M. Stürner* GPR 2014, 317 (324); Palandt/*Thorn* Rom I-VO Art. 21 Rn. 3 und EGBGB Art. 6 Rn. 13).

IV. Berücksichtigung ausländischen ordre publics

9 Maßstab der ordre public-Kontrolle ist der ordre public des Forumstaats, → Rn. 4. Ein ausländischer ordre public ist damit im Grundsatz nicht zu berücksichtigen. Eine Ausnahme davon gilt bei der **Prüfung ausländischer Kollisionsnormen im Rahmen der Renvoiprüfung nach Art. 34,** → EuErbVO Art. 34 Rn. 4. Da im Interesse des internationalen Entscheidungseinklangs ausländische Kollisionsnormen so anzuwenden sind, wie sie auch im Herkunftsstaat angewendet würden, ist eine Rück- oder Weiterverweisung durch das ausländische Kollisionsrecht nur insoweit anzunehmen, als sie auch Gerichte im Herkunftsstaat annähmen. Folglich ist auch ein Verstoß gegen den ausländischen ordre public zu berücksichtigen, soweit dadurch ein anderes Recht zur Anwendung käme (MüKoBGB/*v. Hein* EGBGB Art. 6 Rn. 77, MüKoBGB/*Dutta* EGBGB Art. 25 Rn. 118; *Kropholler* § 36 VII; grundsätzlich aA BeckOK-BGB/*S. Lorenz* EGBGB Art. 6 Rn. 19; *S. Lorenz* FS Geimer, 2002, 555).

V. Einzelfälle

10 Die folgenden Hinweise auf Einzelfälle sind unter dem Vorbehalt zu sehen, dass bei einer ordre public-Prüfung jeweils das konkrete Ergebnis im Einzelfall zu beurteilen ist und allgemeine Aussagen daher nicht möglich sind.

1. Pflichtteilsrecht

11 Im Kommissionsentwurf von 2009 war noch mit Art. 27 Abs. 2 („Die Anwendung einer Vorschrift des nach dieser Verordnung bezeichneten Rechts kann nicht allein deshalb als mit der öffentlichen Ordnung des Staates des angerufenen Gerichts unvereinbar angesehen werden, weil sie den Pflichtteilsanspruch anders regelt als das Recht am Ort des angerufenen Gerichts.", KOM(2009) 154, 24) eine Vorschrift enthalten, die die Annahme eines ordre public-Verstoßes wegen des Fehlens eines Pflichtteilsrechts ausschloss. Die entsprechende Vorschrift wurde im Laufe des Gesetzgebungsverfahrens (zum Gesetzgebungsverfahren Dutta/Herrler/*Lechner,* Die Europäische Erbrechtsverordnung, 5 (11) Rn. 25) gestrichen, sodass im Umkehrschluss jedenfalls nicht ausgeschlossen ist, die Anwendung des ordre public auf ein fehlendes Pflichtteilsrecht zu stützen (BeckOGK/*J. Schmidt* EuErbVO Art. 35 Rn. 22). Nach der Rechtsprechung des **Bundesverfassungsgerichts** ist eine **bedarfsunabhängige Beteiligung der Kinder des Erblassers grundrechtlich geschützt** (BVerfG NJW 2005, 1561). Daher dürfte eine grundsätzliche Beteiligung der Kinder und auch des Ehegatten Bestandteil des deutschen ordre public sein. Soweit im konkreten Ergebnis Kinder oder Ehegatte von der Erbschaft ausgeschlossen oder nur minimal beteiligt sind, ohne im konkreten Fall eine vergleichbare Kompensation zu erhalten, liegt ein Verstoß gegen den deutschen ordre public vor (BeckOK-BGB/*S. Lorenz* EGBGB Art. 25 Rn. 60; Dutta/Herrler/*S. Lorenz,* Die europäische Erbrechtsverordnung, 113 (124 f.) Rn. 28; BeckOGK/*J. Schmidt* EuErbVO Art. 35 Rn. 22.2; tendenziell auch *M. Stürner* GPR 2014, 317 (323); anders *Ayazi*

NJOZ 2018, 1041; MüKoBGB/*Dutta* EGBGB Art. 25 Rn. 113; offen lassend *Büdding/Tolani* ZEV 2019, 613 (620); restriktiv bei der Annahme eines ordre public-Verstoßes jetzt auch die franz. Cour de cassation FamRZ 2018, 294; hierzu *Rass-Masson* ZEuP 2019, 826; *Süß* ZEV 2018, 567).

2. Gleichheitsverstöße

Einen ordre public-Verstoß stellen auch **Verstöße gegen das Gleichheitsgebot bei der gesetzlichen Erbfolge** dar. Das gilt etwa für Normen islamisch geprägter Rechtsordnungen, die männlichen Abkömmlingen höhere gesetzliche Erbteile als weiblichen Abkömmlingen zubilligen (*Dörner* IPRax 1994, 33; *S. Lorenz* IPRax 1994, 148). Gleiches ist für Diskriminierung aufgrund von Religionszugehörigkeit (OLG Düsseldorf ZEV 2009, 190 (192); OLG Hamm ZEV 2005, 436 (437); vgl. auch österr. OGH FamRZ 2019, 738, der den ordre public-Verstoß ua in Anlehnung an Art. 10 Rom III-VO bejaht; krit hiergegen MüKoBGB/*Dutta* EuErbVO Art. 35 Rn. 9) oder der Eigenschaft als eheliches oder uneheliches Kind anzunehmen (nach BeckOK-BGB/*S. Lorenz* EGBGB Art. 25 Rn. 59 ist dies im Hinblick auf Art. 6 GG „problematisch"). Das gilt auch, wenn der überlebenden Ehefrau ein geringerer Erbteil zugesprochen wird als im umgekehrten Fall dem überlebenden Ehemann zugesprochen würde (str.; dafür: OLG Hamburg BeckRS 2015, 8597; OLG Frankfurt a. M. ZEV 2011, 135; OLG Düsseldorf ZEV 2009, 190 (191); OLG München NJW-RR 2009, 1096 f.; Erman/*Hohloch* EGBGB Art. 6 Rn. 50; BeckOK-BGB/*S. Lorenz* EGBGB Art. 25 Rn. 59; dagegen: Palandt/*Thorn* EGBGB Art. 6 Rn. 7; OLG Hamm IPRax 1994, 49). Letzteres ist sehr strittig, da für die Feststellung eines ordre public-Verstoßes nicht allein das konkrete Ergebnis zu berücksichtigen ist, sondern der hypothetische Fall, dass nicht der Ehemann, sondern die Ehefrau verstorben wäre (*M. Stürner* GPR 2014, 317 (323)). Letztlich wird damit die abstrakte Regelung beurteilt. Angedacht wird auch die Annahme eines ordre public-Verstoßes, wenn das Erbstatut gleichgeschlechtlichen Ehepartnern oder registrierten Lebenspartnern anders als verschiedengeschlechtlichen Partnerschaften ein gesetzliches Erbrecht verweigert (*Coester* ZEV 2013, 115; das Ergebnis offen lassend Erman/*Hohloch* EuErbVO Art. 35 Rn. 2). 12

In diesen Fällen fehlt es aber an einem ordre public-Verstoß, wenn **nach** der für die ordre public-Kontrolle maßgeblichen **lex fori das gleiche diskriminierende Ergebnis in Ausübung der Testierfreiheit erzielt hätte werden können** und es tatsächliche Anhaltspunkte gibt, dass der Erblasser dieses Ergebnis auch tatsächlich billigte (OLG Hamm ZEV 2005, 436 (437); wohl auch österr. OGH FamRZ 2019, 738 (740); aA MüKoBGB/*Dutta* EGBGB Art. 25 Rn. 113). Dabei ist allerdings der Maßstab nicht allzu hoch anzusetzen, da ein nachträglicher positiver Nachweis eines entsprechenden Testierwillens kaum gelingen dürfte. Ausreichend sollte sein, dass der Erblasser das Ergebnis kannte und billigte. Umgekehrt sollte der Nachweis gefordert werden, dass der Erblasser eine andere Verteilung wünschte, sie aber mangels Testierfreiheit nach dem anwendbaren Erbrecht unterließ. 13

Letztwillige Verfügungen selbst sind **nur in Ausnahmefällen als gleichheitswidrig ordre public-widrig.** Klarzustellen ist zunächst, dass nicht die letztwillige Verfügung als solche Gegenstand der ordre public-Kontrolle sein kann, sondern nur die Regelung der ausländischen lex causae, die eine gleichheitswidrige Verfügung zulässt (zutreffend MüKoBGB/*Dutta* EuErbVO Art. 35 Rn. 9). Zwar spielen Gleichheitsgebote bei der Konkretisierung des Begriffs der guten Sitten als Grenze der Testierfreiheit in § 138 BGB eine gewichtige Rolle, doch erlaubt die Testierfreiheit dem Erblasser gerade auch Diskriminierungen. Allenfalls wenn auch eine letztwillige Verfügung nach der lex fori die Grenzen der guten Sitten überschreitet, ist hier an einen Verstoß zu denken. Dabei muss nicht jeder Verstoß, der im Inland die Sittenwidrigkeit begründet, auch den Maßstab eines offensichtlichen Verstoßes gegen die öffentliche Ordnung begründen. 14

3. Fehlende Erbunwürdigkeitsgründe

Denkbar ist auch ein ordre public-Verstoß dadurch, dass **Ausschlussgründe bei Verfehlungen** des Begünstigten wie Erbunwürdigkeits-, Vermächtnisunwürdigkeits- und Pflichtteilsunwürdigkeitsgründe **nicht vorgesehen** sind. Ein offensichtlicher Verstoß dürfte hier nicht bei jeder Abweichung angenommen werden, sondern nur wenn die berufene Rechtsordnung derartige Sanktionen in keinem oder nur in selten vorkommenden Ausnahmefällen vorsieht (BecKOK-BGB/*S. Lorenz* EGBGB Art. 25 Rn. 61). 15

4. Kein ordre public-Verstoß

Kein Verstoß gegen den ordre public liegt vor, wenn die Testierfreiheit des Erblassers auf bestimmte Teile des Nachlasses beschränkt wird (LG Hamburg IPRspr 1991 Nr. 142, S. 192.) oder bloße Abweichungen bei der Ausgestaltung des Verwandtenerbrechts vorliegen, (vgl. KG IPRax 2012, 255: Ausschluss der Cousins von der gesetzlichen Erbfolge; BayObLGZ 1976, 151: Annahme eines gesetzlichen Erbrechts des bloßen Lebensgefährten nach israelischem Recht. Zu bloßen Abweichungen allgemein MüKoBGB/*Dutta* EGBGB Art. 25 Rn. 112) wie abweichende Quoten, Einschränkungen in der Verfügungsbefugnis. 16

Artikel 36 Staaten mit mehr als einem Rechtssystem – Interlokale Kollisionsvorschriften

(1) **Verweist diese Verordnung auf das Recht eines Staates, der mehrere Gebietseinheiten umfasst, von denen jede eigene Rechtsvorschriften für die Rechtsnachfolge von Todes wegen hat, so bestimmen die internen Kollisionsvorschriften dieses Staates die Gebietseinheit, deren Rechtsvorschriften anzuwenden sind.**

(2) **In Ermangelung solcher internen Kollisionsvorschriften gilt:**

a) **jede Bezugnahme auf das Recht des in Absatz 1 genannten Staates ist für die Bestimmung des anzuwendenden Rechts aufgrund von Vorschriften, die sich auf den gewöhnlichen Aufenthalt des Erblassers beziehen, als Bezugnahme auf das Recht der Gebietseinheit zu verstehen, in der der Erblasser im Zeitpunkt seines Todes seinen gewöhnlichen Aufenthalt hatte;**

b) **jede Bezugnahme auf das Recht des in Absatz 1 genannten Staates ist für die Bestimmung des anzuwendenden Rechts aufgrund von Bestimmungen, die sich auf die Staatsangehörigkeit des Erblassers beziehen, als Bezugnahme auf das Recht der Gebietseinheit zu verstehen, zu der der Erblasser die engste Verbindung hatte;**

c) **jede Bezugnahme auf das Recht des in Absatz 1 genannten Staates ist für die Bestimmung des anzuwendenden Rechts aufgrund sonstiger Bestimmungen, die sich auf andere Anknüpfungspunkte beziehen, als Bezugnahme auf das Recht der Gebietseinheit zu verstehen, in der sich der einschlägige Anknüpfungspunkt befindet.**

(3) **Ungeachtet des Absatzes 2 ist jede Bezugnahme auf das Recht des in Absatz 1 genannten Staates für die Bestimmung des anzuwendenden Rechts nach Artikel 27 in Ermangelung interner Kollisionsvorschriften dieses Staates als Bezugnahme auf das Recht der Gebietseinheit zu verstehen, zu der der Erblasser oder die Personen, deren Rechtsnachfolge von Todes wegen durch den Erbvertrag betroffen ist, die engste Verbindung hatte.**

Literatur: *Christandl,* Multi-Unit States in European Union Private International Law, JPrivIntL 9 (2013), 219; *Eichel,* Interlokale und interpersonale Anknüpfungen, in Leible/Unberath, Brauchen wir eine Rom 0-Verordnung?, 2013, 397; *Meyer,* Parteiautonomie bei Mehrrechtsstaaten, RabelsZ 83 (2019), 721; *Steinmetz/Löber/Alcázar,* Die EuErbVO und ihre Anwendbarkeit im Mehrrechtsstaat Spanien, ZEV 2013, 535.

Übersicht

I. Allgemeines

1 Art. 36–38 bestimmen, wie zu verfahren ist, wenn die kollisionsrechtlichen Vorschriften der EuErbVO auf das Recht eines Staates verweisen, dieser **Staat** aber **keine einheitliche Rechtsordnung** hat, sondern in verschiedene Teilrechtsordnungen aufgespalten ist. Verläuft die Spaltung nach örtlichen Gesichtspunkten – gelten also in verschiedenen Gebieten des Staates unterschiedliche Rechtsordnungen – ist Art. 36 einschlägig (sog. **interlokal gespaltene Rechtsordnung**). Verläuft die Trennlinie nach Eigenschaften der Personen, regelt Art. 37 den Fall (sog. **interpersonal gespaltene Rechtsordnung**).

2 Bei der Regelung des Art. 36 weicht der Verordnungsgeber von der bisherigen Linie in anderen kollisionsrechtlichen Verordnungen ab (vgl. Art. 22 Rom I-VO, 25 Rom II-VO, 14 Rom III-VO; zum entstehungsgeschichtlichen Hintergrund *Meyer* RabelsZ 83 (2019), 721 (745)). Der **Vorrang des interlokalen Privatrechts** der verwiesenen Rechtsordnung ist wie auch die Regelung des Renvoi (→ EuErbVO Art. 34 Rn. 1) Ausweis **der besonderen Bedeutung des internationalen Entscheidungseinklangs** auf dem Gebiet des Erbrechts (Bonomi/Wautelet/*Bonomi* Art. 36–38 Rn. 8; Leible/Unberath/*Eichel,* Brauchen wir eine Rom 0-Verordnung?, 2013, 397 (400). Ausdrücklich begrüßt von Leible/Unberath/*Jayme,* Brauchen wir eine Rom 0-VO?, 2013, 33 (48 f.). Kritisch – auch wegen der Kombination von unbedingtem Vorrang des interlokalen Privatrechts und der eingeschränkten Zulassung des Renvoi in Art. 34 – MüKoBGB/*Dutta* EuErbVO Art. 36 Rn. 4; Bonomi/Wautelet/*Bonomi* Art. 36–38 Rn. 11 f.; *Christandl* JPrivIntL 9 (2013), 219 (236)).

Rechtsordnungen mit interlokal gespaltenem Erbrecht sind zahlreich. Insbesondere das **Vereinigte Königreich,** die **USA** und **Australien** verfügen über mehrere Teilrechtsordnungen, wobei jeweils auf Ebene des Gesamtstaats kein einheitliches interlokales Privatrecht existiert (BeckOGK/*J. Schmidt* EuErbVO Art. 36 Rn. 11). **Spanien** hat eine interlokal gespaltene Rechtsordnung mit einheitlichem interlokalem Privatrecht auf Gesamtstaatsebene (Art. 13 ff. Código civil, vgl. dazu *Steinmetz/Löber/Alcázar* ZEV 2013, 535). Gleiches gilt für Mexiko (Erman/*Hohloch* EuErbVO Art. 36 Rn. 2). Auch in **Deutschland** gibt es im Bereich des Landgut- und Höfeerbrechts nicht durchgehend bundeseinheitliche, landesrechtliche Regelungen (NK-Nachfolgerecht/*Graß* HöfeO Einf. Rn. 2). 3

II. Anwendungsbereich

Die Vorschrift findet Anwendung, wenn die **EuErbVO auf einen Mehrrechtsstaat mit einer interlokal,** dh in örtlicher Hinsicht **gespaltenen Rechtsordnung verweist.** Das gilt für eine interlokal gespaltene **Sachrechtsordnung** wie (in entsprechender Anwendung) für eine **Kollisionsrechtsordnung:** (Erman/*Hohloch* EuErbVO Art. 36 Rn. 1) Art. 36 ist also heranzuziehen, soweit ein Renvoi nach Art. 34 zu beachten ist und das gesamtstaatliche Recht keine kollisionsrechtlichen Regelungen enthält, weil das Kollisionsrecht auf Ebene der Teilrechtsordnung geregelt ist (MüKoBGB/*Dutta* EuErbVO Art. 36 Rn. 12). Die Vorschrift gilt **unabhängig** davon, **ob** auf das **Recht eines Mitgliedstaats oder** das Recht eines **Drittstaats** verwiesen wird. Dies folgt aus Art. 20 (→ EuErbVO Art. 20 Rn. 1). Die Geltung für den Verweis auf mitgliedstaatliches Recht ergibt sich auch aus Art. 38, der es den Mitgliedstaaten freistellt, ein eigenständiges, von den kollisionsrechtlichen Lösungen der Verordnung abweichendes interlokales (und interpersonelles) Kollisionsrecht beizubehalten (→ EuErbVO Art. 38 Rn. 1; *Christandl* JPrivIntL 9 (2013), 219 (238 f.) hält das für selbstverständlich, wenn Gebietseinheiten eines Staates und Staaten nicht gleichgestellt werden (wie etwa in Art. 22 Abs. 1 Rom I-VO), sodass er die Vorschrift des Art. 38 für vollständig entbehrlich hält und für deren Streichung plädiert, um Missverständnisse auszuschließen.). 4

Art. 36 steht zur Regelung des **Renvoi** in Art. 34 in folgendem Verhältnis: Verfügt der Mehrrechtsstaat, auf den die EuErbVO verweist, über ein **gesamtstaatliches internationales Kollisionsrecht** und ordnet dieses eine nach Art. 34 zu berücksichtigende Rück- oder Weiterverweisung an, spielt Art. 36 keine Rolle, da keine Notwendigkeit mehr besteht zu bestimmen, welche Teilrechtsordnung innerhalb der Mehrrechtsordnung zur Anwendung berufen ist. Ist hingegen das internationale Kollisionsrecht innerhalb des Mehrrechtsstaats nur auf **Ebene der Gliedstaaten** geregelt, ergibt sich folgende Prüfungsreihenfolge: Zunächst ist die anwendbare Teilrechtsordnung mithilfe von Art. 36 zu bestimmen; sodann ist zu untersuchen, ob das internationale Kollisionsrecht der anwendbaren Teilrechtsordnung eine nach Art. 34 zu beachtende Rück- bzw. Weiterverweisung vorsieht (MüKoBGB/*Dutta* EuErbVO Art. 36 Rn. 14).

Nach seiner systematischen Stellung im III. Kapitel gilt die Vorschrift **nur für Kollisionsnormen, die das anzuwendende Erbrecht bestimmen,** und nicht für verfahrensrechtliche Regelungen. Entsprechend ist die Vorschrift im Rahmen von Art. 59 Abs. 1 UAbs. 1 nicht zur Bestimmung der maßgeblichen Teilrechtsverordnung heranzuziehen, welche die formelle Beweiskraft einer Urkunde regelt. Die Vorschrift ist auch nicht zur Bestimmung der örtlichen Zuständigkeit heranzuziehen: Nach Art. 2 bleiben die innerstaatlichen Zuständigkeitsregelungen unberührt, → EuErbVO Art. 2 Rn. 1 ff. (MüKoBGB/*Dutta* EuErbVO Art. 36 Rn. 1). 5

III. Bestimmung der maßgeblichen Teilrechtsordnung

1. Vorrang des gesamtstaatlichen interlokalen Kollisionsrechts (Abs. 1)

Soweit **auf** der **Ebene des Gesamtstaats** das interlokale Kollisionsrecht geregelt ist, ist es vorrangig zur Konkretisierung der Verweisung berufen. Nicht maßgeblich ist dabei, ob es sich um eine gesetzliche oder richterrechtliche Regelung handelt. Entscheidend ist, dass es die Regelung auf der Ebene des Gesamtstaats ist. Regelungen auf Ebene der Teilrechtsordnung genügen nicht, selbst wenn diese in allen Teilrechtsordnungen zum gleichen Ergebnis führen (BeckOGK/*J. Schmidt* EuErbVO Art. 36 Rn. 11; MüKoBGB/*Dutta* EuErbVO Art. 36 Rn. 4. Anders wohl Bonomi/Wautelet/*Bonomi* Art. 36–38 Rn. 9). In diesem Fall kann die Wertung des interlokalen Kollisionsrechts auf Teilrechtsebene nur bei der Bestimmung der engsten Verbindung nach Abs. 2 lit. b oder c eine Rolle spielen, → Rn. 12, 14. Ob eine Regelung sich auf der gesamtstaatlichen oder teilstaatlichen Ebene befindet, entscheidet das berufene gesamtstaatliche Recht. 6

Lücken im interlokalen Kollisionsrecht sind zunächst mit den Mitteln des berufenen interlokalen Kollisionsrechts einschließlich zulässiger Rechtsfortbildung zu schließen. Sieht das interlokale Kollisionsrecht auch dann keine Regelung für den Fall vor, wie etwa das spanische interlokale Kollisionsrecht für Ausländer, das an die Gebietszugehörigkeit anknüpft und diese nur spanischen Staatsangehörigen zubil- 7 ligt, (dazu *Steinmetz/Löber/Garcia* ZEV 2013, 535 (536 f.)) greift Abs. 1 nicht ein. Dann ist auf die Abs. 2 und 3 zurückzugreifen (MüKoBGB/*Dutta* EuErbVO Art. 36 Rn. 4; *Christandl* JPrivIntL 9 (2013), 219 (233 m. Fn. 77); *Meyer* RabelsZ 83 (2019), 721 (747)).

8 Wird die **gesamtstaatliche Rechtsordnung durch Rechtswahl berufen,** ist die **Unteranknüpfung nach dem interlokalen Kollisionsrecht** vorzunehmen, **auch wenn es** selbst die **Rechtswahl ausschließt.** Die Zulässigkeit der Rechtswahl ist bereits den Vorschriften der EuErbVO zu entnehmen, → EuErbVO Art. 22 Rn. 21. Bei der Anwendung des interlokalen Kollisionsrechts spielt keine Rolle, aufgrund welcher Verweisungsnorm und welchen Anknüpfungspunkts auf die gesamtstaatliche Rechtsordnung verwiesen wurde. Wird auf das Recht eines Gesamtstaats durch eine **unwandelbare Anknüpfung** verwiesen, ist grundsätzlich das interlokale Kollisionsrecht zum Zeitpunkt der behördlichen oder gerichtlichen Entscheidung anzuwenden. Entsprechend kann es durch rückwirkende Änderungen des interlokalen Kollisionsrechts dazu kommen, dass die maßgebliche Teilrechtsordnung sich auch nach dem Unwandelbarkeitszeitpunkt ändert (MüKoBGB/*v. Hein* EGBGB Art. 4 Rn. 87). Etwas anderes gilt aber bei der **Wahl des Rechts** des Staates, dem der Erblasser zum Zeitpunkt der Errichtung angehört. Hier wählt der Erblasser eine Sachrechtsordnung, also eine der Teilrechtsordnungen im Gesamtstaat. Das gilt unabhängig davon, ob er die Rechtswahl konkret („Wahl des Rechts des Teilstaats Kalifornien") oder abstrakt („das Recht der USA"; „das Recht des Staates, dem ich zum Zeitpunkt meines Todes angehöre", zur Möglichkeit abstrakter Rechtswahlen → EuErbVO Art. 22 Rn. 17) vornimmt. Dabei ermöglicht die EuErbVO nicht die freie Wahl der Teilrechtsordnung, (zu dieser Möglichkeit allgemein MüKoBGB/*v. Hein* EGBGB Art. 4 Rn. 210) wie sich aus einer Zusammenschau aus Art. 22 Abs. 1, Art. 34 Abs. 2 und Art. 36 Abs. 1 ergibt: Die Rechtswahlmöglichkeit ist beschränkt auf das Recht des Staates, dem er angehört, also auf die Rechtsordnung des Gesamtstaates (str. → EuErbVO Art. 22 Rn. 14). Die maßgebliche Teilrechtsordnung bestimmt vorrangig das interlokale Kollisionsrecht (zur Bestimmung der anwendbaren Teilrechtsordnung, wenn das interlokale Kollisionsrecht keine Rechtswahlmöglichkeit vorsieht oder wenn der Erblasser eine nicht wählbare Teilrechtsordnung zum Erbstatut kürt → EuErbVO Art. 22 Rn. 14). Die Teilrechtsordnung ist dabei zum für die Rechtswahl entscheidenden Zeitpunkt zu bestimmen, also etwa zum Errichtungszeitpunkt. Das zu dieser Zeit geltende interlokale Kollisionsrecht ist heranzuziehen. Wie sich aus der Wertung des Art. 34 Abs. 2 ergibt, ist bei einer Rechtswahl der Gesichtspunkt des internationalen Entscheidungseinklangs nicht entscheidend. Das interlokale Kollisionsrecht dient lediglich dazu, die wählbare Rechtsordnung zum nach der EuErbVO maßgeblichen Zeitpunkt zu bestimmen, → EuErbVO Art. 22 Rn. 14.

2. Bestimmung ohne interlokales Kollisionsrecht (Abs. 2)

9 Abs. 2 regelt die Fälle, in denen kein gesamtstaatliches interlokales Kollisionsrecht besteht, nicht ermittelbar ist oder für diesen Fall keine Lösung bereitstellt. Unterschieden wird nach der Art des Anknüpfungsmoments der Verweisungsnorm, die zu konkretisieren ist.

10 **a) Anknüpfung an den gewöhnlichen Aufenthalt des Erblassers zum Zeitpunkt des Todes.** Abs. 2 lit. a greift für Anknüpfungen an den gewöhnlichen Aufenthalt. Der Wortlaut der Vorschrift enthält aber eine doppelte Einschränkung: Zum einen gilt lit. a nur für die Anknüpfung an den gewöhnlichen Aufenthalt des Erblassers, zum anderen nur zum Zeitpunkt seines Todes. Damit fallen Anknüpfungen an den gewöhnlichen Aufenthalt zur Zeit der Errichtung wie in Art. 24 Abs. 1 oder Art. 25 Abs. 1 nicht unter den Wortlaut der Vorschrift. Für die Praxis nicht entscheidend ist, ob in diesen Fällen die Auffangregel der lit. c angewendet (→ Rn. 13 f.; MüKoBGB/*Dutta* EuErbVO Art. 36 Rn. 7) oder lit. a entsprechend herangezogen wird (BeckOGK/*J. Schmidt* EuErbVO Art. 36 Rn. 14, 14.1). In beiden Fällen ist die Teilrechtsordnung maßgeblich, die in der Gebietseinheit des Gesamtstaats gilt, in der sich der zum Errichtungszeitpunkt maßgebliche gewöhnliche Aufenthalt befindet.

11 **b) Anknüpfung an die Staatsangehörigkeit.** Wird wie in Art. 22 Abs. 1 **an die Staatsangehörigkeit angeknüpft,** bezeichnet der Anknüpfungspunkt keine der maßgeblichen Teilrechtsordnungen, da die Staatsangehörigkeit nur Ausdruck der Beziehung zum Gesamtstaat ist. Zur Konkretisierung der Verweisung bei interlokaler Rechtsspaltung stellt Abs. 2 lit. b auf die **engste Verbindung** ab: Entscheidend ist dabei die engste Verbindung des Erblassers, an dessen Staatsangehörigkeit angeknüpft wird. Der maßgebliche Zeitpunkt ist der, der auch für die Anknüpfung an die Staatsangehörigkeit maßgeblich ist (BeckOGK/*J. Schmidt* EuErbVO Art. 36 Rn. 18). Dies stellt die Vorschrift nicht ausdrücklich klar. Es folgt aber aus der Funktion der Vorschrift, die ursprüngliche Anknüpfung zu konkretisieren.

12 Abzustellen ist auf **alle Umstände des Einzelfalls** (kritisch zu dieser Regelung MüKoBGB/*Dutta* EuErbVO Art. 36 Rn. 9, der beklagt, dass die Funktion der Rechtswahl, eine sichere Bestimmung des Erbstatuts zu ermöglichen, durch die Wahl dieser unsicheren Konkretisierung infrage gestellt wird.). Besondere Bedeutung ist im Interesse des internationalen Entscheidungseinklangs insbesondere dem **interlokalen Privatrecht auf Ebene der Teilrechtsordnungen** zuzumessen, soweit innerhalb des Gesamtstaats die gleichen Grundsätze gelten. Daneben ist zur Konkretisierung der Staatsangehörigkeit auf den gewöhnlichen Aufenthalt zum für die Anknüpfung entscheidenden Zeitpunkt oder im Bereich

des common law auf das domicile (zum Begriff des domicile BeckOK-BGB/*S. Lorenz* EGBGB Art. 5 Rn. 18; MüKoBGB/*v. Hein* EGBGB Art. 5 Rn. 127 ff. mwN) abzustellen (Erman/*Hohloch* EuErbVO Art. 36 Rn. 3; Palandt/*Thorn* EuErbVO Art. 36 Rn. 2; nach Ansicht von MüKoBGB/*Dutta* EuErbVO Art. 36 soll die vom Erblasser getroffenen Wahl der anzuwendenden Teilrechtsordnung eine „starke Indizwirkung – wenn nicht sogar Vermutung" – für eine engste Verbindung des Erblassers zur betreffenden Gebietseinheit begründen; ebenso *Meyer* RabelsZ 83 (2019), 721 (751)).

c) Auffangregelung: Örtliche Bezeichnung des Anknüpfungspunkts. Soweit weder lit. a noch lit. b eingreifen, ist nach lit. c die **Teilrechtsordnung anzuwenden, die durch den maßgeblichen Anknüpfungspunkt mit bezeichnet wird.** 13

Das gilt insbesondere für die **Anknüpfung an die engste Verbindung** Art. 21 Abs. 2 (→ EuErbVO Art. 21 Rn. 10 ff.). Hierfür ist die gewählte Unteranknüpfung aber nicht immer aussagekräftig, da die engste Verbindung, die für die Bezeichnung einer gesamtstaatlichen Rechtsordnung entscheidend ist, nicht notwendig auf örtlichen Kriterien beruhen muss, sodass sich daraus nicht notwendig eine Verbindung zu einer Teilrechtsordnung ergibt (zu den maßgeblichen Umständen des Einzelfalls, → EuErbVO Art. 21 Rn. 12). In einem solchen Fall ist das Anknüpfungskriterium der engsten Verbindung erneut für die Bestimmung der maßgeblichen Teilrechtsordnung heranzuziehen. Besondere Bedeutung ist im Interesse des internationalen Entscheidungseinklangs insbesondere dem **interlokalen Privatrecht auf Ebene der Teilrechtsordnungen** zuzumessen, soweit innerhalb des Gesamtstaats die gleichen Grundsätze gelten. 14

3. Sonderregelung für Art. 27 (Abs. 3)

Art. 36 Abs. 3 schafft den **Gleichlauf mit dem Haager Testamentsformübereinkommen** (BeckOGK/*J. Schmidt* EuErbVO Art. 36 Rn. 22; MüKoBGB/*Dutta* EuErbVO Art. 36 Rn. 10) und passt die Anknüpfung für den Fall interlokaler Rechtsspaltung an die Regelung von Art. 1 Abs. 2 des Abkommens an, → EuErbVO Art. 27 Rn. 44 f. 15

Die Regelung hat **geringe Bedeutung,** da dem Haager Testamentsformübereinkommen gemäß Art. 75 ohnehin Vorrang vor der EuErbVO zukommt und damit auch die Regelung des Art. 1 Abs. 2 des Abkommens vorrangig vor Art. 36 zur Anwendung kommt. Lediglich für die Fälle, in denen das Abkommen nicht anwendbar ist, wie bei Erbverträgen und mündlichen Testamenten, spielt sie eine Rolle (Erman/*Hohloch* EuErbVO Art. 36 Rn. 4; MüKoBGB/*Dutta* EuErbVO Art. 36 Rn. 10). 16

Art. 36 Abs. 3 hat Vorrang vor den Regelungen in Abs. 1 und 2. Dennoch gibt sie wie Abs. 1 auch **zunächst** dem **interlokalen Kollisionsrecht** Vorrang. Mangels interlokalem Kollisionsrecht auf Gesamtstaatsebene ist das Recht der Gebietseinheit des Staates, dessen Recht von den Kollisionsnormen der EuErbVO berufen wird, anzuwenden, zu dem der oder die **Erblasser die engste Verbindung** haben. Abzustellen ist damit auf die Personen, die in der fraglichen letztwilligen Verfügung ihre Rechtsnachfolge von Todes wegen regeln. Andere beteiligte Personen bei Erbverträgen sind nicht zu berücksichtigen (MüKoBGB/*Dutta* EuErbVO Art. 36 Rn. 11). Zur Ermittlung der engsten Verbindung ist eine Gesamtbetrachtung aller Umstände des Einzelfalls anzustellen. Dabei ist zu verfahren, wie bei der Anwendung von Art. 1 Abs. 2 HTestformÜ, → EuErbVO Art. 27 Rn. 44 f. 17

Artikel 37 Staaten mit mehr als einem Rechtssystem – Interpersonale Kollisionsvorschriften

[1] Gelten in einem Staat für die Rechtsnachfolge von Todes wegen zwei oder mehr Rechtssysteme oder Regelwerke für verschiedene Personengruppen, so ist jede Bezugnahme auf das Recht dieses Staates als Bezugnahme auf das Rechtssystem oder das Regelwerk zu verstehen, das die in diesem Staat geltenden Vorschriften zur Anwendung berufen. [2] In Ermangelung solcher Vorschriften ist das Rechtssystem oder das Regelwerk anzuwenden, zu dem der Erblasser die engste Verbindung hatte.

I. Allgemeines

Verweisen Kollisionsnormen der EuErbVO auf eine **gesamtstaatliche Rechtsordnung, die interpersonell gespalten** ist, dh in dem je nach der Zugehörigkeit der betroffenen Personen zu einer Personengruppe ein anderes Rechtssystem oder Regelwerk zur Anwendung kommt, bestimmt Art. 37, wie die Verweisung zu konkretisieren ist. 1

Rechtsordnungen mit interpersoneller Rechtsspaltung sind im Erbrecht seltener zu finden als im Bereich des Familienrechts. So haben insbesondere viele islamische Rechtsordnungen ein einheitliches Erbrecht. Interpersonale Rechtsspaltung besteht ua im Libanon und in Pakistan. Hier wird regelmäßig an die Religionszugehörigkeit unterangeknüpft (Erman/*Hohloch* EuErbVO Art. 37 Rn. 1; Staudinger/*Dörner* EGBGB Art. 25 Rn. 686; BeckOGK/*J. Schmidt* EuErbVO Art. 37 Rn. 5 mit weiteren 2

Beispielen). Daneben existiert in einigen afrikanischen Ländern unterschiedliches Erbrecht nach Stammeszugehörigkeit (Staudinger/*Dörner* EGBGB Art. 25 Rn. 686).

II. Anwendungsbereich

3 Die Vorschrift findet Anwendung für Verweise von Kollisionsnormen der EuErbVO auf gesamtstaatliches Recht mit interpersonal gespaltener Rechtsordnung (zum Begriff → Rn. 1). Im Übrigen kann auf die Ausführungen zu Art. 36 verwiesen werden, → EuErbVO Art. 36 Rn. 4 f.

III. Bestimmung der maßgeblichen Teilrechtsordnung

1. Vorrang des gesamtstaatlichen interpersonellen Kollisionsrechts

4 Im Interesse des internationalen Entscheidungseinklangs gewährt Art. 37 S. 1 wie Art. 36 Abs. 1 für interlokal gespaltene Rechtsordnungen einem **gesamtstaatlichen interpersonellen Kollisionsrecht Vorrang.** Auf die Ausführungen zu → EuErbVO Art. 36 Rn. 6 ff. kann sinngemäß verwiesen werden.

2. Engste Verbindung

5 Besteht kein interpersonal gespaltenes Kollisionsrecht oder regelt es den Fall nicht, ist subsidiär nach Art. 37 S. 2 die Teilrechtsordnung oder das Teilrechtsregelwerk heranzuziehen, das **zum Erblasser die engste Verbindung** hat. Abzustellen ist damit auf die Person, deren Rechtsnachfolge von Todes wegen betroffen ist. Dabei sind alle Umstände des Einzelfalls heranzuziehen, wobei persönliche Bindungen und insbesondere auch Stammes-, Volks- oder Religionszugehörigkeit zu berücksichtigen sind (BeckOGK/*J. Schmidt* EuErbVO Art. 37 Rn. 10). Besondere Bedeutung ist im Interesse des internationalen Entscheidungseinklangs insbesondere dem **interpersonellen Kollisionsrecht auf Ebene der Teilrechtsordnungen** zuzumessen, soweit innerhalb des Gesamtstaats die gleichen Grundsätze gelten.

Artikel 38 Nichtanwendung dieser Verordnung auf innerstaatliche Kollisionen

Ein Mitgliedstaat, der mehrere Gebietseinheiten umfasst, von denen jede ihre eigenen Rechtsvorschriften für die Rechtsnachfolge von Todes wegen hat, ist nicht verpflichtet, diese Verordnung auf Kollisionen zwischen den Rechtsordnungen dieser Gebietseinheiten anzuwenden.

Literatur: *Christandl,* Multi-Unit States in European Union Private International Law, JPrivIntL 9 (2013), 219.

1 Nach Art. 38 besteht **keine Verpflichtung** der Mitgliedstaaten, die **Kollisionsnormen der EuErbVO** auch **für interne Kollisionsfälle anzuwenden.** Umgekehrt stünde einer Übernahme der Kollisionsregeln der EuErbVO als Modell eines interlokalen Kollisionsrechts nichts entgegen (Bonomi/Wautelet/*Bonomi* Art. 36–38 Rn. 24; Althammer/*Schäuble,* Brüssel IIa, Rom III, 2014, Rom III-VO Art. 16 Rn. 1 für die Parallelvorschrift in der Rom III-VO). Die Vorschrift knüpft an Vorbilder in den anderen kollisionsrechtlichen EU-Verordnungen an: Art. 22 Abs. 2 Rom I-VO, Art. 25 Abs. 2 Rom II-VO, Art. 16 Rom III-VO (Da allerdings in Art. 36 anders als etwa in Art. 22 Abs. 1 Rom I-VO Gebietseinheiten eines Staates und Staaten und damit internationale und interlokale Konflikte nicht gleichgestellt werden, hält *Christandl* JPrivIntL 9 (2013), 219 (238 f.) die Vorschrift für entbehrlich.). Nach der Vorschrift kann Spanien sein interlokales Privatrecht der Art. 13 ff. Código civil beibehalten. Für Deutschland hat die Vorschrift keine Bedeutung (Erman/*Hohloch* EuErbVO Art. 38 Rn. 1) oder jedenfalls nur eingeschränkte Bedeutung, wenn man das Landgut- und Höfeerbrecht einbezieht, in dem auch landesrechtliche Regelungen bestehen (NK-Nachfolgerecht/*Graß* HöfeO Einf. Rn. 2).

2 Die Vorschrift gilt natürlich nur für **Mitgliedstaaten,** da Drittstaaten ohnehin nicht an die EuErbVO gebunden sind (BeckOGK/*J. Schmidt* EuErbVO Art. 38 Rn. 4). Mitgliedstaaten müssen die Verordnungen nicht auf rein interne Konflikte anwenden („auf Kollisionen ..., die allein zwischen diesen verschiedenen Rechtssystemen ... auftreten"). Was ein solcher **interner Konflikt** ist, regelt letztlich die EuErbVO durch ihre Kollisionsnormen. Ein rein interner Konflikt liegt danach vor, wenn die Gesamtrechtsordnung nach den Kollisionsnormen der EuErbVO berufen ist (vgl. auch MüKoBGB/*Dutta* EuErbVO Art. 38 Rn. 2).

Kapitel IV. Anerkennung, Vollstreckbarkeit und Vollstreckung von Entscheidungen

Artikel 39 Anerkennung

(1) **Die in einem Mitgliedstaat ergangenen Entscheidungen werden in den anderen Mitgliedstaaten anerkannt, ohne dass es hierfür eines besonderen Verfahrens bedarf.**

(2) **Bildet die Frage, ob eine Entscheidung anzuerkennen ist, als solche den Gegenstand eines Streites, so kann jede Partei, welche die Anerkennung geltend macht, in dem Verfahren nach den Artikeln 45 bis 58 die Feststellung beantragen, dass die Entscheidung anzuerkennen ist.**

(3) **Wird die Anerkennung in einem Rechtsstreit vor dem Gericht eines Mitgliedstaats, dessen Entscheidung von der Anerkennung abhängt, verlangt, so kann dieses Gericht über die Anerkennung entscheiden.**

Literatur: *Bach,* Deine Rechtskraft? Meine Rechtskraft!, EuZW 2013, 56; *Bruns,* Der anerkennungsrechtliche ordre public in Europa und den USA, JZ 1999, 278; *Buschbaum,* Rechtslagenanerkennung aufgrund öffentlicher Urkunden? – Bestandsaufnahme und Ausblick nach dem Inkrafttreten der EU-Erbrechtsverordnung, FS Martiny, 2014, 259; Schauer/Scheuba/*Fucik,* Europäische Erbrechtsverordnung, 2012, 58; *Dörner,* Die internationale Zuständigkeit zur Ausstellung eines deutschen Erbscheins, DNotZ 2017, 407; *Geimer,* Das Anerkennungsverfahren gemäß Art. 26 Abs. 2 des EWG-Übereinkommens vom 27. September 1968, JZ 1977, 145, 213; *Geimer/Schütze,* Europäisches Zivilverfahrensrecht, 4. Aufl. 2020; *Geimer/Schütze,* Internationaler Rechtsverkehr in Zivil- und Handelssachen, 49. Ergänzungslieferung 2015; *Heinze,* Europäisches Primärrecht und Zivilprozess, EuR 2008, 654; *Heinze,* Fiktive Inlandszustellung und der Vorrang des europäischen Zivilverfahrensrechts, IPRax 2010, 155; *Hess/Pfeiffer/Schlosser,* Heidelberg Report on the Application of Regulation Brussels I in the Member States, 2007; *Heß/Hub,* Die vorläufige Vollstreckbarkeit ausländischer Urteile im Binnenmarktprozess, IPRax 2003, 93; *Jenard,* Bericht über das Protokoll betreffend die Auslegung des Übereinkommens vom 29. Februar 1968, ABl. EG 1979 C 59, 66; *Kindl/Metten-Hannich/Wolf,* Gesamtes Recht der Zwangsvollstreckung, 3. Aufl. 2015; *Kropholler/v. Hein,* Europäisches Zivilprozessrecht, 9. Aufl. 2011; *Lenenbach,* Die Behandlung von Unvereinbarkeiten zwischen rechtskräftigen Zivilurteilen nach deutschem und europäischem Zivilprozeßrecht, 1997; *Lübcke,* Das neue europäische Internationale Nachlassverfahrensrecht, 2013; *Magnus/Mankowski,* Brussels I Regulation, 2. Aufl. 2011; *Mennicke,* Berücksichtigung einer Schutzschrift des Antragsgegners bei der Entscheidung über die Vollstreckbarerklärung nach EuGVÜ, IPRax 2000, 294; Münchener Kommentar ZPO, Band 3, 5. Aufl. 2017; *Rauscher,* Europäisches Zivilprozess- und Kollisionsrecht, 4. Aufl. 2015; *Regen,* Prozessbetrug als Anerkennungshindernis, 2008; *H. Roth,* Europäischer Rechtskraftbegriff im Zuständigkeitsrecht?, IPRax 2014, 136; *H. Roth,* Der Einwand der Nichtzustellung des verfahrenseinleitenden Schriftstücks (Art. 34 Nr. 2, 54 EuGVVO) und die Anforderungen an Versäumnisurteile im Lichte des Art. 34 Nr. 1 EuGVVO, IPRax 2013, 402; *H. Roth,* Gerichtsstand kraft Sachzusammenhangs in dem Vollstreckbarerklärungsverfahren des europäischen Zivilprozeßrechts, RIW 1987, 814; *H. Roth,* Mahnverfahren im System des Art. 34 Nr. 2 EuGVVO, IPRax 2014, 49; *Schnyder/Capaul,* Anerkennung erbrechtlicher Entscheidungen und Urkunden im Verhältnis Deutschland/Schweiz, FS Geimer II, 2017, 629; *Simons/Hausmann,* Brüssel I-Verordnung, 2013; *Stein/Jonas,* ZPO Band 10, 22. Aufl. 2013.

Übersicht

I. Regelungszweck

1 Der Regelungszweck der Vorschrift ergibt sich aus Erwägungsgrund 59. Die gegenseitige Anerkennung der in den Mitgliedstaaten ergangenen Entscheidungen garantiert die europaweite **Urteilsfreizügigkeit.** Ein internationaler Entscheidungseinklang besteht damit nicht nur in kollisionsrechtlicher, sondern auch in prozessualer Hinsicht.

2 Vorbild für Art. 39 ff. waren die Anerkennungsvorschriften aus anderen Rechtsakten des europäischen Zivilverfahrensrechts, insbesondere der Brüssel I-VO (vgl. ErwG 59; *Janzen* DNotZ 2012, 484 (491)). Art. 39 entspricht wortwörtlich Art. 33 Brüssel I-VO sowie (mit Ausnahme von Abs. 2) auch Art. 36 Brüssel Ia-VO. Eine weitgehend vergleichbare Regelung enthalten auch Art. 30 Brüssel IIb-VO (vormals Art. 21 Brüssel IIa-VO) und Art. 23 EuUnthVO. Für die **Auslegung** der Art. 39 ff. wird man sich an den **Parallelrechtsakten** orientieren können, soweit nicht verfahrensrechtliche Besonderheiten des Erbrechts entgegenstehen. Erwägungsgrund 59 macht deutlich, dass die Regeln über die Anerkennung und Vollstreckung auch für Entscheidungen in **nichtstreitigen Verfahren** gelten (EuGH 21.6.2018 – C-20/17, NJW 2018, 2309 Rn. 43 – Oberle; 23.5.2019 – C-658/17, NJW 2019, 2293 Rn. 56 – WB). Die Art. 39 ff. sind jedoch weitgehend auf streitige Verfahren zugeschnitten. Das löst im Einzelfall einen Anpassungsbedarf aus (*Dutta* FamRZ 2013, 4 (13); MüKoBGB/*Dutta* EuErbVO Vor Art. 39 Rn. 2). In intertemporaler Hinsicht ist zu beachten, dass die Vorschrift nur in Entscheidungen für Erbfalle ab dem 17.8.2015 zur Anwendung kommt (→ Art. 83 Abs. 1).

II. Abgrenzung zu anderen Anerkennungs- und Vollstreckungsvorschriften

3 Die Abgrenzung zu den Regeln über die Anerkennung und Vollstreckung in der Brüssel Ia-VO erfolgt danach, ob es sich um eine Entscheidung auf dem Gebiet des **Erbrechts** handelt (Art. 1 Abs. 2 lit. f Brüssel Ia-VO; → Art. 17 Rn. 3 ff.). Hat das Erstgericht die Anwendbarkeit der EuErbVO bejaht, kann das Zweitgericht der Entscheidung die Anerkennung versagen, wenn es den Anwendungsbereich der EuErbVO nicht für einschlägig hält (vgl. *Kropholler/v. Hein* Brüssel I-VO Art. 32 Rn. 3). Im Ergebnis wird sich dies freilich nicht auswirken, weil das Gericht dann verpflichtet ist, die Entscheidung nach der Brüssel Ia-VO anzuerkennen.

4 Eine Anerkennung und Vollstreckung nach dem Europäischen Mahnverfahrens scheidet aus, weil erbrechtliche Angelegenheiten vom Anwendungsbereich EuMVVO ausgeschlossen sind (→ EuMVVO Art. 2 Abs. 2 lit. a). Entsprechendes gilt für die Möglichkeit der Bestätigung einer erbrechtlichen Entscheidung als Europäischer Vollstreckungstitel (Art. 2 Abs. 2 lit. a EuVTVO) sowie die Durchführung eines Verfahrens über geringfügige Forderungen (Art. 2 Abs. 2 lit. d EuBagatellVO; vgl. auch → Einl. Rn. 62 ff.).

5 Die EuErbVO verdrängt die mitgliedstaatlichen Regelungen über die Anerkennung und Vollstreckung. Es ist den Mitgliedstaaten nicht möglich, ein mitgliedstaatliches Urteil nach nationalem Recht anzuerkennen (Günstigkeitsprinzip), wenn dies nach der EuErbVO nicht möglich ist (MüKoFamFG/*Rauscher* EuErbVO Art. 39 Rn. 10; vgl. hM zur Brüssel I-VO Simons/Hausmann/*Schwartze* Brüssel I-VO Art. 32 Rn. 6; aA aber zur Brüssel IIa-VO EuGH NJW 2010, 2861 Rn. 92 – Purrucker). Mit Blick auf internationale Abkommen ist Art. 75 EuErbVO zu beachten (MüKoFamFG/*Rauscher* EuErbVO Art. 39 Rn. 8; → Art. 75 Rn. 18 ff.).

III. Voraussetzungen der Entscheidungsanerkennung

1. Anerkennungsfähige Entscheidung

6 Art. 39 bezieht sich nur auf die Anerkennung **mitgliedstaatlicher Entscheidungen,** nicht auf Entscheidungen eines Drittstaates. Er erfasst auch nicht die Entscheidung eines anderen mitgliedstaatlichen Gerichts über die Anerkennung eines **drittstaatlichen Urteils** (sog. Doppelexequatur; vgl. NK-BGB/*Makowski* EuErbVO Art. 39 Rn. 3). Die Anerkennung drittstaatlicher Entscheidungen bleibt dem mitgliedstaatlichen Recht vorbehalten (Geimer/Schütze/*Franzmann/Schwerin* IRV EuErbVO Art. 39 Rn. 5; jurisPK-BGB/*Schärtl* EuErbVO Art. 39 Rn. 34; *Schnyder/Capaul,* FS Geimer II, 2017, 629 (634); MüKoFamFG/*Rauscher* EuErbVO Art. 39 Rn. 8; NK-NachfolgeR/*Köhler* EuErbVO Vor Art. 39 Rn. 5 mN zu internationalen Abkommen; vgl. allg. auch EuGH EuZW 1994, 280 Rn. 17 – Owens Bank). Für die Anerkennung der Entscheidung ist es ohne Belang, auf der Grundlage welcher zuständigkeitsrechtlichen Normen die Entscheidung ergangen ist (Magnus/Mankowski/*Wautlet* Brüssel Ia-VO Art. 32 Rn. 13). Es kommt ausschließlich darauf an, ob es sich um eine Entscheidung in Erbsachen handelt.

7 Nach Art. 39 werden nur **gerichtliche Entscheidungen** iSv Art. 3 Abs. 1 lit. g anerkannt (→ Art. 3 Rn. 7 ff.). Bloße Realakte wie die Eröffnung einer Verfügung von Todes wegen (§ 348 Abs. 1; vgl. OLG Köln NJW-RR 2004, 1014) fallen nicht in den Anwendungsbereich der EuErbVO (vgl. RegE Int-ErbRVG, S. 64; näher → Art. 3 Rn. 11). Als Gericht iSd EuErbVO kommt auch eine Behörde oder ein Notariat in Betracht, wenn die Voraussetzungen von Art. 3 Abs. 2 EuErbVO vorliegen (EuGH 23.5.2019 – C-658/17, NJW 2019, 2293 Rn. 51 – WB; → Art. 3 Rn. 21 f.). Voraussetzung für eine Anerkennung gem. Art. 39 ist, dass es sich um die Entscheidung eines staatlichen Gerichts handelt. Schiedsgerichtliche Entscheidungen sind damit vom Anwendungsbereich des Art. 39 ausgeschlossen. Prozessvergleiche sind ebenfalls keine nach Art. 39 anerkennungsfähigen Entscheidungen (Geimer/Schütze/*Franzmann/Schwerin* IRV EuErbVO Art. 39 Rn. 6). Ihre Anerkennung wird durch Art. 61 näher geregelt.

8 Die Entscheidung muss nach dem **Recht des Erststaates wirksam** sein, damit sie gem. Art. 39 Abs. 1 in einem anderen Mitgliedstaat anerkannt werden kann (MüKoFamFG/*Rauscher* EuErbVO Art. 39 Rn. 3; vgl. auch Geimer/Schütze/*Peiffer/Peiffer* IRV Brüssel Ia-VO Rn. 7). Dass es sich um eine endgültige Entscheidung handelt, ist nicht erforderlich. Auch **vorläufig vollstreckbare Entscheidungen** sind anzuerkennen (vgl. OLG Celle NJW-RR 2007, 718; OLG Hamm NJOZ 2006, 4250; *Kropholler/v. Hein* Brüssel I-VO Art. 32 Rn. 21). Gleiches gilt für **Versäumnisurteile** (vgl. EuGH 2.4.2009 – C-394/07, Slg. 2009-I 2582 Rn. 25 = NJW 2009, 1938 – Gambazzi). Anerkennungsfähig sind auch gerichtliche **Nebenentscheidungen** wie Kostenentscheidungen und Kostenfestsetzungsbeschlüsse (→ Art. 3 Abs. 1 lit. g; juris PK-BGB/*Schärtl* EuErbVO Art. 39 Rn. 7; NK-BGB/*Makowski* EuErbVO Art. 39 Rn. 3), auch dann, wenn der Beschluss einem Zeugen die Kosten des Antragsgegners auferlegt (*third party cost order,* vgl. BGH NJW-RR 2014, 1135 Rn. 8). Auch eine Entscheidung über die Verhängung eines Ordnungsgeldes ist anzuerkennen und zu vollstrecken, wenn das Ordnungsgeld der Durchsetzung eines erbrechtlichen Anspruchs dient (zur Brüssel I-VO EuGH 18.10.2011 – C-406/09, Slg. 2011-I 9800 Rn. 41 = NJW 2011, 3568 – Realchemie). **Zwischenentscheidungen** mit verfahrenseinleitendem Charakter wie Beweisbeschlüsse sind jedoch nicht anerkennungsfähig (vgl. Geimer/Schütze/*Peiffer/Peiffer* IRV Brüssel Ia-VO Rn. 19; MüKoZPO/*Gottwald* Brüssel Ia-VO Art. 36 Rn. 14).

9 Im **einstweiligen Rechtsschutz** ergangene Entscheidungen fallen grds. ebenfalls unter Art. 39. Der EuGH lässt die Anerkennung und Vollstreckung von solchen Entscheidungen in seiner Rspr. zum EuGVÜ bislang jedoch nur zu, wenn dem Antragsgegner vor der Anerkennung und Vollstreckung rechtliches Gehör gewährt wurde und er ein kontradiktorisches Verfahren durch Einlegung eines Rechtsmittels hätte herbeiführen können (vgl. EuGH 21.5.1980 – C-125/79 Slg. 1980, 1553 Rn. 13 f. = GRUR Int 1980, 512 – Denilauler; 13.7.1995 – C-474/93, Slg. 1995 I-2113 Rn. 14 = NJW 1996, 1736 – Hengst; 14.10.2004 – C-39/02, Slg. 2004 I-9685 Rn. 50 = BeckRS 2004, 78089 – Mærsk; vgl. auch OLG München EuZW 2011, 79 (80)). Das bedeutet für streitige Verfahren, dass eine einstweilige Anordnung nach Art. 39 anerkannt und vollstreckt werden kann, wenn dem Antragsgegner Gelegenheit zur Stellungnahme in einer mündlichen Verhandlung gegeben wird, bevor die Entscheidung ergeht. Diese zum EuGVÜ ergangene Rechtsprechung galt auch im Rahmen der Brüssel I-VO (vgl. BGH NJW-RR 2007, 1573 (1574); s. aber *Heinze* ZZP 120 (2007), 303) und ist nunmehr in Art. 2 lit. a S. 2 Brüssel Ia-VO kodifiziert worden. Sie gilt auch im Rahmen der EuErbVO. Eine Anerkennung einer nicht vollstreckungsfähigen Entscheidung, die nicht irreversibel in die Rechte eines Beteiligten eingreift ist wegen ihrer geringeren Intensität hingegen auch ohne Gewährung rechtlichen Gehörs möglich. Es würde zu weit gehen, einer Entscheidung jede Wirkung abzusprechen, weil ein unbekannter Beteiligter nicht zum Verfahren hinzugezogen wurde. Ob die Entscheidung wegen der fehlenden Gewährung rechtlichen Gehörs aufzuheben ist, entscheidet sich nach dem Recht des Erststaats (→ Rn. 20).

2. Automatische Anerkennung

10 Die mitgliedstaatliche Entscheidung wird **ohne besonderes Verfahren anerkannt** (Schauer/Scheuba/*Fucik,* Europäische Erbrechtsverordnung, 57 (61); Bonomi/Wautelet/*Pretelli* Art. 39 Rn. 3; NK-NachfolgeR/*Köhler* EuErbVO Art. 39 Rn. 1; juris PK-BGB/*Schärtl* EuErbVO Art. 39 Rn. 15; Beck-OGK/*J. Schmidt* EuErbVO Art. 39 Rn. 6). Eines Verfahrens bedarf es nur für die Erklärung der Vollstreckbarkeit (→ Art. 43 Rn. 4 ff.). Die Entscheidung kann auch **inzident** in einem anderen gerichtlichen Verfahren anerkannt werden. Dass hierfür die zur Vollstreckbarerklärung nach Art. 46 Abs. 3 erforderlichen Dokumente im Rahmen einer solchen Inzidentanerkennung vorzulegen sind, verlangt die EuErbVO nicht. Jedoch wird der jeweilige Richter nach der lex fori die Vorlage entsprechender Urkunden verlangen dürfen.

IV. Wirkung der Anerkennung

1. Begriff der Anerkennung

11 Die EuErbVO definiert den Begriff der Anerkennung nicht. Für die Brüssel I-VO geht der EuGH von einer **Wirkungserstreckung** aus. Die Entscheidung hat im Vollstreckungsstaat dieselbe Wirkung wie im Urteilsstaat (EuGH 4.2.1988 – C-145/86, Slg. 1988, 645 Rn. 11 = NJW 1989, 663 – Hoffmann; EuZW 2013, 60 Rn. 34 – Gothaer Allgemeine; vgl. ErwG 26 S. 3 Brüssel Ia-VO). Eine Wirkungserstreckung gewährleistet die Freizügigkeit gerichtlicher Entscheidungen im europäischen Justizraum. Die Anerkennung erschöpft sich daher nicht in einer Wirkungsgleichstellung mit einer im Zweitstaat vergleichbaren Entscheidung. Auch eine Begrenzung der Wirkungserstreckung auf die Reichweite der Wirkung eines nach dem Recht des Zweitstaates vergleichbaren Urteils (Kumulationstheorie) ist abzulehnen (MüKoZPO/*Gottwald* Brüssel Ia-VO Art. 36 Rn. 12; Geimer/Schütze/*Peiffer*/*Peiffer* IRV Brüssel Ia-VO Art. 36 Rn. 14). Diese Grundsätze gelten auch für Anerkennung von erbrechtlichen Entscheidungen in Art. 39 (BeckOGK/*J. Schmidt* EuErbVO Art. 39 Rn. 9; MüKoFamFG/*Rauscher* EuErbVO Art. 39 Rn. 13; Bonomi/Wautelet/*Pretelli* Art. 39 Rn. 6; Geimer/Schütze/*Franzmann*/*Schwerin* IRV EuErbVO Art. 39 Rn. 11; NK-BGB/*Makowsky* EuErbVO Art. 39 Rn. 8; MüKoBGB/*Dutta* EuErbVO Art. 39 Rn. 2; NK-NachfolgeR/*Köhler* EuErbVO Art. 39 Rn. 2; aA (für Kumulationstheorie unter Hinweis auf Art. 59 Abs. 1) jurisPK-BGB/*Schärtl* EuErbVO Art. 39 Rn. 14).

12 **Beispiel:** Wird eine Klage auf Herausgabe des Erbschaftsbesitzes vor einem deutschen Gericht erhoben (zum Anwendungsbereich der EuErbVO → Art. 17 Rn. 5), erstreckt sich die Rechtskraftwirkung der Entscheidung ohne eine Zwischenfeststellungsentscheidung (§ 256 ZPO) nicht auf die Erbberechtigung (MüKoFamFG/*Grziwotz* § 352e Rn. 72, 85). Eine Klage auf Feststellung der Erbberechtigung könnte in einem anderen Mitgliedstaat daher selbst dann erhoben werden, wenn sich nach dem Recht dieses Mitgliedstaates die Rechtskraft einer Herausgabeklage auf die Frage der Erbberechtigung erstreckt.

Erstreckt sich nach dem Recht des Urteilsstaates die Rechtskraftwirkung einer Erbschaftsherausgabeklage ohne besonderen Antrag auch auf die Erbberechtigung, ist diese Rechtskraftwirkung auch in Deutschland anzuerkennen, obwohl das Rechtkraftverständnis nach deutschem Recht enger ist.

13 In Abweichung vom Grundsatz der Wirkungserstreckung hat der EuGH in einer Entscheidung zur Brüssel I-VO einen weiten **europäisch autonomen Rechtskraftbegriff** entwickelt, als die Anerkennung einer Entscheidung über die **Unzulässigkeit** einer Klage wegen einer **ausschließlichen Gerichtsstandsvereinbarung** in Rede stand (EuGH EuZW 2013, 60 Rn. 40 – Gothaer Allgemeine; iE auch Geimer/Schütze/*Tschauner* IRV Brüssel I-VO Art. 33 Rn. 21; MüKoZPO/*Gottwald* Brüssel Ia-VO Art. 36 Rn. 16; aA *H. Roth* IPRax 2014, 137 (139)). Der EuGH hielt das Zweitgericht an die Entscheidung des Erstgerichts über die Zuständigkeit für gebunden. Die Brüssel I-VO, die auf einem lückenlosen Zuständigkeitssystem aufbaue, erfordere, dass sich eine Entscheidung über die Zulässigkeit einer Klage auch auf die Zuständigkeit erstrecke. Die Erwägungen beanspruchen gleichermaßen unter dem Regime der EuErbVO Geltung. Sie gelten nicht nur für Gerichtsstandsvereinbarungen, sondern für sämtliche Zuständigkeitsnormen (*Wall* ZErb 2014, 272 (277); MüKoZPO/*Gottwald* Brüssel Ia-VO Art. 36 Rn. 16; aA MüKoFamFG/*Rauscher* EuErbVO Art. 39 Rn. 13). Bei der Erstreckung der Rechtskraft auf die internationale Zuständigkeit handelt es sich um einen Spezialfall, der nichts daran ändert, dass sich die Rechtskraft im Übrigen weiterhin nach der lex fori des Erststaates bestimmt (vgl. *Bach* EuZW 2013, 56 (58); Stein/Jonas/*Oberhammer* Brüssel I-VO Art. 33 Rn. 11). Hat ein Gericht seine Zuständigkeit verneint, schließt dies jedoch nicht aus, dass ein Gericht seine Zuständigkeit zu einem späteren Zeitpunkt bejaht, wenn neue Zuständigkeitsgründe vorgetragen werden (BGH ZIP 2019, 391 = BeckRS 2018, 37366).

2. Entscheidungswirkungen

14 **a) Materielle Rechtskraft.** Die Anerkennung erstreckt sich insbesondere auf die materielle Rechtskraft (BeckOGK/*J. Schmidt* EuErbVO Art. 39 Rn. 10; Bonomi/Wautelet/*Pretelli* Art. 39 Rn. 5; juris PK-BGB/*Schärtl* EuErbVO Art. 39 Rn. 8). Die Reichweite der materiellen Rechtskraft bestimmt sich sowohl im Hinblick auf ihren **inhaltlichen** (objektiven) als auch **persönlichen** (subjektiven) Umfang **nach** dem **Recht** des **Erststaates** und zwar auch dann, wenn die Rechtskraftwirkungen des Erststaates weiter als die des Zweitstaates sind (vgl. BGH FamRZ 2008, 400 = BeckRS 2007, 65271). Auch Fragen der Präklusion sowie die Bindung an Entscheidungselemente und tatsächliche Feststellungen in Folgeprozessen beurteilen sich nach dem Recht des Erststaates (BeckOGK/*J. Schmidt* EuErbVO Art. 39 Rn. 12; Bonomi/Wautelet/*Pretelli* Art. 39 Rn. 6; vgl. auch Geimer/Schütze/*Geimer* Brüssel I-VO Art. 33 Rn. 13; strenger Kindl/Meller-Hannich/Wolf/*Mäsch* Brüssel I-VO Art. 33 Rn. 6). Entsprechendes gilt auch für die Interventionswirkung und die Wirkungen einer Streitverkündung (MüKoZPO/*Gottwald* Brüssel Ia-Vo Art. 36 Rn. 14; *Geimer* JZ 1977, 145 (148)).

Wird trotz anderweitiger materieller Rechtskraft der ausländischen Entscheidung erneut geklagt, ist die Klage als unzulässig abzuweisen (EuGH 30.11.1976 – C-42/1976, Slg. 1759 Rn. 9/10 = NJW 1977, 495 – de Wolf). Solange die Nichtanerkennung der ausländischen Entscheidung nicht im Verfahren nach Art. 39 Abs. 2 geklärt ist, kann mangels Rechtsschutzbedürfnisses auch keine erneute Leistungsklage erhoben werden, da justizielle Ressourcen nicht durch ein zweites Erkenntnisverfahren unnötig in Anspruch genommen werden sollen (vgl. Geimer/Schütze/*Tschauner* IRV Brüssel I-VO Art. 33 Rn. 21; aA OLG München NJW-RR 1997, 571). Ob die Rechtskraft von Amts wegen oder nur nach Erhebung einer Einrede zu berücksichtigen ist, hängt von der lex fori des Zweitstaates ab (vgl. *Kropholler/v. Hein* Brüssel I-VO Vor Art. 33 Rn. 12; Simons/Hausmann/*Teixeira de Sousa* Brüssel I-VO Art. 33 Rn. 21). 15

b) Prozessurteile. Ein Prozessurteil, mit dem ein Antrag als unzulässig zurückgewiesen wurde, ist nicht anerkennungsfähig. Das Verfahren kann trotz identischen Streitgegenstands in einem anderen Staat eingeleitet werden (vgl. LAG Rheinland-Pfalz IPRspr 2008, Nr. 160 = BeckRS 2008, 51716). Eine Ausnahme gilt lediglich für Prozessurteile, mit denen sich das Gericht des Erststaates für unzuständig erklärt hat. Das Gericht des Zweitstaates darf sich nicht unter Hinweis auf die Zuständigkeit der Gerichte des Erststaates für unzuständig erklären, da anderenfalls Rechtsschutzlücken entstünden (→ Rn. 13; BeckOGK/*J. Schmidt* EuErbVO Art. 39 Rn. 11). 16

c) Teilanerkennung. So wie eine Teilvollstreckbarkeit nach Art. 55 Abs. 1 ist auch eine bloße Teilanerkennung möglich, wenn die anzuerkennende **Entscheidung mehrere teilbare Gegenstände** enthält und nur einer dieser Gegenstände in den Anwendungsbereich der EuErbVO fällt (BeckOGK/*J. Schmidt* EuErbVO Art. 39 Rn. 16; Deixler-Hübner/Schauer/*Binder* Art. 39 Rn. 4). 16a

d) Gestaltungswirkung. Auch eine Entscheidung mit **materieller Gestaltungswirkung** (Entscheidung als Voraussetzung für Veränderung der Rechtslage) fällt unter Art. 39 (BeckOGK/*J. Schmidt* EuErbVO Art. 39 Rn. 13; jurisPK-BGB/*Schärtl* EuErbVO Art. 39 Rn. 8). Ob das Kollisionsrecht des Zweitstaates diejenige Rechtsordnung für anwendbar erklärt, die der Erststaat der Entscheidung zu Grunde gelegt hat, ist dabei ohne Belang (vgl. Geimer/Schütze/*Geimer* Brüssel I-VO Art. 33 Rn. 46; Simons/Hausmann/*Teixeira de Sousa* Brüssel I-VO Art. 33 Rn. 22; Stein/Jonas/*Oberhammer* Brüssel I-VO Art. 33 Rn. 13). Im Rahmen der EuErbVO spielt dies in den meisten Fällen keine Rolle, da Erst- und Zweitstaat in der Regel zur Anwendung ein und derselben Rechtsordnung kommen. Relevanz mag die Frage aber evtl. erlangen, wenn das Erstgericht die Entscheidung auf der Grundlage eines bestehenden internationalen Übereinkommens (Art. 75) getroffen hat. 17

e) Tatbestandswirkung. Ob ein ausländisches Urteil Tatbestandswirkung in dem Sinne hat, dass es im materiellen Recht Wirkungen als „Entscheidung" bzw. „Urteil" entfaltet (zB im Rahmen der Verjährung nach §§ 197 Abs. 1 Nr. 3, 204 Abs. 1 Nr. 1 BGB), ist eine Frage der Substitution und hängt von der Auslegung des materiellen Rechts ab (MüKoFamFG/*Rauscher* EuErbVO Art. 39 Rn. 14; jurisPK-BGB/*Schärtl* EuErbVO Art. 39 Rn. 9 f.; vgl. auch Rauscher/*Leible* Brüssel Ia-VO Art. 36 Rn. 12; *Kropholler/v. Hein* Brüssel I-VO Vor Art. 33 Rn. 4, 17; Simons/Hausmann/*Teixeira de Sousa* Brüssel I-VO Art. 33 Rn. 25). 18

V. Einzelne Entscheidungen in Erbsachen

1. Streitige Gerichtsbarkeit

Die Anerkennung von in Klageverfahren ergangenen Entscheidungen bereitet keine Probleme. Wichtigste Anerkennungswirkung ist insoweit die materielle Rechtskraft. Anerkannt werden insbesondere Urteile auf Auszahlung oder auf Herausgabe der Erbschaft, auf Feststellung eines Erbrechts, auf Erfüllung von Vermächtnis- und Pflichtteilsansprüchen sowie Entscheidungen in Erbteilungsklagen (vgl. Schauer/Scheuba/*Fucik,* Europäische Erbrechtsverordnung, 62). 19

2. Freiwillige Gerichtsbarkeit

Die EuErbVO geht davon aus, dass auch **nichtstreitige Entscheidungen** nach Art. 39 anerkannt werden (vgl. ErwG 59; EuGH 21.6.2018 – C-20/17, NJW 2018, 2309 Rn. 43 – Oberle; 23.5.2019 – C-658/17, 2019, 2293 Rn. 56 – WB; MüKoFamFG/*Rauscher* EuErbVO Art. 39 Rn. 6; Schauer/Scheuba/*Fucik,* Europäische Erbrechtsverordnung, S. 57 (61); Deixler-Hübner/Schauer/*Binder* Art. 39 Rn. 3). Anerkannt werden damit auch Entscheidungen auf dem Gebiet der freiwilligen Gerichtsbarkeit (NK-NachfolgeR/*Köhler* EuErbVO Vor Art. 39–58 Rn. 1; Geimer/Schütze/*Franzmann/Schwerin* IRV EuErbVO Art. 39 Rn. 2; *Schnyder/Capaul,* FS Geimer II, 2017, 629 (633); Scherer/*Pawlytta/Pfeiffer* MAH ErbR § 33 Rn. 157). Dabei ist es ohne Bedeutung, dass Art. 40 lit. b EuErbVO in Anlehnung an die Terminologie der Brüssel I-VO vom „Beklagten" spricht. Problematisch ist eine Einbeziehung von Entscheidungen der freiwilligen Gerichtsbarkeit allerdings insoweit, als der **EuGH** den Begriff der 20 anerkennungsfähigen Entscheidung bislang einschränkend auslegt und nur solche Entscheidungen für anerkennungsfähig hält, denen ein **kontradiktorisches Verfahren** vorausgegangen ist oder die Gegenstand eines kontradiktorischen Verfahrens hätten sein können (→ Rn. 9). Nach seiner Auffassung ist für eine Entscheidung iSv Art. 3 Abs. 1 lit. g und für ein gerichtliches Verfahren iSv Art. 3 Abs. 2 kennzeichnend, dass das Gericht auch die Befugnis hat über einen möglichen Rechtsstreit zu entscheiden (EuGH 23.5.2019 – C-658/17, NJW 2019, 2293 Rn. 55 – WB). Kommt dem Gericht oder der Behörde hingegen eine Entscheidungsbefugnis nur zu, wenn alle Beteiligten mit der Maßnahme einverstanden sind, liegt keine Entscheidung vor (EuGH 23.5.2019 – C-658/17, NJW 2019, 2293 Rn. 58 – WB). Dass im konkreten Fall eine nichtstreitige Angelegenheit vorlag, ist nicht relevant. Maßgeblich ist lediglich die Befugnis zur Entscheidung über einen potenziellen Streit. Nach Ansicht des EuGH besteht kein Gleichlauf zwischen dem Anwendungsbereich der Art. 4 ff. EuErbVO und dem Begriff einer judiziellen Entscheidung (EuGH 21.6.2018 – C-20/17, NJW 2018, 2309 Rn. 42 – Oberle). Art. 4 spricht zwar von einer „Entscheidung". Die deutsche Sprachfassung weicht von anderen Sprachfassungen ab. Der EuGH legt Art. 4 EuErbVO weit aus und sieht gerichtliche Maßnahmen in Erbsachen über den Nachlass als von der Vorschrift erfasst an. Dabei kann sich der Gerichtshof insbesondere auf Art. 13 EuErbVO berufen (EuGH 21.6.2018 – C-20/17, NJW 2018, 2309 Rn. 44 – Oberle).

21 **a) Mitgliedstaatliche Erbscheinsverfahren.** Ob **mitgliedstaatliche Erbscheine** bzw. die der **Erbscheinserteilung** zu Grunde liegenden **Beschlüsse** (zB nach §§ 342 ff. FamFG) gem. Art. 39 anerkannt werden, ist umstritten. Für den durch den polnischen Notar erteilten Erbschein lehnt der EuGH eine Anerkennung nach den Art. 39 ff. EuErbVO ab, weil der Notar den Erbschein nur erteilen kann, wenn die Erben mit der Erteilung einverstanden sind (EuGH 23.5.2019 – C-658/17, NJW 2019, 2293 Rn. 56 – WB). Nicht geklärt ist hingegen die Einordnung des deutschen Erbscheins. Dieser entfaltet zwar keine materielle Rechtskraft (BayObLG FGPrax 2003, 130 (131); BayObLGZ 1991, 323 (327); MüKoBGB/*Grziwotz* § 2353 Rn. 2), kann aber auch bei einem Streit zwischen den Verfahrensbeteiligten erteilt werden. Das Nachlassgericht entscheidet außerdem durch Beschluss über die Voraussetzungen für die Erteilung des Erbscheins (vgl. § 352e Abs. 1 S. 2 FamFG). Vor diesem Hintergrund spricht viel dafür, in diesem Beschluss eine anerkennungsfähige Entscheidung iSv Art. 39 zu sehen (so *Müller-Lukoschek,* § 2 Rn. 304; MüKoBGB/*Dutta* EuErbVO Art. 39 Rn. 2; *Leipold* ZEV 2015, 553 (558), → Art. 3 Rn. 8; Vor. Art. 62 Rn. 3; **aA** NK-BGB/*Makowsky* EuErbVO Art. 39 Rn. 5; *Kleinschmidt* RabelsZ 77 (2013), 723 (731) – für Anwendung von Art. 59; MüKoFamFG/*Rauscher* EuErbVO Art. 39 Rn. 4; *Buschbaum,* FS Martiny, 2014, 258 (267); Hager/*Buschbaum,* Die neue europäische Erbrechtsverordnung, 39 (58 f.); *Dörner* ZEV 2012, 505 (512); *Hertel* DNotZ 2012, 687 (689); DNotI-Report 2015, 113 (115); *Wall* ZErb 2015, 9 (14 ff.); *Dorsel/Schall* GPR 2014, 36 (37); Geimer/Schütze/*Franzmann/Schwerin* IRV EuErbVO Art. 39 Rn. 7 f.– weder Anwendung von Art. 39 noch Art. 59).

Richtigerweise wird man differenzieren müssen (zur Anwendung von Art. 59 vgl. → Art. 59 Rn. 26 ff.). Der Beschluss über die Erteilung eines Erbscheins erfüllt zwar die Kriterien für eine gerichtliche Entscheidung, entfaltet aber selbst keine grenzüberschreitende Anerkennungswirkung. Die Entscheidung über die Erteilung des Erbscheins erwächst nicht in Rechtskraft. Sie ist eine gutachterliche Bescheinigung (vgl. Keidel/*Zimmermann* FamFG § 357 Rn. 27). Die Entscheidung beschränkt sich auf die Erteilung des Erbscheins. Von der Entscheidung gehen keine weiteren Wirkungen aus. Der Erbnachweis dient als Legitimationspapier; an ihn und nicht an die Entscheidung knüpfen die Gutglaubensvorschriften des materiellen Rechts an (vgl. *Dörner* DNotZ 2017, 407 (408 ff.); *Kleinschmidt* RabelsZ 77 (2013), 723 (731); NK-BGB/*Makowsky* EuErbVO Art. 39 Rn. 5). Dass der Erbschein auf eine gerichtliche Entscheidung zurückgeht, ist unerheblich. Dies zeigt auch ein rechtsvergleichender Befund. Die mitgliedstaatlichen Erbnachweise weisen im Hinblick auf Aussteller, Prüfungsdichte und Beweisfunktion eine große Spannbreite auf (DNotI, S. 277 ff.). So wird ein französischer *acte de notoriété* (Art. 730-1 ff. Code Civil) auf der Grundlage einer bloßen Versicherung der Erben ausgestellt. Er fällt nicht unter Art. 39 Abs. 1. Es wäre im rechtsvergleichenden Kontext und für den internationalen Entscheidungseinklang misslich, nur einzelne mitgliedstaatliche Erbnachweise Art. 39 zu unterstellen. Dass es sich bei der Erteilung eines mitgliedstaatlichen Erbscheins auch nicht um eine anerkennungsfähige Entscheidung handeln kann, verdeutlicht ein systematischer Vergleich mit den Regeln über das ENZ. Art. 64 erklärt die Zuständigkeitsvorschriften für gerichtliche Entscheidungen für anwendbar. Dieses Verweises hätte es aber nicht bedurft, wenn es sich bei der Ausstellung des Europäischen Erbscheins um eine Entscheidung handeln würde. Es wäre befremdlich, wenn nur der nationale Erbschein, nicht jedoch das ENZ eine anerkennungsfähige Entscheidung wäre. Ohne Bedeutung ist auch, dass der Feststellungsbeschluss über die Erbscheinserteilung in formelle Rechtskraft erwächst (§ 45 FamFG; → Rn. 21), die einem gleich lautenden Antrag bei gleichem Sachverhalt entgegensteht (Palandt/*Weidlich* § 2359 BGB Rn. 6). Denn von der formellen Rechtskraft können insoweit keine in einem anderen Mitgliedstaat anzuerkennenden Wirkungen ausgehen (→ Rn. 21).

22 **b) Europäisches Nachlasszeugnis (ENZ).** Die Erteilung des **ENZ** (→ Art. 67 Rn. 3 ff.) fällt nicht unter Art. 39 Abs. 1 (MüKoFamFG/*Rauscher* EuErbVO Art. 39 Rn. 3; Geimer/Schütze/*Franzmann/Schwerin* IRV EuErbVO Art. 39 Rn. 10; *S. M. Weber,* Das Internationale Zivilprozessrecht erbrechtlicher

Streitigkeiten, 209). Die vom Nachlasszeugnis ausgehenden Wirkungen (→ Art. 69 Rn. 3 ff.) knüpfen lediglich an den Akt der Ausstellung des Zeugnisses an. Einer Anerkennung der Entscheidung bedarf es nicht. Dass es sich bei der Ausstellung des Nachlasszeugnisses um keine Entscheidung handelt, lässt sich im Umkehrschluss auch Art. 64 entnehmen, der für das ENZ auf die Zuständigkeitsregeln für gerichtliche Entscheidungen verweist, nicht jedoch aber auf die Vorschriften über die Anerkennung und Vollstreckung.

Die Regeln über das ENZ sehen kein förmliches Einziehungsverfahren vor, sondern lediglich einen Widerruf mit anschließender „Unterrichtung" der Inhaber einer beglaubigten Abschrift des Zeugnisses (→ Art. 71 Rn. 4 ff.; vgl. *Buschbaum/Simon* ZEV 2012, 525 (526); *Müller-Lukoschek,* § 2 Rn. 345; *Süß* ZEuP 2013, 725 (747)). Beim Widerruf handelt es sich aber um keine anerkennungsfähige bzw. vollstreckbare Entscheidung. Art. 70 Abs. 3 EuErbVO beschränkt sich lediglich darauf, die Gültigkeit des Nachlasszeugnisses zu befristen, nimmt aber im Übrigen die Gefahr widersprechender zirkulierender Erbscheine in Kauf (vgl. aber auch *Volmer* RPfleger 2013, 421 (432)). 23

c) Testamentsvollstreckung, Nachlasspflegschaft. Soweit der Testamentsvollstrecker durch den Erblasser oder einen von ihm ermächtigten Dritten ernannt worden ist (vgl. §§ 2197 f. BGB), ist der Testamentsvollstrecker nach der Kollisionsnorm des Art. 23 Abs. 2 lit. f berechtigt, sein Amt entsprechend dem anwendbaren Sachrecht und den hiernach maßgeblichen Rechtshandlungen auszuüben (vgl. ErwG 43). Wird der Testamentsvollstrecker vom Nachlassgericht durch Beschluss ernannt (vgl. § 2200 Abs. 1 BGB iVm §§ 345 Abs. 3, 38 FamFG), erlangt der Testamentsvollstrecker sein Amt und seine Befugnisse nicht bereits kraft des anwendbaren Rechts, sondern erst durch eine im Beschluss liegende rechtsgestaltende Verfügung sowie die Annahmeerklärung (Staudinger/*Reimann* BGB § 2200 Rn. 14). Die Entscheidung über die Ernennung ist nach Art. 39 Abs. 1 anzuerkennen. Entsprechendes gilt für die Entscheidung über die Entlassung eines Testamentsvollstreckers (MüKoFamFG/*Rauscher* EuErbVO Art. 39 Rn. 3). Sie kann vom Nachlassgericht auch in einem potenziell streitigen Verfahren gegen den Willen eines Verfahrensbeteiligten getroffen werden. Sie entfaltet im Rahmen des anwendbaren Rechts Tatbestandswirkung (so iE auch Bonomi/Wautelet/*Pretelli* Art. 39 Rn. 7). Entsprechendes gilt auch für die Bestellung von Drittverwaltern (*Lübcke,* Das neue europäische Internationale Nachlassverfahrensrecht, 2013, S. 516 f.; vgl. Staudinger/*Dörner* Art. 25 EGBGB Rn. 910 sowie → Art. 29 Rn. 33 ff.). 24

Von der gerichtlichen Bestellung ist wiederum ein ENZ zu unterscheiden, welches einen Testamentsvollstrecker ausweist (→ Art. 63 Rn. 17, Art. 68 Rn. 14, Art. 69 Rn. 4). Die mit dem ENZ verbundenen Vermutungswirkungen knüpfen nicht an den wirksamen Bestellungsbeschluss, sondern an das ausgestellte Nachlasszeugnis an. Entsprechendes gilt für ein Testamentsvollstreckerzeugnis. Dessen Wirkungen knüpfen nicht an den Beschluss über die Ernennung des Testamentsvollstreckers, sondern an das vom Gericht ausgestellte Zeugnis an. So wenig wie beim Erbschein geht es an, die Wirkungen des Testamentsvollstreckungszeugnisses über den Beschluss über die Ernennung eines Testamentsvollstreckers zu transportieren. 25

Für die Bestellung eines Nachlasspflegers gelten im Vergleich zur Bestellung des Testamentsvollstreckers keine Besonderheiten (vgl. § 1960 Abs. 1 S. 1 BGB iVm § 1915 Abs. 1 BGB). 26

d) Nachlassverwaltung. Entsprechende Erwägungen wie beim Testamentsvollstrecker gelten auch für die Anerkennung eines Beschlusses über die Anordnung der Nachlassverwaltung (vgl. § 1981 Abs. 1 BGB iVm §§ 359, 38 FamFG). 27

e) Aufgebotsverfahren. Auch das Verfahren zum **Aufgebot der Nachlassgläubiger** (vgl. § 1970 BGB iVm §§ 433 ff., 454 ff. FamFG) fällt unter die EuErbVO (Scherer/*Pawlytta/Pfeiffer* MAH ErbR § 33 Rn. 157). Der Beschluss über den Erlass des Aufgebots (vgl. § 434 Abs. 2 FamFG) sowie der anschließende Ausschließungsbeschluss (vgl. §§ 439, 441 FamFG) sind nach Art. 39 anzuerkennen (vgl. auch → IntErbRVG § 47 Rn. 4, → Vor. Art. 4 Rn. 31, → Art. 23 Rn. 106). An die Anerkennung des Beschlusses knüpft sich die Ausschlusswirkung der Nachlassgläubiger an (vgl. § 1973 Abs. 1 BGB). 28

f) Vermittlungsverfahren zur Auseinandersetzung. Das Vermittlungsverfahren zur Erbauseinandersetzung vor dem Notar (vgl. §§ 363 ff. FamFG) ist nicht auf eine Sachentscheidung gerichtet. Kommt es jedoch zur Vereinbarung bzw. Bestätigung der Auseinandersetzung (§§ 366, 368 FamFG), ist der Bestätigungsbeschluss eine in Rechtskraft erwachsende und daher nach Art. 39 anzuerkennende Entscheidung. Der Notar protokolliert hier nicht lediglich die Willenserklärung der Beteiligten. Vielmehr kann eine Entscheidung auch gegenüber solchen Erben Wirkung zeitigen, die sich dem Verfahren entziehen (§§ 366 Abs. 3 S. 2, 368 Abs. 2 S. 1 FamFG). 29

g) Verlassenschaftsverfahren/Einantwortung. Auch Entscheidungen in anderen Nachlass- bzw. Verlassenschaftsverfahren wie zB nach dem öst. AußStrG sind nach Art. 39 anzuerkennen. Dies gilt insbesondere für den Einantwortungsbeschluss, mit dessen Rechtskraft die Universalsukzession eintritt (§§ 797, 819 AGBGB iVm §§ 176–180 AußStrG, vgl. MüKoFamFG/*Rauscher* EuErbVO Art. 39 Rn. 6; NK-BGB/*Makowsky* EuErbVO Art. 39 Rn. 5; MüKoBGB/*Dutta* EuErbVO Vor Art. 4 Rn. 23; vgl. aber auch → Art. 23 Rn. 104, 64 f.). Die Einantwortung ist nach dem Erbstatut Tatbestandsvoraussetzung für die Universalsukzession und muss daher unter Art. 39 Abs. 1 fallen (zur Anpassung → Art. 31 Rn. 41). 30

VI. Anerkennungsfeststellungsverfahren

31 Nach dem Vorbild von Art. 33 Abs. 2 Brüssel I-VO und Art. 36 Abs. 2 Brüssel Ia-VO normiert Art. 39 Abs. 2 ein **selbständiges Anerkennungsfeststellungsverfahren.** Dieses wird vor allem dann relevant, wenn die anzuerkennende Entscheidung keinen vollstreckbaren Inhalt, sondern lediglich rechtsgestaltende Wirkung hat (vgl. *Kropholler/v. Hein* Art. 33 Brüssel I-VO Rn. 2; Stein/Jonas/*Oberhammer* Brüssel I-VO Art. 33 Rn. 2). Als Antragsgegner kommen diejenigen Personen in Betracht, denen gegenüber ein Interesse an der Anerkennung der Entscheidung besteht. Dies können auch mehrere Personen sein. Das Verfahren nach Art. 39 Abs. 2 kann auch von am Ausgangsverfahren nicht beteiligten Dritten angestrengt werden, wenn diese ein rechtliches Interesse an der Entscheidung haben (BeckOGK/*J. Schmidt* EuErbVO Art. 39 Rn. 18; NK-BGB/*Makowsky* EuErbVO Art. 39 Rn. 10; Geimer/Schütze/*Geimer* Brüssel I-VO Art. 33 Rn. 94).

32 Ein besonderes **Feststellungsinteresse** ist für die Durchführung des Anerkennungsverfahrens nicht erforderlich. Es genügt ein allgemeines Rechtsschutzbedürfnis (NK-BGB/*Makowsky* EuErbVO Art. 39 Rn. 10; Stein/Jonas/*Oberhammer* Brüssel I-VO Art. 33 Rn. 5). Dass der Antragsgegner die Anerkennungsfähigkeit der Entscheidung bestreitet, ist keine Voraussetzung für die Zulässigkeit des Anerkennungsfeststellungsverfahrens (NK-BGB/*Makowsky* EuErbVO Art. 39 Rn. 10; aA Stein/Jonas/*Oberhammer* Brüssel I-VO Art. 33 Rn. 5).

33 Die überwiegende Meinung zur Brüssel I-VO ging bislang davon aus, dass nur ein **positiver Feststellungsantrag** zulässig ist. Ein negativer Feststellungsantrag soll wegen des Wortlauts der Bestimmung („Anerkennung geltend macht") unzulässig sein (*Kropholler/v. Hein* Brüssel I-VO Art. 33 Rn. 7; aA Stein/Jonas/*Oberhammer* Brüssel I-VO Art. 33 Rn. 6). Nachdem der Gesetzgeber die Bestimmung unverändert in die EuErbVO überführt hat, obwohl er sie im Rahmen von Art. 21 Abs. 3 Brüssel IIa-VO zwischenzeitlich modifiziert hat, wird man für die EuErbVO davon auszugehen haben, dass nur positive Feststellungsanträge erfasst werden (BeckOGK/*J. Schmidt* EuErbVO Art. 39 Rn. 18; jurisPK-BGB/*Schärtl* EuErbVO Art. 39 Rn. 19; aA MüKoFamFG/*Rauscher* EuErbVO Art. 39 Rn. 15), auch wenn dies unter rechtspolitischen Gesichtspunkten kaum überzeugend ist.

34 Der Feststellungsantrag kann mit dem **Antrag** auf **Vollstreckbarerklärung verbunden** werden. Er kann aber auch isoliert gestellt werden (BeckOGK/*J. Schmidt* EuErbVO Art. 39 Rn. 20).

35 Das Verfahren richtet sich nach den Bestimmungen der Art. 45–58 für die Vollstreckbarerklärung. Das gilt insbesondere für die örtliche Zuständigkeit nach Art. 45. Art. 45 Abs. 2 Hs. 2 muss dabei mit der Maßgabe Anwendung finden, dass es auf den Ort des Feststellungsinteresses ankommt, wenn nicht zugleich eine Zwangsvollstreckung beantragt wird (MüKoFamFG/*Rauscher* EuErbVO Art. 39 Rn. 16; vgl. *Geimer* JZ 1977, 213). Dies wird in Erbsachen häufig darauf hinauslaufen, dass der Ort der Belegenheit von Nachlassgegenständen maßgeblich ist. Der Verweis auf Art. 48 S. 2 führt an sich dazu, dass die Feststellungsentscheidung ohne Anhörung des Gegners erfolgt. Dies erscheint bedenklich, da anders als im Falle einer Vollstreckbarerklärung keine besondere Eilbedürftigkeit gegeben ist (vgl. Geimer/Schütze/*Geimer* Brüssel Ia-VO Art. 36 Rn. 212). Da aber ein gesetzlich angeordneter Gleichklang besteht und der Antragsgegner zumindest die Möglichkeit der Einlegung einer Beschwerde hat, ist Art. 48 S. 2 auch auf das Anerkennungsverfahren anzuwenden (vgl. zur Brüssel I-VO *Kropholler/v. Hein* Brüssel I-VO Art. 33 Rn. 8; Simons/Hausmann/*Teixeira de Sousa* Brüssel I-VO Art. 33 Rn. 9). Auch das Verbot einer Sicherheitsleistung gem. Art. 57 gilt theoretisch für das Anerkennungsfeststellungsverfahren (BeckOGK/*J. Schmidt* EuErbVO Art. 57 Rn. 6), dürfte dort aber keinen Anwendungsbereich haben, da es nicht um die Leistung einer Sicherheit wegen der anstehenden Vollstreckung, sondern nur wegen der bloßen rechtlichen Anerkennung geht. Im deutschen Recht wird das nähere Verfahren durch § 21 IntErbRVG geregelt (→ IntErbRVG § 21 Rn. 1 f.; jurisPK-BGB/*Schärtl* EuErbVO Art. 39 Rn. 21 ff.).

VII. Inzidentanerkennung

36 Art. 39 Abs. 3 bestimmt, dass in einem Rechtsstreit vor einem Gericht, dessen Entscheidung von der Anerkennung abhängt, über die Anerkennung inzident entschieden werden kann. Dabei handelt es sich um ein **selbständiges Anerkennungsverfahren.** Zusätzlich zur Leistungsklage kann ein Feststellungsantrag über die Anerkennung der Entscheidung gestellt werden (vgl. BeckOGK/*J. Schmidt* EuErbVO Art. 39 Rn. 25). Richtigerweise kommt eine Inzidentanerkennung durch eine eigene Zwischenfeststellung unabhängig von den Voraussetzungen des Art. 39 Abs. 2 EuErbVO in Betracht. Art. 39 Abs. 3 EuErbVO kommt daher nicht nur klarstellende Wirkung zu (MüKoFamFG/*Rauscher* EuErbVO Art. 39 Rn. 17; NK-BGB/*Makowsky* EuErbVO Art. 39 Rn. 12).

Beispiel: Klagt ein Erbe gegen einen Erbprätendenten auf Herausgabe der Erbschaft auf der Grundlage eines anderen mitgliedstaatlichen Urteils, das sein Erbrecht mit Rechtskraft festgestellt hat, kann der Erbe im Rahmen der Leistungsklage den Antrag auf Feststellung der Anerkennung der mitgliedstaatlichen Entscheidung stellen.

Die Frage muss für die Entscheidung erheblich sein, darf sich also nicht lediglich aus Anlass des Verfahrens stellen (vgl. *Kropholler/v. Hein* Brüssel I-VO Art. 33 Rn. 11). Da Art. 39 Abs. 3 in engem systematischen Zusammenhang mit Art. 39 Abs. 2 steht, spricht viel dafür, dass die Anerkennungsentscheidung auch Bindungswirkung für weitere Rechtsstreitigkeiten im Zweitstaat hat (Simons/Hausmann/*Teixeira de Sousa* Art. 33 Rn. 19; aA *Martiny* Hdb. IZVR III/2 Kap. II Rn. 222 f.). Die nach Art. 46 Abs. 3 erforderlichen Unterlagen sind vorzulegen, damit eine Inzidentanerkennung erfolgen kann.

Artikel 40 Gründe für die Nichtanerkennung einer Entscheidung

Eine Entscheidung wird nicht anerkannt, wenn

a) die Anerkennung der öffentlichen Ordnung (ordre public) des Mitgliedstaats, in dem sie geltend gemacht wird, offensichtlich widersprechen würde;

b) dem Beklagten, der sich auf das Verfahren nicht eingelassen hat, das verfahrenseinleitende Schriftstück oder ein gleichwertiges Schriftstück nicht so rechtzeitig und in einer Weise zugestellt worden ist, dass er sich verteidigen konnte, es sei denn, der Beklagte hat die Entscheidung nicht angefochten, obwohl er die Möglichkeit dazu hatte;

c) sie mit einer Entscheidung unvereinbar ist, die in einem Verfahren zwischen denselben Parteien in dem Mitgliedstaat, in dem die Anerkennung geltend gemacht wird, ergangen ist;

d) sie mit einer früheren Entscheidung unvereinbar ist, die in einem anderen Mitgliedstaat oder in einem Drittstaat in einem Verfahren zwischen denselben Parteien wegen desselben Anspruchs ergangen ist, sofern die frühere Entscheidung die notwendigen Voraussetzungen für ihre Anerkennung in dem Mitgliedstaat, in dem die Anerkennung geltend gemacht wird, erfüllt.

Übersicht

I. Allgemeines

1. Normzweck

Art. 40 entspricht inhaltlich Art. 34 Brüssel I-VO sowie Art. 45 Abs. 1 lit. a bis d Brüssel Ia-VO. **1**
Ähnliche Regelungen enthalten auch Art. 24 EuUnthVO sowie Art. 38 Brüssel IIb-VO (vormals Art. 22 f. Brüssel IIa-VO). Einer Entscheidung ist die Anerkennung zu versagen, wenn einer der in lit. a bis d genannten gewichtigen Gründe vorliegt. Die Urteilsfreizügigkeit wird durchbrochen, wenn dies der Schutz der Verfahrensbeteiligten oder die öffentliche Ordnung und Rechtspflege im Zweitstaat gebieten. Der Grundsatz des gegenseitigen Vertrauens in die Gleichwertigkeit der mitgliedstaatlichen Rechtspflege wird insoweit eingeschränkt. Die Anerkennungsverweigerungsgründe werden in **Art. 40 abschließend** genannt (Geimer/Schütze/*Franzmann/Schwerin* IRV EuErbVO Art. 40 Rn. 2; NK-BGB/*Makowsky* EuERbVO Art. 40 Rn. 1). Da eine *révision au fond* mit dem Grundsatz der Urteils-

freizügigkeit nicht zu vereinbaren ist, müssen die **Anerkennungsverweigerungsgründe grds. eng** ausgelegt werden (BeckOGK/*J. Schmidt* EuErbVO Art. 40 Rn. 7; Bonomi/Wautelet/*Pretelli* Art. 40 Rn. 3; jurisPK-BGB/*Schärtl* EuErbVO Art. 40 Rn. 1; vgl. EuGH 28.4.2009 – C-420/07, Slg. 2009 I-3571 Rn. 55 – Apostolides; 23.10.2014 – C-302/13, GRUR Int 2014, 1172 Rn. 46 – flyLAL).

2. Zuständigkeit

2 Ungeschriebener Anerkennungsverweigerungsgrund ist das Fehlen der **Gerichtsbarkeit** des Erststaates über die Beteiligten oder den Streitgegenstand (jurisPK-BGB/*Schärtl* EuErbVO Art. 40 Rn. 28; Geimer/Schütze/*Geimer* Brüssel Ia-VO Art. 44 Rn. 18). Die EuErbVO kennt keinen Art. 35 Abs. 1 Brüssel I-VO bzw. Art. 45 Abs. 1 lit. e Brüssel Ia-VO entsprechenden Anerkennungsverweigerungsgrund. Die Brüssel I-VO sieht vor, dass eine Entscheidung nicht anzuerkennen ist, wenn sie unter Missachtung eines Schutzgerichtsstands (Versicherungsnehmer, Verbraucher, Arbeitnehmer) bzw. eines ausschließlichen Gerichtsstands ergangen ist. Die EuErbVO kennt weder vergleichbare Schutzgerichtsstände noch einen ausschließlichen Gerichtsstand. Das Zweitgericht kann die **Zuständigkeit des Erstgerichts** nicht überprüfen. Dass die EuErbVO keine Art. 35 Abs. 3 S. 2 Brüssel I-VO bzw. Art. 45 Abs. 3 Brüssel Ia-VO klarstellende Regelung enthält, wonach die Vorschriften über die Zuständigkeit nicht zum ordre public gehören, beruht wohl auf einem Redaktionsversehen (MüKoBGB/*Dutta* EuErbVO Art. 40 Rn. 3; Deixler-Hübner/Schauer/*Binder* Art. 40 Rn. 10; Bonomi/Wautelet/*Pretelli* Art. 40 Rn. 24; iE auch jurisPK-BGB/*Schärtl* EuErbVO Art. 40 Rn. 29). Dies fällt aber nicht entscheidend ins Gewicht, weil sich das Verbot der Nachprüfung in der Sache (→ Art. 41 Rn. 1 f.) auch auf die internationale Zuständigkeit des Erstgerichts bezieht (iE auch MüKoBGB/*Dutta* EuErbVO Art. 40 Rn. 3).

3. Prüfung der Anerkennungsverweigerungsgründe

3 Wie sich aus Art. 48 ergibt, sind die Anerkennungsverweigerungsgründe **nicht von Amts wegen** zu prüfen (BeckOGK/*J. Schmidt* EuErbVO Art. 40 Rn. 8; aA jurisPK-BGB/*Schärtl* EuErbVO Art. 40 Rn. 3). Im Zusammenhang mit den parallelen Normen der Brüssel I-VO ist umstritten, ob eine Prüfung von Amts wegen erfolgt, wenn ein Rechtsbehelf gegen die Entscheidung über den Antrag auf Vollstreckbarerklärung eingelegt wird (Art. 43 Brüssel I-VO; → Art. 51 Rn. 2 EuErbVO). Nach überzeugender Auffassung des BGH muss das **Beschwerdegericht** Anerkennungsverweigerungsgründe von Amts wegen prüfen (BGH EuZW 2008, 251 Rn. 25; NJW 2011, 3103 Rn. 24). Im Rahmen der lex fori ist jedoch ggf. der Beibringungsgrundsatz zu berücksichtigen; eine Tatsachenermittlung von Amts wegen muss das Gericht nicht vornehmen (BGH EuZW 2008, 251 Rn. 25; NJW 2011, 3103 Rn. 24; juris PK-BGB/*Schärtl* EuErbVO Art. 40 Rn. 4).

4 Die **Beweislast** für das Vorliegen des Anerkennungsverweigerungsgrundes trägt derjenige, der sich auf den Grund beruft. Eine Ausnahme gilt lediglich für die nach Art. 46 beizubringenden Nachweise (vgl. BGH NJW-RR 2002, 1151).

4. Anwendung auf Verfahren der freiwilligen Gerichtsbarkeit

5 Während die Anwendung von Art. 40 auf Klageverfahren in erbrechtlichen Angelegenheiten keine Schwierigkeiten mit sich bringt, ist die Anwendung auf Verfahren der **freiwilligen Gerichtsbarkeit** problematisch. Die Vorschrift ist ihrem Wortlaut nach nur auf Entscheidungen aus streitigen Verfahren zugeschnitten („Beklagter“, „Parteien“). Mit Blick auf **nichtstreitige Entscheidungen** kann es bei der Anwendung der Vorschrift zu nicht unerheblichen Friktionen kommen. Dennoch wird man Art. 40 grundsätzlich auch auf sämtliche gem. Art. 39 anzuerkennende Entscheidungen der freiwilligen Gerichtsbarkeit anzuwenden haben (NK-BGB/*Makowsky* EuErbVO Art. 40 Rn. 2; MüKoBGB/*Dutta* EuErbVO Art. 40 Rn. 4). Dabei ist den Besonderheiten dieser Verfahren Rechnung zu tragen (→ Rn. 35).

II. Ordre public – lit. a

1. Grundsätze

6 Der Gesetzgeber hat sich entschlossen, auch in die EuErbVO einen ordre public-Vorbehalt aufzunehmen (s. zur allg. rechtspolitischen Diskussion *Bruns* JZ 1999, 278 (284)). Dies ist konsequent, weil die EuErbVO eine **materiell-rechtliche ordre public-Klausel** enthält (→ Art. 35 Rn. 2 ff.), die durch Art. 40 lit. a prozessual abzusichern ist (vgl. ErwG 58 S. 2). Außerdem muss es den Mitgliedstaaten in einem rechtspolitisch sensiblen Bereich wie dem Erbrecht möglich sein, zentrale Grundsätze ihres materiellen Rechts und Verfahrensrechts durchzusetzen.

Der ordre public bezieht sich auf die **öffentliche Ordnung des Zweitstaates.** Was zum Inhalt des mitgliedstaatlichen ordre public zählt, hängt von dessen Rechtsordnung ab. Der **EuGH** überwacht dabei die **Grenzen,** innerhalb derer der ordre public in Stellung gebracht werden darf (EuGH 28.3.2000 – C-7/98, Slg. 2000 I-1935 Rn. 23 = NJW 2000, 1853 – Krombach; 11.5.2000 – C-38/98, Slg. 2000 I-2973 Rn. 28 = NJW 2000, 2185 – Renault; 25.5.2016 – C-559/14, EuZW 2016, 713 Rn. 40 – Meroni; vgl. BeckOGK/*J. Schmidt* EuErbVO Art. 40 Rn. 15). Dass die mit Blick auf den entschiedenen Rechtsstreit vom Erststaat herangezogenen Rechtsvorschriften von denen des Zweistaates abweichen, kann keinen Verstoß gegen den ordre public des Zweitstaates begründen. Der ordre public bietet dem Zweitgericht auch keine Grundlage, die Entscheidung des Falles durch das Erstgericht erneut in tatsächlicher und rechtlicher Hinsicht zu würdigen. Ein Verstoß gegen den ordre public-Klausel kommt nur in Betracht, wenn die Entscheidung des Erststaates gegen einen **wesentlichen Rechtsgrundsatz des Zweitstaates** verstößt und in einem nicht hinnehmbaren Gegensatz zu seiner Rechtsordnung steht. Es muss sich um eine **offensichtliche Verletzung einer wesentlichen Rechtsnorm** bzw. eines **grundlegenden Rechts** handeln (EuGH 28.3.2000 – C-7/98, Slg. 2000 I-1935 Rn. 36 f. = NJW 2000, 1853 – Krombach; 28.4.2009 – C-420/07, Slg. 2009 I-3571 Rn. 58 ff. = BeckRS 2009, 70441 – Apostolides; 23.10.2014 – C-302/13, GRUR Int 2014, 1172 Rn. 49 – flyLAL; BGH NJW 2018, 3254 Rn. 14). 7

Der ordre public-Vorbehalt gilt auch für die Verletzung von **Unionsrecht.** Allerdings begründet die Tatsache, dass das Unionsrecht nicht richtig angewendet wurde, keinen Anerkennungsverweigerungsgrund (vgl. EuGH 28.4.2009 – C-420/07, Slg. 2009 I-3571 Rn. 60 = BeckRS 2009, 70441 – Apostolides; Stein/Jonas/*Oberhammer* Brüssel I-VO Art. 34 Rn. 24). Weder die falsche Anwendung der Zuständigkeitsvorschriften noch der Kollisionsnormen der EuErbVO führt zu einem ordre public-Verstoß. 8

Eine Verletzung des ordre public kommt in Betracht, wenn **Grundrechte** des mitgliedstaatlichen Verfassungsrechts, Unions- oder Völkerrechts (Art. 6 Abs. 1 und 3 EUV iVm EU-Grundrechte-Charta bzw. EMRK) **offensichtlich verletzt** wurden (ErwG 58 S. 2; vgl. EuGH 28.3.2000 – C-7/98, Slg. 2000 I-1935 Rn. 25 = NJW 2000, 1853 – Krombach; 2.4.2009 – C-394/07, Slg. 2009-I 2582 Rn. 28 – Gambazzi; zum Ganzen *Heinze* EUR 2008, 654 (657 ff.)). 9

So wie in anderen Rechtsakten der justiziellen Zusammenarbeit beruht auch der ordre public-Vorbehalt in Art. 40 auf zwei Säulen, dem **materiellen** und dem **verfahrensrechtlichen ordre public** (NK-BGB/*Makowsky* EuErbVO Art. 40 Rn. 5 f.) Art. 35 gestaltet den ordre public in der EuErbVO zwar kollisionsrechtlich aus. Dies ist der systematischen Stellung des Art. 35 geschuldet, ändert aber nichts daran, dass im Rahmen von Art. 40 neben dem materiell-rechtlichen auch der verfahrensrechtliche ordre public Beachtung findet (MüKoBGB/*Dutta* EuErbVO Art. 40 Rn. 3). 10

2. Materieller ordre public

Der **kollisionsrechtliche ordre public** wird näher in Art. 35 geregelt. Mit Blick auf die Anerkennungsverweigerung gelten dieselben Grundsätze wie im Rahmen von Art. 35 (BeckOGK/ *J. Schmidt* EuErbVO Art. 40 Rn. 19; MüKoBGB/*Dutta* EuErbVO Art. 40 Rn. 3; NK-NachfolgeR/*Köhler* EuErbVO Art. 40 Rn. 3). So wie bei Art. 35 ist nicht die bloße Anwendung einer ordre public-widrigen ausländischen Rechtsnorm, sondern das Ergebnis der Rechtsanwendung mit Blick auf den konkret zu entscheidenden Sachverhalt entscheidend. 11

Zu Einzelheiten des materiellen ordre public vgl. Kommentierung zu Art. 35 Rn. 2 ff. 12

3. Verfahrensrechtlicher ordre public

a) Allgemeines. Nach Auffassung der Rspr. ist im Rahmen des verfahrensrechtlichen ordre public insbesondere das Recht auf die Gestaltung und Durchführung eines **fairen Verfahrens** zu berücksichtigen, wie es in Art. 6 EMRK iVm Art. 6 Abs. 3 EUV sowie Art. 47 Abs. 2 EU-Grundrechte-Charta iVm Art. 6 Abs. 1 EUV zum Ausdruck kommt (EuGH 2.4.2009 – C-394/07, Slg. 2009-I 2582 Rn. 28 = NJW 2009, 1938 – Gambazzi; 6.9.2012 – C-619/10, EuZW 2012, 912 Rn. 52 – Trade Agency; BeckOGK/*J. Schmidt* EuErbVO Art. 40 Rn. 20; zum Ganzen *Heinze* EUR 2008, 654 (657)). Ein Verstoß gegen den verfahrensrechtlichen ordre public liegt vor, wenn die Entscheidung des Erstgerichts auf Grund eines Verfahrens ergangen ist, das sich von den **Grundprinzipien des Verfahrensrechts** des Zweitstaates in einem solchen Maße entfernt, dass es nach dessen Maßstab nicht mehr als in einem geordneten, rechtsstaatlichen Verfahren ergangen angesehen werden kann (BGH NJW-RR 2012, 1013 Rn. 11; jurisPK-BGB/*Schärtl* EuErbVO Art. 40 Rn. 10). Es muss sich um die Verletzung einer **wesentlichen Verfahrensnorm** bzw. eines als grundlegend anerkannten Rechts handeln (EuGH 28.3.2000 – C-7/98, Slg. 2000 I-1935 Rn. 37 = NJW 2000, 1853 – Krombach). 13

b) Einzelfälle. aa) Rechtliches Gehör. Das Grundrecht auf rechtliches Gehör gilt nicht schrankenlos, sondern unterliegt Beschränkungen, die sich insbes. aus den Belangen der geordneten Rechtspflege ergeben können. So hat der EuGH mit Blick auf ein nach einem ***contempt of court*** erlassenes Versäumnisurteil entschieden, dass der Verfahrensausschluss nicht per se den verfahrensrechtlichen ordre 14 public verletzt, sondern es Sache des Zweitgerichts ist, in einer Gesamtwürdigung zu prüfen, ob im Einzelfall das rechtliche Gehör offensichtlich und unverhältnismäßig eingeschränkt wurde (EuGH 2.4.2009 – C-394/07, Slg. 2009-I 2582 Rn. 28 ff., Rn. 48 = NJW 2009, 1938 – Gambazzi).

15 Auch ein ohne nähere Schlüssigkeitsprüfung und Begründung erlassenes **Versäumnisurteil** verstößt nicht gegen den ordre public. Anderes gilt, wenn das Zweitgericht nach Berücksichtigung aller Umstände zu dem Ergebnis kommt, dass das Recht des Beklagten zur Einlegung eines Rechtsmittels unverhältnismäßig beeinträchtigt wurde. Dies kann insbesondere der Fall sein, wenn der Beklagte nicht vom Inhalt der Klage Kenntnis erlangt hat (EuGH 6.9.2012 – C-619/10, EuZW 2012, 912 Rn. 68 – Trade Agency; *H. Roth* IPRax 2013, 402 (403 f.)). In welchem Umfang eine Entscheidung zu begründen ist, hängt von der jeweiligen gerichtlichen Entscheidung ab. Hierbei kann auch eine Rolle spielen, ob die Möglichkeit besteht, ein Rechtsmittel einzulegen (EuGH 23.10.2014 – C-302/13, GRUR Int 2014, 1172 Rn. 52 – flyLAL). Ergeht in einem strafrechtlichen **Adhäsionsverfahren** ein Urteil, ohne dass der nicht anwesende Beklagte die Möglichkeit gehabt hätte, sich durch einen Rechtsanwalt vertreten zu lassen, ist die Versagung einer Anerkennung nach dem Recht des Zweitstaates wegen eines offensichtlichen Grundrechtsverstoßes zulässig (EuGH 28.3.2000 – C-7/98, Slg. 2000 I-1935 Rn. 40 ff. = NJW 2000, 1853 – Krombach).

16 **bb) Durchführung des Verfahrens.** Dass das Gericht des Erststaates ein **anderes Beweisrecht** angewendet oder die Beweise falsch gewürdigt hat, begründet keinen Verstoß gegen den verfahrensrechtlichen ordre public (*Kropholler/v. Hein* Brüssel I-VO Art. 34 Rn. 13; Stein/Jonas/*Oberhammer* Brüssel I-VO Art. 34 Rn. 48). Eine Regelung, wonach gerichtliche Schriftstücke in den Gerichtsakten verbleiben und als zugestellt gelten **(fiktive Inlandszustellung),** wenn in einem Einspruch gegen einen Zahlungsbefehl kein Prozessbevollmächtigter im Erststaat benannt wird, verstößt zumindest dann nicht gegen den ordre public, wenn das Gericht eine entsprechende Belehrung über die Pflicht zur Bestellung eines Prozessbevollmächtigten erteilt hat. Es soll auch nicht darauf ankommen, ob eine fiktive Inlandszustellung in den Anwendungsbereich der EuZVO fällt und gem. Art. 19 unzulässig wäre (BGH NJW-RR 2012, 1013 Rn. 24 ff.; zur EuZVO s. *Heinze* IPRax 2010, 155 ff.). Kein Verstoß gegen den verfahrensrechtlichen ordre public ist darin zu sehen, dass eine ausländische Entscheidung vorläufig ohne Sicherheitsleistung vollstreckbar ist (BGH ZInsO 2015, 2291 = IWRZ 2016, 86). Nach Auffassung des EuGH begründet eine Verletzung der lis-pendens-Regel (vgl. Art. 17) durch das später angerufene Zweitgericht keinen ordre-public-Verstoß (EuGH 16.1.2019 – C-386/17, NJW 2019, 1129 Rn. 56 – Liberato).

17 Auch eine Entscheidung, die nach **überlanger Verfahrensdauer** ergangen ist, begründet grds. keinen Verstoß gegen den verfahrensrechtlichen ordre public (OLG Hamburg IPRspr. 2008 Nr. 177; zweifelnd *Kropholler/v. Hein* Brüssel I-VO Art. 34 Rn. 15a), zumindest dann nicht, wenn es sachliche Gründe für die Verfahrensdauer gibt (OLG Zweibrücken IPRspr. 2000, Nr. 159). Es kann sich nicht zum Nachteil des Titelgläubigers auswirken, dass die Gerichte im Erststaat das Verfahren rechtsstaatswidrig in die Länge gezogen haben. Ist die Entscheidung im Erststaat lediglich aus faktischen Gründen nicht vollstreckbar, ist eine Vollstreckung in einem anderen Mitgliedstaat unter verfahrensrechtlichen Gesichtspunkten unbedenklich zulässig (EuGH 28.4.2009 – C-420/07, Slg. 2009 I-3571 Rn. 62 – Apostolides).

18 Dass die Entscheidung dem Beklagten **nicht zugestellt** worden ist, begründet grds. keinen Verstoß gegen den verfahrensrechtlichen ordre public. Vielmehr lässt sich Art. 49 Abs. 2 im Umkehrschluss entnehmen, dass die Entscheidung dem Beklagten erst zusammen mit der Vollstreckung zugestellt werden muss (vgl. OLG Stuttgart BeckRS 2013, 21135; *H. Roth* IPRax 2014, 49).

19 **cc) Kosten.** Wenn in einem vollstreckbaren Kostenfestsetzungsbeschluss **Anwaltskosten** nicht nach dem Gebührenwert, sondern nach zeitlichem Aufwand in Anschlag gebracht werden, verstößt dies nicht gegen den verfahrensrechtlichen ordre public. Gleiches gilt für den Umstand, dass der Kostenfestsetzungsbeschluss gegen einen nicht am Verfahren beteiligten Dritten *(third party cost order)* gerichtet ist (vgl. BGH WM 2014, 1095 Rn. 8). Auch der Umstand, dass ein Kostenfestsetzungsbeschluss mit Blick auf die zu erstattende anwaltliche Vergütung sich nicht nach dem Streitwert, sondern nach dem Stundenaufwand bemisst, soll selbst dann nicht gegen den verfahrensrechtlichen ordre public verstoßen, wenn der Vergütungsanspruch „hoch" ist (BGH WM 2014, 1095 Rn. 8). Ebenfalls nicht gegen den ordre public verstößt eine Entscheidung, die eine Ersatzpflicht für den Fall einer ungerechtfertigten Prozessführung unabhängig von einem tatsächlich nachgewiesenen Schaden ausspricht (BGH NJOZ 2018, 1239 Rn 17 = ZIP 2017, 1538).

20 **dd) Prozessbetrug.** Nach allgA kann ein Verstoß gegen den verfahrensrechtlichen ordre public des Zweistaates vorliegen, wenn eine Partei die **Wahrheitsfindung** des ausländischen Gerichts durch Täuschung vereitelt (BGH WM 2012, 662 Rn. 17; Geimer/Schütze/*Geimer* Brüssel I-VO Art. 34 Rn. 54; eingehend *Regen,* Prozessbetrug als Anerkennungshindernis, 2008). Fraglich ist allerdings, ob sich der Antragsgegner auf das Anerkennungshindernis berufen kann, wenn sich der Beklagte vor den Gerichten des Erststaates bereits verteidigt hat bzw. mit der Einlegung eines Rechtsbehelfs hätte ver-

teidigen können. Richtigerweise wird man den Rechtsgedanken von Art. 40 lit. b insoweit entsprechend anwenden müssen (vgl. BGH NJW 2014, 2365 Rn. 6; OLG Stuttgart BeckRS 2013, 21135; jurisPK-BGB/*Schärtl* EuErbVO Art. 40 Rn. 12; *Regen,* Prozessbetrug als Anerkennungshindernis, 2008, Rn. 301 ff.; Stein/Jonas/*Oberhammer* Brüssel I-VO Art. 34 Rn. 40; aA BGH NJW 2004, 2387 (2388)). Auch der EuGH berücksichtigt mittlerweile im Rahmen von Art. 34 Nr. 1 Brüssel I-VO die Frage, ob die Möglichkeit bestand, gegen die Entscheidung im Erststaat vorzugehen (EuGH 2.4.2009 – C-394/07, Slg. 2009-I 2582 Rn. 40 ff. = NJW 2009, 1938 – Gambazzi; vgl. auch OLG Düsseldorf BeckRS 2013, 07105). Allerdings genügt es nicht, dass sich der Beklagte von dem Erlass des Titels hätte Kenntnis verschaffen und sich gegen ihn mit einem Wiederaufnahmeverfahren zur Wehr hätte setzen können (zu weit OLG Stuttgart BeckRS 2013, 21135).

III. Zustellung des verfahrenseinleitenden Schriftstücks – lit. b

Ist eine Entscheidung in Abwesenheit eines „Beklagten" ergangen, der sich auf das Verfahren nicht eingelassen hat, ist die Anerkennung der Entscheidung gem. Art. 40 lit. b zu versagen, wenn dem Beklagten das verfahrenseinleitende Schriftstück nicht so rechtzeitig und in einer Weise zugestellt wurde, dass er sich verteidigen konnte. Ein Anerkennungsverweigerungsgrund liegt jedoch nicht vor, wenn der Beklagte die Entscheidung im Erststaat nicht angefochten hat, obwohl er die Möglichkeit hierzu hatte. Die Vorschrift steht in engem sachlichen Zusammenhang mit Art. 16. Anders als Art. 16 greift Art. 40 lit. b aber unabhängig davon ein, ob der Beklagte seinen gewöhnlichen Aufenthalt in einem anderen Mitgliedstaat hat (BeckOGK/*J. Schmidt* EuErbVO Art. 40 Rn. 26). Hat sich der Beklagte bzw. Beteiligte nicht auf das Verfahren eingelassen, muss das Gericht das Verfahren nach dieser Vorschrift so lange aussetzen, bis festgestellt ist, dass es dem Beklagten möglich war, das verfahrenseinleitende Schriftstück zu empfangen, und er sich verteidigen konnte. **21**

1. Verfahrenseinleitendes Schriftstück

Verfahrenseinleitendes Schriftstück ist das Schriftstück, dessen **ordnungsgemäße** und **rechtzeitige Zustellung** an den Antragsgegner diesen in die Lage versetzt, seine Rechte vor Erlass einer vollstreckbaren Entscheidung im Urteilsstaat geltend zu machen. Dies ist üblicherweise die Klageschrift. Erforderlich ist in jedem Fall, dass sich aus dem Schriftstück Gegenstand und Grund des Antrags hinreichend individualisiert ergeben. Außerdem muss das Schriftstück die Aufforderung enthalten, sich auf das Verfahren einzulassen (BGH NJW 2011, 3103 Rn. 13; Simons/Hausmann/*Teixeira de Sousa* Brüssel I-VO Art. 34 Rn. 44). Bei Erlass eines italienischen Mahnbescheids *(decreto ingiuntivo)* ist verfahrenseinleitendes Schriftstück der **Mahnbescheid** in Verbindung mit der Antragsschrift (EuGH 13.7.1995 – C-474/93, Slg. 1995 I-2113 Rn. 19 f. = BeckRS 2004, 77423 – Hengst). Entsprechendes gilt für einen Mahnbescheid nach deutschem Recht (EuGH 16.6.1981 – C-166/80, Slg. 1981, 1593 Rn. 9 = BeckRS 2004, 71899 – Klomps). Hier ist das verfahrenseinleitende Schriftstück der Mahnbescheid mit dem zu Grunde liegenden Antrag (BGH NJW-RR 2010, 1001 Rn. 8; OLG Düsseldorf IPRax 2014, 67 (69) = BeckRS 2012, 19026). Ist ein Zahlungsbefehl unverzüglich ohne rechtliches Gehör ergangen (vgl. ital. *decreto ingiuntivo immediatamente esecutivo*), liegt kein verfahrenseinleitendes Schriftstück vor (OLG Düsseldorf IPRspr. 2007 Nr. 201). Der **Vollstreckungsbescheid** nach deutschem Recht ist ebenfalls kein verfahrenseinleitendes Schriftstück (EuGH 16.6.1981 – C-166/80, Slg. 1981, 1593 Rn. 9 = BeckRS 2004, 71899 – Klomps). Er ist vollstreckbare Entscheidung (vgl. *Kropholler/v. Hein* Brüssel I-VO Art. 34 Rn. 32; Simons/Hausmann/*Teixeira de Sousa* Brüssel I-VO Art. 34 Rn. 45a). **22**

Verfahrenseinleitendes Schriftstück sind nicht die **Anlagen einer Klageschrift,** die lediglich Beweisfunktion haben (EuGH 8.5.2008 – C-14/07, Slg. 2008 I-3367 Rn. 69 = NJW 2008, 1721 – Weiss). Bei Annexverfahren wie Kostenfestsetzungsbeschlüssen kommt es darauf an, ob das das Hauptverfahren einleitende Schriftstück rechtzeitig zugestellt wurde (Kindl/Meller-Hannich/Wolf/*Mäsch* Brüssel I-VO Art. 34 Rn. 21; Stein/Jonas/*Oberhammer* Brüssel I-VO Art. 34 Rn. 57). Kommt es im Laufe des Verfahrens zu einer Klageänderung- oder Erweiterung, ist nur ein Verstoß gegen den verfahrensrechtlichen ordre public (Art. 40 lit. a) möglich (BGH NJW-RR 1987, 377 (378); NJW 1990, 2201 (2203)). **23**

2. Zustellung

Ob die Zustellung **rechtzeitig** war, hat das Zweitgericht in eigener Verantwortung und nach seinem eigenen Ermessen zu prüfen, ohne an die Feststellungen des Erstgerichts gebunden zu sein (EuGH 16.6.1981 – C-166/80, Slg. 1981, 1593 Rn. 16 = BGH NJW 2008, 1531 Rn. 14 – Klomps). Die Zustellung ist rechtzeitig, wenn der Beklagte genügend Zeit zur Vorbereitung seiner Verteidigung hatte. Dies hängt von den tatsächlichen Umständen des Einzelfalls ab, wobei den Ladungsfristen im Zweitstaat allenfalls eine gewisse Indizwirkung zukommen kann (BGH NJW 1986, 2197; OLG Hamm IPRax 2004, 258). **24**

25 Dass der Beklagte tatsächlich von dem verfahrenseinleitenden Schriftstück Kenntnis genommen hat, ist nicht erforderlich. Es genügt die Zustellung. Das Gericht des Zweitstaates muss daher im Regelfall nur prüfen, ob dem Beklagten vom Zeitpunkt der **Zustellung an ein ausreichender Zeitraum** zur Vorbereitung geblieben ist. Jedoch können außergewöhnliche Umstände dafür sprechen, dass die Zustellung nicht ausreichend war, um den Beklagten in die Lage zu versetzen, die zu seiner Verteidigung erforderlichen Schritte einzuleiten (EuGH 16.6.1981 – C-166/80, Slg. 1981, 1593 Rn. 19 = BeckRS 2004, 71899 – Klomps). Außergewöhnliche Umstände können dabei auch noch nach der Zustellung eintreten, etwa dann, wenn der Kläger erfährt, dass der Beklagte seinen Wohnsitz verlegt hat. Hier muss das Gericht abwägen, ob es in der Kenntnis des Klägers einen außergewöhnlichen Umstand sieht oder diesen Umstand wegen des dem Beklagten zurechenbaren Verhaltens, dass ihn das Schriftstück nicht erreicht, für unmaßgeblich hält (EuGH 11.6.1985 – C-49/84, Slg. 1985, 1779 Rn. 22, 32 = BeckRS 2004, 73197 – Debaecker).

26 Eine Faustregel für ausreichende Verteidigungsfristen lässt sich nur schwer bilden. Eine Zeitspanne von unter **drei Wochen** reicht jedoch im Zweifel nicht aus, damit der Beklagte sich angemessen verteidigen kann (vgl. OLG Hamm NJW-RR 1988, 446; jurisPK-BGB/*Schärtl* EuErbVO Art. 40 Rn. 19; Geimer/Schütze/*Franzmann/Schwerin* IRV EuErbVO Art. 40 Rn. 9). Maßgeblich ist der Zeitraum zu berücksichtigen, über den der Beklagte tatsächlich verfügte, um den Erlass einer vollstreckbaren Versäumnisentscheidung zu verhindern. Bei einem Versäumnisurteil ist dies der neue Termin, auf den das Versäumnisurteil ergeht (BGH NJW-RR 2002, 1151; NJW 2006, 701 Rn. 12 f.). Im Übrigen gilt, dass eine Einzelfallbetrachtung unter Berücksichtigung von Wertungen tatsächlicher Art erfolgen muss (EuGH 11.6.1985 – C-49/84, Slg. 1985, 1779 Rn. 27 – Debaecker). Zu berücksichtigen sind insbesondere auch die mit der Verteidigung vor ausländischen Gerichten verbundenen Schwierigkeiten (Rauscher/*Leible* Brüssel Ia-VO Art. 45 Rn. 49; Stein/Jonas/*Oberhammer* Brüssel I-VO Art. 34 Rn. 69).

27 Bei einer **öffentlichen Zustellung** ist zu berücksichtigen, dass der Beklagte im Regelfall keine effektive Möglichkeit einer Kenntnisnahme hat. Andererseits kann aber auch nicht jede öffentliche Zustellung gegen Art. 40 lit. b verstoßen. Eine öffentliche Zustellung muss möglich sein, wenn der Aufenthaltsort des Beklagten unbekannt ist und das Gericht etwaigen nach seinem Recht bestehenden Pflichten zur Nachforschung des Aufenthaltsortes nachgekommen ist. Darüber hinaus muss der Beklagte aber zumindest seine Obliegenheiten zur Mitteilung einer zustellungsfähigen Anschrift verletzt haben, weil er mit einer Klage rechnen musste (vgl. BGH NJW 1992, 1239 (1241); 2008, 1531 Rn. 31 ff.; OGH ZfRV 2001, 233 (235); großzügiger OLG Koblenz IPRax 1992, 35). Einer Entscheidung ist nach Art. 40 lit. b die Anerkennung zu versagen, wenn dem Kläger seine Unkenntnis einer zustellungsfähigen Anschrift vorzuwerfen ist. Der EuGH hat sich zu der Frage noch nicht abschließend positioniert, aber angedeutet, dass eine öffentlichen Zustellung regelmäßig nicht den Anforderungen an eine rechtzeitige Zustellung des verfahrenseinleitenden Schriftstücks genügt (EuGH 15.3.2012 – C-292/10, EuZW 2012, 381 Rn. 57 – de Visser mabl Anm *Bach;* 17.11.2011 – C-327/10, EuZW 2012, 103 Rn. 54 – Lindner). Dass eine öffentliche Zustellung stets gegen Art. 40 lit. b verstößt, wird man aber nicht annehmen können. Vielmehr bleibt grundsätzlich im Einzelfall zu prüfen, ob die Einschränkung des rechtlichen Gehörs mit Blick auf den Justizgewährungsanspruch des Klägers und der Durchsetzung von dessen Forderung gerechtfertigt war. Entsprechende Grundsätze müssen auch für **fiktive Inlandszustellungen** (wie die *remise au parquet*) gelten, die jedoch in der Rechtspraxis im Rechtsverkehr zwischen den Mitgliedstaaten stark an Bedeutung verloren haben (vgl. BGH NJW 2011, 1885; für weitere Nachweise s. Rauscher/*Heiderhoff* EuZVO Art. 19 Rn. 5 ff.).

28 Dass die Zustellung als solche nicht **ordnungsgemäß** war, begründet keinen Verstoß gegen Art. 40 lit. b. Es kommt nur darauf an, dass sie in einer Weise erfolgt ist, dass sich der Beklagte verteidigen konnte. Entscheidend ist die **tatsächliche Wahrung** der Verteidigungsrechte (vgl. EuGH 28.4.2009 – C-420/07, Slg. 2009 I-3571 Rn. 75 – Apostolides; BGH NJW-RR 2010, 1001 Rn. 9; BeckOGK/*J. Schmidt* EuErbVO Art. 40 Rn. 32; Geimer/Schütze/*Franzmann/Schwerin* IRV EuErbVO Art. 40 Rn. 7; NK-NachfolgeR/*Köhler* EuErbVO Art. 40 Rn. 6; NK-BGB/*Makowsky* EuErbVO Art. 40 Rn. 8). Der Beklagte muss die Möglichkeit gehabt haben, rechtzeitig vom zuzustellenden Schriftstück Kenntnis zu erlangen und sich zu verteidigen. Dabei gilt ein autonomer Maßstab. Die nach dem Recht des Erststaates ordnungsgemäße Zustellung indiziert, dass die Art und Weise der Zustellung ausreichend war, damit sich der Beklagte verteidigen konnte. Dies gilt jedoch nicht hinsichtlich der Rechtzeitigkeit der Zustellung (Rauscher/*Leible* Brüssel Ia-VO Art. 45 Rn. 49). Schwerwiegende Zustellungsmängel sind ein Anhaltspunkt dafür, dass dem Schuldner keine ausreichende Verteidigungsmöglichkeit zustand (jurisPK-BGB/*Schärtl* EuErbVO Art. 40 Rn. 20; BGH EuZW 2008, 251 Rn. 28, 30: Wohnsitzzustellung an einen Ort, an dem der Beklagte keinen Wohnsitz hat; OLG Hamburg IPRspr. 2008 Nr. 175; BeckOGK/*J. Schmidt* EuErbVO Art. 40 Rn. 32). Eine grenzüberschreitende Zustellung durch die Post mittels einfachen Briefes entgegen den Vorgaben von Art. 14 EuZVO (Einschreiben mit Rückschein oder gleichwertiger Beleg) wird man als derart mangelhaft ansehen können, dass sie wie eine nicht erfolgte Zustellung zu behandeln ist (*Schlosser,* 3. Aufl. 2009, Brüssel I-VO Art. 34 Rn. 17). Ist die Zustellung durch Hinterlegung bei der Post erfolgt, soll dies nur dann zulasten des Adressaten wirken,

wenn in der hinterlassenen Benachrichtigung auf den Inhalt der Sendung hingewiesen wird (OLG Stuttgart NJOZ 2010, 2518 Rn. 21, zw.). Ist das verfahrenseinleitende Schriftstück entgegen den Vorgaben der EuZVO (Art. 8) nicht in der **erforderlichen Übersetzung** beigefügt, fehlt es grundsätzlich an der entsprechenden Möglichkeit der Kenntnisnahme (vgl. OLG Hamburg IPRspr. 2008 Nr. 175; OLG Hamm BeckRS 2014, 02133; juris PK-BGB/*Schärtl* EuErbVO Art. 40 Rn. 20; Bonomi/Wautelet/*Pretelli* Art. 40 Rn. 31; für Übersetzungslast Stein/Jonas/*Oberhammer* Brüssel I-VO Art. 34 Rn. 68). Nach Auffassung des EuGH darf eine Entscheidung nicht anerkannt werden, wenn der Beklagte die Annahme des verfahrenseinleitenden Schriftstücks verweigert hat und eine Übersetzung auch nicht nachgereicht wird (EuGH 8.11.2005 – C-443/03, Slg. 2005-I, 9637 Rn. 68 – Leffler). Hat der Beklagte die Annahme nicht verweigert, obwohl er auf sein Recht zur Annahmeverweigerung hingewiesen wurde (Art. 8 Abs. 1 EuZVO), wird man Art. 40 lit. b jedoch nicht anwenden können (vgl. OLG Bamberg IPRspr. 2006 Nr. 193; *Kropholler/v. Hein* Brüssel I-VO Art. 34 Rn. 40). Anlagen, die lediglich Beweisfunktion haben, müssen nicht übersetzt werden (EuGH 8.5.2008 – C-14/07, Slg. 2008 I-3367 Rn. 60 ff. = NJW 2008, 1721 – Weiss).

3. Nichteinlassung des Beklagten

29 Eine Verweigerung der Anerkennung gem. Art. 40 lit. b scheidet aus, wenn sich der Beklagte auf das Verfahren eingelassen hat. Der Begriff der Einlassung ist autonom auszulegen. Eine Einlassung liegt vor, wenn der Beklagte die **Möglichkeit der Stellungnahme erhalten** und sich **gegen das Verfahren nicht zur Wehr gesetzt hat.** Nicht ausreichend ist es, wenn der Beklagte geltend macht, dass das Gericht unzuständig ist oder dass die Zustellung ihm keine ausreichende Gelegenheit zur Verteidigung gegeben hat (vgl. BGH NJW 2011, 3103 Rn. 19; NK-NachfolgeR/*Köhler* EuErbVO Art. 40 Rn. 5; zum Adhäsionsverfahren vgl. EuGH 21.4.1993 – C-172/91, Slg. 1993 I-1963 Rn. 41 = NJW 1993, 2091 – Sonntag). Tritt für den Beklagten ein von diesem nicht mandatierter Rechtsanwalt auf, hat sich der Beklagte nicht auf das Verfahren eingelassen. Dies gilt selbst dann, wenn das Erstgericht von einer ordnungsgemäßen Vertretung ausgeht und deswegen kein Versäumnisurteil erlässt (EuGH 10.10.1996 – C-78/95, Slg. 1996 I-4943 Rn. 26 = NJW 1997, 1061 – Hendrikman). Der Begriff der „Einlassung" entspricht im Übrigen dem der Einlassung iSv Art. 9 (BeckOGK/*J. Schmidt* EuErbVO Art. 40 Rn. 29).

4. Keine Anfechtung der Entscheidung

30 Nach Art. 40 lit. b fällt die nicht rechtzeitige Zustellung des verfahrenseinleitenden Schriftstücks nicht ins Gewicht, wenn der Beklagte die Entscheidung nicht angefochten hat, obwohl er die Möglichkeit hierzu hatte. Während die Brüssel I-VO von der Einlegung eines Rechtsbehelfs spricht, verwendet die EuErbVO den Begriff der Anfechtung. In der Sache ergeben sich daraus aber keine Unterscheide (BeckOGK/*J. Schmidt* EuErbVO Art. 40 Rn. 27). Hinter dieser Einschränkung steht die prozessökonomische Überlegung, dass der Beklagte zunächst im Erststaat mögliche Rechtsbehelfe einlegen soll, bevor im Rechtsbehelfsverfahren des Zweitstaats eine Überprüfung über eine Rechtzeitigkeit der Zustellung erfolgt (vgl. *Kropholler/v. Hein* Brüssel I-VO Art. 34 Rn. 39). Maßgeblich sind die Regelungen des Urteilsstaats. Diese hat das Beschwerdegericht gem. § 293 ZPO von Amts wegen zu ermitteln (BGH EuZW 2018, 732 Rn. 18).

31 Was unter der **„Möglichkeit"** der Einlegung eines Rechtsbehelfs zu verstehen ist, erschließt sich nicht unmittelbar aus dem Wortlaut der Vorschrift. Nach der Rechtsprechung des EuGH ist die Möglichkeit der Einlegung eines Rechtsmittels nicht bereits dann gegeben, wenn der Beklagte Kenntnis von dem Titel als solchem hat. Erforderlich ist, dass er Kenntnis von seinem Inhalt hatte und diese Kenntnis durch eine Zustellung erlangt hat, die den Vorgaben des Art. 40 lit. b Hs. 1 entspricht, mithin die Zustellung so rechtzeitig erfolgt ist, dass sich der Beklagte noch vor den Gerichten des Erststaates noch verteidigen konnte (vgl. EuGH 14.12.2006 – C-283/05, Slg. 2006-I 12067 Rn. 48 = NJW 2007, 825 – ASML; EuGH EuZW 2016, 618 Rn. 41 – Lebek). Enthält die ausländische Entscheidung keine Rechtsbehelfsbelehrung, obwohl die Möglichkeit der Einlegung eines Rechtsbehelfs nach dem Recht des Erststaates besteht, soll dies nach Auffassung der Rechtsprechung unschädlich sein (OLG Hamm BeckRS 2014, 02133, zw.).

32 Dass die Zustellung erfolgt ist, nachdem das Exequaturverfahren bereits eingeleitet worden ist, spielt keine Rolle. Entscheidend ist lediglich, dass der Beklagte die Möglichkeit hat, mit einem Rechtsbehelf geltend zu machen, dass ihm das **verfahrenseinleitende Schriftstück nicht zugestellt** worden ist (BGH NJW-RR 2010, 1001 Rn. 16; enger OLG Zweibrücken IPRax 2006, 487 (488) = BeckRS 2005, 06239). Erfasst werden sämtliche Rechtsbehelfe, die auf die fehlende oder mangelhafte Zustellung gestützt werden können, insbesondere auch der Antrag auf Wiedereinsetzung in den vorigen Stand (EuGH 7.7.2016 – C-70/15, EuZW 2016, 618 Rn. 41 – Lebek; BGH NJW-RR 2010, 1001 Rn. 14; BeckOGK/*J. Schmidt* EuErbVO Art. 40 Rn. 34; jurisPK-BGB/*Schärtl* EuErbVO Art. 40 Rn. 15; Stein/Jonas/*Oberhammer* Brüssel I-VO Art. 34 Rn. 79). Hierzu gehört auch die Möglichkeit eines Antrags auf Wiedereinsetzung gemäß Art. 19 Abs. 4 EuZVO. Auch die Möglichkeit der Einlegung

eines Einspruchs gegen ein Versäumnisurteil genügt (BGH NJW 2014, 2365 Rn. 4). Dass der Schuldner jeden Rechtsbehelf ergreifen muss, mit dem er in der Sache gegen die Entscheidung vorgehen kann, wird man nicht verlangen können (BGH NJW-RR 2010, 1001 Rn. 14; OLG Zweibrücken IPRax 2006, 487 (488) = BeckRS 2005, 06239; strenger Geimer/Schütze/*Geimer* Brüssel Ia-VO Art. 45 Rn. 122). Dass eine Nichtigkeitsklage erhoben werden kann, genügt nicht (EuGH 10.10.1996 – C-78/95 Slg. 1996 I-4943 Rn. 19 = NJW 1997, 1061 – Hendrikman).

33 Wird dem Beklagten der Mahnbescheid ohne Mahnantrag zugestellt, schadet dies nicht, wenn der Mahnbescheid den Inhalt des Mahnantrags wiedergibt und der Mahnantrag keinen zusätzlichen Informationswert hat (*H. Roth* IPRax 2014, 49 (50); aA OLG Düsseldorf IPRax 2014, 67). Erforderlich ist nur, dass der Anspruch hinreichend individualisiert bezeichnet ist.

34 Art. 40 lit. b ist nicht einschlägig, wenn der Beklagte nicht nur die Möglichkeit hatte, einen Rechtsbehelf einzulegen, sondern von dieser **Möglichkeit tatsächlich Gebrauch** gemacht hat (EuGH 28.4.2009 – C-420/07, Slg. 2009 I-3571 Rn. 75 – Apostolides; BGH NJW 2014, 2365 Rn. 4). Wird das eingelegte Rechtsmittel wegen nicht erfolgter Zahlung eines Gerichtskostenvorschusses zurückgewiesen, kommt eine Anerkennungsverweigerung nach Art. 40 lit. b nicht mehr in Betracht (BGH WM 2012, 662 Rn. 19).

35 Das Zweitgericht ist befugt, im Rahmen des Rechtsbehelfsverfahrens (→ Art. 50 Rn. 5 ff.), eine eigenständige Beweiswürdigung vorzunehmen, ob dem Beklagten das verfahrenseinleitende Schriftstück rechtzeitig und in einer Weise zugestellt wurde, dass er sich verteidigen konnte (EuGH EuZW 2012, 912 Rn. 38 – Trade Agency). Derjenige, der die Vollstreckbarerklärung unter Vorlage der Bescheinigung gem. Art. 46 Abs. 3 lit. b begehrt, muss darlegen, dass dem Antragsgegner das Schriftstück zugestellt wurde. Liegt eine Bescheinigung vor, muss der Antragsgegner die Unrichtigkeit der Bescheinigung darlegen und beweisen (OLG Stuttgart BeckRS 2013, 21135; Geimer/Schütze/Peiffer/*Peiffer* IRV Brüssel Ia-VO Art. 45 Rn. 85).

5. Besonderheiten bei Verfahren der freiwilligen Gerichtsbarkeit

36 Zweifelhaft ist, ob Art. 40 lit. b auch auf **nichtstreitige Verfahren** bzw. **Verfahren der freiwilligen Gerichtsbarkeit** angewendet werden kann. Der Wortlaut der Vorschrift („Beklagten") legt eine Anwendung nur auf kontradiktorische Verfahren der streitigen Gerichtsbarkeit nahe. Außerdem ist nach der Rechtsprechung des EuGH die entsprechende Parallelvorschrift der Brüssel I-VO „offensichtlich" nur auf kontradiktorische Verfahren anwendbar (EuGH 21.5.1980 – C-125/79 Slg. 1980, 1553 Rn. 8 f. – Denilauler; 2.4.2009 – C-394/07, Slg. 2009-I 2582 Rn. 23 – Gambazzi). In der Literatur wird gleichwohl vertreten, dass Art. 40 lit. b auch auf nichtstreitige Verfahren angewendet werden muss. Mit Blick auf den Stellenwert des rechtlichen Gehörs müsse man von einem weiten Beklagtenbegriff ausgehen. Beklagter sei, wer nach mitgliedstaatlichem Verfahrensrecht auf Antrag oder von Amts wegen zu beteiligen und von der Entscheidung betroffen sei (BeckOGK/*J. Schmidt* EuErbVO Art. 40 Rn. 27; NK-BGB/*Makowsky* EuErbVO Art. 40 Rn. 7; jurisPK-BGB/*Schärtl* EuErbVO Art. 40 Rn. 18; MüKoBGB/*Dutta* EuErbVO Art. 40 Rn. 5; MüKoFamFG/*Rauscher* EuErbVO Art. 40 Rn. 10). Dieser Ansicht wird man iE zustimmen können. Allerdings erscheint es überzeugend, Art. 40 lit. b nur anzuwenden, wenn die Stellung des Verfahrensbeteiligten der eines Beklagten funktional entspricht (materielle Rechtskraft oder Vollstreckbarkeit). Außerdem ist erforderlich, dass es nach der lex fori des Erststaates ein der Klageschrift vergleichbares verfahrenseinleitendes Schriftstück gibt. In allen übrigen Fällen wird man nur Art. 40 lit. a anwenden können, wenn einem von einem Verfahren unmittelbar Betroffenen kein rechtliches Gehör gewährt worden ist (Geimer/Schütze/*Franzmann*/*Schwerin* IRV EuErbVO Art. 40 Rn. 4, 6; vgl. den Rechtsgedanken von Art. 39 lit. c Brüssel IIb-VO). Im Übrigen ist eine Anwendung von Art. 40 Abs. 1 lit. b EuErbVO weder sachgerecht noch zielführend. Zum einen erschließt sich nicht, warum bereits das verfahrenseinleitende Schriftstück zugestellt werden muss und nicht zu einem späteren Zeitpunkt rechtliches Gehör gewährt werden kann. Zum anderen ist die Zustellung des Schriftstücks gar nicht immer geboten, wenn eine Anhörung eines Betroffenen nach der lex fori auch formlos erfolgen kann. Selbst wenn die Entscheidung in formelle Rechtskraft erwachsen sein sollte, muss der Beteiligte zunächst ein neues Verfahren beantragen, bevor er sich auf die Anerkennungsverweigerung berufen kann. Insoweit ist der Rechtsgedanke des Art. 40 lit. b EuErbVO anzuwenden (MüKoFamFG/*Rauscher* EuErbVO Art. 40 Rn. 10). Bei einem Ausschließungsbeschluss im Aufgebotsverfahren (§ 439 Abs. 1 FamFG) ist damit zunächst ein Antrag auf Wiedereinsetzung zu stellen, sollte der Betroffene keine Kenntnis von dem Aufgebot erlangt haben (§ 439 Abs. 4 iVm § 17 FamFG, hierzu Keidel/*Zimmermann* FamFG § 439 Rn. 9).

IV. Unvereinbarkeit mit Entscheidung aus Zweitstaat – lit. c

1. Allgemeines

37 Nach Art. 40 lit. c wird die Entscheidung eines anderen Mitgliedstaates nicht anerkannt, wenn sie mit einer Entscheidung des Anerkennungsstaates unvereinbar ist, die zwischen denselben Parteien ergangen

ist. Die Vorschrift normiert einen **unbedingten Vorrang für Entscheidungen des Anerkennungsstaates;** den Gerichten des Anerkennungsstaates steht kein Ermessen zu (vgl. EuGH 6.6.2002 – C-80/00, Slg. 2002 I-4995 Rn. 49 = NJW 2002, 2087– Italian Leather). Darauf, ob die Entscheidung des Zweitstaates vor oder nach der Entscheidung des Erststaates ergangen ist, kommt es nicht an. Nach Art. 40 lit. c setzt sich immer die inländische Entscheidung durch (vgl. Stein/Jonas/*Oberhammer* Brüssel I-VO Art. 34 Rn. 80; vgl. auch Art. 21 Abs. 2 UAbs. 2 EuUnthVO). Die Vorschrift muss im Zusammenhang mit den Vorschriften über die Rechtshängigkeit (Art. 17) gelesen werden. Eine grenzüberschreitende Verfahrenskoordination soll auf der Ebene der Rechtshängigkeit gewährleisten, dass keine einander widersprechenden Entscheidungen ergehen, denen nach Art. 40 lit. c die Anerkennung zu versagen ist (vgl. EuGH NJW 2014, 203 Rn. 24 – Salzgitter; BGH WM 2016, 2272 Rn. 16).

2. Entscheidung

Art. 40 lit. c ist nur anwendbar, wenn es sich um Entscheidungen iSv Art. 3 Abs. 1 lit. g handelt (zur Anerkennung → Art. 39 Rn. 6–9; zum Entscheidungsbegriff → Art. 3 Rn. 7 ff.). Widerspricht eine Entscheidung einem gerichtlichen Vergleich, liegt kein Anerkennungsverweigerungsgrund vor (vgl. EuGH 2.6.1994 – C-414/92, Slg. 1994 I-2237 Rn. 20 = NJW 1995, 38 – Solo Kleinmotoren). 38

3. Unvereinbarkeit

Unvereinbar sind zwei Entscheidungen, wenn sie sich in ihren Rechtsfolgen gegenseitig ausschließen (EuGH 4.2.1988 – C-145/86, Slg. 1988, 645 Rn. 22 = NJW 1989, 663 – Hoffmann; BGH WM 2016, 2272 Rn. 16 BeckOGK/*J. Schmidt* EuErbVO Art. 40 Rn. 40; jurisPK-BGB/*Schärtl* EuErbVO Art. 40 Rn. 24; NK-BGB/*Makowsky* EuErbVO Art. 40 Rn. 9). Dabei kommt es nicht darauf an, auf welcher Grundlage die Entscheidung beruht. Maßgeblich sind die Entscheidungswirkungen (EuGH 6.6.2002 – C-80/00, Slg. 2002 I-4995 Rn. 40 = NJW 2002, 2087 – Italian Leather). Der Begriff der Unvereinbarkeit ist autonom auszulegen. Ob die Entscheidungen in ihren Wirkungen unvereinbar sind, beurteilt sich gem. dem Grundsatz der Wirkungserstreckung (→ Art. 39 Rn. 11) aus einem Vergleich der Rechtskraftwirkungen des Erst- und des Zweitstaates (*Lenenbach,* Die Behandlung von Unvereinbarkeiten zwischen rechtskräftigen Zivilurteilen nach deutschem und europäischem Zivilprozeßrecht, 1997, 151; Stein/Jonas/*Oberhammer* Brüssel I-VO Art. 34 Rn. 86; aA (Kernpunkttheorie) Schlosser/Hess/*Hess* Brüssel Ia-VO Art. 45 Rn. 31). Die Rechtsfolgen zweier Entscheidungen schließen sich zB aus, wenn die eine Entscheidung das **kontradiktorische Gegenteil** der anderen Entscheidung bildet. Ergeht im Wege des vorläufigen Rechtsschutzes eine Entscheidung, mit der einem Schuldner aufgegeben wird, bestimmte Handlungen zu unterlassen, ist sie unvereinbar mit einer zwischen denselben Parteien im Zweitstaat ergangenen Entscheidung, mit der die Verhängung einer solchen Maßnahme des vorläufigen Rechtsschutzes abgelehnt wird (EuGH 6.6.2002 – C-80/00, Slg. 2002 I-4995 Rn. 51 = NJW 2002, 2087 – Italian Leather). Die Unvereinbarkeit kann sich auch aus **präjudiziellen Rechtsverhältnissen** ergeben (vgl. *Jenard,* Bericht, 45; EuGH 4.2.1988 – C-145/86, Slg. 1988, 645 Rn. 25 = NJW 1989, 663 – Hoffmann). Gibt das Erstgericht einer Klage auf Herausgabe einer Erbschaft durch Leistungsurteil statt, wäre hiermit eine Feststellungsentscheidung unvereinbar, wonach der Kläger nicht erbberechtigt ist. Dies gilt unabhängig davon, ob sich die Rechtskraft nach der lex fori des Erstgerichts auf die Erbberechtigung erstreckt. Die Rechtskrafterstreckung spielt lediglich für die Frage eine Rolle, ob die Gerichte des Zweitstaates wegen entgegenstehender materieller Rechtskraft über eine Feststellung des Erbrechts nicht mehr entscheiden dürfen (→ Art. 39 Rn. 11). Nicht unvereinbar dürften eine Entscheidung über die Ernennung und die Entlassung eines Testamentsvollstreckers sein. Insoweit spricht viel dafür, den Rechtsgedanken von Art. 24 S. 2 EuUnthVO anzuwenden. 39

Die Hauptsacheentscheidung über die Zuerkennung eines Anspruchs ist mit einer Entscheidung eines anderen mitgliedstaatlichen Gerichts über die Ablehnung eines Antrag auf Prozesskostenhilfe wegen fehlender Erfolgsaussicht nicht unvereinbar, da die Entscheidung über die Gewährung von Prozesskostenhilfe im Wege einer summarischen Prüfung ergeht und keine materielle Rechtskraft erzeugt (BGH NJW 1984, 568; Stein/Jonas/*Oberhammer* Brüssel I-VO Art. 34 Rn. 90). 40

Abweichende Entscheidungen im **vorläufigen Rechtsschutz** und im **Hauptsacheverfahre**n können miteinander vereinbar sein (Rauscher/*Leible* Brüssel Ia-VO Art. 45 Rn. 64). Hat ein Gericht gegenüber einem Testamentsvollstrecker auf Antrag eines Erben ein Verfügungsverbot über einen bestimmten Gegenstand erlassen, stellt nunmehr aber ein anderes Gericht in der Hauptsache fest, dass der Testamentsvollstrecker zur Verfügung über den Gegenstand befugt ist, ist diese Entscheidung im Erststaat anzuerkennen. 41

Ebenfalls kein Fall der Unvereinbarkeit liegt vor, wenn ein mitgliedstaatliches Gericht durch Beschluss über die **Erteilung eines Erbscheins** entschieden hat, nunmehr aber vor den Gerichten eines anderen Staates eine abweichende Erbberechtigung festgestellt wird. Die Entscheidung über die Erteilung eines Erbscheins entfaltet keine nach Art. 39 anzuerkennenden Entscheidungswirkungen (→ Art. 39 Rn. 21). Da die Entscheidung über die Erteilung eines Erbscheins keine materielle Rechtskraft entfaltet, sondern 42 sich nur in der Erteilung eines Legitimationsnachweises erschöpft, liegt aus der Sicht des Zweitstaates kein Fall der Unvereinbarkeit vor. Die Entscheidung des Zweitstaates über die Feststellung des Erbrechts ist im Staat des Erbscheinsverfahrens anzuerkennen. Im Rahmen des mitgliedstaatlichen Nachlassverfahrensrechts ist der rechtskräftigen Entscheidung evtl. durch eine entsprechende Einziehung des Erbscheins Rechnung zu tragen.

4. Zwischen denselben Parteien

43 Hier gelten die Ausführungen zu Art. 17 Abs. 1 entsprechend (→ Art. 17 Rn. 16).

V. Unvereinbarkeit mit Entscheidung in anderem Mitgliedstaat oder Drittstaat – lit. d

44 Die Entscheidung eines anderen mitgliedstaatlichen Gerichts ist nicht anzuerkennen, wenn sie ihrerseits mit einer **früheren Entscheidung eines Drittstaates oder eines anderen Mitgliedstaates unvereinbar** ist. Anders als Art. 40 lit. c verlangt Art. 40 lit. d zusätzlich, dass die Entscheidung wegen desselben Anspruchs ergangen ist. Diesem Tatbestandsmerkmal kommt allerdings keine selbständige Bedeutung zu (jurisPK-BGB/*Schärtl* EuErbVO Art. 40 Rn. 25; *Kropholler/v. Hein* Brüssel I-VO Art. 34 Rn. 58; Stein/Jonas/*Oberhammer* Brüssel I-VO Art. 34 Rn. 95). Die frühere Entscheidung muss lediglich im Anerkennungsstaat anzuerkennen sein. Es setzt sich die frühere Entscheidung durch, dh diejenige, die zuerst ergangen ist (jurisPK-BGB/*Schärtl* EuErbVO Art. 40 Rn. 25). Nach richtiger Auffassung ist Art. 40 lit. d analog anzuwenden, wenn die unvereinbaren Entscheidungen von den Gerichten **desselben Mitgliedstaates** herrühren, da ein zur Anerkennung beider Entscheidungen verpflichteter anderer Mitgliedstaat nicht überprüfen kann, welche der beiden Entscheidungen zutreffend und anzuerkennen bzw. zu vollstrecken ist (vgl. zur Brüssel I-VO *Mäsch* EuZW 2013, 903 (905); **aA** EuGH NJW 2014, 203 Rn. 40 – Salzgitter; BeckOGK/*J. Schmidt* EuErbVO Art. 40 Rn. 45; jurisPK-BGB/*Schärtl* EuErbVO Art. 40 Rn. 26). Mit Blick auf die übrigen Voraussetzungen des Art. 40 lit. d ergeben sich keine Abweichungen zu Art. 40 lit. c.

Artikel 41 Ausschluss einer Nachprüfung in der Sache

Die in einem Mitgliedstaat ergangene Entscheidung darf keinesfalls in der Sache selbst nachgeprüft werden.

1 Art. 41 normiert das sog. Verbot der *révision au fond,* wie es zahlreichen Verordnungen im Bereich der grenzüberschreitenden justiziellen Zusammenarbeit bekannt ist (vgl. Art. 36 Brüssel I-VO; Art. 52 Brüssel Ia-VO; Art. 42 EuUnthVO; Art. 71 Brüssel IIb-VO; BeckOGK/*J. Schmidt* EuErbVO Art. 41 Rn. 4; jurisPK-BGB/*Schärtl* EuErbVO Art. 41 Rn. 1; Geimer/Schütze/*Franzmann/Schwerin* IRV EuErbVO Art. 41 Rn. 1). Das Verbot der *révision au fond* ist unabdingbare Voraussetzung für die grenzüberschreitende Urteilsfreizügigkeit und ist ein wesentlicher Baustein in der unionalen Zusammenarbeit in Erbsachen.

2 Die Gerichte des Zweitstaates dürfen die anzuerkennende Entscheidung nicht auf Rechtsfehler überprüfen. Anerkennungsverweigerungsgründe werden in Art. 40 abschließend normiert (→ Art. 40 Rn. 1). Das Gericht darf die ausländische Entscheidung weder in tatsächlicher noch rechtlicher Hinsicht einer erneuten Prüfung unterziehen (EuGH 28.3.2000 – C-7/98, Slg. 2000 I-1935 Rn. 36 = NJW 2000, 1853 – Krombach; EuGH 25.5.2016 – C-559/14, EuZW 2016, 713 Rn. 53 – Meroni; BeckOGK/*J. Schmidt* EuErbVO Art. 41 Rn. 6; NK-BGB/*Makowsky* EuErbVO Art. 41 Rn. 2), auch nicht im Hinblick auf die Zuständigkeit des Erstgerichts (EuErbVO → Art. 40 Rn. 2). Unbenommen ist dem Gericht jedoch die Überprüfung, ob die Entscheidung in den Anwendungsbereich der EuErbVO fällt (→ Art. 39 Rn. 3).

Artikel 42 Aussetzung des Anerkennungsverfahrens

Das Gericht eines Mitgliedstaats, vor dem die Anerkennung einer in einem anderen Mitgliedstaat ergangenen Entscheidung geltend gemacht wird, kann das Verfahren aussetzen, wenn im Ursprungsmitgliedstaat gegen die Entscheidung ein ordentlicher Rechtsbehelf eingelegt worden ist.

1 Die Vorschrift entspricht inhaltlich Art. 37 Brüssel I-VO und Art. 27 Brüssel IIa-VO (ähnlich auch Art. 33 Brüssel IIa-VO). Sie verfolgt das Ziel, einander widersprechende Entscheidungen zu verhindern, gilt aber nur für die Anerkennung nach Art. 39 Abs. 1 und das **Inzidentanerkennungsverfahren** nach Art. 39 Abs. 3 (BeckOGK/*J. Schmidt* EuErbVO Art. 42 Rn. 5; NK-NachfolgeR/*Köhler* EuErbVO

Art. 42 Rn. 1; jurisPK-BGB/*Schärtl* EuErbVO Art. 42 Rn. 1; NK-BGB/*Makowsky* EuErbVO Art. 42 Rn. 2). Steht wegen eines im Erststaat anhängigen Rechtsbehelfsverfahrens noch nicht endgültig fest, ob die Entscheidung Bestand hat, soll keine Inzidentanerkennung im Zweitstaat ausgesprochen werden. Eine Parallelnorm für die Aussetzung im Rahmen des Vollstreckbarerklärungsverfahrens enthält Art. 53. Auf dieses verweist auch Art. 39 Abs. 2.

Die Aussetzung nach Art. 42 kommt nur in Betracht, wenn es sich bei der ausländischen um eine zumindest vorübergehend verbindliche Entscheidung handelt (BAG IPRspr. 2007, Nr. 180c = BeckRS 2011, 65129). Gegen die Entscheidung muss im Erststaat ein **ordentlicher Rechtsbehelf eingelegt** worden sein. Der Begriff des ordentlichen Rechtsbehelfs ist autonom auszulegen. Er erfasst jeden Rechtsbehelf, der zur Aufhebung oder Abänderung der Entscheidung führen kann und der nach dem Recht des Erststaats innerhalb einer gesetzlichen Frist eingelegt werden muss, die von der Entscheidung abhängt. Nicht ausreichend ist, dass der Rechtsbehelf von einem unvorhersehbaren Ereignis oder davon abhängt, dass ihn ein Dritter einlegt, gegenüber dem keine Rechtsbehelfsfrist läuft (vgl. EuGH 22.11.1977 – C-43/77, Slg. 1977, 2175 Rn. 28, 35/48, 42 = BeckRS 2004, 71182 – Industrial Diamond; NK-NachfolgeR/*Köhler* EuErbVO Art. 42 Rn. 1). Ordentliche Rechtsbehelfe sind etwa die Berufung oder Revision, die (fristgebundene) Beschwerde (auch in Angelegenheiten der freiwilligen Gerichtsbarkeit) oder der Einspruch gegen ein Versäumnisurteil, nicht jedoch ein Rechtsbehelf im Wiederaufnahmeverfahren (BeckOGK/*J. Schmidt* EuErbVO Art. 42 Rn. 10.1 f.; Geimer/Schütze/*Franzmann/Schwerin* IRV EuErbVO Art. 42 Rn. 3). 2

Art. 42 verpflichtet das Gericht nicht, das Verfahren auszusetzen, sondern räumt ihm **Ermessen** ein. Eine Aussetzung ist ermessensfehlerfrei, wenn vernünftige Zweifel am endgültigen Schicksal der Entscheidung bestehen (EuGH 22.11.1977 – C-43/77, Slg. 1977, 2175 Rn. 32/34 = BeckRS 2004, 71182 – Industrial Diamond; jurisPK-BGB/*Schärtl* EuErbVO Art. 42 Rn. 2; Geimer/Schütze/*Franzmann/Schwerin* IRV EuErbVO Art. 42 Rn. 2). 3

Artikel 43 Vollstreckbarkeit

Die in einem Mitgliedstaat ergangenen und in diesem Staat vollstreckbaren Entscheidungen sind in einem anderen Mitgliedstaat vollstreckbar, wenn sie auf Antrag eines Berechtigten dort nach dem Verfahren der Artikel 45 bis 58 für vollstreckbar erklärt worden sind.

I. Hintergrund

Die EuErbVO folgt wie Art. 38 der früheren Brüssel I-VO und Art. 26 EuUnthVO (Entscheidungen aus nicht an das Haager Unterhaltsprotokoll gebundenen Mitgliedstaaten) dem Modell des **Exequaturverfahrens.** Die Entscheidungen in Erbsachen bedürfen zu ihrer Vollstreckbarkeit somit einer gestaltenden Entscheidung des Vollstreckungsmitgliedstaates (BeckOGK/*J. Schmidt* EuErbVO Art. 43 Rn. 8; jurisPK-BGB/*Schärtl* EuErbVO Art. 43 Rn. 2). In anderen Rechtsakten der justiziellen Zusammenarbeit hat der europäische Gesetzgeber das Exequaturverfahren mittlerweile abgeschafft (Art. 34 ff., Art. 45 ff. Brüssel IIb-VO; Art. 38 Abs. 2 Brüssel Ia-VO). Es ist kritisch zu hinterfragen, warum das Exequaturverfahren im Rahmen der EuErbVO beibehalten wurde (BeckOGK/*J. Schmidt* EuErbVO Art. 43 Rn. 4; MüKoBGB/*Dutta* EuErbVO Art. 43 Rn. 9). Mit Blick auf die Besonderheiten des Erbrechts und die nur geringe Binnenmarktrelevanz einer rascheren grenzüberschreitenden Vollstreckung erscheint es zumindest nicht zwingend geboten, das Exequaturverfahren aufzugeben, wenngleich der Gedanke der Kohärenz des Unionsprivatrechts für eine Angleichung spricht. 1

Nach der derzeitigen Rechtslage muss der Gläubiger eines erbrechtlichen Titels die **Vollstreckung** zwingend **nach den Bestimmungen EuErbVO** betreiben und kann insoweit nicht auf die EuVTVO ausweichen (Art. 2 Abs. 2 lit. a EuVTVO; vgl. Geimer/Schütze/*Franzmann/Schwerin* IRV EuErbVO Art. 43 Rn. 2; NK-BGB/*Makowsky* EuErbVO Art. 43 Rn. 3). Eine Vollstreckbarerklärung nach den Bestimmungen des mitgliedstaatlichen Rechts ist unzulässig, da Art. 43 ff. abschließende Spezialregeln enthalten (MüKoFamFG/*Rauscher* EuErbVO Art. 43 Rn. 2). 2

II. Gesetzessystematik

Art. 43 verweist für das Vollstreckbarerklärungsverfahren auf die Art. 45 bis 58. Bei der Entscheidung muss es sich um eine nach dem **Recht des Erststaates vollstreckbare Entscheidung** handeln; der Gläubiger muss außerdem einen entsprechenden Antrag stellen. Die Art. 45 bis 49 befassen sich mit dem Verfahren der Vollstreckbarerklärung. Bei diesem Verfahren handelt es sich nicht um ein kontradiktorisches Verfahren; dem Schuldner wird grds. kein rechtliches Gehör gewährt. Art. 50 und Art. 51 regeln die Rechtsbehelfe gegen die Entscheidung zur Vollstreckbarerklärung. Art. 52 normiert dabei den vom Gericht im Rahmen des Rechtsbehelfsverfahrens zu beachtenden Prüfungsmaßstab. 3

Wann das Verfahren auszusetzen ist, bestimmt Art. 53. Art. 54 bis Art. 58 befassen sich mit Spezialfragen. Die EuErbVO kennt keine dem Art. 49 Brüssel I-VO entsprechende Bestimmung für die Vollstreckung von **Zwangsgeldern.** Fraglich ist, wie diese Lücke zu schließen ist. Auch in erbrechtlichen Angelegenheiten ist die Verhängung von Zwangsgeldern denkbar, zB wenn ein Erbe seiner Pflicht gegenüber einem Pflichtteilsberechtigten zur Erstellung eines Nachlassverzeichnisses nicht nachkommt. Warum die EuErbVO keine entsprechende Bestimmung enthält, lässt sich nicht klären. Sachgerecht, wenn auch methodisch nicht unproblematisch, ist die analoge Anwendung von Art. 55 Brüssel Ia-VO (vormals Art. 49 Brüssel I-VO) (MüKoBGB/*Dutta* EuErbVO Art. 43 Rn. 7). Eine unmittelbare Anwendung der Brüssel Ia-VO scheidet aus, da die Vollstreckung des Zwangsgelds in einer erbrechtlichen Angelegenheit deren Rechtsnatur teilt und die Rechtsnatur des Zwangsgelds aus der erbrechtlichen keine allgemeine zivilrechtliche Sache macht (aA MüKoFamFG/*Rauscher* EuErbVO Art. 43 Rn. 4).

III. Voraussetzungen der Vollstreckbarerklärung

1. Antrag eines Berechtigten

4 Voraussetzung für die Vollstreckbarerklärung ist der Antrag eines Berechtigten. Antragsberechtigt ist, wer sich nach dem **Recht des Erststaates** auf die Entscheidung berufen kann, also im Regelfall der Titelgläubiger (BeckOGK/*J. Schmidt* EuErbVO Art. 43 Rn. 15; NK-BGB/*Makowsky* EuErbVO Art. 43 Rn. 6; vgl. bereits *Jenard,* Bericht, 49). Antragsgegner ist der Titelschuldner. Im Falle einer **Rechtsnachfolge** ist ebenfalls das Recht des Erststaates maßgeblich, insbesondere auch für die Voraussetzungen und deren Nachweis (vgl. § 6 IntErbRVG; → IntErbRVG § 6 Rn. 1 ff.). Fälle der Rechtsnachfolge können zB vorliegen, wenn ein gegen den Erbteilsveräußerer ergangener Titel gegen den Erwerber des Erbteils umzuschreiben ist. Der Fall der Umschreibung eines gegen den Erblasser erstrittenen Titels dürfte insoweit keine Rolle spielen, da es sich hier nicht um unter die EuErbVO fallende Entscheidungen handeln wird. **Titelgläubiger** und **Titelschuldner** müssen sich jeweils mit der erforderlichen **Bestimmtheit** ermitteln lassen. Eine Vollstreckung ist möglich, wenn durch Auslegung aus dem Gesamtzusammenhang der Verfahrenserklärung ermittelt werden kann, gegen welche Person sich der Titel richtet (vgl. BGH NJW-RR 2009, 854 Rn. 9).

2. Vollstreckbarkeit im Ursprungsstaat

5 Voraussetzung für eine Vollstreckung ist, dass die Entscheidung einen **vollstreckungsfähigen Inhalt** hat. In Verfahren der freiwilligen Gerichtsbarkeit ergangene Entscheidungen sind in vielen Fällen nur anzuerkennen, aber nicht zu vollstrecken, zB eine Entscheidung über die Ernennung eines Testamentsvollstreckers (vgl. MüKoBGB/*Dutta* EuErbVO Art. 43 Rn. 2; NK-BGB-*Makowsky* EuErbVO Art. 43 Rn. 8). Außerdem muss die Entscheidung auch **vollstreckbar** sein. Dies ist durch die Bescheinigung nach Art. 46 Abs. 3 lit. b EuErbVO nachzuweisen (gem. dem Formblatt in Anhang I der Durchführungsverordnung VO (EU) Nr. 1329/2014; → Art. 46 Rn. 3). Unmaßgeblich ist, ob die Entscheidung bereits endgültig oder nur vorläufig vollstreckbar ist (BeckOGK/*J. Schmidt* EuErbVO Art. 43 Rn. 17; NK-BGB/*Makowsky* EuErbVO Art. 43 Rn. 7; MüKoFamFG/*Rauscher* EuErbVO Art. 43 Rn. 2). Es kommt lediglich auf die **formelle Vollstreckbarkeit** an (vgl. EuGH 29.4.1999 – C-267/97, Slg. 1999 I 2543 Rn. 31 = BeckRS 2004, 75837 – Coursier). Einwendungen gegen die Vollstreckung können nur im Rechtsbehelfsverfahren nach Art. 50 geltend gemacht werden. Ist die Entscheidung im Erststaat lediglich aus faktischen Gründen nicht vollstreckbar, ändert dies an der Vollstreckbarkeit iSv Art. 43 nichts (vgl. EuGH 28.4.2009 – C-420/07, Slg. 2009 I-3571 Rn. 70 = BeckRS 2009, 70441 – Apostolides). Hängt die Vollstreckung von **besonderen Bestimmungen** (zB Leistung einer Sicherheit) ab, muss der Gläubiger hierfür einen Nachweis nach dem Recht des Erststaates erbringen (vgl. § 6 IntErbRVG). Wird die ausländische Entscheidung **aufgehoben bzw. abgeändert,** während das Verfahren auf Vollstreckbarerklärung läuft, darf die Entscheidung nicht mehr für vollstreckbar erklärt werden (vgl. BGH NJW 1980, 2022; vgl. auch → Art. 52 Rn. 4). Dies gilt auch, wenn die Vollstreckung im Erststaat ausgesetzt wird (BGH NJW-RR 2010, 1079 Rn. 8). Wird die Entscheidung aufgehoben bzw. abgeändert, besteht nach erfolgter Vollstreckbarerklärung die Möglichkeit, dies nachträglich mit einem Rechtsbehelf geltend zu machen (vgl. § 24 IntErbRVG) oder Schadensersatz zu verlangen (vgl. § 26 IntErbRVG).

3. Ausreichend bestimmte Leistungspflicht

6 Ein ausländischer Titel in einer Erbsache kann nur für vollstreckbar erklärt werden, wenn er den zu vollstreckenden **Anspruch** des Gläubigers nach seinem **Inhalt** und **Umfang hinreichend genau** bezeichnet (BeckOGK/*J. Schmidt* EuErbVO Art. 43 Rn. 21; NK-BGB/*Makowsky* EuErbVO Art. 43 Rn. 8; vgl. auch BGHZ 122, 16 (17) = NJW 1993, 1801). Der Titel kann dabei auch vom Vollstre-

ckungsorgan ausgelegt werden, wenn er aus sich heraus genügend bestimmt ist bzw. sämtliche Kriterien für seine Bestimmbarkeit festlegt (BGH NJW 2014, 702 Rn. 8). Eine Auslegung ist möglich, wenn sie sich aus dem Titel oder aufgrund allgemein zugänglicher Urkunden bzw. sicher feststellbarer Umstände ableiten lässt (BGHZ 122, 16 (17) = NJW 1993, 1801; WM 2014, 42 Rn. 9). Erwähnt der ausländische Vollstreckungstitel eine Forderung nicht ausdrücklich, kann sie dennoch für vollstreckbar erklärt werden, soweit sie nach dem Recht des Erststaates vollstreckt werden kann, ohne dass sie ausdrücklich tituliert worden ist (BGH NJW 2014, 702 Rn. 10). Dies gilt insbesondere auch für die Höhe eines titulierten Anspruchs mit Blick auf etwaige Zinsen (BGH NJW 1990, 3084 (3085)). Ob eine Umrechnung von Fremdwährungsschulden erfolgt, hängt vom Recht des Vollstreckungsstaates ab (*Kropholler/v. Hein* Brüssel I-VO Art. 38 Rn. 16). Nach deutschem Recht erfolgt eine solche Umrechnung im Vollstreckungsverfahren nicht, sondern wird erst relevant, wenn der Schuldner in der Vollstreckung die Forderung begleicht (vgl. Kindl/Meller-Hannich/Wolf/*Mäsch* Brüssel I-VO Art. 38 Rn. 15).

IV. Verfahren der Vollstreckbarerklärung

Das Verfahren der Vollstreckbarerklärung unterliegt dem mitgliedstaatlichen **Recht des Zweitstaates** (Bonomi/Wautelet/*Pretelli* Art. 43 Rn. 10; vgl. Art. 46 Abs. 1; für Deutschland siehe §§ 4 ff. IntErbRVG). Der Antrag muss bei dem nach Art. 45 **zuständigen Gericht** gestellt werden. Der Gläubiger hat seinem Antrag die nach Art. 46 Abs. 3 erforderlichen Dokumente beizufügen. Der Schuldner erhält keine Gelegenheit der Stellungnahme (Art. 48 S. 2). Die Entscheidung muss dem Schuldner nicht vorher zugestellt worden sein. Sie muss ihm lediglich zusammen mit der Vollstreckbarerklärung zugestellt werden (vgl. im Umkehrschluss Art. 49 Abs. 2). Die **Zwangsvollstreckung** richtet sich nach dem Recht des Zweitstaates (BeckOGK/*J. Schmidt* EuErbVO Art. 43 Rn. 10; vgl. auch EuGH 4.2.1988 – C-145/86, Slg. 1988 Rn. 27 – Hoffmann; 29.4.1999 – C-267/97, Slg. 1999 I 2543 Rn. 28 = BeckRS 2004, 75837 – Coursier). 7

Artikel 44 Bestimmung des Wohnsitzes

Ist zu entscheiden, ob eine Partei für die Zwecke des Verfahrens nach den Artikeln 45 bis 58 im Hoheitsgebiet des Vollstreckungsmitgliedstaats einen Wohnsitz hat, so wendet das befasste Gericht sein eigenes Recht an.

Da es im europäischen Internationalen Privatrecht **keine einheitliche Wohnsitzdefinition** gibt, verweist Art. 44 so wie auch Art. 59 Abs. 1 Brüssel I-VO bzw. Art. 62 Abs. 1 Brüssel Ia-VO auf die lex fori, soweit es im Rahmen der Bestimmungen des Exequaturverfahrens auf den Wohnsitz ankommt. Art. 59 Abs. 2 Brüssel I-VO und Art. 62 Abs. 2 Brüssel Ia-VO mussten nicht in die EuErbVO inkorporiert werden, da diese Bestimmungen nur im Zusammenhang mit der internationalen Zuständigkeit und nicht mit der Vollstreckbarerklärung Relevanz erlangen (vgl. Simons/Hausmann/*Ten Wolde/Knot* Brüssel I-VO Art. 59 Rn. 6). 1

In Art. 27 Abs. 1 lit. c knüpft die EuErbVO für das Formstatut ua an den Wohnsitz an. Art. 27 UAbs. 2 enthält eine mit Art. 44 vergleichbare Regelung. Im Recht des **Vollstreckungsmitgliedstaates** (Art. 3 Abs. 1 lit. f) ist der Wohnsitz vor allem im Zusammenhang mit **Art. 45 Abs. 2** (örtlich zuständiges Gericht) von Bedeutung. Art. 44 gilt nicht, soweit es um die Frage geht, ob eine Person ihren Wohnsitz in einem ***anderen*** Mitgliedstaat hat, also im Zusammenhang mit Art. 50 Abs. 4 und Art. 50 Abs. 5 S. 2. In diesem Fall entscheidet in analoger Anwendung von Art. 62 Abs. 2 Brüssel Ia-VO das Recht dieses anderen Mitgliedstaats (jurisPK-BGB/*Schärtl* EuErbVO Art. 44 Rn. 3; MüKoBGB/*Dutta* Brüssel I-VO Art. 44 Rn. 1; anders noch die Vorauflage). 2

In Ausnahmefällen ist denkbar, dass in einer erbrechtlichen Angelegenheit ein **Titel** gegen eine **juristische Person** zu **vollstrecken** ist, zB wenn diese Erbe geworden ist. Die Lücke ist durch eine analoge Anwendung von Art. 63 Abs. 1 Brüssel Ia-VO zu schließen (BeckOGK/*J. Schmidt* EuErbVO Art. 44 Rn. 7; MüKoFamFG/*Rauscher* EuErbVO Art. 44 Rn. 5 aA Geimer/Schütze/*Franzmann/Schwerin* IRV EuErbVO Art. 44 Rn. 4 – Anwendung der lex fori). Alternativ ist beim Wohnsitz juristischer Personen daher auf den Satzungssitz, die Hauptverwaltung oder die Hauptniederlassung abzustellen. 3

Artikel 45 Örtlich zuständiges Gericht

(1) **Der Antrag auf Vollstreckbarerklärung ist an das Gericht oder die zuständige Behörde des Vollstreckungsmitgliedstaats zu richten, die der Kommission von diesem Mitgliedstaat nach Artikel 78 mitgeteilt wurden.**

(2) **Die örtliche Zuständigkeit wird durch den Ort des Wohnsitzes der Partei, gegen die die Vollstreckung erwirkt werden soll, oder durch den Ort, an dem die Vollstreckung durchgeführt werden soll, bestimmt.**

I. Regelungsgegenstand

1 Art. 45 EuErbVO spricht in der amtlichen Überschrift etwas missverständlich von „örtlicher Zuständigkeit". Die Vorschrift regelt jedoch nicht nur die **örtliche** (Abs. 2), sondern auch die **sachliche** und **funktionelle Zuständigkeit** (MüKoFamFG/*Rauscher* EuErbVO Art. 45 Rn. 1). Parallelvorschriften sind in Art. 27 EuUnthVO und den früher geltenden Art. 39 Brüssel I-VO und Art. 29 Brüssel IIa-VO enthalten. Die Zuständigkeit ist jeweils von Amts wegen zu prüfen (vgl. OLG Köln GRUR-RR 2005, 34 (35); OLG Saarbrücken NJW-RR 1993, 190 (191)).

II. Sachliche Zuständigkeit

2 Die sachlich und funktionell zuständige Stelle, bei welcher der Vollstreckungsantrag zu stellen ist, wird durch das **mitgliedstaatliche Recht** bestimmt. Die Mitgliedstaaten haben der Kommission mitzuteilen (Art. 78 Abs. 1 lit. a), bei welchem Gericht der Antrag zu stellen ist. Die Mitteilungen sind über das Europäische Justizportal unter https://e-justice.europa.eu/ unter dem Menüpunkt „Erbrecht" abrufbar. Art. 45 lässt ausdrücklich zu, dass der Antrag nach der lex fori auch bei einer Behörde gestellt werden kann, auch wenn diese nicht nach Art. 3 Abs. 2 als Gericht anzusehen sein sollte. In § 3 Abs. 1 und 3 IntErbRVG ist geregelt, dass in Deutschland ausschließlich das Landgericht für die Vollstreckbarerklärung zuständig ist. Über den Antrag auf Erteilung einer Vollstreckungsklausel entscheidet jeweils der Vorsitzende einer Zivilkammer.

III. Örtliche Zuständigkeit

3 Die EuErbVO regelt an sich nur die internationale gerichtliche Zuständigkeit (vgl. Art. 2). Art. 45 macht hiervon eine Ausnahme (MüKoBGB/*Dutta* EuErbVO Art. 45 Rn. 1). Örtlich zuständig sind die Gerichte an dem Ort, an dem der Vollstreckungsschuldner seinen Wohnsitz hat oder an dem die Vollstreckung durchgeführt werden soll (vgl. auch § 3 Abs. 2 IntErbRVG). Dabei handelt es sich **um eine alternative Zuständigkeit** (Bonomi/Wautelet/*Pretelli* Art. 45 Rn. 3). Der Gläubiger hat ein Wahlrecht, bei welchem der beiden Gerichte er einen Antrag stellt (jurisPK-BGB/*Schärtl* Art. 45 Rn. 5; Rauscher/*Hertel* EuErbVO Art. 45 Rn. 2; zweifelnd MüKoFamFG/*Rauscher* EuErbVO Art. 45 Rn. 4).

4 Der Wohnsitz bestimmt sich gem. Art. 44 EuErbVO nach der lex fori des Vollstreckungsstaates. Maßgeblich ist der Zeitpunkt der Antragstellung. Es wirkt sich nicht auf die **Wohnsitzzuständigkeit** aus, dass der Schuldner seinen Wohnsitz nach Antragstellung verlegt (vgl. BGH RIW 1998, 146 (147) = BeckRS 1997, 31118734; OLG Saarbrücken IPRspr. 1992, Nr. 219; jurisPK-BGB/*Schärtl* EuErbVO Art. 45 Rn. 7; BeckOGK/*J. Schmidt* EuErbVO Art. 45 Rn. 13; Geimer/Schütze/*Franzmann/Schwerin* IRV EuErbVO Art. 45 Rn. 5). Die Anwendung von Artikel 45 kann mit Schwierigkeiten verbunden sein, wenn sich eine Vollstreckung **gegen mehrere** Miterben richtet. Hier wird man wie folgt differenzieren müssen: Hatte der Erblasser seinen letzten Wohnsitz nicht im Vollstreckungsstaat, hat aber einer der beiden Schuldner seinen Wohnsitz im Vollstreckungsstaat, ist nach dem Rechtsgedanken von Art. 8 Nr. 1 Brüssel Ia-VO jedes Wohnsitzgericht auch für die Vollstreckung gegen die anderen Miterben zuständig (BeckOGK/ *J. Schmidt* EuErbVO Art. 45 Rn. 14; jurisPK-BGB/*Schärtl* EuErbVO Art. 45 Rn. 8; NK-BGB/ *Makowsky* EuErbVO Art. 45 Rn. 4; zur Brüssel I-VO vgl. bereits *Geimer* NJW 1975, 1086 (1087); *H. Roth* RIW 1987, 814 (816 f.)). Haben mehrere Miterben ihren Wohnsitz an unterschiedlichen Orten innerhalb desselben Mitgliedstaats, kann der Gläubiger die Vollstreckungsmaßnahme an jedem Wohnsitzgericht für sämtliche Miterben beantragen (MüKoFamFG/*Rauscher* EuErbVO Art. 45 Rn. 6; anders noch die Vorauflage). Richtet sich die Vollstreckung nur **gegen einen** einzelnen Erben, ist aus Gründen des Schuldnerschutzes stets dessen Wohnsitz maßgeblich. Auf den Wohnsitz des Erblassers kommt es nicht an.

5 Verfügt der Schuldner über keinen Wohnsitz im Vollstreckungsstaat, kann der Gläubiger nur das Gericht anrufen, an dem die **Vollstreckung durchgeführt** werden soll. Der Gläubiger muss lediglich substantiiert darlegen, im Sprengel welchen Gerichts die Vollstreckung durchführen zu können. Eine Prüfung durch das Gericht erfolgt insoweit nicht (vgl. BGH RIW 1998, 146 (147) = BeckRS 1997, 31118734; OLG München EuZW 2011, 79 (80)). Für die Zuständigkeit kommt es insoweit auf den Belegenheitsort des Vermögenswertes an. Bei der Vollstreckung in einen Erbanteil wird man anzunehmen haben, dass die Vollstreckung am Wohnsitz des Erben durchgeführt wird (MüKoFamFG/*Rauscher* EuErbVO Art. 45 Rn. 10; anders noch die Vorauflage). Anders stellt sich die Zuständigkeit bei Vollstreckung in einzelne Nachlassgegenstände dar. Hier kommt es auf den Ort der Belegenheit des einzelnen Vermögensgegenstands an; bei Forderungen ist der Sitz des Drittschuldners maßgeblich (vgl. BGH NJW-RR 2013, 880 Rn. 13). Es genügt die schlüssige Behauptung des Gläubigers, dass sich Vermögen an dem jeweiligen Ort befindet. Ausreichend ist auch, dass der Schuldner an den Ort der Vollstreckung

möglicherweise Vermögen verbringt (MüKoFamFG/*Rauscher* EuErbVO Art. 45 Rn. 9; NK-BGB/*Makowsky* EuErbVO Art. 45 Rn. 5).

Artikel 46 Verfahren

(1) **Für das Verfahren der Antragstellung ist das Recht des Vollstreckungsmitgliedstaats maßgebend.**

(2) **Von dem Antragsteller kann nicht verlangt werden, dass er im Vollstreckungsmitgliedstaat über eine Postanschrift oder einen bevollmächtigten Vertreter verfügt.**

(3) **Dem Antrag sind die folgenden Schriftstücke beizufügen:**

a) eine Ausfertigung der Entscheidung, die die für ihre Beweiskraft erforderlichen Voraussetzungen erfüllt;

b) die Bescheinigung, die von dem Gericht oder der zuständigen Behörde des Ursprungsmitgliedstaats unter Verwendung des nach dem Beratungsverfahren nach Artikel 81 Absatz 2 erstellten Formblatts ausgestellt wurde, unbeschadet des Artikels 47.

Art. 46 Abs. 1, der für die Antragstellung auf die **lex fori** des **Vollstreckungsmitgliedstaates** verweist, entspricht Art. 40 Abs. 1 der alten Brüssel I-VO sowie Art. 30 Abs. 1 der früheren Brüssel IIa-VO. Im Gegensatz zu Art. 30 Abs. 2 Brüssel IIa-VO und Art. 40 Abs. 2 Brüssel I-VO, wonach der Antragsteller ein Wahldomizil im Recht des Vollstreckungsmitgliedstaates zu begründen bzw. einen Zustellungsbevollmächtigten zu benennen hat, bestimmt Art. 46 Abs. 2, dass vom Antragsteller **nicht** verlangt werden kann, dass er im Vollstreckungsmitgliedstaat über eine **Postanschrift** oder einen **bevollmächtigten Vertreter** verfügt. Damit ist freilich nicht gemeint, dass das Recht des Vollstreckungsstaates keinen Anwaltszwang vorschreiben darf (BeckOGK/*J. Schmidt* EuErbVO Art. 46 Rn. 11; MüKoFamFG/*Rauscher* EuErbVO Art. 46 Rn. 3). Art. 46 Abs. 3 entspricht im Wesentlichen Art. 40 Abs. 3 iVm Art. 53 f. Brüssel I-VO, Art. 28 EuUnthVO sowie Art. 30 Abs. 3 iVm Art. 37 und Art. 39 Brüssel IIa-VO. 1

Welche Voraussetzungen für den Antrag gelten, bestimmt sich nach dem Recht des Vollstreckungsmitgliedstaates. Dabei sind aber aus dem Unionsrecht abzuleitende Mindestvoraussetzungen mit Blick auf die **Bestimmtheit** des Titelgläubigers, des Titelschuldners, die zu vollstreckende Entscheidung und die Reichweite der Vollstreckung einzuhalten (vgl. *Geimer* JZ 1977, 213 (214)). Das Verfahren der Antragstellung wird in Deutschland durch § 4 IntErbRVG geregelt (→ IntErbRVG § 4 Rn. 1 ff.). 2

Dem Antrag ist eine Ausfertigung der Entscheidung beizufügen; diese muss die für ihre Beweiskraft erforderlichen Voraussetzungen erfüllen (Art. 46 Abs. 3 lit. a). Im Rahmen der Brüssel I-VO geht man davon aus, dass insoweit eine beglaubigte Abschrift ausreicht (Simons/Hausmann/*Würdinger* Brüssel I-VO Art. 33 Rn. 1; jurisPK-BGB/*Schärtl* EuErbVO Art. 46 Rn. 5). Die für die Beweiskraft erforderlichen Voraussetzungen sollen sich nach dem Recht des Erststaates richten (BeckOGK/*J. Schmidt* EuErbVO Art. 46 Rn. 17; vgl. *Jenard,* Bericht, 55). Dass die Ausfertigung an das Gericht des Erststaates zurückgegeben werden muss, steht der Vollstreckbarerklärung nicht im Wege (BGH NJW 1980, 527 (528); OLG Zweibrücken NJOZ 2006, 4373 (4374)). Außerdem ist dem Antrag die Bescheinigung des Gerichts nach dem gem. Art. 80 und Art. 81 Abs. 2 maßgeblichen Formblatt beizufügen. Das **Formblatt** ist in Anhang I der **Durchführungsverordnung VO (EU) Nr. 1329/2014** enthalten (ABl. EU 2014 L 359, 32). Art. 46 Abs. 3 gilt auch für die Inzidentanerkennung nach Art. 39 Abs. 3 (→ Art. 39 Rn. 36). Wird das Formblatt nicht vorgelegt, ist Art. 47 zu beachten. Im IntErbRVG findet sich in § 27 eine Regelung zur Erstellung des Formblatts (→ IntErbRVG § 27 Rn. 1 ff.). Eine elektronische Bescheinigung ist nur möglich, wenn sie sowohl im Recht des Urteilsstaats als auch im Recht des Vollstreckungsstaats vorgesehen ist (MüKoFamFG/*Rauscher* EuErbVO Art. 46 Rn. 8; aA NK-BGB/*Makowsky* EuErbVO Art. 46 Rn. 6: Übermittlung in elektronischer Form genügt). 3

Anhang: Durchführungsverordnung (EU) Nr. 1329/2014 der Kommission vom 9.12.2014 zur Festlegung der Formblätter nach Maßgabe der EuErbVO

(ABl. Nr. L 359 S. 30)

Artikel 1

(1) **Für die Bescheinigung betreffend eine Entscheidung in einer Erbsache gemäß Artikel 46 Absatz 3 Buchstabe b der Verordnung (EU) Nr. 650/2012 ist das Formblatt I in Anhang 1 zu verwenden.**

[…]

Formblatt I

BESCHEINIGUNG

über eine Entscheidung in einer Erbsache

(Artikel 46 Absatz 3 Buchstabe b der Verordnung (EU) Nr. 650/2012 des Europäischen Parlaments und des Rates über die Zuständigkeit, das anzuwendende Recht, die Anerkennung und Vollstreckung von Entscheidungen und die Annahme und Vollstreckung öffentlicher Urkunden in Erbsachen sowie zur Einführung eines Europäischen Nachlasszeugnisses[*1)])

1.	Ursprungsmitgliedstaat[*)]
	□ Belgien □ Bulgarien □ Tschechische Republik □ Deutschland □ Estland □ Griechenland □ Spanien □ Frankreich □ Kroatien □ Italien □ Zypern □ Lettland □ Litauen □ Luxemburg □ Ungarn □ Malta □ Niederlande □ Österreich □ Polen □ Portugal □ Rumänien □ Slowenien □ Slowakei □ Finnland □ Schweden
2.	Gericht oder zuständige Behörde, das/die die vorliegende Bescheinigung ausgestellt hat
2.1.	Name und Bezeichnung des Gerichts bzw. der Behörde[*)]: ....
2.2.	Anschrift
2.2.1.	Straße und Hausnummer/Postfach[*)]: ....
	....
2.2.2.	Ort und Postleitzahl[*)]: ....
2.3.	Telefon[*)]: ....
2.4.	Fax ....
2.5.	E-Mail: ....
2.6.	Sonstige relevante Informationen (bitte angeben): ....
	....
	....
3.	Gericht[*2)], das die Entscheidung erlassen hat (NUR auszufüllen, falls abweichend von der unter 2. genannten Behörde)
3.1.	Name und Bezeichnung des Gerichts[*)]: ....
3.2.	Anschrift
3.2.1.	Straße und Hausnummer/Postfach[*)]: ....
	....
3.2.2.	Ort und Postleitzahl[*)]: ....
3.3.	Telefon[*)]: ....
3.4.	Fax ....
3.5.	E-Mail: ....
4.	Entscheidung
4.1.	Datum (TT. MM.JJJJ) der Entscheidung[*)]: ....
4.2.	Aktenzeichen der Entscheidung[*)]: ....
4.3.	Parteien der Entscheidung[*3)]
4.3.1.	Partei A
4.3.1.	Name und Vorname(n) oder Name der Organisation[*)]: ....
	....
4.3.1.2.	Geburtsdatum (TT. MM.JJJJ) und -ort bzw., im Falle einer Organisation, Datum (TT. MM.JJJJ) und Ort der Registrierung sowie Bezeichnung des Registers/der Registerbehörde: ....
4.3.1.3.	Identifikationsnummer[*4)]
4.3.1.3.1.	Identitätsnummer: ....
4.3.1.3.2.	Sozialversicherungsnummer: ....
4.3.1.3.3.	Registriernummer: ....
4.3.1.3.4.	Sonstige (bitte angeben): ....
4.3.1.4.	Anschrift
4.3.1.4.1.	Straße und Hausnummer/Postfach:...............
	....

	....
4.3.1.4.2.	Ort und Postleitzahl:...............
4.3.1.4.3.	Land
	□ Belgien □ Bulgarien □ Tschechische Republik □ Deutschland □ Estland □ Griechenland □ Spanien □ Frankreich □ Kroatien □ Italien □ Zypern □ Lettland □ Litauen □ Luxemburg □ Ungarn □ Malta □ Niederlande □ Österreich □ Polen □ Portugal □ Rumänien □ Slowenien □ Slowakei □ Finnland □ Schweden
	□ Sonstiges (bitte ISO-Code angeben): ....
4.3.1.5.	E-Mail: ....
4.3.1.6.	Rolle im Verfahren*)
4.3.1.6.1.	□ Kläger
4.3.1.6.2.	□ Beklagter
4.3.1.6.3.	□ Sonstige (bitte angeben): ....
4.3.1.7.	Rechtsstellung in der Erbsache (Sie können gegebenenfalls mehr als ein Kästchen ankreuzen)*)
4.3.1.7.1.	□ Erbe
4.3.1.7.2.	□ Vermächtnisnehmer
4.3.1.7.3.	□ Testamentsvollstrecker
4.3.1.7.4.	□ Verwalter
4.3.1.7.5.	□ Sonstiges (bitte angeben): ....
4.3.2.	Partei B
4.3.2.1.	Name und Vorname(n) oder Name der Organisation*) : ....
	....
4.3.2.2.	Geburtsdatum (TT. MM.JJJJ) und -ort bzw., im Falle einer Organisation, Datum (TT. MM.JJJJ) und Ort der Registrierung sowie Bezeichnung des Registers/der Registerbehörde: ....
4.3.2.3.	Identifikationsnummer*4)
4.3.2.3.1.	Identitätsnummer: ....
4.3.2.3.2.	Sozialversicherungsnummer: ....
4.3.2.3.3.	Registriernummer: ....
4.3.2.3.4.	Sonstige (bitte angeben): ....
4.3.2.4.	Anschrift
4.3.2.4.1.	Straße und Hausnummer/Postfach: ....
	....
	....
4.3.2.4.2.	Ort und Postleitzahl: ....
4.3.2.4.3.	Land
	□ Belgien □ Bulgarien □ Tschechische Republik □ Deutschland □ Estland □ Griechenland □ Spanien □ Frankreich □ Kroatien □ Italien □ Zypern □ Lettland □ Litauen □ Luxemburg □ Ungarn □ Malta □ Niederlande □ Österreich □ Polen □ Portugal □ Rumänien □ Slowenien □ Slowakei □ Finnland □ Schweden
	□ Sonstiges (bitte ISO-Code angeben):...............
4.3.2.5.	E-Mail: ....
4.3.2.6.	Rolle im Verfahren*)
4.3.2.6.1.	□ Kläger
4.3.2.6.2.	□ Beklagter
4.3.2.6.3.	□ Sonstige (bitte angeben): ....
4.3.2.7.	Rechtsstellung in der Erbsache (Sie können gegebenenfalls mehr als ein Kästchen ankreuzen)*)
4.3.2.7.1.	□ Erbe
4.3.2.7.2.	□ Vermächtnisnehmer

4.3.2.7.3.	**☐ Testamentsvollstrecker**
4.3.2.7.4.	**☐ Verwalter**
4.3.2.7.5.	**☐ Sonstige (bitte angeben): ....**
4.4.	**Die Entscheidung ist in einem Versäumnisurteil ergangen*)**
4.4.1.	**☐ Ja (bitte das Datum (TT. MM.JJJJ) angeben, zu dem der betroffenen Partei das verfahrenseinleitende Schriftstück oder ein gleichwertiges Schriftstück zugestellt wurde): ....**
4.4.2.	**☐ Nein**
4.5.	**Wird die Eintragung in ein öffentliches Register beantragt?**
4.5.1.	**☐ Ja**
4.5.2.	**☐ Nein**
4.6.	**Wenn JA (4.5.1): Gegen die Entscheidung kann kein ordentlicher Rechtsbehelf mehr eingelegt werden, einschließlich Rechtsbehelfen beim Gericht letzter Instanz:**
4.6.1.	**☐ Ja**
4.6.2.	**☐ Nein**
5.	**Vollstreckbarkeit der Entscheidung**
5.1.	**Wird die Bescheinigung zum Zwecke der Vollstreckung der Entscheidung in einem anderen Mitgliedstaat beantragt?*)**
5.1.1.	**☐ Ja**
5.1.2.	**☐ Nein**
5.1.3.	**☐ Nicht bekannt**
5.2.	**Wenn JA (5.1.1): Die Entscheidung ist im Ursprungsmitgliedstaat vollstreckbar, ohne dass weitere Bedingungen erfüllt werden müssen*)**
5.2.1.	**☐ Ja (bitte vollstreckbare Verpflichtung(en) angeben): ....** **...............** **...............** **...............** **...............** **...............** **...............**
5.2.2.	**☐ Ja, aber nur in Bezug auf einen Teil/Teile der Entscheidung (bitte vollstreckbare Verpflichtung(en) angeben):** **...............** **...............** **...............** **...............** **...............**
5.2.3.	**Die Verpflichtung(en) ist/sind gegen folgende Person(en) vollstreckbar**
5.2.3.1.	**☐ Partei A**
5.2.3.2.	**☐ Partei B**
5.2.3.3.	**☐ Sonstige (bitte angeben):...............**
6.	**Zinsen**
6.1.	**Wird eine Zinsrückerstattung beantragt?*)**
6.1.1.	**☐ Ja**
6.1.2.	**☐ Nein**
6.2.	**Wenn JA (6.1.1)*)**
6.2.1.	**Zinsen**
6.2.1.1.	**☐ Nicht in der Entscheidung festgelegt**
6.2.1.2.	**☐ Ja, folgendermaßen in der Entscheidung festgelegt**

6.2.1.2.1.	Zinsen fällig ab: .... (Datum (TT. MM.JJJJ) oder Ereignis) bis: .... (Datum (TT. MM.JJJJ) oder Ereignis)*5
6.2.1.2.2.	□ Erstattungsbetrag: ....
6.2.1.2.3.	□ Methode zur Zinsberechnung
6.2.1.2.3.1.	□ Zinssatz: .... %
6.2.1.2.3.2.	□ Zinssatz: .... % über Referenzzinssatz (der EZB oder der nationalen Zentralbank: ....)
	gültig ab: .... (Datum (TT. MM.JJJJ) oder Ereignis)
6.2.2.	Gesetzliche Zinsen, zu berechnen gemäß (bitte entsprechendes Gesetz angeben): ....
6.2.2.1.	Zinsen fällig ab: .... (Datum (TT. MM.JJJJ) oder Ereignis) bis: .... (Datum (TT. MM.JJJJ) oder Ereignis)*5)
6.2.2.2.	Methode zur Zinsberechnung
6.2.2.2.1.	□ Zinssatz: .... %
6.2.2.2.2.	□ Zinssatz: .... % über Referenzzinssatz (der EZB oder der nationalen Zentralbank: ....)
	gültig ab: .... (Datum (TT. MM.JJJJ) oder Ereignis)
6.2.2.2.2.1.	□ Erster Tag des jeweiligen Halbjahres, in dem der Schuldner im Verzug ist
6.2.2.2.2.2.	□ Sonstiges Ereignis (bitte angeben): ....
6.2.3.	Kapitalisierung der Zinsen (bitte angeben): ....
6.2.4.	Währung
	□ Euro (EUR) □ Lew (BGN)
	□ Tschechische Krone (CZK) □ Kuna (HRK)
	□ Forint (HUF) □ Zloty (PLN)
	□ Rumänischer Leu (RON) □ Krone (SEK)
	□ Sonstige (bitte ISO-Code angeben)): ....
7.	Kosten und Gebühren
7.1.	Folgenden Parteien wurde vollständige oder teilweise Prozesskostenhilfe gewährt
7.1.1.	□ Partei A
7.1.2.	□ Partei B
7.1.3.	□ Sonstige Partei (bitte angeben): ....
7.2.	Folgenden Parteien wurde Kosten- oder Gebührenbefreiung gewährt
7.2.1.	□ Partei A
7.2.2.	□ Partei B
7.2.3.	□ Sonstige Partei (bitte angeben):...............
7.3.	Wird eine Kosten- oder Gebührenrückerstattung beantragt?*)
7.3.1.	□ Ja*6)
7.3.2.	□ Nein

7.4.	**Wenn JA (7.3.1): Folgende Person(en), gegen die die Vollstreckung beantragt wird, trägt/ tragen die Kosten oder Gebühren*)**
7.4.1.	□ Partei A
7.4.2.	□ Partei B
7.4.3.	□ Sonstige Partei (bitte angeben): ....
7.4.4.	□ Wenn mehr als eine Person die Kosten oder Gebühren zu tragen hat, darf jede von ihnen für den gesamten Betrag in Anspruch genommen werden?
7.4.4.1.	□ Ja
7.4.4.2.	□ Nein
7.5.	**Wenn JA (7.3.1): Für folgende Kosten oder Gebühren wird eine Rückerstattung beantragt (falls mehrere Personen in Anspruch genommen werden können, fügen Sie bitte die notwendige Aufschlüsselung für jede Person gesondert bei)*)**
7.5.1.	□ Die Kosten oder Gebühren wurden in der Entscheidung in Form eines Gesamtbetrags festgelegt (bitte Betrag angeben): ....
7.5.2.	□ Die Kosten oder Gebühren wurden in der Entscheidung in Form eines Prozentsatzes der Gesamtkosten festgelegt (bitte Prozentsatz der Gesamtkosten angeben): .... %.
7.5.3.	□ Die Übernahme der Kosten oder Gebühren wurde in der Entscheidung geregelt. Es handelt sich um folgende Beträge:
7.5.3.1.	□ Gerichtsgebühren: ....
7.5.3.2.	□ Rechtsanwaltsgebühren: ....
7.5.3.3.	□ Zustellungskosten: ....
7.5.3.4.	□ Sonstige (bitte angeben): ....
7.5.4.	□ Sonstige (bitte angeben): ....
7.6.	Wenn JA (7.3.1)*)
7.6.1.	Zinsen auf Kosten oder Gebühren
7.6.1.1.	□ Nicht in der Entscheidung festgelegt
7.6.1.2.	□ Ja, folgendermaßen in der Entscheidung festgelegt
7.6.1.2.1.	Zinsen fällig ab: .... (Datum (TT. MM.JJJJ) oder Ereignis) bis: .... (Datum (TT. MM.JJJJ) oder Ereignis)*5)
7.6.1.2.2.	□ Erstattungsbetrag: ....
7.6.1.2.3.	□ Methode zur Zinsberechnung
7.6.1.2.3.1.	□ Zinssatz: .... %
7.6.1.2.3.2.	□ Zinssatz: ....% über Referenzzinssatz (der EZB oder der nationalen Zentralbank: ....) gültig ab: .... (Datum (TT. MM.JJJJ) oder Ereignis)
7.6.2.	Gesetzliche Zinsen, zu berechnen gemäß (bitte entsprechendes Gesetz an-geben): ....
7.6.2.1.	Zinsen fällig ab: .... (Datum (TT. MM.JJJJ) oder Ereignis) bis: .... (Datum (TT. MM.JJJJ) oder Ereignis)*5)
7.6.2.2.	Methode zur Zinsberechnung
7.6.2.2.1.	□ Zinssatz: .... %
7.6.2.2.2.	□ Zinssatz: .... % über Referenzzinssatz (der EZB oder der nationalen Zentralbank ....) gültig ab: .... (Datum (TT. MM.JJJJ) oder Ereignis)

7.6.3.	**Kapitalisierung der Zinsen (bitte angeben): ....**
	....
	....
	....
	....
7.6.4.	**Währung**
	□ Euro (EUR) □ Lew (BGN)
	□ Tschechische Krone (CZK) □ Kuna (HRK)
	□ Forint (HUF) □ Zloty (PLN)
	□ Rumänischer Leu (RON) □ Krone (SEK)
	□ Sonstige (bitte ISO-Code angeben): ....

Falls weitere Blätter beigefügt wurden, Gesamtzahl der Blätter*): ....

Ort*): .... Datum*): .... (TT. MM.JJJJ)

Stempel und/oder Unterschrift des ausstellenden Gerichts oder der zuständigen ausstellenden Behörde*):

....

....

....

*) [Amtl. Anm.:] Obligatorische Angaben.
*1) [Amtl. Anm.:] ABl. L 201 vom 27.7.2012, S. 107.
*2) [Amtl. Anm.:] Gemäß Artikel 3 Absatz 2 der Verordnung (EU) Nr. 650/2012 umfasst der Begriff „Gericht" unter bestimmten Bedingungen neben gerichtlichen auch andere Behörden sowie Angehörige von Rechtsberufen mit Zuständigkeiten in Erbsachen, die gerichtliche Funktionen ausüben oder in Ausübung einer Befugnisübertragung durch ein Gericht oder unter der Aufsicht eines Gerichts handeln. Die Liste dieser anderen Behörden und Angehörigen von Rechtsberufen wird im Amtsblatt der Europäischen Union veröffentlicht.
*3) [Amtl. Anm.:] Betrifft die Entscheidung mehr als zwei Parteien, fügen Sie bitte ein weiteres Blatt bei.
*4) [Amtl. Anm.:] Bitte geben Sie gegebenenfalls die relevanteste Nummer an.
*5) [Amtl. Anm.:] Sie können gegebenenfalls mehrere Zeiträume angeben.
*6) [Amtl. Anm.:] Dieser Punkt umfasst auch Fälle, in denen ein gesonderter Kostenfestsetzungsbeschluss ergangen ist.

Artikel 47 Nichtvorlage der Bescheinigung

(1) **Wird die Bescheinigung nach Artikel 46 Absatz 3 Buchstabe b nicht vorgelegt, so kann das Gericht oder die sonst befugte Stelle eine Frist bestimmen, innerhalb deren die Bescheinigung vorzulegen ist, oder sich mit einer gleichwertigen Urkunde begnügen oder von der Vorlage der Bescheinigung absehen, wenn kein weiterer Klärungsbedarf besteht.**

(2) [1] **Auf Verlangen des Gerichts oder der zuständigen Behörde ist eine Übersetzung der Schriftstücke vorzulegen.** [2] **Die Übersetzung ist von einer Person zu erstellen, die zur Anfertigung von Übersetzungen in einem der Mitgliedstaaten befugt ist.**

1 Vorbild für die Vorschrift waren Art. 55 Brüssel I-VO, Art. 38 Brüssel IIa-VO und Art. 29 EuUnthVO. Die Vorschrift dient der Beschleunigung des Vollstreckungsverfahrens.

2 Legt der Antragsteller entgegen Art. 46 Abs. 3 lit. b nicht das Formblatt des Gerichts des Erststaates vor, kann das Gericht bzw. die sonst nach innerstaatlichem Recht befugte Stelle **entweder** eine **Frist** für die Einreichung des **Formblattes** setzen, sich mit einer **gleichwertigen Urkunde** begnügen **oder** von der Vorlage der **Bescheinigung** absehen. Die sofortige Zurückweisung des Antrags wäre möglich, dürfte aber idR ermessensfehlerhaft sein (vgl. auch MüKoFamFG/*Rauscher* EuErbVO Art. 47 Rn. 4: sofortige Zurückweisung ist nie möglich). Die Vorschrift gilt ihrem Wortlaut nach nur für die Vorlage der Bescheinigung nach Art. 46 Abs. 3 lit. b, ist aber analog auf die Vorlage der Ausfertigung nach Art. 46 Abs. 3 lit. a EuErbVO anzuwenden (NK-BGB/*Makowsky* EuErbVO Art. 47 Rn. 1).

3 Im Regelfall wird das Gericht eine Frist für die Vorlage des **Formblattes** setzen. Das Gericht kann nach seinem Ermessen aber auch eine **gleichwertige Urkunde** genügen lassen. Hierunter fallen insbesondere beglaubigte Abschriften von Dokumenten aus den Gerichtsakten des Urteilsstaates (BGH NJW-RR 2008, 586 Rn. 17). Aus diesen Dokumenten müssen sich aber die Informationen ergeben, die sich dem Formblatt entnehmen lassen (vgl. BGH NJW-RR 2008, 586 Rn. 19 f.: Zustellungsbericht eines Gerichtsvollziehers; Entscheidung mit Rechtskraftvermerk und Vollstreckungsklausel; vgl. BeckOGK/*J. Schmidt* EuErbVO Art. 47 Rn. 10; NK-BGB/*Makowsky* EuErbVO Art. 47 Rn. 4).

4 Das Gericht kann von der **Vorlage einer Bescheinigung** auch **absehen,** wenn kein weiterer Klärungsbedarf besteht. Dies wird allerdings nur im Notfall, also zB dann in Betracht kommen, wenn die Urkunden vernichtet wurden (BeckOGK/*J. Schmidt* EuErbVO Art. 49 Rn. 9; Geimer/Schütze/*Franzmann/Schwerin* IRV EuErbVO Art. 47 Rn. 3; vgl. bereits *Jenard,* Bericht, 56) oder wenn es sich um eine offenkundige Tatsache handelt (MüKoFamFG/*Rauscher* EuErbVO Art. 47 Rn. 3).

5 Wie sich bereits aus dem Wortlaut des Art. 47 Abs. 2 ergibt, kann, muss das Gericht aber keine **Übersetzung** verlangen, wenn es dies nicht für erforderlich hält. Verlangt das Gericht eine Übersetzung, kann diese von einem **Dolmetscher** erstellt werden, der in einem Mitgliedstaat und damit nicht zwangsläufig in dem Zweitstaat zur Anfertigung der Übersetzung befugt ist. Unter der Befugnis wird man dabei zu verstehen haben, dass die Übersetzungen des Dolmetschers nach dem Herkunftsland gegenüber den dortigen Behörden mit Beweiskraft ausgestattet sind und als richtig und vollständig gelten. Was den Nachweis der Befugnis angeht, wird das Gericht die Vorlage entsprechender Bestellungsurkunden bzw. eine Bescheinigung verlangen können dürfen. Anders als Art. 55 Abs. 2 Brüssel I-VO fordert die EuErbVO nicht, dass die Übersetzung „beglaubigt" ist. Das Gericht kann sich auch mit einer einfachen Übersetzung begnügen (BeckOGK/*J. Schmidt* EuErbVO Art. 47 Rn. 15; jurisPK-BGB/*Schärtl* EuErbVO Art. 46 Rn. 12; vgl. auch BGH NJW 1980, 527 (528); aA MüKoFamFG/*Rauscher* EuErbVO Art. 47 Rn. 2). Die Kosten der Übersetzung trägt zunächst der Antragsteller. Obsiegt er, werden die Kosten vom Antragsgegner erstattet (vgl. § 7 Abs. 1 S. 4 IntErbRVG iVm § 788 Abs. 1 S. 1 ZPO). Die maßgebliche Regelung zur Vorlage von Übersetzungen ausländischer Entscheidungen findet sich in § 4 Abs. 3 IntErbRVG.

Artikel 48 Vollstreckbarerklärung

[1]Sobald die in Artikel 46 vorgesehenen Förmlichkeiten erfüllt sind, wird die Entscheidung unverzüglich für vollstreckbar erklärt, ohne dass eine Prüfung nach Artikel 40 erfolgt. [2]Die Partei, gegen die die Vollstreckung erwirkt werden soll, erhält in diesem Abschnitt des Verfahrens keine Gelegenheit, eine Erklärung abzugeben.

1 Art. 48 ist eine Parallelvorschrift zu Art. 41 Brüssel I-VO und Art. 30 EuUnthVO. Art. 31 Brüssel IIa-VO ist insoweit anders gestaltet, als nach Art. 38 Abs. 2 Brüssel IIa-VO eine Nachprüfung der zu vollstreckenden Entscheidung auf Anerkennungsverweigerungsgründe möglich ist, wohingegen dies nach Art. 48 dem Richter ausdrücklich versagt ist. Indem eine solche Prüfung unterbleibt, wird das Exequaturverfahren beschleunigt (BeckOGK/*J. Schmidt* EuErbVO Art. 48 Rn. 3; NK-BGB/*Makowsky* EuErbVO Art. 48 Rn. 1; Geimer/Schütze/*Franzmann/Schwerin* IRV EuErbVO Art. 48 Rn. 1; vgl. zur Brüssel I-VO KOM(99) 348 endg. S. 24).

2 Das Vollstreckungsgericht kann die mitgliedstaatliche Entscheidung nach Art. 48 nur dann für vollstreckbar erklären, wenn es sich um eine vom **Anwendungsbereich** der EuErbVO erfasste Entscheidung handelt. Die Eröffnung des Anwendungsbereichs muss das Gericht von Amts wegen prüfen (vgl. Geimer/Schütze/*Franzmann/Schwerin* IRV EuErbVO Art. 48 Rn. 3; NK-BGB/*Makowsky* EuErbVO Art. 48 Rn. 2; jurisPK-BGB/*Schärtl* EuErbVO Art. 48 Rn. 2). Entsprechendes gilt für die in Art. 43 genannten Voraussetzungen der Vollstreckbarerklärung (→ Art. 43 Rn. 4 ff.; formell ordnungsgemäßer **Antrag, Antragsberechtigung, vollstreckbare** Entscheidung, hinreichende **Bestimmtheit** mit Blick auf Titelgläubiger, Titelschuldner und Inhalt der Leistungspflicht). Das Vollstreckungsgericht muss außerdem **örtlich** zuständig sein (Art. 45). Außerdem müssen die in Art. 46 Abs. 3 genannten Unterlagen vorliegen, soweit nicht ein Ausnahmefall nach Art. 47 gegeben ist (MüKoFamFG/*Rauscher* EuErbVO Art. 48 Rn. 2).

3 Von der Prüfungsbefugnis ausdrücklich ausgeklammert sind die in Art. 40 genannten **Anerkennungsverweigerungsgründe.** Das Exequaturverfahren soll nicht dadurch verzögert werden, dass das Gericht eine umfassende Prüfung der Anerkennungsverweigerungsgründe vornimmt. Vielmehr muss der Schuldner die Anerkennungsverweigerungsgründe mit einem Rechtsbehelf gem. Art. 50 geltend machen (BeckOGK/*J. Schmidt* EuErbVO Art. 48 Rn. 12; Geimer/Schütze/*Franzmann/Schwerin* IRV EuErbVO Art. 48 Rn. 3; jurisPK-BGB/*Schärtl* EuErbVO Art. 48 Rn. 1; vgl. BGH NJW-RR 2008, 586 Rn. 25). Eine Prüfung von Amts wegen wird nur in Betracht kommen, wenn es sich um einen evidenten und besonders krassen Verstoß gegen den ordre public handelt (MüKoFamFG/*Rauscher* EuErbVO Art. 48 Rn. 4). Ebenso prüft das Gericht nicht, ob das Verfahren nach Art. 53 auszusetzen wäre, weil der Schuldner einen Rechtsbehelf im Erststaat eingelegt hat. Art. 53 gilt nur für Rechtsbehelfe nach Art. 50 und Art. 51, betrifft aber nicht das Verfahren der Vollstreckbarerklärung.

4 Bei der Vollstreckbarerklärung handelt es sich um ein einseitiges und somit um **kein kontradiktorisches Verfahren** (Art. 48 S. 2). Dem Antragsgegner ist keine Gelegenheit für eine Stellungnahme einzuräumen. Das bedeutet, dass der Antragsgegner weder von dem Antrag zu unterrichten noch vor Erlass der Entscheidung zu hören ist (jurisPK-BGB/*Schärtl* EuErbVO Art. 48 Rn. 13; vgl. auch KOM (99) 348 endg. S. 24; *Jenard,* Bericht, 50). Eine Anhörung würde das Überraschungsmoment der

Vollstreckung in Frage stellen. Sie ist jedoch nicht kategorisch ausgeschlossen, sondern kommt in Ausnahmefällen in Betracht (*Schlosser* Bericht, ABl. EG 1979 C 59, 71 (134); vgl. für Deutschland § 5 Abs. 1 S. 2 IntErbRVG). Auch eine Schutzschrift darf nur in Ausnahmefällen beachtet werden (BeckOGK/*J. Schmidt* EuErbVO Art. 48 Rn. 6; vgl. bereits *Mennicke* IPRax 2000, 294). Sie darf nur insoweit berücksichtigt werden, als sie die vom Gericht im Rahmen der Vollstreckbarerklärung zu prüfenden Belange betrifft (NK-BGB/*Makowsky* EuErbVO Art. 48 Rn. 4).

Die Entscheidung des Gerichts muss **unverzüglich** ergehen. Eine ausdrückliche Frist für den Erlass der Entscheidung ist nicht vorgesehen, da keine entsprechende Sanktionsmöglichkeit vorhanden ist (BeckOGK/*J. Schmidt* EuErbVO Art. 48 Rn. 15; NK-BGB/*Makowsky* EuErbVO Art. 48 Rn. 5; vgl. bereits *Jenard,* Bericht, 50). In Deutschland werden die Einzelheiten der Vollstreckbarerklärung in §§ 5–9 IntErbRVG geregelt. 5

Artikel 49 Mitteilung der Entscheidung über den Antrag auf Vollstreckbarerklärung

(1) **Die Entscheidung über den Antrag auf Vollstreckbarerklärung wird dem Antragsteller unverzüglich in der Form mitgeteilt, die das Recht des Vollstreckungsmitgliedstaats vorsieht.**

(2) **Die Vollstreckbarerklärung und, soweit dies noch nicht geschehen ist, die Entscheidung werden der Partei, gegen die die Vollstreckung erwirkt werden soll, zugestellt.**

Die Vorschrift entspricht Art. 42 Brüssel I-VO und Art. 31 EuUnthVO. Abs. 1 deckt sich außerdem mit Art. 32 Brüssel IIa-VO. 1

Art. 49 Abs. 1 bestimmt, dass die Entscheidung über den Antrag dem **Antragsteller** unverzüglich **mitzuteilen** ist und verweist hierfür auf das Recht des Vollstreckungsmitgliedstaates. Unmaßgeblich ist insoweit, ob die Entscheidung dem Antrag statt gibt oder ihn zurückweist (BeckOGK/*J. Schmidt* EuErbVO Art. 49 Rn. 6; MüKoFamFG/*Rauscher* EuErbVO Art. 49 Rn. 2; vgl. auch Simons/Hausmann/*Althammer* Brüssel I-VO Art. 42 Rn. 1). Eine Zustellung schreibt die EuErbVO nicht vor (BeckOGK/*J. Schmidt* EuErbVO Art. 49 Rn. 6; vgl. zur Brüssel I-VO EuGH 16.2.2006 – C-3/05, Slg. 2006 I-1595 Rn. 35 = BeckRS 2006, 70141 – Verdoliva). Für das deutsche Recht ist vorgesehen, dass dem Antragsteller im Falle der Zulassung der Zwangsvollstreckung eine **beglaubigte Abschrift** des Beschlusses, die mit der Vollstreckungsklausel versehene **Ausfertigung des Titels** sowie eine **Bescheinigung** über die an den Antragsgegner **bewirkte Zustellung** zu **übersenden** sind (vgl. § 9 Abs. 1 S. 2 IntErbRVG). Insoweit fragt sich, ob eine Mitteilung an den Antragsteller eine Zustellung nach Art. 49 Abs. 2 voraussetzt. Richtigerweise ist eine Zustellung an den Antragsgegner keine Voraussetzung für die Mitteilung, da sonst das Überraschungsmoment der Vollstreckung leer zu laufen drohte und außerdem keine unverzügliche Mitteilung an den Antragsteller vorläge (vgl. die hL zur Brüssel I-VO Geimer/Schütze/*Geimer* Brüssel I-VO, 3. Aufl. 2010, Art. 42 Rn. 10; aA OLG Saarbrücken NJW-RR 1994, 638 (639)). Auf Anregung des Antragstellers ist die Bescheinigung über die erfolgte Zustellung dann nachzureichen und die Zustellung erst zu bewirken, nachdem er die Mitteilung erhalten hat (Geimer/Schütze/*Franzmann/Schwerin* IRV EuErbVO Art. 49 Rn. 3; vgl. auch Simons/Hausmann/*Althammer* Brüssel I-VO Art. 42 Rn. 2;). 2

Art. 49 Abs. 1 ist auch dann einschlägig, wenn der Antrag auf Vollstreckbarerklärung abgelehnt wird. In diesem Fall soll nach deutschem Recht der Beschluss dem Antragsteller förmlich zuzustellen sein (vgl. § 9 Abs. 2 IntErbRVG). Eine Zustellung an den Schuldner ist demgegenüber nicht vorgesehen (vgl. Stein/Jonas/*Oberhammer* Brüssel I-VO Art. 42 Rn. 2). 3

Die Vollstreckbarerklärung und, wenn diese noch nicht erfolgt ist, die ausländische Entscheidung sind dem Antragsgegner gem. Art. 49 Abs. 2 **förmlich zuzustellen.** Maßgeblich ist insoweit die EuZVO oder, wenn es um die Zustellung in einen Drittstaat geht, das HZÜ oder wiederum die lex fori (§§ 183 ff. ZPO). 4

Artikel 50 Rechtsbehelf gegen die Entscheidung über den Antrag auf Vollstreckbarerklärung

(1) **Gegen die Entscheidung über den Antrag auf Vollstreckbarerklärung kann jede Partei einen Rechtsbehelf einlegen.**

(2) **Der Rechtsbehelf wird bei dem Gericht eingelegt, das der betreffende Mitgliedstaat der Kommission nach Artikel 78 mitgeteilt hat.**

(3) **Über den Rechtsbehelf wird nach den Vorschriften entschieden, die für Verfahren mit beiderseitigem rechtlichem Gehör maßgebend sind.**

(4) **Lässt sich die Partei, gegen die die Vollstreckung erwirkt werden soll, auf das Verfahren vor dem mit dem Rechtsbehelf des Antragstellers befassten Gericht nicht ein, so ist Artikel 16**

auch dann anzuwenden, wenn die Partei, gegen die die Vollstreckung erwirkt werden soll, ihren Wohnsitz nicht im Hoheitsgebiet eines Mitgliedstaats hat.

(5) [1] **Der Rechtsbehelf gegen die Vollstreckbarerklärung ist innerhalb von 30 Tagen nach ihrer Zustellung einzulegen.** [2] **Hat die Partei, gegen die die Vollstreckung erwirkt werden soll, ihren Wohnsitz im Hoheitsgebiet eines anderen Mitgliedstaats als dem, in dem die Vollstreckbarerklärung ergangen ist, so beträgt die Frist für den Rechtsbehelf 60 Tage und beginnt mit dem Tag, an dem die Vollstreckbarerklärung ihr entweder in Person oder in ihrer Wohnung zugestellt worden ist.** [3] **Eine Verlängerung dieser Frist wegen weiter Entfernung ist ausgeschlossen.**

Übersicht

I. Gesetzeszweck und Gesetzessystematik

1 Die Vorschriften der EuErbVO über die Vollstreckbarerklärung ermöglichen Gläubigern eine weitgehend unproblematische Durchsetzung der zu ihren Gunsten ergangenen Entscheidungen. Die Entscheidung wird nach Art. 48 **ohne weitere Prüfung und ohne die Gewährung rechtlichen Gehörs** für vollstreckbar erklärt. Ziel des **Rechtsbehelfssystems** der EuErbVO ist es, ein angemessenes Gleichgewicht zwischen der Effektivität der grenzüberschreitenden Vollstreckung und den Verteidigungsrechten des Schuldners herzustellen (BeckOGK/*J. Schmidt* EuErbVO Art. 50 Rn. 4; zur Brüssel I-VO vgl. EuGH 6.9.2012 – C-619/10, EuZW 2012, 912 Rn. 43 – Trade Agency). Die Rechtsbehelfe der Exequatur stärken aber nicht nur die Rechte des Schuldners, sondern gewähren auch dem Gläubiger Rechtsschutz, sofern die Vollstreckbarerklärung seines Titels abgelehnt wurde.

2 So wie alle anderen Vorschriften über die Vollstreckung hat auch Art. 50 sein Pendant in Parallelvorschriften anderer Rechtsakte. Art. 43 Brüssel I-VO enthält eine nahezu wortlautgleiche Vorschrift. Entsprechendes gilt auch für Art. 32 EuUnthVO und Art. 33 Brüssel IIa-VO.

3 Nach Art. 50 Abs. 1 kann **jede Partei** einen Rechtsbehelf gegen die Entscheidung über die Vollstreckbarerklärung der Entscheidung einlegen. Zuständig ist das vom Vollstreckungsstaat bestimmte Gericht (Abs. 2). Der Rechtsbehelf ist innerhalb einer Frist von 30 Tagen bzw. von 60 Tagen einzulegen (Abs. 5). Die Einlegung des Rechtsbehelfs eröffnet ein **kontradiktorisches Verfahren,** in dessen Rahmen rechtliches Gehör zu gewähren ist (Abs. 3). Abs. 2 beschäftigt sich mit der Spezialkonstellation, dass der Gläubiger einen Rechtsbehelf einlegt. Art. 51 gewährt den Parteien die Möglichkeit, gegen die Rechtsbehelfsentscheidung einen weiteren Rechtsbehelf einzulegen. Die EuErbVO sieht somit insgesamt drei Instanzen vor.

II. Abgrenzung zur lex fori

4 Art. 50 steckt nur einen **Rahmen** für das jeweilige mitgliedstaatliche Rechtsbehelfsverfahren ab. Soweit die Vorschrift keine Regelungen trifft, kommt das nationale Verfahrensrecht zum Tragen (vgl. NK-BGB/*Makowsky* EuErbVO Art. 50 Rn. 2; Geimer/Schütze/*Geimer,* 3. Aufl. 2010, Brüssel I-VO Art. 43 Rn. 1). Art. 50 betrifft dabei nur Rechtsbehelfe, die sich gegen die Vollstreckbarerklärung als solche richten. Das **weitere Vollstreckungsverfahren** unterliegt dem nationalen Verfahrensrecht (vgl. EuGH 4.10.2018 – C-379/17, EuZW 2019, 37 Rn. 26 – Società Immobiliare). Gegen die Durchführung der Zwangsvollstreckung kann zB eine Erinnerung (§ 766 ZPO) erhoben werden. Allerdings kann sich der Schuldner nicht mehr auf einen Grund stützen, den er im Rahmen des Rechtsbehelfsverfahrens nach Art. 50 hätte geltend machen können (EuGH 4.2.1988 – C-145/86, Slg. 1988, 645 Rn. 31 = NJW 1989, 663 – Hoffmann). Dem trägt das deutsche Recht in § 23 Abs. 1 S. 2 IntErbRVG Rechnung. Art. 50 regelt zwar nur Rechtsbehelfe des Antragstellers und des Antragsgegners, ist aber insoweit abschließend, als **Dritte** keinen Rechtsbehelf gegen die Vollstreckbarerklärung einlegen, sondern nach nationalem Recht allenfalls gegen die **Durchführung der Vollstreckung** vorgehen können (BeckOGK/*J. Schmidt* EuErbVO Art. 50 Rn. 10; Bonomi/Wautelet/*Pretelli* Art. 50 Rn. 8; zur Brüssel I-VO EuGH 23.4.2009 – C-167/08, Slg. 2009 I-3479 Rn. 27, 29 = NJW 2009, 1937 – Draka).

Hier wäre etwa an eine Erinnerung oder an eine Drittwiderspruchsklage zu denken (NK-BGB/*Makowsky* EuErbVO Art. 50 Rn. 3).

III. Einlegung des Rechtsbehelfs

5 **Antragsberechtigt** für die Einlegung des Rechtsbehelfs sind nur der Antragsteller und der Antragsgegner des Exequaturverfahrens („jede Partei"), soweit sie durch die Entscheidung beschwert sind (vgl. BeckOGK/*J. Schmidt* EuErbVO Art. 50 Rn. 8 f.; jurisPK-BGB/*Schärtl* EuErbVO Art. 50 Rn. 4). Dritte sind nicht antragsberechtigt (→ Rn. 4). Beschwerdegegenstand ist die erstinstanzliche Entscheidung über den Antrag auf Vollstreckbarerklärung (Art. 48; BeckOGK/*J. Schmidt* EuErbVO Art. 50 Rn. 5; Bonomi/Wautelet/*Pretelli* Art. 50 Rn. 1; Geimer/Schütze/*Franzmann/Schwerin* IRV EuErbVO Art. 50 Rn. 1; jurisPK-BGB/*Schärtl* EuErbVO Art. 50 Rn. 5). Welches Gericht für das Rechtsbehelfsverfahren zuständig ist, bestimmt sich jeweils nach nationalem Recht (Art. 50 Abs. 2 iVm Art. 78). Gleiches gilt für die **Form** des Rechtsbehelfs. Die Frist für die Einlegung des Rechtsbehelfs gegen die Vollstreckbarerklärung richtet sich nach Art. 50 Abs. 5 (→ Rn. 9).

IV. Kontradiktorisches Verfahren

6 Art. 50 Abs. 3 bestimmt, dass der eingelegte Rechtsbehelf ein Verfahren eröffnet, in dem sowohl Antragsteller als auch Antragsgegner rechtliches Gehör zu gewähren ist. Dies gilt auch dann, wenn der Antrag in erster Instanz lediglich wegen nicht rechtzeitig vorgelegter Urkunden zurückgewiesen worden ist (EuGH 12.7.1984 – C-178/83, Slg. 1984, 3033 Rn. 11 = BeckRS 2004, 72015 – Firma P). Dass ein mündliches Verfahren durchgeführt wird, ist nicht erforderlich (BeckOGK/*J. Schmidt* Art. 50 Rn. 26).

7 In Deutschland ist der **Rechtsbehelf** als Beschwerde ausgestaltet. Das Beschwerdeverfahren ist in den §§ 10 ff. IntErbRVG geregelt. Die Beschwerde ist bei dem Gericht einzulegen, das die angegriffene Entscheidung erlassen hat (§ 10 Abs. 2 IntErbRVG). Zuständig ist das **Oberlandesgericht** (§ 10 Abs. 1 IntErbRVG). Das Oberlandesgericht entscheidet nicht durch einen Einzelrichter entsprechend § 568 ZPO, sondern durch den Senat (vgl. OLG Köln IPRax 2003, 354 = BeckRS 2002, 07509). Ein **Anwaltszwang** besteht erst dann, wenn das Gericht die mündliche Verhandlung anordnen sollte (§ 11 Abs. 2 S. 1 IntErbRVG iVm § 78 Abs. 3 ZPO). Der Beschwerdegegner ist in jedem Falle zu hören, auch wenn die Entscheidung im schriftlichen Verfahren ergeht (§ 11 Abs. 1 S. 2 IntErbRVG). Ob das Gericht im Rahmen der mündlichen Verhandlung entscheidet, liegt in seinem Ermessen (vgl. § 11 Abs. 1 S. 1 IntErbRVG). Das Oberlandesgericht entscheidet durch mit Gründen versehenen Beschluss (§ 11 Abs. 1 S. 1 IntErbRVG). Diese Vorgaben genügen den Anforderungen an die Gewährung rechtlichen Gehörs.

V. Aussetzung bei Nichteinlassung des Schuldners

8 Lässt sich der Schuldner auf das Verfahren nicht ein, wenn der Gläubiger einen Rechtsbehelf gegen eine ablehnende Entscheidung eingelegt hat, gilt – was Art. 50 Abs. 4 voraussetzt – **Art. 16.** Hiernach hat das mitgliedstaatliche Gericht das Verfahren auszusetzen, bis festgestellt ist, dass es dem Schuldner (Beschwerdegegner) möglich war, das **verfahrenseinleitende Schriftstück** oder ein gleichwertiges Schriftstück so rechtzeitig zu **empfangen,** dass er sich verteidigen konnte. Art. 50 Abs. 4 erweitert den Anwendungsbereich von Art. 16 auf solche Fälle, in denen der Schuldner (Beschwerdegegner) seinen Wohnsitz im Hoheitsgebiet eines Nicht-Mitgliedstaates hat. Das ist allerdings nach dem Wortlaut von Art. 16 Abs. 1 überflüssig, da Art. 16 Abs. 1 anders als Art. 26 Abs. 1 Brüssel I-VO auch für Parteien mit Sitz in einem Drittstaat gilt (zutr. BeckOGK/*J. Schmidt* EuErbVO Art. 50 Rn. 31). Wie sich aus dem systematischen Zusammenhang mit Art. 44 ergibt, stellt Art. 50 auf den Wohnsitz und nicht auf den gewöhnlichen Aufenthalt in einem anderen Staat ab (NK-BGB/*Makowsky* EuErbVO Rn. 8; aA BeckOGK/*J. Schmidt* EuErbVO Art. 50 Rn. 31). Das Gericht muss das Verfahren nicht aussetzen, sondern kann in der Sache entscheiden, wenn es den Rechtsbehelf des Gläubigers zurückweisen möchte (vgl. Simons/Hausmann/*Althammer* Brüssel I-VO Art. 43 Rn. 11).

VI. Frist für Einlegung des Rechtsbehelfs gegen Vollstreckbarerklärung

9 Art. 50 Abs. 5 regelt eine Frist für den Schuldner, der gegen eine Entscheidung zur Vollstreckbarerklärung eines gegen ihn gerichteten Titels einen Rechtsbehelf nach Art. 50 Abs. 1 einlegt. Keine Frist normiert die Vorschrift demgegenüber für den Rechtsbehelf des Antragstellers. Dieser hat frei zu entscheiden, innerhalb welcher Frist er den Rechtsbehelf einlegt, es sei denn die lex fori sieht eine Frist

vor (BeckOGK/*J. Schmidt* Art. 50 Rn. 25; Bonomi/Wautelet/*Pretelli* Art. 50 Rn. 3; vgl. bereits *Jenard* Bericht, 53).

1. Fristbeginn – Zustellung

10 Die Frist für die Einlegung des Rechtsbehelfs knüpft an die Zustellung an. Sie beginnt nur dann, wenn dem Schuldner die Exequaturentscheidung **ordnungsgemäß** nach den Verfahrensvorschriften des Vollstreckungsstaates **zugestellt** wurde. Eine anderweitige Kenntnisnahme setzt die Frist nicht in Lauf (EuGH 16.2.2006 – C-3/05 Slg. 2006-I 1595 Rn. 38 = EuZW 2006, 247 – Verdoliva; ergänzend für Möglichkeit einer Heilung GA Kokott SchlA – C-3/05, Slg. 2006-I 1595 Rn. 63). Maßgeblich für die Zustellung ist je nach Anwendungsbereich entweder die EuZVO, das HZÜ oder das Verfahrensrecht der lex fori (vgl. *Kropholler/v. Hein* Brüssel I-VO Art. 43 Rn. 14).

2. Fristberechnung

11 Art. 50 Abs. 5 gibt nur die Länge der Frist vor. Zweifelhaft ist, ob dies auch für die Berechnung gilt (hiergegen zum EuGVÜ *Jenard,* Bericht, 51). Richtigerweise wird man nach Erwägungsgrund 77, Art. 3 Abs. 1 der **Verordnung** (EWG, Euratom) Nr. 1182/71 zur **Festlegung der Regeln für die Fristen, Daten und Termine** anwenden müssen (BeckOGK/*J. Schmidt* EuErbVO Art. 50 Rn. 22: NK-BGB/*Makowsky* EuErbVO Art. 51 Rn. 6; jurisPK-BGB/*Schärtl* EuErbVO Art. 50 Rn. 11; aA Geimer/Schütze/*Franzmann/Schwerin* IRV EuErbVO Art. 50 Rn. 6; MüKoFamFG/*Rauscher* EuErbVO Art. 50 Rn. 10 – lex fori).

3. Maßgebliche Frist

12 Hat der Schuldner den Sitz im **Vollstreckungsstaat,** gilt nach Art. 50 Abs. 5 S. 1 eine Frist von 30 Tagen nach der Zustellung für die Einlegung des Rechtsbehelfs. Hat der Schuldner seinen Wohnsitz in einem **anderen Mitgliedstaat,** beträgt die Frist 60 Tage, ab dem Tag, an dem ihm die Vollstreckbarerklärung entweder in Person oder in der Wohnung zugestellt wurde. Zustellung in der Wohnung meint „die Aushändigung des Schriftstücks an eine dort angetroffene Person, die nach dem Gesetz zur Entgegennahme der Abschrift des zuzustellenden Schriftstücks befugt ist, oder, mangels einer solchen Person, an eine zuständige Behörde" (vgl. BeckOGK/*J. Schmidt* Art. 50 Rn. 21; *Jenard,* Bericht, 51). Eine Verlängerung wegen weiter Entfernung ist ausgeschlossen (Art. 50 Abs. 5 S. 3). Andere Formen der Zustellung wie die öffentliche Zustellung lösen die Frist für die Einlegung des Rechtsbehelfs nicht aus (Geimer/Schütze/*Franzmann/Schwerin* IRV EuErbVO Art. 50 Rn. 6; Deixler-Hübner/Schauer/*Binder* Art. 50 Rn. 20). Hat der Schuldner seinen Wohnsitz in einem **Drittstaat,** gilt wiederum Art. 50 Abs. 5 S. 1. Eine Verlängerung im Einzelfall ist grundsätzlich möglich (vgl. BeckOGK/*J. Schmidt* Art. 50 Rn. 24; NK-BGB/*Makowsky* EuErbVO Art. 50 Rn. 6; *Jenard,* Bericht, 51; aA MüKoFamFG/*Rauscher* EuErbVO Art. 50 Rn. 8 – für Anwendung von Abs. 5 S. 2). Wo sich der Wohnsitz des Schuldners befindet, entscheidet sich nach Art. 44.

Artikel 51 Rechtsbehelf gegen die Entscheidung über den Rechtsbehelf

Gegen die über den Rechtsbehelf ergangene Entscheidung kann nur der Rechtsbehelf eingelegt werden, den der betreffende Mitgliedstaat der Kommission nach Artikel 78 mitgeteilt hat.

1 Die Vorschrift entspricht Art. 50 Brüssel Ia-VO, Art. 44 Brüssel I-VO, Art. 33 EuUnthVO und Art. 61 Brüssel IIb-VO. Sie verfolgt einen doppelten Zweck: Zum einen stellt sie die **Information** von Bürgern über die nach anderen mitgliedstaatlichen Verfahrensordnungen zulässigen Rechtsbehelfe sicher. Zum anderen steckt sie einen **Mindestrahmen** für den Rechtsbehelf im Verfahren der dritten Instanz ab (vgl. EuGH 4.10.1991 – C-183/90, Slg. 1991 I-4743 Rn. 19 = BeckRS 2004, 74756 – van Dalfsen). Der Rechtsbehelf ist auf die Prüfung von Rechtsfragen beschränkt; er **eröffnet keine weitere Tatsacheninstanz** (BeckOGK/*J. Schmidt* EuErbVO Art. 51 Rn. 8; NK-BGB/*Makowsky* EuErbVO Art. 51 Rn. 4).

2 Zulässige Rechtsbehelfe iSv Art. 51 sind nur solche, die sich gegen eine nach Art. 50 ergangene **zweitinstanzliche Endentscheidung** richten (Geimer/Schütze/*Franzmann/Schwerin* IRV EuErbVO Art. 51 Rn. 2; NK-BGB/*Makowsky* EuErbVO Art. 51 Rn. 2). Dass Ziel des Exequaturverfahrens, eine rasche grenzüberschreitende Vollstreckung zu gewährleisten, wäre gefährdet, wenn Rechtsbehelfe gegen eine **Zwischenentscheidung** wie zB einen Beweismittelantrag eingelegt werden könnten (vgl. EuGH 27.11.1984 – C-258/83, Slg. 1984, 3971 Rn. 15 = BeckRS 2004, 72698 – Brennero; BeckOGK/*J. Schmidt* EuErbVO Art. 51 Rn. 5). Entsprechendes gilt, wenn eine Entscheidung nach Art. 53 über die Aussetzung des Verfahrens erlassen wird. Auch insoweit ist ein Rechtsmittel unzulässig (vgl. EuGH 4.10.1991 – C-183/90, Slg. 1991 I-4743 Rn. 24 = BeckRS 2004, 74756 – van Dalfsen; 11.8.1995 – C-

432/93, Slg. 1995 I-2269 Rn. 36 = EuZW 1995, 800 – SISRO). Den Rechtsbehelf können nur Antragsteller und Antragsgegner des zweitinstanzlichen Verfahrens stellen, soweit sie beschwert sind; Rechtsbehelfe betroffener Dritter sind grundsätzlich ausgeschlossen (vgl. EuGH 21.4.1993 – C-172/91, Slg. 1993 I-1963 Rn. 33 = NJW 1993, 2091 – Sonntag; Geimer/Schütze/*Franzmann/Schwerin* IRV EuErbVO Art. 51 Rn. 2).

Im **deutschen Recht** ist der Rechtsbehelf gegen die Entscheidung über den Rechtsbehelf als **Rechtsbeschwerde** gem. § 12 Abs. 1 IntErbRVG iVm § 574 Abs. 1 Nr. 1 ZPO ausgestaltet. Die Rechtsbeschwerde kann vom OLG nur bei Vorliegen eines Grundes zugelassen werden (§ 12 Abs. 1 IntErbRVG iVm § 574 Abs. 2 ZPO). Sie ist innerhalb eines Monats einzulegen. Die Frist ist als Notfrist ausgestaltet und beginnt mit der Zustellung des Beschlusses über die Beschwerdeentscheidung (§ 12 Abs. 2 und 3 IntErbRVG). Zuständiges Gericht ist der Bundesgerichtshof (§ 13 Abs. 1 IntErbRVG). Die Rechtsbeschwerde muss durch einen beim Bundesgerichtshof zugelassenen Anwalt eingelegt werden (§ 78 Abs. 1 S. 3 ZPO; vgl. BGH NJW 2002, 2181). Zu weiteren Einzelheiten vgl. die Kommentierung zu §§ 13–14 IntErbRVG. 3

Artikel 52 Versagung oder Aufhebung einer Vollstreckbarerklärung

[1]Die Vollstreckbarerklärung darf von dem mit einem Rechtsbehelf nach Artikel 50 oder Artikel 51 befassten Gericht nur aus einem der in Artikel 40 aufgeführten Gründe versagt oder aufgehoben werden. [2]Das Gericht erlässt seine Entscheidung unverzüglich.

Vorbild für die Vorschrift sind Art. 45 Abs. 1 Brüssel I-VO und Art. 34 Abs. 1 EuUnthVO. Art. 45 Abs. 2 Brüssel I-VO, der die *révision au fond* ausschließt, hat in der EuErbVO kein Pendant gefunden. Dies wirkt sich jedoch nicht aus, da sich das Verbot der *révision au fond* bereits aus Art. 41 ergibt (vgl. BeckOGK/*J. Schmidt* EuErbVO Art. 52 Rn. 9; MüKoBGB/*Dutta* EuErbVO Art. 52 Rn. 1). 1

Art. 52 beschränkt die **Prüfungskompetenz** des Rechtsmittelgerichts im Verfahren nach Art. 50 bzw. Art. 51 auf die in **Art. 40** geregelten **Anerkennungsverweigerungsgründe** (zur Prüfung von Amts wegen sowie zur Beweislast → Art. 40 Rn. 3 f.). 2

Das Rechtsmittelgericht darf darüber hinaus jedoch überprüfen, ob die Voraussetzungen der Vollstreckbarkeit nach Art. 43 und die Voraussetzungen für den Erlass der erstinstanzlichen Entscheidung vorlagen (vgl. EuGH 13.10.2011 – C-139/10, Slg. 2011 I-9527 Rn. 38 = NJW 2011, 3506 – Prism Investments; BeckOGK/*J. Schmidt* EuErbVO Art. 52 Rn. 7; NK-BGB/*Makowsky* EuErbVO Art. 52 Rn. 3). Hierzu zählt auch die Zuständigkeit des Gerichts erster Instanz. Zu prüfen ist auch die Frage der Anwendbarkeit der EuErbVO (NK-BGB/*Makowsky* EuErbVO Art. 52 Rn. 3; Bonomi/Wautelet/*Pretelli* Art. 52 Rn. 2; vgl. auch *Bach* EuZW 2011, 871; jurisPK-BGB/*Schärtl* EuErbVO Art. 52 Rn. 3). 3

Das Rechtsmittelgericht ist jedoch nicht befugt, über eine Prüfung der Vollstreckbarkeit hinauszugehen und der Entscheidung wegen einer **zwischenzeitlichen Erfüllung** des titulierten **Anspruchs** die Vollstreckbarkeit zu versagen (EuGH 13.10.2011 – C-139/10, Slg. 2011 I-9527 Rn. 43 = NJW 2011, 3506 – Prism Investments). Für materiell-rechtliche Einwendungen ist im Rahmen der Vollstreckbarerklärung daher kein Raum. Eine Ausnahme sollte für lediglich unstreitige oder rechtskräftig festgestellte Einwendungen gemacht werden, da die Durchführung eines weiteren Verfahrens auf eine unnötige Förmelei und Beanspruchung justizieller Ressourcen hinausliefe (sehr str., OLG Koblenz NJOZ 2013, 1082 (1083) = FamRZ 2013, 574; aA *Bach* EuZW 2011, 871; BeckOGK/*J. Schmidt* EuErbVO Art. 52 Rn. 12; jurisPK-BGB/*Schärtl* EuErbVO Art. 52 Rn. 5; NK-BGB/*Makowsky* EuErbVO Art. 52 Rn. 2; offen lassend BGHZ 171, 310 Rn. 26 = NJW 2007, 3432). Nach Auffassung des EuGH zur Brüssel I-VO ist es dem Schuldner möglich, eine auf nachträgliche materielle Einwendungen gestützte **Vollstreckungsabwehrklage** nach nationalem Recht zu erheben, wenn die Entscheidung für vollstreckbar erklärt wurde (EuGH 13.10.2011 – C-139/10, Slg. 2011 I-9527 Rn. 40 = NJW 2011, 3506 – Prism Investments; Geimer/Schütze/*Franzmann/Schwerin* IRV EuErbVO Art. 52 Rn. 1; aA *Bach* EuZW 2011, 871 (872)). Im deutschen Recht trägt § 23 IntErbRVG dieser Vorgabe Rechnung. Bei Gerichtsentscheidungen kann eine Vollstreckungsabwehrklage nur für nach Erlass der Entscheidung entstandene materiell-rechtliche Einwendungen erhoben werden. 4

S. 2 der Vorschrift ist Ausdruck des **Beschleunigungsgebots** (Bonomi/Wautelet/*Pretelli* Art. 52 Rn. 3). Eine Sanktion wegen einer verspäteten Entscheidung ist nicht vorgesehen (→ Art. 42 Rn. 5; BeckOGK/*J. Schmidt* EuErbVO Art. 52 Rn. 16). 5

Artikel 53 Aussetzung des Verfahrens

Das nach Artikel 50 oder Artikel 51 mit dem Rechtsbehelf befasste Gericht setzt das Verfahren auf Antrag des Schuldners aus, wenn die Entscheidung im Ursprungsmitgliedstaat wegen der Einlegung eines Rechtsbehelfs vorläufig nicht vollstreckbar ist.

1 Die Vorschrift entspricht inhaltlich **Art. 35 EuUnthVO.** Vergleichbare, wenn auch nicht identische Regelungen enthalten die früher geltenden Art. 46 Brüssel I-VO und Art. 35 Brüssel IIa-VO. Art. 53 dient dem Schuldnerschutz, indem er **unumkehrbare Zustände** verhindert (vgl. Bonomi/Wautelet/*Pretelli* Art. 53 Rn. 2; jurisPK-BGB/*Schärtl* EuErbVO Art. 53 Rn. 2 NK-BGB/*Makowsky* EuErbVO Art. 53 Rn. 1). Wenn die Entscheidung im Erststaat wegen Einlegung eines Rechtsbehelfs nicht vorläufig vollstreckbar ist, muss dies spiegelbildlich im Zweitstaat gelten.

2 Die Vorschrift setzt zunächst voraus, dass ein **Rechtsbehelf gegen** die **Vollstreckbarerklärung** nach Art. 50 oder Art. 51 eingelegt wurde. Sie gilt nicht im Exequaturverfahren der ersten Instanz (BeckOGK/*J. Schmidt* EuErbVO Art. 53 Rn. 5; MüKoFamFG/*Rauscher* EuErbVO Art. 53 Rn. 2). Ferner ist ein **Antrag** des Schuldners auf Verfahrensaussetzung erforderlich. Außerdem darf die Entscheidung im **Ursprungsmitgliedstaat** wegen der **Einlegung eines Rechtsbehelfs** nicht vorläufig vollstreckbar sein. Das bedeutet, dass die Beseitigung der vorläufigen Vollstreckbarkeit gerade auf der Einlegung des Rechtsbehelfs beruhen muss, nicht aber schon kraft Gesetzes entfallen sein darf (BeckOGK/*J. Schmidt* EuErbVO Art. 53 Rn. 12; Geimer/Schütze/*Franzmann/Schwerin* IRV EuErbVO Art. 53 Rn. 2 NK-BGB/*Makowsky* EuErbVO Art. 53 Rn. 4;). Die Einlegung eines ordentlichen Rechtsbehelfs ist anders als bei Art. 42 nicht erforderlich (BeckOGK/*J. Schmidt* EuErbVO Art. 53 Rn. 9; Geimer/Schütze/*Franzmann/Schwerin* IRV EuErbVO Art. 53 Rn. 2; NK-BGB/*Makowsky* EuErbVO Art. 53 Rn. 4).

3 Als Rechtsfolge sieht Art. 53 zwingend die **Aussetzung** des Verfahrens vor. Dem Rechtsmittelgericht steht insoweit kein Ermessen zu. Die Aussetzung kann nicht von der Leistung einer Sicherheit abhängig gemacht werden (BeckOGK/*J. Schmidt* EuErbVO Art. 53 Rn. 13; jurisPK-BGB/*Schärtl* EuErbVO Art. 53 Rn. 4; NK-BGB/*Makowsky* EuErbVO Art. 53 Rn. 5; vgl. auch Kindl/Meller-Hannich/Wolf/*Neumayr* EuUnthVO Art. 35 Rn. 4). Die Entscheidung über die Aussetzung ist nicht rechtsmittelfähig (vgl. EuGH 11.8.1995 – C-432/93, Slg. 1995 I-2269 Rn. 31= EuZW 1995, 800 – SISRO). Wurde der Rechtsbehelf im Erststaat zurückgenommen oder zurückgewiesen und ist die Entscheidung nach dem Recht des Erststaates vollstreckbar, ist das Verfahren im Zweitstaat wieder fortzusetzen (BeckOGK/*J. Schmidt* EuErbVO Art. 53 Rn. 14; NK-BGB/*Makowsky* EuErbVO Art. 53 Rn. 5).

Artikel 54 Einstweilige Maßnahmen einschließlich Sicherungsmaßnahmen

(1) **Ist eine Entscheidung nach diesem Abschnitt anzuerkennen, so ist der Antragsteller nicht daran gehindert, einstweilige Maßnahmen einschließlich Sicherungsmaßnahmen nach dem Recht des Vollstreckungsmitgliedstaats in Anspruch zu nehmen, ohne dass es einer Vollstreckbarerklärung nach Artikel 48 bedarf.**

(2) **Die Vollstreckbarerklärung umfasst von Rechts wegen die Befugnis, Maßnahmen zur Sicherung zu veranlassen.**

(3) **Solange die in Artikel 50 Absatz 5 vorgesehene Frist für den Rechtsbehelf gegen die Vollstreckbarerklärung läuft und solange über den Rechtsbehelf nicht entschieden ist, darf die Zwangsvollstreckung in das Vermögen des Schuldners nicht über Maßnahmen zur Sicherung hinausgehen.**

1 Die Vorschrift entspricht Art. 47 Brüssel I-VO und Art. 36 EuUnthVO. Abs. 1 bezweckt den **Schutz des Titelgläubigers.** Dieser soll bereits vor der Vollstreckbarerklärung die erforderlichen Sicherungsmaßnahmen ergreifen können, um eine Beeinträchtigung des späteren Vollstreckungszugriffs zu verhindern. Abs. 3 dient dem **Schutz des Titelschuldners.** Der Titelgläubiger soll nicht vollendete Tatsachen schaffen, bevor über die Erteilung der Vollstreckungsklausel endgültig entschieden worden ist (BeckOGK/*J. Schmidt* EuErbVO Art. 54 Rn. 4; jurisPK-BGB/*Schärtl* EuErbVO Art. 54 Rn. 1; NK-BGB/*Makowsky* EuErbVO Art. 54 Rn. 1).

2 Abs. 1 beschränkt die zulässigen **Vollstreckungsmaßnahmen bis zur Vollstreckbarerklärung** auf einstweilige Maßnahmen einschließlich Sicherungsmaßnahmen. Der Begriff der einstweiligen Maßnahme einschließlich einer Sicherungsmaßnahme ist so wie in Art. 19 zu verstehen (BeckOGK/*J. Schmidt* EuErbVO Art. 54 Rn. 6; Geimer/Schütze/*Franzmann/Schwerin* IRV EuErbVO Art. 54 Rn. 1; NK-BGB/*Makowsky* EuErbVO Art. 54 Rn. 2 → Art. 19 Rn. 1 ff.). Abs. 2 betrifft den Zeitraum danach und stellt klar, dass **nach** der **Vollstreckbarerklärung** auch **Sicherungsmaßnahmen** veranlasst werden können. Abs. 3 bezieht sich ebenfalls auf den Zeitraum nach der Vollstreckbarerklärung und regelt, dass bis zum **Ablauf** der **Rechtsbehelfsfrist** des Art. 50 Abs. 5 bzw. bis zur Entscheidung über einen eingelegten Rechtsbehelf des Art. 50 Abs. 1 nur Zwangsvollstreckungsmaßnahmen in das Vermögen zur Sicherung erfolgen dürfen.

3 Abs. 1 setzt voraus, dass die ausländische **Entscheidung** dem Grunde nach **anzuerkennen** ist. Nicht erforderlich ist, dass der Titelgläubiger bereits einen Antrag auf Vollstreckbarerklärung gestellt hat (jurisPK-BGB/*Schärtl* EuErbVO Art. 54 Rn. 5; NK-BGB/*Makowsky* EuErbVO Art. 54 Rn. 3). An-

tragsteller iSd Vorschrift ist nicht derjenige, der einen Antrag auf Vollstreckbarerklärung stellt, sondern der Titelgläubiger (BeckOGK/*J. Schmidt* EuErbVO Art. 54 Rn. 12). Eine Prüfung im Hinblick auf **Anerkennungsverweigerungsgründe** erfolgt nicht (jurisPK-BGB/*Schärtl* EuErbVO Art. 54 Rn. 7; vgl. auch die hM zur Brüssel I-VO *Heß/Hub* IPRax 2003, 93 (94)); *Hess,* Heidelberg Report, Rn. 597; Simons/Hausmann/*Althammer* Brüssel I-VO Art. 47 Rn. 6; diff. MüKoBGB/*Rauscher* EuErbVO Art. 54 Rn. 3). Welche einstweiligen Maßnahmen in Betracht kommen, richtet sich nach dem **mitgliedstaatlichen Recht** des Vollstreckungsstaates (vgl. EuGH 3.10.1985 – C-119/84, Slg. 1985, 3147 Rn. 16 = BeckRS 2004, 71344 – Capelloni). Hierzu gehören bei der Vollstreckung wegen Geldforderungen zB nach deutschem Recht Maßnahmen gem. §§ 720a, 845, 916 ff. ZPO (Arrest und einstweilige Verfügung; vgl. Geimer/Schütze/*Franzmann/Schwerin* IRV EuErbVO Art. 54 Rn. 2; NK-BGB/*Makowsky* EuErbVO Art. 54 Rn. 5; BeckOGK/*J. Schmidt* EuErbVO Art. 54 Rn. 10 f. m. Nachweisen auch zu anderen Mitgliedstaaten; s. auch LG Zwickau IHR 2007, 209). Bei der Sicherungsvollstreckung nach § 720a ZPO kann eine vorherige Zustellung der Klausel gem. § 750 ZPO entfallen (vgl. MüKoFamFG/*Lipp* EuUnthVO Art. 36 Rn. 9). Auch die Abnahme einer Vermögensauskunft gem. § 807 ZPO ist möglich (vgl. BGH NJW-RR 2006, 996 Rn. 8). Dem Gläubiger ist es gestattet, parallel in mehreren Staaten entsprechende Sicherungsmaßnahmen zu ergreifen (BeckOGK/*J. Schmidt* EuErbVO Art. 54 Rn. 14; MüKoFamFG/*Rauscher* EuErbVO Art. 54 Rn. 4; Geimer/Schütze/*Franzmann/Schwerin* IRV EuErbVO Art. 54 Rn. 2).

Abs. 2 gewährt dem Gläubiger das Recht, **nach** der **Vollstreckbarerklärung Sicherungsmaßnahmen** zu ergreifen. Anders als im Rahmen von Abs. 1 ergibt sich die Befugnis nicht aus dem nationalen Recht, sondern aus der EuErbVO und der Vollstreckbarerklärung selbst. Welche Maßnahmen das mitgliedstaatliche Recht im Einzelnen vorsieht, bleibt diesem vorbehalten (BeckOGK/*J. Schmidt* EuErbVO Art. 54 Rn. 16 ff.; vgl. bereits EuGH 3.10.1985 – C-119/84, Slg. 1985, 3147 Rn. 20 = BeckRS 2004, 71344 – Capelloni; *Jenard,* Bericht, 52). Eines besonderen gerichtlichen Ermächtigungsbeschlusses über die Zulassung von Sicherungsmaßnahmen bedarf es daher nicht (EuGH 3.10.1985 – C-119/84, Slg. 1985, 3147 Rn. 26 = BeckRS 2004, 71344 – Capelloni). Der Nachweis einer besonderen Dringlichkeit ist nicht erforderlich (MüKoFamFG/*Rauscher* EuErbVO Art. 54 Rn. 5; vgl. *Jenard,* Bericht, 52). Ebenso wenig bedarf es einer vorherigen Zustellung des mit der Vollstreckungsklausel versehenen Titels (vgl. LG Bonn RIW 2003, 388; LG Stuttgart IPRax 1989, 41 (42)). Die Sicherungsmaßnahmen und deren Durchführung unterliegen dem nationalen Recht. Jedoch darf das nationale Recht nicht dazu führen, dass die Grundgedanken des Art. 54 konterkariert werden. So kann zB nicht verlangt werden, dass der Gläubiger eine die Vollstreckung bestätigende Gerichtsentscheidung erlangen muss (MüKoFamFG/*Rauscher* EuErbVO Art. 54 Rn. 5; NK-BGB/*Makowsky* EuErbVO Art. 54 Rn. 8). Ebenso wenig ist eine Einschränkung zulässig, dass die Sicherungsmaßnahme vor Ablauf der Rechtsmittelfrist des Art. 50 Abs. 5 erfolgen muss (vgl. EuGH 3.10.1985 – C-119/84, Slg. 1985, 3147 Rn. 21, 28 = BeckRS 2004, 71344 – Capelloni). 4

Abs. 3 will den Schuldner davor schützen, dass der Gläubiger durch eine Vollstreckung vollendete Tatsachen schafft. Solange die **Frist** für die Einlegung des **Rechtsbehelfs** nach Art. 50 Abs. 5 noch nicht abgelaufen **bzw. über den Rechtsbehelf** nach Art. 50 noch nicht **entschieden** ist, darf die Vollstreckung über **Sicherungsmaßnahmen** nicht hinausgehen, selbst wenn das nationale Vollstreckungsrecht entsprechende Einschränkungen nicht vorsehen sollte. Wird die Vollstreckung erst im Rechtsbehelfsverfahren des Art. 51 (dritte Instanz) zugelassen, ist Art. 54 Abs. 3 nicht einschlägig. Höchst umstritten ist, ob die europarechtliche Regelung abschließend ist und es dem mitgliedstaatlichen Recht untersagt, während des Verfahrens nach Art. 51 die Vollstreckung nach mitgliedstaatlichem Recht auf Sicherungsmaßnahmen zu beschränken (für Unzulässigkeit BeckOGK/*J. Schmidt* EuErbVO Art. 54 Rn. 27; Stein/Jonas/*Oberhammer* Brüssel I-VO Art. 47 Rn. 24; aA Simons/Hausmann/*Althammer* Brüssel I-VO Art. 47 Rn. 10). Richtigerweise kann Art. 54 Abs. 3 kein abschließender Regelungsgehalt entnommen werden (Geimer/Schütze/*Franzmann/Schwerin* IRV EuErbVO Art. 54 Rn. 3; MüKoFAmFG/*Rauscher* EuErbVO Art. 54 Rn. 6). Es ist daher unbedenklich, dass § 18 Abs. 3 IntErbRVG die Möglichkeit einer Anordnung vorsieht, wonach die Zwangsvollstreckung bis zur Entscheidung über die Rechtsbeschwerde über Maßregeln zur Sicherung nicht oder nur gegen Sicherheitsleistung hinausgehen darf (aA BeckOGK/*J. Schmidt* EuErbVO Art. 54 Rn. 27). 5

Zum deutschen Recht vgl. die Kommentierung §§ 15–20 IntErbRVG. 6

Artikel 55 Teilvollstreckbarkeit

(1) **Ist durch die Entscheidung über mehrere Ansprüche erkannt worden und kann die Vollstreckbarerklärung nicht für alle Ansprüche erteilt werden, so erteilt das Gericht oder die zuständige Behörde sie für einen oder mehrere dieser Ansprüche.**

(2) **Der Antragsteller kann beantragen, dass die Vollstreckbarerklärung nur für einen Teil des Gegenstands der Entscheidung erteilt wird.**

1 Die Vorschrift stimmt mit Art. 37 EuUnthVO überein und entspricht inhaltlich weitgehend Art. 48 Brüssel I-VO sowie Art. 36 Brüssel IIa-VO. Nach Abs. 1 hat das Gericht von Amts wegen eine Vollstreckungsklausel für **einen von mehreren Ansprüchen im prozessualen Sinn** (BeckOGK/*J. Schmidt* EuErbVO Art. 55 Rn. 6; MüKoFamFG/*Rauscher* EuErbVO Art. 55 Rn. 2) zu erteilen, wenn die Vollstreckungsklausel nur für einen Anspruch erteilt werden kann. Denkbar sind etwa Fälle, in denen der ausländischen Entscheidung im Hinblick auf einen von mehreren Ansprüchen die Anerkennung gem. Art. 40 zu versagen ist (BeckOGK/*J. Schmidt* EuErbVO Art. 55 Rn. 8.1; Bonomi/ Wautelet/ *Pretelli* Art. 55 Rn. 1; vgl. *Jenard,* Bericht, 53). In diesem Fall darf das Gericht nicht einfach den Antrag auf Erteilung der Vollstreckungsklausel zurückweisen, sondern muss ihm im rechtlich möglichen Umfang stattgeben (BeckOGK/*J. Schmidt* EuErbVO Art. 55 Rn. 4). An die teilweise Erteilung einer Vollstreckungsklausel ist auch zu denken, wenn ein Urteil sowohl erbrechtliche als auch nicht erbrechtliche Leistungspflichten zum Gegenstand hat und es bezüglich der nicht erbrechtlichen Leistungspflichten nach der Neufassung der Brüssel I-VO keiner Vollstreckbarerklärung mehr bedarf (vgl. EuGH 27.2.1997 – C-220/95, Slg. 1997 I-1147 Rn. 22 = BeckRS 2004, 75191– Laumen; BeckOGK/*J. Schmidt* EuErbVO Art. 55 Rn. 8.1; Bonomi/Wautelet/*Pretelli* Art. 55 Rn. 1; Geimer/ Schütze/ *Franzmann/Schwerin* IRV Art. 55 Rn. 2).

2 Zweifelhaft ist, ob Abs. 1 auch gilt, wenn es nicht um mehrere Ansprüche, sondern um eine **quantitative Teilung** geht. Dem Wortlaut nach ist dieser Fall an sich nur von Abs. 2 erfasst („Teil des Gegenstands der Entscheidung"). Richtigerweise wird man Abs. 1 aber auch in diesem Fall anzuwenden haben. Denn im Antrag des Gläubigers steckt im Zweifel auch der Antrag auf die Erteilung der Vollstreckungsklausel in einem geringeren quantitativen Umfang (vgl. NK-BGB/*Makowsky* EuErbVO Art. 55 Rn. 2; MüKoFamFG/*Lipp* EuUnthVO Art. 37 Rn. 3 mwN). Dass ein zusätzlicher Hilfsantrag nach Abs. 2 gestellt wird, erscheint überflüssig (aA BeckOGK/*J. Schmidt* EuErbVO Art. 55 Rn. 11; MüKoFamFG/*Rauscher* EuErbVO Art. 55 Rn. 2).

3 Abs. 2 stellt klar, dass der Gläubiger von vornherein einen Antrag auf Erteilung der Vollstreckungsklausel (→ Art. 43 Rn. 4) nur für einen **Teil des Gegenstands der Entscheidung** stellen kann (vgl. § 8 Abs. 2 IntErbRVG). Damit sind sowohl quantitative als auch qualitative Abweichungen vom Gegenstand der Entscheidung gemeint (BeckOGK/*J. Schmidt* EuErbVO Art. 55 Rn. 11; Geimer/Schütze/*Franzmann/Schwerin* IRV Art. 55 Rn. 3; jurisPK-BGB/*Schärtl* EuErbVO Art. 55 Rn. 2; NK-BGB/*Makowsky* EuErbVO Art. 55 Rn. 3). Das Gericht ist an den Antrag gebunden (vgl. NK-BGB/*Makowsky* EuErbVO Art. 55 Rn. 3; MüKoFamFG/*Rauscher* EuErbVO Art. 55 Rn. 6). Die Teilvollstreckungsklausel wird im deutschen Recht in § 8 Abs. 2 IntErbRVG geregelt.

Artikel 56 Prozesskostenhilfe

Ist dem Antragsteller im Ursprungsmitgliedstaat ganz oder teilweise Prozesskostenhilfe oder Kosten- und Gebührenbefreiung gewährt worden, so genießt er im Vollstreckbarerklärungsverfahren hinsichtlich der Prozesskostenhilfe oder der Kosten- und Gebührenbefreiung die günstigste Behandlung, die das Recht des Vollstreckungsmitgliedstaats vorsieht.

1 Die Vorschrift entspricht weitgehend den früher geltenden Art. 50 Brüssel I-VO und Art. 50 Brüssel IIa-VO. Art. 44 ff. EuUnthVO weichen von diesen Bestimmungen ab, indem sie dem Antragsteller einen eigenen Anspruch auf Prozesskostenhilfe gewähren. Art. 56 macht ein neues Prozesskostenhilfeverfahren im Vollstreckungsstaat entbehrlich und sichert den **Zugang des Gläubigers zum Recht.** Die Bestimmung garantiert die **effektive Vollstreckung** der zu seinen Gunsten ergangenen Entscheidung (vgl. bereits *Jenard,* Bericht, 54).

2 Die Vorschrift weicht scheinbar von Art. 50 Brüssel I-VO insoweit ab, als sie nicht für sämtliche Verfahren nach Kapitel IV gilt, sondern nur für das Vollstreckbarerklärungsverfahren selbst. Damit könnte die EuErbVO überraschenderweise zur Bestimmung des Art. 44 Abs. 1 EuGVÜ zurückgekehrt sein, der eine entsprechende Beschränkung auf das Vollstreckbarerklärungsverfahren vorsah und etwa das Rechtsbehelfsverfahren (Art. 50) vom Günstigkeitsprinzip der Prozesskostenhilfe ausklammerte (vgl. *Jenard,* Bericht, 54). Es ist nicht ersichtlich, dass der Gesetzgeber einen derartigen Rückschritt beabsichtigt hätte. Dass der Wortlaut auf das Vollstreckbarerklärungsverfahren beschränkt ist, muss ein Redaktionsversehen sein. Der Begriff des Vollstreckbarerklärungsverfahrens ist daher weit auszulegen. **Sämtliche Instanzen des Exequaturverfahrens** werden damit von Art. 56 erfasst, ebenso auch das selbständige Ankerkennungsverfahren gem. Art. 39 Abs. 2 (iE auch Bonomi/Wautelet/*Pretelli* Art. 56 Rn. 3; BeckOGK/*J. Schmidt* EuErbVO Art. 56 Rn. 5; NK-BGB/*Makowsky* EuErbVO Art. 56 Rn. 3).

3 Das **Günstigkeitsprinzip** setzt voraus, dass dem **Antragsteller** im Ursprungsmitgliedstaat irgendeine Form von Prozesskostenhilfe gewährt wurde. Dem steht eine Kosten- oder Gebührenbefreiung gleich. Eine Nachprüfung der Prozesskostenhilfeentscheidung der Gerichte des Ursprungsmitgliedstaates durch die Gerichte des Vollstreckungsmitgliedstaats ist unstatthaft (BeckOGK/*J. Schmidt* EuErbVO Art. 56 Rn. 7; jurisPK-BGB/*Schärtl* Art. 57 Rn. 1; MüKoFamFG/*Rauscher* EuErbVO Art. 55 Rn. 4).

Haben die Gerichte des **Ursprungsmitgliedstaates** dem Antragsteller **Prozesskostenhilfe** gewährt, müssen dies auch die Gerichte des Vollstreckungsstaates nach ihrer lex fori tun, ohne dass es eines besonderen Verfahrens bedürfte (Geimer/Schütze/*Franzmann/Schwerin* IRV EuErbVO Art. 56 Rn. 3). Damit die Prozesskostenhilfe gewährt wird, ist aber eine (wenn auch gebundene) Entscheidung über ihre Bewilligung erforderlich (MüKoFamFG/Rauscher EuErbVO Art. 56 Rn. 4). Der Nachweis von Gewährung der Prozesskostenhilfe im Ursprungsmitgliedstaat kann regelmäßig über das Formblatt I für eine Entscheidung gem. Art. 46 Abs. 3 lit. b EuErbVO und die dort enthaltene Ziffer 7 geführt werden (MüKoFamFG/*Rauscher* EuErbVO Art. 56 Rn. 4). Dass das Recht des Vollstreckungsstaates die Prozesskostenhilfe in größerem Umfang gewährt, ist ohne Belang (BeckOGK/*J. Schmidt* EuErbVO Art. 56 Rn. 11; vgl. bereits Geimer/Schütze/*Geimer* Brüssel I-VO Art. 50 Rn. 3). Hat das Gericht des Ursprungsmitgliedstaates die Prozesskostenhilfe versagt, ist dem Antragsteller nach der lex fori Prozesskostenhilfe zu gewähren, wenn die entsprechenden Voraussetzungen nach den Bestimmungen hierfür vorliegen (BeckOGK/*J. Schmidt* EuErbVO Art. 56 Rn. 13; jurisPK-BGB/*Schärtl* EuErbVO Art. 57 Rn. 3; NK-BGB/*Makowsky* EuErbVO Art. 56 Rn. 4; Geimer/Schütze/*Franzmann/Schwerin* IRV EuErbVO Art. 56 Rn. 3). Die Unterschiede zwischen den Mitgliedstaaten sind jedoch nicht gravierend, da die Prozesskostenhilferichtlinie 2002/8/EG (ABl. EG 2003 L 26, 41) für eine Harmonisierung gesorgt hat. 4

Artikel 57 Keine Sicherheitsleistung oder Hinterlegung

Der Partei, die in einem Mitgliedstaat die Anerkennung, Vollstreckbarerklärung oder Vollstreckung einer in einem anderen Mitgliedstaat ergangenen Entscheidung beantragt, darf wegen ihrer Eigenschaft als Ausländer oder wegen Fehlens eines inländischen Wohnsitzes oder Aufenthalts im Vollstreckungsmitgliedstaat eine Sicherheitsleistung oder Hinterlegung, unter welcher Bezeichnung es auch sei, nicht auferlegt werden.

Die Vorschrift entspricht dem früher geltenden Art. 51 Brüssel I-VO sowie weitgehend Art. 56 Brüssel Ia-VO und Art. 75 Brüssel IIb-VO (vgl. auch Art. 44 Abs. 5 EuUnthVO). Sie ordnet für sämtliche Fälle der Anerkennung, Vollstreckbarerklärung und Vollstreckung an, dass der Zweitstaat vom Antragsteller keine **Sicherheitsleistung** verlangen kann, weil er eine ausländische Staatsangehörigkeit oder seinen Wohnsitz bzw. Aufenthalt in einem anderen Staat hat. Im Verhältnis zu Bürgern aus anderen EU-Staaten folgt dies bereits aus dem allgemeinen Diskriminierungsverbot des Art. 18 AEUV (vgl. EuGH 1.7.1993 – C-20/92, Slg. 1993, 3777 Rn. 15 = NJW 1993, 2431 – Hubbard). 1

Art. 57 gilt auch im Verhältnis zu Angehörigen von **Drittstaaten** sowie zu Staatenlosen (BeckOGK/*J. Schmidt* EuErbVO Art. 57 Rn. 4; Geimer/Schütze/*Franzmann/Schwerin* IRV EuErbVO Art. 57 Rn. 2; MüKoFamFG/*Rauscher* EuErbVO Art. 57 Rn. 2). Zur Anwendbarkeit auf das Anerkennungsfeststellungsverfahren → Art. 39 Rn. 35. 2

Die Regelung beschränkt sich auf ein **Diskriminierungsverbot**. Unberührt bleiben Bestimmungen des Zweitstaates zur Sicherheitsleistung, wenn diese unabhängig von der Staatsangehörigkeit bzw. dem Wohnsitz gelten und auch nicht mittelbar hieran anknüpfen (Geimer/Schütze/*Franzmann/Schwerin* IRV EuErbVO Art. 57 Rn. 2; BeckOGK/*J. Schmidt* EuErbVO Art. 57 Rn. 8; NK-BGB/*Makowsky* EuErbVO Art. 58 Rn. 2). 3

Artikel 58 Keine Stempelabgaben oder Gebühren

Im Vollstreckungsmitgliedstaat dürfen in Vollstreckbarerklärungsverfahren keine nach dem Streitwert abgestuften Stempelabgaben oder Gebühren erhoben werden.

Entsprechende Bestimmungen finden sich in Art. 52 Brüssel I-VO und Art. 38 EuUnthVO. Die **Gerichtsgebühren** für das Verfahren der **Vollstreckbarerklärung** dürfen **nicht streitwertabhängig** ausgestaltet sein. Ziel der Vorschrift ist die Senkung von Verfahrenskosten (BeckOGK/*J. Schmidt* EuErbVO Art. 58 Rn. 4; Bonomi/Wautelet/*Pretelli* Art. 58 Rn. 2). Die Regelung gilt nur für Gerichts- und **nicht für Anwaltsgebühren** (vgl. Bonomi/Wautelet/*Pretelli* Art. 58 Rn. 3; jurisPK-BGB/*Schärtl* EuErbVO Art. 58 Rn. 2; MüKoFamFG/*Rauscher* EuErbVO Art. 58 Rn. 3). Sie erfasst nur das Verfahren der Vollstreckbarerklärung in **erster Instanz,** nicht aber die Rechtsbehelfsverfahren der Art. 50 und 51 und das Zwangsvollstreckungsverfahren (BeckOGK/ *J. Schmidt* EuErbVO Art. 58 Rn. 4; MüKoFamFG/*Rauscher* EuErbVO Art. 58 Rn. 2). 1

Kapitel V. Öffentliche Urkunden und gerichtliche Vergleiche

Artikel 59 Annahme öffentlicher Urkunden

(1) **Eine in einem Mitgliedstaat errichtete öffentliche Urkunde hat in einem anderen Mitgliedstaat die gleiche formelle Beweiskraft wie im Ursprungsmitgliedstaat oder die damit am ehesten vergleichbare Wirkung, sofern dies der öffentlichen Ordnung (ordre public) des betreffenden Mitgliedstaats nicht offensichtlich widersprechen würde.**

Eine Person, die eine öffentliche Urkunde in einem anderen Mitgliedstaat verwenden möchte, kann die Behörde, die die öffentliche Urkunde im Ursprungsmitgliedstaat errichtet, ersuchen, das nach dem Beratungsverfahren nach Artikel 81 Absatz 2 erstellte Formblatt auszufüllen, das die formelle Beweiskraft der öffentlichen Urkunde in ihrem Ursprungsmitgliedstaat beschreibt.

(2) [1] **Einwände mit Bezug auf die Authentizität einer öffentlichen Urkunde sind bei den Gerichten des Ursprungsmitgliedstaats zu erheben; über diese Einwände wird nach dem Recht dieses Staates entschieden.** [2] **Eine öffentliche Urkunde, gegen die solche Einwände erhoben wurden, entfaltet in einem anderen Mitgliedstaat keine Beweiskraft, solange die Sache bei dem zuständigen Gericht anhängig ist.**

(3) [1] **Einwände mit Bezug auf die in einer öffentlichen Urkunde beurkundeten Rechtsgeschäfte oder Rechtsverhältnisse sind bei den nach dieser Verordnung zuständigen Gerichten zu erheben; über diese Einwände wird nach dem nach Kapitel III anzuwendenden Recht entschieden.** [2] **Eine öffentliche Urkunde, gegen die solche Einwände erhoben wurden, entfaltet in einem anderen als dem Ursprungsmitgliedstaat hinsichtlich des bestrittenen Umstands keine Beweiskraft, solange die Sache bei dem zuständigen Gericht anhängig ist.**

(4) **Hängt die Entscheidung des Gerichts eines Mitgliedstaats von der Klärung einer Vorfrage mit Bezug auf die in einer öffentlichen Urkunde beurkundeten Rechtsgeschäfte oder Rechtsverhältnisse in Erbsachen ab, so ist dieses Gericht zur Entscheidung über diese Vorfrage zuständig.**

Literatur: *Bauer,* Art. 59 EuErbVO: Verfahrensrechtliche Kollisionsnorm zur Sicherung des freien Verkehrs öffentlicher Urkunden, GS Unberath, 2015, 19; *Beaumont/Fitchen/Holiday,* The evidentiary effects of authentic acts in the Member States of the European Union, in the context of successions, 2016; *Buschbaum,* Rechtslagenanerkennung aufgrund öffentlicher Urkunden? Bestandsaufnahme und Ausblick nach dem Inkrafttreten der EU-Erbrechtsverordnung, FS Martiny, 2014, 259; *Callé,* L'acte authentique établi à l'étranger. Validité et exécution en France, Rev. crit. dr. int. priv. 94 (2005) 377; *Fitchen,* „Recognition", Acceptance and Enforcement of Authentic Instruments in the Succession Regulation, JPrivIntL 8 (2012), 323; Dutta/Herrler/*Geimer,* Die Europäische Erbrechtsverordnung, 143; *Kohler/Buschbaum,* Die „Anerkennung" öffentlicher Urkunden, IPRax 2010, 313; Lipp/Münch/*Münch,* Die neue Europäische Erbrechtsverordnung, 2016, 31; *Mansel,* Negotium und instrumentum – Zur Urkundenanerkennung und Urkundenannahme im Europäischen Kollisionsrecht, liber amicorum Kohler, 2018, 301; *Schmitz,* Die »Annahme« öffentlicher Urkunden nach Art. 59 Abs. 1 EuErbVO, 2020.

Übersicht

I. Allgemeines

1. Normzweck

Die Vorschrift **dient dem grenzüberschreitenden Rechtsverkehr und der Vereinfachung des Nachlassverfahrens.** Öffentliche Urkunden sollen im Aufnahmestaat wie im Errichtungsstaat verwendet werden können. Eine in einem Mitgliedstaat errichtete notarielle Urkunde in Erbsachen soll frei in den Mitgliedstaaten zirkulieren und ihre Wirkung in allen Mitgliedstaaten entfalten (s. Erwägungsgrund 22, S. 1: „Die in den Mitgliedstaaten von Notaren in Erbsachen errichteten Urkunden sollten nach dieser Verordnung verkehren"; vgl. auch MüKoBGB/*Dutta* EuErbVO Art. 59 Rn. 1). Mit Ausnahme der nordischen Staaten Finnland, Schweden und Zypern sind alle an der Verordnung teilnehmenden Mitgliedstaaten mit dem Konzept der öffentlichen Urkunde vertraut (vgl. hierzu *Beaumont/Fitchen/Holiday,* The evidentiary effects of authentic acts, 19). Die Bedeutung der Vorschrift für die Praxis ist entgegen dem ersten Anschein nach gering. Denn sie bezieht sich nur auf die formelle Beweiskraft von erbrechtlichen Urkunden. Dass auch ausländische öffentliche Urkunden wie zB Testamente und Erbverträge Beweiswirkungen entfalten, dürfte aus der Sicht der Mitgliedstaaten kaum eine bahnbrechende Neuigkeit sein. Eine erst nach der Verabschiedung der Verordnung in Auftrag gegebenen Studie hat aufgezeigt, dass sich die Divergenzen zwischen Mitgliedstaaten, die mit dem Konzept der Urkunde vertraut sind, in Grenzen halten. Art. 59 gehört zu den problematischsten Vorschriften der Verordnung. Sie wirft mehr neue Rechtsprobleme auf, als sie praktische Schwierigkeiten des grenzüberschreitenden Urkundenverkehrs überwindet. Unscharf ist bereits das Tatbestandsmerkmal der mit der formellen Beweiskraft „am ehesten vergleichbaren Wirkung". Es ist zwar zu begrüßen, dass Art. 59 zwischen den verschiedenen Kategorien der Authentizität der Urkunde und dem Rechtsgeschäft differenziert. Warum Einwände gegen das Rechtsgeschäft wiederum zu einer Suspendierung der Beweiskraft der Urkunde gem. Art. 59 Abs. 3 S. 2 führen sollen, ist nur schwer verständlich. Höchst bedauerlich ist auch, dass sich der Gesetzgeber nicht einmal in den Erwägungsgründen mit der Frage beschäftigt hat, ob und in welchem Umfang nationale Erbscheine Beweis- und Vermutungswirkungen in anderen Mitgliedstaaten entfalten. Aus Sicht der Praxis hätte sich diese Frage aufdrängen müssen. Anstatt dessen widmet sich ErwG 66 in nebulösen Ausführungen der Problematik nicht zu vereinbarender öffentlicher Urkunden, ohne dass praktisch relevante Anwendungsfälle hierfür ersichtlich wären. 1

2. Rechtsnatur

Rechtstechnisch umgesetzt wird die Annahme durch eine **verfahrensrechtliche Kollisionsnorm** (*Dutta* FamRZ 2013, 4 (13); *Fitchen* JPrivIntL 8 (2012), 323 (325, 335, 356)). Für die Beweiswirkungen der öffentlichen Urkunde aus einem Mitgliedstaat ist in zivilrechtlichen Verfahren der anderen Mitgliedstaaten das Recht des Ursprungsmitgliedstaats berufen. 2

Die **Regelung geht über die Dafeki-Rechtsprechung des EuGH hinaus.** Nach der Dafeki-Entscheidung sind die Mitgliedstaaten verpflichtet, Urkunden, die „von den zuständigen Behörden der anderen Mitgliedstaaten ausgestellt wurden, zu beachten, sofern deren Richtigkeit nicht durch konkrete, auf den jeweiligen Einzelfall bezogene Anhaltspunkte ernstlich in Frage gestellt ist" (EuGH 2.12.1998 – C-336/94, Slg. 1997 I-6761). Abweichend davon wird durch die EuErbVO die Zuständigkeit zur Überprüfung der Echtheit der Urkunde ausschließlich den Gerichten des Ursprungsstaats übertragen. Zudem ist die formelle Beweiskraft nicht nur zu beachten oder der Wirkung einer vergleichbaren inländischen Urkunde gleichzustellen, sondern die Urkunden haben im Grundsatz in den Mitgliedstaaten im Sinne der Erbrechtsverordnung die formelle Beweiskraft nach dem Recht des Ursprungsstaats (→ Rn. 38 f.). 3

Die **Regelung** tritt **nicht hinter die Dafeki-Rechtsprechung zurück.** Greift Art. 59 nicht ein, so bleibt es den Mitgliedstaaten vorbehalten, **ausländische öffentliche Urkunden inländischen gleichzustellen,** soweit das nach dem autonomen Verfahrensrecht vorgesehen ist (EuGH 2.12.1998 – C-336/94, Slg. 1997 I-6761). Dabei ist allerdings Folgendes zu beachten: Dient Art. 59 EuErbVO auch dem **Vertrauensschutz,** so ist auch das Vertrauen der Parteien darin, **dass eine Urkunde bestimmte Wirkungen nicht hat,** zu schützen. Praktisch spielt dies keine Rolle, soweit nach autonomem Verfahrensrecht eine ausländische Urkunde keine größere Wirkung haben kann als nach dem Recht des Ursprungsstaats. 4

3. Von der Anerkennung zur Annahme öffentlicher Urkunden zu

5 **a) Kommissionsentwurf.** Die Entstehungsgeschichte des Art. 59 ist durch eine intensive Diskussion über die Reichweite der „Anerkennung" öffentlicher Urkunden geprägt. Schon in ihrem Grünbuch zum Erb- und Testamentsrecht (KOM (2005) 65 endg., S. 11; vgl. auch KOM (2004) 401 endg., S. 10) hatte die Europäische Kommission die Frage aufgeworfen, ob auf erbrechtliche Urkunden dieselben Vorschriften wie für die Anerkennung und Vollstreckung gerichtlicher Entscheidung angewendet werden können. Art. 34 des Kommissionsentwurfs (KOM (2009) 154 endg.) schien die Frage zu bejahen und verpflichtete die Mitgliedstaaten zur Anerkennung erbrechtlicher Urkunden mit folgendem Wortlaut: „*Die in einem Mitgliedstaat aufgenommenen öffentlichen Urkunden werden in den anderen Mitgliedstaaten anerkannt, sofern ihre Gültigkeit nicht im Ursprungsmitgliedstaat nach den dort geltenden Verfahren angefochten wurde und unter dem Vorbehalt, dass diese Anerkennung nicht der öffentlichen Ordnung (ordre public) des ersuchten Mitgliedstaats entgegensteht.*" Die Reaktion der Wissenschaft auf diesen Vorschlag fiel sehr kritisch aus (vgl. Calvo Caravaca/*Mansel* Art. 59 Rn. 8; *M. Kohler/Buschbaum* IPRax 2010, 313 (314); *Mansel/Thorn/Wagner* IPRax 2011, 1 (4); *MPI* RabelsZ 74 (2010), 522 (669 ff.)). Die Kritik entzündete sich vor allem daran, dass die Vorschrift zu einer Anerkennung der durch öffentliche Urkunden begründeten Rechtslagen unter Umgehung der verweisungsrechtlichen Methode des Kollisionsrechts führte (*M. Kohler/Buschbaum* IPRax 2010, 313 (314); Calvo Caravaca/*Mansel* Art. 59 Rn. 8; Lipp/Münch/*Münch,* Die neue Europäische Erbrechtsverordnung, 2016, 31 (43)).

6 **b) Verweisungsrecht vs. verfahrensrechtliche Anerkennung.** Hintergrund des Kommissionsentwurfs war der schon seit Längerem schwelende Streit zugrunde, ob neben die kollisionsrechtliche Anerkennung eine verfahrensrechtliche Anerkennung von Urkunden tritt und durch öffentliche Beurkundungen erzeugte Rechtsverhältnisse als wirksam anzuerkennen sind (vgl. *Coester-Waltjen* IPRax 2006, 392 (393); *Mansel* RabelsZ 70 (2006), 651 (664 ff.)). Gegen eine urkundenbezogene Anerkennung von Rechtslagen sprechen mehrere gewichtige Gründe: Die Wirksamkeit des Rechtsgeschäfts würde vom Recht des Abschlussorts abhängen. Eine solche Anknüpfung verträgt sich nicht mit dem Prinzip, dass das Recht der engsten Verbindung und nicht der frei wählbare Ort des Abschlusses über Fragen der materiellen Wirksamkeit entscheiden muss (vgl. *Mansel* RabelsZ 70 (2006), 651 (664 ff.); *Mansel* IPRax 2011, 341 (342)). So wäre es sinnwidrig, ein Testament deswegen als inhaltlich wirksam anzuerkennen, nur weil es im Staat seiner Errichtung als inhaltlich wirksam anerkannt wurde. Art. 24 beruft insoweit das Recht des aktuellen gewöhnlichen Aufenthaltsstaats des Erblassers zur Anwendung. Diese Anknüpfung würde leerlaufen, wenn man alternativ aufgrund einer verfahrensrechtlichen Verweisung das Recht des Abschlussorts anwenden würde. Noch gravierender wäre eine Rechtslagenanerkennung bei Erbverträgen: Hier drohte die differenzierte Anknüpfung nach Art. 25 Abs. 1 und 2 mit Blick auf die Zulässigkeit solcher Verträge aus den Angeln gehoben zu werden, müsste der nach dem Staat des Vertragsschlusses wirksame Erbvertrag als wirksam anerkannt werden. Ein verfahrensrechtliches Anerkennungsprinzip führt in eine Sackgasse: Es beschwört die Gefahr eines *law shoppings* herauf und steht in diametralem Gegensatz zur Ordnungsfunktion des Verweisungsrechts. Auch der Vergleich mit der Anerkennung von Entscheidungen geht fehl: Während eine Entscheidung Rechtskraft entfaltet und einen Rechtsstreit beendet, begründet die öffentliche Urkunde ein Rechtsverhältnis aufgrund des Parteiwillens (vgl. Calvo Caravaca/*Mansel* Art. 59 Rn. 3; *Schmitz,* Die »Annahme« öffentlicher Urkunden nach Art. 59 Abs. 1 EuErbVO, S. 124).

4. Instrumentum und negotium

7 Im Laufe des Gesetzgebungsverfahrens setzte sich die Einsicht durch, dass ein differenzierter und restriktiver Ansatz nötig ist, um die grenzüberschreitende Akzeptanz öffentlicher Urkunden zu erreichen, ohne das System des Kollisionsrechts zu untergraben (vgl. *Fitchen* JPrivIntL 8 (2012), 323 (343); *Buschbaum* GS Hübner, 2012, 589 (601–603); Dutta/Herrler/*Lechner,* Die Europäische Erbrechtsverordnung, 2013, 5 Rn. 31; *Schmitz,* Die »Annahme« öffentlicher Urkunden nach Art. 59 Abs. 1 EuErbVO, 124). Ausgangspunkt ist insoweit die Unterscheidung zwischen der Urkunde **(instrumentum)** und der durch sie vermittelten Beweiskraft über die durch die Urkundsperson bezeugten **Tatsachen** und dem in der Urkunde enthaltenen Rechtsgeschäft (**negotium;** vgl. Vermerk des Vorsitzes für den Rat, Dok. 11067/11 v. 6.6.2011, S. 12, Ziff. 27; Calvo Caravaca/*Mansel* Art. 59 Rn. 2; *Mansel,* liber amicorum Kohler, 2018, 301 (303); *Beaumont/Fitchen/Holiday,* The evidentiary effects of authentic acts, 51; Geimer/Schütze/*Geimer/Garber* EuErbVO Art. 59 Rn. 3; Pamboukis/*Somarakis* EuErbVO Art. 59 Rn. 19). Diese Differenzierung kommt in der amtlichen Überschrift des Art. 59 mit dem Begriff der „Annahme" und der Abkehr vom Terminus der „Anerkennung" zum Ausdruck. Art. 59 Abs. 1 spricht außerdem von der „formellen Beweiskraft" als Gegenstand der Annahme. Die Unterscheidung zwischen instrumentum und negotium zeigt sich außerdem in Art. 59 Abs. 2 und 3, die Einwände in Bezug auf die Authentizität und Einwände in Bezug auf das beurkundete Rechtsgeschäft regeln. Einwände in Bezug auf das negotium unterliegen nach Art. 59 Abs. 3 dem nach Art. 20 ff. maßgeblichen Recht und

gerade nicht dem Recht des Ausstellungsstaats der Urkunde. Es lässt sich daher festhalten, dass sich der Gesetzgeber ganz bewusst gegen eine Anerkennung von Rechtslagen entschieden hat, sondern mit Art. 59 die Annahme der förmlichen Beweiswirkungen einer Urkunde im Blick hat. Dementsprechend beantwortet die Regelung auch nicht die Frage, ob eine Urkunde formell wirksam ist. Dies ist eine Frage des Formstatuts (→ EuErbVO Art. 27 f.; vgl. Geimer/Schütze/*Geimer/Garber* EuErbVO Art. 59 Rn. 4; Dutta/Herrler/*Geimer,* Die Europäische Erbrechtsverordnung 143 (146) Rn. 9).

5. Rechtsvergleichung

Dem common law und dem skandinavischen Rechtssystem sind öffentliche Urkunden fremd (Dutta/Herrler/*Geimer,* Die Europäische Erbrechtsverordnung 143 (147) Rn. 11; Geimer/Schütze/*Geimer/Garber,* EuErbVO Art. 59 Rn. 6; *Beaumont/Fitchen/Holiday,* The evidentiary effects of authentic acts, 19; *Buschbaum* FS Martiny, 259 (264 f.) mwN). Unter den Mitgliedstaaten im Sinne der Verordnung sind Finnland, Schweden und Zypern öffentliche Urkunden unbekannt. Die öffentliche Urkunde ist ein Kind des lateinischen Notariats. Sie sind auch in den Mitgliedsländern anzunehmen, denen die öffentliche Urkunde unbekannt ist. 8

II. Annahme der formellen Beweiskraft von öffentlichen Urkunden (Art. 59 Abs. 1, 2)

1. Anwendungsbereich

Der Anwendungsbereich von Art. 59 ist auf die Annahme öffentlicher Urkunden in Erbsachen beschränkt (zum Begriff der öffentlichen Urkunde Art. 3 Abs. 1 lit. i, → Rn. 16 ff.). Damit erfasst die Vorschrift **nur Urkunden, in denen erbrechtliche Rechtsgeschäfte oder Rechtsverhältnisse beurkundet sind.** Soweit Urkunden Rechtsakte oder Rechtsverhältnisse beurkunden, die selbst nicht in den sachlichen Anwendungsbereich der EuErbVO fallen, findet Art. 59 keine Anwendung. 9

2. Voraussetzungen der Annahme

a) Öffentliche Urkunde. aa) Begriff der öffentlichen Urkunde. Der **Begriff** der öffentlichen Urkunde wird in der Verordnung **in Art. 3 Abs. 1 lit. i legaldefiniert.** „Öffentliche Urkunde" [ist danach] ein Schriftstück in Erbsachen, das als öffentliche Urkunde in einem Mitgliedstaat förmlich errichtet oder eingetragen worden ist und dessen Beweiskraft i) sich auf die Unterschrift und den Inhalt der öffentlichen Urkunde bezieht und ii) durch eine Behörde oder eine andere vom Ursprungsmitgliedstaat hierzu ermächtigte Stelle festgestellt worden ist". Der Verordnungsgeber knüpft damit an den durch den EuGH (EuGH 17.6.1999 – Rs. C-260/97, Slg. 1999 I-3715 – Unibank) entwickelten Urkundenbegriff an, wie er auch in Art. 4 Nr. 3 EuVTVO und in Art. 3 Abs. 1 lit. c EuGüVO und Art. 3 Abs. 1 lit. d EuPartVO normiert ist. 10

Besondere Beweiskraft bezüglich Unterschrift und Inhalt bedeutet, dass sich die Beweiskraft nicht allein auf die Unterschrift beziehen darf. Eine bloße notarielle Beglaubigung einer Unterschrift reicht demnach nicht aus (GA *Bot,* Schlussantrag C-658/17, BeckRS 2019, 2482 – WB, Tz. 103; *Raff* DNotZ 2019, 643 (646); *Schmitz,* Die »Annahme« öffentlicher Urkunden nach Art. 59 Abs. 1 EuErbVO, 2020, 27; aA MüKoFamFG/*Rauscher* EuErbVO Art. 49 Rn. 5). Art. 3 Abs. 1 lit. i unterscheidet sich in seiner Definition der öffentlichen Urkunde von Art. 3 Nr. 1 lit. d der EuUrkundenVO 2016/1191, der auch Unterschriftsbeglaubigungen in den Begriff der öffentlichen Urkunde mit einbezieht. Die Beweiskraft der Urkunde muss sich auch auf den beurkundeten Inhalt beziehen, bei einer beurkundeten Erklärung also auch darauf, dass der Erklärende die Erklärung eines bestimmten Inhalts abgegeben hat (EuGH 17.6.1999 – Rs. C-260/97, Slg. 1999 I-3715, Tz. 17 – Unibank; *Raff* DNotZ 2019, 643 (646)). Außerdem muss die Urkundenperson den Inhalt der Urkunde verantworten (GA *Bot,* Schlussantrag C-658/17, BeckRS 2019, 2482 – WB, Tz. 103). Für den grenzüberschreitenden Rechtsverkehr in Erbsachen folgt daraus, dass unterschriftsbeglaubigte **Erbausschlagungserklärungen** oder Genehmigungserklärungen zu Erbauseinandersetzungsverträgen oder Erbverzichten nicht nach Art. 59 Abs. 1 anzunehmen sind, sondern sich die Annahme nach der lex fori richtet. Nachteile für die Abwicklung von Nachlässen dürften hiermit nicht verbunden sein. Denn auch für solche Urkunden gilt, dass sie gem. Art. 74 keiner Legalisation oder Apostille bedürfen (MüKoBGB/*Dutta* EuErbVO Art. 59 Rn. 8; *Schmitz,* Die »Annahme« öffentlicher Urkunden nach Art. 59 Abs. 1 EuErbVO, 2020, 27). 11

Die Vollstreckbarkeit der Urkunde ist kein Tatbestandsmerkmal einer öffentlichen Urkunde (*Fitchen* JPIL 8 (2012), 323 (335); NK-BGB/*Looschelders* EuErbVO Art. 3 Rn. 27). Dies ergibt sich zum einen aus dem Wortlaut des Art. 3 Abs. 1 lit. i und zum anderen aus einem Umkehrschluss aus Art. 60, der besondere Regelungen für vollstreckbare Urkunden enthält. Die **Aufgabe des Erfordernisses der Vollstreckbarkeit** erweitert den Bereich der in Betracht kommenden öffentlichen Urkunden im Vergleich zu Art. 58 Brüssel Ia-VO und Art. 48 EuUnthVO. Der Wortlaut von Art. 3 Abs. 1 lit. i erfasst 12 auch Urkunden, deren Gegenstand reine **Tatsachenerklärungen** sind. Erfasst sind daher etwa Urkunden über die Zustellung von beliehenen Unternehmen wie zB der Post (vgl. BeckOGK-BGB/*J. Schmidt* EuErbVO Art. 3 Rn. 44). Anzunehmen nach Art. 59 wäre daher bspw. eine Urkunde über die **Zustellung** eines Rücktritts von einem Erbvertrag oder des Widerrufs eines gemeinschaftlichen Testaments.

13 **bb) Schriftstück.** Zweifelhaft ist, ob auch elektronische Dokumente Urkunden iSd Art. 3 Abs. 1 lit. i sein können. Die deutsche Sprachfassung, welche die Urkunde ua als „Schriftstück" definiert, deutet darauf hin, dass nur schriftliche Dokumente öffentliche Urkunden iSd Art. 3 Abs. 1 lit. i sind. Andere Sprachfassungen sind offener gehalten und lassen eine Einbeziehung auch von elektronischen Dokumenten als möglich erscheinen (vgl. etwa die französische Fassung „acte" und „signature" und die englische Fassung „act" und „signature"). Außerdem bezweckt Art. 59 eine Annahme der Beweiswirkungen von Dokumenten in Erbsachen, um den grenzüberschreitenden Rechtsverkehr zu erleichtern (vgl. Erwägungsgrund 60). Vor diesem Hintergrund spricht manches dafür, auch elektronische Dokumente unter den Begriff der öffentlichen Urkunde zu fassen (Calvo Caravaca/*Mansel* EuErbVO Art. 59 Rn. 11; BeckOGK/*J. Schmidt* EuErbVO Art. 3 Rn. 39; aA Lipp/Münch/*Münch,* Die neue Europäische Erbrechtsverordnung, 2016, 31 (50)). Allerdings ist nicht zu verkennen, dass die EuErbVO keinen Mechanismus für die Echtheitsprüfung einer elektronischen öffentlichen Urkunde einführt und eine grenzüberschreitende Signaturprüfung zu einer Überschreitung der technischen Möglichkeiten führen kann. Die Problematik hatte man bei der Abfassung der EuErbVO offenbar nicht im Blick. Dies zeigt sich in der Fassung der EuUrkundenVO 2016/1191: Dort ist in Erwägungsgrund 9 niedergelegt, dass die Verordnung auch elektronische Fassungen öffentlicher Urkunden erfasst, aber jeder Mitgliedstaat nach Maßgabe des nationalen Rechts entscheiden können soll, ob und unter welchen Voraussetzungen öffentliche Urkunden im elektronischen Format vorgelegt werden dürfen. Es wäre verwunderlich, wenn der Gesetzgeber in der zu einem früheren Zeitpunkt verabschiedeten EuEurbVO mitgliedstaatliche Stellen zur Annahme ausländischer elektronischer Dokumente verpflichten würde. Richtigerweise ist daher zu differenzieren: Die Vorlage einer elektronischen Urkunde in elektronischer Form fällt nicht unter Art. 59 Abs. 1. Ihre Beweiswirkungen sind ihrem Inhalt nach aber anzunehmen. Wird etwa nach dem Recht eines Mitgliedstaats eine Eröffnungsniederschrift eines Testaments in elektronischer Form errichtet, kann ein anderer Mitgliedstaat der Vorlage der Urkunde in elektronischer Form die Annahme versagen, muss aber eine öffentlich beglaubigte Abschrift der Urkunde in Papierform in ihren Beweiswirkungen annehmen.

14 **cc) Aus einem Mitgliedstaat.** Die öffentliche Urkunde muss „in" einem anderen Mitgliedstaat errichtet worden sein (sog. „Ursprungsmitgliedstaat", Art. 3 Abs. 1 lit. e). Mitgliedstaaten sind dabei nicht alle Mitgliedstaaten der Europäischen Union, sondern nur die, die auch an der Erbrechtsverordnung teilnehmen. Art. 59 gilt demnach nicht für Urkunden aus Irland oder Dänemark, (Calvo Caravaca/*Mansel* EuErbVO Art. 59 Rn. 12; zum Begriff des Mitgliedstaats → Einl. Rn. 29; vgl. Dutta/Herrler/*Geimer,* Die Europäische Erbrechtsverordnung, 143 (147) Rn. 11).

15 Der **Anknüpfungspunkt „in einem Mitgliedstaat"** ist dabei **nicht örtlich** zu verstehen. Die Errichtung einer öffentlichen Urkunde ist ein Rechtsakt, der durch das Verfahrensrecht der errichtenden Behörde oder Stelle bestimmt wird. Das **entscheidende Anknüpfungsmerkmal** ist damit, **wessen Hoheitsgewalt die beurkundende Stelle ausübt** (*Bauer* GS Unberath, 2015, 19 (24); Dutta/Herrler/*Geimer,* Die Europäische Erbrechtsverordnung, 143 (147) Rn. 13; Lipp/Münch/*Münch,* Die neue Europäische Erbrechtsverordnung, 31 (51)). Beurkundungen in diplomatischen oder konsularischen Vertretungen im Ausland sind daher wie eine Beurkundung im Entsendungsland zu behandeln (Lipp/Münch/*Münch,* Die neue Europäische Erbrechtsverordnung, 2016, 31 (51); MüKoBGB/*Dutta* EuErbVO Art. 59 Rn. 9). Es ist eine Frage des nationalen Verfahrensrechts, ob es dem Notar erlaubt ist, örtlich auch im Ausland tätig zu werden oder in Erbangelegenheiten an Orten zu beurkunden, die keine Beziehung zum Ursprungsmitgliedstaat haben. Allerdings ist zu beachten, dass Urkundspersonen eine öffentliche Amtstätigkeit ausüben, die unter öffentlich-rechtlichen Gesichtspunkten im grenzüberschreitenden Kontext sehr engen Grenzen unterliegt. So kann ein nach ausländischem Recht bestellter Notar in Deutschland nur im Rahmen der kollegialen Hilfe nach § 11a S. 3 BNotO tätig werden, nicht jedoch selbst Beurkundungen vornehmen (BGH NJW 2015, 3034 Tz. 10). Mit Blick auf die Dienstleistungsfreiheit sind entsprechende territoriale Beschränkungen zulässig, da sie zur Sicherung einer unabhängigen, flächendeckenden sowie leistungs- und funktionsfähigen vorsorgenden Rechtspflege erforderlich sind (BGH NJW 2015, 3034 Tz. 14). Die Beschränkung ist daher durch einen zwingenden Grund des Allgemeininteresses gerechtfertigt (BGH NJW 2015, 3034 Tz. 25; EuGH 24.5.2011 – C-54/08, NJW 2011, 2941 Tz. 98; 9.3.2017 – C-342/15, NJW 2017, 1455 Tz. 60 – Piringer). Eine Urkunde, die entgegen dem Territorialitätsprinzip und dem öffentlichen Recht des Empfangsstaats errichtet wurde, verletzt die öffentliche Ordnung dieses Mitgliedstaats. Einer solchen Urkunde ist daher die Annahme über den ordre public-Vorbehalt des Art. 59 Abs. 1 zu versagen.

dd) In Erbsachen. Sachlich erfasst Art. 3 Abs. 1 lit. i nur „Schriftstück[e] in Erbsachen". Erfasst sind solche Urkunden, die ein erbrechtliches Rechtsverhältnis zum Gegenstand haben (*Bauer* GS Unberath, 2015, 19 (25 f.); MüKoBGB/*Dutta* EuErbVO Art. 59 Rn. 6; Dutta/Herrler/*Geimer*, Die Europäische Erbrechtsverordnung, 143 (148) Rn. 18). Dass die Urkunde in einem erbrechtlichen Verfahren relevant wird, ist weder hinreichende noch notwendige Bedingung einer öffentlichen Urkunde in Erbsachen: Eine Urkunde wird nicht deshalb zu einer Urkunde „in einer Erbsache", weil sie in einem erbrechtlichen Verfahren relevant wird. Der Sinn und Zweck des Art. 59 Abs. 1 liegt darin, Urkunden auf dem Gebiet des Erbrechts Beweiswirkungen in anderen Staaten zu verleihen, nicht jedoch die Annahme von Urkunden jeder Natur zu fördern (*Schmitz*, Die »Annahme« öffentlicher Urkunden nach Art. 59 Abs. 1 EuErbVO, 2020, 32). Außerdem nimmt Art. 59 Abs. 3 auf Einwände gegen die Rechtsverhältnisse der Urkunde Bezug und verweist insoweit auf das Kapitel III der Verordnung. Damit unterstellt Art. 59 Abs. 3 implizit, dass nur solche Rechtsverhältnisse von Art. 59 erfasst werden, die in den kollisionsrechtlichen Anwendungsbereich der Art. 20 ff. fallen (*Bauer* GS Unberath, 2015, 19 (28); Calvo Caravaca/*Mansel* EuErbVO Art. 59 Rn. 16). Personenstandsurkunden sind daher nicht nach Art. 59 Abs. 1 EuErbVO anzunehmen. Ihre Annahme richtet sich nach der EuUrkundenVO 2016/1191 (vgl. *Bauer* GS Unberath, 2015, 19 (28); Calvo Caravaca/*Mansel* EuErbVO Art. 59 Rn. 15; MüKoBGB/*Dutta* EuErbVO Art. 59 Rn. 6). Die Beweiswirkung erbrechtlicher Urkunden ist umgekehrt nicht auf Nachlassverfahren beschränkt. Denn Art. 59 Abs. 1 begrenzt die Annahme nicht auf Nachlassverfahren, sondern spricht ohne Einschränkung von der Annahme erbrechtlicher Urkunden in anderen Mitgliedstaaten. 16

ee) Negative Abgrenzung – Entscheidungen und ENZ. Die Anerkennung von Entscheidungen richtet sich nach Art. 39 ff. EuErbVO. Art. 59 ist auch insoweit nicht einschlägig, als das Gericht über seine Entscheidung eine Urkunde ausstellt (vgl. MüKoBGB/*Dutta* EuErbVO Art. 59 Rn. 5; MüKo-FamFG/*Rauscher* EuErbVO Art. 59 Rn. 5; aA *Dörner* DNotZ 2017, 407 Fn. 3). Entsprechendes wird man für vollstreckbare Urkunden annehmen müssen. Zwar sind auch gerichtliche Entscheidungen, Vergleiche, vollstreckbare Urkunden oder ein Europäisches Nachlasszeugnis in öffentlichen Urkunden verkörpert und jedenfalls mittelbar Urkunden „in Erbsachen" und teilen mit den nach Art. 59 anzunehmenden Urkunden auch die Voraussetzung, dass sie echt sein müssen (→ Rn. 27 f.; → EuErbVO Art. 60 Rn. 25 ff., 29; → EuErbVO Art. 61 Rn. 16), sodass die Frage einer Echtheitsprüfung sich auch hier stellt. Entscheidend ist aber, dass die Verordnung eigene Regelungen für die verfahrensrechtliche Behandlung vorsieht und Art. 59 für diese Fälle nicht geeignet erscheint. 17

Das wird insbesondere an **Art. 59 Abs. 2** deutlich, der **auf die Erstreckung der Beweiswirkung zugeschnitten** ist. Eine Anwendung der Echtheitsprüfung nach Art. 59 Abs. 2 vor den Gerichten des Ursprungsmitgliedstaats der Urkunde in Anerkennungs-, Vollstreckbarkeitsverfahren oder bei der Verwendung des Europäischen Nachlasszeugnisses ist abzulehnen (aA für vollstreckbare Urkunden Bonomi/Wautelet/*Wautelet* Art. 60 Rn. 29). Anderenfalls könnten bisher eingespielte Verfahren wie das Exequaturverfahren durch das Erfordernis einer Echtheitsprüfung von Urkunden im Errichtungsstaat verzögert werden, wenn die Echtheit der Ausfertigung der vollstreckbaren Entscheidung im Errichtungsstaat angegriffen wird. Art. 59 will mit der Annahme von Urkunden einen bisher nicht vereinheitlichten Bereich harmonisieren, nicht aber in schon eingespielte Verfahren eingreifen. Es ist nicht anzunehmen, dass der Gesetzgeber hieran etwas ändern wollte. Dafür spricht insbesondere die Übernahme des Exequaturverfahrens aus der Brüssel I-VO. Was auf den ersten Blick überraschend erscheint, dass einem Gericht die Echtheitsüberprüfung einer einfachen Urkunde im Rahmen von Art. 59 Abs. 2 entzogen ist, es aber in einem Vollstreckbarerklärungsverfahren die Echtheit einer Urteilsausfertigung selbst prüft, erleichtert die Praxis, da damit ein Instrument zur Verfahrensverzögerung ausgeschlossen ist. Das gleiche gilt auch im Vollstreckbarerklärungsverfahren für gerichtliche Vergleiche und vollstreckbare Urkunden, → EuErbVO Art. 60 Rn. 25 ff., 29; → EuErbVO Art. 61 Rn. 16 (aA Bonomi/Wautelet/*Wautelet* Art. 60 Rn. 29). Für eine entsprechende Anwendung fehlt es bereits an der Regelungslücke, da auf die Art. 45–58 verwiesen wird und ein Gleichlauf mit der Vollstreckbarkeit und Vollstreckung von Entscheidungen angeordnet wird. Hier gilt Art. 46 Abs. 1, wonach grundsätzlich das Verfahrensrecht des Vollstreckungsstaats maßgeblich ist; → EuErbVO Art. 46 Rn. 1). Damit ist eine Anwendung der Regelung über die ausschließliche Zuständigkeit des Ursprungsmitgliedstaats für die Echtheitsprüfung von gerichtlichen Entscheidungen, Vergleichen, vollstreckbaren Urkunden oder Europäischen Nachlasszeugnissen ausgeschlossen. 18

Auch eine (isolierte) Anwendung des Art. 59 Abs. 1, 2 im Übrigen für die Echtheitsprüfung der Ausfertigung der vollstreckbaren Entscheidung, des Vergleichs der Urkunde oder des Europäischen Nachlasszeugnisses im Wirkungsstaat scheidet aus. Zwar sind auch anzuerkennende oder vollstreckbare Entscheidungen in öffentlichen Urkunden im Sinne des Art. 3 Abs. 1 lit. i enthalten, sodass grundsätzlich eine Anwendung der Vorschrift infrage kommt. Gegen eine Anwendung spricht, dass Art. 59 Abs. 1, 2 auf die Annahme der formellen Beweiskraft von Urkunden zugeschnitten ist. Für die Anerkennung und das Vollstreckbarerklärungsverfahren ist eigens vorgesehen, dass die Echtheitsvoraussetzungen dem Recht des Errichtungsstaats zu entnehmen sind, Art. 46 Abs. 3 lit. a. Das wäre nicht 19 nötig, soweit bereits Art. 59 Abs. 2 S. 1 Hs. 2 eingriffe. Soweit Art. 59 Abs. 1, 2 nicht anzuwenden ist, bleibt damit die Frage des anwendbaren Rechts für den Nachweis der Echtheit ungeregelt, der sonst aus Art. 59 Abs. 1 UAbs. 1 folgen würde. Hierfür ist nach Art. 45 Abs. 1 das Verfahrensrecht des Vollstreckungsstaats einschlägig. Die Echtheitsvermutung nach dem Recht des Ursprungsmitgliedstaats gilt hier nicht (→ EuErbVO Art. 74 Rn. 11). Auch das Formblatt nach Art. 59 Abs. 1 UAbs. 2, das in der Ausführungsverordnung vom 9. Dezember 2014 (Durchführungsverordnung (EU) Nr. 1329/2014 der Kommission vom 9. Dezember 2014, ABl. 2014 L 359, 60) vorgesehen ist, ist ersichtlich nicht auf eine Ausdehnung des Art. 59 über seinen direkten Anwendungsbereich hinaus zugeschnitten, sodass insbesondere gerichtliche Entscheidungen, die zur Vollstreckung anstehen, darin nicht angemessen abgebildet werden könnten. Zudem geht der Verordnungsgeber in Erwägungsgrund 22 S. 2 und 3 ersichtlich von einer alternativen Anwendung der Verfahren der Urkundenannahme und Entscheidungsanerkennung aus (MüKoBGB/*Dutta* EuErbVO Art. 59 Rn. 5). **Art. 59 gilt** damit **nicht** für die in Anerkennungs- und Vollstreckungsverfahren nach dieser Verordnung vorzulegenden Urkunden sowie die bei der Verwendung des Europäischen Nachlasszeugnisses zu verwendenden Urkunden nach den Kapiteln IV, V, VI (→ EuErbVO Art. 62 ff.).

20 **b) Überprüfung der Echtheit.** Nach Art. 59 Abs. 1 UAbs. 1 sind nur öffentliche Urkunden im Sinne des Art. 3 Abs. 1 lit. i anzunehmen. Das impliziert, dass es sich um eine echte Urkunde handelt, also dass die Urkunde tatsächlich von der Stelle errichtet wurde, die nach der Urkunde der Aussteller ist und dass es sich dabei um eine zuständige Behörde oder ermächtigte Stelle handelt. Beides ist vom autonom zu bestimmenden **Begriff der Authentizität,** der in Erwägungsgrund 62 S. 1 f. näher bestimmt wird, erfasst, der auch die Urkundswahrheit, also die Richtigkeit der beurkundeten Vorgänge umfasst.

21 Für die Überprüfung von Einwänden gegen die Authentizität sind nach Art. 59 Abs. 2 ausschließlich die Gerichte des Ursprungsmitgliedstaats zuständig. Soweit nach dem Recht des Ursprungsmitgliedstaats die Echtheit der Urkunde zu vermuten ist, ist damit die Echtheit im Wirkungsstaat zu unterstellen, bis ein Einwand nach Art. 59 Abs. 2 anhängig ist oder im Ursprungsmitgliedstaat über die Echtheit entschieden wurde. Zur Authentizitätsprüfung näher → Rn. 48 ff.

3. Annahme der formellen Beweiskraft

22 Rechtsfolge des Art. 59 Abs. 1 UAbs. 1 ist die Annahme der formellen Beweiskraft der öffentlichen Urkunde. Die formelle Beweiskraft bestimmt sich dabei nach dem Recht des Ursprungsmitgliedstaats (zum Begriff des Ursprungsmitgliedstaats → Rn. 15).

23 **a) Formelle Beweiskraft.** Im Wortlautvergleich der Sprachfassungen fällt zunächst ins Auge, dass sich die Begrenzung auf die formelle Beweiskraft nur in der deutschen Fassung findet. In der französischen und in der englischen Sprachfassung ist schlicht von der „force probante“ oder „evidentiary effects“ die Rede (MüKoBGB/*Dutta* EuErbVO Art. 59 Rn. 10). Das wirft die Frage auf, warum in der deutschen Sprachfassung nicht nur von Beweiswirkungen die Rede ist. Der Hintergrund hierfür dürfte darin zu sehen sein, dass im deutschen und österreichischen Recht der formellen Beweiskraft die materielle Beweiskraft gegenübersteht, die sich auf die Richtigkeit des Urkundeninhalts und nicht auf den äußeren Urkundenträger bezieht und für die der Grundsatz der freien Beweiswürdigung gilt. Bezüglich der inhaltlichen Richtigkeit und Vollständigkeit des negotiums macht Art. 59 EuErbVO hingegen keine Vorgaben. Die deutsche Sprachfassung ist daher keineswegs redundant. Sie unterstreicht, dass der materielle Urkundeninhalt nicht zur Beweiswirkung der Urkunde gehört (Lipp/Münch/*Münch,* Die neue Europäische Erbrechtsverordnung, 2016, 31 (45); *Schmitz,* Die »Annahme« öffentlicher Urkunden nach Art. 59 Abs. 1 EuErbVO, 2020, 198 ff.). Art. 59 bezieht sich somit nur auf die Echtheit (Authentizität) der Urkunde und die Richtigkeit der **bezeugten Tatsachen.** Art. 59 Abs. 3 S. 1 EuErbVO bestimmt, dass **Einwände** mit Bezug auf die beurkundeten **Rechtsgeschäfte** und Rechtsverhältnisse bei den nach der Verordnung zuständigen Gerichten geltend zu machen und hierfür die Art. 20 ff. maßgeblich sind. Diese Regelung ist nur klarstellender Natur; ihr kommt kein eigener Bedeutungsgehalt zu. Erhebliche Fragen wirft hingegen Art. 59 Abs. 3 S. 2 auf: Hiernach entfaltet die Urkunde, gegen die solche Einwände erhoben wurden, hinsichtlich *des bestrittenen Umstands* keine Beweiskraft. Wenn die Wirksamkeit des Rechtsverhältnisses gar nicht Teil der nach Art. 59 Abs. 1 anzunehmenden Beweiswirkungen ist, hätte es einer Regelung, wonach die Beweiswirkungen der Urkunde suspendiert werden, überhaupt nicht bedurft (vgl. *Kleinschmidt* RabelsZ 77 (2013), 723 (738)). Vor diesem Hintergrund wird daher vertreten, dass auch **materielle Vermutungswirkungen,** insbesondere von Erbscheinen, nach Art. 59 anzunehmen seien (*Kleinschmidt* RabelsZ 77 (2013), 723 (735, 739); **aA** NK-BGB/*Makowsky* EuErbVO Art. 59 Rn. 11; MüKoFamFG/*Rauscher* EuErbVO Art. 59 Rn. 17; *Schmitz,* Die »Annahme« öffentlicher Urkunden nach Art. 59 Abs. 1 EuErbVO, 2020, 198; Rauscher/*Hertel* EuErbVO Art. 59 Rn. 44). Diese Auffassung steht zunächst im Widerspruch zur Entstehungsgeschichte der Norm: Denn mit Art. 59 sollte gerade keine Anerkennung von Rechtslagen in Bezug auf beurkundete Rechtsverhältnisse ermöglicht werden. Es gibt keine verfahrensrechtlich

abgesicherte Grundlage für die Vermutung, dass das beurkundete Rechtsverhältnis wirksam begründet worden ist. Gleichwohl bleibt auch diese Sichtweise eine Erklärung für den Zusammenhang zwischen dem Einwand gegen das beurkundete Rechtsverhältnis und der Suspensivwirkung der Beweiskraft in Art. 59 Abs. 3 S. 2 EuErbVO schuldig. Der Hintergrund für die Bestimmung dürfte darin zu sehen sein, dass in manchen Rechtsordnungen offenbar die formellen Beweiswirkungen einer Urkunde punktuell aufgehoben, wenn ein Einwand gegen die materielle Wirksamkeit geltend gemacht wurde (vgl. *Beaumont/Fitchen/Holiday,* The evidentiary effects of authentic acts, 65, 109 – zu Belgien und Frankreich). So entfällt mit dem Bestreiten der Wirksamkeit eines französischen Testaments auch die Beweiswirkung hinsichtlich dessen Errichtung (MüKoBGB/ *Dutta* EuErbVO Art. 59 Rn. 21). Im Übrigen erfasst Art. 59 Abs. 3 S. 2 nur Beweiswirkungen in Bezug auf **Tatsachen,** die für die **Wirksamkeit** des Rechtsgeschäfts **relevant** sind und nicht zugleich die Authentizität der Urkunde betreffen. Solche Einwendungen gegen das Rechtsverhältnis sollen die Beweiswirkungen der Urkunde suspendieren, soweit diese für die Frage seines Bestehens erheblich sind. Hat bspw. ein Notar seine Wahrnehmungen zur Prüfung der Testierfähigkeit des Erblassers in der Urkunde festgehalten und die Testierfähigkeit bestätigt und entfaltet diese Urkunde nach dem Ursprungsmitgliedstaat eine besondere Beweiswirkung hinsichtlich der Testierfähigkeit wird die formelle Beweiswirkung in Bezug auf den materiellen Einwand der Testierunfähigkeit suspendiert, solange der Rechtsstreit über den Einwand der Wirksamkeit des Testaments anhängig ist. Es ist daher nicht richtig, wenn behauptet wird, Art. 59 Abs. 3 S. 2 können sich nur auf Rechtsfragen beziehen, weshalb im Umkehrschluss auch Rechtsvermutungen unter Art. 59 Abs. 1 zu fallen hätten (so die Vorauflage Rn. 101).

Bezüglich der **Beweiswirkungen** ist zwischen verschiedenen Kategorien zu differenzieren: Erfasst 24 sind zum einen die von der Urkundsperson **bezeugten Tatsachen,** die nach ErwG 62 **zur Authentizität** der Urkunde gehören, namentlich folgende Aspekte: Ort und Datum der Errichtung der Urkunde, Identifizierung der formell Beteiligten; Abgabe der Erklärungen durch die Beteiligten und Vollständigkeit ihrer Protokollierung (vgl. *Dörner* DNotZ 2016, 661 (667); *Raff* DNotZ 2019, 643 (646); NK-BGB/*Makowsky* EuErbVO Art. 59 Rn. 9; Pamboukis/*Somarakis* EuErbVO Art. 59 Rn. 20). Ob und wenn ja welche Beweismittel gegen die Richtigkeit und Vollständigkeit des Inhalts der Urkunde zulässig sind, ist eine Frage der anzunehmenden Beweiswirkung und richtet sich nach dem Recht des Ursprungsstaates (NK-BGB/*Makowsky* EuErbVO Art. 59 Rn. 8). Bezüglich der amtlichen Feststellungen der Urkundsperson ist danach zu unterscheiden, ob es sich dabei um selbst getroffene Feststellungen der Urkundsperson oder die durch die Person gezogenen Schlussfolgerungen handelt. Hat der Notar etwa bescheinigt, sich in einem Gespräch von der Testierfähigkeit des Erblassers überzeugt zu haben, bezieht sich die anzunehmende Beweiswirkung auf die Tatsache, dass der Notar die Testierfähigkeit geprüft hat und er von der Testierfähigkeit überzeugt ist.

Knüpft das Recht des Ursprungsmitgliedstaats an die festgestellten Tatsachen **mittelbare Vermutungswirkungen** hinsichtlich weiterer **Tatsachen,** sind auch diese von der formellen Beweiskraft 25 des Art. 59 erfasst. Hat nach dem Recht eines Mitgliedstaats eine Feststellung des Notars zur Testierfähigkeit eine besondere Beweiskraft hinsichtlich der Tatsache, dass die Person kogntiv in der Lage war, den Inhalt und die Tragweite des Testaments zu erfassen, wäre auch diese besondere Beweiskraft nach Art. 59 erfasst. Sollte das Recht eines Mitgliedstaats eine solche Tatsachenvermutung aufstellen, wäre auch diese nach Art. 59 Abs. 1 anzunehmen (aA MüKoFamFG/*Rauscher* EuErbVO Art. 59 Rn. 10), sofern keine Begrenzung der Beweiswirkungen im Zielstaat nach Art. 59 Abs. 1 S. 1 Var. 2 eintritt (→ Rn. 39). Nach dem deutschen Recht bezieht sich die Beweiskraft der öffentlichen Urkunde nach Art. 59 Abs. 1 EuErbVO nicht auf die **inhaltliche Richtigkeit** der von den Beteiligten abgegebenen Erklärungen. Die Beweiswirkung der öffentlichen Urkunde erstreckt sich auf die von der Urkundsperson amtlich verifizierten Tasachen, nicht hingegen auf die Wahrheit der von den Parteien abgegebenen Erklärungen. Dennoch wäre es verfehlt, diesbezügliche Tatsachenvermutungen vom Anwendungsbereich des Art. 59 von vornherein auszuklammern (aA *Fitchen* JPIL 8 (2012), 323 (327); *Schmitz,* Die »Annahme« öffentlicher Urkunden nach Art. 59 Abs. 1 EuErbVO, 2020, 210). Auch solche Bewirkungen wären nach Art. 59 Abs. 1 potenziell anzunehmen, nach hier vertretener Auffassung aber nur, wenn dem Recht des Zielstaats eine entsprechende Beweiswirkung bekannt ist (→ Rn. 39)

Nicht erfasst von der Beweiskraft nach Art. 59 Abs. 1 sind **Vermutungen** in Bezug auf das Bestehen 26 eines **Rechtsverhältnisses** und einer **Rechtslage.** Hiergegen spricht der Wortlaut der Vorschrift, der nur von Beweiswirkungen („evidentiary effects") spricht. Beweiswirkungen beziehen sich nur auf festzustellende Tatsachen, nicht auf einen rechtlichen Subsumtionsvorgang. Zum anderen hat sich der Gesetzgeber gerade gegen eine Anerkennung von Rechtslagen entschieden. Vor diesem Hintergrund fallen die **Vermutungswirkungen mitgliedstaatlicher Erbnachweise** in Bezug auf die Richtigkeit einer bezeugten Erbenstellung nicht unter Art. 59 Abs. 1 (*Dörner* DNotZ 2018, 661 (675); NK-BGB/*Makowsky* EuErbVO Art. 59 Rn. 11; *Raff* DNotZ 2019, 643 (646); Rauscher/*Hertel* EuErbVO Art. 59 Rn. 44; aA *Kleinschmidt* RabelsZ 77 (2013), 723 (735, 739); *Schnyder/Capaul* FS Geimer II, 629 (633)). Die Annahme der Beweiswirkung erstreckt sich lediglich auf den Umstand, dass ein Erbschein mit einem bestimmten Inhalt erteilt wurde. Die Richtigkeit seines Inhalts gehört nicht zur nach Art. 59 Abs. 1 anzunehmenden formellen Beweiskraft. Der Inhalt des Erbscheins beruht auf einer gutachterlichen Äußerung des Ausstellers, der nicht eine Tatsachenscheinigung, sondern ein rechtlicher Subsumtionsvorgang zugrundeliegt. Es ist wäre daher verfehlt, den Inhalt dieses Rechtszeugnisses wie eine beweisrechtliche Wirkung einer Urkunde anzunehmen. Art. 59 hat nur Beweiswirkungen und damit Tatsachen im Blick. Gegen eine Einbeziehung von materiellen Zeugniswirkungen in den Anwendungsbereich von Art. 59 Abs. 1 spricht auch, dass sich die mitgliedstaatlichen Erbnachweise mit Blick auf ihre Prüfungsintensität stark voneinander unterscheiden. Vor diesem Hintergrund wurde das Europäische Nachlasszeugnis (ENZ) geschaffen. Die Regeln über das ENZ stellen einen verfahrensrechtlichen Rahmen auf (vgl. insbesondere Art. 66), welcher die grenzüberschreitende Anerkenung der Vermutungswirkungen seines Inhalts rechtfertigt. Nationale Erbscheine unterliegen keinen vergleichbaren einheitlichen Standards. Das Nachlasszeugnis soll die zügige und unkomplizierte Abwicklung einer Erbsache ermöglichen (ErwG 67). Dieses Ziel wäre aber gefährdet, wenn die Behörden die nationalen Erbnachweise anzunehmen und mit Blick auf deren unterschiedliche Beweiswirkungen zunächst einer Prüfung unterziehen müssten. Die unterschiedliche Reichweite von Beweiswirkung und Rechtsvermutungen zeigt sich in den Regelungen über das ENZ. So formuliert Art. 69 Abs. 2, dass sich die Vermutungswirkungen des Zeugnisses nicht nur auf die *Sachverhalte,* sondern auf die Richtigkeit des anzuwenenden Rechts und der im ENZ angegebenen Berechtigten erstrecken. Anders als die öffentliche Urkunde nach Art. 59 ist das ENZ daher nicht nur mit beweisrechtlichen, sondern auch mit einer inhaltlichen Vermutungswirkung ausgestattet. In der Konsequenz bedeutet dies, dass das nationale Recht der lex fori entscheidet, inwieweit es einen ausländischen Erbnachweis über seine förmliche Annahme nach Art. 59 Abs. 1 hinaus mit inhaltlichen Vermutungswirkungen ausstattet. Die Frage stellt sich insbesondere in einem Grundbuchverfahren (§ 35 GBO). Hier ist zu entscheiden, ob ein ausländischer Erbschein den inländischen Erbschein substituieren kann. Eine solche Substitution würde voraussetzen, dass das ausländische Verfahren dem inländischen Verfahren funktional gleichwertig ist (vgl. OLG Hamm ZEV 2019, 645 Tz. 5; *Dörner* DNotz 2018, 661 (674). Selbst wenn dies dem Grunde der Fall sein sollte, kommt einem ausländischen Erbschein im Inland jedoch keine Vermutungswirkung entsprechend § 2365 BGB zu (vgl. bislang KG FGPrax 2013, 9; NJW-RR 1997, 1094; OLG Bremen ZEV 2011, 481; Bauer/Schaub/*Schaub* GBO, AT K. Rn. 558). Denn es ist nicht gesichert, dass dem Erbschein das aus der Sicht der lex fori maßgebliche Kollisionsrecht zugrunde liegt. Es kann sein, dass das Erbrecht auf der Grundlage nur eines im Ausland geltenden Staatsvertrags ermittelt wurde (Art. 75) und nicht nach der EuErbVO (vgl. Bauer/Schaub/*Schaub* GBO, AT K. Rn. 557; *Dörner* DNotz 2018, 661 (676). Anders als beim ENZ (vgl. Formblatt Ziff. 8.2.) ist nicht gesichert, dass dies auch aus dem Erbschein hervorgeht. Auch die unterschiedliche Anknüpfung von Vorfragen in Bezug auf Statusverhältnisse führt dazu, dass einem ausländischen Erbschein nicht eine vergleichbare Vermutuungswirkung wie einem inländischen Erbschein zukommen kann. Möglich ist hingegen eine Grundbuchberichtigung aufgrund der Vorlage eines gem. Art. 59 Abs. 1 anzunehmenden öffentlich beurkundeten Testaments in Verbindung mit der Eröffnungsniederschrift des ausländischen Nachlassgerichts entsprechend § 35 Abs. 1 S. 2 GBO, sofern eine funktionale Gleichwertigkeit besteht (vgl. OLG Hamm ZEV 2019, 645 Tz. 5; Bauer/Schaub/*Schaub* GBO, AT K. Rn. 558; *Schöner/Stöber* Rn. 800).

27 Die **Darlegungs- und Beweislastverteilung** unterliegt grundsätzlich der lex causae (aA die Vorauflage; vgl. allg. zur Qualifikation der Beweislast MüKoBGB/*v. Hein* IPR AT Rn. 139 mwN). Die **Grenzen der Beweiswirkungen** sind außerdem **überschritten,** wenn materiellrechtliche Wirkungen der Urkunde in Rede stehen: Ob die Leistung an den Inhaber einer öffentlichen Urkunde befreiend wirkt oder ein gutgläubiger Erwerb erfolgen kann, ist nach dem anwendbaren Recht zu bestimmen.

28 Im **Ergebnis** lässt sich festhalten: Anzunehmen nach Art. 59 sind nur solche Beweiswirkungen, die sich auf **Tatsachen** beziehen, sei es auf unmittelbar von der Urkundsperson bezeugte Tatsachen oder an die Urkunde anknüpfende Tatsachenvermutungen. Rechtsvermutungen fallen hingegen nicht unter Art. 59.

29 **b) Annahme nach dem Recht des Ursprungsmitgliedstaats. aa) Gleiche formelle Beweiskraft wie im Ursprungsstaat.** Nach dem klaren Wortlaut des Art. 59 Abs. 1 UAbs. 1 wird für den Umfang und das Maß der Beweiskraft der öffentlichen Urkunde auf das Recht am Ursprungsstaat verwiesen: Einer deutschen öffentlichen Urkunde kommt in einem Verfahren in einem anderen Mitgliedstaat die Beweiskraft der §§ 415, 416a ff. ZPO zu, einer französischen die Beweiskraft des Art. 1319 CC usw. Art. 59 bestimmt die Beweiskraft nach dem Recht des Ursprungsstaats und ordnet **keine Wirkungsgleichstellung** an. Die Urkunde entfaltet nicht die Beweiswirkungen, die eine vergleichbare inländische Urkunde hätte (vgl. NK-BGB/*Makowsky* Art. 59 Rn. 12; MüKoBGB/*Dutta* EuErbVO Art. 59 Rn. 11; Pamboukis/*Somarakis* EuErbVO Art. 59 Rn. 23; aA Rauscher/*Hertel* EuErbVO Art. 59 Rn. 20). Dies entspricht der Reichweite der Anerkennung von mitgliedstaatlichen Entscheidungen gem. Art. 39 und dem insoweit gefestigten Grundsatz der Wirkungserstreckung (→ Art. 39 Rn. 11; vgl. allg. EuGH 4.2.1988 – Rs. 145/86, NJW 1989, 663 (664) Tz. 11)). Die Beweiswirkung tritt automatisch ein. Es bedarf weder eines gerichtlichen Annahmeverfahrens noch einer **Apostille** oder Legalisation (vgl. Art. 74; s. ferner Calvo Caravaca/*Mansel* EuErbVO Art. 59 Rn. 30).

bb) Die damit am ehesten vergleichbare Wirkung. Große Interpretationsschwierigkeiten wirft das Tatbestandsmerkmal „oder die damit am ehesten vergleichbare Wirkung" auf. Nach hM bezieht sich die Einschränkung auf die Beweiswirkung, welche der Herkunftsstaat der Urkunde zukommen lässt (BeckOGK/*J. Schmidt* EuErbVO Art. 59 Rn. 21; MüKoBGB/*Dutta* EuErbVO Art. 59 Rn. 11; NK-NachfolgeR/*Köhler* EuErbVO Art. 59 Rn. 3; NK-BGB/*Makowsky* EuErbVO Art. 59 Rn. 12; *Schmitz,* Die »Annahme« öffentlicher Urkunden nach Art. 59 Abs. 1 EuErbVO, S. 149). Die Gegenauffassung nimmt an, dass sich die Beweiswirkung nach den Ursprungsmitgliedstaat richtet, aber begrenzt ist durch die lex fori des Zielstaats und die dort vorgesehenen Beweiswirkungen entsprechender öffentlicher Urkunden (sog. Theorie der Doppelbegrenzung, vgl. Geimer/Schütze/*Franzmann/Schwerin* IRV EuErbVO Art. 59 Rn. 12; *Simon/Buschbaum* NJW 2012, 2393 (2397); Hager/*Buschbaum,* Die neue Erbrechtsverordnung, 39, (43); Dutta/Herrler/*Geimer,* Die Europäische Erbrechtsverordnung 143 (152) Rn. 34). Die hM beruft sich auf die Zielsetzung der Verordnung (vgl. hierzu die Vorauflage Rn. 39). Eine bloße Gleichstellung mit inländischen öffentlichen Urkunden widerspräche dem Geist der Verordnung, der es um den freien Verkehr der Urkunden gehe (BeckOGK/*J. Schmidt* EuErbVO Art. 59 Rn. 21). Art. 59 Abs. 1 UAbs. 1 spreche von der gleichen formellen Beweiskraft wie im Ursprungsstaat. Außerdem stützt sich die hM auf den letzten Satz des Erwägungsgrunds 61: „Somit richtet sich die Beweiskraft einer öffentlichen Urkunde in einem anderen Mitgliedstaat nach dem Recht des Ursprungsstaates." Außerdem mache eine Doppelbegrenzung den Rückgriff auf den ordre public weitgehend obsolet. Allerdings muss auch die hM dem Tatbestandsmerkmal der „damit ehesten vergleichbaren Wirkung" eine Bedeutung verleihen, der ihr einen eigenen über die Annahme der Beweiswirkung hinausgehenden Inhalt verschafft. Sie sieht in der Vorschrift eine Anpassungsregel, die es dem Mitgliedstaat des Zielstaats erlaubt, eine ihm unbekannte Beweiswirkung an die lex fori anzupassen (NK-BGB/*Makowsky* EuErbVO Art. 59 Rn. 12; MüKoFamFG/*Rauscher* EuErbVO Art. 59 Rn. 13; weitergehend *Schmitz,* Die »Annahme« öffentlicher Urkunden nach Art. 59 Abs. 1 EuErbVO, 154 – auch bei stärkeren Wirkungen kommt Anpassung in Betracht). Auch die hM muss daher konstatieren, dass Art. 59 keine Wirkungserstreckung in Reinform anordnet. Die Beweiskraft erfährt durch das Beweisrecht der lex fori eine Beschränkung. Bezugspunkt der „am ehesten vergleichbaren Wirkung" ist insoweit die Beweiskraft des Zielstaats. Eine Bezugnahme auf den Herkunftsstaat würde keinen Sinn ergeben, weil die formelle Beweiskraft von dessen Urkunden ohnehin anzunehmen ist. Entscheidend ist somit die Frage, ab welcher Schwelle die Angleichung an das Beweisrecht der lex fori des Zielstaats vorzunehmen ist. Im Falle einer unbekannten Beweiswirkung ist eine Angleichung zwingend geboten. Ist die Vermutung einer ausländischen Urkunde nach dem Ursprungsstaat unwiderleglich, ist die Vermutung der Unwiderleglichkeit in Deutschland etwa auf das Maß nach § 415 Abs. 2 ZPO zu reduzieren (Geimer/Schütze/*Franzmann/Schwerin* IRV EuErbVO Art. 59 Rn. 12; MüKoFamFG/*Rauscher* EuErbVO Art. 59 Rn. 13). Dass die lex fori des Zielstaats einem anderen Beweismittel wie zB einem Sachverständigengutachten eine entsprechende Beweiswirkung zukommen lässt, rechtfertigt es nicht, auch einer öffentlichen Urkunde diese Wirkung zukommen zu lassen. Maßgeblich ist, ob der lex fori des Zielstaats gerade mit Blick auf eine *öffentliche Urkunde* eine entsprechende Beweiswirkung bekannt ist. Ist dies nicht der Fall, reduziert sich die Beweiskraft auf die vergleichbare Wirkung einer inländischen Urkunde. Die Auffassung der Doppelbegrenzung ist daher im Ergebnis zutreffend. Auch das Argument, dass der ordre public-Vorbehalt bei einer Doppelbegrenzung der Beweiskraft weitgehend leer liefe, kann nur bedingt überzeugen (vgl. hierzu bereits die Vorauflage Rn. 39). Verstöße gegen den verfahrensrechtlichen ordre public sind möglich, wenn die Urkunde auf eine Art und Weise zustande gekommen ist, die mit der öffentlichen Ordnung des Staates des angerufenen Gerichts offensichtlich unvereinbar ist, obwohl die Reichweite der Beweiskraft als solche mit der einer vergleichbaren inländischen Urkunde übereinstimmte. Zu denken ist etwa an die Beurkundung durch einen nach § 6 BeurkG ausgeschlossenen Notar oder die Versagung eines rechtsstaatlichen Verfahrens zur Überprüfung der Authentizität (→ Rn. 76, 78). Außerdem kommt dem ordre public ohnehin nur eine Auffangfunktion zu. Der ordre public ist für besondere Ausnahmefälle gedacht. Es ist daher nicht unpassend, wenn er nur in wenigen Fällen zum Tragen kommen mag. 30

4. Anwendung ausländischen Verfahrensrechts und Formblatt nach Art. 59 Abs. 1 UAbs. 1

In der Folge von Art. 59 Abs. 1 UAbs. 1 ist das nach Art. 4 ff. zuständige Gericht gehalten, ausländisches Verfahrensrecht anzuwenden. Zwar sind dem zuständigen Gericht bezüglich der Prüfung der „Authentizität" die Hände gebunden. Für die Entscheidung sind die Gerichte des Ursprungsstaats ausschließlich zuständig und ist das nach Art. 4 ff. zuständige Gericht an das Ergebnis gebunden. Zur Frage des Umfangs der „formellen Beweiskraft" schweigt dagegen die Verordnung. Sie ist grundsätzlich **vom zuständigen Gericht nach dem Recht des Ursprungsstaats mit den verfahrensrechtlichen Mitteln der lex fori zu ermitteln,** also ggf. durch **Rechtsgutachten** nach § 293 ZPO. 31

Art. 59 Abs. 1 UAbs. 2 bietet die **nichtobligatorische Hilfe durch ein Formblatt,** in dem die ausstellende Behörde selbst die Beweiskraft beschreibt. Dabei handelt es sich lediglich um eine Hilfe- 32 stellung. Das **zuständige Gericht** ist **nicht an die Beschreibung der Beweiskraft durch die ausstellende Behörde gebunden** (Calvo Caravaca/*Mansel* EuErbVO Art. 59 Rn. 15; aA MüKoBGB/*Dutta* EuErbVO Art. 59 Rn. 15). Das zeigt sich schon daran, dass die Verordnung kein eigenes Verfahren für Einwände gegen die Beschreibung vorsieht. Das Formblatt in der gemäß Art. 81 Abs. 2 erlassenen Durchführungsverordnung vom 9. Dezember 2014 (Durchführungsverordnung (EU) Nr. 1329/2014 der Kommission vom 9. Dezember 2014, ABl. 2014 L 359, 60) bietet auch nur einen ersten Überblick über die Art der Wirkung. Detailinformationen zur Klärung eines Streitfalls darf man nicht erwarten, sodass der praktische Nutzen nicht überschätzt werden darf (kritisch zum Nutzen eines Formblatts schon *Fitchen* 8 JPrivIntL 8 (2012), 323 (356 f.)).

33 Ersuchen kann die ausstellende Behörde jeder, der die öffentliche Urkunde in einem anderen Mitgliedstaat verwenden und so die Annahme ihrer formellen Beweiskraft nutzen möchte.

34 **Einen Anspruch auf die Ausstellung des Formblatts besteht** anders als in den Fällen der Art. 60 Abs. 2 und 61 Abs. 2 **nicht** (BeckOGK/*J. Schmidt* EuErbVO Art. 59 Rn. 34; Rauscher/*Hertel* EuErbVO Art. 59 Rn. 26; aA MüKoFamFG/*Rauscher* EuErbVO Art. 59 Rn. 18). Das folgt aus dem Wortlaut, wonach derjenige, der die öffentliche Urkunde in einem anderen Mitgliedstaat verwenden möchte, die ausstellende Behörde lediglich „ersuchen" kann. Zudem ist das Formular anders als in den Fällen der Art. 60 Abs. 2 und 61 Abs. 2 für die Wirkung im Zielstaat nicht erforderlich (→ EuErbVO Art. 60 Rn. 17, → EuErbVO Art. 61 Rn. 14; vgl. Dok. 11067/11, 13 unter Nr. 30; Bonomi/Wautelet/*Wautelet* Art. 59 Rn. 20; BeckOGK/*J. Schmidt* EuErbVO Art. 59 Rn. 35).

5. Ablehnung der Annahme

35 Eine Annahme der formellen Beweiskraft scheidet aus, wenn die Beweiswirkung der Urkunde wegen des Erhebung eines **Einwands gegen die Authentizität der Urkunde** im Ursprungsmitgliedstaat nach Art. 59 Abs. 2 S. 2 suspendiert ist oder im Ursprungsmitgliedstaat die Nicht-Authentizität festgestellt, die Urkunde für ungültig erklärt wurde (Erwägungsgrund 65 S. 3).

36 Als Gründe einer Verweigerung der Annahme nennt Art. 59 Abs. 1 UAbs. 1 darüber hinaus nur den Verstoß gegen den **ordre public.** In Erwägungsgrund 66 spricht der Verordnungsgeber eine weitere Konstellation an, in der die formelle Beweiskraft einer öffentlichen Urkunde nicht angenommen wird. Soweit die **formelle Beweiskraft einer Urkunde mit der einer anderen vorrangigen Urkunde oder vorrangigen Entscheidung im Widerspruch steht,** ist sie nicht zu berücksichtigen.

37 **a) Nicht-Authentizität der Urkunde.** Gesondert regelt Art. 59 Abs. 2 die Überprüfung der **Authentizität von Urkunden.** Solange im Ursprungsstaat die Nicht-Authentizität nicht im Verfahren nach Art. 59 Abs. 2 bestätigt ist, ist die öffentlichen Urkunde auch bei Unechtheit und bei Unrichtigkeit der beurkundeten Vorgänge anzunehmen, sofern die Beweiswirkung durch das Recht des Ursprungsstaats etwa bei bestehenden Zweifeln nicht selbst eingeschränkt ist (vgl. auch MüKoBGB/*Dutta* EuErbVO Art. 59 Rn. 17).

38 Die Annahme der formellen Beweiskraft kann nur durch Erhebung eines Einwands im Ursprungsmitgliedstaat suspendiert werden, Art. 59 Abs. 2 S. 2. Die Entscheidung im Ursprungsmitgliedstaat, dass die Urkunde nicht-authentisch ist, führt dazu, dass ihr keine Beweiskraft mehr zukommt, die angenommen werden könnte.

39 Die merkwürdige Folge von Art. 59 Abs. 2 ist, dass Urkunden im Ausland eine stärkere Wirkung als im Ursprungsland haben (MüKoBGB/*Dutta* EuErbVO Art. 59 Rn. 16; MüKoFamFG/*Rauscher* EuErbVO Art. 59 Rn. 22a; Dutta/Herrler/*Geimer,* Die Europäische Erbrechtsverordnung 143 (157) Rn. 55). In Deutschland kann die Echtheit und Richtigkeit der Urkunde inzident in dem Verfahren geklärt werden, in dem sich die Frage stellt. Während ein deutsches Gericht zum Ergebnis kommt, dass die Urkunde nicht echt ist, wird ein Gericht in einem anderen Mitgliedstaat, das mit der Urkunde in einem anderen Verfahren befasst ist, von der Echtheit auszugehen haben, solange es nicht von Gerichten in Deutschland für nicht echt erklärt wurde oder ein Verfahren nach Art. 59 Abs. 2 anhängig ist.

40 **aa) Begriff der Authentizität.** Der Begriff der **Authentizität** ist autonom auszulegen und wird in Erwägungsgrund 62 definiert. Danach versteht die EuErbVO unter der Authentizität zum einen die **Echtheit** der Urkunden, also dass die Urkunde tatsächlich von der Stelle errichtet wurde, die nach der Urkunde der Aussteller ist, und dass es sich dabei um eine zuständige Behörde oder ermächtigte Stelle handelt, und zum anderen die Richtigkeit der beurkundeten Vorgänge, also die **Wahrheit** der Urkunde (vgl. EuGH 23.5.2019 – C-658/17, NJW 2019, 2293 Rn. 68 – WB; EuGH 16.7.2020 – C-80/19, NJW 2020, 2947 Rn. 73 – EE; NK-BGB/*Makowsky* EuErbVO Art. 59 Rn. 17). Der Begriff der Authentizität erfasst daher sowohl die formelle Wirksamkeit der Beurkundung (Zuständigkeit, Verfahren und Form) als auch auch die Echtheit der Urkunde, nicht hingegen die materielle Wirksamkeit (Rauscher/*Hertel* EuErbVO Art. 59 Rn. 35; MüKoFamFG/*Rauscher* EuErbVO Art. 59 Rn. 21). Steht also bspw. die Formwirksamkeit eines notariellen Testaments mit Blick auf eine gültige Unterschrift oder die gebotene Hinzuziehung von Zeugen in Rede, entscheidet hierüber das Gericht des Ursprungsmitgliedstaats gem. Art. 59 Abs. 2.

bb) Überprüfung der Authentizität im Ursprungsmitgliedstaat nach Recht des Ursprungsmitgliedstaats. Ausschließlich zuständig zur Überprüfung der Authentizität sind die **Gerichte des Ursprungsmitgliedstaats** nach Art. 59 Abs. 2 S. 1 Hs. 1. Dabei wenden sie das Recht des Ursprungsmitgliedstaats an (Dok. 11067/11, 12 unter Nr. 28; MüKoBGB/*Dutta* EuErbVO Art. 59 Rn. 18; NK-BGB/*Makowsky* EuErbVO Art. 59 Rn. 18), soweit die Verordnung selbst nicht in Art. 3 Abs. 1 lit. i Vorgaben macht: So kann beispielsweise das mitgliedstaatliche Recht nicht Privaturkunden zu öffentlichen Urkunden im Sinne der Verordnung erklären. Das Recht des Ursprungsmitgliedstaats bestimmt, ob Verstöße gegen die Zuständigkeitsregeln der Urkunde ihre Wirkung nehmen, etwa wenn ein örtlich unzuständiger Notar beurkundet (MüKoFamFG/*Rauscher* EuErbVO Art. 59 Rn. 23). 41

Die ausschließliche Zuständigkeit gilt nicht nur für Einwände gegen die Authentizität, die während eines Verfahrens im Wirkungsstaat erhoben werden, sondern auch allgemein für jeglichen Authentizitätseinwand unabhängig von einem konkreten Verfahren, in dem die formelle Beweiskraft angenommen werden soll. 42

cc) Keine Authentizitätsprüfung im Wirkungsstaat. (1) Authentizitätsvermutung nach dem Recht des Ursprungsstaats. Im Wirkungsstaat erfolgt damit keine Prüfung der Authentizität der öffentlichen Urkunde aus einem anderen Mitgliedstaat. Ob die Authentizität der Urkunde zu unterstellen ist, bestimmt sich nach dem Recht des Ursprungsmitgliedstaats. Soweit sich die Beweiswirkung der öffentlichen Urkunde auf die Echtheit und Wahrheit bezieht, ist diese nach Art. 59 Abs. 1 im Annahmestaat anzunehmen. Regelmäßig genießen öffentliche Urkunden eine Echtheitsvermutung (in Deutschland nach § 437 Abs. 1 ZPO) und Beweiskraft ihres Inhalts (in Deutschland nach § 415 ZPO). Davon geht implizit auch Art. 59 Abs. 2 aus, der nur die Frage von Einwänden gegen die Authentizität regelt und damit unterstellt, dass grundsätzlich von der Authentizitätsvermutung auszugehen ist. Entscheidend dafür ist aber das Recht des Ursprungsmitgliedstaats. Sollte danach theoretisch eine öffentliche Urkunde nur Beweiswirkungen zeitigen, wenn ihre Echtheit und Wahrheit positiv festgestellt wäre, stellt sich die Frage, ob dies nach der Logik der Verordnung auch im Ursprungsmitgliedstaat erfolgen müsste, der ein entsprechendes Verfahren bereitzustellen hätte. Der Verordnungsgeber spricht ausdrücklich nur von „Einwänden", also von der Beseitigung einer bestehenden Wirkung. Entsprechend bleibt die ausschließliche Zuständigkeit im Ursprungsmitgliedstaat darauf beschränkt; die befasste Stelle im Zielstaat könnte die Echtheit nach den besonderen Vorgaben des Verfahrensrechts des Ursprungsmitgliedstaats selbst überprüfen. Für diesen Fall ließe sich der öffentlichen Urkunde auch nicht nach dem Günstigkeitsprinzip eine stärkere Beweiswirkung nach dem Recht des Annahmestaats zubilligen, da die Parteien auch in dem Vertrauen auf die Grenzen der Wirkungen der Urkunden zu schützen sind (→ Rn. 1, 4). 43

Über die Reichweite der Authentizitätsvermutung informiert das Formblatt nach Art. 59 Abs. 1 UAbs. 2 (→ Rn. 43). 44

(2) Einwände bei Authentizitätszweifeln. Bestehen Zweifel des Gerichts oder Einwände der Verfahrensbeteiligten gegen die Authentizität, die als solche die Vermutung der Echtheit oder Wahrheit nach dem Recht des Ursprungsstaats nicht beseitigen, darf eine Überprüfung im Annahmestaat nicht erfolgen. Dafür ist nach Art. 59 Abs. 2 ausschließlich der Ursprungsstaat zuständig (BeckOGK-BGB/*J. Schmidt* EuErbVO Art. 59 Rn. 41; MüKoBGB/*Dutta* EuErbVO Art. 59 Rn. 16). 45

Dabei geht der Verordnungsgeber offensichtlich davon aus, dass das **Verfahren nur von den Parteien, nicht aber von der im Wirkungsland mit der Urkunde befassten Behörde oder dem befassten Gericht angestrengt werden kann:** So spricht Erwägungsgrund 62 S. 3 nur von Einwänden der Parteien. Der Wortlaut schließt aber nicht aus, dass auch das Gericht von Amts wegen Einwände im Ursprungsstaat vorbringen kann. Damit ist ungeklärt, ob ein gerichtlicher oder behördlicher Einwand zu einer Ungültigerklärung der Urkunde im Zielstaat führen kann oder die Entscheidung darüber dem Recht des Ursprungsmitgliedstaats überlassen ist (hiergegen MüKoFamFG/*Rauscher* EuErbVO Art. 59 Rn. 25). Im Ergebnis dürften die besseren Gründe dafür sprechen, dass auch von einem Gericht selbst geltend gemachte Zweifel an der Authentizität unter Art. 59 Abs. 2 fallen. Denn nach dem Normzweck des Art. 59 Abs. 2 sollen die Gerichte des Ursprungsmitgliedstaats als sachnähere Gerichte über die Authentizität von Urkunde verbindlich entscheiden. In der Praxis dürfte diese Frage meist unbedeutend bleiben, soweit beide Parteien unterschiedliche Interessen haben, da jedenfalls die benachteiligte Partei auf Anregung des Gerichts oder der Behörde Einwände im Ursprungsstaat erheben wird. Anders ist dies, wenn beide Parteien sich übereinstimmend auf eine unechte Urkunde berufen. Hier liegt jedenfall ein Rückgriff auf den ordre public nahe, sofern man entgegen der hier vertretenen Ansicht nicht Art. 59 Abs. 2 anwendet (so MüKoFamFG/*Rauscher* EuErbVO Art. 59 Rn. 25; aA noch die Vorauflage). 46

Einen weiteren Ausweg bietet eine Ausnahme von einem Überprüfungsverfahren im Ursprungsmitgliedstaat und einem Antrag einer der beiden Parteien, soweit eine **offensichtliche Fälschung** der Urkunde angenommen werden kann. Ansatzpunkt ist, dass jedenfalls der Anschein einer öffentlichen Urkunde aus einem anderen Mitgliedstaat vorliegen muss (MüKoBGB/*Dutta* EuErbVO Art. 59 Rn. 8; Dutta/Herrler/*Geimer,* Die Europäische Erbrechtsverordnung 143 (157) Rn. 55; NK-BGB/*Makowsky* EuErbVO Art. 59 Rn. 18). Die selbstgemalte Urkunde, die vorgibt, aus einem anderen Mitgliedstaat zu 47 stammen oder von einer offensichtlich unzuständigen Stelle ausgestellt sein soll, sollte nicht dazu zwingen, ein Verfahren dort einzuleiten, um das Offensichtliche festzustellen: die Unechtheit der Urkunde. Zwar genügt schon die Anhängigkeit des Verfahrens (→ EuErbVO Art. 14 Rn. 4 ff.) im angeblichen Ursprungsstaat, um der Fälschung die Beweiskraft zu nehmen, doch droht die Gefahr, dass der Antragsteller faktisch am Ende die Kosten des Verfahrens im Ursprungsstaat tragen muss. Durch die Möglichkeit, offensichtlich unechte Urkunden nicht zu berücksichtigen, wird zwar eine Grauzone geschaffen, die theoretisch auch Missbrauch ermöglicht. Derartige Abgrenzungen sind dem Europarecht aber nicht fremd, wie nicht zuletzt die acte-clair-Lehre im Zusammenhang mit der Vorlagepflicht nach Art. 267 AEUV unterstreicht (EuGH 6.10.1982 – Rs. 283/81, Slg. 1982, 3415 Tz. 21 – CLIFIT).

48 **(3) Wirkung der Anhängigkeit eines Verfahrens nach Art. 59 Abs. 2.** Soweit die Authentizität im Ursprungsstaat angegriffen wird, entfaltet die Urkunde für die Dauer der Anhängigkeit des Überprüfungsverfahrens in anderen Mitgliedstaaten keine Beweiswirkung **(Suspensiveffekt).**

49 Der **Suspensiveffekt** ist **zeitlich** auf die **Anhängigkeit** beschränkt. Zur Bestimmung des Begriffs der Anhängigkeit kann auf den in Art. 14 verwendeten Begriff Rückgriff genommen werden (→ EuErbVO Art. 14 Rn. 4 ff.; BeckOGK-BGB/*J. Schmidt* EuErbVO Art. 59 Rn. 44; MüKoBGB/*Dutta* EuErbVO Art. 59 Rn. 13). Der Suspensiveffekt gilt **räumlich** nur in anderen Mitgliedstaaten als dem Ursprungsmitgliedstaat. Im Ursprungsmitgliedstaat regelt das eigene Verfahrensrecht, welche Wirkungen der Urkunde während der Anhängigkeit zukommen. **Sachlich** ist der Suspensiveffekt anders als in Art. 59 Abs. 3 S. 2 nicht auf den bestrittenen Umstand beschränkt: Wird die Echtheit bestritten, ist das einleuchtend. Die Urkunde entfaltet insgesamt keine Wirkung. Enthält die Urkunde aber mehrere Erklärungen und wird nur eine Erklärung bestritten, ist die Suspension aller Wirkungen der Urkunde nicht offensichtlich. Die anderen enthaltenen Erklärungen könnten weiterhin ihre Wirkung entfalten. Entsprechendes könnte gelten, soweit nur die Zuständigkeit der Behörde für eine Erklärung bestritten wird. Allerdings trifft die Verordnung diese Entscheidung nicht. Angesichts des klaren Wortlauts der Verordnung ist kein Raum für eine einschränkende Auslegung.

50 Die **Wirkung des Suspensiveffekts für das Verfahren im Wirkungsstaat regelt die Verordnung nicht.** Insbesondere wird keine Aussetzung des Verfahrens für die Dauer der Echtheitsprüfung im Ursprungsstaat angeordnet (NK-BGB/*Makowsky* EuErbVO Art. 59 Rn. 19). Der Wortlaut schließt aber auch nicht aus, dass es dem Gericht nach nationalem Recht ermöglicht wird, die ausländische Entscheidung abzuwarten, soweit sie zeitnah ergehen wird, um es nicht zu zwingen, sich in Widerspruch zum Gericht des Ursprungsstaats zu setzen oder – wenn man die Urkunde nach Einwand ignoriert – sehenden Auges eine Entscheidung auf falscher Tatsachengrundlage fällen zu müssen, weil man eine offensichtlich echte Urkunde im Ursprungsstaat angegriffen hat. In Deutschland stellt § 45 IntErbVG die Aussetzung in das Ermessen des Gerichts. Kommt es in einem anderen Mitgliedstaat zur Eröffnung eines Verfahrens über Einwände in Bezug auf die Authentizität einer öffentlichen Urkunde, die in diesem Mitgliedstaat errichtet worden ist, kann nach § 45 IntErbRVG das inländische Verfahren bis zur Erledigung des ausländischen Verfahrens ausgesetzt werden, wenn es für die Entscheidung auf die ausländische Entscheidung zur Authentizität der Urkunde ankommt (→ IntErbRVG § 45 Rn. 1 ff.).

51 Erfolgt **keine Aussetzung,** ist das Verfahren fortzusetzen, ohne die Urkunde nach Art. 59 Abs. 1 zu berücksichtigen (Dutta/Herrler/*Geimer,* Die Europäische Erbrechtsverordnung, 143 (154) Rn. 44). Nach dem klaren Wortlaut scheint auch auszuscheiden, sie **nach nationalem Verfahrensrecht als ausländische Urkunde einzubeziehen:** die Urkunde entfaltet keine Beweiskraft, auch keine Beweiskraft durch Gleichstellung mit einer inländischen Urkunde. Allerdings lässt sich Art. 59 auch im Sinne des Günstigkeitsprinzips auslegen (→ Rn. 4). Soweit sich das nach Art. 4 ff. zuständige Gericht nicht anmaßt, abschließend über die Echtheit der Urkunde zu befinden, kann es die Urkunde bis zu einer Entscheidung im Ursprungsstaat nach dem Verfahrensrecht der lex fori berücksichtigen. Dabei dürfen die Wirkungen allerdings nicht über die hinausgehen, welcher der Urkunde nach dem Recht des Ursprungsmitgliedstaats zukämen: Die Parteien sind in ihrem Vertrauen zu schützen, dass der Urkunde nur die Wirkungen zukommen, die nach dem Recht des Ursprungsmitgliedstaats vorgesehen sind. Damit wird sich das Gericht inzident mit der Echtheit der Urkunde auseinandersetzen müssen. So kann durch einen Einwand im Ursprungsstaat die Urkunde nicht vollständig aus dem Verkehr gezogen werden und es bleibt Raum für eine Berücksichtigung der Urkunde bis zur Entscheidung im Ursprungsstaat. Andererseits kann am Ende die unschöne Folge eintreten, dass das Gericht im Ursprungsstaat und das nach Art. 4 ff. zuständige Gericht die Frage unterschiedlich beurteilen. Dann muss ein Weg zur Korrektur der Entscheidung im Wirkungsstaat offenstehen (→ Rn. 70).

52 **dd) Authentizitätsprüfung im Ursprungsmitgliedstaat. (1) Eigenes Verfahren im Ursprungsmitgliedstaat.** Die Vorschrift zwingt die **Mitgliedstaaten ein eigenes Verfahren zur Überprüfung der Authentizität für eigene Urkunden vorzusehen,** auch wenn sie bisher die inzidente Überprüfung im jeweiligen Verfahren zulassen. Der deutsche Gesetzgeber kommt dem in **§ 46 IntErbRVG** nach. Bei gerichtlichen Urkunden entscheidet das Gericht, das die Urkunde errichtet hat (§ 46 Abs. 1 S. 1 IntErbRVG). Bei notariellen Urkunden ist das Gericht am Amtssitz des Notars zuständig (§ 46 Abs. 1 S. 2 IntErbRVG), bei konsularischen Urkunden das AG Schöneberg (§ 46 Abs. 1

S. 3 IntErbRVG), im Übrigen das AG, in dessen Bezirk die Urkunde errichtet worden ist (§ 46 Abs. 1 S. 4 IntErbRVG). Das Verfahren richtet sich nach dem FamFG (§ 46 Abs. 2 IntErbRVG). Die Entscheidung wirkt erga omnes (§ 46 Abs. 3 S. 3 IntErbRVG, vgl. näher → IntErbRVG § 46 Rn. 1 ff. Ein Überprüfungsverfahren nach Art. 59 Abs. 2 ist nicht zulässig, soweit über die Authentizität der Urkunde im Ursprungsmitgliedstaat bereits rechtskräftig entschieden ist, wie in einem Feststellungsverfahren nach § 256 Abs. 1 ZPO.

Soweit Mitgliedstaaten kein Verfahren zur Überprüfung bereitstellen und dies im Rechtsweg dort nicht erzwungen werden kann, fragt sich, wie das nach Art. 4 ff. zuständige Gericht vorgehen soll. Die Annahme der Urkunde als solche nach dem Verfahrensrecht des Ursprungsstaats stellt einen Verstoß gegen den ordre public dar, soweit eine rechtsstaatliche Echtheitskontrolle ausgeschlossen ist. Damit kann die Annahme der formellen Beweiskraft der Urkunde verweigert werden. Dennoch sollte eine Berücksichtigung der Urkunde nicht gänzlich ausgeschlossen sein. Anderenfalls führte Art. 59 zu einer Erschwerung des freien Verkehrs der Urkunden. Eine Überprüfung der Echtheit der Urkunde durch das nach Art. 4 ff. zuständige Gericht nach den verfahrensrechtlichen Vorgaben des Ursprungsmitgliedstaats und eine Annahme der Beweiskraft nach den Regeln des Ursprungsmitgliedstaats stellt dann einen milderen Eingriff dar als die Heranziehung der lex fori. 53

(2) Wirkung der Entscheidung im Ursprungsmitgliedstaat. Die Entscheidung nach Art. 59 Abs. 2 hat **Wirkung für die anderen Staaten.** Im Ursprungsmitgliedstaat entscheidet dessen Recht über die Wirkung der Entscheidung. Dabei handelt es sich nicht um eine Anerkennung nach Art. 39: Bei einer bestätigenden Entscheidung steht die Authentizität der Urkunde endgültig fest. Anzunehmen ist die formelle Beweiskraft der Urkunde nach Art. 59 Abs. 1 UAbs. 1, die jetzt nicht mehr wegen eines Mangels der Authentizität angegriffen werden kann (vgl. BeckOGK-BGB/*J. Schmidt* EuErbVO Art. 59 Rn. 46). Die Entscheidung nach Art. 59 Abs. 2 spielt nur als Vorfrage der Annahme nach Art. 59 Abs. 1 UAbs. 1 eine Rolle, sodass Art. 39 nicht einschlägig ist. Entsprechend können verfahrensrechtliche Mängel im Beurkundungsverfahren wie im Verfahren nach Art. 59 Abs. 2 eine Ablehnung der Annahme wegen Verstoßes gegen den ordre public gemäß Art. 59 Abs. 1 UAbs. 1 aE (→ Rn. 58 ff.) begründen. Sie sind aber nicht eigenständig im Rahmen einer Anerkennungsprüfung nach Art. 39 ff. zu berücksichtigen. Bei einer die Urkunde für ungültig erklärenden Entscheidung, kommt der Urkunde keine Beweiskraft zu (Erwägungsgrund 65 S. 3). 54

Wird der Einwand während eines Verfahrens erhoben, in dem die formelle Beweiskraft der Urkunde angenommen werden soll, gilt die Entscheidung nach Art. 59 Abs. 2 jedenfalls für dieses Verfahren. Ob der Entscheidung darüber hinaus erga-omnes-Wirkung für weitere Verfahren zukommt, entscheidet das Verfahrensrecht des Ursprungsmitgliedstaats, der Verordnungsgeber scheint eine erga-omnes-Wirkung für alle Verfahren vorausgesetzt zu haben, da er davon ausgeht, dass eine Entscheidung, die die Urkunde aufgrund eines Einwands für ungültig erklärt, keine Beweiskraft mehr entfaltet (vgl. Erwägungsgrund 65 S. 3, dafür spricht auch Dok. 11067/11, 13 unter Nr. 29). 55

Für den Nachweis der Entscheidung nach Art. 59 Abs. 2 ist selbst nicht Art. 59 Abs. 1 einschlägig (→ Rn. 10 ff., 13): Hier ist in entsprechender Anwendung auf Art. 45 f. zurückzugreifen. 56

ee) Rechtskraftdurchbrechung im Wirkungsstaat nach Entscheidung im Ursprungsmitgliedstaat. Der Suspensiveffekt führt dazu, dass im Wirkungsstaat bereits eine Entscheidung zu treffen sein kann, bevor im Ursprungsland über die Authentizität befunden wurde. Soweit das Verfahren noch läuft oder ein Rechtsmittel eingelegt werden kann, das eine Berücksichtigung der Entscheidung nach Art. 59 Abs. 2 erlaubt, kann die formelle Beweiskraft der Urkunde angenommen werden. Wird nach dem Eintritt der Rechtskraft im Ursprungsstaat die Echtheit der Urkunde festgestellt und müsste unter Berücksichtigung der Urkunde nach Art. 59 Abs. 1 eine andere Entscheidung ergehen, sind die Mitgliedstaaten in der Folge nicht zu einer Rechtskraftdurchbrechung genötigt (MüKoFamFG/*Rauscher* EuErbVO Art. 59 Rn. 29; aA Dutta/Herrler/*Geimer,* Die Europäische Erbrechtsverordnung, 143 (155) Rn. 48 sowie die Vorauflage). Im deutschen Recht gibt es keine Norm, die eine Rechtskraftdurchbrechung anordnen würde. Insbesondere kommt mangels vergleichbarer Interessenlage auch keine analoge Anwendung von § 580 Nr. 2 ZPO in Betracht (MüKoFamFG/*Rauscher* EuErbVO Art. 59 Rn. 29; aA Dutta/Herrler/*Geimer,* Die Europäische Erbrechtsverordnung, 143 (155) Rn. 47 sowie die Vorauflge). 57

b) Ordre public. aa) Allgemeines. Der ordre public Vorbehalt ist ein **Notbehelf** für den Fall, dass die Annahme der formellen Beweiskraft der öffentlichen Urkunde oder damit am ehesten vergleichbaren Wirkung im Zielstaat zu einem offensichtlich mit der öffentlichen Ordnung unvereinbaren Ergebnis führt. 58

Entscheidend ist die **öffentliche Ordnung des Annahmestaates.** Soweit der ordre public in einem Verfahren in Deutschland geprüft wird, entscheidet der deutsche ordre public. Ein Mitgliedstaat ist dabei nicht völlig frei, den ordre public selbst zu bestimmen. Der Begriff des ordre public ist autonom auszulegen, sodass die Grenzen dessen, was als ordre public verstanden werden darf, auch vom EuGH 59 nachgeprüft werden kann (EuGH 28.3.2000 – C-7/98, NJW 2000, 1853 (1854) Tz. 21 ff. – Krombach).

60 Die Formulierung, dass die Annahme der formellen Beweiskraft der öffentlichen Ordnung nicht „offensichtlich widersprechen" dürfe, verdeutlicht, dass der ordre public **als Ausnahmefall nur zurückhaltend anzuwenden** ist. Nur Verstöße, die als untragbar eingeschätzt werden, sind zu berücksichtigen. Entscheidend ist, ob die Annahme der formellen Beweiskraft der öffentlichen Urkunde in einem anderen Mitgliedstaat gegen wesentliche Rechtsgrundsätze verstieße und daher in einem nicht hinnehmbaren Gegensatz zur Rechtsordnung des Annahmestaats stünde (vgl. die Rechtsprechung des EuGH zu Art. 34 Brüssel I-VO, siehe EuGH 28.4.2009 – C-420/97, BeckRS 2009, 70441 Tz. 59 – Apostolides/Orams; näher hierzu, → Art. 40 Rn. 7 ff.). Eine Verletzung des ordre public kommt in Betracht, wenn **Grundrechte** des mitgliedstaatlichen Verfassungsrechts, Unions- oder Völkerrechts (Art. 6 Abs. 1 und 3 EUV iVm EU-Grundrechte-Charta bzw. EMRK) **offensichtlich verletzt** wurden (ErwG 58 S. 2; vgl. EuGH 28.3.2000 – C-7/98, Slg. 2000 I-1935 Rn. 25 = NJW 2000, 1853 – Krombach; 2.4.2009 – C-394/07, Slg. 2009-I 2582 Rn. 28 – Gambazzi; zum Ganzen *Heinze* EUR 2008, 654 (657 ff.)). Eine Nachprüfung, ob die Urkunde im Ursprungsmitgliedstaat verfahrensgerecht errichtet wurde und die Beurkundung richtig ist, darf unter dem Deckmantel des ordre public nicht vorgenommen werden.

61 **Rechtsfolge** eines ordre-public-Verstoßes ist zunächst, dass die formelle Beweiskraft der Urkunde nach dem Recht des Ursprungsmitgliedstaats nicht anzunehmen ist, Art. 59 Abs. 1 UAbs. 1 aE. Als ultima ratio ist die Urkunde damit im Wirkungsstaat nicht zu berücksichtigen. Diese Folge ist aber nicht zwangsläufig. Zum einen erlaubt die Formel, dass die „am ehesten vergleichbare Wirkung" der formellen Beweiskraft der Urkunde nach dem Recht des Ursprungsmitgliedstaats anzunehmen ist, auch, die Beweiskraft akzeptieren, soweit sie mit dem ordre public des Annahmestaates vereinbar ist. Zum anderen scheidet eine Berücksichtigung der Urkunde nach dem Günstigkeitsprinzip nicht aus: Sie kann nach dem Recht der lex fori berücksichtigt werden, soweit diese der Urkunde keine weitergehenden Wirkungen als nach dem Recht des Ursprungsmitgliedstaats zubilligt (→ Rn. 41).

62 Der ordre public erfasst dabei zum einen **Verfahrensverstöße** bei der Errichtung der Urkunde und zum anderen eine mit der öffentlichen Ordnung offensichtlich **unvereinbare Einschränkung der freien Beweiswürdigung** durch die ausländische Beweiskraftwirkung:

63 **bb) Verfahrensverstöße.** Als Verfahrensverstoß wäre denkbar, dass die Beurkundung durch einen ausgeschlossenen Notar (§ 6 BeurkG) vorgenommen wird oder Erklärungen vom Hörensagen aufgenommen werden.

64 Bei der Prüfung eines ordre public ist nicht allein der Verfahrensverstoß zu berücksichtigen, sondern auch ein möglicher Rechtsschutz betreffend die Authentizität der Urkunde im Ursprungsmitgliedstaat. Der autonom auszulegende Begriff der Authentizität erfasst dabei nach Erwägungsgrund 62 S. 2 auch die Überprüfung der beurkundeten Vorgänge. Daher liegt ein Verstoß erst dann vor, wenn die beurkundeten Vorgänge auch im Verfahren nach Art. 59 Abs. 2 der freien Beweiswürdigung entzogen sind.

65 Überträgt man die Rechtsprechung des BGH zur Entscheidungsanerkennung im Rahmen der Brüssel I-VO, **scheidet ein Rückgriff auf den ordre public aber aus, wenn Rechtsschutz im Ursprungsstaat nicht wahrgenommen wurde** (BGH NJW 2011, 3103 (3105) Tz. 22). Eine Falschbeurkundung oder Fälschung allein genügt damit für einen ordre public Verstoß nicht, soweit ausreichender Rechtsschutz über Art. 59 Abs. 2 (→ Rn. 48 ff.) im Ursprungsstaat offensteht. Erst wenn dieser als solcher nicht zu erreichen ist, bleibt in Extremfällen der Rückgriff auf den ordre public. Entscheidend ist dann nicht, dass der in der Erbsache entscheidende Richter sehenden Auges von einer falschen Tatsachengrundlage ausgehen muss, sondern das Fehlen der Möglichkeit, in einem rechtstaatlichen Verfahren die Falschbeurkundung anzugreifen (zur Frage, ob das Gerichts von Amts wegen ein Verfahren nach Art. 59 Abs. 2 anzustrengen kann, → Rn. 57). Bei offensichtlichen Fälschungen liegt kein Anschein einer öffentlichen Urkunde vor, sodass das Gericht die Urkunde nicht berücksichtigen muss (→ Rn. 46).

66 **cc) Unvereinbare Beweiswirkung.** Die Art der Beweiswirkung begründet einen Verstoß bei **diskriminierender Ausgestaltung der formellen Beweiskraft,** wie bei unterschiedlicher Ausgestaltung je nach Staatsangehörigkeit oder Geschlecht der Erklärenden (BeckOGK/*J. Schmidt* EuErbVO Art. 59 Rn. 26.1). Daneben kommt als ordre-public-Verstoß eine Beweiswirkung in Betracht, welche die freie Beweiswürdigung des Gerichts ausschließt. Infrage kommt hier ein vollständiger Ausschluss der freien Beweiswürdigung, die Unzulässigkeit eines Gegenbeweises wie im Fall von unwiderleglichen Vermutungen oder Fiktionen ohne Grundlage (NK-BGB/*Makowsky* EuErbVO Art. 59 Rn. 12; MüKoBGB/*Dutta* EuErbVO Art. 59 Rn. 14; NK-NachfolgeR/*Köhler* EuErbVO Art. 59 Rn. 3). Zu Recht wurde aber darauf hingewiesen, dass hier eine Einzelfallprüfung zu erfolgen hat, da der Ausschluss eines Gegenbeweises auch im deutschen Recht nicht unbekannt ist (BeckOGK/*J. Schmidt* EuErbVO Art. 59 Rn. 26.2 unter Verweis auf § 165 ZPO). Entscheidend dürfte hier sein, inwieweit bei der Urkundsausstellung Sorge dafür getragen ist, Einfluss auf die Urkunde zu nehmen und wie der Rechtsschutz bei Verfahrensfehlern ausgestaltet ist. Gegen zu weitgehende Rechtsvermutungen steht den Betroffenen der Einwand gemäß Art. 59 Abs. 3 offen (→ Rn. 35, 93 ff.).

Dabei ist zu beachten, dass als Folge des Eingreifens des ordre-public-Vorbehalts nicht die Verweigerung der Anerkennung stehen muss. Die mildere Möglichkeit, die Urkunde nur wie eine inländische zu behandeln und so etwa einen Gegenbeweis zuzulassen, ist vorrangig zu wählen. 67

c) Widerspruch zwischen Urkunden und zwischen Urkunde und Urteil. Nur Hinweise zur Lösung bietet die Verordnung für die Frage, wie im Fall zweier oder mehrerer einander widersprechender oder nicht zu vereinbarender Urkunden zu entscheiden ist. Das gleiche gilt für den Konflikt zwischen Urkunde und Entscheidung. 68

aa) Urkunde und Urkunde/Entscheidung aus einem Mitgliedstaat. Soweit die nicht zu vereinbarenden Urkunden bzw. Entscheidungen aus ein und demselben Mitgliedstaat stammen, ist das Recht des gemeinsamen Ursprungsmitgliedstaats zur Lösung des Konflikts heranzuziehen (MüKoBGB/*Dutta* EuErbVO Art. 59 Rn. 13). 69

bb) Urkunde und Urkunde/Entscheidung aus verschiedenen Mitgliedstaaten. Stammen die Urkunden oder die Urkunde und die Entscheidung aus verschiedenen Mitgliedstaaten gibt Erwägungsgrund 66 Lösungshinweise. Erwägungsgrund 66 ist „nicht besonders hilfreich" (*Lagarde* Rev. crit. dr. int. priv. 101 (2012), 691, 732: „ne sera pas d'un grand secours.") und lässt den Leser eher ratlos zurück (MüKoBGB/*Dutta* EuErbVO Art. 59 Rn. 13; „wirft mehr Fragen auf, als er beantwortet"; Dutta/Herrler/*Geimer,* Die Europäische Erbrechtsverordnung, S. 159 Rn. 63: „Der Erkenntniswert tendiert gegen Null"). 70

Grundvoraussetzung ist zunächst, dass die **widersprechenden Urkunden** bzw. **Entscheidungen ihrerseits wirksam** sind, sodass ihre formelle Beweiswirkung anzunehmen ist. Auch Entscheidungen fallen, soweit es um die Annahme ihrer formellen Beweiskraft geht, unter Art. 59 Abs. 1 (→ Rn. 10). Die formelle Beweiskraft ist keine Urteilswirkung, die nach Art. 39 anzuerkennen ist (→ EuErbVO Art. 39). Allerdings ist diese formelle Beweiskraft nur zu berücksichtigen, wenn die Entscheidung anerkennungsfähig ist. Daher verweist Erwägungsgrund 66 S. 2 darauf, dass die Versagungsgründe des Art. 40 zu berücksichtigen sind. Soweit die Rechtskraft einer Entscheidung mit der Rechtsvermutung einer Urkunde kollidiert, sind die Art. 39 ff. für die Entscheidungsanerkennung direkt anzuwenden. 71

(1) Zuständiges Gericht. Zur Entscheidung über den Konflikt sind nach Erwägungsgrund 66 S. 2 die Gerichte zuständig, die zur Entscheidung über die Sachfrage zuständig sind, zu deren Lösung auf die Wirkung der Urkunden zurückgegriffen wird. Handelt es sich um eine Erbsache sind das die nach Art. 4 ff. zuständigen Gerichte. Soweit sich eine erbrechtliche Frage als Vorfrage in einem anderen Verfahren stellt, entscheidet das mit der Vorfrage befasste Gericht. 72

(2) Kollision von Entscheidung und Urkunde. Mit der Beschränkung der Annahme auf die Erstreckung der formellen Beweiskraft hat sich auch die Bedeutung des Problems kollidierender Urkunden bzw. Entscheidungen verringert: Praktisch dürften kaum zwei Urkunden bzw. Entscheidungen den gleichen tatsächlichen Vorgang beurkunden. Die eigentlichen Probleme sind materiellrechtliche und betreffen weitgehend nicht Art. 59 (zutreffend Bonomi/Wautelet/*Wautelet* Art. 59 Rn. 34: „Cette hypothèse sera sans doute exceptionelle."). Nur wenn man entgegen der hier vertretenen Auffassung davon ausgeht, dass Rechtsvermutungen unter Art. 59 Abs. 1 UAbs. 1 fallen, sind hier Probleme denkbar. Dass die **formelle Beweiskraft** einer Urkunde mit derjenigen einer **Entscheidung** in Widerspruch steht, die keine Entscheidung über die Authentizität der Urkunde nach Art. 59 Abs. 2 ist, ist kaum denkbar. Die formelle Beweiskraft bezieht sich nur auf Tatsachen. Ob eine Urkunde authentisch ist, wird durch das gerichtliche Prüfungsverfahren nach Art. 59 Abs. 2 geklärt, welches sich auch auf die Echtheit der bezeugten Tatsachen erstreckt. Die Entscheidung geht der Urkunde vor und hebt ihre Beweiskraft auf. Im Übrigen ist festzuhalten, dass eine Kollision der formellen Beweiskraft einer Urkunde und Entscheidung bezüglich einer **Tatsachenfeststellung** voraussetzt, dass der Entscheidung Tatbestandswirkung im Sinne der verbindlichen Feststellung eines Sachverhalts zukommt. In der Praxis dürfte das eher selten der Fall sein. Kollidieren Feststellungen über einen tatsächlichen Vorgang, ergibt sich der Vorrang der Entscheidung nicht aus den Anerkennungsregeln, da die genannte Tatbestandswirkung einer Entscheidung nicht nach Art. 39 anzuerkennen ist. Geht man entgegen der hier vertretenen Ansicht von einem weiten Begriff der Beweiswirkungen aus und fasst unter ihn auch die Vermutungswirkungen mit Blick auf materielle Rechtslagen, müsste man zu dem Ergebnis kommen, dass die Entscheidung den Beweiswirkungen der Urkunde vorgeht, sofern der Entscheidung keine Anerkennungsverweigerungsgründe nach Art. 40 entgegenstehen (vgl. MüKoBGB/*Dutta* EuErbVO Art. 59 Rn. 13; aA MüKoFamFG/*Rauscher* EuErbVO Art. 59 Rn. 16). 73

(3) Kollision von Urkunde und Urkunde. Auch dass sich die **formellen Beweiswirkungen von verschiedenen Urkunden** widersprechen, dürfte allenfalls in Extremfällen denkbar sein. Heißt es in der einen Urkunde etwa, der Erblasser sei am 1.8.2020 in Lyon um 09:30 Uhr vor einem Notar zur Errichtung eines Testaments erschienen, und in einer anderen Urkunde, der Erblasser habe um diese Zeit in Frankfurt am Main vor einem Notar ein Testament errichtet, widersprechen sich diese Urkunden in ihrer formellen Beweiskraft. Im Falle eines solchen Widerspruchs sind die Urkunden zunächst 74 auf ihre Authentizität nach Art. 59 Abs. 2 zu prüfen. Nur wenn die Verfahren die Authentizität der Urkunden bestätigen, bleibt es bei einem Widerspruch. Meist wird sich kein Vorrang einer der widerstreitenden Urkunden etablieren lassen. Hier ist Sorge zu tragen, dass keine diskriminierenden Erwägungen (wie Urkunden aus einem bestimmten Staat seien weniger glaubwürdig als andere, ohne auf die Ausgestaltung des Beurkundungsverfahrens abzustellen) einfließen. Zeitliche Priorität ist in Erwägungsgrund 66 nicht genannt und sollte keine Rolle dabei spielen, einer der Urkunden Vorrang zu gewähren, da sonst ein Wettlauf um die frühere Ausstellung einer öffentlichen Urkunde entstehen könnte (MüKoBGB/*Dutta* EuErbVO Art. 59 Rn. 13; MüKoFamFG/*Rauscher* Art. 59 Rn. 15). Richtigerweise wird man die Frage, welche Beweiswirkungen die Urkunde haben, nach der lex fori entscheiden müssen. Im Rahmen der Beweiswürdigung entscheidet das Gericht, welcher der Urkunden der Vorrang zukommt (MüKoFamFG/*Rauscher* EuErbVO Art. 59 Rn. 15). Ob es sich um zwei widersprechende Urkunden aus demselben Mitgliedstaat, unterschiedlichen Mitgliedstaaten oder aus einem Mitgliedstaat und einem Drittstaat handelt, kann insoweit keine Rolle spielen. Auch wenn man regelmäßig im Rahmen der Beweiswirkungen zu dem Ergebnis kommt, dass sich die Beweiswirkungen der Urkunden neutralisieren, ginge es wohl zu weit, wenn man generell annähme, dass **sich die nicht zu vereinbarenden Urkundswirkungen stets gegenseitig aufheben** (so die Vorauflage und MüKoBGB/*Dutta* EuErbVO Art. 59 Rn. 13).

III. Einwände gegen das beurkundete Rechtsgeschäft oder Rechtsverhältnis (Abs. 3, 4)

1. Funktion

75 Einwände, die sich auf den materiellen Inhalt der öffentlichen Urkunde beziehen, sind gesondert in Art. 59 Abs. 3 und 4 geregelt. Dabei können nur die Parteien materielle Einwände erheben. Von Amts wegen kann das Gericht keine Einwände erheben (→ Rn. 36). Art. 59 Abs. 3 hat **deklaratorische Bedeutung,** indem er bestätigt, dass **Art. 59 Abs. 1 UAbs. 1 nicht das kollisionsrechtliche Anerkennungsprinzip enthält:** Fragen der materiellrechtlichen Wirksamkeit des beurkundeten Rechtsakts oder Rechtsbeziehung sind nach dem nach Art. 20 ff. anwendbaren Recht zu entscheiden (→ Rn. 6, 30; vgl. MüKoBGB/*Dutta* EuErbVO Art. 59 Rn. 20).

2. Materieller Inhalt der öffentlichen Urkunde

76 Erwägungsgrund 63 erläutert, was unter dem **beurkundeten Rechtsgeschäft bzw. Rechtsverhältnis** zu verstehen ist. Gemeint ist damit nach Erwägungsgrund 63 S. 1 der in der Urkunde niedergelegte materielle Inhalt. Als Rechtsgeschäfte nennt Erwägungsgrund 63 S. 2 beispielhaft die Vereinbarung über die Teilung des Nachlasses, ein Testament oder einen Erbvertrag. Als Rechtsverhältnisse nennt Erwägungsgrund 63 S. 3 etwa die Bestimmung des Erben oder das Bestehen eines Pflichtteils.

3. Zuständiges Gericht

77 Soweit materiellrechtliche Einwände gegen die in der Urkunde niedergelegten Rechtsgeschäfte oder Rechtsverhältnisse erhoben werden, ist für eine isolierte Klärung das nach Art. 4 ff. zuständige Gericht berufen (Art. 59 Abs. 3). Stellt sich beispielsweise die Frage nach der Wirksamkeit des beurkundeten Rechtsverhältnisses vor einer Behörde und stellt die Urkunde eine Rechtsvermutung (→ Rn. 31, 33 ff.) etwa zugunsten einer Erbenstellung auf, kann zur Klärung der Erbenstellung das nach Art. 4 ff. zuständige Gericht angerufen werden.

78 Stellt sich die Frage als Vorfrage, ist das in der Hauptfrage zuständige Gericht auch für die Entscheidung über das Bestehen der beurkundeten Rechtsgeschäfte bzw. Rechtsverhältnisse zuständig, soweit die Entscheidung der Hauptfrage von der Entscheidung über die das beurkundete Rechtsgeschäft oder das beurkundete Rechtsverhältnis abhängt (Art. 59 Abs. 4). Ist die Frage in einer Erbsache als Hauptfrage zu entscheiden, entscheidet das nach Art. 4 ff. zuständige Gericht. Stellt sich die Frage als Vorfrage in einem anderen Verfahren, entscheidet das für die Hauptfrage zuständige Gericht. Damit stellt Art. 59 Abs. 4 klar, dass die nach Art. 4 ff. zuständigen Gerichte im Interesse der Prozessökonomie nicht ausschließlich für die Entscheidung von erbrechtlichen Fragen zuständig sind und ein anderes mit einer erbrechtlichen Vorfrage befasstes Gericht nicht den Erbgerichten erbrechtliche Fragen vorzulegen hat (Dok. 11067/11, 12 unter Nr. 28 S. 2; BeckOGK/*J. Schmidt* EuErbVO Art. 59 Rn. 63).

4. Anwendbares Recht

79 Ob das beurkundete Rechtsgeschäft oder das beurkundete Rechtsverhältnis materiellrechtlich besteht oder nicht, entscheidet sich nach dem nach Art. 20 ff. anwendbaren Recht, also nach dem Erbstatut (Art. 59 Abs. 3 S. 1).

5. Wirkung der Erhebung eines Einwands

Wird ein Einwand mit Bezug auf das beurkundete Rechtsgeschäft oder Rechtsverhältnis vor dem nach Art. 4 ff. zuständigen Gericht erhoben, tritt **nach Art. 59 Abs. 3 S. 2 ein Suspensiveffekt** ein. **Art. 59 Abs. 4 sieht den Suspensiveffekt nicht vor.** **80–81**

Der **Suspensiveffekt** ist dabei auf den bestrittenen Umstand beschränkt (ErwG 65 S. 2). Enthält die öffentliche Urkunde mehrere Rechtsgeschäfte oder Rechtsverhältnisse, beschränkt sich der Suspensiveffekt auf das bestrittene Rechtsgeschäft oder Rechtsverhältnis. Im Übrigen bleibt die formelle Beweiskraft der Urkunde bestehen (Bonomi/Wautelet/*Wautelet* Art. 59 Rn. 46; BeckOGK/*J. Schmidt* EuErbVO Art. 59 Rn. 60). Der Suspensiveffekt greift nur in anderen Mitgliedstaaten als dem Ursprungsmitgliedstaat. Im Ursprungsmitgliedstaat selbst entscheidet das Recht dieses Staates über Eingreifen und Umfang eines Suspensiveffekts (BeckOGK/*J. Schmidt* EuErbVO Art. 59 Rn. 61). Zeitlich ist der Suspensiveffekt auf die Anhängigkeit des Verfahrens nach Art. 59 Abs. 3 beschränkt. Der Begriff der Anhängigkeit ist entsprechend dem in Art. 14 bestimmten Begriff auszulegen (→ EuErbVO Art. 14). **82**

Suspendiert wird dabei die **Beweiskraft.** Art. 59 Abs. 3 ist insoweit wie Art. 59 Abs. 2 formuliert. Der Anwendungsbereich der Vorschrift ist eröffnet, wenn nach dem Recht des Ursprungsstaats das Bestreiten der Wirksamkeit des Rechtsgeschäfts zugleich die formelle Beweiskraft entfallen lässt oder es um eine Tatsachenvermutung geht, die nicht Gegenstand des Authentizitätsprüfungsverfahrens nach Art. 59 Abs. 2 ist. **83**

Bei der **Entscheidung als Vorfrage gemäß Art. 59 Abs. 4** vor einem anderen als dem nach Art. 4 ff. zuständigen Gericht ist ein **Suspensiveffekt nicht vorgesehen.** Bei der Überprüfung, ob das beurkundete Rechtsgeschäft oder Rechtsverhältnis rechtwirksam besteht, ist die Rechtsvermutung nicht zu berücksichtigen. **84**

6. Wirkung der Entscheidung über den materiellen Inhalt

Die Wirkung der Entscheidung über das Bestehen des Rechtsgeschäfts oder Rechtsverhältnisses hängt von der **Entscheidung des zuständigen Gerichts** ab. Erfasst die Rechtskraft nach dem Verfahrensrecht des entscheidenden Gerichts auch die Entscheidung über das beurkundete Rechtsgeschäft oder Rechtsverhältnis, ist die Entscheidung nach Art. 39 ff. anzuerkennen. Stellte sich die Frage nur als Vorfrage und erfasst die Rechtskraft nach dem Verfahrensrecht des Entscheidungsstaats die Entscheidung nicht, wirkt die Entscheidung über den materiellrechtlichen Einwand nur in diesem Verfahren. **85**

Anhang: Durchführungsverordnung (EU) Nr. 1329/2014 der Kommission vom 9.12.2014 zur Festlegung der Formblätter nach Maßgabe der EuErbVO

(ABl. Nr. L 359 S. 30)

Artikel 1

[...]

(2) **Für die Bescheinigung betreffend eine öffentliche Urkunde in einer Erbsache gemäß Artikel 59 Absatz 1 und Artikel 60 Absatz 2 der Verordnung (EU) Nr. 650/2012 ist das Formblatt II in Anhang 2 zu verwenden.**

[...]

Formblatt II

BESCHEINIGUNG

über eine öffentliche Urkunde in einer Erbsache

(Artikel 59 Absatz 1 und Artikel 60 Absatz 2 der Verordnung (EU) Nr. 650/2012 des Europäischen Parlaments und des Rates über die Zuständigkeit, das anzuwendende Recht, die Anerkennung und Vollstreckung von Entscheidungen und die Annahme und Vollstreckung öffentlicher Urkunden in Erbsachen sowie zur Einführung eines Europäischen Nachlasszeugnisse*1))

1.	**Ursprungsmitgliedstaat*)**
	□ Belgien □ Bulgarien □ Tschechische Republik □ Deutschland □ Estland □ Griechenland □ Spanien □ Frankreich □ Kroatien □ Italien □ Zypern □ Lettland □ Litauen □ Luxemburg □ Ungarn □ Malta □ Niederlande □ Österreich □ Polen □ Portugal □ Rumänien □ Slowenien □ Slowakei □ Finnland □ Schweden
2.	**Behörde, die die öffentliche Urkunde errichtet hat und die Bescheinigung ausstellt**
2.1.	**Name und Bezeichnung der Behörde*) : ....**
2.2.	**Anschrift**

2.2.1.	Straße und Hausnummer/Postfach*): ....
	....
	....
2.2.2.	Ort und Postleitzahl*): ....
2.3.	Telefon*): ....
2.4.	Fax ....
2.5.	E-Mail: ....
2.6.	Sonstige relevante Informationen (bitte angeben): ....
	....
3.	Öffentliche Urkunde
3.1.	Datum (TT. MM.JJJJ) der Errichtung der öffentlichen Urkunde*): ....
3.2.	Aktenzeichen der öffentlichen Urkunde: ....
3.3.	Datum (TT. MM.JJJJ), zu dem die öffentliche Urkunde
3.3.1.	im Register des Ursprungsmitgliedstaats registriert wurde .... ODER
3.3.2.	beim Register des Ursprungsmitgliedstaats hinterlegt wurde ....
	(3.3.1 oder 3.3.2 sind NUR auszufüllen, falls abweichend von dem unter 3.1 angegebenen Datum und falls das Datum der Registrierung/Hinterlegung beim Register für die Rechtswirkung der Urkunde maßgebend ist)
3.3.3.	Aktenzeichen im Register: ....
3.4.	Parteien der öffentlichen Urkunde*2)
3.4.1.	Partei A
3.4.1.1.	Name und Vorname(n) oder Name der Organisation*): ....
	....
3.4.1.2.	Geburtsdatum (TT. MM.JJJJ) und -ort bzw., im Falle einer Organisation, Datum (TT. MM.JJJJ) und Ort der Registrierung sowie Bezeichnung des Registers/der Registerbehörde: ....
3.4.1.3.	Identifikationsnummer*3)
3.4.1.3.1.	Identitätsnummer: ....
3.4.1.3.2.	Sozialversicherungsnummer: ....
3.4.1.3.3.	Registriernummer: ....
3.4.1.3.4.	Sonstige (bitte angeben): ....
3.4.1.4.	Anschrift
3.4.1.4.1.	Straße und Hausnummer/Postfach: ....
	....
	....
3.4.1.4.2.	Ort und Postleitzahl:...............
3.4.1.4.3.	Land
	□ Belgien □ Bulgarien □ Tschechische Republik □ Deutschland □ Estland □ Griechenland □ Spanien □ Frankreich □ Kroatien □ Italien □ Zypern □ Lettland □ Litauen □ Luxemburg □ Ungarn □ Malta □ Niederlande □ Österreich □ Polen □ Portugal □ Rumänien □ Slowenien □ Slowakei □ Finnland □ Schweden
	□ Sonstiges (bitte ISO-Code angeben): ....
3.4.1.5.	Rechtsstellung der Partei A (Sie können gegebenenfalls mehr als ein Kästchen ankreuzen) *)
3.4.1.5.1.	□ Erbe
3.4.1.5.2.	□ Vermächtnisnehmer
3.4.1.5.3.	□ Testamentsvollstrecker
3.4.1.5.4.	□ Verwalter
3.4.1.5.5.	□ Erblasser
3.4.1.5.6.	□ Sonstige (bitte ausführen): ....

3.4.2.	Partei B
3.4.2.1.	Name und Vorname(n) oder Name der Organisation*): ....
	....
3.4.2.2.	Geburtsdatum (TT. MM.JJJJ) und -ort bzw., im Falle einer Organisation, Datum (TT. MM.JJJJ) und Ort der Registrierung sowie Bezeichnung des Registers/der Registerbehörde: ....
3.4.2.3.	Identifikationsnummer
3.4.2.3.1.	Identitätsnummer*3): ....
3.4.2.3.2.	Sozialversicherungsnummer: ....
3.4.2.3.3.	Registriernummer: ....
3.4.2.3.4.	Sonstige (bitte angeben): ....
3.4.2.4.	Anschrift
3.4.2.4.1.	Straße und Hausnummer/Postfach: ....
	....
3.4.2.4.2.	Ort und Postleitzahl: ....
3.4.2.4.3.	Land
	□ Belgien □ Bulgarien □ Tschechische Republik □ Deutschland □ Estland □ Griechenland □ Spanien □ Frankreich □ Kroatien □ Italien □ Zypern □ Lettland □ Litauen □ Luxemburg □ Ungarn □ Malta □ Niederlande □ Österreich □ Polen □ Portugal □ Rumänien □ Slowenien □ Slowakei □ Finnland □ Schweden
	□ Sonstiges (bitte ISO-Code angeben): ....
3.4.2.5.	Rechtsstellung der Partei B (Sie können gegebenenfalls mehr als ein Kästchen ankreuzen*))
3.4.2.5.1.	□ Erbe
3.4.2.5.2.	□ Vermächtnisnehmer
3.4.2.5.3.	□ Testamentsvollstrecker
3.4.2.5.4.	□ Verwalter
3.4.2.5.5.	□ Erblasser
3.4.2.5.6.	□ Sonstige (bitte ausführen): ....
4.	Annahme der öffentlichen Urkunde (Artikel 59 der Verordnung (EU) Nr. 650/2012)
4.1.	Wird die Annahme der öffentlichen Urkunde beantragt?*)
4.1.1.	□ Ja
4.1.2.	□ Nein
4.2.	Authentizität der öffentlichen Urkunde (*) falls JA (4.1.1.))
4.2.1.	□ Nach den Rechtsvorschriften des Ursprungsmitgliedstaats hat die öffentliche Urkunde im Vergleich zu anderen Schriftstücken eine besondere Beweiskraft*)
4.2.1.1.	Die besondere Beweiskraft betrifft folgende Punkte:*)
4.2.1.1.1.	□ das Datum der Errichtung der öffentlichen Urkunde
4.2.1.1.2.	□ den Ort der Errichtung der öffentlichen Urkunde
4.2.1.1.3.	□ die Echtheit der Unterschriften der Parteien der öffentlichen Urkunde
4.2.1.1.4.	□ den Inhalt der Erklärungen der Parteien
4.2.1.1.5.	□ die Tatsachen, die in Anwesenheit der Behörde bestätigt wurden
4.2.1.1.6.	□ die Handlungen, die die Behörde ausgeführt hat
4.2.1.1.7.	□ Sonstiges (bitte ausführen): ....
	....
	....
	....
4.2.2.	Nach den Rechtsvorschriften des Ursprungsmitgliedstaats verliert die öffentliche Urkunde ihre besondere Beweiskraft aufgrund (bitte angeben, falls zutreffend):
4.2.2.1.	□ einer richterlichen Entscheidung, die ergangen ist in einem

4.2.2.1.1.	□ ordentlichen Gerichtsverfahren
4.2.2.1.2.	□ besonderen Gerichtsverfahren, das für diesen Zweck von Rechts wegen vorgesehen ist (bitte Bezeichnung und/oder betreffende Rechtsgrundlagen angeben): ....
4.2.2.2.	□ Sonstiges (bitte ausführen): ....
4.2.3.	□ Nach Kenntnis der Behörde wurden im Ursprungsmitgliedstaat keine Einwände bezüglich der Authentizität der öffentlichen Urkunde erhoben[*]
4.3.	In der öffentlichen Urkunde beurkundete Rechtsgeschäfte und -verhältnisse [*] falls JA (4.1.1))
4.3.1.	Nach Kenntnis der Behörde[*]:
4.3.1.1.	□ wurden keine Einwände bezüglich der beurkundeten Rechtsgeschäfte und/oder -verhältnisse erhoben
4.3.1.2.	□ wurden Einwände bezüglich einiger Aspekte der beurkundeten Rechtsgeschäfte und/oder -verhältnisse erhoben, die nicht in dieser Bescheinigung berücksichtigt sind (bitte angeben): ....
4.3.2.	□ Sonstige relevante Informationen (bitte angeben): ....
5.	Sonstige Angaben
5.1.	Die öffentliche Urkunde stellt im Ursprungsmitgliedstaat ein gültiges Schriftstück zum Zwecke der Eintragung von Rechten an beweglichen oder unbeweglichen Vermögensgegenständen in ein Register dar[*4]
5.1.1.	□ Ja (bitte ausführen): ....
5.1.2.	□ Nein
6.	Vollstreckbarkeit der öffentlichen Urkunde (Artikel 60 der Verordnung (EU) Nr. 650/2012)
6.1.	Wird die Vollstreckbarkeit der öffentlichen Urkunde beantragt?[*]
6.1.1.	□ Ja
6.1.2.	□ Nein
6.2.	Wenn JA (6.1.1): Ist die öffentliche Urkunde im Ursprungsmitgliedstaat vollstreckbar, ohne dass weitere Bedingungen erfüllt werden müssen?[*]
6.2.1.	□ Ja (bitte vollstreckbare Verpflichtung(en) angeben): ....
6.2.2.	□ Ja, aber nur in Bezug auf einen Teil/Teile der öffentlichen Urkunde (bitte vollstreckbare Verpflichtung(en) angeben): ....

6.2.3.	☐ Die Verpflichtung(en) ist/sind gegen folgende Person(en) vollstreckbar:*)
6.2.3.1.	☐ Partei A
6.2.3.2.	☐ Partei B
6.2.3.3.	☐ Sonstige (bitte angeben): ....
	....
	....
7.	Zinsen
7.1.	Wird eine Zinsrückerstattung beantragt?*)
7.1.1.	☐ Ja
7.1.2.	☐ Nein
7.2.	Wenn JA (7.1.1):*)
7.2.1.	Zinsen
7.2.1.1.	☐ Nicht in der öffentlichen Urkunde festgelegt
7.2.1.2.	☐ Ja, folgendermaßen in der öffentlichen Urkunde festgelegt
7.2.1.2.1.	Zinsen fällig ab: .... (Datum (TT. MM.JJJJ) oder Ereignis)
	bis: .... (Datum (TT. MM.JJJJ) oder Ereignis)*5)
7.2.1.2.2.	☐ Erstattungsbetrag: ....
7.2.1.2.3.	☐ Methode zur Zinsberechnung
7.2.1.2.3.1	☐ Zinssatz: .... %
7.2.1.2.3.2	☐ Zinssatz: .... % über Referenzzinssatz (der EZB/der nationalen Zentralbank: ....)
	gültig ab: .... (Datum (TT. MM.JJJJ) oder Ereignis)
7.2.2.	Gesetzliche Zinsen, zu berechnen gemäß (bitte entsprechendes Gesetz angeben): ....
	....
	....
	....
7.2.2.1.	Zinsen fällig ab: .... (Datum (TT. MM.JJJJ) oder Ereignis)
	bis: .... (Datum (TT. MM.JJJJ) oder Ereignis)*5)
7.2.2.2.	Methode zur Zinsberechnung
7.2.2.2.1.	☐ Zinssatz: .... %
7.2.2.2.2.	☐ Zinssatz: .... % über Referenzzinssatz (der EZB/der nationalen Zentralbank: ....)
	gültig ab: .... (Datum (TT. MM.JJJJ) oder Ereignis)
7.2.3.	Kapitalisierung der Zinsen (bitte angeben): ....
	....
	....
	....
7.2.4.	Währung
	☐ Euro (EUR) ☐ Lew (BGN)
	☐ Tschechische Krone (CZK) ☐ Kuna (HRK)
	☐ Forint (HUF) ☐ Zloty (PLN)
	☐ Rumänischer Leu (RON) ☐ Krone (SEK)
	☐ Sonstige (bitte ISO-Code angeben): ....

Falls weitere Blätter beigefügt wurden, Gesamtzahl der Blätter*): ....

Ort*): .... Datum*): .... (TT. MM.JJJJ)

Stempel und/oder Unterschrift der Ausstellungsbehörde*): ....

....

....

*) [Amtl. Anm.:] Obligatorische Angaben.
*1) [Amtl. Anm.:] ABl. L 201 vom 27.7.2012, S. 107.
*2) [Amtl. Anm.:] Betrifft die öffentliche Urkunde mehr als zwei Parteien, fügen Sie bitte ein weiteres Blatt bei.
*3) [Amtl. Anm.:] Bitte geben Sie gegebenenfalls die relevanteste Nummer an.
*4) [Amtl. Anm.:] Die Eintragung eines Rechts an beweglichen oder unbeweglichen Vermögensgegenständen in ein Register unterliegt dem Recht des Mitgliedstaats, in dem das Register geführt wird.
*5) [Amtl. Anm.:] Stempel und/oder Unterschrift der Ausstellungsbehörde.

Artikel 60 Vollstreckbarkeit öffentlicher Urkunden

(1) **Öffentliche Urkunden, die im Ursprungsmitgliedstaat vollstreckbar sind, werden in einem anderen Mitgliedstaat auf Antrag eines Berechtigten nach dem Verfahren der Artikel 45 bis 58 für vollstreckbar erklärt.**

(2) **Für die Zwecke des Artikels 46 Absatz 3 Buchstabe b stellt die Behörde, die die öffentliche Urkunde errichtet hat, auf Antrag eines Berechtigten eine Bescheinigung unter Verwendung des nach dem Beratungsverfahren nach Artikel 81 Absatz 2 erstellten Formblatts aus.**

(3) **Die Vollstreckbarerklärung wird von dem mit einem Rechtsbehelf nach Artikel 50 oder Artikel 51 befassten Gericht nur versagt oder aufgehoben, wenn die Vollstreckung der öffentlichen Urkunde der öffentlichen Ordnung (ordre public) des Vollstreckungsmitgliedstaats offensichtlich widersprechen würde.**

Übersicht

I. Allgemeines

1. Normzweck

1 Die Vorschrift baut auf Art. 57 Brüssel I-VO auf. Anders als nach Art. 58 Brüssel Ia-VO und Art. 65 Brüssel IIb-VO hält Art. 60 damit am Exequaturverfahren fest. Parallelregelungen sind noch in Art. 48 EuUnthVO iVm Art. 26 EuUnthVO vorhanden (BeckOGK/*J. Schmidt* EuErbVO Art. 60 Rn. 2).

2 Die Vorschrift dient einer erleichterten grenzüberschreitenden Vollstreckung öffentlicher Urkunden unter den Mitgliedstaaten im Sinne der Erbrechtsverordnung (zum Begriff des Mitgliedstaats → Einleitung Rn. 29; BeckOGK/*J. Schmidt* EuErbVO Art. 60 Rn. 5; NK-BGB/*Makowsky* EuErbVO Art. 60 Rn. 1). Da öffentliche Urkunden, in denen sich eine Partei durch private Erklärung der Zwangsvollstreckung unterwirft, der Vermeidung von Kosten eines Rechtsstreits und der Ermöglichung einer zeitnahen Vollstreckung dienen, wird damit die Kosten- und Zeitersparnis auch grenzüberschreitend ermöglicht und damit der Rechtsverkehr vereinfacht (Geimer/Schütze/*Geimer* Brüssel Ia-VO Art. 58 Rn. 15 f.; MüKoZPO/*Gottwald* Brüssel Ia-VO Art. 57 Rn. 1).

2. Verhältnis zur EuVTVO und zur Brüssel I-VO

3 Eine Vollstreckung einer öffentlichen Urkunde über erbrechtliche Ansprüche nach Art. 25 EuVTVO scheidet aus, da letztere nach Art. 2 Abs. 2 lit. a sachlich nicht anwendbar ist. Ebenso scheidet eine Vollstreckung nach der Brüssel Ia-VO aus, soweit sie nach Art. 1 Abs. 2 lit. f sachlich nicht anwendbar ist.

II. Anwendungsbereich

1. Öffentliche Urkunde

Der Begriff der öffentlichen Urkunde ist in Art. 3 Abs. 1 lit. i legaldefiniert (→ EuErbVO Art. 3 Abs. 1 lit. i, → EuErbVO Art. 59 Rn. 16 ff.). 4

Für Art. 60 tritt hinzu, dass es sich um eine **vollstreckbare Urkunde** handeln muss (→ Rn. 8). 5
Damit ergibt sich jedenfalls für Art. 60, dass der **vollstreckbare Anspruch sachlich in den Anwendungsbereich der Erbrechtsverordnung** fallen (vgl. zum Parallelproblem → EuErbVO Art. 59 Rn. 9, 23 ff.), also „in Erbsachen" bestehen muss. Soweit sich die Urkunde nicht auf Gegenstände „in Erbsachen" bezieht, scheidet eine Vollstreckung nach der EuErbVO aus: Das gilt etwa für Kostenforderungen eines deutschen Notars (vgl. für MüKoZPO/*Gottwald* Brüssel Ia-VO Art. 58 Rn. 7) oder für andere Ansprüche, die nicht in den sachlichen Anwendungsbereich der EuErbVO fallen (→ EuErbVO Art. 1 Rn. 18 ff.).

Als vollstreckbare Urkunden kommen beispielsweise Urkunden über Nachlassteilung infrage, die 6
vollstreckbare Herausgabeansprüche oder Ausgleichsansprüche enthalten. Denkbar ist auch, dass Erbverträge vollstreckbare Ansprüche enthalten (BeckOGK/*J. Schmidt* EuErbVO Art. 60 Rn. 12; NK-BGB/*Makowsky* EuErbVO Art. 60 Rn. 2).

2. Errichtung in einem Mitgliedstaat

Zum Begriff des Mitgliedstaats → Einl. Rn. 29. Für die Frage, in welchem Mitgliedstaat die Urkunde 7
errichtet ist, ist nicht der Errichtungsort maßgeblich. Errichtet ist die Urkunde in dem Mitgliedstaat, nach dessen Verfahrensrecht sie errichtet wurde. Damit sind konsularische Urkunden dem Entsendestaat zuzurechnen (→ EuErbVO Art. 59 Rn. 22).

3. Vollstreckbarkeit

Art. 60 Abs. 1 setzt voraus, dass die öffentliche Urkunde im Ursprungsmitgliedstaat vollstreckbar ist. 8
Beurteilt wird das **nach dem Recht des Staates, in dem die Urkunde errichtet** wurde (BeckOGK/*J. Schmidt* EuErbVO Art. 60 Rn. 7; NK-BGB/*Makowsky* EuErbVO Art. 60 Rn. 2). Im Ursprungsstaat müsste aus der Urkunde als solcher vollstreckt werden können. Gemeint ist damit nur die **abstrakte Vollstreckbarkeit:** Konkrete Vollstreckungshindernisse gegen die Urkunde bleiben unberücksichtigt (BeckOGK/*J. Schmidt* EuErbVO Art. 60 Rn. 8; MüKoFamFG/*Rauscher* EuErbVO Art. 60 Rn. 4). Fehlt es an der Vollstreckbarkeit im Ursprungsstaat, etwa weil das dortige Recht die Vollstreckung für Forderungen dieser Art nicht kennt, scheidet eine Vollstreckung auch dann aus, wenn die Urkunde nach dem Recht des Zielstaates, in dem vollstreckt werden soll, vollstreckbar wäre. Wenn nach italienischem Recht eine Forderung auf Zustimmung nicht vollstreckt werden kann, weil vollstreckbare Urkunden nur für Geldforderungen zugelassen sind, kann auch in Deutschland aus der Urkunde nicht vollstreckt werden (*Kropholler/von Hein,* EuGVO, 9. Aufl. 2011, EuGVO aF Art. 57 Rn. 6; Geimer/Schütze/*Geimer* Brüssel Ia-VO Art. 58 Rn. 21). Das gilt auch dann, wenn die Urkunde ersichtlich auf die Vollstreckung im Zielstaat zugeschnitten ist (*Kropholler/von Hein,* EuGVO, 9. Aufl. 2011, EuGVO aF Art. 57 Rn. 8; aA *Geimer* DNotZ 1975, 471 f. für das EuGVÜ).

4. Zeitlicher Anwendungsbereich

Zeitlich gilt Art. 60 für Urkunden, die erbrechtliche Ansprüche aus Todesfällen nach dem 16. August 9
2015 betreffen, Art. 83 Abs. 1, und zwar auch dann, wenn die Urkunden vor dem Anwendungsbeginn der EuErbVO errichtet worden sind (aA MüKoFamFG/*Rauscher* EuErbVO Art. 60 Rn. 3).

III. Vollstreckbarerklärungsverfahren

1. Verweisung auf die Art. 45–58

Für die **Vollstreckbarerklärung** verweist Art. 60 Abs. 1 auf die **Art. 45–58.** Damit gilt das ein- 10
seitige Antragsverfahren nach Art. 45 ff. und das Rechtsbehelfsverfahren nach Art. 50 ff. einschließlich der Aussetzungsmöglichkeit nach Art. 53. Art. 60 Abs. 2 und Abs. 3 sehen Anpassungen der Art. 45–58 an die Vollstreckbarerklärung einer öffentlichen Urkunde vor.

Ausschließlich zuständig für das Vollstreckerklärungsverfahren **in Deutschland** ist gem. **§ 3** 11
Abs. 1 IntErbRVG das **Landgericht.** Dort entscheidet der Vorsitzende einer Zivilkammer, § 3 Abs. 3 IntErbRVG. Für die Vollstreckbarkeit öffentlicher Urkunden sieht § 3 Abs. 4 IntErbRVG vor, dass die Vollstreckbarerklärung auch durch einen Notar erfolgen kann.

12 **Antragsberechtigt** ist jeder, der nach dem Recht des Ursprungsstaats aus der Urkunde vollstrecken könnte (BeckOGK/*J. Schmidt* EuErbVO Art. 60 Rn. 21; NK-NK-BGB/*Makowsky* EuErbVO Art. 60 Rn. 2).

13 Für die **Einzelheiten** des Exequaturverfahrens wird auf die Ausführungen zu den **Art. 45 ff.** verwiesen (→ EuErbVO Art. 45–58).

2. Bescheinigung nach Abs. 2

14 Nach Art. 60 Abs. 2 tritt an die Stelle der Bescheinigung des Art. 46 Abs. 3 lit. b eine eigenständige auf die Besonderheiten einer öffentlichen Urkunde zugeschnittene Bescheinigung.

15 Dafür ist ein in der nach Art. 81 Abs. 2 erlassenen Durchführungsverordnung vom 9. Dezember 2014 (Durchführungsverordnung (EU) Nr. 1329/2014 der Kommission vom 9. Dezember 2014, ABl. 2014 Nr. L 359, 60) in Art. 1 Abs. 2 in Anhang 2 das Formular II enthalten. Die Bescheinigung dient dem **Nachweis der Vollstreckbarkeit** der öffentlichen Urkunde (BeckOGK/*J. Schmidt* EuErbVO Art. 60 Rn. 10). Dabei handelt es sich nicht um eine Urkunde im Sinne des Art. 59, da sie selbst keinen erbrechtlichen Gegenstand hat (→ EuErbVO Art. 59 Rn. 13). Für die Prüfung der Echtheit gilt Art. 74 (→ EuErbVO Art. 74 Rn. 11).

16 In Deutschland wird die **Zuständigkeit** für die Ausstellung der Bescheinigung nach Art. 60 Abs. 2 in **§ 27 IntErbRVG** geregelt.

17 Da die Vorlage der Bescheinigung im Exequaturverfahren vorbehaltlich Art. 47 zwingend ist, hat der **Berechtigte** (→ Rn. 12) **Anspruch auf Ausstellung** gegen die Behörde, die die Urkunde errichtet hat (BeckOGK/*J. Schmidt* EuErbVO Art. 60 Rn. 20; NK-BGB/*Makowsky* EuErbVO Art. 60 Rn. 4).

3. Versagungs- und Aufhebungsgründe nach Abs. 3

18 Versagungs- oder Aufhebungsgründe werden nach der Systematik des Exequaturverfahrens der EuErbRVO **erst im Rechtsbehelfsverfahren der Art. 50 f. geprüft** (→ EuErbVO Art. 50, 51). In erster Instanz erfolgt keine Überprüfung (Art. 48 S. 1, → Art. 48 Rn. 3). Das Exequaturgericht prüft lediglich das Vorliegen der formalen Voraussetzungen der Vollstreckbarerklärung, insbesondere das Vorliegen einer ordnungsgemäß im Errichtungsstaat zustande gekommenen öffentlichen Urkunde nach Art. 3 Abs. 1 lit. i, ihre Vollstreckbarkeit nach dem Recht des Ursprungsmitgliedstaats sowie die nach Art. 46 Abs. 3 vorzulegenden Dokumente. Hierbei tritt die Bescheinigung nach Art. 60 Abs. 2 an die Stelle der Bescheinigung nach Art. 46 Abs. 3 lit. b (→ Rn. 14). Zur Frage der Prüfung, ob die Urkunde ordnungsgemäß im Errichtungsstaat zustande gekommen ist, → Rn. 24 ff., 29.

19 Erst **in zweiter und dritter Instanz ist die Vollstreckbarerklärung zu versagen oder aufzuheben,** „wenn die Vollstreckung der öffentlichen Urkunde der öffentlichen Ordnung **(ordre public)** des Vollstreckungsmitgliedstaats offensichtlich widersprechen würde". Damit wird der Zugriff auf die weiteren Aufhebungs- oder Versagungsgründe bei der Vollstreckbarerklärung einer Entscheidung Art. 52, 40 lit. b-d ausgeschlossen, die auf die Vollstreckbarerklärung von Entscheidungen zugeschnitten sind.

20 nicht belegt

21 **a) Ordre public.** Die Eingrenzung auf „offensichtliche" Verstöße gegen die öffentliche Ordnung verdeutlicht den Ausnahmecharakter des ordre public (→ EuErbVO Art. 59 Rn. 71 ff., Art. 40 lit. a, → Art. 40 Rn. 6 ff.). Entscheidend ist der ordre public des Zielstaats. Zum verfahrensrechtlichen und materiellrechtlichen ordre public → EuErbVO Art. 40 Rn. 11 f., 13 ff.

22 **b) Materielle Einwendungen.** Das Vollstreckungsgericht ist im Rahmen der Vollstreckbarerklärung nicht befugt, über eine Prüfung der Vollstreckbarkeit hinauszugehen und der Entscheidung wegen einer **zwischenzeitlichen Erfüllung** des titulierten **Anspruchs** die Vollstreckbarkeit zu versagen (EuGH 13.10.2011 – C-139/10, Slg. 2011 I-9527 Rn. 43 = NJW 2011, 3506 – Prism Investments). Für materiell-rechtliche Einwendungen ist im Rahmen der Vollstreckbarerklärung daher kein Raum. Eine Ausnahme sollte für unstreitige oder rechtskräftig festgestellte Einwendungen gemacht werden, da die Durchführung eines weiteren Verfahrens auf eine unnötige Förmelei und Beanspruchung justizieller Ressourcen hinausliefe (sehr str., OLG Koblenz NJOZ 2013, 1082 (1083) = FamRZ 2013, 574; aA *Bach* EuZW 2011, 871; BeckOGK/*J. Schmidt* EuErbVO Art. 52 Rn. 12; jurisPK-BGB/*Schärtl* EuErbVO Art. 52 Rn. 5; NK-BGB/*Makowsky* EuErbVO Art. 52 Rn. 2; offen lassend BGHZ 171, 310 Rn. 26 = NJW 2007, 3432). Nach Auffassung des EuGH zur Brüssel I-VO ist es dem Schuldner möglich, eine auf nachträgliche materielle Einwendungen gestützte **Vollstreckungsabwehrklage** nach nationalem Recht zu erheben, wenn die Entscheidung für vollstreckbar erklärt wurde (EuGH 13.10.2011 – C-139/10, Slg. 2011 I-9527 Rn. 40 = NJW 2011, 3506 – Prism Investments; Geimer/Schütze/*Franzmann/Schwerin* IRV EuErbVO Art. 52 Rn. 1; aA *Bach* EuZW 2011, 871 (872)). Im deutschen Recht trägt § 23 IntErbRVG dieser Vorgabe Rechnung. Daneben können **materielle**

Einwendungen im Ursprungsmitgliedstaat geltend gemacht und im Zwangsvollstreckungsverfahren über § 24 IntErbRVG eingebracht werden.

Die Prüfung der materiellen Einwendungen gegen den titulierten Anspruch ist dabei ein Verfahren nach Art. 59 Abs. 3 (→ EuErbVO Art. 59 Rn. 93 ff.). Soweit geltend gemacht wird, dass die beurkundeten Vorgänge wie z. B. die beurkundeten Erklärungen der Parteien selbst nicht erfolgt sind und deshalb kein Anspruch besteht, gilt Art. 59 Abs. 1, Abs. 2. Insoweit geht es um die formelle Beweiskraft der Urkunde (→ EuErbVO Art. 59 Rn. 10). 23

c) Formelle Einwendungen. Dagegen können Antragsteller wie Schuldner geltend machen, dass die formalen Voraussetzungen der Vollstreckbarkeit – anders als das Gericht erster Instanz angenommen hat – gegeben sind bzw. nicht vorliegen. 24

aa) Keine ausschließliche Zuständigkeit der Gerichte des Ursprungsmitgliedstaats nach Art. 59 Abs. 2 S. 1 Hs. 1. Ein anderes Ergebnis ergibt sich auch nicht aus Art. 59 Abs. 2 S. 1 Hs. 1, der vorschreibt, dass Einwendungen mit Bezug auf die Authentizität einer öffentlichen Urkunde bei den Gerichten des Ursprungsmitgliedstaats zu erheben sind (aA BeckOGK/*J. Schmidt* EuErbVO Art. 60 Rn. 3). Zwar erfasst der Begriff der Authentizität nach Erwägungsgrund 62 S. 1 neben Einwänden gegen den beurkundeten Vorgang gerade auch die Echtheit der Urkunde, die zugleich Voraussetzungen der Wirkung der Vollstreckbarkeit wie der Wirkung der formellen Beweiskraft ist. Doch ist **Art. 59 Abs. 2 spezifisch für das Annahmeverfahren konzipiert.** Geklärt wird darin, ob der Urkunde formelle Beweiskraft im Sinne von Art. 59 Abs. 1 UAbs. 1 zukommt. Entsprechend wird auch nur diese Urkundenwirkung nach Art. 59 Abs. 2 S. 2 Hs. 2 für die Dauer des Prüfungsverfahrens ausgesetzt. Die Vollstreckbarkeit entfällt dagegen nicht. 25

Für eine andere Auslegung mag die Überlegung sprechen, dass die Wirkung der formellen Beweiskraft sich auch auf den Tatbestand des Vorliegens einer echten öffentlichen Urkunde beziehen kann und nicht allein auf den beurkundeten Vorgang selbst beschränkt ist. Doch sollte man die Echtheitsvermutung einer Urkunde nicht isoliert für sich betrachten. Sie spielt immer nur in Bezug auf eine bestimmte Urkundswirkung eine Rolle, die selbst die Echtheit der Urkunde voraussetzt: Somit ist zu unterscheiden zwischen der Echtheitsvermutung, soweit es um die Annahme einer Urkunde im Sinne des Art. 59 Abs. 1 geht, und der Echtheitsvermutung im Rahmen der Prüfung der Vollstreckbarkeit. Entsprechend greift Art. 59 nur ein, soweit es um den Nachweis des beurkundeten Vorgangs geht. Erstreckte man Art. 59 auf die isolierte Klärung der Echtheit der Urkunde auch für andere Urkundswirkungen, drohte sonst theoretisch ein endloser Rekurs: Die nach Art. 59 Abs. 2 ergangene Entscheidung im Ursprungsmitgliedstaat wäre ihrerseits wieder in einer öffentlichen Urkunde verkörpert, deren Echtheit das Gericht im Zielstaat erneut nicht nach Art. 59 Abs. 2 klären dürfte. 26

Zu einem anderen Verständnis mag die deutsche Sprachfassung von Art. 60 Abs. 1, 46 Abs. 3 lit. a beitragen, wonach auch im Vollstreckbarkeitsverfahren die Ausfertigung der Urkunde „die für ihre Beweiskraft erforderlichen Voraussetzungen“ erfüllen muss. Wie ein Vergleich zur französischen („authenticité„), englischen („authenticity“) und niederländischen Sprachfassung („echtheid“) zeigt, sind hier mit „Beweiskraft“ die formalen Anforderungen an eine echte Urkunde gemeint, also ihre Authentizität (zu Art. 53 Abs. 1 Brüssel I-VO siehe *Kropholler/von Hein,* EuGVO, 9. Aufl. 2011, EuGVO aF Art. 53 Rn. 2). Die Überschneidung der Begriffe Beweiskraft in Art. 46 Abs. 3 lit. a und Art. 59 Abs. 2 S. 2 bedeutet demnach nicht, dass mit der Einleitung eines Verfahrens nach Art. 59 Abs. 2 S. 1 in anderen Mitgliedstaaten generell zu unterstellen ist, dass keine authentische Urkunde vorliegt, sodass diese überhaupt keine Wirkungen mehr haben kann. Es wird schlicht die Wirkung der Beweiskraft („force probante“) suspendiert. Anderenfalls könnte das Exequaturverfahren durch Erhebung von Einwendungen gegen die Authentizität im Ursprungsmitgliedstaat torpediert werden, da bereits die bloße Erhebung der Einwände nach Art. 59 Abs. 2 S. 2 dazu führt, dass die Urkunde für die Dauer der Anhängigkeit des Verfahrens im Ursprungsmitgliedstaat im Vollstreckungsstaat nicht mehr als vollstreckbar gelten müsste. 27

Damit sind nach hier vertretener Auffassung für den Fall der Vollstreckbarerklärung einer öffentlichen Urkunde nicht die Gerichte des Ursprungsmitgliedstaats ausschließlich für die Prüfung der Authentizität zuständig. Ein im Ursprungsmitgliedstaat eingeleitetes Verfahren kann freilich über Art. 60 Abs. 1, 53 berücksichtigt werden, wenn wegen des Verfahrens die Urkunde im Ursprungsstaat nicht mehr vollstreckbar ist (vgl. Bonomi/Wautelet/*Wautelet* Art. 60 Rn. 33 f.). 28

bb) Prüfungsmaßstab. Das **Gericht im Rechtsbehelfsverfahren der Art. 50 f.** hat danach die **Authentizität selbst** zu **prüfen.** Nach Art. 60 Abs. 1, 46 Abs. 3 lit. a sind die Voraussetzungen der Authentizität dem Recht des Ursprungsmitgliedstaats zu entnehmen. Damit müsste das Gericht nach dem Recht des Ursprungsmitgliedstaats prüfen, ob bereits ein ausreichender äußerer Anschein besteht, nachdem die Echtheit zu unterstellen wäre. Hier hat sich unter Geltung von Art. 53, 56 Brüssel I-VO aF eingebürgert, dass die Echtheit der ausländischen Urkunde auch dann zu unterstellen ist, wenn die Echtheit einer inländischen Urkunde nach inländischem Verfahrensrecht anzunehmen wäre (HK-ZV/*Mäsch,* 3. Aufl. 2015, EuGVO aF Art. 53 Rn. 4). 29

Artikel 61 Vollstreckbarkeit gerichtlicher Vergleiche

(1) **Gerichtliche Vergleiche, die im Ursprungsmitgliedstaat vollstreckbar sind, werden in einem anderen Mitgliedstaat auf Antrag eines Berechtigten nach dem Verfahren der Artikel 45 bis 58 für vollstreckbar erklärt.**

(2) **Für die Zwecke des Artikels 46 Absatz 3 Buchstabe b stellt das Gericht, das den Vergleich gebilligt hat oder vor dem der Vergleich geschlossen wurde, auf Antrag eines Berechtigten eine Bescheinigung unter Verwendung des nach dem Beratungsverfahren nach Artikel 81 Absatz 2 erstellten Formblatts aus.**

(3) **Die Vollstreckbarerklärung wird von dem mit einem Rechtsbehelf nach Artikel 50 oder Artikel 51 befassten Gericht nur versagt oder aufgehoben, wenn die Vollstreckung des gerichtlichen Vergleichs der öffentlichen Ordnung (ordre public) des Vollstreckungsmitgliedstaats offensichtlich widersprechen würde.**

Übersicht

I. Allgemeines

1. Normzweck

1 Art. 61 baut auf der Regelung des Art. 58 Brüssel I-VO auf. Eine funktionell vergleichbare Regelungen findet sich in Art. 48 Abs. 1 EuUnthVO iVm Art. 26 EuUnthVO. Art. 61 gleicht Art. 60 in Aufbau und Wortlaut mit dem Unterschied, dass sie anstelle von vollstreckbaren öffentlichen Urkunden vollstreckbare gerichtliche Vergleiche betrifft.

2 Die Vorschrift dient der **Erleichterung der grenzüberschreitenden Vollstreckung gerichtlicher Vergleiche.** Da gerichtliche Auseinandersetzungen in der Praxis häufig durch gerichtlichen Vergleich enden, komplettiert Art. 61 die Regelungen über die Vollstreckbarerklärung von Entscheidungen nach Art. 45 ff. und zwingt die Parteien eines Rechtsstreits nicht, eine Entscheidung allein zur leichteren grenzüberschreitenden Vollstreckung anzustreben.

2. Verhältnis zur EuVTVO und zur Brüssel I-VO

3 Eine Vollstreckung eines gerichtlichen Vergleichs über erbrechtliche Ansprüche nach Art. 25 EuVTVO scheidet aus, da letztere nach Art. 2 Abs. 2 lit. a sachlich nicht anwendbar ist. Ebenso scheidet eine Vollstreckung nach der Brüssel Ia-VO aus, soweit sie nach Art. 1 Abs. 2 lit. f sachlich nicht anwendbar ist.

II. Anwendungsbereich

1. Gerichtlicher Vergleich

4 Art. 61 betrifft gerichtliche Vergleiche im Sinne von Art. 3 Abs. 1 lit. h. Der Begriff des gerichtlichen Vergleichs ist dabei autonom auszulegen (Bonomi/Wautelet/*Wautelet* EuErbVO Art. 3 Rn. 43). Erfasst sind nur Vergleiche von **Gerichten** (zum Begriff des Gerichts → Art. 39 Rn. 8) eines **Mitgliedstaats** (→ Einleitung Rn. 29). In Abgrenzung zum Begriff der Entscheidung (→ Art. 39 Rn. 7 ff.) handelt es sich bei einem Vergleich um eine Einigung der Parteien/Beteiligten, deren Inhalt durch den Willen der Parteien/Beteiligten und nicht durch gerichtliche Entscheidung über den Verfahrensgegenstand bestimmt ist (Hk-Zv/*Mäsch,* 3. Aufl. 2015, EuGVO aF Art. 58 Rn. 4; *Kropholler/v. Hein,* EuGVO, 9. Aufl. 2011, EuGVO aF Art. 58 Rn. 1a): Bei einem Vergleich nimmt das Gericht die Einigung quasi wie ein Notar beurkundend auf, während es bei einer Entscheidung selbst den Inhalt festlegt. Die

Vorschrift erfasst dabei nicht nur während eines Verfahrens vor Gericht geschlossene Vergleiche, sondern auch solche, die später vom Gericht gebilligt werden, Art. 3 Abs. 1 lit. h. Damit werden Vergleiche erfasst, die außerhalb eines gerichtlichen Verfahrens geschlossen werden, aber für ihre Wirksamkeit der Billigung eines Gerichts bedürfen (Bonomi/Wautelet/*Wautelet* EuErbVO Art. 3 Rn. 44).

Wie auch bei der Vollstreckung öffentlicher Urkunden sind nur Prozessvergleiche erfasst, soweit ihr geregelter Gegenstand in den sachlichen Anwendungsbereich der EuErbVO fällt: Art. 3 Abs. 1 lit. i spricht von einem „Vergleich in einer Erbsache" → Art. 59 Rn. 24. 5

2. Errichtung in einem Mitgliedstaat

Zum Begriff des Mitgliedstaats → Einleitung Rn. 29. Der Prozessvergleich muss in einem Mitgliedstaat zustande gekommen sein. Entscheidend ist dabei, welches Gericht beteiligt war. 6

3. Vollstreckbarkeit

Der gerichtliche Vergleich muss vollstreckbar sein. Dabei beurteilt sich die Frage, ob der gerichtliche Vergleich vollstreckbar ist, nach dem Recht des Ursprungsmitgliedstaats. Zum Begriff der Vollstreckbarkeit → EuErbVO Art. 43 Rn. 5; → EuErbVO Art. 60 Rn. 8. 7

4. Zeitlicher Anwendungsbereich

Zeitlich gilt Art. 61 für gerichtliche Vergleiche, die erbrechtliche Ansprüche aus Todesfällen nach dem 16. August 2015 betreffen Art. 83 Abs. 1, → EuErbVO Art. 83 Rn. 5 f. 8

III. Rechtsfolge

1. Verweisung auf die Art. 45–58

Art. 61 Abs. 1 bestimmt, dass vollstreckbare **gerichtliche Vergleiche im Exequaturverfahren nach** den **Art. 45–58 für vollstreckbar erklärt** werden. Damit gilt das einseitige Antragsverfahren nach Art. 45 ff. und das Rechtsbehelfsverfahren nach Art. 50 ff. einschließlich der Aussetzungsmöglichkeit nach Art. 53. Art. 61 Abs. 2 und Abs. 3 sehen Anpassungen der Art. 45–58 an die Vollstreckbarerklärung eines gerichtlichen Vergleichs vor. 9

Ausschließlich zuständig für das Vollstreckerklärungsverfahren **in Deutschland** ist gem. **§ 3 Abs. 1 IntErbRVG** das **Landgericht.** Dort entscheidet der Vorsitzende einer Zivilkammer, § 3 Abs. 3 IntErbRVG. 10

Antragsberechtigt ist jeder, der nach dem Recht des Ursprungsstaats aus dem gerichtlichen Vergleich vollstrecken könnte (Bonomi/Wautelet/*Wautelet* Art. 61 Rn. 5; BeckOGK/*J. Schmidt* EuErbVO Art. 61 Rn. 19). 11

Für die **Einzelheiten des Exequaturverfahrens** wird auf die Ausführungen zu den **Art. 45 ff.** verwiesen (→ EuErbVO Art. 45–58). 12

2. Bescheinigung nach Art. 61 Abs. 2

Nach Art. 61 Abs. 2 wird die Bescheinigung des Art. 46 Abs. 3 lit. b durch die Bescheinigung nach Art. 61 Abs. 2 ersetzt. Dafür ist ein in der nach Art. 81 Abs. 2 erlassenen Durchführungsverordnung vom 9. Dezember 2014 in Art. 1 Abs. 2 in Anhang 3 das Formular III enthalten (ABl. EU 2014 L 359, 30). Die Bescheinigung dient dem Nachweis der Vollstreckbarkeit des gerichtlichen Vergleichs. Dabei handelt es sich nicht um eine Urkunde im Sinne des Art. 59, s. zum Parallelproblem → EuErbVO Art. 60 Rn. 15 → EuErbVO Art. 59 Rn. 13. 13

Da die Bescheinigung nach Art. 61 Abs. 2 im Exequaturverfahren nach Art. 46 Abs. 3 lit. b vorzulegen ist, hat der **Berechtigte** (→ Rn. 11) einen **Anspruch auf Ausstellung** gegen das Gericht, das den Vergleich gebilligt hat oder vor dem der Vergleich geschlossen wurde. 14

In **Deutschland** wird die Regelung in **§ 27 IntErbRVG** umgesetzt. Die Vorschrift regelt insbesondere die Zuständigkeit für die Ausstellung der Bescheinigung nach Art. 61 Abs. 2. 15

3. Prüfungsumfang im Rechtsbehelfsverfahren

Nach Art. 61 Abs. 3 kann im Rechtsbehelfsverfahren der Art. 50, 51 neben dem Prüfungsumfang im Ausgangsverfahren nur geprüft werden, ob die Vollstreckung der öffentlichen Urkunde offensichtlich gegen den ordre public verstößt. Im Unterschied zum Rechtsbehelfsverfahren im Exequaturverfahren für Entscheidungen fallen damit die Nichtanerkennungsgründe gem. Art. 52, 40 lit. b-d weg, da sie auf gerichtliche Vergleiche nicht zugeschnitten sind. Zum Prüfungsumfang im Exequaturverfahren und im Rechtsbehelfsverfahren vgl. sinngemäß → EuErbVO Art. 60 Rn. 18 ff. und → EuErbVO Art. 48, 50, 51. 16

Anhang: Durchführungsverordnung (EU) Nr. 1329/2014 der Kommission vom 9.12.2014 zur Festlegung der Formblätter nach Maßgabe der EuErbVO

(ABl. Nr. L 359 S. 30)

Artikel 1

[...]

(3) **Für die Bescheinigung betreffend einen gerichtlichen Vergleich in einer Erbsache gemäß Artikel 61 Absatz 2 der Verordnung (EU) Nr. 650/2012 ist das Formblatt III in Anhang 3 zu verwenden.**

[...]

Formblatt III

BESCHEINIGUNG

über einen gerichtlichen Vergleich in einer Erbsache

(Artikel 61 Absatz 2 der Verordnung (EU) Nr. 650/2012 des Europäischen Parlaments und des Rates über die Zuständigkeit, das anzuwendende Recht, die Anerkennung und Vollstreckung von Entscheidungen und die Annahme und Vollstreckung öffentlicher Urkunden in Erbsachen sowie zur Einführung eines Europäischen Nachlasszeugnisses[*1])

1.	Ursprungsmitgliedstaat[*]
	□ Belgien □ Bulgarien □ Tschechische Republik □ Deutschland □ Estland □ Griechenland □ Spanien □ Frankreich □ Kroatien □ Italien □ Zypern □ Lettland □ Litauen □ Luxemburg □ Ungarn □ Malta □ Niederlande □ Österreich □ Polen □ Portugal □ Rumänien □ Slowenien □ Slowakei □ Finnland □ Schweden
2.	Gericht, das den Vergleich gebilligt hat bzw. vor dem der Vergleich geschlossen wurde und das die Bescheinigung ausstellt
2.1.	Name und Bezeichnung des Gerichts[*2) *]: ....
2.2.	Anschrift
2.2.1.	Straße und Hausnummer/Postfach[*]: ....
	....
	....
2.2.2.	Ort und Postleitzahl[*]: ....
2.3.	Telefon[*]: ....
2.4.	Fax ....
2.5.	E-Mail: ....
2.6.	Sonstige relevante Informationen (bitte angeben): ....
	....
	....
3.	Gerichtlicher Vergleich
3.1.	Datum (TT. MM.JJJJ) des gerichtlichen Vergleichs[*]: ....
3.2.	Aktenzeichen des gerichtlichen Vergleichs[*]
3.3.	Parteien des gerichtlichen Vergleichs[*3)]: ....
3.3.1.	Partei A
3.3.1.1.	Name und Vorname(n) oder Name der Organisation[*]: ....
	....
3.3.1.2.	Geburtsdatum (TT. MM.JJJJ) und -ort bzw., im Falle einer Organisation, Datum (TT. MM.JJJJ) und Ort der Registrierung sowie Bezeichnung des Registers/ der Registerbehörde: ....
3.3.1.3.	Identifikationsnummer[*4)]
3.3.1.3.1.	Identitätsnummer: ....
3.3.1.3.2.	Sozialversicherungsnummer: ....
3.3.1.3.3.	Registriernummer: ....
3.3.1.3.4.	Sonstige (bitte angeben): ....

3.3.1.4.	Anschrift
3.3.1.4.1.	Straße und Hausnummer/Postfach: ....
	....
3.3.1.4.2.	Ort und Postleitzahl: ....
3.3.1.4.3.	Land:
	□ Belgien □ Bulgarien □ Tschechische Republik □ Deutschland □ Estland □ Griechenland □ Spanien □ Frankreich □ Kroatien □ Italien □ Zypern □ Lettland □ Litauen □ Luxemburg □ Ungarn □ Malta □ Niederlande □ Österreich □ Polen □ Portugal □ Rumänien □ Slowenien □ Slowakei □ Finnland □ Schweden
	□ Sonstiges (bitte ISO-Code angeben): ....
3.3.1.5.	E-Mail: ....
3.3.1.6.	Rolle im Verfahren*)
3.3.1.6.1.	□ Kläger
3.3.1.6.2.	□ Beklagter
3.3.1.6.3.	□ Sonstige (bitte angeben): ....
3.3.1.7.	Rechtsstellung in der Erbsache (Sie können gegebenenfalls mehr als ein Kästchen ankreuzen)*)
3.3.1.7.1.	□ Erbe
3.3.1.7.2.	□ Vermächtnisnehmer
3.3.1.7.3.	□ Testamentsvollstrecker
3.3.1.7.4.	□ Verwalter
3.3.1.7.5.	□ Sonstige (bitte angeben): ....
3.3.2.	Partei B
3.3.2.1.	Name und Vorname(n) oder Name der Organisation*): ....
	....
3.3.2.2.	Geburtsdatum (TT. MM.JJJJ) und -ort bzw., im Falle einer Organisation, Datum (TT. MM.JJJJ) und Ort der Registrierung sowie Bezeichnung des Registers/ der Registerbehörde: ....
3.3.2.3.	Identifikationsnummer*4)
3.3.2.3.1.	Identitätsnummer: ....
3.3.2.3.2.	Sozialversicherungsnummer: ....
3.3.2.3.3.	Registriernummer: ....
3.3.2.3.4.	Sonstige (bitte angeben): ....
3.3.2.4.	Anschrift
3.3.2.4.1.	Straße und Hausnummer/Postfach: ....
	....
3.3.2.4.2.	Ort und Postleitzahl: ....
3.3.2.4.3.	Land
	□ Belgien □ Bulgarien □ Tschechische Republik □ Deutschland □ Estland □ Griechenland □ Spanien □ Frankreich □ Kroatien □ Italien □ Zypern □ Lettland □ Litauen □ Luxemburg □ Ungarn □ Malta □ Niederlande □ Österreich □ Polen □ Portugal □ Rumänien □ Slowenien □ Slowakei □ Finnland □ Schweden
	□ Sonstiges (bitte ISO-Code angeben): ....
3.3.2.5.	E-Mail: ....
3.3.2.6.	Rolle im Verfahren*)
3.3.2.6.1.	□ Kläger
3.3.2.6.2.	□ Beklagter
3.3.2.6.3.	□ Sonstige (bitte angeben): ....
3.3.2.7.	Rechtsstellung in der Erbsache (Sie können gegebenenfalls mehr als ein Kästchen ankreuzen)*)
3.3.2.7.1.	□ Erbe

3.3.2.7.2.	□ Vermächtnisnehmer
3.3.2.7.3.	□ Testamentsvollstrecker
3.3.2.7.4.	□ Verwalter
3.3.2.7.5.	□ Sonstige (bitte angeben): ....
	....
4.	Vollstreckbarkeit des gerichtlichen Vergleichs
4.1.	Ist der gerichtliche Vergleich im Ursprungsmitgliedstaat vollstreckbar, ohne dass weitere Bedingungen erfüllt werden müssen?*)
4.1.1.	□ Ja (bitte vollstreckbare Verpflichtung(en) angeben): ....
	....
	....
	....
4.1.2.	□ Ja, aber nur in Bezug auf einen Teil/Teile des gerichtlichen Vergleichs (bitte vollstreckbare Verpflichtung(en) angeben): ....
	....
	....
	....
4.2.	Die Verpflichtung ist gegen folgende Person(en) vollstreckbar*)
4.2.1.	□ Partei A
4.2.2.	□ Partei B
4.2.3.	□ Sonstige (bitte angeben): ....
	....
5.	Zinsen
5.1.	Wird eine Zinsrückerstattung beantragt?*)
5.1.1.	□ Ja
5.1.2.	□ Nein
5.2.	Wenn JA (5.1.1):*)
5.2.1.	Zinsen
5.2.1.1.	□ Nicht im gerichtlichen Vergleich festgelegt
5.2.1.2.	□ Ja, folgendermaßen im gerichtlichen Vergleich festgelegt
5.2.1.2.1.	Zinsen fällig ab: .... (Datum (TT. MM.JJJJ) oder Ereignis) bis: .... (Datum (TT. MM.JJJJ) oder Ereignis)*5)
5.2.1.2.2.	□ Erstattungsbetrag: ....
5.2.1.2.3.	□ Methode zur Zinsberechnung
5.2.1.2.3.1.	□ Zinssatz: .... %
5.2.1.2.3.2.	□ Zinssatz: .... % über Referenzzinssatz (der EZB/der nationalen Zentralbank: ....) gültig ab: .... (Datum (TT. MM.JJJJ) oder Ereignis)
5.2.2.	Gesetzliche Zinsen, zu berechnen gemäß (bitte entsprechendes Gesetz angeben): ....
5.2.2.1.	Zinsen fällig ab: .... (Datum (TT. MM.JJJJ) oder Ereignis) bis: .... (Datum (TT. MM.JJJJ) oder Ereignis)*5)
5.2.2.2.	Methode zur Zinsberechnung
5.2.2.2.1.	□ Zinssatz: .... %
5.2.2.2.2.	□ Zinssatz: .... % über Referenzzinssatz (der EZB/der nationalen Zentralbank: ....)

	gültig ab: .... (Datum (TT. MM.JJJJ) oder Ereignis)
5.2.3.	Kapitalisierung der Zinsen (bitte angeben): ....
	....
	....
	....
5.2.4.	Währung
	□ Euro (EUR) □ Lew (BGN)
	□ Tschechische Krone (CZK) □ Kuna (HRK)
	□ Forint (HUF) □ Zloty (PLN)
	□ Rumänischer Leu (RON) □ Krone (SEK)
	□ Sonstige (bitte ISO-Code angeben): ....

Falls weitere Blätter beigefügt wurden, Gesamtzahl der Blätter*) : ....

Ort*) : .... Datum*) : .... (TT. MM.JJJJ)

Stempel und/oder Unterschrift des ausstellenden Gerichts*) : ....

....

*) [Amtl. Anm.:] Obligatorische Angaben.
*1) [Amtl. Anm.:] ABl. L 201 vom 27.7.2012, S. 107.
*2) [Amtl. Anm.:] Gemäß Artikel 3 Absatz 2 der Verordnung (EU) Nr. 650/2012 umfasst der Begriff „Gericht" unter bestimmten Bedingungen neben gerichtlichen auch andere Behörden sowie Angehörige von Rechtsberufen mit Zuständigkeiten in Erbsachen, die gerichtliche Funktionen ausüben oder in Ausübung einer Befugnisübertragung durch ein Gericht oder unter der Aufsicht eines Gerichts handeln. Die Liste dieser anderen Behörden und Angehörigen von Rechtsberufen wird im Amtsblatt der Europäischen Union veröffentlicht.
*3) [Amtl. Anm.:] Betrifft der gerichtliche Vergleich mehr als zwei Parteien, fügen Sie bitte ein weiteres Blatt bei.
*4) [Amtl. Anm.:] Bitte gegebenenfalls die relevanteste Nummer angeben.
*5) [Amtl. Anm.:] Sie können gegebenenfalls mehrere Zeiträume angeben.

Kapitel VI. Europäisches Nachlasszeugnis

Vorbemerkung zu Art. 62 ff. EuErbVO

Literatur: *Buschbaum/Simon,* EuErbVO: Das Europäische Nachlasszeugnis, ZEV 2012, 525; *Buschbaum/ Simon,* Beantragung und Erteilung eines Europäischen Nachlasszeugnisses sowie Verwendung eines ausländischen Europäischen Nachlasszeugnissen in Deutschland, RPfleger 2015, 444; *Dörner,* Anerkennung mitgliedstaatlicher Nachlasszeugnisse, DNotZ 2018, 661; *Dorsel/Schall,* Die Umsetzung der ErbVO durch die Europäische Kommission – Ein erster Überblick unter besonderer Berücksichtigung des Nachlasszeugnisses, GPR 2015, 36; *Dorsel,* Europäische Erbrechtsverordnung und Europäisches Nachlasszeugnis, in Löhnig/Schwab/Henrich/Gottwald/Grziwotz/Reimann/Dutta, Erbfälle unter Geltung der Europäischen Erbrechtsverordnung, 2014, 33; *Dorth,* Das Verhältnis von Erbschein und Europäischem Nachlasszeugnis, 2019; *Fornasier,* Facilitating the application of foreign law: The case of the European Certificate of Succession, in Buruiană, Recent developments in Private International Law, 2017, 165; *Gärtner,* Die Behandlung ausländischer Vindikationslegate im deutschen Recht, 2014; *Goossens,* A Model for the Use of the European Certificate of Succession for Property Registration, ERPL 2017, 523; *Goossens,* De europese erfrechtverklaring, 2016; *Heidenhain,* Europäische Nachlasszeugnisse und die EU-ErbrechtsVO in der tschechischen Praxis, WIRO 2020, 97; *Jacoby,* Acte de notoriété ou certificat successoral européen?, La semaine juridique, Edition notariale et immobilière (JCP N) 2012, 1272; *Jacoby,* Die Rechte des überlebenden Ehegatten und das europäische Nachlasszeugnis in den deutsch-französischen Beziehungen, GPR 2018, 303; *Kleinschmidt,* Optionales Erbrecht – Das Europäische Nachlasszeugnis als Herausforderung an das Kollisionsrecht, RabelsZ 77 (2013), 723; *Kleinschmidt,* Das Verfahren zur Ausstellung eines Europäischen Nachlasszeugnisses – Ein Beispiel für europäische Verfahrensharmonisierung, FS Lindacher, 2017, 165; *Konvalin,* Das Europäische Nachlasszeugnis ohne europäischen Entscheidungseinklang, 2018; *Lange,* Das geplante Europäische Nachlasszeugnis, DNotZ 2012, 168; Dutta/Herrler/*Lange,* Die Europäische Erbrechtsverordnung, 161; *Lange,* Europäisches Nachlasszeugnis – Antragsverfahren und Ausstellung im deutschen Grundbuchverkehr, DNotZ 2016, 103; *Omlor,* Gutglaubensschutz durch das Europäische Nachlasszeugnis, GPR 2014, 216; *Padovini,* Il certificato successorio europeo, in Franzina/Leandro, Il diritto internazionale privato europeo delle successioni mortis causa, 2013, 191; *Pennazio,* Il nuovo diritto delle successioni in Europa: l'introduzione del certificato successorio europeo e la tutela dei terzi acquirenti di beni ereditari, Contratto e impresa/Europa 2015, 317; *Riva,* Il certificato successorio europeo, 2017; *J. Schmidt,* Der Erbnachweis in Deutschland ab 2015: Erbschein vs. Europäisches Nachlasszeugnis, ZEV 2014, 389; *Schmitz,* Das Europäische Nachlasszeugnis, RNotZ 2017, 269; *Schneider,* Gerichtskosten für die Verfahren über die Ausstellung des Europäischen Nachlasszeugnisses und anderer Erbsachen nach der ErbVO, RPfleger 2015, 454; *Steiner,* Einstweiliger Rechtsschutz gegen das Europäische Nachlasszeugnis?, ZEV 2016, 487; *Süß,* Das Europäische Nachlasszeugnis, ZEuP 2013, 725; Dutta/Herrler/*Süß,* Die Europäische Erbrechtsverordnung, 181; *Traut,* Das Wirkungskonzept des Europäischen Nachlasszeugnisses, ZVglRWiss 115 (2016), 358; *Trittner,* Redlichkeitsschutz im Erbrecht – Scheinerbe, Erbschein und Europäisches Nachlasszeugnis im deutsch-italienischen Rechtsvergleich, 2018; *Wilsch,* EuErbVO: Die Verordnung in der deutschen Grundbuchpraxis, ZEV 2012, 530; *Zimmermann,* Das Europäische Nachlasszeugnis für Nachlasspfleger, Rpfleger 2017, 2.

Übersicht

I. Sinn und Zweck der Einführung des Europäischen Nachlasszeugnisses

1. Erleichterung der Nachlassabwicklung in internationalen Erbfällen

Wie aus **Erwägungsgrund 67 EuErbVO** hervorgeht, soll die Einführung des Europäischen Nachlasszeugnisses eine „zügige, unkomplizierte und effiziente Abwicklung einer Erbsache mit grenzüberschreitendem Bezug" ermöglichen. Erben, Vermächtnisnehmer mit unmittelbarer Berechtigung am Nachlass, Testamentsvollstrecker und Nachlassverwalter sollen durch das Zeugnis in die Lage versetzt werden, ihren Status bzw. ihre Rechte und Befugnisse in anderen Mitgliedstaaten rechtssicher und ohne größeren Aufwand nachzuweisen. 1

2. Bedürfnis nach einem supranationalen Erbnachweis

a) Rechtliche und praktische Hindernisse für die Freizügigkeit nationaler Erbnachweise innerhalb der EU. Im Ausgangspunkt stellt sich die Frage, weshalb der Unionsgesetzgeber die Schaffung eines einheitlichen europäischen Erbscheins für erforderlich hielt. Schon vor Inkrafttreten der EuErbVO war nämlich im Grundsatz anerkannt, dass die in zahlreichen Mitgliedstaaten existierenden **nationalen Erbnachweise** auch außerhalb des ausstellenden Staates Wirkung entfalten können (ein Überblick über die Erbnachweise in den verschiedenen Mitgliedstaaten findet sich zB bei: Deutsches Notarinstitut (Hrsg.), Erbrecht in der EU, 2002, 277 ff.; *Dorth,* 57 ff.; *Wenckstern,* Erbnachweis, in Basedow/Hopt/Zimmermann (Hrsg.), Handwörterbuch des Europäischen Privatrechts, 2009, 413 ff.). So kann im Rahmen des anwendbaren Sachrechts ein fremder nationaler Erbschein als funktionales Äquivalent zu einem Erbschein der lex causae zu behandeln sein (sog. **materiellrechtliche Substitution**) und damit im Ergebnis die gleichen Rechtsfolgen wie letzterer zeitigen (s. näher zur Problematik *Hertel* DNotZ 2012, 688 f. mwN). Die in der EuErbVO vorgesehenen Anerkennungs- und Annahmemechanismen haben die Freizügigkeit nationaler Erbscheine innerhalb der EU sogar noch weiter erleichtert (aA *Schmitz* RNotZ 2017, 269 (270 f.), wonach die Vorschriften der EuErbVO über die Anerkennung von Entscheidungen und die Annahme öffentlicher Urkunden nicht für nationale Erbnachweise gelten). Ein mitgliedstaatlicher Erbschein kann nun etwa – je nach seiner inhaltlichen Ausgestaltung sowie den prozeduralen Voraussetzungen seiner Ausstellung – in anderen Mitgliedstaaten als **„Entscheidung"** iSd Art. 3 Abs. 1 lit. g EuErbVO nach Maßgabe der **Art. 39 ff. EuErbVO anzuerkennen** sein (diese Möglichkeit prinzipiell sogar für notarielle Erbnachweise anerkennend EuGH 16.7.2020, Rs. C-80/19, BeckRS 2020, 16032 Rn. 62 – EE; vgl. auch MüKoBGB/*Dutta* EuErbVO Art. 3 Rn. 13, insbesondere in Bezug auf den deutschen Erbschein nach den §§ 2353 ff. BGB; str., → EuErbVO Art. 39 Rn. 21). Erfüllt ein mitgliedstaatlicher amtlicher Erbnachweis nicht die Merkmale einer „Entscheidung" gemäß Art. 3 Abs. 1 lit. g EuErbVO, so kann seiner formellen Beweiskraft möglicherweise nach den Regeln über die **Annahme öffentlicher Urkunden (Art. 59 EuErbVO)** auch in anderen Mitgliedstaaten Wirkung verliehen werden (EuGH 23.5.2019 – Rs. C-658/17, NJW 2019, 2293 Rn. 71 – WB; *Gärtner,* 163; *Mankowski* ErbR 2019, 426 (427); einschränkend *Dörner* DNotZ 2018, 661 (671 ff.)). Hinzukommt, dass die mit der Verordnung bewirkte Vereinheitlichung des Erbkollionsrechts und der damit einhergehende **europäische Entscheidungseinklang** bei der Beurteilung erbrechtlicher Verhältnisse die bereits angesprochene **Substitution** ausländischer Erbnachweise in der Praxis **begünstigt** (vgl. auch *Dörner* ZEV 2012, 505 (512)). Bislang musste nämlich die Gleichstellung eines ausländischen mit einem inländischen Erbschein von vornherein ausscheiden, wenn der ausländische Erbschein aufgrund eines abweichenden Erbstatuts eine Erbrechtslage auswies, die aus Sicht der inländischen Rechtsordnung unzutreffend war (vgl. zu den Problemen einer Substitution bei fehlendem internationalen Entscheidungseinklang *Kleinschmidt* RabelsZ 77 (2013), 723 (732)). 2

Die aufgezeigten Möglichkeiten zur Wirkungserstreckung nationaler Erbscheine auf ausländische Rechtsordnungen bieten indessen nur ein äußerst lückenhaftes System für den grenzüberschreitenden Nachweis der Erbenstellung (*Dorth,* 120 f.). Sie sind zudem mit zahlreichen praktischen Schwierigkeiten verbunden. Die Probleme erwachsen in erster Linie daraus, dass die verschiedenen nationalen Erbnachweise in ihrem Inhalt, ihren Wirkungen sowie in den prozeduralen Modalitäten ihrer Ausstellung **höchst uneinheitlich** ausgestaltet sind. Die grenzüberschreitende Zirkulation solcher Instrumente stellt den Rechtsverkehr vor erhebliche Schwierigkeiten, da für jeden nationalen Erbnachweis gesondert zu prüfen ist, auf welcher Grundlage eine „Anerkennung" im Ausland möglich ist und welche Rechtswirkungen das betreffende Dokument außerhalb des Ursprungsstaats erzeugt. So ist vorrangig stets zu untersuchen, ob der fragliche nationale Erbnachweis die **Anforderungen** an eine gemäß Art. 39 EuErbVO **anerkennungsfähige Entscheidung** iSd Art. 3 Abs. 1 lit. g EuErbVO erfüllt (s. zu den Voraussetzungen im Einzelnen → EuErbVO Art. 3 Rn. 7 ff.). Dies dürfte allerdings nur bei den 3 wenigsten mitgliedstaatlichen Erbscheinen der Fall sein (s. zur Problematik näher → EuErbVO Art. 3 Rn. 8 ff.). Kommt eine Geltungserstreckung nach den Regeln über die Annahme öffentlicher Urkunden gemäß Art. 59 EuErbVO in Betracht, stellt sich die nicht immer leicht zu beantwortende Frage, welche **formelle Beweiswirkung** der nationale Erbnachweis in seinem **Ursprungsstaat** entfaltet – denn nur diese kann über die Brücke des Art. 59 Abs. 1 EuErbVO in einen anderen Mitgliedstaat „exportiert" werden (s. zu diesen Schwierigkeiten auch *Kleinschmidt* RabelsZ 77 (2013), 723 (742 f.); *J. Schmidt* ZEV 2014, 389 (395); gewisse Erleichterung für die Bestimmung der Beweiskraft nach dem Recht des Ursprungslandes bietet immerhin das in Art. 59 Abs. 1 UAbs. 1 EuErbVO vorgesehene Formblatt). Ein weiterer Nachteil des Annahmeverfahrens nach Art. 59 EuErbVO besteht darin, dass es lediglich die Erstreckung formeller – dh verfahrensbezogener – Beweiswirkungen ermöglicht und somit **nicht** auf den **materiellrechtlichen Gutglaubensschutz** anwendbar ist, der in einigen Mitgliedstaaten eine wichtige Funktion des Erbscheins bildet (vgl. zum Ausschluss des materiellen Gutglaubensschutzes aus dem Anwendungsbereich des Art. 59 Abs. 1 EuErbVO MüKoBGB/ *Dutta* EuErbVO Art. 59 Rn. 10; *Süß* ZEuP 2013, 725 (749)). Bei der Wirkungserstreckung nationaler Erbnachweise auf Grundlage einer materiellrechtlichen **Substitution** stellt sich schließlich das Problem, dass die Frage der „Anerkennung" eines ausländischen Instruments als funktionales Äquivalent zu einem inländischen Nachweis allein vom (nicht harmonisierten) mitgliedstaatlichen Sachrecht abhängt. Ob also ausländische Erbnachweise auf diesem Wege „anerkannt" werden, fällt vollständig in die autonome Entscheidungsgewalt der mitgliedstaatlichen Rechtsordnungen. Für Erben oder sonstige Personen, die an der Abwicklung des Nachlasses beteiligt sind und ihre jeweiligen Rechte und Befugnisse nachweisen wollen, besteht somit keine Garantie dafür, dass der nationale Erbnachweis, den sie in einem Mitgliedstaat erwirkt haben, auch in anderen Mitgliedstaaten im Wege der Substitution wirksam ist.

4 **b) Mangel an staatsvertraglichen Einheitsrechtsinstrumenten.** Das Bedürfnis nach einem Europäischen Nachlasszeugnis rührt auch daher, dass es bisher nicht geglückt ist, die aufgezeigten Probleme bei der grenzüberschreitenden Verwendung nationaler Erbnachweise durch die Schaffung eines internationalen Nachlasszeugnisses auf **staatsvertraglicher** Grundlage zu lösen. Die Haager Konferenz für Internationales Privatrecht hatte sich der Problematik bereits im **Haager Nachlassverwaltungsübereinkommen** aus dem Jahr 1973 angenommen. Mithilfe des Übereinkommens sollten die Schwierigkeiten beim grenzüberschreitenden Nachweis der Verfügungsberechtigung von **Nachlassverwaltern** überwunden werden. Das Abkommen sieht die Schaffung eines einheitsrechtlichen Nachlassabwicklungszeugnisses vor, das in sämtlichen Vertragsstaaten anerkannt wird. Allerdings blieb die Resonanz auf das Instrument verhalten: Bis heute haben nur drei Staaten, nämlich Portugal, die Slowakei und Tschechien, die Konvention ratifiziert (näher zum Abkommen *Kleinschmidt* RabelsZ 77 (2013), 723 (743)).

II. Das Europäische Nachlasszeugnis als optionales Unionsrechtsinstrument

1. Das Modell des fakultativen europäischen Einheitsrechts („29. Regime")

5 Als Reaktion auf die Unzulänglichkeiten, die nationale Erbnachweise im grenzüberschreitenden Verkehr aufweisen (→ Rn. 2 ff.), hat nun der Unionsgesetzgeber in Kapitel VI der EuErbVO ein **supranationales Nachlasszeugnis** geschaffen. Dieses soll in allen Mitgliedstaaten der EU (mit Ausnahme Dänemarks, Irlands und des Vereinigten Königreichs) **flächendeckend einheitliche Wirkungen** entfalten. Für die Erben und alle weiteren am Nachlass Berechtigten ergibt sich daraus der Vorteil, dass sie bei einem grenzüberschreitenden Erbfall nicht länger in verschiedenen Ländern einen Erbnachweis beantragen müssen. Dies erspart ihnen Kosten und bürokratischen Aufwand. Für den Rechtsverkehr insgesamt bringt das Europäische Nachlasszeugnis ein höheres Maß an Rechtssicherheit und -klarheit mit sich, da sich der Erklärungsgehalt und die Rechtswirkungen eines einheitsrechtlichen Instruments in der Praxis deutlich einfacher bestimmen lassen als bei einem ausländischen Rechtsinstitut.

6 Wie Art. 62 Abs. 3 EuErbVO klarstellt, tritt das Europäische Nachlasszeugnis „nicht an die Stelle der innerstaatlichen Schriftstücke, die in den Mitgliedstaaten zu ähnlichen Zwecken verwendet werden". Es handelt sich mit anderen Worten um ein **optionales Instrument,** das die nationalen Erbnachweise der Mitgliedstaaten nicht verdrängt, sondern als Alternative neben sie tritt. Das Europäische Nachlasszeugnis beruht damit auf dem Rechtssetzungsmodell des **fakultativen europäischen Einheitsrechts,** von dem der Unionsgesetzgeber auch auf anderen Gebieten des Verfahrensrechts sowie allgemein des Privatrechts Gebrauch gemacht hat (ausf. zum optionalen Charakter *Kleinschmidt* RabelsZ 77 (2013), 723 (750)). Beispiele sind etwa der europäische Mahnbescheid (VO 1896/2006) im Bereich des Prozessrechts, die Gemeinschaftsmarke (VO 40/94) und der gemeinschaftliche Sortenschutz (VO 2100/94) auf dem Feld der gewerblichen Schutzrechte, die Societas Europaea (VO 2157/2001) und die Europäische Genossenschaft (VO 1435/2003) auf dem Gebiet des Gesellschaftsrechts sowie im Vertragsrecht das von der Kommission vorgeschlagene, später aber wieder zurückgezogene Gemeinsame Europäische Kaufrecht (KOM(2011), 635 endg.). Allen diesen Instrumenten ist gemein, dass sie in erster Linie für die Ver-

wendung in grenzüberschreitenden Sachverhalten bestimmt sind und die Adressaten von den Schwierigkeiten und Kosten entlasten sollen, die aus der uneinheitlichen Ausgestaltung der mitgliedstaatlichen Rechtsordnungen erwachsen. Aus Rücksicht vor dem primärrechtlich verankerten Subsidiaritätsprinzip (Art. 5 Abs. 3 EUV) lassen allerdings die betreffenden Regelungen die Vielfalt der nationalen Rechtsordnungen unberührt und ergänzen diese lediglich um ein zusätzliches, einheitsrechtliches Regime. Vor diesem Hintergrund werden optionale Unionsrechtsinstrumente häufig in Anspielung an die (vormals) 28 mitgliedstaatlichen Rechtsordnungen der EU als „29. Regime" bezeichnet (wobei die Zählung variiert, da teilweise nur die am konkreten Rechtsakt teilnehmenden Mitgliedstaaten berücksichtigt werden – so etwa bei BeckOGK/*J. Schmidt* EuErbVO Art. 62 Rn. 16.2 – und teilweise auch die Teilrechtsordnungen innerhalb eines Mitgliedstaats eingerechnet werden, vgl. dazu etwa *S. Martens* Rechtswissenschaft 2012, 432).

2. Anwendungsvoraussetzungen und Verhältnis zum nationalen Recht der Mitgliedstaaten

a) Verfahrensrechtliche Vorschriften. Die **verfahrensrechtlichen Regelungen** zum Europäischen Nachlasszeugnis gelten – ungeachtet der optionalen Natur des Zeugnisses – in allen Mitgliedstaaten, die an die Verordnung gebunden sind, **unmittelbar** und **vorrangig vor dem nationalen Recht.** Insofern ergeben sich keine Unterschiede zu den sonstigen Verfahrensvorschriften der EuErbVO im Bereich der internationalen Zuständigkeit, der Anerkennung und Vollstreckung sowie der Annahme öffentlicher Urkunden. Als unionsrechtliche Regelungen unterliegen sie dem **Grundsatz der autonomen Auslegung** (→ Einl. Rn. 41; allgemein zu diesem Grundsatz im Zusammenhang mit Rechtsakten auf dem Gebiet der justiziellen Zusammenarbeit in Zivilsachen EuGH 8.11.2005 – Rs. C-443/03, EuZW 2006, 22 Rn. 45 – Leffler). Der Rückgriff auf das **nationale Verfahrensrecht** ist nur dort zulässig, wo der Verordnungsgeber die nähere Ausgestaltung des Nachlasszeugnisverfahrens auf die mitgliedstaatlichen Gesetzgeber übertragen hat (Art. 64 S. 2, Art. 66 Abs. 1, 3 und 5, Art. 71 Abs. 2 sowie Art. 72 Abs. 1 UAbs. 3 EuErbVO). Darüber hinaus gelangt das autonome mitgliedstaatliche Recht bei allgemeinen verfahrensrechtlichen Fragen zur Anwendung, die der Unionsgesetzgeber nicht gesondert in der EuErbVO geregelt hat (zB Beteiligten- und Verfahrensfähigkeit, Voraussetzung und Form der Ladung von Beteiligten). Der **deutsche Ausführungsgesetzgeber** hat die autonomen Vorschriften, die auf das Verfahren zur Ausstellung des Europäischen Nachlasszeugnisses anwendbar sind, in den **§§ 33 ff. IntErbRVG** geregelt. **Subsidiär** gelten gemäß § 35 Abs. 1 IntErbRVG die Bestimmungen des **FamFG.** 7

b) Materiellrechtliche Vorschriften. Auch die materiellrechtlichen Bestimmungen zum Europäischen Nachlasszeugnis, namentlich die Vorschriften über die Gutglaubenswirkungen des Zeugnisses (Art. 69 Abs. 3 und 4 EuErbVO), stellen europäisches Einheitsrecht dar, das dem **Grundsatz der autonomen Auslegung** unterliegt (→ Einl. Rn. 41). Anders als bei den verfahrensrechtlichen Vorschriften sind allerdings bei den materiellrechtlichen Bestimmungen die **Anwendungsvoraussetzungen** weniger klar. Konkret stellt sich in diesem Zusammenhang die Frage, ob die angesprochenen Regelungen in den Mitgliedstaaten, die an die Verordnung gebunden sind, **direkt** oder nur **nach Maßgabe des Kollisionsrechts** des Forums zur Anwendung gelangen. 8

Lange Zeit herrschte die Ansicht vor, dass vereinheitlichtes Sachrecht – gleichgültig, ob es auf völkerrechtlichen Staatsverträgen oder auf europäischem Verordnungsrecht beruht – seine Anwendungsvoraussetzungen autonom bestimmt und damit **unabhängig von den international-privatrechtlichen Verweisungsnormen** zum Zuge kommt. Diese These wird auf zwei unterschiedliche Begründungsansätze gestützt: Teilweise wird argumentiert, die den Anwendungsbereich definierenden Bestimmungen des einheitsrechtlichen Instruments stellten (einseitige) Kollisionsnormen dar, die als leges speciales das allgemeine Internationale Privatrecht verdrängten (grundlegend *Kropholler,* Internationales Einheitsrecht, 1975, 190; *Kropholler* IPR, § 12 I 1a). Zum anderen wird der Vorrang des materiellen Einheitsrechts vor dem Kollisionsrecht damit begründet, dass für kollisionsrechtliche Regelungen nur dort Raum sein könne, wo unterschiedliche Rechtsordnungen Geltung beanspruchten; wo allerdings das Sachrecht vereinheitlicht sei, könne es von vornherein nicht zu einem solchen Anwendungskonflikt zwischen unterschiedlichen Rechtsordnungen kommen (s. etwa *Zweigert/Drobnig* RabelsZ 29 (1965), 146 (148); *Schilling* EuZW 2011, 776 (779 f.)). – Jüngere Entwicklungen zeigen jedoch, dass das Verhältnis zwischen materiellem Einheitsrecht und Kollisionsrecht auch auf andere Weise ausgestaltet sein kann. Paradigmatisch für diesen alternativen Ansatz war der Vorschlag für ein Gemeinsames Europäisches Kaufrecht (KOM(2011), 635 endg.), der inzwischen von der Kommission zurückgezogen wurde. Das Instrument war, wie auch das Europäische Nachlasszeugnis, fakultativer Natur und sollte für bestimmte grenzüberschreitende Kaufverträge ein alternatives Regelungsregime zu den mitgliedstaatlichen Kaufrechtsordnungen bieten. Nach den Vorstellungen der Kommission (KOM(2011), 635 endg., 6 f.) sollten die einheitlichen europäischen Kaufrechtsvorschriften nur unter der Voraussetzung anwendbar sein, dass der fragliche Kaufvertrag nach den einschlägigen Kollisionsnormen dem Recht eines 9

Mitgliedstaats unterliegt. Dieser Konzeption zufolge bestimmte sich der internationale Anwendungsbereich des Gemeinsamen Europäischen Kaufrechts trotz seines einheitsrechtlichen Charakters nicht autonom aus der zugrundeliegenden Verordnung heraus, sondern **unter Rückgriff auf das Internationale Privatrecht** des Forums (näher zur Thematik *Fornasier* RabelsZ 76 (2012), 401; *von Hein* FS Martiny, 2014, 365). Dem gleichen Ansatz folgt auch das Deutsch-Französische Abkommen über den Güterstand der Wahl-Zugewinngemeinschaft (BGBl. 2012 II 178), das einen optionalen Güterstand für Ehegatten bietet, „deren Güterstand dem Sachrecht eines Vertragsstaats unterliegt" (s. Art. 1 des Abkommens).

10 Überträgt man dieses Modell auf die materiellrechtlichen Bestimmungen des Europäischen Nachlasszeugnisses, bedeutet dies, dass die Regeln über den Gutglaubensschutz nach Art. 69 Abs. 3 und 4 EuErbVO aus Sicht der mitgliedstaatlichen Gerichte nur dann zur Anwendung gelangen könnten, wenn der zu beurteilende Sachverhalt nach den Kollisionsregeln des Forums **dem Recht eines Mitgliedstaats** unterworfen ist. Eine solche **„Vorschaltung" des Internationalen Privatrechts** überzeugt allerdings im Zusammenhang mit dem Europäischen Nachlasszeugnis nicht und ist folglich abzulehnen. Zum einen wirft dieser Ansatz schwierige **Qualifikationsfragen** auf. Welche Anknüpfungsnormen sind für die Anwendung des Art. 69 Abs. 3 und 4 EuErbVO maßgebend? Denkbar ist zum einen eine **erbrechtliche** Qualifikation. Alternativ könnte der Gutglaubensschutz als Teil des Statuts anzusehen sein, das die in Frage stehende Leistung (Art. 69 Abs. 3 EuErbVO) oder Verfügung (Art. 69 Abs. 4 EuErbVO) beherrscht: Maßgebend wäre damit das **Forderungsstatut** bzw. – bei Verfügungen über Sachen – das **Sachstatut.** Beide Qualifikationsalternativen vermögen nicht zu überzeugen. Bei einer erbrechtlichen Qualifikation ergäbe sich aus der „Vorschaltlösung" die Konsequenz, dass der Gutglaubensschutz nur bei einem mitgliedstaatlichen Erbstatut eingreifen würde. Dies wäre jedoch insofern ein befremdliches Ergebnis, als das Europäische Nachlasszeugnis auch ausgestellt werden kann, wenn Erbstatut das Recht eines Drittstaats ist (näher zur Drittstaatenproblematik → Rn. 28). Ein Zeugnis, das eine Erbrechtslage unter der Geltung eines drittstaatlichen Erbstatuts ausweist, wäre folglich in seinen Wirkungen gewissermaßen „amputiert", da es nur die (verfahrensbezogene) Beweis- und Legitimationsfunktion erfüllen könnte, nicht hingegen die materielle Gutglaubensfunktion. Bei einer sachenrechtlichen Qualifikation wiederum gilt es zu bedenken, dass die einschlägigen Anknüpfungsnormen nicht auf europäischer Ebene vereinheitlicht sind. Zwar folgt das Internationale Sachenrecht in den verschiedenen Mitgliedstaaten weitgehend den gleichen Grundsätzen (situs-Regel), doch existieren durchaus Unterschiede im Detail. Für die Anwendung des Gutglaubensschutzes nach Art. 69 Abs. 4 EuErbVO ergäbe sich die Konsequenz, dass kein europäischer Entscheidungseinklang gewährleistet wäre. Dies würde wiederum die einheitliche Wirkung des Nachlasszeugnisses innerhalb der EU vereiteln. Im Übrigen sprechen für eine **direkte Anwendung** der Gutglaubensregeln ohne Rückgriff auf das Internationale Privatrecht vor allem **systematische Gründe.** Die EuErbVO besteht zum ganz überwiegenden Teil aus verfahrens- und kollisionsrechtlichen Bestimmungen, die direkt anwendbar sind. Die Einbettung des Art. 69 Abs. 3 und 4 EuErbVO in ein Gesamtgefüge unmittelbar anwendbarer Normen legt nahe, dass auch diese Regelungen unmittelbar anwendbar sein sollen. Hinzukommt, dass bei Rechtsakten des materiellen Einheitsrechts das Modell der direkten Anwendung nach wie vor den Regelfall darstellt. Vor diesem Hintergrund stellen sowohl das Gemeinsame Europäische Kaufrecht als auch das Deutsch-Französische Abkommen zum Wahl-Güterstand, die beide von diesem Modell abweichen, ausdrücklich klar, dass über ihre Anwendung das Internationale Privatrecht entscheidet. In der EuErbVO findet sich jedoch keine entsprechende Bestimmung, was als Hinweis darauf gewertet werden kann, dass der Unionsgesetzgeber am Grundsatz der unmittelbaren Anwendung festhalten wollte.

11 Als **Ergebnis** aus den vorstehenden Überlegungen lässt sich Folgendes festhalten: Die Bestimmungen über die Gutglaubenswirkung des Europäischen Nachlasszeugnisses sind aus Sicht eines an die Verordnung gebundenen Mitgliedstaats unabhängig davon anzuwenden, welchem Recht die Rechtsnachfolge von Todes wegen und das konkret zu beurteilende Erfüllungs- bzw. Verfügungsgeschäft unterliegen. Sie kommen also insbesondere auch dann zum Tragen, wenn auf der Grundlage des Zeugnisses nachlassbezogene Leistungen bzw. Verfügungen in einem Drittstaat vorgenommen werden (so auch MükoBGB/*Dutta* EuErbVO Art. 69 Rn. 4; vgl. im Ergebnis auch *Kleinschmidt* RabelsZ 77 (2013), 723 (774)).

III. Funktionen des Nachlasszeugnisses

1. Bescheinigbare Rechtsstellungen

12 Das Nachlasszeugnis steht gemäß Art. 63 Abs. 1 EuErbVO folgenden erbrechtlich berechtigten Personen als Nachweis für ihre Rechtsstellung zur Verfügung: dem **Erben,** dem **Vermächtnisnehmer** mit unmittelbarer Berechtigung am Nachlass (Vindikationslegatar), dem **Testamentsvollstrecker** sowie dem **Nachlassverwalter.** Es erfüllt somit aus deutscher Sicht nicht nur die Funktion eines Erbscheins nach § 2353 BGB, sondern ua auch die eines Testamentsvollstreckerzeugnisses nach § 2368 BGB. Das

Zeugnis ist primär zur Verwendung in einem anderen Mitgliedstaat als dem Ausstellungsstaat bestimmt, doch erstrecken sich seine Wirkungen gemäß Art. 62 Abs. 3 S. 2 EuErbVO auch auf den Ausstellungsstaat.

2. Beweis- und Gutglaubensfunktionen (Art. 69 EuErbVO)

Das Nachlasszeugnis stellt keinen vollstreckbaren Titel dar (so ausdrücklich ErwG 71 S. 2 EuErbVO), sondern einen **„Rechtstitel sui generis"**, der in allen Mitgliedstaaten die gleiche Wirkung entfaltet (so Ratsdokument Nr. 10126/11, 12; ähnlich *Buschbaum/Simon* ZEV 2012, 525 (529); Dutta/Herrler/*Lange*, 161 (162)). Die einzelnen Rechtswirkungen sind in Art. 69 EuErbVO geregelt. So kommen dem Nachlasszeugnis zum einen **Beweiswirkungen** in gerichtlichen und behördlichen Verfahren zu: Die im Zeugnis dokumentierte Erbrechtslage trägt die Vermutung der Richtigkeit und Vollständigkeit in sich (Art. 69 Abs. 2 EuErbVO). Ein besonderer Anwendungsfall der Beweiswirkung ist in Art. 69 Abs. 5 EuErbVO geregelt und betrifft die **Legitimationswirkung** des Zeugnisses gegenüber registerführenden Stellen für die Zwecke der Eintragung von Rechtsänderungen, die aus dem Erbfall resultieren. Darüber hinaus entfaltet das Nachlasszeugnis im rechtsgeschäftlichen Verkehr **Gutglaubenswirkungen** (Art. 69 Abs. 3 und 4 EuErbVO): Dritte werden in ihrem Vertrauen darauf geschützt, dass die durch das Zeugnis legitimierte Person zur Einziehung von Nachlassforderungen bzw. zur Verfügung über bestimmte Nachlassgegenstände berechtigt ist. 13

3. Informationsfunktion in Bezug auf ausländisches Recht

Vom Verordnungsgeber zwar nicht ausdrücklich erwähnt, aber für die Zwecke der EuErbVO gleichwohl von zentaler Bedeutung ist die **Informationsfunktion** des Europäischen Nachlasszeugnisses in Bezug auf **ausländische erbrechtliche Institute** (näher hierzu *Fornasier,* in: Buruiană, Recent developments in Private International Law, 2017, 165; ähnlich auch *Bandel* MittBayNot 2018, 99 (105)). Große Schwierigkeiten bei der Nachlassabwicklung in internationalen Erbfällen bereitet die Konfrontation mit ausländischem Recht. Die Unterschiede zwischen den (nach wie vor nicht harmonisierten) materiellen Erbrechtsordnungen der Mitgliedstaaten sind beträchtlich. Die Ausgestaltung zahlreicher erbrechtlicher Institute wie etwa des Vermächtnisses (Vindikationslegat versus Damnationslegat), des Pflichtteilsrechts (dingliches Noterbrecht versus schuldrechtlichen Ausgleichsanspruch) oder der Erbengemeinschaft variiert nicht unerheblich von Mitgliedstaat zu Mitgliedstaat. Ebenso sind bestimmte Institute wie der Trust oder der Legalnießbrauch, die in machen Jurisdiktionen ein zentrales Element im System der Rechtsnachfolge von Todes wegen darstellen, in anderen Rechtsordnungen völlig unbekannt. Vor diesem Hintergrund stellt sich bei Geltung eines ausländischen Erbstatuts sehr häufig die Frage, welche Rechte und Befugnisse einer erbrechtlich berechtigten Person im Einzelnen zustehen. Diese Unsicherheit über den Inhalt ausländischen Rechts verursacht erhebliche **Transaktionskosten.** Sie können im rechtsgeschäftlichen Verkehr dazu führen, dass nachlassbezogene Geschäfte wie zB die Verwertung von Nachlassgegenständen unter Umständen unterbleiben. Auf diese Weise haben sie maßgeblichen Anteil an den **Funktionsdefiziten des europäischen Binnenmarktes,** die der Unionsgesetzgeber bei der Abwicklung von Nachlässen festgestellt hat (s. ErwG 7 EuErbVO). 14

Das Nachlasszeugnis entschärft das soeben beschriebene Informationsproblem, indem es über die **Rechtsstellung** und die **Befugnisse** erbrechtlich berechtigter Personen **Auskunft** gibt. Besonders augenfällig ist diese Informationsfunktion mit Blick auf **Testamentsvollstrecker** und **Nachlassverwalter.** Das Formblatt für die Ausstellung des Zeugnisses (→ EuErbVO Art. 67 Rn. 15 f.) enthält einen ausführlichen Katalog denkbarer Maßnahmen, zu denen der Testamentsvollstrecker bzw. Nachlassverwalter berechtigt sein könnte (→ EuErbVO Art. 68 Rn. 15). Die Ausstellungsbehörde hat dann nach Maßgabe des einschlägigen Erbstatuts (und unter Berücksichtigung der Verfügungen des Erblassers) die einzelnen Maßnahmen im Katalog ankreuzen, zu denen der Testamentsvollstrecker oder Nachlassverwalter im konkreten Fall befugt ist. Ähnlich wirkt die Informationsfunktion des Zeugnisses in Bezug auf **Vermächtnisnehmer.** Aufgrund des Umstandes, dass gemäß Art. 67 Abs. 1 EuErbVO nur die Rechtsstellung der „Vermächtnisnehmer mit unmittelbarer Berechtigung am Nachlass" im Zeugnis bescheinigt werden darf, kann sich der Rechtsverkehr darauf verlassen, dass der durch das Zeugnis legitimierte Vermächtnisnehmer nach der lex successionis unmittelbar dinglich an dem ihm zugewendeten Gegenstand berechtigt ist und darüber gegenüber Dritten verfügen darf. 15

Das Nachlasszeugnis stellt einen (unter ökonomischen Gesichtspunkten) **effizienten Mechanismus zur Überwindung des oben dargelegten Transaktionskostenproblems** dar. Der Grund dafür liegt im Prinzip des Gleichlaufs zwischen forum und ius, das die Verordung beherrscht (s. ErwG 27 S. 1 EuErbVO). In den meisten Fällen führt nämlich die Zuständigkeitsregelung des Art. 64 S. 1 EuErbVO dazu, dass die Gerichte im Mitgliedstaat der lex successionis das Zeugnis ausstellen. Da diese also bei der Prüfung der zu bescheinigenden Erbrechtslage regelmäßig ihr eigenes Recht anwenden, können sie die Rechte und Befugnisse des erbrechtlich Berechtigten unter deutlich geringerem Aufwand bestimmen als die Teilnehmer am Rechtsverkehr im Mitgliedstaat der Zeugnisverwendung, die mit dem Erbstatut 16 meist nicht vertraut sind (die Ausstellungsbehörden sind also mit Blick auf die Transaktionskosten, die aus der Unsicherheit über den Inhalt des ausländischen Rechts resultieren, die sog. „cheapest cost avoiders").

17 Festzuhalten bleibt somit, dass die Informationsfunktion des Nachlasszeugnisses in Bezug auf den Inhalt ausländischen Erbrechts eine **Schlüsselrolle** für das übergreifende **Ziel der EuErbVO** spielt, die Rechtsdurchsetzung bei grenzüberschreitenden Erbfällen zu verbessern und auf diese Weise „das reibungslose Funktionieren des Binnenmarkts zu erleichtern" (ErwG 7 S. 1 EuErbVO; zu den Implikationen dieser Schlüsselfunktion des Nachlasszeugnisses für die Auslegung der übrigen Vorschriften der EuErbVO → Rn. 22 ff.).

IV. Funktionsvoraussetzungen des Nachlasszeugnisses

1. Ausgangspunkt: Verweisungsrechtliches Modell statt Anerkennungsprinzip

18 Die im Nachlasszeugnis festgestellte materielle Erbrechtslage – zB die Erbenstellung einer bestimmten Person – wird in den Mitgliedstaaten außerhalb des Ausstellungsstaats nicht automatisch anerkannt. Vielmehr bleibt es auch bei Verwendung des Zeugnisses bei dem Grundsatz, dass jeder Mitgliedstaat die materiellrechtlichen Wirkungen eines erbrechtlichen Verhältnisses selbständig nach dem Sachrecht beurteilt, das aus Sicht seines Kollisionsrechts für die jeweilige Frage maßgebend ist. Das europäische Nachlasszeugnis folgt also **nicht** dem **Anerkennungsprinzip,** sondern hält am **verweisungsrechtlichen Modell** fest (*Kleinschmidt* RabelsZ 77 (2013), 723 (751); allgemein zu diesen Modellen *Buschbaum,* FS Martiny (2014), 259; *Dorth,* 139 ff.; *Dutta/Freitag/Helms/Kissner* StAZ 2011, 165 (171); *Sonnenberger,* FS Spellenberg (2010), 371; MüKoBGB/*v. Hein* EGBGB Art. 3 Rn. 88 f.; s. auch *Rechberger* ÖJZ 2012, 14 (18 f.)). Der Unterschied zwischen den beiden Modellen manifestiert sich etwa in folgendem Umstand. Nach Art. 69 Abs. 2 EuErbVO tragen die erbrechtlichen Feststellungen im Zeugnis lediglich die **widerlegliche Vermutung** ihrer Richtigkeit in sich. Die Vermutung ist insbesondere dann widerlegt, wenn die Gerichte im Verwendungsstaat die Erbrechtslage auf der Grundlage ihres eigenen Kollisionsrechts nach anderen Sachnormen beurteilen als die Ausstellungsbehörde und infolgedessen zu einem anderen Ergebnis gelangen (→ EuErbVO Art. 69 Rn. 8). Vor diesem Hintergrund erklärt sich auch, warum Art. 68 lit. i EuErbVO die Angabe des Erbstatuts im Zeugnis vorschreibt. Die Gerichte im Verwendungsstaat können mithilfe dieser Information ohne Mühe erkennen, ob aus ihrer Perspektive für die Beurteilung des Sachverhalts dieselben Sachnormen zur Anwendung gelangen, die auch die Ausstellungsbehörde angewandt hat.

2. Europäischer Entscheidungseinklang als Funktionsvoraussetzung

19 Damit das Nachlasszeugnis unter den soeben beschriebenen Voraussetzungen seinen Zweck erfüllen und europaweit einheitliche Wirkungen entfalten kann (s. ErwG 71 S. 1 EuErbVO), ist es unverzichtbar, dass die Gerichte in den unterschiedlichen Mitgliedstaaten den zugrundeliegenden Sachverhalt nach denselben Sachnormen beurteilen. Die Funktionsfähigkeit des Nachlasszeugnisses hängt mit anderen Worten vom **europäischen Entscheidungseinklang** im Hinblick auf den bescheinigten erbrechtlichen Sachverhalt ab (ausf. *Konvalin,* 62 ff.; *Dörner* ZEV 2012, 505 (512); MüKoBGB/*Dutta* EuErbVO Vor Art. 62 Rn. 7; *Kleinschmidt* RabelsZ 77 (2013), 723 (751); besonders pointiert Dutta/Herrler/*Süß,* Die Europäische Erbrechtsverordnung, 181 (191): Entscheidungseinklang als conditio sine qua non u. a. für die europaweite Geltung des Nachlasszeugnisses).

20 Durch die Einführung einheitlicher Anknüpfungsnormen in den Art. 20 ff. EuErbVO hat der Unionsgesetzgeber einen maßgeblichen Beitrag zur Herstellung des europäischen Entscheidungseinklangs auf dem Gebiet des Erbrechts geleistet. Gleichwohl darf nicht übersehen werden, dass die **Entscheidungsharmonie nicht vollständig gewährleistet** ist, wodurch die Funktionsfähigkeit des Nachlasszeugnisses in bestimmten Konstellationen beeinträchtigt wird. Störungen des europäischen Entscheidungseinklangs ergeben sich zum einen aus dem Vorbehalt zugunsten des **ordre public** des Forumstaats gemäß Art. 35 EuErbVO (s. MüKoBGB/*Dutta* EuErbVO Vor Art. 62 Rn. 7). Einen weiteren Störfaktor stellen die **staatsvertraglichen Kollisionsregeln** dar, die nach wie vor in einigen Mitgliedstaaten gegenüber Drittstaaten gelten und gemäß Art. 75 Abs. 1 EuErbVO Vorrang gegenüber den Anknüpfungsnormen der Verordnung genießen (hierzu → Rn. 33). Die Entscheidungsharmonie ist ferner gefährdet, wenn die zu bescheinigende Erbberechtigung von familienrechtlichen **Vorfragen** abhängt, für die es keine einheitlichen europäischen Anknüpfungsregeln gibt (hier lässt sich freilich der europäische Entscheidungseinklang mithilfe einer unselbständigen Anknüpfung der Vorfrage herstellen, → Rn. 24). Schließlich kann es zwischen den Mitgliedstaaten zu abweichenden Ergebnissen bei der Beurteilung des Ehegattenerbrechts kommen, wenn dieses – wie zB im Rahmen des § 1371 Abs. 1 BGB – durch das **Ehegüterrecht** beeinflusst wird. Zwar ist das Internationale Ehegüterrecht inzwischen durch die EuGüVO und durch die EuPartVO in Europa vereinheitlicht worden. Die neuen Verordnungen gelten aber nicht in allen Mitgliedstaaten und auch nicht für Ehen, die vor dem 29.1.2019

geschlossen wurden. In diesen Fällen ist nicht gesichert, dass die Gerichte in den Mitgliedstaaten bei der Bestimmung des Ehegattenerbrechts dasselbe Güterstatut zugrunde legen und damit dieselbe Erbquote errechnen (zur Gewährleistung des europäischen Entscheidungseinklangs mithilfe einer erbrechtlichen Qualifikation der erbschaftsbezogenen güterrechtlichen Vorschriften → EuErbVO Art. 63 Rn. 26 ff.).

3. Folgen im Fall des fehlenden europäischen Entscheidungseinklangs

Ist der europäische Entscheidungseinklang nicht gewahrt und stimmen somit die Gerichte in den verschiedenen Mitgliedstaaten bei der Beurteilung der im Zeugnis bescheinigten Erbrechtslage nicht überein, ergeben sich daraus zum einen Folgen für die **Beweiswirkungen** des Zeugnisses: Die Richtigkeitsvermutung ist widerlegt, wenn die aus Sicht des Verwendungsstaats anzuwendenden Sachnormen die im Zeugnis ausgewiesenen Feststellungen der Ausstellungsbehörde nicht tragen. Darüber hinaus ergeben sich auch Auswirkungen auf die **Gutglaubenswirkungen.** Aus Sicht der Gerichte, die über die Wirksamkeit einer Leistung oder Verfügung im Sinne des Art. 69 Abs. 3 und 4 EuErbVO zu entscheiden haben, erweist sich nämlich der Inhalt des Zeugnisses als unrichtig. Für den Dritten, der sich auf die Angaben des Zeugnisses verlassen hat, besteht die Gefahr, dass ihm im Prozess angelastet wird, er sei in Bezug auf die Richtigkeit des Zeugnisses nicht gutgläubig gewesen. In diesem Fall kann seine Leistung an die durch das Zeugnis legitimierte Person keine Erfüllungswirkung entfalten bzw. ist die Verfügung des Zeugnisinhabers zu seinen Gunsten als unwirksam anzusehen. 21

V. Das Nachlasszeugnis im Gesamtzusammenhang der EuErbVO

1. Schlüsselrolle des Nachlasszeugnisses hinsichtlich des Regelungsziels der EuErbVO

Auf der Ebene des nationalen Rechts ist bisweilen davon die Rede, dass das Erbscheinsverfahrensrecht im Verhältnis zum materiellen Erbrecht eine „dienende“ Funktion wahrnimmt (s. etwa *J. P. Schmidt* RabelsZ 77 (2013), 1 (27)). Damit soll zum Ausdruck gebracht werden, dass die Aufgabe des Erbscheins darin liegt, die materielle Erbrechtslage lediglich abzubilden. Hingegen soll das Recht des Erbscheinsverfahrens nicht mit eigenen materiellen Wertungen die erbrechtlichen Sachvorschriften beeinflussen. Mit Blick auf das Europäische Nachlasszeugnis liegen die Dinge indessen anders. Zunächst ist im Ausgangspunkt zu bemerken, dass das Nachlasszeugnis in einen **internationalprivatrechtlichen Kontext** eingebettet ist. Das stellt einen wichtigen Unterschied zu den Bestimmungen über den deutschen Erbschein dar, die zu einem nicht unerheblichen Teil in das materielle Erbrecht des BGB integriert sind (auch wenn sie unter Geltung eines ausländischen Erbstatuts Anwendung finden können). Im internationalprivatrechtlichen Kontext der EuErbVO erfüllt das Zeugnis mehr als nur eine dienende Aufgabe: Die Einführung des Nachlasszeugnisses spielt für das Ziel der EuErbVO, die Rechtsdurchsetzung bei Erbfällen mit grenzüberschreitendem Bezug zu erleichtern (ErwG 7 EuErbVO), eine ähnlich wichtige Rolle wie die Koordination der Zuständigkeitsvorschriften (Art. 4 ff. EuErbVO), die Vereinheitlichung der Kollisionsnormen (Art. 20 ff. EuErbVO) sowie die Anerkennungs-, Vollstreckungs- und Annahmevorschriften (Art. 39 ff. und 59 ff. EuErbVO). Dem Nachlasszeugnis kommt mit anderen Worten gerade eine **Schlüsselfunktion für die Zwecke der Verordnung** zu. Dies hängt vor allem mit der **Informationsfunktion** des Zeugnisses in Bezug auf das ausländische Erbrecht zusammen (ausf. → Rn. 14 ff.). 22

2. Einfluss des Nachlasszeugnisses auf das Kollisions- und Zuständigkeitsrecht

Aus dem Gesagten ergeben sich wichtige Implikationen für das Zusammenspiel zwischen den Vorschriften über das Europäische Nachlasszeugnis einerseits und dem Kollisions- und Zuständigkeitsrecht der EuErbVO andererseits. Die Art. 62 ff. EuErbVO folgen nicht nur einseitig den Vorgaben und Wertungen der sonstigen verfahrens- und kollisionsrechtlichen Bestimmungen der Verordnung. Vielmehr ist die **Effektivität** des Nachlasszeugnisses ein wichtiger Gesichtspunkt, der auch bei der Auslegung der übrigen Verordnungsvorschriften Berücksichtigung finden muss (ausf. *Konvalin,* passim). Auch der **EuGH** zieht die Funktionsfähigkeit des Europäischen Nachlasszeugnisses bisweilen als Argument heran, um seine Interpretation der Verordnung zu untermauern (→ Rn. 24; *Nordmeier* IPRax 2019, 306 (310); weitergehend *Kleinschmidt* IPRax 2020, 308 (312): Funktionsfähigkeit des Nachlasszeugnisses gebe „Maß für die Auslegung der Verordnung“, während alle anderen Auslegungstopoi demgegenüber als „Randmusik“ erschienen; krit. gegen den Ansatz des Gerichtshofs *Weber* DNotZ 2018, 16 (23)). Dieser Grundsatz lässt sich anhand der folgenden Beispiele veranschaulichen: 23

a) Kollisionsrecht. Im Bereich des Kollisionsrechts ist es zur Förderung der Verkehrsfähigkeit des Zeugnisses geboten, so weit wie möglich auf die Herstellung des **europäischen Entscheidungseinklangs** hinzuwirken (zum europäischen Entscheidungseinklang als Funktionsvoraussetzung für das Zeugnis → Rn. 19 f.). Folglich sollten zum Beispiel **Vorfragen** im Erbstatut, für die es (noch) kein einheitliches europäisches Kollisionsrecht gibt, **unselbständig** (dh nach den Kollisionsnormen der lex causae) **angeknüpft** werden, um in den Mitgliedstaaten eine einheitliche Beurteilungsgrundlage für den 24 zu bescheinigenden Sachverhalt zu gewährleisten (→ Einl Rn. 100; so insbesondere auch *Dörner* ZEV 2012, 505 (513), der als Begründung ausdrücklich auf den „effet utile" der Vorschriften über das Nachlasszeugnis verweist; s. auch MüKoBGB/*Dutta* EuErbVO Vor Art. 62 Rn. 7; *Kleinschmidt* RabelsZ 77 (2013), 723 (764); ausf. *Konvalin,* 111 ff.). Aus den gleichen Erwägungen wurde vorgeschlagen, **in Analogie zu Art. 34 Abs. 1 EuErbVO** eine **Gesamtverweisung** anzunehmen, wenn die Kollisionsnormen der Verordnung auf das Recht eines Mitgliedstaats verweisen, der an vorrangiges staatsvertragliches Erbkollisionsrecht gebunden ist (*Konvalin,* 83 ff.; → EuErbVO Art. 34 Rn. 5).

24a Auch bei der Bestimmung der **Reichweite des Erbstatuts** sind die Folgen für die Effektivität des Zeugnisses in den Blick zu nehmen. So stellt die Sicherung der Funktionsfähigkeit des Europäischen Nachlasszeugnisses ein gewichtiges Argument für die **erbrechtliche Qualifikation güterstandsbezogener Erbvorschriften** wie zB § 1371 Abs. 1 BGB dar. Soweit für die Anknüpfung der ehegüterrechtlichen Beziehungen des Erblassers keine einheitlichen europäischen Kollisionsnormen gelten (was insbesondere auf „Altfälle" zutrifft, die außerhalb des zeitlichen Anwendungsbereichs der EuGüVO und der EuPartVO fallen), gewährleistet allein die erbrechtliche Qualifikation den Entscheidungseinklang und fördert damit die Effektivität des Zeugnisses (zu dieser Problematik ausf. → EuErbVO Art. 63 Rn. 26 ff.). Diesen Aspekt hat auch der **EuGH** in seinem Urteil in der Rechtssache **Mahnkopf** hervorgehoben, in dem er § 1371 Abs. 1 BGB für die Zwecke der EuErbVO als erbrechtliche Vorschrift qualifiziert hat (EuGH 1.3.2018 – C-558/16, NJW 2018, 1377 Rn. 42 f. – Mahnkopf).

24b Ähnliche Überlegungen gelten auch für die **Abgrenzung zwischen Erb- und Sachenrechtsstatut.** Hielte man an der früheren, unter der Geltung des EGBGB herrschenden Ansicht fest, wonach der Modus des Erwerbs von Todes wegen der Billigung durch die lex rei sitae bedarf und folglich Vindikationslegate nach ausländischem Recht über in Deutschland belegene Nachlassgegenstände in Damnationslegate umzudeuten sind, wird die Funktionsfähigkeit des Nachlasszeugnisses empfindlich beeinträchtigt: Ein im Ausland ausgestelltes Zeugnis, dass die erbrechtliche Zuweisung eines im Inland befindlichen Nachlassgegenstandes an einen Vindikationslegatar bescheinigt, könnte im deutschen Rechtsverkehr Verwirrung stiften, da wegen der Umdeutung des Vindikationslegats in ein Damnationslegat der Vermächtnisnehmer gerade nicht dinglich an dem Gegenstand berechtigt ist. Der Rechtsverkehr könnte sich somit nicht einfach auf den Inhalt des Zeugnisses verlassen, sondern müsste eine Reihe weiterer Prüfungsschritte unternehmen (welches Sachenrecht war auf den Gegenstand zum Zeitpunkt des Erbfalls anwendbar? Wird die dingliche Wirkung des Vindikationslegats vom anwendbaren Sachenrecht anerkannt?). Unterwirft man hingegen den Modus des Erwerbs von Todes wegen ausschließlich dem Erbstatut, vermeidet man von vornherein derartige Schwierigkeiten für den Rechtsverkehr. In diesem Sinne hat sich auch der **EuGH** in der Rechtssache **Kubicka** geäußert. Die dingliche Wirkung eines Vindikationslegats richte sich als Modus des Rechtserwerbs von Todes wegen allein nach dem Erbstatut, ohne dass es darauf ankomme, ob das Recht des Belegenheitsortes der vermachten Sache oder das Recht des zuständigen Registerstaates die dingliche Wirkung von Vermächtnissen anerkennten (→ EuErbVO Art. 63 Rn. 13; Art. 69 Rn. 31). Andernfalls – so gibt der Gerichtshof ausdrücklich zu bedenken – wäre der **Beweiswert eines zugunsten des Vindikationslegatars ausgestellten Europäischen Nachlasszeugnisses beeinträchtigt.** Dies gelte namentlich für dessen Vermutungswirkung nach Art. 69 Abs. 2 EuErbVO, wonach die Rechte des Vindikationslegatars „keine anderen als den im Zeugnis aufgerührten Bedingungen und/oder Beschränkungen unterliegen" (EuGH 12.10.2017 – Rs. C-218/16, NJW 2017, 3767 Rn. 60 – Kubicka). Auch in diesem Zusammenhang hat der Gerichtshof somit bei der Auslegung der kollisionsrechtlichen Vorschriften der EuErbVO die Folgewirkungen für die Funktionsfähigkeit des Nachlasszeugnisses im Blick (diesen Gesichtspunkt ebenfalls hervorhebend *Tereszkiewicz/Wysocka-Bar* GPR 2018, 100 (102)).

24c Aus den gleichen Überlegungen heraus trat der EuGH in derselben Entscheidung für eine **enge Auslegung des Registervorbehalts des Art. 1 Abs. 2 lit. l EuErbVO** ein (→ EuErbVO Art. 63 Rn. 14, Art. 69 Rn. 31). Würde dem Geltungsanspruch des Rechts des Registerstaats zu weite Grenzen gezogen, wäre das von der Verordnung verfolgte Prinzip der Nachlasseinheit gefährdet. Damit entfiele jedoch eine wichtige Funktionsvoraussetzung für das Europäische Nachlasszeugnis (EuGH 12.10.2017 – Rs. C-218/16, NJW 2017, 3767 Rn. 52 ff. – Kubicka).

25 **b) Zuständigkeitsrecht.** Auch auf dem Gebiet des Zuständigkeitsrechts kann die Sicherung der Funktionsfähigkeit des Nachlasszeugnisses ein wichtiger Aspekt bei der Entscheidung umstrittener Auslegungsfragen sein. Ein Beispiel ist etwa die vor allem hierzulande umstrittene Frage der maßgebenden internationalen Zuständigkeitsvorschriften für die Ausstellung **nationaler (gerichtlicher) Erbnachweise.** Nach Auffassung des deutschen Ausführungsgesetzgebers sollte sich die internationale Zuständigkeit der deutschen Nachlassgerichte für die Ausstellung deutscher Erbscheine nach den autonomen Bestimmungen des FamFG beurteilen (s. die Regierungsbegründung zum IntErbRVG, BR-Drs. 644/14, 68) Der EuGH hat sich in der Rechtssache **Oberle** gegen diese Auffassung gestellt und entschieden, dass die **Art. 4 ff. EuErbVO** auch für die **nationalen Erbnachweisverfahren** gelten (EuGH 21.6.2018 – Rs. C-20/17, NJW 2018, 2309 – Oberle; → EuErbVO Art. 4 Rn. 25 f.; Art. 62 Rn. 15). Zur Begründung hat der Gerichtshof vor allem den Aspekt der Zuständigkeitskonzentration hervorgehoben und darauf hingewiesen, dass die Anwendung der europäisch harmonisierten Zuständigkeitsregeln deswegen wichtig sei, um „die Gefahr von Parallelverfahren vor den Gerichten der verschiedenen Mitgliedstaaten sowie von daraus resultierenden Widersprüchen" zu mindern (Rn. 58 der Entscheidung). Der EuGH greift damit die Überlegungen des Generalanwalts auf, der in seinen Schlussanträgen die Notwendigkeit betont hatte, „einander widersprechende nationale Nachlasszeugnisse und andere Instrumente, insbesondere Europäische Nachlasszeugnisse" zu verhindern (Schlussanträge des GA *Szpunar* vom 22.2.2018, Rs. C-20/17, BeckRS 2018, 1765, Rn. 110). In der Tat erhöhen uneinheitliche Zuständigkeitsregeln für das europäische Nachlasszeugnisverfahren und die verschiedenen nationalen Erbnachweisverfahren das Risiko, dass in unterschiedlichen Staaten inhaltlich divergierende Erbnachweise ausgestellt werden (zu den Rechtsfolgen einer solchen Divergenz → EuErbVO Art. 62 Rn. 20). Der Gesichtspunkt der Effektivität des Nachlasszeugnisses liefert somit ein zusätzliches starkes Argument für die Anwendung der Art. 4 ff. EuErbVO auch auf die nationalen Erbscheinsverfahren (*Kleinschmidt* IPRax 2020, 308 (312 ff.)).

VI. Europäisches Nachlasszeugnis und Drittstaatensachverhalte

1. Begriff des Drittstaats

26 Im Ausgangspunkt ist zunächst klarzustellen, dass der Begriff des Drittstaats im weiteren Verlauf – wie auch sonst im Kontext der EuErbVO (→ Einl. Rn. 29) – sämtliche Staaten meint, die nicht an die Verordnung gebunden sind. Neben den Staaten außerhalb der EU gehören hierzu auch die Mitgliedstaaten, die sich nicht an der Annahme der EuErbVO beteiligt haben, nämlich Dänemark, Irland und – schon vor dem Brexit – das Vereinigte Königreich (s. näher zur Behandlung dieser Mitgliedstaaten als Drittstaaten für die Zwecke der Verordnung Dutta/Herrler/*Lein,* Die europäische Erbrechtsverordnung 199 (200).

2. Drittstaatliches Erbstatut und Nachlassbelegenheit in Drittstaat

27 Ist ein Mitgliedstaat für die Ausstellung des Nachlasszeugnisses gemäß Art. 64 S. 1 EuErbVO international zuständig, ergeben sich für die Zeugniserteilung **keine Hindernisse** daraus, dass unter Umständen das Recht eines Drittstaats Erbstatut ist oder dass sich Nachlassgegenstände in einem Drittstaat befinden. Zur speziellen Frage, ob die Regeln über die **Gutglaubenswirkungen** des Zeugnisses im Fall eines drittstaatlichen Erbstatuts bzw. im Fall der Zeugnisverwendung in einem Drittstaat anwendbar sind, → Rn. 8 ff.

28 **a) Zeugnisausstellung bei drittstaatlichem Erbstatut.** Die Vorschriften der Art. 62 ff. EuErbVO schreiben an keiner Stelle vor, dass das Nachlasszeugnis nur für den Nachweis erbrechtlicher Positionen zur Verfügung stehen soll, die auf einem mitgliedstaatlichen Erbstatut beruhen. Wegen des Prinzips des Gleichlaufs zwischen Forum und anwendbarem Erbrecht (s. ErwG 27 S. 1 EuErbVO) werden freilich Zeugnisse, die auf einer drittstaatlichen Erbrechtsordnung beruhen, die Ausnahme bleiben. Solche Zeugnisse sind etwa bei Angehörigen von Drittstaaten denkbar, die ihren letzten gewöhnlichen Aufenthalt in einem Mitgliedstaat hatten und für die Rechtsnachfolge von Todes wegen eine Rechtswahl zugunsten ihres Heimatrechts nach Art. 22 Abs. 1 EuErbVO getroffen haben (eine Durchbrechung des Gleichlaufs von forum und ius ist ferner möglich, wenn die Zuständigkeit für die Ausstellung des Zeugnisses auf Art. 64 S. 1 iVm Art. 10 und 11 EuErbVO beruht oder wenn die lex successionis wegen des Eingreifens der Ausweichklausel des Art. 21 Abs. 2 EuErbVO nicht das Recht des Mitgliedstaats ist, in dem der Erblasser seinen letzten gewöhnlichen Aufenthalt hatte).

29 **b) Zeugnisausstellung bei Nachlassbelegenheit in Drittstaat.** Im Nachlasszeugnis kann auch die erbrechtliche Berechtigung an Nachlassvermögen bescheinigt werden, das sich in einem Drittstaat befindet. Das ergibt sich zum einen aus der Verweisung des Art. 64 S. 1 auf **Art. 4 EuErbVO,** der die internationale Zuständigkeit der Gerichte am letzten gewöhnlichen Aufenthalt des Erblassers „für den gesamten Nachlass" – unabhängig von seiner räumlichen Belegenheit – begründet. Hinzukommt, dass nach der Verweisungsnorm des Art. 64 S. 1 EuErbVO die Regelung des **Art. 12 Abs. 1 EuErbVO** auf das Nachlasszeugnisverfahren **keine Anwendung** findet. Nach dieser Vorschrift kann das mit der Erbsache befasste Gericht auf Antrag einer Partei Nachlassgegenstände, die sich in einem Drittstaat befinden, aus dem anhängigen Verfahren ausnehmen, wenn die zu fällende Entscheidung im betreffenden Drittstaat keine Chancen hat, anerkannt und gegebenenfalls vollstreckt zu werden (→ EuErbVO Art. 64 Rn. 21). Lediglich in den Fällen der subsidiären Zuständigkeit nach Art. 64 S. 1 iVm **Art. 10 Abs. 2 EuErbVO** ist die Ausstellungsbehörde **ausnahmsweise** gezwungen, das Nachlasszeugnis auf das im Inland belegene Nachlassvermögen zu beschränken (→ EuErbVO Art. 64 Rn. 8).

30 Es steht indessen auf einem anderen Blatt, ob das in einem Mitgliedstaat ausgestellte Zeugnis, das die Berechtigung an Nachlassgegenständen bescheinigt, die sich in einem Drittstaat befinden, von dem betreffenden Staat – etwa vor Gericht oder von registerführenden Stellen – **anerkannt** wird (zu dieser Frage → Rn. 31). Unabhängig von der Anerkennung im Drittstaat entfaltet das Zeugnis jedenfalls

innerhalb der EU volle Wirkung auch hinsichtlich des Nachlasses, der nicht in einem Mitgliedstaat belegen ist. Dieser Aspekt spielt etwa dann eine Rolle, wenn ein mitgliedstaatliches Gericht die Wirksamkeit einer Verfügung beurteilen muss, die eine durch ein Nachlasszeugnis legitimierte Person über einen Nachlassgegenstand getroffen hat, der sich in einem Drittstaat befindet.

3. Wirkungen des Europäischen Nachlasszeugnisses in Drittstaaten

31 Ob das Nachlasszeugnis seine Wirkungen nach Art. 69 EuErbVO auch in einem Drittstaat entfalten kann, steht außerhalb der Regelungsgewalt des europäischen Gesetzgebers. Vielmehr ist es allein **Sache des jeweiligen Drittstaats** zu entscheiden, ob er das Europäische Nachlasszeugnis nach Maßgabe seines eigenen Internationalen Privatrechts zB als **ausländische gerichtliche Entscheidung** anerkennt oder ob er das Nachlasszeugnis im Wege der **materiellrechtlichen Substitution** als Äquivalent zu einem inländischen Erbnachweis behandeln möchte (zum Sonderfall, dass der Drittstaat aufgrund eines völkerrechtlichen Abkommens zur Anerkennung von Erbnachweisen aus einem Mitgliedstaat verpflichtet ist, → Rn. 35). In diesem Zusammenhang stellen sich ganz ähnliche Fragen und Probleme, wie sie vor Inkrafttreten der EuErbVO bei der grenzüberschreitenden Verwendung nationaler Erbnachweise innerhalb der EU auftraten (→ Rn. 2).

4. Sonderfall: Nachlasszeugnis im Geltungsbereich staatsvertraglicher Nachlassabkommen mit Drittstaaten

32 Besondere Fragen stellen sich im Geltungsbereich **bilateraler Staatsverträge** im Verhältnis zwischen einzelnen Mitgliedstaaten und Drittstaaten, die eigenständige Kollisions- sowie gegebenenfalls Verfahrensvorschriften auf dem Gebiet des Erbrechts enthalten. Diese Abkommen genießen gemäß **Art. 75 Abs. 1 EuErbVO** Vorrang vor der Verordnung. In Deutschland gelten derartige Übereinkommen im Verhältnis zum Iran (Deutsch-Persisches Niederlassungsabkommen vom 17.2.1929, RGBl. 1930 II, 1002), der Türkei (Deutsch-Türkisches Nachlassabkommen vom 28.5.1929, RGBl. 1930 II, 747) sowie den Nachfolgestaaten der Sowjetunion (Deutsch-Sowjetischer Konsularvertrag vom 25.4.1958, BGBl. 1959 II, 233).

33 Gelten in einem Mitgliedstaat vorrangige staatsvertragliche **Kollisionsvorschriften,** können die Behörden dieses Staates auch in Erbfällen, die in den Geltungsbereich des fraglichen Abkommens fallen, ein europäisches Nachlasszeugnis ausstellen (*Dorth,* 456 f.; *Kleinschmidt* ErbR 2020, 360 (364); *Konvalin,* 93; anders *Süß* in Herrler/Dutta 181 (191)). Voraussetzung dafür ist, dass die Ausstellungsbehörde nach Art. 64 S. 1 EuErbVO für die Nachlasssache international zuständig ist (sofern das Abkommen keine vorrangige eigene Zuständigkeitsregelung enthält, (→ Rn. 34). Das für die Beurteilung der Erbrechtslage maßgebende Recht bestimmt sich am Maßstab der staatsvertraglichen Kollisionsnormen. Sofern diese von den Anknüpfungsregeln der Art. 20 ff. EuErbVO abweichen, ergibt sich das Problem, dass zwischen dem Ausstellungsstaat und den übrigen Mitgliedstaaten **kein europäischer Entscheidungseinklang** besteht (→ Rn. 20): Das Zeugnis kann dann aus Sicht des Verwendungsstaats inhaltlich unrichtig sein. Zum Schutz des Rechtsverkehrs wird vorgeschlagen, in solchen Fällen die abweichende Ermittlung des Erbstatuts im Zeugnis zu vermerken (jurisPK-BGB/*Kleinschmidt* EuErbVO Art. 67 Rn. 18). Weitergehend wird angeregt, die Anwendung der staatsvertraglichen Kollisionsvorschriften **auf das im Ausstellungsstaat belegene Nachlassvermögen zu beschränken;** die Rechtsnachfolge von Todes wegen für Nachlassgegenstände, die sich in anderen Mitgliedstaaten und damit außerhalb des territorialen Geltungsbereichs des fraglichen Abkommens befinden, soll hingegen – unter Aufgabe des Prinzips der Nachlasseinheit – nach den Vorschriften der EuErbVO angeknüpft werden (*Dorth,* 458 f.; *Süß* in Herrler/Dutta 181 (187 f.); *Konvalin,* 75 ff., der zudem für die Annahme einer Gesamtverweisung plädiert, wenn die EuErbVO auf das Recht eines Mitgliedstaats verweist, in dem abweichende staatsvertragliche Kollisionsnormen gelten, 81 ff.; zu den praktischen Schwierigkeiten einer solchen territorialen Beschränkung der staatsvertraglichen Kollisionsnormen im Nachlasszeugnisverfahren *Wurmnest/Wössner* ZVglRWiss 2019, 449 (471 f.)). Auf diese Weise wird erreicht, dass zumindest mit Blick auf das im Verwendungsstaat befindliche Nachlassvermögen der europäische Entscheidungseinklang zwischen Ausstellungs- und Verwendungsstaat hergestellt ist und das Nachlasszeugnis seine Beweiswirkungen ohne Friktionen entfalten kann.

34 Probleme treten zudem auf, wenn der Staatsvertrag besondere **Zuständigkeitsvorschriften für die Ausstellung von Erbnachweisen** vorsieht. Hier stellt sich die Frage, ob ein Mitgliedstaat auf Grundlage der staatsvertraglichen Bestimmungen ein Europäisches Nachlasszeugnis ausstellen darf (bejahend MüKoBGB/*Dutta,* EuErbVO Art. 64 Rn. 9). Dies erscheint jedenfalls dann problematisch, wenn sich aufgrund der staatsvertraglichen Zuständigkeitsnormen eine **Zuständigkeitskonkurrenz** zu einem anderen Mitgliedstaat ergibt, der auf der Grundlage des Art. 64 S. 1 EuErbVO für die Erteilung des Zeugnisses zuständig ist. Enthält nämlich der Staatsvertrag auch Anknüpfungsregeln, die von den Art. 20 ff. EuErbVO abweichen, ergibt sich aus der mehrfachen Zuständigkeit das Risiko, dass in unterschiedlichen Mitgliedstaaten Zeugnisse mit divergierendem Inhalt in Umlauf gesetzt werden (zur

Behandlung solcher Fälle → EuErbVO Art. 69 Rn. 52). Anzumerken ist allerdings, dass das angesprochene Problem zumindest nicht im Zusammenhang mit den in Deutschland geltenden bilateralen Abkommen virulent werden kann, da diese keine Zuständigkeitsvorschriften für die Ausstellung von Erbnachweisen enthalten (zur Behandlung der – für Deutschland ebenfalls nicht relevanten – Konstellation, dass aufgrund staatsvertraglicher Zuständigkeitsnormen keine Zuständigkeit eines Mitgliedstaats für die Ausstellung eines Nachlasszeugnisses gegeben ist, s. MüKoBGB/*Dutta* Art. 64 Rn. 9). In anderen Mitgliedstaaten kann sich die Problematik allerdings möglicherweise stellen.

Schließlich kann der fragliche Staatsvertrag besondere **Regeln über die gegenseitige Anerkennung von Erbnachweisen** enthalten. Eine solche Regelung enthält zB § 17 des Deutsch-Türkischen Nachlassabkommens. Hier stellt sich die Frage, ob der betreffende Drittstaat auf der Grundlage einer solchen Anerkennungsregel nicht nur einem nationalen Erbnachweis aus dem Vertragspartnerstaat, sondern auch einem Europäischem Nachlasszeugnis aus diesem Staat Wirkung verleihen muss. Dies ist jedenfalls mit Blick auf § 17 des Deutsch-Türkischen Abkommens zu bejahen (ebenso MüKoBGB/*Dutta* EuErbVO Art. 69 Rn. 4). Ein in Deutschland ausgestelltes Europäisches Nachlasszeugnis erfüllt nämlich ohne weiteres die Merkmale „ein[es] Zeugnis[ses] über ein erbrechtliches Verhältnis, insbesondere über das Recht des Erben oder eines Testamentsvollstreckers, das von der zuständigen Behörde des Staates, dem der Erblasser angehörte, nach dessen Gesetzen ausgestellt ist“ im Sinne des § 17 des Abkommens. 35

Artikel 62 Einführung eines Europäischen Nachlasszeugnisses

(1) **Mit dieser Verordnung wird ein Europäisches Nachlasszeugnis (im Folgenden „Zeugnis“) eingeführt, das zur Verwendung in einem anderen Mitgliedstaat ausgestellt wird und die in Artikel 69 aufgeführten Wirkungen entfaltet.**

(2) **Die Verwendung des Zeugnisses ist nicht verpflichtend.**

(3) [1]**Das Zeugnis tritt nicht an die Stelle der innerstaatlichen Schriftstücke, die in den Mitgliedstaaten zu ähnlichen Zwecken verwendet werden.** [2]**Nach seiner Ausstellung zur Verwendung in einem anderen Mitgliedstaat entfaltet das Zeugnis die in Artikel 69 aufgeführten Wirkungen jedoch auch in dem Mitgliedstaat, dessen Behörden es nach diesem Kapitel ausgestellt haben.**

Übersicht

I. Überblick

Die Vorschrift regelt die wesentlichen Grundlagen des Europäischen Nachlasszeugnisses. Abs. 1 legt fest, dass das Zeugnis für die Verwendung in einem anderen Mitgliedstaat als dem Ausstellungsstaat bestimmt ist. Abs. 2 stellt die fakultative Natur des Zeugnisses klar. Abs. 3 hat schließlich das Verhältnis zwischen dem Europäischen Nachlasszeugnis und den mitgliedstaatlichen Erbnachweisen zum Gegenstand und regelt darüber hinaus die Wirkungen des Zeugnisses im Ausstellungsstaat. 1

II. Verwendung in einem anderen Mitgliedstaat (Abs. 1)

1. Kompetenzrechtlicher Hintergrund

Nach Art. 62 Abs. 1 EuErbVO dient das Zeugnis der Verwendung in einem anderen Mitgliedstaat als dem ausstellenden Mitgliedstaat. Auch in Art. 63 Abs. 1 EuErbVO, der den „Zweck des Zeugnisses“ beschreibt, ist davon die Rede, dass das Zeugnis den erbrechtlich Berechtigten den Nachweis ihrer Rechtsstellung „in einem anderen Mitgliedstaat“ ermöglichen soll. Die grenzüberschreitende Ausrich- 2 tung des Zeugnisses hat vor allem **kompetenzrechtliche Gründe** (hierzu auch *Wilke* RIW 2012, 601 (609)): Art. 81 AEUV, auf den die Verordnung ausweislich ihrer Präambel gestützt ist, ermächtigt die EU zur Rechtsangleichung für die „justizielle Zusammenarbeit in Zivilsachen mit grenzüberschreitendem Bezug". Die Einführung eines supranationalen Erbnachweises allein für den innerstaatlichen Gebrauch wäre damit von diesem Kompetenztitel nicht gedeckt. Der Kommissionsvorschlag zur EuErbVO (KOM(2009) 154 endg.) hatte noch die Ausstellung des Nachlasszeugnisses unabhängig vom Vorliegen eines Auslandsbezugs vorgesehen. Den hiergegen erhobenen kompetenzrechtlichen Einwänden (s. etwa *Buschbaum/Kohler* GPR 2010, 162 (166)) hat der Verordnungsgeber mit der Regelung des Art. 62 Abs. 1 EuErbVO Rechnung tragen wollen.

2. Praktische Folgen für die Beantragung des Zeugnisses

3 In der Praxis allerdings kommt dem Erfordernis der grenzüberschreitenden Verwendung keine besondere Bedeutung zu. Dies liegt zum einen daran, dass gemäß Art. 69 Abs. 3 S. 2 EuErbVO das Zeugnis seine **Wirkungen auch im ausstellenden Mitgliedstaat** entfaltet (→ Rn. 22). Zum anderen ergeben sich aus dem vorgeschriebenen Auslandsbezug **keine besonderen Anforderungen für das Ausstellungsverfahren.** Zwar verlangt Art. 65 Abs. 3 lit. f EuErbVO bei der Antragstellung die Angabe des „beabsichtigten Zweck[s] des Zeugnisses nach Art. 63 [EuErbVO]". Doch ist diese Bestimmung nicht dahingehend zu verstehen, dass der Antragsteller seine Absicht zur Verwendung des Zeugnisses in einem anderen Mitgliedstaat darlegen müsste (so aber *Buschbaum* GS Hübner, 2012, 589 (598); *Buschbaum/Simon* RPfleger 2015, 444 (445); *Kleinschmidt* RabelsZ 77 (2013), 723 (746 Fn. 118); *Schmitz* RNotZ 2017, 269 (271); *Süß* ZEuP 2013, 725 (737 f.)). Vielmehr ist davon auszugehen, dass sich die Verweisung lediglich auf Art. 63 Abs. 2 EuErbVO bezieht und damit vom Antragsteller nur die Angabe der Rechtsstellung verlangt, die im Zeugnis bescheinigt werden soll (→ EuErbVO Art. 65 Rn. 13). Hingegen wäre es aus praktischer Sicht wenig sinnvoll, vom Antragsteller zu erwarten, dass er vorträgt, vom Zeugnis im Ausland Gebrauch machen zu wollen. Häufig ist zum Zeitpunkt der Antragstellung noch gar nicht absehbar, welche konkreten Geschäfte zur Abwicklung des Nachlasses erforderlich sein werden und wo sie vorzunehmen sind. Der nötige Auslandsbezug liegt bereits vor, wenn beispielsweise der das Zeugnis beantragende Erbe einen (beweglichen) Nachlassgegenstand **in einem anderen Mitgliedstaat verwerten** wird (so auch MüKoBGB/*Dutta* EuErbVO Art. 63 Rn. 20; *Lagarde* Rev. crit. d. i. p. 101 (2012), 691 (726); unsicher hingegen *Kleinschmidt* RabelsZ 77 (2013), 723 (746 Fn. 119) – eine solche Möglichkeit ist im europäischen Binnenmarkt nie von vornherein auszuschließen. Auf jeden Fall wäre es verfehlt, die Ausstellung des Zeugnisses davon abhängig zu machen, dass sich zum Zeitpunkt der Antragstellung Nachlassvermögen in einem anderen Mitgliedstaat befindet (so auch *Süß* ZEuP 2013, 725 (737)). Wie nämlich eben erwähnt, kann das Zeugnis auch dazu verwendet werden, um ursprünglich im Inland belegene Nachlassgegenstände im Ausland zu verwerten. Im Übrigen streitet auch die zuständigkeitsrechtliche Regelung des Art. 10 Abs. 2 iVm Art. 64 S. 1 EuErbVO gegen die Überlegung, die Ausstellung des Zeugnisses nur unter der Bedingung zuzulassen, dass sich Nachlassgegenstände in einem anderen Mitgliedstaat befinden. Nach diesen Vorschriften sind nämlich unter bestimmten Voraussetzungen die Gerichte im Mitgliedstaat der Nachlassbelegenheit für die Ausstellung eines Nachlasszeugnisses allein in Bezug auf das inländische Nachlassvermögen zuständig. Damit hat der Unionsgesetzgeber selbst implizit die Möglichkeit anerkannt, dass auch ein Zeugnis, das ausschließlich im Ausstellungsstaat befindliches Nachlassvermögen erfasst, der Verwendung in einem anderen Mitgliedstaat dienen kann.

III. Fakultative Natur des Zeugnisses (Abs. 2)

4 Nach Art. 62 Abs. 2 EuErbVO ist die Verwendung des Zeugnisses nicht verpflichtend. Wie Erwägungsgrund 69 S. 2 der Verordnung erläutert, bedeutet diese Vorschrift, „dass die Personen, die berechtigt sind, das Zeugnis zu beantragen, nicht dazu verpflichtet sein sollten, dies zu tun, sondern dass es ihnen freistehen sollte, die anderen nach dieser Verordnung zur Verfügung stehenden Instrumente (Entscheidung, öffentliche Urkunde und gerichtlicher Vergleich) zu verwenden". Art. 62 Abs. 2 EuErbVO bestätigt damit – ebenso wie Art. 62 Abs. 3 S. 1 EuErbVO – die **fakultative Natur** des Europäischen Nachlasszeugnisses: Den Erben, Vermächtnisnehmern, Testamentsvollstreckern und Nachlassverwaltern steht es weiterhin frei, von nationalen Erbnachweisen Gebrauch zu machen und diese insbesondere auch im grenzüberschreitenden Rechtsverkehr auf der Grundlage der allgemeinen Anerkennungs-, Annahme- und Substitutionsregeln (dazu näher → Vor EuErbVO Art. 62 Rn. 2) zu verwenden. Gleichzeitig stellt Erwägungsgrund 69 S. 3 EuErbVO klar, dass das Europäische Nachlasszeugnis innerhalb der EU als Legitimationsnachweis für erbrechtlich Berechtigte ausreichen soll: „Eine Behörde oder Person, der ein in einem anderen Mitgliedstaat ausgestelltes Zeugnis vorgelegt wird, sollte jedoch nicht verlangen können, dass statt des Zeugnisses eine Entscheidung, eine öffentliche Urkunde oder ein gerichtlicher Vergleich vorgelegt wird".

Fakultativ ist die Nutzung des Zeugnisses somit in erster Linie nur für die potentiellen **Verwender,** 5
dh für diejenigen Personen, die mithilfe des Zeugnisses ihre Rechtsstellung als Erben, Vermächtnisnehmer, Testamentsvollstrecker oder Nachlassverwalter nachweisen wollen. Hingegen ist auf die Frage, ob der **Verwendungsgegner** das Zeugnis als Legitimationsdokument ablehnen und stattdessen auf der Vorlage eines nationalen Erbnachweises bestehen darf, eine **differenzierte Antwort** zu geben. Für mitgliedstaatliche **Behörden** und **Gerichte** ist aus dem oben zitierten Erwägungsgrund 69 S. 3 EuErbVO prinzipiell die **Pflicht** abzuleiten, das Zeugnis als Legitimationsnachweis zu akzeptieren. Andernfalls wäre die Effektivität des Europäischen Nachlasszeugnisses stark beeinträchtigt. Soll die infolge des Erbfalls geänderte dingliche Zuordnung an einem registerpflichtigen Nachlassgegenstand in das einschlägige Register eingetragen werden, hat der Unionsgesetzgeber in **Art. 69 Abs. 5 EuErbVO** ausdrücklich eine Pflicht der **registerführenden Stelle** normiert, das Nachlasszeugnis als Legitimationsnachweis zu akzeptieren. Demgegenüber ist bei der Verwendung des Zeugnisses gegenüber **Privatpersonen** Erwägungsgrund 69 S. 3 EuErbVO lediglich als Appell zu verstehen: Für den Nachweis der Erbenstellung oder einer sonstigen Berechtigung am Nachlass **sollte** auch im Verhältnis zwischen Privaten das Europäische Nachlasszeugnis ausreichen. Welchen Legitimationsnachweis ein Privater von den Erben und den übrigen erbrechtlich Berechtigten verlangt, ist allerdings seinem Belieben anheimgestellt (in diesem Sinne auch *Buschbaum/Simon* ZEV 2012, 525 (528); vgl. ferner MüKoBGB/*Dutta,* EuErbVO Art. 69 Rn. 19). Er ist frei zu entscheiden, ob er beispielsweise dem Veräußerer eines Nachlassgegenstandes, der sich mittels eines Europäischen Nachlasszeugnisses legitimiert, Vertrauen schenkt und sich auf das Geschäft einlässt; ebenso kann ein Nachlassschuldner bei Zweifeln an der Richtigkeit des Zeugnisses die geschuldete Leistung nach Maßgabe des Forderungsstatuts hinterlegen. Dieses Ermessen des Verwendungsgegners findet seine Grenzen lediglich in den allgemeinen Schranken der Privatautonomie. Von Bedeutung ist in diesem Zusammenhang beispielsweise die Rspr. des BGH zur Unzulässigkeit sog. **Erbschein-Klauseln in den AGB** der Kreditinstitute: Danach ist es einer Bank verwehrt, von Verbrauchern für den Nachweis der Erbberechtigung formularmäßig die Vorlage eines (deutschen) Erbscheins unabhängig davon zu verlangen, ob im Einzelfall das Erbrecht zweifelhaft ist oder durch andere Dokumente einfacher und/oder kostengünstiger nachgewiesen werden kann (BGH NJW 2013, 3716). Zur Begründung führt der BGH ua aus, dass eine Bank an den Erbfolgenachweis nicht strengere Anforderungen stellen dürfe als das Grundbuchamt im Rahmen des § 35 Abs. 1 GBO (BGH NJW 2013, 3716 Tz. 38). Da das Grundbuchamt nach § 35 Abs. 1 GBO nF das Europäische Nachlasszeugnis als Nachweis der Erbfolge akzeptieren muss, lässt sich aus der Rspr. des BGH der Schluss ziehen, dass auch Kreditinstitute gegenüber Verbrauchern das Nachlasszeugnis in jedem Fall als Legitimationsnachweis anerkennen müssen (vgl. in diesem Zusammenhang auch LG München I ZEV 2012, 596, wonach im Anwendungsbereich des Deutsch-Türkischen Nachlassabkommens die Pflicht eines deutschen Kreditinstituts angenommen wurde, einen türkischen Erbschein als Nachweis der Erbfolge zu akzeptieren).

IV. Verhältnis zu den nationalen Erbnachweisen (Abs. 3 S. 1)

1. Europäisches Nachlasszeugnis als optionales Instrument

Nach Art. 62 Abs. 3 S. 1 EuErbVO tritt das Europäische Nachlasszeugnis „nicht an die Stelle der 6
innerstaatlichen Schriftstücke, die in den Mitgliedstaaten zu ähnlichen Zwecken verwendet werden". Aus der Vorschrift ergibt sich, dass das Zeugnis ein **optionales einheitsrechtliches Instrument** darstellt (dazu näher → Vor EuErbVO Art. 62 Rn. 6). Aus Rücksicht vor dem in Art. 5 Abs. 3 EUV niedergelegten Subsidiaritätsprinzip soll das supranationale Nachlasszeugnis die auf mitgliedstaatlicher Ebene existierenden Erbnachweise nicht verdrängen (ErwG 67 EuErbVO). Es soll vielmehr als alternativer Legitimationsnachweis, der insbesondere für grenzüberschreitende Sachverhalte spezifische Vorteile bietet (→ Vor EuErbVO Art. 62 Rn. 3), neben die mitgliedstaatlichen Erbnachweise treten. Für Erben, Vermächtnisnehmer, Testamentsvollstrecker und Nachlassverwalter eröffnet das neue Instrument damit eine zusätzliche Option (→ Rn. 8): Sie können zum Nachweis ihrer Rechtsstellung und ihrer Befugnisse weiterhin von den herkömmlichen nationalen Erbscheinen und sonstigen Nachlassabwicklungszeugnissen Gebrauch machen (und dabei in Erbfällen mit Auslandsbezug die damit verbundenen Schwierigkeiten in Kauf nehmen) oder sich für das einheitliche europäische Nachlasszeugnis entscheiden.

Art. 62 Abs. 3 S. 1 EuErbVO darf allerdings **nicht** dahingehend verstanden werden, dass die EuErbVO die **nationalen Erbscheinsverfahren insgesamt unberührt** ließe. Diese Ansicht wird im deutschen Schrifttum von denjenigen Autoren vertreten, die die Anwendung der Zuständigkeitsvorschriften der Verordnung auf das deutsche Erbscheinsverfahren ablehnen (so etwa *Kanzleiter* DNot 2018, 724; *Weber/Schall* NJW 2016, 3564). Konsequent zu Ende gedacht würde diese Auffassung bedeuten, dass bei der Ausstellung nationaler Erbnachweise auch den Bestimmungen der Art. 20 ff. EuErbVO über das anzuwendende Recht keine Geltung zukäme (zutreffend MüKoBGB/*Dutta* EuErbVO Vor Art. 4 Rn. 5). Der EuGH hat inzwischen klargestellt, dass die EuErbVO einschließlich ihrer Zuständigkeitsbestimmungen auch für nationale Erbscheinsverfahren gilt (EuGH 21.6.2018 – Rs. C-20/17, NJW 2018, 2309 Rn. 47 ff. – Oberle; näher zur Problematik → Rn. 15).

2. Verhältnis zwischen Europäischem Nachlasszeugnis und den mitgliedstaatlichen Nachweisen

7 Aus dem Nebeneinander des supranationalen und der nationalen Nachlasszeugnisse ergeben sich schwierige Konkurrenzfragen, die der Unionsgesetzgeber in der EuErbVO nicht ausdrücklich geregelt hat (zur Frage des Konflikts zwischen einander widersprechender Europäischer Nachlasszeugnisse → EuErbVO Art. 69 Rn. 51 f.). Hier wird dem EuGH die Aufgabe zufallen, die Rechtslage im Wege der Vorabentscheidung gemäß Art. 267 AEUV zu klären. Im Einzelnen sind zwei Fragenkomplexe zu unterscheiden. Zum einen ist unklar, ob in Bezug auf denselben Erbfall ein Europäisches Nachlasszeugnis und daneben auch nationale Erbnachweise ausgestellt werden dürfen (hierzu sogleich → Rn. 8 ff.). Bejaht man dies, stellt sich die Frage, wie der Konflikt zwischen einem Europäischem Nachlasszeugnis und einem mitgliedstaatlichen Erbnachweis aufzulösen ist, falls sich die beiden Instrumente in ihrem Inhalt widersprechen (dazu → Rn. 19 ff.).

8 **a) Koexistenz von Europäischem Nachlasszeugnis und nationalem Erbnachweis auch in Bezug auf denselben Erbfall? aa) Fallgestaltungen.** Die parallele Ausstellung eines Europäischen Nachlasszeugnisses und eines nationalen Erbnachweises ist in **verschiedenen Konstellationen** vorstellbar. So könnte beispielsweise ein Erbe zum Nachweis seiner Rechtsposition einen Erbschein nach den §§ 2353 ff. BGB beantragen, während sich unabhängig davon ein (dinglich berechtigter) Vermächtnisnehmer um ein Europäisches Nachlasszeugnis bemühen könnte, das gemäß Art. 63 Abs. 2 lit. b EuErbVO seine Verfügungsberechtigung am vermachten Gegenstand bescheinigt. Ebenso ist es denkbar, dass ein und dieselbe Person – zB ein Erbe – einen deutschen Erbschein und zusätzlich ein Europäisches Nachlasszeugnis beantragt. Trotz der Inlandswirkung des Europäischen Nachlasszeugnisses (Art. 62 Abs. 3 S. 2 EuErbVO) kann ein solches Vorgehen deswegen sinnvoll sein, da sich mit den beiden Instrumenten unterschiedliche Rechtswirkungen verbinden. So bietet der deutsche Erbschein beispielsweise einen weitergehenden Gutglaubensschutz, da nur positive Kenntnis von der Unrichtigkeit des Zeugnisinhalts (und nicht auch grob fahrlässige Unkenntnis wie beim Europäischen Nachlasszeugnis) die Redlichkeit des Dritten entfallen lässt. In der Folge kann es vorkommen, dass der Rechtsverkehr sich mit der Vorlage des Europäischen Nachlasszeugnisses nicht zufrieden gibt und auf der Vorlage eines inländischen Erbscheins besteht (so etwa *Buschbaum/Simon* ZEV 2012, 525 (528)); teilweise wird den Erben sogar dazu geraten, beide Formen des Erbnachweises zu beantragen, um die Vorteile beider Instrumente zu kumulieren (*J. Schmidt* ZEV 2014, 389 (395)).

9 **bb) Koexistenz.** Die EuErbVO gibt keine klare Antwort auf die Frage, ob in Situationen wie den soeben beschriebenen die **parallele Ausstellung** eines Europäischen Nachlasszeugnisses und eines **nationalen Erbnachweises** zulässig ist. Teilweise wird die Ansicht vertreten, die gleichzeitige Zirkulation supranationaler und innerstaatlicher Instrumente sei von vornherein zu vermeiden: So sollte ein (bereits ausgestellter) nationaler Erbnachweis durch das weitergehende Europäische Nachlasszeugnis „abgelöst" werden, während umgekehrt die Erteilung eines nationalen Erbnachweises nach Ausstellung eines Europäischen Nachlasszeugnisses dessen vorherige Aufhebung voraussetzen sollte (so *Kleinschmidt* RabelsZ 77 (2013), 723, (749); ähnlich, allerdings noch zum Kommissionsvorschlag zur EuErbVO, *MPI* RabelsZ 74 (2010), 522 (701): Erteilung des Europäischen Nachlasszeugnisses nur nach vorheriger Aufhebung des nationalen Erbnachweises sowie Versagung der Erteilung eines nationalen Erbnachweises, soweit bereits ein Europäisches Nachlasszeugnis ausgestellt wurde). Mit diesem Ansatz soll in erster Linie die Gefahr abgewendet werden, dass unterschiedliche Formen von Erbnachweisen zirkulieren, die einander inhaltlich widersprechen (zu dieser Sorge Dutta/Herrler/*Lange,* Die Europäische Erbrechtsverordnung, 161 (177 f.)).

10 Die vorstehende Ansicht vermag allerdings nicht vollständig zu überzeugen. Sie kann die Ausstellung einander widersprechender Erbnachweise nur unter der Voraussetzung verhindert werden, dass dem Gericht im späteren Ausstellungsverfahren die Existenz des früher erteilten Erbnachweises bekannt ist. Die Gefahr, dass inhaltlich voneinander abweichende Erbnachweise in die Welt gesetzt werden, besteht allerdings vornehmlich in den Fällen, in denen die ausstellenden Gerichte unabhängig voneinander und ohne Kenntnis von der Entscheidung der jeweils anderen Stelle handeln. Kennt hingegen das später befasste Gericht die Existenz eines früher ausgestellten Erbnachweises und möchte es von dessen Inhalt abweichen, gibt es besondere Mechanismen, um die Ausstellung eines konfligierenden Erbnachweises zu vermeiden (→ Rn. 18). Vor diesem Hintergrund ginge es zu weit, wenn man die gleichzeitige Zirkulation eines europäischen und eines mitgliedstaatlichen Erbnachweises in jedem Fall verbieten wollte, also auch dann, wenn sich diese inhaltlich gar nicht widersprechen.

11 Zutreffend erscheint es, das Verhältnis zwischen europäischem Nachlasszeugnis und mitgliedstaatlichen Erbnachweisen für jedes Instrument gesondert nach seinen eigenen Verfahrensregeln zu bestimmen (vgl. MüKoBGB/*Dutta* EuErbVO Art. 62 Rn. 9 ff.; *Padovini* in Franzina/Leandro, 191 (206); Bonomi/

Wautelet/*Wautelet* Art. 62 Rn. 31 ff.). Aus der **Perspektive der EuErbVO** stellt die Existenz eines nationalen Erbnachweises kein Hindernis für die Ausstellung eines Europäischen Nachlasszeugnisses dar. Die Verordnung enthält keine Regelungen, wonach das Europäische Nachlasszeugnis bei Vorliegen eines nationalen Erbnachweises nicht bzw. nur nach dessen Aufhebung ausgestellt werden darf (zu dem Fall, dass das Europäische Nachlasszeugnis inhaltlich vom bereits erteilten nationalen Erbnachweis abweichen soll, → Rn. 18 sowie → EuErbVO Art. 67 Rn. 11). Ebenso wenig sieht die Verordnung vor, dass das Zeugnis widerrufen werden muss, bevor ein nationaler Erbnachweis erteilt werden kann. Welche Auswirkung hingegen die Ausstellung eines Europäischen Nachlasszeugnisses auf (bereits erteilte oder noch zu erteilende) nationale Erbnachweise hat, bestimmt – in Ermangelung einschlägiger Vorschriften in der EuErbVO – der jeweilige nationale Gesetzgeber. Mit Blick auf den deutschen **Erbschein nach den §§ 2353 ff. BGB** gilt Folgendes: Im Rahmen der **Ausführungsgesetzgebung zur EuErbVO** wurde keine Regelung eingeführt, die die Ausstellung eines Erbscheins bei Vorliegen eines Europäischen Nachlasszeugnisses untersagt; ebenso wenig wurde vorgesehen, dass die nachträgliche Ausstellung eines Europäischen Nachlasszeugnisses einen Grund für die Einziehung eines bereits erteilten Erbscheins nach § 2361 BGB bildet. Daraus ist zu schließen, dass nach dem Willen des deutschen Gesetzgebers die Ausstellung eines Europäischen Nachlasszeugnisses keinerlei Auswirkungen auf das deutsche Erbscheinsverfahren haben soll (zu den möglichen Auswirkungen im Falle sich inhaltlich widersprechender Erbnachweise → Rn. 21). Schließlich ist noch anzumerken, dass das Vorliegen eines Europäischen Nachlasszeugnisses aufgrund seiner zum Teil schwächeren Rechtswirkungen (→ Rn. 8) auch nicht das **Rechtsschutzbedürfnis** für die Beantragung eines inländischen Erbscheins entfallen lässt (*Buschbaum/Simon* ZEV 2012, 525 (528); MüKoBGB/*Dutta* EuErbVO Art. 62 Rn. 10). Im **Ergebnis** ist somit festzuhalten, dass das Europäische Nachlasszeugnis und der deutsche Erbschein nebeneinander existieren und unabhängig voneinander zirkulieren können.

cc) Folgen aus der Koexistenz. Die Koexistenz von Europäischem Nachlasszeugnis und nationalen Erbnachweisen hat zur Folge, dass die Wirkungen der einzelnen Dokumente unabhängig voneinander zu prüfen sind. Leistet beispielsweise ein Nachlassschuldner an eine Person, die sowohl im Europäischen Nachlasszeugnis als auch im Erbschein nach den §§ 2353 ff. BGB zu Unrecht als empfangsberechtigter Erbe ausgewiesen ist, beurteilt sich die Frage des Gutglaubensschutzes für jedes Instrument selbständig nach seinen eigenen Regeln. Hat etwa der Nachlassschuldner infolge grober Fahrlässigkeit die Unrichtigkeit der Erbnachweise verkannt, kommt seiner Zahlung nur im Zusammenhang mit dem deutschen Erbschein gemäß §§ 2366, 2367 BGB schuldbefreiende Wirkung zu. Hingegen entfaltet das Europäische Nachlasszeugnis in einer solchen Situation keine Gutglaubenswirkung gemäß Art. 69 Abs. 3 EuErbVO. Im Ergebnis setzt sich das Instrument mit der stärkeren Wirkung durch (MüKoBGB/*Dutta* EuErbVO Art. 62 Rn. 13). 12

b) Die Gefahr inhaltlicher Divergenz zwischen Europäischem Nachlasszeugnis und nationalen Erbnachweisen. Aus der Koexistenz von Europäischem Nachlasszeugnis und nationalen Erbnachweisen ergibt sich die Gefahr, dass Instrumente nicht übereinstimmenden Inhalts ausgestellt und in Umlauf gesetzt werden. Ein solches Szenarium erzeugt Unsicherheit im Rechtsverkehr, da inhaltlich divergierende Erbnachweise Rechtsfolgen bewirken können, die nicht miteinander vereinbar sind und folglich einer Korrektur bedürfen. Dies ist zum Beispiel der Fall, wenn das Europäische Nachlasszeugnis bescheinigt, allein X sei über den Nachlass verfügungsberechtigt, während der nationale Erbnachweis Y als Verfügungsberechtigten ausweist, und beide – X und Y – denselben Nachlassgegenstand an zwei unterschiedliche Erwerber veräußern. Im Folgenden gilt es zunächst zu betrachten, welche rechtlichen „Sicherungsmechanismen" zur Verfügung stehen, um die Ausstellung einander widersprechender Erbnachweise zu verhindern bzw. weniger wahrscheinlich zu machen (→ Rn. 14 ff.). Sodann ist der Frage nachzugehen, wie Konflikte zwischen inhaltlich divergierenden Erbnachweisen aufzulösen sind (→ Rn. 19 ff.). 13

aa) Sicherungsmechanismen zur Vermeidung inhaltlich divergierender Erbnachweise. Um zu verhindern, dass es zur Ausstellung inhaltlich nicht übereinstimmender Erbnachweise kommt, war nach Veröffentlichung des Kommissionsvorschlags zur EuErbVO die Schaffung eines **zentralen Registers für Nachlasszeugnisse** angeregt worden, das Auskunft über sämtliche ausgestellte europäische und nationale Erbnachweise geben sollte (s. zB den Vorschlag des *MPI* RabelsZ 74 (2010), 522 (705)). Im Gesetzgebungsverfahren wurde der Vorschlag aufgegriffen (s. Ratsdokument Nr. 17715/11, 4, und Nr. 18475/11, 6), am Ende jedoch nicht verwirklicht. Zu groß erschienen der technische Aufwand und die Vorlaufzeit für die Errichtung eines solchen Registers. Unter dem Blickwinkel der Rechtssicherheit ist der Verzicht auf ein zentrales Erfassungssystem freilich zu bedauern: Es hätte ohne Zweifel die effektivste Maßnahme zur Verhinderung inhaltlich divergierender Nachlasszeugnisse dargestellt. 14

(1) Einheitliche Zuständigkeitsvorschriften. In Ermangelung eines zentralen Registers wird das Risiko konfligierender Erbnachweise immerhin insoweit gemindert, als für die Ausstellung des Europäischen Nachlasszeugnisses und der entsprechenden nationalen Schriftstücke **einheitliche internationale** (und ggf. auch örtliche) **Zuständigkeitsregeln** gelten, welche die Zuständigkeit für die Erteilung 15 beider Formen von Erbnachweisen so weit wie möglich auf einen Mitgliedstaat bzw. – in örtlicher Hinsicht – auf ein Gericht **konzentrieren.** Die Gefahr, dass einander widersprechende Nachweise erteilt werden, ist vor allem dann gegeben, wenn Ausstellungsverfahren vor unterschiedlichen Gerichten stattfinden, die keine Kenntnis davon haben, dass andernorts in derselben Erbsache ein anderes Erbscheinsverfahren anhängig ist bzw. war. Das Risiko ist besonders hoch, wenn Ausstellungsverfahren in verschiedenen Ländern eingeleitet werden, da die grenzüberschreitende Kommunikation zwischen den Gerichten selbst innerhalb der EU noch immer mit erheblichen Schwierigkeiten verbunden ist.

15a In Bezug auf die **internationale Zuständigkeit** stellt die EuErbVO selbst sicher, dass das **europäische** und die **mitgliedstaatlichen Nachlasszeugnisverfahren** einem **einheitlichen Zuständigkeitsrecht** folgen und die Zuständigkeit auf einen Mitgliedstaat konzentriert wird. Art. 64 EuErbVO verweist nämlich für die Ausstellung des Europäischen Nachlasszeugnisses auf die allgemeinen Zuständigkeitsbestimmungen der Art. 4 ff. EuErbVO (dazu im Einzelnen → EuErbVO Art. 64 Rn. 2 ff.). Wie der **EuGH** inzwischen in der **Rechtssache Oberle** entschieden hat, gelten dieselben Vorschriften auch für die Bestimmung der internationalen Zuständigkeit im Rahmen der **nationalen gerichtlichen Erbscheinsverfahren** (EuGH 21.6.2018 – Rs. C-20/17, NJW 2018, 2309; ebenso bereits zuvor die Vorauflage EuErbVO Art. 62 Rn. 15; MüKoBGB/*Dutta* EuErbVO Vor Art. 4 Rn. 4; jurisPK-BGB/*Kleinschmidt* EuErbVO Art. 62, Rn. 53; *J. Schmidt* ZEV 2014, 389 (390 f.); *Süß* ZEuP 2013, 725 (735); *Volmer* ZEV 2014, 129 (130); im Ergebnis auch OLG Hamburg FamRZ 2018, 568, ohne allerdings die Streitfrage anzusprechen). Mit dieser Entscheidung hat sich der Gerichtshof gegen die Auffassung des deutschen Ausführungsgesetzgebers (s. die Regierungsbegründung zum IntErbRVG BR-Drs. 644/14, 68; anders hingegen noch die Begründung zum Referentenentwurf des Gesetzes, 61) und auch gegen die wohl überwiegende Meinung im deutschen Schrifttum gestellt (*Buschbaum* FS Martiny, 2014, 259 (267); *Döbereiner* NJW 2015, 2449 (2453); *Dörner* DNotZ 2017, 407 (413 ff.); *Dorth,* 204 ff.; NK-BGB/*Nordmeier* EuErbVO Art. 62 Rn. 33; *Wall* ZErb 2015, 9; *Weber/Schall* NJW 2016, 3564; ebenso die Vorlageentscheidung KG ZEV 2017, 213 Rn. 19 ff.). Nach dieser – nun vom EuGH verworfenen – Ansicht sollte sich die internationale Zuständigkeit deutscher Nachlassgerichte für die Ausstellung eines deutschen Erbscheins nach **§ 105 iVm § 343 FamFG** richten. Aus Sicht des EuGH läuft die Anwendung autonomer nationaler Zuständigkeitsvorschriften auf gerichtliche mitgliedstaatliche Erbscheinsverfahren zwei wesentlichen Wertungen der EuErbVO zuwider: Missachtet wird – erstens – die Konzentration der gerichtlichen Zuständigkeit auf den Mitgliedstaat, in dem der Erblasser seinen letzten gewöhnlichen Aufenthalt hatte, wodurch – zweitens – der Grundsatz der Nachlasseinheit gefährdet wird (Rn. 52 ff. der Entscheidung). Vor allem begründet eine unkoordinierte Zuständigkeitsregelung das Risiko, dass in unterschiedlichen Mitgliedstaaten einander widersprechende Erbnachweise ausgestellt werden (Rn. 57 ff. der Entscheidung; zust. *Fornasier* FamRZ 2018, 1265; *Kleinschmidt* IPRax 2020, 308 (313); *Mankowski* ErbR 2018, 481; krit. *Dörner* DNotZ 2018, 661 (682); *Kanzleiter* DNotZ 2018, 724; *Leitzen* ZEV 2018, 630 (631 f.); NK-BGB/*Nordmeier* EuErbVO Art. 62 Rn. 33; *Wachter* ZErb 2018, 230 (232); *Weber* RNotZ 2018, 454 (456 ff.)). Folge der Entscheidung ist, dass ein deutsches Gericht regelmäßig **keinen auf das inländische Nachlassvermögen beschränkten Erbschein** erteilen kann, wenn der **Erblasser** seinen **gewöhnlichen Aufenthalt zum Todeszeitpunkt im Ausland** hatte (so nunmehr auch OLG Köln ZEV 2019, 352). Eine Ausnahme gilt dann, wenn die Erbfolge gemäß Art. 22 (oder Art. 83 Abs. 4) EuErbVO deutschem Recht unterliegt, da in diesen Fällen die internationale Zuständigkeit deutscher Gerichte nach Maßgabe des Art. 7 EuErbVO begründet werden kann. Eine weitere Ausnahme greift unter den Voraussetzungen des Art. 10 EuErbVO ein, wenn der Erblasser seinen letzten gewöhnlichen Aufenthalt außerhalb der EU hatte (näher zum Ganzen *Weber* RNotZ 2018, 454 (458 ff.)).

15b Die vom EuGH in der Rechtssache Oberle erreichte Zuständigkeitskoordination zwischen den nationalen Erbscheinsverfahren untereinander sowie im Verhältnis zum europäischen Nachlasszeugnisverfahren erfasst indessen nicht **außergerichtliche Erbscheinsverfahren.** Diese unterliegen nämlich nicht den Zuständigkeitsvorschriften der Art. 4 ff. EuErbVO. Somit könnte der Eindruck entstehen, dass sich **notarielle Erbscheinsverfahren,** wie sie in zahlreichen Mitgliedstaaten existieren (Beispiele bei *Dorth,* 73 ff.), der Zuständigkeitskonzentration der EuErbVO entziehen. Die Folge wäre ein erhöhtes Risiko konfligierender Erbnachweise. Dieser Schluss ist allerdings voreilig: Wie sich aus Art. 3 Abs. 2 EuErbVO ergibt, können Notare als Gerichte im funktionalen Sinn tätig werden. In diesem Fall sind sie an die Zuständigkeitsvorschriften der Verordnung gebunden, wie auch ErwG 21 EuErbVO klarstellt. Wie der Gerichtshof in der **Rechtssache WB** im Zusammenhang mit dem polnischen Erbscheinsverfahren dargelegt hat, übt ein Notar allerdings nur dann eine gerichtliche Funktion aus, wenn er mit der Befugnis ausgestattet ist, über Streitigkeiten zwischen den Verfahrensbeteiligten zu entscheiden (EuGH 23.5.2019 – Rs. C-658/17, NJW 2019, 2293 Rn. 55). Daran fehlt es, wenn der Notar den Erbnachweis nur bei unstreitiger Erbrechtslage ausstellen darf, wie es etwa das polnische Recht vorsieht. Die Entscheidung des Gerichtshofs verdient Kritik: **Auch bei einvernehmlichen Erbscheinsverfahren erscheint eine Zuständigkeitskoordination wünschenswert,** insbesondere wenn man bedenkt, dass Erbnachweise, die in einem solchen Verfahren erteilt werden, teilweise nicht minder weitreichende Beweis- und Gutglaubenswirkungen entfalten als gerichtlich ausgestellte Zeugnisse (näher *Fornasier* FamRZ 2019, 1190 (1191); *Kleinschmidt* IPRax 2020, 308 (315 f.)).

In diese Richtung weisen gerade auch die Vorschriften über das europäische Nachlasszeugnis: Obwohl das Zeugnis nach hier vertretener Auffassung (→ EuErbVO Art. 67 Rn. 5) ebenfalls nur bei Einvernehmen der Verfahrensbeteiligten ausgestellt werden darf, gelten für seine Erteilung gemäß Art. 64 EuErbVO die Zuständigkeitsvorschriften der Art. 4 ff. der Verordnung – die Zuständigkeitskonzentration greift folglich auch hier ein. Immerhin deutet sich in einem jüngeren Judikat an, dass der Gerichtshof das enge Verständnis des funktionalen Gerichtsbegriffs aus der Entscheidung WB revidieren könnte. In der **Rechtssache EE** hielt es der EuGH nicht für ausgeschlossen, dass litauische Notare bei der Erteilung eines nationalen Erbnachweises gerichtliche Funktionen ausüben, obwohl auch in Litauen – wie der Gerichtshof selbst betont – die Erbscheinserteilung durch den Notar das Einvernehmen der Verfahrensbeteiligten voraussetzt (EuGH 16.7.2020 – Rs. C-80/19, BeckRS 2020, 16032 Rn. 55). **15c**

Für die Koordination der **örtlichen Zuständigkeit** sind die mitgliedstaatlichen Ausführungsgesetzgeber verantwortlich (→ EuErbVO Art. 64 Rn. 23). In Deutschland bestimmt sich die örtliche Zuständigkeit für das europäische und das deutsche Nachlasszeugnisverfahren nach § 34 Abs. 1 bis 3 IntErbRVG bzw. § 47 IntErbRVG (iVm § 2 IntErbRVG sowie § 343 FamFG) nach den gleichen Kriterien (näher zur Bestimmung der örtlichen Zuständigkeit für die Erteilung von Erbscheinen nach der Oberle-Entscheidung des EuGH *Weber* RNotZ 2018, 454 (460 f.)). Die dadurch erzielte Kongruenz der örtlichen Zuständigkeit für die Erteilung des europäischen Nachlasszeugnisses und des deutschen Erbscheins reduziert das Risiko von innerstaatlichen Parallelverfahren und damit auch konfligierender Erbnachweise. **15d**

Anzumerken bleibt, dass die Zuständigkeitskonzentration auf einen Mitgliedstaat bzw. auf ein Gericht in der Praxis nicht auszuschließen vermag, dass Gerichte in unterschiedlichen Ländern bzw. an unterschiedlichen Orten tätig werden und unabhängig voneinander Nachlasszeugnisse ausstellen. Zu solchen Zuständigkeitskonflikten kann es kommen, wenn ein Gericht seine Zuständigkeit **zu Unrecht** annimmt und neben dem eigentlich zuständigen Gericht ein Nachlasszeugnis erteilt. **15e**

(2) Angaben bei Beantragung des Nachlasszeugnisses. Einen gewissen Schutz gegen die Ausstellung inhaltlich divergierender Nachlasszeugnisse bietet ferner **Art. 65 Abs. 3 lit. g EuErbVO.** Die Vorschrift verlangt vom Antragsteller eines Europäischen Nachlasszeugnisses die Angabe der „Kontaktdaten des Gerichts oder der sonstigen zuständigen Behörde, das oder die mit der Erbsache als solcher befasst ist oder war". Ist also dem Antragsteller bekannt, dass in der Erbsache bereits ein nationaler Erbnachweis ausgestellt wurde, hat er die ausstellende Stelle in seinem Antrag für ein Europäisches Nachlasszeugnis mitzuteilen. Bedauerlicherweise hat der deutsche Gesetzgeber darauf verzichtet, im Zuge der Ausführungsgesetzgebung zur EuErbVO eine entsprechende Angabepflicht in § 352 FamFG nF für die Beantragung eines deutschen Erbscheins vorzusehen (die Regelung des § 352 Abs. 1 Nr. 6 FamFG bezieht sich hingegen – wie Art. 65 Abs. 3 lit. g EuErbVO – nur auf die Angabe streitiger Verfahren, so dass sie ein Verfahren zur Ausstellungs eines Europäischen Nachlasszeugnisses nicht erfasst). **16**

(3) Verfahrensaussetzung. Erfährt das Gericht, bei dem ein Antrag auf Ausstellung eines Europäischen Nachlasszeugnisses anhängig ist, dass in einem anderen Mitgliedstaat ein (gerichtliches) Verfahren zur Erteilung eines nationalen Erbnachweises in derselben Erbsache bereits anhängig ist, besteht für das später angerufene Gericht die **Möglichkeit einer Verfahrensaussetzung gemäß Art. 18 EuErbVO** (ebenfalls zur Anwendung dieser Vorschrift neigend MüKoBGB/*Dutta* EuErbVO Art. 62 Rn. 15). Entsprechendes gilt umgekehrt, wenn zunächst ein Europäisches Nachlasszeugnis beantragt wird und sodann in einem anderen Mitgliedstaat ein Verfahren auf Erstellung eines nationalen Erbnachweises eingeleitet wird. Hingegen kommt in diesen Fällen eine Anwendung der Litispendenzvorschrift des Art. 17 EuErbVO wohl nicht in Betracht, da die Anträge auf Ausstellung eines europäischen Nachlasszeugnisses und auf Erteilung eines nationalen Nachlasszeugnisses unterschiedliche Streitgegenstände betreffen (MüKoBGB/*Dutta* EuErbVO Art. 62 Rn. 15; aA Bonomi/Wautelet/*Wautelet* Art. 62 Rn. 31, 37). Da sich aus den Art. 4 ff. EuErbVO grundsätzlich eine Zuständigkeitskonzentration auf einen Mitgliedstaat ergibt (→ Rn. 15), wird eine parallele Einleitung von Nachlasszeugnisverfahren in unterschiedlichen Mitgliedstaaten hauptsächlich in den Fällen vorkommen, in denen keine Klarheit über den letzten gewöhnlichen Erblasser besteht. In einer solchen Konstellation ist es wünschenswert, dass das später angerufene Gericht, welches das Verfahren nach Art. 18 EuErbVO aussetzt, mit dem zuerst befassten Gericht Verbindung aufnimmt, um die Zuständigkeitsfrage einvernehmlich zu klären (für eine Kooperation der Nachlassgerichte bei Zuständigkeitskonflikten auch Dutta/Herrler/*Hess,* Die Europäische Erbrechtsverordnung, 131 (141)). Auch wenn die EuErbVO – anders als zB Art. 15 Abs. 6 Brüssel IIa-VO – eine grenzüberschreitende Zusammenarbeit der Gerichte in Zuständigkeitsfragen nicht ausdrücklich vorsieht, ist eine solche gleichwohl im Rahmen des **Europäischen Justiziellen Netzes für Zivil- und Handelssachen** möglich (näher zur Funktion und Arbeitsweise des Netzes *Fornasier* ZEuP 2010, 477; *Melin* DRiZ 2010, 22; *Menne* ZEuP 2019, 472 (482 ff.)). **17**

(4) Ausstellungshindernis gemäß Art. 67 Abs. 1 UAbs. 2 lit. b EuErbVO. Ist ein nationaler Erbnachweis bereits erteilt worden und wird nun die Ausstellung eines Europäischen Nachlasszeugnisses **18**

begehrt, verhindert Art. 67 Abs. 1 UAbs. 2 lit. b EuErbVO, dass einander widersprechende Erbnachweise in Umlauf geraten. Nach dieser Bestimmung darf ein Europäisches Nachlasszeugnis insbesondere dann nicht ausgestellt werden, „wenn das Zeugnis mit einer Entscheidung zum selben Sachverhalt nicht vereinbar wäre". Eine solche die Ausstellung des Zeugnisses ausschließende Entscheidung ist beispielsweise die Erteilung eines inhaltlich abweichenden deutschen Erbscheins, da dieser die Merkmale einer „Entscheidung" im Sinne des Art. 3 Abs. 1 lit. g EuErbVO erfüllt (hierzu näher → EuErbVO Art. 67 Rn. 11). Die Ausstellung des Europäischen Nachlasszeugnisses ist jedoch zulässig, wenn das Nachlassgericht gleichzeitig den zuvor erteilten Erbschein von Amts wegen einzieht (s. zur entsprechenden Problematik bei Erteilung inhaltlich nicht übereinstimmender deutscher Erbscheine Keidel/*Zimmermann* FamFG § 352, Rn. 39; BT-Drs. 16/6308, 281). – Ist hingegen ein Europäisches Nachlasszeugnis bereits ausgestellt worden und soll nun ein deutscher Erbschein abweichenden Inhalts erteilt werden, so ist zu unterscheiden: Wurde das Europäische Nachlasszeugnis vom deutschen Nachlassgericht ausgestellt, kann der divergierende Erbschein erteilt werden, sofern das Zeugnis gemäß Art. 71 Abs. 2 EuErbVO geändert bzw. widerrufen wird. Wurde das Zeugnis hingegen von einem Gericht oder einer Behörde in einem anderen Mitgliedstaat ausgestellt, fehlt dem deutschen Nachlassgericht die Kompetenz zur Änderung bzw. zum Widerruf des Zeugnisses. In diesem Fall kommt in Betracht, das Verfahren zur Erteilung des deutschen Erbscheins solange nach § 21 Abs. 1 FamFG auszusetzen, bis die ausländische Ausstellungsbehörde über die Änderung bzw. den Widerruf des Europäischen Nachlasszeugnisses entschieden hat.

19 **bb) Auflösung inhaltlicher Kollisionen.** Tritt trotz der oben beschriebenen „Sicherungsmechanismen" tatsächlich der Fall ein, dass ein Europäisches Nachlasszeugnis und ein nationaler Erbnachweis divergierenden Inhalts gleichzeitig im Umlauf sind, stellt sich die Frage nach den Rechtsfolgen. Zu unterscheiden ist dabei zwischen den Rechtsfolgen für die **inhaltlichen Wirkungen** der betreffenden Erbnachweise einerseits sowie den weiteren **verfahrensrechtlichen Folgen,** also beispielsweise inwiefern die konfligierenden Erbnachweise einzuziehen, zu korrigieren etc. sind.

20 **(1) Folgen für die Rechtswirkungen der konfligierenden Erbnachweise.** Da die EuErbVO zum Fall der inhaltlichen Divergenz zwischen Europäischem Nachlasszeugnis und nationalen Erbnachweisen schweigt, sind die Rechtsfolgen für jedes Instrument gesondert nach seinen eigenen Regeln zu bestimmen. Für das Europäische Nachlasszeugnis ist von folgenden Grundsätzen auszugehen: Soweit das Zeugnis im Widerspruch zum Inhalt eines nationalen Erbnachweises steht, ist seine **Vermutungswirkung gemäß Art. 69 Abs. 2 EuErbVO** aufgehoben (Bonomi/Wautelet/*Wautelet* Art. 62 Rn. 33; MüKoBGB/*Dutta* EuErbVO Art. 62 Rn. 16; NK-BGB/*Nordmeier* EuErbVO Art. 62 Rn. 37; *Schmitz* RNotZ 2017, 269 (287); *Trittner,* 221). Die durch die verschiedenen Erbnachweise bescheinigte Erbrechtslage ist perplex, so dass das Zeugnis seine Beweiskraft verliert: Die Erbrechtslage ist dann ohne Rücksicht auf die konfligierenden Erbnachweise zu prüfen. Ebenso entfällt im Fall der inhaltlichen Divergenz auch die **Legitimationswirkung gemäß Art. 69 Abs 5 EuErbVO.** Hingegen vermag das Zeugnis weiterhin seine **Gutglaubenswirkung gemäß Art. 69 Abs. 3 und 4 EuErbVO** zu entfalten (*Dorth,* 475 f.; MüKoFamFG/*Grziwotz* EuErbVO Art. 69 Rn. 24; NK-BGB/*Nordmeier* EuErbVO Art. 62 Rn. 37; *Omlor* GPR 2014, 216 (220); *Trittner,* 221 f.; *Weidlich* FS Palandt BGB, 53 (63); aA *Dorsel* in Löhnig/Schwab et al., 33 (59 f.); *Schmitz* RNotZ 2017, 269 (287)). Vertraut ein Dritter auf die Richtigkeit des Zeugnisses, gilt dessen Inhalt ihm gegenüber als zutreffend. Anders als zB beim deutschen Erbschein ist nämlich die Gutglaubenswirkung des Europäischen Nachlasszeugnisses nicht von der Vermutungswirkung abhängig (zutreffend MüKoBGB/*Dutta* EuErbVO Art. 62 Rn. 16). Weiß der Dritte allerdings, dass ein nationaler Erbnachweis abweichenden Inhalts zirkuliert, ist er zu **Nachforschungen** darüber gehalten, welcher der divergierenden Erbnachweise zutreffend ist. Kommt er dieser Nachforschungspflicht nicht nach, sondern vertraut „blind" auf die Richtigkeit des Europäischen Nachlasszeugnisses, wird man regelmäßig ein grob fahrlässiges Verhalten iSd Art. 69 Abs. 3 und 4 EuErbVO annehmen müssen, mit der Folge, dass der Gutglaubensschutz entfällt. – Bei den nationalen Erbnachweisen bestimmen sich die Folgen aus der Existenz eines inhaltlich abweichenden Europäischen Nachlasszeugnisses nach dem einschlägigen autonomen Recht. Für den **deutschen Erbschein** gilt Folgendes: In dem Umfang, in dem sich die beiden Instrumente widersprechen, entfällt die **Vermutungswirkung gemäß § 2365 BGB.** Es gelten somit die gleichen Grundsätze wie im Fall der inhaltlichen Divergenz zwischen zwei deutschen Erbscheinen (dazu BGH NJW 1961, 605 (606); NJW-RR 1990, 1159 (1160); MüKoBGB/ *Mayer* § 2365 Rn. 4). Infolgedessen entfällt auch die **Gutglaubenswirkung des Erbscheins gemäß §§ 2366, 2367 BGB,** da diese – wie § 2366 BGB klarstellt – nicht weiterreicht als die Vermutungswirkung gemäß § 2365 BGB (BGH NJW 1961, 605 (606); MüKoBGB/*Grziwotz* § 2365 Rn. 4).

21 **(2) Verfahrensrechtliche Folgen für die divergierenden Erbnachweise.** Wurden die einander widersprechenden Erbnachweise in Deutschland ausgestellt, hat das Nachlassgericht von Amts wegen das unrichtige Instrument zu widerrufen (so bei Unrichtigkeit des Europäischen Nachlasszeugnisses: s. Art. 71 Abs. 2 EuErbVO iVm § 38 IntErbRVG) bzw. einzuziehen (so bei Unrichtigkeit des deutschen

Erbscheins, § 2361 BGB). Stammt das unrichtige Europäische Nachlasszeugnis hingegen aus einem anderen Mitgliedstaat, sind nach Art. 71 Abs. 2 EuErbVO lediglich die Gerichte in dem Ausstellungsstaat für den Widerruf zuständig. Jedoch besteht für das deutsche Nachlassgericht die Möglichkeit, die Behörden im Ausstellungsstaat – zB über das Europäische Justizielle Netz für Zivil- und Handelssachen (→ Rn. 17) – zu informieren und eine Prüfung des Zeugnisses anzuregen.

V. Inlandswirkung des Europäischen Nachlasszeugnisses (Abs. 3 S. 2)

Gemäß Art. 62 Abs. 1 EuErbVO wird das Europäische Nachlasszeugnis „zur Verwendung in einem anderen Mitgliedstaat ausgestellt" (dazu näher → Rn. 2 f.). Art. 62 Abs. 3 S. 1 EuErbVO stellt allerdings klar, dass das Zeugnis nach seiner Erteilung **auch im ausstellenden Mitgliedstaat** wirksam ist. Durch die Vorschrift erfährt die grenzüberschreitende Ausrichtung des Zeugnisses eine erhebliche Relativierung. Angesichts des Ziels des Europäischen Nachlasszeugnisses, eine möglichst unkomplizierte Nachlassabwicklung bei internationalen Erbfällen zu gewährleisten, ist die Wirkungserstreckung auf das Inland eine sinnvolle Regelung: Erben, Vermächtnisnehmer, Testamentsvollstrecker und Nachlassverwalter können mit **einem einzigen Dokument flächendeckend** in der gesamten EU ihre Rechtsstellung und Befugnisse nachweisen. Ohne die Inlandswirkung des Nachlasszeugnisses käme es regelmäßig zu einer Verfahrensdoppelung: Für den Gebrauch im Ausland müsste ein Europäisches Nachlasszeugnis beantragt werden, während daneben für die Verwendung im inländischen Rechtsverkehr die Erteilung eines nationalen Erbnachweises erforderlich wäre. 22

Da das Nachlasszeugnis primär für die Verwendung in einem anderen Mitgliedstaat gedacht ist, kann es im Ausstellungsstaat selbst **keine weitergehenden Wirkungen** erzeugen als in den übrigen Mitgliedstaaten. Dieser Grundsatz ist namentlich für die Frage von Bedeutung, ob die Beweiswirkungen des Zeugnisses auch in solchen Verfahren wie zB Streitigkeiten zwischen Erbprätendenten („Erbsachen") eingreifen können, die nach den Zuständigkeitsregeln der Verordnung grundsätzlich nur in dem Mitgliedstaat geführt werden dürfen, der auch für die Ausstellung des Zeugnisses international zuständig ist. Die Frage ist zu verneinen, da das Zeugnis andernfalls im Ausstellungsstaat mit Wirkungen ausgestattet würde, die es im Ausland gar nicht entfalten könnte (→ EuErbVO Art. 69 Rn. 9). 23

Artikel 63 Zweck des Zeugnisses

(1) **Das Zeugnis ist zur Verwendung durch Erben, durch Vermächtnisnehmer mit unmittelbarer Berechtigung am Nachlass und durch Testamentsvollstrecker oder Nachlassverwalter bestimmt, die sich in einem anderen Mitgliedstaat auf ihre Rechtsstellung berufen oder ihre Rechte als Erben oder Vermächtnisnehmer oder ihre Befugnisse als Testamentsvollstrecker oder Nachlassverwalter ausüben müssen.**

(2) **Das Zeugnis kann insbesondere als Nachweis für einen oder mehrere der folgenden speziellen Aspekte verwendet werden:**

a) die Rechtsstellung und/oder die Rechte jedes Erben oder gegebenenfalls Vermächtnisnehmers, der im Zeugnis genannt wird, und seinen jeweiligen Anteil am Nachlass;

b) die Zuweisung eines bestimmten Vermögenswerts oder bestimmter Vermögenswerte des Nachlasses an die in dem Zeugnis als Erbe(n) oder gegebenenfalls als Vermächtnisnehmer genannte(n) Person(en);

c) die Befugnisse der in dem Zeugnis genannten Person zur Vollstreckung des Testaments oder Verwaltung des Nachlasses.

Übersicht

I. Überblick

1 Die Vorschrift regelt den Verwendungszweck des Nachlasszeugnisses. Abs. 1 definiert den **persönlichen Anwendungsbereich** des Instruments: Er bestimmt, welche erbrechtlich berechtigten Personen vom Zeugnis zum Nachweis ihrer Rechtsstellung Gebrauch machen können. Gleichzeitig stellt der Verordnungsgeber in Abs. 1 – wie schon in Art. 62 Abs. 1 EuErbVO – noch einmal klar, dass das Zeugnis zur Verwendung in einem anderen Mitgliedstaat als dem Ausstellungsstaat bestimmt ist (→ EuErbVO Art. 62 Rn. 2). Abs. 2 wiederum regelt den **sachlichen Anwendungsbereich** des Instruments und legt fest, welche Rechtspositionen der in Abs. 1 genannten erbrechtlich berechtigten Personen im Zeugnis ausgewiesen werden können.

II. Verwendungs- und antragsberechtigte Personen (Abs. 1)

2 Art. 63 Abs. 1 EuErbVO bestimmt den Personenkreis, der das Europäische Nachlasszeugnis verwenden darf. Damit sind die Personen gemeint, deren Rechtsstellung im Zeugnis bescheinigt werden kann.

1. Allgemeine Kriterien zur Bestimmung der verwendungsberechtigten Personen

3 Nach Art. 63 Abs. 1 ist das Zeugnis „zur Verwendung durch Erben, durch Vermächtnisnehmer mit unmittelbarer dinglicher Beteiligung am Nachlass und durch Testamentsvollstrecker oder Nachlassverwalter bestimmt". Diese Begriffe sind, wie auch die übrigen Regelungen zum Europäischen Nachlasszeugnis, im Ausgangspunkt **verordnungsautonom** auszulegen (→ EuErbVO Vorb. Art. 62 Rn. 7). Die Begriffe des Erben, des dinglich berechtigten Vermächtnisnehmers, des Testamentsvollstreckers und des Nachlassverwalters iSd Verordnung sind also nicht mit den entsprechenden Begriffen der lex successionis gleichzusetzen. Erst wenn aufgrund der autonomen Auslegung geklärt ist, welche Merkmale ein am Nachlass Berechtigter aufweisen muss, um als „Erbe", „Vermächtnisnehmer" etc. iSd Verordnung zu gelten, ist in einem **zweiten Schritt** die **lex successionis** zur Beurteilung heranzuziehen, ob eine Person die von der Verordnung geforderte Rechtsposition besitzt und folglich das Zeugnis als Legitimationsnachweis verwenden darf.

4 Der Unionsgesetzgeber hat die Termini des Erben, Vermächtnisnehmers, Testamentsvollstreckers und Nachlassverwalters nicht näher spezifiziert, weder im Definitionskatalog des Art. 3 EuErbVO noch in den Erwägungsgründen (ErwG 47 EuErbVO konkretisiert lediglich den Begriff des „in einer Erbsache Berechtigten" ua unter Verweis auf die „Erben" und „Vermächtnisnehmer", ohne diese Kategorien näher zu erläutern; ausf. zu den Schwierigkeiten bei der Bestimmung dieser Begriffe *Baldus* GPR 2012, 312). In Bezug auf Art. 63 Abs. 1 EuErbVO wird die Auffassung vertreten, der Kreis der verwendungsberechtigten Personen sei in erster Linie mit Blick auf den **Zweck des Zeugnisses** zu konkretisieren (so MüKoBGB/*Dutta* EuErbVO Art. 63 Rn. 3; implizit auch BeckOGK/*J. Schmidt* EuErbVO Art. 63 Rn. 8, die bei der Bestimmung der verwendungsberechtigten Vermächtnisnehmer auf den „Sinn" des Zeugnisses verweist). In diesem Zusammenhang werden zwei zentrale Gesichtspunkte hervorgehoben. Zum einen wird auf die Rechtswirkungen des Zeugnisses nach **Art. 69 EuErbVO** verwiesen. Wie insbesondere aus den Absätzen 3 bis 5 dieser Vorschrift hervorgeht, zielen die Wirkungen des Zeugnisses auf den allgemeinen Rechtsverkehr und nicht auf das interne Verhältnis zwischen den an der Erbauseinandersetzung beteiligten Personen: Das Zeugnis dient als Legitimationsnachweis zum einen gegenüber Behörden, vor allem wenn von Todes wegen erworbene Rechte in öffentliche Register einzutragen sind, sowie zum anderen gegenüber außenstehenden Dritten, an die Nachlassgegenstände veräußert werden oder die ihrerseits an den Nachlass leisten. Daneben wird die (in Art. 62 Abs. 1 EuErbVO geregelte und in Art. 63 Abs. 1 EuErbVO nochmals angesprochene) **grenzüberschreitende Ausrichtung** des Zeugnisses ins Feld geführt: Das Zeugnis ist zur Verwendung außerhalb des Mitgliedstaats gedacht, der gemäß Art. 4 ff. EuErbVO für Entscheidungen in Erbsachen zuständig ist. Verfahren über Ansprüche und Rechte, die im Zusammenhang mit der Erbauseinandersetzung geltend gemacht werden, stellen jedoch gerade „Erbsachen" dar, für die sich die gerichtliche internationale Zuständigkeit aus den Art. 4 ff. EuErbVO ergibt. Möchte also beispielsweise ein Erbe einen Anspruch im Zusammenhang mit einer testamentarischen Teilungsanordnung gemäß § 2148 BGB gegen seine Miterben gerichtlich durchsetzen oder macht ein Vermächtnisnehmer seinen Vermächtnisanspruch gemäß § 2174 BGB gegenüber dem Erben geltend, sind hierfür die Gerichte in dem durch die Art. 4 ff. EuErbVO bezeichneten Mitgliedstaat international zuständig – regelmäßig die Gerichte am letzten gewöhnlichen Aufenthalt des Erblassers (Art. 4 EuErbVO). Entsprechendes gilt für die Austragung von Rechtsstreitigkeiten zwischen verschiedenen Erbprätendenten. Gemäß Art. 64 iVm den Art. 4 ff. BGB sind die Gerichte in demselben Mitgliedstaat auch für die Ausstellung des Europäischen Nachlasszeugnisses zuständig. Da das Zeugnis indessen „zur Verwendung in einem anderen

Mitgliedstaat" bestimmt ist, soll es nach dem gesetzgeberischen Willen offensichtlich dem Legitimationsnachweis in anderen Rechtsbeziehungen dienen als den vorstehend erwähnten (MüKoBGB/*Dutta* EuErbVO Art. 63 Rn. 3). Somit stützt auch die grenzüberschreitende Ausrichtung des Zeugnisses die These, dass das Instrument auf den Gebrauch gegenüber dritten, nicht am Nachlass beteiligten Personen zugeschnitten ist. Aus diesen Überlegungen wird gefolgert, dass die Verwendung des Zeugnisses nur für solche Personen sinnvoll ist, die eine **dingliche, dh auch gegenüber Dritten wirksame Rechtsposition am Nachlass** innehaben. Zu diesem Kreis sind namentlich die Personen zu zählen, die **kraft ihrer erbrechtlichen Stellung zur Verfügung über den Nachlass insgesamt oder über einzelne Nachlassgegenstände gegenüber Dritten berechtigt sind.** In diese Richtung weist auch die Formulierung in Art. 63 Abs. 1 EuErbVO, wonach „Vermächtnisnehmer mit unmittelbarer Berechtigung am Nachlass" zur Verwendung des Zeugnisses befugt sind. Der Unionsgesetzgeber wollte offenbar die Empfänger sog. Damnationslegate, die lediglich einen schuldrechtlichen Anspruch auf den vermachten Gegenstand besitzen, vom Kreis der verwendungsberechtigten Personen ausschließen (die genaue Bedeutung der Formulierung ist im Einzelnen strittig, → Rn. 8 ff.).

2. Die verwendungsberechtigten Personen im Einzelnen

a) Erben. Art. 63 Abs. 1 EuErbVO nennt als Personen, die das Zeugnis zum Nachweis ihrer Rechtstellung verwenden können, an erster Stelle die Erben („heirs", „héritiers", „eredi"). Der „Erbe" iSd Verordnung ist in Abgrenzung zum Begriff des „Vermächtnisnehmers mit unmittelbarer Berechtigung am Nachlass" zu verstehen, der in Art. 63 Abs. 1 EuErbVO ebenfalls erwähnt wird. Aus dieser Zusammenschau ist zu schließen, dass „Erben" diejenigen Begünstigten aus einem Erbfall meint, die nicht nur an einzelnen Nachlassgegenständen, sondern am **gesamten Nachlassvermögen** – oder zumindest einem Bruchteil davon – berechtigt sind (ebenso MüKoBGB/*Dutta* EuErbVO Art. 63 Rn. 5; eine entsprechende Abgrenzung findet sich auch auf Sachrechtsebene in den Erbrechtsordnungen einiger Mitgliedstaaten, s. zB §§ 532, 535 österr. ABGB; Art. 2030 Abs. 2 port. Cc). Diese Merkmale erfüllen beispielsweise die (gesetzlichen oder testamentarischen) **Erben iSd § 1922 Abs. 1 BGB,** ebenso die österreichischen Erben gemäß §§ 532, 535 ABGB (s. allerdings zum Zeitpunkt der Verwendungsberechtigung → Rn. 6), die italienischen „eredi" iSd Art. 470 ff. ital. Cc oder die „herdeiros" gemäß Art. 2030 Abs. 2 port. Cc. Im französischen Recht sind neben den „hèritiers" (Art. 724 franz. Cc) wohl auch der „légataire universel" sowie der „légataire à titre universel" (Art. 1003 bzw. 1010 franz. Cc) als „Erben" iSd EuErbVO anzusehen, da sich ihre jeweilige Berechtigung auf den gesamten Nachlass bezieht (vgl. auch *Baldus* GPR 2012, 312 (313); allerdings kann in der Praxis die genaue Einordnung offen bleiben, da der „légataire universel" wie auch der „légataire à titre universel" jedenfalls als „Vermächtnisnehmer mit unmittelbarer Berechtigung am Nachlass" zur Verwendung des Zeugnisses berechtigt ist, → Rn. 8). Als „Erbe" ist schließlich auch anzusehen, wer durch den Erbfall nicht das Volleigentum, sondern lediglich ein **beschränktes dingliches Recht** am Gesamtnachlass erwirbt. Dies trifft etwa auf das gesetzliche Ehegattenerbrecht nach belgischem oder französischem Recht zu (Art. 915bis § 1 belg. Cc; Art. 757 Alt. 2 franz. Cc), bei dem der überlebende Ehegatte von Todes wegen (ggf. wahlweise) ein Nießbrauchsrecht am gesamten Nachlassvermögen bzw. an einem Bruchteil davon erlangt. 5

Der Unionsgesetzgeber hat in Art. 63 Abs. 1 EuErbVO lediglich im Zusammenhang mit den Vermächtnisnehmern klargestellt, dass das Zeugnis nur Begünstigten **„mit unmittelbarer Berechtigung am Nachlass"** zur Verfügung steht. Offenbar hatte er bei der Formulierung der Vorschrift in erster Linie die Differenzierung zwischen Vindikations- und Damnationslegataren im Blick (s. auch ErwG 47 der EuErbVO) und wollte letzteren die Möglichkeit zur Verwendung des Zeugnisses versagen, da diese lediglich einen schuldrechtlichen Anspruch auf den vermachten Gegenstand besitzen und folglich nicht gegenüber Dritten zur Verfügung über den Gegenstand berechtigt sind (→ Rn. 11). Die gleiche Einschränkung muss jedoch auch für die **Erben** gelten: Ihre Rechtsstellung darf im Zeugnis nur unter der Voraussetzung bescheinigt werden, dass sie aus dem Erbfall eine unmittelbare dingliche, d. h. gegenüber jedermann wirkende, Berechtigung am Nachlass ableiten (MüKoBGB/*Dutta* EuErbVO Art. 63 Rn. 6; jurisPK-BGB/*Kleinschmidt* EuErbVO Art. 63 Rn. 8; *Schmitz* RNotZ 2017, 269 (274); aA *Nordmeier* IPRax 2019, 306 (309)). Dieses Erfordernis beruht auf den oben angestellten Überlegungen (→ Rn. 4), wonach das Zeugnis vom Gesetzgeber als Legitimationsnachweis zu Zwecken der Nachlassabwicklung im Außenverhältnis gegenüber Dritten konzipiert wurde; die Verwendung des Zeugnisses setzt demnach die dingliche Verfügungsberechtigung über den Nachlass voraus. Aus diesen Erwägungen ergeben sich folgende **praktische Folgen.** Bei Geltung eines Erbstatuts, das für den Übergang des Nachlasses die **Erbschaftsannahme** voraussetzt (s. zB Art. 459 ital. Cc, Art. 2050 port. Cc), kann die Erbenposition erst dann im Zeugnis ausgewiesen werden, wenn der Erbe die Erbschaft angenommen hat; denn erst mit diesem Akt ist der Nachlass dem Erben rechtlich zugewiesen (ob die Beantragung eines Europäischen Nachlasszeugnisses durch den Erben eine konkludente Erbschaftsannahme darstellt, ist eine Frage, die vom jeweiligen nationalen Sachrecht beantwortet werden muss). Ähnliche Grundsätze gelten mit Blick auf Universal- und Quotenvermächtnisnehmer nach französischem Recht (zur Erbeneigenschaft dieser 6

Personen → Rn. 5), sofern sie zur Erlangung der Verfügungsbefugnis über den Nachlass einer **„délivrance"** oder einer **Besitzeinweisung** („envoi en possession") bedürfen (→ EuErbVO Art. 23 Rn. 91): Das Zeugnis kann erst nach Vollzug dieser Akte ausgestellt werden. Nach österreichischem Recht ist ein **staatlicher Hoheitsakt** erforderlich, nämlich die sog. **Einantwortung** durch ein Gericht (§ 797, 819 ABGB), damit der Nachlass auf den Erben übergehen kann (→ EuErbVO Art. 23 Rn. 62). Folglich kann die Rechtsstellung als Erbe erst nach der **Einantwortung** im Zeugnis bescheinigt werden (Schauer/Scheuba/*Schauer,* 73 (90)). Besonderheiten sind auch in den Rechtsordnungen des **common law** zu beachten. Hier geht der Nachlass zunächst auf einen sog. „personal representative" des Erblassers über, der entweder testamentarisch bestimmt („executor") oder gerichtlich bestellt („administrator") wird (→ EuErbVO Art. 23 Rn. 69 ff.). Der „personal representative" verteilt den Nachlass dann nach Erfüllung der Nachlassverbindlichkeiten auf die einzelnen Begünstigten, die „beneficiaries". Nach diesem Modell erwirbt nur der „personal representative" durch den Eintritt des Erbfalls eine unmittelbare dingliche Berechtigung am Nachlassvermögen. Die „beneficiaries" besitzen hingegen lediglich einen Anspruch gegenüber dem „personal representative" auf Auskehr des Nachlasses; ihre Rechtsposition ist damit mit der eines kontinentalen Damnationslegatars vergleichbar. Mangels Verfügungsberechtigung über den Nachlass steht ihnen das Europäische Nachlasszeugnis als Legitimationsnachweis nicht zur Verfügung (MüKoBGB/*Dutta* EuErbVO Art. 63 Rn. 6). Dies gilt auch, nachdem der „personal representative" den ihnen zugedachten Erbteil auf sie übertragen hat. In diesem Fall sind die „beneficiaries" zur Verfügung über den Nachlass berechtigt, doch beruht dieser Umstand nicht unmittelbar auf dem Erbfall, sondern auf einem rechtsgeschäftlichen Übertragungsakt inter vivos (zur entsprechenden Problematik im Zusammenhang mit den Empfängern von Damnationslegaten → Rn. 16). Lediglich die Position des „personal representative" in seiner Funktion als „Testamentsvollstrecker" (im Fall des „executors") oder „Nachlassverwalter" (im Fall des „administrator") kann im Zeugnis bescheinigt werden. Auch das **gesetzliche Erbrecht der Abkömmlinge** des Erblassers nach **niederländischem Recht** kann nicht mithilfe des Europäischen Nachlasszeugnisses nachgewiesen werden. Gemäß Art. 4:31 niederl. Burgerlijk Wetboek beschränkt sich nämlich das Erbrecht der Abkömmlinge auf einen (gestundeten) Zahlungsanspruch gegen den überlebenden Ehegatten des Erblassers. Auf diesen allein geht das Nachlassvermögen im Erbfall über, so dass er für die Zwecke des Zeugnisses als Alleinerbe zu behandeln ist (einen rechtsvergleichenden Überblick über die verschiedenen Formen des Nachlassübergangs bieten etwa *J. P. Schmidt* ZEV 2014, 455, und *Wenckstern,* Erbschaftsannahme/-ausschlagung, in Basedow/Hopt/Zimmermann (Hrsg.), Handwörterbuch des Europäischen Privatrechts, 425 ff.).

7 Zur Verwendung des Zeugnisses berechtigte „Erben" iSd Verordnung sind auch **Pflichtteilsberechtigte,** sofern sie – wie in den meisten romanischen Rechtsordnungen – unmittelbar **dinglich** am Nachlassvermögen partizipieren; dies gilt nicht für die Pflichtteilsberechtigten nach den §§ 2303 ff. BGB, da diese lediglich schuldrechtlich berechtigt sind (s. § 2317 BGB). Auf dem Zeugnis kann ferner die Rechtsstellung als **Vorerbe** für den Zeitraum der Vorerbschaft bescheinigt werden; dabei sind die Verfügungsbeschränkungen des Vorerben gemäß Art. 68 lit. n EuErbVO auf dem Zeugnis anzugeben (*Schmitz* RNotZ 2017, 269 (275)). Beim **Nacherben** ist zu differenzieren: Unproblematisch ist die Bescheinigung der Rechtsposition des Nacherben nach dem Eintritt der Nacherbfolge. Fraglich ist jedoch, ob der Nacherbe auch schon während der Vorerbschaft die Ausstellung des Zeugnisses beantragen darf. Zwar ist dieser in diesem Zeitraum gemäß § 2100 BGB noch nicht Erbe iSd § 1922 BGB, da der Nachlass allein dem Vorerben zugewiesen ist. Jedoch ist die Aussicht des Nacherben auf die Erbschaft derart gefestigt, dass seine rechtliche Position nach hM die Qualität eines Anwartschaftsrechts aufweist, das veräußert, vererbt und gepfändet werden kann (MüKoBGB/*Grunsky* § 2100 Rn. 334 ff.; Burandt/Rojahn/*Lang,* § 2100 Rn. 14). Mit Blick auf dieses Anwartschaftsrecht steht dem Nacherben auch schon vor dem Nacherbfall eine unmittelbare dingliche Berechtigung am Nachlass zu, die im Zeugnis ausgewiesen werden kann (so im Ergebnis auch MüKoBGB/*Dutta* EuErbVO Art. 63 Rn. 7).

8 **b) Vermächtnisnehmer mit unmittelbarer dinglicher Berechtigung.** Art. 63 Abs. 1 Alt. 2 EuErbVO nennt als weitere Personen, die zur Verwendung des Zeugnisses befugt sind, die „Vermächtnisnehmer mit unmittelbarer Berechtigung am Nachlass".

9 **aa) Begriff.** Im Schrifttum wird vereinzelt die Ansicht vertreten, Art. 63 Abs. 1 Alt. 2 EuErbVO beziehe sich nur auf solche Vermächtnisnehmer, die nicht nur an einem einzelnen Nachlassgegenstand, sondern am Nachlassvermögen als Ganzem – in vollem Umfang oder quotal – berechtigt sind (*Süß* ZEuP 2013, 725, (744) unter Verweis auf ErwG 47 S. 3 EuErbVO, wo davon die Rede ist, dass der Vermächtnisnehmer in einigen Rechtsordnungen einen „unmittelbaren Anteil am Nachlass" erhalten kann). Letztere Merkmale erfüllen insbesondere die **„légataires universel"** und die **„légataires à titre universel"** gemäß Art. 1003 bzw. 1010 franz. Cc; Universalvermächtnisse existieren auch im rumänischen Erbrecht gemäß Art. 1055 rum. Codul Civil.

Überwiegend wird jedoch die Auffassung vertreten, mit dem Begriff seien die **Empfänger sog. Vindikationslegate** gemeint (*Buschbaum/Simon* ZEV 2012, 525 (527); *Dorsel/Schall* GPR 2015, 36 (40); MüKoBGB/*Dutta* EuErbVO Art. 63 Rn. 9; *Gärtner,* 164; *Goossens* ERPL 2017, 523 (541);

MüKoFamFG/*Grziwotz* Art. 63 Rn. 6; *Kleinschmidt* RabelsZ 77 (2013), 723 (759 ff.); BeckOGK/*J. Schmidt* EuErbVO Art. 63 Rn. 8; *J. P. Schmidt* RabelsZ 77 (2013), 1 (29); *Schmitz* RNotZ 2017, 269 (276); *Traut* ZVglRWiss 2016, 358 (373); Bonomi/Wautelet/*Wautelet* Art. 63 Rn. 8; vgl. ferner die Regierungsbegründung zum IntErbRVG, BR-Drs. 644/14, 58). Das **Vindikationslegat,** das vor allem in den romanischen Rechtsordnungen, aber auch im griechischen (Art. 1996 griech. ZGB) und neuerdings im polnischen Recht (Art. 981 ff. pol. ZGB) anerkannt ist, stellt ein Vermächtnis mit dinglicher Wirkung dar: Der Begünstigte erwirbt infolge des Erbfalls den vermachten Nachlassgegenstand unmittelbar ex lege im Wege der Einzelrechtsnachfolge (näher zum Begriff und verschiedenen Erscheinungsformen des Vindikationslegats *Leitzen* ZEV 2018, 311 f.). Je nach Rechtsordnung tritt der Rechtsübergang auf den Vindikationslegatar nicht stets direkt mit dem Tod des Erblassers ein (Vonselbsterwerb); teilweise müssen weitere materiell- bzw. verfahrensrechtliche Elemente wie eine Besitzeinweisung oder eine Registereintragung hinzukommen (→ Rn. 16). Wenn in diesem Zusammenhang also von einem „unmittelbaren" Rechtserwerb gesprochen wird, dann ist dies in dem Sinne zu verstehen, dass dem Vermächtnisnehmer der vermachte Gegenstand unmittelbar aus dem Nachlass ohne Zwischenerwerb weiterer Personen (zB der Erben) zufällt. Das Vindikationslegat bildet somit das **Gegenmodell zum Damnationslegat,** das dem Bedachten lediglich einen schuldrechtlichen Anspruch gegen den Nachlass einräumt und beispielsweise den §§ 2147 ff. BGB zugrunde liegt. Die oben erwähnten Empfänger von **Universal-** und **Quotenvermächtnissen** (→ Rn. 5) erfüllen hingegen die Merkmale von **Erben** iSd Art. 63 Abs. 1 Alt. 1 EuErbVO, da sich ihre Berechtigung auf das gesamte Nachlassvermögen und nicht nur auf einzelne Gegenstände daraus bezieht (→ Rn. 5). Als Vermächtnisnehmer iSd Art. 63 Abs. 1 Alt. 2 EuErbVO ist ferner der Empfänger eines **Legalnießbrauchs** anzusehen, sofern das Nutzungsrecht auf **einzelne Nachlassgegenstände** bezogen ist und dem Berechtigten unmittelbar durch den Erbfall erwächst. So verhält es sich zB im italienischen Recht mit dem überlebenden Ehegatten des Erblassers, der nach Art. 540 Abs. 2 ital. Cc kraft Gesetzes ein Nutzungsrecht an der ehelichen Wohnung und den Hausratsgegenständen erwirbt. Allerdings ist der überlebende Ehegatte zusätzlich gemäß Art. 540 Abs. 1 ital. Cc gesetzlicher Erbe bzw. dinglich pflichtteilsberechtigt und aus diesem Grund bereits gemäß Art. 63 Abs. 1 Alt. 1 EuErbVO zur Verwendung des Zeugnisses befugt, so dass es auf seine Einordnung als dinglich berechtigter Vermächtnisnehmer nicht ankommt (zur Möglichkeit, die konkreten Nachlassgegenstände im Zeugnis auszuweisen, an denen der Legalnießbrauch besteht → Rn. 38). Vermächtnisnehmern nach deutschem Recht steht in Ermangelung einer unmittelbaren Berechtigung am Nachlass das Europäische Nachlasszeugnis nicht zur Bescheinigung ihrer Rechtsposition zur Verfügung; etwas anderes gilt nur für den mit einem **Vorausvermächtnis bedachten alleinigen Vorerben,** bei dem das Vermächtnis ausnahmsweise unmittelbar dingliche Wirkung entfaltet (*Schmitz* RNotZ 2017, 269 (276); vgl. auch BGH NJW 1960, 959 (960); allgemein zur Antragsberechtigung des Vorerben → Rn. 7).

10 Die hM, wonach mit „Vermächtnisnehmer mit unmittelbarer Berechtigung am Nachlass" in erster Linie die Empfänger von Vindikationslegaten gemeint sind, findet vor allem im **Telos** und in der **Entstehungsgeschichte** der Norm eine Stütze. Zunächst steht diese Ansicht mit dem **Zweck des Zeugnisses** im Einklang. Für den Vindikationslegatar besteht nämlich im Rechtsverkehr ein ähnliches Bedürfnis nach einem Legitimationsnachweis wie für einen Erben. Die Position des Vindikationslegatars ist insofern mit der eines Erben vergleichbar, als er den vermachten Gegenstand mit dem Erbfall unmittelbar ex lege und meist ohne besondere Übertragungs- und Publizitätsakte erwirbt. Bei eintragungspflichtigen Rechten ist er darauf angewiesen, seine Rechtsstellung vor den registerführenden Behörden zu belegen. Ebenso wird er regelmäßig einen Nachweis seiner Verfügungsberechtigung benötigen, wenn er den vermachten Gegenstand an Dritte zu veräußern beabsichtigt.

11 Die **Gesetzgebungshistorie** legt ein solches Verständnis ebenfalls nahe. Nach den Art. 36 Abs. 1 und Art. 37 Abs. 1 des Kommissionsvorschlags zur Verordnung sollte noch jeglicher „Vermächtnisnehmer" zur Verwendung des Zeugnisses berechtigt sein. Die fehlende Differenzierung zwischen dinglich und schuldrechtlich berechtigten Vermächtnisnehmern war allerdings auf Kritik im Schrifttum gestoßen (vgl. etwa *MPI* RabelsZ 74 (2010), 522 (693 f.)). So wurde eingewandt, die Bescheinigung der Stellung als Damnationslegatar im Zeugnis könnte leicht zu Missverständnissen im Rechtsverkehr führen, da der Anschein erweckt würde, als ob der Damnationslegatar über den vermachten Gegenstand verfügungsbefugt wäre. Im Gesetzgebungsverfahren griff der Rat diese Bedenken auf (s. Ratsdokument Nr. 16877/11, 2). In den Beratungen wurde vorgeschlagen, das Recht zur Beantragung des Zeugnisses allein „Vermächtnisnehmer[n], die unmittelbare Ansprüche an dem Nachlass haben", vorzubehalten (Ratsdokument Nr. 17068/11, 48). Der angenommene Verordnungstext folgt diesem Vorschlag, wenngleich er eine etwas abweichende Formulierung verwendet („Vermächtnisnehmer mit unmittelbarer Berechtigung am Nachlass"; „legatees having direct rights in the succession"; „légataires ayant des droits directs à la succession"; hingegen folgt der Text des Formblatts zur Beantragung des Zeugnisses in der Durchführungsverordnung 1329/2914 weitgehend der Formulierung des oben zitierten Ratsdokuments und spricht von einem Vermächtnisnehmer, „der unmittelbare Ansprüche aus dem Nachlass hat".). Dass der Unionsgesetzgeber mit dem Begriff des unmittelbar berechtigten Vermächtnisnehmers hauptsächlich den Vindikationslegatar im Blick hatte und diesen vom nur schuldrechtlich berechtigten Damnations-

legatar abgrenzen wollte, bestätigt im Übrigen auch ErwG 47 EuErbVO, in dem es heißt: „[A]llerdings ist beispielsweise die Rechtsstellung der Vermächtnisnehmer nicht in allen Rechtsordnungen die gleiche. In einigen Rechtsordnungen kann der Vermächtnisnehmer einen unmittelbaren Anteil am Nachlass erhalten, während nach anderen Rechtsordnungen der Vermächtnisnehmer lediglich einen Anspruch gegen die Erben erwerben kann". Offensichtlich spielt der Wortlaut des Art. 63 Abs. 1 EuErbVO auf diese Unterscheidung an.

11a Schließlich scheint auch der **EuGH** der hM zuzuneigen. In seinem Urteil in der Rechtssache **Kubicka** geht der Gerichtshof offenbar ohne weiteres davon aus, dass die Rechtsposition von Vindikationslegataren nach polnischem Recht im Europäischen Nachlasszeugnis bescheinigt werden kann (EuGH 12.10.2017 – Rs. C-218/16, NJW 2017, 3767 Rn. 59f. – Kubicka). Damit lehnt er implizit die Gegenauffassung ab, wonach Art. 63 Abs. 1 Alt. 2 EuErbVO nur die Empfänger von Universal- bzw. Quotenvermächtnissen erfasst.

12 **bb) Einfluss des Sachenrechtsstatuts und des Registervorbehalts auf die Position des Vermächtnisnehmers.** Bei Inkrafttreten der EuErbVO war die Frage umstritten, ob die unmittelbare dingliche Wirkung von Vindikationslegaten auch dann eintreten kann, wenn das für den vermachten Gegenstand maßgebende Vermögensrechtsstatut (bei Sachen regelmäßig das Belegenheitsrecht) keine dinglich wirkenden Vermächtnisse kennt. In Deutschland vertrat der **BGH** im Rahmen des **autonomen Erbkollisionsrechts der Art. 25 ff. EGBGB a. F.** die Auffassung, dass ausländische Vindikationslegate über im Inland belegene Sachen in Damnationslegate umzudeuten seien (BGH NJW 1995, 58; einen Überblick über die Literatur bietet *J. P. Schmidt* RabelsZ 77 (2013), 1 (5)): Ein unmittelbarer Erwerb des Einzelgegenstands von Todes wegen war damit ausgeschlossen. Die Problematik ist insbesondere auch für das **Nachlasszeugnis** und seine **Effektivität** von Relevanz. Sollte nämlich die vom BGH vertretene Ansicht auch unter der Geltung der EuErbVO weiterhin Bestand haben, hieße das, dass die Ausstellungsbehörden bei der Erteilung des Nachlasszeugnisses an einen Vermächtnisnehmer nicht allein die Wirkungen des Vermächtnisses nach dem Erbstatut betrachten dürften, sondern darüber hinaus auch prüfen müssten, ob das Vermögensrechtsstatut die dingliche Vermächtniswirkung anerkennt; andernfalls ist der Vermächtnisnehmer nicht unmittelbar iSd Art. 63 Abs. 1 Alt. 2 EuErbVO am Nachlass berechtigt, so dass für ihn kein Zeugnis ausgestellt werden kann.

13 Der **EuGH** hat nunmehr in der Rechtssache **Kubicka** entschieden, dass sich die Wirkungen eines Vindikationslegats **allein** nach dem maßgeblichen **Erbstatut** beurteilen, ohne dass es auf ihre Anerkennung durch das Sachenrechtsstatut ankommt (EuGH 12.10.2017 – Rs. C-218/16, NJW 2017, 3767 – Kubicka; diesem Grundsatz folgend OLG Saarbrücken FamRZ 2019, 1569; OLG Köln ZEV 2020, 218 Rn. 11; OLG München ZEV 2020, 233 Rn. 33; OLG München BeckRS 2020, 25421 Rn. 24; ebenso bereits zuvor österr. OGH 29.8.2017 – 5 Ob 108/17v, IPRax 2019, 62 Rn. 7). Zur Begründung verweist der Gerichtshof darauf, dass die Frage, ob der Vermächtnisnehmer den vermachten Gegenstand unmittelbar im Wege der Einzelrechtsnachfolge aus dem Nachlass erwirbt oder ob ihm lediglich ein schuldrechtlicher Anspruch gegen die Erben auf Übertragung des Gegenstands zusteht, allein den **Modus des Rechtserwerbs von Todes wegen** betrifft. Die Modalitäten des Übergangs des Nachlasses bzw. einzelner Nachlassgegenstände richte sich indessen nach dem Erbstatut, wie auch Art. 23 Abs. 2 lit. e EuErbVO klarstelle. Nach **Art. 1 Abs. 2 lit. k EuErbVO** sei lediglich die **„Art der dinglichen Rechte"** aus dem Geltungsbereich der Verordnung ausgenommen. Das Sachenrechtsstatut stehe folglich einem Rechtserwerb von Todes wegen nach dem Erbstatut nur dann entgegen, wenn das zu erwerbende Recht seinem Inhalt nach der anwendbaren Sachenrechtsordnung unbekannt sei. Im konkreten Fall ging es um ein polnisches Vindikationslegat über einen Miteigentumsanteil an einem Grundstück in Deutschland. Da die Figur des Miteigentums dem deutschen Recht nicht unbekannt ist, konnte das Vindikationslegat nach Auffassung des EuGH seine Wirkungen ohne Modifikationen durch das Sachenrechtsstatut entfalten. Gleiches muss mit Blick auf einen **Legalnießbrauch an Einzelgegenständen** (→ Rn. 9) gelten, da ein Recht dieses Inhalts auch in der deutschen Sachenrechtsordnung existiert (*Kleinschmidt* LMK 2018, 403371).

14 Darüber hinaus hat der Gerichtshof in demselben Urteil entschieden, dass die dingliche Wirkung eines Vindikationslegats auch nicht auf der Grundlage des **Registervorbehalts** des **Art. 1 Abs. 2 lit. l EuErbVO** eingeschränkt werden darf. Im deutschen Schrifttum war die Ansicht verbreitet, dass die Umdeutung eines Vindikationslegats über ein inländisches Grundstück in ein Damnationslegat und das daraus resultierende Erfordernis der Auflassung des vermachten Grundstücks an den Vermächtnisnehmer dem Schutz der Integrität des Grundbuchs diene (*Buschbaum/Simon* ZEV 2012, 525 (529); *Döbereiner* NJW 2015, 2449 (2452f.); Dutta/Herrler/*Hertel,* Die Europäische Erbrechtsverordnung 85 (99f.); *Simon/Buschbaum* NJW 2012, 2393 (2394); *Wilsch* ZEV 2012, 530; vgl. auch *Weber* DNotZ 2018, 16 (21)). Der EuGH weist diese Auffassung zurück: Art. 1 Abs. 2 lit. l EuErbVO beziehe sich nur auf die registerrechtlichen Voraussetzungen für die Eintragung von Rechten sowie auf die rechtlichen Wirkungen einer solchen Eintragung, nicht jedoch auf die „Voraussetzungen, unter denen solche Rechte erworben werden" (EuGH 12.10.2017 – Rs. C-218/16, NJW 2017, 3767 Rn. 54 – Kubicka). Diese Begründung wird zu Recht als allzu lapidar und formalistisch kritisiert (so *Döbereiner* FamRZ 2017,

2060 (2061); *Kleinschmidt* LMK 2018, 403371; *Weber* DNotZ 2018, 16 (20 ff.)). Entscheidend dürfte folgender Gesichtspunkt sein: ErwG 19 EuErbVO ist zu entnehmen, dass die Frage, ob der Erwerb von Todes wegen eines registerpflichtigen Rechts eine Registereintragung voraussetzt, vom Recht des Registerstaats und nicht vom Erbstatut abhängen sollte. Damit soll die Funktion etwaiger **konstitutiver Eintragungserfordernisse** im Recht der Mitgliedstaaten gewahrt werden (ebenso *Dorth* ZEV 2018, 11 (12); *Thorn/Lasthaus* IPRax 2018, 24 (27). Diese zielen darauf, die Registerpublizität zu erhöhen, indem ein Rechtserwerb „am Register vorbei" ausgeschlossen wird. Typischerweise erfassen solche konstitutiven Eintragungserfordernisse sämtliche Tatbestände des Erwerbs von Todes wegen, gleich ob sie auf Erbschaft (Universalsukzession) oder auf Vindikationslegaten (Singularsukzession) beruhen (vgl. zB Art. 2648 ital. Cc oder Art. 1193, 1198 griech. ZGB). In Deutschland hingegen erwirbt der Erbe dingliche Rechte an Grundstücken „am Grundbuch vorbei". Die Eintragung ins Grundbuch ist für den Erwerb von Todes wegen mit anderen Worten nicht konstitutiv (vgl. auch *Goossens* ERPL 2017, 523 (546 ff.); *Konvalin,* 134; *Thorn/Lasthaus* IPRax 2018, 24 (28)). Vor diesem Hintergrund stellt die Publizität des Grundbuchs keinen validen Grund dar, der dinglichen Wirkung ausländischer Vindikationslegate über inländische Grundstücke die Anerkennung zu versagen (in diesem Sinne auch *Kleinschmidt* LMK 2018 403371; *J. P. Schmidt* EPLJ 2018, 4 (23); abl. *Weber* DNotZ 2018, 16 (22)).

Der Gerichtshof stützt seine Meinung, wonach für die dingliche Wirkung eines Vindikationslegats allein das Erbstatut maßgeblich ist und es nicht auf eine Anerkennung durch das Recht des Belegenheitsortes bzw. des Registerstaats des vermachten Gegenstands ankommt, vor allem auf das **Prinzip der Nachlasseinheit,** das die EuErbVO beherrscht (s. ErwG 37 EuErbVO). In der Tat wäre dieser Grundsatz gefährdet, wenn ein Vindikationslegat, je nach Lageort der vermachten Sache im Zeitpunkt des Erbfalls, dingliche oder nur schuldrechtliche Wirkung entfaltete. Als weiteres Argument führt der EuGH die **Effektivität des Europäischen Nachlasszeugnisses** ins Feld. Die Beweiswirkung des Zeugnisses gemäß Art. 69 Abs. 2 EuErbVO wäre beeinträchtigt, wenn darin die Verfügungsberechtigung des Vindikationslegatars über den vermachten Gegenstand bescheinigt würde (dazu → Rn. 10), der Vindikationslegatar in Wirklichkeit jedoch nur einen schuldrechtlichen Anspruch auf den Nachlassgegenstand besäße, weil das anwendbare Sachen- bzw. Registerrecht der dinglichen Wirkung des Vermächtnisses die Anerkennung versagten (EuGH 12.10.2017 – Rs. C-218/16, NJW 2017, 3767 Rn. 60 f. – Kubicka). Dem Gerichtshof ist allerdings entgegenzuhalten, dass in einem solchen Fall die Ausstellungsbehörde schon gar kein Zeugnis an den Vermächtnisnehmer erteilen dürfte, weil diesem die unmittelbare Berechtigung am Nachlass iSd Art. 63 Abs. 1 EuErbVO fehlt. Gleichwohl bleibt der Hinweis auf die gefährdete Effektivität des Nachlasszeugnisses zutreffend: Das Ausstellungsverfahren würde nämlich erheblich aufwändiger und fehleranfälliger, wenn die zuständigen Behörden zunächst das (ausländische) Recht des Belegenheitsortes bzw. des Registerstaats konsultieren und untersuchen müssten, ob die dingliche Wirkung des Vindikationslegats anerkannt wird. **14a**

Klarzustellen bleibt schließlich, dass die vom Gerichtshof in der Rechtssache Kubicka getroffene Abgrenzung zwischen Erb- und Vermögensrechtsstatut auch nicht dadurch verwischt werden darf, dass die Vorschriften am Belegenheitsort des vermachten Nachlassgegenstands, die die Modalitäten des Rechtserwerbs von Todes oder die Voraussetzungen seiner Eintragung in ein Register regeln, als **Eingriffsnormen iSv Art. 30 EuErbVO** zur Anwendung gebracht werden (vgl. in diesem Sinne auch OLG Nürnberg ZEV 2018 Rn. 9). Solche Vorschriften erfüllen nämlich nicht die – eng auszulegenden (→ EuErbVO Art. 30 Rn. 3) – Merkmale international zwingender Normen, die gemäß Art. 30 EuErbVO auf den Schutz wirtschaftlicher, familiärer oder sozialer Interessen gerichtet sein müssen. **14b**

cc) Weitere Einzelheiten. Folgt man der hier befürworteten Auslegung des Art. 63 Abs. 1 Alt. 2 EuErbVO, wonach sich der Begriff der „Vermächtnisnehmer mit unmittelbarer Berechtigung am Nachlass" auf die Empfänger von Vindikationslegaten bezieht, gilt es folgende Einzelheiten zu beachten: **15**

Wie beim Erben (→ Rn. 6) gilt auch für den Vindikationslegatar, dass seine Rechtsstellung erst dann im Europäischen Nachlasszeugnis bescheinigt werden kann, wenn er die Verfügungsberechtigung über den ihm zugewendeten Gegenstand gegenüber Dritten erlangt hat. Sind demzufolge nach dem maßgebenden nationalen Recht bestimmte **Vollzugs- oder sonstige Zwischenhandlungen** für die Erlangung der Verfügungsbefugnis erforderlich, kann dem Vermächtnisnehmer das Zeugnis nur ausgestellt werden, wenn die betreffenden Akte ausgeführt wurden (*Bandel* MittBayNot 2018, 99 (105); *Leitzen* ZEV 2018, 311 (314)). Dieser Grundsatz ist etwa für den Empfänger eines Stückvermächtnisses nach französischem Recht („legs à titre particulier") bedeutsam, da dieser gemäß Art. 1014 Abs. 2 franz. Cc erst mit der „délivrance" – also der Besitzeinweisung durch den Erben – die Verfügungsberechtigung über den vermachten Gegenstand erwirbt (→ EuErbVO Art. 23 Rn. 68). Hängt hingegen die Verfügungsberechtigung des Vermächtnisnehmers von der **Eintragung des zugewendeten Rechts in ein Register** ab (→ Rn. 14), kann die Berechtigung des Vermächtnisnehmers schon vor der Registereintragung im Zeugnis bescheinigt werden (anders *Dorth* ZEV 2018, 11 (13)). Dies ergibt sich daraus, dass es sich bei der Registereintragung des Begünstigten um keine erbrechtliche, sondern um eine sachen- bzw. registerrechtliche Voraussetzung für die Erlangung der Verfügungsbefugnis über den Nachlassgegenstand handelt. Diese fallen gemäß Art. 1 Abs. 2 lit. l EuErbVO außerhalb des Anwendungsbereichs **16** der Verordnung und nehmen folglich an der Beweiswirkung des Zeugnisses von vornherein nicht teil (s. ErwG 71 S. 3 EuErbVO). Darüber hinaus wäre die Verweigerung der Zeugnisausstellung vor der Registereintragung auch deswegen sinnwidrig, da eine wichtige Funktion des Zeugnisses gemäß Art. 69 Abs. 5 EuErbVO gerade darin besteht, die Registereintragung herbeizuführen. Schließlich ist klarzustellen, dass dem Empfänger eines **Damnationslegats** (zB einem Vermächtnisnehmer nach den §§ 2147 ff. BGB) das Europäische Nachlasszeugnis zum Nachweis seiner Rechtsstellung auch dann nicht zur Verfügung steht, wenn sein Vermächtnisanspruch erfüllt und ihm der zugedachte Gegenstand von dem Beschwerten übertragen wurde; denn seine (dingliche) Berechtigung an dem Gegenstand beruht in diesem Fall nicht auf einem Erwerb von Todes wegen, sondern auf einem Übertragungsgeschäft unter Lebenden, das außerhalb des Regelungsbereichs der EuErbVO fällt (*Dorsel* in Löhnig/Schwab et al., 33 (61); MüKoBGB/*Dutta* EuErbVO Art. 63 Rn. 9). Ebenso wenig ist die Rechtsposition des Damnationslegatars im Europäischen Nachlasszeugnis eintragungsfähig, wenn der vermachte Gegenstand in einem Staat belegen ist, dessen Rechtsordnung Vermächtnissen dingliche Wirkung beimisst: Da die Modalitäten des Erwerbs des vermachten Gegenstands allein vom Erbstatut abhängen (→ Rn. 13), kommt dem Damnationslegat auch in einem solchen Fall keine dingliche Wirkung zu (anders *Döbereiner* ZEV 2015, 559 (562) in Bezug auf registerpflichtige Gegenstände, da hier nach seiner Auffassung das Vermögensrechtsstatut Vorrang vor dem Erbstatut genießt). Der Vermächtnisnehmer muss erst die Erfüllung des Vermächtnisses verlangen, um am Nachlassgegenstand dinglich berechtigt zu sein.

17 **c) Testamentsvollstrecker und Nachlassverwalter.** Art. 63 Abs. 1 EuErbVO nennt schließlich als weitere zur Verwendung des Zeugnisses berechtigte Personen den „Testamentsvollstrecker" sowie den „Nachlassverwalter". Das Europäische Nachlasszeugnis entspricht somit in seiner Funktion nicht nur einem deutschen Erbschein nach den §§ 2353 ff. BGB, sondern auch einem Testamentsvollstreckerzeugnis im Sinne des § 2368 BGB. Schon das **Haager Nachlassverwaltungsübereinkommen von 1973** hatte das Ziel verfolgt, einen einheitsrechtlichen Legitimationsnachweis für Nachlassverwalter in internationalen Erbfällen einzuführen. Dem Übereinkommen war allerdings nur geringer Erfolg beschieden: Es trat lediglich in drei Staaten (Tschechien, Portugal, Slowakei) in Kraft.

18 Die Begriffe des **„Testamentsvollstreckers"** und des **„Nachlassverwalters"** sind, ebenso wie die übrigen in Art. 63 Abs. 1 EuErbVO verwendeten Termini, **verordnungsautonom** auszulegen. Weder in der Verordnung selbst noch in den Gesetzgebungsmaterialien findet sich eine Definition der beiden Begriffe. Aus den Wirkungen des Zeugnisses – insbesondere aus der Gutglaubensfunktion gemäß Art. 69 Abs. 3 und 4 EuErbVO – lässt sich jedoch folgern, dass es sich bei Testamentsvollstreckern und Nachlassverwaltern um Personen handeln muss, die zur **Verfügung über den Nachlass oder einzelne Nachlassgegenstände sowie zur Einziehung von Nachlassforderungen berechtigt** sind, ohne „Erben" oder „Vermächtnisnehmer mit unmittelbarer Berechtigung am Nachlass" im Sinne des Art. 63 Abs. 1 EuErbVO zu sein. Die Terminologie in der englischen Sprachfassung, in der von „executors of wills or administrators of estates" die Rede ist, deutet zudem darauf hin, dass mit dem Begriff des „Testamentsvollstreckers" Personen gemeint sind, die vom Erblasser selbst zur Abwicklung des Nachlasses bestimmt sind (zB auf Grundlage eines Testaments), während „Nachlassverwalter" gesetzlich oder gerichtlich bestellte Personen meint, die mit der Nachlassverwaltung betraut sind (BeckOGK/*J. Schmidt* EuErbVO Art. 63 Rn. 9).

19 Aus dem vorstehend Gesagten ergibt sich, dass etwa der **Testamentsvollstrecker** nach den §§ 2197 ff. BGB sowie der **Nachlasspfleger** gemäß §§ 1960, 1961 BGB (s. auch *Margonski*, Grenzüberschreitende Tätigkeit des Nachlasspflegers in deutsch-polnischen Nachlasssachen, 2013, 186) die Merkmale eines „Testamentsvollstreckers" bzw. „Nachlassverwalters" im Sinne von Art. 63 Abs. 1 EuErbVO erfüllen (OLG Schleswig ZEV 2018, 340; *Zimmermann* Rpfleger 2017, 2). Gleiches gilt für Personen, die auf Grundlage einer vom Erblasser errichteten **postmortalen Vollmacht** über den Nachlass verfügen dürfen (MüKoBGB/*Dutta* Art. 63 Rn. 10; Schauer/Scheuba/*Schauer*, 73 (84)). Ob auch die Stellung als **Nachlassverwalter** im Sinne des § 1975 BGB oder als **Nachlassinsolvenzverwalter** im Europäischen Nachlasszeugnis bescheinigt werden kann, hängt wiederum davon ab, ob die Institute der Nachlassverwaltung bzw. der Nachlassinsolvenz in den Anwendungsbereich der EuInsVO fallen (→ EuErbVO Art. 76 Rn. 2 ff.). Dies wird man jedenfalls bei der **Nachlassinsolvenz** bejahen müssen, so dass dieses Verfahren gemäß Art. 76 EuErbVO vorrangig der EuInsVO und damit auch einem separaten Regime von Zuständigkeitsregelungen unterliegt. Die Anwendung der Bestimmungen zum Europäischen Nachlasszeugnis könnte zu Friktionen mit den Regelungen der EuInsVO führen, so dass die Ausstellung des Zeugnisses für den Nachlassinsolvenzverwalter **abzulehnen** ist. Mit Blick auf ausländische Erbrechtsordnungen ist insbesondere zu erwähnen, dass der **personal representative** in den Jurisdiktionen des common law die Merkmale eines Testamentsvollstreckers bzw. Nachlassverwalters im Sinne von Art. 63 Abs. 1 EuErbVO erfüllt und folglich zur Beantragung eines Zeugnisses berechtigt ist. Das Antragsrecht des personal representative ist von besonderer Relevanz, da der Nachlass in den angesprochenen Rechtsordnungen bei Eintritt des Erbfalls nicht unmittelbar auf die Erben („beneficiaries") übergeht, so dass letzteren das Zeugnis nicht als Legitimationsnachweis zur Verfügung steht (→ Rn. 6). Die Frage, ob der personal representative als „Erbe" im Sinne der EuErbVO anzusehen ist

(→ EuErbVO Art. 23 Rn. 77 f.), kann für die Zwecke des Nachlasszeugnisses regelmäßig offen bleiben, da Art. 63 Abs. 1 EuErbVO das Recht zur Verwendung des Zeugnisses den Erben sowie den Testamentsvollstreckern und Nachlassverwaltern gleichermaßen einräumt. In beiden Fällen müssten die konkreten Befugnisse des personal representative gemäß den Anforderungen des Art. 68 lit. n bzw. lit. o EuErbVO im Zeugnis vermerkt werden, so dass es im Ergebnis keinen Unterschied macht, ob das Zeugnis in der Funktion als Erbe oder als Testamentsvollstrecker bzw. Nachlassverwalter beantragt wird.

d) Keine weitere verwendungsberechtigte Personen. Art. 63 Abs. 1 EuErbVO enthält eine **abschließende Aufzählung** der zur Verwendung des Zeugnisses berechtigten Personen, dh im Zeugnis darf nur die Stellung als Erbe, Vindikationslegatar, Testamentsvollstrecker oder Nachlassverwalter bescheinigt werden. Die Vorschrift regelt hingegen nicht die Frage, ob weitere Personen wie zB Nachlassgläubiger oder Erbeserben an Stelle der in Art. 63 Abs. 1 EuErbVO genannten Personen ein Zeugnis beantragen dürfen. Diese Frage ist im Kontext des Art. 65 Abs. 1 EuErbVO zu erörtern, der sich speziell mit dem **Antragsrecht** befasst. 20

III. Einzelne mithilfe des Zeugnisses nachweisbare Aspekte (Abs. 2)

Art. 63 Abs. 2 ErbVO beschreibt, welche **Rechtspositionen** und **Befugnisse** der in Art. 63 Abs. 1 EuErbVO genannten Personen im Zeugnis **bescheinigt** werden können. Wie sich aus dem Wortlaut der Vorschrift („insbesondere") ergibt, ist die Aufzählung des Art. 63 Abs. 2 lit. a bis c EuErbVO **nicht abschließend.** 21

1. Rechtsstellung des Erben oder Vermächtnisnehmers (lit. a)

a) Allgemeine Aspekte. Nach Art. 63 Abs. 2 lit. a EuErbVO kann das Zeugnis zunächst zum Nachweis der **Rechtsstellung** und/oder der **Rechte** jedes **Erben** oder **Vermächtnisnehmers** verwendet werden. Ferner wird im Nachlasszeugnis der **Anteil des Erben am Nachlass** ausgewiesen. Aus systematischen Gründen sind dabei die Begriffe des „Erben" und des „Vermächtnisnehmers" in demselben Sinne zu verstehen wie im Rahmen des Art. 63 Abs. 1 EuErbVO: Erfasst werden somit lediglich Erben, die den Nachlass unmittelbar von Todes wegen ohne rechtsgeschäftliche Übertragungsakte irgendwelcher Zwischenpersonen erwerben (→ Rn. 6), sowie die Empfänger dinglich wirkender Vermächtnisse (Vindikationslegatare) (→ Rn. 8 ff.). 22

b) Berücksichtigung güterrechtlicher Einflüsse auf das Erbrecht. aa) Problemstellung. Höchst umstritten war nach Inkrafttreten der EuErbVO die Frage, ob das gesetzliche Erbrecht des überlebenden Ehegatten bzw. Lebenspartners des Erblassers im Zeugnis abzubilden ist, auch soweit es auf güterrechtlichen Regelungen beruht. Aus deutscher Sicht stellt sich diese Frage in erster Linie im Zusammenhang mit **§ 1371 Abs. 1 BGB (ggf. iVm § 6 S. 2 LPartG).** Die Vorschrift sieht vor, dass sich der gesetzliche Erbteil des überlebenden Ehegatten um ein Viertel der Erbschaft erhöht, falls die Eheleute im gesetzlichen Güterstand der Zugewinngemeinschaft gelebt haben und der Güterstand durch den Tod eines Ehegatten beendet wurde. Mit der Erhöhung der Erbquote soll dem überlebenden Ehegatten ein pauschalierter Zugewinnausgleich gewährt werden und auf diese Weise der aufwendigere rechnerische Zugewinnausgleich nach den §§ 1373 ff. BGB vermieden werden (BGH NJW 1962, 1719 (1721)). Ähnliche Institute, die zum Zweck des güterrechtlichen Ausgleichs eine Erweiterung des Erbrechts des überlebenden Ehegatten vorsehen, finden sich auch in ausländischen Rechtsordnungen (s. die Verweise bei *Kleinschmidt* RabelsZ 77 (2013), 723 (758 f.)).Wie im Folgenden zu zeigen sein wird, hängt die **Funktionsfähigkeit des europäischen Nachlasszeugnisses** entscheidend davon ab, welche Bedeutung der güterrechtlichen Erhöhung der Erbquote im Kontext der EuErbVO zukommt. 23

Aufgrund seiner güterrechtlichen Ausgleichsfunktion wurde § 1371 Abs. 1 BGB unter der Geltung des **autonomen deutschen Kollisionsrechts** von der hM als **güterrechtliche Regelung** qualifiziert (BGH NJW 2015, 2185; OLG Frankfurt a. M. FamRZ 2015, 144; OLG Schleswig NJW 2014, 88 (89); OLG München NJW-RR 2012, 1096 (1097); LG Mosebach ZEV 1998, 489; *Dörner* IPRax 2014, 323 (325); Bamberger/Roth/*Lorenz* EGBGB Art. 25 Rn. 57; Staudinger/*Mankowski* EGBGB Art. 15 Rn. 346; Palandt/*Thorn* EGBGB Art. 15 Rn. 26; offen gelassen noch von BGH ZEV 2012, 590 (Tz. 8)). Teile der obergerichtlichen Rechtsprechung befürworteten eine **Doppelqualifikation** des § 1371 Abs. 1 BGB und wollten die Regelung nur unter der Voraussetzung anwenden, dass sowohl das Ehegüter- als auch das Erbstatut deutsches Recht sind (so OLG Köln ZEV 2012, 205 (206); OLG Frankfurt a. M. ZEV 2010, 253; OLG Düsseldorf NJW-RR 2009, 732 (734 f.); OLG Stuttgart ZEV 2005, 443). Nach beiden Ansätzen war die Erhöhung des gesetzlichen Erbteils des überlebenden Ehegatten davon abhängig, dass die güterrechtlichen Beziehungen zwischen den Eheleuten deutschem Recht unterlagen. 24

Daraus ergaben sich für die Bescheinigung des erhöhten Erbteils im europäischen Nachlasszeugnis zwei wesentliche Probleme. Zum einen schließt nämlich **Art. 1 Abs. 2 lit. d EuErbVO** das **Ehegü-** 25

terrecht aus dem **Anwendungsbereich** der Verordnung aus. Aus ErwG 71 S. 3 EuErbVO geht hervor, dass sich die Beweiswirkung des Zeugnisses nicht auf Fragen bezieht, die außerhalb des Anwendungsbereichs der Verordnung fallen. Die Angabe der nach § 1371 Abs. 1 BGB erhöhten Erbquote des überlebenden Ehegatten im Nachlasszeugnis könnte damit nicht die Beweiswirkungen des Art. 69 EuErbVO entfalten. Daran dürfte auch ErwG 12 der Verordnung nichts ändern, wonach die „Behörden, die mit einer bestimmten Erbsache nach dieser Verordnung befasst sind, [...] je nach den Umständen des Einzelfalls die Beendigung des ehelichen oder sonstigen Güterstands des Erblassers bei der Bestimmung des Nachlasses und der jeweiligen Anteile der Berechtigten berücksichtigen" sollten. Das zweite Hindernis für die Effektivität des Nachlasszeugnisses, das sich aus der güterrechtlichen Qualifikation des § 1371 Abs. 1 BGB ergab, resultierte daraus, dass zum Zeitpunkt des Inkrafttretens der Verordnung **keine einheitlichen europäischen Anknüpfungsnormen zur Bestimmung des anwendbaren (Ehe-)Güterrechts** galten. Damit war für die Beurteilung der erbrechtlichen Stellung des überlebenden Ehegatten **kein europäischer Entscheidungseinklang** zwischen Ausstellungs- und Verwendungsstaat des Zeugnisses gewährleistet. So konnte sich eine im Nachlasszeugnis ausgewiesene Erhöhung des gesetzlichen Erbteils aus Sicht des Verwendungsstaates als unrichtig erweisen, wenn nach dessen autonomen güterrechtlichen Kollisionsnormen – im Unterschied zum Ausstellungsstaat – deutsches Ehegüterrecht und damit auch § 1371 Abs. 1 BGB nicht anwendbar waren. Ebenso war die umgekehrte Konstellation vorstellbar, nämlich dass nur aus Sicht des Verwendungsstaats, nicht aber aus Sicht des Ausstellungsstaats, die Erbquote des überlebenden Ehegatten um das güterrechtliche Viertel erhöht war. Auch in diesem Fall erwies sich das Zeugnis im Verwendungsstaat mit Blick auf die bescheinigten Erbteile der Erben (Art. 68 lit. l EuErbVO) als unrichtig, was **die Beweiswirkungen des Zeugnisses erheblich beeinträchtigte.** So konnte in Verfahren vor den Gerichten oder den Registerbehörden des Verwendungsstaats die Vermutungswirkung des Zeugnisses gemäß Art. 69 Abs. 2 EuErbVO ohne weiteres widerlegt werden. Ebenso war der Gutglaubensschutz nach Art. 69 Abs. 3 und 4 EuErbVO wenig wirkungsvoll, da ein Dritter, der auf den Inhalt des Zeugnisses vertraut, damit rechnen musste, dass in einem gerichtlichen Verfahren im Verwendungsstaat festgestellt wurde, er habe die Unrichtigkeit des Zeugnisses grob fahrlässig verkannt. Inzwischen hat der europäische Gesetzgeber mit der **EuGüVO** (Verordnung (EU) 2016/1103 des Rates vom 24.6.2016 zur Durchführung einer Verstärkten Zusammenarbeit im Bereich der Zuständigkeit, des anzuwendenden Rechts und der Anerkennung und Vollstreckung von Entscheidungen in Fragen des ehelichen Güterstands, ABl. 2016 L 183/1) und der **EuPartVO** (Verordnung (EU) 2016/1104 des Rates vom 24.6.2016 zur Durchführung der Verstärkten Zusammenarbeit im Bereich der Zuständigkeit, des anzuwendenden Rechts und der Anerkennung und Vollstreckung von Entscheidungen in Fragen güterrechtlicher Wirkungen eingetragener Partnerschaften, ABl. 2016 L 183/30) **die güterrechtlichen Anknüpfungsregeln in den Mitgliedstaaten weitgehend vereinheitlicht.** Das Problem des fehlenden europäischen Entscheidungseinklangs in güterrechtlichen Fragen wird allerdings gleichwohl noch einige Zeit weiter fortbestehen, da **die einheitlichen Kollisionsregeln der beiden Verordnungen nicht für Ehen und registrierte Partnerschaften gelten,** die **vor dem 29.1.2019 geschlossen** wurden. Darüber hinaus nehmen an den Güterrechtsverordnungen nicht sämtliche Mitgliedstaaten teil, die an die EuErbVO gebunden sind.

25a Im Schrifttum wurden verschiedene Lösungsansätze diskutiert, um die mit der güterrechtlichen Qualifikation des § 1371 Abs. 1 EuErbVO zusammenhängenden Schwierigkeiten bei der Ausweisung des güterrechtlichen Viertels im Nachlasszeugnis zu bewältigen (ausf. Darstellung und krit. Analyse in der Voraufl. → EuErbVo Art. 63 Rn. 26 ff.). Jedes der vorgeschlagenen Modelle beeinträchtigte jedoch die Funktionsfähigkeit des Zeugnisses in erheblicher Weise und vermochte deswegen nicht zu überzeugen.

26 **bb) Erbrechtliche Qualifikation des § 1371 Abs. 1 BGB.** Die soeben dargestellten Hindernisse für die Funktionsfähigkeit des Nachlasszeugnisses haben sich indessen erfreulicherweise dadurch erheblich verringert, dass der EuGH auf Vorlage des Kammergerichts (KG ZEV 2017, 209) in der **Rechtssache Mahnkopf** der erbrechtlichen Qualifikation § 1371 Abs. 1 BGB den Vorzug gegeben hat (EuGH 1.3.2018 – Rs. C-558/16, NJW 2018, 1377; ebenso bereits zuvor Voraufl. → EuErbVO Art. 63 Rn. 30 ff.; *Kleinschmidt* RabelsZ 77 (2013), 723 (757 f.); *Süß* ZEuP 2013, 725 (743); *Andrae* IPRax 2018, 221 (228); *Sakka* MittBayNot 2018, 4 (9); aA, nämlich für eine güterrechtliche Qualifikation auch unter Geltung der EuErbVO, *Dörner* IPRax 2014, 323 (326); *Lorenz* NJW 2015, 2157 (2160); *Mankowski* ZEV 2014, 121 (125)). Durch die erbrechtliche Qualifikation wird zum einen sichergestellt, dass das güterrechtliche Viertel **in den Anwendungsbereich der EuErbVO fällt** und damit gemäß ErwG 71 S. 3 der Verordnung **an den Beweiswirkungen des Art. 69 EuErbVO teilnimmt,** soweit es im Nachlasszeugnis ausgewiesen wird. Darüber hinaus entschärft die erbrechtliche Zuordnung **das Problem des fehlenden Entscheidungseinklangs,** da die Frage der kollisionsrechtlichen Anwendbarkeit des § 1371 Abs. 1 BGB in allen Staaten, in denen das Nachlasszeugnis Wirkung entfaltet, einheitlich nach den Art. 20 ff. EuErbVO beurteilt wird (Ausnahmen gelten freilich bei vorrangigen staatsvertraglichen Anknüpfungsnormen → Vor EuErbVO Art. 62 Rn. 20; zur Verlagerung des Problems auf die sachrechtliche Ebene → Rn. 27). Der Gerichtshof begründet die erbrechtliche Qualifikation damit, dass § 1371 Abs. 1 EuErbVO „nicht die Aufteilung der Vermögenswerte zwischen den Ehegatten [betrifft]", sondern „die Rechte des überlebenden Ehegatten an den Gegenständen, die schon zum Nachlassvermögen gezählt werden" (Rn. 40 der Entscheidung; aufgrund ähnlicher Erwägungen wurde die Norm schon vor Inkrafttreten der EuErbVO im nationalen IPR einiger ausländischer Staaten ebenfalls erbrechtlich qualifiziert, so etwa in Frankreich, s. *Derstadt* IPRax 2001, 84 (89 f.); vgl. ferner die Nachweise bei *Mankowski* ErbR 2018, 295 (300)). Im Mittelpunkt der Argumentation des EuGH steht allerdings einmal mehr die **Funktionsfähigkeit des Nachlasszeugnisses:** Nur eine erbrechtliche Qualifikation garantiere, dass das güterrechtliche Viertel im europäischen Nachlasszeugnis angegeben werden könne und damit der Sinn und Zweck des Zeugnisses erreicht werde (Rn. 42 f. der Entscheidung; zust. *Kleinschmidt* ErbR 2018, 327; krit. *Mankowski* ErbR 2018, 295 (298); *Sonnentag* JZ 2019, 657 (659); *Weber* NJW 2018, 1356 (1357); allgemein zur Sicherung der Funktionsfähigkeit des Europäischen Nachlasszeugnisses als Leitmotiv für die Auslegung der Verordnung → EuErbVO Vor Art. 62 Rn. 23).

cc) Folgeprobleme auf sachrechtlicher Ebene. Mit der erbrechtlichen Qualifikation des § 1371 Abs. 1 BGB allein ist freilich der europäische Entscheidungseinklang bei der Beurteilung des Erbteils des überlebenden Ehegatten noch nicht verwirklicht (*Dutta* ErbR 2020, 304; *Konvalin,* 107), aber immerhin die Tür zur Erreichung dieses Ziels aufgestoßen. § 1371 Abs. 1 BGB setzt auf sachrechtlicher Ebene den gesetzlichen Güterstand der Zugewinngemeinschaft zwischen den Ehegatten voraus. An dieser Stelle tritt wiederum das Problem auf, dass für Ehen und Lebenspartnerschaften, die vor dem Zeitpunkt der Anwendbarkeit der europäischen Güterrechtsverordnungen geschlossen wurden (→ Rn. 25), keine einheitlichen Anknüpfungsnormen gelten. Der europäische Entscheidungseinklang und – damit verbunden – die Effektivität des europäischen Nachlasszeugnisses drohen damit auf der Ebene des materiellen Rechts zu scheitern. Um diese Gefahr zu bannen, ist die **Vorfrage** nach dem Güterstand **unselbständig** anzuknüpfen (*Dutta* ErbR 2020, 304 (305); *Fornasier* FamRZ 2018, 634 (635); *Kleinschmidt* ErbR 2018, 327 (328); *Weber* NJW 2018, 1356 (1357); allgemein zur Vorfragenanknüpfung → EuErbVO Vorb. Art. 62 Rn. 24), dh nach dem Kollisionsrecht der deutschen lex successionis. Für Alt-Ehen ist somit Art. 15 EGBGB aF iVm Art. 229 § 47 Abs. 2 EGBGB maßgeblich. – Unterliegt der Güterstand ausländischem Recht, ist zu fragen, ob der in Rede stehende ausländische Güterstand für die Zwecke des § 1371 Abs. 1 BGB im Wege der **Substitution** dem deutschen gesetzlichen Güterstand der Zugewinngemeinschaft nach den §§ 1363 ff. BGB gleichzustellen ist (*Dutta* ErbR 2020, 304 (305); *Fornasier* FamRZ 2018, 634 (635); *Mankowski* ErbR 2018, 295 (302); *Süß* DNotZ 2018, 742 (750); *Thorn/Varón Romero* IPRax 2020, 316 (321)). Die Antwort auf diese Frage hängt von der Ausgestaltung des ausländischen Güterstands im Einzelfall ab. An einer funktionalen Äquivalenz zur deutschen Zugewinngemeinschaft fehlt es etwa beim Güterstand der **Errungenschaftsgemeinschaft,** wie sie in zahlreichen ausländischen Familienrechtsordnungen existiert (zB Frankreich, Italien). Bei diesem Modell partizipiert nämlich jeder Ehegatte bereits zu Lebzeiten unmittelbar dinglich an den Vermögenszuwächsen des anderen. Wird der Güterstand durch den Tod eines Ehegatten aufgelöst, besteht keine Veranlassung, den Erbteil des überlebenden Ehegatten nach § 1371 Abs. 1 BGB zum Zwecke des güterrechtlichen Vermögensausgleichs zu erhöhen (*Fornasier* FamRZ 2018, 634 (635); *Sonnentag* JZ 2019, 657 (663) s. auch OLG Frankfurt FamRZ 2021, 234 (241), im Zusammenhang mit einer Errungenschaftsgemeinschaft nach chinesischem Recht). Ebenso verhält es sich mit ausländischen Güterständen, bei denen sich im Fall der todesbedingten Beendigung die Vermögensauseinandersetzung durch einen schuldrechtlichen Errungenschaftsausgleich vollzieht, der der erbrechtlichen Nachlassverteilung vorgeht (*Dutta* ErbR 2020, 304 (305); *Kleinschmidt* ErbR 2018, 327 (328); *Sonnentag* JZ 2019, 657 (663 f.); speziell zum türkischen Recht *Fornasier* FamRZ 2018, 860 (861) mwN). Hingegen dürfte eine Substitution beim gesetzlichen Güterstand nach österreichischem Recht in Betracht kommen, da hier der überlebende Ehegatte allein durch einen gesetzlichen Erbteil im Umfang von einem Drittel des Nachlasses gemäß § 744 Abs. 1 österr. ABGB abgefunden wird, ohne dass ihm güterrechtliche Ausgleichsansprüche zustehen (die Substituierbarkeit bejahend *Dutta* ErbR 2020, 304 (305); *Sonnentag* JZ 2019, 657 (664 f.); *Süß* DNotZ 2018, 742 (752); dazu, dass im Fall der Substitution eine Anpassung der Erbquoten auf der Ebene des materiellen Rechts erforderlich sein könnte, *Kleinschmidt* ErbR 2018, 327 (329); die Substituierbarkeit ablehnend *Weber* NJW 2018, 1356 (1358)). Bei Geltung englischen Rechts als Güterstatut ist die Frage der Substituierbarkeit umstritten (für eine Substitution *Sonnentag* JZ 2019, 657 (665); *Süß* DNotZ 2018, 742 (752); dagegen *Dutta* ErbR 2020, 304 (305). 27

Da im Fall eines ausländischen Güterstatuts die Voraussetzungen einer Substitution – soweit erkennbar – nur sehr selten erfüllt sind, wird durchaus zutreffend die Einschätzung vertreten, dass die aktuelle Rechtslage faktisch der früheren Lehre der Doppelqualifikation (→ Rn. 24) entspricht (*Aiwanger* ErbR 2019, 202 (207); *Dutta* ErbR 2020, 304 (305); ebenso im Ergebnis *Dörner* ZEV 2018, 305 (307)): Zu einer Erhöhung des gesetzlichen Erbteils nach § 1371 Abs. 1 BGB kommt es regelmäßig nur dann, wenn Erb- und Güterstatut deutsches Recht sind. 28

dd) Behandlung des güterrechtlichen Viertels im Anwendungsbereich vorrangiger staatsvertraglicher Kollisionsnormen. Zur erbrechtlichen Qualifikation des § 1371 Abs. 1 BGB ist der 29

EuGH auf der Grundlage einer **unionsrechtlich-autonomen Auslegung der Erbrechtsverordnung** gelangt, namentlich der Vorschriften des Art. 1 Abs. 2 lit. d EuErbVO, der das Güterrecht vom Anwendungsbereich der Verordnung ausnimmt, und des Art. 23 EuErbVO, der die Reichweite des Erbstatuts bestimmt (EuGH 1.3.2018 – Rs. C-558/16, NJW 2018, 1377 Rn. 32 – Mahnkopf). Diese Rspr. hat an sich keinen Einfluss auf die Auslegung der erbrechtlichen Kollisionsnormen in Staatsverträgen, die Mitgliedstaaten vor dem Inkrafttreten der EuErbVO mit Drittstaaten geschlossen haben und die nach Art. 75 Abs. 1 EuErbVO Vorrang vor der Verordnung genießen. Mit Blick auf das **staatsvertragliche Kollisionsrecht** sind die jeweiligen Vertragsstaaten somit frei, eine abweichende Qualifikation des § 1371 Abs. 1 BGB vorzunehmen und insbesondere die Vorschrift güterrechtlich zu charakterisieren. Ist in Deutschland ein europäisches Nachlasszeugnis auszustellen und bestimmt sich das auf die Erbfolge anzuwendende Recht auf der Grundlage staatsvertraglicher Anknüpfungsnormen (zB nach dem Deutsch-Türkischen-Nachlassübereinkommen), empfiehlt es sich gleichwohl, der erbrechtlichen Qualifikation des § 1371 Abs. 1 BGB auch in einem solchen Fall zu folgen. Wird die Vorschrift nämlich güterrechtlich qualifiziert, ergibt sich für Ehen und Lebenspartnerschaften, die in den zeitlichen Anwendungsbereich der europäischen Güterrechtsverordnungen fallen, die Folge, dass es an **passenden Kollisionsnormen für die Bestimmung der kollisionsrechtlichen Anwendbarkeit des § 1371 Abs. 1 BGB fehlt.** Die Nachlassabkommen selbst enthalten nämlich üblicherweise keine güterrechtlichen Anknüpfungsnormen, so dass auf das allgemeine Internationale Güterrecht zurückzugreifen ist, in der Regel also auf die europäischen Güterrechtsverordnungen. Der Gerichtshof hat allerdings in seinem Mahnkopf-Urteil entschieden, dass die erbrechtliche Zuordnung des § 1371 Abs. 1 BGB eine güterrechtliche Qualifikation der Vorschrift ausschließt: Die Regelung fällt in den Anwendungsbereich der EuErbVO hinein und somit aus dem Anwendungsbereich der EuGüVO und der EuPartVO heraus (EuGH 1.3.2018 – Rs. C-558/16, NJW 2018, 1377 Rn. 41 – Mahnkopf). Zur Vermeidung einer kollisionsrechtlichen Regelungslücke sollte § 1371 Abs. 1 BGB auch im Rahmen des staatsvertraglichen Internationalen Privatrechts erbrechtlich qualifiziert werden (*Fornasier* FamRZ 2018, 860 (861); *Gebauer* IPRax 2018, 586 (857); *Kleinschmidt* ErbR 2020, 362 (364)).

30–32 nicht belegt

33 **c) Zulässigkeit von Teilzeugnissen.** Bei mehreren Erben kann **jeder einzelne Miterbe** ein **Teilzeugnis** beantragen, in dem seine jeweilige Rechtsstellung und Erbquote bescheinigt wird. Während der deutsche Wortlaut des Art. 63 Abs. 2 lit. a EuErbVO diesen Schluss nicht ohne weiteres nahelegt, sind andere Sprachfassungen, wie beispielsweise die englische, in diesem Punkt deutlicher: Die Formulierung „[t]he Certificate may be used [...] to demonstrate [...] the status and/or the rights of each heir" (ähnlich die italienische Version: „la qualità e/o i diritti di ciascun erede") ist dahingehend zu verstehen, dass das Zeugnis den Nachweis der Rechtsstellung **jedes einzelnen Erben** ermöglichen soll. Der Verordnungsvorschlag der Kommission (KOM(2009) 154 endg.) hatte noch eine eigene Vorschrift enthalten, die ausdrücklich die Möglichkeit zur Ausstellung eines Teilzeugnisses vorsah (Art. 39 VO-E). Die Vorschrift wurde zwar nicht in den endgültigen Verordnungstext übernommen, doch fällt auf, dass Art. 63 Abs. 2 EuErbVO – jedenfalls in anderen Sprachfassungen – eng an den Wortlaut des Art. 39 VO-E angelehnt ist. So hieß es etwa in der englischen Version des Art. 39 VO-E, das Teilzeugnis stehe insbesondere zum Nachweis der „rights of each heir or legatee" zur Verfügung. Somit deutet einiges darauf hin, dass Art. 39 VO-E in Art. 63 Abs. 2 EuErbVO aufgegangen ist, wenn auch letztere Bestimmung den Begriff des „Teilzeugnisses" nicht verwendet. Aus der Streichung des Art. 39 VO-E im endgültigen Verordnungstext kann jedenfalls nicht geschlossen werden, dass der Unionsgesetzgeber die Ausstellung eines Teilzeugnisses ausschließen wollte (für die Zulassung des Teilzeugnisses auch OLG München ZEV 2020, 233 Rn. 37; *Dorsel/Schall* GPR 2015, 36 (42); MüKoBGB/*Dutta* EuErbVO Art. 65 Rn. 4; *Kleinschmidt* RabelsZ 77 (2013), 723 (749); *ders.,* FS Lindacher, 177 f.; *Padovini* in Franzina/Leandro, 191 (202); *Schmitz* RNotZ 2017, 269 (275); *Süß* ZEuP 2013, 725 (740 f.); Bonomi/Wautelet/*Wautelet* Art. 65 Rn. 11; unsicher hingegen *Buschbaum/Simon* RPfleger 2015, 444 (450)). Ebenso besteht auch für den **Vermächtnisnehmer** die Möglichkeit zur Beantragung eines **Teilzeugnisses,** das lediglich seine Rechtsstellung und insbesondere seine Berechtigung am vermachten Nachlassgegenstand bescheinigt und keine Angaben beispielsweise über die Erben enthält (Palandt/*Weidllich* Anh zu BGB §§ 2365 ff. EuErbVO Art. 62 Rn. 4). Für die Zulassung eines solchen Teilzeugnisses sprechen vor allem Gründe der **Verfahrensökonomie:** Wer die Erben sind und welcher Anteil am Nachlass ihnen jeweils zusteht, ist für die Rechtsposition des Vindikationslegatars letztlich unerheblich. Es würde folglich in vielen Fällen einen unnötigen Aufwand bedeuten, wenn für die Ausstellung eines Zeugnisses zugunsten des Vermächtnisnehmers stets auch die Erben und ihre Quoten ermittelt werden müssten.

2. Zuweisung bestimmter Vermögenswerte (lit. b)

34 Nach Art. 63 Abs. 2 lit. b EuErbVO kann mithilfe des Zeugnisses auch die Zuweisung „eines bestimmten Vermögenswerts oder bestimmter Vermögenswerte des Nachlasses" an einen Erben oder

Vermächtnisnehmer nachgewiesen werden. Da die Bescheinigung der Erbquote bereits in Art. 63 Abs. 2 lit. a EuErbVO geregelt ist, muss sich der nicht ganz klare Begriff des „Vermögenswerts" auf einen anderen Aspekt beziehen als den dem Begünstigten zustehenden Anteil am Nachlassvermögen. Wie aus anderen Sprachfassungen der Verordnung hervorgeht („specific assets forming part of the estate"; „biens déterminés faisant partie de la succession"; „beni determinati che fanno parte dell'eredità"), sind mit „Vermögenswerten" **einzelne Nachlassgegenstände** gemeint. Wie bereits im Rahmen des Art. 63 Abs. 2 lit. a EuErbVO sind die Begriffe des **„Erben"** und des **„Vermächtnisnehmers"** im Sinne des Art. 63 Abs. 1 EuErbVO zu verstehen und beziehen sich somit nur auf Erben, auf die der Nachlass unmittelbar von Todes wegen ohne rechtsgeschäftliche Übertragungsakte von Zwischenpersonen übergeht, sowie auf Empfänger dinglich wirkender Vermächtnisse.

Aus Art. 63 Abs. 2 lit. b EuErbVO ergibt sich somit, dass ein **Vindikationslegatar** mithilfe des Zeugnisses seine Berechtigung an dem ihm zugewendeten Nachlassgegenstand nachweisen kann (OLG München ZEV 2020, 233 Rn. 47). Der dem Vermächtnisnehmer zugewiesene Gegenstand ist dabei gemäß **Art. 68 lit. m EuErbVO** im Zeugnis zu bezeichnen (zur entsprechenden Behandlung schuldrechtlich wirkender Vorausvermächtnisse zugunsten eines alleinigen Vorerben → Rn. 5). 35

Bei den **Erben** ist zunächst zu bedenken, dass diese nach verordnungsautonomem Verständnis nicht an einzelnen Nachlassgegenständen, sondern am gesamten Nachlassvermögen – sei es in vollem Umfang oder nur anteilig – berechtigt sind (→ Rn. 5). Eine Bescheinigung im europäischen Nachlasszeugnis, dass ihnen bestimmte Einzelgegenstände aus dem Nachlass zustehen, kommt regelmäßig nicht in Betracht (OLG Nürnberg ZEV 2017, 579 Rn. 8; OLG München ZEV 2017, 580 (581); OLG München ZEV 2020, 233 Rn. 47; näher zum Ganzen → EuErbVO Art. 68 Rn. 12). Gleichwohl kann sich mitunter auch für sie das Bedürfnis ergeben, ihre Berechtigung lediglich an einzelnen Nachlassgegenständen nachzuweisen: 36

Dies trifft zum einen bei Geltung deutschen Erbrechts auf die Fälle der **Sondererbfolge** im Höferecht zu, bei denen der Erbe im Wege der Singularsukzession einzelne Nachlassgegenstände – den Hof einschließlich seiner Bestandteile und seines Zubehörs – von Todes wegen erwirbt (zur Einbeziehung dieser Materie in den Anwendungsbereich der EuErbVO MüKoBGB/*Dutta* EuErbVO Art. 1 Rn. 114; vgl. auch *Osterholzer* DNotZ 2018, 264 (276 ff.); aA Palandt/*Weidlich* Anh zu BGB §§ 2353 EuErbVO Art. 62 Rn. 7); für den Hoferben bietet das Nachlasszeugnis somit eine funktionsäquivalente Alternative zum Hoffolgezeugnis gemäß § 18 Abs. 2 HöfeO. Unsicher ist hingegen, ob auch die Einzelrechtsnachfolge in Anteile von Personengesellschaften im Nachlasszeugnis bescheinigt werden kann, da das Gesellschaftsrecht gemäß Art. 1 Abs. 2 lit. g EuErbVO vom Anwendungsbereich der Verordnung ausgenommen ist, so dass sich die Beweiswirkungen des Nachlasszeugnisses möglicherweise nicht auf die personengesellschaftsrechtliche Sondererbfolge beziehen (gegen die Bescheinigung im Europäischen Nachlasszeugniss Palandt/*Weidlich* Anh zu BGB §§ 2353 EuErbVO Art. 62 Rn. 7). Die Zuweisung einzelner Nachlassgegenstände an den Erben kann ferner bei **dinglichen Teilungsanordnungen** bescheinigt werden, die in manchen ausländischen Erbrechtsordnungen vorgesehen sind (s. zB Art. 734 ital. Cc; Art. 1079, 1080 franz. Cc). Das Institut ermöglicht es dem Erblasser, durch testamentarische Verfügung Einzelgegenstände aus dem Nachlassvermögen mit dinglicher Wirkung auf die Miterben zu verteilen. Die von der Teilungsanordnung erfassten Gegenstände gehen dann bei Eintritt des Erbfalls unmittelbar im Wege der **Einzelrechtsnachfolge** auf die jeweils begünstigten Miterben über. Mithilfe des Zeugnisses können die Miterben auf der Grundlage des Art. 63 Abs. 2 lit. b EuErbVO ihre Berechtigung an den Gegenständen nachweisen, die ihnen durch die Teilungsanordnung zugewiesen sind. Die betreffenden Gegenstände sind gemäß **Art. 68 lit. l EuErbVO** im Zeugnis anzugeben. Klarstellend ist in diesem Zusammenhang noch anzumerken, dass unter der Geltung der EuErbVO die dingliche Wirkung einer Teilungsanordnung **allein vom Erbstatut** abhängt und keiner Billigung durch das Recht des Belegenheitsortes der betreffenden Nachlassgegenstände bedarf. Misst also die lex successionis der Teilungsanordnung durch den Erblasser dingliche Wirkung bei, erwerben die Miterben im Erbfall selbst dann eine dingliche Rechtsposition an den ihnen jeweils zugedachten Gegenständen, wenn nach der lex rei sitae – wie etwa im deutschen Recht – eine Teilungsanordnung nur schuldrechtliche Ansprüche der Miterben begründet. Diese Grundsätze, die der **EuGH** für dinglich wirkende Vermächtnisse in der Rechtssache **Kubicka** aufgestellt hat (→ Rn. 13 ff.), gelten für Teilungsansordnungen mit dinglicher Wirkung entsprechend (so auch *Bandel* MittBayNot 2018, 99 (105); *Kleinschmidt* LMK 2018, 403371; *Leitzen* ZEV 2018, 311 (313)). Kommt indessen der **Teilungsanordnung** nach dem einschlägigen Erbstatut lediglich **schuldrechtliche Wirkung** zu, wie etwa nach deutschem Erbrecht im Rahmen des § 2048 BGB, steht dem begünstigten Miterben das Europäische Nachlasszeugnis zum Nachweis seiner Berechtigung an dem ihm zugewiesenen Nachlassgegenstand nicht zur Verfügung: Der Miterbe ist nämlich in diesem Fall nicht über den fraglichen Gegenstand verfügungsberechtigt; seine Position ist insoweit mit der eines Damnationslegatars vergleichbar, dem die Verwendung des Zeugnisses ebenfalls verwehrt ist (→ Rn. 16). Dies gilt auch, nachdem der Nachlassgegenstand im Zuge der **Erbauseinandersetzung** auf ihn übertragen wurde. In diesem Fall erlangt zwar der Miterbe die Verfügungsberechtigung über den Gegenstand, doch beruht diese Position nicht auf einem Erwerb von Todes 37 wegen, sondern auf einem Übertragungsgeschäft inter vivos (*Süß* ZEV 2020, 237). Der Erwerb eines Gegenstandes unter Lebenden kann aber nicht mithilfe des Zeugnisses bescheinigt werden (*Nordmeier* IPRax 2019, 306 (308)). Aus dem gleichen Grund eignet sich das Zeugnis auch nicht als Nachweis für die Berechtigung an Nachlassgegenständen, die einem Miterben auf Grundlage einer **Auseinandersetzungsvereinbarung** übertragen worden sind (so auch MüKoBGB/*Dutta* EuErbVO Art. 63 Rn. 16; aA Schauer/Scheuba/*Schauer,* 73 (83)). Dies trifft insbesondere auch im Fall eines **Erbteilungsübereinkommens** nach österreichischem Recht zu, das **vor der Einantwortung** geschlossen wurde (dazu Burandt/Rojahn/*Solomon,* ErbR, Länderbericht Österreich Rn. 144), da auch hier die Auseinandersetzung des Nachlasses durch Übertragungsgeschäfte unter Lebenden erfolgt (österr. OGH 1.7.1982 – 6 Ob 654/82; vgl. auch *Süß* ZEV 2020, 237; anders wohl OLG München ZEV 2020, 233 Rn. 44).

38 Außer in den Fällen der dinglichen Teilungsanordnung spielt die Möglichkeit des Erben nach Art. 63 Abs. 2 lit. b EuErbVO, seine Berechtigung an bestimmten Nachlassgegenständen nachzuweisen, beim **Legalnießbrauch an Einzelgegenständen** aus dem Nachlass eine Rolle (sofern man den Erben, der einen Legalnießbrauch an einzelnen Nachlassgegenständen erwirbt, insoweit nicht als Vermächtnisnehmer behandelt → Rn. 9, der unstreitig die Möglichkeit besitzt, seine Berechtigung an Einzelgegenständen im Europäischen Nachlasszeugnis bescheinigen zu lassen → Rn. 35). So sieht zB das italienische Erbrecht in Art. 540 Cc vor, dass dem überlebenden Ehegatten als gesetzlichem Erbe nicht nur ein Anteil am Nachlassvermögen zugewiesen ist, sondern auch das Nutzungsrecht an der ehelichen Wohnung und den Hausratsgegenständen. Gemäß Art. 63 Abs. 2 lit. b EuErbVO kann somit der überlebende Ehegatte neben seiner gesetzlichen Erbquote auch seine Berechtigung an den vorgenannten Gegenständen im Zeugnis eintragen lassen (zur Behandlung des Legalnießbrauchs in Rechtsordnungen, die dieses Institut nicht kennen, → EuErbVO Art. 31 Rn. 27 ff.).

39 Für die in Art. 63 Abs. 2 lit. b EuErbVO niedergelegten Nachweiszwecke ist die Erteilung eines **gegenständlich beschränkten Teilzeugnisses** möglich (zur Zulässigkeit eines persönlich beschränkten Teilzeugnisses zB bei einer Mehrheit von Erben → Rn. 33). Dies ergibt sich bereits aus dem Normwortlaut, wonach im Zeugnis „die Zuweisung eines bestimmten Vermögenswerts oder bestimmter Vermögenswerte" dokumentiert werden kann. Demnach kann ein Vindikationslegatar, an den der Erblasser verschiedene Gegenstände vermacht hat, das Zeugnis als Legitimationsnachweis allein für einen einzelnen der ihm zugedachten Gegenstände beantragen (zB ausschließlich für ein im Ausland belegenes Grundstück). Entsprechendes gilt für einen Erben, dem durch eine dingliche Teilungsanordnung mehrere Gegenstände zugewiesen wurden.

40 Klarzustellen ist schließlich, dass das Zeugnis im Rahmen des Art. 63 Abs. 2 lit. b EuErbVO lediglich nachzuweisen vermag, dass ein spezifischer Nachlassgegenstand einer bestimmten Person erbrechtlich – dh aufgrund eines Vermächtnisses, einer dinglichen Teilungsordnung etc. – zugewiesen wurde. **Nicht** von der **Beweiskraft des Zeugnisses** erfasst ist hingegen die Frage, ob der **fragliche Gegenstand tatsächlich zum Nachlass gehört,** ob also der Gegenstand ursprünglich dem Erblasser zugeordnet war und damit auf den im Zeugnis angegebenen Begünstigten überhaupt übergehen konnte (so ausdrücklich auch ErwG 71 der Verordnung). Das Zeugnis kann somit lediglich bescheinigen, dass der bezeichnete Nachlassgegenstand – soweit er tatsächlich in den Nachlass fällt – dem genannten Erben bzw. Vermächtnisnehmer dinglich zugeordnet ist (MüKoBGB/*Dutta* EuErbVO Art. 63 Rn. 18; → EuErbVO Art. 69 Rn. 5). Hängt bei registerpflichtigen Rechten der Rechtserwerb von der **Registereintragung** ab, entfaltet das Zeugnis keine Beweiswirkung zu der Frage, ob die konstitutive Eintragung bereits erfolgt ist, da nach hier vertretener Auffassung (→ Rn. 16) die Erteilung des Zeugnisses bereits vor der Registereintragung möglich ist.

3. Befugnisse des Testamentsvollstreckers oder Nachlassverwalters (lit. c)

41 Schließlich kann das Nachlasszeugnis gemäß Art. 63 Abs. 2 lit. c EuErbVO dazu genutzt werden, „die Befugnisse der in dem Zeugnis genannten Person zur Vollstreckung des Testaments oder Verwaltung des Nachlasses" nachzuweisen. Demgemäß schreibt **Art. 68 lit. o EuErbVO** vor, dass das Zeugnis Angaben zu den Befugnissen des Testamentsvollstreckers bzw. Nachlassverwalters sowie zu den Beschränkungen dieser Befugnisse enthalten muss. Die Begriffe des „Testamentsvollstreckers" und des „Nachlassverwalters" sind dabei **verordnungsautonom** und damit in dem gleichen Sinne wie im Rahmen des Art. 63 Abs. 1 EuErbVO zu verstehen (→ Rn. 17 ff.). Zur präzisen Beschreibung der Befugnisse, die einem Testamentsvollstrecker oder Nachlassverwalter zustehen, enthält das **Formblatt** für das Nachlasszeugnis (→ EuErbVO Art. 67 Rn. 15) einen Katalog, der mehr als zwanzig denkbare Rechts- und tatsächliche Handlungen aufführt. Die Ausstellungsbehörde hat in der Liste die Maßnahmen anzukreuzen, zu denen die im Zeugnis ausgewiesene Person befugt ist. Lediglich Befugnisse, die nicht im Katalog des Formblatts genannt werden, hat die Ausstellungsbehörde in eigenen Worten darzulegen.

Artikel 64 Zuständigkeit für die Erteilung des Zeugnisses

[1] Das Zeugnis wird in dem Mitgliedstaat ausgestellt, dessen Gerichte nach den Artikeln 4, 7, 10 oder 11 zuständig sind. [2] Ausstellungsbehörde ist

a) ein Gericht im Sinne des Artikels 3 Absatz 2 oder
b) eine andere Behörde, die nach innerstaatlichem Recht für Erbsachen zuständig ist.

Übersicht

I. Überblick

Art. 64 EuErbVO behandelt in Satz 1 die **internationale** Zuständigkeit, in Satz 2 die **örtliche, sachliche** und **funktionale** Zuständigkeit für die Ausstellung des Europäischen Nachlasszeugnisses. Dabei wird für die internationale Zuständigkeit auf einzelne Vorschriften im Kapitel II der Verordnung verwiesen, während die Regelung der innerstaatlichen Zuständigkeiten im Einklang mit Art. 2 EuErbVO den einzelnen Mitgliedstaaten überlassen wird. 1

II. Internationale Zuständigkeit (Satz 1)

Wie ErwG 70 S. 1 EuErbVO bestimmt, sollte das Zeugnis in dem Mitgliedstaat ausgestellt werden, dessen Gerichte nach der Verordnung für Entscheidungen in Erbsachen zuständig sind. Art. 64 Satz 1 EuErbVO verweist demgemäß für das Verfahren zur **Ausstellung** des Nachlasszeugnisses auf die allgemeinen Zuständigkeitsvorschriften der **Art. 4, 7, 10** und **11 EuErbVO** (zur Zuständigkeit für die Erteilung beglaubigter Abschriften sowie für die Berichtigung, die Änderung und den Widerruf unrichtiger Zeugnisse → Rn. 20). Der Umstand, dass Art. 64 EuErbVO die Geltung der Zuständigkeitsvorschriften der Art. 4 ff. EuErbVO für das europäische Nachlasszeugnisverfahren ausdrücklich festschreibt, lässt **nicht** den **Umkehrschluss** zu, dass die nationalen Erbscheinsverfahren in Ermangelung einer vergleichbaren Bestimmung nicht den Art. 4 ff. EuErbVO unterliegen (EuGH 21.6.2018 – Rs. C-20/17, NJW 2018, 2309 Rn. 48 – Oberle). 2

Bemerkenswert ist, dass Art. 64 S. 1 EuErbVO die Geltung der Zuständigkeitsvorschriften der Verordnung auch dann anordnet, wenn die **Behörden,** die das Nachlasszeugnis ausstellen, gemäß Art. 64 S. 2 EuErbVO **nicht** die Merkmale eines **Gerichts** gemäß Art. 3 Abs. 2 EuErbVO erfüllen (EuGH 21.6.2018 – Rs. C-20/17, NJW 2018, 2309 Rn. 46 – Oberle). Aus ErwG 20 EuErbVO folgt an sich, dass außergerichtliche Stellen nicht an die Zuständigkeitsvorschriften der Verordnung gebunden sind. Nach Auffassung des EuGH ist die Vorschrift des Art. 64 EuErbVO **nicht auf nationale Erbscheinsverfahren übertragbar.** Soweit also in den Mitgliedstaaten außergerichtliche Institutionen mit der Erteilung nationaler Erbnachweise betraut sind – zB Notare, die nicht unter den funktionalen Gerichtsbegriff des Art. 3 Abs. 2 EuErbVO fallen –, gelten für solche Verfahren die Zuständigkeitsvorschriften der Art. 4 ff. EuErbVO nicht (EuGH 16.7.2020 – Rs. C-80/19, BeckRS 2020, 16032 Rn. 70 – EE; näher zum Ganzen → EuErbVO Art. 62 Rn. 15b). 2a

1. Letzter gewöhnlicher Aufenthalt des Erblassers (Art. 4 EuErbVO)

3 Nach der Grundregel des Art. 4 EuErbVO sind für Entscheidungen in Erbsachen die Gerichte in dem Mitgliedstaat zuständig, in dem der **Erblasser zum Todeszeitpunkt seinen gewöhnlichen Aufenthalt** hatte. Diese Gerichte sind auch für die Erteilung des Nachlasszeugnisses im Regelfall die sachnächsten. Am Ort des letzten gewöhnlichen Aufenthalts des Erblassers wird sich meist der überwiegende Teil des Nachlassvermögens befinden. Zudem werden häufig auch die am Nachlass berechtigten Personen, insbesondere die Angehörigen des Erblassers, ihren Aufenthalt dort haben oder jedenfalls in einer gewissen Verbindung zu dem betreffenden Land stehen, so dass es ihnen keine allzu großen Schwierigkeiten bereiten dürfte, das Nachlasszeugnis dort zu beantragen. Darüber hinaus wird durch die Anknüpfung an den letzten gewöhnlichen Aufenthalt regelmäßig der **Gleichlauf** zwischen Forum und anwendbarem Recht hergestellt (s. auch ErwG 27 EuErbVO; → EuErbVO Art. 4 Rn. 23 ff.). Die zur Ausstellung des Zeugnisses nach Art. 4 EuErbVO zuständigen Gerichte können damit in den meisten Fällen für die Beurteilung der Erbrechtslage ihr eigenes Recht anwenden, wodurch das Verfahren erleichtert und beschleunigt wird. Der Gleichlauf von forum und ius spielt auch für die **Informationsfunktion** des Zeugnisses (→ EuErbVO Vorb Art. 62 Rn. 14 ff.) eine wichtige Rolle: Die Gerichte im Staat der lex causae können nämlich am verlässlichsten darüber Auskunft geben, welche Rechte, Befugnisse und sonstige Rechtsfolgen sich aus bestimmten nationalen erbrechtlichen Instituten ergeben.

4 Art. 4 EuErbVO bestimmt, dass die Gerichte im Mitgliedstaat des letzten gewöhnlichen Aufenthalts des Erblassers **für den gesamten Nachlass** zuständig sind. Diese Regelung ist auch für das Nachlasszeugnisverfahren von Bedeutung. Aus ihr folgt nämlich, dass sich die internationale Zuständigkeit für die Erteilung des Zeugnisses gemäß Art. 64 iVm Art. 4 EuErbVO nicht auf das im Inland belegene Nachlassvermögen beschränkt, sondern auch Nachlassgegenstände in anderen Mitgliedstaaten sowie Drittstaaten erfasst werden (zum Ausnahmefall des Art. 10 Abs. 2 EuErbVO → Rn. 8; zu den Drittstaatenfällen → EuErbVO Vorb Art. 62 Rn. 26 ff.). Freilich steht es dem Antragsteller jederzeit frei, das Gericht um die Ausstellung eines **Teilzeugnisses** zu ersuchen, das lediglich seine Berechtigung an einzelnen, in bestimmten Ländern belegenen Nachlassgegenständen bescheinigt (zur Zulässigkeit eines Teilzeugnisses → EuErbVO Art. 63 Rn. 39). Für die Erteilung von Erbnachweisen bringt die **Zuständigkeitskonzentration** am letzten gewöhnlichen Aufenthalt des Erblassers einen entscheidenden **Vorteil** mit sich: Sie mindert die Gefahr, dass in unterschiedlichen Mitgliedstaaten Nachlasszeugnisse für denselben Erbfall ausgestellt werden, die sich möglicherweise inhaltlich widersprechen. Da die Zuständigkeitsvorschrift des Art. 4 EuErbVO auch für mitgliedstaatliche Erbscheinsverfahren gilt, mindert sich auch das Risiko von Konflikten zwischen dem Europäischen gerichtliche Nachlasszeugnis und nationalen Erbnachweisen (→ EuErbVO Art. 62 Rn. 15). Faktisch vermag indessen auch die Zuständigkeitskonzentration die Gefahr konfligierender Erbnachweise nicht vollkommen auszuschließen, da es immer vorkommen kann, dass sich ein Gericht zu Unrecht für zuständig erklärt und neben dem eigentlich zuständigen Gericht ein (inhaltlich unrichtiges) Nachlasszeugnis ausstellt.

2. Subsidiäre Zuständigkeit bei letztem gewöhnlichen Aufenthalt in einem Drittstaat (Art. 10 EuErbVO)

5 Hatte der Erblasser im Zeitpunkt des Todes seinen gewöhnlichen Aufenthalt nicht in einem Mitgliedstaat, können nach Maßgabe des Art. 64 iVm Art. 10 EuErbVO die Gerichte eines Mitgliedstaats, in dem sich Nachlassvermögen befindet, für die Ausstellung des Nachlasszeugnisses zuständig sein. Dabei sind **zwei Szenarien** zu unterscheiden. Bestand zwischen dem Erblasser und dem Mitgliedstaat der Nachlassbelegenheit eine besondere, in Art. 10 Abs. 1 lit. a und b EuErbVO näher spezifizierte Verbindung, sind die Gerichte dieses Mitgliedstaats für die Erteilung eines Zeugnisses über den gesamten, weltweiten Nachlass international zuständig. Besteht keine derartige Verbindung, können die Gerichte des Mitgliedstaats der Nachlassbelegenheit lediglich ein auf das inländische Nachlassvermögen beschränktes Zeugnis ausstellen.

6 **a) Besondere Verbindung des Erblassers zum Mitgliedstaat der Nachlassbelegenheit (Art. 10 Abs. 1 EuErbVO).** Gemäß Art. 64 iVm **Art. 10 Abs. 1 lit. a EuErbVO** sind Gerichte im Mitgliedstaat der Nachlassbelegenheit für die Erteilung eines Nachlasszeugnisses über den **gesamten Nachlass** zuständig, wenn der Erblasser im Todeszeitpunkt ein **Staatsangehöriger** des betreffenden Mitgliedstaats war. Besaß der Erblasser hingegen diese Staatsangehörigkeit nicht, darf der Mitgliedstaat der Nachlassbelegenheit gemäß Art. 64 iVm **Art. 10 Abs. 1 lit. b EuErbVO** gleichwohl ein gegenständlich unbeschränktes Zeugnis ausstellen, sofern sich der frühere gewöhnliche Aufenthalt des Erblassers im Zeitraum der letzten fünf Jahre vor Anrufung des Gerichts im fraglichen Mitgliedstaat befunden hatte (für den Begriff der „Anrufung des Gerichts" gilt die Definition des Art. 14 EuErbVO).

7 Anzumerken ist, dass sich im Rahmen des Art. 10 EuErbVO ausnahmsweise **konkurrierende Zuständigkeiten** für die Ausstellung eines Nachlasszeugnisses in verschiedenen Mitgliedstaaten ergeben können. Dies ist namentlich der Fall, wenn der Erblasser im Todeszeitpunkt die Staatsangehörigkeit

mehrerer Mitgliedstaaten besaß und sich in den betreffenden Ländern Nachlassgegenstände befinden. Gleiches gilt im Zusammenhang mit Art. 10 Abs. 1 lit. b EuErbVO, wenn der Erblasser im Zeitraum der letzten fünf Jahre vor Anrufung des Gerichts seinen gewöhnlichen Aufenthalt sukzessive in verschiedenen Mitgliedstaaten hatte (zur Möglichkeit paralleler Zuständigkeiten iRd Art. 10 Abs. 1 lit. b EuErbVO → EuErbVO Art. 4 Rn. 26 ff.). Zu beachten ist insbesondere, dass gemäß Art. 10 Abs. 1 EuErbVO die Gerichte in den verschiedenen Mitgliedstaaten jeweils zur Entscheidung über den **gesamten** Nachlass befugt sind. Im Fall einer solchen Zuständigkeitskonkurrenz ist für die Verfahrensbeteiligten und die Gerichte besondere Vorsicht geboten, da das Risiko besteht, dass in den unterschiedlichen Mitgliedstaaten einander widersprechende Nachlasszeugnisse ausgestellt werden (zu den Rechtsfolgen eines solchen Konflikts → EuErbVO Art. 69 Rn. 51 f.).

b) Keine besondere Verbindung zwischen Erblasser und Mitgliedstaat der Nachlassbelegenheit (Art. 10 Abs. 2 EuErbVO). Sind die Voraussetzungen des Art. 10 Abs. 1 lit. a und b EuErbVO in keinem Mitgliedstaat erfüllt, so sind gemäß Art. 64 iVm **Art. 10 Abs. 2 EuErbVO** die Gerichte eines Mitgliedstaats, in dem sich Nachlassvermögen befindet, für die Ausstellung eines Zeugnisses über den **im Inland belegenen Nachlass** zuständig. Die grenzüberschreitende Ausrichtung des Zeugnisses gemäß Art. 62 Abs. 1 und 3 EuErbVO steht nach zutreffender Ansicht der Ausstellung eines Zeugnisses, das allein auf den im Inland belegenen Nachlass beschränkt ist, nicht von vornherein entgegen (MüKoBGB/*Dutta* EuErbVO Art. 64 Rn. 3; aA offenbar *Süß* ZEuP 2013, 725 (735)); denn für den Antragsteller kann im Einzelfall das Bedürfnis bestehen, sich im Ausland über im Inland befindliche Nachlassgegenstände zu legitimieren (etwa wenn eine bewegliche Sache in einem anderen Mitgliedstaat veräußert werden soll). 8

Wie bei Art. 10 Abs. 1 EuErbVO kann sich auch im Rahmen des Art. 10 Abs. 2 EuErbVO eine **mehrfache Zuständigkeit** ergeben, nämlich dann, wenn sich Nachlassgegenstände in mehreren Mitgliedstaaten befinden. Da jedoch die internationale Zuständigkeit nach dieser Vorschrift auf das im jeweiligen Mitgliedstaat befindliche Nachlassvermögen beschränkt ist, besteht keine Gefahr, dass die Gerichte in unterschiedlichen Mitgliedstaaten in Bezug auf dieselben Nachlassgegenstände einander widersprechende Nachlasszeugnisse ausstellen. Folglich ist davon auszugehen, dass Zeugnisse aus verschiedenen Mitgliedstaaten auch dann nebeneinander koexistieren können und sich ihre Wirkungen nicht gegenseitig aufheben, wenn die zugrundeliegende Beurteilung der Erbrechtslage uneinheitlich ist (so etwa, wenn die Gerichte in Mitgliedstaat A Person X als Erben ausweisen, die Gerichte in Mitgliedstaat B hingegen eine andere Person Y). 9

3. Zuständigkeit bei Rechtswahl des Erblassers (Art. 7 EuErbVO)

Hat der Erblasser für die Rechtsnachfolge von Todes wegen eine kollisionsrechtliche Rechtswahl gemäß Art. 22 bzw. 83 EuErbVO getroffen, können nach Maßgabe des Art. 64 iVm **Art. 7 EuErbVO** die Gerichte im Mitgliedstaat der gewählten lex hereditatis für die Ausstellung des Zeugnisses zuständig sein. Ziel dieser Zuständigkeitsregelung ist die Herstellung des **Gleichlaufs zwischen Forum und anwendbarem Recht,** der zur Verfahrenserleichterung beiträgt (s. hierzu auch ErwG 27 Satz 2 sowie 28 EuErbVO). Im Einzelnen regelt Art. 7 EuErbVO drei verschiedene Konstellationen, in denen die internationale Zuständigkeit bei den Gerichten im Mitgliedstaat des gewählten Rechts liegt. 10

a) Abgabe des Verfahrens an den Mitgliedstaat der lex hereditatis auf Antrag eines Beteiligten (Art. 7 lit. a iVm Art. 6 lit. a EuErbVO). Die Gerichte des Mitgliedstaats, dessen Recht der Erblasser gewählt hat, sind gemäß **Art. 7 lit. a EuErbVO** zum einen dann international zuständig, wenn die nach den allgemeinen Zuständigkeitsregeln der Art. 4 und 10 EuErbVO angerufenen Gerichte das Verfahren auf der Grundlage des **Art. 6 EuErbVO** abgegeben haben. **Art. 6 lit. a EuErbVO** sieht vor, dass sich das zunächst angerufene Gericht **auf Antrag einer Verfahrenspartei** für unzuständig erklären darf, wenn nach seiner Einschätzung die Gerichte des Mitgliedstaats des gewählten Rechts in der Erbsache besser entscheiden können (zu den Anforderungen an die Unzuständigkeitserklärung s. den Vorlagebeschluss des OLG Köln FamRZ 2021, 233). Wie Art. 6 lit. a EuErbVO weiter bestimmt, hat das Gericht bei seiner Entscheidung über die Abgabe des Verfahrens „die konkreten Umstände der Erbsache [...], wie etwa den gewöhnlichen Aufenthalt der Parteien und den Ort, an dem die Vermögenswerte belegen sind" zu berücksichtigen. Keine wirksame Abgabe des Nachlasszeugnisverfahrens liegt vor, wenn der abgebende Notar nicht die Gründe erkennen lässt, die seine Ermessensausübung geleitet haben und für die Unzuständigkeitserklärung ausschlaggebend waren (OLG Köln ZEV 2020, 230 Rn. 12 mit zust. Anm. *Eule;* im konkreten Fall hatte zudem entgegen Art. 6 lit. a EuErbVO keiner der Verfahrensbeteiligten die Abgabe des Verfahrens beantragt). Die Gerichte im Mitgliedstaat der lex causae sind sodann an die Ermessensentscheidung des abgebenden Gerichts gebunden und müssen das Verfahren übernehmen. 11

Im Rahmen des Nachlasszeugnisverfahrens hängt die Entscheidung über die Verfahrensabgabe an die Gerichte im Mitgliedstaat des gewählten Rechts vor allem von den Parteiinteressen ab. Der Parteibegriff ist in diesem Zusammenhang in einem materiellen Sinn zu verstehen und erfasst sämtliche Personen, 12 deren Rechtsposition durch die Ausstellung des Zeugnisses berührt werden könnte (→ Rn. 16 sowie → EuErbVO Art. 66 Rn. 6 ff.). Das zunächst angerufene Gericht hat also vor allem zu prüfen, ob die Abgabe des Verfahrens möglicherweise den Parteien die **Rechtsverfolgung erschwert.** Dabei ist insbesondere zu berücksichtigen, dass es unter Umständen potentiell erbberechtigte Personen wie etwa nichteheliche Abkömmlinge des Erblassers oder testamentarisch Bedachte geben kann, die dem Gericht bisher nicht bekannt sind. Diese Personen, die für die Zwecke des Nachlasszeugnisverfahrens als mögliche Begünstigte ebenfalls zum Kreis der Verfahrensparteien zu rechnen sind, könnten durch die Verlegung des Verfahrens in einen anderen Mitgliedstaat benachteiligt werden, da sie dann möglicherweise von der Beantragung des Zeugnisses keine Kenntnis erlangen und folglich auch nicht ihre Rechte geltend machen können.

13 Die Verweisung des Art. 7 lit. a EuErbVO erfasst ebenfalls die Norm des **Art. 6 lit. b EuErbVO.** Nach dieser Bestimmung erklärt sich das nach Art. 4 oder 10 EuErbVO angerufene Gericht auch dann für unzuständig, wenn die Verfahrensparteien eine Gerichtsstandsvereinbarung zugunsten der Gerichte im Mitgliedstaat der gewählten lex hereditatis geschlossen haben. Der Verweis in der Zuständigkeitsvorschrift des Art. 7 lit. a EuErbVO auf Art. 6 lit. b EuErbVO ist allerdings letztlich **überflüssig,** da sich im Fall der Gerichtsstandsvereinbarung die Zuständigkeit der prorogierten Gerichte bereits aus **Art. 7 lit. b EuErbVO** ergibt (→ Rn. 14).

14 **b) Zuständigkeit aufgrund von Gerichtsstandsvereinbarungen (Art. 7 lit. b EuErbVO).** Die Gerichte des Mitgliedstaats, dessen Recht der Erblasser für seine Rechtsnachfolge von Todes wegen gewählt hat, sind gemäß **Art. 7 lit. b EuErbVO** ferner dann international zuständig, wenn die Verfahrensparteien eine entsprechende **Gerichtsstandsvereinbarung nach Art. 5 EuErbVO** geschlossen haben.

15 Die Zulassung der Prorogation in Nachlassverfahren ist nicht unproblematisch. Dies gilt vor allem mit Blick auf **nichtkontradiktorische Verfahren** wie das Nachlasszeugnisverfahren, deren Ausgang potentiell die Rechtsstellung einer **Vielzahl von Personen** unmittelbar berührt, die in vielen Fällen gar nicht von Anfang an formell am Verfahren beteiligt sind (s. generell zu den Bedenken gegenüber Gerichtsstandsvereinbarungen in nichtstreitigen Nachlassverfahren Dutta/Herrler/*Hess,* Die Europäische Erbrechtsverordnung, 131 (137 f.)). So betrifft die Entscheidung über die Ausstellung eines Zeugnisses zum Nachweis der Erbenstellung nicht nur den Antragsteller, sondern auch andere Erbprätendenten. Wird nämlich dem Antragsteller das Zeugnis erteilt, unterliegen sie beispielsweise für die Geltendmachung ihres Erbrechts erhöhten Beweisanforderungen, da sie die Vermutungswirkung des Art. 69 Abs. 2 EuErbVO widerlegen müssen. Ferner besteht für sie die Gefahr von Rechtsverlusten aufgrund der Gutglaubensfunktion des Art. 69 Abs. 3 und 4 EuErbVO, sofern sie – und nicht die im Zeugnis ausgewiesene Person – die wahren Erben sind.

16 Dem weiten Kreis der potentiell Betroffenen ist bei der Bestimmung der **prorogationsbefugten Personen** Rechnung zu tragen. Es gilt zu verhindern, dass Gerichtsstandsvereinbarungen zulasten von Personen abgeschlossen werden können, die ein unmittelbares Interesse am Ausgang des Verfahrens haben und durch die Prorogation in der Wahrnehmung ihrer Rechte behindert werden. Dieser Grundsatz ist insbesondere bei der Auslegung des Begriffs der **„Verfahrensparteien"** in Art. 7 lit. b EuErbVO zu berücksichtigen. Diese Wortwahl könnte nämlich zunächst nahelegen, dass für die Prorogationsbefugnis allein die Stellung als Verfahrensbeteiligter im formellen Sinn entscheidend ist. Ein solches Verständnis ist allerdings abzulehnen, da es die Interessen materiell betroffener Parteien missachtet, die nicht förmlich am Verfahren beteiligt sind (zB weil das Gericht von ihrer Existenz nichts weiß). Präziser erscheint demgegenüber der Begriff der **„betroffenen Parteien"** in Art. 5 EuErbVO (ausf. dazu *von Bary,* Gerichtsstands- und Schiedsvereinbarungen im internationalen Erbrecht, 2018, 72 ff.), welcher die Voraussetzungen einer wirksamen Gerichtsstandsvereinbarung näher beschreibt. Die Formulierung lässt es ohne weiteres zu, für die Bestimmung der Prorogationsbefugnis in nichtstreitigen Nachlassverfahren einen **materiellen Parteibegriff** zugrundezulegen (vgl. auch MüKoBGB/*Dutta* EuErbVO Art. 5 Rn. 8, der von einem „weiten Verfahrensparteibegriff" ausgeht). Aus diesen Überlegungen ist der Schluss zu ziehen, dass im Rahmen des Nachlasszeugnisverfahrens der Begriff der „Verfahrensparteien" in Art. 7 lit. b EuErbVO **sämtliche Verfahrensbeteiligte im Sinne des Art. 66 Abs. 4 EuErbVO** erfasst und sich somit auf alle potentiell (erbrechtlich) berechtigten Personen bezieht, die durch die Zeugnisausstellung in ihrer Rechtsposition berührt sein könnten (→ EuErbVO Art. 66 Rn. 7).

17 Werden dem Gericht erst **im Laufe des Verfahrens** weitere mögliche Berechtigte bekannt, die als Beteiligte hinzuzuziehen sind, ist die Gerichtsstandsvereinbarung nur dann wirksam, wenn ihr auch die später beigetretenen Parteien zugestimmt haben. Fehlt eine solche Zustimmung, hängt die Zuständigkeit des prorogierten Gerichts von einer **ausdrücklichen Anerkennung** durch die nachträglich hinzugekommenen Beteiligten gemäß **Art. 7 lit. c EuErbVO** ab. Durch rügelose Einlassung nach Art. 9 EuErbVO kann hingegen im Nachlasszeugnisverfahren keine Zuständigkeit des angerufenen Gerichts im Mitgliedstaat des gewählten Rechts begründet werden, da Art. 64 EuErbVO keine Verweisung auf Art. 9 Abs. 1 EuErbVO enthält.

c) Zuständigkeit aufgrund ausdrücklicher Anerkennung (Art. 7 lit. c EuErbVO). Nach Art. 64 iVm **Art. 7 lit. c EuErbVO** sind die Gerichte im Mitgliedstaat des vom Erblasser gewählten Rechts für die Ausstellung des Nachlasszeugnisses international zuständig, wenn die Verfahrensparteien (zum Begriff → Rn. 16) die Zuständigkeit **ausdrücklich anerkannt** haben. In der Praxis wird diese Möglichkeit der parteiautonomen Zuständigkeitsbegründung am ehesten eine Rolle spielen, da der Abschluss von Gerichtsstandsvereinbarungen zwischen den Beteiligten eines Nachlasszeugnisverfahrens unwahrscheinlich sein dürfte und die Begründung der Zuständigkeit aufgrund rügeloser Einlassung ausgeschlossen ist (→ Rn. 21). 18

4. Notzuständigkeit (Art. 11 EuErbVO)

Schließlich verweist Art. 64 S. 1 EuErbVO auf die Regelung der **Notzuständigkeit (forum necessitatis)** gemäß Art. 11 EuErbVO. Ist also kein Mitgliedstaat nach Maßgabe des Art. 64 iVm Art. 4, 7 oder 10 EuErbVO für die Ausstellung eines Nachlasszeugnisses international zuständig, können ausnahmsweise die Gerichte eines Mitgliedstaats ein Zeugnis erteilen, wenn es nicht zumutbar oder möglich ist, ein Nachlasszeugnisverfahren in einem Drittstaat durchzuführen, zu dem die Erbsache einen engen Bezug aufweist. Gemäß Art. 11 UAbs. 2 EuErbVO ist ein **ausreichender Bezug** zu dem Mitgliedstaat des angerufenen Gerichts erforderlich. 19

5. Spezielle Zuständigkeitsregel für Erteilung beglaubigter Abschriften sowie für die Berichtigung, Änderung oder den Widerruf des Zeugnisses (Art. 70, 71 EuErbVO)

Eine versteckte Zuständigkeitsnorm enthält **Art. 71 EuErbVO,** der die Berichtigung, die Änderung oder den Widerruf eines unrichtigen Nachlasszeugnisses regelt (*Dorth,* 307 f.). Wie sich aus der Vorschrift ergibt, ist stets die **Ausstellungsbehörde** für derartige Verfahren zuständig. Gleiches gilt im Rahmen des **Art. 70 Abs. 1 EuErbVO** für das Verfahren über die Erteilung einer beglaubigten Abschrift des Zeugnisses. Diese Verfahren werden vom Verordnungsgeber gewissermaßen als Annex-Verfahren zum Ausstellungsverfahren behandelt. Es spielt vor diesem Hintergrund keine Rolle, ob die Ausstellungsbehörde ursprünglich gemäß Art. 64 Satz 1 EuErbVO für die Erteilung des Zeugnisses international zuständig war. Nehmen also die Behörden in einem Mitgliedstaat zu Unrecht ihre internationale Zuständigkeit an und stellen ein Zeugnis aus, das sich später als unrichtig erweist, können nur die ausstellenden Behörden das Zeugnis ändern oder widerrufen; den Behörden in dem für die Erbsache eigentlich zuständigen Mitgliedstaat steht diese Befugnis nicht zu. 20

6. Auf das Nachlassverfahren nicht anwendbare Zuständigkeitsvorschriften der EuErbVO

Art. 64 Satz 1 EuErbVO verweist zur Bestimmung der internationalen Zuständigkeit für die Ausstellung des Zeugnisses nicht auf sämtliche Zuständigkeitsvorschriften der Art. 4 ff. EuErbVO. Offenbar ist der Unionsgesetzgeber der Auffassung, dass einzelne Zuständigkeitsvorschriften für das Nachlasszeugnisverfahren unpassend sind. Von der Verweisung ausgeschlossen ist etwa **Art. 8 EuErbVO** (Beendigung des Verfahrens von Amts wegen bei Rechtswahl). Dies erklärt sich daraus, dass die Vorschriften lediglich Verfahren erfassen, die von Amts wegen eingeleitet werden, während das Nachlasszeugnis gemäß Art. 65 Abs. 1 EuErbVO nur auf Antrag ausgestellt wird. Ebenfalls nicht auf das Nachlasszeugnisverfahren anwendbar ist **Art. 9 EuErbVO,** der die Zuständigkeitsbegründung aufgrund rügeloser Einlassung regelt. Fehlt demnach die Zustimmung eines Beteiligten zu einer Gerichtsstandsvereinbarung, mit der die Zuständigkeit zur Ausstellung des Zeugnisses auf ein Gericht im Mitgliedstaat der vom Erblasser gewählten lex hereditatis übertragen werden soll, bleibt das prorogierte Gericht auch dann unzuständig, wenn sich der betreffende Beteiligte auf das Verfahren einlässt und sich zur Sache äußert, ohne die Zuständigkeit zu rügen. Das prorogierte Gericht darf sich in dieser Konstellation nur dann mit dem Verfahren weiter befassen, wenn der Beteiligte die Zuständigkeit gemäß Art. 7 lit. c EuErbVO ausdrücklich anerkennt. Keine Anwendung findet ferner **Art. 12 EuErbVO.** Nach dieser Vorschrift kann das befasste Gericht auf Antrag einer Partei Nachlassgegenstände, die sich in einem Drittstaat befinden, aus dem Verfahren ausnehmen, wenn zu erwarten steht, dass die zu fällende Entscheidung im betreffenden Drittstaat nicht anerkannt oder nicht für vollstreckbar erklärt wird. Aus der fehlenden Bezugnahme auf Art. 12 EuErbVO folgt, dass das Nachlasszeugnis grundsätzlich immer den weltweiten Nachlass des Erblassers erfasst (*Dorsel/Schall* GPR 2015, 36 (42 f.)). Jedoch besteht für den Antragsteller die Möglichkeit, sich gemäß Art. 63 Abs. 2 lit. b EuErbVO ein Teilzeugnis ausstellen zu lassen, das lediglich seine Berechtigung an einzelnen, in bestimmten Ländern belegenen Nachlassgegenständen bescheinigt (→ EuErbVO Art. 63 Rn. 39). Von vornherein ohne Bedeutung für die Ausstellung des Zeugnisses ist die Vorschrift des **Art. 13 EuErbVO,** die eine Sonderzuständigkeit für die Entgegennahme von Erklärungen zur Annahme oder Ausschlagung der Erbschaft begründet. Schließlich ist von der Verweisung des Art. 64 Satz 1 EuErbVO auch **Art. 19 EuErbVO** ausgenommen, der eine 21 besondere Zuständigkeit für einstweilige Maßnahmen vorsieht. Daraus folgt zum einen, dass andere als die nach Art. 4, 7, 10 und 11 EuErbVO zuständigen Gerichte kein Zeugnis als einstweilige Maßnahme ausstellen dürfen (MüKoBGB/*Dutta* EuErbVO Art. 64 Rn. 8). Eine weitere Konsequenz ergibt sich für den Fall, dass ein nach Art. 19 EuErbVO zuständiges Gericht als vorläufige Sicherungsmaßnahme einen Nachlasspfleger gemäß § 1960 BGB bestellt. Das Gericht, das die Sicherungsmaßnahme erlassen hat, kann dem Nachlasspfleger kein Zeugnis zur Bescheinigung seiner Stellung als Nachlassverwalter im Sinne des Art. 63 Abs. 1 EuErbVO ausstellen; nur die in der Hauptsache zuständigen Gerichte können ein solches Zeugnis erteilen (*Margonski,* Grenzüberschreitende Tätigkeit des Nachlasspflegers in deutsch-polnischen Nachlasssachen, 2013, 188).

III. Sachliche, örtliche und funktionale Zuständigkeit (Satz 2)

22 Art. 64 Satz 2 EuErbVO sieht vor, dass die Mitgliedstaaten die Zuständigkeit für die Ausstellung des Zeugnisses entweder einem **Gericht** im Sinne des Art. 3 Abs. 2 EuErbVO (lit. a) oder einer **anderen Behörde,** die nach innerstaatlichem Recht für Nachlasssachen zuständig ist (lit. b), zuweisen können (s. auch ErwG 70 EuErbVO). Die Erweiterung des Kreises der möglichen Ausstellungsbehörden in Art. 64 Satz 2 lit. b EuErbVO dürfte in der Praxis freilich von geringer Relevanz sein, wenn man bedenkt, dass der Gerichtsbegriff des Art. 3 Abs. 2 EuErbVO bereits sehr weit gezogen ist und neben den Gerichten auch andere Behörden und Angehörige von Rechtsberufen umfassen kann (→ EuErbVO Art. 3 Rn. 14 ff.). Ist die Zuständigkeit für die Zeugnisausstellung auf eine **sonstige Behörde** gemäß Art. 64 Sastz 2 lit. b EuErbVO übertragen, darf sie nur innerhalb ihrer **internationalen Zuständigkeit** gemäß Art. 64 Satz 1 iVm Art. 4, 7, 10 und 11 EuErbVO tätig werden. Dies ist deswegen hervorzuheben, da die Zuständigkeitsregeln der Art. 4 ff. EuErbVO an sich ausschließlich für Gerichte im Sinne des Art. 3 Abs. 2 EuErbVO gelten, wie bereits aus dem Normwortlaut hervorgeht (s. auch ErwG 21 EuErbVO). Auch wenn die Zuständigkeit für die Zeugnisausstellung gemäß Art. 64 S. 2 EuErbVO einer Behörde übertragen ist, obliegt allerdings die Entscheidung im **Rechtsbehelfsverfahren** nach Art. 72 Abs. 1 UAbs. 3 EuErbVO zwingend einem Gericht (→ EuErbVO Art. 72 Rn. 6).

23 Im Übrigen hat der Unionsgesetzgeber die **sachliche, örtliche** und **funktionale** Zuständigkeit in Art. 64 EuErbVO nicht näher geregelt. Dieser Ansatz steht mit dem Grundsatz des Art. 2 EuErbVO im Einklang, wonach die Verordnung die innerstaatlichen Zuständigkeiten der mitgliedstaatlichen Behörden unberührt lässt. Es obliegt dem Ausführungsgesetzgeber auf nationaler Ebene, die interne Zuständigkeit zu bestimmen. Eine Ausnahme gilt lediglich im Rahmen des Art. 64 Satz 1 iVm Art. 7 lit. b und c EuErbVO: Hier kann sich die örtliche Zuständigkeit unmittelbar aus der Verordnung selbst ergeben, sofern sie von den Beteiligten vereinbart bzw. ausdrücklich anerkannt worden ist. In **Deutschland** ist nach § 34 Abs. 4 IntErbRVG für die Erteilung des Europäischen Nachlasszeugnisses **ausschließlich** das **Amtsgericht** als Nachlassgericht zuständig. Die **örtliche Zuständigkeit** ist in § 34 Abs. 1 bis 3 IntErbRVG geregelt. In **funktioneller** Hinsicht ist für Tätigkeiten im Zusammenhang mit dem Nachlasszeugnis der **Rechtspfleger** gemäß § 3 Nr. 2 lit. i RPflG nF zuständig. Jedoch bleibt die Zuständigkeit nach § 16 Abs. 2 RPflG dem **Richter** vorbehalten, sofern eine Verfügung von Todes wegen vorliegt oder die Anwendung ausländischen Rechts in Betracht kommt. Ist allerdings trotz des Vorliegens einer testamentarischen Verfügung die gesetzliche Erbfolge maßgeblich und deutsches Recht Erbstatut, kann der Richter gemäß § 16 Abs. 3 Satz 1 Nr. 2 nF die Ausstellung des Nachlasszeugnisses dem Rechtspfleger übertragen.

Artikel 65 Antrag auf Ausstellung eines Zeugnisses

(1) **Das Zeugnis wird auf Antrag jeder in Artikel 63 Absatz 1 genannten Person (im Folgenden „Antragsteller") ausgestellt.**

(2) **Für die Vorlage eines Antrags kann der Antragsteller das nach dem Beratungsverfahren nach Artikel 81 Absatz 2 erstellte Formblatt verwenden.**

(3) **Der Antrag muss die nachstehend aufgeführten Angaben enthalten, soweit sie dem Antragsteller bekannt sind und von der Ausstellungsbehörde zur Beschreibung des Sachverhalts, dessen Bestätigung der Antragsteller begehrt, benötigt werden; dem Antrag sind alle einschlägigen Schriftstücke beizufügen, und zwar entweder in Urschrift oder in Form einer Abschrift, die die erforderlichen Voraussetzungen für ihre Beweiskraft erfüllt, unbeschadet des Artikels 66 Absatz 2:**

a) **Angaben zum Erblasser: Name (gegebenenfalls Geburtsname), Vorname(n), Geschlecht, Geburtsdatum und -ort, Personenstand, Staatsangehörigkeit, Identifikationsnummer (sofern vorhanden), Anschrift im Zeitpunkt seines Todes, Todesdatum und -ort;**

b) **Angaben zum Antragsteller: Name (gegebenenfalls Geburtsname), Vorname(n), Geschlecht, Geburtsdatum und -ort, Personenstand, Staatsangehörigkeit, Identifikations-**

nummer (sofern vorhanden), Anschrift und etwaiges Verwandtschafts- oder Schwägerschaftsverhältnis zum Erblasser;

c) Angaben zum etwaigen Vertreter des Antragstellers: Name (gegebenenfalls Geburtsname), Vorname(n), Anschrift und Nachweis der Vertretungsmacht;

d) Angaben zum Ehegatten oder Partner des Erblassers und gegebenenfalls zu(m) ehemaligen Ehegatten oder Partner(n): Name (gegebenenfalls Geburtsname), Vorname(n), Geschlecht, Geburtsdatum und -ort, Personenstand, Staatsangehörigkeit, Identifikationsnummer (sofern vorhanden) und Anschrift;

e) Angaben zu sonstigen möglichen Berechtigten aufgrund einer Verfügung von Todes wegen und/oder nach gesetzlicher Erbfolge: Name und Vorname(n) oder Name der Körperschaft, Identifikationsnummer (sofern vorhanden) und Anschrift;

f) den beabsichtigten Zweck des Zeugnisses nach Artikel 63;

g) Kontaktangaben des Gerichts oder der sonstigen zuständigen Behörde, das oder die mit der Erbsache als solcher befasst ist oder war, sofern zutreffend;

h) den Sachverhalt, auf den der Antragsteller gegebenenfalls die von ihm geltend gemachte Berechtigung am Nachlass und/oder sein Recht zur Vollstreckung des Testaments des Erblassers und/oder das Recht zur Verwaltung von dessen Nachlass gründet;

i) eine Angabe darüber, ob der Erblasser eine Verfügung von Todes wegen errichtet hatte; falls weder die Urschrift noch eine Abschrift beigefügt ist, eine Angabe darüber, wo sich die Urschrift befindet;

j) eine Angabe darüber, ob der Erblasser einen Ehevertrag oder einen Vertrag in Bezug auf ein Verhältnis, das mit der Ehe vergleichbare Wirkungen entfaltet, geschlossen hatte; falls weder die Urschrift noch eine Abschrift des Vertrags beigefügt ist, eine Angabe darüber, wo sich die Urschrift befindet;

k) eine Angabe darüber, ob einer der Berechtigten eine Erklärung über die Annahme oder die Ausschlagung der Erbschaft abgegeben hat;

l) eine Erklärung des Inhalts, dass nach bestem Wissen des Antragstellers kein Rechtsstreit in Bezug auf den zu bescheinigenden Sachverhalt anhängig ist;

m) sonstige vom Antragsteller für die Ausstellung des Zeugnisses für nützlich erachtete Angaben.

Übersicht

I. Überblick

1 Abs. 1 der Vorschrift stellt zunächst klar, dass es sich beim Verfahren zur Ausstellung des Nachlasszeugnisses um ein **Antragsverfahren** handelt; sodann bestimmt die Vorschrift den Kreis der **Antragsberechtigten.** Die Abs. 2 und 3 enthalten Vorgaben zu **Form und Inhalt des Antrags.**

II. Antragserfordernis und Antragsberechtigte (Abs. 1)

1. Antragsgrundsatz

2 Gemäß Art. 65 Abs. 1 EuErbVO kann das Europäische Nachlasszeugnis **nur auf Antrag** einer antragsberechtigten Person ausgestellt werden (s. auch ErwG 72 S. 1 der Verordnung). Eine **Ausstellung von Amts wegen** ist damit **ausgeschlossen.** Das Antragserfordernis gilt jedoch nicht für die Berichtigung, die Änderung oder den Widerruf eines unrichtigen Zeugnisses: Nach Art. 71 Abs. 1 bis 3 EuErbVO werden entsprechende Verfahren auf Verlangen von Personen, die ein berechtigtes Interesse

nachweisen können, oder von Amts wegen eingeleitet (in Deutschland ist allerdings die Änderung des Zeugnisses von Amts wegen nach § 38 IntErbRVG ausgeschlossen, → EuErbVO Art. 71 Rn. 6).

2. Antragsberechtigte

3 **a) Verwendungsberechtigte Personen gemäß Art. 63 Abs. 1 EuErbVO.** Zur Bestimmung der Antragsberechtigten verweist Art. 65 Abs. 1 EuErbVO auf den Kreis der verwendungsberechtigten Personen gemäß Art. 63 Abs. 1 EuErbVO. Zur Beantragung des Zeugnisses berechtigt sind damit diejenigen Personen, deren Rechtsstellung im Zeugnis bescheinigt werden kann, also die **Erben,** die **Vermächtnisnehmer mit unmittelbarer Berechtigung am Nachlass** sowie die **Testamentsvollstrecker** und **Nachlassverwalter** (zur Bedeutung dieser – verordnungsautonom auszulegenden – Begriffe → EuErbVO Art. 63 Rn. 5 ff.).

4 Von der Antragsberechtigung gemäß Art. 65 Abs. 1 EuErbVO ist das Recht zu unterscheiden, von der Ausstellungsbehörde eine **beglaubigte Abschrift** des Zeugnisses nach **Art. 70 EuErbVO** zu verlangen. Dieses Recht besitzt neben dem Antragsteller jede andere Person, die ein berechtigtes Interesse nachweist. Es steht damit beispielsweise auch Dritten zu, die nach Maßgabe des Art. 69 Abs. 3 und 4 EuErbVO Gutglaubensschutz genießen (zum Kreis der Antragsberechtigten → EuErbVO Art. 70 Rn. 3). Die Ausstellung einer beglaubigten Abschrift setzt freilich begrifflich voraus, dass zunächst die Urschrift des Zeugnisses auf Antrag einer in Art. 65 Abs. 1 iVm Art. 63 Abs. 1 EuErbVO genannten Person ausgestellt worden ist. Vor diesem Hintergrund verfügen die in Art. 70 EuErbVO erwähnten antragsberechtigten Personen über kein „Initiativrecht" zur Ausstellung eines Zeugnisses.

5 **b) Berechtigung zur Zeugnisbeantragung anstelle einer gemäß Art. 63 Abs. 1 EuErbVO verwendungsberechtigten Person.** Art. 65 Abs. 1 EuErbVO schweigt zu der Frage, ob auch Personen, die nicht in Art. 63 Abs. 1 EuErbVO genannt sind, ein Nachlasszeugnis für einen Verwendungsberechtigten im Sinne des Art. 63 Abs. 1 EuErbVO im eigenen oder fremden Namen beantragen dürfen. Auf den ersten Blick scheint die Aufzählung der Antragsberechtigten in Art. 65 Abs. 1 EuErbVO abschließenden Charakter zu besitzen. Bei genauerer Betrachtung spricht jedoch einiges dafür, das Antragsrecht auf weitere Personen zu erstrecken.

6 **aa) Stellvertreter.** Zunächst ist klarzustellen, dass eine Stellvertretung bei der Beantragung des Zeugnisses ohne weiteres möglich ist. Dies ergibt sich mittelbar aus **Art. 65 Abs. 3 lit. c EuErbVO,** der für den Antrag bestimmte „Angaben zum etwaigen Vertreter des Antragstellers" vorschreibt (BeckOGK/*J. Schmidt* EuErbVO Art. 65 Rn. 6; *Schmitz* RNotZ 269 (276)). Zudem sieht die Durchführungsverordnung Nr. 1329/2014 für den Fall der Stellvertretung ein eigenes Formblatt vor, aus dem hervorgeht, dass eine Beantragung des Zeugnisses aufgrund **gesetzlicher, organschaftlicher** sowie **rechtsgeschäftlicher Vertretungsmacht** zulässig ist.

7 **bb) Rechtsnachfolger.** Ein Antragsrecht ist ferner den **Rechtsnachfolgern von Todes wegen** des Erben oder des dinglichen Vermächtnisnehmers (zB den Erbeserben) zuzuerkennen (ebenso MüKoBGB/*Dutta* EuErbVO Art. 65 Rn. 5; *Schmitz* RNotZ 2018, 269 (277)). Es soll ihnen möglich sein, im eigenen Namen ein Zeugnis zu beantragen, das die Rechtsstellung des Rechtsvorgängers bescheinigt. Beantragen sie darüber hinaus ein Zeugnis, das ihre eigene Rechtsstellung als Erben bzw. dingliche Vermächtnisnehmer des jeweiligen Rechtsvorgängers dokumentiert, können sie eine lückenlose Legitimationskette zum ursprünglichen Erblasser herstellen, die die Nachlassabwicklung erleichtert und damit im Einklang mit dem Ziel des Nachlasszeugnisses steht. **Zweifelhaft** scheint hingegen, ob auch **andere Rechtsnachfolger,** die den Nachlass oder einzelne Nachlassgegenstände nicht von Todes wegen, sondern aufgrund eines Rechtsgeschäfts unter Lebenden vom Erben bzw. dinglichen Vermächtnisnehmer erworben haben, gleichfalls ein auf den Namen des jeweiligen Rechtsvorgängers lautendes Nachlasszeugnis beantragen dürfen (bejahend in Bezug auf den Erwerber eines Erbteils MüKoBGB/*Dutta* EuErbVO Art. 65 Rn. 5; MüKoFamFG/*Grziwotz* EuErbVO Art. 65 Rn. 4; aA *Schmitz* RNotZ 2018, 269 (277)). Diese Personen können nämlich bereits bei Erwerb des Erbteils oder des fraglichen Nachlassgegenstandes vom veräußernden Erben bzw. Vermächtnisnehmer die Vorlage eines (den jeweiligen Veräußerer legitimierenden) Zeugnisses verlangen und sich eine beglaubigte Abschrift des Zeugnisses vom Gericht gemäß Art. 70 Abs. 1 EuErbVO ausstellen lassen. Für ein eigenes Antragsrecht gemäß Art. 65 Abs. 1 EuErbVO dürfte vor diesem Hintergrund kein Bedürfnis bestehen.

8 **cc) Nachlassgläubiger.** Umstritten ist schließlich, ob auch den Nachlassgläubigern das Recht zustehen soll, ein auf den Schuldner lautendes Nachlasszeugnis zu beantragen. Im Schrifttum wird zum Teil die Auffassung vertreten, dass Nachlassgläubiger im Fall der Zwangsvollstreckung ein solches Zeugnis auf der Grundlage der **§§ 792, 896 ZPO** beantragen dürfen, sofern die internationale Zuständigkeit für die Ausstellung des Nachlasszeugnisses gemäß Art. 64 S. 1 EuErbVO bei den deutschen Gerichten liege (*Buschbaum/Simon* ZEV 2012, 525; *Lutz* BWNotZ 2016, 34 (42); wohl auch *Kleinschmidt* RabelsZ 77 (2013), 723 (771); *ders.,* FS Lindacher, 174 ff.; *Dorsel* in Löhnig/Schwab et al. 33 (37)). Zur Begründung wird ausgeführt, die EuErbVO berühre das mitgliedstaatliche Zwangsvollstre-

ckungsrecht nicht, so dass ein Rückgriff auf die Vorschriften des §§ 792, 896 ZPO auch im Zusammenhang mit dem Europäischen Nachlasszeugnis möglich sei (so auch *Dorsel/Schall* GPR 2015, 36 (40); MüKoBGB/*Dutta* EuErbVO Art. 65 Rn. 7; aA MüKoFamFG/*Grziwotz* EuErbVO Art. 65 Rn. 7; *Schmitz* RNotZ 2018, 269 (277); *Süß* ZEuP 2013, 725 (737)). Nach diesen Bestimmungen kann der Vollstreckungsgläubiger einen Erbschein oder eine andere Urkunde, die er für die Zwangsvollstreckung benötigt und die dem Vollstreckungsschuldner auf Antrag auszustellen ist, anstelle des Schuldners beantragen. Zwar erwähnt § 792 ZPO allein den „Erbschein" im Sinne der §§ 2353 ff. BGB; auch hat es der Ausführungsgesetzgeber unterlassen, anders als bei vergleichbaren Vorschriften wie etwa § 35 GBO oder § 41 SchRegO den Wortlaut der Vorschrift anzupassen und das Europäische Nachlasszeugnis ausdrücklich dem Erbschein gleichzustellen. Diese Umstände allein stehen jedoch einer Anwendung der §§ 792, 896 ZPO auf das Europäische Nachlasszeugnis nicht entgegen, da sich das europäische Instrument ohne Not unter den Begriff der „anderen Urkunde" gemäß § 792 ZPO subsumieren ließe (vgl. auch *Kleinschmidt* RabelsZ 77 (2013), 723 (771)). **Gegen das Antragsrecht der Vollstreckungsgläubiger** sprechen jedoch andere Überlegungen. Zum einen stört ein aus nationalen Vorschriften abgeleitetes Antragsrecht die **Einheitlichkeit des Nachlasszeugnisverfahrens** in den Mitgliedstaaten; denn der Kreis der Antragsberechtigten variiert in diesem Fall je nachdem, welcher Mitgliedstaat für die Zeugnisausstellung international zuständig ist (ähnlich auch Bonomi/Wautelet/*Wautelet* Art. 63 Rn. 6; *Süß* ZEuP 2013, 725 (737)). Zum anderen ist zu bedenken, dass §§ 792, 896 ZPO wie die übrigen zwangsvollstreckungsrechtlichen Vorschriften der ZPO angesichts ihres öffentlich-rechtlichen Charakters grundsätzlich nur für Zwangsvollstreckungsmaßnahmen innerhalb Deutschlands gelten. Die Vollstreckungsgläubiger könnten damit das Nachlasszeugnis allein für die Zwangsvollstreckung im Inland beantragen. Dies würde allerdings dem **Erfordernis der Art. 62 Abs. 1 und 63 Abs. 1 EuErbVO** widersprechen, wonach das Zeugnis zur Verwendung in einem anderen Mitgliedstaat als dem Ausstellungsstaat bestimmt ist (→ EuErbVO Art. 62 Rn. 2 f.; dagegen *Kleinschmidt,* FS Lindacher 176 f.). Ist ein Nachlasszeugnis auf Antrag einer antragsberechtigten Person ausgestellt, können Vollstreckungsgläubiger allerdings gemäß Art. 70 Abs. 1 EuErbVO eine **beglaubigte Abschrift** des Zeugnisses verlangen (→ EuErbVO Art. 70 Rn. 3).

III. Form des Antrags (Abs. 2)

Art. 65 Abs. 2 EuErbVO sieht für die Antragstellung ein **Formblatt** vor, das in Anhang IV der Durchführungsverordnung Nr. 1329/2014 niedergelegt ist. Wie aus dem Wortlaut des Art. 65 Abs. 2 EuErbVO klar hervorgeht („kann der Antragsteller das [...] Formblatt verwenden"), ist die Verwendung des Formulars bei der Antragstellung **nicht verpflichtend;** ein entsprechender Hinweis ist auch auf dem Formblatt selbst abgedruckt. Dies hat inzwischen auch der **EuGH** auf Vorlage des OLG Köln (ZEV 2018, 340) bestätigt (EuGH 17.1.2019 – Rs. C-102/18, ZEV 2019, 350 – Brisch). Das Formblatt bietet den Vorteil, dass es in systematischer Weise die zahlreichen nach Art. 63 Abs. 3 EuErbVO erforderlichen Angaben abfragt und damit dem Antragsteller eine wertvolle Hilfestellung zur Einreichung eines vollständigen Antrags leistet. Aus dem Umstand, dass das Formular standardisiert ist und in allen Sprachfassungen demselben Muster folgt, ergeben sich außerdem Erleichterungen für den Antragsteller, wenn er aufgrund der Zuständigkeitsregeln dazu gezwungen ist, das Verfahren im fremdsprachigen Ausland zu führen. 9

IV. Inhalt des Antrags (Abs. 3)

1. Erforderliche Angaben

a) Allgemeine Aspekte. Art. 65 Abs. 3 lit. a bis m EuErbVO enthält einen **Katalog von Angaben,** die für die Beantragung des Zeugnisses erforderlich sind. Allerdings muss der Antragsteller der Ausstellungsbehörde **nicht** in jedem Fall **sämtliche** der im Katalog aufgeführten Informationen mitteilen. Wie Art. 65 Abs. 3 Halbs. 1 EuErbVO klarstellt, sind nur die Tatsachen anzugeben, die **dem Antragsteller bekannt** sind und von der Ausstellungsbehörde **zur Erteilung des beantragten Zeugnisses benötigt** werden (*Janzen* DNotZ 2012, 484 (492); Schauer/Scheuba/*Schauer,* 73 (87)). Beantragt also beispielsweise ein Empfänger eines dinglichen Vermächtnisses ein Zeugnis zum Nachweis seiner Berechtigung an dem ihm zugewendeten Nachlassgegenstand, sind keine Angaben zu weiteren Vindikationslegataren nötig, denen andere Vermögensgegenstände vermacht wurden; solche Vermächtnisse sind nämlich für die Beurteilung der Rechtsstellung des Antragstellers unerheblich. Die Beschränkung der Angabepflicht auf die dem Antragsteller bekannten Tatsachen bestätigt indirekt den **Grundsatz der Amtsermittlung,** der nach Art. 66 Abs. 1 EuErbVO das Nachlasszeugnisverfahren beherrscht: Nachforschungen zur Ermittlung entscheidungserheblicher Tatsachen obliegen in erster Linie dem Gericht und nicht dem Antragsteller oder anderen Verfahrensbeteiligten. 10

11 Inhaltlich beziehen sich die Angaben nach Art. 65 Abs. 3 lit. a bis m EuErbVO größtenteils auf den im Zeugnis **zu bescheinigenden Sachverhalt.** Insofern stellt die Liste der vom Antragsteller mitzuteilenden Informationen gleichsam ein Spiegelbild des Art. 68 lit. a bis o EuErbVO dar, der den Inhalt des Nachlasszeugnisses beschreibt. Dem Gericht zu übermitteln sind beispielsweise Informationen zum Erblasser (lit. a), zum Antragsteller (lit. b und c), zu sonstigen möglichen Berechtigten (lit. d und e) sowie zu dem der Rechtsnachfolge von Todes wegen zugrundeliegenden Sachverhalt (lit. h) und insbesondere zu möglichen testamentarischen Verfügungen des Erblassers (lit. i). Zum Teil stehen die Angaben allerdings auch mit **verfahrensbezogenen Aspekten** im Zusammenhang. So verhält es sich etwa mit lit. g und l, die Angaben zu anderen mit der Erbsache befassten Gerichte bzw. zu anhängigen Rechtsstreitigkeiten in demselben Erbfall verlangen. Diese Vorschriften dienen der Verfahrenskoordination und sollen insbesondere konfligierende Entscheidungen durch unterschiedliche Gerichte verhindern. Ebenso sollen die Angaben zu den möglichen Berechtigten (lit. e) nicht nur die Beurteilung der materiellen Erbrechtslage ermöglichen, sondern darüber hinaus dem Gericht einen Überblick über die betroffenen Parteien verschaffen, die am Verfahren gemäß Art. 66 Abs. 4 EuErbVO zu beteiligen sind.

12 **b) Einzelne anzugebende Tatsachen.** Die **lit. a bis e** verlangen personenbezogene Angaben zum **Erblasser,** dem **Antragsteller** und ggf. seinem **Vertreter** (zur Beantragung des Zeugnisses durch einen Vertreter → Rn. 6) sowie schließlich zu **möglichen Berechtigten** aus dem Erbfall, insbesondere zum **Ehegatten** bzw. im Fall einer registrierten gleichgeschlechtlichen Lebenspartnerschaft dem **Partner** des Erblassers. Neben dem Ehegatten bzw. Partner zum Todeszeitpunkt sind ggf. auch ehemalige Ehegatten oder Partner mitzuteilen. Der **Begriff der „Berechtigten"** („beneficiaries"; bénéficiaires"; „beneficiari") ist im vorliegenden Kontext anders zu verstehen als im Rahmen des Art. 23 Abs. 2 lit. b EuErbVO (aA BeckOGK/*J. Schmidt* EuErbVO Art. 65 Rn. 20). Er meint die erbrechtlich Begünstigten, deren Rechte die im Zeugnis zu bescheinigende Rechtsstellung des Antragstellers unmittelbar berühren. Erfasst sind somit neben den Erben die Empfänger dinglicher Vermächtnisse; hingegen fallen Damnationslegatare ebenso wie andere Nachlassgläubiger nicht darunter, da ihre Position für die Frage der dinglichen Zuordnung des Nachlasses, über die das Zeugnis Auskunft gibt, ohne Relevanz ist. Als „Berechtigte" im Sinne der lit. e kommen ferner Testamentsvollstrecker und Nachlassverwalter in Betracht, sofern ihre Rolle Verfügungsbeschränkungen für die Erbberechtigten mit sich bringt (in diesem Sinne auch *Dorsel/Schall* GPR 2015, 36 (40)); derartige Verfügungsbeschränkungen sind nach Art. 68 lit. n EuErbVO im Zeugnis wiederzugeben. Der Kreis der **„möglichen"** Berechtigten ist weit zu ziehen. Hat der Erblasser etwa Verfügungen von Todes wegen getroffen, sind als mögliche Berechtigte nicht nur die jeweiligen Bedachten mitzuteilen, sondern auch die Personen, die im Fall der Unwirksamkeit der betreffenden Verfügungen begünstigt wären, dh die gesetzlichen Erben und evtl. die in einer früheren letztwilligen Verfügung Bedachten.

13 Nach **lit. f** muss der Antragsteller den **beabsichtigten Zweck** des Zeugnisses angeben. Der Verweis auf Art. 63 EuErbVO bezieht sich auf die zu bescheinigende Rechtsposition des Antragstellers. Dieser muss also erklären, ob mithilfe des Zeugnisses seine Stellung als Erbe, Vermächtnisnehmer, Testamentsvollstrecker oder Nachlassverwalter nachgewiesen werden soll. Vom Verwendungszweck hängt insbesondere ab, welche Angaben das Zeugnis gemäß Art. 68 EuErbVO enthalten muss (→ EuErbVO Art. 68 Rn. 2). Hingegen verlangt lit. f keine konkreten Ausführungen des Antragstellers darüber, inwiefern er das Zeugnis in einem anderen Mitgliedstaat zu verwenden gedenkt (aA MüKoFamFG/*Grziwotz* EurErbVO Art. 65 Rn. 12; Schauer/Scheuba/*Schauer,* 73 (87); *Schmitz* RNotZ 2017, 269 (271)). Zwar regelt Art. 63 Abs. 1 EuErbVO (ebenso wie Art. 62 Abs. 1 EuErbVO), dass das Zeugnis zur Verwendung in einem anderen Mitgliedstaat bestimmt ist, doch ergeben sich daraus keine besonderen Darlegungsanforderungen für den Antragsteller (→ EuErbVO Art. 62 Rn. 3). Häufig ist nämlich zum Zeitpunkt der Antragstellung gar nicht absehbar, welche Maßnahmen und Rechtshandlungen zur Abwicklung des Nachlasses erforderlich sein werden. Für die Ausstellung des Zeugnisses genügt es, wenn seine Verwendung im Ausland möglich erscheint. In Deutschland, wo mit dem Erbschein nach den §§ 2353 ff. BGB ein für den inländischen Rechtsverkehr geeigneter alternativer Erbnachweis zur Verfügung steht, dürfte der Umstand, dass der Antragsteller für das Europäische Nachlasszeugnis optiert, bereits ein ausreichendes Indiz für die Verwendungsabsicht im Ausland sein. Auf keinen Fall darf jedoch die Ausstellung des Zeugnisses vom Nachweis abhängig gemacht werden, dass sich Nachlassgegenstände in einem anderen Mitgliedstaat befinden. Denn auch wenn sich der Nachlass ausschließlich im Inland befindet, kommt eine Zeugnisverwendung im Ausland in Betracht, etwa wenn Nachlassgegenstände im Ausland veräußert werden sollen (→ EuErbVO Art. 62 Rn. 3).

14 Die Angaben nach **lit g** sowie **lit. l** dienen der **Verfahrenskoordination** und sollen verhindern, dass unterschiedliche Gerichte **konfligierende Entscheidungen** treffen. Die nach lit. g vorgeschriebene Mitteilung der **Kontaktangaben anderer mit der Erbsache befassten Gerichte,** die sich auch in anderen Mitgliedstaaten befinden können, ermöglicht eine informelle Abstimmung zwischen den Gerichten zur Abwendung konkurrierender Verfahren (s. auch Dutta/Herrler/*Hess,* Die Europäische Erbrechtsverordnung, 131 (141), der eine solche Kooperation zwischen den Nachlassgerichten für wünschenswert hält). Da nach den Zuständigkeitsvorschriften der Art. 4 ff. EuErbVO regelmäßig nur die

Gerichte in einem Mitgliedstaat für eine bestimmte Erbsache zuständig sein können, kann die Kommunikation zwischen den Gerichten verhindern, dass ein Gericht fälschlicherweise seine Zuständigkeit annimmt. Die Auskunft nach lit. l, ob ein **anderweitiger Rechtsstreit über den zu bescheinigenden Sachverhalt anhängig** ist, hat insbesondere auch mit Blick auf die Vorschrift des Art. 67 Abs. 1 UAbs. 2 EuErbVO Bedeutung, wonach ein Zeugnis nicht ausgestellt werden darf, wenn Einwände gegen den zu bescheinigenden Sachverhalt anhängig sind oder wenn das Zeugnis mit einer Entscheidung zum selben Sachverhalt nicht vereinbar wäre.

Die in **lit. h bis k** vorgeschriebenen Angaben dienen der Ermittlung der **Fakten,** die für die **Beurteilung der Erbrechtslage wesentlich** sind. So muss der Antragsteller darlegen, **woraus er die Rechtsstellung ableitet,** die im Zeugnis bescheinigt werden soll (lit. h). Ein Erbe etwa muss vortragen, ob die behauptete Erbberechtigung auf einer Verfügung von Todes wegen oder auf der gesetzlichen Erbfolge beruht; ein Nachlassverwalter hat die Grundlage seiner Ernennung darzutun. Anzugeben ist ferner, ob der Erblasser **Verfügungen von Todes wegen** errichtet hat (lit. i). Ebenso sind **güterrechtliche Vereinbarungen** des Erblassers mitzuteilen (lit. j), da sich diese auf das Erbrecht des überlebenden Ehegatten bzw. Lebenspartners auswirken können (→ EuErbVO Art. 63 Rn. 23 ff.). Der Antragsteller hat ferner darüber Auskunft zu geben, ob einer der Berechtigten eine Erklärung über die **Annahme** oder die **Ausschlagung der Erbschaft** abgegeben hat (lit. k). Die Information über die Erbschaftsannahme ist insbesondere mit Blick auf Erbrechtsordnungen wichtig, in denen der Nachlass erst mit der Annahmeerklärung des Erben auf ihn übergeht; in diesen Fällen kann dem Erben vor Annahme der Erbschaft kein Zeugnis ausgestellt werden, da er noch nicht zur Verfügung über den Nachlass berechtigt ist (→ EuErbVO Art. 63 Rn. 6). Die Mitteilung über die Erbschaftsausschlagung ist wiederum in den Fällen von Bedeutung, in denen der Antragsteller seine erbrechtliche Berechtigung erst aus der Ausschlagung eines vorrangig berufenen Erben ableitet. Anzumerken ist, dass die nach den lit. i bis k anzugebenden Tatsachen für eine abschließende Beurteilung der Erbrechtslage nicht immer ausreichen. Für den zu bescheinigenden Sachverhalt ist beispielsweise auch von Relevanz, ob von einem Beteiligten ein Erbverzicht erklärt (*Dorsel* in Löhnig/Schwab et al., 33 (38)) oder eine Verfügung von Todes wegen angefochten worden ist. Folglich wird man vom Antragsteller auch diesbezügliche Informationen erwarten müssen, wenn er von solchen Fakten Kenntnis hat (s. auch *Dorsel/Schall* GPR 2015, 36 (40); MüKoBGB/*Dutta* EuErbVO Art. 65 Rn. 10, wonach der Katalog der anzugebenden Tatsachen in lit. a bis m nicht abschließend ist). Von der Auffangklausel der lit. m werden solche Auskünfte nicht in jedem Fall erfasst, da sich diese Bestimmung nur auf „vom Antragsteller [...] für nützlich erachtete Angaben“ bezieht (→ Rn. 16). 15

Schließlich enthält **lit. m** eine **Auffangregelung.** Nach dieser Bestimmung ist der Antragsteller zu sonstigen Angaben verpflichtet, die er für die Ausstellung des Zeugnisses für nützlich erachtet. Wie sich aus dem Wortlaut der Vorschrift ergibt, bezieht sich diese Verpflichtung **nicht** auf sämtliche **objektiv antragserheblichen** Informationen, die nicht bereits nach den lit. a bis l vorgeschrieben sind. Der Antragsteller hat nur solche Tatsachen anzugeben, die aus seiner **subjektiven Sicht** für das Nachlasszeugnisverfahren sachdienlich sind (BeckOGK/*J. Schmidt* EuErbVO Art. 65 Rn. 43). Beispiele für solche Angaben sind etwa die Ankündigung eines Rechtsstreits über das Bestehen des Erbrechts (BeckOGK/*J. Schmidt* EuErbVO Art. 65 Rn. 46.1) oder Hinweise auf die fehlende Testierfähigkeit des Erblassers. Ein weiteres Beispiel ist die Information darüber, ob im Rahmen des gesetzlichen Ehegattenerbrechts nach französischem Recht der überlebende Ehegatte für ein Nießbrauchsrecht am gesamtem Nachlassvermögen oder für eine Erbquote optiert (Art. 757 franz. Cc). 16

2. Vorzulegende Dokumente

Wie aus Art. 65 Abs. 3 EuErbVO ferner hervorgeht, muss der Antragsteller seinen Angaben **alle einschlägigen Schriftstücke** beifügen. Die Dokumente sind grundsätzlich in **Urschrift** vorzulegen. Alternativ ist auch die Einreichung einer **Abschrift** gestattet, „die die erforderlichen Voraussetzungen für ihre Beweiskraft erfüllt“. Da die Verordnung die Beweiskraft von Abschriften nicht regelt, ist hierfür das mitgliedstaatliche Verfahrensrecht der lex fori maßgeblich (MüKoBGB/*Dutta* EuErbVO Art. 65 Rn. 11; BeckOGK/*J. Schmidt* EuErbVO Art. 65 Rn. 51). In Verfahren vor deutschen Gerichten kommt lediglich der mit entsprechendem Beglaubigungsvermerk versehenen beglaubigten Abschrift einer **öffentlichen Urkunden** förmliche Beweiskraft gemäß § 35 Abs. 1 IntErbRVG, § 30 Abs. 1 FamFG iVm § 435 ZPO zu. Unter welchen Voraussetzungen die Abschrift einer **öffentlichen Urkunde** aus einem **anderen Mitgliedstaat** förmliche Beweiskraft besitzt, richtet sich gemäß Art. 59 Abs. 1 EuErbVO nach dem Recht des Ursprungslandes (so offenbar auch BeckOGK/*J. Schmidt* EuErbVO Art. 66 Rn. 51); zwar regelt Art. 59 Abs. 1 EuErbVO seinem Wortlaut nach nur die „Annahme“ der Beweiskraft von Originalurkunden, doch legt der Normzweck, den grenzüberschreitenden Urkundenverkehr zu erleichtern, den Schluss nahe, dass eine im Ursprungsmitgliedstaat nach den dortigen Anforderungen angefertigte beweiskräftige Abschrift der Urkunde auch in anderen Mitgliedstaaten „anzunehmen“ ist. Abschriften von **Privaturkunden** genügen hingegen vor deutschen Gerichten nicht den Anforderungen des Art. 65 Abs. 3 EuErbVO, so dass sie grundsätzlich als Original vorzulegen sind. 17

Wie sich allerdings aus dem Verweis in Art. 65 Abs. 3 auf **Art. 66 Abs. 2 EuErbVO** ergibt, kann die Ausstellungsbehörde auch **Nachweise in anderer Form** akzeptieren, sofern der Antragsteller keine Abschriften vorlegen kann, welche die Voraussetzungen des Art. 65 Abs. 3 EuErbVO erfüllen. Bei **Verfügungen von Todes wegen** sowie bei **güterrechtlichen Vereinbarungen** lassen **Art. 65 Abs. 3 lit. i und j EuErbVO** anstelle der Vorlage der Urschrift bzw. einer Abschrift die Angabe des Verwahrungsorts der Urschrift genügen.

V. Sonstige Antragsvoraussetzungen

18 Art. 65 Abs. 1 EuErbVO regelt die Voraussetzungen für den Antrag auf Ausstellung eines Nachlasszeugnisses nur lückenhaft. Verfahrensrechtliche Fragen, die von der Verordnung nicht behandelt werden, sind unter Rückgriff auf das mitgliedstaatliche Verfahrensrecht der lex fori zu lösen. In Deutschland sind zunächst die Bestimmungen der **§§ 33 ff. IntErbRVG** sowie subsidiär die Regelungen des **FamFG** maßgebend. So beurteilt sich beispielsweise die **Beteiligten-** und **Verfahrensfähigkeit** des Antragstellers nach §§ 8 und 9 FamFG.

Anhang: Durchführungsverordnung (EU) Nr. 1329/2014 der Kommission vom 9.12.2014 zur Festlegung der Formblätter nach Maßgabe der EuErbVO

(ABl. Nr. L 359 S. 30, ber. Nr. L 9 S. 14)

Artikel 1

[...]

(4) **Für den Antrag auf Ausstellung eines Europäischen Nachlasszeugnisses gemäß Artikel 65 Absatz 2 der Verordnung (EU) Nr. 650/2012 ist das Formblatt IV in Anhang 4 zu verwenden.**

[...]

Formblatt IV

Antrag auf Ausstellung eines Europäischen Nachlasszeugnisses

(Artikel 65 der Verordnung (EU) Nr. 650/2012 des Europäischen Parlaments und des Rates über die Zuständigkeit, das anzuwendende Recht, die Anerkennung und Vollstreckung von Entscheidungen und die Annahme und Vollstreckung öffentlicher Urkunden in Erbsachen sowie zur Einführung eines Europäischen Nachlasszeugnisses[*1)])

MITTEILUNG AN DEN ANTRAGSTELLER

Dieses nicht verbindliche Formblatt soll Ihnen die Zusammenstellung der für die Ausstellung eines Europäischen Nachlasszeugnisses erforderlichen Angaben erleichtern. In den Anlagen zu diesem Formblatt können Sie gegebenenfalls zusätzliche relevante Informationen angeben.

Bitte prüfen Sie im Voraus, welche Angaben für die Ausstellung des Zeugnisses benötigt werden.

Dem Antragsformblatt beigefügte Anlagen[*2)]

- ☐ **Anlage I – Angaben zum Gericht oder zur sonstigen zuständigen Behörde, das bzw. die mit der Erbsache als solcher befasst ist oder war (OBLIGATORISCH, falls abweichend von der unter 2. des Antragsformblatts genannten Behörde)**
- ☐ **Anlage II – Angaben zum/zu den Antragsteller(n) (OBLIGATORISCH, falls es sich um (eine) juristische Person(en) handelt)**
- ☐ **Anlage III – Angaben zum Vertreter des/der Antragsteller(s) (OBLIGATORISCH, falls der/die Antragsteller vertreten wird/werden)**
- ☐ **Anlage IV – Angaben zum/zu den (ehemaligen) Ehegatten oder (ehemaligen) Lebenspartner(n) des Erblassers (OBLIGATORISCH, falls es einen oder mehrere (ehemalige) Ehegatten oder (ehemalige) Lebenspartner gibt)**
- ☐ **Anlage V – Angaben zu möglichen Berechtigten (OBLIGATORISCH, falls abweichend von dem Antragsteller oder dem/den (ehemaligen) Ehegatten oder (ehemaligen) Lebenspartner(n))**
- ☐ **Keine Anlage beigefügt**

1.	**Mitgliedstaat der Behörde, an die der Antrag gerichtet ist[*3)] [*)]**
	☐ **Belgien** ☐ **Bulgarien** ☐ **Tschechische Republik** ☐ **Deutschland** ☐ **Estland** ☐ **Griechenland** ☐ **Spanien** ☐ **Frankreich** ☐ **Kroatien** ☐ **Italien** ☐ **Zypern** ☐ **Lettland** ☐ **Litauen** ☐ **Luxemburg** ☐ **Ungarn** ☐ **Malta** ☐ **Niederlande** ☐ **Österreich** ☐ **Polen** ☐ **Portugal** ☐ **Rumänien** ☐ **Slowenien** ☐ **Slowakei** ☐ **Finnland** ☐ **Schweden**
2.	**Behörde, an die der Antrag gerichtet ist[*4)]**
2.1.	**Bezeichnung[*)]: ....**
2.2.	**Anschrift**

2.2.1.	Straße und Hausnummer/Postfach*): ....
	....
2.2.2.	Ort und Postleitzahl*): ....
2.3.	Sonstige relevante Informationen (bitte angeben): ....
	....
3.	Angaben zum Antragsteller (natürliche Person)
3.1.	Name und Vorname(n)*): ....
	....
3.2.	Geburtsname (falls abweichend von 3.1): ....
3.3.	Geschlecht*)
3.3.1	□ M
3.3.2.	□ F
3.4.	Geburtsdatum (TT. MM.JJJJ) und -ort*): ....
3.5.	Familienstand
3.5.1.	□ Ledig
3.5.2.	□ Verheiratet
3.5.3.	□ Eingetragener Partner
3.5.4.	□ Geschieden
3.5.5.	□ Verwitwet
3.5.6.	□ Sonstiges (bitte angeben): ....
3.6.	Staatsangehörigkeit*)
	□ Belgien □ Bulgarien □ Tschechische Republik □ Deutschland □ Estland □ Griechenland □ Spanien □ Frankreich □ Kroatien □ Italien □ Zypern □ Lettland □ Litauen □ Luxemburg □ Ungarn □ Malta □ Niederlande □ Österreich □ Polen □ Portugal □ Rumänien □ Slowenien □ Slowakei □ Finnland □ Schweden
	□ Sonstige (bitte ISO-Code angeben): ....
3.7.	Identifikationsnummer*6): ....
3.7.1.	Nationale Identitätsnummer: ....
3.7.2.	Sozialversicherungsnummer: ....
3.7.3.	Steuernummer: ....
3.7.4.	Sonstige (bitte angeben): ....
3.8.	Anschrift
3.8.1.	Straße und Hausnummer/Postfach*): ....
	....
	....
3.8.2.	Ort und Postleitzahl*): ....
3.8.3.	Land*) □ Belgien □ Bulgarien □ Tschechische Republik □ Deutschland □ Estland □ Griechenland □ Spanien □ Frankreich □ Kroatien □ Italien □ Zypern □ Lettland □ Litauen □ Luxemburg □ Ungarn □ Malta □ Niederlande □ Österreich □ Polen □ Portugal □ Rumänien □ Slowenien □ Slowakei □ Finnland □ Schweden
	□ Sonstiges (bitte ISO-Code angeben): ....
3.9.	Telefon: ....
3.10.	Fax...............
3.11.	E-Mail: ....
3.12.	Verhältnis zum Erblasser*):
	□ Sohn □ Tochter □ Vater □ Mutter □ Enkelsohn □ Enkeltochter □ Großvater □ Großmutter □ Ehegatte*7) □ eingetragener Partner*7) □ De-facto-Partner*8) *9) □ Bruder □ Schwester □ Neffe □ Nichte □ Onkel □ Tante □ Cousin/Cousine □ Sonstiges (bitte angeben): ....
4.	Zweck des Zeugnisses*9)
4.1.	□ Erbe

Das Zeugnis wird in einem anderen Mitgliedstaat als Nachweis der Rechtsstellung und/ oder der Rechte des Erben benötigt (bitte ausführen): ....

....

....

....

....

4.2. □ Vermächtnisnehmer

Das Zeugnis wird in einem anderen Mitgliedstaat als Nachweis der Rechtsstellung und/ oder der Rechte des Vermächtnisnehmers, der unmittelbare Ansprüche aus dem Nachlass hat, benötigt (bitte ausführen): ....

....

....

....

....

....

....

4.3. □ Befugnisse des Testamentsvollstreckers

Das Zeugnis wird in einem anderen Mitgliedstaat für die Ausübung der Befugnisse des Testamentsvollstreckers benötigt (bitte die Befugnisse und gegebenenfalls die Vermögenswerte, auf die sie sich beziehen, angeben): ....

....

....

....

....

....

....

....

....

....

....

....

4.4. □ Befugnisse des Nachlassverwalters

Das Zeugnis wird in einem anderen Mitgliedstaat für die Ausübung der Befugnisse des Nachlassverwalters benötigt (bitte die Befugnisse und gegebenenfalls die Vermögenswerte, auf die sie sich beziehen, angeben):

....

....

....

....

....

....

....

....

....

....

....

....

....

5. Angaben zum Erblasser

5.1. Name und Vorname(n)[*]: ....

	....
5.2.	**Geburtsname (falls abweichend von 5.1): ....**
	....
5.3.	**Geschlecht*)**
5.3.1.	**□ M**
5.3.2.	**□ F**
5.4.	**Geburtsdatum (TT. MM.JJJJ) und -ort (Stadt/Land (ISO-Code))*) : ....**
	....
5.5.	**Todesdatum (TT. MM.JJJJ) und -ort (Stadt/Land (ISO-Code))*) : ....**
	....
5.6.	**Familienstand zum Zeitpunkt des Todes*10) *)**
5.6.1.	**□ Ledig**
5.6.2.	**□ Verheiratet**
5.6.3.	**□ Eingetragener Partner**
5.6.4.	**□ Geschieden**
5.6.5.	**□ Verwitwet**
5.6.6.	**□ Sonstiges (bitte ausführen): ....**
5.7.	**Staatsangehörigkeit*)**
	□ Belgien □ Bulgarien □ Tschechische Republik □ Deutschland □ Estland □ Griechenland □ Spanien □ Frankreich □ Kroatien □ Italien □ Zypern □ Lettland □ Litauen □ Luxemburg □ Ungarn □ Malta □ Niederlande □ Österreich □ Polen □ Portugal □ Rumänien □ Slowenien □ Slowakei □ Finnland □ Schweden
	□ Sonstige (bitte ISO-Code angeben): ....
5.8.	**Identifikationsnummer*6)**
5.8.1.	**Nationale Identitätsnummer: ....**
5.8.2.	**Nummer der Geburtsurkunde: ....**
5.8.3.	**Nummer der Sterbeurkunde: ....**
5.8.4.	**Sozialversicherungsnummer: ....**
5.8.5.	**Steuernummer: ....**
5.8.6.	**Sonstige (bitte angeben): ....**
5.9.	**Anschrift zum Zeitpunkt des Todes*11)**
5.9.1.	**Straße und Hausnummer/Postfach*) : ....**
	....
	....
5.9.2.	**Ort und Postleitzahl*) : ....**
5.9.3.	**Land*)**
	□ Belgien □ Bulgarien □ Tschechische Republik □ Deutschland □ Estland □ Griechenland □ Spanien □ Frankreich □ Kroatien □ Italien □ Zypern □ Lettland □ Litauen □ Luxemburg □ Ungarn □ Malta □ Niederlande □ Österreich □ Polen □ Portugal □ Rumänien □ Slowenien □ Slowakei □ Finnland □ Schweden
	□ Sonstiges (bitte ISO-Code angeben): ....
6.	**Weitere Angaben**
6.1.	**Grundlage für Ihren Anspruch am Nachlass**)**
6.1.1.	**□ Ich bin ein Berechtigter aufgrund einer Verfügung von Todes wegen**
6.1.2.	**□ Ich bin ein Berechtigter nach der gesetzlichen Erbfolge**
6.2.	**Grundlage für Ihre Befugnis zur Testamentsvollstreckung***)**
6.2.1.	**□ Ich wurde durch eine Verfügung von Todes wegen als Testamentsvollstrecker benannt**
6.2.2.	**□ Ich wurde gerichtlich als Testamentsvollstrecker bestellt**
6.2.3.	**□ Sonstiges (bitte ausführen): ....**

	....
	....
6.3.	**Grundlage für Ihre Befugnis zur Nachlassverwaltung***)**
6.3.1.	☐ Ich wurde durch eine Verfügung von Todes wegen als Nachlassverwalter benannt
6.3.2.	☐ Ich wurde gerichtlich als Nachlassverwalter bestellt
6.3.3.	☐ Ich wurde in einer außergerichtlichen Einigung zwischen den Berechtigten als Nachlassverwalter benannt.
6.3.4.	☐ Ich habe von Gesetzes wegen die Befugnis zur Nachlassverwaltung
6.4.	**Hat der Erblasser eine oder mehrere Verfügungen von Todes wegen hinterlassen?*)**
6.4.1.	☐ Ja
6.4.2.	☐ Nein
6.4.3.	☐ Nicht bekannt
6.5.	**Hat der Erblasser Anordnungen bezüglich des Rechts, dem der Nachlass unterliegen soll, getroffen (Rechtswahl)?*)**
6.5.1.	☐ Ja
6.5.2.	☐ Nein
6.5.3.	☐ Nicht bekannt
6.6.	**War der Erblasser zum Zeitpunkt seines Todes zusammen mit einer anderen Person außer dem in Anlage IV genannten (ehemaligen) Ehegatten oder (ehemaligen) Lebenspartner gemeinsamer Eigentümer von Vermögenswerten, die Teil des Nachlasses sind?*)**
6.6.1.	☐ Ja (geben Sie bitte die betroffene(n) Person(en) und Vermögenswerte an): ....
	....
	....
	....
	....
	....
	....
	....
6.6.2.	☐ Nein
6.6.3.	☐ Nicht bekannt
6.7.	**Gibt es (weitere) mögliche Berechtigte?*)**
6.7.1.	☐ Ja*12)
6.7.2.	☐ Nein
6.7.3.	☐ Nicht bekannt
6.8.	**Hat einer der Berechtigten die Erbschaft ausdrücklich angenommen?*)**
6.8.1.	☐ Ja (bitte ausführen): ....
	....
	....
6.8.2.	☐ Nein
6.8.3.	☐ Nicht bekannt
6.9.	**Hat einer der Berechtigten die Erbschaft ausdrücklich ausgeschlagen?*)**
6.9.1.	☐ Ja (bitte ausführen): ....
	....
	....
6.9.2.	☐ Nein
6.9.3.	☐ Nicht bekannt
6.10.	**Weitere Angaben, die Sie für die Ausstellung des Zeugnisses für nützlich erachten (zusätzlich zu den Angaben unter Punkt 4. des Antragsformblatts oder in den Anlagen):**
	....

....

....

....

....

....

....

7. Dem Antragsformblatt beigefügte Schriftstücke

Der Antragsteller hat alle einschlägigen Schriftstücke beizufügen, die die Angaben in diesem Formblatt belegen. Fügen Sie daher bitte – wenn möglich und sofern die unter 2. genannte Behörde noch nicht in deren Besitz ist – die Urschrift oder eine Abschrift des Schriftstücks bei, welches die für ihre Beweiskraft erforderlichen Voraussetzungen erfüllt.

□ Sterbeurkunde oder Bescheinigung der Todeserklärung

□ Gerichtsentscheidung

□ Gerichtsstandsvereinbarung

□ (gemeinschaftliches) Testament*13): ....

....

□ Bescheinigung des Testamentsregisters

□ Erbvertrag*13): ....

....

□ Erklärung bezüglich der Rechtswahl*13): ....

....

□ Ehevertrag oder Vertrag in Bezug auf ein Verhältnis, das mit der Ehe vergleichbare Wirkungen entfaltet*13):

....

....

□ Erklärung über die Annahme der Erbschaft

□ Erklärung über die Ausschlagung der Erbschaft

□ Schriftstück in Bezug auf die Benennung eines Nachlassverwalters

□ Schriftstück in Bezug auf das Nachlassinventar

□ Schriftstück in Bezug auf die Nachlassverteilung

□ Vollmacht

□ Sonstiges (bitte angeben): ....

....

....

....

Falls weitere Blätter und Anlagen beigefügt wurden, Gesamtzahl der Blätter*): ....

Gesamtzahl der dem Antragsformblatt beigefügten Schriftstücke*): ....

Ort*): .... Datum*) .... (TT. MM.JJJJ)

Unterschrift*): ....

Hiermit erkläre ich, dass nach meinem besten Wissen kein Rechtsstreit in Bezug auf einen der durch dieses Zeugnis zu beurkundenden Sachverhalte anhängig ist.

Ort*): .... Datum*) .... (TT. MM.JJJJ)

Unterschrift*): ....

Formblatt IV – Anlage I

Gericht oder sonstige zuständige Behörde, das bzw. die mit der Erbsache als solcher befasst ist oder war

(NUR auszufüllen, falls abweichend von Punkt 2 des Antragsformblatts)

1. Name und Bezeichnung des Gerichts bzw. der zuständigen Behörde*): ....

....

....

2. **Anschrift**

2.1. **Straße und Hausnummer/Postfach*): ....**

....

....

2.2. **Ort und Postleitzahl*): ....**

2.3. **Land*)**

□ Belgien □ Bulgarien □ Tschechische Republik □ Deutschland □ Estland □ Griechenland □ Spanien □ Frankreich □ Kroatien □ Italien □ Zypern □ Lettland □ Litauen □ Luxemburg □ Ungarn □ Malta □ Niederlande □ Österreich □ Polen □ Portugal □ Rumänien □ Slowenien □ Slowakei □ Finnland □ Schweden

□ Sonstiges (bitte ISO-Code angeben): ....

3. **Telefon*): ....**

4. **Fax...............**

5. **E-Mail: ....**

6. **Aktenzeichen: ....**

7. **Sonstige relevante Informationen (bitte ausführen): ....**

....

....

....

....

Formblatt IV – Anlage II

Angaben zum/zu den Antragsteller(n)

(NUR auszufüllen, falls es sich bei dem/den Antragsteller(n) um (eine) juristische Person(en) handelt)*14)

1. **Name der Organisation*): ....**

....

....

2. **Eintragung der Organisation**

2.1. **Registriernummer: ....**

2.2. **Bezeichnung des Registers/der Registerbehörde*): ....**

2.3. **Datum (TT. MM.JJJJ) und Ort der Eintragung: ....**

3. **Anschrift der Organisation**

3.1. **Straße und Hausnummer/Postfach*): ....**

....

....

3.2. **Ort und Postleitzahl*): ....**

3.3. **Land*)**

□ Belgien □ Bulgarien □ Tschechische Republik □ Deutschland □ Estland □ Griechenland □ Spanien □ Frankreich □ Kroatien □ Italien □ Zypern □ Lettland □ Litauen □ Luxemburg □ Ungarn □ Malta □ Niederlande □ Österreich □ Polen □ Portugal □ Rumänien □ Slowenien □ Slowakei □ Finnland □ Schweden

□ Sonstiges (bitte ISO-Code angeben): ....

4. **Telefon*): ....**

5. **Fax...............**

6. **E-Mail: ....**

7. **Name und Vorname(n) der für die Organisation zeichnungsberechtigten Person*): ....**

8. **Sonstige relevante Informationen (bitte ausführen): ....**

....

....

....

....

Formblatt IV – Anlage III

Angaben zum/zu den Vertreter(n) des/der Antragsteller(s)*[15]

(NUR auszufüllen, falls der/die Antragsteller vertreten wird/werden)

1. Name und Vorname(n) oder Name der Organisation*): ....

....

....

2. Eintragung der Organisation

2.1. Registriernummer: ....

2.2. Bezeichnung des Registers/der Registerbehörde*): ....

2.3. Datum (TT. MM.JJJJ) und Ort der Eintragung: ....

3. Anschrift

3.1. Straße und Hausnummer/Postfach*): ....

....

3.2. Ort und Postleitzahl*): ....

3.3. Land*)

□ Belgien □ Bulgarien □ Tschechische Republik □ Deutschland □ Estland □ Griechenland □ Spanien □ Frankreich □ Kroatien □ Italien □ Zypern □ Lettland □ Litauen □ Luxemburg □ Ungarn □ Malta □ Niederlande □ Österreich □ Polen □ Portugal □ Rumänien □ Slowenien □ Slowakei □ Finnland □ Schweden

□ Sonstiges (bitte ISO-Code angeben): ....

4. Telefon: ....

5. Fax...............

6. E-Mail: ....

7. Vertretungsmacht aufgrund der Eigenschaft als*)

□ Vormund □ Elternteil □ Für eine juristische Person zeichnungsberechtigte Person □ Bevollmächtigte Person

□ Sonstiges (bitte ausführen): ....

Formblatt IV – Anlage IV

Angaben zum/zu den (ehemaligen) Ehegatten oder (ehemaligen) Lebenspartner(n) des Erblassers*[16]

(NUR auszufüllen, falls es einen oder mehrere (ehemalige(n)) Ehegatten oder (ehemalige(n)) Lebenspartner des Erblassers gibt)

1. Ist der (ehemalige) Ehegatte oder (ehemalige) Lebenspartner der Antragsteller?*)

1.1. □ Ja (siehe Angaben unter Punkt 3 des Antragsformblatts – geben Sie gegebenenfalls an, um welchen Antragsteller es sich handelt): ....

1.2. □ Nein

1.2.1. Name und Vorname(n)*): ....

....

1.2.2. Geburtsname (falls abweichend von 1.2.1): ....

1.2.3. Geschlecht*)

1.2.3.1. □ M

1.2.3.2. □ F

1.2.4. Geburtsdatum (TT. MM.JJJJ) und -ort*): ....

1.2.5. Familienstand

1.2.5.1. □ Ledig

1.2.5.2. □ Verheiratet

1.2.5.3. □ Eingetragener Partner

1.2.5.4. □ Geschieden

1.2.5.5. □ Verwitwet

1.2.5.6.	☐ Sonstiges (bitte angeben): ....
1.2.6.	Staatsangehörigkeit*)
	☐ Belgien ☐ Bulgarien ☐ Tschechische Republik ☐ Deutschland ☐ Estland ☐ Griechenland ☐ Spanien ☐ Frankreich ☐ Kroatien ☐ Italien ☐ Zypern ☐ Lettland ☐ Litauen ☐ Luxemburg ☐ Ungarn ☐ Malta ☐ Niederlande ☐ Österreich ☐ Polen ☐ Portugal ☐ Rumänien ☐ Slowenien ☐ Slowakei ☐ Finnland ☐ Schweden
	☐ Sonstige (bitte ISO-Code angeben): ....
1.2.7.	Identifikationsnummer*6)
1.2.7.1.	Nationale Identitätsnummer: ....
1.2.7.2.	Sozialversicherungsnummer: ....
1.2.7.3.	Steuernummer: ....
1.2.7.4.	Sonstige (bitte angeben): ....
1.2.8.	Anschrift
1.2.8.1.	Straße und Hausnummer/Postfach*): ....
1.2.8.2.	Ort und Postleitzahl*): ....
1.2.8.3.	Land*)
	☐ Belgien ☐ Bulgarien ☐ Tschechische Republik ☐ Deutschland ☐ Estland ☐ Griechenland ☐ Spanien ☐ Frankreich ☐ Kroatien ☐ Italien ☐ Zypern ☐ Lettland ☐ Litauen ☐ Luxemburg ☐ Ungarn ☐ Malta ☐ Niederlande ☐ Österreich ☐ Polen ☐ Portugal ☐ Rumänien ☐ Slowenien ☐ Slowakei ☐ Finnland ☐ Schweden
	☐ Sonstige (bitte ISO-Code angeben): ....
1.2.9.	Telefon: ....
1.2.10.	E-Mail: ....
1.2.11.	Verhältnis zum Erblasser zum Zeitpunkt des Todes*)
1.2.11.1.	☐ Mit dem Erblasser verheiratet
1.2.11.2.	☐ Eingetragener Partner des Erblassers
1.2.11.3.	☐ Vom Erblasser geschieden
1.2.11.4.	☐ Vom Erblasser rechtlich getrennt
1.2.11.5.	☐ Sonstiges (bitte angeben): ....
2.	Anschrift des Paares zum Zeitpunkt der Eheschließung oder Eintragung der Partnerschaft
2.1.	Straße und Hausnummer/Postfach: ....
2.2.	Ort und Postleitzahl: ....
2.3.	Land
	☐ Belgien ☐ Bulgarien ☐ Tschechische Republik ☐ Deutschland ☐ Estland ☐ Griechenland ☐ Spanien ☐ Frankreich ☐ Kroatien ☐ Italien ☐ Zypern ☐ Lettland ☐ Litauen ☐ Luxemburg ☐ Ungarn ☐ Malta ☐ Niederlande ☐ Österreich ☐ Polen ☐ Portugal ☐ Rumänien ☐ Slowenien ☐ Slowakei ☐ Finnland ☐ Schweden
3.	Anschrift des Ehegatten oder Lebenspartners zum Zeitpunkt des Todes des Erblassers (falls abweichend von 5.9 des Antragsformblatts)
3.1.	Straße und Hausnummer/Postfach: ....
3.2.	Ort und Postleitzahl: ....
3.3.	Land
	☐ Belgien ☐ Bulgarien ☐ Tschechische Republik ☐ Deutschland ☐ Estland ☐ Griechenland ☐ Spanien ☐ Frankreich ☐ Kroatien ☐ Italien ☐ Zypern ☐ Lettland ☐ Litauen ☐ Luxemburg ☐ Ungarn ☐ Malta ☐ Niederlande ☐ Österreich ☐ Polen ☐ Portugal ☐ Rumänien ☐ Slowenien ☐ Slowakei ☐ Finnland ☐ Schweden

	☐ Sonstiges (bitte ISO-Code angeben): ....
4.	**Staatsangehörigkeit des Erblassers zum Zeitpunkt der Eheschließung oder Eintragung der Partnerschaft:**
	☐ Belgien ☐ Bulgarien ☐ Tschechische Republik ☐ Deutschland ☐ Estland ☐ Griechenland ☐ Spanien ☐ Frankreich ☐ Kroatien ☐ Italien ☐ Zypern ☐ Lettland ☐ Litauen ☐ Luxemburg ☐ Ungarn ☐ Malta ☐ Niederlande ☐ Österreich ☐ Polen ☐ Portugal ☐ Rumänien ☐ Slowenien ☐ Slowakei ☐ Finnland ☐ Schweden
	☐ Sonstiges (bitte ISO-Code angeben): ....
5.	**Staatsangehörigkeit des Ehegatten oder Lebenspartners zum Zeitpunkt der Eheschließung/Eintragung der Partnerschaft mit dem Erblasser:**
	☐ Belgien ☐ Bulgarien ☐ Tschechische Republik ☐ Deutschland ☐ Estland ☐ Griechenland ☐ Spanien ☐ Frankreich ☐ Kroatien ☐ Italien ☐ Zypern ☐ Lettland ☐ Litauen ☐ Luxemburg ☐ Ungarn ☐ Malta ☐ Niederlande ☐ Österreich ☐ Polen ☐ Portugal ☐ Rumänien ☐ Slowenien ☐ Slowakei ☐ Finnland ☐ Schweden
	☐ Sonstiges (bitte ISO-Code angeben): ....
6.	**Datum (TT. MM.JJJJ) und Ort der Eheschließung/Eintragung der Partnerschaft mit dem Erblasser:**
	....
7.	**Behörde, die die Ehe geschlossen/die Partnerschaft eingetragen hat:**
	....
	....
8.	**Hatten der Ehegatte/Lebenspartner und der Erblasser festgelegt, welches Güterrecht für ihre Ehe/eingetragene Partnerschaft maßgebend ist (Rechtswahl)?*)**
8.1.	**☐ Ja**
8.2.	**☐ Nein**
8.3.	**☐ Nicht bekannt**
9.	**Haten der Ehegatte/Lebenspartner und der Erblasser einen Ehevertrag oder einen Vertrag in Bezug auf ein Verhältnis, das mit der Ehe vergleichbare Wirkungen entfaltet, geschlossen?*)**
9.1.1.	**☐ Ja**
9.1.2.	**☐ Nein**
9.1.3.	**☐ Nicht bekannt**
10.	**Falls bekannt, Angaben zum ehelichen Güterstand oder zu einem anderen gleichwertigen Güterstand des Erblassers (geben Sie insbesondere an, ob der Güterstand aufgelöst und auseinandergesetzt wurde): ....**
	....
	....
	....
	....
	....
	....
	....
	....
	....
	....
	....
	....
Formblatt IV – Anlage V	
Angaben zu möglichen Berechtigten	
(ohne den Antragsteller, (ehemaligen) Ehegatten oder (ehemaligen) Lebenspartner)*17)	
1.	**Berechtigte Person A**
1.1.	**Name und Vorname(n) oder Name der Organisation*): ....**

	....
1.2.	Geburtsname (falls abweichend von 1.1): ....
1.3.	Identifikationsnummer*6)
1.3.1.	Nationale Identitätsnummer: ....
1.3.2.	Sozialversicherungsnummer: ....
1.3.3.	Steuernummer: ....
1.3.4.	Registriernummer: ....
1.3.5.	Sonstige (bitte angeben): ....
1.4.	Anschrift
1.4.1.	Straße und Hausnummer/Postfach*): ....
1.4.2.	Ort und Postleitzahl*): ....
1.4.3.	Land*)
	□ Belgien □ Bulgarien □ Tschechische Republik □ Deutschland □ Estland □ Griechenland □ Spanien □ Frankreich □ Kroatien □ Italien □ Zypern □ Lettland □ Litauen □ Luxemburg □ Ungarn □ Malta □ Niederlande □ Österreich □ Polen □ Portugal □ Rumänien □ Slowenien □ Slowakei □ Finnland □ Schweden
	□ Sonstiges (bitte ISO-Code angeben): ....
1.5.	Telefon: ....
1.6.	E-Mail: ....
1.7.	Verhältnis zum Erblasser
	□ Sohn □ Tochter □ Vater □ Mutter □ Enkel □ Enkelin □ Großvater □ Großmutter □ Bruder □ Schwester □ Neffe □ Nichte □ Onkel □ Tante □ Cousin/Cousine □ Sonstiges (bitte angeben): ....
1.8.	Berechtigt kraft*)
1.8.1.	□ Verfügung von Todes wegen
1.8.2.	□ gesetzlicher Erbfolge
2.	Berechtigte Person B
2.1.	Name und Vorname(n) oder Name der Organisation*): ....
2.2.	Geburtsname (falls abweichend von 2.1): ....
2.3.	Identifikationsnummer*6)
2.3.1.	Nationale Identitätsnummer: ....
2.3.2.	Sozialversicherungsnummer: ....
2.3.3.	Steuernummer: ....
2.3.4.	Registriernummer: ....
2.3.5.	Sonstige (bitte angeben): ....
2.4.	Anschrift
2.4.1.	Straße und Hausnummer/Postfach*): ....
2.4.2.	Ort und Postleitzahl*): ....
2.4.3.	Land*)
	□ Belgien □ Bulgarien □ Tschechische Republik □ Deutschland □ Estland □ Griechenland □ Spanien □ Frankreich □ Kroatien □ Italien □ Zypern □ Lettland □ Litauen □ Luxemburg □ Ungarn □ Malta □ Niederlande □ Österreich □ Polen □ Portugal □ Rumänien □ Slowenien □ Slowakei □ Finnland □ Schweden
	□ Sonstiges (bitte ISO-Code angeben): ....
2.5.	Telefon: ....

2.6.	**E-Mail: ....**
2.7.	**Verhältnis zum Erblasser**
	□ Sohn □ Tochter □ Vater □ Mutter □ Enkel □ Enkelin □ Großvater □ Großmutter □ Bruder □ Schwester □ Neffe □ Nichte □ Onkel □ Tante □ Cousin/Cousine □ Sonstiges (bitte angeben): ....
2.8.	**Berechtigt kraft*)**
2.8.1.	**□ Verfügung von Todes wegen**
2.8.2.	**□ gesetzlicher Erbfolge**

*) [Amtl. Anm.:] Obligatorische Angaben.
**) [Amtl. Anm.:] Obligatorische Angabe, falls mit dem Zeugnis Ansprüche am Nachlass bescheinigt werden sollen.
***) [Amtl. Anm.:] Obligatorische Angaben, falls mit dem Zeugnis die Befugnis zur Testamentsvollstreckung oder zur Nachlassverwaltung bescheinigt werden soll.
*1) [Amtl. Anm.:] ABl. L 201 vom 27.7.2012, S. 107.
*2) [Amtl. Anm.:] Bitte kreuzen Sie die zutreffenden Kästchen an.
*3) [Amtl. Anm.:] Dies sollte der Mitgliedstaat sein, dessen Gerichte gemäß der Verordnung (EU) Nr. 650/2012 zuständig sind.
*4) [Amtl. Anm.:] Falls eine andere Behörde mit der Erbsache befasst ist/war, fügen Sie bitte Anlage I ausgefüllt bei.
*5) [Amtl. Anm.:] Bei juristischen Personen ist Anlage II ausgefüllt beizufügen.
Bei mehreren Antragstellern ist ein weiteres Blatt beizufügen.
Bei Vertretern ist Anlage III ausgefüllt beizufügen.
*6) [Amtl. Anm.:] Bitte geben Sie gegebenenfalls die relevanteste Nummer an.
*7) [Amtl. Anm.:] Bitte Anlage IV ausgefüllt beifügen.
*8) [Amtl. Anm.:] Der Begriff des De-facto-Partners schließt die in einigen Mitgliedstaaten für Lebensgemeinschaften bestehenden Rechtsinstitute ein wie „sambo“ (Schweden) oder „avopuoliso“ (Finnland).
*9) [Amtl. Anm.:] Sie können gegebenenfalls mehr als ein Kästchen ankreuzen.
*10) [Amtl. Anm.:] Wenn der Erblasser verheiratet war oder in einem Verhältnis gelebt hat, das mit der Ehe vergleichbare Wirkungen entfaltet, fügen Sie bitte Anlage IV ausgefüllt bei.
*11) [Amtl. Anm.:] Wenn der Erblasser zum Zeitpunkt seines Todes mehrere private Anschriften hatte, geben Sie bitte die relevanteste an.
*12) [Amtl. Anm.:] Für Berechtigte, die weder Antragsteller noch ein (ehemaliger) Ehegatte oder (ehemaliger) Lebenspartner sind, ist Anlage V ausgefüllt beizufügen.
*13) [Amtl. Anm.:] Falls weder die Urschrift noch eine Abschrift beigefügt ist, geben Sie bitte an, wo sich die Urschrift befinden könnte.
*14) [Amtl. Anm.:] Wenn der Antrag von mehr als einer juristischen Person gestellt wird, fügen Sie bitte ein weiteres Blatt bei.
*15) [Amtl. Anm.:] Wenn es mehr als einen Vertreter gibt, fügen Sie bitte ein weiteres Blatt bei.
*16) [Amtl. Anm.:] Bei mehr als einer Person fügen Sie bitte ein weiteres Blatt bei.
*17) [Amtl. Anm.:] Vgl. Punkt 3 des Antragsformblatts, Anlagen II oder IV.
Geben Sie insbesondere alle Verwandten des Erblassers in gerader absteigender Linie an, von denen Sie Kenntnis haben.
Haben Sie von mehr als zwei möglichen Berechtigten Kenntnis, fügen Sie bitte ein weiteres Blatt bei.

Artikel 66 Prüfung des Antrags

(1) [1] **Nach Eingang des Antrags überprüft die Ausstellungsbehörde die vom Antragsteller übermittelten Angaben, Erklärungen, Schriftstücke und sonstigen Nachweise.** [2] **Sie führt von Amts wegen die für diese Überprüfung erforderlichen Nachforschungen durch, soweit ihr eigenes Recht dies vorsieht oder zulässt, oder fordert den Antragsteller auf, weitere Nachweise vorzulegen, die sie für erforderlich erachtet.**

(2) **Konnte der Antragsteller keine Abschriften der einschlägigen Schriftstücke vorlegen, die die für ihre Beweiskraft erforderlichen Voraussetzungen erfüllen, so kann die Ausstellungsbehörde entscheiden, dass sie Nachweise in anderer Form akzeptiert.**

(3) **Die Ausstellungsbehörde kann – soweit ihr eigenes Recht dies vorsieht und unter den dort festgelegten Bedingungen – verlangen, dass Erklärungen unter Eid oder durch eidesstattliche Versicherung abgegeben werden.**

(4) [1] **Die Ausstellungsbehörde unternimmt alle erforderlichen Schritte, um die Berechtigten von der Beantragung eines Zeugnisses zu unterrichten.** [2] **Sie hört, falls dies für die Feststellung des zu bescheinigenden Sachverhalts erforderlich ist, jeden Beteiligten, Testamentsvollstrecker oder Nachlassverwalter und gibt durch öffentliche Bekanntmachung anderen möglichen Berechtigten Gelegenheit, ihre Rechte geltend zu machen.**

(5) **Für die Zwecke dieses Artikels stellt die zuständige Behörde eines Mitgliedstaats der Ausstellungsbehörde eines anderen Mitgliedstaats auf Ersuchen die Angaben zur Verfügung, die insbesondere im Grundbuch, in Personenstandsregistern und in Registern enthalten sind, in denen Urkunden oder Tatsachen erfasst werden, die für die Rechtsnachfolge von Todes wegen oder den ehelichen Güterstand oder einen vergleichbaren Güterstand des Erblassers erheblich sind, sofern die zuständige Behörde nach innerstaatlichem Recht befugt wäre, diese Angaben einer anderen inländischen Behörde zur Verfügung zu stellen.**

Übersicht

I. Überblick

1 Die Vorschrift regelt die einzelnen Verfahrensschritte, die von der Ausstellungsbehörde nach Eingang des Antrags bis zur Entscheidung über die Ausstellung des Nachlasszeugnisses zu unternehmen sind. Abs. 1 bestimmt, dass im Nachlasszeugnisverfahren der **Untersuchungsgrundsatz** gilt. Abs. 2 und Abs. 3 enthalten Regelungen zum einen über die zulässigen **Beweismittel,** falls Unterlagen nicht im Original oder in Form beweiskräftiger Abschriften vorgelegt werden können, sowie ferner über den Nachweis durch **beeidigte Erklärung** bzw. **eidesstattliche Versicherung.** Abs. 4 befasst sich mit den **Verfahrensbeteiligten.** Schließlich schafft Abs. 5 einen Mechanismus für den **grenzüberschreitenden Informationsaustausch** zwischen mitgliedstaatlichen Behörden.

II. Untersuchungsgrundsatz (Abs. 1)

2 Nach **Art. 66 Abs. 1 Satz 1 EuErbVO** überprüft die Ausstellungsbehörde nach Eingang des Antrags die Angaben und Dokumente, die der Antragsteller nach den Vorgaben des Art. 65 Abs. 3 EuErbVO eingereicht hat. Wie sich aus **Art. 66 Abs. 1 Satz 2 EuErbVO** ergibt, trifft die Ausstellungsbehörde die Entscheidung über die Ausstellung des Nachlasszeugnisses allerdings nicht allein auf Grundlage der vom Antragsteller beigebrachten Tatsachen und Nachweise. Vielmehr führt sie **von Amts wegen** die für die Beurteilung des Antrags erforderlichen Nachforschungen durch, falls das mitgliedstaatliche Verfahrensrecht des Forumstaats die amtswegige Untersuchung des Sachverhalts erlaubt; alternativ ersucht sie den Antragsteller, weitere Nachweise vorzulegen, die sie für erforderlich erachtet. Aus Art. 66 Abs. 1 EuErbVO folgt somit, dass für das Nachlasszeugnisverfahren nicht der Beibringungs-, sondern der **Untersuchungsgrundsatz** gilt (vgl. auch *Kleinschmidt* RabelsZ 77 (2013), 723 (773)). Zur Förderung des Untersuchungsgrundsatzes bei internationalen Sachverhalten enthält Art. 66 Abs. 5 EuErbVO eine spezielle Regelung über den grenzüberschreitenden Informationsaustausch zwischen den mitgliedstaatlichen Behörden (→ Rn. 11 f.).

3 In **Deutschland** gelten für das Nachlasszeugnisverfahren in Ergänzung zu den Art. 62 ff. EuErbVO die Ausführungsbestimmungen der **§§ 33 ff. IntErbRVG** sowie – subsidiär – gemäß § 35 Abs. 1 IntErbRVG die Vorschriften des **FamFG.** Nach **§ 26 FamFG** hat das Gericht **von Amts wegen** die zur Feststellung der entscheidungserheblichen Tatsachen erforderlichen Ermittlungen durchzuführen. Da also das deutsche Verfahrensrecht die Amtsermittlung zulässt, können gemäß Art. 66 Abs. 1 Satz 2 EuErbVO die Nachlassgerichte als zuständige deutsche Ausstellungsbehörden (→ EuErbVO Art. 64 Rn. 23) von Amts wegen die für die Ausstellung des Zeugnisses erforderlichen Nachforschungen anstellen.

III. Beweismittel in Ermangelung von Urschriften oder beweiskräftigen Abschriften (Abs. 2)

4 Art. 66 Abs. 2 EuErbVO knüpft an die Regelung des **Art. 65 Abs. 3 Halbs. 2 EuErbVO** an. Nach dieser Vorschrift muss der Antragsteller alle einschlägigen Schriftstücke, die zur Feststellung des im Zeugnis zu bescheinigenden Sachverhalts benötigt werden, in Urschrift oder in Form einer beweiskräftigen Abschrift vorlegen (im Einzelnen → EuErbVO Art. 65 Rn. 17). Art. 66 Abs. 2 EuErbVO regelt den Fall, dass es dem Antragsteller unmöglich ist, die erforderlichen Dokumente im Original oder in einer beweiskräftigen Abschrift einzureichen. Die Ausstellungsbehörde kann unter diesen Umständen entscheiden, dass sie **Nachweise in anderer Form** akzeptiert. Wie sich aus dem Wortlaut der Vorschrift ergibt („kann"), steht die Entscheidung über die Zulassung alternativer Beweismittel **im Ermessen** der Ausstellungsbehörde; allerdings sind bei der Ermessensausübung die justiziellen Grundrechte des Antragstellers, namentlich Art. 47 EU-Grundrechtecharta (Justizgewährung; faires Verfahren), gebührend zu berücksichtigen. Welche alternativen Beweismittel die Ausstellungsbehörde im Einzelnen akzeptieren darf, bestimmt die Verordnung indessen nicht. In Ermangelung einer unionsrechtlich-auto-

nomen Regelung ist deswegen auf das nationale Verfahrensrecht der lex fori zurückzugreifen, in Deutschland somit – da auch die Ausführungsgesetzgebung des IntErbRVG zu der Frage schweigt – auf die subsidiär geltenden **Beweisvorschriften der §§ 29 ff. FamFG.**

IV. Nachweis durch beeidigte Erklärung oder eidesstattliche Versicherung (Abs. 3)

Nach Art. 66 Abs. 3 EuErbVO kann die Ausstellungsbehörde nach Maßgabe ihres nationalen Verfahrensrechts verlangen, dass Erklärungen **unter Eid** oder durch **eidesstattliche Versicherung** abgegeben werden. Der deutsche Ausführungsgesetzgeber hat in **§ 36 Abs. 2 IntErbRVG** angeordnet, dass der **Antragsteller** vor Gericht oder vor einem Notar an Eides statt zu versichern hat, dass ihm nichts bekannt sei, was der Richtigkeit seiner Angaben entgegensteht. Wie die Vorschrift allerdings weiter bestimmt, kann die Versicherung dem Antragsteller im Einzelfall erlassen werden. Eine entsprechende Regelung gilt auch gemäß § 352 Abs. 3 Sätze 3 und 4 FamFG für das Verfahren zur Erteilung eines (deutschen) Erbscheins. Für Erklärungen, die von **anderen Personen** als dem Antragsteller abgegeben werden, hat der deutsche Ausführungsgesetzgeber keine speziellen Vorschriften über das Erfordernis einer eidesstattlichen Versicherung erlassen. Das Nachlassgericht kann allerdings auf der Grundlage der **allgemeinen Verfahrensvorschriften des FamFG** (die gemäß § 35 Abs. 1 I IntErbRVG auch für das Nachlasszeugnisverfahren subsidiär gelten) beeidigte Erklärungen bzw. eidesstattliche Versicherungen verlangen, etwa im Rahmen des Frei- oder Strengbeweises (§ 29 FamFG bzw. § 30 FamFG iVm §§ 391, 495 ZPO) oder zur Glaubhaftmachung von Tatsachen (§ 31 Abs. 1 FamFG). 5

V. Beteiligte am Nachlasszeugnisverfahren (Abs. 4)

1. Kreis der Verfahrensbeteiligten

Art. 66 Abs. 4 EuErbVO regelt, wer neben dem Antragsteller am Verfahren zur Ausstellung des Nachlasszeugnisses zu beteiligen ist. Satz 1 der Vorschrift bestimmt zunächst, dass die **Berechtigten** („beneficiaries"; „bénéficiaires"; „beneficiari") von der Beantragung des Zeugnisses zu unterrichten sind. Der Begriff der „Berechtigten", den der Verordnungsgeber auch bei der Bestimmung der Reichweite des Erbstatuts in Art. 23 Abs. 2 lit. b EuErbVO verwendet, wird in **ErwG 47 EuErbVO** näher erläutert: Er umfasst regelmäßig die Erben, die Vermächtnisnehmer sowie die Pflichtteilsberechtigten. Wie aus Satz 3 desselben Erwägungsgrundes hervorgeht, sind zu den Vermächtnisnehmern – je nach Ausgestaltung des Vermächtnisses im maßgebenden nationalen Erbrecht – sowohl Vindikations- als auch Damnationslegatare zu zählen (zur Unterscheidung → EuErbVO Art. 63 Rn. 9). Im Ausgangspunkt lässt sich somit zunächst festhalten, dass die Verordnung mit der Bezugnahme auf die aus dem Erbfall berechtigten Personen den Kreis der Verfahrensbeteiligten anhand materiell-rechtlicher Kriterien bestimmt und damit einem **materiellen Beteiligtenbegriff** folgt. 6

Allerdings erweist sich die Definition der „Berechtigten" in ErwG 47 EuErbVO bei näherer Betrachtung für die Zwecke des Art. 66 Abs. 4 EuErbVO als wenig geeignet. Um den Kreis der Beteiligten am Nachlasszeugnisverfahren sachgerecht zu bestimmen, sollte der Begriff der „Berechtigten" in einem anderen Sinne verstanden werden als im kollisionsrechtlichen Kontext des Art. 23 Abs. 2 lit. b EuErbVO. Zunächst ist klarzustellen, dass sich die Unterrichtungspflicht des Art. 66 Abs. 4 EuErbVO nicht bloß auf die tatsächlich Berechtigten beschränkt, sondern alle **potentiell** Berechtigten erfasst. Wer tatsächlich erbberechtigt ist, steht nämlich zu Beginn des Verfahrens oftmals gar nicht fest, sondern ist eine Frage, die gerade erst durch das Nachlasszeugnisverfahren zu klären ist. Die „Berechtigten" in Art. 66 Abs. 4 Satz 1 EuErbVO sind folglich im Sinne der **„möglichen Berechtigten"** zu verstehen, wie sie auch in Art. 65 Abs. 3 lit. e EuErbVO sowie in Art. 66 Abs. 4 aE EuErbVO genannt werden (so auch jurisPK-BGB/*Kleinschmidt* EuErbVO Art. 66 Rn. 16). Nur ein derart weites Verständnis wahrt in hinreichender Weise den Grundsatz des **rechtlichen Gehörs** gemäß Art. 47 Abs. 2 EU-Grundrechtecharta, auf dem die Bestimmung des Art. 66 Abs. 4 EuErbVO maßgeblich beruht. Auf der anderen Seite ist anzumerken, dass nicht zwangsläufig jede Person am Verfahren zu beteiligen ist, die potentiell eine der in ErwG 47 erwähnten erbrechtlichen Positionen innehat. Zu beteiligen sind grundsätzlich nur die **Personen, die möglicherweise eine Rechtsposition vorweisen können, welche der im Zeugnis zu bescheinigenden Rechtsstellung des Antragstellers entgegensteht.** Nur diese Personen sind von der Ausstellung des Zeugnisses betroffen: Zum einen unterliegen sie, wenn sie ihre Rechte und Befugnisse geltend machen möchten, erhöhten Beweisanforderungen, da die Vermutungswirkung des Zeugnisses gemäß Art. 69 Abs. 2 EuErbVO zu ihren Lasten streitet; darüber hinaus drohen ihnen aufgrund der Gutglaubenswirkung des Art. 69 Abs. 3 und 4 EuErbVO dauerhafte Rechtsverluste infolge von Verfügungen und Forderungseinziehungen durch den Zeugnisinhaber. Aus diesen Grundsätzen folgt, dass etwa ein Damnationslegatar grundsätzlich nicht am Nachlasszeugnisverfahren zu beteiligen ist, 7 da seine Rechtsposition – der schuldrechtliche Anspruch gegen den Nachlass – nicht davon berührt wird, wer etwa als Erbe mit welcher Erbquote im Zeugnis ausgewiesen wird. Ähnlich verhält es sich, wenn ein Vindikationslegatar ein Zeugnis zum Nachweis seiner Berechtigung an dem ihm vermachten Gegenstand beantragt: In diesem Fall besteht prinzipiell keine Veranlassung, etwaige weitere Vindikationslegatare, denen der Erblasser andere Nachlassgegenstände vermacht hat, am Verfahren zu beteiligen; denn wegen der Verschiedenheit der zugewendeten Gegenstände wirkt sich die Ausstellung des Zeugnisses nicht auf ihre Rechtsposition aus. Bei den potentiell Berechtigten, die von der Zeugnisausstellung in dem oben beschriebenen Sinne betroffen und folglich am Verfahren zu beteiligen sind, handelt es sich **typischerweise** um die **gesetzlichen Erben,** wenn ein gewillkürter Erbe das Zeugnis beantragt, oder um die **Erben,** wenn ein Vindikationslegatar die Zeugnisausstellung begehrt, da diese Personen regelmäßig erbberechtigt sind, wenn sich die fragliche Erbeinsetzung bzw. Vermächtnisanordnung als unwirksam herausstellen sollte. Ob auch **Testamentsvollstrecker** oder **Nachlassverwalter** als mögliche Berechtigte im Sinne des Art. 66 Abs. 4 EuErbVO anzusehen sind (zu dieser Frage → EuErbVO Art. 65 Rn. 12), kann offen bleiben, da ihre Beteiligung in Art. 66 Abs. 4 Satz 2 EuErbVO ausdrücklich angeordnet ist. Bei **Pflichtteilsberechtigten,** die ebenfalls in ErwG 47 der Verordnung genannt werden, ist zu unterscheiden: Räumt ihnen das anwendbare Recht eine unmittelbare dingliche Berechtigung am Nachlass ein, wie dies etwa in den meisten romanischen Rechtsordnungen der Fall ist (sog. Noterbrecht), sind sie am Verfahren zu beteiligen. Stehen ihnen hingegen – wie etwa im Rahmen der §§ 2303 ff. BGB – lediglich schuldrechtliche Ansprüche gegen den Nachlass zu, ist ihre Position grundsätzlich mit der von Damnationslegataren vergleichbar, so dass sie von der Ausstellung eines Nachlasszeugnisses nicht unmittelbar betroffen sind. Jedoch ist zu beachten, dass die Pflichtteilsberechtigten im Fall der gesetzlichen Erbfolge erbberechtigt wären, so dass sie in dieser Rolle am Verfahren zu beteiligen sind.

8 Für Verfahren in **Deutschland** konkretisiert **§ 37 Abs. 1 IntErbRVG** den Kreis der Verfahrensbeteiligten. Mit der Vorschrift, die sich an die für das deutsche Erbscheinsverfahren geltende Regelung des § 345 FamFG anlehnt, wollte der Ausführungsgesetzgeber ausweislich der Regierungsbegründung „die Verordnung in der Praxis handhabbar" machen (BR-Drs. 644/14, 58). Zwar ist gegen das gesetzgeberische Bestreben, die Anwendung der EuErbVO zu erleichtern, im Prinzip nichts auszusetzen. Allerdings birgt der Versuch, das Unionsrecht mithilfe der mitgliedstaatlich-autonomen Gesetzgebung zu konkretisieren, unweigerlich die Gefahr, dass die unionsrechtliche Herkunft und Determiniertheit der fraglichen Regelung verschleiert wird. Der Rechtsanwender sollte also stets berücksichtigen, dass die Vorschrift des § 37 Abs. 1 IntErbRVG im Lichte des Art. 66 Abs. 4 EuErbVO auszulegen ist und Zweifelsfragen dem EuGH im Wege eines Vorabentscheidungsverfahrens gemäß Art. 267 AEUV zur Klärung vorzulegen sind (vgl. aber auch Dutta/Herrler/*Lange,* Die Europäische Erbrechtsverordnung 161 (165), der in der Regelung des Art. 66 Abs. 4 EuErbVO ein „Verfahren sui generis" sieht, „das neben einigen zwingenden europarechtlichen Vorgaben weitgehend auf das nationale Verfahrensrecht zurückgreift", und somit offenbar eine Konkretisierungsbefugnis des mitgliedstaatlichen Gesetzgebers mit Blick auf den Beteiligtenbegriff annimmt).

2. Art der Beteiligung: Unterrichtung und Anhörung

9 **Art. 66 Abs. 4 Satz 1 EuErbVO** schreibt zunächst vor, dass die Ausstellungsbehörde alle erforderlichen Schritte unternehmen muss, um die „Berechtigten" (zum Begriff → Rn. 7) von der Beantragung des Nachlasszeugnisses zu **unterrichten.** Aus der Formulierung, wonach „alle erforderlichen Schritte" für die Unterrichtung zu unternehmen sind, ist zu folgern, dass die Ausstellungsbehörde zunächst zur **Ermittlung der Berechtigten verpflichtet** ist, die von der Ausstellung des Zeugnisses betroffen sein könnten. Diese Ermittlungspflicht steht mit dem in Art. 66 Abs. 1 EuErbVO verankerten Untersuchungsgrundsatz (→ Rn. 2) im Einklang und ist zur Wahrung des Anspruchs auf rechtliches Gehör gemäß Art. 47 EU-Grundrechtecharta geboten. Sind mögliche Berechtigte in anderen Mitgliedstaaten zu ermitteln, kann die Ausstellungsbehörde insbesondere auch von dem in Art. 66 Abs. 5 EuErbVO normierten Auskunftsanspruch Gebrauch machen. Sofern Anhaltspunkte bestehen, dass mögliche Berechtigte existieren, deren Name oder Aufenthalt der Ausstellungsbehörde **unbekannt** sind, sind diese Personen gemäß **Art. 66 Abs. 4 Satz 2 aE EuErbVO** durch **öffentliche Bekanntmachung** von der Beantragung des Nachlasszeugnisses zu unterrichten. Für Verfahren in Deutschland erfolgt nach **§ 35 Abs. 3 IntErbRVG** die öffentliche Bekanntmachung nach Maßgabe der **§§ 435 bis 437 FamFG.**

10 Die möglichen Berechtigten haben nicht nur das Recht, über die Beantragung des Nachlasszeugnisses unterrichtet zu werden, sie sind darüber hinaus gemäß **Art. 66 Abs. 4 Satz 2 EuErbVO** von der Ausstellungsbehörde **anzuhören,** „falls dies für die Feststellung des zu bescheinigenden Sachverhalts erforderlich ist". Erst durch dieses Anhörungsrecht wird der Grundsatz des rechtlichen Gehörs im Nachlasszeugnisverfahren effektiv verwirklicht. Nach dem Normwortlaut steht der Anhörungsanspruch jedem **„Beteiligten, Testamentsvollstrecker oder Nachlassverwalter"** zu. Trotz der unterschiedlichen Bezeichnung deckt sich dieser Personenkreis mit den **„(möglichen) Berechtigten",** die gemäß Art. 66 Abs. 4 Satz 1 EuErbVO von der Einleitung des Verfahrens zu unterrichten sind (→ Rn. 7; aA

Kleinschmidt RabelsZ 77 (2013), 723 (773), der davon ausgeht, dass der Begriff der „Beteiligten" weiter geht als der der zu unterrichtenden „Berechtigten"). Die Unterrichtung ist die notwendige Vorstufe zur Anhörung, so dass es wenig sinnvoll wäre, den Kreis der Anhörungsberechtigten weiter zu ziehen als den der zu unterrichtenden Personen. Anzumerken ist, dass der Begriff des „Beteiligten" im Rahmen des Art. 66 Abs. 4 Satz 2 EuErbVO nicht in einem verfahrensrechtlichen Sinne zu verstehen ist. Er meint vielmehr – wie auch die anderen Sprachfassungen der Verordnung nahelegen („any person involved"; „personne intéressée"; „interessati") – die von der Ausstellung des Zeugnisses Betroffenen. Mit der ausdrücklichen Erwähnung von Testamentsvollstreckern und Nachlassverwaltern hat der Unionsgesetzgeber zudem klargestellt, dass diese ebenfalls am Verfahren zu beteiligen sind, so dass nicht entschieden zu werden braucht, ob diese Personen unter den Begriff der „möglichen Berechtigten" subsumiert werden können (→ Rn. 7).

VI. Kooperation zwischen mitgliedstaatlichen Behörden (Abs. 5)

Gerade bei internationalen Sachverhalten kann die der Ausstellungsbehörde obliegende Untersuchung des zu bescheinigenden Sachverhalts (zum Untersuchungsgrundsatz → Rn. 2) Schwierigkeiten bereiten. Vor diesem Hintergrund schafft Art. 66 Abs. 5 EuErbVO einen Mechanismus für die **grenzüberschreitende Kooperation zwischen mitgliedstaatlichen Behörden.** Nach dieser Regelung kann die Ausstellungsbehörde registerführende Behörden in anderen Mitgliedstaaten um Informationen ersuchen, die für das Nachlasszeugnisverfahren von Relevanz sind. Die Ausstellungsbehörde kann namentlich solche **Angaben** anfordern, „die insbesondere im Grundbuch, in Personenstandsregistern und in Registern enthalten sind, in denen Urkunden oder Tatsachen erfasst werden, die für die Rechtsnachfolge von Todes wegen oder den ehelichen Güterstand oder einen vergleichbaren Güterstand des Erblassers erheblich sind"; dabei ist ähnlich wie in anderen Vorschriften (vgl. Art. 65 Abs. 3 lit. j und Art. 68 lit. h EuErbVO) mit der Formel vom „vergleichbaren Güterstand" der Güterstand einer gleichgeschlechtlichen Lebenspartnerschaft gemeint. Wie sich aus Art. 66 Abs. 5 aE EuErbVO ergibt, unterliegt die Auskunftspflicht der registerführenden Behörden allerdings einer wichtigen **Einschränkung:** Sie sind zur Übermittlung der erbetenen Informationen an die Ausstellungsbehörde nur in dem Umfang verpflichtet, wie sie nach ihrem innerstaatlichen Recht zur Weitergabe der betreffenden Angaben an eine andere inländische Behörde befugt wären. 11

Ausländische Ausstellungsbehörden können in **Deutschland** Auskünfte beispielsweise aus folgenden Registern erbeten: aus dem Grundbuch (§ 12 GBO), dem Handelsregister (§ 9 HGB), dem Schiffsregister (§ 8 SchRegO), dem Personenstandsregister (§ 65 PStG), dem Güterrechtsregister (§ 1563 BGB) sowie dem Zentralen Testamentsregister (§ 78d BNotO). Darüber hinaus sind auch die Meldeämter nach den einschlägigen landesrechtlichen Vorschriften zur Übermittlung von Informationen verpflichtet, etwa zur Angabe der Anschrift möglicher Berechtigter, welche die Ausstellungsbehörde gemäß Art. 66 Abs. 4 EuErbVO (→ Rn. 9) über die Beantragung des Nachlasszeugnisses unterrichten muss. 12

Artikel 67 Ausstellung des Zeugnisses

(1) [1]**Die Ausstellungsbehörde stellt das Zeugnis unverzüglich nach dem in diesem Kapitel festgelegten Verfahren aus, wenn der zu bescheinigende Sachverhalt nach dem auf die Rechtsnachfolge von Todes wegen anzuwendenden Recht oder jedem anderen auf einen spezifischen Sachverhalt anzuwendenden Recht feststeht.** [2]**Sie verwendet das nach dem Beratungsverfahren nach Artikel 81 Absatz 2 erstellte Formblatt.**

Die Ausstellungsbehörde stellt das Zeugnis insbesondere nicht aus,

a) wenn Einwände gegen den zu bescheinigenden Sachverhalt anhängig sind oder
b) wenn das Zeugnis mit einer Entscheidung zum selben Sachverhalt nicht vereinbar wäre.

(2) **Die Ausstellungsbehörde unternimmt alle erforderlichen Schritte, um die Berechtigten von der Ausstellung des Zeugnisses zu unterrichten.**

Übersicht

I. Überblick

1 Art. 67 EuErbVO regelt die Entscheidung der Ausstellungsbehörde über die Erteilung des Nachlasszeugnisses. Dabei bestimmt Abs. 1, unter welchen **Voraussetzungen** und in welcher **Form** das Zeugnis auszustellen ist, während Abs. 2 die **Bekanntgabe** der Zeugnisausstellung zum Gegenstand hat.

II. Voraussetzungen für die Ausstellung des Nachlasszeugnisses (Abs. 1)

2 Art. 67 Abs. 1 EuErbVO knüpft die Ausstellung des Nachlasszeugnisses an bestimmte prozedurale und materiell-rechtliche Voraussetzungen.

1. Prozedurale Voraussetzungen für die Zeugniserteilung

3 **a) Einhaltung der Verfahrensvorschriften der Art. 62 ff. EuErbVO.** Wie Art. 67 Abs. 1 EuErbVO bestimmt, stellt die Ausstellungsbehörde das Zeugnis „nach dem in diesem Kapitel festgelegten Verfahren" aus. Damit wird zum Ausdruck gebracht, dass ein Zeugnis nur ausgestellt werden darf, wenn die in den Art. 62 ff. EuErbVO niedergelegten Verfahrensvorschriften eingehalten wurden (s. MüKoBGB/*Dutta* EuErbVO Art. 67 Rn. 3). Es muss also insbesondere ein **ordnungsgemäßer Antrag** auf Ausstellung des Zeugnisses gemäß Art. 65 EuErbVO gestellt worden sein. Ferner muss die Ausstellungsbehörde nach Maßgabe des Art. 64 EuErbVO für die Zeugniserteilung **zuständig** sein und auch die Vorgaben zum **Verfahrensgang** gemäß Art. 66 EuErbVO beachtet haben.

4 **b) Keine Einwände gegen den zu bescheinigenden Sachverhalt (UAbs. 1 lit. a).** Nach Art. 67 Abs. 1 UAbs. 2 lit. a EuErbVO darf die Ausstellungsbehörde kein Nachlasszeugnis ausstellen, wenn Einwände gegen den zu bescheinigenden Sachverhalt anhängig sind. Bedauerlicherweise hat der Unionsgesetzgeber den Inhalt dieser Bestimmung nicht näher präzisiert: Im Dunkeln bleibt vor allem, von welchen Personen und in welchem Verfahren Einwände erhoben werden können, welche die Ausstellung des Nachlasszeugnisses ausschließen (s. auch die Kritik von Dutta/Herrler/*Lange,* Die Europäische Erbrechtsverordnung 161 (165)). Da der Normwortlaut keine Einschränkungen vorsieht, ist davon auszugehen, dass entsprechende Einwände sowohl im Ausstellungsverfahren selbst (→ Rn. 5 ff.) als auch unter bestimmten Umständen in anderen Verfahren (→ Rn. 9 ff.) geltend gemacht werden können (ebenso MüKoBGB/*Dutta* EuErbVO Art. 67 Rn. 5; aA offenbar BeckOGK/*J. Schmidt* EuErbVO Art. 67 Rn. 9, wonach sich die Regelung allein auf Einwände im Rahmen eines anderweitigen Rechtsstreits im Sinne des Art. 65 Abs. 3 lit. l EuErbVO beziehen soll; ebenso jetzt OLG Stuttgart BeckRS 2020, 40637 Rn. 13).

5 **aa) Einwände im Ausstellungsverfahren.** Art. 67 Abs. 1 UAbs. 2 lit. a EuErbVO ist zunächst dahingehend zu verstehen, dass das beantragte Nachlasszeugnis nicht ausgestellt werden darf, wenn ein Beteiligter am Nachlasszeugnisverfahren (zum Beteiligtenbegriff → EuErbVO Art. 66 Rn. 6 ff.) Einwände gegen die zu bescheinigende Rechtsstellung des Antragstellers erhebt. Dass die Bestimmung auch Einwände im Rahmen des Ausstellungsverfahrens selbst (und nicht nur im Rahmen separater Verfahren) erfasst, wird insbesondere durch die englische Sprachfassung nahegelegt (MüKoBGB/*Dutta* EuErbVO Art. 67 Rn. 5). Dort heißt es, dass das Zeugnis zu versagen ist, „if the elements to be certified are being challenged". Nach dieser Lesart darf ein Nachlasszeugnis nur ausgestellt werden, wenn **kein Verfahrensbeteiligter** dem Antrag des Antragstellers **widerspricht;** der zu bescheinigende Sachverhalt muss mit anderen Worten **unstreitig** sein (so auch die Auffassung der Bundesregierung, s. BT-Drucks. 18/4201, 83; MüKoFamFG/*Grziwotz* EuErbVO Art. 67 Rn. 6; *Kleinschmidt* FS Lindacher, 174; *Milzer* NJW 2015, 2297 (2998); *Schmitz* RNotZ 2017, 269 (281); aA OLG Stuttgart BeckRS 2020, 4637; *Dorth,* 270; *Steiner* ZEV 2016, 487 (488)). Dem Wortlaut der Vorschrift ist zu entnehmen, dass die Einwände gegen das beantragte Zeugnis nicht bewiesen zu werden brauchen (MüKoBGB/*Dutta* EuErbVO Art. 67 Rn. 5; aA NK-BGB/*Nordmeier* EuErbVO Art. 67 Rn. 11, wonach das Zeugnis auszustellen ist, wenn die erhobenen Einwände entkräftet werden können). Es genügt ihre bloße „Anhängigkeit", dh sie müssen im Verfahren lediglich geltend gemacht worden sein. Der hier befürworteten Interpretation des Art. 67 Abs. 1 UAbs. 2 lit. a EuErbVO steht auch nicht die Bestimmung des Art. 73 Abs. 1 lit. b EuErbVO entgegen, wonach das Rechtsmittelgericht die Wirkungen des Zeugnisses aussetzen kann, wenn ein Beteiligter gegen die Ausstellung des Zeugnisses einen Rechtsbehelf einlegt. Zwar wird teilweise argumentiert, aus der Vorschrift folge, dass die Ausstellungsbehörde auch gegen den Widerspruch eines Verfahrensbeteiligten das Zeugnis ausstellen dürfe (so *Kunz* GPR

2014, 285 (291), ohne allerdings ausdrücklich auf Art. 67 Abs. 1 UAbs. 2 lit. a EuErbVO einzugehen); andernfalls sei die Regelung über die Anfechtung der Entscheidung der Ausstellungsbehörde und über die Aussetzung der Wirkungen des Zeugnisses sinnlos. Dieser Schluss ist indessen keineswegs zwingend. So ist es denkbar, dass die Entscheidung zur Ausstellung des Zeugnisses von einem möglichen Berechtigten angefochten wird, der am (erstinstanzlichen) Ausstellungsverfahren gar nicht formell beteiligt war und erst nach Ausstellung des Zeugnisses vom Verfahren Kenntnis erlangt. Auch erscheint es möglich, dass eine am Ausstellungsverfahren beteiligte Person sich zunächst passiv verhält und keine Einwände gegen das beantragte Zeugnis erhebt, später jedoch die Entscheidung der Ausstellungsbehörde nicht akzeptiert und dagegen Rechtsmittel einlegt. Diese Fälle zeigen, dass ein Rechtsbehelf gegen die Ausstellung des Nachlasszeugnisses eingelegt werden kann, auch ohne dass im Ausstellungsverfahren bereits Einwände gegen das beantragte Zeugnis anhängig waren. Folglich verliert die Bestimmung des Art. 73 Abs. 1 lit. b EuErbVO nicht ihren Anwendungsbereich, wenn man – wie hier – der Auffassung ist, dass das Nachlasszeugnis nicht gegen den Widerspruch eines Verfahrensbeteiligten ausgestellt werden darf.

6 Wird die Ausstellung des Zeugnisses wegen entgegenstehender Einwände eines Verfahrensbeteiligten verweigert, kann der **Antragsteller** hiergegen einen **Rechtsbehelf** nach **Art. 72 Abs. 1 EuErbVO** einlegen und so sein Rechtsbegehren weiterverfolgen. In diesem Fall kann die **Rechtsmittelinstanz,** deren Entscheidung nicht mit weiteren Rechtsbehelfen anfechtbar ist, das Nachlasszeugnis trotz entgegenstehender Einwände eines Verfahrensbeteiligten ausstellen (vgl. auch MüKoBGB/*Dutta* EuErbVO Art. 67 Rn. 6; MüKoFamFG/*Grziwotz* EuErbVO Art. 67 Rn. 6; aA jurisPK-BGB/*Kleinschmidt* EuErbVO Art. 67 Rn. 27; *Kleinschmidt* FS Lindacher, 173, wonach das Beschwerdegericht nicht über die Einwände entscheidet, sondern allein darüber, ob die Versagung der Ausstellung in der ersten Instanz gerechtfertigt war; ebenso *Milzer* NJW 2015, 2297 (2999); tendenziell auch *Schmitz* RNotZ 2017, 269 (281)). Hierfür spricht zum einen die Überlegung, dass mit der letztinstanzlichen Entscheidung das Verfahren rechtskräftig abgeschlossen wird und damit nicht davon die Rede sein kann, es seien – in den Worten des Art. 67 Abs. 1 UAbs. 1 lit. a EuErbVO – „Einwände gegen den zu bescheinigenden Sachverhalt anhängig". Darüber hinaus deutet auch Art. 72 Abs. 2 UAbs. 2 EuErbVO darauf hin, dass die Rechtsmittelinstanz zur Ausstellung des Zeugnisses befugt ist. Nach dieser Vorschrift stellt die Rechtsbehelfsbehörde das Zeugnis aus, sofern das vom Antragsteller eingelegte Rechtsmittel zur Feststellung führt, dass die Verweigerung des Zeugnisses „nicht gerechtfertigt" war.

7 Aus dem Gesagten wird deutlich, dass die EuErbVO im Vergleich zu den **Vorschriften des FamFG zum deutschen Erbschein** einen anderen Weg beschreitet, um die Ausstellung eines unrichtigen Erbnachweises zu verhindern und die Interessen der betroffenen Parteien zu schützen. Im Verfahren zur Ausstellung eines Erbscheins nach den §§ 2353 ff. BGB sieht § 352 Abs. 2 FamFG vor, dass bei Widerspruch eines Beteiligten die Erteilung des Erbscheins solange auszusetzen ist, bis die Entscheidung über die Ausstellung des Zeugnisses rechtskräftig ist. Auf diese Weise können die der Erteilung des Erbscheins widersprechenden Verfahrensbeteiligten im Beschwerdeverfahren ihre Einwände erneut geltend machen und eine Überprüfung der erstinstanzlichen Entscheidung erzwingen, ohne dass der Erbschein in der Zwischenzeit bereits ausgestellt und in Umlauf gebracht werden kann. Erst wenn das Rechtsmittelverfahren rechtskräftig abgeschlossen ist und die erstinstanzliche Entscheidung bestätigt wurde, wird der Erbschein erteilt. Im **europäischen Nachlasszeugnisverfahren** wird bei Widerspruch eines Beteiligten gemäß Art. 67 Abs. 1 UAbs. 2 lit. a EuErbVO ebenfalls zunächst kein Zeugnis ausgestellt. Jedoch ist es hier Sache des Antragstellers, einen Rechtsbehelf einzulegen und eine Überprüfung des zu bescheinigenden Sachverhalts durch die Rechtsmittelinstanz einzuleiten. Während also nach der EuErbVO der Antragsteller bei streitigem Sachverhalt selbst aktiv werden muss, um die Ausstellung des Zeugnisses durch die Rechtsmittelinstanz herbeizuführen, müssen im deutschen Erbscheinsverfahren die übrigen Verfahrensbeteiligten Beschwerde einlegen, um die Erteilung des Erbscheins zu verhindern.

8 Eine **Ausnahme** von der Regelung des Art. 67 Abs. 1 UAbs. 2 lit. a EuErbVO ist dann geboten, wenn die gegen die Ausstellung des Nachlasszeugnisses geltend gemachten Einwände bereits **Gegenstand eines streitigen Verfahrens** zwischen den Beteiligten waren und dort als unbegründet zurückgewiesen wurden (vgl. MüKoBGB/*Dutta* EuErbVO Art. 67 Rn. 6). Wurde also beispielsweise in einem früheren Erbprätendentenstreit festgestellt, dass der Antragsteller erbberechtigt ist, und beharrt der unterlegene Prozessgegner im Nachlasszeugnisverfahren darauf, der Antragsteller sei doch nicht erbberechtigt, so vermag dieser Einwand die Ausstellung des beantragten Zeugnisses nicht zu verhindern.

9 **bb) Einwände in anderen Verfahren.** Die Ausstellungsbehörde darf das Nachlasszeugnis gemäß Art. 67 Abs. 1 UAbs. 2 lit. a EuErbVO unter bestimmten Umständen auch dann nicht ausstellen, wenn in einem anderen anhängigen Verfahren außerhalb des Nachlasszeugnisverfahrens Einwände gegen die zu bescheinigende Rechtsposition des Antragstellers anhängig sind (zum Begriff der Anhängigkeit OLG Stuttgart BeckRS 2020, 40637 Rn. 12 f.). Dies ist namentlich der Fall, wenn ein **Rechtsstreit** – beispielsweise ein Feststellungsprozess – über die Frage der Erbberechtigung des Antragstellers geführt wird; hieraus erklärt sich, weswegen der Antragsteller gemäß **Art. 65 Abs. 3 lit. l EuErbVO** bei Beantragung des Zeugnisses gehalten ist anzugeben, ob nach seinem Wissen ein Rechtsstreit über den

zu bescheinigenden Sachverhalt anhängig ist (s. zum Zusammenhang auch BeckOGK/*J. Schmidt* EuErbVO Art. 67 Rn. 9).

10 Wegen der einheitlichen Zuständigkeitsordnung wird ein Rechtsstreit über die Erbberechtigung des Antragstellers (bei dem es sich um eine „Erbsache“ im Sinne des Art. 4 EuErbVO handelt, → EuErbVO Art. 4 Rn. 30) regelmäßig in demselben Mitgliedstaat geführt werden, in dem auch das Nachlasszeugnisverfahren anhängig ist. Jedoch muss das nicht zwangsläufig der Fall sein, da es denkbar ist, dass die Parteien des Rechtsstreits eine abweichende Gerichtsstandsvereinbarung nach Art. 5 EuErbVO abgeschlossen haben, während das Nachlasszeugnisverfahren im Mitgliedstaat des letzten gewöhnlichen Aufenthalts des Erblassers gemäß Art. 64 S. 1 iVm Art. 4 EuErbVO stattfindet. Ebenso ist es möglich, dass das mit dem Rechtsstreit befasste Gericht oder die Ausstellungsbehörde sich irrigerweise für international zuständig hält. Und schließlich ist es vorstellbar, dass der Rechtsstreit über die Erbberechtigung des Antragstellers vor dem Gericht eines Drittstaats geführt wird, das nach der lex fori für das konkrete Verfahren zuständig ist. In all diesen Fällen stellt sich die Frage, inwiefern die Ausstellungsbehörde die **in einem ausländischen Staat anhängigen Einwände** gegen die zu bescheinigende Rechtsstellung des Antragstellers im Rahmen des Art. 67 Abs. 1 UAbs. 2 lit. a EuErbVO **berücksichtigen** muss. Diese Frage ist in Anlehnung an die Regelung des Art. 67 Abs. 1 UAbs. 2 lit. b EuErbVO zu beantworten: Einwände in einem ausländischen Verfahren sind nur dann berücksichtigungsfähig, wenn eine den Einwänden stattgebende Entscheidung des ausländischen Gerichts die Ausstellung des Nachlasszeugnisses gemäß Art. 67 Abs. 1 UAbs. 2 lit. b EuErbVO ausschließen würde (zu den Voraussetzungen im Einzelnen → Rn. 12).

11 **c) Keine mit dem zu bescheinigenden Sachverhalt unvereinbare Entscheidung (UAbs. 1 lit. b).** Nach Art. 67 Abs. 1 UAbs. 2 lit. b EuErbVO darf ein Nachlasszeugnis auch dann nicht ausgestellt werden, wenn es „mit einer Entscheidung zum selben Sachverhalt nicht vereinbar wäre“. Es darf mit anderen Worten keine gerichtliche Entscheidung vorliegen, die auf eine **Rechtsfolge** gerichtet ist, die **der im Zeugnis zu bescheinigenden Rechtsposition des Antragstellers widerspricht** (vgl. in diesem Sinne auch MüKoBGB/*Dutta* EuErbVO Art. 67 Rn. 7; BeckOGK/*J. Schmidt* EuErbVO Art. 67 Rn. 12). Ist etwa in einem **Erbprätendentenstreit** zwischen dem Antragsteller und einem anderen Beteiligten des Nachlasszeugnisverfahrens festgestellt worden, dass der Antragsteller die im Zeugnis zu bescheinigende Rechtsstellung nicht innehat, darf das beantragte Zeugnis nicht ausgestellt werden. Als eine die Zeugnisausstellung ausschließende „Entscheidung“ kommt auch ein **nationaler Erbnachweis** in Betracht, sofern er – wie etwa der deutsche Erbschein nach den §§ 2353 ff. BGB – die Merkmale einer gerichtlichen Entscheidung im Sinne des Art. 3 Abs. 1 lit. g EuErbVO erfüllt (→ EuErbVO Art. 3 Rn. 7 f.). Ist also beispielsweise ein deutscher Erbschein erteilt worden, kann kein Europäisches Nachlasszeugnis abweichenden Inhalts ausgestellt werden. Auf diese Weise wird verhindert, dass inhaltlich divergierende Erbnachweise in Umlauf geraten (allgemein zu dieser Problematik bereits → EuErbVO Art. 62 Rn. 18).

12 In den meisten Fällen werden Entscheidungen, die der Ausstellung eines Nachlasszeugnisses gemäß Art. 67 Abs. 1 UAbs. 2 lit. b EuErbVO entgegenstehen, aus demselben Mitgliedstaat stammen, in dem auch das Nachlasszeugnisverfahren anhängig ist. Derartige Entscheidungen (zB das Feststellungsurteil in einem Erbprätendentenstreit) resultieren nämlich regelmäßig aus Verfahren, die eine „Erbsache“ im Sinne von Art. 4 EuErbVO darstellen und für die damit die gleichen Zuständigkeitsvorschriften (Art. 4 ff. EuErbVO) gelten wie für das Nachlasszeugnisverfahren (s. Art. 64 S. 1 EuErbVO). Gleichwohl kann es in Einzelfällen vorkommen, dass eine **ausländische Entscheidung** in Widerspruch zum beantragten Nachlasszeugnis steht (zu den denkbaren Konstellationen → Rn. 10). Dann stellt sich die Frage, unter welchen Voraussetzungen die ausländische Entscheidung zu berücksichtigen ist und die Ausstellung des Zeugnisses auszuschließen vermag. Richtigerweise wird man annehmen müssen, dass die ausländische Entscheidung jedenfalls dann Berücksichtigung finden muss, wenn sie in dem Staat, in dem das Nachlasszeugnisverfahren anhängig ist, nach den **Art. 39 ff. EuErbVO** bzw. – im Fall einer drittstaatlichen Entscheidung – nach dem autonomen mitgliedstaatlichen Verfahrensrecht **anzuerkennen** ist (MüKoBGB/*Dutta* EuErbVO Art. 67 Rn. 8).

2. Materiellrechtliche Ausstellungsvoraussetzungen

13 In materieller Hinsicht macht Art. 67 Abs. 1 UAbs. 1 EuErbVO die Ausstellung des Zeugnisses davon abhängig, dass „der zu bescheinigende Sachverhalt nach dem auf die Rechtsnachfolge von Todes wegen anzuwendenden Recht oder jedem anderen auf einen spezifischen Sachverhalt anzuwendenden Recht feststeht“. Damit ist gemeint, dass der Antragsteller nach dem aus Sicht der Ausstellungsbehörde maßgebenden Sachrecht die zu bescheinigende Rechtsposition innehaben muss. Als **Entscheidungsgrundlage** nennt Art. 67 Abs. 1 UAbs. 1 EuErbVO zunächst das auf die Rechtsfolge von Todes wegen anzuwendende Recht, also die **lex hereditatis** im Sinne der **Art. 21 und 22 EuErbVO** (die allerdings im Einzelfall möglicherweise nach vorrangigen staatsvertraglichen Anknüpfungsnormen zu bestimmen ist; allgemein zu dieser Problematik → EuErbVO Vorb. Art. 62 Rn. 20). Darüber hinaus ist Prüfungs-

maßstab „jedes andere auf einen spezifischen Sachverhalt anzuwendende Recht". Aufschluss über diese etwas unscharfe Formulierung gibt die englische Sprachfassung, in der von „any other law applicable to specific elements" die Rede ist. Orientierung bietet ferner ErwG 71 der Verordnung, der als Beispiel für einen „spezifischen Sachverhalt" die materielle Wirksamkeit einer Verfügung von Todes wegen erwähnt. Daraus ist abzuleiten, dass sich der Verweis in Art. 67 Abs. 1 UAbs. 1 EuErbVO zum einen auf die **Sonderanknüpfungen der Art. 24 ff. EuErbVO** bezieht, die das anwendbare Recht für Fragen wie etwa die Form- und die materielle Wirksamkeit einer Verfügung von Todes wegen oder die Formgültigkeit einer Annahme- oder Ausschlagungserklärung regeln. Darüber hinaus werden von der Formulierung auch **verordnungsexterne Kollisionsvorschriften** erfasst (s. *Kleinschmidt* RabelsZ 77 (2013), 723 (755)), die insbesondere für die Lösung von **Vorfragen im Erbstatut** Relevanz erlangen (s. auch MüKoBGB/ *Dutta* EuErbVO Art. 67 Rn. 11; BeckOGK/*J. Schmidt* EuErbVO Art. 67 Rn. 6). Zur Frage, inwiefern der Einfluss **güterrechtlicher Vorschriften** auf das Erbrecht des überlebenden Ehegatten Berücksichtigung findet → EuErbVO Art. 63 Rn. 23 ff.

III. Form und Modalitäten der Zeugnisausstellung (Abs. 1 UAbs. 1)

1. Unverzügliche Ausstellung

14 Art. 67 Abs. 1 UAbs. 1 S. 1 EuErbVO schreibt vor, dass die Ausstellungsbehörde das Zeugnis **unverzüglich** auszustellen hat, sobald die formellen und materiellen Ausstellungsvoraussetzungen (→ Rn. 2 ff.) erfüllt sind. Der Begriff der Unverzüglichkeit ist dabei verordnungsautonom auszulegen (MüKoBGB/*Dutta* EuErbVO Art. 67 Rn. 13). Welche Anforderungen für die Ausstellungsbehörden aus dieser Bestimmung im Einzelnen erwachsen, ist somit im Zweifelsfall vom EuGH zu klären.

2. Verwendung des Formblatts

15 Gemäß Art. 67 Abs. 1 UAbs. 1 S. 2 EuErbVO muss die Ausstellungsbehörde für die Ausstellung des Zeugnisses das in Anhang 5 der Durchführungsverordnung Nr. 1329/2014 niedergelegte **Formblatt** verwenden (s. in Deutschland auch § 39 Abs. 2 IntErbRVG). Dadurch wird erreicht, dass das Zeugnis unabhängig davon, in welchem Mitgliedstaat es ausgestellt wird, ein einheitliches Erscheinungsbild aufweist. Dies mindert die Unsicherheiten bei der Verwendung des Instruments im internationalen Rechtsverkehr und trägt insbesondere zur Überwindung von Sprachbarrieren bei, da sich der Inhalt mancher Angaben auch ohne Kenntnis der Originalsprache bereits aus der systematischen Stellung im Formular erschließt.

16 Anders als bei der Antragstellung ist für die Ausstellung des Zeugnisses die Verwendung des Formulars nicht fakultativ, sondern **zwingend** (EuGH 17.1.2019 – Rs. C-102/18, ZEV 2019, 350 Rn. 30 – Brisch; *Janzen* DNotZ 2012, 484 (492); BeckOGK/*J. Schmidt,* EuErbVO Art. 67 Rn. 13). Dies ergibt sich aus dem gegenüber Art. 65 Abs. 2 EuErbVO abweichenden Wortlaut des Art. 67 Abs. 1 UAbs. 1 S. 2 EuErbVO (vgl. „verwendet" anstatt „kann [...] verwenden"). Im Schrifttum herrscht Uneinigkeit über die **Rechtsfolgen** für den Fall, dass die Ausstellungsbehörde es versäumt, das vorgeschriebene Formblatt zu verwenden. Teilweise wird vertreten, das Zeugnis sei dann nicht wirksam erteilt (so *Wilsch* ZEV 2012, 530). Vorzugswürdig erscheint die Ansicht, wonach das ohne Verwendung des Formblatts ausgestellte Zeugnis wirksam und analog Art. 71 Abs. 1 EuErbVO berichtigt werden kann (so NK-BGB/*Nordmeier,* EuErbVO Art. 67 Rn. 7; vgl. auch im Zusammenhang mit der EuZVO EuGH 16.9.2015 – Rs. C-519/13, EuZW 2015, 832 – Alpha Bank Cyprus, wonach die Nichtverwendung eines vorgeschriebenen Formblatts nicht zur Nichtigkeit der Verfahrenshandlung führt, sondern durch Nachholung geheilt werden kann).

3. Deutsche Ausführungsgesetzgebung: Entscheidung durch Zeugnisausstellung (§ 39 Abs. 1 IntErbRVG)

17 Der deutsche Ausführungsgesetzgeber hat in **§ 39 Abs. 1 IntErbRVG** vorgesehen, dass das Nachlassgericht bei Vorliegen der Ausstellungsvoraussetzungen **„durch Ausstellung der Urschrift eines Europäischen Nachlasszeugnisses" entscheidet.** Wie die Regierungsbegründung präzisiert, stellt diese Regelung einen wesentlichen Unterschied zum Erbscheinsverfahren nach den §§ 352 ff. FamFG dar (BR-Drs. 644/14, 57). Bei letzterem erlässt nämlich das Nachlassgericht vor der Erteilung des Erbscheins einen Feststellungsbeschluss nach § 352 Abs. 1 FamFG mit dem Inhalt, dass die zur Erteilung eines Erbscheins erforderlichen Tatsachen für festgestellt erachtet werden. Ein solcher Feststellungsbeschluss ergeht bei der Ausstellung des Europäischen Nachlasszeugnisses hingegen nicht; vielmehr fällt die dem Antrag entsprechende Entscheidung des Nachlassgerichts mit ihrem Vollzug zusammen.

18 Im Schrifttum ist darauf hingewiesen worden, dass die Regelung des § 39 Abs. 1 IntErbRVG im Ergebnis den früheren Verfahrensregeln des **FGG** zum Erbscheinsverfahren entspricht (so *Kunz* GPR 2014, 285 (291) im Zusammenhang mit dem Referentenentwurf zum IntErbRVG). Nach damaligem

Recht wurde die Erteilung des Erbscheins ebenfalls durch Verfügung angeordnet und sogleich durch die Aushändigung des Erbscheins vollzogen. Aus dieser verfahrensrechtlichen Ausgestaltung hatte sich die **Praxis der Vorbescheidung** entwickelt: Um zu verhindern, dass unrichtige Erbscheine in Umlauf gerieten und mögliche erbberechtigte Personen dadurch Nachteile erlitten, waren die Gerichte dazu übergegangen, in zweifelhaften Fällen zunächst einen sog. Vorbescheid zu erlassen, mit dem die Erteilung des Erbscheins angekündigt wurde. Der Vorbescheid konnte innerhalb einer vom Gericht gesetzten Frist mit der Beschwerde angefochten werden. Auf diese Weise konnte die Einschätzung des Nachlassgerichts in der Rechtsmittelinstanz überprüft werden, ohne dass bereits ein Erbschein im Umlauf war. Indessen geben die neuen Verfahrensregeln zum Europäischen Nachlasszeugnis nicht dazu Anlass, zur Vorbescheidungspraxis des FGG zurückzukehren. Mögliche Berechtigte werden nämlich bereits durch **Art. 67 Abs. 1 UAbs. 2 lit. a EuErbVO** ausreichend geschützt: Nach dieser Regelung darf die Ausstellungsbehörde das Zeugnis nicht ausstellen, wenn im Ausstellungsverfahren gegen die zu bescheinigende Rechtsposition des Antragstellers Einwände erhoben wurden (→ Rn. 5). Darüber hinaus wird den Risiken aus einem unrichtigen Zeugnis auch durch die Regelung des **Art. 73 Abs. 1 lit. b EuErbVO** wirkungsvoll begegnet: Nach dieser Vorschrift kann das Rechtsmittelgericht im Fall der Anfechtung des Nachlasszeugnisses dessen Wirkungen für die Dauer des Rechtsmittelverfahrens aussetzen.

IV. Unterrichtung der Berechtigten (Abs. 2)

19 Wird das Nachlasszeugnis ausgestellt, hat die Ausstellungsbehörde nach Art. 67 Abs. 2 EuErbVO alle erforderlichen Schritte zu unternehmen, um die Berechtigten zu unterrichten (zum Berechtigtenbegriff → EuErbVO Art. 66 Rn. 6 ff.). Auf diese Weise wird in erster Linie sichergestellt, dass die Personen, die von der Ausstellung des Zeugnisses betroffen sind, gegen die Entscheidung der Ausstellungsbehörde nach Art. 72 Abs 1. UAbs. 1 EuErbVO Rechtsmittel einlegen können. Der deutsche Ausführungsgesetzgeber hat die Benachrichtigungspflicht in **§ 40 IntErbRVG** konkretisiert. Danach wird die Entscheidung zur Ausstellung des Nachlasszeugnisses dem Antragsteller durch die Übersendung einer beglaubigten Abschrift des Zeugnisses bekannt gegeben. Gegenüber den sonstigen Beteiligten erfolgt die Bekanntgabe durch Übersendung einer einfachen Abschrift. Bestehen Anhaltspunkte dafür, dass **unbekannte Berechtigte** existieren, die sich bislang am Ausstellungsverfahren nicht beteiligt haben, sind sie über die Entscheidung in Analogie zu Art. 66 Abs. 4 EuErbVO durch **öffentliche Bekanntmachung** zu unterrichten (MüKoBGB/*Dutta* EuErbVO Art. 67 Rn. 15). Für Verfahren in Deutschland richtet sich die öffentliche Bekanntmachung in analoger Anwendung des § 35 Abs. 3 IntErbRVG nach den §§ 435 ff. FamFG.

Anhang: Durchführungsverordnung (EU) Nr. 1329/2014 der Kommission vom 9.12.2014 zur Festlegung der Formblätter nach Maßgabe der EuErbVO

(ABl. Nr. L 359 S. 30)

Artikel 1

[...]

(5) **Für das Europäische Nachlasszeugnis gemäß Artikel 67 Absatz 1 der Verordnung (EU) Nr. 650/2012 ist das Formblatt V in Anhang 5 zu verwenden.**

[...]

Formblatt V[1]

Europäisches Nachlasszeugnis

(Artikel 67 der Verordnung (EU) Nr. 650/2012 des Europäischen Parlaments und des Rates über die Zuständigkeit, das anzuwendende Recht, die Anerkennung und Vollstreckung von Entscheidungen und die Annahme und Vollstreckung öffentlicher Urkunden in Erbsachen sowie zur Einführung eines Europäischen Nachlasszeugnisses[*1]**)**

Das Original dieses Zeugnisses bleibt in Händen der Ausstellungsbehörde

Beglaubigte Abschriften dieses Zeugnisses sind bis zu dem im entsprechenden Feld angegebenen Datum am Ende dieses Formblatts gültig

Dem Nachlasszeugnis beigefügte Anlagen[*]

□ Anlage I – Angaben zum/zu den Antragsteller(n) (OBLIGATORISCH, falls es sich um (eine) juristische Person(en) handelt)
□ Anlage II – Angaben zum/zu den Vertreter(n) des/der Antragsteller(s) (OBLIGATORISCH, falls der/die Antragsteller vertreten wird/werden)
□ Anlage III – Angaben zum ehelichen Güterstand oder zu einem anderen gleichwertigen Güterstand des Erblassers (OBLIGATORISCH, falls für den Erblasser zum Zeitpunkt seines Todes ein solcher Güterstand galt)
□ Anlage IV – Stellung und Rechte des/der Erben (OBLIGATORISCH, falls diese durch das Zeugnis bestätigt werden sollen)
□ Anlage V – Stellung und Rechte des/der Vermächtnisnehmer(s) mit unmittelbarer Berechtigung am Nachlass (OBLIGATORISCH, falls diese durch das Zeugnis bestätigt werden sollen)
□ Anlage VI – Befugnis zur Testamentsvollstreckung oder Nachlassverwaltung (OBLIGATORISCH, falls diese durch das Zeugnis bestätigt werden soll)
□ Keine Anlage beigefügt

1. **Mitgliedstaat der Ausstellungsbehörde*)**

□ Belgien □ Bulgarien □ Tschechische Republik □ Deutschland □ Estland □ Griechenland □ Spanien □ Frankreich □ Kroatien □ Italien □ Zypern □ Lettland □ Litauen □ Luxemburg □ Ungarn □ Malta □ Niederlande □ Österreich □ Polen □ Portugal □ Rumänien □ Slowenien □ Slowakei □ Finnland □ Schweden

2. **Ausstellungsbehörde**

2.1. **Name und Bezeichnung der Behörde*): ....**

2.2. **Anschrift**

2.2.1. **Straße und Hausnummer/Postfach*): ....**

....

....

2.2.2. **Ort und Postleitzahl*): ....**

2.3. **Telefon: ....**

2.4. **Fax ....**

2.5. **E-Mail: ....**

3. **Angaben zur Akte**

3.1. **Aktenzeichen*): ....**

3.2. **Datum (TT. MM.JJJJ) des Zeugnisses*): ....**

4. **Zuständigkeit der Ausstellungsbehörde (Artikel 64 der Verordnung (EU) Nr. 650/2012)**

4.1. **Die Ausstellungsbehörde befindet sich in dem Mitgliedstaat, dessen Gerichte für die Entscheidung über die Erbsache zuständig sind gemäß*)**

□ Artikel 4 der Verordnung (EU) Nr. 650/2012 (Allgemeine Zuständigkeit)
□ Artikel 7 Buchstabe a der Verordnung (EU) Nr. 650/2012 (Zuständigkeit bei Rechtswahl)
□ Artikel 7 Buchstabe b der Verordnung (EU) Nr. 650/2012 (Zuständigkeit bei Rechtswahl)
□ Artikel 7 Buchstabe c der Verordnung (EU) Nr. 650/2012 (Zuständigkeit bei Rechtswahl)
□ Artikel 10 der Verordnung (EU) Nr. 650/2012 (Subsidiäre Zuständigkeit)
□ Artikel 11 der Verordnung (EU) Nr. 650/2012 (Notzuständigkeit – forum necessitatis)

4.2. **Zusätzliche Umstände, aus denen die Ausstellungsbehörde ihre Zuständigkeit für die Ausstellung des Zeugnisses herleitet*2): ....**

....

....

....

....

....

5. **Angaben zum Antragsteller (natürliche Person*3))**

5.1. **Name und Vorname(n)*): ....**

....

5.2. **Geburtsname (falls abweichend von 5.1): ....**

5.3. **Geschlecht*)**

5.3.1. **□ M**

5.3.2. **□ F**

5.4. **Geburtsdatum (TT. MM.JJJJ) und -ort (Stadt/Land (ISO-Code))*): ....**

	....
5.5.	Familienstand*)
5.5.1.	□ Ledig
5.5.2.	□ Verheiratet
5.5.3.	□ Eingetragener Partner
5.5.4.	□ Geschieden
5.5.5.	□ Verwitwet
5.5.6.	□ Sonstiges (bitte angeben): ....
5.6.	Staatsangehörigkeit*)
	□ Belgien □ Bulgarien □ Tschechische Republik □ Deutschland □ Estland □ Griechenland □ Spanien □ Frankreich □ Kroatien □ Italien □ Zypern □ Lettland □ Litauen □ Luxemburg □ Ungarn □ Malta □ Niederlande □ Österreich □ Polen □ Portugal □ Rumänien □ Slowenien □ Slowakei □ Finnland □ Schweden
	□ Sonstige (bitte ISO-Code angeben): ....
5.7.	Identifikationsnummer*4)
5.7.1.	Nationale Identitätsnummer: ....
5.7.2.	Sozialversicherungsnummer: ....
5.7.3.	Steuernummer: ....
5.7.4.	Sonstige (bitte angeben): ....
5.8.	Anschrift
5.8.1.	Straße und Hausnummer/Postfach*): ....
	....
5.8.2.	Ort und Postleitzahl*): ....
	....
5.8.3.	Land*)
	□ Belgien □ Bulgarien □ Tschechische Republik □ Deutschland □ Estland □ Griechenland □ Spanien □ Frankreich □ Kroatien □ Italien □ Zypern □ Lettland □ Litauen □ Luxemburg □ Ungarn □ Malta □ Niederlande □ Österreich □ Polen □ Portugal □ Rumänien □ Slowenien □ Slowakei □ Finnland □ Schweden
	□ Sonstige (bitte ISO-Code angeben): ....
5.9.	Telefon: ....
5.10.	Fax ....
5.11.	E-Mail: ....
5.12.	Verhältnis zum Erblasser
	□ Sohn □ Tochter □ Vater □ Mutter □ Enkel □ Enkelin □ Großvater □ Großmutter □ Ehegatte □ Eingetragener Partner □ De-facto-Partner*5) □ Bruder □ Schwester □ Neffe □ Nichte □ Onkel □ Tante □ Cousin/Cousine □ Sonstiges (bitte angeben): ....
6.	Angaben zum Erblasser
6.1.	Name und Vorname(n)*): ....
	....
	....
6.2.	Geburtsname (falls abweichend von 6.1): ....
6.3.	Geschlecht*)
6.3.1.	□ M
6.3.2.	□ F
6.4.	Geburtsdatum (TT. MM.JJJJ) und -ort (Stadt/Land (ISO-Code))*): ....
	....
6.5.	Familienstand zum Zeitpunkt des Todes*)
6.5.1.	□ Ledig
6.5.2.	□ Verheiratet

6.5.3.	□ Eingetragener Partner
6.5.4.	□ Geschieden
6.5.5.	□ Verwitwet
6.5.6.	□ Sonstiges (bitte angeben): ....
6.6.	Staatsangehörigkeit*)
	□ Belgien □ Bulgarien □ Tschechische Republik □ Deutschland □ Estland □ Griechenland □ Spanien □ Frankreich □ Kroatien □ Italien □ Zypern □ Lettland □ Litauen □ Luxemburg □ Ungarn □ Malta □ Niederlande □ Österreich □ Polen □ Portugal □ Rumänien □ Slowenien □ Slowakei □ Finnland □ Schweden
	□ Sonstige (bitte ISO-Code angeben): ....
6.7.	Identifikationsnummer*4)
6.7.1.	Nationale Identitätsnummer: ....
6.7.2.	Sozialversicherungsnummer: ....
6.7.3.	Steuernummer: ....
6.7.4.	Nummer der Geburtsurkunde: ....
6.7.5.	Sonstige (bitte angeben): ....
6.8.	Anschrift zum Zeitpunkt des Todes
6.8.1.	Straße und Hausnummer/Postfach*): ....
	....
	....
6.8.2.	Ort und Postleitzahl*): ....
6.8.3.	Land*)
	□ Belgien □ Bulgarien □ Tschechische Republik □ Deutschland □ Estland □ Griechenland □ Spanien □ Frankreich □ Kroatien □ Italien □ Zypern □ Lettland □ Litauen □ Luxemburg □ Ungarn □ Malta □ Niederlande □ Österreich □ Polen □ Portugal □ Rumänien □ Slowenien □ Slowakei □ Finnland □ Schweden
	□ Sonstige (bitte ISO-Code angeben): ....
6.9.	Datum (TT. MM.JJJJ) und Ort des Todes*): ....
	....
	....
6.9.1.	Nummer, Datum und Ort der Ausstellung der Sterbeurkunde: ....
	....
7.	Gewillkürte/gesetzliche Erbfolge
7.1.	Für die Rechtsnachfolge von Todes wegen gilt*):
7.1.1.	□ die gewillkürte Erbfolge
7.1.2.	□ die gesetzliche Erbfolge
7.1.3.	□ zum Teil die gewillkürte und zum Teil die gesetzliche Erbfolge
7.2.	Im Fall einer gewillkürten oder teilweise gewillkürten Erbfolge stützt sich das Zeugnis auf die folgende(n) gültige(n) Verfügung(en) von Todes wegen*6)
7.2.1.	Art: □ Testament □ Gemeinschaftliches Testament □ Erbvertrag
7.2.2.	Datum (TT. MM.JJJJ) der Errichtung der letztwilligen Verfügung*): ....
7.2.3.	Ort der Errichtung (Stadt/Land (ISO-Code)): ....
7.2.4.	Name und Bezeichnung der Behörde, vor der die letztwillige Verfügung errichtet wurde: ....
	....
	....
7.2.5.	Datum (TT. MM.JJJJ) der Eintragung oder Hinterlegung der letztwilligen Verfügung: ....
7.2.6.	Bezeichnung des Registers oder der Verwahrstelle*): ....
	....

7.2.7.	Aktenzeichen der letztwilligen Verfügung im Register oder bei der Verwahrstelle: ....
7.2.8.	Sonstiges Aktenzeichen: ....
7.3.	Nach Kenntnis der Ausstellungsbehörde hat der Erblasser folgende weitere Verfügungen von Todes wegen errichtet, die widerrufen oder für nichtig erklärt wurden*6)
7.3.1.	Art: □ Testament □ Gemeinschaftliches Testament □ Erbvertrag
7.3.2.	Datum (TT. MM.JJJJ) der Errichtung der letztwilligen Verfügung*) : ....
7.3.3.	Ort der Errichtung (Stadt/Land (ISO-Code)): ....
7.3.4.	Name und Bezeichnung der Behörde, vor der die letztwillige Verfügung errichtet wurde: ....
7.3.5.	Datum (TT. MM.JJJJ) der Eintragung oder Hinterlegung der letztwilligen Verfügung: ....
7.3.6.	Bezeichnung des Registers oder der Verwahrstelle: ....
7.3.7.	Aktenzeichen der letztwilligen Verfügung im Register oder bei der Verwahrstelle: ....
7.3.8.	Sonstiges Aktenzeichen: ....
7.4.	Sonstige relevante Angaben zu Artikel 68 Buchstabe j der Verordnung (EU) Nr. 605/2012 (bitte ausführen): ....
8.	Auf die Rechtsnachfolge von Todes wegen anzuwendendes Recht
8.1.	Auf die Rechtsnachfolge von Todes wegen ist das Recht des folgenden Staates anzuwenden*) □ Belgien □ Bulgarien □ Tschechische Republik □ Deutschland □ Estland □ Griechenland □ Spanien □ Frankreich □ Kroatien □ Italien □ Zypern □ Lettland □ Litauen □ Luxemburg □ Ungarn □ Malta □ Niederlande □ Österreich □ Polen □ Portugal □ Rumänien □ Slowenien □ Slowakei □ Finnland □ Schweden □ Sonstiges (bitte ISO-Code angeben): ....
8.2.	Das anzuwendende Recht wurde auf der Grundlage folgender Umstände bestimmt*)
8.2.1.	□ Zum Zeitpunkt seines Todes hatte der Erblasser seinen gewöhnlichen Aufenthalt in diesem Staat (Artikel 21 Absatz 1 der Verordnung (EU) Nr. 650/2012).
8.2.2.	□ Der Erblasser hatte das Recht des Staates gewählt, dessen Staatsangehörigkeit er besaß (Artikel 22 Absatz 1 der Verordnung (EU) Nr. 650/2012) (siehe 7.2).
8.2.3.	□ Der Erblasser hatte eine offensichtlich engere Verbindung zu diesem Staat als zu dem Staat seines gewöhnlichen Aufenthalts (Artikel 21 Absatz 2 der Verordnung (EU) Nr. 650/2012). Bitte ausführen: ....
8.2.4.	□ Das nach Artikel 21 Absatz 1 der Verordnung (EU) Nr. 650/2012 anzuwendende Recht verweist auf das Recht dieses Staates (Artikel 34 Absatz 1 der Verordnung (EU) Nr. 650/2012). Bitte ausführen: ....

....

....

....

....

....

8.3. □ Anzuwendendes Recht ist das Recht eines Staates mit mehr als einem Rechtssystem (Artikel 36 und 37 der Verordnung (EU) Nr. 650/2012). Es gelten folgende Rechtsvorschriften (geben Sie bitte gegebenenfalls die Gebietseinheit an):

....

....

....

8.4. □ Es gelten besondere Regelungen mit Beschränkungen, die die Rechtsnachfolge von Todes wegen in Bezug auf bestimmte Vermögenswerte des Erblassers betreffen oder Auswirkungen auf sie haben (Artikel 30 der Verordnung (EU) Nr. 650/2012). Geben Sie bitte die betreffenden Regelungen und Vermögenswerte an: ....

....

....

....

....

....

Die Behörde bestätigt, dass sie alle erforderlichen Schritte unternommen hat, um die Berechtigten von der Beantragung eines Zeugnisses zu unterrichten, und dass zum Zeitpunkt der Erstellung des Zeugnisses keine der darin enthaltenen Angaben von den Berechtigten bestritten worden ist.

Die nachstehenden Punkte wurden nicht ausgefüllt, weil sie für den Zweck, für den das Zeugnis ausgestellt wurde, nicht als relevant angesehen wurden*): ....

....

....

Gesamtzahl der Seiten, falls weitere Blätter beigefügt wurden*): ....

....

Ort*) .... Datum*) .... (TT. MM.JJJJ)

Unterschrift und/oder Stempel der Ausstellungsbehörde*): ....

....

BEGLAUBIGTE ABSCHRIFT

Diese beglaubigte Abschrift des Europäischen Nachlasszeugnisses wurde ausgestellt für*): ....

....

....

(Name des/der Antragsteller(s) oder der Person(en), die ein berechtigtes Interesse nachgewiesen hat/ haben (Artikel 70 der Verordnung (EU) Nr. 650/2012))

Gültig bis*) .... (TT. MM.JJJJ)

Ausstellungsdatum*): .... (TT. MM.JJJJ)

Unterschrift und/oder Stempel der Ausstellungsbehörde*): ....

....

Formblatt V – Anlage I

Angaben zum/zu den Antragsteller(n) (juristische Person(en)*7))

1. Name der Organisation*): ....

....

....

2. Eintragung der Organisation*)

2.1. Registriernummer*4): ....

....

....

2.2. Bezeichnung des Registers/der Registerbehörde*): ....

....

3. Anschrift der Organisation

3.1. Straße und Hausnummer/Postfach*): ....

....

....

3.2. Ort und Postleitzahl*):

3.3. Land*)

□ Belgien □ Bulgarien □ Tschechische Republik □ Deutschland □ Estland □ Griechenland □ Spanien □ Frankreich □ Kroatien □ Italien □ Zypern □ Lettland □ Litauen □ Luxemburg □ Ungarn □ Malta □ Niederlande □ Österreich □ Polen □ Portugal □ Rumänien □ Slowenien □ Slowakei □ Finnland □ Schweden

□ Sonstiges (bitte ISO-Code angeben): ....

4. Telefon*): ....

5. Fax ....

6. E-Mail: ....

7. Name und Vorname(n) der für die Organisation zeichnungsberechtigten Person*):
....

....

....

8. Sonstige relevante Informationen (bitte ausführen): ....

....

....

Formblatt V – Anlage II

Angaben zum/zu den Vertreter(n) des/der Antragsteller(s)*8)

1. Name und Vorname(n) oder Name der Organisation*): ....

....

....

2. Eintragung der Organisation

2.1. Registriernummer: ....

2.2. Bezeichnung des Registers/der Registerbehörde*): ....

2.3. Datum (TT. MM.JJJJ) und Ort der Eintragung*): ....

3. Anschrift

3.1. Straße und Hausnummer/Postfach*): ....

....

....

3.2. Ort und Postleitzahl*):

3.3. Land*)

□ Belgien □ Bulgarien □ Tschechische Republik □ Deutschland □ Estland □ Griechenland □ Spanien □ Frankreich □ Kroatien □ Italien □ Zypern □ Lettland □ Litauen □ Luxemburg □ Ungarn □ Malta □ Niederlande □ Österreich □ Polen □ Portugal □ Rumänien □ Slowenien □ Slowakei □ Finnland □ Schweden

□ Sonstiges (bitte ISO-Code angeben): ....

4. Telefon: ....

5. Fax...............

6. E-Mail: ....

7. Vertretungsmacht aufgrund der Eigenschaft als*): ....

□ Vormund □ Elternteil □ Für eine juristische Person zeichnungsberechtigte Person □ Bevollmächtigte Person

□ Sonstiges (bitte ausführen): ....

Formblatt V – Anlage III

Angaben zum ehelichen Güterstand oder zu einem anderen gleichwertigen Güterstand des Erblassers*9)

1.	Name und Vorname(n) des (ehemaligen) Ehegatten oder (ehemaligen) Lebenspartners*): ....
2.	Geburtsname des (ehemaligen) Ehegatten oder (ehemaligen) Lebenspartners (falls abweichend von 1.): ....
3.	Datum und Ort der Eheschließung oder der Begründung eines anderen Verhältnisses, das mit der Ehe vergleichbare Wirkungen entfaltet: ....
4.	Hatte der Erblasser mit der unter 1. genannten Person einen Ehevertrag geschlossen?
4.1.	□ Ja
4.1.1.	Datum (TT. MM.JJJJ) des Ehevertrags*): ....
4.2.	□ Nein
5.	Hatte der Erblasser mit der unter 1. genannten Person im Rahmen eines Verhältnisses, das mit der Ehe vergleichbare Wirkungen entfaltet, einen güterrechtlichen Vertrag geschlossen?
5.1.	□ Ja
5.1.1.	Datum (TT. MM.JJJJ) des Vertrags: ....
5.2.	□ Nein
6.	Für den Güterstand galt das Recht des folgenden Staates*): □ Belgien □ Bulgarien □ Tschechische Republik □ Deutschland □ Estland □ Griechenland □ Spanien □ Frankreich □ Kroatien □ Italien □ Zypern □ Lettland □ Litauen □ Luxemburg □ Ungarn □ Malta □ Niederlande □ Österreich □ Polen □ Portugal □ Rumänien □ Slowenien □ Slowakei □ Finnland □ Schweden □ Sonstiges (bitte ISO-Code angeben): ....
6.1.	Dieses Recht basierte auf einer Rechtswahl*):
6.1.1.	□ Ja
6.1.2.	□ Nein
6.2.	Hat der Staat, dessen Recht maßgebend war, mehr als ein Rechtssystem, geben Sie bitte die Gebietseinheit an: ....
7.	Es galt folgender Güterstand:
7.1.	□ Gütertrennung
7.2.	□ Allgemeine Gütergemeinschaft
7.3.	□ Gütergemeinschaft
7.4.	□ Zugewinngemeinschaft
7.5.	□ Aufgeschobene Gütergemeinschaft
7.6.	□ Sonstiges (bitte ausführen): ....
8.	Geben Sie bitte die Bezeichnung des Güterstands in der Originalsprache an und die diesbezüglichen Rechtsvorschriften*10): ....
9.	Der zwischen dem Erblasser und der unter 1. genannten Person bestehende eheliche oder andere gleichwertige Güterstand wurde aufgelöst und auseinandergesetzt:
9.1.	□ Ja
9.2.	□ Nein

Formblatt V – Anlage IV

Stellung und Rechte des/der Erben*11)

1.	Ist der Erbe der Antragsteller?*)
1.1.	□ Ja
1.1.1.	□ Angegeben unter Punkt 5 des Zeugnisformblatts (geben Sie gegebenenfalls an, um welchen Antragsteller es sich handelt):
	....
	....
1.1.2.	□ Angegeben in Anlage I (geben Sie gegebenenfalls an. um welchen Antragsteller es sich handelt):
	....
	....
1.2.	□ Nein
1.2.1.	Name und Vorname(n) oder Name der Organisation*): ....
	....
1.2.2.	Geburtsname (falls abweichend von 1.2.1): ....
1.2.3.	Identifikationsnummer*4)
1.2.3.1.	Nationale Identitätsnummer: ....
1.2.3.2.	Sozialversicherungsnummer: ....
1.2.3.3.	Steuernummer: ....
1.2.3.4.	Registriernummer: ....
1.2.3.5.	Sonstige (bitte angeben): ....
1.2.4.	Anschrift
1.2.4.1.	Straße und Hausnummer/Postfach: ....
	....
	....
1.2.4.2.	Ort und Postleitzahl: ....
1.2.4.3.	Land
	□ Belgien □ Bulgarien □ Tschechische Republik □ Deutschland □ Estland □ Griechenland □ Spanien □ Frankreich □ Kroatien □ Italien □ Zypern □ Lettland □ Litauen □ Luxemburg □ Ungarn □ Malta □ Niederlande □ Österreich □ Polen □ Portugal □ Rumänien □ Slowenien □ Slowakei □ Finnland □ Schweden
	□ Sonstiges (bitte ISO-Code angeben): ....
1.2.5.	Telefon: ....
1.2.6.	Fax ....
1.2.7.	E-Mail: ....
1.2.8.	Geburtsdatum (TT. MM.JJJJ) und -ort – bzw. bei einer Organisation – Datum (TT. MM.JJJJ) und Ort der Eintragung sowie Bezeichnung des Registers/der Registerbehörde: ....
	....
2.	Der Erbe hat die Erbschaft angenommen.
2.1.	□ Ja, ohne Vorbehalt
2.2.	□ Ja, unter dem Vorbehalt der Inventarerrichtung (bitte führen Sie aus, welche Wirkungen damit verbunden sind): ....
	....
	....
2.3.	□ Ja, mit anderen Vorbehalten (bitte führen Sie aus, welche Wirkungen damit verbunden sind): ....
	....
	....
2.4.	□ Eine Annahme ist nach dem auf die Rechtsnachfolge von Todes wegen anzuwendenden Recht nicht erforderlich
3.	Die Erbenstellung ergibt sich aus*12) *):
3.1.	□ einer Verfügung von Todes wegen

3.2.	□ der gesetzlichen Erbfolge
4.	□ Der Erbe hat die Erbschaft ausgeschlagen.
5.	□ Der Erbe hat einen Pflichtteil akzeptiert.
6.	□ Der Erbe hat auf seinen Pflichtteil verzichtet.
7.	□ Der Erbe wurde von der Erbschaft ausgeschlossen:
7.1.	□ durch Verfügung von Todes wegen
7.2.	□ aufgrund der gesetzlichen Erbfolge
7.3.	□ durch gerichtliche Entscheidung
8.	Der Erbe hat Anspruch auf folgenden Teil des Nachlasses (bitte angeben): ....
	....
	....
9.	Dem Erben zugewiesene(r) Vermögenswert(e), für den/die eine Bescheinigung beantragt wurde (geben Sie bitte die betreffenden Werte und alle für deren Identifizierung relevanten Angaben an)[*13]: ....
	....
	....
	....
	....
	....
10.	Bedingungen und Beschränkungen in Bezug auf die Rechte des Erben (geben Sie bitte an, ob die Rechte des Erben nach dem auf die Rechtsnachfolge von Todes wegen anzuwendenden Recht und/oder nach Maßgabe der Verfügung von Todes wegen Beschränkungen unterliegen): ....
	....
	....
	....
	....
11.	Sonstige relevante Informationen oder weitere Erläuterungen: ....
	....
	....
	....
	....
Formblatt V – Anlage V	
Stellung und Rechte des/der Vermächtnisnehmer(s) mit unmittelbarer Berechtigung am Nachlass[*14]	
1.	Ist der Vermächtnisnehmer der Antragsteller?[*]
1.1.	□ Ja
1.1.1.	□ Angegeben unter Punkt 5 des Zeugnisformblatts (geben Sie gegebenenfalls an, um welchen Antragsteller es sich handelt):
	....
	....
1.1.2.	□ Angegeben in Anlage I (geben Sie gegebenenfalls an, um welchen Antragsteller es sich handelt): ....
	....
	....
1.2.	□ Nein
1.2.1.	Name und Vorname(n) oder Name der Organisation[*]: ....
	....
1.2.2.	Geburtsname (falls abweichend von 1.2.1): ....
1.2.3.	Identifikationsnummer[*4]: ....
1.2.3.1.	Nationale Identitätsnummer: ....

1.2.3.2.	**Sozialversicherungsnummer: ....**
1.2.3.3.	**Steuernummer: ....**
1.2.3.4.	**Registriernummer: ....**
1.2.3.5.	**Sonstige (bitte angeben): ....**
1.2.4.	**Anschrift**
1.2.4.1.	**Straße und Hausnummer/Postfach: ....** ....
1.2.4.2.	**Ort und Postleitzahl: ....**
1.2.4.3.	**Land:** ☐ Belgien ☐ Bulgarien ☐ Tschechische Republik ☐ Deutschland ☐ Estland ☐ Griechenland ☐ Spanien ☐ Frankreich ☐ Kroatien ☐ Italien ☐ Zypern ☐ Lettland ☐ Litauen ☐ Luxemburg ☐ Ungarn ☐ Malta ☐ Niederlande ☐ Österreich ☐ Polen ☐ Portugal ☐ Rumänien ☐ Slowenien ☐ Slowakei ☐ Finnland ☐ Schweden ☐ Sonstiges (bitte ISO-Code angeben): ....
1.2.5.	**Telefon: ....**
1.2.6.	**Fax ....**
1.2.7.	**E-Mail: ....**
1.2.8.	**Geburtsdatum (TT. MM.JJJJ) und -ort – bzw. bei einer Organisation – Datum (TT. MM.JJJJ) und Ort der Eintragung sowie Bezeichnung des Registers/der Registerbehörde: ....** ....
2.	**Der Vermächtnisnehmer hat das Vermächtnis angenommen.**
2.1.	**☐ Ja, ohne Vorbehalt**
2.2.	**☐ Ja, mit Vorbehalt (bitte ausführen): ....** ....
2.3.	**☐ Eine Annahme ist nach dem auf die Rechtsnachfolge von Todes wegen anzuwendenden Recht nicht erforderlich**
3.	**☐ Der Vermächtnisnehmer hat das Vermächtnis ausgeschlagen.**
4.	**Der Vermächtnisnehmer hat Anspruch auf folgenden Teil des Nachlasses (bitte angeben): ....** ....
5.	**Dem Vermächtnisnehmer zugewiesene(r) Vermögenswert(e), für den/die eine Bescheinigung beantragt wurde (geben Sie bitte die betreffenden Werte und alle für deren Identifizierung relevanten Angaben an)[*15]: ....** ....
6.	**Bedingungen und Beschränkungen in Bezug auf die Rechte des Vermächtnisnehmers (geben Sie bitte an, ob die Rechte des Vermächtnisnehmers nach dem auf die Rechtsnachfolge von Todes wegen anzuwendenden Recht und/oder nach Maßgabe der Verfügung von Todes wegen Beschränkungen unterliegen)[*]: ....** ....

	....
	....
	....
	....
7.	Sonstige relevante Informationen oder weitere Erläuterungen: ....
	....
	....
	....
	....
	....

Formblatt V – Anlage VI

Befugnis zur Testamentsvollstreckung oder Nachlassverwaltung*16)

1.	Befugnisse der nachstehenden Person*):
1.1.	□ Antragsteller
1.1.1.	□ Angegeben unter Punkt 5 des Zeugnisformblatts (geben Sie gegebenenfalls an, um welchen Antragsteller es sich handelt):
	....
	....
1.1.2.	□ Angegeben in Anlage I (geben Sie gegebenenfalls an, um welchen Antragsteller es sich handelt): ....
	....
	....
1.2.	□ Der in Anlage IV genannte Erbe (geben Sie gegebenenfalls an, um welchen Erben es sich handelt): ....
	....
	....
1.3.	□ Der in Anlage V genannte Vermächtnisnehmer (geben Sie gegebenenfalls an, um welchen Vermächtnisnehmer es sich handelt): ....
	....
	....
1.4.	□ Sonstige Personen
1.4.1.	Name und Vorname(n) oder Name der Organisation: ....
	....
1.4.2.	Geburtsname (falls abweichend von 1.4.1): ....
1.4.3.	Identifikationsnummer*4): ....
1.4.3.1.	Nationale Identitätsnummer: ....
1.4.3.2.	Sozialversicherungsnummer: ....
1.4.3.3.	Steuernummer: ....
1.4.3.4.	Registriernummer: ....
1.4.3.5.	Sonstige (bitte angeben): ....
1.4.4.	Anschrift
1.4.4.1.	Straße und Hausnummer/Postfach: ....
	....
	....
1.4.4.2.	Ort und Postleitzahl: ....
1.4.4.3.	Land:
	□ Belgien □ Bulgarien □ Tschechische Republik □ Deutschland □ Estland □ Griechenland □ Spanien □ Frankreich □ Kroatien □ Italien □ Zypern □ Lettland □ Litauen □ Luxemburg □ Ungarn □ Malta □ Niederlande □ Österreich □ Polen □ Portugal □ Rumänien □ Slowenien □ Slowakei □ Finnland □ Schweden

	□ Sonstiges (bitte ISO-Code angeben): ....
1.4.5.	Telefon: ....
1.4.6.	Fax ....
1.4.7.	E-Mail: ....
1.4.8.	Geburtsdatum (TT. MM.JJJJ) und -ort – bzw. bei einer Organisation – Datum (TT. MM.JJJJ) und Ort der Eintragung sowie Bezeichnung des Registers/der Registerbehörde: ....
2.	Befugnis zur*)
2.1.	□ Testamentsvollstreckung
2.2.	□ Verwaltung des Nachlasses oder eines Teils des Nachlasses
3.	Die Befugnis zur Testamentsvollstreckung oder Nachlassverwaltung erstreckt sich auf*)
3.1.	□ den gesamten Nachlass
3.2.	□ den gesamten Nachlass mit Ausnahme folgender Nachlassteile oder Vermögensgegenstände (bitte angeben): ....
	....
	....
	....
	....
3.3.	□ die folgenden Teile oder Gegenstände des Nachlasses (bitte angeben): ....
	....
	....
	....
	....
4.	Die unter 1. genannte Person verfügt über folgende Befugnisse*) *12):
4.1.	□ Erlangung aller Auskünfte über das Nachlassvermögen und die Nachlassverbindlichkeiten
4.2.	□ Kenntnisnahme von allen mit dem Nachlass zusammenhängenden Testamenten und sonstigen Schriftstücken
4.3.	□ Veranlassung oder Beantragung von Sicherungsmaßnahmen
4.4.	□ Veranlassung von Sofortmaßnahmen
4.5.	□ Entgegennahme der Vermögenswerte
4.6.	□ Einziehung der Nachlassforderungen und Erteilung einer gültigen Quittung
4.7.	□ Erfüllung und Auflösung von Verträgen
4.8.	□ Eröffnung, Unterhaltung und Schließung eines Bankkontos
4.9.	□ Aufnahme eines Darlehens
4.10.	□ Vermögensbelastungen übertragen oder begründen
4.11.	□ Begründung von dinglichen Rechten an den Vermögenswerten oder hypothekarische Belastung der Vermögenswerte
4.12.	□ Veräußerung von □ unbeweglichem Vermögen □ sonstigem Vermögen
4.13.	□ Vergabe eines Darlehens
4.14.	□ Fortführung des Unternehmens
4.15.	□ Ausübung der Rechte eines Anteileigners
4.16.	□ Auftreten als Kläger oder Beklagter
4.17.	□ Begleichung von Verbindlichkeiten
4.18.	□ Verteilung der Vermächtnisse
4.19.	□ Aufteilung des Nachlasses
4.20.	□ Verteilung des Restnachlasses
4.21.	□ Beantragung der Eintragung von Rechten an unbeweglichem oder beweglichem Vermögen in ein Register
4.22.	□ Vergabe von Spenden/Schenkungen

4.23. **□ Sonstiges (bitte ausführen): ....**

....

....

Falls die Befugnisse des Testamentsvollstreckers/Nachlassverwalters aus den vorstehenden Feldern nicht genau hervorgehen, fügen Sie bitte hier weitere Erläuterungen ein*17):

....

....

....

....

....

....

Geben Sie bitte an, ob und gegebenenfalls welche der unter 4. genannten Befugnisse gemäß Artikel 29 Absatz 2 Unterabsatz 2 oder Artikel 29 Absatz 3 Unterabsatz 1 der Verordnung (EU) Nr. 650/2012 als ergänzende Befugnisse ausgeübt werden*): ....

....

....

....

....

5. **Die Bestellung des Testamentsvollstreckers/Nachlassverwalters ergibt sich aus*12):**

5.1. **□ einer Verfügung von Todes wegen (siehe 7.2 des Zeugnisformblatts)**

5.2. **□ einer gerichtlichen Entscheidung**

5.3. **□ einer Vereinbarung zwischen den Erben**

5.4. **□ dem Gesetz**

6. **Die Befugnisse ergeben sich aus*12):**

6.1. **□ einer Verfügung von Todes wegen (siehe 7.2 des Zeugnisformblatts)**

6.2. **□ einer gerichtlichen Entscheidung**

6.3. **□ einer Vereinbarung zwischen den Erben**

6.4. **□ dem Gesetz**

7. **Die Pflichten ergeben sich aus*12):**

7.1. **□ einer Verfügung von Todes wegen (siehe 7.2 des Zeugnisformblatts)**

7.2. **□ einer gerichtlichen Entscheidung**

7.3. **□ einer Vereinbarung zwischen den Erben**

7.4. **□ dem Gesetz**

8. **Bedingungen oder Beschränkungen in Bezug auf die unter 4. genannten Befugnisse*18) *): ....**

....

....

....

....

....

....

[1] Anhang 5 Formblatt V ber. ABl. 2015 Nr. L 195 S. 49.
*) [Amtl. Anm.:] Obligatorische Angabe.
*1) [Amtl. Anm.:] ABl. L 201 vom 27.7.2012, S. 107.
*2) [Amtl. Anm.:] Hierzu zählen unter anderem der letzte gewöhnliche Aufenthalt des Erblassers oder eine Gerichtsstandsvereinbarung.
*3) [Amtl. Anm.:] Bei juristischen Personen ist Anlage I ausgefüllt beizufügen.
Bei mehreren Antragstellern fügen Sie bitte ein weiteres Blatt bei.
Bei Vertretern fügen Sie bitte Anlage II ausgefüllt bei.
*4) [Amtl. Anm.:] Geben Sie bitte gegebenenfalls die relevanteste Nummer an.
*5) [Amtl. Anm.:] Der Begriff des De-facto-Partners schließt die in einigen Mitgliedstaaten für Lebensgemeinschaften bestehenden Rechtsinstitute ein wie „sambo" (Schweden) oder „avopuoliso" (Finnland).
*6) [Amtl. Anm.:] Bei mehreren Verfügungen von Todes wegen fügen Sie bitte ein weiteres Blatt bei.
*7) [Amtl. Anm.:] Wenn der Antrag von mehr als einer juristischen Person gestellt wird, fügen Sie bitte ein weiteres Blatt bei.
*8) [Amtl. Anm.:] Wenn es mehr als einen Vertreter gibt, fügen Sie bitte ein weiteres Blatt bei.
*9) [Amtl. Anm.:] Bei mehr als einem Güterstand fügen Sie bitte ein weiteres Blatt bei.
*10) [Amtl. Anm.:] Weitere Informationen zu den Auswirkungen nationaler Güterstandsregelungen auf die Ehe und die eingetragene Partnerschaft enthält das Europäische E-Justizportal (https://e-justice.europa.eu).
*11) [Amtl. Anm.:] Bei mehr als einem Erben fügen Sie bitte ein weiteres Blatt bei.
*12) [Amtl. Anm.:] Bitte kreuzen Sie gegebenenfalls mehr als ein Kästchen an.
*13) [Amtl. Anm.:] Geben Sie an, ob der Erbe das Eigentum oder andere Rechte an den Vermögensgegenständen erworben hat (geben Sie bei letzteren die Art dieser Rechte und die Personen an, die ebenfalls Rechte an diesen Vermögensgegenständen besitzen). Im Falle eines eingetragenen Vermögensgegenstands teilen Sie bitte die Angaben mit, die nach dem Recht des Mitgliedstaats, in dem das Register geführt wird, zur Identifizierung des betreffenden Gegenstands erforderlich sind (z. B. bei Immobilien die genaue Anschrift der Immobilie, das Grundbuchamt, die Flurstücks- oder Katasternummer, eine Beschreibung der Immobilie (fügen Sie nötigenfalls die relevanten Dokumente bei).
*14) [Amtl. Anm.:] Bei mehr als einem Vermächtnisnehmer fügen Sie bitte ein weiteres Blatt bei.
*15) [Amtl. Anm.:] Geben Sie an, ob der Vermächtnisnehmer das Eigentum oder andere Rechte an den Vermögensgegenständen erworben hat (geben Sie bei letzteren die Art dieser Rechte und die Personen an, die ebenfalls Rechte an diesen Vermögensgegenständen besitzen). Im Falle eines eingetragenen Vermögensgegenstands machen Sie bitte die Angaben, die nach dem Recht des Mitgliedstaats, in dem das Register geführt wird, zur Identifizierung des betreffenden Gegenstands erforderlich sind (z. B. bei Immobilien die genaue Anschrift der Immobilie, das Grundbuchamt, die Flurstücks- oder Katasternummer, eine Beschreibung der Immobilie (fügen Sie nötigenfalls die relevanten Dokumente bei).
*16) [Amtl. Anm.:] Bei mehr als einer Person fügen Sie bitte ein weiteres Blatt bei.
*17) [Amtl. Anm.:] Geben Sie z. B. an, ob der Testamentsvollstrecker/Nachlassverwalter die vorgenannten Befugnisse in eigenem Namen ausüben kann.
*18) [Amtl. Anm.:] Geben Sie z. B. an, ob der Testamentsvollstrecker/Nachlassverwalter die vorgenannten Befugnisse in eigenem Namen ausüben kann.

Artikel 68 Inhalt des Nachlasszeugnisses

Das Zeugnis enthält folgende Angaben, soweit dies für die Zwecke, zu denen es ausgestellt wird, erforderlich ist:

a) die Bezeichnung und die Anschrift der Ausstellungsbehörde;
b) das Aktenzeichen;
c) die Umstände, aus denen die Ausstellungsbehörde ihre Zuständigkeit für die Ausstellung des Zeugnisses herleitet;
d) das Ausstellungsdatum;
e) Angaben zum Antragsteller: Name (gegebenenfalls Geburtsname), Vorname(n), Geschlecht, Geburtsdatum und -ort, Personenstand, Staatsangehörigkeit, Identifikationsnummer (sofern vorhanden), Anschrift und etwaiges Verwandtschafts- oder Schwägerschaftsverhältnis zum Erblasser;
f) Angaben zum Erblasser: Name (gegebenenfalls Geburtsname), Vorname(n), Geschlecht, Geburtsdatum und -ort, Personenstand, Staatsangehörigkeit, Identifikationsnummer (sofern vorhanden), Anschrift im Zeitpunkt seines Todes, Todesdatum und -ort;
g) Angaben zu den Berechtigten: Name (gegebenenfalls Geburtsname), Vorname(n) und Identifikationsnummer (sofern vorhanden);
h) Angaben zu einem vom Erblasser geschlossenen Ehevertrag oder, sofern zutreffend, einem vom Erblasser geschlossenen Vertrag im Zusammenhang mit einem Verhältnis, das nach dem auf dieses Verhältnis anwendbaren Recht mit der Ehe vergleichbare Wirkungen entfaltet, und Angaben zum ehelichen Güterstand oder einem vergleichbaren Güterstand;
i) das auf die Rechtsnachfolge von Todes wegen anzuwendende Recht sowie die Umstände, auf deren Grundlage das anzuwendende Recht bestimmt wurde;
j) Angaben darüber, ob für die Rechtsnachfolge von Todes wegen die gewillkürte oder die gesetzliche Erbfolge gilt, einschließlich Angaben zu den Umständen, aus denen sich die Rechte und/oder Befugnisse der Erben, Vermächtnisnehmer, Testamentsvollstrecker oder Nachlassverwalter herleiten;
k) sofern zutreffend, in Bezug auf jeden Berechtigten Angaben über die Art der Annahme oder der Ausschlagung der Erbschaft;
l) den Erbteil jedes Erben und gegebenenfalls das Verzeichnis der Rechte und/oder Vermögenswerte, die einem bestimmten Erben zustehen;

m) das Verzeichnis der Rechte und/oder Vermögenswerte, die einem bestimmten Vermächtnisnehmer zustehen;

n) die Beschränkungen ihrer Rechte, denen die Erben und gegebenenfalls die Vermächtnisnehmer nach dem auf die Rechtsnachfolge von Todes wegen anzuwendenden Recht und/oder nach Maßgabe der Verfügung von Todes wegen unterliegen;

o) die Befugnisse des Testamentsvollstreckers und/oder des Nachlassverwalters und die Beschränkungen dieser Befugnisse nach dem auf die Rechtsnachfolge von Todes wegen anzuwendenden Recht und/oder nach Maßgabe der Verfügung von Todes wegen.

Übersicht

I. Überblick

Art. 68 EuErbVO regelt den **Inhalt** des Nachlasszeugnisses. In der Praxis dürfte die Vorschrift indessen lediglich eine untergeordnete Rolle spielen. Im Regelfall werden sich die Ausstellungsbehörden nämlich bei der Frage, welche Informationen das auszustellende Zeugnis enthalten muss, an das gemäß Art. 67 Abs. 1 UAbs. 1 S. 2 EuErbVO vorgeschriebene **Formblatt** halten, das in Anhang 5 der Durchführungsverordnung Nr. 1329/2014 niedergelegt ist und die inhaltlichen Anforderungen des Art. 68 EuErbVO in Form eines Standardformulars umsetzt. 1

II. Erforderliche Angaben

Der Katalog des Art. 68 lit. a bis o EuErbVO regelt, welche Informationen aus dem Nachlasszeugnis hervorgehen. Allerdings muss das Zeugnis nicht in jedem Fall sämtliche dieser Angaben enthalten. Wie Art. 68 EuErbVO ausdrücklich anordnet, hat die Ausstellungsbehörde nur die Informationen anzugeben, die mit Blick auf den **Verwendungszweck** des Zeugnisses **erforderlich** sind. Für den Inhalt des Zeugnisses kommt es mit anderen Worten darauf an, welche Rechtsstellung des Antragstellers im Nachlasszeugnis bescheinigt werden soll (zum Verwendungszweck → EuErbVO Art. 65 Rn. 13). Wird das Zeugnis beispielsweise von einem Vindikationslegatar zum Nachweis seiner Berechtigung an einem einzelnen Nachlassgegenstand beantragt, sind keine Angaben zu den Erben und ihren jeweiligen Erbquoten gemäß Art. 68 lit. l EuErbVO erforderlich, da diese Informationen keinen Einfluss auf die bescheinigte Rechtsposition des Antragstellers haben. Zur Verfahrenserleichterung in der Praxis gibt das für die Ausstellung des Nachlasszeugnisses vorgesehene **Formblatt** (→ EuErbVO Art. 67 Rn. 15) Hinweise auf die Angaben, die in jedem Fall erforderlich sind (krit. hiergegen *Dorsel/Schall* GPR 2015, 36 (43)). Zur Zulässigkeit von **Teilzeugnissen** → EuErbVO Art. 63 Rn. 39. 2

III. Die vorgeschriebenen Angaben im Einzelnen

1. Rubrum (lit. a bis f)

Die nach den lit. a bis f vorgeschriebenen Angaben stellen gewissermaßen das Rubrum des Nachlasszeugnisses dar. Sie beziehen sich zum einen auf die **Ausstellungsbehörde** (lit. a) sowie auf das **Aktenzeichen** (lit. b) und das **Ausstellungsdatum** (lit. d). Gemäß lit. d sind im Zeugnis die Umstände zu vermerken, aus denen die Ausstellungsbehörde ihre **Zuständigkeit** herleitet. Das in der Durchführungsverordnung Nr. 1329/2014 niedergelegte Formblatt hat dieses Erfordernis dahingehend konkretisiert, dass die Ausstellungsbehörde die Grundlage ihrer internationalen Zuständigkeit gemäß Art. 64 S. 1 EuErbVO anzugeben hat; Angaben zur örtlichen und funktionellen Zuständigkeit werden damit nicht erwartet. 3

Die lit. e und f schreiben personenbezogene Angaben zum **Antragsteller** sowie zum **Erblasser** vor. Anders als Art. 65 Abs. 3 lit. c EuErbVO, der sich auf die Beantragung des Zeugnisses bezieht, erfordert 4

Art. 68 EuErbVO keine Angaben zu einem etwaigen **Vertreter des Antragstellers.** Dies erscheint sachgerecht, da die Vertretung des Antragstellers einen Umstand darstellt, der allein für das Ausstellungsverfahren Fragen aufwirft (zB in Bezug auf die Vertretungsmacht). Gleichwohl schreiben die Anlagen I und II des Formblatts für die Ausstellung des Nachlasszeugnisses auch Angaben zum Vertreter des Antragstellers vor. – Für die Person des Antragstellers verlangt lit. e Informationen zum etwaigen **Verwandtschafts- oder Schwägerschaftsverhältnis** zum Erblasser. Hierzu ist zunächst anzumerken, dass der verordnungsautonome Verwandtschaftsbegriff auch die Familienbeziehung zwischen **Ehegatten** oder gleichgeschlechtlichen **Lebenspartnern** umfasst (in diesem Sinne auch Punkt 5.12 des Formblatts). Darüber hinaus ist klarzustellen, dass die Angabe des Verwandtschafts- bzw. Schwägerschaftsverhältnisses der Begründung eines etwaigen gesetzlichen Erbrechts des Antragstellers dient (deswegen ist nach MüKoBGB/*Dutta* EuErbVO Art. 68 Rn. 4 die diesbezügliche Angabepflicht nach lit. e überflüssig, da bereits von lit. j gedeckt). Vor diesem Hintergrund beurteilt sich der Bestand des familienrechtlichen Statusverhältnisses als **Vorfrage** für die Erbberechtigung des Antragstellers nach der Rechtsordnung, die das **Internationale Privatrecht der lex successionis** auf das fragliche Rechtsverhältnis für anwendbar erklärt (aA *Buschbaum/Simon* RPfleger 2015, 444 (447); generell zum Grundsatz der unselbständigen Vorfragenanknüpfung im Anwendungsbereich der EuErbVO → Einl Rn. 96 ff.). Gleiches gilt im Übrigen für die Angabe des Personenstandes des Erblassers gemäß lit f.

2. Angaben zur materiellen Erbrechtslage (lit. g bis o)

5 Die Angaben nach den lit. g bis o beziehen sich auf die **erbrechtliche Stellung des Antragstellers** sowie auf die **Grundlagen ihrer Feststellung.**

6 **a) Berechtigte (lit. g).** Die im Zeugnis nach lit. g anzugebenden **Berechtigten** dürfen nicht mit den möglichen Berechtigten im Sinne der Art. 65 Abs. 3 lit. e und Art. 66 Abs. 4 EuErbVO verwechselt werden. Letztere sind sämtliche Personen, die potentiell eine erbrechtliche Position innehaben, welche der zu bescheinigenden Rechtsstellung des Antragstellers widerspricht. Diese sind nach dem Gebot rechtlichen Gehörs am Ausstellungsverfahren zu beteiligen (→ EuErbVO Art. 66 Rn. 7). Für die Angabe im Nachlasszeugnis genügt indessen eine mögliche Berechtigung gerade nicht (zutreffend BeckOGK/*J. Schmidt* EuErbVO Art. 68 Rn. 21). Für den Rechtsverkehr wäre eine solche Information wertlos und würde unter Umständen nur Verwirrung stiften. Gemäß lit. g sind im Zeugnis folglich nur **tatsächlich erbberechtigte Personen** auszuweisen. Der Berechtigtenbegriff richtet sich dabei nicht nach der Definition des ErwG 47 EuErbVO, der sich in erster Linie auf die kollisionsrechtliche Vorschrift des Art. 23 Abs. 2 lit. b EuErbVO bezieht, sondern ist in einem engeren Sinne zu verstehen. Für die Zwecke des Zeugnisses erscheint nur die Angabe derjenigen Personen sinnvoll, die eine Rechtsposition innehaben, welche die erbrechtliche Stellung des Antragstellers im Außenverhältnis gegenüber Dritten beschränkt. Dies bedeutet zunächst, dass lit. g ausschließlich **unmittelbar dinglich Berechtigte** am Nachlass meint, nicht hingegen schuldrechtlich Berechtigte wie zB Damnationslegatare oder Pflichtteilsberechtigte nach den §§ 2303 ff. BGB. Darüber hinaus ist im Zeugnis auch nicht die Angabe dinglich berechtigter Personen erforderlich, deren Rechtsposition die Stellung des Antragstellers nicht berührt. So braucht das Zeugnis die Erben nicht mitzuteilen, wenn es zur Verwendung durch ein Vindikationslegatar bestimmt ist. Umgekehrt sind in einem Zeugnis für einen Erben die Miterben und etwaige Vindikationslegatare zu nennen, da deren Rechte die Rechtsposition des Antragstellers schmälern. Insgesamt dürfte die Bedeutung der lit. g eher gering sein, da die Pflicht zur Angabe von Miterben und Vindikationslegataren ebenfalls in den speziellen lit. l und m statuiert ist.

7 **b) Güterstand des Erblassers (lit. h).** Lit. h verlangt Angaben zum (ehelichen oder lebenspartnerschaftlichen) **Güterstand** des Erblassers und insbesondere zu etwaigen **güterrechtlichen Vereinbarungen,** die der Erblasser geschlossen hat. Diese Information ist deswegen wichtig, da der Güterstand Auswirkungen auf das gesetzliche Erbrecht des überlebenden Ehegatten (bzw. Lebenspartners) haben kann (→ EuErbVO Art. 63 Rn. 23). Aus deutscher Sicht von hoher praktischer Relevanz ist die Regelung des § 1371 Abs. 1 BGB, die im Fall der Zugewinngemeinschaft eine Erhöhung des gesetzlichen Erbteils des überlebenden Ehegatten um ein Viertel vorsieht. Nachdem inzwischen der EuGH entschieden hat, dass § 1371 Abs. 1 BGB entgegen der früher in Deutschland herrschenden Meinung erbrechtlich zu qualifizieren ist (EuGH 1.3.2018 – C-558/16, NJW 2018, 1377 Rn. 42 f. – Mahnkopf; → EuErbVO Art. 63 Rn. 26), folgt die Pflicht zur Offenlegung der für § 1371 Abs. 1 BGB relevanten Tatsachen bereits aus **lit. j,** der die Angabe der **erbrechtlichen Grundlagen** des Zeugnisinhalts vorschreibt.

8 Das **Formblatt** für die Ausstellung des Zeugnisses enthält in Anlage III ein eigenes Formular für die güterrechtlichen Angaben. Punkt 6 dieses Formulars verlangt von der Ausstellungsbehörde auch die Mitteilung des zugrunde gelegten **Güterstatuts.** Diese Information ist deswegen hilfreich, da hinsichtlich des Ehegüterrechts noch immer weitgehend kein internationaler Entscheidungseinklang innerhalb der EU besteht (→ EuErbVO Art. 63 Rn. 25). In der Folge können die Gerichte und Behörden außerhalb des Ausstellungsstaats einfacher beurteilen, ob das im Ausstellungsverfahren zugrunde gelegte

Güterstatut auch aus ihrer Sicht anzuwenden ist und der Zeugnisinhalt folglich – am Maßstab der eigenen Rechtsordnung gemessen – richtig ist (im Ergebnis dürfte sich damit die Kritik in Dutta/Herrler/*Lange,* Die Europäische Erbrechtsverordnung 161 (167), erledigt haben, der bedauert hatte, dass der Verordnungsgeber in lit. h nicht ausdrücklich die Angabe des Güterstatuts vorgeschrieben hatte).

Anzumerken ist schließlich, dass die Angabe des Güterstandes auch dann einen wichtigen **informatorischen Wert** besitzt, wenn er sich nicht auf die Erbquote des überlebenden Ehegatten auswirkt. Insoweit besitzt lit. h neben lit. j durchaus eine eigenständige Bedeutung. Der Güterstand entscheidet nämlich auch darüber, welche Gegenstände überhaupt in den Nachlass fallen. So werden beispielsweise im Fall der Gütergemeinschaft nach den §§ 1415 ff. BGB oder einer Errungenschaftsgemeinschaft nach ausländischem Recht bestimmte vom Erblasser während der Ehe erworbene Gegenstände automatisch gemeinschaftliches Vermögen beider Ehegatten. Der auf den überlebenden Ehegatten entfallende Anteil am Gesamtgut gehört dann von vornherein nicht zum Nachlass. Zwar stellt ErwG 71 S. 3 EuErbVO ausdrücklich klar, dass sich die Beweiswirkung des Zeugnisses nicht auf die Frage bezieht, ob ein bestimmter Vermögensgegenstand dem Erblasser gehörte oder nicht. Gleichwohl ist der Hinweis auf den Güterstand des Erblassers sinnvoll, weil auf diese Weise der Rechtsverkehr für die **güterrechtlichen Implikationen bei der Bestimmung des Nachlassvermögens** sensibilisiert wird. Gerade bei internationalen Erbfällen, in denen häufig auch ausländische Güterrechtsregime eine Rolle spielen, dürfte eine solche Warnfunktion des Zeugnisses in der Praxis nützlich sein. 9

c) Erbrechtliche Grundlagen für die Feststellung der bescheinigten Rechtsposition des Antragstellers (lit. i bis k). Nach den lit. i bis k hat die Ausstellungsbehörde anzugeben, auf welcher Grundlage sie die im Zeugnis bescheinigte Rechtsstellung des Antragstellers festgestellt hat. Neben den einschlägigen **erbrechtlichen Normen** ist auch der für die Entscheidung maßgebende **Sachverhalt** darzulegen. Zunächst sind das **Erbstatut** und die für seine Bestimmung relevanten Fakten mitzuteilen (**lit. i**). Erforderlich sind ferner Angaben zur **sachrechtlichen Entscheidungsgrundlage** und insbesondere darüber, ob die gewillkürte oder die gesetzliche Erbfolge eingreift (**lit. j**); auch in diesem Zusammenhang sind die Umstände zu nennen, aus denen sich die Rechtsstellung der Erben, Vermächtnisnehmer, Testamentsvollstrecker oder Nachlassverwalter herleitet. Schließlich verlangt **lit. k** Informationen „in Bezug auf jeden Berechtigten über die Art der **Annahme** oder der **Ausschlagung der Erbschaft**". Anzumerken ist, dass diese Angaben nicht immer erforderlich sein werden, sondern nur in den Fällen, in denen die Erbschaftsannahme oder -ausschlagung eines Berechtigten die zu bescheinigende Rechtsstellung des Antragstellers beeinflusst (allgemein → Rn. 2). Die Mitteilung der Erbschaftsannahme durch den Antragsteller ist insbesondere dann von Relevanz, wenn nach dem einschlägigen Erbstatut der Übergang des Nachlasses auf den Erben die Annahme der Erbschaft voraussetzt; in diesen Fällen ist die Erbschaftsannahme Voraussetzung für die Ausstellung des Zeugnisses an den Erben (→ EuErbVO Art. 63 Rn. 6). 10

d) Die Rechtsstellung der Erben, Vermächtnisnehmer, Testamentsvollstrecker oder Nachlassverwalter (lit. l bis o). Die Angaben nach den lit. l bis o stellen den eigentlichen Kern des Nachlasszeugnisses dar. Sie geben darüber Aufschluss, welche Rechte und Befugnisse dem Verwender des Zeugnisses im Einzelnen zustehen. 11

Lit. l bezieht sich auf die Rechtsstellung der **Erben.** Anzugeben ist der **Erbteil** jedes Erben (OLG München ZEV 2020, 233 Rn. 37; zur Zulässigkeit eines Teilzeugnisses für einen einzelnen Miterben → EuErbVO Art. 63 Rn. 33). Wie sich aus ErwG 12 S. 2 EuErbVO ergibt, sind bei der Bestimmung der Erbquote auch die **güterrechtlichen Einflüsse** auf das gesetzliche Ehegattenerbrecht zu berücksichtigen. Die Erbquote des überlebenden Ehegatten ist beispielsweise unter Einbeziehung des güterrechtlichen Viertels gemäß § 1371 Abs. 1 BGB anzugeben (ausführlich zu dieser Problematik → EuErbVO Art. 63 Rn. 23 ff.). Das „Verzeichnis der Rechte und/oder Vermögenswerte, die einem bestimmten Erben zustehen" spielt zum einen bei Geltung deutschen Erbrechts im Fall der **Sondererbfolge** im Höferecht eine Rolle, ferner bei Geltung ausländischen Erbrechts im Zusammenhang mit **dinglichen Teilungsanordnungen** (→ EuErbVO Art. 63 Rn. 37). Bei diesem Institut, das dem deutschen Erbrecht fremd ist, aber in einigen ausländischen Rechtsordnungen vorkommt, kann der Erblasser durch letztwillige Verfügung einzelne Nachlassgegenstände mit unmittelbar dinglicher Wirkung auf bestimmte Miterben übertragen. Für den durch die Teilungsanordnung begünstigten Miterben kann sich – ähnlich wie bei einem Vindikationslegatar – das Bedürfnis ergeben, seine Berechtigung an den ihm zugewendeten Einzelgegenständen nachzuweisen (OLG Nürnberg ZEV 2017, 579 Rn. 8; OLG München ZEV 2017, 580 (581); OLG München ZEV 2020, 233 Rn. 47; → EuErbVO Art. 63 Rn. 37). Das in lit. l genannte Verzeichnis dient diesem Bedürfnis. Zum anderen ist das Verzeichnis in weiteren Konstellationen von Relevanz, in denen durch den Erbfall einem Miterben zusätzlich zu seinem Anteil am Nachlassvermögen **Rechte an einzelnen Nachlassgegenständen zugewiesen** werden; dies trifft etwa auf den überlebenden Ehegatten im Rahmen des italienischen Erbrechts zu, der nach Art. 540 Abs. 2 ital. Cc einen Nießbrauch an der Familienwohnung und an den Einrichtungsgegenständen erwirbt. Umstritten ist, ob auch in den Fällen der **Universalsukzession informatorische Angaben** im Nachlasszeugnis über die Berechtigung des Erben an **einzelnen Nachlassgegenständen** zulässig 12 oder gar geboten sind. Die Aufnahme einer solchen Information in das Zeugnis kommt namentlich bei registerpflichtigen Nachlassgegenständen – insbesondere bei Grundstücken – in Betracht, wenn das **Recht des registerführenden Mitgliedstaats** für die Eintragung des Rechtsübergangs auf den Erben die **genaue Bezeichnung** des betroffenen Gegenstands verlangt. Mit dieser Problematik sahen sich die Nachlassgerichte hierzulande etwa in deutsch-österreichischen Erbfällen konfrontiert. Inzwischen hat allerdings der österreichische OGH entschieden, dass das Grundbuchverfahrensrecht in Österreich bei Verwendung eines europäischen Nachlasszeugnisses keine exakten Angaben zur Liegenschaft erfordert, um die Eigentumsumschreibung auf den Erben herbeizuführen (→ EuErbVO Art. 69 Rn. 35). Im Verhältnis zu Tschechien besteht die Problematik indessen fort. Um die Legitimationsfunktion des Nachlasszeugnisses gegenüber der ausländischen Registerbehörde nicht zu vereiteln, treten einige Autoren dafür ein, die im ausländischen Staat registerpflichtigen Nachlassgegenstände informatorisch im Zeugnis auszuweisen (*Nordmeier* IPRax 2019, 306 (309); *Semelová* GPR 2018, 200 (202); vgl. in diese Richtung auch ErwG 68 EuErbVO). Die deutschen Nachlassgerichte lehnen eine solche Praxis indessen ab (OLG Nürnberg ZEV 2017, 579 Rn. 9; OLG München FGPrax 2018, 39; näher zum Ganzen → EuErbVO Art. 69 Rn. 35).

13 **Lit. m** betrifft die Bescheinigung der Rechtsstellung von **Vermächtnisnehmern** und verlangt die Angabe des „Verzeichnis[ses] der Rechte und/oder Vermögenswerte, die einem bestimmten Vermächtnisnehmer zustehen" (zum Begriff des „Vermögenswertes" → EuErbVO Art. 63 Rn. 34). Auch wenn der Wortlaut der lit. m schlicht von „Vermächtnisnehmer" spricht, ist die Formulierung dahingehend zu verstehen, dass sie lediglich **„Vermächtnisnehmer mit unmittelbarer Berechtigung am Nachlass"** im Sinne des Art. 63 Abs. 1 EuErbVO erfasst (ebenso OLG Köln ZEV 2020, 219 Rn. 11; OLG München ZEV 2020, 233 Rn. 47; MüKoBGB/*Dutta* EuErbVO Art. 68 Rn. 10; *Kleinschmidt* RabelsZ 77 (2013), 723 (759); BeckOGK/*J. Schmidt* EuErbVO Art. 68 Rn. 39; aA *Süß* ZEuP 2013, 725 (744); wohl auch Dutta/Herrler/*Lange*, Die Europäische Erbrechtsverordnung, 161 (166); *von Bary*, Gerichtsstands- und Schiedsvereinbarungen im internationalen Erbrecht, 2018, 99). Die Angabe lediglich schuldrechtlich berechtigter Vermächtnisnehmer (Damnationslegatare) wäre zum einen im Rahmen des Art. 68 EuErbVO systemfremd, da diese Vorschrift auch nicht die Eintragung anderer Nachlassgläubiger ins Zeugnis verlangt. Zum anderen könnte eine solche Angabe im Rechtsverkehr für Verwirrung sorgen: Insbesondere in Rechtsordnungen, die dem Modell des Vindikationslegats folgen, könnte der Eindruck entstehen, der im Zeugnis ausgewiesene Damnationslegatar sei über den ihm zugewendeten Nachlassgegenstand ohne weiteres verfügungsberechtigt (*MPI* RabelsZ 74 (2010), 522 (693)). Im Ergebnis verlangt lit. m somit, dass bei Vindikationslegataren die ihnen unmittelbar zugewiesenen Nachlassgegenstände – soweit beantragt – im Zeugnis aufgeführt werden.

14 Nach **lit. n** ist im Zeugnis anzugeben, ob die Erben und Vermächtnisnehmer in ihrer Rechtsstellung **Beschränkungen** unterliegen. Wie die Regelung klarstellt, sind sowohl gesetzliche Beschränkungen als auch solche Beschränkungen mitzuteilen, die sich aus einer letztwilligen Verfügung des Erblassers ergeben. Im Einklang mit der Funktion des Nachlasszeugnisses, die Rechte und Befugnisse von Erben und Vindikationslegataren im **Außenverhältnis gegenüber Dritten** nachzuweisen (→ EuErbVO Art. 63 Rn. 4), sind nach lit. n nicht solche Beschränkungen mitzuteilen, die lediglich das Innenverhältnis der erbrechtlich Begünstigten untereinander betreffen (MüKoBGB/*Dutta* EuErbVO Art. 68 Rn. 11). Anzugeben sind beispielsweise die Verfügungsbeschränkungen des Erben im Rahmen einer **Vorerbschaft** (§§ 2113 ff. BGB) oder einer **Testamentsvollstreckung** (§ 2211 BGB), nicht jedoch die Beschränkungen, die ein Damnationslegat (§§ 2147 ff.), eine Auflage (§§ 2197 ff. BGB) oder eine schuldrechtliche Teilungsanordnung (§ 2048 BGB) für den (Mit-)Erben mit sich bringen (aA *Bandel* MittBayNot 2018, 99 (106) unter Verweis auf die Informationsfunktion des Nachlasszeugnisses). Im Zeugnis zu vermerken sind insbesondere solche Beschränkungen der Verfügungsgewalt des Erben, die daraus erwachsen, dass einzelne Nachlassgegenstände einem **Vindikationslegatar** zugewiesen sind (*Gärtner*, 166; *Leitzen* ZEV 2018, 311 (313)) oder dass das Nachlassvermögen mit einem **Legalnießbrauch** – meist zugunsten des überlebenden Ehegatten – belastet ist. Weder aus lit. n noch aus dem für die Ausstellung des Zeugnisses vorgesehenen **Formblatt** (→ Punkt 10 in Anlage IV) geht hervor, in welcher Weise die Ausstellungsbehörde die Beschränkungen der Befugnisse des Erben anzugeben hat. Da es in der Praxis schwierig sein dürfte, den Inhalt der Beschränkungen im Einzelnen zu beschreiben, dürfte es ausreichen, wenn die Ausstellungsbehörde auf die einschlägigen Vorschriften des Erbstatuts verweist (*Dorsel/Schall* GPR 2015, 36 (45); MüKoBGB/*Dutta* EuErbVO Art. 68 Rn. 11; vgl. auch *Buschbaum*, GS Hübner, 589 (600 f.); *Buschbaum/Simon* RPfleger 2015, 444 (451)).

15 **Lit. o** schließlich regelt die erforderlichen Angaben, wenn das Zeugnis zur Verwendung durch einen **Testamentsvollstrecker** oder **Nachlassverwalter** ausgestellt wird. In diesem Fall sind die Befugnisse der betreffenden Person und auch etwaige Beschränkungen dieser Befugnisse im Zeugnis darzulegen. Um die Verwendung des Zeugnisses in der Praxis zu erleichtern, enthält das in der Durchführungsverordnung Nr. 1329/2014 vorgesehene **Formblatt** in seiner Anlage VI einen Katalog von denkbaren Maßnahmen, die ein Testamentsvollstrecker oder Nachlassverwalter typischerweise ausführt. Die Ausstellungsbehörde kann dann durch Ankreuzen angeben, zu welchen Maßnahmen der Antragsteller im

konkreten Fall befugt ist. Dem gleichen Modell folgte bereits das Haager Nachlassverwaltungsübereinkommen aus dem Jahr 1973 (→ EuErbVO Vorb Art. 62 Rn. 4).

Artikel 69 Wirkungen des Zeugnisses

(1) **Das Zeugnis entfaltet seine Wirkungen in allen Mitgliedstaaten, ohne dass es eines besonderen Verfahrens bedarf.**

(2) [1] **Es wird vermutet, dass das Zeugnis die Sachverhalte, die nach dem auf die Rechtsnachfolge von Todes wegen anzuwendenden Recht oder einem anderen auf spezifische Sachverhalte anzuwendenden Recht festgestellt wurden, zutreffend ausweist.** [2] **Es wird vermutet, dass die Person, die im Zeugnis als Erbe, Vermächtnisnehmer, Testamentsvollstrecker oder Nachlassverwalter genannt ist, die in dem Zeugnis genannte Rechtsstellung und/oder die in dem Zeugnis aufgeführten Rechte oder Befugnisse hat und dass diese Rechte oder Befugnisse keinen anderen als den im Zeugnis aufgeführten Bedingungen und/oder Beschränkungen unterliegen.**

(3) **Wer auf der Grundlage der in dem Zeugnis enthaltenen Angaben einer Person Zahlungen leistet oder Vermögenswerte übergibt, die in dem Zeugnis als zur Entgegennahme derselben berechtigt bezeichnet wird, gilt als Person, die an einen zur Entgegennahme der Zahlungen oder Vermögenswerte Berechtigten geleistet hat, es sei denn, er wusste, dass das Zeugnis inhaltlich unrichtig ist, oder ihm war dies infolge grober Fahrlässigkeit nicht bekannt.**

(4) **Verfügt eine Person, die in dem Zeugnis als zur Verfügung über Nachlassvermögen berechtigt bezeichnet wird, über Nachlassvermögen zugunsten eines anderen, so gilt dieser andere, falls er auf der Grundlage der in dem Zeugnis enthaltenen Angaben handelt, als Person, die von einem zur Verfügung über das betreffende Vermögen Berechtigten erworben hat, es sei denn, er wusste, dass das Zeugnis inhaltlich unrichtig ist, oder ihm war dies infolge grober Fahrlässigkeit nicht bekannt.**

(5) **Das Zeugnis stellt ein wirksames Schriftstück für die Eintragung des Nachlassvermögens in das einschlägige Register eines Mitgliedstaats dar, unbeschadet des Artikels 1 Absatz 2 Buchstaben k und l.**

Übersicht

I. Überblick

1 Die Vorschrift regelt die **Rechtswirkungen** des Zeugnisses. Zunächst stellt Abs. 1 klar, dass in den Mitgliedstaaten außerhalb des Ausstellungsstaats kein besonderes (Anerkennungs-)Verfahren erforderlich ist, um dem Zeugnis Wirkung zu verleihen. Abs. 2 regelt die **Beweiswirkungen** des Instruments: Der Inhalt des Zeugnisses trägt die Vermutung der Richtigkeit und Vollständigkeit in sich. Abs. 5 normiert einen besonderen Anwendungsfall der Beweiswirkungen: die **Legitimationswirkung** gegenüber registerführenden Stellen. Die Abs. 3 und 4 schließlich enthalten Regelungen zu den **Gutglaubenswirkungen** des Zeugnisses im rechtsgeschäftlichen Verkehr.

II. Keine Notwendigkeit eines Anerkennungsverfahrens (Abs. 1)

2 Nach Art. 69 Abs. 1 EuErbVO entfaltet das Zeugnis seine Wirkungen in allen (an die EuErbVO gebundenen) Mitgliedstaaten, „ohne dass es eines besonderen Verfahrens bedarf". Der Verzicht auf ein besonderes Anerkennungsverfahren dient dem in ErwG 71 S. 1 EuErbVO genannten Ziel, dem Zeugnis in sämtlichen Mitgliedstaaten dieselbe Wirkung zu verleihen. Aus Art. 69 Abs. 1 EuErbVO folgt damit zunächst, dass das Nachlasszeugnis in anderen Mitgliedstaaten **unabhängig von den Anerkennungsvoraussetzungen der Art. 39 ff. EuErbVO** wirksam ist. In diesem Zusammenhang stellt ErwG 71 S. 2 EuErbVO klar, dass das Zeugnis keinen vollstreckbaren Titel darstellt. Dieser Hinweis wurde deswegen eingefügt, da Art. 42 Abs. 5 des Verordnungsvorschlags (KOM(2009) 154 endg.) noch davon gesprochen hatte, das Zeugnis sei ein „gültiger Titel" für die Erwirkung von Registereintragungen. Durch die Klarstellung in ErwG 71 S. 2 EuErbVO steht nunmehr fest, dass die Anerkennungs- und Vollstreckungsvorschriften des Kapitel IV der Verordnung für das Nachlasszeugnis nicht gelten (vgl. auch *Buschbaum,* FS Martiny, 2014, 259 (273)). Darüber hinaus unterliegt das Zeugnis auch nicht den Regeln über die **Annahme öffentlicher Urkunden gemäß Art. 59 ff. EuErbVO.** Dies ergibt sich zum einen aus systematischen Gründen: Mit Ausnahme der Frage der internationalen Zuständigkeit, für die Art. 64 S. 1 EuErbVO auf die Art. 4 ff. EuErbVO verweist, ist das Nachlasszeugnisverfahren in Art. 62 bis 73 EuErbVO abschließend geregelt, so dass ein Rückgriff auf die Art. 59 ff. EuErbVO ausgeschlossen ist (so *Buschbaum,* FS Martiny, 2014, 259 (273)). Hinzukommt eine weitere Überlegung: Wie aus Art. 59 Abs. 1 EuErbVO hervorgeht, ist der Mechanismus der „Annahme" darauf gerichtet, die einer Urkunde nach autonomem mitgliedstaatlichen Verfahrensrecht verliehene Beweiskraft auf andere Mitgliedstaaten zu erstrecken. Die Beweiswirkungen des Nachlasszeugnisses sind hingegen in Art. 69 Abs. 2 EuErbVO auf unionsrechtlicher Grundlage und damit einheitlich europäisch geregelt, so dass die Art. 59 ff. EuErbVO kein passendes Anerkennungsinstrument darstellen.

III. Vermutungswirkungen (Abs. 2)

1. Richtigkeits- und Vollständigkeitsvermutung hinsichtlich der im Zeugnis bescheinigten Rechtsstellung (S. 2)

3 Art. **69 Abs. 2 S. 2 EuErbVO** stellt zunächst die Vermutung auf, dass das Zeugnis die Rechtsstellung und die einzelnen Befugnisse der als Erbe, Vermächtnisnehmer (zum Begriff → EuErbVO Art. 63 Rn. 8 ff. und → EuErbVO Art. 68 Rn. 13), Testamentsvollstrecker oder Nachlassverwalter ausgewiesenen Person zutreffend wiedergibt (**Richtigkeitsvermutung**). Darüber hinaus wird vermutet, dass die betreffende Person keinen anderen als den im Zeugnis aufgeführten Bedingungen und Beschränkungen unterliegt **(Vollständigkeitsvermutung bzw. negative Richtigkeitsvermutung).** Die Vermutungswirkungen des Art. 69 Abs. 2 S. 2 EuErbVO (s. hierzu auch OLG München ZEV 2020, 233 Rn. 37) entsprechen somit den Wirkungen des deutschen Erbscheins nach § 2365 BGB. Der Wortlaut des Art. 69 EuErbVO schließt es nicht aus, dass die Richtigkeits- und Vollständigkeitsvermutung **auch zulasten** der Person wirken kann, deren Rechtsstellung im Zeugnis bescheinigt wird (NK-BGB/*Nordmeier* EuErbVO Art. 69 Rn. 13).

2. Richtigkeitsvermutung hinsichtlich der im Zeugnis festgestellten „Sachverhalte" (S. 1)

Nach **Art. 69 Abs. 2 S. 1 EuErbVO** wird ferner vermutet, dass die im Zeugnis festgestellten **„Sachverhalte"** zutreffend ausgewiesen sind. Bei dieser Vorschrift ist zunächst unklar, was mit „Sachverhalte" im Einzelnen gemeint ist und inwiefern die angeordnete Vermutungswirkung über die des S. 2 hinausgeht. Denn die durch das Zeugnis bescheinigten Sachverhalte sind in erster Linie die Rechtsstellung und die Befugnisse des jeweiligen Verwenders, für die bereits die Richtigkeits- und Vollständigkeitsvermutung des Art. 69 Abs. 2 S. 2 EuErbVO gilt. Aufschluss über den Begriff des „Sachverhalts" geben zum einen andere Sprachfassungen der Verordnung wie zB die englische und die französische, in denen von „elements" bzw. „éléments" die Rede ist. Orientierung bietet zudem auch **ErwG 71 S. 2 EuErbVO,** in dem als Beispiel für „spezifische Sachverhalte" („specific elements"; „éléments spécifiques") die materielle Wirksamkeit einer Verfügung von Todes wegen genannt wird. Daraus ist zu schließen, dass sich die Richtigkeitsvermutung des S. 1 auch auf die einzelnen Aspekte bezieht, auf deren Grundlage die bescheinigte Rechtsstellung des Erben, Vindikationslegatars, Testamentsvollstreckers oder Nachlassverwalters festgestellt wurde und die nach Maßgabe des Art. 68 EuErbVO ebenfalls im Zeugnis anzugeben sind (vgl. MüKoBGB/*Dutta* EuErbVO Art. 69 Rn. 7). Zu diesen **„Feststellungsgrundlagen"**, die von der Richtigkeitsvermutung des Art. 69 Abs. 2 S. 1 EuErbVO erfasst werden, gehören neben der bereits genannten Wirksamkeit letztwilliger Verfügungen beispielsweise die Frage, ob ggf. eine wirksame Annahme bzw. Ausschlagung der Erbschaft vorliegt (Art. 68 lit. k EuErbVO) oder ob der Erblasser in Bezug auf den Nachlass eine gültige Rechtswahlbestimmung getroffen hat (Art. 68 lit. i EuErbVO). Hingegen greift die Beweiswirkung nicht für solche Angaben ein, die außerhalb des Anwendungsbereichs der Verordnung liegende Fragen betreffen (→ Rn. 5 f.). 4

3. Umfang der Vermutungswirkungen

Wie ErwG 71 S. 3 EuErbVO klarstellt, bezieht sich die Beweiskraft des Zeugnisses nicht auf Aspekte, die **außerhalb des Anwendungsbereichs der Verordnung** liegen. Daraus folgt, dass die Angaben über den **Personen-** oder **Güterstand** des Erblassers (Art. 68 lit. f und h EuErbVO) oder über das **Verwandtschafts- oder Schwägerschaftsverhältnis** des Antragstellers zum Erblasser (Art. 68 lit. e EuErbVO) nicht an der Richtigkeitsvermutung des Art. 69 Abs. 2 EuErbVO partizipieren (MüKoBGB/*Dutta* EuErbVO Art. 69 Rn. 8; *Dorth,* 339 f.; *Trittner,* 183; anders *Damascelli* Riv.dir.int.priv.proc. 2017, 67). Den Mitgliedstaaten steht es allerdings frei, dem Nachlasszeugnis im Rahmen ihres autonomen Rechts weitergehende Beweiswirkungen beizumessen, etwa für den Nachweis eines besonderen Verwandtschaftsverhältnisses zwischen Erblasser und Erben (vgl. zB die Rspr. in Österreich, s. österr. OGH 15.5.2018 – 5 Ob35/18k Rn. 7). Ebensowenig lässt die Angabe, dass bestimmte Nachlassgegenstände einem Erben oder Vindikationslegatar zugewiesen sind (Art. 68 lit. l und m EuErbVO), den Schluss zu, dass diese Gegenstände dem Erblasser gehörten und damit **in den Nachlass fallen** (s. ausdrücklich auch ErwG 71 S. 3 EuErbVO). Das Zeugnis begründet in diesen Fällen lediglich die Vermutung, dass die Gegenstände dem Erben oder Vindikationslegatar zustehen, soweit sie in den Nachlass fallen (vgl. auch BeckOGK/*J. Schmidt* EuErbVO Art. 69 Rn. 13 f.). Ist für den Erwerb von Todes wegen eines Nachlassgegenstands nach dem Vermögensrechtsstatut die **Eintragung des Rechtsübergangs in ein Register** erforderlich (→ EuErbVO Art. 63 Rn. 16; → Rn. 32), sagt das Nachlasszeugnis nichts darüber aus, ob die Eintragung tatsächlich erfolgt ist und der Zeugnisverwender damit die Verfügungsberechtigung über den Gegenstand erlangt hat. Bei registerpflichtigen Gegenständen sind nämlich die „Wirkungen der Eintragung oder der fehlenden Eintragung solcher Rechte" nach Art. 1 Abs. 2 lit. l EuErbVO vom Geltungsbereich der Verordnung ausgenommen. 5

Während Angaben über Anknüpfungsgegenstände, die außerhalb des Regelungsbereichs der Verordnung liegen, nicht an den Beweiswirkungen des Art. 69 Abs. 2 EuErbVO teilnehmen, gilt die Richtigkeitsvermutung für die im Zeugnis bescheinigte **erbrechtliche Stellung** auch dann, wenn diese **maßgeblich auf einem verordnungsexternen Anknüpfungsgegenstand beruht.** Das folgende Beispiel mag diese Differenzierung verdeutlichen: Wie schon gesehen (→ Rn. 5), erstreckt sich die Beweiswirkung des Zeugnisses nicht auf das gemäß Art. 68 lit. e EuErbVO anzugebende Verwandtschaftsverhältnis zwischen Antragsteller und Erblasser, da familienrechtliche Statusverhältnisse gemäß Art. 1 Abs. 2 lit. a EuErbVO vom Anwendungsbereich der Verordnung ausgeschlossen sind. Hingegen greift die Richtigkeitsvermutung des Art. 69 Abs. 2 EuErbVO für die im Zeugnis ausgewiesene Erbenstellung auch dann ein, wenn diese – wie bei der Intestaterbfolge regelmäßig der Fall – maßgeblich auf einer Familienrechtsbeziehung beruht. Dieser Grundsatz lässt sich der Formulierung des Art. 69 Abs. 2 S. 1 EuErbVO entnehmen, wonach die Richtigkeitsvermutung Sachverhalte erfasst, „die nach dem auf die Rechtsnachfolge von Todes wegen anzuwendenden Recht oder einem anderen auf spezifische Sachverhalte anzuwendenden Recht festgestellt wurden" (zur gleichen Formulierung iRd Art. 67 6

Abs. 1 EuErbVO → EuErbVO Art. 67 Rn. 13). Bei den **„spezifische[n] Sachverhalte[n]“** handelt es sich einerseits um die Anknüpfungsgegenstände der besonderen Kollisionsnormen der Art. 24 ff. EuErbVO, andererseits aber auch um solche Aspekte, die **verordnungsexternen Anknüpfungsregeln** unterliegen (so *Kleinschmidt* RabelsZ 77 (2013), 723 (755); MüKoBGB/*Dutta* EuErbVO Art. 67 Rn. 11). Für die Feststellung einer im Zeugnis zu bescheinigenden Erbenstellung spielt verordnungsexternes Kollisionsrecht vor allem bei **Vorfragen im Erbstatut** eine Rolle, zB zur Klärung eines familienrechtlichen Statusverhältnisses im Rahmen der Intestaterbfolge oder im Rahmen des – erbrechtlich zu qualifizierenden – § 1371 Abs. 1 BGB bei der Ermittlung, ob der Erblasser und sein Ehegatte im Güterstand der deutschen Zugewinngemeinschaft lebten (→ EuErbVO Art. 63 Rn. 27). Im Ergebnis lässt sich somit festhalten, dass die Richtigkeitsvermutung nach Art. 69 Abs. 2 EuErbVO für die im Zeugnis dokumentierte Rechtsstellung des Erben, Vermächtnisnehmers, Testamentsvollstreckers oder Nachlassverwalters auch dann eingreift, wenn die fragliche Rechtsstellung unter Heranziehung verordnungsexterner Kollisionsregeln festgestellt wurde.

4. Widerleglichkeit der Vermutung

7 Die Verordnung äußert sich nicht dazu, ob und ggf. unter welchen Voraussetzungen die Vermutungen des Art. 69 Abs. 2 EuErbVO widerleglich sind. Die Regelung dieser Frage war schon vom Europäischen Parlament (s. die Entschließung vom 16.11.2006, P6_TA(2006)0496: Zeugnisinhalt „bis zum Beweis des Gegenteils“ verbindlich) und von der deutschen Delegation im Rat (Ratsdokument Nr. 16877/11, 2 f.) angeregt worden, allerdings wurden diese Vorschläge im Gesetzgebungsverfahren nicht umgesetzt. Indessen wird man aus dem vom Verordnungsgeber verwendeten Begriff der Vermutung (s. Art. 69 Abs. 2 S. 1 und 2 EuErbVO: „es wird vermutet“; „shall be presumed“; „est présumé“; „si presume“) schließen können, dass die Beweiswirkungen des Zeugnisses **widerleglich** sind (so auch OLG München BeckRS 2020, 25421 Rn. 28; *Dorsel* in Löhnig/Schwab et al., 33 (45); MüKoBGB/*Dutta* EuErbVO Art. 69 Rn. 9; *Janzen* DNotZ 2012, 484 (493); *Köhler* in Kroiß/Horn/Solomon (Hrsg.), Nachfolgerecht (2014), EuErbVO Art. 69 Rn. 3; Dutta/Herrler/*Lange,* Die Europäische Erbrechtsverordnung 161 (168); *Padovini* in Franzina/ Leandro, 191 (200); *Süß* ZEuP 2013, 725 (745); Bonomi/Wautelet/*Wautelet* Art. 69 Rn. 33 ff.).

8 Wie ErwG 71 S. 1 EuErbVO betont, sollte das Zeugnis in sämtlichen Mitgliedstaaten dieselbe Wirkung entfalten. Um dieses Ziel zu erreichen ist die Frage, unter welchen Voraussetzungen die Richtigkeitsvermutungen des Zeugnisses widerleglich sind, **am Maßstab des Unionsrechts durch eine verordnungsautonome Auslegung** des Art. 69 Abs. 2 EuErbVO zu beantworten (s. Bohlsen jurisPR-IWR 7/2020 Anm. 1; MüKoBGB/*Dutta* EuErbVO Rn. 69 Rn. 9; Bonomi/Wautelet/*Wautelet* Art. 69 Rn. 34; anders *Kleinschmidt* RabelsZ 77 (2013), 723 (775): Rückgriff auf das autonome nationale Verfahrensrecht des Forums). Da die Verordnung in diesem Punkt schweigt, wird es Aufgabe des EuGH sein, für Klärung zu sorgen. Eine Widerlegung der Richtigkeitsvermutung wird man – ähnlich wie im nationalen Recht (vgl. zB § 292 ZPO) – jedenfalls bei **Beweis des Gegenteils** annehmen müssen: Die Partei, welche die Unrichtigkeit des Zeugnisinhalts geltend macht, hat also **Tatsachen** nachzuweisen, die zu einer anderen als der im Zeugnis bescheinigten Rechtsfolge führen. Darüber hinaus kann die Vermutungswirkung auch aus **rechtlichen Gründen** beseitigt werden. Dies ist namentlich dann der Fall, wenn aus Sicht des Mitgliedstaats, in dem das Zeugnis verwendet wird, andere Rechtsvorschriften für die Beurteilung der Erbrechtslage maßgebend sind als im Ausstellungsstaat. Derartige **Störungen des internationalen Entscheidungseinklangs** können beispielsweise auftreten, wenn im Ausstellungs- oder Verwendungsstaat vorrangige, von den Art. 20 ff. EuErbVO inhaltlich abweichende staatsvertragliche Kollisionsnormen eingreifen oder wenn die Erbberechtigung von güterrechtlichen Regelungen abhängt und die Gerichte im Ausstellungs- und Verwendungsstaat nicht dasselbe Güterstatut zugrundlegen (zu dieser Problematik → EuErbVO Art. 63 Rn. 24; allgemein zu den Fällen, in denen der europäische Entscheidungseinklang nicht gewährleistet ist, → EuErbVO Vorb Art. 62 Rn. 19 f.). Zur Beseitigung der Richtigkeitsvermutung bei einander **widersprechenden Erbnachweisen** → EuErbVO Art. 62 Rn. 20 sowie → Rn. 50 f. Schließlich ist anzumerken, dass die Widerlegung der Richtigkeitsvermutung **nicht** die vorherige **Änderung** oder den **Widerruf** des Nachlasszeugnisses nach Art. 71 Abs. 2 EuErbVO voraussetzt (so zutreffend MüKoBGB/*Dutta* EuErbVO Art. 69 Rn. 9; vgl. aber *Janzen* DNotZ 2012, 484 (493, Fn. 29); Dutta/Herrler/*Lange,* Die Europäische Erbrechtsverordnung, 161 (168)). Hierfür spricht insbesondere folgende Überlegung: In den Fällen, in denen sich der Inhalt des Zeugnisses im Verwendungsstaat infolge des fehlenden internationalen Entscheidungseinklangs als unrichtig erweist, könnte die Änderung oder der Widerruf des Nachlasszeugnisses auch gar nicht erwirkt werden, da aus Sicht der dafür zuständigen Ausstellungsbehörde das Zeugnis richtig ist.

5. Verfahren, in denen die Vermutungswirkung eingreift

9 **a) Streitige Verfahren.** Um zu klären, in welchen gerichtlichen Verfahren die Vermutungswirkungen des Art. 69 Abs. 2 EuErbVO eingreifen, ist zunächst an die **Zweckbestimmung** des Nachlass-

zeugnisses zu erinnern: Gemäß Art. 62 Abs. 1 und Art. 63 Abs. 1 EuErbVO wird das Zeugnis als Legitimationsnachweis zur Verwendung in einem anderen Mitgliedstaat ausgestellt. Nach der Zuständigkeitsregel des Art. 64 S. 1 EuErbVO wird das Zeugnis in dem Mitgliedstaat erteilt, dessen Gerichte auch für die Entscheidung erbrechtlicher Streitverfahren wie etwa Erbprätendentenstreitigkeiten („Erbsachen" im Sinne des Art. 4 EuErbVO) international zuständig sind. Daraus folgt, dass das Nachlasszeugnis gar nicht zur Verwendung in derartigen Streitigkeiten bestimmt ist, da diese Verfahren nur im Ausstellungsstaat selbst, nicht aber „in einem anderen Mitgliedstaat" entschieden werden können. Die Vermutungswirkungen des Zeugnisses können somit nur in **Streitigkeiten zwischen einem erbrechtlichen Berechtigten und einem Dritten** eingreifen, bei denen die Erbberechtigung eine vorgreifliche Frage darstellt. Doch auch **im Ausstellungsstaat** selbst entfaltet das Nachlasszeugnis lediglich in Zivilprozessen mit Dritten und nicht in Erbrechtsstreitigkeiten („Erbsachen") seine Wirkungen. Eine andere Sichtweise ist mit Art. 62 Abs. 3 S. 2 EuErbVO nicht zu vereinbaren; denn diese Vorschrift ist dahingehend zu interpretieren, dass dem Zeugnis im Ausstellungsstaat die gleichen Wirkungen verliehen werden sollen, die es in anderen Mitgliedstaaten entfaltet, aber keine darüber hinaus gehenden (→ EuErbVO Art. 62 Rn. 23). Im Ergebnis gelten somit die gleichen Grundsätze wie beim deutschen Erbschein (s. den Überblick in MüKoBGB/*Grziwotz* BGB § 2365 Rn. 21 ff.).

b) Registereintragungen. Darüber hinaus greifen die Vermutungswirkungen des Art. 69 Abs. 2 EuErbVO auch bei Verfahren für die Eintragung von Nachlassgegenständen in die einschlägigen Register der Mitgliedstaaten ein, wie **Art. 69 Abs. 5 EuErbVO** ausdrücklich klarstellt (→ Rn. 30 ff.). In Deutschland ist diese Regelung insbesondere für Eintragungen ins Grundbuch sowie ins Handels- und Schiffsregister von Bedeutung. Zwar steht den registerführenden Behörden regelmäßig nur ein eingeschränktes Prüfungsrecht hinsichtlich der Richtigkeit amtlicher Erbnachweise zu (s. in Deutschland nur MüKoBGB/*Grziwotz* BGB § 2365 Rn. 24 ff. sowie – speziell zum Europäischen Nachlasszeugnis – OLG Saarbrücken FamRZ 2019, 1569 (1570)), doch ist eine Bindung dieser Behörden an den Zeugnisinhalt jedenfalls in den Fällen abzulehnen, in denen kein Entscheidungseinklang im Verhältnis zum Ausstellungsstaat besteht (zu diesen Konstellationen → Rn. 8; näher zum Prüfungsrecht der Registerbehörden → Rn. 30b). 10

IV. Gutglaubenswirkungen (Abs. 3 und 4)

Art. 69 Abs. 3 und 4 EuErbVO schützt das **Vertrauen des rechtsgeschäftlichen Verkehrs** in die Richtigkeit des Nachlasszeugnisses. Die Regelungen entsprechen in ihrem Normzweck den Vorschriften der §§ 2366, 2367 BGB im Zusammenhang mit dem deutschen Erbschein, weichen jedoch von diesen bei der Ausgestaltung des Gutglaubensschutzes in einigen Punkten ab. 11

1. Geschützte Rechtshandlungen

a) Zahlungen und Übergabe von Vermögenswerten (Abs. 3). Nach Art. 69 Abs. 3 EuErbVO wird in seinem guten Glauben an die Richtigkeit des Zeugnisses geschützt, wer einer als empfangsberechtigt ausgewiesenen Person „Zahlungen leistet oder Vermögenswerte übergibt". Die Vorschrift dient damit dem Schutz von **Nachlassschuldnern.** Anzumerken ist allerdings, dass die in Art. 69 Abs. 3 EuErbVO geregelte Erfüllungsfiktion zugunsten des Nachlassschuldners auch dann eingreifen kann, wenn ein **Dritter** an seiner Stelle die Erfüllungshandlung vorgenommen hat (MüKoBGB/ *Dutta* EuErbVO Art. 69 Rn. 15). 12

Unter einer **Zahlung** ist die Erfüllung einer Geldforderung zu verstehen (MüKoBGB/*Dutta* EuErbVO Art. 69 Rn. 13). Erfasst wird neben der Zahlung in bar auch jede Form der bargeldlosen Zahlung, also zB die Zahlung per Überweisung, Kreditkarte oder Scheck (MüKoBGB/*Dutta* EuErbVO Art. 69 Rn. 13; BeckOGK/*J. Schmidt* EuErbVO Art. 69 Rn. 22; aA *Kleinschmidt* RabelsZ 77 (2013), 723 (778), wonach auch bei Zahlungsverpflichtungen Leistungen durch Erfüllungssurrogat ausgeschlossen sein sollen). Dieses weite Verständnis wird dem Begriff der „Zahlung" („payment"; „paiement") auch in anderen europäischen Rechtsakten zugrunde gelegt, insbesondere in der Zahlungsdiensterichtlinie (EU) 2015/2366, die schwerpunktmäßig den bargeldlosen Zahlungsverkehr zum Gegenstand hat. 13

Weniger klar erscheint die zweite Fallgruppe von Erfüllungshandlungen: die **Übergabe von Vermögenswerten.** Der Begriff des „Vermögenswertes", der vom Verordnungsgeber auch in anderem Zusammenhang verwendet wird (s. zB Art. 63 Abs. 2 lit. b sowie Art. 68 lit. l und m EuErbVO), ist im Sinne von **„Vermögensgegenstand"** zu verstehen (→ EuErbVO Art. 63 Rn. 34). Er erfasst alle möglichen vermögenswerten **Sachen** und **Rechte,** gleich ob sie beweglich oder unbeweglich, körperlich oder unkörperlich (zB Forderungen oder Immaterialgüter) sind (vgl. BeckOGK/*J. Schmidt* EuErbVO Art. 69 Rn. 24 f.). Diese Interpretation findet eine Stütze in anderen Sprachfassungen der Verordnung, in denen etwa von „biens" oder „beni" die Rede ist (in der englischen Version wird in Art. 63 und 68 EuErbVO der Begriff „assets" verwendet, in Art. 69 Abs. 3 EuErbVO ist hingegen von „property" die Rede). Unter diesem Blickwinkel gilt die Regelung für die Erfüllung von **Nachlass-** 14

forderungen, die sich auf die **Leistung eines Vermögensgegenstandes** im oben beschriebenen Sinne beziehen. Hingegen ist Art. 69 Abs. 3 EuErbVO auf solche Nachlassansprüche unanwendbar, die nicht auf Gegenstände gerichtet sind, wie zB Ansprüche auf Dienstleistungen (s. mit Verweis auf die Entstehungsgeschichte MüKoBGB/*Dutta* EuErbVO Art. 69 Rn. 15; Dutta/Herrler/*Lange,* Die Europäische Erbrechtsverordnung 161 (170)). Eine zusätzliche Einschränkung des Anwendungsbereichs der Vorschrift scheint ErwG 71 S. 4 EuErbVO zunächst nahezulegen. Dort heißt es in Abweichung zum Wortlaut des Art. 69 Abs. 3 EuErbVO, dass der Gutglaubensschutz bei der Übergabe von **„Nachlassvermögen"** eingreifen soll. Dies würde die Anwendung der Regelung auf solche Nachlassforderungen beschränken, welche die Verschaffung von Nachlassgegenständen zum Inhalt haben. Gehört zum Nachlass beispielsweise ein kaufvertraglicher Anpruch auf Lieferung einer bestimmten Sache, käme der Verkäufer, der zur Erfüllung dieser Verbindlichkeit an die im Zeugnis als Erben ausgewiesene Person leistet, nicht in den Genuss des Gutglaubensschutzes, da die Kaufsache vor der Übereignung noch nicht Teil des Nachlassvermögens ist (s. zu diesem Beispiel *Kleinschmidt* RabelsZ 77 (2013), 723 (778)). Anders verhält es sich hingegen mit der Rückgabe einer vom Erblasser vermieteten oder verliehenen Sache. Stand die fragliche Sache im Eigentum des Erblassers, stellt die Erfüllung der Rückgabepflicht gegenüber dem Erben die Übergabe eines Nachlassgegenstandes im Sinne des ErwG 71 S. 4 EuErbVO dar (MüKoBGB/*Dutta* EuErbVO Art. 69 Rn. 14). Da keine sachlichen Gründe für die unterschiedliche Behandlung der beiden Fallgruppen ersichtlich sind, erscheint es vorzugswürdig, allein den Wortlaut des Art. 69 Abs. 3 EuErbVO für maßgebend zu halten und der engeren Formulierung in den Erwägungsgründen keine entscheidende Bedeutung beizumessen (so überzeugend MüKoBGB/*Dutta* EuErbVO Art. 69 Rn. 14). Im **Ergebnis** erfasst Art. 69 Abs. 3 EuErbVO somit die Erfüllung von Nachlassforderungen, die auf die Leistung einer Sache oder eines Rechts gerichtet sind, unabhängig davon, ob die Sache oder das Recht bereits vor der Erfüllungshandlung zum Nachlass gehört.

15 **b) Verfügungen (Abs. 4).** Nach Art. 69 Abs. 4 EuErbVO wird geschützt, wer Gegenstände aus dem Nachlass von einer Person erwirbt, „die in dem Zeugnis als zur Verfügung über Nachlassvermögen berechtigt bezeichnet wird". Der Begriff der **Verfügung,** der verordnungsautonom auszulegen ist, wurde vom Unionsgesetzgeber nicht näher definiert. Im Schrifttum herrscht die Ansicht vor, dass der Begriff im gleichen Sinne wie im autonomen deutschen Recht zu verstehen ist. Erfasst sind somit **sämtliche Rechtsgeschäfte, durch die unmittelbar auf ein Recht eingewirkt wird, das zum Nachlass gehört** (in diesem Sinne auch MüKo/*Dutta* EuErbVO Art. 69 Rn. 16; *Kleinschmidt* RabelsZ 77 (2013), 723 (777); *Omlor* GPR 2014, 216 (219); enger hingegen BeckOGK/*J. Schmidt* EuErbVO Art. 69 Rn. 39: jedes Rechtsgeschäft, das den Erwerb von Nachlassgegenständen bewirkt). Beispiele sind etwa die Veräußerung oder die Belastung eines Nachlassgegenstandes sowie die Aufhebung eines zum Nachlass gehörenden Rechts (zB einer Grunddienstbarkeit oder eines Sicherungsrechts). Nach diesem Verständnis erfüllen hingegen **Verpflichtungsgeschäfte,** die einen Nachlassgegenstand betreffen, wie etwa die Vermietung oder Verleihung, nicht die Merkmale des Verfügungsbegriffs (MüKo-FamFG/*Grziwotz* EuErbVO Art. 69 Rn. 13; jurisPK-BGB/*Kleinschmidt* EuErbVO Art. 69 Rn. 12; *Omlor* GPR 2014, 216 (219); *Trittner,* 210). Folglich könnte ein Mietvertrag über einen Nachlassgegenstand, den jemand mit dem im Zeugnis ausgewiesenen Erben abschließt, nicht gemäß Art. 69 Abs. 4 EuErbVO dem wahren Erben entgegengehalten werden. Gewisse Zweifel an dieser Interpretation begründet freilich die Formulierung in **ErwG 71 S. 5 EuErbVO,** wonach durch die Gutglaubensregelung zu schützen ist, wer im Vertrauen auf die Richtigkeit des Zeugnisses Nachlassvermögen „erwirbt oder erhält". Der Begriff des „Erhalts" könnte sich nämlich auch auf den Empfang eines Nachlassgegenstandes im Rahmen eines Gebrauchsüberlassungsvertrags beziehen. Letztlich wird es die Aufgabe des EuGH sein, die Reichweite des verordnungsautonomen Verfügungsbegriffs zu klären.

2. Rechtsscheinstatbestand und Rechtsscheinsträger

16 Der Gutglaubensschutz des Art. 69 Abs. 3 EuErbVO knüpft daran an, dass eine Person „in dem Zeugnis als zur Entgegennahme [einer Zahlung oder eines Vermögenswertes] berechtigt bezeichnet wird". Entsprechend setzt Art. 69 Abs. 4 EuErbVO voraus, dass jemand „in dem Zeugnis als zur Verfügung über Nachlassvermögen berechtigt bezeichnet wird". Anzumerken ist allerdings, dass das Zeugnis in den wenigsten Fällen die Empfangs- bzw. Verfügungsberechtigung einer Person **ausdrücklich** angeben wird. Dies ist nur bei Testamentsvollstreckern oder Nachlassverwaltern der Fall, bei denen das einschlägige Formblatt nach der Durchführungsverordnung Nr. 1329/2014 die Angabe der konkreten Befugnisse verlangt (→ EuErbVO Art. 68 Rn. 15). Bei den Erben und den Vindikationslegataren ergibt sich hingegen die Reichweite ihrer Empfangs- bzw. Verfügungsberechtigung lediglich **mittelbar** aus dem **maßgebenden Erbstatut,** das im Zeugnis gemäß Art. 68 lit. i EuErbVO mitzuteilen ist.

17 Art. 69 Abs. 3 und 4 EuErbVO sprechen von der „in dem Zeugnis" ausgewiesenen Empfangs- bzw. Verfügungsberechtigung. Darüber hinaus verlangen beide Regelungen, dass der Dritte „auf der Grundlage der in dem Zeugnis enthaltenen Angaben" handelt. Dies deutet darauf hin, dass das Nachlasszeugnis selbst der **Rechtsscheinsträger** ist. Allerdings ist zu beachten, dass gemäß Art. 70 Abs. 1 EuErbVO die

Urschrift des Zeugnisses bei der Ausstellungsbehörde verbleibt und dem Antragsteller lediglich eine beglaubigte Abschrift (zum Begriff → EuErbVO Art. 70 Rn. 2) ausgehändigt wird. Die Legitimation eines Erben, Vermächtnisnehmers, Testamentsvollstreckers oder Nachlassverwalters im rechtsgeschäftlichen Verkehr erfolgt somit stets auf der Grundlage einer solchen Abschrift des Nachlasszeugnisses (zum Vorlageerfordernis → Rn. 20). Deswegen ist der maßgebende Rechtsscheinsträger in der gemäß Art. 70 Abs. 1 EuErbVO erteilten **beglaubigten Abschrift** des Nachlasszeugnisses zu sehen (in diesem Sinne auch *Buschbaum/Simon* ZEV 2012, 525 (527); jurisPK-BGB/*Kleinschmidt* EuErbVO Art. 69 Rn. 23; *Omlor* GPR 2014, 216 (218); *Süß* ZEuP 2013, 725 (746), sowie BeckOGK/*J. Schmidt* EuErbVO Art. 69 Rn. 5 unter Verweis auf ErwG 71 S. 6 EuErbVO; *Traut* ZVglRWiss 2016, 358 (389); offen lassend *Dorsel* in Löhnig/Schwab et al., 33 (49 f.)). Diese Präzisierung ist namentlich für die Fälle von Bedeutung, in denen die Ausstellungsbehörde das (Original-)Zeugnis nach Art. 71 Abs. 2 EuErbVO wegen eines Fehlers in der bescheinigten Rechtslage ändert oder widerruft. Stellt man auf die Urschrift als maßgebenden Rechtsscheinsträger ab, ist nach Änderung bzw. Widerruf des Zeugnisses der Gutglaubensschutz für den Dritten auch dann ausgeschlossen, wenn ihm eine (gemäß Art. 70 Abs. 3 EuErbVO noch gültige) Abschrift des ursprünglich ausgestellten, unrichtigen Zeugnisses vorgelegt wird und er auf die Richtigkeit der darin enthaltenen Angaben vertraut. In der Praxis hätte diese Rechtsfolge zur Konsequenz, dass der Dritte stets auf der Vorlage einer aktuellen Abschrift bestehen müsste, wollte er nicht riskieren, des Schutzes durch Art. 69 Abs. 3 und 4 EuErbVO verlustig zu gehen. Damit verlöre jedoch die Regelung des Art. 70 Abs. 3 EuErbVO über die sechsmonatige Gültigkeitsfrist der Zeugnisabschrift ihren Sinn (*Buschbaum/Simon* ZEV 2012, 525 (527); *Süß* ZEuP 2013, 725 (746)). Darüber hinaus würde das Ziel der Transaktionserleichterung, auf das die Gutglaubensregeln gerichtet sind, beeinträchtigt. Diese Überlegungen legen nahe, dass der maßgebende Rechtsscheinsträger die Abschrift des Zeugnisses ist – dies freilich nur unter der Voraussetzung, dass die Abschrift im Zeitpunkt ihrer Erteilung dem Inhalt des Originals entspricht und dass ihr Gültigkeitsdatum gemäß Art. 70 Abs. 3 EuErbVO noch nicht abgelaufen ist.

3. Umfang des Gutglaubensschutzes

Die Gutglaubenswirkungen der Art. 69 Abs. 3 und 4 EuErbVO schützen zunächst das Vertrauen des Rechtsverkehrs darauf, dass der Zeugnisinhaber die ihm darin bescheinigte **Rechtsstellung** als Erbe, Vindikationslegatar, Testamentsvollstrecker oder Nachlassverwalter tatsächlich innehat. Doch der Gutglaubensschutz erschöpft sich nicht darin. Eine wichtige Funktion des Nachlasszeugnisses besteht darin, bei internationalen Erbfällen den Umgang mit ausländischen erbrechtlichen Instituten zu erleichtern. Das Zeugnis gibt nämlich nicht nur über die Rechtsstellung einer am Nachlass beteiligten Person Auskunft, sondern teilweise auch über die **aus der jeweiligen Rechtsstellung fließenden Befugnisse** (→ EuErbVO Vorb. Art. 62 Rn. 14 ff.). Besonders augenfällig ist dies im Zusammenhang mit Testamentsvollstreckern und Nachlassverwaltern, bei denen das für die Ausstellung des Zeugnisses vorgesehene Formblatt die Angabe ihrer konkreten Befugnisse vorsieht (→ EuErbVO Art. 68 Rn. 15). Eine ähnliche – wenn auch nur mittelbare – Informationsfunktion erfüllt das Zeugnis im Hinblick auf Vermächtnisnehmer. Das Zeugnis steht bekanntlich als Legitimationsnachweis nur Vermächtnisnehmern mit unmittelbarer Berechtigung am Nachlass zur Verfügung (und auch nur ab dem Zeitpunkt, in dem sie die Verfügungsbefugnis über den ihnen zugewendeten Gegenstand erlangt haben, → EuErbVO Art. 63 Rn. 9 ff. und 16). Wird also jemand im Zeugnis als Vermächtnisnehmer ausgewiesen, kann der Rechtsverkehr daraus schließen, dass die betreffende Person über den ihr vermachten Nachlassgegenstand verfügungsberechtigt ist. Dementsprechend schützt Art. 69 Abs. 3 und 4 EuErbVO das Vertrauen des Rechtsverkehrs darauf, dass **dem Zeugnisverwender tatsächlich die im Zeugnis bescheinigten Befugnisse zustehen.** Wird also beispielsweise einem Testamentsvollstrecker im Zeugnis zu Unrecht attestiert, dass er zur Verfügung über bestimmte Nachlassgegenstände oder zur Einziehung bestimmter Nachlassforderungen berechtigt ist, gilt der Zeugnisinhalt gegenüber gutgläubigen Dritten als zutreffend. Ebenso verhält es sich, wenn etwa eine ausländische Ausstellungsbehörde einem Vermächtnisnehmer nach deutschem Erbrecht irrigerweise – etwa aus Unkenntnis über die rein schuldrechtliche Wirkung des Vermächtnisses oder wegen Anwendung des falschen Erbstatuts – ein Nachlasszeugnis ausstellt und damit den Anschein erweckt, der Vermächtnisnehmer sei über den ihm zugedachten Nachlassgegenstand verfügungsberechtigt. Auch in diesem Fall wird zugunsten gutgläubiger Dritter die Richtigkeit der im Zeugnis ausgewiesenen Rechtslage fingiert. 18

Hingegen schützt Art. 69 Abs. 4 EuErbVO nicht den guten Glauben daran, dass der Gegenstand der Verfügung **dem Erblasser gehörte** und damit in den Nachlass fällt (s. auch ErwG 71 S. 3 EuErbVO). Auf den ersten Blick könnte zwar der Wortlaut der Vorschrift den gegenteiligen Schluss nahelegen, da davon die Rede ist, der gutgläubige Dritte gelte als Person, „die von einem zur Verfügung über das betreffende Vermögen Berechtigten erworben hat“ (in diesem Sinne Dutta/Herrler/*Lange,* Die Europäische Erbrechtsverordnung 161 (170), wonach das Vertrauen in die Nachlasszugehörigkeit des Verfügungsgegenstandes jedenfalls dann geschützt sein soll, wenn das Zeugnis gemäß Art. 68 lit. l und m EuErbVO bescheinigt, dass der betreffende Gegenstand dem Zeugnisverwender zugewiesen ist). Al- 19 lerdings geht Art. 69 Abs. 4 EuErbVO von der Prämisse aus, dass die im Zeugnis ausgewiesene Person „über Nachlassvermögen" verfügt. Die Fiktion der Verfügungsberechtigung des Zeugnisverwenders greift mit anderen Worten nur unter der Voraussetzung ein, dass der Verfügungsgegenstand zum Nachlass gehörte. ErwG 71 S. 7 EuErbVO stellt folglich auch klar, dass die Verordnung nicht die Frage regeln sollte, „ob der Erwerb von Vermögen durch eine dritte Person wirksam ist oder nicht". Fiel der Gegenstand nicht in den Nachlass, wird allerdings das Vertrauen in die Nachlasszugehörigkeit des Verfügungsgegenstandes möglicherweise auf der Grundlage **nationaler Gutglaubensvorschriften** geschützt, im autonomen deutschen Recht beispielsweise nach Maßgabe der §§ 932ff. und § 892 BGB (*Buschbaum/Simon* ZEV 2012, 525 (528); MüKoBGB/*Dutta* EuErbVO Art. 69 Rn. 25; *Kleinschmidt* RabelsZ 77 (2013), 723 (777); *Traut* ZVglRWiss 2016, 358 (385)). Die nationalen Gutglaubensregeln und Art. 69 Abs. 4 EuErbVO werden in einem solchen Fall **kumulativ** angewandt: Erstere helfen über die fehlende Nachlasszugehörigkeit des Verfügungsgegenstandes hinweg, die Verordnung wiederum überwindet das Problem, dass der fragliche Gegenstand dem verfügenden Zeugnisinhaber erbrechtlich nicht zugewiesen war (s. zur entsprechenden Diskussion im Zusammenhang mit dem deutschen Erbschein Palandt/*Weidlich* § 2366 Rn. 5; *Gierl* in Burandt/Rojahn BGB § 2366 Rn. 9ff.). – Die gleichen Grundsätze gelten im Rahmen des Art. 69 Abs. 3 EuErbVO: Die Vorschrift schützt nicht den guten Glauben an die Nachlasszugehörigkeit der Forderung, auf die der Dritte leistet. Jedoch bieten dem Leistenden unter Umständen nationale Gutglaubensvorschriften Schutz, im deutschen Recht zB § 407 Abs. 1 BGB.

4. Redlichkeit des Dritten

20 **a) Kenntnis vom Inhalt des Zeugnisses erforderlich (konkreter Gutglaubensschutz).** Zunächst ist die Frage zu klären, ob Art. 69 Abs. 3 und 4 EuErbVO **konkreten** oder **abstrakten Gutglaubensschutz** gewährt, ob also der Dritte nur dann geschützt wird, wenn er sich das Zeugnis vorlegen lässt oder zumindest den Inhalt des Zeugnisses kennt, oder ob der Gutglaubensschutz die Kenntnis von der Existenz und vom Inhalt des Zeugnisses nicht voraussetzt, wie das etwa beim deutschen Erbschein der Fall ist (BGH NJW 1961, 605 (606); MüKoBGB/*Grziwotz* § 2366 Rn. 25). Der Wortlaut des Art. 69 EuErbVO gibt keine klare Antwort. Dort heißt es lediglich, dass die Gutglaubenswirkungen demjenigen zugute kommen, der „auf der Grundlage der in dem Zeugnis enthaltenen Angaben" handelt. Aus dieser Formulierung folgt nicht zwingend, dass der Dritte die Angaben kennen muss, die das Zeugnis zur Rechtsstellung und zu den Befugnissen des Leistungsempfängers bzw. des Verfügenden enthält. Vielmehr lässt der Normwortlaut auch die Interpretation zu, dass der Gutglaubensschutz bereits dann gewährt wird, wenn der Dritte – ohne das Zeugnis zu kennen – von subjektiven Vorstellungen ausgeht, die sich mit dem Zeugnisinhalt decken. Deutlicher ist demgegenüber der Hinweis in ErwG 71 S. 6 EuErbVO, wonach die Gutglaubenswirkungen eintreten sollten, „wenn noch gültige Abschriften [des Zeugnisses] vorgelegt werden" (eine Vorlage des Originals scheidet von vornherein aus, da dieses gemäß Art. 70 Abs. 1 EuErbVO bei der Ausstellungsbehörde verbleibt). Daraus ist zu schließen, dass der Unionsgesetzgeber für den Gutglaubensschutz nach Art. 69 Abs. 3 und 4 EuErbVO die **Vorlage einer Abschrift des Nachlasszeugnisses** für **notwendig** erachtet (so auch MüKoBGB/*Dutta* EuErbVO Art. 69 Rn. 22; *Kleinschmidt* RabelsZ 77 (2013), 723 (779); *Köhler* in Kroiß/Horn/Solomon (Hrsg.), Nachfolgerecht (2014), EuErbVO Art. 69 Rn. 7; Dutta/Herrler/*Lange,* Die Europäische Erbrechtsverordnung 161 (170); Schauer/Scheuba/*Schauer,* 73 (94); *Süß* ZEuP 2013, 725 (746); *Trittner,* 201; *Vollmer* ZErb 2012, 227 (233); aA *Buschbaum/Simon* ZEV 2012, 525 (528); *Gärtner,* 166). Teilweise wird auch vertreten, dass für die Gewährung des Gutglaubensschutzes bereits die Kenntnis des Dritten vom Zeugnisinhalt ausreiche und das Zeugnis bei der Vornahme des fraglichen Rechtsgeschäfts nicht vorgelegt zu werden brauche (MüKoFamFG/*Grziwotz* EuErbVO Art. 69 Rn. 17; BeckOGK/*J. Schmidt* EuErbVO Art. 69 Rn. 31; *Schmitz* RNotZ 2017, 269 (284); *Traut* ZVglRWiss 2016, 358 (286f.); jeweils unter Verweis auf die Entstehungsgeschichte). Diese Auslegungsvariante dürfte allerdings praktische Schwierigkeiten mit sich bringen, da es dem betroffenen Dritten im Prozess nicht leicht fallen dürfte nachzuweisen, dass er den Inhalt des Zeugnisses kannte, obwohl es ihm nicht vorgelegt wurde. In der Praxis ist dem Dritten also stets zu raten, auf der Vorlage der Zeugnisabschrift zu bestehen, will er nicht Gefahr laufen, den Gutglaubensschutz zu verlieren.

21 **b) Keine Kenntnis oder grob fahrlässige Unkenntnis von der Unrichtigkeit des Zeugnisses. aa) Allgemeine Aspekte.** Der Dritte, der auf der Grundlage der im Zeugnis enthaltenen Angaben handelt, wird gemäß Art. 69 Abs. 3 und 4 geschützt, „es sei denn, er wusste, dass das Zeugnis inhaltlich unrichtig ist, oder es war ihm dies infolge grober Fahrlässigkeit nicht bekannt". Aus der negativen Formulierung („es sei denn") ist zu schließen, dass die **Gutgläubigkeit** des Dritten **vermutet** wird und damit die Beweislast bei demjenigen liegt, der die Unredlichkeit des Dritten behauptet (MüKoBGB/*Dutta* EuErbVO Art. 69 Rn. 19; BeckOGK/*J. Schmidt* EuErbVO Art. 69 Rn. 34). Im Vergleich zu den Gutglaubenswirkungen des deutschen Erbscheins fällt auf, dass die EuErbVO strengere Anforderungen an den Vertrauensschutz stellt: Anders als bei den §§ 2366, 2367 BGB schadet dem Dritten nämlich

nicht erst die positive Kenntnis von der inhaltlichen Unrichtigkeit des Zeugnisses, sondern bereits die **grob fahrlässige Unkenntnis** davon. In den erhöhten Anforderungen an die Redlichkeit des Dritten sehen manche Autoren einen „Wettbewerbsnachteil" des Europäischen Nachlasszeugnisses im Verhältnis zum deutschen Erbschein (so ausdrücklich *Buschbaum/Simon* ZEV 2012, 525 (530); vgl. auch MüKoBGB/*Dutta* EuErbVO Art. 69 Rn. 19; *Kleinschmidt* RabelsZ 77 (2013), 723 (779); *J. Schmidt* ZEV 2014, 389 (392)).

bb) Inhaltliche Unrichtigkeit des Zeugnisses. Art. 69 Abs. 3 und 4 EuErbVO versagt den Gutglaubensschutz, wenn der Dritte wusste bzw. infolge grober Fahrlässigkeit verkannte, „dass das Zeugnis inhaltlich unrichtig war". Zu präzisieren ist zunächst, dass der maßgebende Rechtsscheinsträger in der dem Dritten vorgelegten **beglaubigten Abschrift** des Zeugnisses zu sehen ist (→ Rn. 17). Folglich beurteilt sich die Gutgläubigkeit des Dritten in Bezug auf den Inhalt der Abschrift und nicht des Originals des Zeugnisses. Diese Präzisierung ist für die Fälle wichtig, in denen die Ausstellungsbehörde das Zeugnis wegen inhaltlicher Unrichtigkeit gemäß Art. 71 Abs. 2 EuErbVO bereits geändert oder widerrufen hat, dem Dritten jedoch eine nach Art. 70 Abs. 3 EuErbVO noch gültige Abschrift des ursprünglich ausgestellten „falschen" Zeugnisses vorgelegt wird. Stellt man in diesen Konstellationen auf die Urschrift des Zeugnisses als maßgebenden Rechtsscheinträger ab, ist für die Gutglaubenswirkungen des Art. 69 Abs. 3 und 4 EuErbVO von vornherein kein Raum, da kein unrichtiges Zeugnis (mehr) vorliegt, in Bezug auf den der Dritte gutgläubig sein könnte. Sieht man hingegen den Rechtsscheinsträger in der beglaubigten Abschrift, kommt der Gutglaubensschutz so lange noch in Betracht, wie die Abschrift nach Art. 70 Abs. 3 EuErbVO gültig ist. 22

Unrichtig ist das Zeugnis zum einen dann, wenn die dem Verwender bescheinigte **Rechtsstellung** als Erbe, Vindikationslegatar, Testamentsvollstrecker oder Nachlassverwalter **nicht der wahren Rechtslage** entspricht. Darüber hinaus kann die Unrichtigkeit des Zeugnisses daraus resultieren, dass dem Verwender **Befugnisse** attestiert werden, die ihm in Wirklichkeit gar nicht zustehen (dazu, dass sich die Gutglaubenswirkungen des Zeugnisses auch auf die bescheinigten Befugnisse erstrecken, → Rn. 18). Die inhaltliche Unrichtigkeit des Zeugnisses in Bezug auf die dem Verwender bescheinigten Befugnisse kann sich beispielsweise aus einer fehlerhaften Anwendung des maßgebenden **Sachrechts** durch die Ausstellungsbehörde ergeben. Denkbar ist allerdings auch, dass die Ausstellungsbehörde bei der Beurteilung der Erbrechtslage vom „falschen" Erbstatut ausgegangen ist. Der Grund hierfür muss nicht zwangsläufig darin liegen, dass der Ausstellungsbehörde Fehler bei der Anwendung des **Kollisionsrechts** unterlaufen sind. Vielmehr kann auch ein **fehlender Entscheidungseinklang** zwischen Ausstellungs- und Verwendungsstaat die Ursache der Unrichtigkeit bilden (mit Verwendungsstaat ist dabei im vorliegenden Kontext der Mitgliedstaat gemeint, dessen Gerichte über den Eintritt der Gutglaubenswirkung zu entscheiden haben, s. zutreffend MüKoBGB/*Dutta* EuErbVO Art. 69 Rn. 21). Dies ist etwa der Fall, wenn in einem der beiden Staaten für die Bestimmung des anwendbaren Erbrechts vorrangige staatsvertragliche Kollisionsregeln eingreifen, die in der Anknüpfung von den Art. 20 ff. EuErbVO abweichen (zur Unrichtigkeit des Zeugnisses aufgrund eines fehlenden europäischen Entscheidungseinklangs bereits → Rn. 8). 23

cc) Kenntnis oder grob fahrlässige Unkenntnis von der Unrichtigkeit des Zeugnisses. Art. 69 Abs. 3 und 4 EuErbVO versagt den Gutglaubensschutz, wenn der Dritte die inhaltliche Unrichtigkeit des Zeugnisses positiv kannte oder infolge grober Fahrlässigkeit nicht erkannte. 24

Positive **Kenntnis** von der Unrichtigkeit des Zeugnisses ist anzunehmen, wenn dem Dritten bewusst ist, dass dem Verwender die Rechtsstellung oder die Befugnisse nicht zustehen, die im Zeugnis bescheinigt werden. Nicht ausreichend ist hingegen die bloße Kenntnis der Tatsachen, aus denen sich die Unrichtigkeit des Zeugnisinhalts ergibt. Doch kann die Kenntnis solcher Tatsachen unter Umständen eine Pflicht für den Dritten begründen, Nachforschungen zur Richtigkeit des Zeugnisses anzustellen. Kommt der Dritte dieser Nachforschungspflicht nicht nach, ist ihm möglicherweise eine grob fahrlässige Unkenntnis von der Unrichtigkeit des Zeugnisses anzulasten, so dass er aus diesem Grund den Gutglaubensschutz verliert. Der Kenntnis von der Unrichtigkeit des Zeugnisses ist die Kenntnis von einer **Änderung** oder einem **Widerruf** des (Original-) Zeugnisses gemäß Art. 71 Abs. 2 EuErbVO gleichzustellen. Gleiches gilt für die Kenntnis von der **Aussetzung der Wirkungen** des Zeugnisses gemäß Art. 73 Abs. 1 EuErbVO. 25

Schwieriger zu beantworten ist die Frage, unter welchen Umständen eine **grob fahrlässige Unkenntnis** des Dritten von der Unrichtigkeit des Zeugnisses vorliegt. Die Verordnung bietet weder in ihrem verbindlichen Teil noch in den Erwägungsgründen Hinweise hierzu. Begrifflich setzt die grob fahrlässige Unkenntnis zunächst den Bestand von **Nachforschungspflichten** voraus. Bei der Bestimmung, in welchen Konstellationen den Dritten eine Pflicht trifft, Nachforschungen über die inhaltliche Richtigkeit des Zeugnisses anzustellen, sollte stets der Zweck des Zeugnisses – die Erleichterung der Nachlassabwicklung – Berücksichtigung finden. Eine Statuierung zu strenger Nachforschungspflichten wäre mit diesem Ziel des Zeugnisses unvereinbar. Vor diesem Hintergrund kommt eine Nachforschungspflicht des Dritten etwa dann in Betracht, wenn ihm **Tatsachen** bekannt sind, die für ihn erkennbar im Ausstellungsverfahren unberücksichtigt geblieben sind und die – auch aus Sicht eines 26 juristischen Laien – für die Beurteilung der Erbrechtslage relevant sind. Dies ist beispielsweise der Fall, wenn der Dritte von der Existenz eines Abkömmlings des intestat verstorbenen Erblassers weiß, der jedoch der Ausstellungsbehörde unbekannt war (gemäß Art. 68 lit. g EuErbVO sind im Zeugnis die Berechtigten anzugeben, so dass sich ohne Mühe ableiten lässt, welche Berechtigten die Ausstellungsbehörde identifiziert hatte). Gleiches gilt, wenn der Dritte Kenntnis von einem Testament des Erblassers hat, das der Ausstellungsbehörde verborgen geblieben ist. Zurückhaltung bei der Annahme von Nachforschungspflichten ist auch geboten, wenn die inhaltliche Unrichtigkeit des Zeugnisses auf **rechtlichen Gründen** beruhte. Vom Dritten kann nicht erwartet werden zu überprüfen, ob die Ausstellungsbehörde bei der erbrechtlichen Beurteilung des Sachverhalts das anzuwendende Recht korrekt bestimmt und das einschlägige Sachrecht richtig angewandt hat. Andernfalls wäre das Zeugnis im Rechtsverkehr weitgehend nutzlos. Aus diesen Überlegungen folgt auch, dass der Dritte grundsätzlich nicht gehalten ist nachzuforschen, ob bei der Beurteilung der Erbrechtslage zwischen dem Ausstellungs- und dem Verwendungsstaat der **Entscheidungseinklang** gewährleistet ist. Er braucht sich mit anderen Worten nicht die Frage zu stellen, ob die von der Ausstellungsbehörde zugrunde gelegten Kollisionsnormen zur Bestimmung des Erbstatuts auch im Verwendungsstaat maßgebend sind. – Eine Nachforschungspflicht des Dritten wird man allerdings annehmen müssen, wenn ihm bekannt ist, dass ein Verfahren zur **Änderung** bzw. zum **Widerruf** des Zeugnisses gemäß **Art. 70 Abs. 2 EuErbVO** anhängig ist oder dass **Rechtsmittel** gegen die Ausstellung des Zeugnisses gemäß **Art. 72 Abs. 1 UAbs. 1 EuErbVO** eingelegt wurden.

27 **dd) Zeitpunkt der Redlichkeit.** Die Verordnung regelt nicht, welcher Zeitpunkt für die Beurteilung der Gutgläubigkeit des Dritten maßgeblich ist. Diese Frage ist insbesondere dann von Relevanz, wenn sich die Leistung des Dritten im Rahmen des Art. 69 Abs. 3 EuErbVO bzw. die Verfügung über den Nachlassgegenstand im Rahmen des Art. 69 Abs. 4 EuErbVO aus mehreren Teilakten zusammensetzt und damit einen **zeitlich gestreckten Tatbestand** darstellt. In diesen Fällen wird man grundsätzlich verlangen müssen, dass der Dritte noch zum Zeitpunkt der **Vollendung der zu beurteilenden Rechtshandlung** gutgläubig ist (so auch MüKoBGB/*Dutta* EuErbVO Art. 69 Rn. 20, der zudem bei behördlichen Mitwirkungshandlungen auf den Rechtsgedanken des § 892 Abs. 2 BGB zurückgreifen möchte; ebenso MüKoFamFG/*Grziwotz* EuErbVO Art. 69 Rn. 25; s. ferner NK-BGB/*Nordmeier* EuErbVO Art. 69 Rn. 25; *Traut* ZVglRWiss 2016, 358 (403); *Trittner,* 215 f.).

5. Rechtsfolge

28 Sind die Voraussetzungen für den Gutglaubensschutz nach Art. 69 Abs. 3 und 4 EuErbVO erfüllt, wird die im Nachlasszeugnis angegebene Erbrechtslage als zutreffend **fingiert.** Die im Zeugnis ausgewiesene Person gilt im Rahmen des Abs. 3 als berechtigt, die Leistung des Dritten entgegenzunehmen, so dass zu dessen Gunsten die Erfüllungswirkung eintreten kann. Ebenso gilt im Rahmen des Abs. 4 die im Zeugnis genannte Person als berechtigt, über den in Rede stehenden Nachlassgegenstand zu verfügen. Die Fiktion der Empfangsberechtigung nach Abs. 3 sowie der Verfügungsbefugnis nach Abs. 4 setzt allerdings voraus, dass die eingezogene Forderung bzw. der Verfügungsgegenstand in den Nachlass fielen; denn das Zeugnis schützt nicht das Vertrauen des Rechtsverkehrs in die Nachlasszugehörigkeit bestimmter Gegenstände (→ Rn. 19). Dementsprechend stellt auch ErwG 71 S. 7 EuErbVO klar, dass durch die Verordnung nicht geregelt werden sollte, „ob der Erwerb von Vermögen durch eine dritte Person wirksam ist oder nicht".

6. Internationaler Anwendungsbereich

29 Die Vorschriften der EuErbVO sind in den (an die Verordnung gebundenen) Mitgliedstaaten **unmittelbar anwendbares Einheitsrecht,** dh ihr internationaler Anwendungsbereich wird nicht durch das Internationale Privatrecht bestimmt. Dies gilt auch mit Blick auf die materiellrechtlichen Regelungen des Art. 69 Abs. 3 und 4 EuErbVO. Die mitgliedstaatlichen Gerichte wenden also die Gutglaubensvorschriften unabhängig davon an, ob das einschlägige Erbstatut oder das für die Forderungseinziehung bzw. Verfügung maßgebende Statut das Recht eines Mitgliedstaats ist (→ EuErbVO Vorb. Art. 62 Rn. 8 ff.). Daraus folgt auch, dass aus Sicht der mitgliedstaatlichen Gerichte das Nachlasszeugnis seine Gutglaubenswirkungen auch dann entfaltet, wenn es in einem Drittstaat verwendet worden ist.

V. Legitimationswirkung für Registereintragungen (Abs. 5)

1. Funktion und praktische Bedeutung

30 Dem Nachlasszeugnis kommt schließlich eine Legitimationswirkung gegenüber registerführenden Behörden zu, wenn es darum geht, die infolge des Erbfalls geänderte dingliche Zuordnung registerpflichtiger Nachlassgegenstände wie etwa Immobilien oder Gesellschaftsanteile einzutragen. Nach Art. 69 Abs. 5 EuErbVO stellt das Zeugnis „ein wirksames Schriftstück für die Eintragung des Nachlass-

vermögens in das einschlägige Register eines Mitgliedstaats dar". Einer Apostille oder Legalisation bedarf es gemäß Art. 74 EuErbVO nicht (*Weber* DNotZ 2020, 124), es genügt die Vorlage der beglaubigten Abschrift (zum Begriff → EuErbVO Art. 70 Rn. 2) des Nachlasszeugnisses. Der zu weit geratene Wortlaut der Vorschrift darf freilich nicht zu der Annahme verleiten, dass das Zeugnis als solches für die Erwirkung der Eintragung ausreicht und die Vorlage weiterer Dokumente entbehrlich macht. Die Regelung ist vielmehr dahingehend zu verstehen, dass das Zeugnis vor den registerführenden Stellen als Nachweis für die **Rechtsnachfolge von Todes wegen** bzw. – bei Testamentsvollstreckern oder Nachlassverwaltern – als Nachweis **für die Verfügungsberechtigung über den registrierten Gegenstand** genügen soll. In Deutschland spielt die Vorschrift namentlich für die Umschreibung des Grundbuchs sowie des Handels- oder Schiffsregisters eine Rolle (→ Rn. 10).

Als Legitimationsnachweis gegenüber Registerbehörden erfüllt das Europäische Nachlasszeugnis eine Funktion, die auch etlichen nationalen Erbnachweisen zukommt (dazu *Goossens* ERPL 2017, 523 mit zahlreichen Beispielen). Wie aus ErwG 18 EuErbVO hervorgeht, soll das Europäische Nachlasszeugnis damit den Erben und sonstigen erbrechtlichen Begünstigten eine „doppelte Erstellung von Schriftstücken" ersparen, die in grenzüberschreitenden Erbfällen notwendig wäre, wenn die Behörden im Registerstaat ausländische Nachweise für die Eintragung des Rechtsübergangs nicht akzeptieren würden (ebenso auch ErwG 69 S. 2 EuErbVO, dazu österr. OGH 12.6.2018, Az. 5 Ob 77/18m Rn. 2.6). Mit Blick auf Deutschland ist festzustellen, dass die Entscheidung des EuGH in der Rechtssache Oberle (EuGH 21.6.2018 – Rs. C-20/17, NJW 2018, 2309) die **praktische Relevanz des Europäischen Nachlasszeugnisses für Grundbuchberichtigungen** deutlich erhöht haben dürfte. Gemäß § 35 Abs. 1 GBO kann der Nachweis der Erbfolge – außer durch öffentliches Testament – nur durch einen Erbschein oder ein Europäisches Nachlasszeugnis geführt werden (→ Rn. 33). Hatte der Erblasser zum Todeszeitpunkt seinen gewöhnlichen Aufenthalt nicht in Deutschland, können die deutschen Nachlassgerichte mangels internationaler Zuständigkeit grundsätzlich keinen auf das inländische Nachlassvermögen beschränkten Erbschein ausstellen (→ EuErbVO Art. 62 Rn. 15 ff.; s. dort auch zu den Ausnahmen). Ob das Grundbuchamt in solchen Fällen ein ausländisches Nachlasszeugnis im Wege der Substitution als funktionales Äquivalent zum deutschen Erbschein anerkennen muss, ist eine Frage, die mit großen Schwierigkeiten und Unsicherheiten behaftet ist (→ EuErbVO Vorb. Art. 62 Rn. 2 f.). Außerdem ist es denkbar, dass der Mitgliedstaat, dessen Gerichte für die Nachlasssache international zuständig sind, das rechtliche Institut eines Erbnachweises mit Legitimationswirkung gegenüber Registerbehörden gar nicht kennt. In all diesen Konstellationen ist der erbrechtlich Begünstigte für die Umschreibung des Grundbuchs auf das Europäische Nachlasszeugnis angewiesen. **30a**

Die Legitimationswirkung des Zeugnisses gemäß Art. 69 Abs. 5 EuErbVO stellt einen **besonderen Anwendungsfall** der in Art. 69 Abs. 2 EuErbVO geregelten **Beweiswirkung** dar. Sie begründet folglich lediglich eine **widerlegliche Richtigkeitsvermutung** hinsichtlich des Zeugnisinhalts (OLG Saarbrücken FamRZ 2019, 1569, 1570; OLG München BeckRS 2020, 25421 Rn. 28; MüKoBGB/*Dutta* EuErbVO Art. 69 Rn. 26; MüKoFamFG/*Grziwotz* EuErbVO Art. 69 Rn. 26; *Lange* DNotZ 2016, 103 (113); *Traut* ZVglRWiss 2016, 358 (376)). Die registerführende Stelle ist insbesondere dann nicht an die im Zeugnis niedergelegten Feststellungen gebunden, wenn aus ihrer Sicht ein anderes Recht für die Beurteilung der Erbrechtslage maßgebend ist und sich die bescheinigte Rechtsstellung des Zeugnisverwenders folglich aus ihrer Perspektive als unrichtig erweist (ebenso *Weber* RNotZ 2018, 454 (462); vgl. zu diesen Fällen fehlenden Entscheidungseinklangs → Rn. 8; aA offenbar *Süß* ZEuP 2013, 725 (748), der eine Bindung an den Zeugnisinhalt auch bei fehlendem Entscheidungseinklang annimmt). Ebenso kann die Richtigkeitsvermutung des Zeugnisses widerlegt werden, wenn neue Tatsachen bekannt werden, welche die Ausstellungsbehörde noch nicht würdigen konnte (so Dutta/Herrler/*Lange,* Die Europäische Erbrechtsverordnung 161 (171); *Wilsch* ZEV 2012, 530). Zu weitgehend erscheint es jedoch, wenn das OLG München im Rahmen eines Grundbuchberichtigungsverfahrens ein in Österreich ausgestelltes europäisches Nachlasszeugnis daraufhin überprüft, ob die Ausstellungsbehörde das in der Erbsache anwendbare österreichische Erbrecht frei von Rechtsfehlern angewandt und die Erbfolge korrekt im Zeugnis bescheinigt hat (OLG München ZEV 2020, 233; zu Recht krit. *Süß* ZEV 2020, 237; im konkreten Verfahren kam dem Nachlasszeugnis allerdings entgegen der Einschätzung des Gerichts keine Richtigkeitsvermutung zu, da es inhaltlich im Widerspruch zu einem nationalen Erbnachweis in Gestalt eines Einantwortungsbeschlusses stand, → EuErbVO Art. 62 Rn. 20). **30b**

2. Bereichsausnahmen für die „Art der dinglichen Rechte" und das Registerrecht

Wie Art. 69 Abs. 5 EuErbVO bestimmt, greift die Legitimationswirkung nur „unbeschadet des Art. 1 Abs. 2 lit. k und l EuErbVO" ein. Der Verweis auf die Bereichsausnahme des **Art. 1 Abs. 2 lit. k EuErbVO** („Art der dinglichen Rechte") betrifft den Fall, dass das Erbstatut dem Berechtigten ein Recht am registrierten Nachlassgegenstand verleiht, das seinem **Inhalt** nach dem Vermögensrechtsstatut (Einzelstatut; hier: Recht des registerführenden Mitgliedstaats) unbekannt ist und dessen Anerkennung gegen den Numerus-clausus-Grundsatz dieser Rechtsordnung verstoßen würde. In dieser Situation **31** ändert die Verwendung des Nachlasszeugnisses nichts daran, dass das im Zeugnis bescheinigte Recht des Berechtigten einer Anpassung gemäß Art. 31 EuErbVO bedarf, um ins Register eingetragen werden zu können. So verhält es sich beispielsweise, wenn das Erbstatut dem überlebenden Ehegatten des Erblassers einen Legalnießbrauch am gesamten Nachlass einräumt, wie das etwa im belgischen und zum Teil auch im französischen Recht der Fall ist (→ EuErbVO Art. 31 Rn. 27). Ein solches Nießbrauchsrecht an Vermögensgesamtheiten ist dem deutschen Recht unbekannt und folglich in einen Nießbrauch an den einzelnen Nachlassgegenständen umzudeuten (→ EuErbVO Art. 31 Rn. 30). Hingegen führt die Bereichsausnahme des Art. 1 Abs. 2 lit. k EuErbVO nicht zu einer vergleichbaren Überlagerung des Erbstatuts durch das Vermögensrechtsstatut, wenn dem Recht des Registerstaats zwar der Inhalt der einzutragenden Rechtsposition bekannt ist, nicht jedoch die **Modalitäten,** nach denen die Rechtsposition im Erbfall auf den Erben bzw. Vermächtnisnehmer übergeht. Diesen Grundsatz hat der EuGH in der Rechtssache **Kubicka** bestätigt (EuGH 12.10.2017 – Rs. C-218/16, NJW 2017, 3767 Rn. 49 f. – Kubicka). Aus deutscher Sicht ergeben sich daraus wichtige Konsequenzen für die Behandlung **ausländischer Vindikationslegate** über inländische Grundstücke oder sonstige registerpflichtige Gegenstände: Der dinglichen Wirkung solcher Vermächtnisse (→ EuErbVO Art. 63 Rn. 13) kann nicht auf Grundlage des Art. 1 Abs. 2 lit. k EuErbVO die Anerkennung versagt werden. Der Inhalt der vermachten Rechtsposition – meist handelt es sich um Eigentumsrechte – ist der deutschen Rechtsordnung durchaus vertraut. Allein der durch das Vindikationslegat bewirkte unmittelbare Rechtsübergang auf den Vermächtnisnehmer im Wege der Einzelrechtsnachfolge von Todes wegen ist, von Ausnahmen im Höfe- und im Personengesellschaftsrecht abgesehen, dem hiesigen Recht unbekannt. Die Umdeutung des Vindikationslegats in ein Damnationslegat mit der Folge, dass bei einem Vermächtnis über ein Grundstück der Vermächtnisnehmer nicht unmittelbar die Eintragung des Rechtserwerbs im Grundbuch beantragen kann, sondern zunächst die Auflassung des Grundstücks von den Erben verlangen muss, scheidet damit aus (→ EuErbVO Art. 63 Rn. 12 ff.). Entsprechendes gilt für die Behandlung **dinglicher Teilungsanordnungen** sowie für den **Legalnießbrauch** an einzelnen Nachlassgegenständen (OLG Saarbrücken FamRZ 2019, 1569; OLG München BeckRS 2020, 25421 Rn. 24; *Leitzen* ZEV 2018, 311, (313); NK-BGB/*Nordmeier* EuErbVO Art. 69 Rn. 29; mit Blick auf die dingliche Teilungsanordnung auch *Bandel* MittBayNot 2018, 99 (101)). Auch hier ist allein der Modus des Erwerbs von Todes wegen dem deutschen Recht unbekannt, nicht hingegen der materielle Inhalt dieser Rechte.

32 Nicht sogleich ersichtlich ist hingegen der Sinn der Bezugnahme auf **Art. 1 Abs. 2 lit. l EuErbVO,** der Fragen im Zusammenhang mit der „Eintragung von Rechten […] in einem Register" vom Anwendungsbereich der Verordnung ausnimmt. Art. 69 Abs. 5 EuErbVO stellt nämlich gerade eine Durchbrechung dieser Bereichsausnahme dar (MüKOBGB/*Dutta* EuErbVO Art. 69 Rn. 27). Der Vorbehalt zugunsten des Art. 1 Abs. 2 lit. l EuErbVO darf also nicht dahingehend interpretiert werden, dass die Mitgliedstaaten im Rahmen ihres autonomen Registerrechts die Möglichkeit hätten, für den Nachweis der Rechtsnachfolge von Todes wegen andere Dokumente zu verlangen als das Europäische Nachlasszeugnis (NK-BGB/*Nordmeier* EuErbVO Art. 69 Rn. 28). Andernfalls liefe die Regelung des Art. 69 Abs. 5 EuErbVO leer. So hat in **Österreich** der OGH klargestellt, dass das Europäische Nachlasszeugnis für die „Einverleibung" einer Liegenschaft ebenso wie für andere grundbücherliche Eintragungen eine ausreichende Legitimationsgrundlage bietet; die Registerbehörde kann daneben **nicht** die Vorlage eines **Einantwortungsbeschlusses** verlangen (österr. OGH 15.5.2018 – 5 Ob 35/18k, ZEV 2019, 353 Rn. 3.3; österr. OGH 12.6.2018 – 5 Ob 77/18m Rn. 2.7). Anders verhält es sich jedoch offenbar in **Frankreich,** wo Art. 710-1 franz. Cc Registereintragungen nur auf der Grundlage öffentlicher Urkunden zulässt, die im Inland ausgestellt werden, so dass Eintragungen aufgrund eines im Ausland erteilten ENZ jedenfalls nach dem Gesetzeswortlaut ausgeschlossen sind (*Döbereiner* ZEV 2015, 559 (562); *Goossens* ERPL 2017, 523 (531)). Aufschluss über die Bedeutung des Vorbehalts gibt indessen **ErwG 18 S. 6 EuErbVO,** welcher bestimmt, dass die registerführenden Behörden nicht daran gehindert sein sollten, „diejenigen zusätzlichen Angaben oder die Vorlage derjenigen zusätzlichen Schriftstücke zu verlangen, die nach dem Recht des Mitgliedstaats, in dem das Register geführt wird, erforderlich sind, wie beispielsweise Angaben oder Schriftstücke betreffend die Zahlung von Steuern". Aus dem Hinweis auf das Steuerrecht geht hervor, dass die Mitgliedstaaten lediglich bei der Bestimmung der Eintragungsformalitäten frei sind, die nicht den Nachweis der Rechtsnachfolge von Todes wegen oder anderer erbrechtlicher Befugnisse zum Gegenstand haben. Der Verweis auf Art. 1 Abs. 2 lit. l EuErbVO ist somit dahingehend zu verstehen, dass die Verwendung des Europäischen Nachlasszeugnisses nicht von den Eintragungsanforderungen enthebt, die das auf den Nachlassgegenstand anwendbare **formelle Registerrecht** aufstellt (so auch österr. OGH 21.12.2017 – 5 Ob 186/17i, IPRax 2019, 64 Rn. 6; österr. OGH 15.5.2018 – 5 Ob 35/18k, ZEV 2019, 353 Rn. 4.2; MüKoBGB/*Dutta* EuErbVO Art. 69 Rn. 27; *Janzen* DNotZ 2012, 484 (493); *Konvalin,* 136; BeckOGK/*J. Schmidt* EuErbVO Art. 69 Rn. 60; *Thorn/Lasthaus* IPRax 2019, 24 (27)). Sofern die Bereichsausnahme des Art. 1 Abs. 2 lit. l EuErbVO dahingehend verstanden wird (→ EuErbVO Art. 63 Rn. 14), dass auch **konstitutive Eintragungserfordernisse** nach dem Recht des Registerstaats vom Erbstatut nicht verdrängt werden, ergibt sich daraus indessen **keine Beschränkung der Legitimationswirkung** des Nachlasszeugnis im

Rahmen des Art. 69 Abs. 5 EuErbVO. Setzt nämlich der Erwerb von Todes wegen des registerpflichtigen Gegenstands nach dem Recht des Registerstaats die Registereintragung voraus (so etwa bei Immobilien in Griechenland nach Art. 1193, 1198 griech. ZGB oder in Italien nach Art. 2648 ital. Cc), kann nach hier vertretener Auffassung (→ EuErbVO Art. 63 Rn. 16) dem Begünstigten schon vor der Registereintragung ein Nachlasszeugnis ausgestellt werden, das seine Berechtigung am fraglichen Gegenstand bescheinigt und damit zur Erwirkung der Eintragung eingesetzt werden kann.

3. Zusammenspiel mit dem nationalen Registerverfahrensrecht

a) Nationale Ausführungsgesetzgebung. Um die Legitimationswirkung des Zeugnisses nach Art. 69 Abs. 5 EuErbVO auch in Deutschland zu ermöglichen, hat der deutsche Ausführungsgesetzgeber einzelne registerrechtliche Vorschriften angepasst. So wurde in **§ 35 GBO** und **§ 41 SchRegO** das Europäische Nachlasszeugnis dem deutschen Erbschein als Legitimationsnachweis für Eintragungen ins Grundbuch bzw. Schiffsregister ausdrücklich gleichgestellt (s. entsprechend in Österreich die Regelung des **§ 33 Abs. 1 lit d österr. GBG** für die Zwecke der „Einverleibung"; in den Niederlanden vgl. **Art. 27a Abs. 1 Kadasterwet**). Ihrem Wortlaut nach beziehen sich § 35 GBO und § 41 SchRegO allerdings nur auf den Nachweis der „Erbfolge", d. h. auf den Rechtsübergang im Wege der Gesamtrechtsnachfolge (für den Nachweis des Rechtserwerbs im Wege der Einzelrechtsnachfolge → Rn. 39). In Bezug auf das **Handelsregister** hat der Gesetzgeber auf eine vergleichbare Klarstellung verzichtet. In der Tat bestand hier auch kein Anpassungsbedarf: Nach dem (unverändert gebliebenen) § 12 Abs. 1 S. 4 HGB ist die Rechtsnachfolge „soweit tunlich durch öffentliche Urkunden nachzuweisen". Es ist davon auszugehen, dass das Europäische Nachlasszeugnis ebenso wie der deutsche Erbschein die handelsregisterrechtlichen Nachweisanforderungen erfüllt (NK-BGB/*Nordmeier* EuErbVO Art. 69 Rn. 33; *Schaub* in Ebenroth/Boujong/Joost/Strohn HGB § 12 Rn. 165; Palandt/*Weidlich* BGB Anh zu §§ 2353 ff. Rn. 1). 33

b) Registerrechtliche Anforderungen für Eintragung. Wie sich aus dem Verweis in Art. 69 Abs. 5 EuErbVO auf den Registervorbehalt des Art. 1 Abs. 2 lit. l EuErbVO ergibt, können die Registerbehörden zusätzlich zum Europäischen Nachlasszeugnis die Vorlage **weiterer Unterlagen und Informationen** verlangen, um die beantragte Eintragung vorzunehmen (→ Rn. 32). ErwG 18 S. 6 der Verordnung nennt beispielhaft „Angaben oder Schriftstücke betreffend die Zahlung von Steuern" (weitere Beispiele bei MüKoFamFG/*Grziwotz* EuErbVO Art. 69 Rn. 27). Überwiegend wird auch angenommen, dass die Registerbehörde die **Übersetzung** eines in ausländischer Sprache ausgestellten Nachlasszeugnisses verlangen darf (*Goossens* ERPL 2017, 523 (537); MüKoFamFG/*Grziwotz* EuErbVO Art. 69 Rn. 29; NK-BGB/*Nordmeier* EuErbVO Art. 69 Rn. 30; *Schmitz* RNotZ 2017, 269 (284)). Das Sprachenproblem wird allerdings in der Praxis dadurch entschärft, dass das Nachlasszeugnis gemäß Art. 67 Abs. 1 S. 2 EuErbVO zwingend auf einem EU-weit einheitlichen Formblatt auszustellen ist. Die Bedeutung nicht weniger Angaben dürfte sich folglich der befassten Registerbehörde bereits aus dem Formular erschließen. 34

Die Registerbehörde kann ferner **weitergehende Angaben** zur exakten Bestimmung des einzutragenden Rechts verlangen, im Grundbuchverfahren etwa zur Bezeichnung des von der Eintragung betroffenen Grundstücks (in Deutschland auf der Grundlage des § 28 GBO, hierzu → Rn. 40). Soweit das europäische Nachlasszeugnisverfahren und das mitgliedstaatliche Registerrecht nicht aufeinander abgestimmt sind, kann im Einzelfall die Gefahr einer **„Blockade" des Grundbuchs oder sonstiger Register** drohen (*Steiner* ZEV 2018, 740; *ders.* ZEV 2019, 325; *Wagner* ZEV 2020, 204 (208)). So stellten sich in **Österreich** einige Grundbuchämter und Instanzgerichte auf den Standpunkt, dass für die sog. grundbücherliche Einverleibung einer Liegenschaft, d. h. für die Eintragung des Eigentumsübergangs ins Grundbuch, stets die genaue Bezeichnung des betroffenen Grundstücks nach § 32 Abs. 1 lit. a österr. GBG erforderlich sei. Nach dieser Auffassung konnte ein Erbe auf der Grundlage eines europäischen Nachlasszeugnisses keine Eigentumsumschreibung erwirken. Bei Erben kann nämlich die Berechtigung an einzelnen Nachlassgegenständen gemäß Art. 63 Abs. 2 lit. b und Art. 68 lit. l EuErbVO grundsätzlich nicht im Nachlasszeugnis bescheinigt werden (→ EuErbVO Art. 63 Rn. 36). Der **österreichische OGH** hat indessen verhindert, dass das Europäische Nachlasszeugnis als Legitimationsnachweis für das österreichische Grundbuchverfahren bedeutungslos wird (österr. OGH 15.5.2018 – 5 Ob 35/18k, ZEV 2019, 353). Er hat darauf verwiesen, dass der nationale Ausführungsgesetzgeber in § 33 Abs. 1 lit. d GBG das europäische Nachlasszeugnis ausdrücklich als taugliche Urkunde für die Zwecke der Einverleibung anerkannt hat. Daraus hat er geschlossen, dass das Erfordernis der genauen Bezeichnung des Grundstücks nicht gilt, wenn für die Eigentumsumschreibung ein Europäisches Nachlasszeugnis verwendet wird. Anders stellt sich hingegen die Rechtslage in der **tschechischen Republik** dar, wo die Katasterämter unter Verweis auf das nationale Registerrecht (§ 8 tschech. Katastergesetz 256/2913) die Berichtigung des Grundbuchs offenbar nach wie vor verweigern, wenn im europäischen Nachlasszeugnis die genaue Bezeichnung des betroffenen Grundstücks fehlt (*Heidenhain* WIRO 2020, 97 (100 ff.); *Semelová* GPR 2018, 200). Nicht abschließend geklärt ist, wie in solchen Fällen die 35

Blockade des Grundbuchs aufzulösen und die Effektivität des Nachlasszeugnisses zu sichern ist. Teilweise wird die Ansicht vertreten, die das Nachlasszeugnis **ausstellende Behörde** müsse die Eintragungsanforderungen des Registerstaats berücksichtigen und gegebenenfalls zusätzliche, über die Pflichtangaben nach Art. 68 EuErbVO hinausgehende Informationen in das Nachlasszeugnis aufnehmen (*Nordmeier* IPRax 2019, 306 (309); *Semelová* GPR 2018, 200 (202)). In diese Richtung scheint auch **ErwG 68 EuErbVO** hinzudeuten, wonach die Ausstellungsbehörde „die Formalitäten beachten [sollte], die für die Eintragung von unbeweglichen Sachen in dem Mitgliedstaat, in dem das Register geführt wird, vorgeschrieben sind." Teilweise wiederum wird der **Registerstaat** in der Pflicht gesehen, seine verfahrensrechtlichen Anforderungen an eine Eintragung so auszugestalten, dass das europäische Nachlasszeugnis nicht seiner praktischen Wirksamkeit beraubt wird (in diesem Sinne OLG Nürnberg ZEV 2017, 579 Rn. 10; OLG München FGPrax 2018, 39; *Raab* GPR 2018, 203 (205)). Die zuletzt genannte Lösung erscheint vorzugswürdig, da andernfalls das Verfahren zur Ausstellung des Nachlasszeugnisses mit deutlich größerem Aufwand und Schwierigkeiten verbunden wäre, wenn sich die Ausstellungsbehörde mit dem (für sie fremden) Verfahrensrecht des Registerstaates vertraut machen müsste. Letztlich sollte der **EuGH** die Frage klären, wie das Ausstellungsverfahren und das Registerverfahrensrecht der Mitgliedstaaten aufeinander abzustimmen sind (juris-PK/*Kleinschmidt* EuErbVO Art. 68 Rn. 26; *Wilsch* FGPrax 2018, 39 (40)).

36 Angesichts der nach Art. 70 Abs. 3 EuErbVO **beschränkten Gültigkeitsdauer** des Nachlasszeugnisses ist umstritten, ob die für die Erwirkung der Registereintragung vorgelegte beglaubigte Abschrift des Zeugnisses noch zum **Zeitpunkt der Vornahme der Eintragung** gültig sein muss, um ihre Legitimationswirkung zu entfalten, oder ob die Gültigkeit zum **Zeitpunkt der Beantragung** der Eintragung ausreicht. Hierbei geht es um eine Frage der „gesetzlichen Voraussetzungen" der Eintragung iSv Art. 1 Abs. 2 lit. l EuErbVO, für die das nationale Registerverfahrensrecht maßgebend ist. Mit Blick auf das deutsche Grundbuchverfahren hat das Kammergericht entschieden, dass die Gültigkeitsfrist der Zeugnisabschrift im Moment der Eintragung der Rechtsänderung ins Grundbuch nicht abgelaufen sein darf (KG NJW-RR 2019, 1413 (1414); zust. *Bergquist* IPRax 2020, 232; *Rademacher* FamRZ 2020, 54 (55); *Weber* DNotZ 2020, 124 (125); ebenso bereits zuvor MüKoFamFG/*Grziwotz* EuErbVO Art. 69 Rn. 28; *Lange* DNotZ 2016, 103 (112); *Schmitz* RNotZ 2017, 269 (286); *Trittner,* 216). Diese Anforderung dürfte die Verwendung des Nachlasszeugnisses in der Praxis erschweren, wenn man bedenkt, dass die Gültigkeitsdauer der Abschriften lediglich sechs Monate beträgt. Der Verwender des Zeugnisses hat regelmäßig keinen Einfluss darauf, wann die Registerbehörde die Eintragung vornimmt. Vor diesem Hintergrund sollte es nach der gesetzlichen Wertung des **§ 878 BGB** unschädlich sein, wenn die Gültigkeitsfrist im Zeitpunkt der Eintragung überschritten ist, solange die Abschrift des Zeugnisses im Moment der Antragstellung noch gültig war (ebenso MüKoBGB/*Dutta* EuErbVO Art. 69 Rn. 4; NK-BGB/*Nordmeier* EuErbVO Art. 69 Rn. 34; BeckOK/*Wilsch* GBO § 35 Rn. 39). Letzterem Modell folgt auch das **österreichische Recht.** Hier hat der OGH entschieden, dass es für die Beurteilung der Gültigkeit der vorgelegten Zeugnisabschrift gemäß § 93 GBG auf den Zeitpunkt ankommt, in dem das Grundbuchgesuch beim Grundbuchgericht „einlangt" (österr. OGH 15.5.2018 – 5 Ob 35/18k, ZEV 2019, 353 Rn. 1.2).

37 **c) Sonderproblem: Behandlungen von Vindikationslegaten, dinglichen Teilungsanordnungen und gesetzlichen Nießbrauchrechten.** Bei Inkrafttreten der EuErbVO war mit Blick auf das Grundbuchverfahren umstritten, ob das Nachlasszeugnis auch einen ausreichenden Legitimationsnachweis für die Einzelrechtsnachfolge in die Rechte an Grundstücken darstellt. Diese Frage stellte sich namentlich im Zusammenhang mit **Vindikationslegaten** und **dinglich wirkenden Teilungsanordnungen** nach ausländischem Recht. Diese Institute, die dem deutschen Erbrecht fremd sind, zeichnen sich dadurch aus, dass der Begünstigte im Erbfall den ihm zugedachten Nachlassgegenstand unmittelbar mit dinglicher Wirkung im Wege der Einzelrechtsnachfolge erwirbt (→ EuErbVO Art. 63 Rn. 9 und 37). Eine ähnliche Problematik tritt im Zusammenhang mit dem **Legalnießbrauch** auf: Manche Rechtsordnungen gewähren dem überlebenden Ehegatten des Erblassers ein unmittelbar mit dem Erbfall entstehendes gesetzliches Nießbrauchsrecht an einzelnen Nachlassgegenständen wie der Familienwohnung (so zB Art. 540 ital. Cc; → EuErbVO Art. 63 Rn. 9) oder am Nachlassvermögen insgesamt bzw. Bruchteilen davon (s. zB Art. 915bis § 1 belg. Cc sowie Art. 757 Alt. 2 franz. Cc; zur Behandlung in Deutschland eines Nießbrauchsrechts an einer Vermögensmasse → EuErbVO Art. 31 Rn. 30 ff.). Von der Erbfolge im Sinne von § 1922 BGB unterscheidet sich dieses Institut darin, dass der Begünstigte lediglich ein beschränktes dingliches Recht am Nachlass bzw. an einzelnen Nachlassgegenständen erwirbt. In sämtlichen der vorstehend genannten Fälle war unklar, ob für die Eintragung der Rechtsänderung ins Grundbuch die Vorlage des Nachlasszeugnisses ausreichte oder ob nicht die vorherige **Auflassung** des Grundstücks an den Begünstigten bzw. – in Bezug auf den Legalnießbrauch – die dingliche Einigung über die Bestellung des Nießbrauchsrechts erforderlich war.

38 Nach der Entscheidung des **EuGH** in der Rechtssache **Kubicka** (EuGH 12.10.2017 – Rs. C-218/16, NJW 2017, 3767) steht nun fest, dass einem ausländischen Vindikationslegat über einen in Deutschland belegenen Gegenstand nicht auf der Grundlage der Bereichsausnahme des Art. 1 Abs. 1 lit. k

EuErbVO die dingliche Wirkung versagt werden darf (ausf. → EuErbVO Art. 63 Rn. 13). Eine Umdeutung solcher Vermächtnisse in lediglich schuldrechtlich wirkende Damnationslegate ist im Übrigen bei registerpflichtigen Gegenständen wie etwa Grundstücken auch nicht unter Berufung auf den Registervorbehalt des Art. 1 Abs. 2 lit. l EuErbVO möglich. Diese Vorschrift räumt nämlich – neben dem formellen Registerrecht – lediglich **konstitutiven Eintragungserfordernissen** des Registerstatuts den Vorrang vor dem Erbstatut ein. Im deutschen Recht ist allerdings die Grundbucheintragung für den Erwerb von Todes wegen dinglicher Rechte an Grundstücken nicht konstitutiv, ein Rechtserwerb „am Grundbuch vorbei" also möglich (ausf. → EuErbVO Art. 63 Rn. 14). Folglich erwirbt der Empfänger eines ausländischen Vindikationslegats über ein inländisches Grundstück das Eigentum an der Liegenschaft, ohne dass es einer Auflassung durch die Erben bedarf. Entsprechendes gilt mit Blick auf ausländische **dingliche Teilungsanordungen** und **Legalnießbrauchrechte** (OLG Saarbrücken FamRZ 2019, 1569; OLG München BeckRS 2020, 25421 Rn. 24; *Kleinschmidt* LMK 2018, 403371; *Leitzen* ZEV 2018, 311 (313); NK-BGB/*Nordmeier* EuErbVO Art. 69 Rn. 29; speziell zum Nießbrauch *Jacoby* GPR 2018, 303 (304)). Auch hier erwirbt der Begünstigte das betreffende dingliche Recht am Grundstück unmittelbar und ohne das Erfordernis einer rechtsgeschäftlichen Übertragung durch die Erben (→ EuErbVO Art. 63 Rn. 13).

Für das **formelle Grundbuchverfahrensrecht** ergeben sich aus dem Gesagten folgende Konsequenzen: Die nach Maßgabe des ausländischen Erbstatuts eingetretene materiell-rechtliche Rechtsänderung – der auf dem Vindikationslegat, der dinglichen Teilungsanordnung bzw. auf dem Legalnießbrauch beruhende Rechtserwerb – ist im Wege der **Berichtigung nach § 22 GBO** ins Grundbuch einzutragen. Einer Bewilligung der Eintragung nach § 19 GBO durch die Erben bedarf es nicht (OLG Saarbrücken FamRZ 2019, 1569 (1570); *Dorth* ZEV 2018 11 (13); aA *Litzenburger* FD-ErbR 2017, 396271; vgl. zu dieser denkbaren Lösung auch *Weber* DNotZ 2018 16 (28)). Weitgehende Einigkeit besteht darüber, dass der **Nachweis der Unrichtigkeit** des Grundbuchs in diesen Fällen mithilfe des **Europäischen Nachlasszeugnisses** geführt werden kann, auch wenn § 35 Abs. 1 GBO das Nachlasszeugnis lediglich als Beweismittel zum Nachweis der „Erbfolge", d. h. der Gesamtrechtsnachfolge von Todes wegen, nennt (anders z. B. die entsprechende Regelung des Art. 27a Abs. 2 Kadasterwet in den Niederlanden, die das Europäische Nachlasszeugnis auch als Nachweis für die Singularsukzession von Todes wegen anerkennt). Die Begründung dafür variiert. Teilweise wird eine erweiternde **unionsrechtskonforme Auslegung des § 35 Abs. 1 GBO** befürwortet: Die auf die „Erbfolge" beschränkte Formulierung des § 35 Abs. 1 GBO sei darauf zurückzuführen, dass der deutsche Ausführungsgesetzgeber noch der Auffassung gewesen war, ausländischen Vindikationslegaten und dinglichen Teilungsanordnungen entfalteten im Inland nur schuldrechtliche Wirkung (BR-Drs. 644/14, 67). Dieser Auffassung sei nun durch die Entscheidung des EuGH in der Rechtssache Kubicka (→ Rn. 38) der Boden entzogen, so dass § 35 GBO an die unionsrechtlichen Vorgaben angepasst werden müsse (*Dorth* ZEV 2018, 11 (14); *J. P. Schmidt* EPJL 2018, 4 (29); *Tereszkiewicz/Wysocka-Bar* GPR 2018, 100 (102); vgl. auch *Bandel* MittBayNot 2018, 99 (102), wonach der Begriff der „Erbfolge" auch auf die „Sondererbfolge" bei Vindikationslegaten und dinglichen Teilungsanordnungen erstreckt werden könne). Teilweise wird darauf verwiesen, § 35 GBO regele eine Beweismittelbeschränkung allein für den Nachweis der Erbfolge. Beruhe die Grundbuchunrichtigkeit wie in den vorliegenden Fälle auf einer Einzelrechtsnachfolge von Todes wegen, greife die Beweismittelbeschränkung nicht und es seien nach **§ 22 GBO auch andere Unrichtigkeitsnachweise** zugelassen, darunter auch das Europäische Nachlasszeugnis (OLG Saarbrücken FamRZ 2019, 1569 (1570); *Bandel* MittBayNot 2018, 99 (102); BeckOK/*Wilsch* GBO § 35 Rn. 40b). 39

Für die Berichtigung des Grundbuchs muss das betroffene Grundstück im Nachlasszeugnis gemäß **§ 28 S. 1 GBO** korrekt bezeichnet sein (OLG Saarbrücken FamRZ 2019, 1569 (1570); *Kleinschmidt* LMK 2018, 403371; *Leitzen* ZEV 2018, 311 (316); *Weber* DNotZ 2018, 16 (24)). Hierbei handelt es sich um eine im formellen Registerrecht wurzelnde Eintragungsvoraussetzung, die gemäß Art. 69 Abs. 5 iVm Art. 1 Abs. 2 lit. l EuErbVO von den Bestimmungen der Erbrechtsverordnung nicht berührt wird (→ Rn. 34). Bei einem im Ausland ausgestellten Nachlasszeugnis wird man mit Blick auf das Bezeichnungsgebot keine allzu strengen Anforderungen stellen dürfen, um die Verwendung des Zeugnisses in der Praxis nicht ungebührlich zu erschweren (so zutreffend NK-BGB/*Nordmeier* EuErbVO Art. 69 Rn. 32). Teilweise wird für die Grundbuchberichtigung die Vorlage einer **steuerlichen Unbedenklichkeitsbescheinigung** nach § 22 Abs. 1 S. 1 GrEStG verlangt, da der Freistellungstatbestand des § 22 Abs. 1 S. 2 GrEStG nicht für den Erwerb von Todes wegen im Wege der Singularsukzession gelte (*Leitzen* ZEV 2018, 311 (316); *Weber* DNotZ 2018, 16 (30)). 40

Nicht belegt. 41–44

VI. Folgen bei Änderung oder Widerruf des Zeugnisses bzw. bei Aussetzung der Zeugniswirkungen

Die Verordnung schweigt zu der Frage, welche Folgen sich für die Zeugniswirkungen nach Art. 69 EuErbVO ergeben, wenn das Zeugnis gemäß Art. 71 Abs. 2 oder Art. 72 Abs. 2 UAbs. 1 EuErbVO 45 geändert oder widerrufen wird oder wenn seine Wirkungen gemäß Art. 73 Abs. 1 EuErbVO ausgesetzt werden. Der Unionsgesetzgeber hat lediglich einzelne **verfahrensrechtliche Konsequenzen** geregelt. So hat in diesen Fällen die Ausstellungsbehörde unverzüglich alle Personen, die über eine beglaubigte Abschrift des Zeugnisses verfügen, von der ergriffenen Maßnahme zu unterrichten (Art. 71 Abs. 3, Art. 73 Abs. 2 UAbs. 1 EuErbVO). Im Fall der Aussetzung der Zeugniswirkungen wird darüber hinaus angeordnet, dass die Ausstellungsbehörde keine weiteren beglaubigten Abschriften aushändigen darf (Art. 73 Abs. 2 UAbs. 2 EuErbVO).

1. Problemeingrenzung

46 Im Ausgangspunkt ist zunächst zu bedenken, dass gemäß Art. 70 Abs. 1 EuErbVO die Urschrift des Nachlasszeugnisses bei der Ausstellungsbehörde verbleibt und lediglich **beglaubigte Abschriften** des Originals an den Antragsteller und andere berechtigte Personen ausgehändigt werden. Diese Abschriften sind nach Art. 70 Abs. 3 EuErbVO nur über einen **begrenzten Zeitraum gültig:** in der Regel nur für eine Dauer von sechs Monaten. Anders als beim deutschen Erbschein, der in Urschrift (oder Ausfertigung) erteilt wird und dessen Gültigkeitsdauer nicht befristet ist, sieht die Verordnung beim Europäischen Nachlasszeugnis keine Einziehungsanordnung und Kraftloserklärung vor (s. auch BR-Drs. 644/14, 59). Da die Abschriften des Zeugnisses nach Ablauf ihrer Gültigkeitsdauer ohnehin ungültig werden und spätestens dann ihre Wirkungen verlieren, stellt sich die Frage nach den Rechtsfolgen der Änderung bzw. des Widerrufs des Zeugnisses oder der Aussetzung seiner Wirkungen von vornherein nur dann, wenn die fragliche Maßnahme ergriffen wurde, solange noch eine gültige Zeugnisabschrift im Umlauf war. Vor diesem Hintergrund reduziert sich die praktische Relevanz des hier zu untersuchenden Problems.

2. Rechtsfolgen im Einzelnen

47 Bei den Rechtsfolgen ist zwischen den Beweiswirkungen der Art. 69 Abs. 2 und 5 EuErbVO einerseits und den Gutglaubenswirkungen nach Art. 69 Abs. 3 und 4 EuErbVO andererseits zu differenzieren.

48 **a) Beweiswirkungen (Richtigkeitsvermutung und insbesondere Legitimationswirkung).** Die Änderung bzw. der Widerruf des Zeugnisses sowie die Aussetzung seiner Wirkungen führt zur **sofortigen Aufhebung der Richtigkeitsvermutung** nach Art. 69 Abs. 2 EuErbVO und damit insbesondere auch der Legitimationswirkung nach Art. 69 Abs. 5 EuErbVO (so auch MüKoBGB/*Dutta* EuErbVO Art. 69 Rn. 2, allerdings auch die Gutglaubenswirkungen einschließend). Die Richtigkeitsvermutung greift nämlich immer nur im Rahmen gerichtlicher oder behördlicher Verfahren ein. Anders als im rechtsgeschäftlichen Verkehr (→ Rn. 11 ff.) ist in diesem Zusammenhang kein schutzwürdiges Vertrauen darauf anzuerkennen, dass die im Verfahren vorgelegte Zeugnisabschrift dem Original entspricht. Vielmehr ist es Sache der mit dem Verfahren befassten Stelle, im Rahmen der Beweiswürdigung zu prüfen, ob die vorgelegte Abschrift mit der Urschrift noch übereinstimmt. Es gelten somit die gleichen Grundsätze wie auch bei der Vorlage von anderen beglaubigten Abschriften oder beispielsweise von Registerauszügen, wo das Gericht bzw. die Behörde ebenfalls untersuchen muss, ob das vorgelegte Dokument noch die aktuelle Rechtslage wiedergibt. Bei Zweifeln kann bei der Ausstellungsbehörde nachgefragt werden, ob die Abschrift des Zeugnisses noch mit dem Original übereinstimmt oder ob die Zeugniswirkungen ausgesetzt worden sind. Angesichts der im Zeugnis gemäß Art. 68 lit. a EuErbVO angegebenen Kontaktdaten der Ausstellungsbehörde sollte eine solche Anfrage kein unüberwindbares Hindernis darstellen, zumal beispielsweise das Europäische Justizielle Netz für Zivil- und Handelssachen als Kommunikationsmechanismus für solche Zwecke zur Verfügung steht.

49 **b) Gutglaubenswirkungen.** Anders verhält es sich hingegen mit den Gutglaubenswirkungen des Zeugnisses nach Art. 69 Abs. 3 und 4 EuErbVO. Diese werden von der Änderung bzw. dem Widerruf des Zeugnisses oder der Aussetzung seiner Wirkungen **nicht berührt,** solange noch gültige Abschriften im Umlauf sind und der Dritte auf die Richtigkeit ihres Inhalts vertrauen darf (NK-BGB/*Nordmeier* EuErbVO Art. 73 Rn. 9; BeckOGK/*J. Schmidt* EuErbVO Art. 71 Rn. 37 f., allerdings nicht nur in Bezug auf die Gutglaubens-, sondern auch auf die Beweiswirkungen; *Schmitz* RNotZ 2017, 269 (288 f.); *Traut* ZVglRWiss 2016, 358 (389); *Trittner,* 203; aA MüKoBGB/*Dutta* EuErbVO Art. 69 Rn. 2; *Steiner* ZEV 2016, 487 (488); *Volmer* RPfleger 2013, 421 (432)). Anders als beim deutschen Erbschein (§ 2366 BGB) ist die Gutglaubenswirkung des Europäischen Nachlasszeugnisses nicht an seine Vermutungswirkung gekoppelt. Wie bereits erwähnt (→ Rn. 17), stellt die dem Dritten vorgelegte **Zeugnisabschrift** und nicht etwa die Urschrift den maßgebenden **Rechtsscheinsträger** dar. Sähe man hingegen das Original des Zeugnisses als Rechtsscheinsträger an, ergäbe sich die missliche Konsequenz, dass man sich im rechtsgeschäftlichen Verkehr nicht auf den Inhalt einer (gültigen!) Abschrift verlassen könnte, da stets die Gefahr besteht, dass die Urschrift zwischenzeitlich geändert oder widerrufen wurde oder dass die Zeugniswirkungen ausgesetzt wurden. Um den Gutglaubensschutz nicht zu

verlieren, müsste sich der Dritte folglich stets eine möglichst aktuelle Abschrift vorlegen lassen oder selbst bei der Ausstellungsbehörde nach dem aktuellen Inhalt bzw. Status des Zeugnisses erkundigen. Auf diese Weise würde jedoch das Ziel der Transaktionserleichterung, das mithilfe der Gutglaubensregeln erreicht werden soll, vereitelt. Ferner verlöre die Regelung des Art. 70 Abs. 3 EuErbVO über die sechsmonatige Gültigkeitsdauer der Zeugnisabschriften ihren Sinn (*Buschbaum/Simon* ZEV 2012, 525 (527); *Süß* ZEuP 2013, 725 (746)).

Für die wahren erbrechtlich **Berechtigten,** die sich gegenüber gutgläubigen Dritten am unrichtigen Inhalt einer Zeugnisabschrift auch dann festhalten lassen müssen, wenn das Originalzeugnis bereits geändert, widerrufen oder in seinen Wirkungen suspendiert wurde, dürften sich die **Risiken** in Grenzen halten. Dies gilt – entgegen dem ersten Anschein – auch in dem Fall, dass die Ausstellung des Nachlasszeugnisses gemäß Art. 72 EuErbVO angefochten wird und das Rechtsmittelgericht die Zeugniswirkungen nach Art. 73 Abs. 1 lit. b EuErbVO aussetzt. Diese Konstellation dürfte nämlich in der Praxis eher selten eintreten. Sie setzt voraus, dass der Berechtigte, der sich gegen die Ausstellung des Zeugnisses an den Antragsteller wehrt, nicht schon während des Ausstellungsverfahrens seine Einwände geltend gemacht hat; denn in diesem Fall wird gemäß Art. 67 Abs. 1 UAbs. 2 lit. a EuErbVO schon gar kein Zeugnis ausgestellt (→ EuErbVO Art. 67 Rn. 5). Zu einer Anfechtung der Zeugnisausstellung wird es meist nur dann kommen, wenn der Berechtigte gar nicht am Ausstellungsverfahren beteiligt war, etwa weil er der Ausstellungsbehörde unbekannt war. – Im Übrigen kann man den Interessen der Berechtigten dadurch Rechnung tragen, dass bei der Änderung bzw. dem Widerruf des Zeugnisses oder der Aussetzung seiner Wirkungen **strenge Anforderungen** an die **Redlichkeit** des Dritten gestellt werden. So wird man ihm eine grob fahrlässige Unkenntnis der Unrichtigkeit der Abschrift vorwerfen müssen, wenn er wusste, dass die Ausstellung des Zeugnisses angefochten oder ein Berichtigungsverfahren eingeleitet wurde, und gleichwohl Nachforschungen zum aktuellen Inhalt bzw. Status des Zeugnisses unterließ. 50

VII. Wirkungen einander widersprechender Nachlasszeugnisse

Aufgrund der Zuständigkeitsregelung des Art. 64 S. 1 EuErbVO sind konkurrierende Zuständigkeiten für die Ausstellung des Nachlasszeugnisses nahezu ausgeschlossen (ausnahmsweise können im Rahmen des Art. 64 S. 1 iVm Art. 10 EuErbVO die Gerichte in mehr als einem Mitgliedstaat in derselben Erbsache für die Zeugnisausstellung international zuständig sein, → EuErbVO Art. 64 Rn. 7). Dies mindert die Gefahr, dass einander widersprechende Zeugnisse ausgestellt werden. Ausgeschlossen ist das Risiko freilich nicht, da es stets vorkommen kann, dass ein Gericht zu Unrecht seine internationale Zuständigkeit annimmt und neben den eigentlich zuständigen Gerichten ein Zeugnis ausstellt. Werden **einander widersprechende Europäische Nachlasszeugnisse** in Umlauf gesetzt, stellt sich die Frage, welche **Rechtsfolgen** sich für ihre jeweiligen **Wirkungen** ergeben. 51

Für die Auflösung des Konflikts gelten im Wesentlichen die gleichen Grundsätze wie im Fall der inhaltlichen Divergenz zwischen einem **Europäischem Nachlasszeugnis** und einem **nationalen Erbnachweis** (→ EuErbVO Art. 62 Rn. 20). Soweit sich die Zeugnisse in ihrem Inhalt widersprechen, heben sie sich in ihren **Beweiswirkungen** nach Art. 69 Abs. 2 und 5 EuErbVO (Richtigkeitsvermutung; Legitimationswirkung) gegenseitig auf. Hingegen beeinträchtigen sich die divergierenden Zeugnisse prinzipiell nicht in ihren **Gutglaubenswirkungen** nach Art. 63 Abs. 3 und 4 EuErbVO (*Traut* ZVglRWiss 2016, 358 (395); *Trittner,* 204; Palandt/*Weidlich* Anh zu BGB §§ 2353 ff. EuErbVO Art. 69 Rn. 2). Im Gegensatz zu § 2366 BGB, der die Gutglaubenswirkungen des deutschen Erbscheins an die Richtigkeitsvermutung des § 2365 BGB koppelt, besteht für das Europäische Nachlasszeugnis keine entsprechende Verknüpfung (MüKoBGB/*Dutta* EuErbVO Art. 69 Rn. 28). Ein Dritter, der auf die inhaltliche Richtigkeit eines Zeugnisses vertraut, wird folglich unter den Voraussetzungen des Art. 69 Abs. 3 und 4 EuErbVO auch dann geschützt, wenn im Rechtsverkehr ein Zeugnis abweichenden Inhalts zirkuliert (wusste der Dritte allerdings vom divergierenden Zeugnis, trifft ihn freilich eine Nachforschungspflicht, deren Verletzung die Gutgläubigkeit beseitigt). Werden aufgrund der divergierenden Zeugnisse nicht miteinander vereinbare Verfügungen getroffen, entscheidet das **Prioritätsprinzip** darüber, welche Verfügung wirksam ist. Wird also zB ein Nachlassgegenstand zunächst vom Scheinerben A an X und sodann vom (ebenfalls aufgrund eines Nachlasszeugnisses legitimierten) Scheinerben B an Y veräußert, ist lediglich der Erwerb des X wirksam, während die spätere Veräußerung fehlschlägt, da der Verfügungsgegenstand zu diesem Zeitpunkt gar nicht mehr zum Nachlassvermögen gehört). 52

Artikel 70 Beglaubigte Abschriften des Zeugnisses

(1) **Die Ausstellungsbehörde bewahrt die Urschrift des Zeugnisses auf und stellt dem Antragsteller und jeder anderen Person, die ein berechtigtes Interesse nachweist, eine oder mehrere beglaubigte Abschriften aus.**

(2) **Die Ausstellungsbehörde führt für die Zwecke des Artikels 71 Absatz 3 und des Artikels 73 Absatz 2 ein Verzeichnis der Personen, denen beglaubigte Abschriften nach Absatz 1 ausgestellt wurden.**

(3) [1]**Die beglaubigten Abschriften sind für einen begrenzten Zeitraum von sechs Monaten gültig, der in der beglaubigten Abschrift jeweils durch ein Ablaufdatum angegeben wird.** [2]**In ordnungsgemäß begründeten Ausnahmefällen kann die Ausstellungsbehörde abweichend davon eine längere Gültigkeitsfrist beschließen.** [3]**Nach Ablauf dieses Zeitraums muss jede Person, die sich im Besitz einer beglaubigten Abschrift befindet, bei der Ausstellungsbehörde eine Verlängerung der Gültigkeitsfrist der beglaubigten Abschrift oder eine neue beglaubigte Abschrift beantragen, um das Zeugnis zu den in Artikel 63 angegebenen Zwecken verwenden zu können.**

I. Überblick

1 Die Vorschrift bestimmt, dass die **Urschrift** des Nachlasszeugnisses bei der Ausstellungsbehörde verbleibt und lediglich **beglaubigte Abschriften** für die Verwendung im Rechtsverkehr ausgehändigt werden. Abs. 1 regelt den Kreis der Personen, denen ein Anspruch auf Erteilung beglaubigter Abschriften zusteht. Nach Abs. 2 muss die Ausstellungsbehörde in einem Verzeichnis dokumentieren, welchen Personen eine beglaubigte Abschrift ausgehändigt wurde. Abs. 3 sieht schließlich eine befristete Gültigkeitsdauer für die Abschriften vor.

II. Urschrift und beglaubigte Abschriften des Nachlasszeugnisses (Abs. 1)

1. Grundsatz

2 Gemäß Art. 70 Abs. 1 EuErbVO bewahrt die Ausstellungsbehörde die Urschrift des Zeugnisses auf. Auf diese Weise behält sie die Kontrolle über das Zeugnis (MüKoBGB/*Dutta* EuErbVO Art. 70 Rn. 1) und kann es unmittelbar nach Maßgabe des Art. 71 EuErbVO berichtigen, ändern oder widerrufen. Zur Verwendung im Rechtsverkehr werden lediglich **beglaubigte Abschriften** ausgehändigt, die gemäß Art. 70 Abs. 3 EuErbVO von begrenzter Gültigkeitsdauer sind. Die „beglaubigte Abschrift" im Sinne des Art. 70 Abs. 1 EuErbVO entspricht einer **„Ausfertigung"** nach deutschem Verständnis (BT-Drs. 18/4201, 81; *Volmer* RPfleger 2013, 421 (430); *Weber* DNotZ 2020, 124). Eine von einem Notar beglaubigte Abschrift iSv § 42 BeurkG der beglaubigten Abschrift des Nachlasszeugnisses iSv Art. 70 Abs. 1 EuErbVO entfaltet hingegen nicht die Beweis- und Gutglaubenswirkungen des Art. 69 EuErbVO (*Schmitz* RNotZ 2017, 269 (283); *Weber* DNotZ 2020, 124).

2. Anspruch auf Erteilung einer beglaubigten Abschrift

3 Art. 70 Abs. 1 EuErbVO gewährt lediglich dem **Antragsteller** sowie jeder anderen Person, die ein **berechtigtes Interesse** nachweist, einen Anspruch auf Erteilung einer oder mehrerer beglaubigter Abschriften. Das Merkmal des berechtigten Interesses wird in der Verordnung nicht näher konkretisiert. Zum Kreis der anspruchsberechtigten Personen wird man neben dem explizit erwähnten Antragsteller einerseits weitere Beteiligte am Ausstellungsverfahren rechnen müssen, deren erbrechtliche Berechtigung ebenfalls im Zeugnis ausgewiesen wird (in Deutschland erhalten sämtliche Verfahrensbeteiligte gemäß § 40 S. 2 IntErbRVG im Zuge der Bekanntgabe der Zeugnisausstellung zunächst nur eine einfache Abschrift des Zeugnisses). Da die Richtigkeitsvermutung des Zeugnisses auch zulasten des Antragstellers wirken kann (→ EuErbVO Art. 69 Rn. 3), kommt ein berechtigtes Interesse insbesondere auch bei den Personen in Betracht, zu deren Gunsten der Antragsteller in seiner Verfügungsgewalt über den Nachlass beschränkt ist (zur Angabe von Verfügungsbeschränkungen im Zeugnis gemäß Art. 68 lit. n und o EuErbVO → EuErbVO Art. 68 Rn. 14). Darüber hinaus steht der Anspruch auf Erteilung einer beglaubigten Abschrift auch jedem Dritten zu, der gemäß Art. 69 Abs. 3 und 4 EuErbVO in seinem Vertrauen auf die Richtigkeit des Zeugnisses geschützt wird (zB Nachlassschuldner oder Erwerber von Nachlassgegenständen; jurisPK-BGB/*Kleinschmidt* EuErbVO Art. 70 Rn. 4). ErwG 72 S. 3 EuErbVO stellt zudem klar, dass es den Mitgliedstaaten nicht verwehrt ist, auf der Grundlage ihrer nationalen Regelungen über den Zugang der Öffentlichkeit zu Dokumenten auch noch weiteren Personen Abschriften des Zeugnisses auszuhändigen. Der in den mitgliedstaatlichen Rechtsordnungen gewährleistete Informationszugangsanspruch der Öffentlichkeit dürfte allerdings im Regelfall bereits durch die Erteilung einer einfachen Abschrift erfüllt werden (vgl. in diesem Zusammenhang allerdings auch BeckOGK/*J. Schmidt* EuErbVO Art. 70 Rn. 10.1, wonach Wissenschaftler auf der Grundlage des Art. 70 Abs. 1 EuErbVO einen Anspruch auf Erteilung einer beglaubigten Abschrift des Zeugnisses zu Forschungszwecken haben sollen).

3. Verfahren zur Erteilung beglaubigter Abschriften

Die Erteilung der beglaubigten Abschrift ist Gegenstand eines **eigenständigen Verfahrens.** Dies geht auch aus der Klarstellung des deutschen Ausführungsgesetzgebers in § 33 Nr. 2 IntErbRVG hervor. Die Vorschrift des Art. 70 Abs. 1 EuErbVO enthält für das Verfahren eine implizite **Zuständigkeitsnorm,** indem sie (zweckmäßigerweise) anordnet, dass die beglaubigten Abschriften von der „Ausstellungsbehörde" erteilt werden, dh von der Stelle, welche die Urschrift des Zeugnisses ausgestellt hat. Diese Behörde ist damit für die Erteilung der Abschriften zuständig, ohne dass es eine Rolle spielte, ob sie bei der Ausstellung der Urschrift des Zeugnisses tatsächlich im Rahmen ihrer (internationalen und sonstigen) Zuständigkeit gehandelt hat. Für das Verfahren zur Erteilung beglaubigter Abschriften hat der deutsche Ausführungsgesetzgeber ferner in § 37 Abs. 3, § 39 Abs. 1 S. 2, Abs. 2 und § 40 S. 2 IntErbRVG besondere Regelungen über die **Beteiligten** sowie über die **Art** und **Bekanntgabe der Entscheidung** erlassen. Aus Art. 72 Abs. 1 UAbs. 1 und 2 EuErbVO geht hervor, dass der Unionsgesetzgeber **keine Rechtsmittel** gegen die Entscheidung über die Erteilung beglaubigter Vorschriften vorgesehen hat. Der deutsche Ausführungsgesetzgeber hat vor diesem Hintergrund die Beschwerdemöglichkeit gemäß § 43 IntErbRVG nicht auf Verfahren zur Erteilung beglaubigter Abschriften erstreckt (s. auch die Begründung in BR-Drs. 644/14, 61). Im Schrifttum wird der Umstand, dass Art. 72 EuErbVO keinen Rechtsbehelf für das hier angesprochene Verfahren regelt, teilweise als Redaktionsversehen gewertet. Zur Begründung wird auf ErwG 72 S. 4 EuErbVO hingewiesen, wonach die Verordnung „Rechtsbehelfe gegen Entscheidungen der ausstellenden Behörde" vorsehen sollte. Die Formulierung lasse keine Ausnahme für Entscheidungen über die Erteilung beglaubigter Abschriften erkennen. Zur Korrektur des Redaktionsversehens wird eine analoge Anwendung des Art. 72 Abs. 1 UAbs. 1 EuErbVO befürwortet (so MüKoBGB/*Dutta* EuErbVO Art. 70 Rn. 4). 4

III. Verzeichnis der Empfänger beglaubigter Abschriften (Abs. 2)

Art. 70 Abs. 2 EuErbVO verlangt von der Ausstellungsbehörde, ein Verzeichnis der Personen zu führen, denen beglaubigte Abschriften ausgestellt wurden. Wie die Bestimmung klarstellt, soll die Dokumentationspflicht es der Ausstellungsbehörde erleichtern, die Empfänger der Abschriften gemäß Art. 71 Abs. 3 und Art. 73 Abs. 2 EuErbVO über eine Berichtigung, eine Änderung oder den Widerruf des Zeugnisses bzw. über die Aussetzung seiner Wirkungen zu unterrichten. 5

IV. Begrenzte Gültigkeitsdauer beglaubigter Abschriften

Nach Art. 70 Abs. 3 EuErbVO sind die beglaubigten Abschriften grundsätzlich nur für einen begrenzten Zeitraum von **sechs Monaten** gültig (für die Fristberechnung verweist ErwG 77 EuErbVO auf die VO Nr. 1182/71, s. auch § 42 IntErbRVG; zur Frage, ob bei der Verwendung des Nachlasszeugnisses zur Erwirkung von Registereintragungen die Abschrift des Zeugnisses nur zum Zeitpunkt des Antragstellung oder noch zum Zeitpunkt der Eintragung gültig sein muss → EuErbVO Art. 69 Rn. 36). Nach Art. 70 Abs. 3 S. 1 EuErbVO muss das **Verfallsdatum** in der Abschrift angegeben werden. Durch die befristete Gültigkeitsdauer soll das Risiko gemindert werden, dass die im Rechtsverkehr zirkulierenden Abschriften nicht mehr dem aktuellen Inhalt und Stand der von der Ausstellungsbehörde verwahrten Urschrift des Zeugnisses entsprechen. Nach Ablauf der Gültigkeitsdauer sind nämlich die Verwender des Zeugnisses gemäß Art. 70 Abs. 3 S. 3 EuErbVO gezwungen, eine **Verlängerung der Gültigkeitsfrist** zu beantragen. Wurde die Urschrift des Zeugnisses zwischenzeitlich gemäß Art. 71 EuErbVO berichtigt, geändert oder widerrufen oder wurden die Zeugniswirkungen gemäß Art. 73 EuErbVO aufgehoben, kann die Ausstellungsbehörde bei der Entscheidung über die Fristverlängerung diesen Maßnahmen Rechnung tragen. Sie erteilt dann eine aktualisierte, dh berichtigte bzw. geänderte, Abschrift. In den Fällen des Widerrufs und der Aussetzung der Zeugniswirkungen verweigert sie die Erteilung beglaubigter Abschriften (s. Art. 73 Abs. 2 UAbs. 2 EuErbVO). 6

Die beglaubigten Abschriften bleiben bis zu ihrem Verfallsdatum **gültig,** auch wenn das Originalzeugnis zwischenzeitlich geändert, widerrufen oder in seinen Wirkungen suspendiert wurde. Anders als beim deutschen Erbschein (§ 2361 BGB) sind in diesen Fällen keine Einziehungsanordnung und auch keine Kraftloserklärung vorgesehen (s. auch BR-Drs. 644/14, 59). Das Zeugnis verliert lediglich seine **Beweiswirkungen** nach Art. 69 Abs. 2 und 5 EuErbVO, nicht jedoch die **Gutglaubenswirkungen** nach Art. 69 Abs. 3 und 4 EuErbVO (→ EuErbVO Art. 69 Rn. 48 ff.). 7

Gemäß Art. 70 Abs. 3 S. 2 EuErbVO kann die Ausstellungsbehörde „in ordnungsgemäß begründeten Ausnahmefällen" für die beglaubigte Abschrift eine **längere Gültigkeitsdauer** vorsehen als sechs Monate. Die Verordnung gibt keine Hinweise dazu, unter welchen Umständen ein solcher Ausnahmefall vorliegen wird (nach Herrler/Dutta/*Lange,* 161 (173), soll diese Regelung namentlich im Fall der Dauertestamentsvollstreckung und der Nachlassverwaltung eine Rolle spielen). Bei der Entscheidung 8 über die Gewährung einer verlängerten Gültigkeitsfrist muss die Ausstellungsbehörde das Interesse des Antragstellers gegen das Risiko abwägen, dass die Abschrift infolge einer Änderung oder des Widerrufs der Urschrift auf einmal mit unrichtigem Inhalt im Rechtsverkehr zirkuliert und aufgrund ihrer fortwirkenden Gutglaubensfunktion (→ Rn. 7) Rechtsverluste bei den wahren erbrechtlich Berechtigten verursacht.

9 Der deutsche Ausführungsgesetzgeber hat für das Verfahren zur Verlängerung der Gültigkeitsfrist gemäß Art. 70 Abs. 3 S. 3 EuErbVO besondere Bestimmungen in den **§ 33 Nr. 2, § 37 Abs. 3, § 39 Abs. 1 S. 2** sowie **§ 40 S. 1 IntErbRVG** erlassen. Gegen die Entscheidung über die Verlängerung der Gültigkeitsfrist ist **kein Rechtsmittel** vorgesehen (→ EuErbVO Art. 72 Rn. 5; keinen Anlass für eine Korrektur dieser Regelung sehend *Steiner* ZEV 2016, 487 (488)).

Artikel 71 Berichtigung, Änderung oder Widerruf des Zeugnisses

(1) **Die Ausstellungsbehörde berichtigt das Zeugnis im Falle eines Schreibfehlers auf Verlangen jedweder Person, die ein berechtigtes Interesse nachweist, oder von Amts wegen.**

(2) **Die Ausstellungsbehörde ändert oder widerruft das Zeugnis auf Verlangen jedweder Person, die ein berechtigtes Interesse nachweist, oder, soweit dies nach innerstaatlichem Recht möglich ist, von Amts wegen, wenn feststeht, dass das Zeugnis oder einzelne Teile des Zeugnisses inhaltlich unrichtig sind.**

(3) **Die Ausstellungsbehörde unterrichtet unverzüglich alle Personen, denen beglaubigte Abschriften des Zeugnisses gemäß Artikel 70 Absatz 1 ausgestellt wurden, über eine Berichtigung, eine Änderung oder einen Widerruf des Zeugnisses.**

Übersicht

I. Überblick

1 Die Vorschrift regelt in Abs. 1 die **Berichtigung** des Zeugnisses bei bloßen Schreibfehlern und in Abs. 2 die **Änderung** bzw. den **Widerruf** des Zeugnisses im Fall seiner materiellen Unrichtigkeit. Abs. 3 befasst sich mit den verfahrensrechtlichen Folgen der vorgenannten Maßnahmen.

II. Berichtigung bei Schreibfehlern (Abs. 1)

2 Nach Art. 71 Abs. 1 EuErbVO berichtigt die Ausstellungsbehörde das Zeugnis „im Falle eines Schreibfehlers". In Abgrenzung zu Art. 70 Abs. 2 EuErbVO, der die Änderung bzw. den Widerruf des Zeugnisses bei inhaltlicher Unrichtigkeit regelt, erfasst die Vorschrift lediglich solche **formale Fehler** bei der Abfassung des Zeugnisses, die sich nicht auf die bescheinigte Rechtslage auswirken (zur analogen Anwendung des Art. 71 Abs. 1 EuErbVO, wenn die Ausstellungsbehörde nicht das vorgeschriebene Formblatt verwendet, → EuErbVO Art. 67 Rn. 16). Die Berichtigung erfolgt entweder **von Amts wegen** oder **auf Verlangen** „jedweder Person, die ein berechtigtes Interesse nachweist". Ein **berechtigtes Interesse** an der Berichtigung des Zeugnisses wird man bei jeder Person annehmen müssen, für die das Zeugnis relevant ist: Neben dem Antragsteller und anderen erbrechtlich Berechtigten, deren Rechtsstellung im Zeugnis dokumentiert ist, gehören hierzu auch Dritte im Sinne der Gutglaubensvorschriften des Art. 69 Abs. 3 und 4 EuErbVO sowie sonstige Personen, die von den Beweiswirkungen des Zeugnisses gemäß Art. 69 Abs. 2 und 5 EuErbVO betroffen sind (s. allerdings zur geringen praktischen Relevanz der Antragsberechtigung MüKoBGB/*Dutta* EuErbVO Art. 71 Rn. 2, der darauf hinweist, dass bei fehlendem berechtigten Interesse des Antragstellers die Ausstellungsbehörde zur Korrektur des Zeugnisses von Amts wegen verpflichtet ist). Für die Berichtigung ist die Stelle **zuständig,** die das Zeugnis ausgestellt hat (zu der in Art. 71 Abs. 1 implizit enthaltenen Zuständigkeitsnorm → EuErbVO Art. 64 Rn. 20). Die Entscheidung über die Berichtigung ist gemäß Art. 72 Abs. 1 UAbs. 1 **rechtsmittelfähig** (s. auch § 43 iVm § 33 Nr. 1 IntErbRVG).

Der deutsche Gesetzgeber hat für die Berichtigung des Zeugnisses offenbar **keinen Bedarf** nach einer eigenständigen **Ausführungsvorschrift** gesehen: **§ 38 IntErbRVG** bezieht sich lediglich auf die Änderung und den Widerruf des Zeugnisses nach Art. 71 Abs. 2 EuErbVO, nicht hingegen auf die Berichtigung nach Art. 71 Abs. 1 EuErbVO. Eine direkte Anwendung des § 42 FamFG (iVm § 35 Abs. 1 IntErbRVG) über die Berichtigung von Beschlüssen scheidet aus, da die Ausstellung des Nachlasszeugnisses – anders als die Erteilung des deutschen Erbscheins (vgl. § 352 Abs. 1 FamFG) – nicht mit einem Feststellungsbeschluss des Nachlassgerichts einhergeht (→ EuErbVO Art. 67 Rn. 17). In Betracht kommt jedoch eine analoge Anwendung des § 42 FamFG. 3

III. Änderung und Widerruf des Zeugnisses (Abs. 2)

1. Anwendungsbereich

Nach Art. 71 Abs. 2 EuErbVO ändert oder widerruft die Ausstellungsbehörde das Zeugnis, „wenn feststeht, dass das Zeugnis oder einzelne Teile des Zeugnisses inhaltlich unrichtig sind". Unter dem Begriff der inhaltlichen Unrichtigkeit ist – in Abgrenzung zu den in Art. 71 Abs. 1 EuErbVO geregelten Schreibfehlern – die **materielle Fehlerhaftigkeit** des Zeugnisses zu verstehen. Diese liegt vor, wenn die im Zeugnis dokumentierten Feststellungen, soweit sie von den Beweis- und Gutglaubenswirkungen nach Art. 69 EuErbVO erfasst werden (→ EuErbVO Art. 69 Rn. 5 ff. und 18 f.), nicht der wahren materiellen Rechtslage entsprechen. Der Inhalt des Zeugnisses ist in diesem Sinne unrichtig, wenn der durch das Zeugnis legitimierten Person die bescheinigte **Rechtsstellung** als Erbe, Vindikationslegatar, Testamentsvollstrecker oder Nachlassverwalter in Wirklichkeit nicht (oder nicht im angegebenen Umfang) zukommt oder wenn ihre **Rechte** und **Befugnisse** unzutreffend wiedergegeben sind (zB wegen Zugrundelegung des falschen Erbstatuts). Hingegen ist Art. 71 Abs. 2 EuErbVO ausweislich seines Wortlauts („inhaltlich unrichtig") **nicht** auch auf **formelle Fehler** wie die Unzuständigkeit der Ausstellungsbehörde anwendbar (jurisPK-BGB/*Kleinschmidt* EuErbVO Art. 71 Rn. 7; aA BeckOGK/*J. Schmidt* EuErbVO Art. 71 Rn. 18). Derartige Verfahrensfehler können grundsätzlich nur im Rechtsmittelverfahren gemäß Art. 72 Abs. 1 UAbs. 1 EuErbVO beseitigt werden. Die Richtigkeit bzw. Unrichtigkeit des Zeugnisses beurteilt sich aus der Perspektive der für die Änderung bzw. für den Widerruf zuständigen Stellen, nämlich der Ausstellungsbehörde (MüKoBGB/*Dutta* EuErbVO Art. 71 Rn. 4). Dies ist namentlich für die Fälle von Bedeutung, in denen sich der Inhalt des Zeugnisses aus Sicht des Verwendungsstaats wegen fehlenden Entscheidungseinklangs mit dem Ausstellungsstaat als unrichtig erweist. Hier ist eine Änderung oder ein Widerruf ausgeschlossen. Stattdessen ist dann bei der Verwendung des Zeugnisses dem aus Sicht des Verwendungsstaats maßgebenden Recht Rechnung zu tragen, z. B. indem die Vermutungswirkung des Zeugnisses widerlegt wird (→ EuErbVO Art. 69 Rn. 8; zu den Folgen im Kontext der Gutglaubenswirkungen → EuErbVO Art. 69 Rn. 23). 4

2. Verfahrensrechtliche Aspekte

Nach Art. 71 Abs. 2 EuErbVO erfolgen die Änderung oder der Widerruf des Zeugnisses zum einen **auf Antrag** jedweder Person, die ein berechtigtes Interesse nachweist. Hierzu wird man jede Person zählen, die von den Beweis- und Gutglaubenswirkungen des Zeugnisses betroffen ist (in Deutschland ist die Frage der Antragsberechtigung insbesondere für die Änderung des Zeugnisses von Relevanz, da das Nachlassgericht das Zeugnis von Amts wegen nur widerrufen, nicht aber ändern kann → Rn. 6). 5

Darüber hinaus sieht Art. 71 Abs. 2 EuErbVO auch die Änderung oder den Widerruf des Zeugnisses **von Amts wegen** vor, „soweit dies nach innerstaatlichem Recht möglich ist". Der deutsche Ausführungsgesetzgeber hat in **§ 38 IntErbRVG** lediglich den amtswegigen **Widerruf** vorgesehen. Die Änderung des Zeugnisses von Amts wegen ist hingegen nicht möglich, „insbesondere weil niemandem ein geändertes Nachlasszeugnis ‚aufgedrängt' werden sollte" (so die Regierungsbegründung, s. BR-Drs. 644/14, 59). 6

Die **Zuständigkeit** für die Änderung bzw. den Widerruf des Zeugnisses liegt bei der Stelle, die das Nachlasszeugnis ausgestellt hat. Art. 71 Abs. 2 EuErbVO enthält damit eine implizite Zuständigkeitsnorm (→ EuErbVO Art. 64 Rn. 20). Dieser Umstand hat vor allem in den Fällen wichtige praktische Konsequenzen, in denen ein **international unzuständiges** Gericht ein inhaltlich unrichtiges Zeugnis erteilt hat. Die Änderung bzw. der Widerruf dieses Zeugnisses kann nicht vor den Gerichten begehrt werden, die nach Art. 64 S. 1 EuErbVO eigentlich für die Ausstellung des Zeugnisses zuständig gewesen wären, sondern nur vor den Gerichten, die das Zeugnis trotz Unzuständigkeit ausgestellt haben. 7

Gemäß Art. 73 Abs. 1 lit. a EuErbVO kann die Ausstellungsbehörde auf Antrag bis zur Änderung bzw. bis zum Widerruf des Zeugnisses dessen **Wirkungen aussetzen.** 8

Gegen die Entscheidung über die Änderung bzw. den Widerruf des Nachlasszeugnisses können gemäß Art. 72 Abs. 1 UAbs. 2 EuErbVO **Rechtsmittel** eingelegt werden (s. in Deutschland § 43 iVm § 43 IntErbRVG). 9

3. Änderung oder Widerruf

10 Art. 71 Abs. 2 EuErbVO spricht davon, dass die Ausstellungsbehörde das Zeugnis im Fall inhaltlicher Unrichtigkeit „ändert oder widerruft". Welche der beiden Maßnahmen die Ausstellungsbehörde ergreift, hängt von verschiedenen Überlegungen ab. Eine Änderung kommt lediglich dann in Betracht, wenn die Person, die das Nachlasszeugnis beantragt hat, nach der wahren Erbrechtslage überhaupt eine im Zeugnis bescheinigbare Rechtsstellung im Sinne des Art. 63 Abs. 1 EuErbVO innehat. Ist dies nicht der Fall, hätte das Zeugnis gar nicht ausgestellt werden dürfen, so dass der Widerruf die einzige zulässige Handlungsalternative für die Ausstellungsbehörde darstellt. Bei Verfahren in Deutschland ist zudem zu bedenken, dass nach § 38 S. 2 IntErbRVG das Nachlassgericht von Amts wegen das Zeugnis lediglich widerrufen, nicht aber ändern kann (→ Rn. 6). Wurde also keine Änderung beantragt, kann das Nachlassgericht das Zeugnis auch dann lediglich widerrufen, wenn an sich ein berichtigungsfähiger inhaltlicher Fehler vorliegt.

4. Folgen der Änderung bzw. des Widerrufs für die Wirkungen des Zeugnisses

11 Wird die Urschrift des Nachlasszeugnisses geändert oder widerrufen, werden – anders als beim deutschen Erbschein (§ 2361 BGB) – die im Rechtsverkehr zirkulierenden beglaubigten Abschriften nicht eingezogen oder für kraftlos erklärt (s. auch BR-Drs. 644/14, 59). Bei der Bestimmung, welche Rechtsfolgen die Änderung bzw. der Widerruf des Zeugnisses auf dessen Wirkungen nach Art. 69 EuErbVO haben, ist zu differenzieren. Die **Beweiswirkungen** des Art. 69 Abs. 2 und 5 EuErbVO modifizieren sich entsprechend der Änderung bzw. werden im Fall des Widerrufs vollständig beseitigt (→ EuErbVO Art. 69 Rn. 48). Hingegen entfalten beglaubigte Abschriften, sofern ihre Gültigkeitsfrist noch nicht abgelaufen ist, weiterhin die **Gutglaubenswirkungen** nach Art. 69 Abs. 3 und 4 EuErbVO (→ EuErbVO Art. 69 Rn. 49). Freilich unterliegt in diesen Fällen die Redlichkeit des Dritten strengen Anforderungen (→ EuErbVO Art. 69 Rn. 50).

12 Die in der vorstehenden Rn. beschriebenen Folgen treten bereits ein, während das Verfahren zur Änderung bzw. zum Widerruf des Zeugnisses anhängig ist, sofern die Ausstellungsbehörde die **Zeugniswirkungen** gemäß Art. 73 Abs. 1 lit. a EuErbVO **aussetzt** (→ EuErbVO Art. 69 Rn. 47 ff.).

13 Die vom Unionsgesetzgeber getroffene Regelung über die Folgen einer Änderung oder eines Widerrufs des Nachlasszeugnisses ist als **abschließend** anzusehen. Folglich kommt ein Rückgriff auf die autonomen deutschen Vorschriften über die Einziehung und die Kraftloserklärung von Erbscheinen nicht in Betracht (so auch die Regierungsbegründung zum IntErbRVG BR-Drs. 644/14, 59). Insbesondere kommt unter Geltung deutschen Erbrechts den wahren erbrechtlichen Berechtigten kein Anspruch auf Herausgabe der unrichtigen beglaubigten Zeugnisabschriften gemäß § 2362 Abs. 1 BGB zu (MüKoBGB/*Dutta* EuErbVO Art. 71 Rn. 7; aA *Buschbaum/Simon* ZEV 2012, 525 (526); *Köhler* in Kroiß/Horn/Solomon (Hrsg.), Nachfolgerecht (2014), EuErbVO Art. 71 Rn. 5). Die Anwendung mitgliedstaatlicher Vorschriften liefe dem in ErwG 71 S. 1 EuErbVO erwähnten Postulat zuwider, wonach das Nachlasszeugnis in allen Mitgliedstaaten dieselben Wirkungen entfalten sollte.

IV. Unterrichtung der Empfänger beglaubigter Abschriften (Abs. 3)

14 Nach Art. 71 Abs. 3 EuErbVO muss die Ausstellungsbehörde im Fall der Berichtigung, der Änderung oder des Widerrufs des Zeugnisses **unverzüglich** alle Personen **unterrichten,** denen gemäß Art. 70 Abs. 1 EuErbVO beglaubigte Abschriften des Zeugnisses ausgestellt wurden. Damit diese Informationspflicht möglichst schnell und vollständig erfüllt werden kann, verlangt Art. 70 Abs. 2 EuErbVO, dass die Ausstellungsbehörde ein **Verzeichnis** aller Empfänger beglaubigter Abschriften führt.

Artikel 72 Rechtsbehelfe

(1) **Entscheidungen, die die Ausstellungsbehörde nach Artikel 67 getroffen hat, können von einer Person, die berechtigt ist, ein Zeugnis zu beantragen, angefochten werden.**

Entscheidungen, die die Ausstellungsbehörde nach Artikel 71 und Artikel 73 Absatz 1 Buchstabe a getroffen hat, können von einer Person, die ein berechtigtes Interesse nachweist, angefochten werden.

Der Rechtsbehelf ist bei einem Gericht des Mitgliedstaats der Ausstellungsbehörde nach dem Recht dieses Staates einzulegen.

(2) **Führt eine Anfechtungsklage nach Absatz 1 zu der Feststellung, dass das ausgestellte Zeugnis nicht den Tatsachen entspricht, so ändert die zuständige Behörde das Zeugnis oder widerruft es oder sorgt dafür, dass die Ausstellungsbehörde das Zeugnis berichtigt, ändert oder widerruft.**

Führt eine Anfechtungsklage nach Absatz 1 zu der Feststellung, dass die Versagung der Ausstellung nicht gerechtfertigt war, so stellen die zuständigen Justizbehörden das Zeugnis aus oder stellen sicher, dass die Ausstellungsbehörde den Fall erneut prüft und eine neue Entscheidung trifft.

Übersicht

I. Überblick

1 Die Vorschrift regelt die Rechtsbehelfe in Verfahren, welche die Ausstellung bzw. die Berichtigung, die Änderung oder den Widerruf von Nachlasszeugnissen zum Gegenstand haben. Darüber hinaus befasst sich die Regelung auch mit Rechtsmitteln gegen die Entscheidung über die Aussetzung der Wirkungen des Zeugnisses nach Art. 73 EuErbVO. Abs. 1 bestimmt dabei, welche Entscheidungen im Einzelnen rechtsmittelfähig und welche Personen zur Einlegungen des Rechtsbehelfs berechtigt sind. Im Übrigen überträgt die Norm den mitgliedstaatlichen Gesetzgebern die nähere Ausgestaltung des Rechtsmittelverfahrens. Abs. 2 bestimmt, welche Rechtsfolgen eintreten, wenn sich der Rechtsbehelf als begründet erweist.

II. Rechtsmittelfähige Entscheidungen und andere Aspekte des Rechtsmittelverfahrens (Abs. 1)

1. Entscheidungen über Ausstellung des Nachlasszeugnisses

2 Nach Art. 72 Abs. 1 UAbs. 1 EuErbVO können zunächst Entscheidungen nach Art. 67 EuErbVO angefochten werden. Hierbei handelt es sich um – zusprechende oder ablehnende – Entscheidungen über die **Ausstellung eines Nachlasszeugnisses.** Anfechtungsberechtigt sind nach dieser Vorschrift sämtliche Personen, die im konkreten Erbfall ein Nachlasszeugnis beantragen dürfen (→ EuErbVO Art. 65 Rn. 3 ff.). Allerdings wird man diesen Kreis auf diejenigen Personen reduzieren müssen, die durch die fragliche Entscheidung **beschwert** sind. Wird beispielsweise ein Nachlasszeugnis an einen Vindikationslegatar zur Bescheinigung seiner Berechtigung an einem bestimmten Nachlassgegenstand ausgestellt, sind weitere Vindikationslegatare, denen andere Nachlassgegenstände vermacht wurden, nicht zur Anfechtung des Nachlasszeugnisses berechtigt, da sie von dessen Wirkungen nicht berührt werden (zur parallelen Frage, ob diese Personen am Ausstellungsverfahren zu beteiligen sind, → EuErbVO Art. 66 Rn. 7).

3 Anzumerken ist allerdings, dass Rechtsbehelfe gegen die Ausstellung von Nachlasszeugnissen in der Praxis eine untergeordnete Rolle spielen werden. Dies hat folgenden Grund: Die möglichen erbrechtlich Berechtigten, die gemäß Art. 72 Abs. 1 UAbs. 1 EuErbVO gegen die Entscheidung zur Ausstellung des Zeugnisses Rechtsbehelfe einlegen können, sind gemäß Art. 66 Abs. 4 EuErbVO bereits am Ausstellungsverfahren zu beteiligen (→ EuErbVO Art. 66 Rn. 7). Erheben sie im Ausgangsverfahren gegen den zu bescheinigenden Sachverhalt Einwände, darf die Ausstellungsbehörde gemäß Art. 67 Abs. 1 UAbs. 2 lit. a EuErbVO das beantragte Zeugnis erst gar nicht ausstellen. In diesem Fall ist es der Antragsteller, der mit einem Rechtsbehelf gegen die Ablehnung seines Antrags auf Zeugnisausstellung vorgehen muss. Ein Rechtsbehelf gegen die Ausstellung des Zeugnisses ist in der Praxis dann denkbar, wenn ein möglicher Berechtigter nicht am Ausgangsverfahren beteiligt wurde (weil zB seine Existenz der Ausstellungsbehörde unbekannt war) und nach Ausstellung des Zeugnisses die Entscheidung der Ausstellungsbehörde anficht.

2. Entscheidungen über die Berichtigung, die Änderung oder den Widerruf eines Nachlasszeugnisses sowie über die Aussetzung der Zeugniswirkungen

4 Nach Art. 72 Abs. 1 UAbs. 2 EuErbVO können Entscheidungen angefochten werden, welche die **Berichtigung,** die **Änderung** oder den **Widerruf** eines Nachlasszeugnisses gemäß Art. 71 Abs. 1 und 2 EuErbVO zum Gegenstand haben. Rechtsmittelfähig ist ferner die Entscheidung über die **Aussetzung der Wirkungen** des Nachlasszeugnisses, die gemäß Art. 73 Abs. 1 lit. a EuErbVO in einem Verfahren zur Änderung oder zum Widerruf des Zeugnisses ergeht. Gegen diese Entscheidungen kann jede Person vorgehen, die ein **berechtigtes Interesse** nachweist. Der im Vergleich zu Art. 73 Abs. 1 UAbs. 1 EuErbVO erweiterte Kreis der Rechtsmittelberechtigten spiegelt den Kreis der Antragsberechtigten in den jeweiligen Ausgangsverfahren wider (→ EuErbVO Art. 71 Rn. 1 und Rn. 5).

3. Nicht rechtsmittelfähige Entscheidungen

5 Wie aus Art. 72 Abs. 1 EuErbVO hervorgeht, steht gegen Entscheidungen über die **Erteilung beglaubigter Abschriften** (Art. 70 Abs. 1 EuErbVO) sowie über die **Verlängerung ihrer Gültigkeitsfrist** (Art. 70 Abs. 3 S. 3 EuErbVO) **kein Rechtsbehelf** zur Verfügung (→ EuErbVO Art. 70 Rn. 4 und Rn. 9 zu der im Schrifttum diskutierten Möglichkeit einer analogen Anwendung des Art. 72 Abs. 1 EuErbVO). Ebenfalls nicht selbstständig anfechtbar ist die Entscheidung des **Rechtsmittelgerichts** gemäß Art. 73 lit. b EuErbVO darüber, ob während der Anhängigkeit des Rechtsmittelverfahrens die **Wirkungen** des Zeugnisses **auszusetzen** sind.

4. Weitere Aspekte des Rechtsmittelverfahrens

6 Die Vorschrift des Art. 72 Abs. 1 UAbs. 3 EuErbVO trifft zunächst eine **Zuständigkeitsregelung,** indem sie einerseits bestimmt, dass das Rechtsmittelverfahren im Mitgliedstaat der Ausstellungsbehörde stattfindet, und andererseits die Entscheidungskompetenz über den Rechtsbehelf „einem Gericht" vorbehält. Somit ist auch in den Mitgliedstaaten, in denen das Nachlasszeugnis gemäß Art. 64 S. 2 lit. b EuErbVO von einer Behörde ausgestellt wird, zwingend ein Gericht für das Rechtsmittelverfahren zuständig. Darüber hinaus verweist die Vorschrift für die nähere Ausgestaltung des Rechtsmittelverfahrens auf das **nationale Recht** der lex fori.

7 Der deutsche Ausführungsgesetzgeber hat die Rechtsbehelfe im Nachlasszeugnisverfahren in den **§§ 43 und 44 IntErbRVG** geregelt. Nach **§ 43 IntErbRVG** findet gegen die in Art. 72 Abs. 1 UAbs. 1 und 2 EuErbVO genannten Entscheidungen der Ausstellungsbehörde die **Beschwerde** zum Oberlandesgericht statt. Die Vorschrift enthält Bestimmungen u. a. zur Beschwerdeberechtigung sowie zu den Beschwerdefristen. **§ 44 IntErbRVG** sieht unter bestimmten Voraussetzungen die Möglichkeit der **Rechtsbeschwerde** gegen die Entscheidung des Beschwerdegerichts vor, um einen weitgehenden Gleichlauf mit dem nationalen nachlassgerichtlichen Verfahren zu erreichen (BR-Drs. 644/14, 63).

III. Prüfungsumfang und Entscheidung bei begründetem Rechtsbehelf (Abs. 2)

1. Inhaltliche Unrichtigkeit oder auch Verfahrensfehler Prüfungsgegenstand?

8 Art. 72 Abs. 2 UAbs. 1 EuErbVO regelt die Entscheidung des Rechtsmittelgerichts im Fall der Feststellung, „dass das ausgestellte Zeugnis nicht den Tatsachen entspricht". Aus dieser Formulierung könnte geschlossen werden, dass das Rechtsmittelgericht allein die **inhaltliche Richtigkeit** des Zeugnisses und nicht etwaige **Verfahrensfehler** bei der Zeugnisausstellung prüfen darf (s. zu dieser möglichen Auslegung MüKoBGB/*Dutta* EuErbVO Art. 72 Rn. 7, der allerdings grundrechtliche Bedenken gegen dieses Auslegungsergebnis geltend macht; s. auch *Köhler* in Kroiß/Horn/Solomon (Hrsg.), Nachfolgerecht (2014), EuErbVO Art. 72 Rn. 2). Eine derartige Begrenzung des Prüfungsumfangs wäre allerdings befremdlich – sie hätte beispielsweise zur Folge, dass im Rechtsmittelverfahren die fehlende internationale Zuständigkeit der Ausstellungsbehörde nicht gerügt werden könnte. Vor diesem Hintergrund ist davon auszugehen, dass der Unionsgesetzgeber in Art. 72 Abs. 2 UAbs. 1 EuErbVO allein die Rechtsfolgen einer begründeten Anfechtung des Nachlasszeugnisses regeln wollte und mit seiner Wortwahl, die sich allein auf die materielle Unrichtigkeit des Zeugnisses bezieht, **keine Beschränkung des Prüfungsumfangs intendiert** hat (nach jurisPK-BGB/*Kleinschmidt* EuErbVO Art. 72 Rn. 37 bedarf hingegen die Frage einer Klärung durch den EuGH). Diese Einschätzung scheint auch der deutsche Ausführungsgesetzgeber zu teilen: § 43 Abs. 5 IntErbRVG, der die Vorgaben des Art. 72 Abs. 2 UAbs. 1 EuErbVO vollzieht (s. BR-Drs. 644/14, 62), spricht allgemein von der Begründetheit der Beschwerde und enthält keine Hinweise darauf, dass die Beschwerde gegen die Ausstellung des Zeugnisses allein bei inhaltlichen Fehlern begründet sein kann.

2. Entscheidung bei begründetem Rechtsbehelf gegen Zeugnisausstellung

Art. 72 Abs. 2 UAbs. 1 EuErbVO betrifft den Fall, dass das Rechtsmittelgericht zum Ergebnis gelangt, das Nachlasszeugnis hätte **nicht** oder nur **mit einem anderen Inhalt** ausgestellt werden dürfen (zum Prüfungsumfang → Rn. 8). Eine solche Entscheidung ist zum einen in einem Rechtsmittelverfahren gemäß Art. 72 Abs. 1 UAbs. 1 EuErbVO gegen die Ausstellung des Zeugnisses denkbar. Sie kann jedoch auch ergehen, wenn die Ausstellungsbehörde die Berichtigung, die Änderung oder den Widerruf des Zeugnisses gemäß Art. 71 EuErbVO abgelehnt hat und hiergegen ein Rechtsbehelf gemäß Art. 72 Abs. 1 UAbs. 2 EuErbVO eingelegt wurde (letztere Fallgruppe scheint der deutsche Ausführungsgesetzgeber übersehen zu haben, da sich § 43 Abs. 5 S. 1 IntErbRVG seinem Wortlaut nach nur auf die Beschwerde gegen die Zeugnisausstellung bezieht). In diesen Fällen **ändert** oder **widerruft** das **Rechtsmittelgericht** das Zeugnis selbst oder sorgt dafür, dass die **Ausstellungsbehörde** das Zeugnis **berichtigt, ändert** oder **widerruft** (für die Frage, ob das Rechtsmittelgericht in der Sache selbst entscheidet oder das Verfahren an das Ausgangsgericht zurückverweist, dürfte in Deutschland die Vorschrift des § 69 FamFG maßgebend sein, auf die in § 43 Abs. 5 S. 4 IntErbRVG Bezug genommen wird). Zu den Folgen der Änderung oder des Widerrufs auf beglaubigte Abschriften, die im Rechtsverkehr zirkulieren und deren Gültigkeitsfrist gemäß Art. 70 Abs. 3 EuErbVO noch nicht abgelaufen ist, → EuErbVO Art. 69 Rn. 47 ff. 9

3. Entscheidung bei begründetem Rechtsbehelf gegen Ablehnung der Zeugnisausstellung

Art. 72 Abs. 2 UAbs. 2 EuErbVO regelt den Fall, dass das Rechtsmittelgericht feststellt, die Ausstellung des Zeugnisses sei zu Unrecht versagt worden. Das Rechtsmittelgericht hat dann das Zeugnis selbst auszustellen oder sicher zu stellen, dass die Ausstellungsbehörde den Fall erneut prüft und eine neue Entscheidung trifft. Die vom Verordnungsgeber gewählte Formulierung legt nahe, dass sich die Vorschrift auf Rechtsmittelverfahren gegen **Entscheidungen nach Art. 67 EuErbVO** beziehen soll, mit denen die Ausstellung eines Nachlasszeugnisses abgelehnt wird. Um Regelungslücken zu vermeiden, ist Art. 72 Abs. 2 UAbs. 2 EuErbVO in entsprechender Weise auch auf den Fall anzuwenden, dass der **Widerruf** oder die **Änderung** eines Nachlasszeugnisses den Gegenstand des Rechtsmittelverfahrens gemäß **Art. 72 Abs. 1 UAbs. 2 EuErbVO** bilden und das Rechtsmittelgericht zu dem Schluss gelangt, die Ausstellungsbehörde habe das Zeugnis zu Unrecht widerrufen oder geändert. 10

Anzumerken ist, dass die Regelung des **Art. 67 Abs. 1 UAbs. 2 lit. a EuErbVO** in der Rechtsmittelinstanz nicht mehr gilt (→ EuErbVO Art. 67 Rn. 6). Das Rechtsmittelgericht kann das beantragte Zeugnis auch dann ausstellen (bzw. durch die Ausgangsbehörde ausstellen lassen), wenn gegen den zu bescheinigenden Sachverhalt Einwände geltend gemacht werden. 11

4. Entscheidung bei begründetem Rechtsbehelf gegen Maßnahmen nach Art. 73 Abs. 1 lit. a EuErbVO

Die Verordnung schweigt zu der Frage, wie das Rechtsmittelgericht bei einem begründeten Rechtsbehelf gegen eine Entscheidung nach Art. 73 Abs. 1 lit. a EuErbVO (Aussetzung der Wirkungen des Zeugnisses) vorzugehen hat. Insbesondere fehlt auch eine Regelung dazu, in welchem Umfang und an welchem Maßstab die Entscheidung der Ausstellungsbehörde über die Aussetzung der Zeugniswirkungen zu überprüfen ist (MüKoBGB/*Dutta* EuErbVO Art. 72 Rn. 9). 12

Artikel 73 Aussetzung der Wirkungen des Zeugnisses

(1) **Die Wirkungen des Zeugnisses können ausgesetzt werden**

a) von der Ausstellungsbehörde auf Verlangen einer Person, die ein berechtigtes Interesse nachweist, bis zur Änderung oder zum Widerruf des Zeugnisses nach Artikel 71 oder

b) von dem Rechtsmittelgericht auf Antrag einer Person, die berechtigt ist, eine von der Ausstellungsbehörde nach Artikel 72 getroffene Entscheidung anzufechten, während der Anhängigkeit des Rechtsbehelfs.

(2) **Die Ausstellungsbehörde oder gegebenenfalls das Rechtsmittelgericht unterrichtet unverzüglich alle Personen, denen beglaubigte Abschriften des Zeugnisses nach Artikel 70 Absatz 1 ausgestellt worden sind, über eine Aussetzung der Wirkungen des Zeugnisses.**

Während der Aussetzung der Wirkungen des Zeugnisses dürfen keine weiteren beglaubigten Abschriften des Zeugnisses ausgestellt werden.

I. Überblick

1 Die Vorschrift sieht in Abs. 1 die Möglichkeit vor, die Wirkungen des Zeugnisses auszusetzen, solange ein Verfahren zur Änderung oder zum Widerruf des Zeugnisses bzw. ein Rechtsbehelfsverfahren gegen die Ausstellung des Zeugnisses anhängig ist. Abs. 2 regelt die verfahrensrechtlichen Folgen einer solchen Maßnahme.

II. Voraussetzungen für Aussetzung der Zeugniswirkungen (Abs. 1)

1. Anwendungsbereich und Zuständigkeit

2 Nach Art. 73 Abs. 1 EuErbVO können die Wirkungen des Zeugnisses in zwei Konstellationen vorübergehend ausgesetzt werden: nach lit. a während der Dauer eines **Verfahrens nach Art. 71 EuErbVO,** das die **Änderung** oder den **Widerruf** des Zeugnisses zum Gegenstand hat, nach lit. b während der Anhängigkeit eines **Rechtsbehelfsverfahrens** nach **Art. 72 EuErbVO,** das auf den Widerruf oder die Änderung des Zeugnisses gemäß Art. 72 Abs. 2 UAbs. 1 EuErbVO zielt. Für die Aussetzung der Zeugniswirkung ist die Stelle **zuständig,** die mit der Hauptsache befasst ist: in den Fällen der lit. a die Ausstellungsbehörde, ansonsten das Rechtsmittelgericht.

2. Antragserfordernis und Antragsberechtigung

3 Die Aussetzung der Wirkungen des Zeugnisses erfolgt nur **auf Antrag.** Zwar ist die Terminologie in Art. 73 Abs. 1 EuErbVO uneinheitlich, da einmal von „Verlangen" (lit. a) und einmal von „Antrag" (lit. b) die Rede ist. Doch gehen mit dieser Differenzierung keine inhaltlichen Unterschiede einher, wie ein Blick in andere Sprachfassungen der Verordnung nahelegt, die in beiden Regelungsalternativen denselben Begriff verwenden („request"; „demande"; „richiesta"). **Antragsberechtigt** sind die Personen, die auch das jeweilige Hauptsacheverfahren einleiten können: Lit. a gewährt das Antragsrecht Personen, die ein berechtigtes Interesse nachweisen (→ EuErbVO Art. 71 Rn. 5), nach lit. b wiederum besitzen dieses Recht alle Personen, die berechtigt sind, eine Entscheidung der Ausstellungsbehörde nach Art. 72 EuErbVO anzufechten.

3. Ermessensentscheidung

4 Die Entscheidung über die Aussetzung der Zeugniswirkungen steht im **Ermessen** der Ausstellungsbehörde bzw. des Rechtsmittelgerichts, wie aus dem Wortlaut des Art. 73 Abs. 1 EuErbVO hervorgeht („können"). Die Verordnung schweigt zu der Frage, welche Faktoren für die Ausübung des Ermessens maßgebend sind. Entscheidend dürfte es auf eine **Abwägung** der Interessen des Antragstellers einerseits und des Zeugnisinhabers andererseits ankommen, bei der insbesondere der – durch eine summarische Prüfung zu ermittelnde – wahrscheinliche Ausgang des Hauptsacheverfahrens berücksichtigt werden muss (MüKoBGB/*Dutta* EuErbVO Art. 73 Rn. 4).

III. Folgen der Aussetzung der Zeugniswirkungen (Abs. 2)

1. Verfahrensrechtliche Folgen

5 Art. 73 Abs. 2 EuErbVO regelt lediglich, welche verfahrensrechtlichen Folgen eintreten, wenn die Wirkungen des Zeugnisses ausgesetzt werden. Nach UAbs. 1 sind alle Personen zu **unterrichten,** denen beglaubigte Abschriften des Zeugnisses nach Art. 70 Abs. 1 EuErbVO ausgehändigt wurden (zur entsprechenden Unterrichtungspflicht im Fall des Widerrufs des Zeugnisses → EuErbVO Art. 71 Rn. 13). Darüber hinaus ordnet UAbs. 2 an, dass **keine weiteren beglaubigten Abschriften** des Zeugnisses ausgestellt werden dürfen, solange seine Wirkungen ausgesetzt sind.

2. Folgen der Aussetzungsentscheidung für die Wirkungen des Zeugnisses nach Art. 69 EuErbVO

6 Die Verordnung schweigt zu der Frage, welche Folgen die Aussetzungsentscheidung für die einzelnen Wirkungen des Zeugnisses nach Art. 69 EuErbVO mit sich bringt. Hier gelten die gleichen Grundsätze wie im Fall des Widerrufs des Zeugnisses: Die **Beweiswirkungen** nach Art. 69 Abs. 2 und 5 EuErbVO entfallen, doch können beglaubigte Abschriften, die im Rechtsverkehr noch zirkulieren, weiterhin die **Gutglaubenswirkungen** des Art. 69 Abs. 3 und 4 EuErbVO entfalten (ausf. → EuErbVO Art. 69 Rn. 47 ff.; aA jurisPK-BGB/*Kleinschmidt* EuErbVO Art. 72 Rn. 7).

Kapitel VII. Allgemeine und Schlussbestimmungen

Artikel 74 Legalisation oder ähnliche Förmlichkeiten

Im Rahmen dieser Verordnung bedarf es hinsichtlich Urkunden, die in einem Mitgliedstaat ausgestellt werden, weder der Legalisation noch einer ähnlichen Förmlichkeit.

Übersicht

I. Allgemeines

1 Die Vorschrift ist wortgleich zu Art. 61 Brüssel Ia-VO (VO (EU) 1215/2012) und war bereits in Art. 49 EuGVÜ enthalten. Parallelregelungen enthalten Art. 56 Brüssel I-VO aF, Art. 52 Brüssel IIa-VO, 65 EuUnthVO, Art. 61 EuGüVO und Art. 61 EuPartVO (vgl. BeckOGK/*J. Schmidt* EuErbVO Art. 74 Rn. 2). **Art. 74 befreit bei der Echtheitsprüfung einer Urkunde** vom Erfordernis der **Legalisation** oder **vergleichbarer Formalitäten,** um die Zirkulation von Urkunden zu erleichtern (MüKoBGB/*Dutta* EuErbVO Art. 74 Rn. 1; BeckOGK/*J. Schmidt* EuErbVO Art. 74 Rn. 4).

2 Bei der **Legalisation** bestätigt eine Behörde des Zielstaats die Echtheit der Urkunde aus dem Errichtungsstaat (vgl. für Deutschland § 13 II KonsularG). Eine **ähnliche Förmlichkeit** ist jede andere Förmlichkeit, die als Echtheitserfordernis oder Echtheitsnachweis für ausländische öffentliche Urkunden funktional an die Stelle der Legalisation tritt (BeckOGK/*J. Schmidt* EuErbVO Art. 74 Rn. 13). So ersetzt die **Apostille** nach dem Haager Übereinkommen vom 5.10.1961 die Legalisation (Haager Übereinkommen zur Befreiung ausländischer öffentlicher Urkunden von der Legalisation die Legalisation vom 5.10.1961, BGBl. 1965, II 875). Bei der Apostille handelt es sich um eine Bestätigung der Echtheit durch eine bestimmte Behörde des Errichtungsstaats auf einem genau vorgeschriebenen Formular (Art. 3 Abs. 1 des Haager Übereinkommens vom 5.10.1961).

3 Art. 74 bewegt sich im Rahmen des Haager Übereinkommens vom 5.10.1961, das ausdrücklich in Art. 3 Abs. 2 den Vertragsstaaten erlaubt, weitergehende Erleichterungen vorzusehen (MüKoBGB/*Dutta* EuErbVO Art. 74 Rn. 1).

II. Voraussetzungen

1. Urkunde

4 Die Vorschrift zielt auf **öffentliche Urkunden,** da nur für öffentliche Urkunden das Erfordernis einer Legalisation oder einer ähnlichen Formalität wie der Apostille aufgestellt wird (MüKoBGB/*Dutta* EuErbVO Art. 74 Rn. 4).

5 Dass der Wortlaut schlicht von Urkunden spricht, könnte man als Bestärkung sehen, dass anders als in Art. 3 Abs. 1 lit. i **keine Beschränkung auf öffentliche Urkunden „in Erbsachen"** vorgesehen ist. Damit fallen auch Prozessvollmachten und Personenstandsurkunden unter Art. 74, auch wenn in ihnen kein erbrechtliches Rechtsgeschäft oder -verhältnis beurkundet ist (BeckOGK/*J. Schmidt* EuErbVO Art. 74 Rn. 9). Bei Privaturkunden ist aber ohnehin keine Legalisation vorgesehen. Diese haben gem. § 438 Abs. 2 ZPO keine Vermutung der Echtheit für sich. Privaturkunden können daher nicht gemeint sein (so auch MüKoBGB/*Dutta* EUErbVO Art. 74 Rn. 4).

Personenstandsurkunden und andere bestimmte Urkunden, die den Personenstand betreffen aus einem anderen Mitgliedstaat der Union fallen nun unter die sog. Apostillenverordnung (Verordnung EU 2016/1191 des Europäischen Parlaments vom 6.6.2016 ABl 2016 L 200/1) und sind gem. Art. 4 Apostillenverordnung von jeder weiteren Förmlichkeit – damit also auch von der Apostille – befreit. Die Apostillenverordnung ist im Nachlassverfahren insbesondere dann von Bedeutung, wenn der Ausstellungsstaat Mitglied der EU aber kein Mitgliedstaat iSd EUErbVO ist (also zB Dänemark oder Irland).

2. Errichtung in einem Mitgliedstaat

6 Zum Begriff des Mitgliedstaats im Sinne der Erbrechtsverordnung → Einl. Rn. 29. Zum Begriff der Ausstellung in einem Mitgliedstaat → Art. 59 Rn. 22. Entscheidend ist nicht der Errichtungsort, sondern nach welchem Recht eine Urkunde errichtet wurde.

3. Im Rahmen der Verordnung

7 Die Befreiung vom Erfordernis der Legalisation oder vergleichbarer Formalitäten gilt **für die Verwendung der in Verfahren nach dieser Verordnung erlangten Urkunden** wie Entscheidungen, gerichtliche Vergleiche, vollstreckbare Urkunden und das Europäische Nachlasszeugnis, die jeweils in einer öffentlichen Urkunde nach Art. 3 Abs. 1 lit. i verkörpert werden. Zudem greift die Vorschrift **für die Verwendung von Urkunden in Verfahren nach dieser Verordnung.**

III. Rechtsfolge

8 Die Rechtsfolge von Art. 74 ist zunächst **negativ:** Bei der Prüfung der Echtheit einer Urkunde kann keine Legalisation oder ähnliche Formalität gefordert werden. **Positiv** ordnet die Vorschrift für die Echtheitsprüfung nichts an. Damit ist **nationales Verfahrensrecht des Staates einschlägig, in dem die Echtheit zu prüfen ist** (MüKoZPO/*Gottwald,* 4. Aufl. 2013, EuGVO aF Art. 56 Rn. 1). Überwiegend wird angenommen, dass zugleich die Gleichstellung der Behandlung aus- und inländischer Urkunden nach dem Verfahrensrecht des Ziellands angeordnet werde (so übereinstimmend mit der hL für Art. 56 Brüssel I-VO aF MüKoBGB/*Dutta* EuErbVO Art. 74 Rn. 5; Kropholler/v. Hein EuRZivilProzR 9. Aufl. 2011 EuGVO aF Art. 56 Rn. 1; MüKoZPO/*Gottwald,* 4. Aufl. 2013, EuGVO aF Art. 56 Rn. 1). Letzteres dient dem Interesse einer Erleichterung des grenzüberschreitenden Rechtsverkehrs, da mit der Echtheitsvermutung zugunsten ausländischer Urkunden der Praxis die Ermittlung des ausländischen Verfahrensrechts zu den Echtheitsvoraussetzungen erspart bleibt, soweit die Vermutung eingreift.

IV. Bedeutung der Vorschrift

9 Der **praktische Anwendungsbereich** der Vorschrift ist **beschränkt:** Da die Legalisation und vergleichbare Formalitäten wie eine Apostille entweder Echtheitserfordernisse ausländischer öffentlicher Urkunden oder eine Möglichkeit des Echtheitsnachweises solcher Urkunden darstellen, macht eine Befreiung von diesen Erfordernissen nur Sinn, wenn die Echtheit einer ausländischen öffentlichen Urkunde im Zielstaat nach eigenem Verfahrensrecht zu prüfen ist. Erfolgt die Echtheitsprüfung im Errichtungsstaat oder nach dessen verfahrensrechtlichen Vorschriften, wird das Erfordernis oder die Nachweismöglichkeit durch Legalisation nicht vorgesehen sein.

10 **Art. 74 spielt** damit **keine Rolle, soweit Art. 59 eingreift,** der für den Echtheitsnachweis eine ausschließliche Zuständigkeit der Gerichte des Ursprungsmitgliedstaats vorsieht, die nach ihrem Verfahrensrecht entscheiden. Art. 74 ist damit für Urkunden, deren Echtheit im Verfahren nach Art. 59 Abs. 2 zu überprüfen ist, bedeutungslos, da die Echtheitsprüfung nach Art. 59 Abs. 2 den Gerichten des Ziellandes entzogen und denen des Ausstellungsstaates überantwortet ist (MüKoBGB/*Dutta* EuErbVO Art. 74 Rn. 6). Wo die Echtheit nicht zu überprüfen ist, bedarf es keiner Befreiung von einem Legalisationserfordernis. Art. 74 kann damit **eine mehr als nur deklaratorische Bedeutung** (BeckOGK/*J. Schmidt* EuErbVO Art. 74 Rn. 3, 5 unter Hinweis auf Dok. 18096/10, 54) **nur für die Fälle** erlangen, in denen **nicht auf Art. 59 Abs. 2 zurückzugreifen** ist.

11 Der **Anwendungsbereich** bleibt damit für **öffentliche Urkunden** eröffnet, **die selbst nicht „in Erbsachen" errichtet** wurden. Damit gilt Art. 74 für den Echtheitsnachweis von Personenstandsurkunden und Prozessvollmachten in Verfahren nach der EuErbVO (zur Frage der Anwendbarkeit von Art. 59 → Art. 59 Rn. 9 ff.; BeckOGK/*J. Schmidt* EuErbVO Art. 74 Rn. 9). Weiter ist Art. 74 für **Urkunden** von Bedeutung, die zwar in Erbsachen errichtet wurden, **deren formelle Beweiskraft aber nicht gemäß Art. 59 Abs. 1 angenommen werden soll:** Soweit es um die Vollstreckbarkeit einer öffentlichen Urkunde geht, ist die Echtheit der Urkunde vom Exequaturgericht zu prüfen (→ Art. 59 Rn. 10 ff.; → Art. 60 Rn. 29). Schließlich greift Art. 74 bei der **Echtheitsprüfung von Beweisurkunden, deren Ausstellung nach der EuErbVO** in von ihr selbst geregelten Verfahren **vorgesehen ist.** Das betrifft die Fälle der Prüfung der Echtheit der ausgestellten Bescheinigungen nach den Art. 46 Abs. 3 lit. b, 60 Abs. 2, 61 Abs. 2, die Echtheitsprüfung der Ausfertigung der Entscheidung eines ausländischen Gerichts nach Art. 46 Abs. 3 lit. a sowie die Echtheitsprüfung der Entscheidung nach Art. 59 Abs. 2 (→ Art. 59 Rn. 14). Diese Urkunden sind zwar jedenfalls mittelbar in einer Erbsache ergangen, enthalten allerdings keine Beurkundung eines erbrechtlichen Rechtsakts oder

Rechtsverhältnisses. Entsprechend hat das Gericht im Zielstaat die Echtheit selbst zu prüfen und kann dabei nach bisheriger Praxis zur Brüssel I-VO aF auch auf das eigene Verfahrensrecht zurückgreifen und die ausländische wie eine inländische behandeln. Eine Legalisation oder ähnliche Förmlichkeit darf nicht gefordert werden (→ Art. 46 Rn. 3; → Art. 60 Rn. 29).

Artikel 75 Verhältnis zu bestehenden internationalen Übereinkommen

(1) **Diese Verordnung lässt die Anwendung internationaler Übereinkommen unberührt, denen ein oder mehrere Mitgliedstaaten zum Zeitpunkt der Annahme dieser Verordnung angehören und die Bereiche betreffen, die in dieser Verordnung geregelt sind.**

Insbesondere wenden die Mitgliedstaaten, die Vertragsparteien des Haager Übereinkommens vom 5. Oktober 1961 über das auf die Form letztwilliger Verfügungen anzuwendende Recht sind, in Bezug auf die Formgültigkeit von Testamenten und gemeinschaftlichen Testamenten anstelle des Artikels 27 dieser Verordnung weiterhin die Bestimmungen dieses Übereinkommens an.

(2) **Ungeachtet des Absatzes 1 hat diese Verordnung jedoch im Verhältnis zwischen den Mitgliedstaaten Vorrang vor ausschließlich zwischen zwei oder mehreren von ihnen geschlossenen Übereinkünften, soweit diese Bereiche betreffen, die in dieser Verordnung geregelt sind.**

(3) **Diese Verordnung steht der Anwendung des Übereinkommens vom 19. November 1934 zwischen Dänemark, Finnland, Island, Norwegen und Schweden mit Bestimmungen des Internationalen Privatrechts über Rechtsnachfolge von Todes wegen, Testamente und Nachlassverwaltung in der geänderten Fassung der zwischenstaatlichen Vereinbarung zwischen diesen Staaten vom 1. Juni 2012 durch die ihm angehörenden Mitgliedstaaten nicht entgegen, soweit dieses Übereinkommen Folgendes vorsieht:**

a) Vorschriften über die verfahrensrechtlichen Aspekte der Nachlassverwaltung im Sinne der in dem Übereinkommen enthaltenen Begriffsbestimmung und die diesbezügliche Unterstützung durch die Behörden der dem Übereinkommen angehörenden Staaten und

b) vereinfachte und beschleunigte Verfahren für die Anerkennung und Vollstreckung von Entscheidungen in Erbsachen.

Literatur: *Dutta/Wurmnest,* European Private International Law and Member State Treaties with Third Parties, 2019; *Kohler,* Die künftige Erbrechtsverordnung der Europäischen Union und die Staatsverträge mit Drittstaaten, in: Reichelt/Rechberger, Europäisches Erbrecht: Zum Verordnungsvorschlag der Europäischen Kommission zum Erb- und Testamentsrecht, 2011, S. 109 ff.; *Looschelders,* Germany, in: *Dutta/Wurmnest,* European Private International Law and Member State Treaties with Third Parties, 2019, S. 149; *Mankowski,* Gelten die bilateralen Staatsverträge der Bundesrepublik Deutschland im Internationalen Erbrecht nach dem Wirksamwerden der EuErbVO weiter?, ZEV 2013, 529; Dutta/Herrler EuErbVO/*Süß,* 181; *Wurmnest/Wössner,* Kollisionsrechtliche Staatsverträge mit Drittstaaten in Europa: Ein Blick auf die Achillesferse der EuErbVO, ZVglRWiss 118 (2019) 449.

Übersicht

I. Allgemeines

Wie in Art. 25 Rom I-VO, 28 Rom II-VO und 19 Rom III-VO ist auch in der EuErbVO eine Vorschrift enthalten, die das **Verhältnis der Verordnung zu bestehenden völkerrechtlichen Verträgen der Mitgliedstaaten** regelt, soweit sich die Anwendungsbereiche von Verordnung und völkerrechtlichem Vertrag überschneiden. Die Vorschrift räumt den völkerrechtlichen Verträgen Vorrang ein, um den Mitgliedstaaten zu ermöglichen, ihre völkerrechtlichen Verpflichtungen gegenüber Drittstaaten 1 trotz Einführung der Verordnung einzuhalten (s. ErwG 73 S. 1; MüKoBGB/*Dutta* EuErbVO Art. 75 Rn. 1; BeckOGK/*J. Schmidt* EuErbVO Art. 75 Rn. 4).

II. Vorrang völkerrechtlicher Verträge

1. Anwendungsbereich

2 **a) Internationales Abkommen, an dem ein Mitgliedstaat beteiligt ist.** Der Vorrang betrifft nur internationale Abkommen, an denen mindestens **ein Mitgliedstaat** (zum Begriff → Einl. Rn. 29) **beteiligt** ist. Nicht entscheidend ist, dass es sich um einen Vertrag zwischen mehr als zwei Staaten handelt. Auch bilaterale Abkommen sind erfasst (Bonomi/Wautelet/*Bonomi* Art. 75 Rn. 8; BeckOGK/*J. Schmidt* EuErbVO Art. 75 Rn. 10; *Lehmann* ZEV 2014, 232 (234); Dutta/Herrler/*Süß*, Die Europäische Erbrechtsverordnung, 181 (186) Rn. 14, ausführlich *Mankowski* ZEV 2013, 529).

3 **b) Zum Zeitpunkt der Annahme bestehende Abkommen.** Nach Art. 75 Abs. 1 UAbs. 1 haben völkerrechtliche Verträge Vorrang vor der Verordnung, soweit sie **zum Zeitpunkt der Annahme der Verordnung** bereits **bestehen.** Entscheidender Zeitpunkt ist damit der 4. Juli 2012 (BeckOGK/*J. Schmidt* EuErbVO Art. 75 Rn. 14). An diesem Tag muss der Mitgliedstaat dem Abkommen „angehören". Nach dem Zweck der Vorschrift, bestehende mitgliedstaatliche, völkerrechtliche Verpflichtungen zu wahren, ist darunter zu verstehen, dass der Mitgliedstaat an das Abkommen völkerrechtlich gebunden ist, er also im Regelfall das Abkommen ratifiziert hat (BeckOGK/*J. Schmidt* EuErbVO Art. 75 Rn. 13). Entscheidend ist die Vornahme der nach dem Verfassungsrecht des betreffenden Mitgliedstaats erforderlichen Schritte. Auf das Inkrafttreten kommt es dagegen nicht an.

4 **Nach der Annahme der Verordnung** geschlossene Verträge genießen den Vorrang nicht. Den Mitgliedstaaten fehlt insoweit auch die **Kompetenz zum Abschluss internationaler Verträge** auf dem Gebiet des internationalen Erbrechts, die **auf die Europäische Union übergegangen** ist (→ Einl. Rn. 83; Bonomi/Wautelet/*Bonomi* Art. 75 Rn. 12).

5 **c) Überschneidung des sachlichen Anwendungsbereichs mit der Verordnung.** Der Vorrang muss nur gewährt werden, soweit es zu einem Konflikt mit der EuErbVO kommt. Entsprechend wird der Vorrang auf die Fälle beschränkt, in denen der **sachliche Anwendungsbereich** der EuErbVO eröffnet ist. Ausreichend ist eine **Überschneidung:** Es spielt keine Rolle, ob das Abkommen zugleich auch Fragen regelt, die nicht Regelungsgegenstand der EuErbVO sind (BeckOGK/*J. Schmidt* EuErbVO Art. 75 Rn. 9).

6 Keine Kollision entsteht damit mit Abkommen, deren Regelungsgegenstand von der EuErbVO nicht berührt wird. Das ist grundsätzlich der Fall für Konsularverträge (Übersicht bei MüKoBGB/*Dutta* EGBGB Art. 25 Rn. 263). Ausnahmen können sich bei Maßnahmen der Nachlasssicherung wie nach dem deutsch-türkischen Nachlassabkommen ergeben zu den konsularischen Befugnissen nach dem deutsch-türkischen Nachlassabkommen Dt.-türk. NlassAbk Rn. 18 und allgemein MüKoBGB/ *Dutta* EuErbVO Art. 3 Rn. 17 ff.) und für Anerkennungs- und Vollstreckungsabkommen, die ausschließlich die Anerkennung und Vollstreckung von Entscheidungen im Verhältnis zu Drittstaaten regeln. Die EuErbVO betrifft dagegen nur die Anerkennung und Vollstreckung mitgliedstaatlicher Entscheidungen, → Art. 39 ff. (ausführlich Staudinger/*Dörner* EGBGB Art. 25 Rn. 823 f., 908). Insoweit besteht etwa zu § 15 S. 2 und § 17 des deutsch-türkischen Nachlassabkommens kein Konflikt, vgl. Dt.-türk. NlassAbk Rn. 6 und 11.

7 Obwohl nicht ausdrücklich geregelt ist, wie mit Abkommen umzugehen ist, die **internationales Einheitsrecht** enthalten, sind diese ebenso von der Vorrangregel des Abs. 1 UAbs. 1 erfasst, sofern sie auch vorschreiben, das Einheitsrecht unmittelbar ohne Rückgriff auf das internationale Privatrecht anzuwenden (MüKoBGB/*Dutta* EuErbVO Art. 75 Rn. 7; keine Kollision sieht dagegen Bonomi/Wautelet/*Bonomi* Art. 75 Rn. 3). Kein Konflikt besteht nur dann, wenn ein solches Abkommen den Vertragsstaaten vorschriebe, ihr materielles Erbrecht in gewisser Weise auszugestalten. Soweit das Einheitsrecht aber ohne Rückgriff auf nationales Kollisionsrecht in allen Fällen anzuwenden ist, in denen die Gerichte des Abkommenstaates mit einem Fall befasst sind, enthält die Regelung des räumlich-persönlichen Anwendungsbereichs eine Kollisionsnorm, die Vorrang gegenüber der EuErbVO erheischt. Gerichte und Behörden eines Mitgliedstaats, der einem internationalen Abkommen, das erbrechtliches Einheitsrecht enthält, angehört, werden das Einheitsrecht damit anwenden. Soweit von einem Mitgliedstaat auf das Recht eines anderen Mitgliedstaats verwiesen wird, in dem internationales Einheitsrecht gilt, kommt das Einheitsrecht ungeachtet des Ausschlusses eines Renvoi als Teil des Sachrechts dieses anderen Mitgliedstaates zur Anwendung (MüKoBGB/*Dutta* EuErbVO Art. 75 Rn. 33). Bedeutung erlangt diese Frage für das **Washingtoner Übereinkommen über ein einheitliches Recht der Form eines internationalen Testaments vom 26.10.1973** (Convention providing a Uniform Law on the Form of an International Will of 26 October 1973, abrufbar unter http://www.unidroit.org/english/conventions/1973wills/main.htm. und oben, Art. 27 Anhang II), dem mit

Belgien, Kroatien, Zypern, Frankreich, Italien, Portugal und Slowenien auch einige Mitgliedstaaten angehören (ausführlich Art. 27 Rn. 5). Die durch das Abkommen zusätzlich zur Verfügung gestellte Testamentsform ist damit zu berücksichtigen.

d) Internationales Abkommen mit einem Drittstaat. Wie sich aus Art. 75 Abs. 1 Abs. 1 und Abs. 2 ergibt, wird nur internationalen Abkommen Vorrang eingeräumt, an denen **auch Drittstaaten** (zum Begriff des Drittstaats → Einl. Rn. 29) **beteiligt** sind. Das entspricht dem Normzweck (→ Rn. 1), da gegenüber anderen Mitgliedstaaten nicht die Verletzung einer völkerrechtlichen Verpflichtung droht. Im Verhältnis der Mitgliedstaaten zueinander hat vielmehr die EU die Kompetenz, das bisherige Abkommen durch Verordnung im Verhältnis aller Abkommensstaaten zueinander zu ersetzen, was im Interesse einer größtmöglichen Vereinheitlichung durch die Verordnung angeordnet wird (ErwG 73 S. 2). Abs. 2 nimmt daher internationale Abkommen, an denen ausschließlich Mitgliedstaaten beteiligt sind, von der Vorrangregelung des Art. 75 Abs. 1 UAbs. 1 aus. Freilich muss auch hier geprüft werden, ob sich Abkommen und Verordnung sachlich überschneiden. So liegen etwa beim deutsch-französischen Wahlgerichtsstand der Zugewinngemeinschaft (Abkommen zwischen der Bundesrepublik Deutschland und der Französischen Republik über den Güterstand der Wahl-Zugewinngemeinschaft vom 4.2.2010, BGBl. 2012 II 180) keine Überschneidungen vor (güterrechtliche Regelungen sind gem. Art. 1 Abs. 2 lit. d aus der Verordnung ausgenommen, s. MüKoBGB/*Dutta* EuErbVO Art. 75 Rn. 8), sodass das Abkommen neben der EuErbVO weiter anzuwenden ist. 8

Die **EuErbVO** hat damit **Vorrang** insbesondere **vor bilateralen Anerkennungs- und Vollstreckungsabkommen** zwischen der Bundesrepublik Deutschland und einem anderen Mitgliedstaat, soweit sie die Anerkennung und Vollstreckung in erbrechtlichen Fragen erfassen. Zu nennen sind hier das deutsch-belgische Abkommen von 1958 (Abkommen zwischen der Bundesrepublik Deutschland und dem Königreich Belgien über die gegenseitige Anerkennung und Vollstreckung von gerichtlichen Entscheidungen, Schiedssprüchen und öffentlichen Urkunden in Zivil- und Handelssachen vom 30.6.1958, BGBl. 1959 II 766), das deutsch-griechische Abkommen von 1961 (Abkommen zwischen der Bundesrepublik Deutschland und dem Königreich Griechenland über die gegenseitige Anerkennung und Vollstreckung von gerichtlichen Entscheidungen, Vergleichen und öffentlichen Urkunden in Zivil- und Handelssachen vom 4.11.1961, BGBl. 1963 II 110), das deutsch-italienische Abkommen von 1936 (Abkommen zwischen dem Deutschen Reich und dem Königreich Italien über die gegenseitige Anerkennung und Vollstreckung gerichtlicher Entscheidungen in Zivil- und Handelssachen vom 9.3.1936, RGBl. 1936 II 145), das deutsch-niederländische Abkommen von 1962 (Abkommen zwischen der Bundesrepublik Deutschland und dem Königreich der Niederlande über die gegenseitige Anerkennung und Vollstreckung von gerichtlichen Entscheidungen und anderer Schuldtitel in Zivil- und Handelssachen vom 30.8.1962, BGBl. 1965 II 27), das deutsch-österreichische Abkommen von 1959 (Abkommen zwischen der Bundesrepublik Deutschland und der Republik Österreich über die gegenseitige Anerkennung und Vollstreckung von gerichtlichen Entscheidungen, Vergleichen und öffentlichen Urkunden in Zivil- und Handelssachen vom 6.6.1959, BGBl. 1960 II 1246) und das deutsch-spanische Abkommen von 1983 (Abkommen zwischen der Bundesrepublik Deutschland und Spanien über die Anerkennung und Vollstreckung von gerichtlichen Entscheidungen und Vergleichen sowie öffentlichen Urkunden in Zivil- und Handelssachen vom 14.11.1983, BGBl. 1987 II 34). 9

Fraglich ist, ob die Verordnung auch dann Vorrang hat, wenn die Anerkennung und Vollstreckung nach dem eigentlich verdrängten Abkommen günstiger ausgestaltet ist als nach der Verordnung. Praktisch stellt sich die Frage nicht, da die Regelung der Verordnung günstiger als die Regelung sämtlicher Abkommen ist. Theoretisch spricht aus Sicht der Verordnung aber nichts gegen die **Geltung des Günstigkeitsprinzips:** (MüKoBGB/*Dutta* EuErbVO Art. 75 Rn. 34, Vor Art. 39 Rn. 4) Anders als bei der Annahme von Urkunden (→ Art. 59 Rn. 4) besteht kein schützenswertes Vertrauen darauf, dass Entscheidungen in anderen Staaten nur nach den Vorschriften der EuErbVO anerkannt und vollstreckt werden. Soweit ein Abkommen zwischen Mitgliedstaaten günstiger wäre, steht auch der Vereinheitlichungszweck der EuErbVO einer Anwendung der günstigeren Vorschriften nicht im Wege, da die Anerkennung und Vollstreckung nach der EuErbVO daneben anwendbar bleibt. 10

2. Betroffene Abkommen aus deutscher Sicht

a) Haager Testamentsformübereinkommen (Abs. 1 UAbs. 2). Art. 75 Abs. 1 UAbs. 2 stellt den sich aus UAbs. 1 bereits ergebenden **Vorrang des Haager Testamentsformübereinkommens** klar und stellt durch die ausdrückliche Aufnahme sicher, dass das Abkommen in der Praxis nicht übersehen wird. Der Vorrang des Abkommens bezieht sich ausweislich UAbs. 2 auf die Formgültigkeit von Testamenten und gemeinschaftlichen Testamenten (zum Begriff s. Art. 3 Abs. 1 lit. c, Art. 25 Rn. 3). Dabei ist zu beachten, dass das Haager Testamentsformübereinkommen, anders als die EuErbVO, auch **mündliche Testamente** erfasst, → Art. 27 Rn. 16 ff. 11

Die Formgültigkeit von **Erbverträgen,** die selbst nicht in der Form eines gemeinschaftlichen Testaments errichtet werden (vgl. zum formell zu verstehenden Begriff des gemeinschaftlichen Testa- 12 ments und zum materiell auf der Bindungswirkung aufbauenden Begriffs des Erbvertrags, Art. 3 Abs. 1 lit. c und Art. 3 Abs. 1 lit. b, Art. 25 Rn. 2 f.), ist damit nach Art. 27 anzuknüpfen, → Art. 27 Rn. 25 f.

13 Soweit das Haager Testamentsformübereinkommen anwendbar ist, sieht es vor, dass mitgliedstaatliche Regelungen nach Art. 3 des Abkommens eine **günstigere Regelung** vorsehen können. Mit Geltung der EuErbVO ist diese für die Mitgliedstaaten die maßgebliche Regelung, sodass Erweiterungen der Regelung des Haager Testamentsformübereinkommens wie sie in Art. 26 Abs. 1 EGBGB nF enthalten sind, ihre Funktion verlieren (daher kritisch zur Beibehaltung der Vorschrift MüKoBGB/*Dutta* EuErb-VO Art. 75 Rn. 3). Allein der **Unionsgesetzgeber** ist jetzt noch **befugt,** derartige Erweiterungen vorzusehen oder die Mitgliedstaaten dazu zu ermächtigen (vgl. *Dutta* FamRZ 2013, 4 (10)).

14 Details des Haager Testamentsformübereinkommens und sein Verhältnis zu Art. 27, → Art. 27 Rn. 1 ff., 11 ff.

15 **b) Multilaterale Abkommen.** Für Deutschland bestehen mit Ausnahme des in Art. 75 Abs. 1 UAbs. 2 ausdrücklich aufgeführten Haager Testamentsformübereinkommens (→ Rn. 11 ff. und → Anhang zu Art. 27 Rn. 1 ff.) keine multilateralen Abkommen, die nach Art. 75 Abs. 1 UAbs. 1 vorrangig sind.

16 Als multilateralen Abkommen anderer Mitgliedstaaten kommt dem Washingtoner Übereinkommen über ein einheitliches Recht der Form eines internationalen Testaments vom 26.10.1973 Bedeutung zu, → Rn. 7; Art. 27 Anhang II. Weitere multilaterale Abkommen, denen andere Mitgliedstaaten angehören, sind: das Haager Übereinkommen über die internationale Verwaltung von Nachlässen vom 2.10.1973 (Hague Convention Concerning the International Administration oft the Estates of Deceased Persons, abgedruckt bei Staudinger/*Dörner* EGBGB Vor Art. 25, 26 Rn. 128), das Haager Trustübereinkommen vom 1.7.1985 (Haager Übereinkommen vom 1.7.1985 über das auf Trusts anzuwendende Recht und über ihre Anerkennung, abgedruckt in IPRax 1987, 53. Dazu Staudinger/*Dörner* EGBGB Vor Art. 25, 26 Rn. 129 ff.) und das Baseler Übereinkommen über die Schaffung eines Systems zur Registrierung von Testamenten vom 16.5.1972 (Dazu Staudinger/*Dörner* EGBGB Vor Art. 25, 26 Rn. 144 ff.; vgl. dazu Bonomi/Wautelet/*Bonomi* Art. 75 Rn. 3).

17 **c) Bilaterale Abkommen.** Die meisten der Mitgliedstaaten haben bilaterale Abkommen in Form von Freundschaftsabkommen, Rechtshilfeabkommen oder Konsularabkommen mit Drittstaaten abgeschlossen, die auch erbrechtliche Fragen betreffen (Rechtsanwendung, internationale Zuständigkeit, Anerkennung von Entscheidungen). Betroffene Drittstaaten sind insbesondere die Westbalkanstaaten, die Schweiz, die Türkei, der Iran und die Sowjetunion bzw. aktuelle ihre Nachfolgestaaten (ausführlicher – wenngleich naturgemäß nicht vollständiger – Überblick bei *Wurmnest/Wössner,* ZVglRWiss 118 (2019) 449, 458–467; *Dutta/Wurmnest,* European Private International Law and Member State Treaties with Third Parties, 2019). Für Deutschland haben das **deutsch-persische Niederlassungsabkommen** (→ Dt.-iran. NlassAbk Rn. 1 ff.), der **deutsch-sowjetische Konsularvertrag** (→ Dt.-sow. KonsularV Rn. 1 ff.) und **das deutsch-türkische Nachlassabkommen** (→ Dt.-türk. NlassAbk Rn. 1 ff.) Bedeutung.

18 Keine Bedeutung kommt insoweit den zahlreichen bilateralen Staatsverträgen, die **Gleichbehandlungs- und Meistbegünstigungsklauseln** enthalten, zu (aA Palandt/*Thorn* EuErbVO Art. 75 Rn. 2). Hier ist beispielhaft Art. IX Nr. 3 des deutsch-amerikanischen Freundschaftsvertrags (Freundschafts-, Handels- und Schifffahrtsvertrag zwischen der Bundesrepublik Deutschland und den Vereinigten Staaten von Amerika vom 29.10.1954, BGBl. 1956 II 488 nebst Protokoll, BGBl. 1956 II 502) zu nennen. Diese Verträge sehen einen gleichberechtigten Zugang zu Gerichten und Behörden und gleichberechtigten erbrechtlichen Rechtserwerb vor. Sie enthalten aber keine Kollisions-, Zuständigkeits-, Anerkennungs- oder Vollstreckungsregelungen (Erman/*Stürner* EuErbVO Art. 75 Rn. 6).

3. Rechtsfolge des Vorrangs

19 Soweit Art. 75 Abs. 1 UAbs. 1 eingreift, haben die **Regelungen in den Staatsverträgen Vorrang vor der EuErbVO** und sind an deren Stelle in den Vertragsstaaten anzuwenden. Für die Möglichkeit, völkerrechtliche Verpflichtungen im Verhältnis zu den Drittstaaten zu wahren, muss so die Vereinheitlichung im Verhältnis zu den Mitgliedstaaten untereinander geopfert werden. Umgekehrt sollen Mitgliedstaaten die **von einem anderen Mitgliedstaat abgeschlossenen internationalen Abkommen nicht beachten.** An eine entsprechende Beachtung könnte man zB für den Fall denken, dass das Kollisionsrecht der EUErbVO auf das Recht eines Mitgliedstaates verweist. Zwar ist ein Renvoi durch das Recht eines Mitgliedstaates nicht beachtlich, → Art. 34 Rn. 5. Sinn dieser Regelung ist es, Störungen bei der Rechtsvereinheitlichung unter den Mitgliedstaaten zu vermeiden, die auftreten würden, wenn in einigen Staaten nationales Kollisionsrecht anderer Mitgliedstaaten angewandt wird, das in diesen Mitgliedstaaten selber aufgrund des Vorrangs der EUErbVO nicht mehr angewandt werden kann. Bei Erlass dieser Vorschrift ist offenbar ausschließlich an Vorschriften autonomen Rechts gedacht worden. Daher steht Art. 34 Abs. 1 EUErbVO mE der Anwendung in einem anderen Mitgliedstaat geltender abkommensrechtlicher Rechtsvorschriften nicht entgegen.

Enthalten internationale Abkommen nur zu Teilbereichen Regelungen, die in der EuErbVO geregelt sind, fragt sich, wie weit hier der Vorrang des bilateralen Abkommens vor der EUErbVO reicht. So enthalten einige Abkommen – wie etwa das deutsch-persische Niederlassungsabkommen – ausschließlich kollisionsrechtliche Regelungen, aber keine Regelungen über die internationale Zuständigkeit oder Anerkennung und Vollstreckung von Entscheidungen. Da insoweit keine vorrangigen staatsvertraglichen Regelungen bestehen, ist es eine Auslegungsfrage, ob es hier möglich sein soll, insoweit **die Regelungen der EuErbVO für die internationale Zuständigkeit und die Anerkennung und Vollstreckung von Entscheidungen ohne weitere Modifikation uneingeschränkt anzuwenden.** Das würde zu nicht unerheblichen **Friktionen führen.** Diese entstehen insbesondere, wenn andere Mitgliedstaaten Entscheidungen anerkennen und vollstrecken müssen, die in dem durch das Abkommen gebundenen Mitgliedstaat auf der Basis der im Staatsvertrag enthaltenen erbrechtlichen Kollisionsnormen ergangen sind oder wenn – umgekehrt – ein in einem anderen Mitgliedstaat auf der Basis der Kollisionsnormen in Art. 20 ff EUErbVO ausgestelltes Europäische Nachlasszeugnisse oder eine gerichtliche Entscheidung in dem durch das Abkommen gebundenen Mitgliedstaat anzuerkennen ist, obgleich dort aufgrund des Abkommen die Erbfolge nach einem anderen Sachrecht beurteilt werden müsste (dazu *Lehmann* ZEV 2014, 232 (235). Hierfür gibt es zwei **grundsätzliche Lösungsansätze:** Nach dem ersten Ansatz sind die **Friktionen in Kauf zu nehmen.** Das bedeutet, dass die anderen Mitgliedstaaten Entscheidungen anderer Mitgliedstaaten auch dann uneingeschränkt anzuerkennen haben, wenn diese teilweise nicht oder insgesamt nicht aufgrund des Kollisionsrechts der EuErbVO, sondern auf der Basis der Kollisionsnormen eines bilateralen Staatsvertrags ergangen sind. Dafür könnte man anführen, dass die EuErbVO für diese Frage keine Sonderregelung vorsieht und zB Art. 39 unabhängig davon eingreife, welche Vorschriften angewendet wurden (MüKoBGB/*Dutta* EGBGB Art. 40 Rn. 8). Andererseits ist hier zu beachten, dass Art. 75 EUErbVO den Mitgliedstaaten ein Fenster schafft, um die bestehenden staatsvertraglichen Verpflichtungen nicht verletzen zu müssen und weiterhin die bilateralen Abkommen vorrangig vor der EUErbVO anzuwenden. Dieser Vorrang würde unterlaufen werden, wenn der durch das bilaterale Abkommen gebundene Mitgliedstaat über die Normen der EUErbVO zur Anerkennung von gerichtlichen Entscheidungen und Europäischen Nachlasszeugnissen gezwungen wäre, im Inland eine Rechtslage herzustellen, die diesem bilateralen Abkommen widerspricht. Es ist daher zu kurz gedacht, die Anerkennung von Entscheidungen anderer Mitgliedstaaten davon abhängig zu machen, ob das bilaterale Abkommen auch Zuständigkeits- und Anerkennungsnormen enthält oder ob es sich um einen rein kollisionsrechtlichen Vertrag handelt. Schließlich macht Art. 83 EuErbVO auch im intertemporalen Verhältnis die Anerkennung von in einem anderen Mitgliedstaat ergangenen Entscheidungen und Nachlasszeugnissen davon abhängig, dass in diesen Entscheidungen das vereinheitlichte Kollisionsrecht der Art. 20 ff. anwendbar ist. Andererseits muss die zuständige Stelle eines Mitgliedstaats, der durch einen nach Art. 75 vorrangigen Staatsvertrag gebunden ist, ein Europäisches Nachlasszeugnis mit der Maßgabe ausstellen, dass dieses auf der Basis der Art. 22 ff. ausschließlich für das in anderen Mitgliedstaaten belegene Vermögen gilt, nicht aber für das im Inland belegene Vermögen. Umgekehrt ist nicht zu erwarten, dass Mitgliedstaaten, die nur nach den Regeln der EuErbVO vorgehen, auf möglicherweise in anderen Mitgliedstaaten geltende Staatsverträge Rücksicht nehmen oder gar über die Anerkennung von Urteilen und ENZ die von anderen Mitgliedstaaten abgeschlossenen Abkommen zu „importieren" (so für die internationale Zuständigkeit BeckOGK/*J. Schmidt* EuErbVO Art. 75 Rn. 26.1; *Lehmann* ZEV 2014, 232 (234 f.); Dutta/Herrler/*Süß,* Die Europäische Erbrechtsverordnung, 181 (190) Rn. 28 ff.). **20**

Die Vertreter der Gegenauffassung empfehlen hier zur Vermeidung der von ihnen in Kauf genommenen Friktionen die Kündigung der Verträge. Diese Empfehlung würde freilich aus zweierlei Hinsicht das Ungemach noch verstärken: Zum einen stellen die erbrechtlichen Kollisionsnormen einen eher untergeordneten Regelungsbereich in den umfassenden Konsular- und anderen Verträgen dar. Die Kündigung der erbrechtlichen Vereinbarungen ist nicht möglich. Es wäre unklug, allein wegen der erbrechtlichen Regelungen in ohnehin gespannten diplomatischen Beziehungen (Türkei, Iran) die Verträge zu kündigen und diplomatische Missstimmungen auszulösen. Zum anderen gewährleisten die staatsvertraglichen Regelungen den Entscheidungseinklang mit dem anderen Vertragsstaat (insbesondere im Verhältnis zur Türkei). Eine Neuregelung im bilateralen Verhältnis – also beispielsweise dahingehend, dass eine sich an die Regeln der EUErbVO anlehnende Regelung vereinbart wird, ist nicht vorstellbar, da die Mitgliedstaaten aufgrund Tätigwerden des EU-Gesetzgebers die Befugnis verloren haben, auf diesem Rechtsgebiet weiterhin durch Abschluss von Staatsverträgen tätig zu werden. Auf einen solchen, erst nach Inkrafttreten der EUErbVO abgeschlossenen Staatsvertrag wäre zudem der Vorbehalt in Art. 75 Abs. 1 EUErbVO nicht mehr anwendbar. Da sich die Nachlassangelegenheiten regelmäßig sich auf das Gebiet der beiden Vertragsstaaten beschränken und andere Mitgliedstaaten nicht involviert sind, bleiben „Friktionen" mit der EUErbVO faktisch nachrangig. Jedenfalls dann, wenn man der vorgenannten Auslegung folgt, wird eine Kündigung also im Bereich der kollisionsrechtlichen Praxis mehr Probleme schaffen als vermeiden. **21, 22**

III. Sonderregelung für das Nordische Übereinkommen (Abs. 3)

23 Art. 75 Abs. 3 trifft eine **Sonderregelung für das nordische Übereinkommen zwischen Dänemark, Finnland, Island, Norwegen und Schweden von 1934** (Übereinkommen vom 19.11.1934 zwischen Dänemark, Finnland, Island, Norwegen und Schweden mit Bestimmungen des Internationalen Privatrechts über Rechtsnachfolge von Todes wegen, Testamente und Nachlassverwaltung in der geänderten Fassung der zwischenstaatlichen Vereinbarung zwischen diesen Staaten vom 1.6.2012. Abrufbar unter http://www.norden.org/en/publications/publikationer/2013-528; s. dazu Jänterä-Jareborg FamRZ 2015, 1562; *Ring/Olsen-Ring* in Süß, Erbrecht in Europa, 4. Aufl. 2020, Länderbericht Dänemark Rn. 10, 24; *Sedlmayr,* ebenda, Länderbericht Norwegen Rn. 5; und *Firsching,* ebenda, Länderbericht Schweden Rn. 23). Die Sonderregelung weicht in zwei Punkten von der allgemeinen Vorrangregel des Art. 75 Abs. 1 UAbs. 1 ab, der dem Abkommen ebenso Vorrang gewähren würde. Zum einen stellt die Regelung sicher, dass das Abkommen in der von den Mitgliedstaaten vereinbarten Fassung vom 1. Juli 2012 gilt, auch wenn der betreffende nordische Mitgliedstaat (also Finnland bzw. Schweden) zum Zeitpunkt der Annahme der Verordnung am 4.7.2012 dem Abkommen noch nicht „angehörte", → Rn. 3. Zum anderen schränken Abs. 3 lit. a und b den Vorrang auf die dort genannten Bereiche ein: Der Vorrang gilt nur für die verfahrensrechtlichen Aspekte der Nachlassverwaltung (so wie der Begriff nach der nordischen Konvention zu verstehen ist) und die diesbezügliche Unterstützung durch die Behörde der Konventionsstaaten sowie das vereinfachte und beschleunigte Verfahren für die Anerkennung und Vollstreckung von Entscheidungen. Unberührt bleibt damit die Anwendung der Kollisionsnormen der EuErbVO (MüKoBGB/*Dutta* EuErbVO Art. 75 Rn. 9; BeckOGK/*J. Schmidt* EuErbVO Art. 75 Rn. 30).

Anhang I: Niederlassungsabkommen zwischen dem Deutschen Reich und dem Kaiserreich Persien vom 17.2.1929 (RGBl. II 1930 S. 1002)

Artikel 8

(1) **Die Angehörigen jedes vertragschließenden Staates genießen im Gebiet des anderen Staates in allem, was den gerichtlichen und behördlichen Schutz ihrer Person und ihrer Güter angeht, die gleiche Behandlung wie die Inländer.**

(2) **Sie haben insbesondere freien und völlig unbehinderten Zutritt zu den Gerichten und können vor Gericht unter den gleichen Bedingungen wie die Inländer auftreten. Jedoch werden bis zum Abschluß eines besonderen Abkommens die Voraussetzungen für das Armenrecht und die Sicherheitsleistung für Prozeßkosten durch die örtliche Gesetzgebung geregelt.**

(3) **In Bezug auf das Personen-, Familien- und Erbrecht bleiben die Angehörigen jedes der vertragschließenden Staaten im Gebiet des anderen Staates jedoch den Vorschriften ihrer heimischen Gesetze unterworfen. Die Anwendung dieser Gesetze kann von dem anderen vertragschließenden Staat nur ausnahmsweise und nur insoweit ausgeschlossen werden, als ein solcher Ausschluß allgemein gegenüber jedem anderen fremden Staat erfolgt.**

Schlußprotokoll zu Artikel 8 Abs. 3

Die vertragschließenden Staaten sind sich darüber einig, daß das Personen-, Familien- und Erbrecht, das heißt das Personalstatut, die folgenden Angelegenheiten umfaßt: Ehe, eheliches Güterrecht, Scheidung, Aufhebung der ehelichen Gemeinschaft, Mitgift, Vaterschaft, Abstammung, Annahme an Kindes Statt, Geschäftsfähigkeit, Volljährigkeit, Vormundschaft und Pflegschaft, Entmündigung, testamentarische und gesetzliche Erbfolge, Nachlaßabwicklungen und Erbauseinandersetzungen, ferner alle anderen Angelegenheiten des Familienrechts unter Einschluß aller den Personenstand betreffenden Fragen.

Literatur: *Birmanns,* Herausgabe der Hinterlassenschaft verstorbener Iraner an Konsulat oder Botschaft durch deutsche Behörden, IPRax 1996, 320; *Dörner,* Zur Vererbung eines in der Bundesrepublik verstorbenen Iraners, IPRax 1994, 33; *Schotten/Wittkowski,* Das deutsch-iranische Niederlassungsabkommen im Familien- und Erbrecht, FamRZ 1995, 264; *Wurmnest,* Der Anwendungsbereich des deutsch-iranischen Niederlassungsabkommens bei erbrechtlichen Streitigkeiten und deutscher ordre public, IPRax 2016, 447; *Yassari,* Iran, in: *Dutta/Wurmnest,* European Private International Law and Member State Treaties with Third Parties, 2019, S. 253.

I. Allgemeines

1 Das **deutsch-persische** (oder deutsch-iranische) **Niederlassungsabkommen** enthält in Art. 8 Abs. 3 eine Kollisionsnorm (zu den konsularischen Befugnissen s. *Birmanns* IPRax 1996, 320), die als Erbstatut das Personalstatut des Erblassers beruft. Das Abkommen (RGBl. 1930 II 1002) wurde am 17.2.1929 geschlossen und trat mit Schlussprotokoll vom 11.1.1931 in Kraft (Bek. vom 31.12.1930, RGBl. 1930 II 9). Nach dem zweiten Weltkrieg wurde es am 4.11.1954 wieder in Kraft gesetzt (Bek.

vom 15.8.1955, BGBl. 1955 II 829)). Eine Erläuterung der Vorschrift durch die Vertragsparteien findet sich im Schlussprotokoll, das Vertragsbestandteil ist (so RGBl. 1930 II 1012). Der Vertrag ist vor dem Hintergrund der als **„Kapitulationen"** bezeichneten Staatsverträge europäischer Staaten mit außereuropäischen Staaten zu verstehen, die eine einseitige Begünstigung für Angehörige europäischer Staaten auf dem Gebiet des außereuropäischen Staates vorsahen, (vgl. *Krüger,* FS Ansay, 2006, 131 (142)).

II. Anwendungsbereich

Die Anwendung des Abkommens setzt voraus, dass der **Erblasser Angehöriger eines Vertragsstaats,** also Deutscher oder Iraner ist. Die Staatsangehörigkeit der Erbberechtigten oder Verwandten spielt keine Rolle. Umstritten ist, ob und wenn ja wie das Abkommen im Falle von Doppelstaatern anzuwenden ist, also Personen die neben der deutschen oder iranischen Staatsangehörigkeit eines oder weiterer Staaten innehaben. Doppelstaater kommen im deutsch-iranischen Verhältnis häufig vor, da der Iran regelmäßig ablehnt, seine Angehörigen aus der iranischen Staatsangehörigkeit zu entlassen, so dass gem. § 12 StAG die Einbürgerung in Deutschland nur unter eigentlich systemwidriger Hinnahme der Doppelstaatsangehörigkeit erfolgen kann. Zum einen wird vertreten, dass für die Ausfüllung der „Lücke" im Abkommen auf Art. 5 Abs. 1 S. 2 EGBGB zurückzugreifen ist, sodass ein Doppelstaater, der auch Deutscher ist, als Deutscher im Sinne des Abkommens zu behandeln ist (Staudinger/*Dörner* EGBGB Vor Art. 25, 26 Rn. 157) und für einen Iraner, der weitere Staatsangehörigkeiten (mit Ausnahme der deutschen, dann gilt Art. 5 Abs. 1 S. 2 EGBGB) besitzt, nach der effektiven Staatsangehörigkeit zu suchen ist. Eine zweite Meinung greift ebenso auf nationales Recht zur Füllung der Lücke zurück, sieht aber die Anwendung der Vorschrift des Art. 5 Abs. 1 S. 2 EGBGB jedenfalls bei Deutsch-Iranern als unangemessen an (MüKoBGB/*Dutta* EGBGB Art. 25 Rn. 25). Eine dritte – und meines Erachtens zutreffende – Ansicht lehnt die **Anwendung des Abkommens auf Doppelstaater mit sowohl Deutscher wie auch iranischer Staatsangehörigkeit generell ab** (BVerfG NJW-RR 2007, 577; BeckOK BGB/*Lorenz* EGBGB Art. 25 Rn. 11; OLG München ZEV 2010, 255 f.; *Wurmnest,* IPRax 2016, 449) ab, sodass das jeweilige nationale Kollisionsrecht – also aus deutscher Sicht nun unmittelbar die EUErbVO – anzuwenden ist. Das ergibt sich zwingend aus dem Zwecke des Abkommen, den Angehörigen des jeweils anderen Vertragsstaates im Inland Inländerbehandlung zu gewähren. Ist dieser bereits kraft zusätzlicher Staatsangehörigkeit Inländer, so genießt er den Status schon aus diesem Grunde und bedarf nicht mehr des Schutzes durch das Abkommen (*Wurmnest,* IPRax 2016, 449). Mangels einer ausdrücklichen Regelung im Abkommen ist des Weiteren fraglich, welche Staatsangehörigkeit im Fall von Mehrstaatern entscheidet, **die auch Staatsangehörige eines dritten Staates** sind. Die Lösung ergibt sich mE auch bei dieser Frage aus der Auslegung des Abkommens unter Berücksichtigung des bilateralistischen Systems. Gegen den Vorrang der Staatsangehörigkeit des anderen Abkommenstaates vor der Zugehörigkeit zu dem Drittstaat spricht daher, dass bei der Anwendung auf den Mehrstaater Konflikte mit anderen vergleichbaren Abkommen zum anderen Drittstaat entstehen könnten, bei der eine Einhaltung beider Abkommen nicht denkbar wäre. Richtigerweise ist in diesem Zusammenhang, vor der Anwendung des Abkommens folglich in entsprechender Anwendung des auch Art. 5 Abs. 1 S. 1 EGBGB zugrunde liegenden allgemeinen kollisionsrechtlichen Grundsatzes die „effektive" Staatsangehörigkeit des Erblassers zu ermitteln. Die Logik des Abkommens lässt sich nur durchführen, wenn der Erblasser effektiver Angehöriger des anderen Vertragsstaats ist. Ist dagegen die Zugehörigkeit zu einem Drittstaat „effektiv", so ist die EUErbVO bzw. ein mit diesem Drittstaat bestehendes bilaterales Abkommen anzuwenden (AG Hamburg St. Georg ZEV 2015, 580; *Wurmnest,* IPRax 2016, 449; vgl. zum Parallelproblem beim deutsch-türkischen Nachlassabkommen → Dt.-türk. NlassAbk Rn. 3). 2

Flüchtlinge im Sinne der Genfer Flüchtlingskonvention (Genfer UN-Abkommen über die Rechtsstellung der Flüchtlinge (Genfer Flüchtlingskonvention) vom 28.7.1951, BGBl. 1953 II 560) und Asylberechtigte, die sich dem Schutzanspruch des Iran entzogen haben, fallen nicht in den Anwendungsbereich des Abkommens. Für sie gilt nicht das iranische Heimatrecht, sondern entsprechend den Regeln der Flüchtlingskonvention das Recht des Staates, in dem sie ihren gewöhnlichen Aufenthalt haben als Personalstatut (BGH NJW 1990, 636; *Schotten/Wittkowski,* FamRZ 1995, 266; Erman/*Hohloch* EGBGB Art. 25 Rn. 4a). Für Deutschland ist bei Nichtanwendbarkeit die EuErbVO maßgeblich, → Art. 75 Anh. II Rn. 3 ff.

Dabei erfasst das Abkommen jeweils nur die Situation, dass sich der **Angehörige des einen** auf dem Gebiet des anderen, sprich **vor den Gerichten oder Behörden des anderen Vertragsstaats** befindet. Vor deutschen Gerichten ist also in einem Erbfall eines iranischen Erblassers iranisches Erbrecht anzuwenden, vor iranischen Gerichten bei einem deutschen Erblasser deutsches Erbrecht. Es besteht aber keine Verpflichtung gegenüber dem Iran, für deutsche Erblasser vor deutschen Gerichten das deutsche Erbrecht anzuwenden und umgekehrt (Hausmann/Odersky, Das internationale Privatrecht in der notariellen Praxis, § 15 Rn. 362). In diesen Fällen gilt in Deutschland die EuErbVO, im Iran das dortige Kollisionsrecht. 3

4 Keine ausdrückliche Einschränkung enthält Art. 8 Abs. 3 S. 1 bezogen auf die **Belegenheit des Nachlasses**. Zwar normiert die Vorschrift, dass Angehörige des jeweils anderen Staates „auf dem Gebiet des anderen Staates“ in Erbangelegenheiten ihrem Heimatrecht unterlägen. Doch damit ist nur angesprochen, dass sie der Gerichtsgewalt des anderen Staates unterliegen, sprich Gerichte oder Behörden des anderen Staates entscheiden. Dennoch wird dem Sinn des Abkommens, einen gegenseitigen Schutz der Angehörigen des anderen Staates zu gewährleisten nur eine Beschränkung auf den Nachlass, der in dem anderen der Vertragsstaaten belegen ist gerecht werden (AG Hamburg St. Georg ZEV 2015, 580; Staudinger/*Dörner* EGBGB Vor Art. 25, 26 Rn. 152; *Hausmann/Odersky,* Das Internationale Privatrecht in der notariellen Praxis, § 15 Rn. 361; *Looschelders,* in Dutta/Wurmnest, S. 153; Dutta/Herrler/Süß Die Europäische Erbrechtsverordnung/*Süß,* 181, Rn. 19 ff., 21; *Yassari,* in Dutta/Wurmnest, S. 263). Die Gegenauffassung meint, diese Einschränkung lasse sich dem Abkommen nicht entnehmen, sodass **auch in Drittstaaten belegener Nachlass** erfasst sei (*von Bar/Mankowski,* Internationales Privatrecht II, 2 Aufl 2019, § 5 Rn. 596; MüKoBGB/*Dutta* EUErbVO Art. 75 Rn. 13). Zunächst fragt sich, selchen Sinn im Netz der bilateralen Abkommen die extraterritoriale Erstreckung auf das in Drittstaaten belegene Vermögen macht. Darüber würde diese Auffassung zu Abkommenskollisionen führen, wenn der andere Abkommenstaat im Netz der bilateralen Abkommen mit dem Belegenheits-Drittstaat ebenfalls ein Abkommen abgeschlossen und dort die Anknüpfung des Erbstatuts abweichend geregelt hat.

III. Anknüpfung an die Staatsangehörigkeit des Erblassers

5 Das **Erbstatut** wird nach Art. 8 Abs. 3 S. 1 an die **Staatsangehörigkeit** angeknüpft: Bei einem deutschen Erblasser ist deutsches Erbrecht, bei einem iranischen Erblasser iranisches Erbrecht anwendbar. Dabei erfasst das Abkommen jeweils nur die Situation, dass es um die Erbfolge nach dem Angehörigen des einen Staates auf dem Gebiet des anderen Staates, also in den dort belegenen Nachlass geht, → Rn. 3.

6 Raum für eine abweichende Anknüpfung bietet das Abkommen nicht. Insbesondere besteht **keine Möglichkeit zur Rechtswahl** (so aber Staudinger/*Dörner* EGBGB Art. 25 Rn. 149, 151). Das ergibt sich schon daraus, dass nach allgemeinen vertragsrechtlichen Grundsätzen keiner der Abkommenstaates befugt ist, durch eigene nationale Gesetzgebung den Inhalt des Staatsvertrages einseitig zu ändern (gegen eine Rechtswahlmöglichkeit MüKoBGB/*Dutta* EUErbVO Art. 75 Rn. 12). Diese Frage würde sich aus deutscher Sicht ohnehin allenfalls bei Iranern stellen, die zugleich die (ineffektive) Staatsangehörigkeit eines weiteren Staats (außer der deutschen) haben.

IV. Umfang der Verweisung

7 Erfasst ist das Erbstatut insgesamt. Das Schlussprotokoll, das Teil des Staatsvertrags selbst geworden ist, nennt die **„testamentarische und gesetzliche Erbfolge, Nachlaßabwicklungen und Erbauseinandersetzungen“. Nicht** ausdrücklich genannt wird das **Formstatut** letztwilliger Verfügungen. Als Teilfrage des Erbstatuts fällt daher das Testamentsformstatut grundsätzlich in den Anwendungsbereich („testamentarische Erbfolge“) des Art. 8 Abs. 3. Dennoch soll die Testamentsformwirksamkeit nach verbreiteter Ansicht als gesondert anzuknüpfende Teilfrage behandelt werden (Staudinger/Dörner, vor Art. 25 EGBGB Rn. 153; *Schotten/Wittkowski* FamRZ 1995, 264 (268); *Hausmann/Odersky,* Das Internationale Privatrecht in der notariellen Praxis, 3. Aufl. 2017, § 15 Rn. 360; MüKoBGB/*Dutta* EUErbVO Art. 75 Rn. 11). Daher sei nach Art. 75 Abs. 1 UAbs. 2 in erster Linie das Haager Testamentsformübereinkommen und in zweiter Linie Art. 27 anzuwenden. Freilich wird man mE auch die Testamentsform unter den Begriff „testamentarische Erbfolge“ fassen müssen, zumal das Haager Testamentsformübereinkommen erst am 5.10.1961 verabschiedet wurde, also nicht unterstellt werden kann, dass den Vertragsschließenden im Jahre 1929 die Selbständigkeit dieser Teilfrage bereits allgemein bewusst war. Da der Iran das Haager Übereinkommen nicht ratifiziert hat, bleibt es also bei der Geltung des Heimatrechts für die Formwirksamkeit des Testaments, die Regeln des Haager Übereinkommens werden durch das bindende bilaterale Abkommen verdrängt. Nachdem freilich auch im Iran gem. Art. 969 iran. ZGB auf die Ortsform zurückgegriffen wird, und das iran. ZGB 1928 – also gut 1 Jahr vor dem Abschluss des Niederlassungsabkommen abgeschlossen wurde – kann man im Wege einer historisch-teleologischen ergänzenden Auslegung in das Abkommen einen Vorbehalt hinsichtlich der Anwendbarkeit der *lex loci actus* auf Testamentsform hineinlesen (s. *Yassari,* in: Dutta/Wurmnest, S. 262), so dass aus deutscher Sicht Art. 11 Abs. 1 Fall 2 EGBGB ergänzend zur Anwendung gelangt. Selbstverständlich nicht mehr vom Erbstatut erfasst ist der Vollzug der Erbauseinandersetzung, also der Vollzug der Erbauseinandersetzung im Wege einer Übertragung des Nachlasses durch die Erben im Wege einer sachenrechtlichen Verfügung unter Lebenden.

V. Fragen des allgemeinen Teils

8 Die Verweisungen sind als **Sachnormverweisungen** zu verstehen. Anders können sie nicht den Zweck erreichen, dass der eine Abkommensstaat das Recht des anderen Abkommenstaates anzuwenden hat. (MüKoBGB/*Dutta* Art. 75 Rn. 298). Da das Abkommen auch Teil des Rechtsordnung des anderen Abkommenstaates ist, ist ein Renvoi darüber hinaus auch ohnehin nicht vorstellbar.

9 Das Abkommen enthält keinen ausdrücklichen **ordre public**-Vorbehalt. Aus Art. 8 Abs. 3 S. 2 wird aber allgemein geschlossen, dass der Rückgriff auf den ordre public des Forumstaats zulässig ist (BGH NJW-RR 2005, 1449; BeckOK BGB/*Lorenz* EGBGB Art. 25 Rn. 11; *Dörner* IPRax 1994, 33 (35)). Insoweit ist dann aus deutscher Sicht – da mangels Anwendbarkeit der EUErbVO in diesen Fällen Art. 35 EUErbVO von der Anwendung ausgeschlossen ist – Art. 6 EGBGB maßgeblich (vgl. nur MüKoBGB/*von Hein* EGBGB Art. 6 Rn. 38 für die Anwendung von Art. 35 EuErbVO MüKoBGB/Dutta EuErbVO Art. 75 Rn. 22). Dabei werden die gesetzlichen Erbquoten nach dem islamisch geprägten Erbrecht des iranischen Zivilgesetzbuchs regelmäßig mithilfe des ordre public dem deutschen Recht angepasst (vgl. nur OLG Hamburg FamRZ 2012, 1232; AG Hamburg St. Georg ZEV 2015, 580; OLG München ZEV 2012, 591; aber auch öst. OGH FamRZ 2019, 738).

Anhang II: Art. 20 und Anhang (Nachlassabkommen) des Konsularvertrags zwischen dem Deutschen Reiche und der Türkischen Republik (Konsularvertrag) vom 28.5.1929 (RGBl. II 1930 S. 748)

Art. 20 Konsularvertrag

In Ansehung der in dem Gebiet des einen vertragschließenden Staates befindlichen Nachlässe von Angehörigen des anderen Staates haben die Konsuln die aus der Anlage dieses Vertrages ersichtlichen Befugnisse.

Anlage: Nachlassabkommen

§ 1

(1) **Stirbt ein Angehöriger eines Vertragsstaates im Gebiete des anderen Vertragsstaates, so hat die zuständige Ortsbehörde dem zuständigen Konsul des Staates, dem der Verstorbene angehörte, unverzüglich von dem Tode Kenntnis zu geben und ihm mitzuteilen, was ihr über die Erben und deren Aufenthalt, den Wert und die Zusammensetzung des Nachlasses sowie über das etwaige Vorhandensein einer Verfügung von Todes wegen bekannt ist. Erhält zuerst der Konsul (des Staates, dem der Verstorbene angehörte), von dem Todesfalle Kenntnis, so hat er seinerseits die Ortsbehörde (in gleicher Weise) zu benachrichtigen.**

(2) **Gehört der Sterbeort zu seinem Konsulatsbezirk, so ist die Mitteilung an den diplomatischen Vertreter des Staates, dem der Verstorbene angehörte, zu richten.**

(3) **Die der Ortsbehörde und dem Konsul alsdann obliegenden Verrichtungen bestimmen sich hinsichtlich des beweglichen Nachlasses nach §§ 2–11 und hinsichtlich des unbeweglichen Nachlasses nach § 12.**

§ 2

(1) **Für die Sicherung des Nachlasses hat in erster Linie die zuständige Ortsbehörde zu sorgen. Sie hat sich auf Maßnahmen zu beschränken, die erforderlich sind, um die Substanz des Nachlasses unversehrt zu erhalten, wie Siegelung und Aufnahme eines Nachlaßverzeichnisses. Auf Ersuchen des Konsuls hat sie in jedem Falle die von ihm gewünschten Sicherungsmaßregeln zu treffen.**

(2) **Der Konsul kann gemeinsam mit der Ortsbehörde, oder soweit sie noch nicht eingegriffen hat, allein gemäß den Vorschriften des von ihm vertretenen Staates entweder persönlich oder durch einen von ihm ernannten, mit seiner Vollmacht versehenen Vertreter den beweglichen Nachlaß siegeln und ein Nachlaßverzeichnis aufnehmen, wobei er die Hilfe der Ortsbehörden in Anspruch nehmen darf.**

(3) **Ortsbehörden und Konsul haben einander, sofern nicht besondere Umstände entgegenstehen, Gelegenheit zur Mitwirkung bei den Sicherungsmaßnahmen zu geben. Die Behörde, die hierbei nicht hat mitwirken können, ist befugt, im Falle einer Siegelung den angelegten Siegeln nachträglich ihr Siegel beizufügen. Hat die andere Behörde nicht mitwirken können, so ist ihr sobald als möglich beglaubigte Abschrift des Nachlaßverzeichnisses und des Verhandlungsprotokolls zu übersenden.**

(4) **Dieselben Bestimmungen gelten für die gemeinschaftlich vorzunehmende Aufhebung der Sicherungsmaßregeln und insbesondere die Abnahme der Siegel. Jedoch kann sowohl die Ortsbehörde wie der Konsul allein zur Abnahme schreiten, falls die andere Behörde ihre Einwilligung dazu erteilt oder auf eine mindestens 48 Stunden vorher an sie ergangene Einladung sich nicht rechtzeitig eingefunden hat.**

§ 3

Die Ortsbehörde soll die in dem Lande gebräuchlichen oder durch dessen Gesetze vorgeschriebenen Bekanntmachungen über die Eröffnung des Nachlasses und den Aufruf der Erben oder Gläubiger erlassen

und diese Bekanntmachungen dem Konsul mitteilen; dieser kann auch seinerseits entsprechende Bekanntmachungen erlassen.

§ 4

Der Konsul kann die Nachlaßregelung übernehmen. In diesem Falle gelten die Bestimmungen der §§ 5 bis 10 des Abkommens.

§ 5

(1) **Der Konsul ist berechtigt, sich alle Nachlaßsachen, mit Einschluß der Papiere des Verstorbenen, die sich im Gewahrsam von Privatpersonen, Notaren, Banken, Versicherungsgesellschaften, öffentlichen Kassen und dergleichen oder der Ortsbehörden befinden, unter denselben Voraussetzungen aushändigen zu lassen, und unter denselben Voraussetzungen zum Nachlaß gehörige Forderungen einzuziehen, unter denen der Verstorbene selbst dazu befugt gewesen wäre. Wenn der Nachlaß ganz oder zum Teil beschlagnahmt ist oder sich unter Zwangsverwaltung befindet, kann der Konsul davon erst Besitz nehmen, nachdem die Beschlagnahme oder Zwangsverwaltung aufgehoben ist.**

(2) **Der Konsul ist ebenfalls berechtigt, die Herausgabe der von dem Verstorbenen errichteten Verfügungen von Todes wegen zu verlangen, und zwar auch dann, wenn sie von den Landesbehörden in amtliche Verwahrung genommen worden sind, die das Recht haben, die Verfügungen vor der Herausgabe zu eröffnen. Der Konsul hat eine beglaubigte Abschrift jeder in seinen Besitz gelangten und eröffneten Verfügung der Ortsbehörde mitzuteilen.**

§ 6

Der Konsul hat das Recht und die Pflicht, alle Maßnahmen zu treffen, die er zur Erhaltung des Nachlasses als im Interesse der Erben liegend erachtet oder die zur Erfüllung öffentlichrechtlicher Verpflichtungen des Erblassers oder der Erben erforderlich sind. Insbesondere ist er gegenüber den zuständigen Behörden zur Erteilung von Auskunft über den Wert des Nachlasses verpflichtet. Er kann den Nachlaß entweder persönlich verwalten oder durch einen von ihm gewählten und in seinem Namen handelnden Vertreter, dessen Geschäftsführung er überwacht, verwalten lassen. Der Konsul ist berechtigt, die Hilfe der Ortsbehörden in Anspruch zu nehmen.

§ 7

(1) **Der Konsul hat den Nachlaß, sobald er ihn in Besitz genommen hat, innerhalb des Landes seines Amtssitzes aufzubewahren.**

(2) **Der Konsul ist befugt, selbständig im Wege der Versteigerung und gemäß den Gesetzen und Gebräuchen des Landes seines Amtssitzes die Bestandteile des Nachlasses, die dem Verderben ausgesetzt sind und deren Aufbewahrung schwierig und kostspielig sein würde, zu veräußern.**

(3) **Er ist ferner berechtigt, die Kosten der letzten Krankheit und die Beerdigung des Verstorbenen, den Lohn von Hausbediensteten, Angestellten und Arbeitern, Mietzins und andere Kosten, deren Aufwendung zur Verwaltung des Nachlasses erforderlich ist, sowie im Notfalle den für die Familie des Verstorbenen erforderlichen Unterhalt, ferner Gerichtskosten, Konsulatsgebühren und Gebühren der Ortsbehörden sofort aus dem Bestande des Nachlasses zu entnehmen.**

§ 8

Streitigkeiten infolge von Ansprüchen gegen den Nachlaß sind bei den zuständigen Behörden des Landes, in dem dieser sich befindet, anhängig zu machen und von diesen zu entscheiden.

§ 9

(1) **Die Zwangsvollstreckung in die Nachlaßgegenstände ist zulässig, auch wenn diese sich in der Verwahrung des Konsuls befinden. Dieser hat sie der zuständigen Behörde auf Ersuchen herauszugeben.**

(2) **Falls die zuständige Behörde ein Konkursverfahren über den im Lande befindlichen Nachlaß eröffnet, hat der Konsul auf Erfordern alle Nachlaßgegenstände, soweit sie zur Konkursmasse gehören, der Ortsbehörde oder dem Konkursverwalter auszuliefern. Der Konsul ist befugt, die Interessen seiner Staatsangehörigen in dem Verfahren wahrzunehmen.**

§ 10

Nach Ablauf von drei Monaten seit der letzten Bekanntmachung über die Eröffnung des Nachlasses oder, wenn eine solche Bekanntmachung nicht stattgefunden hat, nach Ablauf von vier Monaten seit dem Tode des Erblassers kann der Konsul die Nachlaßsachen an die Erben, die ihr Recht nachgewiesen haben, oder sofern der Nachweis nicht geführt werden konnte, an die zuständigen Behörden seines Landes herausgeben. Er darf aber die Herausgabe nicht vornehmen, bevor alle die geschuldeten öffentlich-rechtlichen Abgaben des Erblassers und die staatlichen Abgaben sowie die zugehörigen den Nachlaß belastenden Kosten und Rechnungen entrichtet oder sichergestellt sind, und bevor die bei ihm angemeldeten Forderungen an den Nachlaß von Angehörigen oder Bewohnern des Staates, in dessen Gebiet sich der Nachlaß befindet, befriedigt oder ordnungsmäßig sichergestellt sind. Diese Verpflichtung des Konsuls gegenüber den angemeldeten Forderungen erlischt, wenn er nicht binnen weiteren sechs Monaten davon in Kenntnis gesetzt wird, daß die Forderungen anerkannt oder bei dem zuständigen Gericht eingeklagt worden sind.

§ 11

(1) **Falls der Konsul die Herausgabe nicht verlangt hat, ist die Ortsbehörde verpflichtet, die in ihrem Gewahrsam befindlichen Nachlaßgegenstände den Erben unter denselben Bedingungen herauszugeben, unter denen der Konsul nach § 10 dazu verpflichtet ist.**

(2) **Führen die Interessenten nicht binnen sechs Monaten seit dem Todestage des Erblassers den Nachweis ihres Erbrechts, so hat die Ortsbehörde den Nachlaß unter Mitteilung der darauf bezüglichen Akten an den Konsul abzuliefern, vorbehaltlich der in § 10 vorgesehenen Bedingungen. Der Konsul hat damit nach Maßgabe des § 10 zu verfahren.**

§ 12

(1) **In Ansehung des unbeweglichen Nachlasses sind ausschließlich die zuständigen Behörden des Staates, in dessen Gebiet sich dieser Nachlaß befindet, berechtigt und verpflichtet, alle Verrichtungen nach Maßgabe der Landesgesetze und in derselben Weise vorzunehmen wie bei Nachlässen von Angehörigen ihres eigenen Staates. Beglaubigte Abschrift des über den unbeweglichen Nachlaß aufgenommenen Verzeichnisses ist so bald als möglich dem zuständigen Konsul zu übersenden.**

(2) **Hat der Konsul eine Verfügung von Todes wegen in Besitz genommen, worin Bestimmungen über unbeweglichen Nachlaß enthalten sind, so hat er der Ortsbehörde auf ihr Ersuchen die Urschrift dieser Verfügung auszuhändigen.**

(3) **Das Recht des Staates, in dem sich der Nachlaß befindet, entscheidet darüber, was zum beweglichen und zum unbeweglichen Nachlaß gehört.**

§ 13

In allen Angelegenheiten, zu denen die Eröffnung, Verwaltung und Regelung der beweglichen und unbeweglichen Nachlässe von Angehörigen des einen Staates im Gebiet des anderen Staates Anlaß geben, soll der Konsul ermächtigt sein, die Erben, die seinem Staate angehören und keinen Bevollmächtigten in dem anderen Staate bestellt haben, zu vertreten, ohne daß er gehalten ist, seine Vertretungsbefugnis durch eine besondere Urkunde nachzuweisen. Die Vertretungsbefugnis des Konsuls fällt weg, wenn alle Berechtigten anwesend oder vertreten sind.

§ 14

(1) **Die erbrechtlichen Verhältnisse bestimmen sich in Ansehung des beweglichen Nachlasses nach den Gesetzen des Landes, dem der Erblasser zur Zeit seines Todes angehörte.**

(2) **Die erbrechtlichen Verhältnisse in Ansehung des unbeweglichen Nachlasses bestimmen sich nach den Gesetzen des Landes, in dem dieser Nachlaß liegt, und zwar in der gleichen Weise, wie wenn der Erblasser zur Zeit seines Todes Angehöriger dieses Landes gewesen wäre.**

§ 15

Klagen, welche die Feststellung des Erbrechts, Erbschaftsansprüche, Ansprüche aus Vermächtnissen sowie Pflichtteilsansprüche zum Gegenstande haben, sind, soweit es sich um beweglichen Nachlaß handelt, bei den Gerichten des Staates anhängig zu machen, dem der Erblasser zur Zeit seines Todes angehörte, soweit es sich um unbeweglichen Nachlaß handelt, bei den Gerichten des Staates, in dessen Gebiet sich der unbewegliche Nachlaß befindet. Ihre Entscheidungen sind von dem anderen Staate anzuerkennen.

§ 16

(1) **Verfügungen von Todes wegen sind, was ihre Form anlangt, gültig, wenn die Gesetze des Landes beachtet sind, wo die Verfügungen errichtet sind, oder die Gesetze des Staates, dem der Erblasser zur Zeit der Errichtung angehörte.**

(2) **Das gleiche gilt für den Widerruf solcher Verfügungen von Todes wegen.**

§ 17

Ein Zeugnis über ein erbrechtliches Verhältnis, insbesondere über das Recht des Erben oder eines Testamentsvollstreckers, das von der zuständigen Behörde des Staates, dem der Erblasser angehörte, nach dessen Gesetzen ausgestellt ist, genügt, soweit es sich um beweglichen Nachlaß handelt, zum Nachweis dieser Rechtsverhältnisse auch für das Gebiet des anderen Staates. Zum Beweise der Echtheit genügt die Beglaubigung durch einen Konsul oder einen diplomatischen Vertreter des Staates, dem der Erblasser angehörte.

§ 18

Die Bestimmungen der §§ 1 bis 17 finden entsprechende Anwendung auf bewegliches oder unbewegliches Vermögen, das sich im Gebiet des einen Teils befindet und zu dem Nachlaß eines außerhalb dieses Gebietes verstorbenen Angehörigen des anderen Teils gehört.

§ 19

(1) **Wenn eine Person, die zur Besatzung eines Schiffes eines der beiden Staaten gehört, im Gebiet des anderen Staates stirbt und nicht diesem angehört, so sollen ihre Heuerguthaben und ihre Habseligkeiten dem Konsul des zuständigen Staates übergeben werden.**

(2) **Wenn ein Angehöriger des einen der beiden Staaten auf der Reise im Gebiet des anderen stirbt, ohne dort seinen Wohnsitz oder gewöhnlichen Aufenthalt gehabt zu haben, so sollen die von ihm mitgeführten Gegenstände dem Konsul seines Landes übergeben werden.**

(3) **Der Konsul, dem die in Absatz 1 und 2 erwähnten Nachlaßsachen übergeben sind, wird damit nach den Vorschriften seines Landes verfahren, nach dem er die von dem Verstorbenen während des Aufenthaltes in dem Lande gemachten Schulden geregelt hat.**

Literatur: *Bauer,* Anmerkung zu LG München I, Urteil v. 26.9.2006 – 6 O 15963/05, FamRZ 2007, 1252; *Damar,* Deutsch-türkisches Nachlassabkommen: zivilprozess- und kollisionsrechtliche Aspekte, IPRax 2012, 278; *Dörner,* Das deutsch-türkische Nachlaßabkommen, ZEV 1996, 90; *Emmerling de Oliveira/Heggen,* Türkische Mandanten im Notariat, notar 2010, 38; *Gebauer,* Das deutsch-türkische Nachlassabkommen im Sog des Europäischen Kollisionsrechts, IPRax 2018, 345; *Gebauer,* § 1371 Abs. 1 BGB und das deutsch-türkische Nachlassabkommen im Sog der erbrechtlichen Qualifikation, IPRax 2018, 586; *Günes,* Turkei, in: *Dutta/Wurmnest,* European Private International Law and Member State Treaties with Third Parties, 2019, S. 283; *Kaya,* Der Nachlass eines deutsch-türkischen Doppelstaaters, ZEV 2015, 208; *Kremer,* Die Bedeutung des deutsch-türkischen Konsularvertrags für Nachlaßverfahren in der Bundesrepublik Deutschland, IPRax 1981, 205; *Krüger,* Studien über Probleme des türkischen internationalen Erbrechts, FS Ansay, 2006, 131; *Majer,* Das deutsch-türkische Nachlassabkommen: ein Anachronismus, ZEV 2012, 182; *Süß,* Rechtsermittlung zweiter Klasse für türkische Witwen, ZERB 2019, 249.

I. Allgemeines

1 Der deutsche-türkische Konsularvertrag mit der als **deutsch-türkisches Nachlassabkommen** bezeichneten **Anlage zu Art. 20 des Konsularvertrags zwischen dem Deutschen Reich und der Türkischen Republik** vom 28.5.1929 (RGBl. 1930 II, 748) ist in am 18.11.1931 in Kraft getreten (Bek. v. 20.8.1931, RGBl. 1931 II, 538). Er wird nach dem Zweiten Weltkrieg mit Wirkung vom 1.3.1952 wieder angewandt (Bek. v. 29.5.1952, BGBl. 1952 II, 608). Er enthält Regelungen zu Befugnissen der Konsuln bei der Nachlassabwicklung, zur internationalen Zuständigkeit, zur Anerkennung und Vollstreckung von Entscheidungen sowie zum anwendbaren Recht. Er folgt einer hoheitsrechtlichen Perspektive: Der Konsularvertrag ist als Revision der als **„Kapitulationen"** bezeichneten Staatsverträge europäischer Staaten mit außereuropäischen Staaten zu verstehen, die eine einseitige Begünstigung für Angehörige europäischer Staaten auf dem Gebiet des außereuropäischen Staates vorsahen (*Krüger,* FS Ansay, 2006, 131 (142)). Das Nachlassabkommen ist **vom Grundsatz der völkerrechtlichen Gleichberechtigung und Gegenseitigkeit geprägt** (*Bauer* FamRZ 2007, 1252 (1255)).

2 Das Abkommen durchzieht auf kollisionsrechtlicher wie auch auf verfahrensrechtlicher Ebene eine klare Nachlassspaltung: Für den beweglichen Nachlass handelt der Konsul des Heimatstaates des Erblassers nach dem Heimatrecht des Erblassers. Gerichtliche Entscheidungen über Erbstreitigkeiten sind ausschließlich Sache der Gerichte des Heimatstaates. Damit besteht **Gleichlauf zwischen internationaler Zuständigkeit und anwendbarem Recht.** Spiegelbildlich ist für den unbeweglichen Nachlass die Ortsbehörde zuständig, die wie die ausschließlich zuständigen Gerichte im Belegenheitsstaat nach der lex rei sitae entscheidet. Die Entscheidungen sind jeweils im anderen Staat anzuerkennen.

II. Anwendungsbereich

1. Persönlicher Anwendungsbereich

3 Das Abkommen findet gem. Art. 20 Konsulavertrag Anwendung, wenn der **Erblasser Angehöriger des anderen Vertragsstaats** ist. Umstritten ist, wie mit **Mehrstaatern** umzugehen ist. Nach einer Auffassung bestehe eine Lücke im Abkommen, die durch **Art. 5 Abs. 1 EGBGB** einschließlich Abs. 1 S. 2 zu schließen sei, so dass Personen, die auch Deutsche sind, unabhängig von der Effektivität der Staatsangehörigkeit als Deutsche zu behandeln seien (BeckOK BGB/*Lorenz* EGBGB Art. 25 Rn. 6). Nach einer Variante dieser Auffassung wird vertreten, dass nicht auf Art. 5 Abs. 1 S. 2 EGBGB zurückgegriffen werden dürfe und auch bei auch deutschen Staatsangehörigen stets die effektive Staatsangehörigkeit entscheide (so noch: MüKoBGB/*Dutta* EGBGB 6. Aufl. 2015, Art. 25 Rn. 300).

Nach anderer Ansicht ist das **Abkommen auf Mehrstaater überhaupt nicht anzuwenden,** sodass das autonome Kollisionsrecht an dessen Stelle tritt (Soergel/*Schurig* EGBGB Art. 25 Rn 108; *von Bar/Mankowski,* Internationales Privatrecht II, 2 Aufl. 2019, § 5 Rn. 589; *Krüger,* FS Ansay, 2006, 131 (151); *Bauer* FamRZ 2007, 1252 (1255); *Majer* ZEV 2012, 182 (183 f.) MükoBGB/*Dutta* EuErbVO Art. 75 Rn. 20). Ein Abstellen auf die Effektivität der Staatsangehörigkeit sei ein Gedanke, der der hoheitsrechtlichen Perspektive des Abkommens widerspricht. Der Vertragsstaat will Schutz für alle seine Staatsangehörigen unabhängig von der Effektivitätsbeurteilung verlangen.

Richtigerweise muss man hier, wie immer bei internationalen Abkommen geboten, nach einer einheitlichen Auslegung auf Basis des Textes und der Zielsetzung der Konvention suchen. Das verbietet einen Rückgriff auf Vorschriften des EGBGB, insbesondere dann, wenn sie zu einer vorrangigen und gleichheitswidrigen Bevorzugung des eigenen Rechts vor dem des anderen Vertragsstaates führt. Ausgehend davon, dass das Abkommen den Schutz der „Angehörigen eines vertragschließenden Staates im Gebiet des anderen Staates" verfolgt, muss in dem Fall eines Deutsch-Türkischen Doppelstaates dieser von jedem der Vertragsstaat als Inländer behandelt werden. Das bedeutet, dass das Konsularabkommen gar nicht eingreift (MüKoBGB/*Dutta* EUErbVO Art. 75 Rn. 20; *Günes,* in: Dutta/Wurmnest, S. 293; *Hausmann/Odersky,* Das Internationale Privatrecht in der notariellen Praxis, 3. Aufl. 2017, § 15 Rn. 357; *Geimer/Schütze/Lechner,* Internationales Rechtsverkehr, EUErbVO Art. 75 Rn. 39; *Schotten/Wittkowski* FamRZ 1995, 265). Vielmehr wird der Erblasser dann von den türkischen Stellen aufgrund der Vorschriften des türkischen nationalen IPR nach dem türkischen Heimatrechts beerbt werden und von den deutschen Stellen auf Basis des nach den Artt. 20 ff. EUErbVO bestimmten materiellen Erbrechts (anders BeckOK-BGB/*S. Lorenz* EGBGB Art. 25 Rn. 6; *Dörner* ZEV 1996, 90 (92 f.), die für den unbeweglichen Nachlass in dem Vertragsstaat, der nicht Gerichtsstaat ist, eine Ausnahme machen.).

Anders dagegen ist bei Mehrstaatern zu verfahren, die neben der türkischen Staatsangehörigkeit die Staatsangehörigkeit eines oder mehrerer dritter Staaten besitzen. Hier ist – wie in Art. 5 Abs. 1 S. 1 EGBGB – die effektive Staatsangehörigkeit zu ermitteln. Ergibt sich, dass die türkische Staatsangehörigkeit die effektive Staatsangehörigkeit ist, so hat die deutsche Stelle den Konsularvertrag anzuwenden. Ergibt sich, dass nicht die türkische, sondern eine Zugehörigkeit zu einem dritten Staat effektiv ist, so ist der Erblasser als Angehöriger dieses dritten Staates zu behandeln und das Erbstatut nach der EUErbVO bzw. dem für diesen Staat einschlägigen bilateralen Abkommen zu bestimmen (vgl. AG Hamburg St. Georg ZEV 2015, 5800 mAnm Dörner; Staudinger/*Dörner,* 2007, vor Art. 25 EGBGB Rn. 92; *Günes,* in: Dutta/Wurmnest, S. 294). Bei diesem Verfahren sind Konflikte mit anderen vergleichbaren Abkommen zum anderen Drittstaat ausgeschlossen.

Türkische Staatsangehörige, die **Flüchtlinge** im Sinne der Genfer Flüchtlingskonvention (Genfer UN-Abkommen über die Rechtsstellung der Flüchtlinge vom 28.7.1951, BGBl. 1953 II 560) sind oder Asylberechtigte, die sich dem Schutzanspruch der Türkei entzogen haben, haben nicht mehr türkisches Recht als Personalstatut und fallen nicht in den Anwendungsbereich des Abkommens (*Hausmann/Odersky,* Das Internationale Privatrecht in der notariellen Praxis, 3. Aufl. 2017, § 15 Rn. 358).

2. Gegenständlicher Anwendungsbereich

Umstritten ist der gegenständliche Anwendungsbereich des Abkommens. Sicher findet das Abkom- 4
men Anwendung, wenn **in einem der Vertragsstaaten Nachlass belegen** ist, der einem Angehörigen des anderen Staates gehörte. Das lässt sich schon aus § 18 schließen, der eine entsprechende Anwendung der Vorschriften der §§ 1–17 für den Fall anordnet, dass der Erblasser nicht in einem Vertragsstaat verstorben ist. Im Umkehrschluss folgt daraus und aus § 1 Abs. 1 S. 1 direkt, dass das Abkommen Anwendung findet, wenn der **Erblasser in einem der Vertragsstaaten verstorben ist.** Dann stellt sich die Frage, ob das Abkommen auf den in den Vertragsstaaten belegenen Nachlass beschränkt ist (AG Hamburg St. Georg ZEV 2015, 580 – zum deutsch-iranischen Abkommen; *Dörner* ZEV 1996, 90 (94); BeckOK BGB/*Lorenz* EGBGB Art. 25 Rn. 6; *Hausmann/Odersky,* Das Internationale Privatrecht in der notariellen Praxis, 3. Aufl. 2017, § 15 Rn. 355; Dutta/Herrler/*Süß,* Die Europäische Erbrechtsverordnung, 181 (187 f.) Rn. 19; *Majer* ZEV 2012, 182 (184)) oder auch bei **Belegenheit in Drittstaaten** eingreift (dafür aber: MüKoBGB/*Dutta* Art. 75 EUErbVO Rn. 21; *von Bar/Mankowski,* Internationales Privatrecht II, 2 Aufl. 2019, § 5 Rn. 589).

Ausgangspunkt muss hier Art. 20 des Konsularvertrages sein: Diese Vorschrift verweist hinsichtlich 5
„der in dem Gebiet des einen vertragschließenden Staates befindlichen Nachlässe von Angehörigen des anderen Staates". Hintergrund ist die Beschränkung der Befugnisse der Konsuln auf den in dem jeweiligen Empfangsstaat belegenen Nachlass. Diese Befugnisse werden in dem Nachlassabkommen geregelt und dazu quasi als Annex das auf diesen Nachlassteil anwendbare Recht geregelt. Der in dritten Staaten belegene Nachlass dagegen ist wiederum ggf. Gegenstand eines anderen Abkommens (also zB des türkisch-italienischen Konsularvertrages etc.), mit wiederum eigenständiger Regelung des auf die Erbfolge in den in jenem Vertragsstaat belegenen Nachlass anwendbaren Rechts. In dritten Staaten belegener Nachlass wird daher nach dieser Systematik und Zielsetzung nicht erfasst, und zwar unabhängig davon, ob der Erblasser als Angehöriger des anderen Vertragsstaats in dem einen Vertragsstaat oder in einem dritten Staat verstorben ist. Bei unbeweglichem Nachlass in dritten Staaten sieht das Abkommen ohnehin keine Zuständigkeit vor, sodass dieser nicht erfasst ist (AG Hamburg St. Georg ZEV 2015, 580; *Günes,* in: Dutta/Wurmnest, S. 299; *Hausmann/Odersky,* Das Internationale Privatrecht in der notariellen Praxis, 3. Aufl. 2017, § 15 Rn. 352).

Erst recht nicht erfasst wird der im Heimatstaat des Erblassers belegene Nachlass. Der in Deutschland belegene Nachlas eines in der Deutschland oder in der Türkei verstorbenen deutschen Erblassers wird also ebenso wenig erfasst wie der in der Türkei belegene Nachlas eines türkischen Staatsangehörigen. Insoweit wird das anwendbare Recht also jeweils nach den nationalen Kollisionsnormen bzw. – aus deutscher Sicht – nach der EUErbVO bestimmt. Aus deutscher Sicht kommt es daher bei gewöhnlichem Aufenthalt des deutschen Erblassers in der Türkei hinsichtlich des in Deutschland belegenen Nachlasses aufgrund der nationalen Kollisionsnormen des türkischen Rechts zu einer gem. Art. 34 Abs. 1 EUErbVO beachtlichen Rückverweisung auf das deutsche Heimatrecht (hinsichtlich des beweglichen Nachlasses) bzw. des Belegenheitsrechts (hinsichtlich der in Deutschland belegenen Immobilien).

III. Internationale Zuständigkeit und Anerkennung

1. Streitige Verfahren

6 **a) Streitige erbrechtliche Verfahren, § 15 NA.** § 15 regelt die internationale Zuständigkeit und die Anerkennung von streitigen erbrechtlichen Verfahren. Das Abkommen **unterscheidet zwischen unbeweglichem und beweglichem Nachlass.** Für **Immobilien** sind die **Gerichte des Belegenheitsstaates** international zuständig. Für den **beweglichen Nachlass** sind die **Gerichte des Heimatstaates,** also des Staates, dessen Staatsangehörigkeit der Erblasser hat, international zuständig (§ 15 S. 1 NA). Die Entscheidungen sind im jeweils anderen Vertragsstaat nach § 15 S. 2 NA **anzuerkennen.** Gemäß § 18 NA gilt § 15 NA sinngemäß, wenn der Erblasser in einem Drittstaat verstorben ist und der Nachlass im jeweils anderen Vertragsstaat belegen ist.

7 § 15 NA gilt für „Klagen, welche die Feststellung des Erbrechts, Erbschaftsansprüche, Ansprüche aus Vermächtnissen sowie Pflichtteilsansprüche zum Gegenstand haben". Die Vorschrift betrifft nur **streitige Verfahren.** Die internationale Zuständigkeit für Erbscheinsverfahren ist also nach den autonomen Vorschriften zu ermitteln, → Rn. 11.

8 Bei § 15 S. 1 handelt es sich um eine **ausschließliche internationale Zuständigkeit** (vgl. nur *Dörner,* Das deutsch-türkische Nachlaßabkommen, ZEV 1990, 90 (96); BeckOK BGB/*Lorenz* EGBGB Art. 25 Rn. 9; Erman/*Hohloch* EGBGB Art. 25 Rn. 57a). Dies folgt bereits aus dem Wortlaut von § 15, wonach „Klagen … [zu erheben] sind" und nicht etwa nur erhoben werden „können", erschließt sich aber auch aus der Entstehungsgeschichte (vgl. dazu *Krüger,* FS Ansay, 2006, 131 (141)).

9 Da angesichts der dauerhaft mit ihrer gesamten Familie in Deutschland türkischen Staatsangehörigen in Deutschland die **ausschließliche Zuständigkeit insbesondere des Heimatstaates** als **unangemessen** angesehen wird, wird vielfach eine **restriktive Auslegung** vorgeschlagen (Einen Verstoß gegen den Grundsatz effektiven Rechtsschutzes erwog das OLG Köln IPRspr. 1985 Nr. 145, S. 397 f. Dazu *Bauer* FamRZ 2007, 1252, 1256 f.). So soll bei gemeinsamem gewöhnlichen Aufenthalt der Prozessparteien in einem anderen Vertragsstaat (*Dörner* ZEV 1996, 90 (96)) oder bei Beteiligung Angehöriger verschiedener Staaten § 15 NA nicht angewendet werden (allgemein für eine restriktive Auslegung auch Erman/Stürner EuErbVO Art. 75 Rn. 11, 12; BeckOK BGB/*Lorenz* EGBGB Art. 25 Rn. 9). Da das Abkommen aber auf eine Gleichbehandlung von Staatsangehörigen im jeweils anderen Vertragsstaat aus hoheitsrechtlicher Perspektive abstellt, mag man die Regelung missglückt finden. Eine Aufhebung ist aber Sache der Vertragsstaaten, nicht der Gerichte. Zudem würde so der vom Abkommen intendierte Gleichlauf von Zuständigkeit und anwendbarem Recht durchbrochen (*Bauer* FamRZ 2007, 1252 (1254)). Auch eine rügelose Einlassung scheidet aus (LG München I, FamRZ 2007, 1250 (1251) und dazu *Bauer* FamRZ 2007, 1252 (1253 f.)).

10 **b) Ansprüche Dritter gegen den Nachlass, § 8 NA.** Gemäß § 8 NA sind **Ansprüche Dritter gegen den Nachlass** vor den Gerichten des Belegenheitsstaates zu führen. Dabei handelt es sich nicht um einen erbrechtlichen Gerichtsstand. Freilich werden dabei erbrechtliche Fragen als Vorfrage eine Rolle spielen.

2. Nachlasssachen

11 Die internationale Zuständigkeit für Erbscheinsverfahren ist nach **den allgemeinen Vorschriften** zu ermitteln. Für das deutsche Recht war bis zur Entscheidung des EuGH in der Rechtssache Oberle umstritten, ob die Zuständigkeitsvorschriften der EuErbVO für die Ausstellung nationaler Erbscheine heranzuziehen sind, oder ob es bei §§ 105, 343 FamFG verbleibt. Aufgrund dieser Entscheidung werden die § 343, 105 verdrängt. Folge wäre bei gewöhnlichem Aufenthalt eines türkischen Erblassers in einem anderen Mitgliedstaat der EU wäre freilich, dass die Abwicklung des in Deutschland belegenen Nachlasses auf Basis des gem. § 14 NA anwendbaren Rechts faktisch ausgeschaltet wäre. Art. 75 Abs. 1 EUErbVO ist daher dahingehend auszulegen, dass im sachlichen Anwendungsbereich des deutsch-türkischen Nachlassabkommens die Zuständigkeit der deutschen Behörden zur Ausstellung von Erbscheinen hinsichtlich des vom Nachlassabkommen erfassten (also ausschließlich des in Deutschland

belegenen) Nachlasses nach den Regeln des Nachlassabkommens bzw. des FamFG unberührt bleibt. Anderenfalls würde der in Art. 75 Abs. 1 EUErbVO garantierte Anwendungsvorrang des Nachlassabkommen faktisch wieder kassiert werden (str., aA zB MüKoBGB/*Dutta* EUErbVO Art. 75 Rn. 26).

§ 17 des Abkommens enthält lediglich die Regel, dass ein „Zeugnis über ein erbrechtliches Verhältnis" über den beweglichen Nachlass, das von der zuständigen Behörde im Heimatstaat des Erblassers nach dem Heimatrecht des Erblassers ausgestellt wurde, zum Nachweis dieses Rechtsverhältnisses auch im anderen Vertragsstaat genügt. § 17 gilt freilich nur für den jeweils anderen Vertragsstaat des deutsch-türkischen Nachlassabkommens. Andere Mitgliedstaaten der EuErbVO sind nicht nach § 17 des Abkommens verpflichtet, einen von der nach dem Abkommen zuständigen türkischen Behörde ausgestellten Erbschein anzuerkennen. Zur Anerkennung eines Erbscheins einer deutschen Behörde in anderen Mitgliedstaaten → Art. 75 Rn. 20. Für Erbscheine sind die Zuständigkeit der Behörden des Heimatstaates und die Anwendung des Heimatrechts als Anerkennungsvoraussetzungen formuliert. Anerkannt wird dabei nur die Nachweiswirkung des Erbscheins (zur Anerkennung von Erbscheinen *Damar* IPRax 2012, 278).

IV. Anwendbares Recht

1. Nachlassspaltung

12 Kollisionsrechtlich sieht das Nachlassabkommen in § 14 NA als Anknüpfung des Erbstatuts eine **Nachlassspaltung** vor und unterstellt den beweglichen Nachlass dem Heimatrecht des Erblassers (knüpft also an die Staatsangehörigkeit an) und den unbeweglichen Nachlass dem Belegenheitsrecht. Eine abweichende **Rechtswahl ist nicht zulässig.**

13 Was als unbewegliches Vermögen und was als bewegliches Vermögen zu qualifizieren ist, entscheidet nach § 12 Abs. 3 NA das jeweilige Belegenheitsrecht **(Qualifikationsverweisung).** Wo dagegen der betreffende Gegenstand belegen ist, entscheidet sich auf der Basis des Nachlassabkommen, allenfalls ergänzend nach der lex fori.

14 Die Vorschrift kann dabei nur auf deutsches oder türkisches Recht verweisen, folgt man der hier in → Rn. 4 vertretenen Ansicht, dass ausschließlich in einem der beiden Vertragsstaaten betroffen ist und in Drittstaaten belegener Nachlass nicht in den Anwendungsbereich des Nachlassabkommens fällt.

2. Umfang der Verweisung

15 Erfasst sind dabei alle Fragen des Erbstatuts. Für die **Formwirksamkeit** letztwilliger Verfügungen enthält das Abkommen in § 16 NA eine Sonderanknüpfung. Seit Inkrafttreten des **Haager Testamentsformübereinkommens** für Deutschland und die Türkei (für die Türkei trat das Abkommen am 22.10.1983 in Kraft) verdrängt das Haager Übereinkommen in seinem Anwendungsbereich (einseitige und gemeinschaftliche Testamente, Art. 4 des Übereinkommens) nach dem lex posterior-Grundsatz auch im Verhältnis zwischen Deutschland und der Türkei die ältere Regel des § 16 NA. Diese ist damit nur noch für vor dem 22.10.1983 eingetretene Erbfälle relevant. Außerhalb des Anwendungsbereichs des Haager Testamentsformübereinkommens bleibt Raum für § 16: Das gilt für vor dem 22.10.1983 eingetretene Erbfälle sowie für Erbverträge und Erbverzichtsverträge, vgl. zum Haager Testamentsformübereinkommen → Art. 27 Rn. 12 ff.

3. Fragen des Allgemeinen Teils

16 Der **Renvoi** ist nicht geregelt. Ein Renvoi ist auch nicht vorstellbar, denn das NA ist Bestandteil auch der Rechtsordnung des jeweils anderen Vertragsstaates, so dass sich für die vom Abkommen erfassten Fälle im Recht des anderen Staates keine abweichende Anknüpfung ergibt. Bei den Verweisungen handelt es sich daher faktisch um **Sachnormverweisungen** (s. a. oben, Art. 75 Anh. I Rn. 9 zum deutsch-persischen Niederlassungsabkommen).

17 Das Abkommen enthält keine ausdrückliche **ordre public**-Klausel, sodass umstritten ist, ob ein Rückgriff auf den ordre public zulässig ist (ablehnend BeckOK BGB/*Lorenz* EGBGB Art. 25 Rn. 6). Da der Vorbehalt des ordre public aber im internationalen Rechtsverkehr allgemein anerkannt ist, dürfte dieser auch dann vorbehalten bleiben, wenn er nicht ausdrücklich im Konsularabkommen erwähnt ist. Da das türkische Erbrecht auf dem Schweizer ZGB beruht und damit „moderner" ist als das Erbrecht des BGB, sind Konflikte mit dem deutschen ordre public freilich faktisch kaum vorstellbar. Am ehesten dürfte der Vorbehalt beim fehlenden gesetzlichen Erbrecht von gleichgeschlechtlichen Eheleuten und eingetragenen Lebenspartner in der Praxis gegen das türkische Erbrecht zum Einsatz kommen (für den Einsatz bei Verstößen gegen die EMRK *Dörner* ZEV 1996, 90 (91)).

V. Konsularische Befugnisse bei der Nachlasssicherung und -regelung

18 §§ 1–13 NA regeln ausführlich die **Befugnisse des Konsuls bei der Nachlasssicherung und -regelung.** (Dazu *Majer* ZEV 2012, 182). Zunächst ist die Kooperation und gegenseitige Information zwischen Ortsbehörde und Konsul geregelt (§§ 1–3 NA). Der Konsul ist vom Erbfall, den bekannten Erben und deren Aufenthalt sowie von Wert und Zusammensetzung des Nachlasses zu unterrichten (§ 1 Abs. 1 S. 1 NA). § 2 enthält eine Zuständigkeitsregelung zur Sicherung des Nachlasses wie zur Siegelung und zur Aufnahme des Nachlassverzeichnisses. In erster Linie ist die Ortsbehörde zuständig, daneben kann der Konsul gemeinsam mit der Ortsbehörde oder, soweit sie noch nicht eingegriffen hat, auch allein tätig werden. Die eigentlichen Befugnisse zur Nachlassabwicklung enthalten die §§ 4–10 NA. Sie gelten für den Fall, dass der Konsul die Nachlassregelung übernimmt, was er nach § 4 NA kann. Der Konsul darf dabei den **beweglichen Nachlass** in Besitz nehmen und hat einen Anspruch auf Herausgabe aller erforderlichen Unterlagen wie letztwillige Verfügungen auch aus amtlichem Gewahrsam. § 6 NA ermöglicht es dem Konsul, Erhaltungsmaßnahmen zu treffen. § 10 NA regelt die Beendigung der Nachlassverwaltung. § 12 NA bezieht sich auf den **unbeweglichen Nachlass.** Hier sind die örtlichen Behörden zuständig. Übernimmt der Konsul die Nachlassabwicklung, sind Verfügungen über den im Inland befindlichen beweglichen Nachlass nur mit seiner Zustimmung möglich. Das gilt insbesondere für befreiende Zahlungen an die Erben (BeckOK BGB/*Lorenz* EGBGB Art. 25 Rn. 8. Siehe dazu OLG München IPRax 1981, 215 (216); LG Augsburg IPRax 1981, 215 mAnm *Kremer* IPRax 1981, 205). § 13 NA enthält eine Notvertretungsregelung, wonach der Konsul in Angelegenheiten der Nachlassabwicklung auf dem Gebiet des anderen Vertragsstaats Erben vertreten kann, die dem Entsendestaat angehören.

Anhang III: Konsularvertrag zwischen der Bundesrepublik Deutschland und der Union der Sozialistischen Sowjetrepubliken vom 25.4.1958 (BGBl. II 1959 S. 233)

Artikel 18

Der Konsul ist befugt, Staatsangehörige des Entsendestaates und juristische Personen, die im Entsendestaat ihren Sitz haben und nach dessen Recht errichtet worden sind, vor Gerichten einschließlich Schiedsgerichten und vor anderen Behörden des Empfangsstaates zu vertreten, wenn diese natürlichen oder juristischen Personen wegen Abwesenheit oder anderer triftiger Gründe nicht in der Lage sind, ihre Rechte und Interessen rechtzeitig wahrzunehmen; diese Vertretung dauert so lange, bis die Vertretenen ihre Bevollmächtigten ernennen oder selbst die Wahrnehmung ihrer Rechte und Interessen übernehmen. Vorschriften des Empfangsstaates über den Anwaltszwang bleiben von den Bestimmungen dieses Artikels unberührt.

Artikel 19

Der Konsul ist befugt, in seinen Amtsräumen, in seinen persönlichen Wohnräumen, in den Wohnungen von Staatsangehörigen des Entsendestaates mit deren Zustimmung und an Bord von Schiffen unter der Flagge des Entsendestaates folgende Handlungen vorzunehmen:

1. **von Staatsangehörigen des Entsendestaates Erklärungen entgegenzunehmen und sie zu beurkunden;**
2. **letztwillige Verfügungen und sonstige einseitige Rechtsgeschäfte und Willenserklärungen von Staatsangehörigen des Entsendestaates zu beurkunden;**
3. **Rechtsgeschäfte zwischen Staatsangehörigen des Entsendestaates zu beurkunden, soweit sie nicht den Gesetzen des Empfangsstaates widersprechen. Der Konsul kann jedoch keine Rechtsgeschäfte über die Begründung, Übertragung oder Aufhebung dinglicher Rechte an Gebäuden und Grundstücken beurkunden, die im Empfangsstaat belegen sind;**
4. **Rechtsgeschäfte zwischen Staatsangehörigen des Entsendestaates und anderen Personen zu beurkunden oder die Unterschriften der am Abschluß des Rechtsgeschäftes Beteiligten zu beglaubigen, soweit diese Rechtsgeschäfte sich ausschließlich auf Gegenstände oder Rechte im Gebiet des Entsendestaates beziehen und dort auszuführen sind und nicht gegen die Gesetze des Empfangsstaates verstoßen;**
5. **Unterschriften von Staatsangehörigen des Entsendestaates auf Urkunden jeder Art zu beglaubigen;**
6. **Urkunden jeder Art, die von Behörden oder Amtspersonen des Entsendestaates oder des Empfangsstaates ausgestellt sind, zu legalisieren, sowie Vervielfältigungen dieser Schriftstücke zu beglaubigen;**
7. **Schriftstücke jeder Art zu übersetzen und diese Übersetzungen zu beglaubigen;**
8. **Urkunden, Geld, Wertgegenstände und sonstige Vermögensgegenstände von Staatsangehörigen des Entsendestaates und von juristischen Personen, die im Entsendestaat ihren Sitz haben und nach dessen Recht errichtet worden sind, zu verwahren oder für diese in Verwahrung zu nehmen;**
9. **andere konsularische Amtshandlungen vorzunehmen, mit deren Vornahme sie beauftragt werden, sofern diese nicht den Gesetzen des Empfangsstaates widersprechen.**

Artikel 20

(1) **Die in Artikel 19 genannten Urkunden werden, wenn sie von einem Konsul aufgenommen oder unter Beifügung seines Amtssiegels beglaubigt sind, ebenso wie die von ihm unter Beifügung seines Amtssiegels beglaubigten Vervielfältigungen, Übersetzungen und Auszüge solcher Urkunden, im Empfangsstaat als öffentliche oder öffentlich beglaubigte Urkunden, Vervielfältigungen, Übersetzungen und Auszüge angesehen und haben dieselbe rechtliche Wirkung und Beweiskraft, als wenn sie von zuständigen Behörden oder Amtspersonen des Empfangsstaates aufgenommen oder beglaubigt wären.**

(2) **Sämtliche in Absatz 1 dieses Artikels erwähnten Urkunden, sowie deren Vervielfältigungen, Übersetzungen und Auszüge müssen jedoch, wenn sie sich auf Angelegenheiten beziehen, die im Empfangsstaat auszuführen sind, legalisiert werden, falls dies nach den Gesetzen des Empfangsstaates erforderlich ist.**

Artikel 24

(1) **Der Konsul ist befugt, nach den Vorschriften des Entsendestaates Geburten und Todesfälle der Staatsangehörigen des Entsendestaates zu beurkunden.**

(2) **Eine nach den Gesetzen des Empfangsstaates bestehende Verpflichtung der beteiligten Personen, von Geburten und Todesfällen den Behörden des Empfangsstaates Anzeige zu erstatten, wird von den Bestimmungen dieses Artikels nicht berührt.**

Artikel 25

(1) **Stirbt ein Staatsangehöriger des Entsendestaates im Konsularbezirk, so wacht der Konsul darüber, daß alle Maßnahmen ergriffen werden, die zum Schutze der berechtigten Interessen der Erben erforderlich sind.**

(2) **Die Behörden im Konsularbezirk setzen den Konsul von Todesfällen von Staatsangehörigen des Entsendestaates sowie von den ergriffenen oder zu ergreifenden Maßnahmen zur Regelung der Nachlaßangelegenheiten in Kenntnis.**

Artikel 26

Die Feststellung, Verwahrung und Siegelung des Nachlasses gehört zur Zuständigkeit der örtlichen Behörden. Auf Antrag des Konsuls ergreifen sie die zum Schutz des Nachlasses notwendigen Maßnahmen.

Artikel 27

Der Konsul hat hinsichtlich des Nachlasses von Staatsangehörigen des Entsendestaates, die sich im Konsularbezirk aufgehalten haben, folgende Rechte, die er selbst oder durch seine Bevollmächtigten wahrnehmen kann:

1. **an der Aufnahme eines Nachlaßverzeichnisses und der Unterzeichnung des entsprechenden Protokolls teilzunehmen;**
2. **sich mit den zuständigen Behörden des Empfangsstaates ins Benehmen zu setzen, um Beschädigung oder Verderb der Nachlaßgegenstände zu verhindern und im Bedarfsfalle ihre Veräußerung sicherzustellen.**

Artikel 28

(1) **Der Konsul ist befugt, von den örtlichen Behörden die Übergabe der Nachlaßgegenstände einschließlich der Schriftstücke des Verstorbenen zu verlangen, wenn die Erben Staatsangehörige des Entsendestaates sind und sich nicht im Gebiet des Empfangsstaates befinden.**

(2) **Bevor der Konsul die Nachlaßgegenstände an die Erben übergibt oder in das Ausland verbringt, müssen in den Grenzen des Nachlaßwertes die festgesetzten Abgaben bezahlt und die sonstigen von anderen im Empfangsstaat wohnhaften Personen erhobenen und nachgewiesenen Ansprüche befriedigt sein. Diese Verpflichtungen des Konsuls erlöschen, wenn ihm nicht innerhalb von sechs Monaten nach dem Tode des Erblassers nachgewiesen wird, daß die Ansprüche dieser Personen als berechtigt anerkannt sind oder derzeit von den zuständigen Behörden geprüft werden.**

(3) **Hinsichtlich der unbeweglichen Nachlaßgegenstände finden die Rechtsvorschriften des Staates Anwendung, in dessen Gebiet diese Gegenstände belegen sind.**

I. Allgemeines

Der **deutsch-sowjetische Konsularvertrag** (vom 25.4.1958, BGBl. 1959 II 232, in Kraft seit dem 24.5.1959, BGBl. 1959 II 469) regelt zum einen die Befugnisse der Konsuln auf erbrechtlichem Gebiet im jeweils anderen Vertragsstaat (Empfangsstaat) und enthält zum anderen eine erbrechtliche Kollisionsnorm. Soweit er Regelungen enthält, ist er vorrangig vor der EuErbVO anzuwenden. Für den nicht erfassten Nachlass ist auf die EuErbVO zurückzugreifen, → Art. 75 Rn. 19 ff. 1

Nach **Zerfall der UdSSR** gilt für den Vertrag Folgendes: Für die Russische Föderation als Nachfolger der UdSSR gilt der Vertrag weiter (siehe die Bekanntmachung der Note des Präsidenten der Russischen Föderation an den Generalsekretär der Vereinten Nationen vom 24.12.1991 sowie die 2

Bekanntmachung der Note des Ministeriums für Auswärtige Angelegenheiten der Russischen Föderation an die Botschaft der Bundesrepublik Deutschland in Moskau vom 13.1.1992, BGBl. 1993 II 1016). Mit Armenien (BGBl. 1993 II 169), Aserbeidschan (BGBl. 1996 II 2471), Georgien (BGBl. 1992 II 1128), Kasachstan (BGBl. 1992 II 1120), Kirgisistan (BGBl. 1992 II 1015), Moldawien (BGBl. 1996 II 768), Tadschikistan (BGBl. 1995 II 255), Weißrussland (BGBl. 1994 II S. 2533.), der Ukraine (BGBl. 1993 II S. 1189) und Usbekistan (BGBl. 1993 II 2038) wurde jeweils die Fortgeltung der durch die UdSSR geschlossenen Verträge vereinbart, bis etwas Anderes mit den einzelnen Nachfolgestaaten vereinbart wird. Eine entsprechende abweichende Regelung ergibt sich nun im Verhältnis zu Kirgisen, Armenien, Turkmenistan und Moldavien. Im Verhältnis zu diesen Staaten ist der Konsularvertrag mit Wirkung zum 19.12.2014, 27.12.2018, 30.11.2019 und zum 1.9.2020 aufgehoben worden (Bekanntmachungen vom 21.12.2015, BGBl. 2016 II 128; 8.4.2019, BGBl. 2019 II 318; 24.7.2020, BGBl. 2020 II, S. 706).

3 Mit **Litauen, Estland, Lettland** und **Turkmenistan** gibt es keine Vereinbarung über die Fortgeltung. Die baltischen Staaten Litauen, Estland und Lettland haben jedenfalls eine Fortgeltung abgelehnt. Sie sehen sich nicht als Rechtsnachfolger der Sowjetunion, da sie von der UdSSR besetzt waren. (NK-BGB/*Kroiß* EGBGB Art. 25 Rn. 12; *Lehmann* ZEV 2014, 232 (234)). Darüber hinaus genießt die EUErbVO im Verhältnis zu den drei baltischen Staaten ohnehin gem. Art. 72 Abs. 2 Anwendungsvorrang, da es hier ausschließlich um das Verhältnis von Mitgliedstaaten iSd EUErbVO zueinander geht.

II. Konsularbefugnisse

4 **Beurkundungen** durch Konsuln sind in Art. 19 geregelt. Art. 18 enthält eine **Vertretungsregelung** für Angehörige des Entsendestaats. Die Befugnisse des Konsuls zur **Nachlasssicherung und -abwicklung** bei Erblassern, die dem Entsendestaat angehören, finden sich in den Art. 25 ff. Hier verbirgt sich auch eine Zuständigkeitsregelung für die Feststellung, Verwahrung und Siegelung des Nachlasses (Art. 26). Zuständig sind die Ortsbehörden. Bei ihnen muss der Konsul Maßnahmen zur Nachlasssicherung beantragen (Art. 26) und sich mit ihnen ins Benehmen setzen, um Beschädigungen oder Verderb zu verhindern oder bei Bedarf Nachlassgegenstände zu veräußern (Art. 27 Nr. 2). Der Konsul selbst kann Nachlassverzeichnisse aufnehmen und an der Unterzeichnung des betreffenden Protokolls teilnehmen (Art. 27 Nr. 1). Nach Art. 28 Abs. 1 und 2 hat er die Befugnis, Herausgabe des Nachlasses zu verlangen, wenn sich die Erben nicht im Empfangsstaat aufhalten und Angehörige des Entsendestaates sind.

III. Kollisionsnorm

5 Art. 28 Abs. 3 des deutsch-sowjetischen Konsularvertrags bestimmt, dass hinsichtlich des **unbeweglichen Nachlasses** die **Rechtsvorschriften des Belegenheitsstaates** Anwendung finden.

1. Anwendungsbereich

6 Der Anwendungsbereich der Kollisionsnorm ist nicht auf das Handeln der Konsuln im Rahmen der Nachlassabwicklung beschränkt, sondern gilt auch bei gerichtlichen Verfahren ohne Einschaltung eines Konsuls (Staudinger/*Dörner* EGBGB Vor Art. 25, 26 Rn. 196; MüKoBGB/*Dutta* EGBGB Art. 25 Rn. 305).

7 Subjektive Anwendungsvoraussetzung ist, dass der **Erblasser Angehöriger des einen Vertragsstaats** ist, objektive Voraussetzung, dass er **unbeweglichen Nachlass im anderen Vertragsstaat** hinterlässt (*Hausmann/Odersky,* Das Internationale Privatrecht in der notariellen Praxis, 3. Aufl. 2017, § 15 Rn. 366). Kaum erörtert ist die Frage, wie mit Mehrstaatern zu verfahren ist. Nach hier vertretener Ansicht findet das Abkommen auf **Mehrstaater** mit zugleich deutscher und der Staatsangehörigkeit eines (oder mehrerer) Nachfolgestaaten der Sowjetunion keine Anwendung, unabhängig davon, welche die effektive Staatsangehörigkeit ist (vgl. die Lage beim deutsch-persischen Niederlassungsabkommen, → Dt.-iran. NlassAbk Rn. 2, und beim deutsch-türkischen Nachlassabkommen, → Dt.-türk. NlassAbk Rn. 3). Anderes gilt allerdings in dem Fall, dass der Erblasser die Staatsangehörigkeit mehrerer Staaten besaß, für die der Konsularvertrag aufgrund Nachfolge in die Sowjetunion gilt oder aber die Staatsangehörigkeit eines Nachfolgestaates und eines Drittstaates besaß. In diesem Fall ist zunächst die „effektive" Staatsangehörigkeit festzustellen. Ist dies die Staatsangehörigkeit eines der Vertragsparteien des Konsularabkommens, dann ist das Konsularabkommen anwendbar. Ergibt sich dagegen als effektive Staatsangehörigkeit die Staatsangehörigkeit eines dritten Staates, so scheidet die Anwendung des Konsularvertrages aus und das Erbstatut ist auch hinsichtlich der in Deutschland belegenen Immobilien nach den Art. 20 ff. EUErbVO zu bestimmen (generell gegen die Anwendung auf Doppelstaater aber:

Hausmann/Odersky, Das Internationale Privatrecht in der notariellen Praxis, 3. Aufl. 2017, § 15 Rn. 367).

Flüchtlinge im Sinne der Genfer Flüchtlingskonvention (Genfer UN-Abkommen über die Rechtsstellung der Flüchtlinge vom 28.7.1951, BGBl. 1953 II 560) und Asylberechtigte fallen nicht in den Anwendungsbereich des Abkommens, auch wenn sie die Staatsangehörigkeit eines der einschlägigen Nachfolgestaaten besitzen (*Hausmann/Odersky,* Das Internationale Privatrecht in der notariellen Praxis, 3. Aufl. 2017, § 15 Rn. 367).

Nicht erfasst ist des Weiteren der Fall, dass ein Angehöriger des eigenen Staats, unbeweglichen Nachlass im eigenen Staat hinterlässt. Für Deutsche mit unbeweglichem Nachlass in Deutschland gilt das Abkommen nicht. Insofern ist in Deutschland die EuErbVO anzuwenden, auch wenn sonstige Berührungspunkte zum anderen Vertragsstaat bestehen. Nicht erfasst sind auch die Fälle, in denen Nachlass in einem dritten Staat belegen ist (*Hausmann/Odersky,* Das Internationale Privatrecht in der notariellen Praxis, 3. Aufl. 2017, § 15 Rn. 366). Das folgt aus der systematischen Stellung im Abschnitt über die konsularischen Kompetenzen im Empfangsstaat (Dutta/Herrler/*Süß,* Die Europäische Erbrechtsverordnung, 181 (188) Rn. 20).

Was als unbeweglicher und was als beweglicher Nachlass einzustufen ist, entscheidet das Recht der 8
Belegenheit (Qualifikationsverweisung) (*Hausmann/Odersky,* Das Internationale Privatrecht in der notariellen Praxis, 3. Aufl. 2017, § 15 Rn. 365). Dagegen entscheidet die lex fori darüber, welcher Gegenstand wo belegen ist, zum Parallelproblem → Art. 34 Rn. 21.

2. Lex rei sitae

Das Abkommen regelt lediglich die kollisionsrechtliche Behandlung des unbeweglichen Nachlasses 9
im Rahmen des persönlich-räumlichen Anwendungsbereichs, → Rn. 7. Insoweit besteht **kein Raum für eine Rechtswahl** (zur möglichen vgl. *Schotten/Schmellenkamp,* Das internationale Privatrecht in der notariellen Praxis, Rn. 265). Hinsichtlich des vom Abkommen nicht erfassten Nachlasses ist das autonome Kollisionsrecht heranzuziehen, also für deutsche Gerichte die EuErbVO. Hatte der Erblasser nicht seinen gewöhnlichen Aufenthalt in Deutschland oder hat er sein Heimatrecht gewählt, so kann es also zu einer Nachlassspaltung kommen (OLG Hamm NJW 1973, 2156 (2157)).

Der bewegliche Nachlass ist von vornherein vom Abkommen nicht erfasst, sodass die EuErbVO 10
anzuwenden ist.

3. Umfang der Verweisung

Erfasst ist das Erbstatut im Ganzen. Unklar bleibt, ob das auf die Formwirksamkeit von Verfügungen 11
anzuwendende Recht einem gesonderten Formstatut unterliegt. Der deutsch-sowjetische Konsularvertrag enthält hierfür keine Regelung. Das bedeutet, dass auch insoweit ausschließlich das Belegenheitsrecht anzuwenden ist. Soweit freilich nach dem autonomen IPR der jeweils beiden Abkommenstaaten auch die Einhaltung der Ortsform zur Formwirksamkeit der Verfügung von Todes wegen genügen sollte, so wird man auch im bilateralen Verhältnis die Geltung der Ortsform annehmen können. (vgl. EuErbVO Art. 27 Rn. 10; MüKoBGB/*Dutta* Art. 75 Rn. 39 nimmt insoweit eine Regelungslücke an; BeckOK BGB/*Lorenz* EGBGB Art. 25 Rn. 13).

4. Fragen des allgemeinen Teils

Das Abkommen enthält keinen ausdrücklichen **ordre public**-Vorbehalt. Da es sich um einen 12
bilateralen Vertrag handelt, ist im Falle des Schweigens davon auszugehen, dass ein Rückgriff auf den ordre public ausscheidet (MüKoBGB/*v. Hein* EGBGB Art. 6 Rn. 40). Dafür spricht umso mehr, als dass das Belegenheitsrecht als anwendbares Recht für unbewegliche Nachlassgegenstände festgelegt wird: Bezogen auf die im anderen Vertragsstaat belegenen Nachlassgegenstände lässt sich der ordre public-Vorbehalt faktisch ohnehin kaum durchsetzen.

Ein **Renvoi** ist – wie bei staatsvertraglichen Kollisionsnormen üblich – nicht vorgesehen, sodass es 13
sich um **Sachnormverweisungen** handelt (BeckOK BGB/*Lorenz* EGBGB Art. 25 Rn. 13).

Artikel 76 Verhältnis zur Verordnung (EG) Nr. 1346/2000 des Rates

Diese Verordnung lässt die Anwendung der Verordnung (EG) Nr. 1346/2000 des Rates vom 29. Mai 2000 über Insolvenzverfahren unberührt.

Literatur: *Bünning,* Nachlassverwaltung und Nachlasskonkurs im internationalen Privat- und Verfahrensrecht, 1996; *Mankowski,* Internationale Nachlassinsolvenzverfahren, ZIP 2011, 1501; *Strauß,* Der notleidende Nachlass bei Auslandsberührung, 2015; *Virgos/Schmit,* Erläuternder Bericht zu dem EU-Übereinkommen über Insolvenzverfahren vom 8.7.1996, Ratsdokument 6500/96 DR S 8; *S. M. Weber,* Das Internationale Zivilprozessrecht erbrechtlicher Streitigkeiten, 2012.

I. Normzweck

1 Die Vorschrift grenzt die **Anwendungsbereiche von EuErbVO** und **EuInsVO** (ABl. EU 2000 L 160, 1) voneinander ab. Die EuInsVO wurde im Jahre 2015 neu gefasst (VO (EU) Nr. 2015/848, ABl. EU 2015 L 141, 1). Die Verweisung in Art. 76 bezieht sich nunmehr auf die EuInsVO in ihrer Neufassung (Art. 91 EuInsVO nF). Die EuErbVO nimmt Fragen insolventer Nachlässe nicht von ihrem Anwendungsbereich aus. Aus dem Zusammenspiel von Art. 1 Abs. 1 mit Art. 76 ergibt sich, dass die Abwicklung insolventer Nachlässe grundsätzlich Fragen der Rechtsnachfolge von Todes wegen iSv Art. 1 Abs. 1 berührt und in den Anwendungsbereich der EuErbVO fällt (so auch MüKoBGB/*Dutta* EuErbVO Art. 76 Rn. 3). Sonst hätte es der Regelung in Art. 76 nicht bedurft. Die Vorschrift räumt der EuInsVO Vorrang vor der EuErbVO ein. Ein von der EuInsVO erfasstes Nachlassinsolvenzverfahren geht daher einem von der EuErbVO erfassten Nachlassverwaltungsverfahren vor.

II. Anwendung der EuInsVO

2 Ein Nachlassinsolvenzverfahren fällt unter die EuInsVO, wenn es von der **Definition des Insolvenzverfahrens** in Art. 1 Abs. 1 und Art. 2 lit. a EuInsVO erfasst ist. Dies ist bei einem Nachlassinsolvenzverfahren grds. der Fall. Es ist ein Gesamtverfahren ist, welches die Insolvenz des Schuldners voraussetzt und den vollständigen oder teilweisen Vermögensbeschlag gegen den Schuldner sowie die Bestellung eines Verwalters zur Folge hat. Anders als andere Rechtsakte nimmt die EuInsVO erbrechtliche Fragen gerade nicht von ihrem Anwendungsbereich aus. Weitere Voraussetzung für die Anwendung der EuInsVO ist, dass sich das Verfahren im **Anhang A EuInsVO** findet. Für Deutschland ist im Anhang A vom Insolvenzverfahren als solchem die Rede. Somit fällt auch das in §§ 11 Abs. 2 Nr. 2, 315 ff. InsO, § 1975 BGB geregelte Nachlassinsolvenzverfahren in den Anwendungsbereich der EuInsVO (AG Düsseldorf ZEV 2013, 154; AG Köln NZI 2011, 159; Geimer/Schütze/*Lechner* IRV EuErbVO Art. 76 Rn. 2; *Mankowski* ZIP 2011, 1501; MüKoBGB/*Dutta* EuErbVO Art. 76 Rn. 3; NK-BGB/*Magnus* EuErbVO Art. 76 Rn. 4; *Strauß,* Der notleidende Nachlass bei Auslandsberührung, 134; offen BGH ZInsO 2010, 348).

3 Nach Art. 3 Abs. 1 S. 1 EuInsVO sind für die Eröffnung des Insolvenzverfahrens die Gerichte desjenigen Mitgliedstaates zuständig, in dessen Gebiet der Schuldner den **Mittelpunkt seiner hauptsächlichen Interessen** hat (center of main interest, kurz: COMI). Der maßgebliche Mittelpunkt bestimmt sich nach den Verhältnissen des **Erblassers** und damit nach dessen letztem COMI (AG Düsseldorf ZEV 2013, 154; AG Köln NZI 2011, 159; BeckOGK/*J. Schmidt* EuErbVO Art. 76 Rn. 8; MüKoBGB/*Dutta* EuErbVO Art. 76 Rn. 3; *Max Planck Institute* RabelsZ 74 (2010), 522 (714); NK-BGB/*Magnus* EuErbVO Art. 76 Rn. 6; Deixler-Hübner/Schauer/*Fucik* Art. 76 Rn. 4; diff. *Strauß,* Der notleidende Nachlass bei Auslandsberührung, 156 – COMI des Erben maßgeblich, wenn im Einzelfall schutzwürdige Neugläubiger vorhanden sind). Schuldner sind zwar die Erben des Erblassers. Allerdings bezieht sich das Insolvenzverfahren nicht auf deren jeweiliges Vermögen, sondern nur auf den **Nachlass.** Aus Gründen des Gläubigerschutzes muss es daher auf das COMI des Erblassers ankommen. Haben die Erben ihren gewöhnlichen Aufenthalt in verschiedenen Mitgliedstaaten, würde eine Anknüpfung an die Stellung der materiell nach dem Erbfall Verpflichteten zu einer Verwirrung des Rechtsverkehrs und zu unklaren Zuständigkeiten führen. Eine klarere und rechtssichere Bestimmung der Zuständigkeit steht auch einer auf den Einzelfall bezogenen Abwägung der verschiedenen Schuldner- und Gläubigerinteressen entgegen.

4 Der Begriff des Mittelpunkt der **hauptsächlichen Interessen** stimmt in den meisten Fällen mit dem Begriff des **gewöhnlichen Aufenthalts** in Art. 4 und Art. 21 überein (vgl. AG Köln NZI 2012, 379 (381); *Virgos/Schmit,* Bericht, Rn. 75). Abweichungen ergeben sich jedoch bei Unternehmern und Freiberuflern (vgl. Bonomi/Wautelet/*Wautelet* Art. 76 Rn. 15). Maßgeblich ist im Rahmen von Art. 3 Abs. 1 S. 1 EuInsVO der Ort der gewerblichen Niederlassung bzw. der Praxisort (vgl. BGH NJW-RR 2007, 1062 Rn. 14; *Mankowski* ZIP 2011, 1501 (1502)). Ein Gleichlauf von Zuständigkeit und anwendbarem Recht besteht außerdem nicht, wenn der Erblasser das anwendbare Erbrecht gewählt hat (→ Art. 22). Eine Unzuständigerklärung wegen einer Rechtswahl nach Art. 6 wird hier nur ausnahmsweise in Betracht kommen, da die Gerichte des Mitgliedstaates des gewählten Rechts die Erbsache regelmäßig nicht besser entscheiden können, wenn zugleich ein Nachlassinsolvenzverfahren anhängig ist. Auch eine Gerichtsstandsvereinbarung nach Art. 5 Abs. 1 wird zumindest für ein an die Insolvenz anknüpfendes Nachlassverwaltungsverfahren nicht in Betracht kommen, da insoweit regelmäßig nicht „die betroffenen Parteien" die Gerichtsstandsvereinbarung abschließen werden.

5 Die EuErbVO und die EuInsVO gelten zwar auch in Sachverhalten, die nur Bezüge zu einem **Drittstaat** aufweisen (vgl. zur EuInsVO EuGH 6.1.2014 – C-328/12 = NJW 2014, 610 Rn. 29 – Schmid). Weder die EuErbVO noch die EuInsVO regeln aber die Anerkennung drittstaatlicher Insolvenzverfahren. Zu einem Konflikt zwischen EuErbVO und EuInsVO kann es insoweit nicht kommen.

Ob ein drittstaatliches Insolvenzverfahren anzuerkennen ist, richtet sich nach den Bestimmungen des mitgliedstaatlichen Rechts. Allerdings gilt die EuInsVO nur, wenn sich das COMI des Erblassers in einem Mitgliedstaat befunden hat (*Strauß,* Der notleidende Nachlass bei Auslandsberührung, 139).

III. Erb- und Insolvenzstatut

Ein Nachlassinsolvenzverfahren ist nach den Bestimmungen der EuInsVO durchzuführen, auch wenn nach den Regelungen der EuErbVO für das erbrechtliche Verfahren andere Gerichte als für das Insolvenzverfahren international zuständig sind. Einen **Gleichlaufgrundsatz** gibt es nicht (vgl. hierzu bereits *Bünning,* Nachlassverwaltung und Nachlasskonkurs im internationalen Privat- und Verfahrensrecht, 57 ff.). Ob eine Frage nach dem Erbstatut oder dem Insolvenzstatut (Art. 7 Abs. 1 EuInsVO) zu beantworten ist, hängt von der Qualifikation des jeweiligen Rechtsinstituts ab. Die **Haftungsbeschränkung** der Erben im Falle einer Nachlassinsolvenz richtet sich nach dem Erbstatut (vgl. Art. 23 Abs. 2 lit. g; vgl. bereits Staudinger/*Dörner* EGBGB Art. 25 Rn. 226; *Strauß,* Der notleidende Nachlass bei Auslandsberührung, 231). Das Erbstatut entscheidet auch über die Haftung für Eigenverbindlichkeiten (*Strauß,* Der notleidende Nachlass bei Auslandsberührung, 235). Ist für die Haftungsbeschränkung die Eröffnung eines Insolvenzverfahrens Voraussetzung (vgl. § 1975 BGB), handelt es sich um eine selbständig anzuknüpfende Vorfrage (*Mankowski* ZIP 2011, 1501 (1503)). Ob das ausländische Verfahren ein Nachlassinsolvenzverfahren iSd erbrechtlichen Bestimmungen über die Erbenhaftung ist, muss im Wege der Substitution ermittelt werden (MüKoFamFG/*Rauscher* EuErbVO Art. 76 Rn. 7). Zum Insolvenzstatut zählen insbesondere die Voraussetzungen für die **Eröffnung des Insolvenzverfahrens** (vgl. Art. 7 Abs. 2 EuInsVO). Unerheblich ist, ob nach dem Erbstatut eine Haftungsbeschränkung erfolgt (vgl. *Bünning,* Nachlassverwaltung und Nachlasskonkurs im internationalen Privat- und Verfahrensrecht, 161; vgl. § 316 Abs. 1 InsO). Ebenso richtet sich die Rangfolge der Forderungen und die Verteilung der Masse nach dem Insolvenzstatut, auch soweit es sich dabei um erbrechtliche Forderungen wie Pflichtteilsansprüche oder Vermächtnisse handelt (Art. 7 Abs. 2 lit. i EuInsVO; vgl. MüKoFamFG/*Rauscher* EuErbVO Art. 76 Rn. 6; *Strauß,* Der notleidende Nachlass bei Auslandsberührung, 248 f.; vgl. bereits *Bünning,* Nachlassverwaltung und Nachlasskonkurs im internationalen Privat- und Verfahrensrecht, 162). 6

Ob ein **Partikularnachlassinsolvenzverfahren** zulässig ist, beurteilt sich ebenfalls nach dem Insolvenzstatut (Art. 3 Abs. 2 EuInsVO, § 354 Abs. 1 InsO; vgl. MüKoFamFG/*Rauscher* EuErbVO Art. 76 Rn. 5). Gleiches gilt für die Frage, unter welchen Voraussetzungen und wie ein **Nachlasssekundärinsolvenzverfahren** durchzuführen ist (vgl. Art. 3 Abs. 3, Art. 34 EuInsVO, §§ 356 ff. InsO). 7

IV. Konflikte des Anwendungsbereichs von EuErbVO und EuInsVO

Art. 76 hat einerseits klarstellende Funktion, indem er darauf verweist, dass ein unter die EuInsVO fallendes Nachlassinsolvenzverfahren unbeschadet der Zuständigkeits- und Kollisionsnorm der EuErbVO durchgeführt werden kann. Andererseits regelt die Vorschrift auch den Konfliktfall, in dem ein Nachlassinsolvenz- und Verwaltungsverfahren gleichzeitig anhängig sind (vgl. bereits *Max Planck Institute* RabelsZ 74 (2010), 522 (712)). Soweit ein mit dem Nachlassinsolvenzverfahren **konfligierendes erbrechtliches Verfahren** nach der EuErbVO durchgeführt wird, sind an sich beide Verfahren im jeweils anderen Mitgliedstaat anzuerkennen. Diesen Widerspruch löst Art. 76 auf, indem er dem unter die **EuInsVO** fallenden Verfahren den **Vorrang** einräumt (BeckOGK/*J. Schmidt* EuErbVO Art. 76 Rn. 3; Bonomi/Wautelet/*Wautelet* Art. 76 Rn. 9, 16; MüKoFamFG/*Rauscher* EuErbVO 76 Rn. 4; NK-BGB/*Magnus* EuErbVO Art. 76 Rn. 4; MüKoBGB/*Dutta* EuErbVO Art. 76 Rn. 6; *S. M. Weber,* Das Internationale Zivilprozessrecht erbrechtlicher Streitigkeiten, 92; aA *Strauß,* Der notleidende Nachlass bei Auslandsberührung, 227). Hiervon ist vor allem ein Nachlassverwaltungsverfahren betroffen, wenn dies nicht bereits nach dem Erbstatut mit der Eröffnung des Insolvenzverfahrens einzustellen sein sollte. Nach dem Gedanken von Art. 17 Abs. 2 wird man vom Gericht des erbrechtlichen Verfahrens verlangen müssen, dass es sich für unzuständig erklärt und das Verfahren beendet (iE MüKoBGB/*Dutta* EuErbVO Art. 76 Rn. 6; NK-BGB/*Magnus* EuErbVO Art. 76 Rn. 8; Deixler-Hübner/Schauer/*Fucik* Art. 78 Rn. 6; vgl. auch Bonomi/Wautelet/*Wautelet* Art. 76 Rn. 19 f.). Kennt das Recht des nach Art. 3 EuInsVO für die Durchführung eines Nachlassinsolvenzverfahrens zuständige Gericht kein Nachlassinsolvenzverfahren, das unter die unter die EuInsVO fällt, hat das nach Art. 4 ff. zuständige Gericht ein Nachlassinsolvenzverfahren nach der EuErbVO durchzuführen (vgl. MüKoFamFG/*Rauscher* EuErbVO Art. 76 Rn. 8). Einen Vorrang für drittstaatliche Insolvenzverfahren statuiert Art. 76 nicht (MüKoBGB/*Dutta* EuErbVO Art. 76 Rn. 7). 8

Artikel 77 Informationen für die Öffentlichkeit

[1]Die Mitgliedstaaten übermitteln der Kommission eine kurze Zusammenfassung ihrer innerstaatlichen erbrechtlichen Vorschriften und Verfahren, einschließlich Informationen zu der Art von Behörde, die für Erbsachen zuständig ist, sowie zu der Art von Behörde, die für die Entgegennahme von Erklärungen über die Annahme oder die Ausschlagung der Erbschaft, eines Vermächtnisses oder eines Pflichtteils zuständig ist, damit die betreffenden Informationen der Öffentlichkeit im Rahmen des Europäischen Justiziellen Netzes für Zivil- und Handelssachen zur Verfügung gestellt werden können. [2]Die Mitgliedstaaten stellen auch Merkblätter bereit, in denen alle Urkunden und/oder Angaben aufgeführt sind, die für die Eintragung einer in ihrem Hoheitsgebiet belegenen unbeweglichen Sache im Regelfall erforderlich sind. [3]Die Mitgliedstaaten halten die Informationen stets auf dem neuesten Stand.

1 **Ziel der Vorschrift** ist es, Informationen über das innerstaatliche Erbrecht und Verfahren der Mitgliedstaaten sowie die Art der Behörden, die für Erbsachen oder die Entgegennahme von Erklärungen über die Annahme und Ausschlagung der Erbschaft, eines Vermächtnisses oder Pflichtteils zuständig sind, der Öffentlichkeit zur Verfügung zu stellen. Damit soll ausweislich Erwägungsgrunds 75 S. 1 die praktische Anwendung der Verordnung erleichtert werden. Die Vorschrift verpflichtet die Mitgliedstaaten zur Bereitstellung und Aktualisierung der Informationen und die Kommission zu deren Veröffentlichung. Im Detail wirkt die Vorschrift unausgereift.

2 Die **Mitgliedstaaten** sind nach Art. 77 UAbs. 1 und 3 dazu verpflichtet, **der Kommission eine kurze Zusammenfassung über ihr innerstaatliches materielles Erbrecht und Erbverfahrensrecht zur Verfügung zu stellen** und stets zu **aktualisieren.** Als unverzichtbaren Bestandteil nennt Art. 77 UAbs. 1 die Nennung der für Erbsachen zuständigen Behörden und der für die Entgegennahme von Annahme und Ausschlagungserklärungen betreffend die Erbschaft, ein Vermächtnis oder einen Pflichtteil zuständigen Behörden. Die Bezeichnung als „kurze Zusammenfassung" verdeutlicht, dass es hier um Grundlageninformationen geht, die einen ersten Überblick ermöglichen sollen (Vgl. BeckOGK/*J. Schmidt* EuErbVO Art. 77 Rn. 6). Lösungen juristischer Detailprobleme darf die Praxis nicht erwarten.

3 Nach Art. 77 UAbs. 2 und 3 haben die Mitgliedstaaten zudem **Merkblätter bereitzustellen und aktuell zu halten,** in denen **alle Urkunden und/oder sonstige Angaben aufgeführt** sind, die **für die Eintragung einer in ihrem Hoheitsgebiet belegenen Immobilie erforderlich** sind. Damit nimmt die Regelung auf Art. 1 Abs. 2 lit. l Bezug, der Eintragsvoraussetzungen und das Eintragungsverfahren von Immobilien in Register aus dem Anwendungsbereich der Verordnung ausnimmt. Da damit jeder Mitgliedstaat über Eintragungsvoraussetzungen und -verfahren eigenständig bestimmt, soll die Information über das mitgliedstaatliche Registrierungsverfahren sichergestellt werden. Im Unterschied zu Art. 77 UAbs. 1 wird nicht weiter spezifiziert, wie die Mitgliedstaaten die Merkblätter bereitzustellen haben. Insbesondere ist nicht von einer Übermittlung an die Kommission die Rede. Der systematische Zusammenhang („auch") verdeutlicht, dass wohl auch an eine Übermittlung der Merkblätter an die Kommission zur Veröffentlichen durch diese gedacht ist. Die Formulierung „Merkblatt" und die Beschränkung auf Informationen für den „Regelfall" verdeutlichen, dass auch diese Information nur geeignet ist, einen ersten Überblick zu verschaffen und nicht erwartet werden kann, dass man mit ihr allein das Eintragungsverfahren in einem anderen Mitgliedstaat bewältigen kann.

4 Die **Kommission hat** nach Art. 77 UAbs. 1 **für die Veröffentlichung der Kurzzusammenfassungen im Europäischen Justiziellen Netz für Zivil- und Handelssachen** (s. die Einträge unter https://e-justice.europa.eu/content_successions-166-de.do?clang=de) **zu sorgen** (näher zu den Funktionen des Netzes *Fornasier* ZEuP 2010, 477; *Melin* DRiZ 2010, 22; *Menne* ZEuP 2019, 472 (482 ff.)). Für Art. 77 UAbs. 2 ist keine besondere Veröffentlichungspflicht vorgesehen (kritisch dazu MüKoBGB/*Dutta* EuErbVO Art. 77 Rn. 1). Aus dem Zusammenhang lässt sich aber schließen, dass Art. 77 UAbs. 2 wie UAbs. 1 zu behandeln ist („auch"). Abweichend davon spricht Erwägungsgrund 75 S. 2 von einer Veröffentlichung der Informationen im Amtsblatt. Der Erwägungsgrund scheint hier zu weit geraten, da eine Veröffentlichung im Amtsblatt nur nach Art. 78 Abs. 2 (→ EuErbVO Art. 78 Rn. 3) und Art. 79 Abs. 3 (→ EuErbVO Art. 79 Rn. 3) vorgesehen ist. Ebenso wie in Art. 78 ist auch hier anders als in Art. 79 Abs. 2 S. 2, Abs. 3 und 4 nicht ausdrücklich angeordnet, dass auch spätere Änderungen zu publizieren sind. Doch dürfte es sich hierbei um ein Versehen des Verordnungsgebers handeln. Aus dem Zweck der Norm folgt, dass die Information stets aktuell für die Öffentlichkeit zu bleiben hat (für Art. 78 im Ergebnis auch MüKoBGB/*Dutta* EuErbVO Art. 78 Rn. 1).

5 **Zeitlich** gilt die Vorschrift ausweislich Art. 84 UAbs. 2 ab dem 16.11.2014. Anders als die Parallelvorschrift des Art. 78 enthält Art. 77 nicht erneut die Nennung eines bestimmten Datums für die Übermittlung. Unklar ist daher, ob mit der Geltung der Vorschrift nach Art. 84 UAbs. 2 gemeint ist, dass die Mitgliedstaaten die Informationen zu diesem Zeitpunkt zu übermitteln haben (so BeckOGK/*J. Schmidt* EuErbVO Art. 77 Rn. 4; MüKoBGB/*Dutta* EuErbVO Art. 77 Rn. 2) oder nur die Übermitt-

lungspflicht zu diesem Zeitpunkt wirksam wird, wobei eine Erfüllung ausreicht, die es der Kommission ermöglicht, die Informationen rechtzeitig zum Beginn der Geltung der wesentlichen inhaltlichen Regelungen am 17. August 2015 zu publizieren (vgl. Art. 84 UAbs. 2 → EuErbVO Art. 84 Rn. 1), wie es in Erwägungsgrund 75 S. 2 anklingt.

Artikel 78 Informationen zu Kontaktdaten und Verfahren

(1) [1]**Die Mitgliedstaaten teilen der Kommission bis zum 16. November 2014 mit:**

a) die Namen und Kontaktdaten der für Anträge auf Vollstreckbarerklärung gemäß Artikel 45 Absatz 1 und für Rechtsbehelfe gegen Entscheidungen über derartige Anträge gemäß Artikel 50 Absatz 2 zuständigen Gerichte oder Behörden;

b) die in Artikel 51 genannten Rechtsbehelfe gegen die Entscheidung über den Rechtsbehelf;

c) die einschlägigen Informationen zu den Behörden, die für die Ausstellung des Zeugnisses nach Artikel 64 zuständig sind, und

d) die in Artikel 72 genannten Rechtsbehelfe.

[2]**Die Mitgliedstaaten unterrichten die Kommission über spätere Änderungen dieser Informationen.**

(2) **Die Kommission veröffentlicht die nach Absatz 1 übermittelten Informationen im** ***Amtsblatt der Europäischen Union,*** **mit Ausnahme der Anschriften und sonstigen Kontaktdaten der unter Absatz 1 Buchstabe a genannten Gerichte und Behörden.**

(3) **Die Kommission stellt der Öffentlichkeit alle nach Absatz 1 übermittelten Informationen auf andere geeignete Weise, insbesondere über das Europäische Justizielle Netz für Zivil- und Handelssachen, zur Verfügung.**

1 Anders als in früheren Verordnungen auf dem Gebiet des internationalen Privat- und Verfahrensrechts sind die zuständigen mitgliedstaatlichen Gerichte und statthaften Rechtsbehelfe nicht mehr im Verordnungstext selbst enthalten. Die Regelung ist den Mitgliedstaaten überlassen, um eine leichtere Änderung zu ermöglichen, ohne die Verordnung selbst ändern zu müssen. Dafür sind die **Mitgliedstaaten verpflichtet,** die Namen der zuständigen **Behörden,** ihre Kontaktdaten und die statthaften **Rechtsbehelfe** der Kommission **zu übermitteln** und **aktuell zu halten,** die für ihre Veröffentlichung im Amtsblatt und auf andere geeignete Weise, insbesondere im Europäischen Justiziellen Netz sorgt.

2 Das betrifft zunächst die Namen und Kontaktdaten der für Anträge auf Vollstreckbarerklärung nach Art. 45 Abs. 1 zuständigen Gerichte oder Behörden und der für Rechtsbehelfe gegen Entscheidungen über derartige Anträge nach Art. 50 Abs. 2 zuständigen Behörden oder Gerichte (Art. 78 Abs. 1 lit. a). Daneben sind die einschlägigen Informationen über die für die Ausstellung des Europäischen Nachlasszeugnisses zuständigen Behörden mitzuteilen (Art. 78 Abs. 1 lit. c). Des Weiteren sind die in Art. 51 und 72 von den Mitgliedstaaten zu benennenden statthaften Rechtsbehelfe mitzuteilen (Art. 78 Abs. 1 lit. b und d).

3 Die **Kommission sorgt** gemäß Art. 78 Abs. 2 **für die Veröffentlichung der übermittelten Informationen im Amtsblatt der EU**, wobei die Anschriften und sonstigen Kontaktdaten der für Anträge auf Vollstreckbarerklärung nach Art. 45 Abs. 1 zuständigen Gerichte oder Behörden und der für Rechtsbehelfe gegen Entscheidungen über derartige Anträge nach Art. 50 Abs. 2 zuständigen Behörden oder Gerichte nicht im Amtsblatt zu veröffentlichen sind. Damit wird der Status im Amtsblatt erreicht, der in früheren Verordnungen durch die Aufnahme der Informationen in einem Anhang zur Verordnung erreicht wurde. Ebenso wie in Art. 77 ist auch hier anders als in Art. 79 Abs. 2 S. 2, Abs. 3 und 4 (→ EuErbVO Art. 79 Rn. 3) nicht ausdrücklich angeordnet, dass auch spätere Änderungen zu publizieren sind. Doch dürfte es sich hierbei um ein Versehen des Verordnungsgebers handeln. Aus dem Zweck der Norm folgt, dass die Information stets aktuell für die Öffentlichkeit zu bleiben hat (iE auch MüKoBGB/*Dutta* EuErbVO Art. 78 Rn. 1).

4 Zusätzlich hat die Kommission gemäß Art. 78 Abs. 3 für die **Veröffentlichung** aller in Art. 78 Abs. 1 genannter Informationen **auf andere geeignete Weise,** insbesondere **im Europäischen Justiziellen Netz für Zivil- und Handelssachen** (siehe unter https://e-justice.europa.eu/content_successions-166-de.do?clang=de) zu sorgen.

5 **Zeitlich** gilt die Vorschrift gemäß Art. 84 UAbs. 2 ab dem 16.11.2014. Bereits zu diesem Zeitpunkt sind die Informationen gemäß Art. 78 Abs. 1 durch die Mitgliedstaaten an die Kommission mitzuteilen.

Artikel 79 Erstellung und spätere Änderung der Liste der in Artikel 3 Absatz 2 vorgesehenen Informationen

(1) **Die Kommission erstellt anhand der Mitteilungen der Mitgliedstaaten die Liste der in Artikel 3 Absatz 2 genannten sonstigen Behörden und Angehörigen von Rechtsberufen.**

(2) [1] **Die Mitgliedstaaten teilen der Kommission spätere Änderungen der in dieser Liste enthaltenen Angaben mit.** [2] **Die Kommission ändert die Liste entsprechend.**

(3) **Die Kommission veröffentlicht die Liste und etwaige spätere Änderungen im** ***Amtsblatt der Europäischen Union.***

(4) **Die Kommission stellt der Öffentlichkeit alle nach den Absätzen 1 und 2 mitgeteilten Informationen auf andere geeignete Weise, insbesondere über das Europäische Justizielle Netz für Zivil- und Handelssachen, zur Verfügung.**

1 Anders als in früheren Verordnungen auf dem Gebiet des internationalen Privat- und Verfahrensrechts ist nicht mehr im Verordnungstext selbst bzw. im Anhang bestimmt, welche nationalen Behörden oder Angehörige von Rechtsberufen funktional Gericht im Sinne des Art. 3 Abs. 2 UAbs. 1 sind. Um die Information zugänglich zu machen, werden die Mitgliedstaaten zur Übermittlung von Angaben verpflichtet, aus denen die Kommission eine Liste zu erstellen und im Amtsblatt sowie auf andere geeignete Weise, insbesondere im Europäischen Justiziellen Netz, zu veröffentlichen hat.

2 Die **Mitgliedstaaten** müssen gemäß Art. 3 UAbs. 2, 79 Abs. 2 all die Behörden und Angehörigen von Rechtsberufen, die Gericht im Sinne des Art. 3 UAbs. 1 sind, der Kommission mitteilen und diese Angaben auf aktuellem Stand halten. Die Mitteilung ist bloß deklaratorischer Natur, dh auch Institutionen, die die Mitgliedstaaten pflichtwidrig nicht mitgeteilt haben, können als Gerichte im funktionellen Sinn einzuordnen sein (EuGH 23.5.2019 – Rs. C-658/17, NJW 2019, 2293 Rn. 47 – WB).

3 Die **Kommission** ist gemäß Art. 79 Abs. 2 zur Erstellung einer Liste aus den mitgeteilten Informationen verpflichtet. Diese Liste hat sie gemäß Art. 79 Abs. 3 im Amtsblatt der EU zu veröffentlichen. Entsprechendes gilt für später von den Mitgliedstaaten mitgeteilten Änderungen, Art. 79 Abs. 2 S. 2, Abs. 3. Darüber hinaus hat sie gemäß Art. 79 Abs. 4 für eine geeignete Publikation zur Information der Öffentlichkeit, insbesondere über das Europäische Justizielle Netz für Zivil- und Handelssachen (s. unter https://e-justice.europa.eu/content_successions-166-de.do?clang=de), zu sorgen.

4 **Zeitlich** gilt die Vorschrift des Art. 79 gemäß Art. 84 UAbs. 2 bereits seit dem 5.7.2012. In Art. 79 ist aber nur die Pflicht der Mitgliedstaaten zur Mitteilung von Änderungen enthalten. Dagegen gilt die Pflicht zu erstmaligen Übermittlung der Informationsliste nach Art. 3 UAbs. 2 mangels abweichender Regelung in Art. 84 UAbs. 2 erst ab dem 17.8.2015. Sieht man darüber hinweg und setzt das frühere Datum an, da eine Pflicht zur Mitteilung von Änderungen auch die erstmalige Übermittlung der Information voraussetzt, bleibt eine weitere Unklarheit (sehr kritisch MüKoBGB/*Dutta* EuErbVO Art. 79 Rn. 3, der die gesetzgeberische Leistung in diesem Punkt als „geradezu schlampig" bezeichnet): Für die Übermittlungs- und Publikationspflichten sind keine konkreten Daten genannt, sodass sich ähnlich wie in Art. 77 die Frage stellt, ob eine Übermittlung ausreichend ist, die der Kommission eine Publikation rechtzeitig zum Beginn der Geltung der wesentlichen inhaltlichen Regelungen am 17. August 2015 ermöglicht (vgl. Art. 84 UAbs. 2, → EuErbVO Art. 84 Rn. 1), wie es in Erwägungsgrund 75 S. 2 anklingt (→ EuErbVO Art. 77 Rn. 5).

Artikel 80 Erstellung und spätere Änderung der Bescheinigungen und der Formblätter nach den Artikeln 46, 59, 60, 61, 65 und 67

[1] **Die Kommission erlässt Durchführungsrechtsakte zur Erstellung und späteren Änderung der Bescheinigungen und der Formblätter nach den Artikeln 46, 59, 60, 61, 65 und 67.** [2] **Diese Durchführungsrechtsakte werden nach dem in Artikel 81 Absatz 2 genannten Beratungsverfahren angenommen.**

1 Die Verordnung sieht in den Art. 46 Abs. 3 lit. b, 59 Abs. 1 UAbs. 2, 60 Abs. 2, 61 Abs. 2, 65 Abs. 2 und 67 Abs. 1 die **Erstellung von Bescheinigungen und Formblättern** vor. Dabei handelt es sich im Einzelnen um die Bescheinigung der Vollstreckbarkeit des Titels im Exequaturverfahren für Entscheidungen, öffentliche Urkunden und Prozessvergleiche (Art. 46 Abs. 3 lit. b, 60 Abs. 2, 61 Abs. 2), um das Formblatt zur Beschreibung der formellen Beweiskraft einer öffentlichen Urkunde (Art. 59 Abs. 1 UAbs. 1) sowie die Formblätter für den Antrag auf Ausstellung eines Europäischen Nachlasszeugnisses und die Ausstellung des Nachlasszeugnisses selbst (Art. 65 Abs. 2, 67 Abs. 1).

2 Dabei enthält die Verordnung die entsprechenden Formulare nicht selbst in einem Anhang. Stattdessen wird die **Kommission** durch Art. 80 verpflichtet und **ermächtigt,** die entsprechenden Formulare in Durchführungsrechtsakten zu erlassen, in denen die Bescheinigungen und Formblätter erstellt oder geändert werden. Art. 80 gilt dabei seit dem 5. Juli 2012, Art. 84 UAbs. 2. Für die Durchführungsrechtsakte ist das Ausschussverfahren bzw. Beratungsverfahren (ErwG 79) nach Art. 81 (→ EuErbVO Art. 81 Rn. 2) vorgesehen. Die Kommission hat mit der **Durchführungsverordnung (EU) Nr. 1329/2014 vom 9. Dezember** 2014 (ABl. 2014 L 359, 30) von der Ermächtigung Gebrauch gemacht.

3 **Zeitlich** gilt Art. 80 seit dem 5. Juli 2012, Art. 84 UAbs. 2.

Artikel 81 Ausschussverfahren

(1) [1]**Die Kommission wird von einem Ausschuss unterstützt.** [2]**Dieser Ausschuss ist ein Ausschuss im Sinne der Verordnung (EU) Nr. 182/2011.**

(2) **Wird auf diesen Absatz Bezug genommen, so gilt Artikel 4 der Verordnung (EU) Nr. 182/2011.**

Die Vorschrift **ergänzt die Ermächtigung der Kommission nach Art. 80** (→ EuErbVO Art. 80 Rn. 2). Sie schreibt für den Erlass der Durchführungsrechtsakte durch die Kommission das Beratungsverfahren vor, das in der Verordnung (EU) Nr. 182/2011 (ABl. 2011 L 55, 13) des Europäischen Parlaments und des Rates vom 16.2.2011 näher geregelt ist. Die genannte Verordnung enthält allgemein die Regeln und Grundsätze, nach denen die Mitgliedstaaten die Durchführungsbefugnisse, die sie an die Kommission delegiert haben, kontrollieren. 1

Gemäß Art. 81 Abs. 1 S. 1 wird die Kommission bei den Durchführungsrechtsakten von einem Ausschuss unterstützt. Nach S. 2 handelt es sich bei dem Ausschuss um einen Ausschuss im Sinne der VO (EU) Nr. 182/2011. Alle Vorschriften, die die Erstellung einer Bescheinigung oder eines Formblatts vorsehen (Art. 46 Abs. 3 lit. b, 59 Abs. 1 UAbs. 2, 60 Abs. 2, 61 Abs. 2, 65 Abs. 2 und 67 Abs. 1) verweisen dabei auf Art. 81 Abs. 2, der damit das sog. **Beratungsverfahren** vorschreibt, das in Art. 4 der VO (EU) Nr. 182/2011 näher geregelt ist. Die Kontrollbefugnisse der Mitgliedstaaten sind dabei beschränkt. Der Ausschuss, der mit Vertretern der Mitgliedstaaten besetzt ist, gibt eine Stellungnahme ab, die – sofern nicht Einstimmigkeit besteht – von der einfachen Mehrheit der Mitglieder getragen sein muss, Art. 4 Abs. 1 VO (EU) 182/2011. Diese Stellungnahme ist von der Kommission beim Erlass des Durchführungsrechtsakts so weit wie möglich zu berücksichtigen, Art. 4 Abs. 2 VO (EU) Nr. 182/2011. Der Ausschuss hat damit im Wesentlichen beratende Funktion (Bonomi/Wautelet/*Bonomi* Art. 77 à 82 Rn. 6). 2

Wie Art. 80 **gilt** Art. 81 **in zeitlicher Hinsicht** seit dem 5. Juli 2012, Art. 84 UAbs. 2. 3

Artikel 82 Überprüfung

[1]**Die Kommission legt dem Europäischen Parlament, dem Rat und dem Europäischen Wirtschafts- und Sozialausschuss bis 18. August 2025 einen Bericht über die Anwendung dieser Verordnung vor, der auch eine Evaluierung der etwaigen praktischen Probleme enthält, die in Bezug auf die parallele außergerichtliche Beilegung von Erbstreitigkeiten in verschiedenen Mitgliedstaaten oder eine außergerichtliche Beilegung in einem Mitgliedstaat parallel zu einem gerichtlichen Vergleich in einem anderen Mitgliedstaat aufgetreten sind.** [2]**Dem Bericht werden gegebenenfalls Änderungsvorschläge beigefügt.**

Wie in den kollisionsrechtlichen Verordnungen und Verordnungen über die internationale Zuständigkeit, Anerkennung und Vollstreckung üblich (vgl. Art. 65 Brüssel IIa-VO oder Art. 27 Abs. 1 Rom I-VO), sieht die EuErbVO vor, dass nach einem Zeitraum von 10 Jahren Anwendung der Verordnung in der Praxis eine Art Zwischenbilanz zu ziehen ist. Die **Kommission soll die aufgetretenen praktischen Probleme evaluieren und gegebenenfalls Änderungsvorschläge unterbreiten,** die aufgetretenen Probleme abzustellen. Zu richten ist der Bericht an das Europäische Parlament, den Rat und den Europäischen Wirtschafts- und Sozialausschuss. 1

Sachlich soll der Bericht die praktische Anwendung der EuErbVO überprüfen. Zudem werden gesondert Regelungsbereiche einbezogen, die noch nicht näher in der EuErbVO geregelt sind: Weder die parallele außergerichtliche Beilegung von Erbstreitigkeiten in verschiedenen Mitgliedstaaten, noch die parallel zu einem gerichtlichen Vergleich in einem anderen Mitgliedstaat ablaufende außergerichtliche Erbstreitbeilegung sind bisher von der EuErbVO gelöst: Erwägungsgrund 36 weist lediglich darauf hin, dass sich die Parteien untereinander über das weitere Vorgehen einigen sollten und bei einem Scheitern der Einigung das nach Art. 4 ff. zuständige Gericht über die Auflösung der konkurrierenden Streitbeilegungsmechanismen befinden solle. Auf eine Regelung ähnlich Art. 17 f., wonach das zuerst anhängige Verfahren vorrangig ist, konnte man sich nicht einigen (→ EuErbVO Art. 17, 18; BeckOGK/*J. Schmidt* EuErbVO Art. 17 Rn. 6, 28 f. und Art. 18 Rn. 6, 30). Hier hat die Kommission zu evaluieren, ob künftig eine Aufnahme einer Regelung zu dieser Thematik in die EuErbVO sinnvoll ist. 2

Artikel 83 Übergangsbestimmungen

(1) **Diese Verordnung findet auf die Rechtsnachfolge von Personen Anwendung, die am 17. August 2015 oder danach verstorben sind.**

(2) **Hatte der Erblasser das auf seine Rechtsnachfolge von Todes wegen anzuwendende Recht vor dem 17. August 2015 gewählt, so ist diese Rechtswahl wirksam, wenn sie die**

Voraussetzungen des Kapitels III erfüllt oder wenn sie nach den zum Zeitpunkt der Rechtswahl geltenden Vorschriften des Internationalen Privatrechts in dem Staat, in dem der Erblasser seinen gewöhnlichen Aufenthalt hatte, oder in einem Staat, dessen Staatsangehörigkeit er besaß, wirksam ist.

(3) **Eine vor dem 17. August 2015 errichtete Verfügung von Todes wegen ist zulässig sowie materiell und formell wirksam, wenn sie die Voraussetzungen des Kapitels III erfüllt oder wenn sie nach den zum Zeitpunkt der Errichtung der Verfügung geltenden Vorschriften des Internationalen Privatrechts in dem Staat, in dem der Erblasser seinen gewöhnlichen Aufenthalt hatte, oder in einem Staat, dessen Staatsangehörigkeit er besaß, oder in dem Mitgliedstaat, dessen Behörde mit der Erbsache befasst ist, zulässig sowie materiell und formell wirksam ist.**

(4) **Wurde eine Verfügung von Todes wegen vor dem 17. August 2015 nach dem Recht errichtet, welches der Erblasser gemäß dieser Verordnung hätte wählen können, so gilt dieses Recht als das auf die Rechtsfolge von Todes wegen anzuwendende gewählte Recht.**

Literatur: *Amann,* Fiktion des früheren Erbstatuts unter der Herrschaft der EuErbVO, DNotZ 2019, 326; *Fetsch,* Die Rechtswahlfiktion in Art. 83 Abs. 4 EuErbVO: „Alte Testamente" und „neues Recht" bei Erbscheinsanträgen und Ausschlagungserklärungen, RNotZ 2015, 626; *Heinig,* Rechtswahlen im Erbrecht nach nationalem Kollisionsrecht – Der Countdown läuft!, RNotZ 2014, 281; *Schoppe,* Die Übergangsbestimmungen zur Rechtswahl im internationalen Erbrechts: Anwendungsprobleme und Gestaltungspotential, IPRax 2014, 27.

Übersicht

I. Allgemeines

1 Für die Vorschriften der EuErbVO, die als solche nach Art. 84 anzuwenden sind (→ EuErbVO Art. 84 Rn. 1 f.), enthält Art. 83 die **Regelung der intertemporalen Anwendbarkeit,** also der Frage, welche Todesfälle in zeitlicher Hinsicht nach den Regelungen der EuErbVO zu behandeln sind.

2 Art. 83 stellt als Grundsatzregel eine **Stichtagsregelung** auf: Todesfälle bis zum Ablauf des 16.8.2015 sind als Altfälle nach dem bisherigen Recht, Todesfälle die am 17.8.2015 oder später eintreten, werden nach den Regelungen der EuErbVO behandelt.

3 Die Regelung des intertemporalen Anwendungsbereichs gilt dabei **für die gesamte EuErbVO.** Art. 83 differenziert nicht zwischen den einzelnen Kapiteln, sodass sowohl das kollisionsrechtliche Kapitel III als auch die verfahrensrechtlichen Teile über Zuständigkeit, Anerkennung und Vollstreckung sowie das Europäische Nachlasszeugnis der Kapitel II, IV, V und VI gleichermaßen betroffen sind (Erman/*Hohloch* EuErbVO Art. 83 Rn. 2; MüKoBGB/*Dutta* EuErbVO Art. 83 Rn. 3).

4 Da vor dem 17.8.2015 nicht absehbar ist, ob der Todesfall vor oder nach dem Stichtag eintreten wird, schweben diejenigen, die letztwillig verfügen oder eine Rechtswahl treffen, vor dem Problem, dass sie das später maßgebliche Recht nicht kennen. Hier ergänzen Art. 83 Abs. 2–4 die Stichtagsregelung um eine **Vertrauensschutzregelung** (→ Rn. 7 ff.; *Janzen* DNotZ 2012, 484 (485); Bonomi/Wautelet/*Bonomi* Introduction Rn. 33; Bonomi/Wautelet/*Wautelet* Art. 83 Rn. 8, 12, 22, 29; Dutta/Herrler/*Bonomi/Öztürk,* Die Europäische Erbrechtsverordnung, 47 Rn. 98; *Döbereiner* MittBayNot 2013, 437 (445 f.); *Nordmeier* GPR 2013, 148 (154); *Simon/Buschbaum* NJW 2012, 2393 (2398); Palandt/*Thorn* EuErbVO Art. 83 Rn. 1; MüKoBGB/*Dutta* EuErbVO Art. 83 Rn. 1; *Schoppe* IPRax 2014, 27 (28)). Geschützt wird danach das Vertrauen auf die Gültigkeit der vorgenommenen Rechtswahl oder Ver-

fügung von Todes wegen. Zum einen wird durch eine **Vorwirkung der Verordnung** bereits vor ihrer Geltung eine Errichtung einer Verfügung von Todes wegen nach den Vorschriften der EuErbVO ermöglicht. Zum anderen werden **nach bisherigem Kollisionsrecht** getroffene Verfügungen von Todes wegen auch unter der Geltung der EuErbVO aufrechterhalten. Die Regelung bietet aber **keine vollständige Geltungsgewährleistung** (→ Rn. 17; Erman/*Hohloch* EuErbVO Art. 83 Rn. 1). Auf Ebene des mitgliedstaatlichen Rechts könnte hier durch eine Vorverlegung der Anwendbarkeit der Regeln der EuErbVO insbesondere für Rechtswahlmöglichkeiten Abhilfe geschaffen werden (Bonomi/Wautelet/*Wautelet* Art. 83 Rn. 5).

II. Grundsatzregel (Abs. 1)

Stichtag ist der 17.8.2015. Die Vorschriften der EuErbVO finden damit nur auf Todesfälle Anwendung, die am 17.8.2015 oder später eingetreten sind. Für die Berechnung der Fristen und Termine verweist Erwägungsgrund 77 auf die VO (EWG) Nr. 1182/71 des Rates vom 3. Juni 1971 zur Festlegung der Regeln für die Fristen, Daten und Termine (ABl. 1971 L 124, 1). Gemäß deren Art. 4 Abs. 1, Art. 3 Abs. 2 lit. b ist beginnt der 17.8.2015 um eine Sekunde nach Mitternacht, als um 0 Uhr 0 Minuten 1 Sekunde (BeckOGK/*J. Schmidt* EuErbVO Art. 83 Rn. 5). Todesfälle die davor, also bis zum Ablauf des 16.8.2015 um Mitternacht eingetreten sind, unterliegen als Altfälle weiterhin dem bisherigen Recht, das sich nach dem nach dem Kollisionsrecht der lex fori der befassten Stelle anwendbaren Recht bestimmt. 5

Die EuErbVO enthält selbst keine **Bestimmung des Todeszeitpunkts:** Meist wird das unproblematisch sein, doch ist die Bestimmung des Todeszeitpunkts rechtlich geprägt. So können sich je nach anwendbarem Recht unterschiedliche Zeitpunkte ergeben, wenn für den Todeszeitpunkt unterschiedliche Phasen des Sterbeprozesses wie die Einstellung der Hirn- oder Herzfunktion herangezogen werden. Überlässt man die Bestimmung des Todeszeitpunkts schlicht der lex fori (so Bonomi/Wautelet/*Wautelet* Art. 83 Rn. 3; BeckOGK/*J. Schmidt* EuErbVO Art. 83 Rn. 7), drohen uneinheitliche Entscheidungen je nachdem, in welchem Mitgliedstaat über die Frage entschieden wird. Daher ist eine einheitliche Bestimmung des Todeszeitpunkts in allen Mitgliedstaaten vorzuziehen. Bezüglich der Bestimmung der **maßgeblichen Zeitzone** lässt sich mit der Maßgeblichkeit der Zeit des Todesorts eine autonome Festlegung treffen (so im Ergebnis BeckOGK/*J. Schmidt* EuErbVO Art. 83 Rn. 6). Soweit die Rechtsprechung des EuGH darüber hinaus für die **Methode der Todeseintrittsfeststellung** keine autonome Bestimmung etabliert, ist zumindest die Rechtsordnung, die über den Todeszeitunkt entscheidet, einheitlich festzulegen. Hier bietet sich ein Rückgriff auf die zu Art. 5 EuGVÜ entwickelte Rechtsprechung zum Erfüllungsort (EuGH 6.10.1976 – Rs. 12/76, Slg. 1976, 1473 Tz. 13 ff. = NJW 1977, 491 – Tessili) an, wonach sinngemäß das hypothetisch nach der EuErbVO zu bestimmende Erbstatut auch den Todeszeitpunkt bestimmt (Überzeugend der Vorschlag von MüKoBGB/*Dutta* EuErbVO Art. 4 Rn. 8). 6

III. Vorwirkung und Vertrauensschutz (Abs. 2–4)

1. Wirksamkeit einer vor dem Stichtag vorgenommenen Rechtswahl (Abs. 2)

a) Anwendungsbereich. Art. 83 Abs. 2 erfasst die Konstellation einer **Rechtswahl vor dem Stichtag** und dem **Todesfall am oder nach dem Stichtag.** Verstirbt der Erblasser vor dem Stichtag bleibt das bisher geltende Kollisionsrecht für die Beurteilung der Rechtswahl maßgeblich, bei deutschem Recht also Art. 25 Abs. 2 EGBGB (Erman/*Hohloch* EuErbVO Art. 83 Rn. 3). Erfasst ist dabei jede Art der Rechtswahl, also nicht nur die Wahl des Erbstatuts als solchem, sondern auch eine Teilrechtswahl für bestimmte Nachlassgegenstände oder für bestimmte inhaltliche Fragen des Erbstatuts (depeçage). Nicht erfasst vom Wortlaut ist eine Wahl des Gerichtsstands (→ EuErbVO Art. 5 Rn. 29 ff.; für eine analoge Anwendung MüKoBGB/*Dutta* EuErbVO Art. 5 Rn. 19). 7

Nicht entscheidend ist, ob die Rechtswahl vor Inkrafttreten der Verordnung oder Geltung des Art. 84 stattfand (*Nordmeier* GPR 2013, 148 (154); MüKoBGB/*Dutta* EuErbVO Art. 83 Rn. 7; zweifelnd *Leitzen* ZEV 2013, 128 (130 f.)). 8

b) Alternative Wirksamkeit der Rechtswahl. Die Rechtswahl ist am oder nach dem Stichtag des 17.8.2015 wirksam, wenn sie nach einer der folgenden Alternativen wirksam ist. 9

aa) Alternative 1: Wirksamkeit der Rechtswahl nach den Voraussetzungen des Kapitel III. Die Rechtswahl ist nach Art. 83 Abs. 2 Alt. 1 wirksam, wenn sie die Voraussetzungen des Kapitels III der Verordnung erfüllt. Das ist der Fall, wenn eine **wirksame Rechtswahl nach Art. 22** vorliegt. Umstritten ist, ob auch eine **wirksame Teilrechtswahl des Errichtungsstatuts** bzw. hypothetischen Erbstatuts unter Art. 83 Abs. 2 Alt. 1 fällt. Der Wortlaut der Vorschrift verweist pauschal auf das Kapitel III und damit alle Arten der Rechtswahl einschließlich der Teilrechtswahl nach Art. 24 Abs. 2 und 10

Art. 25 Abs. 3. Das lässt die hM genügen, um auch diese Fälle einzubeziehen, da keine teleologischen Gründe gegen eine einschränkende Auslegung ersichtlich sind (BGH ZEV 2019, 538 Rn. 12; OLG München BeckRS 2020, 21551 Rn. 22; OLG München BeckRS 2020, 21529 Rn. 33; *Schoppe* IPRax 2014, 27 (29); Palandt/*Thorn* EuErbVO Art. 83 Rn. 4; BeckOGK/*J.Schmidt* EuErbVO Art. 83 Rn. 10; *Leitzen* ZEV 2013, 128 (131); Erman/*Hohloch* EuErbVO Art. 83 Rn. 4). Mit einer Teilrechtswahl nach Art. 24 Abs. 2 oder Art. 25 Abs. 3 werden nur die Fragen der Zulässigkeit, der formellen und materiellen Wirksamkeit und im Falle des Art. 25 Abs. 3 die Bindungswirkung dem Errichtungsstatut unterstellt, während im Übrigen das Erbstatut nach Art. 21 f. zur Anwendung kommt. Die Gegenauffassung (MüKoBGB/*Dutta* EuErbVO Art. 83 Rn. 7; NK-BGB/*Magnus* EuErbVO Art. 83 Rn. 14; *von Bary* FamRZ 2019, 1565) weist darauf hin, dass die Problematik der Zulässigkeit und Wirksamkeit von der Regelung des Art. 83 Abs. 3 gesondert erfasst wird, die in ihrem Anwendungsbereich lex specialis ist: Raum bliebe daher allenfalls für die Unterstellung der Bindungswirkung (MüKoBGB/*Dutta* EuErbVO Art. 83 Rn. 7). Die Streitfrage sollte dem EuGH zur Klärung vorgelegt werden (Fornasier FamRZ 2020, 1956).

11 Die Vorschrift sorgt für eine **Vorwirkung der Verordnung** und ermöglicht bereits eine Verfügung von Todes wegen vor der zeitlichen Geltung der inhaltlichen Vorschriften der Verordnung, als ob die Verordnung bereits zur Zeit der Rechtswahl gelten würde. Zu den daraus resultierenden Folgen für die Bindungswirkung eines Erbvertrags im Fall der Wahl des Errichtungsstatuts nach Art. 25 Abs. 3 näher → Rn. 20a.

12 **bb) Alternative 2 und 3: Wirksamkeit der Rechtswahl nach dem Kollisionsrecht zum Zeitpunkt der Errichtung der Verfügung.** Die Rechtswahl ist ebenso wirksam, wenn sie nach den **zum Zeitpunkt der Rechtswahl geltenden Vorschriften des IPR des Staates,** in dem der **Erblasser** seinen **gewöhnlichen Aufenthalt** hatte, wirksam ist. Der Begriff des gewöhnlichen Aufenthalts ist wie in Art. 4 auszulegen (→ EuErbVO Art. 4 Rn. 8 ff.). Zudem ist die Rechtswahl wirksam, wenn sie nach dem zum Zeitpunkt der Rechtswahl geltenden Vorschriften des IPR in einem Staat, dessen **Staatsangehörigkeit** der Erblasser besaß, wirksam ist. Ausreichend ist dabei bei Mehrstaatern eine Staatsangehörigkeit. Zur Bestimmung der Staatsangehörigkeit und zur Behandlung von Staatenlosen usw. → EuErbVO Art. 22 Rn. 7, 8 f. Das maßgebliche Staatsangehörigkeitsstatut entscheidet auch intertemporal über die Frage, ob der Erblasser die Staatsangehörigkeit zum Errichtungszeitpunkt besaß.

13 In zeitlicher Hinsicht ist das **zum Errichtungszeitpunkt geltende Kollisionsrecht** heranzuziehen. Die Verordnung regelt dabei nicht ausdrücklich, ob das zum Errichtungszeitpunkt geltende Kollisionsrecht ohne Berücksichtigung einer späteren rückwirkenden Änderung herangezogen werden soll (sog. Versteinerung) oder ob auf das intertemporale Kollisionsrecht des betreffenden Staates abzustellen ist und somit spätere rückwirkende Änderungen zu berücksichtigen sind. Da das Abstellen auf das bisher geltende Kollisionsrecht dem Vertrauensschutz des Erblassers dient (→ Rn. 4), ist auf das intertemporale Kollisionsrecht der betreffenden Rechtsordnung abzustellen, da der Erblasser so zu stellen ist, als ob das bisherige Kollisionsrecht weiter gelten würde. Nicht geschützt wird das Vertrauen auf das Bestehen des Umfangs der bestehenden Rechtswahlfreiheit nach dem bezeichneten Kollisionsrecht. Für die Vorwirkung der Gestaltungsmöglichkeiten dient Alternative 1.

14 Ebenso wenig ist die **Bestimmung des Errichtungszeitpunkts** geregelt. Dabei handelt es sich – wie beim Todeszeitpunkt (→ Rn. 6) – um ein rechtlich geprägtes Faktum, das grundsätzlich autonom auszulegen ist. Soweit eine autonome Errichtungszeitbestimmung nicht etabliert wird, sollte im Interesse der einheitlichen Auslegung der Verordnung die Rechtsordnung, die über den Errichtungszeitpunkt entscheidet, einheitlich festgelegt werden. Hier bietet sich ein Rückgriff auf die zu Art. 5 EuGVÜ entwickelte Rechtsprechung zum Erfüllungsort (EuGH 6.10.1976 – Rs. 12/76, Slg. 1976, 1473 Tz. 13 ff. = NJW 1977, 491 – Tessili) an, wonach sinngemäß das hypothetisch nach der EuErbVO zu bestimmende Erbstatut auch den Errichtungszeitpunkt bestimmt (Überzeugend der Vorschlag von MüKoBGB/*Dutta* EuErbVO Art. 24 Rn. 10).

15 Nicht entscheidend ist, ob es sich bei dem berufenen **Kollisionsrecht** um das **eines Mitgliedstaates** (→ Einleitung Rn. 29) oder eines **Drittstaates** handelt (anders Bonomi/Wautelet/*Wautelet* Art. 83 Rn. 18). Die Unterscheidung ist im Wortlaut nicht angelegt und widerspräche der grundsätzlichen Wertung des Art. 20, wonach die Kollisionsnormen der Verordnung universell anzuwenden sind (MüKoBGB/*Dutta* EuErbVO Art. 83 Rn. 7; *Heinig* RNotZ 2014, 197 (214)). Eine ausdrückliche Beschränkung auf Mitgliedstaaten findet sich nur Art. 83 Abs. 3 Alt. 4.

16 **Die Wirksamkeit der Rechtswahl** ist gegeben, wenn sie nach dem bezeichneten bisherigen Kollisionsrecht wirksam vorgenommen ist. Das umfasst auch den Fall, dass dieses Kollisionsrecht selbst die Rechtswahl nicht akzeptiert, aber im Rahmen eines Renvoi auf der Ebene des verwiesenen Kollisionsrechts annimmt und so die Rechtswahl im Ergebnis beachtet (*Heinig,* Rechtswahlen in Verfügungen von Todes wegen nach der EU-Erbrechts-Verordnung, RNotZ 2014, 197 (2014); *Döbereiner* MittBayNot 2013, 437 (445); MüKoBGB/*Dutta* EuErbVO Art. 83 Rn. 7). Nicht ausreichend ist, dass das Kollisionsrecht ohne Berücksichtigung der Rechtswahl – auch nicht aufgrund Renvois – zum zufällig gleichen Ergebnis kommt.

Der **Schutz** durch Art. 83 Abs. 2 ist damit **lückenhaft:** Insbesondere nicht erfasst ist der Fall eines Ausländers ohne gewöhnlichen Aufenthalt zum Zeitpunkt der Errichtung der Verfügung von Todes wegen in Deutschland, der eine Rechtswahl nach Art. 25 Abs. 2 EGBGB für in Deutschland belegene Immobilien vorgenommen hat. Sieht das Kollisionsrecht des Staates, dem er angehörte oder in dem er seinen gewöhnlichen Aufenthalt hatte, die Rechtswahlmöglichkeit nicht vor, liegt keine wirksame Rechtswahl vor (Erman/*Hohloch* EuErbVO Art. 26, Art. 83 Rn. 5). 17

c) Folge. Soweit die **Rechtswahl** nach einer der drei Alternativen des Art. 83 Abs. 2 wirksam ist, **bestimmt** sie **das Erbstatut am oder nach dem Stichtag des 17.8.2015.** Die Folgen der wirksamen Bestimmung des Erbstatuts dagegen entsprechen für die erste Alternative denen einer Rechtswahl nach Art. 22 bzw. Art. 24 Abs. 2, 25 Abs. 3 (→ Rn. 10). Für die Alternativen 2 und 3 ist zunächst von den Folgen des verwiesenen Kollisionsrechts auszugehen. Allerdings gilt zu beachten, dass der Nachlass nach den Regeln der EuErbVO zu behandeln ist und daher die Folgen mit der Systematik der Verordnung vereinbar sein müssen. Sie sind daher an die Systematik der EuErbVO anzupassen und im Konfliktfall in diese zu überführen. Ist die Rechtswahl nach mehreren alternativ berufenen Kollisionsrechten mit jeweils unterschiedlichen Folgen wirksam, ist letztlich auf Art. 22 zurückzugreifen (MüKoBGB/*Dutta* EuErbVO Art. 83. Rn. 7). 18

Damit entstehen Probleme, wie eine **abweichende Folgenbestimmung von verwiesenem Kollisionsrecht und EuErbVO** zu lösen sind: Zum einen ist denkbar, dass die nach dem nationalen Kollisionsrecht wirksame Rechtswahl weitergehende Folgen zeitigt, als die Rechtswahl nach der EuErbVO. Zum anderen können diese Folgen ein geringeres Ausmaß als nach der EuErbVO haben. Der erste Fall ist praktisch selten. Da die EuErbVO vom Grundsatz der Nachlasseinheit ausgeht (→ Einl. Rn. 38 f.), ist eine weitere Wirkung insoweit nicht denkbar. Allenfalls könnte das Erbstatut inhaltlich nach dem nationalen Kollisionsrecht weiterreichen als nach der EuErbVO. In diesem Fall bestimmt sich der Umfang nach der EuErbVO (MüKoBGB/*Dutta* EuErbVO Art. 83 Rn. 7). 19

Für den zweiten Fall ist zu unterscheiden zwischen einer **inhaltlichen Beschränkung der Rechtswahlfolgen auf bestimmte erbrechtliche Fragestellungen** und einer **Beschränkung auf einen Nachlassteil.** Beispiel für den ersten Fall ist eine Rechtswahl eines französischen Staatsangehörigen mit gewöhnlichem Aufenthalt in Belgien vor dem Stichtag zugunsten des belgischen Aufenthaltsrechts. Diese Wahl ist nach dem belgischen Kollisionsrecht als Kollisionsrecht am gewöhnlichen Aufenthalt zur Zeit der Rechtswahl (Alternative 2) wirksam. Allerdings enthält § 87 belg. IPRG die Einschränkung, dass diese Rechtswahl die Rechte von Noterben bzw. Pflichtteilsberechtigten nicht beeinträchtigen dürfe. Damit bliebe nach dem belgischen IPR insoweit französisches Recht maßgeblich. Diese Art der inhaltlichen Beschränkung ist der EuErbVO fremd, so dass eine Transposition stattfindet und sich der Umfang der EuErbVO bestimmt: Nach dem Stichtag kommt der Rechtswahl damit gemäß Art. 22 eine stärkere Wirkung als zuvor zu (Beispiel und Lösung nach Bonomi/Wautelet/*Wautelet* Art. 83 Rn. 20). Beispiel für den zweiten Fall ist die **Teilrechtswahl** nach Art. 25 Abs. 2 EGBGB. Folgte man dem Grundsatz, dass die Folgen der Bestimmung des deutschen Rechts als Erbstatut Art. 22 zu entnehmen seien, wäre aus der Teilrechtswahl eine Wahl deutschen Rechts für den gesamten Nachlass geworden. Dies wird allgemein nicht geteilt (s. nur Hager/*Buschbaum,* Die neue europäische Erbrechtsverordnung, 39 (45) mit Fn. 17; *Dutta* FamRZ 2013, 4 (15)). Die Wahl deutschen Rechts bleibt auf den Nachlassteil beschränkt. Der Unterschied zum Fall der inhaltlichen Beschränkung auf bestimmte erbrechtliche Fragestellungen erklärt sich daraus, dass die Nachlassspaltung von der EuErbVO in einigen Fällen hingenommen wird (→ Einl. Rn. 39), eine depeçage hingegen nur in der Konstellation, dass Zulässigkeit, materielle und formelle Wirksamkeit und Bindungswirkung einer Verfügung von Todes wegen abgespalten werden (Art. 24 Abs. 2, Art. 25 Abs. 3; vgl. nur MüKoBGB/*Dutta* EuErbVO Art. 22 Rn. 8). 20

Bezieht man Art. 83 Abs. 2 Alt. 1 mit der hM auch auf die Rechtswahl des Errichtungsstatuts nach Art. 25 Abs. 3 (→ Rn. 10), kann sich daraus eine auf den Zeitraum vor dem 17.8.2015 **rückwirkende Erweiterung oder Beschränkung der Bindungswirkung erbvertraglicher Verfügungen** ergeben. Über einen solchen Sachverhalt hatte der BGH zu entscheiden. Der Erbfall war nach dem 17.8.2015 eingetreten, so dass er in den zeitlichen Anwendungsbereich der Verordnung fiel. Die Erblasserin hatte vor dem 17.8.2015 einen Erbvertrag geschlossen, für den eine – nach dem damals geltenden Kollisionsrecht – unwirksame Wahl des Errichtungsstatuts getroffen worden war. Durch die von Art. 83 Abs. 2 Alt. 1 angeordnete Vorwirkung des Art. 25 Abs. 3 erlangte die Rechtswahl indessen ab dem Zeitpunkt der zeitlichen Anwendbarkeit (17.8.2015) der Verordnung Wirksamkeit. Das durch die Rechtswahl zur Anwendung berufene Errichtungsstatut führte zur (nachträglichen) Bindungswirkung des Erbvertrags, woraus sich die Unwirksamkeit einer späteren testamentarischen Verfügung der Erblasserin ergab, die vom Inhalt des Erbvertrags abwich. Nach Ansicht des BGH verstößt die damit verbundene rückwirkende Beschränkung der Testierfreiheit weder gegen das Rückwirkungsverbot noch gegen den Grundsatz der Rechtssicherheit im Unions- sowie im deutschen Verfassungsrecht (BGH ZEV 2019, 538 Rn. 19 ff.; allgemein zu den Folgen, die ein aus Art. 83 folgender Statutenwechsel für die Bindungswirkung einer letztwilligen Verfügung mit sich bringen kann, → Rn. 32). In dem vom BGH 20a entschiedenen Fall war das spätere, vom Erbvertrag abweichende Testament von der Erblasserin nach dem 17.8.2015 errichtet worden. Da die Wahl des Errichtungsstatuts allerdings auf den Zeitpunkt der Vornahme der Rechtswahl zurückwirkt (→ Rn. 20a), gelten die vom BGH aufgestellten Grundsätze auch in dem Fall, dass eine spätere vertragswidrige Verfügung vor dem Stichtag des 17.8.2015 getroffen wird (von dieser Annahme ohne weiteres ausgehend OLG München BeckRS 2020, 21529 Rn. 39, hierzu Fornasier FamRZ 2020, 1956; anders *von Bary* FamRZ 2019, 1565: Rückwirkung des Errichtungsstatuts nur ab dem Zeitpunkt der zeitlichen Anwendbarkeit der Verordnung; tendenziell auch *Schoppe* ErbR 2019, 637 (638)).

2. Zulässigkeit und Wirksamkeit einer vor dem Stichtag errichteten Verfügung von Todes wegen (Art. 83 Abs. 3)

21 Nach Art. 83 Abs. 3 bleiben Verfügungen von Todes wegen zulässig, sowie formell und materiell wirksam, soweit sie alternativ den Voraussetzungen des Kapitels III der Erbrechtsverordnung genügen oder zum Errichtungszeitpunkt nach dem IPR des Staates, dessen Staatangehöriger der Erblasser war, in dem er seinen Aufenthalt hatte oder dessen Behörde mit einer Erbsache befasst ist, zulässig sowie formell und materiell wirksam waren. Die Vorschrift **erhält** damit **nach bisherigem Recht zulässige und wirksame Verfügungen von Todes wegen aufrecht** und statuiert eine **Vorwirkung** der Anknüpfungsregeln **der Verordnung.**

22 **a) Anwendungsbereich.** Art. 83 Abs. 3 gilt für die Konstellation einer **vor dem Stichtag errichteten Verfügungen von Todes wegen,** wobei der **Todesfall am oder nach dem Stichtag** des 17.8.2015 eintritt. Tritt der Todesfall vor dem Stichtag ein, bleibt Art. 83 Abs. 1 einschlägig (→ Rn. 5; Erman/*Hohloch* EGBGB Anhang II zu Art. 26, Art. 83 Rn. 7).

23 Nicht entscheidend ist, ob die Verfügung vor Inkrafttreten der Verordnung oder Geltung des Art. 84 stattfand (→ Rn. 8; *Nordmeier* GPR 2013, 148 (154); MüKoBGB/*Dutta* EuErbVO Art. 83 Rn. 7; Zweifelnd *Leitzen* ZEV 2013, 128 (130 f.)).

24 **b) Alternative Zulässigkeit, formelle und materielle Wirksamkeit. aa) Alternative 1: Wirksamkeit nach den Voraussetzungen des Kapitel III.** Die **Verfügung von Todes wegen** ist nach Art. 83 Abs. 3 Alternative 1 **zulässig**, **formell** und **materiell wirksam** (→ EuErbVO Art. 24 Rn. 4, Art. 26 Rn. 2 ff.), wenn sie die Voraussetzungen des Kapitels III der Verordnung, also der Art. 24–27, erfüllt. Für Erbverträge (zum Begriff → EuErbVO Art. 25 Rn. 2 ff.) gilt Art. 25, für sonstige Verfügungen von Todes wegen Art. 24 (zum Begriff → EuErbVO Art. 24 Rn. 2, Art. 3 Rn. 5; Palandt/*Thorn* EuErbVO Art. 83 Rn. 6; BeckOGK/*J. Schmidt* EuErbVO Art. 83 Rn. 14).

25 Die Vorschrift sorgt für eine **Vorwirkung der Verordnung** und ermöglicht bereits eine Verfügung von Todes wegen vor der zeitlichen Geltung der inhaltlichen Vorschriften der Verordnung, als ob die Verordnung bereits gelten würde. Der Wortlaut stellt bei Alternative 1 anders als bei den Alternativen 2–4 nicht auf den Zeitpunkt der Errichtung ab: Damit stellt sich die Frage, ob für die Beurteilung der Alternative 1 davon auszugehen ist, dass die Verordnung bereits zum Zeitpunkt der Errichtung anzuwenden ist oder ob der Zeitpunkt der Errichtung auf den 17.8.2015 zu fingieren ist (für eine Fiktion des Errichtungszeitpunkts auf den 17.8.2015: Hager/*Geimer,* Die neue europäische Erbrechtsverordnung, 9 (16); MüKoBGB/*Dutta* EuErbVO Art. 83 Rn. 9). Eine Rolle spielt das, wenn sich zwischenzeitlich die entscheidenden Anknüpfungsmomente verändert haben, also etwa ein Wechsel des gewöhnlichen Aufenthalts stattgefunden hat. Für eine Fiktion des Errichtungszeitpunkts besteht hier kein Anlass. Die Vorwirkung soll die Geltung der Regelungen der Verordnung zeitlich vorverlagern, aber nicht inhaltlich erweitern. Was für eine wirksame Errichtung ab Geltung der Art. 24–27 nicht ausreicht, genügt auch für eine Errichtung zuvor für Art. 83 Abs. 3 Alt. 1 nicht. Entscheidend ist daher die Lage zur Zeit der tatsächlichen Errichtung, nicht bei einer fiktiven Errichtung am 17.8.2015. Soweit die für die Zulässigkeit und die Wirksamkeit der Verfügung geltenden Kollisionsnormen auf das **hypothetische Erbstatut zum Errichtungszeitpunkt** verweisen (Art. 24 Abs. 1, Art. 25 Abs. 1 und 2), ist dieses nach Maßgabe der Art. 21 f. zu bestimmen (OLG München BeckRS 2020, 21551 Rn. 39; OLG München BeckRS 2020, 21529 Rn. 16). Dies gilt ungeachtet der Tatsache, dass der Zeitpunkt der Errichtung der Verfügung im Geltungsbereich des Art. 83 Abs. 3 notwendig vor dem 17.8.2015 liegt und das Statut für die Nachfolge von Todes wegen einer vor diesem Stichtag verstorbenen Person nach Art. 83 Abs. 1 anhand des früheren autonomen Erbkollisionsrechts zu ermitteln ist. Für die Anwendung der Anknüpfungsregeln der EuErbVO auch in diesen Fällen spricht jedoch, dass Art. 83 Abs. 3 Alt. 1 die umfassende Vorwirkung des Kapitels III der Verordnung vorsieht.

26 **bb) Alternative 2, 3 und 4: Wirksamkeit nach dem zum Zeitpunkt der Errichtung der Verfügung geltenden Kollisionsrecht.** Eine **Verfügung von Todes wegen** ist **zulässig, formell** und **materiell wirksam** (→ EuErbVO Art. 24 Rn. 4, Art. 26 Rn. 2 ff.), wenn sie nach den zum Zeitpunkt der Errichtung geltenden kollisionsrechtlichen Vorschriften des Staates, in dem der Erblasser

seinen gewöhnlichen Aufenthalt hatte, dessen Staatsangehörigkeit er besaß oder dessen Behörde mit der Erbsache befasst ist, zulässig und wirksam ist.

Art. 83 Abs. 3 stellt damit auf das **Kollisionsrecht** dreier alternativ zu prüfender **Rechtsordnungen** ab. 27

Die Alternativen 2 und 3 finden ihre Entsprechung in Art. 83 Abs. 2, → Rn. 12. Angeknüpft wird an den gewöhnlichen Aufenthalt bzw. die Staatsangehörigkeit des Erblassers zur Zeit der Errichtung der letztwilligen Verfügung. Der gewöhnliche Aufenthalt ist wie in Art. 4 zu bestimmen, → Art. 4 Rn. 8 ff. Ausreichend ist dabei bei Mehrstaatern eine Staatsangehörigkeit. Zur Bestimmung der Staatsangehörigkeit und zur Behandlung von Staatenlosen usw. → Art. 22 Rn. 7, 8 f. Nicht entscheidend ist für Alternative 2 und 3, ob es sich bei dem verwiesenem Kollisionsrecht um das eines **Mitgliedstaates** (→ Einleitung Rn. 29) oder eines **Drittstaates** handelt (anders Bonomi/Wautelet/ *Wautelet* Art. 83 Rn. 18; → Rn. 15). 28

Im Vergleich zu Art. 83 Abs. 2 sieht Abs. 3 noch eine vierte Variante vor (Diese Variante war in der ursprünglichen deutschen Sprachfassung nicht enthalten und wurde durch eine Berichtigung auch in die deutsche Sprachfassung aufgenommen, ABl. 2014 L 41, 16). Die vor dem Stichtag errichtete Verfügung ist wirksam sowie formell und materiell zulässig, wenn sie nach dem zur Zeit der Errichtung geltenden **Kollisionsrecht des Mitgliedstaates** zulässig sowie formell und materiell wirksam war, **dessen Behörde mit der Erbsache befasst ist.** Nicht erforderlich ist, dass es sich dabei um ein Gerichtsverfahren handelt. Ausreichend ist auch ein Verfahren vor einem Notar oder einer anderen Stelle (Bonomi/Wautelet/*Wautelet* Art. 83 Rn. 26; BeckOGK/*J. Schmidt* EuErbVO Art. 83 Rn. 17.1). Darunter fällt etwa die Beurteilung einer Verfügung von Todes wegen in einem deutschen Erbscheinsverfahren. Ausreichend ist in diesem Fall, wenn die Verfügung von Todes wegen zum Errichtungszeitpunkt nach deutschem Kollisionsrecht wirksam und formell wie materiell wirksam war (Erman/*Hohloch* EuErbVO Art. 83 Rn. 8). 29

In zeitlicher Hinsicht ist das **zum Errichtungszeitpunkt geltende Kollisionsrecht** heranzuziehen. Dazu ist auf das intertemporale Kollisionsrecht der betreffenden Rechtsordnung abzustellen, da der Erblasser so zu stellen ist, als ob das bisherige Kollisionsrecht weiter gelten würde, → Rn. 13. Zur **Bestimmung des Errichtungszeitpunkts** → Rn. 14. 30

c) Problem der Bindungswirkung. Der **Wortlaut der Vorschrift erfasst** nur die Zulässigkeit und formelle wie materielle Wirksamkeit, **nicht** aber **die Bindungswirkung** einer Verfügung von Todes wegen. Zum Teil wird vorgeschlagen, Art. 83 Abs. 3 auf die Bindungswirkung analog anzuwenden, da die Vorschrift auf die Art. 24 f. zugeschnitten sei und Art. 25 auch die Bindungswirkung umfasse (BeckOGK/*J. Schmidt* EuErbVO Art. 83 Rn. 18; wohl auch Palandt/*Thorn* EuErbVO Art. 83 Rn. 6). Dagegen ist die Bindungswirkung mit Recht in Art. 83 Abs. 3 nicht erwähnt. Die Vorschrift dient dem Schutz der berechtigten Erwartung, dass die letztwillige Verfügung des Erblassers wirksam und zulässig ist. Dieser Vertrauensschutz dient dem Erblasser. Die Bindungswirkung wirkt bezogen auf die Verfügung von Todes wegen, an die der Erblasser gebunden ist, zugunsten eines Dritten. Insofern bedarf der Erblasser keines Vertrauensschutzes, dass er an seine Verfügung von Todes wegen gebunden ist. Dritte müssen also sicherstellen, dass vor dem Stichtag errichtete Verfügungen von Todes wegen, die den Erblasser zu ihren Gunsten binden, auch nach dem Stichtag unter dem neuen Recht noch Bindungswirkung haben. Soweit der Erblasser aber eine bestehende Bindungswirkung nach einer der Alternativen wirksam beseitigt, oder die Verfügung abändert, bleibt der Widerruf oder Änderung zulässig und wirksam, soweit sie nach einer der Alternativen zulässig und wirksam ist, da insoweit die ratio der Norm einschlägig ist (MüKoBGB/*Dutta* EuErbVO Art. 83 Rn. 10). Der Erblasser ist in seinem Vertrauen, Beschränkungen der Testierfreiheit beseitigt zu haben, zu schützen. 31

Die **Bindungswirkung** einer Verfügung von Todes wegen **unterliegt** damit **der Grundregel des Art. 83 Abs. 1** (OLG München BeckRS 2020, 21551 Rn. 45; MüKoBGB/*Dutta* EuErbVO Rn. 19; NK-BGB/*Magnus* EuErbVO Art. 83 Rn. 35; *Schoppe* ErbR 2019, 637 (638); zur intertemporalen Behandlung des Bindungswirkung im Fall der Wahl des Errichtungsstatuts gemäß Art. 25 Abs. 3 iVm Art. 83 Abs. 2 Alt. 1 → Rn. 20a). Tritt der Todesfall erst am oder nach dem Stichtag des 17.8.2015 ein, kann sich so durch den Übergang vom bisher geltenden Kollisionsrecht zu dem nach der EuErbVO ein **Statutenwechsel** ergeben (MüKoBGB/*Dutta* EuErbVO Art. 83 Rn. 19; NK-BGB/*Magnus* EuErbVO Art. 83 Rn. 35; OLG München BeckRS 2020, 21551 Rn. 46, hierzu Fornasier FamRZ 2020, 1956 (1957)). Das bedeutet, dass Verfügungen von Todes wegen, denen bis zum Ablauf des 16.8.2015 keine Bindungswirkung zukam, diese nach dem nach der EuErbVO anwendbaren Recht erhalten können. Misslich ist, dass damit ein Erblasser mit einer ungewollten Bindungswirkung konfrontiert sein kann, und so sein Vertrauen in seine fortbestehende Testierfreiheit nicht geschützt ist. Eine Korrektur durch teleologische Erweiterung scheidet aus, da der Erblasser mit dem Statutenwechsel ohnehin eine Einschränkung seiner vorher bestehenden Testierfreiheit hinnehmen muss. Umgekehrt kann eine nach bisher anwendbarem Recht bestehende Bindungswirkung untergehen. Dann steht es dem Erblasser unter dem neuen Recht offen, seine Verfügung abzuändern oder widerrufen. 32

33 **d) Problem der Auslegung.** Von Art. 83 Abs. 3 ebenfalls nicht erfasst wird die Auslegung von letztwilligen Verfügungen. Zwar wird die Auslegung einer Verfügung nach Art. 26 Abs. 1 lit. d als Frage der materiellen Wirksamkeit qualifiziert. Gleichwohl kann sie nicht unter das Merkmal der materiellen Wirksamkeit in Art. 83 Abs. 3 subsumiert werden, da sie einer alternativen Anknüpfung, wie sie diese Vorschrift vorsieht, nicht zugänglich ist (*Ludwig* FamRZ 2018, 1275 (1276)). Wurde eine Verfügung vor dem 17.8.2015 errichtet, ist aber der Erbfall nach diesem Stichtag eingetreten, greift – in Ermangelung spezieller intertemporaler Bestimmungen – die Grundregel des Art. 83 Abs. 1 ein: Das auf die Auslegung der Verfügung anzuwendende Recht bestimmt sich nach der EuErbVO, in concreto nach Art. 24, 45 iVm Art. 26 Abs. 1 lit. d. Damit kann nach dem Stichtag des 17.8.2015 eine andere Rechtsordnung für die Auslegung maßgebend sein als vor diesem Stichtag (*Ludwig* FamRZ 2018, 1275 (1276); MüKoBGB/*Dutta* EuErbVO Art. 83 Rn. 20; vgl. hierzu auch AG Hamburg-Wandsbeck FamRZ 2018, 1724).

33a **e) Folge.** Soweit die Verfügung von Todes wegen nach einer der bezeichneten Rechtsordnungen zulässig, formell und materiell wirksam ist, ist sie das auch unter der Geltung der EuErbVO.

3. Rechtswahlfiktion (Abs. 4)

34 Art. 83 Abs. 4 ist auf die zahlreichen **Fälle eines Wechsels der grundsätzlichen Anknüpfung des Erbstatuts von der Staatsangehörigkeit** im bisherigen Kollisionsrecht hin **zum gewöhnlichen Aufenthalt** nach Art. 21 zugeschnitten. Geschützt wird das Vertrauen des Erblassers einer bisher nach dem Heimatrecht gültigen Errichtung einer letztwilligen Verfügung (*Amann* DNotZ 2019, 326 (327); *Fetsch* RNotZ 2915, 626 (627); Erman/*Hohloch* EuErbVO Art. 83 Rn. 8; Dutta/Herrler/*Solomon,* Die Europäische Erbrechtsverordnung, 19 (44) Rn. 67).

35 **a) Anwendungsbereich.** Die Vorschrift setzt **zeitlich** voraus, dass der Erblasser eine Verfügung von Todes wegen vor dem Stichtag des 17.8.2015 errichtete und am oder nach dem Stichtag verstirbt. Dabei spielt keine Rolle, ob er auch vor Inkrafttreten oder Geltung der Verordnung verfügte (→ Rn. 8).

36 **b) Errichtung einer wirksamen Verfügung von Todes wegen nach einem nach der Verordnung wählbaren Recht.** Der Erblasser muss dabei die Verfügung von Todes nach dem Recht des Staates, das der Erblasser nach den Vorschriften des Kapitel III der Verordnung hätte wählen können, errichtet haben. Der Kreis der wählbaren Rechte ist damit von den Vorschriften der Art. 22, 24 Abs. 2 und 25 Abs. 3 auf das Recht der Staatsangehörigkeit eingegrenzt (Palandt/*Thorn* EuErbVO Art. 83 Rn. 7). Unklar ist, was mit der Formel **„nach dem Recht errichtet"** gemeint ist. Eine Rechtswahl, auch eine konkludente, fällt nicht unter Art. 83 Abs. 4, da insoweit bereits Art. 83 Abs. 2 einschlägig ist (EuGH 16.7.2020 – Rs. C-80/19, BeckRS 2020, 16032 Rn. 92 – EE; *Amann* DNotZ 2019, 326 (328 f.); *Nordmeier* GPR 2013, 148 (155); Palandt/*Thorn* EuErbVO Art. 83 Rn. 6; *Magnus* IPRax 2019, 8 (13); MüKoBGB/*Dutta* EuErbVO Art. 83 Rn. 8. Weitergehend Erman/*Hohloch* EuErbVO Art. 83 Rn. 8 wonach es der Rechtswahl nur nicht bedarf, Anzeichen einer Rechtswahl aber nicht schadeten). Eine **bloße Wirksamkeit der Verfügung** nach dem Staatsangehörigkeitsrecht, weil sie den Anforderungen des Staatsangehörigkeitsrechts genügt, ist unangemessen, wenn der Erblasser nach dem bisherigen Kollisionsrecht nicht mit der Geltung rechnen konnte. Zum Teil wird daher vertreten, dass der Erblasser ein **Rechtsanwendungsbewusstsein** für die betreffende Verfügung von Todes wegen haben musste, ihm also bewusst war, dass die Verfügung dem Staatsangehörigkeitsrecht unterlag (MüKoBGB/*Dutta* EuErbVO Art. 83 Rn. 8; *Fetsch* RNotZ 2015, 626 (627) mit Kriterien zur Ermittlung eines solchen Bewusstseins; *Magnus* IPRax 2019, 8 (13)). Dem Charakter einer Fiktion eher gerecht werdend und für die Praxis einfacher dürfte die teleologische Beschränkung der Vorschrift sein: Da sie dazu dient, den Übergang von der Staatsangehörigkeitsanknüpfung auf die Anknüpfung an den gewöhnlichen Aufenthalt abzufedern, bleibt die Regelung **auf die Fälle beschränkt, in denen das Heimatrecht des Erblassers auch die Anknüpfung des Erbstatuts an die Staatsangehörigkeit vorsah** (ebenso *Amann* DNotZ 2019, 326 (335 ff.). Nur in diesem Fall ist das Vertrauen schutzwürdig. Auf die subjektive Einstellung des Erblassers dazu kommt es nicht an. Der Vertrauensschutz ist insofern abstrakt ausgestaltet. Die wohl hM sieht dagegen keine Beschränkung der Vorschrift vor (*Döbereiner* MittBayNot 2013, 437 (446); *Nordmeier* GPR 2013, 148 (155); Palandt/*Thorn* EuErbVO Art. 83 Rn. 7).

37 Eine **Beschränkung auf mitgliedstaatliche Rechtsordnungen** ist wie bei Art. 83 Abs. 2 und 3 Alt. 1–3 **abzulehnen** (→ Rn. 15, 28).

38 Weiter Voraussetzung ist, dass die **Verfügung von Todes wegen nach dem fingiert gewählten Recht** jedenfalls zum Teil **wirksam** ist (Dutta/Herrler/*Solomon,* Die Europäische Erbrechtsverordnung, 19 (44) Rn. 67). Anderenfalls bedarf es des Vertrauensschutzes nicht.

39 **c) Folge.** Rechtsfolge der Vorschrift ist die **Fiktion einer Rechtswahl** (aA *Leitzen* ZEV 2013, 128 (132)) für die gesamte Rechtsnachfolge von Todes wegen (*Amann* DNotZ 2019, 326 (338)). Das gilt auch für die Fälle der auf das Errichtungsstatut beschränkten Rechtswahl der Art. 24 Abs. 2 und 25 Abs. 3. Wird die Verfügung von Todes wegen nach dem Stichtag wirksam geändert oder widerrufen,

fällt mit der Verfügung von Todes wegen auch die Fiktion der Rechtswahl weg, die auf der wirksamen Verfügung von Todes wegen nach dem Staatsangehörigkeitsrecht beruht (MüKoBGB/*Dutta* EuErbVO Art. 83 Rn. 8; ebenso *Amann* DNotZ 2019, 326 (342 ff.) bei vollständiger Aufhebung der Altverfügungen). Da Art. 83 Abs. 4 eine Rechtswahl fingiert, greift die Regelung des Art. 34 Abs. 2 ein, so dass ein **Renvoi unbeachtlich** ist (MüKoBGB/*Dutta* EuErbVO Art. 83 Rn. 16). Die Gleichstellung mit Art. 22 bewirkt außerdem auf der Ebene des **Zuständigkeitsrechts,** dass die Mechanismen zur Herstellung des Gleichlaufs zwischen forum und ius nach den Art. 5 bis 8 auch in den Fällen des Art. 83 Abs. 4 zur Verfügung stehen (EuGH 16.7.2020 – Rs. C-80/19, BeckRS 2020, 16032 Rn. 91 ff. – EE; *Amann* DNotZ 2019, 326 (339 ff.)).

Artikel 84 Inkrafttreten

Diese Verordnung tritt am zwanzigsten Tag nach ihrer Veröffentlichung im *Amtsblatt der Europäischen Union* in Kraft.

Sie gilt ab dem 17. August 2015, mit Ausnahme der Artikel 77 und 78, die ab dem 16. November 2014 gelten, und der Artikel 79, 80 und 81, die ab dem 5. Juli 2012 gelten.

Art. 84 unterscheidet zwischen dem **Inkrafttreten** und der **Geltung der Verordnung.** Das Inkrafttreten begründet die Bindung an die Verordnung. Es ist in Art. 84 UAbs. 1 geregelt. Danach tritt die Verordnung am zwanzigsten Tag nach ihrer Veröffentlichung im Amtsblatt der EU in Kraft. Inhaltlich gelten die in der Verordnung enthaltenen Vorschriften ab dem in Art. 84 UAbs. 2 genannten Daten. Darin wird zwischen der Geltung der wesentlichen inhaltlichen Zuständigkeits- und Kollisionsregeln und einigen technischen Schlussbestimmungen unterschieden. Erstere gelten nach der Grundsatzregel ab dem 17. August 2015. Für letztere ordnet Art. 84 UAbs. 2 speziell an, dass Art. 77 und 78 ab dem 14. November 2014 (Ursprünglich war der 16.1.2014 vorgesehen. Das wurde durch Berichtigung, ABl. 2012 L 344, 3 auf das jetzige Datum korrigiert) und die Art. 79, 80 und 81 ab dem 5. Juli 2012 gelten. Kurios daran ist, dass die Art. 79–81 bereits vor dem Inkrafttreten der Verordnung gelten sollen (MüKoBGB/*Dutta* EuErbVO Art. 84 Rn. 3 meint, dass die Vorschriften frühestens mit Inkrafttreten gelten könnten. Dagegen halten Bonomi/Wautelet/*Wautelet* Art. 84 Rn. 5 f. und BeckOGK/*J. Schmidt* EuErbVO Art. 84 Rn. 6 die Regelung für ungewöhnlich aber wirksam, da nur die Kommission und die Mitgliedstaaten betroffen sind. Praktisch ist die Frage nicht mehr von Interesse). 1

Die Geltung der wesentlichen inhaltlichen Vorschriften ab dem 17. August 2015 umfasst auch die in Art. 83 vorgesehene **intertemporale Anwendbarkeit** der Verordnung. Darin ist geregelt, welche Sachverhalte zeitlich von den ab dem 17. August 2015 geltenden Regelungen erfasst sind. 2

Internationales Erbrechtsverfahrensgesetz (IntErbRVG)

Vom 29. Juni 2015

(BGBl. I S. 1042)

Abschnitt 1. Anwendungsbereich

§ 1 Anwendungsbereich

(1) Dieses Gesetz regelt die Durchführung der Verordnung (EU) Nr. 650/2012 des Europäischen Parlaments und des Rates vom 4. Juli 2012 über die Zuständigkeit, das anzuwendende Recht, die Anerkennung und Vollstreckung von Entscheidungen und die Annahme und Vollstreckung öffentlicher Urkunden in Erbsachen sowie zur Einführung eines Europäischen Nachlasszeugnisses.

(2) Mitgliedstaaten im Sinne dieses Gesetzes sind die Mitgliedstaaten der Europäischen Union mit Ausnahme Dänemarks, Irlands und des Vereinigten Königreichs.

Abschnitt 2. Bürgerliche Streitigkeiten

§ 2 Örtliche Zuständigkeit

(1) Das Gericht, das die Verfahrensparteien in der Gerichtsstandsvereinbarung bezeichnet haben, ist örtlich ausschließlich zuständig, sofern sich die internationale Zuständigkeit der deutschen Gerichte aus den folgenden Vorschriften der Verordnung (EU) Nr. 650/2012 ergibt:

1. Artikel 7 Buchstabe a in Verbindung mit Artikel 6 Buchstabe b Alternative 1 und mit Artikel 5 Absatz 1 Alternative 1 der Verordnung (EU) Nr. 650/2012 oder
2. Artikel 7 Buchstabe b Alternative 1 in Verbindung mit Artikel 5 Absatz 1 Alternative 1 der Verordnung (EU) Nr. 650/2012.

(2) Ergibt sich die internationale Zuständigkeit der deutschen Gerichte aus Artikel 7 Buchstabe c der Verordnung (EU) Nr. 650/2012, ist das Gericht örtlich ausschließlich zuständig, dessen Zuständigkeit die Verfahrensparteien ausdrücklich anerkannt haben.

(3) Ergibt sich die internationale Zuständigkeit der deutschen Gerichte aus Artikel 9 Absatz 1 der Verordnung (EU) Nr. 650/2012 in Verbindung mit den in den vorstehenden Absätzen aufgeführten Vorschriften der Verordnung (EU) Nr. 650/2012, ist das Gericht, das seine Zuständigkeit nach den Absätzen 1 oder 2 ausübt, weiterhin örtlich ausschließlich zuständig.

(4) [1] Ergibt sich die internationale Zuständigkeit der deutschen Gerichte aus anderen Vorschriften des Kapitels II der Verordnung (EU) Nr. 650/2012, ist das Gericht örtlich zuständig, in dessen Bezirk der Erblasser im Zeitpunkt seines Todes seinen gewöhnlichen Aufenthalt hatte. Hatte der Erblasser im Zeitpunkt seines Todes seinen gewöhnlichen Aufenthalt nicht im Inland, ist das Gericht örtlich zuständig, in dessen Bezirk der Erblasser seinen letzten gewöhnlichen Aufenthalt im Inland hatte. [2] Hatte der Erblasser keinen gewöhnlichen Aufenthalt im Inland, ist das Amtsgericht Schöneberg in Berlin örtlich zuständig.

(5) Mit Ausnahme der §§ 27 und 28 der Zivilprozessordnung gelten neben Absatz 4 auch die Vorschriften in den Titeln 2 und 3 des Ersten Abschnitts des Ersten Buches der Zivilprozessordnung.

Abschnitt 3. Zulassung der Zwangsvollstreckung aus ausländischen Titeln; Anerkennungsfeststellung

Unterabschnitt 1. Vollstreckbarkeit ausländischer Titel

§ 3 Zuständigkeit

(1) Sachlich zuständig für die Vollstreckbarerklärung von Titeln aus einem anderen Mitgliedstaat ist ausschließlich das Landgericht.

(2) [1] Örtlich zuständig ist ausschließlich das Gericht, in dessen Bezirk der Schuldner seinen Wohnsitz hat oder in dessen Bezirk die Zwangsvollstreckung durchgeführt werden soll. [2] Der Sitz von Gesellschaften und juristischen Personen steht dem Wohnsitz gleich.

(3) Über den Antrag auf Erteilung der Vollstreckungsklausel entscheidet der Vorsitzende einer Zivilkammer.

(4) [1] In einem Verfahren, das die Vollstreckbarerklärung einer notariellen Urkunde zum Gegenstand hat, kann diese Urkunde auch von einem Notar für vollstreckbar erklärt werden. [2] Die Vorschriften für das Verfahren der Vollstreckbarerklärung durch ein Gericht gelten sinngemäß.

§ 4 Antragstellung

(1) Der in einem anderen Mitgliedstaat vollstreckbare Titel wird dadurch zur Zwangsvollstreckung zugelassen, dass er auf Antrag mit der Vollstreckungsklausel versehen wird.

(2) Der Antrag auf Erteilung der Vollstreckungsklausel kann bei dem zuständigen Gericht schriftlich eingereicht oder mündlich zu Protokoll der Geschäftsstelle erklärt werden.

(3) Ist der Antrag entgegen § 184 Satz 1 des Gerichtsverfassungsgesetzes nicht in deutscher Sprache abgefasst, so kann das Gericht von dem Antragsteller eine Übersetzung verlangen, deren Richtigkeit von einer in einem Mitgliedstaat der Europäischen Union oder in einem anderen Vertragsstaat des Abkommens über den Europäischen Wirtschaftsraum hierzu befugten Person bestätigt worden ist.

(4) Der Ausfertigung des Titels, der mit der Vollstreckungsklausel versehen werden soll, und seiner Übersetzung, sofern eine solche vorgelegt wird, sollen je zwei Abschriften beigefügt werden.

§ 5 Verfahren

(1) [1] Die Entscheidung über den Antrag ergeht ohne mündliche Verhandlung. [2] Jedoch kann eine mündliche Erörterung mit dem Antragsteller oder seinem Bevollmächtigten stattfinden, wenn der Antragsteller oder der Bevollmächtigte hiermit einverstanden ist und die Erörterung der Beschleunigung dient.

(2) Im ersten Rechtszug ist die Vertretung durch einen Rechtsanwalt nicht erforderlich.

§ 6 Vollstreckbarkeit ausländischer Titel in Sonderfällen

Hängt die Zwangsvollstreckung nach dem Inhalt des Titels von einer dem Gläubiger obliegenden Sicherheitsleistung, dem Ablauf einer Frist oder dem Eintritt einer anderen Tatsache ab oder wird die Vollstreckungsklausel zugunsten eines anderen als des in dem Titel bezeichneten Gläubigers oder gegen einen anderen als den darin bezeichneten Schuldner beantragt, so ist die Frage, inwieweit die Zulassung der Zwangsvollstreckung von dem Nachweis besonderer Voraussetzungen abhängig oder ob der Titel für oder gegen den anderen vollstreckbar ist, nach dem Recht des Staates zu entscheiden, in dem der Titel errichtet ist.

§ 7 Entscheidung

(1) [1] Ist die Zwangsvollstreckung aus dem Titel zuzulassen, so beschließt das Gericht, dass der Titel mit der Vollstreckungsklausel zu versehen ist. [2] In dem Beschluss ist die zu vollstreckende Verpflichtung in deutscher Sprache wiederzugeben. [3] Zur Begründung des Beschlusses genügt in der Regel die Bezugnahme auf die Verordnung (EU) Nr. 650/2012 sowie auf die von dem Antragsteller vorgelegten Urkunden. [4] Auf die Kosten des Verfahrens ist § 788 der Zivilprozessordnung entsprechend anzuwenden.

(2) [1]Ist der Antrag nicht zulässig oder nicht begründet, so lehnt ihn das Gericht durch Beschluss ab. [2]Der Beschluss ist zu begründen. [3]Die Kosten sind dem Antragsteller aufzuerlegen.

§ 8 Vollstreckungsklausel

(1) Auf Grund des Beschlusses nach § 7 Absatz 1 erteilt der Urkundsbeamte der Geschäftsstelle die Vollstreckungsklausel in folgender Form:

„Vollstreckungsklausel nach § 4 des Internationalen Erbrechtsverfahrensgesetzes vom 29. Juni 2015 (BGBl. I S. 1042). Gemäß dem Beschluss des... (Bezeichnung des Gerichts und des Beschlusses) ist die Zwangsvollstreckung aus... (Bezeichnung des Titels) zugunsten... (Bezeichnung des Gläubigers) gegen... (Bezeichnung des Schuldners) zulässig.

Die zu vollstreckende Verpflichtung lautet:

... (Angabe der dem Schuldner aus dem ausländischen Titel obliegenden Verpflichtung in deutscher Sprache; aus dem Beschluss nach § 7 Absatz 1 zu übernehmen).

Die Zwangsvollstreckung darf über Maßregeln zur Sicherung nicht hinausgehen, bis der Gläubiger eine gerichtliche Anordnung oder ein Zeugnis vorlegt, dass die Zwangsvollstreckung unbeschränkt stattfinden darf."

Lautet der Titel auf Leistung von Geld, so ist der Vollstreckungsklausel folgender Zusatz anzufügen:

„Solange die Zwangsvollstreckung über Maßregeln zur Sicherung nicht hinausgehen darf, kann der Schuldner die Zwangsvollstreckung durch Leistung einer Sicherheit in Höhe von... (Angabe des Betrages, wegen dessen der Gläubiger vollstrecken darf) abwenden."

(2) Wird die Zwangsvollstreckung nicht für alle der in dem ausländischen Titel niedergelegten Ansprüche oder nur für einen Teil des Gegenstands der Verpflichtung zugelassen, so ist die Vollstreckungsklausel als „Teil-Vollstreckungsklausel nach § 4 des Internationalen Erbrechtsverfahrensgesetzes vom 29. Juni 2015 (BGBl. I S. 1942) zu bezeichnen.

(3) [1]Die Vollstreckungsklausel ist von dem Urkundsbeamten der Geschäftsstelle zu unterschreiben und mit dem Gerichtssiegel zu versehen. [2]Sie ist entweder auf die Ausfertigung des Titels oder auf ein damit zu verbindendes Blatt zu setzen. [3]Falls eine Übersetzung des Titels vorliegt, ist sie mit der Ausfertigung zu verbinden.

§ 9 Bekanntgabe der Entscheidung

(1) [1]Lässt das Gericht die Zwangsvollstreckung zu (§ 7 Absatz 1), sind dem Antragsgegner beglaubigte Abschriften des Beschlusses, des mit der Vollstreckungsklausel versehenen Titels und gegebenenfalls seiner Übersetzung sowie der gemäß § 7 Absatz 1 Satz 3 in Bezug genommenen Urkunden von Amts wegen zuzustellen. [2]Dem Antragsteller sind eine beglaubigte Abschrift des Beschlusses, die mit der Vollstreckungsklausel versehene Ausfertigung des Titels sowie eine Bescheinigung über die bewirkte Zustellung zu übersenden.

(2) Lehnt das Gericht den Antrag auf Erteilung der Vollstreckungsklausel ab (§ 7 Absatz 2), ist der Beschluss dem Antragsteller zuzustellen.

Unterabschnitt 2. Beschwerde; Rechtsbeschwerde

§ 10 Beschwerdegericht; Einlegung der Beschwerde

(1) Beschwerdegericht ist das Oberlandesgericht.

(2) [1]Die Beschwerde gegen die im ersten Rechtszug ergangene Entscheidung über den Antrag auf Erteilung der Vollstreckungsklausel wird bei dem Gericht, dessen Beschluss angefochten wird, durch Einreichen einer Beschwerdeschrift oder durch Erklärung zu Protokoll der Geschäftsstelle eingelegt. [2]Der Beschwerdeschrift soll die für ihre Zustellung erforderliche Zahl von Abschriften beigefügt werden.

(3) Die Beschwerde ist dem Beschwerdegegner von Amts wegen zuzustellen.

§ 11 Beschwerdeverfahren und Entscheidung über die Beschwerde

(1) [1]Das Beschwerdegericht entscheidet durch Beschluss, der mit Gründen zu versehen ist und ohne mündliche Verhandlung ergehen kann. [2]Der Beschwerdegegner ist vor der Entscheidung zu hören.

(2) [1]Solange eine mündliche Verhandlung nicht angeordnet ist, können zu Protokoll der Geschäftsstelle Anträge gestellt und Erklärungen abgegeben werden. [2]Wird die mündliche Verhandlung angeordnet, so gilt für die Ladung § 215 der Zivilprozessordnung.

(3) Eine vollständige Ausfertigung des Beschlusses ist dem Antragsteller und dem Antragsgegner auch dann von Amts wegen zuzustellen, wenn der Beschluss verkündet worden ist.

(4) [1]Soweit auf Grund des Beschlusses die Zwangsvollstreckung aus dem Titel erstmals zuzulassen ist, erteilt der Urkundsbeamte der Geschäftsstelle des Beschwerdegerichts die Vollstreckungsklausel. [2]§ 7 Absatz 1 Satz 2 und 4 sowie die §§ 8 und 9 Absatz 1 sind entsprechend anzuwenden. Ein Zusatz, dass die Zwangsvollstreckung über Maßregeln zur Sicherung nicht hinausgehen darf (§ 8 Absatz 1), ist nur aufzunehmen, wenn das Beschwerdegericht eine Anordnung nach § 18 Absatz 2 erlassen hat. [3]Der Inhalt des Zusatzes bestimmt sich nach dem Inhalt der Anordnung.

§ 12 Statthaftigkeit und Frist der Rechtsbeschwerde

(1) Gegen den Beschluss des Beschwerdegerichts findet die Rechtsbeschwerde nach Maßgabe des § 574 Absatz 1 Satz 1 Nummer 1 und Absatz 2 der Zivilprozessordnung statt.

(2) Die Rechtsbeschwerde ist innerhalb eines Monats einzulegen.

(3) Die Rechtsbeschwerdefrist ist eine Notfrist und beginnt mit der Zustellung des Beschlusses (§ 11 Absatz 3).

§ 13 Einlegung und Begründung der Rechtsbeschwerde

(1) Die Rechtsbeschwerde wird durch Einreichen der Beschwerdeschrift beim Bundesgerichtshof eingelegt.

(2) [1]Die Rechtsbeschwerde ist zu begründen. [2]§ 575 Absatz 2 bis 4 der Zivilprozessordnung ist entsprechend anzuwenden. [3]Soweit die Rechtsbeschwerde darauf gestützt wird, dass das Beschwerdegericht von einer Entscheidung des Gerichtshofs der Europäischen Union abgewichen sei, muss die Entscheidung, von der der angefochtene Beschluss abweicht, bezeichnet werden.

(3) Mit der Beschwerdeschrift soll eine Ausfertigung oder beglaubigte Abschrift des Beschlusses, gegen den sich die Rechtsbeschwerde richtet, vorgelegt werden.

§ 14 Verfahren und Entscheidung über die Rechtsbeschwerde

(1) [1]Der Bundesgerichtshof kann über die Rechtsbeschwerde ohne mündliche Verhandlung entscheiden. [2]Auf das Verfahren über die Rechtsbeschwerde sind § 574 Absatz 4, § 576 Absatz 3 und § 577 der Zivilprozessordnung entsprechend anzuwenden.

(2) [1]Soweit die Zwangsvollstreckung aus dem Titel erstmals durch den Bundesgerichtshof zugelassen wird, erteilt der Urkundsbeamte der Geschäftsstelle dieses Gerichts die Vollstreckungsklausel. [2]§ 7 Absatz 1 Satz 2 und 4 sowie die §§ 8 und 9 Absatz 1 gelten entsprechend. [3]Ein Zusatz über die Beschränkung der Zwangsvollstreckung entfällt.

Unterabschnitt 3. Beschränkung der Zwangsvollstreckung auf Sicherungsmaßregeln und unbeschränkte Fortsetzung der Zwangsvollstreckung

§ 15 Prüfung der Beschränkung

Einwendungen des Schuldners, dass bei der Zwangsvollstreckung die Beschränkung auf Sicherungsmaßregeln nach der Verordnung (EU) Nr. 650/2012 oder auf Grund einer Anordnung gemäß § 18 Absatz 2 nicht eingehalten werde, oder Einwendungen des Gläubigers, dass eine bestimmte Maßnahme der Zwangsvollstreckung mit dieser Beschränkung vereinbar sei, sind im Wege der Erinnerung nach § 766 der Zivilprozessordnung bei dem Vollstreckungsgericht (§ 764 der Zivilprozessordnung) geltend zu machen.

§ 16 Sicherheitsleistung durch den Schuldner

(1) Solange die Zwangsvollstreckung aus einem Titel, der auf Leistung von Geld lautet, nicht über Maßregeln zur Sicherung hinausgehen darf, ist der Schuldner befugt, die Zwangsvollstreckung durch Leistung einer Sicherheit in Höhe des Betrages abzuwenden, wegen dessen der Gläubiger vollstrecken darf.

(2) Die Zwangsvollstreckung ist einzustellen und bereits getroffene Vollstreckungsmaßregeln sind aufzuheben, wenn der Schuldner durch eine öffentliche Urkunde die zur Abwendung der Zwangsvollstreckung erforderliche Sicherheitsleistung nachweist.

§ 17 Versteigerung beweglicher Sachen

Ist eine bewegliche Sache gepfändet und darf die Zwangsvollstreckung nicht über Maßregeln zur Sicherung hinausgehen, so kann das Vollstreckungsgericht auf Antrag des Gläubigers oder des Schuldners anordnen, dass die Sache versteigert und der Erlös hinterlegt werde, wenn sie der Gefahr einer beträchtlichen Wertminderung ausgesetzt ist oder wenn ihre Aufbewahrung unverhältnismäßige Kosten verursachen würde.

§ 18 Unbeschränkte Fortsetzung der Zwangsvollstreckung; besondere gerichtliche Anordnungen

(1) Weist das Beschwerdegericht die Beschwerde des Schuldners gegen die Zulassung der Zwangsvollstreckung zurück oder lässt es auf die Beschwerde des Gläubigers die Zwangsvollstreckung aus dem Titel zu, so kann die Zwangsvollstreckung über Maßregeln zur Sicherung hinaus fortgesetzt werden.

(2) [1] Auf Antrag des Schuldners kann das Beschwerdegericht anordnen, dass bis zum Ablauf der Frist zur Einlegung der Rechtsbeschwerde oder bis zur Entscheidung über die Rechtsbeschwerde die Zwangsvollstreckung nicht oder nur gegen Sicherheitsleistung über Maßregeln zur Sicherung hinausgehen darf. [2] Die Anordnung darf nur erlassen werden, wenn glaubhaft gemacht wird, dass die weiter gehende Vollstreckung dem Schuldner einen nicht zu ersetzenden Nachteil bringen würde. [3] § 713 der Zivilprozessordnung ist entsprechend anzuwenden.

(3) [1] Wird Rechtsbeschwerde eingelegt, so kann der Bundesgerichtshof auf Antrag des Schuldners eine Anordnung nach Absatz 2 erlassen. [2] Der Bundesgerichtshof kann auf Antrag des Gläubigers eine nach Absatz 2 erlassene Anordnung des Beschwerdegerichts abändern oder aufheben.

§ 19 Unbeschränkte Fortsetzung der durch das Gericht des ersten Rechtszuges zugelassenen Zwangsvollstreckung

(1) Die Zwangsvollstreckung aus dem Titel, den der Urkundsbeamte der Geschäftsstelle des Gerichts des ersten Rechtszuges mit der Vollstreckungsklausel versehen hat, ist auf Antrag des Gläubigers über Maßregeln zur Sicherung hinaus fortzusetzen, wenn das Zeugnis des Urkundsbeamten der Geschäftsstelle dieses Gerichts vorgelegt wird, dass die Zwangsvollstreckung unbeschränkt stattfinden darf.

(2) Das Zeugnis ist dem Gläubiger auf seinen Antrag zu erteilen,

1. wenn der Schuldner bis zum Ablauf der Beschwerdefrist keine Beschwerdeschrift eingereicht hat,
2. wenn das Beschwerdegericht die Beschwerde des Schuldners zurückgewiesen und keine Anordnung nach § 18 Absatz 2 erlassen hat,
3. wenn der Bundesgerichtshof die Anordnung des Beschwerdegerichts aufgehoben hat (§ 18 Absatz 3 Satz 2) oder
4. wenn der Bundesgerichtshof den Titel zur Zwangsvollstreckung zugelassen hat.

(3) Aus dem Titel darf die Zwangsvollstreckung, selbst wenn sie auf Maßregeln zur Sicherung beschränkt ist, nicht mehr stattfinden, sobald ein Beschluss des Beschwerdegerichts, dass der Titel zur Zwangsvollstreckung nicht zugelassen werde, verkündet oder zugestellt ist.

§ 20 Unbeschränkte Fortsetzung der durch das Beschwerdegericht zugelassenen Zwangsvollstreckung

(1) Die Zwangsvollstreckung aus dem Titel, zu dem der Urkundsbeamte der Geschäftsstelle des Beschwerdegerichts die Vollstreckungsklausel mit dem Zusatz erteilt hat, dass die Zwangsvollstreckung auf Grund der Anordnung des Gerichts nicht über Maßregeln zur Sicherung hinausgehen darf (§ 11 Absatz 4 Satz 3), ist auf Antrag des Gläubigers über Maßregeln zur Sicherung hinaus fortzusetzen, wenn das Zeugnis des Urkundsbeamten der Geschäftsstelle dieses Gerichts vorgelegt wird, dass die Zwangsvollstreckung unbeschränkt stattfinden darf.

(2) Das Zeugnis ist dem Gläubiger auf seinen Antrag zu erteilen,

1. wenn der Schuldner bis zum Ablauf der Frist zur Einlegung der Rechtsbeschwerde (§ 12 Absatz 2) keine Beschwerdeschrift eingereicht hat,
2. wenn der Bundesgerichtshof die Anordnung des Beschwerdegerichts aufgehoben hat (§ 18 Absatz 3 Satz 2) oder
3. wenn der Bundesgerichtshof die Rechtsbeschwerde des Schuldners zurückgewiesen hat.

Unterabschnitt 4. Feststellung der Anerkennung einer ausländischen Entscheidung

§ 21 Verfahren

(1) Auf das Verfahren, das die Feststellung zum Gegenstand hat, ob eine Entscheidung aus einem anderen Mitgliedstaat anzuerkennen ist, sind die §§ 3 bis 5, § 7 Absatz 2, die §§ 9 bis 11 Absatz 1 bis 3, die §§ 12, 13 sowie 14 Absatz 1 entsprechend anzuwenden.

(2) Ist der Antrag auf Feststellung begründet, so beschließt das Gericht, die Entscheidung anzuerkennen.

§ 22 Kostenentscheidung

[1] In den Fällen des § 21 Absatz 2 sind die Kosten dem Antragsgegner aufzuerlegen. [2] Dieser kann die Beschwerde (§ 10) auf die Entscheidung über den Kostenpunkt beschränken. [3] In diesem Fall sind die Kosten dem Antragsteller aufzuerlegen, wenn der Antragsgegner durch sein Verhalten keine Veranlassung zu dem Antrag auf Feststellung gegeben hat.

Unterabschnitt 5. Vollstreckungsabwehrklage; besonderes Verfahren; Schadensersatz

§ 23 Vollstreckungsabwehrklage

(1) [1] Ist die Zwangsvollstreckung aus einem Titel zugelassen, so kann der Schuldner Einwendungen gegen den Anspruch selbst in einem Verfahren nach § 767 der Zivilprozessordnung geltend machen. [2] Handelt es sich bei dem Titel um eine gerichtliche Entscheidung, so gilt dies nur, soweit die Gründe, auf denen die Einwendungen beruhen, erst nach dem Erlass der Entscheidung entstanden sind.

(2) Die Klage nach § 767 der Zivilprozessordnung ist bei dem Gericht zu erheben, das über den Antrag auf Erteilung der Vollstreckungsklausel entschieden hat.

§ 24 Verfahren nach Aufhebung oder Änderung eines für vollstreckbar erklärten ausländischen Titels im Ursprungsmitgliedstaat

(1) Wird der Titel in dem Mitgliedstaat, in dem er errichtet worden ist, aufgehoben oder geändert und kann der Schuldner diese Tatsache in dem Verfahren zur Zulassung der Zwangsvollstreckung nicht mehr geltend machen, so kann er die Aufhebung oder Änderung der Zulassung in einem besonderen Verfahren beantragen.

(2) Für die Entscheidung über den Antrag ist das Gericht ausschließlich zuständig, das im ersten Rechtszug über den Antrag auf Erteilung der Vollstreckungsklausel entschieden hat.

(3) [1] Der Antrag kann bei dem Gericht schriftlich oder zu Protokoll der Geschäftsstelle gestellt werden. [2] Über den Antrag kann ohne mündliche Verhandlung entschieden werden. [3] Vor der Entscheidung, die durch Beschluss ergeht, ist der Gläubiger zu hören. [4] § 11 Absatz 2 und 3 gilt entsprechend.

(4) [1] Der Beschluss unterliegt der Beschwerde nach den §§ 567 bis 577 der Zivilprozessordnung. [2] Die Notfrist für die Einlegung der sofortigen Beschwerde beträgt einen Monat.

(5) [1] Für die Einstellung der Zwangsvollstreckung und die Aufhebung bereits getroffener Vollstreckungsmaßregeln sind die §§ 769 und 770 der Zivilprozessordnung entsprechend anzuwenden. [2] Die Aufhebung einer Vollstreckungsmaßregel ist auch ohne Sicherheitsleistung zulässig.

§ 25 Aufhebung oder Änderung einer ausländischen Entscheidung, deren Anerkennung festgestellt ist

Wird die Entscheidung in dem Mitgliedstaat, in dem sie ergangen ist, aufgehoben oder abgeändert und kann die davon begünstigte Partei diese Tatsache nicht mehr in dem Verfahren über den Antrag auf Feststellung der Anerkennung geltend machen, so ist § 24 Absatz 1 bis 4 entsprechend anzuwenden.

§ 26 Schadensersatz wegen ungerechtfertigter Vollstreckung

(1) [1] Wird die Zulassung der Zwangsvollstreckung auf die Beschwerde (§ 10) oder die Rechtsbeschwerde (§ 12) aufgehoben oder abgeändert, so ist der Gläubiger zum Ersatz des Schadens verpflichtet, der dem Schuldner durch die Vollstreckung oder durch eine Leistung zur Abwendung der Vollstreckung entstanden ist. [2] Das Gleiche gilt, wenn die Zulassung der Zwangsvollstreckung nach § 24 aufgehoben oder abgeändert wird, soweit die zur Zwangsvollstreckung zugelassene Entscheidung zum Zeitpunkt der Zulassung nach dem Recht des Mitgliedstaates, in dem sie ergangen ist, noch mit einem ordentlichen Rechtsmittel angefochten werden konnte.

(2) Für die Geltendmachung des Anspruchs ist das Gericht ausschließlich zuständig, das im ersten Rechtszug über den Antrag auf Erteilung der Vollstreckungsklausel entschieden hat.

Unterabschnitt 6. Entscheidungen deutscher Gerichte; Mahnverfahren

§ 27 Bescheinigungen zu inländischen Titeln

(1) Für die Ausstellung der Bescheinigungen nach Artikel 46 Absatz 3 Buchstabe b, Artikel 60 Absatz 2 und Artikel 61 Absatz 2 der Verordnung (EU) Nr. 650/2012 sind die Gerichte oder Notare zuständig, denen die Erteilung einer vollstreckbaren Ausfertigung des Titels obliegt.

(2) [1] Soweit nach Absatz 1 die Gerichte für die Ausstellung der Bescheinigung zuständig sind, wird diese von dem Gericht des ersten Rechtszuges ausgestellt oder, wenn das Verfahren bei einem höheren Gericht anhängig ist, von diesem. [2] Funktionell zuständig ist die Stelle, der die Erteilung einer vollstreckbaren Ausfertigung obliegt. [3] Für die Anfechtbarkeit der Entscheidung über die Ausstellung der Bescheinigung gelten die Vorschriften über die Anfechtbarkeit der Entscheidung über die Erteilung der Vollstreckungsklausel entsprechend.

(3) Die Ausstellung einer Bescheinigung nach Absatz 1 schließt das Recht auf Erteilung einer Vollstreckungsklausel nach § 724 der Zivilprozessordnung nicht aus.

§ 28 Vervollständigung inländischer Entscheidungen zur Verwendung im Ausland

(1) [1] Will eine Partei ein Versäumnis- oder Anerkenntnisurteil, das nach § 313b der Zivilprozessordnung in verkürzter Form abgefasst worden ist, in einem anderen Mitgliedstaat geltend machen, so ist das Urteil auf ihren Antrag zu vervollständigen. [2] Der Antrag kann bei dem Gericht, das das Urteil erlassen hat, schriftlich oder durch Erklärung zu Protokoll der Geschäftsstelle gestellt werden. [3] Über den Antrag wird ohne mündliche Verhandlung entschieden.

(2) Zur Vervollständigung des Urteils sind der Tatbestand und die Entscheidungsgründe nachträglich abzufassen, von den Richtern gesondert zu unterschreiben und der Geschäftsstelle zu übergeben; der Tatbestand und die Entscheidungsgründe können auch von Richtern unterschrieben werden, die bei dem Urteil nicht mitgewirkt haben.

(3) [1] Für die Berichtigung des nachträglich abgefassten Tatbestandes gilt § 320 der Zivilprozessordnung. [2] Jedoch können bei der Entscheidung über einen Antrag auf Berichtigung auch solche Richter mitwirken, die bei dem Urteil oder der nachträglichen Anfertigung des Tatbestandes nicht mitgewirkt haben.

(4) Die vorstehenden Absätze gelten entsprechend für die Vervollständigung von Arrestbefehlen, einstweiligen Anordnungen und einstweiligen Verfügungen, die in einem anderen Mitgliedstaat geltend gemacht werden sollen und nicht mit einer Begründung versehen sind.

§ 29 Vollstreckungsklausel zur Verwendung im Ausland

Vollstreckungsbescheide, Arrestbefehle und einstweilige Verfügungen oder einstweilige Anordnungen, deren Zwangsvollstreckung in einem anderen Mitgliedstaat betrieben werden soll, sind auch dann mit der Vollstreckungsklausel zu versehen, wenn dies für eine Zwangsvollstreckung im Inland nach § 796 Absatz 1, § 929 Absatz 1 oder § 936 der Zivilprozessordnung nicht erforderlich wäre.

§ 30 Mahnverfahren mit Zustellung im Ausland

(1) [1] Das Mahnverfahren findet auch statt, wenn die Zustellung des Mahnbescheids in einem anderen Mitgliedstaat erfolgen muss. [2] In diesem Fall kann der Anspruch auch die Zahlung einer bestimmten Geldsumme in ausländischer Währung zum Gegenstand haben.

(2) Macht der Antragsteller geltend, dass das angerufene Gericht auf Grund einer Gerichtsstandsvereinbarung zuständig sei, so hat er dem Mahnantrag die erforderlichen Schriftstücke über die Vereinbarung beizufügen.

(3) Die Widerspruchsfrist (§ 692 Absatz 1 Nummer 3 der Zivilprozessordnung) beträgt einen Monat.

Abschnitt 4. Entgegennahme von Erklärungen; Aneignungsrecht

§ 31 Entgegennahme von Erklärungen

[1] Für die Entgegennahme einer Erklärung, mit der nach dem anzuwendenden Erbrecht eine Erbschaft ausgeschlagen oder angenommen wird, ist in den Fällen des Artikels 13 der Verordnung (EU) Nr. 650/2012 das Nachlassgericht örtlich zuständig, in dessen Bezirk die erklärende Person ihren gewöhnlichen Aufenthalt hat. [2] Die Erklärung ist zur Niederschrift des Nachlassgerichts oder in öffentlich beglaubigter Form abzugeben. [3] Dem Erklärenden ist die Urschrift der Niederschrift oder die Urschrift der Erklärung in öffentlich beglaubigter Form auszuhändigen; auf letzterer hat das Nachlassgericht den Ort und das Datum der Entgegennahme zu vermerken.

§ 32 Aneignungsrecht

(1) Stellt das Nachlassgericht fest, dass nach dem anzuwendenden Erbrecht weder ein durch Verfügung von Todes wegen eingesetzter Erbe noch eine natürliche Person als gesetzlicher Erbe vorhanden ist, so teilt es seine Feststellung unverzüglich der für die Ausübung des Aneignungsrechts zuständigen Stelle mit; eine Amtsermittlungspflicht des Nachlassgerichts wird hierdurch nicht begründet.

(2) [1] Für die Feststellung nach Absatz 1 ist das Nachlassgericht örtlich zuständig, in dessen Bezirk der Erblasser im Zeitpunkt seines Todes seinen gewöhnlichen Aufenthalt hatte. [2] Hatte der Erblasser im Zeitpunkt seines Todes keinen gewöhnlichen Aufenthalt im Inland, ist das Amtsgericht Schöneberg in Berlin zuständig.

(3) [1] Die für die Ausübung des Aneignungsrechts zuständige Stelle übt das Aneignungsrecht durch Erklärung gegenüber dem nach Absatz 2 örtlich zuständigen Nachlassgericht aus. [2] Durch die Erklärung legt sie fest, ob und in welchem Umfang sie in Bezug auf das in Deutschland belegene Vermögen von dem Aneignungsrecht Gebrauch macht. [3] Die Erklärung ist zu unterschreiben und mit Siegel oder Stempel zu versehen. Zuständig für die Erklärung ist die Stelle, die das Land bestimmt, in dem der Erblasser zur Zeit des Erbfalls seinen gewöhnlichen Aufenthalt hatte, im Übrigen die Bundesanstalt für Immobilienaufgaben.

(4) [1] Mit dem Eingang der Erklärung über die Ausübung des Aneignungsrechts nach Absatz 3 bei dem örtlich zuständigen Nachlassgericht geht das betroffene Nachlassvermögen auf das Land über, dessen Stelle nach Absatz 3 Satz 4 das Aneignungsrecht ausübt. [2] Übt die Bundesanstalt für Immobilienaufgaben das Aneignungsrecht aus, geht das Vermögen auf den Bund über.

(5) [1] Das Nachlassgericht bescheinigt der zuständigen Stelle, zu welchem Zeitpunkt und in welchem Umfang sie das Aneignungsrecht ausgeübt hat. [2] Soweit sich die Ausübung des Aneignungsrechts auf Nachlassvermögen bezieht, das in einem Register verzeichnet ist, soll die nach Absatz 3 Satz 4 zuständige Stelle eine Berichtigung des Registers veranlassen.

(6) Vermächtnisnehmer, die nach dem anzuwendenden Erbrecht eine unmittelbare Berechtigung an einem Nachlassgegenstand hätten, können den ihnen hieraus nach deutschem Recht erwachsenen Anspruch auf Erfüllung des Vermächtnisses an die Stelle richten, die insoweit das Aneignungsrecht ausgeübt hat.

(7) Das Recht der Gläubiger, Befriedigung aus dem gesamten Nachlass zu verlangen, bleibt unberührt.

Abschnitt 5. Europäisches Nachlasszeugnis

§ 33 Anwendungsbereich

Dieser Abschnitt gilt für Verfahren über

1. die Ausstellung, Berichtigung, Änderung oder den Widerruf eines Europäischen Nachlasszeugnisses,
2. die Erteilung einer beglaubigten Abschrift eines Europäischen Nachlasszeugnisses oder die Verlängerung der Gültigkeitsfrist einer beglaubigten Abschrift und
3. die Aussetzung der Wirkungen eines Europäischen Nachlasszeugnisses.

§ 34 Örtliche und sachliche Zuständigkeit

(1) Das Gericht, das die Verfahrensparteien in der Gerichtsstandsvereinbarung bezeichnet haben, ist örtlich ausschließlich zuständig, sofern sich die internationale Zuständigkeit der deutschen Gerichte aus den folgenden Vorschriften der Verordnung (EU) Nr. 650/2012 ergibt:

1. Artikel 64 Satz 1 in Verbindung mit Artikel 7 Buchstabe a in Verbindung mit Artikel 6 Buchstabe b Alternative 1 und mit Artikel 5 Absatz 1 Alternative 1 der Verordnung (EU) Nr. 650/2012 oder
2. Artikel 64 Satz 1 in Verbindung mit Artikel 7 Buchstabe b Alternative 1 in Verbindung mit Artikel 5 Absatz 1 Alternative 1 der Verordnung (EU) Nr. 650/2012.

(2) Ergibt sich die internationale Zuständigkeit der deutschen Gerichte aus Artikel 64 Satz 1 in Verbindung mit Artikel 7 Buchstabe c der Verordnung (EU) Nr. 650/2012, ist das Gericht örtlich ausschließlich zuständig, dessen Zuständigkeit die Verfahrensparteien ausdrücklich anerkannt haben.

(3) [1] Ergibt sich die internationale Zuständigkeit der deutschen Gerichte aus anderen, in Artikel 64 Satz 1 der Verordnung (EU) Nr. 650/2012 genannten Vorschriften dieser Verordnung, ist das Gericht örtlich ausschließlich zuständig, in dessen Bezirk der Erblasser im Zeitpunkt seines Todes seinen gewöhnlichen Aufenthalt hatte. [2] Hatte der Erblasser im Zeitpunkt seines Todes seinen gewöhnlichen Aufenthalt nicht im Inland, ist das Gericht örtlich ausschließlich zuständig, in dessen Bezirk der Erblasser seinen letzten gewöhnlichen Aufenthalt im Inland hatte. [3] Hatte der Erblasser keinen gewöhnlichen Aufenthalt im Inland, ist das Amtsgericht Schöneberg in Berlin örtlich ausschließlich zuständig. [4] Das Amtsgericht Schöneberg in Berlin kann die Sache aus wichtigem Grund an ein anderes Nachlassgericht verweisen.

(4) [1] Sachlich zuständig ist ausschließlich das Amtsgericht. [2] Das Amtsgericht entscheidet als Nachlassgericht. [3] Sind nach landesgesetzlichen Vorschriften für die Aufgaben des Nachlassgerichts andere Stellen als Gerichte zuständig, so sind diese sachlich ausschließlich zuständig.

§ 35 Allgemeine Verfahrensvorschriften

(1) Soweit sich aus der Verordnung (EU) Nr. 650/2012 und den Vorschriften dieses Abschnitts nichts anderes ergibt, ist das Gesetz über das Verfahren in Familiensachen und in den Angelegenheiten der freiwilligen Gerichtsbarkeit anzuwenden.

(2) Ist ein Antrag entgegen § 184 Satz 1 des Gerichtsverfassungsgesetzes nicht in deutscher Sprache abgefasst, so kann das Gericht der antragstellenden Person aufgeben, eine Übersetzung des Antrags beizubringen, deren Richtigkeit von einer in einem Mitgliedstaat der Europäischen Union oder in einem anderen Vertragsstaat des Abkommens über den Europäischen Wirtschaftsraum hierzu befugten Person bestätigt worden ist.

(3) Für die Unterrichtung der Berechtigten durch öffentliche Bekanntmachung nach Artikel 66 Absatz 4 der Verordnung (EU) Nr. 650/2012 gelten die §§ 435 bis 437 des Gesetzes über das Verfahren in Familiensachen und in den Angelegenheiten der freiwilligen Gerichtsbarkeit entsprechend.

§ 36 Ausstellung eines Europäischen Nachlasszeugnisses

(1) Der Antrag auf Ausstellung des Europäischen Nachlasszeugnisses richtet sich nach Artikel 65 der Verordnung (EU) Nr. 650/2012.

(2) [1] Der Antragsteller hat vor Gericht oder vor einem Notar an Eides statt zu versichern, dass ihm nichts bekannt sei, was der Richtigkeit seiner Angaben zur Ausstellung des Europäischen Nachlasszeugnisses (Artikel 66 Absatz 3 der Verordnung (EU) Nr. 650/2012) entgegensteht. [2] Das Nachlassgericht kann dem Antragsteller die Versicherung erlassen, wenn es sie für nicht erforderlich hält.

§ 37 Beteiligte

(1) [1] In Verfahren über die Ausstellung eines Europäischen Nachlasszeugnisses ist der Antragsteller Beteiligter. [2] Als weitere Beteiligte können hinzugezogen werden

1. die gesetzlichen Erben,
2. diejenigen, die nach dem Inhalt einer vorliegenden Verfügung von Todes wegen als Erben in Betracht kommen,
3. diejenigen, die im Fall der Unwirksamkeit der Verfügung von Todes wegen Erben sein würden,
4. die Vermächtnisnehmer mit unmittelbarer Berechtigung am Nachlass,
5. der Testamentsvollstrecker oder der Nachlassverwalter,
6. sonstige Personen mit einem berechtigten Interesse.

[3] Auf ihren Antrag sind sie zu beteiligen.

(2) [1] In Verfahren über die Berichtigung, die Änderung, den Widerruf und die Aussetzung der Wirkungen eines Europäischen Nachlasszeugnisses ist der Antragsteller Beteiligter. [2] Sonstige Personen mit einem berechtigten Interesse können als weitere Beteiligte hinzugezogen werden. Auf ihren Antrag sind sie zu beteiligen.

(3) In Verfahren über die Erteilung einer beglaubigten Abschrift eines Europäischen Nachlasszeugnisses oder die Verlängerung der Gültigkeitsfrist einer beglaubigten Abschrift ist der Antragsteller Beteiligter.

§ 38 Änderung oder Widerruf eines Europäischen Nachlasszeugnisses

[1] Das Gericht hat ein unrichtiges Europäisches Nachlasszeugnis auf Antrag zu ändern oder zu widerrufen. [2] Der Widerruf hat auch von Amts wegen zu erfolgen. [3] Das Gericht hat über die Kosten des Verfahrens zu entscheiden.

§ 39 Art der Entscheidung

(1) [1] Liegen die Voraussetzungen für die Ausstellung eines Europäischen Nachlasszeugnisses vor, entscheidet das Gericht durch Ausstellung der Urschrift eines Europäischen Nachlasszeugnisses. [2] Liegen die Voraussetzungen für die Erteilung einer beglaubigten Abschrift oder für die Verlängerung der Gültigkeitsfrist einer beglaubigten Abschrift vor, entscheidet das Gericht durch Erteilung einer beglaubigten Abschrift oder durch Verlängerung der Gültigkeitsfrist einer beglaubigten Abschrift. [3] Im Übrigen entscheidet das Gericht durch Beschluss.

(2) Für die Ausstellung eines Europäischen Nachlasszeugnisses und die Erteilung einer beglaubigten Abschrift ist das Formblatt nach Artikel 67 Absatz 1 Satz 2 in Verbindung mit Artikel 81 Absatz 2 der Verordnung (EU) Nr. 650/2012 zu verwenden.

§ 40 Bekanntgabe der Entscheidung

[1] Entscheidungen nach § 39 Absatz 1 Satz 1 und 2 werden dem Antragsteller durch Übersendung einer beglaubigten Abschrift bekannt gegeben. [2] Weiteren Beteiligten wird die Entscheidung nach § 39 Absatz 1 Satz 1 durch Übersendung einer einfachen Abschrift des ausgestellten Europäischen Nachlasszeugnisses bekannt gegeben.

§ 41 Wirksamwerden

[1] Die Entscheidung wird wirksam, wenn sie der Geschäftsstelle zum Zweck der Bekanntgabe übergeben wird. [2] Der Zeitpunkt ihrer Wirksamkeit ist auf der Entscheidung zu vermerken.

§ 42 Gültigkeitsfrist der beglaubigten Abschrift eines Europäischen Nachlasszeugnisses

[1] Die Gültigkeitsfrist einer beglaubigten Abschrift eines Europäischen Nachlasszeugnisses beginnt mit ihrer Erteilung. [2] Für die Berechnung der Gültigkeitsfrist gelten die Vorschriften des Bürgerlichen Gesetzbuchs, soweit sich nicht aus der Verordnung (EWG, EURATOM) Nr. 1182/71 des Rates vom 3. Juni 1971 zur Festlegung der Regeln für die Fristen, Daten und Termine etwas anderes ergibt.

§ 43 Beschwerde

(1) [1]Gegen die Entscheidung in Verfahren nach § 33 Nummer 1 und 3 findet die Beschwerde zum Oberlandesgericht statt. [2]§ 61 des Gesetzes über das Verfahren in Familiensachen und in den Angelegenheiten der freiwilligen Gerichtsbarkeit ist nicht anzuwenden. [3]Die Beschwerde ist bei dem Gericht einzulegen, dessen Entscheidung angefochten wird.

(2) Beschwerdeberechtigt sind

1. in den Verfahren nach § 33 Nummer 1, sofern das Verfahren die Ausstellung eines Europäischen Nachlasszeugnisses betrifft, die Erben, die Vermächtnisnehmer mit unmittelbarer Berechtigung am Nachlass und die Testamentsvollstrecker oder die Nachlassverwalter;
2. in den übrigen Verfahren nach § 33 Nummer 1 sowie in den Verfahren nach § 33 Nummer 3 diejenigen Personen, die ein berechtigtes Interesse nachweisen.

(3) [1]Die Beschwerde ist einzulegen

1. innerhalb eines Monats, wenn der Beschwerdeführer seinen gewöhnlichen Aufenthalt im Inland hat;
2. innerhalb von zwei Monaten, wenn der Beschwerdeführer seinen gewöhnlichen Aufenthalt im Ausland hat.

[2]Die Frist beginnt jeweils mit dem Tag der Bekanntgabe der Entscheidung.

(4) Die Beschwerde ist den anderen Beteiligten bekannt zu geben.

(5) [1]Hält das Beschwerdegericht die Beschwerde gegen die Ausstellung des Europäischen Nachlasszeugnisses für begründet, so ändert oder widerruft es das Zeugnis oder weist das Ausgangsgericht an, das Zeugnis zu berichtigen, zu ändern oder zu widerrufen. [2]Hält das Beschwerdegericht die Beschwerde gegen die Ablehnung der Ausstellung des Europäischen Nachlasszeugnisses für begründet, so stellt es das Nachlasszeugnis aus oder verweist die Sache unter Aufhebung des angefochtenen Beschlusses zur erneuten Prüfung und Entscheidung an das Ausgangsgericht zurück. [3]Stellt das Beschwerdegericht das Nachlasszeugnis aus und lässt es die Rechtsbeschwerde nicht zu, gilt § 39 Absatz 1 Satz 1 entsprechend. [4]Bei allen sonstigen Beschwerdeentscheidungen nach diesem Absatz sowie nach Absatz 1 Satz 1 gilt im Übrigen § 69 des Gesetzes über das Verfahren in Familiensachen und in den Angelegenheiten der freiwilligen Gerichtsbarkeit.

§ 44 Rechtsbeschwerde

[1]Die Rechtsbeschwerde zum Bundesgerichtshof ist statthaft, wenn sie das Beschwerdegericht zugelassen hat. [2]Die Zulassungsgründe bestimmen sich nach § 70 Absatz 2 des Gesetzes über das Verfahren in Familiensachen und in den Angelegenheiten der freiwilligen Gerichtsbarkeit. [3]§ 43 Absatz 3 gilt entsprechend.

Abschnitt 6. Authentizität von Urkunden

§ 45 Aussetzung des inländischen Verfahrens

Kommt es in einem anderen Mitgliedstaat zur Eröffnung eines Verfahrens über Einwände in Bezug auf die Authentizität einer öffentlichen Urkunde, die in diesem Mitgliedstaat errichtet worden ist, kann das inländische Verfahren bis zur Erledigung des ausländischen Verfahrens ausgesetzt werden, wenn es für die Entscheidung auf die ausländische Entscheidung zur Authentizität der Urkunde ankommt.

§ 46 Authentizität einer deutschen öffentlichen Urkunde

(1) [1]Über Einwände in Bezug auf die Authentizität einer deutschen öffentlichen Urkunde nach Artikel 59 Absatz 2 der Verordnung (EU) Nr. 650/2012 entscheidet bei gerichtlichen Urkunden das Gericht, das die Urkunde errichtet hat. Bei notariellen Urkunden entscheidet das für den Amtssitz des Notars zuständige Gericht. [2]Bei einer von einem Konsularbeamten im Ausland errichteten Urkunde entscheidet das Amtsgericht Schöneberg in Berlin. [3]Im Übrigen entscheidet das Amtsgericht, in dessen Bezirk die Urkunde errichtet worden ist.

(2) Das Verfahren richtet sich nach den Vorschriften des Gesetzes über das Verfahren in Familiensachen und in den Angelegenheiten der freiwilligen Gerichtsbarkeit.

(3) [1]Die Endentscheidung wird mit Rechtskraft wirksam. [2]Eine Abänderung ist ausgeschlossen. [3]Der Beschluss wirkt für und gegen alle.

Abschnitt 7. Zuständigkeit in sonstigen Angelegenheiten der freiwilligen Gerichtsbarkeit

§ 47 Sonstige örtliche Zuständigkeit

Ergibt sich in Angelegenheiten der freiwilligen Gerichtsbarkeit die internationale Zuständigkeit der deutschen Gerichte aus der Verordnung (EU) Nr. 650/2012 und ist die örtliche Zuständigkeit nicht schon in anderen Vorschriften dieses Gesetzes geregelt, bestimmt sich die örtliche Zuständigkeit wie folgt:

1. bei einer internationalen Zuständigkeit, die sich aus den in § 2 Absatz 1 bis 3 genannten Vorschriften der Verordnung (EU) Nr. 650/2012 ergibt, entsprechend § 2 Absatz 1 bis 3;
2. bei einer internationalen Zuständigkeit, die sich aus anderen Vorschriften der Verordnung (EU) Nr. 650/2012 als den in § 2 Absatz 1 bis 3 genannten ergibt, entsprechend den Vorschriften über die örtliche Zuständigkeit im Gesetz über das Verfahren in Familiensachen und in den Angelegenheiten der freiwilligen Gerichtsbarkeit.

Vorbemerkung zu §§ 1 ff. IntErbRVG

Literatur: *Kunz,* Der Referentenentwurf für ein Internationales Erbverfahrensgesetz: Überblick und Problemaufriss, GPR 2014, 285; *Lehmann,* Der Referentenentwurf für ein Begleitgesetz zur EuErbVO, ZEV 2014, 232; *ders.,* Der Regierungsentwurf für ein Gesetz zum Internationalen Erbrecht, ZEV 2015, 138; *R. Wagner/Scholz,* Der Referentenentwurf eines Gesetzes zur Durchführung der EU-Erbrechtsverordnung, FamRZ 2014, 714; *Döbereiner,* Das Gesetz zum Internationalen Erbrecht und zur Änderung von Vorschriften zum Erbschein, NJW 2015, 2449; *Dutta,* Das neue Internationale Erbrechtsverfahrensgesetz, ZEV 2015, 493; *Egidy/Volmer,* ErbVO und IntErbRVG in der Anwendung durch die Nachlassgerichte, RPfleger 2015, 433; *Fröhler,* Der Gesetzentwurf zu Änderungen des nationalen Rechts zwecks Durchführung der EuErbVO und neue Erkenntnisse zur internationalen Zuständigkeit deutscher Nachlassgerichte im Erbscheinsverfahren, BWNotZ 2015, 47; *Gierl/Köhler/Kroiß/Wilsch,* Internationales Erbrecht – EuErbVO, IntErbRVG, DurchfVO, Länderberichte, 3. Aufl. 2020, Teil 2; *Kroiß,* Änderungen im Nachlassverfahrensrecht durch das neue „Internationale Erbrechtsverfahrensgesetz", Erb 2015, 127; *K. W. Lange,* Das neue Internationale Erbverfahrensrecht, ErbR 2016, 58; *Müller/Sass,* EuErbVO, Europäisches Nachlasszeugnis und Internationales Erbrechtsverfahrensgesetz, ErbStB 2015, 176; *Müller-Lukoschek,* Das Gesetz zum Internationalen Erbrecht und zur Änderung von Vorschriften zum Erbschein, NotBZ 2016, 441; *Peter,* Die Anwendung der ErbVO und ihrer Durchführungsvorschriften ab 17.8.2015, MDR 2015, 309; *Schneider,* Gerichtskosten für die Verfahren über die Ausstellung des Europäischen Nachlasszeugnisses und anderer Erbsachen nach der ErbVO, RPfleger 2015, 454; *Seebach,* Kostenrechtliche Änderungen durch das Gesetz zum Internationalen Erbrecht, RNotZ 2015, 342; *R. Wagner/Fenner,* Anwendung der EU-Erbrechtsverordnung in Deutschland, FamRZ 2015, 1668; *W. Zimmermann,* Das neue Internationale Erbrechtsverfahrensgesetz, FGPrax 2015, 145.

Übersicht

I. Zweck und Gegenstand der Durchführungsgesetzgebung

1 Das IntErbRVG enthält als Stammgesetz die wesentlichen deutschen **Durchführungsbestimmungen** zur EuErbVO, vgl. § 1 Abs. 1 IntErbRVG. Zwar gilt die Verordnung nach Art. 288 UAbs. 2 AEUV als unmittelbar anwendbarer Unionsrechtsakt auch ohne mitgliedstaatliche Umsetzungsgesetzgebung in allen beteiligten Mitgliedstaaten, dh in allen Mitgliedstaaten der EU mit Ausnahme von Dänemark, Irland und dem Vereinigten Königreich (s. auch § 1 Abs. 2 IntErbRVG). Allerdings besteht in zahlreichen Punkten Ausführungsbedarf, insbesondere in den mitgliedstaatlichen Verfahrensrechten, in welche die Verordnung einzubetten ist, um ihre reibungslose Anwendung zu gewährleisten (MüKoBGB/*Dutta* EuErbVO Vor Art. 1 Rn. 36). Insoweit sind die Mitgliedstaaten zum Erlass von Durchführungsbestimmungen unionsrechtlich verpflichtet (Regierungsentwurf, BT-Drs. 18/4201, 1).

2 Dieser Durchführungspflicht ist der deutsche Gesetzgeber im Wesentlichen mit dem **IntErbRVG** nachgekommen. Teilweise wurden durch das **Gesetz zum Internationalen Erbrecht und zur Änderung von Vorschriften zum Erbschein sowie zur Änderung sonstiger Vorschriften** – das

Mantelgesetz, das auch das IntErbRVG geschaffen hat (Art. 1 des Mantelgesetzes) – auch andere einschlägige Vorschriften des deutschen Rechts an das neue internationale Erbrecht der Europäischen Union angepasst:

- So wurden in zahlreichen Gesetzen das **Europäische Nachlasszeugnis** (Art. 62 ff. EuErbVO sowie §§ 33 ff. IntErbRVG) **und der deutsche Erbschein gleichgestellt,** etwa bei der *funktionellen Zuständigkeit des Rechtspflegers* (Art. 4 des Mantelgesetzes), im *Registerrecht* (Art. 6–10 des Mantelgesetzes), im *Kostenrecht* (Art. 12–14 des Mantelgesetzes), im *Erbschaftsteuerrecht* (Art. 17, 18 des Mantelgesetzes) sowie im *Höferecht* (Art. 19 des Mantelgesetzes).
- Die **erbkollisionsrechtlichen Vorschriften des EGBGB** (Art. 3a Abs. 2, Art. 17b Abs. 1 S. 2, Art. 25 [→ EuErbVO Anhang II zu Art. 1], Art. 26 EGBGB [→ EuErbVO Anhang I zu Art. 27]) wurden **mit dem neuen Erbkollisionsrecht der Art. 20 ff. EuErbVO abgestimmt** (Art. 15 des Mantelgesetzes).
- Der deutsche Gesetzgeber stellt klar, dass die **Wahl deutschen Rechts** in einem gemeinschaftlichen Testament nach § 2270 Abs. 3 BGB oder Erbvertrag nach § 1941 Abs. 1, 2278 Abs. 2 BGB (vgl. auch § 2291 Abs. 1 S. 1 BGB) **bindend sein kann** (Art. 16 Nr. 1–4 des Mantelgesetzes). – Diese beiden Vorschriften sind nur auf die Wahl deutschen Rechts anwendbar, weil nur dann deutsches Recht nach Art. 22 Abs. 3 EuErbVO Rechtswahlstatut ist und damit auch über die Bindungswirkung einer Rechtswahl durch den Erblasser entscheidet (→ EuErbVO Art. 22 Rn. 29; MüKoBGB/*Dutta* EuErbVO Art. 22 Rn. 31).
- Auch die **Verlagerung zahlreicher erbscheinsverfahrensrechtlicher Vorschriften aus dem BGB in das FamFG** (Art. 11 Nr. 1, 4 [Einführung der §§ 352 ff. FamFG] und Art. 16 Nr. 5 des Mantelgesetzes [Streichung der §§ 2354 ff. BGB]) besitzt einen Bezug zur Erbrechtsverordnung, unterstreicht dieser Schritt doch den verfahrensrechtlichen Charakter der verlagerten Vorschriften (vgl. Regierungsentwurf, BT-Drs. 18/4201, 38) und erleichtert damit – auch für ausländische Rechtsanwender – die Abgrenzung von Erbstatut und lex fori, wenn deutsche Gerichte für die Erteilung eines Erbscheins international zuständig sind (zur Frage, ob insoweit Art. 4 ff. EuErbVO Anwendung finden, s. etwa MüKoBGB/*Dutta* EuErbVO Vor Art. 4 Rn. 5 f.). Zu Änderungen im deutschen Erbscheinsverfahren s. *Herzog* ErbR 2015, 606.
- Schließlich wurden die **Zuständigkeitsregeln des FamFG** für Nachlass- und Teilungssachen an die Zuständigkeitsordnung der Verordnung und des IntErbRVG angepasst (Art. 11 Nr. 2 [Neufassung des § 343 FamFG] und Nr. 3 des Mantelgesetzes [Änderung und Neufassung des § 344 FamFG]); im Hinblick auf die **ZPO** unterlässt der Gesetzgeber diesen Schritt (→ IntErbRVG § 2 Rn. 35).

Die Regelungen des IntErbRVG sind vornehmlich **verfahrensrechtlicher Natur.** Teils finden sich aber auch materiellrechtliche Regelungen, etwa in § 32 IntErbRVG, der dem Staat ein (öffentliches) Recht einräumt, sich nach ausländischem Erbstatut erbenlose Inlandsnachlässe anzueignen. Da die Verordnung nicht zwischen streitigen Erbverfahren und Nachlasssachen der freiwilligen Gerichtsbarkeit unterscheidet, sondern diese unter dem Oberbegriff der **Erbsache** zusammenfasst (→ EuErbVO Vor Art. 4 ff. Rn. 29 ff.; MüKoBGB/*Dutta* EuErbVO Vor Art. 4 Rn. 4 ff.), enthält das IntErbRVG Regelungen sowohl für **bürgerliche Rechtsstreitigkeiten (ZPO)** als auch **Angelegenheiten der freiwilligen Gerichtsbarkeit (FamFG),** soweit sie in den Anwendungsbereich der Verordnung fallen. Überwiegend differenziert das IntErbRVG auch gar nicht zwischen den Verfahrensordnungen, etwa bei der Vollstreckbarerklärung ausländischer Entscheidungen nach der Verordnung (→ IntErbRVG Vorb §§ 3 ff. Rn. 1), vgl. demgegenüber zur örtlichen Zuständigkeit § 2 IntErbRVG (ZPO-Verfahren) einerseits und §§ 31, 32 Abs. 2, § 34 Abs. 1–3, § 47 IntErbRVG (FamFG-Verfahren) andererseits. Teils sind Vorschriften des IntErbRVG sogar verfahrensordnungsübergreifend anwendbar, s. IntErbRVG § 45 Rn. 7. 3

II. Überblick über das IntErbRVG

Das IntErbRVG **gliedert** sich in sieben Abschnitte: 4

Abschnitt 2 (§ 2) und ***Abschnitt 7*** des IntErbRVG (§ 47) enthalten die allgemeinen Vorschriften für die **örtliche Zuständigkeit,** wenn sich die internationale Zuständigkeit der deutschen Gerichte aus den Art. 4 ff. EuErbVO ergibt (näher zu Sinn und Zweck der Regeln → IntErbRVG § 2 Rn. 1). Vorschriften zur örtlichen Zuständigkeit finden sich im IntErbRVG auch außerhalb dieser Abschnitte, etwa in § 3 Abs. 2, § 24 Abs. 2, § 26 Abs. 2, § 27 Abs. 2 S. 1 (Vollstreckbarerklärungsverfahren), § 31 (Entgegennahme von erbrechtlichen Erklärungen), § 32 Abs. 2 (Feststellung der Erbenlosigkeit des Nachlasses), § 34 Abs. 1–3 (Europäisches Nachlasszeugnis), § 46 Abs. 1 (Authentizitätsverfahren). 5

Der umfangreiche ***Abschnitt 3*** des IntErbRVG (§§ 3–30) betrifft die **Anerkennung und Vollstreckung ausländischer Entscheidungen** in Erbsachen nach Art. 39 ff. EuErbVO. 6

Abschnitt 4 des IntErbRVG (§§ 31, 32) ist der Durchführung zweier Neuerungen der Verordnung gewidmet: zum einen der besonderen **internationalen Zuständigkeit für die Entgegennahme** 7

bestimmter erbrechtlicher Erklärungen nach Art. 13 EuErbVO sowie zum anderen den **erbenlosen Nachlässen** nach Art. 33 EuErbVO.

8 Im ebenfalls recht umfangreichen ***Abschnitt 5*** des IntErbRVG (§§ 33–44) bündelt der deutsche Gesetzgeber die Verfahrensregelungen zum neu eingeführten **Europäischen Nachlasszeugnis** nach Art. 62 ff. EuErbVO.

9 ***Abschnitt 6*** des IntErbRVG (§§ 45, 46) schafft die verfahrensrechtlichen Voraussetzungen in Deutschland für die **grenzüberschreitende Annahme öffentlicher Urkunden** nach Art. 59 EuErbVO.

10 Zu ***Abschnitt 7*** des IntErbRVG → Rn. 5.

III. Herausforderungen für den Durchführungsgesetzgeber

11 Bei der Einbettung der Verordnung in das deutsche Verfahrensrecht durch das IntErbRVG war es sicherlich unvermeidlich, dass **Durchführungslücken** verbleiben, die aber regelmäßig durch analoge Anwendung der Durchführungsbestimmungen geschlossen werden können (s. etwa → IntErbRVG § 40 Rn. 6 zur Bekanntgabe der Entscheidung in Verfahren zur Ausstellung eines Europäischen Nachlasszeugnisses an unbekannte Berechtigte).

12 Der deutsche Gesetzgeber war bei seiner Arbeit am IntErbRVG nicht zu beneiden. **Zahlreiche Fragen** der Verordnung, die auch relevant für die Durchführung auf mitgliedstaatlicher Ebene sind, werden **auf der unionsrechtlichen Ebene** immer noch diskutiert und sind **umstritten.** Der deutsche Gesetzgeber musste sich deshalb vereinzelt in Meinungsstreitigkeiten **positionieren** (→ IntErbRVG § 32 Rn. 13 [dingliche Wirkung von Vindikationsvermächtnissen], → IntErbRVG § 34 Rn. 7 [keine Entsprechung zu § 2 Abs. 3 IntErbRVG beim Europäischen Nachlasszeugnis für Fälle des Art. 9 EuErbVO], → IntErbRVG § 43 Rn. 1 [kein Rechtsbehelf gegen Erteilung der beglaubigten Abschriften oder Verlängerung ihrer Gültigkeitsfrist], → IntErbRVG § 43 Rn. 15 [Rechtsbehelfsfrist bei Art. 72 EuErbVO]; vgl. auch → IntErbRVG § 31 Rn. 6 [kein numerus clausus gerichtsempfangsfähiger Erklärungen nach deutscher lex fori]; s. zur Anwendung der Art. 4 ff. EuErbVO auf deutsche Erbscheinsverfahren auch die umstrittene Position des Regierungsentwurfs, BT-Drs. 18/4201, 49 [für die mittlerweile vom EuGH bestätigte Gegenposition s. etwa → EuErbVO Vor Art. 62 Rn. 25 sowie Art. 62 Rn. 15; MüKoBGB/*Dutta* EuErbVO Vor Art. 4 Rn. 5 f.; vgl. auch Einl. Rn. 70]). Diese Positionierung durch den deutschen Gesetzgeber ist freilich für die Auslegung der Verordnung **nicht verbindlich.** Vielmehr wacht über die **autonome Auslegung der Verordnung** der EuGH (→ Einl. Rn. 41 ff.). Sollten sich auf der unionsrechtlichen Ebene andere Ansichten durchsetzen, vor allem in der Rechtsprechung des EuGH, bedarf es gegebenenfalls einer Anpassung des IntErbRVG oder einer unionsrechtskonformen Auslegung. – Zur **Entstehungsgeschichte** der deutschen Durchführungsgesetzgebung s. *R. Wagner/Fenner* FamRZ 2015, 1668 (1669).

IV. Einordnung des Gesetzes

13 Amtlicher Titel und offizielle Abkürzung des IntErbRVG sind angelehnt an das IntFamRVG, das jedoch nicht nur die Brüssel IIa-VO als Unionsrechtsakt ausführt, sondern vor allem auch staatsvertragliche Regelungen im deutschen Familienverfahren umsetzt. Ansonsten steht das IntErbRVG in der Tradition der anderen **Durchführungsbestimmungen** des deutschen Gesetzgebers zu den internationalprivat- und -verfahrensrechtlichen Verordnungen der EU, also neben dem **IntFamRVG** (Brüssel IIa-VO) vor allem in der Tradition des **Art. 102 EGInsO** (EuInsVO), der **§§ 1110 ff. ZPO** (Brüssel Ia-VO), des **AUG** (EuUnthVO) und des **EUGewSchVG** (EuGewSchVO) – allesamt Bestimmungen, bei denen sich der deutsche Ausführungsgesetzgeber stets wechselseitig inspiriert hat. Es verwundert deshalb nicht, dass auch das IntErbRVG Anleihen bei diesen anderen Durchführungsbestimmungen macht, vor allem im Abschnitt 3 (vgl. auch Regierungsentwurf, BT-Drs. 18/4201, 2 sowie → IntErbRVG Vorb §§ 3 ff. Rn. 3).

V. Inkrafttreten des Gesetzes

14 Das IntErbRVG ist, wie auch der Großteil des Mantelgesetzes (→ Rn. 1), zeitgleich mit dem Anwendungsbeginn der wesentlichen Regelungen der EuErbVO (Art. 83 Abs. 1, Art. 84 UAbs. 2 EuErbVO), am Stichtag des 17.8.2015 **in Kraft getreten,** s. Art. 22 Abs. 1 des Gesetzes zum Internationalen Erbrecht und zur Änderung von Vorschriften zum Erbschein sowie zur Änderung sonstiger Vorschriften. Zum **zeitlichen Anwendungsbereich** des IntErbRVG, der vom Inkrafttreten zu unterscheiden ist, s. → IntErbRVG § 1 Rn. 1.

Abschnitt 1. Anwendungsbereich

§ 1 Anwendungsbereich

(1) **Dieses Gesetz regelt die Durchführung der Verordnung (EU) Nr. 650/2012 des Europäischen Parlaments und des Rates vom 4. Juli 2012 über die Zuständigkeit, das anzuwendende Recht, die Anerkennung und Vollstreckung von Entscheidungen und die Annahme und Vollstreckung öffentlicher Urkunden in Erbsachen sowie zur Einführung eines Europäischen Nachlasszeugnisses.**

(2) **Mitgliedstaaten im Sinne dieses Gesetzes sind die Mitgliedstaaten der Europäischen Union mit Ausnahme Dänemarks, Irlands und des Vereinigten Königreichs.**

Abs. 1 legt den **Zweck** des IntErbRVG allgemein (→ Vorb §§ 1 IntErbRVG Rn. 1) und damit zugleich seinen **Anwendungsbereich** fest, der sich **mit dem Anwendungsbereich der EuErbVO deckt** (Regierungsentwurf, BT-Drs. 18/4201, 42). Teils wird allerdings auch außerhalb des sachlichen Anwendungsbereichs der Verordnung im IntGüRVG auf das IntErbRVG verwiesen, soweit auch die EuGüVO oder EuPartVO auf die EuErbVO Bezug nimmt (zum Zusammenspiel von IntGüRVG und IntErbRVG etwa *Dutta* FamRZ 2019, 1390 (1400)). Hieraus folgt insbesondere, dass das IntErbRVG nur Verfahren erfasst, die auch in den **zeitlichen Anwendungsbereich** der Verordnung nach Art. 83 EuErbVO fallen (*Lehmann* ZEV 2015, 138 (138); vgl. auch *R. Wagner/Fenner* FamRZ 2015, 1668 (1670, 1671)), mithin nach Art. 83 Abs. 1 EuErbVO nur Verfahren im sachlichen Anwendungsbereich der Verordnung, die Erblasser betreffen, die am oder nach dem Stichtag des 17.8.2015 verstorben sind. Erbsachen im Hinblick auf vor diesem Stichtag verstorbene Erblasser unterliegen, auch wenn das betreffende Verfahren nach dem Inkrafttreten des IntErbRVG (→ IntErbRVG Vorb § 1 Rn. 14) eingeleitet wurde, weder der Verordnung noch dem IntErbRVG. Da die Verordnung **nicht** auf **grenzüberschreitende Erbfälle** beschränkt ist (MüKoBGB/*Dutta* EuErbVO Art. 1 Rn. 61), gilt auch das IntErbRVG grundsätzlich bei rein internen Erbfällen, soweit seine Regelungen inhaltlich einschlägig sind (*Egidy/Volmer* RPfleger 2015, 433 (443 in Fn. 100); anders *Gierl* in Gierl/Köhler/Kroiß/Wilsch, IntErbR, Teil 2 § 1 Rn. 3; *R. Wagner/Fenner* FamRZ 2015, 1668); dies hat vor allem Konsequenzen für die Vorschriften des IntErbRVG zur örtlichen Zuständigkeit → IntErbRVG § 2 Rn. 34 und IntErbRVG § 47 Rn. 9. 1

Die Bundesregierung stellt in der Entwurfsbegründung klar, dass es sich bei Verweisungen im IntErbRVG auf die Verordnung um **dynamische Verweisungen** handeln soll (Regierungsentwurf, BT-Drs. 18/4201, 42). 2

Abs. 2 definiert den **Begriff „Mitgliedstaat" für Zwecke des IntErbRVG.** Die drei genannten Staaten sind zwar – mittlerweile mit Ausnahme des Vereinigten Königreichs – Mitgliedstaaten der EU, nicht aber Mitgliedstaaten für Zwecke des Gesetzes. Diese Klarstellung ist nur konsequent, da die genannten Mitgliedstaaten nicht durch die Verordnung gebunden sind und damit auch für Zwecke der EuErbVO nicht als Mitgliedstaaten anzusehen sind (→ Einl. Rn. 29; MüKoBGB/*Dutta* EuErbVO Vor Art. 1 Rn. 29 f.). 3

Abschnitt 2. Bürgerliche Streitigkeiten

§ 2 Örtliche Zuständigkeit

(1) **Das Gericht, das die Verfahrensparteien in der Gerichtsstandsvereinbarung bezeichnet haben, ist örtlich ausschließlich zuständig, sofern sich die internationale Zuständigkeit der deutschen Gerichte aus den folgenden Vorschriften der Verordnung (EU) Nr. 650/2012 ergibt:**

1. **Artikel 7 Buchstabe a in Verbindung mit Artikel 6 Buchstabe b Alternative 1 und mit Artikel 5 Absatz 1 Alternative 1 der Verordnung (EU) Nr. 650/2012 oder**
2. **Artikel 7 Buchstabe b Alternative 1 in Verbindung mit Artikel 5 Absatz 1 Alternative 1 der Verordnung (EU) Nr. 650/2012.**

(2) **Ergibt sich die internationale Zuständigkeit der deutschen Gerichte aus Artikel 7 Buchstabe c der Verordnung (EU) Nr. 650/2012, ist das Gericht örtlich ausschließlich zuständig, dessen Zuständigkeit die Verfahrensparteien ausdrücklich anerkannt haben.**

(3) **Ergibt sich die internationale Zuständigkeit der deutschen Gerichte aus Artikel 9 Absatz 1 der Verordnung (EU) Nr. 650/2012 in Verbindung mit den in den vorstehenden Absätzen aufgeführten Vorschriften der Verordnung (EU) Nr. 650/2012, ist das Gericht, das seine Zuständigkeit nach den Absätzen 1 oder 2 ausübt, weiterhin örtlich ausschließlich zuständig.**

(4) [1] **Ergibt sich die internationale Zuständigkeit der deutschen Gerichte aus anderen Vorschriften des Kapitels II der Verordnung (EU) Nr. 650/2012, ist das Gericht örtlich zuständig, in dessen Bezirk der Erblasser im Zeitpunkt seines Todes seinen gewöhnlichen Aufenthalt hatte.** [2] **Hatte der Erblasser im Zeitpunkt seines Todes seinen gewöhnlichen Aufenthalt nicht im Inland, ist das Gericht örtlich zuständig, in dessen Bezirk der Erblasser seinen letzten gewöhnlichen Aufenthalt im Inland hatte.** [3] **Hatte der Erblasser keinen gewöhnlichen Aufenthalt im Inland, ist das Amtsgericht Schöneberg in Berlin örtlich zuständig.**

(5) **Mit Ausnahme der §§ 27 und 28 der Zivilprozessordnung gelten neben Absatz 4 auch die Vorschriften in den Titeln 2 und 3 des Ersten Abschnitts des Ersten Buches der Zivilprozessordnung.**

Übersicht

I. Normzweck, Funktionsweise und Gegenstand

1 Eines der wesentlichen Ziele des IntErbRVG ist es, dafür Sorge zu tragen, dass **stets** ein Gericht der Bundesrepublik Deutschland **örtlich zuständig** ist, wenn eine internationale Zuständigkeit der deutschen Gerichte nach Art. 4 ff. EuErbVO besteht. Regelungen zur internationalen Zuständigkeit legen nämlich lediglich den Staat fest, dessen Gerichte zuständig sind; zur Frage, welche Gerichte innerhalb des Staates, dessen Gerichte international zuständig sind, in örtlicher Hinsicht zur Entscheidung berufen sind, schweigt das internationale Zuständigkeitsrecht. Dies gilt auch für die Art. 4 ff. EuErbVO, die – anders als andere Unionsrechtsakte (vgl. etwa Art. 3 EuUnthVO) – keine Aussagen zur örtlichen Zuständigkeit treffen, s. vor allem Art. 2 EuErbVO, wonach die „innerstaatlichen Zuständigkeiten der Behörden der Mitgliedstaaten in Erbsachen" unberührt bleiben, wozu auch die örtliche Zuständigkeit gehört (→ EuErbVO Art. 2 Rn. 3; MüKoBGB/*Dutta* EuErbVO Art. 2 Rn. 1; anders *Döbereiner* NJW 2015, 2449 (2450); *Gierl* in Gierl/Köhler/Kroiß/Wilsch, IntErbR, 207 Teil 2 § 1 Rn. 5 f.; *Kroiß* in Gierl/Köhler/Kroiß/Wilsch, IntErbR, Teil 2 § 4 Rn. 5 f.; vgl. auch → Rn. 15, 19, 21 zur abweichenden Ansicht der Bundesregierung sowie *R. Wagner/Fenner* FamRZ 2015, 1668 (1670)).

2 Neben den §§ 31, 34 Abs. 1–3, § 47 IntErbRVG (vgl. auch die anderen örtlichen Zuständigkeitsregeln der Verordnung → IntErbRVG Vorb §§ 1 ff. Rn. 5) soll dieses Anliegen des IntErbRVG – stets für eine örtliche Zuständigkeit eines deutschen Gerichts zu sorgen, wenn deutsche Gerichte nach der Verordnung international zuständig sind (→ Rn. 1) – mit der vorliegenden Vorschrift für **„bürgerliche Streitigkeiten"** erreicht werden (vgl. auch Regierungsentwurf, BT-Drs. 18/4201, 42 f.). Zur örtlichen Zuständigkeit für Angelegenheiten der freiwilligen Gerichtsbarkeit in Verfahren nach der Erbrechtsverordnung s. auch §§ 31, 32 Abs. 2, § 34 Abs. 1–3, § 46 Abs. 1, § 47 IntErbRVG.

3 Die Vorschrift stellt ein **Novum** im deutschen Verfahrensrecht dar, indem sie die örtliche Zuständigkeit von einer internationalen Zuständigkeit der deutschen Gerichte nach einer **bestimmten** internationalen **Zuständigkeitsgrundlage** – und nicht von der internationalen Zuständigkeit der deutschen Gerichte **allgemein** – abhängig macht (s. auch *R. Wagner/Fenner* FamRZ 2015, 1668 (1670): „innovatives Konzept"). Die örtlichen Zuständigkeitsregeln der **Abs. 1–4** sind nur anwendbar, wenn jeweils die

Voraussetzungen für eine bestimmte internationale Zuständigkeitsnorm erfüllt wurden. Die *örtliche* Zuständigkeit nach **Abs. 1–4** ist mithin **akzessorisch** zur *internationalen* Zuständigkeit nach den jeweils genannten Vorschriften der Verordnung (zu einstweiligen Maßnahmen unten → Rn. 24).

4 Die Vorschrift legt lediglich die örtliche Zuständigkeit fest; die **sachliche** und **funktionelle** Zuständigkeit ergibt sich aus den allgemeinen Regeln (Regierungsentwurf, BT-Drs. 18/4201, 44), also insbesondere die sachliche Zuständigkeit streitwertabhängig aus § 1 ZPO, § 23 Nr. 1, § 71 Abs. 1 GVG.

II. Sachlicher Anwendungsbereich der Vorschrift

1. Bürgerliche Rechtsstreitigkeiten

5 Die Vorschrift regelt – ausweislich ihrer systematischen Stellung im Abschnitt 2 des Gesetzes – nur die örtliche Zuständigkeit für „bürgerliche Streitigkeiten", wie sie ausdrücklich in der Abschnittsüberschrift genannt sind (vgl. auch *R. Wagner/Fenner* FamRZ 2015, 1668 (1669 mit Fn. 21). Gemeint sind damit offensichtlich **bürgerliche Rechtsstreitigkeiten** iS der §§ 13, 23 GVG, also sämtliche Zivilsachen, die im streitigen Zivilprozess nach der ZPO entschieden werden (vgl. auch *Kroiß* Erb 2015, 127). Da der Begriff der bürgerlichen Rechtsstreitigkeit positiv im Gesetz nicht definiert wird, sollte man ähnlich wie §§ 13, 23 GVG die Vorschrift auf sämtliche **Zivilsachen** erstrecken, **die weder Familiensachen iSd § 111 FamFG noch Angelegenheiten der freiwilligen Gerichtsbarkeit iS des § 23a Abs. 1 S. 1 Nr. 2, Abs. 2 GVG sind.** Zu beachten ist jedoch, dass für die Ausstellung eines Europäischen Nachlasszeugnisses § 34 Abs. 1 bis 3 IntErbRVG örtliche Zuständigkeitsvorschriften enthält, die denen des § 2 IntErbRVG ähneln; und für die Zuständigkeit in sonstigen Angelegenheiten der freiwilligen Gerichtsbarkeit verweist § 47 IntErbRVG ebenfalls im Wesentlichen auf die Vorschrift des § 2 IntErbRVG, freilich mit einigen Modifikationen.

2. Erbsachen iS der EuErbVO

6 Da die Vorschrift ausweislich des § 1 Abs. 1 IntErbRVG der Durchführung der Zuständigkeitsvorschriften der EuErbVO dient und auf diese auch ausdrücklich Bezug nimmt, erfasst die Vorschrift nur **bürgerliche Rechtsstreitigkeiten, die zugleich Erbsachen** iS der Art. 4 ff. EuErbVO **sind.**

7 Die Streitigkeit muss also insbesondere in den **sachlichen Anwendungsbereich der Verordnung** allgemein fallen (vgl. auch Regierungsentwurf, BT-Drs. 18/4201, 42), wie er in Art. 1 EuErbVO umrissen wird. Man wird im Wege der teleologischen Auslegung die Vorschrift sogar dann anwenden müssen, wenn – was jedenfalls theoretisch nicht ausgeschlossen ist – ein Verfahren als Erbsache den Art. 4 ff. EuErbVO unterliegt, aber nicht zugleich eine bürgerliche Rechtsstreitigkeit iS der Vorschrift ist (oder eine sonstige Angelegenheit der freiwilligen Gerichtsbarkeit iS des § 47 IntErbRVG bzw nicht von den anderen Zuständigkeitsregeln [→ IntErbRVG Vorb §§ 1 ff. Rn. 5] des Gesetzes erfasst wird), etwa bei einer Nachlassbeteiligung ausländischer Staaten am Grenzbereich zum öffentlichen Recht. Sinn und Zweck der Vorschrift ist es, bei einer Zuständigkeit der deutschen Gerichte nach Art. 4 ff. EuErbVO auch eine örtliche Zuständigkeit bereitzuhalten (→ Rn. 1 f.). § 47 IntErbRVG wäre dagegen nach seinem Wortlaut auch in einer solchen Konstellation der Vorschrift des § 2 IntErbRVG gegenüber subsidiär (→ IntErbRVG § 47 Rn. 5). Fällt der Gegenstand des Verfahrens dagegen nicht in den Anwendungsbereich der EuErbVO, so finden die allgemeinen Zuständigkeitsvorschriften Anwendung, da das IntErbRVG ausweislich seines § 1 Abs. 1 allein der Durchführung der Verordnung dient, s. auch → Rn. 6 sowie → IntErbRVG § 47 Rn. 4.

3. Konsequenzen

8 Da der Anwendungsbereich der Vorschrift auf Erbsachen iS der EuErbVO beschränkt ist, umfasst die Vorschrift sämtliche streitige Erbverfahren, mithin grundsätzlich alle **erbrechtlichen Streitigkeiten,** die **keine Nachlasssachen** iS des § 342 Abs. 1 FamFG sowie **keine sonstigen verordnungsrelevanten Angelegenheiten der freiwilligen Gerichtsbarkeit,** etwa Teilungssachen iS des § 342 Abs. 2 Nr. 1 FamFG oder Aufgebotssachen iS der §§ 433, 454 FamFG, sind. Die örtliche Zuständigkeit für diese Verfahren ist vielmehr in § 47 IntErbRVG geregelt (näher → IntErbRVG § 47 Rn. 3).

9 Ebenfalls nicht von der Vorschrift erfasst sind Verfahren, für die das IntErbRVG **Sondervorschriften** zur örtlichen Zuständigkeit enthält, etwa das Verfahren zur Vollstreckbarkeit ausländischer Titel in Erbsachen (vgl. § 3 IntErbRVG), das Verfahren zur Entgegennahme einer Erklärung iS des Art. 13 EuErbVO (§ 31 IntErbRVG), die Feststellung des neu eingeführten Aneignungsrechts des Staates für nach ausländischem Recht erbenlose Inlandsnachlässe (§ 32 Abs. 1 IntErbRVG), das Verfahren zur Ausstellung des Europäischen Nachlasszeugnisses (§ 34 Abs. 1–3 IntErbRVG) sowie das Authentizitätsverfahren im Hinblick auf deutsche öffentliche Urkunden (§ 46 Abs. 1 IntErbRVG). Freilich handelt es sich bei diesen Verfahren teils strukturell um Angelegenheiten der freiwilligen Gerichtsbarkeit, auch

wenn sie nicht formell als Nachlasssachen iS des § 342 Abs. 1 FamFG bezeichnet werden, auf die allein § 2 IntErbRVG nicht anwendbar ist. Diese Sondervorschriften verdrängen damit vor allem § 47 IntErbRVG (→ § 47 IntErbRVG Rn. 5).

10 Allerdings sind **nicht sämtliche streitigen Erbverfahren iS des deutschen Rechts** auch Erbsachen iS der Art. 4 ff. EuErbVO und damit von der Vorschrift erfasst. Das betrifft namentlich Klagen wegen der Haftung für Nachlassverbindlichkeiten, die nach §§ 27, 28 ZPO unter Umständen am Gerichtsstand der Erbschaft eingeklagt werden können. Allerdings sind Klagen von Nachlassgläubigern nicht von den Art. 4 ff. EuErbVO erfasst (→ Einl. Rn. 56, → EuErbVO Art. 1 Rn. 10, → EuErbVO Art. 17 Rn. 6; MüKoBGB/*Dutta* EuErbVO Art. 1 Rn. 5), sondern unterliegen gegebenenfalls als allgemeine Zivil- und Handelssachen der Brüssel Ia-VO (und mithin nicht der Vorschrift des § 2 IntErbRVG).

III. Die örtlichen Gerichtsstände im Einzelnen (Abs. 1–4)

11 Die Systematik der in der Vorschrift vorgesehenen Gerichtsstände stellt sich wie folgt dar: **Abs. 4** enthält die **allgemeine Auffangzuständigkeitsregel; Abs. 1, 2 und 3** betreffen **Sonderregeln** für bestimmte internationale Gerichtsstände, welche die Verordnung an bestimmte Gerichte in einem Mitgliedstaat anknüpft, denen der deutsche Gesetzgeber, soweit wie möglich, auch eine örtliche Zuständigkeit verschaffen möchte. Bemerkenswert ist, dass die allgemeine Auffangzuständigkeit als **nicht-ausschließliche** Zuständigkeit ausgestaltet ist, während die Sonderregeln **ausschließliche** Gerichtsstände vorsehen (vgl. auch → Rn. 17). Diese Unterscheidung hat Bedeutung für **Abs. 5,** der eine **subsidiäre Geltung der ZPO-Gerichtsstände** vorsieht, die nur neben Abs. 4, nicht aber neben den ausschließlichen Gerichtsständen der Abs. 1, 2 und 3 zusätzliche örtliche Zuständigkeiten schaffen.

1. Allgemeine Voraussetzung für alle Gerichtsstände: Zuständigkeit der deutschen Gerichte nach Art. 4 ff. EuErbVO

12 Allgemeine Voraussetzung aller in der Vorschrift des § 2 IntErbRVG enthaltenen örtlichen Gerichtsstände ist eine internationale Zuständigkeit der deutschen Gerichte nach Art. 4 ff. EuErbVO. Im Einzelnen unterscheidet die Vorschrift nach der jeweiligen Zuständigkeitsgrundlage in der Verordnung.

2. Gerichtsstandsvereinbarung der Parteien zugunsten eines konkreten Gerichts: Ausschließliche Zuständigkeit nach Abs. 1

13 Abs. 1 erfasst Konstellationen, in denen der **Erblasser** nach Art. 22 EuErbVO deutsches Recht gewählt hat und die **Parteien** die Zuständigkeit eines deutschen Gerichts nach Art. 5 EuErbVO vereinbart haben.

14 Die Grundlage für die **internationale Zuständigkeit** der deutschen Gerichte hängt in dieser Konstellation davon ab, vor welchen Gerichten die Parteien zunächst klagen (näher → EuErbVO Art. 5 Rn. 10; MüKoBGB/*Dutta* EuErbVO Art. 5 Rn. 20 ff.):

- Klagt eine Partei vor den **deutschen Gerichten,** so ergibt sich die internationale Zuständigkeit der deutschen Gerichte nach den in **Abs. 1 Nr. 2** genannten Vorschriften der Verordnung.
- Klagt die Partei dagegen zunächst vor den **Gerichten eines anderen Mitgliedstaats,** etwa den nach Art. 4 EuErbVO eigentlich zuständigen Gerichten am letzten gewöhnlichen Aufenthalt des Erblassers, so muss sich das Gericht dort nach Art. 6 lit. b Fall 1 EuErbVO für unzuständig erklären; die Unzuständigkeitserklärung begründet nach den in **Abs. 1 Nr. 1** genannten Vorschriften der Verordnung sodann die internationale Zuständigkeit der deutschen Gerichte.

15 Vor diesem unionsrechtlichen Hintergrund stellt **Abs. 1** nun klar, dass das von den Parteien in der Gerichtsstandsvereinbarung nach Art. 5 bezeichnete deutsche Gericht **auch örtlich zuständig ist.** Diese Gerichtsstandsvereinbarung besitzt **nach der Verordnung** (vgl. Art. 2 EuErbVO sowie Wortlaut des Art. 7 EuErbVO [der allein die prorogierende Wirkung der Gerichtsstandsvereinbarung regelt]) lediglich Relevanz für die *internationale* Zuständigkeit (näher MüKoBGB/*Dutta* EuErbVO Art. 5 Rn. 11 sowie allgemein → Rn. 1; anders offenbar der Regierungsentwurf, BT-Drs. 18/4201, 42: „Soweit die Verfahrensparteien nach der ErbVO befugt sind, die Zuständigkeit eines bestimmten oder bestimmbaren Gerichts zu vereinbaren oder anzuerkennen oder bei einem Zuständigkeitsmangel durch rügelose Einlassung zu bewirken, dass das seine Zuständigkeit ausübende Gericht weiterhin zuständig bleibt, legt die Verordnung der Sache nach auch die örtliche Zuständigkeit fest. Insoweit besteht kein Spielraum für den deutschen Gesetzgeber, zusätzliche Gerichtsstände zur Wahl zu stellen"; nach der Bundesregierung haben die Abs. 1–3 mithin lediglich deklaratorischen Charakter, vgl. auch aaO S. 42 f.; so auch → EuErbVO Art. 5 Rn. 23; *von Bary,* Gerichtsstands- und Schiedsvereinbarungen im internationalen Erbrecht, 2018, S. 61 f.; wie hier wohl auch *R. Wagner/Scholz* FamRZ 2014, 714 (716) mit Verweis auf Art. 2 EuErbVO sowie *Lehmann* ZEV 2015, 138 (138)). **Durch Abs. 1** werden dieser Gerichtsstands-

vereinbarung nun nach autonomem deutschem Verfahrensrecht auch Rechtswirkungen für die örtliche Zuständigkeit zugewiesen.

Voraussetzung für die örtliche Zuständigkeit nach Abs. 1 ist zunächst, dass eine internationale Zuständigkeit der deutschen Gerichte nach den in Abs. 1 Nr. 1 oder Nr. 2 genannten Vorschriften der Verordnung besteht (allgemein → Rn. 12). Erforderlich ist also eine internationale Zuständigkeit der deutschen Gerichte aufgrund einer Gerichtsstandsvereinbarung zugunsten der deutschen Gerichte, die auf der Vereinbarung der Zuständigkeit **eines deutschen Gerichts** beruht (nicht **der** deutschen Gerichte **allgemein** – diese Fälle sind in Abs. 4 geregelt). Diese internationale Zuständigkeit der deutschen Gerichte – zu der die örtliche Zuständigkeit nach Abs. 1 akzessorisch ist (→ Rn. 3) – folgt allein aus der Auslegung und Anwendung der EuErbVO. Freilich müssen die Parteien in ihrer Gerichtsstandswahl ein deutsches Gericht **bezeichnen.** Die Bezeichnung des nach Abs. 1 örtlich zuständigen Gerichts muss nicht ausdrücklich geschehen, sondern kann auch konkludent erfolgen; insoweit ist die Gerichtsstandsvereinbarung für Zwecke der örtlichen Zuständigkeit nach §§ 133, 157 BGB analog auslegungsfähig. 16

An diese internationale Zuständigkeit nach der Verordnung knüpft Abs. 1 nun als **Rechtsfolge** nach deutschem Recht die **ausschließliche örtliche Zuständigkeit** des in der Gerichtsstandsvereinbarung bezeichneten Gerichts. Die Ausschließlichkeit der angeordneten örtlichen Zuständigkeit verwundert auf den ersten Blick, jedenfalls soweit man nach Art. 5 EuErbVO auch konkurrierende Gerichtsstandsvereinbarungen mit rein prorogierender Wirkung zulässt (näher MüKoBGB/*Dutta* EuErbVO Art. 5 Rn. 16). Bei näherem Hinsehen ist die Ausschließlichkeit der örtlichen Zuständigkeit jedoch stimmig, soweit sie sich auf die **Ausschließlichkeit der Gerichtsstandsvereinbarung** auch im Hinblick auf die örtliche Zuständigkeit bezieht. Denn die Vorschrift ordnet eine ausschließliche örtliche Zuständigkeit innerhalb Deutschlands nur an, soweit die (gegebenenfalls konkurrierend) prorogierte internationale Zuständigkeit der deutschen Gerichte nach der Verordnung auch tatsächlich zum Zuge kommt, weil sich eine der Parteien auf die Gerichtsstandsvereinbarung beruft und die deutschen Gerichte anruft. Ist das der Fall, dann muss sich diese Partei an der Gerichtsstandsvereinbarung auch im Hinblick auf eine über diese Vereinbarung vermittelte örtliche Zuständigkeit festhalten lassen. Wenn die konkurrierende Gerichtsstandsvereinbarung ein konkretes Gericht in Deutschland bezeichnet (nur in diesem Fall gilt Abs. 1 → Rn. 16), dann muss der Gegner darauf vertrauen können, dass er – soweit sich der Kläger auf die Gerichtsstandsvereinbarung für die internationale Zuständigkeit beruft – auch in örtlicher Hinsicht nur vor dem prorogierten Gericht verklagt werden kann. Allerdings darf die Ausschließlichkeit der örtlichen Zuständigkeit nach Abs. 1 nicht dahingehend verstanden werden, dass die Parteien nachträglich nicht einvernehmlich die örtliche Zuständigkeit eines anderen Gerichts in der Bundesrepublik begründen können. Zwar finden die §§ 38 ff. ZPO iVm Abs. 5 (→ Rn. 29) neben Abs. 1 keine Anwendung. Aber es steht den Parteien natürlich frei, die Gerichtsstandsvereinbarung nach Art. 5 EuErbVO abzuändern. So können die Parteien nach Art. 5 Abs. 1 Fall 2 EuErbVO die Zuständigkeit der deutschen Gerichte allgemein begründen (sodass §§ 38 ff. ZPO iVm Abs. 5 zum Zuge kommen) oder nach Art. 5 Abs. 1 Fall 1 EuErbVO die Zuständigkeit eines anderen Gerichts in der Bundesrepublik vereinbaren (sodass dieses über Abs. 1 örtlich zuständig wird). 17

Abs. 1 regelt – wie die Vorschrift allgemein – nur die örtliche Zuständigkeit; die Vorschrift schweigt zur **sachlichen** und **funktionellen** Zuständigkeit des in der Gerichtsstandsvereinbarung bezeichneten Gerichts, die allgemeinen Regeln folgt (allgemein → Rn. 4), auch im Hinblick auf die Zulässigkeit einer Gerichtsstandsvereinbarung (§§ 38 ff. ZPO). – Ist die **Gerichtsstandsvereinbarung im Hinblick auf die sachliche Zuständigkeit unwirksam,** so ist das sachlich zuständige Gericht des bezeichneten Sprengels örtlich zuständig, da davon auszugehen ist, dass die Parteien jedenfalls dessen örtliche Zuständigkeit gewollt haben (§ 139 BGB analog). Bestehen allerdings im bezeichneten Sprengel mehrere sachlich zuständige Gerichte, dann muss die Gerichtsstandsvereinbarung hinsichtlich der örtlichen Zuständigkeit ins Leere gehen und die allgemeine Auffangregel des Abs. 4 kommt zum Zuge. Die Bezeichnung eines konkreten deutschen Gerichts vermittelt in diesem Fall lediglich eine internationale Zuständigkeit der deutschen Gerichte nach der Erbrechtsverordnung, nicht aber eine örtliche Zuständigkeit nach Abs. 1. 18

3. Gerichtsstandsanerkennung durch die Parteien: Ausschließliche Zuständigkeit nach Abs. 2

Nach **Art. 7 lit. c EuErbVO** kann bei einer Rechtswahl des Erblassers eine internationale Zuständigkeit der Gerichte des Mitgliedstaats des gewählten Rechts auch dadurch begründet werden, dass die Parteien die Zuständigkeit eines angerufenen Gerichts dieses Mitgliedstaats „ausdrücklich anerkennen". **Abs. 2** greift auch hier den Akzessorietätsgedanken (→ Rn. 3) auf: Besteht aufgrund der Gerichtsstandsanerkennung durch die Parteien nach der Verordnung eine internationale Zuständigkeit der deutschen Gerichte, dann ist das deutsche Gericht, dessen Zuständigkeit von den Parteien iS der Verordnung ausdrücklich anerkannt wurde, auch ausschließlich örtlich zuständig, zwar nicht nach der Verordnung (die auch insoweit zur örtlichen Zuständigkeit schweigt → Rn. 1, 15), aber nach Abs. 2. 19

Zur Frage der sachlichen und funktionellen Zuständigkeit des ausdrücklich anerkannten Gerichts gilt das in Rn. 18 zur Gerichtsstandsvereinbarung Gesagte entsprechend.

4. Rügeloses Einlassen durch die Parteien: Ausschließliche Zuständigkeit nach Abs. 3

20 Stellt sich heraus, dass an einer Gerichtsstandsvereinbarung (vgl. Abs. 1) oder ausdrücklichen Gerichtsstandsanerkennung (vgl. Abs. 2) nicht alle Parteien beteiligt waren und hat das Gericht aufgrund der Vereinbarung oder Anerkennung seine Zuständigkeit nach Art. 7 EuErbVO ausgeübt, so bleibt das Gericht nach **Art. 9 Abs. 1 EuErbVO** zuständig, wenn die nicht an der Vereinbarung oder Anerkennung (auch auf diese ist Art. 9 Abs. 1 EuErbVO anwendbar [→ EuErbVO Art. 9 Rn. 6; MüKoBGB/*Dutta* EuErbVO Art. 9 Rn. 4], wie nun auch der deutsche Gesetzgeber durch den Verweis in Abs. 3 auf Abs. 1 *und* 2 klarstellt) beteiligten Parteien sich rügelos auf das Verfahren einlassen.

21 **Abs. 3** ordnet nun an, dass dieses Gericht – auch in Art. 9 Abs. 1 EuErbVO wird wegen Art. 2 EuErbVO allein die internationale Zuständigkeit der deutschen Gerichte begründet (→ Rn. 1, 15, 19) – **auch örtlich ausschließlich zuständig bleibt.** Freilich sind nur schwer Fälle denkbar, in denen dem Gericht in einem ZPO-Verfahren das Fehlen einer Partei verborgen bleibt und das Gericht aufgrund einer unvollständigen Gerichtsstandsvereinbarung eine Zuständigkeit ausübt. Zur Frage der sachlichen und funktionellen Zuständigkeit des Gerichts, auf dessen Zuständigkeit sich die zunächst nicht an der Vereinbarung oder Anerkennung beteiligte Partei rügelos einlässt, gilt das in Rn. 18 zur Gerichtsstandsvereinbarung Gesagte entsprechend.

22 Die Vorschrift des Abs. 3 gilt nur für Fälle, in denen sich die Zuständigkeit aus Art. 9 Abs. 1 EuErbVO iVm mit den in Abs. 1 und 2 genannten Vorschriften ergibt und das Gericht seine Zuständigkeit nach Abs. 1 und 2 ausübt (Regierungsentwurf, BT-Drs. 18/4201, 43). Die Vorschrift kommt nicht – auch nicht analog – zum Zuge, wenn sich die internationale Zuständigkeit der deutschen Gerichte wegen einer Gerichtsstandsvereinbarung der Parteien nach Art. 5 Abs. 1 Fall 2 EuErbVO zugunsten der deutschen Gerichte (nicht eines deutschen Gerichts) aus **Art. 7 lit. a iVm Art. 6 lit. b *Fall 2*** (nur Fall 1 fällt unter Abs. 1) oder aus **Art. 7 lit. b *Fall 2*** (nur Fall 1 fällt unter Abs. 1) **jeweils iVm Art. 9 Abs. 1 EuErbVO** ergibt und das von den Parteien angerufene deutsche Gerichte eine örtliche Zuständigkeit nach **Abs. 4 S. 2 oder S. 3** (→ Rn. 27) ausübt. Auch in diesem Fall bedarf es, soweit nicht alle Parteien an der Gerichtsstandsvereinbarung zugunsten der deutschen Gericht beteiligt waren, aber die Parteien sich rügelos auf das Verfahren vor einem konkreten Gericht eingelassen haben, einer Vorschrift, die eine örtliche Zuständigkeit dieses konkreten Gerichts begründet. Zwar bleibt es vordergründig dann lediglich bei **Abs. 4 S. 2 oder S. 3** (so auch der Regierungsentwurf, BT-Drs. 18/4201, 43) und das rügelose Einlassen hätte auf der Ebene der örtlichen Zuständigkeit nach dem IntErbRVG keine Bedeutung. Allerdings ergibt sich die örtliche Zuständigkeit des angerufenen Gerichts für die Partei, die sich nach Art. 9 Abs. 1 EuErbVO rügelos auf das Verfahren in Deutschland eingelassen hat, jedenfalls in der Regel aus Abs. 5 und § 39 ZPO (zu Abs. 5 s. → Rn. 29). Abs. 4 S. 2 oder S. 3 werden damit über § 39 ZPO iVm Abs. 5 verdrängt. – Probleme ergeben sich nur in der allenfalls theoretisch vorstellbaren Situation, dass aufgrund einer unterschiedlichen Auslegung des Unionsrechts und des deutschen Verfahrensrechts in einem konkreten Fall ein rügeloses Einlassen nach Art. 9 Abs. 1 EuErbVO zugleich **kein rügeloses Einlassen nach § 39 ZPO iVm Abs. 5** darstellt. Eine Anwendung der Abs. 4 S. 2 oder S. 3 wäre sicherlich ein Wertungswiderspruch zu Abs. 3. Die örtliche Zuständigkeit des konkret angerufenen Gerichts kann in den Fällen des Art. 9 Abs. 1 EuErbVO (der allein auf das rügelose Einlassen der nicht an der Gerichtsstandsvereinbarung beteiligten Partei abstellt) nicht davon abhängen, ob dieses Gericht von den anderen Parteien in ihrer Gerichtsstandsvereinbarung nach Art. 5 Abs. 1 Fall 1 EuErbVO bezeichnet wurde oder nach Art. 5 Abs. 1 Fall 2 EuErbVO lediglich die deutschen Gerichte allgemein. Entscheidend ist für die internationale Zuständigkeit der deutschen Gerichte nach Art. 9 Abs. 1 EuErbVO, dass sich die nicht an der Gerichtsstandsvereinbarung beteiligte Partei auf das Verfahren vor dem konkret angerufenen Gericht rügelos eingelassen hat. Dieses Gericht – das nach Art. 9 Abs. 1 EuErbVO Anknüpfungspunkt für die internationale Zuständigkeit ist – sollte dann auch nach Abs. 3 analog örtlich zuständig sein – ein Gedanke, der den Abs. 1–3 allgemein zugrunde liegt → Rn. 11.

5. Im Übrigen

23 **a) Besonderer Gerichtsstand der internationalen Erbschaft nach Abs. 4.** Abs. 4 legt die örtliche Zuständigkeit fest, soweit sich die internationale Zuständigkeit der deutschen Gerichte aus **„anderen" Zuständigkeitsvorschriften der Verordnung** ergibt, gemeint ist damit aus anderen als aus den in Abs. 1–3 genannten Vorschriften der Verordnung (vgl. Regierungsentwurf, BT-Drs. 18/4201, 43); vgl. zur analogen Anwendung des Abs. 3 in Fällen des Art. 9 Abs. 1 iVm Art. 7 lit. a iVm Art. 6 lit. b Fall 2 bzw Art. 7 lit. b Fall 2 EuErbVO → Rn. 22. Freilich kommt Abs. 4 auch dann nicht zur Anwendung, wenn das IntErbRVG außerhalb der Vorschrift des § 2 IntErbRVG die örtliche Zuständigkeit für eine Erbsache nach der Verordnung regelt → IntErbRVG Vorb §§ 1 ff. Rn. 5.

Auch Abs. 4 gilt freilich nur dann, wenn sich die internationale Zuständigkeit der deutschen Gerichte nach der Verordnung richtet. Nicht unter Abs. 4 fallen deshalb **einstweilige Maßnahmen** gemäß Art. 19 EuErbVO außerhalb des Hauptsachegerichtsstands. Hier verweist die Verordnung – soweit die Voraussetzungen des Art. 19 EuErbVO vorliegen – auch für die internationale Zuständigkeit auf das mitgliedstaatliche Recht und damit nach dem IntErbRVG auch für die örtliche Zuständigkeit, die sich bei einstweiligen Maßnahmen in streitigen Erbsachen nach der ZPO (analog oder doppelfunktional angewendet) richtet. 24

Abs. 4 knüpft die örtliche Zuständigkeit – wie auch die Verordnung die internationale Zuständigkeit (Art. 4 ff. EuErbVO) – grundsätzlich an den letzten gewöhnlichen Aufenthalt des Erblassers. Zum Zuge kommt **Abs. 4 S. 1** freilich nur, soweit der Erblasser seinen **gewöhnlichen Aufenthalt zum Zeitpunkt seines Todes** im Inland hatte. Hat er seinen gewöhnlichen Aufenthalt zu diesem Zeitpunkt nicht im Inland, so ist für die Erbsache das Gericht am **letzten gewöhnlichen Aufenthalt des Erblassers** im Inland örtlich zuständig **(Abs. 4 S. 2),** und zwar ohne Rücksicht darauf, wann dieser Aufenthalt im Inland bestand (KG FamRZ 2017, 2063 (2063 f.) m. zust. Anm. *Mankowski* = ZEV 2017, 581), und mangels eines solchen (dh wenn der Erblasser niemals seinen gewöhnlichen Aufenthalt im Inland hatte) das **Amtsgericht Schöneberg** (**Abs. 4 S. 3,** wobei der Verweis auf dieses Gericht keine sachliche Zuständigkeit präjudiziert, zu der die Vorschrift des § 2 IntErbRVG schweigt [→ Rn. 4], sodass in den Fällen des Abs. 4 S. 3 je nach Streitwert auch das Landgericht Berlin sachlich und örtlich zuständig sein kann, so ausdrücklich auch Regierungsentwurf, BT-Drs. 18/4201, 44). Das Amtsgericht Schöneberg oder das Landgericht Berlin kann die Streitigkeit nicht aus wichtigem Grund an ein anderes Gericht verweisen; es fehlt eine dem § 34 Abs. 3 S. 4 IntErbRVG oder § 343 Abs. 3 S. 2 FamFG entsprechende Verweisungsmöglichkeit. Die Parteien haben nicht die Wahl zwischen diesen Gerichtsständen; vielmehr stehen die Zuständigkeiten in einem **„festgelegten Stufenverhältnis“** zueinander (Regierungsentwurf, BT-Drs. 18/4201, 43). 25

Zentral ist damit auch für die örtliche Zuständigkeit der **Begriff des gewöhnlichen Aufenthalts** des Erblassers. Dieser Begriff ist **verordnungsakzessorisch** auszulegen (Regierungsentwurf, BT-Drs. 18/4201, 43), also genauso wie vor allem in Art. 4 und Art. 21 Abs. 1 EuErbVO (näher zum Begriff etwa → EuErbVO Art. 4 Rn. 8 ff. sowie EuErbVO Art. 21 Rn. 3 ff.; MüKoBGB/*Dutta* EuErbVO Art. 4 Rn. 2 ff. sowie EuErbVO Art. 21 Rn. 4). Zwar würde bei einer eigenständigen Begriffsbestimmung das zentrale Anliegen der Vorschrift des § 2 IntErbRVG, stets eine örtliche Zuständigkeit eines deutschen Gerichts vorzusehen, wenn auch eine internationale Zuständigkeit nach der Verordnung besteht (→ Rn. 1), erreicht. Jedenfalls Abs. 4 S. 3 würde auch bei einem abweichenden Aufenthaltsbegriff für eine Zuständigkeit im Inland sorgen. Dennoch sollte ein Gleichlauf mit der Verordnung hergestellt werden, bereits um dem Rechtsanwender die Arbeit zu erleichtern. Wurde ein inländischer gewöhnlicher Aufenthalt für Zwecke der Verordnung bejaht, so wird dieser immer auch auf einen Gerichtssprengel im Inland verweisen; der Rechtsanwender sollte nun nicht gezwungen werden, erneut aufwändig einen gewöhnlichen Aufenthalt nach eigenständigen deutschen Kriterien zu prüfen (vgl. auch Regierungsentwurf, BT-Drs. 18/4201, 43 sowie *Gierl* in Gierl/Köhler/Kroiß/Wilsch, IntErbR, Teil 2 § 1 Rn. 16). 26

Folgt man dieser verordnungsakzessorischen Auslegung (→ Rn. 26), so kommt **Abs. 4 S. 1** stets zur Anwendung, wenn sich die internationale Zuständigkeit der deutschen Gerichte aus **Art. 4 EuErbVO** ergibt. Eine örtliche Zuständigkeit nach **Abs. 4 S. 2 oder S. 3** kommt in Betracht bei einer internationalen Zuständigkeit der deutschen Gerichte nach **Art. 7 lit. a iVm Art. 6 lit. a oder Art. 6 lit. b Fall 2** (Fall 1 fällt unter Abs. 1), nach **Art. 7 lit. b Fall 2** (Fall 1 fällt unter Abs. 1), nach **Art. 10** oder nach **Art. 11 EuErbVO** (vgl. auch Regierungsentwurf, BT-Drs. 18/4201, 43). Zu Fällen des **Art. 9 Abs. 1 EuErbVO** → Rn. 22. 27

Wichtig ist, dass es sich bei den örtlichen Zuständigkeiten nach Abs. 4 **nicht** um **ausschließliche Gerichtsstände** handelt (*Gierl* in Gierl/Köhler/Kroiß/Wilsch, IntErbR, Teil 2 § 1 Rn. 7, 21; *Launhardt,* Die Europäisierung der internationalen Zuständigkeit im Ehegüterrecht und im Güterrecht eingetragener Partnerschaften, 2020, S. 148), wie sich aus einem Umkehrschluss zu Abs. 1–3 ergibt (s. auch Regierungsentwurf, BT-Drs. 18/4201, 43; vgl. auch § 34 Abs. 3 S. 1–3 IntErbRVG). Dieser Charakter der Zuständigkeit ist von Bedeutung für Abs. 5 und die dort angeordnete Geltung der übrigen ZPO-Gerichtsstände für streitige Erbsachen, die Abs. 4 im Ergebnis zu einem **besonderen Gerichtsstand der internationalen Erbschaft** macht, der lediglich den Gerichtsstand der Erbschaft nach §§ 27, 28 ZPO verdrängt (→ Rn. 29). 28

b) Geltung der ZPO-Gerichtsstände nach Abs. 5. Abs. 5 ordnet – anders als noch der Referentenentwurf – eine Geltung der **§§ 12–40 ZPO** *neben dem besonderen Gerichtsstand der internationalen Erbschaft nach Abs. 4* (→ Rn. 28) an; der Kläger hat mithin die Wahl zwischen Abs. 4 und den ZPO-Gerichtsständen (vgl. Regierungsentwurf, BT-Drs. 18/4201, 43), was sich durch den Verweis in Abs. 5 auf § 35 ZPO ergibt (Regierungsentwurf, BT-Drs. 18/4201, 43). Nicht zum Zuge kommt lediglich der besondere Gerichtsstand der Erbschaft nach **§§ 27, 28 ZPO,** der von Abs. 4 als besonderem Gerichtsstand der internationalen Erbschaft verdrängt wird (so auch *Lukas,* Die Person mit unbekanntem Auf- 29 enthalt im zivilrechtlichen Erkenntnisverfahren, 2018, S. 434, 581). Zur Relevanz der §§ 27, 28 ZPO → Rn. 32 ff.

IV. Örtliche Zuständigkeit für die Unzuständigkeitserklärung nach Art. 6 lit. b EuErbVO

30 Fraglich ist, ob es in Ausnahmefällen auch einer deutschen örtlichen Zuständigkeit bedarf, soweit **keine internationale Zuständigkeit der deutschen Gerichte nach der Verordnung** besteht. Dies betrifft insbesondere die Fälle des Art. 6 lit. b EuErbVO, wenn eine der Parteien entgegen einer Gerichtsstandsvereinbarung zugunsten der Gerichte eines anderen Mitgliedstaats, dessen Recht der Erblasser nach Art. 22 EuErbVO gewählt hat, in Deutschland klagt, etwa weil der Erblasser hier seinen letzten gewöhnlichen Aufenthalt nach Art. 4 EuErbVO hatte. In diesem Fall sind die deutschen Gerichte international nicht zuständig, sondern nach Art. 6 lit. b bzw Art. 7 lit. b EuErbVO allein die Gerichte im Mitgliedstaat des gewählten Rechts. Dennoch sieht Art. 6 lit. b EuErbVO vor, dass sich die deutschen Gerichte für unzuständig erklären. Auch für diese Unzuständigkeitserklärung bedarf es freilich einer örtlichen Zuständigkeit eines deutschen Gerichts. Denn die Unzuständigkeitserklärung ist nicht lediglich deklaratorisch, da diese Erklärung wegen Art. 7 lit. a EuErbVO für die Mitgliedstaaten des gewählten Rechts verbindlich ist (näher → EuErbVO Art. 7 Rn. 8 f.; MüKoBGB/*Dutta* EuErbVO Art. 7 Rn. 3). Allerdings ergibt sich die örtliche Zuständigkeit für die Unzuständigkeitserklärung nach Art. 6 lit. b EuErbVO nicht aus **Abs. 4, 5 analog,** die nach ihrem Wortlaut mangels internationaler Zuständigkeit der deutschen Gerichte nach der Verordnung (allgemein → Rn. 12) nicht anwendbar sind. Vielmehr ist davon auszugehen, dass für die Unzuständigkeitserklärung nach Art. 6 lit. b EuErbVO **jedes deutsche Gericht** örtlich zuständig ist.

31 **Anders** ist die Situation dagegen bei der Unzuständigkeitserklärung nach **Art. 6 lit. a EuErbVO.** Hier beseitigt erst die Ausübung des Zuständigkeitsermessens die internationale Zuständigkeit des nach Art. 4 und 10 EuErbVO bis dahin zuständigen Gerichts. Die örtliche Zuständigkeit richtet sich bis dahin unproblematisch nach **Abs. 4, 5 direkt.**

V. Relevanz des besonderen Gerichtsstands der Erbschaft nach §§ 27, 28 ZPO?

32 Nachdem gemäß Abs. 5 der besondere Gerichtsstand der Erbschaft nach §§ 27, 28 ZPO neben dem besonderen Gerichtsstand der internationalen Erbschaft nicht eröffnet ist, stellt sich die Frage nach dem **künftigen Anwendungsbereich** der §§ 27, 28 ZPO.

33 Sicherlich werden die §§ 27, 28 ZPO weiterhin als besonderer Gerichtsstand **außerhalb des sachlichen Anwendungsbereichs der EuErbVO** zur Verfügung stehen (vgl. Regierungsentwurf, BT-Drs. 18/4201, 43; *Mankowski* FamRZ 2017, 2063 (2064)). Die Vorschrift des § 2 IntErbRVG gilt nur im Anwendungsbereich der Verordnung → Rn. 6 f., also insbesondere nur, soweit eine Erbsache iS der Verordnung vorliegt. Dies ist, wie bereits angedeutet, etwa bei der Haftung für Nachlassverbindlichkeiten nicht der Fall (→ Rn. 10), sodass insoweit § 28 ZPO direkt gilt.

34 Der Regierungsentwurf (BT-Drs. 18/4201, 43) meint, dass §§ 27, 28 ZPO auch **bei „rein internen Sachverhalten"** zum Zuge kommen. Diese Annahme darf bezweifelt werden. Anders als andere europäische Rechtsakte zum internationalen Privatrecht, etwa die Rom I-VO oder die Rom II-VO, verzichtet die Erbrechtsverordnung darauf, ihren Anwendungsbereich auf grenzüberschreitende Sachverhalte zu beschränken (→ MüKoBGB/*Dutta* EuErbVO Art. 1 Rn. 61; anders *R. Wagner/Fenner* FamRZ 2015, 1668). Streng genommen finden deshalb die Regelungen in Art. 4 ff. EuErbVO zur internationalen Zuständigkeit auch bei reinen Inlandssachverhalten Anwendung und stellen in solchen internen Erbfällen klar, dass die inländischen Gerichte auch über eine internationale Zuständigkeit verfügen. Da somit – jedenfalls nach dem Wortlaut der Verordnung – stets die internationale Zuständigkeit der deutschen Gerichte aus den Art. 4 ff. EuErbVO folgt, auch bei rein innerstaatlichen Sachverhalten, richtet sich nach dem Wortlaut des IntErbRVG die örtliche Zuständigkeit der deutschen Gerichte in Erbsachen stets nach § 2 IntErbRVG. Einen direkten Anwendungsbereich besitzen §§ 27, 28 ZPO **im sachlichen Anwendungsbereich der EuErbVO** damit nicht mehr.

35 Es wäre auch vor diesem Hintergrund sinnvoll gewesen, im Rahmen der Durchführungsgesetzgebung auch §§ 27, 28 ZPO **auf den letzten gewöhnlichen Aufenthalt des Erblassers umzustellen,** um einheitliche Zuständigkeitsregeln im Hinblick auf den besonderen Gerichtsstand der Erbschaft zu schaffen und um jedenfalls Abgrenzungsschwierigkeiten zu vermeiden.

Abschnitt 3. Zulassung der Zwangsvollstreckung aus ausländischen Titeln; Anerkennungsfeststellung

Vorbemerkung zu §§ 3 ff. IntErbRVG

Übersicht

I. Unionsrechtlicher Hintergrund

1 Ein zentrales Element der **Erbrechtsverordnung** ist die Anerkennung und Vollstreckung von Entscheidungen aus anderen Mitgliedstaaten, die durch die Verordnung gebunden sind, nach den Art. 39 ff. EuErbVO. Diese Regelungen legen vor allem die Voraussetzungen fest, unter denen eine Entscheidung in Erbsachen aus einem Ursprungsmitgliedstaat (Art. 3 Abs. 1 lit. e EuErbVO) innerhalb der Union nach der Verordnung anzuerkennen und in einem Vollstreckungsmitgliedstaat (Art. 3 Abs. 1 lit. f EuErbVO) für vollstreckbar zu erklären ist. Die Regeln der Verordnung folgen dabei grundsätzlich dem Modell der alten Brüssel I-VO für allgemeine Zivil- und Handelssachen, das – anders als die neue Brüssel Ia-VO – ein Exequaturverfahren vorsieht, also eine Vollstreckbarerklärung, wobei die Verordnung nicht zwischen Entscheidungen in streitigen Erbverfahren und in Angelegenheiten der freiwilligen Gerichtsbarkeit unterscheidet (näher etwa → EuErbVO Art. 39 Rn. 2; MüKoBGB/*Dutta* EuErbVO Vor Art. 39 Rn. 2).

II. Gegenstand und Herkunft der Regelungen

2 Die Anerkennung, Vollstreckbarerklärung und Vollstreckung von ausländischen Entscheidungen nach der Erbrechtsverordnung wirft zahlreiche **verfahrensrechtliche Fragen** auf, zu denen die Verordnung schweigt. Diese Fragen möchte der deutsche Ausführungsgesetzgeber für die Anerkennung und Vollstreckung von ausländischen Entscheidungen in Deutschland mithilfe der §§ 3 ff. IntErbRVG beantworten.

3 Allerdings stellen sich diese Umsetzungsfragen mit der Erbrechtsverordnung **nicht zum ersten Mal;** vielmehr musste der deutsche Gesetzgeber bereits zahlreiche andere Rechtsakte der Europäische Union, die eine grenzüberschreitende Anerkennung und Vollstreckung von Entscheidungen in der Union vorsehen, in das deutsche Verfahrensrecht einbetten (s. auch → IntErbRVG Vorb §§ 1 ff. Rn. 13). Der Gesetzgeber konnte sich damit an diesen legislativen Vorarbeiten orientieren, wobei bei den §§ 3 ff. IntErbRVG vor allem das **AUG** – das die Anerkennung und Vollstreckung von Entscheidungen in Unterhaltssachen zum Gegenstand hat – sowie das allgemeine **AVAG** als Inspirationsquellen dienten (Regierungsentwurf, BT-Drs. 18/4201, 44).

4 Die §§ 3 ff. IntErbRVG gelten nur für die **Anerkennung und Vollstreckung von Entscheidungen** nach Art. 39 ff. EuErbVO, **nicht** dagegen für die **Annahme ausländischer öffentlicher Urkunden** nach Art. 59 EuErbVO (s. dazu § 45 f. IntErbRVG) und die **Wirkungserstreckung des Europäischen Nachlasszeugnisses** nach Art. 62 ff. EuErbVO; letztere geschieht nach Art. 69 Abs. 1 EuErbVO ohnehin automatisch und voraussetzungslos, und bedarf mithin insoweit (s. für die Ausstellung des Nachlasszeugnisses dagegen die §§ 33 ff. IntErbRVG) keiner verfahrensrechtlichen Einbettung im Mitgliedstaat, in dem das Zeugnis gebraucht wird.

III. Überblick über die Regelung

5 Da die §§ 3 ff. IntErbRVG zur Ausführung der Art. 39 ff. EuErbVO vor allem bestehende gesetzliche Vorschriften für andere Rechtsakte zur grenzüberschreitenden Anerkennung und Vollstreckung übernehmen, wird **auf eine ausführliche Kommentierung** des Abschnitts 3 des IntErbRVG **verzichtet,** soweit Regelungen des AUG oder AVAG lediglich übernommen werden und sich bei

Erbsachen keine Besonderheiten ergeben. Vielmehr wird ergänzend auf die (teils älteren) Kommentierungen des AUG und des AVAG verwiesen (etwa in *Kindl/Meller-Hannich/Wolf,* Gesamtes Recht der Zwangsvollstreckung, 3. Aufl. 2015 [AUG und AVAG]; MüKoZPO, Band III, 4. Aufl. 2013 [AVAG] sowie MüKoFamFG, 3. Aufl. 2019 [AUG]; *Musielak/Voit,* ZPO, 12. Aufl. 2015 [AVAG]; *Prütting/Helms,* FamFG, 5. Aufl. 2020 [AUG]; *Zöller,* ZPO, 30. Aufl. 2014 [AVAG]; s. allgemein zu AUG und AVAG auch *Andrae,* Das neue Auslandsunterhaltsgesetz, NJW 2011, 254; *Eichel,* Europarechtliche Fallstricke im Vollstreckbarerklärungsverfahren nach dem AVAG und dem neuen Auslandsunterhaltsgesetz (AUG), GPR 2011, 193; *Eichel,* Das AVAG als Modellgesetz?, MDR 2018, 1294; *Geimer,* Das neue Gesetz zur Ausführung zwischenstaatlicher Anerkennungs- und Vollstreckungsverträge in Zivil- und Handelssachen (Anerkennungs- und Vollstreckungsausführungsgesetz – AVAG), NJW 1988, 2157; *Heger/Selg,* Die europäische Unterhaltsverordnung und das neue Auslandsunterhaltsgesetz, FamRZ 2011, 1101; *Hess/Spancken,* Die Durchsetzung von Unterhaltstiteln mit Auslandsbezug nach dem AUG, FPR 2013, 27; *Seebach,* Das notarielle Zeugnis über die unbeschränkte Zwangsvollstreckung aus ausländischen Notarurkunden nach EuGVVO und AVAG, MittBayNot 2013, 200).

6 ***Unterabschnitt 1*** des Abschnitts 3 des IntErbRVG (§§ 3–9) ist dem **erstinstanzlichen Verfahren der Vollstreckbarerklärung einer ausländischen Entscheidung** nach Art. 43 ff. EuErbVO gewidmet, wobei das IntErbRVG in der Tradition des AVAG und des AUG von der „Zulassung der Zwangsvollstreckung aus ausländischen Titeln" spricht.

7 ***Unterabschnitt 2*** des Abschnitts 3 des IntErbRVG (§§ 10–14) betrifft die **Rechtsbehelfe gegen Entscheidungen im Rahmen der Vollstreckbarerklärung** nach Art. 50 ff. EuErbVO, die grundsätzlich dem Verfahrensrecht des Vollstreckungsmitgliedstaats (Art. 3 Abs. 1 lit. f EuErbVO) unterliegen (vgl. etwa für das Verfahren der Antragstellung, Art. 46 Abs. 1 EuErbVO), wobei die Verordnung einige punktuelle Verfahrensregeln zum Rechtsbehelfsverfahren enthält.

8 ***Unterabschnitt 3*** des Abschnitts 3 des IntErbRVG (§§ 15–20) regelt die **Beschränkung der Zwangsvollstreckung auf Sicherungsmaßregeln** für die Dauer der Rechtsbehelfsverfahren (vor allem nach Art. 54 Abs. 3 EuErbVO) und damit zusammenhängend die unbeschränkte Fortsetzung der Zwangsvollstreckung, wenn diese Beschränkung wegfällt.

9 Mit ***Unterabschnitt 4*** des Abschnitts 3 des IntErbRVG (§§ 21–22) wird das **selbständige Anerkennungsverfahren** hinsichtlich der Anerkennungsfähigkeit einer ausländischen Entscheidung nach Art. 39 Abs. 2 EuErbVO in das deutsche Recht umgesetzt.

10 ***Unterabschnitt 5*** des Abschnitts 3 des IntErbRVG (§§ 23–26) adressiert die Geltendmachung von **Einwendungen gegen den titulierten Anspruch** im Wege der Vollstreckungsabwehrklage sowie die **Auswirkungen eines nachträglichen Wegfalls der Vollstreckbarkeit** des für vollstreckbar erklärten Titels. – Zu den Rechtsschutzmöglichkeiten der Beteiligten s. den Überblick bei *Gierl,* in Gierl/Köhler/Kroiß/Wilsch, IntErbR, Teil 2 § 2 Rn. 109 f.

11 ***Unterabschnitt 6*** des Abschnitts 3 des IntErbRVG (§§ 27–30) betrifft zunächst **deutsche Entscheidungen** und deren Wirkungserstreckung in das Ausland nach der Verordnung. Die Vorschriften sorgen vor allem verfahrensmäßig dafür, dass der Gläubiger die notwendigen Voraussetzungen für eine grenzüberschreitende Vollstreckung einer in Deutschland erlangten Entscheidung in einer Erbsache einhalten kann. Ferner wird in diesem Unterabschnitt das **Mahnverfahren** in Erbsachen **mit grenzüberschreitendem Bezug** erweitert und modifiziert.

IV. Kosten

12 Die **Gerichtsgebühren** für Verfahren nach den §§ 3 ff. IntErbRVG unterliegen dem **GKG,** s. § 1 Abs. 1 S. 1 Nr. 20 GKG. Zu den Gerichtskosten bei Verfahren nach §§ 3 ff. IntErbRVG s. ferner näher *Schneider* RPfleger 2015, 454 (458 f.). Folgende Gebührentatbestände sind hervorzuheben:

- **Verfahren zur Vollstreckbarerklärung** der Entscheidung nach §§ 3 ff. IntErbRVG, **selbständiges Anerkennungsfeststellungsverfahren** nach §§ 21 f. IntErbRVG sowie die **Aufhebung oder Änderung** einer Entscheidung in einem solchen Verfahren nach §§ 24, 25 IntErbRVG: Festgebühr nach Nr. 1510 KV GKG. Zur **Kostenreduktion** bei Beendigung des Verfahrens ohne Entscheidung s. Nr. 1511 KV GKG. Sind mehrere Entscheidungen anzuerkennen oder zu vollstrecken, so fällt die Gebühr für jede Entscheidung gesondert an, auch wenn sie sich gegen denselben Schuldner richtet (*Schneider* Rpfleger 2015, 454 (458)).
- **Vollstreckbarerklärung einer notariellen Urkunde durch den Notar** nach § 3 Abs. 4 IntErbRVG: Festgebühr nach Nr. 23806, 23807 KV GNotKG.
- **Verfahren über Anträge auf Ausstellung einer Bescheinigung** nach § 27 IntErbRVG: Festgebühr nach Nr. 1512 KV GKG.
- **Verfahren über Anträge auf Ausstellung einer Bescheinigung** nach § 27 IntErbRVG bei Vollstreckbarerklärung **durch den Notar:** Festgebühr nach Nr. 23808 KV GNotKG.

- **Rechtsbehelfsverfahren** nach Art. 50 ff. EuErbVO bzw §§ 10 ff. IntErbRVG: Festgebühr nach Nr. 1520 ff. KV GKG, die auch für die sofortige Beschwerde nach § 24 Abs. 4 IntErbRVG gelten (*Schneider* Rpfleger 2015, 454 (458)).
- Zu **Auslagen** s. näher *Schneider* Rpfleger 2015, 454 (459).
- Für die **Vollstreckungsabwehrklage** (§ 23 IntErbRVG) und **Schadensersatzklagen** (vgl. § 26 IntErbRVG) gelten die allgemeinen zivilprozessualen Kostentatbestände, also insbesondere Nr. 1210 ff. KV GKG.

Für die **Rechtsanwaltsgebühren** s. VV RVG Nr. 3200, der nach Vorbem 3.2.1. Nr. 2 lit. a auch für „Beschwerden gegen die den Rechtszug beendenden Entscheidungen in Verfahren über Anträge auf Vollstreckbarerklärung ausländischer Titel oder auf Erteilung der Vollstreckungsklausel zu ausländischen Titeln sowie über Anträge auf Aufhebung oder Abänderung der Vollstreckbarerklärung oder der Vollstreckungsklausel" gilt. 13

Zur **Kostenentscheidung** s. § 7 Abs. 1 S. 1, § 22 IntErbRVG. 14

Unterabschnitt 1. Vollstreckbarkeit ausländischer Titel

§ 3 Zuständigkeit

(1) **Sachlich zuständig für die Vollstreckbarerklärung von Titeln aus einem anderen Mitgliedstaat ist ausschließlich das Landgericht.**

(2) [1] **Örtlich zuständig ist ausschließlich das Gericht, in dessen Bezirk der Schuldner seinen Wohnsitz hat oder in dessen Bezirk die Zwangsvollstreckung durchgeführt werden soll.** [2] **Der Sitz von Gesellschaften und juristischen Personen steht dem Wohnsitz gleich.**

(3) **Über den Antrag auf Erteilung der Vollstreckungsklausel entscheidet der Vorsitzende einer Zivilkammer.**

(4) [1] **In einem Verfahren, das die Vollstreckbarerklärung einer notariellen Urkunde zum Gegenstand hat, kann diese Urkunde auch von einem Notar für vollstreckbar erklärt werden.** [2] **Die Vorschriften für das Verfahren der Vollstreckbarerklärung durch ein Gericht gelten sinngemäß.**

Die Vorschrift regelt in **Abs. 1–3** die sachliche, örtliche und funktionelle **Zuständigkeit des erstinstanzlichen Gerichts** für die Vollstreckbarerklärung nach Art. 43 EuErbVO bzw im Falle des **Abs. 4** nach Art. 60 EuErbVO die besondere („auch") Zuständigkeit des **Notars.** Zum Rahmen für die Regelung der örtlichen Zuständigkeit im mitgliedstaatlichen Verfahrensrecht s. auch **Art. 45 Abs. 2 EuErbVO,** den der deutsche Gesetzgeber mit der Vorschrift ausfüllt (*Kunz* GPR 2014, 285 (286 mit Fn. 7)); vgl. auch Art. 44 EuErbVO. 1

Die **internationale Zuständigkeit** der deutschen Gerichte zur Vollstreckbarerklärung ergibt sich aus Art. 43, 45 Abs. 1 EuErbVO, soweit die Bundesrepublik der Vollstreckungsmitgliedstaat nach Art. 3 Abs. 1 lit. f EuErbVO ist (vgl. auch *Kunz* GPR 2014, 285 (287)). 2

Abs. 1–3 entsprechen in der Sache weitgehend § 3 AVAG; **Abs. 4** übernimmt § 55 Abs. 3 AVAG bzw § 35 Abs. 3 AUG (Regierungsentwurf, BT-Drs. 18/4201, 44). 3

§ 4 Antragstellung

(1) **Der in einem anderen Mitgliedstaat vollstreckbare Titel wird dadurch zur Zwangsvollstreckung zugelassen, dass er auf Antrag mit der Vollstreckungsklausel versehen wird.**

(2) **Der Antrag auf Erteilung der Vollstreckungsklausel kann bei dem zuständigen Gericht schriftlich eingereicht oder mündlich zu Protokoll der Geschäftsstelle erklärt werden.**

(3) **Ist der Antrag entgegen § 184 Satz 1 des Gerichtsverfassungsgesetzes nicht in deutscher Sprache abgefasst, so kann das Gericht von dem Antragsteller eine Übersetzung verlangen, deren Richtigkeit von einer in einem Mitgliedstaat der Europäischen Union oder in einem anderen Vertragsstaat des Abkommens über den Europäischen Wirtschaftsraum hierzu befugten Person bestätigt worden ist.**

(4) **Der Ausfertigung des Titels, der mit der Vollstreckungsklausel versehen werden soll, und seiner Übersetzung, sofern eine solche vorgelegt wird, sollen je zwei Abschriften beigefügt werden.**

Die Vollstreckbarerklärung erfolgt nach **Art. 48 S. 1 EuErbVO** nur auf Antrag, der bestimmte Förmlichkeiten erfüllen muss. Nach **Art. 46 Abs. 1 EuErbVO** unterliegt das Verfahren der Antrag- 1 stellung dem Recht des Vollstreckungsmitgliedstaats (Art. 3 Abs. 1 lit. f EuErbVO). Die **Vorschrift** legt für Deutschland als Vollstreckungsmitgliedstaat die Voraussetzung für eine **ordnungsgemäße Antragstellung** auf Vollstreckbarerklärung fest und konkretisiert damit **Art. 46, 47 EuErbVO,** welche die Förmlichkeiten des Antrags und die beizufügenden Unterlagen regeln. Zu **Abs. 3** s. auch die Parallelvorschrift in § 35 Abs. 2 IntErbRVG für den Antrag auf Ausstellung des Europäischen Nachlasszeugnisses.

2 Die Vorschrift entspricht weitgehend § 36 AUG bzw § 4 AVAG (näher Regierungsentwurf, BT-Drs. 18/4201, 44).

§ 5 Verfahren

(1) [1]**Die Entscheidung über den Antrag ergeht ohne mündliche Verhandlung.** [2]**Jedoch kann eine mündliche Erörterung mit dem Antragsteller oder seinem Bevollmächtigten stattfinden, wenn der Antragsteller oder der Bevollmächtigte hiermit einverstanden ist und die Erörterung der Beschleunigung dient.**

(2) **Im ersten Rechtszug ist die Vertretung durch einen Rechtsanwalt nicht erforderlich.**

1 Die **Verordnung** überlässt die nähere Ausgestaltung des Vollstreckbarerklärungsverfahrens den Mitgliedstaaten (→ IntErbRVG Vorb §§ 3 ff. Rn. 2). **Art. 48 S. 1 EuErbVO** sieht lediglich vor, dass, sobald ein ordnungsgemäßer Antrag gestellt wird, die Entscheidung unverzüglich für vollstreckbar erklärt wird. Eine Prüfung der Anerkennungsversagungsgründe nach Art. 40 EuErbVO erfolgt in diesem Verfahrensstadium nicht, sondern gemäß Art. 52 S. 1 EuErbVO erst im Rechtsbehelfsverfahren, dessen Verfahren bei uns in §§ 10 ff. IntErbRVG konkretisiert und ergänzt wird. Die Partei, gegen welche die Vollstreckung erwirkt werden soll, erhält in diesem Abschnitt des Verfahrens keine Gelegenheit, eine Erklärung abzugeben, **Art. 48 S. 2 EuErbVO** – eine Regelung, die in **Abs. 1** konkretisiert und umgesetzt wird.

2 **Abs. 2** betrifft die Postulationsfähigkeit im erstinstanzlichen Vollstreckbarerklärungsverfahren. Im Rechtsbehelfs- bzw Beschwerdeverfahren besteht dagegen ein Anwaltszwang ab dem Zeitpunkt, zu dem das Beschwerdegericht gemäß § 11 Abs. 2 IntErbRVG nach pflichtgemäßem Ermessen eine mündliche Verhandlung anordnet (vgl. Regierungsentwurf, BT-Drs. 18/4201, 44 [zu § 11 IntErbRVG], s. § 78 Abs. 3 Fall 2 ZPO). Gleiches gilt auch für das Verfahren bei der Vollstreckungsabwehrklage nach § 23 IntErbRVG → IntErbRVG § 23 Rn. 1.

3 Die Vorschrift entspricht weitgehend § 38 AUG bzw § 6 Abs. 2 und 3 AVAG (vgl. Regierungsentwurf, BT-Drs. 18/4201, 44).

§ 6 Vollstreckbarkeit ausländischer Titel in Sonderfällen

Hängt die Zwangsvollstreckung nach dem Inhalt des Titels von einer dem Gläubiger obliegenden Sicherheitsleistung, dem Ablauf einer Frist oder dem Eintritt einer anderen Tatsache ab oder wird die Vollstreckungsklausel zugunsten eines anderen als des in dem Titel bezeichneten Gläubigers oder gegen einen anderen als den darin bezeichneten Schuldner beantragt, so ist die Frage, inwieweit die Zulassung der Zwangsvollstreckung von dem Nachweis besonderer Voraussetzungen abhängig oder ob der Titel für oder gegen den anderen vollstreckbar ist, nach dem Recht des Staates zu entscheiden, in dem der Titel errichtet ist.

1 Grundsätzlich richtet sich die Vollstreckung der Entscheidung in einer Erbsache aus einem Ursprungsmitgliedstaat (Art. 3 Abs. 1 lit. e EuErbVO) nach dem Recht des Vollstreckungsmitgliedstaats (Art. 3 Abs. 1 lit. f EuErbVO), also bei einer Vollstreckung in Deutschland nach deutschem Vollstreckungsrecht. Hiervon macht die **Vorschrift** eine Ausnahme, indem sie für die Vollstreckbarkeit in den genannten Sonderfällen (Abhängigkeit der Vollstreckbarkeit des Titels von einer Sicherheitsleistung, von einem Fristablauf oder vom Eintritt einer Tatsache sowie Vollstreckung für oder gegen einen Dritten) **auf das Recht des Ursprungsmitgliedstaats** verweist (vgl. auch *Kunz* GPR 2014, 285 (286), die diese Regelung zu Recht als „Kollisionsnorm" bezeichnet). Zur Vollstreckbarkeit gegenüber Dritten gehört etwa auch die Frage, ob eine gegen einen Miterben ergangene Entscheidung im Hinblick auf § 747 ZPO auch gegen die übrigen Miterben wirkt (*Kunz* GPR 2014, 285 (287)).

2 Die Verweisung auf das Recht des Ursprungsmitgliedstaats bezieht sich aber nur auf die Vollstreckbarkeit in den genannten Sonderfällen; im Übrigen **gilt deutsches Vollstreckungsrecht,** soweit das IntErbRVG keine abweichenden Regelungen enthält. Nicht unter die Vorschrift fallen deshalb **andere Vollstreckungsvorbehalte,** die materiellrechtliche Einwendungen gegen die titulierte Forderung durchsetzen, sodass etwa bei uns zunächst die §§ 780 ff. ZPO im Hinblick auf eine beschränkte Erbenhaftung nach dem Erbstatut zur Anwendung kommen (nach *Kunz* GPR 2014, 285 (287) ist die Vorschrift insoweit nicht eindeutig). Zur Anwendung des § 780 Abs. 1 ZPO bei dem deutschen Recht unbekannten Haftungsbeschränkungen nach ausländischem Erbstatut s. BGH FamRZ 2015, 653

m. Anm. *Christandl.* Dennoch wird man dem Schuldner gestatten müssen, seine beschränkte Erbenhaftung auch dann im Wege der Vollstreckungsabwehrklage nach § 23 IntErbRVG (s. auch § 785 ZPO) geltend zu machen, wenn ein eigentlich nach § 780 Abs. 1 ZPO erforderlicher Vorbehalt im Ausland nicht zu erlangen ist, etwa weil das ausländische Vollstreckungsrecht einen solchen Vorbehalt nicht kennt (so allgemein auch *Kunz* GPR 2014, 285 (287), allerdings wohl auch für den Fall, dass das ausländische Vollstreckungsrecht einen vergleichbaren Vollstreckungsvorbehalt vorsieht).

Die Vorschrift entspricht § 39 Abs. 1 S. 1 AUG bzw § 7 Abs. 1 S. 1 AVAG (vgl. Regierungsentwurf, BT-Drs. 18/4201, 44). Die im Hinblick auf die EuUnthVO umstrittene Regelung des § 39 Abs. 1 S. 1 und Abs. 2 AUG wurde nicht übernommen, da im Hinblick auf die vorzulegenden Urkunden sowie die Anhörung des Antragsgegners **Art. 46 Abs. 3, Art. 47, 48 EuErbVO** abschließend sind (Regierungsentwurf, BT-Drs. 18/4201, 44; vgl. auch *Kunz* GPR 2014, 285 (287), die skeptisch ist, ob das „verordnungsautonome Beweisrecht" bei Titelumschreibungen ausreicht). Eine Klauselerteilungsklage bei einer qualifizierten Vollstreckungsklausel nach § 731 ZPO ist weder zulässig noch erforderlich, da die Voraussetzung der Vollstreckbarkeit in den genannten Sonderfällen im Rahmen der Entscheidung über die Vollstreckbarerklärung nach § 6 IntErbRVG geprüft werden; das Erfordernis einer (kontradiktorischen) Klauselerteilungsklage wäre auch unionsrechtlich wegen Art. 48 S. 2 EuErbVO unzulässig (*Kunz* GPR 2014, 285 (287 mit Fn. 10 sowie 288)). 3

§ 7 Entscheidung

(1) [1]**Ist die Zwangsvollstreckung aus dem Titel zuzulassen, so beschließt das Gericht, dass der Titel mit der Vollstreckungsklausel zu versehen ist. [2]In dem Beschluss ist die zu vollstreckende Verpflichtung in deutscher Sprache wiederzugeben. [3]Zur Begründung des Beschlusses genügt in der Regel die Bezugnahme auf die Verordnung (EU) Nr. 650/2012 sowie auf die von dem Antragsteller vorgelegten Urkunden. [4]Auf die Kosten des Verfahrens ist § 788 der Zivilprozessordnung entsprechend anzuwenden.**

(2) [1]**Ist der Antrag nicht zulässig oder nicht begründet, so lehnt ihn das Gericht durch Beschluss ab. [2]Der Beschluss ist zu begründen. [3]Die Kosten sind dem Antragsteller aufzuerlegen.**

Nach **Art. 48 EuErbVO** ist eine Entscheidung in einer Erbsache aus einem Ursprungsmitgliedstaat (Art. 3 Abs. 1 lit. e EuErbVO) auf ordnungsgemäßen Antrag (Art. 46, 47 EuErbVO, § 4 IntErbRVG) für vollstreckbar zu erklären (bzw. „die Zwangsvollstreckung aus dem Titel [ist] zuzulassen" iS der Vorschrift), ohne dass die Anerkennungsversagungsgründe bereits zu diesem Zeitpunkt vom Gericht des Vollstreckungsmitgliedstaats (Art. 3 Abs. 1 lit. f EuErbVO) zu prüfen sind. Die Anerkennungsversagungsgründe werden erst im Rechtsbehelfsverfahren nach Art. 50, 51 EuErbVO gemäß Art. 52 S. 1 EuErbVO untersucht. 1

Die Verordnung schweigt indes zu Form und Inhalt der Entscheidung über den Antrag auf Vollstreckbarerklärung und überlässt diese Frage dem Recht des Vollstreckungsmitgliedstaats (Art. 3 Abs. 1 lit. f EuErbVO), mithin in Deutschland der **Vorschrift,** die diese Fragen regelt (zu den Entscheidungsmöglichkeiten *Gierl* in Gierl/Köhler/Kroiß/Wilsch IntErbR, Teil 2 § 2 Rn. 22 ff.). 2

Die Vorschrift orientiert sich an § 40 Abs. 1 und 2 AUG bzw § 8 AVAG (vgl. Regierungsentwurf, BT-Drs. 18/4201, 44). § 41 AUG Abs. 3 musste für Erbsachen nicht übernommen werden, da dieser in FamFG-Verfahren der Grundregel des § 40 Abs. 1 FamFG entspricht und als Abweichung von § 116 Abs. 3 S. 1 FamFG gedacht war, der bei Erbsachen nicht einschlägig ist. 3

§ 8 Vollstreckungsklausel

(1) **Auf Grund des Beschlusses nach § 7 Absatz 1 erteilt der Urkundsbeamte der Geschäftsstelle die Vollstreckungsklausel in folgender Form:**

„Vollstreckungsklausel nach § 4 des Internationalen Erbrechtsverfahrensgesetzes vom 29. Juni 2015 (BGBl. I S. 1042). Gemäß dem Beschluss des ... (Bezeichnung des Gerichts und des Beschlusses) ist die Zwangsvollstreckung aus ... (Bezeichnung des Titels) zugunsten ... (Bezeichnung des Gläubigers) gegen ... (Bezeichnung des Schuldners) zulässig.

Die zu vollstreckende Verpflichtung lautet:

... (Angabe der dem Schuldner aus dem ausländischen Titel obliegenden Verpflichtung in deutscher Sprache; aus dem Beschluss nach § 7 Absatz 1 zu übernehmen).

Die Zwangsvollstreckung darf über Maßregeln zur Sicherung nicht hinausgehen, bis der Gläubiger eine gerichtliche Anordnung oder ein Zeugnis vorlegt, dass die Zwangsvollstreckung unbeschränkt stattfinden darf."

[2]**Lautet der Titel auf Leistung von Geld, so ist der Vollstreckungsklausel folgender Zusatz anzufügen:**

„Solange die Zwangsvollstreckung über Maßregeln zur Sicherung nicht hinausgehen darf, kann der Schuldner die Zwangsvollstreckung durch Leistung einer Sicherheit in Höhe von ... (Angabe des Betrages, wegen dessen der Gläubiger vollstrecken darf) abwenden.“

(2) **Wird die Zwangsvollstreckung nicht für alle der in dem ausländischen Titel niedergelegten Ansprüche oder nur für einen Teil des Gegenstands der Verpflichtung zugelassen, so ist die Vollstreckungsklausel als „Teil-Vollstreckungsklausel nach § 4 des Internationalen Erbrechtsverfahrensgesetzes vom 29. Juni 2015 (BGBl. I S. 1042)“ zu bezeichnen.**

(3) [1] **Die Vollstreckungsklausel ist von dem Urkundsbeamten der Geschäftsstelle zu unterschreiben und mit dem Gerichtssiegel zu versehen.** [2] **Sie ist entweder auf die Ausfertigung des Titels oder auf ein damit zu verbindendes Blatt zu setzen.** [3] **Falls eine Übersetzung des Titels vorliegt, ist sie mit der Ausfertigung zu verbinden.**

1 Die Vorschrift regelt die **Erteilung der Vollstreckungsklausel durch den Urkundsbeamten** auf Grundlage der Vollstreckbarerklärung nach § 7 Abs. 1 IntErbRVG sowie den **Inhalt der Vollstreckungsklausel.**

2 Die Vorschrift entspricht § 41 AUG bzw § 9 AVAG (vgl. Regierungsentwurf, BT-Drs. 18/4201, 44).

§ 9 Bekanntgabe der Entscheidung

(1) [1] **Lässt das Gericht die Zwangsvollstreckung zu (§ 7 Absatz 1), sind dem Antragsgegner beglaubigte Abschriften des Beschlusses, des mit der Vollstreckungsklausel versehenen Titels und gegebenenfalls seiner Übersetzung sowie der gemäß § 7 Absatz 1 Satz 3 in Bezug genommenen Urkunden von Amts wegen zuzustellen.** [2] **Dem Antragsteller sind eine beglaubigte Abschrift des Beschlusses, die mit der Vollstreckungsklausel versehene Ausfertigung des Titels sowie eine Bescheinigung über die bewirkte Zustellung zu übersenden.**

(2) **Lehnt das Gericht den Antrag auf Erteilung der Vollstreckungsklausel ab (§ 7 Absatz 2), ist der Beschluss dem Antragsteller zuzustellen.**

1 Bereits die **Verordnung** regelt die Bekanntgabe der Entscheidung über die Vollstreckbarerklärung in Grundzügen: **Art. 49 Abs. 1 EuErbVO** ordnet an, dass die Entscheidung über den Antrag auf Vollstreckbarerklärung dem Antragsteller unverzüglich in der Form mitzuteilen ist, die das Recht des Vollstreckungsmitgliedstaats (Art. 3 Abs. 1 lit. f EuErbVO) vorsieht, während **Art. 49 Abs. 2 EuErbVO** festlegt, dass die Vollstreckbarerklärung und, soweit bis dahin noch nicht geschehen, die Entscheidung der Partei, gegen welche die Vollstreckung erwirkt werden soll, zugestellt werden muss.

2 Diese unionsrechtliche Regelung wird durch die **Vorschrift** konkretisiert und ergänzt. Eine Bekanntgabe des ablehnenden Beschlusses an den Antragsgegner wird in **Abs. 2** bewusst nicht angeordnet, da dieser im erstinstanzlichen Verfahren regelmäßig nicht beteiligt ist (vgl. Regierungsentwurf, BT-Drs. 18/4201, 44).

3 Problematisch ist allenfalls – wie auch beim Vorbild des § 42 AUG (→ Rn. 4) im Hinblick auf die EuUnthVO –, dass **Abs. 1 S. 2** von einer **Zustellung zunächst an den Antragsgegner** nach Abs. 1 S. 1 ausgeht (dem Antragsteller ist auch eine Bescheinigung über die bewirkte Zustellung zu übersenden), wohingegen Art. 49 Abs. 1 EuErbVO eine **unverzügliche Mitteilung der Entscheidung** anordnet. Eine solche „Unverzüglichkeit“ der Mitteilung nach Unionsrecht schließt indes eine vorige Zustellung an den Antragsgegner nicht aus (so zum AUG auch Kindl/*Meller-Hannich*/Wolf, Gesamtes Recht der Zwangsvollstreckung, 3. Aufl. 2015, AUG § 42 Rn. 1).

4 Die Vorschrift entspricht § 42 AUG bzw § 10 Abs. 1 sowie Abs. 3 S. 1 AVAG (vgl. Regierungsentwurf, BT-Drs. 18/4201, 44).

Unterabschnitt 2. Beschwerde; Rechtsbeschwerde

§ 10 Beschwerdegericht; Einlegung der Beschwerde

(1) **Beschwerdegericht ist das Oberlandesgericht.**

(2) [1] **Die Beschwerde gegen die im ersten Rechtszug ergangene Entscheidung über den Antrag auf Erteilung der Vollstreckungsklausel wird bei dem Gericht, dessen Beschluss angefochten wird, durch Einreichen einer Beschwerdeschrift oder durch Erklärung zu Protokoll der Geschäftsstelle eingelegt.** [2] **Der Beschwerdeschrift soll die für ihre Zustellung erforderliche Zahl von Abschriften beigefügt werden.**

(3) **Die Beschwerde ist dem Beschwerdegegner von Amts wegen zuzustellen.**

1 Die **Verordnung** sieht zwingend die Möglichkeit eines **Rechtsbehelfs gegen die erstinstanzliche Entscheidung über die Vollstreckbarerklärung** (Art. 48 EuErbVO, § 7 IntErbRVG) vor. Nach **Art. 50 Abs. 1 EuErbVO** kann jede Partei gegen die Entscheidung über den Antrag auf Vollstreckbarerklärung einen Rechtsbehelf einlegen, wobei die Verordnung klarstellt, dass die Bestimmung des zuständigen Rechtsbehelfsgerichts dem Recht des Vollstreckungsmitgliedstaats (Art. 3 Abs. 1 lit. f EuErbVO) unterliegt, Art. 50 Abs. 2 EuErbVO. Auch legt die Verordnung einige **Eckpunkte des Rechtsbehelfsverfahrens** fest:

- Gemäß Art. 50 Abs. 3 EuErbVO wird über den Rechtsbehelf nach den Vorschriften entschieden, die für Verfahren mit **beiderseitigem rechtlichem Gehör** maßgebend sind.
- Art. 50 Abs. 4 EuErbVO enthält eine Regelung zur **Sicherstellung des rechtlichen Gehörs** des Antragsgegners.
- Art. 50 Abs. 5 EuErbVO regelt die **Rechtsbehelfsfrist.** Allerdings ist nur der Rechtsbehelf gegen die Vollstreckbarerklärung (für den Antragsgegner oder Schuldner) befristet; für einen Rechtsbehelf nach mitgliedstaatlichem Recht gegen die Ablehnung des Antrags auf Vollstreckbarerklärung (für den Antragsteller) ist keine Frist vorgesehen; auch das IntErbRVG ordnet insoweit keine Beschwerdefrist an, sodass die Beschwerde nicht fristgebunden ist (*Gierl* in Gierl/Köhler/Kroiß/Wilsch, IntErbR, Teil 2 § 2 Rn. 66 f.). Die **Fristberechnung** erfolgt nicht nach §§ 187 ff. BGB, gegebenenfalls iVm § 222 ZPO (so aber *Gierl* in Gierl/Köhler/Kroiß/Wilsch, IntErbR, Teil 2 § 2 Rn. 60), sondern vorrangig nach der europäischen Fristenverordnung (Text abgedruckt in → IntErbRVG Anhang zu § 42), die auch bei allen Fristen der Erbrechtsverordnung zum Zuge kommt, s. ausdrücklich Erwägungsgrund Nr. 77 zur EuErbVO: „Die Berechnung der in dieser Verordnung vorgesehenen Fristen und Termine sollte nach Maßgabe der Verordnung (EWG, Euratom) Nr. 1182/71 des Rates vom 3. Juni 1971 zur Festlegung der Regeln für die Fristen, Daten und Termine [...] erfolgen"; näher → IntErbRVG § 42 Rn. 4 f., auch im Hinblick auf Lücken der Fristenverordnung. Insoweit weicht die EuErbVO womöglich vom Brüssel-I-Regime ab (wo regelmäßig auf eine Aussage des *Jenard*-Berichts zu dem Übereinkommen über die gerichtliche Zuständigkeit und die Vollstreckung gerichtlicher Entscheidungen in Zivil- und Handelssachen, ABl. EG 1979 C 59/1, 51 [zu Art. 36 EuGVÜ], zurückgegriffen wird). Bei der Frage, ob eine **Wiedereinsetzung in den vorigen Stand** möglich ist, handelt es sich deshalb nicht allein um eine Frage des deutschen Verfahrensrechts (so aber *Gierl* in Gierl/Köhler/Kroiß/Wilsch, IntErbR, Teil 2 § 2 Rn. 61), sondern zunächst um eine Frage der Auslegung des Art. 50 Abs. 5 EuErbVO, die autonom zu erfolgen hat. Richtigerweise wird man aber im Hinblick auf die Frage der Wiedereinsetzbarkeit einen Verweis auf mitgliedstaatliches Verfahrensrecht annehmen müssen, da diese Frage eng mit dem innerstaatlichen Verfahren verknüpft ist. Das Problem ist freilich, dass im IntErbRVG eine Regelung zur Frage fehlt, ob es sich für Zwecke des deutschen Verfahrensrechts bei der Rechtsbehelfsfrist nach Art. 50 Abs. 5 EuErbVO um eine Notfrist handelt (wichtig wegen § 233 S. 1 ZPO). Dies wird man mit dem Rechtsgedanken des allgemeinen § 11 Abs. 3 S. 3 AVAG bejahen können (so im Ergebnis auch *Gierl* in Gierl/Köhler/Kroiß/Wilsch, IntErbR, Teil 2 § 2 Rn. 61, mit einem überzeugenden Verweis auf Art. 50 Abs. 5 S. 3 EuErbVO).
- Nach Art. 52 S. 1 EuErbVO darf die Vollstreckbarerklärung (Art. 48 EuErbV0, § 7 IntErbRVG) vom Rechtsbehelfsgericht **nur aus einem der in Art. 40 EuErbVO vorgesehenen Anerkennungsversagungsgründe** versagt oder aufgehoben werden. Freilich darf das Gericht eine Vollstreckbarerklärung auch aus formellen Gründen versagen und der Schuldner darf solche formellen Mängel der erstinstanzlichen Vollstreckbarerklärung auch im Rechtsbehelfsverfahren rügen (s. zu Art. 45 Brüssel I-VO OLG Köln GRUR-RR 2005, 34 (35)).
- Das Gericht erlässt seine Entscheidung **unverzüglich,** Art. 52 S. 2 EuErbVO.
- Das Rechtsbehelfsgericht setzt nach Art. 53 EuErbVO das Verfahren auf Antrag des Schuldners aus, wenn die Entscheidung **im Ursprungsmitgliedstaat** wegen der Einlegung eines Rechtsbehelfs **vorläufig nicht vollstreckbar ist.**

2 Diese unionsrechtlichen Regelungen werden durch die **Vorschrift** im Hinblick auf das zuständige Rechtsbehelfsgericht **(Abs. 1),** die Einlegung der Beschwerde **(Abs. 2)** sowie die Zustellung der Beschwerde beim Beschwerdegegner **(Abs. 3)** ergänzt und konkretisiert. Bei einer Vollstreckbarerklärung **durch den Notar** ist wegen § 3 Abs. 4 S. 2 IntErbRVG die Beschwerde nach Abs. 2 bei dem Landgericht einzureichen, in dessen Gerichtsbezirk der Notar seinen Sitz hat (vgl. auch *Gierl* in Gierl/Köhler/Kroiß/Wilsch, IntErbR, Teil 2 § 2 Rn. 52).

3 Die Vorschrift geht über Art. 50 ff. EuErbVO jedenfalls insoweit hinaus, als die Beschwerde nach §§ 10 ff. IntErbRVG gegen **jede „im ersten Rechtszug ergangene Entscheidung über den Antrag auf Erteilung der Vollstreckungsklausel"** (Abs. 2) statthaft ist, also nicht nur – wie von Art. 50 Abs. 1 EuErbVO vorgesehen – gegen die Vollstreckbarerklärung, sondern etwa auch gegen eine die Vollstreckbarerklärung ablehnende Entscheidung; zur Beschwerdefrist insoweit → Rn. 1.

4 Die Vorschrift entspricht § 43 Abs. 1, 2 und 5 AUG bzw grundsätzlich auch § 11 Abs. 1, 2, 4 AVAG (vgl. Regierungsentwurf, BT-Drs. 18/4201, 44). Angesichts des Art. 50 Abs. 5 EuErbVO (→ Rn. 1) war eine Regelung zur **Beschwerdefrist** (wie in § 43 Abs. 4 AUG, § 11 Abs. 3 AVAG) bei der

Vollstreckbarerklärung von Entscheidungen in Erbsachen nach den Art. 39 ff. EuErbVO bereits unionsrechtlich ausgeschlossen (Regierungsentwurf, BT-Drs. 18/4201, 44).

§ 11 Beschwerdeverfahren und Entscheidung über die Beschwerde

(1) [1] **Das Beschwerdegericht entscheidet durch Beschluss, der mit Gründen zu versehen ist und ohne mündliche Verhandlung ergehen kann.** [2] **Der Beschwerdegegner ist vor der Entscheidung zu hören.**

(2) [1] **Solange eine mündliche Verhandlung nicht angeordnet ist, können zu Protokoll der Geschäftsstelle Anträge gestellt und Erklärungen abgegeben werden.** [2] **Wird die mündliche Verhandlung angeordnet, so gilt für die Ladung § 215 der Zivilprozessordnung.**

(3) **Eine vollständige Ausfertigung des Beschlusses ist dem Antragsteller und dem Antragsgegner auch dann von Amts wegen zuzustellen, wenn der Beschluss verkündet worden ist.**

(4) [1] **Soweit auf Grund des Beschlusses die Zwangsvollstreckung aus dem Titel erstmals zuzulassen ist, erteilt der Urkundsbeamte der Geschäftsstelle des Beschwerdegerichts die Vollstreckungsklausel.** [2] **§ 7 Absatz 1 Satz 2 und 4 sowie die §§ 8 und 9 Absatz 1 sind entsprechend anzuwenden.** [3] **Ein Zusatz, dass die Zwangsvollstreckung über Maßregeln zur Sicherung nicht hinausgehen darf (§ 8 Absatz 1), ist nur aufzunehmen, wenn das Beschwerdegericht eine Anordnung nach § 18 Absatz 2 erlassen hat.** [4] **Der Inhalt des Zusatzes bestimmt sich nach dem Inhalt der Anordnung.**

1 Die **Vorschrift** konkretisiert und ergänzt die Eckpunkte des Rechtsbehelfsverfahrens nach der EuErbVO (→ IntErbRVG § 10 Rn. 1) im Hinblick auf das Beschwerdeverfahren **(Abs. 1–3)** und die Beschwerdeentscheidung **(Abs. 1 S. 1, Abs. 4).** Zu den Entscheidungsmöglichkeiten s. *Gierl* in Gierl/Köhler/Kroiß/Wilsch, IntErbR, Teil 2 § 2 Rn. 76 ff.

2 Während im erstinstanzlichen Verfahren kein **Anwaltszwang** herrscht (§ 5 Abs. 2 IntErbRVG), besteht ein solcher im Beschwerdeverfahren ab dem Zeitpunkt, zu dem das Beschwerdegericht gemäß **Abs. 2** nach pflichtgemäßem Ermessen eine mündliche Verhandlung anordnet (vgl. § 78 Abs. 3 Fall 2 ZPO sowie Regierungsentwurf, BT-Drs. 18/4201, 44). Bei der Einlegung der Beschwerde besteht demnach kein Anwaltszwang (*Gierl* in Gierl/Köhler/Kroiß/Wilsch, IntErbR, Teil 2 § 2 Rn. 53). Deshalb muss nach **Abs. 2 S. 2** iVm § 215 Abs. 2 ZPO die Ladung zur mündlichen Verhandlung die Aufforderung enthalten, einen Anwalt zu bestellen (Regierungsentwurf, BT-Drs. 18/4201, 44).

3 Die Vorschrift basiert auf § 45 AUG bzw § 13 AVAG (vgl. Regierungsentwurf, BT-Drs. 18/4201, 44).

§ 12 Statthaftigkeit und Frist der Rechtsbeschwerde

(1) **Gegen den Beschluss des Beschwerdegerichts findet die Rechtsbeschwerde nach Maßgabe des § 574 Absatz 1 Satz 1 Nummer 1 und Absatz 2 der Zivilprozessordnung statt.**

(2) **Die Rechtsbeschwerde ist innerhalb eines Monats einzulegen.**

(3) **Die Rechtsbeschwerdefrist ist eine Notfrist und beginnt mit der Zustellung des Beschlusses (§ 11 Absatz 3).**

1 Die **Verordnung** sieht einen **Rechtsbehelf gegen die Rechtsbehelfsentscheidung** (Art. 50, 52 EuErbVO, § 11 Abs. 1 S. 1 sowie Abs. 4 IntErbRVG) vor: Nach **Art. 51 EuErbVO** kann gegen die über den Rechtsbehelf ergangene Entscheidung nur der Rechtsbehelf eingelegt werden, den der betreffende Mitgliedstaat der Kommission gemäß Art. 78 Abs. 1 lit. b EuErbVO mitgeteilt hat. Nähere Informationen zum Verfahren enthält die Verordnung nicht. Es gilt lediglich, wie bereits bei der Rechtsbehelfsentscheidung (→ IntErbRVG § 10 Rn. 1), dass nach Art. 52 S. 1 EuErbVO die Vollstreckbarerklärung (Art. 48 EuErbV0, § 7 IntErbRVG) vom Rechtsbehelfsgericht nur aus einem der in Art. 40 EuErbVO vorgesehenen Anerkennungsversagungsgründe versagt oder aufgehoben werden darf; zu formellen Versagungsgründen gilt das bei → IntErbRVG § 10 Rn. 1 Gesagte entsprechend. Das Gericht erlässt auch beim Rechtsbehelf nach Art. 51 EuErbVO seine Entscheidung unverzüglich, Art. 52 S. 2 EuErbVO. Auch muss bei Art. 51 EuErbVO das Rechtsbehelfsgericht nach Art. 53 EuErbVO das Verfahren auf Antrag des Schuldners aussetzen, wenn die Entscheidung im Ursprungsmitgliedstaat (Art. 3 Abs. 1 lit. e EuErbVO) wegen der Einlegung eines Rechtsbehelfs vorläufig nicht vollstreckbar ist.

2 Dieser Rechtsbehelf gegen die Rechtsbehelfsentscheidung wird durch die **Vorschrift** im Hinblick auf den statthaften Rechtsbehelf konkretisiert **(Abs. 1)** und im Hinblick auf die Rechtsbehelfsfrist ergänzt **(Abs. 2, 3),** die anders als beim Rechtsbehelf nach Art. 50 EuErbVO (Art. 50 Abs. 5 EuErbVO → IntErbRVG § 10 Rn. 1) beim Rechtsbehelf nach Art. 51 EuErbVO nicht vom Unionsgesetzgeber

vorgegeben wird. Die Rechtbeschwerde als statthafter Rechtsbehelf nach Art. 51 EuErbVO bedarf nicht der Zulassung durch das Beschwerdegericht (Regierungsentwurf, BT-Drs. 18/4201, 45), muss allerdings nach **Abs. 1** die Voraussetzungen des § 574 Abs. 1 Nr. 1, Abs. 2 ZPO erfüllen.

Die Vorschrift übernimmt § 15 AVAG, entspricht aber im Grundsatz auch § 46 AUG (vgl. Regierungsentwurf, BT-Drs. 18/4201, 45). 3

§ 13 Einlegung und Begründung der Rechtsbeschwerde

(1) **Die Rechtsbeschwerde wird durch Einreichen der Beschwerdeschrift beim Bundesgerichtshof eingelegt.**

(2) [1]**Die Rechtsbeschwerde ist zu begründen.** [2]**§ 575 Absatz 2 bis 4 der Zivilprozessordnung ist entsprechend anzuwenden.** [3]**Soweit die Rechtsbeschwerde darauf gestützt wird, dass das Beschwerdegericht von einer Entscheidung des Gerichtshofs der Europäischen Union abgewichen sei, muss die Entscheidung, von der der angefochtene Beschluss abweicht, bezeichnet werden.**

(3) **Mit der Beschwerdeschrift soll eine Ausfertigung oder beglaubigte Abschrift des Beschlusses, gegen den sich die Rechtsbeschwerde richtet, vorgelegt werden.**

Die **Vorschrift** konkretisiert das Rechtsbehelfsverfahren nach Art. 51 EuErbVO (→ IntErbRVG § 12 Rn. 1) im Hinblick auf die Einlegung **(Abs. 1)** und Begründung **(Abs. 2 und 3)** der Rechtsbeschwerde. 1

Die Vorschrift basiert auf § 16 AVAG, aber in der Sache grundsätzlich auch auf § 47 AUG (vgl. Regierungsentwurf, BT-Drs. 18/4201, 45). 2

§ 14 Verfahren und Entscheidung über die Rechtsbeschwerde

(1) [1]**Der Bundesgerichtshof kann über die Rechtsbeschwerde ohne mündliche Verhandlung entscheiden.** [2]**Auf das Verfahren über die Rechtsbeschwerde sind § 574 Absatz 4, § 576 Absatz 3 und § 577 der Zivilprozessordnung entsprechend anzuwenden.**

(2) [1]**Soweit die Zwangsvollstreckung aus dem Titel erstmals durch den Bundesgerichtshof zugelassen wird, erteilt der Urkundsbeamte der Geschäftsstelle dieses Gerichts die Vollstreckungsklausel.** [2]**§ 7 Absatz 1 Satz 2 und 4 sowie die §§ 8 und 9 Absatz 1 gelten entsprechend.** [3]**Ein Zusatz über die Beschränkung der Zwangsvollstreckung entfällt.**

Die **Vorschrift** konkretisiert das Rechtsbehelfsverfahren nach Art. 51 EuErbVO (→ IntErbRVG § 12 Rn. 1) im Hinblick auf das Verfahren **(Abs. 1)** und die Entscheidung **(Abs. 1 S. 2, Abs. 2)** über die Rechtsbeschwerde. 1

Die Vorschrift basiert auf § 17 Abs. 2 und 3 AVAG, aber in der Sache grundsätzlich auch auf § 48 Abs. 2 und 3 AUG (vgl. Regierungsentwurf, BT-Drs. 18/4201, 45). Eine Übernahme des § 17 Abs. 1 AVAG bzw § 48 Abs. 2 AUG (Regelung des Prüfungsumfangs) war im Hinblick auf Art. 52 S. 1 EuErbVO (→ IntErbRVG § 12 Rn. 1) entbehrlich und ausgeschlossen, da diese unionsrechtliche Vorschrift bereits das Prüfungsprogramm des Rechtsbehelfsgerichts bei Art. 51 EuErbVO festlegt (Regierungsentwurf, BT-Drs. 18/4201, 45). 2

Unterabschnitt 3. Beschränkung der Zwangsvollstreckung auf Sicherungsmaßregeln und unbeschränkte Fortsetzung der Zwangsvollstreckung

§ 15 Prüfung der Beschränkung

Einwendungen des Schuldners, dass bei der Zwangsvollstreckung die Beschränkung auf Sicherungsmaßregeln nach der Verordnung (EU) Nr. 650/2012 oder auf Grund einer Anordnung gemäß § 18 Absatz 2 nicht eingehalten werde, oder Einwendungen des Gläubigers, dass eine bestimmte Maßnahme der Zwangsvollstreckung mit dieser Beschränkung vereinbar sei, sind im Wege der Erinnerung nach § 766 der Zivilprozessordnung bei dem Vollstreckungsgericht (§ 764 der Zivilprozessordnung) geltend zu machen.

Nach **Art. 54 Abs. 3 EuErbVO** darf, solange die in Art. 50 Abs. 5 vorgesehene Frist für den Rechtsbehelf gegen die Vollstreckbarerklärung nach Art. 50 EuErbVO läuft und solange über diesen Rechtsbehelf nicht entschieden ist, die Zwangsvollstreckung in das Vermögen des Schuldners nicht über 1

Maßnahmen zur Sicherung hinausgehen. Das Gleiche kann nach deutschem Ausführungsrecht das Beschwerdegericht als Rechtsbehelfsgericht iS des Art. 50 EuErbVO nach **§ 18 Abs. 2 IntErbRVG** (für das Rechtsbeschwerdegericht als Rechtsbehelfsgericht iS des Art. 51 EuErbVO s. § 18 Abs. 3 IntErbRVG) auf Antrag des Schuldners anordnen, solange die Frist zur Rechtsbeschwerde nach § 12 Abs. 2, 3 IntErbRVG noch läuft oder das Rechtsbeschwerdegericht nicht über die Rechtsbeschwerde nach § 14 IntErbRVG entschieden hat.

2 Vor diesem Hintergrund legt die **Vorschrift** die Vollstreckungserinnerung nach § 766 ZPO als statthaften Rechtsbehelf für Einwendungen des Gläubigers oder Schuldners hinsichtlich der Einhaltung dieser Beschränkung auf Sicherungsmaßnahmen fest, und zwar selbst dann, wenn nach der ZPO (auch) ein anderer Rechtsbehelf statthaft wäre (Regierungsentwurf, BT-Drs. 18/4201, 45). Freilich ist die Vollstreckungserinnerung nach § 766 ZPO auch **in ihrem direkten Anwendungsbereich** bei sonstigen Verstößen gegen das bei der Zwangsvollstreckung zu beobachtende Verfahren statthaft (*Kunz* GPR 2014, 285 (287 in Fn. 18)).

3 Die Vorschrift übernimmt § 49 AUG sowie 19 AVAG (vgl. Regierungsentwurf, BT-Drs. 18/4201, 45).

§ 16 Sicherheitsleistung durch den Schuldner

(1) **Solange die Zwangsvollstreckung aus einem Titel, der auf Leistung von Geld lautet, nicht über Maßregeln zur Sicherung hinausgehen darf, ist der Schuldner befugt, die Zwangsvollstreckung durch Leistung einer Sicherheit in Höhe des Betrages abzuwenden, wegen dessen der Gläubiger vollstrecken darf.**

(2) **Die Zwangsvollstreckung ist einzustellen und bereits getroffene Vollstreckungsmaßregeln sind aufzuheben, wenn der Schuldner durch eine öffentliche Urkunde die zur Abwendung der Zwangsvollstreckung erforderliche Sicherheitsleistung nachweist.**

1 Die Vorschrift regelt die **Abwendungsbefugnis des Schuldners,** wenn die Zwangsvollstreckung auf Maßregeln zur Sicherung beschränkt ist → IntErbRVG § 15 Rn. 1.

2 Die Vorschrift entspricht § 50 AUG sowie § 20 AVAG (vgl. Regierungsentwurf, BT-Drs. 18/4201, 45).

§ 17 Versteigerung beweglicher Sachen

Ist eine bewegliche Sache gepfändet und darf die Zwangsvollstreckung nicht über Maßregeln zur Sicherung hinausgehen, so kann das Vollstreckungsgericht auf Antrag des Gläubigers oder des Schuldners anordnen, dass die Sache versteigert und der Erlös hinterlegt werde, wenn sie der Gefahr einer beträchtlichen Wertminderung ausgesetzt ist oder wenn ihre Aufbewahrung unverhältnismäßige Kosten verursachen würde.

1 Die Vorschrift ermöglicht auf Antrag des Gläubigers oder Schuldners eine **Versteigerung und Erlöshinterlegung** bei der Vollstreckung in bewegliche Sachen, wenn die Zwangsvollstreckung auf Maßregeln zur Sicherung beschränkt ist → IntErbRVG § 15 Rn. 1. – Zur **funktionellen Zuständigkeit** des Rechtspflegers s. § 20 Abs. 1 Nr. 16a RPflG nF.

2 Die Vorschrift entspricht § 51 AUG sowie § 21 AVAG (vgl. Regierungsentwurf, BT-Drs. 18/4201, 45).

§ 18 Unbeschränkte Fortsetzung der Zwangsvollstreckung; besondere gerichtliche Anordnungen

(1) **Weist das Beschwerdegericht die Beschwerde des Schuldners gegen die Zulassung der Zwangsvollstreckung zurück oder lässt es auf die Beschwerde des Gläubigers die Zwangsvollstreckung aus dem Titel zu, so kann die Zwangsvollstreckung über Maßregeln zur Sicherung hinaus fortgesetzt werden.**

(2) [1] **Auf Antrag des Schuldners kann das Beschwerdegericht anordnen, dass bis zum Ablauf der Frist zur Einlegung der Rechtsbeschwerde oder bis zur Entscheidung über die Rechtsbeschwerde die Zwangsvollstreckung nicht oder nur gegen Sicherheitsleistung über Maßregeln zur Sicherung hinausgehen darf.** [2] **Die Anordnung darf nur erlassen werden, wenn glaubhaft gemacht wird, dass die weiter gehende Vollstreckung dem Schuldner einen nicht zu ersetzenden Nachteil bringen würde.** [3] **§ 713 der Zivilprozessordnung ist entsprechend anzuwenden.**

(3) [1] **Wird Rechtsbeschwerde eingelegt, so kann der Bundesgerichtshof auf Antrag des Schuldners eine Anordnung nach Absatz 2 erlassen.** [2] **Der Bundesgerichtshof kann auf Antrag des Gläubigers eine nach Absatz 2 erlassene Anordnung des Beschwerdegerichts abändern oder aufheben.**

§ 19 Unbeschränkte Fortsetzung der durch das Gericht des ersten Rechtszuges zugelassenen Zwangsvollstreckung

(1) **Die Zwangsvollstreckung aus dem Titel, den der Urkundsbeamte der Geschäftsstelle des Gerichts des ersten Rechtszuges mit der Vollstreckungsklausel versehen hat, ist auf Antrag des Gläubigers über Maßregeln zur Sicherung hinaus fortzusetzen, wenn das Zeugnis des Urkundsbeamten der Geschäftsstelle dieses Gerichts vorgelegt wird, dass die Zwangsvollstreckung unbeschränkt stattfinden darf.**

(2) **Das Zeugnis ist dem Gläubiger auf seinen Antrag zu erteilen,**

1. **wenn der Schuldner bis zum Ablauf der Beschwerdefrist keine Beschwerdeschrift eingereicht hat,**
2. **wenn das Beschwerdegericht die Beschwerde des Schuldners zurückgewiesen und keine Anordnung nach § 18 Absatz 2 erlassen hat,**
3. **wenn der Bundesgerichtshof die Anordnung des Beschwerdegerichts aufgehoben hat (§ 18 Absatz 3 Satz 2) oder**
4. **wenn der Bundesgerichtshof den Titel zur Zwangsvollstreckung zugelassen hat.**

(3) **Aus dem Titel darf die Zwangsvollstreckung, selbst wenn sie auf Maßregeln zur Sicherung beschränkt ist, nicht mehr stattfinden, sobald ein Beschluss des Beschwerdegerichts, dass der Titel zur Zwangsvollstreckung nicht zugelassen werde, verkündet oder zugestellt ist.**

§ 20 Unbeschränkte Fortsetzung der durch das Beschwerdegericht zugelassenen Zwangsvollstreckung

(1) **Die Zwangsvollstreckung aus dem Titel, zu dem der Urkundsbeamte der Geschäftsstelle des Beschwerdegerichts die Vollstreckungsklausel mit dem Zusatz erteilt hat, dass die Zwangsvollstreckung auf Grund der Anordnung des Gerichts nicht über Maßregeln zur Sicherung hinausgehen darf (§ 11 Absatz 4 Satz 3), ist auf Antrag des Gläubigers über Maßregeln zur Sicherung hinaus fortzusetzen, wenn das Zeugnis des Urkundsbeamten der Geschäftsstelle dieses Gerichts vorgelegt wird, dass die Zwangsvollstreckung unbeschränkt stattfinden darf.**

(2) **Das Zeugnis ist dem Gläubiger auf seinen Antrag zu erteilen,**

1. **wenn der Schuldner bis zum Ablauf der Frist zur Einlegung der Rechtsbeschwerde (§ 12 Absatz 2) keine Beschwerdeschrift eingereicht hat,**
2. **wenn der Bundesgerichtshof die Anordnung des Beschwerdegerichts aufgehoben hat (§ 18 Absatz 3 Satz 2) oder**
3. **wenn der Bundesgerichtshof die Rechtsbeschwerde des Schuldners zurückgewiesen hat.**

Die drei Vorschriften der §§ 18–20 IntErbRVG regeln die **unbeschränkte Fortsetzung der Zwangsvollstreckung,** wenn der Grund für die Beschränkung der Zwangsvollstreckung auf Maßregeln zur Sicherung (→ IntErbRVG § 15 Rn. 1) wegfällt und dies dokumentiert wird durch 1

- eine **Entscheidung des Beschwerdegerichts** (**§ 18 IntErbRVG,** wobei dieses oder das Rechtsbeschwerdegericht bis zum Ablauf der Rechtsbehelfsfrist oder bis zur Entscheidung über den Rechtsbehelf nach Art. 51 EuErbVO auf Antrag des Schuldners die Beschränkung wieder anordnen kann, § 18 Abs. 2, 3 IntErbRVG) oder
- auf Antrag des Gläubigers durch ein **Zeugnis des Urkundsbeamten** der Geschäftsstelle **des erstinstanzlichen Gerichts (§ 19 IntErbRVG)** oder **des Beschwerdegerichts (§ 20 IntErbRVG).**

Die Vorschriften entsprechen §§ 52–54 AUG sowie §§ 22–24 AVAG (vgl. Regierungsentwurf, BT-Drs. 18/4201, 45). 2

Unterabschnitt 4. Feststellung der Anerkennung einer ausländischen Entscheidung

§ 21 Verfahren

(1) **Auf das Verfahren, das die Feststellung zum Gegenstand hat, ob eine Entscheidung aus einem anderen Mitgliedstaat anzuerkennen ist, sind die §§ 3 bis 5, § 7 Absatz 2, die §§ 9 bis 11 Absatz 1 bis 3, die §§ 12, 13 sowie 14 Absatz 1 entsprechend anzuwenden.**

(2) **Ist der Antrag auf Feststellung begründet, so beschließt das Gericht, die Entscheidung anzuerkennen.**

§ 22 Kostenentscheidung

[1] In den Fällen des § 21 Absatz 2 sind die Kosten dem Antragsgegner aufzuerlegen. [2] Dieser kann die Beschwerde (§ 10) auf die Entscheidung über den Kostenpunkt beschränken. [3] In diesem Fall sind die Kosten dem Antragsteller aufzuerlegen, wenn der Antragsgegner durch sein Verhalten keine Veranlassung zu dem Antrag auf Feststellung gegeben hat.

1 Zwar sind nach der **Verordnung** Entscheidungen in Erbsachen aus Ursprungsmitgliedstaaten (Art. 3 Abs. 1 lit. e EuErbVO) ex lege und ohne besonderes Verfahren anzuerkennen, Art. 39 Abs. 1 EuErbVO, wenn kein Anerkennungsversagungsgrund nach Art. 40 EuErbVO vorliegt, s. auch Art. 41 EuErbVO (Ausschluss einer Nachprüfung in der Sache). Auch kann jedes mitgliedstaatliche Gericht, dessen Entscheidung von der Anerkennung abhängt, über die Anerkennung inzident entscheiden, Art. 39 Abs. 3 EuErbVO. Zusätzlich sieht **Art. 39 Abs. 2 EuErbVO** die Möglichkeit eines **selbständigen Anerkennungsverfahrens** vor: Jede Partei, welche die Anerkennung geltend macht, kann die Feststellung beantragen, dass die Entscheidung anzuerkennen ist, wenn die Frage, ob eine Entscheidung anzuerkennen ist, als solche den Gegenstand eines Streites zwischen den Parteien bildet. Auf dieses besondere Feststellungsverfahren finden die Vorschriften über das Vollstreckbarerklärungsverfahren nach Art. 45–58 EuErbVO entsprechend Anwendung.

2 Die **Vorschriften der §§ 21, 22 IntErbRVG** ergänzen und konkretisieren die Regelungen für dieses Anerkennungsfeststellungsverfahren vor allem ebenfalls durch einen **Verweis** auf die ergänzenden und konkretisierenden Regelungen zum Vollstreckbarerklärungsverfahren **(§ 21 Abs. 1 IntErbRVG).** Ferner wird der **Inhalt der Anerkennungsfeststellungsentscheidung** festgelegt **(§ 21 Abs. 1, § 22 IntErbRVG).** Der Beschluss lautet im Falle eines zulässigen und begründeten Antrags, dass die Entscheidung anzuerkennen ist **(§ 21 Abs. 2 IntErbRVG).**

3 Zu den **Kosten** s. allgemein → IntErbRVG Vorb §§ 3 ff. Rn. 12.

4 Die Vorschriften entsprechen §§ 55, 56 AUG sowie §§ 25, 26 AVAG (vgl. Regierungsentwurf, BT-Drs. 18/4201, 45).

Unterabschnitt 5. Vollstreckungsabwehrklage; besonderes Verfahren; Schadensersatz

§ 23 Vollstreckungsabwehrklage

(1) **[1] Ist die Zwangsvollstreckung aus einem Titel zugelassen, so kann der Schuldner Einwendungen gegen den Anspruch selbst in einem Verfahren nach § 767 der Zivilprozessordnung geltend machen. [2] Handelt es sich bei dem Titel um eine gerichtliche Entscheidung, so gilt dies nur, soweit die Gründe, auf denen die Einwendungen beruhen, erst nach dem Erlass der Entscheidung entstanden sind.**

(2) **Die Klage nach § 767 der Zivilprozessordnung ist bei dem Gericht zu erheben, das über den Antrag auf Erteilung der Vollstreckungsklausel entschieden hat.**

1 Die Vorschrift stellt in **Abs. 1 S. 1** klar, dass eine Vollstreckungsabwehrklage nach § 767 ZPO auch gegen einen im Inland für vollstreckbar erklärten Titel statthaft ist. Zugleich ordnet die Vorschrift aber auch an, dass erst ab diesem Zeitpunkt dieser Rechtsbehelf statthaft ist (vgl. *Kunz* GPR 2014, 285 (287)); vor der Vollstreckbarerklärung des ausländischen Titels würde es, anders als bei inländischen Titeln (vgl. BGHZ 120, 387, 391), ohnehin an einem Rechtsschutzbedürfnis für eine Vollstreckungsabwehrklage fehlen. Aus **Abs. 1 S. 2** ergibt sich, dass eine Präklusion (entsprechend § 767 Abs. 2 ZPO) nur bei gerichtlichen Entscheidungen in Betracht kommt. Die Sonderregelung zur Postulationsfähigkeit nach § 5 Abs. 2 IntErbRVG (anwaltliche Vertretung) gilt nicht bei der Vollstreckungsabwehrklage nach § 23 IntErbRVG; vielmehr kommt die allgemeine Regel des § 78 Abs. 1 S. 1 ZPO zum Zuge (*Kunz* GPR 2014, 285 (287)). Zum Vorbehalt der beschränkten Erbenhaftung und zur (modifizierten) Anwendbarkeit der §§ 780 ff. ZPO s. § 6 IntErbRVG Rn. 2; zur Möglichkeit einer einstweiligen Einstellung der Zwangsvollstreckung näher *Kunz* GPR 2014, 285 (290 f.).

2 **Abs. 2** bestimmt das **innerstaatlich zuständige Gericht** für die Vollstreckungsabwehrklage: Zuständig ist das Gericht, das über den Antrag auf Erteilung der Vollstreckungsklausel tatsächlich entschieden hat. Hierbei kann es sich um das erstinstanzliche Gericht nach § 3 Abs. 1–3, § 7 Abs. 1 S. 1 IntErbRVG handeln, aber auch das Beschwerdegericht nach § 10 Abs. 1, § 11 Abs. 4 S. 1 IntErbRVG oder das Rechtsbeschwerdegericht nach § 13 Abs. 1, § 14 Abs. 2 S. 1 IntErbRVG. Die Zuständigkeit ist nach dem Wortlaut des Abs. 2 („ist bei dem Gericht zu erheben") und dem Rechtsgedanken des § 802 ZPO eine ausschließliche (so zur Parallelnorm [→ Rn. 5] des § 56 Abs. 2

S. 1 AVAG tendenziell auch Musielak/Voit/*Lackmann,* ZPO, 12. Aufl. 2015, AVAG § 56 Rn. 3). – Unklar ist allenfalls, wo die Vollstreckungsabwehrklage zu erheben ist, wenn nach § 3 Abs. 4 S. 1 IntErbRVG eine ausländische notarielle Urkunde von einem Notar für vollstreckbar erklärt wurde. Hier wird man nicht § 797 Abs. 5 ZPO analog anzuwenden haben, sondern nach Abs. 2 iVm § 3 Abs. 4 S. 1 IntErbRVG das für den Amtssitz des Notars örtlich zuständige Gericht zur Entscheidung berufen sein (so zum AVAG auch *Seebach* MittBayNot 2013, 200 (205 mit Fn. 38)); vgl. auch § 46 Abs. 1 S. 2 IntErbRVG.

Die **internationale Zuständigkeit** für die Vollstreckungsabwehrklage der deutschen Gerichte folgt wie bei der Vollstreckbarerklärung allgemein aus Art. 43, 45 Abs. 1 EuErbVO, wenn die Bundesrepublik Vollstreckungsmitgliedstaat nach Art. 3 Abs. 1 lit. f EuErbVO ist (vgl. *Kunz* GPR 2014, 285 (288, 290), die allerdings eine internationale Annexzuständigkeit zur internationalen Zuständigkeit für die Vollstreckbarerklärung diskutiert). Hieran ändert sich auch nichts dadurch, dass eine dem Art. 24 Nr. 5 Brüssel Ia-VO entsprechende Vorschrift in der Erbrechtsverordnung fehlt. Vielmehr sind Art. 43, 45 Abs. 1 EuErbVO weit auszulegen. Freilich kann sich der Schuldner aber auch im Ursprungsmitgliedstaat (Art. 3 Abs. 1 lit. e EuErbVO) gegen die Vollstreckbarkeit wehren, vgl. auch § 24 IntErbRVG (im Ergebnis so auch *Kunz* GPR 2014, 285 (288 mit Fn. 35)). 3

Zu den **Kosten** s. → IntErbRVG Vorb §§ 3 ff. Rn. 12. 4

Die Vorschrift übernimmt § 56 Abs. 1, Abs. 2 S. 1 AVAG, bereinigt um die unterhaltsspezifischen Regelungen (vgl. Regierungsentwurf, BT-Drs. 18/4201, 45); vgl. auch § 66 AUG. 5

§ 24 Verfahren nach Aufhebung oder Änderung eines für vollstreckbar erklärten ausländischen Titels im Ursprungsmitgliedstaat

(1) **Wird der Titel in dem Mitgliedstaat, in dem er errichtet worden ist, aufgehoben oder geändert und kann der Schuldner diese Tatsache in dem Verfahren zur Zulassung der Zwangsvollstreckung nicht mehr geltend machen, so kann er die Aufhebung oder Änderung der Zulassung in einem besonderen Verfahren beantragen.**

(2) **Für die Entscheidung über den Antrag ist das Gericht ausschließlich zuständig, das im ersten Rechtszug über den Antrag auf Erteilung der Vollstreckungsklausel entschieden hat.**

(3) [1]**Der Antrag kann bei dem Gericht schriftlich oder zu Protokoll der Geschäftsstelle gestellt werden.** [2]**Über den Antrag kann ohne mündliche Verhandlung entschieden werden.** [3]**Vor der Entscheidung, die durch Beschluss ergeht, ist der Gläubiger zu hören.** [4]**§ 11 Absatz 2 und 3 gilt entsprechend.**

(4) [1]**Der Beschluss unterliegt der Beschwerde nach den §§ 567 bis 577 der Zivilprozessordnung.** [2]**Die Notfrist für die Einlegung der sofortigen Beschwerde beträgt einen Monat.**

(5) [1]**Für die Einstellung der Zwangsvollstreckung und die Aufhebung bereits getroffener Vollstreckungsmaßregeln sind die §§ 769 und 770 der Zivilprozessordnung entsprechend anzuwenden.** [2]**Die Aufhebung einer Vollstreckungsmaßregel ist auch ohne Sicherheitsleistung zulässig.**

§ 25 Aufhebung oder Änderung einer ausländischen Entscheidung, deren Anerkennung festgestellt ist

Wird die Entscheidung in dem Mitgliedstaat, in dem sie ergangen ist, aufgehoben oder abgeändert und kann die davon begünstigte Partei diese Tatsache nicht mehr in dem Verfahren über den Antrag auf Feststellung der Anerkennung geltend machen, so ist § 24 Absatz 1 bis 4 entsprechend anzuwenden.

§ 26 Schadensersatz wegen ungerechtfertigter Vollstreckung

(1) [1]**Wird die Zulassung der Zwangsvollstreckung auf die Beschwerde (§ 10) oder die Rechtsbeschwerde (§ 12) aufgehoben oder abgeändert, so ist der Gläubiger zum Ersatz des Schadens verpflichtet, der dem Schuldner durch die Vollstreckung oder durch eine Leistung zur Abwendung der Vollstreckung entstanden ist.** [2]**Das Gleiche gilt, wenn die Zulassung der Zwangsvollstreckung nach § 24 aufgehoben oder abgeändert wird, soweit die zur Zwangsvollstreckung zugelassene Entscheidung zum Zeitpunkt der Zulassung nach dem Recht des Mitgliedstaates, in dem sie ergangen ist, noch mit einem ordentlichen Rechtsmittel angefochten werden konnte.**

(2) **Für die Geltendmachung des Anspruchs ist das Gericht ausschließlich zuständig, das im ersten Rechtszug über den Antrag auf Erteilung der Vollstreckungsklausel entschieden hat.**

1 Die drei Vorschriften beschäftigen sich mit den **Auswirkungen eines nachträglichen Wegfalls der Vollstreckbarkeit** des im Inland bereits für vollstreckbar oder anerkennungsfähig erklärten Titels, sei es bei **§§ 24, 25 IntErbRVG** wegen einer Aufhebung oder Änderung eines für vollstreckbar erklärten ausländischen Titels im **Ursprungsmitgliedstaat** (Art. 3 Abs. 1 lit. e EuErbVO) oder bei **§ 26 IntErbRVG** wegen einer Aufhebung oder Änderung der Vollstreckbarerklärung in Deutschland als **Vollstreckungsmitgliedstaat** (Art. 3 Abs. 1 lit. f EuErbVO).

2 Nach **§ 24 Abs. 1 IntErbRVG** kann der Schuldner **in einem besonderen Verfahren die Aufhebung oder Änderung** der bereits erfolgten Vollstreckbarerklärung beantragen, wenn im Ursprungsmitgliedstaat der Titel aufgehoben oder geändert wurde und der Schuldner diese Tatsache nicht mehr im Vollstreckbarerklärungsverfahren (einschließlich der Rechtsbehelfsverfahren nach Art. 50 ff. EuErbVO bzw §§ 10 ff. IntErbRVG) geltend machen konnte. Der Schuldner muss eine Aufhebung oder Änderung des ausländischen Titels aber auch auf diesem Wege geltend machen (*Kunz* GPR 2014, 285 (288)), anders als bei inländischen Titeln, wo die Vollstreckbarkeit nach § 717 Abs. 1 ZPO automatisch mit der Aufhebung oder Änderung außer Kraft tritt. Es erübrigt sich eine Vollstreckungsabwehrklage (vgl. § 23 IntErbRVG), die der Schuldner ansonsten erheben müsste (s. zum AVAG den damaligen Regierungsentwurf, BT-Drs. 11/351, 28). **§ 24 Abs. 2 IntErbRVG** betrifft die Zuständigkeit für das besondere Aufhebungs- bzw Änderungsverfahren, **Abs. 3** das Verfahren, **Abs. 4** die Rechtsbehelfe gegen eine Entscheidung in diesem Verfahren (zu den Kosten s. → IntErbRVG Vorb § 3 Rn. 12). Die Folgen einer Aufhebung oder Änderung der Vollstreckbarkeit sind in **Abs. 5** geregelt, s. auch § 775 Nr. 1 ZPO. Zu den Folgen der Einlegung eines Rechtsbehelfs gegen eine ausländische vorläufig vollstreckbare Entscheidung näher *Kunz* GPR 2014, 285 (289 f.).

3 **§ 25 IntErbRVG** enthält eine entsprechende Vorschrift für das **selbständige Anerkennungsverfahren** nach Art. 39 Abs. 2 EuErbVO, §§ 21, 22 IntErbRVG, die eine entsprechende Anwendung der § 24 Abs. 1–4 IntErbRVG in diesem Fall anordnen. Nicht erstreckt wird die Schadensersatznorm in § 26 IntErbRVG. Hier kommen nur die allgemeinen Schadensersatzansprüche in Betracht (s. zum AVAG den damaligen Regierungsentwurf, BT-Drs. 11/351, 29).

4 **§ 26 IntErbRVG** ordnet eine **verschuldensunabhängige Schadensersatzpflicht** entsprechend §§ 717 Abs. 2, 945 ZPO für den Fall an, dass die Vollstreckbarkeitserklärung im Rahmen eines Rechtsbehelfsverfahrens nach Art. 50 ff. EuErbVO in Deutschland als Vollstreckungsmitgliedstaat (Art. 3 Abs. 1 lit. f EuErbVO) aufgehoben oder geändert wird. Es handelt sich bei der Vorschrift um eine Sachnorm, die kollisionsrechtlich immer anzuwenden ist, wenn nach den §§ 3 ff. IntErbRVG ein ausländischer Titel von einem deutschen Gericht für vollstreckbar erklärt wurde (vgl. auch Prütting/Helms/*Hau*, FamFG, 5. Aufl. 2020, § 110 Anh. 2 Rn. 58 [zu § 69 AUG]).

5 Zu den **Kosten** einer Klage s. → IntErbRVG Vorb § 3 Rn. 12.

6 § 24 IntErbRVG ist die Parallelnorm zu § 67 AUG bzw § 27 AVAG; § 25 IntErbRVG basiert auf § 68 AUG bzw § 29 AVAG sowie § 26 IntErbRVG auf § 69 AUG bzw § 28 AVAG (vgl. auch den Regierungsentwurf, BT-Drs. 18/4201, 46 f.).

Unterabschnitt 6. Entscheidungen deutscher Gerichte; Mahnverfahren

§ 27 Bescheinigungen zu inländischen Titeln

(1) **Für die Ausstellung der Bescheinigungen nach Artikel 46 Absatz 3 Buchstabe b, Artikel 60 Absatz 2 und Artikel 61 Absatz 2 der Verordnung (EU) Nr. 650/2012 sind die Gerichte oder Notare zuständig, denen die Erteilung einer vollstreckbaren Ausfertigung des Titels obliegt.**

(2) [1] **Soweit nach Absatz 1 die Gerichte für die Ausstellung der Bescheinigung zuständig sind, wird diese von dem Gericht des ersten Rechtszuges ausgestellt oder, wenn das Verfahren bei einem höheren Gericht anhängig ist, von diesem.** [2] **Funktionell zuständig ist die Stelle, der die Erteilung einer vollstreckbaren Ausfertigung obliegt.** [3] **Für die Anfechtbarkeit der Entscheidung über die Ausstellung der Bescheinigung gelten die Vorschriften über die Anfechtbarkeit der Entscheidung über die Erteilung der Vollstreckungsklausel entsprechend.**

(3) **Die Ausstellung einer Bescheinigung nach Absatz 1 schließt das Recht auf Erteilung einer Vollstreckungsklausel nach § 724 der Zivilprozessordnung nicht aus.**

1 Die Vollstreckbarerklärung setzt nach der **Verordnung** grundsätzlich voraus, dass der Antragsteller eine Bescheinigung nach Art. 46 Abs. 3 lit. b EuErbVO über die Entscheidung, eine Bescheinigung nach Art. 60 Abs. 2 EuErbVO über die öffentliche Urkunde oder eine Bescheinigung nach Art. 61 Abs. 2 EuErbVO über den gerichtlichen Vergleich vorlegt, die vom Gericht oder von der Behörde im Ursprungsmitgliedstaat (Art. 3 Abs. 1 lit. e EuErbVO) ausgestellt wurde, und zwar auf der Grundlage der in der Verordnung vorgesehenen Formblätter, die mittlerweile von der Kommission erstellt wurden (→ abgedruckt bei EuErbVO Art. 46, 59, 61).

Abs. 1 und 2 S. 1 und 2 regeln die sachliche, örtliche und funktionelle Zuständigkeit für die Ausstellung der Bescheinigung durch **deutsche Gerichte** oder **Notare,** die allein bei uns vollstreckbare öffentliche Urkunden in Erbsachen außerhalb gerichtlicher Entscheidungen errichten können (vgl. Regierungsentwurf, BT-Drs. 18/4201, 46). **Abs. 2 S. 3** regelt die Rechtsbehelfe hinsichtlich der Entscheidung über die Ausstellung der Bescheinigung und verweist insoweit auf die Vorschriften zur Anfechtbarkeit der Entscheidung über die Erteilung der Vollstreckungsklausel, also vor allem §§ 731 f. ZPO (gegebenenfalls iVm §§ 795 ff. ZPO). **Abs. 3** stellt klar, dass eine Ausstellung der Bescheinigung die Erteilung einer Vollstreckungsklausel nicht ausschließt, was von Bedeutung ist, wenn der Gläubiger sowohl im Ausland als auch im Inland vollstrecken möchte (vgl. Regierungsentwurf, BT-Drs. 18/4201, 46). 2

Die Vorschrift basiert im Wesentlichen auf § 57 AVAG und § 71 AUG (Regierungsentwurf, BT-Drs. 18/4201, 46). 3

§ 28 Vervollständigung inländischer Entscheidungen zur Verwendung im Ausland

(1) [1]**Will eine Partei ein Versäumnis- oder Anerkenntnisurteil, das nach § 313b der Zivilprozessordnung in verkürzter Form abgefasst worden ist, in einem anderen Mitgliedstaat geltend machen, so ist das Urteil auf ihren Antrag zu vervollständigen.** [2]**Der Antrag kann bei dem Gericht, das das Urteil erlassen hat, schriftlich oder durch Erklärung zu Protokoll der Geschäftsstelle gestellt werden.** [3]**Über den Antrag wird ohne mündliche Verhandlung entschieden.**

(2) **Zur Vervollständigung des Urteils sind der Tatbestand und die Entscheidungsgründe nachträglich abzufassen, von den Richtern gesondert zu unterschreiben und der Geschäftsstelle zu übergeben; der Tatbestand und die Entscheidungsgründe können auch von Richtern unterschrieben werden, die bei dem Urteil nicht mitgewirkt haben.**

(3) [1]**Für die Berichtigung des nachträglich abgefassten Tatbestandes gilt § 320 der Zivilprozessordnung.** [2]**Jedoch können bei der Entscheidung über einen Antrag auf Berichtigung auch solche Richter mitwirken, die bei dem Urteil oder der nachträglichen Anfertigung des Tatbestandes nicht mitgewirkt haben.**

(4) **Die vorstehenden Absätze gelten entsprechend für die Vervollständigung von Arrestbefehlen, einstweiligen Anordnungen und einstweiligen Verfügungen, die in einem anderen Mitgliedstaat geltend gemacht werden sollen und nicht mit einer Begründung versehen sind.**

§ 29 Vollstreckungsklausel zur Verwendung im Ausland

Vollstreckungsbescheide, Arrestbefehle und einstweilige Verfügungen oder einstweilige Anordnungen, deren Zwangsvollstreckung in einem anderen Mitgliedstaat betrieben werden soll, sind auch dann mit der Vollstreckungsklausel zu versehen, wenn dies für eine Zwangsvollstreckung im Inland nach § 796 Absatz 1, § 929 Absatz 1 oder § 936 der Zivilprozessordnung nicht erforderlich wäre.

Die beiden Vorschriften der §§ 28, 29 IntErbRVG wollen dafür sorgen, dass deutsche Vollstreckungstitel in Erbsachen nach den Art. 39 ff. EuErbVO im Ausland anerkannt und vollstreckt werden können, indem diese zur Verwendung im Ausland vervollständigt werden **(§ 28 IntErbRVG)** bzw mit einer Vollstreckungsklausel versehen werden können **(§ 29 IntErbRVG),** selbst wenn diese für eine Zwangsvollstreckung im Inland nicht erforderlich ist. Die Entscheidungsbegründung kann vor allem dazu dienen, dass ein ausländisches Gericht die Entscheidung einer ordre-public-Prüfung nach Art. 40 lit. a EuErbVO unterziehen kann (s. zum AVAG Zöller/*Geimer,* ZPO 30. Aufl. 2014, AVAG § 30 Rn. 1). 1

Die Vorschriften basieren weitgehend auf §§ 30, 31 AVAG bzw §§ 73, 74 AUG (Regierungsentwurf, BT-Drs. 18/4201, 46). 2

§ 30 Mahnverfahren mit Zustellung im Ausland

(1) [1]**Das Mahnverfahren findet auch statt, wenn die Zustellung des Mahnbescheids in einem anderen Mitgliedstaat erfolgen muss.** [2]**In diesem Fall kann der Anspruch auch die Zahlung einer bestimmten Geldsumme in ausländischer Währung zum Gegenstand haben.**

(2) **Macht der Antragsteller geltend, dass das angerufene Gericht auf Grund einer Gerichtsstandsvereinbarung zuständig sei, so hat er dem Mahnantrag die erforderlichen Schriftstücke über die Vereinbarung beizufügen.**

(3) **Die Widerspruchsfrist (§ 692 Absatz 1 Nummer 3 der Zivilprozessordnung) beträgt einen Monat.**

1 Die Vorschrift erweitert die **Statthaftigkeit des Mahnverfahrens** in Erbsachen bei Notwendigkeit einer Zustellung des Mahnbescheids im Ausland und modifiziert für solche Mahnverfahren die **anwendbaren Regelungen.** – Bemerkenswerterweise hat der Gesetzgeber § 688 Abs. 3 ZPO, der lediglich auf das AVAG verweist, nicht angepasst und keinen Verweis auf das IntErbRVG aufgenommen.

2 Die Vorschrift entspricht § 32 AVAG bzw § 75 AUG (Regierungsentwurf, BT-Drs. 18/4201, 46).

Abschnitt 4. Entgegennahme von Erklärungen; Aneignungsrecht

§ 31 Entgegennahme von Erklärungen

[1] Für die Entgegennahme einer Erklärung, mit der nach dem anzuwendenden Erbrecht eine Erbschaft ausgeschlagen oder angenommen wird, ist in den Fällen des Artikels 13 der Verordnung (EU) Nr. 650/2012 das Nachlassgericht örtlich zuständig, in dessen Bezirk die erklärende Person ihren gewöhnlichen Aufenthalt hat. [2] Die Erklärung ist zur Niederschrift des Nachlassgerichts oder in öffentlich beglaubigter Form abzugeben. [3] Dem Erklärenden ist die Urschrift der Niederschrift oder die Urschrift der Erklärung in öffentlich beglaubigter Form auszuhändigen; auf letzterer hat das Nachlassgericht den Ort und das Datum der Entgegennahme zu vermerken.

Übersicht

I. Unionsrechtlicher Hintergrund

1 Die Vorschrift knüpft an **Art. 13 EuErbVO** an, der erbberechtigten Personen die Abgabe bestimmter Erklärungen, die nach dem Erbstatut vor einem Gericht abgegeben werden können, in grenzüberschreitenden Erbfällen erleichtern soll. Der Erklärende muss eine solche Erklärung nach dem Erbstatut nicht vor den nach Art. 4ff. EuErbVO für die Erbsache eigentlich zuständigen Gerichten abgeben, sondern kann sich hierzu auch der Gerichte im Mitgliedstaat seines eigenen gewöhnlichen Aufenthalts bedienen. Die nach Art. 13 zuständigen Gerichte dürfen die Entgegennahme der Erklärung nicht als wesensfremde Tätigkeit verweigern (MüKoBGB/*Dutta* EuErbVO Art. 13 Rn. 11; vgl. auch Regierungsentwurf, BT-Drs. 18/4201, 46). Bei Art. 13 EuErbVO besteht Bedarf für Durchführungsvorschriften der Mitgliedstaaten.

II. Örtliche Zuständigkeit (S. 1)

2 Mit S. 1 der Vorschrift möchte der deutsche Gesetzgeber – wie auch mit §§ 2, 34 Abs. 1–3 und § 47 IntErbRVG (vgl. auch die anderen örtlichen Zuständigkeitsregeln der Verordnung → IntErbRVG Vorb §§ 1ff. Rn. 5) – dafür sorgen, dass bei einer internationalen Zuständigkeit der deutschen Gerichte nach Art. 13 EuErbVO auch ein Gericht innerhalb der Bundesrepublik örtlich zuständig ist (s. allgemein → IntErbRVG § 2 Rn. 1). Art. 13 EuErbVO regelt – wie die EuErbVO allgemein (→ IntErbRVG § 2 Rn. 1) – allein die internationale Zuständigkeit, und zwar konkret eine besondere internationale Zuständigkeit außerhalb der für die Erbsache nach Art. 4ff. EuErbVO zuständigen Gerichte, schweigt aber nach Art. 2 EuErbVO zur örtlichen Zuständigkeit innerhalb des nach Art. 13 EuErbVO international zuständigen Aufenthaltsmitgliedstaats des Erklärenden.

1. Zuständigkeit am gewöhnlichen Aufenthalt des Erklärenden

3 Sind nach Art. 13 EuErbVO die deutschen Gerichte international zuständig, weil der Erklärende seinen gewöhnlichen Aufenthalt im Inland hat, für die Erbsache aber nach Art. 4ff. EuErbVO die

Gerichte eines anderen Mitgliedstaats und beruft sich der Erklärende auf die besondere Zuständigkeit nach Art. 13 EuErbVO, dann ist im Inland das Gericht am gewöhnlichen Aufenthalt des Erklärenden auch örtlich zuständig. Auch hier (vgl. → IntErbRVG § 2 Rn. 26) sollte der Begriff des gewöhnlichen Aufenthalts **verordnungsakzessorisch** ausgelegt werden (zustimmend *Lukas,* Die Person mit unbekanntem Aufenthalt im zivilrechtlichen Erkenntnisverfahren, 2018, S. 434), um unnötigen Aufwand für die Rechtsanwender zu vermeiden. Hinzu kommt, dass – anders als bei § 2 Abs. 4 S. 1 und 2 IntErbRVG – Zuständigkeitslücken drohen, wenn der gewöhnliche Aufenthalt abweichend von der Verordnung verstanden würde, da es bei § 31 IntErbRVG an einer Auffangzuständigkeit (entsprechend § 2 Abs. 4 S. 3 IntErbRVG) fehlt.

2. Die von der Vorschrift erfassten Erklärungen

Auffällig ist, dass der Wortlaut der Vorschrift hinsichtlich des **sachlichen Anwendungsbereichs** 4 vom Wortlaut des Art. 13 EuErbVO **abweicht.** Während Art. 13 EuErbVO auf „Erklärung[en] über die Annahme oder Ausschlagung der Erbschaft, eines Vermächtnisses oder eines Pflichtteils oder eine Erklärung zur Begrenzung der Haftung der betreffenden Person für die Nachlassverbindlichkeiten" anwendbar ist, sieht die Vorschrift lediglich eine örtliche Zuständigkeit für die Entgegennahme einer „Erklärung, mit der nach dem anzuwendenden Erbrecht eine Erbschaft ausgeschlagen oder angenommen wird" vor. Art. 13 EuErbVO schafft in seinem Fall 1 eine besondere Zuständigkeit für die gerichtliche Entgegennahme von **Annahme- oder Ausschlagungserklärungen** sowie in Fall 2 eine besondere Zuständigkeit für die Entgegennahme von **Erklärungen zur Begrenzung der Haftung.** Da Art. 13 EuErbVO allerdings voraussetzt, dass die betreffende Erklärung nicht nur nach dem *Erbstatut,* sondern nach der jeweiligen *lex fori* gerichtsempfangs**fähig** ist („wenn diese Erklärungen nach dem Recht dieses Mitgliedstaats vor einem Gericht abgegeben werden **können**"), können die mitgliedstaatlichen Gesetzgeber in ihren Durchführungsbestimmungen die örtliche Zuständigkeit auf nach ihrem Erbrecht (wenn zugleich Erbstatut) oder Erbverfahrensrecht (lex fori) **gerichtsempfangsfähige Erklärungen** begrenzen (vgl. Begründung des deutschen Referentenentwurfs, S. 47 f.). Es stellt sich jedoch die Frage, ob nach der deutschen lex fori wirklich nur die in S. 1 der Vorschrift genannte Ausschlagung und Annahme der Erbschaft gerichtsempfangsfähig sind.

Bei **deutschem Erbstatut** gerichtsempfangsfähig (weil gerichtsempfangsbedürftig) ist jedenfalls die 5 in S. 1 der Vorschrift erwähnte **Ausschlagung der Erbschaft** (§ 1945 Abs. 1 BGB). Der deutsche Gesetzgeber verneint, dass auch nach deutschem Erbrecht andere unter Art. 13 EuErbVO fallende Erklärungen in Betracht kommen, die nach deutschem Recht gerichtsempfangs**fähig** (nicht gerichtsempfangs**bedürftig**) sind (Regierungsentwurf, BT-Drs. 18/4201, 46). Diese Annahme des Ausführungsgesetzgebers ist zweifelhaft. Bei näherer Betrachtung kommen als nach deutschem Erbstatut gerichtsempfangsfähige Erklärungen etwa hinsichtlich Art. 13 Fall 1 EuErbVO die **Anfechtung der Annahme oder Ausschlagung** der Erbschaft (vgl. § 1955 S. 1 BGB) sowie hinsichtlich Art. 13 Fall 2 EuErbVO die **Übergabe eines Nachlassinventars** in Betracht, die nicht nur mittelbar haftungsbegrenzende Wirkung haben kann, sondern auch nach deutschem Erbstatut gerichtsempfangsfähig wäre (vgl. § 1993 BGB sowie § 2004 BGB), sowie die **Abgabe einer eidesstattlichen Versicherung des Erben** (§ 2006 Abs. 1 BGB; zum Ganzen etwa MüKoBGB/*Dutta* EuErbVO Art. 13 Rn. 6).

Vor allem aber übersieht der deutsche Gesetzgeber, dass im Hinblick auf **nach ausländischem** 6 **Erbstatut gerichtsempfangsfähige Erklärungen bei deutscher lex fori *jede* erbrechtliche Erklärung im sachlichen Anwendungsbereich des Art. 13 EuErbVO als gerichtsempfangsfähig anzusehen ist,** auch wenn die Entgegennahme dieser Erklärung keine Nachlasssache nach § 342 Abs. 1 Nr. 5 FamFG begründet, also etwa auch die Ausschlagung oder Annahme eines Pflichtteils, soweit das jeweilige ausländische Erbstatut eine solche Erklärung gegenüber dem Gericht vorsieht (MüKoBGB/*Dutta* EuErbVO Art. 13 Rn. 7; zustimmend *K. W. Lange* ErbR 2016, 58 (61 in Fn. 29); vgl. auch die Kritik von *Kunz* GPR 2014, 285 (286) hinsichtlich der Ausschlagung eines echten Noterbrechts nach ausländischem Erbstatut [wobei man eine solche Ausschlagung wohl noch mit dem Wortlaut der Vorschrift als „Ausschlagung der Erbschaft" ansehen könnte]; anders *Egidy/Volmer* RPfleger 2015, 433 (442)). Es besteht im deutschen Nachlassverfahrensrecht **kein numerus clausus** der Erklärungen, die nach ausländischem Erbstatut vor einem Gericht abgegeben werden können oder müssen. Das deutsche Verfahrensrecht hat auch bei ausländischem Erbstatut unterliegenden Erklärungen eine rein dienende Funktion. Dies erkennt im Ansatz auch der deutsche Gesetzgeber jedenfalls im Hinblick auf die in der Vorschrift angesprochene **Annahme der Erbschaft,** die nach deutschem Recht als Erbstatut nicht gerichtsempfangsbedürftig ist, aber nach deutschem Nachlassverfahrensrecht als lex fori gerichtsempfangsfähig wäre, wenn etwa ein ausländisches Erbstatut anordnen würde, dass die Erklärung vor einem Gericht abzugeben ist oder abgegeben werden kann.

Die Lückenhaftigkeit der Vorschrift wird teilweise durch die **Neufassung des § 344 Abs. 7 S. 1** 7 **FamFG** geschlossen, der anwendbar ist, soweit die Vorschrift des § 31 IntErbRVG sachlich eine bestimmte Erklärung nicht erfasst (vgl. § 47 Nr. 2 IntErbRVG, vgl. auch → Rn. 9) und in der es heißt:

„Für die Entgegennahme einer Erklärung, mit der eine Erbschaft ausgeschlagen oder mit der die Versäumung der Ausschlagungsfrist, die Annahme oder Ausschlagung einer Erbschaft oder eine Anfechtungserklärung ihrerseits angefochten wird, ist auch das Nachlassgericht zuständig, in dessen Bezirk die erklärende Person ihren gewöhnlichen Aufenthalt hat.“

Mit dieser Regelung werden jedenfalls die dort genannten Anfechtungserklärungen erfasst, die in § 31 S. 1 IntErbRVG nicht genannt werden. Richtigerweise sollte man auf die nicht vom Wortlaut des § 31 S. 1 IntErbRVG erfassten Erklärungen diese Vorschrift **analog** anwenden (zustimmend *Lukas,* Die Person mit unbekanntem Aufenthalt im zivilrechtlichen Erkenntnisverfahren, 2018, S. 434 f.). Andernfalls bestehen Lücken bei der örtlichen Zuständigkeit; ferner droht ein Verstoß der Bundesrepublik gegen Unionsrecht, da für eine unionsrechtlich vorgesehene amtliche Verrichtung keine zuständige Behörde bestellt wurde.

3. Sachliche und funktionelle Zuständigkeit

8 Die sachliche und funktionelle Zuständigkeit richtet sich **nach allgemeinen Regeln,** konkret die sachliche Zuständigkeit des **Amtsgerichts** als Nachlassgericht nach § 23a Abs. 1 S. 1 Nr. 1, Abs. 2 Nr. 2 GVG iVm § 342 Abs. 1 Nr. 5 FamFG (für gerichtsempfangs*bedürftige* Erklärungen) sowie iVm § 342 Abs. 1 Nr. 9 FamFG (für gerichtsempfangs*fähige* Erklärungen, vgl. oben → Rn. 6). Die funktionelle Zuständigkeit des **Rechtspflegers** bestimmt § 3 Nr. 2 lit. c RPflG.

4. Faktische Ausschließlichkeit der örtlichen Zuständigkeit

9 Die örtliche Zuständigkeit des S. 1 ist faktisch ausschließlich. Zwar ist es auf den ersten Blick nicht ausgeschlossen, dass der Erklärende auf **andere örtliche Gerichtsstände** zurückgreifen und zB bei einem Erblasser mit deutscher Staatsangehörigkeit, aber ohne gewöhnlichen Aufenthalt im Inland seine Erklärung nach § 47 Nr. 2 IntErbRVG iVm § 343 Abs. 3 S. 1 FamFG nF gegenüber dem Amtsgericht Schöneberg abgeben könnte. Allerdings würde ein Rückgriff auf die allgemeine Zuständigkeitsvorschrift für Angelegenheiten der freiwilligen Gerichtsbarkeit in § 47 Nr. 2 IntErbRVG verkennen, dass diese explizit gegenüber anderen Zuständigkeitsvorschriften des IntErbRVG und damit auch gegenüber § 31 S. 1 IntErbRVG subsidiär ist (zustimmend *Lukas,* Die Person mit unbekanntem Aufenthalt im zivilrechtlichen Erkenntnisverfahren, 2018, S. 434; so wohl auch OLG Köln FGPrax 2020, 137 (138) = FamRZ 2020, 1504, wonach §§ 343, 344 Abs. 7 FamFG nicht anwendbar sind; anders wohl *Martiny* IPRax 2018, 29 (34)).

III. Form der Erklärung (S. 2 und 3)

10 S. 2 und 3 legen die Formanforderungen an die in S. 1 genannten Erklärungen fest. **S. 2** entspricht den Formanforderungen, die § 1945 Abs. 1 Hs. 2 BGB an die Ausschlagung der Erbschaft stellt (vgl. auch Regierungsentwurf, BT-Drs. 18/4201, 47). Ein Formverstoß führt nach § 125 S. 1 BGB zur Nichtigkeit der Erklärung. Die Aushändigung der Urkunden nach **S. 3** soll dem Erklärenden ermöglichen, die Abgabe und den Inhalt der Erklärung notfalls im Verfahren vor dem für die Erbsache zuständigen ausländischen Gericht nachzuweisen (Regierungsentwurf, BT-Drs. 18/4201, S. 47; vgl. auch *R. Wagner/Scholz* FamRZ 2014, 714 (718 f.)). Die Beweiswirkungen der Urkunde nach deutschem Verfahrensrecht sind womöglich im Ausland nach Art. 59 EuErbVO anzunehmen.

11 Zu prüfen ist freilich stets, ob S. 2 und 3 als Formvorschriften überhaupt kollisionsrechtlich anwendbar sind. Qualifiziert man S. 2 und 3 als **sachrechtliche Formvorschriften,** so würde diese Frage von der Verordnung und nicht vom IntErbRVG geregelt. Deutsches Recht wäre dann in der Situation des Art. 13 EuErbVO bzw § 31 IntErbRVG regelmäßig jedenfalls auch **Formstatut.** Art. 13 EuErbVO wird nämlich durch **Art. 28 EuErbVO** ergänzt, der die Formgültigkeit alternativ dem allgemeinen Erbstatut (Art. 28 lit. a EuErbVO) und dem Recht am gewöhnlichen Aufenthalt des Erklärenden (Art. 28 lit. b EuErbVO), also in den Fällen des § 31 IntErbRVG deutschem Recht, unterstellt. Enthielte damit ein ausländisches Erbstatut – was meist in den Fällen des § 31 IntErbRVG zum Zuge kommen wird → Rn. 12 – weniger strenge Formanforderungen für die Abgabe der Erklärung vor dem Gericht, so setzten sich diese gegenüber S. 2 und 3 nach Art. 28 lit. a EuErbVO durch. Dieses Ergebnis wäre allerdings kaum von S. 2 und 3, aber auch Art. 13 EuErbVO bezweckt. Art. 13 EuErbVO will eine Gleichstellung mit entsprechenden Erklärungen nach der lex fori. Wenn ein Erbberechtigter die Erklärung nach Art. 13 EuErbVO abgibt, dann auch unter den entsprechenden Bedingungen für vergleichbare Erklärungen im Inland. Deshalb muss man S. 2 und 3 als **verfahrensrechtliche Formvorschriften** auslegen, die als Teil der lex fori bei Erklärungen gegenüber deutschen Gerichten stets Anwendung finden und nicht Art. 28 EuErbVO unterliegen (anders *Leipold* FamRZ 2020, 1505 (1505 f.)).

IV. Prüfungspflicht des Gerichts?

12 Erklärungen iS des Art. 13 EuErbVO werden regelmäßig hinsichtlich ihres Zustandekommens, ihrer materiellen Wirksamkeit und ihrer Wirkungen einem **ausländischen Erbstatut** unterliegen (zum Formstatut → Rn. 11). Voraussetzung nach Art. 13 EuErbVO für eine besondere internationale Zuständigkeit der deutschen Gerichte ist es ja, dass für die Erbsache nach Art. 4 ff. EuErbVO die Gerichte eines anderen Mitgliedstaats international zuständig sind, die – wegen des Strebens der Verordnung nach einem Gleichlauf von forum und ius (→ Einl. Rn. 40, → EuErbVO Vorb Art. 4 ff. Rn. 23 ff.; MüKoBGB/*Dutta* EuErbVO Vorb Art. 4 Rn. 2 f.) – nach Art. 21 ff. EuErbVO meist auch ihr eigenes Erbrecht werden anwenden können. Vor diesem Hintergrund kann der Begründung des Regierungsentwurfs (BT-Drs. 18/4201, 47) nur zugestimmt werden, dass das deutsche Nachlassgericht **nicht** das Zustandekommen und die materielle Wirksamkeit der Erklärung nach dem Erbstatut prüfen muss (zur formellen Wirksamkeit → Rn. 11), sondern sich lediglich auf die Entgegennahme der Erklärung beschränkt (so auch *Leipold* FamRZ 2020, 1505 (1506)). Das für die Erbsache zuständige Gericht kann die Wirksamkeit der Erklärung sehr viel einfacher und besser überprüfen. Die Nichtentgegennahme der Erklärung kann – da es sich um eine Endentscheidung in einer Nachlasssache nach § 342 Abs. 1 Nr. 5 FamFG handelt (*Leipold* FamRZ 2020, 1505 (1506)) – mit der **Beschwerde** nach § 58 Abs. 1 FamFG angegriffen werden (*Leipold* FamRZ 2020, 1505 (1506); vgl. auch OLG Köln FGPrax 2020, 137, 138 = FamRZ 2020, 1504; anders *Mankowski* ErbR 2020, 548 (549 f.): Klage nach § 23 Abs. 2 EGGVG [da die Entgegennahme der Ausschlagung ein Justizverwaltungsakt sei – wogegen freilich § 342 Abs. 1 Nr. 5 FamFG streitet] sowie ferner ggf. Amtshaftung).

V. Übersendungspflicht des Gerichts?

13 Fraglich ist, auf welche Weise das eigentlich für die Erbsache zuständige Gericht von der Abgabe der erbrechtlichen Erklärung erfährt. Die **Verordnung** geht davon aus, dass der Erklärende selbst für die Weiterleitung sorgt (näher → EuErbVO Art. 13 Rn. 15; MüKoBGB/*Dutta* EuErbVO Art. 13 Rn. 12 f.; vgl. auch Regierungsentwurf, BT-Drs. 18/4201, 47). Dies würde die mitgliedstaatlichen Gesetzgeber in ihrer Ausführungsgesetzgebung freilich nicht hindern, ihre Gerichte **nach nationalem Recht** zur Weiterleitung der Erklärung an das in der Erbsache zuständige ausländische Gericht zu verpflichten. In Deutschland könnte sich eine solche Pflicht aus **§ 344 Abs. 7 S. 2 FamFG nF** ergeben, wo es heißt:

> *„Die Urschrift der Niederschrift oder die Urschrift der Erklärung in öffentlich beglaubigter Form ist von diesem Gericht an das zuständige Nachlassgericht zu übersenden."*

14 Zwar könnte man diese Vorschrift **international** auslegen. Die besseren Argumente sprechen aber gegen eine solche extensive Auslegung des § 344 Abs. 7 S. 2 FamFG nF: Zunächst geht diese Vorschrift von einer rein innerstaatlichen Konstellation aus, spricht auch vom „zuständigen Nachlassgericht" und knüpft damit an einen deutschen Gerichtstypus an. Auch der Durchführungsgesetzgeber betont, dass es allein Aufgabe des Erklärenden sei, die Erklärung an das ausländische Gericht weiterzuleiten, was impliziert, dass man nicht über die Pflichten der EuErbVO hinausgehen wollte. Schließlich sprechen auch Praktikabilitätserwägungen gegen eine internationale Auslegung. Die Nachlassgerichte werden Schwierigkeiten haben, das zuständige ausländische Gericht zu bestimmen, auch wenn sie sich freilich des Europäischen Justiziellen Netzes (hierzu allgemein etwa *Fornasier* ZEuP 2010, 477) bedienen könnten. Eine Übersendungspflicht hätte vom Unionsgesetzgeber eingeführt werden müssen (vgl. MüKoBGB/*Dutta* EuErbVO Art. 13 Rn. 12), der allerdings institutionelle Vorkehrungen hätte treffen müssen, etwa Zentrale Behörden, welche die Gerichte bei der Übersendung an das richtige ausländische Gericht unterstützen.

VI. Belehrungs- oder Hinweispflicht?

15 Der deutsche Gesetzgeber sieht auch keine Belehrungs- oder Hinweispflicht hinsichtlich der Weiterleitung der Erklärung durch den Erklärenden vor (Regierungsentwurf, BT-Drs. 18/4201, 47). Eine entsprechende Anregung des Bundesrats (BT-Drs. 18/4201, 72) wurde nicht aufgegriffen (s. Gegenäußerung der Bundesregierung, BT-Drs. 18/4201, 81; näher hierzu *R. Wagner/Fenner* FamRZ 2015, 1668 (1672); für eine solche Hinweispflicht bereits de lege lata im Wege einer Rechtsfortbildung *Eichel* ZEV 2017, 545 (551)).

VII. Kostenansatz, § 18 Abs. 2 S. 2 GNotKG

16 Nach § 18 Abs. 2 S. 2 GNotKG (Verweis auf § 18 Abs. 1 GNotKG) werden die Kosten bei dem Gericht angesetzt, das die Erklärung entgegengenommen hat; denn anders als in rein internen Sachverhalten gibt es in den Fällen des § 31 IntErbRVG kein nach § 343 FamFG zuständiges Nachlassgericht (Regierungsentwurf, BT-Drs. 18/4201, 62), sodass § 18 Abs. 2 S. 1 GNotKG leerliefe.

§ 32 Aneignungsrecht

(1) **Stellt das Nachlassgericht fest, dass nach dem anzuwendenden Erbrecht weder ein durch Verfügung von Todes wegen eingesetzter Erbe noch eine natürliche Person als gesetzlicher Erbe vorhanden ist, so teilt es seine Feststellung unverzüglich der für die Ausübung des Aneignungsrechts zuständigen Stelle mit; eine Amtsermittlungspflicht des Nachlassgerichts wird hierdurch nicht begründet.**

(2) **[1] Für die Feststellung nach Absatz 1 ist das Nachlassgericht örtlich zuständig, in dessen Bezirk der Erblasser im Zeitpunkt seines Todes seinen gewöhnlichen Aufenthalt hatte. [2] Hatte der Erblasser im Zeitpunkt seines Todes keinen gewöhnlichen Aufenthalt im Inland, ist das Amtsgericht Schöneberg in Berlin zuständig.**

(3) **[1] Die für die Ausübung des Aneignungsrechts zuständige Stelle übt das Aneignungsrecht durch Erklärung gegenüber dem nach Absatz 2 örtlich zuständigen Nachlassgericht aus. [2] Durch die Erklärung legt sie fest, ob und in welchem Umfang sie in Bezug auf das in Deutschland belegene Vermögen von dem Aneignungsrecht Gebrauch macht. [3] Die Erklärung ist zu unterschreiben und mit Siegel oder Stempel zu versehen. [4] Zuständig für die Erklärung ist die Stelle, die das Land bestimmt, in dem der Erblasser zur Zeit des Erbfalls seinen gewöhnlichen Aufenthalt hatte, im Übrigen die Bundesanstalt für Immobilienaufgaben.**

(4) **[1] Mit dem Eingang der Erklärung über die Ausübung des Aneignungsrechts nach Absatz 3 bei dem örtlich zuständigen Nachlassgericht geht das betroffene Nachlassvermögen auf das Land über, dessen Stelle nach Absatz 3 Satz 4 das Aneignungsrecht ausübt. [2] Übt die Bundesanstalt für Immobilienaufgaben das Aneignungsrecht aus, geht das Vermögen auf den Bund über.**

(5) **[1] Das Nachlassgericht bescheinigt der zuständigen Stelle, zu welchem Zeitpunkt und in welchem Umfang sie das Aneignungsrecht ausgeübt hat. [2] Soweit sich die Ausübung des Aneignungsrechts auf Nachlassvermögen bezieht, das in einem Register verzeichnet ist, soll die nach Absatz 3 Satz 4 zuständige Stelle eine Berichtigung des Registers veranlassen.**

(6) **Vermächtnisnehmer, die nach dem anzuwendenden Erbrecht eine unmittelbare Berechtigung an einem Nachlassgegenstand hätten, können den ihnen hieraus nach deutschem Recht erwachsenen Anspruch auf Erfüllung des Vermächtnisses an die Stelle richten, die insoweit das Aneignungsrecht ausgeübt hat.**

(7) **Das Recht der Gläubiger, Befriedigung aus dem gesamten Nachlass zu verlangen, bleibt unberührt.**

Übersicht

I. Herkunft

Auf den ersten Blick Neuland betritt der deutsche Gesetzgeber mit § 32 IntErbRVG, der hinsichtlich erbenloser Nachlässe unter bestimmten Voraussetzungen dem deutschen Staat ein **Aneignungsrecht** einräumt (s. etwa *Kunz* GPR 2014, 285 (292): „ein bislang dem deutschen Recht unbekanntes Aneignungsrecht"). Gänzlich neu ist dieses Aneignungsrecht des Staates freilich auch dem deutschen Rechtskreis nicht. Vielmehr beschert der Ausführungsgesetzgeber mit § 32 IntErbVG der **gemeinrechtlichen Okkupationstheorie** (hierzu etwa *Windscheid,* Lehrbuch des Pandektenrechts III, 6. Aufl. 1887, S. 290 mit Fn. 1 [§ 622]; *Stobbe,* Handbuch des Deutschen Privatrechts V, 2. Aufl. 1885, S. 165) einen **späten Triumph.** Das BGB hatte ein solches ius regale bei erbenlosen Nachlässen abgelehnt und stattdessen mit § 1936 BGB ein privatrechtliches Fiskuserbrecht präferiert (vgl. Motive V S. 375). 1

II. Normzweck, Überblick und Kritik

Mit der Regelung nutzt der deutsche Gesetzgeber den Spielraum des **Art. 33 EuErbVO,** der staatliche Aneignungsrechte der Mitgliedstaaten für im Inland belegene Nachlassgegenstände unberührt lässt und damit vor allem bei einem Konflikt zwischen einem Fiskuserbrecht und einem staatlichen Aneignungsrecht für im Aneignungsstaat belegene Vermögensgegenstände dem Aneignungsrecht den Vorrang einräumt (näher → EuErbVO Art. 33 Rn. 1, 8 ff.; MüKoBGB/*Dutta* EuErbVO Art. 33 Rn. 1). 2

Der deutsche Gesetzgeber will mit § 32 IntErbRVG dem deutschen Staat eine **Aneignung eines erbenlosen Inlandsnachlasses** ermöglichen, wenn nach einem **ausländischen Erbstatut** ein ausländischer Staat Fiskuserbe ist (positiver Konflikt) oder sich aufgrund eines ausländischen Aneignungsrechts lediglich den erbenlosen Auslandsnachlass in seinem Hoheitsgebiet angeeignet hat (negativer Konflikt, vgl. auch → Rn. 23, 45, 55). Dabei stand das Vermeiden negativer Konflikte offenbar im Vordergrund (s. *R. Wagner/Scholz* FamRZ 2014, 714 (717), was sich freilich nicht ganz damit verträgt, dass nach dem Regierungsentwurf die Aneignungsstelle ihr Ermessen vor allem auch im Hinblick auf Interessen fiskalischer Art ausüben soll → Rn. 45). Das **Recht zur Aneignung von nach ausländischem Erbstatut erbenlosen Inlandsnachlässen** nach § 32 IntErbRVG ergänzt damit das **Fiskuserbrecht des deutschen Staates** nach § 1936 BGB, das sich auf den weltweiten Nachlass des Erblassers bezieht (zur rechtpolitischen Kritik → Rn. 6). 3

Der Durchführungsgesetzgeber konzipiert das neue Aneignungsrecht **dreistufig** (Regierungsentwurf, BT-Drs. 18/4201, 47: „mehrstufiges Verfahren") unter Beteiligung der Judikative und der Exekutive (*Wilsch* in Gierl/Köhler/Kroiß/Wilsch, IntErbR, Teil 2 § 3 Rn. 15 aE: „Ping-Pong-Verfahren"). 4

- Erstens bedarf es nach **Abs. 1** einer Feststellung des gemäß **Abs. 2** zuständigen **Nachlassgerichts,** dass die Voraussetzungen für ein Aneignungsrecht vorliegen.
- Eine zuständige **Aneignungsstelle** übt sodann zweitens nach **Abs. 3** (mit Wirkung nach **Abs. 4, 6** und **7**) ihr Aneignungsrecht gegenüber dem Nachlassgericht aus.
- Das **Nachlassgericht** bescheinigt schließlich drittens die Ausübung des Aneignungsrechts nach **Abs. 5.**

Auch wenn das Fiskuserbrecht und das Aneignungsrecht konzeptionell völlig unterschiedlich ausgestaltet sind, bestehen dennoch **Parallelen zwischen beiden Instituten.** Auch beim Fiskuserbrecht ist nach §§ 1964 ff. BGB die gerichtliche Feststellung einer Erbenlosigkeit des Nachlasses erforderlich, bevor der Fiskus sein Erbrecht geltend machen kann, vgl. insbesondere § 1966 BGB. Diese Parallele ist auch bei der Anwendung des § 32 IntErbRVG zu berücksichtigen (→ Rn. 24). 5

Rechtspolitisch ist die Neuregelung bemerkenswert. Durch die Kombination aus Fiskuserbrecht und Aneignungsrecht erweitert der deutsche Staat – auch wenn die Verhinderung negativer Konflikte 6 vor allem betont wird → Rn. 3 – seinen Zugriff auf erbenlose Nachlässe beträchtlich. Mit dem Fiskuserbrecht wird Anspruch auf erbenlose Nachlässe, die deutschem Erbrecht unterliegen, weltweit erhoben (soweit Nachlassgegenstände nicht in einem Staat mit Aneignungsrecht befindlich sind, das sich faktisch [Drittstaaten] oder nach Art. 33 EuErbVO [Mitgliedstaaten] gegen das deutsche Fiskuserbrecht durchsetzt). Erbenlose Nachlässe, die im Inland belegen sind, werden dagegen angeeignet, selbst wenn das ausländische Recht – wie auch das deutsche Recht – ein Fiskuserbrecht kennt, freilich zugunsten des ausländischen Staates, und dieses Fiskuserbrecht – wie auch das deutsche Fiskuserbrecht – sich auf den weltweiten Nachlass bezieht und damit auch auf den Nachlass im Inland. Der deutsche Staat nimmt sich in Ausführung des Art. 33 EuErbVO damit das **Beste aus beiden Welten,** was nicht gänzlich frei von innerem Widerspruch ist, speziell wenn man sich die lang andauernde gemeinrechtliche Diskussion zwischen Okkupations- und Erbrechtstheorie (→ Rn. 1) als zwei unterschiedliche Modelle einer staatlichen Nachlassbeteiligung bei erbenlosen Nachlässen in Erinnerung ruft. Sollten auch andere Mitgliedstaaten diesem Vorbild folgen, dann dürfte das Fiskuserbrecht in der Europäischen Union für Auslandsvermögen an Bedeutung verlieren und über die Rechtsnachfolge von Todes wegen in erbenlose Nachlässe faktisch stets das Belegenheitsrecht entscheiden (vgl. auch *von Erdmann,* Aneignungsrechte im europäischen Internationalen Privatrecht, 2018, S. 203).

III. Feststellung des Aneignungsrechts durch das Nachlassgericht (Abs. 1 und 2)

7 Eine Aneignung von nach ausländischem Erbstatut erbenlosen Inlandsnachlässen durch den deutschen Staat setzt zunächst voraus, dass das zuständige (→ Rn. 31 ff.) Nachlassgericht **die materiellrechtlichen Voraussetzungen des Aneignungsrechts** (→ Rn. 8 ff.) **feststellt** (→ Rn. 19 ff.).

1. Materiellrechtliche Voraussetzungen des Aneignungsrechts (Abs. 1 Hs. 1)

8 Die Voraussetzungen des Aneignungsrechts, die das Nachlassgericht feststellen muss (→ Rn. 19 ff.), sind in Abs. 1 Hs. 1 geregelt.

9 **a) Erbenloser Nachlass.** Ein Aneignungsrecht des deutschen Staates setzt zunächst voraus, dass nach dem anzuwendenden Erbrecht **weder ein gewillkürter Erbe noch eine natürliche Person als Intestaterbe** zur Rechtsnachfolge von Todes wegen berufen ist. Das Erbstatut wird dabei gemäß der EuErbVO bestimmt, vor allem gemäß Art. 20 ff. EuErbVO, aber auch gemäß einschlägiger Staatsverträge der Mitgliedstaaten, soweit diese nach Art. 75 Abs. 1 EuErbVO vorrangig sind.

10 Mit dieser **Definition des erbenlosen Nachlasses** – Fehlen eines gewillkürten Erben oder einer natürlichen Person als Intestaterben – knüpft der deutsche Gesetzgeber jedenfalls teilweise (zu Unterschieden → Rn. 13 f.) an die Formulierung des Art. 33 EuErbVO an, der den Vorrang eines mitgliedstaatlichen Aneignungsrechts wie § 32 IntErbRVG vor einem etwaigen Fiskuserbrecht eines ausländischen Staates erst ermöglicht. Man könnte deshalb auf den ersten Blick meinen, dass die Wendungen „ein durch Verfügung von Todes wegen eingesetzter Erbe“ und „eine natürliche Person als gesetzlicher Erbe“ verordnungsakzessorisch auszulegen sind und die gleiche Bedeutung wie in Art. 33 EuErbVO (dazu etwa → EuErbVO Art. 33 Rn. 6; MüKoBGB/*Dutta* EuErbVO Art. 33 Rn. 3 f.) besitzen. Allerdings weicht der Wortlaut des § 32 IntErbRVG potentiell unionsrechtswidrig von dem des Art. 33 EuErbVO ab (→ Rn. 13 f.), was eine einheitliche Begrifflichkeit und Auslegung verhindert, da sich bei § 32 IntErbRVG Abgrenzungsfragen stellen, die bei Art. 33 EuErbVO nicht auftauchen (zur Abgrenzung von Erbe und Vermächtnisnehmer → Rn. 15).

11 Ein Nachlass ist nach dem Wortlaut des Abs. 1 Hs. 1 auch dann erbenlos für Zwecke des Aneignungsrechts, wenn ein **Staat lediglich Fiskuserbe** ist, also als juristische Person gesetzlicher „letzter“ Erbe (Regierungsentwurf, BT-Drs. 18/4201, 47), weil etwa im Rahmen einer gesetzlichen Erbfolge kein erbberechtigter Verwandter, Ehegatte, Lebenspartner oder sonstiger intestaterbberechtigter Angehöriger den Erblasser überlebt. Allerdings ist das Aneignungsrecht ausgeschlossen, wenn der deutsche Staat nach § 1936 BGB Fiskuserbe ist (→ Rn. 16 ff.).

12 **b) Existenz von Vermächtnisnehmern oder in sonstiger Weise Begünstigten unschädlich.** Aus einem **Umkehrschluss zum Wortlaut** des Abs. 1 Hs. 1, nach dem lediglich die Existenz eines gewillkürten Erben oder einer natürlichen Person als Intestaterbe ein Aneignungsrecht des Staates ausschließt, ergibt sich, dass die Existenz von gesetzlichen oder gewillkürten Vermächtnisnehmern oder in sonstiger Weise von Todes wegen Begünstigten (etwa über eine Auflage oder Bedingung) für ein Aneignungsrecht nach § 32 IntErbRVG unschädlich ist. Auch die Anordnung einer Testamentsvollstreckung berührt das Aneignungsrecht nicht.

13 Mit dem vollständigen Ausklammern der **Vermächtnisnehmer** (zum Begriff → Rn. 15) weicht die Vorschrift des § 32 IntErbRVG in einem nicht unwesentlichen Punkt vom Tatbestand der unionsrechtlichen Öffnungsregel ab. **Nach Art. 33 EuErbVO** berührt die Verordnung nur dann ein mitglied-

staatliches Aneignungsrecht nicht (wie das neu durch § 32 IntErbRVG eingeführte), wenn auch kein **„Vermächtnisnehmer für die Nachlassgegenstände"** durch Verfügung von Todes wegen eingesetzt wurde. Diese Formulierung des Unionsgesetzgebers zielt auf „Vermächtnisnehmer mit unmittelbarer Berechtigung am Nachlass" (etwa Art. 63 Abs. 1 EuErbVO) ab, denen nach dem anwendbaren Erbrecht etwa als Vindikationsvermächtnisnehmer unmittelbar mit dem Erbfall die Rechtsinhaberschaft an einem Nachlassgegenstand zugewiesen wird. Der deutsche Gesetzgeber hat das Fehlen eines solchen dinglich wirkenden Vermächtnisses nach ausländischem Erbstatut im Hinblick auf im Inland belegene Nachlassgegenstände – denn hierauf bezieht sich das Aneignungsrecht allein (→ Rn. 39 ff.) – bewusst nicht zur Voraussetzung in Abs. 1 gemacht. Vielmehr hat sich der deutsche Gesetzgeber einer nicht unumstrittenen, aber in Deutschland verbreiteten Ansicht angeschlossen, dass Vindikationslegate an in Deutschland belegenen Vermögensgegenständen keine dingliche Wirkung entfalten, sondern lediglich schuldrechtlich als Damnationsvermächtnisse einen Anspruch auf den vermachten Gegenstand verschaffen (Regierungsentwurf, BT-Drs. 18/4201, 48). Diese Ansicht des deutschen Gesetzgebers manifestiert sich auch in **Abs. 6** der Vorschrift (→ Rn. 56), der davon ausgeht, dass Vindikationsvermächtnisse nach ausländischem Erbstatut in Deutschland „nach deutschem Recht" rein schuldrechtliche Wirkung besitzen. Die besseren Argumente sprechen freilich für die Gegenansicht, der sich mittlerweile auch der EuGH in *Kubicka* (Rs. C-218/16) angeschlossen hat (s. etwa → EuErbVO Art. 1 Rn. 125 ff., → EuErbVO Art. 23 Rn. 66 ff., → EuErbVO Art. 31 Rn. 13 ff.; MüKoBGB/*Dutta* EuErbVO Art. 1 Rn. 53 ff., Art. 23 Rn. 20 f. sowie Art. 31 Rn. 9), die außerhalb Deutschlands aber auch vor *Kubicka* bereits wohl herrschend war. Hinzu kommt, dass zahlreiche Literaturstimmen, die eine dingliche Wirkung ausländischer Vindikationslegate im Inland ablehnen, dies wegen Art. 1 Abs. 2 lit. l EuErbVO auf registrierte Vermögensgegenstände beschränken; auch nach diesen Stimmen ginge der deutsche Umsetzungsgesetzgeber zu weit.

14 Es steht damit, jedenfalls auf den ersten Blick, eine **Unionsrechtswidrigkeit des § 32 IntErbRVG** im Raum (für eine Unionsrechtswidrigkeit etwa *von Erdmann,* Aneignungsrechte im europäischen Internationalen Privatrecht, 2018, S. 201 f.; *Lechner,* Die Reichweite des Erbstatuts in Abgrenzung zum Sachenrechtsstatut anhand der Europäischen Erbrechtsverordnung 650/2012, 2017, S. 220 f.; *Wilsch* ZErb 2019, 57). Dennoch dürfte bei näherem Hinsehen § 32 IntErbVG auch im Hinblick auf die dinglichen Wirkungen eines Vindikationslegats **unionsrechtlich zu halten sein.** Denn die Auswirkungen dieses deutschen Sonderwegs sind praktisch nicht allzu groß. Ein Vindikationsvermächtnisnehmer nach ausländischem Erbstatut verliert zwar mit Ausübung des Aneignungsrechts durch die zuständige Aneignungsstelle die Rechtsinhaberschaft an dem vermachten Nachlassgegenstand, wird also quasi vom deutschen Staat enteignet. Allerdings erhält der Vermächtnisnehmer nach der Interpretation des deutschen Gesetzgebers einen schuldrechtlichen Anspruch gegen den Staat auf den vermachten Gegenstand, der als Nachlassverbindlichkeit nach Abs. 6 der Vorschrift (→ Rn. 56) von der Aneignung unberührt bleibt (vgl. auch Abs. 7) und nun gegen die aneignende Stelle geltend gemacht werden kann. Solange ein nur geringes Insolvenzrisiko des deutschen Staates besteht, wirkt sich die Frage, ob der Vermächtnisnehmer einen dinglichen oder schuldrechtlichen Anspruch gegen die aneignende Körperschaft besitzt, regelmäßig nicht allzu gravierend aus. Hinzu kommt, dass wie allgemein beim Vermächtnis die Kosten der Erfüllung des Vermächnisses – und damit auch etwaige Kosten der Grundstücksumschreibung (vgl. BGH NJW 1963, 1602 (1604) = FamRZ 63, 357) – vom Beschwerten zu tragen sind, also der aneignenden Körperschaft. Auch insoweit entstünde dem Vindikationsvermächtnisnehmer kein Nachteil. Aber auch wenn sich der Nachlassgegenstand bei einem Dritten befindet, steht der Vermächtnisnehmer wirtschaftlich nicht schlechter als nach dem Erbstatut: Er besitzt dann zwar keinen Anspruch aus der Rechtsinhaberschaft gegen den Dritten. Diese steht nach der Aneignung allein dem Land oder Bund zu. Allerdings kann die aneignende Körperschaft auch in einer solchen Situation den schuldrechtlichen Anspruch aus Abs. 6 erfüllen. Das Land oder der Bund kann etwa die betreffende bewegliche Sache nach §§ 929, 931 BGB übereignen bzw die betreffende Forderung abtreten; bei Grundstücken ist eine Übereignung stets unabhängig vom Besitz möglich. Auf einem anderen Blatt steht freilich, ob der Durchführungsgesetzgeber die bisherige Regelung in Abs. 1 (und Abs. 6) rechtspolitisch beibehalten sollte, nachdem der EuGH die Mitgliedstaaten zur Anerkennung der dinglichen Wirkungen von Vindikationsvermächtnissen verpflichtet (für eine Korrektur *Wilsch* in Gierl/Köhler/Kroiß/Wilsch, IntErbR, Teil 2 § 3 Rn. 45). Für eine Beibehaltung der derzeitigen Rechtslage spricht, dass der Vindikationsvermächtnisnehmer keinen Rechtsschutz gegen die Feststellung (→ Rn. 28 ff.) oder Ausübung (→ Rn. 57 f.) des Aneignungsrechts suchen muss, sondern unmittelbar seine Rechte gegenüber der aneignenden Körperschaft geltend machen kann.

15 Es bedarf damit – anders als bei Art. 33 EuErbVO – bei der Anwendung des § 32 IntErbRVG einer **Abgrenzung zwischen Erbe und Vermächtnisnehmer.** Richtigerweise wird man als **Vermächtnisnehmer,** die ein Aneignungsrecht des Staates nicht hindern, sämtliche natürliche oder juristische Personen ansehen müssen, denen von Gesetzes wegen oder aufgrund einer Verfügung von Todes wegen schuldrechtlich oder dinglich nur *einzelne Nachlassgegenstände* zugewiesen wurden. Hierunter wird man auch Personen subsumieren, die zwar formal als „Erben" bezeichnet werden, denen aber im Rahmen einer dinglich wirkenden Teilungsanordnung allein einzelne Nachlassgegenstände zugewiesen werden,

ohne eine Position hinsichtlich des Gesamtnachlasses. Umgekehrt sind als **Erben** alle diejenigen Personen anzusehen, denen von Gesetzes wegen als natürliche Person oder durch Verfügung von Todes wegen der *Gesamtnachlass* zugewiesen wird. Dabei ist es – anders als etwa im Rahmen des Art. 63 Abs. 1 EuErbVO – irrelevant, ob die Erben mit dem Erbfall bereits dinglich oder lediglich schuldrechtlich berechtigt sind, wie es etwa in England und Wales der Fall ist, wo die Erben nur einen schuldrechtlichen Anspruch gegen den personal representative besitzen.

16 **c) Aneignungsrecht nur bei ausländischem Erbstatut?** Die Vorschrift schweigt zur Frage, welchem Recht die Rechtsnachfolge von Todes wegen in den betreffenden Nachlass unterliegen muss, anders als noch der Referentenentwurf, der in § 32 Abs. 1 S. 1 IntErbRVG-RefE ausdrücklich darauf abstellte, dass der Nachlass „nach dem auf die Rechtsnachfolge von Todes wegen anwendbaren ausländischen Erbrecht" erbenlos ist. Jedenfalls nach dem Wortlaut des § 32 IntErbRVG ist eine Anwendung der Norm auch möglich, wenn deutsches Recht Erbstatut ist.

17 Dennoch scheidet bei **deutschem Erbstatut** ein Aneignungsrecht nach § 32 IntErbRVG **regelmäßig** bereits gedanklich aus (zustimmend *von Erdmann,* Aneignungsrechte im europäischen Internationalen Privatrecht, 2018, S. 200; ebenso *K. W. Lange* ErbR 2016, 58 (63)), wovon auch der Regierungsentwurf (BT-Drs. 18/4201, 47) ausgeht: „In der Bundesrepublik Deutschland kann das Aneignungsrecht nur zur Anwendung kommen, wenn das Erbrecht eines anderen Staates anwendbar ist und sich Nachlassvermögen in Deutschland befindet" (vgl. aaO. S. 40). Zwar kann der Tatbestand der Vorschrift auch bei deutschem Erbstatut erfüllt sein, selbst wenn dann nach § 1936 BGB der deutsche Staat Fiskuserbe ist, da es dann an einer **natürlichen** Person als gesetzlichem Erben iS der Vorschrift gebricht; der Fiskuserbe ist stets eine juristische Person des öffentlichen Rechts (→ Rn. 11). Allerdings ist ein Aneignungsrecht des Staates nur vorstellbar, wenn dieser nicht bereits Träger des Nachlasses ist, was allerdings der Fall ist, wenn der deutsche Staat aufgrund eines deutschen Erbstatuts nach § 1936 BGB Fiskuserbe ist. Hiervon geht offenbar auch der Gesetzgeber aus (Regierungsentwurf, BT-Drs. 18/4201, 47 f.).

18 Dennoch wäre es ratsam gewesen, wenn der Gesetzgeber es beim Wortlaut des Referentenentwurfs belassen und die Vorschrift **ausdrücklich** auf **nach ausländischem Erbstatut erbenlose Nachlässe** beschränkt hätte. Denn der Gesetzgeber übersieht, dass der Fiskuserbe nach § 1936 BGB nicht zugleich der Träger der Aneignungsstelle nach § 32 IntErbRVG sein muss, jedenfalls nicht theoretisch. Während nämlich gemäß Abs. 3 S. 4 (→ Rn. 48 f.) die zuständige Aneignungsstelle – und damit der aneignungsberechtigte Hoheitsträger (vgl. Abs. 4) – grundsätzlich nach dem *Aufenthaltsprinzip* bestimmt wird, folgt § 1936 BGB grundsätzlich dem *Wohnsitzprinzip.* Es ist nicht ausgeschlossen, dass Wohnsitz und gewöhnlicher Aufenthalt auseinanderfallen und ausnahmsweise einmal unterschiedliche Hoheitsträger in der Bundesrepublik Fiskuserbe und Aneignungsberechtigter sind. In einem solchen – zugegebenermaßen seltenen – Fall wäre das Aneignungsrecht nach § 32 IntErbRVG gedanklich nicht ausgeschlossen, da der aneignungsberechtigte Hoheitsträger nicht bereits als Fiskuserbe Träger des Nachlasses ist (→ Rn. 17). Richtigerweise wird man in einer solchen Konstellation den Wortlaut der Vorschrift aber teleologisch reduzieren (zustimmend *von Erdmann,* Aneignungsrechte im europäischen Internationalen Privatrecht, 2018, S. 200). Die Vorschrift will wohl kaum erbenlose Nachlässe zwischen Hoheitsträgern der Bundesrepublik verteilen, sondern möchte allgemein dem deutschen Staat einen Zugriff auf erbenlose Nachlässe ermöglichen, die nach dem Erbstatut bisher nicht dem deutschen Staat zugewiesen sind.

2. Das gerichtliche Feststellungsverfahren (Abs. 1)

19 Die Existenz eines nach dem Erbstatut materiellrechtlich erbenlosen Nachlasses an sich reicht nicht aus. Vielmehr sieht die Vorschrift in Abs. 1 im Rahmen des dreistufigen Verfahrens (→ Rn. 4) vor, dass das nach Abs. 2 zuständige Nachlassgericht die Erbenlosigkeit des Nachlasses feststellt und damit „die erbrechtlichen Vorfragen" klärt (Regierungsentwurf, BT-Drs. 18/4201, 47). Näheres zur Ausgestaltung dieses Feststellungsverfahrens enthält das Gesetz nicht.

20 **a) Anwendbare Verfahrensordnung.** Richtigerweise wird man das Feststellungsverfahren als **Angelegenheit der freiwilligen Gerichtsbarkeit** und **Nachlasssache** zu qualifizieren haben (so auch *Wilsch,* in Gierl/Köhler/Kroiß/Wilsch, IntErbR, Teil 2 § 2 Rn. 23). Zwar fehlt eine dem § 35 Abs. 1 IntErbRVG vergleichbare Vorschrift, die auf das FamFG verweist. Aber bereits die Zuständigkeit des Nachlassgerichts indiziert, dass es sich um ein Nachlassverfahren der freiwilligen Gerichtsbarkeit handeln muss. Jedenfalls wird es sich beim Feststellungsverfahren um „sonstige den Nachlassgerichten durch Gesetz zugewiesene Aufgaben" und damit um Nachlasssachen gemäß § 342 Abs. 1 Nr. 9 FamFG handeln. Auch könnte man das Feststellungsverfahren noch als Element der „Ermittlung der Erben" nach § 342 Abs. 1 Nr. 4 FamFG ansehen, wobei – im Falle eines Fiskuserbrechts eines ausländischen Staates (→ Rn. 11) – der Erbe ermittelt wurde und dennoch ein Feststellungsbeschluss ergeht.

21 Es gelten damit für das Feststellungsverfahren vor dem Nachlassgericht die **allgemeinen Verfahrensgrundsätze des FamFG für Nachlasssachen,** soweit die Vorschrift des § 32 IntErbRVG keine Sonderregeln enthält.

b) Einleitung des Verfahrens. Die Vorschrift lässt ebenfalls offen, von wem die **Initiative für das Feststellungsverfahren** ausgeht. Der Regierungsentwurf ging davon aus, dass das Gericht nur **„auf Antrag oder Anregung"** tätig werden müsse (Regierungsentwurf, BT-Drs. 18/4201, 48); eine Pflicht zur Einleitung des Verfahrens von Amts wegen bestehe nicht. Der Bundesrat mahnte in seiner Stellungnahme an, dass dieser Ausschluss einer Amtsermittlungspflicht bei der Verfahrenseinleitung aus dem Gesetzeswortlaut nicht eindeutig hervorgehe und schlug deshalb die Einfügung des **Abs. 1 Hs. 2** vor, wonach eine **Amtsermittlungspflicht** des Nachlassgerichts nicht begründet wird (Stellungnahme des Bundesrats, BT-Drs. 18/4201, 72; vgl. auch die lapidare Gegenäußerung der Bundesregierung zu diesem Vorschlag, aaO S. 81). Das bedeutet aber nicht, dass das Verfahren nicht von Amts wegen eingeleitet werden **darf** (s. auch Rn. 26); es **muss** nur nicht von Amts wegen eingeleitet werden. Auch bleibt es dabei, dass das Nachlassgericht auf Antrag oder Anregung tätig werden muss, zumal der Bundesrat inhaltlich nicht vom Regierungsentwurf abweichen wollte. 22

Das Gesetz schweigt zur **Antragsbefugnis und „Anregungsbefugnis"**. Hier wird man großzügig sein müssen: Jedermann, der ein Interesse an der Aneignung des inländischen Nachlasses hat, kann das Feststellungsverfahren initiieren. Anregen können das Verfahren neben der Aneignungsstelle auch die Nachlassgläubiger, einschließlich der Gläubiger von Erbfallschulden, vor allem wenn nach dem Erbstatut kein Fiskuserbrecht eines anderen Staates besteht (etwa weil das Erbstatut nur ein Aneignungsrecht des Staates vorsieht), sodass der Nachlass ohne Aneignung des inländischen Nachlasses nicht abgewickelt werden kann, vgl. auch Abs. 6, 7 sowie → Rn. 45 (zum Ermessen der Aneignungsstelle). 23

c) Umfang der Ermittlungen durch das Nachlassgericht. Nach Einleitung des Feststellungsverfahrens gemäß Abs. 1 bestehen freilich Amtsermittlungspflichten. Dies ergibt sich aus § 26 FamFG (zur Anwendbarkeit des FamFG → Rn. 20 f.), der von Abs. 1 Hs. 2 insoweit nicht verdrängt wird, sondern nur im Hinblick auf die Einleitung des Verfahrens (→ Rn. 21). Der insoweit etwas zu weit geratene Wortlaut der Vorschrift steht dieser Auslegung nicht entgegen, wie ein Blick in die Gesetzgebungsmaterialien zeigt: Der Bundesrat – der nur auf die Pflicht zur amtswegigen Einleitung des Verfahrens abstellt (Stellungnahme des Bundesrats, BT-Drs. 18/4201, 72) – wollte mit dieser Vorschrift inhaltlich nicht vom Regierungsentwurf abweichen. Der Regierungsentwurf ging dagegen von Ermittlungspflichten nach Einleitung des Feststellungsverfahrens aus. Insoweit verweist die Entwurfsbegründung nämlich auf die Vorschriften zur Feststellung des Fiskuserbrechts nach § 1936 BGB: „Hinsichtlich des sachlichen und zeitlichen Umfangs der Ermittlungen des Nachlassgerichts wird auf die für die Feststellung des Erbrechts des Fiskus nach § 1964 BGB entwickelten Grundsätze zurückgegriffen werden können". Hieran wollte auch der Bundesrat durch den neuen Abs. 1 Hs. 2 offenbar nichts ändern. Die zu § 1964 Abs. 1 BGB entwickelten Grundsätze kommen damit zum Zuge (dazu näher etwa MüKoBGB/*Leipold* BGB § 1964 Rn. 4 ff.; Staudinger/*Mešina* BGB § 1964 Rn. 3 ff.). Nicht anwendbar ist dagegen § 1965 BGB; einer öffentlichen Aufforderung zur Anmeldung eines Erbrechts bedarf es nicht. Diese Abweichung vom Feststellungsverfahren nach §§ 1964 ff. BGB ist freilich nicht ganz unbedenklich: Potentielle Erben sind vor dem privatrechtlichen Fiskuserbrecht nach § 1936 BGB besser geschützt als vor dem öffentlichrechtlichen Aneignungsrecht nach § 32 IntErbRVG. 24

d) Verhältnis zum Feststellungsverfahren nach §§ 1964 ff. BGB. Klärungsbedürftig ist das Verhältnis eines Feststellungsverfahrens nach Abs. 1 zu dem **Verfahren nach §§ 1964 ff. BGB.** Die §§ 1964 ff. BGB sind verfahrensrechtlich zu qualifizieren und finden deshalb auch bei einem ausländischen Erbstatut Anwendung, das ein **gesetzliches Erbrecht eines ausländischen Fiskus** vorsieht und sich auch auf im Inland belegenene Nachlassgegenstände erstreckt (Staudinger/*Dörner,* EGBGB, 2007, Art. 25 Rn. 207). Voraussetzung für die Anwendung der §§ 1964 ff. BGB ist freilich, dass deutsche Gerichte **international zuständig** sind, was sich für die Feststellung eines Fiskuserbrechts als Erbsache nach Art. 4 ff. EuErbVO richtet (zur Anwendbarkeit der Verordnung auf das Fiskuserbrecht s. etwa MüKoBGB/*Dutta* EuErbVO Art. 1 Rn. 14). Die **örtliche Zuständigkeit** für das Verfahren nach §§ 1964 ff. BGB richtet sich sodann nach dem (von Abs. 2 der Vorschrift abweichenden) § 47 IntErbRVG (so auch OLG Karlsruhe ZEV 2019, 478 (479) = Rpfleger 2019, 515, wobei im konkreten Fall auf die Rechtsnachfolge von Todes wegen auf den erbenlos verstorbenen Erblasser offensichtlich schweizerisches Erbrecht anwendbar war, sodass die Feststellung eines deutschen Fiskuserbrechts nicht in Betracht kam, sondern allenfalls das Feststellungsverfahren nach Abs. 1). 25

Mit Inkrafttreten des IntErbRVG wird man das Feststellungsverfahren nach Abs. 1 als **vorrangig** vor dem Feststellungsverfahren nach §§ 1964 ff. BGB anzusehen haben (anders offenbar OLG Karlsruhe ZEV 2019, 478 = Rpfleger 2019, 515). Denn wegen Art. 33 EuErbVO genießt das neue Aneignungsrecht des deutschen Staates nach § 32 IntErbRVG Vorrang vor einem ausländischen Fiskuserbrecht. Problematisch ist allerdings, dass das Verfahren nach §§ 1964 ff. BGB von Amts wegen einzuleiten ist (MüKoBGB/*Leipold* BGB § 1964 Rn. 12; Staudinger/*Mešina* BGB § 1964 Rn. 3), wohingegen das Verfahren nach Abs. 1 wegen Abs. 1 Hs. 2 nur auf Antrag oder Anregung verpflichtend einzuleiten ist (→ Rn. 22). Beginnt ein Nachlassgericht ein Feststellungsverfahren nach §§ 1964 ff. BGB von Amts wegen und stellt fest, dass nur ein gesetzliches Erbrecht eines ausländischen Fiskus in Betracht kommt, so wird das Gericht das Verfahren als Feststellungsverfahren nach Abs. 1 **fortsetzen** müssen, um den 26

Vorrang des Aneignungsrechts zu wahren (das ausländische Fiskuserbrecht schließt das Aneignungsrecht nach § 32 IntErbRVG ja nicht aus → Rn. 11); in einer solchen Konstellation läuft Abs. 1 Hs. 2 freilich leer. Aber auch umgekehrt kann ein Feststellungsverfahren nach §§ 1964 ff. BGB aus einem Verfahren nach Abs. 1 resultieren. Trifft das Nachlassgericht eine Feststellung nach Abs. 1, übt aber die zuständige Aneignungsstelle ihr durch die gerichtliche Feststellung entstehendes Aneignungsrecht nach Abs. 3 nicht oder nicht vollständig aus, so muss das Nachlassgericht – soweit die deutschen Gerichte nach Art. 4 ff. EuErbVO international zuständig sind (zur örtlichen Zuständigkeit → Rn. 36) – ein Verfahren nach §§ 1964 ff. BGB einleiten, damit der ausländische Fiskus sein gesetzliches Erbrecht im Hinblick auf den inländischen Nachlass geltend machen kann (vgl. → Rn. 25).

27 **e) Beteiligte des Verfahrens.** Die Beteiligten des Feststellungsverfahrens richten sich nach dem FamFG (zur Anwendbarkeit des FamFG → Rn. 20 f.). Zu beteiligen sind nach § 7 Abs. 1 FamFG ein etwaiger **Antragsteller** (zur Verfahrenseinleitung → Rn. 22 f.) sowie nach § 7 Abs. 2 Nr. 1 FamFG die zuständige **Aneignungsstelle** (die jedenfalls nach § 8 Nr. 3 FamFG als Behörde beteiligtenfähig ist), aber auch die dem Gericht bekannten **Erbprätendenten,** wobei hierunter alle Personen fallen, deren Erbberechtigung das Aneignungsrecht nach § 32 IntErbRVG ausschließen würde (→ Rn. 9 ff.). Auch die dem Gericht **bekannten Nachlassgläubiger** sind zu beteiligen, weil sich womöglich durch die Ausübung des Aneignungsrechts – für welches das Feststellungsverfahren die Basis legt – im Hinblick auf Abs. 7 der Vorschrift ihr Haftungssubjekt ändern kann und sie damit durch das Verfahren unmittelbar betroffen sind. Zu den Nachlassgläubigern gehören wegen Abs. 6 auch etwaige **Vindikationsvermächtnisnehmer** oder andere Vermächtnisnehmer mit unmittelbarer Berechtigung am Nachlass (→ Rn. 13 f.).

28 **f) Entscheidung durch Beschluss; Rechtsmittel.** Das Nachlassgericht entscheidet durch **Beschluss** gemäß § 38 Abs. 1 S. 1 FamFG (zur Anwendbarkeit des FamFG → Rn. 20 f.), da die Feststellungsstufe des dreistufigen Aneignungsverfahrens abgeschlossen wird (zutreffend *Wilsch* in Gierl/Köhler/Kroiß/Wilsch, IntErbR, Teil 2 § 3 Rn. 23). Der Beschluss ist den Beteiligten nach § 41 Abs. 1 S. 1 FamFG **bekanntzugeben.** Diese Bekanntgabepflicht wird durch **Abs. 1 Hs. 1** für den Feststellungsbeschluss unterstrichen, wonach das Gericht die Feststellung der zuständigen Aneignungsstelle **unverzüglich** (§ 121 Abs. 1 S. 1 BGB) **mitteilen** muss.

29 Gegen die Beschlüsse des Nachlassgerichts im Feststellungsverfahren nach Abs. 1 ist die **Beschwerde** statthaft, § 58 Abs. 1 FamFG (zur Anwendbarkeit des FamFG → Rn. 20 f.). **Zuständig** für die Beschwerde ist nach § 119 Abs. 1 Nr. 1 lit. b GVG das Oberlandesgericht in Zivilsachen. Die Beschwerde ist nach § 63 Abs. 1 FamFG **befristet. Beschwerdeberechtigt** gegen einen abweisenden Beschluss ist nach § 59 Abs. 1 FamFG die *Aneignungsstelle,* gegen einen Feststellungsbeschluss die *Erbprätendenten* (→ Rn. 27) und sowohl gegen einen abweisenden Beschluss als auch einen Feststellungsbeschluss die *Nachlassgläubiger,* da sie in ihrer Position durch jede Entscheidung über die Feststellung des Aneignungsrechts betroffen sind; auch hier gehören *Vindikationsvermächtnisnehmer* zu den Nachlassgläubigern → Rn. 27 aE. Zu den Folgen für ein bereits ausgeübtes Aneignungsrecht → Rn. 57.

30 Daneben können vor allem die Erbprätendenten, welche die Beschwerdefrist versäumt haben, aber auch die Aneignungsstelle beim Nachlassgericht eine **Abänderung des Feststellungsbeschlusses** entsprechend § 48 Abs. 1 FamFG beantragen (zum Verfahren nach §§ 1964 ff. BGB s. MüKoBGB/*Leipold* BGB § 1964 Rn. 14). Zu den Folgen für ein bereits ausgeübtes Aneignungsrecht → Rn. 57.

3. Zuständigkeit des Nachlassgerichts

31 **a) Internationale Zuständigkeit.** International zuständig für das Feststellungsverfahren nach Abs. 1 können allein die deutschen Gerichte sein. Fraglich ist jedoch, **unter welchen Voraussetzungen** eine solche internationale Zuständigkeit besteht.

32 Die **Art. 4 ff. EuErbVO** sind auf das Feststellungsverfahren nicht anwendbar, da es sich bei Streitigkeiten über ein Aneignungsrecht des Staates nicht um Erbsachen handelt, sondern um nach Art. 1 Abs. 1 S. 2 EuErbVO ausgeschlossene „Steuer- und Zollsachen sowie verwaltungsrechtliche Angelegenheiten" (zu Details → EuErbVO Art. 1 Rn. 14; MüKoBGB/*Dutta* EuErbVO Art. 1 Rn. 14).

33 Aufgrund der Anwendbarkeit des FamFG auf das Feststellungsverfahren nach Abs. 1 (→ Rn. 20 f.) folgt die internationale Zuständigkeit aus **§ 105 FamFG iVm Abs. 2** der Vorschrift, sodass die deutschen Gerichte immer zuständig sind, wenn ein deutsches Gericht nach Abs. 2 örtlich zuständig ist. Danach besteht **keine Begrenzung der internationalen Zuständigkeit,** da unabhängig vom gewöhnlichen Aufenthalt des Erblassers und der Nachlassbelegenheit (anders als bei § 343 FamFG) die deutschen Gerichte immer zuständig sind. Denkbar ist damit eine internationale Zuständigkeit auch dann, wenn überhaupt keine Beziehung zur Bundesrepublik besteht. Allerdings bedeutet dies nicht, dass das Aneignungsrecht räumlich unbegrenzt besteht, denn es kann von der Aneignungsstelle nur im Hinblick auf den inländischen Nachlass geltend gemacht werden. Die Zuständigkeit für das Feststellungsverfahren – als Basis für das Aneignungsrecht – ist jedoch räumlich unbegrenzt.

b) Sachliche und funktionelle Zuständigkeit. Die sachliche Zuständigkeit des **Amtsgerichts als Nachlassgericht** folgt aus § 23a Abs. 1 S. 1 Nr. 2, Abs. 2 Nr. 2 GVG iVm § 342 Abs. 1 Nr. 4 und Nr. 9 FamFG (vgl. auch → Rn. 20), da **Abs. 1 Hs. 1** ein Feststellungsverfahren vor dem Nachlassgericht anordnet. 34

Funktionell ist nach § 3 Nr. 2 lit. c RPflG iVm § 342 Abs. 1 Nr. 4 und Nr. 9 FamFG (vgl. auch → Rn. 20) der **Rechtspfleger** zuständig. Obwohl regelmäßig im Feststellungsverfahren nach Abs. 1 ausländisches Erbrecht im Hinblick auf die Erbenlosigkeit des Nachlasses zu prüfen sein wird (→ Rn. 16 ff.), sieht § 16 RPflG keinen Richtervorbehalt vor, was in latentem Widerspruch zu § 16 Abs. 1 Nr. 6 und Abs. 2 RPflG nF steht. Allenfalls kann der Rechtspfleger im Hinblick auf die Anwendbarkeit ausländischen Rechts nach § 5 Abs. 2 RPflG dem Richter die Angelegenheit vorlegen. 35

c) Örtliche Zuständigkeit (Abs. 2). Nach **Abs. 2 S. 1** ist das Nachlassgericht örtlich zuständig, in dessen Bezirk der Erblasser im Zeitpunkt seines Todes seinen **gewöhnlichen Aufenthalt** hatte. Mangels letzten gewöhnlichen Aufenthalts im Inland ist das Amtsgericht Schöneberg örtlich zuständig, **Abs. 2 S. 2;** es fehlt allerdings an einer dem § 34 Abs. 3 S. 4 IntErbRVG oder § 343 Abs. 3 S. 2 FamFG entsprechenden Verweisungsmöglichkeit. Auch hier (s. bereits § 2 IntErbRVG Rn. 26) stellt sich die Frage nach den maßgeblichen Kriterien zur Bestimmung des gewöhnlichen Aufenthalts. Zwar verspricht eine verordnungsakzessorische Auslegung keine Vereinfachung der Zuständigkeitsprüfung, weil die Verordnung die internationale Zuständigkeit für das Feststellungsverfahren nicht regelt (→ Rn. 32). Dennoch sollten auch hier die Kriterien der Verordnung herangezogen werden, da nicht einzusehen ist, dass ein und derselbe Begriff innerhalb des Ausführungsgesetzes unterschiedliche Bedeutung besitzt. 36

IV. Ausübung des Aneignungsrechts durch die Aneignungsstelle

1. Voraussetzungen für wirksame Ausübung

Sobald das Nachlassgericht im Rahmen des dreistufigen Verfahrens die Feststellung einer Erbenlosigkeit des Nachlasses nach Abs. 1 getroffen hat, entsteht das Aneignungsrecht des Staates, das dieser nun durch die zuständige Aneignungsstelle wirksam ausüben muss. 37

a) Bestand des Aneignungsrechts: Feststellungsbeschluss. Grundvoraussetzung ist zunächst, dass das Nachlassgericht die Erbenlosigkeit des Nachlasses nach Abs. 1 **durch Beschluss** (→ Rn. 28) wirksam festgestellt hat. Vor der gerichtlichen Feststellung der Erbenlosigkeit des Nachlasses nach Abs. 1 kann das Aneignungsrecht nicht ausgeübt werden (Regierungsentwurf, BT-Drs. 18/4201, 48). Das Aneignungsrecht entsteht folglich mit dem **Wirksamwerden des Beschlusses** nach § 40 Abs. 1 FamFG. Dennoch sollte die Aneignungsstelle bis zur formellen Rechtskraft des Beschlusses zuwarten → Rn. 57. 38

b) Räumlich-gegenständliche Reichweite des Aneignungsrechts: Im Inland belegenes Nachlassvermögen. Aus **Abs. 3 S. 2,** aber auch aus **Art. 33 EuErbVO** folgt, dass das Aneignungsrecht von der zuständigen (→ Rn. 48 f.) Aneignungsstelle nur im Hinblick auf **im Staatsgebiet der Bundesrepublik belegenes Nachlassvermögen** ausgeübt werden kann. Bei körperlichen Nachlassgegenständen ist die Bestimmung des Belegenheitsorts meist unproblematisch möglich. Schwieriger ist die Lokalisierung von unkörperlichen Gegenständen, etwa Forderungen, Gesellschaftsanteilen und Immaterialgüterrechten. Der Belegenheitsort ist, da die Vorschrift an Art. 33 EuErbVO anknüpft und nur den dort gebotenen Spielraum ausschöpfen kann (→ Rn. 2, 14 aE), **verordnungsakzessorisch** auszulegen (das verkennt der Regierungsentwurf, BT-Drs. 18/4201, 48). Der Belegenheitsort der Nachlassgegenstände muss deshalb autonom bestimmt werden (zur Verordnung MüKoBGB/*Dutta* EuErbVO Art. 33 Rn. 6; vgl. auch die Forderung von *Kunz* GPR 2014, 285 (293)), wobei im Rahmen der Verordnung der Belegenheitsbegriff einheitlich zu bilden ist (zu den Kriterien → EuErbVO Art. 10 Rn. 13 ff.; MüKoBGB/*Dutta* EuErbVO Art. 10 Rn. 6 ff.). 39

Da kein Staat völkerrechtlich seine Hoheitsgewalt im Hinblick auf die dingliche Zuordnung von auf im Ausland belegenen Gegenständen durchsetzen kann (vgl. etwa StIGH 7.9.1927 [*Lotus Case*] PCIJ ser. A, No. 9, S. 18), kann **maßgeblicher Zeitpunkt** für die Belegenheit der anzueignenden Gegenstände nur der Zeitpunkt der Ausübung des Aneignungsrechts sein. 40

Das Aneignungsrecht bezieht sich gegenständlich allerdings lediglich auf sämtliche im Inland befindliche **Nachlassgegenstände, ohne Rücksicht auf ihre Art und Natur,** also nicht nur auf die zum Nachlass gehörigen *Sachen* (daher zu eng *Müller-Lukoschek* NotBZ 2016, 441 (445), die von einem „sachenrechtliche[m] Aneignungsrecht" spricht), sondern auch sämtliche anderen *Rechte* (Regierungsentwurf, BT-Drs. 18/4201, S. 48). Über die Frage der *Zugehörigkeit zum Nachlass* – insbesondere ihre Vererblichkeit und die Rechtsinhaberschaft des Erblassers im Zeitpunkt des Todes – entscheidet das jeweilige auf den Nachlassgegenstand anwendbare Recht. Das Aneignungsrecht bezieht sich auf sämtliche Nachlassgegenstände, auch wenn diese Gegenstand eines *Vermächtnisses* – sogar eines **Vindikationsvermächtnisses** – sind, wie sich auch aus Abs. 1 (→ Rn. 13) und Abs. 6 ergibt (zur potentiellen Unionsrechtswidrigkeit dieser Regelung → Rn. 14). Im Falle eines Vindikationslegats kann der Ver- 41 mächtnisnehmer somit seine Rechtsinhaberschaft nicht dinglich und grundbuchrechtlich gegenüber der aneignenden Körperschaft geltend machen (anders konsequent *Wiltsch* ZErb 2019, 57 (57 ff.); *Wilsch* in Gierl/Köhler/Kroiß/Wilsch, IntErbR, Teil 2 § 3 Rn. 45, der von einer Unionsrechtswidrigkeit des § 32 IntErbRVG insoweit ausgeht → Rn. 14). Vielmehr muss der Vermächtnisnehmer seine Rechte nach Abs. 6 geltend machen, was wirtschaftlich allerdings keinen großen Unterschied darstellt (→ Rn. 14).

42 Übt eine Aneignungsstelle das Aneignungsrecht rechtswidrig im Hinblick auf **Gegenstände** aus, **die sich nicht innerhalb der räumlich-gegenständlichen Reichweite des Aneignungsrechts** befinden, so geht die Aneignung insoweit **ins Leere,** jedenfalls soweit Nachlassgegenstände betroffen sind, die im Ausland belegen sind (→ Rn. 39 f.). Die Ausübung des Aneignungsrechts ist insoweit nach **§ 44** Abs. 1 (bzw. gegebenenfalls Abs. 2 Nr. 3 iVm § 3 Abs. 1 Nr. 1) **VwVfG** des Bundes bzw der Länder **nichtig** (zur Rechtsnatur der Ausübung des Aneignungsrechts → Rn. 43).

43 **c) Ausübung durch Erklärung gegenüber dem Nachlassgericht (Abs. 3 S. 1 und 2, Abs. 4).** Das Aneignungsrecht wird von der zuständigen (→ Rn. 48 f.) Aneignungsstelle **durch Erklärung** gegenüber dem zuständigen (→ Rn. 31 ff.) Nachlassgericht ausgeübt, **Abs. 3 S. 1,** anders als die Aneignung nach § 958 Abs. 1 BGB, die durch Realakt erfolgt. Bei dieser Erklärung handelt es sich – angesichts der Rechtsfolgen des ausgeübten Aneignungsrechts (→ Rn. 50 ff.) – um einen **privatrechtsgestaltenden Hoheitsakt iS des § 35 VwVfG** (bzw. der VwVfG der Länder). Soweit § 32 IntErbRVG keine Regelungen enthält, gelten deshalb die Vorschriften des VwVfG des Bundes oder der Länder, je nach zuständiger Aneignungsstelle → Rn. 48 f. (s. zur Form der Ausübung → Rn. 46). Der Staat wird durch das Aneignungsrecht gerade als Hoheitsträger berechtigt, sodass dessen Ausübung eine Maßnahme *auf dem Gebiet des öffentlichen Rechts* ist. Da die Ausübung des Aneignungsrechts darauf gerichtet ist, in einem konkreten Lebenssachverhalt eine Rechtsfolge zu bewirken, nämlich die Aneignung bestimmter Vermögensgegenstände, handelt es sich auch um eine Maßnahme *zur Regelung eines Einzelfalls.* Auch wenn das Aneignungsrecht durch Erklärung gegenüber dem Nachlassgericht ausgeübt wird, entfaltet die Ausübung *Außenwirkung,* da die Rechtsfolgen unmittelbar auf die dingliche Zuordnung der Nachlassgegenstände einwirken: Aufgrund einer Erbenlosigkeit des Nachlasses nach ausländischem Erbstatut herrenlose Gegenstände oder von einem ausländischen Fiskuserben (auch dann besteht ja das Aneignungsrecht nach § 32 IntErbRVG → Rn. 11) getragene Gegenstände werden mit der Ausübung des Aneignungsrechts auf das jeweilige Land oder den Bund übertragen.

44 Nach **Abs. 3 S. 2** muss die Aneignungsstelle den **Umfang** der Ausübung des Aneignungsrechts in ihrer Erklärung **festlegen.** Die Erklärung ist nach §§ 133, 157 BGB analog auslegungsfähig, wobei das Bestimmtheitsgebot des § 37 Abs. 1 VwVfG (bzw. der VwVfG der Länder) zu wahren ist. Wenn die Aneignungsstelle das Aneignungsrecht nur teilweise ausübt, sind die betroffenen Gegenstände zu bezeichnen, damit Klarheit über den Wechsel in der Inhaberschaft der betroffenen Gegenstände besteht. Bei einer vollständigen Ausübung des Aneignungsrechts ist eine Spezifikation nicht erforderlich, da die betroffenen Gegenstände bestimmbar sind: sämtliche Gegenstände, die sich zum Zeitpunkt der Ausübung des Aneignungsrechts im Inland befanden (→ Rn. 40). Nach dem Wortlaut des Abs. 3 S. 2 („Durch die Erklärung legt sie fest, ob und in welchem Umfang") ist sogar denkbar, dass die Aneignungsstelle dem Nachlassgericht gegenüber erklärt, dass sie das Aneignungsrecht **nicht ausübt.** Freilich bindet sich die Aneignungsstelle durch eine solche Erklärung (oder eine Erklärung über Teilausübung) nicht.

45 Der Wortlaut der Vorschrift schweigt darüber, **nach welchen Kriterien** die Aneignungsstelle über **Ob und Umfang der Ausübung des Aneignungsrechts** entscheidet. Richtigerweise ist der Aneignungsstelle hier ein **Ermessen** einzuräumen (so wohl auch der Regierungsentwurf, BT-Drs. 18/4201, 48, wonach die Aneignungsstelle von der Ausübung des Aneignungsrechts absehen kann, „wenn dies sachdienlich" erscheint; aaO spricht die Begründung in anderem Zusammenhang [zu Abs. 5] auch vom „Ermessen" der Aneignungsstelle; vgl. auch *R. Wagner/Scholz* FamRZ 2014, 714 (717)). Auch Art. 33 EuErbVO gewährt lediglich ein Aneignungsrecht, enthält aber keine Aneignungspflicht (Regierungsentwurf, BT-Drs. 18/4201, 48). Freilich muss die Aneignungsstelle ihr Ermessen nach allgemeinen Regeln **pflichtgemäß** ausüben. Der Regierungsentwurf nennt exemplarisch als ermessensrelevante Aspekte fiskalische Interessen und Belange der Verkehrssicherung (Regierungsentwurf, BT-Drs. 18/4201, 48). Vor diesem Hintergrund ist es insbesondere bei einem gesetzlichen Erbrecht eines ausländischen Fiskus nach ausländischem Erbstatut (welches das Aneignungsrecht nach § 32 IntErbRVG nicht ausschließt → Rn. 11) denkbar, dass der deutsche Staat zugunsten des ausländischen Fiskus auf sein Aneignungsrecht verzichtet. Sind die im Inland belegenen Nachlassgegenstände dagegen herrenlos, weil nach dem ausländischen Erbstatut nur ein Aneignungsrecht des Staates besteht, dann wird eine teilweise Ausübung oder Nichtausübung des Aneignungsrechts meist ermessensfehlerhaft sein: Sinn und Zweck des § 32 IntErbRVG ist es – neben den im Regierungsentwurf angesprochenen Verkehrssicherungsinteressen – ferner, dass bei grenzüberschreitenden Erbfällen insbesondere auch im Interesse der Nachlassgläubiger die Rechtsträgerschaft an den Nachlassgegenständen geklärt wird (angedeutet auch im Hinblick auf Vindikationsvermächtnisnehmer vom Regierungsentwurf, BT-Drs. 18/4201, 48). Dies

kann freilich eine Haftung der aneignenden Körperschaft nach ausländischem Erbstatut gemäß Abs. 7 nach sich ziehen (→ Rn. 53).

Abs. 3 S. 3 legt die **Form der Ausübungserklärung** fest und verdrängt insoweit die entsprechenden Vorschriften der VwVfG des Bundes und der Länder → Rn. 43. 46

Da es sich bei der Ausübung des Aneignungsrechts um einen Verwaltungsakt handelt (→ Rn. 43), muss dieser zu seinem Wirksamwerden **bekanntgegeben** werden, § 43 Abs. 1 S. 1 VwVfG des Bundes bzw der Länder, wobei der Kreis der Personen, denen der Verwaltungsakt bekanntzugeben wäre, nicht einfach zu ziehen wäre. Hiervon abweichend ordnet **Abs. 4** an, dass zum Wirksamwerden der Ausübung des Aneignungsrechts durch die zuständige Aneignungsstelle der **Eingang der Erklärung** beim zuständigen Nachlassgericht ausreicht. 47

d) Zuständige Aneignungsstelle (Abs. 3 S. 4). In Abs. 3 S. 4 bestimmt die Vorschrift die Aneignungsstelle, die für die Ausübung des Aneignungsrechts zuständig ist. Mit dieser Regelung wird zugleich mittelbar festgelegt, zu wessen Gunsten das Aneignungsrecht **materiellrechtlich** besteht, da nach Abs. 4 die angeeigneten Nachlassgegenstände auf die hinter der Aneignungsstelle stehende Körperschaft übergehen. Die Regelung knüpft an die Bestimmung des „zuständigen" Fiskuserben in § 1936 S. 1 BGB an (Regierungsentwurf, BT-Drs. 18/4201, 48). 48

Auch für die Zuständigkeit der Aneignungsstelle (zur Zuständigkeit des Nachlassgerichts → Rn. 36) ist maßgeblich der **letzte gewöhnliche Aufenthalt des Erblassers,** der auch hier (→ Rn. 36) verordnungsakzessorisch bestimmt werden sollte. Hatte der Erblasser seinen letzten gewöhnlichen Aufenthalt in der Bundesrepublik, so wird die zuständige Aneignungsstelle von dem Land bestimmt, in dem sich der Erblasser im Zeitpunkt seines Todes gewöhnlich aufhielt. Die Länder müssen deshalb entsprechende Ausführungsbestimmungen erlassen. Ansonsten – wenn der Erblasser mit gewöhnlichem Aufenthalt im Ausland verstarb – ist die Bundesanstalt für Immobilienaufgaben in Nürnberg zuständig, die offenbar bereits jetzt mit der Wahrnehmung erbrechtlicher Ansprüche der Bundesrepublik betraut ist (Regierungsentwurf, BT-Drs. 18/4201, 48). 49

2. Rechtsfolgen der wirksamen Ausübung (Abs. 4)

Mit der wirksamen Ausübung des Aneignungsrechts durch Erklärung gegenüber dem Nachlassgericht (näher → Rn. 37 ff.) geht das **„betroffene Nachlassvermögen"** – je nach zuständiger Aneignungsstelle (→ Rn. 48) – auf das jeweilige Land oder den Bund über, **Abs. 4.** 50

a) Übergang der wirksam angeeigneten Nachlassgegenstände. „Betroffenes Nachlassvermögen" iS des **Abs. 4 S. 1** sind zunächst die wirksam angeeigneten **Nachlassgegenstände,** also diejenigen Gegenstände, auf die sich das Aneignungsrecht erstreckt (→ Rn. 39 ff.) und die vom Umfang der wirksamen Aneignungserklärung erfasst sind (→ Rn. 44). 51

b) Haftung für Nachlassverbindlichkeiten (Abs. 6, 7). Zum „betroffenen Nachlassvermögen" iS des **Abs. 4 S. 1** gehören aber auch die Nachlassverbindlichkeiten, wie vor allem **Abs. 7** klarstellt, wonach das Recht der Gläubiger, Befriedigung aus dem gesamten Nachlass zu verlangen, unberührt bleibt. Diese Regelung entspricht auch Art. 33 EuErbVO, der unionsrechtlich einen Vorrang eines inländischen Aneignungsrechts vor einem ausländischen Fiskuserbrecht nur zulässt, wenn die Interessen der Nachlassgläubiger gewahrt werden. 52

Abs. 7 legt fest, dass die wirksam angeeigneten Nachlassgegenstände weiterhin, trotz des Wechsels der Rechtsträgerschaft, für Zwecke der Haftung im Nachlass verbleiben und damit dem **Haftungsverband des Nachlasses** angehören; die Gläubiger können auch aus den angeeigneten Nachlassgegenständen als Teil des „gesamten Nachlasses" Befriedigung verlangen. Das allgemeine Erbstatut, das von Art. 21, 22 EuErbVO bestimmt wird, regelt dabei weiterhin die Haftung dieses fingierten Gesamtnachlasses für Nachlassverbindlichkeiten, wie Art 23 Abs. 2 EuErbVO in lit. e und lit. g klarstellt (→ EuErbVO Art. 23 Rn. 96 ff.; MüKoBGB/*Dutta* EuErbVO Art. 23 Rn. 31 ff.). Dieses – im Falle des § 32 IntErbRVG stets ausländische – Erbstatut legt damit auch fest, inwieweit die Nachlassgläubiger weiterhin auf die angeeigneten Nachlassgegenstände zugreifen können, selbst wenn sie nun vom jeweiligen Land oder Bund getragen werden. Ebenfalls legt das Erbstatut fest, inwieweit die Gläubiger auf etwaige **Surrogate** zurückgreifen können, wenn die Nachlassgegenstände nicht mehr bei der aneignenden Körperschaft vorhanden sind. Diese Anwendung des ausländischen Erbstatuts auf die Haftung des jeweiligen Landes bzw des Bundes ist auf den ersten Blick nicht ungefährlich. Denn diese Haftung könnte auch unbeschränkt sein. Dies wird allerdings regelmäßig nicht der Fall sein, da nach dem Erbstatut bei einem erbenlosen Nachlass – und nur dann kommt § 32 IntErbRVG zum Zuge → Rn. 9 ff. – regelmäßig die Haftung auf den Nachlass beschränkt oder beschränkbar sein wird. Das jeweilige Land oder der Bund sollte aber prüfen, ob der Staat für eine **Beschränkung der Haftung nach dem Erbstatut** aktiv werden muss, wie das etwa beim deutschen Fiskuserbrecht nach § 1936 BGB der Fall ist (s. MüKoBGB/*Leipold* BGB § 1936 Rn. 24). Zur Nachlassinsolvenz vgl. auch Art. 76 EuErbVO. 53

54 Zu beachten ist freilich, dass unter Umständen das jeweilige Land bzw der Bund den Nachlassgläubigern womöglich auch **vor ausländischen Gerichten** gerichtspflichtig ist, da sich die internationale Zuständigkeit für die Durchsetzung von Nachlassverbindlichkeiten nach den allgemeinen Regeln für Zivil- und Handelssachen richtet, vor allem der Brüssel Ia-VO (näher → Einl. Rn. 56; MüKoBGB/*Dutta* EuErbVO Art. 1 Rn. 5 f.). Die Durchsetzung von nach deutschem Verständnis sog. Erbfallschulden (also Verbindlichkeiten aus Pflichtteilsrechten, Vermächtnissen und Auflagen, vgl. § 1967 Abs. 2 BGB) sind dagegen Erbsachen. Die internationale Zuständigkeit für die Durchsetzung richtet sich damit nach Art. 4 ff. EuErbVO, die daher in den Fällen des § 32 IntErbRVG (ausländisches Erbstatut als Voraussetzung einerseits [→ Rn. 16 ff.], Streben der EuErbVO nach einem Gleichlauf von forum und ius andererseits [→ Einl. Rn. 40, → EuErbVO Vor Art. 4 ff. Rn. 23 ff.; MüKoBGB/*Dutta* EuErbVO Vor Art. 4 Rn. 2 f.]) regelmäßig eine Zuständigkeit ausländischer Gerichte begründen werden.

55 Die Ausübung des Aneignungsrechts wirkt sich **unterschiedlich** auf die Nachlassgläubiger aus. Besteht nach dem Erbstatut ein **Fiskuserbrecht** eines ausländischen Staates, so erhalten die Nachlassgläubiger über Abs. 7 einen *zusätzlichen Schuldner,* nämlich die aneignende Körperschaft, gegebenenfalls freilich im Haftungsumfang beschränkt auf die angeeigneten Nachlassgegenstände → Rn. 53. Sieht dagegen das ausländische Erbstatut ein **Aneignungsrecht des Staates** vor, so ermöglicht das Aneignungsrecht den Gläubigern *erstmalig* einen Zugriff auf das inländische Nachlassvermögen, das bis dahin herrenlos war (so im Ergebnis hinsichtlich Vindikationsvermächtnisnehmer auch der Regierungsentwurf, BT-Drs. 18/4201, 48). Deshalb wird man die Ausübung des Aneignungsrechts durch die Aneignungsstelle in einer solchen Konstellation auch als gebundene Entscheidung anzusehen haben → Rn. 45.

56 Zu den Nachlassverbindlichkeiten, für welche die angeeigneten Nachlassgegenstände als Teil des Haftungsverbands weiterhin haften, gehören auch Verbindlichkeiten aus **Vermächtnissen. Damnationsvermächtnisse** sind dabei gewöhnliche Nachlassverbindlichkeiten, für welche der Grundsatz des Abs. 7 gilt (so auch Regierungsentwurf, BT-Drs. 18/4201, 49); es kann also die Aneignung dazu führen, dass der Vermächtnisnehmer überhaupt sein Vermächtnis durchsetzen kann → Rn. 14. Der Referentenentwurf hatte in einem § 32 Abs. 4 S. 3 IntErbRVG-E noch klargestellt, dass das betreffende Land oder der Bund nach der Aneignung im Verhältnis zum Vermächtnisnehmer als Erbe gelten (s. auch *R. Wagner/Scholz* FamRZ 2014, 714 (717)); dies ergibt sich aber für Damnationsvermächtnisse bereits aus der Haftung des Nachlasses für Nachlassverbindlichkeiten nach Abs. 7. **Abs. 6** stellt klar, dass das Gleiche auch bei **Vindikationsvermächtnissen** gilt, die im Hinblick auf die vermachten Gegenstände – wenn auch aus Sicht des Unionsrechts zweifelhaft – ein Aneignungsrecht nicht ausschließen (→ Rn. 13 f.). Der Wortlaut des Abs. 6 ist freilich etwas schief, soweit die Vorschrift davon spricht, dass die Vermächtnisnehmer ihre Ansprüche an die „Stelle richten" können, „die insoweit das Aneignungsrecht ausgeübt hat". **Passivlegitimiert** ist selbstverständlich nicht diese Stelle, die als Behörde nicht rechtsfähig sein wird, sondern das jeweilige Land bzw der Bund, für das bzw den die nach Abs. 4 S. 3 zuständige Aneignungsstelle gehandelt hat (so wohl auch Regierungsentwurf, BT-Drs. 18/4201, 49, der auf die „allgemeinen Vorschriften" verweist). Auch kann aus Abs. 6 **keine gesetzliche Prozessstandschaft** der Aneignungsstelle folgen, da diese als Behörde regelmäßig nicht nach § 50 ZPO im Zivilprozess parteifähig sein wird. Schließlich handelt es sich bei der Geltendmachung des Vermächtnisses um eine bürgerliche Rechtsstreitigkeit, vgl. § 27 Abs. 1 ZPO; weder die Aneignung als privatrechtsgestaltender Hoheitsakt noch die Umdeutung des Vindikationsvermächtnisses in ein Damnationsvermächtnis macht die Streitigkeit zu einer öffentlich-rechtlichen Streitigkeit nichtverfassungsrechtlicher Art iSd § 40 VwGO. Zum Anspruch aus Abs. 6, wenn sich der vermachte Gegenstand bei einem Dritten befindet → Rn. 14.

3. Rechtsbehelfe gegen die Ausübung des Aneignungsrechts

57 Auch gegen die Ausübung des Aneignungsrechts in der Form des Verwaltungsakts (→ Rn. 43) bestehen Rechtsbehelfe. Konkret sind – soweit nicht ausgeschlossen, vgl. etwa Art. 15 Abs. 2 BayAGVwGO das **Widerspruchsverfahren** nach §§ 68 ff. VwGO sowie die **Anfechtungsklage** nach § 42 Abs. 1 Fall 1 VwGO statthaft. Erfolgsaussichten haben diese Rechtsbehelfe allerdings nur, wenn die Aneignungsstelle ihr Aneignungsrecht **rechtswidrig** ausgeübt hat. Das ist etwa der Fall, wenn im Rahmen einer Beschwerde (→ Rn. 29) der zugrunde liegende Feststellungsbeschluss des Nachlassgerichts erfolgreich angefochten wurde. Dann fehlt auch die Basis für die Ausübung des Aneignungsrechts durch die Aneignungsstelle (→ Rn. 38), die deshalb mit der Ausübung des Aneignungsrechts bis zur formellen Rechtskraft nach § 45 FamFG zuwarten sollte. Nicht zur Rechtswidrigkeit der Ausübung des Aneignungsrechts führt dagegen die Abänderung des Feststellungsbeschlusses (→ Rn. 30), da zum Zeitpunkt der Aneignung die Voraussetzungen für die Ausübung des Aneignungsrechts noch vorlagen. Es bleibt nur ein Widerruf der Ausübung durch die Aneignungsstelle → Rn. 58.

58 Bei einer **rechtmäßigen** Ausübung des Aneignungsrechts kann die Aneignungsstelle den Verwaltungsakt nach § 49 Abs. 1 VwVfG des Bundes bzw des jeweiligen Landes **widerrufen.** Von dieser

Möglichkeit muss die Behörde Gebrauch machen (Ermessensreduzierung auf Null), wenn ein Erbprätendent nach Ablauf der Beschwerdefrist eine Abänderung des Feststellungsbeschlusses (→ Rn. 30) erreicht, weil der Nachlass doch nicht erbenlos war. Mit dem Widerruf fallen die privatrechtsgestaltenden Rechtswirkungen ex nunc weg und die angeeigneten Nachlassgegenstände kehren wieder in den Nachlass zurück.

V. Bescheinigung des Nachlassgerichts über die Ausübung des Aneignungsrechts (Abs. 5 S. 1)

Die Ausübung des Aneignungsrechts als privatrechtsgestaltender Verwaltungsakt (→ Rn. 43) wird mit der Erklärung gegenüber dem Nachlassgericht wirksam (→ Rn. 47). Angesichts der weitreichenden Wirkungen der Ausübung des Aneignungsrechts ordnet Abs. 5 S. 1 zu Beweiszwecken und zur Sicherheit des Rechtsverkehrs (Regierungsentwurf, BT-Drs. 18/4201, 48) an, dass das zuständige (→ Rn. 31 ff.) Nachlassgericht der zuständigen (→ Rn. 48 f.) Aneignungsstelle Zeitpunkt und Umfang der Ausübung des Aneignungsrechts bescheinigt. Dabei muss das Nachlassgericht nicht die Rechtmäßigkeit der Ausübung des Aneignungsrechts prüfen (Regierungsentwurf, BT-Drs. 18/4201, 48 f.). Diese Bescheinigung hat zwar **keine konstitutive Wirkung** (vgl. Regierungsentwurf, BT-Drs. 18/4201, 48), da die Ausübung des Aneignungsrechts automatisch ihre Wirkungen zeitigt (→ Rn. 50 ff.). Allerdings handelt es sich bei der Bescheinigung um eine **öffentliche Urkunde,** die entsprechende Beweiswirkungen nach §§ 415 ff. ZPO besitzt und der aneignenden Körperschaft im Rechtsverkehr die Geltendmachung der Rechtsposition als Inhaberin des Nachlassgegenstands erleichtert. Gegebenenfalls sind sogar die formellen Beweiswirkungen dieser Urkunde nach deutschem Recht aufgrund einer Urkundsannahme nach Art. 59 EuErbVO ins Ausland erstreckbar, etwa wenn der betreffende Nachlassgegenstand nach der Aneignung ins europäische Ausland verbracht wurde. **59**

VI. Registerberichtigung (Abs. 5 S. 2)

Abs. 5 S. 2 sorgt dafür, dass die betroffenen Register berichtigt werden, da eine solche Berichtigung durch die registerführende Stelle nicht von Amts wegen erfolgt, sondern nur auf Antrag (vgl. etwa § 13 Abs. 1 S. 1 GBO). Die zuständige (→ Rn. 48 f.) Aneignungsstelle wird deshalb durch eine **Sollvorschrift** angehalten, die Berichtigung der Register zu bewirken, soweit die Ausübung des Aneignungsrechts registrierte Nachlassgegenstände betrifft. Die Registerberichtigung wird meist für die Aneignungsstelle unproblematisch möglich sein, soweit der Erblasser als Vorinhaber des registrierten Nachlassgegenstands eingetragen ist. Denn die Bescheinigung nach Abs. 5 S. 1 ermöglicht regelmäßig ohne Weiteres eine Änderung des Registers, s. für das Grundbuch § 29 Abs. 1 S. 1, § 38 GBO (s. auch die Formvorschrift in § 29 Abs. 3 GBO). Zur Entbehrlichkeit einer Unbedenklichkeitsbescheinigung des Finanzamts nach § 22 GrEStG s. *Wilsch* in Gierl/Köhler/Kroiß/Wilsch, IntErbR, Teil 2 § 3 Rn. 43. Gerichtskosten für die Grundbuchberichtigung in Deutschland fallen wegen § 2 Abs. 1 S. 1 GNotKG nicht an (*Wilsch* in Gierl/Köhler/Kroiß/Wilsch, IntErbR, Teil 2 § 3 Rn. 44). **60**

Abschnitt 5. Europäisches Nachlasszeugnis

§ 33 Anwendungsbereich

Dieser Abschnitt gilt für Verfahren über

1. **die Ausstellung, Berichtigung, Änderung oder den Widerruf eines Europäischen Nachlasszeugnisses,**
2. **die Erteilung einer beglaubigten Abschrift eines Europäischen Nachlasszeugnisses oder die Verlängerung der Gültigkeitsfrist einer beglaubigten Abschrift und**
3. **die Aussetzung der Wirkungen eines Europäischen Nachlasszeugnisses.**

Übersicht

I. Unionsrechtlicher Hintergrund

1 Die §§ 33 ff. IntErbRVG sind den Verfahren im Zusammenhang mit der Ausstellung des Europäischen Nachlasszeugnisses gewidmet und betten diese in das deutsche Nachlassverfahren ein. Die **Art. 62 ff. EuErbVO** regeln das Verfahrensrecht des Europäischen Nachlasszeugnisses nur rudimentär, sodass ein Bedarf für mitgliedstaatliche Ausführungsbestimmungen besteht. Da das Europäische Nachlasszeugnis ein neues Rechtsinstitut ist, waren „eigene Verfahrensregeln" erforderlich (Regierungsentwurf, BT-Drs. 18/4201, 2); es konnte nicht einfach auf die Vorschriften zum Erbscheinsverfahren verwiesen werden, die bereits nach ihrem Wortlaut nur den deutschen Erbschein erfassen (→ Rn. 7) und zudem mit den Verfahrensregeln der Verordnung zum Teil unvereinbar sind (→ IntErbRVG § 39 Rn. 2 [im Hinblick auf das Erfordernis eines Feststellungsbeschlusses]). Bei der Ausgestaltung der Verfahrensregeln sind die Mitgliedstaaten **weitgehend frei,** soweit das Verfahren nicht **vorrangig** von den Art. 62 ff. EuErbVO vorgegeben ist. Allerdings müssen die Gesetzgeber stets den **Effektivitäts-** und **Äquivalenzgrundsatz** beachten (allgemein → EuErbVO Vor Art. 62 Rn. 23; MüKoBGB/*Dutta* EuErbVO Vor Art. 62 Rn. 7).

II. Die Vorschrift des § 33 IntErbRVG

2 Die Vorschrift des § 33 IntErbRVG – die den Anwendungsbereich des Abschnitts 5 des IntErbRVG umreißt – nennt die „erstinstanzlichen" Verfahren, welche im Zusammenhang mit dem Erlass eines Europäischen Nachlasszeugnisses nach der EuErbVO auftreten können und auf welche die §§ 34 ff. IntErbRVG anwendbar sind; die Begrifflichkeit ist damit verordnungsakzessorisch auszulegen (vgl. Regierungsentwurf, BT-Drs. 18/4201, 49).

3 **Nr. 1** nennt zunächst das Verfahren zur **Ausstellung** des Europäischen Nachlasszeugnisses nach Art. 67 Abs. 1 EuErbVO sowie zur **Berichtigung,** zur **Änderung** sowie zum **Widerruf** des Europäischen Nachlasszeugnisses nach Art. 71 EuErbVO.

4 Gemäß **Nr. 2** gilt der Abschnitt 5 des IntErbRVG auch für das Verfahren zur Erteilung der **beglaubigten Abschriften** des Europäischen Nachlasszeugnisses nach Art. 70 EuErbVO. Allerdings stellt der Regierungsentwurf klar, dass damit in der Sache nach deutschem Verfahrensrecht die Ausstellung einer Ausfertigung gemeint ist (Regierungsentwurf, BT-Drs. 18/4201, 49; s. auch die Bedenken des Bundesrats, BT-Drs. 18/4201, 72, welche die Bundesregierung zu Recht zurückgewiesen hat, BT-Drs. 18/4201, 49). Zur förmlichen Beweiskraft dieser Abschriften nach deutschem Recht s. → EuErbVO Art. 65 Rn. 17.

5 **Nr. 3** erstreckt den Anwendungsbereich der §§ 34 ff. IntErbRVG auch auf das Verfahren zur **Aussetzung der Wirkungen** eines Europäischen Nachlasszeugnisses nach Art. 73 Abs. 1 EuErbVO.

6 Der Abschnitt 5 gilt allerdings auch für die nicht in § 33 IntErbRVG explizit genannten jeweiligen **Rechtsbehelfsverfahren,** etwa das Rechtsbehelfsverfahren nach Art. 72 EuErbVO, bei uns das Beschwerdeverfahren nach § 43 IntErbRVG, oder das Rechtsbeschwerdeverfahren nach § 44 IntErbRVG, das der deutsche Ausführungsgesetzgeber zusätzlich anbietet.

III. Allgemeines zum Nachlasszeugnisverfahrensrecht

7 Die §§ 33 ff. IntErbRVG **orientieren sich grundsätzlich am Erbscheinsverfahrensrecht,** mussten aber aufgrund unionsrechtlicher Besonderheiten in zahlreichen Punkten auch abweichen, sodass für das Europäische Nachlasszeugnis nicht einfach auf das Erbscheinsverfahrensrecht verwiesen werden konnte (s. *R. Wagner/Scholz* FamRZ 2014, 714 (718)). Soweit die §§ 34 ff. IntErbRVG keine besonderen Regelungen zum Nachlasszeugnisverfahrensrecht enthalten, geltend nach § 35 Abs. 1 IntErbRVG **subsidiär die allgemeinen Regelungen des FamFG,** allerdings nicht die besonderen Vorschriften des FamFG zum Erbscheinsverfahrensrecht, da das Nachlasszeugnis kein Erbschein iS der neugefassten §§ 352 ff. FamFG ist (*R. Wagner/Scholz* FamRZ 2014, 714 (718); *Kroiß* in Gierl/Köhler/Kroiß/Wilsch, IntErbR, Teil 2 § 4 Rn. 1, 13; vgl. auch *Peter* MDR 2015, 309 (313)).

8 Bemerkenswert ist, dass der deutsche Gesetzgeber mit schätzungsweise **7.000 Verfahren** pro Jahr nach § 33 IntErbRVG rechnet (Regierungsentwurf, BT-Drs. 18/4201, 41).

IV. Kosten

9 Die Kosten für die Verfahren nach § 33 IntErbRVG wurden durch Änderungen des GNotKG – das nach § 1 Abs. 1 GNotKG wegen § 35 Abs. 1 IntErbRVG anwendbar ist – an die Kosten des Erbscheinsverfahrens angepasst, um einen **Gleichlauf** zwischen beiden Erbnachweisen herzustellen (Regierungsentwurf, BT-Drs. 18/4201, 62). Eine andere Lösung wäre auch kaum mit dem Äquivalenzgrundsatz

(→ Rn. 1) vereinbar gewesen. – Näher zum Kostenrecht beim Europäischen Nachlasszeugnis *Schneider* RPfleger 2015, 454 (454 ff.); *Seebach* RNotZ 2015, 342 (344 ff.); *Wilsch* in Gierl/Köhler/Kroiß/Wilsch, IntErbR, Teil 4 § 3.3 Rn. 1 ff.

Die besondere **Geschäftswertvorschrift des § 40 GNotKG** gilt künftig auch für Verfahren zur Abnahme der eidesstattlichen Versicherung zur Erlangung eines Europäischen Nachlasszeugnisses nach § 36 Abs. 2 S. 1 IntErbRVG (§ 40 Abs. 1 S. 1 Nr. 1 GNotKG) sowie zur Ausstellung, zur Änderung oder zum Widerruf eines Europäischen Nachlasszeugnisses, jedoch nur, soweit die Rechtsstellung und Rechte der Erben oder Vermächtnisnehmer mit unmittelbarer Berechtigung am Nachlass betroffen sind (§ 40 Abs. 1 S. 1 Nr. 2 und 4 GNotKG). Zu Einzelheiten s. *Wilsch* in Gierl/Köhler/Kroiß/Wilsch, IntErbR, Teil 4 § 3.3 Rn. 7 ff. 10

Folgende Kostentatbestände sind vor allem von Bedeutung: 11

- **Ausstellung** des Europäischen Nachlasszeugnisses: 1,0-Gebühr (Nr. 12210 KV GNotKG); es gilt Tabelle B (§ 34 GNotKG). Wenn nach Ausstellung des Nachlasszeugnisses ein inhaltlich nicht widersprechender Erbschein beantragt wird oder umgekehrt: **Anrechnung** der zuerst anfallenden Gebühr zu 75 % auf das Anschlussverfahren nach Abs. 2 der Anm. zu Nr. 12210 KV GNotKG. Dies gilt nicht, wenn die Ausstellung des Nachlasszeugnisses oder die Erteilung des Erbscheins abgelehnt wird (Regierungsentwurf, BT-Drs. 18/4201, 64). Diese Anrechnungsvorschrift gilt auch bei einer *gleichzeitigen* Beantragung von Erbschein und Nachlasszeugnis (*Seebach* RNotZ 2015, 342 (345); *Wilsch* in Gierl/Köhler/Kroiß/Wilsch, IntErbR, Teil 4 § 3.3 Rn. 14, 16; so wohl auch *J. Schmidt,* ZEV 2014, 389 (395)). S. auch die **Reduktionstatbestände** bei Beendigung des Verfahrens ohne Ausstellung des Nachlasszeugnisses in Nr. 12211 und 12212 KV GNotKG; „Endentscheidung" iS dieser Tatbestände ist nach Vorbem. 1.2.2 Abs. 3 Fall 2 KV GNotKG die Ausstellung des Nachlasszeugnisses. Zu **Auslagen** s. *Wilsch* in Gierl/Köhler/Kroiß/Wilsch, IntErbR, Teil 4 § 3.3 Rn. 4. – Nach Vorbem. 1.2.2.1 KV GNotKG steht die Ausstellung des Europäischen Nachlasszeugnisses durch das **Beschwerdegericht** der Ausstellung durch das Nachlassgericht gleich.
- **Eidesstattliche Versicherung** nach § 36 Abs. 2 S. 1 IntErbRVG; bei Beurkundung durch den **Notar:** 1,0-Gebühr (Nr. 23300 KV GNotKG), womit auch eine etwaige Beurkundung des Antrags an das Nachlassgericht auf Ausstellung des Nachlasszeugnisses abgegolten ist (Vorbem. 2.3.3 Abs. 2 sowie Anm. zu Nr. 21201 KV GNotKG); Tabelle B ist auch hier maßgeblich (§ 34 GNotKG). Das Gleiche gilt bei Abgabe gegenüber dem **Gericht** gemäß Vorbem. 1 Abs. 2 KV GNotKG sowie Abs. 1 der Anm. zu Nr. 12210 KV GNotKG).
- **Widerruf** eines Europäischen Nachlasszeugnisses: 0,5-Gebühr, höchstens 400 Euro (Nr. 12216 KV GNotKG); Tabelle B ist auch hier maßgeblich (§ 34 GNotKG).
- **Änderung** eines Europäischen Nachlasszeugnisses: 1,0-Gebühr (Nr. 12217 KV GNotKG). Gilt auch für einen Teilwiderruf (Regierungsentwurf, BT-Drs. 18/4201, 64); Tabelle B ist auch hier maßgeblich (§ 34 GNotKG).
- **Erteilung einer beglaubigten Abschrift** des Europäischen Nachlasszeugnisses; **erstmalig:** gebührenfrei, da diese mit der Gebühr für die Ausstellung des Nachlasszeugnisses nach Nr. 12210 KV GNotKG abgegolten ist (Regierungsentwurf, BT-Drs. 18/4201, 64); **nach Beendigung des Verfahrens auf Ausstellung** des Nachlasszeugnisses sowie **Verlängerung der Gültigkeitsfrist** einer beglaubigten Abschrift: 20 Euro (Nr. 12218 KV GNotKG), allerdings ohne dass eine Dokumentenpauschale anfällt (Anm. zu Nr. 12218 KV GNotKG).
- **Aussetzung der Wirkungen** eines Europäischen Nachlasszeugnisses: maßgeblich sind die Tatbestände der Nr. 16210 ff. KV GNotKG, wie Vorbem. 1.2.2. Abs. 2 S. 2 sowie Vorbem. 1.6.2 KV GNotKG klarstellen. Der Geschäftswert ist nach § 62 GNotKG zu ermäßigen. Tabelle B ist anwendbar (§ 34 GNotKG).
- **Berichtigung** eines Europäischen Nachlasszeugnisses: gebührenfrei (Regierungsentwurf, BT-Drs. 18/4201, 64). Zu Auslagen s. *Schneider* RPfleger 2015, 454 (456).
- **Beschwerde** nach § 43 IntErbRVG: s. Nr. 12220 ff. KV GNotKG. **Rechtsbeschwerde** nach § 44 IntErbRVG: s. Nr. 12230 ff. KV GNotKG. „Endentscheidung" iS dieser Tatbestände ist nach Vorbem. 1.2.2 Abs. 3 Fall 2 KV GNotKG die Ausstellung des Nachlasszeugnisses. Der Geschäftswert richtet sich nach §§ 61, 40 GNotKG (*Schneider* RPfleger 2015, 454 (456)).

Die **Kostenentscheidung** richtet sich gemäß § 35 Abs. 1 IntErbRVG nach §§ 80 ff. FamFG (vgl. auch *R. Wagner/Scholz* FamRZ 2014, 714 (720)), soweit die §§ 33 ff. IntErbRVG keine abweichende Regelung enthalten, vgl. etwa § 38 Satz 3 IntErbRVG. 12

§ 34 Örtliche und sachliche Zuständigkeit

(1) **Das Gericht, das die Verfahrensparteien in der Gerichtsstandsvereinbarung bezeichnet haben, ist örtlich ausschließlich zuständig, sofern sich die internationale Zuständigkeit der deutschen Gerichte aus den folgenden Vorschriften der Verordnung (EU) Nr. 650/2012 ergibt:**

1. Artikel 64 Satz 1 in Verbindung mit Artikel 7 Buchstabe a in Verbindung mit Artikel 6 Buchstabe b Alternative 1 und mit Artikel 5 Absatz 1 Alternative 1 der Verordnung (EU) Nr. 650/2012 oder
2. Artikel 64 Satz 1 in Verbindung mit Artikel 7 Buchstabe b Alternative 1 in Verbindung mit Artikel 5 Absatz 1 Alternative 1 der Verordnung (EU) Nr. 650/2012.

(2) **Ergibt sich die internationale Zuständigkeit der deutschen Gerichte aus Artikel 64 Satz 1 in Verbindung mit Artikel 7 Buchstabe c der Verordnung (EU) Nr. 650/2012, ist das Gericht örtlich ausschließlich zuständig, dessen Zuständigkeit die Verfahrensparteien ausdrücklich anerkannt haben.**

(3) **[1]Ergibt sich die internationale Zuständigkeit der deutschen Gerichte aus anderen, in Artikel 64 Satz 1 der Verordnung (EU) Nr. 650/2012 genannten Vorschriften dieser Verordnung, ist das Gericht örtlich ausschließlich zuständig, in dessen Bezirk der Erblasser im Zeitpunkt seines Todes seinen gewöhnlichen Aufenthalt hatte. [2]Hatte der Erblasser im Zeitpunkt seines Todes seinen gewöhnlichen Aufenthalt nicht im Inland, ist das Gericht örtlich ausschließlich zuständig, in dessen Bezirk der Erblasser seinen letzten gewöhnlichen Aufenthalt im Inland hatte. [3]Hatte der Erblasser keinen gewöhnlichen Aufenthalt im Inland, ist das Amtsgericht Schöneberg in Berlin örtlich ausschließlich zuständig. [4]Das Amtsgericht Schöneberg in Berlin kann die Sache aus wichtigem Grund an ein anderes Nachlassgericht verweisen.**

(4) **[1]Sachlich zuständig ist ausschließlich das Amtsgericht. [2]Das Amtsgericht entscheidet als Nachlassgericht. [3]Sind nach landesgesetzlichen Vorschriften für die Aufgaben des Nachlassgerichts andere Stellen als Gerichte zuständig, so sind diese sachlich ausschließlich zuständig.**

Übersicht

1 Die Vorschrift regelt – wie die Überschrift bereits betont – die örtliche und sachliche Zuständigkeit für die in § 33 IntErbRVG genannten Verfahren.

I. Örtliche Zuständigkeit (Abs. 1–3)

2 Ähnlich wie §§ 2, 31 und 47 IntErbRVG (vgl. auch die anderen örtlichen Zuständigkeitsregeln der Verordnung → IntErbRVG Vorb. §§ 1 ff. Rn. 5) möchten die Abs. 1–3 der Vorschrift für eine örtliche Zuständigkeit eines deutschen Gerichts sorgen, wenn deutsche Gerichte nach der Verordnung international zuständig sind (→ IntErbRVG § 2 Rn. 1), und zwar konkret für ein Verfahren nach § 33 IntErbRVG im Zusammenhang mit der Ausstellung eines Europäischen Nachlasszeugnisses.

3 Die **internationale Zuständigkeit** für die Ausstellung des Europäischen Nachlasszeugnisses wird in Art. 64 S. 1 EuErbVO geregelt, der grundsätzlich auf die allgemeinen Zuständigkeitsregeln der Verordnung in Art. 4 ff. EuErbVO Bezug nimmt, indem er die wichtigsten Zuständigkeitsgrundlagen ausdrücklich nennt.

1. Anlehnung an § 2 IntErbRVG

4 Es verwundert deshalb nicht, dass die Abs. 1–3 sich stark an § 2 IntErbRVG (bzw § 47 IntErbRVG, der in Nr. 1 ebenfalls zum Teil auf § 2 Bezug nimmt) anlehnen (vgl. auch *Kleinschmidt* IPRax 2020, 308 (310 in Fn. 24)), freilich mit der Maßgabe, dass für den jeweiligen Anwendungsbereich der örtlichen Zuständigkeitsnorm nicht die jeweils einschlägige Vorschrift der Art. 4 ff. EuErbVO direkt herangezogen wird, sondern iVm der Verweisungsnorm des Art. 64 S. 1 EuErbVO (→ Rn. 3).

5 **Abs. 1** entspricht § 2 Abs. 1 IntErbRVG; **Abs. 2** übernimmt § 2 Abs. 2 IntErbRVG; **Abs. 3 S. 1–3** lehnen sich grundsätzlich an § 2 Abs. 4 S. 1–3 IntErbRVG an. **Insoweit** (zu Abweichungen sogleich → Rn. 6 ff.) kann zum Verständnis der Abs. 1, 2 und 3 auf die Erläuterungen des § 2 IntErbRVG verwiesen werden (insbesondere § 2 IntErbRVG Rn. 11 ff.). Vor allen Dingen gilt auch beim Europäi-

schen Nachlasszeugnis, dass die Verordnung die örtliche Zuständigkeit nicht regelt (*R. Wagner/Scholz* FamRZ 2014, 714 (718); zu dieser Frage → IntErbRVG § 2 Rn. 1, 15, 19, 21).

2. Abweichungen von § 2 IntErbRVG

Allerdings sind einige Abweichungen der Vorschrift von § 2 IntErbRVG nicht zu übersehen: 6

a) Fehlen einer Entsprechung zu § 2 Abs. 3 IntErbRVG. Auf den ersten Blick überrascht, dass ein Pendant zu § 2 Abs. 3 IntErbRVG fehlt. Diese Vorschrift sieht bei bürgerlichen Rechtstreitigkeiten eine örtliche Zuständigkeit desjenigen Gerichts in der Bundesrepublik vor, auf dessen Zuständigkeit sich eine ursprünglich nicht an der Gerichtsstandsvereinbarung oder Gerichtsstandsanerkennung beteiligte Partei später rügelos eingelassen hat und damit eine internationale Zuständigkeit der deutschen Gerichte nach Art. 9 Abs. 1 EuErbVO begründet hat. Das Fehlen einer Entsprechung zu § 2 Abs. 3 IntErbRVG liegt freilich daran, dass in Art. 64 S. 1 EuErbVO nicht auf Art. 9 EuErbVO verwiesen wird (Regierungsentwurf, BT-Drs. 18/4201, 49). Es ist indes nicht ausgeschlossen, dass es sich hierbei um ein Redaktionsversehen des Unionsgesetzgebers handelt (vgl. MüKoBGB/*Dutta* EuErbVO Art. 64 Rn. 5; s. auch → EuErbVO Art. 64 Rn. 21). Setzt sich diese Auffassung auf der unionsrechtlichen Ebene durch, dann müsste man in Fällen des Art. 9 EuErbVO – wenn der deutsche Gesetzgeber nicht reagiert – § 2 Abs. 3 IntErbRVG **analog** anwenden, auch wenn mit Abs. 3 eine Auffangzuständigkeitsregel besteht, die jedenfalls Lücken in der örtlichen Zuständigkeit verhindert. 7

b) Kein besonderer Gerichtsstand der internationalen Erbschaft, sondern ausschließliche Auffangzuständigkeit (Abs. 3 S. 1–3). Anders als bei § 2 Abs. 4 IntErbRVG handelt es sich bei der örtlichen Zuständigkeit nach Abs. 3 S. 1–3 nicht um einen besonderen Gerichtsstand der internationalen Erbschaft (→ IntErbRVG § 2 Rn. 28). Vielmehr handelt es sich ausweislich des klaren Wortlauts in Abs. 3 S. 1–3 um ausschließliche Gerichtsstände, die immer dann zum Zuge kommen, wenn die internationale Zuständigkeit der deutschen Gerichte zur Ausstellung des Europäischen Nachlasszeugnisses nicht aus den in Abs. 1 und 2 genannten Vorschriften der Verordnung folgt (zur analogen Anwendung des § 2 Abs. 3 IntErbRVG → Rn. 7), etwa aus der Zuständigkeitsgrundregel der Art. 4 und 10 iVm Art. 64 S. 1 EuErbVO (s. näher die Erläuterung des § 2 Abs. 4 Rn. 27). Es handelt sich daher um eine ausschließliche Auffangzuständigkeit. 8

c) Verweisungsmöglichkeit des Amtsgerichts Schöneberg (Abs. 3 S. 4). Die ausschließliche Auffangzuständigkeit des Amtsgerichts Schöneberg nach Abs. 3 S. 3 (das auch, anders als bei § 2 Abs. 4 S. 3 IntErbRVG [→ IntErbRVG § 2 Rn. 25], stets nach Abs. 4 S. 1 und 2 auch *sachlich* zuständig ist → Rn. 12 ff.), wenn der Erblasser niemals einen gewöhnlichen Aufenthalt in der Bundesrepublik hatte, war dem deutschen Gesetzgeber wohl **zu rigoros,** auch vor dem Hintergrund der Parallelvorschrift in § 343 Abs. 3 S. 2 FamFG (dazu näher etwa *Lamberz* RPfleger 2015, 187). Deshalb soll nach Abs. 3 S. 4 das Amtsgericht Schöneberg die Sache aus wichtigem Grund an ein anderes Nachlassgericht verweisen können. 9

Der Gesetzgeber möchte mit dieser Verweisungsmöglichkeit vor allem die örtliche Zuständigkeit eines sachnäheren Gerichts ermöglichen. Der Regierungsentwurf nennt als Beispiele für einen **wichtigen Grund** iS des Abs. 3 S. 4 die „Belegenheit von Nachlassgegenständen" oder den „Aufenthalt einer im Verfahren anzuhörenden Person in einem anderen Amtsgerichtsbezirk" (Regierungsentwurf, BT-Drs. 18/4201, 50). Eine weitere Konkretisierung des wichtigen Grundes, wie vom Bundesrat angeregt (BT-Drs. 18/4201, 73), hat die Bundesregierung abgelehnt (BT-Drs. 18/4201, 82). 10

Fraglich ist, was der Gesetzgeber mit **„die Sache"** meint. Richtigerweise wird sich dies nicht auf Teilverfahren im Zusammenhang mit der Ausstellung eines Nachlasszeugnisses beziehen, wie sie in § 33 IntErbRVG genannt sind. Vielmehr wird ein Verweis der Sache nach Abs. 3 S. 4 sämtliche Verfahren erfassen, die sich **bei einem konkreten Erbfall** im Hinblick auf die Ausstellung eines Europäischen Nachlasszeugnisses ergeben. 11

II. Sachliche Zuständigkeit (Abs. 4)

Nach **Art. 64 S. 2 EuErbVO** wird das Europäische Nachlasszeugnis ausgestellt durch ein Gericht iS des Art. 3 Abs. 2 EuErbVO (lit. a) oder durch eine andere Behörde, die nach innerstaatlichem Recht für Erbsachen zuständig ist (lit. b). Die Benennung der Ausstellungsbehörde obliegt den Mitgliedstaaten, vgl. auch Art. 78 Abs. 1 UAbs. 1 lit. c EuErbVO. Mit Abs. 4 legt der deutsche Gesetzgeber die Nachlassgerichte als **deutsche Ausstellungsbehörden** fest: Für die Ausstellung des Nachlasszeugnisses – und damit die in § 33 IntErbRVG genannten Verfahren – ist sachlich ausschließlich das **Amtsgericht (Abs. 4 S. 1)** als **Nachlassgericht (Abs. 4 S. 2)** zuständig. Damit ist ein Gleichlauf zum Erbscheinsverfahrensrecht erreicht (*R. Wagner/Scholz* FamRZ 2014, 714 (718)), vgl. § 23a Abs. 1 S. 1 Nr. 2, Abs. 2 Nr. 2 GVG, § 342 Abs. 1 Nr. 6 FamFG. 12

13 Soweit nach Landesrecht für die Aufgaben des Nachlassgerichts **außergerichtliche Stellen** zuständig sind, ordnet **Abs. 4 S. 3** an, dass diese Stellen sachlich ausschließlich für die Ausstellung des Nachlasszeugnisses zuständig sind. Diese Regelung – die auf Anregung des Bundesrats aufgenommen wurde – ist auf jeden Fall mit der Verordnung vereinbar, da Ausstellungsbehörde nach Art. 64 S. 2 EuErbVO nicht nur Gerichte iS des Art. 3 Abs. 2 EuErbVO sein können, sondern auch andere Stellen (→ Rn. 12); zudem ist auch der Gerichtsbegriff der Verordnung ohnehin bereits sehr weit (s. Art. 3 Abs. 2 EuErbVO, der etwa auch „Angehörige von Rechtsberufen mit Zuständigkeiten in Erbsachen, die gerichtliche Funktionen ausüben" erfasst). Konkret betraf Abs. 4 S. 3 **Baden-Württemberg** und bis zu deren Abschaffung die dortigen staatlichen Notariate, die auch als Nachlassgerichte zuständig waren (s. näher die Stellungnahme des Bundesrates, BT-Drs. 18/4201, 73 f.).

14 Der Regierungsentwurf weist darauf hin, dass das Nachlassgericht nach Abs. 4 selbst dann für die Verfahren nach § 33 IntErbRVG im Hinblick auf ein bereits ausgestelltes Nachlasszeugnis **sachlich zuständig bleibt,** wenn das **Rechtsbehelfsgericht bzw Beschwerdegericht** nach Art. 72 Abs. 2 UAbs. 2 Fall 1 EuErbVO bzw § 43 Abs. 5 UAbs. 2 Fall 1 IntErbRVG das Nachlasszeugnis (erstmalig) ausgestellt hat (Regierungsentwurf, BT-Drs. 18/4201, 50; näher hierzu → IntErbRVG § 43 Rn. 25). Gleiches muss freilich auch bei einer Ausstellung des Nachlasszeugnisses durch das **Rechtsbeschwerdegericht** nach § 44 IntErbRVG gelten. Eigentlich handele es sich bei den Verfahren, die ein bereits ausgestelltes Nachlasszeugnis betreffen, um Folgeentscheidungen; aber den Beteiligten – so der Regierungsentwurf – dürfe keine Instanz verloren gehen, sodass diese Folgesachen dem Nachlassgericht zugewiesen seien. Dies ergibt sich wohl auch bereits aus der Verordnung. Das Gleiche muss freilich auch dann gelten, wenn das Rechtsbehelfsgericht bzw Beschwerdegericht nach Art. 72 Abs. 2 S. 1 Fall 1 EuErbVO bzw § 43 Abs. 5 S. 1 Fall 1 IntErbRVG oder das Rechtsbeschwerdegericht (zur analogen Anwendung des § 43 Abs. 5 IntErbRVG → IntErbRVG § 44 Rn. 5) das erstinstanzlich bereits ausgestellte Nachlasszeugnis **ändert** (vgl. auch → IntErbRVG § 43 Rn. 26).

15 Zu beachten ist in diesem Zusammenhang, dass ein Ausstellungsverfahren vor dem **Rechtsbehelfsgericht bzw Beschwerdegericht** nach Art. 72 EuErbVO bzw § 43 IntErbRVG häufiger stattfinden wird als im nationalen Erbscheinsverfahren, nämlich bereits immer dann, wenn eine streitige Entscheidung über die zu bescheinigende Rechtsposition zu ergehen hat. In diesem Fall bliebe für den deutschen Erbschein das Nachlassgericht zuständig, das insoweit streitig entscheiden kann (vgl. § 352e Abs. 2 FamFG nF = § 352 Abs. 2 FamFG aF). Für das Europäische Nachlasszeugnis wäre in einem entsprechenden Fall allerdings das Oberlandesgericht als Rechtsbehelfsgericht bzw Beschwerdegericht zuständig, da das Nachlassgericht als Ausstellungsbehörde nach Art. 67 Abs. 1 UAbs. 2 lit. a EuErbVO nicht streitig entscheiden kann, sondern eine streitige Entscheidung dem Rechtsbehelfsgericht vorbehalten ist. Bestreitet ein Beteiligter die im Nachlasszeugnis zu bescheinigende Rechtsposition, so muss das Nachlassgericht als Ausstellungsbehörde die Ausstellung eines Nachlasszeugnisses nach Art. 67 Abs. 1 UAbs. 2 lit. a EuErbVO versagen. Hiergegen können sich die Beteiligten mit dem Rechtsbehelf bzw der Beschwerde nach Art. 72 EuErbVO bzw § 43 IntErbRVG vor dem Rechtsbehelfs- bzw Beschwerdegericht wehren, das dann streitig über die Ausstellung des Nachlasszeugnisses entscheidet, vgl. Art. 72 Abs. 2 UAbs. 1 EuErbVO bzw § 43 Abs. 5 S. 1 IntErbRVG (näher etwa → EuErbVO Art. 67 Rn. 4 ff.; MüKoBGB/*Dutta* EuErbVO Art. 67 Rn. 6 sowie → EuErbVO Art. 67 Rn. 8).

III. Funktionelle Zuständigkeit

16 Funktionell sind die Verfahren iS des § 33 IntErbRVG nach dem neuen § 3 Nr. 2 lit. i RPflG dem **Rechtspfleger** zugewiesen (s. hierzu auch → EuErbVO Art. 64 Rn. 23). Der Gesetzgeber möchte hier aus Effizienzgründen einen Gleichlauf mit der funktionellen Zuständigkeit für den Erbschein erreichen (Regierungsentwurf, BT-Drs. 18/4201, 50 f.).

17 Jedoch gilt bei § 3 Nr. 2 lit. i RPflG der **Richtervorbehalt des § 16 RPflG** (vgl. den Wertungswiderspruch zum Feststellungsverfahren nach § 32 Abs. 1 IntErbRVG → IntErbRVG § 32 Rn. 35). § 16 Abs. 2 RPflG ordnet auch für das Europäische Nachlasszeugnis einen Richtervorbehalt an, wenn eine Verfügung von Todes wegen vorliegt oder die Anwendung ausländischen Rechts in Betracht kommt. Letzteres wird nach dem Anwendungsbeginn der EuErbVO seltener sein, da diese nach einem Gleichlauf von forum und ius strebt (→ Einl. Rn. 40, → EuErbVO Vor Art. 4 ff. Rn. 23 ff.; MüKoBGB/*Dutta* EuErbVO Vor Art. 4 Rn. 2 f.). Allerdings kann der Richter auch die Ausstellung des Nachlasszeugnisses wiederum dem Rechtspfleger nach § 16 Abs. 3 S. 1 RPflG übertragen, wenn trotz Vorliegen einer Verfügung von Todes wegen die gesetzliche Erbfolge zum Zuge kommt und deutsches Erbrecht maßgeblich ist. Nach § 19 Abs. 1 S. 1 Nr. 5 RPflG können die Länder auch den Richtervorbehalt des neuen § 16 Abs. 2 RPflG aufheben. Es besteht mithin ein Gleichlauf des nationalen Erbscheinsverfahrens mit den Verfahren zur Ausstellung eines Europäischen Nachlasszeugnisses, was erklärtes Ziel des Gesetzgebers ist (Regierungsentwurf, BT-Drs. 18/4201, 56 f.).

§ 35 Allgemeine Verfahrensvorschriften

(1) **Soweit sich aus der Verordnung (EU) Nr. 650/2012 und den Vorschriften dieses Abschnitts nichts anderes ergibt, ist das Gesetz über das Verfahren in Familiensachen und in den Angelegenheiten der freiwilligen Gerichtsbarkeit anzuwenden.**

(2) **Ist ein Antrag entgegen § 184 Satz 1 des Gerichtsverfassungsgesetzes nicht in deutscher Sprache abgefasst, so kann das Gericht der antragstellenden Person aufgeben, eine Übersetzung des Antrags beizubringen, deren Richtigkeit von einer in einem Mitgliedstaat der Europäischen Union oder in einem anderen Vertragsstaat des Abkommens über den Europäischen Wirtschaftsraum hierzu befugten Person bestätigt worden ist.**

(3) **Für die Unterrichtung der Berechtigten durch öffentliche Bekanntmachung nach Artikel 66 Absatz 4 der Verordnung (EU) Nr. 650/2012 gelten die §§ 435 bis 437 des Gesetzes über das Verfahren in Familiensachen und in den Angelegenheiten der freiwilligen Gerichtsbarkeit entsprechend.**

Übersicht

1 Die Vorschrift **konkretisiert das Verfahren** zur Ausstellung des Europäischen Nachlasszeugnisses näher, und zwar im Allgemeinen (**Abs. 1** → Rn. 2) sowie im Besonderen im Hinblick auf den Antrag auf Ausstellung des Europäischen Nachlasszeugnisses (**Abs. 2 und 3** → Rn. 3 ff.; s. zum Antrag auch § 36 IntErbRVG).

I. Subsidiäre Anwendbarkeit des FamFG (Abs. 1)

2 Abs. 1 stellt die subsidiäre Anwendbarkeit des FamFG klar, soweit der Abschnitt 5 des IntErbRVG sowie die EuErbVO keine abweichenden Regelungen enthalten. Die Vorschrift ist weitgehend deklaratorisch. Die vorrangige Anwendbarkeit der EuErbVO ergibt sich bereits aus dem allgemeinen Vorrang des Unionsrechts. Die Anwendbarkeit des FamFG folgt bereits aus der sachlichen Zuständigkeit der Nachlassgerichte nach § 34 Abs. 4 S. 2 IntErbVG, sodass aus Sicht des deutschen Verfahrensrechts die Ausstellung des Nachlasszeugnisses nach § 342 Abs. 1 Nr. 9 FamFG eine Nachlasssache begründet (*R. Wagner/Scholz* FamRZ 2014, 714 (718)), die dem FamFG unterliegt (vgl. auch § 32 IntErbRVG Rn. 20). In der Sache ist die Anwendbarkeit des FamFG (nicht der besonderen Vorschriften des FamFG zum Erbscheinsverfahren → IntErbRVG § 33 Rn. 7) nur **konsequent,** da auch die Verordnung das Verfahren zur Ausstellung des Europäischen Nachlasszeugnisses strukturell als Verfahren der freiwilligen Gerichtsbarkeit ausgestaltet (s. etwa die Amtsermittlungspflicht nach Art. 66 Abs. 1 S. 2 EuErbVO sowie allgemein MüKoBGB/*Dutta* EuErbVO Vor Art. 62 Rn. 4).

II. Besondere Vorschriften zum Antrag

1. Sprache des Antrags (Abs. 2)

3 Die Verordnung schweigt zur Frage, in welcher Sprache der Antrag auf Ausstellung des Nachlasszeugnisses nach **Art. 65 EuErbVO** zu stellen ist. Art. 65 Abs. 2 EuErbVO legt lediglich fest, dass der Antragsteller das mittlerweile durch eine Durchführungsverordnung der Kommission entworfene **Formblatt** (abgedruckt bei → EuErbVO Art. 65) verwenden kann, das in allen Amtssprachen der Union vorliegt und Felder zu den nach Art. 65 Abs. 3 EuErbVO notwendigen Angaben enthält (zu Recht für eine Verwendung des Amtsblatts plädierend *Döbereiner* NJW 2015, 2449 (2451)).

4 Da nach § 184 S. 1 GVG die Gerichtssprache Deutsch ist, müsste ein Antrag, der nicht in deutscher Sprache abgefasst ist, eigentlich als unzulässig zurückgewiesen werden. **Abs. 2** weicht diesen Grundsatz moderat auf: Das Gericht **kann** den fremdsprachigen Antrag akzeptieren. Es **kann** aber auch eine **Übersetzung** einfordern, deren Kosten der Antragsteller zu tragen hat (vgl. *Kunz* GPR 2014, 285 (287 mit Fn. 14)). Soweit der Antrag mithilfe des Formblatts nach Art. 65 Abs. 2 EuErbVO abgefasst wurde, wird oftmals eine Übersetzung nicht erforderlich sein, da das Gericht mittels der deutschen Version des Formblatts auch einen fremdsprachigen Antrag erfassen kann. S. für die Vollstreckbarerklärung § 4 Abs. 3 IntErbRVG.

2. Öffentliche Bekanntmachung der Antragstellung (Abs. 3)

5 Nach **Art. 66 Abs. 4 S. 2 EuErbVO** informiert die Ausstellungsbehörde – bei uns das nach § 34 IntErbRVG zuständige Nachlassgericht – bisher unbekannte Berechtigte, dh Personen, die schlüsig behaupten, dass ihnen eine nach Art. 63 Abs. 1 EuErbVO bescheinigbare Rechtsposition zusteht (MüKoBGB/*Dutta* EuErbVO Art. 66 Rn. 6; s. auch → EuErbVO Art. 66 Rn. 7, 9), durch öffentliche Bekanntmachung von der Beantragung des Nachlasszeugnisses. Diese Bekanntmachungspflicht soll potentiell Berechtigten die Möglichkeit geben, ihre Rechte geltend zu machen und damit nach Art. 67 Abs. 1 UAbs. 2 lit. a EuErbVO jedenfalls erstinstanzlich zu verhindern, dass ein Nachlasszeugnis eine Rechtsstellung bescheinigt, die mit der vom möglichen Berechtigten behaupteten Rechtsstellung im Widerspruch steht (näher → IntErbRVG § 34 Rn. 15).

6 Allerdings schweigt sich die Verordnung darüber aus, **welche Tatsachen** die Ausstellungsbehörde öffentlich bekanntmachen soll **und auf welche Weise** dies geschehen soll: Gegenstand der Bekanntmachung kann nur die **Mitteilung vom Antrag auf Ausstellung des Nachlasszeugnisses** sein, wobei nicht der Antrag öffentlich bekanntzumachen ist – dies wäre angesichts der nach Art. 65 Abs. 3 EuErbVO notwendigen Angaben bereits aus Gründen des Datenschutzes bedenklich. Vielmehr muss es nach Art. 66 Abs. 4 S. 2 EuErbVO ausreichen, diejenigen Informationen öffentlich bekanntzumachen, die erforderlich sind, damit unbekannte Berechtigte prüfen können, ob ihnen eine nach Art. 63 Abs. 1 bescheinigbare Rechtsposition zusteht. Der Gegenstand der öffentlichen Bekanntmachung entspricht damit im Wesentlichen dem der öffentlichen Aufforderung des Nachlassgerichts zur Anmeldung der anderen Personen zustehenden Erbrechte im deutschen Erbscheinsverfahren nach § 2358 Abs. 2 BGB aF bzw § 352d FamFG nF (s. Muster bei Firsching/Graf/*Krätzschel,* Nachlassrecht, 11. Aufl. 2019, § 38 Rn. 90). Der Unterschied besteht allein darin, dass eine öffentliche Aufforderung nach § 2358 Abs. 2 BGB aF bzw § 352d FamFG nF BGB im pflichtgemäßen Ermessen des Nachlassgerichts steht, während die öffentliche Bekanntmachung nach Art. 66 Abs. 4 S. 2 EuErbVO durch die Ausstellungsbehörde verpflichtend ist.

7 Die **Art und Weise der Bekanntmachung** (Medium und Dauer der Bekanntmachung) muss das mitgliedstaatliche Recht regeln, da die Verordnung hierzu keine Aussagen enthält (→ EuErbVO Art. 66 Rn. 9; MüKoBGB/*Dutta* EuErbVO Art. 66 Rn. 7). Diese Aufgabe übernimmt für das deutsche Recht **Abs. 3,** indem die Vorschrift – ähnlich wie § 2358 Abs. 2 Hs. 2 BGB aF bzw § 352d Hs. 2 FamFG nF – die Regelungen des FamFG zur **Bekanntmachung des Aufgebots** für entsprechend anwendbar erklärt. Eine unmittelbare Anwendung der §§ 433 ff. FamFG scheidet aus. Es fehlt an einer gesetzlichen Grundlage für ein Aufgebotsverfahren nach § 433 Hs. 2 FamFG; insbesondere ordnet Art. 66 Abs. 4 S. 2 EuErbVO kein Aufgebotsverfahren an, auch nicht konkludent, da die öffentliche Bekanntmachung keine Ausschlusswirkungen besitzt (vgl. Regierungsentwurf, BT-Drs. 18/4201, 50).

8 Der Antrag auf Ausstellung des Nachlasszeugnisses ist wie ein Aufgebot öffentlich nach **§ 435 FamFG iVm Abs. 3** bekanntzumachen, insbesondere sollte das Gericht den Antrag nach § 435 Abs. 2 FamFG auch in ausländischen oder internationalen Medien veröffentlichen, wenn bei einem grenzüberschreitenden Erbfall damit zu rechnen ist, dass sich potentiell Berechtigte auch im Ausland aufhalten (MüKoBGB/*Dutta* EuErbVO Art. 66 Rn. 7). Wenn das Gericht Anhaltspunkte besitzt, dass sich Berechtigte in einem bestimmten Staat aufhalten, so wird sich das Ermessen des Gerichts hinsichtlich einer Veröffentlichung in diesem Staat auf Null reduzieren (vgl. allgemein etwa Bork/Jacoby/Schwab/*Dutta* FamFG, 3. Aufl. 2018, § 435 Rn. 4).

9 **§ 436 FamFG iVm Abs. 3** stellt klar, dass Irrtümer der Geschäftsstelle bei der Bekanntmachung des Antrags auf Ausstellung des Nachlasszeugnisses die Wirksamkeit der öffentlichen Bekanntmachung nach § 435 FamFG iVm Abs. 3 nicht berühren. Es ist ausreichend, wenn der Antrag einmal öffentlich bekanntgemacht wurde.

10 Nach **§ 437 FamFG iVm Abs. 3** muss der Zeitraum zwischen der erstmaligen Veröffentlichung im Informations- und Kommunikationssystem (§ 435 Abs. 1 S. 2 FamFG iVm Abs. 3) oder im Bundesanzeiger (§ 435 Abs. 1 S. 1 Fall 2 FamFG iVm Abs. 3) und der Ausstellung des Europäischen Nachlasszeugnisses **mindestens sechs Wochen** betragen. Irrelevant für diese Frist ist der Aushang an der Gerichtstafel (§ 435 Abs. 1 S. 1 Fall 1 FamFG iVm Abs. 3) oder eine zusätzliche Veröffentlichung nach § 435 Abs. 2 FamFG iVm Abs. 3. Hierbei handelt es sich jedoch um eine Mindestfrist, sodass das Gericht auch eine längere Veröffentlichungsfrist anordnen kann (vgl. allgemein etwa Bork/Jacoby/Schwab/*Dutta* FamFG, 3. Aufl. 2018, § 437 Rn. 3).

11 Die öffentliche Bekanntmachung nach Art. 66 Abs. 4 S. 2 EuErbVO und Abs. 3 der Vorschrift soll den unbekannten Berechtigten eine Beteiligung am Verfahren ermöglichen. Die **bekannten Berechtigten,** die nach § 37 Abs. 1 S. 2 und S. 3 IntErbRVG am Verfahren als Kannbeteiligte beteiligt werden können, sind vom Gericht nach § 7 Abs. 4 FamFG zu unterrichten und zu beteiligen → IntErbRVG § 37 Rn. 7.

3. Übrige Voraussetzungen

Die übrigen Voraussetzungen für eine **ordnungsgemäße Antragstellung** richten sich gemäß Abs. 1 nach dem FamFG: Der Antrag ist damit vom Antragsteller nach § 25 Abs. 1 FamFG gegenüber dem zuständigen Gericht (Art. 64 EuErbVO, § 34 IntErbRVG) schriftlich oder zur Niederschrift der Geschäftsstelle abzugeben. Der Antrag soll als verfahrenseinleitender Antrag vom Antragsteller oder seinem Bevollmächtigten unterschrieben werden (§ 23 Abs. 1 S. 5 FamFG). Die Pflicht zur Antragsbegründung ergibt sich aus Art. 65 Abs. 3 EuErbVO, der § 23 Abs. 1 S. 1 und 2 FamFG verdrängt, vgl. auch Abs. 1. 12

Der Antrag auf Ausstellung eines Europäischen Nachlasszeugnisses (§ 33 Nr. 1 Fall 1 IntErbRVG) nach Art. 67 Abs. 1 EuErbVO enthält regelmäßig auch einen **Antrag auf Erteilung einer beglaubigten Abschrift** (§ 33 Nr. 2 Fall 1 IntErbRVG) nach Art. 70 Abs. 1 EuErbVO (Regierungsentwurf, BT-Drs. 18/4201, 52). 13

§ 36 Ausstellung eines Europäischen Nachlasszeugnisses

(1) **Der Antrag auf Ausstellung des Europäischen Nachlasszeugnisses richtet sich nach Artikel 65 der Verordnung (EU) Nr. 650/2012.**

(2) [1]**Der Antragsteller hat vor Gericht oder vor einem Notar an Eides statt zu versichern, dass ihm nichts bekannt sei, was der Richtigkeit seiner Angaben zur Ausstellung des Europäischen Nachlasszeugnisses (Artikel 66 Absatz 3 der Verordnung (EU) Nr. 650/2012) entgegensteht.** [2]**Das Nachlassgericht kann dem Antragsteller die Versicherung erlassen, wenn es sie für nicht erforderlich hält.**

Auch § 36 IntErbRVG betrifft die **Antragstellung,** jedenfalls im weiteren Sinne. 1

I. Antragstellung nach Art. 65 EuErbVO (Abs. 1)

Abs. 1 ist lediglich **deklaratorischer Natur;** bereits § 35 Abs. 1 IntErbRVG stellt – angesichts des Vorrangs des Unionsrechts ebenfalls deklaratorisch – klar, dass die Verfahrensvorschriften der EuErbVO vorrangig zu beachten sind. Dies gilt auch für die Antragstellung nach Art. 65 EuErbVO. Zu den nicht in der Verordnung geregelten Voraussetzungen einer ordnungsgemäßen Antragstellung → IntErbRVG § 35 Rn. 3 f. 2

Bedauerlich ist in diesem Zusammenhang jedoch, dass der deutsche Gesetzgeber im Hinblick auf die Antragsberechtigung eine sinnvolle Ergänzung unterlässt: Die Zivilprozessordnung wurde durch das Mantelgesetz anlässlich des Anwendungsbeginns der EuErbVO nicht reformiert. Insbesondere wurden die **§§ 792, 896 ZPO** nicht auf Europäische Nachlasszeugnisse erweitert. **Vollstreckungsgläubiger** können damit für ihre Schuldner lediglich einen deutschen Erbschein beantragen, nicht aber ein Europäisches Nachlasszeugnis. Diese Differenzierung überzeugt nicht. Auch die Erbrechtsverordnung stünde einer solchen abgeleiteten Antragsberechtigung der Vollstreckungsgläubiger nicht entgegen, da sie Fragen der Zwangsvollstreckung nicht regelt, insbesondere nicht die Frage, ob und in welchem Umfang dem Vollstreckungsgläubiger ein Zugriff auch auf das ererbte Vermögen des Schuldners gestattet ist, wozu auch die prozessualen Rechte gehören, die mit dieser ererbten Position einhergehen, konkret das Antragsrecht zur Ausstellung eines Europäischen Nachlasszeugnisses nach Art. 63 Abs. 1, Art. 65 Abs. 1 EuErbVO (MüKoBGB/*Dutta* EuErbVO Art. 65 Rn. 7; s. aber auch → EuErbVO Art. 65 Rn. 8). 3

II. Nachweis der Richtigkeit der Angaben (Abs. 2)

Die Verordnung enthält einige Hinweise zu den Beweismitteln, die von der Ausstellungsbehörde – bei uns also dem nach § 34 IntErbRVG zuständigen Nachlassgericht – im Rahmen der Amtsermittlungspflicht nach Art. 66 Abs. 1 S. 1 EuErbVO berücksichtigt werden können (s. allgemein → EuErbVO Art. 65 Rn. 17, → EuErbVO Art. 66 Rn. 4 f.; MüKoBGB/*Dutta* EuErbVO Art. 66 Rn. 4 f.; vgl. auch *R. Wagner/Scholz* FamRZ 2014, 714 (719); *Kroiß* in Gierl/Köhler/Kroiß/Wilsch, IntErbR, Teil 2 § 4 Rn. 14 ff.). Als Beweismittel kann die Ausstellungsbehörde die vom Antragsteller nach Art. 65 Abs. 3 EuErbVO vorzulegenden Schriftstücke verwenden, wobei nach Art. 66 Abs. 2 EuErbVO auch „Nachweise in anderer Form" zulässig sind. Welche Nachweise dies sind, legt die Verordnung nicht fest. Insoweit kommen in Deutschland nach § 35 Abs. 1 IntErbRVG die §§ 29 f. FamFG zum Zuge (→ EuErbVO Art. 66 Rn. 4; MüKoBGB/*Dutta* EuErbVO Art. 66 Rn. 4; *Kroiß* in Gierl/Köhler/Kroiß/Wilsch, IntErbR, Teil 2 § 4 Rn. 15). 4

5 **Art. 66 Abs. 3 EuErbVO** *gestattet* daneben ausdrücklich einen **Nachweis durch beeidigte Erklärung oder eidesstattliche Versicherung,** wenn ein solcher auch nach der lex fori vorgesehen ist. Allerdings *verpflichtet* die Verordnung *nicht* dazu, dass nach der lexi fori Angaben eidesstattlich zu versichern sind. Diese Option für die mitgliedstaatlichen Durchführungsgesetzgeber in Art. 66 Abs. 3 EuErbVO greift **Abs. 2** auf, indem die Vorschrift – ähnlich wie § 2356 Abs. 2 BGB aF bzw § 352 Abs. 3 S. 3 und 4 FamFG nF – in **S. 1** bei einer deutschen lex fori den Antragsteller grundsätzlich verpflichtet, die Richtigkeit seiner Angaben im Antrag **eidesstattlich zu versichern** (anders *Dörner* ZEV 2018, 342 (343): stets pflichtgemäßes Ermessen, das großzügig in Richtung auf einen Verzicht auf die eidesstattliche Versicherung zu handhaben ist; wie hier *Kollmeyer* DNotZ 2020, 653 (664)); das Gericht kann diese Pflicht zur eidesstattlichen Versicherung nach S. 2 erlassen (zu Letzterem näher MüKoFamFG/*Grziwotz,* 3. Aufl. 2019, § 352 Rn. 101 f., 104 [zu § 352 Abs. 3 S. 4 FamFG, auch im Hinblick auf die isolierte Anfechtbarkeit der Verweigerung eines Erlasses der eidesstattlichen Versicherung]). Beantragt nur einer von mehreren *Miterben* das Nachlasszeugnis, müssen dennoch alle Miterben eine eidesstattliche Versicherung abgeben (zu Recht *Schmitz* RNotZ 2017, 269 (276): erweiternde Auslegung des Abs. 2 S. 3 oder analoge Anwendung des § 352a Abs. 4 FamFG).

6 Die Vorschrift übernimmt formal lediglich § 2356 Abs. 2 BGB aF bzw § 352 Abs. 3 S. 3 und 4 FamFG nF; es gilt deshalb auch hier die Länderöffnungsklausel in Art. 239 EGBGB. Allerdings wird der **Umfang der Pflicht** zur eidesstattlichen Versicherung in Abs. 2 **erheblich ausgeweitet.** Muss der Antragsteller beim Erbschein nach § 2356 Abs. 2 BGB aF bzw § 352 Abs. 3 S. 3 und 4 FamFG lediglich die Richtigkeit seiner Angaben nach §§ 2354, 2355, 2356 Abs. 2 S. 1 BGB aF bzw § 352 Abs. 1, 2, 3 S. 3 FamFG nF versichern, so bezieht sich die Pflicht zur eidesstattlichen Versicherung in Abs. 2 beim Europäischen Nachlasszeugnis auf die **Richtigkeit sämtlicher Angaben nach Art. 65 Abs. 3 EuErbVO** (anders *Schmitz* RNotZ 2017, 269 (272)). Wohl dem Antragsteller, der ohne Zögern an Eides statt versichern wird, dass ihm nichts bekannt ist, das der Richtigkeit der „sonstige[n] vom Antragsteller für die Ausstellung des Zeugnisses für nützlich erachtete[n] Angaben" (Art. 65 Abs. 3 lit. m EuErbVO) entgegensteht! Aufgrund der **negativen Formulierung** in Abs. 2 S. 1 wird „der gesamte Umfang des zu versichernden Vorbringens abgedeckt", auch im Hinblick auf das Ableugnen konkreter Fragen (zu § 352 Abs. 3 S. 3 MüKoFamFG/*Grziwotz,* 3. Aufl. 2019, § 352 Rn. 90). – Zu den **Kosten** s. → IntErbRVG § 33 Rn. 11.

7 Die Vorschrift schweigt zur Frage, auf welche Weise **andere Beteiligte** die Richtigkeit ihrer Angaben belegen. Hier gelten die allgemeinen Regeln des FamFG (→ Rn. 4 sowie näher → EuErbVO Art. 66 Rn. 5).

§ 37 Beteiligte

(1) [1] **In Verfahren über die Ausstellung eines Europäischen Nachlasszeugnisses ist der Antragsteller Beteiligter.** [2] **Als weitere Beteiligte können hinzugezogen werden**

1. **die gesetzlichen Erben,**
2. **diejenigen, die nach dem Inhalt einer vorliegenden Verfügung von Todes wegen als Erben in Betracht kommen,**
3. **diejenigen, die im Fall der Unwirksamkeit der Verfügung von Todes wegen Erben sein würden,**
4. **die Vermächtnisnehmer mit unmittelbarer Berechtigung am Nachlass,**
5. **der Testamentsvollstrecker oder der Nachlassverwalter,**
6. **sonstige Personen mit einem berechtigten Interesse.**

[3] **Auf ihren Antrag sind sie zu beteiligen.**

(2) [1] **In Verfahren über die Berichtigung, die Änderung, den Widerruf und die Aussetzung der Wirkungen eines Europäischen Nachlasszeugnisses ist der Antragsteller Beteiligter.** [2] **Sonstige Personen mit einem berechtigten Interesse können als weitere Beteiligte hinzugezogen werden.** [3] **Auf ihren Antrag sind sie zu beteiligen.**

(3) **In Verfahren über die Erteilung einer beglaubigten Abschrift eines Europäischen Nachlasszeugnisses oder die Verlängerung der Gültigkeitsfrist einer beglaubigten Abschrift ist der Antragsteller Beteiligter.**

Übersicht

1 Die **Verordnung** schweigt zur Frage, welche Personen formal am Verfahren zur Ausstellung des Europäischen Nachlasszeugnisses als Verfahrensbeteiligte hinzuzuziehen sind (*R. Wagner/Scholz* FamRZ 2014, 714 (719)), sondern legt lediglich fest, dass bestimmte Personen in einer bestimmten Weise zu beteiligen sind. Dies betrifft neben dem **Antragsteller** vor allem die **„Berechtigten"** oder **„möglichen Berechtigten"**, dh Personen, die schlüssig behaupten, dass ihnen eine nach Art. 63 Abs. 1 EuErbVO bescheinigbare Rechtsposition zusteht (MüKoBGB/*Dutta* EuErbVO Art. 66 Rn. 6, s. auch → EuErbVO Art. 66 Rn. 7, 9). Die Ausstellungsbehörde – sprich in Deutschland das nach § 34 IntErbRVG zuständige Nachlassgericht – muss diese Berechtigten über die Antragstellung unterrichten und gegebenenfalls anhören (Art. 66 Abs. 4 EuErbVO). Ferner können diese Berechtigten durch ihre Einwände die Ausstellung des Nachlasszeugnisses nach Art. 67 Abs. 1 UAbs. 2 lit. a EuErbVO verhindern (→ EuErbVO Art. 67 Rn. 4 ff.; MüKoBGB/*Dutta* EuErbVO Art. 67 Rn. 5) und den Rechtsbehelf nach Art. 72 Abs. 1 UAbs. 1 EuErbVO gegen die Ausstellung des Nachlasszeugnisses einlegen. Den Mitgliedstaaten steht es im Übrigen frei, über die Beteiligten des Verfahrens zur Ausstellung eines Europäischen Nachlassverfahrens zu entscheiden, solange die angesprochenen, bereits unionsrechtlich determinierten Beteiligungsrechte der Berechtigten gewahrt werden (vgl. Regierungsentwurf, BT-Drs. 18/4201, 51; kritisch → EuErbVO Art. 66 Rn. 8).

2 **§ 37 IntErbRVG** regelt für das deutsche Verfahrensrecht die Beteiligten an den in § 33 IntErbRVG genannten Verfahren und verdrängt damit – soweit die Beteiligtenstellung dort geregelt wird – gemäß § 35 Abs. 1 IntErbRVG die allgemeine Regelung des § 7 FamFG (s. aber → Rn. 7). § 37 IntErbRVG differenziert zwischen verschiedenen Verfahren:

I. Beteiligung am Verfahren zur Ausstellung des Nachlasszeugnisses iS des § 33 Nr. 1 Fall 1 IntErbRVG (Abs. 1)

3 Abs. 1 bestimmt die Beteiligten des Verfahrens zur Ausstellung des Nachlasszeugnisses iS des § 33 Nr. 1 Fall 1 IntErbRVG. Die Regelung übernimmt die Technik des § 345 Abs. 1 FamFG, der die Beteiligten des Erbscheinsverfahrens festlegt und zwischen **„Muss-" und „Kannbeteiligten"** untergliedert.

1. Antragsteller als „Mussbeteiligter" (S. 1)

4 Jedenfalls als Beteiligter des Verfahrens hinzuzuziehen ist der Antragsteller, Abs. 1 S. 1, also die Person, die nach Art. 65 Abs. 1, 63 Abs. 1 EuErbVO als Erbin, Vermächtnisnehmerin mit unmittelbarer Berechtigung am Nachlass, Testamentsvollstreckerin oder Nachlassverwalterin ihre Antragsbefugnis ausübt. Zu den Vollstreckungsgläubigern eines Erben → IntErbRVG § 36 Rn. 3.

2. Weitere Beteiligte als „Kannbeteiligte" (S. 2 und 3)

5 **a) Allgemeines.** Daneben **kann** das Nachlassgericht die in Abs. 1 S. 2 genannten **Personen** nach **pflichtgemäßem Ermessen** (vgl. auch Regierungsentwurf, BT-Drs. 18/4201, 50, zu den unbekannten Berechtigten, die sich auf die öffentliche Bekanntmachung hin melden, sowie aaO S. 51) als **weitere Beteiligte** hinzuzuziehen. Insoweit wird man die zu § 345 Abs. 1 S. 2 FamFG entwickelten Grundsätze heranziehen können. Sobald diese Personen jedoch einen **Antrag auf Beteiligung** stellen, sind sie **zwingend** vom Gericht am Verfahren zu beteiligen, **Abs. 1 S. 3.** Lehnt das Gericht eine Beteiligung einer Person trotz ihres Antrags ab, so kann der ablehnende Beschluss (§ 7 Abs. 5 S. 1 FamFG) gemäß § 35 Abs. 1 IntErbRVG mit der sofortigen Beschwerde nach § 7 Abs. 5 S. 2 FamFG angefochten werden (Regierungsentwurf, BT-Drs. 18/4201, 51).

6 Bei den in Abs. 1 S. 2 genannten Personen handelt es sich jedenfalls um die „Berechtigten" oder „möglichen Berechtigten" iS der Verordnung (→ Rn. 1), da diese ihre unionsrechtlichen Beteiligtenrechte nur geltend machen können, wenn sie auch Beteiligte iS des deutschen Verfahrensrechts sind. Soweit die Vorschrift auf Begriffe verweist, die auch in den Art. 62 ff. EuErbVO verwendet werden, sind diese Begriffe **verordnungsakzessorisch** auszulegen (→ EuErbVO Art. 66 Rn. 8; vgl. auch Regierungsentwurf, BT-Drs. 18/4201, 51).

7 Zwar ist das Beantragen des Europäischen Nachlasszeugnisses nach Art. 66 Abs. 4 S. 2 EuErbVO und § 35 Abs. 3 IntErbRVG öffentlich bekanntzugeben. Daneben trifft gemäß § 35 Abs. 1 IntErbRVG das Nachlassgericht die **allgemeine Benachrichtigungs- und Belehrungspflicht nach § 7 Abs. 4 FamFG** (*R. Wagner/Scholz* FamRZ 2014, 714 (719); *Zimmermann* FGPrax 2015, 145 (147)); aus diesen Pflichten folgt eine Pflicht zu zumutbaren Nachforschungen des Gerichts (Regierungsentwurf, BT-Drs. 18/4201, 51; vgl. auch *R. Wagner/Scholz* FamRZ 2014, 714 (719)). Der Regierungsentwurf (aaO) meint, dass angesichts der umfangreichen Angaben, die der Antragsteller im Antrag auf Erlass des Nachlasszeugnisses machen muss (vor allem Art. 65 Abs. 3 EuErbVO), dem Gericht der Beteiligtenkreis regelmäßig weitgehend bekannt sein wird.

8 **b) Erben (S. 2 Nr. 1–3).** Als weitere Beteiligte jedenfalls hinzuziehungsfähig sind nach **Abs. 1 S. 2 Nr. 1–3** die potentiellen gesetzlichen oder gewillkürten **Erben**, wobei nur Erben Beteiligte sein können, die auch nach Art. 65 Abs. 1, 63 Abs. 1 EuErbVO einen Antrag auf Ausstellung eines Nachlasszeugnisses stellen könnten (näher zum autonomen Erbenbegriff → EuErbVO Art. 63 Rn. 5 ff.; MüKoBGB/*Dutta* EuErbVO Art. 63 Rn. 4 ff.). Zu den Vollstreckungsgläubigern eines Erben → IntErbRVG § 36 Rn. 3.

9 **c) Vermächtnisnehmer, Testamentsvollstrecker und Nachlassverwalter (S. 2 Nr. 4 und 5).** Hinzuziehungsfähig als Beteiligte sind ferner nach Abs. 1 S. 2 Nr. 4 die Vermächtnisnehmer mit unmittelbarer Berechtigung am Nachlass sowie nach Abs. 1 S. 2 Nr. 5 ein Testamentsvollstrecker oder Nachlassverwalter. Auch diese Personengruppen sind iS der Art. 65 Abs. 1, 63 Abs. 1 EuErbVO auszulegen (zu den Begriffen etwa → EuErbVO Art. 63 Rn. 8 ff.; MüKoBGB/*Dutta* EuErbVO Art. 63 Rn. 9 ff.).

10 **d) Auffangtatbestand: Sonstige Personen mit einem berechtigten Interesse (S. 2 Nr. 6).** Fraglich ist, wen der deutsche Gesetzgeber zu den sonstigen Personen mit einem berechtigten Interesse iS des Abs. 1 S. 2 Nr. 6 zählt, die nicht schon unter die anderen weiteren Beteiligten fallen. Der Gesetzgeber betont den Auffangcharakter (Regierungsentwurf, BT-Drs. 18/4201, 51). Ein berechtigtes Interesse können nur **Personen** besitzen, **die von der Ausstellung des Nachlasszeugnisses betroffen sind,** und zwar nach der Verordnung (vgl. den Regierungsentwurf, BT-Drs. 18/4201, 51, wonach der Begriff des berechtigten Interesses „autonom im Sinne der Verordnung auszulegen" ist).

11 Vom Europäischen Nachlasszeugnis werden **unmittelbar** nur potentiell Berechtigte betroffen, die Prätendenten auf eine der in Art. 63 Abs. 1 EuErbVO genannten Rechtspositionen sind, da eine Ausstellung des Nachlasszeugnisses ohne die Berücksichtigung ihre Rechtsposition hinsichtlich des Nachlasses gefährden könnte, vor allem im Hinblick auf die Wirkungen des Nachlasszeugnisses nach Art. 69 EuErbVO. Allerdings werden diese Personen bereits von Abs. 1 S. 2 Nr. 1–5 abgedeckt (Regierungsentwurf, BT-Drs. 18/4201, 51). Dies gilt wohl auch für **Erbeserben** oder **Erben des Vermächtnisnehmers** mit unmittelbarer Berechtigung am Nachlass. Wenn nicht, dann werden diese jedenfalls von S. 2 Nr. 6 erfasst. **Gläubiger nach §§ 792, 896 ZPO** sind nicht – anders als beim Erbschein – weitere Beteiligte nach S. 2 Nr. 6, da diese Vorschriften auf das Europäische Nachlasszeugnis nicht anwendbar sind (→ IntErbRVG § 36 Rn. 3). Als unmittelbar Betroffene, die nicht unter Abs. 1 S. 2 Nr. 1–5 fallen, kann man jedoch die **aneignende Körperschaft** bzw **Aneignungsstelle** im Rahmen des § 32 IntErbRVG ansehen. Denn diese (zur Beteiligtenstellung bei § 32 IntErbRVG → IntErbRVG § 32 Rn. 27) hat keine in Art. 63 Abs. 1 EuErbVO genannte Rechtstellung inne; sie ist weder Erbe (insbesondere kein Fiskuserbe → IntErbRVG § 32 Rn. 1), aber auch kein Vermächtnisnehmer mit unmittelbarer Berechtigung am Nachlass und auch kein Testamentsvollstrecker oder Nachlassverwalter. Dennoch wird die über Art. 33 EuErbVO geschützte Rechtsposition (öffentlichrechtliches Aneignungsrecht) durch die Ausstellung des Nachlasszeugnisses und dessen Wirkungen nach Art. 69 EuErbVO jedenfalls im Hinblick auf die im Inland belegenen Nachlassgegenstände betroffen; denn nach Art. 62 Abs. 3 S. 2 EuErbVO entfaltet das Nachlasszeugnis seine Wirkungen ja auch im Inland. – Dies alles ändert aber nichts daran, dass unmittelbar vom Nachlasszeugnis betroffene Personen nach S. 2 Nr. 6, die nicht bereits unter Abs. 1 S. 2 Nr. 1–5 fallen, nur sehr selten anzutreffen sein werden.

12 Vor diesem Hintergrund muss man S. 2 Nr. 6 auf **mittelbar** vom Nachlasszeugnis betroffene Personen ausdehnen, wenn die Vorschrift einen sinnvollen Anwendungsbereich besitzen soll. Hierfür spricht auch der von § 345 Abs. 1 S. 2 Nr. 5 FamFG – der entsprechenden Norm für den deutschen Erbschein – abweichende Wortlaut (dort heißt es: „alle Übrigen, deren Recht am Nachlass durch das Verfahren *unmittelbar* betroffen wird", Hervorh. d. Verf.). Diese Abweichung in S. 2 Nr. 6 vom Erbscheinsverfahren geschah auch bewusst. Der Bundesrat hatte für eine Übernahme des § 345 Abs. 1 S. 2 Nr. 5 FamFG plädiert, wobei – was im Hinblick auf die mittelbare Betroffenheit bestritten werden darf – der Bundesrat damit keine sachliche Änderung bezweckte (Stellungnahme, BT-Drs. 18/4201, 74). Ein solcher Gleichlauf wurde indes von der Bundesregierung und vom Gesetzgeber abgelehnt (Regierungsentwurf, BT-Drs. 18/4201, 82), da S. 2 Nr. 6 verordnungsakzessorisch und autonom auszulegen sei (s. auch → Rn. 6).

Mittelbar vom Nachlasszeugnis sind auch alle diejenigen Personen **betroffen,** die von den Außenwirkungen der nach Art. 63 Abs. 1 EuErbVO zu bescheinigenden Rechtspositionen berührt werden; denn das Nachlasszeugnis ermöglicht die Durchsetzung dieser Außenwirkungen der bescheinigten Rechtspositionen Dritten gegenüber (s. allgemein → EuErbVO Art. 63 Rn. 4; MüKoBGB/*Dutta* EuErbVO Art. 63 Rn. 3). Danach würden zu den weiteren Beteiligten vor allem die **Nachlassschuldner** (vgl. Art. 69 Abs. 3 EuErbVO) oder **potentielle Erwerber von Nachlassgegenständen** (vgl. Art. 69 Abs. 4 EuErbVO) zählen. Wegen der Legitimationswirkung nach Art. 69 Abs. 5 EuErbVO womöglich sogar das **Grundbuchamt oder andere Registerstellen** als weitere Beteiligte nach S. 2 Nr. 6 anzusehen, ginge trotz der offenen Formulierung des S. 2 Nr. 6 allerdings zu weit. 13

Ob die Inhaber von Rechtspositionen, deren (gerichtliche) Durchsetzung ausschließlich eine Erbsache darstellt, also etwa **Pflichtteilsberechtigte, Vermächtnisnehmer** ohne unmittelbare Berechtigung am Nachlass oder **Begünstige einer Auflage,** von den Außenwirkungen des Nachlasszeugnisses mittelbar betroffen sind, ist auf den ersten Blick **zweifelhaft.** Deren Rechtspositionen können nicht mittels eines Nachlasszeugnisses nach Art. 63 Abs. 1 EuErbVO bescheinigt werden (zu den Gründen etwa MüKoBGB/*Dutta* EuErbVO Art. 63 Rn. 3). Dennoch kann auch für die Durchsetzung von deren Rechtsposition das Nachlasszeugnis eine Rolle spielen, etwa im Hinblick auf die Vermutungswirkung nach Art. 69 Abs. 2 EuErbVO (Anspruchsgegnerschaft des im Zeugnis ausgewiesenen Erben). Das Nachlasszeugnis soll zwar – aufgrund seiner primär grenzüberschreitenden Ausrichtung, vgl. Art. 63 Abs. 1 aE EuErbVO – die Außenwirkungen der bescheinigten Rechtsposition in anderen Mitgliedstaaten nachweisbar machen. Rechtspositionen, deren Durchsetzung ausschließlich eine Erbsache darstellt, können als Erbsache nach Art. 4 ff. EuErbVO stets im Ausstellungsmitgliedstaat durchgesetzt werden, und werden damit auf den ersten Blick auch nicht mittelbar durch die Ausstellung eines Europäischen Nachlasszeugnisses berührt, weder verbessert noch verschlechtert. Allerdings darf nicht übersehen werden, dass ein einmal ausgestelltes Nachlasszeugnis nach Art. 62 Abs. 3 S. 2 EuErbVO auch im Inland seine Wirkungen nach Art. 69 EuErbVO entfaltet. Dies alles spricht dafür auch Pflichtteilsberechtigte, Vermächtnisnehmer ohne unmittelbare Berechtigung am Nachlass oder Begünstige einer Auflage als mittelbar betroffene Kannbeteiligte nach S. 2 Nr. 6 anzusehen. 14

II. Beteiligung am Verfahren zur Berichtigung, zur Änderung, zum Widerruf und zur Aussetzung der Wirkungen des Nachlasszeugnisses iS des § 33 Nr. 1 Fall 2–4 und Nr. 3 IntErbRVG (Abs. 2)

Abs. 2 S. 1, der klarstellt, dass der **Antragsteller** stets Beteiligter des Verfahrens ist, entspricht Abs. 1 S. 1 für das Verfahren zur Berichtigung, zur Änderung, zum Widerruf und zur Aussetzung der Wirkungen des Nachlasszeugnisses. Insoweit kann zunächst auf die Erläuterungen des Abs. 1 verwiesen werden (→ Rn. 4). Die **Antragsbefugnis** für die Verfahren folgt aus der Verordnung, wonach die genannten Verfahren auf Verlangen einer „Person, die ein berechtigtes Interesse nachweist", einzuleiten sind, s. Art. 71 Abs. 1 EuErbVO (Berichtigung), Art. 71 Abs. 2 EuErbVO (Änderung und Widerruf), Art. 73 Abs. 1 lit. a EuErbVO (Aussetzung der Wirkungen). Zu beachten ist freilich, dass diese Verfahren zum Teil auch **von Amts wegen** durch die Ausstellungsbehörde, in Deutschland das nach § 34 IntErbRVG zuständige Nachlassgericht, eingeleitet werden können (s. Art. 71 Abs. 1 EuErbVO [Berichtigung], Art. 71 Abs. 2 EuErbVO iVm § 38 S. 2 IntErbRVG [Widerruf]). In diesem Fall fehlt es an einem Antragsteller, der Mussbeteiligter ist. 15

Abs. 2 S. 3 übernimmt hinsichtlich der **Hinzuziehung der Kannbeteiligten auf Antrag** Abs. 1 S. 3 der Vorschrift. Auch insoweit kann auf die Erläuterungen des Abs. 1 verwiesen werden (→ Rn. 6). 16

Abs. 2 S. 2 verwendet zwar die Formulierung aus Abs. 1 S. 2 Nr. 6 (zu dieser Vorschrift → Rn. 10 ff.), indem beim Verfahren zur Berichtigung, zur Änderung, zum Widerruf und zur Aussetzung der Wirkungen des Nachlasszeugnisses **sonstige Personen mit einem berechtigten Interesse** hinzuzuziehen sind. Diese Formulierung greift den Wortlaut des Art. 71 Abs. 2 EuErbVO auf. Dennoch ist diese Wendung in Abs. 2 anders zu verstehen als in Abs. 1, wo in Abs. 1 S. 2 Nr. 1–5 bereits die Personen genannt sind, deren Rechtspositionen nach Art. 63 Abs. 1 EuErbVO bescheinigbar wären, sodass Abs. 1 S. 2 Nr. 6 lediglich Auffangfunktion besitzt (→ Rn. 10). Dies ist bei Abs. 2 S. 2 anders. Vielmehr umfasst die Vorschrift sämtliche Personen, die unmittelbar oder mittelbar von der Berichtigung, Änderung, dem Widerruf oder der Aussetzung der Wirkungen des Nachlasszeugnisses betroffen sind (näher → Rn. 11 ff.), allerdings – anders als bei Abs. 1 S. 2 Nr. 6 – ohne Rücksicht darauf, ob diese Personen bereits in Abs. 1 S. 2 Nr. 1–5 genannt sind. Auch der Gesetzgeber geht davon aus, dass sich die Beteiligtenkreise in Abs. 1 und Abs. 2 insgesamt oftmals decken werden (Regierungsentwurf, BT-Drs. 18/4201, 51). 17

III. Beteiligung am Verfahren zur Erteilung einer beglaubigten Abschrift oder der Verlängerung ihrer Gültigkeitsfrist iS des § 33 Nr. 2 IntErbRVG (Abs. 3)

18 Die Vorschrift legt fest, dass bei den Verfahren nach § 33 Nr. 2 IntErbRVG **nur der Antragsteller** zu beteiligen ist. Die **Antragsbefugnis für die Erteilung der beglaubigten Abschrift** ist in Art. 70 EuErbVO geregelt, wonach der Antragsteller (gemeint ist der Antragsteller im Hinblick auf die Ausstellung des Nachlasszeugnisses nach Art. 67 Abs. 1 EuErbVO) sowie andere Personen, die ein berechtigtes Interesse nachweisen, den Antrag stellen können. Zu diesen anderen Personen können insbesondere auch die weiteren Beteiligten nach § 37 Abs. 1 S. 2 IntErbRVG gehören (Regierungsentwurf, BT-Drs. 18/4201, 52). Die **Antragsbefugnis für die Verlängerung der Gültigkeitsfrist einer beglaubigten Abschrift** folgt aus Art. 70 Abs. 3 S. 3 Fall 1 EuErbVO.

19 Diese Regelung zur alleinigen Beteiligung des Antragstellers ist auch **mit der Verordnung vereinbar** und **sachgerecht.** Zwar treten die Wirkungen des Europäischen Nachlasszeugnisses nach Art. 69 EuErbVO erst ein, wenn neben einem wirksamen Nachlasszeugnis auch eine beglaubigte Abschrift des Nachlasszeugnisses ausgestellt wurde, die zum maßgeblichen Zeitpunkt Gültigkeit besitzt (→ EuErbVO Art. 69 Rn. 17, → EuErbVO Art. 70 Rn. 6 ff.; MüKoBGB/*Dutta* EuErbVO Art. 69 Rn. 2). Aber die Erteilung einer beglaubigten Abschrift oder der Verlängerung ihrer Gültigkeitsfrist berührt nicht die Interessen anderer Personen mittelbar oder unmittelbar. Vielmehr können diese Personen, wenn sie die Wirkungen des Nachlasszeugnisses unterbinden wollen, direkt gegen das Zeugnis vorgehen, etwa nach Art. 71 Abs. 2, Art. 72 Abs. 2 UAbs. 1 EuErbVO dieses abändern oder seine Wirkungen nach Art. 73 Abs. 1 EuErbVO aussetzen lassen. Unabhängig davon, ob dann noch beglaubigte Abschriften mit Gültigkeitsdauer im Verkehr sind, werden mit einer solchen Entscheidung der Ausstellungsbehörde die Wirkungen des Nachlasszeugnisses suspendiert (MüKoBGB/*Dutta* EuErbVO Art. 69 Rn. 2).

IV. Allgemeine Regelungen nach FamFG

20 Die Vorschrift des § 37 IntErbRVG regelt nur die Person der Beteiligten. Im Übrigen finden nach § 35 Abs. 1 IntErbRVG auf die Beteiligten die allgemeinen Vorschriften des FamFG Anwendung. Die Beteiligten müssen **beteiligtenfähig** (§ 8 FamFG) und **verfahrensfähig** (§ 9 FamFG) sein und gegebenenfalls **ordnungsgemäß vertreten werden** (§ 10 FamFG). Einer **Vertretung durch einen Rechtsanwalt** bedarf es nicht (§ 10 Abs. 1 FamFG). Zu § 7 FamFG → Rn. 7.

§ 38 Änderung oder Widerruf eines Europäischen Nachlasszeugnisses

[1] Das Gericht hat ein unrichtiges Europäisches Nachlasszeugnis auf Antrag zu ändern oder zu widerrufen. [2] Der Widerruf hat auch von Amts wegen zu erfolgen. [3] Das Gericht hat über die Kosten des Verfahrens zu entscheiden.

I. Unionsrechtlicher Hintergrund der Vorschrift

1 Mit der Vorschrift greift der Gesetzgeber einen Umsetzungsspielraum nach der Erbrechtsverordnung auf. Nach **Art. 71 Abs. 2 EuErbVO** ändert oder widerruft die Ausstellungsbehörde, also in Deutschland das nach § 34 IntErbRVG zuständige Nachlassgericht, das Zeugnis auf Verlangen jedweder Person, die ein berechtigtes Interesse nachweist, **oder** – und das ist entscheidend für das Verständnis des § 38 IntErbRVG –, **soweit dies nach innerstaatlichem Recht möglich ist, von Amts wegen,** wenn feststeht, dass das Zeugnis oder einzelne Teile des Zeugnisses inhaltlich unrichtig sind. Damit weicht Art. 71 Abs. 2 EuErbVO insbesondere von Art. 71 Abs. 1 EuErbVO ab, der eine Berichtigung des Zeugnisses von Amts wegen gestattet, ohne dass es darauf ankommt, ob die lex fori der Ausstellungsbehörde ein solches amtswegiges Tätigwerden gestattet.

2 Der deutsche Ausführungsgesetzgeber nutzt diesen Spielraum des Art. 71 Abs. 2 EuErbVO nur **teilweise** → Rn. 6.

3 Zu Recht hat der Gesetzgeber nicht den Vorschlag des Bundesrats aufgegriffen, eine **Einziehung eines unrichtigen Nachlasszeugnisses** im deutschen Recht vorzusehen (BT-Drs. 18/4201, 74 f.), da der Schutz des Rechtsverkehrs vor unrichtigen Nachlasszeugnissen – wie die Bundesregierung betont (BT-Drs. 18/4201, 82 f.; s. auch aaO S. 52) – bereits unionsrechtlich abschließend geregelt ist, auch wenn dieser Schutz mangels Einziehungsmöglichkeit äußerst lückenhaft ist (→ EuErbVO Art. 71 Rn. 11 ff.; MüKoBGB/*Dutta* EuErbVO Art. 71 Rn. 7).

II. Tätigwerden auf Antrag (S. 1)

S. 1 der Vorschrift stellt klar, dass eine **Änderung** und ein **Widerruf** des Nachlasszeugnisses auf Antrag möglich sind. Dies ergibt sich indes bereits aus Art. 71 Abs. 2 EuErbVO, der auch die Antragsbefugnis abschließend regelt (wie auch der Regierungsentwurf betont, BT-Drs. 18/4201, 52). Die Vorschrift ist mithin insoweit deklaratorisch, vgl. auch § 35 Abs. 1 IntErbRVG. Ein Antrag auf Teilwiderruf des Nachlasszeugnisses ist als Antrag auf Änderung auszulegen (Regierungsentwurf, BT-Drs. 18/4201, 64). 4

III. Tätigwerden von Amts wegen (S. 2)

S. 2 der Vorschrift legt fest, dass nur der **Widerruf** des Nachlasszeugnisses von Amts wegen möglich ist; insoweit (vgl. auch Regierungsentwurf, BT-Drs. 18/4201, 52) entspricht die Vorschrift in der Sache weitgehend § 2361 BGB nF, welcher die Einziehung eines unrichtigen Erbscheins von Amts wegen regelt. Das Nachlassgericht trifft eine Amtsermittlungspflicht nach § 26 FamFG iVm § 35 Abs. 1 IntErbRVG; es muss tätig werden, wenn es Anhaltspunkte für eine inhaltliche Unrichtigkeit des Nachlasszeugnisses hat (Regierungsentwurf, BT-Drs. 18/4201, 52). 5

Im Umkehrschluss bedeutet S. 2 freilich, dass die **Änderung** eines Nachlasszeugnisses stets eines Antrags bedarf, vgl. S. 1 der Vorschrift. Der Gesetzgeber begründet dies damit, dass niemandem ein geändertes Nachlasszeugnis aufgedrängt werden solle (Regierungsentwurf, BT-Drs. 18/4201, 52). Ob dieser Einwand überzeugt, kann bezweifelt werden, etwa wenn der ursprüngliche Antrag auf Ausstellung des Nachlasszeugnisses im Nachhinein nur teilweise begründet ist, dann wäre es durchaus sachgerecht, dem Nachlassgericht eine teilweise Aufrechterhaltung des Nachlasszeugnisses von Amts wegen zu gestatten. 6

IV. Kostenentscheidung bei Änderung und Widerruf (S. 3)

Die **Verordnung** schweigt zu den Kosten und der Kostentragungspflicht beim Europäischen Nachlasszeugnis allgemein. In den Grenzen des Äquivalenzgrundsatzes sind die Mitgliedstaaten deshalb bei der Regelung der Kosten **frei** (→ IntErbRVG § 33 Rn. 9 ff.). 7

S. 3 der Vorschrift greift eine Regelung aus dem Erbscheinsverfahren auf (vgl. auch Regierungsentwurf, BT-Drs. 18/4201, 52), nämlich konkret **§ 353 Abs. 2 S. 1 FamFG,** wonach das Nachlassgericht in Verfahren über die Einziehung oder Kraftloserklärung eines Erbscheins über die Kosten des Verfahrens zu entscheiden hat. Diese Vorschrift findet nicht bereits über § 35 Abs. 1 IntErbRVG Anwendung, weil sie auf das Erbscheinsverfahren beschränkt ist (vgl. auch Regierungsentwurf, BT-Drs. 18/4201, 50 sowie allgemein → IntErbRVG § 33 Rn. 7). – Zu den **Gerichtsgebühren** bei Änderung und Widerruf des Nachlasszeugnisses s. → IntErbRVG § 33 Rn. 11. 8

Die Vorschrift des S. 3 gilt nach ihrer systematischen Stellung nur bei einem **Widerruf** oder einer **Änderung** des Europäischen Nachlasszeugnisses. Zur entsprechenden (?) Anwendung bei einer **Berichtigung, Ergänzung oder Abhilfe** eines Beschlusses im Nachlasszeugnisverfahren nach §§ 42 ff. FamFG → IntErbRVG § 39 Rn. 4. 9

V. Berichtigung des Nachlasszeugnisses?

Bemerkenswerterweise schweigt das IntErbRVG zur Berichtigung des Nachlasszeugnisses nach Art. 71 Abs. 1 EuErbVO. Lediglich aus § 39 Abs. 1 S. 3 IntErbRVG lässt sich entnehmen, dass die Berichtigung durch Beschluss erfolgt. Ein Rückgriff auf **§ 42 FamFG** (über § 35 Abs. 1 IntErbRVG) ist nach dessen Wortlaut nicht möglich, da die Ausstellung des Nachlasszeugnisses nach § 39 Abs. 1 S. 1 IntErbRVG nicht durch Beschluss erfolgt (→ EuErbVO Art. 71 Rn. 3). Sollten sich bei der Anwendung der Verordnung insoweit Lücken ergeben, so sollte dennoch auf § 42 FamFG analog zurückgegriffen werden (zustimmend *Weber* DNotZ 2018, 16 (25 in Fn. 41)). 10

§ 39 Art der Entscheidung

(1) [1] **Liegen die Voraussetzungen für die Ausstellung eines Europäischen Nachlasszeugnisses vor, entscheidet das Gericht durch Ausstellung der Urschrift eines Europäischen Nachlasszeugnisses.** [2] **Liegen die Voraussetzungen für die Erteilung einer beglaubigten Abschrift oder für die Verlängerung der Gültigkeitsfrist einer beglaubigten Abschrift vor, entscheidet das Gericht durch Erteilung einer beglaubigten Abschrift oder durch Verlängerung der Gültigkeitsfrist einer beglaubigten Abschrift.** [3] **Im Übrigen entscheidet das Gericht durch Beschluss.**

(2) **Für die Ausstellung eines Europäischen Nachlasszeugnisses und die Erteilung einer beglaubigten Abschrift ist das Formblatt nach Artikel 67 Absatz 1 Satz 2 in Verbindung mit Artikel 81 Absatz 2 der Verordnung (EU) Nr. 650/2012 zu verwenden.**

1 Die **Voraussetzungen** für die Ausstellung des Europäischen Nachlasszeugnisses und die Erteilung der beglaubigten Abschriften oder die Verlängerung ihrer Gültigkeitsfrist sind in Art. 67 Abs. 1 und Art. 70 EuErbVO geregelt. Nicht geregelt ist dagegen auf unionsrechtlicher Ebene das **Format der Entscheidung,** welches die vorliegende Vorschrift für deutsche Europäische Nachlasszeugnisse festlegt.

I. Entscheidungsform (Abs. 1)

2 Nach **Abs. 1 S. 1** stellt das Nachlassgericht als nach § 34 Abs. 4 IntErbRVG zuständige deutsche Ausstellungsbehörde eine **Urschrift eines Nachlasszeugnisses** aus, wenn die Voraussetzungen des Art. 67 Abs. 1 EuErbVO vorliegen; vgl. zur Ausstellung des Zeugnisses durch das Rechtsbehelfs- bzw Beschwerdegericht § 43 Abs. 5 S. 3 IntErbRVG sowie → IntErbRVG § 44 Rn. 5. Hierbei handelt es sich nicht um einen Beschluss, wie auch ein Umkehrschluss zu **Abs. 1 S. 3** verdeutlicht. Ein **Beschluss** iS einer Endentscheidung nach § 38 Abs. 1 S. 1 FamFG – etwa auch ein Feststellungsbeschluss nach § 352 FamFG aF bzw § 352e FamFG nF, wie vom Bundesrat angeregt (BT-Drs. 18/4201, 75 f.), aber von der Bundesregierung zu Recht abgelehnt (BT-Drs. 18/4201, 83; s. auch → EuErbVO Art. 67 Rn. 17; *Kunz* GPR 2014, 285 (291)) – kommt schon deshalb nicht in Betracht, weil nach der Verordnung die Ausstellungsbehörde keine streitige Entscheidung treffen kann; sobald Einwände gegen den zu bescheinigenden Sachverhalt anhängig sind, darf das Nachlasszeugnis nicht ausgestellt werden, Art. 67 Abs. 1 UAbs. 2 lit. a EuErbVO (näher hierzu etwa → EuErbVO Art. 67 Rn. 4 ff.; MüKoBGB/*Dutta* EuErbVO Art. 67 Rn. 5 ff.; zustimmend *R. Wagner/Fenner* FamRZ 2015, 1668 (1673)). Deshalb verbietet es sich auch, auf die Vorbescheidspraxis aus alten FGG-Tagen zurückzugreifen, s. näher → EuErbVO Art. 67 Rn. 18; *Zimmermann,* FGPrax 2015, 145 (147).

3 Auch die Erteilung der beglaubigten Abschriften des Nachlasszeugnisses oder die Verlängerung ihrer Gültigkeitsfrist nach Art. 70 EuErbVO erfolgt nicht durch Beschluss, sondern durch **Erteilung der beglaubigten Abschrift** oder **Verlängerung ihrer Gültigkeitsfrist,** wie **Abs. 1 S. 2 und 3** klarstellen.

4 Alle übrigen Entscheidungen in Verfahren nach § 33 IntErbRVG ergehen dagegen durch **Beschluss, Abs. 1 S. 3.** Dies gilt nicht nur für ablehnende Entscheidungen in Verfahren über die Ausstellung eines Nachlasszeugnisses nach § 33 Nr. 1 Fall 1 IntErbRVG und über die Erteilung einer beglaubigten Abschrift oder die Verlängerung ihrer Gültigkeitsfrist nach § 33 Nr. 2 IntErbRVG (zu den stattgebenden Entscheidungen in diesen Verfahren s. Abs. 1 S. 1 und 2), sondern auch für sämtliche Entscheidungen in Verfahren über die Berichtigung, Änderung und den Widerruf eines Nachlasszeugnisses nach § 33 Nr. 1 Fall 2–4 IntErbRVG sowie über die Aussetzung der Wirkungen eines Nachlasszeugnisses nach § 33 Nr. 3 IntErbRVG (Regierungsentwurf, BT-Drs. 18/4201, 52). Die übrigen Vorschriften des FamFG zum Beschluss finden wegen § 35 Abs. 1 IntErbRVG Anwendung, insbesondere zum Inhalt des Beschlusses (§ 38 Abs. 2 und 3 FamFG); bei einer Berichtigung, Ergänzung des Beschlusses oder Abhilfe nach §§ 42 ff. FamFG soll § 38 S. 3 IntErbRVG entsprechend (?) gelten (Regierungsentwurf, BT-Drs. 18/4201, 52).

II. Verwendung der Formblätter (Abs. 2)

5 Abs. 2 der Vorschrift besitzt lediglich deklaratorische Natur und stellt klar, dass die in der Vorschrift genannten Formblätter (→ abgedruckt bei Art. 67 EuErbVO) zu verwenden sind. Dies ergibt sich bereits aus Art. 67 Abs. 1 UAbs. 1 S. 2 EuErbVO.

§ 40 Bekanntgabe der Entscheidung

[1] **Entscheidungen nach § 39 Absatz 1 Satz 1 und 2 werden dem Antragsteller durch Übersendung einer beglaubigten Abschrift bekannt gegeben.** [2] **Weiteren Beteiligten wird die Entscheidung nach § 39 Absatz 1 Satz 1 durch Übersendung einer einfachen Abschrift des ausgestellten Europäischen Nachlasszeugnisses bekannt gegeben.**

I. Anwendungsbereich der Vorschrift

Da die Entscheidungen nach § 39 Abs. 1 S. 1 und 2 IntErbRVG **nicht durch Beschluss** ergehen → IntErbRVG § 39 Rn. 2 f., muss der Ausführungsgesetzgeber die Bekanntgabe der Entscheidung regeln. 1

Für die Entscheidungen in Verfahren nach § 33 IntErbRVG, die nach § 39 Abs. 1 S. 3 IntErbRVG **durch Beschluss** ergehen, bedarf es demgegenüber keiner besonderen Regelung, da insoweit nach § 35 Abs. 1 IntErbRVG die **allgemeine Regel des § 41 FamFG** zum Zuge kommt, von welcher der Gesetzgeber im IntErbRVG nicht abweicht (so auch Regierungsentwurf, BT-Drs. 18/4201, 53; *R. Wagner/Scholz* FamRZ 2014, 714 (720)). 2

Das **Nähere der Bekanntgabe** gemäß S. 1 und 2 regelt **§ 15 Abs. 2 FamFG** iVm § 35 Abs. 1 IntErbRVG (vgl. Regierungsentwurf, BT-Drs. 18/4201, 54, allerdings zu § 43 Abs. 4 IntErbRVG). 3

II. Bekanntgabe dem Antragsteller gegenüber (S. 1)

Die Bekanntgabe der stattgebenden Entscheidung des Gerichts über die Ausstellung des Nachlasszeugnisses sowie die Erteilung einer beglaubigten Abschrift oder die Verlängerung ihrer Gültigkeitsfrist erfolgt gegenüber dem Antragsteller (zu dessen Beteiligtenstellung in den Verfahren s. § 37 Abs. 1 S. 1 und Abs. 3 IntErbRVG) durch **Übersendung einer beglaubigten Abschrift, S. 1** der Vorschrift. Dies entspricht auch Art. 70 Abs. 1 EuErbVO, wonach die Ausstellungsbehörde die Urschrift des Nachlasszeugnisses aufbewahrt und nur beglaubigte Abschriften erteilt. 4

III. Bekanntgabe den weiteren Beteiligten gegenüber (S. 2)

Die Bekanntgabe der stattgebenden Entscheidung des Gerichts über die Ausstellung des Nachlasszeugnisses den weiteren Beteiligten iS des § 37 Abs. 1 S. 2 IntErbRVG gegenüber erfolgt durch **Übersendung einer einfachen Abschrift** des Nachlasszeugnisses, S. 2 der Vorschrift. Diese Abschrift soll deutlich als einfache Abschrift gekennzeichnet sein, damit sie nicht mit einer beglaubigten Abschrift nach S. 1 verwechselt wird (Regierungsentwurf, BT-Drs. 18/4201, 52). Wenn die weiteren Beteiligten eine solche beglaubigte Abschrift nach S. 1 erteilt bekommen möchten, dann müssen sie diese als „Person, die ein berechtigtes Interesse nachweist", nach Art. 70 Abs. 1 EuErbVO und § 33 Nr. 2 IntErbRVG beantragen (Regierungsentwurf, BT-Drs. 18/4201, 52 f.) und erhalten dann, wenn ihr Antrag Erfolg hat, die beglaubigte Abschrift nach S. 1 der Vorschrift. 5

Mit dieser Regelung will der deutsche Gesetzgeber seiner **unionsrechtlichen Mitteilungspflicht nach Art. 67 Abs. 2 EuErbVO** nachkommen (Regierungsentwurf, BT-Drs. 18/4201, 52), wobei fraglich ist, ob der deutsche Gesetzgeber diese Pflicht wirklich mit S. 2 der Vorschrift erfüllt. Zum einen ist die Mitteilungspflicht nach Art. 67 Abs. 2 EuErbVO nicht auf formell Beteiligte iS des § 37 Abs. 1 S. 2 IntErbRVG beschränkt, sondern auf „Berechtigte", ohne Rücksicht darauf, ob sie vom Gericht von Amts wegen oder auf Antrag als weitere Beteiligte hinzugezogen wurden. Eine unionsrechtliche Mitteilungspflicht besteht damit jedenfalls auch den **bekannten Berechtigten** gegenüber, die nicht als weitere Beteiligte hinzugezogen wurden, sodass ähnlich wie bei § 7 Abs. 4 FamFG (→ IntErbRVG § 37 Rn. 7) eigentlich auch diese Berechtigten von der Ausstellung des Nachlasszeugnisses zu benachrichtigen sind. Zum anderen könnte Art. 67 Abs. 2 EuErbVO unionsrechtlich auch eine Benachrichtigung der **unbekannten Berechtigten** erfordern (wie auch bei Art. 66 Abs. 4 S. 2 Fall 2 EuErbVO), die allein durch eine öffentliche Bekanntgabe bewirkt werden könnte (→ EuErbVO Art. 67 Rn. 19; MüKoBGB/*Dutta* EuErbVO Art. 67 Rn. 16). Dann wäre S. 2 der Vorschrift unvollständig. Die Lücke ließe sich durch eine analoge Anwendung des § 35 Abs. 3 IntErbRVG schließen (→ EuErbVO Art. 67 Rn. 19). 6

Eine Bekanntgabe einer stattgebenden Entscheidung über die Erteilung einer beglaubigten Abschrift oder die Verlängerung ihrer Gültigkeitsfrist an andere Beteiligte als den Antragsteller nach S. 1 der Vorschrift **kommt nicht in Betracht,** da der Antragsteller bei diesem Verfahren der einzige Beteiligte ist, s. § 37 Abs. 3 IntErbRVG (so auch Regierungsentwurf, BT-Drs. 18/4201, 53). 7

§ 41 Wirksamwerden

[1] Die Entscheidung wird wirksam, wenn sie der Geschäftsstelle zum Zweck der Bekanntgabe übergeben wird. [2] Der Zeitpunkt ihrer Wirksamkeit ist auf der Entscheidung zu vermerken.

1 Die Vorschrift besitzt zentrale Bedeutung für die einheitlichen Wirkungen des Europäischen Nachlasszeugnisses nach Art. 69 Abs. 2–5 EuErbVO, die voraussetzungslos und automatisch nach Art. 69 Abs. 1 EuErbVO in die teilnehmenden Mitgliedstaaten der Union erstreckt werden.

I. Die Vorverlegung des Wirksamwerdens

2 Nach **S. 1** der Vorschrift wird die Entscheidung mit **Übergabe an die Geschäftsstelle zum Zwecke der Bekanntgabe** wirksam (s. § 40 IntErbRVG bzw § 41 FamFG iVm § 35 Abs. 1 IntErbRVG → InErbRVG § 40 Rn. 1). Zu Recht wird nicht an die Bekanntgabe der Entscheidung (§ 40 IntErbRVG) an die Beteiligten oder bestimmte Beteiligte (§ 37 IntErbRVG) angeknüpft, da das Nachlasszeugnis nach Art. 69 EuErbVO Wirkungen gegenüber jedermann entfaltet (*R. Wagner/Scholz* FamRZ 2014, 714 (719)). Die Vorschrift verdrängt mithin § 40 FamFG (*R. Wagner/Scholz* FamRZ 2014, 714 (720)). Zu Beweiszwecken ist der **Zeitpunkt des Wirksamwerdens,** also der Übergabe an die Geschäftsstelle gemäß S. 1, auf der Entscheidung gemäß **S. 2 zu vermerken.** Die Vorschrift wurde aus § 287 Abs. 2 S. 2 Nr. 2 FamFG übernommen (Regierungsentwurf, BT-Drs. 18/4201, 53).

II. Anwendungsbereich der Vorschrift: „Entscheidung“

3 Die Vorschrift erfasst aufgrund ihrer systematischen Stellung und ihres Wortlauts sachlich **sämtliche Entscheidungen in Verfahren nach § 33 IntErbRVG** und ist nicht etwa auf die Ausstellung des Nachlasszeugnisses oder die Erteilung einer beglaubigten Abschrift bzw die Verlängerung ihrer Gültigkeitsfrist beschränkt (zu Letzterem s. auch § 42 IntErbRVG), die beide nach § 39 Abs. 1 IntErbRVG nicht durch Beschluss ergehen. Hiervon geht auch der Gesetzgeber aus; § 41 IntErbRVG verdränge § 40 FamFG (Regierungsentwurf, BT-Drs. 18/4201, 53), was nur für die übrigen Entscheidungen relevant sein kann, die nach § 39 Abs. 1 S. 3 IntErbRVG als Beschluss ergehen, sodass nur insoweit über § 35 Abs. 1 IntErbRVG eine Anwendung des § 40 FamFG überhaupt in Betracht kommt.

III. Konsequenzen der Vorschrift

4 Diese Vorverlagerung des Wirksamwerdens hat hinsichtlich der **Ausstellung des Nachlasszeugnisses oder der Erteilung einer beglaubigten Abschrift bzw der Verlängerung ihrer Gültigkeitsfrist** vor allem Bedeutung im Hinblick auf die *Vermutungswirkung* nach Art. 69 Abs. 2 EuErbVO (so wohl auch Regierungsentwurf, BT-Drs. 18/4201, 53). Im Hinblick auf die *Gutglaubenswirkung* nach Art. 69 Abs. 3 und 4 EuErbVO reicht ein Wirksamwerden nach der Vorschrift des § 40 IntErbRVG nicht aus, weil jedenfalls nach wohl überwiegender Ansicht eine nachweisbare Kenntnis des Leistenden oder Erwerbers von der Existenz des Europäischen Nachlasszeugnisses erforderlich ist (näher → EuErbVO Art. 69 Rn. 20; MüKoBGB/*Dutta* EuErbVO Art. 69 Rn. 25). Ohne Übergabe der beglaubigten Abschrift an den Antragsteller kann es damit nicht zu einer Gutglaubenswirkung kommen. Ähnliches gilt wohl auch für die *Legitimationswirkung* nach Art. 69 Abs. 5 EuErbVO, die eine Vorlage der beglaubigten Abschrift bei der Registerbehörde voraussetzt und nicht allein mit der Übergabe der Entscheidung an die Geschäftsstelle eintreten kann.

5 Große Bedeutung hat die Vorschrift aber im Hinblick auf die **Berichtigung, Änderung, den Widerruf oder die Aussetzung der Wirkungen des Nachlasszeugnisses.** Diese Entscheidungen beeinflussen die Wirkungen des Nachlasszeugnisses nach Art. 69 EuErbVO mit ihrer Existenz (→ EuErbVO Art. 70 Rn. 6 ff.; MüKoBGB/*Dutta* EuErbVO Art. 69 Rn. 2), sprich mit ihrem Wirksamwerden nach der Vorschrift des § 41 IntErbRVG. Das kann schwerwiegende Folgen haben, wenn etwa der Antragsteller das Zeugnis noch im Rechtsverkehr gebraucht, obwohl seine Wirkungen nach Art. 69 EuErbVO bereits durch eine solche nachfolgende und nach S. 1 wirksamgewordene Entscheidung suspendiert wurden, ohne dass der Antragsteller hiervon etwas mitbekommt.

§ 42 Gültigkeitsfrist der beglaubigten Abschrift eines Europäischen Nachlasszeugnisses

[1] Die Gültigkeitsfrist einer beglaubigten Abschrift eines Europäischen Nachlasszeugnisses beginnt mit ihrer Erteilung. [2] Für die Berechnung der Gültigkeitsfrist gelten die Vorschriften des Bürgerlichen Gesetzbuchs, soweit sich nicht aus der Verordnung (EWG, EURATOM) Nr. 1182/71 des Rates vom 3. Juni 1971 zur Festlegung der Regeln für die Fristen, Daten und Termine etwas anderes ergibt.

1 Die begrenzte Gültigkeitsfrist der beglaubigten Abschrift (deren Erteilung für die Wirkungen des Nachlasszeugnisses nach Art. 69 EuErbVO entscheidend sind → EuErbVO Art. 70 Rn. 6 ff.; Mü-

KoBGB/*Dutta* EuErbVO Art. 69 Rn. 2) wird in **Art. 70 Abs. 3 S. 1 und 2 EuErbVO** festgelegt. Das Ablaufdatum der Gültigkeitsfrist ist nach Art. 70 Abs. 3 S. 1 EuErbVO in der beglaubigten Abschrift anzugeben.

I. Beginn der Gültigkeitsfrist (S. 1)

2 Die Vorschrift stellt in S. 1 klar, zu welchem Zeitpunkt die Gültigkeitsfrist beginnt – ein Punkt, den die Verordnung jedenfalls explizit (vgl. auch Rn. 3) nicht regelt, sodass das nationale Verfahrensrecht der Ausstellungsbehörde anwendbar ist. Maßgeblich ist die **Erteilung der beglaubigten Abschrift,** dh der Zeitpunkt, zu dem die Entscheidung über die Erteilung der beglaubigten Abschrift nach § 41 S. 1 IntErbRVG **wirksam wird,** also mit Übergabe der Entscheidung an die Geschäftsstelle zum Zwecke der Bekanntgabe. Die Gültigkeitsfrist kann mithin bereits laufen, ohne dass der Antragsteller die beglaubigte Abschrift in den Händen hält – eine Regelung, die aber wohl noch mit dem **Effektivitätsgrundsatz** vereinbar ist (→ IntErbRVG § 33 Rn. 1).

3 Die Vorschrift findet ihrem Wortlaut nach keine Anwendung auf den Fristbeginn bei einer **Verlängerung der Gültigkeitsfrist einer beglaubigten Abschrift** nach Art. 70 Abs. 3 S. 3 Fall 1 EuErbVO und § 33 Nr. 2 Fall 2 IntErbRVG. Sie findet allerdings auch **nicht analog Anwendung.** Zwar würde sich ein ähnliches Ergebnis wie nach S. 1 wahrscheinlich auch implizit aus der Verordnung selbst ergeben: Die Gültigkeitsfrist kann – so muss man bei Lektüre des Art. 70 EuErbVO folgern – nur mit dem Wirksamwerden der jeweiligen für die Frist relevanten Entscheidung beginnen, wobei das Wirksamwerden dem Verfahrensrecht der Ausstellungsbehörde unterliegt, bei uns also § 41 IntErbRVG. Entscheidend ist allerdings, dass es bei der Verlängerung der Gültigkeitsfrist einer beglaubigten Abschrift nicht der Festlegung eines erneuten Fristbeginns bedarf, da sich dieser alleine aus dem Gesetz ergibt → Rn. 2.

II. Berechnung der Gültigkeitsfrist (S. 2)

4 Die Fristberechnung im Anwendungsbereich des Unionsrechts folgt stets nach der in S. 2 genannten **europäischen Fristenverordnung,** die auch bei den Fristen der Erbrechtsverordnung zum Zuge kommt, s. Erwägungsgrund Nr. 77 zur EuErbVO (Text im Anhang zu § 42 IntErbRVG). Zur Fristberechnung nach der Fristenverordnung führt der Regierungsentwurf, BT-Drs. 18/4201, 53, zutreffend aus:

> *„Da es vorliegend um die Berechnung einer Wirksamkeitsfrist geht, findet nach Artikel 4 Absatz 1 der Fristenverordnung Artikel 3 Absatz 1 bis 3 der Fristenverordnung Anwendung. Nach Artikel 3 Absatz 1 Satz 2 der Fristenverordnung wird bei Monatsfristen der Tag, an dem die fristauslösende Handlung – hier die Erteilung der beglaubigten Abschrift – stattfindet, nicht mitgerechnet. Fristende ist nach Artikel 3 Absatz 2 Satz 1 Buchstabe c der Fristenverordnung der Tag des letzten Monats, der dieselbe Zahl wie der Fristbeginn trägt. Fehlt ein solcher, endet die Frist mit Ablauf des letzten Tages dieses Monats."*

5 Allerdings hat der deutsche Gesetzgeber zu Recht bemerkt, dass die Regelungen dieser Verordnung zur Fristberechnung **lückenhaft** sind, sodass **S. 2** eine **subsidiäre Geltung der §§ 186 ff. BGB** anordnet. Dies betrifft vor allem § 190 BGB bei der Verlängerung einer Gültigkeitsfrist der beglaubigten Abschrift; hier ergibt sich aus § 190 BGB iVm S. 2, dass die neue Frist mit dem Ablauf der alten Frist (der sich nach der Fristenverordnung richtet → Rn. 4) beginnt. Die Fristenverordnung trifft insoweit keine Regelung (Regierungsentwurf, BT-Drs. 18/4201, 53).

Anhang: Verordnung (EWG, Euratom) Nr. 1182/71 des Rates vom 3. Juni 1971 zur Festlegung der Regeln für die Fristen, Daten und Termine

(ABl. 1971 Nr. L 124, S. 1)

DER RAT DER EUROPÄISCHEN GEMEINSCHAFTEN –

gestützt auf den Vertrag zur Gründung der Europäischen Wirtschaftsgemeinschaft, insbesondere auf Artikel 235,

gestützt auf den Vertrag zur Gründung der Europäischen Atomgemeinschaft, insbesondere auf Artikel 203,

auf Vorschlag der Kommission,

nach Stellungnahme des Europäischen Parlaments[1],

in Erwägung nachstehender Gründe:

Zahlreiche Rechtsakte des Rates und der Kommission setzen Fristen, Daten oder Termine fest und verwenden die Begriffe des Arbeitstags oder des Feiertags.

Für diesen Bereich sind einheitliche allgemeine Regeln festzulegen.

In Ausnahmefällen kann es notwendig sein, daß bestimmte Rechtsakte des Rates oder der Kommission von diesen allgemeinen Regeln abweichen.

Für die Verwirklichung der Ziele der Gemeinschaften müssen die einheitliche Anwendung des Gemeinschaftsrechts gewährleistet und infolgedessen die allgemeinen Regeln für die Fristen, Daten und Termine festgelegt werden.

In den Verträgen sind keine Befugnisse zur Festlegung solcher Regeln vorgesehen –

HAT FOLGENDE VERORDNUNG ERLASSEN:

Artikel 1

Diese Verordnung gilt, soweit nichts anderes bestimmt ist, für die Rechtsakte, die der Rat und die Kommission auf Grund des Vertrages zur Gründung der Europäischen Wirtschaftsgemeinschaft oder des Vertrages zur Gründung der Europäischen Atomgemeinschaft erlassen haben bzw. erlassen werden.

Kapitel I. Fristen

Artikel 2

(1) Für die Anwendung dieser Verordnung sind die Feiertage zu berücksichtigen, die als solche in dem Mitgliedstaat oder in dem Organ der Gemeinschaften vorgesehen sind, bei dem eine Handlung vorgenommen werden soll.

Zu diesem Zweck übermittelt jeder Mitgliedstaat der Kommission die Liste der Tage, die nach seinen Rechtsvorschriften als Feiertage vorgesehen sind. Die Kommission veröffentlicht im *Amtsblatt der Europäischen Gemeinschaften* die von den Mitgliedstaaten übermittelten Listen, die durch Angabe der in den Organen der Gemeinschaften als Feiertage vorgesehenen Tage ergänzt worden sind.

(2) Für die Anwendung dieser Verordnung sind als Arbeitstage alle Tage außer Feiertagen, Sonntagen und Sonnabenden zu berücksichtigen.

Artikel 3

(1) Ist für den Anfang einer nach Stunden bemessenen Frist der Zeitpunkt maßgebend, in welchem ein Ereignis eintritt oder eine Handlung vorgenommen wird, so wird bei der Berechnung dieser Frist die Stunde nicht mitgerechnet, in die das Ereignis oder die Handlung fällt.

Ist für den Anfang einer nach Tagen, Wochen, Monaten oder Jahren bemessenen Frist der Zeitpunkt maßgebend, in welchem ein Ereignis eintritt oder eine Handlung vorgenommen wird, so wird bei der Berechnung dieser Frist der Tag nicht mitgerechnet, in den das Ereignis oder die Handlung fällt.

(2) Vorbehaltlich der Absätze 1 und 4 gilt folgendes:

a) Eine nach Stunden bemessene Frist beginnt am Anfang der ersten Stunde und endet mit Ablauf der letzten Stunde der Frist.

b) Eine nach Tagen bemessene Frist beginnt am Anfang der ersten Stunde des ersten Tages und endet mit Ablauf der letzten Stunde des letzten Tages der Frist.

c) Eine nach Wochen, Monaten oder Jahren bemessene Frist beginnt am Anfang der ersten Stunde des ersten Tages der Frist und endet mit Ablauf der letzten Stunde des Tages der letzten Woche, des letzten Monats oder des letzten Jahres, der dieselbe Bezeichnung oder dieselbe Zahl wie der Tag des Fristbeginns trägt. Fehlt bei einer nach Monaten oder Jahren bemessenen Frist im letzten Monat der für ihren Ablauf maßgebende Tag, so endet die Frist mit Ablauf der letzten Stunde des letzten Tages dieses Monats.

[1] ABl. Nr. C 51 vom 29.4.1970, S. 25.

d) Umfaßt eine Frist Monatsbruchteile, so wird bei der Berechnung der Monatsbruchteile ein Monat von dreißig Tagen zugrunde gelegt.

(3) Die Fristen umfassen die Feiertage, die Sonntage und die Sonnabende, soweit diese nicht ausdrücklich ausgenommen oder die Fristen nach Arbeitstagen bemessen sind.

(4) Fällt der letzte Tag einer nicht nach Stunden bemessenen Frist auf einen Feiertag, einen Sonntag oder einen Sonnabend, so endet die Frist mit Ablauf der letzten Stunde des folgenden Arbeitstags.

Diese Bestimmung gilt nicht für Fristen, die von einem bestimmten Datum oder einem bestimmten Ereignis an rückwirkend berechnet werden.

(5) Jede Frist von zwei oder mehr Tagen umfasst mindestens zwei Arbeitstage.

Kapitel II. Daten und Termine

Artikel 4

(1) Artikel 3, mit Ausnahme der Absätze 4 und 5, gilt vorbehaltlich der Bestimmungen dieses Artikels für die Fristen des Inkrafttretens, des Wirksamwerdens, des Anwendungsbeginns, des Ablaufs der Geltungsdauer, des Ablaufs der Wirksamkeit und des Ablaufs der Anwendbarkeit der Rechtsakte des Rates oder der Kommission oder einzelner Bestimmungen dieser Rechtsakte.

(2) Rechtsakte des Rates oder der Kommission oder einzelne Bestimmungen dieser Rechtsakte, für deren Inkrafttreten, deren Wirksamwerden oder deren Anwendungsbeginn ein bestimmtes Datum festgesetzt worden ist, treten mit Beginn der ersten Stunde des diesem Datum entsprechenden Tages in Kraft bzw. werden dann wirksam oder angewandt.

Unterabsatz 1 gilt auch dann, wenn die vorgenannten Rechtsakte oder Bestimmungen binnen einer bestimmten Anzahl von Tagen nach dem Eintritt eines Ereignisses oder der Vornahme einer Handlung in Kraft treten, wirksam werden oder angewandt werden sollen.

(3) Rechtsakte des Rates oder der Kommission oder einzelne Bestimmungen dieser Rechtsakte, deren Geltungsdauer, Wirksamkeit oder Anwendbarkeit zu einem bestimmten Zeitpunkt enden, treten mit Ablauf der letzten Stunde des diesem Zeitpunkt entsprechenden Tages außer Kraft bzw. werden dann unwirksam oder nicht mehr angewandt.

Unterabsatz 1 gilt auch dann, wenn die vorgenannten Rechtsakte oder Bestimmungen binnen einer bestimmten Anzahl von Tagen nach dem Eintritt eines Ereignisses oder der Vornahme einer Handlung außer Kraft treten, unwirksam werden oder nicht mehr angewandt werden sollen.

Artikel 5

(1) Artikel 3, mit Ausnahme der Absätze 4 und 5, gilt vorbehaltlich der Bestimmungen dieses Artikels, wenn eine Handlung in Durchführung eines Rechtsaktes des Rates oder der Kommission zu einem bestimmten Zeitpunkt vorgenommen werden kann oder muß.

(2) Kann oder muß eine Handlung in Durchführung eines Rechtsaktes des Rates oder der Kommission an einem bestimmten Datum vorgenommen werden, so kann oder muß dies zwischen dem Beginn der ersten Stunde und dem Ablauf der letzten Stunde des diesem Datum entsprechenden Tages geschehen.

Unterabsatz 1 gilt auch dann, wenn eine Handlung in Durchführung eines Rechtsaktes des Rates oder der Kommission binnen einer bestimmten Anzahl von Tagen nach dem Eintritt eines Ereignisses oder der Vornahme einer anderen Handlung vorgenommen werden kann oder muß.

Artikel 6

Diese Verordnung tritt am 1. Juli 1971 in Kraft.

§ 43 Beschwerde

(1) [1] Gegen die Entscheidung in Verfahren nach § 33 Nummer 1 und 3 findet die Beschwerde zum Oberlandesgericht statt. [2] § 61 des Gesetzes über das Verfahren in Familiensachen und in den Angelegenheiten der freiwilligen Gerichtsbarkeit ist nicht anzuwenden. [3] Die Beschwerde ist bei dem Gericht einzulegen, dessen Entscheidung angefochten wird.

(2) Beschwerdeberechtigt sind

1. in den Verfahren nach § 33 Nummer 1, sofern das Verfahren die Ausstellung eines Europäischen Nachlasszeugnisses betrifft, die Erben, die Vermächtnisnehmer mit unmittelbarer Berechtigung am Nachlass und die Testamentsvollstrecker oder die Nachlassverwalter;

2. in den übrigen Verfahren nach § 33 Nummer 1 sowie in den Verfahren nach § 33 Nummer 3 diejenigen Personen, die ein berechtigtes Interesse nachweisen.

(3) [1] Die Beschwerde ist einzulegen

1. innerhalb eines Monats, wenn der Beschwerdeführer seinen gewöhnlichen Aufenthalt im Inland hat;

2. innerhalb von zwei Monaten, wenn der Beschwerdeführer seinen gewöhnlichen Aufenthalt im Ausland hat.

[2] **Die Frist beginnt jeweils mit dem Tag der Bekanntgabe der Entscheidung.**

(4) **Die Beschwerde ist den anderen Beteiligten bekannt zu geben.**

(5) [1] **Hält das Beschwerdegericht die Beschwerde gegen die Ausstellung des Europäischen Nachlasszeugnisses für begründet, so ändert oder widerruft es das Zeugnis oder weist das Ausgangsgericht an, das Zeugnis zu berichtigen, zu ändern oder zu widerrufen.** [2] **Hält das Beschwerdegericht die Beschwerde gegen die Ablehnung der Ausstellung des Europäischen Nachlasszeugnisses für begründet, so stellt es das Nachlasszeugnis aus oder verweist die Sache unter Aufhebung des angefochtenen Beschlusses zur erneuten Prüfung und Entscheidung an das Ausgangsgericht zurück.** [3] **Stellt das Beschwerdegericht das Nachlasszeugnis aus und lässt es die Rechtsbeschwerde nicht zu, gilt § 39 Absatz 1 Satz 1 entsprechend.** [4] **Bei allen sonstigen Beschwerdeentscheidungen nach diesem Absatz sowie nach Absatz 1 Satz 1 gilt im Übrigen § 69 des Gesetzes über das Verfahren in Familiensachen und in den Angelegenheiten der freiwilligen Gerichtsbarkeit.**

Übersicht

I. Unionsrechtlicher Hintergrund der Vorschrift

1 Die Erbrechtsverordnung sieht **Rechtsbehelfe** gegen die Entscheidungen der Ausstellungsbehörde vor, bei uns also gegen Entscheidungen nach Art. 39 IntErbRVG in Verfahren nach § 33 IntErbRVG der nach § 34 Abs. 4 IntErbRVG zuständigen Nachlassgerichte. Angefochten werden können

- Entscheidungen, welche die Ausstellungsbehörde über die *Ausstellung des Nachlasszeugnisses* nach Art. 67 Abs. 1 EuErbVO getroffen hat (also im Verfahren nach § 33 Nr. 1 Fall 1 IntErbRVG; zur größeren Bedeutung des Rechtsbehelfsverfahrens insoweit → IntErbRVG § 34 Rn. 15), **Art. 72 Abs. 1 UAbs. 1 EuErbVO,**
- Entscheidungen, welche die Ausstellungsbehörde über die *Berichtigung,* die *Änderung* oder den *Widerruf eines Nachlasszeugnisses* nach Art. 71 EuErbVO oder über die *Aussetzung der Wirkungen des Nachlasszeugnisses* nach Art. 73 Abs. 1 lit. a EuErbVO getroffen hat (also im Verfahren nach § 33 Nr. 1 Fall 2–4 und Nr. 3 IntErbRVG), **Art. 72 Abs. 1 UAbs. 2 EuErbVO,** sowie
- Entscheidungen, welche die Ausstellungsbehörde über die *Erteilung einer beglaubigten Abschrift* oder die *Verlängerung ihrer Gültigkeitsfrist* nach Art. 70 EuErbVO getroffen hat (also im Verfahren nach § 33 Nr. 2 IntErbRVG), **Art. 72 Abs. 1 UAbs. 1 EuErbVO analog** (→ EuErbVO Art. 70 Rn. 4; MüKoBGB/*Dutta* EuErbVO Art. 70 Rn. 4 sowie → EuErbVO Art. 72 Rn. 5; **aA** Regierungsentwurf, BT-Drs. 18/4201, 53).

2 Die Verordnung regelt neben der **Statthaftigkeit des Rechtsbehelfs** (→ Rn. 1) lediglich die **Rechtsbehelfsberechtigung** (Art. 72 Abs. 1 UAbs. 1 und 2 EuErbVO) sowie ferner, dass – anders als bei der Ausstellungsbehörde nach Art. 64 S. 2 EuErbVO – ein **Gericht** iS der Verordnung für den Rechtsbehelf zuständig ist (Art. 72 Abs. 1 UAbs. 3 EuErbVO) und welche **Entscheidung** das Rechtsbehelfsgericht treffen darf (Art. 72 Abs. 2 EuErbVO).

3 Das **deutsche Verfahrensrecht** muss damit für von deutschen Nachlassgerichten getroffene Entscheidungen in Verfahren nach § 33 IntErbRVG die näheren Einzelheiten des Rechtsbehelfs und des Rechtsbehelfsverfahrens regeln, s. auch **Art. 72 Abs. 1 UAbs. 3 EuErbVO,** obwohl die Verordnung etwas missverständlich von einer „Anfechtungsklage“ spricht (MüKoBGB/*Dutta* EuErbVO Art. 72 Rn. 5), was aber kein bestimmtes Rechtsbehelfsverfahren nach mitgliedstaatlichem Recht – etwa ein Klageverfahren – präjudiziert. Zur Ausgestaltung dieses nur in groben Zügen in der Verordnung

festgelegten Verfahrens sind also besondere Regelungen erforderlich, die der deutsche Gesetzgeber mit der vorliegenden Vorschrift trifft (Regierungsentwurf, BT-Drs. 18/4201, 53).

II. Statthaftigkeit der Beschwerde (Abs. 1 S. 1)

Abs. 1 S. 1 ordnet an, dass die durch die Vorschrift modifizierte **Beschwerde** der statthafte Rechtsbehelf nach Art. 72 Abs. 1 UAbs. 3 EuErbVO ist. Da es sich bei den Entscheidungen in Verfahren nach § 33 IntErbRVG teilweise nicht um Endentscheidungen und Beschlüsse handelt (vgl. § 39 Abs. 1 IntErbRVG), wäre die allgemeine Beschwerde nach §§ 58 ff. FamFG iVm § 35 Abs. 1 IntErbRVG nicht statthaft. Abs. 1 S. 1 **erweitert** damit zunächst den **Anwendungsbereich der §§ 58 ff. FamFG** auch auf die in der Vorschrift genannten Entscheidungen des Nachlassgerichts, soweit nach § 35 Abs. 1 IntErbRVG in § 43 IntErbRVG keine abweichenden Regelungen zur Beschwerde getroffen werden. 4

Die Vorschrift des Abs. 1 S. 1 erstreckt die Beschwerde auf alle in Art. 72 Abs. 1 UAbs. 1 und 2 EuErbVO genannten Entscheidungen (Regierungsentwurf, BT-Drs. 18/4201, 53). Nicht angesprochen werden **Entscheidungen in Verfahren nach § 33 Nr. 2 IntErbRVG,** die ebenfalls in Art. 72 Abs. 1 UAbs. 1 und 2 EuErbVO nicht erwähnt werden. Wendet man Art. 72 Abs. 1 UAbs. 1 EuErbVO insoweit analog an (→ Rn. 1), so muss man Gleiches auch bei Abs. 1 S. 1 der Vorschrift tun; dies folgt aus der verordnungsakzessorischen Anwendung des IntErbRVG. 5

III. Zuständigkeit des Oberlandesgerichts (Abs. 1 S. 1)

Abs. 1 S. 1 ordnet zudem die **sachliche** Zuständigkeit des Oberlandesgerichts als Beschwerdegericht an und entspricht damit in der Sache § 119 Abs. 1 Nr. 1 lit. b GVG bei allgemeinen Nachlasssachen. **Örtlich** zuständig ist das Oberlandesgericht, in dessen Bezirk das nach § 34 IntErbRVG zuständige Amtsgericht, das die angefochtene Entscheidung erlassen hat, seinen Sitz hat (*R. Wagner/Scholz* FamRZ 2014, 714 (720)). 6

IV. Beschwerdeverfahren (Abs. 1 S. 2 und 3)

Da Abs. 1 S. 1 die Beschwerde zum statthaften Rechtsbehelf kürt, finden nach Art. 35 Abs. 1 IntErbRVG **subsidiär die §§ 58 ff. FamFG** Anwendung, soweit nicht die vorliegende Vorschrift Abweichendes festlegt, insbesondere zum Gang des Beschwerdeverfahrens die § 64 Abs. 2 sowie die §§ 65–68 FamFG (vgl. Regierungsentwurf, BT-Drs. 18/4201, 54). 7

Eine erste Abweichung enthält **Abs. 1 S. 2** der Vorschrift, wonach **§ 61 FamFG** nicht anzuwenden ist. Es ist mithin weder ein **Beschwerdewert** noch eine **Zulassung der Beschwerde** erforderlich. 8

Abs. 1 S. 3 stellt klar, dass die Regelung des § 64 Abs. 1 S. 1 FamFG vorliegend zur Anwendung kommt, auch wenn die angefochtene Entscheidung nach Art. 39 Abs. 1 IntErbRVG kein Beschluss ist. 9

V. Beschwerdeberechtigung (Abs. 2)

Die Vorschrift des Abs. 2 versucht, die Rechtsbehelfsberechtigung – die abschließend in der Verordnung geregelt ist (→ Rn. 2) – in eine Regelung zur Beschwerdeberechtigung **zu überführen** (Regierungsentwurf, BT-Drs. 18/4201, 53); die Vorschrift verdrängt damit § 59 FamFG (*R. Wagner/Scholz* FamRZ 2014, 714 (720)). **Abs. 2 Nr. 1** der Vorschrift („die Erben, die Vermächtnisnehmer mit unmittelbarer Berechtigung am Nachlass und die Testamentsvollstrecker oder die Nachlassverwalter") entspricht *Art. 72 Abs. 1 UAbs. 1 EuErbVO* („Person, die berechtigt ist, ein Zeugnis zu beantragen", dh nach Art. 63 Abs. 1, Art. 65 Abs. 1: „Erben, […] Vermächtnisnehmer mit unmittelbarer Berechtigung am Nachlass und […] Testamentsvollstrecker oder Nachlassverwalter"), **Abs. 2 Nr. 2** der Vorschrift („diejenigen Personen, die ein berechtigtes Interesse nachweisen") entspricht *Art. 72 Abs. 1 UAbs. 2 EuErbVO* („einer Person, die ein berechtigtes Interesse nachweist"). 10

Auch hier muss die Vorschrift **verordnungsakzessorisch** ausgelegt werden (vgl. auch Regierungsentwurf, BT-Drs. 18/4201, 54): Jede Person, die nach der Verordnung **rechtsbehelfsberechtigt** ist (näher → EuErbVO Art. 72 Rn. 2, 4; MüKoBGB/*Dutta* EuErbVO Art. 72 Rn. 4), muss auch **beschwerdeberechtigt** nach Abs. 2 sein. Dies gilt auch hier für eine analoge Anwendung des Art. 72 Abs. 1 UAbs. 1 EuErbVO auf Entscheidungen, welche die Ausstellungsbehörde über die Erteilung einer beglaubigten Abschrift oder die Verlängerung ihrer Gültigkeitsfrist nach Art. 70 EuErbVO getroffen hat (→ Rn. 1 und 5). 11

VI. Beschwerdefrist (Abs. 3)

12 Die Beschwerde gegen Entscheidungen des Nachlassgerichts in Verfahren nach § 33 IntErbRVG ist **befristet,** und zwar abweichend von § 63 FamFG, der von Abs. 3 nach § 35 Abs. 1 IntErbRVG verdrängt wird (vgl. Regierungsentwurf, BT-Drs. 18/4201, 54). Versäumt ein Beschwerdeberechtigter die Beschwerdefrist, so gilt nach § 35 Abs. 1 IntErbRVG die allgemeine Regelung des § 17 FamFG (vgl. Regierungsentwurf, BT-Drs. 18/4201, 54).

13 Bemerkenswert ist, dass der Gesetzgeber bei der maßgeblichen Beschwerdefrist danach differenziert, ob der **Beschwerdeführer** (zur Beschwerdeberechtigung → Rn. 10 f.) seinen gewöhnlichen Aufenthalt **im Inland** (**Abs. 3 S. 1 Nr. 1:** dann einmonatige Frist) oder **im Ausland** (**Abs. 3 S. 1 Nr. 2:** dann zweimonatige Frist) hat. Den Begriff des gewöhnlichen Aufenthalts wird man auch hier verordnungsakzessorisch auszulegen haben (vgl. auch § 32 IntErbRVG Rn. 36). Diese differenzierte Regelung findet sich auch in § 24 Abs. 3 IntFamRVG, an der sich der Gesetzgeber bewusst orientiert, um „Rücksicht auf den internationalen Bezug der Verfahren" zu nehmen (Regierungsentwurf, BT-Drs. 18/4201, 54).

14 Maßgeblich für den **Fristbeginn** ist nach **Abs. 3 S. 2** die **Bekanntgabe** der Entscheidung gegenüber dem jeweiligen Beschwerdeführer nach § 40 IntErbRVG (bei Entscheidungen nach § 39 S. 1 und 2 IntErbRVG) bzw § 41 FamFG iVm § 35 Abs. 1 IntErbRVG (bei Entscheidungen nach § 39 S. 3 IntErbRVG), mithin **nicht** bereits das **Wirksamwerden** nach § 41 IntErbRVG.

15 Die **Befristung der Beschwerde** – als Rechtsbehelf nach Art. 72 Abs. 1 UAbs. 3 EuErbVO – ist **unionsrechtlich nicht unbedenklich,** da Art. 72 EuErbVO gerade keine Befristung des Rechtsbehelfs gegen Entscheidungen der Ausstellungsbehörde vorsieht. Hierbei handelt es sich um eine wesentliche Frage des Rechtsbehelfs, die der Unionsgesetzgeber ausdrücklich geregelt hätte, wenn eine Befristung zulässig gewesen wäre, zumal angesichts der anderen Details, die Art. 72 EuErbVO regelt (MüKoBGB/*Dutta* EuErbVO Art. 72 Rn. 6); vgl. auch die Rechtsbehelfsfrist in Art. 50 Abs. 5 EuErbVO, der von einer vergleichbaren Regelungsdichte geprägt ist. Sollte sich die Ansicht durchsetzen, dass Art. 72 EuErbVO einen Rechtsbehelf ohne Rechtsbehelfsfrist vorsieht, so wäre Abs. 3 der Vorschrift unionsrechtswidrig.

VII. Bekanntgabe der Beschwerde (Abs. 4)

16 Die Einlegung der Beschwerde durch einen Beteiligten ist den anderen Beteiligten des Verfahrens (s. § 37 IntErbRVG) bekanntzugeben. Die **Einzelheiten der Bekanntgabe** folgen aus **§ 15 Abs. 2 FamFG** iVm § 35 Abs. 1 IntErbRVG (vgl. Regierungsentwurf, BT-Drs. 18/4201, 54).

VIII. Die Entscheidung über die Beschwerde (Abs. 5)

1. Mögliche Entscheidungen und Prüfungsumfang des Beschwerdegerichts (S. 1 und 2)

17 Ähnlich wie Abs. 2 bei der Beschwerdeberechtigung (→ Rn. 10) **übersetzt** auch **Abs. 5** zunächst die Regelungen der Verordnung zur Entscheidung über den Rechtsbehelf nach Art. 72 Abs. 2 EuErbVO – die insoweit abschließend ist (→ Rn. 2) – in die Beschwerde nach § 43 IntErbRVG (Regierungsentwurf, BT-Drs. 18/4201, 54). Dabei weicht § 43 IntErbRVG teils, insbesondere was die Zurückweisungsmöglichkeit angeht, von der allgemeinen Regel des § 69 FamFG (insbesondere dort Abs. 1 S. 1–3) ab, die insoweit verdrängt wird, s. § 35 Abs. 1 IntErbRVG.

18 **Abs. 5 S. 1** der Vorschrift übernimmt die Regelung des *Art. 72 Abs. 2 UAbs. 1 EuErbVO* („Führt eine Anfechtungsklage nach Absatz 1 zu der Feststellung, dass das ausgestellte Zeugnis nicht den Tatsachen entspricht, so ändert die zuständige Behörde das Zeugnis oder widerruft es oder sorgt dafür, dass die Ausstellungsbehörde das Zeugnis berichtigt, ändert oder widerruft"). Diese Vorschrift gilt auch hier für eine analoge Anwendung des Art. 72 Abs. 1 UAbs. 1 EuErbVO bei der Anfechtung von Entscheidungen, welche die Ausstellungsbehörde über die Erteilung einer beglaubigten Abschrift oder die Verlängerung ihrer Gültigkeitsfrist nach Art. 70 EuErbVO getroffen hat (→ Rn. 1 und 5). Der Wortlaut des Abs. 5 S. 1 bezieht sich nur auf einen Rechtsbehelf gegen die Ausstellung des Zeugnisses durch das Nachlassgericht als Ausstellungsbehörde; die Vorschrift gilt aber ihrem Sinn und Zweck gemäß auch für Beschwerden gegen die Ablehnung einer Änderung oder eines Widerrufs durch das Nachlassgericht (→ EuErbVO Art. 72 Rn. 9).

19 **Abs. 5 S. 2** der Vorschrift übernimmt für die Beschwerde *Art. 72 Abs. 2 UAbs. 2 EuErbVO* („Führt eine Anfechtungsklage nach Absatz 1 zu der Feststellung, dass die Versagung der Ausstellung nicht gerechtfertigt war, so stellen die zuständigen Justizbehören das Zeugnis aus oder stellen sicher, dass die Ausstellungsbehörde den Fall erneut prüft und eine neue Entscheidung trifft"). Zum „Umsetzungsspielraum" der mitgliedstaatlichen Gesetzgeber insoweit *Kunz* GPR 2014, 285 (292).

Ähnlich wie der Unionsgesetzgeber in Art. 72 Abs. 2 EuErbVO hat offenbar auch der deutsche Gesetzgeber Ausführungen zur Rechtsbehelfsentscheidung im Falle der Anfechtung einer Aussetzungsentscheidung nach *Art. 73 Abs. 1 lit. a EuErbVO* (zur Statthaftigkeit der Beschwerde insoweit → Rn. 1) vergessen. Hier wird das Beschwerdegericht zu prüfen haben, ob die Aussetzung oder Nichtaussetzung der Wirkungen des Nachlasszeugnisses gerechtfertigt war (näher zur Verordnung → EuErbVO Art. 72 Rn. 12; MüKoBGB/*Dutta* EuErbVO Art. 72 Rn. 9). 20

Bemerkenswert ist freilich, dass der deutsche Gesetzgeber in **Abs. 5 S. 2** den **Prüfungsumfang** des Beschwerdegerichts – zu Recht – **erweitert:** Während nach dem Wortlaut des Art. 72 Abs. 2 UAbs. 1 EuErbVO das Rechtsbehelfsgericht allein die **inhaltliche Richtigkeit des Nachlasszeugnisses** prüfen muss („Führt eine Anfechtungsklage nach Absatz 1 zu der Feststellung, dass das ausgestellte Zeugnis nicht den Tatsachen entspricht") und insbesondere nicht die **Einhaltung des Ausstellungsverfahrens** nach den Art. 62 ff. EuErbVO durch die Ausstellungsbehörde (s. auch MüKoBGB/*Dutta* EuErbVO Art. 72 Rn. 7), schließt die Formulierung des Abs. 5 S. 1 („Hält das Beschwerdegericht die Beschwerde gegen die Ausstellung des Europäischen Nachlasszeugnisses für begründet") auch Verfahrensfehler des Nachlassgerichts als deutsche Ausstellungsbehörde mit ein, vgl. auch § 69 Abs. 1 S. 1 FamFG iVm § 35 Abs. 1 IntErbRVG sowie Abs. 5 S. 4 der Vorschrift (zustimmend *Dorth,* Das Verhältnis von Erbschein und Europäischem Nachlasszeugnis, 2019, S. 288). 21

Kommt das Beschwerdegericht dagegen zur Auffassung, dass die **Beschwerde nicht zulässig** ist, insbesondere weil sie unstatthaft oder verfristet ist, so ist die Beschwerde nach der allgemeinen Regel des § 68 Abs. 2 FamFG iVm § 35 Abs. 1 IntErbRVG als unzulässig zu **verwerfen.** 22

2. Entscheidungsform bei Ausstellung eines Nachlasszeugnisses durch das Beschwerdegericht selbst (S. 3)

Abs. 5 S. 3 der Vorschrift ordnet an, dass das Beschwerdegericht, wenn es nach Abs. 5 S. 2 Fall 1 bzw Art. 72 Abs. 1 UAbs. 2 Fall 1 EuErbVO das Nachlasszeugnis selbst ausstellt (vgl. zur Änderung eines Nachlasszeugnisses durch das Beschwerdegericht → Rn. 26), diese Entscheidung nach § 39 Abs. 1 S. 1 IntErbRVG **durch die „Ausstellung der Urschrift eines Europäischen Nachlasszeugnisses"** vollzieht (näher hierzu § 39 IntErbRVG Rn. 2) und nicht, wie eigentlich nach § 69 Abs. 2 FamFG, durch einen begründeten Beschluss (Regierungsentwurf, BT-Drs. 18/4201, 54). Diese besondere Entscheidungsform nach § 39 Abs. 1 S. 1 IntErbRVG kommt allerdings nur zum Zuge, wenn diese Entscheidung auch **voraussichtlich endgültig** ist, weil das Beschwerdegericht die Rechtsbeschwerde zum Bundesgerichtshof nach § 44 S. 1 IntErbRVG nicht zugelassen hat. Bei einer Zulassung der Rechtsbeschwerde bleibt es nach Art. 69 Abs. 2 FamFG iVm § 35 Abs. 1 IntErbRVG bzw Abs. 5 S. 4 (→ Rn. 27) beim begründeten Beschluss als Entscheidungsform. Zur analogen Anwendung der Vorschrift bei einer Entscheidung durch das Rechtsbeschwerdegericht → IntErbRVG § 44 Rn. 5. 23

Die Vorschrift des § 43 IntErbRVG schweigt zur **Bekanntgabe der Entscheidung** des Beschwerdegerichts. Nach dem Wortlaut der Vorschrift würde deshalb die Bekanntgabe der Entscheidung nach der allgemeinen Regel der **§§ 41, 69 Abs. 3 FamFG** iVm § 35 Abs. 1 IntErbRVG bzw Abs. 5 S. 4 der Vorschrift erfolgen. Das scheint wenig sachgerecht. Vielmehr sollte man im Hinblick auf die Bekanntgabe einer Ausstellung des Nachlasszeugnisses durch das Beschwerdegericht selbst nach Abs. 5 S. 2 Fall 1 bzw Art. 72 Abs. 1 UAbs. 2 Fall 1 EuErbVO die **Vorschrift des § 40 IntErbRVG** jedenfalls analog heranziehen. 24

Im Hinblick auf den **Widerruf** und die **Änderung dieses vom Beschwerdegericht ausgestellten Nachlasszeugnisses** bleibt es bei der sachlichen Zuständigkeit des **Nachlassgerichts** als Ausstellungsbehörde nach § 34 Abs. 4 IntErbRVG und nicht des Beschwerdegerichts als Rechtsbehelfsgericht nach § 43 Abs. 1 S. 1 IntErbRVG (s. näher § 34 IntErbRVG Rn. 14). 25

Denkbar ist freilich auch, dass das Beschwerdegericht nicht das Nachlasszeugnis selbst ausstellt, sondern ein vom Nachlassgericht als Ausstellungsbehörde ausgestelltes Nachlasszeugnis nach Abs. 5 S. 1 Fall 1 bzw Art. 72 Abs. 1 UAbs. 1 Fall 1 EuErbVO **ändert.** Der Wortlaut des **Abs. 5 S. 3** erfasst eine solche Änderung des vom Nachlassgericht ausgestellten Nachlasszeugnisses durch das Beschwerdegericht **nicht.** Die Interessenlage ist indes in dieser Situation mit einer Ausstellung des Nachlasszeugnisses durch das Beschwerdegericht vergleichbar. Deshalb sollte **Abs. 5 S. 3** insoweit **analog angewendet** werden. 26

3. Subsidiäre Anwendung des § 69 FamFG (S. 4)

Für alle **anderen Entscheidungen** des Beschwerdegerichts, also solche, **die nicht unter Abs. 5 S. 3 direkt oder analog** (→ Rn. 26) **fallen,** ordnet Abs. 5 S. 4 der Vorschrift eine **Geltung des § 69 FamFG** an. Diese Regelung ist angesichts des Abs. 1 S. 1 und § 35 Abs. 1 IntErbRVG wohl **deklaratorisch.** Aus § 69 Abs. 3 FamFG ergibt sich etwa, dass das Beschwerdegericht bei diesen anderen Entscheidungen gemäß § 38 Abs. 1 S. 1 FamFG **durch Beschluss** entscheidet; vgl. für Entscheidungen des Nachlassgerichts § 39 Abs. 1 S. 3 IntErbRVG. 27

IX. Kosten

28 S. → IntErbRVG § 33 Rn. 11.

§ 44 Rechtsbeschwerde

[1]Die Rechtsbeschwerde zum Bundesgerichtshof ist statthaft, wenn sie das Beschwerdegericht zugelassen hat. [2]Die Zulassungsgründe bestimmen sich nach § 70 Absatz 2 des Gesetzes über das Verfahren in Familiensachen und in den Angelegenheiten der freiwilligen Gerichtsbarkeit. [3]§ 43 Absatz 3 gilt entsprechend.

1 Die **Erbrechtsverordnung** enthält **keine Vorgaben** für einen weiteren Rechtsbehelf gegen die Entscheidung des Rechtsbehelfsgericht nach Art. 72 EuErbVO und belässt den Mitgliedstaaten insoweit weiten Spielraum (Regierungsentwurf, BT-Drs. 18/4201, 54) im Rahmen der Verfahrensautonomie (zu den allgemeinen Grenzen des Effektivitäts- und Äquivalenzgrundsatzes s. § 33 IntErbRVG Rn. 1).

2 Um im Nachlasszeugnisverfahren einen Gleichlauf mit dem Erbscheinsverfahren herzustellen (Regierungsentwurf, BT-Drs. 18/4201, 54), eröffnet der deutsche Gesetzgeber die Möglichkeit einer Rechtsbeschwerde gegen die Entscheidungen des Beschwerdegerichts im Rahmen des § 43 IntErbRVG zum Bundesgerichtshof, **S. 1** der Vorschrift.

3 Die Rechtsbeschwerde ist **zulassungspflichtig, S. 1** der Vorschrift, wobei die **Zulassungsgründe** abschließend nach **S. 2** der Vorschrift in § 70 Abs. 2 FamFG geregelt sind.

4 Für die **Rechtsbeschwerdefrist** gilt nach **S. 3** der Vorschrift die Regelung zur Beschwerdefrist in § 43 Abs. 3 IntErbRVG entsprechend.

5 Soweit die Vorschrift des § 44 IntErbRVG keine besondere Regelung enthält, finden die §§ 70 ff. FamFG über § 35 Abs. 1 IntErbRVG entsprechend Anwendung (Regierungsentwurf, BT-Drs. 18/4201, 54). Zu erwägen ist allerdings eine analoge Anwendung des § 43 Abs. 5 IntErbRVG im Hinblick auf die Entscheidung des Rechtsbeschwerdegerichts.

6 Zu den **Kosten** s. → IntErbRVG § 33 Rn. 11.

Abschnitt 6. Authentizität von Urkunden

§ 45 Aussetzung des inländischen Verfahrens

Kommt es in einem anderen Mitgliedstaat zur Eröffnung eines Verfahrens über Einwände in Bezug auf die Authentizität einer öffentlichen Urkunde, die in diesem Mitgliedstaat errichtet worden ist, kann das inländische Verfahren bis zur Erledigung des ausländischen Verfahrens ausgesetzt werden, wenn es für die Entscheidung auf die ausländische Entscheidung zur Authentizität der Urkunde ankommt.

I. Unionsrechtlicher Hintergrund des Abschnitts 6

1 Der Abschnitt 6 des IntErbRVG ist der Authentizität von öffentlichen Urkunden gewidmet, die im Rahmen des **Art. 59 EuErbVO** bei der **Annahme ausländischer öffentlicher Urkunden** eine Rolle spielt. Nach Art. 59 Abs. 1 UAbs. 1 EuErbVO hat eine in einem Mitgliedstaat errichtete öffentliche Urkunde in einem anderen Mitgliedstaat die gleiche formelle Beweiskraft wie im Ursprungsmitgliedstaat (Art. 3 Abs. 1 lit. e EuErbVO) oder die damit am ehesten vergleichbare Wirkung, sofern diese Beweiskrafterstreckung der öffentlichen Ordnung des betreffenden Mitgliedstaats nicht offensichtlich widersprechen würde.

2 Diese Annahmepflicht nach Art. 59 EuErbVO greift grundsätzlich auch bei **unechten Urkunden** (→ EuErbVO Art. 59 Rn. 20 f., 43 ff.; MüKoBGB/*Dutta* EuErbVO Art. 59 Rn. 8). Denn Art. 59 Abs. 2 S. 1 EuErbVO sieht vor, dass die Authentizität der Urkunde allein im Ursprungsmitgliedstaat angefochten werden kann. Kommt es zu einer solchen Anfechtung, so werden mit der Anhängigkeit der Einwände beim Gericht im Ursprungsmitgliedstaat die Wirkungen des Art. 59 Abs. 1 UAbs. 1 EuErbVO suspendiert, Art. 59 Abs. 2 S. 2 EuErbVO.

3 Vor diesem Hintergrund bedarf es Regelungen zur **Aussetzung des Verfahrens im *Annahmemitgliedstaat*** (s. § 45 IntErbRVG) und zur **gerichtlichen Prüfung der Authentizität im *Ursprungsmitgliedstaat*** (s. § 46 IntErbRVG).

II. Die Vorschrift des § 45 IntErbRVG

Die Vorschrift bezieht sich auf den Fall eines solchen „Einwands in Bezug auf die Authentizität" nach **Art. 59 Abs. 2 EuErbVO,** auch wenn die Vorschrift nicht explizit auf die Annahme öffentlicher Urkunden Bezug nimmt, vgl. aber § 46 Abs. 1 S. 1 IntErbRVG. Die Vorschrift greift nicht bei Einwänden gegen das der Urkunde gegenständliche Rechtsverhältnis oder Rechtsgeschäft nach **Art. 59 Abs. 3 EuErbVO** (Regierungsentwurf, BT-Drs. 18/4201, 55); hier kann aber eine Aussetzung nach allgemeinen Regeln (etwa § 21 FamFG, § 148 ZPO) in Betracht kommen. 4

Die Vorschrift gestattet dem Gericht, in dessen Verfahren die ausländische Entscheidung zur Authentizität der öffentlichen Urkunde vorgreiflich ist, weil es auf die Annahme der betreffenden Urkunde nach Art. 59 EuErbVO ankommt, **das Verfahren bis zur Erledigung des ausländischen Authentizitätsverfahrens auszusetzen.** Dem Gericht steht mithin ein Ermessen zu (dagegen für eine Aussetzungspflicht *Dörner,* FS 25 Jahre DNotI, 2018, S. 744 (755 f.)), das dieses pflichtgemäß ausüben muss, wobei vor allem Aspekte der **Prozessökonomie** eine Rolle spielen sollen (Regierungsentwurf, BT-Drs. 18/4201, 55, der vor allem darauf abstellt, ob die betreffende Tatsache auch mit anderen Beweismitteln nachgewiesen werden kann, sodass keine Aussetzung erforderlich ist). 5

Diese Aussetzungsmöglichkeit ist **unabhängig von der Art der Gerichtsbarkeit und der anwendbaren Verfahrensordnung;** sie gilt in bürgerlichen Rechtsstreitigkeiten **nach der ZPO** sowie in Familienverfahren und Angelegenheiten der freiwilligen Gerichtsbarkeit **nach dem FamFG** (Regierungsentwurf, BT-Drs. 18/4201, 55; *R. Wagner/Scholz* FamRZ 2014, 714 (720)). Allerdings unterscheiden sich die einschlägigen Verfahrensregeln je nach Verfahrensordnung: Die Wirkungen der Aussetzung richten sich nach § 249 ZPO bzw § 21 Abs. 1 S. 2 FamFG; die Aussetzungsentscheidung ist nach § 252 ZPO bzw § 21 Abs. 2 FamFG mit der sofortigen Beschwerde nach §§ 567 ff. ZPO anfechtbar; nach Wegfall des Aussetzungsgrunds – also der Erledigung des Authentizitätsverfahrens im Ursprungsmitgliedstaat – richtet sich die Fortführung des Verfahrens bei bürgerlichen Rechtstreitigkeiten nach § 250 ZPO, im FamFG-Verfahren muss das Verfahren vom Amts wegen fortgesetzt werden (zum Ganzen s. den Regierungsentwurf, BT-Drs. 18/4201, 55). 6

Zu beachten ist, dass die Vorschrift **nicht nur in Verfahren** zum Zuge kommt, **die als Erbsachen der EuErbVO unterliegen.** Entscheidend ist vielmehr, ob die betroffene öffentliche Urkunde, um deren Annahme nach Art. 59 EuErbVO und Authentizität es geht, in den sachlichen Anwendungsbereich der Verordnung fällt (→ EuErbVO Art. 59 Rn. 16; MüKoBGB/*Dutta* EuErbVO Art. 59 Rn. 6). Die Annahmepflicht kommt auch in gerichtlichen Verfahren außerhalb des sachlichen Anwendungsbereichs der Verordnung in Betracht. Deshalb kann die Vorschrift sogar in **verwaltungs-, finanz-, sozialgerichtlichen oder strafrechtlichen Verfahren** zur Anwendung kommen, sofern dort eine ausländische öffentliche Urkunde nach Art. 59 EuErbVO anzunehmen ist (anders *Dörner* FamRZ 2017, 1654; *Dörner* FS 25 Jahre DNotI, 2018, 744 (753 f.)). 7

§ 46 Authentizität einer deutschen öffentlichen Urkunde

(1) [1]**Über Einwände in Bezug auf die Authentizität einer deutschen öffentlichen Urkunde nach Artikel 59 Absatz 2 der Verordnung (EU) Nr. 650/2012 entscheidet bei gerichtlichen Urkunden das Gericht, das die Urkunde errichtet hat.** [2]**Bei notariellen Urkunden entscheidet das für den Amtssitz des Notars zuständige Gericht.** [3]**Bei einer von einem Konsularbeamten im Ausland errichteten Urkunde entscheidet das Amtsgericht Schöneberg in Berlin.** [4]**Im Übrigen entscheidet das Amtsgericht, in dessen Bezirk die Urkunde errichtet worden ist.**

(2) **Das Verfahren richtet sich nach den Vorschriften des Gesetzes über das Verfahren in Familiensachen und in den Angelegenheiten der freiwilligen Gerichtsbarkeit.**

(3) [1]**Die Endentscheidung wird mit Rechtskraft wirksam.** [2]**Eine Abänderung ist ausgeschlossen.** [3]**Der Beschluss wirkt für und gegen alle.**

Übersicht

1 Die Vorschrift betrifft den zu § 45 IntErbRVG umgekehrten Fall (*R. Wagner/Scholz* FamRZ 2014, 714 (720)), dass eine **deutsche öffentliche Urkunde** (zur „Nationalität" einer öffentlichen Urkunde → EuErbVO Art. 59 Rn. 14; MüKoBGB/*Dutta* EuErbVO Art. 59 Rn. 9) im Ausland nach Art. 59 EuErbVO anzunehmen ist und nach Art. 59 Abs. 2 EuErbVO Einwände gegen die Authentizität der Urkunde in Deutschland erhoben werden sollen.

2 Art. 59 Abs. 2 S. 1 Hs. 2 EuErbVO („über diese Einwände wird nach dem Recht dieses Staates entschieden") verweist für das Authentizitätsverfahren auf das **Recht des Ursprungsmitgliedstaats.** Da es in Deutschland bisher an einem solchen Verfahren fehlt (*Münch* in Lipp/Münch, Die neue Eueropäische Erbrechtsverordnung, 2016, S. 58), schafft der deutsche Ausführungsgesetzgeber mit § 46 IntErbRVG eine neue Verfahrensart. Denn die Verordnung erfordert von den Mitgliedstaaten ein **Verfahren, das mit Wirkung erga omnes die Authentizität der betreffenden öffentlichen Urkunde bindend feststellt** (Regierungsentwurf, BT-Drs. 18/4201, 55). In Deutschland könnten sich die Parteien ohne eine Neuregelung allenfalls der Klage auf Feststellung der Unechtheit einer Urkunde nach § 256 Abs. 1 Fall 3 ZPO bedienen, die allerdings nur inter partes wirkt (vgl. demgegenüber zu § 46 IntErbRVG → Rn. 16). Das Verfahren nach § 46 IntErbRVG soll gegenüber der Feststellungsklage nach § 256 ZPO vorrangig sein (Regierungsentwurf, BT-Drs. 18/4201, 55).

I. Anwendungsbereich der Vorschrift

3 Wie Abs. 1 S. 1 der Vorschrift festlegt (vgl. demgegenüber § 45 IntErbRVG Rn. 4), findet die Vorschrift nur auf Authentizitätsverfahren nach Art. 59 Abs. 2 EuErbVO Anwendung. Es muss mithin um die Authentizität einer **Urkunde** gehen, **die in den Anwendungsbereich des Art. 59 EuErbVO fällt** (dazu näher → EuErbVO Art. 59 Rn. 10 ff.; MüKoBGB/*Dutta* EuErbVO Art. 59 Rn. 6–9).

II. Zuständiges Gericht (Abs. 1)

1. Sachliche und örtliche Zuständigkeit

4 Die Vorschrift regelt in Abs. 1 für das Authentizitätsverfahren sowohl die sachliche als auch die örtliche Zuständigkeit – die **internationale** Zuständigkeit der deutschen Gerichte folgt unmittelbar aus Art. 59 Abs. 2 EuErbVO –, wobei nach dem Urheber der öffentlichen Urkunde differenziert wird:

5 Nach **Abs. 1 S. 1** ist bei **gerichtlichen öffentlichen Urkunden** das die Urkunde errichtende Gericht zuständig.

6 Bei **notariellen Urkunden** sieht **Abs. 1 S. 2** eine *örtliche* Zuständigkeit des für den Amtssitz des betreffenden Notars (§ 10 BNotO) zuständigen Gerichts vor; die *sachliche* Zuständigkeit folgt aus der Auffangregel in Abs. 1 S. 4, sodass das **Amtsgericht,** in dessen Bezirk der Notar seinen Amtssitz hat, zuständig ist (so auch *Münch* in Lipp/Münch, Die neue Eueropäische Erbrechtsverordnung, 2016, S. 59 f.).

7 Für das Authentizitätsverfahren hinsichtlich einer von einem **Konsularbeamten im Ausland errichteten Urkunde** entscheidet das Amtsgericht Schöneberg, **Abs. 1 S. 3.**

8 Eine **Auffangregelung** findet sich in **Abs. 1 S. 4:** Über Einwände gegen die Authentizität **anderer öffentlicher Urkunden** entscheidet das Amtsgericht, in dessen Bezirk die Urkunde errichtet worden ist.

2. Funktionelle Zuständigkeit

9 Funktionell ist der jeweilige Richter zuständig und nicht der Rechtspfleger; bei dem Verfahren nach § 46 IntErbRVG handelt es sich **nicht** nach § 3 Abs. 1 lit. f RPflG um eine **Urkundssache,** da es nicht um die Erstellung einer Urkunde oder Entgegennahme einer Erklärung geht, sondern um die Beurteilung der Authentizität einer Urkunde (ebenso *Münch* in Lipp/Münch, Die neue Europäische Erbrechtsverordnung, 2016, S. 60).

III. Das deutsche Authentizitätsverfahren

10 Im Authentizitätsverfahren muss das nach Abs. 1 zuständige Gericht gemäß Art. 59 Abs. 2 EuErbVO prüfen, **ob die betreffende Urkunde authentisch ist.** Der Begriff der „Authentizität" ist nach der Verordnung autonom und weit auszulegen (→ EuErbVO Art. 59 Rn. 20, 37; MüKoBGB/*Dutta* EuErbVO Art. 59 Rn. 17; dagegen für die Maßgeblichkeit des Authentizitätsbegriffs nach dem Recht des Ursprungsmitgliedstaats *Dörner* FS 25 Jahre DNotI, 2018, 744 (752)). S. zu den Suspensivwirkungen des Verfahrens nach der Verordnung → IntErbRVG § 45 Rn. 2.

1. Die maßgeblichen Verfahrensregeln (Abs. 2)

Nach **Abs. 2** handelt es sich bei dem Authentizitätsverfahren um ein Verfahren der freiwilligen Gerichtsbarkeit, das im Übrigen **dem FamFG unterliegt;** insbesondere besteht deshalb nach § 26 FamFG iVm Abs. 2 eine Amtsermittlungspflicht des nach Abs. 1 zuständigen Gerichts. Vorrangig gilt freilich **Art. 59 Abs. 2 EuErbVO,** soweit diese Vorschrift auch verfahrensrechtliche Regelungen enthält. 11

Bereits aus Art. 59 Abs. 2 UAbs. 1 EuErbVO ergibt sich, dass das Authentizitätsverfahren nur **auf Antrag** durchzuführen ist und nicht von Amts wegen; denn das Gericht entscheidet nur über „Einwände mit Bezug auf die Authentizität". Diese Formulierung setzt voraus, dass ein Beteiligter diese Einwände vorbringt, was nach deutschem Verfahrensrecht in Angelegenheiten der freiwilligen Gerichtsbarkeit nur ein Antragsteller sein kann. Weder in Art. 59 Abs. 2 EuErbVO noch in § 46 IntErbRVG wird allerdings die **Antragsbefugnis** geregelt. Man wird deshalb nach Abs. 2 auf allgemeine Grundsätze zurückgreifen können und mangels Sonderregel alle diejenigen als antragsbefugt ansehen, die ein Interesse an dem Authentizitätsverfahren haben (Bork/Jacoby/Schwab/*Jacoby* FamFG, 3. Aufl. 2018, § 23 Rn. 16). Ein Interesse an dem Authentizitätsverfahren haben all diejenigen Personen, deren Rechtspositionen im Ausland von der Erstreckung der formellen Beweiswirkungen der Urkunde über die Urkundsannahme nach Art. 59 Abs. 1 EuErbVO betroffen sind (so auch *Dörner* FS 25 Jahre DNotI, 2018, 744 (752)). Das sind jedenfalls die in der Urkunde genannten Parteien oder Inhaber der Rechtsverhältnisse oder der Rechte sowie die Urheber der Erklärungen, die Gegenstand der Urkunde sind. Aber auch Personen, die behaupten, dass sie Parteien oder Inhaber der gegenständlichen Rechtsverhältnisse oder Rechte oder Urheber der beurkundeten Erklärung sind, können ein Authentizitätsverfahren beantragen. Fraglich ist, ob auch ausländische Behörden, etwa Registerbehörden, die an der Authentizität einer deutschen öffentlichen Urkunde zweifeln, ein Authentizitätsverfahren einleiten können. Für eine Antragsbefugnis spricht, dass auch ein öffentliches Interesse an der Richtigkeit der staatlichen Register besteht, das durch potentiell nicht authentische Urkunden gefährdet wird. – Ein **Rechtsschutzbedürfnis** für die Einleitung eines deutschen Authentizitätsverfahrens ist zu bejahen, wenn der Antragsteller schlüssig behauptet, dass eine Annahme der verfahrensgegenständlichen Urkunde im Ausland nach Art. 59 Abs. 1 EuErbVO in Betracht kommt (zu den Wirkungen im Inland → Rn. 17). 12

2. Die Entscheidung des Gerichts (Abs. 3)

Nach Abs. 3 – der von § 184 FamFG zu den Wirkungen einer Entscheidung in Abstammungssachen inspiriert ist (Regierungsentwurf, BT-Drs. 18/4201, 55) – ergeben sich einige Besonderheiten hinsichtlich der Entscheidung im deutschen Authentizitätsverfahren, die das nach Abs. 2 subsidiär anwendbare FamFG verdrängen: 13

Nach **Abs. 3 S. 1** wird die Entscheidung über die Authentizität – abweichend von § 40 FamFG iVm Abs. 2 – erst mit der **Rechtskraft des Beschlusses** wirksam; die Endentscheidung ergeht nach § 38 Abs. 1 S. 1 FamFG iVm Abs. 2 durch Beschluss. Die **Wirkungen des Beschlusses** ergeben sich wiederum **aus der Verordnung,** jedenfalls für das **Ausland** (zum Inland → Rn. 17): Wird die Urkunde für authentisch erklärt, so ist die Urkunde nach Art. 59 Abs. 1 UAbs. 1 EuErbVO im Ausland anzunehmen; wird die Urkunde als nicht authentisch angesehen, so besitzt sie keine formellen Beweiswirkungen mehr, die nach Art. 59 EuErbVO erstreckt werden könnten (→ EuErbVO Art. 59 Rn. 54 ff.; MüKoBGB/*Dutta* EuErbVO Art. 59 Rn. 19). Die Rechtskraft richtet sich nach § 45 FamFG iVm Abs. 2. Für diese Wirkungen im Ausland kommt es nicht auf eine Anerkennung der deutschen Authentizitätsentscheidung in den anderen Mitgliedstaaten nach Art. 39 ff. EuErbVO an; vielmehr erstreckt Art. 59 Abs. 2 EuErbVO diese Wirkungen als lex specialis. Diese von der Verordnung vorausgesetzten Wirkungen im Annahmemitgliedstaat besitzen auch Konsequenzen für den **Verfahrensgegenstand des Authentizitätsverfahrens:** Verfahrensgegenstand ist nicht ein konkreter Einwand gegen die Authentizität der Urkunde (iS der Verordnung), sondern die Authentizität der Urkunde **allgemein** (so auch *Münch* in Lipp/Münch, Die neue Europäische Erbrechtsverordnung, 2016, S. 59), dh im Hinblick auf alle Aspekte, welche die Verordnung zur Authentizität der Urkunde zählt (→ Rn. 10). 14

Ferner ist nach **Abs. 3 S. 2** eine **Abänderung des Beschlusses** nach § 48 FamFG ausgeschlossen, sodass der Entscheidung Züge einer materiellen Rechtskraft zugewiesen werden (Regierungsentwurf, BT-Drs. 18/4201, 55; *R. Wagner/Scholz* FamRZ 2014, 714 (720 f.)). Allerdings sind die allgemeinen Rechtsmittel nach dem FamFG iVm Abs. 2 statthaft, also die **Beschwerde** nach §§ 58 ff. FamFG und die **Rechtsbeschwerde** nach §§ 70 ff. FamFG (vgl. Regierungsentwurf, BT-Drs. 18/4201, 65). 15

Schließlich gestaltet **Abs. 3 S. 3** die Entscheidung des nach Abs. 1 zuständigen Gerichts mit **Wirkungen erga omnes** aus. Auch diese Quasigestaltungswirkung der Entscheidung ist der Verordnung geschuldet (vgl. *R. Wagner/Scholz* FamRZ 2014, 714 (721)), die jedenfalls davon ausgeht, dass eine nach Art. 59 Abs. 2 EuErbVO für ungültig erklärte Urkunde keine Beweiskraft mehr entfaltet (→ EuErbVO 16

Art. 59 Rn. 55 aE; MüKoBGB/*Dutta* EuErbVO Art. 59 Rn. 19), was eine erga-omnes-Wirkung der Ungültigkeitserklärung voraussetzt.

17 Der Wortlaut der Vorschrift beschränkt die Wirkungen des Beschlusses im Authentizitätsverfahren allerdings nicht auf die Wirkungen nach Art. 59 Abs. 2 EuErbVO im Ausland (→ Rn. 13 ff.). Richtigerweise besitzt der Beschluss auch **im Inland** die gleichen Wirkungen nach Abs. 3: Es wird rechtskräftig mit Wirkung erga omnes die Authentizität oder Nichtauthentizität der Urkunde (iS der Verordnung → Rn. 10) festgestellt. Die Folgen dieser Feststellung für die Beweiskraft der Urkunde ergeben sich aus dem deutschen Verfahrensrecht, vor allem den §§ 415 ff. ZPO.

IV. Kosten

18 Beim Authentizitätsverfahren ist nach Nr. 15215 KV GNotKG eine **Festgebühr** anzusetzen. Die Kosten für die Beschwerde richten sich nach Nr. 19116 KV GNotKG sowie für die Rechtsbeschwerde nach Nr. 19128, 19129 KV GNotKG (*Schneider* Rpfleger 2015, 454 (458)).

Abschnitt 7. Zuständigkeit in sonstigen Angelegenheiten der freiwilligen Gerichtsbarkeit

§ 47 Sonstige örtliche Zuständigkeit

Ergibt sich in Angelegenheiten der freiwilligen Gerichtsbarkeit die internationale Zuständigkeit der deutschen Gerichte aus der Verordnung (EU) Nr. 650/2012 und ist die örtliche Zuständigkeit nicht schon in anderen Vorschriften dieses Gesetzes geregelt, bestimmt sich die örtliche Zuständigkeit wie folgt:

1. **bei einer internationalen Zuständigkeit, die sich aus den in § 2 Absatz 1 bis 3 genannten Vorschriften der Verordnung (EU) Nr. 650/2012 ergibt, entsprechend § 2 Absatz 1 bis 3;**
2. **bei einer internationalen Zuständigkeit, die sich aus anderen Vorschriften der Verordnung (EU) Nr. 650/2012 als den in § 2 Absatz 1 bis 3 genannten ergibt, entsprechend den Vorschriften über die örtliche Zuständigkeit im Gesetz über das Verfahren in Familiensachen und in den Angelegenheiten der freiwilligen Gerichtsbarkeit.**

1 Die Vorschrift des § 47 IntErbRVG **ergänzt vor allem § 2 IntErbRVG,** indem die Vorschrift in Angelegenheiten der freiwilligen Gerichtsbarkeit stets dafür sorgt, dass – soweit die Erbrechtsverordnung eine internationale Zuständigkeit der deutschen Gerichte vorsieht – auch in der Bundesrepublik ein Gericht örtlich zuständig ist (Regierungsentwurf, BT-Drs. 18/4201, 56), vgl. auch die gleichgesinnten Regelungen in §§ 31, 34 Abs. 1–3 IntErbRVG (vgl. auch die anderen örtlichen Zuständigkeitsregeln der Verordnung → IntErbRVG Vorb §§ 1 ff. Rn. 5). Die Erbrechtsverordnung schweigt nämlich zur örtlichen Zuständigkeit, sodass insoweit ein Regelungsbedarf besteht (→ IntErbRVG § 2 Rn. 1, 15, 19, 21). Die Vorschrift regelt die örtliche Zuständigkeit **nicht selbst,** sondern **verweist** in Nr. 1 und 2 **auf andere Zuständigkeitsnormen.**

2 **Nicht geregelt** wird in § 47 IntErbRVG die **sachliche** und **funktionelle Zuständigkeit;** diese ergibt sich aus **allgemeinen Regeln,** also vor allem aus § 23a Abs. 1 S. 1 Nr. 2, Abs. 2 GVG sowie §§ 3, 16 RPflG.

I. Sachlicher Anwendungsbereich der Vorschrift

1. Angelegenheiten der freiwilligen Gerichtsbarkeit

3 Die Vorschrift erfasst nur Angelegenheiten der freiwilligen Gerichtsbarkeit. Da § 2 IntErbRVG und § 47 IntErbRVG die im Anwendungsbereich der Verordnung befindlichen Verfahren umfassend abdecken sollen, wird man den Verweis auf „Angelegenheiten der freiwilligen Gerichtsbarkeit" **weit auszulegen** haben. Hierunter sollten sämtliche Verfahren fallen, die nicht § 2 IntErbRVG unterliegen, also sämtliche Verfahren, die keine bürgerlichen Rechtsstreitigkeiten iS der §§ 13, 23 GVG darstellen (→ IntErbRVG § 2 Rn. 5, 8). Dies betrifft vor allem **Angelegenheiten der freiwilligen Gerichtsbarkeit iS des § 23a Abs. 2 GVG,** aber – soweit diese aufgrund einer etwaig abweichenden Qualifikation im Rahmen der Erbrechtsverordnung als Erbsachen anzusehen sind – auch **Familiensachen iS des § 111 FamFG.** Konkret betrifft Letzteres etwa Verfahren über postmortale Unterhaltsansprüche, die nach Art. 1 Abs. 2 lit. e EuErbVO in den sachlichen Anwendungsbereich der Verordnung fallen

(→ EuErbVO Art. 1 Rn. 54 ff.; MüKoBGB/*Dutta* EuErbVO Art. 1 Rn. 34), soweit diese nach deutschem Verfahrensrecht als Unterhaltssachen nach § 111 Nr. 8 FamFG zu qualifizieren sind.

2. Erbsachen iS der EuErbVO

Da die Vorschrift auf die internationale Zuständigkeit nach der EuErbVO Bezug nimmt und nach § 1 Abs. 1 IntErbRVG der Durchführung der EuErbVO dient, erfasst die Vorschrift nur Angelegenheiten der freiwilligen Gerichtsbarkeit (→ Rn. 3), die zugleich Erbsachen iS der Art. 4 ff. EuErbVO sind. Die Angelegenheit muss also auch hier in den **sachlichen Anwendungsbereich** der Verordnung allgemein nach Art. 1 EuErbVO fallen. Ferner müssen aber auch **gerade die Zuständigkeitsvorschriften der Verordnung** zur Anwendung kommen, was etwa bei Aufgebotsverfahren und Erbscheinsverfahren umstritten ist, aber – wie der EuGH mittlerweile in *Oberle* (Rs. C-20/17) jedenfalls für das Erbscheinsverfahren geklärt hat – richtigerweise bejaht werden muss (zum Streitstand → EuErbVO Vor Art. 4 ff. Rn. 33; MüKoBGB/*Dutta* EuErbVO Vor Art. 4 Rn. 5 f., 27). 4

3. Subsidiarität gegenüber den übrigen Zuständigkeitsvorschriften des IntErbRVG

Die Auffangvorschrift des § 47 IntErbRVG kommt nach ihrem Wortlaut („und ist die örtliche Zuständigkeit nicht schon in anderen Vorschriften dieses Gesetzes geregelt") nur subsidiär gegenüber den anderen Zuständigkeitsvorschriften des IntErbRVG zum Zuge. Streng genommen betrifft diese Subsidiaritätsklausel aber nur Vorschriften, deren sachlicher Anwendungsbereich sich mit dem des § 47 IntErbRVG (→ Rn. 3 f.) deckt. Diese Subsidiaritätsklausel betrifft formal nicht nur **§ 2 IntErbRVG,** mit dem angesichts des Anwendungsbereichs des § 47 IntErbRVG (→ Rn. 3 f.) ein Konflikt ausgeschlossen ist, sondern vor allem die anderen **Sondervorschriften** im IntErbRVG zur örtlichen Zuständigkeit, soweit diese strukturell Angelegenheiten der freiwilligen Gerichtsbarkeit erfassen, also **§ 3 Abs. 2, § 24 Abs. 2, § 26 Abs. 2, § 27 Abs. 2 S. 1 IntErbRVG** (Verfahren zur Vollstreckbarkeitserklärung ausländischer Titel ua auch in Angelegenheiten der freiwilligen Gerichtsbarkeit), **§ 31 IntErbRVG** (Verfahren zur Entgegennahme einer Erklärung iS des Art. 13 EuErbVO, s. auch → IntErbRVG § 31 Rn. 7), **§ 34 Abs. 1–3 IntErbRVG** (Verfahren zur Ausstellung des Europäischen Nachlasszeugnisses) sowie **§ 46 Abs. 1 IntErbRVG** (Authentizitätsverfahren). – Kein Konflikt besteht dagegen mit **§ 32 Abs. 2 IntErbRVG** (gerichtliche Feststellung des neu eingeführten Aneignungsrechts des Staates für nach ausländischem Recht erbenlose Inlandsnachlässe), da die Verordnung auf dieses Feststellungsverfahren sachlich nicht anwendbar ist (→ IntErbRVG § 32 Rn. 32) und damit, obwohl es sich bei dem Verfahren um eine Angelegenheit der freiwilligen Gerichtsbarkeit handelt (→ IntErbRVG § 32 Rn. 20 f.), § 47 IntErbRVG nicht gilt. 5

II. Die örtlichen Gerichtsstände

1. Verweis auf die Sonderregeln in § 2 Abs. 1–3 IntErbRVG (Nr. 1)

In Nr. 1 verweist die Vorschrift zunächst auf die Sonderregeln in § 2 Abs. 1–3 IntErbRVG für internationale Gerichtsstände, welche die Erbrechtsverordnung an bestimmte Gerichte in einem Mitgliedstaat anknüpft, denen der deutsche Gesetzgeber, soweit wie möglich, auch in Nr. 1 der Vorschrift eine örtliche Zuständigkeit verschaffen möchte. Für die Einzelheiten kann auf die Erläuterung der § 2 Abs. 1–3 IntErbRVG verwiesen werden → IntErbRVG § 2 Rn. 11–22. 6

2. Im Übrigen: Verweis auf das FamFG (Nr. 2)

Soweit Nr. 1 der Vorschrift nicht zum Zuge kommt, verweist die Vorschrift in **Nr. 2** auf die örtlichen Zuständigkeitsvorschriften nach dem FamFG, dessen Gerichtsstände entsprechend heranzuziehen sind. Konkret erfasst dies vor allem die Zuständigkeitsvorschriften für **Nachlasssachen** iS des § 342 Abs. 1 FamFG (vgl. KG ZEV 2016, 514, 516 = FamRZ 2016, 1203 [allerdings auch unzutreffender Verweis auch auf § 105 FamFG]) und **Teilungssachen** iS des § 342 Abs. 2 Nr. 1 FamFG in den – durch das Mantelgesetz neugefassten – **§§ 343, 344 FamFG:** 7

§ 343 *Örtliche Zuständigkeit*

(1) Örtlich zuständig ist das Gericht, in dessen Bezirk der Erblasser im Zeitpunkt seines Todes seinen gewöhnlichen Aufenthalt hatte.

(2) Hatte der Erblasser im Zeitpunkt seines Todes keinen gewöhnlichen Aufenthalt im Inland, ist das Gericht zuständig, in dessen Bezirk der Erblasser seinen letzten gewöhnlichen Aufenthalt im Inland hatte.

(3) [1] Ist eine Zuständigkeit nach den Absätzen 1 und 2 nicht gegeben, ist das Amtsgericht Schöneberg in Berlin zuständig, wenn der Erblasser Deutscher ist oder sich Nachlassgegenstände im Inland befinden. [2] Das Amtsgericht Schöneberg in Berlin kann die Sache aus wichtigem Grund an ein anderes Nachlassgericht verweisen.

§ 344 *Besondere örtliche Zuständigkeit*

(1) [1] Für die besondere amtliche Verwahrung von Testamenten ist zuständig,

1. wenn das Testament vor einem Notar errichtet ist, das Gericht, in dessen Bezirk der Notar seinen Amtssitz hat;

2. wenn das Testament vor dem Bürgermeister einer Gemeinde errichtet ist, das Gericht, zu dessen Bezirk die Gemeinde gehört;
3. wenn das Testament nach § 2247 des Bürgerlichen Gesetzbuchs errichtet ist, jedes Gericht.

[2] Der Erblasser kann jederzeit die Verwahrung bei einem nach Satz 1 örtlich nicht zuständigen Gericht verlangen.

(2) Die erneute besondere amtliche Verwahrung eines gemeinschaftlichen Testaments nach § 349 Abs. 2 Satz 2 erfolgt bei dem für den Nachlass des Erstverstorbenen zuständigen Gericht, es sei denn, dass der überlebende Ehegatte oder Lebenspartner die Verwahrung bei einem anderen Amtsgericht verlangt.

(3) Die Absätze 1 und 2 gelten entsprechend für die besondere amtliche Verwahrung von Erbverträgen.

(4) Für die Sicherung des Nachlasses ist jedes Gericht zuständig, in dessen Bezirk das Bedürfnis für die Sicherung besteht.

(4a) [1] Für die Auseinandersetzung eines Nachlasses ist jeder Notar zuständig, der seinen Amtssitz im Bezirk des Amtsgerichts hat, in dem der Erblasser seinen letzten gewöhnlichen Aufenthalt hatte. [2] Hatte der Erblasser keinen gewöhnlichen Aufenthalt im Inland, ist jeder Notar zuständig, der seinen Amtssitz im Bezirk eines Amtsgerichts hat, in dem sich Nachlassgegenstände befinden. [3] Von mehreren örtlich zuständigen Notaren ist derjenige zur Vermittlung berufen, bei dem zuerst ein auf Auseinandersetzung gerichteter Antrag eingeht. [4] Vereinbarungen der an der Auseinandersetzung Beteiligten bleiben unberührt.

(5) [1] Für die Auseinandersetzung des Gesamtguts einer Gütergemeinschaft ist, falls ein Anteil an dem Gesamtgut zu einem Nachlass gehört, der Notar zuständig, der für die Auseinandersetzung über den Nachlass zuständig ist. [2] Im Übrigen ist jeder Notar zuständig, der seinen Amtssitz im Bezirk des nach § 122 Nummer 1 bis 5 zuständigen Gerichts hat. [3] Ist danach keine Zuständigkeit gegeben, ist jeder Notar zuständig, der seinen Amtssitz im Bezirk eines Amtsgerichts hat, in dem sich Gegenstände befinden, die zum Gesamtgut gehören. [4] Absatz 4a Satz 3 und 4 gilt entsprechend.

(6) Hat ein anderes Gericht als das nach § 343 zuständige Gericht eine Verfügung von Todes wegen in amtlicher Verwahrung, ist dieses Gericht für die Eröffnung der Verfügung zuständig.

(7) [1] Für die Entgegennahme einer Erklärung, mit der eine Erbschaft ausgeschlagen oder mit der die Versäumung der Ausschlagungsfrist, die Annahme oder Ausschlagung einer Erbschaft oder eine Anfechtungserklärung ihrerseits angefochten wird, ist auch das Nachlassgericht zuständig, in dessen Bezirk die erklärende Person ihren gewöhnlichen Aufenthalt hat. [2] Die Urschrift der Niederschrift oder die Urschrift der Erklärung in öffentlich beglaubigter Form ist von diesem Gericht an das zuständige Nachlassgericht zu übersenden.

8 Der Verweis der Vorschrift in **Nr. 2** umfasst aber auch – soweit die Zuständigkeitsregeln der Erbrechtsverordnung auch diese Verfahren als Erbsachen erfassen – die Zuständigkeitsregeln für **Aufgebotssachen** iS der §§ 433, 454 FamFG in **§ 454 Abs. 2 FamFG** (→ Rn. 4) sowie für (postmortale) **Unterhaltssachen** in **§§ 232 f. FamFG** (→ Rn. 3).

9 Auch bei § 47 IntErbRVG gilt freilich, dass die eben in → Rn. 7 genannten örtlichen Zuständigkeitsregeln nur noch einen **geringen direkten Anwendungsbereich** besitzen, nämlich nur dann, wenn die **Verordnung** eine Nachlass- oder Teilungssache **sachlich nicht erfasst.** Die in Rn. 8 genannten Zuständigkeitsvorschriften besitzen dagegen auch außerhalb des Erbrechts einen Anwendungsbereich. Ansonsten kommt § 47 IntErbRVG wie auch die internationalen Zuständigkeitsregeln der EuErbVO bei rein internen Sachverhalten ebenso zur Anwendung und verweist für diese nur subsidiär in Nr. 2 auf das FamFG (näher → IntErbRVG § 2 Rn. 32 ff.; anders offenbar *Fröhler* BWNotZ 2015, 47 (48 f.)).

Internationales Erbschaftsteuerrecht (IntErbStR)

Literatur: *Arlt,* Internationale Erbschaft- und Schenkungsteuerplanung, Berlin/Herne, 2001; *Beermann/Gosch,* Kommentar zur Abgabenordnung und Finanzgerichtsordnung, Stollfuß-Verlag, Loseblatt; *Bendlinger/Görl/Paaßen/Remberg,* Neue Tendenzen der OECD zur Ausweitung des Betriebsstättenbegriffs und deren Beurteilung aus Sicht des Maschinenbaus und Anlagenbaus, IStR 2004, 145 ff.; *Billig,* Die Kapitalverkehrsfreiheit und das deutsche ErbStG – eine unendliche Geschichte?, UVR 2011, 182 ff.; *Bilsdorfer,* Die neue Erbschaftsteuer – nach Karlsruhe oder schon wieder vor Karlsruhe?, ZRP 2016, 9 ff.; *Birk,* Steuerrecht, C. F. Müller Verlag, 16. Auflage, Heidelberg 2013; *Bödecker,* Trustbesteuerung nach neuem Erbschaftsteuergesetz, IWB 1999, Gruppe 9, Fach 3, 135 ff.; *Bron,* Das Treaty Override im deutschen Steuerrecht vor dem Hintergrund aktueller Entwicklungen, IStR 2007, 431 ff.; *Carl/Klos,* Geheimnisschutz bei der internationalen Amtshilfe in Steuersachen, IStR 1995, 225 ff.; *Crezelius,* Der Entwurf eines Gesetzes zur Reform des Erbschaftsteuer- und Bewertungsrechts (Erbschaftsteuerreformgesetz – ErbStRG), DStR 2007, 2277 ff.; *Crezelius,* Erbschaftsteuer auf Unternehmensvermögen, BB 2012, 2979 ff.; *Crezelius,* Unverzinsliches Darlehen und Schenkungsteuerrecht, BB 1978, 1594 ff.; *Debatin,* Doppelbesteuerungsabkommen und innerstaatliches Recht, DStR Beihefter 1992 zu Nr. 23, 1; *Debatin,* System und Auslegung der Doppelbesteuerungsabkommen, DB 1985, Beilage 23, 1 ff.; *Dehmer,* Einmal erben, mehrfach zahlen – Gestaltungsansätze zur Vermeidung doppelter Erbschaftsteuerbelastung, IStR 2009, 454 ff.; *Dorigo,* Is Regulation EU 650/2012 really irrelevant for national inheritance taxes? – The case of Italy, in: FONDAZIONE ITALIANA DEL NOTARIATO (Hrsg.), Insights and proposals related to the application of the European Succession Regulation 650/2012, Rom 2019, 353 ff.; *Drüen,* Wegfall oder Fortgeltung des verfassungswidrigen Erbschaftsteuergesetzes nach dem 30.6.2016?, DStR 2016, 643 ff.; *Eicker,* Unterschiedliche steuerliche Bewertungsmaßstäbe in- und ausländischer Personengesellschaftsbeteiligungen möglicherweise europarechtswidrig, ZErb 2007, 216 ff.; *Eisele* Deutsches Erbschaftsteuerrecht verstößt gegen Gemeinschaftsrecht, NWB Fach 10, 1637 ff. (20/2008); *Esskandari,* Diskriminierende Erbschaftsteuer in Deutschland, Vertragsverletzungsverfahren der EU-Kommission wegen europarechtswidriger Freibetragsdifferenzierung, ErbStB 2011, 133 ff.; *Fabo/Ehmcke,* Die Besteuerung privater Veräußerungsgeschäfte im spanischen Recht, StuW 1999, 295 ff.; *Feltner/Härke,* Doppelte Erbschaft- bzw. Schenkungsteuerpflicht in Europa, ErbStB 2012, 147 ff.; *Fischer/Jüptner/Pahlke/Wachter,* Kommentar zum ErbStG, 5. Auflage, 2014; *Flick/Piltz,* Der internationale Erbfall, 2. Auflage, München 2008; *Forsthoff,* Treaty Override und Europarecht, IStR 2006, 509 ff.; *Frotscher,* Internationales Steuerrecht, 3. Auflage, München 2009; *Gebe,* Die Lust an der Fiktion – Anmerkungen zu den durch das Steuerentlastungsgesetz 1999/2000/2002 in das ErbStG neu eingefügten Steuertatbeständen, ZEV 1999, 249 ff.; *Gosch/Kroppen/Grotherr,* Doppelbesteuerungsabkommen, Herne, Loseblatt; *Gosch,* Über das Treaty Overriding, Bestandsaufnahme – Verfassungsrecht – Europarecht, IStR 2008, 413 ff.; *Gosch,* Kommentar zum Körperschaftsteuergesetz, 2. Auflage, München 2009; *Gosch,* Vielerlei Gleichheiten – Das Steuerrecht im Spannungsfeld von bilateralen, supranationalen und verfassungsrechtlichen Anforderungen, DStR 2007, 1553 ff.; *Haase/Torwegge,* Zwangsliquidation einer GmbH bei im Ausland ansässigem Geschäftsführer? – Gesellschafts- und steuerrechtliche Konsequenzen des § 4a Abs. 2 GmbHG im Lichte des Europarechts; Deutsche Zeitschrift für Wirtschafts- und Insolvenzrecht (DZWIR) 2006, 57 ff.; *Haase,* AStG/DBA, 2. Auflage, Heidelberg 2012; *Haase,* Internationales und Europäisches Steuerrecht, 4. Auflage, Heidelberg 2014; *Haase,* Subjektive Qualifikationskonflikte bei der Behandlung von Einkünften einer Limited Liability Company nach dem DBA Deutschland – USA, IStR 2002, 733 ff.; *Haase,* Die steuerliche Behandlung von Einkünften einer Limited Liability Company nach dem BMF-Schreiben vom 19.3.2004; StuB 2004, 960 ff.; *Haase,* Abschied vom Rechtstypenvergleich durch das FG Baden-Württemberg?; Internationale Wirtschaftsbriefe (IWB) 2008, Fach 3, Gruppe 2, 1385 ff.; *Haase,* German Corporate Exit Taxes: Corporate Law Requirements for the Place of Management in Germany; Tax Planning International Review (BNA International), Vol. 33, No. 3, 2006, 7 ff.; *Habammer,* Der ausländische Trust im deutschen Ertrag- und Erbschaft-/Schenkungsteuerrecht, DStR 2002, 425 ff.; *Hahn,* Erbschaftsteuer und Gemeinschaftsrecht, Zugleich eine Besprechung der EuGH-Urteile in den Rechtssachen Erben Barbier und van Hilten, ZErb 2006, 250 ff.; *Hamdan,* Die Beseitigung internationaler Doppelbesteuerung durch § 21 ErbStG, 2007; *Hannes,* Vorlagebeschluss des BFH zur Prüfung der Verfassungsmäßigkeit des Erbschaftsteuerrechts, ZEV 2012, 616 ff.; *Hannes/Onderka,* Erbschaftsteuerreform: Die Besteuerung des Erwerbs von Betriebsvermögen – keine Sternstunde der Steuervereinfachung, ZEV 2008, 16ff; *Hellwege,* Nichtanrechnung spanischer ErbSt auf Kapitalforderungen, Kein Verstoß gegen Gemeinschaftsrecht, ErbStG 2009, 252 ff.; *Hey,* Erbschaftsteuer: Europa und der Rest der Welt, Zur Europarechtskonformität des ErbStG n. F. insbesondere im Hinblick auf Drittstaatensachverhalte, DStR 2011, 1149 ff.; *Hönninger,* Die Bedeutung der Barbier-Entscheidung des EuGH für das deutsche Erbschaftsteuerrecht, Information StW 2004, 335 ff.; *Ihle,* Die Vorschläge der EU-Kommission zur Beseitigung von Problemen bei der Besteuerung grenzüberschreitender Erbfälle, ZEV 2012, 173 ff.; *Jochum,* Barbiers Erben – das Europarecht erreicht die Erbschaftssteuer, ZErb 2004, 253 ff.; *Jonas/Pauly,* Sensible Amtshilfe durch Datenaustausch, Zur geplanten Ermächtigung für eine Kontrollmitteilungs-VO (§ 93a AO), DStR 1985, 560ff; *Jülicher,* Die anrechenbare Steuer im Sinne des § 21 ErbStG, ZEV 1996, 298ff; *Jülicher,* Treuhandverhältnisse im Erbschaftsteuerrecht, DStR 2001, 2177 ff.; *Kaminski,* Methoden zur Vermeidung der Doppelbesteuerung bei internationalen Erbschaftsteuerfällen, Stbg 2013, 10 ff.; *Kapp,* Das Verhältnis der Erbschaftsteuer (Bereicherungssteuer) zum bürgerlichen Recht, BB 1975, 933 ff.; *Kempny,* Die Vergünstigungen für Unternehmenserben im neuen Erbschaftssteuerrecht: Eine freiheitsrechtliche Betrachtung, ZEV 2017, 677 ff.; *Kippenberg,* Diskussion zu den Vorträgen von Professor Stein und Dr. Forsthoff, IStR 2006, 512 ff.; *Klein,* Kommentar zur Abgabenordnung, 12. Auflage, München 2014; *Knauf,* Determinanten und Gestaltungsansätze der internationalen Nachfolgeplanung, 2008; *Kußmaul/Cloß,* Die erweiterte beschränkte Erbschaft- und Schenkungsteuerpflicht des § 4 AStG, Voraussetzungen, Rechtsfolgen und Gestaltungsempfehlungen, StuB 2010, 704 ff.; *Lahme/Zipfel,* Zum Vorlagebeschluss des BFH vom 27.9.2012 zur Verfassungsmäßigkeit des ErbStG, BB 2012, 3171 ff.; *Lehner,* Der Einfluss des Europarechts auf die Doppelbesteuerungsabkommen, IStR 2001, 329 ff.; *Loh/Steinert,* Scheitern internationale Lösungen von Verrechnungspreisfragen an § 175a AO?, BB 2008, 2383 ff.; *Löffler/Stadler,* Der gewöhnliche Aufenthalt (§ 9 AO) des weggezogenen „aktiven Gesellschafters", IStR 2008, 832 ff.; *Lüdicke,* Überlegungen zur deutschen DBA-Politik, Baden-Baden 2008; *Lutter/Hommelhoff,* Kommentar zum GmbHG, 18. Auflage, Köln 2012; *Meincke,* Kommentar zum ErbStG, 16. Auflage, München 2012; *Meincke,* Ist das ErbStG in seinem Kern verfassungswidrig? – Zur Vorlage des BFH an das BVerfG, ZEV 2013, 1 ff.; *Menck,* Internationale Amtshilfe in Steuersachen, DStZ 1971,57 ff.; *Milatz/Herbst,* Disquotale Einlagen gemäß § 7 Abs. 8 ErbStG: Drohende Doppelbelastung und Begünstigungen für Betriebsvermögen, ZEV 2012, 21 ff.;

Milatz/Kämper, Reichweite der Kapitalverkehrsfreiheit bei erbschaft- und schenkungsteuerlichen Übertragungen, Gemeinschaftsrechtliche Auswirkungen auf Drittstaatvermögen, IWB 2010, 605 ff.; *Mössner,* Steuerrecht international tätiger Unternehmen, 4. Auflage, Köln 2012; *Mutter,* Steueramnestie für hinterzogene Schenkungsteuer bei Trust und Stiftung im Ausland, DStR 2004, 893 ff., *von Oertzen,* Auswirkungen des Vorlagebeschlusses des BFH vom 27.09.2012 auf die Gestaltungspraxis in der Unternehmenserbschaftsteuer, Ubg 2012, 724 ff.; *Pahlke/Koenig,* Kommentar zur Abgabenordnung, Verlag C. H. Beck, 2. Auflage, München 2009; *Piltz,* Fünf Fragen an das Bundesverfassungsgericht zur Erbschaftsteuer nach dem BFH-Beschluss II R 9/11 vom 27.9.2012, DStR 2013, 228 ff.; *Reichmann,* Die spanische Wertzuwachssteuer, IWB F 5, Gruppe 2, 1995, 207 ff.; *Reith,* Internationales Steuerrecht, Handbuch zum Doppelbesteuerungs- und Außensteuerrecht und zu Gestaltungen grenzüberschreitender Investitionen, Verlag Vahlen, 1. Auflage, München 2004; *Riegel/Heynen,* Erbschaftsteuerreform 2016 – das vorläufige Ende einer Hängepartie, BB 2017, 23 ff.; *Ritter,* Internationale Steuerauskunft in rechtsstaatlicher Sicht, DStZ 1974, 267 ff.; *Schaumburg,* Internationales Steuerrecht, 3. Auflage, Köln 2011; *Scheffler/Spengel,* Erbschaftsteuerbelastung im internationalen Vergleich, BB 2004, 967 ff.; *Schindhelm/Stein,* Der Trust im deutschen Erbschaft- und Schenkungsteuerrecht nach dem Steuerentlastungsgesetz 1999/2000/2002, FR 1999, 880 ff.; *Schlenker,* Gestaltungsmodelle einer identitätswahrenden Sitzverlegung über die Grenze, 1998; *Schmidt,* EG-Richtlinien über gegenseitige Amtshilfe bei den direkten Steuern und zur Vermeidung der Doppelbesteuerung (Schiedsverfahren), DB 1977, 1816 ff.; *Schmidt/Siegmund,* Erbschaftsteuerliche Begünstigungen für Unternehmensvermögen im Drittland, DStZ 2012, 427 ff.; *Schnitger,* Geltung der Grundfreiheiten des EG-Vertrages im deutschen internationalen Erbschaftsteuerrecht, Auswirkungen des EuGH-Urteils in der Rs. Erben von Barbier, FR 2004, 187 ff.; *Schnitger/Bildstein,* Praxisfragen der Betriebsstättenbesteuerung, Ubg 2008, 444 ff.; *Schönfeld,* Auskunftserteilung in Steuersachen als (neue) einfachgesetzliche Voraussetzung für die Inanspruchnahme der EG-Grundfreiheiten -Zweifelsfragen zur Auslegung von § 8 Abs. 2 Satz 2 AStG und § 15 Abs. 6 Nr. 2 AStG i. d. F. des RegE-JStG 2009, DB 2008, 2217 ff.; *Seer,* Grenzen der Zulässigkeit eines treaty overridings am Beispiel der Switch-over-Klausel des § 20 AStG, IStR 1997, 481 ff.; *Seibold,* Neuere Entwicklungen auf dem Gebiet der deutschen Steuerabkommen, IStR 1998, 649 ff.; *Seitz,* EuGH und Erbschaftsteuer: Europarechtswidrigkeit der Bewertung des Auslandsvermögen, Besprechung des EuGH-Urteils vom 17.1.2008, C-256/06, Rs. Jäger, IStR 2008, 144 ff.; *Seltenreich,* Inländisches Warenlager ausländischer Gesellschaften, Rechtslage und Gestaltungsmöglichkeiten, IStR 2004, 589 ff.; *Söffing/Kirsten,* Trustbesteuerung nach dem Steuerentlastungsgesetz 1999/2000/2002, DB 1999, 1626 ff.; *Stahl/Durst,* Probleme der steuerkontaminierten Erbschaft, KÖSDI 2009, 16604 ff.; *Stahlschmidt,* Die Einführung des Auskunftsverkehrs für den Fall des Steuerbetruges zwischen der Bundesrepublik Deutschland und der Schweiz, IStR 2003, 109 ff.; *Stein,* Völkerrecht und nationales Steuerrecht im Widerstreit?, IStR 2006, 505 ff.; *Stockmann,* Völkerrechtliche Meistbegünstigungsklausel und Internationales Steuerrecht, IStR 1999, 129 ff.; *Stork,* Spontanauskünfte durch die Finanzverwaltung, Ein Beitrag zur Praxis der Informationsweitergabe der Finanzverwaltung, DB 1994, 1321 ff.; *Strunk/Kaminski/Köhler,* DBA, Stollfuß, Loseblatt; *Strunk/Meyer-Sandberg,* Vermeidung der Doppelbesteuerung bei internationalen Erbfällen, IWB 2009, Fach 11 A, 1235 ff.; *Thömmes,* Beschränkung der Niederlassungsfreiheit bei Kommanditbeteiligung im EU-Ausland?, EuGH 2.10.2008 – Rs. C-360/06, Heinrich Bauer Verlag BeteiligungsGmbH ./. Finanzamt für Großunternehmen in Hamburg, IWB 2008, F. 11A, 1199 ff.; *Thömmes,* Erbschaftsteuerliche Behandlung des Wegzugs in ein Drittland und Gemeinschaftsrecht, IWB 2005, Fach E11a, 889 ff.; *Thömmes,* Kapitalverkehrsfreiheit gilt nicht bei Vererbung einer 100%igen Beteiligung an Drittstaatengesellschaft, EuGH 19.7.2012 – Rs. C-31/11, IWB 2012, 646 ff.; *Thömmes,* Kapitalverkehrsfreiheit und Erbschaftsteuerrecht, Erbschaftsteuerlicher Freibetrag für beschränkt Steuerpflichtige verstößt gegen Unionsrecht, IWB 2010, 373 ff.; *Thonemann-Micker,* BFH hält ErbSt für verfassungswidrig! Auseinandersetzung mit dem Vorlagebeschluss vom 27.9.2012 (II R 9/11, DB 2012 S. 2381) und Konsequenzen für die Gestaltungsberatung, DB 2012, 2538 ff.; *Tipke/Kruse,* Kommentar zur Abgabenordnung und Finanzgerichtsordnung, 135. EL, Köln, Loseblatt; *Troll/Gebel/Jülicher,* Kommentar zum ErbStG, Verlag Vahlen, 47. Auflage 2014; *Verstl,* Der Internationale Trust als Instrument der Vermögensnachfolge, Berlin 2001; *Viskorf/Knobel/Schuck/Wälzholz,* Kommentar zum ErbStG, 4. Auflage, Herne 2012; *Vogel/Lehner,* Doppelbesteuerungsabkommen, 5. Auflage, München 2008; *Wachter,* Abschaffung der Erbschaft- und Schenkungsteuer in Portugal, Übersicht über alte und neue Regelung mit Gestaltungshinweisen, ErbStB 2004, 88 ff.; *Wachter,* Das Erbschaft- und Schenkungsteuerrecht erneut auf dem Prüfstand des BVerfG, DStR 2012, 2301 ff.; *Wachter,* Erweitert unbeschränkte Erbschaftsteuerpflicht und Europarecht, FR 2005, 1068 ff.; *Wacker,* Lexikon der deutschen und internationalen Besteuerung, München 1994; *Wassermeyer,* Doppelbesteuerung, 126. EL, München 2014; *Weggenmann,* EG-rechtliche Aspekte steuerlicher Meistbegünstigung im Abkommensrecht, IStR 2003, 677 ff.; *Weinschütz,* Konsequenz aus „Beker": Höhere Anrechnung ausländischer Quellensteuer, IStR 2013, 471 ff.; *Werkmüller,* Der Fall „Mattner" oder: Der zunehmende Einfluss der EuGH-Rechtsprechung auf das deutsche Erbschaft- und Schenkungsteuerrecht, IStR 2010, 360 ff.; *Wilms/Maier,* Europarechtliche Kapitalverkehrsfreiheit und deutsches Erbschaftsteuerrecht, UVR 2004, 327 ff.; *Wünsche,* Die Abgrenzung der Grundfreiheiten bei der Vererbung von Drittstaatenvermögen – Die Entscheidung Scheunemann im Kontext der bisherigen Rechtsprechung, IStR 2012, 785 ff.

Übersicht

A. Generalia

I. Vorbemerkungen

1 Eine breit angelegte, erstmalige wissenschaftliche Untersuchung der Regelungen des supranationalen Rechts der EuErbVO und ihrer Rückwirkungen auf das nationale Recht der EU-Mitgliedsstaaten wäre zwangsläufig unvollständig ohne eine Betrachtung auch der korrespondierenden steuerrechtlichen Normen. Die ganz praktische Bedeutung des Erbschaftsteuerrechts liegt – prima facie jedenfalls – im In- und Ausland auf der Hand: Gegenwärtig werden allein in der Bundesrepublik Deutschland aufaddiert besehen größere Vermögen vererbt als je zuvor – eine Erbschaftswelle in historischem Ausmaß (so im Ergebnis auch eine Studie der Deutsche Bank AG aus November 2018, [abrufbar unter https://www.deutsche-bank.de/dam/deutschebank/de/shared/pdf/Studie_final.pdf]). Grundlage der Studie der Deutschen Bank war die Befragung von 1706 Bundesbürgern ab 16 Jahren durch das Institut für Demoskopie Allensbach im November 2018. Danach hat schon fast jede fünfte Erbschaft einen Wert von 100 TEUR oder mehr, Erbschaften unter 25 TEUR nehmen hingegen immer weiter ab. Zudem werde sich das Erbvolumen der Deutschen in den kommenden 15 Jahren um 28 Prozent erhöhen.) wird alsbald die nächste Generation der Bundesbürger erreichen. Schätzungen zufolge wird jedes Jahr allein in Deutschland Vermögen im Wert von insgesamt 250 Mrd. EUR vererbt.

2 Vor diesem Hintergrund überrascht es, wenn die Steuerspirale des Arbeitskreises „Steuerschätzung „ zu „Steuereinnahmen von Bund, Ländern und Gemeinden (Die Erbschaftsteuer fließt nach Art. 106 Abs. 2 Nr. 2 GG den Ländern zu. Für ihre Verwaltung sind deshalb allein die Landesfinanzbehörden zuständig. Der Bund hat nach Art. 105 Abs. 2 GG jedoch die konkurrierende Gesetzgebungskompetenz, die er mit dem ErbStG auch in Anspruch genommen hat.) im Mai 2018" das Jahresaufkommen der Erbschaft- und Schenkungsteuer lediglich mit 6,02 Mrd. EUR (abrufbar unter https://www.bundesfinanzministerium.de/Content/DE/Bilderstrecken/Infografiken/Infografiken-Steuern-Allgemein/2018-05-07-Steuerspirale.html) und damit in etwa in der Größenordnung der Vorjahre (vgl. die historische Übersicht bei Troll/*Gebel*/Jülicher ErbStG Einf. Rn. 10 ff.) beziffert. Hiervon entfallen traditionell etwa zwei Drittel auf Erbfälle und etwa ein Drittel auf Schenkungen (Vgl. das Gutachten des Wissenschaftlichen Beirats beim Bundesministerium der Finanzen, veröffentlicht 01/2012, Die Begünstigung des Unternehmensvermögens in der Erbschaftsteuer, S. 14 (für das Jahr 2009)). Das kassenmäßige Aufkommen der Erbschaftsteuer darf daher als gering bezeichnet werden, was auf einer Linie mit anderen Staaten liegt, die eine vergleichbare Steuer eingeführt haben (vgl. die Nachweise bei Troll/Gebel/*Jülicher* ErbStG Einf. Rn. 13, sowie die Kommentierung im Anhang zu § 21 ErbStG Rn. 91 ff.; ebenso *Scheffler/Spengel* BB 2004, 967 ff.). Dies gilt in absoluten Zahlen, aber auch im Verhältnis zum Gesamtsteueraufkommen. Dieses betrug im Jahr 2018 insgesamt ca. 772 Mrd. EUR (so die Ergebnisse des Arbeitskreises „Steuerschätzungen" https://www.bundesfinanzministerium.de/Content/DE/Bilderstrecken/Infografiken/Infografiken-Steuern-Allgemein/2018-05-07-Steuerspirale.html), so dass die Erbschaft- und Schenkungsteuer lediglich ca. 0,77 % hiervon ausmacht.

3 Die Gründe hierfür werden vielfach in der durch das Verfassungsrecht angestoßenen Neuregelung des deutschen Erbschaft- und Schenkungsteuerrechts im Jahr 2008 gesehen. Der Gesetzgeber hatte mit dem Erbschaftsteuerreformgesetz (Gesetz zur Reform des Erbschaftsteuer- und Bewertungsrechts (Erbschaftsteuerreformgesetz – ErbStRG) v. 24.12.2008, BGBl. I 3018) auf ein Urteil des BVerfG (BVerfG Urt. v. 7.11.2006 – 1 BvL 10/02, BStBl. II 2007, 192 ff. Insbesondere die Anwendung des einheitlichen Tarifs nach § 19 Abs. 1 ErbStG aF auf die sich nach § 12 ErbStG aF ermittelte Bemessungsgrundlage verstieß nach Ansicht des Gerichts gegen den allgemeinen Gleichheitssatz des Art. 3 GG.) zu reagieren und eine Reform des Bewertungsgesetzes verabschiedet, nach der künftig Bewertungen von sämtlichen Vermögensgegenständen am Verkehrswert orientiert sein sollten. Mit der Novelle des Erbschaftsteuergesetzes (Erbschaftsteuer- und Schenkungsteuergesetz in der Fassung der Bekanntmachung v. 27.2.1997 (BGBl. I 378), das zuletzt durch Artikel 30 des Gesetzes v. 26.6.2013 (BGBl. I 1809) geändert worden ist.) 2008 (ErbStG) hat der Gesetzgeber sodann die „Monita des BVerfG" (So schon mahnend das Gutachten des Wissenschaftlichen Beirats beim Bundesministerium der Finanzen, veröffentlicht 01/2012, Die Begünstigung des Unternehmensvermögens in der Erbschaftsteuer, S. 7.) umgesetzt. Gleich-

zeitig wurden aber weitreichende sog. Verschonungsregeln insbesondere für Betriebsvermögen geschaffen, die in der Literatur insoweit teilweise als faktische Abschaffung der Erbschaftsteuer interpretiert wurden (vorausschauend (bereits im Entwurfsstadium des Gesetzes) *Crezelius* DStR 2007, 2277 (2283 f.)) und einen für die Besteuerungspraxis kaum noch zu rechtfertigenden Komplexitätsgrad erreicht haben (vgl. statt vieler nur *Hannes/Onderka* ZEV 2008, 16: „Die Neuregelungen [gemeint sind die Verschonungsregeln; Anm. des Verf.] erreichen damit einen Grad an Differenziertheit, der aufgrund des damit einhergehenden Ermittlungs- und Kontrollaufwands sowohl für die Finanzverwaltung als auch für die steuerpflichtigen Unternehmer mit einem Erbschaftsteueraufkommen von jährlich 4 Mrd. EUR, von dem wiederum nur ein Teil aus dem Erwerb von Betriebsvermögen resultiert, kaum noch zu rechtfertigen ist."). Dies darf indes nicht dahingehend missverstanden werden, dass insbesondere das Erbschaftsteuerrecht nicht im Einzelfall doch eine besondere Tragweite entwickeln kann. Gerade bei der Vererbung von größeren Betriebsvermögen im Mittelstand führt eine unterlassene, nicht rechtzeitige oder schlicht misslungene Gestaltung nicht selten dazu, dass den Erben keine andere Wahl bleibt, als das elterliche Unternehmen zu veräußern, um die anfallende Steuerlast entrichten zu können.

4 Der erreichte Komplexitätsgrad ist für die Besteuerungspraxis umso bedauernswerter, als füglich bezweifelt werden darf, dass die gegenwärtige Rechtslage nunmehr den verfassungsrechtlichen Vorgaben vollständig zu Genüge reicht. Immerhin erachtet der BFH (immer noch und ungeachtet der jüngsten Revision des Gesetzes) zentrale Teile des geltenden Erbschaft- und Schenkungsteuergesetzes insbesondere im Hinblick auf die Ausgestaltung der Begünstigung von Betriebsvermögen als verfassungswidrig. Er hatte deshalb ein anhängiges Revisionsverfahren mit Beschluss vom 27.9.2012 (DStR 2012, 2063 ff., Az. beim BVerfG 1 BvL 21/12; mehrheitlich an der Verfassungsmäßigkeit zweifelnd ebenfalls *Meincke* ZEV 2013, 1 ff.; *Thonemann/Micker* DB 2012, 2538 ff.; *Hannes* ZEV 2012, 616 ff.; *von Oertzen* Ubg 2012, 724 ff.; *Wachter* DStR 2012, 2301 ff.; *Crezelius* BB 2012, 2979 ff.; *Lahme/Zipfel* BB 2012, 3171 ff.; pointiert ferner *Piltz* DStR 2013, 228 ff.) ausgesetzt und die Frage der Verfassungsmäßigkeit des Gesetzes dem BVerfG zur Entscheidung vorgelegt. Erwartungsgemäß hat das BVerfG sodann mit Urt. v. 17.12.2014 (1 BvL 21/12, DStR 15, 31 ff.) die Verschonungsregeln im Grundsatz für verfassungswidrig erklärt und dem Gesetzgeber aufgegeben, bis zum 30.6.2016 eine Neuregelung zu schaffen. Eine Neuregelung – insbesondere der Verschonungsregelungen für Betriebsvermögen – wurde durch das „Gesetz zur Anpassung des Erbschaftsteuer- und Schenkungsteuergesetzes an die Rechtsprechung des Bundesverfassungsgerichts" am 9.11.2016 geschaffen (BGBl. 2016 I S. 2464)- und gilt rückwirkend ab 1.7.2016, wobei die Folgen der Fristüberschreitung umstritten sind. Die hM verneint jedoch die Anwendung der aF über den 30.6.2016 hinaus (mwN *Drüen* DStR 2016, 643; aA FG Köln Urt. v. 8.11.2018 – 7 K 3022/17 – Rev. II R 1/19).Ob die Neuregelungen jedoch der Verfassung entspricht, wird in der Literatur kritisch diskutiert (für eine Neuvorlage vor dem BVerfG *Bilsdorfer* ZRP 2016, 9, aA wohl *Kempny* ZEV 2017, 677; offen *Riegel/Heynen* BB 2017, 23). Spezifisch internationale Fragen wirft dieser aber nicht auf. Auch Fragen der Verfassungswidrigkeit des ErbStG werden ansonsten zwar regelmäßig an den BFH/das BVerfG herangetragen, greifen aber meist iE nicht durch und beziehen sich in der Regel auch nicht primär auf grenzüberschreitende Sachverhalte (vgl. etwa BFH Urt. v. 24.4.2013 – II R 65/11, DStR 2013, 1128 ff. (zur erbschaftsteuerrechtlichen Gleichbehandlung von Geschwistern mit Ehegatten oder Lebenspartnern) oder BVerfG Urt. v. 30.10.2010 – 1 BvR 3196/09, 1 BvR 3197/09, 1 BvR 3198/09; DStR 2010, 2508 ff.).

5 Dies vorausgeschickt, sind in Bezug auf die nachstehenden Ausführungen Einschränkungen in zweierlei Hinsicht zu gewärtigen: Erstens konzentriert sich die Darstellung vor dem Hintergrund des Regelungsgegenstands der EuErbVO allein auf das Erbschaftsteuerrecht (und vernachlässigt spezifisch schenkungsteuerrechtliche Regelungen), und zweitens handelt insbesondere der Gliederungspunkt III. zum deutschen internationalen Erbschaftsteuerrecht allein von der spezifisch internationalen Dimension des deutschen Erbschaftsteuerrechts. Gesetzliche Bestimmungen, die allgemeiner Natur sind und ohne Einschränkung sowohl auf nationale als auch auf internationale Sachverhalte Anwendung finden, werden daher nicht im Einzelnen erörtert, was insbesondere für das im Gliederungspunkt C. dargestellte deutsche internationale Erbschaftsteuerrecht gilt. Beispielhaft seien die Anwendung des Steuertarifs oder die Begünstigungsregelungen für Betriebsvermögen genannt, die bei nationalen und grenzüberschreitenden Sachverhalten ohne Unterschiede vorgenommen werden. Hinsichtlich des allein auf nationale Sachverhalte anwendbaren wird auf die in vielfältiger Weise vorhandenen Kommentierungen, Bücher und Aufsätze zum Erbschaftsteuergesetz verwiesen.

II. OECD-Musterabkommen (E)

1. Historie und Bedeutung

6 Die historischen Anfänge des sich im Wesentlichen auf das Ertragsteuerrecht beziehenden OECD-Musterabkommens „zur Vermeidung der Doppelbesteuerung auf dem Gebiet der Steuern vom Einkommen und vom Vermögen", das gegenwärtig in der Version des Updates 2017 vorliegt, reichen bis in

das 18. Jahrhundert zurück (dazu *Haase,* Internationales und Europäisches Steuerrecht, Rn. 561 f. mwN). Es dauerte allerdings noch einige Jahrzehnte, bis 1921 der Völkerbund die Notwendigkeit bilateraler Maßnahmen zur Vermeidung von Doppelbesteuerungen erkannte. Die von diesem geleisteten Vorarbeiten führten 1955 zu einer ersten Stellungnahme des Rates der Organisation für Europäische wirtschaftliche Zusammenarbeit (OEEC) und 1963 zur Vorlage des „Musterabkommen[s] zur Vermeidung der Doppelbesteuerung des Einkommens und des Vermögens" durch den Steuerausschuss der OECD. Seitdem empfiehlt die OECD ihren Mitgliedsstaaten, das MA bei Abschluss und Revision bilateraler Abkommen zu berücksichtigen. Die Bundesrepublik Deutschland hat gegenwärtig mit mehr als 96 Staaten entsprechende DBA abgeschlossen (vgl. BMF v. 17.1.2019, Stand der Doppelbesteuerungsabkommen und anderer Abkommen im Steuerbereich sowie der Abkommensverhandlungen am 1.1.2019, Az. IV B 2 – S 1301/07/10017-10), weltweit existieren nach überschlägigen Schätzungen mehr als 2000 solcher DBA. Ihre praktische Bedeutung ist immens, sie sind aus der Besteuerungswirklichkeit nicht mehr wegzudenken.

Zeitlich etwas später begann die OECD auch mit den Arbeiten an einem „Musterabkommen zur Vermeidung der Doppelbesteuerung auf dem Gebiete der Nachlass-, Erbschaft- und Schenkungsteuern". Eine erste Version legte der Steuerausschuss der OECD im Jahr 1966 vor, nachdem nicht zuletzt eine terminologische Abstimmung mit dem OECD-MA 1963 erfolgt war (Wassermeyer/*Jülicher* MA-ErbSt Vorb. Art. 1 Rn. 1). Das ErbSt-MA liegt heute in der Version aus dem Jahr 1982 vor. Seitdem ist es, anders als das OECD-MA, welches inzwischen Revisionen im 2–3 Jahres-Turnus erfährt, bedauerlicherweise nicht mehr geändert oder den Erfordernissen der Weiterentwicklung der nationalen Steuerrechte angepasst worden. Es scheint, als habe die OECD vor dieser Aufgabe angesichts der kaum wahrnehmbaren Bedeutung geradezu kapituliert. 7

Die Bundesrepublik Deutschland hat derzeit mit lediglich sechs (BMF v. 17.1.2019, Stand der Doppelbesteuerungsabkommen und anderer Abkommen im Steuerbereich sowie der Abkommensverhandlungen am 1.1.2019, Az. IV B 2 – S 1301/07/10017-10) ausländischen Staaten DBA auf dem Gebiet der Erbschaft- und Schenkungsteuern abgeschlossen, namentlich mit Dänemark, Frankreich, Schweden, der Schweiz, Griechenland und den Vereinigten Staaten. Bei Dänemark und Schweden besteht die Besonderheit, dass die diesbezüglichen Regelungen in einem gemeinsamen Abkommen mit den ertragsteuerlichen Regelungen verbunden sind (sog. „großes Abkommen") (wo im Übrigen gleichlautende Begriffe im OECD-MA 2017 und im ErbSt-MA 1982 verwendet werden, so sind diese Begriffe in der Regel einheitlich auszulegen, vgl. Wassermeyer/*Jülicher* ErbSt-MA Vorb. Art. 1 Rn. 6). Auch im internationalen Vergleich bestehen auf dem Gebiet der Erbschaftsteuer erheblich weniger Abkommen als auf dem Gebiet der Steuern vom Einkommen und Vermögen, so dass die praktische Bedeutung des ErbSt-MA als eher gering einzustufen ist. Die deutschen DBA folgen in Aufbau und Inhalt weitgehend dem ErbSt-MA, international betrachtet ist dies indes nicht immer der Fall (Wassermeyer/*Jülicher* ErbSt-MA Vorb. Art. 1 Rn. 25). Ihre Spezifika werden unten im Gliederungspunkt B. im jeweiligen Sachzusammenhang dargestellt. 8

Die geringe Anzahl an erbschaftsteuerlichen DBA überrascht angesichts der Tragweite der möglichen Doppelbesteuerungen. Im Bereich der Erbschaftsteuer kommt es nämlich in erheblich größerem Umfang zu Doppelbesteuerungen als im Ertragsteuerrecht (s. die Beispielsfälle in den Tz. 7 ff. des OECD-MK zu Art. 1 ErbSt-MA). Der Grund hierfür ist zuvörderst in der unterschiedlichen Konzeption der Erbschaftsteuer in den verschiedenen Staaten zu sehen, welche manche Staaten als Nachlasssteuer und manche Staaten als Erbanfallsteuer ausgestaltet haben. Insbesondere Wertzuwachssteuern können dafür sorgen, dass eine Person Steuern auf einen Vermögensanfall zahlen muss, welcher ihr nicht zugeflossen ist (Wassermeyer/*Jülicher* ErbSt-MA Vorb. Art. 1 Rn. 9). Hinzu kommen Konflikte, die sich aus der unterschiedlichen Anknüpfung an das Territorium eines Staates auf Seiten des Erblassers und des Erben ergeben. Auch das Aufeinandertreffen zweier erweitert unbeschränkter Steuerpflichten ist aus dem Ertragsteuerrecht kaum bekannt. Im Bereich der Erbschaftsteuer wird indes zuweilen übergangsweise auch an die Staatsangehörigkeit angeknüpft, wie etwa § 2 Abs. 1 Nr. 1 Satz 2 Buchstabe b) ErbStG zeigt. Die unilateralen Regeln zur Vermeidung der Doppelbesteuerung vermögen diese Konflikte häufig, jedoch nicht in allen Fällen befriedigend aufzulösen. 9

2. Anwendungsvorrang des ErbSt-MA

Das ErbSt-MA genießt einen Anwendungsvorrang vor den nationalen Erbschaftsteuerrechten: Die einzelnen Staaten stehen sich in der Völkergemeinschaft gleichberechtigt als Rechtssubjekte gegenüber. Wie natürliche und juristische Personen im Privatrecht können sie (als nach deutscher Terminologie öffentlich-rechtliche Gebietskörperschaften) bilaterale und multilaterale Verträge miteinander schließen, deren Voraussetzungen, Zustandekommen, Wirkungsweise und Beendigung vom (allgemeinen und besonderen) Völkerrecht als sedes materiae geregelt werden. DBA sind solche völkerrechtlichen Verträge, die zur Kategorie der bilateralen Verträge rechnen (*Vogel*/Lehner Einl. Rn. 45; *Reith,* Internationales Steuerrecht, Rn. 4.44 und Rn. 4.1154 (dort Fn. 1329), wo die wenigen Ausnahmen genannt sind). Anders als es der Begriff „Doppelbesteuerungsabkommen" nahelegen mag, handelt es sich 10 bekanntlich nicht um Verträge zur Begründung, sondern um Verträge zur Vermeidung von Doppelbesteuerungen und seit der Revision in der Version des OECD-MA 2017 in der Präambel des OECD-MA ebenfalls mit der Zielsetzung der Vermeidung der Nichtbesteuerung (zur Frage, ob DBA auch das Ziel haben (dürfen), eine doppelte Nichtbesteuerung zu vermeiden, vgl. instruktiv *Lüdicke,* Überlegungen zur deutschen DBA-Politik, 2008, 7 ff.).

11 Mit der Besteuerung ihrer Bürger zur Erzielung von Einnahmen nimmt die Bundesrepublik Deutschland originär hoheitliche Aufgaben wahr. Da es aufgrund des völkerrechtlichen Souveränitätsprinzips einem ausländischen Staat nicht gestattet ist, im Inland hoheitlich tätig zu werden und der Steuerpflichtige nicht als Vertragspartei an dem Zustandekommen von DBA mitwirkt, ist es unmittelbar einsichtig, dass sich aus den DBA im Verhältnis zum Steuerpflichtigen keine materiellen Besteuerungsfolgen ableiten lassen: Ein Besteuerungsanspruch wird durch DBA nach ganz einhelliger Meinung nicht begründet (vorbildlich das BFH Urt. v. 12.3.1980 – I R 186/76, BStBl. II 1980, 531 ff. im Gliederungspunkt 4 der Entscheidungsgründe: „Art. 6 des DBA-Niederlande bietet dem FA keine selbstständige Rechtsgrundlage für die Erhöhung der Einkünfte der KG beziehungsweise des Gewinnanteils der GmbH. Doppelbesteuerungsabkommen begründen keine Steuerpflicht und erhöhen keine Steuer über die innerstaatlichen Steuergesetze hinaus. Daraus folgt, daß auf Art. 6 DBA-Niederlande nicht mehr eingegangen zu werden braucht, nachdem die behandelten deutschen Steuergesetze keine Möglichkeit bieten, den Gewinn der KG zu erhöhen."), vielmehr werden nur bestehende Besteuerungsansprüche zwischen den Vertragsstaaten verteilt (Abkommensvorschriften als Verteilungsnormen) (dies ist natürlich nicht im Sinne einer Verteilung materieller Besteuerungsrechte zu verstehen, wie *Vogel/Lehner* Einl. Rn. 69 zutreffend anmerkt, sondern im Sinne einer Aufteilung von Steuerquellen (so selbst *Vogel/Lehner* Einl. Rn. 70)). Das DBA wirkt lediglich als Schranke innerstaatlichen Rechts, weil jeweils einer der Vertragsstaaten für bestimmte Einkünfte oder bestimmtes Vermögen sein aus dem nationalen Recht resultierendes Besteuerungsrecht gegenüber dem anderen Staat zurücknimmt (Abkommensvorschriften als sog. Schranken- oder Begrenzungsnormen (die Terminologie ist uneinheitlich, vgl. den Überblick bei *Reith,* Internationales Steuerrecht, Rn. 4.49 ff. Wichtiger als die Begrifflichkeiten ist die Erkenntnis, dass DBA-Normen keine Rechtsgrundlagen für die Steuerfestsetzung bilden. Sie enthalten nur die Ermächtigung, dass sich ein Vertragsstaat bei einem grenzüberschreitenden Sachverhalt im Verhältnis zum anderen Vertragsstaat auf diese Rechtsgrundlage stützen kann). Das DBA bindet die beteiligten Staaten als Vertragsparteien und verpflichtet sie, die in dem Abkommen getroffenen Regelungen in nationales Recht umzusetzen. Dies geschieht in Deutschland über ein sog. Transformationsgesetz (sog. Transformationstheorie. Demgegenüber steht die sog. Vollzugstheorie, die im Zustimmungsgesetz einen Vollzugsbefehl sieht, den völkerrechtlichen Vertrag in der innerstaatlichen Rechtsordnung zur Geltung zu bringen, womit sich zwangsläufig verbindet, dass sich dies nur auf das Abkommen als Ganzes beziehen kann; so ausdrücklich *Debatin,* Beihefter 23 zu DStR 1992, 1). Erst nach Umsetzung in das nationale Recht kann im Grundsatz auch der Steuerpflichtige unmittelbar aus dem DBA Ansprüche herleiten (insbesondere Vogel/Lehner/*Vogel* Einl. Rn. 62 setzt sich dafür ein, dass die Abkehr der deutschen Völkerrechtslehre von der Transformationstheorie und die Hinwendung zum Verständnis des deutschen Umsetzungsgesetzes als Anwendungsbefehl auch für das Steuerrecht anerkannt werden. In der Tat hat sich dieser Ansatz im Steuerrecht noch nicht durchgesetzt) („self-executing"-Wirkung).

12 Das Zustandekommen eines völkerrechtlichen Vertrags und damit eines DBA vollzieht sich in mehreren Stufen (ausführlich *Vogel/Lehner* Einl. Rn. 46 ff.). Es ist die staatsrechtliche Kompetenzordnung zu beachten (Art. 59 Abs. 2 GG): Die Erbschaftsteuer fließt nach Art. 106 Abs. 2 Nr. 2 GG den Ländern zu. Für ihre Verwaltung sind deshalb allein die Landesfinanzbehörden zuständig. Der Bund hat nach Art. 105 Abs. 2 GG jedoch die konkurrierende Gesetzgebungskompetenz, die er mit dem ErbStG auch in Anspruch genommen hat. Für den Abschuss eines völkerrechtlichen Vertrags sind nach den allgemeinen Bestimmungen zudem die Regelungen des Wiener Übereinkommens über das Recht der Verträge zu beachten.

13 Aus dem Gesagten ergeben sich die folgenden Phasen der Vertragsverhandlungen: Zunächst werden von Unterhändlern (typischerweise Beamte des BMF unter Beteiligung des Auswärtigen Amts) mit Vertretungsvollmacht des Bundespräsidenten gemäß Art. 59 Abs. 1 GG Vertragsverhandlungen geführt. Erst- und auch Neuverhandlungen von DBA (so wie gegenwärtig mit Italien und Finnland) können unter Umständen Jahre andauern, weil keiner der beteiligten Staaten ohne Not Besteuerungssubstrat verlieren möchte. Sobald ein Abkommensentwurf vorliegt, wird dieser parafiert, indem die jeweiligen Leiter der Verhandlungskommissionen der beteiligten Staaten ihre Namenszeichen unter den ausgehandelten Vertragstext setzen und ihn dadurch als authentisch festlegen. Sodann erfolgt die Unterzeichnung des Abkommens durch einen Bevollmächtigten des Bundespräsidenten, und das Abkommen wird durch ein Zustimmungsgesetz (Art. 59 Abs. 2 GG) in nationales Recht transformiert. Den Abschluss des Verfahrens bilden die Ratifikation durch den Bundespräsidenten und der Austausch der Ratifikationsurkunden. Nach der Umsetzung in nationales Recht hat das DBA den Rang des Transformationsgesetzes. Es steht daher gleichberechtigt als einfaches Bundesrecht neben den Einzelsteuergesetzen. Dies ist auch der Grund, warum nach – wohl noch (hier bleibt die weitere Entwicklung abzuwarten. Der BFH hat mit Beschluss v. 10.1.2012 (I R 66/09) dem Bundesverfassungsgericht die Frage vorgelegt, ob der Gesetzgeber durch die Technik des treaty override (Überschreiben des Abkommens) gegen Verfassungsrecht verstößt. Die Vorlage ist speziell zu § 50d Abs. 8 EStG ergangen, das heißt zu einer der älteren „treaty override"-Normen, hat aber nach umstrittener, wohl dennoch zutreffender Ansicht auch darüber hinaus Bedeutung. Das BVerfG hat der hM folgend entschieden Beschluss des BVerfG v. 15.12.2015, 2 BvL 1/12)), dass ein „Überschreiben des Abkommens", ein sog. treaty override (dazu ausführlich *Vogel/Lehner* Einl. Rn. 194 ff.; *Reith,* Internationales Steuerrecht, Rn. 4.66; *Bron* IStR 2007, 431 ff.; zu völker- und gemeinschaftsrechtlichen Bedenken hinsichtlich des treaty override *Stein* IStR 2006, 505 ff.; *Sehr* IStR 1997, 481 ff.; *Kippenberg* IStR 2006, 512 ff.; aA *Forsthoff* IStR 2006, 509; instruktiv *Gosch* IStR 2008, 413 ff.), zulässig ist, denn im Ergebnis gilt zwischen gleichrangigen Vorschriften gilt die allgemeine Regel „lex posterior derogat legi priori".

Die Bundesrepublik Deutschland hat im Ertragsteuerrecht verhältnismäßig häufig von der Möglichkeit des Überschreibens eines DBA Gebrauch gemacht, im Erbschaftsteuerrecht bislang indes nicht. Der treaty override wird idR angekündigt mit den Worten „ungeachtet des Abkommens" beziehungsweise es wird angeordnet, dass die den treaty override enthaltenden Normen „durch die Abkommen zur Vermeidung der Doppelbesteuerung nicht berührt werden". Beispiele finden sich etwa in § 50d Abs. 1, 8, 9 und 10 EStG und in § 20 Abs. 1 AStG. Die Verletzung des Abkommens zeitigt gegenüber dem Steuerpflichtigen (also im Innenverhältnis) keine Wirkungen, dh das nationale Gesetzesrecht ist ihm gegenüber wirksam. Im Außenverhältnis hingegen, also im Verhältnis zum anderen Staat, verletzt der das Abkommen negierende Staat den völkerrechtlichen Grundsatz „pacta sunt servanda". Die Folgen des Vertragsbruches werden entweder über eine dem Art. 25 OECD-MA entsprechende Regelung (Verständigungsverfahren) korrigiert, oder es greifen die allgemeinen völkerrechtlichen Sanktionen. Daneben kommen vertragliche Regelungen zur Anwendung (etwa Kündigung nach Art. 31 OECD-MA) (*Vogel/Lehner* Einl. Rn. 199), die bislang indes nur in seltenen Ausnahmefällen praktisch geworden sind (Ein Beispiel aus jüngerer Zeit ist die Kündigung des DBA mit Brasilien, vgl. dazu etwa FSen Bremen, Erlass v. 5.10.2005 (DB S. 2384) – FSen Bremen S 1301 – 5537 – 12 – 1. Beispiel für die ErbSt: Das frühere DBA mit Österreich v. 4.10.1954 (BStBl. I 1955, 376 ff.) ist nach Abschaffung der Erbschaftsteuer in Österreich ab dem 1.8.2008 von deutscher Seite gem. dessen Art. 12 Abs. 2 fristgerecht, bereits im Voraus zum 31.12.2007, gekündigt worden (BMF v. 8.10.2007, BStBl. I 2007, 821). Ein Vertragspartner der Bundesrepublik Deutschland hingegen hat bislang – soweit ersichtlich – noch keine Kündigung ausgesprochen). **14**

Dass abgesehen von einem treaty override die Regelungen des DBA dem nationalen Gesetzesrecht gleichwohl vorgehen, ergibt sich also lediglich aus dem Charakter der Normen des Völkerrechts als leges speciales beziehungsweise aus dem Grundsatz völkerrechtsfreundlichen Verhaltens. Ausdrücklich nicht anwendbar ist hingegen Art. 25 GG, denn DBA enthalten keine allgemeinen Regeln des Völkerrechts. Gleichwohl bildet das Abkommensrecht einen von dem nationalen Gesetzesrecht losgelösten eigenen Rechtskreis, der einer eigenen Systematik folgt. Insbesondere ist der Vorrang nicht aus § 2 AO oder Art. 3 Abs. 1 EGBGB herzuleiten. Ob dies jedoch wirklich aus der Tatsache folgt, dass eine einfachgesetzliche Norm – wie es insbesondere von *Frotscher* (*Frotscher,* Internationales Steuerrecht, Rn. 48) vertreten wird – kein Vorrangverhältnis zwischen zwei anderen einfachgesetzlichen Normen herbeiführen kann oder nicht doch eher dem lex-specialis-Gedanken zu entnehmen ist, ist allenfalls von theoretischem Belang. Richtig ist jedenfalls im praktischen Ergebnis, dass § 2 AO nur eine klarstellende Bedeutung zukommt. **15**

III. Deutsches internationales Erbschaftsteuerrecht

1. Regelungsgegenstand

Unter dem deutschen internationalen Erbschaftsteuerrecht sind diejenigen Bestimmungen des nationalen Rechts zu verstehen, die sich mit der erbschaftsteuerlichen Behandlung von Erbfällen mit Auslandberührung einschließlich der hierzu abgeschlossenen internationalen Abkommen befassen, soweit diese in nationales Recht transformiert worden sind. Besondere Bedeutung haben hierbei die Regelungen, die die Vermeidung internationaler Doppelbesteuerungen zum Inhalt haben. Die Bundesrepublik Deutschland hat unilateral für die Erbschaftsteuer insoweit lediglich die Anrechnungsmethode vorgesehen (vgl. § 21 ErbStG). Der Sachverhalt mit Auslandsbezug kann im Bereich der Erbschaftsteuer in drei Grundkonstellationen vorkommen: (1) Der Erblasser ist im Ausland und der Erbe im Inland ansässig. (2) Der Erblasser ist im Inland und der Erbe im Ausland ansässig. (3) Erblasser und Erbe sind im Ausland ansässig, es wird jedoch im Inland belegenes Vermögen vererbt. Das deutsche internationale Erbschaftsteuerrecht regelt vor diesem Hintergrund lediglich die Reichweite der persönlichen und sachlichen Erbschaftsteuerpflicht und die Vermeidung der Doppelbesteuerung, während sich die Besteuerung im Übrigen nach den allgemeinen Regeln richtet. **16**

Doppelbesteuerungen sind im internationalen Erbschaftsteuerrecht in vielfältiger Weise anzutreffen und im Wesentlichen konzeptionell bedingt: Die Erbschaftsteuer kann im Grundsatz nach dem Territorialitätsprinzip oder nach dem Universalitätsprinzip erhoben werden. Nach dem Territorialitätsprinzip **17** unterliegen der Besteuerung alle in dem Gebiet des die Steuer erhebenden Staates belegenen oder ihm anderweitig zugerechneten Gegenstände und Rechte. Nach dem Universalitätsprinzip (auch Weltprinzip genannt) werden alle dem erhebenden Staat angehörenden Steuerpflichtigen mit ihrem Weltvermögen, also ungeachtet der Belegenheit, besteuert. Die meisten Staaten, die eine Erbschaftssteuer erheben, folgen einer Mischung beider Prinzipien. Sie erfassen zum einen sämtliches in ihrem Gebiet belegenes Vermögen (Territorialitätsprinzip) entweder aufgrund einer auf den inländischen Besitz beschränkten Steuerpflicht (so in Deutschland) oder in Form einer sich hierauf unmittelbar beziehenden Nachlasssteuer (zB teilweise in den Niederlanden und Luxemburg), zum anderen die in ihrem Gebiet nicht nur vorübergehend ansässigen Personen als unbeschränkt Steuerpflichtige mit ihrem Weltvermögen. Manche Staaten erstrecken die unbeschränkte Erbschafsteuerpflicht auch noch eine Zeitlang auf eigene Staatsangehörige nach ihrem Wegzug.

18 Sowohl Deutschland als auch beispielsweise die meisten Kantone der Schweiz wenden die Mischung beider genannten Prinzipien an, wobei in Deutschland die Steuerpflicht nach derzeitiger Rechtslage auch noch fünf Jahre nach dem Wegzug deutscher Staatsangehöriger nachwirkt. Die Anwendung der unterschiedlichen Prinzipien der Steuererhebung und ihrer Mischung führt notwendigerweise zu einer Überlappung der nationalen Besteuerungen, bei denen sich der Steuerpflichtige aufgrund desselben Tatbestands (Erbfall) einer Doppelbesteuerung in Form der Erbschaftsteuerforderungen mehrerer Staaten ausgesetzt sieht.

2. Zivilrechtsakzessorietät?

19 Das nationale deutsche Erbschaftsteuerrecht ist bekanntlich durch den sogenannten Grundsatz der Zivilrechtsakzessorietät gekennzeichnet (ausführlich *Crezelius* BB 1978, 1594 ff.; *Crezelius* BB 1979, 621 (622), ablehnende Anmerkung zu BFH Urt. v. 12.7.1979 – II R 26/78, BFHE 128, 266 ff.; ebenso *Milatz/Herbst* ZEV 2012, 21 (22) allgemein zu den Grundsätzen des ErbStG *Kapp* BB 1975, 933 ff.), der als allgemeiner Auslegungsgrundsatz gelten darf. Ob ein erbschaftsteuerbarer Vorgang vorliegt, richtet sich daher im Wesentlichen nach den zivilrechtlichen Vorgaben des BGB. Viele Vorschriften des ErbStG knüpfen ausdrücklich oder implizit an Normen des BGB an (Beispiele: § 3 Abs. 1 Nr. 1 und 2, § 3 Abs. 2 Nr. 7, § 4, § 5, § 7 Abs. 1 Nr. 4 und 5 ErbStG). Die solchermaßen in Bezug genommenen Normen sind allein zivilrechtlich zu verstehen und auszulegen. Eine eigenständige steuerliche Wertung und Auslegung findet insoweit nicht statt.

20 Für das internationale Erbschaftsteuerrecht und sein Verhältnis zum internationalen Erbrecht gilt die vorstehende Aussage indes nicht in gleicher Weise. Zwar ähneln sich beide Disziplinen insoweit, als über das anwendbare Recht beziehungsweise das Besteuerungsrecht eines bestimmten Staates entschieden wird, jedoch gibt es in dieser Hinsicht im internationalen Erbschaftsteuerrecht keinerlei Rekurs auf das internationale Erbrecht, und zwar ungeachtet dessen, ob sich das auf einen Erbfall anwendbare Erbrecht nach den Regeln des EGBGB, zwischenstaatlicher Abkommen oder nach der EuErbVO bemisst. Beispiel: Die EuErbVO wird für Erbfälle, die sich ab dem 17.8.2015 ereignen (Art. 83 Abs. 1 EuErbVO), das Erbstatut gemäß Art. 21 Abs. 1 objektiv an den gewöhnlichen Aufenthalt des Erblassers zum Zeitpunkt seines Todes anknüpfen. Eine Rechtswahlmöglichkeit besteht zwar nach Art. 22 Abs. 1 EuErbVO, allerdings kann sie nur zu Gunsten des Rechts des Staates ausgeübt werden, dem der Erblasser zum Zeitpunkt der Rechtswahl oder im Moment seines Todes angehörte. Im Erbschaftsteuerrecht hingegen kann auch der Erwerber eine deutsche Steuerpflicht begründen, und eine Rechtswahl ist im ErbStG ohnehin im Grundsatz nicht vorgesehen (abgesehen von § 2 Abs. 3 S. 1 ErbStG).

21 Es bleibt daher festzuhalten, dass das internationale Erbschaftsteuerrecht und das internationale Erbrecht zwei unterschiedliche Regelungskreise sind, die sich zwar zuweilen schneiden (so ist bezogen auf das vorstehende Beispiel wegen § 2 Abs. 1 Nr. 1 S. 2 Buchstabe a) ErbStG durchaus ein inländisches Besteuerungsrecht wegen des gewöhnlichen Aufenthalts des Erblassers im Inland gegeben), aber nicht durchgängig überlappen. Interdependenzen im Sinne einer Zivilrechtsakzessorietät oder einer anderweitigen Abhängigkeit der einen von der anderen Disziplin sind jedenfalls für das deutsche Recht bislang nicht ersichtlich, auch wenn es in anderen europäischen Staaten einen stärkeren indirekten Zusammenhang zwischen der EuErbVO und dem nationalen Erbschaftsteuerrecht zu geben scheint, was ggf. Anlass für Überlegungen zur perspektivischen Herausbildung eines genuin europäischen Erbschaftsteuerrechts sein mag (vgl. etwa für das italienische Recht *Dorigo,* Is Regulation EU 650/2012 really irrelevant for national inheritance taxes? – The case of Italy, in: FONDAZIONE ITALIANA DEL NOTARIATO (Hrsg.), Insights and proposals related to the application of the European Succession Regulation 650/2012, Rom 2019, 353 ff.). Ungeachtet dessen stellen sich in der Praxis immer wieder schwierige Fallfragen, die sowohl eine tiefe Kenntnis des Erbrechts als auch des (internationalen) Steuerrechts voraussetzen. Auch die Finanzgerichte müssen sich in diesem Zusammenhang immer wieder mit beiden Rechtsmaterien befassen. So hat beispielsweise der BFH am 4.7.2012 entschieden, dass auch ein auf ausländischem Recht (hier: Anwachsungsklausel nach französischem Ehegüterrecht) beruhender Erwerb von Todes wegen der inländischen Erbschaftsteuer unterliegen kann (BFH Urt. v. 4.7.2012 – II R 38/10, BFHE 238, 216 ff.).

IV. Europäisches Steuerrecht

1. Rechtsprechung des Europäischen Gerichthofs

a) Allgemeines. Die Rechtsprechung des EuGHs zur Anwendung der Grundfreiheiten auf das Steuerrecht der Mitgliedstaaten bezieht sich ganz überwiegend auf ertragsteuerliche Sachverhalte. In den Jahrzehnten bis zur Jahrtausendwende gab es gar keinerlei Entscheidungen des Gerichtshofs zum Bereich der Erbschaftsteuer. Erst in den Grundsatz-Urteilen in den Rs. *Erben von Barbier* v. 11.12.2003 sowie *van Hilten* v. 23.2.2006 hat der EuGH deutlich gemacht, dass er von der Geltung der Europäischen Grundfreiheiten uneingeschränkt auch für den Bereich der Erbschaft- und Schenkungsteuer ausgeht. Die Argumentation, dass das „Vererben und Verschenken" keine von den Grundfreiheiten erfasste wirtschaftliche Betätigung darstelle, verfängt damit nach Ansicht des Gerichts im Ergebnis mE zu Recht nicht (Die Begriffsbestimmung der Kapitalverkehrsfreiheit wird unter anderem unter Bezugnahme auf die Kapitalverkehrsrichtlinie (88/361/EWG) und deren Anhang vorgenommen: Erbschaften und Vermächtnisse sind danach Bestandteil des geschützten freien Kapitalverkehrs. Vgl. insoweit auch die *Bordessa*-Entscheidung (EuGH 23.2.1995 – Rs. C-358/93, Slg. 1995, I-361 Rn. 33 ff.) zur unmittelbaren Anwendbarkeit von Art. 1 der Kapitalverkehrsrichtlinie („sekundärrechtliche Kapitalverkehrsfreiheit")). 22

Anders als im Ertragsteuerrecht indes sind Erbschaftsteuerfälle vordringlich an der Kapitalverkehrsfreiheit zu messen, was damit im Grundsatz auch Drittstaatenfälle umfasst (Ausnahme nach jüngerer Rechtsprechung: Die Kapitalverkehrsfreiheit ist im Verhältnis auch zu Drittstaaten unanwendbar, wenn schwerpunktmäßig eine andere Grundfreiheit einschlägig ist (EuGH 3.10.2006 – C-452/04 – Fidium Finanz; zum Ganzen *Wilms/Maier* UVR 2004, 327 ff. sowie *Billig* UVR 2011, 182 ff.). Die vorgenannten Grundsatz-Urteile haben in diesem Zusammenhang ausgeführt, dass die Kapitalverkehrsfreiheit dann berührt wird, wenn entweder der Erblasser und der Erbe in verschiedenen Staaten ansässig sind (Rs. *van Hilten*) oder wenn das übergehende Vermögen in einem anderen Mitgliedstaat als dem Wohnsitzstaat des Erblassers (Rs. *Erben von Barbier*) belegen ist. Nur sehr zögerlich ist zu Beginn der Rechtsprechungsentwicklung im Erbschaftsteuerrecht auch auf die Niederlassungsfreiheit zurückgegriffen worden (EuGH 25.10.2007 – C-464/05 – *Geurts und Vogten*), jedoch stellen sich die aus dem Ertragsteuerrecht bekannten Abgrenzungsprobleme insbesondere zwischen der Niederlassungs- und der Kapitalverkehrsfreiheit hier in gleicher Weise (etwa, wenn Streubesitzbeteiligungen zum Nachlass gehören (dazu etwa BFH 29.8.2012 – I R 7/12, DStR 2012, 2319 ff.)). 23

b) Bisherige EuGH-Urteile im Bereich der Erbschaftsteuer: 24

- Urt. v. 30.6.2016 – C-123/15 *(Feilen):* Regelung eines Mitgliedstaats, die eine Ermäßigung der Erbschaftsteuer für einen Nachlass vorsieht, der Vermögen enthält, das bereits im selben Mitgliedstaat unter Erhebung dieser Steuer übertragen wurde.
- Urt. v. 14.4.2016 – C 522/14 *(Sparkasse Allgäu):* Regelung eines Mitgliedstaats, mit der Kreditinstitute verpflichtet werden, der Steuerverwaltung für die Zwecke der Erhebung der Erbschaftsteuer Informationen über das Vermögen verstorbener Kunden mitzuteilen. Der EuGH hatte die Regelung unter der Prämisse zu würdigen, inwieweit die Anwendung auf Zweigniederlassungen in einem anderen Mitgliedsstaat, in dem das Bankgeheimnis eine solche Mitteilung grundsätzlich verbietet, zu erfolgen hat.
- Urt. v. 3.9.2014 – C-127/12 *(Kommission gegen Spanien):* Gravierende Benachteiligung ausländischer Erben aufgrund der Gebietsansässigkeit.
- Urt. v. 4.9.2014 – C-211/113 *(Kommission gegen Deutschland):* Unterschiedliche Freibeträge bei in- und ausländischen Immobilien. Der EuGH hat die Regelungen für nicht vereinbar mit dem EU-Recht erklärt, weil sie eine unzulässige Beschränkung des Kapitalverkehrs darstellten. Die Regelung stelle eine Wertminderung der Schenkung oder des Nachlasses dar.
- Urt. v. 17.10.2013 – C-181/12 *(Welte):* Erbschaftsteuerfreibetrag darf nicht zwischen in- und ausländischem Grundbesitz differenzieren (§ 16 ErbStG). Unionsrechtswidriger Erbschaftsteuerfreibetrag für einen in einem Drittland ansässigen beschränkt steuerpflichtigen Erben (beachte für das Verhältnis zur Schweiz in diesem Zusammenhang auch die EuGH-Entscheidung v. 28.2.2013 (C-425/11) in der Rs. *Katja Ettwein/FA Konstanz* (dazu auch BMF v. 16.9.2013, Az. IV C3–5 1325/11/10014). Es handelt sich um die erste steuerliche Entscheidung des EuGHs zum Abkommen zwischen der Schweizerischen Eidgenossenschaft und der Europäischen Gemeinschaft und ihren Mitgliedsstaaten über die Freizügigkeit v. 21.6.1999 (FZA), welches substantiell gleiche Freiheitsrechts wie die Europäischen Grundfreiheiten gewährt. Zwar ist der freie Kapitalverkehr im FZA nicht garantiert, sondern nur der freie Personenverkehr. Die Entscheidung dürfte aber dennoch, flankierend zur *Welte*-Entscheidung des EuGHs, dazu führen, dass im Verhältnis zur Schweiz auch im Bereich der Erbschaftsteuer künftig dieselben Vergünstigungen wie im Verhältnis zu EU/EWR-Staaten gelten).
- Urt. v. 19.7.2012 – C-31/11 *(Scheunemann):* Erbschaftsteuer auf Beteiligung mit sicherem Einfluss auf im Drittland ansässige Kapitalgesellschaft berührt Kapitalverkehrsfreiheit nicht (dazu *Wünsche* IStR

2012, 785 ff.; *Thömmes* IWB 2012, 646 ff.; *Schmidt/Siegmund* DStZ 2012, 427 ff.; *Hey* DStR 2011, 1149 ff.; *Milatz/Kämper* IWB 2010, 605 ff.).
- Urt. v. 15.9.2011 – C-132/10 *(Halley):* Verstoß gegen Unionsrecht bei restriktiveren Bewertungsregeln für ausländische Namensaktien.
- Urt- v. 10.2.2011 – C-25/10 (*Missionswerk Werner Heukelbach e. V.*): Keine Unterscheidung zwischen inländischen und ausländischen Organisationen bei Erbschaftsteuerermäßigungen.
- Urt. v. 22.4.2010 – C-510/08 *(Mattner):* Verminderter Freibetrag für Schenkungen zwischen Gebietsfremden unionsrechtswidrig (dazu *Esskandan* ErbStB 2011, 133 ff.; *Thömmes* IWB 2010, 73 ff.; *Werkmüller* ZEV 2010, 360 ff.).
- Urt. v. 12.2.2009 – C-67/08 *(Block):* Doppelbelastung eines Guthabens bei einer spanischen Bank mit spanischer und deutscher Erbschaftsteuer verstößt nicht gegen die Kapitalverkehrsfreiheit (dazu *Kaminski* Stbg 2013, 10 ff.; *Hellwege* ErbStG 2009, 252 ff.; *Strunk/Meyer-Sandberg* IWB 2009, Fach 11A, 1235 ff.; *Feltner/Härke* ErbStB 2012, 147 ff.).
- Urt. v. 11.9.2008 – C-11/07 *(Eckelkamp):* Berechnung der Vermögensübergangsteuer auf Immobilien, nach der der Abzug der auf einer Immobilie ruhenden hypothekarischen Belastung vom Wert dieser Immobilie nicht erlaubt ist, wenn der Erblasser zum Zeitpunkt seines Todes in einem anderen Mitgliedstaat gewohnt hat.
- Urt. v. 7.1.2008 – C-256/06 *(Jäger):* Ungünstigere Methode zur Bewertung des Vermögensgegenstands und zur Berechnung der Steuerbelastung bei land-/forstwirtschaftlichem Vermögen (dazu *Eisele* NWB 2008, 1637 ff.; *Eicker* ZErb 2007, 216 ff.; *Seitz* IStR 2008, 349 ff. Ähnlich auch EuGH Urt. v. 2.10.2008 – C-360/06 *(Bauer)* zur Bewertung von ausländischen Kommanditbeteiligungen; dazu *Thömmes* IWB 2008, F. 11A, 1199 ff.).
- Urt. v. 25.10.2007 – C-464/05 *(Geurts und Vogten):* Nach Ansässigkeit von Arbeitnehmern differenzierende Erbschaftsbesteuerung für Familiengesellschaften.
- Urt. v. 23.2.2006 – C-513/03 *(van Hilten):* Nach Ansässigkeit differenzierende erweitert unbeschränkte Erbschaftsteuerpflicht nach Wegzug des Steuerpflichtigen (dazu *Hahn* ZErb 2006, 250 ff.; *Thömmes* IWB 2005, Fach E11a, 889 ff.; *Wachter* FR 2005, 1068 ff.).
- Urt. v. 11.2.2003 – C-364/01 *(Erben von Barbier):* Bewertung dinglicher Rechte für Zwecke der Erbschaftsteuer je nach Ansässigkeit des Steuerpflichtigen (dazu *Höninger* INF 2004, 335 ff.; *Jochum* ZErb 2004, 253 ff.; *Schnitger* FR 2004, 187 ff.).

25

c) Deutsche Gerichte (und Verfassungsrecht). Wie im Ertragsteuerrecht sind es – europaweit betrachtet – mehrheitlich deutsche Fälle, die dem EuGH zur Entscheidung vorgelegt werden. Abseits dessen gibt es in jüngerer Zeit vermehrt Rechtsprechung der Finanzgerichte und auch des BFH zu grenzüberschreitenden Erbfällen, die sich indes in den Urteilsgründen meist auf die bereits ergangenen EuGH-Urteile beziehen und so eine erneute Vorlage vermeiden (etwa aufgrund der acte-claire-Doktrin). So hat beispielsweise das Hessische FG am 3.7.2013 entschieden, dass eine Steuerermäßigung nach § 27 ErbStG aufgrund der für den Vorerwerb erhobenen österreichischen Erbschaftsteuer ausscheide. Eine Begrenzung der Steuerermäßigung auf einen dem deutschen Erbschaftsteuerrecht unterliegenden vorherigen Erbfall bewirke keinen Verstoß gegen die unionsrechtlich gewährleistete Kapitalverkehrsfreiheit (BFH Urt. v. 27.9.2016 – II R 37/13)).

26 In gleicher Weise ist der BFH zu Recht in der Rs. II R 10/12 (BFH Urt. v. 19.6.2013, BFHE 241, 402 ff.) verfahren und hat ohne ein weiteres Vorabentscheidungsverfahren judiziert, dass die Erbschaftsteuer, die ein ausländischer Staat auf den Erwerb von Kapitalvermögen erhebt, das ein inländischer Erblasser in dem Staat angelegt hatte, bei Fehlen eines DBA weder auf die deutsche Erbschaftsteuer anzurechnen noch als Nachlassverbindlichkeit zu berücksichtigen sei. Ggf. seien Billigkeitsmaßnahmen zu ergreifen, um eine Doppelbesteuerung zu vermeiden. Infolgedessen wurde dem BVerfG eine Verfassungsbeschwerde unter dem Az. 1 BvR 2488/13 vorgelegt, welche jedoch durch Beschluss von 22.9.2015 nicht zur Entscheidung angenommen wurde. Dieses Verfahren wäre ergänzend zu dem bereits unter dem Az. 1 BvL 21/12 ergangene Urteil v. 17.12.2014 (DStR 15, 31 ff.) zur Verfassungswidrigkeit von § 19 Abs. 1 iVm §§ 13a und 13b ErbStG in der im Jahr 2009 geltenden Fassung sowie das bereits unter dem Az. 1 BvR 1432/10 anhängige Verfahren zur Doppelbelastung eines Erbfalls mit Erbschaft- und Einkommensteuer um eine spezifisch internationalsteuerliche Dimension geführt worden. Es hätte sich um das erste durch das BVerfG entschiedene Verfahren aus dem Gebiet des internationalen Erbschaftsteuerrechts gehandelt, nachdem zuletzt in Bezug auf die Erbersatzbesteuerung einer (ausländischen) Familienstiftung ein Nichtannahmebeschluss ergangen war (BVerfG Urt. v. 22.8.2011, 1 BvR 2570/10, HFR 2011, 1247 ff. (Bestätigung von BVerfG Urt. v. 8.3.1983 – 2 BvL 27/81, BVerfGE 63, 312 ff.). Es muss somit weiterhin auf Entscheidungen des BVerfG zum internationalen Erbschaftsteuerrecht gewartet werden.

2. Initiativen der Europäischen Kommission

27 Die EU-Kommission hat sich im Bereich der internationalen Erbschaftbesteuerung in den vergangenen Jahren in zweierlei Hinsicht betätigt: Zum einen hat sie sich europaweit insgesamt des Problems der Doppelbesteuerung bei Erbfällen angenommen, zum anderen ist Deutschland spezifisch im Hinblick auf unterschiedliche Freibeträge für Steuerinländer und -ausländer ins Visier geraten.

28 Auf europäischer Ebene hat die EU-Kommission am 15.12.2011 ein umfassendes Paket zur Erbschaftsteuer angenommen, denn sie versteht die Besteuerung grenzüberschreitender Erbfälle als eines der 20 vordringlichsten Probleme, mit denen sich Bürger und kleinere Unternehmen bei der Entfaltung grenzüberschreitender Aktivitäten konfrontiert sähen (so *Ihle* ZEV 2012, 173). In einer Mitteilung, einer Empfehlung und einem Arbeitsdokument analysiert die Kommission die von ihr identifizierten Probleme und schlägt insoweit Lösungen für grenzübergreifende Erbschaftsteuerangelegenheiten in der EU vor (vgl. KOM (2011), 864; 2011/856/EU sowie das „Commission Staff Working Paper", SEC (2011) 1488; siehe auch (IP/11/1551), das (MEMO/11/917), (SEC/2011/1489) sowie (SEC/2011/1490)). Als Maßnahmen favorisiert die Kommission im Wesentlichen eine Überarbeitung der Anknüpfungskriterien für die Aufteilung der Besteuerungsrechte und eine koordinierte Überarbeitung der Mechanismen zur Vermeidung internationaler Doppelbesteuerungen (Darstellung der Maßnahmen im Ganzen und Kritik bei *Ihle* ZEV 2012, 173 ff.). Die Kommission plante, im Frühjahr 2014 ein Konsultationsverfahren einzuleiten, um nachzuhalten, ob und inwieweit die Mitgliedstaaten ihre Vorschläge umgesetzt haben. Die Ergebnisse sollten Ende 2014 in einem Abschlussbericht veröffentlicht werden. Soweit ersichtlich, wurden diese Arbeiten bislang nicht fortgeführt.

29 Im Hinblick auf das deutsche Erbschaftsteuerrecht und seine teilweise Unvereinbarkeit mit dem Gemeinschaftsrecht hat die EU-Kommission gegen die Bundesrepublik Deutschland ein Vertragsverletzungsverfahren angestrengt. Die Europäische Kommission hatte bereits im Oktober 2012 mitgeteilt (IP/12/1018), dass sie Deutschland wegen seiner Erbschaft- und Schenkungsteuervorschriften beim Europäischen Gerichtshof zu verklagen beabsichtigt, weil sie Zweifel hat, ob der erheblich niedrigere Freibetrag für beschränkt steuerpflichtige Erben beziehungsweise Beschenkte im Vergleich mit unbeschränkt Steuerpflichtigen mit Europarecht zu vereinbaren ist. Das oben genannte EuGH-Urteil in der Rs. C-181/12 nahm diesen Sachverhalt zulasten der deutschen Finanzverwaltung auf, so dass über das Vertragsverletzungsverfahren nunmehr nicht mehr entschieden werden muss. Allerdings hat die Kommission jüngst im November 2015 nachgelegt und Deutschland aufgefordert, seine Erbschaftsteuervorschriften über besondere Versorgungsfreibeträge mit dem EU-Recht in Einklang zu bringen (weitere Informationen unter http://europa.eu/rapid/press-release_MEMO-15–6006_de. htm.). Bisher wurde diesbezüglich jedoch kein weiteres Verfahren veranlasst. Eine weitere Rüge der Kommission wurde am 27.4.2017 mit der Aufforderung zur Stellungnahme Art. 258 AEUV betreffend § 15 Abs. 2 ErbStG und einer möglichen Gemeinschaftsrechtswidrigkeit ausgesprochen. Das Verfahren wurde jedoch am 27.11.2019 ohne Ergebnis beendet. Die weiteren Entwicklungen im Bereich des Grenzverhältnisses zwischen Gemeinschaftsrecht und nationalem Recht bleiben abzuwarten

B. Kommentierung OECD-Musterabkommen (E)

Art. 1 Unter das Abkommen fallende Nachlässe, Erbschaften und Schenkungen

Dieses Abkommen gilt für

a) Nachlässe und Erbschaften, wenn der Erblasser im Zeitpunkt seines Todes einen Wohnsitz in einem Vertragsstaat oder in beiden Vertragsstaaten hatte, und

b) Schenkungen, wenn der Schenker im Zeitpunkt der Schenkung einen Wohnsitz in einem Vertragsstaat oder in beiden Vertragsstaaten hatte.

Übersicht

I. Zweck der Vorschrift

30 In Art. 1 Buchstabe a) ErbSt-MA wird abkommensautonom, das heißt losgelöst vom nationalen Steuerrecht der Anwenderstaaten, der sogenannte persönliche Anwendungsbereich des ErbSt-MA definiert. Seine Erfüllung bildet gemeinsam mit dem sogenannten sachlichen Anwendungsbereich (Art. 2 und 3 ErbSt-MA) eine unabdingbare Grundvoraussetzung für die Anwendung eines jeden DBA.

II. Persönlicher Anwendungsbereich

31 Auffällig ist, dass anders als in der nationalen Norm des § 2 ErbStG allein auf den Erblasser und nicht auf den Erben abgestellt wird – der Wohnsitz des Erben oder die Belegenheit des Nachlasses (Tz. 4 OECD-MK zu Art. 1 ErbSt-MA) sind unerheblich. Hat der Erblasser im Zeitpunkt seines Todes einen steuerlichen Wohnsitz im Sinne des Art. 4 ErbSt-MA und damit seine abkommensrechtliche Ansässigkeit in einem Vertragsstaat oder in beiden Vertragsstaaten, so findet das Abkommen auf Nachlässe und Erbschaften des nämlichen Erblassers Anwendung. Die Staatsangehörigkeit des Erblassers ist ausdrücklich nicht maßgeblich (Tz. 1 OECD-MK zu Art. 1 ErbSt-MA mwN).

32 Der Hinweis auf „Nachlässe und Erbschaften“ eines Erblassers verwirrt, ebenso wie die Überschrift zu Art. 1 ErbSt-MA. Hier wird eine unnötige, weil redundante Verquickung mit dem sachlichen Anwendungsbereich des Abkommens im Sinne des Art. 2 ErbSt-MA vorgenommen. Der sachliche Anwendungsbereich bestimmt sich im Ergebnis allein nach dieser Vorschrift, so dass das Abkommen unanwendbar ist, wenn zwar nach dem allgemeinen Sprachgebrauch ein Nachlass oder eine Schenkung (iSd Art. 1 ErbSt-MA) vorliegt, die Steuer aber keine solche im Sinne des Art. 2 ErbSt-MA ist. Umgekehrt allerdings darf aus dem Terminus „persönlicher Anwendungsbereich“ nicht geschlossen werden, das Abkommen beziehe sich strictissime auf die Person des Erblassers (Tz. 13 OECD-MK zu Art. 1 ErbSt-MA). Das Abkommen im Ganzen bezieht sich vielmehr durchaus auf Nachlässe und Erbschaften, allerdings nur solche eines im Sinne des Art. 1 ErbSt-MA definierten Erblassers. Insofern ist das Abkommen natürlich auch dann unanwendbar, wenn zwar in den Vertragsstaaten grundsätzlich eine Steuer im Sinne des Art. 2 ErbSt-MA erhoben wird, in casu aber kein Erbfall oder kein Nachlass gegeben ist.

33 Konzeptionell ist es für die Abkommensanwendung unerheblich, wie der Nachlass oder der Erbfall nach dem nationalen Recht besteuert wird und woran dort im Einzelnen angeknüpft wird. Ob damit etwa ein Anwendungsfall der EuErbVO vorliegt oder nicht, ist für die Besteuerung unerheblich. Ob die Steuer zudem im Sinne einer Nachlasssteuer den gesamten Vermögensanfall erfasst oder im Sinne einer Erbanfallsteuer rechtstechnisch den Erwerber belastet, ist ebenso einerlei (zutreffend Wassermeyer/*Jülicher* ErbSt-MA Art. 1 Rn. 1).

III. Grenzüberschreitender Sachverhalt

34 Ein praktisches Bedürfnis für die Anwendung eines ErbSt-DBA besteht naturgemäß nur, wenn zwei oder mehr Staaten ein Besteuerungsrecht für einen Nachlass oder eine Erbschaft beansprucht. Ob die Doppelbesteuerung im Einzelfall nur eine virtuelle ist, ändert wie im Ertragsteuerrecht nichts an der Abkommensberechtigung (Wassermeyer/*Jülicher* ErbSt-MA Art. 1 Rn. 12). Das Besteuerungsrecht (mindestens) des einen Vertragsstaates muss sich indes aus Art. 1 ErbSt-MA und damit der Einordnung als Wohnsitzstaat ergeben. Woraus sich das Besteuerungsrecht des Belegenheitsstaates ergibt, ist dann unerheblich. In Betracht kommen hier sowohl persönliche (Orientierung an der Person des Erben) (vgl. die Beispiele in Tz. 5 OECD-MK zu Art. 1 ErbSt-MA) als auch sachliche Anknüpfungspunkte (Orientierung an der Belegenheit des Vermögens); auch eine Besteuerung als kumulativer Wohnsitzstaat ist möglich. Unbeachtlich sind lediglich Wohnsitze in Drittstaaten (Wassermeyer/*Jülicher* ErbSt-MA Art. 1 Rn. 45).

35 Das ErbSt-MA ist konzeptionell so aufgebaut, dass jeder Anwenderstaat – je nach Sichtweise beziehungsweise tatsächlichem Sachverhalt – Wohnsitzstaat oder Belegenheitsstaat sein kann (Wassermeyer/*Jülicher* ErbSt-MA Art. 1 Rn. 2 („spiegelbildlich“)). Im Einklang mit der herrschenden Meinung im Ertragsteuerrecht ist es auch hier grundsätzlich Sache des Wohnsitzstaates, eine auftretende Doppelbesteuerung zu vermeiden (Wassermeyer/*Jülicher* ErbSt-MA Art. 1 Rn. 4).

IV. Nachlässe und Erbschaften

1. Allgemeines

Art. 1 Buchstabe a) ErbSt-MA konzentriert sich auf Nachlässe und Erbschaften. Gemeint sind sämtliche Erwerbe von Todes wegen (zu güterrechtlichen Besonderheiten zwischen Ehegatten Wassermeyer/*Jülicher* ErbSt-MA Art. 1 Rn. 18), und zwar unabhängig vom konkreten Erwerbsgrund und unabhängig von der Art der Anknüpfung der innerstaatlichen Steuern dem Grunde nach. Auch die Art der Steuererhebung (Nachlasssteuer versus Bereicherungssteuer; vgl. auch Art. 2 Abs. 1 ErbSt-MA) ist irrelevant (Wassermeyer/*Jülicher* ErbSt-MA Art. 1 Rn. 17 und 19), ebenso wie die Person des Steuerzahlers oder des wirtschaftlichen Steuerträgers unbeachtlich ist. **36**

2. Einordnung ausländischer Rechtsinstitute

Das vorstehend Gesagte beeinflusst auch die Abkommensanwendung bei grenzüberschreitenden Sachverhalten. Zudem ist der bereits oben genannte Grundsatz zu beachten, dass die Steuerfolgen jedenfalls im Grundsatz unabhängig vom Zivilrecht zu sehen sind. Im praktischen Ergebnis kommt das DBA damit nur zur Anwendung, wenn eine Doppelbesteuerung vorliegt. Ob sich diese aus der abweichenden Einordnung von Rechtsvorgängen durch die Anwenderstaaten ergibt, ist dabei ohne Belang. **37**

Im Übrigen richtet sich die Einordnung ausländischer Rechtsinstitute und Rechtsvorgänge wegen Art. 3 Abs. 2 ErbSt-MA nach dem nationalen Recht des jeweiligen Anwenderstaates. Qualifikationskonflikte können die Folge sein und kommen im internationalen Kontext auch nicht selten vor. Aus deutscher nationaler Sicht wird etwa für die Einordnung ausländischer Rechtsgebilde der Typenvergleich bemüht, was auch auf die Abkommensanwendung durchschlägt. Dieser Typenvergleich wird aufgrund der Abhängigkeit von zivilrechtlichen Gesichtspunkten im internationalen Erbschaftsteuerrecht nach wohl herrschender Meinung als „zweistufige Objektsqualifikation" (so Wassermeyer/*Jülicher* ErbSt-MA Art. 1 Rn. 47 sowie Troll/Gebel/*Jülicher* ErbStG § 2 Rn. 106; ebenso BFH Urt. v. 7.5.1986 – II R 137/79, BStBl. II 1986, 615 ff.) bezeichnet. Im Ergebnis muss danach zum Beispiel der Erwerb von Todes wegen, der sich auf der Grundlage eines ausländischen Rechtsinstituts vollzieht, mit den inländischen bürgerlich-rechtlichen Instituten verglichen werden, sofern – abseits der EuErbVO – die Regeln des Internationalen Privatrechts das ausländische Recht zuvor zum Erbstatut berufen haben. Bei fehlender Vergleichbarkeit hat man sich mangels anderer Anhaltspunkte sodann auf eine wirtschaftliche Betrachtungsweise zurückzuziehen (zur Kritik an der zweistufigen Objektsqualifikation instruktiv Wassermeyer/*Jülicher* ErbSt-MA Art. 1 Rn. 47). **38**

Die Tz. 14 ff. des OECD-MK zu Art. 1 ErbSt-MA befassen sich mit derlei Qualifikationskonflikten, die insbesondere bei der Verwendung von Trusts, Nießbräuchen, Nacherbschaften und Stiftungen auftreten können (Ebenfalls dazu ausführlich Wassermeyer/*Jülicher* ErbSt-MA Art. 1 Rn. 26a ff.). Als Lösung schlägt der OECD-MK vor, das jeweilige DBA so abzuwandeln, dass auf den Trust, die Stiftung, das Fideikommissum (zum Begriff Tz. 22 OECD-MK zu Art. 1 ErbSt-MA) oder den Nießbrauch entweder (1) das Recht des Ansässigkeitsstaates des Errichters des Trusts usw, (2) das Recht des Ansässigkeitsstaates des Begünstigten des Trusts usw oder (3) das Recht anwendbar ist, nach dem der Trust usw errichtet worden ist (Tz. 27 OECD-MK zu Art. 1 ErbSt-MA). Auf diese Weise können auch andere vor allem im Common Law beziehungsweise anglo-amerikanischen Rechtskreis gebräuchliche Institute einer angemessenen und praktikablen Lösung zugeführt werden. **39**

V. Erblasser

Nur natürliche Personen können Erblasser im Sinne des Abkommens sein. Der Begriff wird neben Art. 1 ErbSt-MA nur noch in Art. 9 A und 9 B ErbSt-MA verwendet und wird im Abkommen selbst (dh in Art. 3 Abs. 1 ErbSt-MA) nicht legaldefiniert. Man wird daher wegen Art. 3 Abs. 2 ErbSt-MA auf das nationale Recht der Anwenderstaaten zurückzugreifen haben (bei Personengesellschaften und anderen Rechtsgebilden etwa ist zunächst nach dem nationalen Recht zu entscheiden, wer Erblasser beziehungsweise wer Erbe geworden ist, vgl. Wassermeyer/*Jülicher* ErbSt-MA Art. 1 Rn. 7). Da der Begriff des „Erblassers" nur in sehr seltenen Fällen definiert sein wird (im deutschen ErbStG etwa ist der „Erblasser" nicht definiert. Ein Gleiches gilt für das Erbrecht des BGB), wird man sich daher am natürlichen Sprachgebrauch zu orientieren haben, was im Ergebnis einer abkommensautonomen Auslegung gleichkommt. Mit der herrschenden Meinung kann der Erblasser jedenfalls als jene Person verstanden werden, deren Vermögen im Falle ihres Todes auf einen anderen Rechtsträger übergeht (Wassermeyer/*Jülicher* ErbSt-MA Art. 1 Rn. 20). **40**

VI. Todeszeitpunkt

41 Das DBA muss im Zeitpunkt des Todes des Erblassers anwendbar sein, um Geltungskraft für den Erbfall zu entfalten. Zum Zeitpunkt des Todes muss daher ein steuerlicher Wohnsitz des Erblassers im Sinne des Art. 4 ErbSt-MA in einem oder beiden Vertragsstaaten bestanden haben. Die Feststellung des Todeszeitpunkts und auch die Frage, wann eine Person als tot gilt, ist hingegen nach herrschender Meinung dem Recht des jeweiligen Anwenderstaates überantwortet (Wassermeyer/*Jülicher* ErbSt-MA Art. 1 Rn. 43).

VII. Wichtigste Abweichungen in den deutschen DBA

1. Allgemeines

42 Die deutschen ErbSt-DBA weichen teilweise erheblich vom ErbSt-MA ab. Dies beginnt bereits damit, dass im Fall von Dänemark und Schweden die erbschaftsteuerlichen Regelungen in das ertragsteuerliche DBA integriert sind. Des Weiteren geben die Titelbezeichnungen der ErbSt-DBA teilweise bereits den Anwendungsbereich vor. So wurden etwa Schenkungsteuern nicht im Titel des DBA (E)-Schweiz erwähnt, und anstatt der Formulierung „Vermeidung der Doppelbesteuerung auf dem Gebiet der Nachlass-, Erbschaft- und Schenkungsteuern" wie im Titel des ErbSt-MA wird im Titel des DBA (E)-Frankreich die Formulierung „Vermeidung der Doppelbesteuerung der Nachlässe, Erbschaften und Schenkungen" verwendet. Der Titel des DBA (E)-Griechenland lautet hingegen „Übereinkommen zwischen Deutschland und Griechenland über die Besteuerung des beweglichen Nachlassvermögens".

2. Abweichungen von Art. 1 Buchstabe a) ErbSt-MA

43
- **DBA (E)-Griechenland:** Hinsichtlich des DBA (E)-Griechenland sei anzumerken, dass dieses Übereinkommen nur aus drei Artikeln besteht. Art. 1 DBA (E)-Griechenland beinhaltet insoweit viele Artikel des ErbSt-MA in einer Norm. Dieser Artikel bezieht sich auf in Deutschland befindliches Vermögen eines Griechen beziehungsweise von in Griechenland befindlichem Vermögen eines Deutschen und stellt hinsichtlich der Frage der Besteuerung auf den Erben mit seinem Wohnsitz oder gewöhnlichen Aufenthalt zur Zeit des Erbfalls in einem deutschen Bundesstaat beziehungsweise Griechenland ab. Der Begriff „Vertragsstaat" wird nicht verwendet.
- **DBA (E)-Dänemark:** Abweichend von Art. 1 ErbSt-MA regelt Art. 1 DBA (E)-Dänemark das Ziel des Abkommens, nämlich das Zusammenwirken der Vertragsstaaten zur Vermeidung der Doppelbesteuerung und Sicherung der Steuererhebung. Hierzu werden sich die zuständigen Behörden der Vertragsstaaten in geeigneten Zeitabständen über Änderungen in ihren Steuergesetzen informieren und beraten, wie die genannten Ziele zu erreichen sind. Ferner können die zuständigen Behörden im Rahmen dieses Abkommens unmittelbar miteinander verkehren. Die dem Art. 1 ErbSt-MA ähnliche Regelung wurde hingegen im Art. 2 Abs. 4 Buchstabe b) DBA (E)-Dänemark verankert. Jedoch wird im Gegensatz zu Art. 1 Buchstabe a) ErbSt-MA im Art. 2 Abs. 4 Buchstabe b) Doppelbuchstabe aa) DBA (E)-Dänemark anstatt der Formulierung „Wohnsitz... hatte" die Formulierung „ansässig war" verwendet.
- **DBA (E)-Schweden:** Es gilt das zum DBA (E)-Dänemark Gesagte.
- **DBA (E)-Schweiz:** Art. 1 DBA (E)-Schweiz lautet abweichend von Art. 1 ErbSt-MA: „Dieses Abkommen gilt für Nachlässe von Erblassern ..."; Erbschaften werden ausgeklammert.
- **DBA (E)-USA:** Erbschaften werden nicht explizit im Art. 1 Buchstabe a) DBA (E)-USA genannt.

3. Abweichungen von Art. 1 Buchstabe b) ErbSt-MA

44
- **DBA (E)-Griechenland:** Schenkungen werden nicht vom DBA (E)-Griechenland erfasst.
- **DBA (E)-Schweiz:** Schenkungen sind nicht durch Art. 1 DBA (E)-Schweiz erfasst.
- **DBA (E)-Dänemark:** Im Gegensatz zu Art. 1 Buchstabe b) ErbSt-MA wird in Art. 2 Abs. 4 Buchstabe b) Doppelbuchstabe bb) DBA (E)-Dänemark anstatt der Formulierung „Wohnsitz ...hatte" die Formulierung „ansässig war" verwendet.
- **DBA (E)-Schweden:** Es gilt das zum DBA (E)-Dänemark Gesagte. Anstatt der Formulierung aus Art. 1 ErbSt-MA „Dieses Abkommen gilt für" und „Wohnsitz ... hatte" wird jedoch die Formulierung „In diesem Abkommen gelten der Abschnitt III für" und „ansässig war" verwendet.
- **DBA (E)-USA:** Art. 11 Abs. 1 DBA (E)-USA enthält Besteuerungsvorbehalte der USA für amerikanische Staatsangehörige und der Bundesrepublik Deutschland für „inländische Erwerber" (Erben, Beschenkte oder sonstige Begünstigte, die im Zeitpunkt des Todes des Erblassers oder der Schenkung ihren Wohnsitz im Sinne des Art. 4 DBA (E)-USA in Deutschland hatten). Darüber hinaus geht aus

Art. 12 Abs. 1 DBA (E)-USA hervor, dass dieses Abkommen auch auf Vermögensübertragungen an einen Nachlass oder ein Treuhandvermögen oder aus einem Nachlass oder Treuhandvermögen Anwendung findet.

Art. 2 Unter das Abkommen fallende Steuern

(1) **Dieses Abkommen gilt, ohne Rücksicht auf die Art der Erhebung, für Nachlaß- und Erbschaftsteuern sowie Schenkungsteuern, die für Rechnung eines Vertragsstaats oder seiner Gebietskörperschaften erhoben werden.**

(2) **Als Nachlaß- und Erbschaftsteuern gelten die Steuern, die von Todes wegen als Nachlaßsteuern, Erbanfallsteuern, Abgaben vom Vermögensübergang oder Steuern von Schenkungen auf den Todesfall erhoben werden. Als Schenkungsteuern gelten die Steuern, die auf Übertragungen unter Lebenden nur deshalb erhoben werden, weil die Übertragungen ganz oder teilweise unentgeltlich vorgenommen werden.**

(3) **Die bestehenden Steuern, für die das Abkommen gilt, sind:**

a) in (Staat A): ...
b) in (Staat B): ...

(4) **Das Abkommen gilt auch für alle Steuern gleicher oder im wesentlichen ähnlicher Art, die nach der Unterzeichnung des Abkommens neben den bestehenden Steuern oder an deren Stelle erhoben werden. Die zuständigen Behörden der Vertragsstaaten teilen einander am Ende eines jeden Jahres die in ihren Steuergesetzen eingetretenen Änderungen mit.**

Übersicht

I. Zweck der Vorschrift

Der sogenannte sachliche Anwendungsbereich des ErbSt-MA wird in Art. 2 festgelegt (dazu Tz. 1 OECD-MK zu Art. 2 ErbSt-MA). Dies geschieht rechtstechnisch in der Weise, dass in dessen Abs. 1 zunächst die erfassten Steuerarten enumerativ aufgezählt sind, bevor in dessen Abs. 2 im Wege einer Umschreibung eine Legaldefinition gegeben wird. Zusammen mit den konkreten Beispielen der Steuern der Vertragsstaaten, die schließlich in Abs. 3 aufgezählt sind, ergibt sich daraus in der Praxis ein Gesamtbild, das allenfalls bei als Wertzuwachssteuern ausgestalteten Steuern Zweifelsfragen aufwirft. **45**

II. Absatz 1

Aus deutscher Sicht ist die deutsche Erbschaftsteuer im Sinne des Erbschaftsteuergesetzes eine Erbschaftsteuer im Sinne des Art. 2 Abs. 1 ErbSt-MA (Wassermeyer/*Jülicher* ErbSt-MA Art. 2 Rn. 5). Sie wird ohne Ausnahme in der Art. 2 Abs. 3 ErbSt-MA entsprechenden Vorschrift des jeweiligen DBA konkret und unter dieser Bezeichnung beziehungsweise unter Hinweis auf das deutsche Erbschaftsteuergesetz aufgelistet sein. Ein Gleiches gilt für die in der Praxis gängigsten ausländischen Steuern sowie alle denkbaren Nebenabgaben, Zuschläge, Kosten und Zinsen (dies wurde für derart selbstverständlich gehalten, dass diese Nebenabgaben nicht gesondert benannt sind, vgl. Tz. 6 OECD-MK zu Art. 2 ErbSt-MA). **46**

Problematischer einzuordnen sind ausländische Steuern, die nicht explizit in der Art. 2 Abs. 3 ErbSt-MA entsprechenden Vorschrift genannt sind. Dies kommt in der Praxis insbesondere dann vor, wenn eine Steuer erst nach dem Abschluss eines DBA eingeführt oder ihr sachlicher Anwendungsbereich geändert wird, oder wenn eine Gebietskörperschaft (Tz. 4 OECD-MK zu Art. 2 ErbSt-MA nennt beispielhaft: Gliedstaaten, Regionen, Provinzen, Kantone, Distrikte, Gemeinden, Bezirke, Kreise, Gemeindeverbände, Arrondissements, etc.) eines Vertragsstaates eine Steuer erhebt, an die die Verhandlungsführer des Vertragsstaates nicht gedacht haben. **47**

48 Erfasst werden jedenfalls als Nachlass- oder Erbanfallsteuern ausgestaltete Erbschaftsteuern (Wassermeyer/*Jülicher* ErbSt-MA Art. 2 Rn. 5) (zu dieser Unterscheidung bereits Rn. 9), und zwar ungeachtet dessen, in welcher Form sie erhoben werden (Wassermeyer/*Jülicher* in ErbSt-MA Art. 2 Rn. 13. Die Tz. 4 OECD-MK zu Art. 2 ErbSt-MA nennt als mögliche Erhebungsformen Steuern, Zusatz- und Zuschlagsteuern) oder ob der Vertragsstaat oder eine seiner Gebietskörperschaften (erforderlich ist hierfür jedenfalls die nationale Gesetzgebungskompetenz, vgl. Wassermeyer/*Jülicher* ErbSt-MA Art. 2 Rn. 14) die Steuer erhebt oder wem die Ertragshoheit hieraus zusteht. Die Nachlasssteuern benennt Art. 2 Abs. 1 ErbSt-MA konkret als Anwendungsfall, die Erbanfallsteuern hingegen werden international als Unterfall der ebenfalls konkret genannten Erbschaftsteuer angesehen. Ohne Rücksicht auf die Bezeichnung jedoch steht dahinter materiell eine Anknüpfung an (unentgeltliche) Erwerbe von Todes wegen, wie auch immer sich dieser Erwerb zivilrechtlich vollziehen mag. Auch eine systematische Einordnung als Verkehrssteuer hindert die Erfassung als Erbschaftsteuer im abkommensrechtlichen Sinne nicht.

49 Vor diesem Hintergrund ist auch die deutsche Ersatzerbschaftsteuer nach § 1 Abs. 1 Nr. 4 ErbStG eine Erbschaftsteuer im Sinne des Art. 2 Abs. 1 ErbSt-MA, weil hier an einen Generationenübergang angeknüpft wird (Wassermeyer/*Jülicher* ErbSt-MA Art. 4 Rn. 10 und ErbSt-MA Art. 2 Rn. 5). Im Übrigen ist es ausreichend, wenn sich der unentgeltliche Erwerb gerade vom Erblasser ableitet. Auch die Besteuerung nach § 3 Abs. 2 Nr. 4 ErbStG ist daher tatbestandsmäßig (Wassermeyer/*Jülicher* ErbSt-MA Art. 2 Rn. 5).

50 Bei ausländischen Steuern kann einerseits die Abgrenzung zur Einkommensteuer und andererseits die Abgrenzung zu Wertzuwachssteuern Fragen aufwerfen, wobei die Zulässigkeit einer Doppelbesteuerung durch die gleichzeitige Erhebung von Einkommensteuer einerseits und Erbschaft- beziehungsweise Schenkungsteuer andererseits dogmatisch noch nicht befriedigend gelöst ist (dazu etwa BFH Urt. v. 17.2.2010 – II R 23/09, BStBl. II 2010, 641 ff. Der BFH stellt zunächst fest, dass es einen Verfassungsrechtssatz des Inhalts, dass alle Steuern zur Vermeidung von Lücken oder von Mehrfachbelastung aufeinander abgestimmt werden müssten, nicht gebe. Doppelbelastungen seien vielmehr in einem Vielsteuersystem unvermeidlich. Erforderlich sei nur, dass die jeweiligen Einzelsteuersysteme in sich folgerichtig ausgestaltet seien, was bei Einkommen- und Erbschaftsteuer jeweils der Fall sei). Beides wird indes meist in Abgrenzung zu schenkungsteuerrelevanten Vorgängen praktisch und wird daher im Folgenden nicht vertieft behandelt (siehe aber ausführlich dazu Wassermeyer/*Jülicher* ErbSt-MA Art. 2 Rn. 6 und 7). Im Übrigen ist der Vergleichbarkeitstest stets einzelfallbezogen vorzunehmen (eine Vergleichbarkeit mit der deutschen Erbschaft- und Schenkungsteuer wurde etwa verneint für die italienische Hypothekar- und Katastersteuer (vgl. FM Bayern v. 1.6.2007, 34 – S 3812 – 040 – 21727/07; koord. Ländererlass), für die kanadische Capital Gains Tax (BFH Urt. v. 26.4.1995 – II R 13/92, BStBl. II 1995, 540) oder für die australische Capital Gains Tax (Bayerisches Landesamt für Steuern, v. 26.6.2009, DB 2009, 1506). Bejahend hingegen für die frühere italienische INVIM oder die spanische Wertzuwachssteuern *Fabo/Ehmcke* StuW 1999, 295 (300 ff.) sowie *Reichmann* IWB F 5, Gruppe 2, 1995, 207 ff.).

51 Besonders relevant werden die vorstehenden Überlegungen in der Praxis bei der Anwendung des § 6 AStG (Wegzugsbesteuerung). Hier besteht nach herrschender Meinung Einigkeit, dass die aufgrund der Vorschrift zu zahlende Steuer nicht den erbschaftsteuerlichen DBA unterfällt, weil nicht der Übergang von Todes wegen, sondern der jeweilige Ersatzrealisationstatbestand entscheidend sei (Wassermeyer/*Jülicher* ErbSt-MA Art. 2 Rn. 9).

III. Absatz 2

52 Nach Art. 2 Abs. 2 S. 1 ErbSt-MA gelten als Nachlass- und Erbschaftsteuern im Sinne des Abs. 1 der Norm die Steuern, die von Todes wegen als Nachlasssteuern, Erbanfallsteuern, Abgaben vom Vermögensübergang oder Steuern von Schenkungen auf den Todesfall erhoben werden. Diese Legaldefinition benennt als zentrales Merkmal den Übergang des Vermögens von Todes wegen (Wassermeyer/*Jülicher* ErbSt-MA Art. 2 Rn. 17. Es ist daher unerheblich, ob die Vermögenswerte vom Erblasser bei dessen Tode hinterlassen werden oder ob sie zu Lebzeiten übergehen, sofern nur die Steuer später aus Anlass des Todes anfällt, vgl. Tz. 5 OECD-MK zu Art. 2 ErbSt-MA). Die rechtstechnische Konzeption der Steuer ist ebenso wenig ausschlaggebend wie der zivilrechtliche Übergang des Vermögens (Erbfolge nach Gesetz oder Testament) (zu sogenannten Nachsteuern in diesem Zusammenhang Wassermeyer/*Jülicher* ErbSt-MA Art. 2 Rn. 19. Hierbei handelt es sich um Erbschaft- oder Schenkungsteuern, die erst entstehen, wenn bestimmte, vom Gesetz vorgegebene Voraussetzungen nicht erfüllt werden. Beispiel: Betriebsvermögensverschonungsregeln).

IV. Absatz 3

53 Hier erfolgt eine enumerative Aufzählung derjenigen Steuern aus den Vertragsstaaten, für die das Abkommen gilt (dazu Tz. 8 OECD-MK zu Art. 2 ErbSt-MA). Sollte das jeweilige Abkommen in der Art. 2 Abs. 3 ErbSt-MA entsprechenden Vorschrift eine ausländische Steuer explizit benennen, so gilt

das Abkommen ungeachtet etwaiger Zweifelsfragen rund um die Art. 2 Abs. 1 ErbSt-MA entsprechende Vorschrift. Das bedeutet, dass das DBA auf die genannte Steuer anwendbar ist, auch wenn dogmatisch im Übrigen zweifelhaft sein mag, ob es sich bei der Steuer beispielsweise rechtstechnisch um eine Nachlasssteuer handelt oder nicht. Die Anordnung in Art. 2 Abs. 3 ErbSt-MA ist insoweit unmissverständlich.

In Deutschland erfasst das ErbSt-MA nur das ErbStG. Da der Bund gemäß Art. 105 Abs. 2 GG iVm Art. 72 Abs. 2 GG ein konkurrierendes Gesetzgebungsrecht auf dem Gebiet der Erbschaft- und Schenkungsteuern hat und dieses im Wege des ErbStG auch ausgeübt hat, sind Steuern der Länder und damit der Gebietskörperschaften im Sinne des Art. 2 Abs. 1 ErbSt-MA nicht denkbar. **54**

V. Absatz 4

Art. 2 Abs. 4 ErbSt-MA erweitert den sachlichen Anwendungsbereich des jeweiligen Abkommens im Hinblick auf Steuern, die im Zeitpunkt der Unterzeichnung des Abkommens noch nicht erhoben wurden (zum Ganzen auch im Folgenden identisch (allerdings in Bezug auf das OECD-MA 2014) Haase/*Mai* OECD-MA Art. 2 Rn. 27 ff. mwN). Das DBA gilt danach für alle Steuern gleicher oder im Wesentlichen ähnlicher Art, die neben die oder an die Stelle der bei Unterzeichnung des DBA erhobenen Steuern treten. Zugleich verpflichtet Art. 2 Abs. 4 ErbSt-MA die Vertragsstaaten untereinander zu entsprechenden sogenannten Änderungsmitteilungen (Tz. 10 OECD-MK zu Art. 2 ErbSt-MA. Im Einzelnen ist umstritten, wie die Prüfung der Vergleichbarkeit und Änderungsmitteilung zu erfolgen hat, vgl. hierzu für das OECD-MA 2014 näher *Vogel/Lehner* ErbSt-MA Art. 2 Rn. 44 ff. und *Wassermeyer* Art. 2 MA Rn. 68 ff.). Ohne diese Vorschrift bestünde die Gefahr, dass bestehende DBA infolge innerstaatlicher Rechtsänderungen gegenstandslos werden würden und (zumindest teilweise) neu verhandelt werden müssten. Dass dies in der Praxis funktioniert, hat das Beispiel Österreich gezeigt. Hier wurde das alte ErbSt-DBA infolge der Art. 2 Abs. 4 ErbSt-MA entsprechenden Vorschrift außer Kraft gesetzt, nachdem Österreich nach nationalem Recht auf eine Besteuerung von Erbfällen verzichtet hatte. **55**

Gleichartig oder im Wesentlichen gleicher Art wie die bei Unterzeichnung des Abkommens erhobenen Steuern sind jedenfalls solche Steuern, auf die die Umschreibung als Nachlass- oder Erbschaftsteuern im Sinne des Art. 2 Abs. 2 ErbSt-MA passt (dazu Tz. 9 OECD-MK zu Art. 2 ErbSt-MA). In allen übrigen Fällen ist anhand eines Gesamtbilds der Verhältnisse darüber zu entscheiden, ob die betreffende Steuer (im Wesentlichen) gleichartig mit bei Unterzeichnung des Abkommens erhobenen Steuern ist. **56**

Der Änderungsmitteilung eines Vertragsstaats an den anderen kommt keine rechtsbegründende Wirkung zu. Anderenfalls würden die völkerrechtlichen Vorgaben für die Änderung von zwischenstaatlichen Verträgen unterlaufen. Die Änderungsmitteilung ist in vollem Umfang gerichtlich nachprüfbar; auch der andere Vertragsstaat prüft in eigener Zuständigkeit, ob die betreffende Steuer im anderen Vertragsstaat gleichartig oder im Wesentlichen gleicher Art ist wie die bei Unterzeichnung des Abkommens erhobenen Steuern. **57**

VI. Wichtigste Abweichungen in den deutschen DBA

1. Abweichungen von Art. 2 Abs. 1 ErbSt-MA

- **DBA (E)-Schweiz:** Vom Regelungsbereich des Art. 2 Abs. 1 DBA (E)-Schweiz sind keine Schenkungsteuern erfasst. Des Weiteren regelt Art. 2 Abs. 1 DBA (E)-Schweiz die Erhebung von Nachlass- und Erbschaftsteuern auch in Form von Zuschlägen. **58**
- **DBA (E)-USA:** Keine Entsprechung im DBA (E)-USA.
- **DBA (E)-Griechenland:** Art. 1 DBA (E)-Griechenland spricht von der deutschen Reichserbschaftsteuer und von der Erbschaftsteuer des Königreichs Griechenland.
- **DBA (E)-Dänemark:** Entsprechung im Art. 2 Abs. 1 Buchstabe b) Hs. 1 DBA (E)-Dänemark.
- **DBA (E)-Schweden:** Die Regelung des Art. 2 Abs. 1 ErbSt-MA wurde in Art. 2 Abs. 1 Buchstabe b) DBA (E)-Schweden verankert. Abweichend jedoch enthält Art. 2 Abs. 1 DBA (E)-Schweden eine Präzisierung, dass dieses Abkommen auch für Steuern gilt, die für Rechnung der Länder eines Vertragsstaates erhoben werden.

2. Abweichungen von Art. 2 Abs. 2 ErbSt-MA

- **DBA (E)-Schweiz:** Der Satz „Als Schenkungsteuern gelten die Steuern, die auf Übertragungen unter Lebenden nur deshalb erhoben werden, weil die Übertragungen ganz oder teilweise unentgeltlich vorgenommen werden." fehlt in Art. 2 Abs. 2 DBA (E)-Schweiz. **59**
- **DBA (E)-USA:** Keine Entsprechung im DBA (E)-USA.

- **DBA (E)-Griechenland:** Keine Entsprechung im DBA (E)-Griechenland.
- **DBA (E)-Dänemark:** In Art. 2 Abs. 1 Buchstabe b) Doppelbuchstabe bb) DBA (E)-Dänemark wurde anstatt der Formulierung „ganz oder teilweise unentgeltlich" der Ausdruck „unentgeltlich oder gegen ein zu geringes Entgelt" verwendet.
- **DBA (E)-Schweden:** Die Definition von Nachlass-, Erbschaft- und Schenkungsteuern im Sinne des Art. 2 Abs. 2 ErbSt-MA wurde in Art. 2 Abs. 1 Buchstabe b) Doppelbuchstaben aa) und bb) DBA (E)-Schweden festgehalten. Abweichend vom ErbSt-MA wurde anstatt der Formulierung „... weil die Übertragungen ganz oder teilweise unentgeltlich vorgenommen werden" die Formulierung „... weil die Übertragungen unentgeltlich oder gegen ein zu geringes Entgelt vorgenommen werden" verwendet.

3. Abweichungen von Art. 2 Abs. 3 ErbSt-MA

60
- **DBA (E)-USA:** Entsprechung bereits im Art. 2 Abs. 1 DBA (E)-USA.
- **DBA (E)-Griechenland:** Art. 1 DBA (E)-Griechenland wurde – als eines der ältesten deutschen DBA überhaupt – noch abweichend beziehungsweise historisch formuliert und spricht von der deutschen Reichserbschaftsteuer und von der Erbschaftsteuer des Königreichs Griechenland.
- **DBA (E)-Dänemark:** Die bestehenden Steuern, für die das DBA (E)-Dänemark Anwendung findet, sind in der Anlage zu diesem Abkommen aufgeführt (Art. 2 Abs. 2 iVm der Anlage zum DBA (E)-Dänemark).
- **DBA (E)-Schweden:** Die bestehenden Steuern, für die das DBA (E)-Schweden Anwendung findet, sind in der Anlage zu diesem Abkommen aufgeführt (Art. 2 Abs. 2 iVm der Anlage zum DBA (E)-Schweden).

4. Abweichungen von Art. 2 Abs. 4 ErbSt-MA

61
- **DBA (E)-Schweiz:** Laut Art. 2 Abs. 4 DBA (E)-Schweiz gilt das Abkommen auch für alle Nachlass- und Erbschaftsteuern, und nicht wie Art. 2 Abs. 4 ErbSt-MA für alle Steuern gleicher oder im Wesentlichen ähnlicher Art.
- **DBA (E)-Frankreich:** Art. 2 Abs. 4 S. 2 DBA (E)-Frankreich hat einen anderen Inhalt als Art. 2 Abs. 4 S. 2 ErbSt-MA. Er schließt die sogenannte Ersatzerbschaftsteuer aus und besagt, dass die Steuer vom Vermögen einer Stiftung oder eines Vereins, die nach § 1 Abs. 1 Nr. 4 und § 9 Abs. 1 Nr. 4 ErbStG erhoben wird, nicht vom DBA (E)-Frankreich erfasst wird. Der Art. 2 Abs. 4 S. 3 DBA (E)-Frankreich ähnelt dem Art. 2 Abs. 4 S. 2 ErbSt-MA, enthält jedoch folgende Abweichungen: „Die zuständigen Behörden der Vertragsstaaten teilen einander die in ihren Steuergesetzen eingetretenen wesentlichen Änderungen mit".
- **DBA (E)-USA:** Art. 2 Abs. 2 S. 1 DBA (E)-USA enthält folgende Abweichungen zu Art. 2 Abs. 4 S. 1 ErbSt-MA: „Das Abkommen gilt auch für alle Nachlass-, Erbschaft- und Schenkungsteuern gleicher oder im Wesentlichen ähnlicher Art, die nach der Unterzeichnung des Abkommens neben den bestehenden Steuern oder an deren Stelle erhoben werden". Der Regelungsgehalt des Art. 2 Abs. 4 S. 2 ErbSt-MA ist im DBA (E)-USA nicht aufgenommen.
- **DBA (E)-Griechenland:** Keine Entsprechung im DBA (E)-Griechenland.
- **DBA (E)-Dänemark:** Die Regelung des Art. 2 Abs. 4 S. 1 ErbSt-MA wurde im Art. 2 Abs. 3 DBA (E)-Dänemark übernommen. Der Regelungsgehalt des Art. 2 Abs. 4 S. 2 ErbSt-MA wurde dagegen im Art. 1 S. 2 DBA (E)-Dänemark verankert mit der Abweichung, dass die in den Steuergesetzen eingetretenen Änderungen in geeigneten Zeitabständen mitgeteilt werden.
- **DBA (E)-Schweden:** Die Bestimmungen des Art. 2 Abs. 4 S. 1 ErbSt-MA sind im Art. 2 Abs. 3 DBA (E)-Dänemark verankert worden. Die Bestimmung des Art. 2 Abs. 4 S. 2 ErbSt-MA ist im DBA (E)-Schweden nicht enthalten.

Art. 3 Allgemeine Begriffsbestimmungen

(1) **Im Sinne dieses Abkommens, wenn der Zusammenhang nichts anderes erfordert,**

a) **umfaßt der Ausdruck „Vermögen, das Teil des Nachlasses oder einer Schenkung einer Person mit Wohnsitz in einem Vertragsstaat ist" alle Vermögenswerte, deren Übergang oder Übertragung nach dem Recht eines Vertragsstaats einer Steuer unterliegt, für die das Abkommen gilt;**

b) **bedeutet der Ausdruck „zuständige Behörde"**

i) **(Staat A): ...**

ii) **(Staat B): ...**

(2) **Bei der Anwendung des Abkommens durch einen Vertragsstaat hat, wenn der Zusammenhang nichts anderes erfordert, jeder im Abkommen nicht definierte Ausdruck die Bedeutung, die ihm nach dem Recht dieses Staates über die Steuern zukommt, für die das Abkommen gilt.**

Übersicht

I. Zweck der Vorschrift

Wie ein nationales Gesetz arbeitet auch ein ErbSt-DBA mit bestimmten Fachausdrücken und (gegebenenfalls auslegungsbedürftigen) Rechtsbegriffen. Um eine einheitliche Auslegung und Anwendung bestimmter Termini technici sicherzustellen und damit auch den Anwendungsbereich des Art. 11 ErbSt-MA in praktischer Hinsicht möglichst weit zu begrenzen, haben die Vertragsstaaten daher wie in Art. 3 OECD-MA in der Art. 3 Abs. 1 ErbSt-MA entsprechenden Vorschrift die Möglichkeit, die nämlichen Rechtsbegriffe mit verbindlicher Wirkung für die Vertragsstaaten zu definieren (Tz. 1 OECD-MK zu Art. 3 ErbSt-MA). Die Reichweite der Vorschrift ist deshalb in der Praxis ausdrücklich nicht auf die Definition des Vermögens und der zuständigen Behörde beschränkt, wie es das ErbSt-MA prima facie vorzugeben scheint, auch wenn die beschränkte Vorgabe in Art. 3 Abs. 1 ErbSt-MA durchaus überrascht (nicht definiert sind etwa die Begriffe Person, Nachlass, Schenkung oder Erbschaft, vgl. Wassermeyer/*Jülicher* ErbSt-MA Art. 3 Rn. 1. Auch der Schuldenbegriff (wichtig für Art. 8 ErbSt-MA) hat keine gesonderte inhaltliche Ausprägung erfahren). Für Lücken im sogenannten Definitionsartikel, die bewusst oder unbewusst auftreten können, gilt sodann die subsidiäre Vorschrift des Art. 3 Abs. 2 ErbSt-MA, wonach das Recht des jeweiligen Anwenderstaates für maßgeblich erklärt wird. **62**

Das Vorstehende gilt ungeachtet der Tatsache, dass bestimmte Definitionen auch im jeweiligen Sachzusammenhang geregelt werden können. So wird der steuerliche Wohnsitz regelmäßig in der Art. 4 ErbSt-MA entsprechenden Vorschrift definiert, die Definition über unbewegliches Vermögen ist in der Art. 5 Abs. 2 ErbSt-MA entsprechenden Vorschrift verortet, usw (weitere Beispiele: Die Staatsangehörigkeit ist in Art. 10 Abs. 2 ErbSt-MA definiert, die Betriebsstätte in Art. 6 Abs. 3 ErbSt-MA). **63**

In systematisch fragwürdiger Weise versucht sich der OECD-MK in der Tz. 3 zu Art. 3 ErbSt-MA an einer abkommensautonomen Auslegung des Begriffs „Person" (die „Person" ist im ErbSt-MA nicht definiert, wohl aber die „Person mit Wohnsitz in einem Vertragsstaat", vgl. Art. 4 Abs. 1 ErbSt-MA, ohne dass dies jedoch den Personenbegriff selbst erläutern würde). Hierunter soll, vorbehaltlich einer Definition des Begriffs durch die Vertragspartner in der Art. 3 Abs. 1 ErbSt-MA entsprechenden Vorschrift, jede natürliche Person, Körperschaft oder jeder andere Rechtsträger verstanden werden, deren Nachlass nach dem Recht eines Vertragsstaates den Steuern unterliegt, für die das Abkommen gilt. Die OECD behauptet, diese weite Auslegung ergebe sich „aus dem Zusammenhang des Abkommens", was in der Tat jedenfalls die Anwendung von Art. 3 Abs. 2 ErbSt-MA sperrt. Warum dies nur für den Begriff „Person", aber beispielsweise nicht für die Begriffe „Gesellschaft" oder „Unternehmen" gelten soll, erhellt sich indes nicht (so aber in Bezug auf den Unternehmensbegriff Tz. 5 OECD-MK zu Art. 3 ErbSt-MA). **64**

Jülicher will dies offenbar mit dem Hinweis der OECD in der Tz. 3 OECD-MK zu Art. 3 ErbSt-MA auf die Möglichkeit der Vertragsstaaten erklären, eine Art. 3 OECD-MA entsprechende Vorschrift (für Personen dort Abs. 1 Buchstabe a) aufzunehmen (Wassermeyer/*Jülicher* ErbSt-MA Art. 3 Rn. 11). Dies überzeugt nicht, weil dann eine unnötige Diskussion darüber entsteht, wie das Spannungsfeld zwischen Abs. 1 und Abs. 2 des Art. 3 ErbSt-MA (eindeutige Definition hier, Maßgeblichkeit des Rechts der Anwenderstaaten dort) aufzulösen ist. Ob aus der Formulierung des Art. 4 Abs. 3 ErbSt-MA, der von anderen als natürlichen Personen handelt, daher wirklich folgt, dass der Abkommenszusammenhang „ein anderes erfordert", ist mE fraglich (so aber zur Begründung Wassermeyer/*Jülicher* ErbSt-MA Art. 3 Rn. 11). Zwingend ist dies jedenfalls nicht. Bei derartigen Unklarheiten dürfte daher Art. 3 Abs. 2 ErbSt-MA zur Anwendung kommen. Das Beispiel zeigt jedenfalls, dass die Vertragsstaaten von der Definitionsmöglichkeit in weitem Umfang Gebrauch machen sollten. **65**

II. Definitionen (Absatz 1)

1. Vermögen

66 Der Vermögensbegriff steht im Zentrum eines jeden ErbSt-DBA. Sämtliche Verteilungsnormen (Art. 5–7 ErbSt-MA) rekurrieren auf Vermögen, „das Teil des Nachlasses [...] einer Person mit Wohnsitz in einem Vertragsstaat (die (redundante) Bezugnahme auf den Wohnsitz der Person in einem Vertragsstaat zielt auf Art. 1 ErbSt-MA ab. Der Erblasser muss in einem oder beiden Vertragsstaaten seinen Wohnsitz haben, damit der Anwendungsbereich des Abkommens eröffnet ist) ist". Die OECD ist der Auffassung, dass diese Tatbestandsmerkmale zumindest missverständlich sind. Bei wörtlicher Auslegung könnten sie beispielsweise bedeuten, dass das ErbSt-DBA die Verteilung der Besteuerungsrechte in den Fällen nicht erfasst, in denen eine Erbanfallsteuer statt einer Nachlasssteuer erhoben wird. Dies ist aber ausdrücklich nicht der Fall, weil der Nachlass im Sinne des Art. 3 Abs. 1 ErbSt-MA auch die Erbschaft umfasst (Tz. 6 OECD-MK zu Art. 3 ErbSt-MA). Lediglich der Blickwinkel ist ein anderer: Nachlass meint das übergehende Vermögen aus Erblassersicht, die Erbschaft hingegen hat begrifflich eher den Erben vor Augen, auch wenn hier Überschneidungen bestehen mögen (so Wassermeyer/*Jülicher* ErbSt-MA Art. 3 Rn. 4).

67 Unsicherheiten entstehen danach ferner, wenn das Steuerrecht Vorgänge besteuert, die rein zivilrechtlich betrachtet keinem Nachlass zuzuordnen sind (Tz. 6 OECD-MK zu Art. 3 ErbSt-MA). Da Unschärfen des Vermögensbegriffs und eine unterschiedliche Auslegung durch die Vertragsstaaten eine erhebliche Rechtsunsicherheit bedeuten würde, sah sich die OECD veranlasst, das Vermögen im rein steuerrechtlichen Sinne zu definieren als alle Vermögenswerte, deren Übergang oder Übertragung nach dem Recht eines Vertragsstaats einer Steuer unterliegt, für die das Abkommen gilt. Ob insoweit zivilrechtlich überhaupt ein Erbfall vorliegt, an den die Besteuerung anknüpft, richtet sich nach dem innerstaatlichen Recht der Vertragsstaaten. Insofern ist zunächst nach den Regeln der Internationalen Privatrechts und neuerdings insbesondere der EuErbVO das Erbstatut zu ermitteln, bevor der Erbfall nach in- oder ausländischem materiellen Recht beurteilt wird (Wassermeyer/*Jülicher* ErbSt-MA Art. 3 Rn. 5). Ob ein bestimmter Vermögensgegenstand zu einem bestimmten Nachlass gehört, ist daher oft die Kernfrage eines grenzüberschreitenden Erbfalls.

68 Besondere Probleme können in der Praxis insbesondere beim Auseinanderfallen einer zivilrechtlichen und einer wirtschaftlichen Betrachtungsweise (vgl. § 39 AO) entstehen (dazu Wassermeyer/*Jülicher* ErbSt-MA Art. 3 Rn. 6), etwa bei Fragen des wirtschaftlichen Eigentums oder der Begründung oder Auflösung von Treuhandschaften. Die Vermögensdefinition vermag diese Probleme nicht zu lösen, weil die Vertragsstaaten in einer solchen Konstellation die Zuordnung eines Vermögens schlicht unterschiedlich beurteilen. Rechnet ein Staat wirtschaftliches Eigentum an einem Vermögensgegenstand einem Nachlass zu, während der andere Vertragsstaat oder ein Drittstaat allein das zivilrechtliche Eigentum als maßgebend ansieht, können Qualifikationskonflikte entstehen, die z. T. kaum befriedigend gelöst werden können.

2. Zuständige Behörde

69 Art. 3 Abs. 1 Buchstabe b) ErbSt-MA ist eine durchaus ungewöhnliche Vorschrift, die in der Definitionsnorm des Art. 3 OECD-MA im Abs. 1 Buchstabe f) ihre Entsprechung findet. Sie ist unvollständig, weil sie die Notwendigkeit einer Definition des Begriffs „Behörde" durch die Vertragsstaaten zwar andeutet, diese aber selbst nicht inhaltlich ausfüllt. Hintergrund dieses Vorgehens ist mutmaßlich die Tatsache, dass in den OECD-Mitgliedsstaaten sehr verschiedenartige und nicht notwendigerweise die obersten Steuerbehörden mit der Ausführung der ErbSt-DBA befasst sind (Tz. 7 OECD-MK zu Art. 3 ErbSt-MA). Insofern sollte jedem Vertragsstaat die Flexibilität zugestanden werden, die zuständigen Behörden unmissverständlich zu bezeichnen. In Deutschland ist die zuständige Behörde regelmäßig das BMF (ebenso Wassermeyer/*Jülicher* ErbSt-MA Art. 3 Rn. 4).

III. Anwendung des Rechts des Anwenderstaates (Absatz 2)

1. Allgemeines

70 Art. 3 Abs. 2 ErbSt-MA entspricht im Wesentlichen Art. 3 Abs. 2 OECD-MA, jedoch mit dem Unterschied, dass der letzte HS des ertragsteuerlichen MA „wobei die Bedeutung nach dem in diesem Staat anzuwendenden Steuerrecht den Vorrang vor einer Bedeutung hat, die der Ausdruck nach anderem Recht dieses Staates hat" nicht in das ErbSt-MA übernommen worden ist. Eine inhaltliche Änderung indes dürfte damit nicht verbunden sein (wie hier Wassermeyer/*Jülicher* ErbSt-MA Art. 3 Rn. 18).

Mit Art. 3 Abs. 2 ErbSt-MA wird grundsätzlich für die Auslegung von im Abkommen nicht definierten Begriffen, die auch im jeweiligen nationalen Recht der Vertragsstaaten Verwendung finden, auf die steuerrechtlichen Vorschriften des Anwenderstaates verwiesen. Maßgeblich ist der Rechtsstand im Zeitpunkt der Abkommensanwendung und nicht etwa der Rechtsstand im Zeitpunkt der Abkommensunterzeichnung (BFH Urt. v. 13.12.1989, BStBl II 1990, 379 ff.). Eine Einschränkung der Verweisung auf das Recht der Vertragsstaaten besteht für die Fälle, in denen der Zusammenhang eine andere Auslegung erfordert. **71**

Art. 3 Abs. 2 ErbSt-MA behandelt den Umgang mit Ausdrücken, die im Abkommen zwar verwendet, jedoch nicht definiert werden. Die Anzahl an Begriffen, die im Abkommen definiert werden, ist (insbesondere im Verhältnis zum OECD-MA) gering, so dass ein starkes Bedürfnis für eine Regelung der Auslegung nicht definierter Begriffe besteht. Hinsichtlich der Bedeutung und der Wirkungsweise von Art. 3 Abs. 2 ErbSt-MA bestehen sehr unterschiedliche Auffassungen. Die Regelung wird teilweise mit der vorbehaltenen Souveränität oder dem Absicherungsinteresse der Vertragsstaaten begründet, teilweise wird auch auf den Grundsatz der Entscheidungsharmonie beziehungsweise der Regelungshomogenität rekurriert (zum Ganzen auch im Folgenden identisch (allerdings in Bezug auf das OECD-MA 2014) Haase/*Gaffron* OECD-MA Art. 3 Rn. 53 ff. mwN). Jedenfalls wird für eine zurückhaltende Anwendung eingetreten. Es handele sich um eine stark subsidiäre Regelung. **72**

Zustimmungswürdig ist mE die Auffassung, wonach der Verweis auf das nationale Recht Ausfluss des Umstandes ist, dass die Abkommen eine Zwischenstellung haben. Sie sind gleichzeitig internationale Verträge und – nach der Transformation – nationales Steuerrecht (siehe § 2 AO). Diese Verknüpfung führt auch zu Besonderheiten bei ihrer Auslegung. DBA modifizieren das nationale Steuerrecht und die sich aus dem jeweiligen innerstaatlichen Recht ergebenden Steuerschuldverhältnisse sowie Besteuerungskompetenzen der Vertragsstaaten. Soweit Abkommen Einfluss auf Steuerschuldverhältnisse haben, kann dies jedenfalls in Deutschland nur durch innerstaatliches Recht geschehen. Dies ist in Deutschland der Hintergrund für das Erfordernis von Gesetzen zur Transformation von Abkommen in nationales Recht, Art. 59 Abs. 2 GG. Soweit es sich, wie im Fall des Steuerrechts, um Eingriffsverwaltung handelt, ist auch für die Auslegung und Anwendung innerstaatliches Recht erforderlich und maßgebend. **73**

Die Verwendung von innerstaatlichen Begriffen, die in diesem Zusammenhang Besteuerungstatbestände schaffen (dh Steuerschuldverhältnisse begründen), auch im Rahmen ihrer Beschränkung beziehungsweise Modifikation durch die betreffenden Abkommen führt darüber hinaus auch zu einer erheblichen Erleichterung bei der Anwendung der Abkommen. Dies gilt natürlich nur, soweit keine eigenständige Definition im Abkommen enthalten ist beziehungsweise sich aus dem Abkommenszusammenhang kein anderes, vorrangiges Begriffsverständnis ergibt. Einzelne Regelungsbereiche bleiben bereits mangels einer entsprechenden Regelung im Abkommen dem nationalen Recht vorbehalten. Dies betrifft insbesondere die Vermögensermittlung beziehungsweise Gewinnermittlung oder Einkünfteermittlung sowie die Zurechnung der Einkünfte oder des Vermögens (BFH Urt. v. 24.3.1999, BStBl. II 2000, 399 ff.). **74**

2. Auslegungsrangfolge

Das Abkommen definiert an verschiedenen Stellen und insbesondere in Art. 3 Abs. 1 ErbSt-MA einzelne Begriffe ausdrücklich. Diese Definitionen können umfassend oder auch nur als Teildefinitionen ausgestaltet sein – letzteres ist etwa beim Behördenbegriff der Fall, vgl. Buchstabe b) der Vorschrift. Art. 3 Abs. 2 verweist im Übrigen auf das Recht des Anwenderstaates, soweit nicht der Zusammenhang etwas anderes erfordert. Es dürfte Einigkeit darüber bestehen, dass zunächst im Abkommen selbst definierte Begriffe vorrangig sind, das heißt ein Rückgriff auf das nationale Recht eines der Vertragsstaaten nicht erforderlich ist (BFH Urt. v. 15.6.1973, BStBl. II 1973, 810 ff.). Begrifflichkeiten, für deren Auslegung sich im Abkommen Anhaltspunkte finden lassen beziehungsweise die im Zusammenhang ausgelegt werden können, die jedoch auch im Recht des Anwenderstaates oder im Quellenstaat Verwendung finden, sind unter Vergleich der jeweiligen Begriffsinhalte auszulegen. Insoweit ist zu beachten, dass Abkommen und innerstaatliches Recht unterschiedliche Begriffsebenen bilden, das heißt es nicht zu einer Begriffsidentität, sondern allenfalls zu einer Begriffsparallelität kommen kann (*Debatin* DB 1985, Beil 23, S. 1, 3). **75**

Folglich ist es von besonderer Bedeutung, den Gehalt der jeweiligen Begriffe in der jeweiligen Begriffsebene beziehungsweise dem jeweiligen Rechtskreis zu ermitteln (BFH Urt. v. 11.10.2000, BStBl. II 2002, 271 ff.). Sofern eine Auslegung aus dem Abkommen heraus und die Auslegung nach dem jeweiligen nationalen Begriffsverständnis zu unterschiedlichen Ergebnissen führen, ist zu klären, ob die aus dem Zusammenhang des Abkommen gefundene Auslegung erforderlich und damit vorrangig ist (BFH Urt. v. 21.8.2007, BFH/NV 2008, 530 ff.). Nach der Rechtsprechung ist für den Fall einer fehlenden Begriffsbestimmung im Abkommen zunächst zu prüfen, ob sich der Begriffsinhalt aus dem Zusammenhang der Abkommensvorschrift bestimmen lässt (BFH Urt. v. 21.8.1985, BStBl. II 1986, 4 ff.; FG Niedersachsen Urt. v. 14.5.1991 – VI 676/89, RIW 1991, 963 ff.). Die Auslegung aus dem Abkommen heraus hat demnach stets den Vorrang. Soweit eine Auslegung aus dem Abkommen heraus **76** nicht möglich ist und es um das Verhältnis des innerstaatlichen Rechts des Anwenderstaates zum innerstaatlichen Recht des anderen Vertragsstaates geht, hat nach dem Wortlaut von Art. 3 Abs. 2 ErbSt-MA grundsätzlich das innerstaatliche Rechts des Anwenderstaats den Vorrang.

77 Werden im Abkommen nicht definierte Begriffe auch nicht im nationalen Steuerrecht des Anwenderstaates verwendet beziehungsweise in diesem bestimmt, so hat die Auslegung anhand des Abkommens zu erfolgen, das heißt ein Rückgriff auf das übrige Recht des Anwenderstaates ist nicht möglich und scheidet aus (BFH Urt. v. 24.11.1994, BStBl. II 1994, 318 ff.). Insoweit ist zu berücksichtigen, dass die verwendeten Begriffe unter Umständen lediglich das Ergebnis der jeweiligen Übersetzung sind beziehungsweise die Begriffe rein zufällig mit denen des nationalen Rechts identisch sind und damit keine inhaltliche Begriffsidentität bezweckt war.

78 Für die Frage, welche Fassung des nationalen Rechts der Auslegung zugrunde zulegen ist, ist nach dem Wortlaut von Art. 3 Abs. 2 ErbSt-MA auf den Zeitpunkt der Rechtsanwendung und nicht auf den Zeitpunkt des Vertragsabschlusses abzustellen. Es handelt sich somit um eine dynamische Verweisung, da sich das der Auslegung zugrunde gelegte Recht fortentwickeln beziehungsweise ändern kann. Der dynamischen Verweisung und der damit einhergehenden Änderungsmöglichkeit der Abkommen können durch das Abkommen selbst Grenzen gesetzt sein. Eine solche Grenze kann beispielsweise in einer im Abkommen enthaltenen Teildefinition liegen, sofern diese im Widerspruch zur Auslegung anhand des innerstaatlichen Rechts des Anwenderstaates steht. Darüber hinaus kann das Abkommen weitere Begrenzungen für einen Verweis auf das Recht eines Vertragsstaates enthalten. So enthält etwa Art. 5 Abs. 2 ErbSt-MA insoweit eine Einschränkung des Verweises auf das Recht des Belegenheitsstaates, als es ausdrücklich Schiffe und Luftfahrzeuge von der Definition des unbeweglichen Vermögens ausnimmt und damit eine Einbeziehung aufgrund des Rechtes des Belegenheitsstaates ausschließt.

3. Nationales Recht des Anwenderstaates

79 Das Steuerrecht des Anwenderstaates ist schon deswegen von besonderer Bedeutung, als dessen Recht durch die Anwendung des Abkommens unter Umständen modifiziert wird. Darüber hinaus sind bedeutsame Bereiche des Steuerschuldverhältnisses gar nicht im Abkommen geregelt (etwa Regelungen zur Ermittlung der Bereicherung und der Zurechnung von Vermögen), das heißt insoweit findet ganz selbstverständlich das innerstaatliche Recht des Anwenderstaates Anwendung, ohne dass es einer entsprechenden expliziten Verweisung bedarf. Neben dieser impliziten Anwendung des Rechts des Anwenderstaats wird in Art. 3 Abs. 2 ErbSt-MA auch ausdrücklich im Rahmen der Auslegung auf das Recht des Anwenderstaates verwiesen. Zwar wird auf jeweilige Steuerrecht dieses Staates verwiesen, jedoch schließt dies nicht grundsätzlich den Rückgriff auf das Zivilrecht oder das öffentliche Recht aus, da diese im Einzelfall die Grundlage für die steuerliche Behandlung darstellen können. Im Rahmen der Anwendung von Art. 2 ErbSt-MA darf und muss daher zunächst zivilrechtlich geklärt werden, ob ein Erbfall vorliegt, wer der Erbe ist und welche Vermögensgegenstände zum Nachlass gehören. Jedoch soll eine steuerrechtliche Definition grundsätzlich Vorrang vor einer Definition zum Beispiel im Zivilrecht haben, auch wenn diese Definition Steuern betrifft, die nicht in den Anwendungsbereich des Abkommens fallen (Wassermeyer/*Jülicher* ErbSt-MA Art. 3 Rn. 18 merkt indes zutreffend an, dass dies bei unterschiedlich ausgeprägter Zivilrechtsakzessorietät der Vertragsstaaten problematisch sein kann).

80 Das Recht des Belegenheitsstaates beziehungsweise das Recht des Quellenstaates kann iRd Auslegung ebenfalls eine Rolle spielen. Es ist jedoch insoweit subsidiär. Im Übrigen ist die Auslegung beziehungsweise das Begriffsverständnis des Quellenstaates für den Anwenderstaat nur dann bindend, wenn das Abkommen eine solche Bindung durch entsprechende Verweise ausdrücklich anordnet (etwa in Art. 5 Abs. 2 ErbSt-MA). Art. 9 A ErbSt-MA ist hingegen nicht als ein solcher Verweis auf die Abkommensanwendung durch den Quellenstaat zu verstehen, das heißt der Ansässigkeitsstaat ist an die Auslegung und die Begriffsbestimmung durch den Quellenstaat nicht gebunden.

81 Teilweise wird versucht, Doppelbesteuerungskonflikte bereits im Ansatz zu vermeiden, indem von einer Bindung des Ansässigkeitsstaates an die Auslegung des Quellenstaates ausgegangen wird. Der Ansässigkeitsstaat habe lediglich die Auslegung des Quellenstaates zu überprüfen. So wird mit dem Sinn und Zweck der Abkommen, lediglich unbeschränkt Steuerpflichtigen eine Abkommensberechtigung zu gewähren, für eine sog Qualifikationsverkettung argumentiert. So möchte die OECD etwa im Rahmen von Art. 7 ErbSt-MA verfahren (Tz. 24 OECD-MK zu Art. 7 ErbSt-MA). Insoweit ist jedoch zu beachten, dass das Ergebnis der Qualifikationsverkettung je nach Quellenstaat unterschiedlich ausfallen kann. Es wird demnach lediglich ein Qualifikationskonflikt vermieden, der anderenfalls regelmäßig in einem Verständigungsverfahren zu lösen wäre. Auf diese Art wird das Abkommen jedoch nicht zu einem in sich geschlossenen Rechtskreis, der eine gleichmäßige Anwendung durch die Vertragsstaaten gewährleistet. Im Übrigen lässt sich eine solche Bindung weder aus dem Wortlaut des Abkommens noch sonst begründen. Andernfalls hätte es der Quellenstaat jeweils in der Hand, einseitig auf die Verteilung der Besteuerungsrechte Einfluss zu nehmen. Sich aus der jeweiligen autonomen Begriffsbestimmung ergebende Besteuerungskonflikte sind daher allein über Verständigungsverfahren zu lösen (BFH Urt. v. 20.9.2006, BStBl. II 2007, 756 ff.).

4. Beschränkung

Eine Begrenzung für die Auslegung ergibt sich insoweit, als eine aufgrund des Zusammenhangs erforderliche andere Auslegung den Vorrang genießt. Nach Tz. 12 OECD-MK zu Art. 3 OECD-MA, der eine vergleichbare Situation im Ertragsteuerrecht regelt, sind sowohl die Vorstellungen beziehungsweise Absichten der Vertragspartner bei der Unterzeichnung des Abkommens als auch der Inhalt der Begriffe im anderen Vertragsstaat von Bedeutung. Zuvörderst aber kann sich aus dem Zusammenhang anderer Vorschriften des ErbSt-MA eine bestimmte Auslegung ergeben. 82

IV. Wichtigste Abweichungen in den deutschen DBA

1. Abweichungen von Art. 3 Abs. 1 ErbSt-MA

- **DBA (E)-Griechenland:** Art. 1 DBA (E)-Griechenland wurde grundlegend anderes formuliert als Art. 3 Abs. 1 Buchstabe a) ErbSt-MA und spricht von beweglichem Vermögen eines Griechen/Deutschen, der zur Zeit seines Todes weder seinen Wohnsitz noch seinen gewöhnlichen Aufenthalt in einem deutschen Bundesstaat/Griechenland hatte. Laut dieser Regelung unterliegt dieses Vermögen nur dann der deutschen Reichserbschaftsteuer/griechischen Erbschaftsteuer (ohne abstrakt diese Steuern zu definieren), wenn der Erbe zur Zeit des Erbfalls seinen Wohnsitz oder seinen gewöhnlichen Aufenthalt in einem deutschen Bundesstaat/Griechenland hatte. Art. 3 Abs. 1 Buchstabe b) ErbSt-MA findet keine Entsprechung. 83
- **DBA (E)-Dänemark:** Im Gegensatz zu Art. 3 Abs. 1 Buchstabe a) ErbSt-MA enthält Art. 3 Abs. 1 Buchstabe a) DBA (E)-Dänemark Definitionen der Ausdrücke „ein Vertragsstaat" und „der andere Vertragsstaat". Des Weiteren bezieht sich Art. 3 Abs. 1 Buchstabe i) DBA (E)-Dänemark auf „Vermögen, das Teil des Nachlasses oder einer Schenkung einer in einem Vertragsstaat ansässigen Person ist" (dh Bezug genommen wird nicht auf den sogenannten Wohnsitzstaat wie im ErbSt-MA, sondern unmittelbar auf den Ansässigkeitsstaat). Die Regelung des Art. 3 Abs. 1 Buchstabe b) ErbSt-MA findet sich in Art. 3 Abs. 1 Buchstabe k) DBA (E)-Dänemark. Ferner enthält Art. 3 Abs. 1 DBA (E)-Dänemark weitere Definitionen von folgenden Ausdrücken: „Person", „Gesellschaft", „unbewegliches Vermögen", „Unternehmen eines Vertragsstaats" und „Unternehmen des anderen Vertragsstaats", „internationaler Verkehr", „Staatsangehöriger".
- **DBA (E)-Schweden:** Anstatt des Ausdrucks „Vermögen, das Teil des Nachlasses oder einer Schenkung einer Person mit Wohnsitz in einem Vertragsstaat ist" definiert Art. 3 Abs. 1 Buchstabe i) DBA (E)-Schweden den Ausdruck „Vermögen, das Teil des Nachlasses oder einer Schenkung einer in einem Vertragsstaat ansässigen Person ist". Zusätzlich gibt es andere Abweichungen in der Formulierung des Art. 3 Abs. 1 Buchstabe i) DBA (E)-Schweden, die jedoch zu keinen sachlichen Unterschieden führen. Die Definition der „zuständigen Behörde" ist ferner in Art. 3 Abs. 1 Buchstabe k) Doppelbuchstaben aa) und bb) DBA (E)-Schweden enthalten. Weiterhin enthält Art. 3 Abs. 1 DBA (E)-Schweden weitere Definitionen von folgenden Ausdrücken: „Vertragsstaat", „der andere Vertragsstaat", „Person", „Gesellschaft", „Unternehmen eines Vertragsstaats", „Unternehmen des anderen Vertragsstaats", „internationaler Verkehr", „unbewegliches Vermögen" und „Staatsangehöriger".
- **DBA (E)-Schweiz:** In Art. 3 Abs. 1 DBA (E)-Schweiz ist folgender zweiter Halbsatz des Art. 3 Abs. 1 S. 1 ErbSt-MA: „..., wenn der Zusammenhang nichts anderes erfordert" nicht vorhanden. Jedoch enthält das DBA (E)-Schweiz an dieser Stelle eine Definition des „Staatsangehörigen", welche im ErbSt-MA erst in Art. 10 Abs. 2 umgesetzt worden ist. In Bezug auf Deutschland wurde im Art. 3 Abs. 1 Buchstabe d) Doppelbuchstabe aa) DBA (E)-Schweiz im Gegensatz zu Art. 10 Abs. 2 Buchstabe a) ErbSt-MA die Wendung „Deutsche im Sinne des Artikels 116 Abs. 1 des Grundgesetzes" gewählt.
- **DBA (E)-USA:** In Art. 3 Abs. 1 DBA (E)-USA ist folgender zweiter Halbsatz des Art. 3 Abs. 1 S. 1 ErbSt-MA „..., wenn der Zusammenhang nichts anderes erfordert" nicht vorhanden. Eine Definition des Ausdrucks „Vermögen, das Teil des Nachlasses oder einer Schenkung einer Person mit Wohnsitz in einem Vertragsstaat ist" fehlt ebenfalls. Stattdessen enthält Art. 1 DBA (E)-USA Definitionen der Ausdrücke „Vereinigte Staaten von Amerika", „Bundesrepublik Deutschland", „Unternehmen", sowie „Unternehmen eines Vertragsstaats". Der Ausdruck „zuständige Behörde" wurde in Art. 3 Abs. 1 Buchstabe e) DBA (E)-USA definiert.

2. Abweichungen von Art. 3 Abs. 2 ErbSt-MA

- **DBA (E)-Frankreich:** Ergänzend zu Art. 3 Abs. 2 DBA (E)-Frankreich wurde im Protokoll zum DBA (E)-Frankreich geregelt, dass bei der Anwendung des Abkommens durch einen Vertragsstaat die 84

Bedeutung, die einem Ausdruck nach dem Steuerrecht dieses Staates zukommt, Vorrang vor der Bedeutung hat, die ihm in anderen Bereichen des Rechts dieses Staates zukommt.

- **DBA (E)-USA:** Art. 3 Abs. 2 DBA (E)-USA enthält lediglich eine kleine, inhaltlich unbedeutende Abweichung bzgl. der Anwendung des Wortes Vertragsstaat: „Bei der Anwendung des Abkommens durch einen Vertragsstaat hat, wenn der Zusammenhang nichts anderes erfordert, jeder im Abkommen nicht definierte Ausdruck die Bedeutung, die ihm nach dem Recht dieses Vertragsstaates über die Steuern zukommt, für die das Abkommen gilt".
- **DBA (E)-Griechenland:** Keine Entsprechung im DBA (E)-Griechenland.
- **DBA (E)-Schweden:** Abweichend von Art. 3 Abs. 2 ErbSt-MA enthält Art. 3 Abs. 2 S. 1 DBA (E)-Schweden folgende Regelung: „Dieses Abkommen ist bei seiner Anwendung durch beide Vertragsstaaten übereinstimmend aus sich selbst heraus auszulegen". Die eigentliche Bestimmung des Art. 3 Abs. 2 ErbSt-MA wurde im Art. 3 Abs. 2 S. 2 DBA (E)-Schweden niedergeschrieben. Abweichend von ErbSt-MA wurde in Art. 3 Abs. 2 S. 2 DBA (E)-Schweden jedoch keine Präzisierung dergestalt vorgenommen, dass jedem nicht definierten Ausdruck die Bedeutung nach dem Recht des anwendenden Staates **über die Steuern** zukommt. Neben der Bedingung „wenn der Zusammenhang nichts anderes erfordert" enthält Art. 3 Abs. 2 S. 2 letzter Hs. eine zweite Bedingung: „und die zuständigen Behörden sich nicht auf eine gemeinsame Auslegung geeinigt haben (Artikel 39 Absatz 3, Artikel 40 Absatz 3)."

Art. 4 Steuerlicher Wohnsitz

(1) **Im Sinne dieses Abkommens bedeutet der Ausdruck „eine Person mit Wohnsitz in einem Vertragsstaat" eine Person, deren Nachlaß oder Schenkung nach dem Recht dieses Staates dort aufgrund ihres Wohnsitzes, ihres ständigen Aufenthalts, des Ortes ihrer Geschäftsleitung oder eines anderen ähnlichen Merkmals steuerpflichtig ist. Der Ausdruck umfaßt jedoch nicht eine Person, deren Nachlaß oder Schenkung in diesem Staat nur mit in diesem Staat gelegenem Vermögen steuerpflichtig ist.**

(2) **Hat nach Absatz 1 eine natürliche Person in beiden Vertragsstaaten einen Wohnsitz, so gilt folgendes:**

a) **Der Wohnsitz der natürlichen Person gilt als in dem Staat gelegen, in dem sie über eine ständige Wohnstätte verfügt; verfügt sie in beiden Staaten über eine ständige Wohnstätte, so gilt ihr Wohnsitz als in dem Staat gelegen, zu dem sie die engeren persönlichen und wirtschaftlichen Beziehungen hat (Mittelpunkt der Lebensinteressen);**

b) **kann nicht bestimmt werden, in welchem Staat die Person den Mittelpunkt ihrer Lebensinteressen hat, oder verfügt sie in keinem der Staaten über eine ständige Wohnstätte, so gilt ihr Wohnsitz als in dem Staat gelegen, in dem sie ihren gewöhnlichen Aufenthalt hat;**

c) **hat die Person ihren gewöhnlichen Aufenthalt in beiden Staaten oder in keinem der Staaten, so gilt ihr Wohnsitz als in dem Staat gelegen, dessen Staatsangehöriger sie ist;**

d) **ist die Person Staatsangehöriger beider Staaten oder keines der Staaten, so regeln die zuständigen Behörden der Vertragsstaaten die Frage in gegenseitigem Einvernehmen.**

(3) **Hat nach Absatz 1 eine andere als eine natürliche Person in beiden Vertragsstaaten ihren Wohnsitz, so gilt ihr Wohnsitz als in dem Staat gelegen, in dem sich der Ort ihrer tatsächlichen Geschäftsleitung befindet.**

Übersicht

I. Zweck der Vorschrift

85 Die Bestimmung des Art. 4 ErbSt-MA ist ebenso wie Art. 4 OECD-MA eine zentrale Vorschrift für die Anwendung des gesamten Abkommens. Hier wie dort muss – trotz terminologischer Unterschiede im Detail („steuerlicher Wohnsitz" hier und gleichbedeutend „Ansässigkeit" dort) – die Ansässigkeit des

Steuerpflichtigen unmissverständlich und letztverbindlich festgestellt werden. Sachliche Unterschiede zwischen den beiden Vorschriften bestehen nicht.

In Art. 4 ErbSt-MA ist bestimmt, wer die „Person mit Wohnsitz in einem Vertragsstaat" ist. Nach **86** Abs. 1 dieser Definitionsnorm bedeutet der Ausdruck „Person mit Wohnsitz in einem Vertragsstaat" eine Person, die nach dem Recht dieses Staates dort auf Grund ihres Wohnsitzes, ihres ständigen Aufenthalts, des Ortes ihrer Geschäftsleitung oder eines anderen ähnlichen Merkmals steuerpflichtig ist (Abs. 1 bezieht auch die Steuerpflichtigen ein, die wie Diplomaten oder andere Personen im öffentlichen Dienst nach dem Steuerrecht eines Staates als in diesem Staat ansässig gelten und damit dort unbeschränkt steuerpflichtig sind (vgl. Tz. 8 OECD-MK zu Art. 4 OECD-MA)), jedoch prinzipiell keine Person, die in diesem Staat nur mit in diesem Staat gelegenem Vermögen steuerpflichtig ist (unter diese Regelung fallen insbesondere ausländische Konsularbeamte und Diplomaten, die im Hoheitsgebiet eines Staates ihren Dienst verrichten (vgl. Tz. 8 OECD-MK zu Art. 4 OECD-MA)). Die Regelung des Art. 4 ErbSt-MA ist insbesondere im Zusammenhang mit Art. 1 des ErbSt-MA zu lesen: Danach gilt das Abkommen nur für Nachlässe und Erbschaften, wenn der Erblasser im Zeitpunkt seines Todes einen Wohnsitz in einem Vertragsstaat oder in beiden Vertragsstaaten hat. Erst im Zusammenspiel beider Normen wird damit die sogenannte Abkommensberechtigung festgelegt.

Der Begriff der Ansässigkeit ist ein rein abkommensrechtlicher. Dies hat sich in der Vergangenheit im **87** Ertragsteuerrecht vor allem gezeigt bei der Diskussion um § 12 KStG aF, als es um die Frage ging, ob die Verlegung des Ortes der Geschäftsleitung in einen ausländischen Staat unter Beibehaltung des inländischen statutarischen Sitzes die Rechtsfolgen der Liquidationsbesteuerung des § 11 KStG auslöst (Die Streifrage führte zur heute in Kraft befindlichen Gesetzesneuregelung in § 12 Abs. 3 KStG nF). Ein vergleichbares Problem stellte sich bei § 6 AStG aF für die Verlegung des Wohnsitzes unter Beibehaltung einer inländischen unbeschränkten Steuerpflicht aus anderen Gründen (zB aufgrund eines weiteren inländischen Wohnsitzes oder eines inländischen gewöhnlichen Aufenthalts). In beiden Fällen hat der BFH völlig zu Recht deutlich gemacht, dass die Begründung einer ausländischen Ansässigkeit schon nach dem Wortlaut, aber auch systematisch etwas ganz anderes ist als die inländische unbeschränkte Steuerpflicht. Nichts anderes gilt mE für den Bereich der Erbschaftsteuer.

Trotzdem gibt es natürlich im Ausgangspunkt, und der Wortlaut des Art. 4 Abs. 1 ErbSt-MA legt es **88** nahe, einen gewissen Gleichlauf zwischen der Begründung der unbeschränkten Steuerpflicht und der Ansässigkeit. Die in dieser Vorschrift genannten ortsbezogenen Merkmale finden nahezu sämtlich eine Entsprechung in den §§ 8 ff. AO. Schon begrifflich aber war die Ansässigkeit stets ein Terminus technicus des internationalen, aber nicht des nationalen (deutschen) Steuerrechts. Noch bis vor wenigen Jahren fand er sich in den deutschen Steuergesetzen überhaupt nicht wieder, und auch in jüngerer Zeit hat er nahezu nur Eingang in Vorschriften mit internationalem Bezug gefunden, so etwa im Ertragsteuerrecht in den §§ 2a, 43b, 48d, 50d EStG usw. Liebhaber der deutschen Steuerformulare kennen ihn darüber hinaus aus der sogenannten Ansässigkeitsbescheinigung.

Die Ansässigkeit ist nach dem OECD-MK grundsätzlich in drei Fällen von Bedeutung, nämlich **89** einmal zur Abgrenzung des persönlichen Anwendungsbereichs des Abkommens und sodann zur Lösung der klassischen Konfliktsituationen des internationalen Steuerrechts, in denen sich eine Doppelbesteuerung aufgrund des Aufeinandertreffens entweder von zwei unbeschränkten Steuerpflichten oder aber von unbeschränkter und beschränkter Steuerpflicht ergeben kann. Allein die Ansässigkeit entscheidet dabei über die Abkommensberechtigung der Person im Sinne des ErbSt-MA und damit über die Anwendbarkeit des maßgeblichen Abkommens, deren Feststellung insbesondere bei Dreieckssachverhalten (Beispiel: Ansässigkeit eines Erben im Staat A; Belegenheit einer selbstständigen Vermögensmasse, etwa eines Trusts, im Staat B als Erbmasse; Grundstück als Teil es Trusts belegen im Staat C) eine entscheidende Bedeutung entfaltet. Zentral ist jedenfalls die Erkenntnis, dass es das Abkommen niemals offenlässt, welcher Staat der Ansässigkeitsstaat und welcher Staat der Quellenstaat ist. Die gesamte DBA-Anwendung fußt – ohne Ausnahme, und das ist im Steuerrecht bekanntlich selten – auf diesem Grundsatz.

Darüber hinaus stellt die Feststellung der Ansässigkeit eine der wesentlichen Voraussetzungen für die **90** Anwendung der Verteilungsnormen des ErbSt-MA dar, weil sie allein darüber entscheidet, welcher der beiden Anwenderstaaten der Quellen- und welcher der Ansässigkeitsstaat ist. Da all diese Regelungen ausschließlich von der Existenz eines Quellen- und eines Ansässigkeitsstaates ausgehen, ergibt sich in den Fällen, in denen eine Person nach Art. 4 Abs. 1 ErbSt-MA aufgrund der ortsbezogenen Merkmale in beiden Vertragsstaaten ansässig ist, die Notwendigkeit einer zusätzlichen Regelung darüber, welcher der beiden Staaten Ansässigkeitsstaat im Sinne des vorliegenden Abkommens sein soll. Diese sogenannte „Tie-breaker-Regelung" über die Ansässigkeit ist für natürliche Personen in Art. 4 Abs. 2 ErbSt-MA und für juristischen Personen in Art. 4 Abs. 3 ErbSt-MA enthalten (diese Regelungen sind grundsätzlich für den Zeitraum anzuwenden, in welchem die Ansässigkeit bestand. Dies gilt auch, wenn dieser kürzer als der Besteuerungszeitraum ist (Tz. 10 OECD-MK zu Art. 4 OECD-MA)). Im letztgenannten Fall gilt die Person als in dem Staat ansässig, in dem sich der Ort ihrer tatsächlichen Geschäftsleitung befindet.

91 Für natürliche Personen gilt hingegen die aus dem Ertragsteuerrecht bekannte Anknüpfungsleiter: Als Rechtsfolge des Konfliktes über die Ansässigkeit einer natürlichen Person sieht das Abkommen vor, dass diese nur in dem Staat ansässig ist, in dem sie über eine ständige Wohnstätte verfügt, oder dass sie, wenn sie in beiden Staaten über eine solche verfügt, in dem Staat ansässig sein soll, zu dem sie die engeren persönlichen und wirtschaftlichen Beziehungen hat. Kann dieser sogenannte Mittelpunkt der Lebensinteressen (zur Bestimmung des Mittelpunkts der Lebensinteressen in Konfliktfällen vgl. *Wassermeyer* ErbSt-MA Art. 4 Rn. 66) jedoch nicht bestimmt werden, oder verfügt die Person in keinem der beiden Staaten über eine ständige Wohnstätte, so gilt sie als nur in dem Staat ansässig, in dem sie ihren gewöhnlichen Aufenthalt hat. Verfügt sie auch über einen solchen in beiden Staaten oder in keinem der Staaten, so richtet sich die Ansässigkeit nach der Staatsangehörigkeit. Hilft auch dieses Abgrenzungskriterium nicht, so regeln die Behörden der Vertragsstaaten die Frage in gegenseitigem Einvernehmen. Die Auflösung dieses Konfliktes in den Fällen der Doppelansässigkeit bewirkt, dass der eine Anwenderstaat, der nicht als Ansässigkeitsstaat der Person im Sinne des Abkommens gilt, den Nachlass dieser Person trotz deren unbeschränkter Steuerpflicht in diesem Staat nur als Quellenstaat besteuern darf.

92 Während die Einleitung eines Verständigungsverfahrens insbesondere hinsichtlich der Zuständigkeit eines einzelnen Anwenderstaates unproblematisch erscheint, ist die Möglichkeit der Durchführung eines solchen Verfahrens durchaus fraglich, wenn beide Staaten die Ansässigkeit für sich beanspruchen. In diesen Fällen müsste mE zunächst ein Verständigungsverfahren iwS über die Ansässigkeit selbst eingeleitet werden (das ist das o. g. „gegenseitige Einvernehmen"), wobei fraglich ist, welcher Staat für die Durchführung eigentlich zuständig ist (nach Auffassung von Wassermeyer ist der Person in diesen Fällen des Art. 4 Abs. 2 Buchst. d OECD-MA ein Wahlrecht zu gewähren (vgl. *Wassermeyer* ErbSt-MA Art. 4, Rn. 5)), bevor nach Klärung dieses Problems das Verfahren über die eigentliche Streitfrage im Zuständigkeitsbereich des Ansässigkeitsstaates der Person nach Art. 11 ErbSt-MA eingeleitet werden kann.

93 Die Auslegung des Art. 4 Abs. 1 ErbSt-MA erfolgt grundsätzlich aus der Sicht des jeweiligen Anwenderstaates (dies ergibt sich aus dem Wortlaut der Regelung „nach dem Recht dieses Staates"). Dabei besteht, wie oben bereits angedeutet, eine gewisse Verwandtschaft zwischen der abkommensrechtlichen Ansässigkeit und der unbeschränkten Steuerpflicht in dem jeweiligen Vertragsstaat aufgrund der in Art. 4 ErbSt-MA genannten ortsbezogenen Merkmale. Gleichwohl handelt es sich bei diesen Begriffen nicht um Synonyme. Natürlich wird die Erfüllung der in Art. 4 Abs. 1 ErbSt-MA genannten ortsbezogenen Merkmale in der Regel eine unbeschränkte Steuerpflicht begründen – zwingend ist dies aber nicht. Dies wird insbesondere in den Fällen deutlich, in denen der Steuerpflichtige über einen Doppelwohnsitz verfügt. Ganz allgemein gilt bei der Anwendung eines DBA ja zunächst, dass dieses aus der Sicht eines jeden Anwenderstaates auszulegen und anzuwenden ist. Dies führt aber nicht so weit, dass in einem Fall, in dem eine Person Anknüpfungspunkte zum In- und Ausland aufweist, bei Verneinung eines inländischen Wohnsitzes die Tatbestandsmerkmale des § 8 AO zum Maßstab für die weitere Prüfung gemacht würden, ob denn diese Person vielleicht in dem anderen Staat ansässig ist.

94 Die Auslegung der im Abkommen verwendeten Begriffe wie „Wohnsitz" und „ständiger Aufenthalt" erfolgt im Ergebnis unter Berücksichtigung des innerstaatlichen Rechts des Wohnsitzstaates (Deutschland wendet für die Auslegung der Begriffe nach Art. 3 Abs. 2 OECD-MA die §§ 8 und 9 AO an), weshalb insbesondere Art. 3 Abs. 2 ErbSt-MA insoweit nicht gilt. Denn nur auf diese Art und Weise kann der Quellenstaat, nachdem er unter Berücksichtigung seines nationalen Rechts festgestellt hat, dass er nicht der Ansässigkeitsstaat der Person ist, überprüfen, ob der Anwendungsbereich des Abkommens überhaupt eröffnet ist, weil die Person im anderen Staat nach dessen nationalem Steuerrecht ansässig ist. Subsumtionskonflikte sind natürlich denkbar. Einheitlich von beiden Vertragsstaaten auszulegen sind demgegenüber die in den „Tie-breaker-Regelungen" des Art. 4 Abs. 2 und 3 ErbSt-MA verwendeten Begriffe „ständige Wohnstätte", „gewöhnlicher Aufenthalt" und „tatsächliche Geschäftsleitung". Die Auslegung selbst erfolgt dabei abkommensrechtlich autonom. Dies verdeutlicht die Verwendung unterschiedlicher Begriffe in den Absätzen 1, 2 sowie 3 der Regelung des Art. 4 ErbSt-MA.

II. Absatz 1

95 Nach Art. 4 Abs. 1 S. 1 ErbSt-MA (vergleichbar Art. 4 Abs. 1 S. 1 OECD-MA) bedeutet der Ausdruck „eine Person mit Wohnsitz in einem Vertragsstaat" eine Person, deren Nachlass nach dem Recht dieses Staates dort aufgrund ihres Wohnsitzes, ihres ständigen Aufenthalts, des Ortes ihrer Geschäftsleitung oder eines anderen ähnlichen Merkmals steuerpflichtig ist. Die Begriffe „Wohnsitz", „ständiger Aufenthalt" und „Ort der Geschäftsleitung" sind entsprechend den §§ 8 ff. AO zu verstehen. Unter einem „ähnlichen Merkmal" wird nach hA etwa der statutarische Sitz einer Gesellschaft, Personenvereinigung oder Vermögensmasse (entsprechend § 11 AO) verstanden.

96 Jedenfalls muss es sich um ein Merkmal handeln, welches zu einer unbeschränkten Steuerpflicht nach dem jeweiligen nationalen Recht führt. Dies ergibt sich aus einem Umkehrschluss aus S. 2 der Norm, wonach der Ausdruck „eine Person mit Wohnsitz in einem Vertragsstaat" nicht eine Person erfasst, deren Nachlass in diesem Staat nur mit in diesem Staat gelegenem Vermögen steuerpflichtig ist. Hiermit wird auf eine der beschränkten Steuerpflicht immanente Struktur Bezug genommen, weil mit dem in einem Vertragsstaat belegenem Vermögen eine klassische Quellenbesteuerung angesprochen ist, die mit dem von Art. 4 Abs. 1 S. 1 ErbSt-MA postulierten Welteinkommensprinzip nicht in Einklang zu bringen ist.

Die unbeschränkte Steuerpflicht muss nur dem Grunde nach bestehen. Persönliche Steuerbefreiungen sind stets schädlich, sachliche hingegen nicht, sofern nur die Steuerpflicht als solche an eines der in der Norm genannten ortsbezogenen Merkmale anknüpft. Auch Tarifbegünstigungen und Änderungen der Bemessungsgrundlage haben auf die Steuerpflicht keinen Einfluss. Bei Personengesellschaften wird – wie im Ertragsteuerrecht – nicht auf die Gesellschaft, sondern auf den Gesellschafter abgestellt. **97**

III. Absatz 2

Art. 4 Abs. 2 ErbSt-MA befasst sich mit dem sogenannten Doppelwohnsitz und legt somit im Fall eines Ansässigkeitskonfliktes fest, welcher Staat für abkommensrechtliche Zwecke als Ansässigkeitsstaat des Steuerpflichtigen anzusehen ist. Diese Qualifikation als Ansässigkeitsstaat gilt nur für das jeweilige Abkommen. Sie hat daher weder Auswirkungen auf das nationale Recht der vertragsschließenden Staaten, noch auf andere Abkommen, die ein Vertragsstaat mit Drittstaaten abgeschlossen hat. Aus der solchermaßen vorzunehmenden Begrenzung des Anwendungsbereichs ergibt sich auch entsprechend, dass Art. 4 Abs. 2 ErbSt-MA nur den Konflikt der doppelten Ansässigkeit lösen kann, der sich aus demselben DBA ergibt. Die Norm ist nicht im Fall einer Doppelansässigkeit anwendbar, die sich beispielsweise unter einem anderen DBA mit einem Drittstaat ergibt. **98**

Das Problem der doppelten Ansässigkeit ist jeweils nur für ein DBA durch die dem Art. 4 Abs. 2 ErbSt-MA entsprechende Regelung zu lösen. Die Norm gibt zum einen Merkmale vor, nach denen zu bestimmen ist, in welchem Staat der Steuerpflichtige ansässig ist. Des Weiteren wird eine Reihenfolge (sog. Anknüpfungsleiter) festgelegt, in der diese Merkmale zu prüfen sind und die sich durch sorgfältiges Lesen von allein erschließt. Die danach relevanten Kriterien für die Bestimmung der Ansässigkeit sind die ständige Wohnstätte, der Mittelpunkt der Lebensinteressen, der gewöhnliche Aufenthalt und die Staatsangehörigkeit. Der Mittelpunkt der Lebensinteressen ist allerdings nur dann erheblich, wenn der Steuerpflichtige in beiden Staaten eine ständige Wohnstätte innehat. Lässt sich anhand der aufgeführten Kriterien nicht entscheiden, in welchem Staat der Steuerpflichtige ansässig ist, so ist die Frage im gegenseitigen Einvernehmen der Vertragsstaaten zu regeln. **99**

Die Reihenfolge der anzuwendenden Kriterien hängt zentral davon ab, ob der Steuerpflichtige eine ständige Wohnstätte in den Vertragsstaaten hat. Hat er nur in einem Staat eine ständige Wohnstätte, so ist er in diesem Staat ansässig. Hat er in beiden Vertragsstaaten eine ständige Wohnstätte, so sind nacheinander der Mittelpunkt der Lebensinteressen, der gewöhnliche Aufenthalt und die Staatsangehörigkeit entscheidend. Hat er dagegen in keinem der Vertragsstaaten eine ständige Wohnstätte, so beginnt die Prüfung mit dem gewöhnlichen Aufenthalt, danach ist auf die Staatsangehörigkeit abzustellen. Der Mittelpunkt der Lebensinteressen ist in diesem Fall kein Kriterium für die Bestimmung der abkommensrechtlichen Ansässigkeit. **100**

Anders als bei der Prüfung der Ansässigkeit gem. Art. 4 Abs. 1 ErbSt-MA ist nicht auf die Auslegung nach dem nationalen Recht der Vertragsstaaten abzustellen. Die in Art. 4 Abs. 2 ErbSt-MA genannten Kriterien sind vielmehr autonom aus dem DBA heraus auszulegen. Dies führt dazu, dass für die Auflösung der Doppelansässigkeit teilweise andere Aspekte heranzuziehen sind als für die Begründung der abkommensrechtlichen (Doppel-)Ansässigkeit. Teilweise können damit auch Merkmale (wie zB die Staatsangehörigkeit) herangezogen werden, die alleine nicht zu einer abkommensrechtlichen Ansässigkeit führen können. Für die Bestimmung der Ansässigkeit nach den Regeln des Art. 4 Abs. 2 ErbSt-MA kommt es allein auf die tatsächlichen Umstände in dem Zeitraum an, in dem die Ansässigkeit des Steuerpflichtigen im Sinne des Art. 4 Abs. 1 ErbSt-MA dessen Steuerpflicht begründet. **101**

IV. Absatz 3

Art. 4 Abs. 3 ErbSt-MA ist in seiner Anweisung unmissverständlich, kaum interpretationsbedürftig und in der Praxis – ähnlich wie Art. 4 Abs. 3 OECD-MA – einfach zu handhaben: Hat nach Abs. 1 der Vorschrift eine andere als eine natürliche Person in beiden Vertragsstaaten ihren Wohnsitz und liegt mithin eine sogenannte doppelansässige Gesellschaft vor, so gilt ihr Wohnsitz als in dem Staat gelegen, in dem sich der Ort ihrer tatsächlichen Geschäftsleitung befindet. Dem Ort der Geschäftsleitung, verstanden im Sinne des § 10 AO, wird für Körperschaften, Vermögensmassen und Personenvereinigungen der Vorrang vor dem „Wohnsitz" eingeräumt. Letzterer ist indes ein überkommener Begriff, der heute so in diesem Zusammenhang nicht mehr verwendet würden werde. Gemeint ist nämlich der „Sitz" im Sinne des § 11 AO, das heißt das statutarische Sitz des Rechtsgebildes. **102**

V. Wichtigste Abweichungen in den deutschen DBA

1. Abweichungen von Art. 4 Abs. 1 ErbSt-MA

103 • **DBA (E)-Schweiz:** Art. 4 Abs. 1 DBA (E)-Schweiz rekurriert auf den „Wohnsitz eines Erblassers". In diesem Zusammenhang wird die Zeitform der Vergangenheit verwendet. Laut Art. 4 Abs. 1 Buchstabe a) DBA (E)-Schweiz hatte der Erblasser dann einen Wohnsitz in Deutschland, wenn er Inländer im Sinne des Erbschaftsteuerrechts der Bundesrepublik Deutschland war. Der Erblasser hatte dann seinen Wohnsitz in der Schweiz, wenn er dort im Sinne des schweizerischen Erbschaftsteuerrechts Wohnsitz oder ständigen Aufenthalt hatte oder wenn dort der Erbgang zu eröffnen ist (vgl. Art. 4 Abs. 1 Buchstabe b) DBA (E)-Schweiz). In ErbSt-MA hingegen ist die Rede von einer Person und es wird der Ausdruck „eine Person mit Wohnsitz in einem Vertragsstaat" in der Zeitform der Gegenwart fest definiert.

- **DBA (E)-Frankreich:** Abweichend vom ErbSt-MA wurde in Nr. 2 des Protokolls zum DBA (E)-Frankreich geregelt, dass ein deutscher Staatsangehöriger, der sich zum Zeitpunkt des Todes oder der Schenkung seit höchstens fünf Jahren außerhalb der Bundesrepublik Deutschland aufhielt, ohne in der Bundesrepublik Deutschland über eine Wohnstätte zu verfügen, als eine Person mit Wohnsitz in der Bundesrepublik Deutschland im Sinne des Art. 4 Abs. 1 S. 1 DBA (E)-Frankreich gilt (Fiktion des Wohnsitzes in Deutschland).
- **DBA (E)-USA:** In Art. 4 Abs. 1 DBA (E)-USA wurden im Unterschied zu Art. 4 Abs. 1 ErbSt-MA Anknüpfungskriterien für Bestimmung des Wohnsitzes einer natürlichen Person separat für USA und für Deutschland festgehalten. Für die USA sind das im Gegensatz zu Art. 4 ErbSt-MA die Ansässigkeit in den USA oder die US-amerikanische Staatsangehörigkeit. Für Deutschland dagegen sind das der Wohnsitz oder der gewöhnliche Aufenthalt oder andere Gründe, aus denen für die Zwecke der deutschen Erbschaftssteuer (Schenkungssteuer) eine unbeschränkte Steuerpflicht resultiert. Außerdem wurde keine Präzisierung bezüglich eines Nachlasses oder einer Schenkung vorgenommen, die nach dem Recht eines Vertragsstaats steuerpflichtig sein sollen. Eine dem Art. 4 Abs. 1 S. 2 ErbSt-MA entsprechende Bestimmung ist im DBA (E)-USA nicht vorhanden.
- **DBA (E)-Griechenland:** Art. 1 DBA (E)-Griechenland macht die Besteuerung vom Wohnsitzstaat des Erben abhängig, in dem das bewegliche Vermögen gelegen ist. Als Kriterien für die Bestimmung des Wohnsitzstaates gelten Wohnsitz oder gewöhnlicher Aufenthalt. Hierbei darf indes dieser Wohnsitzstaat nicht mit dem Wohnsitzstaat des Erben identisch sein.
- **DBA (E)-Dänemark:** Anstatt des Ausdrucks „eine Person mit Wohnsitz in einem Vertragsstaat" definiert Art. 4 Abs. 1 DBA (E)-Dänemark den Ausdruck „eine in einem Vertragsstaat ansässige Person". Darüber hinaus enthält Art. 4 Abs. 1 Buchstabe b) DBA (E)-Dänemark die folgende Abweichung in der Formulierung: „... eine Person, deren **die mit einem** Nachlass oder einer Schenkung nach dem Recht dieses Staates dort aufgrund ihres Wohnsitzes, ihres ständigen Aufenthalts, des Ortes ihrer Geschäftsleitung oder eines anderen ähnlichen Merkmals steuerpflichtig ist." Des Weiteren enthält Art. 27 DBA (E)-Dänemark eine Fünf-Jahres-Regel, wonach der Erblasser/Erbe und Schenker/Beschenkte abweichend von Art. 4 als in dem Vertragsstaat ansässig gilt, dessen Staatsangehöriger er war. Hierfür durfte er im Zeitpunkt seines Todes beziehungsweise der Ausführung der Schenkung/des Erbfalls/Schenkung nicht gleichzeitig Staatsangehöriger des anderen Vertragsstaats sein.
- **DBA (E)-Schweden:** Anstatt des Ausdrucks „eine Person mit Wohnsitz in einem Vertragsstaat" definiert Art. 4 Abs. 1 Buchstabe b) DBA (E)-Schweden den Ausdruck „eine in einem Vertragsstaat ansässige Person". Abweichend vom ErbSt-MA gilt bei der Erfüllung der in Art. 4 Abs. 1 Buchstabe b) S. 1 DBA (E)-Schweden genannten Voraussetzungen als eine ansässige Person auch der Erwerber. Des Weiteren enthält Art. 27 DBA (E)-Schweden eine Fünf-Jahres-Regel, wonach der Erblasser/Erbe und Schenker/Beschenkte abweichend von Art. 4 als in dem Vertragsstaat ansässig gilt, dessen Staatsangehöriger er war.

2. Abweichungen von Art. 4 Abs. 2 ErbSt-MA

104 • **DBA (E)-USA:** Es wurde in Art. 4 Abs. 2 Buchstabe a) und b) DBA (E)-USA der Fall aufgenommen, dass eine natürliche Person in keinem der Vertragsstaaten über eine ständige Wohnstätte verfügt.

- **DBA (E)-Dänemark:** Art. 4 Abs. 2 Buchstabe a)-c) DBA (E)-Dänemark bezieht sich auf eine ansässige Person.
- **DBA (E)-Schweden:** Art. 4 Abs. 2 Buchstabe a)-d) DBA (E)-Schweden bezieht sich auf eine ansässige Person.
- **DBA (E)-Schweiz:** Es wird weiterhin der Begriff des „Erblassers" statt – wie im ErbSt-MA – der Ausdruck „einer natürlichen Person" verwendet.
- **DBA (E)-Griechenland:** Der Fall mit einem Wohnsitz in beiden Vertragsstaaten wurde im DBA (E)-Griechenland nicht explizit geregelt.

3. Abweichungen von Art. 4 Abs. 3 ErbSt-MA

- **DBA (E)-Schweiz:** Die Formulierung des Art. 4 Abs. 3 ErbSt-MA ist im DBA (E)-Schweiz nicht enthalten. Stattdessen hat Abs. 3 eine gänzlich andere Fassung, und die Abs. 4 und 5 haben im ErbSt-MA keinerlei Entsprechung. Im Einzelnen kann laut Art. 4 Abs. 3 DBA (E)-Schweiz Deutschland das Nachlassvermögen ungeachtet der Artikel 5 bis 8 Abs. 1 besteuern, wenn ein Erblasser nach den Abs. 1 und 2 seinen Wohnsitz in der Schweiz hatte, er aber im Zeitpunkt seines Todes seit mindestens fünf Jahren in Deutschland über eine ständige Wohnstätte verfügte. Dabei bleibt die nach dem Abkommen in der Schweiz zulässige Besteuerung unberührt und Art. 10 Abs. 1 ist entsprechend anzuwenden. Laut Art. 4 Abs. 5 DBA (E)-Schweiz gelten nicht als ständige Wohnstätte im Sinne dieses Artikels eine Wohnung oder Räumlichkeiten, die Erholungs-, Kur-, Studien- oder Sportzwecken dienen und nachweislich nur gelegentlich verwendet werden. Zusätzlich kann für den Fall, dass ein Erblasser im Zeitpunkt seines Todes seinen Wohnsitz in der Schweiz hatte und er vorher über eine ständige Wohnstätte in Deutschland verfügte, laut Art. 4 Abs. 4 DBA (E)-Schweiz das Nachlassvermögen ungeachtet der Art. 5 bis 7 Abs. 1 nach dem Recht der Bundesrepublik besteuert werden, wenn der Erblasser in den letzten zehn Jahren vor der Aufgabe seiner letzten Wohnstätte in der Bundesrepublik Deutschland mindestens fünf Jahre über eine solche Wohnstätte verfügt hatte und sein Tod in dem Jahr, in dem er zuletzt über eine solche Wohnstätte verfügt hatte, oder in den folgenden fünf Jahren eingetreten ist. Dies ist nicht der Fall, wenn der Erblasser (a) in der Schweiz einen Wohnsitz begründet hatte (aa) wegen Aufnahme einer echten unselbständigen Tätigkeit in der Schweiz für einen Arbeitgeber, an dem er über das Arbeitsverhältnis hinaus weder unmittelbar noch mittelbar durch Beteiligung oder in anderer Weise wirtschaftlich interessiert war, oder (bb) wegen Eheschließung mit einem schweizerischen Staatsangehörigen oder (b) in dem Zeitpunkt, in dem er zuletzt über eine ständige Wohnstätte in der Bundesrepublik Deutschland verfügt hatte, schweizerischer Staatsangehöriger war. Dabei bleibt die nach dem Abkommen in der Schweiz zulässige Besteuerung unberührt. Art. 10 Abs. 1 DBA-Schweiz ist entsprechend anzuwenden. 105
- **DBA (E)-Frankreich:** Art. 4 Abs. 3 ErbSt-MA wurde in DBA (E)-Frankreich in Art. 4 Abs. 4 niedergeschrieben. Art. 4 Abs. 3 DBA (E)- Frankreich enthält dagegen eine dem ErbSt-MA fremde Regelung, wonach ungeachtet des Abs. 2 der Wohnsitz einer natürlichen Person, die zum Zeitpunkt ihres Todes oder zum Zeitpunkt der Schenkung Staatsangehörige eines Vertragsstaats war, ohne gleichzeitig Staatsangehörige des anderen Vertragsstaats zu sein, und ihren Wohnsitz nach Abs. 1 in beiden Vertragsstaaten hatte, sich nur im erstgenannten Staat befindet, wenn diese Person die eindeutige Absicht hatte, ihren Wohnsitz im anderen Staat nicht auf Dauer beizubehalten und wenn sie während der dem Zeitpunkt des Todes oder der Schenkung unmittelbar vorausgehenden sieben Jahre ihren Wohnsitz dort insgesamt weniger als fünf Jahre hatte.
- **DBA (E)-Griechenland:** Keine Entsprechung im DBA (E)-Griechenland.
- **DBA (E)-USA:** Die tie-breaker-Regelung im Sinne des ErbSt-MA im DBA (E)-USA nicht vorhanden. Laut Art. 4 Abs. 5 DBA (E)-USA richtet sich der Wohnsitz einer anderen als einer natürlichen Person nach den Bestimmungen des Rechts des Anwenderstaates. Für den Fall, dass diese Person in beiden Vertragsstaaten ihren Wohnsitz hatte, regeln die zuständigen Behörden der Vertragsstaaten diesen Fall im gegenseitigen Einvernehmen.

Art. 5 Unbewegliches Vermögen

(1) **Unbewegliches Vermögen, das Teil des Nachlasses oder einer Schenkung einer Person mit Wohnsitz in einem Vertragsstaat ist und das im anderen Vertragsstaat liegt, kann im anderen Staat besteuert werden.**

(2) **Der Ausdruck „unbewegliches Vermögen" hat die Bedeutung, die ihm nach dem Recht des Vertragsstaats zukommt, in dem das Vermögen liegt. Der Ausdruck umfaßt in jedem Fall das Zubehör zum unbeweglichen Vermögen, das lebende und tote Inventar land- und forstwirtschaftlicher Betriebe, die Rechte, für die die Vorschriften des Privatrechts über Grundstücke gelten, Nutzungsrechte an unbeweglichem Vermögen sowie Rechte auf veränderliche oder feste Vergütungen für die Ausbeutung oder das Recht auf Ausbeutung von Mineralvorkommen, Quellen und anderen Bodenschätzen; Schiffe und Luftfahrzeuge gelten nicht als unbewegliches Vermögen.**

(3) **Absatz 1 gilt auch für unbewegliches Vermögen eines Unternehmens und für unbewegliches Vermögen, das der Ausübung eines freien Berufs oder einer sonstigen selbständigen Tätigkeit dient.**

Übersicht

I. Zweck der Vorschrift

106 Die Vorschrift gehört gemeinsam mit den Art. 6 und 7 ErbSt-MA zu den sogenannten Verteilungsnormen des ErbSt-MA. Sie entspricht, vor allem in der Definition des unbeweglichen Vermögens, dem Art. 6 OECD-MA und setzt den international nahezu einhellig anerkannten Grundsatz des Belegenheitsprinzips bei der Besteuerung von Grundvermögen um (Wassermeyer/*Jülicher* ErbSt-MA Art. 5 Rn. 1). Das Belegenheitsprinzip geht insoweit dem Betriebsstättenprinzip vor (Wassermeyer/*Jülicher* ErbSt-MA Art. 5 Rn. 1). Art. 5 ErbSt-MA gilt nach der Systematik des Abkommens nur, sofern sich das unbewegliche Vermögen nicht im Ansässigkeitsstaat des Erblassers oder in einem Drittstaat befindet. In beiden Fällen gilt allein Art. 7 ErbSt-MA (Tz. 1 OECD-MK zu Art. 5 ErbSt-MA; Wassermeyer/*Jülicher* ErbSt-MA Art. 5 Rn. 6).

II. Absatz 1

107 Art. 5 ErbSt-MA weist als Grundgedanke dem Belegenheitsstaat das nicht ausschließliche Besteuerungsrecht für das unbewegliche Vermögen zu, das Teil des Nachlasses oder einer Schenkung einer Person mit Wohnsitz in einem Vertragsstaat ist (dies ist zu verstehen iSd Art. 3 Abs. 1 Buchstabe a) ErbSt-MA, vgl. Wassermeyer/*Jülicher* ErbSt-MA Art. 5 Rn. 7) und das im anderen Vertragsstaat (dem Belegenheitsstaat) liegt (zum Ganzen auch im Folgenden identisch (allerdings in Bezug auf das OECD-MA 2014) Haase/*Galke* OECD-MA Art. 6 Rn. 1 ff. mwN). Die Zuweisung des Besteuerungsrechts erfolgt vermögensbezogen ohne die Berücksichtigung von persönlichen Merkmalen. Die Zuweisung des Besteuerungsrechts liegt darin begründet, dass offenkundig eine sehr enge ökonomische Verbindung zwischen der Quelle des Vermögens und dem Belegenheitsstaat besteht. Verstärkt wird die Bedeutung der Verbundenheit des unbeweglichen Vermögens mit dem Belegenheitsstaat durch den Vorrang des Art. 5 ErbSt-MA vor der Auffangvorschrift des Art. 7 ErbSt-MA.

108 Ob und in welchem Umfang eine Besteuerung durch den Belegenheitsstaat durchgeführt wird, ist nicht im Abkommen geregelt, sondern bestimmt sich allein nach den nationalen Regelungen, ohne dass diese durch das Abkommen beschränkt wären. Auch die Vorrangigkeit des Art. 5 ErbSt-MA vor Art. 7 ErbSt-MA stellt kein Präjudiz für die Art der Besteuerung durch den Belegenheitsstaat dar. Die konkreten Besteuerungsfolgen ergeben sich erst aus den innerstaatlichen Regelungen zur Besteuerung im Belegenheitsstaat und den Rechtsfolgen im Wohnsitzstaat unter Berücksichtigung der Regelungen zur Vermeidung der Doppelbesteuerung nach Art. 9A und Art. 9B ErbSt-MA (Wassermeyer/*Jülicher* ErbSt-MA Art. 5 Rn. 1).

109 Art. 5 Abs. 1 ErbSt-MA regelt die Besteuerung des unbeweglichen Vermögens, das Teil des Nachlasses einer Person mit Wohnsitz in einem Vertragsstaat ist und das im anderen Vertragsstaat liegt. Die Begriffe „Person" und „Wohnsitz in einem Vertragsstaat" sind gemäß den allgemeinen Regeln in den Art. 3 und 4 ErbSt-MA zu verstehen (ebenso Wassermeyer/*Jülicher* ErbSt-MA Art. 5 Rn. 5), und das unbewegliche Vermögen ist in Art. 5 Abs. 2 ErbSt-MA legaldefiniert. Art. 5 Abs. 1 ErbSt-MA findet somit unabhängig von der Rechtsform des Erblassers beziehungsweise des Erben Anwendung, wobei freilich die allgemeinen steuerlichen Grundsätze zu beachten sind. Insofern kann eine Personengesellschaft zwar „Person", nicht aber eine „Person mit Wohnsitz in einem Vertragsstaat" sein, weshalb insoweit auf die dahinterstehenden Gesellschafter abzustellen ist. Art. 5 ErbSt-MA fordert unmissverständlich einen abkommensrechtlichen Wohnsitz der Person.

110 Wem das unbewegliche Vermögen beziehungsweise der Nachlass zuzurechnen ist, bestimmt sich nach dem innerstaatlichen Recht des Anwenderstaates, da diese Frage nicht von Art. 5 ErbSt-MA beantwortet wird. Durch unterschiedliche Prinzipien der Vermögenszurechnung in den Vertragsstaaten kann es entsprechend zu Zurechnungskonflikten kommen, die in einer Doppelbesteuerung resultieren können. Ist Deutschland Anwenderstaat, ist dabei auf das wirtschaftliche Eigentum im Sinne des § 39 AO an dem Grundvermögen abzustellen. Danach sind bei der Zwischenschaltung eines Treuhänders die Vermögenswerte regelmäßig dem Treugeber zuzurechnen und die Abkommenswirkungen auf der Ebene des Treugebers zu bestimmen (Tz. 2 OECD-MK zu Art. 5 ErbSt-MA). Unerheblich ist danach, ob der Treuhänder selbst als transparent anzusehen ist (wie zB bei einem Immobilien-Sondervermögen) oder aufgrund vertraglicher Beziehungen nur das zivilrechtliche Eigentum auf fremde Rechnung verwaltet (*Vogel/Lehner* MA Art. 4 Rn. 17a).

Art. 5 ErbSt-MA setzt insoweit nicht explizit voraus, dass der Erblasser auch zivilrechtlicher Eigentümer des unbeweglichen Vermögens ist. Freilich wird in der Regel eine Korrespondenz von zivilrechtlichem Eigentum an dem Grundvermögen und seiner Zugehörigkeit zum Nachlass gegeben sein, weil sich die meisten Rechtsordnungen diesbezüglich einer Zivilrechtsakzessorietät bedienen. **111**

III. Absatz 2

1. Allgemeines

Die Definitionshoheit des Begriffs „unbewegliches Vermögen" wird gemäß Art. 5 Abs. 2 ErbSt-MA der Rechtsordnung des Belegenheitsstaates zugewiesen (dazu Tz. 3 OECD-MK zu Art. 5 ErbSt-MA). Durch die Ausformulierung als dynamischer Verweis ist das Recht des Belegenheitsstaates mit dem Inhalt heranzuziehen, den es im Zeitpunkt des Erbfalls hat. In der praktischen Anwendung können sich hieraus vor allem dann Schwierigkeiten ergeben, wenn das ausländische Recht häufiger durch Gesetzesänderungen angepasst wird. Die Vorschrift verweist auf das gesamte wirksam gesetzte Recht des Belegenheitsstaates. Dies meint wegen Art. 3 Abs. 2 ErbSt-MA vorrangig das Steuerrecht, was aber nur praktische Relevanz in Fällen hat, in denen das Steuerrecht vom Zivilrecht abweicht. **112**

Umstritten ist, ob der Verweis auf das Steuerrecht auch die Rechtsprechung und die Verwaltungspraxis des Belegenheitsstaats umfasst oder ob beides nur als Auslegungshilfe heranzuziehen ist (für Ersteres *Vogel/Lehner* MA Art. 6 Rn. 68, für Letzteres *Wassermeyer* MA Art. 6 Rn. 32). Richtigerweise werden iE sowohl die Rechtsprechung als auch die Verwaltungsauffassung des Belegenheitsstaates zwingend zu beachten sein, weil diese der praktischen Rechtsanwendung neben der Literatur am nächsten sind und weil diesen auch bei der innerstaatlichen Rechtsanwendung in der Regel eine besondere Bedeutung zukommt. Ob dies dann als Auslegungshilfe eingestuft wird oder als Teil des „Rechts" selbst, kann mE dahinstehen. **113**

Art. 5 Abs. 2 ErbSt-MA beinhaltet eine sogenannte Qualifikationsverkettung hinsichtlich des Vorliegens von unbeweglichem Vermögen, an das der Ansässigkeitsstaat gebunden ist, auch wenn nach seiner innerstaatlichen Rechtsnorm Besteuerungsfolge anders zu beurteilen wären (Wassermeyer/*Jülicher* ErbSt-MA Art. 5 Rn. 11). Die Qualifikationsverkettung des Abs. 2 S. 1 schlägt jedoch nicht auf das nationale Recht des Anwenderstaates durch, sondern ist nur für die Abkommensanwendung maßgeblich. **114**

Das Recht zur Definition durch den Belegenheitsstaat wird in Abs. 2. S. 2 durch einen Katalog von negativen und positiven Kriterien eingeschränkt. Für die Anwendung des Abkommens sind damit bestimmte Vermögenswerte immer als unbewegliches Vermögen anzusehen, andere jedoch nicht, und zwar unabhängig davon, ob der Belegenheitsstaat nach nationalem Recht eine abweichende Definition des unbeweglichen Vermögens vornimmt. Damit kommt dem S. 2 ein Vorrang vor S. 1 zu (*Wassermeyer* MA Art. 6 Rn. 26; Wassermeyer/*Jülicher* ErbSt-MA Art. 5 Rn. 11a). **115**

Durch das einseitige Definitionsrecht des Belegenheitsstaates kommt es zwischen den Vertragsstaaten gegebenenfalls zu unerwünschten Verschiebungen des Steueraufkommens, da keine Gegenseitigkeit gegeben ist. Staaten, in denen der Begriff des „unbeweglichen Vermögens" besonders weit auszulegen ist, kommt daher unter Umständen ein umfangreicheres Besteuerungsrecht zu als für ähnliche Fälle von Nachlässen aus dem anderen Abkommensstaat, der innerstaatlich eine engere Definition des unbeweglichen Vermögens verankert hat. Einer übermäßigen Ausdehnung der innerstaatlichen Begriffsbestimmung setzt jedoch nur der völkerrechtliche bona-fides- beziehungsweise genuine-link-Gedanke Grenzen, der notfalls durch Kündigung des Abkommens durchgesetzt werden muss (*Vogel/Lehner* MA Art. 6 Rn. 70. Völkerrechtlich muss stets ein „genuine link" zum Territorium des Belegenheitsstaates bestehen. Eine Besteuerung ohne jedwede, sachlich nachvollziehbare Anknüpfung an das Territorium wäre völkerrechtswidrig). **116**

Die – abgesehen von den Einschränkungen des S. 2 – unmittelbare Verweisung auf die Rechtsordnung des Belegenheitsstaates dient der eindeutigen Abgrenzung der Vermögenswerte, ohne eine ausführliche Definition im Abkommen selbst vornehmen zu müssen. Da das Vermögen unbeweglich ist und sich regelmäßig räumlich eindeutig dem Belegenheitsstaat zuordnen lässt, erfüllt dieser Verweis wirksam und praktikabel die Entstehung von Qualifikationskonflikten und daraus gegebenenfalls im Weiteren entstehender Doppelbesteuerung. Der Ansässigkeitsstaat im Sinne des Art. 4 ErbSt-MA muss damit ausnahmsweise das Recht des Belegenheitsstaates für die eigene Besteuerung anwenden. Daraus können sich Probleme ergeben, weil im beispielsweise im deutschen Inland nicht immer ausreichend Kenntnisse über das ausländische Steuer- oder Zivilrecht und seine Anwendung bestehen. Zudem sind **117** die Kenntnisse in der Praxis auf Seiten der Steuerpflichtigen und der Finanzverwaltung teilweise sehr unterschiedlich ausgeprägt, und die Erlangung von Auskünften über das ausländische Recht kann sich bei Zweifelsfällen als langwierig und kostspielig erweisen. In Zweifelsfällen bleibt nur die Anstrengung eines Verständigungsverfahrens nach Art. 11 ErbSt-MA.

2. Unbewegliches Vermögen im deutschen Recht

118 Mangels einer Definition im ErbStG ergibt sich für Deutschland als Anwenderstaat die Definition des unbeweglichen Vermögens aus der Grundnorm des § 21 Abs. 1 S. 1 Nr. 1 EStG und aus § 13 Abs. 1 Nr. 1 S. 1 EStG (Recht unpräzise Wassermeyer/*Jülicher* ErbSt-MA Art. 5 Rn. 12 ff.). Der dort definierte Umfang ist jedoch weiter als im Abkommensrecht und wird durch den Negativkatalog des Abs. 2 beschränkt.

119 Der Begriff „Grundstück" ist im Positivkatalog des Art. 5 Abs. 2 ErbSt-MA zwar nicht explizit aufgenommen, dürfte aber nach nahezu jeder Rechtsordnung als unbewegliches Vermögen zu definieren sein. Im deutschen Recht ist der Begriff steuerrechtlich – freilich unter Rückgriff auf seine zivilrechtliche Bedeutung – auszulegen, aber gleichwohl nicht mit dem zivilrechtlichen Begriff der §§ 94 ff. BGB identisch, da steuerlich insbesondere nicht zwingend eine Einheit mit einem Gebäude gegeben ist. Zum Grund und Boden gehört danach zum Beispiel auch der Luftraum, die Grasnarbe und Ackerkrume sowie nicht konkretisierte Bodenschätze, nicht jedoch Feldinventar und genutzte beziehungsweise konkretisierte Bodenschätze. Grundpfandrechtlich besicherte Forderungen sind kein unbewegliches Vermögen und sind daher allein nach Art. 7 ErbSt-MA zu behandeln (Tz. 6 OECD-MK zu Art. 5 ErbSt-MA).

120 ME ist auch ein Rückgriff auf § 68 BewG statthaft. Dort ist das sogenannte Grundvermögen für bewertungsrechtliche Zwecke definiert. Zum Grundvermögen gehören der Grund und Boden, die Gebäude, die sonstigen Bestandteile und das Zubehör, das Erbbaurecht und das Wohnungseigentum, Teileigentum, Wohnungserbbaurecht und Teilerbbaurecht nach dem Wohnungseigentumsgesetz, soweit es sich nicht um land- und forstwirtschaftliches Vermögen (iSd § 33 BewG) oder um Betriebsgrundstücke (§ 99 BewG) handelt. In das Grundvermögen sind nach § 68 Abs. 2 BewG jedoch nicht einzubeziehen Bodenschätze sowie die Maschinen und sonstigen Vorrichtungen aller Art, die zu einer Betriebsanlage gehören (Betriebsvorrichtungen), auch wenn sie wesentliche Bestandteile (dazu Tz. 4 OECD-MK zu Art. 5 ErbSt-MA) sind. Einzubeziehen sind jedoch die Verstärkungen von Decken und die nicht ausschließlich zu einer Betriebsanlage gehörenden Stützen und sonstigen Bauteile wie Mauervorlagen und Verstrebungen.

121 Der Begriff „Gebäude" ist in § 21 Abs. 1 Nr. 1 EStG nicht definiert. Nach der Rechtsprechung ist der Begriff jedoch auch für Zwecke der Ertragsteuern im bewertungsrechtlichen Sinne zu interpretieren (BFH BStBl. II 1974, 132). Somit ist ein Bauwerk als ein „Gebäude anzusehen, wenn es Menschen und Sachen durch räumliche Umschließung Schutz gegen äußere Einflüsse gewährt, den Aufenthalt von Menschen gestattet, fest mit Grund und Boden verbunden, von einiger Beständigkeit und ausreichend standfest ist" (Gleichlautende Ländererlasse, BStBl. I 2006, 314 ff., Tz. 2.2). „Gebäudeteile" im Sinne des § 21 Abs. 1 Nr. 1 EStG hingegen sind selbstständige Wirtschaftsgüter, die in einem vom Gebäude verschiedenen Nutzungs- und Funktionszusammenhang stehen und daher gesondert zu bilanzieren sind (*Wassermeyer* MA Art. 6 Rn. 36).

122 Von den Gebäudeteilen sind die Bestandteile eines Gebäudes beziehungsweise Grundstücks abzugrenzen. Hierzu gehören die Teile von Gebäuden, die keine unabhängige Nutzung zulassen und nicht Gegenstand besonderer Rechte sein können. Hierunter fallen die in § 94 BGB genannten Bestandteile von Grundstücken und Gebäuden wie zum Beispiel Türen, Fenster, Ziegel sowie Pflanzen, Aussaat, etc., die fest mit dem Gebäude beziehungsweise dem Grundstück verbunden sind. Die Scheinbestandteile (§ 95 BGB), die nur zu einem vorübergehenden Zweck mit dem Gebäude oder Grundstück verbunden sind, gehören unstreitig nicht zum unbeweglichen Vermögen (*Wassermeyer* MA Art. 6 Rn. 36a).

123 Die nach § 21 Abs. 1 Nr. 1 EStG ebenfalls zum unbeweglichen Vermögen gehörenden Schiffe, die in ein Schiffsregister eingetragen sind, gehören nach dem Negativkatalog des Art. 5 Abs. 2 S. 2 ErbSt-MA im Abkommensrecht explizit nicht zum unbeweglichen Vermögen. Rechte die den Vorschriften des bürgerlichen Rechts über Grundstücke unterliegen (sog. grundstücksgleiche Rechte), sind bei der deutschen Rechtsanwendung nach § 21 Abs. 1Nr. 1 EStG und dem Positivkatalog des Art. 5 Abs. 2 ErbSt-MA als unbewegliches Vermögen definiert.

3. Explizit genanntes unbewegliches Vermögen

124 Die in Art. 5 Abs. 2 S. 2 ErbSt-MA ausdrücklich genannten Wirtschaftsgüter gehören unabhängig von der Definition des unbeweglichen Vermögens im Belegenheitsstaat in jedem Fall zum unbeweglichen Vermögen im abkommensrechtlichen Sinne. Ob die Auslegung auch nach dem Recht des Belegenheitsstaates erfolgt, ist umstritten (wohl zustimmend *Vogel/Lehner* MA Art. 6 Rn. 76; aA *Wassermeyer* MA Art. 6 Rn. 53). In der Praxis relevant wird der Positivkatalog des Abs. 2 jedenfalls immer dann, wenn das innerstaatliche Recht gerade die Elemente des Positivkataloges aus der Definition des unbeweglichen Vermögens ausschließt.

Zum in Art. 5 Abs. 2 S. 2 ErbSt genannten Zubehör rechnen nach deutschem Verständnis gemäß § 97 BGB bewegliche Sachen, die dem wirtschaftlichen Zweck der Hauptsache zu dienen bestimmt sind und zu dieser in einem räumlichen Verhältnis stehen, ohne Bestandteil der Hauptsache zu sein (dazu *Jülicher* in Wassermeyer ErbSt-MA Art. 5 Rn. 18). Damit sind die Wirtschaftsgüter des Zubehörs rechtlich selbständige bewegliche Sachen, die aber aufgrund des engen wirtschaftlichen Zusammenhangs mit dem unbeweglichen Vermögen genauso behandelt werden sollen. Dazu gehören insbesondere mit dem unbeweglichen Vermögen zusammen überlassene Wirtschaftsgüter, die wirtschaftlich untergeordnet sind. Hierzu gehören zum Beispiel Einrichtungen von Wohnungen und Hotels, Haushaltsgeräte, Beleuchtungsanlagen, etc. Die Einordnung als Zubehör verlangt eine nicht nur vorübergehende Nutzung zusammen mit dem unbeweglichen Vermögen, andererseits ist eine nur vorübergehende Entfernung vom unbeweglichen Vermögen für die Klassifikation als Zubehör nicht schädlich (§ 97 Abs. 2 BGB). Dazu gehören insbesondere Sachen, die mit dem Grundstück fest verbunden sind: Bei Gebäuden sind dies v. a. solche Sachen, bei denen es sich nach deutschem Recht um wesentliche Bestandteile im Sinne des §§ 93,94 BGB handelt. **125**

Rechte, für die die Vorschriften des Privatrechts über Grundstücke gelten, meinen die sogenannten grundstücksgleichen Rechte, die idR der Eigentümer bestellt (Erbbaurecht, Erbpacht, Wohnungseigentumsrecht) (dazu Wassermeyer/*Jülicher* ErbSt-MA Art. 5 Rn. 20). Dabei ist auf das Privatrecht des Belegenheitsstaates abzustellen (*Wassermeyer* MA Art. 6 Rn. 60). Grundpfandrechte sind nach deutschem Verständnis beschränkt dingliche Rechte mit Grundstücksbezug und fallen somit auch unter den Anwendungsbereich des Art. 5 Abs. 2 S. 2 ErbSt-MA. Dinglich gesicherte Vorkaufsrechte sind ebenfalls unbewegliches Vermögen im Sinne des Vorschrift. Ferner werden auch bloße Nutzungsrechte an unbeweglichem Vermögen erfasst. Als Nutzungsrechte gelten namentlich die sich aus dem Eigentum ableitenden Nutzungsrechte, also die beschränkt dinglichen Rechte, die sich durch Ausübung nicht verbrauchen. Dies sind der Nießbrauch und die Reallast, nicht aber die dinglich gesicherten Vorkaufsrechte und Grundpfandrechte. **126**

Art. 5 Abs. 2 S. 2 ErbSt-MA kann indes nicht auf dingliche Rechte beschränkt werden, da die Vorschrift wegen der Wendung „Rechte, für die die Vorschriften des Privatrechts über Grundstücke gelten" dann leerliefe. Vielmehr müssen hierbei grundsätzlich auch die schuldrechtlichen Nutzungsrechte erfasst sein (zum Streitstand Wassermeyer/*Jülicher* ErbSt-MA Art. 5 Rn. 12b). Dies begründet sich insbesondere darin, dass eine schuldrechtliche Position grundsätzlich für Zwecke der Besteuerung ausreichen kann, da sie wirtschaftlich dem steuerpflichtigen Erblasser eine vergleichbare Rechtsposition einräumen (so *Vogel/Lehner* MA Art. 6 Rn. 96 unter Verweis auf BFH BStBl. II 1982, 566 sowie *Wassermeyer* MA Art. 6 Rn. 76). Unstreitig nicht erfasst werden hingegen gesellschaftsrechtlich begründete Nutzungsrechte. **127**

Erfasst wird ferner das lebende und tote Inventar land- und forstwirtschaftlicher Betriebe (dazu Wassermeyer/*Jülicher* ErbSt-MA Art. 5 Rn. 19). Soweit es sich bei dem Inventar um Zubehör handelt, hat die Erwähnung nur wiederholenden Charakter. Für bewegliches Arbeitsgerät wie Werkzeuge, Fahrzeuge und mobile Bewässerungseinrichtungen hat sie allerdings konstitutiven Charakter; ein Gleiches gilt für totes Inventar wie Düngemittel, etc. Erfasst werden somit in erster Linie körperliche Gegenstände. Teilweise wird vertreten, dass unter Inventar auch nichtkörperliche Gegenstände zu fassen seien. Dies soll insbesondere für Wertpapiere und Kontokorrentforderungen und ähnliche Wirtschaftsgüter in betriebsüblichen Mengen und Höhen gelten, wenn die Wirtschaftgüter im Betriebsvermögen gehalten werden und dem land- und forstwirtschaftlichen Betrieb zu dienen bestimmt sind (*Vogel/Lehner* MA Art. 6 Rn. 86 mwN). **128**

Der Begriff „Land- und Forstwirtschaft" ist abkommensrechtlich zu bestimmen, so dass aus deutscher Sicht insbesondere nicht auf § 33 BewG zurückgegriffen werden kann (*Vogel/Lehner* MA Art. 6 Rn. 66). Nur soweit eine abkommensautonome Auslegung nicht möglich ist, kann das nationale Recht des Belegenheitsstaates zur Begriffsbestimmung herangezogen werden (aA *Wassermeyer* MA Art. 6 Rn. 16). Umstritten ist, ob das land- und forstwirtschaftliche Vermögen unter die Definition des „unbeweglichen Vermögens" im Sinne des Art. 5 Abs. 2 S. 1 ErbSt-MA fallen muss. Dies wird insbesondere von Wassermeyer (*Wassermeyer* MA Art. 6 Rn. 16) (dort jedoch zum Parallelproblem des Art. 6 OECD-MA) abgelehnt. Seiner Ansicht nach hat Art. 3 Abs. 2 ErbSt-MA Vorrang vor Art. 5 Abs. 2 S. 2 ErbSt-MA. Dem kann mE auch für das ErbSt-MA nicht gefolgt werden. Die Land- und Forstwirtschaft ist nach Art. 5 Abs. 2 S. 2 ErbSt-MA gerade in die abkommensrechtliche Norm eingebettet worden, die ihren besonderen Bezug zum Quellenstaat durch die Belegenheit des Grund und Bodens ausdrückt. Löst man diesen besonderen Bezug für die Land- und Forstwirtschaft auf, indem man die Land- und Forstwirtschaft unabhängig vom Bodenbezug unter die Vorschrift fasst, so durchbricht dies die Systematik des Artikels. **129**

Landwirtschaft umfasst danach insbesondere den Ackerbau wie Getreide, Obst, Wein etc. Die Viehzucht ist nur insofern Land- und Forstwirtschaft, als die Tiere auf die natürlichen Ressourcen des Bodens zurückgreifen. Ansonsten fällt sie als gewerbliches Tierzuchtunternehmen unter die Art. 6 oder 7 ErbSt- **130**

MA. Forstwirtschaft ist die Bodennutzung durch Bäume und andere Gehölze zur Gewinnung von Naturholz. Sie erfasst auch Baumschulen und andere Einrichtungen zur Pflege und zum Erhalt des Waldes. Die Jagdwirtschaft und die Fischerei hingegen sind nach dem Wortlaut nicht erfasst.

131 Nebenbetriebe wie die in die Land- und Forstwirtschaft eingegliederten Be- und Verarbeitungsbetriebe (auch Produktionsstätten für Biogas) fallen grundsätzlich nicht in den Anwendungsbereich des Art. 5 ErbSt-MA. In den Anwendungsbereich fallen hingegen die Einrichtungen dann, wenn sie nicht selbstständige Nebenbetriebe sind, sondern noch Teil des land- und forstwirtschaftlichen Betriebes (Attraktivität des Hauptbetriebes). Ob es sich bei dem Nebenbetrieb um einen selbstständigen oder unselbstständigen Teil handelt, ist eine Tatsachenfrage. Als Abgrenzungsmerkmal dient insbesondere die Frage, ob auch betriebsfremde Produkte mit einbezogen werden, der Grad der wirtschaftlichen Eigenständigkeit und die Bedeutung der zusätzlichen Wertschöpfung.

4. Absatz 3

132 Art. 5 Abs. 3 ErbSt-MA erstreckt die Rechtsfolge der Zuordnung des Besteuerungsrechts zum Belegenheitsstaat des unbeweglichen Vermögens auch auf jenes Vermögen, das der Ausübung eines freien Berufs (zu verstehen iSd Art. 14 OECD-MA aF, vgl. Wassermeyer/*Jülicher* ErbSt-MA Art. 5 Rn. 27) oder einer sonstigen selbstständigen Tätigkeit dient (dazu Tz. 7 OECD-MK zu Art. 5 ErbSt-MA). Anders als das OECD-MA berücksichtigt das ErbSt-MA damit Vermögen dieser Berufsgruppen, während der entsprechende Art. 14 OECD-MA im ertragsteuerlichen Musterabkommen längst gestrichen wurde. Wie in den anderen Vorschriften des ErbSt-MA auch ist der Unternehmensbegriff wegen Art. 3 Abs. 2 ErbSt-MA nach dem nationalen Recht des Anwenderstaates zu bestimmen. Nach wohl herrschender Meinung kommt Art. 5 Abs. 3 ErbSt-MA ein Vorrang vor Art. 5 Abs. 2 ErbSt-MA insoweit zu, als es um die Zuordnung zum unbeweglichen Vermögen eines Unternehmens gegenüber land- und forstwirtschaftlichem Vermögen geht (Wassermeyer/*Jülicher* ErbSt-MA Art. 5 Rn. 26c).

IV. Wichtigste Abweichungen in den deutschen DBA

1. Abweichungen von Art. 5 Abs. 1 ErbSt-MA

133
- **DBA (E)-Schweiz:** Art. 5 Abs. 1 DBA (E)-Schweiz handelt von unbeweglichem Vermögen, das ein Erblasser mit Wohnsitz in einem Vertragsstaat im anderen Vertragsstaat besitzt. In diesem Fall kann dieses Vermögen im anderen Staat besteuert werden.
- **DBA (E)-Griechenland:** DBA (E)-Griechenland regelt nur Besteuerungsrechte hinsichtlich beweglichem Vermögen.
- **DBA (E)-Dänemark:** Art. 5 Abs. 1 DBA (E)-Dänemark enthält eine Definition des Ausdrucks „Betriebsstätte". Eine dem Art. 5 Abs. 1 OECD-MA (E) ähnliche Regelung ist im Art. 25 Abs. 1 DBA (E)-Dänemark enthalten, jedoch enthält die Norm auch eine Abweichung in der Formulierung bezüglich „einer ansässigen Person".

2. Abweichungen von Art. 5 Abs. 2 ErbSt-MA

134
- **DBA (E)-Frankreich:** Im Gegensatz zu Art. 5 Abs. 2 S. 1 ErbSt-MA enthält Art. 5 Abs. 2 S. 1 letzter Hs. DBA (E)-Frankreich eine Bestimmung, wonach hypothekarisch oder in anderer Weise durch eine Immobilie gesicherte Forderungen nicht als unbewegliches Vermögen gelten. Des Weiteren wurde in Art. 5 DBA (E)-Frankreich anstatt des Ausdrucks „andere Bodenschätze" der Ausdruck „andere natürliche Ressource" verwendet.
- **DBA (E)-Dänemark:** Der Ausdruck „unbewegliches Vermögen" wurde im Art. 3 Abs. 1 Buchstabe f) DBA (E)-Dänemark definiert, wo anstatt des Ausdrucks „andere Bodenschätze" der Ausdruck „andere Naturschätze" verwendet wird.
- **DBA (E)-Schweden:** Die Definition des Ausdrucks „unbewegliches Vermögen" ist im Art. 3 Abs. 1 Buchstabe h) DBA (E)-Schweden enthalten. Abweichend von Art. 5 Abs. 2 ErbSt-MA weist Art. 3 Abs. 1 Buchstabe h) DBA (E)-Schweden jedoch explizit darauf hin, dass auch ein Gebäude unbewegliches Vermögen darstellt.

3. Abweichungen von Art. 5 Abs. 3 ErbSt-MA

135
- **DBA (E)-Schweiz:** Im Gegensatz zu Art. 5 Abs. 3 ErbSt-MA besagt Art. 5 Abs. 3 DBA (E)-Schweiz, dass **auch Absatz 2** (reine Formalie) Anwendung findet. Zusätzlich wird eine Abgrenzung bei einer sonstigen selbständigen Tätigkeit ähnlicher Art (zusammen: eine sonstige selbständige Tätigkeit **ähnlicher Art**) vorgenommen.

- **DBA (E)-Frankreich:** Die wörtliche Fassung des Art. 5 Abs. 3 ErbSt-MA findet sich erst in Art. 5 Abs. 5 DBA (E)-Frankreich. Art. 5 Abs. 3 DBA (E)-Frankreich enthält dagegen eine dem ErbSt-MA fremde Regelung betreffend eine Umqualifizierung von Aktien, Anteilen oder sonstigen Rechten an einer Gesellschaft oder juristischen Person, deren Vermögen unmittelbar oder über eine oder mehrere andere Gesellschaften oder juristische Personen mehr als die Hälfte aus in einem Vertragsstaat gelegenen Immobilien oder aus Rechten an diesen Immobilien besteht, in unbewegliches Vermögen. Diese Aktien, Anteile oder sonstigen Rechte gelten als in dem Vertragsstaat belegen, in dem die Immobilien belegen sind. Von der Umqualifizierung werden jedoch diejenigen Immobilien ausgenommen, die von dieser Gesellschaft oder juristischen Person für den eigenen gewerblichen oder land- und forstwirtschaftlichen Betrieb genutzt werden oder der Ausübung eines freien Berufs oder einer sonstigen selbständigen Tätigkeit durch diese Gesellschaft oder juristische Person dienen. Des Weiteren wurde in Art. 5 Abs. 4 DBA (E)-Frankreich eine ebenfalls dem ErbSt-MA fremde Regelung verankert, wonach eine Immobilie als Teil des Nachlasses oder der Schenkung einer Person mit Wohnsitz in einem Vertragsstaat im Sinne des Abs. 1 gilt, wenn sie Gesellschaften oder juristischen Personen gehört, an denen der Erblasser oder der Schenker allein oder gemeinsam mit seinem Ehegatten, ihren Verwandten in gerader Linie oder ihren Geschwistern unmittelbar oder über eine oder mehrere andere Gesellschaften oder juristische Personen mehr als die Hälfte der Aktien, Anteile oder sonstigen Rechte hält (Umqualifizierung dieser Anteile in unbewegliches Vermögen und Besteuerung im Belegenheitsstaat). Ergänzend zu Art. 5 Abs. 4 DBA (E)-Frankreich wurde in Nr. 3 des Protokolls zum DBA (E)-Frankreich geregelt, dass die über eine oder mehrere andere Gesellschaften oder juristische Personen gehaltenen Immobilien nur mit dem prozentualen Anteil zu berücksichtigen sind, der dem entsprechenden prozentualen Anteil an den Aktien, Anteilen oder sonstigen Rechten entspricht, der dem Erblasser oder Schenker zuzurechnen sind.
- **DBA (E)-USA:** Im Gegensatz zu Art. 5 Abs. 3 ErbSt-MA enthält Art. 5 Abs. 3 DBA (E)-USA einen Verweis auf Art. 5 Abs. 2 DBA (E)-USA (reine Formalie). Des Weiteren wird der Ausdruck „Ausübung einer selbständigen Arbeit" verwendet. Außerdem nicht umfasst vom Regelungsbereich des Art. 5 Abs. 3 DBA (E)-USA ist unbewegliches Vermögen, das der Ausübung eines freien Berufs dient.
- **DBA (E)-Dänemark:** Eine derartige Regelung ist im DBA (E)-Dänemark nicht enthalten.

Art. 6 Bewegliches Vermögen einer Betriebstätte oder einer festen Einrichtung

(1) **Bewegliches Vermögen eines Unternehmens, das Teil des Nachlasses oder einer Schenkung einer Person mit Wohnsitz in einem Vertragsstaat ist und das Betriebsvermögen einer im anderen Vertragsstaat gelegenen Betriebstätte darstellt, kann im anderen Staat besteuert werden.**

(2) **Im Sinne dieses Abkommens bedeutet der Ausdruck „Betriebstätte" eine feste Geschäftseinrichtung, durch die die Tätigkeit eines Unternehmens ganz oder teilweise ausgeübt wird.**

(3) **Der Ausdruck „Betriebstätte" umfaßt insbesondere:**

a) einen Ort der Leitung,
b) eine Zweigniederlassung,
c) eine Geschäftsstelle,
d) eine Fabrikationsstätte,
e) eine Werkstätte und
f) ein Bergwerk, ein Öl- oder Gasvorkommen, einen Steinbruch oder eine andere Stätte der Ausbeutung von Bodenschätzen.

(4) **Eine Bauausführung oder Montage ist nur dann eine Betriebstätte, wenn ihre Dauer zwölf Monate überschreitet.**

(5) **Ungeachtet der vorstehenden Bestimmungen dieses Artikels gelten nicht als Betriebstätten:**

a) Einrichtungen, die ausschließlich zur Lagerung, Ausstellung oder Auslieferung von Gütern oder Waren des Unternehmens benutzt werden;
b) Bestände von Gütern oder Waren des Unternehmens, die ausschließlich zur Lagerung, Ausstellung oder Auslieferung unterhalten werden;
c) Bestände von Gütern oder Waren des Unternehmens, die ausschließlich zu dem Zweck unterhalten werden, durch ein anderes Unternehmen bearbeitet oder verarbeitet zu werden;
d) eine feste Geschäftseinrichtung, die ausschließlich zu dem Zweck unterhalten wird, für das Unternehmen Güter oder Waren einzukaufen oder Informationen zu beschaffen;

e) eine feste Geschäftseinrichtung, die ausschließlich zu dem Zweck unterhalten wird, für das Unternehmen andere Tätigkeiten auszuüben, die vorbereitender Art sind oder eine Hilfstätigkeit darstellen;

f) eine feste Geschäftseinrichtung, die ausschließlich zu dem Zweck unterhalten wird, mehrere der unter den Buchstaben a bis e genannten Tätigkeiten auszuüben, vorausgesetzt, daß die sich daraus ergebende Gesamttätigkeit der festen Geschäftseinrichtung vorbereitender Art ist oder eine Hilfstätigkeit darstellt.

(6) **Bewegliches Vermögen, das Teil des Nachlasses oder einer Schenkung einer Person mit Wohnsitz in einem Vertragsstaat ist und der Ausübung eines freien Berufes oder einer sonstigen selbständigen Tätigkeit dient und das zu einer im anderen Vertragsstaat gelegenen festen Einrichtung gehört, kann im anderen Staat besteuert werden.**

Übersicht

I. Zweck der Vorschrift

Die zentrale Vorschrift gehört gemeinsam mit den Art. 5 und 7 ErbSt-MA zu den sogenannten Verteilungsnormen und regelt die Zuweisung des Besteuerungsrechts für das nicht zum unbeweglichen Vermögen gehörende, im Wege des Erbfalls übergehende Vermögen (dh das bewegliche Vermögen), welches Betriebsvermögen einer Betriebsstätte (Abs. 1) beziehungsweise einer der Ausübung eines freien Berufs oder einer sonstigen selbstständigen Tätigkeit dienenden festen Einrichtung (Abs. 6) zuzuordnen ist (Tz. 1 OECD-MK zu Art. 6 ErbSt-MA). Die Abs. 1–5 entsprechen wortgleich der Betriebsstättendefinition des Art. 5 OECD-MA, so dass die hierzu vertretenen Auffassungen in Rechtsprechung und Literatur mutatis mutandis entsprechend gelten (Tz. 5 OECD-MK zu Art. 6 ErbSt-MA; zum Ganzen auch im Folgenden identisch (allerdings in Bezug auf das OECD-MA 2014) *Haase* OECD-MA Art. 5 Rn. 1 ff. mwN). Regelungen zur sogenannten Vertreterbetriebsstätte lässt das ErbSt-MA hingegen vermissen. Die Zuordnung des Besteuerungsrechts bei Vermögensübertragungen aus Anlass des Todes ist in diesem Fall allerdings kaum praktisch und daher allenfalls von theoretischer Relevanz (Tz. 13 OECD-MK zu Art. 6 ErbSt-MA). 136

Obwohl dies nicht im Wortlaut der Norm zum Ausdruck kommt, soll Art. 6 ErbSt-MA nach Ansicht des Fiskalausschusses der OECD auch auf Schiffe, Luftfahrzeuge, Binnenschiffe und damit verbundene Vermögenswerte Anwendung finden, seit die entsprechende Bestimmung aus dem ErbSt-MA 1966 gestrichen worden war (Tz. 2 OECD-MK zu Art. 6 ErbSt-MA). Eine Art. 8 OECD-MA vergleichbare Vorschrift fehlt. 137

II. Absatz 1

Art. 6 Abs. 1 ErbSt-MA setzt das auch in Art. 7 ErbSt-MA verankerte Betriebsstättenprinzip um: Für bewegliches Betriebsvermögen einer Betriebsstätte soll demjenigen Staat das Besteuerungsrecht zustehen, in dem die Betriebsstätte belegen ist (Wassermeyer/*Jülicher* ErbSt-MA Art. 6 Rn. 1; Tz. 1 OECD-MK zu Art. 6 ErbSt-MA). Ob dieses Besteuerungsrecht ausschließlich ist oder nur zur Anrechnung von Steuern im Ansässigkeitsstaat berechtigt, wird in Art. 6 ErbSt-MA nicht geregelt. Dies bestimmt sich allein nach dem Methodenartikel des Art. 9 ErbSt-MA (Wassermeyer/*Jülicher* ErbSt-MA Art. 6 Rn. 11). Art. 6 Abs. 1 ErbSt-MA setzt voraus, dass der Wohnsitz der Person und die Betriebsstätte in unterschiedlichen Vertragsstaaten liegen. Liegt die Betriebsstätte im Ansässigkeitsstaat, fehlt es an einem abkommensrechtlichen Sachverhalt. Liegt die Betriebsstätte in einem Drittstaat, greift Art. 7 ErbSt-MA ein. 138

Eine Definition darüber, was bewegliches Vermögen ist, lässt das ErbSt-MA vermissen. Die herrschende Meinung nimmt daher eine Abgrenzung allein im Umkehrschluss anhand der Definition des unbeweglichen Vermögens nach Art. 5 Abs. 2 ErbSt-MA vor, so dass zum beweglichen Vermögen all jenes Vermögen rechnet, welches nicht zum unbeweglichen Vermögen zählt (beispielhafte Aufzählung bei Wassermeyer/*Jülicher* ErbSt-MA Art. 6 Rn. 6). Somit sind insbesondere auch immaterielle Wirtschaftsgüter von dieser Negativdefinition umfasst (Tz. 4 OECD-MK zu Art. 6 ErbSt-MA; zustimmend Wassermeyer/*Jülicher* ErbSt-MA Art. 6 Rn. 6). 139

Die übrigen Tatbestandsmerkmale des Art. 6 Abs. 1 ErbSt-MA werden entsprechend den anderen Bestimmungen des DBA ausgelegt, in denen diese definiert, umschrieben oder verwendet werden. So richtet sich die Wendung „Vermögen, das Teil des Nachlasses oder einer Schenkung" ist, nach dem Verständnis von Art. 3 Abs. 1 Buchstabe a ErbSt-MA, während der Wohnsitz der abkommensberechtigten Person in Art. 4 Abs. 1 ErbSt-MA definiert wird. Der Unternehmensbegriff schließlich ist im Sinne von Art. 5 Abs. 3 ErbSt-MA zu verstehen. Der Begriff „Betriebsvermögen" wird demgegenüber im ErbSt-MA nicht definiert, weshalb Art. 3 Abs. 2 ErbSt-MA gilt. Nach deutschem Verständnis muss es sich daher bei dem Unternehmen um einen Gewerbebetrieb handeln (Wassermeyer/*Jülicher* ErbSt-MA Art. 6 Rn. 8. Nach BFH Urt. v. 4.5.2011 – I R 51/09, BFH/NV 2011, 1637 ff. reicht eine lediglich gewerbliche Prägung bei Personengesellschaften gemäß § 15 Abs. 3 Nr. 2 EStG hierfür indes nicht aus. Zur Problematik des Sonderbetriebsvermögens vgl. Wassermeyer/*Jülicher* ErbSt-MA Art. 6 Rn. 9a). 140

Die Zurechnung des beweglichen Vermögens beziehungsweise des Betriebsvermögens zu einem Unternehmen beziehungsweise zu einem Nachlass wird in Art. 6 Abs. 1 ErbSt-MA nicht geregelt, so dass insoweit auf die allgemeinen Grundsätze des nationalen Rechts zurückgegriffen werden muss (Art. 3 Abs. 2 ErbSt-MA). Namentlich in Fällen des Abweichens von zivilrechtlichem und wirtschaftlichem Eigentum in beiden Vertragsstaaten kann es zu Doppelbesteuerungen kommen (dazu ausführlich Wassermeyer/*Jülicher* ErbSt-MA Art. 6 Rn. 9). Hier hilft in praxi meist nur das Verständigungsverfahren nach Art 11 ErbSt-MA. 141

III. Absatz 2

1. Grundaussage

142 Art. 6 Abs. 2 ErbSt-MA enthält eine für das gesamte ErbSt-MA gültige und abschließende Betriebsstättendefinition und steht damit außerhalb des allgemeinen Definitionsartikels (Art. 3 ErbSt-MA) (Wassermeyer/*Jülicher* ErbSt-MA Art. 6 Rn. 17; Tz. 6 OECD-MK zu Art. 6 ErbSt-MA). Für die Anwendung des Abkommens sind weder die Definition des § 12 AO noch die Betriebsstättendefinitionen der ausländischen Steuerrechte maßgeblich, auch wenn angesichts der teilweise identischen Tatbestandsmerkmale auch auf die Rechtsprechung zu § 12 AO zurückzugreifen ist. Insbesondere auf Art. 3 Abs. 2 ErbSt-MA ist nicht zu rekurrieren. Eine Betriebsstätte muss nach Ansicht der OECD stets die Voraussetzungen des Art. 6 Abs. 2 ErbSt-MA erfüllen, auch wenn sie spezialgesetzlich geregelt sein mag (wie zB konstitutiv in Art. 6 Abs. 3 ErbSt-MA) (Tz. 12 MK zu Art. 5 OECD-MA; aA die wohl herrschende Meinung in Deutschland, vgl. *Wassermeyer* MA Art. 5 Rn 61).

143 Der Begriff der „Betriebsstätte" dient primär dem Zweck, im Zusammenhang von Art. 6 Abs. 1 und 6 ErbSt-MA eine Festlegung darüber zu treffen, wann ein Vertragsstaat berechtigt ist, bewegliches Betriebsstättenvermögen beziehungsweise das bewegliche Vermögen einer festen Einrichtung zu besteuern. Art. 6 Abs. 2 ErbSt-MA hat insoweit die Funktion, die wesentlichen begründungsnotwendigen Merkmale einer Betriebsstätte im abkommensrechtlichen Sinne zu benennen. Die Definition ist vergleichsweise knapp und wenig aussagekräftig geraten. Zahlreiche Auslegungsprobleme sind die Folge. Zentral ist jedenfalls die Erkenntnis, dass über das Vorliegen oder Nichtvorliegen einer Betriebsstätte nicht die Bezeichnung, sondern die gesetzlichen Tatbestandsmerkmale entscheiden. Im Geschäftsverkehr hat es sich eingebürgert, für Geschäftseinrichtungen unterhalb der Betriebsstättenschwelle die Begriffe „Büro" (Office) oder „Repräsentanz" zu verwenden. Ob dies zutrifft, ist jedoch im Einzelfall exakt zu prüfen. Für Repräsentanzen etwa wird es meist an einer festen Geschäftseinrichtung oder generell einer Unternehmenstätigkeit fehlen. Zuweilen scheitert die Betriebsstättenbegründung auch daran, dass in der Repräsentanz nur Hilfstätigkeiten oder Tätigkeiten vorbereitender Art ausgeführt werden.

2. Zivilrechtliche Einordnung

144 Zentral ist die Erkenntnis, dass der Begriff der „Betriebsstätte" ein rein steuerrechtlicher ist. Zivilrechtlich hat er keine Bedeutung, und zwar in dem Sinne, dass es sich nicht um einen selbstständigen Rechtsträger handelt. Dies gilt auch dann, wenn die Betriebsstätte zufällig eine Zweigniederlassung im Sinne des Art. 6 Abs. 3 Buchstabe b ErbSt-MA oder § 12 S. 2 Nr. 2 AO iVm §§ 13 ff. HGB sein sollte. Eine Betriebsstätte ist für sich genommen nicht rechtsfähig. Sie ist ein rechtlich unselbstständiger Teil des jeweiligen Gesamtunternehmens, und zwar unabhängig davon, welche Rechtsform das Unternehmen hat. Rechtsfähig sind im deutschen Recht nur Rechtssubjekte, denen Gesetze die Rechtsfähigkeit zuerkennen (vgl. etwa für natürliche Personen etwa § 1 BGB oder für die AG § 1 Abs. 1 S. 1 AktG). Für Betriebsstätten ist gesetzlich keine solche Zuerkennung vorgesehen. Das hat insbesondere zur Konsequenz, dass eine Betriebsstätte mit Dritten keine Verträge schließen kann. Vertragspartner ist daher immer das jeweilige Unternehmen.

3. Geschäftstätigkeit eines Unternehmens

145 Aus dem Wortlaut des Art. 6 Abs. 2 ErbSt-MA sowie aus dem Regelungszusammenhang mit den Abs. 1 und 6 der Vorschrift ergibt sich, dass das steuerliche Zurechnungssubjekt der Betriebsstätte ein Unternehmen sein muss. Nur wenn in einer festen Einrichtung betriebliche Handlungen zugunsten eines Gewerbebetriebs, dh eines Unternehmens vollzogen werden, kann überhaupt eine Betriebsstätte vorliegen (BFH BStBl. III 1961, 317). Ist die Bundesrepublik Deutschland der Anwenderstaat, können daher insbesondere Einzelunternehmer, gewerbliche und gewerblich geprägte Personengesellschaften, Kapitalgesellschaften und andere Unternehmen (zB andere Körperschaften) eine abkommensrechtliche Betriebsstätte betreiben. Handelt es sich um ein ausländisches Unternehmen (mit inländischer Betriebsstätte), so ist über die steuerliche Einordnung des Unternehmens insbesondere als Personen- oder Kapitalgesellschaft aus der Sicht der Bundesrepublik Deutschland nach den Grundsätzen des sogenannten Rechtstypenvergleichs zu entscheiden (grundlegend RFH RStBl. 1930, 444; BFH BStBl. II 1992, 972; BMF BStBl. I 1999, 1076, Tz. 1.1.5.2). Hierbei ist anhand bestimmter Charakteristika darüber zu entscheiden, ob das Unternehmen strukturell eher einer Personen- oder eher einer Kapitalgesellschaft vergleichbar ist. Die Einordnung ist unabhängig vom ausländischen Zivil- oder Steuerrecht vorzunehmen (systematisch daher völlig verfehlt FG Baden-Württemberg EFG 2008, 1098).

146 Wo der Betreiber des Unternehmens ansässig ist (dh im Ansässigkeitsstaat des Unternehmens, im Betriebsstättenstaat oder in einem Drittstaat), ist im Grundsatz irrelevant. Die Betriebsstätte ist aber steuerlich demjenigen zuzurechnen, für dessen Rechnung die unternehmerische Tätigkeit ausgeübt wird

(FG Baden-Württemberg EFG 1992, 653). Für gewerbliche Personengesellschaften jedoch gilt die Besonderheit, dass überall dort, wo eine solche Personengesellschaft über eine Betriebsstätte verfügt, diese als anteilige Betriebsstätte ihrer Gesellschafter angesehen wird. Betreibt die Personengesellschaft ein Unternehmen, wird auch dieses anteilig den Mitunternehmern zugerechnet. Es wird nicht vorausgesetzt, dass jeder Mitunternehmer Verfügungsmacht über die anteilige Betriebsstätte besitzt (*Wassermeyer* MA Art. 5 Rn. 34).

Liegt aus der Sicht des Anwenderstaates ein Unternehmen vor, wird in der Regel auch die für Art. 6 Abs. 2 ErbSt-MA erforderliche unternehmerische Tätigkeit vorliegen. Die in der Betriebsstätte ausgeübte Tätigkeit muss aber nicht zum Kernbereich der unternehmerischen Tätigkeit gehören (*Wassermeyer* MA Art. 5 Rn. 52). Auch auf einen Mindestumsatz oder eine permanente Ausübung der Tätigkeit kommt es nicht an (*Strunk/Kaminski/Köhler* MA Art. 5 Rn. 70). Die in der Betriebsstätte ausgeübte Tätigkeit muss lediglich dem Gesamtzweck des Unternehmens dienen (*Vogel/Lehner* MA Art. 5 Rn. 24). Besondere Abgrenzungsschwierigkeiten entstehen in der Praxis jedoch insbesondere bei der Abgrenzung der unternehmerischen Tätigkeit von vermögensverwaltenden Tätigkeiten und hier namentlich der Vermietung und Verpachtung oder dem Wertpapierhandel (dazu BFH BStBl. II 2002, 848; Tz. 8 MK zu Art. 5 OECD-MA). Für die Frage, wann die Grenze zur Gewerblichkeit überschritten ist, ist bei der Bundesrepublik Deutschland als Anwenderstaat nach den Grundsätzen des nationalen deutschen Steuerrechts zu entscheiden. Zusammenfassend lässt sich festhalten: Die Wendung „Tätigkeit des Unternehmens“ meint nicht nur die Produktion oder „operatives“ Geschäft, sondern auch die allgemeinen Verwaltungstätigkeiten einer geschäftlichen Einheit. Erfasst sind ferner Verwaltungs- oder Geschäftstätigkeiten von nicht mit Gewinnerzielungsabsicht betriebenen Einheiten beziehungsweise gemeinnützigen Organisationen. Im Ergebnis begründen beispielsweise auch gemeinnützige Organisationen, die eine Geschäftstätigkeit durch eine feste Geschäftseinrichtung ausüben, in einem Vertragsstaat eine Betriebsstätte, es sei denn, die Geschäftstätigkeit ist vorbereitender Art oder stellt eine Hilfstätigkeit dar. 147

4. Feste Geschäftseinrichtung

a) Sachliches Substrat. Obwohl der Betreiber einer Betriebsstätte nur ein Unternehmen sein kann und damit aus deutscher Sicht in der Regel gewerbliche Einkünfte im Sinne des § 15 EStG für die Annahme eines Unternehmens vorliegen müssen, ist es für die Annahme einer Betriebsstätte nicht erforderlich, dass die Betriebsstätte sämtliche Merkmale eines Gewerbebetriebs im Sinne des § 15 Abs. 2 EStG erfüllt (*Wassermeyer* Art. 5 MA Rn. 26). Auch an den einkommen- oder umwandlungsteuerrechtlichen Teilbetriebsbegriffen ist die Betriebsstätte nicht zu messen. Das ErbSt-MA setzt nach seinem eindeutigen Wortlaut lediglich eine feste Geschäftseinrichtung voraus, durch die die Tätigkeit des Unternehmens ganz oder teilweise ausgeübt wird. Hierdurch wird freilich nach Ansicht des BFH gleichwohl eine besonders intensive Verwurzelung der Tätigkeit mit dem Ort ihrer Ausübung ausgedrückt (BFH BFH/NV 2007, 343). 148

Unter einer Geschäftseinrichtung (place of business) sind in der Hauptsache Räumlichkeiten, Einrichtungen oder Anlagen zu verstehen (Tz. 4 MK zu Art. 5 OECD-MA), die der Tätigkeit des Unternehmens dienen. In der Geschäftseinrichtung muss die unternehmerische Tätigkeit ausgeübt werden (BMF BStBl. I 1999, 1076, Tz. 1.1.1.1). Der Begriff der Geschäftseinrichtung ist sehr weit zu verstehen und mit dem in § 12 S. 1 AO verwendeten Begriff identisch (BFH BStBl. II 1997, 12). Er lässt sich treffend als Sachgesamtheit von dem Unternehmen dienenden körperlichen Gegenständen beschreiben (BFH BStBl. II 1993, 462; *Wassermeyer* MA Art. 5 Rn. 30; RFH RStBl. 1935, 840, 841: ein einzelner körperlicher Gegenstand ist unter Umständen ausreichend). In Zweifelsfällen darüber, ob eine Geschäftseinrichtung vorliegt oder nicht, ist in der Praxis mit einem juristischen Umkehrschluss zu arbeiten. Steuerrecht ist Eingriffsverwaltung, das heißt es muss nach Tatbestand und Rechtsfolge genau definiert sein, was vom Steuerpflichtigen verlangt wird. Merkmale, die in Art. 6 Abs. 2 ErbSt-MA nicht genannt sind, können daher im Grundsatz auch nicht begründungsnotwendig für eine Geschäftseinrichtung. Es kann daher in der Regel negativ abgegrenzt werden, sofern es sich bei der fraglichen Einrichtung nur um eine körperlich greifbare Einrichtung handelt (*Strunk/Kaminski/Köhler* MA Art. 5 Rn. 47). Beispiel: Immaterielle Wirtschaftsgüter bilden demnach keine Geschäftseinrichtung, besondere Vorkehrungen oder Einrichtungen werden nicht vorausgesetzt (*Wassermeyer* MA Art. 5 Rn. 30). Auch Forderungen, Rechte oder Beteiligungen an anderen Gesellschaften begründen keine Betriebsstätten (*Vogel/Lehner* MA Art. 5 Rn. 13). Schließlich ist es nicht erforderlich, dass in der Geschäftseinrichtung Personal beschäftigt wird, wenn dieses für den konkreten Geschäftszweck nicht notwendig ist (hM, vgl. zur vollautomatischen Pumpstation eines Pipeline-Betreibers BMF BStBl. I 99, 1076, Tz. 4.8). Am Tatbestandsmerkmal der „Geschäftseinrichtung“ jedenfalls scheitert die Prüfung des Betriebsstättenbegriffs in der Praxis nahezu nie. Klassische Gewerbebetriebe nach deutschem Verständnis werden in der Regel auch Geschäftseinrichtungen unterhalten. 149

150 **b) Örtliches Moment.** „Fest" muss die Geschäftseinrichtung sein, das heißt die unternehmerische Tätigkeit muss sich in irgendeiner Weise verfestigt haben. Die Rechtsprechung hat dieses Merkmal dahingehend konkretisiert, dass ein Bezug zu einem bestimmten Punkt der Erdoberfläche gegeben sein muss (BFH BFH/NV 1988, 735). Hierfür genügt es beispielsweise, wenn die Geschäftseinrichtung regelmäßig an demselben Ort ab- und aufgebaut wird (BStBl. 1994, 148) (vorübergehende Unterbrechungen der Betriebsstätte sind unerheblich (Tz. 6.1 MK zu Art. 5 OECD-MA)), während Schiffe und Flugzeuge ersichtlich ausscheiden (Zu Restaurationsbetrieben auf Schiffen *Strunk/Kaminski/Köhler* MA Art 5 Rn. 62 mwN). Eine physische Untrennbarkeit mit dem Erdboden wird nicht verlangt (Tz. 5 MK zu Art. 5 OECD-MA). Das Tatbestandsmerkmal „fest" ist für jede Betriebsstätte gesondert zu prüfen. Liegen im jeweils betrachteten Staat an örtlich auseinanderfallenden Stellen Berührungen zum Erdboden vor, handelt es sich auch jeweils um getrennte und damit mehrere Geschäftseinrichtungen (EFG 1991, 290; Tz. 5.1, 5.4 und 27.1 MK zu Art. 5 OECD-MA; aA wohl *Strunk/Kaminski/Köhler* MA Art. 5 Rn. 63). Eine Gesamtbetrachtung mehrerer Geschäftseinrichtungen in organisatorischer oder wirtschaftlicher Hinsicht kommt in der Regel nicht in Betracht (*Wassermeyer* MA Art. 5 Rn. 37).

151 **c) Zeitliches Moment.** Dem Tatbestandsmerkmal „fest" haftet nach herrschender Meinung zugleich ein zeitliches Moment an (Tz. 6 MK zu Art. 5 OECD-MA; *Wassermeyer* MA Art. 5 Rn. 37a). Die körperliche Verfestigung der Betriebsstätte muss dauerhaft und darf nicht nur vorübergehend sein. Ähnlich wie im Bereich des § 9 AO für den gewöhnlichen Aufenthalt werden zur Bestimmung der Dauerhaftigkeit der Geschäftseinrichtung objektive und subjektive Kriterien herangezogen. Eine objektive, im ErbSt-MA selbst angelegte Zeitgrenze liegt bei 12 Monaten, was sich aus einem Umkehrschluss aus Art. 6 Abs. 4 ErbSt-MA folgern lässt (*Wassermeyer* MA Art. 5 Rn. 37a; aA wohl *Strunk/Kaminski/Köhler* MA Art. 5 Rn. 57). Diese Grenze gilt aber ausweislich des Wortlauts nur für Bauausführungen und Montagen (oder für vergleichbare Tätigkeiten (zutreffend *Wassermeyer* MA Art. 5 Rn. 37a; zur Ausweitung des Betriebsstättenbegriffs durch die OECD im Maschinen- und Anlagenbau *Bendlinger/Görl/Paaßen/Remberg* IStR 2004, 145)) und nicht für andere Betriebsstätten.

152 Umgekehrt soll nach Ansicht der OECD in negativer Abgrenzung eine für weniger als sechs Monate bestehende Geschäftseinrichtung in der Regel keine Betriebsstätte begründen (Tz. 6 MK zu Art. 5 OECD-MA). Die herrschende Meinung in Finanzverwaltung und Rechtsprechung hat sich dem angeschlossen (BMF BStBl. I 1999, 1076, Tz. 1.1.1.1; BFH BStBl. II 1993, 462; BStBl. II 1993, 655; BFH/NV 2007, 343; *Mössner* B 88; aA *Gosch/Kroppen/Grotherr* MA Art. 5 Rn. 78 (neun bis zwölf Monate)). So begründet etwa die Nutzung eines Wohnwagens für eine Dauer von sechs Wochen zweimal im Jahr keine Betriebsstätte (BFH BStBl. II 1993, 655 (derart kurzfristige Nutzung rechtfertigt keine Aufteilung der Besteuerungsrechte)). Ist aber die in der Geschäftseinrichtung ausgeübte Tätigkeit originär eine kurzfristige, etwa zur Abwicklung eines einzigen Auftrags, kann auch eine Dauer von weniger als sechs Monaten eine Betriebsstätte begründen. Dies gilt insbesondere, wenn die Tätigkeit des Unternehmens nahezu ausschließlich über die Betriebsstätte abgewickelt wird (Tz. 6 MK zu Art. 5 OECD-MA; *Vogel/Lehner* MA Art. 5 Rn. 19). Der zweite Ausnahmefall von der Sechs-Monats-Frist wird durch wiederkehrende Tätigkeiten begründet (Schulbeispiel: Errichtung eines Stands auf einem Weihnachtsmarkt jedes Jahr für 4 Wochen im Dezember (anders aber BFH BStBl. II 2004, 396 (keine Betriebsstätte))). In diesen Fällen gilt für die Berechnung der Frist, dass „jede Zeitspanne, über die die Einrichtung genutzt wird, in Verbindung mit der Zahl der Nutzungen (die sich über eine Reihe von Jahren erstrecken kann) in Betracht" zu ziehen ist.

153 Eine Betriebsstätte kann aber bei subjektiver Wertung auch vorliegen, wenn die Sechs-Monats-Frist zwar objektiv nicht erreicht wird, das Unternehmen aber ursprünglich den Plan verfolgte, die Geschäftseinrichtung für mehr als sechs Monate zu unterhalten (Tz. 6.3 MK zu Art. 5 OECD-MA; *Wassermeyer* MA Art. 5 Rn. 37a; *Strunk/Kaminski/Köhler* MA Art. 5 Rn. 53 f.). Entsprechend wird eine ursprünglich für weniger als sechs Monate geplante Geschäftseinrichtung zu einer Betriebsstätte, wenn das Unternehmen nach seiner Vorstellung zu einer dauerhaften Nutzung übergeht (Tz. 6.3 MK zu Art. 5 OECD-MA; *Vogel/Lehner* MA Art. 5 Rn. 19). Insgesamt kommt es damit auf die verständige Würdigung der Umstände des Einzelfalls an, die sowohl die Geschäftstätigkeit des Unternehmens, die Branchenüblichkeit und die örtlichen Gegebenheiten einzubeziehen hat (ähnlich *Strunk/Kaminski/Köhler* MA Art. 5 Rn. 56). So ist auch zu beachten, dass eine ständige Nutzung der festen Geschäftseinrichtung oder eine dauerhafte Präsenz von Personen vor Ort nicht vorausgesetzt wird. Erforderlich ist also keine dauerhafte Nutzung von mindestens sechs Monaten, solange die Einrichtung nur die ganze Zeit zur Verfügung vorgehalten wird (BFH BFH/NV 2007, 343; FG Rheinland-Pfalz EFG 1985, 593).

154 Eine Betriebsstätte ist errichtet, sobald die in Art. 6 Abs. 2 ErbSt-MA genannten Tatbestandsmerkmale vorliegen. Zentral ist die Voraussetzung, dass die unternehmerische Tätigkeit in der Betriebsstätte aufgenommen worden sein muss (*Strunk/Kaminski/Köhler* MA Art. 5 Rn. 77; *Vogel/Lehner* MA Art. 5 Rn. 31). Tätigkeiten vorbereitender Art begründen keine Betriebsstätte (Tz. 11 MK zu Art. 5 OECD-MA). Kommt es nicht zur Begründung einer Betriebsstätte in einem anderen Staat, hat dies insbesondere die Konsequenz, dass etwaige Anlaufverluste und im Zusammenhang mit der fehlgeschlagenen Betriebsstättenbegründung entstandene Aufwendungen im Ansässigkeitsstaat des Unternehmens geltend ge-

macht werden können. Umgekehrt ist nicht mehr von der Existenz einer Betriebsstätte auszugehen, wenn eines der in Art. 6 Abs. 2 ErbSt-MA genannten Tatbestandsmerkmale wegfällt und die unternehmerische Tätigkeit dauerhaft eingestellt wird (*Vogel/Lehner* MA Art. 5 Rn. 32).

d) Verfügungsmacht. Die herrschende Meinung geht im Rahmen der Betriebsstättendefinition des Art. 6 ErbSt-MA nach wie vor von dem ungeschriebenen Tatbestandsmerkmal der Verfügungsmacht aus (BFH BStBl. III 1961, 317; BStBl. II 1990, 983; *Strunk/Kaminski/Köhler* MA Art. 5 Rn. 74; *Vogel/Lehner* MA Art. 5 Rn. 16; *Mössner* B Rn. 2.106 ff.; aA *Wassermeyer* MA Art. 5 Rn. 42). Danach besteht keine Betriebsstätte im abkommensrechtlichen Sinne, wenn das jeweils betrachtete Unternehmen nicht über eine nicht nur vorübergehende Verfügungsmacht über die jeweilige Geschäftseinrichtung verfügt. Die Meinungen über die notwendige Intensität der Verfügungsmacht gehen auseinander. Zu weit geht die Forderung, die genutzte Geschäftseinrichtung müsse im zivilrechtlichen Eigentum des Unternehmens stehen, weil dieses Postulat keine Stütze im Wortlaut der Norm findet. Miete, Pacht oder andere Nutzungsüberlassungsverhältnisse sind also ausreichend (BFH BStBl. II 1993, 462; BFH/NV 1988, 122 (dingliches Nutzungsrecht, Mietverhältnis oder gleichgelagertes Recht erforderlich); zu Recht zustimmend *Wassermeyer* MA Art. 5 Rn. 42; *Mössner* B Rn. 2.106). Umgekehrt kann trotz eines bestehenden Eigentumsverhältnisses die Verfügungsmacht, das heißt die tatsächliche physische Nutzung fehlen, wenn ein Dritter (etwa aufgrund eines Miet- oder Pachtverhältnisses oder rein tatsächlich) über die jeweilige Geschäftseinrichtung verfügt. Vermietete oder verpachtete Betriebsgebäude und sonstige Einrichtungen können daher allenfalls bei Vorliegen der weiteren Tatbestandsmerkmale als Betriebsstätte des Mieters oder Pächters, nicht aber als Betriebsstätte des Vermieters oder Verpächters angesehen werden. Eine Betriebsstätte kann aber auch in der Betriebsstätte eines Dritten begründet werden (zB durch die Gesellschafter einer Gesellschaft in der Betriebsstätte der nämlichen Gesellschaft), wobei jedoch stets eine eigene Verfügungsmacht über die Einrichtung oder Anlage und nachhaltige eigene betriebliche Handlungen erforderlich sind. **155**

Die Verfügungsmacht muss nicht rechtlich fundiert sein, insbesondere muss sie nicht auf einer vertraglichen Grundlage beruhen (aA *Gosch/Kroppen/Grotherr* MA Art. 5 Rn. 94). Eine tatsächliche Nutzung ist ausreichend (BFH BStBl. II 1993, 462; sehr weitgehend Tz. 4.1 MK zu Art. 5 OECD-MA; aA offenbar noch BFH BFH/NV 1988, 735). Dies gilt jedenfalls dann, wenn die Nutzung durch den Rechtsinhaber hingenommen wird („faktisches Innehaben") (FG Münster EFG 1966, 501 (502); RFH RStBl 1928, 127; *Tipke/Kruse* AO § 12 Rn. 11 ff.) beziehungsweise wenn dem Nutzenden die Rechtsposition ohne seine Mitwirkung nicht ohne weiteres entzogen oder diese nicht ohne weiteres verändert werden kann (BFH BStBl. II 1987, 162; sehr weitgehend wiederum Tz. 4.1 MK zu Art. 5 OECD-MA). Es ist insgesamt festzustellen, dass die Tz. 4.1 ff. MK, die durch die Revision des MK beziehungsweise des OECD-MA im Jahre 2003 hinzugefügt wurden, die Anforderungen an die Betriebsstättenbegründung im Einklang mit international in der Praxis zu beobachtenden Tendenzen erheblich reduziert haben. Die faktische Nutzung einer Einrichtung im anderen Staat und damit letztlich die bloße Anwesenheit an einem Leistungsort im Rahmen der vertraglich geschuldeten (jedoch kann auch einer widerrechtliche Nutzung einer Geschäftseinrichtung eine Betriebsstätte begründen, vgl. Tz. 4.1 MK zu Art. 5 OECD-MA) Leistungserbringung kann danach eine Betriebsstätte begründen, was bereits auf nichts anderes hinausläuft als auf erste Ansätze einer Dienstleistungsbetriebsstätte. In diese Richtung schien auch der BFH zu tendieren, als er zunächst einen zur ständigen Nutzung überlassenen Raum als Betriebsstätte ausreichen ließ (BFH BFH/NV 2005, 154). In jüngerer Zeit ist der BFH jedoch wieder zu dem Grundsatz zurückgekehrt, dass das bloße Tätigwerden in den Räumen eines Vertragspartners auch dann nicht zur Begründung der Verfügungsmacht ausreicht, wenn die Tätigkeit über mehrere Jahre hinweg erbracht wird. Neben der zeitlichen Komponente müssten „zusätzliche Umstände auf eine örtliche Verfestigung der Tätigkeit schließen lassen" (BFH BStBl. II 2008, 922). Eine tatsächliche Änderung der Rechtsprechung ist damit jedoch nach Auffassung des erkennenden Senats selbst nicht verbunden (mE sehr fraglich). Die jüngere BFH-Rechtsprechung zeigt lediglich einmal mehr deutlich, dass es bei der Frage einer Betriebsstättenbegründung sehr auf die Umstände des Einzelfalls ankommt und dass sich jede schematische Betrachtungsweise verbietet. **156**

Eine alleinige Verfügungsmacht an der Geschäftseinrichtung ist keine Voraussetzung (*Vogel/Lehner* MA Art 5 Rn. 18.), so dass eine Geschäftseinrichtung von mehreren Unternehmen genutzt werden kann. Eine bloße Mitnutzung von Räumlichkeiten aber begründet keine Betriebsstätte, wenn sich die Verfügungsmacht nicht aus anderen Umständen ergibt (BFH BStBl. 1976, 365). Auch eine gelegentliche Nutzung von Räumlichkeiten oder bloße Zutrittsrechte begründen in der Regel nicht die erforderliche Verfügungsgewalt (BFH BStBl. II 1990, 166; BStBl. III 1962, 227 (228); FG Hessen EFG 1973, 496 (497); FG Rheinland-Pfalz EFG 1985, 593). Zudem wird es dann auch an der notwendigen örtlichen und zeitlichen Verfestigung fehlen. **157**

Generell ist festzustellen, dass die Anforderungen an die Verfügungsmacht von der Rechtsprechung sukzessive gelockert worden sind. Es bedarf keiner „örtlich konkretisierten Verfügungsmacht" (treffend *Schnitger/Bildstein* Ubg 2008, 444 (445) mit dem Beispiel von BFH BStBl. II 1982, 624 (Verfügungsbefugnis über klar abgrenzbare Räume erforderlich)) mehr, sondern entscheidend ist vielmehr, dass eine **158**

„gewisse Verwurzelung" des Unternehmers mit dem Ort der Ausübung der unternehmerischen Tätigkeit gegeben ist (Beispielsweise BFH BStBl. II 1993, 462 (wechselnde Räume können ausreichend sein); ebenso BFH BStBl. II 2002, 512). Von der Haltung der OECD ist die bundesdeutsche Sicht damit noch weit entfernt. Berühmt sind das sogenannte Anstreicherbeispiel in Tz. 4.5 MK zu Art. 5 OECD-MA sowie das Beispiel in Tz. 5.4 MK zu Art. 5 OECD-MA. Hiernach soll ein Anstreicher, der zwei Jahre lang wöchentlich drei Tage in einem großen Bürokomplex seines Hauptkunden seine Tätigkeit verrichtet, bereits durch seine bloße Anwesenheit und das Erbringen der wichtigsten Funktion seiner Geschäftstätigkeit (das Anstreichen) eine Betriebsstätte begründen. Ein Gleiches (Tz. 5.4 MK zu Art. 5 OECD-MA) gilt danach für einen Berater, der in verschiedenen Zweigstellen einer Bank an verschiedenen Orten im Rahmen eines einzigen Projekts in der Personalschulung arbeitet. Gegen diese Weiterungen des Betriebsstättenbegriffs hat die Bundesrepublik Deutschland m. E. zu Recht einen Vorbehalt eingelegt.

159 **e) Kausalzusammenhang.** Die Geschäftstätigkeit des Unternehmens muss „durch die" Betriebsstätte ausgeübt werden. Der dadurch begründete Kausalzusammenhang ist weit zu verstehen (Tz. 4.6 MK zu Art. 5 OECD-MA). Es ist ausreichend, dass das Unternehmen die feste Geschäftseinrichtung in irgendeiner Weise unmittelbar für die jeweils ausgeübte unternehmerische Tätigkeit einsetzt (*Wassermeyer* MA Art. 5 Rn. 51; ähnlich *Vogel/Lehner* MA Art. 5 Rn. 22) („unmittelbare Dienlichkeit" (*Strunk/Kaminski/Köhler* Art. 5 MA Rn. 64; Tz. 26 MK zu Art. 5 OECD-MA; aA *Wassermeyer* MA Art. 5 Rn. 26)), es sei denn, aus Art. 6 Abs. 5 ErbSt-MA ergeben sich Einschränkungen (bloße Hilfstätigkeiten etwa führen nach Art. 6 Abs. 4 Buchstabe f ErbSt-MA nicht zu einer Betriebsstätte (Tz. 23 MK zu Art. 5 OECD-MA)). Die Nutzung muss jedoch im eigenen Namen, auf eigene Rechnung und auf eigene Gefahr stattfinden. Die Beauftragung selbstständiger Dritter im Wege des Outsourcings von unternehmerischen Tätigkeiten erfüllt diese Anforderungen nur, wenn das Unternehmen weisungsbefugt bleibt und die Tätigkeiten des Dritten laufend durch eigene Angestellte überwacht (BFH BStBl. II 1963, 71; zur Bestimmung der regelmäßigen Arbeitsstätte bei outgesourcten Arbeitnehmern in etwas anderem Zusammenhang FG Niedersachsen v 24.10.2007 – 12 K 611/04). In den Fällen der Personalentsendung ist der Kausalzusammenhang besonders sorgfältig zu prüfen (Zu den Kriterien *Schnitger/Bildstein* Ubg 2008, 444 (446 f.)).

160 Die Frage des Kausalzusammenhangs zwischen Betriebsstätte und unternehmerischer Tätigkeit ist von der nachgelagerten Frage der Attraktivkraft der Betriebsstätte streng zu trennen. Für die Attraktivkraft einer Betriebsstätte, die nach zutreffender herrschender Meinung nicht existiert, muss zunächst denklogisch eine Betriebsstätte vorliegen. Ferner geht es bei der Attraktivkraft sachlich um die Zurechnung von Einkünften oder von Vermögen, während hier die Zurechnung von Tätigkeiten zu einer beziehungsweise die Ausübung von Tätigkeiten in einer Geschäftseinrichtung relevant ist.

5. Rechtsprechung zu Betriebsstätten

161 Auswahl: Abbrucharbeiten (ja: BFH BStBl. II 1978, 140); Angestellte (ja: BFH BStBl. II 1978, 205); ARGE (ja: BFH BStBl. II 1993, 577); Aufenthaltsraum (nein: BFH BStBl. III 1959, 349); Automaten (ja: BFH BStBl. III 1965, 69); Bankkonto (nein: BFH BStBl. III 1966, 548); Baracke (ja: BFH BStBl. III 1954, 179); Baustelle (ja: BFH BStBl. III 1954, 179); Beratungsstelle einer Bausparkasse (ja: BFH BStBl. II 1968, 313); Bergwerk (ja: RFH RStBl. 1935, 572); Betriebskapitalgesellschaft bei Betriebsaufspaltung (nein: BFH BStBl. III 1966, 598); Brückenbau (ja: RFH RStBl. 1942, 66); Büroecke (ja: BFH BStBl. II 1986, 744); Eisrevue (ja: BFH BStBl. III 1963, 148); Elektroinstallation (ja: RFH RStBl. 1942, 66); Erholungsheim (ja: BFH BStBl. III 1961, 52); Flughafen (ja: FG Düsseldorf EFG 1978, 503); Flugzeuge (nein: BFH BStBl. 1988, 201); Fotokopierer (nein: FG Brandenburg EFG 1997, 299); Gebäude (nein: BFH BStBl. II 1978, 116); Geschäftsleitung (ja: BFH BStBl. II 1995, 175); Grundstück (nein: BFH BStBl. III 1959, 133); Hotelzimmer (nein: BFH BStBl. II 1990, 166); Korrespondenzreeder (ja: FG Hamburg EFG 1978, 138); Kohlezeche (ja: BFH BStBl. III 1961, 8); Landungsbrücken (ja: RFH RStBl. 1926, 333); Lagerhalle (nein: BFH BStBl. II 1978, 116; ja: BFH BStBl. II 1982, 624); LKW (nein: FG München EFG 1992, 438); Malerarbeiten (ja: RFH RStBl. 1941, 764); Marktstand (ja: FG Münster EFG 1966, 501); Messestand (ja: FG München EFG 1993, 707); Mülltonnenstellplatz (nein: BFH BFH/NV 1988, 735); Organgesellschaft bei Organschaft (nein: BFH BStBl. II 1979, 18); Personalgestellung (nein: BFH BStBl. III 1967, 400); Pipeline (ja: BFH BStBl. II 1997, 12); Plakatsäule (ja: BFH BStBl. III 1958, 379); Sanitärinstallation (ja: RFH RStBl. 1942, 66); Schiffe (nein: BFH BStBl. 1988, 201); Server im Internet (noch nicht durch BFH entschieden; offen gelassen in BFH BStBl. II 2002, 683 (bejahend aber im Instanzenzug FG Schleswig-Holstein EFG 2001, 1535)); Subunternehmer (ja: BFH BFH/NV 1999, 839); Tankstelle für Mineralölgesellschaft (nein: BFH BStBl. III 1962, 477); Taxi (nein: BFH BStBl. III 1963, 38); Taxistand (ja: BFH BStBl. III 1963, 38); Tochterpersonengesellschaft (ja: BFH BStBl. II 2000, 399); Warenlager (ja: BFH BStBl. III 1962, 477); Wartungsarbeiten (nein: BFH BStBl. II 1982, 624); Wasserkraftwerk (ja: Thüringer FG EFG 1997, 1209); Windenergieanlage (ja: Hessisches FG EFG 1995, 904); Wohnwagen (ja: BFH BStBl. II 1993, 655) (Neuerdings auch BFH BStBl. II 2008, 671); Zweigniederlassung (ja: BFH BStBl. II 1981, 560).

IV. Absatz 3

1. Grundaussage

162 Die OECD vertritt die Auffassung, Art. 6 Abs. 3 ErbSt-MA sei vor dem Hintergrund des Abs. 2 der Vorschrift auszulegen (Tz. 7 OECD-MK zu Art. 6 ErbSt-MA). Das bedeutet, dass trotz Erfüllung der Tatbestandsmerkmale des Abs. 3 für die Annahme einer Betriebsstätte auch stets die Voraussetzungen des Abs. 2 erfüllt sein müssen (Wassermeyer/*Jülicher* ErbSt-MA Art. 6 Rn. 31; Tz. 12 MK zu Art. 5 OECD-MA). Ein Teil der Literatur in Deutschland hat sich dem angeschlossen (*Vogel/Lehner* Art. 5 MA Rn. 37), andere Autoren und die Rechtsprechung gehen mE zutreffend von Regelbeispielen aus, die ungeachtet des Abs. 2 Betriebsstätten begründen. Dies folgt aus dem Wort „insbesondere" in Art. 6 Abs. 3 ErbSt-MA (BFH BStBl. II 1994, 148; *Wassermeyer* MA Art. 5 Rn. 61). Die praktische Bedeutung des Streits ist gering, in der Regel erfüllen die konstitutiven Betriebsstätten des Art. 6 Abs. 3 ErbSt-MA auch die Anforderungen des Art. 6 Abs. 2 ErbSt-MA. Die in Art. 6 Abs. 3 ErbSt-MA genannten Betriebsstätten schließen sich in der Regel (aber nicht stets tatbestandlich) aus.

2. Regelbeispiele

163 **a) Ort der Leitung (Buchstabe a).** Art. 6 Abs. 3 Buchstabe a ErbSt-MA erklärt jeden „Ort der Leitung" zu einer abkommensrechtlichen Betriebsstätte. In Abgrenzung zum „Ort der Geschäftsleitung" in Art. 4 Abs. 1 ErbSt-MA und zum „Ort der tatsächlichen Geschäftsleitung" ergeben sich folgende Feststellungen: „Ort der Leitung" ist als umfassender Begriff zu verstehen (Tz. 13 MK zu Art. 5 OECD-MA; *Vogel/Lehner* MA Art. 5 Rn 40), der die anderen Begriffe einschließt. Ein Unternehmen muss wenigstens einen (BFH BStBl. II 1995, 175; *Strunk/Kaminski/Köhler* MA Art. 5 Rn. 82.) und kann mehrere Orte der Leitung haben (*Vogel/Lehner* Art. 5 MA Rn. 39.). Beispiel: (1) Hat eine Kapitalgesellschaft mit Sitz und Geschäftsleitung im Staat A keine weitere Betriebsstätte außerhalb und innerhalb der Staatsgrenzen von A, sondern ist sie allein in ihrem Stammhaus beispielsweise produzierend tätig, so stellt das Stammhaus wegen Ar. 6 Abs. 4 Buchstabe a ErbSt-MA eine Betriebsstätte dar. Das Stammhaus ist zugleich immer auch eine Betriebsstätte im Sinne des Abkommensrechts. (2) Hat eine Kapitalgesellschaft mit Sitz und Geschäftsleitung im Staat A eine weitere Geschäftseinrichtung im Staat B und wird die Gesellschaft im Stammhaus kaufmännisch, in der Geschäftseinrichtung technisch geleitet, so bestehen zwei Orte der Leitung. (3) Unterhält eine Personengesellschaft im Staat A eine produzierende Betriebsstätte, sind aber sämtliche Gesellschafter im Staat B ansässig und treffen sie dort auch die grundlegenden Geschäftsentscheidungen, so wird man für den Staat B jedenfalls von einem Ort der Leitung und damit einer Geschäftsleitungsbetriebsstätte auszugehen haben (anders bei Gesellschafterbeiträgen beziehungsweise Gesellschafteraufgaben: BFH BStBl. II 1995, 175 (kein Ort der Leitung); zustimmend *Strunk/Kaminski/Köhler* MA Art. 5 Rn. 82. Beachte: Auch die Geschäftsleitungsbetriebsstätte setzt stets eine feste Geschäftseinrichtung voraus).

164 Der „Ort der Leitung" ist nur für ein Unternehmen relevant. Hat ein Unternehmen nur einen Ort der Leitung, handelt es sich zugleich um den „Ort der tatsächlichen Geschäftsleitung" im Sinne des Art. 4 Abs. 3 ErbSt-MA und ebenfalls zugleich um den „Ort der Geschäftsleitung" im Sinne des Art. 4 Abs. 1 ErbSt-MA. Aus einem Umkehrschluss aus Art. 4 Abs. 1 ErbSt-MA folgt jedoch, dass mit „Ort der Leitung" nicht zwingend die Geschäftsleitung gemeint sein muss. Jede Art der Leitung (zB eine rein technische) ist ausreichend, sofern tatsächlich Leitungsaufgaben übernommen werden, die der Unternehmensführung dienen (*Wassermeyer* MA Art. 5 Rn. 67; *Vogel/Lehner* MA Art. 5 Rn. 40). Das kann je nach Einzelfall, Branchenüblichkeit und Unabhängigkeit der Entscheidungsträger auch noch auf der zweiten oder dritten Managementebene der Fall sein (aA *Wassermeyer* MA Art. 5 Rn. 67). Es muss sich nicht um den Mittelpunkt der unternehmerischen Tätigkeit handeln (*Wassermeyer* MA Art. 5 Rn. 66). Deshalb sind etwa Kontroll- und Koordinierungsstellen bei Erfüllung der Betriebsstättenvoraussetzungen im Übrigen als Orte der Leitung anerkannt worden (BMF BStBl. I 1999, 1076, Tz. 4.4.2; *Wassermeyer* Art. 5 MA Rn. 70). Die Leitung muss Entscheidungen von einigem Gewicht beinhalten (RFH RStBl. 1938, 949; *Vogel/Lehner* MA Art 5 Rn. 40), eine Aufteilung der Leitungsaufgaben auf mehrere Betriebsstätten ist aber möglich und praktisch häufig anzutreffen.

165 Die Frage nach dem Ort der Geschäftsleitung ist in der Praxis eher eine tatsächliche als eine rechtliche Frage. Insbesondere besteht die Gefahr, dass am Wohnsitz eines Geschäftsführers eine Betriebsstätte angenommen wird, wenn eine Gesellschaft (mit Sitz in einem anderen Staat) von dort aus dauerhaft geleitet wird (BFH BStBl. II 1998, 471; *Wassermeyer* MA Art. 5 Rn. 64). In diesen Fällen sollte anhand von Flugtickets, Hotel- und Taxirechnungen sowie anhand von Protokollen über Geschäftsleitungssitzungen oder anderen geeigneten Dokumenten lückenlos nachgewiesen werden können, dass sich der alleinige Ort der (Geschäfts)Leitung nicht im Ansässigkeitsstaat des Geschäftsführers befindet.

166 **b) Zweigniederlassung (Buchstabe b).** Nach Art. 6 Abs. 3 Buchstabe b ErbSt-MA ist insbesondere eine Zweigniederlassung eine Betriebsstätte. Mangels einer Definition im ErbSt-MA ist wegen Art. 3

Abs. 2 ErbSt-MA auf das nationale Recht des Anwenderstaates zurückzugreifen. Für die Bundesrepublik Deutschland bedeutet dies im Inbound-Fall (Steuerausländer mit inländischer Betriebsstätte), dass nur Zweigniederlassungen nach den §§ 13 ff. HGB solche im Sinne des Art. 6 Abs. 2 Buchstabe b ErbSt-MA sind (*Wassermeyer* Art. 5 MA Rn. 71 und 72). Danach sind Zweigniederlassungen zwar unselbstständige Unternehmensteile, die jedoch mit einer gewissen organisatorischen Selbstständigkeit ausgestattet sind (*Vogel/Lehner* MA Art. 5 Rn. 42; *Strunk/Kaminski/Köhler* MA Art. 5 Rn. 83).

167 Für den Outbound-Fall (Steuerinländer mit ausländischer Betriebsstätte) ist die ausländische Zweigniederlassung aus deutscher Sicht an vergleichbaren Voraussetzungen zu messen. Die ausländische Zweigniederlassung muss daher insbesondere in ein öffentliches Register eingetragen sein. Ist ein solches im Ausland unbekannt, muss freilich von dieser Anforderung abgesehen werden. Existiert ein Register, ist aber in casu eine Eintragung nicht erfolgt, besteht eine widerlegbare Vermutung dafür, dass keine Zweigniederlassung vorliegt. Ganz generell gilt, dass auch die Eintragung in das deutsche HR nicht konstitutiv wirkt (BFH BStBl. III 1964, 275, 277; FG Rheinland-Pfalz EFG 1974, 127; FG Baden-Württemberg EFG 1970, 414, 415). Sie hat lediglich eine widerlegbare Vermutung zur Folge, dass im Inland eine Betriebsstätte im Sinne des Art. 6 Abs. 3 Buchstabe b ErbSt-MA besteht (BFH BStBl. II 1981, 560, 561; BStBl. II 1977, 700). Sind daher Anhaltspunkte dafür ersichtlich, dass es an den Betriebsstättenvoraussetzungen im Übrigen fehlt, etwa weil keine unternehmerische Tätigkeit in der Geschäftseinrichtung ausgeübt wird, liegt auch keine Betriebsstätte nach Art. 6 Abs. 3 Buchstabe b ErbSt-MA vor (BFH BStBl. II 1981, 560; *Wassermeyer* MA Art. 5 Rn. 72).

168 **c) Geschäftsstelle (Buchstabe c).** Geschäftsstellen stellen nach Art. 6 Abs. 3 Buchstabe c ErbSt-MA ebenfalls Betriebsstätten dar. Der Begriff ist mit dem in § 12 S. 2 Nr. 3 AO verwendeten Begriff identisch. Es handelt sich um Geschäftseinrichtungen, in denen organisatorische Aufgaben des Unternehmens (typischerweise Bürotätigkeiten) wahrgenommen werden (BFH BStBl. II 1989, 755.), ohne dass aufgrund des Umfangs der Verselbstständigung bereits eine Zweigniederlassung vorliegen müsste. Geschäftsstellen sind in der Praxis meist an den Bezeichnungen „Filiale", „Kontaktbüro" oder „Vertretung" zu erkennen (*Wassermeyer* MA Art. 5 Rn. 74). In der Literatur werden Planungs-, Kontroll-, Informations- und Koordinierungsaufgaben als ihre wesentlichen Aufgaben genannt (*Wassermeyer* MA Art. 5 Rn. 74; ähnlich bereits BFH BStBl. II 1971, 776, 778). Diese können untergeordneter Natur sein und müssen nicht dem Kernbereich der unternehmerischen Tätigkeit dienen (*Strunk/Kaminski/Köhler* MA Art. 5 Rn. 85). In der Regel wird es sich um Einrichtungen handeln, die bloße Verwaltungsaufgaben übernehmen (*Vogel/Lehner* MA Art. 5 Rn. 43).

169 Nach Ansicht von *Wassermeyer* schließen sich Art. 6 Abs. 3 Buchstabe c ErbSt-MA und Art. 6 Abs. 3 Buchstabe a) ErbSt-MA tatbestandlich aus (*Wassermeyer* MA Art. 5 Rn. 76.). In einer Geschäftsstelle dürfe keine leitende Tätigkeit ausgeübt werden, und sie erfordere im Gegensatz zu einem Ort der Leitung eine besondere Einrichtung (aA zu Recht *Strunk/Kaminski/Köhler* MA Art. 5 Rn. 85). Dem kann in dieser pauschalen Betrachtung nicht gefolgt werden. Die vorgenommene Abgrenzung geht weder aus dem Wortlaut des MA noch aus der Zwecksetzung der genannten Vorschriften hervor. Zudem widerspricht sie mE Tz. 13 MK zur Parallelvorschrift des Art. 5 OECD-MA.

170 **d) Fabrikations- und Werksstätte (Buchstaben d und e).** Art. 6 Abs. 3 Buchstaben d und e ErbSt-MA erheben Fabrikations- und Werksstätten in den Rang abkommensrechtlicher Betriebsstätten. Die in § 12 S. 2 Nr. 4 AO bedeutungsgleich verwendeten Begriffe beziehen sich auf solche Geschäftseinrichtungen, in denen (nicht notwendig industrielle) Produkte und Erzeugnisse jeder Art hergestellt, bearbeitet oder verarbeitet werden (*Wassermeyer* MA Art. 5 Rn. 78; *Gosch/Kroppen/Grotherr* MA Art. 5 Rn. 126; *Vogel/Lehner* MA Art. 5 Rn. 44). Auf welcher Produktions- beziehungsweise Fertigungsstufe gearbeitet wird, ist für Art. 6 Abs. 2 Buchstaben d und e ErbSt-MA unerheblich. Auch ist richtigerweise kein Mindestumfang der Produktion vorgesehen.

171 Eine Abgrenzung von Fabrikationsstätten und Werksstätten ist ebenso schwierig wie entbehrlich, da beide Anknüpfungspunkte dieselben steuerlichen Konsequenzen zeitigen. Nach zutreffender Ansicht handelt es sich lediglich um einen graduellen Unterschied (*Wassermeyer* MA Art. 5 Rn. 78.). Der Begriff der „Fabrikationsstätte" scheint danach eher eine industrielle, der Begriff der „Werksstätte" eher eine handwerkliche Fertigung in den Blick zu nehmen (zustimmend *Strunk/Kaminski/Köhler* MA Art. 5 Rn. 86). Im Übrigen sind die Begriffe, da es sich nicht um Rechtsbegriffe handelt, nach herrschender Meinung wegen Art. 31 Abs. 1 WVK gemäß ihrer allgemeinen Bedeutung auszulegen (*Wassermeyer* MA Art. 5 Rn. 78; *Strunk/Kaminski/Köhler* MA Art. 5 Rn. 86).

172 **e) Bodenschätze (Buchstabe f).** Gemäß Art. 6 Abs. 3 Buchstabe f OECD-MA zählt als Betriebsstätte auch ein Bergwerk, ein Öl- oder Gasvorkommen, ein Steinbruch oder eine andere Stätte der Ausbeutung von Bodenschätzen. Die Vorschrift ist weit auszulegen (Tz. 14 MK zu Art. 5 OECD-MA; *Vogel/Lehner* MA Art. 5 Rn. 45.), wobei „Stätte der Ausbeutung von Bodenschätzen" den umfassendsten Prüfungsmaßstab vorgibt und die anderen steuerlichen Anknüpfungspunkte als Unterfälle dieser Begriffsgruppe zu verstehen sind. Soweit die Begriffe auch in § 12 Satz 2 Nr. 7 AO verwendet werden, besteht Bedeutungsgleichheit. Bei den Begriffen handelt es sich nicht um Rechtsbegriffe. Sie sind nach herrschender Meinung wegen Art. 31 Abs. 1 WVK gemäß ihrer allgemeinen Bedeutung zu interpretieren (*Wassermeyer* MA Art. 5 Rn. 81).

Die Ausbeutung von Bodenschätzen (jedes Aggregatzustands (*Vogel/Lehner* MA Art. 5 Rn. 45)) ist von ihrer Erforschung abzugrenzen. Nur die Ausbeutung von Bodenschätzen fällt unter Art. 6 Abs. 3 Buchstabe f. ErbSt-MA (dazu ausführlich BMF BStBl. I 1999, 1076, Tz. 4.7.1 ff.). Die Erforschung ist, wenn es sich tatsächlich um eine unternehmerische Tätigkeit handelt, für die Frage der Betriebsstättenqualität nach Art. 6 Abs. 2 oder 3 zu beurteilen (Tz. 15 MK zu Art. 5 OECD-MA). Erfasst werden Ausbeutungstätigkeiten jeder Art sowohl auf dem Festland als auch auf See, soweit diese völkerrechtlich zum Inland (dazu BMF BStBl. I 1999, 1076, Tz. 4.6.1) gehört und soweit die Arbeiten in einer Stätte ausgeübt werden. Hierzu ist keine besondere Geschäftseinrichtung erforderlich. Die Stätte der Ausbeutung kann überirdisch oder unterirdisch gelegen (BFH BStBl. II 1997, 12) und muss nicht nach außen erkennbar sein (*Wassermeyer* Art. 5 MA Rn. 83). **173**

V. Absatz 4

1. Grundaussage

Aus dem Tatbestandsmerkmal „fest" in Art. 6 Abs. 2 ErbSt-MA ist herauszulesen, dass eine Betriebsstätte auf eine gewisse Dauer angelegt sein muss (dazu Wassermeyer/*Jülicher* ErbSt-MA Art. 6 Rn. 41 mwN). Nicht jede, zeitlich betrachtet noch so kurze Aktivität in einem anderen Staat soll für eine Betriebsstättenbegründung ausreichend sein, weil dies das völkerrechtliche Territorialitätsprinzip verletzen würde: Insbesondere für eine Besteuerung ausländischer Steuerpflichtiger müssen stets hinreichende Anknüpfungspunkte zum Territorium des besteuernden Staates bestehen. Zudem wäre bei Geschäftsaktivitäten, die naturgemäß ein kurzfristiges Tätigwerden in anderen Staaten erfordern, eine Zersplitterung der Besteuerungsrechte die unvermeidliche Folge. **174**

Bauausführungen und Montagen sind Tätigkeiten, die einerseits auf Dauer (aA *Strunk/Kaminski/Köhler* MA Art. 5 Rn. 90; RFH RStBl. 1934, 315; *Vogel/Lehner* MA Art. 5 Rn. 62: „ihrer Natur nach zeitlich begrenzt", was mE nicht überzeugt, weil dies auch bei anderen unternehmerischen Tätigkeiten der Fall sein kann (zB im Fall der Erbringung einer gewerblichen Dienstleistung für eine Sportgroßveranstaltung)) (Beispiel: mehrjähriges Staudammprojekt) angelegt sind, andererseits aber auch nur temporären Charakter aufweisen können. Man denke an beispielhaft an einen Klempnermeister, der auf deutscher Seite grenznah im Dreiländereck D-CH-F (zB in Freiburg) wohnt und ausschließlich Heizungsmontagen (Dauer maximal je eine Woche) bei Kunden im Ausland durchführt. Art. 6 Abs. 4 ErbSt-MA enthält für diese Fälle eine Sonderregelung und ist damit lex specialis zu Art. 6 Abs. 2 ErbSt-MA (*Wassermeyer* MA Art. 5 Rn. 95). **175**

Aus Praktikabilitätsgründen wird verlangt, dass die Bauausführung oder Montage die Dauer von 12 Monaten überschreiten muss, um als Betriebsstätte anerkannt zu werden (Tz. 8 OECD-MK zu Art. 6 ErbSt-MA). Zeitlich darunterliegende Bauausführungen und Montagen sind auch dann nicht als Betriebsstätte anzusehen, wenn sie im Übrigen die Voraussetzungen des Art. 6 Abs. 2 ErbSt-MA erfüllen und kein Fall des Art. 6 Abs. 5 gegeben ist. Allein aufgrund der Dauer, nicht aber aufgrund des Umfangs der Tätigkeit wird über das Vorliegen einer Betriebsstätte entschieden. Wird die 12-Monats-Frist nicht erreicht, ist insbesondere zu prüfen, ob nicht in Gestalt zum Beispiel eines Bauleiters von einem ständigen Vertreter eines Unternehmens gesprochen werden kann beziehungsweise die Finanzverwaltung wird sich zum Beispiel bei einer elfmonatigen, ausschließlichen Tätigkeit in einem Staat die Frage nach dem Ort der Geschäftsleitung des Unternehmens stellen. **176**

Abgesehen davon gilt für das Verhältnis des Art. 6 Abs. 4 zu Art. 6 Abs. 2 ErbSt-MA dasselbe wie für das Verhältnis von Art. 6 Abs. 3 zu Art. 6 Abs. 2 ErbSt-MA: Nach m. E. zutreffender Ansicht muss für als Bauausführungen und Montagen einzuordnende Tätigkeiten, die länger als 12 Monate andauern, nicht weiter erörtert werden, ob die Voraussetzungen des Art. 6 Abs. 2 ErbSt-MA gegeben sind (Tz. 16 MK zu Art. 5 OECD-MA; *Wassermeyer* MA Art. 5 Rn. 95). Entsprechend wird eine Bauausführung oder Montage, die nicht länger als 12 Monate andauert, nicht dadurch zu einer Betriebsstätte, dass im Übrigen die Voraussetzungen des Art. 6 Abs. 2 ErbSt-MA erfüllt sind. Nur in Zweifelsfällen, in denen aus tatsächlichen Gründen nicht ohne weiteres festgestellt werden kann, ob eine Bauausführung oder Montage vorliegt, soll nach der herrschenden Meinung im Schrifttum sowohl auf Art. 6 Abs. 4 als auch auf Art. 6 Abs. 2 ErbSt-MA abgestellt werden (zur Ausweitung des Betriebsstättenbegriffs durch die OECD im Maschinen- und Anlagenbau *Bendlinger/Görl/Paaßen/Remberg* IStR 2004, 145). Die Frage des Bestehens einer Geschäftseinrichtung beantwortet sich demnach nach Art. 6 Abs. 2 ErbSt-MA, die Frage der Dauerhaftigkeit der Einrichtung hingegen nach Art. 6 Abs. 4 ErbSt-MA (*Wassermeyer* MA Art. 5 Rn. 95). Dies entspricht der Ansicht der OECD. Tz 16 MK zu Art. 5 OECD-MA besagt ausdrücklich, dass Bauausführungen und Montagen für sich genommen keine Betriebsstätten begründen, selbst, wenn ihnen feste Geschäftseinrichtungen zugeordnet sind. **177**

178 Die Begriffe „Bauausführung" und „Montage" sind, da es sich nicht um Rechtsbegriffe handelt, nach herrschender Meinung wegen Art. 31 Abs. 1 WVK gemäß ihrer allgemeinen Bedeutung auszulegen (*Wassermeyer* MA Art. 5 Rn. 97). Aufgrund des identischen Wortlauts in § 12 S. 2 Nr. 8 AO sind die Begriffe in der Regel wie dort zu verstehen, soweit sich nicht aus Sinn und Zweck etwas anderes ergibt.

2. Bauausführung

179 Finanzverwaltung und Rechtsprechung definieren eine Bauausführung als Errichtung eines Bauwerkes, einer Anlage oder Teilen davon (BMF BStBl. I 1999, 1076, Tz. 4.3.1; BFH BStBl. II 1978, 140). Einige Beispiele für Bauausführungen und Montagen als Betriebsstätten sind in Abschn. 22 Abs. 3 GewStR aufgeführt. Die Definition ist nach herrschender Meinung weit zu verstehen (BFH BStBl. II 1978, 140, 141). Erfasst wird jede (auch untergeordnete) Tätigkeit, die mit der Errichtung und Fertigstellung eines Bauwerkes im Zusammenhang steht und tatsächlich an Ort und Stelle ausgeführt wird (*Wassermeyer* MA Art. 5 Rn. 104; *Vogel/Lehner* MA Art. 5 Rn. 58).

180 Namentlich handelt es sich um Arbeiten jedweder Art, die auf die Ausführung von Hoch- und Tiefbauarbeiten im weitesten Sinne (zB Gebäude, Straßen, Brücken, Kanalisation, Heizungsanlagen, etc.) abzielen (grundlegend RFH RStBl. 1942, 66; *Wassermeyer* MA Art. 5 Rn. 104), weshalb neben der Errichtung von Bauwerken auch der Umbau und sogar der Abbruch derselben einbezogen sind (BFH BStBl. II 1978, 140; FG Düsseldorf EFG 1981, 182). Tz. 17 MK zu Art. 5 OECD-MA nennt beispielhaft den Bau von Bauwerken, Straßen, Brücken oder Kanälen, die Renovierung von Gebäuden, Straßen, Brücken oder Kanälen (sofern sie über die bloße Unterhaltung oder den bloßen Neuanstrich hinausgeht), das Legen von Rohrleitungen sowie Erd- und Baggerarbeiten einschließlich sämtlicher damit notwendig zusammenhängender Planungs- und Überwachungsarbeiten.

181 Planungs- und Überwachungsarbeiten sind insbesondere in den Fällen entscheidend, in denen Bauausführungen im Vertragswege auf Dritte übertragen werden, zum Beispiel im Verhältnis von General- zu Subunternehmern. Hier muss den Generalunternehmer eine Überwachungspflicht treffen, damit ihm die Betriebsstätte für steuerliche beziehungsweise abkommensrechtliche Zwecke zuzurechnen ist (BFH BStBl. III 1963, 71 (72); FG München EFG 1975, 489; *Strunk/Kaminski/Köhler* MA Art. 5 Rn. 96; *Vogel/Lehner* Art. 5 MA Rn. 68; BMF BStBl. I 1999, 1076, Tz. 4.3.2 und 4.3.3). Für die Berechnung der 12-Monats-Frist ist die Überwachungstätigkeit einzubeziehen. Eine Betriebsstätte liegt daher nach Art. 6 Abs. 4 ErbSt-MA bereits dann vor, wenn die Bauausführung oder Montage zusammen mit der Überwachung länger als 12 Monate andauert (*Wassermeyer* MA Art. 5 Rn. 116). Wichtig ist aber, dass die Überwachungsleistung Teil einer einheitlichen Bauausführung oder Montage bleibt (zur Beurteilung einer ARGE BMF BStBl. I 1999, 1076, Tz. 4.3.4). Wird vertraglich ausschließlich zum Beispiel eine Bauüberwachung geschuldet, kann eine Betriebsstätte nur nach Art. 6 Abs. 2, nicht aber nach Art. 6 Abs. 4 ErbSt-MA begründet werden (BMF BStBl. I 1999, 1076, Tz. 4.3.2; *Wassermeyer* MA Art. 5 Rn. 115 und 117 („beratende Überwachung"); *Vogel/Lehner* MA Art. 5 Rn. 61). Hinsichtlich der Planungsarbeiten gilt als Ausnahme zu dem vorgenannten Grundsatz, dass die Arbeiten nicht notwendig am Ort der Bauausführung oder Montage geleistet werden müssen. Insofern ist bei Planungsleistungen exakt zu prüfen, ob diese überhaupt im potenziellen Betriebsstättenstaat durchgeführt worden sind. Nur bei einem eindeutigen Zusammenhang mit dem Quellenstaat ist eine ausländische Betriebsstätte anzunehmen (BFH BStBl. II 1993, 462 (466)).

3. Montage

182 Der Montagebegriff hat im ErbSt-MA ebenso wie die Bauausführung keine Definition erfahren. Auch der MK definiert die „Montage" nicht, sondern stellt nur klar, dass der Ausdruck nicht auf eine Montage im Zusammenhang mit Bauausführungen beschränkt ist, sondern auch die Montage einer neuen Ausrüstung wie zum Beispiel einer komplexen Maschine in einem bestehenden Gebäude oder im Freien einschließt (Tz. 17 MK zu Art. 5 OECD-MA). Der Begriff der „Bauausführung" ist damit im Verhältnis zur Montage nicht der Oberbegriff, sondern ein alternativer Anknüpfungspunkt für die Besteuerung, wie sich auch am Wortlaut des Art. 6 Abs. 4 ErbSt-MA („oder") ersehen lässt (BFH BStBl. II 1990, 983; *Wassermeyer* MA Art. 5 Rn. 112).

183 Die Rechtsprechung versteht unter einer Montage das Zusammensetzen von Einzelteilen zu einem neuen Produkt, nimmt aber Reparatur- und Instandsetzungsarbeiten ausdrücklich aus (BFH BStBl. II 1990, 983). Die Finanzverwaltung erweitert den Begriff um den Umbau und den Einbau von vorgefertigten Teilen (BMF BStBl. I 1999, 1076, Tz. 4.3.1). Die Montagearbeiten dürfen aber nach Art und Umfang nicht nur einen untergeordneten Charakter (etwa in Form von Einzelleistungen) aufweisen, sondern die Tätigkeit muss im Kern das Zusammensetzen von Einzelteilen zu einem neuen Produkt zum Gegenstand haben (*Wassermeyer* MA Art. 5 Rn. 112).

4. Einzelheiten

a) Fristberechnung. Nach Art. 6 Abs. 4 ErbSt-MA begründet eine Bauausführung oder Montage nur dann eine Betriebsstätte im Quellenstaat, wenn sie für mehr als 12 Monate andauert. Die Grundlagen für die Berechnung der 12-Monats-Frist lassen sich dem ErbSt-MA nicht entnehmen. Wegen der allgemeinen Regel des Art. 3 Abs. 2 ErbSt-MA ist daher auf das Recht des Anwenderstaates zurückzugreifen. Für die Bundesrepublik Deutschland als Anwenderstaat hat dies zur Konsequenz, dass die §§ 108 AO iVm 187 ff. BGB Platz greifen (*Wassermeyer* MA Art. 5 Rn. 126). 184

Wird danach eine Betriebsstätte begründet, so gilt dies mit ex-tunc-Wirkung, das heißt von Beginn der Bauausführung oder Montage an (*Wassermeyer* MA Art. 5 Rn. 126). Anders als im Anwendungsbereich des Art. 6 Abs. 2 ErbSt-MA kommt es auf subjektive Momente nicht an. Es wird bei Überschreitung der 12-Monats-Frist auch dann zwingend eine Betriebsstätte begründet, wenn dies ungeplant geschieht oder es aus Gründen zur Überschreitung kommt, die der Ausführende der Bauausführung oder Montage (das ist das Unternehmen im Sinne des Art. 6 ErbSt-MA) nicht zu vertreten hat (BFH BStBl. III 1957, 8; BStBl. II 1999, 694). Umgekehrt liegt keine Betriebsstätte vor, wenn die Bauausführung oder Montage für länger als 12 Monate angedacht war, der Zeitraum aber nicht erreicht wurde. Bereits ein einzelner Tag kann den Ausschlag zur Betriebsstättenbegründung geben. 185

Es ist nicht erforderlich und wird in der Regel auch nicht der Fall sein, dass sich der 12-Monats-Zeitraum mit dem Kalenderjahr beziehungsweise VZ deckt. Die Zuweisung des Besteuerungsrechts nach einem DBA erfolgt immer bezogen auf den Zeitpunkt des Vermögensanfalls. Wenn etwa am 1.7.2009 mit einer Bauausführung in einem anderen Staat begonnen wird und wird in der Folge der 12-Monats-Zeitraum (Ende der Bauausführung: 31.7.2010) überschritten, so besteht vom 1.7.2009 an eine Bauausführungsbetriebsstätte in dem anderen Staat. Die Frist des Art. 6 Abs. 4 ErbSt-MA beginnt zu laufen, sobald mit den Bauausführungs- oder Montagetätigkeiten im Betriebsstättenstaat begonnen wird (*Wassermeyer* MA Art. 5 Rn. 131 mwN; *Vogel/Lehner* MA Art. 5 Rn. 64). Das ist bereits bei vorbereitenden Tätigkeiten (Tz. 17 und 19 MK zu Art. 5 OECD-MA; BMF BStBl. I 1999, 1076, Tz. 1.2.1.2 und 4.3.1) der Fall, sofern diese tatsächlich im Quellenstaat und entweder von dem Unternehmen selbst oder einem in dessen Auftrag und für dessen Rechnung handelnden Subunternehmer vorgenommen werden. Der Betriebsstättenbeginn wird durch diese extensive Auslegung zeitlich weit nach vorne verlagert. Jede Handlung, die „organisatorisch und wirtschaftlich" (*Wassermeyer* MA Art. 5 Rn. 131) zu der Bauausführung oder Montage gehört, löst den Fristbeginn aus. Meist wird die Frist mit der Ankunft des ersten Mitarbeiters im Quellenstaat zu laufen beginnen (*Wassermeyer* MA Art. 5 Rn. 131 mwN; BMF BStBl. I 1999, 1076, Tz. 4.3.1). 186

Die Frist des Art. 6 Abs. 4 ErbSt-MA endet, wenn das Bau- oder Montageprojekt vertragsgemäß beendet ist. Nicht die Niederlegung der Arbeit oder das Verbleiben von Arbeitsgeräten auf der Baustelle (dazu BMF BStBl. I 1999, 1076, Tz. 4.3.1) sind entscheidend, sondern in der Regel wird die werkvertragliche Abnahme der Bauausführung oder Montage durch den Auftraggeber das Fristende bestimmen (BFH BStBl. II 1999, 694; *Vogel/Lehner* MA Art. 5 Rn. 65). Jedenfalls dürfte die Abreise des letzten Mitarbeiters zur Beendigung der Bauausführung oder Montage führen (BFH BStBl. II 1999, 694; *Strunk/Kaminski/Köhler* MA Art. 5 Rn. 97), sofern nicht die Abnahme des Werkes verweigert wurde oder seitens des Auftraggebers mit einer Fristsetzung zur Nacherfüllung zu rechnen ist. Nachfolgende Wartungsarbeiten, das Einweisen von Mitarbeitern des Auftraggebers oder Leistungen auf Garantie verlängern die Betriebsstätte nicht. Bei der Behandlung von Unterbrechungen der Bauausführung oder Montage ist besonders strikt auf den Einzelfall abzustellen. Hier verbietet sich jede pauschale Betrachtung. Jedoch wird die zutreffende Behandlung des Einzelfalls dadurch erschwert, dass das ErbSt-MA keine handhabbaren Richtlinien für Unterbrechungen beinhaltet. Auch in Tz. 19 MK zu Art. 5 OECD-MA wird lediglich ausgesagt, dass eine Bauausführung nicht als beendet gelte, wenn die Arbeiten vorübergehend unterbrochen würden. 187

Als Gründe für die vorübergehende Unterbrechung nennt der MK schlechtes Wetter, Materialmangel oder die Störung des Arbeitsfriedens (dazu BFH BStBl. II 1978, 140; BStBl. II 1982, 241). Das Schrifttum ergänzt Betriebsferien, freie Wochenenden, Feiertage und andere im Arbeitsablauf übliche kurze Unterbrechungen (*Wassermeyer* Art. 5 MA Rn. 132). Die Rechtsprechung differenziert zwischen technisch verursachten und witterungsbedingt eintretenden Unterbrechungen (BFH BStBl. II 1999, 694; aA *Vogel/Lehner* MA Art. 5 Rn. 67: „personenbezogen" und „fertigungstechnisch"). Unterbrechungen, die auf versagender oder gestörter Technik beruhen, sollen danach ohne weiteres in die Berechnung der 12-Monats-Frist einzubeziehen sein. Für witterungsbedingte Unterbrechungen hingegen gelte dies nur, wenn diese kurz ausfallen (zustimmend *Wassermeyer* MA Art. 5 Rn. 132). 188

Damit ist letztlich nur die Frage angesprochen, wann eine Unterbrechung als „vorübergehend" (aA *Vogel/Lehner* Art. 5 Rn. 67: „längerdauernde") einzustufen ist. Nach Tz. 19 MK zu Art. 5 OECD-MA soll eine Unterbrechung von 2 Monaten noch als unkritisch angesehen werden, jedoch ist hier in der Beratungspraxis Vorsicht geboten, weil sich die deutsche Rechtsprechung konkret zur Frage der vorübergehenden Unterbrechung – soweit ersichtlich – noch nicht geäußert hat. Nur zum deutschen 189

Gewerbesteuerrecht hat der BFH entschieden, dass eine zweiwöchige Unterbrechung einer Bauausführung in die Frist des § 12 S. 2 Nr. 8 AO einzubeziehen sei (BFH BStBl. II 1982, 241). Insgesamt ist mit der Einbeziehung von Unterbrechungen restriktiv umzugehen, weil diese im Wortlaut des MA nicht angelegt sind und die Überschreitung der 12-Monats-Frist für die notwendige körperliche Verfestigung im Quellenstaat gerade konstitutiv ist (*Wassermeyer* MA Art. 5 Rn. 133).

190 In der Literatur wird angesichts dieser bestehenden Unsicherheiten vorgeschlagen, weniger auf Zeiträume als denn auf die Frage abzustellen, ob der Betrieb nach Ablauf der Unterbrechung voraussichtlich fortgeführt werden wird (*Wassermeyer* MA Art. 5 Rn. 133). Im Übrigen ist mit der wohl herrschenden Meinung im Schrifttum davon auszugehen, dass längere als vorübergehende Unterbrechungen den Fristlauf des Art. 6 Abs. 4 ErbSt-MA nur hemmen (Ablaufhemmung), dieser aber nicht neu zu laufen beginnt (*Wassermeyer* MA Art. 5 Rn. 133; *Strunk/Kaminski/Köhler* MA Art 5 Rn. 97). Letzteres kann nur der Fall sein, wenn die Einrichtung im Quellenstaat gänzlich aufgegeben wird.

191 **b) Örtliche Zusammenrechnung.** Die Tz. 18 MK zu Art. 5 OECD-MA gestattet beziehungsweise gebietet für die Berechnung der 12-Monats-Frist die Zusammenrechnung mehrerer Bausausführungen und Montagen im Quellenstaat, wenn zwischen ihnen eine geografische Einheit besteht. Die (potenzielle) Betriebsstätte entfaltet aber keine allgemeine Attraktivkraft. Eine Zusammenrechnung ist nur zulässig, wenn ein „technischer Zusammenhang am Baustellenort" besteht (*Wassermeyer* MA Art. 5 Rn. 120). Die Finanzverwaltung geht davon aus, dass dies ab einer räumlichen Entfernung von 50 km Luftlinie nicht mehr der Fall ist (BMF BStBl. I 1999, 1076, Tz. 4.3.5; aA *Vogel/Lehner* MA Art. 5 Rn. 66). In verschiedenen Staaten belegene Bauausführungen und Montagen können ebenfalls nicht zu einer Einheit zusammengefasst werden (BMF BStBl. I 1999, 1076, Tz. 4.3.5).

192 **c) Wirtschaftliche Zusammenrechnung.** Tz. 18 MK zu Art. 5 OECD-MA gestattet beziehungsweise gebietet für die Berechnung der 12-Monats-Frist die Zusammenrechnung mehrerer Bausausführungen und Montagen im Quellenstaat trotz bestehender geografischer Einheit nur, wenn zwischen ihnen auch eine wirtschaftliche Einheit besteht (zustimmend *Vogel/Lehner* MA Art. 5 Rn. 66; ähnlich BMF BStBl. I 1999, 1076, Tz. 4.3.5). Die Rechtsprechung interpretiert dies als Erfordernis eines sachlich-organisatorischen Zusammenhangs (BFH BStBl. 2004, 932; BStBl. II 2002, 846; BStBl. II 1999, 694). Bei demselben Auftraggeber wird dieser gegeben sein, bei verschiedenen Auftraggebern oder grundsätzlich unterschiedlichen Projekten spricht eine widerlegliche Vermutung dafür, dass dieser Zusammenhang nicht gegeben ist (aA *Vogel/Lehner* MA Art. 5 Rn. 66). Liegen die Voraussetzungen für eine örtliche und wirtschaftliche Zusammenrechnung vor, so kommt es auch zu einer zeitlichen Zusammenrechnung verschiedener Einrichtungen für die Berechnung der 12-Monats-Frist (BFH BStBl. II 1999, 365; aA FG Köln EFG 1984, 187; *Wassermeyer* MA Art. 5 Rn. 135). Es wird in der Praxis nicht möglich sein, die Betriebsstättenbegründung nach Art. 6 Abs. 4 ErbSt-MA dadurch zu umgehen, dass Teilverträge von geringerer zeitlicher Dauer geschlossen werden. Dies wird durch § 42 AO verhindert (Tz. 18 MK zu Art. 5 OECD-MA; Beispiel zur missbräuchlichen Vertragsgestaltung bei BFH BFH/NV 1999, 1314).

VI. Absatz 5

1. Grundaussage

193 Art. 6 Abs. 5 ErbSt-MA ist eine lex-specialis-Regelung zu den Abs. 2 bis 4 der Norm („ungeachtet") (BFH BStBl. II 1985, 417 (419); *Strunk/Kaminski/Köhler* MA Art. 5 Rn. 102; Wassermeyer/*Jülicher* ErbSt-MA Art. 6 Rn. 51 ff.). Aus Vereinfachungsgründen sollen die in Abs. 5 genannten Tätigkeiten nicht zu einer Betriebsstätte führen, weil bei Vorbereitungs- und Hilfstätigkeiten die Zuordnung von Vermögen besondere Schwierigkeiten bereitet (Tz. 9 OECD-MK zu Art. 6 ErbSt-MA; Tz. 21 MK zu Art. 5 OECD-MA; *Wassermeyer* MA Art. 5 Rn. 152). Insofern ist nach der wohl herrschenden Meinung im Schrifttum der Tatbestand des Art. 6 Abs. 5 Buchstabe e ErbSt-MA als umfassendste Vorschrift zu verstehen, während die in den anderen Buchstaben genannten Tatbestände Unterfälle des Buchstabens e darstellen (sinngemäß Tz. 21 MK zu Art. 5 OECD-MA; *Wassermeyer* MA Art. 5 Rn. 152). Aus dem Charakter des Art. 6 Abs. 5 Buchstabe e ErbSt-MA als Auffangvorschrift folgt zugleich, dass Art. 6 Abs. 5 ErbSt-MA kein abschließender Tatbestand ist (*Wassermeyer* MA Art. 5 Rn. 153).

194 Ob der Vorschrift des Art. 6 Abs. 5 Buchstabe e ErbSt-MA eine konstitutive oder deklaratorische Bedeutung zukommt, hängt davon ab, wie man das Verhältnis von Art. 6 Abs. 2 zu Art. 6 Abs. 3 beziehungsweise 4 ErbSt-MA versteht. Nur soweit man nicht mit der wohl herrschenden Meinung in Deutschland der Ansicht ist, Betriebsstätten hätten stets die Anforderungen des Art. 6 Abs. 2 ErbSt-MA zu erfüllen, weist Art. 6 Abs. 5 ErbSt-MA einen deklaratorischen Charakter auf (*Wassermeyer* MA Art. 5 Rn. 151; implizit *Vogel/Lehner* Art. 5 MA Rn. 85 f.). Aus der Verwendung des Wortes „ausschließlich" in jedem der Buchstaben des Art. 6 Abs. 5 ErbSt-MA lässt sich folgern, dass die Vorbereitungs- und Hilfstätigkeiten dem alleinigen Zweck der negierten Betriebsstätte dienen müssen. Eine Art „Hauptzweck" ist nicht ausreichend. Sind die Vorbereitungs- und Hilfstätigkeiten sogar nur Nebenzweck oder von untergeordneter Bedeutung, ist Art. 6 Abs. 5 ErbSt-MA nicht anwendbar und es ist anhand des allgemeinen Maßstabs (Abs. 2–4) zu prüfen, ob eine Betriebsstätte vorliegt.

2. Buchstabe a

a) Einrichtungen. Nach Art. 6 Abs. 5 Buchstabe a ErbSt-MA gelten Einrichtungen, die ausschließlich zur Lagerung, Ausstellung oder Auslieferung von Gütern oder Waren des Unternehmens benutzt werden, nicht als Betriebsstätten. Insbesondere im Vergleich mit Art. 6 Abs. 5 Buchstaben d bis f ErbSt-MA fällt auf, dass nur von „Einrichtungen", nicht aber von „festen Geschäftseinrichtungen" die Rede ist. Ein sachlicher Unterschied (und sei es nur ein gradueller) ist damit nicht verbunden. Es gilt hier wie dort die allgemeine Definition des Art. 6 Abs. 2 ErbSt-MA. **195**

b) Güter oder Waren. „Güter oder Waren" im Sinne des Art. 6 Abs. 5 Buchstabe a ErbSt-MA meint sämtliche Wirtschaftsgüter, die zum Betriebsvermögen (Anlage- oder Umlaufvermögen) eines Unternehmens gehören (*Wassermeyer* MA Art. 5 Rn. 157). Es muss sich um bewegliche und materielle Wirtschaftsgüter handeln, wobei wegen Art. 6 Abs. 1 und 6 ErbSt-MA rechtsfolgenseitig nur bewegliches Vermögen angesprochen ist. Eine Immobilie oder ein Patent mögen dem Wortsinn nach jeweils ein „Gut" sein; aus der Gleichstellung mit den Waren folgt aber, dass es sich um körperliche Gegenstande handeln muss. Dem Unternehmen muss das zivilrechtliche, jedenfalls aber das wirtschaftliche Eigentum an den Wirtschaftsgütern zustehen (*Wassermeyer* MA Art. 5 Rn. 157; *Vogel/Lehner* Art. 5 MA Rn. 87). **196**

c) Lagerung, Ausstellung oder Auslieferung. Die Begriffe „Lagerung", „Ausstellung" und „Auslieferung" sind, da es sich nicht um Rechtsbegriffe handelt, nach herrschender Meinung wegen Art. 31 Abs. 1 WVK gemäß ihrer allgemeinen Bedeutung auszulegen (*Wassermeyer* MA Art. 5 Rn. 158). Unter Warenlagern versteht man Einrichtungen, in denen Waren, Rohstoffe sowie Halb- und Fertigerzeugnisse aufbewahrt werden, bevor sie (gegebenenfalls zur Weiterverarbeitung oder zum Verkauf) an einen anderen Ort verbracht werden (*Wassermeyer* MA Art. 5 Rn. 158; zu Gestaltungsmöglichkeiten bei inländischen Warenlagern ausländischer Unternehmen *Seltenreich* IStR 2004, 589). Ausstellungseinrichtungen sind zum Beispiel Messestände oder sogenannte Showrooms, sofern mit der Ausstellung nicht auch ein Verkauf beziehungsweise jedenfalls aus Kundensicht die Möglichkeit des Einkaufs verbunden ist. Dann ist Art. 6 Abs. 4 Buchstabe a ErbSt-MA nicht anwendbar. **197**

Auslieferungseinrichtungen sind spezielle Warenlager, die bei fertigen Erzeugnissen der Zwischenlagerung zur Auslieferung dienen. Eine genaue Abgrenzung der Begriffe ist praktisch schwierig und entbehrlich. Ergänzend werden ungeachtet des Wortlauts („ausschließlich") sämtliche Tätigkeiten erfasst, die untrennbar mit der Lagerung, Ausstellung oder Auslieferung von Waren und Gütern verbunden sind. Als Beispiele werden in der Literatur die Versendung und Verpackung sowie das Sortieren und Auszeichnen von Waren genannt (*Wassermeyer* MA Art. 5 Rn. 159), jedoch wird man bei Erfassung der Ware im Lager richtigerweise auch die Überprüfung auf Vollständigkeit und Mängel hinzurechnen müssen. **198**

d) Lagerung, Ausstellung oder Auslieferung. Die Einrichtung im Quellenstaat muss für die Lagerung, Ausstellung oder Auslieferung benutzt werden. Dabei kommt es auf die Sichtweise des jeweils betrachteten Unternehmens an. Die Einrichtung muss im Namen und auf Rechnung des Unternehmens unterhalten werden. Ferner impliziert der Wortlaut des Art. 6 Abs. 5 Buchstabe a ErbSt-MA einen Kausalzusammenhang zwischen der Einrichtung und der Lagerung, Ausstellung oder Auslieferung. Das Unterhalten einer nur potenziell geeigneten Einrichtung zur Lagerung, Ausstellung oder Auslieferung fällt nicht unter die Vorschrift, sofern dort Waren und Güter nicht tatsächlich gelagert, ausgestellt oder ausgeliefert werden. Umgekehrt begründen Waren und Güter für das Unternehmen keine Betriebsstätte, wenn sie nicht in einer Einrichtung des Unternehmens gelagert, ausgestellt oder ausgeliefert werden. **199**

3. Buchstabe b

a) Bestände. Nach Art. 6 Abs. 5 Buchstabe b ErbSt-MA gelten Bestände von Gütern oder Waren des Unternehmens, die ausschließlich zur Lagerung, Ausstellung oder Auslieferung unterhalten werden, nicht als Betriebsstätten. Die Begriffe „Güter", „Waren", „Lagerung", „Ausstellung" und „Auslieferung" sind wie bei Art. 6 Abs. 5 Buchstabe a ErbSt-MA zu verstehen. Art. 6 Abs. 5 Buchstabe b ErbSt-MA ist eine Abgrenzungsnorm zum Buchstaben a. Die Lagerung, Ausstellung oder Auslieferung von Waren oder Gütern durch das betrachtete Unternehmen selbst fällt zwar unter Buchstabe a, das bloße Unterhalten eines Bestandes von Waren oder Gütern jedoch führt nicht zu einer Betriebsstätte, weil es an einer Geschäftseinrichtung fehlt (*Wassermeyer* MA Art. 5 Rn. 163 („deklaratorische Bedeutung"); *Vogel/Lehner* MA Art. 5 Rn. 88). Ergänzend muss hinzukommen, dass der Bestand bei einem Dritten gelagert, ausgestellt oder zur Auslieferung deponiert wird. Dann erst ist Buchstabe b gegeben. **200**

201 **b) Unterhaltung.** Das Tatbestandsmerkmal „unterhalten“ bezieht sich auf den Waren- oder Güterbestand und ist das Pendant zum Begriff der „Benutzung“ der Einrichtung in Art. 6 Abs. 5 Buchstabe a ErbSt-MA. Die dort gemachten Ausführungen gelten entsprechend.

4. Buchstabe c

202 **a) Bearbeitung und Verarbeitung.** Nach Art. 6 Abs. 5 Buchstabe c ErbSt-MA gelten Bestände von Gütern oder Waren des Unternehmens, die ausschließlich zu dem Zweck unterhalten werden, durch ein anderes Unternehmen bearbeitet oder verarbeitet zu werden, nicht als Betriebsstätten. Die Begriffe „Güter“ und „Waren“ sind wie bei Buchstabe a zu verstehen, der Begriff des „Bestands“ wie in Buchstabe b. Wie dort gilt, dass der Bestand für Zwecke der Bearbeitung oder Verarbeitung bei einem Dritten unterhalten werden muss, und ein Dritter (nicht notwendig derselbe) muss auch die Bearbeitung oder Verarbeitung vornehmen (aA wohl *Vogel/Lehner* MA Art. 5 Rn. 89). Bei den Begriffen „Bearbeitung“ und „Verarbeitung“ handelt es sich nicht um Rechtsbegriffe. Sie sind nach herrschender Meinung wegen Art. 31 Abs. 1 WVK gemäß ihrer allgemeinen Bedeutung auszulegen. Es muss daher eine (gegebenenfalls geringe) Umgestaltung der Waren oder Güter vorgenommen werden (aA *Vogel/Lehner* Art. 5 MA Rn. 89: „Bearbeiten“ meint Veränderung der Beschaffenheit einer Sache, „Verarbeiten“ die Umgestaltung zu einer neuen Sache). Art. 6 Abs. 5 Buchstabe c ErbSt-MA hat nur einen geringen Anwendungsbereich (*Wassermeyer* MA Art. 5 Rn. 167 („überflüssig“)).

203 **b) Zweckbestimmung.** Für die Zweckbestimmung gilt das oben Gesagte. Das Unterhalten des Warenbestands muss im Quellenstaat die alleinige Tätigkeit darstellen.

5. Buchstabe d

204 **a) Feste Geschäftseinrichtung.** Nach Art. 6 Abs. 5 Buchstabe d ErbSt-MA gilt eine feste Geschäftseinrichtung, die ausschließlich zu dem Zweck unterhalten wird, für das Unternehmen Güter oder Waren einzukaufen oder Informationen zu beschaffen, nicht als Betriebsstätte. Die Begriffe „Güter“ und „Waren“ sind wie bei Art. 6 Abs. 5 Buchstabe a ErbSt-MA zu verstehen, der Begriff der „festen Geschäftseinrichtung“ wie in Art. 6 Abs. 2 ErbSt-MA.

205 **b) Einkauf von Gütern und Waren.** „Einkauf“ ist wie in § 12 S. 2 Nr. 6 AO zu verstehen. Die vertragliche Grundlage des Einkaufs ist irrelevant, ein Gleiches gilt für die kaufmännischen Umstände. In der Regel wird der Einkauf auf einer schuldrechtlichen Basis abgewickelt werden, aufgrund derer das Unternehmen sich des wirtschaftlichen Wertes der Waren oder Güter bemächtigt (*Wassermeyer* MA Art. 5 Rn. 172). Was im Weiteren mit den Wirtschaftsgütern geschieht, bleibt außer Betracht. Wichtig ist, dass Art. 6 Abs. 5 Buchstabe d ErbSt-MA nur den Einkauf, nicht aber den Verkauf von Gütern oder Waren erfasst. Einkaufsstellen fallen damit unter die Vorschrift (*Vogel/Lehner* MA Art. 5 Rn. 91), während Verkaufsstellen unter den Voraussetzungen des Art. 6 Abs. 2 ErbSt-MA durchaus eine Betriebsstätte begründen können.

206 Wird in einer Einrichtung angekauft und verkauft, so setzt sich die Verkaufstätigkeit durch mit der Folge, dass auch die Einkaufstätigkeit dieser Betriebsstätte zuzurechnen ist (Tz. 30 MK zu Art. 5 OECD-MA; *Wassermeyer* MA Art. 5 Rn. 172). Fehlt die Verkaufstätigkeit und werden nur Waren und Güter für das Stammhaus erworben, greift hingegen Art. 6 Abs. 5 Buchstabe d ErbSt-MA ein, so dass keine Betriebsstätte anzunehmen ist. Der Verkauf an Konzerngesellschaften ist aber ausreichend, um die Negierung der Betriebsstätte zu umgehen (*Wassermeyer* MA Art. 5 Rn. 172).

207 **c) Informationsbeschaffung.** Erfasst wird jede Art von Information unabhängig von ihrem Charakter (zB vertraulich oder öffentlich bekannt) und unabhängig von der Art ihrer Erlangung (zB entgeltlich, illegal, etc.). Auch ist es irrelevant, welchem Zweck die Informationsbeschaffung dient. Der Hauptanwendungsfall der Vorschrift liegt im Bereich des Nachrichtenwesens und der Informationsbeschaffung zum Zweck der Wort-, Bild- und Tonberichterstattung. So fallen insbesondere Zeitungskorrespondenten und Auslandsbüros von Fernsehsendern unter Art. 6 Abs. 5 Buchstabe d ErbSt-MA. Zu beachten ist indes, dass sich die Tätigkeit der Geschäftseinrichtung allein auf die „Beschaffung“ der Informationen beschränken muss. Werden Informationen verarbeitet oder ausgewertet, ist Art. 6 Abs. 5 Buchstabe d ErbSt-MA nicht anwendbar (BFH BStBl. II 1985, 417; *Strunk/Kaminski/Köhler* Art. 5 MA Rn. 106; *Vogel/Lehner* MA Art. 5 Rn. 91). Insbesondere sog Nachrichtenagenturen bilden daher idR Betriebsstätten (*Wassermeyer* MA Art. 5 Rn. 173).

6. Buchstabe e

208 **a) Tätigkeiten vorbereitender Art.** Nach Art. 6 Abs. 5 Buchstabe e ErbSt-MA gilt eine feste Geschäftseinrichtung, die ausschließlich zu dem Zweck unterhalten wird, für das Unternehmen (dazu Tz. 26 MK zu Art. 5 OECD-MA) andere Tätigkeiten auszuüben, die vorbereitender Art sind oder eine Hilfstätigkeit darstellen, nicht als Betriebsstätte. Der Begriff der „festen Geschäftseinrichtung“ ist wie in

Art. 6 Abs. 2 ErbSt-MA zu verstehen, zur Zweckbestimmung gilt das oben Gesagte. Die Vorschrift ist lex specialis zu den anderen Buchstaben der Norm (Tz. 21 MK zu Art. 5 OECD-MA; ähnlich implizit Tz. 11 OECD-MK zu Art. 6 ErbSt-MA).

Die Rechtsprechung versteht unter vorbereitenden Tätigkeiten jene Tätigkeiten, die zeitlich vor der Haupttätigkeit ausgeübt werden (BFH BStBl. II 1985, 417). Paradebeispiel einer vorbereitenden Tätigkeit sind etwa die Planung (*Wassermeyer* MA Art. 5 Rn 178), die Bereitstellung von Arbeitsmitteln oder Forschungs- und Entwicklungsarbeiten (*Strunk/Kaminski/Köhler* MA Art. 5 Rn. 107). **209**

b) Hilfstätigkeiten. Unter Hilfstätigkeiten fasst die Finanzverwaltung jene Tätigkeiten, die neben oder zeitlich nach der Haupttätigkeit ausgeübt werden (BMF BStBl. I 1999, 1076, Tz. 1.2.1.2). Hilfstätigkeiten wirken idR nur unternehmensintern und unterstützen die jeweilige Haupttätigkeit (*Wassermeyer* MA Art. 5 Rn. 178). Zur Abgrenzung von der Haupttätigkeit schlägt die OECD vor, darauf abzustellen, ob die Tätigkeit einen wesentlichen und maßgeblichen Teil der Tätigkeit des Unternehmens insgesamt betrifft (Tz. 24 MK zu Art. 5 OECD-MA; ähnlich *Vogel/Lehner* MA Art. 5 Rn. 93; aA *Strunk/Kaminski/Köhler* MA Art. 5 Rn. 97 (Abstellen auf Einnahmen hat Indizwirkung)). Mit diesem Vorschlag ist jedoch nichts gewonnen, weil der Begriff „Hilfstätigkeit" bereits impliziert, dass die Tätigkeit nicht einen wesentlichen und maßgeblichen Teil der Tätigkeit des Unternehmens (zutreffend *Strunk/Kaminski/Köhler* MA Art. 5 Rn. 107 (keine Hilfstätigkeiten von Dritten); *Vogel/Lehner* MA Art. 5 Rn. 94) insgesamt ausmacht. In der Beratungspraxis verbleiben daher beträchtliche Unsicherheiten, weil die Frage, ob nach der Verkehrsanschauung eine Hilfstätigkeit vorliegt oder nicht, nur bei wertender Betrachtung des Einzelfalls entschieden werden kann. Als Beispiel für Hilfstätigkeiten werden Werbemaßnahmen, die schlichte Informationserteilung oder reine Auskünfte genannt (Tz. 23 MK zu Art. 5 OECD-MA). Die Geschäftsleitung eines Unternehmens kann niemals Hilfstätigkeit sein (Tz. 24 MK zu Art. 5 OECD-MA). **210**

7. Buchstabe f

a) Kumulierte Tätigkeiten. Nach Art. 6 Abs. 5 Buchstabe f ErbSt-MA gilt eine feste Geschäftseinrichtung, die ausschließlich zu dem Zweck unterhalten wird, mehrere der unter den Buchstaben a bis e des Art. 6 Abs. 5 ErbSt-MA genannten Tätigkeiten auszuüben, nicht als Betriebsstätte, wenn die sich daraus ergebende Gesamttätigkeit der festen Geschäftseinrichtung vorbereitender Art ist oder eine Hilfstätigkeit darstellt. Die Begriffe „vorbereitender Art" und „Hilfstätigkeit" sind wie in Art. 6 Abs. 5 Buchstabe e ErbSt-MA zu verstehen. Der Zweck der Vorschrift erschließt sich aus der Verwendung des Wortes „ausschließlich" in sämtlichen Tatbeständen des Art. 6 Abs. 5 ErbSt-MA. **211**

Bei strenger Wortlautauslegung hat dies zur Konsequenz, dass für den Fall des Eingreifens mehrerer Buchstaben der Vorschrift oder bei Erfüllung desselben Buchstabens durch verschiedene Tätigkeiten (Geschäftsverdichtung") die Fiktion der Negierung der Betriebsstätte nicht anwendbar wäre (Beispiel bei *Vogel/Lehner* MA Art. 5 Rn. 97). Dies wird durch Art. 6 Abs. 5 Buchstabe f ErbSt-MA verhindert (vgl. Tz. 27 MK zu Art. 5 OECD-MA; *Wassermeyer* MA Art. 5 Rn. 182 und 183; *Strunk/Kaminski/Köhler* Art. 5 MA Rn. 108; *Vogel/Lehner* MA Art. 5 Rn. 95). Die Vorschrift ist nicht anwendbar, wenn ein Unternehmen im Quellenstaat mehrere Einrichtungen unterhält, die geografisch und wirtschaftlich nicht als Einheit betrachtet werden können (Tz. 27.1 MK zu Art. 24 OECD-MA). **212**

b) Gesamttätigkeit. Wesentlich ist die Erkenntnis, dass sich im Rahmen des Art. 6 Abs. 5 Buchstabe f ErbSt-MA die Gesamttätigkeit des betrachteten Unternehmens in der ausländischen Einrichtung aufgrund der kumulierten Tätigkeiten nicht dahingehend verändern darf, dass sie ihren Charakter als vorbereitende Tätigkeiten oder Hilfstätigkeiten verliert. Weist die Gesamttätigkeit aufgrund der Bedeutung der Einrichtung für das Gesamtunternehmen nicht mehr diesen Charakter auf, kann eine sachliche Verfestigung dergestalt anzunehmen sein, dass aufgrund der nunmehr vorliegenden Haupttätigkeit eine Betriebsstätte nach Art. 6 Abs. 2 ErbSt-MA anzunehmen ist (*Wassermeyer* MA Art. 5 Rn. 182; *Vogel/Lehner* MA Art. 5 Rn. 97). **213**

8. Absatz 6

Art. 6 Abs. 6 ErbSt-MA ist die mit Art. 6 Abs. 1 ErbSt-MA korrespondierende Vorschrift für bewegliches Vermögen der freien Berufe (dazu Tz. 15 OECD-MK zu Art. 6 ErbSt-MA) und der anderweitig selbstständig Tätigen, sofern das bewegliche Vermögen der Ausübung des Berufs dient und zu einer im anderen Vertragsstaat belegenen festen Einrichtung (dazu Tz. 14 OECD-MK zu Art. 6 ErbSt-MA) gehört. Hinsichtlich der Rechtsfolge gilt das oben zu Abs. 1 Gesagte. **214**

VII. Wichtigste Abweichungen in den deutschen DBA

1. Abweichungen von Art. 6 Abs. 1 ErbSt-MA

215 • **DBA (E)-Schweiz:** Im Art. 6 Abs. 1 DBA (E)-Schweiz wird nicht spezifisch bewegliches Vermögen angesprochen, sondern allgemein Vermögen (ausgenommen das nach den Art. 5 und 7 zu behandelnde Vermögen, das heißt unbewegliches Vermögen im Sinne des Art. 5 und Seeschiffe und Luftfahrzeuge im internationalen Verkehr und der Binnenschifffahrt dienende Schiffe und bewegliches Vermögen, das dem Betrieb dieser Schiffe oder Luftfahrzeuge dient). Außerdem hier ist die Rede vom Vermögen eines Erblassers, und nicht wie im Art. 6 Abs. 1 ErbSt-MA von beweglichem Vermögen eines Unternehmers, das Teil des Nachlasses und einer Schenkung einer Person mit Wohnsitz in einem Vertragsstaat ist.

• **DBA (E)-Frankreich:** Es wurde explizit von der Anwendung des Art. 6 Abs. 1 DBA (E)-Frankreich das nach Art. 7 behandelte Vermögen (Schiffe und Luftfahrzeuge), welches nicht gesondert im ErbSt-MA definiert und behandelt wird, ausgenommen. Des Weiteren besagt Nr. 4 des Protokolls zum DBA (E)-Frankreich, dass Bargeld, Forderungen jeder Art, Aktien und Gesellschaftsanteile nicht als bewegliches materielles Vermögen im Sinne des Art. 8 DBA (E)-Frankreich gelten. Zudem findet Art. 8 keine Anwendung auf bewegliches materielles Vermögen, das Teil des Nachlasses einer Person mit Wohnsitz in einem Vertragsstaat ist und das im Zeitpunkt des Todes im Hoheitsgebiet des anderen Vertragsstaates gelegen ist, ohne zum dauerhaften Verbleib in diesem anderen Staat bestimmt gewesen zu sein. In diesem Fall ist ausschließlich Art. 9 des Abkommens anzuwenden.

• **DBA (E)-USA:** Art. 6 Abs. 1 DBA (E)-USA regelt Besteuerungsrechte bezüglich des **Vermögens** (und nicht beweglichen Vermögens) eines Unternehmens, das Teil des Nachlasses oder einer Schenkung einer Person mit Wohnsitz in einem Vertragsstaat ist und das Betriebsvermögen einer im anderen Vertragsstaat gelegenen Betriebsstätte darstellt. Außerdem wurde in Art. 6 Abs. 1 DBA (E)-USA festgehalten, dass vom Anwendungsbereich des Art. 6 Abs. 1 DBA (E)-USA das nach den Artikeln 5 und 7 zu behandelnde Vermögen ausgenommen ist.

• **DBA (E)-Griechenland:** DBA (E)-Griechenland regelt nur Besteuerungsrechte hinsichtlich beweglichen Vermögens.

2. Abweichungen von Art. 6 Abs. 2 ErbSt-MA

216 • **DBA (E)-Schweiz:** Es gibt eine kleine Abweichung in der Formulierung: „Im Sinne dieses Abkommens bedeutet der Ausdruck „Betriebstätte" eine feste Geschäftseinrichtung, **in der** die Tätigkeit eines Unternehmens ganz oder teilweise ausgeübt wird."

• **DBA (E)-USA:** Art. 6 Abs. 2 Buchstabe a) DBA (E)-USA enthält folgende Abweichungen in der Formulierung gegenüber Art. 6 Abs. 2 ErbSt-MA: „**Der** Ausdruck „Betriebstätte" **bedeutet** eine feste Geschäftseinrichtung, **in der** die Tätigkeit eines Unternehmens **eines Vertragsstaats** ganz oder teilweise ausgeübt wird".

• **DBA (E)-Griechenland:** Der Ausdruck „Betriebsstätte" wird im DBA (E)-Griechenland nicht verwendet und somit auch nicht definiert.

• **DBA (E)-Dänemark:** Eine dem Art. 6 Abs. 2 ErbSt-MA entsprechende Regelung wurde im Art. 5 Abs. 1 DBA (E)-Dänemark festgehalten.

• **DBA (E)-Schweden:** Eine dem Art. 6 Abs. 2 ErbSt-MA entsprechende Regelung wurde im Art. 5 Abs. 1 DBA (E)-Schweden niedergeschrieben.

3. Abweichungen von Art. 6 Abs. 3 ErbSt-MA

217 • **DBA (E)-Frankreich:** Es wurde in Art. 6 Abs. 3 Buchstabe f) DBA (E)-Frankreich anstatt des Ausdrucks „Ausbeutung von Bodenschätzen" der Ausdruck „Ausbeutung natürlicher Ressourcen" verwendet.

• **DBA (E)-USA:** Abweichend von Art. 6 Abs. 3 ErbSt-MA wurde in Art. 6 Abs. 2 Buchstabe b) DBA (E)-USA regelt, dass auch ein Ladengeschäft oder eine andere Verkaufseinrichtung als Betriebsstätte im Sinne des DBA (E)-USA gilt. Des Weiteren wurde in Art. 6 Abs. 2 Buchstabe b) DBA (E)-USA nicht festgehalten, dass auch ein Öl- oder Gasvorkommen eine Betriebsstätte im Sinne des DBA (E)-USA darstellt.

• **DBA (E)-Griechenland:** Der Ausdruck „Betriebsstätte" wird im DBA (E)-Griechenland nicht verwendet und somit auch nicht definiert.

• **DBA (E)-Dänemark:** Eine dem Art. 6 Abs. 3 ErbSt-MA entsprechende Regelung wurde in Art. 5 Abs. 2 DBA (E)-Dänemark festgehalten.

• **DBA (E)-Schweden:** Eine dem Art. 6 Abs. 3 ErbSt-MA entsprechende Regelung wurde in Art. 5 Abs. 2 DBA (E)-Schweden festgehalten.

4. Abweichungen von Art. 6 Abs. 4 ErbSt-MA

- **DBA (E)-USA:** Eine dem Art. 6 Abs. 4 ErbSt-MA entsprechende Regelung wurde in Art. 6 Abs. 2 Buchstabe b) DBA (E)-USA verankert. **218**
- **DBA (E)-Griechenland:** Eine derartige Regelung ist im DBA (E)-Griechenland nicht enthalten.
- **DBA (E)-Dänemark:** Eine dem Art. 6 Abs. 4 ErbSt-MA entsprechende Regelung wurde in Art. 5 Abs. 3 DBA (E)-Dänemark festgehalten.
- **DBA (E)-Schweden:** Eine dem Art. 6 Abs. 4 ErbSt-MA entsprechende Regelung wurde in Art. 5 Abs. 3 DBA (E)-Schweden niedergeschrieben.

5. Abweichungen von Art. 6 Abs. 5 ErbSt-MA

- **DBA (E)-Schweden:** Eine dem Art. 6 Abs. 5 Buchstabe a) ErbSt-MA entsprechende Regelung **219** wurde in Art. 5 Abs. 4 Buchstabe a) DBA (E)-Schweden festgehalten. Ein Gleiches gilt für die jeweiligen Buchstaben b)–f).
- **DBA (E)-USA:** Andere Formulierung und keine Präzisierung, dass die Bestände von Gütern oder Waren des Unternehmens **ausschließlich** zur Lagerung, Ausstellung oder Auslieferung unterhalten werden sollen. Im Gegensatz zum ErbSt-MA wurde in Art. 6 Abs. 2 Buchstabe c) DBA (E)-USA präzisiert, dass eine feste Geschäftseinrichtung zu dem Zweck unterhalten werden soll, **für das Unternehmen zu werben, Informationen zu erteilen und wissenschaftliche Forschung zu betreiben oder ähnliche** Tätigkeiten auszuüben, wenn sie vorbereitender Art sind oder eine Hilfstätigkeit darstellen. Jedoch fehlt die Präzisierung „ausschließlich".

6. Abweichungen von Art. 6 Abs. 6 ErbSt-MA

- **DBA (E)-Schweiz:** Eine dem Art. 6 Abs. 6 ErbSt-MA ähnliche Fassung findet sich erst in Art. 6 **220** Abs. 8 DBA (E)-Schweiz. Abweichend vom ErbSt-MA wurde in Art. 6 Abs. 8 DBA (E)-Schweiz festgelegt, dass es sich hierbei nicht explizit um bewegliches Vermögen handelt, sondern lediglich um Vermögen (ausgenommen das nach Artikel 5 zu behandelnde Vermögen). Außerdem ist hier die Rede von Vermögen eines Erblassers, und nicht wie in Art. 6 Abs. 6 ErbSt-MA von beweglichem Vermögen eines Unternehmers, das Teil des Nachlasses und einer Schenkung einer Person mit Wohnsitz in einem Vertragsstaat ist. Zusätzlich wird eine Abgrenzung bei einer sonstigen selbständigen Tätigkeit ähnlicher Art (zusammen: eine sonstige selbständige Tätigkeit **ähnlicher Art**) vorgenommen. Zusätzlich gibt es Art. 6 Abs. 7 DBA (E)-Schweiz, der eine Regelung betreffend eine Vertreterbetriebsstätte im Fall eines unabhängigen Vertreters (insbesondere Makler, Kommissionär) enthält. Eine weitere dem ErbSt-MA fremde Regelung wurde im Art. 6 Abs. 9 DBA (E)-Schweiz verankert und regelt Besteuerungsrechte für Beteiligungen an Personengesellschaften, sowie für Sonderbetriebsvermögen.
- **DBA (E)-USA:** Art. 6 Abs. 3 DBA (E)-USA spricht von Vermögen außer Vermögen, welches unter Artikel 5 fällt. Außerdem wurde anstatt des Ausdrucks „Ausübung eines freien Berufs oder einer sonstigen selbständigen Tätigkeit" der Ausdruck „Ausübung einer selbständigen Arbeit" verwendet. Im Gegensatz zu Art. 6 Abs. 6 ErbSt-MA wurde in Art. 6 Abs. 3 DBA (E)-USA nicht festgelegt, dass die feste Einrichtung im anderen Vertragsstaat belegen sein soll.
- **DBA (E)-Schweden:** Eine dem Art. 6 Abs. 6 ErbSt-MA entsprechende Regelung wurde im Art. 24 Abs. 2 Buchstabe b) DBA (E)-Schweden festgehalten. Jedoch enthält diese Regelung insoweit eine Abweichung, als von beweglichem Vermögen **eines Unternehmens sowie einer ansässigen Person** gesprochen wird. Abweichend zum ErbSt-MA enthält Art. 5 Abs. 5 DBA (E)-Schweden eine Regelung hinsichtlich einer Vertreterbetriebsstätte im Fall eines abhängigen Vertreters, Art. 5 Abs. 6 DBA (E)-Schweden eine Regelung hinsichtlich einer Vertreterbetriebsstätte im Fall eines unabhängigen Vertreters (insbesondere eines Maklers oder Kommissionärs) und Art. 5 Abs. 7 DBA (E)-Schweden die sogenannte Anti-Organ-Klausel.
- **DBA (E)-Dänemark:** Abweichend vom ErbSt-MA enthält Art. 5 Abs. 6 DBA (E)-Dänemark eine Regelung, wonach eine Betriebsstätte durch die Tätigkeit eines Maklers, Kommissionärs oder eines anderen unabhängigen Vertreters begründet werden kann, sofern diese Personen nicht im Rahmen ihrer ordentlichen Geschäftstätigkeit handeln. Zusätzlich wurde im Art. 5 Abs. 7 DBA (E)-Dänemark eine Anti-Organ-Klausel niedergeschrieben.

Art. 7 Anderes Vermögen

Vermögen, das Teil des Nachlasses oder einer Schenkung einer Person mit Wohnsitz in einem Vertragsstaat ist und in den Artikeln 5 und 6 nicht behandelt wurde, kann ohne Rücksicht auf seine Belegenheit nur in diesem Staat besteuert werden.

Übersicht

I. Zweck der Vorschrift

221 Die Vorschrift entspricht Art. 21 OECD-MA 2017 und regelt als Auffangvorschrift die Zuordnung des Besteuerungsrechts für alle Vermögensgegenstände, die nicht unter die anderen beiden Verteilungsnormen der Art. 5 und 6 ErbSt-MA fallen. Wie das ertragsteuerliche MA verfolgt das ErbSt-MA damit das Ziel, sämtliche Lebenssachverhalte unmissverständlich einer bestimmten Verteilungsnorm des DBA zu unterwerfen (Tz. 3 OECD-MK zu Art. 7 ErbSt-MA). Art. 7 ErbSt-MA ist in zweierlei Hinsicht bemerkenswert: Zum einen hat er eine enorme praktische Bedeutung angesichts der nur wenigen Verteilungsnormen im ErbSt-MA (nur drei Verteilungsnormen (Art. 5–7 ErbSt-MA) gegenüber 14 Verteilungsnormen im OECD-MA 2017), zum anderen sind bedeutsame Qualifikationsfragen zu lösen, weil die Rechtsfolge massiv in die Steuerpflicht des Belegenheitsstaates eingreift (so treffend Wassermeyer/*Jülicher* Art. 7 ErbSt-MA Rn. 1. Dies gilt ungeachtet der Frage, ob sich dies auf eine beschränkte oder eine unbeschränkte Steuerpflicht gründet, vgl. Wassermeyer/*Jülicher* ErbSt-MA Art. 7 Rn. 14).

II. Vermögen

222 Die Vermögensdefinition im Sinne des DBA ergibt sich aus den allgemeinen Vorschriften, insofern gilt das zu Art. 3 Abs. 1 Buchstabe a) ErbSt-MA Gesagte. Vorbehaltlich der gegenüber den Art. 5 und 6 ErbSt-MA zu treffenden Abgrenzung (dazu sogleich) ist die Belegenheit des Vermögens einerlei. Das Vermögen kann sich somit im anderen Vertragsstaat, einem Drittstaat oder im Wohnsitzstaat des Erblassers befinden. Im letztgenannten Fall kann sich freilich ein grenzüberschreitender Sachverhalt nur noch aufgrund der steuerlichen Ansässigkeit des Erben in dem anderen Vertragsstaat ergeben. Auch die eigentumsrechtliche Zuordnung des Vermögens ist für Zwecke der Abkommensanwendung unerheblich, und ein Gleiches gilt für die Art und Zusammensetzung des Vermögens. Die steuerliche Wertermittlung schließlich richtet sich ausschließlich nach innerstaatlichem Recht (Wassermeyer/*Jülicher* ErbSt-MA Art. 7 Rn. 6).

III. Nicht in den Art. 5 und 6 behandeltes Vermögen

223 Die Vermögensabgrenzung innerhalb der den Art. 5–7 ErbSt-MA vergleichbaren Vorschriften ist das Herzstück einer jeden DBA-Prüfung. Das sorgfältige Arbeiten am Wortlaut vermeidet Überraschungen, weil die Rechtsfolgen der Bestimmungen gänzlich unterschiedlich sind, insbesondere in Abhängigkeit der Belegenheit des Vermögens. Im Einzelnen ergibt sich das folgende Bild, welches die praktische Bedeutung des Art. 7 ErbSt-MA noch einmal optisch unterstreicht, wobei unter dem Betriebsvermögen (BV) jeweils auch das Vermögen eines Freiberuflers verstanden werden soll:

224

Vermögen belegen im	**Bewegliches PV**	**Unbewegliches PV**	**Bewegliches BV**	**Unbewegliches BV**
Ansässigkeitsstaat	Art. 7	Art. 7	Art. 7	Art. 7
„anderen Staat"	Art. 7	Art. 5 Abs. 1	Art. 6 Abs. 1 und 6	Art. 5 Abs. 3
Drittstaat	Art. 7	Art. 7	Art. 7	Art. 7

In Abgrenzung zu den Art. 5 und 6 ErbSt-MA (unbewegliches Vermögen sowie bewegliches/unbewegliches Betriebsstättenvermögen) erfasst Art. 7 ErbSt-MA damit ausschließlich das (1) aus beweglichen Sachen bestehende Privatvermögen (Beispiele aus Wassermeyer/*Jülicher* ErbSt-MA Art. 7 Rn. 8: sowie Tz. 10 OECD-MK zu Art. 7 ErbSt-MA: Möbel, Wäsche, Haushaltsgegenstände, Kunstsammlungen, Boote, Bankguthaben, etc.) (und zwar ungeachtet der Belegenheit), das (2) Betriebsvermögen beziehungsweise Vermögen eines Freiberuflers, das einer im Wohnsitzstaat des Erblassers beziehungsweise einer in einem Drittstaat belegenen Betriebsstätte oder festen Einrichtung zugeordnet werden kann, sowie (3) das im Wohnsitzstaat oder einem Drittstaat belegene unbewegliche Vermögen (dazu etwas undifferenziert Tz. 4 OECD-MK zu Art. 7 ErbSt-MA; ausführlicher Tz. 9). Systematisch vorrangig sind daher stets die Art. 5 und 6 ErbSt-MA zu prüfen. Stimmen die Vertragsstaaten bei der Einordnung von Vermögensgegenständen unter die Art. 5–7 ErbSt-MA nicht überein und kommt es daher zu einem Qualifikationskonflikt, so kann dieser allein über ein Verständigungsverfahren nach Art. 11 ErbSt-MA gelöst werden. **225**

Art. 7 ErbSt-MA versucht folglich einen Spagat zwischen dem Universalprinzip der Besteuerung durch den Wohnsitzstaat und dem Territorialprinzip der Besteuerung durch den Belegenheitsstaat, weil die Staaten nach ihrem nationalen Recht insoweit oft unterschiedliche Wege beschreiten. Oft und so auch vorliegend orientiert sich die Werteentscheidung der OECD auch an ganz praktischen Überlegungen: Ein generelles Quellenbesteuerungsrecht für vererbte Forderungen und Wertpapiere etwa kann zu Ausweichbewegungen und Gestaltungsüberlegungen (dazu Tz. 11 und 13 OECD-MK zu Art. 7 ErbSt-MA) auf Seiten des Steuerpflichtigen führen. Erstens sind Forderungen schnell übertragbar, und zweitens hat der Wohnsitzstaat hinsichtlich der Existenz von Kapitalvermögen in der Regel die wirkungsvolleren Erkenntnisquellen (wie hier Wassermeyer/*Jülicher* ErbSt-MA Art. 7 Rn. 10; ebenso Tz. 12 OECD-MK zu Art. 7 ErbSt-MA), weshalb ein Besteuerungsrechts, was sich nach dem Sitz des Schuldners richtet, wenig sachgerecht wäre. Überdies vermeidet Art. 7 ErbSt-MA etwa die Abgabe von Steuererklärungen in mehreren Ländern (Tz. 14 OECD-MK zu Art. 7 ErbSt-MA). **226**

IV. Rechtsfolge

Als Rechtsfolge sieht Art. 7 ErbSt-MA ein ausschließliches („nur“) Besteuerungsrecht des Wohnsitzstaates des Erblassers vor (Ratio der Regelung ist die engere Anknüpfung des Erblassers zu seinem Wohnsitzstaat, vgl. Tz. 5 OECD-MK zu Art. 7 ErbSt-MA). Gemeint ist ohne Ausnahme der steuerliche Wohnsitz im Sinne des Art. 4 ErbSt-MA. Der Wortlaut der Vorschrift ist unmissverständlich und regelt die Doppelbesteuerung im Sinne der sogenannten Zuordnungsmethode, ohne dass es der Anwendung des Art. 9 A ErbSt-MA (Befreiungsmethode) oder des Art. 9 B ErbSt-MA (Anrechnungsmethode) bedarf. Art. 7 ErbSt-MA weicht damit von den in den Art. 5 und 5 ErbSt-MA aufgestellten Grundsätzen ab, die ein teilweises Besteuerungsrechts des Belegenheitsstaates statuieren. **227**

Die OECD nimmt die daraus folgenden Konflikte ernst, indem sie in den Tz. 6–8 OECD-MK zu Art. 7 ErbSt-MA Vorschläge für alternative Vertragsklauseln erläutert. So soll etwa der Belegenheitsstaat ein sogenanntes subsidiäres Besteuerungsrecht (dazu Wassermeyer/*Jülicher* ErbSt-MA Art. 7 Rn. 14) für in seinem Hoheitsgebiet befindliches Vermögen ausüben dürfen, dann allerdings die im Wohnsitzstaat erhobenen Steuern anrechnen. Systematisch in diese Kategorie von Klauseln gehören auch Regelungen, die ein an der Staatsangehörigkeit des Erblassers orientiertes Besteuerungsrecht des ehemaligen Wohnsitzstaates für eine bestimmte Zeit nach einem steuerlichen Wegzug vorsehen (etwa § 2 Abs. 1 Nr. 1 S. 2 Buchstabe b) ErbStG) (Tz. 6 OECD-MK zu Art. 7 ErbSt-MA.). **228**

Art. 7 ErbSt-MA vermeidet auch eine virtuelle Doppelbesteuerung und greift damit auch dann ein, wenn der Wohnsitzstaat des Erblassers tatsächlich nicht oder nur in sehr geringem Umfang (vgl. hierzu die Empfehlung der OECD in den Tz. 31 f. OECD-MK zu Art. 7 ErbSt-MA, wonach die Durchsetzung des Besteuerungsrechts des Wohnsitzstaates durch die internationale Amtshilfe abzusichern sei) besteuert. Die OECD weist in diesem Zusammenhang auf die Möglichkeit der Vereinbarung von subject-to-tax-Klauseln hin, jedoch sind diese bislang jedenfalls in den deutschen DBA nicht praktisch geworden (Tz. 30 ff. OECD-MK zu Art. 7 ErbSt-MA). Wie im Ertragsteuerrecht wäre der Begriff der „tatsächlichen Besteuerung“ im Rahmen einer subject-to-tax-Klausel jedoch iSe Steuerbarkeit zu verstehen, so dass jedenfalls sachliche Steuerbefreiungen keinen Rückfall des Besteuerungsrechts an den Belegenheitsstaat verursachen können (wie hier Wassermeyer/*Jülicher* ErbSt-MA Art. 7 Rn. 30). **229**

V. Ausgewählte Qualifikationskonflikte

1. Anteile an Personengesellschaften

Die ertragsteuerliche Behandlung von Personengesellschaften unter dem OECD-MA 2017 gehört bekanntlich zu den schwierigsten und problembehaftetsten Gebieten des Abkommensrechts. Die OECD hat ihre Auffassung nebst Lösungsansätzen im sogenannten OECD Partnership Report (OECD, The **230**

Application of the OECD Model Tax Convention to Partnerships, Issues in International Taxation No. 6 (1999)) niedergelegt. Das Grundproblem besteht darin, manche Staaten Personengesellschaften als steuerlich transparent ansehen, während anderen Staaten darin ein selbstständiges Steuersubjekt und damit einen Rechtsträger erblicken. Die Tz. 17–19 OECD-MK zu Art. 7 ErbSt-MA nehmen diese Problematik für das ErbSt-MA auf und differenzieren im Folgenden zwischen Personengesellschaften, die als nicht transparent angesehen werden, und Personengesellschaften, die als quasi-juristische Personen gelten. Diese Differenzierung ist mE obsolet, und auch die OECD scheint bei der Beschreibung der Folgen des Qualifikationskonflikts in der Tz. 20 OECD-MK zu Art. 7 ErbSt-MA keine unterschiedlichen Konsequenzen daran knüpfen zu wollen. Anders als im Ertragsteuerrecht geht die Frage daher weniger dahin, ob die Personengesellschaft selbst Steuersubjekt ist oder nicht, sondern allein dahin, ob im Erbfall der Anteil an der Personengesellschaft oder das zugrundeliegende Vermögen (welches der Personengesellschaft gehört) als auf den Erben übergehendes Vermögen gewertet wird (wie hier Wassermeyer/*Jülicher* ErbSt-MA Art. 7 Rn. 19).

231 Die unterschiedliche Qualifikation einer Personengesellschaft kann auch im Erbschaftsteuerrecht zu Doppelbesteuerungen und doppelten Nichtbesteuerungen führen (Beispiele nach Tz. 20 OECD-MK zu Art. 7 ErbSt-MA). Hinterlässt der Erblasser mit Wohnsitz im Ansässigkeitsstaat X eine Beteiligung an einer Personengesellschaft mit beweglichem Vermögen einer Betriebsstätte im Belegenheitsstaat Y, und sieht Staat Y das übergehende Vermögen als Gesellschaftsanteil iSe selbstständigen Vermögenswerts an, während Staat X die Personengesellschaft ignoriert und auf das zugrundeliegende bewegliche Betriebsvermögen abstellt, kommt es zu weißen Einkünften. Staat X wendet Art. 6 ErbSt-MA iVm der Befreiungsmethode an, während Staat Y Art. 7 ErbSt-MA anwendet. Verhält es sich umgekehrt und ignoriert Staat Y die Personengesellschaft, weil er auf das bewegliche Betriebsvermögen abstellt, während Staat X das übergehende Vermögen als Gesellschaftsanteil iSe selbstständigen Vermögenswerts ansieht, ist eine Doppelbesteuerung unausweichlich. Staat X besteuert nach Art. 7 ErbSt-MA und wendet keine der Methoden zur Vermeidung der Doppelbesteuerung an, während Staat Y nach Art. 6 ErbSt-MA besteuert.

232 Zur Lösung (Lösung der Beispiele in der Tz. 25 OECD-MK zu Art. 7 ErbSt-MA) dieser Qualifikationskonflikte, die auf der unterschiedlichen Anwendung insbesondere der Art. 6 und 7 ErbSt-MA durch die Vertragsstaaten beruhen, schlägt die OECD in der Tz. 24 OECD-MK zu Art. 7 ErbSt-MA eine vergleichsweise einfache, jedoch wirkungsvolle Regelung vor: Sie arbeitet mit einer Qualifikationsverkettung und möchte die Sichtweise des Ansässigkeitsstaates an die Sichtweise des Belegenheitsstaates beziehungsweise Drittstaates binden (alternative Lösungsmodelle bei Wassermeyer/*Jülicher* ErbSt-MA Art. 7 Rn. 21). Werden Anteile an Personengesellschaften vererbt und wird damit das übergehende Vermögen in den Vertragsstaaten unterschiedlich qualifiziert, so soll sich nach Auffassung der OECD die Art des Rechts oder der Beteiligung nach dem Recht des Staates bestimmen, „der nicht der Wohnsitzstaat des Erblassers" ist. Die Maßgeblichkeit des Drittstaates ist in der genannten Tz. 24 zwar nicht angesprochen, jedoch kann ein solcher Fall eintreten, wenn die Personengesellschaft in einem Drittstaat gegründet wurde und diese über eine Betriebsstätte in dem anderen Vertragsstaat, der nicht der Ansässigkeitsstaat des Erblassers ist, verfügt (zur Lösung der Qualifikationskonflikte in bestimmten Fällen des unbeweglichen Vermögens, wenn die Personengesellschaft (gegründet im „anderen Vertragsstaat") eine Betriebsstätte im Ansässigkeitsstaat unterhält, vgl. Tz. 26 OECD-MK zu Art. 7 ErbSt-MA).

233 Darüber hinaus muss gesehen werden, dass die Entscheidung darüber, ob die Beteiligung an einer Personengesellschaft als Gesellschaftsanteil oder als Übergang des (gegebenenfalls anteiligen) Gesellschaftsvermögens anzusehen ist, allein nach dem nationalen Recht der Anwenderstaaten getroffen wird (Wassermeyer/*Jülicher* ErbSt-MA Art. 7 Rn. 19). Um die Art. 5 und 6 ErbSt-MA anwenden zu können, muss der jeweilige Anwenderstaat naturgemäß auf das anteilige Gesellschaftsvermögen abzielen und damit das steuerliche Transparenzprinzip anwenden. Im Beispielsfall würde Deutschland daher auf Art. 6 ErbSt-MA zurückgreifen. Jülicher merkt in diesem Zusammenhang zu Recht an, dass es in Bezug auf die Transparenz- beziehungsweise Intransparenzbetrachtung einen Gleichlauf mit dem Ertragsteuerrecht geben müsse (Wassermeyer/*Jülicher* ErbSt-MA Art. 7 Rn. 20). Um Wertungswidersprüche zu vermeiden, sollte hier einheitlich entschieden werden.

2. Immobiliengesellschaften

234 Vergleichbare Qualifikationskonflikte können entstehen, wenn Anteile an grundbesitzhaltenden Kapitalgesellschaften Gegenstand des übergehenden Vermögens sind. Manche OECD-Mitgliedsstaaten betrachten die Anteile an Gesellschaften, deren Vermögen vollständig oder jedenfalls überwiegend aus unbeweglichem Vermögen besteht, als Nachlass mit der Folge der Anwendung des Art. 7 ErbSt-MA, während andere Staaten auf das zugrundeliegende unbewegliche Vermögen rekurrieren (Anwendung des Art. 5 ErbSt-MA) (Wassermeyer/*Jülicher* ErbSt-MA Art. 7 Rn. 29; *Arlt,* Internationale Erbschaft- und Schenkungsteuerplanung, 2001, 290 f.; Tz. 23 OECD-MK zu Art. 7 ErbSt-MA). Die Lösung einer Bindungswirkung zugunsten des Belegenheitsstaates (Tz. 24 OECD-MK zu Art. 7 ErbSt-MA) ist strukturell mit Art. 13 Abs. 4 OECD-MA 2017 vergleichbar: Anders als bei Art. 13 Abs. 5 OECD-MA 2017 wird hier dem Belegenheitsstaat ein Besteuerungsrecht eingeräumt.

3. Trusts

In Abhängigkeit von der konkreten Ausgestaltung eines Trusts kann es auch im Rahmen der Verwendung jener Rechtsgebilde zu Doppelbesteuerungen oder doppelten Nichtbesteuerungen kommen, sofern und soweit die Anwendung von Art. 7 ErbSt-MA in Rede steht (dazu Wassermeyer/*Jülicher* ErbSt-MA Art. 7 Rn. 26). Wenn die entsprechende Norm eines DBA keine Klarstellung in Bezug auf die Behandlung von Trusts enthält, kann es bei abweichender Qualifikation in den Vertragsstaaten fraglich sein, unter welche Verteilungsnorm das im Trust gehaltene Vermögen zu fassen ist, weil nicht geklärt ist, wem die Übertragung zuzurechnen ist (Tz. 28 OECD-MK zu Art. 7 ErbSt-MA). Der eine Vertragsstaat mag die Rechte des Begünstigten als einen Anspruch gegen den Trust werten, während der andere Vertragsstaat den Anspruch des Begünstigten als ein Recht an dem dem Trust zuvor übereigneten Vermögen betrachtet (Tz. 22 OECD-MK zu Art. 7 ErbSt-MA) – die Lösung sieht die OECD auch hier in einer Qualifikationsverkettung (Tz. 24 OECD-MK zu Art. 7 ErbSt-MA). Zudem kann fraglich sein, ob das DBA überhaupt auf Trusts Anwendung findet, was durch eine entsprechende Definition in der Art. 1 beziehungsweise 3 ErbSt-MA entsprechenden Vorschrift festzulegen wäre (Tz. 29 OECD-MK zu Art. 7 ErbSt-MA; Tz. 26 OECD-MK zu Art. 1 ErbSt-MA). 235

4. Unverteilte Nachlässe

Auch in jenen Fällen, in denen der Erbe stirbt und seinerseits zum Erblasser wird, bevor der Nachlass zur Verteilung gelangt ist, können Doppelbesteuerungen oder doppelte Nichtbesteuerungen der beschriebenen Art entstehen. Die meisten OECD-Staaten qualifizieren das übergehende Vermögen, das beispielsweise in unbeweglichem Vermögen im Staat Y bestehen soll und welches von einem Erblasser E mit Wohnsitz im Staat X auf den Erben B übergeht, auch dann als unbewegliches Vermögen im Sinne des Art. 5 ErbSt-MA, wenn E das Vermögen seinerseits kurz zuvor von der natürlichen Person P geerbt hat und wenn E gestorben ist, bevor der Nachlass vollständig zur Verteilung gelangt ist. Andere Staaten hingegen ordnen den Gegenstand des Erbes des Erben B lediglich als ein Recht ein, dass das unbewegliche Vermögen auf ihn übertragen wird, so dass Art. 7 ErbSt-MA zur Anwendung käme (Wassermeyer/*Jülicher* ErbSt-MA Art. 7 Rn. 23; Tz. 21 OECD-MK zu Art. 7 ErbSt-MA). Auch in diesen Fällen möchte die OECD entsprechend Tz. 24 OECD-MK zu Art. 7 ErbSt-MA verfahren und eine Qualifikationsverkettung an das Recht desjenigen Staates annehmen, der nicht der Wohnsitzstaat des Erblassers (im Beispiel die Person E) ist. 236

VI. Wichtigste Abweichungen in den deutschen DBA

- **DBA (E)-Schweiz:** Art. 7 DBA (E)-Schweiz wurde nicht betitelt und enthält anders als Art. 7 ErbSt-MA eine Zuweisung der Besteuerungsrechte für Seeschiffe und Luftfahrzeuge. Die dem Art. 7 ErbSt-MA ähnliche Fassung findet sich in Art. 8 Abs. 1 DBA (E)-Schweiz wieder, jedoch geht es hierbei um das nicht nach den Artikeln 5 bis 7 (im ErbSt-MA ohne Art. 7) zu behandelnde Vermögen, welches der Erblasser in seinem Wohnsitzstaat (im Zeitpunkt des Todes) hatte. Die Präzisierung „ohne Rücksicht auf seine Belegenheit" fehlt. Außerdem enthält Art. 8 DBA (E)-Schweiz den Absatz 2 in folgender Fassung: „Ungeachtet der Artikel 5 bis 7 und Absatz 1 dieses Artikels kann das Nachlassvermögen nach dem Recht der Bundesrepublik Deutschland besteuert werden, wenn der **Erwerber** im Zeitpunkt des Todes des Erblassers in der Bundesrepublik Deutschland über eine ständige Wohnstätte verfügte oder dort seinen gewöhnlichen Aufenthalt hatte. Die nach dem Abkommen in der Schweiz zulässige Besteuerung bleibt unberührt. Die Artikel 4 Absatz 5 und 10 Absatz 1 sind entsprechend anzuwenden. Die vorstehenden Bestimmungen gelten nicht, wenn im Zeitpunkt des Todes des Erblassers dieser und der Erwerber schweizerische Staatsangehörige waren." Dabei handelt es sich um die sogenannte Nachbesteuerung oder überdachende Besteuerung (vgl. auch BFH 20.3.2019 – II R 61/15). 237
- **DBA (E)-Frankreich:** Art. 7 DBA (E)-Frankreich regelt die Zuweisung der Besteuerungsrechte für Seeschiffe und Luftfahrzeuge. Der dem Art. 7 ErbSt-MA ähnliche Artikel wurde im Art. 9 DBA (E)-Frankreich festgehalten. Der Unterschied zum ErbSt-MA besteht darin, dass er zusätzlich auf die Art. 7 und 8 DBA (E)-Frankreich verweist. Außerdem regelt Art. 8 DBA (E)-Frankreich im Gegensatz zum ErbSt-MA explizit die Besteuerung von **beweglichem materiellem Vermögen** und wurde wie folgt gefasst: „Bewegliches materielles Vermögen, ausgenommen das in den Artikeln 6 und 7 behandelte bewegliche Vermögen, das Teil des Nachlasses oder einer Schenkung einer Person mit Wohnsitz in einem Vertragsstaat ist und im anderen Vertragsstaat gelegen ist, kann in diesem anderen Staat besteuert werden." (Besteuerung im Belegenheitsstaat).
- **DBA (E)-USA:** Art. 7 DBA (E)-USA regelt die Zuweisung der Besteuerungsrechte für Seeschiffe und Luftfahrzeuge. Eine dem Art. 7 ErbSt-MA ähnliche Regelung enthält Art. 9 DBA (E)-USA,

jedoch mit dem anderen Titel „Nicht ausdrücklich erwähntes Vermögen". Abweichend von Art. 7 ErbSt-MA verweist Art. 9 DBA (E)-USA auf Art. 7 und 8. Außerdem enthält der letzte Halbsatz des Art. 9 DBA (E)-USA den folgenden nicht in Art. 7 ErbSt-MA enthaltenen Verweis auf Art. 11 Abs. 1 DBA (E)-USA: „Artikel 11 Absatz 1 bleibt unberührt".

- **DBA (E)-Griechenland:** Eine derartige Regelung ist im DBA (E)-Griechenland nicht enthalten.
- **DBA (E)-Dänemark:** Art. 7 DBA (E)-Dänemark regelt die Zuweisung der Besteuerungsrechte für Unternehmensgewinne und ist nur für den Bereich der Ertragsteuern anwendbar. Eine dem Art. 7 ErbSt-MA entsprechende Regelung wurde in Art. 25 Abs. 3 DBA (E)-Dänemark verankert und enthält Abweichungen in der Formulierung („alles andere Vermögen" und „ansässige Person", Verweis auf Art. 26 DBA (E)-Dänemark). Eine Präzisierung wie im Art. 7 ErbSt-MA: „und in den Artikeln 5 und 6 nicht behandelt wurde" ist in Art. 25 Abs. 3 DBA (E)-Dänemark nicht enthalten.
- **DBA (E)-Schweden:** Art. 7 DBA (E)-Schweden regelt die Verteilung der Besteuerungsrechte für Unternehmensgewinne und ist nur für den Bereich der Ertragsteuern anwendbar. Eine dem Art. 7 ErbSt-MA entsprechende Regelung wurde in Art. 24 Abs. 3 DBA (E)-Schweden niedergeschrieben und enthält Abweichungen in der Formulierung („alles andere Vermögen" und „ansässige Person", Verweis auf Art. 26 DBA (E)-Schweden). Eine Präzisierung wie im Art. 7 ErbSt-MA: „und in den Artikeln 5 und 6 nicht behandelt wurde" ist in Art. 24 Abs. 3 DBA (E)-Schweden nicht enthalten.

Art. 8 Schuldenabzug

(1) **Schulden, die durch das in Artikel 5 genannte Vermögen besonders gesichert sind, werden vom Wert dieses Vermögens abgezogen. Schulden, die zwar nicht durch das in Artikel 5 genannte Vermögen besonders gesichert sind, die aber im Zusammenhang mit dem Erwerb, der Änderung, der Instandsetzung oder der Instandhaltung solchen Vermögens entstanden sind, werden vom Wert dieses Vermögens abgezogen.**

(2) **Vorbehaltlich des Absatzes 1 werden Schulden, die mit einer in Art. 6 Absatz 1 genannten Betriebstätte oder einer in Artikel 6 Absatz 6 genannten festen Einrichtung zusammenhängen, vom Wert der Betriebstätte beziehungsweise der festen Einrichtung abgezogen.**

(3) **Die anderen Schulden werden vom Wert des Vermögens abgezogen, für das Artikel 7 gilt.**

(4) **Übersteigt eine Schuld den Wert des Vermögens, von dem sie in einem Vertragsstaat nach den Absätzen 1 oder 2 abzuziehen ist, so wird der übersteigende Betrag vom Wert des übrigen Vermögens, das in diesem Staat besteuert werden kann, abgezogen.**

(5) **Verbleibt in einem Vertragsstaat nach den Abzügen, die aufgrund der Absätze 3 oder 4 vorzunehmen sind, ein Schuldenrest, so wird dieser vom Wert des Vermögens, das im anderen Vertragsstaat besteuert werden kann, abgezogen.**

(6) **Ist ein Vertragsstaat nach den Absätzen 1 bis 5 verpflichtet, einen höheren als nach seinem Recht vorgesehenen Schuldenabzug vorzunehmen, so gelten die genannten Absätze nur insoweit, als der andere Vertragsstaat nach seinem innerstaatlichen Recht nicht verpflichtet ist, die gleichen Schulden abzuziehen.**

Übersicht

I. Zweck der Vorschrift

238 Die Norm stellt sicher, dass die zu einem nach den Regeln des ErbSt-MA behandelten und auf einen Erwerber übergehenden Vermögen gehörenden Schulden nicht in mehreren Staaten, mindestens aber in einem Staat in Ansatz gebracht werden können (Wassermeyer/*Jülicher* ErbSt-MA Art. 8 Rn. 1). Art. 8 ErbSt-MA findet im OECD-MA keine Entsprechung, was auch nicht erstaunt, weil das OECD-MA regelmäßig „Einkünfte" (bzw. Vermögen) im Sinne einer abkommensautonomen Verständnisses freistellt und dort nach dem nationalen Recht zu entscheiden ist, inwiefern Betriebsausgaben oder Werbungskosten abzusetzen sind. Diese Freiheit der Vertragsstaaten freilich führt in der Praxis oft dazu, dass Ausgaben doppelt oder gar nicht abgezogen werden können, was für den Bereich der Erbschaftsteuer durch Art. 8 ErbSt-MA verhindert wird. Art. 8 ErbSt-MA ist entsprechend als ergänzende Vorschrift zu den jeweiligen Verteilungsnormen zu lesen.

Zur Erfüllung des vorgenannten Zwecks bedient sich Art. 8 ErbSt-MA einer Technik, die ansonsten **239** weder im OECD-MA, noch an anderer Stelle im ErbSt-MA vorkommt, nämlich einer teilweise konstitutiven Bestimmung einer Rechtsfolge ungeachtet des nationalen Rechts. DBA haben normalerweise keinen rechtssetzenden, keinen rechtsbegründenden Charakter und können daher nicht über das hinausgehen, was dem Steuerpflichtigen im nationalen Recht gewährt wird. Art. 8 ErbSt-MA hingegen ordnet in verschiedenen Zusammenhängen den Abzug von Schulden an, auch wenn im nationalen Recht der Vertragsstaaten ein solcher Abzug nur deshalb nicht vorgesehen ist, weil dort der notwendige Zusammenhang zwischen Vermögensgegenstand und Schuld nicht hergestellt wird (Wassermeyer/*Jülicher* ErbSt-MA Art. 8 Rn. 28) (dh beispielsweise nach nationalem Recht keine Erblasserschulden vorliegen). Die Einordnung als Schuld als solche jedoch ist wegen Art. 3 Abs. 2 ErbSt-MA dem nationalen Recht vorbehalten, weshalb die Vertragsstaaten insoweit auch Abzugsverbote in ihrem nationalen Gesetz implementieren können (Tz. 41–47 OECD-MK zu Art. 8 ErbSt-MA).

II. Absatz 1

Nach Art. 8 Abs. 1 ErbSt-MA sind Schulden, die durch das in Art. 5 ErbSt-MA genannte Vermögen **240** besonders gesichert sind, vom Wert dieses Vermögens abzuziehen (S. 1). Schulden, die zwar nicht durch dieses Vermögen besonders gesichert sind, die aber im Zusammenhang mit dem Erwerb, der Änderung, der Instandsetzung oder der Instandhaltung solchen Vermögens entstanden sind, werden vom Wert dieses Vermögens ebenfalls abgezogen (S. 2).

Zentral für die gesamte Vorschrift ist der Begriff der „Schulden", der indes weder in Art. 8 ErbSt-MA **241** noch in der Definitionsnorm des Art. 3 Abs. 1 ErbSt-MA definiert wird, aber gleichwohl einheitlich für das gesamte DBA ausgelegt werden sollte. Es gilt mithin Art. 3 Abs. 2 ErbSt-MA und damit das nationale Recht des jeweiligen Anwenderstaates. Für Deutschland bedeutet dies, dass sich der Schuldenbegriff aus § 10 Abs. 3–9 ErbStG erschließt. Entsprechend rechnen in der Hauptsache zu den Nachlassverbindlichkeiten insbesondere sämtliche Erblasserschulden und nahezu alle Erbfallschulden sowie abzugsfähiger Erwerbsaufwand, der aus Gründen des Erbfalls in der Person des Erben entsteht (Wassermeyer/*Jülicher* ErbSt-MA Art. 8 Rn. 21). Praxisrelevante Einzelbeispiele sind etwa Pflichtteilsansprüche oder Sachvermächtnisse (warum Geldvermächtnisse nach dem Willen des Fiskalausschusses (vgl. Tz. 6 OECD-MA zu Art. 8 ErbSt-MA) nicht erfasst sein sollen, erschließt sich indes nicht. Weitere Einzelfälle von abziehbaren Schulden bei Wassermeyer/*Jülicher* ErbSt-MA Art. 8 Rn. 22 ff.).

Die Bewertung der Schuld wird ebenso wie die Zurechnung der Schuld zu einem Steuerpflichtigen **242** beziehungsweise einem Vermögensgegenstand in Art. 8 ErbSt-MA nicht angesprochen. Dies bleibt wegen Art. 3 Abs. 2 ErbSt-MA ebenfalls dem nationalen Recht der Vertragsstaaten überantwortet (Wassermeyer/*Jülicher* ErbSt-MA Art. 8 Rn. 33 f.). Für das deutsche Recht kommen damit die allgemeinen Veranlassungsprinzipien (für die Zurechnung) sowie § 12 ErbStG (für die Bewertung) iVm dem BewG zur Anwendung. Die Zuordnung einer Schuld zu einem konkreten Vermögensgegenstand hingegen erfolgt vorrangig nach dem Prinzip des Individualabzugs, das heißt die Zuordnung erfolgt nach einem konkret bestehenden wirtschaftlichen Zusammenhang (Wassermeyer/*Jülicher* ErbSt-MA Art. 8 Rn. 1. Nach Tz. 5 OECD-MK zu Art. 8 ErbSt-MA ist es jedoch auch gestattet, eine andere Methode der Zuordnung zu wählen (zB die Verhältnismethode)).

Art. 8 Abs. 1 S. 1 ErbSt-MA betrifft nur Schulden, die durch das in Art. 5 ErbSt-MA genannte **243** Vermögen besonders gesichert sind. Dieser innere Zusammenhang der Besicherung rechtfertigt den Vorrang des S. 1 vor S. 2, wo ein weiter Zusammenhang mit dem Erwerb, der Änderung, der Instandsetzung oder der Instandhaltung solchen Vermögens ausreichend ist (Fallbeispiele zum Verhältnis von S. 1 zu S. 2 bei Wassermeyer/*Jülicher* ErbSt-MA Art. 8 Rn. 36a). Unter Art. 8 Abs. 1 S. 1 ErbSt-MA fallen ausschließlich zivilrechtlich wirksam bestellte dingliche Sicherheiten in Form von Grundpfandrechten (etwas weitergehend hat der BFH auch Verwertungsrechte an Grundpfandrechten ausreichen lassen, vgl. BFH Urt. v. 13.4.1994 – I R 97/93, BStBl. II 1994, 743 ff.). Für die gesamte Vorschrift hingegen gilt, dass der Aktivwert des unbeweglichen Vermögens allein nach dem innerstaatlichen Steuerrecht zu ermitteln ist (Art. 3 Abs. 2 ErbSt-MA), dh für Deutschland gelten die §§ 171 ff. BewG bei inländischem und § 31 BewG für ausländisches Grundvermögen (jeweils gemeiner Wert nach § 9 BewG).

244 Nach Art. 8 S. 2 ErbSt-MA ist lediglich ein Zusammenhang mit dem Erwerb, der Änderung, der Instandsetzung oder der Instandhaltung unbeweglichen Vermögens erforderlich, aber auch notwendig. Der Zusammenhang muss wirtschaftlicher, nicht rechtlicher Natur sein (Wassermeyer/*Jülicher* in ErbSt-MA Art. 8 Rn. 48), und ist enger zu verstehen als bei Art. 8 Abs. 2 ErbSt-MA. Die betreffende Schuld muss daher auf einen Vorgang rückführbar sein, der das jeweilige zugrundeliegende Wirtschaftsgut betrifft (BFH Urt. v. 13.11.1964 – III 336/61, HFR 1965, 449 ff.). Bei Darlehen beispielsweise muss geprüft werden, wofür die Valuta verwendet worden ist. Bei nur teilweiser Verwendung für bestimmte Wirtschaftsgüter sind die Schulden aufzuteilen (Wassermeyer/*Jülicher* ErbSt-MA Art. 8 Rn. 48).

III. Absatz 2

245 Nach Art. 8 Abs. 2 ErbSt-MA werden, vorbehaltlich des Abs. 1 der Norm, Schulden, die mit einer in Art. 6 Abs. 1 ErbSt-MA genannten Betriebstätte oder einer in Art. 6 Abs. 6 ErbSt-MA genannten festen Einrichtung zusammenhängen, vom Wert der Betriebstätte beziehungsweise der festen Einrichtung abgezogen. Sofern Schulden daher mit unbeweglichem Vermögen zusammenhängen beziehungsweise dadurch gesichert sind, und dieses unbewegliche Vermögen zugleich Betriebsvermögen ist, gilt Art. 8 Abs. 1 und nicht Art. 8 Abs. 2 ErbSt-MA (Wassermeyer/*Jülicher* ErbSt-MA Art. 8 Rn. 55). Dies gilt sowohl für gewerbliche als auch für freiberufliche Betriebsvermögen, wie der Hinweis auf die Betriebsstätte beziehungsweise die feste Einrichtung belegt.

246 Besteht in Bezug auf die Schulden ein Zusammenhang mit mehreren Betriebsstätten beziehungsweise festen Einrichtungen, so ist im Schätzwege aufzuteilen (Wassermeyer/*Jülicher* ErbSt-MA Art. 8 Rn. 57). Der Zusammenhang zu einer Betriebsstätte ist wie im Rahmen des Abs. 1 streng nach Veranlassungskriterien zu prüfen (Testfrage: Wofür ist die Schuld aufgenommen und verwendet worden?). Forderungen zwischen Stammhaus und Betriebsstätte sind nach bisher herrschender Meinung aus dem Anwendungsbereich des Art. 8 Abs. 2 ErbSt-MA auszuscheiden Wassermeyer/*Jülicher* ErbSt-MA Art. 8 Rn. 57). Ob sich dies vor dem Hintergrund der Neufassung des § 1 AStG und der Umsetzung des AOA der OECD noch halten lässt, ist mE fraglich. Auch wenn der AOA primär ertragsteuerliche Sachverhalte im Blick hat, so sind die Grundüberlegungen mE durchaus auf die Erbschaftsteuer übertragbar.

247 Für die Wertermittlung des Betriebsstättenvermögens gilt § 109 Abs. 1 iVm § 11 Abs. 2 BewG (AEBewAntBV v. 25.6.2009, BStBl. I 2009, 698 ff., Abschn. 17), für Freiberufler ebenso sinngemäß (§ 12 Abs. 5 S. 2 ErbStG; §§ 96, 98a BewG). Ein Ausweis der Einzelwirtschaftsgüter sowie diesen über den wirtschaftlichen Veranlassungszusammenhang hinausgehende Schulden werden in diesem Rahmen meist nicht gesondert ausgewiesen (Wassermeyer/*Jülicher* ErbSt-MA Art. 8 Rn. 59).

IV. Absatz 3

248 Die Anordnung des Art. 8 Abs. 3 ErbSt-MA ist – als Auffangvorschrift gegenüber den Abs. 1 und 2 der Norm – unmissverständlich: Die anderen (gemeint sind entsprechend die nicht nach den Abs. 1 und 2 behandelten) Schulden werden vom Wert des Vermögens abgezogen, für das Art. 7 ErbSt-MA gilt. Unter die Norm fallen daher entsprechend der Gesetzessystematik

- durch unbewegliches Vermögen im Sinne des Art. 7 ErbSt-MA gesicherte oder mit diesem Vermögen im Zusammenhang stehende Schulden, es sei denn, Art. 8 Abs. 1 ErbSt-MA greift ein;
- durch im Wohnsitzstaat oder einem Drittstaat belegenes unbewegliches Vermögen gesicherte oder damit im Zusammenhang stehende Schulden, es sei denn, Art. 8 Abs. 1 ErbSt-MA greift ein;
- nicht durch zum Nachlass gehörende Vermögenswerte gesicherte oder mit einem Nachlass im Zusammenhang stehende Schulden.

249 Art. 8 Abs. 3 ErbSt-MA hat zweierlei Vorbehalte der Bundesrepublik Deutschland erfahren, und zwar zum einen betreffend den Schuldenabzug bei subsidiär überdachender Besteuerung im Staatsangehörigkeitsstaat und zum anderen betreffend den Schuldenabzug bei subsidiärer Besteuerung aufgrund des Erwerberwohnsitzes (dazu Wassermeyer/*Jülicher* ErbSt-MA Art. 8 Rn. 93 ff.).

V. Absatz 4

250 Übersteigt eine Schuld den Wert des Vermögens, von dem sie in einem Vertragsstaat nach den Abs. 1 oder 2 abzuziehen ist, so wird der übersteigende Betrag vom Wert des übrigen Vermögens, das in diesem Staat besteuert werden kann, abgezogen, vgl. Art. 8 Abs. 4 ErbSt-MA. Die Vorschrift ist subsidiär gegenüber den Abs. 1–2 der Norm und setzt voraus, dass trotz eines positiven Wertes des im Wohnsitzstaat des Erblassers zu versteuernden Vermögens ein Schuldenüberhang verbleibt (Wassermeyer/*Jülicher* ErbSt-MA Art. 8 Rn. 71). Ob dies der Fall ist, richtet sich wegen Art. 3 Abs. 2 ErbSt-MA nach dem nationalen Recht des Wohnsitzstaats des Erblassers.

Art. 8 Abs. 4 ErbSt-MA setzt voraus, dass die Schuld den Aktivwert des jeweiligen Vermögensgegenstandes, dem die Schuld zugeordnet ist, übersteigt (Wassermeyer/*Jülicher* ErbSt-MA Art. 8 Rn. 71). Ist dies der Fall, muss der Belegenheitsstaat den Schuldenrest vom übrigen Vermögen abziehen, das einer Besteuerung in diesem Staat unterliegt. Mit „übrigem Vermögen" ist allein das Vermögen im Sinne des Art. 5 und 6 ErbSt-MA gemeint (dh Grundvermögen oder Betriebsstättenvermögen), welches ebenfalls im Belegenheitsstaat belegen sein muss. Unterschiedliche Bewertungsansätze der Schulden sind solange unschädlich, wie die Verpflichtung allein den Belegenheitsstaat beziehungsweise den Ansässigkeitsstaat trifft. Ergibt sich allein im Belegenheitsstaat ein Schuldenüberhang, nicht aber im Ansässigkeitsstaat, ist der Belegenheitsstaat gleichwohl nach Art. 8 Abs. 4 ErbSt-MA verpflichtet. Der Wohnsitzstaat wiederum wendet die Norm vor dem Hintergrund des Methodenartikels an, und zwar vorbehaltlich des Art. 8 Abs. 5 ErbSt-MA auch ohne Schuldenüberhang (Wassermeyer/*Jülicher* ErbSt-MA Art. 8 Rn. 73. Vgl. in diesem Zusammenhang zum fiktiven Schuldenabzug nach § 10 Abs. 6 S. 3 ff. ErbStG). **251**

Die Verpflichtung des Ansässigkeitsstaates ist indes nur ein Reflex, der sich aus dem Methodenartikel und den Methoden zur Vermeidung der Doppelbesteuerung ergibt. Es liegt auf der Hand, dass der Ansässigkeitsstaat etwa zur Bestimmung des freizustellenden Vermögens eine eigenständige Zuordnung von Schulden zu bestimmten Vermögensgegenständen vornehmen muss. Ein sachlicher Zusammenhang zwischen dem Schuldenüberhang und dem übrigen Vermögen ist dabei nach herrschender Meinung nicht erforderlich (Wassermeyer/*Jülicher* ErbSt-MA Art. 8 Rn. 73). **252**

VI. Absatz 5

Verbleibt in einem Vertragsstaat nach den Abzügen, die aufgrund der Abs. 3 oder 4 vorzunehmen sind, ein Schuldenrest, so wird dieser vom Wert des Vermögens, das im anderen Vertragsstaat besteuert werden kann, abgezogen, vgl. Art. 8 Abs. 5 ErbSt-MA. Die Vorschrift ist subsidiär gegenüber den Abs. 1–4 der Norm und setzt voraus, dass trotz eines positiven Wertes des im Wohnsitzstaat des Erblassers zu versteuernden Vermögens eins Schuldenüberhang verbleibt (Wassermeyer/*Jülicher* ErbSt-MA Art. 8 Rn. 81). Ob dies der Fall ist, richtet sich wegen Art. 3 Abs. 2 ErbSt-MA nach dem nationalen Recht des Wohnsitzstaats des Erblassers. **253**

Ob der Belegenheitsstaat den Schuldenrest abweichend vom Wohnsitzstaat des Erblassers berechnet, spielt keine Rolle. Maßgebend ist allein die Sichtweise des Ansässigkeitsstaates. Ergibt sich hiernach ein Schuldenrest, ist zwingend abzuziehen, auch wenn nach dessen innerstaatlichem Recht wegen des Fehlens des wirtschaftlichen Zusammenhangs ausgeschlossen ist (etwa § 10 Abs. 6 S. 3 ErbStG). Nur wenn sich ein Schuldenrest allein im Wohnsitzstaat und keinerlei Schuldenrest im Belegenheitsstaat ergibt, greift Art. 8 Abs. 6 ErbSt-MA ein. **254**

VII. Absatz 6

Ist ein Vertragsstaat nach den Abs. 1 bis 5 verpflichtet, einen höheren als nach seinem Recht vorgesehenen Schuldenabzug vorzunehmen, so gelten die genannten Absätze nur insoweit, als der andere Vertragsstaat nach seinem innerstaatlichen Recht nicht verpflichtet ist, die gleichen Schulden abzuziehen, vgl. Art. 8 Abs. 6 ErbSt-MA. Die Vorschrift findet sowohl auf den Ansässigkeitsstaat als auch auf den Belegenheitsstaat Anwendung und setzt zweierlei voraus: Erstens muss zwischen Wohnsitz- und Belegenheitsstaat eine Divergenz in Bezug auf den zulässigen Schuldenabzug bestehen, und zweitens muss einer der Vertragsstaaten nach seinem nationalen Recht zu einem weniger weitreichenden Schuldenabzug verpflichtet sein, als er abkommensrechtlich gehalten ist (Wassermeyer/*Jülicher* ErbSt-MA Art. 8 Rn. 87). Im Ergebnis aber wirkt die Norm für den Belegenheitsstaat anders als für den Ansässigkeitsstaat: Für den Belegenheitsstaat wird der gemäß den Abs. 1, 2 oder 4 vorzunehmende Schuldenabzug eingeschränkt, während der Schuldenabzug des Ansässigkeitsstaates allein nach Abs. 3 beschränkt wird. Abs. 5 der Norm schließlich kann für beide Vertragsstaaten Platz greifen, wobei in allen vorgenannten Fallgruppen zu bedenken ist, dass sich Folgen für den Ansässigkeitsstaat nur im Rahmen des Methodenartikels ergeben können. **255**

Die Rechtsfolgen der Abs. 1–5 des Art. 8 ErbSt-MA werden nach dem Vorstehenden durch Abs. 6 der Norm eingeschränkt. Hieraus ergibt sich eine für die Praxis nur bedingt taugliche Handhabung: Einerseits gilt die Einschränkung nicht, wenn der durch die Norm begünstigte Vertragsstaat schon nach seinem nationalen Recht zum Schuldenabzug verpflichtet ist, und andererseits wird nur der Wert der Schulden in Ansatz gebracht, den der jeweils andere Vertragsstaat nach seiner über das Abkommen hinausgehenden nationalen Verpflichtung abzusetzen hat (Wassermeyer/*Jülicher* ErbSt-MA Art. 8 Rn. 89). Für Deutschland ist insoweit § 10 Abs. 6 S. 2 ff. ErbStG zu beachten, während umgekehrt Art. 8 Abs. 1 S. 1 ErbSt-MA im deutschen Recht keine Entsprechung findet. **256**

VIII. Wichtigste Abweichungen in den deutschen DBA

1. Abweichungen von Art. 8 Abs. 1 ErbSt-MA

257 • **DBA (E)-Frankreich:** Im Gegensatz zum ErbSt-MA wird der Schuldenabzug in Art. 10 DBA (E)-Frankreich geregelt. Die Regelung des Artikel 8 Abs. 1 S. 1 ErbSt-MA ist im DBA (E)-Frankreich nicht enthalten. Ferner besagt Art. 10 Abs. 1 DBA (E)-Frankreich im Gegensatz zu Art. 8 Abs. 1 S. 2 ErbSt-MA, dass auch Schulden, die im Zusammenhang mit dem Bau und der Verbesserung des unbeweglichen Vermögens im Sinne des Art. 5 DBA (E)-Frankreich entstanden sind, vom Wert dieses Vermögens abzuziehen sind.

- **DBA (E)-USA:** Art. 10 Abs. 1 DBA (E)-USA enthält keine Regelung im Sinne des Art. 8 Abs. 1 S. 1 ErbSt-MA bezüglich der Anknüpfung des Schuldenabzugs beim unbeweglichen Vermögen an die dingliche Sicherung von Forderungen. Des Weiteren enthält Art. 10 Abs. 1 Buchstabe a) DBA (E)-USA hat eine andere Formulierung als Art. 8 Abs. 1 S. 2 ErbSt-MA. Darüber hinaus regelt Art. 10 Abs. 1 Buchstabe a) DBA (E)-USA nicht den Abzug von Schulden, die für die Änderung des im Art. 5 genannten Vermögens aufgenommen wurden. Außerdem enthält Art. 10 Abs. 1 DBA (E)-USA die folgende von Art. 8 ErbSt-MA abweichende Formulierung: „... sind Schulden mindestens in Höhe der nachstehend vorgesehenen Beträge bei der Wertermittlung mindern zu berücksichtigen oder als Abzüge vom Vermögenswert zuzulassen".
- **DBA (E)-Dänemark:** Der Schuldenabzug wird durch Art. 28 DBA (E)-Dänemark geregelt. Im Gegensatz zu Art. 8 Abs. 1 ErbSt-MA verweist Art. 28 Abs. 1 DBA (E)-Dänemark auf das in Art. 25 genannte Vermögen, dh nicht nur wie Art. 8 Abs. 1 ErbSt-MA auf unbewegliches Vermögen, sondern auch auf bewegliches und anderes Vermögen. Da Art. 25 DBA (E)-Dänemark die Regelung des Art. 5 Abs. 3 ErbSt-MA bezüglich unbeweglichen Vermögens eines Unternehmens und unbeweglichen Vermögens, das der Ausübung eines freien Berufs oder einer sonstigen selbständigen Tätigkeit dient, nicht enthält, ist ein Verweis auf dieses Vermögen im Art. 28 Abs. 1 DBA (E)-Dänemark entsprechend nicht vorhanden.
- **DBA (E)-Schweden:** Die Regelung des Art. 8 Abs. 1 ErbSt-MA wurde im Art. 25 Abs. 1 DBA (E)-Schweden verankert und enthält Abweichungen, die sich aus den bereits oben erläuterten Unterschieden zwischen Art. 24 Abs. 1 DBA (E)-Schweden und Art. 5 ErbSt-MA ergeben.
- **DBA (E)-Schweiz:** Abweichend von Art. 8 Abs. 1 ErbSt-MA regelt Art. 9 Abs. 1 DBA (E)-Schweiz lediglich den Abzug von Schulden, die mit einem bestimmten Vermögensgegenstand in wirtschaftlichem Zusammenhang stehen und wurde wie folgt gefasst: „Schulden, die mit einem bestimmten Vermögensgegenstand in wirtschaftlichem Zusammenhang stehen, werden vom Wert dieses Vermögens abgezogen." Daraus ist zu beachten, dass Art. 9 Abs. 1 DBA (E)-Schweiz keine Präzisierung darüber enthält, dass es sich dabei um Vermögen im Sinne des Art. 5 ErbSt-MA handeln soll.

2. Abweichungen von Art. 8 Abs. 2 ErbSt-MA

258 • **DBA (E)-USA:** Auffällig ist insbesondere die folgende, von Art. 8 Abs. 2 ErbSt-MA abweichende Formulierung im Art. 10 Abs. 1 DBA (E)-USA: „... sind Schulden mindestens in Höhe der nachstehend vorgesehenen Beträge bei der Wertermittlung zu berücksichtigen oder als Abzüge vom Vermögenswert zuzulassen". Darüber hinaus spricht Art. 10 Abs. 1 Buchstabe b) von Schulden bei dem in Artikel 6 genannten Vermögen (ohne explizite Verweise auf Art. 6 Abs. 1 und Art. 6 Abs. 6 wie in Art. 8 Abs. 2 ErbSt-MA), die im Zusammenhang mit dem Betrieb einer Betriebsstätte oder einer festen Einrichtung aufgenommen wurden.

- **DBA (E)-Schweden:** Die Regelung des Art. 8 Abs. 2 ErbSt-MA wurde in Art. 25 Abs. 2 DBA (E)-Schweden verankert und enthält Abweichungen, die sich aus den bereits oben erläuterten Unterschieden zwischen Art. 24 Abs. 2 DBA (E)-Schweden und Art. 6 Abs. 1 und 6 ErbSt-MA bezüglich der Verwendung der Ausdrücke „Wohnsitz" und „ansässig" ergeben.
- **DBA (E)-Schweiz:** Art. 9 Abs. 2 DBA (E)-Schweiz regelt nicht den Abzug von Schulden, die mit einer Betriebsstätte oder einer festen Geschäftseinrichtung zusammenhängen. Hingegen wird im Art. 9 Abs. 2 Satz 1 DBA (E)-Schweiz festgehalten, wie der Abzug von anderen Schulden im Fall der alleinigen Besteuerung des Vermögens im Wohnsitzstaat des Erblassers vorzunehmen ist. Des Weiteren besagt Art. 9 Abs. 2 S. 2 DBA (E)-Schweiz unter der Voraussetzung, dass der Erblasser beziehungsweise der Erwerber Inländer im Sinne des ErbSt der Bundesrepublik Deutschland waren, wie die Berücksichtigung von Schulden für folgende Fälle zu erfolgen hat: wenn der Erblasser im Zeitpunkt seines Todes seit mindestens fünf Jahren in Deutschland über eine ständige Wohnstätte verfügte und seinen Wohnsitz in der Schweiz hatte; oder in den letzten zehn Jahren vor der Aufgabe seiner letzten Wohnstätte in Deutschland mindestens fünf Jahre über eine solche Wohnstätte verfügt hatte und sein Tod in dem Jahr, in dem er zuletzt über eine solche Wohnstätte verfügt hatte, oder in den folgenden

fünf Jahren eingetreten ist; oder der Erwerber im Zeitpunkt des Todes des Erblassers in Deutschland über eine ständige Wohnstätte verfügte oder dort seinen gewöhnlichen Aufenthalt hatte. Zudem enthält Art. 9 Abs. 2 S. 3 DBA (E)-Schweiz eine Regelung zur Berücksichtigung von Schulden im Fall von Qualifikationskonflikten, wenn der Erblasser nicht Inländer im Sinne des ErbStG in Deutschland war.

3. Abweichungen von Art. 8 Abs. 3 ErbSt-MA

- **DBA (E)-Frankreich:** Abweichend von Art. 8 Abs. 3 ErbSt-MA regelt Art. 10 Abs. 3 DBA (E)-Frankreich den Abzug von Schulden, die im Zusammenhang mit den in Art. 7 genannten Schiffen und Luftfahrzeugen sowie mit den ihrem Betrieb dienenden beweglichen Vermögenswerten zusammenhängen. Eine dem Artikel 8 Abs. 3 ErbSt-MA ähnliche Regelung wurde in Art. 10 Abs. 5 DBA (E)-Frankreich niedergeschrieben (Unterschied nur im Verweis). **259**
- **DBA (E)-USA:** Im Unterschied zu Art. 8 Abs. 3 ErbSt-MA regelt Art. 10 Abs. 1 Buchstabe c) DBA (E)-USA den Abzug von Schulden in Zusammenhang mit dem in Artikel 8 genannten Vermögen einer Personengesellschaft stehen.
- **DBA (E)-Dänemark:** Im Gegensatz zu Art. 8 Abs. 3 ErbSt-MA, welcher nur den Abzug von Schulden, die Zusammenhang mit dem „anderen Vermögen" stehen, regelt, wird in Art. 28 Abs. 3 DBA (E)-Dänemark auch auf „unbewegliches" und „bewegliches Vermögen" verwiesen.
- **DBA (E)-Schweden:** Die Regelung des Art. 8 Abs. 3 ErbSt-MA wurde in Art. 25 Abs. 3 DBA (E)-Schweden verankert und enthält Abweichungen, die sich aus den bereits oben erläuterten Unterschieden zwischen Art. 24 Abs. 3 DBA (E)-Schweden und Art. 7 ErbSt-MA ergeben.
- **DBA (E)-Schweiz:** Eine dem Art. 8 Abs. 3 ErbSt-MA ähnliche Regelung ist in Art. 9 Abs. 2 S. 1 DBA (E)-Schweiz festgehalten.

4. Abweichungen von Art. 8 Abs. 4 ErbSt-MA

- **DBA (E)-Frankreich:** Abweichend von Art. 8 Abs. 4 ErbSt-MA regelt Art. 10 Abs. 4 DBA (E)-Frankreich den Abzug von Schulden, die im Zusammenhang mit dem in Artikel 8 DBA (E)-Frankreich genannten beweglichen materiellen Vermögen stehen. Eine dem Artikel 8 Abs. 3 ErbSt-MA ähnliche Regelung wurde in Art. 10 Abs. 6 DBA (E)-Frankreich niedergeschrieben und enthält im Gegensatz zu Art. 8 Abs. 4 ErbSt-MA den Verweis auf Art. 10 Abs. 3 und 4 DBA (E)-Frankreich. **260**
- **DBA (E)-USA:** Eine derartige Regelung ist im DBA (E)-USA nicht enthalten.
- **DBA (E)-Dänemark:** Trotz gleicher Verweise enthält Art. 28 Abs. 4 aufgrund unterschiedlicher Regelungen in Art. 28 Abs. 1 und 2 DBA (E)-Dänemark (siehe obige Ausführungen) sachliche Abweichungen zu Art. 8 Abs. 4 ErbSt-MA.
- **DBA (E)-Schweiz:** Die Regelung des Art. 8 Abs. 4 ErbSt-MA ist in Art. 9 Abs. 3 DBA (E)-Schweiz niedergeschrieben. Die Abweichungen ergeben sich aus den Unterscheiden zwischen Art. 9 Abs. 1 und Abs. 2 DBA (E)-Schweiz und Art. 8 Abs. 1 und 2 ErbSt-MA.

5. Abweichungen von Art. 8 Abs. 5 ErbSt-MA

- **DBA (E)-USA:** Eine derartige Regelung ist im DBA (E)-USA nicht enthalten. **261**
- **DBA (E)-Schweiz:** Die Regelung des Art. 8 Abs. 5 ErbSt-MA ist in Art. 9 Abs. 4 DBA (E)-Schweiz niedergeschrieben. Des Weiteren besagt Art. 9 Abs. 5 DBA (E)-Schweiz, dass die vorstehenden Bestimmungen über den Schuldenabzug sinngemäß auch für den Abzug von **Vermächtnissen** gelten.

6. Abweichungen von Art. 8 Abs. 6 ErbSt-MA

- **DBA (E)-USA:** Eine derartige Regelung ist im DBA (E)-USA nicht enthalten. **262**
- **DBA (E)-Dänemark:** Trotz gleicher Verweise enthält Art. 28 Abs. 6 DBA (E)-Dänemark aufgrund unterschiedlichen Regelungen in Art. 28 Abs. 1 bis 5 DBA (E)-Dänemark (siehe obige Ausführungen) sachliche Abweichungen zum Art. 8 Abs. 6 OECD-MA (E).

Art. 9 A Befreiungsmethode

(1) **Der Vertragsstaat, in dem der Erblasser im Zeitpunkt des Todes oder der Schenker im Zeitpunkt der Schenkung seinen Wohnsitz hatte, nimmt das Vermögen, das aus demselben Anlaß nach diesem Abkommen im anderen Vertragsstaat besteuert werden kann, von der Besteuerung aus.**

(2) **Der erstgenannte Vertragsstaat nimmt von der Besteuerung auch das Vermögen aus, das aus Anlaß einer früheren Schenkung nach diesem Abkommen im anderen Vertragsstaat**

besteuert werden könnte. Der erstgenannte Staat nimmt jedoch kein Vermögen von der Besteuerung aus, das in diesem Staat nach Artikel 5 oder 6 des Abkommens besteuert werden konnte.

(3) **In jedem Fall kann der erstgenannte Vertragsstaat das von der Besteuerung ausgenommene Vermögen bei der Festsetzung der Steuer für das übrige Vermögen einbeziehen.**

(4) **Hatte jedoch der Erblasser oder Schenker innerhalb der letzten zehn Jahre vor dem Zeitpunkt des Todes oder dem Zeitpunkt der Schenkung seinen Wohnsitz im anderen Vertragsstaat und ist er Staatsangehöriger dieses anderen Staates, so kann auch dieser andere Staat unter Artikel 7 fallendes Vermögen nach seinem innerstaatlichen Recht besteuern; er beseitigt jedoch die das Vermögen belastende Doppelbesteuerung folgendermaßen:**

a) **Er wendet die Absätze 1 bis 3 an, wie wenn er der Wohnsitzstaat des Erblassers oder Schenkers wäre und nimmt das im erstgenannten Vertragsstaat gelegene unbewegliche Vermögen und das in Artikel 6 Absätze 1 und 6 genannte bewegliche Vermögen von im erstgenannten Staat gelegenen Betriebsstätten oder festen Einrichtungen von der Besteuerung aus;**

b) **hinsichtlich des anderen Vermögens rechnet er auf die nach seinem innerstaatlichen Recht festgesetzte Steuer den Betrag an, der der Steuer entspricht, die im erstgenannten Vertragsstaat auf dieses Vermögen aus demselben Anlass und auf eine frühere Schenkung nach diesem Abkommen gezahlt worden ist, soweit die Anrechnung nicht bereits im Zeitpunkt der Schenkung gewährt worden ist. Der Anrechnungsbetrag darf jedoch den Teil der vor der Anrechnung ermittelten Steuer des anderen Vertragsstaates nicht übersteigen, der auf dieses Vermögen entfällt.**

Übersicht

I. Zweck der Vorschrift

263 Art. 9 A ErbSt-MA entspricht in seinem Wesensgehalt Art. 23 A OECD-MA und berücksichtigt Besonderheiten der Erbschaft- und Schenkungsteuer. Die Vorschrift regelt die Steuerfreistellungsmethode als eine der beiden hauptsächlichen Methoden zur Vermeidung internationaler Doppelbesteuerung und hat für Deutschland eine erhebliche praktische Relevanz, weil die unilaterale Regelung des § 21 ErbStG allein auf der Steueranrechnungsmethode aufbaut.

II. Absatz 1

264 Art. 9 A ErbSt-MA regelt Tatbestand und Rechtsfolge der Freistellungsmethode (zum Ganzen auch im Folgenden identisch (allerdings in Bezug auf das OECD-MA 2014) Haase/*Dorn* OECD-MA Art. 23a Rn. 9 ff. mwN): Der Vertragsstaat, in dem der Erblasser im Zeitpunkt des Todes seinen Wohnsitz hatte, nimmt das Vermögen, das aus demselben Anlass nach diesem Abkommen im anderen Vertragsstaat besteuert werden kann, von der Besteuerung aus. Die Freistellung wird damit ausdrücklich nur einer Person gewährt, die im jeweiligen Vertragsstaat (Anwenderstaat) ansässig ist. Die Auslegung dieser Begriffe richtet sich ausschließlich nach dem Abkommensrecht und damit letztlich nach Art. 4 ErbSt-MA.

265 Für die Beurteilung der Ansässigkeit ist allein die Steuerpflicht der Person maßgeblich, welche das Vermögen hat. Diese Beurteilung richtet sich nach dem innerstaatlichen Recht. Entsprechendes gilt für den Zeitpunkt, zu welchem sie diese Bedingung erfüllt. Maßgeblich ist der Zeitpunkt, in welchem das Vermögen besteuert wird. Auf die Festsetzung, Fälligkeit oder Zahlung der Steuer kommt es hingegen nicht an. Unter den Anwendungsbereich des Art. 9 A Abs. 1 ErbSt-MA fällt nur Vermögen, welches bei einer Person während ihrer Ansässigkeit besteuert wird. Die Prüfung der Voraussetzungen und die Beurteilung der Rechtsfolgen haben daher zeitraumbezogen zu erfolgen. In Einzelfällen kann eine tagegenaue Prüfung der Ansässigkeit notwendig sein.

Der Begriff des Vermögens ist im Sinne des Abkommens und nicht nach nationalem Recht auszulegen. Art. 3 Abs. 2 OECD-MA greift also nicht. Obwohl der Methodenartikel in diesem Zusammenhang auf den Verteilungsnormen des DBA aufbaut, besteht zwischen diesen Normen keine Qualifikationsverkettung, welche den Ansässigkeitsstaat an die Vermögensqualifikation des Quellenstaates bindet. Vielmehr wendet der Ansässigkeitsstaat den Methodenartikel autonom an. Während die Vermögensqualifikation nach Abkommensrecht erfolgt, richtet sich die Ermittlung des Vermögens nach innerstaatlichem Steuerrecht. Da das Abkommen selbst keine entsprechenden Regelungen enthält, kann Art. 3 Abs. 2 ErbSt-MA Anwendung finden, der wiederum die nationalen Regelungen für anwendbar erklärt. **266**

Art. 9 A Abs. 1 ErbSt-MA stellt auf die Vermeidung der virtuellen Doppelbesteuerung ab. Die Freistellung der Besteuerung des Vermögens soll also unabhängig davon im Ansässigkeitsstaat gewährt werden, ob der Quellenstaat das Vermögen tatsächlich besteuert. Voraussetzung ist allein, dass der Quellenstaat das Vermögen „besteuern kann". Für die Beurteilung dieser Frage ist allein das Abkommensrecht maßgeblich. Daher ist es für die Beurteilung nicht entscheidend, ob der jeweilige Quellenstaat das ihm gewährte Besteuerungsrecht nach seinem nationalen Recht auch tatsächlich wahrnimmt. Vielmehr genügt es, wenn er dieses nach dem Wortlaut der einzelnen Verteilungsnormen erhält. Im Ergebnis findet die Vorschrift also nur Anwendung, wenn sowohl der Quellenstaat als auch der Ansässigkeitsstaat das Vermögen nach dem jeweiligen Abkommen besteuern dürfen. Voraussetzung für die Anwendung des Methodenartikels ist damit die Anwendbarkeit einer sogenannten unvollständigen Verteilungsnorm, welche die Verteilung der Besteuerungsrechte gerade nicht abschließend klärt und es insofern dann auch einer Regelung zur Vermeidung der Doppelbesteuerung bedarf. Zu diesen unvollständigen Verteilungsnormen rechnen allein Art. 5 und 6 ErbSt-MA, nicht hingegen Art. 7 ErbSt-MA, der die Doppelbesteuerung bereits durch die Zuordnungsmethode regelt. **267**

Besteuert der andere Staat das Vermögen jedoch „ohne abkommensrechtliche Erlaubnis", verpflichtet dieser Tatbestand allein den Ansässigkeitsstaat nicht zur Freistellung des Vermögens. Für die Entstehung dieser Verpflichtung ist ausschließlich die abkommensrechtliche Beurteilung darüber entscheidend, ob der Quellenstaat das Vermögen nach dem Abkommen besteuern darf oder nicht. Gleichfalls ist es für die Freistellung irrelevant, ob die ansässige Person die Steuern, welche der Quellenstaat nach dem Abkommen erheben darf, auch tatsächlich gezahlt hat. Die Prüfung dieser Voraussetzung nimmt der jeweilige Staat aus seiner Sicht unter Berücksichtigung seines nationalen Steuerrechts vor. Aus der unterschiedlichen Anwendung des Abkommens durch den Quellen- und den Ansässigkeitsstaat können Qualifikationskonflikte entstehen, die ihre Ursache im Abkommens- und im nationalen Steuerrecht haben können. Im Ergebnis können sie dazu führen, dass der Ansässigkeitsstaat eine Vermeidung der Doppelbesteuerung nach Art. 9 A Abs. 1 ErbSt-MA gewähren muss, obwohl er bei ausschließlicher Anwendung des Abkommens aus seiner Sicht nicht festgestellt hat, dass der Quellenstaat das übergehende Vermögen besteuern darf. Derlei Qualifikationskonflikte kommen häufig vor und sind in der Praxis oft nur über ein Verständigungsverfahren zu lösen. **268**

III. Absatz 2

Art. 9 A Abs. 2 ErbSt-MA bezieht sich lediglich auf Schenkungen und bleibt daher im Rahmen dieser Kommentierung außer Betracht. Soweit die Norm ausnahmsweise die Konstellation betrifft, dass im Rahmen des späteren Erwerbs von Todes wegen frühere Schenkungen zu berücksichtigen sind, ist die Norm im Wesentlichen selbsterklärend. Zu beachten ist der Ausschluss des in den Art. 5 und 6 ErbSt-MA genannten Vermögens, so dass im Wesentlichen Vermögen nach Art. 7 ErbSt-MA gemeint ist. **269**

IV. Absatz 3

Art. 9 A Abs. 3 ErbSt-MA regelt den Progressionsvorbehalt, den die Bundesrepublik Deutschland durch die nationale Norm des § 19 Abs. 2 ErbStG mit Leben gefüllt hat. Art. 9 A Abs. 3 ErbSt-MA richtet sich ausdrücklich an den Ansässigkeitsstaat (= der erstgenannte Vertragsstaat). Dem Quellenstaat hingegen steht ebenfalls die Durchführung eines Progressionsvorbehalts offen, da das Abkommen einen solchen nicht explizit verbietet (*Wassermeyer* OECD-MA Art. 23a Rn. 122). Diese Auffassung vertritt auch die OECD (Tz. 56 OECD-MK zu OECD-MA Art. 23a). Danach kommt es allein auf das innerstaatliche Recht des Quellenstaates an. **270**

Alleinige Voraussetzung des Progressionsvorbehalts ist es, dass der Ansässigkeitsstaat das übergehende Vermögen nach dem Abkommen nicht besteuern kann. Daher unterliegt dem Vorbehalt nicht nur das Vermögen, das nach dem Methodenartikel von der Besteuerung auszunehmen ist, sondern auch das Vermögen, welches der Ansässigkeitsstaat aufgrund der vollständigen Verteilungsnormen nicht besteuern kann (etwa Vermögen im Sinne des Art. 7 ErbSt-MA). Ergibt sich die Steuerfreistellung hingegen auch **271** nach nationalem Recht, so unterliegen das Vermögen nicht zwingend dem Progressionsvorbehalt, es sei denn, das nationale Recht hält eine dem § 19 Abs. 2 ErbStG entsprechende Vorschrift vor.

272 Bezieht der Ansässigkeitsstaat freigestelltes Vermögen in den Progressionsvorbehalt ein, spricht man von einer beschränkten Freistellung des nämlichen Vermögens. Zwar wird es nicht besteuert, jedoch führt der Progressionsvorbehalt in der Regel zur Erhöhung des Steuersatzes, mit welchem das übrige Vermögen besteuert wird. Denn das nach dem Abkommen freizustellende Vermögen wird bei der Ermittlung der Höhe des Steuersatzes mit berücksichtigt, der jedoch nur auf das nicht freizustellende Vermögen Anwendung findet. Im Ergebnis steigt die Steuerbelastung im Regelfall, obwohl das Vermögen von der Besteuerung freizustellen ist. Bezieht sich die Freistellungsverpflichtung auf negatives Vermögen (vgl. Art. 8 ErbSt-MA), so kann sich der Progressionsvorbehalt auch steuermindernd für den Steuerpflichtigen auswirken, weil das Vermögen dann im Falle eines negativen Progressionsvorbehalts den Steuersatz mindert, der auf das übrige Vermögen Anwendung findet.

273 Ob der jeweilige Anwenderstaat die abkommensrechtliche Option auf einen Progressionsvorbehalt nutzt oder nicht, richtet sich allein nach dem nationalen Recht. Ungeklärt ist in der Praxis vieler Staaten die Frage, ob es für die Anwendung einer expliziten nationalen Regelung bedarf. Die Überlegungen zum ertragsteuerlichen MA dürften hier in gleicher Weise gelten (vgl. statt vieler *Vogel* OECD-MA Art. 23 Rn. 215).

V. Absatz 4

274 Art. 9 A Abs. 4 ErbSt-MA betrifft einen Fall des Wohnsitzwechsels in einem zehnjährigen Zeitraum vor dem Erwerb von Todes wegen. Hatte danach der Erblasser innerhalb der letzten zehn Jahre vor dem Zeitpunkt seines Todes seinen Wohnsitz im anderen Vertragsstaat (gemeint ist der Quellenstaat) und ist er Staatsangehöriger dieses anderen Staates, so kann auch dieser andere Staat unter Artikel 7 fallendes Vermögen nach seinem innerstaatlichen Recht besteuern.

275 Sodann trifft die Vorschrift dezidierte Aussagen zur Vermeidung der Doppelbesteuerung in der vorstehenden Konstellation: Nach Buchstabe a) wendet der Quellenstaat die Abs. 1 bis 3 der Norm an, wie wenn er der Wohnsitzstaat des Erblassers wäre und nimmt das im erstgenannten Vertragsstaat gelegene unbewegliche Vermögen und das in Art. 6 Abs. 1 und 6 ErbSt-MA genannte bewegliche Vermögen von im erstgenannten Staat gelegenen Betriebsstätten oder festen Einrichtungen von der Besteuerung aus. Im Übrigen erfolgt hinsichtlich des anderen Vermögens eine Steueranrechnung, das heißt der Quellenstaat rechnet auf die nach seinem innerstaatlichen Recht festgesetzte Steuer den Betrag an, der der Steuer entspricht, die im erstgenannten Vertragsstaat (das ist der Wohnsitzstaat) auf dieses Vermögen aus demselben Anlass und auf eine frühere Schenkung nach diesem Abkommen gezahlt worden ist, soweit die Anrechnung nicht bereits im Zeitpunkt der Schenkung gewährt worden ist. Der Anrechnungsbetrag darf jedoch den Teil der vor der Anrechnung ermittelten Steuer des anderen Vertragsstaates nicht übersteigen, der auf dieses Vermögen entfällt, so dass die Höchsbetragsrechnung des Art. 9 B Abs. 3 ErbSt-MA auch in diesem Rahmen gilt. Der Schenkungstatbestand wird vorliegend nicht näher behandelt, im Übrigen erschließt sich die Norm bei sorgfältigem Lesen.

VI. Wichtigste Abweichungen in den deutschen DBA

1. Abweichungen von Art. 9 A Abs. 1 ErbSt-MA

276
- **DBA (E)-Schweiz:** Art. 9 DBA (E)-Schweiz regelt nicht die Anwendung der Freistellungsmethode, sondern wie bereits erläutert den Schuldenabzug. Die Regelung bezüglich der Anwendung der Freistellungsmethode ist im Art. 10 Abs. 1 Buchstabe a) DBA (E)-Schweiz festgehalten. Dieser Artikel – wie alle anderen Artikeln im DBA (E)-Schweiz – wurde indes nicht betitelt. Im Gegensatz zu Art. 9 A ErbSt-MA wird explizit von der Vermeidung der Doppelbesteuerung gesprochen. Schenkungen werden nicht von diesem Artikel erfasst. Des Weiteren wird von der Besteuerung in Deutschland als Wohnsitzstaat des Erblassers im Zeitpunkt des Todes nur das in der Schweiz belegene unbewegliche Vermögen ausgenommen. Dies geschieht jedoch nur, wenn der Erblasser zusätzlich im Zeitpunkt seines Todes schweizerischer Staatsangehöriger war. Zusätzlich enthält Art. 10 Abs. 1 Buchstabe a) DBA (E)-Schweiz eine Regelung zum Progressionsvorbehalt in dem oben beschriebenen Fall.
- **DBA (E)-Dänemark:** Eine derartige Regelung ist im DBA (E)-Dänemark nicht enthalten. Die Doppelbesteuerung wird in den beiden Vertragsstaaten durch die Anwendung der Anrechnungsmethode vermieden.
- **DBA (E)-Schweden:** Grundsätzlich vermeiden sowohl Schweden als auch Deutschland als Ansässigkeitsstaat die Doppelbesteuerung durch die Anwendung der Anrechnungsmethode. Steuerfreistellungen sind nur bei Gemeinnützigkeit nach Art. 28 DBA (E)-Schweden möglich.

- **DBA (E)-Griechenland:** Eine derartige Regelung ist im DBA (E)-Griechenland nicht enthalten. Hingegen gewährt Art. 2 DBA (E)-Griechenland eine einseitige Begünstigung für Griechen, die Eigentümer von in Deutschland belegenem beweglichem Vermögen sind. Wörtlich lautet diese Regelung: „In dem Falle, dass weder der Grieche, der in Deutschland bewegliches Vermögen hinterlässt, noch der Erbe selbst zur Zeit des Erbfalls ihren Wohnsitz oder ihren gewöhnlichen Aufenthalt in einem deutschen Bundesstaate hatten, sichert die Kaiserlich Deutsche Regierung namens der beteiligten Bundesstaaten zu, dass dieses Vermögen in gleicher Weise von den gegenwärtig oder künftig in den Bundesstaaten zur Erhebung gelangenden Erbschaftsteuern befreit bleiben wird."
- **DBA (E)-USA:** Die Anwendung der Freistellungsmethode zur Vermeidung der Doppelbesteuerung wurde im DBA (E)-USA grundsätzlich nicht vorgesehen. Steuerfreistellungen sind nur bei Gemeinnützigkeit nach Art. 10 Abs. 2 DBA (E)-USA möglich.
- **DBA (E)-Frankreich:** Alle Regelungen betreffend die Anwendung der Freistellungsmethode wie in Art. 9 A ErbSt-MA sind dem DBA (E)-Frankreich fremd. Die Doppelbesteuerung wird sowohl in Deutschland als auch in Frankreich als Wohnsitzstaat durch die Anrechnungsmethode vermieden. Die Anwendung der Freistellungsmetode ist nach dem DBA (E)-Frankreich nicht vorgesehen.

2. Abweichungen von Art. 9 A Abs. 2 ErbSt-MA

- Eine dem Art. 9 A Abs. 2 ErbSt-MA vergleichbare Regelung ist in den deutschen DBA nicht enthalten. **277**

3. Abweichungen von Art. 9 A Abs. 3 ErbSt-MA

- **DBA (E)-Schweiz:** Diese Regelung ist im Art. 10 Abs. 1 Buchstabe a) S. 2 und Abs. 2 S. 2 DBA (E)-Schweiz festgehalten, welcher einige Abweichungen in der Formulierung enthält. Diese Abweichungen resultieren aus den Unterschieden in Art. 10 Abs. 1 Buchstabe a) S. 1 und Abs. 2 S. 1 DBA (E)-Schweiz. **278**
- **DBA (E)-Frankreich:** Alle Regelungen betreffend die Anwendung der Freistellungsmethode wie in Art. 9 A ErbSt-MA sind dem DBA (E)-Frankreich fremd. Die Doppelbesteuerung wird sowohl in Deutschland als auch in Frankreich als Wohnsitzstaat durch die Anrechnungsmethode vermieden. Die Anwendung der Freistellungsmetode ist nach dem DBA (E)-Frankreich nicht vorgesehen.
- **DBA (E)-Dänemark:** Eine derartige Regelung ist im DBA (E)-Dänemark nicht enthalten. Die Doppelbesteuerung wird in den beiden Vertragsstaaten durch die Anwendung der Anrechnungsmethode vermieden.

Art. 9 B Anrechnungsmethode

(1) **Der Vertragsstaat, in dem der Erblasser im Zeitpunkt des Todes oder der Schenker im Zeitpunkt der Schenkung seinen Wohnsitz hatte, rechnet auf die nach seinem Recht festgesetzte Steuer den Betrag an, der der Steuer entspricht, die im anderen Vertragsstaat für das Vermögen gezahlt wird, das aus demselben Anlaß nach diesem Abkommen im anderen Staat besteuert werden kann.**

(2) **Der erstgenannte Vertragsstaat rechnet auf diese Steuer auch den Betrag an, der der Steuer entspricht, die im anderen Vertragsstaat nach diesem Abkommen auf eine frühere Schenkung gezahlt worden ist, soweit dieser Betrag nach Absatz 1 anläßlich dieser Schenkung nicht angerechnet worden ist. Der erstgenannte Staat rechnet jedoch keine Steuer an, die für Vermögen gezahlt worden ist, das in diesem Staat nach Artikel 5 oder 6 des Abkommens besteuert werden konnte.**

(3) **Die in den Absätzen 1 und 2 erwähnten Anrechnungsbeträge dürfen jedoch den Teil der vor der Anrechnung ermittelten Steuer des erstgenannten Vertragsstaats nicht übersteigen, der auf das Vermögen entfällt, für das die Anrechnung zu gewähren ist.**

(4) **Hatte jedoch der Erblasser oder Schenker innerhalb der letzten zehn Jahre vor dem Zeitpunkt des Todes oder dem Zeitpunkt der Schenkung seinen Wohnsitz im anderen Vertragsstaat und ist er Staatsangehöriger dieses anderen Staates, so kann auch dieser andere Staat unter Artikel 7 fallendes Vermögen nach seinem Recht besteuern, rechnet aber auf diese Steuer den Betrag an, der der Steuer entspricht, die im erstgenannten Vertragsstaat auf dieses Vermögen gezahlt worden ist, indem er die Abs. 1 bis 3 anwendet, als sei er der Wohnsitzstaat des Erblassers oder Schenkers.**

Übersicht

I. Zweck der Vorschrift

279 Art. 9 B ErbSt-MA entspricht in seinem Wesensgehalt Art. 23 B OECD-MA (zum Ganzen auch im Folgenden (allerdings in Bezug auf das OECD-MA 2014) Haase/*Schrock* OECD-MA Art. 23b Rn. 1 ff. mwN) und berücksichtigt Besonderheiten der Erbschaft- und Schenkungsteuer. Die Vorschrift regelt die Anrechnungsmethode als eine der beiden hauptsächlichen Methoden zur Vermeidung internationaler Doppelbesteuerung. Aus praktischer Sicht ist die Norm für Deutschland angesichts des § 21 ErbStG indes kaum von Belang.

280 Art. 9 B ErbSt-MA regelt die Vermeidung der „juristischen Doppelbesteuerung", die darin besteht, dass dasselbe Vermögen bei derselben Person (Subjektidentität) durch mehr als einen Staat besteuert wird. Hierbei sind strukturell drei Fälle der Doppelbesteuerung möglich: (1) Die Person ist in beiden Vertragsstaaten unbeschränkt steuerpflichtig. Beide Vertragsstaaten besteuern diese Person mit ihrem gesamten Vermögen (Welteinkommensprinzip) – konkurrierende unbeschränkte Steuerpflicht. (2) Eine in einem Vertragsstaat ansässige Person hat Vermögen im anderen Vertragsstaat und beide Vertragsstaaten besteuern dieses Vermögen (konkurrierende unbeschränkte Steuerpflicht und beschränkte Steuerpflicht). (3) Die Person ist in beiden Vertragsstaaten beschränkt steuerpflichtig. Beide Vertragsstaaten besteuern dieselbe Person mit ihrem in einem der Vertragsstaaten belegenen Vermögen (konkurrierende beschränkte Steuerpflicht).

281 Art. 9 B ErbSt-MA verhindert nicht die sogenannte wirtschaftliche Doppelbesteuerung (Objektidentität), dh die Besteuerung desselben Vermögens bei zwei verschiedenen Personen (keine Subjektidentität). Rechnen der Ansässigkeitsstaat und der andere Vertragsstaat eine Vermögensmasse verschiedenen Personen zu beziehungsweise qualifizieren dieses Vermögen unterschiedlich, so dass unterschiedliche Verteilungsnormen anzuwenden sind, kann es trotz des Vorliegens eines DBA zu einer Doppelbesteuerung kommen, die dann allenfalls über Billigkeitsmaßnahmen der Vertragsstaaten nach ihrem nationalen Recht vermieden werden kann.

II. Absatz 1

1. Allgemeines

282 Art. 9 B Abs. 1 ErbSt-MA findet im Wohnsitzstaat/Ansässigkeitsstaat nur auf Vermögenswerte Anwendung, die nach dem Abkommen im anderen Staat (Quellenstaat, Belegenheitsstaat) besteuert werden können, dh beide Vertragsstaaten haben nach der entsprechenden Verteilungsnorm („können" = offene Rechtsfolge) das Besteuerungsrecht. Vermögenswerte, die „nur" im anderen Vertragsstaat besteuert werden können (vgl. etwa Art 7 ErbSt-MA), sind von vornherein im anderen Ansässigkeitsstaat von der Steuer befreit („können nur" = abschließende Rechtsfolge).

283 Art. 9 B Abs. 1 ErbSt-MA regelt die Vermeidung der Doppelbesteuerung durch die Steueranrechnung (Anrechnungsmethode). Einzelheiten über die Berechnung des Anrechnungsbetrags und die praktische Durchführung der Anrechnung enthält die Vorschrift hingegen nicht. Im innerstaatlichen Recht vieler Staaten bestehen jedoch Vorschriften über die Anrechnung ausländischer Steuer. Die meisten deutschen Abkommen verweisen daher auf das innerstaatliche Recht der Vertragsstaaten („[...] unter Beachtung der Vorschriften des deutschen Steuerrechts über die Anrechnung ausländischer Steuern [...] die Steuer angerechnet, die nach [...] Recht und in Übereinstimmung mit diesem Abkommen auf das nachstehende Vermögen gezahlt worden ist [...]").

284 Die Anrechnungsmethode gilt auch für einen Staat, der grundsätzlich die Freistellungsmethode anwendet, aber gegebenenfalls nach Art. 9 A Abs. 4 Buchstabe b) ErbSt-MA zur Anrechnung verpflichtet ist. Die Vermeidung der Doppelbesteuerung durch die Anrechnungsmethode obliegt strukturell allein dem Ansässigkeitsstaat. Bei der Anrechnung ausländischer Steuer wird unterschieden zwischen der direkten unbegrenzten (vollen) Anrechnung und der begrenzten Anrechnung. Bei der unbegrenzten Anrechnung kann die ausländische Steuer in voller Höhe angerechnet werden. Bei der begrenzten Anrechnung hingegen wird die ausländische Steuer nur insoweit angerechnet, als sie beim Ansässigkeitsstaat als Steuer auf das ausländische Vermögen entfällt (Höchstbetragsberechnung, vgl. Abs. 3 der Norm). Ist Deutschland der Ansässigkeitsstaat, erfolgt grundsätzlich nur eine begrenzte Anrechnung.

Die in Art. 9 B Abs. 1 ErbSt-MA aufgeführten Bezugsgrößen sind sehr stark vom Steuerrecht des **285** Ansässigkeitsstaates abhängig, so dass sie nicht durch ein Musterabkommen geregelt werden können. Die abkommensrechtliche Anrechnung ausländischer Steuer wird daher in der Regel durch innerstaatliche Rechtsvorschriften ergänzt. Für die Anrechnungsmethode ist das ausländische Vermögen nach dem innerstaatlichen Recht des Ansässigkeitsstaates zu ermitteln. Ob im anderen Vertragsstaat Vermögenswerte belegen sind, bestimmt sich nach dem Recht des jeweiligen Anwenderstaates (BFH BStBl. II 1970, 569). Vermögen stammt aus dem anderen Vertragsstaat (Quellenstaat), wenn sie im betreffenden Abkommen als solche definiert werden oder dem anderen Vertragsstaat ein Quellenbesteuerungsrecht zusteht (BFH BStBl. II 1996, 261). Nach Art. 9 B Abs. 1 ErbSt-MA ist der Ansässigkeitsstaat nur verpflichtet, eine Anrechnung der Quellensteuer vorzunehmen, wenn dem Quellenstaat das Besteuerungsrecht nach einer Verteilungsnorm zusteht. Wurde Vermögen nicht in Übereinstimmung mit dem Abkommen durch den Quellenstaat besteuert, besteht für den Ansässigkeitsstaat keine Notwendigkeit, diese abkommenswidrige Besteuerung bei der inländischen Besteuerung zu berücksichtigen. Das gilt auch, wenn der Quellenstaat nach dem DBA ein der Höhe nach begrenztes Besteuerungsrecht hat und eine darüberhinausgehende Steuer erhebt und diese ausländische Steuer wegen des Ablaufs der Erstattungsfrist im ausländischen Staat nicht mehr erstattet werden kann (BFH BStBl. II 1995, 580). Eine abkommensrechtliche Anrechnung hat nur für die ausländischen Steuern zu erfolgen, auf die sich das Abkommen bezieht. Welche Steuern unter das Abkommen fallen, wird insoweit in Art. 2 ErbSt-MA abschließend definiert.

2. Anrechnungsvoraussetzungen

Eine Anrechnung nach Art. 9 B Abs. 1 ErbSt-MA erfolgt im Wohnsitzstaat/Ansässigkeitsstaat, wenn **286** eine in einem Vertragsstaat ansässige Person mit Vermögenswerten besteuert wird, die nach dem Abkommen im anderen Vertragsstaat (Quellenstaat) besteuert werden können und die Person im anderen Vertragsstaat (Quellenstaat) eine entsprechende Steuer gezahlt hat, die in Art. 2 ErbSt-MA aufgeführt ist. Die Ansässigkeit einer Person in einem Vertragsstaat in diesem Sinne bestimmt sich nach Art. 4 ErbSt-MA. Diese Vorschrift setzt die unbeschränkte Steuerpflicht der Person in diesem Vertragsstaat voraus. Ist die Person in beiden Vertragsstaaten unbeschränkt steuerpflichtig, regelt Abs. 2 der Norm für natürliche Personen und Abs. 3 der Norm für andere Personen die Ansässigkeitsbestimmung.

Die Ansässigkeit einer Person kann sich während eines Veranlagungszeitraums/Kalenderjahres durch **287** Wohnsitzverlegung in einen anderen Staat oder durch Zuzug verändern. Art. 9 B ErbSt-MA findet nur auf Vermögen Anwendung, das während der Ansässigkeit besteuert wird. Die Abkommensberechtigung einer Person sowie die Ermittlung des Ansässigkeitsstaates müssen daher gegebenenfalls tagesgenau bestimmt werden. Der Vermögensbegriff umfasst sowohl positives als auch negatives Vermögen (= Schulden), vgl. Art. 8 ErbSt-MA. Weder die Bestimmungen des ErbSt-MA, die dem Quellenstaat für bestimmtes Vermögen ein Besteuerungsrecht einräumen, noch die Anrechnungsnorm des Art. 9 B Abs. 1 ErbSt-MA enthalten eine zeitliche Beschränkung. Der Ansässigkeitsstaat hat die Doppelbesteuerung daher auch dann zu vermeiden, wenn der Quellenstaat diese Einkünfte und Vermögenswerte in einem früheren oder späteren Jahr besteuert.

Die Verteilungsnormen eines DBA splitten das Vermögen in verschiedene Vermögensarten auf. Der **288** Vermögensbegriff ergibt sich somit aus diesen Verteilungsnormen im Zusammenspiel mit Art. 8 ErbSt-MA. Werden Ausdrücke in dem anzuwendenden DBA nicht definiert, so bestimmt Art. 3 Abs. 2 ErbSt-MA, dass die Vertragsstaaten diese Ausdrücke nach ihrem innerstaatlichen Recht auszulegen haben, wenn der Zusammenhang nichts anderes erfordert. Die Vermeidung der Doppelbesteuerung obliegt allein dem Ansässigkeitsstaat. Die Höhe des im Quellenstaat belegenen Vermögens ermittelt sich für Zwecke der Besteuerung und der Steueranrechnung daher nach den Vorschriften des Ansässigkeitsstaates (BFH BStBl. II 1990, 57). Eine unterschiedliche Auslegung von Tatsachen und Ausdrücken in den Vertragsstaaten kann zu Qualifikationskonflikten und damit zu einer Doppelbesteuerung führen. Art. 9 A ErbSt-MA verlangt jedoch nicht, dass der Ansässigkeitsstaat auch in diesen Fällen eine Doppelbesteuerung zu vermeiden hat. Derartige Konflikte sollten durch ein Verständigungsverfahren nach Art. 11 ErbSt-MA gelöst werden, da sich sonst eine ungemilderte Doppelbesteuerung ergeben würde.

Der Ansässigkeitsstaat rechnet den Betrag an, der der im anderen Staat in Übereinstimmung mit dem **289** Abkommen tatsächlich gezahlten Steuer vom Vermögen gleichkommt, höchstens jedoch den Betrag, der dem Teil der vor der Anrechnung ermittelten Steuer vom Vermögen entspricht (Höchstbetrag der Anrechnung), vgl. Abs. 3 der Norm. Der Ansässigkeitsstaat rechnet maximal die im Quellenstaat geschuldete Steuer an, sofern es sich um eine Steuer im Sinne des Art. 2 ErbSt-MA handelt. Unter

Zahlung ist die Verwirklichung des Anspruchs des Quellenstaates aus den Verteilungsnormen durch Zahlung, Hingabe an Zahlungsstatt oder durch Erzwingung im Verwaltungswege zu verstehen.

290 Ist die Steuer im Quellenstaat niedriger als die Steuer im Ansässigkeitsstaat, die auf das Vermögen aus dem Quellenstaat entfällt, so ist der Steuerbetrag zu zahlen, der auch angefallen wäre, wenn das Gesamtvermögen nur aus dem Ansässigkeitsstaat stammt. Die Beschränkung der anrechenbaren ausländischen Steuer im Rahmen einer Höchstbetragsberechnung kann jedoch zu einem Anrechnungsüberhang führen. Kann die Quellensteuer nicht in vollem Umfang im Ansässigkeitsstaat angerechnet werden, entstehen Anrechnungsüberhänge. Ein Vor- oder Rücktrag von Anrechnungsüberhängen sehen weder das ErbSt-MA noch die deutschen DBA vor.

3. Verhältnis zum nationalen Recht

291 § 2 AO regelt den Vorrang völkerrechtlicher Vereinbarungen. Dementsprechend sind die in einem DBA benannten Methoden zu Vermeidung der Doppelbesteuerung auch im nationalen Recht zu beachten. Das Verhältnis der nationalen Steuerermäßigungsvorschriften (§ 21 ErbStG) zu den Bestimmungen des Art. 9 A und B ErbSt-MA ergibt sich aus dem Gesetzeswortlaut des § 21 Abs. 4 ErbStG, wonach namentlich die nationalen Anrechnungsvorschriften des Art. 9 B ErbSt-MA ausfüllen. Da DBA keine Steueransprüche begründen beziehungsweise erweitern können, wird bei der Ermittlung der anrechenbaren Steuer nur solch ausländisches Vermögen berücksichtigt, das nach dem innerstaatlichen Recht im Inland steuerpflichtig ist.

III. Absatz 2

292 Art. 9 B Abs. 2 ErbSt-MA bezieht sich lediglich auf Schenkungen und bleibt daher im Rahmen dieser Kommentierung außer Betracht. Soweit die Norm ausnahmsweise die Konstellation betrifft, dass im Rahmen des späteren Erwerbs von Todes wegen frühere Schenkungen zu berücksichtigen sind, ist die Norm im Wesentlichen selbsterklärend (siehe dazu die Fälle in den Tz. 50 ff. OECD-MK zu Art. 9 B ErbSt-MA).

IV. Absatz 3

293 Nach Art. 9 B Abs. 3 ErbSt-MA dürfen die in den Abs. 1 und 2 der Norm erwähnten Anrechnungsbeträge den Teil der vor der Anrechnung ermittelten Steuer des erstgenannten Vertragsstaats nicht übersteigen, der auf das Vermögen entfällt, für das die Anrechnung zu gewähren ist. Eine Anrechnung der ausländischen Steuer auf die deutsche Erbschaftsteuer erfolgt damit im Rahmen einer Höchstbetragsberechnung, wie sie aus § 21 ErbStG bekannt ist. Auf die dortigen Ausführungen und die in diesem Zusammenhang ergangene neuere EuGH-Rechtsprechung wird verwiesen.

V. Absatz 4

294 Art. 9 B Abs. 4 ErbSt-MA betrifft einen Fall des Wohnsitzwechsels in einem zehnjährigen Zeitraum vor dem Erwerb von Todes wegen. Hatte danach der Erblasser innerhalb der letzten zehn Jahre vor dem Zeitpunkt seines Todes seinen Wohnsitz im anderen Vertragsstaat (gemeint ist der Quellenstaat) und ist er Staatsangehöriger dieses anderen Staates, so kann auch dieser andere Staat unter Artikel 7 fallendes Vermögen nach seinem Recht besteuern, rechnet aber auf diese Steuer den Betrag an, der der Steuer entspricht, die im erstgenannten Vertragsstaat (das ist der Wohnsitzstaat) auf dieses Vermögen gezahlt worden ist, indem er Anrechnungsmethode nach den Abs. 1 bis 3 der Norm anwendet, als sei er der Wohnsitzstaat des Erblassers oder Schenkers. Mit dem früheren Wohnsitz und der Staatsangehörigkeit wird nach dem ErbSt-MA eine hinreichend enge Verknüpfung mit dem Quellenstaat hergestellt, die es rechtfertigt, diesem ein Besteuerungsrecht unter Anrechnungsverpflichtung zuzusprechen. Dieses Sonderrecht gilt aber nur für unter Art. 7 ErbSt-MA fallendes Vermögen. Für alle übrigen Fälle verbleibt es bei dem Grundsatz, dass der Ansässigkeitsstaat das Besteuerungsrecht hat und entstehende Doppelbesteuerungsabkommen zu vermeiden hat.

VI. Wichtigste Abweichungen in den deutschen DBA

1. Abweichungen von Art. 9 B Abs. 1 ErbSt-MA

295 • **DBA (E)-Schweiz:** Art. 9 DBA (E)-Schweiz regelt nicht die Anwendung der Freistellungsmethode, sondern wie bereits erläutert den Schuldenabzug. Die Anwendung der Anrechnungsmethode ist in

Deutschland als Wohnsitzstaat für die Fälle, in denen Art. 10 Abs. 1 Buchstabe a) DBA (E)-Schweiz keine Anwendung findet, im Art. 10 Abs. 1 Buchstabe b) DBA (E)-Schweiz niedergeschrieben worden. Art. 10 Abs. 1 Buchstabe b) S. 2 DBA (E)-Schweiz enthält eine Regelung bezüglich des Anrechnungshöchstbetrags. Die Schweiz als Wohnsitzstaat des Erblassers im Zeitpunkt des Todes wendet zur Vermeidung der Doppelbesteuerung nur die Freistellungsmethode an.

- **DBA (E)-Frankreich:** Anstatt der Formulierung „rechnet auf die nach seinem Recht festgesetzte Steuer an" wie in Art. 9 B ErbSt-MA wird die folgende Formulierung in Art. 11 Abs. 1 Buchstabe a) Doppelbuchstabe aa) DBA (E)-Frankreich verwendet: „so besteuert Frankreich ... und rechnet auf diese Steuer den Betrag an ...". Die Formulierung „rechnet die Bundesrepublik Deutschland **nach Maßgabe der Vorschriften des deutschen Rechts über die Anrechnung ausländischer Steuern** auf die nach ihrem Recht festgesetzte Steuer die Steuer an" wird im Art. 11 Abs. 2 Buchstabe a) DBA (E)-Frankreich auch für Deutschland als Wohnsitzstaat des Erblassers oder Schenkers verwendet.
- **DBA (E)-USA:** Im Gegensatz zu Art. 9 B Abs. 1 ErbSt-MA stellt Art. 11 Abs. 2 DBA (E)-USA, der die Vermeidung der Doppelbesteuerung seitens der USA regelt, zusätzlich auf die Staatsangehörigkeit des Erblassers oder Schenkers ab. Darüber hinaus gewähren für den Fall, dass der Erblasser oder Schenker Staatsangehöriger der Vereinigten Staaten von Amerika war und im Zeitpunkt der Schenkung seinen Wohnsitz in der Bundesrepublik Deutschland hatte, die USA laut Art. 11 Abs. 2 Buchstabe b) DBA (E)-USA eine Anrechnung der gezahlten deutschen Steuer auf die nach ihrem Recht festgesetzte Steuer über Art. 11 Abs. 2 Buchstabe a) hinaus für die Steuer von allem Vermögen, das nicht auf Grund des Artikels 5, 6 oder 8 in USA besteuert werden kann. Art. 11 Abs. 3 DBA (E)-USA Deutschland berücksichtigt auch Fälle, in denen Erben, Beschenkten oder sonstige Begünstigte ihren Wohnsitz in Deutschland hatten. Des Weiteren enthält Art. 11 Abs. 4 DBA (E)-USA eine Regelung, wonach in Deutschland auch die von Gebietskörperschaften der USA erhobenen Steuern angerechnet werden können. Für den Fall, dass diese Steuern nicht nach Art. 11 Abs. 3 DBA (E)-USA berücksichtigt werden können, gewährt Art. 11 Abs. 4 S. 2 DBA (E)-USA den zuständigen Behörden eine Möglichkeit, über die Vermeidung der Doppelbesteuerung nach Art. 13 DBA (E)-USA zu beraten.
- **DBA (E)-Dänemark:** Art. 26 Abs. 1 regelt die Vermeidung der Doppelbesteuerung im Falle der Bundesrepublik Deutschland und Art. 26 Abs. 2 DBA (E)-Dänemark die Vermeidung der Doppelbesteuerung im Falle Dänemarks. Die beiden Vorschriften enthalten eine im Art. 9 B Abs. 1 ErbSt-MA nicht enthaltene Präzisierung, dass Deutschland/Dänemark die dänischen/deutschen Steuern „nach Maßgabe der Vorschriften des deutschen/dänischen Rechts über die Abrechnung ausländischer Steuern" auf die nach deutschen/dänischen Recht festgesetzte Steuer anrechnet. Da Art. 26 Abs. 1 Buchstabe a) und Art. 26 Abs. 2 Buchstabe a) DBA (E)-Dänemark die Anrechnung in Deutschland/Dänemark für das Vermögen gewähren, welches nach Art. 25 Abs. 1 und 2 in Dänemark/Deutschland besteuert werden kann, und da Art. 9 B Abs. 1 ErbSt-MA von demjenigen Vermögen spricht, welches aus demselben Anlass nach diesem Abkommen im anderen Staat besteuert werden kann, wird ersichtlich, dass die Vermeidung der Doppelbesteuerung für unbewegliches Vermögen eines Unternehmens und für unbewegliches Vermögen, das der Ausübung eines freien Berufs oder einer sonstigen selbständigen Tätigkeit dient, nicht explizit im DBA (E)-Dänemark geregelt ist.
- **DBA (E)-Schweden:** Das zum DBA (E)-Dänemark Gesagte gilt entsprechend.

2. Abweichungen von Art. 9 B Abs. 2 ErbSt-MA

- **DBA (E)-USA:** Art. 11 Abs. 5 DBA (E)-USA wurde anders formuliert und verwendet in Art. 11 Abs. 5 Buchstabe a) DBA (E)-USA den Ausdruck „steuerpflichtiger Nachlass". Die Voraussetzungen für die Anrechnung im Sinne des Art. 9b Abs. 2 S. 1 Hs. 2 und S. 2 ErbSt-MA sind im DBA (E)-USA nicht festgehalten worden. Des Weiteren werden abweichend vom ErbSt-MA laut Art. 11 Abs. 5 Buchstabe b) DBA (E)-USA von jedem Vertragsstaat bei der Anwendung der Anrechnungsmethode nach Art. 11 Abs. 2, 3 und 4 in angemessener Weise alle vom anderen Vertragsstaat angerechneten Erbschaft- und Schenkungsteuern berücksichtigt, die in Bezug auf frühere Steuertatbestände gezahlt worden sind. Außerdem wurde in Art. 11 Abs. 6 festgehalten, dass Schwierigkeiten und Zweifel bei der Anwendung dieser Bestimmung von den zuständigen Behörden nach Art. 13 zu beseitigen sind. 296

3. Abweichungen von Art. 9 B Abs. 3 ErbSt-MA

- **DBA (E)-Schweiz:** Diese Regelung ist in Art. 10 Abs. 1 Buchstabe b) S. 2 DBA (E)-Schweiz festgehalten und wurde lediglich anders als Art. 9 B Abs. 3 ErbSt-MA formuliert. Die Schweiz als Wohnsitzstaat des Erblassers im Zeitpunkt des Todes wendet zur Vermeidung der Doppelbesteuerung nur die Freistellungsmethode an. 297
- **DBA (E)-Frankreich:** Art. 11 Abs. 1 Buchstabe a) Doppelbuchstabe bb) S. 2 DBA (E)-Frankreich enthält einige Besonderheiten betreffend die Berechnung des Anrechnungshöchstbetrags in Frankreich. Diese wurde für den Fall mit Deutschland als Wohnsitzstaat des Erblassers oder Schenkers in

Art. 11 Abs. 2 S. 2 und 3 DBA (E)-Frankreich verankert (ua besonderer Anrechnungshöchstbetrag für den Fall, dass unter gewissen Voraussetzungen grundbesitzende Gesellschaften wie Immobilien behandelt werden und das Besteuerungsrecht dem Belegenheitsstaat dieser Grundstücke zugewiesen wird). Jedoch greifen die Regelungen bezüglich der Berechnung des besonderen Anrechnungshöchstbetrags im Sinne des Art. 11 Abs. 2 S. 3 DBA (E)-Frankreich laut Nr. 6 des Protokolls zum DBA (E)-Frankreich nicht ein, wenn in der Bundesrepublik Deutschland das innerstaatliche Recht eine Besteuerung von Immobilienvermögen gemäß Art. 5 Abs. 4 iVm Art. 5 Abs. 1 DBA (E)-Frankreich ermöglicht.

Art. 10 Gleichbehandlung

(1) **Staatsangehörige eines Vertragsstaats dürfen, ungeachtet ihres Wohnsitzes, im anderen Vertragsstaat keiner Besteuerung oder damit zusammenhängenden Verpflichtung unterworfen werden, die anders oder belastender ist als die Besteuerung und die damit zusammenhängenden Verpflichtungen, denen Staatsangehörige des anderen Staates unter gleichen Verhältnissen unterworfen sind oder unterworfen werden können.**

(2) **Der Ausdruck „Staatsangehörige" bedeutet**

a) natürliche Personen, die die Staatsangehörigkeit eines Vertragsstaats besitzen;
b) juristische Personen, Personengesellschaften und andere Personenvereinigungen, die nach dem in einem Vertragsstaat geltenden Recht errichtet worden sind.

(3) **Staatenlose mit Wohnsitz in einem Vertragsstaat dürfen in keinem Vertragsstaat einer Besteuerung oder damit zusammenhängenden Verpflichtung unterworfen werden, die anders oder belastender ist als die Besteuerung und die damit zusammenhängenden Verpflichtungen, denen Staatsangehörige des betreffenden Staates unter gleichen Verhältnissen unterworfen sind oder unterworfen werden können.**

(4) **Dieser Artikel gilt ungeachtet des Artikels 2 für Steuern jeder Art und Bezeichnung.**

Übersicht

I. Absatz 1, 3 und 4

1. Zweck der Vorschrift

298 Art. 10 Abs. 1 und 3 ErbSt-MA entspricht im Wesentlichen Art. 24 OECD-MA 2017 (gleichwohl weist Wassermeyer/*Jülicher* ErbSt-MA Art. 10 Rn. 3 mE zu Recht darauf hin, dass Art. 24 OECD-MA auch im Bereich der Erbschaftsteuer Anwendung findet. Art. 10 ErbSt-MA ist daher in gewisser Weise redundant, auch wenn sich die Aufnahme einer solchen Vorschrift empfehlen mag. Ähnlich Tz. 2 OECD-MK zu Art. 10 ErbSt-MA) und regelt abkommensrechtliche Diskriminierungsverbote und hat damit ein grundsätzlich anderes Anwendungsfeld als die Bestimmungen des ErbSt-MA zur Verteilung von Besteuerungsrechten (zum Ganzen im Folgenden identisch (allerdings in Bezug auf das OECD-MA 2014) Haase/*von Pannwitz* MA Art. 24 Rn. 1 ff.). Während Letztere die Zugriffsberechtigung der Vertragsstaaten auf bestimmte Steuerquellen regeln, ohne jedoch auf das jeweilige nationale Steuerrecht einzuwirken, greift Art. 10 ErbSt-MA unmittelbar in die nationalen Steuerrechte der Vertragsstaaten ein. Die Vorschrift stellt konkrete und unmittelbar wirkende Anforderungen an die Ausgestaltung des innerstaatlichen Steuerrechts der Vertragsstaaten auf. Jede Besteuerungsmaßnahme eines Vertragsstaates muss somit abkommensrechtlich sowohl mit den Verteilungsartikel (Art. 5–7 ErbSt-MA) als auch mit dem Diskriminierungsverbot des Art. 10 ErbSt-MA vereinbar sein. Liegt ein Verstoß gegen Art. 10 ErbSt-MA vor, ist das nationale Recht insoweit unmittelbar nicht anwendbar (*Hageböke/Käbisch* IStR 2006, 849 (854)), ohne dass es einer Nichtigkeitserklärung oder eines besonderen Verfahrens bedarf.

Art. 10 Abs. 1 und 3 ErbSt-MA regelt bestimmte, klar umrissene und absolute Verbote der Diskriminierung durch die Vertragsstaaten (Wassermeyer/*Jülicher* ErbSt-MA Art. 10 Rn. 7; Tz. 3 OECD-MK zu Art. 10 ErbSt-MA). Verboten sind Benachteiligungen, nicht aber Bevorzugungen der in der Bestimmung genannten Personen beziehungsweise Personengruppen. Ein allgemeiner Anspruch auf Gleichbehandlung kann daher aus Art. 10 ErbSt-MA nicht abgeleitet werden (Wassermeyer/*Jülicher* ErbSt-MA Art. 10 Rn. 12). Ansatzpunkte einer verbotenen Diskriminierung sind die Staatsangehörigkeit (Abs. 1) und die Staatenlosigkeit (Abs. 3). Art. 10 ErbSt-MA ist eng auszulegen. Eine Benachteiligung ist nur gegeben, wenn eine nachteilige Behandlung gerade auf einem der vorstehenden Kriterien beruht. Eine nachteilige Behandlung liegt nur dann vor, wenn alle sonstigen Verhältnisse gleich sind und es dennoch zu einer nachteiligen Besteuerung kommt. Die nachteilige Besteuerung muss sich aus dem Recht des jeweiligen Vertragsstaates ergeben. Der Vertragsstaat kann sich nicht darauf berufen, dass eine etwa gegebene Benachteiligung im anderen Vertragsstaat wieder beseitigt wird. **299**

Art. 10 ErbSt-MA untersagt nur unmittelbare Benachteiligungen, jedoch nicht mittelbare Benachteiligungen. Die Vorschrift gewährt keine sogenannte Meistbegünstigung, dh keine Verpflichtung des Vertragsstaates, den Berechtigten wirtschaftlich so wie den bestbehandelten Dritten zu behandeln (in Bezug auf Art. 24 OECD-MA 2010 BFH Urt. v. 19.11.2003, BStBl. II 2004, 560 ff.; *Lehner* IStR 2001, 329 (336); *Lehner* IStR 2001, 221; *Stockmann* IStR 1999, 129. Tendenziell jedenfalls in Bezug auf EU-Fälle wohl aA *Weggenmann* IStR 2003, 677; *Gosch* DStR 2007, 1553 (1560)). Innerhalb der EU ist die praktische Bedeutung des Art. 10 ErbSt-MA angesichts des regelmäßig weiterreichenderen europarechtlichen Diskriminierungsverbotes begrenzt. Außerhalb der EU und hier insbesondere im Verhältnis zu den USA spielt die Vorschrift in praxi allerdings eine nicht unerhebliche Rolle. **300**

2. Allgemeines

Art. 10 Abs. 1 ErbSt-MA verbietet eine Diskriminierung aus Gründen der Staatsangehörigkeit. Abs. 3 der Bestimmung stellt dabei einen Staatenlosen dem Staatsangehörigen des anderen Vertragsstaats gleich. Anknüpfungspunkt der Diskriminierung muss damit im Anwendungsbereich von Abs. 1 gerade und direkt die Staatsangehörigkeit und nicht etwa die Ansässigkeit sein, was sich in der normativen Anknüpfung aus dem Passus „ungeachtet ihres Wohnsitzes" ergibt. Sonach dürfen Staatsangehörige eines Vertragsstaats im anderen Vertragsstaat beziehungsweise dürfen Staatenlose in beiden Vertragsstaaten keiner Besteuerung oder damit zusammenhängenden Verpflichtung unterworfen werden, die anders oder belastender ist als die Besteuerung und die damit zusammenhängenden Verpflichtungen, denen Staatsangehörige des betreffenden Vertragsstaates unter gleichen Verhältnissen (dazu Tz. 4 OECD-MK zu Art. 10 ErbSt-MA), insbesondere hinsichtlich der Ansässigkeit, unterworfen sind oder unterworfen werden. Art. 10 Abs. 1 und 3 ErbSt-MA bezieht sich gemäß Abs. 4 der Norm auf sämtliche Steuern jeder Art und Bezeichnung der Vertragsstaaten und ist nicht auf die in Art. 2 ErbSt-MA aufgeführten Steuern beschränkt. **301**

3. Begünstigte

Berechtigte nach Abs. 1 sind nur Staatsangehörige eines Vertragsstaates, ohne dass es auf deren Ansässigkeit in einem Vertragsstaat ankommt (zumindest missverständlich daher Tz. 5 OECD-MK zu Art. 10 ErbSt-MA). Ansässige, die nicht auch Staatsangehörige eines Vertragsstaats sind, genießen – vorbehaltlich Art. 10 Abs. 3 ErbSt-MA keinen Diskriminierungsschutz. Der Begriff der Staatsangehörigkeit richtet sich nach Art. 10 Abs. 2 ErbSt-MA (zu staatseigenen Körperschaften sowie öffentlichen Rechtsträgern und gemeinnützigen Einrichtungen vgl. Wassermeyer/*Jülicher* ErbSt-MA Art. 10 Rn. 8 und 11 sowie Tz. 6–8 OECD-MK zu Art. 10 ErbSt-MA). **302**

Berechtigte nach Abs. 3 sind ferner Staatenlose, die in einem Vertragsstaat ihren Wohnsitz haben. Hier kommt es mithin auf die Ansässigkeit an (dazu Wassermeyer/*Jülicher* ErbSt-MA Art. 10 Rn. 22; Tz. 16 und 17 OECD-MK zu Art. 10 ErbSt-MA). Ansässige Staatenlose werden den Staatsangehörigen des anderen Vertragsstaates damit abkommensrechtlich gleichgestellt. Abs. 3 eröffnet dem in einem Vertragsstaat ansässigen Staatenlosen insoweit nicht nur die Gleichbehandlung mit Ansässigen des anderen Vertragsstaates, sondern auch mit Ansässigen desselben Staates in Bezug auf die Anwendung von DBA. Ein Staatenloser ist – mangels einer Definition in Abs. 2 der Norm – eine natürliche Person, die von keinem Staat kraft seines Rechts als Staatsangehöriger angesehen wird (vgl. Art. 1 Abs. 1 des Abkommens zur Verbesserung der Rechtsstellung von Staatenlosen vom 28.9.1954, BGBl. II 1976, 474; zu dessen Anwendung Tz. 22 OECD-MK zu Art. 10 ErbSt-MA). Art. 10 Abs. 3 findet damit nach wohl herrschender Meinung auf juristische Personen, Personengesellschaften und andere Personenvereinigungen keine Anwendung (Wassermeyer/*Jülicher* ErbSt-MA Art. 10 Rn. 8 und 11). **303**

4. Steuerliche Diskriminierung

Art. 10 Abs. 1 und 3 ErbSt-MA untersagt eine Anders- oder Schlechterbehandlung bei der Besteuerung oder damit zusammenhängenden Verpflichtungen im Verhältnis zu den Staatsangehörigen des **304** jeweiligen Vertragsstaates aus Gründen der Staatsangehörigkeit (dazu Tz. 11 OECD-MK zu Art. 10 ErbSt-MA). Das Diskriminierungsverbot bezieht sich auf sämtliche Steuern des Vertragsstaates und damit zusammenhängende Verpflichtungen (Wassermeyer/*Jülicher* ErbSt-MA Art. 10 Rn. 7). Dies umfasst zunächst Steuern im Sinne des § 3 Abs. 1 AO und insoweit insbesondere die Bemessungsgrundlage der Steuer, die Art der Steuerfestsetzung, den Steuersatz und die mit der Besteuerung verbundenen Formalitäten wie Steuererklärungen, Zahlung und Fristen (so auch Wassermeyer/*Jülicher* ErbSt-MA Art. 10 Rn. 22).

305 Keine Steuern, aber vom Begriff der „damit zusammenhängenden Verpflichtungen" umfasst, sind daneben steuerliche Nebenleistungen im Sinne des § 3 Abs. 4 AO wie Verspätungszuschläge, Zuschläge nach § 162 Abs. 4 AO, Zinsen, Säumniszuschläge, Zwangsgelder, Kosten sowie weiterhin auch Geldbußen und Geldstrafen. Umfasst sind auch alle sonstigen Verfahrensvorschriften wie insbesondere zum Beispiel die Vorschriften zur Gemeinnützigkeit (§§ 51 ff. AO), zur Haftung (§§ 69 ff. AO), zur Betriebsprüfung (§§ 193ff AO), zum steuerlichen Erhebungsverfahren und zum außergerichtlichen und gerichtlichen Rechtsschutz (§§ 347 ff. AO, FGO).

306 Untersagt ist alternativ eine Schlechterbehandlung im Sinne einer höheren Belastung oder eine Andersbehandlung. Ausreichend hierfür ist bereits eine Besteuerung auf anderen rechtlichen Grundlagen oder unter Anwendung anderer Vorschriften und somit bereits die Möglichkeit einer belastenderen Besteuerung. Dem Ausländer bleibt somit im Rahmen Abs. 1 und Abs. 3 der uU schwierig zu führende Nachweis einer höheren steuerlichen Belastung erspart. Nicht untersagt ist allerdings die Einräumung von steuerlichen Vorteilen für Ausländer. Untersagt ist hingegen eine Schlechter- oder Andersbehandlung von Ausländern gegenüber Staatsangehörigen des Vertragsstaats unter gleichen Verhältnissen. Dies bedeutet, dass mit Ausnahme der Staatsangehörigkeit sämtliche sonstigen für die Besteuerung relevanten Verhältnisse gleich sein müssen. Nur in diesem Fall kann angenommen werden, dass die Diskriminierung gerade und ausschließlich wegen der Staatsangehörigkeit erfolgt.

307 Die unterschiedliche Behandlung muss sich dabei unmittelbar aus dem Kriterium der Staatsangehörigkeit ergeben, während eine nur mittelbar wirkende Diskriminierung keine Verletzung des Art. 10 ErbSt-MA darstellt. Dies erfordert einen hypothetischen Vergleich mit einer staatsangehörigen Person unter sonst gleichen Verhältnissen. Kein Diskriminierungsschutz besteht hinsichtlich öffentlicher Einrichtungen und Rechtsträger, soweit diese nicht erwerbswirtschaftliche Ziele verfolgen, sowie hinsichtlich gemeinnütziger Einrichtungen, die gerade dem Wohl des betreffenden Vertragsstaates dienen.

308 Steuerliche Vorschriften, die eine unterschiedliche Behandlung aufgrund der Ansässigkeit vorsehen, führen in keinem Fall zu einem Verstoß gegen Art. 10 Abs. 1 ErbSt-MA, selbst wenn dies mittelbar zu einer Ausländerdiskriminierung führt; in diesen Fällen kann sich aber ein Diskriminierungsverbot uU aus Art. 3 GG oder aus dem europäischen Recht ergeben.

5. Rechtsfolge

309 Art. 10 Abs. 1 und 3 ErbSt-MA untersagt unmittelbar die Anwendung der diskriminierenden innerstaatlichen Steuervorschrift im Hinblick auf die Besteuerung (Tz. 12 OECD-MK zu Art. 10 ErbSt-MA). Der Vertragsstaat kann keine Rechtfertigungsgründe geltend machen. Der Betroffene hat Anspruch auf Beseitigung der Diskriminierung und insoweit auf Gleichbehandlung mit staatsangehörigen Personen unter gleichen Verhältnissen (Wassermeyer/*Jülicher* ErbSt-MA Art. 10 Rn. 7). Dies ist von Amts wegen zu beachten und bedarf keines Antrags. Erfolgt die Diskriminierung durch ein DBA mit einem Drittstaat, kann Abs. 1 dazu führen, dass dieses DBA auch gegenüber dem nach Abs. 1 beziehungsweise Abs. 2 Berechtigten zur Anwendung kommen muss. Dies kann allerdings nur dann der Fall sein, wenn die Anwendung des Drittstaaten-DBA gerade an die Staatsbürgerschaft anknüpft, was in der Regel nicht der Fall ist. Ein allgemeiner Grundsatz lässt sich daher hieraus nicht ableiten.

II. Absatz 2

310 Art. 10 Abs. 2 ErbSt-MA beinhaltet vermeintlich eine Definition der Staatsangehörigkeit für Zwecke dieses Artikels beziehungsweise des gesamten Abkommens. Tatsächlich wird die Staatsangehörigkeit nicht definiert, sondern in Buchstabe a) lediglich vorausgesetzt, so dass sie sich aus anderen Rechtsgrundlagen ergeben muss (so auch Wassermeyer/*Jülicher* ErbSt-MA Art. 10 Rn. 17; ebenso Tz. 13 OECD-MK zu Art. 10 ErbSt-MA). Der Ausdruck „Staatsangehörige" bedeutet danach (a) natürliche Personen, die die Staatsangehörigkeit eines Vertragsstaats besitzen und (b) juristische Personen, Personengesellschaften und andere Personenvereinigungen, die nach dem in einem Vertragsstaat geltenden Recht errichtet worden sind. Beides ist im Sinne des Rechts eines jeden Vertragsstaats zu sehen, so dass jeder Staat internationalem Usus entsprechend selbst definiert, was Staatsangehörigkeit bedeutet (Wassermeyer/*Jülicher* ErbSt-MA Art. 10 Rn. 17; Tz. 13 OECD-MK zu Art. 10 ErbSt-MA).

III. Wichtigste Abweichungen in den deutschen DBA

1. Abweichungen von Art. 10 Abs. 1 ErbSt-MA

- **DBA (E)-Frankreich:** Art. 12 DBA (E)-Frankreich enthält selbst kein Diskriminierungsverbot, sondern verweist auf Art. 21 des Abkommens zwischen der Bundesrepublik Deutschland und der Französischen Republik zur Vermeidung der Doppelbesteuerung und über gegenseitige Amts- und Rechtshilfe auf dem Gebiete der Steuern vom Einkommen und vom Vermögen sowie der Gewerbesteuern und der Grundsteuern zusammen mit dem zugehörigen Protokoll in der Fassung vom 20.12.2001 (nachfolgend DBA-Frankreich). **311**
- **DBA (E)-Dänemark:** Art. 41 Abs. 1 S. 1 DBA (E)-Dänemark enthält folgende Abweichungen in der Formulierung zu Art. 10 Abs. 1 OECD-MA (E): „ (1) Staatsangehörige eines Vertragsstaats dürfen, ungeachtet ihres Wohnsitzes, im anderen Vertragsstaat keiner Besteuerung oder damit zusammenhängenden Verpflichtung unterworfen werden, die anders oder belastender ist als die Besteuerung und die damit zusammenhängenden Verpflichtungen, denen Staatsangehörige des anderen Staates unter gleichen Verhältnissen, **insbesondere aufgrund des Wohnsitzes,** unterworfen sind oder unterworfen werden können."
- **DBA (E)-Schweden:** Eine Regelung im Sinne eines Diskriminierungsverbots von Staatsangehörigen eines anderen Vertragsstaats im Sinne des Art. 10 Abs. 1 ErbSt-MA wurde im Art. 38 Abs. 1 S. 1 DBA (E)-Schweden verankert. Abweichend vom ErbSt-MA fehlt in dieser Vorschrift der Ausdruck „ungeachtet ihres Wohnsitzes".

2. Abweichungen von Art. 10 Abs. 2 ErbSt-MA

- **DBA (E)-Schweiz:** Art. 11 Abs. 2 DBA (E)-Schweiz enthält keine Definition des Ausdrucks „Staatsangehörige". Stattdessen wurde an dieser Stelle eine Regelung hinsichtlich der Diskriminierung von Betriebsstätten getroffen. Jedoch ist diese Nicht-Diskriminierungsregelung nicht so auszulegen, als verpflichte sie einen Vertragsstaat, den im anderen Vertragsstaat ansässigen Personen Steuerfreibeträge, -vergünstigungen und -ermäßigungen auf Grund des Personenstandes oder der Familienlasten zu gewähren, die er den in seinem Gebiet ansässigen Personen gewährt. **312**
- **DBA (E)-Dänemark:** Eine derartige Regelung ist im Art. 3 Abs. 1 Buchstabe j) DBA (E)-Dänemark niedergeschrieben worden. Abweichend von Art. 10 Abs. 2 ErbSt-MA ist jedoch der Ausdruck „Staatsangehöriger" gesondert für die beiden Vertragsstaaten definiert worden. Des Weiteren wird in Bezug auf Deutschland nicht der Ausdruck „deutsche Staatsangehörige", sondern „alle Deutschen im Sinne des Artikels 116 Abs. 1 des Grundgesetzes für die Bundesrepublik Deutschland" verwendet.

3. Abweichungen von Art. 10 Abs. 3 ErbSt-MA

- **DBA (E)-Schweiz:** Art. 11 Abs. 3 DBA (E)-Schweiz enthält keine Regelung hinsichtlich der Nicht-Diskriminierung von Staatenlosen. Stattdessen wurde in diesem Artikel festgehalten, dass die Unternehmen eines Vertragsstaats, deren Kapital ganz oder teilweise, unmittelbar oder mittelbar, einer im anderen Vertragsstaat ansässigen Person oder mehreren solchen Personen gehört oder ihrer Kontrolle unterliegt, im erstgenannten Staat weder einer Besteuerung noch einer damit zusammenhängenden Verpflichtung unterworfen werden dürfen, die anders oder belastender sind als die Besteuerung und die damit zusammenhängenden Verpflichtungen, denen andere ähnliche Unternehmen des erstgenannten Staates unterworfen sind oder unterworfen werden können (sog. **Unternehmens-Nicht-Diskriminierung**). **313**
- **DBA (E)-Dänemark:** Art. 41 Abs. 1 S. 2 iVm S. 1 DBA (E)-Dänemark enthält folgende Abweichung in der Formulierung zum Art. 10 Abs. 3 ErbSt-MA: „**Personen, die in keinem Vertragsstaat ansässig sind** dürfen **ungeachtet des Artikels 2 Abs. 4 im anderen** Vertragsstaat einer Besteuerung oder damit zusammenhängenden Verpflichtung unterworfen werden, die anders oder belastender ist als die Besteuerung und die damit zusammenhängenden Verpflichtungen, denen Staatsangehörige des betreffenden Staates unter gleichen Verhältnissen, **insbesondere aufgrund des Wohnsitzes,** unterworfen sind oder unterworfen werden können."
- **DBA (E)-Schweden:** Art. 38 Abs. 1 S. 2 iVm S. 1 DBA (E)-Dänemark enthält folgende Abweichung in der Formulierung zum Art. 10 Abs. 3 ErbSt-MA: „Staatenlose mit Wohnsitz in einem Vertragsstaat **Personen, die in keinem Vertragsstaat ansässig sind** dürfen in keinem **anderen** Vertragsstaat einer **keiner** Besteuerung oder damit zusammenhängenden Verpflichtung**en** unterworfen werden, die anders oder belastender ist **sind** als die Besteuerung und die damit zusammenhängenden Verpflichtungen, denen Staatsangehörige des betreffenden **anderen** Staates unter gleichen Verhältnissen unterworfen sind oder unterworfen werden können."

4. Abweichungen von Art. 10 Abs. 4 ErbSt-MA

314 • **DBA (E)-Frankreich:** Die dem Art. 10 Abs. 4 ErbSt-MA ähnliche Bestimmung findet man in Art. 21 Abs. 6 DBA-Frankreich mit dem Unterschied, dass Art. 21 Abs. 6 DBA-Frankreich den Begriff „Besteuerung" definiert und keinen Verweis auf Artikel 2 enthält.

Art. 11 Verständigungsverfahren

(1) **Ist eine Person der Auffassung, daß Maßnahmen eines Vertragsstaats oder beider Vertragsstaaten für sie zu einer Besteuerung führen oder führen werden, die diesem Abkommen nicht entspricht, so kann sie unbeschadet der nach dem innerstaatlichen Recht dieser Staaten vorgesehenen Rechtsmittel ihren Fall der zuständigen Behörde eines der beiden Vertragsstaaten unterbreiten. Der Fall muß innerhalb von drei Jahren nach der ersten Mitteilung der Maßnahme unterbreitet werden, die zu einer dem Abkommen nicht entsprechenden Besteuerung führt.**

(2) **Hält die zuständige Behörde die Einwendung für begründet und ist sie selbst nicht in der Lage, eine befriedigende Lösung herbeizuführen, so wird sie sich bemühen, den Fall durch Verständigung mit der zuständigen Behörde des anderen Vertragsstaats so zu regeln, daß eine dem Abkommen nicht entsprechende Besteuerung vermieden wird. Die Verständigungsregelung ist ungeachtet der Fristen des innerstaatlichen Rechts der Vertragsstaaten durchzuführen.**

(3) **Die zuständigen Behörden der Vertragsstaaten werden sich bemühen, Schwierigkeiten oder Zweifel, die bei der Auslegung oder Anwendung des Abkommens entstehen, in gegenseitigem Einvernehmen zu beseitigen. Sie können auch gemeinsam darüber beraten, wie eine Doppelbesteuerung in Fällen vermieden werden kann, die im Abkommen nicht behandelt sind.**

(4) **Die zuständigen Behörden der Vertragsstaaten können zur Herbeiführung einer Einigung im Sinne der vorstehenden Absätze unmittelbar miteinander verkehren. Erscheint ein mündlicher Meinungsaustausch für die Herbeiführung der Einigung zweckmäßig, so kann ein solcher Meinungsaustausch in einer Kommission durchgeführt werden, die aus Vertretern der zuständigen Behörden der Vertragsstaaten besteht.**

Übersicht

I. Zweck der Vorschrift

315 Art. 11 ErbSt-MA entspricht im Wesentlichen (Wassermeyer/*Jülicher* ErbSt-MA Art. 11 Rn. 1. Art. 10 ErbSt-MA übernimmt die wesentlichen Rechtsgrundsätze, die international bei dem Führen von Verständigungsverfahren Beachtung finden, vgl. Tz. 5 OECD-MK zu Art. 11 ErbSt-MA) Art. 25

OECD-MA 2017 und sieht bestimmte Verfahren zur Beseitigung abkommenswidriger Besteuerung durch die Vertragsstaaten vor (Tz. 1 OECD-MK zu Art. 11 ErbSt-MA). Die Vorschrift trägt der Tatsache Rechnung, dass die Abkommen aufgrund von Differenzen bei ihrer Auslegung und Anwendung oder bei Abkommenslücken nicht generell die Doppelbesteuerung zwischen zwei Vertragsstaaten beheben können (zum Ganzen auch im Folgenden identisch (allerdings in Bezug auf das OECD-MA 2014) Haase/*Becker* OECD-MA Art. 25 Rn. 1 ff. mwN). Sind solche Sachverhalte eingetreten, müssen Steuerpflichtige grundsätzlich in zwei Staaten den nationalen Rechtsweg ausschöpfen, was letztlich einen ungewissen Ausgang über die Behebung der abkommenswidrigen Besteuerung bedeutet. Art. 11 ErbSt-MA ermöglicht es Steuerpflichtigen daher, ohne ihr Recht auf innerstaatliche Rechtsmittel aufzugeben (auch ein vorheriges Beschreiten des innerstaatlichen Rechtswegs ist nicht erforderlich, vgl. Tz. 10 OECD-MK zu Art. 11 ErbSt-MA), ihren Fall von beiden Vertragsstaaten gleichzeitig verhandeln und gegebenenfalls auch lösen zu lassen (die Tz. 2 OECD-MK zu Art. 11 ErbSt-MA weist jedoch zu Recht darauf hin, dass es dem Art. 11 ErbSt-MA immanent sei, dass sich die beteiligten Behörden auch vor der Einleitung des eigentlichen Verständigungsverfahrens um eine einvernehmliche Lösung zu bemühen hätten).

II. Absatz 1

1. Allgemeines

Art. 11 Abs. 1 ErbSt-MA regelt die Voraussetzungen für die Antragstellung auf Einleitung eines Verständigungsverfahrens (dazu Tz. 6 OECD-MK zu Art. 11 ErbSt-MA). Die Einleitung seitens der zuständigen Behörde setzt einen Antrag einer Person voraus, die einer dem Abkommen mit dem anderen Vertragsstaat nicht entsprechenden Steuer unterliegt (Wassermeyer/*Jülicher* ErbSt-MA Art. 11 Rn. 7). Es liegt in der Natur bilateraler DBA, dass Anträge auf Verständigungsverfahren ausschließlich auf Verfahren zwischen den beiden Abkommensstaaten gerichtet sein können, auch wenn, wie zum Beispiel in Fällen unterschiedlicher Bemessungsgrundlagen, im Prinzip mehr als ein Staat eine Gegenkorrektur vornehmen müsste, um eine eingetretene Doppelbesteuerung zu lösen. In diesen Fällen wäre es grundsätzlich erforderlich, multilaterale Verfahren zu führen. Dies sehen die bilateral ausgerichteten DBA jedoch nicht vor. **316**

Art. 11 Abs. 1 ErbSt-MA gibt keinen Hinweis über die Form und den Inhalt des Antrags auf Einleitung eines Verständigungsverfahrens, so dass sich die Voraussetzungen nach dem nationalen Recht der Vertragsstaaten richten, das für Einwendungen in steuerlichen Angelegenheiten gilt. In diesem Sinne ist der Antrag in Deutschland entsprechend § 357 AO schriftlich einzureichen oder zur Niederschrift zu erklären, zudem ist der Sachverhalt darzulegen und erforderliche Unterlagen und Beweismittel beizufügen (BMF-Schreiben v. 9.10.2018, BStBl. I 2018, 1122 ff., Tz. 2.1.3 ff. und 3.3.1). Im Antrag, der formlos erfolgen kann, sollte geltend gemacht werden, dass eine dem Abkommen nicht entsprechende Besteuerung eingetreten ist oder droht. Antragsteller sind nicht dazu angehalten, die abkommenswidrige Besteuerung im Antrag nachzuweisen. Es reicht aus, wenn sie im Antrag auf Einleitung des Verständigungsverfahrens die Unterlagen beizufügen, die die abkommenswidrige Besteuerung belegen. **317**

Mindestangaben für einen Antrag auf Einleitung eines Verständigungsverfahrens finden sich in Tz 2.3.3 des BMF- Schreibens zu Verständigungsverfahren (BMF-Schreiben v. 13.7.2006, BStBl. I 2006, 461 ff.). Zur weiteren Sachverhaltsaufklärung wendet sich das BZSt üblicherweise an den Antragsteller und fordert ihn auf, erforderliche Angaben nachzureichen. Dem Antrag kommt keine aufschiebende Wirkung zu, das bedeutet er kann weder den Eintritt der Rechtskraft noch die Vollstreckung der angefochtenen Maßnahmen verhindern. **318**

2. Antragsberechtigte Person

Einen Antrag auf Einleitung eines Verständigungsverfahrens kann nach Abs. 1 S. 1 eine in einem Vertragsstaat ansässige Person stellen oder in Diskriminierungsfällen eine Person, die Staatsangehörige eines Vertragsstaats ist. Dies ergibt sich zwar nicht unmittelbar aus Abs. 1, weil dort – anders als im OECD-MA 2017 – weder die Ansässigkeit noch die Staatsangehörigkeit in Bezug genommen wird. Dies ergibt sich aber mittelbar aus Art. 4 ErbSt-MA, weil sonst das Abkommen gar nicht anwendbar wäre. Der Antrag kann allerdings in beiden Vertragsstaaten gestellt werden. **319**

Nach dem genannten BMF- Schreiben zu Verständigungsverfahren kann ein Antrag auch von nicht abkommensberechtigten Personen gestellt werden, wenn sie von einer abkommenswidrigen Belastung betroffen sind, zum Beispiel in Haftungsfällen (BMF-Schreiben v. 9.10.2018, BStBl. I 2018, 1122 ff., Tz. 2.1.2). **320**

3. Maßnahmen eines oder beider Vertragsstaaten

321 Die in Art. 11 Abs. 1 S. 1 ErbSt-MA in Bezug genommenen Maßnahmen können alle Handlungen oder Entscheidungen legislativer oder administrativer Art sein, die individuelle oder allgemeine Auswirkungen mit der Folge haben, dass sie zu einer abkommenswidrigen Besteuerung führen. Es kann sich mithin etwa um die Verabschiedung eines nationalen Gesetzes handeln, das zu einer dem DBA widersprechenden Besteuerung führt. Auch Betriebsprüfungen oder die Besteuerung nach Mitteilung eines Erbfalls durch den Steuerpflichtigen können entsprechende Anlässe sein.

4. Dem DBA widersprechende Besteuerung

322 Unter der Wendung „dem Abkommen nicht entsprechende Besteuerung" ist jegliche Besteuerung zu verstehen, die den Regelungen des zwischenstaatlichen Abkommens widerspricht (Tz. 9 OECD-MK zu Art. 11 ErbSt-MA; Wassermeyer/*Jülicher* ErbSt-MA Art. 11 Rn. 8 (abkommenswidrige Besteuerung als „Rechtsverletzung")). Obwohl es sich bei der Mehrheit der Fälle um Doppelbesteuerungen handeln dürfte, können auch andere der Besteuerung unterworfene Sachverhalte in zwei Vertragsstaaten einem Abkommen in diesem Sinne widersprechen. Ein Beispiel ist die höhere Besteuerung von Vermögen Nichtansässiger im Vergleich zu der Besteuerung gleichartigen Vermögens von Ansässigen (zB durch andere Steuerklassen im Sinne des Erbschaftsteuerrechts), was Art. 11 Abs. 1 ErbSt-MA entgegenstünde. Manche Abkommen setzen allerdings ausdrücklich eine Doppelbesteuerung für den Antrag auf Verständigungsverfahren voraus. Eine gegebenenfalls eintretende Doppelbesteuerung, die durch die Nichtbeachtung verfahrensrechtlicher Vorschriften entsteht, wird von Deutschland nicht als abkommenswidrige Besteuerung angesehen (BMF-Schreiben v. 9.10.2018, BStBl. I 2018, 1122ff., Tz. 2.1.7).

5. Verhältnis zu innerstaatlichen Rechtsmitteln

323 Ein Antrag auf Verständigungsverfahren kann in Deutschland entsprechend Art. 11 Abs. 1 ErbSt-MA unbeschadet innerstaatlicher Rechtsmittel gestellt werden (Wassermeyer/*Jülicher* ErbSt-MA Art. 11 Rn. 6; BMF-Schreiben v. 9.10.2018, BStBl. I 2018, 1122ff., Tz. 2.1.5; Tz. 10 OECD-MK zu Art. 11 ErbSt-MA). Das internationale Verständigungsverfahren und die nationalen Verfahren sind voneinander unabhängig und können nebeneinander oder auch nacheinander geführt werden (BFH Urt. v. 26.5.1982 – I R 16/78, BStBl. II 1982, 538ff.). Ebenso kann aus deutscher Sicht in Deutschland das Verständigungsverfahren geführt werden, ohne dass Rechtsmittel eingelegt worden sind. Ratsam ist dies indes selten. Bei rein nationalen Verfahren bleibt insbesondere die Gefahr einer Doppelbesteuerung bestehen und es ist nicht wahrscheinlich, dass in einem Verständigungsverfahren, das nach Abschluss nationaler Verfahren für weit zurückliegende Jahre geführt werden muss, eine Einigung erzielt und umgesetzt werden kann, zumal einige Vertragsstaaten aufgrund nationaler Fristen, außer im Falle der EU-Schiedskonvention, keine Möglichkeit haben, eine Verständigungsvereinbarung für Altjahre umzusetzen.

6. Zuständige Behörde

324 Der Antrag auf Einleitung eines Verständigungsverfahrens ist gemäß Art. 11 Abs. 1 ErbSt-MA bei der zuständigen Behörde eines der Vertragsstaaten zu stellen (dies ist der wesentliche Unterschied zu Art. 25 OECD-MA, wo der Antrag im Ansässigkeitsstaat beziehungsweise im Staat der Staatsangehörigkeit zu stellen ist, vgl. Wassermeyer/*Jülicher* ErbSt-MA Art. 11 Rn. 1. Hierdurch soll berücksichtigt werden, dass der Erbe nicht zwingend enge persönliche Beziehungen zum Ansässigkeitsstaat des Erblassers haben muss). Die zuständige Behörde für die Durchführung der Verständigungsverfahren oder Schiedsverfahren ist in Deutschland das BZSt in Bonn, das im Einvernehmen mit den Landesfinanzbehörden handelt (BMF-Schreiben v. 9.10.2018, BStBl. I 2018, 1122ff., Tz. 1.4). Der Antrag kann auch bei der zuständigen Landesfinanzbehörde gestellt werden, die den Antrag an das BZSt weiterleitet (BMF-Schreiben v. 9.10.2018, BStBl. I 2018, 1122ff., Tz. 2.1.4).

7. Frist

325 Das ErbSt-MA sieht als Antragsfrist eine Zeit von zwei Jahren ab der ersten Mitteilung der Maßnahme vor, die zu der abkommenswidrigen Besteuerung geführt hat, Art. 11 Abs. 1 S. 2 ErbSt-MA (Wassermeyer/*Jülicher* ErbSt-MA Art. 11 Rn. 21; Tz. 13 und 14 OECD-MK zu Art. 11 ErbSt-MA). Diese Frist soll verhindern, dass Steuerpflichtige ungebührlich lange mit der Antragstellung warten. Allerdings sollte der Fristbeginn möglichst vorteilhaft für Steuerpflichtige ausgelegt werden, das heißt dass unter „Maßnahmen der Vertragsstaaten, die dem Abkommen nicht entsprechende Besteuerung auslösen", in der Regel die Steuerbescheide zu verstehen sind. Dies hat im Ergebnis zur Folge, dass Anträge auf Verständigungsverfahren bereits bearbeitet werden, obwohl die Antragsfrist noch gar nicht begonnen

hat. Beruht die abkommenswidrige Besteuerung auf Maßnahmen beider Vertragsstaaten, ist in Deutschland die Bekanntgabe des letzten Bescheides maßgebend (BMF-Schreiben v. 9.10.2018, BStBl. I 2018, 1122 ff., Tz. 2.2.1. Zur Maßgabe innerstaatlicher Fristen vgl. Tz. 25 OECD-MK zu Art. 11 ErbSt-MA).

III. Absatz 2

1. Antragsprüfung

326 Der Antrag auf Einleitung eines Verständigungsverfahrens ist von der zuständigen Behörde zunächst daraufhin zu überprüfen, ob eine abkommenswidrige Besteuerung geltend gemacht wird und ob sonstige Gründe vorliegen, die gegen die Einleitung eines Verständigungsverfahrens vorliegen (dazu Tz. 18 OECD-MK zu Art. 11 ErbSt-MA sowie Wassermeyer/*Jülicher* ErbSt-MA Art. 11 Rn. 10). Der Steuerpflichtige hat hierzu gegebenenfalls im Rahmen seiner erhöhten Mitwirkungspflicht (§ 90 Abs. 2 AO) weitere Unterlagen zum Nachweis vorzulegen, während die zuständige Behörde, falls erforderlich, im Rahmen der internationalen Amtshilfe (Art. 12 ErbSt-MA) Ermittlungen zur Sachverhaltsaufklärung vornimmt. Nach der Rechtsprechung steht für die Entscheidung, ob und gegebenenfalls wie Handlungen im zwischenstaatlichen Bereich vorzunehmen sind, der befugten Behörde ein weiter Ermessensspielraum zu. Diese Ermessensentscheidungen können gerichtlich auf Ermessensüberschreitungen, Ermessensunterschreitungen und Ermessensfehlgebrauch hin untersucht werden, im Übrigen aber nicht in Frage gestellt werden (BFH Urt. v. 26.5.1982, BStBl. II 1982, 583 ff.). Allerdings werden in Deutschland in der Praxis kaum Anträge auf Verständigungsverfahren abgelehnt. Ein möglicher ablehnender Bescheid kann mit dem Einspruch angefochten werden. Nach erfolglosem Einspruchsverfahren ist der Rechtsweg zu den Finanzgerichten möglich. Ist das BZSt die beklagte Behörde, ist die Klage an das Finanzgericht Köln zu richten.

2. Kommunikation zwischen den Behörden

327 Ist die zuständige Behörde der Auffassung, dass eine Maßnahme des Auslands zu einer dem Abkommen nicht entsprechenden Besteuerung geführt hat oder führt, leitet sie das Verständigungsverfahren mit dem Ziel ein, die drohende oder eingetretene abkommenswidrige Besteuerung zu beseitigen. Dabei wendet sie sich in der Regel schriftlich mit einem Positionspapier an den anderen Vertragsstaat, und erläutert die nationale Rechtsauffassung. Die zuständige Behörde des anderen Vertragsstaats ist grundsätzlich verpflichtet, auf das Ersuchen einzugehen. Die übliche Praxis ist es, dass diese ebenfalls mit einem Positionspapier antwortet. Eine zeitliche Vorgabe für den Austausch von Positionspapieren gibt Abs. 2 nicht vor, doch haben einige Staaten nationale oder in bilateralen allgemeinen Verständigungsvereinbarungen vereinbarte Regelungen zu Fristen für den Austausch von Positionspapieren aufgenommen (BMF-Schreiben v. 9.10.2018, BStBl. I 2018, 1122 ff., Tz. 12).

328 Eine Einigung der Vertragsstaaten kann über den Schriftweg erfolgen, meistens ist jedoch aufgrund der Komplexität der Fälle der Einsatz einer gemeinsamen Kommission notwendig, in deren Rahmen eine Einigung herbeigeführt wird. Hierbei werden die auf beiden Seiten vorhandenen Informationen über den Fall im Rahmen des Art. 12 ErbSt-MA ausgetauscht. Verständigungsverfahren nach DBA sehen zwar keinen Einigungszwang vor, die zuständigen Behörden der Vertragsstaaten sehen es doch – zumindest in der Theorie – als ihre besondere Verpflichtung und Aufgabe an, eine dem Abkommen nicht entsprechende Besteuerung zu beheben. In erster Linie haben sie sich bei der Erarbeitung einer Verständigungslösung an ihre nationalen steuerlichen Vorschriften und die des Abkommens zu halten. Macht die strenge Anwendung dieser Vorschriften eine Einigung jedoch unmöglich, so sind im Billigkeitswege (§§ 163, 227 AO) Lösungen zu erarbeiten, die die abkommenswidrige Besteuerung aufheben und gleichzeitig für beide Staaten akzeptabel und praktikabel in der Umsetzung sind.

329 Da ein Festhalten an der innerstaatlichen Rechtsauffassung von beiden Seiten nicht mit dem Ziel der Vermeidung der Doppelbesteuerung damit nicht mit dem Abkommen vereinbar ist, erfordert eine Einigung hier die (teilweise) Aufgabe der nationalen Rechtspositionen. Die deutsche Finanzverwaltung sieht in § 175a AO die Rechtsgrundlage, um Verständigungslösungen ungeachtet nationaler Rechtsvorschriften und ungeachtet rechtskräftiger Urteile umzusetzen (BMF-Schreiben v. 9.10.2018, BStBl. I 2018, 1122 ff., Tz. 4.1). Dabei macht die deutsche Finanzverwaltung die innerstaatliche Umsetzung generell davon abhängig, dass der Steuerpflichtige der Einigung zustimmt, anhängige Rechtsmittel zurücknimmt und auf seine Rechtsbehelfe verzichtet (BMF-Schreiben v. 9.10.2018, BStBl. I 2018, 1122 ff., Tz. 4.2). Beachte insoweit die Änderung des § 175a AO durch das ATADUmsG, welche voraussichtlich für Verständigungsverfahren zu keiner Abweichung von der bisherigen Praxis führt.

330 Bei einer Einigung wird insbesondere auf die Gegenseitigkeit geachtet, wonach zum Beispiel die Zustimmung zu einer korrespondierenden Berichtigung für eine bestimmte Anzahl von Jahren nicht über die Jahre hinausgehen sollte, die der andere Staat aufgrund seiner innerstaatlichen Restriktionen im umgekehrten Fall ändern könnte. Im Rahmen der Gegenseitigkeit werden auch Vereinbarungen über

Zinsen bei Steuererstattungen (§ 233a AO) oder über Aussetzungszinsen (§ 237 AO) getroffen, wenn es zum Beispiel divergierende Regelungen gibt, die zu einer erheblichen Belastung für den Steuerpflichtigen führen, obwohl die eingetretene Doppelbesteuerung durch eine Verständigungsvereinbarung behoben wird.

3. Beendigung des Verständigungsverfahrens

331 Das Verständigungsverfahren endet entweder mit der Einigung (dazu Tz. 17 OECD-MK zu Art. 11 ErbSt-MA) oder mit dem Scheitern des Verfahrens. Im letzteren Fall hat der Steuerpflichtige das Recht, ein Schiedsverfahren einzuleiten, wenn ein zwischenstaatliches Abkommen dies vorsieht. Die Beendigung des Verständigungsverfahrens wird üblicherweise in einer Verständigungsvereinbarung schriftlich festgehalten (BMF-Schreiben v. 9.10.2018, BStBl. I 2018, 1122 ff., Tz. 3.4). Da Verständigungsvereinbarungen in der Regel fall- und zeitspezifische Spezialfälle unter bestimmten steuerlichen und wirtschaftlichen Bedingungen regeln, einigen sich beide Seiten üblicherweise darauf, sie nicht als Präzedenz für Korrekturen späterer Jahre oder für andere Verständigungsfälle anzusehen. Aus diesem Grunde werden die Verständigungsergebnisse auch nicht veröffentlicht.

332 Im Verständigungsverfahren sind die beteiligten Vertragsstaaten, vertreten durch die zuständigen Behörden, die Verfahrensparteien. Dem Steuerpflichtigen, der in dem Verfahren keine Partei ist, stehen damit keine Parteirechte zu. Er kann somit weder am Verfahren teilnehmen, noch hat er Einsichtsrechte in die Verständigungsunterlagen der zuständigen Behörden. In Deutschland ist es indes übliche Praxis, dass der Steuerpflichtige über den Stand, Fortgang und das Ergebnis des Verfahrens vom BZSt unterrichtet wird (BMF-Schreiben v. 9.10.2018, BStBl. I 2018, 1122 ff., Tz. 3.3.1). Darüber hinaus fordert das BZSt ihn gegebenenfalls auf, seine Auffassung zu den rechtlichen und tatsächlichen Aspekten seines Falls schriftlich oder mündlich zu erläutern.

4. Umsetzung der Verständigungsvereinbarung

333 Ist das Verständigungsverfahren abgeschlossen, informiert in Deutschland das BZSt den Steuerpflichtigen und das zuständige Finanzamt über den Ausgang des Verfahrens (BMF-Schreiben v. 9.10.2018, BStBl. I 2018, 1122 ff., Tz. 3.1.3., 3.3.2). Die Verständigungsvereinbarung wird nur dann umgesetzt, wenn der Steuerpflichtige der Einigung zustimmt, anhängige Rechtsmittel zurücknimmt und nach Bekanntgabe des Bescheids, der die Verständigungsvereinbarung umsetzt, auf einen Rechtsbehelf verzichtet (BMF-Schreiben v. 9.10.2018, BStBl. I 2018, 1122 ff., Tz. 4.2).

334 Der Steuerpflichtige hat der Verständigungsvereinbarung im Ganzen zuzustimmen, es besteht nicht die Möglichkeit, Teilen der Vereinbarung zuzustimmen und andere abzulehnen. Stimmt der Steuerpflichtige der Vereinbarung nicht zu, kann er die nationalen Verfahren weiterführen. Da die Verständigungsvereinbarung, in der Regel durch die Behebung der Doppelbesteuerung, die vorteilhaftere Lösung ist, entscheiden sich die Steuerpflichtigen üblicherweise für die Umsetzung der internationalen Einigung. Die zuständigen Behörden informieren sich gegenseitig über die Umsetzung der Verständigungsvereinbarung, um sicherzustellen, dass die abkommenswidrige Besteuerung tatsächlich behoben wurde beziehungsweise dass keine Doppelbesteuerung eingetreten ist.

335 Gemäß Art. 11 Abs. 2 S. 2 ErbSt-MA ist die Verständigungsvereinbarung ungeachtet der Fristen des innerstaatlichen Rechts umzusetzen, eine Vorgabe, die in Deutschland durch § 175a AO gewährleistet wird (siehe dazu *Loh/Steinert* BB 2008, 2383). Die Steuern sind entsprechend der zwischenstaatlichen Übereinkunft entweder mit erstmaligem Bescheid oder durch Änderung oder Aufhebung des Bescheides für das Veranlagungsjahr festzusetzen. Eine Umsetzung kann auch für eine entsprechende niedrigere oder höhere Veranlagung in einem anderen Steuerjahr vorgenommen werden, wenn die Verständigungsvereinbarung dies so vorsieht. Ist eine solche Möglichkeit nach nationalem Recht nicht gegeben, stellt die Verständigungsvereinbarung die speziellere Regelung dar und geht den nationalen Vorschriften vor, wenn der Steuerpflichtige ihr zustimmt und auf einen Rechtsbehelf verzichtet.

IV. Absatz 3

1. Konsultationsverfahren (Satz 1)

336 Das im ersten Satz des Art. 11 Abs. 3 ErbSt-MA angeführte sogenannte Konsultationsverfahren soll Schwierigkeiten und Zweifel allgemeiner Art bei der Auslegung und Anwendung des Abkommens beheben, die sich auf eine Gruppe von Steuerpflichtigen beziehen oder sich aufgrund von nationalen Gesetzesänderungen ergeben (dazu Tz. 28 ff. OECD-MK zu Art. 11 ErbSt-MA sowie Wassermeyer/*Jülicher* ErbSt-MA Art. 11 Rn. 23 ff.).

337 Die zuständige Behörde für Konsultationsverfahren nach Art. 11 Abs. 3 S. 1 ErbSt-MA ist in Deutschland das Bundesministerium der Finanzen. Konsultationsverfahren werden im Unterschied zu den Verständigungsverfahren nicht von den Steuerpflichtigen, sondern von den zuständigen Behörden angeregt; sie können sich auch in DBA-Verhandlungen darüber einigen, dass Anwendungsregeln im Rahmen von Verständigungsvereinbarungen erarbeitet werden. Nach dem ErbSt-MA besteht kein Anspruch auf die Durchführung des Verfahrens, es besteht auch kein Einigungszwang.

Bis zum Jahr 2010 hat der Abschluss von Verständigungsvereinbarungen als Verwaltungsvorschrift lediglich die deutschen Finanzbehörden gebunden, eine Bindung der Gerichte bestand mangels eines innerstaatlichen Zustimmungsgesetzes nicht (BFH Urt. v. 2.9.2009 – I R 90/08, BStBl. II 2010, 394 ff.). Im Rahmen des Jahressteuergesetzes 2010 wurde sodann mit § 2 Abs. 2 AO eine Verordnungsermächtigung zur Umsetzung von Konsultationsvereinbarungen geschaffen. Diese ermächtigt das Bundesministerium der Finanzen nunmehr, zur Sicherung der Gleichmäßigkeit der Besteuerung und zur Vermeidung einer Doppelbesteuerung oder doppelten Nichtbesteuerung mit Zustimmung des Bundesrates Rechtsverordnungen zur Umsetzung von Konsultationsvereinbarungen zu erlassen. **338**

2. Nicht erfasste Fälle (Satz 2)

Art. 11 Abs. 3 S. 2 ErbSt-MA ermöglicht es den zuständigen Behörden, auch solche Fälle im Rahmen der Verständigungsverfahren zu lösen, die nicht vom Abkommen erfasst sind (Tz. 33 OECD-MK zu Art. 11 ErbSt-MA). Allerdings sind darunter nur die Fälle zu verstehen, die auch unter die Steuern des Abkommens im Sinne des Art. 2 ErbSt-MA fallen. Besteht kein ErbSt-DBA, sondern lediglich ein Ertragsteuer-DBA, haben die Steuerpflichtigen also keine Möglichkeit, ein Verständigungsverfahren zu initiieren. **339**

V. Absatz 4

Art. 11 Abs. 4 ErbSt-MA gibt den zuständigen Behörden die Möglichkeit, direkt miteinander in Kontakt zu treten, ohne diplomatische Verbindungen zu benutzen (Wassermeyer/*Jülicher* ErbSt-MA Art. 11 Rn. 28 ff.; Tz. 35 OECD-MK zu Art. 11 ErbSt-MA). Die zuständigen Behörden können schriftlich, mündlich und auch in bilateralen Verhandlungen miteinander in Kontakt treten. Für letztere gibt das Abkommen oder der OECD-MK keine Regelungen vor. Es wird den zuständigen Behörden überlassen, die Anzahl der Mitglieder einer gemeinsamen Kommission zu bestimmen und die Regeln für die Sitzungen aufzustellen. **340**

Wichtig für den erfolgreichen Abschluss von Verständigungsverfahren im Rahmen von mündlichen Verhandlungen ist es, dass die Verhandlungspartner befugt sind, während der Verhandlung eine abschließende Einigung zu treffen. Haben Verhandlungspartner nach den Verhandlungen die Genehmigung einer anderen Stelle einzuholen, kann das Verständigungsergebnis in Frage gestellt werden so dass sich das Verfahren erheblich verzögern kann. Das BZSt hat keinerlei Verpflichtung, Verständigungsergebnisse bestätigen zu lassen. Allerdings stimmt es sich vor den Verhandlungen mit den zuständigen Finanzbehörden der Bundesländer und gegebenenfalls mit der Bundesbetriebsprüfung über die Sachverhalte und die Verhandlungsposition ab. Auch zieht das BZSt in komplexen Fällen die zuständigen Bundes- oder Landesbeamten zu den Verhandlungen hinzu, damit mögliche Sach- und Fachfragen während der Verhandlung beantwortet werden können (zur Freiheit des BZSt bei der Kommissionszusammensetzung Tz. 37 OECD-MK zu Art. 11 ErbSt-MA). **341**

VI. Wichtigste Abweichungen in den deutschen DBA

1. Abweichungen von Art. 11 Abs. 1 ErbSt-MA

- **DBA (E)-Schweiz:** Artikel 11 wurde nicht betitelt und enthält wie bereits oben dargelegt Nicht-Diskriminierungsregelungen für Staatsangehörige eines Vertragsstaats, Betriebsstätten und Unternehmen. Das Verständigungsverfahren ist im Art. 12 DBA (E)-Schweiz geregelt. Der Art. 12 Abs. 1 S. 1 DBA (E)-Schweiz entspricht dem Art. 11 Abs. 1 S. 1 ErbSt-MA. **342**
- **DBA (E)-USA:** Im Gegensatz zu Art. 11 ErbSt-MA enthält Art. 11 DBA (E)-USA unter anderem Regelungen betreffend die Anwendung der Anrechnungsmethode. Art. 13 Abs. 1 S. 1 DBA (E)-USA enthält keine sachlichen Abweichungen zu Art. 11 Abs. 1 S. 1 OECD-MA (E). Jedoch besagt Art. 13 Abs. 1 S. 2 DBA (E)-USA abweichend hiervon, dass der Fall einer nicht diesem Abkommen entsprechenden Besteuerung innerhalb eines Jahres nach der endgültigen Regelung oder Ablehnung eines Anspruchs auf Befreiung, Anrechnung oder Erstattung nach diesem Abkommen unterbreitet werden soll.
- **DBA (E)-Dänemark:** Art. 43 Abs. 1 DBA (E)-Dänemark enthält eine Präzisierung bezüglich der Behörde, der der Fall unterbreitet werden soll. Laut dieser Vorschrift kann der Fall einer Person bezüglich einer ungerechten Besteuerung der zuständigen Behörde des Vertragsstaats unterbreitet werden, in dem sie ansässig ist. Für den Fall von Art. 41 Abs. 1 DBA (E)-Dänemark ist das die zuständige Behörde des Vertragsstaats, dessen Staatsangehöriger die jeweilige Person ist.

- **DBA (E)-Schweden:** Der Regelungsinhalt des Art. 11 Abs. 1 S. 1 OECD-MA (E) wurde im Art. 40 Abs. 1 DBA (E)-Schweden verankert und enthält folgende Abweichungen in der Formulierung: „Ist eine Person der Auffassung, dass Maßnahmen eines Vertragsstaats oder beider Vertragsstaaten für sie zu einer Besteuerung führen oder führen werden, die diesem Abkommen nicht entspricht, so kann sie unbeschadet der nach dem innerstaatlichen Recht dieser Staaten vorgesehenen Rechtsmittel **Rechtsbehelfe** ihren Fall der zuständigen Behörde eines der beiden **des** Vertragsstaaten, **in dem sie ansässig ist, oder sofern ihr Fall von Artikel 38 Absatz 1 erfasst wird, der zuständigen Behörde des Vertragsstaats** unterbreiten, **dessen Staatsangehöriger sie ist**".

2. Abweichungen von Art. 11 Abs. 2 ErbSt-MA

343 • Die deutschen ErbSt-DBA enthalten keine entsprechende oder eine wortgleiche Regelung.

3. Abweichungen von Art. 11 Abs. 3 ErbSt-MA

344 • **DBA (E)-Schweiz:** Im Gegensatz zu Art. 11 Abs. 3 ErbSt-MA enthält Art. 12 Abs. 3 S. 2 DBA (E)-Schweiz eine Regelung betreffend die Vermeidung einer Doppelbesteuerung im Fall von Schenkungen und Zweckzuwendungen.

- **DBA (E)-Schweden:** Die Regelung des Art. 10 Abs. 3 S. 1 ErbSt-MA wurde im Art. 39 Abs. 1 S. 1 DBA (E)-Schweden niedergeschrieben und enthält folgende Abweichung in der Formulierung: „Die zuständigen Behörden der Vertragsstaaten werden sich bemühen, Schwierigkeiten oder Zweifel, die bei der Auslegung oder Anwendung des Abkommens **im allgemeinen oder im Einzelfall** entstehen, in gegenseitigem Einvernehmen zu beseitigen." Die Bestimmungen des Art. 11 Abs. 3 S. 2 OECD-MA (E) sind im Art. 39 Abs. 1 Satz 2 Halbsatz 1 DBA (E)-Schweden enthalten. Ergänzend zu Art. 11 Abs. 3 S. 2 OECD-MA (E) enthält Art. 39 Abs. 1 S. 2 Hs. 2 DBA (E)-Schweden eine Regelung, die wie folgt gefasst wurde: „oder wie durch eine besondere Vereinbarung Fragen geklärt werden, die im Zusammenhang mit den Steuern im Sinne des Abkommens stehen und die sich durch unterschiedliche Maßstäbe der Vertragsstaaten für die Besteuerungsgrundlagen oder aus anderen Gründen ergeben".

4. Abweichungen von Art. 11 Abs. 4 ErbSt-MA

345 • **DBA (E)-Frankreich:** Art. 13 Abs. 4 DBA (E)-Frankreich folgende, dem ErbSt-MA fremde Regelung: „Die zuständigen Behörden der Vertragsstaaten können gemeinsam oder getrennt alle Vorschriften erlassen und Verfahren festlegen, die zur Durchführung des Abkommens erforderlich sind".

- **DBA (E)-Dänemark:** Die Regelung des Art. 11 Abs. 4 S. 2 ErbSt-MA findet sich im Art. 44 Abs. 2 DBA (E)-Dänemark wieder.
- **DBA (E)-Schweden:** Abweichend vom ErbSt-MA spricht Art. 41 Abs. 1 DBA (E)-Schweden von einer Einigung im Sinne des Art. 39 und 40.

Art. 12 Informationsaustausch

(1) **Die zuständigen Behörden der Vertragsstaaten tauschen Informationen aus, die zur Durchführung dieses Abkommens oder des innerstaatlichen Rechts der Vertragsstaaten betreffend die unter das Abkommen fallenden Steuern erforderlich sind, soweit die diesem Recht entsprechende Besteuerung nicht dem Abkommen widerspricht. Der Informationsaustausch ist durch Artikel 1 nicht eingeschränkt. Alle Informationen, die ein Vertragsstaat erhalten hat, sind ebenso geheimzuhalten wie die aufgrund des innerstaatlichen Rechts dieses Staates beschafften Informationen und dürfen nur den Personen oder Behörden (einschließlich der Gerichte und der Verwaltungsbehörden) zugänglich gemacht werden, die mit der Veranlagung oder Erhebung, der Vollstreckung oder Strafverfolgung oder mit der Entscheidung von Rechtsmitteln hinsichtlich der unter das Abkommen fallenden Steuern befaßt sind. Diese Personen oder Behörden dürfen die Informationen nur für diese Zwecke verwenden. Sie dürfen die Informationen in einem öffentlichen Gerichtsverfahren oder einer Gerichtsentscheidung offenlegen.**

(2) **Absatz 1 ist nicht so auszulegen, als verpflichte er einen Vertragsstaat,**

a) Verwaltungsmaßnahmen durchzuführen, die von den Gesetzen oder der Verwaltungspraxis dieses oder des anderen Staates abweichen;
b) Informationen zu erteilen, die nach den Gesetzen oder im üblichen Verwaltungsverfahren dieses oder des anderen Staates nicht beschafft werden können;
c) Informationen zu erteilen, die ein Handels-, Industrie-, Gewerbe- oder Berufsgeheimnis oder ein Geschäftsverfahren preisgeben würden oder deren Erteilung dem Ordre public widerspräche.

Übersicht

I. Zweck der Vorschrift

Die fortschreitende Internationalisierung und Vernetzung von Geschäftsbeziehungen und Wirtschaftsprozessen machen den gegenseitigen Austausch von steuerlich relevanten Informationen zwischen den Finanzverwaltungen erforderlich (zum Ganzen auch im Folgenden identisch (allerdings in Bezug auf das OECD-MA 2014) Haase/*Foddanu* OECD-MA Art. 26 Rn. 1 ff. mwN). Eine entsprechende Regelung sieht der Art. 26 OECD-MA 2017 im Wesentlichen entsprechende Art. 12 ErbSt-MA vor (dazu Tz. 1 und 2 OECD-MK zu Art. 12 ErbSt-MA; Wassermeyer/*Jülicher* ErbSt-MA Art. 12 Rn. 1). Der dort geregelte Informationsaustausch in steuerlichen Angelegenheiten ist nicht auf die Durchführung des DBA beschränkt. Zwar soll die Vorschrift auch die sachgerechte Verteilung von Vermögen auf die betroffenen Länder sicherstellen, jedoch verschafft sie darüber hinaus den Finanzverwaltungen vor allem die Grundlage für die Erlangung weltweiter Informationen, die für die Beurteilung eines innerstaatlichen steuerlichen Sachverhalts erforderlich sind. Zur Sicherstellung, dass erlangte Informationen vertraulich behandelt werden und nur für Zwecke der Besteuerung verwandt werden, ist explizit eine Geheimhaltungsverpflichtung normiert (Art. 12 Abs. 1 S. 3 ErbSt-MA). Eine Hilfe bei der Steuererhebung oder Steuervollstreckung ist nicht vorgesehen (Wassermeyer/*Jülicher* ErbSt-MA Art. 12 Rn. 2; Tz. 3 OECD-MK zu Art. 12 ErbSt-MA). **346**

Der deutsche Gesetzgeber sieht entsprechende Auskunftsvereinbarungen schon seit längerem als Voraussetzung für die Inanspruchnahme besonderer Regelungen im deutschen Steuerrecht vor (*Schönfeld* DB 2008, 2217). So ist – allerdings im Ertragsteuerrecht – die gegenseitige Amtshilfe beziehungsweise Auskunftserteilung bereits in § 6 Abs. 5, § 8 Abs. 2 AStG und § 15 Abs. 6 Nr. 2 AStG idF des JStG 2009 als Voraussetzung für die Inanspruchnahme steuerlicher Regelungen vorgesehen. **347**

Die deutsche Mitteilungspraxis basiert im Wesentlichen auf der EG-Amtshilfe-Richtlinie (RL 77/799/EWG v 19.12.1977; vgl. darüber hinaus OFD München v. 25.10.2004 betr. länderspezifische Besonderheiten). Darüber hinaus beruht die deutsche Kontroll- und Mitteilungspraxis auf der Grundlage weiterer jüngerer europäischer Verordnungen: der Zusammenarbeits-Verordnung (EGVO-1798/2003) und der entsprechenden Durchführungs-Verordnung (EGVO-1925/2004). Im nationalen Recht gewährleistet § 117 AO den internationalen Informationsaustausch. Die Vorschrift zur zwischenstaatlichen Rechts- und Amtshilfe in Steuersachen soll sicherstellen, dass die inländischen Steuerbehörden sämtliche grenzüberschreitende, sachverhaltsaufklärende Informationen erlangen können, um im Inland eine gesetzmäßige und gleichmäßige Besteuerung sicherstellen zu können (*Tipke/Kruse* AO § 117 Rn. 7). **348**

II. Absatz 1

1. Art des Informationsaustausches

Art. 12 Abs. 1 S. 1 und 2 ErbSt-MA enthält die Grundregel des abkommensrechtlichen Informationsaustausches, indem der Anspruch der jeweils zuständigen Behörden auf zwischenstaatlichen Austausch von Informationen begründet wird (dazu Tz. 5 ff. OECD-MK zu Art. 12 ErbSt-MA sowie Wassermeyer/*Jülicher* ErbSt-MA Art. 12 Rn. 6). Allerdings erfolgt insoweit eine Einschränkung, dass nur für die Besteuerungszwecke voraussichtlich erhebliche Informationen ausgetauscht werden dürfen (Tz. 10 OECD-MK zu Art. 12 ErbSt-MA). **349**

Welche Behörde in dem jeweiligen Land zuständig ist, richtet sich nach den allgemeinen Begriffsbestimmungen des Art. 3 Abs. 1 Buchstabe b) ErbSt-MA (dazu Wassermeyer/*Jülicher* ErbSt-MA Art. 12 Rn. 7). Dabei darf die jeweils zuständige Behörde einen bevollmächtigten Vertreter bestimmen. **350**

Das ErbSt-MA sichert den Vertragsstaaten den sogenannte großen Auskunftsaustausch (Wassermeyer/*Jülicher* ErbSt-MA Art. 12 Rn. 8). Ausgetauscht werden hiernach Informationen, die für die Durchführung des DBA und für Durchsetzung des innerstaatlichen Besteuerungsrechts von Bedeutung sind (*Seibold* IStR 1998, 649; *Ritter* DStZ 1974, 267). Ein Auskunftsersuchen wird zur Durchführung des DBA gestellt, wenn die Auskunft für die Anwendung der Verteilungsnormen des DBA von Bedeutung ist. Will der Ansässigkeitsstaat seine Rechte im Sinne des Welteinkommensprinzips beziehungsweise der unbeschränkten Steuerpflicht durchsetzen, erfolgt die Anfrage zur Durchsetzung des innerstaatlichen **351**

Rechts. Einige DBA sehen lediglich den Informationsaustausch vor, der für die Anwendung des DBA zwingend notwendig ist (sogenannte kleine Auskunftsklausel). Im Vordergrund steht somit die Vermeidung der Doppelbesteuerung oder Doppelfreistellung, sofern ein in einem Staat ansässiger Steuerpflichtiger Vermögenswerte im Quellenstaat hat. Insofern werden lediglich Informationen ausgetauscht, die für die Begründung des Besteuerungsrechtes des einen oder anderen betroffenen Staates erforderlich sind (*Menck* DStZ 1971, 57).

352 Art. 12 Abs. 1 ErbSt-MA sieht drei Arten des Informationsaustauschs vor (dazu Tz. 7 OECD-MK zu Art. 12 ErbSt-MA sowie Wassermeyer/*Jülicher* ErbSt-MA Art. 12 Rn. 13). Zunächst sind Auskünfte auf Ersuchen und Auskünfte ohne Ersuchen zu unterscheiden. Bei den Auskünften auf Ersuchen handelt es sich um individuelle Einzelfälle. Sofern die inländische Sachverhaltsaufklärung nicht zum Ziel führt oder keinen Erfolg verspricht, kann der andere beteiligte Staat um Auskunftserteilung ersucht werden. Zuvor sind sämtliche inländischen Ermittlungsmöglichkeiten auszuschöpfen. Die Auskünfte ohne Ersuchen sind in die sogenannten Spontanauskünfte und automatische Auskünfte zu unterteilen. Da es sich um einen Informationsaustausch ohne Ersuchen handelt, ist in der Literatur auch die Rede von „internationalen Kontrollmitteilungen beziehungsweise Kontrollmitteilungen über die Grenze" (*Carl* IStR 1995, 225; *Schmidt* DB 1977, 1816). Die zuständigen Behörden erteilen unaufgefordert Spontanauskünfte, sobald zu vermuten ist, dass die Informationen für die Besteuerung im anderen Staat notwendig sein könnten (*Jonas/Pauly* DStR 1985, 560).

353 Art. 4 der EWG-Richtlinie über die gegenseitige Amtshilfe innerhalb der EU (RL 77/799/EWG v. 19.12.1977) sieht einen spontanen Informationsaustausch insbesondere für Fälle vor, in denen einer Behörde Vermutungen über Steuerverkürzungen oder über Steuerermäßigungen in einem Staat erwachsen, die eine Steuererhöhung im anderen Staat zur Folge haben könnten. Ferner erfolgt ein spontaner Informationsaustausch über Geschäftsbeziehungen, aus denen gegebenenfalls Steuerersparnisse in unterschiedlichen Mitgliedsstaaten resultieren könnten. Darüber hinaus können die zuständigen Behörden der Mitgliedstaaten den Rahmen der aufgeführten Fälle im Wege eines Konsultationsverfahrens ausdehnen. Ebenso sind Spontanauskünfte gem. § 2 Abs. 2 EGAHiG in den abschließend aufgezählten genannten Fällen zulässig (*Stork* DB 1994, 1321).

354 Ein regelmäßiger, automatischer Informationsaustausch erfolgt in der Regel routinemäßig durch den Quellenstaat gegenüber dem Ansässigkeitsstaat eines Steuerpflichtigen. Der Quellenstaat erteilt dem Ansässigkeitsstaat regelmäßig Informationen betreffend einem Steuerpflichtigen zugeordneter Vermögenswerte. Der automatische Informationsaustausch soll dem Ansässigkeitsstaat die Möglichkeit geben, zu überprüfen, ob der Steuerpflichtige sein Welteinkommen im Ansässigkeitsstaat tatsächlich für Zwecke der Besteuerung offenlegt.

355 Nach Art. 12 ErbSt-MA erfolgt ein Informationsaustausch nur, wenn die betreffenden Informationen für die Abkommensdurchführung oder die Durchführung innerstaatlicher Besteuerungsrechte voraussichtlich erheblich sind (im Ergebnis auch Wassermeyer/*Jülicher* ErbSt-MA Art. 12 Rn. 10). Eine Information gilt dann als voraussichtlich erheblich, wenn der ersuchende Staat sich die Information nicht durch eigene Nachforschungen auf seinem Staatgebiet beschaffen kann. Durch Aufnahme dieser Anforderung soll der Ermessensspielraum der Finanzbehörden insoweit eingeschränkt werden, dass die Vorschrift keine „fishing expeditions" zulässt. Ein rein spekulatives Auskunftsersuchen ist nicht statthaft. In Deutschland soll ein Auskunftsersuchen demgemäß erst angestrebt werden, wenn die inländische Sachverhaltsaufklärung nicht zum Ziel führt beziehungsweise erfolglos bleibt (§ 90 Abs. 2 AO). Erst dann soll iRd pflichtgemäßen Ermessens der inländischen Behörde unter Berücksichtigung des Grundsatzes der Verhältnismäßigkeit ein Auskunftsersuchen eingeleitet werden.

2. Geheimhaltung

356 Art. 12 Abs. 1 S. 3 ff. ErbSt-MA beinhaltet die Regelungen zur Geheimhaltungsverpflichtung betreffend die im Rahmen eines Informationsaustausches erhaltenen Informationen (dazu Tz. 9 OECD-MK zu Art. 12 ErbSt-MA). So sind die erlangten Informationen grundsätzlich vertraulich zu behandeln und der Empfängerstaat hat für die aus dem Ausland erhaltenen Informationen seine innerstaatlichen Geheimhaltungsregeln anzuwenden (Wassermeyer/*Jülicher* ErbSt-MA Art. 12 Rn. 14 ff.).

357 Nach § 30 AO haben die inländischen Steuerbehörden das Steuergeheimnis zu wahren. Allerdings lässt der Gesetzgeber die „Lockerung" des Steuergeheimnisses gem. § 30 Abs. 4 Nr. 2 AO insbesondere für den internationalen Informationsaustausch zu, sofern im auskunftsersuchenden Staat ein angemessener Datenschutz gewährleistet ist. Insoweit enthält § 3 EGAHiG eine entsprechende Rückfallklausel, die den Informationsaustausch in der Form einschränkt, dass den deutschen Behörden eine Auskunftserteilung bei mangelnden Regelungen im informationsersuchenden Staat untersagt wird. Umgekehrt unterliegen die von deutschen Finanzbehörden ihrerseits im Ausland ersuchten Informationen ebenfalls dem Steuergeheimnis.

358 Nach dem ErbSt-MA werden zunächst die Geheimhaltungsverpflichtungen nach dem nationalen Recht des jeweiligen informationsempfangenden Staates gewährleistet. Somit kann sich die Verpflichtung zur Geheimhaltung durch einen Informationstransfer über die Landesgrenze ändern. Da sich die

Informationen nicht mehr im Zuständigkeitsbereich des auskunftsgebenden Staates befinden, könnten dessen Normen nicht mehr anwendbar sein. Um den betroffenen Steuerpflichtigen dennoch ein gewisses Mindestmaß an Vertraulichkeit und Geheimhaltung sensibler Daten gewährleisten zu können, beinhaltet Art. 12 Abs. 1 S. 4 ErbSt-MA eine eigene Geheimhaltungsklausel, nach der die erlangten Informationen nur den Personen und Behörden gegenüber zugänglich gemacht werden dürfen, die mit den steuerlichen Angelegenheiten befasst sind (*Ritter* DStZ 1974, 267).

Im Rahmen des ErbSt-MA werden Gerichte explizit in den Behördenbegriff eingeschlossen. Ein solch umfassender Behördenbegriff wird allerdings nicht in allen DBA entsprechend gehandhabt. Insbesondere ältere Abkommen sehen die Weitergabe der ausgetauschten Informationen an Gerichte nicht ausdrücklich vor. Zum begünstigten Personenkreis gehört auch der Steuerpflichtige selbst, seine Vertreter oder Zeugen. Darüber hinaus wird geregelt, dass der begünstigte Personenkreis die erlangten Informationen nur für die ausdrücklich in der Vorschrift bestimmten Zwecke – nämlich ausschließlich für Zwecke der Besteuerung – verwenden darf. Das DBA soll mithin ein Mindestmaß an Geheimhaltungsverpflichtung gewährleisten, wodurch letztlich ein eigenes internationales Steuergeheimnis festgelegt wird. **359**

Für die EG-Mitgliedstaaten besteht darüber hinaus im Rahmen der EWG-Richtlinie über gegenseitige Amtshilfe eine besondere Geheimhaltungsklausel. Diese ist im Vergleich zu den DBA teilweise umfassender. So sieht sie beispielsweise vor, dass die erlangten Informationen im Rahmen auch eines nicht öffentlichen gerichtlichen Verfahrens verwandt werden dürfen (etwas abweichend Art. 12 Abs. 1 S. 5 ErbSt-MA). Allerdings ist bei öffentlichen Gerichtsverfahren zunächst die Zustimmung des auskunftsgebenden Mitgliedstaates einzuholen (Art. 7 Abs. 1 der RL 77/799/EWG). Darüber hinaus besteht für Mitgliedstaaten mit innerstaatlichen engen Geheimhaltungsverpflichtungen die Möglichkeit, diese engeren Grenzen auch dem Auskunftsersuchenden Staat aufzuerlegen. So kann die Auskunftserteilung verweigert werden, sofern der empfangende Staat nicht bereit sein sollte, die engeren Geheimhaltungsvorschriften des ersuchten Staates zu beachten (Art. 7 Abs. 2 der RL 77/799/EWG). Ferner besteht die Möglichkeit, die Zweckbestimmung der erlangten Informationen sowohl im Rahmen der RL-77/799 als auch im Rahmen der DBA zu erweitern. Die Erweiterung der Zweckbestimmung ist abkommensrechtlich grundsätzlich für bestimmte Angelegenheiten möglich. **360**

III. Absatz 2

Abs. 2 des Art. 12 ErbSt-MA trifft drei Ausnahmeregelungen von den Grundsätzen der vertraglichen Informationspflicht (dazu Wassermeyer/*Jülicher* ErbSt-MA Art. 12 Rn. 21 ff.; ebenso Tz. 10 f. OECD-MK zu Art. 12 ErbSt-MA). Zum einen sind die Staaten im Rahmen der Rückausnahmen nicht verpflichtet, für die Informationsbeschaffung gesetzeswidrige Maßnahmen einzuleiten beziehungsweise Informationen für den anfordernden Vertragsstaat zu beschaffen, die unter Anwendung der jeweiligen inländischen Vorschriften des auskunftsgebenden oder auskunftsersuchenden Staates nicht beschaffbar wären (sogenannte Gegenseitigkeitsprinzip) (Tz. 13 und 14 OECD-MK zu Art. 12 ErbSt-MA). Insofern verfolgt der Abs. 2 der Norm den Sinn, zu normieren, dass keiner der Vertragsstaaten aufgrund des DBA verpflichtet werden kann, Handlungen vorzunehmen, die weder nach seinem noch dem innerstaatlichen Recht des auskunftsersuchenden Staates oder der gängigen Verwaltungspraxis (dazu insbesondere Tz. 14 OECD-MK zu Art. 12 ErbSt-MA) zulässig beziehungsweise möglich wären. **361**

Somit bezieht sich die erste Ausnahmeregelung auf gesetzliche Einschränkungen des jeweiligen innerstaatlichen Rechts, während die zweite Ausnahmeregelung Handlungen einschränkt, die zwar nicht gesetzeswidrig sind, jedoch im Rahmen der gängigen Verwaltungspraxis nicht beschaffbar wären beziehungsweise deren Beschaffung nicht opportun wäre. Insofern müssen sich die deutschen Behörden an die inländischen Vorschriften etwa der AO halten. So untersagt § 3 Abs. 1 Nr. 1 EGAHiG die Auskunftserteilung, für Amtshandlung die im Rahmen eines Besteuerungsverfahrens nach der AO nicht vorgenommen werden könnten. Allerdings ist die Mitteilung sogenannte Zufallsfunde nach BFH-Rechtsprechung zulässig, sofern diese rechtmäßig erlangt wurden (BFH Urt. v. 4.9.2000 – I B 17/00, BStBl. II 2000, 64 ff.). **362**

Art. 12 Abs. 2 Buchstaben a)–b) ErbSt-MA beinhaltet einen besonderen Schutz für Handels-, Industrie-, Geschäfts-, Gewerbe- oder Berufsgeheimnisse betreffende Informationen (dazu Tz. 17 OECD-MK zu Art. 12 ErbSt-MA). Unter den Schutz von Wirtschafts- und Geschäftsgeheimnissen fallen insbesondere Fakten, die von erheblicher wirtschaftlicher Bedeutung sind und deren unbefugte Verwendung zu einem beträchtlichen wirtschaftlichen Schaden führen könnte (*Stahlschmidt* IStR 2003, 109). Es soll verhindert werden, dass der Informationsaustausch zur Ausspähung von Wirtschaftsgeheimnissen missbraucht wird (*Menck* DStZ 1971, 57). Daneben wird im Buchstaben c) der Regelung der Schutz der öffentlichen Ordnung (ordre public) gewährleistet, das heißt die Vertragsstaaten sollen nicht zur Erteilung von Informationen verpflichtet sein, deren Offenbarung der öffentlichen Ordnung widersprechen. Entsprechende Beispiele wären Verstöße gegen die öffentliche Ordnung in internationalen Steuerverfahren, die politisch, religiös oder durch die Abstammung des Steuerpflichtigen motiviert sind. **363**

IV. Wichtigste Abweichungen in den deutschen DBA

1. Abweichungen von Art. 12 Abs. 1 ErbSt-MA

364 • **DBA (E)-Schweiz:** Die Regelung bezüglich des Informationsaustausches ist in Art. 13 DBA (E)-Schweiz gefasst worden. Im Gegensatz zu Art. 12 Abs. 1 ErbSt-MA, der die sogenannte große Auskunftsklausel enthält (Informationsaustausch zur Durchführung des Abkommens oder des innerstaatlichen Rechts der Vertragsstaaten), wurde im Art. 13 Abs. 1 DBA (E)-Schweiz lediglich die sogenannte kleine Auskunftsklausel (Austausch nur für richtige Durchführung des Abkommens) verankert. Des Weiteren präzisiert Art. 13 Abs. 1 DBA (E)-Schweiz, dass es sich um „gemäß der Steuergesetzgebung der beiden Staaten im Rahmen der normalen Verwaltungspraxis erhältliche" Auskünfte handeln soll. Der Satz „Der Informationsaustausch ist durch Artikel 1 nicht eingeschränkt" aus Art. 12 Abs. 1 S. 2 ErbSt-MA wurde im DBA (E)-Schweiz nicht verankert.

• **DBA (E)-Frankreich:** Art. 15 Abs. 1 S. 1 DBA (E)-Frankreich verwendet die folgende Formulierung: „Die zuständigen Behörden der Vertragsstaaten tauschen Informationen aus, die zur Durchführung dieses Abkommens oder **zur Verwaltung beziehungsweise Vollstreckung** des innerstaatlichen Rechts der Vertragsstaaten betreffend die unter das Abkommen fallenden Steuern **jeder Art und Bezeichnung, die für Rechnung der Vertragsstaaten oder ihrer Gebietskörperschaften erhoben werden, voraussichtlich erheblich sind,** erforderlich sind, soweit die diesem Recht entsprechende Besteuerung nicht dem Abkommen widerspricht". Im Gegensatz zu Art. 12 Abs. 1 S. 2 ErbSt-MA verweist Art. 15 Abs. 1 S. 2 DBA (E)-Frankreich zusätzlich auf Art. 2 DBA (E)-Frankreich. Aus den Sätzen 3–5 Art. 12 Abs. 1 ErbSt-MA wurde ein separater Absatz in Art. 15 Abs. 2 DBA (E)-Frankreich. Art. 15 Abs. 2 S. 1 DBA (E)-Frankreich enthält folgende Abweichungen zu Art. 12 Abs. 1 S. 3 OECD-MA (E): „Alle Informationen, die ein Vertragsstaat **gemäß Abs. 1** erhalten hat, sind ebenso geheim zu halten wie die aufgrund des innerstaatlichen Rechts dieses Staates beschafften Informationen und dürfen nur den Personen oder Behörden (einschließlich der Gerichte und der Verwaltungsbehörden) zugänglich gemacht werden, die mit der Veranlagung oder Erhebung, der Vollstreckung oder Strafverfolgung oder mit der Entscheidung von Rechtsmitteln hinsichtlich der unter das Abkommen fallenden Steuern **in Abs. 1 genannten Steuern oder mit der Aufsicht darüber** befasst sind".

• **DBA (E)-USA:** Abweichend von Art. 12 Abs. 1 ErbSt-MA regelt Art. 12 Abs. 1 DBA (E)-USA Vermögensübertragungen an einen Nachlass oder ein Treuhandvermögen oder aus einem Nachlass oder Treuhandvermögen. Laut Art. 12 Abs. 1 DBA (E)-USA ist keiner der beiden Vertragsstaaten nach diesem Abkommen daran gehindert, seine für die Anerkennung eines Steuertatbestands maßgeblichen Bestimmungen auf Vermögensübertragungen an einen Nachlass oder ein Treuhandvermögen oder aus einem Nachlass oder aus einem Nachlass anzuwenden. Eine dem Art. 12 ErbSt-MA ähnliche Regelung wurde im Art. 14 DBA (E)-USA verankert.

2. Abweichungen von Art. 12 Abs. 2 ErbSt-MA

365 • **DBA (E)-Schweiz:** Art. 13 Abs. 1 DBA (E)-Schweiz besagt, dass der Austausch von Informationen bezüglich eines Bankgeheimnisses ausgeschlossen ist. Des Weiteren ist der letzte Halbsatz aus Art. 12 Abs. 2 Buchstabe c) ErbSt-MA im DBA (E)-Schweiz nicht vorhanden. Dagegen wurde im Art. 13 Abs. 2 DBA (E)-Schweiz festgehalten, dass aus den Bestimmungen dieses Artikels keine Verpflichtung eines der Vertragsstaaten zur Durchführung der Verwaltungsmaßnahmen, die dem Ordre public widersprechen, hervorgehen darf. Weiterhinaus wurde in Art. 13 Abs. 2 DBA (E)-Schweiz abweichend vom ErbSt-MA verankert, dass aus den Bestimmungen dieses Artikels keine Verpflichtung eines der Vertragsstaaten zur Durchführung der Verwaltungsmaßnahmen, die seiner Souveränität, seiner Sicherheit oder seinem allgemeinen Interesse zuwiderlaufen, herrühren kann.

• **DBA (E)-Dänemark:** Abweichend vom ErbSt-MA enthält Art. 37 Abs. 1 Buchstabe d) DBA (E)-Dänemark eine weitere Bedingung: „Informationen zu erteilen, die... den wesentlichen Interessen des Staates widerspräche".

• **DBA (E)-Schweden:** Der Regelungsinhalt des Art. 12 Abs. 2 Buchstabe c) ErbSt-MA wurde im Art. 36 Abs. 1 Buchstabe a) Doppelbuchstaben cc) und dd) DBA (E)-Schweden festgehalten und lautet wie folgt: „Auskünfte, vorbehaltlich des Artikels 33, sind nicht zu erteilen, wenn dies die öffentliche Ordnung beeinträchtigt, insbesondere die Geheimhaltung in einem der Vertragsstaaten nicht im Umfang des Artikels 37 gewährleistet ist; soweit die Gefahr besteht, dass dem Beteiligten durch die Preisgabe eines Handels-, Industrie-, Gewerbe- oder Berufsgeheimnisses oder eines Geschäftsverfahrens ein mit dem Zweck der Auskunftserteilung nicht zu vereinbarender Schaden entsteht".

Art. 13 Diplomaten und Konsularbeamte

Dieses Abkommen berührt nicht die steuerlichen Vorrechte, die den Diplomaten und Konsularbeamten nach den allgemeinen Regeln des Völkerrechts oder aufgrund besonderer Vereinbarungen zustehen.

I. Zweck der Vorschrift

Diplomaten und Konsularbeamte (nicht: Honorarkonsuln (sie sind von Art. 13 ErbSt-MA nicht erfasst, vgl. Tz. 5 OECD-MK zu Art. 13 ErbSt-MA. Für Honorarkonsuln gilt daher die allgemeine Regelung des Art. 66 WÜK, wonach der Honorarkonsul mit Erträgen aus dem Staat, dessen Honorarkonsul er ist, steuerbefreit ist, soweit die Erträge für die Wahrnehmung konsularischer Aufgaben zufließen. Dies schließt indes nicht aus, dass auch ein Honorarkonsul bei Erbschaften im privaten Bereich sich auf die Regelungen eines anwendbaren ErbSt-DBA berufen kann, vgl. zutreffend Wassermeyer/*Jülicher* Art. 13 ErbSt-MA Rn. 14)) sollen durch ErbSt-DBA keine steuerliche Schlechterstellung gegenüber den für sie im Übrigen geltenden allgemeinen Regeln des Völkerrechts oder besonderen zwischenstaatlichen Übereinkünften erfahren. Die Vorschrift entspricht im Wesentlichen Art. 28 OECD-MA 2017, die leichte terminologische Abweichung im Tatbestand („Diplomaten und Konsularbeamte" hier, „Mitglieder diplomatischer Missionen" dort) ist ohne inhaltliche Bedeutung (Wassermeyer/*Jülicher* ErbSt-MA Art. 13 Rn. 1). Hingegen will Art. 13 ErbSt-MA keine Begünstigung der dort genannten Personengruppe herbeiführen. Die Tz. 2 OECD-MK zu Art. 13 ErbSt-MA schlägt daher vor, eine besondere Regelung zur Vermeidung unbeabsichtigter Steuerentlastungen zu vereinbaren. **366**

II. Notwendigkeit

Die Grundfrage der Abkommensanwendung geht bei Diplomaten und Konsularbeamten dahin, ob für sie die DBA des Entsendestaates oder des Empfangsstaates gelten. Dies ist eine Frage der Auslegung insbesondere des Art. 4 Abs. 1 ErbSt-MA und damit der Bestimmung des steuerlichen Wohnsitzes. Die Crux besteht darin, dass nach dem innerstaatlichen Recht vieler OECD-Mitgliedstaaten diese Personengruppen so angesehen werden, als hätten sie ihren Wohnsitz ausschließlich im Entsendestaat, während der Empfangsstaat in der Regel ebenfalls ein Besteuerungsrecht für sich beansprucht. **367**

Häufig entspricht das Besteuerungsrecht des Empfangsstaats jedoch den Kriterien des Art. 4 Abs. 1 S. 2 ErbSt-MA und kommt damit iE meist einer lediglich beschränkten Steuerpflicht nahe. Die internationale Praxis bilateraler Vereinbarungen nimmt dies auf und weist den steuerlichen Wohnsitz meist dem Entsendestaat zu (dies entspricht auch der Empfehlung der OECD in Tz. 3 OECD-MK zu Art. 13 ErbSt-MA), was eine klare und in der Praxis verhältnismäßig einfach zu handhabende Lösung bedeutet. Zudem ist dies sachgerecht, weil die Entsendung in der Regel zeitlich befristet ist und die Bindung zum Empfangsstaat – auch bei wechselnden Einsatzorten – aus ersichtlichen Gründen gegenüber der Anbindung zum Heimatstaat zurückstehen muss (Wassermeyer/*Jülicher* ErbSt-MA Art. 13 Rn. 6). Rechtstechnisch umgekehrt, im Ergebnis aber gleichlautend sind Versuche, die Ansässigkeit im Empfangsstaat aufgrund besonderer Regelungen zu verneinen, wie es die Tz. 4 OECD-MK zu Art. 13 ErbSt-MA vorschlägt. Bei Entsendungen in Drittstaaten ergibt sich diese Rechtsfolge (Ansässigkeit ausschließlich im Entsendestaat) indes nur im Auslegungswege, so dass eine ausdrückliche Klarstellung im Vertrag geboten ist (zu den denkbaren Lösungsansätzen Wassermeyer/*Jülicher* ErbSt-MA Art. 13 Rn. 13). **368**

III. Sonderregelungen

Für Bedienstete der EU und ihrer Unterorganisationen gilt Art. 14 Abs. 2 der Protokolle über die Vorrechte und Befreiungen der EG v. 8.4.1965 (BGBl. 1965 II, 1453 (1482), geändert durch BGBl. 1992 II, 1251 (1310); BGBl. 1998 II, 386 (416)). Die Regelung entspricht dem Vorschlag der OECD in den Tz. 3 und 4 OECD-MK zu Art. 13 ErbSt-MA, wonach der steuerliche Wohnsitz ausschließlich im Heimatstaat belegen ist und der Empfangsstaat für erbschaftsteuerliche Zwecke allein das dort belegene (aus seiner Sicht) Inlandsvermögen besteuern darf. **369**

Art. 39 Abs. 4 WÜD (die allgemeine Regel des Art. 34 WÜD, die rechtstechnisch eine objektive Steuerbefreiung bewirkt (dazu bereits FG Düsseldorf Urt. v. 18.10.1973, EFG 1974, 64 ff.), gilt nur für die Einkommen- und Vermögensteuer, vgl. Buchstabe c) der Vorschrift) nimmt bewegliches Vermögen von Diplomaten im Empfangsstaat von der Besteuerung mit Erbschaftsteuer aus, wenn sich der Erblasser nur in Ausübung seiner diplomatischen Mission in diesem Staat aufgehalten hat. Die Regelung wirkt nur punktuell (die innerstaatlichen Regelungen der OECD-Mitgliedstaaten sehen häufig vor, dass die **370**

Steuerbefreiung nur während eines aktiven Dienstverhältnisses greift (vgl. etwa auch § 2 Abs. 1 Nr. 1 S. 2 Buchstabe c) ErbStG)), behandelt also nicht die Besteuerung im Heimatstaat oder die Besteuerung unbeweglichen Vermögens. Sie wird aber über Art. 37 Abs. 1 WÜD auch auf Ehepartner, Kinder und Haushaltsangehörige erstreckt.

IV. Wichtigste Abweichungen in den deutschen DBA

371 • **DBA (E)-Schweiz:** Artikel 13 wurde nicht betitelt und enthält wie bereits oben dargelegt eine Regelung betreffend den Informationsaustausch. Eine Regelung betreffend diplomatische und konsularische Vorrechte findet man im Art. 14 DBA (E)-Schweiz. Abweichend vom ErbSt-MA ist geregelt, dass das DBA (E)-Schweiz auch Familienangehörige von Diplomaten und Konsularbeamten schützt, sowie eine Rückverweisung des Besteuerungsrechts an den Entsendestaat für den Fall enthält, dass eine Nachlass- oder Erbschaftsteuer wegen dieser Vorrechte im Empfangsstaat nicht erhoben werden kann.

- **DBA (E)-Frankreich:** Eine Regelung betreffend Vorrechte der Mitglieder diplomatischer Missionen konsularischer Vertretungen wurde im Art. 17 DBA (E)-Frankreich verankert. Art. 17 Abs. 1 DBA (E)-Frankreich stimmt wörtlich und sachlich mit Art. 13 OECD-MA (E) überein. Jedoch abweichend enthalten Art. 17 Abs. 2 und 3 DBA (E)-Frankreich besondere Bestimmungen betreffend Einschränkungen der Vorrechte der Mitglieder diplomatischer Missionen konsularischer Vertretungen. Laut Art. 17 Abs. 2 DBA (E)-Frankreich hat eine natürliche Person, die Mitglied einer diplomatischen Mission, einer konsularischen Vertretung oder einer Ständigen Vertretung einer Vertragsstaats ist, die im anderen Vertragsstaat oder in einem dritten Staat gelegen ist, ungeachtet des Art. 4 DBA (E)-Frankreich ihren Wohnsitz im Entsendestaat, wenn (a) nach dem Völkerrecht ihr Nachlass oder ihre Schenkung im Empfangsstaat mit außerhalb dieses Staates gelegenem Vermögen nicht steuerpflichtig ist und (b) der gesamte Nachlass oder die gesamte Schenkung im Entsendestaat in gleicher Weise besteuert wird wie die Nachlässe oder Schenkungen von Personen mit Wohnsitz in diesem Staat.
- **DBA (E)-USA:** Die Regelung des Art. 13 ErbSt-MA wurde im Art. 15 Abs. 1 DBA (E) verankert und wurde abweichend formuliert. Statt der Ausdrücke „Diplomaten und Konsularbeamte" und „besondere Vereinbarungen" werden die Ausdrücke „Mitglieder diplomatischer Missionen und konsularischer Vertretungen" und „besondere Übereinkünfte" verwendet. Ferner enthält Art. 15 Abs. 2 DBA (E) eine nicht im ErbSt-MA verankerte Regelung, wonach dieses Abkommen keine Anwendung für Beamte internationaler Organisationen oder Mitglieder einer diplomatischen Mission oder konsularischen Vertretung eines dritten Staates, die sich in einem Vertragsstaat befinden und nicht so behandelt werden, als hätten sie für die Zwecke der Nachlass,- Erbschaft- oder Schenkungsteuer ihren Wohnsitz in einem der Vertragsstaaten, findet.
- **DBA (E)-Dänemark:** Art. 47 Abs. 2 enthält eine Rückfallklausel in Bezug auf den Entsendestaat, Art. 47 Abs. 3 eine Regelung, die zur fiktiven Ansässigkeit im Entsendestaat führt, und Art. 47 Abs. 4 eine Regelung betreffend zwischenstaatliche Organisationen und deren Beamten, sowie diplomatisches oder konsularisches Personal von Drittstaaten.
- **DBA (E)-Schweden:** Art. 45 Abs. 2 enthält eine Rückfallklausel in Bezug auf den Entsendestaat, Art. 45 Abs. 3 eine Regelung, die zur fiktiven Ansässigkeit im Entsendestaat führt, und Art. 45 Abs. 4 eine Regelung betreffend zwischenstaatliche Organisationen und deren Beamten, sowie diplomatisches oder konsularisches Personal von Drittstaaten.

Art. 14 Ausdehnung des räumlichen Geltungsbereichs

(1) **Das Abkommen kann entweder als Ganzes oder mit den erforderlichen Änderungen [auf jeden Teil des Hoheitsgebiets (des Staates A) oder (des Staates B), der ausdrücklich von der Anwendung des Abkommens ausgeschlossen ist, oder] auf jeden anderen Staat oder jedes andere Hoheitsgebiet ausgedehnt werden, dessen internationale Beziehungen von (Staat A) oder von (Staat B) wahrgenommen werden und in dem Steuern erhoben werden, die im wesentlichen den Steuern ähnlich sind, für die das Abkommen gilt. Eine solche Ausdehnung wird von dem Zeitpunkt an und mit den Änderungen und Bedingungen, einschließlich der Bedingungen für die Beendigung, wirksam, die zwischen den Vertragsstaaten durch auf diplomatischem Weg auszutauschende Noten oder auf andere, den Verfassungen dieser Staaten entsprechende Weise vereinbart werden.**

(2) **Haben die beiden Vertragsstaaten nichts anderes vereinbart, so wird mit der Kündigung durch einen Vertragsstaat nach Artikel 16 die Anwendung des Abkommens in der in jenem Artikel vorgesehenen Weise auch [für jeden Teil des Hoheitsgebiets (des Staates A) oder (des Staates B) oder] für Staaten oder Hoheitsgebiete beendet, auf die das Abkommen nach diesem Artikel ausgedehnt worden ist.**

I. Zweck der Vorschrift

Die Regelung entspricht nahezu wortgleich Art. 30 OECD-MA 2017 und beruht auf dem Umstand, dass den Vertragsstaaten eine einfache Möglichkeit an die Hand gegeben werden soll, die Anwendung des Abkommens auf bestimmte Gebiete auszudehnen. Eine solche Ausdehnung kann aus mehreren Gründen notwendig werden, etwa wenn (1) bestimmte Hoheitsgebiete eines Vertragsstaats von vornherein von der Abkommensanwendung ausgeschlossen wurden, wenn (2) bestimmte (zB überseeische) Hoheitsgebiete zu einem späteren Zeitpunkt von vornherein in die Abkommensanwendung einbezogen werden sollen oder wenn (3) ein Staat sein Hoheitsgebiet – aus welchem Gründen auch immer – ausdehnt (etwa wenn ein anderer Staat annektiert wird). Jedenfalls hat die Ausdehnung offenkundig einen unmittelbaren Einfluss auf das wichtige Tatbestandsmerkmal „Vertragsstaat", wie es in den meisten Artikeln des ErbSt-MA Verwendung findet. **372**

Nach Auffassung der OECD entspricht die Regelung den verfassungsrechtlichen Vorgaben aller OECD-Mitgliedstaaten (Tz. 1 OECD-MK zu Art. 14 ErbSt-MA), weil sich die Frage erhebt, ob ein in innerstaatliches Recht umgesetztes DBA durch einen einseitigen Akt des Vertragspartners (ggf. mit anschließendem Notenwechsel) inhaltlich verändert werden kann. Für Deutschland ist zu konstatieren, dass die Ausdehnung des Hoheitsgebiets eines Vertragspartners beziehungsweise die Ausdehnung des Abkommens durch den Vertragspartner bezogen auf die Geltungskraft des DBA in Deutschland nach der wohl herrschender Meinung eines Änderungsgesetzes (Zustimmungsgesetz nach Art. 59 Abs. 2 GG) bedarf (vgl. Art. 14 Abs. 1 S. 2 ErbSt-MA aE) (Wassermeyer/*Jülicher* ErbSt-MA Art. 14 Rn. 5). **373**

II. Voraussetzungen/Ausdehnung

In seiner 1. Alt. setzt Art. 14 Abs. 1 S. 1 ErbSt-MA voraus, dass das Abkommen entweder als Ganzes oder mit den erforderlichen Änderungen auf jeden Teil des Hoheitsgebiets eines Vertragsstaates, der ausdrücklich von der Anwendung des Abkommens ausgeschlossen ist, ausgedehnt werden kann. Entsprechend ist die 2. Alt. so formuliert, dass das Abkommen auf jeden anderen Staat oder jedes andere Hoheitsgebiet ausgedehnt werden kann, dessen internationale Beziehungen von einem Vertragsstaat wahrgenommen werden. Für beide Alternativen gilt, dass es sich um „Steuern ähnlicher Art" handeln muss, was wie bei Art. 2 Abs. 4 ErbSt-MA zu verstehen ist (wie hier Wassermeyer/*Jülicher* ErbSt-MA Art. 14 Rn. 6). **374**

Die Ausdehnung des zwischen zwei Vertragsstaaten bestehenden DBA muss im Ganzen erklärt werden. Eine nur teilweise Ausdehnung in dem Sinne, dass nur einzelne Artikel auf das erweiterte Hoheitsgebiet für anwendbar erklärt werden, ist von Art. 14 Abs. 1 ErbSt-MA nicht gedeckt (Tz. 2 OECD-MK zu Art. 14 OECD-MA). Die Ausdehnung muss von dem jeweiligen Staat ausdrücklich erklärt werden. Sie wird von dem Zeitpunkt an und mit den Änderungen und Bedingungen wirksam, die zwischen den Vertragsstaaten durch auf diplomatischem Weg auszutauschende Noten oder auf andere, den Verfassungen dieser Staaten entsprechende Weise vereinbart werden. **375**

III. Kündigung

Art. 14 Abs. 2 ErbSt-MA kommt lediglich eine deklaratorische Bedeutung zu. Die Bestimmung stellt klar, dass im Fall der ordentlichen Kündigung nach Art. 16 des Abkommens diese Kündigung auch für jene Hoheitsgebiete gelten soll, die nach Art. 14 Abs. 1 ErbSt-MA erst in das Abkommen einbezogen worden sind. Das dies selbstverständlich ist, zeigt schon der Umkehrschluss aus Art. 14 Abs. 1: Wenn die Ausdehnung des Abkommens nur im Ganzen möglich ist, muss dies auch für die Kündigung gelten. Auch Art. 16 ErbSt-MA enthält keine diesbezügliche Einschränkung, denn gekündigt werden kann lediglich „ein" bestehendes DBA. Art. 14 ErbSt-MA führt indes nicht dazu, dass wir es mit zwei verschiedenen DBA zu tun hätten; vielmehr wird das ursprünglich geschlossene Abkommen nur in seinem Anwendungsbereich auf weitere Hoheitsgebiete erstreckt. Insoweit besteht Abkommensidentität, so dass für die Kündigung die allgemeinen Regeln gelten (wie hier Wassermeyer/*Jülicher* ErbSt-MA Art. 14 Rn. 8). Abweichende Vereinbarungen der Vertragsstaaten bleiben unberührt (vgl. den Eingangssatz von Art. 14 Abs. 2 ErbSt-MA sowie Tz. 2 OECD-MK zu Art. 14 OECD-MA). **376**

IV. Wichtigste Abweichungen in den deutschen DBA

1. Abweichungen von Art. 14 Abs. 1 ErbSt-MA

- **DBA (E)-USA:** Art. 16 DBA (E)-USA enthält die sogenannte Berlinklausel. **377**
- **DBA (E)-Dänemark:** Art. 48 Abs. 1 DBA (E)-Dänemark enthält einige Abweichungen in der Formulierung zu Art. 14 Abs. 1 ErbSt-MA: „(1) **Dieses** Abkommen kann entweder als Ganzes oder

mit den erforderlichen Änderungen [auf jeden Teil des Hoheitsgebiets (des Staates A) oder (des Staates B) **der Vertragsstaaten ausgedehnt werden,** der ausdrücklich von der Anwendung des Abkommens ausgeschlossen ist, oder] auf jeden anderen Staat oder jedes andere Hoheitsgebiet ausgedehnt werden, dessen internationale Beziehungen von (Staat A) oder von (Staat B) wahrgenommen werden und in dem Steuern erhoben werden, die im wesentlichen den Steuern ähnlich sind, für die das Abkommen gilt. Eine solche Ausdehnung wird von dem Zeitpunkt an und mit den Änderungen und Bedingungen, einschließlich der Bedingungen für die Beendigung, wirksam, die zwischen den Vertragsstaaten durch auf diplomatischem Weg auszutauschende Noten oder auf andere, den Verfassungen dieser Staaten entsprechende Weise vereinbart werden."

2. Abweichungen von Art. 14 Abs. 2 ErbSt-MA

378 • **DBA (E)-Dänemark:** Abweichungen in Art. 48 Abs. 2 DBA (E)-Dänemark zu Art. 14 Abs. 2 ErbSt-MA ergeben sich aus den Unterschieden zwischen Art. 16 ErbSt-MA und Art. 50 DBA (E)-Dänemark.

Art. 15 Inkrafttreten

(1) **Dieses Abkommen bedarf der Ratifikation; die Ratifikationsurkunden werden so bald wie möglich in … ausgetauscht.**

(2) **Das Abkommen tritt mit dem Austausch der Ratifikationsurkunden in Kraft, und seine Bestimmungen finden Anwendung**

a) (in Staat A): …
b) (in Staat B): …

I. Kommentierung

379 Die Vorschrift entspricht Art. 31 OECD-MA 2017 und betrifft allein das Inkrafttreten des DBA selbst, nicht aber dessen innerstaatliche Umsetzung beziehungsweise in Deutschland das Inkrafttreten des Zustimmungsgesetzes. Ist ein Ratifikationsprozess vorgesehen, so bestimmt Art. 15 Abs. 2 ErbSt-MA den Zeitpunkt des Austausches der Ratifikationsurkunden als Zeitpunkt des Inkrafttretens. Dieser Zeitpunkt kann theoretisch auch in der Vergangenheit liegen (Wassermeyer/*Jülicher* ErbSt-MA Art. 15, 16 Rn. 4), was aber praktisch kaum jemals vorkommt (eine Rückwirkung der erstmaligen Anwendung eines DBA im Übrigen ist hingegen sehr wohl möglich und kommt auch praktisch vor; dazu sogleich). Nicht selten wird auch ein Datum des Inkrafttretens bezeichnet, auch der Tag des vertraglichen Abschlusses des DBA kann als solch ein Zeitpunkt gewählt werden (ggf. benötigen einige Vertragsstaaten noch eine zusätzliche Bestimmung darüber, welche Organe der Ratifikation zuzustimmen haben, vgl. Tz. 2 OECD-MK zu Art. 15, 16 OECD-MA).

380 Hiervon zu trennen ist die Frage der erstmaligen Anwendung des DBA, die sich allein nach dem nationalen Recht der Vertragsstaaten beantwortet. In der Praxis wird jedoch häufig auf den in dem DBA genannten erstmaligen Anwendungszeitpunkt Bezug genommen (Wassermeyer/*Jülicher* ErbSt-MA Art. 15, 16 Rn. 4. Dies garantiert, dass das DBA auch in beiden Vertragsstaaten zu demselben Zeitpunkt Gültigkeit beansprucht. Gleichwohl kann es auch zu einem zeitversetzten Inkrafttreten kommen, vgl. ausdrücklich Tz. 3 OECD-MK zu Art. 15, 16 OECD-MA). Dieser Stichtag ist insbesondere bei den ErbSt-DBA von besonderer Bedeutung, weil der Erbfall beziehungsweise der Tod des Erblassers – anders als im Bereich der Ertragsteuern – naturgemäß ebenfalls auf einen bestimmten Zeitpunkt fällt. Insofern bietet sich eine Bezugnahme an (Tz. 4 OECD-MK zu Art. 15, 16 OECD-MA).

381 Sofern entweder das DBA selbst eine Rückwirkung vorsieht oder sich eine solche aus dem innerstaatlichen Zustimmungsgesetz ergibt, kann ein DBA auch für in der Vergangenheit liegende Erbfälle anzuwenden sein. In diesem Fall empfiehlt sich zusätzlich eine Regelung über die Änderung von bestandskräftigen Steuerbescheiden (so zutreffend Wassermeyer/*Jülicher* ErbSt-MA Art. 15, 16 Rn. 5). Die Rückwirkung unterliegt, was das Zustimmungsgesetz anbelangt, den allgemeinen verfassungsrechtlichen Anforderungen an den Vertrauensschutz bei der Rückwirkung von Steuergesetzen (dazu etwa jüngst – mit allgemeingültigen Aussagen – BVerfG Urt. v. 7.7.2010 – 2 BvL 1/03, 2 BvL 57/06, 2 BvL 58/06, BVerfGE 127, 31 ff. zur rückwirkend angeordneten Ersetzung des halben Steuersatzes des § 34 Abs. 1 EStG aF für Entschädigungen für entgangene oder entgehende Einnahmen durch die sogenannte Fünftelregelung).

382 Zuweilen wird in der Art. 15 ErbSt-MA entsprechenden Vorschrift des jeweiligen DBA auch das Inkrafttreten beziehungsweise die völkerrechtliche Verbindlichkeit des Protokolls zu einem DBA erklärt (so etwa in Art. 18 Erbst-DBA Frankreich). Nur wenn das Protokoll zum förmlichen Bestandteil des

DBA erklärt wird, hat es einen verbindlichen Charakter und kann sich damit im Zweifelsfall etwa gegenüber den Erläuterungen einer lediglich unverbindlichen Denkschrift durchsetzen (Wassermeyer/*Jülicher* ErbSt-MA Art. 15, 16 Rn. 7).

II. Wichtigste Abweichungen in den deutschen DBA

1. Abweichungen von Art. 15 Abs. 1 ErbSt-MA

- **DBA (E)-USA:** Abweichend von Art. 15 ErbSt-MA regelt Art. 15 DBA (E)-USA die Verteilung der Besteuerungsrechte betreffend Mitglieder diplomatischer Missionen und konsularischer Vertretungen. Die Regelung hinsichtlich des Inkrafttretens des Abkommen wurde im Art. 17 DBA (E)-USA verankert. Im Gegensatz zu Art. 15 ErbSt-MA weist Art. 17 Abs. 1 DBA (E)-USA darauf hin, dass dieses Abkommen der Ratifikation **nach Maßgabe der geltenden Verfahrensvorschriften jedes Vertragsstaats** bedarf. **383**
- **DBA (E)-Schweiz:** Art. 15 DBA (E)-Schweiz enthält eine Regelung betreffend die sogenannte Rechtsüberleitung und besagt, dass mit dem Inkrafttreten dieses Abkommens das Abkommen vom 15.7.1931 zwischen dem Deutschen Reich und der schweizerischen Eidgenossenschaft zur Vermeidung der Doppelbesteuerung auf dem Gebiete der direkten Steuern und der Erbschaftsteuern in der zur Zeit gültigen Fassung außer Kraft tritt und nicht mehr Anwendung auf Nachlässe findet, auf die dieses Abkommen nach Artikel 17 Abs. 2 anzuwenden ist. Des Weiteren wurde im Art. 16 DBA (E)-Schweiz die sogenannte Berlinklausel festgehalten. Die Regelung betreffend das Inkrafttreten des DBA (E)-Schweiz wurde erst in Art. 17 niedergeschrieben und enthält in Abs. 1 keine Abweichungen zum ErbSt-MA.

2. Abweichungen von Art. 15 Abs. 2 ErbSt-MA

- **DBA (E)-Frankreich:** Im Gegensatz zu Art. 15 Abs. 2 ErbSt-MA besagt Art. 19 Abs. 2 S. 1 DBA (E)-Frankreich, dass dieses Abkommen am Tag nach dem Austausch der Ratifikationsurkunden in Kraft tritt. Des Weiteren wurde in Art. 19 Abs. 2 S. 2 DBA (E)-Frankreich Folgendes geregelt: „Die Bestimmungen dieses Abkommens finden Anwendung auf die Nachlässe von Personen, die am oder nach dem Tag des Inkrafttretens des Abkommens sterben, und auf Schenkungen, die am oder nach dem Tag des Inkrafttretens des Abkommens ausgeführt werden". Somit wurde keine Unterscheidung bezüglich des Anwendungsbereichs in den einzelnen Staaten gemacht. **384**
- **DBA (E)-USA:** Art. 17 Abs. 2 DBA (E)-USA enthält keine Unterscheidung, auf welche Steuertatbestände (Vermögen) dieses Abkommen nach seinem Inkrafttreten in den einzelnen Vertragsstaaten Anwendung findet. Darüber hinaus regelt Art. 17 Abs. 3 DBA (E)-USA die Vorgehensweise der einzelnen Vertragsstaaten für Nachlässe von Personen, die vor dem Inkrafttreten dieses Abkommen gestorben sind. Da das DBA (E)-USA durch das Protokoll vom 14.12.1998 (Inkrafttreten am 14.12.2000) geändert worden ist, sind die damit verbundenen Änderungen der Anwendungszeiträume zu beachten. Zusätzlich weist Art. 5 Abs. 3 des Protokolls zum DBA (E)-USA auf die Fristen für die Einreichung des Erstattungsantrags oder einer Erklärung im Zusammenhang mit den Änderungen des DBA (E)-USA aufgrund des Protokolls hin.

Art. 16 Kündigung

Dieses Abkommen bleibt in Kraft, solange es nicht von einem Vertragsstaat gekündigt wird. Jeder Vertragsstaat kann nach dem Jahr...... das Abkommen auf diplomatischem Weg unter Einhaltung einer Frist von mindestens sechs Monaten zum Ende eines Kalenderjahres kündigen. In diesem Fall findet das Abkommen nicht mehr Anwendung

a) (in Staat A): ...
b) (in Staat B): ...

I. Kommentierung

Die Vorschrift entspricht Art. 32 OECD-MA 2017. Ungeachtet des im Übrigen geltenden „pacta sunt servanda"-Grundsatzes entspricht es den allgemeinen Regeln des Völkerrechts, dass auch zwischenstaatliche Vereinbarungen ordentlich gekündigt werden können. Die Kündigung bewirkt als einseitige, völkerrechtsvertragliche Willenserklärung (so Wassermeyer/*Jülicher* ErbSt-MA Art. 15, 16 Rn. 10) das (zeitlich in der Regel nachfolgende) Außerkrafttreten des DBA zu einem festgelegten Zeitpunkt und erfasst das DBA zur Gänze. Die Kündigung lediglich hinsichtlich einzelner Artikel ist nicht möglich, **385** und zwar auch dann nicht, wenn die erbschaftsteuerlichen Regelungen in das ertragsteuerliche DBA integriert sind (wie im Fall von Dänemark und Schweden).

386 Die Kündigung bedarf für ihre Wirksamkeit nicht der Angabe eines Grundes. Ein solcher dürfte aber schon aus diplomatischen Erwägungen heraus stets genannt werden, es sei denn, der Grund ist offensichtlich (so etwa, wenn die Erbschaftsteuer in dem anderen Vertragsstaat abgeschafft wird, so dass Doppelbesteuerungen nicht mehr entstehen können) (so verhielt es sich beispielsweise bei der Kündigung des ErbSt-DBA mit Österreich zum 31.12.2007). Für die Zukunft wurde bereits von Jülicher vermutet, dass Deutschland gegebenenfalls auch Kündigungen mit dem alleinigen Ziel der Neuverhandlung beziehungsweise einer Verbreiterung der inländischen Bemessungsgrundlage nicht mehr ausschließen würde (Wassermeyer/*Jülicher* ErbSt-MA Art. 15, 16 Rn. 11). Die Rücknahme einer Kündigung ist bislang nicht vorgekommen. Vieles spricht dafür, sie wie einen Neuabschluss des DBA zu betrachten und damit auch eine erneute Zustimmung des deutschen Gesetzgebers nach Art. 59 Abs. 2 GG zu verlangen (Wassermeyer/*Jülicher* ErbSt-MA Art. 15, 16 Rn. 11).

387 Da ein DBA für einen gewissen Mindestzeitraum in Kraft bleiben sollte, bestimmt Art. 16 ErbSt-MA, dass das Abkommen erst nach Ablauf eines in gegenseitigem Einvernehmen festgelegten Jahres gekündigt werden kann. In der Festlegung des Jahres sind die Vertragsparteien frei, ebenso wie in dem Verzicht auf die Festlegung eines Mindestzeitraums (so Tz. 5 OECD-MK zu Art. 15, 16 OECD-MA).

II. Wichtigste Abweichungen in den deutschen DBA

388
- **DBA (E)-Frankreich:** In Gegensatz zu Art. 16 ErbSt-MA enthält Art. 16 DBA (E)-Frankreich eine Betreibungsklausel. Eine dem Art. 16 ErbSt-MA ähnliche Regelung findet man im Art. 20 DBA (E)-Frankreich. In Art. 20 S. 1 Hs. 1 DBA (E)-Frankreich wird explizit geregelt, dass das Abkommen auf unbestimmte Zeit in Kraft bleibt. Zusätzlich wurde abweichend von Art. 16 S. 2 ErbSt-MA in Art. 20 S. 1 Hs. 2 DBA (E)-Frankreich geregelt, dass das Abkommen von jedem der Vertragsstaaten **vom fünften Jahr nach dem Jahr des Inkrafttretens an bis zum 30. Juni eines jeden Kalenderjahres** auf diplomatischem Weg **schriftlich** gekündigt werden kann.
- **DBA (E)-Griechenland:** Der erste Satz aus Art. 16 ErbSt-MA ist im Art. 3 DBA (E)-Griechenland nicht enthalten. Darüber hinaus äußert sich dieser Artikel nicht zu der Frage, wie das gegenwärtige Übereinkommen gekündigt werden kann (der Ausdruck „auf diplomatischem Weg" fehlt). Außerdem wurde lediglich eine Kündigungsfrist von sechs Monaten vereinbart. Demzufolge kann das gegenwärtige Übereinkommen auch unterjährig gekündigt werden.
- **DBA (E)-Dänemark:** Abweichend von Art. 16 ErbSt-MA sieht Art. 50 DBA (E)-Dänemark keine Kündigungsfrist von mindestens 6 Monaten vor.
- **DBA (E)-Schweden:** Abweichend von Art. 16 S. 1 ErbSt-MA wurde Art. 47 S. 1 Hs. 1 DBA (E)-Schweden wie folgt formuliert: „Dieses Abkommen bleibt auf unbestimmte Zeit in Kraft, jedoch kann jeder der Vertragsstaaten **bis zum 30. Juni eines jeden Kalenderjahrs** nach Ablauf von fünf Jahren, von dem Tag des Inkrafttretens an gerechnet, das Abkommen gegenüber dem anderen Vertragsstaat auf diplomatischem Weg schriftlich kündigen". Eine Kündigungsfrist von mindestens sechs Monaten ist somit nicht vorgesehen.

C. Deutsches internationales Erbschaftsteuerrecht

I. Territoriale Abgrenzung

1. Vorbemerkungen

389 Das Erbschaftsteuergesetz verwendet als Anknüpfungsmerkmale für die persönliche Erbschaftsteuerpflicht zunächst im Wesentlichen aus dem Ertragsteuerrecht bekannte Terminologie: Angeknüpft wird, mit Modifikationen im Einzelnen, bei natürlichen Personen an den Wohnsitz und den Ort der Geschäftsleitung (§ 2 Abs. 1 Nr. 1 Buchstaben a)–c) ErbStG) und bei Körperschaftsteuersubjekten an den Sitz oder den Ort der Geschäftsleitung (§ 2 Abs. 1 Nr. 1 Buchstabe d) und Nr. 2 ErbStG). Bei der beschränkten Steuerpflicht (§ 2 Abs. 1 Nr. 3 ErbStG) wird – mangels eines inländischen Wohnsitzes, Ort des gewöhnlichen Aufenthalts, usw. – zusätzlich an das sogenannte Inlandsvermögen angeknüpft, was dem Territorialprinzip Rechnung trägt.

390 Hervorzuheben ist jedoch, dass in § 2 Abs. 1 Nr. 1 S. 2 ErbStG eine Legaldefinition des Begriffs „Inländer" enthalten ist. Bei natürlichen Personen und Körperschaften wird die unbeschränkte von der beschränkten Steuerpflicht (freilich ohne dass diese Arten der Steuerpflicht im Gesetz explizit genannt würden) danach abgegrenzt, ob der Erblasser, der Schenker oder der Erwerber ein Inländer ist. Die Einführung dieses Begriffes, der lediglich in den §§ 2, 21 und 35 ErbStG enthalten ist, bedeutet für die Gesetzesanwendung keinen Mehrwert. Die einzelnen Tatbestände der persönlichen Steuerpflicht hätten, auch in ihrer territorialen Abgrenzung, auch ohne einen Verlust an Klarheit mit den im Ertragsteuerrecht verwendeten Begriffen umschrieben werden können. Die gesetzgeberische Entscheidung ist gleichwohl zur Kenntnis zu nehmen.

Soweit in § 2 Abs. 1 Nr. 1 S. 2 Buchstabe d) und Nr. 2 ErbStG Körperschaften, Personenvereinigun- **391** gen und Vermögensmassen sowie Stiftungen und Vereine angesprochen sind, können dies im Grundsatz auch ausländische Rechtsgebilde sein, solange sie nur ihren Sitz oder ihre Geschäftsleitung im Inland haben. Ob das ausländische Rechtsgebilde einem der in den genannten Vorschriften angesprochenen inländischen Rechtsgebilde vergleichbar ist, richtet sich für steuerliche Zwecke nach ganz herrschender Meinung nach dem sogenannten Rechtstypenvergleich (zum Rechtstypenvergleich instruktiv *Frotscher,* Internationales Steuerrecht, Rn. 332 f.; Gosch/*Lambrecht* KStG § 1 Rn. 107 ff. mwN). Der Rechtstypenvergleich ist vom Reichsfinanzhof in der sogenannten Venezuela-Entscheidung (RFH Urt. v. 12.2.1930 – VI A 899/27, RStBl. 1930, 444 ff.) entwickelt worden, in der es um die Frage ging, ob eine venezolanische Kapitalgesellschaft einer inländischen Kapitalgesellschaft vergleichbar war. Er wird aber seit langem ganz allgemein bemüht, wenn es um die Einordnung ausländischer Rechtsgebilde in die Kategorien des deutschen Steuerrechts geht. Bei diesen stellt sich stets die der eigentlichen Besteuerung vorgelagerte Frage, ob sie strukturell eher einer deutschen Körperschaft vergleichbar sind und daher gegebenenfalls auf sie, nicht aber auf die dahinter stehenden Gesellschafter das KStG zur Anwendung kommt (Trennungsprinzip), oder ob sie eher die Strukturmerkmale einer Personengesellschaft deutscher Prägung aufweisen und daher nicht sie selbst, sondern nur die hinter ihnen stehenden Gesellschafter für eine Besteuerung in Betracht kommen (Transparenzprinzip).

Die Tabellen 1 und 2 im Anhang zum Betriebsstättenerlass (BMF-Schreiben v. 24.12.1999 – IV B 4 – **392** S 1300 – 111/99, BStBl. I 1999, 1076 ff.) enthalten eine umfangreiche Auflistung ausländischer Rechts- und Organisationsformen und geben die Auffassung der deutschen Finanzverwaltung wieder, ob es sich bei diesen aus der Sicht des deutschen Steuerrechts um den deutschen Kapital- oder Personengesellschaften vergleichbare Rechtsgebilde handelt (vgl. auch die Übersicht der OECD, The Application of the OECD Model Tax Convention to Partnerships, Issues in International Taxation No. 6, Annex III, 1999). Ein ausländisches Gebilde ist nach dem Rechtstypenvergleich als Körperschaft einzuordnen, wenn sich aus einer Gesamtbetrachtung der einschlägigen ausländischen Bestimmungen und der konkret zwischen den Gesellschaftern getroffenen Vereinbarungen über Organisation und Struktur des Gebildes ergibt, dass dieses rechtlich und wirtschaftlich einer inländischen Körperschaft oder sonstigen juristischen Personen vergleichbar ist. Für den Vergleich sind alle Elemente heranzuziehen, die nach deutschem Recht die anerkannten wesentlichen Strukturmerkmale einer Körperschaft ausmachen. In der Rechtsprechung und von der Finanzverwaltung anerkannt sind u. a. die folgenden Kriterien für die Durchführung des Vergleichs:

- Zentralisierte Geschäftsführung und Vertretung (Prinzip der Fremdorganschaft);
- Beschränkte Haftung;
- Freie Übertragbarkeit der Anteile;
- Mindesteinlagenverpflichtung bei der Kapitalaufbringung;
- Vollständige Rechtsfähigkeit.

Liegen bei wertender Gesamtbetrachtung diese Kriterien vor, ist das ausländische Rechtsgebilde aus **393** der Sicht des deutschen Steuerrechts nach dem KStG zu behandeln. Anderenfalls finden die Regeln über Personengesellschaften Anwendung. Beides gilt unabhängig davon, wie das Gebilde im ausländischen Zivilrecht oder Steuerrecht qualifiziert wird (systematisch daher völlig verfehlt FG Baden-Württemberg EFG 2008, 1098; das Urteil wurde in einer begrüßenswert klaren Entscheidung des BFH aufgehoben, vgl. BFH Urt. v. 20.8.2008 – I R 34/08, BStBl. II 2009, 263 ff. Kritik daran bei *Haase* IWB 2008, Fach 3, Gruppe 2, 1385–1390). Das ausländische Recht entfaltet keinerlei Bindungswirkung, sondern allenfalls eine Indizwirkung. Auch ausländische Wahlrechte, nach denen das Gebilde für eine Besteuerung als Körperschaft oder Personengesellschaft optieren kann (ein Beispiel hierfür ist die US-amerikanische Limited Liability Company (LLC), deren Gesellschafter sich über das sogenannte check-the-box-Verfahren für eine Besteuerung als Kapital- oder Personengesellschaft entscheiden können; vgl. BMF-Schreiben v. 19.3.2004 – IV B 4 – S 1301 USA – 22/04, BStBl. I 2004, 411ff und dazu *Haase* IStR 2002, 733f; *Haase* StuB 2004, 960 ff.), beeinflussen den Rechtstypenvergleich nicht. Es ist ein Vergleich allein für deutsche steuerliche Zwecke, so dass auch die Frage des Bestehens oder Nichtbestehens von DBA an dieser Stelle zunächst einmal irrelevant ist.

2. Die einzelnen Anknüpfungsmerkmale des § 2 ErbStG

a) Wohnsitz (§ 8 AO). Nach § 8 AO hat eine natürliche Person einen Wohnsitz dort, wo sie (1) eine **394** Wohnung hat und wo sie (2) diese unter Umständen innehat, die darauf schließen lassen, dass sie die Wohnung beibehalten und benutzen wird. Jede potenziell steuerpflichtige natürliche Person ist einzeln auf einen Wohnsitz hin zu untersuchen. Für Familien gelten einige Besonderheiten. So haben nicht dauernd getrenntlebende Ehegatten grundsätzlich einen Wohnsitz am Wohnort der Familie (BFH Urt.

v. 6.2.1985 – I R 23/82, BStBl. II 1985, 331 ff.), und minderjährige Kinder haben regelmäßig einen Wohnsitz am Wohnort ihrer Eltern (BFH Urt. v. 29.11.1983 – VIII R 215/79, BStBl. II 1984, 366 ff.). Nach Nr. 1 S. 2 AEAO zu § 8 AO besteht darüber hinaus die Gefahr, dass die Finanzverwaltung auch bei im Ausland ansässigen Steuerpflichtigen prüft, ob sie nicht über Familienangehörige im Inland einen eigenen Wohnsitz begründen.

395 Das Melderecht und der Wohnsitzbegriff des bürgerlichen Rechts (§ 7 BGB) sind für die Beurteilung nicht entscheidend, sondern es kommt allein auf die tatsächlichen und wirtschaftlichen Gegebenheiten (vgl. BFH Urt. v. 14.11.1969 – III R 96/68, BStBl. II 1970, 153ff: „Ob diese Voraussetzungen erfüllt sind, ist nach ständiger Rechtsprechung des RFH und des Bundesfinanzhofs (BFH) ausschließlich nach tatsächlichen und wirtschaftlichen Gesichtspunkten zu beurteilen.") und damit sozusagen auf die Rechtskraft des Faktischen an. Über das Vorliegen einer Wohnung wird auf rein objektiver Tatsachengrundlage entschieden, innere Beweggründe und die bloße Absicht, einen Wohnsitz zu begründen oder aufzugeben, fließen nicht in die Beurteilung ein (BFH Urt. v. 14.11.1969 – III R 96/68, BStBl. II 1970, 153 ff.). Nach Auffassung der Finanzverwaltung kann aber der melderechtliche Status ein Indiz für die Begründung des Wohnsitzes sein (Nr. 2 Satz 3 AEAO zu § 8 AO). Was die Art der Beschaffenheit der Wohnung anbelangt, so stellt das Gesetz keine besonderen Anforderungen auf. Jegliche Art objektiv zum Wohnen geeigneter Räume ist erforderlich und ausreichend, so dass einfachste Verhältnisse ausreichen. Es kommt nicht etwa darauf an, ob die Wohnung den Ansprüchen des Steuerpflichtigen im Übrigen genügt. Als Wohnungen sind von der Rechtsprechung schon Wohncontainer, dauerhaft gemietete Wohnwagen auf Campingplätzen, Gemeinschaftsunterkünfte auf Baustellen, Jagdhäuser, etc. angesehen worden (vgl. die Nachweise zur Rechtsprechung bei Klein/*Gersch* AO § 8 Rn. 2 und Pahlke/*Koenig* AO § 8 Rn. 9 ff.).

396 Der Steuerpflichtige muss die Wohnung innehaben. Damit ist die tatsächliche Verfügungsmacht angesprochen, was zugleich bedeutet, dass die zivilrechtlichen Verhältnisse an der Wohnung auch insoweit nicht maßgeblich sind (statt aller Klein/*Gersch* AO § 8 Rn. 3). Bereits die Möglichkeit, tatsächlich über die Wohnung verfügen zu können, wird als ausreichend angesehen (vgl. dazu die Grundsatzurteile des BFH Urt. v. 24.4.1964 – VI 236/62 U, BStBl. III 1964, 462 ff. und v. 6.3.1968 – I 38/65, BStBl. II 1968, 439 ff.). Das „Innehaben" beinhaltet ebenso wenig wie das „Beibehalten" die Notwendigkeit einer gewissen Dauer des Aufenthalts. Weder ist es erforderlich, dass der Steuerpflichtige mehrfach innerhalb eines Veranlagungszeitraums zu seinem Wohnsitz zurückkehrt (bereits ein zweimaliges Aufsuchen der Wohnung pro Veranlagungszeitraum reicht aus, vgl. BFH Urt. v. 23.11.1988 – II R 139/87, BStBl. II 1989, 182 ff.), noch ist eine bestimmte Anzahl von Tagen je Aufenthalt Voraussetzung für das Vorliegen eines Wohnsitzes (Nr. 4 S. 3 AEAO zu § 8 AO).

397 Das Vorliegen eines Wohnsitzes als Voraussetzung für die Erbschaftsteuerpflicht muss allein nach den Verhältnissen des jeweiligen Zeitraums geprüft werden, in den die Erbschaft fällt. Weder entfalten die Vorjahre eine Präjudizwirkung, noch sind die Verhältnisse in den Folgejahren von Bedeutung. Ausnahmen ergeben sich nur aus dem Gesetz (so etwa in § 2 Abs. 1 Nr. 1 S. 2 Buchstabe b) ErbStG, wo ein Fünf-Jahres-Zeitraum betrachtet werden muss).

398 Die Rechtsprechung hat eine Ausnahme zu der Regel entwickelt, dass die Motive des Steuerpflichtigen und die Dauer des Aufenthalts für das Vorliegen des Wohnsitzes unmaßgeblich sind. Sie wendet § 9 S. 2 AO auf § 8 AO analog an und hat zugleich daraus den Rückschluss gezogen, dass derjenige Steuerpflichtige keinen Wohnsitz begründet, der von vornherein eine Wohnung in der Absicht nimmt, sie weniger als sechs Monate beizubehalten und zu benutzen (vgl. den 2. Leitsatz des BFH v. 30.8.1989 – I R 215/85, BStBl. II 1989, 956 ff.: „Zur Bestimmung des Zeitmoments kann auf die Sechsmonatsfrist des § 9 S. 2 AO 1977 zurückgegriffen werden."; so im Anschluss auch die Finanzverwaltung in Nr. 4 S. 4 AEAO zu § 8 AO).

399 Was das Beibehalten der Wohnung angeht, darf die Formulierung des Gesetzes nicht dahingehend missverstanden werden, es komme doch auf die Intention des Steuerpflichtigen an, einen Wohnsitz zu begründen. Aus der Wendung „unter Umständen innehat" ist zu folgern, dass allein aus äußeren, objektiven Umständen auf den subjektiven Willen des Steuerpflichtigen zu schließen ist (statt aller *Gersch* in Klein AO § 8 Rn. 4). In den Worten „beibehalten und benutzen wird" ist dann jedenfalls insoweit auch ein Zukunftsmoment enthalten. In diesem Zusammenhang interessant ist daher die Entscheidung des BFH vom 27.8.2008 (Az.: I R 81/07, IStR 2009, 103 ff.). Das Innehaben einer Wohnung führt danach nur so lange zum Bestehen eines Wohnsitzes, wie nach dem Gesamtbild der Verhältnisse wahrscheinlich ist, dass sich das Benutzen der Wohnung in Zukunft fortsetzen wird. Auch ungeachtet einer im Inland bestehenden Wohnung, die nicht dauerhaft fremdvermietet war, gelangte der BFH im Streitfall allein aufgrund von Zeugenaussagen und objektiven Kriterien (Wohnungsnebenkosten, Stromverbrauch) zu der Annahme, dass die Steuerpflichtigen die Wohnung auf nicht nur vorübergehende Zeit nicht nutzen würden. Das Urteil betraf jedoch einen eindeutigen Wegzugsfall. Ob man daraus wirklich ableiten kann, dass ein Steuerpflichtiger, der über Wohnungen in Hamburg, Paris und London verfügt und in London melderechtlich gemeldet ist, im Inland nicht als unbeschränkt steuerpflichtig zu behandeln ist, wenn er glaubhaft belegt, dass er die Hamburger Wohnung nicht nutzen möchte, ist mE aber fraglich. Fraglich ist in diesem Zusammenhang insbesondere, was die Zeitspanne anbelangt, innerhalb derer eine Nutzung nicht „absehbar" im Sinne der BFH-Rechtsprechung ist. Diese mag bei einem Wegzügler in der Tat länger sein als bei jemandem, der zuvor noch nicht im Inland gemeldet war. Die weitere Entwicklung der Rechtsprechung in diesem Bereich bleibt abzuwarten, insbesondere was das Verhältnis und die Interdependenzen objektiver und subjektiver Umstände angeht.

Da es für die Begründung eines steuerlichen Wohnsitzes stets des Vorliegens einer Wohnung bedarf, **400** ein Steuerpflichtiger aber natürlich mehrere Wohnungen im In- und Ausland haben kann, lässt sich daraus ableiten, dass ein Steuerpflichtiger auch mehrere Wohnsitze im In- und Ausland begründen kann (BFH Urt. v. 19.3.1997 – I R 69/96, BStBl. II 1997, 447 ff.). Die steuerlichen Konsequenzen, die sich an mehrere Wohnsitze eines Steuerpflichtigen im In- und Ausland knüpfen, bemessen sich zunächst einmal unabhängig voneinander nach dem nationalen Steuerrecht der jeweils betroffenen Staaten. Ebenfalls ist es für die Begründung der deutschen unbeschränkten Erbschaftsteuerpflicht eines zusätzlich im Ausland lebenden Steuerpflichtigen unerheblich, ob ein DBA mit dem jeweiligen Staat besteht (zutreffend Klein/*Gersch* AO § 8 Rn. 8. Zumindest missverständlich daher H 1 EStR) oder ob das DBA diesen ausländischen Staat zum sogenannten Ansässigkeitsstaat im Sinne des Abkommens macht. Die unbeschränkte Steuerpflicht richtet sich allein nach nationalem Recht.

b) Gewöhnlicher Aufenthalt (§ 9 AO). Der Definition des Wohnsitzes in § 8 AO folgt in § 9 AO **401** die Definition des gewöhnlichen Aufenthalts (einführend bereits *Birk,* Steuerrecht, Rn. 673 ff.; zum gewöhnlichen Aufenthalt im Fall des Wegzugs eines Gesellschafters *Löffler/Stadler* IStR 2008, 832 ff.). Wie § 1 Abs. 1 S. 1 EStG erkennen lässt, müssen beide Anknüpfungsmerkmale für die unbeschränkte Steuerpflicht nicht kumulativ vorliegen. Das Gesetz geht vielmehr von einer Eigenständigkeit beider Varianten aus.

Die eigentliche Definition des gewöhnlichen Aufenthalts findet sich in § 9 S. 1 AO. Danach hat der **402** Steuerpflichtige einen gewöhnlichen Aufenthalt dort, wo (1) er sich aufhält und wo (2) er sich unter Umständen aufhält, die erkennen lassen, dass er an diesem Ort oder in diesem Gebiet nicht nur vorübergehend verweilt. Das „Sich-Aufhalten" meint eine physische Präsenz. Sie ist ausweislich des eindeutigen Wortlauts des Gesetzes nicht auf einen geografisch eng umgrenzten Ort festgelegt, sondern kann an verschiedenen Orten im gesamten Hoheitsgebiet der Bundesrepublik Deutschland bestehen (der Vorbehalt von Klein/*Gersch* AO § 9 Rn. 2 ist nicht nachvollziehbar. Dass unter dem „Gebiet" das gesamte Inland zu verstehen ist, ergibt sich schon aus § 1 Abs. 1 EStG; so auch *Birk,* Steuerrecht, Rn. 674: Erfasst wird gerade das nicht sesshafte Verweilen im gesamten Bundesgebiet, wie auch § 9 S. 2 AO („im Geltungsbereich dieses Gesetzes") verrät). Entsprechend sind auch die Tatbestandsmerkmale „nicht nur vorübergehend" nicht als lokale Beschränkung zu verstehen. Sie beziehen sich ebenfalls auf das gesamte Bundesgebiet.

Wie bei § 8 AO kommt es auch für den gewöhnlichen Aufenthalt nicht auf innere Absichten oder **403** Motive des Steuerpflichtigen an (vgl. zu bestimmten Ausnahmen bei der Wohnsitzaufgabe Nr. 4 AEAO zu § 9 AO). Ausschließlich maßgebend sind die objektiven Umstände (statt aller Klein/*Gersch* AO § 9 Rn. 2), die einen nicht nur vorübergehenden Aufenthalt „erkennen lassen" müssen. Aus der unterschiedlichen Zeitform gegenüber § 8 AO (dort „beibehalten und benutzen wird", hier „nicht nur vorübergehend verweilt") ergeben sich keine Änderungen. Auch § 9 AO ist ein Zukunftsmoment immanent. Wird aus den objektiven Umständen deutlich, dass der Steuerpflichtige nach seinem Plan mehr als sechs Monate im Inland verweilen will, nimmt die Rechtsprechung in Anlehnung an § 9 S. 2 AO auch im Anwendungsbereich des § 9 S. 1 AO dann einen gewöhnlichen Aufenthalt an, wenn es tatsächlich zu einer kürzeren Verweildauer gekommen ist (BFH Urt. v. 30.8.1989 – I R 215/85, BStBl. II 1989, 956 ff. und dazu Pahlke/*Koenig* AO § 9 Rn. 10 mwN).

Die Tatbestandsmerkmale „nicht nur vorübergehend" dürfen ferner nicht mit „ununterbrochen" **404** verwechselt werden. Ein ununterbrochener Aufenthalt ist nicht erforderlich, was schon aus § 9 S. 2 Hs. 2 AO folgt (ebenso BFH Urt. v. 30.8.1989 – I R 215/85, BStBl. II 1989, 956 ff.). Andererseits ist eine gewisse Stetigkeit durchaus Voraussetzung für den gewöhnlichen Aufenthalt. sogenannte Grenzpendler beziehungsweise Grenzgänger beispielsweise, die grenznah im Ausland wohnen, im Inland arbeiten und abends wieder über die Grenze zu ihrem ausländischen Wohnsitz fahren, halten sich nach herrschender Meinung nicht gewöhnlich im Inland auf (vgl. den 1. Leitsatz des BFH Urt. v. 30.8.1989 – I R 215/85, BStBl. II 1989, 956 ff.: „Sog. Grenzgänger haben im Inland nicht schon deswegen ihren gewöhnlichen Aufenthalt, weil sie sich während der Arbeitszeit im Inland aufhalten."; vgl. auch BFH Urt. v. 7.8.2008 – I R 10/07, BStBl. II 2009, 94.

Die Definition des gewöhnlichen Aufenthalts in § 9 S. 1 AO wird ergänzt durch die Fiktion des § 9 S. 2 **405** AO. Danach gilt stets und von Beginn an ein zeitlich zusammenhängender Aufenthalt von mehr als sechs Monaten Dauer als gewöhnlicher Aufenthalt, jedoch kann nach den Umständen des Einzelfalls auch eine kürzere Verweildauer zu einem gewöhnlichen Aufenthalt führen (vgl. die Nachweise in Nr. 1 S. 7 AEAO zu § 9 AO). Umgekehrt gilt die Rechtsfolge des § 9 S. 2 AO auch dann, wenn ursprünglich ein kürzerer Aufenthalt geplant war. § 9 S. 3 AO setzt den S. 2 der Vorschrift in den Fällen außer Kraft, in denen der Aufenthalt ausschließlich zu Besuchs-, Erholungs-, Kur- oder ähnlichen privaten Zwecken genommen wird und dieser nicht länger als ein Jahr dauert (dazu im Einzelnen Pahlke/*Koenig* AO § 9 Rn. 21). Aus dem Wesen des Aufenthalts schließlich folgt, dass ein Steuerpflichtiger – anders als beim Wohnsitz – stets nur einen gewöhnlichen Aufenthalt haben kann (Nr. 4 S. 1 AEAO zu § 9 AO). Die Bestimmung des gewöhnlichen Aufenthalts erfolgt unabhängig vom Bestehen oder Nichtbestehen eines DBA.

406 **c) Ort der Geschäftsleitung (§ 10 AO).** Der Ort der Geschäftsleitung wird in § 10 AO definiert als der Mittelpunkt der geschäftlichen Oberleitung (dazu bereits *Birk,* Steuerrecht, Rn. 1214). Dabei handelt es sich um den Ort, an dem kaufmännische Leitungsentscheidungen von einigem Gewicht getroffen werden und sich die Geschäftsführung ihren für die Unternehmensleitung maßgebenden Willen bildet (allgemeine Ansicht, vgl. *Koschmieder,* Geschäftsleitung, in Wacker, Lexikon der deutschen und internationalen Besteuerung, 282; *Frotscher,* Körperschaftsteuer, Rn. 94. Auf die Umsetzung dieser internen Willensbildung in externe Akte wird hingegen nicht abgestellt). Beides gilt aber nur, soweit das unternehmerische Tagesgeschäft betroffen ist. Nicht entscheidend sind strategische und unternehmenspolitische Vorgaben, auch wenn sie sich mittelbar auf das Tagesgeschäft auswirken. Der Ort der Geschäftsleitung wird allein anhand der tatsächlichen Verhältnisse ermittelt (Klein/*Gersch* AO § 10 Rn. 3; Pahlke/*Koenig* AO § 10 Rn. 5). Absprachen zwischen den Gesellschaftern oder eine Festlegung des Ortes der Geschäftsleitung im Gesellschaftsvertrag binden die Finanzverwaltung insoweit nicht (vgl. die Rechtsprechungsnachweise bei Pahlke/*Koenig* AO § 10 Rn. 4).

407 Zur Geschäftsführung zählt nach dem Steuerrecht, wer durch Gesetz oder Rechtsgeschäft dazu bestimmt ist. In Einzelfällen kann auch auf die aus dem nationalen Steuerrecht bekannte Figur des sogenannten faktischen Geschäftsführers abgestellt werden (Klein/*Gersch* AO § 10 Rn. 2. Von einem faktischen Geschäftsführer spricht man, wenn eine Person mit gewisser Stetigkeit unter Überschreitung ihrer (gesellschaftsrechtlichen) Befugnisse dauernd in den laufenden Geschäftsbetrieb eingreift und Entscheidungen trifft). Der Ort der Geschäftsleitung befindet sich in der Regel am Ort des Geschäftsbüros des Unternehmens, in dem sich die Geschäftsleitung für gewöhnlich aufhält. Fehlt ein solches Büro, lässt sich unter Umständen von der Wohnung des Geschäftsführers auf den Ort der Geschäftsleitung schließen (BFH Urt. v. 28.7.1993 – I R 15/93, BStBl. II 1994, 148 ff.). Aus dem Wortlaut des § 10 AO („der Mittelpunkt"; „Oberleitung") kann man an sich folgern, dass ein Unternehmen grundsätzlich nur einen Ort der Geschäftsleitung haben kann. Verteilt sich die Oberleitung dennoch ausnahmsweise betriebsbedingt auf mehrere Orte, kommt es auf die organisatorisch und wirtschaftlich bedeutsamste Stelle an (Pahlke/*Koenig* AO § 10 Rn. 7).

408 Der Ort der Geschäftsleitung nach § 10 AO darf nicht mit dem zivilrechtlichen Begriff des sogenannten Verwaltungssitzes verwechselt werden. Letzterer wird gemeinhin als der Ort definiert, an dem das Tagesgeschäft der Gesellschaft abgewickelt und in die Tat umgesetzt wird (vgl. die umfassenden Nachweise bei *Haase/Torwegge* DZWIR 2006, 57 (58)). Eine gesetzliche Anknüpfung gibt es dafür nicht. Da sich der Gesetzgeber nicht zu einer Definition veranlasst sah, ist die Abgrenzung von Verwaltungssitz und Ort der Geschäftsleitung nicht leicht zu handhaben und muss in der Praxis gleichsam misslingen. Sie wird aber ohnehin allenfalls in Konzernstrukturen relevant (vgl. statt vieler die Nachweise bei Staudinger/*Großfeld* IntGesR Rn. 229; Hommelhoff/*Lutter/Bayer* GmbHG § 4a Rn. 7; sehr ausführlich *Schlenker,* Gestaltungsmodelle einer identitätswahrenden Sitzverlegung über die Grenze, S. 14 f.).

409 Die Frage des Ortes der Geschäftsleitung von Kapitalgesellschaften beschäftigt die Finanzverwaltungen in der Praxis in nicht unerheblichem Maße (zur den Voraussetzungen eines inländischen Orts der Geschäftsleitung im Einzelnen *Haase,* Tax Planning International Review, 2006, 7 ff.). Während nämlich der statutarische Sitz einer Gesellschaft durch einen Blick in das jeweilige Register regelmäßig leicht zu ermitteln ist, ist eine eindeutige Feststellung des Ortes der Geschäftsleitung nicht immer ohne weiteres möglich. Dies gilt vor allem bei sogenannten ausländischen Domizil- oder Briefkastengesellschaften. Dabei handelt es sich um funktionslose oder funktionsarme Gesellschaften, die von inländischen Steuerpflichtigen meist in Niedrigsteuerländern angesiedelt und über die bestimmte Geschäftsaktivitäten geleitet werden, die bei einer Offenlegung des Sachverhalts gegenüber der Finanzverwaltung im Inland besteuert werden würden. In jedem Fall wird sich die deutsche Finanzverwaltung in einer solchen Konstellation zwei Fragen stellen: Die erste Frage betrifft die zivilrechtliche und die steuerliche Anerkennung der ausländischen Gesellschaft insgesamt. Die zweite Frage betrifft – systematisch vorgelagert – den Ort der Geschäftsleitung. Hieran kann man Zweifel haben, solange sich der Geschäftsführer in Deutschland aufhält und die Finanzverwaltung die Befürchtung haben muss, die eigentlichen Geschäftsentscheidungen hinsichtlich der ausländischen Gesellschaft würden nicht im Ausland, sondern im Inland am Wohnsitz des Geschäftsführers getroffen.

410 Zur ersten Frage: Die Frage der zivilrechtlichen Anerkennung einer ausländischen Gesellschaft richtet sich zunächst nach dem Gesellschaftsstatut (der Begriff „Gesellschaftsstatut" ist der Terminologie des Internationalen Privatrechts entnommen. Das Gesellschaftsstatut ist dasjenige Recht, nach dem die Gesellschaft „entsteht, fortbesteht und untergeht", vgl. instruktiv Staudinger/*Großfeld* IntGesR Rn. 1 und 249), welches nach den Regeln des Internationalen Privatrechts zu ermitteln ist. Im Steuerrecht jedoch gilt die sogenannte wirtschaftliche Betrachtungsweise (§§ 39 ff. AO). Danach werden ausländische Gesellschaften im Inland steuerlich nur anerkannt, wenn sie mit ausreichend wirtschaftlicher Substanz ausgestattet sind. Als normativer Anknüpfungspunkt für diese Regel mag § 50d Abs. 3 EStG dienen.

Kommt man zu dem Ergebnis, dass in der ausländischen Gesellschaft nicht genügend wirtschaftliche Substanz vorhanden ist, wird aufgrund eines angenommenen Rechtsmissbrauchs das Trennungsprinzip und damit die Abschirmwirkung der ausländischen Kapitalgesellschaft aufgehoben und die Steuerfolgen unmittelbar bei den inländischen Gesellschaftern gezogen (vgl. zuletzt wieder das BFH v. 25.2.2004 – I R 42/02, BStBl. II 2005, 14 ff und zuvor bereits das BFH Urt. v. 20.3.2002 – I R 63/99, BStBl. II 2003, 50 ff.). Man wird aber sagen können, dass bei Erfüllung der folgenden Kriterien jedenfalls von ausreichend wirtschaftlicher Substanz in der ausländischen Gesellschaft gesprochen werden kann: real existente Firmenanschrift nebst Briefpapier und Visitenkarten, ständige postalische und telefonische Erreichbarkeit von Mitarbeitern, eigene Buchführung und Ergebnisrechnung, Möglichkeit zur Vorlage von Unterlagen zur Gesellschaftsgründung (zB Registerauszüge) und zu Gesellschaftern, Möglichkeit der Vorlage von Unterlagen zum laufenden Geschäftsbetrieb (zB Wasser- und Stromrechnungen).

Zur zweiten Frage: Welche Anforderungen konkret an einen ausländischen Ort der Geschäftsleitung 411 gestellt werden und ab welcher Grenze davon auszugehen ist, dass die deutsche Finanzverwaltung mit Sicherheit eine inländische Geschäftsleitung annimmt oder gerade nicht mehr annimmt, lässt sich nur schwer vorhersagen, weil sich die Frage der tatsächlichen Leitung regelmäßig nach dem Gesamtbild der Verhältnisse beantworten wird, wie es sich der Finanzverwaltung (ggf. nach Jahren im Rahmen einer steuerlichen Außenprüfung) darstellt. Sicher ist jedoch, dass für den Fall, dass ausschließlich inländische Steuerpflichtige Geschäftsführer einer ausländischen Gesellschaft sind, erhöhte Anforderungen an die Dokumentation einer ausländischen Leitung gestellt werden würden.

Es muss sichergestellt sein, dass (1) die Gesellschaft auf dem Papier und auch rein tatsächlich aus dem 412 ausländischen Staat heraus geleitet wird und dass (2) dies gegenüber der Finanzverwaltung im Zweifelsfall auch dokumentiert werden kann. Es sollten daher – stets in Abhängigkeit vom konkreten Geschäftsgegenstand – in der ausländischen Gesellschaft die personellen und sachlichen Ressourcen vorgehalten werden, die für die tatsächliche Leitung der Gesellschaft notwendig sind. Dabei wird es sich jedenfalls um die gängigen Kommunikationsmittel handeln. Weiterhin sollten geschäftliche Entscheidungen, jedenfalls aber die wesentlichen Leitungsentscheidungen in schriftlicher Form unter Ausweis des Ortes der Entscheidung festgehalten werden. Über Vorstands- beziehungsweise Geschäftsführungssitzungen, die – mit der für den konkreten Geschäftsgegenstand erforderlichen Regelmäßigkeit – im Ausland stattfinden sollten, sind Protokolle anzufertigen, die den genauen Inhalt der Sitzung und die Beschlussfassungen wiedergeben. Insgesamt darf es sich aus der Sicht der Finanzverwaltung nicht um reine „pro forma-Sitzungen" handeln, die den Schluss nahelegen, dass die wesentlichen Entscheidungen eigentlich an anderer Stelle getroffen werden. Sofern an den Geschäftsleitungssitzungen Personen mit inländischem Wohnsitz teilnehmen, sollten die Flüge und die Dauer des Aufenthalts nachgewiesen werden.

d) Satzungssitz (§ 11 AO). Der gegenüber dem Ort der Geschäftsleitung alternative (nicht: kumu- 413 lative) Anknüpfungspunkt für die unbeschränkte Erbschaftsteuerpflicht nach § 2 Abs. 1 Nr. 1 S. 2 Buchstabe d) ErbStG ist der Sitz der Körperschaft, Personenvereinigung oder Vermögensmasse beziehungsweise nach § 2 Abs. 1 Nr. 2 ErbStG der Sitz der Stiftung oder des Vereins. § 11 AO bestimmt hierzu, dass sich der Sitz an dem Ort befindet, der durch Gesetz, Gesellschaftsvertrag, Satzung, Stiftungsgeschäft und dergleichen vorgegeben ist. Dieser Ort ist in der Regel nicht nur leicht zu ermitteln, sondern ist auch meist frei wählbar (vgl. etwa § 4a GmbHG. Zu den Beschränkungen des § 4a Abs. 2 GmbHG aF *Haase/Torwegge* DZWIR 2006, 57 ff.)) und auf einen schnellen Wechsel grundsätzlich nicht ausgerichtet. Die aus dem Zivilrecht bekannte Rechtsfigur des sogenannten fiktiven Sitzes wird nicht vom Steuerrecht übernommen. Der fiktive Sitz wird daher entweder als Scheingeschäft nach § 41 Abs. 2 AO oder als rechtsmissbräuchlich im Sinne des § 42 AO angesehen (vgl. Klein/*Gersch* AO § 11 Rn. 3; Pahlke/*Koenig* AO § 11 Rn. 3; etwas abweichend Beermann/Gosch/*Buciek* AO/FGO § 11 Rn. 8). Ebenso kann eine Körperschaft, Personenvereinigung oder Vermögensmasse grundsätzlich nur einen Sitz haben. Ein sogenannter Doppelsitz ist – auch soweit er zivilrechtlich vorgegeben beziehungsweise vereinbart ist – nur ausnahmsweise anzuerkennen (vgl. BFH Urt. v. 28.2.1990 – I R 120/86, BStBl. II 1990, 553 ff; Pahlke/*Koenig* AO § 11 Rn. 4; ablehnend Tipke/*Kruse* AO § 11 Rn. 4). Seine Rechtfertigung verdient sich dieser Grundsatz damit, dass es den Gesellschaften freisteht, nach den §§ 13 ff. HGB Zweigniederlassungen zu gründen.

II. Persönliche Steuerpflicht

1. Arten der Steuerpflicht

Das Erbschaftsteuergesetz ist systematisch so aufgebaut, dass in § 1 Abs. 1 ErbStG die sogenannten 414 steuerpflichtigen Vorgänge abschließend aufgezählt sind. Die dort in den Nr. 1–4 genannten Tatbestände werden in den §§ 3 ff. ErbStG (vor allem in den §§ 3, 7 und 8 ErbStG) näher erläutert. Das Gesetz nimmt entsprechend bei der Bestimmung der Steuerpflicht (§ 2 ErbStG) auf diese steuerpflichtigen Vorgänge Bezug. Die Feststellung der Steuerpflicht ist grundsätzlich zunächst einmal unabhängig davon vorzunehmen, wer Steuerschuldner ist (vgl. dazu § 20 ErbStG).

415 **a) Unbeschränkte Steuerpflicht (§ 2 Abs. 1 Nr. 1 und 2 ErbStG).** Die unbeschränkte Steuerpflicht tritt nach § 2 Abs. 1 Nr. 1 S. 1 ErbStG bei Erwerben von Todes wegen, Schenkungen unter Lebenden und Zweckzuwendungen (vgl. § 1 Abs. 1 Nr. 1–3 ErbStG) ein, wenn entweder (1) der Erblasser zur Zeit seines Todes oder (2) der Schenker zur Zeit der Ausführung der Schenkung oder (3) der Erwerber (das betrifft den Erbfall und die Schenkung) zur Zeit der Entstehung der Steuer (dazu § 9 ErbStG) ein sogenannter Inländer ist. Für den Sonderfall der Familienstiftung und des Familienvereins (vgl. § 1 Abs. 1 Nr. 4 ErbStG) gilt nach § 2 Abs. 1 Nr. 2 ErbStG, dass diese Rechtssubjekte ihren Sitz oder ihre Geschäftsleitung im Inland (dazu § 2 Abs. 2 ErbStG) haben müssen, um die unbeschränkte Steuerpflicht auszulösen.

416 Wer Inländer im Sinne des § 2 Abs. 1 Nr. 1 S. 2 ErbStG ist, bestimmt abschließend § 2 Abs. 1 Nr. 1 S. 2 ErbStG in einem sehr differenzierten Tatbestand. Erst auf dieser Ebene begegnen dem Rechtsanwender aus dem Ertragsteuerrecht bekannte Begriffe. Als Inländer gelten nach § 2 Abs. 1 Nr. 1 S. 2 Buchstabe a) ErbStG stets und ohne Ausnahme natürliche Personen, die im Inland einen Wohnsitz oder gewöhnlichen Aufenthalt haben (Wohnsitzprinzip), nach der in praxi weitgehend unbekannten Norm des § 2 Abs. 1 Nr. 1 S. 2 Buchstabe b) ErbStG ferner deutsche Staatsangehörige, die sich nicht länger als fünf Jahre dauernd im Ausland aufgehalten haben, ohne im Inland einen Wohnsitz zu haben (sog. erweiterte unbeschränkte Steuerpflicht) und nach § 2 Abs. 1 Nr. 1 S. 2 Buchstabe d) ErbStG Körperschaften, Personenvereinigungen und Vermögensmassen (beachte die Parallele zu § 1 KStG), die ihre Geschäftsleitung oder ihren Sitz im Inland haben. § 2 Abs. 1 Nr. 1 S. 2 Buchstabe c) ErbStG schließlich enthält als Parallelnorm zu § 1 Abs. 2 EStG einen Sondertatbestand für deutsche Auslandsbedienstete (und deren Angehörige) inländischer juristischer Personen des öffentlichen Rechts, so dass sich das sogenannte Kassenstaatsprinzip auch im Erbschaftsteuergesetz fortsetzt.

417 Ähnlich wie § 1 Abs. 3 EStG im Ertragsteuerrecht enthält § 2 Abs. 3 S. 1 ErbStG die Möglichkeit, auf Antrag zur unbeschränkten Steuerpflicht zu optieren (sog. unbeschränkte Steuerpflicht auf Antrag). Auf Antrag des Erwerbers wird demgemäß ein Vermögensanfall, zu dem Inlandsvermögen im Sinne des § 121 BewG gehört (strukturell ist damit die beschränkte Steuerpflicht iSd § 1 Abs. 1 Nr. 3 EStG gemeint), insgesamt als unbeschränkt steuerpflichtig behandelt, wenn der Erblasser zur Zeit seines Todes, der Schenker zur Zeit der Ausführung der Schenkung oder der Erwerber zur Zeit der Entstehung der Steuer (§ 9 ErbStG) seinen Wohnsitz in einem Mitgliedstaat der EU/des EWR hat. In diesem Fall sind nach § 1 Abs. 3 S. 2 ErbStG auch mehrere innerhalb von zehn Jahren vor dem Vermögensanfall und innerhalb von zehn Jahren nach dem Vermögensanfall von derselben Person anfallende Erwerbe als unbeschränkt steuerpflichtig zu behandeln und nach Maßgabe des § 14 ErbStG zusammenzurechnen (verfahrensrechtliche Fragen regelt sodann § 2 Abs. 3 S. 3 ErbStG. Die Festsetzungsfrist für die Steuer endet bei der unbeschränkten Steuerpflicht auf Antrag nicht vor Ablauf des vierten Jahres, nachdem die Finanzbehörde von dem Antrag Kenntnis erlangt. Der dort noch enthaltene Hinweis auf „Satz 2 Nummer 1“ ist ein Redaktionsversehen).

418 **b) Beschränkte Steuerpflicht (§ 2 Abs. 1 Nr. 3 ErbStG).** § 2 Abs. 1 Nr. 3 ErbStG beginnt mit der Wendung „in allen anderen Fällen“. Damit wird auf die vorstehenden Nr. 1–2 des § 2 ErbStG Bezug genommen. Die beschränkte Steuerpflicht ist damit bei der Erbschaft- und Schenkungsteuer gleichsam als Auffangtatbestand konzipiert, der immer dann eingreift, wenn die Voraussetzungen der unbeschränkten Steuerpflicht und damit namentlich die Inländereigenschaft einer der an dem steuerpflichtigen Vorgang beteiligten Personen oder Körperschaften nicht vorliegen oder es sich nicht um inländische Stiftungen oder Vereine handelt.

419 Nicht in der Literatur diskutiert wird – soweit ersichtlich – die dogmatisch interessante Frage, ob das Vorliegen von Inlandsvermögen im Sinne des § 121 BewG bereits (auch) ein Tatbestandsmerkmal der persönlichen und nicht nur eines der sachlichen Steuerpflicht ist. ME sollte die Frage aufgrund der ähnlichen Gesetzesformulierung parallel zu § 1 Abs. 4 EStG entschieden werden.

420 **c) Erweitert beschränkte Steuerpflicht (§ 4 AStG).** Die erweiterte beschränkte Steuerpflicht ist in § 4 Abs. 1 AStG geregelt (§ 4 AStG knüpft eng an die erweitere beschränkte Steuerpflicht des § 2 AStG an, weil in Staaten mit niedrigen Ertragsteuern in der Regel auch die Erbschaftsteuerbelastung niedriger ist. Instruktiv Haase/*Ettinger* AStG § 4 Rn. 24 ff.). Sie hat nach ihrem ausdrücklichen Wortlaut in persönlicher Hinsicht zwei Voraussetzungen: Erstens muss eine beschränkte Steuerpflicht nach § 2 Abs. 1 Nr. 3 ErbStG und zweitens eine erweiterte beschränkte Steuerpflicht nach § 2 Abs. 1 S. 1 AStG gegeben sein. § 2 Abs. 1 S. 1 AStG muss dabei in der Person des Erblassers oder Schenkers vorliegen (ungeachtet dessen wird die Vorschrift nur praktisch, wenn der Erwerber nicht bereits Inländer im Sinne des § 2 Abs. 1 Nr. 1 S. 2 ErbStG ist, weil sonst bereits die unbeschränkte Steuerpflicht nach § 2 Abs. 1 Nr. 1 ErbStG Platz greift, vgl. Troll/Gebel/*Jülicher* ErbStG § 2 Rn. 81), während § 2 Abs. 1 Nr. 3 ErbStG auch in der Person des Erwerbers erfüllt sein kann. Zu beachten ist, dass in § 4 Abs. 1 AStG eine Parallelnorm zur erweiterten unbeschränkten Steuerpflicht des § 2 Abs. 1 Nr. 1 S. 2 Buchstabe b) ErbStG ist und dass wegen des umfassenden Verweises auf § 2 Abs. 1 S. 1 AStG dessen zeitliche Restriktionen in Tatbestand und Rechtsfolge auch im Rahmen des § 4 Abs. 1 AStG gelten. Die erweiterte beschränkte Steuerpflicht nach § 4 Abs. 1 AStG kommt daher nach ganz herrschender

Meinung nur zur Anwendung, wenn innerhalb des Zehn-Jahres-Zeitraums nach dem Wegzug in das Ausland der Fünf-Jahres-Zeitraum des § 2 Abs. 1 Nr. 1 S. 2 Buchstabe b) ErbStG überschritten ist (Strunk/Kaminski/Köhler/*Zimmermann/Klinkertz* AStG § 4 Rn. 11; ebenso Tz. 4.0 der Grundsätze zur Anwendung des Außensteuergesetzes).

Zusammenfassend hat die erweitert beschränkte Steuerpflicht demnach die folgenden sechs Voraussetzungen, die sich aus einer Kombination von § 2 und § 4 AStG ergeben: **421**

- Der Erblasser muss in den letzten 10 Jahren vor seinem Wegzug insgesamt mindestens 5 Jahre unbeschränkt einkommensteuerpflichtig gem. § 1 Abs. 1 EStG und während dieser Zeit deutscher Staatsangehöriger gewesen sein.
- Der Erblasser muss in einem ausländischen Gebiet ansässig sein, in dem er mit seinem Einkommen nur einer niedrigen Besteuerung im Sinne des § 2 Abs. 2 AStG unterliegt. Demnach ist die Besteuerung niedrig, soweit sie bei einem steuerpflichtigen Einkommen von 77 000 EUR um mehr als $^{1}/_{3}$ geringer ist als die deutsche Einkommensteuer. Den Niedrigsteuerländern werden auch Länder gleichgestellt, die dem Steuerpflichtigen eine sogenannte Vorzugsbesteuerung gewähren (so etwa die Remittance-base-Besteuerung in Großbritannien oder die Aufwandsbesteuerung der Schweiz). Auch Länder mit „normaler Besteuerung" können als Niedrigsteuerländer qualifiziert werden, soweit im Einzelfall individuell Begünstigungen gewährt werden.
- Der Erblasser weist im Inland unmittelbar oder mittelbar wesentliche wirtschaftliche Interessen gem. § 2 Abs. 3 und 4 auf.
- Die ausländische Erbschaftsteuer auf das erweiterte Inlandsvermögen beläuft sich auf weniger als 30 % der deutschen Erbschaftsteuer hierauf.
- Der Erbfall findet in einem Zeitraum von 10 Jahren nach Wegzug statt.
- Die Anwendung des § 2 Abs. 1 AStG darf nicht aufgrund eines DBA betreffend die Einkommensteuer ausgeschlossen werden.

Die Regelung des § 5 AStG flankiert § 4 AStG auch für den Bereich der Erbschaftsteuer. Nach § 5 Abs. 1 Satz 2 AStG sind dem erweitert beschränkt Steuerpflichtigen auch Vermögenswerte einer zwischengeschalteten Gesellschaft zuzurechnen. Seit der Abschaffung der Vermögensteuer gilt diese Zurechnung von Vermögenswerten nur noch für die Erbschaft- und Schenkungsteuer. Durch die explizite Bezugnahme auf § 4 AStG wird deutlich, dass durch die Vorschrift die erweiterte beschränkte Erbschaft- und Schenkungssteuerpflicht ergänzt werden soll. Dies bezweckt, zu verhindern, dass eine Person nicht mehr der Besteuerung in Deutschland unterliegt, weil sie ihr Vermögen über eine zwischengeschaltete Gesellschaft im Ausland hält. **422**

§ 5 Abs. 1 S. 2 AStG stellt keine eigenständige Besteuerungsgrundlage dar, sie ergänzt lediglich durch Zurechnung von Vermögensgegenständen bei Personen im Sinne des § 2 AStG die Besteuerungsgrundlagen von § 4 AStG. Die Bedeutung der Regelung ist gering, da deutsche Staatsangehörige bei Wegzug aus Deutschland nach § 2 Abs. 1 Nr. 1 Buchstabe b) ErbStG ohnehin fünf weitere Jahre der erweiterten beschränkten Erbschaftsteuerpflicht unterliegen. Somit wird es in praxi vorwiegend um die Übertragung der Beteiligung an einer ausländischen zwischengeschalteten Gesellschaft durch Vererbung gehen, wenn weder Erblasser noch Erbe unbeschränkt oder erweitert beschränkt steuerpflichtig sind. **423**

§ 5 Abs. 1 S. 2 AStG verweist auf die Voraussetzungen zur Zurechnungsbesteuerung. Der Erblasser muss also die persönlichen Voraussetzungen – wie zB Deutscher, Ausscheiden aus der unbeschränkten Steuerpflicht, Wohnsitz in einem Niedrigsteuerland – erfüllen und an der zwischengeschalteten Gesellschaft beteiligt sein. Für die Qualifikation als Niedrigsteuergebiet ist dabei die jeweilige Einkommensteuer und nicht etwa die Erbschaftsteuer maßgebend (hierzu sowie zum Ganzen Haase/*Weggenmann*/*Kaiser* AStG § 5 Rn. 54 ff.). Das zuzurechnende Vermögen der zwischengeschalteten Gesellschaft ist als Betriebsvermögen iSd § 97 BewG zu behandeln. Die Zurechnung der Vermögenswerte erfolgt entsprechend dem Beteiligungsverhältnis des Erblassers an der zwischengeschalteten Gesellschaft. **424**

III. Sachliche Steuerpflicht

1. Unbeschränkte Steuerpflicht (§ 2 Abs. 1 Nr. 1 und 2 ErbStG)

a) Universalitätsprinzip. Nach § 2 Abs. 1 Nr. 1 ErbStG erfasst die unbeschränkte Steuerpflicht „den gesamten Vermögensanfall". Die Anordnung des Gesetzgebers ist unmissverständlich. Liegt einer der in § 1 Abs. 1 Nr. 1–3 ErbStG genannten steuerpflichtigen Vorgänge vor und sind die Voraussetzungen des § 2 Abs. 1 Nr. 1 ErbStG erfüllt, greift die unbeschränkte Steuerpflicht unabhängig davon ein, wo sich der Vermögensanfall verwirklicht (vgl. *Meincke* ErbStG § 2 Rn 8) oder wo das übergehende Vermögen belegen ist (dh im In- oder Ausland). Bei der unbeschränkten Erbschaftsteuerpflicht gilt daher das Universalitätsprinzip. **425**

b) Spezialfall (in- und ausländische) Familienstiftungen. aa) Erbersatzsteuer. Nach § 2 Abs. 1 Nr. 2 ErbStG iVm § 1 Abs. 1 Nr. 4 ErbStG wird von der unbeschränkten Steuerpflicht ferner **426**

das Vermögen einer Familienstiftung oder eines Familienvereins erfasst, (die örtliche Zuständigkeit richtet sich in diesem Fall nach § 35 Abs. 2 Nr. 2 ErbStG). sofern die Stiftung oder der Verein die Geschäftsleitung oder den Sitz im Inland hat. Eine Familienstiftung ist eine Stiftung, die wesentlich im Interesse einer Familie oder bestimmter Familien errichtet ist (§ 1 Abs. 1 Nr. 4 und § 15 Abs. 2 S. 1 ErbStG). Nach Auffassung der Finanzverwaltung ist eine Familienstiftung stets gegeben, wenn nach der Satzung der Stifter und seine Familie zu mehr als der Hälfte bezugs- oder anfallsberechtigt sind (vgl. Abschn. 2 II S. 1 ErbStR; § 15 Abs. 2 AStG).

427 Der BFH hingegen stellt auf die Vermögensinteressen einer Familie ab. Hierzu zählen nicht nur Bezugs- und Anfallsrechte, sondern alle unmittelbaren oder mittelbaren, nicht notwendig in Geld bezifferbaren Vermögensvorteile, die die begünstigte Familie aus dem Stiftungsvermögen zieht (BFH Urt. v. 18.11.2009 – II R 46/07, BFH/NV 2010, 898 ff.). Wesentlich im Interesse einer Familie errichtet ist eine Stiftung dann, wenn das Wesen der Stiftung nach der Satzung und gegebenenfalls dem Stiftungsgeschäft darin besteht, es der Familie zu ermöglichen, das Stiftungsvermögen zu nutzen und die Stiftungserträge aus dem gebundenen Vermögen an sich zu ziehen (BFH Urt. v. 10.12.1997, BStBl. II 1998, 114 ff.). Auf die Wahrscheinlichkeit, mit der die Destinatäre mit Unterstützungsleistungen rechnen können, kommt es hingegen richtigerweise nicht an.

428 Das Gesetz trifft in § 10 Abs. 1 S. 7 ErbStG keine weitere Einschränkung hinsichtlich der Frage, ob nur das in- oder auch das ausländische Vermögen erfasst sein soll. Da hier anders als bei § 2 Abs. 1 Nr. 1 ErbStG das Vermögen als solches besteuert wird und keine gesonderte beschränkte Steuerpflicht beispielsweise ausländischer Stiftungen und Vereine vorgesehen ist, dürfte auch das Auslandsvermögen inländischer Stiftungen und Vereine der Besteuerung unterliegen (so auch *Meincke* ErbStG § 2 Rn. 9). Gegenstand der Besteuerung sind auch solche Teile des Stiftungsvermögens, die familienfremden oder gemeinnützigen Zwecken dienen.

429 Die sogenannte Erbersatzsteuer (das BVerfG hat mit Beschluss v. 8.3.1983 die Vereinbarkeit der Erbersatzsteuer mit dem Grundgesetz bejaht, soweit sie Familienstiftungen betrifft. Auch der BFH hat die Erbersatzsteuer als rechtmäßig anerkannt (zuletzt mit Urt. v. 18.11.2009, BFH/NV 2010, 898; ebenso BFH Urt. v. 10.12.1997, BFH Urt. v. 8.4.1981)) nach § 1 Abs. 1 Nr. 4 ErbStG trifft, ungeachtet der vorstehenden Frage der Belegenheit des Vermögens, nur inländische Stiftungen (§ 2 Abs. 1 Nr. 2 ErbStG). Die Erbersatzsteuer entsteht in Zeitabständen von 30 Jahren seit dem Zeitpunkt des ersten Vermögensübergangs auf die Familienstiftung (§ 9 Abs. 1 Nr. 4 ErbStG). Die Erbersatzsteuer ist erstmals am 1.1.1984 erhoben worden, wenn der erste Vermögensübergang auf den 1.1.1954 oder auf einen früheren Zeitpunkt gefallen war (§ 9 Abs. 1 Nr. 4 S. 2 ErbStG). Der letzte Termin war entsprechend der 1.1.2014 während der nächste Termin der 1.1.2044 ist.

430 Die Berechnung der Erbersatzsteuer wird so vorgenommen, als entfalle das Gesamtvermögen der Familienstiftung auf 2 Kinder (§ 15 Abs. S. 3 ErbStG), d. h. es gelten die Steuersätze der Steuerklasse I nach dem Prozentsatz, der für die Hälfte des steuerpflichtigen Vermögens gelten würde, und es wird der Abzug des doppelten Kinderfreibetrags iHv jeweils EUR 400.000 gewährt. Schuldner der Erbersatzsteuer ist die Familienstiftung. Eine Verrentung der Erbersatzsteuer ist auf Antrag über dreißig Jahre in gleichen jährlichen Teilbeträgen vorzunehmen (§ 24 ErbStG), wobei der Verrentung ein Zinssatz in Höhe von 5,5 % zugrunde gelegt wird. gegebenenfalls kommt auch eine Stundung zu 6 % bei Betriebs-, land- und forstwirtschaftlichem Vermögen in Betracht (§ 28 ErbStG).

431 § 26 ErbStG enthält ferner die Möglichkeit einer Steuerermäßigung. In den Fällen des § 7 Abs. 1 Nr. 9 ErbStG ist auf die nach § 15 Abs. 2 S. 2 ErbStG zu ermittelnde Steuer die nach § 15 Abs. 2 S. 3 ErbStG festgesetzte Steuer anteilsmäßig anzurechnen entweder mit 50 %, wenn seit der Entstehung der anrechenbaren Steuer nicht mehr als zwei Jahre, oder mit 25 %, wenn seit der Entstehung der anrechenbaren Steuer mehr als zwei Jahre, aber nicht mehr als vier Jahre vergangen sind. Leistungen der Familienstiftung an Destinatäre sind bei der Bemessung der Steuerschuld nicht abzugsfähig (§ 10 Abs. 7 ErbStG). Die Erbersatzsteuer ist bei der Ermittlung des steuerpflichtigen Vermögens ebenfalls nicht abzugsfähig (§ 10 Abs. 8 ErbStG).

432 **bb) Ausstattung der Stiftung.** Die vermögensmäßige Ausstattung einer Stiftung kann nach neuerer Rechtslage (der RFH und der BFH hatten die erbschaft- und schenkungsteuerliche Behandlung ausländischer Trusts nach dem bisherigen Recht dahin geklärt, dass die bloße Errichtung sogenannter Testamentstrusts, die nicht auf alsbaldige Verteilung des Trustvermögens gerichtet waren, grundsätzlich weder beim Trustverwalter (trustee) noch beim Begünstigten (beneficiary) zu einem steuerbaren Erwerb führte. Eine Bereicherung der beneficiaries lag grundsätzlich erst vor, wenn der Trust beendet und das Vermögen ausgekehrt wurde. Vorher konnte allerdings bei sogenannten fixed interest trusts ein steuerbarer Erwerb bereits dann vorliegen, wenn ein Zwischenberechtigter bereits einen gesicherten Anspruch auf Auszahlung von Vermögenserträgen erworben hatte (vgl. BFH v. 7.5.1986, II R 137/79, BStBl. II 1986, 615; v. 21.4.1982, II R 148/79, BStBl. II 1982, 597; v. 12.5.1970, II 52/64, BStBl. II 1972, 462; s. ferner Troll/Gebel/*Jülicher* ErbStG § 2 Rn. 120, mwN). Der Gesetzgeber des StEntlG 1999/2000/2002 hatte die ausdrückliche Absicht, diese Rechtslage umzugestalten. In der Gesetzesbegründung des später noch einmal abgeänderten Zwischenentwurfs des StEntlG 1999/2000/2000 heißt es, dass „in den letzten Jahren steuerliche Gestaltungen unter Verwendung sogenannter „Trust" zur Erbschaftsteuer-/Schenkungsteuerersparnis eine erhebliche Bedeutung erlangt (haben), weil bei dieser Konstruktion keine Steuerpflicht oder erst mit zeitlicher Verzögerung eine Steuerpflicht ausgelöst wird. Der Vermögensübergang auf den Trust bei seiner Errichtung und auf die Anfallsberechtigten bei seiner Auflösung wird als zusätzlicher Erwerbstatbestand in die §§ 3 und 7 ErbStG aufgenommen und unterliegt damit der Besteuerung" (BT-Drs 14/23 v. 9.11.1998, 200; zu der Neuregelung vgl. *Gebel* ZEV 1999, 249; Troll/Gebel/*Jülicher* ErbStG § 2 Rn. 122; *Habammer* DStR 2002, 425; siehe ferner *Schindhelm/Stein* FR 1999, 880; *Verstl,* Der Internationale Trust als Instrument der Vermögensnachfolge, 2000, S. 91 ff.)) sowohl durch Erwerb von Todes wegen als auch im Wege der Schenkung erfolgen und betrifft in- und ausländische Familienstiftungen. Nach § 3 Abs. 2 Nr. 1 S. 1 ErbStG gilt als vom Erblasser zugewendet auch der Übergang von Vermögen auf eine vom Erblasser angeordnete Stiftung. S. 2 präzisiert sodann dahingehend, dass die vom Erblasser angeordnete Bildung oder Ausstattung einer Vermögensmasse ausländischen Rechts, deren Zweck auf die Bindung von Vermögen gerichtet ist, entsprechend zu behandeln ist. Insoweit werden im Grundsatz ausländische Stiftungen, Trusts und ähnliche Rechtsgebilde einbezogen. Korrespondierend bestimmt § 7 Abs. 1 Nr. 8 S. 1 ErbStG, dass als Schenkung unter Lebenden auch der Übergang von Vermögen auf Grund eines Stiftungsgeschäfts unter Lebenden gilt. S. 2 wiederum präzisiert dahingehend, dass dem die Bildung oder Ausstattung einer Vermögensmasse ausländischen Rechts, deren Zweck auf die Bindung von Vermögen gerichtet ist, gleichsteht (diese Regelung wurde durch das StEntlG 1999/2000/2002 in das ErbStG eingefügt. Nach dem Wortlaut und dem Zweck der Vorschrift, wie er sich aus der Entstehungsgeschichte der Norm ergibt, sollen mit dem unbestimmten Begriff der Vermögensmasse ausländischen Rechts, deren Zweck auf die Bindung von Vermögen gerichtet ist, vor allem typische und in den anglo-amerikanischen Staaten gebräuchliche Formen des sogenannten common law trust erfasst werden).

In der Praxis ist das entscheidende Merkmal die Vermögensbindung, welches nach herrschender **433**
Meinung einschränkend auszulegen ist (*Habammer* DStR 2002, 425; *Jülicher* DStR 2001, 2177; *Söffing/Kirsten* DB 1999, 1626 (1631); *Mutter* DStR 2004, 893 (899); *Stahl/Durst* KÖSDI 2009, 16604 (16608)). Die ausländische Terminologie beziehungsweise die zivilrechtliche oder steuerliche Behandlung einer Vermögensmasse im Ausland ist nicht maßgebend und für deutsche steuerliche Zwecke in keiner Weise bindend. Benötigt wird lediglich eine körperschaftlich strukturierte Vermögensmasse, was sich im Wege des Rechtstypenvergleichs nach § 1 KStG bestimmt, wo Vermögensmassen als Grundform von Körperschaften ausdrücklich angesprochen sind. Diese Vermögensmasse muss jedoch spezifisch auf die Bindung von Vermögen gerichtet sein, was im Einzelfall anhand der jeweiligen Regularien und Dokumente zu prüfen ist. Für die Annahme eines Erwerbs von Todes wegen oder einer Schenkung muss es sich um eine echte Vermögensnachfolge, nicht aber um eine bloße Vermögensumschichtung handeln. Ein US-amerikanischer sogenannter Grantor's Trust etwa erfüllt diese Voraussetzung nicht (vgl. FG Baden-Württemberg Urt. v. 15.7.2010, EFG 2011, 164 ff. (rkr.): „Dagegen ist der von G selbst errichtete Grantor's Trust keine Vermögensmasse im Sinne dieser Regelung. Ein Grantor's Trust, bei dem der Trusterrichter -wie im Streitfall- der einzige Begünstigte des Grantor's Trust ist und bei dem die Trustverwalter das gesamte Trustvermögen spätestens bei Vollendung des 30. beziehungsweise 37. Lebensjahres und der dann erfolgenden Auflösung des Trusts an den Trusterrichter zurückzuerstatten haben und bei dem außerdem das Trustvermögen im Falle des (vorherigen) Todes des Trusterrichters in dessen Nachlass fällt, dient nur dem eigenen Interesse des grantor. Nach der gebotenen einschränkenden Auslegung des unbestimmt gefassten Gesetzesbegriffs fehlt es insoweit an der erforderlichen Bindung des Vermögens für einen regelmäßig fremdnützigen Zweck."

Die solchermaßen vorzunehmende (einschränkende) Auslegung des Begriffs der auf Vermögensbin- **434**
dung gerichteten Vermögensmasse ausländischen Rechts steht auch im Einklang mit der Rechtsprechung des BFH zu ausländischen Stiftungen (BFH Urt. v. 28.6.2007 – II R 21/05, BStBl. II 2007, 669 ff. und v. 9.12.2009 – II R 22/08, BStBl. II 2010, 363 ff.). Diese Entscheidungen sind zwar nicht zu Trusts, sondern zu einer liechtensteinischen Stiftung beziehungsweise zu einer rechtsfähigen Familienstiftung ergangen. Die für diese Entscheidungen maßgeblichen allgemeinen erbschaft- und schenkungsteuerlichen Maßstäbe sind jedoch mE auch auf den Grantor´s Trust übertragbar. Aus der BFH-Rechtsprechung ergibt sich, dass der Tatbestand des § 7 Abs. 1 Nr. 8 ErbStG voraussetzt, dass der Empfänger wie im Grundtatbestand des § 7 Abs. 1 Nr. 1 ErbStG über das auf sie übergegangene Vermögen im Verhältnis zum Stifter tatsächlich und rechtlich frei verfügen können muss. Fehlt es an diesem Erfordernis, unterliegt die Übertragung von Vermögen auf die Stiftung nicht der Schenkungsteuer. Der BFH konnte insoweit in der Rs. II R 21/05 die Frage offenlassen, ob die Stiftung rechtsfähig war oder nicht. Das Urteil II R 22/08 hingegen betrifft eine Zustiftung an eine rechtsfähige (Familien-)Stiftung, bei der der Zuwendende zugleich der einzige Begünstigte ist. Der BFH hat hier zutreffend entschieden, dass durch die Zuwendung das Vermögen der Stiftung – und nicht das Vermögen des Begünstigten – vermehrt wird. Der BFH hat insbesondere – in Abgrenzung zu seiner Entscheidung im Verfahren II R 21/05 – darauf hingewiesen, dass dem Zuwendenden in dem Fall der liechtensteinischen Stiftung aufgrund von Treuhandabreden umfassende Herrschaftsbefugnisse über das Stiftungsvermögen zustanden, so dass letztlich er allein darüber rechtlich und tatsächlich frei verfügen konnte.

435 Letztlich kommt es damit – wie im Ertragsteuerrecht, vgl. § 15 AStG, auf die sogenannte Abschirmwirkung der ausländischen Vermögensmasse an. Der BFH hat in den vorgenannten Urteilen entschieden, dass eine ausländische Stiftung beziehungsweise ein Trust dann als steuerlich transparent anzusehen ist, wenn der Settlor zu Lebzeiten alle Rechte aus dem Trustvermögen und dessen Ertrag innehat und er jederzeit das Recht beziehungsweise die Verfügungsmacht hat, die Vereinbarungen und Regelungen des Trusts ändern zu lassen. Kann der Settlor damit im Ergebnis wie ein Kontoinhaber über das Vermögen verfügen, kommt eine Abschirmwirkung nicht in Betracht. Noch weitergehend hat das Oberlandesgericht Stuttgart bereits die (aus deutscher Perspektive) zivilrechtlich anzuerkennende Begründung einer ausländischen Stiftung davon abhängig gemacht, dass das Stiftungsvermögen der Stiftung endgültig und ohne Widerrufsmöglichkeit zugeführt wird (OLG Stuttgart ZEV 2010, 265). Und schließlich hat das Oberlandesgericht Düsseldorf entschieden, dass die Abschirmwirkung eines ausländischen Rechtsgebildes wiederum bereits zivilrechtlich dann nicht eingreift, wenn das Gebilde in der Hauptsache der Steuerhinterziehung dient (OLG Düsseldorf IStR 2011, 475. Zu einem weiteren Sonderfall einer auf Grund eines Gestaltungsmissbrauchs negierten Stiftung vgl. zudem FG Baden-Württemberg Urt. v. 30.3.2011 – 4 K 1723/09, DStRE 2012, 315 (rkr.)). Dies sind die Grundfälle, in denen die Rechtsprechung die Abschirmwirkung a priori verneint hat. In allen anderen Fällen ist der Einzelfall gründlich zu prüfen.

436 **cc) Auflösung der Stiftung.** Korrespondierend zur Ausstattung der (ausländischen) Familienstiftung bestimmt § 7 Abs. 1 Nr. 9 S. 1 ErbStG, dass als Schenkung unter Lebenden auch gilt, was bei Aufhebung einer Stiftung oder bei Auflösung eines Vereins, dessen Zweck auf die Bindung von Vermögen gerichtet ist, erworben wird. Dem steht nach S. 2 der Norm der Erwerb bei Auflösung einer Vermögensmasse ausländischen Rechts, deren Zweck auf die Bindung von Vermögen gerichtet ist, sowie der Erwerb durch Zwischenberechtigte während des Bestehens der Vermögensmasse gleich.

437 Erfasst wird nur der Erwerb durch sogenannte Anfallberechtigte, während der Erwerb anderer Personen allenfalls nach § 7 Abs. 1 Nr. 1 ErbStG als freigebige Zuwendung steuerbar ist (BFH Urt. v. 14.6.1995 – II R 92/92, BStBl. II 1995, 609 ff.). Aufhebungs- beziehungsweise Erlöschensgründe können bei einer Stiftung neben Zeitablauf und Zweckerreichung auch die Eröffnung des Insolvenzverfahrens, das Unmöglichwerden des Stiftungszwecks sowie die Gefährdung des Gemeinwohls (vgl. § 87 Abs. 1 BGB) oder aber ein (durch andere Gründe veranlasster) Aufhebungsbeschluss der Stiftungsorgane sein (so ausdrücklich Troll/*Gebel*/Jülicher ErbStG § 7 Rn. 337). Mit dem Erlöschen der Stiftung fällt das Vermögen gemäß § 88 S. 1 BGB an die in der Satzung beziehungsweise dem Stiftungsgeschäft bestimmten Personen. Deren Erwerb unterliegt dann, obgleich er auf einem Rechtsanspruch beruht, der Schenkungsteuer (so ausdrücklich Troll/*Gebel/Jülicher* ErbStG § 7 Rn. 337).

438 Zuwendender ist trotz der Regelung in § 15 Abs. 2 S. 2 ErbStG, wonach für die Bestimmung der Steuerklasse der Stifter als Schenker gilt, nicht der Stifter, sondern die Stiftung (so ausdrücklich *Gebel* in Troll/*Gebel/Jülicher* ErbStG § 7 Rn. 337 im Anschluss an BFH Urt. v. 25.11.1992 – II R 77/90, BStBl. II 1993, 238 ff.), was sowohl für § 14 ErbStG als auch den Umfang der persönlichen Steuerpflicht relevant ist. Im Hinblick § 7 Abs. 1 Nr. 9 S. 2 Hs. 2 ErbStG sind alle Personen sogenannte Zwischenberechtigte, die während des Bestehens eines Trusts Auszahlungen aus dem Trustvermögen erhalten (*Schindhelm/Stein* FR 1999, 880 (886); *Bödecker* IWB 1999, Gruppe 9 Fach 3, 135 (138); *Habammer* DStR 2002, 424 (431)). Dies entspricht dem Zweck der Vorschrift, Besteuerungslücken zu schließen. Der Gesetzgeber beabsichtigte ausdrücklich eine Abgrenzung zu der im Urteil des BFH vom 7.5.1986 – II R 137/79, zum Ausdruck kommenden Rechtsauffassung, wonach ein der deutschen Erbschaftsteuer unterliegender Erwerb erst mit dem Erlöschen der Zwischennutzungsrechte eintrete. Auch bei bestehenden Zwischennutzungsrechten soll ein Erwerb von der Vermögensmasse vorliegen (BT-Drs. 14/433, 41). Eine einschränkende Auslegung des § 7 Abs. 1 Nr. 9 S. 2 Hs. 2 ErbStG, wonach „Zwischen"-berechtigter nur sein könne, wer weder anfangs- noch endberechtigt sei (Fischer/Jüptner/Pahlke/*Wachter* ErbStG § 7 Rn. 471; Viskorf/Knobel/*Schuck* ErbStG § 7 Rn. 160; Troll/Gebel/*Jülicher* ErbStG § 2 Rn. 142), lässt den Zweck der Vorschrift außer Acht. Zwar wird derjenige, der etwa einen ausländischen Trust errichtet und sich nach einer bestimmten Laufzeit selbst als Bezugsberechtigten benannt hat, nicht als Zwischenberechtigter im Sinne der Vorschrift anzusehen sein (Troll/Gebel/*Jülicher* ErbStG § 2 Rn. 142). Insoweit handelt es sich lediglich um eine Vermögensverschiebung mit dem Zweck der Selbstbeschränkung durch Einschaltung von Treuhändern, die das (eigene) Vermögen verwalten. Dies gilt aber nicht für den Endberechtigten eines von einem Dritten errichteten Trusts. Sofern dieser während der Laufzeit des Trusts Ausschüttungen erhält, erwirbt er sie als Zwischenberechtigter. Anderenfalls könnten Vermögenssubstanz und -erträge des Trusts vor Auflösung steuerfrei ausgezahlt werden (*Schindhelm/Stein* FR 1999, 880 (886)). Das Gegenteil soll durch § 7 Abs. 1 Nr. 9 S. 2 Hs. 2 ErbStG sichergestellt werden (so ausdrücklich BFH Urt. v. 27.9.2012 – II R 45/10, ZEV 2013, 155 ff.).

2. Beschränkte Steuerpflicht (§ 2 Abs. 1 Nr. 3 ErbStG)

Die beschränkte Steuerpflicht tritt nach § 2 Abs. 1 Nr. 3 ErbStG ausschließlich ein für „den Vermögensanfall, der in Inlandsvermögen im Sinne des § 121 BewG besteht" (nach FG München 10.7.2019 – 4 K 174/16 umfasst dies auch das Vermächtnis, Revision BFH II R 37/19). Der Katalog des § 121 BewG ist abschließend und übernimmt damit eine ähnliche Funktion wie § 49 EStG im Ertragsteuerrecht. Dort nicht genanntes Vermögen ist selbst dann kein Inlandsvermögen, wenn es im Einzelfall im Hoheitsgebiet der Bundesrepublik Deutschland belegen sein sollte (Troll/Gebel/*Jülicher* ErbStG § 2 Rn. 71). Zu beachten ist, dass auch nach Verwaltungsauffassung nur jene Wirtschaftsgüter als Inlandsvermögen der beschränkten Steuerpflicht unterliegen, die im Fall einer unbeschränkten Steuerpflicht zu einem steuerpflichtigen Erwerb gemäß § 1 ErbStG führen würden (vgl. Abschn. 4 Abs. 1 ErbStR). **439**

Der Katalog des § 121 BewG, der sich durch sorgfältiges Lesen einfach erschließt, orientiert sich eng am Belegenheitsprinzip, wie sich insbesondere aus den Nr. 1–3 erkennen lässt. Die beschränkte Steuerpflicht bezieht sich danach nur auf inländisches land- und forstwirtschaftliches Vermögen, inländisches Grundvermögen und inländisches Betriebsvermögen. Andere Vorschriften stellen wie beispielsweise auch § 49 Abs. 1 Nr. 6 EStG auf die Eintragung bestimmter Forderungen oder Rechte in einem inländischen Register ab (so Nr. 5 für Erfindungen, Gebrauchsmuster oder Topographien oder Nr. 7 für Hypotheken, Grund- und Rentenschulden und andere Forderungen oder Rechte) und stellen so den auch im Rahmen der Erbschaft- und Schenkungsteuer völkerrechtlich gebotenen Inlandsbezug her. Die Nr. 4 und 8 setzen die Ansässigkeit von Kapitalgesellschaften beziehungsweise bestimmten Schuldnern im Inland voraus, und die Nr. 6 und 9 greifen bei Nutzungsüberlassungen mit Inlandsbezug ein. **440**

Das Bewertungsgesetz definiert nicht, was unter Auslandsvermögen zu verstehen ist. Insbesondere ist § 21 Abs. 1 ErbStG nicht anwendbar. Das Bewertungsgesetz erfasst die in § 18 BewG genannten Vermögensarten zunächst unabhängig von der Belegenheit des Vermögens. Nach der Systematik des Gesetzes gehört damit zum Auslandsvermögen, was nicht Inlandsvermögen im Sinne des § 121 BewG ist. Die Unterscheidung in Inlands- und Auslandsvermögen war jedoch lange Zeit nicht nur im Rahmen des § 2 Abs. 1 Nr. 3 ErbStG bedeutsam, sondern hatte bei im Grundsatz bestehender Steuerpflicht insbesondere Konsequenzen für die Frage der Bewertung des Vermögens. Nach § 12 Abs. 6 ErbStG aF wurden insbesondere ausländischer Grundbesitz und ausländisches Betriebsvermögen nach § 31 BewG und damit mit dem gemeinen Wert bewertet (vgl. aber Abschn. 39 Abs. 1 S. 2 ErbStR, mit dem die Finanzverwaltung die Problematik teilweise zu entschärfen suchte). Wie weit eine unterschiedliche erbschaft- und schenkungsteuerliche Behandlung von In- und Auslandsvermögen und Steuerinländern und Steuerausländern aus der Sicht des Gemeinschaftsrechts reichen darf, ist insoweit teilweise immer noch ungeklärt (ausführlich Troll/Gebel/*Jülicher* ErbStG Einf. Rn. 50 ff.). Die Gesetzesneufassung hat an diesem Befund grundlegend etwas geändert. Inländischer Grundbesitz wird nunmehr nach § 12 Abs. 3 ErbStG mit dem nach § 151 Abs. 1 S. 1 Nr. 1 BewG auf den Bewertungsstichtag festgestellten Wert angesetzt, was wegen § 12 Abs. 1 ErbStG auf einen Wertansatz mit dem gemeinen Wert (§ 9 BewG) hinausläuft. Für ausländischen Grundbesitz kommt nach § 12 Abs. 7 ErbStG über § 31 BewG nunmehr ebenfalls der gemeine Wert zum Ansatz, so dass bis auf Fragen des Feststellungsverfahrens eine Gleichbehandlung hergestellt wurde (zur Europarechtswidrigkeit der Bewertung von Auslandsvermögen nach alter Rechtslage vgl. EuGH 17.1.2008, C-256/06 = IStR 2008, 144 ff. – *Jäger* und dazu *Seitz* IStR 2008, 349 ff.; zur Europarechtswidrigkeit des alten BewG, nach dem im Rahmen der Bewertung nichtbörsennotierter Anteile an Kapitalgesellschaften die Beteiligung an einer inländischen Personengesellschaft mit einem niedrigeren Wert als die Beteiligung an einer Personengesellschaft in einem anderen Mitgliedstaat erfolgte, vgl. ferner das EuGH 2.10.2008 – C-360/06 – *Heinrich Bauer Verlag*). **441**

Ungeachtet der vorgenannten, jüngsten Revision des Gesetzes erachtet der BFH indes zentrale Teile des geltenden Erbschaft- und Schenkungsteuergesetzes insbesondere im Hinblick auf die Ausgestaltung der Begünstigung von Betriebsvermögen als (immer noch) verfassungswidrig. Er hat deshalb ein anhängiges Revisionsverfahren mit Beschluss vom 27.9.2012 (DStR 2012, 2063 ff., beim BVerfG unter dem Az. 1 BvL 21/12 anhängig; mehrheitlich an der Verfassungsmäßigkeit zweifelnd ebenfalls *Meincke* ZEV 2013, 1 ff.; *Thonemann-Micker* DB 2012, 2538 ff.; *Hannes* ZEV 2012, 616 ff.; *von Oertzen* Ubg 2012, 724 ff.; *Wachter* DStR 2012, 2301 ff.; *Crezelius* BB 2012, 2979 ff.; *Lahme/Zipfel* BB 2012, 3171 ff.; pointiert ferner *Piltz* DStR 2013, 228 ff.) ausgesetzt und die Frage der Verfassungsmäßigkeit des Gesetzes dem BVerfG zur Entscheidung vorgelegt. Das BVerfG hat die Verschonungsregeln im Grundsatz für verfassungswidrig erklärt und dem Gesetzgeber aufgegeben, bis zum 30.6.2016 eine Neuregelung zu schaffen. Eine Neuregelung – insbesondere der Verschonungsregelungen für Betriebsvermögen – wurde durch das „Gesetzes zur Anpassung des Erbschaftsteuer- und Schenkungsteuergesetzes an die Rechtsprechung des Bundesverfassungsgerichts" am 9.11.2016 geschaffen (BGBl. 2016 I S. 2464)- und gilt rückwirkend ab 1.7.2016, wobei die Folgen der Fristüberschreitung umstritten sind. Die herrschende Meinung verneint jedoch die Anwendung der aF über den 30.6.2016 hinaus (mwN *Drüen* DStR 2016, **442**

643; aA FG Köln Urt. v. 8.11.2018 – 7 K 3022/17 – Rev. II R 1/19). Ob die Neuregelungen jedoch der Verfassung entspricht wird in der Literatur kritisch diskutiert (für eine Neuvorlage vor dem BVerfG *Bilsdorfer* ZRP 2016, 9, aA wohl *Kempny* ZEV 2017, 677; offen *Riegel/Heynen* BB 2017, 23).

3. Erweiterte beschränkte Steuerpflicht (§ 4 AStG)

443 Ebenso wie die erweiterte beschränkte Steuerpflicht nach § 2 AStG kommt die erweiterte beschränkte Steuerpflicht nach § 4 Abs. 1 AStG für die Dauer von bis zu zehn Jahren nach dem Ende der unbeschränkten Einkommensteuerpflicht des Erblassers oder Schenkers (nicht: des Erwerbers) in Betracht. Die Steuerpflicht nach § 4 Abs. 1 AStG tritt über den inländischen Vermögensanfall hinaus für alle Teile des Erwerbs ein, deren Erträge bei unbeschränkter Einkommensteuerpflicht nicht ausländische Einkünfte im Sinne des § 34d EStG wären (die erfassten Vermögensgegenstände sind im Einzelnen in Tz. 4.1.1 der Grundsätze zur Anwendung des Außensteuergesetzes aufgelistet. Erfasst sind namentlich Kapitalforderungen gegen Schuldner im Inland, Spareinlagen und Bankguthaben bei Geldinstituten im Inland, Aktien und Anteile an Kapitalgesellschaften, Investmentfonds und offenen Immobilienfonds sowie Geschäftsguthaben bei Genossenschaften im Inland, Ansprüche auf Renten und andere wiederkehrende Leistungen gegen Schuldner im Inland sowie Nießbrauchs- und Nutzungsrechte an Vermögensgegenständen im Inland, Erfindungen und Urheberrechte, die im Inland verwertet werden, Versicherungsansprüche gegen Versicherungsunternehmen im Inland, bewegliche Wirtschaftsgüter, die sich im Inland befinden sowie Vermögen im Sinne der §§ 5, 15 AStG). Zu beachten ist, dass § 4 Abs. 1 AStG nach Abs. 2 der Norm keine Anwendung findet, wenn für den Erwerb im Ausland eine der deutschen Erbschaft- und Schenkungsteuer entsprechende Steuer zu entrichten ist, die mindestens 30 % der deutschen Steuer beträgt. Der Steuerpflichtige ist nach Tz. 4.2.1 der Grundsätze zur Anwendung des Außensteuergesetzes nachweispflichtig. Aufgrund der Bezugnahme auf § 2 AStG kommt darüber hinaus eine Anwendung des § 4 Abs. 1 ErbStG dann nicht in Betracht, wenn § 2 AStG durch ein DBA ausgeschlossen ist.

444 Rechtsfolgenseitig erfasst § 4 AStG nicht allein die beschränkte Erbschaftsteuerpflicht iSd des verhafteten Inlandsvermögens, sondern das sogenannte erweiterte Inlandsvermögen. Zu dem solchermaßen verstandenen Inlandsvermögen rechnen insbesondere:

- Kapitalforderungen gegen Schuldner im Inland;
- Spareinlagen und Bankguthaben bei Geldinstituten im Inland;
- Aktien und Anteile an Kapitalgesellschaften, Investmentfonds und offenen Immobilienfonds sowie Geschäftsguthaben bei Genossenschaften im Inland;
- Ansprüche auf Renten und andere wiederkehrende Leistungen gegen Schuldner im Inland sowie Nießbrauchs- und Nutzungsrechte an Vermögensgegenständen im Inland;
- Erfindungen und Urheberrechte, die im Inland verwertet werden;
- Versicherungsansprüche gegen Versicherungsunternehmen im Inland;
- bewegliche Wirtschaftsgüter, die sich im Inland befinden;
- Vermögen, dessen Erträge nach § 5 AStG der erweiterten beschränkten Steuerpflicht unterliegen;
- Vermögen, das nach § 15 AStG dem erweitert beschränkt Steuerpflichtigen zuzurechnen ist.

445 Der bei beschränkter Steuerpflicht geltende allgemeine Freibetrag (§ 16 Abs. 2 ErbStG) wird ebenso auch bei der Erbschaftsteuerpflicht nach § 4 AStG gewährt, nicht jedoch der Versorgungsfreibetrag nach § 17 ErbStG sowie der Entlastungsbetrag nach § 19a ErbStG (*Kußmaul/Cloß* StuB 2010, 704 (707) mwN). Die Zusammenrechnung früherer Erwerbe erfolgt nach § 14 ErbStG. Auch andere Vorschriften, die bei beschränkter Erbschaftsteuerpflicht Anwendung finden, gelten (nachfolgend Auszug aus Haase/*Ettinger* AStG § 4 Rn. 48 ff.). Insbesondere sind zu nennen die Befreiungen nach §§ 5 und 13 ErbStG. Keine Berücksichtigung bei erweitert beschränkter Erbschaftsteuerpflicht finden dagegen grundsätzlich der Verschonungsabschlag des § 13a Abs. 1 S. 1 beziehungsweise § 13a Abs. 8 ErbStG sowie der Abzugsbetrag des § 13a Abs. 2 S. 1 ErbStG.

446 Der Grund hierfür ist, dass das von § 4 AStG erfasste erweiterte Inlandsvermögen – anders als das der regulären beschränkten Erbschaftsteuerpflicht unterliegende Inlandsvermögen im Sinne des § 121 BewG – im Grundsatz nicht den vorgenannten, durch das ErbStRefG 2009 geschaffenen Begünstigungsregelungen unterfällt. Zwar gehören seit dem ErbStRefG 2009 etwa auch Anteile mit einer Mindestbeteiligung von 25 % an Kapitalgesellschaften mit Sitz in der EU oder dem EWR zum begünstigten Vermögen; da diese jedoch auch nicht zum erweiterten Inlandsvermögen zählen, ergibt sich entsprechend gleichwohl keine Auswirkung auf die erweiterte beschränkte Erbschaftsteuerpflicht.

4. Weitere Vorschriften mit Auslandsbezug

447 Gemäß der oben in Rn. 5 dargestellten Zielsetzung dieser Kommentierung, allein die spezifisch internationalsteuerlichen Normen des deutschen Erbschaftsteuerrechts zu betrachten, lässt sich konstatieren, dass die grundlegende Weichenstellung bei der Lösung internationaler Erbfälle bereits im Anwendungsbereich der §§ 1 und 2 ErbStG (iVm § 21 ErbStG) getroffen wird. Abgesehen davon sowie abgesehen von den bereits behandelten Spezialvorschriften über in- und ausländische Familienstiftungen enthält das ErbStG nur wenige Vorschriften, die primär grenzüberschreitende Sachverhalte im Blick haben. Zu diesen wenigen Vorschriften rechnen die folgenden Normen:

- Die Bewertungsvorschriften des § 12 Abs. 5 ErbStG (inländisches Betriebsvermögen – Bewertung nach §§ 32, 33 ff. BewG) und § 12 Abs. 7 ErbStG (ausländisches Betriebsvermögen und ausländischer Grundbesitz – Bewertung nach §§ 31, 9 BewG) (der BFH erachtet (immer noch und ungeachtet der jüngsten Revision des Gesetzes) zentrale Teile des geltenden Erbschaft- und Schenkungsteuergesetzes insbesondere im Hinblick auf die Ausgestaltung der Begünstigung von Betriebsvermögen als verfassungswidrig. Er hat deshalb ein anhängiges Revisionsverfahren mit Beschluss v. 27.9.2012 ausgesetzt und die Frage der Verfassungsmäßigkeit des Gesetzes dem BVerfG zur Entscheidung vorgelegt. Das BVerfG hat die Verschonungs¬regeln im Grundsatz für verfassungswidrig erklärt und dem Gesetzgeber aufgegeben, bis zum 30.6.2016 eine Neuregelung zu schaffen. Eine Neuregelung – insbesondere der Verschonungsregelungen für Betriebsvermögen – wurde durch das „Gesetzes zur Anpassung des Erbschaftsteuer- und Schenkungsteuergesetzes an die Rechtsprechung des Bundesverfassungsgerichts" am 9.11.2016 geschaffen (BGBl. 2016 I S. 2464) und gilt rückwirkend ab 1.7.2016 (siehe weiterführend Tz. 4 ff. Fragen der Verfassungswidrigkeit des ErbStG werden regelmäßig an den BFH/das BVerfG herangetragen, greifen aber meist iE nicht durch und beziehen sich meist auch nicht primär auf grenzüberschreitende Sachverhalte). Die Steuerbefreiungen des § 13 Abs. 1 Nr. 4b, 4c, 16c ErbStG und die Definition des begünstigten Vermögens in § 13b Abs. 1 Nr. 1–3 ErbStG (iVm § 13a ErbStG).
- Die Regelung des Progressionsvorbehalts in § 19 Abs. 2 ErbStG.
- Die Regelungen zur Haftung bei Steuerschuldnerschaft in § 20 Abs. 7 ErbStG.

IV. Maßnahmen zur Vermeidung der Doppelbesteuerung

1. Unilaterale Maßnahmen

Da die unbeschränkte Erbschaft- und Schenkungsteuerpflicht nach § 2 Abs. 1 Nr. 1 ErbStG den gesamten in- und ausländischen Vermögensanfall erfasst, kann es auch im Anwendungsbereich des ErbStG zu Doppelbesteuerungen kommen, wenn ein ausländischer Staat die auf seinem Gebiet befindlichen Teile des übergehenden Vermögens ebenfalls zur Besteuerung heranzieht. Zur Vermeidung von Doppelbesteuerungen enthält daher die Norm des § 21 ErbStG ungeachtet eines etwaigen DBA unilaterale Regelungen über die Anrechnung ausländischer Steuern (Anrechnungsmethode), die im Grundsatz strukturell denen bei der Anrechnungsmethode des § 34c Abs. 1 EStG vergleichbar sind (auch die Rechtsfolgen und Wirkungen der Anrechnungsmethode (etwa Hochschleusung der Steuerbelastung auf das Inlandsniveau) sind denen der Anrechnungsmethode nach § 34c Abs. 1 EStG vergleichbar, siehe dazu Troll/Gebel/*Jülicher* ErbStG § 21 Rn. 2 f.). Ausländische Erbschaft- und Schenkungsteuer kann daher nur unter bestimmten Voraussetzungen auf die deutsche Erbschaft- und Schenkungsteuer angerechnet werden. Ist ein DBA anwendbar, richtet sich die Anrechnung in technischer Hinsicht gleichwohl nach § 12 ErbStG (vgl. Abs. 4 der Norm). 448

Die unilateralen Regelungen zur Vermeidung der Doppelbesteuerung hängen nicht davon ab, ob der ausländische Staat im umgekehrten Fall ebenfalls die Doppelbesteuerung vermeidet. Ein solcher Gegenseitigkeitsvorbehalt ist im ErbStG lediglich in § 13 Abs. 1 Nr. 16 Buchstabe c) ErbStG enthalten. Danach sind Zuwendungen an ausländische Religionsgesellschaften, Körperschaften, Personenvereinigungen und Vermögensmassen im Sinne des § 13 Abs. 1 Nr. 16 Buchstaben a) und b) ErbStG nur von der Erbschaftsteuer befreit, wenn auch der ausländische Staat für entsprechende Zuwendungen an deutsche steuerbegünstigte Körperschaften eine Steuerbefreiung gewährt und das BMF dies durch förmlichen Austausch entsprechender Erklärungen mit dem ausländischen Staat feststellt (sog. Gegenseitigkeitserklärung). 449

2. Steueranrechnungsmethode

a) Vergleich mit § 34c EStG. Ausweislich des eindeutigen Wortlauts des § 21 Abs. 1 S. 1 ErbStG gilt die unilaterale Anrechnungsmethode nur für den Fall des Nichtbestehens eines DBA sowie nur bei bestehender unbeschränkter Erbschaft- und Schenkungsteuerpflicht eines der Beteiligten nach § 2 Abs. 1 Nr. 1 ErbStG. Anders als im Rahmen des § 50 Abs. 3 EStG ist eine Vermeidung von Doppelbesteuerungen bei der nur beschränkten Erbschaft- und Schenkungsteuerpflicht nach § 2 Abs. 1 Nr. 3 ErbStG oder im Rahmen des § 4 AStG (beachte aber § 21 Abs. 2 Nr. 2 ErbStG. Die Anrechnung ausländischer Erbschaftsteuern beziehungsweise der deutschen Erbschaftsteuer entsprechender Steuern nach § 21 ErbStG setzt eine unbeschränkte Erbschaftsteuerpflicht zum Zeitpunkt des Entstehens der deutschen Steuer voraus. Demnach können ausländische Steuern im Rahmen der erweiterten beschränkten Erbschaftsteuerpflicht nicht angerechnet werden, so dass es in den Fällen, in denen zwischen 450

Deutschland und dem ausländischen Wohnsitzstaat kein DBA vereinbart wurde, zu einer Doppelbesteuerung des Inlandsvermögens kommen kann) nicht vorgesehen (ein Gleiches gilt mangels einer Verweisung in § 21 Abs. 1 ErbStG für § 2 Abs. 1 Nr. 2 ErbStG). Auch kennt das ErbStG – anders als das EStG in § 34c Abs. 2–4 – keine weiteren Methoden zur Vermeidung von Doppelbesteuerungen (in sehr eng definierten Ausnahmefällen kommt ein Abzug ausländischer Steuern als Nachlassverbindlichkeit nach § 10 Abs. 5 Nr. 1 ErbStG in Betracht, vgl. dazu Troll/Gebel/*Jülicher* ErbStG § 21 Rn. 5 ff.; so auch bei der amerikanischen Erbschaftsteuer, welche als Nachlasssteuer nicht anrechenbar ist, BFH 15.6.2016 II R 51/14. Im Übrigen verbleibt es bei dem Grundsatz des § 10 Abs. 8 ErbStG).

451 Mit § 34c Abs. 1 EStG weist § 21 Abs. 1 ErbStG die folgenden Gemeinsamkeiten auf: Bei der ausländischen Steuer muss es sich um eine der deutschen Steuer vergleichbare Steuer handeln. Die Steuer muss festgesetzt und gezahlt sein und darf keinem Ermäßigungsanspruch mehr unterliegen. Die ausländische Steuer muss gerade für das übergehende Auslandsvermögen gezahlt worden sein, für das auch die deutsche Steuer gezahlt wird (Grundsatz der Vermögensgleichheit; dazu Troll/Gebel/*Jülicher* ErbStG § 21 Rn. 29 ff.). Was unter Auslandsvermögen zu verstehen ist, bestimmt abschließend und ausschließlich für Zwecke des § 21 Abs. 1 ErbStG der Abs. 2 der Norm. Insofern ist die Funktion des § 21 Abs. 2 ErbStG mit § 34d EStG vergleichbar. In § 21 Abs. 1 S. 2 ErbStG findet sich ebenfalls eine Bestimmung über die Berechnung des Höchstbetrags der Anrechnung (Berechnungsformel: Höchstbetrag der Anrechnung = deutsche ErbSt × (steuerpflichtiges Auslandsvermögen ÷ steuerpflichtiger Erwerb)). In § 21 Abs. 1 S. 3 ErbStG ist ferner die per-country-limitation ausdrücklich normiert. Der Erwerber ist ferner für die Höhe der im Ausland gezahlten Steuern nachweispflichtig, § 21 Abs. 3 ErbStG.

452 Gegenüber § 34c Abs. 1 EStG bestehen hingegen die folgenden Unterschiede: Die Steueranrechnung erfolgt nach dem Wortlaut des § 21 Abs. 1 Satz 1 ErbStG nur auf Antrag des Steuerpflichtigen. Das Erfordernis der Kongruenz der Besteuerungszeiträume ist durch § 21 Abs. 1 S. 4 ErbStG deutlich gelockert (zu beachten ist, dass danach eine Anrechnung nicht mehr in Frage kommt, wenn seit dem Erbfall mehr als 5 Jahre verstrichen sind). Ein Gleiches gilt teilweise für das Erfordernis der Steuersubjektidentität (Troll/Gebel/*Jülicher* ErbStG § 21 Rn. 34). Zu beachten ist in diesem Zusammenhang, dass sich die Anrechnungsmethode allein auf den Erwerber des übergehenden Vermögens bezieht. Gefordert wird hierfür allein, dass der Erwerber die Steuer mittelbar wirtschaftlich zu tragen hat (Abschn. 82 Abs. 1 S. 1–3 ErbStR) (daher ist nach dem Gesetzeswortlaut eine ausländische Steuer beim Schenker nicht anrechenbar, weil er wegen § 20 Abs. 1 S. 1 ErbStG zwar Steuerschuldner ist und damit zunächst einmal die Steuer trägt, er jedoch nicht Erwerber im Sinne des § 21 ErbStG ist. Hier kann es schnell zu Doppelbesteuerungen kommen, denen man nur durch Vereinbarungen derart begegnen kann, dass die Steuer auf den Beschenkten überwälzt wird; vgl. dazu sowie weiteren Problemen diesbezüglich *Meincke* ErbStG § 21 Rn. 15).

453 Die deutsche Berechnungsmethode zur Anrechnung ausländischer Quellensteuer ist, wie aus dem Ertragsteuerrecht bekannt ist, nicht mit der Kapitalverkehrsfreiheit des AEUV vereinbar. Der in § 34c EStG vorgesehene Aufteilungsmaßstab hat nämlich zur Folge, dass sich die (beispielsweise als Sonderausgaben) abziehbaren Kosten der Lebensführung zu Lasten des Anrechnungsvolumens auswirken (EuGH 28.2.2013 – C-168/11 – Beker und Beker; dazu anschließend BFH 9.2.2011, I R 71/10. Zum Ganzen *Weinschütz* IStR 2013, 471 ff.). Eine Neuregelung der Anrechnung erfolgte durch das ZollkodexAnpG v. 22.12.2014 (BGBl. I 2014, 2417; BStBl. I 2015, 58), wonach die ausländischen Einkünfte nicht mehr ins Verhältnis zur Summe der Einkünfte gesetzt werden, sondern stattdessen der durchschnittliche Steuersatz auf die ausländischen Einkünfte angewendet werden soll.

454 **b) Praxisprobleme. aa) Doppelbesteuerung bei Treuhandkonstruktionen.** Im Rahmen der Steueranrechnung nach § 21 ErbStG kann der Teufel im Detail stecken. Doppelbesteuerungen kommen in der Praxis nicht selten vor. Folgendes, im Wirtschaftsleben alltägliches Beispiel soll die Problematik verdeutlichen (ähnlicher Fall bei Wassermeyer/*Jülicher* ErbSt-MA Art. 3 Rn. 6): Bei bestimmten Kapitalanlagen in Form sogenannter geschlossener Fonds ist es aus Praktikabilitätsgründen üblich, sich nicht direkt, sondern indirekt über eine Treuhandgesellschaft an der Fondsgesellschaft (Rechtsform: GmbH & Co. KG) zu beteiligen. Nehmen wir an, eine solche Fondsgesellschaft investierte in ausländischen Grundbesitz (Immobilienfonds). Steuerpflichtigen, die in der Vergangenheit über eine Treuhandgesellschaft an einer solchen Fondsgesellschaft beteiligt waren und die zB ihre Anteile verschenken wollten, war es in einem bestimmten Zeitfenster bis zur Beseitigung der Unsicherheit seitens der Finanzverwaltung regelmäßig anzuraten, vor dem Vollzug der Schenkung die Treuhand aufzulösen und sich als Kommanditisten in das Handelsregister eintragen zu lassen, denn anderenfalls konnten sich aus der Anwendung des koordinierten Ländererlasses der Finanzverwaltung vom 14.6.2005 schenkungsteuerliche Nachteile ergeben (vgl. nur FM Bayern, Erlass betr. Übertragung treuhänderisch gehaltener Vermögensgegenstände v. 14.6.2005, Az. FM Bayern 34 – S 3811 – 035 – 25199/05; koord. Ländererlass, DStR 2005, S. 1231).

455 Nach diesem Erlass ging bei treuhänderisch gehaltenen Vermögensgegenständen (etwa Fondsanteilen) lediglich ein Sachleistungsanspruch (Herausgabeanspruch aus § 667 BGB gegen den Treuhänder) auf den Erwerber über, nicht aber etwa im Falle einer Kommanditbeteiligung die Beteiligung an der Personengesellschaft als solche, was zu einer für den Anleger nachteiligen Besteuerung führte, wobei insbesondere die Gefahr der internationalen Doppelbesteuerung und die Einschränkung der Anrechnung der ausländischer Erbschaftsteuer auf die deutsche Erbschaftsteuer als Risiko zu nennen waren.

Nach dem jüngsten Erlass des Bayerischen Finanzministeriums (vgl. FM Bayern, Erlass v. 17.1.2007 – 34 – S 3811 – 035 – 40 876/06; Senator für Finanzen der Freien Hansestadt Bremen, v. 3.5.2007, S 3811-13-2; FM Bayern, Erlass v. 16.9.2010 – 34 – S 3811 – 035 – 38476/10 DStR 2010, 2084) ist jedoch nun für den Fall, dass im Treuhandvertrag und im Gesellschaftsvertrag festgelegt wird, dass die Treuhandschaft beim Tod des Treugebers beziehungsweise bei Abtretung des Anspruchs aus dem Treuhandvertrag endet und der Erbe beziehungsweise Beschenkte unmittelbar in die Gesellschafterstellung des (dann ehemaligen) Treuhänders eintritt, Zuwendungsgegenstand nicht der Herausgabeanspruch des Erwerbers gegen den Treuhänder gemäß § 667 BGB, sondern die Gesellschaftsbeteiligung unmittelbar. Nach Ansicht der Verwaltung kann Zuwendungsgegenstand nur die Rückübereignung des Treugutes sein. Der auf eine Beteiligung an einer inländischen Kommanditgesellschaft gerichtete Herausgabeanspruch des Erwerbers gegen den Treuhänder gemäß § 667 BGB gehöre ferner stets zum inländischen Vermögen unabhängig davon, ob das Vermögen der Kommanditgesellschaft, zB ein Grundstück, sich im Inland oder Ausland befindet. Doppelbesteuerungen können damit nach dieser – zutreffenden – Lesart in der genannten Konstellation fortan nicht mehr entstehen. 456

bb) Doppelbesteuerung bei nicht privilegiertem Auslandsvermögen. Der BFH entschied mit Urteil vom 19.6.2013 (Az. II R 10/12, BFHE 241 (402 ff.)), dass die Erbschaftsteuer, die ein ausländischer Staat auf den Erwerb von Kapitalvermögen erhebt, das ein inländischer Erblasser in dem Staat angelegt hatte, bei Fehlen eines DBA weder auf die deutsche Erbschaftsteuer anzurechnen noch als Nachlassverbindlichkeit zu berücksichtigen sei. gegebenenfalls seien Billigkeitsmaßnahmen zu ergreifen, um eine Doppelbesteuerung zu vermeiden. Infolgedessen war beim BVerfG unter dem Az. 1 BvR 2488/13 eine Verfassungsbeschwerde anhängig. 457

Im zu entscheidenden Sachverhalt erwarb die Klägerin durch Verfügung von Todes wegen unter anderem Guthaben einer französischen Bank von insgesamt 2,8 Mio. DM. Frankreich erhob hierauf eine Erbschaftsteuer von umgerechnet 383.237 DM. Deutschland berücksichtigte die Steuer weder als Nachlassverbindlichkeit noch im Wege der Anrechnung auf die Steuerschuld, da § 21 Abs. 1 S. 1 ErbStG eine Anrechnung der ausländischen Erbschaftsteuer nur dann vorsieht, wenn diese auf das Auslandsvermögen des Erblassers erhoben wird. Im Privatvermögen gehaltene Forderungen von Inländern gegen ausländische Schuldner gelten hingegen nur als Auslandsvermögen, sofern etwa die Forderung durch ausländischen Grundbesitz unmittelbar besichert ist. Private Bankguthaben bei ausländischen Kreditinstituten gehören demnach nicht zum privilegierten Auslandsvermögen. Der BFH betrachtet die Regelung als mit dem europäischen Recht vereinbar und grundgesetzkonform, da die höhere Belastung im Vergleich zur Besteuerung inländischer Bankkonten allein aus der unterschiedlichen Auslegung des Besteuerungssubstrats in beiden Staaten folgt. Das Gericht betonte jedoch, dass in diesen Fällen eine Billigkeitsmaßnahme des Finanzamtes geboten sein kann, wenn die Doppelbesteuerung zu einer übermäßigen Steuerbelastung führt. 458

Das Verfahren wurde jedoch nicht zur Entscheidung durch das BVerfG angenommen. Mit Beschluss vom 22.9.2015 erfolgte daher die Erledigung, womit die Entscheidung des BFH v. 19.6.2013 (Az. II R 10/12) rechtskräftig wurde.

cc) Zusammentreffen divergierender Steuerpflichten. Stellt ein Staat für die Begründung der unbeschränkten Erbschaftsteuerpflicht auf den im Inland ansässigen Erblasser oder Erwerber ab und hinterlässt der Erblasser ausländische Vermögenswerte wie zB Kontoguthaben, Immobilien oder Gesellschaftsbeteiligungen, kann hieraus eine Doppelbesteuerung resultieren. Dies ist insbesondere dann der Fall, wenn der andere Staat durch die – aus seiner Sicht – inländischen Vermögenswerte von einer beschränkten Erbschaftsteuerpflicht ausgeht (*Dehmer* IStR 2009, 454). Auch das Zusammentreffen der erweiterten beschränkten Steuerpflicht im Sinne des § 4 AStG iVm § 2 Abs. 1 AStG mit der unbeschränkten Erbschaftsteuerpflicht des Wegzüglers im Wegzugsstaat kann bei im Inland belegenen beweglichen Vermögen zu einer Doppelbesteuerung führen, wenn die Anwendung der Anrechnungsmethode mangels Auslandsvermögens ausgeschlossen ist. In diesem Fall beschränkt steuerpflichtig sind nämlich auch Vermögenswerte, deren Erträge bei unbeschränkter Einkommensteuerpflicht nicht ausländische Einkünfte im Sinne des § 34d Buchstabe c) Abs. 1 EStG wären. Zu diesen Vermögensgegenständen gehören neben inländischen Kontoguthaben beispielsweise auch Rentenansprüche sowie Ansprüche auf wiederkehrende Leistungen gegen Schuldner im Inland einschließlich etwaiger Nießbrauchs- und Nutzungsrechte an Vermögensgegenständen im Inland (*Hamdan,* Die Beseitigung internationaler Doppelbesteuerung durch § 21 ErbStG, 2007, Rn. 108). 459

dd) Im Grundsatz kein Steuerabzug. Zur Vermeidung von Doppelbesteuerungen sieht das deutsche Erbschaftsteuerrecht ausschließlich die Anrechnungsmethode nach § 21 ErbStG vor. Die Anwendung einer Abzugsmethode ist, anders als in § 34c Abs. 2 und 3 EStG, grundsätzlich nicht vorgesehen 460

(*Kaminski* Stbg 2013, 12). In der Literatur wird jedoch die Meinung vertreten, dass eine ausländische Steuer dann uneingeschränkt vom Vermögensanfall abgezogen werden kann, wenn es sich um eine Steuer handelt, die noch in der Person des Erblassers entstanden ist und somit eine vom Erblasser herrührende Schuld im Sinne des § 10 Abs. 5 ErbStG darstellt. Ein Beispiel hierfür stellt die kanadische „capital gains tax" dar, die eine fiktive Veräußerung des Vermögens durch den Erblasser unmittelbar vor seinem Tod unterstellt (*Knauf,* Determinanten und Gestaltungsansätze der internationalen Nachfolgeplanung, 2008, 67). Hat aber der Erbe die ausländische Erbschaftsteuer zu entrichten, kommt § 10 Abs. 8 ErbStG zur Anwendung. Folgerichtig greift das Abzugsverbot der vom Erwerber zu entrichtenden eigenen Erbschaftsteuer auch für den Abzug einer ausländischen Steuer (*Knauf,* Determinanten und Gestaltungsansätze der internationalen Nachfolgeplanung, 2008, 67).

461 Dennoch können nach einer im Vordringen befindlichen Ansicht die Steuern im Billigkeitswege bei Erfüllung entsprechender Voraussetzungen nach § 163 AO (als abweichende Festsetzung der Erbschaftsteuer aus Billigkeitsgründen) oder nach § 227 AO (als Erlass zur Vermeidung unbilliger Härten) entweder erlassen oder zum Abzug zugelassen werden (*Kaminski* Stbg 2013, 12 sowie *Knauf,* Determinanten und Gestaltungsansätze der internationalen Nachfolgeplanung, 2008, 67). Ein praktisches Beispiel hierfür stellt der Fall *Margarete Block* (später EuGH 12.2.2009 – C-67/08 – *Block,* ErbR 2009, 119 ff.) darf, in dem das FA im Rahmen der Einspruchsentscheidung die spanische Steuerschuld im Ergebnis als Nachlassverbindlichkeit zum Abzug zuließ (ebenso *Knauf,* Determinanten und Gestaltungsansätze der internationalen Nachfolgeplanung, 2008, 67).

462 Des Weiteren ist in der Literatur die Auffassung vertreten worden, dass in den Fällen, in denen der Erblasser in zwei Staaten etwa wegen eines doppelten Wohnsitzes unbeschränkt steuerpflichtig war und eine Anrechnung versagt wurde, wenn aus der Sicht beider Staaten kein Auslandsvermögen übergegangen ist, bei verbleibender Doppelbesteuerung ein Steuererlass nach §§ 163, 227 AO geboten sei (*Schaumburg,* Internationales Steuerrecht, Rn. 15.244). Eine Steueranrechnung aus Billigkeitsgründen nach §§ 163, 227 AO ist etwa dann geboten, wenn in den Nachlass eines inländischen Erblassers ausländische Wertpapiere fallen und die Anrechnung der auf diese Wertpapiere erhobenen ausländischen Erbschaftsteuer gem. § 21 Abs. 1, Abs. 2 Nr. 1 ErbStG nicht möglich ist (*Schaumburg,* Internationales Steuerrecht, Rn. 15.256).

463 **ee) Kursantrag ausländischer Währung.** Eine Doppelbesteuerung kann ferner aufgrund der Anwendung der Anrechnungsmethode beim Anstieg des Kurses einer ausländischen Währung im Zeitpunkt der tatsächlichen Entrichtung der Steuer im Ausland entstehen. Laut BFH-Rechtsprechung (BFH Urt. v. 19.3.1991 – II R 134/88, BStBl. II 1991, 521 und BFH Urt. v. 26.4.1995 – II R 13/92, BStBl. II 1995, 540) soll eine Umrechnung der ausländischen Erbschaftsteuer in Euro nach dem amtlich im Bundesanzeiger veröffentlichten Devisenbriefkurs für den Tag erfolgen, an dem die deutsche Erbschaftsteuer für den Erwerb entstanden ist. Bei einem Erwerb von Todes wegen ist dies der Todestag des Erblassers (Flick/Pilz/*Wassermeyer,* Der internationale Erbfall, Rn. 1383 sowie *Jülicher* ZEV 1996, 298). Wird die ausländische Steuer erst nach dem Todestag des Erblassers entrichtet, können hieraus erhebliche Nachteile für den Steuerpflichtigen resultieren (vgl. ausdrücklich *Jülicher* ZEV 1996, 298). Folgendes Beispiel fasst dieses Problem nochmal zusammen (Flick/Pilz/*Wassermeyer,* Der internationale Erbfall, Rn. 1383): Ein Steuerinländer erbt ein Grundstück, für das aufgrund der Bewertung zum Todestag des Erblassers eine US-Steuer von $ 400.000 festgesetzt wird. Dieser Betrag entspricht zu diesem Zeitpunkt EUR 400.000. Bis zur Festsetzung und Entrichtung der Steuer beträgt der Gegenwert der US-Steuer in EUR aber bereits EUR 500.000. Eine Anrechnung der US-Steuer auf die deutsche Steuer ist hier nur in Höhe von EUR 400.000 möglich, die verbleibenden EUR 100.000 sind nicht anrechenbar.

464 In diesem Zusammenhang wird in der Literatur gefordert, die ausländische Steuer auch wahlweise nach dem Devisenbriefkurs des Zahlungstages anzurechnen (Flick/Piltz/Wassermeyer, Der internationale Erbfall, Rn. 1384). Nach der Auffassung von Jülicher sollte dies jedoch nur geschehen, wenn die ausländische Steuer aus dem deutschen Geldvermögen nach dem Umtausch in eine ausländische Währung gezahlt wird (*Jülicher* ZEV 1996, 299) und es zu einer zwischenzeitlichen Kurssteigerung der ausländischen Währung gekommen ist (*Schaumburg* RIW 2001, 168).

465 **ff) Zeitliche Grenzen der Anrechnung.** Laut § 21 Abs. 1 S. 4 ErbStG ist die ausländische Steuer nur anrechenbar, wenn die deutsche Erbschaftsteuer für das Auslandsvermögen innerhalb von fünf Jahren seit dem Zeitpunkt der Entstehung der ausländischen Erbschaftsteuer entstanden ist. Demzufolge ist nur diejenige ausländische Steuer anrechenbar, die bis zu fünf Jahren vor der deutschen Erbschaftsteuer entstanden ist. Der Fall der Entstehung der ausländischen Steuer erst nach der Entstehung der deutschen Erbschaftsteuer ist somit gesetzlich nicht geregelt. In Ermangelung eines sachlichen Grundes für eine derartige Differenzierung wird in der Literatur die Meinung vertreten, dass eine analoge Anwendung des § 21 Abs. 1 S. 4 ErbStG auch für den Fall geboten sei, dass die ausländische Erbschaftsteuer innerhalb von fünf Jahren nach der deutschen Erbschaftsteuer entsteht (*Schaumburg,* Internationales Steuerrecht, Rn. 15.250). Diese Voraussetzung für die Anrechnung der ausländischen Steuer gewinnt insbesondere dann an Bedeutung, wenn zwischen diesen Zeitpunkten mehr als fünf Jahre liegen.

Das folgende Beispiel verdeutlicht dieses Problem (Vgl. Flick/Pilz/*Wassermeyer,* Der Internationale Erbfall, Rn. 1385 sowie *Hamdan,* Die Beseitigung internationaler Doppelbesteuerung durch § 21 ErbStG, Rn. 114.): Ein englischer Erblasser hat in Großbritannien einen Trust errichtet, bei dem ein Ertragsbegünstigter auf Lebenszeit die Erträge zugewandt bekommt. Nach seinem Tod soll das Trustvermögen an einen inländischen Substanzbegünstigten fallen. Für den Substanzerwerb entsteht die deutsche Erbschaftsteuer erst im Zeitpunkt des Todes des Ertragsbegünstigten, weil es sich um einen aufschiebend bedingten Erwerb handelt. In Großbritannien wird der Nachlass mit dem Vermögensübergang auf den Trust beim Tod des Erblassers besteuert. Der Ertragsbegünstigte stirbt nach acht Jahren. Die in Großbritannien gezahlte Nachlasssteuer ist in diesem Fall in der Bundesrepublik bei der Besteuerung des Vermögensüberhangs auf den Substanzberechtigten nicht mehr anrechenbar. Strittig ist jedoch dann die Frage der Anrechnung der ausländischen Steuer für den Fall, dass die deutsche Erbschaftsteuer schon bestandskräftig festgesetzt worden ist (vgl. *Hamdan,* Die Beseitigung internationaler Doppelbesteuerung durch § 21 ErbStG, Rn. 114). **466**

gg) Ersatzerbschaftsteuern und Steueranrechnung. Sowohl im Rahmen des § 21 ErbStG als auch im Anwendungsbereich des Art. 9 B ErbSt-MA muss untersucht werden, ob im Ausland erhobene, potentiell anrechenbare Steuern als mit der deutschen Erbschaftsteuer vergleichbare Steuern angesehen werden. Dies ist insbesondere für ausländische sogenannte Ersatzerbschaftsteuern wie Umschreibungsgebühren oder Registergebühren fraglich und wird von der deutschen Finanzverwaltung pauschal verneint (etwa FM Bayern v. 8.1.2004, IStR 2004, 174 sowie FM Bayern v. 1.6.2007, DStR 2007, 1165; aA differenzierend *Wachter* ErbStB 2004, 88 (90)). **467**

Internationales Schenkungsrecht (IntSchenkungsR)

Literatur: *Abel,* Die Qualifikation der Schenkung, 1996; *Ancel,* Les conflits de qualifications a l'épreuve de la donation entre époux, 1977; *Dawson,* Gifts and Promises, 1980; *Bestelmeyer,* Pflichtteilsergänzungsansprüche im Hinblick auf verschenktes Auslandsvermögen bei eingetretener oder fiktiver pflichtteilsfeindlicher Nachlassspaltung?, ZEV 2004, 359; *Dutta,* Vermögenssicherung durch Stiftung, in Grziwotz u. a. (Hrsg.), Erbrecht und Vermögenssicherung, 2011, S. 70; *Häcker,* Europäisch-zivilverfahrensrechtliche und internationale-privatrechtliche Probleme grenzüberschreitender Gewinnzusagen, ZVglRWiss 103 (2004), 464; *Hausheer,* Schuldrechtliche Rechtsgeschäfte und familienrechtliche Leistungen unter Ehegatten, insbesondere unbenannte Zuwendungen und ehebezogene Arbeitsleistungen in rechtsvergleichender Sicht, Festschrift Henrich 2000, S. 2192; *Henrich,* Die Anknüpfung von Spar- und Depotverträgen zugunsten Dritter auf den Todesfall, FS W. Lorenz 1991, S. 379; *Hyland,* Gifts – A study in comparative law, 2009; *Jakob/Uhl,* Die liechtensteinische Familienstiftung im Blick ausländischer Rechtsprechung, IPRax 2012, 451; *Kindler,* Die Schenkung einer in Italien belegenen Immobilie, ZEV 1997, 190; *Kronke,* in v. Campenhausen/Kronke/Werner, Stiftungen in Deutschland und Europa,1998, S. 361; *Leible,* Luxemburg locuta – Gewinnemitteilung finita?, NJW 2005, 796; *S. Lorenz,* Unbenannte Zuwendung und internationales Ehegüterrecht, FamRZ 1993, 393; *S. Lorenz/Unberath,* Nichteheliche Lebensgemeinschaft und Verlöbnis im Internationalen Privat- und Verfahrensrecht oder: Was es nicht gibt, knüpf ich nicht an!, IPRax 2005, 516; *v. Lutterotti,* Ergänzende Hinweise zur Schenkung einer Immobilie in Italien aus Sicht der notariellen Praxis, ZEV 1997, 193; *R. Magnus,* Der Rückholanspruch, 2018; *Mankowski,* Verlöbnisbruch, konkurrierende Deliktsansprüche und Rückforderung von Geschenken im Internationalen Privat- und Zivilprozeßrecht, IPRax 1997, 173; *Mansel,* EuErbVO und beeinträchtigende Schenkungen, insbesondere von Grundstücken, FS Geimer 2017, S. 443; *Mörsdorf-Schulte,* Autonome Qualifikation der isolierten Gewinnzusage, JZ 2005, 770; *Schmidt-Kessel,* Schenkung, in Basedow/Hopt/Zimmermann, Handwörterbuch des Europäischen Privatrechts, Band 2, S. 1349; *Winkler v. Mohrenfels,* Ehebezogene Zuwendungen im Internationalen Privatrecht, IPRax 1995, 379.

Übersicht

I. Einführung

1. Der Schenkungsbegriff

Das Schenkungsrecht ist in den Mitgliedstaaten der europäischen Union höchst **unterschiedlich geregelt** (ausführlich *Hyland,* Gifts – A study in comparative law, 127 ff.; *Schmidt-Kessel,* Schenkung, in Basedow/Hopt/Zimmermann, Handwörterbuch des Europäischen Privatrechts, Band 2, 1349; *Dawson,* Gifts and Promises) und hat sich, wie so viele Bereiche des materiellen Zivilrechts, einer europäischen Vereinheitlichung bisher weitestgehend entzogen. Erste Vereinheitlichungsbestrebungen wurden im Rahmen des Draft Common Frame of Reference (DCFR) unternommen (siehe hierzu Teil H des DCFR, der das Schenkungsrecht behandelt). Terminologisch verweist der deutsche Begriff der Schenkung auf den im BGB geregelten Vertragstyp der Schenkung (§§ 516 ff. BGB). Die BGB-Schenkung setzt jedoch, neben einer zumindest teilweisen Unentgeltlichkeit der Zuwendung, eine 1

Entreicherung des Schenkers und eine Bereicherung des Beschenkten sowie insbesondere eine Einigung der Parteien über die Unentgeltlichkeit voraus (Bamberger/Roth/*Litzenburger* § 2287 Rn. 2; Staudinger/*Chiusi* (2013), BGB § 516 Rn. 49 ff.; MüKoBGB/*Koch* § 516 Rn. 14 f.). Dadurch unterscheidet sie sich teilweise stark von ihrem jeweiligen Pendant in den anderen europäischen Staaten, wie etwa der französischen *donation/liberalité* oder der englischen *donation.* Eine subjektive Vereinbarung der Unentgeltlichkeit ist bspw. in Frankreich nicht erforderlich. Es genügt vielmehr der einseitige Schenkungswille (animus donandi) des Schenkenden, der bei einer erheblichen Wertdifferenz der erbrachten Leistungen grds. vermutet wird (siehe Cass. 6 janv. 1969, Bull. Civ. 1969, I, n°8; *Malaurie/Aynès,* Les Successions, Les Libéralités, 5. Aufl. 2012, Rn. 351, 626; ausführlich zum Ganzen *Abel,* Die Qualifikation der Schenkung, 69 f.; *Hyland,* Gifts – A study in comparative law, 127 ff.; *Schmidt-Kessel,* Schenkung, in Basedow/Hopt/Zimmermann, Handwörterbuch des Europäischen Privatrechts, Band 2, 1349).

2 Im Folgenden wird der Begriff der Schenkung nicht streng im Sinne des BGB verwendet, sondern **rechtsvergleichend-autonom verstanden.** Charakteristisch für eine Schenkung sind im Wesentlichen die endgültige Übertragung eines Gegenstandes auf den Beschenkten und die Unentgeltlichkeit der Zuwendung (so ausführlich mit rechtsvergleichenden Nachweisen *Hyland,* Gifts – A study in comparative law, 127 ff.) sowie ein subjektives Element (Schenkungswille/Einigung über Unentgeltlichkeit; siehe *Hyland,* Gifts – A study in comparative law, 182 ff.).

3 Problematisch kann die Abgrenzung zu **anderen Arten unentgeltlicher Rechtsgeschäfte** sein. Bei der Leihe etwa fehlt die endgültige Übertragung des geliehenen Gegenstandes; unentgeltliche Dienstleistungen können dagegen Schenkungen darstellen (*Schmidt-Kessel,* Unentgeltliche Rechtsgeschäfte, in Basedow/Hopt/Zimmermann, Handwörterbuch des Europäischen Privatrechts, Band 2, 1538). Auch diese Abgrenzung ist in den europäischen Rechtsordnungen freilich oft sehr unterschiedlich und alles andere als einfach. Viele der folgenden Ausführungen werden sich allerdings auch auf andere unentgeltliche Rechtsgeschäfte übertragen lassen. Zu beachten ist zudem, dass, wenn im Rahmen einer sog. gemischten Schenkung der entgeltliche Teil eines unteilbaren Rechtsgeschäfts den unentgeltlichen überwiegt, das Rechtsgeschäft nicht länger als Schenkung, sondern als ein dem entgeltlichen Teil entsprechender Vertragstyp (Kauf, Miete, Werkvertrag, Pacht etc.) eingeordnet wird (vgl. auch Magnus/Mankowski/*Mankowski,* Brussels Ibis Regulation, 3. Aufl. 2016, Art. 5 Rn. 99). Für weitere Abgrenzungen siehe auch (→ Rn. 8 ff. II.1.).

2. Internationales Schenkungsrecht und EuErbVO

4 Auch die EuErbVO wird zur Vereinheitlichung des Schenkungsrechts nicht wesentlich beitragen. **Art. 1 Abs. 2 lit. g EuErbVO** bestimmt nämlich, dass „Rechte und Vermögenswerte, die auf andere Weise als durch Rechtsnachfolge von Todes wegen begründet oder übertragen werden, wie unentgeltliche Zuwendungen (...) unbeschadet des Artikels 23 Absatz 2 Buchstabe i" vom Anwendungsbereich der Verordnung ausgenommen sind. Das für die Schenkung bisher geltende internationale Zuständigkeits- und Kollisionsrecht soll daher weitgehend unberührt bleiben. Fragen nach der Rechtsnatur einer Schenkung (einseitiges oder zweiseitiges Rechtsgeschäft), nach den Anforderungen an den Konsens oder die bei ihrem Abschluss einzuhaltende Form, die Bindungswirkung und die Widerrufsgründe richten sich deshalb nach wie vor grds. nach der Rom I-VO und die korrespondierende internationale Zuständigkeit ist in der Regel der EuGVO zu entnehmen. Möchten bspw. die Erben eines in Deutschland lebenden Unternehmers einen Porsche, den dieser seinem in Südfrankreich ansässigen Geschäftspartner geschenkt hat, wegen groben Undanks zurückfordern, ergibt sich die Zuständigkeit französischer Gerichte aus Art. 4 EuGVO bzw. Art. 7 Nr. 1 EuGVO und – soweit keine Rechtswahl getroffen wurde – die Anwendbarkeit deutschen Rechts aus Art. 4 Abs. 2 Rom I-VO.

5 Diese Grundregel kennt allerdings zwei Ausnahmen: Zum einen findet sich in den meisten Mitgliedstaaten die Unterscheidung zwischen Schenkungen *inter vivos* (Schenkungen unter Lebenden, §§ 516 ff. BGB) und **Schenkungen mortis causa** (Schenkungen von Todes wegen, § 2301 BGB; siehe hierzu die Darstellung bei Bonomi/Wautelet/*Bonomi,* Art. 1 Rn. 51 mwN). Während für erstere der Ausschluss vom Anwendungsbereich der EuErbVO völlig unbestritten ist, ist dieses Ergebnis für die Schenkungen *mortis causa* nicht so eindeutig (→ Rn. 39 ff. III.1). Zum anderen verweist Art. 1 Abs. 2 lit. g EuErbVO selbst wiederum auf **Art. 23 Abs. 2 lit. i EuErbVO.** In dieser Vorschrift ist geregelt, dass „die Ausgleichung und Anrechnung unentgeltlicher Zuwendungen" sehr wohl dem nach der EuErbVO zu bestimmenden Erbstatut unterliegt. Die genaue Reichweite und Bedeutung dieser Ausnahme bedarf deshalb ebenfalls eingehenderer Untersuchung.

6 Bevor auf das in diesen Konstellationen entstehende Spannungsverhältnis zwischen allgemeinem Vertragsrecht und besonderen erbrechtlichen Vorschriften näher eingegangen wird, soll allerdings das internationale Schenkungsrecht außerhalb des Einflussbereichs der EuErbVO erörtert werden.

II. Internationales Schenkungsrecht außerhalb der EuErbVO

Die Schenkung gehört als zivilrechtliches Rechtsgeschäft grds. zu den in Art. 1 Abs. 1 EuGVO/ Art. 1 Abs. 1 LugÜ und Art. 1 Abs. 1 Rom I-VO erwähnten Zivil- und Handelssachen. Zweifel im Hinblick auf die Anwendbarkeit dieser Zuständigkeits- und Kollisionsregelungen ergeben sich für Zuwendungen *inter vivos* auch nicht aus dem pauschalen Ausschluss des Erbrechts in Art. 1 Abs. 2 lit. f EuGVO/Art. 1 Abs. 2 lit. a LugÜ bzw. Art. 1 Abs. 2 lit. c Rom I-VO. Zur Schenkung *mortis causa* → Rn. 39 ff. III.1. 7

1. Abgrenzungen

a) Verhältnis zum ehelichen Güterrecht. Ebenfalls vom Anwendungsbereich der EuGVO, des LugÜ und der Rom I-VO ausgeschlossen sind die ehelichen Güterstände. (Art. 1 Abs. 2 lit. a EuGVO, Art. 1 Abs. 2 lit. a LugÜ, Art. 1 Abs. 2 lit. c Rom I-VO.) Hier stellt sich daher die Frage, ob auch Streitigkeiten mit Bezug auf sog. **unbenannte Zuwendungen** zwischen Ehegatten/eingetragenen Lebenspartnern von diesem Ausschluss erfasst sind. Allgemeiner könnte auch gefragt werden, ob der Ausschluss eingreift, wenn Schenkungen zwischen Ehegatten/Lebenspartnern im nationalen Recht bestimmten Sonderregelungen unterliegen (verneinend *Hausmann* FamRZ 1980, 418 (424); ebenso *Abel,* Die Qualifikation der Schenkung, 69 f. mit Verweis auf die abweichende Qualifikation von Schenkungen unter Ehegatten in Frankreich und *Mankowski* IPRax 1997, 173 (177) am Beispiel der Widerrufsrechte bei Schenkungen zwischen Verlobten). Dass in diesen Vorschriften von „Ehe" die Rede ist, sollte nicht davon abhalten, im Wege einer autonomen Auslegung auch die eingetragene Lebenspartnerschaft unter diesen Begriff zu subsumieren (ebenso *Kropholler/v. Hein,* Europäisches Zivilprozessrecht, 9. Aufl. 2011, EuGVO Art. 1 Rn. 27a; *Rauscher/Mankowski* Brüssel Ia-VO Art. 1 Rn. 93 ff.; Dasser/Oberhammer/*Dasser* LugÜ Art. 1 Rn. 67). 8

Obwohl die unbenannten Zuwendungen nach deutschem materiellem Recht überwiegend gerade **nicht als Schenkungen behandelt** werden (zu den dogmatischen Grundlagen des Konzepts der unbenannten Zuwendung siehe bspw. *Pölzig* JZ 2012, 425; *Liebrecht* AcP 217 (2017), 886; *Herr* NJW 2012, 3486), sind sie in ihren Rechtswirkungen einer Schenkung durchaus vergleichbar und werden in vielen anderen Mitgliedstaaten auch als eine solche angesehen (siehe rechtsvergleichend zur Schweiz *Hausheer,* FS Henrich 2000, 219). In Deutschland hatte sich der BGH im Jahre 1992 für eine Subsumtion von unbenannten Zuwendungen unter das Schuldvertragsstatut und gegen das Güterrechtsstatut entschieden (BGH NJW 1993, 385 mit zustimmenden Anmerkungen von *Lorenz* FamRZ 1993, 393; *Hohloch* JuS 1993, 513; ablehnend dagegen *Winkler v. Mohrensfels* IPRax 1995, 379). Die Meinungen im Schrifttum sind durchaus geteilt (für eine Einbeziehung von Schenkungen zwischen Ehegatten in EuGVÜ/EuGVO *Hausmann* FamRZ 1980, 418 (424); dagegen *Geimer* IPRax 1992, 5 (6); differenzierend zwischen echten Schenkungen zwischen Ehegatten und unbenannten Zuwendungen Staudinger/ *Magnus* (2016) Rom I-VO Art. 1 Rn. 55; Art. 4 Rn. 247; *Abel,* Die Qualifikation der Schenkung, 102 ff.; UnalexKomm/*Hausmann* Brüssel I-VO Art. 1 Rn. 67 f.; siehe dazu auch *Jaeger* DNotZ 1991, 431; ausführlich zum französischen Recht *Ancel,* Les conflits de qualifications a l'épreuve de la donation entre époux). 9

Eine **schuldrechtliche Qualifikation** verwirklicht das Prinzip der autonomen Auslegung von Verordnungen und Staatsverträgen grds. besser, da güterrechtliche Besonderheiten für Schenkungen zwischen Ehegatten keineswegs in allen Mitgliedstaaten in gleicher Weise gelten und das Konzept der unbenannten Zuwendung auch mit zahlreichen Fragwürdigkeiten belastet ist (siehe etwa *Schotten* NJW 1990, 2841), die sich bei einer entsprechenden Qualifikation auch im Kollisions- und Zuständigkeitsrecht fortsetzen. Der objektive Schenkungstatbestand bildet dagegen ein sicheres und leicht feststellbares Abgrenzungskriterium und schwierige Ermittlungen zur genauen subjektiven Zwecksetzung der Ehegatten könnten zumindest bei der Zuständigkeitsprüfung noch unterbleiben. Eine anschließende akzessorische Anknüpfung an das Güterrechtsstatut im Kollisionsrecht über Art. 4 Abs. 3 Rom I-VO wäre hierdurch freilich nicht ausgeschlossen (dafür plädiert *Lorenz* FamRZ 1993, 393). 10

Seit dem Inkrafttreten der **Güterrechtsverordnungen** (siehe die Verordnung (EU) 2016/1103 zur Durchführung einer Verstärkten Zusammenarbeit im Bereich der Zuständigkeit, des anzuwendenden Rechts und der Anerkennung und Vollstreckung von Entscheidungen in Fragen des ehelichen Güterstands vom 24. Juni 2016, ABl. L 183, S. 1 und die Verordnung (EU) 2016/1104 zur Durchführung einer Verstärkten Zusammenarbeit im Bereich der Zuständigkeit, des anzuwendenden Rechts und der Anerkennung und Vollstreckung von Entscheidungen in Fragen güterrechtlicher Wirkungen eingetragener Partnerschaften vom 24. Juni 2016, ABl. L 183, S. 30) spricht allerdings viel dafür, das sog. „Nebengüterrecht" (unbenannte Zuwendungen, Ehegatteninnengesellschaft, familienrechtlicher Kooperationsvertrag) insgesamt unter den Anwendungsbereich dieser Verordnungen zu fassen (so auch MüKoBGB/*Dutta* EuErbVO Art. 1 Rn. 37; *J. Weber* DNotZ 2016, 656 (665 f.); *Heiderhoff* IPRax 2018, 1 (2); *Dutta* FamRZ 2016, 1973 (1975); *Martiny* ZfPW 2017, 1 (9); *C. Mayer* IPRax 2016, 353 (355); 11

NK-BGB/*R. Magnus* Art. 1 EuGüVO Rn. 31 f.; *Köhler* in Dutta/Weber (Hrsg.), Die Europäischen Güterrechtsverordnungen, 2017, S. 147 (149 f.); ausführlich *Sanders* FamRZ 2018, 978; *Andrae* IPRax 2018, 221 (223); aA Dörner ZEV 2019, 309 (314 f.)). Die Rechtsinstitute des Nebengüterrechts haben in der Regel den Zweck, Lücken im Güterrecht auszufüllen, weshalb eine kollisionsrechtliche Abspaltung vom Güterrechtsregime misslich wäre. Auch die Gesetzeshistorie stützt eine solche Auffassung, da im ursprünglichen Kommissionsentwurf aus dem Jahre 2011 noch „unentgeltliche Zuwendungen zwischen Ehegatten" und „Ehegattengesellschaften" vom Anwendungsbereich der Verordnung ausdrücklich ausgenommen waren (siehe Art. 1 Nr. 3 lit. c u. e) des Vorschlags vom 16.3.2011 für eine Verordnung des Rates über die Zuständigkeit, das anzuwendende Recht, die Anerkennung und die Vollstreckung von Entscheidungen im Bereich des Ehegüterrechts, KOM (2011) 106 endg.). Die Streichung dieser Ausnahmen in der heutigen Fassung der Güterrechtsverordnungen sollte gerade die Einbeziehung auch des Nebengüterrechts ermöglichen (*C. Mayer* IPRax 2016, 353 (355); *Köhler,* in: Dutta/Weber (Hrsg.), Die Europäischen Güterrechtsverordnungen, 2017, S. 147 (149 f.); ausführlich *Sanders* FamRZ 2018, 978 (979 f.)).

12 Ansprüche des zugewinnausgleichsberechtigten Ehegatten **gegen Dritte,** die vom ausgleichspflichtigen Ehepartner unentgeltliche Zuwendungen erhalten haben (in Deutschland bspw. § 1390 BGB, in England Sec. 37 Matrimonial Causes Act), sind ebenfalls güterrechtlich und nicht vertragsrechtlich anzuknüpfen und fallen daher auch nicht in den Anwendungsbereich der EuGVO/des LugÜ bzw. der Rom I-VO (dazu *R. Magnus,* Der Rückholanspruch, 2018, S. 360 ff.; ausführlich *Gräf,* Drittbeziehungen und Drittschutz in den Europäischen Güterrechtsverordnungen, 2019, S. 201 ff.). Die Anspruchsberechtigung des beeinträchtigten Ehepartners soll hier den Bestand des ehelichen Vermögens schützen und liegt damit im Kernbereich des Güterrechts (zur parallelen Rückholproblematik im Erbrecht → Rn. 53 ff. III.3).

13 **b) Verhältnis zum Stiftungs- und Trustrecht.** Die **Errichtung einer Stiftung** wird in Deutschland als ein einseitiges Rechtsgeschäft des Stifters angesehen (§§ 80 ff. BGB), weshalb es an einer Vereinbarung über die Unentgeltlichkeit und mithin an einer Schenkung fehlt (LG Baden-Baden ZEV 1999, 152; *Röthel* ZEV 2006, 8 (9); 162; *Dutta* in Grziwotz (Hrsg.), Erbrecht und Vermögenssicherung, 70 (87); *Muscheler* AcP 203 (2003), 469 (473)). Umstritten ist, inwieweit die für Schenkungen geltenden Regelungen, etwa des erbrechtlichen **Pflichtteilsergänzungsrechts,** gleichwohl **analog** angewendet werden können. Die inzwischen ganz herrschende Ansicht bejaht eine Analogie und beruft sich neben der vergleichbaren Interessenlage vor allem auf die Materialien zum BGB (für eine Analogie RGZ 54, 399; LG Baden-Baden ZEV 1999, 152; *Muscheler* AcP 203 (2003), 469 (486); *Rawert/Kaschinski* ZEV 1996, 161 (162 ff.); *Röthel* ZEV 2006, 8 (9); Staudinger/*v. Olshausen* (2015) BGB § 2325 Rn. 39; MüKoBGB/*Lange* § 2325 Rn. 48; ablehnend bzw. Einschränkungen fordernd KG OLGE 6, 330; Soergel/*Dieckmann* BGB § 2325 Rn. 33; MüKoBGB/*Weitemeyer* § 81 Rn. 21 ff. u. § 82 Rn. 7 ff.). **Anschließende Zahlungen** an eine bereits errichtete Stiftung können hingegen auch in Deutschland relativ unproblematisch als Schenkungen eingeordnet werden (BGH NJW 2004, 1382; *Muscheler* AcP 203 (2003), 469 (477 f.); *Werner* ZEV 2007, 560 (562)). Die mit einer Stiftungs- oder Trusterrichtung verbundenen kollisions- und zuständigkeitsrechtlichen Probleme sind allerdings überaus vielschichtig und können an dieser Stelle nicht weiter vertieft werden (siehe *Dutta* in Grziwotz (Hrsg.), Erbrecht und Vermögenssicherung, 70 (90 f.); ausführlich *Kronke* in v. Campenhausen/Kronke/Werner, Stiftungen in Deutschland und Europa, 361 jeweils mwN). Im Ergebnis führt die gesellschaftsrechtliche Dimension des Gründungsgeschäfts aber wohl dazu, dass ein eventuelles Schenkungsstatut durch das jeweilige Stiftungs- oder Truststatut weitgehend verdrängt wird (OLG Stuttgart ZEV 2010, 265 (266); OLG Düsseldorf ZEV 2010, 528 (530); siehe auch *Kronke* in v. Campenhausen/Kronke/Werner, Stiftungen in Deutschland und Europa, 361 (369 ff.); *Jakob/Uhl* IPRax 2012, 451; vgl. auch das Übereinkommen über das auf Trusts anzuwendende Recht und ihre Anerkennung v. 1. Juli 1985). Für das Pflichtteilsergänzungsrecht gilt dieses jedoch nicht im gleichen Maße, so dass auch eine Stiftungserrichtung im Rahmen eines Rückholanspruchs sehr wohl in den Sog der EuErbVO geraten könnte (ausführlich → Rn. 53 ff. III.1). Für anschließende Spenden an eine Stiftung und für Zustiftungen trifft das dann erst recht zu.

2. Internationale Zuständigkeit

14 Maßgebliches Unterscheidungskriterium ist hier zunächst der **Beklagtenwohnsitz.** Hat der Beklagte seinen Wohnsitz in einem Mitgliedstaat der Europäischen Union, bestimmen deutsche Gerichte ihre internationale Zuständigkeit grds. nach der EuGVO (ausgenommen ist Dänemark, siehe aber das Brüsseler Übereinkommen vom 19. Oktober 2005 (ABl. EU 2005 L 299, 62), das zum 1. Juli 2007 in Kraft getreten ist). Liegt der Beklagtenwohnsitz in der Schweiz, Norwegen oder Liechtenstein kommt das LugÜ zur Anwendung. In allen anderen Fällen folgt die internationale Zuständigkeit hingegen grds. aus den Regelungen über die örtliche Zuständigkeit nach §§ 12 ff. ZPO. Teilweise existieren auch

vorrangige bilaterale Abkommen (vgl. etwa das deutsch-türkische Nachlassübereinkommen vom 28.5.1929 (BGBl. 1930 II, 748)).

Eine Klagemöglichkeit besteht für Streitigkeiten im Zusammenhang mit einer Schenkung somit stets am Beklagtenwohnsitz (Art. 4 EuGVO/Art. 2 LugÜ/§§ 12, 13 ZPO). Anderes gilt unter Umständen dann, wenn eine Gerichtsstandsvereinbarung (Art. 25 EuGVO/Art. 23 LugÜ/§ 38 ff. ZPO) getroffen wurde. 15

a) Zuständigkeit am Erfüllungsort. Daneben ist regelmäßig auch eine Zuständigkeit am **Erfüllungsort** gegeben (Art. 7 Nr. 1 EuGVO/Art. 5 Nr. 1 LugÜ/§ 29 ZPO; ebenso Magnus/Mankowski/*Mankowski,* Brussels Ibis Regulation, 3. Aufl. 2016, Art. 7 Rn. 51 ff. mwN; *Mankowski* IPRax 1997, 173 (175); *Lorenz/Unberath* IPRax 2005, 516 (518); anders dagegen noch BGH FamRZ 1996, 601 (603)). Zwar wird die Schenkung in manchen Rechtsordnungen, wie etwa der englischen (siehe Staudinger/*Chiusi* (2013), BGB Vorb. §§ 516–534 Rn. 163 ff. mwN; *Abel,* Die Qualifikation der Schenkung, 69 f.), nicht als Vertrag angesehen. Die **autonome Auslegung des Vertragsbegriffes** in Art. 7 Nr. 1 EuGVO, wie sie der EuGH unter der alten EuGVO insbesondere im Hinblick auf einseitige Gewinnzusagen vorgenommen hat (EuGH Slg. 2005, I-481 = NJW 2005, 811 (Engler/Janus Versand); BGH NJW 2006, 230, dazu *Leible* NJW 2005, 796; *Mörsdorf-Schulte* JZ 2005, 770; s. a. *Piekenbrock/Schulze* IPRax 2003, 328 (329 f.)), sollte jedoch weit genug sein, um auch unentgeltliche Zuwendungen zu erfassen. Ob die Bindungswirkung der Zuwendung nach dem mitgliedstaatlichen Recht durch eine einseitige Erklärung oder durch einen zweiseitigen Vertragsschluss zustande kommt, ist insoweit dann irrelevant (Magnus/Mankowski/*Mankowski,* Brussels Ibis Regulation, 3. Aufl. 2016, Art. 7 Rn. 51 ff. mwN; *Mankowski* IPRax 1997, 173 (175); *Lorenz/Unberath* IPRax 2005, 516 (518)). 16

Da die Schenkung grds. weder ein Verkauf beweglicher Sachen noch die Erbringung einer (entgeltlichen) Dienstleistung ist (so auch Magnus/Mankowski/*Mankowski,* Brussels Ibis Regulation, 3. Aufl. 2016, Art. 7 Rn. 51, 99; *Wais,* Der Europäische Erfüllungsgerichtsstand für Dienstleistungsverträge, 2013, 96), dürfte Art. 7 Nr. 1 lit. a EuGVO/Art. 5 Nr. 1 lit. a LugÜ einschlägig sein. Unentgeltliche Dienstleistungen können freilich u. U. ebenfalls den Tatbestand der Schenkung erfüllen. Sie dürften dann unter Art. 7 Nr. 1 lit. b EuGVO/Art. 5 Nr. 1 lit. b LugÜ 2007 fallen. Etwas anderes kann sich auch für sog. **gemischte Schenkungen** ergeben, bei denen die Parteien für den Kauf einer beweglichen Sache einvernehmlich einen deutlich zu niedrigen Kaufpreis ansetzen und dadurch bewusst eine Teilschenkung vornehmen. Überwiegt in diesen Konstellationen gleichwohl das Kaufelement und ist der Kaufpreis also nicht nur rein symbolisch, sollte ausnahmsweise doch Art. 7 Nr. 1 lit. b EuGVO/Art. 5 Nr. 1 lit. b LugÜ zur Anwendung kommen (Magnus/Mankowski/*Mankowski,* Brussels Ibis Regulation, 3. Aufl. 2016, Art. 7 Rn. 99 mwN). Der Erfüllungsort ist dann autonom zu bestimmen und richtet sich nach dem Ort, an den die teilunentgeltliche Kaufsache geliefert wurde oder nach dem Vertrag hätte geliefert werden müssen. 17

In allen anderen Konstellationen richtet sich der Erfüllungsort gem. Art. 7 Nr. 1 lit. a EuGVO/Art. 5 Nr. 1 lit. a LugÜ nach der jeweiligen *lex causae* (EuGH Slg. 1976, 1473 (1486) = NJW 1977 (491) – Industrie Tessili/Dunlop; *Kropholler/v. Hein,* Europäisches Zivilprozessrecht, 9. Aufl. 2011, EuGVO Art. 1 Rn. 29; Magnus/Mankowski/*Mankowski,* Brussels Ibis Regulation, 3. Aufl. 2016, Art. 7 Rn. 205). Nach deutschem Recht kommt es dabei darauf an, welche Art von Schuld vereinbart wurde, so dass letztlich entscheidend ist, wo die Zuwendung vollzogen und der geschenkte Gegenstand nach dem Vertrag übergeben werden soll. Bei einer aufgrund eines Schenkungsvertrages geschuldeten Geldüberweisung liegt der Erfüllungsort aber wegen § 270 Abs. 4 BGB grds. am Wohnsitz des Schenkenden (Staudinger/*Bittner/Kolbe* (2019) BGB § 270 Rn. 2; zum vergleichbaren Fall der Gewinnzusage siehe auch *Leible* NJW 2005, 796 (798); *Dörner,* FS Kollhosser 2004, 75 (84); *Mörsdorf-Schulte* JZ 2005, 770 (777 f.)). Die Zuständigkeit am Erfüllungsort greift richtigerweise auch dann ein, wenn die Rückabwicklung der Schenkung, bspw. infolge eines Widerrufs, begehrt wird (*Mankowski* IPRax 1997, 173 (177); *Lorenz/Unberath* IPRax 2005, 516 (518); *Schack,* Der Erfüllungsort im deutschen, ausländischen und internationalen Privat- und Zivilprozessrecht, Rn. 155). 18

Nicht erfasst sind hingegen **konkurrierende deliktische Ansprüche.** Eine solche Annexzuständigkeit wird im Rahmen der EuGVO generell abgelehnt (EuGH 27.9.1988 = NJW 1988, 3088 (3089); Magnus/Mankowski/*Mankowski,* Brussels Ibis Regulation, 3. Aufl. 2016, Art. 7 Rn. 32 ff. mwN). 19

b) Verbrauchergerichtsstand. Ob die besondere Verbraucherzuständigkeit gem. Art. 17 ff. EuGVO/Art. 15 ff. LugÜ auch für Schenkungsverträge eröffnet ist, wenn es sich um Schenkungen eines Unternehmers an einen Verbraucher oder andersherum um Schenkungen eines Verbrauchers an einen Unternehmer handelt, ist zweifelhaft. 20

Für die in vielerlei Hinsicht parallele Problematik der **Gewinnzusage** hat der EuGH in der Entscheidung *Engler* eine Anwendung des verbrauchervertraglichen Gerichtstandes verneint und zur Begründung auf das bei der Gewinnzusage fehlende vertragliche Synallagma abgestellt (EuGH Slg. 2005, I-481 = NJW 2005, 811 (812), (Engler/Janus Versand); kritisch zu diesem Abgrenzungskriterium *Mörsdorf-Schulte* JZ 2005, 770 (779)). In der Entscheidung *Ilsinger* (EuGH Slg. 2009, ECR I-3961 = EuZW 2009, 489 (491 Rn. 55) – Ilsinger) gab er diese Einschränkung – auch wegen der zwischenzeitlichen 21

Änderung des Wortlauts der verbraucherrechtlichen Zuständigkeitsvorschrift – dann allerdings wieder auf und verlangte stattdessen nur noch, dass der Unternehmer „sich bedingungslos bereit erklärt hat, den fraglichen Preis an Verbraucher auszuzahlen, die darum ersuchen." Insoweit kommt eine Anwendung des Verbrauchergerichtsstandes durchaus auch bei anderen unentgeltlichen Zuwendungen in Betracht.

22 **Verbraucher** im Sinne des Art. 17 EuGVO/Art. 15 LugÜ ist eine natürliche Person, die einen Vertrag zu einem Zweck abgeschlossen hat, der nicht ihrer beruflichen oder gewerblichen Tätigkeit zugerechnet werden kann (vgl. dagegen den neuen, eigenständigen prozessualen Verbraucherbegriff in § 29c Abs. 2 ZPO, bei dem der Bezug zu einem Vertragsverhältnis aufgehoben wurde, s. dazu auch Musielak/Voit/*Heinrich* § 29c ZPO Rn. 6f.). Die **Rechtfertigung,** die dieser besondere Gerichtsstand aus einer abstrakten Schutzbedürftigkeit des Verbrauchers herleitet, erscheint bei einer Schenkung des Unternehmers an den Verbraucher zunächst fragwürdig. Es ist jedoch zu bedenken, dass sich die Gefährdung des Verbrauchers nicht zwingend aus der – bei einer Schenkung fehlenden – Verpflichtung zu einer Gegenleistung ergeben muss, sondern sich auch aus der Natur des geschenkten Gegenstandes (Zigaretten oder Alkohol an Jugendliche) oder den **Umständen der Schenkung** (stark beeinflussende Werbegeschenke) ergeben kann. Ob der Verbraucher Leistungserbringer oder Leistungsempfänger ist, ist daher im Rahmen des Art. 17 EuGVO/Art. 15 LugÜ unerheblich (so zu Art. 6 Rom I-VO Staudinger/*Magnus* (2016) Rom I-VO Art. 6 Rn. 58; MüKoBGB/*Martiny* Art. 6 Rom I-VO Rn. 13; aA *Rauscher/Heiderhoff* Rom I-VO Art. 6 Rn. 20f.).

23 Als **Unternehmer** wird dagegen derjenige angesehen, der einen Vertrag im Rahmen seiner gewerblichen oder beruflichen Tätigkeit abschließt. Auch juristische Personen, Gesellschaften und Vereine sind Unternehmer, wenn sie für die Verfolgung ihres Tätigkeitszweckes Verträge schließen. Ist die juristische Person nicht auf Gewinnerzielung, sondern auf die **Förderung ideeller oder karitativer Zwecke** ausgerichtet, bleibt sie nach herrschender Ansicht gleichwohl Unternehmerin iSd Art. 17 EuGVO/Art. 15 LugÜ (so zu Art. 6 Rom I-VO Staudinger/*Magnus* (2016) Rom I-VO Art. 6 Rn. 54; BeckOK-BGB/*Spickhoff* Art. 6 Rom I-VO Rn. 20; Erman/*Hohloch* Rom I-VO Art. 6 Rn. 10b; jurisPK/*Limbach* Rom I-VO Art. 6 Rn. 27; aA *Rauscher/Heiderhoff* Rom I-VO Art. 6 Rn. 27).

24 Ein **Ausrichten** im Sinne des Art. 17 Abs. 1 lit. c EuGVO/Art. 15 Abs. 1 lit. c LugÜ kann immer dann angenommen werden, wenn der Unternehmer um Schenkungen/Spenden im Wohnsitzstaat des Verbrauchers aktiv wirbt, bspw. durch Internet- oder Fernsehwerbung, Zeitungsannoncen oder Sammlungen an Haustüren.

25 Schenkungen, die Privatpersonen infolge aktiver Werbung zugunsten von ausländischen karitativen Stiftungen vornehmen, erfüllen damit regelmäßig die Voraussetzungen des Art. 17 EuGVO/Art. 15 LugÜ (ebenso jurisPK/*Limbach* Rom I-VO Art. 6 Rn. 27). Zur inzwischen im deutschen Recht weitgehend geklärten Problematik, ob Zuwendungen an Stiftungen nach Schenkungsrecht zu beurteilen sind siehe → Rn. 13 II.1b. Für Klagen des Verbrauchers auf Rückabwicklung einer solchen Schenkung bspw. infolge einer Anfechtung wegen arglistiger Täuschung oder eines Widerrufs sind daher die **Gerichte im Wohnsitzstaat des Verbrauchers** nach Art. 18 Abs. 1 EuGVO/Art. 16 Abs. 1 LugÜ international zuständig. Andersherum kann der Unternehmer den Verbraucher ebenfalls nur in dessen Wohnsitzstaat auf die Vollziehung des Schenkungsversprechens verklagen (Art. 18 Abs. 2 EuGVO/Art. 16 Abs. 2 LugÜ).

26 Der Umstand, dass die berufliche/gewerbliche Tätigkeit, wie im Falle einer betrügerischen Werbung um Spenden mittels falscher Angaben, **illegal oder sogar strafbar** ist, führt nicht dazu, dass die Unternehmereigenschaft des Werbenden nunmehr verneint werden müsste. Erfasst sind daher auch die in letzter Zeit verstärkt auftretenden Bitten um Schenkungen unter der betrügerischen Vorspiegelung einer falschen Identität (sog. Enkel-Trick). In diesen Fällen wird aber meist auch der **Deliktsgerichtsstand** nach Art. 7 Nr. 2 EuGVO/Art. 5 Nr. 3 LugÜ 2007/§ 32 ZPO eröffnet sein. Obwohl sog. Schmiergeldzahlungen regelmäßig Schenkungen darstellen, dürfte für sie Art. 17 EuGVO/Art. 15 LugÜ hingegen selten einschlägig sein. Es fehlt insoweit wohl meist an der Beteiligung eines Verbrauchers.

27 Der Verbrauchergerichtsstand erfasst auch die **bereicherungsrechtliche Rückabwicklung** einer Schenkung, nach überwiegender Ansicht jedoch nicht konkurrierende deliktische Ansprüche (MüKoZPO/*Gottwald* EuGVO Art. 17 Rn. 5, Musielak/Voit/*Stadler* Vorb. Art. 17ff. EuGVVO Rn. 1; Gebauer/Wiedmann/*Gebauer,* Zivilrecht unter europäischem Einfluss, 2. Aufl. 2010, Kap. 27, Rn. 84; aA Geimer/Schütze/*Geimer,* Europäisches Zivilverfahrensrecht, 3. Aufl. 2010, EuGVO Art. 15 Rn. 26f.; Saenger/*Dörner* Art. 17 EuGVVO Rn. 6 → Rn. 19 II.1.a)).

28 **c) Ausschließlicher dinglicher Gerichtsstand.** Bei der Schenkung von Grundstücken und anderen unbeweglichen Sachen sowie bei der unentgeltlichen Übertragung von Rechten an diesen stellt sich die Frage, inwieweit der ausschließliche Gerichtsstand in Art. 24 Nr. 1 EuGVO/Art. 22 Nr. 1 LugÜ/§ 24 ZPO eröffnet ist. Der EuGH hat hierzu in der Entscheidung *W. Schmidt/C. Schmidt* (EuGH NJW 2017, 315) Stellung genommen und bestimmt, dass eine Klage auf Aufhebung eines Schenkungsvertrags über ein Grundstück wegen der behaupteten Geschäftsunfähigkeit des Schenkenden nicht von der ausschließlichen dinglichen Zuständigkeit erfasst wird, die Klage auf Löschung der Eintragung des Eigentums-

rechts im Grundbuch hingegen schon (siehe hierzu auch die Ausführungen der Generalanwältin *Kokott* vom 7.7.2016 BeckRS 2016, 81476). Der Antrag auf Aufhebung einer Schenkung, wie ihn im Streitfall das Gericht angesehen hatte, betrifft nur ein relativ wirkendes Vertragsverhältnis, auch wenn er bei Erfolg wegen des in Österreich geltenden Kausalprinzips zum automatischen Rückfall des Eigentums führt. Anders als die Änderung der Eintragung im Grundbuch hat er also kein dingliches Recht zum Streitgegenstand und wird von Art. 24 Nr. 1 EuGVO nicht erfasst (EuGH NJW 2017, 317 – *W. Schmidt/C. Schmidt;* Musielak/Voit/*Stadler* EuGVO Art. 24 Rn. 3).

Auch eine Rückforderung eines verschenkten Grundstücks nach § 528 BGB oder § 530 BGB bleibt im Kern eine vertragsrechtliche Streitigkeit im Sinne des Art. 7 Abs. 1 lit. a EuGVO, für die Art. 24 Nr. 1 EuGVO nicht anwendbar ist (vgl. OLG Brandenburg BeckRS 2016, 11238 (Rn. 33)). 29

3. Anwendbares Recht

Mitgliedstaatliche Gerichte bestimmen das anwendbare Schenkungsstatut grds. nach der **Rom I-VO.** Die Rom I-VO gilt als *loi uniforme* auch dann, wenn das anwendbare Recht dasjenige eines Drittstaates ist (Art. 2 Rom I-VO). Anders als bei der EuGVO und dem LugÜ kommt es auch nicht auf eine besondere räumliche Beziehung der Parteien zu einem Mitgliedstaat an, so dass deutsche Gerichte die Rom I-VO auch dann anwenden, wenn sich vor ihnen ein in Kalifornien lebender Chinese mit einem in Australien wohnenden Peruaner streitet. Der Anwendungsbereich der Rom I-VO ist im Hinblick auf Schenkungen von Todes wegen und auf unbenannte Zuwendungen mit demjenigen der EuGVO/LugÜ deckungsgleich (zur gebotenen einheitlichen Auslegung von EuGVO und Rom I-VO siehe auch *Rühl* GPR 2013, 122; *Lüttringhaus* RabelsZ 77 (2013), 31). 30

a) Ermittlung des Schenkungsstatutes. Gemäß Art. 3 Rom I-VO ist an erster Stelle eine mögliche **Rechtswahl** der Parteien ausschlaggebend. Diese kann auch konkludent erfolgen und sich aus den Umständen ergeben, unter denen die Schenkung vorgenommen wurde. Die Vertragsparteien haben die Möglichkeit, das für ihre Rechtsbeziehungen maßgebliche Recht frei zu wählen. 31

Fehlt es an einer Rechtswahl kommt aufgrund der objektiven Anknüpfung in Art. 4 Abs. 2 Rom I-VO das Recht des Staates zur Anwendung, in dem die Partei ihren gewöhnlichen Aufenthalt hat, die die für den Vertrag **charakteristische Leistung** erbringt. Die charakteristische Leistung ist diejenige, die den Vertrag prägt und ihm typischerweise seinen Namen gibt. Beim Schenkungsvertrag ist dieses unstreitig die Schenkung selbst. Über die objektive Anknüpfung nach Art. 4 Abs. 2 Rom I-VO wird daher grds. das Recht des gewöhnlichen Aufenthaltsortes des Schenkenden berufen (allgM, statt vieler Staudinger/*Magnus* (2016) Rom I-VO Art. 4 Rn. 246 mwN). 32

Eine Ausnahme sieht Art. 4 Abs. 1 lit. c Rom I-VO vor, wenn es sich bei dem geschenkten Gegenstand um ein **Grundstück** oder eine andere unbewegliche Sache handelt bzw. ein Recht an einer solchen Sache unentgeltlich zugewendet wird. Maßgebliches Recht ist hier dann die *lex rei sitae* (Staudinger/*Magnus* (2016) Rom I-VO Art. 4 Rn. 47, 245). 33

Die Berufung des Rechts am gewöhnlichen Aufenthaltsort des Schenkenden über Art. 4 Abs. 2 Rom I-VO kann in besonderen Konstellationen durch die **Ausweichklausel** in Art. 4 Abs. 3 Rom I-VO verdrängt werden. Zu überlegen ist dieses etwa für den Fall der **Handschenkung.** Hier bietet es sich an, in einer Parallele zum Handkauf (hierzu Staudinger/*Magnus* (2016) Rom I-VO Art. 4 Rn. 214; *v. Hoffmann/Thorn,* Internationales Privatrecht, 9. Aufl. 2007, § 10 Rn. 61), an den Ort der Vornahme der Schenkung anzuknüpfen. Der gewöhnliche Aufenthaltsort des Schenkenden ist in solchen Konstellationen für die Parteien oft gar nicht ersichtlich und daher der Vornahmeort sachnäher. Bei grenzüberschreitenden Banküberweisungen zur Vollziehung von Geldschenkungen fehlt es hingegen an einem eindeutig feststellbaren Vornahmeort, weshalb es hier bei der Regelanknüpfung nach Art. 4 Abs. 2 Rom I-VO bleiben sollte. 34

Eine durch Art. 4 Abs. 3 Rom I-VO zu verwirklichende **akzessorische Anknüpfung** an das **Güterrechtsstatut** wird zudem für Schenkungen zwischen Ehegatten/Verlobten diskutiert (*Lorenz* FamRZ 1993, 393 (396 f.); *Mankowski* IPRax 1997, 173 (180 f.)). Auch unabhängig von einer akzessorischen Anknüpfung können unter Umständen über das Ehewirkungsstatut Sonderregelungen, wie etwa Schenkungsverbote für Schenkungen unter Ehegatten oder erleichterte Widerrufsmöglichkeiten, zur Anwendung gelangen (vgl. Art. 1096 Code civil; s. a. *Schmidt-Kessel,* Schenkung, in Basedow/Hopt/Zimmermann, Handwörterbuch des Europäischen Privatrechts, Band 2, 1349 (1352); Staudinger/*Magnus* (2016) Rom I-VO Art. 4 Rn. 247; ausführlich *Abel,* Die Qualifikation der Schenkung, 149). 35

Bei Ehen und Partnerschaften, die nach dem 28. Januar 2019 geschlossen wurden (vgl. Art. 69 Abs. 3 EuGüVO/Art. 69 Abs. 3 EuPartVO), ist insoweit nunmehr allerdings das vorrangige Kollisionsrecht der Europäischen Güterrechtsverordnungen einschlägig → Rn. 11 II.1. Maßgebliches Anknüpfungskriterium ist dabei zunächst ebenfalls die Rechtswahl, die sich jedoch, anders als nach der Rom I-VO, auf bestimmte Rechtsordnungen mit engem Bezug zu den Ehegatten bzw. Lebenspartnern beschränkt (vgl. Art. 22 EuGüVO/Art. 22 EuPartVO). Fehlt es an einer Rechtswahl beruft Art. 26 Abs. 1 lit. a EuGüVO das Recht am ersten gemeinsamen gewöhnlichen Aufenthaltsort der Ehegatten nach der 36

Eheschließung zur Anwendung und Art. 26 Abs. 1 EuPartVO das Recht desjenigen Staates, in dem die Lebenspartnerschaft begründet wurde (BeckOK-BGB/*Wiedemann* Art. 26 EuGüVO Rn. 2; NK-BGB/*Sieghörtner* Art. 26 EuGüVO/EuPartVO Rn. 2 ff., 27). Dritten gegenüber entfalten solche aus dem Güterrecht folgende Schenkungsverbote oder Einschränkungen aber nur unter den Voraussetzungen der Art. 28 EuGüVO/Art. 28 EuPartVO ihre Wirkungen (ausführlich dazu *Gräf,* Drittbeziehungen und Drittschutz in den Europäischen Güterrechtsverordnungen, 385 ff.).

37 Bei Schenkungen eines Unternehmers an einen **Verbraucher** und andersherum eines Verbrauchers an einen **Unternehmer** ist auch Art. 6 Rom I-VO zu beachten (befürwortend Staudinger/*Magnus* (2016) Rom I-VO Art. 6 Rn. 53, 83). Wie bereits für den besonderen Verbrauchergerichtsstand festgestellt wurde (→ Rn. 20 ff. II.1b)), erscheint eine Anwendung der verbraucherschützenden Regelungen auch hier grds. möglich. Die Schutzbedürftigkeit des schenkenden Verbrauchers ist auch nicht deshalb zu verneinen, weil über die Regelanknüpfung meist ohnehin sein Aufenthaltsrecht berufen wird (in diese Richtung *Rauscher/Heiderhoff* Rom I-VO Art. 6 Rn. 20 f.). Dieser Befund trifft nämlich gerade für die Fälle der Rechtswahl nicht zu, so dass hier nur über Art. 6 Abs. 2 Rom I-VO die für den Verbraucher unter Umständen günstigeren Widerrufs- und Anfechtungsmöglichkeiten seines Aufenthaltsrechts in Stellung gebracht werden können. Soweit allerdings – insbesondere bei Schenkungen von Grundstücken und Rechten an Grundstücken – die Ausnahmen des Art. 6 Abs. 4 Rom I-VO greifen, kommt es dann doch nicht zu einem erhöhten Verbraucherschutz (vgl. Art. 6 Abs. 4 lit. c) Rom I-VO; dazu auch Staudinger/*Magnus* (2011) Rom I-VO Art. 6 Rn. 83).

38 **b) Reichweite des Schenkungsstatutes.** Das Schenkungsstatut regelt die **schuldrechtlichen Wirkungen** der Schenkung, Aufhebungs- und **Widerrufsmöglichkeiten,** Rückforderungs- und Gewährleistungsrechte (MüKoBGB/*Martiny* Rom I-VO Art. 4 Rn. 209; Staudinger/*Magnus* (2016) Rom I-VO Art. 4 Rn. 249). Die **Formanforderungen** und die Heilungsmöglichkeiten von Formfehlern, etwa durch einen Vollzug der Schenkung, werden hingegen gesondert über das Formstatut nach Art. 11 Rom I-VO angeknüpft. Die Form ist demnach in der Regel gewahrt, wenn sie entweder dem Ortsrecht oder dem auf die Schenkung anwendbaren Recht entspricht. Für die Formwirksamkeit von Schenkungen *mortis causa* gilt hingegen Art. 27 EuErbVO (→ Rn. 39 ff. III.1)). Das **dingliche Rechtsgeschäft** des Vollzuges der Schenkung ist ebenfalls nicht Teil des Schenkungsstatuts, sondern richtet sich nach dem jeweils maßgeblichen Sachstatut (Staudinger/*Magnus* (2016) Rom I-VO Art. 4 Rn. 249).

III. Der Einfluss der EuErbVO auf internationale Schenkungen

1. Schenkungen mortis causa

39 Ob der Ausschluss unentgeltlicher Zuwendungen in Art. 1 Abs. 2 lit. g EuErbVO auch Schenkungen *mortis causa* erfasst oder ob diese doch in den Anwendungsbereich der EuErbVO fallen, ist umstritten. Auch vor Erlass der EuErbVO war unklar, inwieweit Schenkungen von Todes wegen unter die EuGVO und die Rom I-VO gefasst werden können oder von den dortigen Ausschlüssen in Art. 1 Abs. 2 lit. f EuGVO bzw. Art. 1 Abs. 2 lit. c Rom I-VO betroffen sind (bejahend *Kropholler/v. Hein,* Europäisches Zivilprozessrecht, 9. Aufl. 2011, EuGVO Art. 1 Rn. 30; unklar Magnus/Mankowski/*Rogerson,* Brussels Ibis Regulation, 3. Aufl. 2016, Art. 1 Rn. 54). Für die Beantwortung dieser Frage erscheint es sinnvoll, zunächst zu klären, wann überhaupt eine Schenkung von Todes wegen vorliegt.

40 **a) Der Begriff der Schenkung mortis causa.** Auch hier sind die Ansichten in den nationalen Rechtsordnungen durchaus **unterschiedlich** (ausführlich *Hyland,* Gifts – A study in comparative law, 171). Das französische Recht verlangt bspw., dass sich die Schenkung explizit auf im Todeszeitpunkt vorhandene Güter *(biens à venir)* bezieht. Eine Schenkung von *biens à venir* ist im französischen Recht grds. verboten (Art. 943 Code civil) und daher unwirksam. Eine Ausnahme sieht das französische Recht allerdings für die sog. *institution contractuelle* vor (siehe hierzu ausführlich *Malaurie/Aynès,* Les Successions, Les Libéralités, 5. Aufl. 2012, Rn. 750 ff.; *Grimaldi,* Droit civil – Successions, 6. Aufl. 2001, Rn. 339). Die Anwendung von § 2301 BGB setzt hingegen eine beabsichtigte Vollziehung der Schenkung erst nach dem Tode des Erblassers und eine Überlebensbedingung voraus (MüKoBGB/*Musielak* § 2301 Rn. 9 ff.). Im englischen *Common Law* ist die Erwartung des Todes des Schenkenden, eine entsprechende aufschiebende Bedingung sowie eine willentliche Übergabe der Zuwendung an den Begünstigten für eine Einordnung als *„donatio mortis causa"* erforderlich (Burandt/Rojahn/*Solomon,* Erbrecht, 3. Aufl. 2019, Länderbericht England und Wales, Rn. 109; Bonomi/Wautelet/*Bonomi* Art. 1 Rn. 51 mwN). In Österreich genügt wiederum die Absicht, dass die Schenkung erst nach dem Todesfall vollzogen werden soll, um eine Schenkung auf den Todesfall im Sinne des § 603 ABGB anzunehmen (Koziol/Bydlinski/*Apathy/Neumayr,* ABGB Kommentar, 5. Aufl. 2017, § 603 Rn. 2).

41 **b) Einbeziehung in die EuErbVO.** Unabhängig von ihren genauen Voraussetzungen soll die Einordnung als Schenkung von Todes wegen aber jeweils verhindern, dass durch sie **schützenswerte erbrechtliche Grundprinzipien** unterlaufen werden. Dieser Umstand spricht sehr stark für eine

erbrechtliche Qualifikation der entsprechenden Regelungen und für eine Anwendung der EuErbVO (so auch MüKoBGB/*Dutta* EuErbVO Art. 1 Rn. 37; *Nordmeier* ZEV 2013, 117 (121); *Dörner* ZEV 2012, 505 (508) u. ZEV 2019, 309 (315 f.); *Dutta* FamRZ 2013, 4 (5); *Vollmer* ZErb 2012, 227 (229); Burandt/Rojahn/*Burandt,* Erbrecht, 3. Aufl. 2019, EuErbVO Art. 1 Rn. 10; *J. P. Schmidt* Art. 1 EuErbVO Rn. 75). Dogmatisch lässt sich dieses Ergebnis unter anderem dadurch begründen, dass Schenkungen von Todes wegen infolge der autonomen Auslegung der entsprechenden Begrifflichkeiten der EuErbVO nicht als unentgeltliche Zuwendungen, sondern als **einseitige Erbverträge** iSd Art. 3 Abs. 1 lit. b, 25 EuErbVO eingestuft werden (so *Nordmeier* ZEV 2013, 117 (121); *Dörner* ZEV 2012, 505 (508) u. ZEV 2019, 309 (315 f.); *Dutta* FamRZ 2013, 4 (5); *Vollmer* ZErb 2012, 227 (229)). Für diese Ansicht kann auch Erwägungsgrund 14 in Stellung gebracht werden. Da dort unentgeltliche Zuwendungen unter Lebenden mit dinglicher Wirkung vor dem Tode ausdrücklich den erbrechtlichen Anrechnungs- und Ausgleichungsvorschriften unterworfen werden, während Zuwendungen mit dinglicher Wirkung erst nach dem Tode nicht gesondert erwähnt werden, kann gefolgert werden, dass der Verordnungsgeber wohl davon ausging, dass letztere ohnehin bereits zur Gänze in den Anwendungsbereich der EuErbVO fallen würden (siehe *Dörner* ZEV 2012, 505 (508) u. ZEV 2019, 309 (315)). Das anwendbare Recht würde sich demzufolge grds. nach dem hypothetischen **Erbstatut im Zeitpunkt der Schenkung** richten (vgl. Art. 25 EuErbVO).

c) Umfang der Einbeziehung. Nicht ganz eindeutig erscheint allerdings, wie weit die Einbeziehung in die EuErbVO nach der herrschenden Meinung genau reichen soll und ob sie insbesondere auch die **Zuständigkeitsvorschriften** erfasst. **42**

Hat etwa ein in Deutschland ansässiger Unternehmer seinem in Frankreich lebenden Geschäftspartner unter einer Überlebensbedingung einen Porsche geschenkt und zudem eine Rechtswahl zugunsten des französischen Rechts getroffen, würde eine vollständige Einbeziehung in die EuErbVO dazu führen, dass die Erben des Unternehmers nunmehr gem. Art. 4 EuErbVO in Deutschland auf Widerruf der Schenkung klagen könnten. Die Rechtswahl wäre unbeachtlich und stattdessen würde gem. Art. 25 EuErbVO deutsches Recht zur Anwendung kommen. Bei einer Einstufung als Schenkung unter Lebenden wären hingegen gem. Art. 4 EuGVO bzw. Art. 7 Nr. 1 EuGVO die französischen Gerichte zuständig, die zudem nach Art. 3 Rom I-VO französisches Recht anwenden würden. **43**

Die vollständige Einbeziehung in die EuErbVO erscheint auch deshalb nicht unproblematisch, weil nach einer vielfach vertretenen Ansicht die Einordnung einer Schenkung von Todes wegen unter das Erbstatut davon abhängen soll, ob die **Schenkung bereits vollzogen wurde** oder nicht (BGH NJW 1959, 1317; OLG Stuttgart ZEV 2010, 265; *Nordmeier* ZEV 2013, 117 (121) mwN; *Dörner* ZEV 2012, 505 (508) u. ZEV 2019, 309 (315 f.); *J. P. Schmidt* EuErbVO Art. 1 Rn. 69 ff.; NK-BGB/*Looschelders* EuErbVO Art. 1 Rn. 46; jurisPK-BGB/*Eichel* EuErbVO Art. 1 Rn. 40; MüKoBGB/Dutta EuErbVO Art. 1 Rn. 37; Süß/*Süß,* Erbrecht in Europa, 4. Aufl. 2019, S. 157 ff.; aA NK-NachfolgeR/*Köhler* EuErbVO Art. 23 Rn. 14). Aus der Sicht des deutschen materiellen Rechts scheint eine solche Lösung durchaus vernünftig, weil im Falle eines lebzeitigen Vollzuges gem. § 2301 Abs. 2 BGB doch wieder die Vorschriften über Schenkungen unter Lebenden Anwendung finden. Die Lösung bleibt allerdings stark der deutschen Rechtslage verhaftet, obwohl die Voraussetzungen der Schenkungen *mortis causa* und die sie betreffenden Regelungen in den Mitgliedstaaten doch sehr unterschiedlich sind (siehe Bonomi/Wautelet/*Bonomi* Art. 1 Rn. 52; *Hyland,* Gifts – A study in comparative law, 171). Im Beispielsfall müsste demnach das angerufene Gericht bereits bei der Zuständigkeitsprüfung die oft sehr schwierige Frage beantworten, ob und durch welche Umstände es möglicherweise zu einer lebzeitigen Vollziehung der Schenkung gekommen ist (ebenfalls kritisch *Kegel/Schurig,* Internationales Privatrecht, 9. Aufl. 2004, 1005; *Rauscher,* Internationales Privatecht, 5. Aufl. 2017, Rn. 1071). Eine weitere Konsequenz ist, dass auch gegenüber außenstehenden Dritten, wie im Beispielsfall dem beschenkten französischen Geschäftspartner, über Art. 4 EuErbVO oder sogar erst durch eine Gerichtsstandsvereinbarung der Erben nach Art. 5 EuErbVO mitunter ein echter Klägergerichtsstand geschaffen wird. Dieses Problem stellt sich allerdings in gleicher Weise auch bei den Rückholansprüchen, → Rn. 55 ff. III.3.b). **44**

Schließlich ist zu bedenken, dass sich zwar im deutschen Recht bei Schenkungen von Todes wegen auch die **Widerrufsmöglichkeiten** nicht länger nach dem Schenkungsrecht, sondern nach den erbrechtlichen Vorschriften richten (MüKoBGB/*Musielak* § 2301 Rn. 14; *Schreiber* Jura 1995, 159 (160); *Lange,* Erbrecht, 138). Die Rechtslage in anderen Mitgliedstaaten kann hier aber durchaus anders ausgestaltet sein (vgl. *Hyland,* Gifts – A study in comparative law, 171). In einer solchen Konstellation müsste dann überlegt werden, ob die nach dem mitgliedstaatlichen Recht nach wie vor dem Schenkungsrecht zu entnehmenden Widerrufsmöglichkeiten (bspw. wegen Verarmung oder groben Undanks) durch die Anwendung des Erbstatuts nach der EuErbVO verdrängt werden oder neben diesem zur Anwendung gelangen. **45**

d) Maßgebliches Statut für die Qualifizierung als Schenkung mortis causa. Folgt man der herrschenden Ansicht, die sich für eine Anwendung der EuErbVO auf Schenkungen von Todes wegen ausspricht, muss zudem noch bestimmt werden, welches Recht über die Frage befindet, ob es sich bei der jeweils streitgegenständlichen Schenkung um eine solche von Todes wegen handelt (siehe auch **46**

Bonomi/Wautelet/*Bonomi* Art. 1 Rn. 51 f.). Die naheliegende Lösung scheint hier ein Rückgriff auf die *lex fori* zu sein. Dagegen spricht jedoch, dass hierdurch die gewünschte autonome und einheitliche Bestimmung des Anwendungsbereichs der EuErbVO verloren ginge. Eine andere Möglichkeit wäre es, auch zu dieser Frage das über Art. 25 EuErbVO ermittelte **Erbstatut** heranzuziehen (so Bonomi/ Wautelet/*Bonomi* Art. 1 Rn. 53). Maßgeblich wäre dann in der Regel das Recht des Staates, in dem der Schenkende im Zeitpunkt der Schenkung seinen gewöhnlichen Aufenthalt hatte. Trifft dieses Recht keine Sonderregelungen für Schenkungen von Todes wegen oder hält es die entsprechenden Regelungen für die streitgegenständliche Schenkung nicht für anwendbar, wäre der Anwendungsbereich der EuErbVO nicht eröffnet und die Schenkung müsste stattdessen grds. nach der EuGVO und der Rom I-VO beurteilt werden. Die Schwierigkeiten, die auch mit diesem Ansatz verbunden sind, soll folgendes Beispiel demonstrieren:

47 **Beispiel:** Die Unternehmerin A mit Wohnsitz und gewöhnlichem Aufenthalt in Bayreuth schenkt ihrer Tochter T ein Grundstück in Nizza. Die Schenkung soll jedoch erst nach dem Tode der A vollzogen werden. A verstirbt 2016 und D, die von A als Alleinerbin eingesetzt wurde, verlangt von T die Herausgabe des Grundstücks, da die Schenkung nach Art. 943 Code civil unwirksam gewesen sei.

48 Nach Art. 4 EuErbVO wären grds. deutsche Gerichte für diese Klage ausschließlich zuständig, wenn man von einer erbrechtlichen Qualifikation der Schenkung und einer erbrechtlichen Streitigkeit ausgehen würde. Über Art. 25 und Art. 21 EuErbVO würde zudem deutsches Recht zur Anwendung gelangen. Bei einer vertragsrechtlichen Einordnung bestünde hingegen über Art. 4, 7 Nr. 1 lit. a EuGVO eine Zuständigkeit französischer Gerichte (siehe (→ Rn. 16 ff., 28 f. II.2. a) u. c)) und nach Art. 4 Abs. 1 lit. c Rom I-VO wäre grds. auch französisches Recht anwendbar (soweit nicht die Ausweichklausel in Art. 4 Abs. 3 Rom I-VO zur Anwendung kommt). Für die Abgrenzung wäre nach Art. 25 EuErbVO zunächst das deutsche Recht als hypothetisches Erbstatut im Zeitpunkt der Schenkung danach zu befragen, ob eine Schenkung *mortis causa* oder eine Schenkung unter Lebenden vorliegt. Fehlt es hier bspw. an einer Überlebensbedingung (s. MüKoBGB/*Musielak* § 2301 BGB Rn. 9 ff.), weil bei einem Vorversterben der Tochter die Enkelin das Grundstück erben sollte, läge keine Schenkung von Todes wegen vor und es müsste in Frankreich nach französischem Recht auf die Rückgabe der Schenkung geklagt werden. Art. 943 Code civil käme als eine erbrechtlich zu qualifizierende Vorschrift jedoch nicht zur Anwendung.

49 Bereits bei der Zuständigkeitsprüfung müssen so schwierige und unter Umständen auch beweisbedürftige Fragen des materiellen Erbrechts geprüft und auch das anwendbare Erbrecht zuvor noch über Art. 25 EuErbVO ermittelt werden. Im Vergleich dazu hat eine rein autonome Bestimmung der Schenkung von Todes wegen aus den Grundprinzipien der EuErbVO heraus dann doch einen großen Charme. Auch wenn es wohl zur Zeit noch an einem hinreichend konsentierten Leitbild fehlt, könnte als verordnungsautonomes Abgrenzungskriterium, so wie es die herrschende Meinung in Deutschland vorschlägt, auf den Vollzug der Schenkung nach dem Tode des Schenkenden abgestellt werden (ebenso MüKoBGB/*Dutta* EuErbVO Art. 1 Rn. 37). Die genauen Voraussetzungen für einen Vollzug der Schenkung könnte der EuGH im Wege einer verordnungsautonomen Auslegung schrittweise etablieren (siehe dazu rechtsvergleichend auch *R. Magnus,* Der Rückholanspruch, S. 414 ff.).

2. Ausgleichung und Anrechnung unentgeltlicher Zuwendungen

50 Art. 23 Abs. 2 lit. i EuErbVO bestimmt, dass „die Ausgleichung und Anrechnung unentgeltlicher Zuwendungen bei der Bestimmung der Anteile der einzelnen Berechtigten" dem Erbstatut unterliegt. Erwägungsgrund 14 führt hierzu zudem aus:

„Rechte und Vermögenswerte, die auf andere Weise als durch Rechtsnachfolge von Todes wegen entstehen oder übertragen werden, wie zum Beispiel durch unentgeltliche Zuwendungen, sollten ebenfalls vom Anwendungsbereich dieser Verordnung ausgenommen werden. Ob unentgeltliche Zuwendungen oder sonstige Verfügungen unter Lebenden mit dinglicher Wirkung vor dem Tod für Zwecke der Bestimmung der Anteile der Berechtigten im Einklang mit dem auf die Rechtsnachfolge von Todes wegen anzuwendenden Recht ausgeglichen oder angerechnet werden sollten, sollte sich jedoch nach dem Recht entscheiden, das nach dieser Verordnung auf die Rechtsnachfolge von Todes wegen anzuwenden ist."

51 Teil des Erbstatuts sind daher zweifelsfrei Regelungen, wie sie sich in Deutschland etwa in den **§§ 2050 ff. BGB** finden. Diese Vorschriften dienen letztlich der erbrechtlichen Kernaufgabe, bei einer Vielzahl von Erben die Erbquoten zu bestimmen. Die vom Erblasser vorgenommenen Schenkungen bilden in dieser Hinsicht nur eine Rechengröße, die zu einer insgesamt gerechteren Aufteilung des Nachlasses zwischen den Erben führen soll.

52 Auch der **Pflichtteilsanspruch** unterliegt gem. Art. 23 Abs. 2 lit. h EuErbVO dem Erbstatut. Der Begriff Pflichtteil (*reserved shares* in der englischen bzw. *réserves héréditaires* in der französischen Fassung) ist dabei autonom auszulegen und weit zu verstehen (Dutta/Herrler/*Lorenz,* Die Europäische Erbrechtsverordnung, 113 (116)). Er umfasst daher auch die Noterbrechte in den romanischen Ländern und die

primär auf Unterhaltszahlungen abzielenden Ansprüche auf *family provision* in England. Die Konsequenz daraus ist, dass auch Regelungen, die die **Anrechnung von Schenkungen** im Verhältnis zwischen Pflichtteilsberechtigten untereinander und im Verhältnis zwischen Erben und Pflichtteilsberechtigten regeln, wie etwa §§ 2315, 2316, 2327 BGB, unter das Erbstatut fallen. Gleiches gilt für **Pflichtteilsergänzungsansprüche,** zumindest solange sie sich, wie bspw. § 2325 BGB, auf eine Ausgleichung von Schenkungen im Innenverhältnis zwischen denjenigen Personen beschränken, die eine Berechtigung am Nachlass geltend machen (so auch Dutta/Herrler/*Lorenz,* Die Europäische Erbrechtsverordnung, 113 (117)).

3. Rückholansprüche

Schwieriger ist die Rechtslage, wenn Pflichtteilsergänzungsansprüche, wie § 2329 BGB, oder Ausgleichungsansprüche der Erben, in Deutschland für den Vertragserben § 2287 BGB, das Innenverhältnis der verschiedenen Berechtigten verlassen und eine **Inanspruchnahme nachlassfremder Dritter** ermöglichen. Anders als bei den zuvor behandelten Ansprüchen geht es hier nicht mehr lediglich um die Verteilung des vorhandenen Nachlasses unter den Berechtigten. Die Pflichtteilsergänzungs- bzw. Ausgleichsansprüche ermöglichen vielmehr eine echte Anreicherung der Nachlassmasse, indem Schenkungen, die der Erblasser zu Lebzeiten an außenstehende Dritte gemacht hat, rückabgewickelt und zum Nachlass gezogen werden. Diese Situation wird im Englischen sehr anschaulich als *„clawback"* bezeichnet, im Deutschen bietet sich hingegen der Begriff „Rückholanspruch" an (s. dazu ausführlich *R. Magnus,* Der Rückholanspruch, 2018, S. 4). 53

Die Rückholansprüche boten bei den Verhandlungen, insbesondere mit Großbritannien und Irland, **erheblichen Konfliktstoff** (s. dazu *R. Magnus,* Der Rückholanspruch, 2018, S. 356 f.), da sie im Common Law nur in engen Grenzen zulässig sind. Die britische Regierung befürchtete deshalb im Falle einer Teilnahme an der EuErbVO kontinentaleuropäische Rückholansprüche anerkennen zu müssen, die in einem erheblichen Umfange eine Rückabwicklung von in England vorgenommenen Schenkungen unter Lebenden ermöglichen würden. Diese Befürchtungen waren auch einer der Hauptgründe, wieso sich Großbritannien und Irland letztlich gegen ein Opt-in zur EuErbVO entschieden haben (eindrucksvoll nachzulesen in der Stellungnahme des House of Lords, European Union Comitee, 6th Report of Session 2009-10, The EU's Regulation on Succession, 25 ff., sowie in den dort ebenfalls abgedruckten Sachverständigenbefragungen etwa auf 3 ff., 22 f., 35 f., 41 f., 47, 51 ff., 57). 54

Im Rahmen eines Vermittlungsversuchs hatte die damalige polnische Ratspräsidentschaft ebenfalls ohne Erfolg vorgeschlagen, für die Rückholansprüche eine Sonderregelung zu schaffen, die das zum Zeitpunkt der Schenkung geltende Erbstatut für maßgeblich erklären würde (siehe Hager/*Geimer,* Die neue europäische Erbrechtsverordnung, 9 (29); Bonomi/Wautelet/*Bonomi* Art. 23 Rn. 98). Die Idee einer entsprechenden Sonderregelung fand sich zuvor bereits in der Stellungnahme des Hamburger Max-Planck-Instituts zum Kommissionsvorschlag (siehe *Max Planck Institute* RabelsZ 74 (2010), 522 (629); sowie *Dutta* RabelsZ 73 (2009), 548 (582 f.)). Auch die sog. *Lechner*-Kommission sah in verschiedenen Entwürfen noch Sonderregelungen für die Rückholansprüche zumindest im Zusammenhang mit den Übergangsvorschriften vor (siehe *R. Magnus* in Hess/Jayme/Pfeiffer, Stellungnahme zum Vorschlag für eine Europäische Erbrechtsverordnung, 2012, 24, 28 f.). Aber auch diese Regelungen wurden schließlich gestrichen, so dass die EuErbVO heute **keine speziell für die Rückholansprüche geltenden Vorschriften** enthält. 55

a) Anwendungsbereich der EuErbVO. *Lorenz* vertritt deshalb die Ansicht, dass Rückholansprüche gar nicht mehr in den Anwendungsbereich der EuErbVO fielen (Dutta/Herrler/*Lorenz,* Die Europäische Erbrechtsverordnung, 113 (117 f.); ebenso *J. P. Schmidt* EuErbVO Art. 23 Rn. 123 ff.). Für seine Auffassung stützt er sich maßgeblich auf den Wortlaut des Art. 23 Abs. 2 lit. i EuErbVO und den Erwägungsgrund 14, der in der deutschen Fassung das Erbstatut für die Frage der Ausgleichung und Anrechnung unentgeltlicher Zuwendungen nur „für die Zwecke der Bestimmung der Anteile der Berechtigten" beruft. Ansonsten greife für unentgeltliche Zuwendungen der Ausschluss durch Art. 1 Abs. 2 lit. g EuErbVO. 56

Bereits die **englische und die französische Sprachfassung** sind in dieser Hinsicht allerdings wesentlich präziser und lassen Unklarheiten gar nicht erst aufkommen. In der französischen Fassung ist in Art. 23 Abs. 2 lit. i EuErbVO etwa von „le rapport et la réduction des libéralités" die Rede. Der Begriff „rapport" bezieht sich dabei auf die in Art. 843 ff. Code civil vorgesehene Anrechnung von Schenkungen zwischen mehreren Berechtigten. Der Begriff **„réduction"** verweist hingegen auf die in Art. 918 ff. Code civil geregelte *action en réduction,* die auch und gerade eine Inanspruchnahme außenstehender Dritter ermöglicht und damit ein echter Rückholanspruch ist (siehe hierzu *Malaurie/Aynès,* Les Successions, Les Libéralités, 5. Aufl. 2012, Rn. 646 ff., 880 ff.). In der französischsprachigen Literatur ist es deshalb auch unumstritten, dass auch die gegenüber Dritten geltend gemachte *action en réduction* in den Anwendungsbereich der EuErbVO fällt (Bonomi/Wautelet/*Bonomi* Art. 23 Rn. 98; Khairallah/Revillard/*Revillard,* Droit européen des successions internationales, Rn. 170; *Revillard,* Règlement (UE) 57

N° 650/2012 du Parlement Européen et du Conseil du 4 Juillet 2012, Juris Classeur Droit international, Fasc. 557-50, Rn. 81; *Lagarde* Revue critique de droit international privé 101 (2012), 691, (708 Rn. 19)). In der englischen Sprachfassung lautet die fragliche Stelle in Art. 23 Abs. 2 lit. i EuErbVO „any obligation to restore or account for gifts“. Das Wort **„restore“** ist dabei ebenfalls ein recht eindeutiger Hinweis, dass auch eine „Rückholung“ von Schenkungen erfasst sein soll. Der etwas unglückliche Wortlaut der deutschen Fassung erklärt sich dadurch, dass eine scharfe terminologische Unterscheidung zwischen Anrechnungs- und Pflichtteilsergänzungsmöglichkeiten gegenüber Mitberechtigten einerseits und erbrechtlichen Rückholansprüchen gegenüber Dritten (§ 2329 BGB, § 2287 BGB) andererseits in Deutschland nicht existiert. Zur Abgrenzung wurde daher neben der „Anrechnung“ der missverständliche Begriff der „Ausgleichung“ gewählt.

58 Auch der Verweis auf die wortlautgleiche Vorschrift in Art. 7 Abs. 2 lit. c der **Haager Erbrechtskonvention** stützt die Auslegung von *Lorenz* nicht. In den insoweit allein authentischen englischen und französischen Sprachfassungen ist nämlich wiederum von „restore“ und „réduction“ die Rede. Allein der Umstand, dass Rückholansprüche gegenüber Dritten im begleitenden Bericht von *Waters* nicht explizit erwähnt werden (*Waters,* Explanatory Report – Convention on the law applicable to the succession to the estates of deceased persons (1989), Haager Konferenz, Actes et Documents de la Seizième session, (1998), Bd. II, 567 Rn. 78), lässt keinen gegenteiligen Schluss zu (so auch *Max Planck Institute* RabelsZ 74 (2010), 522 (631); *Dutta* RabelsZ 73 (2009), 548 (583)).

59 Völlig zu Recht geht daher auch in Deutschland die überwiegende Ansicht davon aus, dass Rückholansprüche in den Anwendungsbereich der EuErbVO fallen (MüKoBGB/*Dutta* EuErbVO Art. 1 Rn. 38, Vorb. Art. 20 Rn. 44, Art. 23 Rn. 35; NK-BGB/*Looschelders* Art. 23 EuErbVO Rn. 25; BeckOGK/*J. Schmidt* Art. 1 Rn. 34, Art. 23 EuErbVO Rn. 53 ff.; jurisPK-BGB/*Eichel* EuErbVO Art. 1 Rn. 41; *Herzog* ErbR 2013, 1 (3); *Dutta* FamRZ 2013, 4 (5); *Janzen* DNotZ 2012, 484 (487); Hager/*Geimer,* Die neue europäische Erbrechtsverordnung, 9 (29, insbesondere Fn. 82); *Müller-Lukoschek,* 78; *Lagarde* in Bergquist ua, EuErbVO (2015), Art. 23 Rn. 41 ff.). Erfasst ist damit § 2329 BGB.

60 Wie hingegen § 2287 BGB, der einem Vertragserben die Rückabwicklung von Schenkungen ermöglicht, die der Erblasser in Beeinträchtigungsabsicht getätigt hat, einzuordnen ist, wurde bisher wenig diskutiert (siehe aber MüKoBGB/*Dutta* EuErbVO Art. 1 Rn. 38; *Mansel,* FS Geimer 2017, S. 443 (445 ff.); jurisPK-BGB/*Geiger* § 2287 Rn. 7, der sich für eine Anwendung der EuErbVO ausspricht, sich hierfür aber etwas unklar auf Erwägungsgrund 7 stützt). Richtigerweise ist auch dieser Anspruch erbrechtlich einzuordnen und von dem Begriff der „Ausgleichung“ in Art. 23 Abs. 2 lit. i EuErbVO mitabgedeckt. Die Anspruchsberechtigung des Vertragserben leitet sich bei § 2287 BGB aus einem originär erbrechtlichen Rechtsgeschäft – nämlich dem Abschluss eines Erbvertrages – ab und sollte daher auch im Kollisions- und Zuständigkeitsrecht an erbrechtlichen Maßstäben gemessen werden (*Mansel,* FS Geimer 2017, S. 443 (445 ff.); MüKoBGB/*Dutta* EuErbVO Art. 1 Rn. 38; jurisPK-BGB/*Geiger* § 2287 Rn. 7; jurisPK-BGB/*Eichel* EuErbVO Art. 1 Rn. 41).

61 **b) Internationale Zuständigkeit. aa) Allgemeines.** Die Anwendung der **Zuständigkeitsregelungen** der EuErbVO auf Rückholansprüche erscheint gleichwohl problematisch. Insbesondere der Umstand, dass der Anspruchsgegner bei § 2287 BGB und § 2329 BGB ein beschenkter Dritter ist, der mit dem Erbfall grds. nichts weiter zu tun hat, lässt es fraglich erscheinen, ob ein Rückgriff auf die besonderen erbrechtlichen Gerichtsstände der EuErbVO gerechtfertigt ist.

62 Nach der zum deutschen Recht bisher ganz herrschenden Ansicht fand der besondere erbrechtliche Gerichtsstand der **§§ 27 f. ZPO** allerdings – auch im Hinblick auf die internationale Zuständigkeit – zumindest für den Anspruch aus § 2329 BGB uneingeschränkt Anwendung (MüKoZPO/*Patzina* § 27 Rn. 11; Musielak/*Heinrich* ZPO § 27 Rn. 8; Vorwerk/Wolf/*Toussaint* ZPO § 27 Rn. 2). Dieses Ergebnis wurde von der einschlägigen Kommentarliteratur als so selbstverständlich angesehen, dass es nicht einmal mehr einer Begründung bedurfte (MüKoZPO/*Patzina* § 27 Rn. 11; Musielak/*Heinrich* ZPO § 27 Rn. 8; Vorwerk/Wolf/*Toussaint* ZPO § 27 Rn. 2). Der Anspruch aus § 2287 BGB passte hingegen von seinem Anspruchsziel und Inhalt her unter keine der in § 27 ZPO erwähnten Fallgruppen, weshalb die herrschende Ansicht insoweit lediglich die allgemeinen Gerichtsstände der ZPO für einschlägig hielt.

63 Die Problematik einer Anwendung der Gerichtsstände der EuErbVO soll folgendes Beispiel veranschaulichen:

Beispiel: Die Heidelberger Unternehmerin E schenkt nach einem für sie sehr gut verlaufenen Geschäftsjahr 1990 der Universität Heidelberg ein zentral in Heidelberg belegenes Grundstück. Für ihren Ruhestand zieht E im Jahre 2015 an die Côte d'Azur in Südfrankreich, wo sie einige Jahre später verstirbt. Da das Vermögen der E im Todeszeitpunkt weitgehend aufgebraucht war, machen ihre erbberechtigten Kinder gegen die Universität Heidelberg eine auf Rückgabe des geschenkten Grundstücks, hilfsweise auf Wertersatz gerichtete *action en réduction* geltend.

64 Für diese Klage international zuständig sind gem. **Art. 4 EuErbVO** die französischen Gerichte am letzten gewöhnlichen Aufenthaltsort der E. Selbst wenn man über Art. 21 Abs. 2 EuErbVO zu einer Anwendung deutschen Rechts käme, was den Ausgang des Verfahrens vermutlich entscheidend verändern würde, bliebe es aufgrund des letzten gewöhnlichen Aufenthaltes der E in Frankreich doch bei

einer ausschließlichen Zuständigkeit französischer Gerichte. Im Zuständigkeitsrecht fehlt es nämlich an einer Art. 21 Abs. 2 EuErbVO entsprechenden Ausweichmöglichkeit. Im Ergebnis muss also jeder Beschenkte theoretisch damit rechnen, u. U. erst viele Jahre nach Vornahme der Schenkung in irgendeinem Mitgliedstaat der EuErbVO auf Rückgabe des Geschenks verklagt zu werden. Die Rechtssicherheit und die **Stabilität unentgeltlicher Zuwendungen** werden durch eine solche Perspektive erheblich in Mitleidenschaft gezogen und auch die Beratung im Bereich der vorsorgenden Rechtspflege wird wesentlich schwieriger. Dieses aus Beklagtensicht unerfreuliche Ergebnis war dem Verordnungsgeber insbesondere aufgrund der Stellungnahmen der britischen Regierung auch sehr wohl bewusst (→ Rn. 55 III.3).

Unter systematischen Gesichtspunkten könnte man allerdings argumentieren, der Verweis in Art. 1 Abs. 2 lit. g EuErbVO auf Art. 23 Abs. 2 lit. i EuErbVO, der zur Einbeziehung der Rückholansprüche in den Anwendungsbereich der EuErbVO führe, erfasse **nur das anwendbare Recht,** während es im Hinblick auf die Zuständigkeit beim allgemeinen Ausschluss lebzeitiger Vermögensübertragungen nach Art. 1 Abs. 2 lit. g bleibe. Hierfür spricht, dass Art. 23 EuErbVO ausdrücklich nur den Umfang des Erbstatuts regelt. Ein solcher Ausschluss würde dann allerdings auch die Zuständigkeit für Ausgleichungsansprüche zwischen den Erb- und Pflichtteilsberechtigten untereinander erfassen, was ersichtlich **nicht sachgerecht** erscheint. 65

bb) Gerichtsstandsvereinbarungen. Ein weiteres Problem stellt sich, wenn man das obige Beispiel leicht abwandelt: 66

Beispiel: Die Unternehmerin E zieht im Anschluss an die Schenkung zugunsten der Universität Heidelberg nicht nach Frankreich, sondern verbringt auch ihren Lebensabend in der schönen Kurpfalz. Da E neben der deutschen aber auch die französische Staatsbürgerschaft besitzt, trifft sie im Jahre 2020 eine gem. Art. 22 EuErbVO wirksame Rechtswahl zugunsten des französischen Erbrechts.

Diese Rechtswahl hat nun zur Folge, dass sich für die erbberechtigten Kinder der E die Möglichkeit ergibt, zunächst mittels einer **Gerichtsstandsvereinbarung** nach Art. 5 EuErbVO eine ausschließliche Zuständigkeit französischer Gerichte zu begründen und dann anschließend vor diesen die Rückabwicklung der Schenkung an die Universität Heidelberg geltend zu machen. 67

Ob diese Möglichkeit tatsächlich besteht, hängt maßgeblich davon ab, wie der Begriff der **„betroffenen Parteien"** im Sinne des Art. 5 EuErbVO zu verstehen ist und ob auch ein vom Erblasser beschenkter Dritter in diesem Sinne eine betroffene Partei ist. Erwägungsgrund 28 spricht insoweit von den „von dem Nachlass betroffenen Parteien" und den Rechten „der anderen Parteien am Nachlass", was eher gegen eine Einbeziehung nachlassfremder Dritten in den Parteibegriff spricht. Andererseits lässt sich Erwägungsgrund 28 aber auch entnehmen, dass der Parteibegriff relativ, d. h. an der jeweiligen Verfahrensart und dem jeweiligen Klagebegehren orientiert, zu verstehen ist. Bei Zugrundelegung eines solchen relativen Begriffs erscheint es daher möglich und sinnvoll, die Parteien im Sinne des Art. 5 EuErbVO bei Rückholklagen gegen nachlassfremde Dritte mit den Verfahrensparteien gleichzusetzen (siehe auch MüKoBGB/*Dutta* EuErbVO Art. 5 Rn. 6 f.; *Odersky* in Bergquist ua, EuErbVO, Art. 5 Rn. 7; NK-BGB/*Makowsky* EuErbVO Art. 5 Rn. 6). Ohne Zustimmung der Universität Heidelberg könnte daher im obigen Beispiel wohl richtigerweise keine auch den Rückholanspruch erfassende Gerichtsstandsvereinbarung geschlossen werden. 68

cc) Drittstaatensachverhalte. Fraglich ist auch, wie Fälle zu lösen sind, in denen der beschenkte Dritte seinen gewöhnlichen Aufenthalt nicht in einem Mitgliedstaat, sondern in einem Drittstaat hat. Anders als etwa die EuGVO kennt die EuErbVO **keine Einschränkung des räumlichen Anwendungsbereichs** mit Blick auf den Beklagtenwohnsitz. Die EuErbVO ist daher auch dann anwendbar, wenn die Schenkung bspw. zwischen zwei Amerikanern in den USA oder zwischen zwei Chinesen in China vorgenommen wurde. Als Bezugspunkt für die Begründung des allgemeinen Gerichtsstandes nach Art. 4 EuErbVO genügt es, dass der Schenkende nach der Schenkung seinen gewöhnlichen Aufenthalt in einen Mitgliedstaat der EuErbVO verlegt hat und dort verstorben ist (siehe zur vergleichbaren Problematik im Rahmen der EuInsVO EuGH EuZW 2014, 262 (Schmid/Hertel); dazu *Arts* IPRax 2014, 390). Ob Entscheidungen, die auf einer dergestalt dürftigen Verbindung zum Forumsstaat beruhen, anschließend in dem Drittstaat anerkannt und vollstreckt werden können, wird jedoch oft zweifelhaft sein. 69

Liegt das wesentliche Nachlassvermögen in einem Drittstaat, könnte das nach Art. 4 EuErbVO zuständige Gericht daher darüber nachdenken, sich gemäß Art. 12 EuErbVO für unzuständig zu erklären (s. dazu NK-BGB/*Makowsky* EuErbVO Art. 12 Rn. 1 ff.). Voraussetzung hierfür wäre zudem ein entsprechender Antrag einer Partei. Richtigerweise sollte das Gericht von dem ihn insoweit eingeräumten Ermessen nur sehr restriktiv Gebrauch machen und seine Zuständigkeit nur ablehnen, wenn eine Durchsetzung des Titels, auch in Form von Wertersatz, im Drittstaat praktisch ausgeschlossen erscheint (s. auch *Mansel,* FS Geimer 2017, S. 443 (447 ff.); NK-BGB/*Makowsky* EuErbVO Art. 12 Rn. 5). 70

71 **c) Anwendbares Recht. aa) Gesetzliche Erben und Pflichtteilsberechtigte.** Das anwendbare Recht richtet sich einheitlich nach dem Erbstatut (so auch die hM vor Inkrafttreten der EuErbVO, siehe *Dutta* RabelsZ 73 (2009), 548 (583); *Merkle,* Pflichtteilsrecht und Pflichtteilsverzicht im Internationalen Erbrecht, 416; Staudinger/*Dörner* (2007) EGBGB Art. 25 Rn. 199 jeweils mwN; vgl. auch BGH NJW 2002, 2469; aA *Miller,* International Aspects of Succession, 239). Als *loi uniforme* findet die EuErbVO auch dann Anwendung, wenn durch sie das Recht eines Drittstaates berufen wird (Art. 20 EuErbVO). Grundsätzlich ist daher gemäß Art. 21 EuErbVO das Recht am **letzten gewöhnlichen Aufenthaltsort des Erblassers** anzuwenden. In seltenen Ausnahmefällen kann über die Ausweichklausel in Art. 21 Abs. 2 EuErbVO jedoch stattdessen das Recht eines Staates berufen werden, zu dem der Erblasser im Todeszeitpunkt offensichtlich engere Verbindungen unterhielt. Besitzt der Erblasser nicht die Staatsangehörigkeit seines Aufenthaltsorts, kann er über Art. 22 EuErbVO auch das Recht seines Heimatstaates wählen. Die Anknüpfung an das Aufenthaltsrecht im Zeitpunkt des Todes des Erblassers führt nun allerdings dazu, dass die Parteien eines Schenkungsvertrages nie sicher vorhersehen können, welche erbrechtlichen Rückforderungsmöglichkeiten welchen Rechts für die Schenkung später maßgeblich sein werden. Dieses Problem ist bereits während des Entstehungsprozesses der Verordnung vielfach angesprochen worden (siehe Hager/*Geimer,* Die neue europäische Erbrechtsverordnung, 9 (29); Bonomi/Wautelet/*Bonomi* Art. 23 Rn. 98; *Lagarde* Revue critique de droit international privé 101 (2012), 691 (709) sowie (→ Rn. 55 III.3)).

72 Die Mehrheit im Ministerrat war jedoch der Auffassung, die **Rechtswahloption** in Art. 22 EuErbVO gewährleiste eine ausreichende Rechtssicherheit. Hierzu ist allerdings zu bemerken, dass die Rechtswahlmöglichkeit den Parteien zunächst einmal überhaupt bewusst sein muss, dass sie ferner nicht für jeden Fall greift (so kann bspw. der in Deutschland lebende Franzose nur französisches, nicht aber deutsches Recht wählen) und dass sie bei einem späteren Wechsel der Staatsangehörigkeit auch wieder entfallen kann. Zudem hat der Beschenkte, um dessen Schutz es maßgeblich geht, auch keine Möglichkeit, auf die tatsächliche Ausübung der Rechtswahl durch den Schenkenden oder deren anschließende Aufrechterhaltung einzuwirken (siehe auch *Matthews* in House of Lords, European Union Comitee, 6th Report of Session 2009-10, The EU`s Regulation on Succession, auf S. 23 f.). Das Problem der Rechtsunsicherheit und Instabilität unentgeltlicher Zuwendungen, das durch die Rückholansprüche verursacht wird, ist daher im geltenden Recht bisher ungelöst.

73 **bb) Vertragserben.** Für den Anspruch eines Vertragserben auf Rückabwicklung von Schenkungen, die der Erblasser in Beeinträchtigungsabsicht vorgenommen hat (in Deutschland § 2287 BGB), scheint hingegen **Art. 25 EuErbVO** anwendbar zu sein (MüKoBGB/*Dutta* EuErbVO Art. 1 Rn. 38, Art. 24 Rn. 5; *Mansel,* FS Geimer 2017, S. 443 (449 f.); aA aber wohl Bonomi/Wautelet/*Bonomi* Art. 25 Rn. 16). Diese Vorschrift erfasst ausdrücklich auch die Bindungswirkung eines Erbvertrages. Ob und inwieweit ein Vertragserbe unentgeltliche Verfügungen des Erblassers nach dessen Tode rückabwickeln kann, hängt jedoch maßgeblich von der Bindungswirkung des Erbvertrages ab, die deshalb in den entsprechenden Rückholansprüchen unmittelbar zum Ausdruck kommt. Art. 25 EuErbVO würde demnach grds. das hypothetische **Erbstatut im Zeitpunkt des Abschlusses des Erbvertrages** berufen, soweit die Vertragsparteien nicht von der Rechtswahlmöglichkeit nach Art. 25 Abs. 3 EuErbVO Gebrauch machen (siehe dazu Bonomi/Wautelet/*Bonomi* Art. 25 Rn. 18 ff.). Auch diese Lösung ist allerdings mit erheblichen Problemen behaftet. Ein später vom Erblasser beschenkter Dritter würde nämlich über die Einzelheiten des Abschlusses des Erbvertrages sowie über das zu diesem Zeitpunkt anwendbare oder gewählte Statut regelmäßig nicht im Bilde sein. Das für die Rückholansprüche maßgebliche Recht wäre für den Dritten daher wiederum nur schwer ermittelbar und oftmals auch überraschend.

Beispiel: Der Erblasser E schloss an seinem gewöhnlichen Aufenthalt in Frankreich im Jahre 1985 mit seiner Ehefrau einen Erbvertrag *(institution contractuelle)* ab. Kurz danach zog er nach Deutschland, wo er 30 Jahre später eine Schenkung an seinen Schulfreund F vornahm. Maßgebliches Statut für den Rückholanspruch der durch die Schenkung beeinträchtigten Ehefrau ist das französische Recht.

74 Zusätzlich stellt sich hier das Problem, dass der für das Statut entscheidende gewöhnliche Aufenthalt des Erblassers im Zeitpunkt des Vertragsschlusses im Todeszeitpunkt **schon Jahrzehnte zurückliegen** kann. Im Prozess würde sich die damalige Rechtslage dann aber oft nur sehr mühsam oder gar nicht mehr ermitteln lassen, zumal der Hauptzeuge – der Erblasser selbst – fehlen würde. Auch ist zu beachten, dass für die im Falle eines pflichtteilsberechtigten Vertragserben oft nebeneinander bestehenden Rückholansprüche aus § 2329 BGB einerseits und aus § 2287 BGB andererseits **unterschiedliche Rechte zur Anwendung** kommen könnten (zum in Deutschland umstrittenen Konkurrenzverhältnis dieser beiden Ansprüche siehe MüKoBGB/*Lange* § 2329 Rn. 27 f.; Staudinger/*Olshausen* (2015) BGB § 2329 Rn. 52; *Siebert* ZEV 2013, 241 (245)).

Beispiel: Erblasser E schließt mit seinem einzigen Sohn und Alleinerben S in Deutschland einen Erbvertrag ab. Anschließend zieht er nach Frankreich und schenkt dort kurz vor seinem Tod seiner neuen Lebensgefährtin in Beeinträchtigungsabsicht den wesentlichen Teil seines Vermögens.

Für die *action en réduction,* die S als Noterbe/Pflichtteilsberechtigter geltend machen könnte, würde wegen Art. 21 EuErbVO französisches Recht gelten. Der Anspruch des S als beeinträchtigter Vertragserbe würde sich hingegen über Art. 25 EuErbVO nach deutschem Recht (§ 2287 BGB) richten. Eine solche Aufspaltung erscheint allerdings derart misslich, dass das über Art. 25 EuErbVO berufene Erbvertragsstatut doch enger ausgelegt und nicht auf die flankierenden Rückholansprüche erstreckt werden sollte. Unabhängig davon, ob sich die Anspruchsberechtigung aus einem Erbvertrag oder aus einer gesetzlichen Mindestbeteiligung herleitet, unterliegen deshalb **sämtliche erbrechtliche Rückholansprüche** dem **allgemeinen Erbstatut** nach Art. 21–23 EuErbVO (aA *Mansel* FS Geimer 2017, S. 443 (449 f.); MüKoBGB/Dutta EuErbVO Art. 1 Rn. 38, Art. 24 Rn. 5). 75

d) Grenzen der Anwendung des Erbstatuts. aa) Ordre public (Art. 35 EuErbVO). Wegen des in der Verordnung angestrebten Gleichlaufs von *forum* und *ius* hat der Ordre-public-Vorbehalt nur noch geringe Bedeutung. Er spielt allerdings über Art. 40 lit. a EuErbVO nach wie vor auch im Rahmen der Anerkennung und Vollstreckung eine nicht unerhebliche Rolle. 76

(1) Rechte des Pflichtteilsberechtigten/Noterben. Im **Kommissionsvorschlag** (Vorschlag vom 14. Oktober 2009 (KOM[2009] 154 endg.)) aus dem Jahre 2009 fand sich in Art. 27 Abs. 2 noch die Formulierung, dass eine Vorschrift „nicht allein deshalb als mit der öffentlichen Ordnung des Staates des angerufenen Gerichts unvereinbar angesehen werden kann, weil sie den Pflichtteilsanspruch anders regelt als das Recht am Ort des angerufenen Gerichts." In die heutige Verordnung wurde diese Einschränkung jedoch nicht übernommen, was den Schluss zulässt, dass abweichende Pflichtteilsregelungen nunmehr unter engen Voraussetzungen doch geeignet sind, einen Ordre-public-Verstoß zu begründen (MüKoBGB/*Dutta* EuErbVO Art. 35 Rn. 7 f.; BeckOGK/*J. Schmidt* EuErbVO Art. 35 Rn. 20 ff.; jurisPK-BGB/*Ludwig* EuErbVO Art. 35 Rn. 15 ff.; Burandt/Rojahn/*Burandt,* Erbrecht, 3. Aufl. 2019, EuErbVO Art. 35 Rn. 2; NK-BGB/*Looschelders* EuErbVO Art. 35 Rn. 22 ff.; Süß/*Süß,* Erbrecht in Europa, 4. Aufl. 2019, S. 165 ff.; NK-NachfolgeR/*Köhler* EuErbVO Art. 35 Rn. 8; Dutta/Herrler/*Lorenz,* Die Europäische Erbrechtsverordnung, 113 (123); *Mansel/Thorn/Wagner* IPRax 2013, 1 (7); *Dörner* ZEV 2012, 505 (512); *Frodl* ÖJZ 2012, 950 (956); *Vollmer* ZErb 2012, 227 (232 f.); *Simon/Buschbaum* NJW 2012, 2393 (2395); *Grimaldi* Defrénois 2012, 755 (758 ff.); Khairallah/Revillard/Nourissat, Droit européen des successions internationales Rn. 130 ff.; sehr zurückhaltend Bonomi/Wautelet/*Bonomi* Art. 35 Rn. 24 ff.; *Schauer/Scheuba/Fischer-Czerniak,* Europäische Erbrechtsverordnung, 43 (54 f.); *Lagarde* in Bergquist ua, EuErbVO, Art. 35 Rn. 6 f.; *Wilke* RIW 2012, 601 (607); Dutta/Herrler/*Lechner,* Die Europäische Erbrechtsverordnung, 5 (11); noch weitergehend gegen eine Anwendung des Ordre-public-Vorbehalts *Herzog* ErbR 2013, 1 (5); ausführlich zur besonders problematischen englischen *family provision Röthel,* FS v. Hoffmann 2011, 348). 77

Erwägungsgrund 58, der eine Berufung auf den *ordre public* verbietet, wenn hierdurch gegen die **Charta der Grundrechte** der Europäischen Union, insbesondere das Diskriminierungsverbot, verstoßen würde, steht einer solchen Auslegung nicht entgegen (so auch *Frodl* ÖJZ 2012, 950 (956)). Maßgebliches Unterscheidungskriterium im Rahmen der EuErbVO ist schließlich der gewöhnliche Aufenthalt des Erblassers und nicht mehr die Staatsangehörigkeit (vgl. Art. 21 Abs. 2 der Grundrechte-Charta der Europäischen Union). 78

Folgt man in dieser Hinsicht der ganz herrschenden Meinung, ist damit aber noch nicht entschieden, inwieweit auch die das Pflichtteilsrecht flankierenden **Rückholansprüche** ebenfalls zum *ordre public* gezählt werden können (dafür *Grimaldi* Defrénois 2012, 755 (760); aA Bonomi/Wautelet/*Bonomi* Art. 35 Rn. 32). Die Rückholansprüche sollen primär verhindern, dass der Erblasser das Pflichtteilsrecht durch unentgeltliche lebzeitige Rechtsgeschäfte umgeht. Sie dienen damit der effektiven Wahrung und Durchsetzung des Pflichtteilsrechts, was zumindest in ganz eindeutigen Fällen für eine Aufnahme in den *ordre public* spricht (ebenso *Pfundstein,* Pflichtteil und ordre public, 185, 257, 309 f. mit einem umfassenden rechtsvergleichenden Überblick auf S. 39 ff.; vgl. auch OLG Jena OLG-NL 1999, 108 (109) sowie Staudinger/*Rauscher* (2016) EGBGB Art. 235 § 1 Rn. 114). Inwieweit auch nur geringere Abweichungen bei der Ausgestaltung des Rückholanspruchs im Einzelnen geeignet sind, den Ordre-public-Vorbehalt auszulösen, ist hingegen zweifelhaft. 79

Beispiel: Eine in Frankreich lebende Österreicherin schenkt 25 Monate vor ihrem Tod ihrem neuen Lebensgefährten ihr gesamtes Vermögen (1.000.000 EUR) und trifft gleichzeitig gem. Art. 22 EuErbVO eine Rechtswahl zugunsten ihres österreichischen Heimatrechts. Ihre drei erbberechtigten französischen Kinder erhalten nach dem österreichischen Erbstatut deshalb praktisch nichts, weil eine mehr als zwei Jahre zurückliegende Schenkung nach österreichischem Recht nicht mehr durch einen Rückholanspruch angegriffen werden kann (§ 785 Abs. 2 S. 3 ABGB; s. a. Süß/*Haunschmidt,* Erbrecht in Europa, 4. Aufl. 2020, 1060 f.). Nach französischem Recht, das eine zeitlich unbegrenzte Hinzurechnung von lebzeitigen Schenkungen zur hypothetischen Nachlassmasse vorsieht (siehe hierzu *Malaurie/Aynès,* Les Successions, Les Libéralités, 5. Aufl. 2012, Rn. 646 ff.), könnten die Kinder hingegen Ansprüche in Höhe von 750.000 EUR gegen den Lebensgefährten geltend machen. 80

Ob die französischen Richter in einem solchen Fall daher gem. Art. 35 EuErbVO auf den *ordre public* zurückgreifen und dem österreichischen Erbstatut insoweit seine Geltung versagen würden, ist eine spannende und noch **offene Frage** (befürwortend *Grimaldi* Defrénois 2012, 755 (760 – Fn. 27). Die 81

Entscheidungen der Court de Cassation in den Rechtssachen *Colombier* (Cour de Cass Nr. 16–13151; dazu *Stade* ZErb 2018, 29) und *Jarre* (Cour de Cass Nr. 16–17197; dazu *Stade* ZErb 2018, 30) könnten allerdings für eine eher restriktivere Handhabung des Ordre Public-Vorbehalts mit Bezug auf das Pflichtteilsrecht in Frankreich sprechen. Die gleiche Problematik, wenn auch in etwas weniger drastischer Form, stellt sich im Zusammenhang mit der deutschen Regelung in § 2325 Abs. 3 BGB, die eine jährliche prozentuale Minderung und einen Ausschluss der Hinzurechnung von Schenkungen zur Nachlassmasse nach zehn Jahren vorsieht.

82 **(2) Rechte eines Vertragserben.** Unklar ist zudem, inwieweit auch ein Anspruch, wie bspw. derjenige aus § 2287 BGB, der einen **Vertragserben** vor der Aushöhlung des Nachlasses durch unentgeltliche Zuwendungen schützt, zum *ordre public* gerechnet werden kann. Tragende Grundlage der Anspruchsberechtigung ist hier nicht mehr die gesetzlich garantierte Mindestbeteiligung bestimmter Personen am Nachlass, sondern eine **Bindung des Erblassers an seine vertragliche Zusage.** Es besteht insoweit eher eine Nähe zum Grundsatz des *venire contra factum proprium* und zu einem allgemeinen Missbrauchsverbot (vgl. Staudinger/*Kanzleiter* (2019) BGB § 2287 Rn. 1; BeckOGK-BGB/*Müller-Engels,* § 2287 Rn. 2). Ob vor einem solchen Ansatz auch die Rechte gutgläubiger beschenkter Dritter zwingend weichen müssen, ist zweifelhaft und eher zu verneinen. Rechtliche Regelungen einer ausländischen Rechtsordnung, die den beeinträchtigten Vertragserben im konkreten Fall auf Ansprüche gegen den Nachlass und die (Mit-)Erben verweisen, ohne ihm einen Rückgriff auf weitere Dritte zu ermöglichen, dürften daher nicht gegen den *ordre public* verstoßen. Anders könnte die Beurteilung ausfallen, wenn auch eine Inanspruchnahme nachweisbar bösgläubiger Dritter ausscheidet.

83 **(3) Rechte des Beschenkten.** Nimmt man die Perspektive des Beschenkten in den Blick, könnte eine Verletzung des *ordre public* auch dann in Betracht kommen, wenn durch einen Statutenwechsel infolge eines Umzuges des Erblassers eine nach dem bisher anwendbaren Recht **unangreifbare Schenkung doch wieder rückabgewickelt** werden kann. Dies ist etwa dann der Fall, wenn ein in Deutschland lebender französischer Staatsbürger nach Ablauf der in § 2325 Abs. 3 BGB geregelten Zehn-Jahres-Frist eine Rechtswahl gem. Art. 22 EuErbVO zugunsten seines französischen Heimatrechts trifft und hierdurch seinen Erben auch eine Rückabwicklung von Schenkungen ermöglicht, die länger als zehn Jahre zurückliegen.

84 Mögliche Ansatzpunkte für den *ordre public* wären hier zum einen das Eigentumsrecht der Beschenkten und zum anderen das verfassungsrechtliche Rückwirkungsverbot sowie der Vertrauensschutz (gegen einen solchen kollisionsrechtlichen Vertrauensschutz aber Staudinger/*Hass* (2006) BGB Einl. §§ 2303 ff. Rn. 63; Staudinger/*Dörner* (2007) EGBGB Art. 25 Rn. 188; Soergel/*Schurig* EGBGB Art. 25 Rn. 19, 44). Im Ergebnis dürften diese Bedenken aber wohl nicht durchgreifen. Wegen der viel beschriebenen **Schwäche des unentgeltlichen Erwerbs** ist die Position des Beschenkten stets mit zahlreichen Unsicherheiten verbunden (etwa im deutschen Recht durch die Widerrufsmöglichkeiten wegen Verarmung oder groben Undanks und die Durchgriffsmöglichkeiten im Bereicherungsrecht nach § 816 Abs. 1 S. 2 BGB, § 822 BGB). Ganz ähnliche Tendenzen finden sich auch in anderen europäischen Rechtsordnungen (siehe *Hyland,* Gifts – A study in comparative law, 499 ff.; *Schmidt-Kessel,* Schenkung in Basedow/Hopt/Zimmermann, Handwörterbuch des Europäischen Privatrechts, Band 2, 1349 (1352)) und wirken sich auch auf das normgeprägte Grundrecht (BeckOK-GG/*Axer* Art. 14 Rn. 7 ff. mwN) des Eigentums aus.

85 Obwohl die EuErbVO auf entsprechende Übergangsregelungen verzichtet hat (in früheren Entwürfen waren solche Vorschriften noch vorgesehen, siehe hierzu *R. Magnus* in Hess/Jay, Stellungnahme zum Vorschlag für eine Europäische Erbrechtsverordnung, 2012, 24, 28 f.), handelt es sich aus verfassungsrechtlicher Sicht zudem nur um den Fall einer **unechten Rückwirkung** (siehe hierzu die Unterscheidung in BVerfGE 13, 261 (271 f.); BVerfG NJW 2010, 3629; s. auch *Hess,* Intertemporales Privatrecht (1998), 291). Tatbestandlich knüpft die EuErbVO ausschließlich an Umstände (Tod des Erblassers) an, die nach ihrem Inkrafttreten verwirklicht wurden (vgl. Art. 83 EuErbVO). Dass es hierdurch in Deutschland aufgrund nunmehr veränderter Anknüpfungspunkte zu einem Statutenwechsel kommen kann, der wiederum rechtliche Konsequenzen für in der Vergangenheit abgeschlossene Sachverhalte hat, ist eine nur mittelbare Folge, wie sie für die Fallgruppe der unechten Rückwirkung typisch ist (s. auch BGH ZEV 2001, 238 (239); Staudinger/*Rauscher* (2016) EGBGB Art. 235 § 1 Rn. 114; anders dagegen *Schubel/Wiedemann* JZ 1995, 858 (863, 866)). Eine unechte Rückwirkung ist verfassungsrechtlich regelmäßig zulässig und verstößt daher auch nicht gegen den *ordre public.* Zu dem gleichen Ergebnis kamen auch der BGH für Pflichtteilsergänzungsansprüche, die Schenkungen in der früheren DDR betrafen (BGH NJW 2001, 2398 (2399); mit Anmerkungen auch im Hinblick auf die internationalprivatrechtliche Perspektive *Klingelhöffer* ZEV 2001, 239) und das RG für Pflichtteilsergänzungsansprüche in Bezug auf Schenkungen, die vor dem Inkrafttreten des BGB vorgenommen wurden (RGZ 54, 241; 58, 124 (126 f.); zustimmend Staudinger/*Rauscher* (2016) EGBGB Art. 235 § 1 Rn. 112 ff. mwN; ablehnend wegen Beeinträchtigung der Eigentumsposition des beschenkten Dritten OLG Jena OLG-NL 1999, 110; *Schubel/Wiedemann* JZ 1995, 858 (866); *Kuchinke* JZ 2001, 1089 (1090 f.)).

Obwohl die grobe Keule des *ordre public* zum Schutze des Beschenkten somit wohl nicht zur Verfügung steht, bleibt es **de lege ferenda** gleichwohl erwägenswert, ob nicht bspw. ein Art. 16 EuInsVO entsprechender Schutzmechanismus eingeführt werden sollte. Dem Beschenkten könnte so bspw. der Nachweis ermöglicht werden, dass nach dem zum Zeitpunkt der Schenkung geltenden Erbstatut eine auf erbrechtliche Gründe gestützte Rückabwicklung nicht (mehr) möglich gewesen wäre. **86**

bb) Sondervorschriften des Belegenheitsrechts (Art. 30 EuErbVO). Art. 30 EuErbVO bestimmt, dass **besondere Regelungen,** die die Rechtsnachfolge von Todes wegen in bestimmte Vermögenswerte aus wirtschaftlichen, familiären oder sozialen Erwägungen beschränken, unabhängig von dem ansonsten geltenden Erbstatut Anwendung finden. Ein Beispiel für eine solche Regelung sind etwa die §§ 4 ff. HöfeO (*Wilke* RIW 2012, 601 (608); s. a. Staudinger/*Hausmann* (2013) EGBGB Art. 3a Rn. 49). Wie Erwägungsgrund 54 ausdrücklich klarstellt, sind Kollisionsnormen, die zwischen beweglichem und unbeweglichem Vermögen unterscheiden, oder materiell-rechtliche Normen, die ein größeres Pflichtteilsrecht vorsehen, hingegen nicht gemeint (Staudinger/*Hausmann* (2013) EGBGB Art. 3a Rn. 21). **87**

Aus deutscher Sicht hat das erhebliche Konsequenzen. Trotz Ähnlichkeiten im Wortlaut wurde der frühere Art. 3a Abs. 2 EGBGB in der Rechtsprechung und im deutschen Schrifttum nämlich bislang so verstanden, dass eine Nachlassspaltung, die von der *lex rei sitae* für unbewegliches Vermögen angeordnet wird, zu akzeptieren sei und somit für das unbewegliche Vermögen das Belegenheitsrecht zur Anwendung komme (*Müller-Lukoschek,* 223 ff.; *Everts* ZEV 2013, 124 (125)). Besaß also etwa ein deutscher Erblasser auch Grundstücke in Frankreich und England, fand über Art. 25 EGBGB a. F. auf die Rechtsnachfolge von Todes wegen zwar grundsätzlich deutsches Recht Anwendung, für die Rechtsnachfolge hinsichtlich des englischen Grundstücks galt jedoch englisches Recht, da das englische Kollisionsrecht dem Prinzip der Nachlassspaltung folgt (siehe *Dicey/Morris/Collins,* The Conflict of Laws, Bd. 2, 15. Aufl. 2012, Rn. 27-011 ff.) und für die Rechtsnachfolge in das französische Grundstück französisches, weil Gleiches auch für Frankreich galt (s. Süß/*Döbereiner,* Erbrecht in Europa, 4. Aufl. 2020, 560 f.). Ein sehr probates Mittel, um **Pflichtteilsansprüche zu umgehen,** war daher der Erwerb von unbeweglichem Vermögen in einem Land, das eine Nachlassspaltung vornimmt, aber keinen Pflichtteil kennt bzw. dessen Pflichtteilsergänzungsrecht sehr eingeschränkt ist (siehe hierzu *Müller-Lukoschek,* 223 ff.; *Everts* ZEV 2013, 124 (125). Die prominentesten Beispiele hierfür sind insbesondere die Länder des Common Law (England, zahlreiche US-Staaten, Australien, Kanada). Der Wert des im Ausland belegenen Grundvermögens wurde in einer solchen Konstellation zur Berechnung des Pflichtteilsanspruchs nach deutschem Recht nicht hinzugezogen, so dass dieser entsprechend niedriger ausfiel (BGH NJW 1993, 1920 (1921); OLG Celle FamRZ 2003, 1876 (1877 f.); *Everts* ZEV 2013, 124; *Gruber* ZEV 2001, 463 (464); *Jülicher* ZEV 1999, 466; s. a. *Bestelmeyer* ZEV 2004, 359; aA *Siehr,* FS Hay 2005, S. 389 (395)). **88**

Unter Geltung der EuErbVO findet bei einem gewöhnlichen Aufenthalt des Erblassers in Deutschland nunmehr aber auch hinsichtlich der im Ausland belegenen Grundstücke einheitlich deutsches Recht Anwendung. Die Möglichkeit, durch den Erwerb oder durch eine Schenkung von ausländischen Grundstücken das Pflichtteilsrecht auszuhebeln, besteht daher zumindest **im Verhältnis zu anderen Mitgliedstaaten nicht mehr** (so auch *Müller-Lukoschek,* 229 f.; *Everts* ZEV 2013, 124 (127)). **89**

Im Verhältnis zu **Drittstaaten** kommt es hingegen darauf an, ob diese Staaten die Entscheidungen von mitgliedstaatlichen Gerichten auch dann anerkennen und vollstrecken, wenn sie Grundstücke betreffen, die in diesen Staaten belegen sind und auf die nach dem dortigen Verständnis das inländische Erbrecht hätte angewendet werden müssen. Gerade auch im Verhältnis zu England und den USA wird dies oft zweifelhaft sein (so auch *Müller-Lukoschek,* 188; zur Rechtslage vor dem zeitlichen Anwendungsbeginn der EuErbVO siehe BGH NJW 1993, 1920 (1921); OLG Celle FamRZ 2003, 1876 (1877 f.); Staudinger/*Hausmann* (2013) EGBGB Art. 3a Rn. 77 ff.). Die von der EuErbVO angestrebte Nachlasseinheit bleibt hinsichtlich in Drittstaaten belegener Grundstücke daher wohl weitgehend illusorisch, wenn und soweit diese Drittstaaten selbst dem Prinzip der Nachlassspaltung folgen. **90**

Sachverzeichnis

Die fetten Zahlen bezeichnen die Artikel bzw. Paragrafen, magere Zahlen die Randnummern, fette Zahlen ohne Zusatzbezeichnung beziehen sich auf die EuErbVO.